L'heure

Le matin

5:00 *five o'clock*

7:05 *five past se…*
OU seven …

…*idiem)*

8:10 *ten past e…*
OU eight ten

9:15 *a quarter past nine*
OU nine fifteen

10:20 *twenty past ten*

11:30 *half past eleven*
OU eleven thirty

12:00 *noon OU twelve p.m. (post meridiem) OU midday*

15:45 …
OU three forty-five

17:23 *five twenty-three*

La nuit

24:00 *twelve a.m. (ante meridiem) OU midnight*

01:00 *one a.m.*
OU one in the morning

…hat time is it?
…uelle heure est-il ?

…'s one o'clock.
…est une heure.

…s ten to five.
…est cinq heures moins dix.

At what time?
À quelle heure ?

At three o'clock.
À trois heures.

Tenish.
Aux environs de dix heures.

La date

…/10/1975 [UK] *OU* **10/16/1975** [US]
…tober the sixteenth OU the sixteenth October, nineteen seventy-five

…ay 1 *OU* **May 1st** [UK & US]
…t May *OU* **1 May** [UK]

…ay the first [UK & US]
…e first of May [UK]
…ay first [US]

…esday, June 4
…esday, June the fourth

April 3rd, 1492
April the third, fourteen ninety-two

70s *OU* **70's**	*the Seventies*
1900	*nineteen hundred*
2008	*two thousand and eight*
52 BC	*fifty-two BC [= before Christ]*
230 AD	*two hundred and thirty AD [= anno Domini]*

the 16th century *OU* **XVI**
the sixteenth century

…hat's the date today?
…el jour sommes-nous ?

… the fifth of February.
…us sommes le 5 février.

In which year?
En quelle année ?

In two thousand and seven.
En 2007.

Anglais

français - anglais • anglais - français

DICTIONNAIRE DE POCHE

21, rue du Montparnasse 75283 Paris Cedex 06

21, rue du Montparnasse 75283 Paris Cedex 06, France
www.editions-larousse.fr
Poche ISBN 978 2 03 602185 3 / Poche Plus ISBN 978 2 03 602186 0

Direction de la publication
Carine Girac-Marinier

Édition
Valérie Katzaros

Informatique éditoriale
Philippe Cazabet, Sharareh Maljaei

Fabrication
Axelle Hosten

Précédente édition

Suivi éditorial Marc Chabrier

Rédaction et traduction
Rozenn Etienne, Leila Gaafar, Laurence Larroche,
Sinda Lopez, Anne Marsaleix, Marie Ollivier-Caudray,
Mathilde Pyskir, Marie-Victoire Tousch

pour les éditions antérieures

Suivi éditorial
Giovanni Picci, Beata Assaf

Rédaction et traduction
Lucy Bove, Leslie Bry, Marie Chochon, Nathalie Da Silva, Rozenn Etienne,
Christy Johnson, Verena Mair, Mery Martinelli, Marie Ollivier-Caudray, Mathilde Pyskir,
Donald Watt, Garret White

pour la grammaire
Keith Wycherley

Préface

Cette nouvelle édition du dictionnaire Larousse français-anglais, anglais-français a été réalisée pour répondre aux besoins spécifiques des utilisateurs francophones. Parmi les ajouts figurent un grand nombre de termes français et anglais qui ont enrichi ces deux langues au cours des dernières années. Une large part a été ainsi faite à l'anglais américain.

Aboutissement d'un travail collectif visant à rendre toute la richesse de la langue, à l'écrit comme à l'oral, ce nouveau dictionnaire privilégie les expressions les plus courantes d'aujourd'hui et vous aide à fixer les bases de l'anglais au niveau du vocabulaire et de la grammaire. La contribution d'enseignants d'anglais en contexte francophone a été précieuse, car elle a permis de prendre en compte les difficultés spécifiques de l'apprenant francophone.

Avec ses 230 000 mots, expressions et traductions, ses exemples de constructions grammaticales, ses tournures idiomatiques, ses indications de sens et collocations soulignant la ou les traductions appropriées, ce dictionnaire couvre le vocabulaire général ainsi que certains domaines très présents dans la vie de tous les jours, tels que les nouvelles technologies, la cuisine, le sport... Grâce à ses nombreux encadrés et à sa riche contextualisation, il vous deviendra vite indispensable dès que vous voudrez parler ou écrire en anglais. Il vous permettra de vous exprimer de manière simple et sans hésitation, et vous ne risquerez plus de faire des contresens.

Ce dictionnaire ne jette pas seulement un pont entre les deux langues, il vous offre aussi une passerelle entre les civilisations : exemples, noms propres et explications de fond mettent en lumière les spécificités culturelles et historiques du Royaume-Uni et des États-Unis.

Sa nouvelle présentation graphique rend sa consultation plus aisée et plus efficace.

Offrant à la fois richesse lexicale, apport grammatical et information culturelle, cet ouvrage constitue un vrai dictionnaire de référence pour tout francophone intéressé par la langue anglaise.

N'hésitez pas à nous faire part de vos observations, questions ou critiques éventuelles : cet ouvrage n'en sera que meilleur !

L'éditeur

Sommaire

Table phonétique

	anglais	français	commentaires
[æ]	pat/bag/mad		son entre le a et le e
[ɑː]	barn/car/laugh	lac/papillon	
[aɪ]	buy/light/aisle	paille/aïe	
[aʊ]	now/shout/town		se prononce comme ao
[b]	bottle/bib	bateau/rosbif	
[d]	dog/did	dalle/ronde	
[dʒ]	jig/fridge	gin/jeans	
[e]	pet, bet	pays, année	
[ə]	mother/suppose	cheval/je	
[ɜː]	burn/learn/bird	ailleurs	
[eə]	pair/bear/share	fer/mer	
[eɪ]	bay/late/great	paye	
[f]	fib/physical	fort/physique	
[g]	gag/great	garder/épilogue	
[h]	how/perhaps		son h aspiré
[ɪ]	pit/big/rid		son i bref
[iː]	bean/weed	riz, fille/île	
[ɪə]	peer/fierce/idea	mieux	son i long
[j]	you/spaniel	yeux/yaourt	
[k]	come/kitchen	coq/quatre	
[kv]	quarter		se prononce comme kw
[l]	little/help	halle/lit	
[m]	metal/comb	mât/drame	
[ŋ]	song/finger	parking/camping	
[ɒ]	dog/sorry	poche/roc/sol	
[ɔː]	lawn	drôle/aube	
[aʊ]	no/road/blow	sot/pot	
[ɔɪ]	boy/foil	coyote	
[ʊ]	put/full	outil/goût	
[uː]	loop/moon		son ou long
[ʊə]	poor/sure/tour	touriste/pour	
[p]	pop/people	papa/prendre	
[r]	right/carry	arracher/sabre	
[s]	seal/peace	cela/savant	
[ʃ]	sheep/machine	charrue/schéma	
[t]	train/tip	théâtre/temps	
[tʃ]	chain/wretched	tchèque/tchador	
[θ]	think/fifth		se prononce comme un s, mais en pointant la langue contre les incisives.
[ð]	this/with		se prononce comme un z, mais en pointant la langue contre les incisives.
[ʌ]	cut/sun		son o tirant sur le a
[v]	vine/livid	voir/rive	
[w]	wet/why/twin	ouest/oui	
[z]	zip/his	zébu/zéro	
[ʒ]	usual/measure	bijou/rouge	

abr	abréviation
adj	adjectif, adjectival
ADMIN	administration
adv	adverbe, adverbial
AÉRON	aeronautique
AGRIC	agriculture
ANAT	anatomie
ARCHÉOL	archeologie
ARCHIT	architecture
arg crime	argot milieu
arg drogue	argot drogue
arg scol	argot scolaire
art	article
ASTROL	astrologie
ASTRON	astronomie
att	attributif
AUTO	automobile
aux	auxiliaire
BIOL	biologie
BOT	botanique
CHIM	chimie
CINÉ	cinéma
COMM	commerce
compar	comparatif
conj	conjonction, conjonctif
CONSTR	construction
COUT	couture
CULIN	cuisine
déf	défini
dém	démonstratif
DR	droit
ÉCON	économie
ÉLECTR	électricite
ÉLECTRON	électronique
euphém	euphémisme
excl	exclamatif
f	féminin
fam	familier
fig	figuré
FIN	finance
gén	généralement
GÉOGR	geographie
GÉOL	géologie
GÉOM	géometrie
GRAMM	grammaire
HIST	histoire
hum	humoristique
impers	impersonnel
indéf	indéfini
indén	indénombrable
INDUST	industrie
INFORM	informatique
injur	injurieux
insép	inséparable
interj	interjection
interr	interrogatif
inv	invariable
iron	ironique
LING	linguistique
litt	sens propre
LITTÉR	littérature
loc	locution
m	masculin
m ou f	masculin ou féminin - nom dont le genre est flottant : ex. un arobase ou une arobase
MATH	mathématiques
MÉD	médecine
MÉTÉOR	météorologie

mf	masculin et féminin - même forme pour le masculin et le féminin : ex. démocrate
MIL	militaire
MUS	musique
MYTHOL	mythologie
n	nom
NAUT	nautique
nm ou nf	nom dont le genre est flottant : ex. un arobase ou une arobase
nm, f	nom masculin, nom féminin - avec une désinence féminine : ex. menteur, euse
nmf	nom masculin et féminin - même forme pour le masculin et le féminin : ex. démocrate
npr	nom propre
num	numéral
o.s.	oneself
péj	péjoratif
pers	personnel
PHILO	philosophie
PHOTO	photographie
PHYS	physique
pl	pluriel
POLIT	politique
poss	possessif
pp	participe passé
p prés	participe présent
préf	préfixe
prép	préposition, prépositionnel
prés	présent
pron	pronom
prov	proverbe
PSYCHO	psychologie
qqch	quelque chose
qqn	quelqu'un
recomm off	mot officiel
rel	relatif
RELIG	religion
s.o.	someone
sb	somebody
SCOL	scolaire
sép	séparable
sing	singulier
sout	soutenu
sthg	something
superl	superlatif
TECHNOL	technologie
TÉLÉCOM	télécommunications
tfam	très familier
TV	télévision
TYPO	typographie
UK	anglais du Royaume Uni
UNIV	université
US	anglais des États Unis
v	verbe
vi	verbe intransitif
vp	verbe pronominal
vpi	verbe pronominal intransitif
vpt	verbe pronominal transitif
vt	verbe transitif
vulg	vulgaire
ZOOL	zoologie

Comment utiliser ce dictionnaire

mot d'entrée

sigles et abréviations

classement des signes et des chiffres dans l'ordre alphabétique

transcriptions dans l'alphabet phonétique international

signalisation des catégories grammaticales

mots homographes

vocabulaire britannique et américain

structuration claire de l'article

pluriels ayant leur sens propre

mise en relief des « phrasal verbs »

formes irrégulières des verbes

renvois à l'entrée principale

explications lorsqu'il n'y a pas de traduction directe

renvois à l'infinitif

signalisation claire des sens et du contexte

équivalences culturelles

rubriques

alphabet ['ælfəbet] *n* alphabet *m*.
B4 *SMS* abrév de **before**.
B&B *n* abrév de **bed and breakfast**.
BA *n* abrév de **Bachelor of Arts**.
bend [bend] *n* **1.** courbe *f*, virage *m* **2.** coude *m* *(d'une rivière)* **3.** *(locution)* • **round (UK)** *ou* **around (US) the bend** *fam* dingue, fou, folle *f*. ❑ *vt (prét & pp* **bent***)* **1.** plier **2.** tordre, courber. ❑ *vi (prét & pp* **bent***)* **1.** se baisser, se courber **2.** plier. ■ **bend down** *vi* se baisser, se pencher.
combine *vt* [kəm'baɪn] **1.** rassembler **2.** combiner • **to combine sthg with sthg a)** mélanger qqch avec *ou* à qqch **b)** *fig* allier qqch à qqch. ❑ *vi* [kəm'baɪn] *COMM & POLIT* • **to combine (with)** fusionner (avec). ❑ *n* ['kɒmbaɪn] cartel *m*.
crossways ['krɒsweɪz] = **crosswise**.
DSS (abrév de **Department of Social Security**) *n* *ministère britannique de la sécurité sociale*.
dove[1] [dʌv] *n* colombe *f*.
dove[2] [dəʊv] **(US)** *passé* → **dive**.
honour (UK), **honor (US)** ['ɒnər] *n* honneur *m*. ❑ *vt* honorer.
outgoing ['aʊt,gəʊɪŋ] *adj* **1.** *(président, directeur)* sortant **2.** *(courrier)* à expédier **3.** *(train)* en partance **4.** *(personne)* ouvert. ■ **outgoings** *npl* **(UK)** dépenses *fpl*.
shepherd's pie ['ʃepədz-] *n* ≃ hachis *m* Parmentier.
throw-in *n* **(UK)** *FOOTBALL* rentrée *f* en touche.
wake [weɪk] *n* sillage *m*. ❑ *vt (prét* **woke** *ou* **waked**, *pp* **woken** *ou* **woked***)* réveiller. ❑ *vi (prét* **woke** *ou* **waked**, *pp* **woken** *ou* **woked***)* se réveiller. ■ **wake up** *vt sép* réveiller • **can you wake me up in the morning?** peux-tu me réveiller demain matin ? ❑ *vi* se réveiller • **I woke up at seven** je me suis réveillé à sept heures.

variantes

mise en relief des mots composés et des locutions

formes féminines

informations sur le niveau de langue et sur l'usage

notes pour aider à expliquer en anglais des spécificités culturelles françaises

canadianismes, belgicismes et helvétismes

indications des différentes traductions d'un exemple

équivalences en anglais britannique et américain

agrégation *nf* *il n'y a pas d'équivalent en Grande-Bretagne ou aux États-Unis. Si vous voulez expliquer de quoi il s'agit à un anglophone, vous pouvez dire* it is a competitive examination for secondary school teachers and university lecturers.
berceuse *nf* **1.** *(chanson)* lullaby **2. (QUÉBEC)** *(fauteuil)* rocking chair.
cacahouète, **cacahuète** *nf* peanut.
contraire *nm* • **le contraire** the opposite • **je n'ai jamais dit le contraire** I have never denied it. ❑ *adj* opposite • **contraire à a)** *(non conforme à)* contrary to **b)** *(nuisible à)* harmful to, damaging to. ■ **au contraire** *loc adv* on the contrary. ■ **au contraire de** *loc prép* unlike.
patineur, euse *nm, f* skater.
radin, e *fam & péj adj* stingy. ❑ *nm, f* skinflint.
trottoir *nm* pavement **(UK)**, sidewalk **(US)**.

Français
Anglais

a[1], **A** *nm inv* a, A • **de A à Z** from A to Z.
a[2] *(unité de mesure)* (abrév de are) a.

à

■ **à** *prép*

1. INTRODUIT UN COMPLÉMENT D'OBJET INDIRECT
• **elle a donné de l'argent à son fils** she gave her son some money *ou* she gave some money to her son

2. INDIQUE LE LIEU OÙ L'ON EST
• **nous sommes à la maison/au bureau** we are at home/at the office • **il habite à Paris/à la campagne** he lives in Paris/in the country

3. INDIQUE LE LIEU OÙ L'ON VA
• **ce week-end, je vais à Paris/à la campagne/en Italie** this weekend, I'm going to Paris/to the country/to Italy

4. INTRODUIT UN COMPLÉMENT DE TEMPS
• **je t'appelle à onze heures** I'll call you at eleven o'clock • **je vous verrai au mois de février** I'll see you in February *ou* in the month of February • **à lundi !** see you (on) Monday! • **à plus tard !** see you later! • **de huit à dix heures** from eight to ten o'clock

5. EXPRIME LA DISTANCE
• **notre maison se situe à une heure/à 10 kilomètres de l'aéroport** our house is (situated) an hour/10 kilometres (away) from the airport • **Londres est à 400 km de Paris** London is 400 km from Paris • **c'est à 3 km d'ici** it's 3 km away (from here)

6. INDIQUE L'APPARTENANCE
• **c'est à moi/toi/lui/elle** it's mine/yours/his/hers *ou* it belongs to me/your/him/her • **ce vélo est à ma sœur** this bike is my sister's *ou* belongs to my sister • **une amie à moi** a friend of mine

7. EXPRIME LA MANIÈRE, LE MOYEN
• **elle lisait à haute voix** she was reading out loud *ou* aloud • **je l'ai entendu rire aux éclats** I heard him roar with laughter • **elle agit toujours à son gré** she always does as she pleases • **je n'aime pas acheter à crédit** I don't like buying on credit • **ils y sont allés à pied/à cheval** they went there on foot/on horseback

8. INDIQUE UNE CARACTÉRISTIQUE
• **c'est une fille aux cheveux longs** she's a girl with long hair *ou* she's a long-haired girl • **j'ai encore vu l'homme à l'imperméable** I saw the man with the raincoat again • **je me suis acheté une robe à manches courtes** I bought a short-sleeved dress

9. INDIQUE UNE APPROXIMATION
• **il te faut 4 à 5 pommes pour faire ce gâteau** you need 4 to 5 apples to make this cake

10. INTRODUIT UN CHIFFRE
• **ils sont venus à dix** ten of them came • **un livre à 10 euros** a 10-euro book, a book costing 10 euros • **la vitesse est limitée à 50 km à l'heure** the speed limit is 50 km per *ou* an hour

11. INDIQUE LE BUT
• **il nous faut des coupes à champagne** we need champagne glasses • **le courrier à poster est sur la table** the the mail to be posted is on the table • **appartement à vendre/louer** flat for sale/to let

À PROPOS DE

à

À peut se traduire différemment selon le verbe qu'il suit :

• *Je pense souvent à Thomas.* ***I often think** about **Thomas.***

• *Elle croit encore au Père Noël.* ***She still believes** in **Father Christmas.***

Parfois, *à* ne se traduit pas :

• *Tu devrais téléphoner à Sophie.* ***You should phone Sophie.***

• *Tu as montré tes photos à Yves ?* ***Have you shown Yves your photographs?***

AB[1] (abrév de assez bien) *SCOL* **fair grade** ; ≃ B-.
AB[2] (abrév de agriculture biologique) *si vous voulez expliquer de quoi il s'agit à un anglophone, vous pouvez dire* it is an official label guaranteeing that

a product conforms to national standards for organic food.

abaisser *vt* **1.** *(rideau, voile)* to lower **2.** *(levier, manette)* to push *ou* pull down **3.** *(diminuer)* to reduce, to lower. ■ **s'abaisser** *vp* **1.** *(descendre - rideau)* to fall, to come down ; *(- terrain)* to fall away **2.** *(s'humilier)* to demean o.s. • **s'abaisser à faire qqch** to lower o.s. to do sthg.

abandon *nm* **1.** *(désertion, délaissement)* desertion • **à l'abandon** *(jardin, maison)* neglected, in a state of neglect **2.** *(renonciation)* abandoning, giving up **3.** *(nonchalance, confiance)* abandon.

abandonner *vt* **1.** *(quitter - femme, enfants)* to abandon, to desert ; *(- voiture, propriété)* to abandon **2.** *(renoncer à)* to give up, to abandon **3.** *(se retirer de - course, concours)* to withdraw from **4.** *(céder)* • **abandonner qqch à qqn** to leave sthg to sb, to leave sb sthg.

abasourdi, e *adj* stunned.

abat-jour *nm* lampshade.

abats *nmpl* **1.** *(d'animal)* offal *(indén)* **2.** *(de volaille)* giblets.

abattement *nm* **1.** *(faiblesse physique)* weakness **2.** *(désespoir)* dejection **3.** *(déduction)* reduction • **abattement fiscal** tax allowance **(UK)**, tax exemption **(US)**.

abattis *nmpl* giblets.

abattoir *nm* abattoir **(UK)**, slaughterhouse.

abattre *vt* **1.** *(faire tomber - mur)* to knock down ; *(- arbre)* to cut down, to fell ; *(- avion)* to bring down **2.** *(tuer - gén)* to kill ; *(- dans un abattoir)* to slaughter **3.** *(épuiser)* to wear out **4.** *(démoraliser)* to demoralize.

abattu, e *pp* → **abattre.** ❑ *adj* **1.** *(déprimé)* demoralized, dejected **2.** *(affaibli)* very weak.

abbaye *nf* abbey.

abbé *nm* **1.** *(prêtre)* priest **2.** *(de couvent)* abbot.

abc *nm* basics *pl*.

abcès *nm* abscess.

abdiquer *vt (renoncer à)* to renounce. ❑ *vi (roi)* to abdicate.

abdomen *nm* abdomen.

abdominal, e *adj* abdominal. ■ **abdominaux** *nmpl* **1.** *(muscles)* abdominal *ou* stomach muscles **2.** *(exercices)* • **faire des abdominaux** to do stomach exercises.

abdos *nmpl* **1.** *(muscles)* abs, stomach muscles **2.** *(exercices)* stomach exercises, abs (exercises) • **faire des abdos** to do abs *ou* stomach exercises.

abécédaire *nm* ABC *(book)*.

abeille *nf* bee.

aberrant, e *adj* absurd.

abîme *nm* abyss, gulf.

abîmer *vt (détériorer - objet)* to damage ; *(- partie du corps, vue)* to ruin. ■ **s'abîmer** *vp* **1.** *(gén)* to be damaged • **le classeur s'est abîmé dans mon cartable** the ring binder got damaged in my schoolbag **2.** *(fruits)* to go bad.

abject, e *adj* despicable, contemptible.

aboiement *nm* bark, barking *(indén)*.

abolir *vt* to abolish.

abominable *adj* appalling, awful.

abondance *nf* **1.** *(profusion)* abundance **2.** *(opulence)* affluence.

abondant, e *adj* **1.** *(gén)* plentiful **2.** *(végétation, chevelure)* luxuriant **3.** *(pluie)* heavy.

abonder *vi* to abound, to be abundant • **abonder en qqch** to be rich in sthg • **abonder dans le sens de qqn** to be entirely of sb's opinion.

abonné, e *nm, f* **1.** *(à un journal, à une chaîne de télé)* subscriber **2.** *(à un théâtre)* season-ticket holder **3.** *(à un service public)* consumer.

abonnement *nm* **1.** *(à un journal, à une chaîne de télé)* subscription • **l'abonnement au journal coûte cent euros** the newspaper subscription costs a hundred euros **2.** *(à un théâtre)* season ticket • **Luc a pris un abonnement au théâtre** Luc bought a season ticket for the theatre **(UK)** *ou* theater **(US)** **3.** *(au téléphone)* rental **4.** *(au gaz, à l'électricité)* standing charge.

abonner ■ **s'abonner** *vp* • **s'abonner à qqch** **a)** *(journal, chaîne de télé)* to subscribe to sthg, to take out a subscription to sthg **b)** *(service public)* to get connected to sthg **c)** *(théâtre)* to buy a season ticket for sthg.

abord *nm* • **être d'un abord facile/difficile** to be very/not very approachable. ■ **abords** *nmpl* **1.** *(gén)* surrounding area *sing* **2.** *(de ville)* outskirts. ■ **d'abord** *loc adv* **1.** *(en premier lieu)* first **2.** *(avant tout)* • **(tout) d'abord** first (of all), in the first place.

abordable *adj* **1.** *(lieu)* accessible **2.** *(personne)* approachable **3.** *(de prix modéré)* affordable.

abordage *nm* boarding.

aborder *vi* to land • **le bateau a abordé à Brest** the boat landed in Brest. ❑ *vt* **1.** *(personne, lieu)* to approach **2.** *(question)* to tackle, to deal with • **le prof n'a pas abordé ce problème** the teacher didn't deal with this problem.

aborigène *adj* aboriginal. ■ **Aborigène** *nmf* (Australian) aborigine.

abouti, e *adj (projet, démarche)* successful.

aboutir *vi* **1.** *(chemin)* • **aboutir à/dans** to end at/in **2.** *(négociation)* to be successful • **aboutir à qqch** to result in sthg • **tu aboutiras au même résultat** you'll arrive at *ou* get the same result.

aboyer *vi* to bark.

abrasif, ive *adj* abrasive.

abrégé, e *adj* abridged.

abréger *vt* **1.** *(visite, réunion)* to cut short **2.** *(discours)* to shorten **3.** *(mot)* to abbreviate • **tu peux abréger « Madame » en « Mme »** you can abbreviate "Madame" to "Mme".

abreuvoir *nm* **1.** *(lieu)* watering place **2.** *(installation)* drinking trough.
abréviation *nf* abbreviation.
abri *nm* shelter • **se mettre à l'abri** to shelter, to take shelter • **abri de jardin** garden shed. ■ **à l'abri de** *loc prép* **1.** *(pluie)* sheltered from **2.** *fig* safe from.
Abribus® *nm* bus shelter.
abricot *nm & adj inv* apricot.
abricotier *nm* apricot tree.
abriter *vt* **1.** *(protéger)* • **abriter qqn/qqch (de)** to shelter sb/sthg (from) **2.** *(héberger)* to accommodate. ■ **s'abriter** *vp + prép* • **s'abriter (de)** to shelter (from).
abroger *vt* to repeal.
abrupt, e *adj* **1.** *(raide)* steep **2.** *(rude)* abrupt, brusque.
abruti, e *fam nm,f* moron.
abrutir *vt* **1.** *(abêtir)* • **abrutir qqn** to deaden sb's mind **2.** *(accabler)* • **abrutir qqn de travail** to work sb into the ground.
abrutissant, e *adj* **1.** *(bruit, travail)* stupefying **2.** *(jeu, feuilleton)* moronic.
absence *nf* **1.** *(de personne)* absence **2.** *(carence)* lack.
absent, e *adj* **1.** *(personne)* • **absent (de) a)** *(gén)* away (from) **b)** *(pour maladie)* absent (from) **2.** *(regard, air)* vacant, absent **3.** *(manquant)* lacking. ❑ *nm,f* absentee.
absenter ■ **s'absenter** *vp* • **s'absenter (de la pièce)** to leave (the room).
absinthe *nf* **1.** *(plante)* wormwood **2.** *(boisson)* absinth.
absolu, e *adj* **1.** *(gén)* absolute **2.** *(décision, jugement)* uncompromising.
absolument *adv* absolutely.
absorbant, e *adj* **1.** *(matière)* absorbent **2.** *(occupation)* absorbing.
absorber *vt* **1.** *(gén)* to absorb **2.** *(manger)* to take.
abstenir ■ **s'abstenir** *vp* **1.** *(ne rien faire)* • **s'abstenir (de qqch/de faire qqch)** to refrain (from sthg/from doing sthg) **2.** *(ne pas voter)* to abstain.
abstention *nf* abstention.
abstentionnisme *nm* abstaining.
abstinence *nf* abstinence.
abstraction *nf* abstraction • **faire abstraction de** to disregard.
abstrait, e *adj* abstract.
absurde *adj* absurd.
absurdité *nf* absurdity • **dire des absurdités** to talk nonsense *(indén)*.
abus *nm* abuse • **abus de confiance** breach of trust • **abus de pouvoir** abuse of power.
abuser *vi* **1.** *(dépasser les bornes)* to go too far **2.** *(user)* • **abuser de a)** *(autorité, pouvoir)* to overstep the bounds of **b)** *(femme)* to take advantage of **c)** *(temps)* to take up too much of • **abuser de ses forces** to overexert o.s.
abusif, ive *adj* **1.** *(excessif)* excessive **2.** *(fautif)* improper.
acabit *nm* • **du même acabit** *péj* of the same type.
acacia *nm* acacia.
académicien, enne *nm,f* **1.** academician **2.** *(de l'Académie française)* member of the French Academy.
académie *nf* **1.** SCOL & UNIV ≃ regional education authority **(UK)** ; ≃ school district **(US)** **2.** *(institut)* academy • **l'Académie française** the French Academy *(learned society of leading men and women of letters)*.
acadien, enne *adj* Acadian. ■ **Acadien, enne** *nm,f* Acadian. ■ **acadien** *nm* LING Acadian.
acajou *nm & adj inv* mahogany.
acariâtre *adj* bad-tempered, cantankerous.
acarien *nm* **1.** *(gén)* acarid **2.** *(de poussière)* dust mite.
accablant, e *adj* **1.** *(soleil, chaleur)* oppressive **2.** *(preuve, témoignage)* overwhelming.
accabler *vt* **1.** *(surcharger)* • **accabler qqn de** *(travail)* to overwhelm sb with • **accabler qqn d'injures** to shower sb with abuse **2.** *(accuser)* to condemn.
accalmie *nf litt & fig* lull.
accéder ■ **accéder à** *vt* **1.** *(pénétrer dans)* to reach, to get to **2.** *(parvenir à)* to attain **3.** *(consentir à)* to comply with.
accélérateur *nm* accelerator.
accélération *nf* **1.** *(de voiture, machine)* acceleration **2.** *(de projet)* speeding up.
accélérer *vt* to accelerate, to speed up. ❑ *vi* AUTO to accelerate. ■ **s'accélérer** *vpi (pouls, cœur)* to beat faster • **son débit s'accélère** he's talking faster and faster.
accent *nm* **1.** *(signe graphique)* accent • **accent aigu/grave/circonflexe** acute/grave/circumflex (accent) **2.** *(intonation)* tone • **il a l'accent américain** he has an American accent • **mettre l'accent sur a)** *litt* to stress.
accentuation *nf* **1.** *(à l'écrit)* accenting **2.** *(en parlant)* stress.
accentuer *vt* **1.** *(insister sur, souligner)* to emphasise, to accentuate **2.** *(intensifier)* to intensify **3.** *(à l'écrit)* to put the accents on **4.** *(en parlant)* to stress. ■ **s'accentuer** *vp* to become more pronounced.
acceptable *adj* acceptable.
acceptation *nf* acceptance.
accepter *vt* to accept • **accepter de faire qqch** to agree to do sthg • **accepter que** *(+ subjonctif)* : **accepter que qqn fasse qqch** to agree to sb doing sthg • **je n'accepte pas qu'il me parle ainsi** I won't have him talking to me like that.

acception *nf* sense.

accès *nm* **1.** *(entrée)* entry • **avoir/donner accès à** to have/to give access to • **'accès interdit'** 'no entry' **2.** *(voie d'entrée)* entrance **3.** *(crise)* bout • **accès de colère** fit of anger.

accessible *adj* **1.** *(lieu, livre)* accessible **2.** *(personne)* approachable **3.** *(prix, équipement)* affordable.

accession *nf* • **accession à a)** *(trône, présidence)* accession to **b)** *(indépendance)* attainment of.

accessoire *nm* **1.** *(gén)* accessory **2.** *(de théâtre, cinéma)* prop. ❑ *adj* secondary.

accident *nm* accident • **par accident** by chance, by accident • **accident de la route/de voiture/du travail** road/car/industrial accident.

accidenté, e *adj* **1.** *(terrain, surface)* uneven **2.** *(voiture)* damaged. ❑ *nm,f (gén pl)* • **accidenté de la route** accident victim.

accidentel, elle *adj* accidental.

accidentellement *adv* **1.** *(rencontrer)* by chance, accidentally **2.** *(mourir)* in an accident.

acclamation *nf (gén pl)* cheers *pl*, cheering *(indén)*.

acclamer *vt* to cheer.

acclimatation *nf* acclimatization, acclimation **(US)**.

acclimater *vt* **1.** to acclimatize, to acclimate **(US)** **2.** *fig* to introduce. ■ **s'acclimater** *vp* • **s'acclimater à** to become acclimatized *ou* acclimated **(US)** to.

accolade *nf* **1.** TYPO brace **2.** *(embrassade)* embrace.

accommodant, e *adj* obliging.

accommodement *nm* compromise.

accommoder *vt* CULIN to prepare. ■ **s'accommoder** *vp* • **s'accommoder de** to put up with • **s'accommoder à** to adapt to.

accompagnateur, trice *nm,f* **1.** MUS accompanist **2.** *(guide)* guide.

accompagnement *nm* MUS accompaniment.

accompagner *vt* **1.** *(personne)* to go with, to accompany **2.** *(agrémenter)* • **accompagner qqch de** to accompany sthg with **3.** MUS to accompany.

accompli, e *adj* accomplished.

accomplir *vt* to carry out. ■ **s'accomplir** *vp* to come about.

accomplissement *nm* **1.** *(d'apprentissage)* completion **2.** *(de travail)* fulfilment **(UK)**, fulfillment **(US)**.

accord *nm* **1.** *(gén)* agreement **2.** LING agreement, concord **3.** MUS chord **4.** *(acceptation)* approval • **donner son accord à qqch** to approve sthg. ■ **d'accord** *loc adv* OK, all right. ❑ *loc adj* • **être d'accord (avec)** to agree (with) • **tomber** *ou* **se mettre d'accord** to come to an agreement, to agree.

accordéon *nm* accordion • **Louis joue de l'accordéon** Louis plays the accordion.

accorder *vt* **1.** *(donner)* • **accorder qqch à qqn** to grant sb sthg **2.** *(attribuer)* • **accorder qqch à qqch** to accord sthg to sthg • **accorder de l'importance à** to attach importance to **3.** *(harmoniser)* to match **4.** GRAMM • **accorder qqch avec qqch** to make sthg agree with sthg **5.** MUS to tune. ■ **s'accorder** *vp* **1.** *(gén)* • **s'accorder (pour faire qqch)** to agree (to do sthg) • **s'accorder à faire qqch** to be unanimous in doing sthg **2.** *(être assorti)* to match **3.** GRAMM to agree.

accoster *vt* **1.** NAUT to come alongside **2.** *(personne)* to accost. ❑ *vi* NAUT to dock.

accotement *nm (de route)* shoulder.

accouchement *nm* childbirth • **accouchement sans douleur** natural childbirth.

accoucher *vi* • **accoucher (de)** to give birth (to).

accouder ■ **s'accouder** *vp* to lean on one's elbows • **s'accouder à** to lean one's elbows on.

accoudoir *nm* armrest.

accouplement *nm* mating, coupling.

accourir *vi* to run up, to rush up.

accoutré, e *adj péj* • **être bizarrement accoutré** to be strangely got up.

accoutrement *nm péj* getup.

accoutumer *vt* • **accoutumer qqn à qqn/qqch** to get sb used to sb/sthg • **accoutumer qqn à faire qqch** to get sb used to doing sthg. ■ **s'accoutumer** *vp* • **s'accoutumer à qqn/qqch** to get used to sb/sthg • **s'accoutumer à faire qqch** to get used to doing sthg.

accréditer *vt (rumeur)* to substantiate • **accréditer qqn auprès de** to accredit sb to.

accro *fam adj* • **accro à** hooked on. ❑ *nmf* • **c'est une accro de la planche à voile** she's a windsurfing freak.

accroc *nm* **1.** *(déchirure)* tear **2.** *(incident)* hitch.

accrochage *nm* **1.** *(accident)* collision **2.** *fam (dispute)* row.

accroche *nf* COMM catch line.

accrocher *vt* **1.** *(suspendre)* • **accrocher qqch (à)** to hang sthg up (on) **2.** *(déchirer)* • **accrocher qqch (à)** to catch sthg (on) **3.** *(attacher)* • **accrocher qqch (à)** to hitch sthg (to). ■ **s'accrocher** *vp* **1.** *(s'agripper)* • **s'accrocher (à)** to hang on (to) • **s'accrocher à qqn** *fig* to cling to sb **2.** *fam (se disputer)* to row, to have a row **3.** *fam (persévérer)* to stick at it.

accrocheur, euse *adj* **1.** *(qui retient l'attention)* eye-catching **2.** *(opiniâtre)* tenacious.

accroissement *nm* increase, growth.

accroître *vt* to increase. ■ **s'accroître** *vp* to increase, to grow.

accroupir ■ **s'accroupir** *vp* to squat.

accu *nm* • **recharger ses accus** *fam* & *fig* to recharge one's batteries.

accueil *nm* **1.** *(lieu)* reception **2.** *(action)* welcome, reception.
accueillant, e *adj* welcoming, friendly.
accueillir *vt* **1.** *(gén)* to welcome **2.** *(loger)* to accommodate.
accumulateur *nm* **1.** BANQUE & INFORM accumulator **2.** ÉLECTR (storage) battery.
accumulation *nf* accumulation.
accumuler *vt* **1.** to accumulate **2.** *fig* to store up. ■ **s'accumuler** *vp* to pile up.
accusateur, trice *adj* accusing. ❏ *nm,f* accuser.
accusation *nf* **1.** *(reproche)* accusation **2.** DR charge • **mettre en accusation** to indict • **l'accusation** the prosecution.
accusé, e *nm,f* accused, defendant. ■ **accusé de réception** *nm* acknowledgement (of receipt).
accuser *vt* **1.** *(porter une accusation contre)* • **accuser qqn (de qqch)** to accuse sb (of sthg) **2.** DR • **accuser qqn de qqch** to charge sb with sthg.
acerbe *adj* acerbic.
acéré, e *adj* sharp.
achalandé, e *adj (en marchandises)* • **bien achalandé** well-stocked.
acharné, e *adj* **1.** *(combat)* fierce **2.** *(travail)* unremitting.
acharnement *nm* relentlessness.
acharner ■ **s'acharner** *vp* **1.** *(combattre)* • **s'acharner contre** *ou* **après** *ou* **sur qqn a)** *(ennemi, victime)* to hound sb **b)** *(sujet : malheur)* to dog sb **2.** *(s'obstiner)* • **s'acharner (à faire qqch)** to persist (in doing sthg).
achat *nm* purchase • **achat en ligne** online shopping, cybershopping.
acheminer *vt* to dispatch. ■ **s'acheminer** *vp* • **s'acheminer vers a)** *(lieu, désastre)* to head for **b)** *(solution, paix)* to move towards **(UK)** *ou* toward **(US)**.
acheter *vt litt* & *fig (cadeau, objet, produit)* to buy • **acheter qqch à qqn a)** *(pour soi)* to buy sthg from sb **b)** *(pour le lui offrir)* to buy sb sthg, to buy sthg for sb • **acheter qqch pour qqn** to buy sthg for sb, to buy sb sthg.

> **À PROPOS DE**
> ### acheter
> • *acheter qqch à/pour qqn* ***buy sthg for sb*** *ou* ***buy sb sthg***
> Il faut noter la construction à double complément qui, en anglais, peut prendre deux formes sans différence de sens :
> 1. une structure identique à celle du français : verbe + COD + préposition + COI ***buy sthg for sb***
> 2. une structure qui diffère de celle du français, sans préposition, et dans laquelle l'ordre des compléments est inversé : verbe + COI + COD ***buy sb sthg***
> • *Thomas a acheté un livre à/pour son ami Gabriel.* ***Thomas bought a book for his friend Gabriel*** *ou* ***Thomas bought his friend Gabriel a book.***

acheteur, euse *nm,f* buyer, purchaser.
achevé, e *adj sout* • **d'un ridicule achevé** utterly ridiculous.
achèvement *nm* completion.
achever *vt* **1.** *(terminer)* to complete, to finish (off) **2.** *(tuer, accabler)* to finish off. ■ **s'achever** *vp* to end, to come to an end.

> **FAUX AMIS**
> ### achever
> Attention à ne pas traduire le verbe *achever* par ***to achieve***, qui signifie *accomplir, réaliser* (***she achieved her ambition***, *elle a réalisé son ambition*). Lorsque *achever* a le sens de *finir*, on le traduit le plus souvent par ***to finish***. Par exemple : *Laisse-le achever sa phrase,* ***Let him finish what he's saying***. Dans le sens de *tuer, achever* se traduit par ***to destroy*** ou ***to finish off*** : *Ils décidèrent d'achever la pauvre bête,* ***They decided to destroy the poor animal.***

achoppement → **pierre**.
acide *adj* **1.** *(saveur)* sour **2.** *(propos)* sharp, acid **3.** CHIM acid. ❏ *nm* CHIM acid.
acidité *nf* **1.** CHIM acidity **2.** *(saveur)* sourness **3.** *(de propos)* sharpness.
acidulé, e *adj* slightly acid.
acier *nm* steel • **acier inoxydable** stainless steel.
aciérie *nf* steelworks *sing*.
acné *nf* acne • **elle a de l'acné** she has acne.
acolyte *nm péj* henchman.
acompte *nm* deposit.
à-côté *nm* **1.** *(point accessoire)* side issue **2.** *(gain d'appoint)* extra.
à-coup *nm* jerk • **par à-coups** in fits and starts.
acoustique *nf* **1.** *(science)* acoustics *(indén)* **2.** *(d'une salle)* acoustics *pl*.
acquéreur *nm* buyer.
acquérir *vt (gén)* to acquire.
acquiescement *nm* approval.
acquiescer *vi* to acquiesce • **acquiescer à** to agree to.
acquis, e *adj* **1.** *(caractère)* acquired **2.** *(droit, avantage)* established. ■ **acquis** *nmpl (connaissances)* knowledge *(indén)*.
acquisition *nf* acquisition.
acquit *nm* receipt • **pour acquit** COMM received • **faire qqch par acquit de conscience** *fig* to do sthg to set one's mind at rest.

acquittement *nm* **1.** *(d'obligation)* settlement **2.** *DR* acquittal.

acquitter *vt* **1.** *DR* to acquit **2.** *(régler)* to pay **3.** *(libérer)* • **acquitter qqn de** to release sb from.

âcre *adj* **1.** *(saveur)* bitter **2.** *(fumée)* acrid.

acrobate *nmf* acrobat.

acrobatie *nf* acrobatics *(indén)*.

acrylique *adj & nm* acrylic.

acte *nm* **1.** *(action)* act, action • **faire acte d'autorité** to exercise one's authority • **faire acte de candidature** to submit an application **2.** *THÉÂTRE* act • **une pièce en cinq actes** a play in five acts **3.** *DR* deed • **acte d'accusation** charge • **acte de naissance/de mariage/de décès** birth/marriage/death certificate • **acte de vente** bill of sale **4.** *RELIG* certificate **5.** *(locution)* • **faire acte de présence** to put in an appearance • **prendre acte de** to note, to take note of. ■ **actes** *nmpl* *(de colloque)* proceedings.

acteur, trice *nm,f* actor, actress *f*.

actif, ive *adj (gén)* active • **la population active** the working population. ■ **actif** *nm* **1.** *FIN* assets *pl* **2.** *(locution)* • **avoir qqch à son actif** to have sthg to one's credit.

action *nf* **1.** *(gén)* action • **sous l'action de** under the effect of **2.** *(acte)* action, act • **bonne/mauvaise action** good/bad deed **3.** *DR* action, lawsuit **4.** *FIN* share.

actionnaire *nmf FIN* shareholder **(UK)**, stockholder **(US)**.

actionner *vt* to work, to activate.

activement *adv* actively.

activer *vt* to speed up. ■ **s'activer** *vp* to bustle about.

activiste *adj & nmf* activist.

activité *nf (gén)* activity • **en activité** *(volcan)* active.

actualisation *nf (d'un texte)* updating.

actualiser *vt* to update, to bring up to date.

actualité *nf* **1.** *(d'un sujet)* topicality **2.** *(événements)* • **l'actualité sportive/politique/littéraire** the current sports/political/literary scene. ■ **actualités** *nfpl* • **les actualités** the news *sing*.

actuel, elle *adj (contemporain, présent)* current, present • **à l'heure actuelle** at the present time.

FAUX AMIS

actuel

Il est facile de confondre *actuel* et ***actual***. Le sens de ces deux mots est pourtant très différent : ***actual*** signifie *véritable, exact* ou encore *concret* (***what were her actual words?***, *quelles ont été ses paroles exactes ?*). C'est donc plutôt ***present*** ou ***current*** qu'il faudra utiliser pour traduire *actuel*, comme dans : *à l'heure actuelle*, ***at the present time***.

actuellement *adv* at present, currently.

FAUX AMIS

actuellement

Le même problème se pose pour *actuellement* : il ne faut pas le traduire par ***actually***, qui a le sens de *en fait*, mais pas ***currently*** ou ***at present***. Comparez, par exemple, ***she's actually working on a new novel***, *en fait, elle travaille à un nouveau roman*, et ***she's currently working on a new novel***, *elle travaille* ***actuellement*** *à un nouveau roman*.

acuité *nf* acuteness.

acuponcteur, trice, acupuncteur, trice *nm,f* acupuncturist.

acupuncture, acuponcture *nf* acupuncture.

adage *nm* adage, saying.

adaptateur, trice *nm,f* adapter. ■ **adaptateur** *nm ÉLECTR* adapter.

adaptation *nf* adaptation.

adapter *vt* **1.** *(gén)* to adapt **2.** *(fixer)* to fit. ■ **s'adapter** *vp* • **s'adapter (à)** to adapt (to).

additif *nm* **1.** *(supplément)* rider, additional clause **2.** *(substance)* additive.

addition *nf* **1.** *(ajout, calcul)* addition • **faire une addition** to do a sum **2.** *(note)* bill, check **(US)** • **l'addition, s'il vous plaît** can I have the bill, please?

additionner *vt* **1.** *(mélanger)* • **additionner une poudre d'eau** to add water to a powder **2.** *(chiffres)* to add up.

adepte *nmf* follower.

adéquat, e *adj* suitable, appropriate.

adhérence *nf (de pneu)* grip.

adhérent, e *nm,f* • **adhérent (de)** member (of).

adhérer *vi* **1.** *(coller)* to stick, to adhere • **adhérer à a)** *(se fixer sur)* to stick *ou* adhere to **b)** *fig (être d'accord avec)* to support, to adhere to **2.** *(être membre)* • **adhérer à** to become a member of, to join.

adhésif, ive *adj* sticky, adhesive. ■ **adhésif** *nm* adhesive.

adhésion *nf* **1.** *(à une idée)* • **adhésion (à)** support (for) **2.** *(à un parti)* • **adhésion (à)** membership (of).

adieu *interj* goodbye!, farewell! • **dire adieu à quelqu'un** to say goodbye to somebody • **dire adieu à qqch** *fig* to say goodbye to sthg. ❑ *nm (gén pl)* farewell • **faire ses adieux à qqn** to say one's farewells to sb.

adipeux, euse *adj* **1.** *(tissu)* adipose **2.** *(personne)* fat.

adjectif *nm GRAMM* adjective.

adjoint, e *adj* deputy *(avant nom)*, assistant *(avant nom)*. ❑ *nm,f* deputy, assistant • **adjoint au maire** deputy mayor.

adjonction *nf* addition.
adjudant *nm (dans la marine)* warrant officer.
adjuger *vt* • **adjuger qqch (à qqn) a)** *(aux enchères)* to auction sthg (to sb) **b)** *(décerner)* to award sthg (to sb) • **adjugé !** sold!
admettre *vt* **1.** *(tolérer, accepter)* to allow, to accept **2.** *(autoriser)* to allow **3.** *(accueillir, reconnaître)* to admit.
administrateur, trice *nm, f* **1.** *(gérant)* administrator • **administrateur judiciaire** receiver **2.** *(de conseil d'administration)* director **3.** INFORM • **administrateur de site (Web)** webmaster.
administratif, ive *adj* administrative.
administration *nf* **1.** *(service public)* • **l'Administration** ≃ the Civil Service **2.** *(gestion)* administration.
administrer *vt* **1.** *(gérer)* to manage, to administer **2.** *(médicament, sacrement)* to administer.
admirable *adj* **1.** *(personne, comportement)* admirable **2.** *(paysage, spectacle)* wonderful.
admirateur, trice *nm, f* admirer.
admiratif, ive *adj* admiring.
admiration *nf* admiration.
admirer *vt* to admire.
admissible *adj* **1.** *(attitude)* acceptable **2.** SCOL eligible.
admission *nf* admission.
ADN (abrév de acide désoxyribonucléique) *nm* DNA • **test ADN** DNA test.
ado (abrév de adolescent) *nmf fam* teen, teenager.
adolescence *nf* adolescence.
adolescent, e *nm, f* adolescent, teenager.
adonner ■ **s'adonner** *vp* • **s'adonner à a)** *(sport, activité)* to devote o.s. to **b)** *(vice)* to take to.
adopter *vt* **1.** *(gén)* to adopt **2.** *(loi)* to pass • **le projet de loi a été adopté** the bill went through.
adoptif, ive *adj* **1.** *(famille)* adoptive **2.** *(pays, enfant)* adopted.
adoption *nf* adoption • **d'adoption a)** *(pays, ville)* adopted **b)** *(famille)* adoptive.
adorable *adj* adorable, delightful.
adoration *nf* **1.** *(amour)* adoration **2.** RELIG worship.
adorer *vt* **1.** *(personne, chose)* to love, to adore **2.** RELIG to worship.
adosser *vt* • **adosser qqch à qqch** to place sthg against sthg. ■ **s'adosser** *vp* • **s'adosser à** *ou* **contre qqch** to lean against sthg.
adoucir *vt* **1.** *(gén)* to soften **2.** *(chagrin, peine)* to ease, to soothe. ■ **s'adoucir** *vp* **1.** *(temps)* to become *ou* get milder **2.** *(personne)* to mellow.
adoucissant, e *adj* soothing. ■ **adoucissant** *nm* softener.
adoucisseur *nm* • **adoucisseur d'eau** water softener.
adrénaline *nf* adrenalin.
adresse *nf* **1.** *(gén)* INFORM address • **adresse électronique** e-mail address **2.** *(habileté)* skill.

> À PROPOS DE
>
> ## donner son adresse
>
> Pour communiquer son adresse, on donne son nom, suivi par le numéro et le nom de la rue, le nom de la ville, en terminant par le code postal (***9, Grosvenor Avenue, London, N5 2NP***).
>
> Lorsqu'il s'agit d'un numéro de téléphone, on épelle les chiffres un à un en communiquant toujours l'indicatif en premier et en marquant une pause avant d'énoncer le numéro (***0131 3150256, 0207 3541710***).
>
> Le chiffre *zéro* se dit ***« Oh »*** (***Oh-Two-Oh-Seven…***) en Angleterre et ***« Zero »*** prononcé ***Ziro*** (***Zero-Two-Zero-Seven***) aux États-Unis.
>
> Pour une adresse email (lucy.kyle@hotmail.com), le point se dit ***dot*** et le signe @ ***at*** (***lucy-dot-kyle-at-hotmail-dot-com***).

adresser *vt* **1.** *(faire parvenir)* • **adresser qqch à qqn** to address sthg to sb **2.** *(envoyer)* • **adresser qqn à qqn** to refer sb to sb. ■ **s'adresser** *vp* • **s'adresser à a)** *(parler à)* to speak to **b)** *(être destiné à)* to be aimed at, to be intended for.
Adriatique *nf* • **l'Adriatique** the Adriatic.
adroit, e *adj* skilful **(US)**, skillful **(US)**.
ADSL (abrév de asymmetric digital subscriber line) *nm* ADSL • **passer à l'ADSL** to switch *ou* upgrade *ou* go over to ADSL.
aduler *vt* to adulate.
adulte *nmf & adj* adult.
adultère *nm (acte)* adultery. ❑ *adj* adulterous.
adultérin, e *adj* illegitimate.
advenir *v impers* to happen • **qu'advient-il de… ?** what is happening to…? • **qu'est-il advenu de… ?** what has happened to *ou* become of…?
advenu *pp* → **advenir**.
adverbe *nm* adverb.
adversaire *nmf* adversary, opponent.
adverse *adj (opposé)* opposing ; → **parti**.
adversité *nf* adversity.
aération *nf* **1.** *(circulation d'air)* ventilation **2.** *(action)* airing.
aéré, e *adj* **1.** *(pièce)* well-ventilated • **mal aéré** stuffy **2.** *fig (présentation)* well-spaced.
aérer *vt* **1.** *(pièce, chose)* to air **2.** *fig (présentation, mise en page)* to improve. ■ **s'aérer** *vp (sortir)* to get some fresh air.
aérien, enne *adj* **1.** *(câble)* overhead *(avant nom)* **2.** *(transports, attaque)* air *(avant nom)* • **compagnie aérienne** airline (company).
aérobic *nm* aerobics *(indén)*.
aéro-club *nm* flying club.

aérodrome *nm* airfield.
aérodynamique *adj* streamlined, aerodynamic.
aérogare *nf* **1.** *(aéroport)* airport **2.** *(gare)* air terminal.
aéroglisseur *nm* hovercraft.
aérogramme *nm* aerogramme **(UK)**, aerogram **(US)**, air letter.
aéronautique *nf* aeronautics *(indén)*.
aéronaval, e *adj* air and sea *(avant nom)*.
aérophagie *nf* abdominal wind.
aéroport *nm* airport.
aéroporté, e *adj* airborne. ■ **particules aéroportées** *nf* MÉD airborne particles.
aérosol *nm* & *adj inv* aerosol.
aérospatial, e *adj* aerospace *(avant nom)*. ■ **aérospatiale** *nf* aerospace industry.
affable *adj* **1.** *(personne)* affable, agreeable **2.** *(parole)* kind.
affaiblir *vt litt* & *fig* to weaken. ■ **s'affaiblir** *vp litt* & *fig* to weaken, to become weaker.
affaire *nf* **1.** *(question)* matter **2.** *(situation, polémique)* affair **3.** *(marché)* deal • **faire une affaire** to get a bargain *ou* a good deal **4.** *(entreprise)* business **5.** *(procès)* case **6.** *(locution)* • **avoir affaire à qqn** to deal with sb • **vous aurez affaire à moi !** you'll have me to deal with! • **faire l'affaire** to do nicely. ■ **affaires** *nfpl* **1.** COMM business *(indén)* **2.** *(objets personnels)* things, belongings **3.** *(activités)* affairs.
affairé, e *adj* busy.
affairer ■ **s'affairer** *vp* to bustle about.
affairisme *nm* racketeering.
affaisser ■ **s'affaisser** *vp* **1.** *(se creuser)* to subside, to sink **2.** *(tomber)* to collapse.
affaler ■ **s'affaler** *vp* to collapse.
affamé, e *adj* starving.
affectation *nf* **1.** *(attribution)* • **affectation de qqch à** allocation of sthg to **2.** *(nomination)* appointment, posting **3.** *(manque de naturel)* affectation.
affecté, e *adj (personne)* affected, mannered • **parler d'une manière affectée** to speak affectedly.
affecter *vt* **1.** *(consacrer)* • **affecter qqch à** to allocate sthg to **2.** *(nommer)* • **affecter qqn à** to appoint sb to **3.** *(feindre)* to feign **4.** *(émouvoir)* to affect, to move.
affectif, ive *adj* emotional.
affection *nf* **1.** *(sentiment)* affection • **avoir de l'affection pour** to be fond of **2.** *(maladie)* complaint.
affectionner *vt* to be fond of.
affectueusement *adv* affectionately.
affectueux, euse *adj* affectionate.
affermir ■ **s'affermir** *vp* **1.** *(matière)* to be strengthened **2.** *(chair)* to be toned up **3.** *(pouvoir)* to be consolidated.
affichage *nm* **1.** *(d'un poster, d'un avis)* putting up, displaying **2.** ÉLECTRON • **affichage à cristaux liquides** LCD, liquid crystal display.
affiche *nf* **1.** *(gén)* poster **2.** *(officielle)* notice.
afficher *vt* **1.** *(liste, poster)* to put up **2.** *(vente, réglementation)* to put up a notice about **3.** *(laisser transparaître)* to display, to exhibit.
afficheur *nm* **1.** *(entreprise)* billposter **2.** ÉLECTRON display.
affilée ■ **d'affilée** *loc adv* • **trois jours d'affilée** three days running.
affiler *vt* to sharpen.
affilié, e *adj* • **affilié à** affiliated to.
affiner *vt litt* & *fig* to refine.
affinité *nf* affinity.
affirmatif, ive *adj* **1.** *(réponse)* affirmative **2.** *(personne)* positive. ■ **affirmative** *nf* • **nous aimerions savoir si vous serez libre mercredi ; dans l'affirmative, nous vous prions de...** we'd like to know if you are free on Wednesday; if you are *ou* if so, please... • **répondre par l'affirmative** to reply in the affirmative.
affirmation *nf* assertion.
affirmer *vt* **1.** *(certifier)* to maintain, to claim **2.** *(exprimer)* to assert.
affliction *nf* affliction.
affligeant, e *adj* **1.** *(désolant)* saddening, distressing **2.** *(lamentable)* appalling.
affliger *vt sout* **1.** *(attrister)* to sadden, to distress **2.** *(de défaut, de maladie)* • **être affligé de** to be afflicted with.
affluence *nf* crowd, crowds *pl*.
affluent *nm* tributary.
affluer *vi* **1.** *(choses)* to pour in, to flood in **2.** *(personnes)* to flock **3.** *(sang)* • **affluer (à)** to rush (to).
afflux *nm* **1.** *(de liquide, dons, capitaux)* flow **2.** *(de personnes)* flood.
affolant, e *adj* **1.** *(inquiétant)* frightening **2.** *(troublant)* disturbing.
affolement *nm* panic.
affoler *vt (inquiéter)* to terrify. ■ **s'affoler** *vp (paniquer)* to panic.
affranchi, e *adj* **1.** *(lettre - avec timbre)* stamped ; *(- à la machine)* franked **2.** *(personne, esclave)* liberated.
affranchir *vt* **1.** *(lettre - avec timbre)* to stamp ; *(- à la machine)* to frank **2.** *(esclave)* to set free, to liberate.
affréter *vt* to charter.
affreux, euse *adj* **1.** *(repoussant)* horrible **2.** *(effrayant)* terrifying **3.** *(détestable)* awful, dreadful.
affriolant, e *adj* enticing.
affront *nm* insult, affront.
affrontement *nm* confrontation.
affronter *vt* to confront.
affubler *vt péj* • **être affublé de** to be got up in.

affût *nm* • **être à l'affût (de) a)** to be lying in wait (for) **b)** *fig* to be on the lookout (for).
affûter *vt* to sharpen.
Afghanistan *nm* • **l'Afghanistan** Afghanistan.
afin ■ **afin de** *loc prép* in order to. ■ **afin que** *loc conj (+ subjonctif)* so that.
a fortiori *adv* all the more.
AFP (abrév de Agence France-Presse) *nf si vous voulez expliquer de quoi il s'agit à un anglophone, vous pouvez dire* it is the French press agency.
africain, e *adj* African. ■ **Africain, e** *nm, f* African.

En anglais, les adjectifs se rapportant à un continent s'écrivent avec une majuscule.

afrikaner, afrikaander *adj* Afrikaner. ■ **Afrikaner, Afrikaander** *nmf* Afrikaner.
Afrique *nf* • **l'Afrique** Africa • **l'Afrique du Nord** North Africa • **l'Afrique du Sud** South Africa.

En anglais, il n'y a pas d'article devant les noms de continents.

after-shave *nm inv & adj inv* aftershave.
AFU (abrév de assistance ou aide au freinage d'urgence) *nm inv ou* nf inv AUTO power-assisted braking.
agaçant, e *adj* irritating.
agacer *vt* to irritate.
âge *nm* age • **quel âge as-tu ?** how old are you? • **prendre de l'âge** to age • **l'âge adulte** adulthood • **l'âge ingrat** the awkward *ou* difficult age • **âge d'or** golden age • **le troisième âge** *(personnes)* the over-sixties, senior citizens.
âgé, e *adj* **1.** *(vieux)* old • **elle est plus âgée de moi** she's older than I am **2.** *(de tel âge)* • **être âgé de 20 ans** to be 20 years old *ou* of age • **un enfant âgé de 3 ans** a 3-year-old child.
agence *nf* agency • **agence immobilière** estate agent's (UK), real estate agency (US) • **agence matrimoniale** marriage bureau • **agence de publicité** advertising agency • **agence de voyages** travel agency, travel agent's (UK).
agencer *vt* **1.** to arrange **2.** *fig* to put together.
agenda *nm* diary • **agenda électronique** electronic organizer.
agenouiller ■ **s'agenouiller** *vp* to kneel.
agent *nm* agent • **agent de change** stockbroker • **agent de police** police officer • **agent secret** secret agent.
agglomération *nf (ville)* conurbation.
aggloméré *nm* chipboard.
agglomérer *vt* to mix together.
agglutiner *vt* to stick together. ■ **s'agglutiner** *vp (foule)* to gather, to congregate.
aggravation *nf* worsening, aggravation.
aggraver *vt* to make worse. ■ **s'aggraver** *vp* to get worse, to worsen.
agile *adj* agile, nimble.
agilité *nf litt & fig* agility.
agios *nmpl* FIN bank charges.
agir *vi* **1.** *(faire, être efficace)* to act **2.** *(se comporter)* to behave **3.** *(influer)* • **agir sur** to have an effect on. ■ **s'agir** *v impers* • **il s'agit de...** it's a matter of... • **de quoi s'agit-il ?** what's it about?
agissements *nmpl péj* schemes, intrigues.
agitateur, trice *nm, f* POLIT agitator.
agitation *nf* **1.** agitation **2.** *(politique, sociale)* unrest.
agité, e *adj* **1.** *(gén)* restless **2.** *(enfant, classe)* restless, fidgety **3.** *(journée, atmosphère)* hectic **4.** *(mer)* rough.
agiter *vt* **1.** *(remuer - flacon, objet)* to shake ; *(- drapeau, bras)* to wave **2.** *(énerver)* to perturb. ■ **s'agiter** *vp* **1.** *(personne)* to move about, to fidget **2.** *(mer)* to stir **3.** *(population)* to get restless.
agneau *nm* **1.** *(animal, viande)* lamb **2.** *(cuir)* lambskin.
agnosticisme *nm* agnosticism.
agnostique *adj & nmf* agnostic.
agonie *nf* **1.** *(de personne)* mortal agony **2.** *fig* death throes *pl*.
agoniser *vi* **1.** *(personne)* to be dying **2.** *fig* to be on its last legs.
agrafe *nf* **1.** *(de bureau)* staple **2.** MÉD clip.
agrafer *vt (attacher)* to fasten.
agrafeuse *nf* stapler.
agraire *adj* agrarian.
agrandir *vt* **1.** *(gén)* PHOTO to enlarge **2.** *(rue, écart)* to widen **3.** *fig (développer)* to expand. ■ **s'agrandir** *vp* **1.** *(s'étendre)* to grow **2.** *fig (se développer)* to expand.
agrandissement *nm* **1.** *(gén)* PHOTO enlargement **2.** *fig (développement)* expansion.
agréable *adj* pleasant, nice.
agréé, e *adj (concessionnaire, appareil)* authorized.
agréer *vt sout* **1.** *(accepter)* • **veuillez agréer mes salutations distinguées** *ou* **l'expression de mes sentiments distingués** yours faithfully **2.** *(convenir)* • **agréer à qqn** to suit *ou* please sb.
agrégation *nf il n'y a pas d'équivalent en Grande-Bretagne ou aux États-Unis. Si vous voulez expliquer de quoi il s'agit à un anglophone, vous pouvez dire* it is a competitive examination for secondary school teachers and university lecturers.
agrégé, e *nm, f* holder of the *agrégation*.
agrément *nm* **1.** *(caractère agréable)* attractiveness **2.** *(approbation)* consent, approval.
agrès *nm* SPORT gym apparatus *(indén)*.
agresser *vt* **1.** *(sujet : personne)* to attack **2.** *fig (sujet : bruit, pollution)* to assault.
agresseur *nm* attacker.
agressif, ive *adj* aggressive.

agression *nf* **1.** attack **2.** *MIL & PSYCHO* aggression • **agression sexuelle** sexual assault.

agressivité *nf* aggressiveness.

agricole *adj* agricultural.

agriculteur, trice *nm,f* farmer.

agriculture *nf* agriculture, farming.

agripper *vt* **1.** *(personne)* to cling *ou* hang on to **2.** *(objet)* to grip, to clutch.

agroalimentaire *adj* • **industrie agroalimentaire** food-processing industry • **les produits agroalimentaires** processed foods *ou* foodstuffs. ❑ *nm* • **l'agroalimentaire** the food-processing industry.

agronomie *nf* agronomy.

agrotourisme *nm* agrotourism.

agrume *nm* citrus fruit.

aguets ■ **aux aguets** *loc adv* • **être/rester aux aguets** to be *ou* keep on the lookout.

aguicher *vt* to entice, to allure.

ah *interj* oh!, ah! • **ah bon ?** really? • **ah, quelle bonne surprise !** what a nice surprise!

ahuri, e *adj* • **être ahuri (par qqch)** to be taken aback (by sthg).

ahurissant, e *adj* astounding.

aide *nf* **1.** *(gén)* help • **appeler (qqn) à l'aide** to call (to sb) for help • **venir en aide à qqn** to come to sb's aid, to help sb • **aide ménagère** home help **(UK)**, home helper **(US)** **2.** *(secours financier)* aid • **aide sociale** social security **(UK)**, welfare **(US)**. ■ **à l'aide de** *loc prép* with the help *ou* aid of.

S'EXPRIMER

proposer son aide

- ***Can I help you?*** Puis-je t'aider/vous aider ?
- ***What can I do for you?*** Que puis-je faire pour toi/vous ?
- ***If you like, I'll see to it.*** Si vous voulez, je m'en charge.

aide-éducateur, trice *nm,f SCOL* teaching assistant.

aide-mémoire *nm inv* **1.** aide-mémoire **2.** *(pour examen)* revision notes *pl* **(UK)**.

aider *vt* to help • **aider qqn à faire qqch** to help sb to do sthg. ■ **s'aider** *vp* **1.** *(s'assister mutuellement)* to help each other **2.** *(avoir recours)* • **s'aider de** to use, to make use of.

aide-soignant, e *nm,f* nursing auxiliary **(UK)**, nurse's aide **(US)**.

aïe *interj (exprime la douleur)* ow!, ouch!

aïeul, e *nm,f sout* grandparent, grandfather, grandmother *f*.

aïeux *nmpl* ancestors.

aigle *nm* eagle.

aigre *adj* **1.** *(gén)* sour **2.** *(propos)* harsh.

aigre-doux, aigre-douce *adj* **1.** *CULIN* sweet-and-sour **2.** *(propos)* bittersweet.

aigrelet, ette *adj* **1.** *(vin)* vinegary **2.** *(voix)* sharpish.

aigreur *nf* **1.** *(d'un aliment)* sourness **2.** *(d'un propos)* harshness. ■ **aigreurs d'estomac** *nfpl* heartburn *(indén)*.

aigri, e *adj* embittered.

aigu, uë *adj* **1.** *(son, voix)* high-pitched **2.** *(objet, lame)* sharp **3.** *(angle)* acute **4.** *(douleur)* sharp, acute **5.** *(intelligence, sens)* acute, keen. ■ **aigu** *nm* high note.

aiguillage *nm (RAIL - manœuvre)* shunting, switching **(US)** ; *(- dispositif)* points *pl* **(UK)**, switch **(US)**.

aiguille *nf* **1.** *(gén)* needle • **aiguille à tricoter** knitting needle • **aiguille de pin** pine needle **2.** *(de pendule)* hand.

aiguiller *vt* **1.** *RAIL* to shunt, to switch **(US)** **2.** *(personne, conversation)* to steer, to direct.

aiguillette *nf* • **aiguillettes de canard** strips of duck breast.

aiguilleur *nm* **1.** *RAIL* pointsman **(UK)**, switchman **(US)** **2.** *AÉRON* • **aiguilleur du ciel** air-traffic controller.

aiguiser *vt litt & fig* to sharpen.

ail *nm* **1.** garlic *(indén)* **2.** • **ail des bois** **(QUÉBEC)** wild leek.

aile *nf (gén)* wing.

aileron *nm* **1.** *(de requin)* fin **2.** *(d'avion)* aileron.

ailier *nm* winger.

ailleurs *adv* elsewhere, somewhere *ou* someplace **(US)** else • **nulle part ailleurs** nowhere *ou* noplace **(US)** else • **partout ailleurs** everywhere *ou* everyplace **(US)** else. ■ **d'ailleurs** *loc adv* moreover, besides. ■ **par ailleurs** *loc adv* moreover.

aimable *adj* kind, nice.

aimablement *adv* kindly.

aimant[1], e *adj* loving.

aimant[2] *nm* magnet.

aimer

■ **aimer** *vt*

1. POUR EXPRIMER DES GOÛTS

• **il aime le football** he likes football *ou* he is fond of football *ou* he is keen on football • **il aime jouer au football** he likes *ou* is fond of *ou* is keen on playing football • **je n'aime pas que tu rentres seule le soir** I don't like you coming home alone at night • **j'aime à croire que…** I like to think that…

2. POUR EXPRIMER UN SOUHAIT

• **j'aimerais (bien) que tu viennes avec moi** I'd like you to come with me • **j'aimerais bien une autre tasse de café** I wouldn't mind another cup of coffee • **j'aimerais vraiment venir** I'd love to come • **je n'aimerais pas travailler dehors en hiver** I wouldn't want *ou* like to work outside in winter

3. POUR EXPRIMER UNE PRÉFÉRENCE
• **le bleu n'est pas mal, mais j'aime mieux le vert** the blue one isn't bad but I prefer the green one • **j'aime mieux lire que regarder la télévision** I prefer reading to watching television • **j'aime mieux rester ici** I'd rather stay here *ou* I prefer to stay here

4. ÉPROUVER DE L'AMOUR POUR
• **Amélie dit qu'elle aime Cédric** Amélie says she loves Cédric

■ **s'aimer** *vp*

EMPLOI RÉCIPROQUE
• **ils s'aiment depuis des années** they've been in love for years *ou* they've loved each other for years • **ils s'aiment bien** they like each other

aine *nf* groin.

aîné, e *adj* **1.** *(plus âgé)* elder, older **2.** *(le plus âgé)* eldest, oldest. ❑ *nm, f* **1.** *(plus âgé)* older *ou* elder child, older *ou* eldest son/daughter • **elle est mon aînée de deux ans** she is two years older than me **2.** *(le plus âgé)* oldest *ou* eldest child, oldest *ou* eldest son/daughter.

ainsi *adv* **1.** *(manière)* in this way, like this **2.** *(valeur conclusive)* thus • **et ainsi de suite** and so on, and so forth • **pour ainsi dire** so to speak. ■ **ainsi que** *loc conj (et)* as well as.

aïoli, ailloli *nm* garlic mayonnaise.

air *nm* **1.** *(gén)* air • **en plein air** (out) in the open air, outside • **en l'air a)** *(projet)* (up) in the air **b)** *fig (paroles)* empty • **air conditionné** air-conditioning **2.** *(apparence, mine)* air, look • **il a l'air triste** he looks sad • **il a l'air de bouder** it looks as if he's sulking • **il a l'air de faire beau** it looks like being a nice day **3.** *MUS* tune **4.** *(à l'opéra)* aria.

airbag *nm* airbag.

aire *nf (gén)* area • **aire d'atterrissage** landing strip • **aire de jeu** playground • **aire de repos** lay-by **(UK)**, rest area **(US)** • **aire de stationnement** parking area.

airelle *nf* bilberry.

aisance *nf* **1.** *(facilité)* ease **2.** *(richesse)* • **il vit dans l'aisance** he has an affluent lifestyle.

aise *nf sout* pleasure • **être à l'aise** *ou* **à son aise a)** *(confortable)* to feel comfortable **b)** *(financièrement)* to be comfortably off • **mettez-vous à l'aise** make yourself comfortable • **mettre qqn mal à l'aise** to make sb feel ill at ease *ou* uneasy. ■ **aises** *nfpl* • **aimer ses aises** to like one's (home) comforts • **prendre ses aises** to make o.s. comfortable.

aisé, e *adj* **1.** *(facile)* easy **2.** *(riche)* well-off.

aisément *adv* easily.

aisselle *nf* armpit.

ajonc *nm* gorse *(indén)*.

ajourner *vt* **1.** *(reporter - décision)* to postpone ; *(- réunion, procès)* to adjourn **2.** *(candidat)* to refer.

ajout *nm* addition.

ajouter *vt* to add • **ajouter foi à qqch** *sout* to give credence to sthg. ■ **s'ajouter** *vp* • **s'ajouter à qqch** to be in addition to sthg.

ajusté, e *adj (coupé)* fitted, tailored.

ajuster *vt* **1.** *(monter)* • **ajuster qqch (à)** to fit sthg (to) **2.** *(régler)* to adjust **3.** *(vêtement)* to alter **4.** *(tir, coup)* to aim. ■ **s'ajuster** *vp* to be adaptable.

alaise, alèse *nf* undersheet.

alarmant, e *adj* alarming.

alarme *nf* alarm • **donner l'alarme** to give *ou* raise the alarm.

alarmer *vt* to alarm. ■ **s'alarmer** *vp* to get *ou* become alarmed.

alarmiste *nmf* scaremonger. ❑ *adj* alarmist.

albanais, e *adj* Albanian. ■ **albanais** *nm (langue)* Albanian. ■ **Albanais, e** *nm, f* Albanian.

Albanie *nf* • **l'Albanie** Albania.

albâtre *nm* alabaster.

albatros *nm* albatross.

albinos *nmf & adj inv* albino.

album *nm* album • **album (de) photos** photo album • **album de bandes dessinées** comic book.

alchimiste *nmf* alchemist.

alcool *nm* alcohol • **alcool à brûler** methylated spirits *pl* • **alcool à 90 degrés** surgical spirit.

alcoolique *nmf & adj* alcoholic.

alcoolisé, e *adj* alcoholic.

alcoolisme *nm* alcoholism.

Alc(o)otest® *nm* ≃ Breathalyser® **(UK)** ; ≃ Breathalyzer® **(US)**.

alcôve *nf* recess.

aléa *nm (gén pl) sout* hazard.

aléatoire *adj* **1.** *(avenir)* uncertain **2.** *(choix)* random.

alentour *adv* around, around about. ■ **alentours** *nmpl* surroundings • **aux alentours de a)** *(spatial)* in the vicinity of **b)** *(temporel)* around.

alerte *adj* **1.** *(personne, esprit)* agile, alert **2.** *(style, pas)* lively. ❑ *nf* alarm, alert • **donner l'alerte** to sound *ou* give the alert • **alerte à la bombe** bomb scare • **en alerte** on the alert.

alerter *vt* to warn, to alert.

alexandrin *nm* alexandrine.

algèbre *nf* algebra.

Alger *npr* Algiers.

Algérie *nf* • **l'Algérie** Algeria.

En anglais, à de rares exceptions près, il n'y a pas d'article devant les noms de pays.

algérien, enne *adj* Algerian. ■ **Algérien, enne** *nm, f* Algerian.

En anglais, les adjectifs se rapportant à un pays ou une région s'écrivent avec une majuscule.

algue *nf* seaweed *(indén)* • **algues brunes/vertes/rouges** brown/green/red algae.

alias *adv* alias. ❑ *nm* INFORM *(dans un mail, sur le bureau)* alias.

alibi *nm* alibi.

aliénation *nf* alienation • **aliénation mentale** insanity.

aliéné, e *adj* **1.** MÉD insane **2.** DR alienated. ❑ *nm, f* MÉD insane person.

aliéner *vt* to alienate.

alignement *nm* alignment, lining up.

aligner *vt* **1.** *(disposer en ligne)* to line up, to align **2.** *(adapter)* • **aligner qqch sur** to align sthg with, to bring sthg into line with. ■ **s'aligner** *vp* to line up • **s'aligner sur** POLIT to align o.s. with.

aliment *nm (nourriture)* food *(indén)*.

> '*Food*' s'utilise le plus souvent au singulier.

alimentaire *adj* **1.** *(gén)* food *(avant nom)* • **c'est juste un travail alimentaire** I'm doing this job just for the money **2.** DR maintenance *(avant nom)*.

alimentation *nf* **1.** *(nourriture)* diet • **magasin d'alimentation** grocer's (UK), food store (US) **2.** *(approvisionnement)* • **alimentation (en)** supply *ou* supplying *(indén)* (of) • **alimentation en papier** paper feed.

alimenter *vt* **1.** *(nourrir)* to feed **2.** *(approvisionner)* • **alimenter qqch en** to supply sthg with. ■ **s'alimenter** *vp* to eat.

alinéa *nm* **1.** *(retrait de ligne)* indent **2.** *(dans un document officiel)* paragraph.

aliter *vt* • **être alité** to be bedridden. ■ **s'aliter** *vp* to take to one's bed.

allaitement *nm* **1.** *(d'enfant)* breast-feeding **2.** *(d'animal)* suckling.

allaiter *vt* **1.** *(enfant)* to breast-feed **2.** *(animal)* to suckle.

alléchant, e *adj* mouth-watering, tempting.

allécher *vt* • **il a été alléché par l'odeur/la perspective** the smell/prospect made his mouth water.

allée *nf* **1.** *(dans un jardin)* path **2.** *(dans une ville)* avenue **3.** *(trajet)* • **allées et venues** comings and goings **4.** (QUÉBEC) *(golf)* fairway.

allégé, e *adj (régime, produit)* low-fat.

alléger *vt* **1.** *(fardeau)* to lighten **2.** *(douleur)* to relieve.

allégorie *nf* allegory.

allègre *adj* **1.** *(ton)* cheerful **2.** *(démarche)* jaunty.

allégresse *nf* elation.

alléguer *vt* • **alléguer une excuse** to put forward an excuse • **alléguer que** to plead (that).

Allemagne *nf* • **l'Allemagne** Germany • **l'(ex-)Allemagne de l'Est** (the former) East Germany • **l'(ex-)Allemagne de l'Ouest** (the former) West Germany.

> En anglais, à de rares exceptions près, il n'y a pas d'article devant les noms de pays.

allemand, e *adj* German. ■ **allemand** *nm (langue)* German. ■ **Allemand, e** *nm, f* German • **un Allemand de l'Est/l'Ouest** an East/a West German.

> En anglais, les adjectifs se rapportant à un pays ou une région s'écrivent avec une majuscule.

aller

■ aller *nm*

1. TRAJET

• **l'aller m'a paru plus long que le retour** the outward journey seemed longer that the return journey

2. BILLET

• **un aller pour Londres, s'il vous plaît** a single ticket for London, please • **un aller pour New York, s'il vous plaît** a one-way ticket for New York, please

■ aller *vi*

1. SE DÉPLACER

• **où allez-vous pour les vacances ?** where are you going for the holidays? • **il est allé deux fois en Italie** he's been to Italy twice • **je vais à la piscine tous les dimanches** I go to the swimming pool every Sunday • **ce bus va au centre-ville** this bus goes to the town centre • **allons-y !** let's go! • **allez !** come on! • **vas-y !** go on!

2. EXPRIME UN ÉTAT

• **comment vas-tu ?** how are you? • **je vais bien** I'm very well, I'm fine • **comment ça va ?** how are you?, how are things? • **ça va** fine *ou* all right • **il va mieux maintenant** he's better now

3. SUIVI D'UN INFINITIF, EXPRIME LE BUT

• **peux-tu aller chercher les enfants à l'école, s'il te plaît ?** can you go and pick up the children from school, please? • **il est allé se renseigner** he went to get some information • **il est allé se promener** he went for a walk

4. CONVENIR

• **ce climat ne me va pas du tout** the climate here doesn't suit me at all *ou* doesn't agree with me at all • **cette robe te va très bien** this dress really suits you *ou* fits you perfectly • **ces chaussures ne vont pas avec cette robe** these shoes don't go with this dress • **ces couleurs ne vont pas ensemble** these colours don't go well together • **ce type**

de clou ne va pas pour ce travail this kind of nail won't do *ou* isn't suitable for this job

5. ROULER, POUR LES VOITURES

• **cette voiture va à 200 km/h** this car goes up to 300 mph

6. DANS DES EXPRESSIONS

• **cela va de soi** *ou* **cela va sans dire** that goes without saying • **il en va de même pour lui** the same goes for him

■ **aller** *v aux*

SUIVI D'UN INFINITIF, EXPRIME LE FUTUR PROCHE

• **je vais arriver en retard** I'm going to arrive late, I'll arrive late • **nous allons bientôt avoir fini** we'll soon have finished

■ **s'en aller** *vp*

1. PARTIR

• **allez-vous-en !** go away! • **bon, je m'en vais** I'm off *ou* I'm going

2. DISPARAÎTRE

• **cette tache s'en ira au lavage** this stain will wash out *ou* will come out in the wash

3. MOURIR

• **il s'en est allé paisiblement** he passed away peacefully

À PROPOS DE

aller

Be going to sert à exprimer le futur, mais d'une manière un peu particulière. Il peut exprimer l'intention ; dans ce cas, le sujet est presque toujours une personne, et la phrase décrit ce que cette personne a l'intention de faire (***we're* going to *have a party***). ***Be going to*** peut également indiquer un événement auquel on s'attend parce que les causes en sont déjà présentes. Il est probable qu'un tel événement se produise dans un avenir proche (***you're* going to *drop those plates!***).

À PROPOS DE

aller faire

Il faut noter l'emploi de ***go and do sthg*** qui sert à insister sur l'accomplissement de l'action.

• *J'irai le voir demain.* ***I'll go* and *see him tomorrow*.**

Au passé, les deux verbes sont au prétérit :

• *Il est allé chercher de la peinture.* ***He went* and *got some paint*.**

La construction ***go and do sthg*** correspond à un registre plutôt oral.

allergénique *adj* allergenic.

allergie *nf* allergy.

allergique *adj* • **allergique (à)** allergic (to).

aller-retour *nm* return **(UK)** *ou* round-trip **(US)** (ticket) • **un aller-retour pour Chartres** a return ticket to Chartres.

alliage *nm* alloy.

alliance *nf* **1.** *(union - stratégique)* alliance ; *(- par le mariage)* union, marriage • **cousin par alliance** cousin by marriage **2.** *(bague)* wedding ring.

allié, e *adj* • **allié (à)** allied (to). ❑ *nm, f* ally. ■ **Alliés** *nmpl* • **les Alliés** the Allies.

allier *vt (associer)* to combine. ■ **s'allier** *vp* to become allies • **s'allier qqn** to win sb over as an ally • **s'allier à qqn** to ally with sb.

alligator *nm* alligator.

allitération *nf* alliteration.

allô *interj* hello!

alloc (abrév de allocation) *nf fam* benefit. ■ **allocs** *nfpl fam* • **les allocs** benefit *(indén)* **(UK)**, welfare *(indén)* **(US)**.

allocation *nf* **1.** *(attribution)* allocation **2.** *(aide financière)* • **allocation chômage** unemployment benefit *(indén)* **(UK)** *ou* compensation *(indén)* **(US)** • **allocation logement** housing benefit *(indén)* **(UK)**, rent subsidy *(indén)* **(US)** • **allocations familiales** family credit *(indén)* **(UK)**, welfare *(indén)* **(US)**.

allocs (abrév de allocations familiales) *fam nfpl* • **les allocs** family credit *(indén)* **(UK)**, welfare *(indén)* **(US)**.

allocution *nf* short speech.

allongé, e *adj* **1.** *(position)* • **être allongé** to be lying down *ou* stretched out **2.** *(forme)* elongated.

allonger *vt* **1.** *(gén)* to lengthen, to make longer **2.** *(jambe, bras)* to stretch (out) **3.** *(personne)* to lay down. ■ **s'allonger** *vp* **1.** *(gén)* to get longer **2.** *(se coucher)* to lie down.

allopathique *adj* allopathic.

allumage *nm* **1.** *(de feu)* lighting **2.** *(d'appareil électrique)* switching *ou* turning on **3.** *(de moteur)* ignition.

allumé, e *fam adj* crazy. ❑ *nm, f* nutter *fam*.

allume-cigare(s) *nm* cigar lighter.

allume-gaz *nm inv* gas lighter.

allumer *vt* **1.** *(lampe, radio, télévision)* to turn *ou* switch on • **allume dans la cuisine** turn the kitchen light on **2.** *(gaz)* to light **3.** *(cigarette)* to light (up) **4.** *fam (personne)* to turn on.

allumette *nf* match • **une boîte d'allumettes** a box of matches.

allumeuse *nf fam & péj* tease.

allure *nf* **1.** *(vitesse)* speed • **à toute allure** at top *ou* full speed **2.** *(prestance)* presence • **avoir de l'allure** to have style **3.** *(apparence générale)* appearance.

allusion *nf* allusion • **faire allusion à** to refer *ou* allude to.

almanach *nm* almanac.

aloe vera *nm inv (plante, produit)* aloe vera.

aloi *nm* • **de bon aloi** *(qualité)* of real worth • **de mauvais aloi a)** *(gaîté)* not genuine **b)** *(plaisanterie)* in bad taste.

alors

■ alors *adv*

1. FAIT RÉFÉRENCE À UNE PÉRIODE PASSÉE, SOUVENT TRÈS ÉLOIGNÉE DU PRÉSENT

• **les femmes d'alors n'avaient pas le droit de divorcer** women in those days *ou* in *ou* of that time were not allowed to divorce • **il était alors soldat** he was a soldier then *ou* at that time *ou* in those days

2. EXPRIME LA CONSÉQUENCE

• **j'étais fatigué, alors j'ai décidé de rester à la maison** I was tired so I decided to stay at home

3. DANS DES EXPRESSIONS

• **et alors, qu'est-ce qui s'est passé ?** so what happened? • **alors, qu'est-ce qu'on fait ?** well, what are we doing? • **il va se mettre en colère — et alors ?** he'll be angry — so what? • **ça alors !** well fancy that!

■ alors que *loc conj*

1. EXPRIME LA SIMULTANÉITÉ

• **le téléphone a sonné alors que je prenais un bain** the phone rang while *ou* when I was having a bath

2. EXPRIME L'OPPOSITION

• **elle est sortie alors que c'était interdit** she went out even though it was forbidden • **ils aiment le café alors que nous, nous buvons du thé** they like coffee, whereas we drink tea

alouette *nf* lark.

alourdir *vt* **1.** *(gén)* to weigh down, to make heavy **2.** *fig (impôts)* to increase.

aloyau *nm* sirloin.

alpage *nm* high mountain pasture.

Alpes *nfpl* • **les Alpes** the Alps.

alphabet *nm* alphabet.

alphabétique *adj* alphabetical • **par ordre alphabétique** in alphabetical order.

alphabétiser *vt* • **alphabétiser qqn** to teach sb (how) to read and write • **alphabétiser un pays** to eliminate illiteracy from a country.

alpin, e *adj* alpine.

alpinisme *nm* mountaineering • **faire de l'alpinisme** to go mountaineering.

alpiniste *nmf* mountaineer.

Alsace *nf* • **l'Alsace** Alsace.

alsacien, enne *adj* Alsatian. ■ **alsacien** *nm (dialecte)* Alsatian. ■ **Alsacien, enne** *nm, f* Alsatian.

altérer *vt* **1.** *(détériorer)* to spoil **2.** *(santé)* to harm, to affect **3.** *(vérité, récit)* to distort. ■ **s'altérer** *vp* **1.** *(matière - métal)* to deteriorate ; *(- aliment)* to go off, to spoil **2.** *(santé)* to deteriorate.

altermondialisme *nm* alterglobalism.

altermondialiste *adj & nmf* alterglobalist.

alternance *nf* **1.** *(succession)* alternation • **en alternance** alternately **2.** POLIT change of government party.

alternatif, ive *adj* **1.** *(périodique)* alternating **2.** *(mouvement, musique)* alternative. ■ **alternative** *nf* alternative.

alternativement *adv* alternately.

alterner *vi (se succéder)* • **alterner (avec)** to alternate (with).

altesse *nf* • **Son Altesse** His/Her Highness.

altier, ère *adj* haughty.

altitude *nf* altitude, height • **en altitude** at (high) altitude.

alto *nm (MUS - voix)* alto ; *(- instrument)* viola.

alu *fam nm* **1.** *(métal)* aluminium **(UK)**, aluminum **(US)** **2.** *(papier)* aluminium **(UK)** *ou* aluminum **(US)** foil, tinfoil. ❑ *adj* • **papier alu** aluminium **(UK)** *ou* aluminum **(US)** foil, tinfoil.

aluminium *nm* aluminium **(UK)**, aluminum **(US)**.

alvéole *nf* **1.** *(cavité)* cavity **2.** *(de ruche, poumon)* alveolus.

Alzheimer *npr* • **la maladie d'Alzheimer** Alzheimer's disease.

amabilité *nf* kindness • **avoir l'amabilité de faire qqch** to be so kind as to do sthg.

amadouer *vt* **1.** *(adoucir)* to tame, to pacify **2.** *(persuader)* to coax.

amaigrir *vt* to make thin *ou* thinner.

amaigrissant, e *adj* slimming *(avant nom)* **(UK)**, reducing *(avant nom)* **(US)**.

amaigrissement *nm* loss of weight.

amalgame *nm* **1.** TECHNOL amalgam **2.** *(de styles)* mixture **3.** *(d'idées, de notions)* • **il ne faut pas faire l'amalgame entre ces deux questions** the two issues must not be confused.

amalgamer *vt* to combine.

amande *nf* almond.

amandier *nm* almond tree.

amant *nm* (male) lover.

amarre *nf* rope, cable.

amarrer *vt* **1.** NAUT to moor **2.** *(fixer)* to tie down.

amas *nm* pile.

amasser *vt* **1.** *(objets)* to pile up **2.** *(argent)* to accumulate.

amateur *nm* **1.** *(connaisseur - d'art, de bon café)* • **amateur de** lover of **2.** *(non-professionnel)* amateur • **faire qqch en amateur** to do sthg as a hobby **3.** *péj (dilettante)* amateur.

amazone *nf* horsewoman • **monter en amazone** to ride sidesaddle.

Amazonie *nf* • **l'Amazonie** the Amazon (Basin).

amazonien, enne *adj* Amazonian • **la forêt amazonienne** the Amazon rain forest.

ambassade *nf* embassy.

ambassadeur, drice *nm, f* ambassador.

ambiance *nf* atmosphere.

ambiant, e *adj* • **température ambiante** room temperature.

ambidextre *adj* ambidextrous.

ambigu, uë *adj* ambiguous.

ambiguïté *nf* ambiguity.

ambitieux, euse *adj* ambitious.

ambition *nf* **1.** *péj (arrivisme)* ambitiousness **2.** *(désir)* ambition • **avoir l'ambition de faire qqch** to have an ambition to do sthg.

ambivalent, e *adj* ambivalent.

ambre *nm* **1.** *(couleur)* amber **2.** *(matière)* • **ambre (gris)** ambergris.

ambré, e *adj (couleur)* amber.

ambulance *nf* ambulance.

ambulancier, ère *nm, f* ambulanceman, ambulancewoman *f*.

ambulant, e *adj* travelling **(UK)**, traveling **(US)** *(avant nom)*.

âme *nf* **1.** *(esprit)* soul • **avoir une âme de comédien** to be a born actor **2.** *(personne)* • **âme sœur** soulmate **3.** *(caractère)* spirit, soul.

amélioration *nf* improvement.

améliorer *vt* to improve. ■ **s'améliorer** *vp* to improve.

amen *adv* amen.

aménagement *nm* **1.** *(de lieu)* fitting out **2.** *(de programme)* planning, organizing.

aménager *vt* **1.** *(pièce)* to fit out **2.** *(programme)* to plan, to organize.

amende *nf* fine.

amendement *nm* POLIT amendment.

amender *vt* **1.** POLIT to amend **2.** AGRIC to enrich. ■ **s'amender** *vp* to mend one's ways.

amener *vt* **1.** *(mener)* to bring **2.** *(inciter)* • **amener qqn à faire qqch a)** *(sujet : circonstances)* to lead sb to do sthg **b)** *(sujet : personne)* to get sb to do sthg **3.** *(occasionner, préparer)* to bring about.

À PROPOS DE

amener

• *amener qqn/qqch à qqn* ***bring sb/sthg to sb*** *ou* ***bring sb sb/sthg***

On doit noter la construction à double complément qui, en anglais, peut prendre deux formes dont le sens est le même :

1. une structure identique à celle du français : verbe + COD + préposition + COI ***bring sb/sthg to sb***

2. une structure qui diffère de celle du français, sans préposition, et dans laquelle l'ordre des compléments est inversé : verbe + COI + COD ***bring sb sb/sthg***

• *Ils ont amené plusieurs enfants blessés aux médecins de l'association.* ***They brought several injured children to the charity's doctors*** *ou* ***They brought the charity's doctors several injured children***.

Dans un registre plus familier, *amener* est employé pour signifier *apporter, porter vers un lieu / une personne* et se traduira alors par ***to take***.

• *Amène-lui ses lunettes.* **Take *his glasses to him*** *ou* **Take *him his glasses*.**

amenuiser *vt (réduire)* to diminish, to reduce. ■ **s'amenuiser** *vp* to dwindle, to diminish.

amer, ère *adj* bitter.

américain, e *adj* American. ■ **américain** *nm (langue)* American English. ■ **Américain, e** *nm, f* American.

En anglais, les adjectifs se rapportant à un pays ou une région s'écrivent avec une majuscule.

américanisme *nm* Americanism.

amérindien, enne *adj* Native American. ■ **Amérindien, enne** *nm, f* Native American.

Amérique *nf* • **l'Amérique** America • **l'Amérique centrale** Central America • **l'Amérique du Nord** North America • **l'Amérique du Sud** South America • **l'Amérique latine** Latin America.

En anglais, il n'y a pas d'article devant les noms de continents.

amertume *nf* bitterness.

améthyste *nf* amethyst.

ameublement *nm* **1.** *(meubles)* furniture **2.** *(action de meubler)* furnishing.

ameuter *vt* **1.** *(curieux)* to draw a crowd of **2.** *(quartier, voisins)* to bring out.

ami, e *adj* friendly. ❑ *nm, f* **1.** *(camarade)* friend • **petit ami** boyfriend • **petite amie** girlfriend **2.** *(partisan)* supporter, friend. ■ **faux ami** *nm* LING false friend.

amiable *adj (accord)* friendly, informal. ■ **à l'amiable** *loc adv & loc adj* out of court.

amiante *nm* asbestos.

amibe *nf* amoeba, ameba **(US)**.

amical, e *adj* friendly. ■ **amicale** *nf* association, club.

amicalement *adv* **1.** *(de façon amicale)* amicably, in a friendly way **2.** *(dans une lettre)* yours (ever), (with) best wishes.

amidon *nm* starch.

amidonner *vt* to starch.

amincissant *adj* slimming.

amiral *nm* admiral.

amitié *nf* **1.** *(affection)* affection • **prendre qqn en amitié** to befriend sb **2.** *(rapports amicaux)* friendship • **faire ses amitiés à qqn** to give sb one's good *ou* best wishes.

ammoniac, aque *adj CHIM* ammoniac. ■ **ammoniac** *nm* ammonia. ■ **ammoniaque** *nf* ammonia (water).

amnésie *nf* amnesia.

amnésique *adj* amnesic. ❑ *nmf* amnesic, amnesiac.

amniocentèse *nf* amniocentesis.

amnistie *nf* amnesty.

amnistier *vt* to amnesty.

amoindrir *vt* to diminish.

amonceler *vt* to accumulate.

amont *nm* upstream • **en amont de a)** *(rivière)* upriver *ou* upstream from **b)** *fig* prior to.

amoral, e *adj* **1.** *(qui ignore la morale)* amoral **2.** *fam (débauché)* immoral.

amorce *nf* **1.** *(d'explosif)* priming **2.** *(de cartouche, d'obus)* cap **3.** *(à la pêche)* bait **4.** *fig (commencement)* beginnings *pl*, germ.

amorcer *vt* **1.** *(explosif)* to prime **2.** *(à la pêche)* to bait **3.** *fig (commencer)* to begin, to initiate.

amorphe *adj (personne)* lifeless.

amorti *nm* **1.** *FOOTBALL* • **faire un amorti** to trap the ball **2.** *TENNIS* drop shot.

amortir *vt* **1.** *(atténuer - choc)* to absorb ; *(- bruit)* to deaden, to muffle **2.** *(dette)* to pay off **3.** *(achat)* to write off.

amortisseur *nm AUTO* shock absorber.

amour *nm (gén)* love • **faire l'amour** to make love. ■ **amours** *nfpl (vie sentimentale)* love-life.

amoureux, euse *adj* **1.** *(personne)* in love • **être/tomber amoureux (de)** to be/fall in love (with) **2.** *(regard, geste)* loving. ❑ *nm, f* **1.** *(prétendant)* suitor **2.** *(passionné)* • **amoureux de** lover of • **un amoureux de la nature** a nature lover.

amour-propre *nm* pride, self-respect.

amovible *adj (déplaçable)* detachable, removable.

ampère *nm* amp, ampere.

amphétamine *nf* amphetamine.

amphi *nm fam* lecture hall *ou* theatre **(UK)** • **cours en amphi** lecture.

amphibie *adj* amphibious.

amphithéâtre *nm* **1.** *HIST* amphitheatre **(UK)**, amphitheater **(US)** **2.** *(d'université)* lecture hall *ou* theatre **(UK)**.

ample *adj* **1.** *(vêtement - gén)* loose-fitting, baggy ; *(- jupe)* full **2.** *(projet)* extensive • **pour de plus amples informations** for further details **3.** *(geste)* broad, sweeping.

amplement *adv (largement)* fully, amply.

ampleur *nf* **1.** *(de vêtement)* fullness **2.** *(d'événement, de dégâts)* extent.

ampli (abrév de **amplificateur**) *nm fam* amp.

amplificateur, trice *adj ÉLECTR* amplifying • **un phénomène amplificateur de la croissance** *fig* a phenomenon which increases growth. ■ **amplificateur** *nm* **1.** *(gén)* amplifier **2.** *PHOTO* enlarger.

amplifier *vt* **1.** *(mouvement, son)* to amplify **2.** *(image)* to magnify, to enlarge **3.** *(scandale)* to increase **4.** *(événement, problème)* to highlight.

amplitude *nf* **1.** *(de geste)* fullness **2.** *(d'onde)* amplitude **3.** *(de température)* range.

ampoule *nf* **1.** *(de lampe)* bulb **2.** *(sur la peau)* blister **3.** *(médicament)* ampoule, vial, phial **(UK)**.

amputation *nf MÉD* amputation.

amputer *vt* **1.** *MÉD* to amputate **2.** *fig (couper)* to cut (back *ou* down) • **son article a été amputé d'un tiers** his article was cut by a third.

amulette *nf* amulet.

amusant, e *adj* **1.** *(drôle)* funny **2.** *(distrayant)* amusing • **c'est très amusant** it's great fun.

amuse-gueule *nm inv fam* cocktail snack, (party) nibble.

amusement *nm* amusement *(indén)*.

amuser *vt* to amuse, to entertain. ■ **s'amuser** *vp* to have fun, to have a good time • **s'amuser à faire qqch** to amuse o.s. (by) doing sthg.

amygdale *nf* tonsil.

an *nm* year • **avoir sept ans** to be seven (years old) • **en l'an 2000** in the year 2000 • **le nouvel an** the New Year.

anabolisant *nm* anabolic steroid.

anachronique *adj* anachronistic.

anagramme *nf* anagram.

anal, e *adj* anal.

analgésique *nm & adj* analgesic.

anallergique *adj* hypoallergenic.

analogie *nf* analogy.

analogique *adj* analog, analogue **(UK)**.

analogue *adj* analogous, comparable.

analphabète *nmf & adj* illiterate.

analyse *nf* **1.** *(étude)* analysis **2.** *CHIM & MÉD* test, analysis • **analyse de sang** blood test **3.** *(psychanalyse)* analysis *(indén)* **4.** *INFORM* analysis.

analyser *vt* **1.** *(étudier, psychanalyser)* to analyse **(UK)**, to analyze **(US)** **2.** *CHIM & MÉD* to test, to analyse **(UK)**, to analyze **(US)**.

analyste *nmf* analyst.

analyste-programmeur, euse *nm, f* systems analyst.

analytique *adj* analytical.

ananas *nm* pineapple.

anarchie *nf* **1.** *POLIT* anarchy **2.** *(désordre)* chaos, anarchy.

anarchique *adj* anarchic.

anarchiste *nmf & adj* anarchist.

anatomie *nf* anatomy.

anatomique *adj* anatomical.

ancestral, **e** *adj* ancestral.
ancêtre *nmf* **1.** *(aïeul)* ancestor **2.** *fig (forme première)* forerunner, ancestor **3.** *fig (initiateur)* father, mother *f*.
anchois *nm* anchovy.
ancien, **enne** *adj* **1.** *(gén)* old **2.** *(avant nom) (précédent)* former, old **3.** *(qui a de l'ancienneté)* senior **4.** *(du passé)* ancient.
anciennement *adv* formerly, previously.
ancienneté *nf* **1.** *(d'une tradition)* oldness **2.** *(d'un employé)* seniority.
ancre *nf* NAUT anchor • **jeter l'ancre** to drop anchor • **lever l'ancre a)** to weigh anchor **b)** *fam (partir)* to make tracks.
ancrer *vt* **1.** *(bateau)* to anchor **2.** *fig (idée, habitude)* to root.
Andes *nfpl* • **les Andes** the Andes.
Andorre *nf* • **(la principauté d')Andorre** (the principality of) Andorra.
andouille *nf* **1.** *(charcuterie) si vous souhaitez expliquer de quoi il s'agit à un anglophone, vous pouvez dire* it is a type of sausage made of pig's intestines. You usually eat it cold. **2.** *fam (imbécile)* dummy.
andouillette *nf si vous souhaitez expliquer de quoi il s'agit à un anglophone, vous pouvez dire :* it is a type of grilled sausage made of pig's intestines.
androgyne *nmf* androgynous person. ❑ *adj* androgynous.
âne *nm* **1.** ZOOL ass, donkey **2.** *fam (imbécile)* ass.
anéantir *vt* **1.** *(détruire)* to annihilate **2.** *fig* to ruin, to wreck **3.** *(démoraliser)* to crush, to overwhelm.
anecdote *nf* anecdote.
anecdotique *adj* anecdotal.
anémie *nf* **1.** MÉD anaemia **(UK)**, anemia **(US)** **2.** *fig* enfeeblement.
anémié, **e** *adj* anaemic **(UK)**, anemic **(US)**.
anémique *adj* anaemic **(UK)**, anemic **(US)**.
anémone *nf* anemone.
ânerie *nf fam (parole, acte)* • **dire/faire une ânerie** to say/do something stupid.
ânesse *nf* she-ass, she-donkey.
anesthésie *nf* anaesthesia, anesthesia **(US)** • **anesthésie locale** local anaesthetic *ou* anesthetic **(US)** • **anesthésie générale** general anaesthetic *ou* anesthetic **(US)**.
anesthésier *vt* to anaesthetize, to anesthetize **(US)**.
anesthésique *nm & adj* anaesthetic, anesthetic **(US)**.
anesthésiste *nmf* anaesthetist, anesthetist **(US)**, anesthesiologist **(US)**.
aneth *nm* dill.
anévrysme, **anévrisme** *nm* **1.** MÉD aneurism **2.** *(locution)* • **rupture d'anévrysme** aneurysmal rupture.
anfractuosité *nf* crevice.
ange *nm* angel • **ange gardien** guardian angel • **être aux anges** *fig* to be in seventh heaven.
angélique *adj* angelic.
angélus *nm (sonnerie)* angelus (bell).
angine *nf* **1.** *(pharyngite)* pharyngitis, throat infection **2.** *(amygdalite)* tonsillitis.
anglais, **e** *adj* English. ■ **anglais** *nm (langue)* English. ■ **Anglais**, **e** *nm, f* Englishman, Englishwoman *f* • **les Anglais** the English. ■ **anglaises** *nfpl* ringlets. ■ **à l'anglaise** *loc adv* CULIN boiled • **filer à l'anglaise** *fig* to make *ou* sneak off.

> En anglais, les adjectifs se rapportant à un pays ou une région s'écrivent avec une majuscule.

angle *nm* **1.** *(coin)* corner **2.** MATH angle • **angle droit/aigu/obtus** right/acute/obtuse angle **3.** *(aspect)* angle, point of view.
Angleterre *nf* • **l'Angleterre** England.

> En anglais, à de rares exceptions près, il n'y a pas d'article devant les noms de pays.

anglican, **e** *adj & nm, f* Anglican • **il est anglican** he is an Anglican.
anglicanisme *nm* Anglicanism.

> En anglais, les adjectifs et les noms se rapportant à une religion s'écrivent avec une majuscule.

anglo-normand *adj* GÉOGR of the Channel islands • **les îles anglo-normandes** the Channel Islands.
anglophone *nmf* English-speaker. ❑ *adj* English-speaking, anglophone.
anglo-saxon, **onne** *adj* Anglo-Saxon. ■ **anglo-saxon** *nm (langue)* Anglo-Saxon, Old English. ■ **Anglo-Saxon**, **onne** *nm, f* Anglo-Saxon.
angoissant, **e** *adj* **1.** agonizing, harrowing **2.** *(sens affaibli)* • **j'ai trouvé l'attente très angoissante** the wait was a strain on my nerves.
angoisse *nf* anguish.
angoisser *vt (effrayer)* to cause anxiety to. ■ **s'angoisser** *vp* **1.** *(être anxieux)* to be overcome with anxiety **2.** *fam (s'inquiéter)* to fret.
anguille *nf* eel.
anguleux, **euse** *adj* angular.
anicroche *nf* hitch.
animal, **e** *adj* **1.** *(propre à l'animal)* animal *(avant nom)* **2.** *(instinctif)* instinctive. ■ **animal** *nm (bête)* animal • **animal sauvage/domestique** wild/domestic animal.

> LEXIQUE
> ### les animaux
> **l'âne** the donkey
> **la baleine** the whale
> **le canard** the duck
> **le cerf** the stag
> **le chat** the cat

LEXIQUE (suite)

la chauve-souris the bat
le cheval the horse
la chèvre the goat
le chien the dog
le cochon the pig
le crocodile the crocodile
le dauphin the dolphin
l'écureuil the squirrel
l'éléphant the elephant
la girafe the giraffe
la grenouille the frog
l'hippopotame the hippopotamus
le kangourou the kangaroo
le lama the lama
le lapin the rabbit
le lion the lion
le loup the wolf
le mouton the sheep
l'oiseau the bird
l'ours the bear
le perroquet the parrot
le pingouin the penguin
le poisson the fish
la poule the hen
le requin the shark
le rhinocéros the rhinoceros
le serpent the snake
le singe the monkey
la souris the mouse
le tigre the tiger
la tortue the tortoise **(UK)**, the turtle **(US)**
la tortue marine the turtle
la vache the cow
le zèbre the zebra

animalerie *nf* pet shop.

animateur, trice *nm, f* **1.** *RADIO & TV* host, presenter **(UK)** **2.** *(socioculturel, sportif)* activities organizer.

animation *nf* **1.** *(de rue)* activity, life **2.** *(de conversation, visage)* animation **3.** *(activités)* activities *pl* **4.** *CINÉ* animation.

animé, e *adj* **1.** *(rue)* lively **2.** *(conversation, visage)* animated **3.** *(objet)* animate.

animer *vt* **1.** *(mettre de l'entrain dans)* to animate, to liven up **2.** *(présenter)* to host, to present **(UK)** **3.** *(organiser des activités pour)* to organize activities for. ■ **s'animer** *vp* **1.** *(visage)* to light up **2.** *(rue)* to come to life, to liven up.

animisme *nm* animism.

animiste *adj* animistic. ❑ *nmf* animist.

animosité *nf* animosity.

anis *nm* **1.** *BOT* anise **2.** *CULIN* aniseed.

ankylosé, e *adj* **1.** *(paralysé)* stiff **2.** *(engourdi)* numb. ■ **s'ankyloser** *vpi* **1.** *MÉD* to ankylose **2.** *(devenir raide - bras, jambe)* to become numb ; *(- personne)* to go stiff.

annales *nfpl* **1.** *(d'examen)* past papers **(UK)** **2.** *(chronique annuelle)* chronicle *sing*, annals.

anneau *nm* **1.** *(gén)* ring **2.** *(maillon)* link.

année *nf* year • **souhaiter la bonne année à qqn** to wish sb a Happy New Year • **année bissextile** leap year • **année scolaire** school year.

année-lumière *nf* light year.

annexe *nf* **1.** *(de dossier)* appendix, annexe **(UK)**, annex **(US)** **2.** *(de bâtiment)* annexe **(UK)**, annex **(US)**. ❑ *adj* related, associated.

annexer *vt* **1.** *(incorporer)* • **annexer qqch (à qqch)** to append *ou* annex sthg (to sthg) **2.** *(pays)* to annex.

annexion *nf* annexation.

annihiler *vt* *(réduire à néant)* to destroy, to wreck.

anniversaire *nm* **1.** *(de mariage, mort, événement)* anniversary **2.** *(de naissance)* birthday • **bon** *ou* **joyeux anniversaire !** happy birthday! ❑ *adj* anniversary *(avant nom)*.

annonce *nf* **1.** *(déclaration)* announcement **2.** *fig* sign, indication **3.** *(texte)* advertisement • **petite annonce** classified advertisement, small ad **(UK)**, want ad **(US)**.

annoncer *vt* **1.** *(faire savoir)* to announce **2.** *(prédire)* to predict. ■ **s'annoncer** *vp* • **s'annoncer bien/mal** to look/not to look promising • **la crise s'annonce** there is a crisis looming.

annonceur, euse *nm, f* advertiser.

annonciateur, trice *adj* • **annonciateur de qqch** heralding sthg.

annotation *nf* **1.** *(note explicative)* annotation **2.** *(note personnelle)* note.

annoter *vt* to annotate.

annuaire *nm* annual, yearbook • **annuaire téléphonique** telephone directory, phone book.

annuel, elle *adj* **1.** *(tous les ans)* annual, yearly **2.** *(d'une année)* annual.

annuité *nf* **1.** *(paiement)* annual payment, annual instalment **(UK)** *ou* installment **(US)** **2.** *(année de service)* year (of service).

annulaire *nm* ring finger.

annulation *nf* **1.** *(de rendez-vous, réservation)* cancellation **2.** *(de mariage)* annulment.

annuler *vt* **1.** *(rendez-vous, réservation)* to cancel **2.** *(mariage)* to annul **3.** *INFORM* to undo. ■ **s'annuler** *vp* to cancel each other out.

anoblir *vt* to ennoble.

anodin, e *adj* **1.** *(blessure)* minor **2.** *(propos)* harmless **3.** *(détail, personne)* insignificant.

anomalie *nf* anomaly.

ânon *nm* young donkey *ou* ass.

ânonner *vt & vi* to recite in a drone.

anonymat *nm* anonymity.

anonyme *adj* anonymous.

anorak *nm* anorak.

anorexie *nf* anorexia • **anorexie mentale** anorexia nervosa.

anorexique *adj & nmf* anorexic.

anormal, e *adj* **1.** *(inhabituel)* abnormal, not normal **2.** *(intolérable, injuste)* wrong, not right **3.** *(handicapé)* mentally handicapped. ❑ *nm, f* mentally handicapped person.

anse *nf* **1.** *(d'ustensile)* handle **2.** GÉOGR cove.

antagoniste *adj* antagonistic.

antan ■ **d'antan** *loc adj* *littéraire* of old, of yesteryear.

antarctique *adj* Antarctic • **le cercle polaire antarctique** the Antarctic Circle. ■ **Antarctique** *nm* **1.** *(continent)* • **l'Antarctique** Antarctica **2.** *(océan)* • **l'Antarctique** the Antarctic (Ocean).

antécédent *nm (gén pl) (passé)* history *sing.* ■ **antécédents** *nmpl* MÉD case history.

antenne *nf* **1.** *(d'insecte)* antenna, feeler **2.** *(de télévision, de radio)* aerial (UK), antenna (US) • **antenne parabolique** dish aerial *ou* antenna (US), satellite dish • **passer à l'antenne** to go on the air **3.** *(succursale)* branch, office.

antenne-relais *nf* TÉLÉCOM mobile phone mast (UK).

antérieur, e *adj* **1.** *(dans le temps)* earlier, previous • **antérieur à** previous *ou* prior to **2.** *(dans l'espace)* front *(avant nom)*.

antérieurement *adv* earlier, previously • **antérieurement à** prior to.

anthologie *nf* anthology.

anthracite *nm* anthracite. ❑ *adj inv* charcoal grey (UK) *ou* gray (US).

anthropologie *nf* anthropology.

anthropophage *nmf* cannibal.

antiacarien *adj* antimite • **traitement** *ou* **shampooing antiacarien** antimite treatment *ou* shampoo. ❑ *nm* antimite treatment.

anti-âge *adj inv & nm inv* anti-aging • **crème anti-âge** anti-aging cream.

antialcoolique *adj* • **ligue antialcoolique** temperance league.

antibactérien, enne *adj* antibacterial.

antibiotique *nm & adj* antibiotic • **elle est sous antibiotiques** she's on antibiotics.

antibrouillard *nm & adj inv* • **(phare** *ou* **feu) antibrouillard** fog light, fog lamp (UK).

anticalcaire *adj* antiliming *(avant nom)*, antiscale *(avant nom)*.

anticancéreux, euse *adj* **1.** *(centre, laboratoire)* cancer *(avant nom)* **2.** *(médicament)* anticancer *(avant nom)*.

antichambre *nf* antechamber • **faire antichambre** *fig* to wait patiently *(to see somebody)*.

anticipation *nf* LITTÉR • **roman d'anticipation** science fiction novel.

anticipé, e *adj* early.

anticiper *vt* to anticipate. ❑ *vi* • **anticiper (sur qqch)** to anticipate (sthg).

anticonformiste *adj & nmf (gén)* nonconformist.

anticorps *nm* antibodies.

anticyclone *nm* anticyclone.

antidater *vt* to backdate.

antidémarrage *adj inv* • **système antidémarrage** immobilizer.

antidépresseur *nm & adj m* antidepressant.

antidérapant, e *adj* **1.** *(pneu)* non-skid **2.** *(semelle, surface)* non-slip. ■ **antidérapant** *nm (pneu)* anti-skid tyre (UK) *ou* tire (US).

antidiarrhéique *adj* MÉD anti-diarrhoea.

antidopage *adj inv* • **contrôle antidopage** drugs test.

antidote *nm* antidote.

antieuropéen, enne *adj & nm, f* anti-European.

antigel *nm inv & adj inv* antifreeze.

antillais, e *adj* West Indian. ■ **Antillais, e** *nm, f* West Indian.

Antilles *nfpl* • **les Antilles** the West Indies.

antilope *nf* antelope.

antimilitariste *nmf & adj* antimilitarist.

antimite *adj inv* • **boule antimite** mothball.

anti-mondialisation *adj inv* anti-globalization.

antimondialiste *adj* antiglobalization.

antipathie *nf* antipathy, hostility.

antipathique *adj* unpleasant • **elle m'est antipathique** I dislike her, I don't like her.

antipelliculaire *adj* • **shampooing antipelliculaire** antidandruff shampoo.

antiperspirant, e *adj* antiperspirant.

antipode *nm* • **être à l'antipode** *ou* **aux antipodes (de) a)** *(lieu)* to be on the other side of the world (from) **b)** *fig* to be diametrically opposed (to).

antiquaire *nmf* antique dealer.

antique *adj* **1.** *(de l'antiquité - civilisation)* ancient ; *(- vase, objet)* antique **2.** *(vieux)* antiquated, ancient.

antiquité *nf* **1.** *(époque)* • **l'Antiquité** antiquity **2.** *(objet)* antique.

antirabique *adj* • **vaccin antirabique** rabies vaccine.

antiraciste *adj & nmf* antiracist.

antireflet *adj inv (surface)* non-reflecting.

antirides *adj inv* antiwrinkle.

antirouille *adj inv* **1.** *(traitement)* rust *(avant nom)* **2.** *(revêtement, peinture)* rustproof.

antisèche *nf arg scol* crib (sheet), cheat sheet (US), pony (US).

antisémite *nmf* anti-Semite. ❑ *adj* anti-Semitic.

antiseptique *nm & adj* antiseptic.

antisismique *adj* earthquake-proof.

antislash *nm* INFORM backslash.

antiterrorisme *nm* anti-terrorism.

antithèse *nf* antithesis.

antitranspirant, e *adj* antiperspirant.

antitussif, ive *adj* cough *(avant nom)*. ■ **antitussif** *nm* cough mixture **(UK)** *ou* syrup **(US)**.

antiviral *nm* antivirus.

antivirus *nm* INFORM antivirus software.

antivol *nm inv* antitheft device.

antre *nm* den, lair.

anus *nm* anus.

anxiété *nf* anxiety.

anxieux, euse *adj* anxious, worried • **être anxieux de qqch** to be worried *ou* anxious about sthg • **être anxieux de faire qqch** to be anxious to do sthg. ❑ *nm, f* worrier.

anxiolytique *adj* anxiolytic. ❑ *nm* tranquillizer **(UK)**, tranquilizer **(US)**.

aorte *nf* aorta.

août *nm* August. Voir aussi **septembre**.

En anglais, les mois de l'année s'écrivent avec une majuscule.

aoûtat *nm* harvest tick.

apaisement *nm* **1.** *(moral)* comfort **2.** *(de douleur)* alleviation **3.** *(de tension, de crise)* calming.

apaiser *vt* **1.** *(personne)* to calm down, to pacify **2.** *(conscience)* to salve **3.** *(douleur)* to soothe **4.** *(soif)* to slake, to quench **5.** *(faim)* to assuage. ■ **s'apaiser** *vp* **1.** *(personne)* to calm down **2.** *(besoin)* to be assuaged **3.** *(tempête)* to subside, to abate **4.** *(douleur)* to die down **5.** *(scrupules)* to be allayed.

apanage *nm sout* privilege • **être l'apanage de qqn/qqch** to be the prerogative of sb/sthg.

aparté *nm* **1.** THÉÂTRE aside **2.** *(conversation)* private conversation • **prendre qqn en aparté** to take sb aside.

apartheid *nm* apartheid.

apathie *nf* apathy.

apathique *adj* apathetic.

apatride *nmf* stateless person.

apercevoir *vt (voir)* to see, to catch sight of. ■ **s'apercevoir** *vp* • **s'apercevoir de qqch** to notice sthg • **s'apercevoir que** to notice (that).

aperçu, e *pp* → **apercevoir.** ■ **aperçu** *nm* general idea.

apéritif, ive *adj* whetting the appetite. ■ **apéritif** *nm* aperitif • **prendre l'apéritif** to have an aperitif, to have drinks *(before a meal)*.

apesanteur *nf* weightlessness.

à-peu-près *nm inv* approximation.

aphone *adj* voiceless.

aphorisme *nm* aphorism.

aphrodisiaque *nm & adj* aphrodisiac.

aphte *nm* mouth ulcer.

apiculteur, trice *nm, f* beekeeper.

apitoyer *vt* to move to pity. ■ **s'apitoyer** *vp* to feel pity • **s'apitoyer sur** to feel sorry for.

ap. J.-C. (abrév de après Jésus-Christ) AD.

aplanir *vt* **1.** *(aplatir)* to level **2.** *fig (difficulté, obstacle)* to smooth away, to iron out.

aplatir *vt* **1.** *(gén)* to flatten **2.** *(couture)* to press flat **3.** *(cheveux)* to smooth down.

aplomb *nm* **1.** *(stabilité)* balance **2.** *(audace)* nerve, cheek **(UK)**. ■ **d'aplomb** *loc adv* steady.

APN *nm* abrév de **appareil photo numérique**.

apnée *nf* • **plonger en apnée** to dive without breathing apparatus.

apocalypse *nf* apocalypse.

apocalyptique *adj* apocalyptic.

apogée *nm* **1.** ASTRON apogee **2.** *fig* peak.

apolitique *adj* apolitical, unpolitical.

apologie *nf* justification, apology.

apoplexie *nf* apoplexy.

apostrophe *nf (signe graphique)* apostrophe.

apostropher *vt* • **apostropher qqn** to speak rudely to sb.

apothéose *nf* **1.** *(consécration)* great honour **(UK)** *ou* honor **(US)** **2.** *(point culminant - d'un spectacle)* grand finale ; *(- d'une carrière)* crowning glory.

apôtre *nm* apostle, disciple.

Appalaches *nmpl* • **les Appalaches** the Appalachians.

apparaître *vi* **1.** *(gén)* to appear **2.** *(se dévoiler)* to come to light. ❑ *v impers* • **il apparaît que** it seems *ou* appears that.

apparat *nm* pomp • **d'apparat** *(dîner, habit)* ceremonial.

appareil *nm* **1.** *(gén)* device **2.** *(électrique)* appliance **3.** *(dentaire)* brace • **Jérôme porte un appareil** Jérôme wears a brace **4.** *(téléphone)* phone, telephone • **qui est à l'appareil ?** who's speaking? **5.** *(avion)* aircraft. ■ **appareil digestif** *nm* digestive system. ■ **appareil photo** *nm* camera • **appareil photo numérique** digital camera.

appareillage *nm* **1.** *(équipement)* equipment **2.** NAUT getting under way.

appareiller *vt (assortir)* to match up. ❑ *vi* NAUT to get under way.

apparemment *adv* apparently.

apparence *nf* appearance. ■ **en apparence** *loc adv* seemingly, apparently.

apparent, e *adj* **1.** *(superficiel, illusoire)* apparent **2.** *(visible)* visible.

apparenté, e *adj* • **apparenté à a)** *(personne)* related to **b)** *fig (ressemblant)* similar to **c)** *(affilié)* affiliated to. ■ **s'apparenter à** *vp + prép (ressembler à)* to be like.

appariteur *nm* porter **(UK)**, campus policeman **(US)**.

apparition *nf* **1.** *(gén)* appearance **2.** *(vision - RELIG)* vision ; *(- de fantôme)* apparition.

appart (abrév de appartement) *nm fam* flat **(UK)**, apartment **(US)**.

appartement *nm* flat **(UK)**, apartment **(US)**.
appartenir *vi* **1.** *(être la propriété de)* • **appartenir à qqn** to belong to sb **2.** *(faire partie de)* • **appartenir à qqch** to belong to sthg, to be a member of sthg **3.** *fig (dépendre de)* • **il ne m'appartient pas de faire...** *sout* it's not up to me to do....
appartenu *pp inv* → **appartenir.**
apparthôtel *nm* apartment hotel.
apparu, e *pp* → **apparaître.**
appâter *vt litt & fig* to lure.
appauvrir *vt* to impoverish. ■ **s'appauvrir** *vp* to grow poorer, to become impoverished.
appel *nm* **1.** *(gén)* call • **faire appel à qqn** to appeal to sb • **faire appel à qqch a)** *(nécessiter)* to call for sthg **b)** *(avoir recours à)* to call on sthg • **appel (téléphonique)** (phone) call **2.** *DR* appeal • **faire appel** to appeal • **sans appel** final **3.** *(pour vérifier - gén)* roll-call ; *(- SCOL)* registration **4.** *COMM* • **appel d'offres** invitation to tender **5.** *(signe)* • **faire un appel de phares** to flash *ou* blink **(US)** one's headlights.
appelé *nm* conscript, draftee **(US)**.
appeler *vt* **1.** *(gén)* to call **2.** *(téléphoner)* to ring **(UK)**, to call **3.** *(faire venir)* to call for. ■ **s'appeler** *vp* **1.** *(se nommer)* to be called • **comment cela s'appelle-t-il ?** what is it called? • **il s'appelle Patrick** his name is Patrick, he's called Patrick **2.** *(se téléphoner)* • **on s'appelle demain ?** shall we talk tomorrow?
appellation *nf* designation, name • **appellation contrôlée** *si vous voulez expliquer de quoi il s'agit à un anglophone, vous pouvez dire* it is a government certification guaranteeing the quality of a French wine • **appellation d'origine** *DR* label of origin.
appendice *nm* appendix.
appendicite *nf* appendicitis • **je me suis fait opérer de l'appendicite** I've had my appendix removed.
appentis *nm* lean-to.
appesantir *vt (démarche)* to slow down. ■ **s'appesantir** *vp* **1.** *(s'alourdir)* to become heavy **2.** *(insister)* • **s'appesantir sur qqch** to dwell on sthg.
appétissant, e *adj (nourriture)* appetizing.
appétit *nm* appetite • **bon appétit !** enjoy your meal!
applaudir *vt* to applaud. ❑ *vi* to clap, to applaud • **applaudir à qqch** *fig* to applaud sthg • **les gens applaudissaient à tout rompre** there was thunderous applause.
applaudissements *nmpl* applause *(indén)*, clapping *(indén)*.
applicable *adj* • **applicable (à)** applicable (to).
application *nf (gén) INFORM* application.
applique *nf* wall lamp.
appliqué, e *adj* **1.** *(élève)* hardworking **2.** *(écriture)* careful.
appliquer *vt* **1.** *(gén)* to apply **2.** *(loi)* to enforce. ■ **s'appliquer** *vp* **1.** *(s'étaler, se poser)* • **cette peinture s'applique facilement** this paint goes on easily **2.** *(se concentrer)* • **s'appliquer (à faire qqch)** to apply o.s. (to doing sthg).
appoint *nm* **1.** *(monnaie)* change • **faire l'appoint** to give the right money **2.** *(aide)* help, support • **d'appoint** *(salaire, chauffage)* extra • **lit d'appoint** spare bed.
appointements *nmpl* salary *sing*.
apport *nm* **1.** *(gén) FIN* contribution **2.** *(de chaleur)* input.
apporter *vt* **1.** *(gén)* to bring • **ça m'a beaucoup apporté** *fig* I got a lot from it **2.** *(raison, preuve)* to provide, to give **3.** *(mettre - soin)* to exercise ; *(- attention)* to give.

> **À PROPOS DE**
> ### apporter
> • *apporter qqch à qqn* ***bring/take sthg to sb*** *ou* ***bring/take sb sthg***
> ***Bring*** si le COI est ***me*** *ou* ***us*** et ***take*** si le COI est ***you, her/him, them***, etc.
> On doit noter la construction à double complément qui en anglais peut prendre deux formes dont le sens est le même :
> 1. une structure identique à celle du français : verbe + COD + préposition + COI ***bring/take sthg to sb***
> 2. une structure qui diffère de celle du français, sans préposition, et dans laquelle l'ordre des compléments est inversé : verbe + COI + COD ***bring/take sb sthg***
> • *J'ai apporté les journaux de ce matin à mon père.* ***I took the morning papers to my father*** *ou* ***I took my father the morning papers.***
> Il faut faire attention :
> • *Apporte-le-nous/moi.* ***Bring it to us/me*** *(et non)* **bring us/me it.**

apposer *vt* **1.** *(affiche)* to put up **2.** *(signature)* to append.
apposition *nf GRAMM* apposition.
appréciable *adj* **1.** *(notable)* appreciable **2.** *(précieux)* • **un grand jardin, c'est appréciable !** I/we really appreciate having a big garden.
appréciation *nf* **1.** *(de valeur)* valuation **2.** *(de distance, poids)* estimation **3.** *(jugement)* judgment **4.** *SCOL* assessment.
apprécier *vt* **1.** *(gén)* to appreciate **2.** *(évaluer)* to estimate, to assess.
appréhender *vt* **1.** *(arrêter)* to arrest **2.** *(craindre)* • **appréhender qqch/de faire qqch** to dread sthg/doing sthg.
appréhension *nf* apprehension.
apprendre *vt* **1.** *(étudier)* to learn • **apprendre à faire qqch** to learn (how) to do sthg **2.** *(enseigner)* to teach • **apprendre qqch à qqn** to teach sb sthg • **apprendre à qqn à faire qqch** to teach sb (how) to do sthg **3.** *(nouvelle)* to hear of, to learn of • **apprendre que** to hear that, to learn that • **apprendre qqch à qqn** to tell sb of sthg.

À PROPOS DE

apprendre

• *apprendre qqch à qqn* ***teach sthg to sb*** *ou* ***teach sb sthg***

Il faut noter la construction à double complément qui, en anglais, peut prendre deux formes dont le sens est le même :

1. une structure identique à celle du français : verbe + COD + préposition + COI ***teach sthg to sb***

2. une structure qui diffère de celle du français, sans préposition et dans laquelle l'ordre des compléments est inversé : verbe + COI + COD ***teach sb sthg***

• *Lara a appris des chansons algériennes à ses amies.* ***Lara taught some Algerian songs to her friends*** *ou* ***Lara taught her friends some Algerian songs.***

apprenti, e *nm, f* **1.** *(élève)* apprentice **2.** *fig* beginner.

apprentissage *nm* **1.** *(de métier)* apprenticeship • **il est en apprentissage dans une boulangerie** he is serving his apprenticeship at a baker's **2.** *(formation)* learning.

apprêter *vt* to prepare. ■ **s'apprêter** *vp* **1.** *(être sur le point)* • **s'apprêter à faire qqch** to get ready to do sthg **2.** *(s'habiller)* • **s'apprêter pour qqch** to dress up for sthg.

appris, e *pp* → **apprendre**.

apprivoiser *vt* to tame.

approbateur, trice *adj* approving.

approbation *nf* approval.

approchant, e *adj* similar.

approche *nf (arrivée)* approach • **à l'approche des fêtes** as the Christmas holidays draw near • **il a pressé le pas à l'approche de la maison** he quickened his step as he approached the house.

approcher *vt* **1.** *(mettre plus près)* to move near, to bring near • **approcher qqch de qqn/qqch** to move sthg near (to) sb/sthg **2.** *(aborder)* to go up to, to approach. ❑ *vi* to approach, to go/come near • **approchez !** come nearer! • **n'approchez pas !** keep *ou* stay away! • **approcher de** *(moment, fin)* to approach. ■ **s'approcher** *vp* to come/go near, to approach • **s'approcher de qqn/qqch** to approach sb/sthg.

approfondi, e *adj* thorough, detailed • **traiter qqch de façon approfondie** to go into sthg thoroughly.

approfondir *vt* **1.** *(creuser)* to make deeper **2.** *(développer)* to go further into. ■ **s'approfondir** *vp* **1.** *(mystère)* to become greater **2.** *(crise, récession)* to worsen.

approprié, e *adj* • **approprié (à)** appropriate (to).

approprier *vt* **1.** *(adapter)* to adapt **2.** (BELGIQUE) to clean. ■ **s'approprier** *vp (s'adjuger)* to appropriate.

approuver *vt (gén)* to approve of.

S'EXPRIMER

approuver quelqu'un

• ***Yes, exactly!*** Oui, exactement !
• ***I think so too!*** C'est aussi ce que je pense !
• ***That's what I believe too!*** C'est aussi ce que je crois !
• ***Good idea!*** Bonne idée !
• ***That's a really good idea!*** C'est une excellente idée !
• ***Fantastic!*** Merveilleux !

approvisionnement *nm* supplies *pl*, stocks *pl*.

approvisionner *vt* **1.** *(compte en banque)* to pay money into **2.** *(magasin, pays)* to supply. ■ **s'approvisionner** *vp* • **s'approvisionner chez/à a)** *(sujet : particulier)* to shop at/in **b)** *(sujet : commerçant)* to get one's stock from.

approximatif, ive *adj* approximate, rough.

approximation *nf* approximation.

approximativement *adv* approximately, roughly.

appt abrév de **appartement**.

appui *nm (soutien)* support.

appui-tête *nm* headrest.

appuyer *vt* **1.** *(poser)* • **appuyer qqch sur/contre qqch** to lean sthg on/against sthg, to rest sthg on/against sthg **2.** *(presser)* • **appuyer qqch sur/contre** to press sthg on/against **3.** *fig (soutenir)* to support. ❑ *vi* **1.** *(reposer)* • **appuyer sur** to lean *ou* rest on **2.** *(presser)* to push • **appuyer sur** *(bouton)* to press **3.** *fig (insister)* • **appuyer sur** to stress **4.** *(se diriger)* • **appuyer sur la** *ou* **à droite** to bear right. ■ **s'appuyer** *vp* **1.** *(se tenir)* • **s'appuyer contre/sur** to lean against/on, to rest against/on **2.** *(se baser)* • **s'appuyer sur** to rely on.

âpre *adj* **1.** *(goût, discussion, combat)* bitter **2.** *(ton, épreuve, critique)* harsh **3.** *(concurrence)* fierce.

après *prép* **1.** *(gén)* after • **après avoir mangé, ils…** after having eaten *ou* after they had eaten, they… • **après cela** after that • **après quoi** after which **2.** *fam (indiquant l'attirance, l'attachement, l'hostilité)* • **soupirer après qqn** to yearn for sb • **aboyer après qqn** to bark at sb. ❑ *adv* **1.** *(temps)* afterwards (UK), afterward (US) • **un mois après** one month later • **le mois d'après** the following *ou* next month **2.** *(lieu, dans un ordre, dans un rang)* • **la rue d'après** the next street • **c'est ma sœur qui vient après** my sister's next. ■ **après coup** *loc adv* afterwards (UK), afterward (US), after the event. ■ **après que** *loc conj (+ indicatif)* after • **je le verrai après qu'il aura fini** I'll see him after *ou* when he's finished • **après qu'ils eurent dîné,…** after dinner *ou* after they had dined,.... ▪ **après tout** *loc adv* after all. ▪ **d'après** *loc prép* according to • **d'après moi** in my opinion • **d'après lui** according to him. ▪ **et après** *loc adv (employée interrogativement)* **1.** *(questionnement sur la suite)* and then what? **2.** *(exprime l'indifférence)* so what?

après-demain *adv* the day after tomorrow.

après-guerre *nm ou nf* post-war years *pl* • **d'après-guerre** post-war.

après-midi *nm inv ou* nf inv afternoon.

après-rasage *nm & adj inv* aftershave.

après-shampooing, après-shampoing *nm* (hair) conditioner.

après-ski *nm (chaussure)* snow-boot.

après-soleil *adj inv* after-sun *(avant nom)*.

après-vente → **service**.

à-propos *nm inv (de remarque)* aptness • **faire preuve d'à-propos** to show presence of mind.

APS (abrév de Advanced Photo System) *nm* APS.

apte *adj* • **apte à qqch/à faire qqch** capable of sthg/of doing sthg • **apte (au service)** MIL fit (for service).

aptitude *nf* • **aptitude (à *ou* pour qqch)** aptitude (for sthg) • **aptitude à *ou* pour faire qqch** ability to do *ou* for doing sthg.

Aquagym® *nf* aquarobics *(indén)*.

aquarelle *nf* watercolour **(UK)**, watercolor **(US)**.

aquarium *nm* aquarium.

aquatique *adj* **1.** *(plante, animal)* aquatic **2.** *(milieu, paysage)* watery, marshy.

aqueduc *nm* aqueduct.

aqueux, euse *adj* watery.

aquilin → **nez**.

arabe *adj* **1.** *(peuple)* Arab **2.** *(désert)* Arabian. ❑ *nm (langue)* Arabic. ▪ **Arabe** *nmf* Arab.

> En anglais, les adjectifs se rapportant à un pays ou une région ainsi que le nom désignant la langue, s'écrivent avec une majuscule.

arabesque *nf* **1.** *(ornement)* arabesque **2.** *(ligne sinueuse)* flourish.

Arabie *nf* • **l'Arabie** Arabia • **l'Arabie Saoudite** Saudi Arabia.

arabophone *adj* Arabic-speaking. ❑ *nmf* Arabic speaker.

arachide *nf* peanut, groundnut.

araignée *nf* spider. ▪ **araignée de mer** *nf* spider crab.

arbalète *nf* crossbow.

arbitrage *nm* **1.** *(SPORT - gén)* refereeing ; *(- au tennis, cricket)* umpiring **2.** DR arbitration.

arbitraire *adj* arbitrary.

arbitre *nmf* **1.** *(SPORT - gén)* referee ; *(- au tennis, cricket)* umpire **2.** *(conciliateur)* arbitrator.

arbitrer *vt* **1.** *(SPORT - gén)* to referee ; *(- au tennis, cricket)* to umpire **2.** *(conflit)* to arbitrate.

arbre *nm* **1.** *fig* BOT tree • **arbre généalogique** family tree **2.** *(axe)* shaft.

> LEXIQUE
> ## les arbres
> **l'abricotier** the apricot tree
> **le bambou** the bamboo
> **le cerisier** the cherry tree
> **le chêne** the oak tree
> **l'érable** the maple
> **le hêtre** the beech tree
> **l'olivier** the olive tree
> **l'oranger** the orange tree
> **le palmier** the palm tree
> **le pêcher** the peach tree
> **le pin** the pine
> **le platane** the plane tree
> **le poirier** the pear tree
> **le pommier** the apple tree
> **le sapin** the fir tree

arbrisseau *nm* shrub.

arbuste *nm* shrub.

arc *nm* **1.** *(arme)* bow **2.** *(courbe)* arc • **arc de cercle** arc of a circle **3.** ARCHIT arch.

arcade *nf* **1.** ARCHIT arch • **arcades** arcade *sing* **2.** ANAT • **arcade sourcilière** arch of the eyebrows.

arc-bouter ▪ **s'arc-bouter** *vp* to brace o.s.

arceau *nm* **1.** ARCHIT arch **2.** *(objet métallique)* hoop.

arc-en-ciel *nm* rainbow.

archaïque *adj* archaic.

arche *nf* ARCHIT arch.

archéologie *nf* archaeology.

archéologique *adj* archaeological.

archéologue *nmf* archaeologist.

archet *nm* MUS bow.

archétype *nm* archetype.

archevêque *nm* archbishop.

archi *fam préf* extremely • **archiconnu** extremely well-known • **archiplein** jam-packed.

archipel *nm* archipelago.

architecte *nmf* architect • **architecte d'intérieur** interior designer • **mon père est architecte** my father is an architect.

architecture *nf* **1.** architecture **2.** *fig* structure.

archiver *vt* to archive.

archives *nfpl* **1.** *(de bureau)* records **2.** *(de musée)* archives.

archiviste *nmf* archivist.

arctique *adj* Arctic • **le cercle polaire arctique** the Arctic Circle. ▪ **Arctique** *nm* • **l'Arctique** the Arctic.

ardemment *adv* fervently, passionately.

ardent, e *adj* **1.** *(soleil)* blazing **2.** *(soif, fièvre)* raging **3.** *(passion)* burning.

ardeur *nf* **1.** *(vigueur)* fervour **(UK)**, fervor **(US)**, enthusiasm **2.** *littéraire (chaleur)* blazing heat.

ardoise *nf* slate.

ardu, e *adj* **1.** *(travail)* arduous **2.** *(problème)* difficult.

are *nm* 100 square metres.

arène *nf* arena. ■ **arènes** *nfpl* **1.** *(romaines)* amphitheatre *sing* **(UK)**, amphitheater *sing* **(US) 2.** *(pour corridas)* bullring *sing*.

arête *nf* **1.** *(de poisson)* bone **2.** *(du nez)* bridge.

argan *nm* argan • **huile d'argan** argan oil.

argent *nm* **1.** *(métal, couleur)* silver **2.** *(monnaie)* money • **argent liquide** (ready) cash • **argent de poche** pocket money **(UK)**, allowance **(US)**.

argenté, e *adj* silvery, silver.

argenterie *nf* silverware.

Argentine *nf* • **l'Argentine** Argentina.

argentique *adj (photographie)* traditional, non-digital.

argile *nf* clay.

argileux, euse *adj* clayey.

argot *nm* slang.

argotique *adj* slang, slangy.

argument *nm* argument.

argumentation *nf* argumentation.

argumenter *vi* to argue • **argumenter en faveur de/contre qqch** to argue for/against sthg.

argus *nm* ≃ Glass's Motoring Guide **(UK)** ; ≃ Blue Book **(US)** • **coté à l'argus** listed in the guide to secondhand car prices.

aride *adj* **1.** *litt & fig* arid **2.** *(travail)* thankless.

aristocrate *nmf* aristocrat.

aristocratie *nf* aristocracy.

aristocratique *adj* aristocratic.

arithmétique *nf* arithmetic.

armateur *nm* ship owner.

armature *nf* **1.** *fig* CONSTR framework **2.** *(de parapluie)* frame **3.** *(de soutien-gorge)* underwiring.

arme *nf litt & fig* weapon • **arme blanche** blade • **arme à feu** firearm. ■ **armes** *nfpl* **1.** *(armée)* • **les armes** the army **2.** *(blason)* coat of arms *sing* **3.** *(locution)* • **partir avec armes et bagages** to leave taking everything.

armé, e *adj* armed • **être armé de** to be armed with.

armée *nf* army • **l'armée de l'air** the air force • **l'armée de terre** the army. ■ **Armée du salut** *nf* • **l'Armée du salut** the Salvation Army.

armement *nm (MIL - de personne)* arming ; *(- de pays)* armament ; *(- ensemble d'armes)* arms *pl* • **la course aux armements** the arms race.

Arménie *nf* • **l'Arménie** Armenia.

armer *vt* **1.** *(pourvoir en armes)* to arm • **être armé pour qqch/pour faire qqch** *fig (préparé)* to be equipped for sthg/to do sthg **2.** *(fusil)* to cock **3.** *(appareil photo)* to wind on **4.** *(navire)* to fit out.

armistice *nm* armistice.

armoire *nf* **1.** *(gén)* cupboard **(UK)**, closet **(US) 2.** *(garde-robe)* wardrobe • **c'est une armoire à glace !** *fam & fig* he's built like a house! • **armoire à pharmacie** medicine cabinet.

armoiries *nfpl* coat of arms *sing*.

armure *nf* armour **(UK)**, armor **(US)**.

armurier *nm* **1.** *(d'armes à feu)* gunsmith **2.** *(d'armes blanches)* armourer **(UK)**, armorer **(US)**.

arnaque *nf fam* rip-off.

arnaquer *vt fam* to rip off • **se faire arnaquer** to be had.

arobase *nm* INFORM "at", @ • **l'arobase** the "at" symbol *ou* sign.

aromate *nm* **1.** *(épice)* spice **2.** *(fines herbes)* herb.

aromatisé, e *adj* flavoured **(UK)**, flavored **(US)** • **aromatisé à la vanille** vanilla-flavoured.

arôme *nm* **1.** *(gén)* aroma **2.** *(de fleur, parfum)* fragrance **3.** *(goût)* flavour **(UK)**, flavor **(US)** • **yaourt arôme vanille** vanilla-flavoured yoghurt **(UK)**, vanilla-flavored yogurt **(US)**.

arpège *nm* arpeggio.

arpenter *vt (marcher)* to pace up and down.

arqué, e *adj* **1.** *(objet)* curved **2.** *(jambe)* bow *(avant nom)*, bandy **3.** *(nez)* hooked **4.** *(sourcil)* arched.

arr. abrév de **arrondissement**.

arrache-pied ■ **d'arrache-pied** *loc adv* • **travailler d'arrache-pied** to work away furiously.

arracher *vt* **1.** *(extraire - plante)* to pull up *ou* out ; *(- dent)* to extract **2.** *(déchirer - page)* to tear off *ou* out ; *(- chemise, bras)* to tear off **3.** *(prendre)* • **arracher qqch à qqn** to snatch sthg from sb **4.** *(susciter)* to wring sthg from sb **5.** *(soustraire)* • **arracher qqn à a)** *(milieu, lieu)* to drag sb away from **b)** *(lit, sommeil)* to drag sb from **c)** *(habitude, torpeur)* to force sb out of **d)** *(mort, danger)* to snatch sb from.

arrangeant, e *adj* obliging.

arrangement *nm* **1.** *(gén)* arrangement **2.** *(accord)* agreement, arrangement.

arranger *vt* **1.** *(gén)* to arrange **2.** *(convenir à)* to suit **3.** *(régler)* to settle **4.** *(améliorer)* to sort out **5.** *(réparer)* to fix. ■ **s'arranger** *vp* to come to an agreement • **s'arranger pour faire qqch** to manage to do sthg • **arrangez-vous pour être là à cinq heures** make sure you're there at five o'clock • **cela va s'arranger** things will work out.

arrdt. abrév de **arrondissement**.

arrestation *nf* arrest • **être en état d'arrestation** to be under arrest.

arrêt *nm* **1.** *(d'un mouvement)* stopping • **à l'arrêt a)** *(véhicule)* stationary **b)** *(machine)* (switched) off • **tomber en arrêt devant qqch** to stop dead in front of sthg **2.** *(interruption)* interruption • **sans arrêt a)** *(sans interruption)* non-stop **b)** *(sans* *relâche)* constantly, continually • **être en arrêt maladie** to be on sick leave • **arrêt du travail** stoppage **3.** *(station)* • **arrêt (d'autobus)** (bus) stop **4.** DR decision, judgment.

arrêté *nm* ADMIN order, decree.

arrêter *vt* **1.** *(gén)* to stop **2.** INFORM *(ordinateur)* to shut down **3.** *(cesser)* • **arrêter de faire qqch** to stop doing sthg • **arrêter de fumer** to stop smoking **4.** *(voleur)* to arrest. ❑ *vi* to stop. ■ **s'arrêter** *vp* to stop • **s'arrêter à qqch : il ne s'arrête pas à ces détails** he's not going to dwell on these details • **s'arrêter de faire** to stop doing.

À PROPOS DE

arrêter

Attention à ne pas confondre ***stop doing sthg*** et ***stop to do sthg*** :

Arrêter de + infinitf se traduit par ***stop*** + verbe en ***-ing***

• *Arrête d'embêter ton frère !* **Stop bother-ing your brother!**

S'arrêter pour + infinitif se traduit par ***stop to*** + base verbale :

• *Ils se sont arrêtés pour déjeuner dans un village.* ***They* stopped to have *lunch in a* village.**

arrhes *nfpl* deposit *sing*.

arrière *adj inv* back, rear • **roue arrière** rear *ou* back wheel • **marche arrière** reverse gear. ❑ *nm* **1.** *(partie postérieure)* back • **à l'arrière** at the back **(UK)**, in back **(US)** **2.** SPORT back. ■ **en arrière** *loc adv* **1.** *(dans la direction opposée)* back, backwards • **faire un pas en arrière** to take a step back *ou* backwards **2.** *(derrière, à la traîne)* behind • **rester en arrière** to lag behind.

arriéré, e *adj (mentalité, pays)* backward. ■ **arriéré** *nm* arrears *pl*.

arrière-boutique *nf* back shop.

arrière-garde *nf* rearguard.

arrière-goût *nm* aftertaste.

arrière-grand-mère *nf* great-grandmother.

arrière-grand-père *nm* great-grandfather.

arrière-grands-parents *nmpl* great-grandparents.

arrière-pays *nm inv* hinterland.

arrière-pensée *nf (raison intéressée)* ulterior motive.

arrière-plan *nm* background.

arrière-saison *nf* late autumn.

arrière-train *nm* hindquarters *pl*.

arrimer *vt* **1.** *(attacher)* to secure **2.** NAUT to stow.

arrivage *nm (de marchandises)* consignment, delivery.

arrivée *nf* **1.** *(venue)* arrival **2.** TECHNOL inlet.

arriver *vi* **1.** *(venir)* to arrive • **j'arrive !** (I'm) coming! • **arriver à Paris** to arrive in *ou* reach Paris • **l'eau m'arrivait aux genoux** the water came up to my knees **2.** *(parvenir)* • **arriver à faire qqch** to manage to do sthg, to succeed in doing sthg • **il n'arrive pas à faire ses devoirs** he can't do his homework **3.** *(se produire)* to happen. ❑ *v impers* to happen • **il arrive que** *(+ subjonctif)* : **il arrive qu'il soit en retard** he is sometimes late • **il arrive à tout le monde de se décourager** we all get fed up sometimes • **il arrive à tout le monde de se tromper** anyone can make a mistake • **il lui arrive d'oublier quel jour on est** he sometimes forgets what day it is • **quoi qu'il arrive** whatever happens.

arrivisme *nm péj* ambition.

arriviste *adj* self-seeking, careerist. ❑ *nmf* careerist.

arrobas, arobas *nf* = **arobase**.

arrogance *nf* arrogance.

arrogant, e *adj* arrogant.

arroger ■ **s'arroger** *vp* • **s'arroger le droit de faire qqch** to take it upon o.s. to do sthg.

arrondi *nm (de jupe)* hemline.

arrondir *vt* **1.** *(forme)* to make round **2.** *(chiffre -au-dessus)* to round up ; *(-en dessous)* to round down.

arrondissement *nm* ADMIN arrondissement *(administrative division of a département or city)*.

arrosage *nm* **1.** *(de jardin)* watering **2.** *(de rue)* spraying.

arroser *vt* **1.** *(jardin)* to water **2.** *(rue)* to spray **3.** *fam (célébrer)* to celebrate.

arrosoir *nm* watering can.

arsenal, aux *nm* **1.** *(de navires)* naval dockyard **2.** *(d'armes)* arsenal.

arsenic *nm* arsenic.

art *nm* art • **le septième art** the cinema. ■ **arts** *nmpl* • **les arts et métiers** *si vous souhaitez expliquer à un anglophone de quoi il s'agit, vous pouvez dire* it is a higher education institution that provides courses in commerce, manufacturing, construction and design • **arts martiaux** martial arts.

art. abrév de **article**.

artère *nf* **1.** ANAT artery **2.** *(rue)* arterial road **(UK)**, main road **(US)**.

artériel, elle *adj* arterial.

artériosclérose *nf* arteriosclerosis.

arthrite *nf* arthritis.

arthrose *nf* osteoarthritis.

artichaut *nm* artichoke.

article *nm* **1.** *(gén)* article • **article de fond** feature **2.** *(sujet)* point **3.** *(locution)* • **à l'article de la mort** at death's door.

articulation *nf* **1.** ANAT & TECHNOL joint **2.** *(prononciation)* articulation.

articulé, e *adj* jointed.

articuler *vt* **1.** *(prononcer)* to articulate **2.** ANAT & TECHNOL to articulate, to joint.

artifice *nm* **1.** *(moyen astucieux)* clever device *ou* trick **2.** *(tromperie)* trick.

artificiel, elle *adj* artificial.
artificier *nm* **1.** *(en pyrotechnie)* fireworks expert **2.** *MIL (soldat)* blaster **3.** *(spécialiste)* bomb disposal expert.
artillerie *nf MIL* artillery.
artisan, e *nm,f* craftsman, craftswoman *f*.
artisanal, e *adj* craft *(avant nom)*.
artisanat *nm* **1.** *(métier)* craft **2.** *(classe)* craftsmen.
artiste *nmf* **1.** *(créateur)* artist • **artiste peintre** painter **2.** *(interprète)* performer.
artistique *adj* artistic.
as[1] → **avoir**.
as[2] *nm* **1.** *(carte)* ace **2.** *(champion)* star, ace.
ascendant, e *adj* rising. ■ **ascendant** *nm* **1.** *(influence)* influence, power **2.** *ASTROL* ascendant.
ascenseur *nm* **1.** *(in a building)* lift **(UK)**, elevator **(US)** **2.** *INFORM* scroll bar.
ascension *nf* **1.** *(de montagne)* ascent **2.** *(progression)* rise. ■ **Ascension** *nf* • **l'Ascension** Ascension (Day).
ascensionnel, elle *adj* upward.
ascète *nmf* ascetic.
aseptisé, e *adj* **1.** *MÉD* sterilized **2.** *fig (ambiance)* impersonal **3.** *(discours, roman, univers)* sanitized.
asiatique *adj* **1.** *(de l'Asie en général)* Asian **2.** *(d'Extrême-Orient)* oriental. ■ **Asiatique** *nmf* Asian.

En anglais, les adjectifs se rapportant à un pays ou une région s'écrivent avec une majuscule.

Asie *nf* • **l'Asie** Asia • **l'Asie du Sud-Est** Southeast Asia.

En anglais, les adjectifs se rapportant à un continent s'écrivent avec une majuscule.

asile *nm* **1.** *(refuge)* refuge **2.** *POLIT* • **demander/accorder l'asile politique** to seek/to grant political asylum **3.** *vieilli (psychiatrique)* asylum.
asocial, e *adj* antisocial. ❑ *nm,f* social misfit.
aspect *nm* **1.** *(apparence)* appearance • **d'aspect agréable** nice-looking • **cette couleur donne à la pièce un aspect terne** this colour makes the room look dull **2.** *LING* aspect.
asperge *nf (légume)* asparagus.
asperger *vt* • **asperger qqch de qqch** to spray sthg with sthg • **asperger qqn de qqch a)** *(arroser)* to spray sb with sthg **b)** *(éclabousser)* to splash sb with sthg.
aspérité *nf (du sol)* bump.
asphalte *nm* asphalt.
asphyxier *vt* **1.** *MÉD* to asphyxiate, to suffocate **2.** *fig (économie)* to paralyse **(UK)**, to paralyze **(US)**. ■ **s'asphyxier** *vp* to suffocate.
aspic *nm (vipère)* asp.
aspirant, e *adj* • **hotte aspirante** cooker hood **(UK)**, extractor hood • **pompe aspirante** suction pump. ❑ *nm,f* **1.** *(armée)* ≃ officer cadet **2.** *(marine)* ≃ midshipman.
aspirateur *nm* Hoover® **(UK)**, vacuum cleaner • **passer l'aspirateur** to do the vacuuming *ou* hoovering **(UK)**.
aspiration *nf* **1.** *(souffle)* inhalation **2.** *TECHNOL* suction. ■ **aspirations** *nfpl* aspirations.
aspirer *vt* **1.** *(air)* to inhale **2.** *(liquide)* to suck up **3.** *TECHNOL* to suck up, to draw up. ❑ *vi (désirer)* • **aspirer à qqch/à faire qqch** to aspire to sthg/to do sthg.
aspirine *nf* aspirin.
assagir *vt* to quieten down.
assaillant, e *nm,f* assailant, attacker.
assaillir *vt* to attack, to assault • **assaillir qqn de qqch** *fig* to assail *ou* bombard sb with sthg.
assainir *vt* **1.** *(logement)* to clean up **2.** *(eau)* to purify **3.** *ÉCON* to rectify, to stabilize.
assaisonnement *nm* **1.** *(sauce)* dressing **2.** *(condiments)* seasoning.
assaisonner *vt* **1.** *(salade)* to dress **2.** *(viande, plat)* to season.
assassin, e *adj* provocative. ■ **assassin** *nm* **1.** *(gén)* murderer **2.** *POLIT* assassin.
assassinat *nm* **1.** *(gén)* murder **2.** *POLIT* assassination.
assassiner *vt (tuer - gén)* to murder ; *(- POLIT)* to assassinate.
assaut *nm (attaque)* assault, attack • **prendre d'assaut** *(lieu)* to storm.
assécher *vt* to drain. ■ **s'assécher** *vp* to become dry, to dry up.
ASSEDIC, Assedic (abrév de Association pour l'emploi dans l'industrie et le commerce) *nfpl pour expliquer à un anglophone de quoi il s'agit, vous pouvez utiliser cette définition :* it is the national agency that runs the French unemployment insurance system • **toucher les ASSEDIC** to get unemployment benefit **(UK)** *ou* welfare **(US)**.
assemblage *nm (gén)* assembly.
assemblée *nf* **1.** *(réunion)* meeting **2.** *(public)* gathering **3.** *ADMIN & POLIT* assembly • **l'Assemblée nationale** the French National Assembly ; ≃ the House of Commons **(UK)** ; ≃ the House of Representatives **(US)**.
assembler *vt* **1.** *(monter)* to put together **2.** *(réunir - objets)* to gather (together) **3.** *(personnes - gén)* to bring together, to assemble. ■ **s'assembler** *vp* to gather.
asséner, assener *vt* • **assener un coup à qqn** *(frapper)* to strike sb, to deal sb a blow.
assentiment *nm* assent.
asseoir *vt* **1.** *(sur un siège)* to put **2.** *(fondations)* to lay **3.** *fig (réputation)* to establish. ❑ *vi* • **faire asseoir qqn** to seat sb, to ask sb to take a seat. ■ **s'asseoir** *vp* to sit (down).
assermenté, e *adj (fonctionnaire, expert)* sworn.
assertion *nf* assertion.

assesseur *nm* assessor.

assez *adv* **1.** *(suffisamment)* enough • **assez grand pour qqch/pour faire qqch** big enough for sthg/to do sthg • **assez de** enough • **assez de lait/chaises** enough milk/chairs • **en avoir assez de qqn/qqch** to have had enough of sb/sthg, to be fed up with sb/sthg **2.** *(plutôt)* quite, rather.

assidu, e *adj* **1.** *(élève)* diligent **2.** *(travail)* painstaking **3.** *(empressé)* • **assidu (auprès de qqn)** attentive (to sb).

assiduité *nf* **1.** *(zèle)* diligence **2.** *(fréquence)* • **avec assiduité** regularly. ■ **assiduités** *nfpl péj* & *sout* attentions.

assiéger *vt litt* & *fig* to besiege.

assiette *nf* **1.** *(vaisselle)* plate • **assiette creuse** *ou* **à soupe** soup plate • **assiette à dessert** dessert plate • **assiette plate** dinner plate **2.** *(d'impôt)* base **3.** *CULIN* • **assiette anglaise** assorted cold meats *pl* **(UK)**, cold cuts *pl* **(US)**.

assigner *vt DR* • **assigner qqn en justice** to issue a writ against sb.

assimiler *vt* **1.** *(aliment, connaissances)* to assimilate **2.** *(confondre)* • **assimiler qqch (à qqch)** to liken sthg (to sthg) • **assimiler qqn à qqn** to compare sb to sb.

assis, e *pp* → **asseoir**. ❑ *adj* sitting, seated • **place assise** seat. ■ **assise** *nf (base)* seat, seating. ■ **assises** *nfpl* **1.** *DR* • **(cour d')assises** crown court **(UK)**, circuit court **(US)** **2.** *(congrès)* conference *sing*.

assistance *nf* **1.** *(aide)* assistance • **l'Assistance publique** *si vous voulez expliquer à un anglophone de quoi il s'agit, vous pouvez dire* it is the body that runs social services and state-owned hospitals in France **2.** *(auditoire)* audience.

assistant, e *nm, f* **1.** *(auxiliaire)* assistant • **assistante sociale** social worker **2.** *UNIV* assistant lecturer.

assister *vi* • **assister à qqch** to be at sthg, to attend sthg. ❑ *vt* to assist.

> FAUX AMIS
>
> **assister**
>
> *Le verbe assister* se traduit en anglais par ***to assist***, ***to aid*** ou parfois ***to attend*** *assister à* a pour traduction également ***to attend*** ou ***to be at***, par exemple : ***Sinatra* attended *the charity gala***. *Sinatra a assisté au gala de bienfaisance*. En anglais, le verbe ***to assist*** signifie *aider*, comme dans la phrase suivante : ***I* assisted *him during the operation*** *Je l'ai aidé pendant l'opération*.

association *nf* **1.** *(gén)* association **2.** *(union)* society, association • **association humanitaire** charity organization • **association sportive** sports club **3.** *COMM* partnership.

associé, e *adj* associated. ❑ *nm, f* **1.** *(collaborateur)* associate **2.** *(actionnaire)* partner.

associer *vt* **1.** *(personnes)* to bring together **2.** *(idées)* to associate **3.** *(faire participer)* • **associer qqn à qqch a)** *(inclure)* to bring sb in on sthg **b)** *(prendre pour partenaire)* to make sb a partner in sthg. ■ **s'associer** *vp* **1.** *(prendre part)* • **s'associer à qqch a)** *(participer)* to join *ou* participate in sthg **b)** *(partager)* to share sthg **2.** *(collaborer)* • **s'associer à** *ou* **avec qqn** to join forces with sb.

assoiffé, e *adj* **1.** thirsty **2.** • **assoiffé de pouvoir** *fig* power-hungry.

assombrir *vt* **1.** *(plonger dans l'obscurité)* to darken **2.** *fig (attrister)* to cast a shadow over. ■ **s'assombrir** *vp* **1.** *(devenir sombre)* to grow dark **2.** *fig (s'attrister)* to darken.

assommant, e *adj péj* deadly boring.

assommer *vt* **1.** *(frapper)* to knock out **2.** *(ennuyer)* to bore stiff.

Assomption *nf* • **l'Assomption** the Assumption.

assorti, e *adj (accordé)* • **bien assorti** well-matched • **mal assorti** ill-matched • **une cravate assortie au costume** a tie which matches the suit.

assortiment *nm* assortment, selection.

assortir *vt (objets)* • **assortir qqch à qqch** to match sthg to *ou* with sthg.

assoupi, e *adj (endormi)* dozing.

assoupir *vt sout (enfant)* to send to sleep. ■ **s'assoupir** *vp (s'endormir)* to doze off.

assouplir *vt* **1.** *(corps)* to make supple **2.** *(matière)* to soften **3.** *(règlement)* to relax.

assouplissant *nm* (fabric) softener.

assourdir *vt* **1.** *(rendre sourd)* to deafen **2.** *(amortir)* to deaden, to muffle.

assouvir *vt littéraire* to satisfy.

assujettir *vt* **1.** *(peuple)* to subjugate **2.** *(soumettre)* • **assujettir qqn à qqch** to subject sb to sthg.

assumer *vt* **1.** *(fonction - exercer)* to carry out **2.** *(risque, responsabilité)* to accept **3.** *(condition)* to come to terms with **4.** *(frais)* to meet.

assurance *nf* **1.** *(gén)* assurance **2.** *(contrat)* insurance • **assurance maladie** health insurance • **assurance vieillesse** retirement pension • **assurance tous risques** *AUTO* comprehensive insurance • **assurance-vie** life assurance **(UK)**, life insurance **(US)**.

assuré, e *nm, f* policy holder • **assuré social** National Insurance contributor **(UK)**, Social Security contributor **(US)**.

assurément *adv sout* certainly.

assurer *vt* **1.** *(promettre)* • **assurer à qqn que** to assure sb (that) • **assurer qqn de qqch** to assure sb of sthg **2.** *(permanence, liaison)* to provide **3.** *COMM* to insure. ■ **s'assurer** *vp* **1.** *(vérifier)* • **s'assurer que** to make sure (that) • **s'assurer de qqch** to ensure sthg, to make sure of sthg **2.** *COMM* • **s'assurer (contre qqch)** to insure o.s.

(against sthg) **3.** *(obtenir)* • **s'assurer qqch** to secure sthg.
astérisque *nm* asterisk.
asthmatique *nmf & adj* asthmatic.
asthme *nm* MÉD asthma • **une crise d'asthme** an asthma attack.
asticot *nm* maggot.
astigmate *nmf & adj* astigmatic.
astiquer *vt* to polish.
astre *nm* star.
astreignant, **e** *adj* demanding.
astreindre *vt* • **astreindre qqn à qqch** to subject sb to sthg • **astreindre qqn à faire qqch** to compel sb to do sthg.
astreint, **e** *pp* → **astreindre**.
astringent, **e** *adj* astringent.
astrologie *nf* astrology.
astrologique *adj* astrological.
astrologue *nm,f* astrologer.
astronaute *nmf* astronaut • **elle est astronaute** she's an austronaut.
astronautique *nf* astronautics *(indén)*.
astronome *nmf* astronomer.
astronomie *nf* astronomy.
astronomique *adj* astronomical.
astrophysicien, **enne** *nm,f* astrophysicist.
astrophysique *nf* astrophysics *(indén)*.
astuce *nf* **1.** *(ruse)* (clever) trick **2.** *(ingéniosité)* shrewdness *(indén)*.
astucieux, **euse** *adj* **1.** *(idée)* clever **2.** *(personne)* shrewd.
asymétrique *adj* asymmetric, asymmetrical.
asymptomatique *adj* asymptomatic. ■ **porteur** *nm* **asymptomatique** asymptomatic carrier.
atelier *nm* **1.** *(d'artisan)* workshop **2.** *(de peintre)* studio.
athée *nmf* atheist. ❑ *adj* atheistic.
athéisme *nm* atheism.
Athènes *npr* Athens.
athlète *nmf* athlete.
athlétique *adj* athletic.
athlétisme *nm* athletics *(indén)* **(UK)**, track and fields **(US)**.

Malgré le '**s**' à la fin, '***athletics***' s'utilise comme un nom au singulier.

atlantique *adj* Atlantic. ■ **Atlantique** *nm* • **l'Atlantique** the Atlantic (Ocean).

En anglais, les adjectifs se rapportant à un océan s'écrivent avec une majuscule.

atlas *nm* atlas.
atmosphère *nf* atmosphere.
atmosphérique *adj* atmospheric.
atome *nm* atom.
atomique *adj* **1.** *(gén)* nuclear **2.** CHIM & PHYS atomic • **la bombe atomique** the atomic bomb.
atomiseur *nm* spray.
atone *adj (inexpressif)* lifeless.
atout *nm* **1.** *(carte)* trump • **l'atout est à pique** spades are trumps **2.** *fig (ressource)* asset, advantage.
âtre *nm littéraire* hearth.
atroce *adj* **1.** *(crime)* atrocious, dreadful **2.** *(souffrance)* horrific, atrocious.
atrocité *nf* **1.** *(horreur)* atrocity **2.** *(calomnie)* insult.
atrophier ■ **s'atrophier** *vp* to atrophy.
attabler ■ **s'attabler** *vp* to sit down (at the table).
attachant, **e** *adj* lovable.
attache *nf (lien)* fastening. ■ **attaches** *nfpl fig* links, connections.
attaché, **e** *nm,f* attaché • **attaché de presse** **a)** *(diplomatique)* press attaché **b)** *(d'organisme, d'entreprise)* press officer.
attaché-case *nm* attaché case.
attachement *nm* attachment.
attacher *vt* **1.** *(lier)* • **attacher qqch (à) a)** to fasten *ou* tie sthg (to) **b)** *fig (associer)* to attach sthg (to) **2.** *(paquet)* to tie up **3.** *(lacet)* to do up **4.** *(ceinture de sécurité)* to fasten. ❑ *vi* CULIN • **attacher (à)** to stick (to). ■ **s'attacher** *vp* **1.** *(émotionnellement)* • **s'attacher à qqn/qqch** to become attached to sb/sthg **2.** *(se fermer)* to fasten • **s'attacher avec** *ou* **par qqch** to do up *ou* fasten with sthg **3.** *(s'appliquer)* • **s'attacher à qqch/à faire qqch** to devote o.s. to sthg/to doing sthg, to apply o.s. to sthg/to doing sthg.
attaquant, **e** *nm,f* attacker.
attaque *nf* **1.** *(gén)* MÉD attack **2.** *fig* • **attaque contre qqn/qqch** attack on sb/sthg.
attaquer *vt* **1.** *(gén)* to attack **2.** *(DR - personne)* to take to court ; *(- jugement)* to contest **3.** *fam (plat)* to tuck into. ■ **s'attaquer** *vp* **1.** *(combattre)* • **s'attaquer à qqn** to attack sb **2.** *fig* • **s'attaquer à qqch** *(tâche)* to tackle sthg.
attardé, **e** *adj* **1.** *(idées)* outdated **2.** *(passants)* late **3.** *vieilli (enfant)* backward.
attarder ■ **s'attarder** *vp* • **s'attarder sur qqch** to dwell on sthg • **s'attarder à faire qqch** to stay on to do sthg, to stay behind to do sthg.
atteindre *vt* **1.** *(situation, objectif)* to reach **2.** *(toucher)* to hit **3.** *(affecter)* to affect.
atteint, **e** *pp* → **atteindre**. ❑ *adj (malade)* • **être atteint de** to be suffering from. ■ **atteinte** *nf* **1.** *(préjudice)* • **porter atteinte à** to undermine • **hors d'atteinte a)** *(hors de portée)* out of reach **b)** *(inattaquable)* beyond reach **2.** *(effet)* effect.
attelage *nm (chevaux)* team.

atteler *vt* **1.** *(animaux, véhicules)* to hitch up **2.** *(wagons)* to couple. ■ **s'atteler** *vp* • **s'atteler à** to get down to.

attelle *nf* splint.

attenant, e *adj* • **attenant (à qqch)** adjoining (sthg).

attendre *vt* **1.** *(gén)* to wait for • **le déjeuner nous attend** lunch is ready • **attendre que** *(+ subjonctif)* : **attendre que la pluie s'arrête** to wait for the rain to stop • **faire attendre qqn** *(personne)* to keep sb waiting **2.** *(espérer)* • **attendre qqch (de qqn/qqch)** to expect sthg (from sb/sthg) **3.** *(sujet : surprise, épreuve)* to be in store for. ❑ *vi* to wait • **attends !** hang on! ■ **s'attendre** *vp* • **s'attendre à** to expect. ■ **en attendant** *loc adv* **1.** *(pendant ce temps)* meanwhile, in the meantime **2.** *(quand même)* all the same.

> FAUX AMIS
>
> **attendre**
>
> Il faut faire attention à ne pas traduire le verbe *attendre* par ***to attend***, qui signifie *assister à* ou *être au service de*. *Attendre* se traduit en effet par ***to wait for, to await*** ou bien ***to expect***.
> Exemples : ***Can you wait for me?*** *Peux-tu m'attendre ?* ; ***I'm expecting a phone call*** *J'attends un coup de téléphone*.

attendrir *vt* **1.** *(viande)* to tenderize **2.** *(personne)* to move. ■ **s'attendrir** *vp* • **s'attendrir (sur qqn/qqch)** to be moved (by sb/sthg).

attendrissant, e *adj* moving, touching.

attendu, e *pp* → **attendre**. ■ **attendu que** *loc conj* since, considering that.

attentat *nm* attack • **attentat à la bombe** bomb attack, bombing.

attentat-suicide *nm* **1.** suicide attack **2.** *(à la bombe)* suicide bombing.

attente *nf* **1.** *(fait d'attendre)* wait • **en attente** in abeyance **2.** *(espoir)* expectation • **répondre aux attentes de qqn** to live up to sb's expectations.

attenter *vi* • **attenter à** *(liberté, droit)* to violate • **attenter à ses jours** to attempt suicide • **attenter à la vie de qqn** to make an attempt on sb's life.

attentif, ive *adj (auditoire)* • **attentif (à qqch)** attentive (to sthg).

attention *nf* **1.** *(concentration)* attention • **faire attention à** to pay attention to **2.** *(prudence)* attention • **à l'attention de** for the attention of • **faire attention à** to be careful of. ❑ *interj* watch out!, be careful!

attentionné, e *adj* thoughtful.

attentivement *adv* attentively, carefully.

atténuer *vt* **1.** *(douleur)* to ease **2.** *(propos, ton)* to tone down **3.** *(lumière)* to dim, to subdue **4.** *(bruit)* to quieten. ■ **s'atténuer** *vp* **1.** *(lumière)* to dim, to fade **2.** *(bruit)* to fade **3.** *(douleur)* to ease.

atterrer *vt* to stagger.

atterrir *vi* to land • **atterrir dans qqch** *fig* to land up in sthg.

atterrissage *nm* landing.

attestation *nf (certificat)* certificate.

attester *vt* **1.** *(confirmer)* to vouch for, to testify to **2.** *(certifier)* to attest.

attirail *nm fam (équipement)* gear.

attirance *nf* attraction.

attirant, e *adj* attractive.

attirer *vt* **1.** *(gén)* to attract **2.** *(amener vers soi)* • **attirer qqn à/vers soi** to draw sb to/towards one **3.** *(provoquer)* • **attirer des ennuis à qqn** to cause trouble for sb. ■ **s'attirer** *vp* • **s'attirer qqch** to bring sthg on o.s.

attiser *vt* **1.** *(feu)* to poke **2.** *fig (haine)* to stir up.

attitré, e *adj* **1.** *(habituel)* usual **2.** *(titulaire - fournisseur)* by appointment ; *(- représentant)* accredited.

attitude *nf* **1.** *(comportement, approche)* attitude **2.** *(posture)* posture.

attouchement *nm* caress.

attractif, ive *adj* **1.** *(force)* magnetic **2.** *(prix)* attractive.

attraction *nf* **1.** *(gén)* attraction **2.** *(force)* • **attraction magnétique** magnetic force. ■ **attractions** *nfpl* **1.** *(jeux)* amusements **2.** *(spectacle)* attractions.

attrait *nm* **1.** *(séduction)* appeal **2.** *(intérêt)* attraction.

attrape-nigaud *nm* con.

attraper *vt* **1.** *(gén)* to catch **2.** *fam (gronder)* to tell off **3.** *fam (avoir)* to get.

attrayant, e *adj* attractive.

attribuer *vt* **1.** *(tâche, part)* • **attribuer qqch à qqn a)** to assign *ou* allocate sthg to sb, to assign *ou* allocate sb sthg **b)** *(privilège)* to grant sthg to sb, to grant sb sthg **c)** *(récompense)* to award sthg to sb, to award sb sthg **2.** *(faute)* • **attribuer qqch à qqn** to attribute sthg to sb, to put sthg down to sb. ■ **s'attribuer** *vp* **1.** *(s'approprier)* to appropriate (for o.s.) **2.** *(revendiquer)* to claim (for o.s.).

attribut *nm* **1.** *(gén)* attribute **2.** GRAMM complement.

attribution *nf* **1.** *(de prix)* awarding, award **2.** *(de part, tâche)* allocation, assignment **3.** *(d'avantage)* bestowal. ■ **attributions** *nfpl (fonctions)* duties.

attrister *vt* to sadden. ■ **s'attrister** *vp* to be saddened.

attroupement *nm* crowd.

attrouper ■ **s'attrouper** *vp* to form a crowd, to gather.

au → **à**.

aubade *nf* dawn serenade.

aubaine *nf* piece of good fortune • **quelle aubaine !** what a godsend!

aube *nf (aurore)* dawn, daybreak • **à l'aube** at dawn.

aubépine *nf* hawthorn.

auberge *nf (hôtel)* inn • **auberge de jeunesse** youth hostel.

À PROPOS DE

auberge de jeunesse

Les auberges de jeunesse (AJ) représentent une solution idéale pour les petits budgets. Les chambres peuvent être individuelles ou à partager. La carte internationale est recommandée et vous permet de payer moins cher (**FUAJ ou Fédération unie des auberges de jeunesse**, www.fuaj.org). Rendez-vous sur les sites ***Youth Hostels Association***, (www.yha.org.uk, ou www.anoige.ie pour l'Irlande). Le site de ***I Hostlels***, www.hihostels.com, permet de réserver une chambre dans le monde entier six mois à l'avance.

aubergine *nf* **1.** BOT aubergine **(UK)**, eggplant **(US) 2.** *péj (contractuelle)* traffic warden **(UK)**, meter maid **(US)**.

aubergiste *nmf* innkeeper.

auburn *adj inv* auburn.

aucun, e *adj indéf* **1.** *(sens négatif)* • **ne… aucun** no • **il n'y a aucune voiture dans la rue** there aren't any cars in the street, there are no cars in the street • **sans faire aucun bruit** without making a sound **2.** *(sens positif)* any • **il lit plus qu'aucun autre enfant** he reads more than any other child. ❑ *pron indéf* **1.** *(sens négatif)* none • **aucun des enfants** none of the children • **aucun d'entre nous** none of us • **aucun (des deux)** neither (of them) **2.** *(sens positif)* • **plus qu'aucun de nous** more than any of us.

aucunement *adv* not at all, in no way.

audace *nf* **1.** *(hardiesse)* daring, boldness **2.** *(insolence)* audacity **3.** *(innovation)* daring innovation.

audacieux, euse *adj* **1.** *(projet)* daring, bold **2.** *(personne, geste)* bold.

au-dedans *loc adv* inside. ■ **au-dedans de** *loc prép* inside.

au-dehors *loc adv* outside. ■ **au-dehors de** *loc prép* outside.

au-delà *loc adv* **1.** *(plus loin)* beyond **2.** *(davantage, plus)* more. ❑ *nm* • **l'au-delà** the hereafter, the afterlife. ■ **au-delà de** *loc prép* beyond.

au-dessous *loc adv* below, underneath. ■ **au-dessous de** *loc prép* below, under(neath).

au-dessus *loc adv* above. ■ **au-dessus de** *loc prép* above, over.

au-devant *loc adv* ahead. ■ **au-devant de** *loc prép* • **aller au-devant de** to go to meet • **aller au-devant du danger** to court danger.

audible *adj* audible.

audience *nf* **1.** *(public, entretien)* audience **2.** DR hearing.

Audimat® *nm* audience rating ; ≃ Nielsen® ratings **(US)**.

audio *adj inv (matériel, fichier, livre)* audio.

audioguide *nf* audio guide, headset.

audionumérique *adj* digital audio.

audiovisuel, elle *adj* audiovisual. ■ **audiovisuel** *nm* TV and radio.

audit *nm* audit.

auditeur, trice *nm, f* listener. ■ **auditeur** *nm* **1.** UNIV • **auditeur libre** auditor **(US)** ; *si vous voulez expliquer à un Britannique de quoi il s'agit, vous pouvez dire* it is someone who is allowed to go to lectures without being registered as a student **2.** FIN auditor.

auditif, ive *adj* **1.** *(appareil)* hearing *(avant nom)* **2.** *(mémoire)* auditory.

audition *nf* **1.** *(fait d'entendre)* hearing **2.** DR examination **3.** THÉÂTRE audition **4.** MUS recital.

auditionner *vt & vi* to audition.

auditoire *nm (public)* audience.

auditorium *nm* **1.** *(de concert)* auditorium **2.** *(d'enregistrement)* studio.

auge *nf (pour animaux)* trough.

augmentation *nf* • **augmentation (de)** increase (in) • **augmentation (de salaire)** rise **(UK)** *ou* raise **(US)** (in salary).

augmenter *vt* **1.** to increase **2.** *(prix, salaire)* to raise **3.** *(personne)* to give a rise **(UK)** *ou* raise **(US)** to. ❑ *vi* to increase, to rise • **le froid augmente** it's getting colder • **la douleur augmente** the pain is getting worse.

augure *nm (présage)* omen • **être de bon/mauvais augure** to be a good/bad sign.

aujourd'hui *adv* today.

aumône *nf* • **faire l'aumône à qqn** to give alms to sb.

aumônier *nm* RELIG chaplain.

auparavant *adv* **1.** *(tout d'abord)* first (of all) **2.** *(avant)* before, previously.

auprès ■ **auprès de** *loc prép* **1.** *(à côté de)* beside, next to **2.** *(comparé à)* compared with **3.** *(en s'adressant à)* to.

aurai, auras *etc* → **avoir**.

auréole *nf* **1.** ASTRON & RELIG halo **2.** *(trace)* ring.

auriculaire *nm* little finger.

aurore *nf* dawn.

ausculter *vt* MÉD to sound.

auspice *nm (gén pl)* sign, auspice • **sous les auspices de qqn** under the auspices of sb.

aussi

■ **aussi** *adv*

1. PAREILLEMENT

• **je suis fatigué et lui aussi** I am tired and he is too *ou* so is he • **j'étais en retard — Fabien**

aussi I was late — so was Fabien • **lui aussi parle allemand** he speaks German too *ou* as well • **moi aussi** me too • **j'y vais aussi** I'm going too *ou* as well

2. EN PLUS

• **elle parle aussi chinois** she also speaks Chinese • **est-ce que tu veux aussi de la salade ?** do you want some salad too? *ou* do you want some salad as well?

3. À CE POINT

• **je n'ai jamais rien vu d'aussi beau** I've never seen anything so *ou* as beautiful • **aussi incroyable que cela puisse paraître** incredible though *ou* as it may seem

4. INTRODUIT UNE COMPARAISON

• **maintenant, elle est aussi grande que sa sœur** she is as tall as her mother now • **il n'est pas aussi intelligent que son frère** he's not as clever as his brother • **viens aussi vite que tu peux !** come as soon as you can!

■ **aussi** *conj*

EXPRIME LA CONSÉQUENCE

• **il est très fatigué, aussi a-t-il besoin de dormir beaucoup** he is very tired, therefore he needs to sleep a lot • **cet appartement est très bien situé, aussi est-il très cher** this flat is very well located, consequently it is very expensive

■ **(tout) aussi bien** *loc adv*

just as easily, just as well • **j'aurais pu (tout) aussi bien refuser** I could just as easily have said no

■ **aussi bien... que** *loc conj*

as well... as • **tu le sais aussi bien que moi** you know as well as I do

À PROPOS DE

aussi

Aussi au sens d'*également* peut être rendu par ***too***, ***as well*** et ***also***, mais il convient de faire attention à leur place dans la phrase.

As well (fréquent en anglais parlé) se place toujours en fin de phrase, tandis que ***also*** se place le plus souvent entre le sujet et le verbe (à l'exception du verbe ***to be***) :

• *Il parle russe aussi.* ***He speaks Russian* as well** *ou* **He also *speaks Russian*.**

En anglais américain, ***also*** se place parfois en fin de phrase :

• *Elle est traductrice aussi.* ***She's a translator* also.**

Also se place après le modal :

• *Ses parents peuvent venir aussi.* ***His parents can* also *come*.**

Too se place soit en fin de phrase, soit directement après le sujet. Lorsque ***too*** est employé en fin de phrase, celle-ci peut être ambiguë ; il en va de même lorsqu'on emploie ***as well*** :

• *C'est aussi un bon cuisinier.* *(comme une autre personne qu'on a évoquée ou c'est une de ses qualités).* ***He's a good cook* too *ou* as well.**

En plaçant ***too*** directement après le sujet, on évite cette ambiguïté :

• *Lui aussi est un bon cuisinier.* ***He* too *is a good cook*.**

aussitôt *adv* immediately. ■ **aussitôt que** *loc conj* as soon as • **aussitôt que possible** as soon as possible.

austère *adj* **1.** *(personne, vie)* austere **2.** *(vêtement)* severe **3.** *(paysage)* harsh.

austérité *nf* **1.** *(de personne, vie)* austerity **2.** *(de vêtement)* severeness **3.** *(de paysage)* harshness.

austral, e *adj* southern.

Australie *nf* • **l'Australie** Australia.

En anglais, à de rares exceptions près, il n'y a pas d'article devant les noms de pays.

australien, enne *adj* Australian. ■ **Australien, -enne** *nm, f* Australian.

En anglais, les adjectifs se rapportant à un pays ou une région s'écrivent avec une majuscule.

autant

■ **autant** *adv*

1. INTRODUIT UNE COMPARAISON

• **ce livre coûte autant que l'autre** this book costs as much as the other one • **il y a autant de neige que l'année dernière** there is as much snow as last year • **il a dépensé autant d'argent que moi** he spent as much money as I did • **il y a autant de femmes que d'hommes** there are as many women as men

2. MARQUE L'INTENSITÉ, LE NOMBRE ÉLEVÉ

• **je ne savais pas qu'il y avait autant de travail à faire** I had no idea there was so much work to do • **tu ne devrais pas travailler autant** you shouldn't work so much *ou* so hard • **il peut pleurer autant qu'il veut, je ne l'aiderai pas** he can cry as much as he likes, I won't help him • **je n'ai jamais vu autant de gens ici** I've never seen so many people here

3. IL VAUT MIEUX

• **autant dire la vérité** we/you may as well tell the truth

4. DANS DES EXPRESSIONS

• **j'aimerais bien en faire autant** I wouldn't mind doing the same • **il ne peut pas en dire autant** he can't say the same

■ autant… autant *loc corrélative*

• **autant l'histoire la passionne, autant la géographie l'ennuie** she is as passionate about history as she is bored by geography

■ d'autant mieux… que *loc adv*

all the better • **il a d'autant mieux compris qu'elle le lui avait déjà expliqué** he understood all the better given that she had already explained it to him once before

■ d'autant plus… que *loc adv*

• **il est d'autant plus content qu'il ne s'attendait pas à une telle nouvelle** he was all the happier as he hadn't been expecting such good news

■ d'autant que *loc conj*

• **je ne comprends pas cet accident, d'autant que la voiture était neuve** I don't understand this accident, especially seeing as the car was new

■ pour autant *loc adv*

• **il a eu beau m'expliquer, je n'ai pas compris sa réaction pour autant** for all his explanations I still don't understand

■ pour autant que *loc conj*

• **(pour) autant que je sache, il n'est pas encore arrivé** as far as I know he hasn't arrived yet

autarcie *nf* autarky.

autel *nm* altar.

auteur *nm* **1.** *(d'œuvre)* author **2.** *(responsable)* perpetrator.

authentique *adj* authentic, genuine.

autiste *adj* autistic.

auto *nf* car.

autobiographie *nf* autobiography.

autobronzant, e *adj* self-tanning. **■ autobronzant** *nm* self-tanning product.

autobus *nm* bus.

autocar *nm* coach (UK), bus (US).

autochtone *nmf & adj* native.

autocollant, e *adj* self-adhesive, sticky. **■ autocollant** *nm* sticker.

autocouchettes *adj inv* • **train autocouchettes** car-sleeper train.

autocritique *nf* self-criticism.

autocuiseur *nm* pressure cooker.

autodéfense *nf* self-defence (UK), self-defense (US).

autodérision *nf* self-mockery.

autodétruire ■ s'autodétruire *vp (machine, personne)* to self-destruct.

autodidacte *nmf* self-taught person.

autodiscipline *nf* self-discipline.

auto-école *nf* driving school.

autofinancement *nm* self-financing.

autofocus *nm & adj inv* autofocus.

autogestion *nf* (workers') self-management.

autographe *nm* autograph • **je lui ai demandé un autographe** I asked for his autograph.

automate *nm (robot)* automaton.

automatique *nm* **1.** *(pistolet)* automatic **2.** *TÉLÉCOM* ≃ direct dialling (UK) *ou* dialing (US). ❑ *adj* automatic.

automatiquement *adv* automatically.

automatisation *nf* automation.

automatisme *nm* **1.** *(de machine)* automatic operation **2.** *(réflexe)* automatic reaction, automatism.

automédication *nf* self-medication.

automne *nm* autumn, fall (US) • **en automne** in the autumn, in the fall (US).

automobile *nf* car, automobile (US). ❑ *adj* **1.** *(industrie, accessoires)* car *(avant nom)*, automobile *(avant nom)* (US) **2.** *(véhicule)* motor *(avant nom)*.

automobiliste *nmf* driver, motorist.

autonettoyant, e *adj* self-cleaning.

autonome *adj* **1.** *(gén)* autonomous, independent **2.** *(appareil)* self-contained.

autonomie *nf* **1.** *(indépendance)* autonomy, independence **2.** *AUTO (aviation)* range **3.** *POLIT* autonomy, self-government.

autonomiste *nmf & adj* separatist.

autoportrait *nm* self-portrait.

autopsie *nf* post-mortem, autopsy.

autoradio *nm* car radio.

autorail *nm* railcar.

autorisation *nf* **1.** *(permission)* permission, authorization • **avoir l'autorisation de faire qqch** to be allowed to do sthg • **autorisation d'accès** *INFORM* access permission **2.** *(attestation)* pass, permit.

autorisé, e *adj (personne)* in authority • **milieux autorisés** official circles.

autoriser *vt* to authorize, to permit • **autoriser qqn à faire qqch a)** *(permission)* to give sb permission to do sthg **b)** *(possibilité)* to permit *ou* allow sb to do sthg.

autoritaire *adj* authoritarian.

autorité *nf* authority • **faire autorité a)** *(ouvrage)* to be authoritative **b)** *(personne)* to be an authority.

autoroute *nf* **1.** motorway (UK), freeway (US) **2.** • **autoroute de l'information** *INFORM* information highway *ou* superhighway.

autoroutier, ère *adj* motorway *(avant nom)* (UK), freeway *(avant nom)* (US).

auto-stop *nm* hitchhiking, hitching.

auto-stoppeur, euse *nm, f* hitchhiker, hitcher.

autour *adv* around, round **(UK)**. ■ **autour de** *loc prép* **1.** *(sens spatial)* around, round **(UK)** **2.** *(sens temporel)* about, around.

autre *adj indéf* **1.** *(distinct, différent)* other, different • **je préfère une autre marque de café** I prefer another *ou* a different brand of coffee • **l'un et l'autre projets** both projects • **autre chose** something else **2.** *(supplémentaire)* other • **tu veux une autre tasse de café ?** would you like another cup of coffee? **3.** *(qui reste)* other, remaining • **les autres passagers ont été rapatriés en autobus** the other *ou* remaining passengers were bussed home. ❑ *pron indéf* • **l'autre** the other (one) • **un autre** another (one) • **les autres a)** *(personnes)* the others **b)** *(objets)* the others, the other ones • **l'un à côté de l'autre** side by side • **d'une semaine à l'autre** from one week to the next • **aucun autre, nul autre, personne d'autre** no one else, nobody else • **quelqu'un d'autre** somebody else, someone else • **rien d'autre** nothing else • **l'un et l'autre sont venus** they both came, both of them came • **l'un ou l'autre ira** one or other (of them) will go • **ni l'un ni l'autre n'est venu** neither (of them) came.

> À PROPOS DE
> **autre**
> Lorsque ***other*** est un adjectif au pluriel, il est invariable, comme les autres adjectifs anglais (**other *people*** ; **other *towns***). Lorsque c'est un pronom, en revanche, il prend un « ***-s*** » (***where are the* others?**). Quand ***other*** est précédé de ***a*** ou ***an***, les deux mots se fondent en un seul : ***another***.

autrefois *adv* in the past, formerly.

autrement *adv* **1.** *(différemment)* otherwise, differently • **je n'ai pas pu faire autrement que d'y aller** I had no choice but to go • **autrement dit** in other words **2.** *(sinon)* otherwise.

Autriche *nf* • **l'Autriche** Austria.

> En anglais, à de rares exceptions près, il n'y a pas d'article devant les noms de pays.

autrichien, enne *adj* Austrian. ■ **Autrichien, enne** *nm,f* Austrian.

> En anglais, les adjectifs se rapportant à un pays ou une région s'écrivent avec une majuscule.

autruche *nf* ostrich.

autrui *pron indéf inv* others, other people.

auvent *nm* canopy.

aux → **à**.

auxiliaire *nmf (assistant)* assistant. ❑ *nm* GRAMM auxiliary (verb). ❑ *adj* **1.** *(secondaire)* auxiliary **2.** ADMIN assistant *(avant nom)*.

av. abrév de **avenue**.

avachi, e *adj* **1.** *(gén)* misshapen **2.** *(personne)* listless • **il était avachi dans un fauteuil** he was slumped in an armchair.

aval, als *nm* backing *(indén)*, endorsement. ■ **en aval** *loc adv litt & fig* downstream.

avalanche *nf litt & fig* avalanche.

avaler *vt* **1.** *(gén)* to swallow **2.** *fig (supporter)* to take • **dur à avaler** difficult to swallow.

avance *nf* **1.** *(progression, somme d'argent)* advance **2.** *(distance, temps)* lead • **le train a dix minutes d'avance** the train is ten minutes early • **le train a une avance de dix minutes sur l'horaire** the train is running ten minutes ahead of schedule • **prendre de l'avance (dans qqch)** to get ahead (in sthg). ■ **avances** *nfpl* • **faire des avances à qqn** to make advances towards sb. ■ **à l'avance** *loc adv* in advance. ■ **d'avance** *loc adv* in advance. ■ **en avance** *loc adv* • **être en avance** to be early • **être en avance sur qqch** to be ahead of sthg. ■ **par avance** *loc adv* in advance.

avancé, e *adj* **1.** *(dans le temps)* late • **à une heure avancée** late at night • **la saison est avancée** it's very late in the season • **arriver à un âge avancé** to be getting on in years **2.** *(développé - intelligence, économie)* advanced • **un enfant avancé pour son âge** a child who's mature for his years • **à un stade peu avancé** at an early stage • **te voilà bien avancé !** *iron* a (fat) lot of good that's done you! ■ **avancée** *nf* **1.** *(progression)* progress **2.** *(d'un toit)* overhang.

avancement *nm* **1.** *(développement)* progress **2.** *(promotion)* promotion.

avancer *vt* **1.** *(objet, tête)* to move forward **2.** *(date, départ)* to bring forward **3.** *(main)* to hold out **4.** *(projet, travail)* to advance **5.** *(montre, horloge)* to put forward **6.** *(argent)* • **avancer qqch à qqn** to advance sb sthg. ❑ *vi* **1.** *(approcher)* to move forward **2.** *(progresser)* to advance • **avancer dans qqch** to make progress in sthg **3.** *(faire saillie)* • **avancer (dans/sur)** to jut out (into/over), to project (into/over) **4.** *(montre, horloge)* • **ma montre avance de dix minutes** my watch is ten minutes fast **5.** *(servir)* • **ça n'avance à rien** that won't get us/you anywhere. ■ **s'avancer** *vp* **1.** *(s'approcher)* to move forward • **s'avancer vers qqn/qqch** to move towards sb/sthg **2.** *(s'engager)* to commit o.s.

avant *prép* before. ❑ *adv* before • **quelques jours avant** a few days earlier *ou* before • **tu vois le cinéma ? ma maison se situe un peu avant** do you know the cinema? my house is just this side of it. ❑ *adj inv* front • **les roues avant** the front wheels. ❑ *nm* **1.** *(partie antérieure)* front **2.** SPORT forward. ■ **avant de** *loc prép* • **avant de faire qqch** before doing sthg • **avant de partir** before leaving. ■ **avant que** *loc conj (+ subjonctif)* • **je dois te parler avant que tu partes** I must speak to you before you leave. ■ **avant tout** *loc adv* above all • **sa carrière passe avant**

tout his career comes first. ■ **en avant** *loc adv* forward, forwards.

avantage *nm* advantage • **se montrer à son avantage** to look one's best • **avantage fiscal** tax benefit.

avantager *vt* **1.** *(favoriser)* to favour **(UK)**, to favor **(US)** **2.** *(mettre en valeur)* to flatter.

avantageusement *adv* favourably **(UK)**, favorably **(US)**.

avantageux, euse *adj* **1.** *(profitable)* profitable, lucrative **2.** *(flatteur)* flattering.

avant-bras *nm inv* forearm.

avant-centre *nm* centre **(UK)** *ou* center **(US)** forward.

avant-coureur → **signe**.

avant-dernier, ère *adj* second to last, penultimate.

avant-garde *nf* **1.** MIL vanguard **2.** *(idées)* avant-garde.

avant-goût *nm* foretaste.

avant-hier *adv* the day before yesterday.

avant-première *nf* preview.

avant-projet *nm* pilot study.

avant-propos *nm inv* foreword.

avant-veille *nf* • **l'avant-veille** two days earlier.

avare *nmf* miser. ❑ *adj* miserly • **être avare de qqch** *fig* to be sparing with sthg.

avarice *nf* avarice.

avarie *nf* damage *(indén)*.

avarié, e *adj (aliment)* rotting, bad.

avatar *nm (transformation)* metamorphosis. ■ **avatars** *nmpl fam (mésaventures)* misfortunes.

AVC (abrév de accident vasculaire cérébral) *nm* CVA.

avec *prép* **1.** *(gén)* with • **avec respect** with respect, respectfully • **c'est fait avec du cuir** it's made from leather • **et avec ça ?, et avec ceci ?** *fam (dans un magasin)* anything else? **2.** *(vis-à-vis de)* to, towards **(UK)**, toward **(US)**. ❑ *adv fam* with it/him *etc* • **tiens mon sac, je ne peux pas courir avec !** hold my bag: I can't run with it!

Ave (Maria) *nm inv* Hail Mary.

avenant, e *adj* pleasant. ■ **avenant** *nm* DR additional clause. ■ **à l'avenant** *loc adv* in the same vein.

avènement *nm* **1.** *(d'un roi)* accession **2.** *fig (début)* advent.

avenir *nm* future • **avoir de l'avenir** to have a future • **d'avenir** *(profession, concept)* with a future, with prospects. ■ **à l'avenir** *loc adv* in future.

Avent *nm* • **l'Avent** Advent.

aventure *nf* **1.** *(gén)* adventure **2.** *(liaison amoureuse)* affair.

aventurer *vt (risquer)* to risk. ■ **s'aventurer** *vp* to venture (out) • **s'aventurer à faire qqch** *fig* to venture to do sthg.

aventureux, euse *adj* **1.** *(personne, vie)* adventurous **2.** *(projet)* risky.

aventurier, ère *nm, f* adventurer.

avenu, e *adj* • **nul et non avenu** DR null and void.

avenue *nf* avenue.

avéré, e *adj (fait, information)* known, established • **c'est un fait avéré que…** it is a known fact that….

avérer ■ **s'avérer** *vp* • **il s'est avéré (être) à la hauteur** he proved (to be) up to it • **il s'est avéré (être) un musicien accompli** he proved to be an accomplished musician.

averse *nf* downpour • **averse de neige** snowflurry.

averti, e *adj* **1.** *(expérimenté)* experienced **2.** *(initié)* • **averti (de)** (well-)informed (about).

avertir *vt* **1.** *(mettre en garde)* to warn **2.** *(prévenir)* to inform • **avertissez-moi dès que possible** let me know as soon as possible.

avertissement *nm* **1.** *(gén)* warning **2.** *(avis)* notice, notification.

> **FAUX AMIS**
>
> **avertissement**
>
> Bien qu'*avertissement* et ***advertisement*** soient très proches en apparence, ils possèdent des sens très différents, et il faudra bien faire attention à ne pas traduire l'un par l'autre. Par exemple, si l'on dit ***there are too many advertisements on television***, cela signifie qu'il y a trop de **publicité(s)** à la télévision. En revanche, si l'on veut traduire une phrase telle que *le professeur lui a donné un avertissement*, il faudra dire ***she got a warning from the teacher.***

avertisseur, euse *nm* **1.** *(Klaxon)* horn **2.** *(d'incendie)* alarm.

aveu *nm* confession.

aveuglant, e *adj* **1.** *(lumière)* blinding **2.** *fig (vérité)* blindingly obvious.

aveugle *nmf* blind person • **les aveugles** the blind. ❑ *adj litt & fig* blind.

aveuglement *nm* blindness.

aveuglément *adv* blindly.

aveugler *vt litt & fig (priver de la vue)* to blind.

aveuglette ■ **à l'aveuglette** *loc adv* • **marcher à l'aveuglette** to grope one's way • **avancer à l'aveuglette** *fig* to be in the dark.

aviateur, trice *nm, f* aviator.

aviation *nf* **1.** *(transport aérien)* aviation **2.** MIL airforce.

aviculture *nf* **1.** *(gén)* bird-breeding **2.** *(de volailles)* poultry farming.

avide *adj* **1.** *(vorace, cupide)* greedy **2.** *(désireux)* • **avide (de qqch/de faire qqch)** eager (for sthg/ to do sthg).

avidité *nf* **1.** *(voracité, cupidité)* greed **2.** *(passion)* eagerness.

avilir *vt (personne)* to degrade. ■ **s'avilir** *vp (personne)* to demean o.s.

aviné, e *adj* **1.** *(personne)* inebriated **2.** *(haleine)* smelling of alcohol.

avion *nm* plane, aeroplane **(UK)**, airplane **(US)** • **en avion** by plane, by air • **par avion** *(courrier)* airmail • **avion à réaction** jet (plane).

aviron *nm* **1.** *(rame)* oar **2.** *SPORT* • **l'aviron** rowing.

avis *nm* **1.** *(opinion)* opinion • **changer d'avis** to change one's mind • **être d'avis que** to think that, to be of the opinion that • **à mon avis** in my opinion **2.** *(conseil)* advice *(indén)* **3.** *(notification)* notification, notice • **sauf avis contraire** unless otherwise informed • **avis de recherche** **a)** *(d'un criminel)* wanted poster **b)** *(d'un disparu)* missing person poster.

> FAUX AMIS
>
> **avis**
>
> Étant donné la ressemblance orthographique entre ces deux mots, il serait tentant de traduire *avis* par ***advice***, d'autant qu'il existe aussi une certaine similitude de sens. En effet, ***advice*** se traduit par *conseils*, ou *conseil* pris dans son sens général : ***he asked his father for advice***, *il a demandé* ***conseil*** *à son père*. Pour traduire *avis* au sens d'*opinion*, on utilisera justement le mot anglais ***opinion*** : *quel est ton avis sur la question ?*, ***what's your opinion on the matter?*** Si *avis* a le sens d'*annonce*, son équivalent est ***notice***, ***announcement*** : *tous les vols sont suspendus jusqu'à nouvel avis*, ***all flights are suspended until further notice.***

avisé, e *adj (sensé)* sensible • **être bien/mal avisé de faire qqch** to be well-advised/ill-advised to do sthg.

aviser *vt (informer)* • **aviser qqn de qqch** to inform sb of sthg. ❑ *vi* to reassess the situation. ■ **s'aviser** *vp* **1.** *sout (s'apercevoir)* • **s'aviser de qqch** to notice sthg **2.** *(oser)* • **s'aviser de faire qqch** to take it into one's head to do sthg • **ne t'avise pas de répondre !** don't you dare answer me back!

av. J.-C. (abrév de avant Jésus-Christ) BC.

avocat[1], e *nm, f DR* barrister **(UK)**, attorney-at-law **(US)** • **avocat de la défense** counsel for the defence **(UK)**, defense counsel **(US)** • **avocat général** ≃ counsel for the prosecution **(UK)** ; ≃ prosecuting attorney **(US)**.

avocat[2] *nm (fruit)* avocado.

avoine *nf* oats *pl* • **des flocons d'avoine** porridge oats.

avoir *nm* **2.** *(document)* • **vous pouvez me faire un avoir ?** can you give me a credit note? ■ **avoirs** *nmpl ÉCON* assets.

avoir

■ avoir *v aux*

• **j'ai fini** I have finished • **il a attendu pendant deux heures** he waited for two hours • **il lui a parlé de son problème** he talked to her about his problem

■ avoir *vt*

1. POSSÉDER

• **il a une nouvelle voiture** he has got a new car • **as-tu un vélo ?** have you got a bike? *ou* do you have a bike? • **il a deux enfants** he has (got) two children • **je n'ai pas beaucoup d'amis** I haven't got many friends *ou* I don't have many friends • **la maison a un grand jardin** the house has (got) a large garden

2. INDIQUE UNE CARACTÉRISTIQUE

• **il a les cheveux bruns** he has (got) brown hair • **il a de l'ambition** he has (got) ambition *ou* he is ambitious

3. ÊTRE ÂGÉ DE

• **il a 20 ans** he is 20 (years old) • **il a deux ans de plus que son frère** he is two years older than his brother

4. OBTENIR

• **il a eu son permis de conduire** he got his driver's licence • **il a eu une montre pour son anniversaire** he got a watch for his birthday

5. ÉPROUVER

• **j'ai faim/soif** I'm hungry/thirsty • **j'ai de la sympathie pour cet homme** I have a liking for this man • **j'ai sommeil** I feel sleepy *ou* I'm sleepy

6. PORTER, EN PARLANT D'UN VÊTEMENT

• **aujourd'hui, elle a une jupe grise et un pull noir** today she's wearing a grey skirt and a black pullover

7. EN PARLANT D'UNE MALADIE

• **il a la rougeole** he's got measles • **Delphine a la grippe** Delphine has (got) flu

8. FAIRE

• **il eut un geste d'agacement** he made an irritated gesture • **elle eut un sourire timide** she smiled shyly *ou* she gave a shy smile

9. DANS DES EXPRESSIONS

• **se faire avoir** to be had *ou* conned • **en avoir assez (de qqch/de faire qqch)** to have had enough (of sthg/of doing sthg)

• **j'en ai pour cinq minutes** it'll take me five minutes • **en avoir après qqn** to have (got) it in for sb

■ **avoir à** *v + prép*

DEVOIR

• **tu n'avais pas à lui parler sur ce ton** there was no need to speak to him like that, you shouldn't have spoken to him like that • **tu n'avais qu'à me demander** you only had to ask me • **tu n'as qu'à y aller toi-même** just go (there) yourself, why don't you just go (there) yourself?

■ **il y a** *v impers*

1. PRÉSENTATIF

• **il y a un problème** there's a problem • **il y avait des problèmes** there were (some) problems • **qu'est-ce qu'il y a ?** what's the matter?, what is it?

2. TEMPOREL

• **il est mort il y a trois ans** he died three years ago • **il y a longtemps de cela** that was a long time ago • **il y a longtemps qu'il est parti** he left a long time ago

À PROPOS DE

il y a

Les expressions ***there is*** et ***there are*** correspondent toutes deux à *il y a*. N'oubliez pas, toutefois, que ***there is*** s'utilise uniquement avec les noms au singulier (**there's *a large white cat in the window***) et ***there are*** avec les noms au pluriel (**there are *only four cookies left***). Cette règle est valable pour tous les temps (**there have been *a few changes recently***).

À PROPOS DE

avoir

Le verbe *avoir* se traduit généralement par ***to have***. En anglais britannique, on emploie très fréquemment ***have + got***, notamment à l'oral :

• *Il a une voiture.* **He has *a car*** ou **He's got *a car.***

Have + got s'emploie généralement au présent, mais peut s'employer au passé :

• *Il avait une voiture.* **He had *a car (had got est impossible ici).***

Notez l'emploi de ***to be*** avec certains adjectifs lorsque *avoir* introduit une caractéristique, un état :

• *J'ai sommeil / faim / soif / peur / raison / tort.* ***I'm sleepy / hungry / thirsty / afraid / right / wrong***

Notez également l'emploi de ***to be*** avec le mot ***shape*** :

• *Ces pièces peuvent avoir différentes formes.* ***These parts can be different shapes.***

À PROPOS DE

former le passé avec avoir

Avoir sert à former le passé composé.

Si il s'agit d'une action qui n'est pas encore terminée ou sans indication de temps, il est traduit par ***to have*** : *Je n'ai pas encore fini* **I haven't *finished yet*.**

Si l'action est complétement terminée, on traduira *avoir* + participe passé par un prétérit en anglais : *On a joué au basket hier* ***We played basketball yesterday****. Pourquoi tu as dit ça ?* ***Why did you say that ?***

avoisinant, e *adj* **1.** *(lieu, maison)* neighbouring (UK), neighboring (US) **2.** *(sens, couleur)* similar.

avortement *nm* MÉD abortion.

avorter *vi* **1.** MÉD • **(se faire) avorter** to have an abortion **2.** *(échouer)* to fail.

avorton *nm péj (nabot)* runt.

avouer *vt* **1.** *(confesser)* to confess (to) **2.** *(reconnaître)* to admit. ■ **s'avouer** *vp* to admit (to being) • **s'avouer vaincu** to admit defeat.

avril *nm* April • **en avril** in April Voir aussi **septembre**.

En anglais, les mois de l'année s'écrivent avec une majuscule.

axe *nm* **1.** GÉOM & PHYS axis **2.** *(de roue)* axle **3.** *(prolongement)* • **dans l'axe de** directly in line with.

axer *vt* • **axer qqch sur qqch** to centre (UK) *ou* center (US) sthg on sthg • **axer qqch autour de qqch** to centre (UK) *ou* center (US) sthg around sthg.

axiome *nm* axiom.

azalée *nf* azalea.

azimut ■ **tous azimuts** *loc adj (défense, offensive)* all-out.

azote *nm* nitrogen.

azur *nm littéraire* **1.** *(couleur)* azure **2.** *(ciel)* skies *pl.*

B

b, B *nm inv* b, B. ■ **B** (abrév de bien) ≃ B+.

BA (abrév de bonne action) *nf fam* good deed.

baba *nm* **1.** *CULIN* • **baba (au rhum)** rum baba **2.** *(hippie) si vous voulez expliquer de quoi il s'agit à un anglophone, vous pouvez dire* it is a person who practises new Age, hippie lifestyle and values. ❑ *adj inv fam* • **en rester baba** to be flabbergasted.

babiller *vi* to babble.

babines *nfpl* chops.

babiole *nf* **1.** *(objet)* knick-knack **2.** *(broutille)* trifling matter.

bâbord *nm* port • **à bâbord** to port, on the port side.

babouche *nf* (oriental) slipper.

babouin *nm* baboon.

baby boom *nm* baby boom.

baby-foot *nm inv* table football **(UK)**, foosball **(US)**.

baby-sitter *nmf* baby-sitter.

baby-sitting *nm* baby-sitting • **faire du baby-sitting** to baby-sit.

bac *nm* **1.** *fam SCOL* ≃ A levels **(UK)** ; ≃ high school diploma **(US)** • **bac +** *pour expliquer à un anglophone de quoi il s'agit, vous pouvez dire* this indicates how many years of higher education you have completed after leaving school. For example, bac + 2 means you have done 2 years at college or university **2.** *(bateau)* ferry **3.** *(de réfrigérateur)* • **bac à glace** ice-cube tray • **bac à légumes** vegetable drawer **4.** *(d'imprimante, de photocopieuse)* • **bac à papier** paper tray.

baccalauréat *nm* ≃ A levels **(UK)** ; ≃ high school diploma **(US)**.

bâche *nf (toile)* tarpaulin.

bachelier, ère *nm, f si vous voulez expliquer de quoi il s'agit à un anglophone, vous pouvez dire* it is someone who holds the baccalauréat.

bachotage *nm fam* cramming **(UK)**.

bacille *nm* bacillus.

bâcler *vt* to botch.

bacon *nm* bacon.

bactérie *nf* bacterium.

badaud, e *nm, f* **1.** *(curieux)* curious onlooker **2.** *(promeneur)* stroller.

badge *nm* **1.** *(insigne)* badge **2.** *(document d'identité)* swipe card.

badgeuse *nf* swipe card reader.

badigeonner *vt (mur)* to whitewash.

badiner *vi sout* to joke • **ne pas badiner avec qqch** not to treat sthg lightly.

badminton *nm* badminton • **jouer au badminton** to play badminton.

baffe *nf fam* slap.

baffle *nm* speaker.

bafouiller *vi & vt* to mumble.

bâfrer *vi fam* to guzzle. ■ **se bâfrer** *vp fam* to stuff oneself.

bagage *nm* **1.** *(gén pl) (valises, sacs)* luggage *(indén)*, baggage *(indén)* • **faire ses bagages** to pack • **bagages à main** hand luggage **2.** *(connaissances)* (fund of) knowledge • **bagage intellectuel/culturel** intellectual/cultural baggage.

> **À PROPOS DE**
>
> **bagage**
>
> Attention ! Les mots ***luggage*** et ***baggage*** sont indénombrables. Ils ne s'emploient ni au pluriel, ni avec l'article indéfini ***a*** :
>
> • *J'ai perdu tous mes bagages.* ***I've lost all my* luggage.**
>
> • *Plusieurs bagages furent endommagés.* ***Several pieces/items of* luggage *were damaged*.**
>
> • *Avez-vous des bagages à main ?* ***Do you have any hand* baggage*?***

bagagerie *nf* luggage room.

bagagiste *nmf* **1.** *(chargement des avions)* baggage handler **2.** *(à l'hôtel)* porter **3.** *(fabricant)* travel goods manufacturer.

bagarre *nf* brawl, fight.

bagarrer *vi* to fight. ■ **se bagarrer** *vp* to fight.

bagatelle *nf* **1.** *(objet)* trinket **2.** *(somme d'argent)* • **acheter qqch pour une bagatelle** to buy sthg for next to nothing • **la bagatelle de X euros** *iron* a mere X euros **3.** *(chose futile)* trifle.

baggy *nm* baggy pants *pl.*

bagnard *nm* convict.

bagne *nm (prison)* labour **(UK)** *ou* labor **(US)** camp.

bagnole *nf fam* car.

bague *nf* **1.** *(bijou, anneau)* ring • **bague de fiançailles** engagement ring **2.** *TECHNOL* • **bague de serrage** clip.

baguer *vt (oiseau, arbre)* to ring.

baguette *nf* **1.** *(pain)* baguette, French stick **(UK) 2.** *(petit bâton)* stick • **baguette magique** magic wand • **baguette de tambour** drumstick • **mener qqn à la baguette** to rule sb with a rod of iron **3.** *(pour manger)* chopstick **4.** *(de chef d'orchestre)* baton.

bahut *nm* **1.** *(buffet)* sideboard **2.** *arg scol (lycée)* secondary school.

baie *nf* **1.** *(fruit)* berry **2.** *GÉOGR* bay **3.** *(fenêtre)* • **baie vitrée** picture *ou* bay window.

baignade *nf (action)* swimming *(indén)*, bathing *(indén)* • **'baignade interdite'** 'no swimming/bathing'.

baigner *vt* **1.** *(donner un bain à)* to bath **(UK)**, to bathe **(US) 2.** *(tremper, remplir)* to bathe • **baigné de soleil** bathed in sunlight. ❑ *vi* • **baigner dans son sang** to lie in a pool of blood • **les tomates baignaient dans l'huile** the tomatoes were swimming in oil. ■ **se baigner** *vp* **1.** *(dans la mer)* to go swimming, to swim **2.** *(dans une baignoire)* to have **(UK)** *ou* take a bath.

baigneur, euse *nm, f* swimmer, bather. ■ **baigneur** *nm (poupée)* baby doll.

baignoire *nf* bath **(UK)**, bathtub **(US)**.

bail *nm DR* lease.

bâillement *nm* yawning *(indén)*, yawn.

bâiller *vi* **1.** *(personne)* to yawn **2.** *(vêtement)* to gape.

bailleur, eresse *nm, f* lessor • **bailleur de fonds** backer.

bâillon *nm* gag.

bâillonner *vt* to gag.

bain *nm* **1.** *(gén)* bath • **prendre un bain** to have **(UK)** *ou* take a bath • **bain moussant** foaming bath oil • **bain à remous** spa bath, whirlpool bath • **bains-douches** public baths **2.** *(dans mer, piscine)* swim • **bain de mer** swimming *ou* bathing in the sea **3.** *(bronzer)* • **prendre un bain de soleil** to sunbathe.

bain-marie *nm* • **au bain-marie** in a bain-marie.

baïonnette *nf* **1.** *(arme)* bayonet **2.** *ÉLECTR* bayonet fitting.

baiser *nm* kiss.

baisse *nf* **1.** *(gén)* • **baisse (de)** drop (in), fall (in) • **en baisse** falling **2.** *ÉCON* falling off • **la tendance est à la baisse** there is a downward trend.

baisser *vt* **1.** *(gén)* to lower **2.** *(radio)* to turn down. ❑ *vi* **1.** *(descendre)* to go down • **le jour baisse** it's getting dark **2.** *(santé, vue)* to fail **3.** *(prix)* to fall. ■ **se baisser** *vp* to bend down.

bajoues *nfpl* jowls.

bal *nm* ball • **bal masqué/costumé** masked/fancy-dress ball • **bal musette** dance with accordion music.

balade *nf fam* stroll • **faire une balade** to go for a walk.

balader *vt* **1.** *fam (traîner avec soi)* to trail around **2.** *(emmener en promenade)* to take for a walk. ■ **se balader** *vp fam (se promener - à pied)* to go for a walk ; *(- en voiture)* to go for a drive.

baladeur, euse *adj* wandering. ■ **baladeur** *nm* personal stereo.

balafre *nf* **1.** *(blessure)* gash **2.** *(cicatrice)* scar.

balafré, e *adj* scarred.

balai *nm* **1.** *(de nettoyage)* broom, brush • **j'ai passé le balai dans l'entrée** I swept the hall **2.** *fam (an)* • **il a 50 balais** he's 50 years old.

balai-brosse *nm* (long-handled) scrubbing **(UK)** *ou* scrub **(US)** brush.

balance *nf* **1.** *(instrument)* scales *pl* **2.** *COMM & POLIT* balance. ■ **Balance** *nf ASTROL* Libra.

balancer *vt* **1.** *(bouger)* to swing **2.** *fam (lancer)* to chuck **3.** *fam (jeter)* to chuck out. ■ **se balancer** *vp* **1.** *(sur une chaise)* to rock backwards and forwards **2.** *(sur une balançoire)* to swing **3.** *tfam* • **s'en balancer** not to give a damn.

balancier *nm* **1.** *(de pendule)* pendulum **2.** *(de funambule)* pole.

balançoire *nf* **1.** *(suspendue)* swing **2.** *(bascule)* seesaw.

balayage *nm* **1.** *(gén)* sweeping **2.** *TECHNOL* scanning.

balayer *vt* **1.** *(nettoyer)* to sweep **2.** *(chasser)* to sweep away **3.** *(sujet : radar)* to scan **4.** *(sujet : projecteurs)* to sweep (across).

balayette *nf* small brush.

balayeur, euse *nm, f* roadsweeper **(UK)**, street cleaner. ■ **balayeuse** *nf (machine)* roadsweeper **(UK)**, street cleaner.

balbutier *vi (bafouiller)* to stammer. ❑ *vt (bafouiller)* to stammer (out).

balcon *nm* **1.** *(de maison - terrasse)* balcony ; *(- balustrade)* parapet **2.** *(de théâtre, de cinéma)* circle.

balconnet *nm* • **soutien-gorge à balconnet** half-cup bra.

baldaquin *nm* → **lit**.

baleine *nf* **1.** *(mammifère)* whale **2.** *(de corset)* whalebone **3.** *(de parapluie)* rib.

balise *nf* **1.** *NAUT* marker (buoy) **2.** *AÉRON* runway light **3.** *AUTO* road sign **4.** *INFORM* tag.

baliser *vt* to mark out.

balivernes *nfpl* nonsense *(indén)*.

Balkans *nmpl* • **les Balkans** the Balkans.

ballade *nf* ballad.

ballant, e *adj* • **les bras ballants** arms dangling.

ballast *nm* **1.** *(chemin de fer)* ballast **2.** *NAUT* ballast tank.

balle *nf* **1.** *(d'arme à feu)* bullet • **balle perdue** stray bullet **2.** *(de jeu)* ball **3.** *(de marchandises)* bale.

ballerine *nf* **1.** *(danseuse)* ballerina **2.** *(chaussure de danse)* ballet shoe **3.** *(chaussure de ville)* pump.

ballet *nm* **1.** *(gén)* ballet **2.** *fig (activité intense)* to-ing and fro-ing.

ballon *nm* **1.** *(jeux) SPORT* ball • **ballon de football** football **(UK)**, soccer ball **(US)** **2.** *(montgolfière, de fête)* balloon **3.** *AÉRON* (hot-air) balloon **4.** *CHIM* round-bottomed flask.

ballonné, e *adj* • **avoir le ventre ballonné, être ballonné** to be bloated.

ballot *nm* **1.** *(de marchandises)* bundle **2.** *vieilli (imbécile)* twit.

ballottage *nm POLIT* second ballot • **en ballottage** standing for a second ballot **(UK)**, running in the secound round **(US)**.

ballotter *vt* to toss about. ❑ *vi (chose)* to roll around.

ballottine *nf* • **ballottine de foie gras** *si vous souhaitez expliquer à un anglophone de quoi il s'agit, vous pouvez dire* it is a meat roll made with foie gras.

ball-trap *nm* clay pigeon shooting.

balluchon = **baluchon**.

balnéaire *adj* • **station balnéaire** seaside resort.

balourd, e *adj* clumsy.

balsamique *adj BOT & MÉD* balsamic • **vinaigre balsamique** balsamic vinegar.

balte *adj* Baltic. ■ **Balte** *nmf* person from the Baltic states.

Baltique *nf* • **la Baltique** the Baltic (Sea).

baluchon, balluchon *nm* bundle • **faire son baluchon** *fam* to pack one's bags (and leave).

balustrade *nf* **1.** *(de terrasse)* balustrade **2.** *(rambarde)* guardrail.

bambin *nm* kiddie.

bambou *nm (plante)* bamboo.

ban *nm* **1.** *(de mariage)* • **publier** *ou* **afficher les bans** to publish *ou* display the banns **2.** *(locution)* • **être/mettre qqn au ban de la société** to be outlawed/to outlaw sb (from society) • **le ban et l'arrière-ban** the whole lot of them.

banal, e *adj* commonplace, banal.

banalisé, e *adj* **1.** *(véhicule)* unmarked **2.** *INFORM* general-purpose.

banaliser *vt (véhicule)* to remove the markings from. ■ **se banaliser** *vp* to become commonplace.

banalité *nf* **1.** *(caractère banal)* banality **2.** *(cliché)* commonplace.

banane *nf* **1.** *(fruit)* banana **2.** *(sac)* bum-bag **(UK)**, fanny pack **(US)** **3.** *(coiffure)* quiff **(UK)**.

bananier, ère *adj* banana *(avant nom)*. ■ **bananier** *nm* **1.** *(arbre)* banana tree **2.** *(cargo)* banana boat.

banc *nm (siège)* bench • **le banc des accusés** *DR* the dock • **banc d'essai** test-bed • **être au banc d'essai** *fig* to be at the test stage • **banc de sable** sandbank • **banc (d'église)** pew.

bancaire *adj* bank *(avant nom)*, banking *(avant nom)*.

bancal, e *adj* **1.** *(meuble)* wobbly **2.** *(théorie, idée)* unsound.

bandage *nm (de blessé)* bandage.

bande *nf* **1.** *(de tissu, de papier)* strip • **bande dessinée** comic strip **2.** *(bandage)* bandage • **bande** Velpeau® crepe bandage **3.** *(de billard)* cushion • **par la bande** *fig* by a roundabout route **4.** *(groupe)* band • **en bande** in a group **5.** *(pellicule de film)* film **6.** *(d'enregistrement)* tape • **bande magnétique** (magnetic) tape • **bande originale** *CINÉ* original soundtrack • **bande vidéo** video(tape) **7.** *(voie)* • **bande d'arrêt d'urgence** hard shoulder **(UK)**, shoulder **(US)** **8.** *RADIO* • **bande de fréquence** waveband **9.** *NAUT* • **donner de la bande** to list.

bande-annonce *nf* trailer.

bandeau *nm* **1.** *(sur les yeux)* blindfold **2.** *(dans les cheveux)* headband.

bandelette *nf* strip (of cloth).

bander *vt* **1.** *MÉD* to bandage • **bander les yeux de qqn** to blindfold sb **2.** *(arc)* to draw back **3.** *(muscle)* to flex. ❑ *vi vulg* to have a hard-on.

banderole *nf* streamer.

bande-son *nf* soundtrack.

bandit *nm (voleur)* bandit.

banditisme *nm* serious crime.

bandoulière *nf* bandolier • **en bandoulière** across the shoulder.

banjo *nm* banjo.

banlieue *nf* suburbs *pl*.

banlieusard, e *nm, f* suburbanite.

bannière *nf (étendard)* banner.

bannir *vt* • **bannir qqn/qqch (de)** to banish sb/sthg (from).

banque *nf* **1.** *(activité)* banking **2.** *(établissement, au jeu)* bank • **Banque centrale européenne** European Central Bank **3.** *INFORM* • **banque de données** data bank **4.** *MÉD* • **banque d'organes/du sang/du sperme** organ/blood/sperm bank.

banqueroute *nf* bankruptcy • **faire banqueroute** to go bankrupt.

banquet *nm* **1.** (celebration) dinner **2.** *(de gala)* banquet.

banquette *nf* seat • **la banquette arrière de la voiture** the back seat of the car.

banquier, ère *nm, f* banker.

banquise *nf* ice field.

baobab *nm* baobab.

baptême *nm* **1.** *RELIG* christening, baptism **2.** *(première fois)* • **baptême de l'air** maiden flight.

baptiser *vt* to baptize, to christen • **je ne suis pas baptisé** I wasn't baptized.

baquet *nm (cuve)* tub.

bar *nm* **1.** *(café, unité de pression)* bar **2.** *(poisson)* bass.

baraque *nf* **1.** *(cabane)* hut **2.** *fam (maison)* house **3.** *(de forain)* stall, stand.

baraqué, e *adj fam* well-built.

baraquement *nm* camp *(of huts for refugees, workers, etc).*

baratin *nm fam* smooth talk • **faire du baratin à qqn** to sweet-talk sb.

baratiner *fam vt* **1.** *(femme)* to chat up **(UK)**, to sweet-talk **2.** *(client)* to give one's sales pitch to. ❑ *vi* to be a smooth talker.

barbant, e *adj fam* deadly dull *ou* boring.

barbare *nm* barbarian. ❑ *adj* **1.** *péj (non civilisé)* barbarous **2.** *(cruel)* barbaric.

barbarisme *nm GRAMM* barbarism.

barbe *nf* beard • **se laisser pousser la barbe** to grow a beard • **barbe à papa** candyfloss **(UK)**, cotton candy **(US)** • **quelle** *ou* **la barbe !** *fam* what a drag!

barbecue *nm* barbecue.

barbelé, e *adj* barbed. ■ **barbelé** *nm* barbed wire *(indén).*

barber *vt fam* to bore stiff. ■ **se barber** *vp fam* to be bored stiff.

barbiche *nf* goatee (beard).

barbiturique *nm* barbiturate.

barboter *vi* to paddle.

barboteuse *nf* rompers *pl*, romper suit **(UK)**.

barbouillé, e *adj* • **être barbouillé, avoir l'estomac barbouillé** to feel sick **(UK)** *ou* nauseous **(US)**.

barbouiller *vt (salir)* • **barbouiller qqch (de)** to smear sthg (with).

barbu, e *adj* bearded. ■ **barbu** *nm* bearded man.

bardé, e *adj* • **il est bardé de diplômes** he's got heaps of diplomas.

barder *vt CULIN* to bard. ❑ *vi fam* • **ça va barder** there'll be trouble.

barème *nm* **1.** *(de référence)* table **2.** *(de salaires)* scale.

barge *nf (bateau)* barge.

baril *nm* barrel.

barillet *nm (de revolver, de serrure)* cylinder.

bariolé, e *adj* multicoloured **(UK)**, multicolored **(US)**.

barjo(t) *adj inv fam* nuts.

barmaid *nf* barmaid.

barman *nm* barman **(UK)**, bartender **(US)**.

baromètre *nm* barometer.

baron, onne *nm,f* baron, baroness *f.*

baroque *adj* **1.** *(style)* baroque **2.** *(bizarre)* weird.

barque *nf* small boat.

barquette *nf* **1.** *(tartelette)* pastry boat **2.** *(récipient - de fruits)* basket, punnet **(UK)** ; *(- de crème glacée)* tub.

barrage *nm* **1.** *(de rue)* roadblock **2.** *CONSTR* dam.

barre *nf* **1.** *(gén) DR* bar • **barre fixe** *(gymnastique)* high bar • **barre des témoins** *DR* witness box **(UK)**, stand **(US)** • **barre de céréales** muesli bar **2.** *NAUT* helm **3.** *(trait)* stroke **4.** *INFORM* • **barre d'espacement** space bar • **barre de défilement** scroll bar • **barre d'état** status bar.

barré, e *adj* **1.** *(chèque)* crossed **2.** *(locution)* • **c'est mal barré** *fam* it's got off to a bad start • **on est mal barré pour y être à 8 h** we haven't got a hope in hell of being there at 8. ■ **barré** *nm* barré.

barreau *nm* bar • **le barreau** *DR* the Bar.

barrer *vt* **1.** *(rue, route)* to block **2.** *(mot, phrase)* to cross out **3.** *(bateau)* to steer. ■ **se barrer** *vp fam* to clear off.

barrette *nf* **1.** *(pince à cheveux)* (hair) slide **(UK)**, barrette **(US)** **2.** *INFORM* • **barrette de mémoire** memory module.

barreur, euse *nm,f* **1.** *NAUT* helmsman **2.** *(à l'aviron)* cox.

barricade *nf* barricade.

barrière *nf litt & fig* barrier • **gestes barrières** barrier gestures, mitigation measures.

barrique *nf* barrel.

bar-tabac *nm si vous voulez expliquer de quoi il s'agit à un anglophone, vous pouvez dire* it is a bar that also sells cigarettes and tobacco.

baryton *nm* baritone.

bas, basse *adj* **1.** *(gén)* low **2.** *péj (vil)* base, low **3.** *MUS* bass. ■ **bas** *nm* **1.** *(partie inférieure)* bottom, lower part **2.** *(locution)* • **avoir/connaître des hauts et des bas** to have/go through ups and downs. ❑ *adv* low • **à bas… !** down with…! • **parler bas** to speak in a low voice, to speak softly • **mettre bas** *(animal)* to give birth. ■ **en bas** *loc adv* **1.** at the bottom **2.** *(dans une maison)* downstairs. ■ **en bas de** *loc prép* at the bottom of • **attendre qqn en bas de chez lui** to wait for sb downstairs. ■ **bas de gamme** *adj* downmarket. ❑ *nm* bottom of the range.

bas *nm (vêtement)* stocking • **des bas avec/sans couture** seamed/seamless stockings • **bas fins** sheer stockings • **bas de laine a)** *litt* woollen **(UK)** *ou* woolen **(US)** stocking **b)** *fig* savings, nest egg • **bas (de)** Nylon® nylon stockings • **bas résille** fishnet stockings • **bas de soie** silk stockings • **bas à varices** support stockings.

basalte *nm* basalt.

basané, e *adj* tanned **(UK)**, tan **(US)**.

bas-côté *nm (de route)* verge **(UK)**, shoulder **(US)**.

bascule *nf (balançoire)* seesaw.

basculer *vi* **1.** to fall over, to overbalance **2.** *(benne)* to tip up • **basculer dans qqch** *fig* to tip over into sthg. ❑ *vt* to tip up, to tilt.

base *nf* **1.** *(partie inférieure)* base **2.** *(principe fondamental)* basis • **à base de** based on • **une boisson à base d'orange** an orange-based drink • **sur la base de** on the basis of **3.** *INFORM* • **base de données** database • **base de connaissances** knowledge base. ■ **base de loisir** *nf* (outdoor) leisure *ou* sports complex.

base-ball *nm* baseball.

baser *vt* to base. ■ **se baser** *vp* • **sur quoi vous basez-vous pour affirmer cela ?** what are you basing this statement on?

bas-fond *nm (de l'océan)* shallow. ■ **bas-fonds** *nmpl fig* **1.** *(de la société)* dregs **2.** *(quartiers pauvres)* slums.

basilic *nm (plante)* basil.

basilique *nf* basilica.

basique *adj* basic.

basket *nm* = **basket-ball**. ❑ *nf (chaussure)* trainer **(UK)**, sneaker **(US)** • **lâche-moi les baskets !** *fam & fig* get off my back!

basket-ball *nm* basketball.

basque *adj* Basque • **le Pays basque** the Basque country. ❑ *nm (langue)* Basque. ❑ *nf (vêtement)* tail *(of coat)* • **être toujours pendu aux basques de qqn** *fam & fig* to be always tagging along after sb. ■ **Basque** *nmf* Basque.

> En anglais, les adjectifs se rapportant à un pays ou une région s'écrivent avec une majuscule.

bas-relief *nm* bas-relief.

basse *nf MUS* bass.

basse-cour *nf* **1.** *(volaille)* poultry **2.** *(partie de ferme)* farmyard.

bassement *adv* despicably.

basset *nm* basset hound.

bassin *nm* **1.** *(cuvette)* bowl **2.** *(pièce d'eau)* (ornamental) pond **3.** *(de piscine)* • **petit/grand bassin** children's/main pool **4.** *ANAT* pelvis **5.** *GÉOL* basin • **bassin houiller** coalfield • **le Bassin parisien** the Paris basin.

bassine *nf* bowl, basin.

bassiste *nmf* bass player.

basson *nm* **1.** *(instrument)* bassoon **2.** *(personne)* bassoonist.

bastide *nf* **1.** *(maison) si vous souhaitez expliquer à un anglophone de quoi il s'agit, vous pouvez dire* it is a traditional farmhouse or country house in southern France **2.** *HIST si vous souhaitez expliquer à un anglophone de quoi il s'agit, vous pouvez dire* it is a walled town in south-west France.

bastingage *nm* (ship's) rail.

bastion *nm litt & fig* bastion.

baston *nf tfam* punch-up **(UK)**, brawl.

bas-ventre *nm* lower abdomen.

bataille *nf* **1.** *MIL* battle **2.** *(bagarre)* fight **3.** *(jeu)* • **la bataille** ≃ beggar-my-neighbour **(UK)** **4.** *(locution)* • **en bataille** *(cheveux)* dishevelled **(UK)**, disheveled **(US)**.

bataillon *nm* **1.** *MIL* battalion **2.** *fig* horde.

bâtard, e *adj* **1.** *(enfant)* illegitimate **2.** *péj (style, solution)* hybrid. ❑ *nm, f* illegitimate child. ■ **bâtard** *nm* **1.** *(pain)* small loaf **2.** *(chien)* mongrel.

batavia *nf* Webb lettuce **(UK)**, iceberg lettuce.

bateau *nm* **1.** *(embarcation - gén)* boat ; *(- plus grand)* ship • **bateau à moteur** motor boat • **bateau à voile** sailing boat **(UK)**, sailboat **(US)** • **bateau de pêche** fishing boat • **mener qqn en bateau** *fig* to take sb for a ride **2.** *(de trottoir)* driveway entrance *(low kerb)* **3.** *(en apposition inv) (sujet, thème)* well-worn • **c'est bateau !** it's the same old stuff!

bateau-bus *nm* riverbus • **prendre le bateau-bus** to take the riverbus.

Bateau-Mouche® *nm* riverboat *(on the Seine)*.

bâti, e *adj* **1.** *(terrain)* developed **2.** *(personne)* • **bien bâti** well-built. ■ **bâti** *nm* **1.** *COUT* tacking **2.** *CONSTR* frame, framework.

batifoler *vi* to frolic.

bâtiment *nm* **1.** *(édifice)* building **2.** *(dans l'industrie)* • **le bâtiment** the building trade **3.** *NAUT* ship, vessel.

bâtir *vt* **1.** *CONSTR* to build **2.** *fig (réputation, fortune)* to build (up) **3.** *(théorie, phrase)* to construct **4.** *COUT* to tack.

bâtisse *nf* house.

bâton *nm* **1.** *(gén)* stick • **bâton de ski** ski pole • **bâton de colle** glue stick **2.** *(locution)* • **mettre des bâtons dans les roues à qqn** to put a spoke in sb's wheel • **à bâtons rompus** *(conversation)* rambling • **parler à bâtons rompus** to talk of this and that.

bâtonnet *nm* rod.

batracien *nm* amphibian.

battage *nm* • **battage (publicitaire** *ou* **médiatique)** (media) hype, ballyhoo **(US)**.

battant, e *adj* • **sous une pluie battante** in the pouring *ou* driving rain • **le cœur battant** with beating heart. ❑ *nm, f* fighter. ■ **battant** *nm* **1.** *(de porte)* door **2.** *(de fenêtre)* half **3.** *(de cloche)* clapper.

batte *nf SPORT* bat.

battement *nm* **1.** *(mouvement - d'ailes)* flap, beating *(indén)* ; *(- de cœur, pouls)* beat, beating *(indén)* ; *(- de cils, paupières)* flutter, fluttering *(indén)* **2.** *(intervalle de temps)* break • **une heure de battement** an hour free.

batterie *nf* **1.** *ÉLECTR & MIL* battery • **recharger ses batteries** *fig* to recharge one's batteries **2.** *(attirail)* • **batterie de cuisine** kitchen utensils *pl* **3.** *MUS* drums *pl* **4.** *(série)* • **une batterie de** a string of.

batteur, euse *nm, f* **1.** *MUS* drummer **2.** *CULIN* beater, whisk **3.** *(SPORT - de cricket)* batsman ; *(- de base-ball)* batter.

battre *vt* **1.** *(gén)* to beat • **battre en neige** *(blancs d'œufs)* to beat until stiff **2.** *(cartes)* to shuffle. ❑ *vi (gén)* to beat • **battre des cils** to blink • **battre des mains** to clap (one's hands). ■ **se battre** *vp* to fight • **se battre contre qqn** to fight sb.

battu, e *adj* **1.** *(sol tassé)* hard-packed • **jouer sur terre battue** *TENNIS* to play on clay **2.** *(fatigué)* • **avoir les yeux battus** to have shadows under one's eyes. ■ **battue** *nf* **1.** *(chasse)* beat **2.** *(chasse à l'homme)* manhunt.

baume *nm litt & fig* balm • **mettre du baume au cœur de qqn** to comfort sb.

bavard, e *adj* talkative. ❑ *nm, f* **1.** chatterbox **2.** *péj* gossip.

bavardage *nm* **1.** *(papotage)* chattering **2.** *(gén pl) (racontar)* gossip *(indén)*.

bavarder *vi* **1.** to chatter **2.** *péj* to gossip.

bave *nf* **1.** *(salive)* dribble **2.** *(d'animal)* slaver **3.** *(de limace)* slime.

baver *vi* **1.** *(personne)* to dribble **2.** *(animal)* to slaver **3.** *(limace)* to leave a slime trail **4.** *(stylo)* to leak **5.** *(locution)* • **en baver** *fam* to have a hard *ou* rough time of it.

bavette *nf* **1.** *(bavoir, de tablier)* bib **2.** *(viande)* flank **3.** *(locution)* • **tailler une bavette (avec qqn)** *fam* to have a chat (with sb).

baveux, euse *adj* **1.** *(bébé)* dribbling **2.** *(omelette)* runny.

bavoir *nm* bib.

bavure *nf* **1.** *(tache)* smudge **2.** *(erreur)* blunder.

bayer *vi* • **bayer aux corneilles** to stand gazing into space.

bazar *nm* **1.** *(boutique)* general store **2.** *fam (désordre)* jumble, clutter • **quel bazar dans cette chambre !** what a mess in this bedroom!

bazarder *vt fam* to chuck out, to get rid of.

BCBG (abrév de bon chic bon genre) *nmf* ≃ Sloane (Ranger) **(UK)** ; ≃ preppie **(US)**. ❑ *adj* ≃ Sloaney **(UK)** ; ≃ preppie **(US)**.

BCE (abrév de Banque centrale européenne) *nf* ECB.

BCG (abrév de bacille Calmette-Guérin) *nm* BCG.

bcp abrév de **beaucoup**.

bd abrév de **boulevard**.

BD, bédé (abrév de bande dessinée) *nf* • **une BD** a comic strip.

beach-volley *nm* beach volleyball • **jouer au beach-volley** to play beach volleyball.

béant, e *adj* **1.** *(plaie, gouffre)* gaping **2.** *(yeux)* wide open.

béat, e *adj (heureux)* blissful.

beau, belle *adj* (**bel** *devant voyelle ou* **h** *muet*) **1.** *(joli - femme)* beautiful, good-looking ; *(- homme)* handsome, good-looking ; *(- chose)* beautiful **2.** *(temps)* fine, good **3.** *(toujours avant le nom) (important)* fine, excellent • **une belle somme** a tidy sum (of money) **4.** *iron (mauvais)* • **une belle grippe** a nasty dose of the flu • **c'est du beau travail !** a fine mess this is! **5.** *(sens intensif)* • **un beau jour** one fine day **6.** *(locution)* • **elle a beau jeu de dire ça** it's easy *ou* all very well for her to say that. ■ **beau** *adv* • **il fait beau** the weather is good *ou* fine • **j'ai beau essayer...** however hard I try..., try as I may... • **j'ai beau dire...** whatever I say.... ❑ *nm* • **être au beau fixe** to be set fair • **avoir le moral au beau fixe** *fig* to have a sunny disposition • **faire le beau** *(chien)* to sit up and beg. ■ **belle** *nf* **1.** *(femme)* lady friend **2.** *(dans un jeu)* decider. ■ **de plus belle** *loc adv* more than ever.

beaucoup

■ **beaucoup** *adv*

1. INDIQUE UN GRAND NOMBRE

• **beaucoup de gens sont venus à la fête** a lot of *ou* many people came to the party • **il y en a beaucoup** there are many *ou* a lot (of them)

2. INDIQUE UNE GRANDE QUANTITÉ

• **ce travail demande beaucoup d'énergie** this work requires a lot of energy • **il n'a pas beaucoup de temps** he hasn't a lot of *ou* much time • **il n'en a pas beaucoup** he doesn't have much *ou* a lot (of it)

3. MODIFIE UN VERBE

• **il boit beaucoup** he drinks a lot *ou* a great deal • **il ne parle pas beaucoup** he doesn't talk much *ou* a lot *ou* a great deal • **le film ne m'a pas beaucoup plu** I didn't like the film very much

4. MODIFIE UN ADJECTIF COMPARATIF

• **c'est beaucoup mieux** it's much *ou* a lot better • **c'est beaucoup plus rapide en avion** il's a lot faster by plane

■ **beaucoup** *pron inv*

• **nous sommes beaucoup à penser que...** many of us think that...

■ **de beaucoup** *loc adv*

by far • **il est de beaucoup le plus jeune** he is the youngest by far

À PROPOS DE

beaucoup

Pour modifier un verbe, *beaucoup* peut être rendu par ***a lot***, ***very much*** ou ***a great deal***. Attention toutefois à leur place dans la phrase.

A lot et, en anglais britannique, ***a great deal*** sont employés lorsqu'il s'agit de rendre le sens quantitatif, ou de fréquence, de *beaucoup* et se placent toujours en fin de proposition :

• *Il parle beaucoup de sa femme.* ***He talks about his wife*** **a lot** *ou* ***He talks about his wife*** **a great deal**.
Pas beaucoup peut se traduire par ***not…*** **(very)** ***much***.
• *Elle ne sort pas beaucoup.* ***She doesn't go out*** **(very) much** *ou* **a lot**.
Very much est employé pour signifier l'idée qualitative contenue dans *beaucoup* et se place lui aussi toujours en fin de proposition :
• *Elle aime beaucoup voyager.* ***She likes travelling*** **very much**.
D'autres traductions de *beaucoup* + verbe s'imposent dans certains cas :
• *J'ai beaucoup apprécié son honnêteté.* **I really** ***appreciated his honesty***.

beauf *nm* **1.** *péj pour expliquer cette expression à un anglophone, vous pouvez dire* it is a typical narrow-minded, lower-middle-class French man **2.** *fam (beau-frère)* brother-in-law.

beau-fils *nm* **1.** *(gendre)* son-in-law **2.** *(de remariage)* stepson.

beau-frère *nm* brother-in-law.

beau-père *nm* **1.** *(père du conjoint)* father-in-law **2.** *(de remariage)* stepfather.

beauté *nf* beauty • **de toute beauté** absolutely beautiful • **en beauté a)** *(magnifiquement)* in great style **b)** *sout (femme)* ravishing.

beaux-arts *nmpl* fine art *(indén)*. ■ **Beaux-Arts** *nmpl* • **les Beaux-Arts** *pour expliquer à un anglophone de quelle école il s'agit, vous pouvez dire* it is the French national art college in Paris.

beaux-parents *nmpl* **1.** *(parents de l'homme)* husband's parents, in-laws **2.** *(parents de la femme)* wife's parents, in-laws.

bébé *nm* baby.

bébé-bulle *nm* bubble baby.

bébé-éprouvette *nm* test-tube baby.

bébête *adj fam* silly.

bec *nm* **1.** *(d'oiseau)* beak **2.** *(d'instrument de musique)* mouthpiece **3.** *(de casserole)* lip • **bec verseur** spout **4.** *fam (bouche)* mouth • **ouvrir le bec** to open one's mouth • **clouer le bec à qqn** to shut sb up.

bécane *nf fam* **1.** *(moto, vélo)* bike **2.** *(machine, ordinateur)* machine.

bécasse *nf* **1.** *(oiseau)* woodcock **2.** *fam (femme sotte)* silly goose.

bec-de-lièvre *nm* harelip.

bêche *nf* spade.

bêcher *vt* to dig.

bécoter *vt fam* to snog **(UK)** *ou* smooch with. ■ **se bécoter** *vp* to snog **(UK)**, to smooch.

becquée *nf* • **donner la becquée à** to feed.

becqueter, **béqueter** *vt* to peck at.

bedaine *nf* potbelly.

bédé = BD.

bedonnant, e *adj* potbellied.

bée *adj* • **bouche bée** open-mouthed.

bégaiement *nm* stammering.

bégayer *vi* to have a stutter *ou* stammer. ❑ *vt* to stammer (out).

bégonia *nm* begonia.

bègue *adj* • **être bègue** to have a stutter *ou* stammer. ❑ *nmf* stutterer, stammerer.

béguin *nm fam* • **avoir le béguin pour qqn** to have a crush on sb.

beige *adj & nm* beige.

beignet *nm* fritter.

bêler *vi* to bleat.

belette *nf* weasel.

belge *adj* Belgian. ■ **Belge** *nmf* Belgian.

En anglais, les adjectifs se rapportant à un pays ou une région s'écrivent avec une majuscule.

Belgique *nf* • **la Belgique** Belgium.

En anglais, à de rares exceptions près, il n'y a pas d'article devant les noms de pays.

bélier *nm* **1.** *(animal)* ram **2.** *(poutre)* battering ram. ■ **Bélier** *nm* ASTROL Aries.

belladone *nf* deadly nightshade.

belle-famille *nf* **1.** *(parents de l'homme)* husband's family, in-laws *pl* **2.** *(parents de la femme)* wife's family, in-laws *pl*.

belle-fille *nf* **1.** *(épouse du fils)* daughter-in-law **2.** *(de remariage)* stepdaughter.

belle-mère *nf* **1.** *(mère du conjoint)* mother-in-law **2.** *(de remariage)* stepmother.

belle-sœur *nf* sister-in-law.

belligérant, e *adj & nm, f* belligerent.

belliqueux, euse *adj* **1.** *(peuple)* warlike **2.** *(humeur, tempérament)* aggressive.

belote *nf si vous voulez expliquer de quoi il s'agit à un anglophone, vous pouvez dire* it is a French card game for 2-4 players.

belvédère *nm* **1.** *(construction)* belvedere **2.** *(terrasse)* viewpoint.

bémol *adj & nm* MUS flat.

bénédiction *nf* blessing.

bénéfice *nm* **1.** *(avantage)* advantage, benefit • **au bénéfice de** in aid of **2.** *(profit)* profit.

bénéficiaire *nmf* **1.** *(gén)* beneficiary **2.** *(de chèque)* payee. ❑ *adj* **1.** *(marge)* profit *(avant nom)* **2.** *(résultat, société)* profit-making.

bénéficier *vi* • **bénéficier de a)** *(profiter de)* to benefit from **b)** *(jouir de)* to have, to enjoy **c)** *(obtenir)* to have, to get.

bénéfique *adj* beneficial.

Benelux *nm* • **le Benelux** Benelux.

benêt *nm* clod.

bénévole *adj* voluntary. ❑ *nmf* volunteer, voluntary worker.

> **FAUX AMIS**
> ### bénévole
> L'adjectif français *bénévole* et l'adjectif anglais ***benevolent*** ont, malgré leur ressemblance orthographique, des sens différents, et il faut veiller à ne pas les confondre. ***Benevolent*** signifie *bienveillant* (***she had a warm and benevolent smile***, *elle avait un sourire chaleureux et bienveillant*). Pour traduire, par exemple, *elle fait du travail bénévole pour la Croix-Rouge*, on dira ***she does voluntary work for the Red Cross***. Quant au nom *bénévole*, il se traduit par ***volunteer*** ou ***voluntary worker***, comme dans : *l'association compte deux cents bénévoles*, ***the association has two hundred volunteers*** *ou* ***voluntary workers***.

bénin, igne *adj* **1.** *(maladie, accident)* minor • **une forme bénigne de rougeole** a mild form of measles **2.** *(cancer)* benign.

bénir *vt* **1.** *(gén)* to bless **2.** *(se réjouir de)* to thank God for.

bénit, e *adj* consecrated • **eau bénite** holy water.

bénitier *nm* holy water font.

benjamin, e *nm, f* **1.** *(de famille)* youngest child **2.** *(de groupe)* youngest member.

benne *nf* **1.** *(de camion)* tipper **2.** *(de téléphérique)* car **3.** *(pour déchets)* skip **(UK)**, Dumpster® **(US)**.

benzine *nf* benzine.

béotien, enne *nm, f* philistine.

BEP, Bep (abrév de **brevet d'études professionnelles**) *nm pour expliquer à un anglophone ce qu'est le BEP, vous pouvez dire* it is a school-leaving certificate in technical subjects. You take it at the age of 18.

BEPC, Bepc (abrév de **brevet d'études du premier cycle**) *nm pour expliquer ce qu'était le BEPC à un anglophone, vous pouvez dire* it was former a school-leaving certificate that you took at the age of 16.

béquille *nf* **1.** *(pour marcher)* crutch **2.** *(d'un deux-roues)* stand.

berceau *nm* cradle.

bercer *vt (bébé, bateau)* to rock.

berceuse *nf* **1.** *(chanson)* lullaby **2.** **(QUÉBEC)** *(fauteuil)* rocking chair.

béret *nm* beret.

bergamote *nf* bergamot orange.

berge *nf* **1.** *(bord)* bank **2.** *fam (an)* • **il a plus de 50 berges** he's over 50.

berger, ère *nm, f* shepherd, shepherdess *f*. ■ **berger allemand** *nm* German shepherd, Alsatian **(UK)**.

bergerie *nf* sheepfold.

berk *interj fam* ugh, yuk.

Berlin *npr* Berlin.

berline *nf* saloon (car) **(UK)**, sedan **(US)**.

berlingot *nm* **1.** *(de lait)* carton **2.** *(bonbon)* boiled sweet.

berlue *nf* • **j'ai la berlue !** I must be seeing things!

bermuda *nm* bermuda shorts *pl*.

bernard-l'ermite *nm inv* hermit crab.

berne *nf* • **en berne** ≃ at half-mast.

berner *vt* to fool.

besace *nf* pouch.

besogne *nf* job, work *(indén)*.

besoin *nm* need • **avoir besoin de qqch/de faire qqch** to need sthg/to do sthg • **au besoin** if necessary, if need *ou* needs be. ■ **besoins** *nmpl* **1.** *(exigences)* needs **2.** *(locution)* • **faire ses besoins** to relieve o.s.

bestial, e *adj* bestial, brutish.

bestiole *nf* (little) creature.

bétail *nm* cattle *pl*.

bête *nf* **1.** *(animal)* animal **2.** *(insecte)* insect • **bête de somme** beast of burden. ❑ *adj (stupide)* stupid.

bêtise *nf* **1.** *(stupidité)* stupidity **2.** *(action, remarque)* stupid thing • **faire/dire une bêtise** to do/say something stupid.

béton *nm (matériau)* concrete • **béton armé** reinforced concrete.

bétonnière *nf* cement mixer.

bette, blette *nf* Swiss chard.

betterave *nf* beetroot **(UK)**, beet **(US)** • **betterave sucrière** *ou* **à sucre** sugar beet.

beugler *vi (bovin)* to moo, to low.

beur *nmf fam si vous voulez expliquer de quoi il s'agit à un anglophone, vous pouvez dire* it is someone born in France of North African immigrant parents. ❑ *adj si vous voulez expliquer de quoi il s'agit à un anglophone, vous pouvez dire* pertaining to a person born in France of North African immigrant parents.

beurk *fam* = **berk**.

beurre *nm (aliment)* butter.

beurré, e *adj* **1.** *(couvert de beurre)* buttered **2.** *fam (ivre)* plastered.

beurrer *vt* to butter.

beurrier *nm* butter dish.

beuverie *nf* drinking session.

bévue *nf* blunder.

Beyrouth *npr* Beirut.

bi *adj inv (bisexuel)* bi.

biais *nm* **1.** *(ligne oblique)* slant • **en** *ou* **de biais a)** *(de travers)* at an angle **b)** *fig* indirectly **2.** COUT bias **3.** *(moyen détourné)* expedient • **par le biais de** by means of.

biaiser *vi fig* to dodge the issue.

bibande *adj* dual-band.

bibelot *nm* trinket, curio.
biberon *nm* baby's bottle.
bible *nf* bible.
bibliographie *nf* bibliography.
bibliophile *nmf* book lover.
bibliothécaire *nmf* librarian.
bibliothèque *nf* **1.** *(meuble)* bookcase **2.** *(édifice, collection)* library • **la Bibliothèque nationale de France** the French national library.
biblique *adj* biblical.
bicarbonate *nm* • **bicarbonate (de soude)** bicarbonate of soda.
bicentenaire *adj* two-hundred-year-old *(avant nom)*. ❑ *nm* bicentenary (UK), bicentennial (US).
biceps *nm* biceps.
biche *nf* ZOOL hind, doe.
bichonner *vt (choyer)* to cosset, to pamper. ■ **se bichonner** *vp* **1.** to spruce o.s. up **2.** *(femme)* to doll o.s. up.
bicolore *adj* two-coloured (UK), two-colored (US).
bicoque *nf péj* house.
bicorne *nm* cocked hat.
bicyclette *nf* bicycle • **rouler à bicyclette** to cycle.
bide *nm fam* **1.** *(ventre)* belly **2.** *(échec)* flop.
bidet *nm* **1.** *(sanitaire)* bidet **2.** *hum (cheval)* nag.
bidon *adj inv fam (faux)* phony, phoney (UK). ❑ *nm* **1.** *(récipient)* can • **bidon d'essence** petrol can • **bidon d'huile** oilcan **2.** *fam (ventre)* belly.
bidonville *nm* shantytown.
bidule *nm fam* thing, thingy.
bielle *nf* connecting rod.

bien

■ bien *adj inv*

mieux** est le comparatif et le superlatif de **bien

1. SATISFAISANT
• **il est bien comme prof** he's a good teacher • **il est bien, ce dictionnaire** this is a good dictionary

2. À L'AISE
• **tu es bien dans ce fauteuil ?** are you comfortable in that armchair? • **il est bien partout** he is *ou* feels at home anywhere

3. POUR PARLER DE L'APPARENCE PHYSIQUE
good-looking • **tu ne trouves pas qu'elle est bien, comme ça ?** don't you think she looks good *ou* nice like that? • **il était très bien quand il était jeune** he was very attractive *ou* handsome *ou* good-looking when he was young

4. POUR PARLER DE LA SANTÉ
• **je ne me sens pas bien** I am not feeling well • **Anna n'est pas très bien en ce moment** Anna isn't very well at the moment • **est-ce que tu te sens bien ?** are you feeling OK?

5. POUR INDIQUER QUE QQCH EST MORALEMENT BIEN
• **c'est bien de l'avoir aidé** it was nice *ou* good of you to help him • **ce n'est pas bien de dire des gros mots !** it's not nice *ou* right to swear!

■ bien *nm*

1. SENS MORAL
• **il faut savoir discerner le bien du mal** one must be able to tell good from evil *ou* right from wrong

2. INTÉRÊT
• **je te dis ça pour ton bien** I'm telling you this for your own good

3. RICHESSE, PROPRIÉTÉ
• **il a des biens aux États-Unis** he has property in the United States • **dans son testament, il a légué tous ses biens à sa femme** in his will, he left all his goods *ou* possessions to his wife

4. DANS DES EXPRESSIONS
• **faire du bien à qqn** to do sb good • **dire du bien de qqn/qqch** to speak well of sb/sthg

■ bien *adv*

1. DE MANIÈRE SATISFAISANTE
• **on mange bien ici** the food's good here • **cette porte n'est pas bien fermée** this door isn't shut properly • **le lave-vaisselle ne fonctionne pas bien** the dish-washer isn't working properly *ou* right • **elle parle bien anglais** she speaks English well

2. DE MANIÈRE CONFORME À LA MORALE, AUX CONVENANCES
• **il ne s'est pas bien conduit** he didn't behave well • **tu as bien fait** you did the right thing • **vous avez bien fait de me le dire !** you did well to tell me! *ou* it's a good thing you've told me! • **tu ferais bien d'y aller** you would be wise to go

3. AVEC UN SENS INTENSIF
• **on a bien ri** we had a good laugh • **en es-tu bien sûr ?** are you quite sure (about it)? • **nous sommes bien contents d'être en vacances** we're very *ou* awfully happy to be on holiday • **j'espère bien qu'il viendra** I *do* hope he will come • **il y a bien trois heures que j'attends** I've been waiting for at least three hours • **c'est bien aimable à vous** it's very kind *ou* good of you

4. RENFORCE UN COMPARATIF
• **il est parti bien plus tard** he left much later • **on était bien moins riches** we were a lot worse off *ou* poorer

5. RENFORCE UN JUGEMENT
• **c'est bien lui** it really *is* him • **c'est bien ce que je disais** that's just what I said • **je savais bien qu'il viendrait** I knew perfectly well that he would come • **c'est bien une erreur** it's certainly *ou* definitely a mistake

6. EXPRIME UN SOUHAIT
• **j'irais bien au Mexique** I would love to go to Mexico • **je l'aiderais bien mais je n'ai pas le temps** I would like to help him but I haven't got time

7. DANS DES EXPRESSIONS
• **c'est bien fait !** it serves him/her *etc* right!

■ **bien** *interj*

• **eh bien !** oh well! • **eh bien, qu'en penses-tu ?** well, what do you think? • **bien, je t'écoute** well, I'm listening • **bien, où en étions-nous ?** right, where were we? • **bien, alors on se retrouve demain à cinq heures** so, we'll meet up tomorrow at five

■ **bien de, bien des** *loc adj*

• **il a bien de la chance** he's very *ou* really lucky • **il a eu bien de la peine à me convaincre** he had quite a lot of trouble convincing me • **bien des gens sont venus** quite a lot of people came

■ **bien entendu** *loc adv*

of course • **tu viens avec nous ? — bien entendu !** are you coming with us? — of course!

■ **bien que** *loc conj*

• **je vais accepter, bien que je ne sois pas convaincue** I'll accept though *ou* although I'm not convinced

■ **biens** *nmpl*

property *(indén)* • **biens de consommation** consumer goods

■ **bien sûr** *loc adv*

of course, certainly • **tu peux m'aider ? — bien sûr !** can you help me? — of course!

À PROPOS DE **bien**

Il faut remarquer que, à la différence de *bien*, ***well*** ne précède jamais le complément d'objet :
• *Il a bien traité ses enfants.* ***He treated his children* well.**
Bien précédé d'un verbe se traduit souvent par ***good*** suivi d'un nom.
• *Elle chante bien.* ***She is a good singer.***
• *On s'est bien amusés.* ***We had a good time.***

bien-aimé, e *adj & nm,f* beloved.
bien-être *nm inv (physique)* wellbeing.
bienfaisance *nf* charity.
bienfaisant, e *adj* beneficial.
bienfait *nm* **1.** *(effet bénéfique)* benefit **2.** *(faveur)* kindness.
bienfaiteur, trice *nm,f* benefactor.
bien-fondé *nm* validity.
bienheureux, euse *adj* **1.** RELIG blessed **2.** *(heureux)* happy.
bientôt *adv* soon • **à bientôt !** see you soon!
bienveillance *nf* kindness.
bienveillant, e *adj* kindly.
bienvenu, e *adj (qui arrive à propos)* welcome. ❑ *nm,f* • **être le bienvenu/la bienvenue** to be welcome • **soyez le bienvenu !** welcome! ■ **bienvenue** *nf* welcome • **souhaiter la bienvenue à qqn** to welcome sb.
bière *nf* **1.** *(boisson)* beer • **bière blonde** lager • **bière brune** brown ale • **bière pression** draught (UK) *ou* draft (US) beer **2.** *(cercueil)* coffin.
bifidus *nm* bifidus • **yaourt au bifidus** bio *ou* bifidus yoghurt.
bifteck *nm* steak.
bifurcation *nf* **1.** *(embranchement)* fork **2.** *fig* new direction.
bifurquer *vi* **1.** *(route, voie ferrée)* to fork **2.** *(voiture)* to turn off **3.** *fig (personne)* to branch off.
bigame *adj* bigamous. ❑ *nmf* bigamist.
bigamie *nf* bigamy.
bigarreau *nm* cherry.
bigorneau *nm* winkle.
bigoudi *nm* curler.
bijou *nm* **1.** *(joyau)* jewel **2.** *fig (chef-d'œuvre)* gem.
bijouterie *nf (magasin)* jeweller's (UK) *ou* jeweler's (US) (shop).
bijoutier, ère *nm,f* jeweller (UK), jeweler (US).
Bikini® *nm* bikini.
bilan *nm* **1.** FIN balance sheet • **déposer son bilan** to declare bankruptcy **2.** *(état d'une situation)* state of affairs • **faire le bilan (de)** to take stock (of) • **bilan de santé** checkup.
bilatéral, e *adj* **1.** *(stationnement)* on both sides (of the road) **2.** *(contrat, accord)* bilateral.
bile *nf* bile • **se faire de la bile** *fam* to worry.
biliaire *adj* biliary • **calcul biliaire** gallstone • **vésicule biliaire** gall bladder.
bilingue *adj* bilingual.
billard *nm* **1.** *(jeu)* billiards *(indén)* • **jouer au billard** to play billiards **2.** *(table de jeu)* billiard table.
bille *nf* **1.** *(d'enfant)* marble • **jouer aux billes** to play marbles **2.** *(de bois)* block of wood.
billet *nm* **1.** *(lettre)* note **2.** *(argent)* • **billet (de banque)** (bank) note, bill (US) • **un billet de 100 euros** a 100-euro note **3.** *(ticket)* ticket • **billet de train/d'avion** train/plane ticket • **billet de loterie** lottery ticket.

billetterie *nf* **1.** *(à l'aéroport)* ticket desk **2.** *(à la gare)* booking office *ou* hall **3.** BANQUE ATM, cash dispenser **(UK)**.
billion *nm* billion **(UK)**, trillion **(US)**.
bimensuel, elle *adj* fortnightly **(UK)**, twice monthly. ■ **bimensuel** *nm* fortnightly review **(UK)**, semimonthly **(US)**.
bimestriel, elle *adj* two-monthly.
bimoteur *nm* twin-engined plane.
binaire *adj* binary.
biner *vt* to hoe.
bingo *nm (jeu)* bingo. ❑ *interj* bingo!
binôme *nm* binomial.
bin's, binz *nm fam* **1.** *(désordre)* mess **2.** *(situation compliquée)* hassle.
bio *adj inv* organic • **aliments bio** organic food.
biocarburant *nm* biofuel.
biochimie *nf* biochemistry.
biodégradable *adj* biodegradable.
biographie *nf* biography.
bio-industrie *nf* bioindustry.
biologie *nf* biology.
biologique *adj* **1.** *(sciences)* biological **2.** *(naturel)* organic.
biométrique *adj* biometric.
biopsie *nf* biopsy.
biorythme *nm* biorhythm.
biosciences *nfpl* bioscience.
bioterrorisme *nm* bioterrorism.
bip *nm* **1.** *(signal)* tone, beep • **parlez après le bip (sonore)** please speak after the beep *ou* tone **2.** *(appareil)* beeper, bleeper **(UK)**.
bipède *nm & adj* biped.
biper *vt* to page.
biréacteur *nm* twin-engined jet.
bis[1]**, e** *adj* greyish-brown **(UK)**, grayish-brown **(US)** • **pain bis** brown bread.
bis[2] *adv* **1.** *(dans adresse)* • **5 bis** 5a **2.** *(à la fin d'un spectacle)* encore.
bisannuel, elle *adj* biennial.
biscornu, e *adj* **1.** *(difforme)* irregularly shaped **2.** *(bizarre)* weird.
biscotte *nf pour expliquer de quoi il s'agit à un anglophone, vous pouvez dire* it is a piece of toasted bread that you buy in packets. French people often have them for breakfast.
biscuit *nm* **1.** *(sec)* biscuit **(UK)**, cookie **(US)** **2.** *(salé)* cracker **3.** *(gâteau)* sponge.
bise *nf* **1.** *(vent)* north wind **2.** *fam (baiser)* kiss • **faire la bise à quelqu'un** to kiss somebody • **grosses bises** love and kisses.
biseau *nm* bevel • **en biseau** bevelled **(UK)**, beveled **(US)**.
bisexuel, elle *adj* bisexual.
bison *nm* bison.
bisou *nm fam* kiss • **faire un bisou à quelqu'un** to give somebody a kiss.
bissextile *adj* → **année**.
bistouri *nm* lancet.
bistrot, bistro *nm fam* cafe, bar.
bit *nm* INFORM bit.
bitume *nm* **1.** *(revêtement)* asphalt **2.** CHIM bitumen.
bivouac *nm* bivouac.
bivouaquer *vi* to bivouac.
bizarre *adj* strange, odd.
bizutage *nm* ≃ ragging **(UK)** ; ≃ hazing **(US)**.
black-out *nm* blackout.
blafard, e *adj* pale.
blague *nf (plaisanterie)* joke.
blaguer *fam vi* to joke.
blagueur, euse *fam adj* jokey. ❑ *nm, f* joker.
blaireau *nm* **1.** *(animal)* badger **2.** *(de rasage)* shaving brush **3.** *fam & péj (homme)* ≃ Essex man **(UK)** ; ≃ Joe Sixpack **(US)** ; *(femme)* ≃ Essex girl **(UK)**.
blâme *nm* **1.** *(désapprobation)* disapproval **2.** *(sanction)* reprimand.
blâmer *vt* **1.** *(désapprouver)* to blame **2.** *(sanctionner)* to reprimand.
blanc, blanche *adj* **1.** *(gén)* white **2.** *(non écrit)* blank **3.** *(pâle)* pale. ■ **blanc** *nm* **1.** *(couleur)* white **2.** *(personne)* white (man) **3.** *(linge de maison)* • **le blanc** the (household) linen **4.** *(sur page)* blank (space) **5.** *(de volaille)* white meat **6.** *(vin)* white (wine). ■ **blanche** *nf* **1.** *(personne)* white (woman) **2.** MUS minim **(UK)**, half note **(US)**. ■ **blanc d'œuf** *nm* egg white.
blanchâtre *adj* whitish.
blancheur *nf* whiteness.
blanchir *vt* **1.** *(mur)* to whitewash **2.** *(linge, argent)* to launder **3.** *(légumes)* to blanch **4.** *(sucre)* to refine **5.** *(décolorer)* to bleach. ❑ *vi (d'émotion)* • **blanchir (de)** to go white (with).
blanchissage *nm (de linge)* laundering.
blanchisserie *nf* laundry.
blanquette *nf* **1.** CULIN *si vous voulez expliquer de quoi il s'agit à un anglophone, vous pouvez dire* it is a stew of veal, lamb or chicken served in a white sauce • **blanquette de veau** veal blanquette **2.** *(vin)* • **blanquette de Limoux** *si vous voulez expliquer de quoi il s'agit à un anglophone, vous pouvez dire* it is a kind of sparkling wine from Limoux.
blasé, e *adj* blasé.
blason *nm* coat of arms.
blasphème *nm* blasphemy.
blasphémer *vt & vi* to blaspheme.
blatte *nf* cockroach.
blazer *nm* blazer.
blé *nm* **1.** *(céréale)* wheat, corn **(UK)** **2.** *fam (argent)* dough.
blême *adj* • **blême (de)** pale (with).
blennorragie *nf* gonorrhoea **(UK)**, gonorrhea **(US)**.

blessant, e *adj* hurtful.

blessé, e *nm,f* wounded *ou* injured person • **il y a eu trois blessés** three people were injured.

blesser *vt* **1.** *(physiquement - accidentellement)* to injure, to hurt ; *(- par arme)* to wound • **ses chaussures lui blessent les pieds** his shoes make his feet sore **2.** *(moralement)* to hurt. ■ **se blesser** *vp* to injure o.s., to hurt o.s. • **elle s'est blessée au bras** she injured *ou* hurt her arm.

blessure *nf litt & fig* wound, injury • **une blessure légère** a slight injury.

blet, blette *adj* overripe.

bleu, e *adj* **1.** *(couleur)* blue **2.** *(viande)* very rare. ❑ *nm,f fam (novice - gén)* newcomer ; *(- à l'armée)* raw recruit ; *(- à l'université)* fresher **(UK)**, freshman **(US)**. ■ **bleu** *nm* **1.** *(couleur)* blue **2.** *(meurtrissure)* bruise **3.** *(fromage)* blue cheese **4.** *(vêtement)* • **bleu de travail** overalls *pl* **(UK)**, coveralls *pl* **(US)**.

bleuet *nm* **1.** cornflower **2.** **(QUÉBEC)** *(fruit)* blueberry.

bleuir *vt & vi* to turn blue.

bleuté, e *adj* bluish.

blindé, e *adj* **1.** *(véhicule)* armoured **(UK)**, armored **(US)** **2.** *(porte, coffre)* armour-plated **(UK)**, armor-plated **(US)**. ■ **blindé** *nm* armoured **(UK)** *ou* armored **(US)** car.

blinder *vt* **1.** *(véhicule)* to armour **(UK)**, to armor **(US)** **2.** *(porte, coffre)* to armour-plate **(UK)**, to armor-plate **(US)**.

bling-bling *adj fam* bling-bling, bling.

blini *nm* blini.

blizzard *nm* blizzard.

bloc *nm* **1.** *(gén)* block • **faire bloc avec/contre qqn** to stand (together) with/against sb **2.** *(assemblage)* unit • **bloc opératoire a)** *(salle)* operating theatre **(UK)** *ou* room **(US)** **b)** *(locaux)* surgical unit • **bloc sanitaire** toilet block **3.** *(de papier)* pad • **un bloc de papier à lettres** a writing pad.

blocage *nm* **1.** ÉCON freeze, freezing *(indén)* **2.** *(de roue)* locking **3.** PSYCHO (mental) block.

blockhaus *nm* blockhouse.

bloc-notes *nm* notepad, scratchpad **(US)**.

blocus *nm* blockade.

blog *nm* blog.

blogueur, euse *nm,f* blogger.

blond, e *adj* fair, blond. ❑ *nm,f* fair-haired *ou* blond man, fair-haired *ou* blonde woman. ■ **blond** *nm* • **blond cendré/vénitien/platine** ash/strawberry/platinum blond. ■ **blonde** *nf* **1.** *(cigarette)* Virginia cigarette **2.** *(bière)* lager.

blondeur *nf* blondness, fairness.

bloquer *vt* **1.** *(porte, freins)* to jam **2.** *(roues)* to lock **3.** *(route, chemin)* to block **4.** *(personne)* • **être bloqué** to be stuck **5.** *(prix, salaires, crédit)* to freeze **6.** PSYCHO • **être bloqué** to have a (mental) block. ■ **se bloquer** *vp (se coincer)* to jam.

blottir ■ **se blottir** *vp* • **se blottir (contre)** to snuggle up (to).

blouse *nf* **1.** *(de travail, d'écolier)* smock **2.** *(de chimiste)* white coat • **ils portent des blouses blanches pour le cours de chimie** they wear white coats for their chemistry lessons.

blouson *nm* bomber jacket, blouson • **un blouson en cuir** a leather jacket.

blue-jean *nm* jeans *pl*.

blues *nm inv* blues.

bluff *nm* bluff.

bluffer *fam vi & vt* to bluff.

blush *nm* blusher.

BNF *nf* abrév de **Bibliothèque nationale de France**.

BO (abrév de bande originale) *nf* soundtrack.

boa *nm* boa.

bobard *nm fam* fib.

bobine *nf* **1.** *(cylindre)* reel, spool **2.** ÉLECTR coil.

bobo *nm langage enfantin* • **se faire bobo** to hurt o.s. • **j'ai bobo à la tête** my head hurts.

bobo (abrév de Bourgeois bohème) *fam nmf pour expliquer de qui il s'agit à un anglophone, vous pouvez dire* left-leaning yuppie.

bobsleigh *nm* bobsleigh **(UK)**, bobsled **(US)**.

bocage *nm* GÉOGR bocage.

bocal *nm* jar.

body *nm* body(suit).

body-building *nm* • **le body-building** body building *(indén)*.

bœuf *nm* **1.** *(animal)* ox **2.** *(viande)* beef • **bœuf bourguignon** boeuf *ou* beef bourguignon.

bof *interj* **1.** *fam (exprime le mépris)* so what? **2.** *fam (exprime la lassitude)* I don't really care.

bogue, bug *nm* INFORM bug.

bohème *adj* bohemian.

bohémien, enne *nm,f* **1.** *(tsigane)* gipsy **2.** *(non-conformiste)* bohemian.

boire *vt* **1.** *(s'abreuver)* to drink **2.** *(absorber)* to soak up, to absorb. ❑ *vi* to drink.

bois *nm* wood • **en bois** wooden. ❑ *nmpl* **1.** MUS woodwind *(indén)* **2.** *(cornes)* antlers.

boisé, e *adj* wooded.

boiserie *nf* panelling *(indén)* **(UK)**, paneling *(indén)* **(US)**.

boisson *nf (breuvage)* drink.

boîte *nf* **1.** *(récipient)* box • **boîte de conserve** can, tin **(UK)** • **boîte aux lettres a)** *(pour la réception)* letterbox **b)** *(pour l'envoi)* postbox **(UK)**, mailbox **(US)** • **boîte à musique** musical box **(UK)**, music box **(US)** • **boîte postale** post office box • **en boîte** canned, tinned **(UK)** **2.** AUTO • **boîte à gants** glove compartment, glove box • **boîte de vitesses** gearbox **(UK)**, transmission **(US)** **3.** INFORM • **boîte aux lettres électronique** electronic mailbox • **boîte vocale** voice mail **4.** *fam (entreprise)* company, firm **5.** *fam (lycée)* school **6.** *fam (discothèque)* • **boîte (de nuit)** nightclub, club.

boiter *vi (personne)* to limp.

boiteux, euse *adj* **1.** *(personne)* lame **2.** *(meuble)* wobbly **3.** *fig (raisonnement)* shaky.

boîtier *nm* **1.** *(boîte)* case **2.** *TECHNOL* casing.

boitiller *vi* to limp slightly.

bol *nm* **1.** *(récipient)* bowl **2.** *(contenu)* bowl, bowlful **3.** *(locution)* • **prendre un bol d'air** to get some fresh air.

bolet *nm* boletus.

bolide *nm (véhicule)* racing **(UK)** *ou* race **(US)** car.

Bolivie *nf* • **la Bolivie** Bolivia.

bombance *nf* • **faire bombance** *fam* to have a feast.

bombardement *nm* bombardment, bombing *(indén)*.

bombarder *vt* **1.** *MIL* to bomb **2.** *(assaillir)* • **bombarder qqn/qqch de** to bombard sb/sthg with.

bombardier *nm* **1.** *(avion)* bomber **2.** *(aviateur)* bombardier.

bombe *nf* **1.** *(projectile)* bomb • **bombe atomique** atom *ou* atomic bomb • **bombe à retardement** time bomb **2.** *fig* bombshell **3.** *(équitation)* riding hat **4.** *(atomiseur)* spray, aerosol • **bombe lacrymogène** teargas grenade.

bombé, e *adj* bulging, rounded.

bomber *nm* bomber jacket.

bombonne *nf* = **bonbonne**.

bon, bonne *adj* **1.** *(gén)* good **2.** *(généreux)* good, kind **3.** *(utilisable - billet, carte)* valid **4.** *(correct)* right **5.** *(dans l'expression d'un souhait)* • **bonne année !** Happy New Year! • **bonne chance !** good luck! • **bonnes vacances !** have a nice holiday **(UK)** *ou* vacation **(US)**! **6.** *(locution)* • **être bon pour qqch/pour faire qqch** *fam* to be fit for sthg/for doing sthg • **tu es bon pour une contravention** you'll end up with *ou* you'll get a parking ticket • **bon à** *(+ infinitif)* fit to • **c'est bon à savoir** that's worth knowing. ■ **bon** *adv* • **il fait bon** the weather's fine, it's fine • **sentir bon** to smell good • **tenir bon** to stand firm. ❑ *interj* **1.** *(marque de satisfaction)* good! **2.** *(marque de surprise)* • **ah bon !** really? ❑ *nm* **1.** *(constatant un droit)* voucher • **bon de commande** order form **2.** *FIN* • **bon du Trésor** *FIN* treasury bill *ou* bond **3.** *(gén pl) (personne)* • **les bons et les méchants** good people and wicked people. ■ **pour de bon** *loc adv* seriously, really.

bonbon *nm* **1.** *(friandise)* sweet **(UK)**, piece of candy **(US)** • **un bonbon à la fraise** a strawberry-flavoured sweet **(UK)**, a strawberry-flavored sweet **(US)** **2.** **(BELGIQUE)** *(gâteau)* biscuit.

bonbonne *nf* demijohn.

bonbonnière *nf (boîte)* sweet-box **(UK)**, candy box **(US)**.

bond *nm* **1.** *(d'animal, de personne)* leap, bound **2.** *(de balle)* bounce • **faire un bond** to leap (forward).

bonde *nf* **1.** *(d'évier)* plug **2.** *(trou)* bunghole **3.** *(bouchon)* bung.

bondé, e *adj* packed.

bondir *vi* **1.** *(sauter)* to leap, to bound • **bondir sur qqn/qqch** to pounce on sb/sthg **2.** *(s'élancer)* to leap forward.

bonheur *nm* **1.** *(félicité)* happiness **2.** *(chance)* (good) luck, good fortune • **par bonheur** happily, fortunately • **porter bonheur** to be lucky, to bring good luck.

bonhomme *nm* **1.** *fam* & *péj (homme)* fellow, guy **(US)** **2.** *(représentation)* man • **bonhomme de neige** snowman.

bonification *nf* **1.** *(de terre, de vin)* improvement **2.** *SPORT* bonus points *pl*.

bonjour *nm* **1.** hello **2.** *(avant midi)* good morning **3.** *(après midi)* good afternoon.

> En anglais, pour dire bonjour le matin on dit '***hello***' ou '***good morning***', l'après-midi on dit '***hello***' ou '***good afternoon***'.

bonne *nf* maid.

bonne-maman *nf* granny, grandma.

bonnet *nm* **1.** *(coiffure)* (woolly) hat **(UK)**, (wooly) hat **(US)** • **bonnet de bain** swimming cap **2.** *(de soutien-gorge)* cup.

bonneterie *nf (commerce)* hosiery (business *ou* trade).

bon-papa *nm* grandad, grandpa.

bonsoir *nm* **1.** *(en arrivant)* hello, good evening **2.** *(en partant)* goodbye, good evening **3.** *(en se couchant)* good night.

bonté *nf* **1.** *(qualité)* goodness, kindness • **avoir la bonté de faire qqch** *sout* to be so good *ou* kind as to do sthg **2.** *(gén pl) littéraire (acte)* act of kindness.

bonus *nm (prime d'assurance)* no-claims bonus.

bookmaker *nm* bookmaker.

booléen, enne *adj* Boolean.

boomerang *nm* boomerang.

booster *vt* to boost.

bord *nm* **1.** *(de table, de vêtement)* edge **2.** *(de verre, de chapeau)* rim • **à ras bords** to the brim **3.** *(de rivière)* bank **4.** *(de lac)* edge, shore • **au bord de la mer** at the seaside **5.** *(de bois, jardin)* edge **6.** *(de route)* edge, side **7.** *(d'un moyen de transport)* • **passer par-dessus bord** to fall overboard. ■ **à bord de** *loc prép* • **à bord de qqch** on board sthg. ■ **au bord de** *loc prép* **1.** *litt* at the edge of **2.** *fig* on the verge of.

bordeaux *nm* **1.** *(vin)* Bordeaux **2.** *(couleur)* claret. ❑ *adj inv* claret.

bordel *nm vulg* **1.** *(maison close)* brothel **2.** *(désordre)* shambles *sing*.

border *vt* **1.** *(vêtement)* • **border qqch de** to edge sthg with **2.** *(être en bordure de)* to line **3.** *(couverture, personne)* to tuck in

bordereau *nm* **1.** *(liste)* schedule **2.** *(facture)* invoice **3.** *(relevé)* slip.

bordure *nf* **1.** *(bord)* edge • **en bordure de** on the edge of **2.** *(de fleurs)* border.

boréal, e *adj* northern.

borgne *adj* *(personne)* one-eyed.

borne *nf* **1.** *(marque)* boundary marker **2.** *(limite)* limit, bounds *pl* • **dépasser les bornes** to go too far • **sans bornes** boundless **3.** *fam* *(kilomètre)* kilometre **(UK)**, kilometer **(US)** **4.** INFORM • **borne interactive** *ou* **multimédia** electronic *ou* interactive kiosk, interactive terminal.

borné, e *adj* **1.** *(personne)* narrow-minded **2.** *(esprit)* narrow.

borner *vt* **1.** *(terrain)* to limit **2.** *(projet, ambition)* to limit, to restrict. ■ **se borner** *vp* • **se borner à qqch/à faire qqch** *(sujet : personne)* to confine o.s. to sthg/to doing sthg.

boskoop *nf* Boskoop apple.

bosniaque *adj* Bosnian. ■ **Bosniaque** *nmf* Bosnian.

Bosnie *nf* • **la Bosnie** Bosnia.

bosquet *nm* copse.

bossa-nova *nf* bossa nova.

bosse *nf* **1.** *(sur tête, sur route)* bump **2.** *(de bossu, chameau)* hump.

bosser *vi* *fam* to work hard.

bosseur, euse *fam adj* hard-working. ❑ *nm, f* hard worker.

bossu, e *adj* hunchbacked. ❑ *nm, f* hunchback.

bot → **pied.**

botanique *adj* botanical. ❑ *nf* • **la botanique** botany.

botte *nf* **1.** *(chaussure)* boot **2.** *(de légumes)* bunch **3.** *(en escrime)* thrust, lunge.

botter *vt* **1.** *(chausser)* • **être botté de cuir** to be wearing leather boots **2.** *fam* *(donner un coup de pied à)* to boot **3.** *fam* & *vieilli* *(plaire à)* • **ça me botte** I dig it.

bottier *nm* **1.** *(de bottes)* bootmaker **2.** *(de chaussures)* shoemaker.

Bottin® *nm* phone book.

bottine *nf* (ankle) boot.

bouc *nm* **1.** *(animal)* (billy) goat • **bouc émissaire** *fig* scapegoat **2.** *(barbe)* goatee.

boucan *nm* *fam* row, racket.

bouche *nf* **1.** ANAT mouth **2.** *(orifice)* • **bouche d'incendie** fire hydrant • **bouche de métro** metro entrance *ou* exit.

bouché, e *adj* **1.** *(en bouteille)* bottled **2.** *fam* *(personne)* dumb, thick.

bouche-à-bouche *nm inv* • **faire du bouche-à-bouche à qqn** to give sb mouth-to-mouth resuscitation.

bouchée *nf* mouthful.

boucher[1] *vt* **1.** *(fermer - bouteille)* to cork ; *(- trou)* to fill (in *ou* up) **2.** *(passage, vue)* to block.

boucher[2], ère *nm, f* butcher.

boucherie *nf* **1.** *(magasin)* butcher's (shop) **2.** *fig* *(carnage)* slaughter.

bouche-trou *nm* **1.** *(personne)* • **servir de bouche-trou** to make up (the) numbers **2.** *(objet)* stopgap.

bouchon *nm* **1.** *(pour obturer - gén)* top ; *(- de réservoir)* cap ; *(- de bouteille)* cork **2.** *(de canne à pêche)* float **3.** *(embouteillage)* traffic jam.

boucle *nf* **1.** *(de ceinture, soulier)* buckle **2.** *(bijou)* • **boucle d'oreille** earring **3.** *(de cheveux)* curl **4.** *(de fleuve, d'avion)* INFORM loop.

bouclé, e *adj* **1.** *(cheveux)* curly • **elle a les cheveux bouclés** she has curly hair **2.** *(personne)* curly-haired.

boucler *vt* **1.** *(attacher)* to buckle **2.** *(ceinture de sécurité)* to fasten **3.** *(fermer)* to shut **4.** *fam* *(enfermer - voleur)* to lock up ; *(- malade)* to shut away **5.** *(encercler)* to seal off **6.** *(terminer)* to finish.

bouclier *nm* *litt* & *fig* shield.

bouddhisme *nm* Buddhism.

bouddhiste *nmf* & *adj* Buddhist.

> En anglais, les adjectifs et les noms se rapportant à une religion s'écrivent avec une majuscule.

bouder *vi* to sulk. ❑ *vt* **1.** *(chose)* to dislike **2.** *(personne)* to shun • **elle me boude depuis que je lui ai fait faux bond** she has cold-shouldered me ever since I let her down.

boudeur, euse *adj* sulky.

boudin *nm* CULIN blood pudding **(UK)** *ou* sausage **(US)**.

boudoir *nm* **1.** *(salon)* boudoir **2.** *(biscuit)* sponge finger **(UK)**, ladyfinger **(US)**.

boue *nf* mud.

bouée *nf* **1.** *(balise)* buoy **2.** *(pour flotter)* rubber ring • **bouée de sauvetage** lifebelt.

boueux, euse *adj* muddy.

bouffant, e *adj* **1.** *(manche, jupe)* full **2.** *(cheveux)* bouffant.

bouffe *nf* *fam* grub.

bouffée *nf* **1.** *(de fumée)* puff **2.** *(de parfum)* whiff **3.** *(d'air)* breath **4.** *(accès)* surge • **bouffées délirantes** mad fits.

bouffer *vt* *fam* *(manger)* to eat.

bouffeur, euse *nm, f* *tfam* *(mangeur)* eater.

bouffi, e *adj* • **bouffi (de)** swollen (with).

bouffon, onne *adj* farcical. ■ **bouffon** *nm* **1.** HIST jester **2.** *(pitre)* clown.

bouge *nm* *péj* **1.** *(taudis)* hovel **2.** *(café)* dive.

bougeoir *nm* candlestick.

bougeotte *nf* • **avoir la bougeotte** to have itchy feet.

bouger *vt (déplacer)* to move. ❑ *vi* **1.** *(remuer)* to move **2.** *(changer)* to change **3.** *(s'agiter)* • **ça bouge partout dans le monde** there is unrest all over the world.

bougie *nf* **1.** *(chandelle)* candle **2.** *(de moteur)* spark plug, sparking plug (UK).

bougon, onne *adj* grumpy.

bougonner *vt & vi* to grumble.

bouillant, e *adj* **1.** *(qui bout)* boiling **2.** *(très chaud)* boiling hot.

bouillie *nf* baby's cereal • **réduire en bouillie** *(légumes)* to puree • **réduire en bouillie** *(personne)* to reduce to a pulp.

bouillir *vi (aliments)* to boil • **faire bouillir** to boil.

bouilloire *nf* kettle.

bouillon *nm* **1.** *(soupe)* stock **2.** *(bouillonnement)* bubble • **faire bouillir à gros bouillons** to bring to a rolling boil.

bouillonner *vi* **1.** *(liquide)* to bubble **2.** *(torrent)* to foam **3.** *fig (personne)* to seethe.

bouillotte *nf* hot-water bottle.

boul. abrév de **boulevard**.

boulanger, ère *nm, f* baker.

boulangerie *nf* **1.** *(magasin)* bakery, baker's (shop) (UK) • **je vais à la boulangerie acheter du pain** I'm going to the baker's to buy bread **2.** *(commerce)* bakery trade.

boule *nf* **1.** *(gén)* ball • **boule de neige** snowball **2.** *(de loto)* counter **3.** *(de pétanque)* bowl **4.** *(de glace)* scoop • **une glace à deux boules** two scoops of ice cream. ■ **boules** *nfpl* **1.** *(jeux)* boules **2.** *tfam* • **avoir les boules a)** *(être effrayé)* to be scared stiff **b)** *(être furieux)* to be pissed off *tfam* **c)** *(être déprimé)* to be feeling down.

bouleau *nm* silver birch.

bouledogue *nm* bulldog.

boulet *nm* **1.** *(munition)* • **boulet de canon** cannonball **2.** *(de forçat)* ball and chain **3.** *fig (fardeau)* millstone (around one's neck).

boulette *nf* **1.** *(petite boule)* pellet **2.** *(de viande)* meatball.

boulevard *nm* **1.** *(rue)* boulevard **2.** THÉÂTRE light comedy *(indén)*.

bouleversant, e *adj* distressing.

bouleversement *nm* disruption.

bouleverser *vt* **1.** *(objets)* to turn upside down **2.** *(modifier)* to disrupt **3.** *(émouvoir)* to distress.

boulgour *nm* bulgar *ou* bulgur wheat.

boulier *nm* abacus.

boulimie *nf* bulimia.

boulon *nm* bolt.

boulonner *vt* to bolt. ❑ *vi fam* to slog (away).

boulot *nm fam* **1.** *(travail)* work **2.** *(emploi)* job.

boum *nf fam & vieilli* party.

bouquet *nm* **1.** *(de fleurs - gén)* bunch (of flowers) **2.** *(de vin)* bouquet **3.** *(de feu d'artifice)* crowning piece **4.** TV • **bouquet de programmes** multi-channel package • **bouquet numérique** channel package, channel bouquet.

bouquin *nm fam* book.

bouquiner *vi & vt fam* to read.

bouquiniste *nmf* secondhand bookseller.

bourbier *nm* **1.** *(lieu)* quagmire, mire **2.** *fig* mess.

bourde *nf fam (erreur)* blunder.

bourdon *nm (insecte)* bumblebee.

bourdonnement *nm (d'insecte, de voix, de moteur)* buzz *(indén)*.

bourdonner *vi* **1.** *(insecte, machine, voix)* to buzz **2.** *(oreille)* to ring.

bourg *nm* market town.

bourgeois, e *adj* **1.** *(valeur)* middle-class **2.** *(cuisine)* plain **3.** *péj (personne)* bourgeois. ❑ *nm, f* bourgeois.

bourgeoisie *nf* ≃ middle classes *pl*.

bourgeon *nm* bud.

bourgeonner *vi* to bud.

Bourgogne *nf* • **la Bourgogne** Burgundy.

bourlinguer *vi fam (voyager)* to bum around the world.

bourrade *nf* thump.

bourrage *nm* **1.** *(de coussin)* stuffing **2.** *(d'imprimante, de photocopieur)* paper jam. ■ **bourrage de crâne** *nm fam (propagande)* brainwashing.

bourrasque *nf* gust of wind.

bourratif, ive *adj* stodgy.

bourré, e *adj fam* **1.** *(plein)* • **bourré (de) a)** *(salle)* packed (with) **b)** *fig* chock-full (of) **2.** *(ivre)* plastered.

bourreau *nm* HIST executioner.

bourrelet *nm (de graisse)* roll of fat.

bourrer *vt* **1.** *(remplir - coussin)* to stuff ; *(- sac, armoire)* • **bourrer qqch (de)** to cram sthg full (of) **2.** *fam (gaver)* • **bourrer qqn (de)** to stuff sb (with).

bourrique *nf* **1.** *(ânesse)* she-ass **2.** *fam (personne)* pigheaded person.

bourru, e *adj (peu aimable)* surly.

bourse *nf* **1.** *(porte-monnaie)* purse **2.** *(d'études)* grant **3.** *(au mérite)* scholarship. ■ **Bourse** *nf (marché)* stock exchange, stock market • **la Bourse de Paris** the Paris Stock Exchange • **jouer en Bourse** to speculate on the stock exchange *ou* stock market • **Bourse de commerce** commodity market.

boursier, ère *adj* **1.** *(élève)* on a grant *ou* scholarship **2.** FIN stock-exchange *(avant nom)*, stock-market *(avant nom)*.

boursouflé, e *adj (enflé)* swollen.

bousculade *nf* **1.** *(cohue)* crush **2.** *(agitation)* rush.
bousculer *vt* **1.** *(faire tomber)* to knock over **2.** *(presser)* to rush **3.** *(modifier)* to overturn.
bouse *nf* • **bouse de vache** cow dung.
bousiller *vt fam* *(abîmer)* to ruin, to knacker (UK).
boussole *nf* compass.
bout *nm* **1.** *(extrémité, fin)* end • **au bout de a)** *(temps)* after **b)** *(espace)* at the end of • **d'un bout à l'autre a)** *(de ville)* from one end to the other **b)** *(de livre)* from beginning to end **2.** *(morceau)* bit **3.** *(locution)* • **être à bout** to be exhausted • **à bout portant** at point-blank range • **pousser qqn à bout** to drive sb to distraction • **venir à bout de a)** *(personne)* to get the better of **b)** *(difficulté)* to overcome.
boutade *nf* *(plaisanterie)* jest.
boute-en-train *nm inv* live wire • **il était le boute-en-train de la soirée** he was the life and soul of the party.
bouteille *nf* bottle.
boutique *nf* **1.** *(gén)* shop **2.** *(de mode)* boutique.
bouton *nm* **1.** COUT button • **bouton de manchette** cuff link **2.** *(sur la peau)* pimple, spot (UK) **3.** *(de porte)* knob **4.** *(commutateur)* switch • **bouton de réglage** dial **5.** *(bourgeon)* bud.
bouton-d'or *nm* buttercup.
boutonner *vt* to button (up).
boutonneux, euse *adj* pimply, spotty (UK).
boutonnière *nf* *(de vêtement)* buttonhole.
bouton-pression *nm* press-stud (UK), snap fastener (US).
bouture *nf* cutting.
bouvier *nm* **1.** *(personne)* herdsman **2.** *(chien)* sheepdog.
bovin, e *adj* bovine. ■ **bovins** *nmpl* cattle.
bowling *nm* **1.** *(jeu)* bowling • **on va faire un bowling ?** shall we go bowling? **2.** *(lieu)* bowling alley.
box *nm* **1.** *(d'écurie)* loose box **2.** *(compartiment)* cubicle • **le box des accusés** the dock **3.** *(parking)* lockup garage (UK).
boxe *nf* boxing • **boxe américaine** full contact.
boxer[1] *vi* to box. ❑ *vt fam* to thump.
boxer[2] *nm* *(chien)* boxer.
boxeur, euse *nm, f* SPORT boxer.
boyau *nm* **1.** *(chambre à air)* inner tube **2.** *(corde)* catgut **3.** *(galerie)* narrow gallery. ■ **boyaux** *nmpl* *(intestins)* guts.
boycott *nm* boycott.
boycotter *vt* to boycott.
boy-scout *nm vieilli* boy scout.
BP (abrév de boîte postale) *nf* PO Box.
bracelet *nm* **1.** *(bijou)* bracelet • **bracelet électronique** *(pour un condamné)* electronic tag **2.** *(de montre)* strap.
bracelet-montre *nm* wristwatch.
braconner *vi* to go poaching, to poach.
braconnier *nm* poacher.
brader *vt* **1.** *(solder)* to sell off **2.** *(vendre à bas prix)* to sell for next to nothing.
braderie *nf* clearance sale.
braguette *nf* fly, flies *pl* (UK).
braille *nm* Braille.
brailler *vi* to bawl.
braire *vi* *(âne)* to bray.
braise *nf* embers *pl*.
bramer *vi* *(cerf)* to bell.
brancard *nm* **1.** *(civière)* stretcher **2.** *(de charrette)* shaft.
brancardier, ère *nm, f* stretcher-bearer.
branchage *nm* branches *pl*.
branche *nf* **1.** *(gén)* branch • **branche (d'activité)** field **2.** *(de lunettes)* arm.
branché, e *adj* **1.** ÉLECTR plugged in, connected **2.** *fam* *(à la mode)* trendy.
branchement *nm* *(raccordement)* connection, plugging in.
brancher *vt* **1.** *(raccorder)* INFORM to connect • **brancher qqch sur** ÉLECTR to plug sthg into **2.** *fam* *(orienter)* to steer • **brancher qqn sur qqch** to start sb off on sthg **3.** *fam* *(plaire)* to appeal to.
branchies *nfpl* *(de poisson)* gills.
brandade *nf* • **brandade de morue** *si vous voulez expliquer de quoi il s'agit à un anglophone, vous pouvez dire* it is a dish made with creamed salted cod which is then baked in the oven.
brandir *vt* to wave.
branlant, e *adj* **1.** *(escalier, mur)* shaky **2.** *(meuble, dent)* wobbly.
branle-bas *nm inv* pandemonium *(indén)*.
braquage *nm* **1.** AUTO lock **2.** *(attaque)* holdup.
braquer *vt* **1.** *(diriger)* • **braquer qqch sur a)** *(arme)* to aim sthg at **b)** *(regard)* to fix sthg on **2.** *fam* *(attaquer)* to hold up. ❑ *vi* to turn (the wheel). ■ **se braquer** *vp* *(personne)* to take a stand.
bras *nm* **1.** *(gén)* arm • **bras droit** right-hand man *ou* woman • **bras de fer a)** *(jeu)* arm wrestling **b)** *fig* trial of strength • **avoir le bras long** *(avoir de l'influence)* to have pull **2.** *(de cours d'eau)* branch • **bras de mer** arm of the sea.
brasier *nm* *(incendie)* blaze, inferno.
bras-le-corps ■ **à bras-le-corps** *loc adv* bodily.
brassage *nm* **1.** *(de bière)* brewing **2.** *fig* *(mélange)* mixing.
brassard *nm* armband.

brasse *nf (nage)* breaststroke • **nager la brasse** to swim breaststroke • **brasse papillon** butterfly (stroke).

brassée *nf* armful.

brasser *vt* **1.** *(bière)* to brew **2.** *(mélanger)* to mix **3.** *fig (manier)* to handle.

brasserie *nf* **1.** *(usine)* brewery **2.** *(café-restaurant)* brasserie.

brasseur, euse *nm, f (de bière)* brewer.

brassière *nf* **1.** *(de bébé)* (baby's) vest **(UK)** *ou* undershirt **(US)** **2.** **(QUÉBEC)** *(soutien-gorge)* bra.

bravade *nf* • **par bravade** out of bravado.

brave *adj* **1.** *(après un nom) (courageux)* brave **2.** *(avant nom) (honnête)* decent **3.** *(naïf et gentil)* nice. ❑ *nmf* • **mon brave** my good man.

braver *vt* **1.** *(parents, règlement)* to defy **2.** *(transgresser)* to brave.

bravo *interj* bravo! ■ **bravos** *nmpl* cheers.

bravoure *nf* bravery.

break *nm* **1.** *(voiture)* estate (car) **(UK)**, station wagon **(US)** **2.** *fam (pause)* break • **faire un break** to take a break **3.** SPORT • **faire le break a)** *(tennis)* to break service **b)** *fig* to pull away.

brebis *nf* ewe • **brebis galeuse** black sheep.

brèche *nf* **1.** *(de mur)* gap **2.** MIL breach.

bredouille *adj* • **être/rentrer bredouille** to be/to return empty-handed.

bredouiller *vi* to stammer.

bref, brève *adj* **1.** *(gén)* short, brief • **soyez bref !** make it brief! **2.** LING short. ■ **bref** *adv* in short, in a word. ■ **brève** *nf* PRESSE brief news item.

brelan *nm* • **un brelan** three of a kind • **un brelan de valets** three jacks.

Brésil *nm* • **le Brésil** Brazil.

Bretagne *nf* • **la Bretagne** Brittany.

bretelle *nf* **1.** *(d'autoroute)* access road, slip road **(UK)** **2.** *(de pantalon)* • **bretelles** braces **(UK)**, suspenders **(US)** **3.** *(de bustier)* strap.

breuvage *nm (boisson)* beverage.

brevet *nm* **1.** *(certificat)* certificate • **brevet de secouriste** first-aid certificate **2.** *(diplôme)* diploma • **brevet des collèges** ≃ GCSE **(UK)**; *pour expliquer de quoi il s'agit à un anglophone, vous pouvez dire* it is a school certificate that you take after four years of secondary education **3.** *(d'invention)* patent.

breveter *vt* to patent.

bréviaire *nm* breviary.

bribe *nf* **1.** *(fragment)* scrap, bit **2.** *fig* snippet • **bribes de conversation** snatches of conversation.

bric ■ **de bric et de broc** *loc adv* any old how.

bric-à-brac *nm inv* bric-a-brac.

bricolage *nm* **1.** *(travaux)* do-it-yourself, DIY **(UK)** **2.** *(réparation provisoire)* patching up.

bricole *nf* **1.** *(babiole)* trinket **2.** *(chose insignifiante)* trivial matter.

bricoler *vi* to do odd jobs (around the house). ❑ *vt* **1.** *(réparer)* to fix, to mend **(UK)** **2.** *(fabriquer)* to make, to knock up **(UK)**.

bricoleur, euse *nm, f* do-it-yourselfer, home handyman, handywoman *f*.

bride *nf* **1.** *(de cheval)* bridle **2.** *(de chapeau)* string **3.** COUT bride, bar **4.** TECHNOL flange.

bridé → œil.

brider *vt* **1.** *(cheval)* to bridle **2.** *fig* to rein (in).

bridge *nm (jeu)* MÉD bridge.

brie *nm (fromage)* Brie.

briefer *vt* to brief.

briefing *nm* briefing.

brièvement *adv* briefly.

brièveté *nf* brevity, briefness.

brigade *nf* **1.** *(d'ouvriers, de soldats)* brigade **2.** *(détachement)* squad • **brigade volante** flying squad **(UK)**.

brigadier, ière *nm, f* **1.** MIL corporal **2.** *(de police)* sergeant.

brigand *nm (bandit)* bandit.

brillamment *adv* **1.** *(gén)* brilliantly **2.** *(réussir un examen)* with flying colours **(UK)** *ou* colors **(US)**.

brillant, e *adj* **1.** *(qui brille - gén)* sparkling ; *(-cheveux)* glossy ; *(-yeux)* bright **2.** *(remarquable)* brilliant. ■ **brillant** *nm (diamant)* brilliant. ■ **brillant à lèvres** *nm (cosmétique)* lip gloss.

briller *vi* to shine.

brimer *vt* **1.** *(tracasser)* to victimize, to bully **2.** *arg scol* to rag **(UK)**, to haze **(US)**.

brin *nm* **1.** *(tige)* twig • **brin d'herbe** blade of grass **2.** *(fil)* strand **3.** *(petite quantité)* • **un brin (de)** a bit (of) • **faire un brin de toilette** to have a quick wash.

brindille *nf* twig.

bringuebaler, brinquebaler *vi (voiture)* to jolt along.

brio *nm (talent)* • **avec brio** brilliantly.

brioche *nf* **1.** *(pâtisserie)* brioche **2.** *fam (ventre)* paunch.

brioché, e *adj (pain)* brioche-style.

brique *nf* **1.** *(pierre)* brick • **une maison en briques** a brick house **2.** *(emballage)* carton.

briquer *vt* to scrub.

briquet *nm* (cigarette) lighter.

briquette *nf (conditionnement)* carton.

brisant *nm (écueil)* reef. ■ **brisants** *nmpl (récif)* breakers.

brise *nf* breeze.

brise-glace(s) *nm inv (navire)* icebreaker.

brise-lames *nm inv* breakwater.

briser *vt* **1.** *(gén)* to break **2.** *fig (carrière)* to ruin **3.** *(conversation)* to break off **4.** *(espérances)* to

shatter. ■ **se briser** *vp* **1.** *(gén)* to break **2.** *fig (espoir)* to be dashed **3.** *(efforts)* to be thwarted.
briseur, euse *nm, f* • **briseur de grève** strike-breaker.
britannique *adj* British. ■ **Britannique** *nmf* British person, Briton • **les Britanniques** the British.

En anglais, les adjectifs se rapportant à un pays ou une région s'écrivent avec une majuscule.

broc *nm* jug.
brocante *nf* **1.** *(commerce)* secondhand trade **2.** *(objets)* secondhand goods *pl*.
brocanteur, euse *nm, f* dealer in second-hand goods.
broche *nf* **1.** *(bijou)* brooch **2.** *CULIN* spit • **cuire à la broche** to spit-roast **3.** *ÉLECTR & MÉD* pin.
broché, e *adj* **1.** *(tissu)* brocade *(avant nom)*, brocaded **2.** *TYPO* • **livre broché** paperback (book).
brochet *nm* pike.
brochette *nf* **1.** *(ustensile)* skewer **2.** *(plat)* kebab • **des brochettes d'agneau** lamb kebab **3.** *fam & fig (groupe)* string, row.
brochure *nf (imprimé)* brochure, booklet.
brocoli *nm* broccoli *(indén)*.
broder *vt & vi* to embroider.
broderie *nf* **1.** *(art)* embroidery **2.** *(ouvrage)* (piece of) embroidery.
bromure *nm* bromide.
bronche *nf* bronchus • **j'ai des problèmes de bronches** I've got chest problems.
broncher *vi* • **sans broncher** without complaining, uncomplainingly.
bronchiolite *nf* bronchiolitis.
bronchite *nf* bronchitis *(indén)*.
broncho-pneumonie, broncho-pneumopathie *nf* bronchopneumonia.
bronzage *nm (de peau)* tan, suntan.
bronze *nm* bronze.
bronzé, e *adj* tanned (UK), tan (US), suntanned.
bronzer *vi* **1.** *(peau)* to tan **2.** *(personne)* to get a tan.
brosse *nf* brush • **brosse à cheveux** hairbrush • **brosse à dents** toothbrush • **avoir les cheveux en brosse** to have a crew cut.
brosser *vt* **1.** *(habits, cheveux)* to brush **2.** *(paysage, portrait)* to paint. ■ **se brosser** *vp* • **se brosser les cheveux/les dents** to brush one's hair/teeth.
brouette *nf* wheelbarrow.
brouhaha *nm* hubbub.
brouillard *nm* **1.** *(léger)* mist **2.** *(dense)* fog • **brouillard givrant** freezing fog • **être dans le brouillard** *fig* to be lost.
brouille *nf* quarrel.
brouillé, e *adj* **1.** *(fâché)* • **être brouillé avec qqn** to be on bad terms with sb • **être brouillé avec qqch** *fig* to be hopeless *ou* useless at sthg **2.** *(teint)* muddy **3.** → œuf.
brouiller *vt* **1.** *(désunir)* to set at odds, to put on bad terms **2.** *(vue)* to blur **3.** *(RADIO - accidentellement)* to cause interference to ; *(- délibérément)* to jam **4.** *(rendre confus)* to muddle (up). ■ **se brouiller** *vp* **1.** *(se fâcher)* to fall out • **se brouiller avec qqn (pour qqch)** to fall out with sb (over sthg) **2.** *(se troubler)* to become blurred **3.** *MÉTÉOR* to cloud over.
brouillon, onne *adj* careless, untidy. ■ **brouillon** *nm* rough copy, draft.
broussaille *nf* • **les broussailles** the undergrowth • **en broussaille a)** *fig (cheveux)* untidy **b)** *(sourcils)* bushy.
brousse *nf GÉOGR* scrubland, bush.
brouter *vt* to graze on. ❑ *vi* **1.** *(animal)* to graze **2.** *TECHNOL* to judder, to shudder.
broutille *nf* trifle.
broyer *vt* to grind, to crush.
bru *nf sout* daughter-in-law.
brugnon *nm* nectarine.
bruine *nf* drizzle.
bruissement *nm* **1.** *(de feuilles, d'étoffe)* rustle, rustling *(indén)* **2.** *(d'eau)* murmur, murmuring *(indén)*.
bruit *nm* **1.** *(son)* noise, sound • **bruit de fond** background noise **2.** *(vacarme) TECHNOL* noise • **faire du bruit** to make a noise • **sans bruit** silently, noiselessly **3.** *(rumeur)* rumour (UK), rumor (US) **4.** *fig (retentissement)* fuss • **faire du bruit** to cause a stir.
bruitage *nm* sound effects *pl*.
brûlant, e *adj* **1.** *(gén)* burning (hot) **2.** *(liquide)* boiling (hot) **3.** *(plat)* piping hot **4.** *fig (amour, question)* burning.
brûlé, e *adj (calciné)* burnt. ❑ *nm, f* badly burnt person • **un grand brûlé** a patient suffering from third-degree burns • **service pour les grands brûlés** burns unit. ■ **brûlé** *nm* **1.** burnt part • **un goût de brûlé** a burnt taste **2.** *(locution)* • **ça sent le brûlé a)** *(odeur)* there's a smell of burning **b)** *fam & fig* there's trouble brewing.
brûle-pourpoint ■ **à brûle-pourpoint** *loc adv* point-blank, straight out.
brûler *vt* **1.** *(gén)* to burn **2.** *(sujet : eau bouillante)* to scald • **la fumée me brûle les yeux** the smoke is making my eyes sting **3.** *(feu rouge)* to drive through **4.** *(étape)* to miss out, to skip. ❑ *vi* **1.** *(gén)* to burn **2.** *(maison, forêt)* to be on fire **3.** *(être brûlant)* to be burning (hot) • **brûler de** *fig* to be consumed with • **brûler de faire qqch** to be longing *ou* dying to do sthg • **brûler de fièvre** to be running a high temperature. ■ **se brûler** *vp* to burn o.s.
brûlure *nf* **1.** *(lésion)* burn • **brûlure au premier/second/troisième degré** first-degree/second-

degree/third-degree burn **2.** *(sensation)* burning (sensation) • **avoir des brûlures d'estomac** to have heartburn.

brume *nf* mist • **il y a de la brume** there's a mist, it's misty.

brumeux, euse *adj* **1.** misty **2.** *fig* hazy.

brun, e *adj* **1.** brown **2.** *(cheveux)* dark. ❑ *nm, f* dark-haired man, woman *f.* ■ **brun** *nm (couleur)* brown. ■ **brune** *nf* **1.** *(cigarette)* cigarette made of dark tobacco **2.** *(bière)* brown ale.

bruncher *vi* to have brunch.

brunir *vi* **1.** *(personne)* to get a tan **2.** *(peau)* to tan.

Brushing® *nm* • **faire un Brushing à qqn** to give sb a blow-dry, to blow-dry sb's hair.

brusque *adj* abrupt.

brusquement *adv* abruptly.

brusquer *vt* **1.** to rush **2.** *(élève)* to push.

brusquerie *nf* abruptness.

brut, e *adj* **1.** *(pierre précieuse, bois)* rough **2.** *(sucre)* unrefined **3.** *(métal, soie)* raw **4.** *(champagne)* extra dry • **(pétrole) brut** crude (oil) **5.** *fig (fait, idées)* crude, raw **6.** *ÉCON* gross. ■ **brute** *nf* brute.

brutal, e *adj* **1.** *(violent)* violent, brutal **2.** *(soudain)* sudden **3.** *(manière)* blunt.

brutaliser *vt* to mistreat.

brutalité *nf* **1.** *(violence)* violence, brutality **2.** *(caractère soudain)* suddenness.

Bruxelles *npr* Brussels.

bruyamment *adv* noisily.

bruyant, e *adj* noisy.

bruyère *nf (plante)* heather • **(racine de) bruyère** briar.

BT *nm* (abrév de brevet de technicien) *pour expliquer de quoi il s'agit à un anglophone, vous pouvez dire* it is a vocational training certificate that you take at the age of 18.

BTP (abrév de bâtiment et travaux publics) *nmpl* construction and civil engineering.

BTS (abrév de brevet de technicien supérieur) *nm pour expliquer de quoi il s'agit à un anglophone, vous pouvez dire* it is an advanced vocational training certificate. You take it at the end of a 2-year higher-education course.

buanderie *nf* laundry.

buccal, e *adj* buccal.

bûche *nf (bois)* log • **bûche de Noël** Yule log • **prendre** *ou* **ramasser une bûche** *fam* to fall flat on one's face.

bûcher[1] *nm* **1.** *(supplice)* • **le bûcher** the stake **2.** *(funéraire)* pyre.

bûcher[2] *fam vi* to swot (UK), to grind (US). ❑ *vt* to swot up (UK), to grind (US).

bûcheron, onne *nm, f* forestry worker.

bûcheur, euse *fam adj* hard-working. ❑ *nm, f* swot (UK), grind (US).

bucolique *adj* pastoral.

budget *nm* budget.

budgétaire *adj* budgetary • **année budgétaire** fiscal *ou* financial (UK) year.

buée *nf (sur vitre)* condensation.

buffet *nm* **1.** *(meuble)* sideboard **2.** *(repas)* buffet **3.** *(café-restaurant)* • **buffet de gare** station buffet.

buffle *nm (animal)* buffalo.

bug = **bogue**.

buis *nm* box(wood).

buisson *nm* bush.

buissonnière → **école**.

bulbe *nm* bulb.

bulgare *adj* Bulgarian. ■ **bulgare** *nm (langue)* Bulgarian. ■ **Bulgare** *nmf* Bulgarian.

> En anglais, les adjectifs se rapportant à un pays ou une région ainsi que le nom désignant la langue de ce pays ou cette région, s'écrivent avec une majuscule.

Bulgarie *nf* • **la Bulgarie** Bulgaria.

> En anglais, à de rares exceptions près, il n'y a pas d'article devant les noms de pays.

bulldozer *nm* bulldozer.

bulle *nf* **1.** *(gén)* bubble • **bulle de savon** soap bubble • **bulle d'air** *(dans un tuyau)* airlock **2.** *(de bande dessinée)* speech balloon **3.** *INFORM* • **bulle d'aide** pop-up text, tooltip.

bulletin *nm* **1.** *(communiqué)* bulletin • **bulletin (de la) météo** weather forecast • **bulletin de santé** medical bulletin **2.** *(imprimé)* form • **bulletin de vote** ballot paper **3.** *SCOL* report (UK), report card (US) **4.** *(certificat)* certificate • **bulletin de salaire** *ou* **de paye** pay slip.

bulletin-réponse *nm* reply form.

bungalow *nm* **1.** *(maison)* bungalow **2.** *(de vacances)* chalet.

buraliste *nmf (d'un bureau de tabac)* tobacconist.

bureau *nm* **1.** *(gén)* office • **bureau d'aide sociale** social security (UK) *ou* welfare (US) office • **bureau de change a)** *(banque)* bureau de change, foreign exchange office **b)** *(comptoir)* bureau de change, foreign exchange counter • **bureau d'études** design office • **bureau de poste** post office • **bureau de tabac** tobacconist's • **bureau de vote** polling station **2.** *(meuble)* desk **3.** *INFORM* desktop.

LEXIQUE

le bureau

l'atlas the atlas
le bureau the desk
le cahier the notebook
la chaise the chair
les ciseaux the scissors
le classeur the ring binder
le clavier the keyboard
la colle the glue

LEXIQUE (suite)

le compas the compass
le crayon à papier the pencil
l'écran the screen
l'équerre the set square
la gomme the rubber (UK), the eraser (US)
la lampe the lamp
le livre the book
l'ordinateur the computer
la règle the ruler
la souris the mouse
le stylo bille the pen
le stylo plume the fountain pen
le taille-crayon the pencil sharpener
le tapis de souris the mousepad
le tiroir the drawer
la trousse the pencil case
l'unité centrale the central processing unit

bureaucrate *nmf* bureaucrat.
bureaucratie *nf* bureaucracy.
bureaucratique *adj péj* bureaucratic.
Bureautique® *nf* office automation.
burette *nf (de mécanicien)* oilcan.
burin *nm (outil)* chisel.
buriné, e *adj* **1.** engraved **2.** *(visage, traits)* lined.
burlesque *adj* **1.** *(comique)* funny **2.** *(ridicule)* ludicrous, absurd **3.** THÉÂTRE burlesque.
bus *nm* bus.
busqué → **nez**.
buste *nm* **1.** *(torse)* chest **2.** *(poitrine de femme, sculpture)* bust.
bustier *nm* **1.** *(corsage)* bustier **2.** *(soutien-gorge)* strapless bra.
but *nm* **1.** *(point visé)* target **2.** *(objectif)* goal, aim, purpose • **errer sans but** to wander aimlessly • **il touche au but** he's nearly there • **à but non lucratif** DR non-profit, non-profit-making (UK) • **aller droit au but** to go straight to the point • **dans le but de faire qqch** with the aim *ou* intention of doing sthg **3.** SPORT goal • **marquer un but** to score a goal **4.** *(locution)* • **de but en blanc** point-blank, straight out.
butane *nm* • **(gaz) butane a)** butane **b)** *(domestique)* butane, Calor gas® (UK).
buté, e *adj* stubborn.
buter *vi (se heurter)* • **buter sur/contre qqch a)** to stumble on/over sthg, to trip on/over sthg **b)** *fig* to run into/come up against sthg. ❑ *vt tfam (tuer)* to do in, to bump off. ■ **se buter** *vp* to dig one's heels in • **se buter contre** *fig* to refuse to listen to.
butin *nm* **1.** *(de guerre)* booty **2.** *(de vol)* loot **3.** *(de recherche)* finds *pl*.
butiner *vi* to collect nectar.
butte *nf (colline)* mound, rise • **être en butte à** *fig* to be exposed to.
buvard *nm* **1.** *(papier)* blotting-paper **2.** *(sous-main)* blotter.
buvette *nf (café)* refreshment room, buffet.
buveur, euse *nm, f* drinker.

c¹, C *nm inv* c, C. ■ **C** (abrév de celsius, centigrade) C.

c² abrév de **centime**.

CA *nm* abrév de **chiffre d'affaires**.

ça *pron dém* **1.** *(désignant un objet - éloigné)* that ; *(- proche)* this **2.** *(sujet indéterminé)* it, that • **comment ça va ?** how are you?, how are things? • **ça ira comme ça** that will be fine • **ça y est** that's it • **c'est ça** that's right **3.** *(renforcement expressif)* • **où ça ?** where? • **qui ça ?** who?

çà *adv* • **çà et là** here and there.

caban *nm* **1.** reefer jacket **(UK)**, reefer **(US)** **2.** *(d'officier)* pea jacket.

cabane *nf* **1.** *(abri)* cabin, hut **2.** *(remise)* shed • **cabane à lapins** hutch.

cabanon *nm* **1.** *(à la campagne)* cottage **2.** *(sur la plage)* chalet **3.** *(cellule)* padded cell **4.** *(de rangement)* shed.

cabaret *nm* cabaret.

cabas *nm* shopping bag.

cabillaud *nm* (fresh) cod.

cabine *nf* **1.** *(de navire, d'avion, de véhicule)* cabin **2.** *(compartiment, petit local)* cubicle • **cabine d'essayage** fitting room • **cabine téléphonique** phone booth, phone box **(UK)**.

cabinet *nm* **1.** *(pièce)* • **cabinet de toilette** ≃ bathroom **2.** *(local professionnel)* office • **cabinet dentaire/médical** dentist's/doctor's surgery **(UK)**, dentist's/doctor's office **(US)** **3.** *(gouvernement)* cabinet **4.** *(de ministre)* advisers *pl.* ■ **cabinets** *nmpl* toilet *sing* • **il est aux cabinets** he's in the toilet.

câble *nm* cable • **(télévision par) câble** cable television.

câblé, e *adj TV* equipped with cable TV.

cabosser *vt* to dent.

cabotage *nm* coastal navigation.

caboteur *nm (navire)* coaster.

cabrer ■ **se cabrer** *vp* **1.** *(cheval)* to rear (up) **2.** *(avion)* to climb steeply **3.** *fig (personne)* to take offence **(UK)** *ou* offense **(US)**.

cabri *nm* kid.

cabriole *nf* **1.** *(bond)* caper **2.** *(pirouette)* somersault.

cabriolet *nm* convertible.

CAC, Cac (abrév de Compagnie des agents de change) *nm inv* • **l'indice CAC-40** the CAC-40 index.

caca *nm fam* pooh **(UK)**, poop **(US)** • **faire caca** to do a pooh **(UK)** *ou* poop **(US)** • **caca d'oie** greeny-yellow.

cacahouète, cacahuète *nf* peanut.

cacao *nm* **1.** *(poudre)* cocoa (powder) **2.** *(boisson)* cocoa.

cachalot *nm* sperm whale.

cache *nf (cachette)* hiding place. ❑ *nm (masque)* card *(for masking text)*.

cache-cache *nm inv* • **jouer à cache-cache** to play hide-and-seek.

cache-col *nm inv* scarf.

cachemire *nm* **1.** *(laine)* cashmere **2.** *(dessin)* paisley.

cache-nez *nm inv* scarf.

cache-pot *nm inv* pot holder.

cacher *vt* **1.** *(gén)* to hide • **je ne vous cache pas que...** to be honest,... **2.** *(vue)* to mask. ■ **se cacher** *vp* • **se cacher (de qqn)** to hide (from sb).

cachet *nm* **1.** *(comprimé)* tablet, pill **2.** *(marque)* postmark **3.** *(style)* style, character • **avoir du cachet** to have character **4.** *(rétribution)* fee.

cacheter *vt* to seal.

cachette *nf* hiding place • **en cachette** secretly.

cachot *nm (cellule)* cell.

cachotterie *nf* little secret • **faire des cachotteries (à qqn)** to hide things (from sb).

cachottier, ère *nm, f* secretive person.

cactus *nm* cactus.

c.-à-d. (abrév de c'est-à-dire) i.e.

cadastre *nm* **1.** *(registre)* ≃ land register **2.** *(service)* ≃ land registry **(UK)** ; ≃ land office **(US)**.

cadavérique *adj* deathly.

cadavre *nm* corpse, (dead) body.

Caddie® *nm (chariot)* (shopping) trolley **(UK)**, shopping cart **(US)**.
caddie *nm (golf)* caddie.
cadeau *nm* present, gift • **faire cadeau de qqch à qqn** to give sthg to sb (as a present). ❑ *adj inv* • **idée cadeau** gift idea.
cadenas *nm* padlock.
cadenasser *vt* to padlock.
cadence *nf* **1.** *(rythme musical)* rhythm • **en cadence** in time **2.** *(de travail)* rate.
cadencé, e *adj* rhythmical.
cadet, ette *nm, f* **1.** *(de deux enfants)* younger **2.** *(de plusieurs enfants)* youngest • **il est mon cadet de deux ans** he's two years younger than me **3.** *SPORT* junior.
cadran *nm* dial • **cadran solaire** sundial.
cadre *nm* **1.** *(de tableau, de porte)* frame **2.** *(contexte)* context **3.** *(décor, milieu)* surroundings *pl* **4.** *(responsable)* • **cadre moyen/supérieur** middle/senior manager **5.** *(sur formulaire)* box.
cadrer *vi* to agree, to tally. ❑ *vt CINÉ, PHOTO & TV* to frame.
cadreur, euse *nm, f* cameraman, camerawoman *f*.
caduc, caduque *adj* **1.** *(feuille)* deciduous **2.** *(qui n'est plus valide)* obsolete.
cafard *nm* **1.** *(insecte)* cockroach **2.** *fam & fig (mélancolie)* • **avoir le cafard** to feel low *ou* down.
café *nm* **1.** *(plante, boisson)* coffee • **café allongé** *ou* **long** *si vous voulez expliquer de quoi il s'agit à un anglophone, vous pouvez dire* it is an espresso coffee diluted with extra hot water • **café crème** latte • **café en grains** coffee beans • **café au lait** white coffee **(UK)**, coffee with milk **(US)** *(with hot milk)* • **café moulu** ground coffee • **café noir** black coffee • **café en poudre** *ou* **soluble** instant coffee **2.** *(lieu)* bar, café.
caféine *nf* caffeine.
cafétéria *nf* cafeteria.
café-théâtre *nm* ≃ cabaret.
cafetière *nf* **1.** *(récipient)* coffeepot **2.** *(électrique)* coffeemaker **3.** *(italienne)* percolator.
cafouiller *vi fam* **1.** *(s'embrouiller)* to get into a mess **2.** *(moteur)* to misfire **3.** *TV* to be on the blink.
cafter *vi fam* to sneak, to snitch.
cafteur, euse *nm, f fam* sneak, snitch.
cage *nf* **1.** *(pour animaux)* cage • **je n'aime pas voir les animaux en cage** I don't like to see animals in cages **2.** *(dans une maison)* • **cage d'escalier** stairwell **3.** *ANAT* • **cage thoracique** rib cage.
cageot *nm (caisse)* crate.
cagibi *nm* boxroom **(UK)**, storage room **(US)**.
cagneux, euse *adj* • **avoir les genoux cagneux** to be knock-kneed.
cagnotte *nf* **1.** *(caisse commune)* kitty **2.** *(économies)* savings *pl*.
cagoule *nf* **1.** *(passe-montagne)* balaclava **2.** *(de voleur, de pénitent)* hood.
cahier *nm* **1.** *(de notes)* exercise book **(UK)**, notebook • **cahier de brouillon** rough book **(UK)**, notebook **(US)** • **cahier de textes** homework book **2.** *COMM* • **cahier des charges** specification.
cahin-caha *adv* • **aller cahin-caha** to be jogging along.
cahot *nm* bump, jolt.
cahoter *vi* to jolt around.
cahute *nf* shack.
caïd *nm* **1.** *(chef de bande)* leader **2.** *fam (homme fort)* big shot.
caille *nf* quail.
caillé, e *adj* **1.** *(lait)* curdled **2.** *(sang)* clotted.
caillot *nm* clot.
caillou *nm* **1.** *(pierre)* stone, pebble **2.** *fam (crâne)* head.
caillouteux, euse *adj* stony.
caïman *nm* cayman.
Caire *npr* • **Le Caire** Cairo.
caisse *nf* **1.** *(boîte)* crate, box • **caisse à outils** toolbox **2.** *TECHNOL* case **3.** *(guichet)* cash desk, till **4.** *(de supermarché)* checkout, till • **elle travaille à la caisse au supermarché** she works on the checkout in the supermarket • **caisse enregistreuse** cash register **5.** *(recette)* takings *pl* **6.** *(organisme)* • **caisse d'allocation** ≃ social security **(UK)** *ou* welfare **(US)** office • **caisse d'épargne a)** *(fonds)* savings fund **b)** *(établissement)* savings bank • **caisse de retraite** pension fund.
caissier, ère *nm, f* cashier.
caisson *nm* **1.** *MIL & TECHNOL* caisson **2.** *ARCHIT* coffer.
cajoler *vt* to cuddle.
cajou → **noix**.
cake *nm* fruitcake.
cal *nm* callus.
calamar, calmar *nm* squid.
calamité *nf* disaster.
calandre *nf* **1.** *(de voiture)* radiator grill **2.** *(machine)* calender.
calanque *nf* rocky inlet.
calcaire *adj* **1.** *(eau)* hard **2.** *(sol)* chalky **3.** *(roche)* limestone. ❑ *nm* limestone.
calciner *vt* to burn to a cinder.
calcium *nm* calcium.
calcul *nm* **1.** *(opération)* • **le calcul** arithmetic • **calcul mental** mental arithmetic **2.** *(compte)* calculation **3.** *fig (plan)* plan **4.** *MÉD* • **calcul (rénal)** kidney stone.
calculateur, trice *adj péj* calculating. ■ **calculateur** *nm* computer. ■ **calculatrice** *nf* calculator • **calculatrice de poche** pocket calculator.
calculer *vt* **1.** *(déterminer)* to calculate, to work out • **elle a tout calculé de tête** she worked

everything out in her head **2.** *(prévoir)* to plan • **mal/bien calculer qqch** to judge sthg badly/ well. ❑ *vi (dépenser avec parcimonie)* to budget carefully, to count the pennies *péj*.

calculette *nf* pocket calculator.

cale *nf* **1.** *(de navire)* hold • **cale sèche** dry dock **2.** *(pour immobiliser)* wedge.

calé, e *adj fam (personne)* clever, brainy • **être calé en** to be good at.

calèche *nf* (horse-drawn) carriage.

caleçon *nm* **1.** *(sous-vêtement masculin)* boxer shorts *pl*, pair of boxer shorts **2.** *(vêtement féminin)* leggings *pl*, pair of leggings.

calembour *nm* pun, play on words.

calendrier *nm* **1.** *(système, agenda, d'un festival)* calendar **2.** *(emploi du temps)* timetable **(UK)**, schedule **(US)** **3.** *(d'un voyage)* schedule.

cale-pied *nm* toe-clip.

calepin *nm* notebook.

caler *vt* **1.** *(avec cale)* to wedge **2.** *(stabiliser, appuyer)* to prop up **3.** *fam (remplir)* • **ça cale (l'estomac)** it's filling. ❑ *vi* **1.** *(moteur, véhicule)* to stall **2.** *fam (personne)* to give up.

calfeutrer *vt* to draughtproof **(UK)**. ■ **se calfeutrer** *vp* to shut o.s. up *ou* away.

calibre *nm* **1.** *(de tuyau)* diameter, bore **2.** *(de fusil)* calibre **(UK)**, caliber **(US)** **3.** *(de fruit, d'œuf)* size **4.** *fam & fig (envergure)* calibre **(UK)**, caliber **(US)**.

calibrer *vt* **1.** *(machine, fusil)* to calibrate **2.** *(fruit, œuf)* to grade.

Californie *nf* • **la Californie** California.

californien, enne *adj* Californian. ■ **Californien, enne** *nm, f* Californian.

califourchon ■ **à califourchon** *loc adv* astride • **être (assis) à califourchon sur qqch** to sit astride sthg.

câlin, e *adj* affectionate. ■ **câlin** *nm* cuddle • **fais-moi un câlin** give me a cuddle.

câliner *vt* to cuddle. ■ **se câliner** *vp (emploi réciproque)* to cuddle.

calleux, euse *adj* calloused.

call-girl *nf* call girl.

calligraphie *nf* calligraphy.

calmant, e *adj* soothing. ■ **calmant** *nm* **1.** *(pour la douleur)* painkiller **2.** *(pour l'anxiété)* tranquilizer **(UK)**, tranquilizer **(US)**, sedative.

calmar → **calamar**.

calme *adj* quiet, calm • **restez calmes, il n'y a pas de danger** keep calm, there's no danger. ❑ *nm* **1.** *(gén)* calm, calmness **2.** *(absence de bruit)* peace (and quiet).

calmer *vt* **1.** *(apaiser)* to calm (down) **2.** *(réduire -douleur)* to soothe ; *(-inquiétude)* to allay. ■ **se calmer** *vp* **1.** *(s'apaiser - personne, discussion)* to calm down ; *(-tempête)* to abate ; *(-mer)* to become calm **2.** *(diminuer - douleur)* to ease ; *(-fièvre, inquiétude, désir)* to subside.

calomnie *nf* **1.** *(écrits)* libel **2.** *(paroles)* slander.

calorie *nf* calorie.

calorique *adj* calorific.

calot *nm (bille)* (large) marble.

calotte *nf* **1.** *(bonnet)* skullcap **2.** GÉOGR • **calotte glaciaire** ice cap.

calque *nm* **1.** *(dessin)* tracing **2.** *(papier)* • **(papier) calque** tracing paper **3.** *fig (imitation)* (exact) copy.

calquer *vt* **1.** *(carte)* to trace **2.** *(imiter)* to copy exactly • **calquer qqch sur qqch** to model sthg on sthg.

calvaire *nm* **1.** *(croix)* wayside cross **2.** *fig (épreuve)* ordeal.

calvitie *nf* baldness.

camaïeu *nm* monochrome.

camarade *nmf* **1.** *(compagnon, ami)* friend • **camarade de classe** classmate • **camarade d'école** schoolfriend **2.** POLIT comrade.

camaraderie *nf* **1.** *(familiarité, entente)* friendship **2.** *(solidarité)* comradeship, camaraderie.

Cambodge *nm* • **le Cambodge** Cambodia.

cambouis *nm* dirty grease.

cambré, e *adj* arched.

cambriolage *nm* burglary.

cambrioler *vt* to burgle **(UK)**, to burglarize **(US)**.

cambrioleur, euse *nm, f* burglar.

camée *nm* cameo.

caméléon *nm litt & fig* chameleon.

camélia *nm* camellia.

camelote *nf (marchandise de mauvaise qualité)* junk, rubbish **(UK)**.

camembert *nm* **1.** *(fromage)* Camembert **2.** *(graphique)* pie chart.

caméra *nf* **1.** CINÉ & TV camera • **caméra vidéo** video camera **2.** *(d'amateur)* cinecamera.

> FAUX AMIS
>
> **caméra**
>
> Le mot *caméra* se traduit en anglais par ***video camera*** **(UK)** ou ***movie camera*** **(US)**, car en anglais, le nom ***camera*** signifie *appareil photo*.

cameraman *nm* cameraman.

Cameroun *nm* • **le Cameroun** Cameroon.

Caméscope® *nm* camcorder.

camion *nm* truck, lorry **(UK)** • **camion de déménagement** removal van **(UK)**, moving van **(US)**.

camion-citerne *nm* tanker **(UK)**, tanker truck **(US)**.

camionnage *nm* road haulage **(UK)**, trucking **(US)**.

camionnette *nf* van.

camionneur *nm* **1.** *(conducteur)* lorry-driver **(UK)**, truckdriver **(US)** **2.** *(entrepreneur)* road haulier **(UK)**, trucker **(US)**.

camion-poubelle *nm* dustcart **(UK)**, (dust) bin lorry **(UK)**, garbage truck **(US)**.
camisole ■ **camisole de force** *nf* straitjacket.
camomille *nf* **1.** *(plante)* camomile **2.** *(tisane)* camomile tea.
camouflage *nm* **1.** *(déguisement)* camouflage **2.** *fig (dissimulation)* concealment.
camoufler *vt* **1.** *(déguiser)* to camouflage **2.** *fig (dissimuler)* to conceal, to cover up.
camp *nm* **1.** *(gén)* camp • **camp de concentration** concentration camp • **camp de vacances** holiday **(UK)** *ou* vacation **(US)** camp **2.** SPORT half (of the field) **3.** *(parti)* side • **passer dans l'autre camp** to go over to the other side.
campagnard, e *adj* **1.** *(de la campagne)* country *(avant nom)* **2.** *(rustique)* rustic.
campagne *nf* **1.** *(habitat)* country **2.** *(paysage)* countryside • **à la campagne** in the country **3.** MIL campaign **4.** *(publicité)* POLIT campaign • **faire campagne** to campaign • **campagne d'affichage** poster campaign • **campagne électorale** election campaign • **campagne de presse** press campaign • **campagne publicitaire** *ou* **de publicité** advertising campaign • **campagne de vente** sales campaign.
campement *nm* camp, encampment.
camper *vi* to camp. ❑ *vt* **1.** *(poser solidement)* to place firmly **2.** *fig (esquisser)* to portray.
campeur, euse *nm,f* camper.
camphre *nm* camphor.
camping *nm* **1.** *(activité)* camping • **faire du camping** to go camping **2.** *(terrain)* campsite.
camping-car *nm* camper, camper-van **(UK)**, Dormobile® **(UK)**.
campus *nm* campus.
Canada *nm* • **le Canada** Canada.

> En anglais, à de rares exceptions près, il n'y a pas d'article devant les noms de pays.

canadien, enne *adj* Canadian. ■ **canadienne** *nf (veste)* sheepskin jacket. ■ **Canadien, enne** *nm,f* Canadian.

> En anglais, les adjectifs se rapportant à un pays ou une région s'écrivent avec une majuscule.

canaille *adj* **1.** *(coquin)* roguish **2.** *(vulgaire)* crude. ❑ *nf* **1.** *(scélérat)* scoundrel **2.** *hum (coquin)* little devil.
canal *nm* **1.** *(gén)* channel • **par le canal de qqn** *fig (par l'entremise de)* through sb **2.** *(voie d'eau)* canal **3.** ANAT canal, duct. ■ **Canal** *nm* • **Canal+** *pour expliquer de quoi il s'agit à un anglophone, vous pouvez dire* it is a French pay-TV channel.
canalisation *nf (conduit)* pipe.
canaliser *vt* **1.** *(cours d'eau)* to canalize **2.** *fig (orienter)* to channel.
canapé *nm* **1.** *(siège)* sofa **2.** *(apéritif)* canapé.
canapé-lit *nm* sofa bed.
canaque = **kanak**.
canard *nm* **1.** *(oiseau)* duck **2.** *(fausse note)* wrong note **3.** *fam (journal)* rag.
canari *nm* canary.
cancan *nm* **1.** *péj (ragot)* piece of gossip **2.** *(danse)* cancan.
cancer *nm* MÉD cancer • **M. Lubat a un cancer** Mr Lubat has cancer • **elle a un cancer du foie** she has liver cancer. ■ **Cancer** *nm* ASTROL Cancer • **être (un) Cancer** to be (a) Cancer.
cancéreux, euse *adj* **1.** *(personne)* suffering from cancer **2.** *(tumeur)* cancerous. ❑ *nm,f (personne)* cancer sufferer.
cancérigène *adj* carcinogenic.
cancre *nm fam* dunce.
cancrelat *nm* cockroach.
candélabre *nm* candelabra.
candeur *nf* ingenuousness.
candi *adj* • **sucre candi** (sugar) candy.
candidat, e *nm,f* • **candidat (à)** candidate (for).
candidature *nf* **1.** *(à un poste)* application • **poser sa candidature pour qqch** to apply for sthg **2.** *(à une élection)* candidacy, candidature **(UK)**.
candide *adj* ingenuous.
cane *nf* (female) duck.
caneton *nm* (male) duckling.
canette *nf (petite cane)* (female) duckling.
canevas *nm* COUT canvas.
caniche *nm* poodle.
canicule *nf* heatwave.
canif *nm* penknife.
canin, e *adj* canine • **exposition canine** dog show.
canine *nf* canine (tooth).
caniveau *nm* gutter.
cannabis *nm* cannabis.
canne *nf* **1.** *(bâton)* walking stick • **canne à pêche** fishing rod **2.** *fam (jambe)* pin. ■ **canne à sucre** *nf* sugar cane.
cannelle *nf (aromate)* cinnamon.
cannelure *nf (de colonne)* flute.
can(n)ette *nf* **1.** *(de fil)* spool **2.** *(de boisson - bouteille)* bottle ; *(- boîte)* can.
cannibale *nmf & adj* cannibal.
canoë *nm* canoe.
canoë-kayak *nm* kayak.
canon *nm* **1.** *(arme)* gun **2.** HIST cannon **3.** *(tube d'arme)* barrel **4.** MUS • **chanter en canon** to sing in canon **5.** *(norme)* RELIG canon.
canoniser *vt* to canonize.
canopée *nf (écologie)* canopy.
canot *nm* dinghy • **canot pneumatique** inflatable dinghy • **canot de sauvetage** lifeboat.
cantatrice *nf* **1.** *(d'opéra)* (opera) singer **2.** *(de concert)* (concert) singer.

cantine *nf* **1.** *(réfectoire)* cafeteria, canteen **(UK)** **2.** *(malle)* trunk.

cantique *nm* hymn • **cantique de Noël** Christmas carol.

canton *nm* **1.** *(en France)* ≃ district **2.** *(en Suisse)* canton.

cantonade ■ **à la cantonade** *loc adv* • **parler à la cantonade** to speak to everyone (in general).

cantonais, e *adj* Cantonese • **riz cantonais** egg fried rice. ■ **cantonais** *nm (langue)* Cantonese.

cantonner *vt* **1.** MIL to quarter, to billet **2.** *(maintenir)* to confine • **cantonner qqn à** *ou* **dans** to confine sb to.

cantonnier *nm* roadman.

canular *nm fam* hoax.

canyon, cañon *nm* canyon.

canyoning *nm* canyoning.

caoutchouc *nm* **1.** *(substance)* rubber **2.** *(plante)* rubber plant.

caoutchouteux, euse *adj* rubbery.

cap *nm* **1.** GÉOGR cape • **le cap de Bonne-Espérance** the Cape of Good Hope • **le cap Horn** Cape Horn • **passer le cap de qqch** *fig* to get through sthg • **passer le cap de la quarantaine** *fig* to turn forty **2.** *(direction)* course • **changer de cap** to change course • **mettre le cap sur** to head for. ■ **Cap** *nm* • **Le Cap** Cape Town.

CAP (abrév de certificat d'aptitude professionnelle) *nm pour expliquer de quoi il s'agit à un anglophone, vous pouvez dire* it is a vocational training certificate that you take at secondary school.

capable *adj* **1.** *(apte)* • **capable (de qqch/de faire qqch)** capable (of sthg/of doing sthg) **2.** *(à même)* • **capable de faire qqch** likely to do sthg.

capacité *nf* **1.** *(de récipient)* capacity **2.** *(de personne)* ability **3.** UNIV • **capacité en droit** *(diplôme) pour expliquer de quoi il s'agit à un anglophone, vous pouvez dire* it is a basic qualification in law that you get after 2 years' study.

cape *nf (vêtement)* cloak • **rire sous cape** *fig* to laugh up one's sleeve.

CAPES, Capes (abrév de certificat d'aptitude au professorat de l'enseignement du second degré) *nm si vous voulez expliquer à un anglophone de quoi il s'agit, vous pouvez dire* it is a competitive examination for secondary school teachers.

capharnaüm *nm* mess.

capillaire *adj* **1.** *(lotion)* hair *(avant nom)* **2.** ANAT & BOT capillary. ❑ *nm* **1.** BOT maidenhair fern **2.** ANAT capillary.

capillarité *nf* PHYS capillarity.

capitaine *nmf* captain.

capitainerie *nf* harbour **(UK)** *ou* harbor **(US)** master's office.

capital, e *adj* **1.** *(décision, événement)* major **2.** DR capital. ■ **capital** *nm* FIN capital • **capital santé** *fig* reserves *pl* of health • **capital social** authorized *ou* share capital. ■ **capitale** *nf (ville, lettre)* capital. ■ **capitaux** *nmpl* capital *(indén)*.

capitaliser *vt* **1.** FIN to capitalize **2.** *fig* to accumulate. ❑ *vi* to save. ■ **capitaliser sur** *v + prép* to cash in on, to capitalize on.

capitalisme *nm* capitalism.

capitaliste *nmf & adj* capitalist.

capiteux *adj* **1.** *(vin)* intoxicating **2.** *(parfum)* heady.

capitonné, e *adj* padded.

capituler *vi* to surrender • **capituler devant qqn/qqch** to surrender to sb/sthg.

caporal, e *nm, f* **1.** MIL lance corporal **2.** *(tabac)* Caporal tobacco.

capot *nm* **1.** *(de voiture)* bonnet **(UK)**, hood **(US)** **2.** *(de machine)* (protective) cover.

capote *nf* **1.** *(de voiture)* hood **(UK)**, top **(US)** **2.** *fam (préservatif)* condom • **capote anglaise** *vieilli* condom, French letter **(UK)**.

câpre *nf* caper.

caprice *nm* whim.

capricieux, euse *adj* **1.** *(changeant)* capricious **2.** *(coléreux)* temperamental. ❑ *nm, f* temperamental person.

capricorne *nm* ZOOL capricorn beetle. ■ **Capricorne** *nm* ASTROL Capricorn • **être (un) Capricorne** to be (a) Capricorn.

capsule *nf* **1.** *(de bouteille)* cap **2.** ASTRON, BOT & MÉD capsule.

capter *vt* **1.** *(recevoir sur émetteur)* to pick up **2.** *(source, rivière)* to harness **3.** *fig (attention, confiance)* to gain, to win.

captif, ive *adj* captive. ❑ *nm, f* prisoner.

captivant, e *adj* **1.** *(livre, film)* enthralling **2.** *(personne)* captivating.

captiver *vt* to captivate.

captivité *nf* captivity.

capture *nf* **1.** *(action)* capture **2.** *(prise)* catch **3.** INFORM • **capture d'écran a)** *(image)* screenshot **b)** *(action)* screen capture.

capturer *vt* to catch, to capture.

capuche *nf* (detachable) hood.

capuchon *nm* **1.** *(bonnet - d'imperméable)* hood **2.** *(bouchon)* cap, top.

capucine *nf (fleur)* nasturtium.

caquelon *nm* fondue dish.

caqueter *vi* **1.** *(poule)* to cackle **2.** *péj (personne)* to chatter.

car[1] *nm* bus, coach **(UK)** • **en car** by coach.

car[2] *conj* because, for.

carabine *nf* rifle.

caraco *nm* loose blouse.

caractère *nm (gén)* character • **avoir du caractère** to have character • **avoir mauvais caractère** to be bad-tempered • **en petits/gros**

caractères in small/large print • **caractères d'imprimerie** block capitals.

FAUX AMIS

caractère

Character peut se traduire par *caractère*, mais il signifie aussi *personnage* (de film, de roman). *Caractère* se traduit en anglais par ***character, nature*** ou différemment selon les contextes : ***She's a woman of great* character** *C'est une femme de caractère* ; ***He's* bad-tempered** *Il a mauvais caractère*.

caractériel, elle *adj* **1.** *(troubles)* emotional **2.** *(personne)* emotionally disturbed.

caractérisé, e *adj (net)* clear.

caractériser *vt* to be characteristic of. ■ **se caractériser** *vp* • **se caractériser par qqch** to be characterized by sthg.

caractéristique *nf* characteristic, feature. ❑ *adj* • **caractéristique (de)** characteristic (of).

carafe *nf* **1.** *(pour vin, eau)* carafe **2.** *(pour alcool)* decanter.

caraïbe *adj* Caribbean. ■ **Caraïbes** *nfpl* • **les Caraïbes** the Caribbean.

carambolage *nm* pileup.

caramel *nm* **1.** CULIN caramel **2.** *(bonbon - dur)* caramel, toffee, taffy **(US)** ; *(- mou)* fudge.

carapace *nf* **1.** shell **2.** *fig* protection, shield.

carapater ■ **se carapater** *vp fam* to hop it, to skedaddle, to scarper **(UK)**.

carat *nm* carat, karat **(US)** • **or à 9 carats** 9-carat gold.

caravane *nf (de camping, de désert)* caravan • **nous partons en vacances en caravane** we're going on holiday in the caravan.

caravaning *nm* caravanning **(UK)**.

caravelle *nf* NAUT caravel.

carbone *nm* carbon • **(papier) carbone** carbon paper.

carbonique *adj* • **gaz carbonique** carbon dioxide • **neige carbonique** dry ice.

carboniser *vt* to burn to a cinder.

carburant *nm* fuel.

carburateur *nm* carburettor **(UK)**, carburetor **(US)**.

carcan *nm* **1.** HIST iron collar **2.** *fig* yoke.

carcasse *nf* **1.** *(d'animal)* carcass **2.** *(de bâtiment, navire)* framework **3.** *(de véhicule)* shell.

carcéral, e *adj* prison *(avant un nom)*.

cardiaque *adj* cardiac • **être cardiaque** to have a heart condition • **crise cardiaque** heart attack.

cardigan *nm* cardigan.

cardinal, e *adj* cardinal. ■ **cardinal** *nm* **1.** RELIG cardinal **2.** *(nombre)* cardinal number.

cardiologue *nmf* heart specialist, cardiologist.

cardio-vasculaire *adj* cardiovascular.

Carême *nm* • **le Carême** Lent.

carence *nf (manque)* • **carence (en)** deficiency (in).

carène *nf* NAUT hull.

caressant, e *adj* affectionate.

caresse *nf* caress.

caresser *vt* **1.** *(personne)* to caress **2.** *(animal, objet)* to stroke **3.** *fig (espoir)* to cherish.

cargaison *nf (transports)* cargo.

cargo *nm* **1.** *(navire)* freighter **2.** *(avion)* cargo plane.

caricature *nf (gén)* caricature.

carie *nf* MÉD caries *(indén)*.

carillon *nm* **1.** *(cloches)* bells *pl* **2.** *(d'horloge, de porte)* chime.

carlingue *nf* **1.** *(d'avion)* cabin **2.** *(de navire)* keelson.

carmin *adj inv* crimson.

carnage *nm* slaughter, carnage.

carnaval *nm* carnival.

carnet *nm* **1.** *(petit cahier)* notebook • **carnet d'adresses** address book • **carnet de notes** SCOL report **(UK)**, report card **(US)** **2.** *(bloc de feuilles)* book • **carnet de chèques** chequebook **(UK)**, checkbook **(US)** • **carnet de tickets** book of tickets • **carnet de timbres** book of stamps.

carnivore *adj* carnivorous. ❑ *nm* carnivore.

carotide *adj* ANAT carotid. ❑ *nf* ANAT carotid artery.

carotte *nf* carrot.

carpe *nf* carp.

carpette *nf* **1.** *(petit tapis)* rug **2.** *fam & péj (personne)* doormat.

carquois *nm* quiver.

carré, e *adj (gén)* square • **20 mètres carrés** 20 square metres. ■ **carré** *nm* **1.** *(quadrilatère)* square • **élever un nombre au carré** MATH to square a number **2.** *(jeux de cartes)* • **un carré d'as** four aces **3.** *(petit terrain)* patch, plot.

carreau *nm* **1.** *(carrelage)* tile **2.** *(vitre)* window pane **3.** *(motif carré)* check • **à carreaux a)** *(tissu)* checked **b)** *(papier)* squared **4.** *(cartes à jouer)* diamond • **le trois de carreau** the three of diamonds.

carrefour *nm (de routes, de la vie)* crossroads *sing*.

carrelage *nm (surface)* tiles *pl*.

carrément *adv* **1.** *(franchement)* bluntly **2.** *(complètement)* completely, quite **3.** *(sans hésiter)* straight.

carrière *nf* **1.** *(profession)* career • **faire carrière dans qqch** to make a career (for o.s.) in sthg **2.** *(gisement)* quarry.

carriériste *nmf péj* careerist.

carriole *nf* **1.** *(petite charrette)* cart **2.** **(QUÉBEC)** *(traîneau)* sleigh.

carrossable *adj* suitable for vehicles.

carrosse *nm* (horse-drawn) coach.

carrosserie *nf (de voiture)* bodywork, body.
carrossier *nm* coachbuilder (UK).
carrousel *nm (équitation)* carousel.
carrure *nf* **1.** *(de personne)* build **2.** *fig* stature.
cartable *nm* schoolbag.
carte *nf* **1.** *(gén)* card • **carte d'abonnement** season ticket • **carte d'anniversaire** birthday card • **carte d'électeur** polling card (UK), voter registration card (US) • **carte d'étudiant** student card • **carte à gratter** scratch card • **carte grise** ≃ logbook (UK); ≃ car registration papers (US) • **carte d'identité** identity card • **carte postale** postcard • **carte à puce** smart card • **carte de séjour** residence permit • **Carte Senior** *si vous voulez expliquer à un anglophone de quoi il s'agit, vous pouvez dire* it is a card that entitles senior citizens to reduced rates in cinemas, on public transport, etc • **carte de vœux** New Year's greeting card • **carte de visite** visiting card (UK), calling card (US) • **donner carte blanche à qqn** *fig* to give sb a free hand **2.** BANQUE & COMM • **carte bancaire** bank card, cash card (UK) • **carte de crédit** credit card **3.** INFORM & TÉLÉCOM card • **carte graphique** graphics card • **carte à mémoire** memory card • **carte son** soundcard • **carte téléphonique** phonecard **4.** *(de jeu)* • **carte (à jouer)** (playing) card • **jouer aux cartes** to play cards **5.** GÉOGR map • **carte d'état-major** ≃ Ordnance Survey map (UK); ≃ US Geological Survey map (US) • **carte routière** road map **6.** *(au restaurant)* menu • **à la carte a)** *(menu)* à la carte **b)** *(horaires)* flexible • **carte des vins** wine list.
cartel *nm* **1.** ÉCON cartel **2.** POLIT coalition.
Carterie® *nf* card shop.
cartilage *nm* cartilage.
cartomancien, enne *nm, f* fortune-teller *(using cards)*.
carton *nm* **1.** *(matière)* cardboard **2.** *(emballage)* cardboard box • **carton à dessin** portfolio **3.** FOOTBALL • **carton jaune** yellow card • **carton rouge** red card.
cartonné, e *adj (livre)* hardback.
carton-pâte *nm* pasteboard.
cartouche *nf* **1.** *(gén)* INFORM cartridge **2.** *(de cigarettes)* carton.
cas *nm* case • **au cas où** in case • **en aucun cas** under no circumstances • **en tout cas** in any case, anyway • **en cas de** in case of • **en cas de besoin** if need be • **le cas échéant** if the need arises, if need be • **cas de conscience** matter of conscience • **cas limite** borderline case • **cas social** person with social problems.
casanier, ère *adj & nm, f* stay-at-home.
casaque *nf* **1.** *(veste)* overblouse **2.** *(équitation)* blouse.
cascade *nf* **1.** *(chute d'eau)* waterfall **2.** *fig* stream, torrent **3.** CINÉ stunt.
cascadeur, euse *nm, f* CINÉ stuntman, stuntwoman *f*.

case *nf* **1.** *(habitation)* hut **2.** *(de boîte, tiroir)* compartment **3.** *(d'échiquier)* square **4.** *(sur un formulaire)* box.
caser *vt* **1.** *fam (trouver un emploi pour)* to get a job for **2.** *fam (marier)* to marry off **3.** *(placer)* to put. ■ **se caser** *vp fam* **1.** *(trouver un emploi)* to get (o.s.) a job **2.** *(se marier)* to get hitched.
caserne *nf* barracks *sing*.
cash *nm* cash • **payer cash** to pay (in) cash.
casier *nm* **1.** *(compartiment)* compartment **2.** *(pour le courrier)* pigeonhole **3.** *(meuble - à bouteilles)* rack ; *(- à courrier)* set of pigeonholes **4.** *(à la pêche)* lobster pot. ■ **casier judiciaire** *nm* (police) record • **casier judiciaire vierge** clean (police) record.
casino *nm* casino.
casque *nm* **1.** *(de protection)* helmet **2.** *(à écouteurs)* headphones *pl* • **tu pourrais écouter ta musique au casque** you could use headphones to listen to your music. ■ **Casques bleus** *nmpl* • **les Casques bleus** the UN peace-keeping force, the Blue Berets.
casquette *nf* cap.
cassant, e *adj* **1.** *(fragile - verre)* fragile ; *(- cheveux)* brittle **2.** *(dur)* brusque.
cassation *nf* → **cour**.
casse *nf* **1.** *fam (violence)* aggro (UK) **2.** *fam (de voitures)* scrapyard. ❑ *nm fam (cambriolage)* break-in.
casse-cou *nmf inv (personne)* daredevil.
casse-croûte *nm inv* snack.
casse-noisettes, casse-noix *nm inv* nutcracker.
casse-pieds *fam adj inv* annoying. ❑ *nmf* pain (in the neck).
casser *vt* **1.** *(briser)* to break **2.** DR to quash **3.** COMM • **casser les prix** to slash prices. ❑ *vi* to break. ■ **se casser** *vp* **1.** *(se briser)* to break **2.** *(membre)* • **se casser un bras** to break one's arm **3.** *(locution)* • **se casser la figure** *fam ou* **gueule** & *tfam* **a)** *(personne)* to take a tumble, to come a cropper (UK) **b)** *(livre, carafe)* to crash to the ground **c)** *(projet)* to bite the dust, to take a dive.
casserole *nf (ustensile)* saucepan.

À PROPOS DE

cas

Il faut noter que ***in case*** n'est pas suivi de ***would*** :

- *Au cas où ils auraient envie de rester dîner, j'ai prévu large.* ***I've made extra in case they want to stay for dinner.***
- *Il avait une canne à la main pour le cas où il aurait à se défendre.* ***He carried a stick in case he had to defend himself.***

casse-tête *nm inv* **1.** *fig (problème)* headache **2.** *(jeu)* puzzle.

cassette *nf* **1.** *(coffret)* casket **2.** *(de musique, vidéo)* cassette.

casseur, euse *nm, f* **1.** *(cambrioleur)* burglar **2.** *(manifestant)* rioting demonstrator.

cassis *nm* **1.** *(fruit)* blackcurrant **2.** *(arbuste)* blackcurrant bush **3.** *(liqueur)* blackcurrant liqueur **4.** *(sur la route)* dip.

cassonade *nf* brown sugar.

cassoulet *nm si vous voulez expliquer de quoi il s'agit à un anglophone, vous pouvez dire* it is a stew made with haricot beans and meat.

cassure *nf* break.

caste *nf* caste.

casting *nm* **1.** *(acteurs)* cast **2.** *(sélection)* casting • **aller à un casting** to go to an audition.

castor *nm* beaver.

castrer *vt* **1.** to castrate **2.** *(chat)* to neuter **3.** *(chatte)* to spay.

cataclysme *nm* cataclysm.

catacombes *nfpl* catacombs.

catadioptre, Cataphote® *nm* **1.** *(sur la route)* Catseye® **(UK)**, highway reflector **(US)** **2.** *(de véhicule)* reflector.

catalogue *nm* catalogue, catalog **(US)** • **catalogue raisonné** ART catalogue raisonné.

cataloguer *vt* **1.** *(classer)* to catalogue, to catalog **(US)** **2.** *péj (juger)* to label.

catalyseur *nm fig* CHIM catalyst.

catalytique → **pot**.

catamaran *nm (voilier)* catamaran.

Cataphote® = **catadioptre**.

catapulter *vt* to catapult.

cataracte *nf* cataract.

catastrophe *nf* disaster, catastrophe • **catastrophe naturelle a)** natural disaster **b)** *(assurances)* act of God.

catastrophé, e *adj* shocked, upset.

catastrophique *adj* disastrous, catastrophic.

catch *nm* wrestling.

catéchisme *nm* catechism.

catégorie *nf* **1.** *(gén)* category **2.** *(de personnel)* grade **3.** *(de viande, fruits)* quality **4.** ÉCON • **catégorie socio-professionnelle** socioprofessional group.

catégorique *adj* categorical.

cathédrale *nf* cathedral.

cathodique → **tube**.

catholicisme *nm* Catholicism.

catholique *adj* Catholic • **elle est catholique** she's a Catholic.

> En anglais, les adjectifs et les noms se rapportant à une religion s'écrivent avec une majuscule.

catimini ■ **en catimini** *loc adv* secretly.

catogan *nm* **1.** *(coiffure)* ponytail **2.** *(ruban)* ribbon *(securing hair at the back of the neck)*.

cauchemar *nm litt & fig* nightmare • **faire un cauchemar** to have a nightmare.

cauchemardesque *adj* nightmarish.

cause *nf* **1.** *(gén)* cause • **à cause de** because of • **pour cause de** on account of, because of **2.** DR case **3.** *(locution)* • **être en cause a)** *(intérêts)* to be at stake **b)** *(honnêteté)* to be in doubt *ou* in question • **remettre en cause** to challenge, to question.

causer *vt* • **causer qqch à qqn** to cause sb sthg. ❑ *vi (bavarder)* • **causer (de)** to chat (about).

causerie *nf* talk.

caustique *adj & nm* caustic.

cautériser *vt* to cauterize.

caution *nf* **1.** *(somme d'argent)* guarantee **2.** *(personne)* guarantor • **se porter caution pour qqn** to act as guarantor for sb.

cautionner *vt* **1.** *(se porter garant de)* to guarantee **2.** *fig (appuyer)* to support, to back.

cavalcade *nf* **1.** *(de cavaliers)* cavalcade **2.** *(d'enfants)* stampede.

cavalerie *nf* MIL cavalry.

cavalier, ère *nm, f* **1.** *(à cheval)* rider **2.** *(partenaire)* partner. ■ **cavalier** *nm (aux échecs)* knight.

cavalièrement *adv* in an offhand manner.

cave *nf* **1.** *(sous-sol)* cellar • **cave à vin** wine cellar **2.** *(de vins)* (wine) cellar. ❑ *adj* **1.** *(joues)* hollow **2.** *(yeux)* sunken.

caveau *nm* **1.** *(petite cave)* small cellar **2.** *(sépulture)* vault.

caverne *nf* cave.

caviar *nm* caviar.

caviste *nmf* cellarman.

cavité *nf* cavity.

CB (abrév de citizen's band, canaux banalisés) *nf* CB.

cc (abrév de charges comprises) inclusive.

CCP (abrév de compte chèque postal, compte courant postal) *nm* ≃ National Girobank account **(UK)** ; ≃ Post Office checking account **(US)**.

CD *nm* (abrév de compact disc) CD.

CDD *nm* (abrév de contrat à durée déterminée) fixed-term contract.

CDI *nm* **1.** (abrév de centre de documentation et d'information) school library **2.** (abrév de contrat à durée indéterminée) permanent contract.

ce

■ **ce, cette** *adj dém*

1. DÉSIGNE UN OBJET OU UNE PERSONNE PROCHE DU LOCUTEUR OU DÉJÀ ÉVOQUÉ PAR LUI

• **j'aime beaucoup ce chapeau** I like this hat a lot • **cette année, je prends des cours de judo** I'm doing judo classes this year

• **j'aime beaucoup ce film** I like this film a lot

2. DÉSIGNE UN OBJET OU UNE PERSONNE ÉLOIGNÉ DU LOCUTEUR OU ÉVOQUÉ PAR UN AUTRE LOCUTEUR

• **à cette époque, j'habitais à Toulouse** at that time, I lived in Toulouse • **d'ici, je n'arrive pas à lire ce panneau** I can't read that sign from here • **j'aime beaucoup ce film** I like that film a lot

3. POUR RENFORCER

• **ce mois-ci** this month • **cette année-là** that year

■ **ce, cette** *pron dém inv*

c' *devant le verbe « être » 3e personne singulier*

1. DEVANT LE VERBE ÊTRE, POUR PRÉSENTER QQN OU QQCH

• **ce sont mes enfants** these are my children, they're my children • **c'est mon bureau** this is my office, it's my office • **c'est une prof très sévère** she's a very strict teacher • **c'est à Paris** it's in Paris

2. DEVANT UN PRONOM RELATIF

• **ce que j'aime, c'est ton enthousiasme** what I like is your enthusiasm • **ce qui est dommage, c'est que notre appartement soit si petit** our flat is so small, that's a pity • **ils ont eu ce qui leur revenait** they got what they deserved • **vous savez bien ce à quoi je pense** you know exactly what I'm thinking about • **faites donc ce pour quoi on vous paie** do what you're paid to do

3. POUR FAIRE UNE REPRISE

• **il n'est jamais revenu, ce qui est très étonnant** he never came back, which is very surprising • **elle m'a humilié, et ce, devant tout le monde** she humiliated me and did so in front of everyone

À PROPOS DE

ce

Quand *ce* s'applique à une personne, il faut utiliser le pronom personnel correspondant en anglais.

• *C'est un américain.* **He *is an American*.**

• *Ce sont des gens très sympas.* **They*'re nice people*.**

Pour désigner une personne ou une chose qui est proche, *ce* se traduit par ***this***.

• *Il habite dans ce quartier.* ***He lives in* this *area*.**

Pour désigner une personne ou une chose éloignée, *ce* se traduit par ***that***.

• *L'homme là-bas, c'est mon oncle.* ***That man over there is my uncle*.**

CE *nm* **1.** abrév de comité d'entreprise **2.** (abrév de cours élémentaire) • **CE1** ≃ Year 2 **(UK)**; ≃ second grade **(US)** • **CE2** ≃ Year 3 **(UK)**; ≃ third grade **(US)**. ❑ *nf* (abrév de Communauté européenne) EC.

ceci *pron dém inv* this • **à ceci près que** with the exception that, except that.

cécité *nf* blindness.

céder *vt* **1.** *(donner)* to give up • **'cédez le passage'** 'give way **(UK)**', yield **(US)** • **céder le passage à qqn** to let sb through, to make way for sb **2.** *(revendre)* to sell. ❑ *vi* **1.** *(personne)* • **céder (à)** to give in (to), to yield (to) **2.** *(chaise, plancher)* to give way.

cédérom *nm* INFORM CD-ROM.

CEDEX, Cedex (abrév de courrier d'entreprise à distribution exceptionnelle) *nm si vous voulez expliquer à un anglophone de quoi il s'agit, vous pouvez dire* it is an express postal service for companies and organizations that get and send large amounts of mail.

cédille *nf* cedilla.

cèdre *nm* cedar.

CEI (abrév de Communauté des États Indépendants) *nf* CIS.

ceinture *nf* **1.** *(gén)* belt • **ceinture de sécurité** seat *ou* safety belt **2.** ANAT waist.

ceinturon *nm* belt.

cela *pron dém inv* that • **cela ne vous regarde pas** it's *ou* that's none of your business • **il y a des années de cela** that was many years ago • **c'est cela** that's right • **cela dit...** having said that... • **malgré cela** in spite of that, nevertheless.

célèbre *adj* famous.

célébrer *vt* **1.** *(gén)* to celebrate **2.** *(faire la louange de)* to praise.

célébrité *nf* **1.** *(renommée)* fame **2.** *(personne)* celebrity.

céleri *nm* celery.

céleste *adj* heavenly.

célibat *nm* celibacy.

célibataire *adj* single, unmarried • **père** *ou* **mère célibataire** single parent. ❑ *nmf* single person, single man, woman *f*.

cellier *nm* storeroom.

Cellophane® *nf* Cellophane®.

cellulaire *adj* **1.** BIOL & TÉLÉCOM cellular **2.** *(destiné aux prisonniers)* • **régime cellulaire** solitary confinement • **voiture cellulaire** prison van.

cellule *nf* **1.** *(gén)* INFORM cell **2.** *(groupe)* unit.

cellulite *nf* cellulite.

celte *adj* Celtic. ■ **Celte** *nmf* Celt.

celui, celle *pron dém* **1.** *(suivi d'un complément prépositionnel)* the one • **celle de devant** the one in front • **ceux d'entre vous qui...** those of you who... **2.** *(suivi d'un pronom relatif)* • **celui qui a)** *(personne)* the one who **b)** *(objet)* the one which *ou* that • **c'est celle qui te va le mieux**

that's the one which *ou* that suits you best • **celui que vous voyez** the one (which *ou* that) you can see, the one (whom) you can see • **ceux que je connais** those I know • **celui dont tu parlais** the one you were talking about.

celui-ci, **celle-ci** *pron dém* this one, these ones *pl*.

celui-là, **celle-là** *pron dém* that one, those ones *pl* • **celui-là... celui-ci** the former... the latter.

cendre *nf* ash.

cendré, **e** *adj (chevelure)* • **blond cendré** ash blond.

cendrier *nm* **1.** *(de fumeur)* ashtray **2.** *(de poêle)* ashpan.

cène *nf* (Holy) Communion. ■ **Cène** *nf* • **la Cène** the Last Supper.

censé, **e** *adj* • **être censé faire qqch** to be supposed to do sthg.

censeur *nm* **1.** SCOL ≃ deputy head (UK) ; ≃ vice-principal (US) **2.** CINÉ & PRESSE censor.

censure *nf* **1.** *(CINÉ & PRESSE - contrôle)* censorship ; *(- censeurs)* censors *pl* **2.** POLIT censure **3.** PSYCHO censor.

censurer *vt* **1.** CINÉ, PRESSE & PSYCHO to censor **2.** *(juger)* to censure.

cent *adj num inv* one hundred, a hundred • **deux cent cinquante** two hundred and fifty. ❑ *nm* **1.** *(nombre)* a hundred **2.** *(mesure de proportion)* • **pour cent** percent. Voir aussi **six**.

centaine *nf* **1.** *(cent unités)* hundred **2.** *(un grand nombre)* • **une centaine de** about a hundred • **des centaines (de)** hundreds (of) • **plusieurs centaines de** several hundred • **par centaines** in hundreds.

centenaire *adj* hundred-year-old *(avant nom)* • **être centenaire** to be a hundred years old. ❑ *nmf* centenarian. ❑ *nm (anniversaire)* centenary (UK), centennial (US).

centiare *nm* square metre (UK) *ou* meter (US).

centième *adj num inv, nm & nmf* hundredth. Voir aussi **sixième**.

centigrade → **degré**.

centilitre *nm* centilitre (UK), centiliter (US).

centime *nm* cent.

centimètre *nm* **1.** *(mesure)* centimetre (UK), centimeter (US) **2.** *(ruban, règle)* tape measure.

central, **e** *adj* central. ■ **central** *nm (de réseau)* • **central téléphonique** telephone exchange. ■ **centrale** *nf* **1.** *(usine)* power plant *ou* station (UK) • **centrale hydroélectrique** hydroelectric power plant *ou* station (UK) • **centrale nucléaire** nuclear power plant *ou* station (UK) **2.** ÉCON • **centrale d'achat a)** COMM buying group **b)** *(dans une entreprise)* central purchasing department.

centraliser *vt* to centralize.

centre *nm (gén)* centre (UK), center (US) • **centre aéré** outdoor centre (UK) *ou* center (US) • **centre antipoison** poison centre (UK) *ou* center (US) • **centre d'appels** call centre (UK) *ou* center (US) • **centre commercial** shopping centre (UK) *ou* mall (US) • **centre culturel** arts centre (UK) *ou* center (US) • **centre de gravité** centre (UK) *ou* center (US) of gravity • **centre nerveux** nerve centre (UK) *ou* center (US).

centrer *vt* to centre (UK), to center (US).

centre-ville *nm* city centre (UK) *ou* center (US), town centre (UK) *ou* downtown (US).

centrifuge → **force**.

centrifugeuse *nf* **1.** TECHNOL centrifuge **2.** CULIN juice extractor.

centuple *nm* • **être le centuple de qqch** to be a hundred times sthg • **au centuple** a hundredfold.

cep *nm* stock.

cépage *nm* (type of) vine.

cèpe *nm* cep.

cependant *conj* however, yet.

céramique *nf (matière, objet)* ceramic.

cerceau *nm* hoop.

cercle *nm* circle • **cercle vicieux** vicious circle.

cerclé, **e** *adj* ringed • **des lunettes cerclées d'écaille** horn-rimmed glasses.

cercueil *nm* coffin.

céréale *nf* cereal • **je mange des céréales au petit déjeuner** I eat cereal for breakfast.

cérébral, **e** *adj* **1.** *(anatomie)* cerebral **2.** MÉD brain **3.** *(personne, activité)* intellectual. ❑ *nm, f* intellectual.

cérémonial *nm* ceremonial.

cérémonie *nf* ceremony.

cérémonieux, **euse** *adj* ceremonious.

cerf *nm* stag.

cerfeuil *nm* chervil.

cerf-volant *nm (jouet)* kite.

cerise *nf* cherry. ❑ *adj inv* cherry.

cerisier *nm* **1.** *(arbre)* cherry (tree) **2.** *(bois)* cherry (wood).

cerne *nm* ring.

cerné → **œil**.

cerner *vt* **1.** *(encercler)* to surround **2.** *fig (sujet)* to define.

certain, **e** *adj* certain • **être certain de qqch** to be certain *ou* sure of sthg • **je suis pourtant certain d'avoir mis mes clés là** but I'm certain *ou* sure I left my keys there. ❑ *adj indéf (avant nom)* certain • **il a un certain talent** he has some talent *ou* a certain talent • **un certain temps** for a while • **avoir un certain âge** to be getting on, to be past one's prime • **c'est un monsieur d'un certain âge** he's getting on a bit • **un certain M. Lebrun** a Mr Lebrun • **à certains endroits** in some places. ■ **certains**

pron indéf pl some • **certains d'entre eux** some of them • **certains pensent que c'est normal** some people think it's normal.

certainement *adv* **1.** *(probablement)* most probably, most likely **2.** *(bien sûr)* certainly.

certes *adv* of course.

certificat *nm (attestation, diplôme)* certificate • **certificat de mariage** marriage certificate • **certificat médical** medical certificate.

certifié, e *adj* • **professeur certifié** qualified teacher.

certifier *vt* **1.** *(assurer)* • **certifier à qqn que** to assure sb (that) **2.** *(authentifier)* to certify.

certitude *nf* certainty, certitude.

cerveau *nm* brain.

cervelas *nm* saveloy.

cervelle *nf* **1.** ANAT brain **2.** *(facultés mentales, aliment)* brains *pl*.

cervical, e *adj* cervical.

césarienne *nf* caesarean **(UK)** *ou* cesarean **(US)** (section).

cessation *nf* suspension.

cesse *nf* • **n'avoir de cesse que** *(+ subjonctif) sout* not to rest until. ■ **sans cesse** *loc adv* continually, constantly.

cesser *vi* to stop, to cease. ❑ *vt* to stop • **cesser de faire qqch** to stop doing sthg.

cessez-le-feu *nm inv* cease-fire.

cession *nf* transfer.

c'est-à-dire *conj* **1.** *(en d'autres termes)* • **c'est-à-dire (que)** that is (to say) **2.** *(introduit une restriction, précision, réponse)* • **c'est-à-dire que** well..., actually...

cétacé *nm* cetacean.

cf. (abrév de confer) cf.

CFC (abrév de chlorofluorocarbone) *nm* CFC.

chacal *nm* jackal.

chacun, e *pron indéf* **1.** each (one) **2.** *(tout le monde)* everyone, everybody • **chacun de nous/de vous/d'eux** each of us/you/them • **chacun pour soi** every man for himself • **tout un chacun** every one of us/them.

chagrin, e *adj* **1.** *(personne)* grieving **2.** *(caractère, humeur)* morose. ■ **chagrin** *nm* grief • **avoir du chagrin** to grieve.

chagriner *vt* **1.** *(peiner)* to grieve, to distress **2.** *(contrarier)* to upset.

chahut *nm* uproar.

chahuter *vi* to cause an uproar. ❑ *vt* **1.** *(importuner - professeur)* to rag, to tease ; *(- orateur)* to heckle **2.** *(bousculer)* to jostle.

chaîne *nf* **1.** *(gén)* chain • **chaîne de montagnes** mountain range **2.** *(dans l'industrie)* • **chaîne de fabrication/de montage** production/assembly line • **travail à la chaîne** production-line work • **produire qqch à la chaîne** to mass-produce sthg **3.** TV channel • **chaîne câblée** cable channel • **chaîne cryptée** pay channel *(for which one needs a special decoding unit)* • **une chaîne payante** a subscription TV channel • **chaîne à péage** *ou* **à la séance** pay-TV channel • **chaîne de télévision** television channel, TV channel • **chaîne thématique** specialized channel **4.** *(appareil)* stereo (system) • **chaîne hi-fi** hi-fi system. ■ **chaînes** *nfpl* **1.** AUTO (snow) chains **2.** *fig* chains, bonds.

chaînon *nm litt* & *fig* link.

chair *nf* flesh • **couleur chair** flesh-coloured **(UK)**, flesh-colored **(US)** • **avoir la chair de poule** to have goose pimples *ou* gooseflesh, to have goosebumps **(US)**.

chaire *nf* **1.** *(estrade - de prédicateur)* pulpit ; *(- de professeur)* rostrum **2.** UNIV chair.

chaise *nf* chair • **chaise longue a)** *(d'extérieur)* deckchair **b)** *(d'intérieur)* chaise longue.

chaland *nm (bateau)* barge.

châle *nm* shawl.

chalet *nm* **1.** *(de montagne)* chalet **2.** **(QUÉBEC)** *(maison de campagne)* (holiday) cottage **(UK)**, (vacation) cottage **(US)**.

chaleur *nf* **1.** heat **2.** *(agréable)* warmth • **quelle chaleur !** it's so hot!

chaleureux, euse *adj* warm.

challenge *nm* **1.** SPORT tournament **2.** *fig (défi)* challenge.

chaloupe *nf* rowing boat **(UK)**, rowboat **(US)**.

chalumeau *nm* TECHNOL blowtorch, blowlamp **(UK)**.

chalut *nm* trawl • **pêcher au chalut** to trawl.

chalutier *nm (bateau)* trawler.

chamade *nf* • **battre la chamade** *(cœur)* to pound.

chamailler ■ **se chamailler** *vp fam* to squabble.

chambranle *nm* **1.** *(de porte, fenêtre)* frame **2.** *(de cheminée)* mantelpiece.

chambre *nf* **1.** *(où l'on dort)* • **chambre (à coucher)** bedroom • **chambre à un lit, chambre pour une personne** single room • **chambre pour deux personnes** double room • **chambre à deux lits** twin-bedded room • **chambre d'amis** spare room • **chambre d'hôte** bed and breakfast **2.** *(local)* room • **chambre forte** strongroom • **chambre froide** cold store • **chambre noire** darkroom **3.** DR division • **chambre d'accusation** court of criminal appeal **4.** POLIT chamber, house • **Chambre des députés** ≃ House of Commons **(UK)**; ≃ House of Representatives **(US)** **5.** TECHNOL chamber • **chambre à air** *(de pneu)* inner tube.

chambrer *vt* **1.** *(vin)* to bring to room temperature **2.** *fam (se moquer)* • **chambrer qqn** to pull sb's leg, to wind sb up **(UK)**.

chameau *nm (mammifère)* camel.

chamois *nm* **1.** chamois **2.** *(peau)* chamois (leather).

champ *nm* **1.** *(gén)* field • **champ de bataille** battlefield • **champ de courses** racecourse **2.** *(étendue)* area. ■ **sur le champ** *loc adv* immediately, at once, right away.

champagne *nm* champagne.

champêtre *adj* rural.

champignon *nm* **1.** BOT & MÉD fungus **2.** *(comestible)* mushroom • **champignon vénéneux** toadstool.

champion, onne *nm, f* champion • **il est champion du monde de natation** he's the world swimming champion. ❑ *adj fam* brilliant.

championnat *nm* championship • **le championnat du monde de football** the world football championship.

chance *nf* **1.** *(bonheur)* luck *(indén)* • **avoir de la chance** to be lucky • **ne pas avoir de chance** to be unlucky • **porter chance** to bring good luck **2.** *(probabilité, possibilité)* chance, opportunity • **avoir des chances de faire qqch** to have a chance of doing sthg.

S'EXPRIMER

souhaiter bonne chance

- ***Best of luck!*** Je te dis m…
- ***Good luck.*** Bonne chance.
- ***I wish you all the best*** Je te souhaite plein de bonnes choses.
- ***Fingers crossed.*** Je croise les doigts.

FAUX AMIS

chance

En anglais, ***chance*** signifie *hasard* ou *occasion*. On traduira le mot français *chance* par ***luck, stroke of luck***.

Exemples : ***I had no luck with the weather during my holidays.*** *Je n'ai pas eu de chance avec la météo pendant mes vacances.* ***What a stroke of luck that I arrived then!*** *Quelle chance que je sois arrivé à ce moment-là !*

Toutefois, dans certains cas, ***chance*** pourra être traduit en français par *chance(s)*, comme dans les phrases suivantes : ***There was little chance of him finding work.*** *Il avait peu de chances de trouver du travail*.

chancelant, e *adj* **1.** *(titubant, bancal)* unsteady **2.** *fig (mémoire, santé)* shaky.

chanceler *vi* **1.** *(personne, gouvernement)* to totter **2.** *(meuble)* to wobble.

chancelier, ière *nm, f (premier ministre)* chancellor. ■ **chancelier** *nm (de consulat, d'ambassade)* secretary.

chanceux, euse *adj* lucky.

chancre *nm* **1.** MÉD chancre **2.** BOT canker.

chandail *nm* (thick) sweater.

Chandeleur *nf* Candlemas.

chandelier *nm* **1.** *(pour une bougie)* candlestick **2.** *(à plusieurs branches)* candelabra.

chandelle *nf (bougie)* candle.

change *nm* **1.** *(troc)* FIN exchange **2.** *(couche de bébé)* disposable nappy (UK) *ou* diaper (US).

changeant, e *adj* **1.** *(temps, humeur)* changeable **2.** *(reflet)* shimmering.

changement *nm* change • **changement climatique** climate change.

changer *vt* **1.** *(gén)* to change • **changer qqch contre** to change *ou* exchange sthg for • **changer qqn en** to change sb into **2.** *(modifier)* to change, to alter • **ça me/te changera** that will be a (nice) change for me/you **3.** ÉCON • **changer des euros en dollars** to change euros into dollars, to exchange euros for dollars **4.** *(locution)* • **changer son fusil d'épaule** to have a change of heart. ❑ *vi* **1.** *(gén)* to change • **changer d'avis** to change one's mind • **ça changera !** that'll make a change! • **changer de direction** to change direction • **changer de place (avec qqn)** to change places (with sb) • **changer de train (à)** to change trains (at) • **pour changer** for a change **2.** *(modifier)* to change, to alter • **changer de comportement** to alter one's behaviour (UK) *ou* behavior (US).

chanoine *nm* canon.

chanson *nf* song • **c'est toujours la même chanson** *fig* it's the same old story.

chansonnier, ère *nm, f* cabaret singer-songwriter.

chant *nm* **1.** *(chanson)* song, singing *(indén)* **2.** *(sacré)* hymn **3.** *(art)* singing *(indén)*.

chantage *nm litt & fig* blackmail • **faire du chantage** to use *ou* resort to blackmail • **faire du chantage à qqn** to blackmail sb.

chanter *vt* **1.** *(chanson)* to sing **2.** *littéraire (célébrer)* to sing *ou* tell of • **chanter les louanges de qqn** to sing sb's praises. ❑ *vi* **1.** *(gén)* to sing **2.** *(locution)* • **faire chanter qqn** to blackmail sb • **si ça vous chante !** *fam* if you feel like *ou* fancy it (UK)!

chanterelle *nf (champignon)* chanterelle.

chanteur, euse *nm, f* singer.

chantier *nm* **1.** CONSTR (building) site **2.** *(sur la route)* roadworks *pl* (UK), roadwork *(indén)* (US) • **chantier naval** shipyard, dockyard **3.** *fam & fig (désordre)* shambles *sing*, mess.

Chantilly *nf* • **(crème) Chantilly** Chantilly cream.

chantonner *vt & vi* to hum.

chanvre *nm* hemp.

chaos *nm* chaos.

chaotique *adj* chaotic.

chap. (abrév de chapitre) ch.

chaparder *vt fam* to steal.

chapeau *nm* **1.** *(coiffure)* hat **2.** PRESSE introductory paragraph **3.** *(bravo)* • **tu as tout fini ? chapeau !** you've finished? well done!

chapeauter *vt* **1.** *(service)* to head **2.** *(personnes)* to supervise.

chapelet *nm* **1.** *RELIG* rosary **2.** *fig (d'injures)* string, torrent.

chapelle *nf* **1.** *(petite église)* chapel **2.** *(partie d'église)* choir.

chapelure *nf* (dried) breadcrumbs *pl.*

chapiteau *nm (de cirque)* big top.

chapitre *nm (de livre) RELIG* chapter.

chapon *nm (volaille)* capon.

chaque *adj indéf* each, every • **chaque personne** each person, everyone • **j'ai payé ces livres 100 euros chaque** I paid 100 euros each for these books.

> **À PROPOS DE**
>
> **chaque**
>
> *Chaque* a deux traductions possibles : ***every*** ou ***each***. ***Every*** implique que l'on considère un groupe donné dans son entier, et insiste sur le fait que l'on parle de tous les membres de ce groupe, sans exception (***the company gave every worker a bonus***).
>
> ***Each***, en revanche, désigne tous les éléments d'un groupe, mais d'un point de vue individuel (**each *child is given individual attention***). ***Each*** et ***every*** s'utilisent tous deux avec des noms dénombrables au singulier, et le verbe correspondant se met aussi au singulier.
>
> Le plus souvent ***each*** et ***every*** ont le même sens. On emploie ***each*** si on veut mettre l'accent sur tous les éléments du groupe dont on parle, avec le sens de *chacun des*, et on emploie ***every*** si on veut insister sur le groupe dans son ensemble, avec le sens de *tous les*.

char *nm* **1.** *MIL* • **char (d'assaut)** tank **2.** *(de carnaval)* float **3.** **(QUÉBEC)** *(voiture)* car.

charabia *nm* gibberish.

charade *nf* charade.

charbon *nm (combustible)* coal • **charbon de bois** charcoal.

charcuter *vt fam* & *péj* to butcher.

charcuterie *nf* **1.** *(magasin)* pork butcher's **2.** *(produits)* pork meat products.

charcutier, ère *nm,f (commerçant)* pork butcher.

chardon *nm (plante)* thistle.

chardonneret *nm* goldfinch.

charge *nf* **1.** *(fardeau)* load **2.** *(fonction)* office **3.** *(responsabilité)* responsibility • **être à la charge de** *(personne)* to be dependent on • **les travaux sont à la charge du propriétaire** the owner is liable for the cost of the work • **prendre qqch en charge a)** *(payer)* to pay (for) sthg **b)** *(s'occuper de)* to take charge of sthg • **prendre qqn en charge** to take charge of sb **4.** *ÉLECTR, DR* & *MIL* charge **5.** *DR* charge, accusation. ■ **charges** *nfpl* **1.** *(d'appartement)* service charge **2.** *ÉCON* expenses, costs • **charges patronales** employer's contributions • **charges sociales** ≃ employer's contributions.

chargé, e *adj* **1.** *(véhicule, personne)* • **chargé (de)** loaded (with) **2.** *(responsable)* • **chargé (de)** responsible (for) **3.** *(occupé)* full, busy. ❑ *nm,f* • **chargé d'affaires** chargé d'affaires • **chargé de mission** head of mission.

chargement *nm* **1.** *(action)* loading **2.** *(marchandises)* load.

charger *vt* **1.** *(gén) INFORM* to load **2.** *ÉLECTR, DR* & *MIL* to charge **3.** *(donner une mission à)* • **charger qqn de faire qqch** to put sb in charge of doing sthg. ■ **se charger** *vp* • **se charger de qqn/qqch** to take care of sb/sthg, to take charge of sb/sthg • **se charger de faire qqch** to undertake to do sthg.

chargeur *nm* **1.** *ÉLECTR* charger **2.** *(d'arme)* magazine.

chariot *nm* **1.** *(charrette)* handcart **2.** *(à bagages, dans un hôpital)* trolley **(UK)**, cart **(US)** **3.** *(de machine à écrire)* carriage.

charismatique *adj* charismatic.

charisme *nm* charisma.

charitable *adj* **1.** charitable **2.** *(conseil)* friendly.

charité *nf* **1.** *(aumône) RELIG* charity **2.** *(bonté)* kindness.

charlatan *nm péj* charlatan.

charmant, e *adj* charming.

charme *nm* **1.** *(séduction)* charm **2.** *(enchantement)* spell **3.** *(arbre)* ironwood, hornbeam.

charmer *vt* to charm • **être charmé de faire qqch** to be delighted to do sthg.

charmeur, euse *adj* charming. ❑ *nm,f* charmer • **charmeur de serpents** snake charmer.

charnel, elle *adj* carnal.

charnier *nm* mass grave.

charnière *nf* **1.** hinge **2.** *fig* turning point. ❑ *adj (période)* transitional.

charnu, e *adj* fleshy.

charognard *nm litt* & *fig* vulture.

charogne *nf (d'animal)* carrion *(indén)*.

charpente *nf* **1.** *(de bâtiment, de roman)* framework **2.** *(ossature)* frame.

charpentier *nm* carpenter.

charretier, ère *nm,f* carter.

charrette *nf* cart.

charrier *vt* **1.** *(personne, fleuve)* to carry **2.** *fam (se moquer de)* • **charrier qqn** to take sb for a ride. ❑ *vi fam (exagérer)* to go too far.

charrue *nf* plough **(UK)**, plow **(US)**.

charte *nf* charter.

charter *nm* chartered plane.

chartreuse *nf* **1.** *RELIG* Carthusian monastery **2.** *(liqueur)* Chartreuse.

chas *nm* eye *(of needle)*.

chasse *nf* **1.** *(action)* hunting • **aller à la chasse** to go hunting • **chasse à courre** hunting *(on horseback with hounds)* **2.** *(période)* • **la chasse est ouverte/fermée** it's the open/close season **3.** *(domaine)* • **chasse gardée a)** private hunting *ou* shooting preserve **b)** *fig* preserve **4.** *(poursuite)* chase • **faire la chasse à qqn/qqch** *fig* to hunt (for) sb/sthg, to hunt sb/sthg down • **prendre qqn/qqch en chasse** to give chase to sb/sthg **5.** *(des cabinets)* • **chasse (d'eau)** flush • **tirer la chasse** to flush the toilet. ■ **chasse au trésor** *nf* treasure hunt.

chassé-croisé *nm* toing and froing.

chasse-neige *nm inv* snowplough **(UK)**, snowplow **(US)**.

chasser *vt* **1.** *(animal)* to hunt **2.** *(faire partir - personne)* to drive *ou* chase away ; *(- odeur, souci)* to dispel.

chasseur, euse *nm, f* hunter. ■ **chasseur** *nm* **1.** *(d'hôtel)* page, messenger, bellhop **(US)** **2.** MIL • **chasseur alpin** *si vous voulez expliquer à un anglophone de quoi il s'agit, vous pouvez dire* it is a soldier who is specially trained for operating in mountainous areas **3.** *(avion)* fighter.

châssis *nm* **1.** *(de fenêtre, de porte, de machine)* frame **2.** *(de véhicule)* chassis.

chaste *adj* chaste.

chasteté *nf* chastity.

chasuble *nf* chasuble.

chat[1]**, chatte** *nm, f* cat.

chat[2] *nm* INFORM chat.

châtaigne *nf* **1.** *(fruit)* chestnut **2.** *fam (coup)* clout.

châtaignier *nm* **1.** *(arbre)* chestnut (tree) **2.** *(bois)* chestnut.

châtain *adj & nm* chestnut, chestnut-brown.

château *nm* **1.** *(forteresse)* • **château (fort)** castle **2.** *(résidence - seigneuriale)* mansion ; *(- de monarque, d'évêque)* palace • **château gonflable** *(- jeu de plage, attraction)* bouncy castle **(UK)** • **château de sable** sandcastle • **les châteaux de la Loire** the Châteaux of the Loire **3.** *(réservoir)* • **château d'eau** water tower.

châtelain, e *nm, f* lord, lady *f* of the manor.

chatière *nf* **1.** *(pour chat)* cat-flap **2.** *(d'aération)* air vent.

châtiment *nm* punishment.

chaton *nm* **1.** *(petit chat)* kitten **2.** BOT catkin.

chatouiller *vt* **1.** *(faire des chatouilles à)* to tickle **2.** *fig (titiller)* to titillate.

chatoyant, e *adj* **1.** *(reflet, étoffe)* shimmering **2.** *(bijou)* sparkling.

châtrer *vt* **1.** to castrate **2.** *(chat)* to neuter **3.** *(chatte)* to spay.

chatter *vi* INFORM to chat.

chatterton *nm* ÉLECTR insulating tape **(UK)**, friction tape **(US)**.

chatteur, euse, tchatteur, euse *nm, f* INFORM chatter.

chaud, e *adj* **1.** *(gén)* warm **2.** *(de température très élevée, sensuel)* hot **3.** *fig (enthousiaste)* • **être chaud pour qqch/pour faire qqch** to be keen on sthg/on doing sthg. ■ **chaud** *adv* • **avoir chaud** to be warm *ou* hot • **il fait chaud** it's warm *ou* hot • **manger chaud** to have something hot (to eat). ❑ *nm* heat • **rester au chaud** to stay in the warm.

chaudement *adv* warmly.

chaudière *nf* boiler.

chaudron *nm* cauldron.

chauffage *nm (appareil)* heating (system) • **chauffage central** central heating.

chauffant, e *adj* heating • **plaque chauffante** hotplate.

chauffard *nm péj* reckless driver.

chauffe-biberon *nm* bottle-warmer.

chauffe-eau *nm inv* waterheater.

chauffe-plat *nm* hotplate, chafing dish.

chauffer *vt (rendre chaud)* to heat (up) • **faire chauffer quelque chose** to heat something up. ❑ *vi* **1.** *(devenir chaud)* to heat up **2.** *(moteur)* to overheat **3.** *fam (barder)* • **ça va chauffer** there's going to be trouble.

chauffeur *nm* AUTO driver.

chaume *nm (paille)* thatch.

chaumière *nf* cottage.

chaussée *nf* road, roadway • **'chaussée déformée'** 'uneven road surface'.

chausse-pied *nm* shoehorn.

chausser *vt (chaussures, lunettes, skis)* to put on. ❑ *vi* • **chausser du 39** to take size 39 (shoes). ■ **se chausser** *vp* to put one's shoes on.

chaussette *nf* sock.

chausson *nm* **1.** *(pantoufle)* slipper **2.** *(de danse)* ballet shoe **3.** *(de bébé)* bootee **4.** CULIN turnover • **chausson aux pommes** apple turnover.

chaussure *nf* **1.** *(soulier)* shoe • **chaussure basse** low-heeled shoe, flat shoe • **chaussure de marche a)** *(de randonnée)* hiking *ou* walking boot **b)** *(confortable)* walking shoe • **chaussure à scratch** shoe with Velcro® fastenings • **chaussure de ski** ski boot • **chaussures à talon** (shoes with) heels **2.** *(industrie)* footwear industry.

chauve *adj (sans cheveux)* bald.

chauve-souris *nf* bat.

chauvin, e *adj* chauvinistic.

chaux *nf* lime • **blanchi à la chaux** whitewashed.

chavirer *vi* **1.** *(bateau)* to capsize **2.** *fig (tourner)* to spin.

chef *nm* **1.** *(d'un groupe)* head, leader **2.** *(au travail)* boss • **en chef** in chief • **chef d'entreprise** company head • **chef d'État** head of state • **chef de famille** head of the family • **chef de file a)** POLIT (party) leader **b)** *(catégorie, produit)* category leader • **chef de gare** stationmaster • **chef d'orchestre** conductor • **chef de rayon** departmental manager *ou* supervisor • **chef de service** ADMIN departmental manager **3.** • **chef (cuisinier)** chef. ■ **chef d'accusation** *nm* charge, count.

chef-d'œuvre *nm* masterpiece.

chef-lieu *nm* ≃ county town **(UK)**; ≃ county seat **(US)**.

cheik *nm* sheikh.

chemin *nm* **1.** *(voie)* path • **chemin d'accès** path • **chemin vicinal** byroad, minor road **2.** *(parcours)* way **3.** *fig* road • **en chemin** on the way. ■ **chemin de fer** *nm* railway **(UK)**, railroad **(US)**.

cheminée *nf* **1.** *(foyer)* fireplace **2.** *(conduit d'usine)* chimney **3.** *(encadrement)* mantelpiece **4.** *(de paquebot, locomotive)* funnel.

cheminement *nm* **1.** *(progression)* advance **2.** *fig (d'idée)* development.

cheminer *vi* **1.** *(avancer)* to make one's way **2.** *fig (idée)* to develop.

cheminot *nm* railwayman **(UK)**, railroad man **(US)**.

chemise *nf* **1.** *(d'homme)* shirt • **chemise de nuit** *(de femme)* nightdress, nightgown **2.** *(dossier)* folder.

chemisette *nf* **1.** *(d'homme)* short-sleeved shirt **2.** *(de femme)* short-sleeved blouse.

chemisier *nm (vêtement)* blouse.

chenal *nm (canal)* channel.

chêne *nm* **1.** *(arbre)* oak (tree) **2.** *(bois)* oak.

chenet *nm* firedog.

chenil *nm (pour chiens)* kennel.

chenille *nf* **1.** *(insecte)* caterpillar **2.** *(courroie)* caterpillar track.

cheptel *nm (bétail)* livestock *(indén)*.

chèque *nm* cheque **(UK)**, check **(US)** • **faire un chèque** to write a cheque **(UK)** *ou* check **(US)** • **toucher un chèque** to cash a cheque **(UK)** *ou* check **(US)** • **chèque (bancaire)** (bank) cheque **(UK)** *ou* check **(US)** • **chèque barré** crossed cheque **(UK)** *ou* check **(US)** • **chèque postal** post office cheque **(UK)** *ou* check **(US)** • **chèque sans provision** bad cheque **(UK)** *ou* check **(US)** • **chèque de voyage** traveller's cheque **(UK)**, traveler's check **(US)**.

chèque-cadeau *nm* gift token **(UK)**, gift voucher **(UK)**, gift certificate **(US)**.

chèque-repas®, **chèque-restaurant®** *nm* luncheon voucher.

chèque-vacances® *nm si vous voulez expliquer à un anglophone de quoi il s'agit, vous pouvez dire* it is a voucher that you can use to pay for holiday accommodation, activities, meals, etc.

chéquier *nm* chequebook **(UK)**, checkbook **(US)**.

cher, chère *adj* **1.** *(aimé)* • **cher (à qqn)** dear (to sb) • **Cher Monsieur** *(au début d'une lettre)* Dear Sir • **Chère Madame** *(au début d'une lettre)* Dear Madam **2.** *(produit, vie, commerçant)* expensive • **peu cher** inexpensive. ❑ *nm, f hum* • **mon cher** dear. ■ **cher** *adv* • **valoir cher, coûter cher** to be expensive, to cost a lot • **payer cher** to pay a lot • **je l'ai payé cher** *litt & fig* it cost me a lot.

chercher *vt* **1.** *(gén)* to look for **2.** *(prendre)* • **aller/venir chercher qqn a)** *(à un rendez-vous)* to (go/come and) meet sb **b)** *(en voiture)* to (go/come and) pick sb up • **aller/venir chercher qqch** to (go/come and) get sthg. ❑ *vi* • **chercher à faire qqch** to try to do sthg.

chercheur, euse *nm, f (scientifique)* researcher.

chère *nf* • **aimer la bonne chère** *sout* to like to eat well.

chéri, e *adj* dear. ❑ *nm, f* darling.

chérir *vt* **1.** *(personne)* to love dearly **2.** *(chose, idée)* to cherish.

chétif, ive *adj (malingre)* sickly, weak.

cheval *nm* **1.** *(animal)* horse • **à cheval** on horseback • **être à cheval sur qqch a)** *(être assis)* to be sitting astride sthg **b)** *fig (siècles)* to straddle sthg **c)** *fig (tenir à)* to be a stickler for sthg • **cheval d'arçons** horse *(in gymnastics)* • **cheval de course** racehorse **2.** *(équitation)* riding, horse-riding • **faire du cheval** to ride.

chevalerie *nf* **1.** *(qualité)* chivalry **2.** HIST knighthood.

chevalet *nm (de peintre)* easel.

chevalier *nm* knight.

chevalière *nf (bague)* signet ring.

chevauchée *nf (course)* ride, horse-ride.

chevaucher *vt (être assis)* to sit *ou* be astride. ■ **se chevaucher** *vp* to overlap.

chevelu, e *adj* hairy.

chevelure *nf (cheveux)* hair.

chevet *nm* head *(of bed)* • **être au chevet de qqn** to be at sb's bedside.

cheveu *nm (chevelure)* hair • **se faire couper les cheveux** to have one's hair cut.

cheville *nf* **1.** ANAT ankle **2.** *(pour fixer une vis)* Rawlplug® **(UK)**, (wall) anchor **(US)**.

chèvre *nf (animal)* goat. ❑ *nm (fromage)* goat's cheese.

chevreau *nm* kid.

chèvrefeuille *nm* honeysuckle.

chevreuil *nm* **1.** *(animal)* roe deer **2.** CULIN venison.

chevron *nm* **1.** CONSTR rafter **2.** *(motif décoratif)* chevron.

chevronné, e *adj (expérimenté)* experienced.

chevrotant, e *adj* tremulous.

chevrotine *nf* buckshot.

chewing-gum *nm* chewing gum *(indén)*.

chez *prép* **1.** *(dans la maison de)* • **il est chez lui** he's at home • **il rentre chez lui** he's going home • **il va venir chez nous** he is going to come to our place *ou* house • **il habite chez nous** he lives with us **2.** *(en ce qui concerne)* • **chez les jeunes** among young people • **chez les Anglais** in England **3.** *(dans les œuvres de)* • **chez Proust** in (the works of) Proust **4.** *(dans le caractère de)* • **ce que j'apprécie chez lui, c'est sa gentillesse** what I like about him is his kindness.

À PROPOS DE

chez

La préposition *chez* est rendue de différentes manières en anglais selon le contexte :

Si *chez* signifie *(dans) la demeure de* et est suivi du nom de la personne ou d'un pronom personnel, on emploie ***at*** + possessif + ***place***. ***Place*** peut être remplacé par ***house***, ***flat***, etc

• *On va se retrouver chez Marie.* ***We're going to meet at Marie's*** **place / house / flat.**

Dans un registre familier, on peut omettre ***place***.

• *On a dîné chez Anne.* ***We had dinner at Anne's.***

Chez soi est rendu par ***at my / his / their***, etc, ***place, at home***, ou (surtout en anglais américain) simplement ***home*** :

• *Je suis resté chez moi toute la journée.* ***I stayed at my*** **place** ***all day*** *ou* ***I stayed at*** **home** ***all day*** *ou* ***I stayed*** **home** ***all day*** **(US).**

Lorsqu'on parle de se rendre *chez qqn*, on emploie ***to*** + possessif + ***place / house / flat***, etc :

• *C'est la première fois que je viens chez toi.* ***It's the first time I've been to your*** **place.**

Lorsque *chez soi* est associé à un verbe de mouvement, on emploie verbe + ***home*** :

• *Je vais rentrer chez moi à pied / en voiture.* ***I'll walk / drive*** **home.**

Si l'on veut dire que l'on se trouve *chez* un commerçant, *chez* le médecin, etc, on emploie ***at*** + possessif :

• *Thomas est chez le coiffeur.* ***Thomas is at the hairdresser's.***

Lorsqu'on se rend *chez* un commerçant, le médecin, etc, on emploie verbe + ***to*** + possessif :

• *Elle va chez le boucher une fois par semaine.* ***She goes to the butcher's once a week.***

Si *chez* signifie *parmi*, on emploie ***in*** *ou* ***among*** :

• *C'est assez répandu chez les adolescents.* ***It's quite common*** **among** ***teenagers.***

• *Une maladie courante chez le chien.* ***A common illness in dogs.***

Si c'est d'une seule personne que l'on parle, on emploie ***about*** :

• *Ce que j'apprécie le plus chez elle, c'est son humour.* ***What I like*** **about** ***her the most is her sense of humour.***

chez-soi *nm inv* home, place of one's own.

chic *adj (inv en genre)* **1.** *(élégant)* smart, chic **2.** *vieilli (serviable)* nice. ❑ *nm* style. ❑ *interj* • **chic (alors) !** great!

chiche-kebab *nm* kebab, shish kebab.

chicorée *nf* **1.** *(salade)* endive **(UK)**, chicory **(US)** **2.** *(à café)* chicory.

chien *nm* **1.** *(animal)* dog • **chien de chasse** *(d'arrêt)* gundog • **chien de garde** guard dog **2.** *(d'arme)* hammer **3.** *(locution)* • **avoir un mal de chien à faire qqch** to have a lot of trouble doing sthg • **en chien de fusil** curled up.

chiendent *nm* couch grass.

chien-loup *nm* German shepherd, Alsatian (dog) **(UK)**.

chienne *nf* (female) dog, bitch.

chiffe *nf* • **c'est une chiffe molle** he's spineless.

chiffon *nm (linge)* rag.

chiffonné, e *adj (visage, mine)* worn.

chiffonner *vt* **1.** *(vêtement)* to crumple, to crease **2.** *(papier)* to crumple **3.** *fam* & *fig (contrarier)* to bother.

chiffre *nm* **1.** *(caractère)* figure, number • **chiffre arabe/romain** Arabic/Roman numeral **2.** *(montant)* sum • **chiffre d'affaires** COMM turnover, sales revenue, volume of sales • **chiffre rond** round number • **chiffre de ventes** sales figures *pl*.

chiffrer *vt* **1.** *(évaluer)* to calculate, to assess **2.** *(coder)* to encode. ❑ *vi fam* to mount up.

chignole *nf* drill.

chignon *nm* bun *(in hair)* • **se crêper le chignon** *fam* & *fig* to scratch each other's eyes out.

chikungunya *nm* chikungunya.

Chili *nm* • **le Chili** Chile.

chimère *nf* **1.** MYTHOL chimera **2.** *(illusion)* illusion, dream.

chimie *nf* chemistry.

chimio (abrév de chimiothérapie) *nf fam* chemo.

chimiothérapie *nf* chemotherapy.

chimique *adj* chemical.

chimiste *nmf* chemist.

chimpanzé *nm* chimpanzee.

Chine *nf* • **la Chine** China.

En anglais, à de rares exceptions près, il n'y a pas d'article devant les noms de pays.

chiné, e *adj* mottled.

chiner *vi* to look for bargains.

chinois, e *adj* Chinese. ■ **chinois** *nm* **1.** *(langue)* Chinese **2.** *(passoire)* conical sieve. ■ **Chinois, e** *nm, f* Chinese person • **les Chinois** the Chinese.

En anglais, les adjectifs se rapportant à un pays ou une région ainsi que le nom désignant la langue, s'écrivent avec une majuscule.

chiot *nm* puppy.
chipie *nf* vixen *péj*.
chips *nfpl* • **(pommes) chips** (potato) crisps **(UK)**, (potato) chips **(US)**.
chiquenaude *nf* flick.
chiquer *vt* to chew. ❑ *vi* to chew tobacco.
chiropraticien, enne *nm, f* chiropractor.
chirurgical, e *adj* surgical.
chirurgie *nf* surgery • **chirurgie esthétique** plastic surgery.
chirurgien, enne *nm, f* surgeon.
chirurgien-dentiste *nm* dental surgeon.
chiure *nf* • **chiure (de mouche)** flyspecks *pl*.
chlore *nm* chlorine.
chloroforme *nm* chloroform.
chlorophylle *nf* chlorophyll.
chlorure *nm* chloride.
choc *nm* **1.** *(heurt, coup)* impact **2.** *(conflit)* clash **3.** *(émotion)* shock **4.** *(en apposition)* • **images-chocs** shock pictures • **prix-choc** amazing bargain.
chocolat *nm* chocolate • **chocolat au lait/noir** milk/plain chocolate • **chocolat à cuire/à croquer** cooking/eating chocolate • **chocolat en poudre** drinking chocolate. ❑ *adj inv* chocolate (brown). ■ **chocolatière** *nf (récipient)* chocolate pot.
chœur *nm* **1.** *(chorale)* choir **2.** *fig (d'opéra)* chorus • **en chœur** *fig* all together **3.** *(d'église)* choir, chancel.
choisi, e *adj* **1.** selected **2.** *(termes, langage)* carefully chosen.
choisir *vt* • **choisir (de faire qqch)** to choose (to do sthg). ❑ *vi* to choose.
choix *nm* **1.** *(gén)* choice • **le livre de ton choix** any book you like • **au choix** as you prefer • **avoir le choix** to have the choice **2.** *(qualité)* • **de premier choix** grade *ou* class one • **articles de second choix** seconds.
choléra *nm* cholera.
cholestérol *nm* cholesterol.
chômage *nm* unemployment • **au chômage** unemployed • **être mis au chômage technique** to be laid off.
chômeur, euse *nm, f* unemployed person • **les chômeurs** the unemployed.
chope *nf* tankard.
choper *vt fam* **1.** *(voler, arrêter)* to pinch, to nick **(UK) 2.** *(attraper)* to catch.
choquant, e *adj* shocking.
choquer *vt* **1.** *(scandaliser)* to shock **2.** *(traumatiser)* to shake (up).
choral, e *adj* choral. ■ **chorale** *nf (groupe)* choir.
chorégraphie *nf* choreography.
choriste *nmf* chorister.
chose *nf* thing • **c'est (bien) peu de chose** it's nothing really • **c'est la moindre des choses** it's the least I/we can do • **de deux choses l'une** (it's got to be) one thing or the other • **parler de choses et d'autres** to talk of this and that.
chou *nm* **1.** *(légume)* cabbage • **chou chinois** Chinese cabbage *ou* leaves **2.** *(pâtisserie)* choux bun. ❑ *adj inv* sweet, cute.
choucas *nm* jackdaw.
chouchou, oute *nm, f fam* **1.** favourite **(UK)**, favorite **(US) 2.** *(élève)* teacher's pet. ■ **chouchou** *nm (pour les cheveux)* scrunchy, scrunchie.
chouchouter *fam vt* to pet.
choucroute *nf* sauerkraut.
chouette *nf (oiseau)* owl. ❑ *adj fam* great. ❑ *interj* • **chouette (alors) !** great!
chou-fleur *nm* cauliflower.
chouiner *vi fam* to whine.
choyer *vt sout* to pamper.
chrétien, enne *adj & nm, f* Christian • **il est chrétien** he's a Christian.

En anglais, les adjectifs et les noms se rapportant à une religion s'écrivent avec une majuscule.

chrétien-démocrate, chrétienne-démocrate *adj & nm, f* Christian Democrat.
chrétienté *nf* Christendom.
Christ *nm* Christ.
christianisme *nm* Christianity.
chrome *nm* CHIM chromium.
chromé, e *adj* chrome-plated • **acier chromé** chrome steel.
chromosome *nm* chromosome.
chronique *nf* **1.** *(annales)* chronicle **2.** PRESSE • **chronique sportive** sports section. ❑ *adj* chronic.
chronologie *nf* chronology.
chronologique *adj* chronological.
chronomètre *nm* SPORT stopwatch.
chronométrer *vt* to time.
chrysalide *nf* chrysalis.
chrysanthème *nm* chrysanthemum.
CHU (abrév de centre hospitalo-universitaire) *nm si vous voulez expliquer de quoi il s'agit à un anglophone, vous pouvez dire* it is a teaching hospital linked to a university medical faculty.
chuchotement *nm* whisper.
chuchoter *vt & vi* to whisper.
chut *interj* sh!, hush!

chute *nf* **1.** *(gén)* fall • **faire une chute** to have a fall • **chute d'eau** waterfall • **chute de neige** snowfall • **la chute du mur de Berlin** the fall of the Berlin Wall **2.** *(de tissu)* scrap.

Chypre *nf* Cyprus • **à Chypre** in Cyprus.

En anglais, à de rares exceptions près, il n'y a pas d'article devant les noms de pays.

chypriote, cypriote *adj* Cypriot. ■ **Chypriote, Cypriote** *nmf* Cypriot.

En anglais, les adjectifs se rapportant à un pays ou une région s'écrivent avec une majuscule.

ci *adv (après un nom)* • **ce livre-ci** this book • **ces jours-ci** these days.

ci-après *adv* below.

cible *nf litt & fig* target.

cibler *vt* to target.

ciboulette *nf* chives *pl.*

cicatrice *nf* scar.

cicatriser *litt & fig vt* to heal.

ci-contre *adv* opposite.

ci-dessous *adv* below.

ci-dessus *adv* above.

cidre *nm* cider **(UK)**, hard cider **(US)**.

Cie (abrév de compagnie) Co.

ciel *nm* **1.** *(firmament)* sky • **à ciel ouvert** open-air **2.** *(paradis, providence)* heaven. ■ **cieux** *nmpl* heaven *sing.*

cierge *nm* RELIG (votive) candle.

cigale *nf* cicada.

cigare *nm* cigar.

cigarette *nf* cigarette.

ci-gît *adv* here lies.

cigogne *nf* stork.

ci-inclus, e *adj* enclosed. ■ **ci-inclus** *adv* enclosed.

ci-joint, e *adj* enclosed. ■ **ci-joint** *adv* • **veuillez trouver ci-joint...** please find enclosed....

cil *nm* ANAT eyelash, lash.

ciller *vi* to blink (one's eyes).

cimaise *nf (de salle d'exposition)* gallery wall.

cime *nf* **1.** *(d'arbre, de montagne)* top **2.** *fig* height.

ciment *nm* cement.

cimenter *vt* to cement.

cimetière *nm* cemetery.

ciné *nm fam* cinema **(UK)**, movies *pl* **(US)**.

cinéaste *nmf* film-maker.

ciné-club *nm* film club.

cinéma *nm* **1.** *(salle, industrie)* cinema **(UK)**, movies *pl* **(US) 2.** *(art)* cinema **(UK)**, film **(UK)**, movies *pl* **(US)** • **un acteur de cinéma** a film star.

cinémathèque *nf* film **(UK)** *ou* movie **(US)** library.

cinématographique *adj* cinematographic.

cinéphile *nmf* film **(UK)** *ou* movie **(US)** buff.

cinglant, e *adj* **1.** *litt & fig* biting **2.** *(pluie)* driving.

cinglé, e *fam adj* nuts, nutty.

cingler *vt* to lash.

cinq *adj num inv* five. ❑ *nm* five. Voir aussi **six**.

cinquantaine *nf* **1.** *(nombre)* • **une cinquantaine de** about fifty **2.** *(âge)* • **avoir la cinquantaine** to be in one's fifties.

cinquante *adj num inv & nm* fifty. Voir aussi **six**.

cinquantième *adj num inv, nm & nmf* fiftieth. Voir aussi **sixième**.

cinquième *adj num inv, nm & nmf* fifth. ❑ *nf* SCOL ≃ Year 2 **(UK)**; ≃ seventh grade **(US)**. Voir aussi **sixième**.

cintre *nm (pour vêtements)* coat hanger.

cintré, e *adj* COUT waisted.

cirage *nm (produit)* shoe polish.

circoncision *nf* circumcision.

circonférence *nf* **1.** GÉOM circumference **2.** *(pourtour)* boundary.

circonflexe → **accent**.

circonscription *nf* district.

circonscrire *vt* **1.** *(incendie, épidémie)* to contain **2.** *fig (sujet)* to define.

circonspect, e *adj* cautious.

circonstance *nf* **1.** *(occasion)* occasion **2.** *(gén pl) (contexte, conjoncture)* circumstance • **circonstances atténuantes** DR mitigating circumstances.

circonstancié, e *adj* detailed.

circonstanciel, elle *adj* GRAMM adverbial.

circuit *nm* **1.** *(chemin)* route **2.** *(parcours touristique)* tour **3.** SPORT & TECHNOL circuit • **en circuit fermé a)** *(en boucle)* closed-circuit *(avant nom)* **b)** *fig* within a limited circle.

circulaire *nf & adj* circular.

circulation *nf* **1.** *(mouvement)* circulation • **mettre en circulation** to circulate • **circulation (du sang)** circulation **2.** *(trafic)* traffic.

circuler *vi* **1.** *(sang, air, argent)* to circulate • **faire circuler qqch** to circulate sthg **2.** *(aller et venir)* to move (along) • **on circule mal en ville** the traffic is bad in town **3.** *(train, bus)* to run **4.** *fig (rumeur, nouvelle)* to spread.

cire *nf* **1.** *(matière)* wax **2.** *(encaustique)* polish.

ciré, e *adj* **1.** *(parquet)* polished **2.** → **toile**. ■ **ciré** *nm* oilskin.

cirer *vt* **1.** *(chaussures)* to polish **2.** *(locution)* • **j'en ai rien à cirer** *fam* I don't give a damn.

cireux, euse *adj* **1.** *(pâle)* waxen **2.** *(matière)* waxy. ■ **cireuse** *nf* floor polisher.

cirque *nm* **1.** *(gén)* circus **2.** GÉOL cirque **3.** *fam & fig (désordre, chahut)* chaos *(indén).*

cirrhose *nf* cirrhosis *(indén).*

cisaille *nf* shears *pl.*

cisailler *vt* **1.** *(métal)* to cut **2.** *(branches)* to prune.

ciseau *nm* chisel. ■ **ciseaux** *nmpl* scissors.

ciseler *vt* **1.** *(pierre, métal)* to chisel **2.** *(bijou)* to engrave.

Cisjordanie *nf* • **la Cisjordanie** the West Bank.

citadelle *nf litt & fig* citadel.

citadin, e *adj* city *(avant nom)*, urban. ❑ *nm, f* city dweller.

citation *nf* **1.** DR summons *sing* **2.** *(extrait)* quote, quotation.

cité *nf* **1.** *(ville)* city **2.** *(lotissement)* housing estate **(UK)** *ou* project **(US)** • **cité universitaire** halls *pl* of residence **(UK)**, dormitory **(US)**.

citer *vt* **1.** *(exemple, propos, auteur)* to quote **2.** DR *(convoquer)* to summon **3.** MIL • **être cité à l'ordre du jour** to be mentioned in dispatches.

citerne *nf* **1.** *(d'eau)* water tank **2.** *(cuve)* tank.

cité U *nf fam* abrév de **cité universitaire**.

citoyen, enne *nm, f* citizen.

citoyenneté *nf* citizenship.

citron *nm* lemon • **citron pressé** fresh lemon juice • **citron vert** lime.

citronnade *nf* (still) lemonade.

citronnelle *nf (plante)* lemon balm.

citronnier *nm* lemon tree.

citrouille *nf* pumpkin.

civet *nm* stew • **civet de lièvre** jugged hare.

civière *nf* stretcher.

civil, e *adj* **1.** *(gén)* civil **2.** *(non militaire)* civilian. ❑ *nm, f* civilian. ❑ *nm* • **dans le civil** in civilian life • **policier en civil** plain-clothes policeman, policewoman *f* • **soldat en civil** soldier in civilian clothes.

civilement *adv* • **se marier civilement** to get married at a registry office **(UK)** *ou* in a civil ceremony **(US)**.

civilisation *nf* civilization.

civilisé, e *adj* civilized.

civiliser *vt* to civilize.

civilité *nf* civility. ■ **civilités** *nfpl sout* compliments.

civique *adj* civic • **instruction civique** civics *(indén)*.

civisme *nm* sense of civic responsibility.

cl (abrév de **centilitre**) cl.

clafoutis *nm (gâteau) si vous voulez expliquer de quoi il s'agit à un anglophone, vous pouvez dire* it is a kinf of flan made with fruit, usually cherries.

claie *nf* **1.** *(treillis)* rack **2.** *(clôture)* hurdle.

clair, e *adj* **1.** *(précis, évident)* clear • **c'est clair et net** there's no two ways about it **2.** *(lumineux)* bright **3.** *(pâle - couleur, teint)* light ; *(- tissu, cheveux)* light-coloured **(UK)**, light-colored **(US)**. ■ **clair** *adv* • **voir clair (dans qqch)** *fig* to have a clear understanding (of sthg). ❑ *nm* • **mettre** *ou* **tirer qqch au clair** to shed light upon sthg. ■ **clair de lune** *nm* moonlight *(indén)*. ■ **en clair** *loc adv* TV unscrambled *(esp of a private TV channel)*.

clairement *adv* clearly.

claire-voie ■ **à claire-voie** *loc adv* openwork *(avant nom)*.

clairière *nf* clearing.

clairon *nm* bugle.

claironner *vt fig (crier)* • **claironner qqch** to shout sthg from the rooftops.

clairsemé, e *adj* **1.** *(cheveux)* thin **2.** *(arbres)* scattered **3.** *(population)* sparse.

clairsemer ■ **se clairsemer** *vp* **1.** *(foule)* to disperse **2.** *(cheveux)* to thin.

clairvoyant, e *adj* perceptive.

clamer *vt* to proclaim.

clameur *nf* clamour **(UK)**, clamor **(US)**.

clan *nm* clan.

clandestin, e *adj* **1.** *(journal, commerce)* clandestine **2.** *(activité)* covert. ❑ *nm, f* **1.** *(étranger)* illegal immigrant *ou* alien **2.** *(voyageur)* stowaway.

clapet *nm* **1.** TECHNOL valve **2.** *fam & fig (bouche)* trap.

clapier *nm (à lapins)* hutch.

clapoter *vi (vagues)* to lap.

claquage *nm* MÉD strain • **se faire un claquage** to pull *ou* to strain a muscle.

claque *nf* **1.** *(gifle)* slap **2.** THÉÂTRE claque.

claquement *nm* **1.** *(de porte - qui se ferme)* slam, slamming *(indén)* ; *(- mal fermée)* banging *(indén)* **2.** *(de doigts)* snap, snapping *(indén)*.

claquer *vt* **1.** *(fermer)* to slam **2.** • **faire claquer a)** *(langue)* to click **b)** *(doigts)* to snap **c)** *(fouet)* to crack **3.** *fam (gifler)* to slap **4.** *fam (dépenser)* to blow. ❑ *vi (porte, volet)* to bang.

claquettes *nfpl (danse)* tap dancing *(indén)*.

clarifier *vt litt & fig* to clarify.

clarinette *nf (instrument)* clarinet.

clarté *nf* **1.** *(lumière)* brightness **2.** *(netteté)* clarity.

classe *nf* **1.** *(gén)* class • **classe touriste** economy class, coach **(US)** **2.** SCOL • **aller en classe** to go to school • **classe de neige** skiing trip *(with school)* • **classes préparatoires** *il n'y a pas d'équivalent en Grande-Bretagne ou aux États-Unis. Si vous voulez expliquer à un anglophone de quoi il s'agit, vous pouvez dire* these are two years of intensive study for students preparing for Grandes Écoles entrance exams • **classe verte** field trip *(with school)* **3.** MIL rank **4.** *(locution)* • **faire ses classes** MIL to do one's training.

classé, e *adj (monument)* listed **(UK)**.

classement *nm* **1.** *(rangement)* filing **2.** *(classification)* classification **3.** *(rang - SCOL)* position ; *(- SPORT)* placing **4.** *(liste - SCOL)* class list ; *(- SPORT)* final placings *pl*.

classer *vt* **1.** *(ranger)* to file **2.** *(plantes, animaux)* to classify **3.** *(cataloguer)* • **classer qqn (parmi)** to label sb (as) **4.** *(attribuer un rang à)* to rank. ■ **se**

classer *vp* to be classed, to rank • **se classer troisième** to come third.

classeur *nm* **1.** *(meuble)* filing cabinet **2.** *(d'écolier)* ring binder.

classieux, euse *adj fam* classy.

classification *nf* classification.

classique *nm* **1.** *(auteur)* classical author **2.** *(œuvre)* classic. ❑ *adj* **1.** ART & MUS classical **2.** *(sobre)* classic **3.** *(habituel)* classic • **ça, c'est l'histoire classique !** it's the usual story!

clause *nf* clause.

claustrophobie *nf* claustrophobia.

clavecin *nm* harpsichord.

clavicule *nf* collarbone.

clavier *nm* keyboard.

clé, clef *nf* **1.** *(gén)* key • **la clé du mystère** the key to the mystery • **mettre qqn/qqch sous clé** to lock sb/sthg up • **clé de contact** AUTO ignition key **2.** *(outil)* • **clé anglaise** *ou* **à molette** adjustable spanner **(UK)** *ou* wrench **(US)**, monkey wrench **3.** MUS *(signe)* clef • **clé de sol/fa** treble/bass clef **4.** INFORM • **clé USB** USB key, USB stick **(UK)**. ❑ *adj* • **industrie/rôle clé** key industry/role. ■ **clé de voûte** *nf litt* & *fig* keystone.

clef = **clé**.

clément, e *adj* **1.** *(indulgent)* lenient **2.** *fig (température)* mild.

clémentine *nf* clementine.

cleptomane = **kleptomane**.

clerc *nm (assistant)* clerk.

clergé *nm* clergy.

clic *nm* INFORM click • **clic droit** right-click • **clic gauche** left-click • **d'un clic de souris** at the click of a mouse.

Clic-Clac® *nm* pull-out sofa bed.

cliché *nm* **1.** PHOTO negative **2.** *(banalité)* cliché.

client, e *nm, f* **1.** *(de notaire, d'agence)* client **2.** *(de médecin)* patient **3.** *(acheteur)* customer **4.** *(habitué)* regular (customer).

clientèle *nf* **1.** *(ensemble des clients)* customers *pl* **2.** *(de profession libérale)* clientele **3.** *(fait d'être client)* • **accorder sa clientèle à** to give one's custom to.

cligner *vi* • **cligner de l'œil** to wink • **cligner des yeux** to blink.

clignotant, e *adj (lumière)* flickering. ■ **clignotant** *nm* AUTO indicator **(UK)**, turn signal **(US)**.

clignoter *vi* **1.** *(yeux)* to blink **2.** *(lumière)* to flicker.

clim (abrév de **climatisation**) *nf fam* air conditioning, AC.

climat *nm litt* & *fig* climate.

climatique *adj* climatic.

climatisation *nf* air-conditioning.

climatisé, e *adj* air-conditioned.

clin ■ **clin d'œil** *nm* • **faire un clin d'œil (à)** to wink (at) • **en un clin d'œil** in a flash.

clinique *nf* clinic. ❑ *adj* clinical.

clinquant, e *adj litt* & *fig* flashy. ■ **clinquant** *nm* **1.** *(faux bijou)* imitation jewellery *(indén)* **(UK)** *ou* jewelry *(indén)* **(US)** **2.** *fig (éclat)* gloss.

clip *nm* **1.** *(vidéo)* pop video **2.** *(boucle d'oreilles)* clip-on earring.

cliquable *adj* clickable • **plan cliquable** sensitive map.

cliquer *vi* INFORM to click ; *(bouton gauche)* to left-click ; *(bouton droit)* to right-click.

cliqueter *vi* **1.** *(pièces, clés, chaînes)* to jingle, to jangle **2.** *(verres)* to clink.

cliquetis *nm* **1.** *(de pièces, clés, chaînes)* jingling *(indén)*, jangling *(indén)* **2.** *(de verres)* clinking *(indén)*.

clitoris *nm* clitoris.

clivage *nm fig (division)* division.

clochard, e *nm, f* tramp.

cloche *nf* **1.** *(d'église)* bell **2.** *fam (idiot)* idiot. ❑ *adj fam* • **ce qu'elle peut être cloche, celle-là !** she can be such an idiot!

cloche-pied ■ **à cloche-pied** *loc adv* hopping • **sauter à cloche-pied** to hop.

clocher[1] *nm (d'église)* church tower.

clocher[2] *vi fam* • **il y a quelque chose qui cloche** there's something wrong here • **qu'est-ce qui cloche ?** what's wrong *ou* up?

clochette *nf* **1.** *(petite cloche)* (little) bell **2.** *(de fleur)* bell.

clodo *nmf fam* tramp.

cloison *nf (mur)* partition.

cloisonner *vt* **1.** *(pièce, maison)* to partition (off) **2.** *fig* to compartmentalize.

cloître *nm* cloister.

cloîtrer *vt* **1.** RELIG to cloister **2.** *(enfermer)* to shut away (from the outside world). ■ **se cloîtrer** *vp* **1.** *(s'enfermer)* to shut o.s. away • **se cloîtrer dans** *fig* to retreat into **2.** *(RELIG - sœur)* to enter a convent ; *(- moine)* to enter a monastery.

clonage *nm* cloning • **clonage thérapeutique** therapeutic cloning.

clone *nm* clone.

clope *nm* & *nf fam* cigarette, fag **(UK)**.

clopiner *vi* to hobble along.

cloporte *nm* woodlouse.

cloque *nf* blister.

clore *vt* **1.** to close **2.** *(négociations)* to conclude.

clos, e *pp* → **clore**. ❑ *adj* closed.

clôture *nf* **1.** *(haie)* hedge **2.** *(de fil de fer)* fence **3.** *(fermeture)* closing, closure **4.** *(fin)* end, conclusion.

clôturer *vt* **1.** *(terrain)* to enclose **2.** *(négociation)* to close, to conclude.

clou *nm* **1.** *(pointe)* nail • **clou de girofle** CULIN clove **2.** *(attraction)* highlight.

clouer *vt* **1.** *(fixer - couvercle, planche)* to nail (down) ; *(- tableau, caisse)* to nail (up) **2.** *fig (immobiliser)* • **rester cloué sur place** to be rooted to the spot.

clouté, e *adj (vêtement)* studded.

clown *nm* clown • **faire le clown** to clown around, to act the fool.

club *nm* club.

cm (abrév de centimètre) cm.

CM *nm* (abrév de cours moyen) • **CM1** ≃ Year 4 **(UK)** ; ≃ fourth grade **(US)** • **CM2** ≃ Year 5 **(UK)** ; ≃ fifth grade **(US)**.

CNAM (abrév de Conservatoire national des arts et métiers) *nm si vous voulez expliquer à un anglophone de quoi il s'agit, vous pouvez dire* it is the national school for science and technology in Paris.

CNRS (abrév de Centre national de la recherche scientifique) *nm si vous voulez expliquer à un anglophone de quoi il s'agit, vous pouvez dire* it is the French national centre for scientific research.

coacher *vt* to coach.

coaguler *vi* **1.** *(sang)* to clot **2.** *(lait)* to curdle.

coalition *nf* coalition.

coasser *vi (grenouille)* to croak.

cobaye *nm litt & fig* guinea pig.

cobra *nm* cobra.

co-branding *nm* co-branding.

Coca® *nm (boisson)* Coke®.

cocaïne *nf* cocaine.

cocaïnomane *nmf* cocaine addict.

cocarde *nf* **1.** *(insigne)* roundel **2.** *(distinction)* rosette.

cocardier, ère *adj (chauvin)* jingoistic.

cocasse *adj* funny.

coccinelle *nf* **1.** *(insecte)* ladybird **(UK)**, ladybug **(US)** **2.** *(voiture)* Beetle.

coccyx *nm* coccyx.

cocher[1] *nm* coachman.

cocher[2] *vt* to tick (off) **(UK)**, to check (off) **(US)**.

cochon, onne *adj* dirty, smutty. ❑ *nm, f fam & péj* pig • **un tour de cochon** a dirty trick. ■ **cochon** *nm* pig.

cochonnaille *nf fam (charcuterie)* pork.

cochonnerie *nf fam* **1.** *(nourriture)* muck *(indén)* **2.** *(chose)* rubbish *(indén)* **(UK)**, trash *(indén)* **(US)** **3.** *(saleté)* mess *(indén)* **4.** *(obscénité)* dirty joke, smut *(indén)*.

cochonnet *nm (jeux)* jack.

cocker *nm* cocker spaniel.

cockpit *nm* cockpit.

cocktail *nm* **1.** *(réception)* cocktail party **2.** *(boisson)* cocktail **3.** *fig (mélange)* mixture.

coco *nm* **1.** → **noix** **2.** *péj (communiste)* commie.

cocon *nm fig* ZOOL cocoon.

cocooning *nm* • **faire du cocooning** to cocoon o.s.

cocorico *nm (du coq)* cock-a-doodle-doo.

cocotier *nm* coconut tree.

cocotte *nf* **1.** *(marmite)* casserole (dish) **2.** *(poule)* hen **3.** *péj (courtisane)* tart.

Cocotte-Minute® *nf* pressure cooker.

cocu, e *nm, f & adj fam* cuckold.

code *nm* **1.** *(gén)* code • **code-barres** bar code • **code postal** postcode **(UK)**, zip code **(US)** **2.** BANQUE & ÉCON • **code secret** PIN number **3.** *(phares)* dipped headlights *pl* **(UK)**, dimmed headlights *pl* **(US)** **4.** DR • **code pénal** penal code • **code de la route** highway code **(UK)**, motor vehicle laws **(US)**. ■ **codes** *nmpl (phares)* dipped headlights *pl* **(UK)**, low beams *pl* **(US)**.

codé, e *adj* encoded, coded • **message codé** cryptogram • **langage codé** secret language.

coder *vt* to code.

codétenu, e *nm, f* (fellow) prisoner.

coefficient *nm* coefficient.

coéquipier, ère *nm, f* teammate.

cœur *nm* heart • **au cœur de l'hiver** in the depths of winter • **au cœur de l'été** at the height of summer • **au cœur du conflit** at the height of the conflict • **de bon cœur** willingly • **de tout son cœur** with all one's heart • **apprendre par cœur** to learn by heart • **avoir bon cœur** to be kind-hearted • **avoir mal au cœur** to feel sick • **s'en donner à cœur joie** *(prendre beaucoup de plaisir)* to have a whale of a time • **manquer de cœur, ne pas avoir de cœur** to be heartless • **soulever le cœur à qqn** to make sb feel sick.

coexister *vi* to coexist.

coffre *nm* **1.** *(meuble)* chest **2.** *(de voiture)* boot **(UK)**, trunk **(US)** **3.** *(coffre-fort)* safe.

coffre-fort *nm* safe.

coffret *nm* **1.** *(petit coffre)* casket • **coffret à bijoux** jewellery **(UK)** *ou* jewelry **(US)** box **2.** *(de disques)* boxed set.

cognac *nm* cognac, brandy.

cogner *vi* **1.** *(heurter)* to bang **2.** *fam (donner des coups)* to hit **3.** *(soleil)* to beat down. ■ **se cogner** *vp (se heurter)* to bump o.s. • **se cogner à** *ou* **contre qqch** to bump into sthg • **se cogner la tête/le genou** to hit one's head/knee.

cohabiter *vi* **1.** *(habiter ensemble)* to live together **2.** POLIT to cohabit.

cohérence *nf* consistency, coherence.

cohérent, e *adj* **1.** *(logique)* consistent, coherent **2.** *(unifié)* coherent.

cohésion *nf* cohesion.

cohorte *nf (groupe)* troop.

cohue *nf* **1.** *(foule)* crowd **2.** *(bousculade)* crush.

coi, coite *adj* • **rester coi** *sout* to remain silent.

coiffage *nm* • **mousse/gel de coiffage** styling mousse/gel.

coiffant, e *adj* • **gel coiffant** styling gel.

coiffe *nf* headdress.

coiffé, e *adj* • **être bien/mal coiffé** to have tidy/untidy hair • **être coiffé d'une casquette** to be wearing a cap.

coiffer *vt* **1.** *(mettre sur la tête)* • **coiffer qqn de qqch** to put sthg on sb's head **2.** *(les cheveux)* • **coiffer qqn** to do sb's hair. ■ **se coiffer** *vp* **1.** *(les cheveux)* to do one's hair **2.** *(mettre sur sa tête)* • **se coiffer de** to wear, to put on.

coiffeur, euse *nm, f* hairdresser. ■ **coiffeuse** *nf (meuble)* dressing table.

coiffure *nf* **1.** *(chapeau)* hat **2.** *(cheveux)* hair-style.

coin *nm* **1.** *(angle)* corner • **au coin du feu** by the fireside **2.** *(parcelle, endroit)* place, spot • **dans le coin** in the area • **un coin de ciel bleu** a patch of blue sky • **coin cuisine** kitchen area • **le petit coin** *fam* the little boys'/girls' room **3.** *(outil)* wedge.

coincé, e *adj fam (personne)* hung up.

coincer *vt* **1.** *(bloquer)* to jam **2.** *fam (prendre)* to nab **3.** *fam & fig* to catch out **(UK) 4.** *(acculer)* to corner, to trap.

coïncidence *nf* coincidence.

coïncider *vi* to coincide.

coing *nm (fruit)* quince.

coït *nm* coitus.

col *nm* **1.** *(de vêtement)* collar • **col roulé** polo neck **(UK)**, turtleneck **(US) 2.** *(partie étroite)* neck **3.** ANAT • **col du fémur** neck of the thighbone *ou* femur • **col de l'utérus** cervix, neck of the womb **4.** GÉOGR pass.

colchique *nm (plante)* autumn crocus.

coléoptère *nm* beetle.

colère *nf* **1.** *(irritation)* anger • **être/se mettre en colère** to be/get angry **2.** *(accès d'humeur)* fit of anger *ou* rage • **piquer une colère** to fly into a rage.

coléreux, euse, colérique *adj* **1.** *(tempérament)* fiery **2.** *(personne)* quick-tempered.

colimaçon ■ **en colimaçon** *loc adv* spiral.

colin-maillard *nm* blind man's buff.

colique *nf* **1.** *(gén pl) (douleur)* colic *(indén)* **2.** *(diarrhée)* diarrhoea **(UK)**, diarrhea **(US)**.

colis *nm* parcel **(UK)**, package **(US)**.

collaborateur, trice *nm, f* **1.** *(employé)* colleague **2.** HIST collaborator.

collaboration *nf* collaboration.

collaborer *vi* **1.** *(coopérer, sous l'Occupation)* to collaborate **2.** *(participer)* • **collaborer à** to contribute to.

collage *nm* **1.** *(action)* sticking, gluing **2.** ART collage.

collant, e *adj* **1.** *(substance)* sticky **2.** *fam (personne)* clinging, clingy. ■ **collant** *nm* tights *pl* **(UK)**, panty hose *pl* **(US)**.

collation *nf (repas)* snack.

colle *nf* **1.** *(substance)* glue **2.** *fam (question)* poser **3.** *arg scol (interrogation)* test ; *(retenue)* detention.

collecte *nf* collection.

collectif, ive *adj* **1.** *(responsabilité, travail)* collective **2.** *(billet, voyage)* group *(avant nom)*. ■ **collectif** *nm* **1.** *(équipe)* team **2.** LING collective noun **3.** FIN • **collectif budgétaire** collection of budgetary measures.

collection *nf* **1.** *(d'objets, de livres, de vêtements)* collection • **faire la collection de** to collect **2.** COMM line.

collectionner *vt litt & fig* to collect.

collectionneur, euse *nm, f* collector.

collectivité *nf* community • **les collectivités locales** ADMIN the local communities • **collectivité territoriale** ADMIN (partially) autonomous region.

collector *nm* collector's edition • **coffret collector** boxed collector's set.

collège *nm* **1.** SCOL ≃ secondary school **2.** *(de personnes)* college.

collégien, enne *nm, f* schoolboy, schoolgirl *f*.

collègue *nmf* colleague.

coller *vt* **1.** *(fixer - affiche)* to stick (up) ; *(- timbre)* to stick **2.** *(appuyer)* to press **3.** INFORM to paste **4.** *fam (mettre)* to stick, to dump **5.** *arg scol* to give (a) detention to, to keep behind. ❑ *vi* **1.** *(adhérer)* to stick **2.** *(être adapté)* • **coller à qqch a)** *(vêtement)* to cling to sthg **b)** *fig* to fit in with sthg, to adhere to sthg. ■ **se coller** *vp (se plaquer)* • **se coller contre qqn/qqch** to press o.s. against sb/sthg.

collerette *nf (de vêtement)* ruff.

collet *nm* **1.** *(de vêtement)* collar • **être collet monté** *(affecté, guindé)* to be straitlaced **2.** *(piège)* snare.

collier *nm* **1.** *(bijou)* necklace **2.** *(d'animal)* collar **3.** *(barbe)* beard *(along the jawline)*.

collimateur *nm* • **avoir qqn dans le collimateur** *fam* to have sb in one's sights.

colline *nf* hill.

collision *nf (choc)* collision, crash • **entrer en collision avec** to collide with.

colloque *nm* colloquium.

collyre *nm* eye lotion.

colmater *vt* **1.** *(fuite)* to plug, to seal off **2.** *(brèche)* to fill, to seal.

colo *nf fam* children's holiday camp **(UK)**, summer camp **(US)**.

colocataire *nmf* **1.** ADMIN co-tenant **2.** flatmate **(UK)**.

colombage *nm* half-timbering • **à colombages** half-timbered.

colombe *nf* dove.

Colombie *nf* • **la Colombie** Colombia.

colon *nm* settler.

côlon *nm* colon.

colonel, elle *nm, f* colonel.

colonial, e *adj* colonial.

colonialisme *nm* colonialism.

colonie *nf* **1.** *(territoire)* colony **2.** *(d'expatriés)* community • **colonie de vacances** children's holiday **(UK)** *ou* summer camp **(US)**.

colonisation *nf* colonization.

coloniser *vt litt* & *fig* to colonize.

colonne *nf* column. ■ **colonne vertébrale** *nf* spine, spinal column.

colorant, e *adj* colouring **(UK)**, coloring **(US)**. ■ **colorant** *nm* colouring **(UK)**, coloring **(US)**.

colorer *vt (teindre)* to colour **(UK)**, to color **(US)**.

coloriage *nm* **1.** *(action)* colouring **(UK)**, coloring **(US)** **2.** *(dessin)* colouring-in picture.

colorier *vt* to colour in **(UK)**, to color in **(US)**.

coloris *nm* shade.

colorisation *nf* CINÉ colourization **(UK)**, colorization **(US)**.

coloriser *vt* CINÉ to colourize **(UK)**, to colorize **(US)**.

colossal, e *adj* colossal, huge.

colosse *nm* **1.** *(homme)* giant **2.** *(statue)* colossus.

colporter *vt* **1.** *(marchandise)* to hawk **2.** *(information)* to spread.

coltiner ■ **se coltiner** *vp fam* to be landed with.

colza *nm* rape(seed).

coma *nm* coma • **être dans le coma** to be in a coma.

comateux, euse *adj* comatose.

combat *nm* **1.** *(bataille)* battle, fight **2.** *fig (lutte)* struggle **3.** SPORT fight.

combatif, ive *adj* **1.** *(humeur)* fighting *(avant nom)* **2.** *(troupes)* willing to fight.

combattant, e *nm, f* **1.** *(en guerre)* combatant **2.** *(dans bagarre)* fighter • **ancien combattant** veteran.

combattre *vt litt* & *fig* to fight (against). ❑ *vi* to fight.

combien *conj* how much • **combien de** **a)** *(nombre)* how many **b)** *(quantité)* how much • **combien de temps ?** how long? • **ça fait combien ?** **a)** *(prix)* how much is that? **b)** *(longueur, hauteur, etc)* how long/high *etc* is it? ❑ *adv* how (much). ❑ *nm inv fam* • **le combien sommes-nous ?** what date is it? • **tous les combien ?** how often?

combinaison *nf* **1.** *(d'éléments)* combination **2.** *(de femme)* slip **3.** *(vêtement - de mécanicien)* boiler suit **(UK)**, overalls *pl* **(UK)**, overall **(US)** ; *(- de ski)* ski suit • **combinaison spatiale** space suit **4.** *(de coffre)* combination.

combine *nf fam* trick.

combiné *nm* receiver.

combiner *vt* **1.** *(arranger)* to combine **2.** *(organiser)* to devise. ■ **se combiner** *vp* to turn out.

comble *nm* height • **c'est un** *ou* **le comble !** that beats everything! ❑ *adj* packed. ■ **combles** *nmpl* attic *sing*, loft *sing*.

combler *vt* **1.** *(gâter)* • **combler qqn de** to shower sb with **2.** *(boucher)* to fill in **3.** *(déficit)* to make good **4.** *(lacune)* to fill.

combustible *nm* fuel. ❑ *adj* combustible.

combustion *nf* combustion.

comédie *nf* **1.** CINÉ & THÉÂTRE comedy • **comédie musicale** musical **2.** *(complication)* palaver.

comédien, enne *nm, f* **1.** *(acteur)* actor, actress *f* **2.** *fig* & *péj* phony, phoney **(UK)**.

comestible *adj* edible.

comète *nf* comet.

coming out *nm inv* coming-out.

comique *nmf* THÉÂTRE comic, comedian, comedienne *f* • **c'est un grand comique** he's a great comic actor. ❑ *adj* **1.** *(style)* comic **2.** *(drôle)* comical, funny.

comité *nm* committee • **comité d'entreprise** works council **(UK)**.

commandant, e *nm, f* commander.

commande *nf* **1.** *(de marchandises)* order • **passer une commande** to place an order • **sur commande** to order • **disponible sur commande** available on request **2.** TECHNOL control **3.** INFORM command • **commande numérique** digital control.

> **FAUX AMIS**
>
> ### commande
>
> Il faut traduire le nom *commande* dans son sens commercial par ***order*** ou dans son sens technique par ***mechanism***.
> Exemples : *Le garçon a pris la commande.* ***The waiter took the order****. La commande des essuie-glaces ne fonctionne plus.* ***The wiper mechanism is no longer working****.*
> En anglais, le nom ***command*** signifie *ordre, commandement* ou *maîtrise*.

commander *vt* **1.** MIL to command **2.** *(contrôler)* to operate, to control **3.** COMM to order. ❑ *vi* to be in charge • **commander à qqn de faire qqch** to order sb to do sthg.

commanditaire *nmf* DR backer. ❑ *adj* DR • **(associé) commanditaire** sleeping partner **(UK)**, silent partner **(US)**.

commanditer *vt* **1.** *(entreprise)* to finance **2.** *(meurtre)* to put up the money for **3.** *(tournoi)* to sponsor.

commando *nm* commando (unit).

comme

■ **comme** *conj*

1. INTRODUIT UNE COMPARAISON
• **il est médecin comme son père** he's a doctor (just) like his father • **elle s'habille exactement comme sa sœur** she dresses just like her sister

2. EXPRIME LA MANIÈRE
• **fais comme il te plaira** do as you wish • **comme prévu/convenu, la réunion a commencé à six heures** as planned/agreed, the meeting started at six • **faites comme bon vous semble** do as you think best • **ça va ? — comme ci comme ça** how are things? — so-so

3. INTRODUIT LA CAUSE
• **comme il pleuvait, nous sommes rentrés** as it was raining, we went back (home) • **comme tu es fatigué, tu devrais rester à la maison** since you're tired, you should stay at home

4. INDIQUE UNE SIMILITUDE
• **l'un comme l'autre sont très gentils** the one is as kind as the other, they are equally kind • **les filles, comme les garçons, iront jouer au foot** both girls and boys will play football

5. INDIQUE UNE FONCTION
• **nous l'avons eu comme professeur** we had him as teacher • **comme peintre, il est assez médiocre** as a painter, he is rather mediocre

6. TEL QUE
• **les auteurs romantiques comme Musset ou Vigny adoptèrent cette même position** Romantic writers such as *ou* like Musset or Vigny adopted the same position

■ **comme** *adv excl*

MARQUE L'INTENSITÉ
• **comme tu as grandi !** how you've grown! • **comme c'est difficile !** it's so difficult! • **regarde comme il nage bien !** (just) look what a good swimmer he is!, (just) look how well he swims!

commémoration *nf* commemoration.

commémorer *vt* to commemorate.

commencement *nm* beginning, start.

commencer *vt* **1.** *(entreprendre)* to begin, to start **2.** *(être au début de)* to begin. ❑ *vi* to start, to begin • **commencer à faire qqch** to begin *ou* start to do sthg, to begin *ou* start doing sthg • **commencer par faire qqch** to begin *ou* start by doing sthg.

comment *adv interr* how • **comment ?** what? • **comment ça va ?** how are you? • **comment cela ?** how come?

À PROPOS DE **comment**

Attention à ne pas confondre ***how is he?*** *(comment va-t-il ?* ; réponse : ***he's fine*** = il va bien) et ***what's he like?*** *(il est comment ?* ; réponse : ***he's tall and good-looking*** = il est grand et beau).

commentaire *nm* **1.** *(explication)* commentary **2.** *(observation)* comment.

commentateur, trice *nm, f* RADIO & TV commentator.

commenter *vt* to comment on.

commérage *nm péj* gossip *(indén)*.

commerçant, e *adj* **1.** *(rue)* shopping *(avant nom)* **2.** *(quartier)* commercial **3.** *(personne)* business-minded. ❑ *nm, f* shopkeeper **(UK)**.

commerce *nm* **1.** *(achat et vente)* trade, commerce • **commerce de gros/détail** wholesale/retail trade • **commerce électronique** electronic commerce, electronic trade, e-commerce • **commerce équitable** fair *ou* equitable trade • **commerce extérieur** foreign trade **2.** *(magasin)* business • **le petit commerce** small shopkeepers *pl*.

commercial, e *adj* **1.** *(entreprise, valeur)* commercial **2.** *(politique)* trade *(avant nom)*. ❑ *nm, f* marketing man, woman *f*.

commercialiser *vt* to market.

commère *nf péj* gossip.

commettre *vt* to commit.

commis, e *pp* → **commettre**. ■ **commis** *nm* assistant • **commis voyageur** commercial traveller **(UK)** *ou* traveler **(US)**.

commisération *nf sout* commiseration.

commissaire *nmf* commissioner • **commissaire de police** (police) superintendent **(UK)**, (police) captain **(US)**.

commissaire-priseur *nm* auctioneer.

commissariat *nm* • **commissariat de police** police station.

commission *nf* **1.** *(délégation)* commission, committee **2.** *(message)* message. ■ **commissions** *nfpl* shopping *(indén)* • **faire les commissions** to do the shopping.

commissure *nf* • **la commissure des lèvres** the corner of the mouth.

commode *nf* chest of drawers. ❑ *adj* **1.** *(pratique - système)* convenient ; *(- outil)* handy **2.** *(aimable)* • **pas commode** awkward.

commodité *nf* convenience. ■ **commodités** *nfpl (éléments de confort)* comforts.

commotion *nf* MÉD shock • **commotion cérébrale** concussion.

commun, e *adj* **1.** *(gén)* common **2.** *(décision, effort)* joint **3.** *(salle, jardin)* shared • **avoir qqch en commun** to have sthg in common • **faire qqch en commun** to do sthg together **4.** *(courant)* usual, common. ■ **commune** *nf* town.

communal, e *adj* **1.** *(école)* local **2.** *(bâtiments)* council *(avant nom)*.

communauté *nf* **1.** *(groupe)* community **2.** *(de sentiments, d'idées)* identity **3.** POLIT • **la Communauté européenne** the European Community.

communément *adv* commonly.

communiant, e *nm,f* communicant • **premier communiant** child taking his/her first communion.

communicant, e *adj* • **deux chambres communicantes** two connecting **(UK)** *ou* adjoining **(US)** rooms. ■ **communicant** *nm* communicator.

communicatif, ive *adj* **1.** *(rire, éternuement)* infectious **2.** *(personne)* communicative.

communication *nf* **1.** *(gén)* communication **2.** *TÉLÉCOM* • **communication (téléphonique)** (phone) call • **être en communication avec qqn** to be talking to sb • **obtenir la communication** to get through • **recevoir/prendre une communication** to receive/take a (phone) call • **communication interurbaine** long-distance (phone) call.

communier *vi RELIG* to take communion.

communion *nf RELIG* communion.

communiqué *nm* communiqué • **communiqué de presse** press release.

communiquer *vt* • **communiquer qqch à a)** *(information, sentiment)* to pass on *ou* communicate sthg to **b)** *(chaleur)* to transmit sthg to **c)** *(maladie)* to pass sthg on to.

communisme *nm* communism.

communiste *nmf & adj* communist.

commutateur *nm* switch • **commutateur de données** data switch.

comorbidité *nf* underlying medical condition.

compact, e *adj* **1.** *(épais, dense)* dense **2.** *(petit)* compact. ■ **compact** *nm (disque laser)* compact disc, CD.

compagne → **compagnon**.

compagnie *nf* **1.** *(gén) COMM* company • **tenir compagnie à qqn** to keep sb company • **en compagnie de** in the company of **2.** *(assemblée)* gathering.

compagnon, compagne *nm,f* companion. ■ **compagnon** *nm HIST* journeyman.

comparable *adj* comparable.

comparaison *nf (parallèle)* comparison • **en comparaison de, par comparaison avec** compared with, in *ou* by comparison with.

> S'EXPRIMER
>
> **faire des comparaisons**
>
> • ***It's as hot as yesterday.*** Il fait aussi chaud qu'hier.
> • ***It's not as hot as in May.*** Il fait moins chaud qu'au mois de mai.
> • ***We're the same age.*** Nous avons le même âge.
> • ***The red bike is half the price of the blue one.*** Le vélo rouge coûte moitié moins que le bleu.
> • ***Compared with you, your sister's short.*** Par rapport à toi, ta sœur est petite.
> • ***She sings better than me.*** Elle chante mieux que moi.

comparaître *vi DR* • **comparaître (devant)** to appear (before).

comparatif, ive *adj* comparative. ■ **comparatif** *nm GRAMM* comparative.

comparé, e *adj* **1.** comparative **2.** *(mérites)* relative.

comparer *vt* **1.** *(confronter)* • **comparer (avec)** to compare (with) **2.** *(assimiler)* • **comparer qqch à** to compare *ou* liken sthg to.

comparse *nmf péj* stooge.

compartiment *nm* compartment.

compartimenter *vt* **1.** *(meuble)* to partition **2.** *fig (administration)* to compartmentalize.

comparu, e *pp* → **comparaître**.

comparution *nf DR* appearance.

compas *nm* **1.** *(de dessin)* pair of compasses, compasses *pl* **2.** *NAUT* compass.

compassion *nf sout* compassion.

> S'EXPRIMER
>
> **exprimer sa compassion**
>
> • ***That's really bad luck!*** C'est vraiment pas de chance !
> • ***I'm really sorry.*** Je suis vraiment désolé.
> • ***You poor thing!*** Mon pauvre, ma pauvre !
> • ***Please accept my deepest sympathy.*** Toutes mes condoléances.

compatible *adj* • **compatible (avec)** compatible (with) • **compatible Mac/PC** Mac-/PC-compatible.

compatir *vi* • **compatir (à)** to sympathize (with).

compatriote *nmf* compatriot, fellow countryman, countrywoman *f*.

compensation *nf (dédommagement)* compensation • **compensation carbone** carbon offset.

compensé, e *adj* built-up.

compenser *vt (perte)* to compensate *ou* make up for.

compétence *nf* **1.** *(qualification)* skill, ability **2.** *DR* competence • **cela n'entre pas dans mes compétences** that's outside my scope.

compétent, e *adj* **1.** *(capable)* capable, competent **2.** *ADMIN & DR* competent • **les autorités compétentes** the relevant authorities.

compétitif, ive *adj* competitive.

compétition *nf* competition • **faire de la compétition** to go in for competitive sport.

compil *nf fam* compilation album.

compilation *nf* compilation.

complainte *nf* lament.

complaisant, e *adj* **1.** *(aimable)* obliging, kind **2.** *(indulgent)* indulgent.

complément *nm* **1.** *(gén) GRAMM* complement **2.** *(reste)* remainder.

complémentaire *adj* **1.** *(supplémentaire)* supplementary **2.** *(caractères, couleurs)* complementary.

complet, ète *adj* **1.** *(gén)* complete **2.** *(plein)* full. ■ **complet(-veston)** *nm* suit.

complètement *adv* **1.** *(vraiment)* absolutely, totally **2.** *(entièrement)* completely.

compléter *vt* **1.** *(gén)* to complete, to complement **2.** *(somme d'argent)* to make up. ■ **se compléter** *vp* to complement one another.

complexe *nm* **1.** PSYCHO complex • **complexe d'infériorité/de supériorité** inferiority/superiority complex **2.** *(ensemble)* complex • **complexe multisalle** multiplex (cinema). ❑ *adj* complex, complicated.

complexé, e *adj* hung up, mixed up.

complexifier *vt* to make (more) complex.

complexité *nf* complexity.

complication *nf* intricacy, complexity. ■ **complications** *nfpl* complications.

complice *nmf* accomplice. ❑ *adj (sourire, regard, air)* knowing.

complicité *nf* complicity.

compliment *nm* compliment.

complimenter *vt* to compliment.

compliqué, e *adj* **1.** *(problème)* complex, complicated **2.** *(personne)* complicated.

compliquer *vt* to complicate.

complot *nm* plot.

comploter *vt & vi litt & fig* to plot.

comportement *nm* behaviour **(UK)**, behavior **(US)**.

comportemental, e *adj* behavioural **(UK)**, behavioral **(US)**.

comporter *vt* **1.** *(contenir)* to include, to contain **2.** *(être composé de)* to consist of, to be made up of. ■ **se comporter** *vp* to behave.

composant, e *adj* constituent, component. ■ **composant** *nm* component. ■ **composante** *nf* component.

composé, e *adj* compound. ■ **composé** *nm* **1.** *(mélange)* combination **2.** CHIM & LING compound.

composer *vt* **1.** *(constituer)* to make up, to form **2.** *(créer - musique)* to compose, to write **3.** *(numéro de téléphone)* to dial **4.** *(code)* to key in. ❑ *vi* to compromise. ■ **se composer** *vp (être constitué)* • **se composer de** to be composed of, to be made up of.

composite *adj* **1.** *(disparate - mobilier)* assorted, of various types ; *(- foule)* heterogeneous **2.** *(matériau)* composite.

compositeur, trice *nm, f* **1.** MUS composer **2.** TYPO typesetter.

composition *nf* **1.** *(gén)* composition **2.** SCOL test **3.** *(caractère)* • **être de bonne composition** to be good-natured.

compost *nm* compost.

composter *vt (ticket, billet)* to date-stamp.

compote *nf* compote • **compote de pommes** stewed apples, apple sauce.

compréhensible *adj* **1.** *(texte, parole)* comprehensible **2.** *fig (réaction)* understandable.

compréhensif, ive *adj* understanding.

compréhension *nf* **1.** *(de texte)* comprehension, understanding **2.** *(indulgence)* understanding.

comprendre *vt* **1.** *(gén)* to understand • **je comprends !** I see! • **se faire comprendre** to make o.s. understood • **mal comprendre** to misunderstand **2.** *(comporter)* to comprise, to consist of **3.** *(inclure)* to include.

S'EXPRIMER

indiquer que l'on n'a pas (tout) compris

- ***Sorry?/Excuse me?*** **(US)** Pardon ?
- ***Can you say that again, please?*** Tu peux/Vous pouvez répéter, s'il vous plaît ?
- ***Sorry, I don't understand.*** Désolé, je ne comprends pas.
- ***How do you write that, please?*** Comment cela s'écrit-il, s'il te/vous plaît ?
- ***Do you mean that...?*** Tu veux/Vous voulez dire que... ?
- ***What do you mean by that?*** Que veux-tu/voulez-vous dire par là ?
- ***Have I understood properly?*** Ai-je bien compris ?

compresse *nf* compress.

compresser *vt* **1.** *(gén)* to pack (tightly) in, to pack in tight **2.** INFORM to compress.

compresseur → **rouleau.**

compression *nf* **1.** *(de gaz)* compression **2.** *fig* cutback, reduction.

comprimé, e *adj* compressed. ■ **comprimé** *nm* tablet • **comprimé effervescent** effervescent tablet.

comprimer *vt* **1.** *(gaz, vapeur)* to compress **2.** *(personnes)* • **être comprimés dans** to be packed into.

compris, e *adj* **1.** *(situé)* lying, contained **2.** *(inclus)* • **service (non) compris** (not) including service, service (not) included • **tout compris** all inclusive, all in • **y compris** including.

compromettre *vt* to compromise.

compromis *nm* compromise.

compromission *nf péj* base action.

comptabilité *nf* **1.** *(comptes)* accounts *pl* **2.** *(service)* • **la comptabilité** accounts, the accounts department.

comptable *nmf* accountant.

comptant *adv* • **payer** *ou* **régler comptant** to pay cash. ■ **au comptant** *loc adv* • **payer au comptant** to pay cash.

compte *nm* **1.** *(action)* count, counting *(indén)* **2.** *(total)* number • **faire le compte (de) a)** *(personnes)* to count (up) **b)** *(dépenses)* to add up • **compte à rebours** countdown **3.** *BANQUE & COMM* account • **ouvrir un compte** to open an account • **compte bancaire** *ou* **en banque** bank account • **compte courant** current account **(UK)**, checking account **(US)** • **compte créditeur** account in credit • **compte de dépôt** deposit account • **compte d'épargne** savings account • **compte d'exploitation** operating account • **compte joint** joint account • **compte postal** post office account **4.** *INFORM & INTERNET* account • **compte utilisateur** user account • **compte de courrier électronique** e-mail account **5.** *(locution)* • **avoir son compte** to have had enough • **être/se mettre à son compte** to be/become self-employed • **prendre qqch en compte, tenir compte de qqch** to take sthg into account • **se rendre compte de qqch** to realize sthg • **s'en tirer à bon compte** to get off lightly • **tout compte fait** all things considered. ■ **comptes** *nmpl* accounts • **comptes de résultats courants** above-the-line accounts • **faire ses comptes** to do one's accounts.

compte-chèques, compte chèques *nm* current account **(UK)**, checking account **(US)**.

compte-gouttes *nm inv* dropper. ■ **au compte-gouttes** *loc adv fam* very sparingly • **payer qqn au compte-gouttes** to pay sb off in dribs and drabs • **distribuer qqch au compte-gouttes** to dole sthg out • **ils les prêtent au compte-gouttes, leurs vidéos !** they don't like lending out too many videos at a time!

compter *vt* **1.** *(dénombrer)* to count **2.** *(avoir l'intention de)* • **compter faire qqch** to intend to do sthg, to plan to do sthg. ❑ *vi* **1.** *(calculer)* to count **2.** *(être important)* to count, to matter • **compter parmi** *(faire partie de)* to be included amongst, to rank amongst • **compter pour** to count for • **compter avec** *(tenir compte de)* to reckon with, to take account of • **compter sur** *(se fier à)* to rely *ou* count on. ■ **sans compter que** *loc conj* besides which.

compte rendu, compte-rendu *nm* report, account.

compteur *nm* meter.

comptine *nf* nursery rhyme.

comptoir *nm* **1.** *(de bar)* bar **2.** *(de magasin)* counter **3.** *(dans un hôtel, un aéroport)* desk • **comptoir de la réception** reception desk • **comptoir d'enregistrement** check-in desk *ou* counter **4.** *HIST* trading post **5. (SUISSE)** *(foire)* trade fair.

compulser *vt* to consult.

compulsif, ive *adj PSYCHO* compulsive.

comte *nm* count.

comté *nm* **1.** *(fromage) si vous voulez expliquer de quoi il s'agit à un anglophone, vous pouvez dire* it is a type of cheese similar to Gruyère **2.** *ADMIN (au Canada)* county **3.** *HIST* earldom.

comtesse *nf* countess.

con, conne *tfam adj* damned *ou* bloody **(UK)** stupid. ❑ *nm,f* stupid bastard, bitch *f.*

concassé, e *adj (poivre)* coarse-ground • **blé concassé** cracked wheat.

concaténer *vt* to concatenate • **concaténer des fichiers** to concatenate files.

concave *adj* concave.

concéder *vt* • **concéder qqch à a)** *(droit, terrain)* to grant sthg to **b)** *(point, victoire)* to concede sthg to • **concéder que** to admit (that), to concede (that).

concentration *nf* concentration.

concentré, e *adj* **1.** *(gén)* concentrated **2.** *(personne)* • **elle était très concentrée** she was concentrating hard **3.** → **lait.** ■ **concentré** *nm* concentrate • **concentré de tomates** *CULIN* tomato purée.

concentrer *vt* to concentrate. ■ **se concentrer** *vp* **1.** *(se rassembler)* to be concentrated **2.** *(personne)* to concentrate.

concentrique *adj* concentric.

concept *nm* concept.

conception *nf* **1.** *(gén)* conception **2.** *(d'un produit, d'une campagne)* design, designing *(indén)*.

concernant *prép* regarding, concerning.

concerner *vt* to concern • **être/se sentir concerné par qqch** to be/feel concerned by sthg • **en ce qui me concerne** as far as I'm concerned.

concert *nm MUS* concert.

concertation *nf* consultation.

concerter *vt (organiser)* to devise (jointly). ■ **se concerter** *vp* to consult (each other).

concerto *nm* concerto.

concession *nf* **1.** *(compromis) GRAMM* concession **2.** *(autorisation)* rights *pl*, concession.

concessionnaire *nmf* **1.** *(automobile)* (car) dealer **2.** *(qui possède une franchise)* franchise holder.

concevable *adj* conceivable.

concevoir *vt* **1.** *(enfant, projet)* to conceive **2.** *(comprendre)* to conceive of • **je ne peux pas concevoir comment/pourquoi** I cannot conceive how/why.

concierge *nmf* caretaker **(UK)**, superintendent **(US)**, concierge.

conciliant, e *adj* conciliating.

conciliation *nf* **1.** *(règlement d'un conflit)* reconciliation, reconciling **2.** *(accord) DR* conciliation.

concilier *vt (mettre d'accord, allier)* to reconcile • **concilier qqch et** *ou* **avec qqch** to reconcile sthg with sthg.

concis, e *adj* **1.** *(style, discours)* concise **2.** *(personne)* terse.

concision *nf* conciseness, concision.

concitoyen, enne *nm,f* fellow citizen.

conclu, e *pp* → **conclure**.

concluant, e *adj (convaincant)* conclusive.

conclure *vt* to conclude • **en conclure que** to deduce (that). ❑ *vi* • **les experts ont conclu à la folie** the experts concluded he/she was mad.

conclusion *nf* **1.** *(gén)* conclusion **2.** *(partie finale)* close.

concocter *vt* to concoct.

concombre *nm* cucumber.

concordance *nf (conformité)* agreement • **concordance des temps** GRAMM sequence of tenses.

concorder *vi* **1.** *(coïncider)* to agree, to coincide **2.** *(être en accord)* • **concorder (avec)** to be in accordance (with).

concourir *vi* **1.** *(contribuer)* • **concourir à** to work towards **(UK)** *ou* toward **(US)** **2.** *(participer à un concours)* to compete.

concours *nm* **1.** *(examen)* competitive examination **2.** *(compétition)* competition, contest **3.** *(coïncidence)* • **concours de circonstances** combination of circumstances.

concret, ète *adj* concrete.

concrètement *adv (en réalité)* in real *ou* practical terms.

concrétiser *vt* **1.** *(projet)* to give shape to **2.** *(rêve, espoir)* to give solid form to. ■ **se concrétiser** *vp* **1.** *(projet)* to take shape **2.** *(rêve, espoir)* to materialize.

conçu, e *pp* → **concevoir**.

concubin, e *nm,f* partner, common-law husband, wife *f*.

concubinage *nm* living together, cohabitation.

concupiscent, e *adj* lustful.

concurremment *adv* jointly.

concurrence *nf* **1.** *(rivalité)* rivalry **2.** ÉCON competition.

concurrent, e *adj* rival, competing. ❑ *nm,f* competitor.

concurrentiel, elle *adj* competitive.

condamnable *adj* reprehensible.

condamnation *nf* **1.** DR sentence **2.** *(dénonciation)* condemnation.

condamné, e *nm,f* convict, prisoner.

condamner *vt* **1.** DR • **condamner qqn (à)** to sentence sb (to) • **condamner qqn à une amende** to fine sb **2.** *fig (obliger)* • **condamner qqn à qqch** to condemn sb to sthg **3.** *(malade)* • **être condamné** to be terminally ill **4.** *(interdire)* to forbid **5.** *(blâmer)* to condemn **6.** *(fermer)* to fill in, to block up.

condensation *nf* condensation.

condensé *nm* summary. ❑ *adj* → **lait**.

condenser *vt* to condense.

condescendant, e *adj* condescending.

condiment *nm* condiment.

condisciple *nm* fellow student.

condition *nf* **1.** *(gén)* condition • **se mettre en condition** *(physiquement)* to get into shape **2.** *(place sociale)* station • **la condition des ouvriers** the workers' lot. ■ **conditions** *nfpl* **1.** *(circonstances)* conditions • **conditions de vie** living conditions • **conditions météo** weather conditions **2.** *(de paiement)* terms. ■ **à condition de** *loc prép* providing *ou* provided (that). ■ **à condition que** *loc conj (+ subjonctif)* providing *ou* provided (that). ■ **sans condition(s)** *loc adj* unconditional. ❑ *loc adv* unconditionally.

conditionné, e *adj* **1.** *(emballé)* • **conditionné sous vide** vacuum-packed **2.** → **air**.

conditionnel, elle *adj* conditional. ■ **conditionnel** *nm* GRAMM conditional.

conditionnement *nm* **1.** *(action d'emballer)* packaging, packing **2.** *(emballage)* package **3.** PSYCHO & TECHNOL conditioning.

conditionner *vt* **1.** *(déterminer)* to govern **2.** PSYCHO & TECHNOL to condition **3.** *(emballer)* to pack.

condoléances *nfpl* condolences.

conducteur, trice *adj* conductive. ❑ *nm,f (de véhicule)* driver. ■ **conducteur** *nm* ÉLECTR conductor.

conduire *vt* **1.** *(voiture, personne)* to drive **2.** PHYS *(transmettre)* to conduct **3.** *fig (diriger)* to manage **4.** *fig (à la ruine, au désespoir)* • **conduire qqn à qqch** to drive sb to sthg. ❑ *vi* **1.** AUTO to drive **2.** *(mener)* • **conduire à** to lead to. ■ **se conduire** *vp* to behave.

conduit, e *pp* → **conduire**. ■ **conduit** *nm* **1.** *(tuyau)* conduit, pipe **2.** ANAT duct, canal.

conduite *nf* **1.** *(pilotage d'un véhicule)* driving • **avec conduite à droite/gauche** right-hand/left-hand drive **2.** *(comportement)* behaviour *(indén)* **(UK)**, behavior *(indén)* **(US)** **3.** *(canalisation)* • **conduite de gaz/d'eau** gas/water main, gas/water pipe.

cône *nm* GÉOM cone.

confection *nf* **1.** *(réalisation)* making **2.** *(industrie)* clothing industry.

confectionner *vt* to make.

confédération *nf* **1.** *(d'états)* confederacy **2.** *(d'associations)* confederation.

conférence *nf* **1.** *(exposé)* lecture **2.** *(réunion)* conference • **conférence de presse** press conference • **conférences en ligne** *ou* **web conférences** web conferencing.

conférencier, ère *nm,f* lecturer.

conférer *vt (accorder)* • **conférer qqch à qqn** to confer sthg on sb.

confesser *vt* **1.** *(avouer)* to confess **2.** RELIG • **confesser qqn** to hear sb's confession. ■ **se confesser** *vp* to go to confession.

confession *nf* confession.

confessionnal *nm* confessional.

confetti *nm* confetti *(indén)*.

confiance *nf (foi)* confidence • **avoir confiance en** to have confidence *ou* faith in • **avoir confiance en soi** to be self-confident • **en toute confiance** with complete confidence • **de confiance** trustworthy • **faire confiance à qqn/qqch** to trust sb/sthg.

confiant, e *adj (sans méfiance)* trusting.

confidence *nf* confidence.

confident, e *nm,f* confidant, confidante *f*.

confidentiel, elle *adj* confidential.

confier *vt* **1.** *(donner)* • **confier qqn/qqch à qqn** to entrust sb/sthg to sb **2.** *(dire)* • **confier qqch à qqn** to confide sthg to sb. ■ **se confier** *vp* • **se confier à qqn** to confide in sb.

configuration *nf* **1.** TECHNOL configuration **2.** INFORM • **configuration par défaut** default setting **3.** *(conception)* layout.

configurer *vt* INFORM to configure.

confiné, e *adj* **1.** *(air)* stale **2.** *(atmosphère)* enclosed **3.** *(enfermé)* shut away.

confinement *nm* lockdown.

confiner *vt MÉD* to lockdown.

confins *nmpl* • **aux confins de** on the borders of.

confirmation *nf* confirmation.

confirmer *vt (certifier)* to confirm. ■ **se confirmer** *vp* to be confirmed.

confiscation *nf* confiscation.

confiserie *nf* **1.** *(magasin)* sweet shop **(UK)**, candy store **(US)**, confectioner's **2.** *(sucreries)* sweets *pl* **(UK)**, candy *(indén)* **(US)**, confectionery *(indén)*.

confiseur, euse *nm,f* confectioner.

confisquer *vt* to confiscate.

confit *nm* conserve.

confiture *nf* jam.

conflit *nm* **1.** *(situation tendue)* clash, conflict **2.** *(entre États)* conflict.

confluent *nm* confluence • **au confluent de** at the confluence of.

confondre *vt* **1.** *(ne pas distinguer)* to confuse **2.** *(accusé)* to confound **3.** *(stupéfier)* to astound.

confondu, e *pp* → **confondre**.

conformation *nf* structure.

conforme *adj* • **conforme à** in accordance with.

conformément ■ **conformément à** *loc prép* in accordance with.

conformer *vt* • **conformer qqch à** to shape sthg according to. ■ **se conformer** *vp* • **se conformer à a)** *(s'adapter)* to conform to **b)** *(obéir)* to comply with.

conformiste *nmf* conformist. ❏ *adj* **1.** *(traditionaliste)* conformist **2.** *(Anglican)* Anglican.

conformité *nf (accord)* • **être en conformité avec** to be in accordance with.

confort *nm* comfort • **tout confort** with all mod cons **(UK)**, with all modern conveniences **(US)**.

confortable *adj* comfortable.

confrère, consœur *nm,f* colleague.

confrérie *nf* brotherhood.

confrontation *nf (face à face)* confrontation.

confronter *vt* **1.** *(mettre face-à-face)* to confront **2.** *fig* • **être confronté à** to be confronted *ou* faced with.

confucianisme *nm* Confucianism.

confus, e *adj* **1.** *(indistinct, embrouillé)* confused **2.** *(gêné)* embarrassed.

confusion *nf* **1.** *(gén)* confusion **2.** *(embarras)* confusion, embarrassment.

congé *nm* **1.** *(arrêt de travail)* leave *(indén)* • **congé (de) maladie** sick leave • **congé de maternité** maternity leave **2.** *(vacances)* holiday **(UK)**, vacation **(US)** • **en congé** on holiday **(UK)** *ou* vacation **(US)** • **congés payés** paid holiday *(indén) ou* holidays *ou* leave *(indén)* **(UK)**, paid vacation **(US)** • **une journée/semaine de congé** a day/week off **3.** *(renvoi)* notice • **donner son congé à qqn** to give sb his/her notice • **prendre congé (de qqn)** *sout* to take one's leave (of sb).

S'EXPRIMER

prendre congé

- ***Goodbye!*** Au revoir !
- ***Hi!/Hey!* (US)** Salut ! (bonjour)
- ***Bye!*** Salut ! (au revoir)
- ***See you later!*** À plus tard !/À tout à l'heure !
- ***See you tonight!*** À ce soir !
- ***See you Tuesday!*** À mardi !
- ***Good night!*** Bonne nuit !
- ***Sorry, I've got to go.*** Désolé, il faut que je parte.
- ***I'm in a hurry.*** Je suis pressé.
- ***OK, see you.*** Bon, à la prochaine.
- ***It was nice meeting you.*** C'était un plaisir de te/vous rencontrer.
- ***I really enjoyed meeting you.*** J'ai été très content de faire ta/votre connaissance.
- ***Good luck!*** Bon courage !
- ***Have a good journey*** *ou* ***trip!*** Bon voyage !

congédier *vt* to dismiss.

congé-formation *nm* training leave.

congélateur *nm* freezer.

congeler *vt* to freeze.

congénital, e *adj* congenital.

congère *nf* snowdrift.

congestion *nf* congestion • **congestion pulmonaire** pulmonary congestion.

Congo *nm* **1.** *(pays)* • **le Congo** the Congo • **la République démocratique du Congo** the Democratic Republic of Congo **2.** *(fleuve)* • **le Congo** the Congo.

congratuler *vt* to congratulate.

congrégation *nf* congregation.

congrès *nm (colloque)* assembly.

conifère *nm* conifer.

conjecture *nf* conjecture.

conjecturer *vt & vi* to conjecture.

conjoint, e *adj* joint. ❑ *nm,f* spouse.

conjonction *nf* conjunction.

conjonctivite *nf* conjunctivitis *(indén)*.

conjoncture *nf* ÉCON situation, circumstances *pl*.

conjugaison *nf* **1.** *(union)* uniting **2.** GRAMM conjugation.

conjugal, e *adj* conjugal.

conjuguer *vt* **1.** *(unir)* to combine **2.** GRAMM to conjugate. ■ **se conjuguer** *vp (emploi passif)* GRAMM to conjugate, to be conjugated. ❑ *vpi (s'unir)* to work together, to combine.

conjuration *nf* **1.** *(conspiration)* conspiracy **2.** *(exorcisme)* exorcism.

connaissance *nf* **1.** *(savoir)* knowledge *(indén)* • **à ma connaissance** to (the best of) my knowledge • **en connaissance de cause** with full knowledge of the facts • **prendre connaissance de qqch** to study sthg, to examine sthg **2.** *(personne)* acquaintance • **faire connaissance (avec qqn)** to become acquainted (with sb) • **faire la connaissance de** to meet **3.** *(conscience)* • **perdre/reprendre connaissance** to lose/regain consciousness.

> **À PROPOS DE — connaissance**
>
> Attention ! Le mot ***knowledge*** est indénombrable. Il ne s'emploie ni au pluriel, ni avec l'article indéfini ***a*** :
>
> • *Cela demande une bonne connaissance de l'outil informatique.* ***It requires sound knowledge of computing.***
>
> • *Ses connaissances en la matière sont époustouflantes.* ***His knowledge of the subject is astounding.***

connaisseur, euse *adj* expert *(avant nom)*. ❑ *nm,f* connoisseur.

connaître *vt* **1.** *(gén)* to know • **connaître qqn de nom/de vue** to know sb by name/sight **2.** *(éprouver)* to experience. ■ **se connaître** *vp* **1.** • **s'y connaître en** *(être expert)* to know about • **il s'y connaît** he knows what he's talking about/doing **2.** *(soi-même)* to know o.s. **3.** *(se rencontrer)* to meet (each other) • **ils se connaissent** they've met each other.

connecter *vt* to connect. ■ **se connecter** *vp* to log on, to log in • **se connecter à (l')Internet** to log on to the Internet.

connexion *nf* connection • **connexion (à) Internet** Internet connection.

connu, e *pp* → **connaître**. ❑ *adj (célèbre)* well-known, famous.

conquérant, e *adj* conquering. ❑ *nm,f* conqueror.

conquérir *vt* to conquer.

conquête *nf* conquest • **conquête de l'espace** space exploration.

conquis, e *pp* → **conquérir**.

consacrer *vt* **1.** RELIG to consecrate **2.** *(employer)* • **consacrer qqch à** to devote sthg to. ■ **se consacrer** *vp* • **se consacrer à** to dedicate o.s. to, to devote o.s. to.

consanguin, e *adj* • **frère consanguin** half-brother • **sœur consanguine** half-sister. Voir aussi **mariage**.

consciemment *adv* knowingly, consciously.

conscience *nf* **1.** *(connaissance)* PSYCHO consciousness • **avoir conscience de qqch** to be aware of sthg **2.** *(morale)* conscience • **bonne/mauvaise conscience** clear/guilty conscience • **conscience professionnelle** professional integrity, conscientiousness.

consciencieux, euse *adj* conscientious.

conscient, e *adj* conscious • **être conscient de qqch** *(connaître)* to be conscious of sthg.

conscription *nf* conscription, draft **(US)**.

conscrit *nm* conscript, recruit, draftee **(US)**.

consécration *nf* **1.** *(reconnaissance)* recognition **2.** *(de droit, coutume)* establishment **3.** RELIG consecration.

consécutif, ive *adj* **1.** *(successif)* GRAMM consecutive **2.** *(résultant)* • **consécutif à** resulting from.

conseil *nm* **1.** *(avis)* piece of advice, advice *(indén)* • **donner un conseil** *ou* **des conseils (à qqn)** to give (sb) advice **2.** *(personne)* • **conseil (en)** consultant (in) **3.** *(assemblée)* council • **conseil d'administration** board of directors • **conseil de classe** staff meeting • **conseil de discipline** disciplinary committee.

> **S'EXPRIMER — donner et demander un conseil**
>
> • ***What should I do?*** Qu'est ce que je dois faire ?
>
> • ***What do you think?*** Qu'en penses-tu ?
>
> • ***If I were you, I'd call the doctor.*** Si j'étais toi, j'appellerais le médecin.
>
> • ***You'd be better off staying at home.*** Tu ferais mieux de rester à la maison.

conseiller[1] *vt* **1.** *(recommander)* to advise • **conseiller qqch à qqn** to recommend sthg to sb **2.** *(guider)* to advise, to counsel. ❑ *vi (donner un conseil)* • **conseiller à qqn de faire qqch** to advise sb to do sthg.

À PROPOS DE

conseil

Attention ! Le mot ***advice*** est indénombrable. Il ne s'emploie ni au pluriel, ni avec l'article indéfini ***an*** :

• *Il m'a donné quelques conseils de jardinage.* ***He gave me some gardening advice.***

• *Puis-je vous donner un petit conseil ?* ***Can I give you some advice?*** *ou* ***Can I give you a piece of advice?***

conseiller[2], ère *nm, f* **1.** *(guide)* counsellor **(UK)**, counselor **(US) 2.** *(d'un conseil)* councillor **(UK)**, councilor **(US)** • **conseiller municipal** town councillor **(UK)**, city councilman, councilwoman *f* **(US)**.

consensuel, elle *adj* • **politique consensuelle** consensus politics.

consensus *nm* consensus.

consentement *nm* consent.

consentir *vi* • **consentir à qqch** to consent to sthg.

conséquence *nf* consequence, result • **ne pas tirer à conséquence** to be of no consequence.

conséquent, e *adj* **1.** *(cohérent)* consistent **2.** *fam (important)* sizeable, considerable. ■ **par conséquent** *loc adv* therefore, consequently.

conservateur, trice *adj* conservative. ❑ *nm, f* **1.** POLIT conservative **2.** *(administrateur)* curator. ■ **conservateur** *nm* preservative.

conservation *nf* **1.** *(état, entretien)* preservation **2.** *(d'aliment)* preserving.

conservatoire *nm* academy • **conservatoire de musique** music college.

conserve *nf* canned *ou* tinned **(UK)** food • **en conserve a)** *(en boîte)* canned, tinned **(UK) b)** *(en bocal)* preserved, bottled.

conserver *vt* **1.** *(garder, entretenir)* to keep **2.** *(entreposer - en boîte)* to can ; *(- en bocal)* to bottle.

considérable *adj* considerable.

considération *nf* **1.** *(réflexion, motivation)* consideration • **prendre qqch en considération** to take sthg into consideration **2.** *(estime)* respect.

considérer *vt* to consider • **tout bien considéré** all things considered.

consigne *nf* **1.** *(gén pl) (instruction)* instructions *pl* **2.** *(entrepôt de bagages)* left-luggage office **(UK)**, checkroom **(US)**, baggage room **(US)** • **consigne automatique** left-luggage lockers *pl* **(UK) 3.** *(somme d'argent)* deposit.

consigné, e *adj* returnable.

consistance *nf* **1.** *(solidité)* consistency **2.** *fig* substance.

consistant, e *adj* **1.** *(épais)* thick **2.** *(nourrissant)* substantial **3.** *(fondé)* sound.

consister *vi* • **consister en** to consist of • **consister à faire qqch** to consist in doing sthg.

conso *nf fam* drink.

consœur → **confrère**.

consolation *nf* consolation.

console *nf* **1.** *(table)* console (table) **2.** INFORM • **console de jeux** games console • **console de visualisation** VDU, visual display unit.

consoler *vt (réconforter)* • **consoler qqn (de qqch)** to comfort sb (in sthg).

consolider *vt litt & fig* to strengthen. ■ **se consolider** *vp* **1.** *(parti, régime)* to strengthen, to consolidate its position **2.** *(fracture)* to knit • **en rachetant son concurrent, l'entreprise se consolide dans sa position de leader du secteur** by buying out its competitor, the company has consolidated its position as market leader • **l'euro se consolide** the euro is consolidating.

consommateur, trice *nm, f* **1.** *(acheteur)* consumer **2.** *(d'un bar)* customer.

consommation *nf* **1.** *(utilisation)* consumption • **faire une grande** *ou* **grosse consommation de** to use (up) a lot of **2.** *(boisson)* drink.

consommé, e *adj sout* consummate. ■ **consommé** *nm* consommé.

consommer *vt* **1.** *(utiliser)* to use (up) **2.** *(manger)* to eat **3.** *(énergie)* to consume, to use. ❑ *vi* **1.** *(boire)* to drink **2.** *(voiture)* • **cette voiture consomme beaucoup** this car uses a lot of fuel.

consonance *nf* consonance.

consonne *nf* consonant.

conspirateur, trice *nm, f* conspirator.

conspiration *nf* conspiracy.

conspirer *vt (comploter)* to plot. ❑ *vi* to plot, to conspire.

constamment *adv* constantly.

constant, e *adj* constant.

constat *nm* **1.** *(procès-verbal)* report **2.** *(constatation)* established fact.

constatation *nf* **1.** *(révélation)* observation **2.** *(fait retenu)* finding.

constater *vt* **1.** *(se rendre compte de)* to see, to note **2.** *(consigner - fait, infraction)* to record ; *(- décès, authenticité)* to certify.

constellation *nf* ASTRON constellation.

consternation *nf* dismay.

consterner *vt* to dismay.

constipation *nf* constipation.

constipé, e *adj* **1.** MÉD constipated **2.** *fam & fig (manière, air)* ill at ease.

constituer *vt* **1.** *(élaborer)* to set up **2.** *(composer)* to make up **3.** *(représenter)* to constitute.

constitution *nf* **1.** *(création)* setting up **2.** *(de pays, de corps)* constitution.

constructeur *nm* **1.** *(fabricant)* manufacturer **2.** *(de navire)* shipbuilder **3.** *(bâtisseur)* builder.

constructif, ive *adj* **1.** *(positif)* constructive **2.** *(créateur)* creative.

construction *nf* **1.** *(dans l'industrie)* building, construction • **construction navale** shipbuilding **2.** *(édifice)* structure, building **3.** *fig* GRAMM construction.

construire *vt* **1.** *(bâtir, fabriquer)* to build **2.** *(théorie, phrase)* to construct.

construit, e *pp* → **construire.**

consul, e *nm, f* consul • **consul honoraire** honorary consul.

consulat *nm (résidence)* consulate.

consultant, e *adj* • **médecin consultant** consultant. ❑ *nm, f* consultant • **consultant en gestion** management consultant.

consultation *nf* **1.** *(d'ouvrage)* • **de consultation aisée** easy to use **2.** MÉD & POLIT consultation.

consulter *vt* **1.** *(compulser)* to consult **2.** *(interroger, demander conseil à)* to consult, to ask **3.** *(spécialiste)* to consult, to see. ❑ *vi* **1.** *(médecin)* to see patients, to take *ou* hold surgery **(UK)** **2.** *(avocat)* to be available for consultation. ■ **se consulter** *vp* to confer.

contact *nm* **1.** *(gén)* contact • **le contact du marbre est froid** marble is cold to the touch • **au contact de** on contact with **2.** *(relations)* contact • **prendre contact avec** to make contact with • **rester en contact (avec)** to stay in touch (with) • MÉD **cas contact** contact **3.** AUTO ignition • **mettre/couper le contact** to switch on/off the ignition.

contacter *vt* to contact.

contagieux, euse *adj* **1.** MÉD contagious **2.** *fig* infectious.

contagion *nf* **1.** MÉD contagion **2.** *fig* infectiousness.

container → **conteneur.**

contamination *nf* MÉD contamination.

contaminer *vt* **1.** *(infecter)* to contaminate **2.** *fig* to contaminate, to infect.

conte *nm* story • **conte de fées** fairy tale *ou* story.

contemplation *nf* contemplation.

contempler *vt* to contemplate.

contemporain, e *nm, f* contemporary.

contenance *nf* **1.** *(capacité volumique)* capacity **2.** *(attitude)* • **se donner une contenance** to give an impression of composure • **perdre contenance** to lose one's composure.

conteneur, container *nm* (freight) container.

contenir *vt* to contain, to hold, to take. ■ **se contenir** *vp* to contain o.s., to control o.s.

content, e *adj (satisfait)* • **content (de qqn/qqch)** happy (with sb/sthg), content (with sb/sthg) • **content de faire qqch** happy to do sthg.

contentement *nm* satisfaction.

contenter *vt* to satisfy. ■ **se contenter** *vp* • **se contenter de qqch/de faire qqch** to content o.s. with sthg/with doing sthg.

contentieux *nm* **1.** *(litige)* dispute **2.** *(service)* legal department.

contenu, e *pp* → **contenir.** ■ **contenu** *nm* **1.** *(de récipient)* contents *pl* **2.** *(de texte, discours)* content.

conter *vt* to tell.

contestable *adj* questionable.

contestation *nf* **1.** *(protestation)* protest, dispute **2.** POLIT • **la contestation** anti-establishment activity.

conteste ■ **sans conteste** *loc adv* unquestionably.

contester *vt* to dispute, to contest. ❑ *vi* to protest.

conteur, euse *nm, f* storyteller.

contexte *nm* context.

contigu, uë *adj* • **contigu (à)** adjacent (to).

continent *nm* continent.

continental, e *adj* continental.

contingence *nf* MATH & PHILO contingency.

contingent *nm* **1.** MIL national service conscripts *pl* **(UK)**, draft **(US)** **2.** COMM quota.

continu, e *adj (ininterrompu)* continuous.

continuation *nf* continuation.

continuel, elle *adj* **1.** *(continu)* continuous **2.** *(répété)* continual.

continuellement *adv* continually.

continuer *vt (poursuivre)* to carry on with, to continue (with). ❑ *vi* to continue, to go on • **continuer à** *ou* **de faire qqch** to continue to do *ou* doing sthg.

continuité *nf* continuity.

contondant, e *adj* blunt.

contorsionner ■ **se contorsionner** *vp* to contort (o.s.), to writhe.

contour *nm* **1.** *(limite)* outline **2.** *(gén pl) (courbe)* bend.

contourner *vt litt* & *fig* to bypass, to get around.

contraceptif, ive *adj* contraceptive. ■ **contraceptif** *nm* contraceptive.

contraception *nf* contraception.

contracter *vt* **1.** *(muscle)* to contract, to tense **2.** *(visage)* to contort **3.** *(maladie)* to contract, to catch **4.** *(engagement)* to contract **5.** *(assurance)* to take out.

contraction *nf* **1.** contraction **2.** *(d'un muscle)* tenseness.

contractuel, elle *nm, f* traffic warden **(UK)**.

contradiction *nf* contradiction.

contradictoire *adj* contradictory • **débat contradictoire** open debate.

contraignant, e *adj* restricting.

contraindre *vt* • **contraindre qqn à faire qqch** to compel *ou* force sb to do sthg • **être contraint de faire qqch** to be compelled *ou* forced to do sthg.

contrainte *nf* constraint • **contrainte budgétaire** budget constraint • **sans contrainte** freely.

contraire *nm* • **le contraire** the opposite • **je n'ai jamais dit le contraire** I have never denied it. ❑ *adj* opposite • **contraire à a)** *(non conforme à)* contrary to **b)** *(nuisible à)* harmful to, damaging to. ■ **au contraire** *loc adv* on the contrary. ■ **au contraire de** *loc prép* unlike.

contrairement ■ **contrairement à** *loc prép* contrary to.

contrarier *vt* **1.** *(contrecarrer)* to thwart, to frustrate **2.** *(irriter)* to annoy.

contrariété *nf* annoyance.

contraste *nm* contrast.

contraster *vt & vi* to contrast.

contrat *nm* contract, agreement • **contrat d'apprentissage** apprenticeship contract • **contrat à durée déterminée/indéterminée** fixed-term/permanent contract • **contrat de location a)** *(de local)* tenancy agreement **(UK)**, rental agreement **(US)** **b)** *(de voiture)* rental agreement.

contravention *nf (amende)* fine • **contravention pour stationnement interdit** parking ticket • **dresser une contravention à qqn** to fine sb.

contre *prép* **1.** *(juxtaposition, opposition)* against **2.** *(proportion, comparaison)* • **élu par 15 voix contre 9** elected by 15 votes to 9 **3.** *(échange)* (in exchange) for. ❑ *adv (juxtaposition)* • **prends la rampe et appuie-toi contre** take hold of the rail and lean against it. ■ **par contre** *loc adv* on the other hand.

contre-allée *nf* **1.** *(d'une avenue)* service *ou* frontage **(US)** road **2.** *(d'une promenade)* side track *ou* path.

contre-attaque *nf* counterattack.

contre-attaquer *vt* to counterattack, to strike back *(sép)*.

contrebalancer *vt* to counterbalance, to offset.

contrebande *nf* **1.** *(activité)* smuggling **2.** *(marchandises)* contraband.

contrebandier, ère *nm, f* smuggler.

contrebas ■ **en contrebas** *loc adv* (down) below.

contrebasse *nf (instrument)* (double) bass.

contrecarrer *vt* to thwart, to frustrate.

contrecœur ■ **à contrecœur** *loc adv* grudgingly.

contrecoup *nm* consequence.

contre-courant ■ **à contre-courant** *loc adv (d'un cours d'eau)* against the current.

contredire *vt* to contradict. ■ **se contredire** *vp* **1.** *(emploi réciproque)* to contradict (each other) **2.** *(emploi réfléchi)* to contradict o.s.

contredit, e *pp* → **contredire**.

contrée *nf* **1.** *(pays)* land **2.** *(région)* region.

contre-espionnage *nm* counterespionage.

contre-exemple *nm* example to the contrary.

contre-expertise *nf* second (expert) opinion.

contrefaçon *nf* **1.** *(activité)* counterfeiting **2.** *(produit)* forgery.

contrefaire *vt* **1.** *(signature, monnaie)* to counterfeit, to forge **2.** *(voix)* to disguise.

contrefort *nm* **1.** *(pilier)* buttress **2.** *(de chaussure)* back. ■ **contreforts** *nmpl* foothills.

contre-indication *nf* contraindication.

contre-indiqué, e *adj* MÉD contraindicated.

contre-jour ■ **à contre-jour** *loc adv* against the light.

contremaître, esse *nm, f* foreman, forewoman *f*.

contremarque *nf (pour sortir d'un spectacle)* pass-out ticket **(UK)**.

contre-offensive *nf* counteroffensive.

contre-ordre = **contrordre**.

contrepartie *nf* **1.** *(compensation)* compensation **2.** *(contraire)* opposing view. ■ **en contrepartie** *loc adv* in return.

contre-performance *nf* disappointing performance.

contrepèterie *nf* spoonerism.

contre-pied *nm* • **prendre le contre-pied de** to do the opposite of.

contreplaqué *nm* plywood.

contre-plongée *nf* low-angle shot. ■ **en contre-plongée** *loc adv* from below • **prends-la en contre-plongée** get a low-angle shot of her, shoot her from below.

contrepoids *nm litt & fig* counterbalance, counterweight.

contre-pouvoir *nm* counterbalance.

contrer *vt* **1.** *(s'opposer à)* to counter **2.** *(jeux de cartes)* to double.

contresens *nm* **1.** *(erreur - de traduction)* mistranslation ; *(- d'interprétation)* misinterpretation **2.** *(absurdité)* nonsense *(indén)*. ■ **à contresens** *loc adv (traduire, comprendre, marcher)* the wrong way.

contresigner *vt* to countersign.

contretemps *nm* hitch, mishap. ■ **à contretemps** *loc adv* **1.** MUS out of time **2.** *fig* at the wrong moment.

contrevenir *vi* • **contrevenir à** to contravene, to infringe.

contribuable *nmf* taxpayer.

contribuer *vi* • **contribuer à** to contribute to *ou* towards.

contribution *nf* • **contribution (à)** contribution (to) • **mettre qqn à contribution** to call on sb's services • **contribution sociale généralisée** *si vous voulez expliquer de quoi il s'agit à un anglophone, vous pouvez dire* it is a supplementary social security contribution to help the underprivileged. ■ **contributions** *nfpl* taxes • **contributions directes/indirectes** direct/indirect taxation.

contrit, e *adj* contrite.

contrôle *nm* **1.** *(vérification - de déclaration)* check, checking *(indén)* ; *(- de documents, billets)* inspection • **contrôle d'identité** identity check • **contrôle parental** parental control **2.** *(maîtrise, commande)* control • **perdre le contrôle de qqch** to lose control of sthg • **contrôle des naissances** birth control • **contrôle des prix** price control **3.** SCOL test.

contrôler *vt* **1.** *(vérifier - documents, billets)* to inspect ; *(- déclaration)* to check ; *(- connaissances)* to test **2.** *(maîtriser, diriger)* to control **3.** TECHNOL to monitor, to control.

contrôleur, euse *nm, f* **1.** *(de train)* ticket inspector **2.** *(d'autobus)* (bus) conductor • **contrôleur aérien** air traffic controller.

contrordre *nm* countermand • **sauf contrordre** unless otherwise instructed.

controverse *nf* controversy.

controversé, e *adj (personne, décision)* controversial.

contumace *nf* DR • **condamné par contumace** sentenced in absentia.

contusion *nf* bruise, contusion.

convaincant, e *adj* convincing.

convaincre *vt* **1.** *(persuader)* • **convaincre qqn (de qqch)** to convince sb (of sthg) • **convaincre qqn (de faire qqch)** to persuade sb (to do sthg) **2.** DR • **convaincre qqn de** to find sb guilty of, to convict sb of.

> S'EXPRIMER
>
> ### convaincre quelqu'un
>
> • ***Trust me!*** Fais-moi confiance !
> • ***Believe me!*** Croyez-moi !
> • ***You won't regret it!*** Tu ne le regretteras pas !/Vous ne le regretterez pas !
> • ***Forget it!*** Laisse tomber !
> • ***Don't be so pig-headed!*** Ne sois pas si têtu !

convaincu, e *pp* → **convaincre.** ❑ *adj (partisan)* committed • **d'un ton convaincu, d'un air convaincu** with conviction.

convalescence *nf* convalescence • **être en convalescence** to be convalescing *ou* recovering.

convalescent, e *adj & nm, f* convalescent.

convenable *adj* **1.** *(manières, comportement)* polite **2.** *(tenue, personne)* decent, respectable **3.** *(acceptable)* adequate, acceptable.

convenance *nf* • **à ma/votre convenance** as suits me/you best. ■ **convenances** *nfpl* proprieties.

convenir *vi* **1.** *(décider)* • **convenir de qqch/de faire qqch** to agree on sthg/to do sthg **2.** *(plaire)* • **convenir à qqn** to suit sb, to be convenient for sb **3.** *(être approprié)* • **convenir à** *ou* **pour** to be suitable for **4.** *sout (admettre)* • **convenir de qqch** to admit to sthg • **convenir que** to admit (that).

convention *nf* **1.** *(règle, assemblée)* convention **2.** *(accord)* agreement • **convention collective** collective agreement.

conventionné, e *adj* ≃ National Health *(avant nom)* (UK).

conventionnel, elle *adj* conventional.

convenu, e *pp* → **convenir.** ❑ *adj (décidé)* • **comme convenu** as agreed.

convergent, e *adj* convergent.

converger *vi* • **converger (vers)** to converge (on).

conversation *nf* conversation.

> S'EXPRIMER
>
> ### engager la conversation
>
> • ***Listen,...*** Écoute,...
> • ***Hey,...*** Dis donc,...
> • ***Do you have a minute?*** Vous avez un moment ?
> • ***Sorry, but I've got a question.*** Excusez-moi, mais j'ai une question.

converser *vi sout* • **converser (avec)** to converse (with).

conversion *nf (gén)* • **conversion (à/en)** conversion (to/into).

convertible *nm (canapé-lit)* sofa bed.

convertir *vt* • **convertir qqn (à)** to convert sb (to) • **convertir qqch (en)** to convert sthg (into). ■ **se convertir** *vp* • **se convertir (à)** to be converted (to).

convertisseur *nm* **1.** *(métallurgie, électricité)* converter • **convertisseur d'images** INFORM & TV image converter **2.** INFORM • **convertisseur numérique** digitizer • **convertisseur série-parallèle** staticizer.

convexe *adj* convex.

conviction *nf* conviction.

convier *vt* • **convier qqn à** to invite sb to.

convive *nmf* guest *(at a meal)*.

convivial, e *adj* **1.** *(réunion)* convivial **2.** INFORM user-friendly.

convocation *nf (avis écrit)* summons *sing*, notification to attend.

convoi *nm* **1.** *(de véhicules)* convoy **2.** *(train)* train.

convoiter *vt* to covet.

convoitise *nf* covetousness.

convoquer *vt* **1.** *(assemblée)* to convene **2.** *(pour un entretien)* to invite **3.** *(subalterne, témoin)* to summon **4.** *(à un examen)* • **convoquer qqn** to ask sb to attend.

convoyer *vt* to escort.

convoyeur, euse *nm,f* escort • **convoyeur de fonds** security guard.

convulsion *nf* convulsion.

cookie *nm* **1.** *(petit gâteau)* biscuit **(UK)**, cookie **(US)** **2.** *INFORM* cookie.

cool *adj inv fam (décontracté)* laid-back, cool.

coopération *nf* **1.** *(collaboration)* cooperation **2.** *(aide)* • **la coopération** ≃ overseas development.

coopérer *vi* • **coopérer (à)** to cooperate (in).

coordination *nf* coordination.

coordonnée *nf LING* coordinate clause. ■ **coordonnées** *nfpl* **1.** *GÉOGR & MATH* coordinates **2.** *(adresse)* address and phone number, details.

coordonner *vt* to coordinate.

copain, ine *adj* matey **(UK)** • **être très copains** to be great friends. ❑ *nm,f* **1.** *(ami)* friend, mate **(UK)** **2.** *(petit ami)* boyfriend, girlfriend *f*.

copeau *nm (de bois)* (wood) shaving.

Copenhague *npr* Copenhagen.

copie *nf* **1.** *(double, reproduction)* copy **2.** *(SCOL - de devoir)* clean *ou* fair **(UK)** copy ; *(- d'examen)* paper, script **3.** *INFORM* copy • **fais une copie du fichier** make a copy of the file • **copie d'écran** screenshot.

copier *vt (gén) INFORM* to copy. ❑ *vi* • **copier sur qqn** to copy from sb.

copier-coller *vt INFORM* copy and paste. ❑ *nm inv INFORM* copy and paste.

copieux, euse *adj* copious.

copilote *nmf* copilot.

copine → **copain**.

coproduction *nf* coproduction.

copropriétaire *nmf* co-owner, joint owner.

copropriété *nf* **1.** *(statut)* co-ownership, joint ownership, condominium **(US)** **2.** *(immeuble)* (jointly owned) apartment building.

coq *nm* cock **(UK)**, rooster **(US)** • **coq au vin** coq au vin • **sauter** *ou* **passer du coq à l'âne** to jump from one subject to another.

coque *nf* **1.** *(de noix)* shell **2.** *(de navire)* hull.

coquelicot *nm* poppy.

coqueluche *nf* whooping cough.

coquet, ette *adj* **1.** *(vêtements)* smart, stylish **2.** *(ville, jeune fille)* pretty **3.** *(avant nom) hum (important)* • **la coquette somme de 100 livres** the tidy sum of £100. ■ **coquette** *nf* flirt.

coquetier *nm* eggcup.

coquetterie *nf (désir de plaire)* coquettishness.

coquillage *nm* **1.** *(mollusque)* shellfish **2.** *(coquille)* shell.

coquille *nf* **1.** *(de mollusque, noix, œuf)* shell • **coquille de noix** *(embarcation)* cockleshell **2.** *TYPO* misprint.

coquillettes *nfpl* pasta shells.

coquin, e *adj* **1.** *(sous-vêtement)* sexy, naughty **2.** *(regard, histoire)* saucy. ❑ *nm,f* rascal.

cor *nm* **1.** *(instrument)* horn **2.** *(au pied)* corn. ■ **à cor et à cri** *loc adv* • **réclamer qqch à cor et à cri** to clamour **(UK)** *ou* clamor **(US)** for sthg.

corail *nm* **1.** *(gén)* coral **2.** *RAIL* • **train corail** ≃ express train.

Coran *nm* • **le Coran** the Koran.

corbeau *nm* **1.** *(oiseau)* crow **2.** *(délateur)* writer of poison-pen letters.

corbeille *nf* **1.** *(panier)* basket • **corbeille à linge** washing basket, hamper **(US)** • **corbeille à papier** wastepaper basket, waste basket **(US)** **2.** *INFORM* trash (can) **3.** *THÉÂTRE* (dress) circle.

corbillard *nm* hearse.

cordage *nm* **1.** *(de bateau)* rigging *(indén)* **2.** *(de raquette)* strings *pl*.

corde *nf* **1.** *(filin)* rope • **corde à linge** clothesline, washing line **(UK)** • **corde à sauter** skipping rope **(UK)**, jump rope **(US)** **2.** *(d'instrument, arc)* string **3.** *ANAT* • **cordes vocales** vocal cords **4.** *(équitation)* rails *pl* **5.** *(athlétisme)* inside (lane).

cordée *nf* roped party *(of mountaineers)*.

cordial, e *adj* warm, cordial.

cordialement *adv* **1.** *(saluer)* warmly, cordially **2.** *(en fin de lettre)* kind regards.

cordillère *nf* **1.** mountain range **2.** *GÉOGR* cordillera • **la cordillère des Andes** the Andes (cordillera).

cordon *nm* string, cord • **cordon ombilical** umbilical cord • **cordon de police** police cordon.

cordon-bleu *nm* cordon bleu cook.

cordonnerie *nf (magasin)* shoe repairer's, cobbler's *vieilli*.

cordonnier, ère *nm,f* shoe repairer, cobbler *vieilli*.

Corée *nf* Korea.

coriace *adj litt & fig* tough.

coriandre *nf* coriander.

cormoran *nm* cormorant.

corne *nf* **1.** *(gén)* horn **2.** *(de cerf)* antler **3.** *(callosité)* hard skin *(indén)*, callus.

cornée *nf* cornea.

corneille *nf* crow.

cornemuse *nf* bagpipes *pl*.

corner[1] *vt (page)* to turn down the corner of.

corner[2] *nm FOOTBALL* corner (kick).

cornet *nm* **1.** *(d'aliment)* cone, cornet **(UK)** *vieilli* **2.** *(de jeu)* (dice) shaker.

cornflakes *nmpl* cornflakes.

corniaud, corniot *nm* **1.** *(chien)* mongrel **2.** *fam (imbécile)* idiot.

corniche *nf* **1.** *(route)* cliff road **2.** *(moulure)* cornice.

cornichon *nm* **1.** *(condiment)* gherkin, pickle **(US)** **2.** *fam (imbécile)* idiot.

corniot = **corniaud**.

Cornouailles *nf* • **la Cornouailles** Cornwall.

corollaire *nm* corollary.

corolle *nf* corolla.

coron *nm (village)* mining village.

coronavirus *nm* coronavirus.

corporation *nf* corporate body.

corporel, elle *adj (physique - besoin)* bodily ; *(- châtiment)* corporal.

corps *nm* **1.** *(gén)* body **2.** *(groupe)* • **corps d'armée** (army) corps • **corps enseignant** **a)** *(profession)* teaching profession **b)** *(d'école)* teaching staff.

corpulent, e *adj* corpulent, stout.

correct, e *adj* **1.** *(exact)* correct, right **2.** *(honnête)* correct, proper **3.** *(acceptable)* decent **4.** *(travail)* fair.

correctement *adv* **1.** *(sans faute)* accurately **2.** *(décemment)* properly.

correcteur, trice *adj* corrective. ❑ *nm, f* **1.** *(d'examen)* examiner, marker **(UK)**, grader **(US)** **2.** TYPO proofreader. ■ **correcteur orthographique** *nm* spell-checker.

correction *nf* **1.** *(d'erreur)* correction **2.** *(punition)* punishment **3.** TYPO proofreading **4.** *(notation)* marking **5.** *(bienséance)* propriety.

corrélation *nf* correlation.

correspondance *nf* **1.** *(gén)* correspondence • **cours par correspondance** correspondence course **2.** *(transports)* connection • **assurer la correspondance avec** to connect with.

correspondant, e *adj* corresponding. ❑ *nm, f* **1.** *(par lettres)* correspondent, pen pal, penfriend **(UK)** **2.** *(par téléphone)* • **je vous passe votre correspondant** I'll put you through **3.** PRESSE correspondent.

correspondre *vi* **1.** *(être conforme)* • **correspondre à** to correspond to **2.** *(par lettres)* • **correspondre avec** to correspond with.

corrida *nf* bullfight.

corridor *nm* corridor.

corrigé *nm* correct version.

corriger *vt* **1.** TYPO to correct, to proofread **2.** *(noter)* to mark **3.** *(guérir)* • **corriger qqn de** to cure sb of **4.** *(punir)* to give a good hiding to. ■ **se corriger** *vp (d'un défaut)* • **se corriger de** to cure o.s. of.

corroborer *vt* to corroborate.

corroder *vt* **1.** *(ronger)* to corrode **2.** *fig* to erode.

corrompre *vt* **1.** *(soudoyer)* to bribe **2.** *(dépraver)* to corrupt.

LEXIQUE — le corps humain

l'artère the artery
la bouche the mouth
le bras the arm
le cerveau the brain
les cheveux hair
la cheville the ankle
le cil the eyelash
le cœur the heart
la colonne vertébrale the spine
la côte the rib
le cou the neck
le coude the elbow
le crâne the skull
la cuisse the thigh
la dent the tooth
le doigt the finger
le dos the back
l'épaule the shoulder
l'estomac the stomach
les fesses bottom **(UK)**, buttocks **(US)**
le foie the liver
le front the forehead
le genou the knee
la hanche the hip
l'intestin the intestine
la jambe the leg
la joue the cheek
la langue the tongue
la mâchoire the jaw
la main the hand
le menton the chin
le mollet the calf
le nez the nose
le nombril the navel, the belly button
l'œil the eye
l'œsophage the œsophagus
l'ongle the fingernail, the nail
l'oreille the ear
l'orteil the toe
la paupière the eyelid
le pied the foot
le poignet the wrist
la poitrine the chest
le poumon the lung
le rein the kidney
le sourcil the eyebrow
la taille the waist
le talon the heel
la tête the head
la veine the vein
le ventre the stomach
la vertèbre the vertebra

corrompu, e *pp* → **corrompre**. ❑ *adj (fonctionnaire, âme)* corrupt.

corrosif, ive *adj* **1.** *(acide)* corrosive **2.** *fig (ironie)* biting. ■ **corrosif** *nm* corrosive.

corrosion *nf* corrosion.

corruption *nf* **1.** *(subornation)* bribery **2.** *(dépravation)* corruption.

corsage *nm* **1.** *(chemisier)* blouse **2.** *(de robe)* bodice.

corsaire *nm* **1.** *(navire, marin)* corsair, privateer **2.** *(pantalon)* pedal-pushers *pl*.

corse *adj* Corsican. ❑ *nm (langue)* Corsican. ■ **Corse** *nmf* Corsican. ❑ *nf* • **la Corse** Corsica.

corsé, e *adj* **1.** *(café)* strong **2.** *(vin)* full-bodied **3.** *(plat, histoire)* spicy.

corset *nm* corset.

cortège *nm* procession • **cortège (de voitures)** motorcade.

corvée *nf* **1.** MIL fatigue (duty) **2.** *(activité pénible)* chore.

cosinus *nm* cosine.

cosmétique *nm & adj* cosmetic.

cosmique *adj* cosmic.

cosmonaute *nmf* cosmonaut.

cosmopolite *adj* cosmopolitan.

cosmos *nm* **1.** *(univers)* cosmos **2.** *(espace)* outer space.

cossu, e *adj (maison)* opulent.

Costa Rica *nm* • **le Costa Rica** Costa Rica.

costaud, e *adj* sturdily built.

costume *nm* **1.** *(folklorique, de théâtre)* costume **2.** *(vêtement d'homme)* suit.

costumé, e *adj* fancy-dress *(avant nom)*.

costumier, ère *nm, f* THÉÂTRE wardrobe master, mistress *f*.

cotation *nf* FIN quotation • **cotation électronique** e-listing.

cote *nf* **1.** *(marque de classement)* classification mark **2.** *(marque numérale)* serial number **3.** FIN *(valeur)* quotation **4.** *(popularité)* rating **5.** *(niveau)* level • **cote d'alerte a)** *(de cours d'eau)* danger level **b)** *fig* crisis point.

côte *nf* **1.** *(de bœuf)* rib **2.** *(de porc, mouton, agneau)* chop • **côte à côte** side by side **3.** *(pente)* hill **4.** *(littoral)* coast • **la Côte d'Azur** the French Riviera.

côté *nm* **1.** *(gén)* side • **être couché sur le côté** to be lying on one's side • **être aux côtés de qqn** *fig* to be by sb's side • **d'un côté..., de l'autre côté...** on the one hand..., on the other hand... • **et côté finances, ça va ?** *fam* how are things moneywise? **2.** *(endroit, direction)* direction, way • **de quel côté est-il parti ?** which way did he go? • **de l'autre côté de** on the other side of • **de tous côtés** from all directions • **du côté de a)** *(près de)* near **b)** *(direction)* towards **(UK)**, toward **(US)** **c)** *(provenance)* from. ■ **à côté** *loc adv* **1.** *(lieu - gén)* nearby ; *(- dans la maison adjacente)* next door **2.** *(cible)* • **tirer à côté** to shoot wide (of the target). ■ **à côté de** *loc prép* **1.** *(proximité)* beside, next to **2.** *(en comparaison avec)* beside, compared to **3.** *(en dehors de)* • **être à côté du sujet** to be off the point. ■ **de côté** *loc adv* **1.** *(se placer, marcher)* sideways **2.** *(en réserve)* aside.

coteau *nm* **1.** *(colline)* hill **2.** *(versant)* slope.

Côte-d'Ivoire *nf* • **la Côte-d'Ivoire** the Ivory Coast.

côtelé, e *adj* ribbed • **velours côtelé** corduroy.

côtelette *nf* **1.** *(de porc, mouton, d'agneau)* chop **2.** *(de veau)* cutlet.

coter *vt* **1.** *(marquer, noter)* to mark **2.** FIN to quote.

côtier, ère *adj* coastal.

cotisation *nf* **1.** *(à club, parti)* subscription **2.** *(à la Sécurité sociale)* contribution • **cotisation salariale** employees' contribution • **cotisation patronale** employer's contribution.

cotiser *vi* **1.** *(à un club, un parti)* to subscribe **2.** *(à la Sécurité sociale)* to contribute. ■ **se cotiser** *vp* to club together.

coton *nm* cotton • **coton (hydrophile)** (absorbent) cotton, cotton wool **(UK)**.

Coton-Tige® *nm* cotton bud **(UK)**, Q-tip® **(US)**.

côtoyer *vt fig (fréquenter)* to mix with.

cou *nm (de personne, bouteille)* neck.

couchant *adj* → **soleil**. ❑ *nm* west.

couche *nf* **1.** *(de peinture, de vernis)* coat, layer **2.** *(de poussière)* film, layer **3.** *(épaisseur)* layer • **couche d'ozone** ozone layer **4.** *(de bébé)* nappy **(UK)**, diaper **(US)** **5.** *(classe sociale)* stratum. ■ **fausse couche** *nf* miscarriage.

couché, e *adj* • **être couché a)** *(étendu)* to be lying down **b)** *(au lit)* to be in bed.

couche-culotte *nf* disposable nappy **(UK)** *ou* diaper **(US)**.

coucher[1] *vt* **1.** *(enfant)* to put to bed **2.** *(objet, blessé)* to lay down. ❑ *vi* **1.** *(passer la nuit)* to spend the night **2.** *fam (avoir des rapports sexuels)* • **coucher avec** to sleep with. ■ **se coucher** *vp* **1.** *(s'allonger)* to lie down **2.** *(se mettre au lit)* to go to bed **3.** *(astre)* to set.

coucher[2] *nm* **1.** *(d'astre)* setting • **au coucher du soleil** at sunset **2.** *(de personne)* going to bed.

couchette *nf* **1.** *(de train)* couchette **2.** *(de navire)* berth.

coucou *nm* **1.** *(oiseau)* cuckoo **2.** *(pendule)* cuckoo clock **3.** *péj (avion)* crate. ❑ *interj* peekaboo!

coude *nm* **1.** *(de personne, de vêtement)* elbow **2.** *(courbe)* bend.

cou-de-pied *nm* instep.

coudre *vt (bouton)* to sew on.

couenne *nf (de lard)* rind.

couette *nf* **1.** *(édredon)* duvet **(UK)**, comforter **(US)** **2.** *(coiffure)* bunches *pl* **(UK)**, pigtails *pl* **(UK)**.

couffin *nm (berceau)* Moses basket **(UK)**, bassinet **(US)**.

couilles *nfpl vulg* balls.

couiner *vi* **1.** *(animal)* to squeal **2.** *(pleurnicher)* to whine.

coulée *nf* **1.** *(de matière liquide)* • **coulée de lave** lava flow • **coulée de boue** mudslide **2.** *(de métal)* casting.

couler *vi* **1.** *(liquide)* to flow • **faire couler un bain** to run a bath **2.** *(beurre, fromage, nez)* to run **3.** *(navire, entreprise)* to sink. ❑ *vt* **1.** *(navire)* to sink **2.** *(métal, bronze)* to cast.

couleur *nf* **1.** *(teinte, caractère)* colour **(UK)**, color **(US)** **2.** *(linge)* coloureds *pl* **(UK)**, coloreds *(pl)* **(US)** **3.** *(jeux de cartes)* suit. ❑ *adj inv (télévision, pellicule)* colour *(avant nom)* **(UK)**, color *(avant un nom)* **(US)**.

LEXIQUE

les couleurs

blanc white
bleu blue
bleu ciel sky blue
bordeaux burgundy
gris grey
jaune yellow
marron brown
mauve mauve
noir black
orange orange
rose pink
rose vif bright pink
rouge red
vert green
vert clair light green
vert foncé dark green
violet purple

couleuvre *nf* grass snake.

coulisse *nf (glissière)* • **fenêtre/porte à coulisse** sliding window/door. ■ **coulisses** *nfpl* THÉÂTRE wings.

coulisser *vi* to slide.

couloir *nm* **1.** *(corridor)* corridor • **couloir humanitaire** humanitarian corridor **2.** GÉOGR gully **3.** SPORT *(transports)* lane • **couloir d'autobus** bus lane.

coup *nm* **1.** *(choc - physique, moral)* blow • **coup de couteau** stab *(with a knife)* • **un coup dur** *fig* a heavy blow • **donner un coup de fouet à qqn** *fig* to give sb a shot in the arm • **coup de grâce** *litt* & *fig* coup de grâce, death blow • **coup de pied** kick • **coup de poing** punch **2.** *(action nuisible)* trick **3.** *(SPORT - au tennis)* stroke ; *(- en boxe)* blow, punch ; *(- au football)* kick • **coup franc** free kick **4.** *(d'éponge, de chiffon)* wipe • **un coup de crayon** a pencil stroke **5.** *(bruit)* noise • **coup de feu** shot, gunshot • **coup de tonnerre** thunderclap **6.** *(action spectaculaire)* • **coup d'État** coup (d'état) • **coup de théâtre** *fig* dramatic turn of events **7.** *fam (fois)* time **8.** *(locution)* • **avoir un coup de barre/de pompe** *fam* to feel shattered **(UK)** *ou* pooped **(US)** • **boire un coup** to have a drink • **tenir le coup** to hold out • **valoir le coup** to be well worth it. ■ **à coup sûr** *loc adv* definitely. ■ **coup de fil** *nm fam* phone call. ■ **coup de foudre** *nm* love at first sight. ■ **coup de main** *nm* **1.** *(raid)* smash-and-grab (attack) **2.** MIL coup de main **3.** *(aide)* • **donner un coup de main à qqn** to give *ou* to lend sb a hand **4.** *(savoir-faire)* • **avoir le coup de main** to have the knack *ou* the touch. ■ **coup d'œil** *nm* **1.** *(regard)* look, glance • **au premier coup d'œil** straight away *ou* immediately *ou* at a glance • **d'un coup d'œil, il embrassa le tableau** he took in the situation at a glance • **jeter un petit coup d'œil à** to have a quick look *ou* glance at **2.** *(appréciation)* • **avoir le coup d'œil** to have a good eye • **valoir le coup d'œil** to be worth seeing **3.** *(panorama)* view. ■ **coup de soleil** *nm* sunburn *(indén)*. ■ **coup de téléphone** *nm* telephone *ou* phone call • **donner** *ou* **passer un coup de téléphone à qqn** to telephone *ou* phone sb. ■ **coup de vent** *nm* gust of wind • **partir en coup de vent** to rush off. ■ **coup du lapin** *nm fam* AUTO whiplash *(indén)*. ■ **coup sur coup** *loc adv* one after the other. ■ **du coup** *loc adv* as a result. ■ **sous le coup de** *loc prép* **1.** *(sous l'action de)* • **tomber sous le coup de la loi** to be a statutory offence **(UK)** *ou* offense **(US)** **2.** *(sous l'effet de)* in the grip of. ■ **sur le coup** *loc adv* **1.** *(mourir)* instantly **2.** *(à ce moment-là)* straightaway, there and then • **je n'ai pas compris sur le coup** I didn't understand immediately *ou* straightaway. ■ **tout à coup** *loc adv* suddenly.

À PROPOS DE

coup

Lorsque *coup* s'applique à un objet ménager, sa traduction varie selon l'objet. On utilise généralement un verbe pour traduire *donner un coup de…* ou *passer un coup de…*

• *Donner un coup de balai dans la cuisine.* ***To give the kitchen a*** **sweep.**

• *Passer un coup d'éponge sur la table.* ***To give the table a*** **wipe.**

coupable *adj* **1.** *(personne, pensée)* guilty **2.** *(action, dessein)* culpable, reprehensible **3.** *(négligence, oubli)* sinful. ❑ *nmf* guilty person *ou* party.

coupant, e *adj* **1.** *(tranchant)* cutting **2.** *fig (sec)* sharp.

coupe *nf* **1.** *(verre)* glass **2.** *(à fruits)* dish **3.** SPORT cup **4.** *(de vêtement, aux cartes)* cut • **coupe (de cheveux)** haircut **5.** *(plan, surface)* (cross) section **6.** *(réduction)* cut, cutback.

coupé, e *adj* • **bien/mal coupé** well/badly cut.

coupe-faim *nm inv* appetite suppressant.

coupe-légumes *nm* vegetable cutter, vegetable slicer.

coupe-ongles *nm inv* nail clippers *pl*.

coupe-papier *nm* paper knife.

couper *vt* **1.** *(gén)* INFORM to cut **2.** *(arbre)* to cut down **3.** *(pain)* to slice **4.** *(rôti)* to carve **5.** *(envie, appétit)* to take away **6.** *(vin)* to dilute **7.** *(jeux de cartes - avec atout)* to trump ; *(- paquet)* to cut **8.** *(interrompre, trancher)* to cut off **9.** *(traverser)* to cut across. ❑ *vi (gén)* to cut. ■ **se couper** *vp* **1.** *(se blesser)* to cut o.s. **2.** *(se croiser)* to cross **3.** *(s'isoler)* • **se couper de** to cut o.s. off from.

couper-coller *nm inv INFORM* • **faire un couper-coller** to cut and paste.

couperet *nm* **1.** *(de boucher)* cleaver **2.** *(de guillotine)* blade.

couperosé, e *adj* blotchy.

coupe-vent *nm inv (vêtement)* windcheater, windbreaker **(US)**.

couple *nm* **1.** *(de personnes)* couple **2.** *(d'animaux)* pair.

coupler *vt (objets)* to couple.

couplet *nm* verse.

coupole *nf ARCHIT* dome, cupola.

coupon *nm* **1.** *(d'étoffe)* remnant **2.** *(billet)* ticket.

coupon-réponse *nm* reply coupon.

coupure *nf* **1.** *(gén)* cut **2.** *(billet de banque)* • **petite coupure** small denomination note **(UK)** *ou* bill **(US)** • **coupure de courant a)** *ÉLECTR* power cut **b)** *INFORM* blackout **3.** *fig (rupture)* break.

cour *nf* **1.** *(espace)* courtyard, yard **2.** *(du roi, tribunal)* court **3.** *fig* & *hum* following • **Cour de cassation** final Court of Appeal **(UK)** *ou* Appeals **(US)** • **cour martiale** court-martial.

courage *nm* courage • **bon courage !** good luck! • **je n'ai pas le courage de faire mes devoirs** I can't bring myself to do my homework.

courageux, euse *adj* **1.** *(brave)* brave **2.** *(audacieux)* bold.

couramment *adv* **1.** *(parler une langue)* fluently **2.** *(communément)* commonly.

courant, e *adj* **1.** *(habituel)* everyday *(avant nom)* **2.** *(en cours)* present. ■ **courant** *nm* **1.** *(marin, atmosphérique, électrique)* current • **courant d'air** draught **(UK)**, draft **(US)** **2.** *(d'idées)* current **3.** *(laps de temps)* • **dans le courant du mois/de l'année** in the course of the month/the year. ■ **au courant** *loc adv* • **être au courant** to know (about it) • **mettre qqn au courant (de)** to tell sb (about) • **tenir qqn au courant (de)** to keep sb informed (about) • **se mettre/se tenir au courant (de)** to get/keep up to date (with).

courbature *nf* ache.

courbaturé, e *adj* aching.

courbe *nf* curve • **courbe de niveau** *(sur une carte)* contour (line) • **courbe de température** temperature curve. ❑ *adj* curved.

courber *vt* **1.** *(tige)* to bend **2.** *(tête)* to bow. ❑ *vi* to bow. ■ **se courber** *vp* **1.** *(chose)* to bend **2.** *(personne)* to bow, to bend down.

courbette *nf fam (révérence)* bow • **faire des courbettes** *fig* to bow and scrape.

coureur, euse *nm, f SPORT* runner • **coureur cycliste** racing cyclist.

courge *nf* **1.** *(légume)* marrow **(UK)**, squash **(US)** **2.** *fam (imbécile)* dimwit.

courgette *nf* courgette **(UK)**, zucchini **(US)**.

courir *vi* **1.** *(aller rapidement)* to run **2.** *SPORT* to race **3.** *(se précipiter, rivière)* to rush **4.** *(se propager)* • **le bruit court que…** rumour **(UK)** *ou* rumor **(US)** has it that… • **faire courir un bruit** to spread a rumour **(UK)** *ou* rumor **(US)**. ❑ *vt* **1.** *SPORT* to run in **2.** *(parcourir)* to roam (through) **3.** *(fréquenter : bals, musées)* to do the rounds of.

couronne *nf* **1.** *(ornement, autorité)* crown **2.** *(de fleurs)* wreath **3.** *(monnaie - de Suède, d'Islande)* krona ; *(- du Danemark, de Norvège)* krone ; *(- de la République tchèque)* crown.

couronnement *nm* **1.** *(de monarque)* coronation **2.** *fig (apogée)* crowning achievement.

couronner *vt* **1.** *(monarque)* to crown **2.** *(récompenser)* to give a prize to.

courre → **chasse**.

courriel *nm* **(QUÉBEC)** *ADMIN INFORM* email.

courrier *nm* mail, letters *pl*, post **(UK)** • **courrier du cœur** agony column **(UK)** *ou* advice column **(US)**.

courroie *nf* **1.** belt **2.** *(attache)* strap • **courroie de transmission** driving belt • **courroie de ventilateur** fanbelt.

courroucer *vt littéraire* to anger.

cours *nm* **1.** *(écoulement)* flow • **cours d'eau** waterway • **donner** *ou* **laisser libre cours à** *fig* to give free rein to **2.** *(déroulement)* course • **au cours de** during, in the course of • **en cours a)** *(année, dossier)* current **b)** *(affaires)* in hand • **en cours de route** on the way **3.** *FIN (de devises)* rate • **avoir cours** *(monnaie)* to be legal tender • **cours des actions** share price **4.** *(leçon)* class, lesson • **donner des cours (à qqn)** to teach (sb) • **cours particuliers** private lessons **5.** *(classe)* • **cours élémentaire** ≃ second-year infants **(UK)** ; ≃ first grade **(US)** • **cours moyen** ≃ third-year infants **(UK)** ; ≃ second grade **(US)** • **cours préparatoire** ≃ first-year infants **(UK)** ; ≃ nursery school **(US)** • **cours en ligne** online course • **cours en distanciel** remote course • **cours en présentiel** course in the classroom.

course *nf* **1.** *(action)* running *(indén)* • **au pas de course** at a run **2.** *(compétition)* race **3.** *(en taxi)* journey **4.** *(mouvement)* flight, course **5.** *(commission)* errand • **faire des courses** to go shopping.

FAUX AMIS

course

Course, dans ses sens les plus fréquents, n'est jamais traduit par ***course***, qui équivaut, selon les contextes, à *cours* (***we offer courses in a number of subjects***, *nous proposons des **cours** dans plusieurs domaines*), *plat* (***the main course is fish***, *le **plat** principal est du poisson*) ou encore *route* ou *cap* (***the plane set a course for Marseilles***, *l'avion a mis le **cap** sur Marseille*). Quant au mot français *course*, il a lui aussi différentes traductions : *il a gagné la course*, ***he won the race*** ; *je fais mes courses au supermarché*, ***I do my shopping at the supermarket*** ; *j'ai une course à faire*, ***I've got to go and get something***.

coursier, ère *nm, f* messenger.

court, e *adj* **1.** *(dans l'espace)* short • **la jupe est trop courte de trois centimètres** the skirt is three centimetres too short **2.** *(dans le temps)* short, brief • **pendant un court instant** for a brief *ou* fleeting moment • **à court terme** short-term **3.** *(faible, insuffisant)* small, slender • **avoir la respiration courte** *ou* **le souffle court** to be short of breath *ou* wind • **avoir la mémoire courte** to have a short memory. ■ **court** *v* → **courir**. ❑ *adv* • **être à court d'argent/d'idées/d'arguments** to be short of money/ideas/arguments • **nous étions presque à court d'eau** we were low on *ou* running short of water • **prendre qqn de court** to catch sb unawares • **tourner court** to stop suddenly • **appelez-moi Jeanne, tout court** just call me Jeanne. ❑ *nm* • **court de tennis** tennis court.

court-bouillon *nm* court-bouillon.

court-circuit *nm* short circuit.

courtier, ère *nm, f* broker.

courtisan, e *nm, f* **1.** HIST courtier **2.** *(flatteur)* sycophant. ■ **courtisane** *nf* courtesan.

courtiser *vt* **1.** *(femme)* to woo, to court **2.** *péj (flatter)* to flatter.

court-métrage *nm* short (film).

courtois, e *adj* courteous.

courtoisie *nf* courtesy.

couru, e *pp* → **courir**. ❑ *adj* popular.

couscous *nm* couscous.

cousin, e *nm, f* cousin • **cousin germain** first cousin.

coussin *nm* **1.** *(de siège)* cushion **2.** *(baseball)* base.

coussinet *nm* **1.** *(coussin)* small cushion **2.** *(de patte d'animal)* pad.

coût *nm* cost.

couteau *nm* **1.** *(gén)* knife • **couteau à cran d'arrêt** flick knife **(UK)**, switchblade **(US)** **2.** *(coquillage)* razor shell **(UK)**, razor clam **(US)**.

coûter *vi* **1.** *(valoir)* to cost • **ça coûte combien ?** how much is it? • **coûter cher à qqn a)** to cost sb a lot **b)** *fig* to cost sb dear *ou* dearly **2.** *fig (être pénible)* to be difficult. ❑ *vt fig* to cost. ■ **coûte que coûte** *loc adv* at all costs, no matter what.

coûteux, euse *adj* costly, expensive.

coutume *nf (gén)* DR custom.

couture *nf* **1.** *(action)* sewing **2.** *(points)* seam **3.** *(activité)* dressmaking • **haute couture** (haute) couture, designer fashion.

couturier, ère *nm, f* couturier.

couvée *nf* **1.** *(d'œufs)* clutch **2.** *(de poussins)* brood.

couvent *nm* **1.** *(de sœurs)* convent **2.** *(de moines)* monastery.

couver *vt* **1.** *(œufs)* to sit on **2.** *(dorloter)* to mollycoddle **3.** *(maladie)* to be coming down with, to be sickening for **(UK)**. ❑ *vi* **1.** *(poule)* to brood **2.** *fig (complot)* to hatch.

couvercle *nm (de casserole, boîte)* lid, cover.

couvert, e *pp* → **couvrir**. ❑ *adj* **1.** *(submergé)* covered • **couvert de** covered with **2.** *(habillé)* dressed • **être bien couvert** to be well wrapped up **3.** *(nuageux)* overcast. ■ **couvert** *nm* **1.** *(abri)* • **se mettre à couvert** to take shelter **2.** *(place à table)* place (setting) • **mettre** *ou* **dresser le couvert** to set *ou* lay **(UK)** the table. ■ **couverts** *nmpl* cutlery *(indén)* **(UK)**, silverware *(indén)* **(US)**.

couverture *nf* **1.** *(gén)* cover • **couverture médicale** health *ou* medical cover **2.** *(de lit)* blanket • **couverture chauffante** electric blanket **3.** *(toit)* roofing *(indén)*.

couveuse *nf* **1.** *(poule)* sitting hen **2.** *(machine)* incubator.

couvre-chef *nm hum* hat.

couvre-feu *nm* curfew.

couvre-lit *nm* bedspread.

couvre-pieds *nm inv* quilt, eiderdown **(UK)**.

couvreur *nm* roofer.

couvrir *vt* **1.** *(gén)* to cover • **couvrir qqn/qqch de** *litt & fig* to cover sb/sthg with **2.** *(protéger)* to shield. ■ **se couvrir** *vp* **1.** *(se vêtir)* to wrap up **2.** *(se recouvrir)* • **se couvrir de feuilles/de fleurs** to come into leaf/blossom **3.** *(ciel)* to cloud over **4.** *(se protéger)* to cover o.s.

covoiturage *nm* car sharing, car pooling • **pratiquer le covoiturage** to belong to a car pool.

COVID-19, covid-19 *nm ou nf* COVID-19, Covid-19.

coyote *nm* coyote.

CP *nm* abrév de **cours préparatoire**.

CQFD (abrév de **ce qu'il fallait démontrer**) QED.

crabe *nm* crab.

crachat *nm* spit *(indén)*.

cracher *vi* **1.** *(personne)* to spit **2.** *fam (dédaigner)* • **ne pas cracher sur qqch** not to turn one's nose up at sthg. ❑ *vt* **1.** *(sang)* to spit (up) **2.** *(lave, injures)* to spit (out).

crachin *nm* drizzle.

crachoir *nm* spittoon.

crack *nm* **1.** *(cheval)* top horse **2.** *fam (as)* star (performer) • **c'est un crack en maths** he's a whiz at maths **(UK)** *ou* math **(US)** **3.** *(drogue)* crack.

craie *nf* chalk.

craindre *vt* **1.** *(redouter)* to fear, to be afraid of • **craindre de faire qqch** to be afraid of doing sthg • **je crains d'avoir oublié mes papiers** I'm afraid I've forgotten my papers • **craindre que** *(+ subjonctif)* to be afraid (that) • **je crains qu'il oublie** *ou* **n'oublie** I'm afraid he may forget **2.** *(être sensible à)* to be susceptible to.

craint, e *pp* → **craindre**.

crainte *nf* fear • **de crainte de faire qqch** for fear of doing sthg • **de crainte que** *(+ subjonctif)* for fear that • **il a fui de crainte qu'on ne le voie** he fled for fear that he might be seen *ou* for fear of being seen.

craintif,ive *adj* timid.
cramoisi,e *adj* crimson.
crampe *nf* cramp.
crampon *nm (crochet - gén)* clamp ; *(- pour alpinisme)* crampon.
cramponner ■ se cramponner *vp (s'agripper)* to hang on • **se cramponner à qqn/qqch** *litt* & *fig* to cling to sb/sthg.
cran *nm* **1.** *(entaille, degré)* notch, cut **2.** *(indén) (audace)* guts *pl*.
crâne *nm* skull.
crâner *vi fam* to show off.
crâneur, euse *fam adj* boastful. ❑ *nm, f* show-off.
crânien, enne *adj* • **boîte crânienne** skull • **traumatisme crânien** head injury.
crapaud *nm* toad.
crapule *nf* scum *(indén)*.
craquelure *nf* crack.
craquement *nm* crack, cracking *(indén)*.
craquer *vi* **1.** *(produire un bruit)* to crack **2.** *(plancher, chaussure)* to creak **3.** *(se déchirer)* to split **4.** *(s'effondrer - personne)* to crack up **5.** *fam (être séduit par)* • **craquer pour** to fall for. ❑ *vt (allumette)* to strike.
crash *nm* **1.** *(atterrissage forcé)* crash landing **2.** *(accident)* crash.
crasse *nf* **1.** *(saleté)* dirt, filth **2.** *fam (mauvais tour)* dirty trick.
crasseux,euse *adj* filthy.
cratère *nm* crater.
cravache *nf* riding crop.
cravate *nf* tie, necktie **(US)**.
crawl *nm* crawl.
crayon *nm* **1.** *(gén)* pencil • **crayon à bille** ballpoint (pen) • **crayon de couleur** crayon **2.** TECHNOL pen • **crayon optique** light pen.
crayon-feutre *nm* felt-tip (pen).
créancier,ère *nm,f* creditor.
créateur,trice *adj* creative. ❑ *nm,f* creator. ■ **Créateur** *nm* • **le Créateur** the Creator.
créatif,ive *adj* creative.
création *nf* creation.
créationnisme *nm* creationism.
créativité *nf* creativity.
créature *nf* creature.
crécelle *nf* rattle.
crèche *nf* **1.** *(de Noël)* crib **(UK)**, crèche **(US)** **2.** *(garderie)* crèche **(UK)**, day-care center **(US)**.
crédible *adj* credible.
crédit *nm* **1.** COMM credit • **crédit municipal** pawnshop • **faire crédit à qqn** to give sb credit • **accorder/obtenir un crédit** to grant/to obtain credit • **acheter/vendre qqch à crédit** to buy/sell sthg on credit • **crédit hypothécaire** mortgage **2.** *fig* & *sout* influence.
crédit-bail *nm* leasing.
créditeur,trice *adj* in credit. ❑ *nm,f* creditor.
credo *nm* creed, credo.
crédule *adj* credulous.
crédulité *nf* credulity.
créer *vt* **1.** RELIG *(inventer)* to create **2.** *(fonder)* to found, to start up.
crémaillère *nf* **1.** *(de cheminée)* trammel • **pendre la crémaillère** *fig* to have a housewarming (party) **2.** TECHNOL rack.
crémation *nf* cremation.
crématoire → **four**.
crématorium *nm* crematorium, crematory **(US)**.
crème *nf* **1.** *(produit de beauté)* cream • **crème hydratante** moisturizer **2.** CULIN cream • **crème anglaise** custard **(UK)**. ❑ *adj inv* cream.
crémerie *nf* dairy.
crémeux,euse *adj* creamy.
crémier,ère *nm,f* dairyman, dairywoman *f*.
créneau *nm* **1.** *(de fortification)* crenel **2.** *(pour se garer)* • **faire un créneau** to reverse into a parking space **3.** *(de marché)* niche **4.** *(horaire)* window, gap.
créole *adj* & *nm* creole.
crêpe *nf* CULIN pancake. ❑ *nm (tissu)* crepe.
crêperie *nf* pancake restaurant.
crépi *nm* roughcast.
crépir *vt* to roughcast.
crépiter *vi* **1.** *(feu, flammes)* to crackle **2.** *(pluie)* to patter.
crépon *adj* → **papier**. ❑ *nm* seersucker.
crépu,e *adj* frizzy.
crépuscule *nm* **1.** *(du jour)* dusk, twilight **2.** *fig* twilight.
crescendo *adv* crescendo • **aller crescendo** **a)** *fig (bruit)* to get *ou* grow louder and louder **b)** *(dépenses, émotion)* to grow apace. ❑ *nm inv fig* MUS crescendo.
cresson *nm* watercress.
Crète *nf* • **la Crète** Crete.
crête *nf* **1.** *(de coq)* comb **2.** *(de montagne, vague, oiseau)* crest.
crétin,e *fam adj* cretinous, idiotic. ❑ *nm,f* cretin, idiot.
creuser *vt* **1.** *(trou)* to dig **2.** *(objet)* to hollow out **3.** *fig (approfondir)* to go into deeply.
Creutzfeldt-Jacob *npr* • **maladie de Creutzfeldt-Jacob** Creutzfeldt-Jacob disease.
creux, creuse *adj* **1.** *(vide, concave)* hollow **2.** *(période - d'activité réduite)* slack ; *(- à tarif réduit)* off-peak **3.** *(paroles)* empty. ■ **creux** *nm* **1.** *(concavité)* hollow **2.** *(période)* lull.
crevaison *nf* puncture **(UK)**, flat tyre **(UK)**, flat (tire) **(US)**.
crevant,e *adj fam (fatigant)* exhausting, knackering **(UK)**.

crevasse *nf* **1.** *(de mur)* crevice, crack **2.** *(de glacier)* crevasse **3.** *(sur la main)* crack.

crève *nf fam* bad *ou* stinking cold • **attraper la crève** to catch one's death (of cold).

crevé, e *adj* **1.** *(pneu)* burst, punctured, flat **2.** *fam (fatigué)* dead, shattered **(UK)**.

crève-cœur *nm inv* heartbreak.

crever *vi* **1.** *(éclater)* to burst **2.** *tfam (mourir)* to die • **crever de** *fig (jalousie, orgueil)* to be bursting with. ❑ *vt* **1.** *(percer)* to burst **2.** *fam (épuiser)* to wear out.

crevette *nf* • **crevette (grise)** shrimp • **crevette (rose)** prawn.

cri *nm* **1.** *(de personne)* cry, shout **2.** *(perçant)* scream **3.** *(d'animal)* cry • **pousser un cri** to cry (out), to shout • **pousser un cri de douleur** to cry out in pain **4.** *(appel)* cry • **le dernier cri** *fig* the latest thing.

LEXIQUE

les cris des animaux

l'âne brait the donkey brays
le canard cancane the duck quacks
le cerf brame the stag bells
le chat miaule the cat miaows
le cheval hennit the horse whinnies
la chèvre béguète the goat bleats
le chien aboie the dog barks
le cochon grogne the pig grunts
l'éléphant barrit the elephant trumpets
la grenouille coasse the frog croaks
l'hirondelle gazouille the swallow chirps
le lion rugit the lion roars
le loup hurle the wolf howls
le mouton bêle the sheep bleats
l'oiseau chante the bird sings
la poule glousse the hen cackles
le serpent siffle the snake hisses
la vache mugit the cow lows

criant, e *adj (injustice)* blatant.

criard, e *adj* **1.** *(voix)* strident, piercing **2.** *(couleur)* loud.

crible *nm (instrument)* sieve • **passer qqch au crible** *fig* to examine sthg closely.

criblé, e *adj* riddled • **être criblé de dettes** to be up to one's eyes in debt.

cric *nm* jack.

cricket *nm* cricket.

crier *vi* **1.** *(pousser un cri)* to shout (out), to yell **2.** *(parler fort)* to shout **3.** *(protester)* • **crier contre** *ou* **après qqn** to nag sb, to go on at sb. ❑ *vt* to shout (out).

FAUX AMIS

crier

Il existe un verbe anglais, ***to cry***, dont la forme est très semblable au français *crier*. D'ailleurs, dans certains contextes soutenus, il est possible que ***to cry*** ait le sens de *crier*. La plupart du temps, la traduction correcte est *pleurer*, comme dans ***he made her cry***, *il l'a fait* ***pleurer***. Toutefois, si l'on cherche à faire une traduction dans le sens inverse, il faut éviter de rendre *crier* par ***to cry***, et utiliser à la place ***to shout*** ou ***to yell***. Par exemple, *il n'arrête pas de crier* équivaut à *he's always* ***yelling***.

crime *nm* **1.** *(délit)* crime **2.** *(meurtre)* murder • **crimes contre l'humanité** crime against humanity.

criminalité *nf* crime.

criminel, elle *adj* criminal. ❑ *nm,f* criminal • **criminel de guerre** war criminal.

crin *nm (d'animal)* hair.

crinière *nf* mane.

crique *nf* creek.

criquet *nm* **1.** locust **2.** *(sauterelle)* grasshopper.

crise *nf* **1.** MÉD attack • **crise cardiaque** heart attack • **crise de foie** bilious attack **2.** *(accès)* fit • **crise de nerfs** attack of nerves **3.** *(phase critique)* crisis • **crise climatique** climate crisis • **crise énergétique** energy crisis • **crise migratoire** migration crisis • **crise sanitaire** health crisis.

crispation *nf* **1.** *(contraction)* contraction **2.** *(agacement)* irritation.

crispé, e *adj* tense, on edge.

crisper *vt* **1.** *(contracter - visage)* to tense ; *(- poing)* to clench **2.** *(agacer)* to irritate. ■ **se crisper** *vp* **1.** *(se contracter)* to tense (up) **2.** *(s'irriter)* to get irritated.

crisser *vi* **1.** *(pneu)* to screech **2.** *(étoffe)* to rustle.

cristal *nm* crystal • **cristal de roche** quartz.

cristallin, e *adj* **1.** *(limpide)* crystal clear, crystalline **2.** *(roche)* crystalline. ■ **cristallin** *nm* crystalline lens.

critère *nm* criterion.

critiquable *adj* **1.** *(décision)* debatable **2.** *(personne)* open to criticism.

critique *adj* critical. ❑ *nmf* critic. ❑ *nf* criticism.

critiquer *vt* to criticize.

croasser *vi* to croak, to caw.

croate *adj* Croat, Croatian. ■ **Croate** *nmf* Croat, Croatian.

En anglais, les adjectifs se rapportant à un pays ou une région s'écrivent avec une majuscule.

Croatie *nf* • **la Croatie** Croatia.

En anglais, à de rares exceptions près, il n'y a pas d'article devant les noms de pays.

croc *nm (de chien)* fang.

croche *nf* quaver **(UK)**, eighth (note) **(US)**.

croche-pied *nm* • **faire un croche-pied à qqn** to trip sb up.

crochet *nm* **1.** *(de métal)* hook • **vivre aux crochets de qqn** to live off sb **2.** *(tricot)* crochet hook **3.** *TYPO* square bracket **4.** *(boxe)* • **crochet du gauche/du droit** left/right hook.

crochu, e *adj* **1.** *(doigts)* claw-like **2.** *(nez)* hooked.

crocodile *nm* crocodile.

croire *vt* **1.** *(chose, personne)* to believe **2.** *(penser)* to think • **tu crois ?** do you think so? • **il te croyait parti** he thought you'd left • **croire que** to think (that). ❑ *vi* • **croire à** to believe in • **croire en** to believe in, to have faith in.

croisade *nf fig HIST* crusade.

croisé, e *adj (veste)* double-breasted. ■ **croisé** *nm HIST* crusader. ■ **croisée** *nf* **1.** *(fenêtre)* casement, window **2.** *(croisement)* • **à la croisée des chemins** *litt* & *fig* at a crossroads.

croisement *nm* **1.** *(intersection)* junction, intersection **2.** *BIOL* crossbreeding.

croiser *vt* **1.** *(jambes)* to cross **2.** *(bras)* to fold **3.** *(passer à côté de)* to pass **4.** *(chemin)* to cross, to cut across **5.** *(métisser)* to interbreed. ❑ *vi NAUT* to cruise. ■ **se croiser** *vp* **1.** *(chemins)* to cross, to intersect **2.** *(personnes)* to pass **3.** *(lettres)* to cross **4.** *(regards)* to meet.

croisière *nf* cruise.

croisillon *nm* • **à croisillons** lattice *(avant nom)*.

croissance *nf* growth, development • **croissance économique** economic growth *ou* development • **croissance inclusive** inclusive growth.

croissant, e *adj* increasing, growing. ■ **croissant** *nm* **1.** *(de lune)* crescent **2.** *CULIN* croissant.

croître *vi* **1.** *(grandir)* to grow **2.** *(augmenter)* to increase.

croix *nf* cross • **en croix** in the shape of a cross • **croix gammée** swastika.

Croix-Rouge *nf* • **la Croix-Rouge** the Red Cross.

crooner *nm* crooner.

croquant, e *adj* crisp, crunchy.

croque-madame *nm inv si vous voulez expliquer de quoi il s'agit à un anglophone, vous pouvez dire* it is a toasted cheese and ham sandwich with a fried egg on top.

croque-mitaine *nm* bogeyman.

croque-monsieur *nm inv* toasted cheese and ham sandwich.

croque-mort *nm fam* undertaker's assistant.

croquer *vt* **1.** *(manger)* to crunch **2.** *(dessiner)* to sketch. ❑ *vi* to be crunchy.

croquette *nf* croquette.

croquis *nm* sketch.

cross *nm* **1.** *(exercice)* cross-country (running) **2.** *(course)* cross-country race.

crosse *nf* **1.** *(d'évêque)* crozier **2.** *(de fusil)* butt **3.** *(hockey)* hockey stick.

crotte *nf* **1.** *(de lapin, etc)* droppings *pl* **2.** *(de chien)* dirt.

crottin *nm (de cheval)* (horse) manure.

crouler *vi* to crumble • **crouler sous** *litt* & *fig* to collapse under.

croupe *nf* rump • **monter en croupe** to ride pillion.

croupier *nmf* croupier.

croupir *vi litt* & *fig* to stagnate.

croustillant, e *adj (croquant - pain)* crusty ; *(- biscuit)* crunchy.

croûte *nf* **1.** *(du pain, terrestre)* crust **2.** *(de fromage)* rind **3.** *(de plaie)* scab **4.** *fam* & *péj (tableau)* daub.

croûton *nm* **1.** *(bout du pain)* crust **2.** *(pain frit)* crouton **3.** *fam* & *péj (personne)* fuddy-duddy.

croyance *nf* belief.

croyant, e *adj* • **être croyant** to be a believer. ❑ *nm, f* believer.

CRS (abrév de Compagnie républicaine de sécurité) *nm* French riot police officer • **les CRS** the French riot police.

cru[1], e *adj* **1.** *(non cuit)* raw **2.** *(violent)* harsh **3.** *(direct)* blunt **4.** *(grivois)* crude.

cru[2] *nm* **1.** *(vin)* vintage, wine **2.** *(vignoble)* vineyard • **du cru** *fig* local • **de son propre cru** *fig* of one's own devising.

cruauté *nf* cruelty.

cruche *nf* **1.** *(objet)* jug **(UK)**, pitcher **(US)** **2.** *fam* & *péj (personne niaise)* idiot.

crucial, e *adj* crucial.

crucifix *nm* crucifix.

cruciverbiste *nmf* crossword enthusiast.

crudité *nf* crudeness. ■ **crudités** *nfpl* crudités.

crue *nf* rise in the water level.

cruel, elle *adj* cruel.

crumble *nm* crumble.

crustacé *nm* shellfish, crustacean • **crustacés** shellfish *(indén)*.

cryosphère *nf* cryosphere.

crypte *nf* crypt.

crypter *vt* to encrypt • **chaîne cryptée** encrypted channel.

cryptomonnaie *nf* cryptocurrency.

Cuba *npr* Cuba.

cubain, e *adj* Cuban. ■ **Cubain, e** *nm, f* Cuban.

cube *nm* cube • **4 au cube = 64** 4 cubed is 64 • **mètre cube** cubic metre **(UK)** *ou* meter **(US)**.

cueillette *nf* picking, harvesting.

cueilli, e *pp* → **cueillir**.

cueillir *vt (fruits, fleurs)* to pick.

cuillère, cuiller *nf (instrument)* spoon • **cuillère à café a)** coffee spoon **b)** *CULIN* teaspoon • **cuillère à dessert** dessertspoon • **cuillère à soupe a)** soup spoon **b)** *CULIN* tablespoon.

cuillerée *nf* spoonful • **cuillerée à café** *CULIN* teaspoonful • **cuillerée à soupe** *CULIN* tablespoonful.

cuir *nm* **1.** leather **2.** *(non tanné)* hide • **cuir chevelu** *ANAT* scalp.

cuirasse *nf* **1.** *(de chevalier)* breastplate **2.** *fig* armour **(UK)**, armor **(US)**.

cuirassé *nm* battleship.

cuire *vt* **1.** *(viande, œuf)* to cook **2.** *(tarte, gâteau)* to bake. ❑ *vi* **1.** *(viande, œuf)* to cook **2.** *(tarte, gâteau)* to bake • **faire cuire qqch** to cook/bake sthg **3.** *fig (personne)* to roast, to be boiling.

cuiseur *nm* cooker.

cuisine *nf* **1.** *(pièce)* kitchen • **cuisine américaine** open-plan kitchen **2.** *(art)* cooking, cookery **(UK)** • **faire la cuisine** to do the cooking, to cook.

cuisiné, e *adj* • **plat cuisiné** ready-cooked meal.

cuisiner *vt* **1.** *(aliment)* to cook **2.** *fam (personne)* to grill. ❑ *vi* to cook • **bien/mal cuisiner** to be a good/bad cook.

cuisinier, ère *nm, f* cook. ■ **cuisinière** *nf* cooker **(UK)**, stove **(US)** • **cuisinière électrique/à gaz** electric/gas cooker **(UK)** *ou* stove **(US)**.

cuisiniste *nmf* **1.** *(fabricant)* kitchen manufacturer **2.** *(installateur)* kitchen installer.

cuisse *nf* **1.** *ANAT* thigh **2.** *CULIN* leg.

cuisson *nf* cooking.

cuissot *nm* haunch • **cuissot de chevreuil** haunch of venison.

cuit, e *pp* → **cuire**. ❑ *adj* • **bien cuit** *(steak)* well-done.

cuivre *nm (métal)* • **cuivre (rouge)** copper • **cuivre jaune** brass. ■ **cuivres** *nmpl* • **les cuivres** *MUS* the brass.

cuivré, e *adj* **1.** *(couleur, reflet)* coppery **2.** *(teint)* bronzed.

cul *nm* **1.** *tfam (postérieur)* bum **(UK)**, ass **(US)** **2.** *(de bouteille)* bottom.

culasse *nf* **1.** *(d'arme à feu)* breech **2.** *AUTO* cylinder head.

culbute *nf* **1.** *(saut)* somersault **2.** *(chute)* tumble, fall.

cul-de-sac *nm* dead end.

culinaire *adj* culinary.

culminant → **point**.

culot *nm* **1.** *fam (toupet)* nerve, cheek **(UK)** • **avoir du culot** to have a lot of nerve **2.** *(de cartouche, ampoule)* cap.

culotte *nf (sous-vêtement féminin)* panties *pl*, knickers *pl* **(UK)**, pair of panties *ou* of knickers **(UK)**.

culotté, e *adj fam (effronté)* • **elle est culottée** she's got a nerve.

culpabiliser *vt* • **culpabiliser qqn** to make sb feel guilty. ❑ *vi* to feel guilty.

culpabilité *nf* guilt.

culte *nm* **1.** *(vénération, amour)* worship **2.** *(religion)* religion.

cultivateur, trice *nm, f* farmer.

cultivé, e *adj (personne)* educated, cultured.

cultiver *vt* **1.** *(terre, goût, relation)* to cultivate **2.** *(plante)* to grow.

culture *nf* **1.** *AGRIC* cultivation, farming • **les cultures** cultivated land **2.** *(savoir)* culture, knowledge • **culture physique** physical training **3.** *(civilisation)* culture.

culturel, elle *adj* cultural.

culturisme *nm* bodybuilding.

cumin *nm* cumin.

cumuler *vt* **1.** *(fonctions, titres)* to hold simultaneously **2.** *(salaires)* to draw simultaneously.

cumulus *nm* cumulus.

cupide *adj* greedy.

cure *nf* (course of) treatment • **faire une cure de fruits** to go on a fruit-based diet • **cure de désintoxication a)** *(gén)* rehab **b)** *(d'alcool)* drying-out treatment **c)** *(de drogue)* detoxification treatment • **cure de sommeil** sleep therapy • **cure de thalassothérapie** course of thalassotherapy • **faire une cure thermale** to undergo treatment at a spa.

curé *nm* parish priest.

cure-dents *nm inv* toothpick.

cure-pipes *nm inv* pipe cleaner.

curer *vt* to clean out.

curieux, euse *adj* **1.** *(intéressé)* curious • **curieux de qqch/de faire qqch** curious about sthg/to do sthg **2.** *(indiscret)* inquisitive **3.** *(étrange)* strange, curious. ❑ *nm, f* busybody.

curiosité *nf* curiosity.

curriculum vitae *nm inv* curriculum vitae **(UK)**, résumé **(US)**.

curry, carry, cari *nm* **1.** *(épice)* curry powder **2.** *(plat)* curry.

curseur *nm* cursor.

cursus *nm* degree course.

customiser *vt* to customize.

cutané, e *adj* cutaneous, skin *(avant nom)*.

cuti *nf* **1.** *MÉD* skin test **2.** • **virer sa cuti** *fam & fig* to throw off one's shackles.

cutiréaction, cuti-réaction *nf* skin test.

cutter *nm* Stanley knife®.

cuve *nf* **1.** *(citerne)* tank **2.** *(à vin)* vat.

cuvée *nf (récolte)* vintage.

cuvette *nf* **1.** *(récipient)* basin, bowl **2.** *(de lavabo)* basin **3.** *(de W.-C.)* bowl **4.** *GÉOGR* basin.

CV *nm* **1.** (abrév de curriculum vitae) CV **(UK)**, résumé **(US)** **2.** (abrév de cheval-vapeur) hp.

cyanure *nm* cyanide.

cybercafé *nm* cybercafé, Internet café.

cybercommerce *nm* e-commerce.

cybercrime *nm INFORM* e-crime.

cybercriminalité *nf* cybercrime.

cyberespace,cybermonde *nm* cyberspace.

cyberharcèlement *nm* cyberharassment.

cybernaute *nm* (net) surfer, cybersurfer, cybernaut.

cyclable → **piste**.

cyclamen *nm* cyclamen.

cycle *nm* **1.** *(série)* cycle • **cycle menstruel** menstrual cycle **2.** *(formation)* cycle • **second cycle** **a)** *UNIV* ≃ final year **(UK)** ; ≃ senior year **(US)** **b)** *SCOL* upper school **(UK)**, high school **(US)** • **troisième cycle** *UNIV* ≃ postgraduate year *ou* years.

cyclique *adj* cyclic, cyclical.

cyclisme *nm* cycling.

cycliste *nmf* cyclist.

cyclomoteur *nm* moped.

cyclone *nm* cyclone.

cygne *nm* swan.

cylindre *nm* **1.** *AUTO & GÉOM* cylinder **2.** *(rouleau)* roller.

cymbale *nf* cymbal.

cynique *adj* cynical.

cynisme *nm* cynicism.

cyprès *nm* cypress.

cypriote = **chypriote**.

Cypriote = **Chypriote**.

cyrillique *adj* Cyrillic.

cystite *nf* cystitis *(indén)*.

d, D *nm inv* d, D.

d' → **de**.

DAB (abrév de distributeur automatique de billets) *nm* ATM.

d'abord → **abord**.

d'accord *loc adv* • **d'accord !** all right!, OK! • **être d'accord avec** to agree with.

dactylo *nf* **1.** *(personne)* typist **2.** *(procédé)* typing.

dactylographier *vt* to type.

dada *nm* **1.** *(cheval)* horsie, gee-gee **(UK)** **2.** *fam (occupation)* hobby **3.** *fam (idée)* hobbyhorse **4.** ART Dadaism.

dahlia *nm* dahlia.

daigner *vi* to deign.

daim *nm* **1.** *(animal)* fallow deer **2.** *(peau)* suede.

dallage *nm* **1.** *(action)* paving **2.** *(dalles)* pavement.

dalle *nf* **1.** *(de pierre)* slab **2.** *(de lino)* tile.

dalmatien, enne *nm, f* dalmatian.

daltonien, enne *adj* colour-blind **(UK)**, colorblind **(US)**.

dame *nf* **1.** *(femme)* lady **2.** *(cartes à jouer)* queen. ■ **dames** *nfpl* draughts **(UK)**, checkers **(US)**.

damier *nm* **1.** *(de jeu)* draughtboard **(UK)**, checkerboard **(US)** **2.** *(motif)* • **à damier** checked.

damné, e *adj fam* damned.

damner *vt* to damn.

dancing *nm* dance hall.

dandiner ■ **se dandiner** *vp* to waddle.

dandy *nm* dandy.

Danemark *nm* • **le Danemark** Denmark.

En anglais, à de rares exceptions près, il n'y a pas d'article devant les noms de pays.

danger *nm* danger • **en danger** in danger • **courir un danger** to run a risk.

dangereux, euse *adj* dangerous.

danois, e *adj* Danish. ■ **danois** *nm* **1.** *(langue)* Danish **2.** *(chien)* Great Dane. ■ **Danois, e** *nm, f* Dane.

En anglais, les adjectifs se rapportant à un pays ou une région ainsi que le nom désignant la langue de ce pays ou cette région, s'écrivent avec une majuscule.

dans *prép* **1.** *(dans le temps)* in • **je reviens dans un mois** I'll be back in a month *ou* in a month's time **2.** *(dans l'espace)* in • **dans une boîte** in *ou* inside a box **3.** *(avec mouvement)* into • **entrer dans une chambre** to come into a room, to enter a room **4.** *(indiquant un état, une manière)* in • **vivre dans la misère** to live in poverty • **il est dans le commerce** he's in business **5.** *(environ)* • **dans les...** about... • **ça coûte dans les 30 euros** it costs about 30 euros.

dansant, e *adj litt & fig* dancing • **soirée dansante** dance • **thé dansant** tea dance.

danse *nf* **1.** *(art)* dancing • **faire de la danse** to go to dancing classes **2.** *(musique)* dance.

danser *vi* **1.** *(personne)* to dance **2.** *(bateau)* to bob **3.** *(flammes)* to flicker. ❑ *vt* to dance.

danseur, euse *nm, f* dancer.

dard *nm (d'animal)* sting.

darne *nf (de poisson)* steak.

date *nf* **1.** *(jour + mois + année)* date • **date de naissance** date of birth **2.** *(moment)* event.

dater *vt* to date. ❑ *vi* **1.** *(marquer)* to be *ou* mark a milestone **2.** *fam (être démodé)* to be dated. ■ **à dater de** *loc prép* as of *ou* from. ■ **dater de** *v + prép* to date from, to go back to • **un livre qui date du XVIIe siècle** a book dating back to the 17th century • **de quand date votre dernière visite ?** when was your last visit? • **notre amitié ne date pas d'hier** we go *ou* our friendship goes back a long way • **voilà une idée qui ne date pas d'hier** this idea's been around for quite some time.

datif *nm* GRAMM dative.

datte *nf* date.

dattier *nm* date palm.

daube *nf* CULIN ≃ stew.

dauphin[1], e *nm, f (successeur)* heir apparent.

dauphin[2] *nm* **1.** *(mammifère)* dolphin **2.** HIST • **le dauphin** the dauphin.

daurade *nf* sea bream.

davantage *adv* **1.** *(plus)* more • **davantage de** more **2.** *(plus longtemps)* (any) longer.

de

■ **de** *prép*

1. EXPRIME L'ORIGINE, LA PROVENANCE

• **mes voisins viennent du Pakistan** my neighbours are from Pakistan • **il revient de Paris demain** he's coming back *ou* returning from Paris tomorrow • **l'avion de Londres est arrivé il y a dix minutes** the plane from London *ou* the London plane arrived ten minutes ago

2. AVEC « À »

• **leur première expédition les a menés de Paris à Tokyo en trois ans** their first expedition led them from Paris to Tokyo in three years • **nous avons travaillé de dix heures à midi** we worked from ten o'clock to *ou* till midday • **il y avait de quinze à vingt mille spectateurs** there were between fifteen and twenty thousand spectators

3. INDIQUE LA LOCALISATION

• **les magasins de cette rue sont très bon marché** the shops in this street are very cheap • **de nombreux élèves de son école ont des difficultés en mathématiques** many pupils in his school have problems with maths

4. EXPRIME L'APPARTENANCE

• **je ne connais pas le frère de Pierre** I don't know Pierre's brother • **la voiture de nos amis est très chère** our friends' car is very expensive

5. INTRODUIT UN COMPLÉMENT DU NOM

• **peux-tu fermer la porte du salon ?** can you close the door of the sitting room *ou* the sitting room door? • **c'est de qui ?** who is it by? • **c'est un film de Jim Jarmusch** it's a film by Jim Jarmusch *ou* a Jim Jarmusch film

6. EXPRIME LA CAUSE

• **Paul tremble de froid** Paul is shivering with cold • **quand j'ai appris la nouvelle, j'ai sauté de joie** when I heard the news I jumped for joy • **des millions d'enfants meurent de faim** millions of children die of hunger

7. EXPRIME LA MANIÈRE

• **il lui parla d'une voix tendre** he spoke tenderly to her *ou* he spoke to her in a tender voice • **il l'a simplement touché du doigt** he simply touched it with his finger

8. INDIQUE UNE CARACTÉRISTIQUE

• **donne-moi un verre d'eau, s'il te plaît** give me a glass of water, please • **elle porte un peignoir de soie** she's wearing a silk dressing gown • **ils ont acheté un appartement de 60 m²** they bought a 60 square metre flat • **c'est un bébé de trois jours** it's a three-day-old baby • **c'est une ville de 500 000 habitants** it's a town with *ou* of 500,000 inhabitants • **j'attends le train de 9 h 30** I'm waiting for the 9.30 train

9. POUR EXPRIMER UN RATIO

• **il gagne dix euros de l'heure** he earns ten euros per hour *ou* an hour

■ **de** *art partitif*

1. DANS UNE PHRASE AFFIRMATIVE OU INTERROGATIVE

• **je voudrais du vin/du lait** I'd like (some) wine/(some) milk • **voulez-vous du thé ?** would you like some tea? • **avez-vous du pain ?** do you have any bread?, have you got any bread? • **peux-tu acheter des légumes ?** can you buy some vegetables?

2. DANS UNE PHRASE NÉGATIVE

• **ils n'ont pas d'enfants** they don't have any children, they have no children

À PROPOS DE

de

La marque du possessif ***'s*** équivaut dans certains cas à une tournure commençant par ***of*** (***the company's profits*** = ***the profits of the company***). Toutefois, avec les noms de personnes, seule la forme en ***-'s*** est possible (***Bill's clothes***).

Il est plus naturel d'utiliser ***of*** lorsque l'on fait allusion à des objets (***the front of the house*** ; ***the corner of the room***), ou lorsque la construction est longue et complexe (***I know the son of the teacher who's taking you for English*** et non pas ***I know the teacher who's taking you for English's son***).

Soyez attentif à faire la distinction entre ***-'s*** et ***-s'*** dans les tournures possessives. Comparez, par exemple, ***my sister's friends*** (= il y a une seule sœur) et ***my sisters' friends*** (= il y a plusieurs sœurs).

À PROPOS DE

de

Dans de nombreux cas, *de* ne se traduit pas.

• *Les clés de la voiture.* ***The car keys.***

Il ne se traduit pas dans les phrases indiquant une habitude ou une alternative.

• *Je ne mange pas de viande.* ***I don't eat meat.***

Lorsque *de* indique la cause, il se traduit par différentes prépositions en anglais.

• *Il tremble de froid.* ***He is shivering with cold.***

• *Il sautait de joie.* ***He was jumping for joy.***

En règle générale, on utilise ***any*** dans les interrogations, surtout lorsqu'on ne sait pas si la réponse sera affirmative ou négative.
Est-ce que vous avez du travail ? ***Do you have*** **any** ***work?***
Si l'on s'attend à une réponse affirmative, par exemple lorsqu'on demande à quelqu'un s'il veut quelque chose à boire ou à manger, on utilise ***some***.
• *Est-ce que tu veux du thé ?* ***Would you like*** **some** ***tea?***

dé *nm* **1.** *(à jouer)* dice, die **2.** COUT • **dé (à coudre)** thimble.
DEA (abrév de diplôme d'études approfondies) *nm* postgraduate diploma.
dealeur, euse *nm, f* = **dealer**.
dealer[1] *vt* to deal.
dealer[2] *nmf fam* dealer.
déambuler *vi* to stroll (around).
débâcle *nf* **1.** *(débandade)* rout **2.** *fig* collapse.
déballer *vt* **1.** to unpack **2.** *fam & fig* to pour out.
débandade *nf* dispersal.
débarbouiller *vt* • **débarbouiller qqn** to wash sb's face. ■ **se débarbouiller** *vp* to wash one's face.
débarcadère *nm* landing stage.
débardeur *nm* **1.** *(ouvrier)* docker **2.** *(vêtement)* slipover.
débarquement *nm (de marchandises)* unloading.
débarquer *vt* **1.** *(marchandises)* to unload **2.** *(passagers)* MIL to land. ❑ *vi* **1.** *(d'un bateau)* to disembark **2.** MIL to land **3.** *fam (arriver à l'improviste)* to turn up **4.** *fam & fig (ne rien savoir)* to know nothing.
débarras *nm* junk room • **bon débarras !** *fig* good riddance!
débarrasser *vt* **1.** *(pièce)* to clear up **2.** *(table)* to clear **3.** *(ôter)* • **débarrasser qqn de qqch** to take sthg from sb. ■ **se débarrasser** *vp* • **se débarrasser de** to get rid of.
débat *nm* debate.
débattre *vt* to debate, to discuss. ■ **se débattre** *vp* to struggle.
débattu, e *pp* → **débattre**.
débauche *nf* debauchery.
débaucher *vt* **1.** *(corrompre)* to debauch, to corrupt **2.** *(licencier)* to make redundant **(UK)**, to lay off **(US)**.
débile *nmf fam (idiot)* moron. ❑ *adj fam* stupid.
débit *nm* **1.** *(de marchandises)* (retail) sale **2.** *(magasin)* • **débit de boissons** bar • **débit de tabac** tobacconist's, tobacco shop **(US)** **3.** *(coupe)* sawing up, cutting up **4.** *(de liquide)* (rate of) flow **5.** *(élocution)* delivery **6.** FIN debit • **avoir un débit de 100 euros** to be 100 euros overdrawn **7.** INFORM rate.
débiter *vt* **1.** *(marchandises)* to sell **2.** *(arbre)* to saw up **3.** *(viande)* to cut up **4.** *(sujet : robinet)* to have a flow of **5.** *fam & fig (prononcer)* to spout **6.** FIN to debit.
débiteur, trice *adj* **1.** *(personne)* debtor *(avant nom)* **2.** FIN debit *(avant nom)*, in the red. ❑ *nm, f* debtor.
déblayer *vt (dégager)* to clear • **déblayer le terrain** *fig* to clear the ground.
débloquer *vt* **1.** *(machine)* to get going again **2.** *(crédit)* to release **3.** *(compte, salaires, prix)* to unfreeze. ❑ *vi fam* to talk nonsense *ou* rubbish **(UK)**.
déboguer *vt* to debug.
déboires *nmpl* **1.** *(déceptions)* disappointments **2.** *(échecs)* setbacks **3.** *(ennuis)* trouble *(indén)*, problems.
déboiser *vt* **1.** *(région)* to deforest **2.** *(terrain)* to clear (of trees).
déboîter *vt* **1.** *(objet)* to dislodge **2.** *(membre)* to dislocate. ❑ *vi* AUTO to pull out. ■ **se déboîter** *vp* **1.** *(se démonter)* to come apart **2.** *(porte)* to come off its hinges **3.** *(membre)* to dislocate.
débonnaire *adj* good-natured, easy-going.
déborder *vi* **1.** *(fleuve, liquide)* to overflow **2.** *fig* to flood • **déborder de** *(vie, joie)* to be bubbling with.
débouché *nm* **1.** *(issue)* end **2.** *(gén pl)* COMM outlet **3.** *(de carrière)* prospect, opening.
déboucher *vt* **1.** *(bouteille)* to open **2.** *(conduite, nez)* to unblock. ❑ *vi* • **déboucher sur a)** *(arriver)* to open out into **b)** *fig* to lead to, to achieve.
débourser *vt* to pay out.
déboussoler *vt fam* to throw, to disorient, to disorientate **(UK)**.
debout *adv* **1.** *(gén)* • **être debout** *(sur ses pieds)* to be standing (up) **2.** *(réveillé)* to be up **3.** *(objet)* to be standing up *ou* upright • **mettre qqch debout** to stand sthg up • **se mettre debout** to stand up • **debout !** get up!, on your feet! **4.** *(locution)* • **tenir debout a)** *(bâtiment)* to remain standing **b)** *(argument)* to stand up • **il ne tient pas debout** he's asleep on his feet.
déboutonner *vt* to unbutton, to undo.
débraillé, e *adj* dishevelled **(UK)**, disheveled **(US)**.
débrancher *vt* **1.** *(appareil)* to unplug **2.** *(téléphone)* to disconnect.
débrayage *nm (arrêt de travail)* stoppage.
débrayer *vi* AUTO to disengage the clutch, to declutch **(UK)**.
débriefing *nm* debrief.
débris *nm* piece, fragment. ❑ *nmpl (restes)* leftovers.
débrouillard, e *fam adj* resourceful.

débrouiller *vt* **1.** *(démêler)* to untangle **2.** *fig (résoudre)* to unravel, to solve. ■ **se débrouiller** *vp fam* • **se débrouiller (pour faire qqch)** to manage (to do sthg) • **se débrouiller en anglais/math** to get by in English/maths • **débrouille-toi !** you'll have to sort it out (by) yourself!

débroussailler *vt* **1.** *(terrain)* to clear **2.** *fig* to do the groundwork for.

débroussailleuse *nf* edge trimmer, weed eater **(US)**.

début *nm* beginning, start • **au début** at the start *ou* beginning • **au début de** at the beginning of • **dès le début** (right) from the start.

débutant, e *nm,f* beginner.

débuter *vi* **1.** *(commencer)* • **débuter (par)** to begin (with), to start (with) **2.** *(faire ses débuts)* to start out.

déca *nm fam* decaff.

deçà ■ **en deçà de** *loc prép* **1.** *(de ce côté-ci de)* on this side of **2.** *(en dessous de)* short of.

décacheter *vt* to open.

décadence *nf* **1.** *(déclin)* decline **2.** *(débauche)* decadence.

décadent, e *adj* decadent.

décaféiné, e *adj* decaffeinated. ■ **décaféiné** *nm* decaffeinated coffee.

décalage *nm* **1.** gap **2.** *fig* gulf, discrepancy • **décalage horaire a)** *(entre zones)* time difference **b)** *(après un vol)* jet lag.

décalcomanie *nf* transfer *(adhesive)* **(UK)**, decal **(US)**.

décaler *vt* **1.** *(dans le temps - avancer)* to bring forward ; *(- retarder)* to put back **2.** *(dans l'espace)* to move, to shift.

décalquer *vt* to trace.

décamper *vi fam* to clear off.

décapant, e *adj* **1.** *(nettoyant)* stripping **2.** *fig (incisif)* cutting, caustic. ■ **décapant** *nm* (paint) stripper.

décaper *vt* **1.** *(en grattant)* to sand **2.** *(avec un produit chimique)* to strip.

décapiter *vt* **1.** *(personne - volontairement)* to behead ; *(- accidentellement)* to decapitate **2.** *(arbre)* to cut the top off **3.** *fig (organisation, parti)* to remove the leader *ou* leaders of.

décapotable *nf & adj* convertible.

décapsuler *vt* to take the top off, to open.

décapsuleur *nm* bottle opener.

décarbonation, décarbonisation *nf* decarbonization.

décédé, e *adj* deceased.

décéder *vi* to die.

déceler *vt (repérer)* to detect.

décembre *nm* December. Voir aussi **septembre**.

> En anglais, les mois de l'année s'écrivent avec une majuscule.

décemment *adv* **1.** *(convenablement)* properly **2.** *(raisonnablement)* reasonably.

décence *nf* decency.

décennie *nf* decade.

décent, e *adj* decent.

décentralisation *nf* decentralization.

décentrer *vt* to move off-centre **(UK)** *ou* off-center **(US)**.

déception *nf* disappointment.

> S'EXPRIMER
>
> ### exprimer sa déception
>
> - ***What a shame!*** Quel dommage !
> - ***It's a shame the concert's been cancelled.*** Dommage que le concert soit annulé.
> - ***That's really bad luck!*** C'est vraiment pas de chance !
> - ***I wasn't expecting that.*** Je ne m'attendais pas à ça.
> - ***I'd never have believed that of him.*** Je n'aurais jamais cru ça de lui.

décerner *vt* • **décerner qqch à** to award sthg to.

décès *nm* death.

décevant, e *adj* disappointing.

décevoir *vt* to disappoint.

déchaîné, e *adj* **1.** *(vent, mer)* stormy, wild **2.** *(personne)* wild.

déchaîner *vt* **1.** *(passion)* to unleash **2.** *(rires)* to cause an outburst of. ■ **se déchaîner** *vp* **1.** *(éléments naturels)* to erupt **2.** *(personne)* to fly into a rage. ■ **se déchaîner** *vpi* **1.** *(tempête, vent)* to rage **2.** *(hilarité, applaudissements)* to break *ou* to burst out **3.** *(instincts)* to be unleashed • **sa colère s'est déchaînée contre nous** he unleashed his anger on us • **se déchaîner contre** to rave at *ou* against • **la presse s'est déchaînée contre le gouvernement** the press railed at the government • **elle s'est déchaînée contre son frère** she lashed out *ou* let fly at her brother.

déchanter *vi* to become disillusioned.

décharge *nf* **1.** DR discharge **2.** ÉLECTR discharge • **décharge électrique** electric **(UK)** *ou* electrical **(US)** shock **3.** *(dépotoir)* rubbish tip **(UK)**, rubbish dump **(UK)**, garbage dump **(US)**.

déchargement *nm* unloading.

décharger *vt* **1.** *(véhicule, marchandises)* to unload **2.** *(arme - tirer)* to fire, to discharge ; *(- enlever la charge de)* to unload **3.** *(soulager - cœur)* to unburden ; *(- conscience)* to salve ; *(- colère)* to vent **4.** *(libérer)* • **décharger qqn de** to release sb from.

décharné, e *adj (maigre)* emaciated.

déchausser *vt* • **déchausser qqn** to take sb's shoes off. ■ **se déchausser** *vp* **1.** *(personne)* to take one's shoes off **2.** *(dent)* to come loose.

déchéance *nf (déclin)* degeneration, decline.

déchet *nm (de matériau)* scrap. ■ **déchets** *nmpl* refuse *(indén)*, waste *(indén)*.

Déchetterie ® *nf* recycling centre **(UK)** *ou* center **(US)**.

déchiffrer *vt* **1.** *(inscription, hiéroglyphes)* to decipher **2.** *(énigme)* to unravel **3.** *MUS* to sight-read.

déchiqueter *vt* to tear to shreds.

déchiqueteur *nm* shredder.

déchirant, e *adj* heartrending.

déchirement *nm (souffrance morale)* heartbreak, distress.

déchirer *vt (papier, tissu)* to tear up, to rip up. ■ **se déchirer** *vp* **1.** *(personnes)* to tear each other apart **2.** *(matériau, muscle)* to tear.

déchirure *nf* **1.** tear **2.** *fig* wrench • **déchirure musculaire** *MÉD* torn muscle.

déchu, e *adj* **1.** *(homme, ange)* fallen **2.** *(souverain)* deposed **3.** *DR* • **être déchu de** to be deprived of.

décibel *nm* decibel.

décidé, e *adj* **1.** *(résolu)* determined **2.** *(arrêté)* settled.

décidément *adv* really.

décider *vt* **1.** *(prendre une décision)* • **décider (de faire qqch)** to decide (to do sthg) **2.** *(convaincre)* • **décider qqn à faire qqch** to persuade sb to do sthg. ■ **se décider** *vp* **1.** *(personne)* • **se décider (à faire qqch)** to make up one's mind (to do sthg) **2.** *(choisir)* • **se décider pour** to decide on, to settle on.

décilitre *nm* decilitre **(UK)** deciliter **(US)**.

décimal, e *adj* decimal. ■ **décimale** *nf* decimal.

décimer *vt* to decimate.

décimètre *nm* **1.** *(dixième de mètre)* decimetre **(UK)** decimeter **(US)** **2.** *(règle)* ruler • **double décimètre** ≃ foot rule.

décisif, ive *adj* decisive.

décision *nf* decision.

décisionnaire *nmf* decision-maker.

déclamer *vt* to declaim.

déclaration *nf* **1.** *(orale)* declaration, announcement **2.** *(écrite)* report, declaration **3.** *(d'assurance)* claim • **déclaration de naissance/de décès** registration of birth/death • **déclaration d'impôts** tax return • **déclaration de revenus** statement of income.

déclarer *vt* **1.** *(annoncer)* to declare **2.** *(signaler)* to report • **rien à déclarer** nothing to declare • **déclarer une naissance** to register a birth. ■ **se déclarer** *vp* **1.** *(se prononcer)* • **se déclarer pour/contre qqch** to come out in favour **(UK)** *ou* favor **(US)** of/against sthg **2.** *(se manifester)* to break out.

déclenchement *nm* **1.** *(de mécanisme)* activating, setting off **2.** *fig* launching.

déclencher *vt* **1.** *(mécanisme)* to activate, to set off **2.** *fig* to launch. ■ **se déclencher** *vp* **1.** *(mécanisme)* to go off, to be activated **2.** *fig* to be triggered off.

déclic *nm* **1.** *(mécanisme)* trigger **2.** *(bruit)* click.

déclin *nm* **1.** *(de civilisation, population, santé)* decline **2.** *(fin)* close.

déclinaison *nf GRAMM* declension.

décliner *vi (santé, population, popularité)* to decline. ❑ *vt* **1.** *(offre, honneur)* to decline **2.** *GRAMM* to decline **3.** *fig (gamme de produits)* to develop.

déco (abrév de **décoration**) *nf fam* • **je vais refaire la déco de mon appartement** I'm going to redo the interior design of my flat.

décoder *vt* to decode.

décodeur *nm* decoder.

décoiffer *vt (cheveux)* to mess up.

décoincer *vt* **1.** *(chose)* to loosen **2.** *(mécanisme)* to unjam **3.** *fam (personne)* to loosen up.

décollage *nm litt & fig* takeoff.

décoller *vt* **1.** *(étiquette, timbre)* to unstick **2.** *(papier peint)* to strip (off). ❑ *vi litt & fig* to take off • **on a regardé les avions décoller** we watched the planes take off.

décolleté, e *adj (vêtement)* low-cut. ■ **décolleté** *nm* **1.** *(de personne)* neck and shoulders *pl* **2.** *(de vêtement)* neckline, neck • **décolleté en V** V-neck.

décolonisation *nf* decolonization.

décolorer *vt* **1.** *(par décolorant)* to bleach, to lighten **2.** *(par usure)* to fade.

décombres *nmpl* debris *(indén)*.

décommander *vt* to cancel. ■ **se décommander** *vp* to cancel (one's appointment).

décompacter *vt INFORM (données)* to unpack.

décomposé, e *adj* **1.** *(pourri)* decomposed **2.** *(visage)* haggard **3.** *(personne)* in shock.

décomposer *vt (gén)* • **décomposer (en)** to break down (into). ■ **se décomposer** *vp* **1.** *(se putréfier)* to rot, to decompose **2.** *(se diviser)* • **se décomposer en** to be broken down into.

décomposition *nf* **1.** *(putréfaction)* decomposition **2.** *fig (analyse)* breakdown, analysis.

décompresser *vt TECHNOL* to decompress, to uncompress. ❑ *vi* to unwind.

décompression *nf* decompression.

décompte *nm (calcul)* breakdown (of an amount).

déconcentrer *vt (distraire)* to distract. ■ **se déconcentrer** *vp* to be distracted.

déconcertant, e *adj* disconcerting.

déconcerter *vt* to disconcert.

déconfinement *nm MÉD* end of lockdown.

déconfiture *nf* collapse, ruin.

décongeler *vt* to defrost.

décongestionner *vt* to relieve congestion in.

déconnecter *vt* to disconnect. ■ **se déconnecter** *vp INFORM* to disconnect, to log off.

déconseillé, e *adj* • **c'est fortement déconseillé** it's extremely inadvisable.

déconseiller *vt* • **déconseiller qqch à qqn** to advise sb against sthg • **déconseiller à qqn de faire qqch** to advise sb against doing sthg.

déconsidérer *vt* to discredit.

décontaminer *vt* to decontaminate.

décontenancer *vt* to put out.

décontracté, e *adj* **1.** *(muscle)* relaxed **2.** *(détendu)* casual, laid-back.

décontracter *vt* to relax. ■ **se décontracter** *vp* to relax.

décor *nm* **1.** *(environs)* setting **2.** *THÉÂTRE* scenery *(indén)* **3.** *CINÉ* sets *pl*.

décorateur, trice *nm, f CINÉ & THÉÂTRE* designer • **décorateur d'intérieur** interior decorator.

décoratif, ive *adj* decorative.

décoration *nf* decoration.

décorer *vt* to decorate.

décortiquer *vt* **1.** *(noix)* to shell **2.** *(graine)* to husk **3.** *fig* to analyse **(UK)** *ou* analyze **(US)** in minute detail.

découcher *vi* to stay out all night.

découdre *vt COUT* to unpick. ■ **se découdre** *vp* to come unstitched.

découler *vi* • **découler de** to follow from.

découpage *nm* **1.** *(action)* cutting out • **faire des découpages** to cut pictures out **2.** *(résultat)* paper cutout **3.** *ADMIN* • **découpage (électoral)** division into constituencies **(UK)** *ou* districts **(US)**.

découper *vt* **1.** *(couper)* to cut up **2.** *fig (diviser)* to cut out.

découpure *nf (bord)* indentations *pl*, jagged outline.

décourageant, e *adj* discouraging.

découragement *nm* discouragement.

décourager *vt* to discourage • **décourager qqn de qqch** to put sb off sthg • **décourager qqn de faire qqch** to discourage sb from doing sthg. ■ **se décourager** *vp* to lose heart.

décousu, e *adj fig (conversation)* disjointed.

découvert, e *adj* **1.** *(tête)* bare **2.** *(terrain)* exposed. ■ **découvert** *nm BANQUE* overdraft • **être à découvert (de 1 000 euros)** to be (1,000 euros) overdrawn. ■ **découverte** *nf* discovery • **aller à la découverte de** to explore.

découvrir *vt* **1.** *(trouver, surprendre)* to discover **2.** *(ôter ce qui couvre, mettre à jour)* to uncover.

décrasser *vt* to scrub.

décret *nm* decree.

décréter *vt (décider)* • **décréter que** to decide that.

décrire *vt* to describe.

> **À PROPOS DE**
>
> **décrire**
>
> Le verbe ***to describe*** n'est jamais suivi immédiatement d'un complément d'objet indirect :
>
> • *Décris-moi ta nouvelle maison.* **Describe *your new house.***
>
> • *Pouvez-vous nous décrire la personne ?* ***Can you describe the person?***
>
> Généralement, ***to us***, ***to me***, etc, ne sont pas exprimés.

décrochement *nm* **1.** *GÉOL* thrust fault **2.** *(action)* unhooking **3.** *(partie en retrait)* recess.

décrocher *vt* **1.** *(enlever)* to take down **2.** *(téléphone)* to pick up **3.** *fam (obtenir)* to land. ❑ *vi fam (abandonner)* to drop out.

décroître *vi* **1.** to decrease, to diminish **2.** *(jours)* to get shorter.

décrue *nf* drop in the water level.

décrypter *vt* to decipher.

déçu, e *pp* → **décevoir**. ❑ *adj* disappointed.

déculotter *vt* • **déculotter qqn** to take sb's trousers **(UK)** *ou* pants **(US)** off.

déculpabiliser *vt* • **déculpabiliser qqn** to free sb from guilt. ■ **se déculpabiliser** *vp* to free o.s. from guilt.

dédaigner *vt* **1.** *(mépriser - personne)* to despise ; *(- conseils, injures)* to scorn **2.** *(refuser)* • **dédaigner de faire qqch** *sout* to disdain to do sthg • **ne pas dédaigner qqch/de faire qqch** not to be above sthg/above doing sthg.

dédaigneux, euse *adj* disdainful.

dédain *nm* disdain, contempt.

dédale *nm litt & fig* maze.

dedans *adv & nm* inside. ■ **de dedans** *loc adv* from inside, from within. ■ **en dedans** *loc adv* inside, within. ■ **en dedans de** *loc prép* inside, within. Voir aussi **là-dedans**.

dédicace *nf* dedication.

dédicacer *vt* • **dédicacer qqch (à qqn)** to sign *ou* autograph sthg (for sb).

dédier *vt* • **dédier qqch (à qqn/à qqch)** to dedicate sthg (to sb/to sthg).

dédire ■ **se dédire** *vp sout* to go back on one's word.

dédommagement *nm* compensation.

dédommager *vt* **1.** *(indemniser)* to compensate **2.** *fig (remercier)* to repay.

dédouaner *vt (marchandises)* to clear through customs.

dédoubler *vt* **1.** to halve, to split **2.** *(fil)* to separate.

déductible *adj* deductible.

déduction *nf* deduction.

déduire *vt* • **déduire qqch (de) a)** *(ôter)* to deduct sthg (from) **b)** *(conclure)* to deduce sthg (from).

déesse *nf* goddess.

défaillance *nf* **1.** *(incapacité - de machine)* failure ; *(- de personne, organisation)* weakness **2.** *(malaise)* blackout, fainting fit.

défaillant, e *adj (faible)* failing.

défaillir *vi (s'évanouir)* to faint.

défaire *vt* **1.** *(détacher)* to undo **2.** *(valise)* to unpack **3.** *(lit)* to strip. ■ **se défaire** *vp* **1.** *(ne pas tenir)* to come undone **2.** *sout (se séparer)* • **se défaire de** to get rid of.

défait, e *pp* → **défaire**. ❑ *adj fig (épuisé)* haggard. ■ **défaite** *nf* defeat.

défaitiste *nmf & adj* defeatist.

défaut *nm* **1.** *(imperfection)* flaw • **défaut de fabrication** manufacturing fault **2.** *(de personne)* fault, shortcoming **3.** *(manque)* lack • **à défaut de** for lack *ou* want of • **l'eau fait (cruellement) défaut** there is a (serious) water shortage.

défaveur *nf* disfavour **(UK)**, disfavor **(US)** • **être en défaveur** to be out of favour **(UK)** *ou* favor **(US)** • **tomber en défaveur** to fall out of favour **(UK)** *ou* favor **(US)**.

défavorable *adj* unfavourable **(UK)**, unfavorable **(US)**.

défavorisé, e *adj* disadvantaged, underprivileged.

défavoriser *vt* to handicap, to penalize.

défection *nf* **1.** *(absence)* absence **2.** *(abandon)* defection.

défectueux, euse *adj* faulty, defective.

défendeur, eresse *nm, f* DR defendant.

défendre *vt* **1.** *(personne, opinion, client)* to defend **2.** *(interdire)* to forbid • **défendre qqch à qqn** to forbid sb sthg • **défendre à qqn de faire qqch** to forbid sb to do sthg • **défendre que qqn fasse qqch** to forbid sb to do sthg. ■ **se défendre** *vp* **1.** *(se battre, se justifier)* to defend o.s. **2.** *(nier)* • **se défendre de faire qqch** to deny doing sthg **3.** *(thèse)* to stand up.

défendu, e *pp* → **défendre**. ❑ *adj* • **'il est défendu de jouer au ballon'** 'no ball games'.

défense *nf* **1.** *(d'éléphant)* tusk **2.** *(interdiction)* prohibition, ban • **'défense de fumer/de stationner/d'entrer'** 'no smoking/parking/entry' • **'défense d'afficher'** 'stick **(UK)** *ou* post no bills' **3.** *(protection)* defence **(UK)**, defense **(US)** • **prendre la défense de** to stand up for • **légitime défense** DR self-defence **(UK)**, self-defense **(US)**.

défenseur *nm (partisan)* champion.

défensif, ive *adj* defensive. ■ **défensive** *nf* • **être sur la défensive** to be on the defensive.

déféquer *vi* to defecate.

déférence *nf* deference.

déferlement *nm* **1.** *(de vagues)* breaking **2.** *fig* surge, upsurge.

déferler *vi* **1.** *(vagues)* to break **2.** *fig* to surge.

défi *nm* challenge.

défiance *nf* distrust, mistrust.

déficience *nf* deficiency.

déficit *nm* FIN deficit • **être en déficit** to be in deficit.

déficitaire *adj* in deficit.

défier *vt (braver)* • **défier qqn de faire qqch** to defy sb to do sthg.

défigurer *vt* **1.** *(blesser)* to disfigure **2.** *(enlaidir)* to deface.

défilé *nm* **1.** *(parade)* parade **2.** *(couloir)* defile, narrow pass.

défiler *vi* **1.** *(dans une parade)* to march past **2.** *(se succéder)* to pass. ■ **se défiler** *vp fam* to back out.

défini, e *adj* **1.** *(précis)* clear, precise **2.** GRAMM definite.

définir *vt* to define.

définitif, ive *adj* definitive, final • **à titre définitif** permanently. ■ **en définitive** *loc adv* in the end.

définition *nf* definition • **la haute définition** high definition • **à haute définition** high-definition.

définitivement *adv* for good, permanently.

> FAUX AMIS
>
> **définitivement**
>
> Attention à ne pas confondre *définitivement* avec ***definitely*** qui, du point de vue du sens, n'a pas grand-chose à voir avec l'adverbe français, pourtant si ressemblant. L'idée contenue dans ***definitely*** est celle de certitude. Par exemple, ***definitely not!*** signifie ***certainement*** *pas !* et ***it's definitely him*** se traduit par *il n'y a* ***pas de doute****, c'est lui.* Comment, dans ce cas, traduire *définitivement* ? Les exemples suivants le montrent : *ils sont partis définitivement,* ***they've gone for good*** ; *elle est nommée définitivement à Chartres,* ***she's been given a permanent post in Chartres.***

défiscaliser *vt* to exempt from taxation.

déflagration *nf* explosion.

déflationniste *adj* deflationary, deflationist.

défoncer *vt* **1.** *(caisse, porte)* to smash in • **défoncer la porte** to break the door down **2.** *(route)* to break up **3.** *(mur)* to smash down **4.** *(chaise)* to break.

déformation *nf* **1.** *(d'objet, de théorie)* distortion **2.** MÉD deformity • **déformation professionnelle** *si vous voulez expliquer à un anglophone de quoi il s'agit, vous pouvez dire* it is a way of thinking that is produced by the job you do.

déformer *vt* to distort. ■ **se déformer** *vp* **1.** *(changer de forme)* to be distorted, to be deformed **2.** *(se courber)* to bend.

défouler *fam vt* to unwind. ■ **se défouler** *vp* to let off steam, to unwind.

défragmenter *vt* INFORM to defragment, to defrag *fam*.

défricher *vt* **1.** *(terrain)* to clear **2.** *fig (question)* to do the groundwork for.

défunt, e *adj (décédé)* late. ❑ *nm, f* deceased.

dégagé, e *adj* **1.** *(ciel, vue)* clear **2.** *(partie du corps)* bare **3.** *(désinvolte)* casual, airy **4.** *(libre)* • **dégagé de** free from.

dégager *vt* **1.** *(odeur)* to produce, to give off **2.** *(délivrer - blessé)* to free, to extricate **3.** *(bénéfice)* to show **4.** *(pièce)* to clear **5.** *(libérer)* • **dégager qqn de** to release sb from. ❑ *vi fam (partir)* to clear off • **dégage, tu m'énerves !** clear off, you're annoying me! ■ **se dégager** *vp* **1.** *(se délivrer)* • **se dégager de qqch a)** to free o.s. from sthg **b)** *fig* to get out of sthg **2.** *(émaner)* to be given off **3.** *(émerger)* to emerge.

dégainer *vt (épée, revolver)* to draw.

dégarnir *vt* to strip, to clear. ■ **se dégarnir** *vp* **1.** *(vitrine)* to be cleared **2.** *(arbre)* to lose its leaves • **sa tête se dégarnit, il se dégarnit** he's going bald.

dégât *nm litt & fig* damage *(indén)* • **dégâts matériels** structural damage • **faire des dégâts** to cause damage.

dégel *nm (fonte des glaces)* thaw.

dégeler *vt (produit surgelé)* to thaw. ❑ *vi* to thaw.

dégénéré, e *adj & nm, f* degenerate.

dégénérer *vi* to degenerate • **dégénérer en** to degenerate into.

dégivrer *vt* **1.** *(pare-brise)* to de-ice **2.** *(réfrigérateur)* to defrost.

dégonflé, e *adj (pneu, roue)* flat. ❑ *nm, f fam (personne)* chicken, yellow-belly.

dégonfler *vt* to deflate, to let down **(UK)**. ❑ *vi* to go down. ■ **se dégonfler** *vp* **1.** *(objet)* to go down **2.** *fam (personne)* to chicken out.

dégouliner *vi* to trickle.

dégourdi, e *adj* clever.

dégourdir *vt* **1.** *(membres - ankylosés)* to restore the circulation to **2.** *fig (déniaiser)* • **dégourdir qqn** to teach sb a thing or two. ■ **se dégourdir** *vp* **1.** *(membres)* • **se dégourdir les jambes** to stretch one's legs **2.** *fig (acquérir de l'aisance)* to learn a thing or two.

dégoût *nm* disgust, distaste.

dégoûtant, e *adj* **1.** *(sale)* filthy, disgusting **2.** *(révoltant, grossier)* disgusting.

dégoûter *vt* to disgust • **ce type me dégoûte** that guy disgusts me.

dégoutter *vi* • **dégoutter (de qqch)** to drip (with sthg).

dégradation *nf* **1.** *(de bâtiment)* damage **2.** *(du sol)* erosion **3.** *(de moral)* decline **4.** *(de personne)* degradation **5.** *(de situation)* deterioration.

dégradé, e *nm* **1.** *(technique)* shading off **2.** *(résultat)* gradation • **un dégradé de bleu** a blue shading. ■ **en dégradé** *loc adv (cheveux)* layered.

dégrader *vt* **1.** *(officier)* to degrade **2.** *(abîmer - bâtiment)* to damage **3.** *fig (avilir)* to degrade, to debase. ■ **se dégrader** *vp* **1.** *(bâtiment, santé)* to deteriorate **2.** *fig (personne)* to degrade o.s.

dégrafer *vt* to undo, to unfasten.

dégraissage *nm* **1.** *(de vêtement)* dry-cleaning **2.** *(de personnel)* trimming, cutting back.

degré *nm* **1.** *(gén)* degree • **degrés centigrades** *ou* **Celsius** degrees centigrade *ou* Celsius • **il fait trois degrés** it's three degrees • **l'eau bout à 100 degrés Celsius** water boils at 100 degrees Celsius **2.** *(locution)* • **prendre qqn/qqch au premier degré** to take sb/sthg at face value.

dégressif, ive *adj* • **tarif dégressif** decreasing price scale.

dégriffé, e *adj* ex-designer label *(avant nom)*. ■ **dégriffé** *nm* ex-designer label garment.

dégringoler *vi* **1.** *fam (tomber)* to tumble **2.** *fig* to crash.

déguenillé, e *adj* ragged.

déguerpir *vi* to clear off.

dégueulasse *tfam adj* **1.** *(très sale, grossier)* filthy **2.** *(très mauvais - plat)* disgusting ; *(- temps)* lousy. ❑ *nmf* scum *(indén)*.

dégueuler *vi fam* to throw up.

déguisé, e *adj* **1.** disguised **2.** *(pour s'amuser)* in fancy dress.

déguisement *nm* **1.** disguise **2.** *(pour bal masqué)* fancy dress.

déguiser *vt* to disguise. ■ **se déguiser** *vp* • **se déguiser en a)** *(pour tromper)* to disguise o.s. as **b)** *(pour s'amuser)* to dress up as.

dégustation *nf* tasting, sampling • **dégustation de vin** wine tasting.

déguster *vt (savourer)* to taste, to sample. ❑ *vi fam (subir)* • **il va déguster !** he'll be in for it!

déhancher ■ **se déhancher** *vp* **1.** *(en marchant)* to swing one's hips **2.** *(en restant immobile)* to put all one's weight on one leg.

dehors *adv* outside • **aller dehors** to go outside • **dormir dehors** to sleep out of doors, to sleep out • **jeter** *ou* **mettre qqn dehors** to throw sb out. ❑ *nm* outside. ❑ *nmpl* • **les dehors** *(les apparences)* appearances. ■ **en dehors** *loc adv* **1.** *(à l'extérieur)* outside **2.** *(vers l'extérieur)* outwards **(UK)**, outward **(US)**. ■ **en dehors de** *loc prép (excepté)* apart from.

déjà

■ **déjà** *adv*

1. EXPRIME LA RAPIDITÉ DANS L'EXÉCUTION D'UNE ACTION

• **elle a déjà fini !** she has already finished! *ou* she has finished already!

2. EXPRIME UNE ACTION RÉALISÉE PRÉCÉDEMMENT

• **es-tu déjà allé aux États-Unis ?** have you ever been to the United States? • **je suis sûr d'être déjà venu ici** I'm sure I've been here before *ou* I'm sure I've already been here • **est-ce que Charlotte est déjà arrivée ?** has Charlotte arrived yet?

3. POUR DEMANDER UNE CONFIRMATION

• **quel est ton nom, déjà ?** what did you say your name was?

4. RENFORCE UNE AFFIRMATION

• **ce n'est déjà pas si mal** that's not bad at all • **il est déjà bien payé** he is paid well enough as he is

déjeuner *vi* **1.** *(le matin)* to have breakfast **2.** *(à midi)* to have lunch. ❑ *nm* **1.** *(repas de midi)* lunch **2.** **(QUÉBEC)** *(dîner)* dinner.

déjouer *vt* to frustrate • **déjouer la surveillance de qqn** to elude sb's surveillance.

délabré, e *adj* ruined.

délacer *vt* to unlace, to undo.

délai *nm* **1.** *(temps accordé)* period • **sans délai** immediately • **délai de livraison** delivery time, lead time • **quels sont les délais ?** what's the time limit? • **respecter les délais** to meet the deadline **2.** *(sursis)* extension (of deadline) • **demander un délai d'une semaine** I to ask for a week's extension.

FAUX AMIS

délai

Certes, *délai* et l'anglais ***delay*** ont tous les deux un rapport avec la notion de temps, c'est pourquoi il est facile de les confondre. Attention toutefois à ne jamais traduire l'un par l'autre : un ***delay*** est un *retard*, alors que *délai* se traduit par ***extension***, ***time***, etc, selon les contextes. Comparez, par exemple, ***there's a two-hour delay on all international flights***, *il y a un **retard** de deux heures sur tous les vols internationaux*, et *laissez-moi un délai de réflexion*, ***give me time to think***, ou encore *ils lui ont accordé un délai*, ***they granted him an extension***.

délaisser *vt* **1.** *(abandonner)* to leave **2.** *(négliger)* to neglect.

délassement *nm* relaxation.

délasser *vt* to refresh. ■ **se délasser** *vp* to relax.

délation *nf* informing.

délavé, e *adj* faded.

délayer *vt* *(diluer)* • **délayer qqch dans qqch** to mix sthg with sthg.

délecter ■ **se délecter** *vp* • **se délecter de qqch/à faire qqch** to delight in sthg/in doing sthg.

délégation *nf* delegation • **agir par délégation** to be delegated to act.

délégué, e *adj* *(personne)* delegated. ❑ *nm,f* *(représentant)* • **délégué (à)** delegate (to) • **elle est notre déléguée de classe** she is our class representative.

déléguer *vt* • **déléguer qqn (à qqch)** to delegate sb (to sthg).

délester *vt* **1.** *(circulation routière)* to set up a diversion on, to divert, to detour **(US)** **2.** *fig* & *hum* *(voler)* • **délester qqn de qqch** to relieve sb of sthg.

délibération *nf* deliberation.

délibéré, e *adj* **1.** *(intentionnel)* deliberate **2.** *(résolu)* determined.

délibérer *vi* • **délibérer (de** *ou* **sur)** to deliberate (on *ou* over).

délicat, e *adj* **1.** *(gén)* delicate **2.** *péj* *(exigeant)* fussy, difficult **3.** *(problème)* tricky.

délicatement *adv* delicately.

délicatesse *nf* **1.** *(gén)* delicacy **2.** *(tact)* delicacy, tact.

délice *nm* delight.

délicieux, euse *adj* **1.** *(savoureux)* delicious **2.** *(agréable)* delightful.

délié, e *adj* *(doigts)* nimble.

délier *vt* to untie.

délimiter *vt* **1.** *(frontière)* to fix **2.** *fig* *(question, domaine)* to define, to demarcate.

délinquance *nf* delinquency.

délinquant, e *nm,f* delinquent.

délirant, e *adj* **1.** MÉD delirious **2.** *(excité, exalté)* frenzied **3.** *fam* *(extravagant)* crazy.

délire *nm* MÉD delirium • **en délire** *fig* frenzied.

délirer *vi* **1.** MÉD to be *ou* become delirious **2.** *fam* & *fig* to rave.

délit *nm* crime, offence **(UK)**, offense **(US)** • **en flagrant délit** red-handed, in the act.

délivrance *nf* **1.** *(libération)* freeing, release **2.** *(soulagement)* relief **3.** *(accouchement)* delivery.

délivrer *vt* **1.** *(prisonnier)* to free, to release • **délivrer un prisonnier** to set a prisoner free **2.** *(pays)* to deliver, to free • **délivrer de a)** to free from **b)** *fig* to relieve from **3.** *(remettre)* • **délivrer qqch (à qqn)** to issue sthg (to sb) **4.** *(marchandise)* to deliver.

déloger *vt* • **déloger (de)** to dislodge (from).

déloyal, e *adj* **1.** *(infidèle)* disloyal **2.** *(malhonnête)* unfair.

delta *nm* delta.

deltaplane, delta-plane *nm* hang glider.

déluge *nm* **1.** RELIG • **le Déluge** the Flood **2.** *(pluie)* downpour, deluge • **un déluge de** *fig* a flood of.

déluré, e *adj* **1.** *(malin)* quick-witted **2.** *péj* *(dévergondé)* saucy.

démagogie *nf* demagogy, demagoguery.

demain *adv* **1.** *(le jour suivant)* tomorrow • **demain matin** tomorrow morning **2.** *fig (plus tard)* in the future. ❑ *nm* tomorrow • **à demain !** see you tomorrow!

demande *nf* **1.** *(souhait)* request **2.** *(démarche)* proposal • **demande en mariage** proposal of marriage **3.** *(candidature)* application • **demande d'emploi** job application • **'demandes d'emploi'** 'situations wanted' • **une demande de bourse** an application for a grant **4.** ÉCON demand.

demandé, e *adj* in demand.

demander *vt* **1.** *(réclamer, s'enquérir)* to ask for • **demander qqch à qqn** to ask sb for sthg **2.** *(appeler)* to call • **on vous demande à la réception/au téléphone** you're wanted at reception/on the telephone **3.** *(désirer)* to ask, to want • **je ne demande pas mieux** I'd be only too pleased (to), I'd love to **4.** *(exiger)* • **tu m'en demandes trop** you're asking too much of me **5.** *(nécessiter)* to require. ❑ *vi* **1.** *(réclamer)* • **demander à qqn de faire qqch** to ask sb to do sthg • **ne demander qu'à...** to be ready to... **2.** *(nécessiter)* • **ce projet demande à être étudié** this project requires investigation *ou* needs investigating. ■ **se demander** *vp* • **se demander (si)** to wonder (if *ou* whether).

À PROPOS DE

demander

Il faut noter les différentes constructions du verbe *demander* :

demander qqch (au sens de *solliciter*) = ***ask for sthg***

• *J'ai demandé un verre de vin rouge.* **I asked for *a glass of red wine*.**

On remarquera : la présence de la préposition ***for*** en anglais.

On notera cependant l'emploi de ***ask the way, ask the time*** (sans ***for***) :

• *Demande-lui le chemin.* **Ask *him the way*.**

• *Je peux vous demander l'heure ?* ***Can I ask you the time, please?***

demander (qqch) à qqn = ***ask sb (for sthg)***

• *Je vais demander son avis à Luc.* ***I'll ask Luc for some advice.***

demander à qqn de faire qqch = ***ask sb to do sthg***

• *Elle a demandé à Marc de venir l'aider.* ***She asked Marc to come and help her.***

Pas de préposition en anglais avant le COI.

demander à faire qqch = ***ask to do sthg***

• *Il a demandé à voir le directeur.* ***He asked to see the manager.***

demandeur, euse *nm,f (solliciteur)* • **demandeur d'asile** asylum-seeker, asylee **(US)** • **demandeur d'emploi** job-seeker.

démangeaison *nf* **1.** *(irritation)* itch, itching *(indén)* **2.** *fam* & *fig* urge.

démanger *vi (gratter)* to itch • **ça me démange de...** *fig* I'm itching *ou* dying to....

démanteler *vt* **1.** *(construction)* to demolish **2.** *fig* to break up.

démaquillant, e *adj* make-up-removing *(avant nom)* • **lait démaquillant** cleansing milk. ■ **démaquillant** *nm* make-up remover.

démaquiller *vt* to remove make-up from. ■ **se démaquiller** *vp* to remove one's make-up.

démarcation *nf* **1.** *(frontière)* demarcation **2.** *fig* separation.

démarche *nf* **1.** *(manière de marcher)* gait, walk **2.** *(raisonnement)* approach, method **3.** *(requête)* step • **faire les démarches pour faire qqch** to take the necessary steps to do sthg.

démarcheur, euse *nm,f (représentant)* door-to-door salesman, saleswoman *f*.

démarque *nf (solde)* markdown.

démarquer *vt* **1.** *(solder)* to mark down **2.** SPORT not to mark. ■ **se démarquer** *vp* **1.** SPORT to shake off one's marker **2.** *fig (se distinguer)* • **se démarquer (de)** to distinguish o.s. (from).

démarrage *nm* starting, start • **démarrage en côte** hill start.

démarrer *vi* **1.** *(gén)* to start **2.** *(véhicule)* to start (up) • **la mobylette ne veut pas démarrer** the moped won't start **3.** *(conducteur)* to drive off **4.** *fig (affaire, projet)* to get off the ground. ❑ *vt* **1.** *(véhicule)* to start (up) **2.** *fam* & *fig (commencer)* • **démarrer qqch** to get sthg going.

démarreur *nm* starter.

démasquer *vt* **1.** *(personne)* to unmask **2.** *fig (complot, plan)* to unveil.

démêlant, e *adj* conditioning *(avant nom)*. ■ **démêlant** *nm* conditioner.

démêlé *nm* quarrel • **avoir des démêlés avec la justice** to get into trouble with the law.

démêler *vt* **1.** *(cheveux, fil)* to untangle • **brosse-toi les cheveux pour les démêler** brush your hair to get rid of the tangles **2.** *fig* to unravel. ■ **se démêler** *vp* • **se démêler de** *litt* & *fig* to extricate o.s. from.

déménagement *nm* **1.** *(de meubles)* removal **2.** *(changement de domicile)* move • **c'est leur troisième déménagement** it's their third move.

déménager *vt* to move • **quand est-ce que vous déménagez ?** when are you moving? ❑ *vi* to move, to move house.

déménageur *nm* removal man **(UK)**, mover **(US)**.

démence *nf* **1.** MÉD dementia **2.** *(bêtise)* madness.

démener ■ **se démener** *vp litt & fig* to struggle.

dément, e *adj* **1.** *MÉD* demented **2.** *fam (extraordinaire, extravagant)* crazy. ❑ *nm, f* demented person.

démenti *nm* denial.

démentiel, elle *adj* **1.** *MÉD* demented **2.** *fam (incroyable)* crazy.

démentir *vt* **1.** *(réfuter)* to deny **2.** *(contredire)* to contradict.

démesure *nf* excess, immoderation.

démettre *vt* **1.** *MÉD* to put out (of joint) **2.** *(congédier)* • **démettre qqn de** to dismiss sb from. ■ **se démettre** *vp* **1.** *MÉD* • **se démettre l'épaule** to put one's shoulder out (of joint) **2.** *(démissionner)* • **se démettre de ses fonctions** to resign.

demeurant ■ **au demeurant** *loc adv* all things considered.

demeure *nf sout (domicile, habitation)* residence. ■ **à demeure** *loc adv* permanently.

demeuré, e *adj* simple, half-witted. ❑ *nm, f* half-wit.

demeurer *vi* **1.** *(habiter)* to live **2.** *(rester)* to remain.

demi, e *adj* half • **un demi-sandwich** half a sandwich • **un kilo et demi** one and a half kilos • **il est une heure et demie** it's half past one • **à demi** half • **dormir à demi** to be half-asleep • **ouvrir à demi** to half-open • **faire les choses à demi** to do things by halves. ■ **demi** *nm* **1.** *(bière)* beer ; ≃ half-pint **(UK)** **2.** *FOOTBALL* midfielder. ■ **demie** *nf* • **à la demie** on the half-hour.

demi-cercle *nm* semicircle.

demi-douzaine *nf* half-dozen • **une demi-douzaine (de)** half a dozen.

demi-écrémé, e *adj* semi-skimmed.

demi-finale *nf* semifinal • **être en demi-finale** to be in the semifinal.

demi-frère *nm* half-brother.

demi-gros *nm* • **(commerce de) demi-gros** cash and carry.

demi-heure *nf* half an hour, half-hour • **dans une demi-heure** in half an hour • **toutes les demi-heures** every half an hour, every half-hour.

demi-journée *nf* half a day, half-day • **une demi-journée de travail** half a day's work, a half-day's work.

démilitariser *vt* to demilitarize.

demi-litre *nm* half a litre **(UK)** *ou* liter **(US)**, half-litre **(UK)**, half-liter **(US)**.

demi-mesure *nf* **1.** *(quantité)* half a measure **2.** *(compromis)* half-measure.

demi-mot ■ **à demi-mot** *loc adv* • **comprendre à demi-mot** to understand without things having to be spelled out.

déminer *vt* to clear of mines.

demi-pension *nf* **1.** *(d'hôtel)* half-board **(UK)**, modified American plan **(US)** **2.** *(d'école)* • **être en demi-pension** to take school lunches *ou* dinners **(UK)**.

demi-sœur *nf* half-sister.

démission *nf* resignation.

démissionner *vi* **1.** *(d'un emploi)* to resign **2.** *fig* to give up.

demi-tarif *adj* half-price. ❑ *nm* **1.** *(tarification)* half-fare **2.** *(billet)* half-price ticket.

demi-tour *nm* **1.** *(gén)* half-turn **2.** *MIL* about-turn • **faire demi-tour** to turn back.

démocrate *nmf* democrat.

démocratie *nf* democracy.

démocratique *adj* democratic.

démocratiser *vt* to democratize.

démodé, e *adj* old-fashioned.

démographie *nf* demography.

démographique *adj* demographic.

demoiselle *nf (jeune fille)* maid • **demoiselle d'honneur** bridesmaid.

démolir *vt (gén)* to demolish.

démolition *nf* demolition.

démon *nm (diable, personne)* devil, demon • **le démon** *RELIG* the Devil.

démoniaque *adj (diabolique)* diabolical.

démonstratif, ive *adj (personne) GRAMM* demonstrative. ■ **démonstratif** *nm GRAMM* demonstrative.

démonstration *nf (gén)* demonstration.

démonter *vt* **1.** *(appareil)* to dismantle, to take apart **2.** *(troubler)* • **démonter qqn** to put sb out. ■ **se démonter** *vp* to be put out.

démontrer *vt* **1.** *(prouver)* to prove, to demonstrate **2.** *(témoigner de)* to show, to demonstrate.

démoralisant, e *adj* demoralizing.

démoraliser *vt* to demoralize. ■ **se démoraliser** *vp* to lose heart.

démordre *vt* • **ne pas démordre de** to stick to.

démotiver *vt* to demotivate.

démouler *vt* to turn out of *ou* remove from a mould **(UK)** *ou* mold **(US)**.

démunir *vt* to deprive. ■ **se démunir** *vp* • **se démunir de** to part with.

dénaturer *vt* **1.** *(goût)* to impair, to mar **2.** *TECHNOL* to denature **3.** *(déformer)* to distort.

dénégation *nf* denial.

dénicher *vt fig* **1.** *(personne)* to flush out **2.** *(objet)* to unearth.

dénigrer *vt* to denigrate, to run down.

dénivelé *nm* difference in level *ou* height.

dénivellation *nf* **1.** *(différence de niveau)* difference in level *ou* height **2.** *(pente)* slope.

dénombrer *vt* **1.** *(compter)* to count **2.** *(énumérer)* to enumerate.

dénominateur *nm* denominator.

dénomination *nf* name.

dénommé, e *adj* • **un dénommé Robert** someone by the name of Robert.

dénoncer *vt* **1.** *(gén)* to denounce • **dénoncer qqn à qqn** to denounce sb to sb, to inform on sb **2.** *fig (trahir)* to betray.

dénonciation *nf* denunciation.

dénoter *vt* to show, to indicate.

dénouement *nm* **1.** *(issue)* outcome **2.** *(d'un film, d'un livre)* denouement.

dénouer *vt* **1.** *(nœud)* to untie, to undo **2.** *fig* to unravel.

dénoyauter *vt (fruit)* to stone **(UK)**, to pit **(US)**.

denrée *nf (produit)* produce *(indén)* • **denrées alimentaires** foodstuffs.

dense *adj* **1.** *(gén)* dense **2.** *(style)* condensed.

densité *nf* density.

dent *nf* **1.** *(de personne, d'objet)* tooth • **faire ses dents** to cut one's teeth, to teethe • **dent de lait** baby *ou* milk **(UK)** tooth • **dent de sagesse** wisdom tooth **2.** *GÉOGR* peak.

dentaire *adj* dental.

dentelé, e *adj* serrated, jagged.

dentelle *nf* lace *(indén)*.

dentier *nm (dents)* dentures *pl*.

dentifrice *nm* toothpaste • **un tube de dentifrice** a tube of toothpaste.

dentiste *nmf* dentist • **le père de Daniel est dentiste** Daniel's father is a dentist • **aller chez le dentiste** to go to the dentist's.

dentition *nf* teeth *pl*, dentition.

dénuder *vt* **1.** to leave bare **2.** *(fil électrique)* to strip.

dénué, e *adj sout* • **dénué de** devoid of.

dénuement *nm* destitution *(indén)*.

déodorant, e *adj* deodorant. ■ **déodorant** *nm* deodorant • **un déodorant en stick** a stick deodorant.

déontologie *nf* professional ethics *pl*.

dépannage *nm* repair • **service de dépannage** *AUTO* breakdown service.

dépanner *vt* **1.** *(réparer)* to repair, to fix **2.** *fam (aider)* to bail out • **je n'ai plus d'argent, tu peux me dépanner ?** I haven't got any money left, can you help me out?

dépanneur, euse *nm, f* repairman, repairwoman *f*. ■ **dépanneuse** *nf (véhicule)* breakdown truck **(UK)**, breakdown lorry **(UK)**, tow truck **(US)**, wrecker **(US)**.

dépareillé, e *adj* **1.** *(ensemble)* non-matching **2.** *(paire)* odd.

départ *nm* **1.** *(de personne)* departure, leaving • **le hall des départs** the departure lounge • **les grands départs** the holiday exodus **2.** *(de véhicule)* departure **3.** *fig SPORT* start. ■ **au départ** *loc adv* to start with.

départager *vt* **1.** *(concurrents, opinions)* to decide between **2.** *(séparer)* to separate.

département *nm* **1.** *(territoire)* département, department **2.** *(service)* department.

départemental, e *adj (route)* ≃ B *(road)*. ■ **départementale** *nf* secondary road ; ≃ B road **(UK)**.

dépassé, e *adj* **1.** *(périmé)* old-fashioned **2.** *(déconcerté)* • **dépassé par** overwhelmed by.

dépassement *nm (en voiture)* overtaking **(UK)**, passing **(US)**.

dépasser *vt* **1.** *(doubler)* to pass, to overtake **(UK) 2.** *(être plus grand que)* to be taller than **3.** *(excéder)* to exceed, to be more than **4.** *(durer plus longtemps que)* • **dépasser une heure** to go on for more than an hour **5.** *(aller au-delà de)* to exceed **6.** *(franchir)* to pass • **zut, on a dépassé la rue Montpensier !** blast, we've gone past rue Montpensier! ❑ *vi* • **dépasser (de)** to stick out (from).

dépayser *vt* **1.** *(désorienter)* to disorient, to disorientate **(UK) 2.** *(changer agréablement)* to make a change of scene for.

dépecer *vt* **1.** *(découper)* to chop up **2.** *(déchiqueter)* to tear apart.

dépêche *nf* dispatch.

dépêcher *vt sout (envoyer)* to dispatch. ■ **se dépêcher** *vp* to hurry up • **se dépêcher de faire qqch** to hurry to do sthg.

dépeindre *vt* to depict, to describe.

dépeint, e *pp* → **dépeindre**.

dépénaliser *vt* to decriminalize.

dépendance *nf* **1.** *(de personne)* dependence • **être sous la dépendance de** to be dependent on **2.** *(à la drogue)* dependency **3.** *(de bâtiment)* outbuilding **4.** *ÉCON* • **dépendance énergétique** energy dependency.

dépendant, e *adj* • **dépendant (de)** dependent (on).

dépendre *vt* **1.** *(être soumis)* • **dépendre de** to depend on • **ça dépend** it depends **2.** *(appartenir)* • **dépendre de** to belong to.

dépens *nmpl DR* costs • **aux dépens de qqn** at sb's expense • **je l'ai appris à mes dépens** I learned that to my cost.

dépense *nf* **1.** *(frais)* expense **2.** *fig FIN* expenditure *(indén)* • **les dépenses publiques** public spending *(indén)*.

dépenser *vt* **1.** *(argent)* to spend **2.** *fig (énergie)* to expend. ■ **se dépenser** *vp litt & fig* to exert o.s.

dépensier, ère *adj* extravagant.

déperdition *nf* loss.

dépérir *vi* **1.** *(personne)* to waste away **2.** *(santé, affaire)* to decline **3.** *(plante)* to wither.

dépeupler *vt* **1.** *(pays)* to depopulate **2.** *(étang, rivière, forêt)* to drive the wildlife from.

déphasé, e *adj* **1.** *ÉLECTR* out of phase **2.** *fam & fig* out of touch.

dépilatoire *adj* • **crème dépilatoire** depilatory cream.

dépistage *nm (de maladie)* screening • **dépistage du cancer** screening for cancer • **dépistage précoce** early screening • **dépistage du SIDA** AIDS testing.

dépister *vt* **1.** *(gibier, voleur)* to track down **2.** *(maladie)* to screen for.

dépit *nm* pique, spite. ■ **en dépit de** *loc prép* in spite of.

dépité, e *adj* cross, annoyed.

déplacé, e *adj* **1.** *(propos, attitude, présence)* out of place **2.** *(personne)* displaced.

déplacement *nm* **1.** *(d'objet)* moving **2.** *(voyage)* travelling *(indén)* **(UK)**, traveling *(indén)* **(US)**.

déplacer *vt* **1.** *(objet)* to move, to shift **2.** *fig (problème)* to shift the emphasis of **3.** *(muter)* to transfer. ■ **se déplacer** *vp* **1.** *(se mouvoir - animal)* to move (around) ; *(- personne)* to walk **2.** *(voyager)* to travel **3.** *MÉD* • **se déplacer une vertèbre** to slip a disc **(UK)** *ou* disk **(US)**.

déplaire *vt* **1.** *(ne pas plaire)* • **cela me déplaît** I don't like it **2.** *(irriter)* to displease.

déplaisant, e *adj sout* unpleasant.

dépliant *nm* leaflet • **dépliant touristique** tourist brochure.

déplier *vt* to unfold.

déploiement *nm* **1.** *MIL* deployment **2.** *(d'ailes)* spreading **3.** *fig (d'efforts)* display.

déplorer *vt (regretter)* to deplore.

déployer *vt* **1.** *(déplier - gén)* to unfold ; *(- plan, journal)* to open **2.** *(ailes)* to spread **3.** *MIL* to deploy **4.** *(mettre en œuvre)* to expend.

dépolluant, e *adj* depolluting, anti-pollutant.

déportation *nf* **1.** *(exil)* deportation **2.** *(internement)* transportation to a concentration camp.

déporté, e *nm, f* **1.** *(exilé)* deportee **2.** *(en camp de concentration)* concentration camp prisoner.

déporter *vt* **1.** *(dévier)* to carry off course **2.** *(exiler)* to deport **3.** *(interner)* to send to a concentration camp.

déposé, e *adj* • **marque déposée** registered trademark • **modèle déposé** patented design.

déposer *vt* **1.** *(poser)* to put down **2.** *(personne, paquet)* to drop • **elle l'a déposé à la gare** she dropped him at the station **3.** *(argent, sédiment)* to deposit **4.** *DR* to file • **déposer son bilan** *FIN* to go into liquidation **5.** *(monarque)* to depose. ❑ *vi DR* to testify, to give evidence. ■ **se déposer** *vp* to settle.

dépositaire *nmf* **1.** *COMM* agent **2.** *(d'objet)* bailee • **dépositaire de** *fig* person entrusted with.

déposition *nf* deposition.

déposséder *vt* • **déposséder qqn de** to dispossess sb of.

dépôt *nm* **1.** *(d'objet, d'argent, de sédiment)* deposit, depositing *(indén)* • **verser un dépôt (de garantie)** to put down a deposit • **dépôt d'ordures** rubbish dump **(UK)**, garbage dump **(US)** **2.** *ADMIN* registration • **dépôt légal** copyright registration **3.** *(garage)* depot **4.** *(entrepôt)* store, warehouse **5.** *(prison)* ≃ police cells *pl*.

dépotoir *nm* **1.** *(décharge)* rubbish dump **(UK)**, garbage dump **(US)** **2.** *fam & fig* dump, tip **(UK)**.

dépouille *nf* **1.** *(peau)* hide, skin **2.** *(humaine)* remains *pl*.

dépouillement *nm (sobriété)* austerity, sobriety.

dépouiller *vt* **1.** *(priver)* • **dépouiller qqn (de)** to strip sb (of) **2.** *(examiner)* to peruse • **dépouiller le scrutin** to count the votes.

dépourvu, e *adj* • **dépourvu de** without, lacking in. ■ **au dépourvu** *loc adv* • **prendre qqn au dépourvu** to catch sb unawares.

dépoussiérer *vt* to dust (off).

dépravé, e *adj* depraved. ❑ *nm, f* degenerate.

dépréciation *nf* depreciation.

déprécier *vt* **1.** *(marchandise)* to reduce the value of **2.** *(œuvre)* to disparage. ■ **se déprécier** *vp* **1.** *(marchandise)* to depreciate **2.** *(personne)* to put o.s. down.

dépressif, ive *adj* depressive.

dépression *nf* depression • **faire une dépression** to suffer from depression • **dépression nerveuse** nervous breakdown.

déprimant, e *adj* depressing.

déprime *nf fam* • **faire une déprime** to be (feeling) down.

déprimé, e *adj* depressed.

déprimer *vt* to depress • **il déprime facilement** he gets depressed easily. ❑ *vi fam* to be (feeling) down.

déprogrammer *vt* **1.** to remove from the schedule **2.** *TV* to take off the air.

dépuceler *vt fam* • **dépuceler qqn** to take sb's virginity.

depuis

■ **depuis** *prép*

1. INDIQUE UN POINT DE DÉPART DANS LE TEMPS • **je ne l'ai pas vu depuis son mariage** I haven't seen him since his wedding *ou* he got married • **il est parti depuis hier** he's been away since yesterday • **depuis quand le connaissez-vous ?** how long have you known him? • **depuis quelle date êtes-vous ici ?** since when have you been here? *ou* when did you arrive? • **il aime la musique depuis sa plus tendre enfance** he has loved music since his earliest childhood

2. EXPRIME UNE DURÉE

• **il est malade depuis une semaine** he has been ill for a week • **on se connaît depuis 10 ans/longtemps** we've known each other for 10 years/a long time • **quand je suis arrivé, ils discutaient depuis des heures** when I arrived, they had been chatting for hours • **ils sont amis depuis toujours** they've always been friends

3. INDIQUE UN POINT DE DÉPART DANS L'ESPACE

from • **depuis la route, on pouvait voir la mer** you could see the sea from the road

■ **depuis** *adv*

since (then) • **depuis, nous ne l'avons pas revu** we haven't seen him since (then)

■ **depuis que** *loc conj*

since • **je ne l'ai pas revu depuis qu'il s'est marié** I haven't seen him since he got married

député, e *nm, f* POLIT *(au parlement)* member of parliament **(UK)**, representative **(US)** ; *(en France)* deputy ; *(en Grande-Bretagne)* member of parliament ; *(aux États-Unis)* Congressman, Congresswoman *f* ; *(dans l'UE)* • **un député européen** a Euro-MP, a MEP.

déraciner *vt litt & fig* to uproot.

déraillement *nm* derailment.

dérailler *vi* **1.** *(train)* to leave the rails, to be derailed **2.** *fam & fig (mécanisme)* to go on the blink **3.** *fam & fig (personne)* to go to pieces **4.** *fam & fig (discours)* • **tu dérailles (complètement) !** you're talking (complete) nonsense!

dérailleur *nm (de bicyclette)* derailleur.

déraisonnable *adj* unreasonable.

dérangement *nm* trouble • **en dérangement** out of order.

déranger *vt* **1.** *(personne)* to disturb, to bother • **ça vous dérange si je fume ?** do you mind if I smoke? **2.** *(plan)* to disrupt **3.** *(maison, pièce)* to make untidy. ❑ *vi* to be disturbing. ■ **se déranger** *vp* **1.** *(se déplacer)* to move **2.** *(se gêner)* to put o.s. out • **ne te dérange pas** don't bother.

dérapage *nm* **1.** *(glissement)* skid **2.** *fig* excess.

déraper *vi* **1.** *(glisser)* to skid **2.** *fig* to get out of hand.

déréglementer *vt* to deregulate.

dérégler *vt* **1.** *(mécanisme)* to put out of order **2.** *fig* to upset. ■ **se dérégler** *vp* **1.** *(mécanisme)* to go wrong • **ma montre s'est déréglée** my watch has gone wrong **2.** *fig* to be upset *ou* unsettled.

dérembourser *vt (les médicaments)* to no longer reimburse (the cost of).

dérider *vt fig* • **dérider qqn** to cheer sb up.

dérision *nf* derision • **tourner qqch en dérision** to hold sthg up to ridicule.

dérisoire *adj* derisory.

dérivatif, ive *adj* derivative. ■ **dérivatif** *nm* distraction.

dérive *nf (mouvement)* drift, drifting *(indén)* • **aller** *ou* **partir à la dérive** *fig* to fall apart.

dérivé *nm* CHIM & LING derivative.

dériver *vt (détourner)* to divert **(UK)**, to detour **(US)**. ❑ *vi* **1.** *(aller à la dérive)* to drift **2.** *fig (découler)* • **dériver de** to derive from.

dériveur *nm* sailing dinghy *(with centreboard)*.

dermatologie *nf* dermatology.

dermatologue *nmf* dermatologist • **aller chez le dermatologue** to go to the dermatologist's.

dernier, ère *adj* **1.** *(gén)* last • **l'année dernière** last year **2.** *(ultime)* last, final **3.** *(plus récent)* latest. ❑ *nm, f* last • **tu veux le dernier ?** do you want the last one? • **ce dernier** the latter. ■ **en dernier** *loc adv* last.

dernièrement *adv* recently, lately.

dernier-né, dernière-née *nm, f (bébé)* youngest (child).

dérobade *nf* evasion, shirking *(indén)*.

dérobé, e *adj* **1.** *(volé)* stolen **2.** *(caché)* hidden. ■ **à la dérobée** *loc adv* surreptitiously.

dérober *vt sout* to steal. ■ **se dérober** *vp* **1.** *(se soustraire)* • **se dérober à qqch** to shirk sthg **2.** *(s'effondrer)* to give way.

dérogation *nf* **1.** *(action)* dispensation **2.** *(résultat)* exception.

déroulant *adj m* • **menu déroulant** INFORM pull-down menu.

déroulement *nm* **1.** *(de bobine)* unwinding **2.** *fig (d'événement)* development.

dérouler *vt* **1.** *(fil)* to unwind **2.** *(papier, tissu)* to unroll. ■ **se dérouler** *vp* to take place.

déroute *nf* **1.** MIL rout **2.** *fig* collapse.

dérouter *vt* **1.** *(déconcerter)* to disconcert, to put out **2.** *(dévier)* to divert **(UK)**, to detour **(US)**.

derrière *prép & adv* behind • **derrière l'école** behind the school • **les autres sont restés derrière** the others stayed behind. ❑ *nm* **1.** *(partie arrière)* back • **la porte de derrière** the back door • **le derrière de la maison** the back of the house **2.** *(partie du corps)* bottom, behind.

dès *prép* from • **dès son arrivée** the minute he arrives/arrived, as soon as he arrives/arrived • **dès l'enfance** since childhood • **dès 1900** as far back as 1900, as early as 1900 • **dès maintenant** from now on • **dès demain** starting *ou* from tomorrow. ■ **dès que** *loc conj* as soon as.

désabusé, e *adj* disillusioned.

désaccord *nm* disagreement.

désaccordé, e *adj* out of tune.

désaffecté, e *adj* disused.

désaffection *nf* disaffection.

désagréable *adj* unpleasant.

désagréger *vt* to break up. ■ **se désagréger** *vp* to break up.
désagrément *nm* annoyance.
désaltérant, e *adj* thirst-quenching.
désaltérer ■ **se désaltérer** *vp* to quench one's thirst.
désamorcer *vt* **1.** *(arme)* to remove the primer from **2.** *(bombe)* to defuse **3.** *fig (complot)* to nip in the bud.
désappointer *vt* to disappoint.
désapprobation *nf* disapproval.
désapprouver *vt* to disapprove of. ❏ *vi* to disapprove.
désarmement *nm* disarmament.
désarmer *vt* **1.** to disarm **2.** *(fusil)* to unload.
désarroi *nm* confusion.
désastre *nm* disaster.
désastreux, euse *adj* disastrous.
désavantage *nm* disadvantage • **avoir un désavantage** to be at a disadvantage.
désavantager *vt* to disadvantage.
désavantageux, euse *adj* unfavourable **(UK)**, unfavorable **(US)**.
désaveu *nm* **1.** *(reniement)* denial **2.** *(désapprobation)* disapproval.
désavouer *vt* to disown.
désaxé, e *adj (mentalement)* disordered, unhinged. ❏ *nm, f* unhinged person.
descendance *nf (progéniture)* descendants *pl*.
descendant, e *nm, f (héritier)* descendant.
descendre *vt* **1.** *(escalier, pente)* to go/come down • **descendre la rue en courant** to run down the street **2.** *(rideau, tableau)* to lower **3.** *(apporter)* to bring/take down **4.** *fam (personne, avion)* to shoot down. ❏ *vi* **1.** *(gén)* to go/come down **2.** *(température, niveau)* to fall **3.** *(passager)* to get off • **descendre d'un bus** to get off a bus • **descendre d'une voiture** to get out of a car **4.** *(être issu)* • **descendre de** to be descended from **5.** *(marée)* to go out.
descendu, e *pp* → **descendre**.
descente *nf* **1.** *(action)* descent • **la descente a été plus facile que la montée** coming down was easier than going up **2.** *(pente)* downhill slope *ou* stretch • **ne vas pas trop vite dans la descente** don't go too fast downhill **3.** *(irruption)* raid **4.** *(tapis)* • **descente de lit** bedside rug.

S'EXPRIMER

manifester son désaccord

- ***I (completely) disagree with you.*** Je ne suis (absolument) pas d'accord avec toi.
- ***I don't agree.*** Je suis d'un autre avis.
- ***Whatever!*** N'importe quoi !
- ***You can't be serious!*** Tu n'es/Vous n'êtes quand même pas sérieux ?
- ***I don't believe it.*** Ce n'est pas vrai.
- ***I'm afraid you can't compare the two cases.*** J'ai bien peur que l'on ne puisse pas comparer ces deux cas.

descriptif, ive *adj* descriptive. ■ **descriptif** *nm* **1.** *(de lieu)* particulars *pl* **2.** *(d'appareil)* specification.
description *nf* description.

LEXIQUE

description physique

le mari / la femme the husband / the wife
le fils / la fille the son / the daughter
les yeux bleus / verts blue-eyed / green-eyed
les yeux marron brown-eyed
les yeux noirs / gris dark-eyed / grey-eyed
les cheveux longs / courts long / short hair
blond(e) blonde **(UK)**, blond **(US)**
brun(e) dark-haired
châtain light brown-haired
roux (rousse) red-haired
chauve bald
petit(e) *(corpulence)* small
grand(e) *(corpulence)* big
petit(e) *(taille)* short
grand(e) *(taille)* tall
gros(se) fat
maigre thin

désemparé, e *adj* **1.** *(personne)* helpless **2.** *(avion, navire)* disabled.
désendettement *nm* degearing **(UK)**, debt reduction.
désenfler *vi* to go down, to become less swollen.
désensibiliser *vt* to desensitize.
déséquilibre *nm* imbalance.
déséquilibré, e *nm, f* unbalanced person.
déséquilibrer *vt* **1.** *(physiquement)* • **déséquilibrer qqn** to throw sb off balance **2.** *(perturber)* to unbalance.
désert, e *adj* **1.** *(désertique - île)* desert *(avant nom)* **2.** *(peu fréquenté)* deserted. ■ **désert** *nm* desert.
déserter *vt & vi* to desert.
déserteur *nm* **1.** MIL deserter **2.** *fig & péj* traitor.
désertion *nf* desertion.
désertique *adj* desert *(avant nom)*.
désespéré, e *adj* **1.** *(regard)* desperate **2.** *(situation)* hopeless.
désespérément *adv* **1.** *(sans espoir)* hopelessly **2.** *(avec acharnement)* desperately.
désespérer *vt* **1.** *(décourager)* • **désespérer qqn** to drive sb to despair **2.** *(perdre espoir)* • **désespérer que qqch arrive** to give up hope of sthg happening. ❏ *vi* • **désespérer (de)** to despair (of). ■ **se désespérer** *vp* to despair.

désespoir *nm* despair • **en désespoir de cause** as a last resort.

déshabillé *nm* negligee.

déshabiller *vt* to undress. ■ **se déshabiller** *vp* to undress, to get undressed.

désherbant,e *adj* weed-killing. ■ **désherbant** *nm* weedkiller.

désherber *vt & vi* to weed.

déshérité,e *adj* **1.** *(privé d'héritage)* disinherited **2.** *(pauvre)* deprived. ❑ *nm,f (pauvre)* deprived person.

déshériter *vt* to disinherit.

déshonneur *nm* disgrace.

déshonorer *vt* to disgrace, to bring disgrace on.

déshydrater *vt* to dehydrate. ■ **se déshydrater** *vp* to become dehydrated.

design *adj inv* modern. ❑ *nm inv* modernism.

désigner *vt* **1.** *(choisir)* to appoint **2.** *(signaler)* to point out • **désigner quelqu'un du doigt** to point at somebody **3.** *(nommer)* to designate.

désillusion *nf* disillusion.

désincarné,e *adj* **1.** RELIG disembodied **2.** *(éthéré)* unearthly.

désindustrialiser *vt* to deindustrialize.

désinence *nf* LING ending.

désinfectant,e *adj* disinfectant. ■ **désinfectant** *nm* disinfectant.

désinfecter *vt* to disinfect.

désinflation *nf* disinflation.

désinstallation *nf* INFORM uninstalling, deinstalling.

désinstaller *vt* INFORM to uninstall.

désintégrer *vt* to break up. ■ **se désintégrer** *vp* to disintegrate, to break up.

désintéressé,e *adj* disinterested.

désintéresser ■ **se désintéresser** *vp* • **se désintéresser de** to lose interest in.

désintoxication *nf* detoxification.

désintoxiquer *vt* **1.** MÉD to detoxify • **se faire désintoxiquer** to be weaned off drugs **2.** *(informer)* to counteract.

désinvolte *adj* **1.** *(à l'aise)* casual **2.** *péj* *(sans-gêne)* offhand.

désinvolture *nf* **1.** *(légèreté)* casualness **2.** *péj* *(sans-gêne)* offhandedness.

désir *nm* **1.** *(souhait)* desire, wish **2.** *(charnel)* desire.

S'EXPRIMER

exprimer un désir

- ***I'd like to go to the cinema* (UK) *ou movies* (US).** J'aimerais bien aller au cinéma.
- ***I really want to buy this sweater.*** J'ai vraiment envie de m'acheter ce pull.
- ***I wish it was a little warmer!*** Si seulement il faisait un peu plus chaud !
- ***I really feel like a hot bath.*** J'ai très envie d'un bain chaud.
- ***I'd really like you two to meet!*** J'aimerais tellement que vous puissiez faire connaissance !

désirable *adj* desirable.

désirer *vt* **1.** *sout* *(chose)* • **désirer faire qqch** to wish to do sthg • **vous désirez ? a)** *(dans un magasin)* can I help you? **b)** *(dans un café)* what can I get you? **2.** *(sexuellement)* to desire.

désistement *nm* • **désistement (de)** withdrawal (from).

désister ■ **se désister** *vp* *(se retirer)* to withdraw, to stand down.

désobéir *vi* • **désobéir (à qqn)** to disobey (sb) • **mon petit frère a encore désobéi** my little brother has been disobedient again.

désobéissant,e *adj* disobedient.

désobligeant,e *adj* *sout* offensive.

désodorisant,e *adj* deodorizing. ■ **désodorisant** *nm* deodorizer, air freshener.

désœuvré,e *adj* idle.

désolant,e *adj* disappointing.

désolation *nf* **1.** *(destruction)* desolation **2.** *sout* *(affliction)* distress.

désolé,e *adj* **1.** *(ravagé)* desolate **2.** *(contrarié)* very sorry.

À PROPOS DE

comment s'excuser

Voici quelques exemples d'expressions qu'on emploie en anglais pour s'excuser : ***sorry*** *désolé*, ***excuse me*** *excusez-moi*, ***I'm afraid that...*** Contrairement à ce que l'adjectif ***afraid*** pourrait suggérer, la personne qui s'excuse n'a pas peur du tout, elle est juste navrée et craint bien de ne pouvoir répondre à votre demande.

désoler *vt* **1.** *(affliger)* to sadden **2.** *(contrarier)* to upset, to make sorry. ■ **se désoler** *vp* *(être contrarié)* to be upset.

désolidariser *vt* **1.** *(choses)* • **désolidariser qqch (de)** to disengage *ou* disconnect sthg (from) **2.** *(personnes)* to estrange. ■ **se désolidariser** *vp* • **se désolidariser de** to dissociate o.s. from.

désopilant,e *adj* hilarious.

désordonné,e *adj* **1.** *(maison, personne)* untidy **2.** *fig* *(vie)* disorganized.

désordre *nm* **1.** *(fouillis)* untidiness • **en désordre** untidy • **quel désordre !** what a mess! **2.** *(agitation)* disturbances *pl*, disorder *(indén)*.

désorganiser *vt* to disrupt.

désorienté,e *adj* disoriented, disorientated (UK).

désormais *adv* from now on, in future.

désosser *vt* to bone.

despote *nm* **1.** *(chef d'État)* despot **2.** *fig & péj* tyrant.

despotisme *nm* **1.** *(gouvernement)* despotism **2.** *fig & péj* tyranny.

DESS (abrév de **diplôme d'études supérieures spécialisées**) *nm* ≃ master's (degree).

dessécher *vt* **1.** *(peau)* to dry (out) **2.** *fig (cœur)* to harden. ■ **se dessécher** *vp* **1.** *(peau, terre)* to dry out **2.** *(plante)* to wither **3.** *fig* to harden.

desserrer *vt* **1.** to loosen **2.** *(poing, dents)* to unclench **3.** *(frein)* to release.

dessert *nm* dessert.

desserte *nf* **1.** *(transports)* (transport) service **(UK)**, (transportation) service **(US)** **2.** *(meuble)* sideboard.

desservir *vt* **1.** *(transports)* to serve **2.** *(table)* to clear **3.** *(désavantager)* to do a disservice to.

dessin *nm* **1.** *(graphique)* drawing • **dessin animé** cartoon *(film)* • **dessin humoristique** cartoon *(drawing)* **2.** *fig (contour)* outline.

dessinateur, trice *nm, f* artist, draughtsman, draughtswoman *f* **(UK)**, draftsman, draftswoman *f* **(US)**.

dessiner *vt* **1.** *(représenter)* to draw **2.** *fig* to outline. ❑ *vi* to draw.

dessous *adv* underneath • **il porte un pull sans rien dessous** he's wearing a sweater and nothing underneath. ❑ *nm (partie inférieure - gén)* underside • **il y a des chewing-gums collés sur le dessous de la table** there is chewing-gum stuck on the underside of the table ; *(- d'un tissu)* wrong side • **dessous de verre** *ou* **de bouteille** coaster. ❑ *nmpl (sous-vêtements féminins)* underwear *(indén)* • **des dessous en soie** silk underwear. ■ **en dessous** *loc adv* **1.** underneath **2.** *(plus bas)* below • **ils habitent l'appartement d'en dessous** the flat below *ou* downstairs.

dessous-de-plat *nm inv* tablemat.

dessus *adv* on top • **faites attention à ne pas marcher dessus** be careful not to walk on it. ❑ *nm* **1.** *(partie supérieure)* top **2.** *(étage supérieur)* upstairs • **les voisins du dessus** the upstairs neighbours **3.** *(locution)* • **avoir le dessus** to have the upper hand • **reprendre le dessus** to get over it. ■ **en dessus** *loc adv* on top.

dessus-de-lit *nm inv* bedspread.

déstabiliser *vt* to destabilize.

destin *nm* fate, destiny.

destinataire *nmf* addressee.

destination *nf* **1.** *(direction)* destination • **un avion à destination de Paris** a plane to *ou* for Paris **2.** *(rôle)* purpose.

destinée *nf* destiny.

destiner *vt* **1.** *(consacrer)* • **destiner qqch à** to intend sthg for, to mean sthg for **2.** *(vouer)* • **destiner qqn à qqch/à faire qqch a)** *(à un métier)* to destine sb for sthg/to do sthg **b)** *(sort)* to mark sb out for sthg/to do sthg.

destituer *vt* to dismiss.

déstockage *nm* COMM destocking • **destockage massif** clearance sale.

déstresser *vi & vt* to relax.

destructeur, trice *adj* destructive. ❑ *nm, f* destroyer.

destruction *nf* destruction.

désuet, ète *adj* **1.** *(expression, coutume)* obsolete **2.** *(style, tableau)* outmoded.

désuni, e *adj* divided.

détachable *adj* detachable, removable.

détachant, e *adj* stain-removing. ■ **détachant** *nm* stain remover.

détaché, e *adj* detached.

détachement *nm* **1.** *(d'esprit)* detachment **2.** *(de fonctionnaire)* temporary assignment, secondment **(UK)** **3.** MIL detachment.

détacher *vt* **1.** *(enlever)* • **détacher qqch (de) a)** *(objet)* to detach sthg (from) **b)** *fig* to free sthg (from) **2.** *(nettoyer)* to remove stains from, to clean **3.** *(délier)* to undo **4.** *(cheveux)* to untie • **les cheveux détachés** with loose hair **5.** ADMIN • **détacher qqn auprès de** to send sb on temporary assignment to, to second sb to **(UK)**. ■ **se détacher** *vp* **1.** *(tomber)* • **se détacher (de)** to come off **2.** *(se défaire)* to come undone **3.** *(ressortir)* • **se détacher sur** to stand out on **4.** *(s'éloigner)* • **se détacher de qqn** to drift apart from sb.

détail *nm* **1.** *(précision)* detail **2.** COMM • **le détail** retail. ■ **au détail** *loc adj & loc adv* retail. ■ **en détail** *loc adv* in detail.

détaillant, e *nm, f* retailer.

détaillé, e *adj* detailed.

détailler *vt* **1.** *(expliquer)* to give details of **2.** *(vendre)* to retail.

détaler *vi* **1.** *(personne)* to clear out **2.** *(animal)* to bolt.

détartrant, e *adj* descaling. ■ **détartrant** *nm* descaling agent.

détaxe *nf* • **détaxe (sur) a)** *(suppression)* removal of tax (from) **b)** *(réduction)* reduction in tax (on).

détecter *vt* to detect.

détecteur, trice *adj* detecting *(avant nom)*, detector *(avant nom)*. ■ **détecteur** *nm* detector.

détection *nf* detection.

détective *nmf* detective • **détective privé** private detective.

déteindre *vi* to fade.

déteint, e *pp* → **déteindre**.

dételer *vt (cheval)* to unharness.

détendre *vt* **1.** *(corde)* to loosen, to slacken **2.** *fig* to ease **3.** *(personne)* to relax. ■ **se détendre** *vp* **1.** *(se relâcher)* to slacken **2.** *fig (situation)* to ease **3.** *(atmosphère)* to become more relaxed **4.** *(se reposer)* to relax.

détendu, e *adj* **1.** *(corde)* loose, slack **2.** *(personne)* relaxed.

détenir *vt* **1.** *(objet)* to have, to hold **2.** *(personne)* to detain, to hold.

détente *nf* **1.** *(de ressort)* release **2.** *(d'une arme)* trigger **3.** *(repos)* relaxation **4.** POLIT détente.

détenteur, trice *nm, f* **1.** *(d'objet, de secret)* possessor **2.** *(de prix, record)* holder.

détention *nf* **1.** *(possession)* possession **2.** *(emprisonnement)* detention.

détenu, e *pp* → **détenir**. ❑ *adj* detained. ❑ *nm, f* prisoner.

détergent, e *adj* detergent *(avant nom)*. ■ **détergent** *nm* detergent.

détérioration *nf* **1.** *(de bâtiment)* deterioration **2.** *(de situation)* worsening.

détériorer *vt* **1.** *(abîmer)* to damage **2.** *(altérer)* to ruin. ■ **se détériorer** *vp* **1.** *(bâtiment)* to deteriorate **2.** *(situation)* to worsen **3.** *(s'altérer)* to be spoiled.

déterminant, e *adj* decisive, determining. ■ **déterminant** *nm* LING determiner.

détermination *nf* *(résolution)* determination, decision.

déterminé, e *adj* **1.** *(quantité)* given *(avant nom)* • **une quantité déterminée d'argent** a given amount of money **2.** *(expression)* determined.

déterminer *vt* **1.** *(préciser)* to determine, to specify **2.** *(provoquer)* to bring about.

déterrer *vt* to dig up.

détestable *adj* dreadful.

détester *vt* to detest.

détonateur *nm* **1.** TECHNOL detonator **2.** *fig* trigger.

détonation *nf* detonation.

détoner *vi* to detonate.

détonner *vi* **1.** MUS to be out of tune **2.** *(couleur)* to clash **3.** *(personne)* to be out of place.

détour *nm* **1.** *(crochet)* detour **2.** *(méandre)* bend • **sans détour** *fig* directly.

détourné, e *adj* **1.** *(dévié)* indirect **2.** *fig* roundabout *(avant nom)*.

détournement *nm* diversion, detour • **détournement d'avion** hijacking • **détournement de fonds** embezzlement • **détournement de mineur** corruption of a minor.

détourner *vt* **1.** *(dévier - gén)* to divert, to detour **(US)** ; *(- avion)* to hijack **2.** *(écarter)* • **détourner qqn de** to distract sb from, to divert sb from **3.** *(la tête, les yeux)* to turn away **4.** *(argent)* to embezzle. ■ **se détourner** *vp* to turn away • **se détourner de** *fig* to move away from.

détracteur, trice *nm, f* detractor.

détraquer *vt* **1.** *fam* *(dérégler)* to break **2.** *fig* to upset. ■ **se détraquer** *vp fam* **1.** *(se dérégler)* to go wrong **2.** *fig* to become unsettled.

détresse *nf* distress.

détriment ■ **au détriment de** *loc prép* to the detriment of.

détritus *nm* detritus.

détroit *nm* strait • **le détroit de Bering** the Bering Strait • **le détroit de Gibraltar** the Strait of Gibraltar.

détromper *vt* to disabuse.

détrôner *vt* **1.** *(souverain)* to dethrone **2.** *fig* to oust.

détruire *vt* **1.** *(démolir, éliminer)* to destroy **2.** *fig* *(anéantir)* to ruin.

dette *nf* debt.

deuil *nm* **1.** *(douleur, mort)* bereavement **2.** *(vêtements, période)* mourning *(indén)* • **porter le deuil** to be in *ou* wear mourning.

deux *adj num inv* two • **ses deux fils** his two sons, both his sons • **tous les deux jours** every two days, every second day, every other day. ❑ *nm* two • **les deux** both • **par deux** in pairs. Voir aussi **six**.

deuxième *adj num inv, nm & nmf* second. Voir aussi **sixième**.

deux-pièces *nm inv* **1.** *(appartement)* two-room flat **(UK)** *ou* apartment **(US)** **2.** *(bikini)* two-piece (swimsuit).

deux-points *nm inv* colon.

deux-roues *nm inv* two-wheeled vehicle.

dévaler *vt* to run down.

dévaliser *vt* **1.** *(cambrioler - maison)* to ransack ; *(- personne)* to rob **2.** *fig* to strip bare.

dévaloriser *vt* **1.** *(monnaie)* to devalue **2.** *(personne)* to run *ou* put down. ■ **se dévaloriser** *vp* **1.** *(monnaie)* to fall in value **2.** *fig* *(personne)* to run *ou* put o.s. down.

dévaluation *nf* devaluation.

dévaluer *vt* to devalue. ■ **se dévaluer** *vp* to devalue.

devancer *vt* **1.** *(précéder)* to arrive before **2.** *(anticiper)* to anticipate.

devant *prép* **1.** *(en face de)* in front of **2.** *(en avant de)* ahead of, in front of • **aller droit devant soi** to go straight ahead *ou* on **3.** *(en présence de, face à)* in the face of. ❑ *adv* **1.** *(en face)* in front **2.** *(en avant)* in front, ahead. ❑ *nm* front • **prendre les devants** to make the first move, to take the initiative. ■ **de devant** *loc adj* *(pattes, roues)* front *(avant nom)*.

devanture *nf* shop **(UK)** *ou* store **(US)** window.

dévaster *vt* to devastate.

développement *nm* **1.** development • **le développement d'un enfant** the development of a child • **développement durable** sustainable development **2.** PHOTO developing • **le développement des photos** developing the photographs.

développer *vt* **1.** *(gén)* to develop **2.** to expand **3.** PHOTO to develop **4.** • **faire développer des photos** to have some photos developed.

■ **se développer** *vp* **1.** *(s'épanouir)* to spread **2.** *ÉCON* to grow, to expand.

développeur *nm (INFORM - entreprise)* software development *ou* design company ; *(- personne)* software developer *ou* designer.

devenir *vi* to become • **que devenez-vous ?** *fig* how are you doing?

devenu, e *pp* → **devenir**.

dévergondé, e *adj* shameless, wild. ❑ *nm, f* shameless person.

déverrouiller *vt* **1.** *(porte)* to unbolt **2.** *(arme)* to release the catch of.

déverser *vt* **1.** *(liquide)* to pour out **2.** *(ordures)* to tip (out) **3.** *fig (injures)* to pour out.

déviation *nf* **1.** *(gén)* deviation **2.** *(d'itinéraire)* diversion, detour.

dévier *vi* • **dévier de** to deviate from. ❑ *vt* to divert, to detour **(US)**.

devin, devineresse *nm, f* soothsayer • **je ne suis pas devin !** I'm not psychic *ou* a mind-reader!

deviner *vt* to guess.

devinette *nf* riddle • **pose-moi une devinette** ask me a riddle.

devis *nm* estimate • **faire un devis** to (give an) estimate.

dévisager *vt* to stare at.

devise *nf* **1.** *(formule)* motto **2.** *(monnaie)* currency. ■ **devises** *nfpl (argent)* currency *(indén)*.

dévisser *vt* to unscrew. ❑ *vi (alpinisme)* to fall (off).

dévoiler *vt* **1.** to unveil **2.** *fig* to reveal.

devoir

■ devoir *nm*

1. OBLIGATION

• **tu n'as pas le choix, c'est ton devoir** you have no choice, it's your duty

2. TRAVAIL ÉCRIT

• **ce professeur donne beaucoup de devoirs** this teacher gives a lot of homework

■ devoir *vt*

1. POUR PARLER D'UNE DETTE

• **je lui dois 5 euros** I owe her *ou* him five euros

2. INDIQUE QUE L'ON EST REDEVABLE DE QQCH

• **je crois que tu lui dois des excuses** I think you owe her an apology • **je dois à mes professeurs d'avoir réussi** I owe my success to my teachers *ou* I have my teachers to thank for my success • **elle ne veut rien devoir à personne** she doesn't want to be indebted to anybody • **cette découverte ne doit rien au hasard** this discovery has nothing to do with luck

3. INDIQUE L'OBLIGATION

• **je dois partir à l'heure ce soir** I have to *ou* must leave on time tonight • **il a dû s'arrêter de fumer** he had to stop smoking

4. AU CONDITIONNEL, EXPRIME UN CONSEIL OU UN REGRET

• **tu devrais faire attention** you should be *ou* ought to be careful • **il n'aurait pas dû mentir** he shouldn't have lied, he ought not to have lied

5. INDIQUE LA PROBABILITÉ

• **il doit faire chaud là-bas** it must be hot over there • **il a dû oublier** he must have forgotten

6. INDIQUE UNE PRÉVISION

• **elle doit arriver à 6 heures** she's due to arrive at 6 o'clock • **elle devait arriver à six heures** she was supposed to arrive at six • **je dois voir mes parents ce week-end** I'm seeing *ou* going to see my parents this weekend

7. INDIQUE UNE FATALITÉ

• **cela devait arriver** it had to happen, it was bound to happen • **nos chemins devaient se croiser tôt ou tard** our paths were bound to *ou* had to cross sooner or later

■ se devoir *vp*

• **se devoir de faire qqch** to be duty-bound to do sthg • **comme il se doit** as is proper

À PROPOS DE

devoir

• *devoir qqch à qqn* ***owe sthg to sb*** *ou* ***owe sb sthg***

Il faut noter la construction à double complément qui, en anglais, peut prendre deux formes dont le sens est le même :

1. une structure identique à celle du français : verbe + COD + préposition + COI ***owe sthg to sb***

2. une structure qui diffère de celle du français, sans préposition, et dans laquelle l'ordre des compléments est inversé : verbe + COI + COD ***owe sb sthg***

• *Il doit encore beaucoup d'argent à son associé.* ***He still owes a lot of money to his business partner*** *ou* ***He still owes his business partner a lot of money.***

À PROPOS DE

l'expression du devoir

Must indique ce qui est bien du point de vue moral, de la santé, etc, qu'il s'agisse d'une obligation ou d'une recommandation. ***Must*** est un verbe modal. Il n'a pas de forme infinitive et ne peut se mettre au passé (*J'ai dû le faire* se traduit par ***I had to do it***). Au présent, il ne prend pas de **s** à la 3e personne du singulier. ***Have to*** indique une obligation imposée par les circonstances.

dévolu, e *adj sout* • **dévolu à** allotted to. ■ **dévolu** *nm* • **jeter son dévolu sur** to set one's sights on.

dévorer *vt* to devour.

dévotion *nf* devotion • **avec dévotion a)** *(prier)* devoutly **b)** *(soigner, aimer)* devotedly.

dévoué, e *adj* devoted.

dévouement *nm* devotion.

dévouer ■ **se dévouer** *vp* **1.** *(se consacrer)* • **se dévouer à** to devote o.s. to **2.** *fig (se sacrifier)* • **se dévouer pour qqch/pour faire qqch** to sacrifice o.s. for sthg/to do sthg.

dévoyé, e *adj & nm, f* delinquent.

devrai, devras *etc* → **devoir**.

dextérité *nf* dexterity, skill.

dézipper *vt* to unzip.

diabète *nm* diabetes *(indén)*.

diabétique *nmf & adj* diabetic.

diable *nm* devil.

diabolique *adj* diabolical.

diabolo *nm (boisson)* fruit cordial and lemonade • **diabolo menthe** mint (cordial) and lemonade.

diacre *nm* RELIG deacon.

diadème *nm* diadem.

diagnostic *nm* MÉD diagnosis.

diagnostiquer *vt fig* MÉD to diagnose.

diagonale *nf* diagonal.

diagramme *nm* graph • **diagramme à bâtons** bar graph *ou* chart **(UK)**.

dialecte *nm* dialect.

dialogue *nm* **1.** discussion **2.** CINÉ dialogue.

dialoguer *vi* **1.** *(converser)* to converse **2.** INFORM to interact.

diamant *nm (pierre)* diamond.

diamètre *nm* diameter.

diapason *nm (instrument)* tuning fork.

diaphragme *nm* diaphragm.

diapositive *nf* slide.

diarrhée *nf* diarrhoea **(UK)**, diarrhea **(US)**.

dictateur *nm* dictator.

dictature *nf* dictatorship.

dictée *nf* dictation.

dicter *vt* to dictate.

diction *nf* diction.

dictionnaire *nm* dictionary • **dictionnaire électronique** electronic dictionary • **un dictionnaire bilingue** a bilingual dictionary.

dicton *nm* saying, dictum.

didactique *adj* didactic.

dièse *adj* sharp • **do/fa dièse** C/F sharp. ❑ *nm* **1.** sharp **2.** *(symbole)* hash **(UK)**, pound sign **(US)** • **appuyez sur la touche dièse** press the hash key **(UK)** *ou* pound key **(US)**.

diesel *adj inv* diesel.

diète *nf* **1.** diet **2.** *(jeûne)* to be fasting.

diététicien, enne *nm, f* dietician.

diététique *nf* dietetics *(indén)*. ❑ *adj* **1.** *(considération, raison)* dietary **2.** *(produit, magasin)* health *(avant nom)*.

dieu *nm* god. ■ **Dieu** *nm* God • **mon Dieu !** my God!

diffamation *nf* **1.** *(écrite)* libel **2.** *(orale)* slander.

différé, e *adj* recorded. ■ **différé** *nm* • **en différé a)** TV recorded **b)** INFORM off-line.

différence *nf (distinction)* difference, dissimilarity.

différencier *vt* • **différencier qqch de qqch** to differentiate sthg from sthg. ■ **se différencier** *vp* • **se différencier de** to be different from.

différend *nm (désaccord)* difference of opinion.

différent, e *adj* • **différent (de)** different (from).

> **À PROPOS DE**
>
> **différent de**
>
> • *différent de* ***different from*** *ou* ***different than* (US)**
>
> • *Il a des opinions politiques très différentes de celles de son frère.* ***His political opinions are very different from his brother's*** *ou* ***His political opinions are very different than his brother's* (US)**.
>
> Attention, on ne dit pas ***different of***. La forme ***different to***, souvent employée à l'oral en anglais britannique, est également à éviter car il s'agit d'un usage critiqué.

différer *vt (retarder)* to postpone. ❑ *vi* • **différer de** to differ from, to be different from.

difficile *adj* difficult, hard.

difficilement *adv* with difficulty.

difficulté *nf* **1.** *(complexité, peine)* difficulty • **avoir des difficultés à faire qqch** to have difficulty doing sthg **2.** *(obstacle)* problem.

difforme *adj* deformed.

diffuser *vt* **1.** *(lumière)* to diffuse **2.** *(émission)* to broadcast **3.** *(livres)* to distribute **4.** INFORM • **diffuser sur Internet** to webcast.

diffuseur *nm* **1.** *(appareil)* diffuser **2.** *(de livres)* distributor.

diffusion *nf* **1.** *(d'émission, d'onde)* broadcast **2.** *(de livres)* distribution.

digérer *vi* to digest. ❑ *vt* **1.** *(repas, connaissance)* to digest **2.** *fam & fig (désagrément)* to put up with.

digestif, ive *adj* digestive. ■ **digestif** *nm* liqueur.

digestion *nf* digestion.

digital, e *adj* **1.** *fam* TECHNOL digital **2.** → **empreinte**.

digne *adj* **1.** *(honorable)* dignified **2.** *(méritant)* • **digne de** worthy of.

dignitaire *nm* dignitary • **haut dignitaire** mandarin.

dignité *nf* dignity.

digression *nf* digression.

digue *nf* dike.

dilapider *vt* to squander.

dilater *vt* to dilate.

dilemme *nm (gén)* dilemma.

dilettante *nmf* dilettante • **faire qqch en dilettante** to dabble in sthg.

diligence *nf sout HIST* diligence.

diluant *nm* thinner.

diluer *vt* to dilute. ■ **se diluer** *vp litt & fig* to be diluted.

diluvien, enne *adj* torrential.

dimanche *nm* Sunday. Voir aussi **samedi**.

En anglais les noms de jour s'écrivent avec une majuscule.

dimension *nf* **1.** *(mesure)* dimension **2.** *(taille)* dimensions *pl*, size • **quelles sont les dimensions de la pièce ?** what are the dimensions of the room? **3.** *fig (importance)* magnitude **4.** *(science fiction)* • **la troisième/quatrième dimension** the third/fourth dimension. ■ **à deux dimensions** *loc adj* two-dimensional. ■ **à trois dimensions** *loc adj* three-dimensional.

diminuer *vt (réduire)* to diminish, to reduce. ❑ *vi (intensité)* to diminish, to decrease.

diminutif, ive *adj* diminutive. ■ **diminutif** *nm* diminutive • **Pat est le diminutif de Patricia** Pat is short for Patricia.

diminution *nf* diminution.

dinde *nf* **1.** *(animal)* turkey **2.** *péj (femme)* stupid woman.

dindon *nm* turkey • **être le dindon de la farce** *fig & fam* to be made a fool of.

dîner *vi* to dine. ❑ *nm* dinner • **mon correspondant anglais dîne à six heures et demie** my English penfriend has dinner at six thirty • **un dîner aux chandelles** a candlelit dinner.

dingue *fam adj* **1.** *(personne)* crazy **2.** *(histoire)* incredible. ❑ *nmf* loony.

dinosaure *nm* dinosaur • **les dinosaures ont disparu il y a 65 millions d'années** dinosaurs became extinct 65 million years ago.

diphtongue *nf* diphthong.

diplômant, e *adj (cursus, formation)* that leads to a qualification.

diplomate *nmf (ambassadeur)* diplomat. ❑ *adj* diplomatic.

diplomatie *nf* diplomacy.

diplomatique *adj* diplomatic.

diplôme *nm* diploma • **un diplôme d'ingénieur** an engineering diploma.

diplômé, e *adj* • **être diplômé de/en** to be a graduate of/in. ❑ *nm, f* graduate.

dire *vt* • **dire qqch (à qqn) a)** *(parole)* to say sthg (to sb) **b)** *(vérité, mensonge, secret)* to tell (sb) sthg • **dire à qqn de faire qqch** to tell sb to do sthg • **il m'a dit que...** he told me (that)... • **c'est vite dit** *fam* that's easy (for you/him *etc*) to say • **c'est beaucoup dire** that's saying a lot • **la ville proprement dite** the actual town • **dire du bien/du mal (de)** to speak well/ill (of) • **que dirais-tu de... ?** what would you say to...? • **qu'en dis-tu ?** what do you think (of it)? • **on dirait que...** it looks as if... • **on dirait de la soie** it looks like silk, you'd think it was silk • **et dire que je n'étais pas là !** and to think I wasn't there! • **ça ne me dit rien a)** *(pas envie)* I don't feel like it, I don't fancy that **(UK) b)** *(jamais entendu)* I've never heard of it. ■ **à vrai dire** *loc adv* to tell the truth. ■ **cela dit** *loc adv* having said that. ■ **dis donc** *loc adv* **1.** *fam* so **2.** *fam (au fait)* by the way **3.** *fam (à qqn qui exagère)* look here! ■ **pour ainsi dire** *loc adv* so to speak. ■ **se dire** *vp* **1.** *(penser)* to think (to o.s.) **2.** *(s'employer)* • **ça ne se dit pas a)** *(par décence)* you mustn't say that **b)** *(par usage)* people don't say that, nobody says that **3.** *(se traduire)* • **« chat » se dit « gato » en espagnol** the Spanish for "cat" is "gato".

À PROPOS DE

dire

Le verbe ***to say*** s'emploie quand on dit quelque chose sans s'adresser à quelqu'un en particulier (***he hasn't said anything all evening*** il n'a rien dit de toute la soirée) ou lorsqu'on rapporte exactement les paroles de quelqu'un.

Le verbe ***to tell*** s'utilise avec une personne en complément d'objet (***to tell somebody***) et s'emploie souvent lorsqu'on rapporte les paroles de quelqu'un dans le discours indirect (***to tell somebody that...***).

direct, e *adj* direct. ■ **direct** *nm* **1.** *(boxe)* jab **2.** *(train)* nonstop train • **un train direct pour Nîmes** a direct train to Nîmes **3.** *RADIO & TV* • **le direct** live transmission *(indén)* • **en direct** live.

directement *adv* directly • **on est rentrés directement à la maison** we went straight home.

directeur, trice *adj* **1.** *(dirigeant)* leading *(avant nom)* • **comité directeur** steering committee **2.** *(central)* guiding *(avant nom)*. ❑ *nm, f* director, manager • **directeur général** general manager, managing director **(UK)**, chief executive officer **(US)** • **le directeur de l'école** the headteacher of the school.

direction *nf* **1.** *(gestion, ensemble des cadres)* management • **sous la direction de** under the management of **2.** *(orientation)* direction • **en** *ou* **dans la direction de** in the direction of **3.** *AUTO* steering.

LEXIQUE

les directions

l'est the east
le sud the south
l'ouest the west
le nord the north
devant in front
derrière behind
gauche left
droite right
le centre the centre
en haut upstairs, at the top
en bas downstairs, at the bottom

directive *nf* directive.

directrice → **directeur**.

dirigeable *nm* • **(ballon) dirigeable** airship.

dirigeant, e *adj* ruling *(avant nom)*. ❑ *nm, f* **1.** *(de pays)* leader **2.** *(d'entreprise)* manager.

diriger *vt* **1.** *(mener - entreprise)* to run, to manage ; *(- orchestre)* to conduct ; *(- film, acteurs)* to direct ; *(- recherches, projet)* to supervise **2.** *(conduire orienter)* to steer **3.** *(pointer)* • **diriger qqch sur** to aim sthg at • **diriger qqch vers** to aim sthg towards **(UK)** *ou* toward **(US)**. ■ **se diriger** *vp* • **se diriger vers** to go towards **(UK)** *ou* toward **(US)**, to head towards **(UK)** *ou* toward **(US)**.

discernement *nm (jugement)* discernment.

discerner *vt* **1.** *(distinguer)* • **discerner qqch de** to distinguish sthg from **2.** *(deviner)* to discern.

disciple *nmf* disciple.

disciplinaire *adj* disciplinary.

discipline *nf* discipline.

discipliner *vt* **1.** *(personne)* to discipline **2.** *(cheveux)* to control.

disco *nm* disco (music).

discontinu, e *adj* **1.** *(ligne)* broken **2.** *(bruit, effort)* intermittent.

discordant, e *adj* discordant.

discorde *nf* discord.

discothèque *nf* **1.** *(boîte de nuit)* night club **2.** *(de prêt)* record library.

discount *nm* discount.

discourir *vi* to talk at length.

discours *nm (allocution)* speech • **faire un discours** to make a speech.

discréditer *vt* to discredit.

discret, ète *adj* **1.** *(gén)* discreet **2.** *(réservé)* reserved.

discrètement *adv* discreetly.

discrétion *nf (réserve, tact, silence)* discretion.

discrimination *nf* discrimination • **sans discrimination** indiscriminately • **discrimination positive** positive discrimination.

discriminatoire *adj* discriminatory.

disculper *vt* to exonerate. ■ **se disculper** *vp* to exonerate o.s.

discussion *nf* **1.** *(conversation, examen)* discussion **2.** *(contestation, altercation)* argument.

discutable *adj (contestable)* questionable.

discuter *vt* **1.** *(débattre)* • **discuter (de) qqch** to discuss sthg **2.** *(contester)* to dispute. ❑ *vi* **1.** *(parlementer)* to discuss **2.** *(converser)* to talk **3.** *(contester)* to argue.

diseur, euse *nm, f* • **diseur de bonne aventure** fortune-teller.

disgracieux, euse *adj* **1.** *(sans grâce)* awkward, graceless **2.** *(laid)* plain.

disjoncter *vi* **1.** ÉLECTR to short-circuit **2.** *fam (perdre la tête)* to flip, to crack up.

disjoncteur *nm* trip switch, circuit breaker.

disloquer *vt* **1.** MÉD to dislocate **2.** *(machine, empire)* to dismantle. ■ **se disloquer** *vp* **1.** *(machine)* to fall apart *ou* to pieces **2.** *fig (empire)* to break up.

disparaître *vi* **1.** *(gén)* to disappear, to vanish • **Isa a disparu, personne ne sait où elle est** Isa has disappeared, nobody knows where she is • **faire disparaître a)** *(personne)* to get rid of **b)** *(obstacle)* to remove • **disparais, tu m'énerves !** go away, you're annoying me! **2.** *(mourir)* to die • **cette espèce de papillon a disparu** this type of butterfly has become extinct.

disparité *nf (différence - d'éléments)* disparity ; *(- de couleurs)* mismatch.

disparition *nf* **1.** *(gén)* disappearance **2.** *(d'espèce)* extinction • **en voie de disparition** endangered **3.** *(mort)* passing.

disparu, e *pp* → **disparaître**. ❑ *nm, f* dead person, deceased • **il y a plusieurs disparus** several people went missing.

dispatcher *vt* to dispatch, to despatch.

dispensaire *nm* community clinic **(UK)**, free clinic **(US)**.

dispense *nf (exemption)* exemption.

dispenser *vt* **1.** *(distribuer)* to dispense **2.** *(exempter)* • **dispenser qqn de qqch** *(corvée)* to excuse sb sthg, to let sb off sthg • **je te dispense de tes réflexions !** *fig* spare us the comments!, keep your comments to yourself!

disperser *vt* **1.** to scatter (around) **2.** *(collection, brume, foule)* to break up **3.** *fig (efforts, forces)* to dissipate, to waste. ■ **se disperser** *vp* **1.** *(feuilles, cendres)* to scatter **2.** *(brume)* to break up, to clear **3.** *(foule)* to break up, to disperse **4.** *(personne)* to take on too much at once, to spread o.s. too thin.

dispersion *nf* **1.** scattering **2.** *(de collection, brume, foule)* breaking up **3.** *fig (d'efforts, de forces)* waste, squandering.

disponibilité *nf* **1.** *(de choses)* availability **2.** *(de fonctionnaire)* leave of absence **3.** *(d'esprit)* alertness, receptiveness.

disponible *adj (place, personne)* available, free.

disposé, e *adj* • **être disposé à faire qqch** to be prepared *ou* willing to do sthg • **être bien dis-**

posé envers qqn to be well-disposed towards **(UK)** *ou* toward **(US)** sb.

disposer *vt (arranger)* to arrange. ❑ *vi* • **disposer de a)** *(moyens, argent)* to have available (to one), to have at one's disposal **b)** *(chose)* to have the use of **c)** *(temps)* to have free *ou* available.

dispositif *nm (mécanisme)* device, mechanism.

disposition *nf* **1.** *(arrangement)* arrangement **2.** *(disponibilité)* • **à la disposition de** at the disposal of, available to. ■ **dispositions** *nfpl* **1.** *(mesures)* arrangements, measures **2.** *(dons)* • **avoir des dispositions pour** to have a gift for.

disproportionné, e *adj* out of proportion.

dispute *nf* argument, quarrel.

disputer *vt* **1.** *(SPORT - course)* to run ; *(- match)* to play **2.** *(lutter pour)* to fight for. ■ **se disputer** *vp* **1.** *(se quereller)* to quarrel, to fight • **arrêtez de vous disputer !** stop arguing! **2.** *(lutter pour)* to fight over *ou* for.

disquaire *nmf* record dealer.

disqualifier *vt* to disqualify.

disque *nm* **1.** MUS record • **un magasin de disques** a record shop **2.** *(vidéo)* videodisc **(UK)** *ou* videodisk **(US)** • **disque compact** *ou* **laser** compact disc **3.** ANAT disc **(UK)**, disk **(US)** **4.** INFORM disk • **disque dur** hard disk • **disque de démarrage** boot disk **5.** SPORT discus • **le lancer du disque** throwing the discus.

disquette *nf* diskette, floppy disk • **disquette système** system diskette.

dissection *nf* dissection.

dissemblable *adj* dissimilar.

disséminer *vt* **1.** *(graines, maisons)* to scatter, to spread (out) **2.** *fig (idées)* to disseminate, to spread.

disséquer *vt litt & fig* to dissect.

dissert' (abrév de **dissertation**) *nf arg scol* essay.

dissertation *nf* essay.

dissident, e *adj & nm, f* dissident.

dissimulation *nf* **1.** *(hypocrisie)* duplicity **2.** *(de la vérité)* concealment.

dissimuler *vt* to conceal. ■ **se dissimuler** *vp* **1.** *(se cacher)* to conceal o.s., to hide **2.** *(refuser de voir)* • **se dissimuler qqch** to close one's eyes to sthg.

dissipation *nf* **1.** *(dispersion)* dispersal, breaking up **2.** *fig (de malentendu)* clearing up **3.** *(de craintes)* dispelling **4.** *(indiscipline)* indiscipline, misbehaviour **(UK)**, misbehavior **(US)**.

dissipé, e *adj* **1.** *(turbulent)* unruly, badly behaved **2.** *(frivole)* dissipated, dissolute.

dissiper *vt* **1.** *(chasser)* to break up, to clear **2.** *fig* to dispel **3.** *(distraire)* to lead astray. ■ **se dissiper** *vp* **1.** *(brouillard, fumée)* to clear **2.** *(élève)* to misbehave **3.** *fig (malaise, fatigue)* to go away **4.** *(doute)* to be dispelled.

dissocier *vt (séparer)* to separate, to distinguish.

dissolution *nf* **1.** DR dissolution **2.** *(mélange)* dissolving.

dissolvant, e *adj* solvent. ■ **dissolvant** *nm* **1.** *(solvant)* solvent **2.** *(pour vernis à ongles)* nail polish *ou* varnish **(UK)** remover.

dissoudre *vt* • **(faire) dissoudre** to dissolve. ■ **se dissoudre** *vp (substance)* to dissolve.

dissous, oute *pp* → **dissoudre**.

dissuader *vt* to dissuade.

dissuasif, ive *adj* deterrent.

dissuasion *nf* dissuasion • **force de dissuasion** deterrent (effect).

distance *nf* **1.** *(éloignement)* distance • **à distance a)** at a distance **b)** *(télécommander)* by remote control • **à une distance de 300 mètres** 300 metres away **2.** *(intervalle)* interval **3.** *(écart)* gap.

distancer *vt* to outstrip.

distanciation *nf* • **distanciation sociale** social distancing.

distant, e *adj* **1.** *(éloigné)* • **une ville distante de 10 km** a town 10 km away • **des villes distantes de 10 km** towns 10 km apart **2.** *(froid)* distant.

distendre *vt* **1.** *(ressort, corde)* to stretch **2.** *(abdomen)* to distend. ■ **se distendre** *vp* to distend.

distendu, e *pp* → **distendre**.

distiller *vt* **1.** *(alcool)* to distil **(UK)**, to distill **(US)** **2.** *(pétrole)* to refine **3.** *(miel)* to secrete **4.** *fig & littéraire* to exude.

distillerie *nf* **1.** *(industrie)* distilling **2.** *(lieu)* distillery.

distinct, e *adj* distinct.

distinctement *adv* distinctly, clearly.

distinctif, ive *adj* distinctive.

distinction *nf* distinction.

distingué, e *adj* distinguished.

distinguer *vt* **1.** *(différencier)* to tell apart, to distinguish **2.** *(percevoir)* to make out, to distinguish **3.** *(rendre différent)* • **distinguer de** to distinguish from, to set apart from. ■ **se distinguer** *vp* **1.** *(se différencier)* • **se distinguer (de)** to stand out (from) **2.** *(s'illustrer)* to distinguish o.s.

distraction *nf* **1.** *(inattention)* inattention, absent-mindedness **2.** *(passe-temps)* leisure activity • **sa seule distraction est la philatélie** his only pastime is stamp-collecting.

distraire *vt* **1.** *(déranger)* to distract **2.** *(divertir)* to amuse, to entertain. ■ **se distraire** *vp* to amuse o.s.

distrait, e *pp* → **distraire**. ❑ *adj* **1.** *(gén)* absent-minded • **elle est très distraite** she is very absent-minded • **d'un air distrait** abstractedly, absent-mindedly • **avoir l'air distrait** to look preoccupied **2.** *(élève)* inattentive • **excusez-moi, j'étais distrait** sorry, I wasn't paying attention.

distrayant, e *adj* entertaining.

distribuer *vt* **1.** to distribute • **Sarah a distribué des bonbons à tout le monde** Sarah handed out sweets to everybody **2.** *(courrier)* to deliver **3.** *(ordres)* to give out **4.** *(cartes)* to deal **5.** *(coups, sourires)* to dispense.

distributeur, trice *nm, f* distributor. ■ **distributeur** *nm* **1.** AUTO & COMM distributor **2.** *(machine)* • **distributeur (automatique) de billets a)** BANQUE ATM, cash machine, cash dispenser **(UK) b)** *(transports)* ticket machine • **distributeur de boissons** drinks machine.

distribution *nf* **1.** *(répartition, diffusion, disposition)* distribution • **distribution des prix** SCOL prize-giving **(UK) 2.** *(par des grandes surfaces)* retail • **la grande distribution** supermarkets and hypermarkets **3.** CINÉ & THÉÂTRE cast.

dit, dite *adj* **1.** *(appelé)* known as **2.** DR said, above **3.** *(fixé)* • **à l'heure dite** at the appointed time.

diurétique *nm & adj* diuretic.

diva *nf* prima donna, diva.

divagation *nf* wandering.

divaguer *vi* to ramble.

divan *nm* divan *(seat)*.

divergence *nf* **1.** divergence, difference **2.** *(d'opinions)* difference.

diverger *vi* **1.** to diverge **2.** *(opinions)* to differ.

divers, e *adj* **1.** *(différent)* different, various • **à usages divers** multipurpose *(avant nom)* **2.** *(disparate)* diverse **3.** *(avant nom) (plusieurs)* several, various • **en diverses occasions** on several *ou* various occasions. ❑ *adj indéf pl* POLIT others • **les divers droite/gauche** other right/left-wing parties.

diversifier *vt* to vary, to diversify. ■ **se diversifier** *vp* to diversify.

diversion *nf* diversion.

diversité *nf* diversity.

divertir *vt (distraire)* to entertain, to amuse. ■ **se divertir** *vp* to amuse o.s., to entertain o.s.

divertissant, e *adj* entertaining, amusing.

divertissement *nm (passe-temps)* form of relaxation • **c'est son divertissement préféré** it's her favourite distraction.

divin, e *adj* divine.

divinité *nf* divinity.

diviser *vt* **1.** *(gén)* to divide, to split up **2.** MATH to divide • **diviser 8 par 4** to divide 8 by 4.

division *nf* **1.** MATH division **2.** *(fragmentation)* splitting, division, partition **3.** *(désaccord)* division, rift **4.** FOOTBALL division **5.** MIL division.

divorce *nm* **1.** DR divorce • **demander le divorce** to ask for a divorce **2.** *fig (divergence)* gulf, separation.

divorcé, e *adj* divorced. ❑ *nm, f* divorcee, divorced person.

divorcer *vi* to divorce • **ils ont divorcé l'année dernière** they got divorced last year.

divulguer *vt* to divulge.

dix *adj num inv & nm* ten. Voir aussi **six**.

dix-huit *adj num inv & nm* eighteen. Voir aussi **six**.

dix-huitième *adj num inv, nm & nmf* eighteenth. Voir aussi **sixième**.

dixième *adj num inv, nm & nmf* tenth. Voir aussi **sixième**.

dix-neuf *adj num inv & nm* nineteen. Voir aussi **six**.

dix-neuvième *adj num inv, nm & nmf* nineteenth. Voir aussi **sixième**.

dix-sept *adj num inv & nm* seventeen. Voir aussi **six**.

dix-septième *adj num inv, nm & nmf* seventeenth. Voir aussi **sixième**.

dizaine *nf* **1.** MATH ten **2.** *(environ dix)* • **une dizaine de** about ten • **par dizaines** *(en grand nombre)* in their dozens.

DJ (abrév de disc-jockey) *nmf inv* DJ.

DM (abrév de deutsche Mark) DM.

do *nm inv* **1.** MUS C **2.** *(chanté)* doh **(UK)**, do **(US)**.

doberman *nm* Doberman (pinscher).

doc[1] (abrév de documentation) *nf fam* literature, brochures *pl*.

doc.[2] (abrév de document) doc.

docile *adj (obéissant)* docile.

dock *nm* **1.** *(bassin)* dock **2.** *(hangar)* warehouse.

docker *nm* docker **(UK)**, longshoreman **(US)**, stevedore **(US)**.

docteur *nm* **1.** *(médecin)* doctor • **aller chez le docteur** to go to the doctor's • **être chez le docteur** to be at the doctor's **2.** UNIV • **docteur ès lettres/sciences** ≃ PhD.

doctorant, e *nm, f* doctoral student.

doctorat *nm (grade)* doctorate, PhD.

doctrine *nf* doctrine.

document *nm* document.

documentaire *nm & adj* documentary.

documentaliste *nmf* **1.** *(d'archives)* archivist **2.** PRESSE & TV researcher.

documentation *nf* **1.** *(travail)* research **2.** *(documents)* paperwork, papers *pl* **3.** *(brochures)* documentation.

documenter *vt* to document. ■ **se documenter** *vp* to do some research.

dodo *nm fam* beddy-byes *(indén)* • **faire dodo** to sleep.

dodu, e *adj* **1.** *fam (enfant, joue, bras)* chubby **2.** *fam (animal)* plump.

dogme *nm* dogma.

dogue *nm* mastiff.

doigt *nm* finger • **un doigt de** (just) a drop *ou* finger of • **montrer qqch du doigt** to point at sthg • **doigt de pied** toe.

doigté *nm* delicacy, tact.

dois → **devoir**.

doive → **devoir**.

dollar *nm* dollar.

domaine *nm* **1.** *(propriété)* estate **2.** *(secteur, champ d'activité)* field, domain.

dôme *nm* **1.** *ARCHIT* dome **2.** *GÉOGR* rounded peak.

domestique *nmf* (domestic) servant. ❑ *adj* **1.** family *(avant nom)* **2.** *(travaux)* household *(avant nom)*.

domestiquer *vt* **1.** *(animal)* to domesticate **2.** *(éléments naturels)* to harness.

domicile *nm* **1.** *(gén)* (place of) residence • **travailler à domicile** to work from *ou* at home • **ils livrent à domicile** they do deliveries **2.** *ADMIN & DR* domicile *sout* • **son domicile principal** his main place of residence.

domicilier *vt* **1.** *ADMIN* to domicile • **je me suis fait domicilier chez mon frère** I gave my brother's place as an accommodation address **2.** *BANQUE & COMM* to domicile.

dominant, e *adj (qui prévaut)* dominant.

domination *nf* **1.** *(autorité)* domination, dominion **2.** *(influence)* influence.

dominer *vt* **1.** *(surplomber, avoir de l'autorité sur)* to dominate **2.** *(surpasser)* to outclass **3.** *(maîtriser)* to control, to master **4.** *fig (connaître)* to master. ❑ *vi* **1.** *(régner)* to dominate, to be dominant **2.** *(prédominer)* to predominate **3.** *(triompher)* to be on top, to hold sway. ■ **se dominer** *vp* to control o.s.

Dominique *nf* • **la Dominique** Dominica.

domino *nm* domino • **jouer aux dominos** to play dominoes.

dommage *nm* **1.** *(préjudice)* harm *(indén)* • **dommages et intérêts, dommages-intérêts** damages • **quel dommage !** what a shame! • **c'est dommage que** *(+ subjonctif)* it's a pity *ou* shame (that) **2.** *(dégâts)* damage *(indén)*.

dompter *vt* **1.** *(animal, fauve)* to tame **2.** *fig (maîtriser)* to overcome, to control.

dompteur, euse *nm, f (de fauves)* tamer.

DOM-TOM (abrév de départements d'outre-mer-territoires d'outre-mer) *nmpl* French overseas départments and territories.

don *nm* **1.** *(cadeau)* gift **2.** *(aptitude)* knack • **il a un don pour les langues** he has a gift for languages.

donateur, trice *nm, f* donor.

donation *nf* settlement.

donc *conj* so • **je disais donc…** so as I was saying… • **allons donc !** come on! • **tais-toi donc !** will you be quiet!

donjon *nm* keep.

donné, e *adj* given • **étant donné que** given that, considering (that). ■ **donnée** *nf* **1.** *INFORM & MATH* datum, piece of data • **données numériques** numerical data **2.** *(élément)* fact, particular.

donner *vt* **1.** *(gén)* to give • **donner qqch à qqn** to give sb sthg, to give sthg to sb • **donner qqch à faire à qqn** to give sb sthg to do, to give sthg to sb to do • **donner sa voiture à réparer** to leave one's car to be repaired • **quel âge lui donnes-tu ?** how old do you think he is? **2.** *(se débarrasser de)* to give away **3.** *(occasionner)* to give, to cause. ❑ *vi* **1.** *(s'ouvrir)* • **donner sur** to look (out) onto **2.** *(produire)* to produce, to yield.

À PROPOS DE

donner

• *donner qqch à qqn* ***give sthg to sb*** *ou* ***give sb sthg***

Il faut noter la construction à double complément qui, en anglais, peut prendre deux formes dont le sens est le même :

1. une structure identique à celle du français : verbe + COD + préposition + COI ***give sthg to sb***

2. une structure qui diffère de celle du français, sans préposition, et dans laquelle l'ordre des compléments est inversé : verbe + COI + COD ***give sb sthg***

• *Elle a donné tous ses tableaux à ses petits-enfants.* ***She gave all her paintings to her grandchildren*** *ou* ***She gave her grandchildren all her paintings.***

donneur, euse *nm, f* **1.** *MÉD* donor **2.** *(jeux de cartes)* dealer.

dont

■ **dont** *pron rel*

1. COMPLÉMENT DU VERBE

• **la personne dont tu parles est ma sœur** the person you're speaking about is my sister *ou* the person about whom you are speaking is my sister • **la façon dont elle s'habille est très étrange** the way she dresses is very peculiar *ou* her way of dressing is very peculiar • **c'est quelqu'un dont on dit le plus grand bien** he's someone about whom people speak highly *(la traduction varie selon la préposition anglaise utilisée avec le verbe ou l'adjectif)*

2. COMPLÉMENT DE L'ADJECTIF

• **l'accident dont il est responsable** the accident for which he is responsible • **c'est la fille dont il est amoureux** she's the girl (that) he's in love with

3. COMPLÉMENT DU NOM

• **prends la boîte dont le couvercle est jaune** take the box whose lid is yellow *ou* the box with the yellow lid • **c'est quelqu'un dont j'apprécie l'honnêteté** he's someone whose honesty I appreciate • **celui dont les parents sont divorcés** the one whose parents are divorced

4. COMPLÉMENT D'UN PRONOM NUMÉRAL OU INDÉFINI
• **il y a trois piscines, dont deux sont couvertes** there are three swimmingpools, two of which are indoors • **ils ont trois fils, dont deux habitent en Espagne** they have three sons, two of whom live in Spain *ou* of whom two live in Spain • **plusieurs personnes ont téléphoné, dont ton frère** several people phoned, one of whom was your brother *ou* including your brother

Notez que '***whose***' est immédiatement suivi du nom, sans article.

dopage *nm* doping.
doper *vt* to dope. ■ **se doper** *vp* to take stimulants.
dorade = **daurade**.
doré, e *adj* **1.** *(couvert de dorure)* gilded, gilt **2.** *(couleur)* golden.
dorénavant *adv* from now on, in future.
dorer *vt* **1.** *(couvrir d'or)* to gild **2.** *(peau)* to tan **3.** CULIN to glaze.
dorloter *vt* to pamper, to cosset. ■ **se dorloter** *vp (emploi réfléchi)* to pamper o.s.
dormir *vi* **1.** *(sommeiller)* to sleep • **bien dormir** to sleep **2.** *(rester inactif - personne)* to slack, to stand around (doing nothing) ; *(- capitaux)* to lie idle.
dortoir *nm* dormitory.
dorure *nf* **1.** *(couche d'or)* gilt • **un bureau couvert de dorures** a desk covered in gilding **2.** *(artificielle)* gold-effect finish **3.** *(ce qui est doré)* golden *ou* gilt decoration.
dos *nm* back • **j'ai mal au dos** my back hurts • **de dos** from behind • **'voir au dos'** 'see over' • **dos crawlé** backstroke.
DOS, Dos (abrév de Disk Operating System) *nm* DOS.
dosage *nm* **1.** *(de médicament)* dose **2.** *(d'ingrédient)* amount.
dos-d'âne *nm inv* bump.
dose *nf* **1.** *(quantité de médicament)* dose **2.** *(quantité)* share • **forcer la dose** *fam* & *fig* to overdo it • **une (bonne) dose de bêtise** *fam* & *fig* a lot of silliness.
doser *vt* **1.** *(médicament, ingrédient)* to measure out **2.** *fig* to weigh, to weigh up **(UK)**.
dosette *nf* capsule • **café en dosette** coffee capsule.
dossard *nm* number *(on competitor's back)*.
dossier *nm* **1.** *(de fauteuil)* back **2.** *(documents)* file, dossier **3.** *(classeur)* file, folder **4.** INFORM folder **5.** UNIV • **dossier d'inscription** registration forms *pl* **6.** *fig (question)* question.
dot *nf* dowry.
doter *vt (pourvoir)* • **doter de a)** *(talent)* to endow with **b)** *(machine)* to equip with.
douane *nf* **1.** *(service, lieu)* customs *pl* • **passer la douane** to go through customs **2.** *(taxe)* (import) duty.
douanier, ère *adj* customs *(avant nom)*. ❑ *nm, f* customs officer.
doublage *nm* **1.** *(renforcement)* lining **2.** *(de film)* dubbing **3.** *(d'acteur)* understudying.
double *adj & adv* double • **double faute** double fault. ❑ *nm* **1.** *(quantité)* • **le double** double • **trente est le double de quinze** thirty is the double of fifteen **2.** *(copie)* copy • **faire un double** *(d'un document)* to make a copy • **en double** in duplicate **3.** TENNIS doubles *sing* • **le double messieurs** the men's doubles.
doublé *nm (réussite double)* double.
double-clic *nm* INFORM double-click.
double-cliquer *vt* INFORM to double-click on • **double-cliquer sur l'image** to double-click on the picture.
doublement *adv* doubly.
doubler *vt* **1.** *(multiplier)* to double **2.** *(plier)* to (fold) double **3.** *(renforcer)* • **doubler (de)** to line (with) **4.** *(dépasser)* to pass, to overtake **(UK)** **5.** *(film, acteur)* to dub **6.** *(augmenter)* to double. ❑ *vi* **1.** *(véhicule)* to pass, to overtake **(UK)** **2.** *(augmenter)* to double.
doublure *nf* **1.** *(renforcement)* lining **2.** CINÉ stand-in.
douce → **doux**.
doucement *adv* **1.** *(descendre)* carefully **2.** *(frapper)* gently **3.** *(traiter)* gently **4.** *(parler)* softly • **vous pourriez parler plus doucement ?** could you speak more quietly? **5.** *(vitesse)* slowly.
douceur *nf* **1.** *(de saveur, parfum)* sweetness **2.** *(d'éclairage, de peau, de musique)* softness **3.** *(de climat)* mildness **4.** *(de caractère)* gentleness. ■ **douceurs** *nfpl (friandises)* sweets **(UK)**, candy *(indén)* **(US)**.
douche *nf* **1.** *(appareil, action)* shower • **prendre une douche** to have a shower, to take a shower **2.** *fam* & *fig (déception)* letdown.
doucher *vt* **1.** *(donner une douche à)* • **doucher qqn** to give sb a shower **2.** *fam* & *fig (décevoir)* to let down. ■ **se doucher** *vp* to take *ou* have **(UK)** a shower, to shower.
douchette *nf* bar-code reader *ou* scanner *(for bulky items)*.
doudou *nm fam (langage enfantin)* security blanket.
doudoune *nf* quilted jacket.
doué, e *adj* talented • **être doué pour** to have a gift for.
douille *nf* **1.** *(d'ampoule)* socket **2.** *(de cartouche)* cartridge.
douillet, ette *adj* **1.** *(confortable)* snug, cosy **(UK)**, cozy **(US)** **2.** *(sensible)* soft. ❑ *nm, f* wimp.
douleur *nf litt* & *fig* pain.

douloureux, euse *adj* **1.** *(physiquement)* painful **2.** *(moralement)* distressing **3.** *(regard, air)* sorrowful.

doute *nm* doubt. ■ **sans doute** *loc adv* no doubt • **sans aucun doute** without (a) doubt.

S'EXPRIMER

exprimer le doute

- ***It's not at all sure.*** Ce n'est pas si sûr.
- ***We still don't know anything for certain.*** Nous n'avons encore aucune certitude.
- ***I doubt that he'll succeed.*** Je doute qu'il réussisse.
- ***I'd be surprised if it worked.*** Ça m'étonnerait que ça marche.
- ***She may call you.*** Il se peut qu'elle vous rappelle.

douter *vt (ne pas croire)* • **douter que** *(+ subjonctif)* to doubt (that). ❑ *vi (ne pas avoir confiance)* • **douter de qqn/de qqch** to doubt sb/sthg, to have doubts about sb/sthg • **j'en doute** I doubt it. ■ **douter de** *v + prép* **1.** *(ne pas croire à - succès, victoire)* to be doubtful of ; *(- fait, éventualité)* to doubt • **douter de l'existence/la véracité de qqch** to doubt the existence/truth of sthg • **je n'ai jamais douté de ton talent** I never doubted your talent • **elle semble douter de mes sentiments** she seems to doubt my feelings • **tu viendras ? — j'en doute fort** will you come? — I very much doubt it • **je doute que ce soit possible** I doubt it's possible • **je doute que le projet voie le jour** I have (my) doubts about the future of the project, I doubt whether the project will ever be realized **2.** *(traiter avec défiance - ami, motivation)* to have doubts about • **ils doutent de son honnêteté** they have doubts about his honesty • **elle ne doute de rien** she has no doubt about anything • **on peut douter de la sécurité du système** the safety of the system is open to doubt • **douter de la parole de qqn** to doubt sb's word • **j'étais prête à me marier, mais maintenant je doute** I was going to get married, but now I've got doubts • **douter de soi a)** *habituellement)* to have doubts about *ou* to lack confidence in o.s. **b)** *(à un moment)* to have doubts about o.s. • **tu doutes trop de toi** you don't have enough confidence in yourself **3.** RELIG to have doubts about. ■ **se douter** *vp* • **se douter de qqch** to suspect sthg • **je m'en doutais** I thought so.

douteux, euse *adj* **1.** *(incertain)* doubtful **2.** *(contestable)* questionable **3.** *péj (mœurs)* dubious **4.** *péj (vêtements, personne)* dubious-looking.

douves *nfpl (de château)* moat *sing.*

Douvres *npr* Dover.

doux, douce *adj* **1.** *(éclairage, peau, musique)* soft **2.** *(saveur, parfum)* sweet **3.** *(climat, condiment)* mild **4.** *(pente, regard, caractère)* gentle. ■ **en douce** *loc adv fam* secretly.

douzaine *nf* **1.** *(douze)* dozen **2.** *(environ douze)* • **une douzaine de** about twelve.

douze *adj num inv & nm* twelve. Voir aussi **six**.

douzième *adj num inv, nm & nmf* twelfth. Voir aussi **sixième**.

doyen, enne *nm, f (le plus ancien)* most senior member.

Dr (abrév de Docteur) Dr.

draconien, enne *adj* draconian.

dragée *nf* **1.** *(confiserie)* sugared almond **2.** *(comprimé)* pill.

dragon *nm* **1.** *(monstre, personne autoritaire)* dragon • **une histoire de chevalier et de dragon** a story about a knight and a dragon **2.** ÉCON tiger • **les dragons asiatiques** the Asian tiger economies **3.** *(soldat)* dragoon.

draguer *vt* **1.** *(nettoyer)* to dredge **2.** *fam (personne)* to try to pick up, to chat up **(UK)**, to get off with **(UK)**.

dragueur, euse *nm, f fam* • **c'est un dragueur** he's always on the pull **(UK)** *ou* on the make **(US)** • **quelle dragueuse !** she's always chasing after men!

drainage *nm* draining.

drainer *vt* **1.** *(terrain, plaie)* to drain **2.** *fig (attirer)* to drain off.

dramatique *nf* play. ❑ *adj* **1.** THÉÂTRE dramatic **2.** *(grave)* tragic.

dramatiser *vt (exagérer)* to dramatize.

dramaturge *nmf* playwright, dramatist.

drame *nm* **1.** *(catastrophe)* tragedy • **faire un drame de qqch** *fig* to make a drama of sthg **2.** LITTÉR drama.

drap *nm* **1.** *(de lit)* sheet **2.** *(tissu)* woollen **(UK)** *ou* woolen **(US)** cloth.

drapeau *nm* flag • **le drapeau tricolore** the French flag • **être sous les drapeaux** *fig* to be doing military service.

draper *vt* to drape.

draperie *nf (tenture)* drapery.

drap-housse *nm* fitted sheet.

dressage *nm (d'animal)* training, taming.

dresser *vt* **1.** *(lever)* to raise **2.** *(faire tenir)* to put up **3.** *sout (construire)* to erect **4.** *(acte, liste, carte)* to draw up **5.** *(procès-verbal)* to make out **6.** *(dompter)* to train **7.** *fig (opposer)* • **dresser qqn contre qqn** to set sb against sb. ■ **se dresser** *vp* **1.** *(se lever)* to stand up **2.** *(s'élever)* to rise (up) **3.** *fig* to stand • **se dresser contre qqch** to rise up against sthg.

dresseur, euse *nm, f* trainer.

dressing *nm* dressing room *(near a bedroom)*.

DRH *nf* (abrév de direction des ressources humaines) personnel department. ❑ *nm* (abrév de directeur des ressources humaines) personnel manager.

dribbler *vi* SPORT to dribble. ❑ *vt* SPORT • **dribbler qqn** to dribble past sb.

driver *nm* **1.** *(golf)* driver **2.** INFORM driver. ❑ *vi* *(golf)* to drive.

drogue *nf (stupéfiant)* drug • **une drogue douce** a soft drug • **une drogue dure** a hard drug • **la drogue** drugs *pl*.

drogué, e *adj* drugged. ❑ *nm, f* drug addict.

droguer *vt (victime)* to drug. ■ **se droguer** *vp (de stupéfiants)* to take drugs.

droguerie *nf* hardware shop **(UK)** *ou* store **(US)**.

droguiste *nmf* • **chez le droguiste** at the hardware shop **(UK)** *ou* store **(US)**.

droit, e *adj* **1.** *(du côté droit)* right **2.** *(rectiligne, vertical, honnête)* straight. ■ **droit** *adv* straight • **tout droit** straight ahead. ❑ *nm* **1.** DR law **2.** *(prérogative)* right • **avoir droit à** to be entitled to • **avoir le droit de faire qqch** to be allowed to do sthg • **être en droit de faire qqch** to have a right to do sthg • **droit de vote** right to vote • **droits de l'homme** human rights. ■ **droite** *nf* **1.** *(gén)* right, right-hand side • **à droite** on the right • **à droite de** to the right of **2.** POLIT • **la droite** the right (wing) • **de droite** right-wing.

droitier, ère *adj* right-handed. ❑ *nm, f* right-handed person, right-hander.

drôle *adj* **1.** *(amusant)* funny **2.** • **drôle de a)** *(bizarre)* funny **b)** *fam (remarquable)* amazing.

drôlement *adv* **1.** *fam (très)* tremendously **2.** *(bizarrement)* in a strange way **3.** *(de façon amusante)* in a funny way.

dromadaire *nm* dromedary.

drone *nm* dron.

dru, e *adj* thick.

druide *nm* druid.

ds abrév de **dans**.

dû, due *pp* → **devoir**. ❑ *adj* due, owing. ■ **dû** *nm* due.

dubitatif, ive *adj* doubtful.

Dublin *npr* Dublin.

duc *nm* duke.

duché *nm* duchy.

duchesse *nf* duchess.

duel *nm* duel.

dûment *adv* duly.

dune *nf* dune.

duo *nm* **1.** MUS duet **2.** *(couple)* duo.

dupe *nf* dupe. ❑ *adj* gullible.

duper *vt sout* to dupe, to take sb in.

duplex *nm* **1.** *(appartement)* split-level flat **(UK)**, maisonette **(UK)**, duplex **(US)** **2.** RADIO & TV link-up.

duplicata *nm inv* duplicate.

dupliquer *vt (document)* to duplicate.

dur, e *adj* **1.** *(matière, personne, travail)* hard **2.** *(carton)* stiff **3.** *(viande)* tough **4.** *(climat, punition, loi)* harsh. ❑ *nm, f fam* • **dur (à cuire)** tough nut. ■ **dur** *adv* hard.

durable *adj* lasting.

durant *prép* **1.** *(pendant)* for • **ils ont parlé durant des heures** they talked for hours **2.** *(au cours de)* during.

durcir *vt litt & fig* to harden. ❑ *vi* to harden, to become hard.

durée *nf (période)* length • **quelle est la durée du film ?** how long is the film? • **un séjour d'une durée d'une semaine** a week-long stay • **pendant toute la durée du vol** throughout the flight.

durement *adv* **1.** *(violemment)* hard, vigorously **2.** *(péniblement)* severely **3.** *(méchamment)* harshly.

durer *vi* to last • **ça fait deux jours que ça dure** it's been going on for two days.

dureté *nf* **1.** *(de matériau, de l'eau)* hardness **2.** *(d'époque, de climat, de personne)* harshness **3.** *(de punition)* severity.

durillon *nm* **1.** *(sur le pied)* corn **2.** *(sur la main)* callus.

dus, dut *etc* → **devoir**.

DUT (abrév de **diplôme universitaire de technologie**) *nm si vous voulez expliquer à un anglophone de quoi il s'agit, vous pouvez dire* it is a diploma in technology that you get after two years at a technical college.

duvet *nm* **1.** *(plumes, poils fins)* down **2.** *(sac de couchage)* sleeping bag.

DVD-ROM (abrév de **Digital Video ou Versatile Disc Read Only Memory**) *nm* DVD-ROM.

dynamique *adj* dynamic.

dynamisme *nm* dynamism.

dynamite *nf* dynamite.

dynamo *nf* dynamo.

dynastie *nf* dynasty.

dysenterie *nf* dysentery.

dysfonctionnement *nm* malfunction, malfunctioning.

dysfonctionner *vi* **1.** *(personne, groupe)* to become dysfunctional **2.** *(machine, système)* to go wrong.

dyslexique *adj* dyslexic.

e, E *nm inv* e, E. ■ **E** (abrév de est) E.

eau *nf* water • **eau douce/salée/de mer** fresh/salt/sea water • **eau gazeuse/plate** fizzy/still water • **eau courante** running water • **eau minérale** mineral water • **eau oxygénée** hydrogen peroxide • **eau du robinet** tap water • **eau de toilette** toilet water • **tomber à l'eau** *fig* to fall through. ■ **eaux** *nfpl* **1.** *(masse)* water • **eaux grasses a)** *ÉCOLOGIE* swill **b)** *(pour les porcs)* slops • **eaux ménagères** waste water • **eaux usées** sewage • **hautes/basses eaux** *GÉOGR* high/low water • **grandes eaux : les grandes eaux de Versailles** the fountains of Versailles • **on a eu droit aux grandes eaux (de Versailles)** *fam & fig* she turned on the waterworks **2.** *NAUT (zone)* waters • **eaux internationales/territoriales** international/territorial waters • **eaux côtières** inshore waters • **dans les eaux de** in the wake of **3.** *(d'une accouchée)* waters **4.** *(thermes)* • **les eaux de Brouckke sont bonnes pour le foie** the waters at Brouckke are good for the liver • **prendre les eaux** to take the waters, to stay at a spa *(for one's health)*.

eau-de-vie *nf* brandy.

ébahi, e *adj* staggered, astounded.

ébats *nmpl littéraire* frolics • **ébats amoureux** lovemaking *(indén)*.

ébattre ■ **s'ébattre** *vp littéraire* to frolic.

ébauche *nf* **1.** *(esquisse)* sketch **2.** *fig* outline • **l'ébauche d'un sourire** the ghost of a smile.

ébaucher *vt* **1.** *(esquisser)* to rough out **2.** *fig (commencer)* • **ébaucher un geste** to start to make a gesture.

ébène *nf* ebony.

ébéniste *nm* cabinet-maker.

éberlué, e *adj* flabbergasted.

éblouir *vt* to dazzle.

éblouissant, e *adj* dazzling.

éblouissement *nm* **1.** *(aveuglement)* glare, dazzle **2.** *(vertige)* dizziness **3.** *(émerveillement)* amazement.

ébonite *nf* vulcanite, ebonite.

e-book *nm* e-book.

éborgner *vt* • **éborgner qqn** to put sb's eye out.

éboueur *nm* dustman **(UK)**, garbage collector **(US)**.

ébouillanter *vt* to scald. ■ **s'ébouillanter** *vp* to scald o.s.

éboulement *nm* cave-in, fall.

éboulis *nm* mass of fallen rocks.

ébouriffer *vt (cheveux)* to ruffle.

ébranler *vt* **1.** *(bâtiment, opinion)* to shake **2.** *(gouvernement, nerfs)* to weaken. ■ **s'ébranler** *vp (train)* to move off.

ébrécher *vt* **1.** *(assiette, verre)* to chip **2.** *fam & fig* to break into.

ébriété *nf* drunkenness.

ébrouer ■ **s'ébrouer** *vp (animal)* to shake o.s.

ébruiter *vt* to spread. ■ **s'ébruiter** *vp* to become known.

ébullition *nf* **1.** *(de liquide)* boiling point **2.** *(effervescence)* • **en ébullition** *fig* in a state of agitation.

écaille *nf* **1.** *(de poisson, reptile)* scale **2.** *(de tortue)* shell **3.** *(de plâtre, peinture, vernis)* flake **4.** *(matière)* tortoiseshell • **en écaille** *(lunettes)* horn-rimmed.

écailler *vt* **1.** *(poisson)* to scale **2.** *(huîtres)* to open. ■ **s'écailler** *vp* to flake *ou* peel off.

écailler, ère *nm, f* oyster seller.

écarlate *adj & nf* scarlet.

écarquiller *vt* • **écarquiller les yeux** to stare wide-eyed.

écart *nm* **1.** *(espace)* space **2.** *(temps)* gap **3.** *(différence)* difference • **écart de prix** price differential **4.** *(déviation)* • **faire un écart a)** *(personne)* to step aside **b)** *(cheval)* to shy • **être à l'écart** to be in the background.

écarteler *vt fig* to tear apart.

écartement *nm* • **écartement entre** space between.

écarter *vt* **1.** *(bras, jambes)* to open, to spread • **écarter qqch de** to move sthg away from **2.** *(obstacle, danger)* to brush aside **3.** *(foule, rideaux)* to push aside **4.** *(solution)* to dismiss • **écarter**

qqn de to exclude sb from. ■ **s'écarter** *vp* **1.** *(se séparer)* to part **2.** *(se détourner)* • **s'écarter de** to deviate from.

ecchymose *nf* bruise.

ecclésiastique *nm* clergyman. ❑ *adj* ecclesiastical.

écervelé, e *adj* scatty, scatterbrained. ❑ *nm,f* scatterbrain.

échafaud *nm* scaffold.

échafaudage *nm* **1.** CONSTR scaffolding **2.** *(amas)* pile.

échafauder *vt (élaborer)* to construct. ❑ *vi* to put up scaffolding.

échalas *nm* **1.** *(perche)* stake, pole **2.** *péj (personne)* beanpole.

échalote *nf* shallot.

échancré, e *adj* **1.** *(vêtement)* low-necked **2.** *(côte)* indented.

échancrure *nf* **1.** *(de robe)* low neckline **2.** *(de côte)* indentation.

échange *nm (de choses)* exchange • **en échange (de)** in exchange (for) • **échange de fichiers** file sharing.

échanger *vt* **1.** *(troquer)* to swap, to exchange • **je t'échange ce stylo contre ta casquette** I'll swap you this pen for your baseball cap **2.** *(marchandise)* • **échanger qqch (contre)** to change sthg (for) **3.** *(communiquer)* to exchange.

échangeur *nm* interchange.

échangisme *nm (de partenaires sexuels)* partner-swapping.

échantillon *nm* **1.** *(de papier peint, de population)* sample **2.** *fig* example.

échappatoire *nf* way out.

échappé, e *nm,f si vous voulez expliquer à un anglophone de quoi il s'agit vous pouvez dire* it is competitor who has broken away • **les échappés du peloton** runners who have broken away from the rest of the field. ■ **échappée** *nf* **1.** SPORT breakaway **2.** *(espace ouvert à la vue)* vista, view.

échappement *nm* AUTO exhaust ; → **pot**.

échapper *vi* **1.** *(éviter)* • **échapper à a)** *(personne, situation)* to escape from **b)** *(danger, mort)* to escape **c)** *(sujet : détail, parole, sens)* to escape **2.** *(glisser)* • **laisser échapper** to let slip. ■ **s'échapper** *vp* • **s'échapper (de)** to escape (from).

écharde *nf* splinter.

écharpe *nf* scarf • **en écharpe** in a sling.

écharper *vt* to rip to pieces *ou* shreds.

échasse *nf (de berger, oiseau)* stilt.

échassier *nm* wader.

échauffement *nm* SPORT warm-up.

échauffer *vt* **1.** *(chauffer)* to overheat **2.** *(exciter)* to excite **3.** *(énerver)* to irritate. ■ **s'échauffer** *vp* **1.** SPORT to warm up **2.** *fig (s'animer)* to become heated.

échauffourée *nf* brawl, skirmish.

échéance *nf* **1.** *(délai)* expiry • **à longue échéance** in the long term **2.** *(date)* payment date • **arriver à échéance** to fall due.

échéancier *nm* bill-book **(UK)**, tickler **(US)** • **échéancier (de paiement)** payment schedule.

échéant *adj* • **le cas échéant** if necessary, if need be.

échec *nm* **1.** *(insuccès)* failure • **être en situation d'échec scolaire** to have learning difficulties **2.** *(jeux)* • **échec et mat** checkmate. ■ **échecs** *nmpl* chess *(indén)*.

échelle *nf* **1.** *(objet)* ladder **2.** *(ordre de grandeur)* scale.

échelon *nm* **1.** *(barreau)* rung **2.** *fig (niveau)* level.

échelonner *vt (espacer)* to spread out.

écheveau *nm* skein.

échevelé, e *adj* **1.** *(ébouriffé)* dishevelled **(UK)**, disheveled **(US)** **2.** *(frénétique)* wild.

échine *nf* ANAT spine.

échiquier *nm (jeux)* chessboard.

écho *nm* echo • **il y a de l'écho ici** there's an echo in here.

échographie *nf (examen)* ultrasound (scan).

échoir *vi* **1.** *(être dévolu)* • **échoir à** to fall to **2.** *(expirer)* to fall due.

échoppe *nf* stall.

échouer *vi (ne pas réussir)* to fail • **échouer à un examen** to fail an exam. ■ **s'échouer** *vp (navire)* to run aground.

éclabousser *vt* **1.** *(sujet : liquide)* to spatter **2.** *fig (compromettre)* to compromise.

éclaboussure *nf* **1.** *(de liquide)* splash **2.** *fig* blot (on one's reputation).

éclair *nm* **1.** *(de lumière)* flash of lightning **2.** *fig (instant)* • **éclair de** flash of. ❑ *adj inv* • **visite éclair** flying visit • **guerre éclair** blitzkrieg.

éclairage *nm* **1.** *(lumière)* lighting **2.** *fig (point de vue)* light.

éclairagiste *nmf* **1.** CINÉ, THÉÂTRE & TV lighting engineer **2.** COMM dealer in lights and lamps.

éclaircie *nf* bright interval, sunny spell.

éclaircir *vt* **1.** *(rendre plus clair)* to lighten **2.** *(rendre moins épais)* to thin **3.** *fig (clarifier)* to clarify. ■ **s'éclaircir** *vp* **1.** *(devenir plus clair)* to clear **2.** *(devenir moins épais)* to thin **3.** *(se clarifier)* to become clearer.

éclaircissement *nm (explication)* explanation.

éclairer *vt* **1.** *(de lumière)* to light up **2.** *(expliquer)* to clarify. ■ **s'éclairer** *vp* **1.** *(personne)* to light one's way **2.** *(regard, visage)* to light up **3.** *(rue, ville)* to light up.

éclaireur *nm* scout.

éclat *nm* **1.** *(de verre, d'os)* splinter **2.** *(de pierre)* chip **3.** *(de lumière)* brilliance **4.** *(de couleur)* vividness **5.** *(beauté)* radiance **6.** *(faste)* splendour **(UK)**, splendor **(US)** **7.** *(bruit)* burst • **éclat de rire** burst of laughter • **éclats de voix** shouts • **faire**

un éclat to cause a scandal **8.** *(locution)* • **rire aux éclats** to roar *ou* shriek with laughter.

éclatant, e *adj* **1.** *(brillant, resplendissant)* brilliant, bright **2.** *(teint, beauté)* radiant • **éclatant de** bursting with **3.** *(triomphe, victoire)* resounding **4.** *(perçant)* loud.

éclater *vi* **1.** *(exploser - pneu)* to burst ; *(- verre)* to shatter ; *(- obus)* to explode • **faire éclater a)** *ballon)* to burst **b)** *(bombe)* to explode **c)** *(pétard)* to let off **2.** *(incendie, rires)* to break out **3.** *(joie)* to shine • **laisser éclater** to give vent to **4.** *fig (nouvelles, scandale)* to break. ■ **s'éclater** *vp fam* to have a great time.

éclectique *adj* eclectic.

éclipse *nf* ASTRON eclipse • **éclipse de lune/soleil** eclipse of the moon/sun.

éclipser *vt* to eclipse. ■ **s'éclipser** *vp* **1.** ASTRON to go into eclipse **2.** *fam (s'esquiver)* to slip away.

éclopé, e *adj* lame. ❑ *nm, f* lame person.

éclore *vi (s'ouvrir - fleur)* to open out, to blossom ; *(- œuf)* to hatch.

éclos, e *pp* → **éclore**.

écluse *nf* lock.

écluser *vt* **1.** *(NAUT - fleuve)* to construct locks on ; *(- bateau)* to take through a lock **2.** *fam (boire)* to knock back.

écocitoyen, enne *adj* eco-responsible.

écœurant, e *adj* **1.** *(gén)* disgusting **2.** *(démoralisant)* sickening.

écœurer *vt* **1.** *(dégoûter)* to sicken, to disgust **2.** *fig (indigner)* to sicken **3.** *(décourager)* to discourage.

écolabel *nm* eco-label.

école *nf* **1.** *(gén)* school • **école maternelle** nursery school • **école militaire** military academy • **école normale** ≃ teacher training college **(UK)**; ≃ teachers college **(US)** • **École normale supérieure** *si vous voulez expliquer à un anglophone de quoi il s'agit, vous pouvez dire* it is a prestigious higher-education institution that provides training for secondary-school teachers and university lecturers • **école primaire/secondaire** primary/secondary school **(UK)**, grade/high school **(US)** • **école publique** state school **(UK)**, public school **(US)** • **grande école** *si vous voulez expliquer à un anglophone de quoi il s'agit, vous pouvez dire* it is a prestigious higher-education institution that provides specialist training. It is considered superior to an ordinary university and the entrance exams are extremely difficult • **faire l'école buissonnière** to play truant **(UK)** *ou* hooky **(US)** • **faire école** to attract a following **2.** *(éducation)* schooling • **l'école privée** private education.

écolier, ère *nm, f* **1.** *(garçon)* schoolboy ; *(fille)* schoolgirl • **les écoliers** schoolchildren **2.** *(élève)* pupil.

écolo *nmf fam* ecologist • **les écolos** the Greens.

écologie *nf* ecology.

écologique *adj* ecological.

écologiste *nmf* **1.** *(expert)* ecologist **2.** *(défenseur de l'environnement)* Green • **les écologistes ont gagné des voix** the Greens have won votes. ❑ *adj* • **le parti écologiste** the green party.

écomusée *nm* museum of the environment.

éconduire *vt (repousser - demande)* to dismiss ; *(- visiteur, soupirant)* to show to the door.

économe *nmf* bursar. ❑ *adj* careful, thrifty.

économie *nf* **1.** *(science)* economics *(indén)* • **économie sociale** social economics **2.** POLIT economy • **économie de marché** market economy **3.** *(parcimonie)* economy, thrift. ■ **économies** *nfpl (pécule)* savings *pl* • **économies d'énergie** energy savings • **faire des économies** to save up • **économies d'échelle** economies of scale.

économique *adj* **1.** ÉCON economic **2.** *(avantageux)* economical.

économiser *vt litt & fig* to save. ❑ *vi* to save up.

économiste *nmf* economist.

écoparticipation *nf* eco-participation.

écoper *vt* **1.** NAUT to bale out **2.** *fam (sanction)* • **écoper (de) qqch** to get sthg.

écoproduit *nm* green product.

écorce *nf* **1.** *(d'arbre)* bark **2.** *(d'agrume)* peel **3.** GÉOL crust • **l'écorce terrestre** the earth's crust.

écorcher *vt* **1.** *(lapin)* to skin **2.** *(bras, jambe)* to scratch **3.** *fig (langue, nom)* to mispronounce. ■ **s'écorcher** *vp* to graze o.s.

écorchure *nf* graze, scratch.

écorecharge *nf* ecorefill.

écorner *vt (endommager - meuble)* to damage ; *(- page)* to dog-ear.

écossais, e *adj* **1.** *(de l'Écosse)* Scottish **2.** *(whisky)* Scotch **3.** *(tissu)* tartan. ■ **écossais** *nm (langue)* Scots. ■ **Écossais, e** *nm, f* Scot, Scotsman, Scotswoman *f*.

Écosse *nf* • **l'Écosse** Scotland.

écosser *vt* to shell.

écosystème *nm* ecosystem.

écotaxe *nf* green tax.

écotourisme *nm* ecotourism.

écoulement *nm* **1.** *(gén)* flow **2.** *(du temps)* passing **3.** *(de marchandises)* selling.

écouler *vt* to sell. ■ **s'écouler** *vp* **1.** *(eau)* to flow **2.** *(personnes)* to flow out **3.** *(temps)* to pass.

écourter *vt* to shorten.

écoute *nf* **1.** *(action d'écouter)* listening • **restez à l'écoute de nos programmes de nuit** stay tuned to our late night programmes • **il est toujours à l'écoute (des autres)** *fig* he's always ready to listen (to others) **2.** *(audience)* audience • **heures d'écoute a)** RADIO listening time **b)** TV viewing hours • **heure de grande écoute a)** RADIO prime time, peak listening time **b)** TV prime time, peak viewing time **3.** *(surveillance)* • **les écoutes téléphoniques** phone tapping *(indén)* • **être sur table d'écoute** *ou* **sur écoute(s)** to have one's phone tapped.

écouter *vt* **1.** to listen to **2.** *(faire attention)* • **écoutez, on entend le tonnerre** listen, you can hear thunder **3.** *(à l'impératif)* • **écoute, ça suffit maintenant!** listen, that's enough now!

écouteur *nm (de téléphone)* earpiece. ■ **écouteurs** *nmpl (de radio)* headphones.

écoutille *nf* hatchway.

écran *nm* **1.** *CINÉ, TV & INFORM* screen • **téléviseur à écran plat** flat-screen TV • **le petit écran** the small screen, television • **écran de contrôle** monitor (screen) • **écran (à) plasma** plasma screen • **écran tactile** touch screen, tactile screen **2.** *(de protection)* shield.

écrasant, e *adj fig (accablant)* overwhelming.

écraser *vt* **1.** *(comprimer - cigarette)* to stub out ; *(- pied)* to tread on ; *(- insecte, raisin)* to crush **2.** *(accabler)* • **écraser qqn (de)** to burden sb (with) **3.** *(vaincre)* to crush **4.** *(renverser)* to run over. ■ **s'écraser** *vp (avion, automobile)* • **s'écraser (contre)** to crash (into).

écrémer *vt (lait)* to skim.

écrevisse *nf* crayfish.

écrier ■ **s'écrier** *vp* to cry out.

écrin *nm* case.

écrire *vt* **1.** *(phrase, livre)* to write **2.** *(orthographier)* to spell. ■ **s'écrire** *vp (s'épeler)* to be spelled.

À PROPOS DE

écrire

• *écrire qqch à qqn* ***write sthg to sb*** *ou* ***write sb sthg***

Il faut noter la construction à double complément qui en anglais peut prendre deux formes dont le sens est le même :

1. une structure identique à celle du français : verbe + COD + préposition + COI ***write sthg to sb***

2. une structure qui diffère de celle du français, sans préposition, et dans laquelle l'ordre des compléments est inversé : verbe + COI + COD ***write sb sthg***

• *Elle a écrit une très belle lettre d'adieu à ses collègues.* ***She wrote a lovely farewell letter to her colleagues*** *ou* ***She wrote her colleagues a lovely farewell letter.***

écrit, e *pp* → **écrire**. ❑ *adj* written. ■ **écrit** *nm* **1.** *(ouvrage)* writing **2.** *(examen)* written exam **3.** *(document)* piece of writing. ■ **par écrit** *loc adv* in writing.

écriteau *nm* notice.

écriture *nf (gén)* writing.

écrivain *nm* writer, author.

écrou *nm TECHNOL* nut.

écrouer *vt* to imprison.

écrouler ■ **s'écrouler** *vp litt & fig* to collapse.

écru, e *adj* **1.** *(naturel)* unbleached **2.** *(blanc cassé)* off-white.

ecsta (abrév de ecstasy) *nm* E, ecstasy.

ecstasy *nm (drogue)* ecstasy.

écu *nm* **1.** *(bouclier, armoiries)* shield **2.** *(monnaie ancienne)* crown.

écueil *nm* **1.** *(rocher)* reef **2.** *fig (obstacle)* stumbling block.

écuelle *nf (objet)* bowl.

éculé, e *adj* **1.** *(chaussure)* down-at-heel **2.** *fig (plaisanterie)* hackneyed.

écume *nf (mousse, bave)* foam.

écumer *vt* **1.** *(confiture)* to skim **2.** *fig (mer, ville)* to scour. ❑ *vi* **1.** *(mer)* to foam, to boil **2.** *(animal)* to foam at the mouth **3.** *fig (être furieux)* • **écumer (de)** to boil (with).

écumoire *nf* skimmer.

écureuil *nm* squirrel.

écurie *nf (pour chevaux) SPORT* stable.

écusson *nm* **1.** *(d'armoiries)* coat-of-arms **2.** *MIL* badge.

écuyer, ère *nm, f (de cirque)* rider. ■ **écuyer** *nm (de chevalier)* squire.

eczéma *nm* eczema.

éden *nm* • **un éden** a garden of Eden • **l'Éden** the garden of Eden.

édenté, e *adj* toothless.

EDF, Edf (abrév de Électricité de France) *nf* French national electricity company.

édifice *nm* **1.** *(construction)* building **2.** *fig (institution)* • **l'édifice social** the fabric of society.

édifier *vt* **1.** *(ville, église)* to build **2.** *fig (théorie)* to construct **3.** *(personne)* to edify **4.** *iron* to enlighten.

Édimbourg *npr* Edinburgh.

éditer *vt* to publish.

éditeur, trice *nm, f* publisher.

édition *nf* **1.** *(profession)* publishing **2.** *(de journal, livre)* edition • **édition électronique** electronic publishing.

éditorial *nm* editorial, leader **(UK)**.

éditorialiste *nmf* editorialist, leader writer **(UK)**.

édredon *nm* eiderdown **(UK)**, comforter **(US)**.

éducateur, trice *nm, f* teacher • **éducateur spécialisé** special needs teacher.

éducatif, ive *adj* educational.

éducation *nf* **1.** *(apprentissage)* education • **l'Éducation nationale** ≃ the Department for Education **(UK)** ; ≃ the Department of Education **(US)** **2.** *(parentale)* upbringing **3.** *(savoir-vivre)* breeding.

édulcorant *nm* • **édulcorant (de synthèse)** (artificial) sweetener.

édulcorer *vt* **1.** *sout (tisane)* to sweeten **2.** *fig (propos)* to tone down.

éduquer *vt* **1.** *(enfant)* to bring up **2.** *(élève)* to educate.

effacé, e *adj* **1.** *(teinte)* faded **2.** *(modeste - rôle)* unobtrusive ; *(- personne)* self-effacing.

effacer *vt* **1.** *(mot)* to erase, to rub out **2.** *INFORM* to delete **3.** *(souvenir)* to erase **4.** *(réussite)* to eclipse. ■ **s'effacer** *vp* **1.** *(s'estomper)* to fade (away) **2.** *sout* *(s'écarter)* to move aside **3.** *fig* *(s'incliner)* to give way.

effaceur *nm* • **effaceur (d'encre)** ink eraser *ou* rubber **(UK)**.

effarant, e *adj* frightening.

effarer *vt* to frighten, to scare.

effaroucher *vt* **1.** *(effrayer)* to scare off **2.** *(intimider)* to overawe.

effectif, ive *adj* **1.** *(remède)* effective **2.** *(aide)* positive. ■ **effectif** *nm* **1.** *MIL* strength **2.** *(de groupe)* total number.

effectivement *adv* **1.** *(réellement)* effectively **2.** *(confirmation)* indeed • **effectivement, tu as raison** indeed you're right.

effectuer *vt* *(réaliser - manœuvre)* to carry out ; *(- trajet, paiement)* to make. ■ **s'effectuer** *vp* to be made.

efféminé, e *adj* effeminate.

effervescence *nf* **1.** *PHYS* effervescence **2.** *(agitation)* turmoil • **en effervescence** in turmoil.

effervescent, e *adj* **1.** *(boisson)* effervescent **2.** *fig* *(pays)* in turmoil.

effet *nm* **1.** *(gén)* effect • **effet secondaire** *MÉD* side-effect • **effets spéciaux** *CINÉ* special effects • **sous l'effet de a)** under the effects of **b)** *(alcool)* under the influence of • **effet de serre** greenhouse effect **2.** *(impression recherchée)* impression **3.** *COMM* *(titre)* bill. ■ **à cet effet** *loc adv* with this end in view. ■ **en effet** *loc adv* in fact, indeed.

effeuiller *vt* **1.** *(arbre)* to remove the leaves from **2.** *(fleur)* to remove the petals from.

efficace *adj* **1.** *(remède, mesure)* effective **2.** *(personne, machine)* efficient.

efficacité *nf* **1.** *(de remède, mesure)* effectiveness **2.** *(de personne, machine)* efficiency.

effigie *nf* effigy.

effilé, e *adj* **1.** *(doigt, silhouette)* slim, slender **2.** *(lame)* sharp **3.** *(voiture)* streamlined.

effiler *vt* **1.** *(tissu)* to fray **2.** *(lame)* to sharpen **3.** *(cheveux)* to thin.

effilocher *vt* to fray. ■ **s'effilocher** *vp* to fray.

efflanqué, e *adj* emaciated.

effleurer *vt* **1.** *(visage, bras)* to brush (against) **2.** *fig* *(problème, thème)* to touch on **3.** *fig* *(sujet : pensée, idée)* • **effleurer qqn** to cross sb's mind.

effluve *nm* **1.** exhalation **2.** *fig* *(d'enfance, du passé)* breath.

effondrement *nm* *litt* & *fig* collapse.

effondrer ■ **s'effondrer** *vp* *litt* & *fig* to collapse.

efforcer ■ **s'efforcer** *vp* • **s'efforcer de faire qqch** to make an effort to do sthg.

effort *nm* **1.** *(de personne)* effort • **faire un effort** to make an effort **2.** *TECHNOL* stress.

effraction *nf* breaking in • **entrer par effraction dans** to break into.

effrayant, e *adj* **1.** *(cauchemar)* terrifying **2.** *fam* *(appétit, prix)* tremendous, awful.

effrayer *vt* to frighten, to scare.

effréné, e *adj* *(course)* frantic.

effriter *vt* to cause to crumble. ■ **s'effriter** *vp* *(mur)* to crumble.

effroi *nm* fear, dread.

effronté, e *adj* insolent. ❑ *nm, f* insolent person.

effronterie *nf* insolence.

effroyable *adj* **1.** *(catastrophe, misère)* appalling **2.** *(laideur)* hideous.

effusion *nf* **1.** *(de liquide)* effusion **2.** *(de sentiments)* effusiveness.

égal, e *adj* **1.** *(équivalent)* equal **2.** *(régulier)* even. ❑ *nm, f* equal.

également *adv* **1.** *(avec égalité)* equally **2.** *(aussi)* as well, too.

égaler *vt* **1.** *MATH* to equal **2.** *(beauté)* to match, to compare with.

égaliser *vt* *(haie, cheveux)* to trim. ❑ *vi* *SPORT* to equalize **(UK)**, to tie **(US)**.

égalitaire *adj* egalitarian.

égalité *nf* **1.** *(gén)* equality **2.** *(d'humeur)* evenness **3.** *SPORT* • **être à égalité** to be level, to be tied **4.** *(au tennis)* deuce.

égard *nm* consideration • **à cet égard** in this respect. ■ **à l'égard de** *loc prép* with regard to, towards **(UK)**, toward **(US)**. ■ **à certains égards** *loc adv* in some respects.

égarement *nm* **1.** *(de jeunesse)* wildness **2.** *(de raisonnement)* aberration.

égarer *vt* **1.** *(objet)* to mislay, to lose **2.** *(personne)* to mislead **3.** *fig* & *sout* *(sujet : passion)* to lead astray. ■ **s'égarer** *vp* **1.** *(lettre)* to get lost, to go astray **2.** *(personne)* to get lost, to lose one's way **3.** *fig* & *sout* *(personne)* to stray from the point.

égayer *vt* **1.** *(personne)* to cheer up **2.** *(pièce)* to brighten up.

égide *nf* protection • **sous l'égide de** *littéraire* under the aegis of.

églantier *nm* wild rose (bush).

églantine *nf* wild rose.

églefin, aiglefin *nm* haddock.

église *nf* church. ■ **Église** *nf* • **l'Église** the Church.

ego *nm inv* ego.

égocentrique *adj* self-centred **(UK)**, self-centered **(US)**, egocentric.

égoïsme *nm* selfishness, egoism.

égoïste *nmf* selfish person. ❑ *adj* selfish, egoistic.

égorger *vt (animal, personne)* to cut the throat of. ■ **s'égorger** *vp (s'entre-tuer)* to kill each other • **empêchez-les de se battre, ils vont s'égorger !** stop them fighting, they'll kill each other!

égosiller ■ **s'égosiller** *vp fam* **1.** *(crier)* to bawl, to shout **2.** *(chanter)* to sing one's head off.

égout *nm* sewer.

égoutter *vt* **1.** *(vaisselle)* to leave to drain **2.** *(légumes, fromage)* to drain. ■ **s'égoutter** *vp* to drip, to drain.

égouttoir *nm* **1.** *(à légumes)* colander, strainer **2.** *(à vaisselle)* draining rack.

égratigner *vt* **1.** to scratch **2.** *fig* to have a go *ou* dig at. ■ **s'égratigner** *vp* • **s'égratigner la main** to scratch one's hand.

égratignure *nf* **1.** scratch, graze **2.** *fig* dig.

égrener *vt* **1.** *(détacher les grains de - épi, cosse)* to shell ; *(- grappe)* to pick grapes from **2.** *(chapelet)* to tell **3.** *fig (marquer)* to mark.

égrillard, e *adj* ribald, bawdy.

Égypte *nf* • **l'Égypte** Egypt.

> En anglais, à de rares exceptions près, il n'y a pas d'article devant les noms de pays.

égyptien, enne *adj* Egyptian. ■ **égyptien** *nm (langue)* Egyptian. ■ **Égyptien, enne** *nm, f* Egyptian.

> En anglais, les adjectifs se rapportant à un pays ou une région s'écrivent avec une majuscule.

égyptologie *nf* Egyptology.

eh *interj* hey! • **eh bien** well.

éhonté, e *adj* shameless.

ehpad *nm* care home.

Eiffel *npr* • **la tour Eiffel** the Eiffel Tower.

éjaculation *nf* ejaculation.

éjectable *adj* • **siège éjectable** ejector **(UK)** *ou* ejection **(US)** seat.

éjecter *vt* **1.** *(douille)* to eject **2.** *fam (personne)* to kick out.

élaboration *nf (de plan, système)* working out, development.

élaboré, e *adj* elaborate.

élaborer *vt (plan, système)* to work out, to develop.

élaguer *vt litt & fig* to prune.

élan *nm* **1.** ZOOL elk **2.** *(athlétisme)* run-up • **prendre son élan** to take a run-up, to gather speed **3. (QUÉBEC)** *(golf)* swing **4.** *fig (de joie)* outburst.

élancé, e *adj* slender.

élancer *vi* MÉD to give shooting pains. ■ **s'élancer** *vp* **1.** *(se précipiter)* to rush, to dash **2.** SPORT to take a run-up **3.** *fig (s'envoler)* to soar.

élargir *vt* **1.** to widen **2.** *(vêtement)* to let out **3.** *fig* to expand. ■ **s'élargir** *vp* **1.** *(s'agrandir)* to widen **2.** *(vêtement)* to stretch **3.** *fig* to expand.

élasthanne *nm* Spandex®.

élasticité *nf* PHYS elasticity.

élastique *nm* **1.** *(pour attacher)* rubber *ou* elastic **(UK)** band **2.** *(matière)* elastic. ❑ *adj* **1.** PHYS elastic **2.** *(corps)* flexible **3.** *fig (conscience)* accommodating.

élastomère *nm* elastomer.

eldorado *nm* El Dorado.

électeur, trice *nm, f* voter, elector.

élection *nf (vote)* election • **élections municipales** local elections • **élection présidentielle** presidential election.

électoral, e *adj* **1.** electoral **2.** *(campagne, réunion)* election *(avant nom)*.

électorat *nm* electorate.

électricien, enne *nm, f* electrician.

électricité *nf* electricity.

électrifier *vt* to electrify.

électrique *adj litt & fig* electric • **voiture électrique** electric car.

électroaimant *nm* electro-magnet.

électrocardiogramme *nm* electrocardiogram.

électrochoc *nm* electroshock therapy.

électrocuter *vt* to electrocute. ■ **s'électrocuter** *vp (emploi réfléchi)* to electrocute o.s., to be electrocuted • **il a failli s'électrocuter** he nearly electrocuted himself.

électrode *nf* electrode.

électroencéphalogramme *nm* electroencephalogram.

électrogène *adj* • **groupe électrogène** generating unit.

électrolyse *nf* electrolysis.

électromagnétique *adj* electromagnetic.

électroménager *nm* household electrical appliances *pl*.

électron *nm* electron.

électronicien, enne *nm, f* electronics specialist.

électronique *nf (sciences)* electronics *(indén)*. ❑ *adj* **1.** electronic **2.** *(microscope)* electron *(avant nom)*.

électrophone *nm* record player.

élégance *nf (de personne, style)* elegance.

élégant, e *adj* **1.** *(personne, style)* elegant **2.** *(délicat - solution, procédé)* elegant ; *(- conduite)* generous.

élément *nm* **1.** *(gén)* element • **être dans son élément** to be in one's element **2.** *(de machine)* component **3.** • **éléments de cuisine** kitchen units.

élémentaire *adj* **1.** *(gén)* elementary **2.** *(installation, besoin)* basic.

éléphant *nm* elephant • **éléphant d'Afrique/d'Asie** African/Indian elephant.

élevage *nm* **1.** breeding, rearing • **faire l'élevage de moutons** to breed sheep **2.** *(installation)* farm.

élévateur, trice *adj* elevator *(avant nom)*.

élève *nmf (écolier, disciple)* pupil.

élevé, e *adj* **1.** *(haut)* high **2.** *fig (sentiment, âme)* noble **3.** *(enfant)* • **bien/mal élevé** well/badly brought up.

élever *vt* **1.** *(gén)* to raise **2.** *(statue)* to put up, to erect **3.** *(à un rang supérieur)* to elevate **4.** *(esprit)* to improve **5.** *(enfant)* to bring up **6.** *(poulets)* to rear, to breed. ■ **s'élever** *vp* **1.** *(gén)* to rise **2.** *(montant)* • **s'élever à** to add up to **3.** *(protester)* • **s'élever contre qqn/qqch** to protest against sb/sthg.

éleveur, euse *nm, f* breeder.

elfe *nm* elf.

éligible *adj* eligible.

élimé, e *adj* threadbare.

élimination *nf* elimination.

éliminatoire *nf (gén pl)* SPORT qualifying heat *ou* round. ❑ *adj* qualifying *(avant nom)*.

éliminer *vt* **1.** to eliminate **2.** *(en usage absolu)* • **il faut boire de l'eau pour éliminer** you must drink lots of water to clean out your system.

élire *vt* to elect.

élision *nf* elision.

élite *nf* elite • **d'élite** choice, select.

élitiste *nmf & adj* elitist.

élixir *nm* elixir.

elle *pron pers* **1.** *(sujet - personne)* she ; *(- animal)* it, she ; *(- chose)* it **2.** *(complément - personne)* her ; *(- animal)* it, her ; *(- chose)* it. ■ **elles** *pron pers pl* **1.** *(sujet)* they **2.** *(complément)* them. ■ **elle-même** *pron pers* **1.** *(personne)* herself **2.** *(animal)* itself, herself **3.** *(chose)* itself. ■ **elles-mêmes** *pron pers pl* themselves.

> À PROPOS DE
> ### elle
> Lorsque *elle* est le sujet de la phrase, il se traduit par ***she*** s'il s'agit d'une personne ou par ***it*** s'il s'agit d'une chose ou d'un animal.
> • *Viens avec elle.* ***Come with her.***
> Lorsque *elle* est le complément d'objet de la phrase, il se traduit par ***her***.
> • *Il ne pense qu'à elle.* ***He only thinks of her.***

ellipse *nf* **1.** GÉOM ellipse **2.** LING ellipsis.

élocution *nf* delivery • **défaut d'élocution** speech defect.

éloge *nm (louange)* praise • **faire l'éloge de qqn/qqch** *(louer)* to speak highly of sb/sthg • **couvrir qqn d'éloges** to shower sb with praise.

élogieux, euse *adj* laudatory.

éloigné, e *adj* distant.

éloignement *nm* **1.** *(mise à l'écart)* removal **2.** *(séparation)* absence **3.** *(dans l'espace, le temps)* distance.

éloigner *vt* **1.** *(écarter)* to move away • **éloigner qqch de** to move sthg away from **2.** *(détourner)* to turn away **3.** *(chasser)* to dismiss. ■ **s'éloigner** *vp* **1.** *(partir)* to move *ou* go away **2.** *fig* • **s'éloigner du sujet** to stray from the point **3.** *(se détacher)* to distance o.s.

élongation *nf* MÉD • **élongation de muscle** pulled muscle • **se faire une élongation** to pull a muscle.

éloquence *nf (d'orateur, d'expression)* eloquence.

éloquent, e *adj* **1.** *(avocat, silence)* eloquent **2.** *(données)* significant.

élu, e *pp* → **élire**. ❑ *adj* POLIT elected. ❑ *nm, f* **1.** POLIT elected representative **2.** RELIG chosen one • **l'élu de son cœur** *hum & sout* one's heart's desire.

élucider *vt* to clear up.

éluder *vt* to evade.

Élysée *nm* • **l'Élysée** the Élysée.

émacié, e *adj littéraire* emaciated.

e-mail *nm* e-mail, E-mail.

> À PROPOS DE
> ### écrire l'en-tête d'un e-mail
> Lorsque l'on s'adresse à une personne que l'on ne connaît pas, il est préférable d'utiliser la même formule que pour un courrier formel, qui débute toujours par ***Dear...*** (***Dear Professor Williams***, ***Dear Julie Baker***, etc).
> Si l'on emploie l'expression ***Hi!*** en ouverture de courriels envoyés à des amis ou à de proches collègues de travail, on utilise uniquement le prénom dans un contexte strictement professionnel.
> Lorsque l'on a recours à la fonction *répondre*, on peut directement rédiger son texte sans en-tête particulier.

> À PROPOS DE
> ### signer un e-mail
> Lorsque l'on termine un mail destiné à une personne que l'on ne connaît pas, il est d'usage d'écrire ***I look forward to hearing from you***, suivi par ***Best wishes***, ***Kind regards*** ou ***Best regards*** et par votre prénom. Lorsqu'il s'agit de collègues, on signe simplement de son prénom.
> En revanche, lorsque l'on s'adresse à des amis proches on peut employer : ***Take care, Love, Jane*** ou ***See you Friday, Lots of love, Mark***.

émail *nm* enamel • **en émail** enamel, enamelled **(UK)**, enameled **(US)**.

émanation *nf* emanation • **être l'émanation de** *fig* to emanate from.

émanciper *vt* to emancipate. ■ **s'émanciper** *vp* **1.** *(se libérer)* to become free *ou* liberated **2.** *fam (se dévergonder)* to become emancipated.
émaner *vi* • **émaner de** to emanate from.
émarger *vt (signer)* to sign.
émasculer *vt* to emasculate.
emballage *nm* packaging • **emballage recyclable** *(alimentation)* recyclable packaging.
emballer *vt* **1.** *(objet)* to pack (up), to wrap (up) **2.** *fam (plaire à)* to thrill. ■ **s'emballer** *vp* **1.** *(moteur)* to race **2.** *(cheval)* to bolt **3.** *fam (personne - s'enthousiasmer)* to get carried away ; *(- s'emporter)* to lose one's temper.
embarcadère *nm* landing stage.
embarcation *nf* small boat.
embardée *nf* swerve • **faire une embardée** to swerve.
embargo *nm* embargo.
embarquement *nm* **1.** *(de marchandises)* loading **2.** *(de passagers)* boarding.
embarquer *vt* **1.** *(marchandises)* to load **2.** *(passagers)* to (take on) board **3.** *fam (arrêter)* to pick up **4.** *fam & fig (engager)* • **embarquer qqn dans** to involve sb in **5.** *fam (emmener)* to cart off. ❑ *vi* • **embarquer (pour)** to sail (for). ■ **s'embarquer** *vp* **1.** *(sur un bateau)* to (set) sail **2.** *fam & fig (s'engager)* • **s'embarquer dans** to get involved in.
embarras *nm* **1.** *(incertitude)* (state of) uncertainty • **avoir l'embarras du choix** to be spoilt for choice **2.** *(situation difficile)* predicament • **être dans l'embarras** to be in a predicament • **mettre qqn dans l'embarras** to place sb in an awkward position • **tirer qqn d'embarras** to get sb out of a tight spot **3.** *(gêne)* embarrassment **4.** *(souci)* difficulty, worry.
embarrassant, e *adj* **1.** *(encombrant)* cumbersome **2.** *(délicat)* embarrassing.
embarrassé, e *adj* **1.** *(encombré - pièce, bureau)* cluttered • **avoir les mains embarrassées** to have one's hands full **2.** *(gêné)* embarrassed **3.** *(confus)* confused.
embarrasser *vt* **1.** *(encombrer - pièce)* to clutter up ; *(- personne)* to hamper **2.** *(gêner)* to put in an awkward position. ■ **s'embarrasser** *vp (se charger)* • **s'embarrasser de qqch a)** to burden o.s. with sthg **b)** *fig* to bother about sthg.
embauchage *nm* = **embauche**.
embauche *nf* hiring, employment.
embaucher *vt* **1.** *(employer)* to employ, to take on **2.** *fam (occuper)* • **je t'embauche !** I need your help!
embaumer *vt* **1.** *(cadavre)* to embalm **2.** *(parfumer)* to scent. ❑ *vi* to be fragrant.
embellie *nf* **1.** *(éclaircie)* bright *ou* clear spell **2.** *fig* (temporary) improvement.
embellir *vt* **1.** *(agrémenter)* to brighten up **2.** *fig (enjoliver)* to embellish. ❑ *vi* **1.** *(devenir plus beau)* to become more attractive **2.** *fig & hum* to grow, to increase.
embêtant, e *adj fam* annoying.
embêtement *nm fam* trouble.
embêter *vt fam (contrarier, importuner)* to annoy. ■ **s'embêter** *vp fam (s'ennuyer)* to be bored.
emblée ■ **d'emblée** *loc adv* right away.
emblématique *adj* emblematic.
emblème *nm* emblem.
emboîter *vt* • **emboîter qqch dans qqch** to fit sthg into sthg. ■ **s'emboîter** *vp* to fit together • **des tables/poupées qui s'emboîtent les unes dans les autres** a nest of tables/dolls.
embolie *nf* embolism.
embonpoint *nm* stoutness.
embouché, e *adj fam* • **mal embouché** foul-mouthed.
embouchure *nf (de fleuve)* mouth.
embourber ■ **s'embourber** *vp* **1.** *(s'enliser)* to get stuck in the mud **2.** *fig* to get bogged down.
embourgeoiser *vt* **1.** *(personne)* to instil **(UK)** *ou* instill **(US)** middle-class values in **2.** *(quartier)* to gentrify. ■ **s'embourgeoiser** *vp* **1.** *(personne)* to adopt middle-class values **2.** *(quartier)* to become gentrified.
embout *nm* **1.** *(protection)* tip **2.** *(extrémité d'un tube)* nozzle.
embouteillage *nm (circulation)* traffic jam.
emboutir *vt* **1.** *fam (voiture)* to crash into **2.** TECHNOL to stamp.
embranchement *nm* **1.** *(carrefour)* junction **2.** *(division)* branching (out) **3.** *fig* branch.
embraser *vt* **1.** *(incendier, éclairer)* to set ablaze **2.** *fig (d'amour)* to (set on) fire, to inflame. ■ **s'embraser** *vp* **1.** *(prendre feu, s'éclairer)* to be ablaze **2.** *fig & littéraire* to be inflamed.
embrassade *nf* embrace.
embrasser *vt* **1.** *(donner un baiser à)* to kiss **2.** *(étreindre)* to embrace **3.** *fig (du regard)* to take in. ■ **s'embrasser** *vp* to kiss (each other).

> FAUX AMIS
>
> **embrasser**
>
> *Embrasser* se traduit en anglais dans son sens le plus courant par ***to kiss***. Attention au verbe anglais ***to embrace*** qui signifie *étreindre, enlacer* ou encore *regrouper*.
> On traduira donc une phrase comme *Elle a essayé de l'embrasser* par ***She tried to kiss him***.

embrasure *nf* • **dans l'embrasure de la fenêtre** in the window.
embrayage *nm (mécanisme)* clutch.
embrayer *vi* AUTO to engage the clutch.
embrigader *vt* to recruit. ■ **s'embrigader** *vp* to join.

embrocher *vt* to skewer.
embrouillamini *nm fam* muddle.
embrouille *nf fam* shenanigans *pl*.
embrouiller *vt* **1.** *(mélanger)* to mix (up), to muddle (up) **2.** *fig (compliquer)* to confuse.
embruns *nmpl* spray *(indén)*.
embryon *nm litt & fig* embryo.
embûche *nf* pitfall.
embuer *vt* **1.** *(de vapeur)* to steam up **2.** *(de larmes)* to mist (over).
embuscade *nf* ambush.
éméché, e *adj fam* tipsy, merry **(UK)**.
émeraude *nf* emerald.
émerger *vi* **1.** *(gén)* to emerge **2.** *fig* NAUT to surface.
émeri *nm* • **papier** *ou* **toile émeri** emery paper.
émérite *adj* distinguished, eminent.
émerveiller *vt* to fill with wonder. ■ **s'émerveiller** *vp* • **s'émerveiller (de)** to marvel (at).
émetteur, trice *adj* transmitting *(avant nom)* • **poste émetteur** transmitter. ■ **émetteur** *nm (appareil)* transmitter.
émettre *vt* **1.** *(rayon, son)* to emit **2.** *(onde, signal)* to send out **3.** *(à la radio, la télé)* to transmit, to broadcast **4.** *(billets, timbres)* to issue **5.** *(doute, réserve)* to express.
émeute *nf* riot.
émietter *vt* **1.** *(du pain)* to crumble **2.** *(morceler)* to divide up.
émigrant, e *adj & nm, f* emigrant.
émigration *nf* **1.** *(de personnes)* emigration **2.** ZOOL migration.
émigré, e *adj* migrant. ❑ *nm, f* emigrant.
émigrer *vi* **1.** *(personnes)* to emigrate **2.** *(animaux)* to migrate.
émincé, e *adj* thinly sliced. ■ **émincé** *nm si vous voulez expliquer à un anglophone de quoi il s'agit, vous pouvez dire* it is a dish of thin slices of meat served in a sauce.
éminemment *adv* eminently.
éminence *nf* hill.
éminent, e *adj* eminent, distinguished.
émir *nm* emir.
émirat *nm* emirate. ■ **Émirat** *nm* • **les Émirats arabes unis** the United Arab Emirates.
émis, e *pp* → **émettre**.
émissaire *nm (envoyé)* emissary, envoy. ❑ *adj* → **bouc**.
émission *nf* **1.** *(de gaz, de son)* emission **2.** *(RADIO & TV - transmission)* transmission, broadcasting ; *(- programme)* programme **(UK)**, program **(US)** **3.** *(mise en circulation)* issue.
emmagasiner *vt* **1.** *(stocker)* to store **2.** *fig (accumuler)* to store up.
emmailloter *vt* to wrap up.
emmanchure *nf* armhole.
emmêler *vt* **1.** *(fils)* to tangle up **2.** *fig (idées)* to muddle up, to confuse. ■ **s'emmêler** *vp* **1.** *(fils)* to get into a tangle **2.** *fig (personne)* to get mixed up.
emménagement *nm* moving in.
emménager *vi* to move in.
emmener *vt* to take.
emmerder *vt tfam* to piss off. ■ **s'emmerder** *vp tfam (s'embêter)* to be bored stiff.
emmitoufler *vt* to wrap up. ■ **s'emmitoufler** *vp* to wrap o.s. up.
émoi *nm* **1.** *sout (agitation)* agitation, commotion • **en émoi** in turmoil **2.** *(émotion)* emotion.
emoticon *nm* INFORM emoticon.
émotif, ive *adj* emotional.
émotion *nf* **1.** *(sentiment)* emotion **2.** *(peur)* fright, shock • **faire une émotion à qqn** to give sb a fright.
émotionnel, elle *adj* emotional.
émousser *vt litt & fig* to blunt.
émouvant, e *adj* moving.
émouvoir *vt* **1.** *(troubler)* to disturb, to upset **2.** *(susciter la sympathie de)* to move, to touch. ■ **s'émouvoir** *vp* to show emotion, to be upset.
empailler *vt* **1.** *(animal)* to stuff **2.** *(chaise)* to upholster (with straw).
empaler *vt* to impale.
empaqueter *vt* to pack (up), to wrap (up).
emparer ■ **s'emparer** *vp* • **s'emparer de** **a)** *(sujet : personne)* to seize **b)** *(sujet : sentiment)* to take hold of.
empâter *vt* **1.** *(visage, traits)* to fatten out **2.** *(bouche, langue)* to coat, to fur up. ■ **s'empâter** *vp* to put on weight.
empêchement *nm* obstacle • **j'ai un empêchement** something has come up.
empêcher *vt* to prevent • **empêcher qqn/qqch de faire qqch** to prevent sb/sthg from doing sthg • **empêcher que qqn (ne) fasse qqch** to prevent sb from doing sthg • **(il) n'empêche que** nevertheless, all the same.
empeigne *nf* upper.
empereur *nm* emperor.
empesé, e *adj* **1.** *(linge)* starched **2.** *fig (style)* stiff.
empester *vi* to stink.
empêtrer *vt* • **être empêtré dans** to be tangled up in. ■ **s'empêtrer** *vp* • **s'empêtrer (dans)** to get tangled up (in).
emphase *nf péj* pomposity.
empiéter *vi* • **empiéter sur** to encroach on.
empiffrer ■ **s'empiffrer** *vp fam* to stuff o.s.
empiler *vt (entasser)* to pile up, to stack up.
empire *nm* **1.** *fig* HIST empire **2.** *sout (contrôle)* influence.
empirer *vi & vt* to worsen.

empirique *adj* empirical.

emplacement *nm* **1.** *(gén)* site, location **2.** *(dans un camping)* place.

emplette *nf (gén pl)* purchase.

emplir *vt sout* • **emplir (de)** to fill (with). ■ **s'emplir** *vp* • **s'emplir (de)** to fill (with).

emploi *nm* **1.** *(utilisation)* use • **emploi du temps** SCOL timetable (UK), schedule (US) • **mode d'emploi** instructions *pl (for use)* **2.** *(travail)* job • **il est sans emploi** he is unemployed *ou* out of a job • **emploi saisonnier** seasonal job.

employé, e *nm,f* employee • **employé de bureau** office worker.

employer *vt* **1.** *(utiliser)* to use **2.** *(salarier)* to employ.

employeur, euse *nm,f* employer.

empocher *vt fam* to pocket.

empoignade *nf* row.

empoigner *vt (saisir)* to grasp. ■ **s'empoigner** *vp fig* to come to blows.

empoisonnant, e *adj* **1.** *(ennuyeux)* boring **2.** *(insupportable)* irritating.

empoisonnement *nm (intoxication)* poisoning.

empoisonner *vt* **1.** *(gén)* to poison **2.** *fam (ennuyer)* to annoy, to bug.

emporté, e *adj* short-tempered.

emportement *nm* anger.

emporter *vt* **1.** *(emmener)* to take (away) • **à emporter** *(plats)* to take away (UK), to take out (US), to go (US) **2.** *(entraîner)* to carry along **3.** *(arracher)* to tear off, to blow off **4.** *(faire mourir)* to carry off **5.** *(surpasser)* • **l'emporter sur** to get the better of. ■ **s'emporter** *vp* to get angry, to lose one's temper.

empoté, e *fam adj* clumsy. ❑ *nm,f* clumsy person.

empreinte *nf* **1.** *(trace)* print **2.** *fig* mark, trace • **empreintes digitales** fingerprints.

empressement *nm* **1.** *(zèle)* attentiveness **2.** *(enthousiasme)* eagerness.

empresser ■ **s'empresser** *vp* • **s'empresser de faire qqch** to hurry to do sthg • **s'empresser auprès de qqn** to be attentive to sb.

emprise *nf (ascendant)* influence.

emprisonnement *nm* imprisonment.

emprisonner *vt (voleur)* to imprison.

emprunt *nm* **1.** FIN loan • **faire un emprunt** to take out a loan **2.** *fig* LING borrowing.

emprunté, e *adj* awkward, self-conscious.

emprunter *vt* **1.** *(gén)* to borrow • **emprunter qqch à** to borrow sthg from **2.** *(route)* to take.

ému, e *pp* → **émouvoir**. ❑ *adj* **1.** *(personne)* moved, touched **2.** *(regard, sourire)* emotional.

émulation *nf* **1.** *(concurrence)* rivalry **2.** *(imitation)* emulation.

émule *nmf* **1.** *(imitateur)* emulator **2.** *(concurrent)* rival.

émulsion *nf* emulsion.

en

■ **en** *prép*

1. EXPRIME LE TEMPS

• **ils sont allés au Japon en 1994** they went to Japan in 1994 • **ils iront en vacances en hiver/septembre** they will go on holiday in winter/September

2. INDIQUE LE LIEU OÙ L'ON EST

• **ma sœur habite en Sicile/ville** my sister lives in Sicily/town

3. INDIQUE LE LIEU OÙ L'ON VA

• **elle va en Sicile/ville** she's going to Sicily/town

4. INDIQUE LA MATIÈRE

• **c'est en métal** it's (made of) metal • **cette théière est en porcelaine** this teapot is made of china

5. INDIQUE UN ÉTAT

• **ils sont en vacances** they are on holiday (UK) *ou* vacation (US) • **les arbres sont en fleurs** the trees are in blossom

6. INDIQUE LA MANIÈRE

• **ils y vont en groupe** they are going in a group • **tu devrais le dire en anglais** you should say it in English • **vous devriez compter en dollars** you should calculate in dollars

7. INDIQUE UN RÔLE

• **il a agi en traître** he behaved treacherously • **il a parlé en expert** he spoke as an expert

8. INDIQUE UN DOMAINE

• **elle est forte en physique** she's good at physics • **un devoir en anglais** English exercices *ou* homework • **je n'y connais rien en musique classique** I don't know anything about classical music

9. INDIQUE UN MOYEN DE TRANSPORT

• **nous irons là-bas en avion/bateau/train** we'll go there by plane/boat/train • **c'est plus rapide en avion** it's quicker by plane

10. INDIQUE UNE TRANSFORMATION

• **la citrouille se changea en un magnifique carrosse** the pumpkin changed into a beautiful carriage • **elle a traduit ce texte en italien pour moi** she translated this text into Italian for me

11. INDIQUE LA FORME, LA TAILLE

• **les Français utilisent du sucre en morceaux** the French use sugar cubes • **le lait en poudre est très pratique** powdered milk is very convenient • **vous l'avez en 38 ?** do you have it in a 38? • **est-ce que vous l'avez en**

plus grand ? do you have it in a bigger size? • **je la préfère en vert** I prefer it in green

12. DEVANT UN PARTICIPE PRÉSENT

• **en arrivant à Paris, on a été pris dans un embouteillage** on arriving in Paris *ou* as we *ou* when we arrived in Paris, we got caught in a traffic jam • **elle répondit en souriant** she replied with a smile • **il a monté l'escalier en courant** he ran upstairs • **en faisant un effort, tu y arriveras** by making an effort, you'll manage *ou* you'll manage if you make an effort

■ **en** *pron pers*

1. REMPLACE UN NOM PRÉCÉDÉ DE LA PRÉPOSITION « DE »

• **il s'en est souvenu** he remembered it • **nous en avons déjà parlé** we've already spoken about it • **je m'en porte garant** I'll vouch for it • **est-ce que tu connais la Bretagne ? — bien sûr, j'en viens !** do you know Brittany? — of course, I come from there!

2. REMPLACE UN NOM PRÉCÉDÉ DES ARTICLES PARTITIFS « DU », « DE LA » ET « DES »

• **j'ai du chocolat, tu en veux ?** I've got some chocolate, do you want some? • **tu en as ?** have you got any?, do you have any? • **il y en a plusieurs** there are several (of them)

À PROPOS DE

en

Dans certains cas, *en* ne se traduit pas.

Lorsque *en* indique une quantité, il se traduit par ***some*** dans les phrases affirmatives ainsi que dans les phrases interrogatives si l'on s'attend à une réponse positive.

• *Tu en veux ?* ***Do you want some?***

• *Il y en a plusieurs.* ***There are several of them.***

• *J'en voudrais deux.* ***I'd like two of them.***

En se traduit par ***of it*** ou ***of them*** dans les phrases où il est associé à *plusieurs*, *beaucoup*, *certains* ou à un chiffre.

En se traduit par ***any*** dans les phrases négatives ainsi que dans les phrases interrogatives lorsque l'on ne sait pas quelle sera la réponse.

• *Je n'en veux plus, merci.* ***I don't want* any *more, thank you.***

ENA, Ena (abrév de École nationale d'administration) *nf si vous voulez expliquer à un anglophone de quoi il s'agit, vous pouvez dire* it is a prestigious higher-education institution that provides training for future senior civil servants.

encadrement *nm* **1.** *(de tableau, porte)* frame **2.** *(dans une entreprise)* managerial staff **3.** *(à l'armée)* officers *pl* **4.** *(à l'école)* staff **5.** *(du crédit)* restriction.

encadrer *vt* **1.** *(photo, visage)* to frame **2.** *(employés)* to supervise **3.** *(soldats)* to be in command of **4.** *(élèves)* to teach.

encaissé, e *adj* **1.** *(vallée)* deep and narrow **2.** *(rivière)* steep-banked.

encaisser *vt* **1.** *(argent, coups, insultes)* to take **2.** *(chèque)* to cash.

encart *nm* insert.

en-cas, encas *nm inv* snack.

encastrable *adj* able to be fitted (in).

encastrer *vt* to fit. ■ **s'encastrer** *vp* **1.** *(mécanisme, pierre)* to fit • **la pièce s'encastre parfaitement dans le boîtier** the component fits perfectly into the casing **2.** *(voiture)* • **la voiture est venue s'encastrer sous le camion** the car jammed itself under the lorry.

encaustique *nf (cire)* polish.

enceinte *adj f* pregnant • **enceinte de 4 mois** 4 months pregnant. ❑ *nf* **1.** *(muraille)* wall **2.** *(espace)* • **dans l'enceinte de** within (the confines of) **3.** *(baffle)* • **enceinte (acoustique)** speaker.

encens *nm* incense.

encenser *vt* **1.** *(brûler de l'encens dans)* to burn incense in **2.** *fig (louer)* to flatter.

encensoir *nm* censer.

encercler *vt* **1.** *(cerner, environner)* to surround **2.** *(entourer)* to circle.

enchaînement *nm* **1.** *(succession)* series **2.** *(liaison)* link.

enchaîner *vt* **1.** *(attacher)* to chain up **2.** *fig (asservir)* to enslave **3.** *(coordonner)* to link. ❑ *vi* • **enchaîner (sur)** to move on (to). ■ **s'enchaîner** *vp* **1.** *(idées)* to follow on (from one another) **(UK)**, to be connected **2.** *(images, épisodes)* to form a (logical) sequence **3.** *(événements)* to be linked together • **tes paragraphes s'enchaînent mal** your paragraphs don't hang together well *ou* are a bit disjointed.

enchanté, e *adj* **1.** *(ravi)* delighted • **enchanté de faire votre connaissance** pleased to meet you **2.** *(ensorcelé)* enchanted.

enchantement *nm* **1.** *(sortilège)* magic spell • **comme par enchantement** as if by magic **2.** *sout (ravissement)* delight **3.** *(merveille)* wonder.

enchanter *vt* **1.** *(ensorceler, charmer)* to enchant **2.** *(ravir)* to delight.

enchâsser *vt* **1.** *(encastrer)* to fit **2.** *(sertir)* to set.

enchère *nf* bid • **vendre qqch aux enchères** to sell sthg at *ou* by auction.

enchevêtrer *vt* **1.** *(emmêler)* to tangle up **2.** *fig* to muddle, to confuse.

enclave *nf* enclave.

enclencher *vt (mécanisme)* to engage. ■ **s'enclencher** *vp* **1.** TECHNOL to engage **2.** *fig (commencer)* to begin.

enclin, e *adj* • **enclin à qqch/à faire qqch** inclined to sthg/to do sthg.

enclore *vt* to fence in, to enclose.

enclos, e *pp* → **enclore.** ■ **enclos** *nm* enclosure.

enclume *nf* anvil.

encoche *nf* notch.

encoignure *nf (coin)* corner.

encolure *nf* neck.

encombrant, e *adj* **1.** cumbersome **2.** *fig (personne)* undesirable.

encombre ■ **sans encombre** *loc adv* without a hitch.

encombré, e *adj* **1.** *(lieu)* busy, congested **2.** *fig* saturated.

encombrement *nm* **1.** *(d'une pièce)* clutter **2.** *(d'un objet)* overall dimensions *pl* **3.** *(embouteillage)* traffic jam **4.** INFORM footprint.

encombrer *vt* to clutter (up).

encontre ■ **à l'encontre de** *loc prép* • **aller à l'encontre de** to go against, to oppose.

encore

■ **encore** *adv*

1. TOUJOURS

• **il est onze heures et elle dort encore** it's eleven o'clock and she's still sleeping • **il l'aime encore** he still loves her • **elle ne travaille pas encore** she's not working yet • **elle n'était encore jamais venue ici** she had never come here before

2. DE NOUVEAU

• **il m'a encore menti** he's lied to me again • **quoi encore ?** what now? • **l'ascenseur est en panne — encore !** the lift's out of order — not again! • **encore une fois, il est en retard** once more *ou* once again, he's late • **elle a encore acheté une nouvelle robe** she has bought yet another new dress

3. EN PLUS

• **j'en veux encore** I want some more • **encore de la glace ?** some more ice cream? • **encore une tasse ?** another cup? • **on a encore besoin de deux volontaires** we need two more volunteers • **encore un mois** one more month • **qu'est-ce que j'oublie encore ?** what else have I forgotten?

4. MARQUE LE RENFORCEMENT

• **c'est encore mieux/pire** it's even better/worse • **c'est encore plus cher ici !** it's even more expensive here!

■ **encore que** *loc conj*

although • **ce n'est pas mal, encore que ce ne soit pas parfait** although it's not perfect, it's not bad

■ **et encore** *loc adv*

• **j'ai eu le temps de prendre un sandwich, et encore !** I had time for a sandwich, but only just!

■ **si encore** *loc adv*

if only • **si encore il montrait un peu de bonne volonté !** if only he showed a little effort!

À PROPOS DE encore

Notez que dans la traduction des constructions avec *pas encore*, **yet** se place en fin de phrase.

• *Je n'ai pas encore terminé.* ***I haven't finished yet.***

• *Je ne les ai pas encore vus.* ***I haven't seen them yet.***

encourageant, e *adj* encouraging.

encouragement *nm (parole)* (word of) encouragement.

encourager *vt* to encourage • **encourager qqn à faire qqch** to encourage sb to do sthg.

encourir *vt sout* to incur.

encouru, e *pp* → **encourir.**

encrasser *vt* **1.** TECHNOL to clog up **2.** *fam (salir)* to make dirty *ou* filthy. ■ **s'encrasser** *vp* **1.** TECHNOL to clog up **2.** *fam (se salir)* to get dirty *ou* filthy.

encre *nf* ink • **encre indélébile** indelible ink.

encrer *vt* to ink.

encrier *nm* inkwell.

encroûter ■ **s'encroûter** *vp fam* to get into a rut • **s'encroûter dans ses habitudes** to become set in one's ways.

encyclopédie *nf* encyclopedia.

encyclopédique *adj* encyclopedic.

endémique *adj* endemic.

endetter ■ **s'endetter** *vp* to get into debt.

endeuiller *vt* to plunge into mourning.

endiablé, e *adj (frénétique)* frantic, frenzied.

endiguer *vt* **1.** *(fleuve)* to dam **2.** *fig (réprimer)* to stem.

endimanché, e *adj* in one's Sunday best.

endive *nf* chicory *(indén)* **(UK)**, endive **(US)**.

endoctriner *vt* to indoctrinate.

endolori, e *adj* painful, aching • **le corps tout endolori** aching all over • **mon pied était endolori** my foot hurt *ou* was aching.

endommager *vt* to damage.

endormi, e *adj* **1.** *(personne)* sleeping, asleep **2.** *fig (village)* sleepy **3.** *(jambe)* numb **4.** *(passion)* dormant **5.** *fam (apathique)* sluggish.

endormir *vt* **1.** *(assoupir, ennuyer)* to send to sleep **2.** *(anesthésier - patient)* to anaesthetize, anesthetize **(US)** ; *(- douleur)* to ease **3.** *fig (tromper)* to allay. ■ **s'endormir** *vp (s'assoupir)* to fall asleep.

endosser *vt* **1.** *(vêtement)* to put on **2.** FIN & DR to endorse • **endosser un chèque** to endorse a cheque **(UK)** *ou* check **(US)** **3.** *fig (responsabilité)* to take on.

endroit *nm* **1.** *(lieu, point)* place • **à quel endroit ?** where? **2.** *(passage)* part **3.** *(côté)* right side • **à l'endroit** the right way around.

enduire *vt* • **enduire qqch (de)** to coat sthg (with).

enduit, e *pp* → **enduire**. ■ **enduit** *nm* coating.

endurance *nf* endurance.

endurant, e *adj* tough, resilient.

endurcir *vt* to harden. ■ **s'endurcir** *vp* • **s'endurcir à** to become hardened to.

endurer *vt* to endure.

énergétique *adj* **1.** *(ressource)* energy *(avant nom)* **2.** *(aliment)* energy-giving.

énergie *nf* energy • **énergie éolienne** wind power *ou* energy • **énergie fossile** fuel energy • **énergie nucléaire** nuclear energy • **énergie renouvelable** renewable energy • **énergie solaire** solar power *ou* energy • **énergie verte** green energy.

énergique *adj* **1.** *(gén)* energetic **2.** *(remède)* powerful **3.** *(mesure)* drastic.

énergumène *nmf* rowdy character.

énervant, e *adj* annoying, irritating.

énervé, e *adj* **1.** *(irrité)* annoyed, irritated **2.** *(surexcité)* overexcited.

énerver *vt* to irritate, to annoy. ■ **s'énerver** *vp* **1.** *(être irrité)* to get annoyed **2.** *(être excité)* to get worked up *ou* excited.

enfance *nf* **1.** *(âge)* childhood **2.** *(enfants)* children *pl* **3.** *fig (débuts)* infancy **4.** *(de civilisation, de l'humanité)* dawn.

enfant *nmf (gén)* child • **attendre un enfant** to be expecting a baby. ■ **bon enfant** *loc adj* good-natured.

enfanter *vt littéraire* to give birth to.

enfantillage *nm* childishness *(indén)*.

enfantin, e *adj* **1.** *(propre à l'enfance)* childlike **2.** *péj* childish **3.** *(jeu, chanson)* children's *(avant nom)* **4.** *(facile)* childishly simple.

enfer *nm fig* RELIG hell. ■ **Enfers** *nmpl* • **les Enfers** the Underworld *sing*.

enfermer *vt (séquestrer, ranger)* to shut away. ■ **s'enfermer** *vp* to shut o.s. away *ou* up • **s'enfermer dans** *fig* to retreat into.

enfilade *nf* row.

enfiler *vt* **1.** *(aiguille, sur un fil)* to thread **2.** *(vêtements)* to slip on.

enfin *adv* **1.** *(en dernier lieu)* finally, at last **2.** *(dans une liste)* lastly **3.** *(avant une récapitulation)* in a word, in short **4.** *(introduit une rectification)* that is, well **5.** *(introduit une concession)* anyway, still, however.

enflammer *vt* **1.** *(bois)* to set fire to **2.** *fig (exalter)* to inflame. ■ **s'enflammer** *vp* **1.** *(bois)* to catch fire **2.** *fig (s'exalter)* to flare up.

enflé, e *adj (style)* turgid.

enfler *vi* to swell (up).

enfoncer *vt* **1.** *(faire pénétrer)* to drive in • **enfoncer qqch dans qqch** to drive sthg into sthg **2.** *(enfouir)* • **enfoncer ses mains dans ses poches** to thrust one's hands into one's pockets **3.** *(défoncer)* to break down. ■ **s'enfoncer** *vp* **1.** • **s'enfoncer dans a)** *(eau, boue)* to sink into **b)** *(bois, ville)* to disappear into **2.** *(s'affaisser)* to give way **3.** *(aggraver son cas)* to get into deep *ou* deeper waters, to make matters worse.

enfouir *vt* **1.** *(cacher)* to hide **2.** *(ensevelir)* to bury.

enfourcher *vt* to get on, to mount.

enfourner *vt* **1.** *(pain)* to put in the oven **2.** *fam (avaler)* to gobble up.

enfreindre *vt* to infringe.

enfreint, e *pp* → **enfreindre**.

enfuir ■ **s'enfuir** *vp (fuir)* to run away.

enfumer *vt* to fill with smoke.

engagé, e *adj* committed.

engageant, e *adj* engaging.

engagement *nm* **1.** *(promesse)* commitment **2.** DR contract **3.** *(MIL - de soldats)* enlistment ; *(- combat)* engagement **4.** *(football, rugby)* kickoff.

engager *vt* **1.** *(lier)* to commit **2.** *(embaucher)* to take on, to engage **3.** *(faire entrer)* • **engager qqch dans** to insert sthg into **4.** *(commencer)* to start **5.** *(impliquer)* to involve **6.** *(encourager)* • **engager qqn à faire qqch** to urge sb to do sthg. ■ **s'engager** *vp* **1.** *(promettre)* • **s'engager à qqch/à faire qqch** to commit o.s. to sthg/to doing sthg **2.** MIL • **s'engager (dans)** to enlist (in) **3.** *(pénétrer)* • **s'engager dans** to enter.

engelure *nf* chilblain.

engendrer *vt* **1.** *littéraire* to father **2.** *fig (produire)* to cause, to give rise to **3.** *(sentiment)* to engender.

engin *nm* **1.** *(machine)* machine • **engin de terrassement** earthmover **2.** MIL missile **3.** *fam & péj (objet)* thing.

englober *vt* to include.

engloutir *vt* **1.** *(dévorer)* to gobble up **2.** *(faire disparaître)* to engulf **3.** *fig (dilapider)* to squander.

engorger *vt* **1.** *(obstruer)* to block, to obstruct **2.** MÉD to engorge. ■ **s'engorger** *vp* **1.** *(tuyau)* to become blocked, to get blocked **2.** *(route)* to get congested.

engouement *nm (enthousiasme)* infatuation.

engouffrer *vt fam (dévorer)* to wolf down. ■ **s'engouffrer** *vp* • **s'engouffrer dans** to rush into.

engourdi, e *adj* **1.** numb **2.** *fig* dull.

engourdir *vt* **1.** to numb **2.** *fig* to dull. ■ **s'engourdir** *vp* to go numb.

engrais *nm* fertilizer • **engrais chimiques** chemical fertilizers.

engraisser *vt* **1.** *(animal)* to fatten **2.** *(terre)* to fertilize. ❑ *vi* to put on weight.

engrenage *nm* **1.** TECHNOL gears *pl* **2.** *fig (circonstances)* • **être pris dans l'engrenage** to be caught up in the system.

engueulade *nf fam* bawling out.

engueuler *vt fam* • **engueuler qqn** to bawl sb out. ■ **s'engueuler** *vp fam* to have a row, to have a slanging match **(UK)**.

enhardir *vt* to make bold. ■ **s'enhardir** *vp* to pluck up one's courage.

énième *adj fam* • **la énième fois** the nth time.

énigmatique *adj* enigmatic.

énigme *nf* **1.** *(mystère)* enigma **2.** *(jeu)* riddle.

enivrant, e *adj litt & fig* intoxicating.

enivrer *vt* **1.** *litt* to get drunk **2.** *fig* to intoxicate. ■ **s'enivrer** *vp* • **s'enivrer (de) a)** *litt* to get drunk (on) **b)** *fig* to become intoxicated (with).

enjambée *nf* stride.

enjamber *vt* **1.** *(obstacle)* to step over **2.** *(cours d'eau)* to straddle.

enjeu *nm* **1.** *(ce que l'on peut gagner ou perdre)* stake • **l'enjeu d'une guerre** the stakes of war • **c'est un enjeu important** the stakes are high • **quel est l'enjeu de cet accord ?** what's at stake in this agreement? • **il n'y a pas vraiment d'enjeu dans cette élection** there's not much at stake in this election • **mesurer l'enjeu** to be aware of what is at stake **2.** *(défi)* challenge • **c'est un enjeu de taille pour l'entreprise** it's a major challenge for the company.

enjoindre *vt littéraire* • **enjoindre à qqn de faire qqch** to enjoin sb to do sthg.

enjoint *pp inv* → **enjoindre**.

enjôler *vt* to coax.

enjôleur, euse *adj* wheedling. ❑ *nm, f* wheedler.

enjoliver *vt* to embellish.

enjoliveur *nm* **1.** *(de roue)* hubcap **2.** *(de calandre)* badge.

enjoué, e *adj* cheerful.

enlacer *vt (prendre dans ses bras)* to embrace, to hug. ■ **s'enlacer** *vp (s'embrasser)* to embrace, to hug.

enlaidir *vt* to make ugly. ❑ *vi* to become ugly.

enlèvement *nm* **1.** *(action d'enlever)* removal **2.** *(rapt)* abduction.

enlever *vt* **1.** *(gén)* to remove **2.** *(vêtement)* to take off **3.** *(prendre)* • **enlever qqch à qqn** to take sthg away from sb **4.** *(kidnapper)* to abduct.

enliser ■ **s'enliser** *vp* **1.** *(s'embourber)* to sink, to get stuck **2.** *fig (piétiner)* • **s'enliser dans qqch** to get bogged down in sthg.

enluminure *nf* illumination.

enneigé, e *adj* snow-covered.

ennemi, e *adj* enemy *(avant nom)*. ❑ *nm, f* enemy.

ennui *nm* **1.** *(lassitude)* boredom **2.** *(contrariété)* annoyance • **l'ennui, c'est que...** the annoying thing is that... **3.** *(problème)* problem • **avoir des ennuis** to have problems.

ennuyer *vt* **1.** *(agacer, contrarier)* to annoy • **cela t'ennuierait de venir me chercher ?** would you mind picking me up? **2.** *(lasser)* to bore **3.** *(inquiéter)* to bother. ■ **s'ennuyer** *vp* **1.** *(se morfondre)* to be bored **2.** *(déplorer l'absence)* • **s'ennuyer de qqn/qqch** to miss sb/sthg.

ennuyeux, euse *adj* **1.** *(lassant)* boring **2.** *(contrariant)* annoying.

énoncé *nm (libellé)* wording.

énoncer *vt* **1.** *(libeller)* to word **2.** *(exposer)* to expound **3.** *(théorème)* to set forth.

énorme *adj* **1.** *litt & fig (immense)* enormous **2.** *fam & fig (incroyable)* far-fetched.

énormément *adv* enormously • **énormément de** a great deal of.

énormité *nf* **1.** *(gigantisme)* enormity **2.** *(absurdité)* • **dire des énormités** to say the most stupid things.

enquête *nf* **1.** *(de police, recherches)* investigation **2.** *(sondage)* survey.

enquêter *vi* **1.** *(police, chercheur)* to investigate • **enquêter sur un meurtre** to investigate a murder **2.** *(sonder)* to conduct a survey.

enquiquiner *fam vt* **1.** *(ennuyer)* to bore (stiff) **2.** *(irriter)* to bug **3.** *(importuner)* • **se faire enquiquiner** to be hassled. ■ **s'enquiquiner** *vpi* **1.** *(s'ennuyer)* to be bored (stiff) **2.** *(se donner du mal)* • **s'enquiquiner à : je ne vais pas m'enquiquiner à tout recopier** I don't feel like copying it out again.

enraciner *vt* **1.** *(planter)* to dig in **2.** *fig (idée, préjugé)* to implant. ■ **s'enraciner** *vp* **1.** *(plante, idée)* to take root **2.** *(personne)* to put down roots.

enragé, e *adj* **1.** *(chien)* rabid, with rabies **2.** *fig (invétéré)* keen.

enrager *vi* to be furious • **faire enrager qqn** to infuriate sb.

enrayer *vt* **1.** *(épidémie)* to check, to stop **2.** *(mécanisme)* to jam. ■ **s'enrayer** *vp (mécanisme)* to jam.

enregistrement *nm* **1.** *(de son, d'images, d'informations)* recording **2.** *(inscription)* registration **3.** *(à l'aéroport)* check-in • **enregistrement des bagages** baggage registration.

enregistrer *vt* **1.** *(son, images, informations)* to record • **n'oublie pas d'enregistrer le documentaire** don't forget to record the documentary • **ils sont en train d'enregistrer** they're doing *ou* making a recording • **musique enregistrée** taped *ou* recorded music **2.** INFORM to save • **'enregistrer sous'** 'save as' • **j'ai dû enregistrer le fichier sur ma clé** I had to save the file on my flash drive **3.** *(inscrire)* to register **4.** *(à l'aéroport)* to check in **5.** *fam (mémoriser)* to make a mental note of.

enrhumé, e *adj* • **je suis enrhumé** I have a cold.

enrhumer ■ **s'enrhumer** *vp* to catch (a) cold.

enrichir *vt* **1.** *(financièrement)* to make rich **2.** *fig (terre)* to enrich. ■ **s'enrichir** *vp* **1.** *(financièrement)* to grow rich **2.** *fig (sol)* to become enriched.

enrichissant, e *adj* enriching.

enrobé, e *adj* **1.** *(recouvert)* • **enrobé de** coated with **2.** *fam (grassouillet)* plump.

enrober *vt (recouvrir)* • **enrober qqch de** to coat sthg with. ▪ **s'enrober** *vp* to put on weight.

enrôler *vt* **1.** to enrol **(UK)**, to enroll **(US) 2.** *MIL* to enlist. ▪ **s'enrôler** *vp* **1.** to enrol **(UK)**, to enroll **(US) 2.** *MIL* to enlist.

enroué, e *adj* hoarse.

enrouler *vt* to roll up • **enrouler qqch autour de qqch** to wind sthg around sthg. ▪ **s'enrouler** *vp* **1.** *(entourer)* • **s'enrouler sur** *ou* **autour de qqch** to wind around sthg **2.** *(se pelotonner)* • **s'enrouler dans qqch** to wrap o.s. up in sthg.

ensabler *vt* to silt up. ▪ **s'ensabler** *vp* to silt up.

enseignant, e *adj* teaching *(avant nom)*. ❑ *nm, f* teacher.

enseigne *nf* **1.** *(de commerce)* sign • **enseigne lumineuse** neon sign **2.** *(drapeau, soldat)* ensign.

enseignement *nm* **1.** *(métier)* teaching • **il est dans l'enseignement** he's a teacher **2.** *(instruction)* education • **enseignement primaire** primary education • **enseignement privé** private education • **enseignement secondaire** secondary education **3.** *(leçon)* lesson.

enseigner *vt* *litt* & *fig* to teach • **enseigner qqch à qqn** to teach sb sthg, to teach sthg to sb.

ensemble *adv* together • **aller ensemble** to go together. ❑ *nm* **1.** *(totalité)* whole • **idée d'ensemble** general idea • **dans l'ensemble** on the whole **2.** *(harmonie)* unity **3.** *(vêtement)* outfit **4.** *(série)* collection **5.** *MATH* set **6.** *MUS* ensemble **7.** *(d'immeubles)* • **grand ensemble** housing estate **(UK)** *ou* project **(US)**.

ensemencer *vt* **1.** *(terre)* to sow **2.** *(rivière)* to stock.

enserrer *vt* **1.** *(entourer)* to encircle **2.** *fig* to imprison.

ensevelir *vt* *litt* & *fig* to bury.

ensoleillé, e *adj* sunny.

ensoleillement *nm* sunshine.

ensommeillé, e *adj* sleepy.

ensorceler *vt* to bewitch.

ensuite *adv* **1.** *(après, plus tard)* after, afterwards, later **2.** *(puis)* then, next, after that • **et ensuite ?** what then?, what next?

ensuivre ▪ **s'ensuivre** *vp* to follow • **il s'ensuit que** it follows that.

entaille *nf* cut.

entailler *vt* to cut.

entame *nf* first slice.

entamer *vt* **1.** *(gâteau, fromage)* to start (on) **2.** *(bouteille, conserve)* to start, to open **3.** *(capital)* to dip into **4.** *(cuir, réputation)* to damage **5.** *(courage)* to shake.

entartrer *vt* to scale, to fur up. ▪ **s'entartrer** *vp* to scale, to fur up.

entasser *vt* **1.** *(accumuler, multiplier)* to pile up **2.** *(serrer)* to squeeze. ▪ **s'entasser** *vp* **1.** *(objets)* to pile up **2.** *(personnes)* • **s'entasser dans** to squeeze into.

entendement *nm* understanding.

entendre *vt* **1.** *(percevoir, écouter)* to hear • **entendre parler de qqch** to hear of *ou* about sthg **2.** *sout* *(comprendre)* to understand • **laisser entendre que** to imply that **3.** *sout* *(vouloir)* • **entendre faire qqch** to intend to do sthg **4.** *(vouloir dire)* to mean. ▪ **s'entendre** *vp* **1.** *(sympathiser)* • **s'entendre avec qqn** to get on with sb **2.** *(s'accorder)* to agree.

entendu, e *pp* → **entendre**. ❑ *adj* **1.** *(compris)* agreed, understood **2.** *(complice)* knowing.

entente *nf* **1.** *(harmonie)* understanding **2.** *(accord)* agreement.

entériner *vt* to ratify.

enterrement *nm* burial.

enterrer *vt* *litt* & *fig* to bury • **enterrer sa vie de garçon** to have a stag party.

entêtant, e *adj* heady.

en-tête *nm* heading. ▪ **à en-tête** *loc adj (papier, bristol)* headed • **papier à en-tête de la compagnie** company notepaper.

À PROPOS DE

en-tête

L'adresse de la personne doit figurer en haut de la page à droite, avec la date du même côté. Le nom de la société ou la personne à qui le courrier est adressé doit être mentionnée plus bas à gauche.

Si le courrier est purement formel et qu'il n'est pas destiné à une personne en particulier, on débute par ***Dear Sir*** ou ***Dear Madam*** ou lorsque l'on ne connaît pas le sexe de la personne par ***Dear Sir/Madam***. Sinon on commence par ***Dear Mr X, Mrs X, Dr X***, etc.

Les courriers adressés aux amis débutent par ***Dear***, suivi du prénom, ou par ***Dearest*** ou ***My Dearest*** quand il s'agit d'amis proches.

Dans tous les cas, la lettre se poursuit après un saut de ligne et débute par une majuscule.

À PROPOS DE

écrire l'en-tête d'une lettre

Dans les courriers formels, on indique son nom, sa fonction au sein de la société, le nom du département dont on fait partie, l'adresse de la compagnie (avec comme sur le libellé d'une enveloppe, le numéro et le nom de la rue, le nom de la ville et le code postal), son numéro de téléphone débutant par +, suivi de l'indicatif du pays, du code régional avec le zéro entre parenthèses puisqu'il n'est pas composé lors d'un appel passé depuis l'étranger : +44 (0) 20 et du numéro personnel ; enfin, son numéro de fax et son adresse e-mail.

entêté, e *adj* stubborn.

entêter ■ **s'entêter** *vp* to persist • **s'entêter à faire qqch** to persist in doing sthg.

enthousiasme *nm* enthusiasm.

enthousiasmer *vt* to fill with enthusiasm. ■ **s'enthousiasmer** *vp* • **s'enthousiasmer pour** to be enthusiastic about.

enthousiaste *nmf* enthusiast. ❑ *adj* enthusiastic.

enticher ■ **s'enticher** *vp* • **s'enticher de qqn/qqch** to become obsessed with sb/sthg.

entier, ère *adj* whole, entire. ■ **en entier** *loc adv* in its/their entirety.

entièrement *adv* **1.** *(complètement)* fully **2.** *(pleinement)* wholly, entirely.

entité *nf* entity.

entonner *vt (chant)* to strike up.

entonnoir *nm* **1.** *(instrument)* funnel **2.** *(cavité)* crater.

entorse *nf* MÉD sprain • **se faire une entorse à la cheville/au poignet** to sprain one's ankle/wrist.

entortiller *vt* **1.** *(entrelacer)* to twist **2.** *(envelopper)* • **entortiller qqch autour de qqch** to wrap sthg around sthg **3.** *fam & fig (personne)* to sweet-talk.

entourage *nm (milieu)* entourage.

entourer *vt* **1.** *(enclore, encercler)* • **entourer (de)** to surround (with) **2.** *fig (soutenir)* to rally round.

entourloupette *nf fam* dirty trick.

entournure *nf* • **être gêné aux entournures a)** *fig (financièrement)* to feel the pinch **b)** *(être mal à l'aise)* to feel awkward.

entracte *nm* **1.** interval **(UK)**, intermission **(US)** • **à l'entracte** in the interval **2.** *fig* interlude.

entraide *nf* mutual assistance.

entrailles *nfpl* **1.** *(intestins)* entrails **2.** *sout (profondeurs)* depths.

entrain *nm* drive.

entraînant, e *adj* **1.** *(chanson)* catchy, swinging **2.** *(rythme)* swinging, lively **3.** *(style, éloquence)* rousing, stirring.

entraînement *nm* **1.** *(préparation)* practice **2.** SPORT training.

entraîner *vt* **1.** TECHNOL to drive **2.** *(tirer)* to pull **3.** *(susciter)* to lead to **4.** SPORT to coach **5.** *(emmener)* to take along **6.** *(séduire)* to influence • **entraîner qqn à faire qqch** to talk sb into sthg. ■ **s'entraîner** *vp* **1.** *(gén)* to practise **(UK)**, to practice **(US)** • **s'entraîner à faire qqch** to practise **(UK)** *ou* practice **(US)** doing sthg **2.** SPORT to train • **je m'entraîne tous les matins** I train every morning • **s'entraîner pour les** *ou* **en vue des jeux Olympiques** to be in training *ou* to train for the Olympic Games • **s'entraîner au saut à la perche** to be in training *ou* to train for the pole vault.

entraîneur, euse *nm,f* trainer, coach.

entrave *nf* **1.** hobble **2.** *fig* obstruction.

entraver *vt* **1.** to hobble **2.** *fig* to hinder.

entre *prép* **1.** *(gén)* between **2.** *(parmi)* among • **entre nous** between you and me, between ourselves • **l'un d'entre nous ira** one of us will go • **généralement ils restent entre eux** they tend to keep themselves to themselves • **ils se battent entre eux** they're fighting among *ou* amongst themselves. ■ **entre autres** *loc prép* • **entre autres (choses)** among other things.

entrebâiller *vt* to open slightly.

entrechat *nm* **1.** *(danse)* entrechat **2.** *(saut)* leap • **faire des entrechats** to leap around.

entrechoquer *vt* to bang together. ■ **s'entrechoquer** *vp* to bang into each other.

entrecôte *nf* entrecôte.

entrecouper *vt* to intersperse.

entrecroiser *vt* to interlace. ■ **s'entrecroiser** *vp* to intersect.

entrée *nf* **1.** *(arrivée, accès)* entry, entrance • **'entrée interdite'** 'no admittance' • **'entrée libre' a)** *(dans un musée)* 'admission free' **b)** *(dans une boutique)* 'browsers welcome' **2.** *(porte)* entrance **3.** *(vestibule)* (entrance) hall **4.** *(billet)* ticket **5.** *(plat)* starter, first course.

entrefaites *nfpl* • **sur ces entrefaites** just at that moment.

entrefilet *nm* paragraph.

entrejambe *nm* crotch.

entrelacer *vt* to intertwine.

entrelarder *vt* **1.** CULIN to lard **2.** *fig (discours)* • **entrelarder de** to lace with.

entremêler *vt* to mix • **entremêler de** to mix with.

entremets *nm* dessert.

entremettre ■ **s'entremettre** *vp* • **s'entremettre (dans)** to mediate (in).

entremise *nf* intervention • **par l'entremise de** through.

entrepont *nm* steerage.

entreposer *vt* to store.

entrepôt *nm* warehouse.

entreprendre *vt* **1.** to undertake **2.** *(commencer)* to start • **entreprendre de faire qqch** to undertake to do sthg.

entrepreneur, euse *nm,f (de services)* CONSTR contractor.

entrepris, e *pp* → **entreprendre**.

entreprise *nf* **1.** *(travail, initiative)* enterprise **2.** *(société)* company.

entrer *vi* **1.** *(pénétrer)* to enter, to go/come in • **entrer dans a)** *(gén)* to enter **b)** *(pièce)* to go/come into **c)** *(bain, voiture)* to get into **2.** *fig (sujet)* to go into • **entrer par** to go in *ou* enter by

• **faire entrer qqn** to show sb in • **faire entrer qqch** to bring sthg in **3.** *(faire partie)* • **entrer dans** to go into, to be part of **4.** *(être admis, devenir membre)* • **entrer à** *(club, parti)* to join • **entrer dans a)** *(les affaires, l'enseignement)* to go into **b)** *(la police, l'armée)* to join • **entrer à l'université** to go to university **(UK)** *ou* college **(US)** • **entrer à l'hôpital** to go into hospital **(UK)**, to enter the hospital **(US)**. ❑ *vt* **1.** *(gén)* to bring in **2.** INFORM to enter, to input.

entresol *nm* mezzanine.

entre-temps *adv* meanwhile.

entretenir *vt* **1.** *(faire durer)* to keep alive **2.** *(cultiver)* to maintain **3.** *(soigner)* to look after **4.** *(personne, famille)* to support **5.** *(parler à)* • **entretenir qqn de qqch** to speak to sb about sthg. ■ **s'entretenir** *vp (se parler)* • **s'entretenir (de)** to talk (about).

entretien *nm* **1.** *(de voiture, jardin)* maintenance, upkeep • **il est chargé de l'entretien du parc** he's in charge of park maintenance **2.** *(conversation)* discussion • **entretien d'embauche** job interview **3.** *(colloque)* debate.

entre-tuer, entretuer ■ **s'entre-tuer, s'entretuer** *vp* to kill each other.

entrevoir *vt* **1.** *(distinguer)* to make out **2.** *(voir rapidement)* to see briefly **3.** *fig (deviner)* to glimpse.

entrevue *nf* meeting.

entrouvert, e *adj* half-open.

entrouvrir *vt* to open partly. ■ **s'entrouvrir** *vp* to open partly.

énumération *nf* enumeration.

énumérer *vt* to enumerate.

env. (abrév de **environ**) approx.

envahir *vt* **1.** *(gén)* MIL to invade **2.** *fig (sujet : sommeil, doute)* to overcome **3.** *fig (déranger)* to intrude on.

envahissant, e *adj* **1.** *(herbes)* invasive **2.** *(personne)* intrusive.

envahisseur *nm* invader.

enveloppe *nf* **1.** *(de lettre)* envelope • **enveloppe timbrée** stamped addressed envelope **(UK)**, self-addressed stamped envelope **(US)** **2.** *(d'emballage)* covering **3.** *(membrane)* membrane **4.** *(de graine)* husk.

envelopper *vt* **1.** *(emballer)* to wrap (up) **2.** *(sujet : brouillard)* to envelop **3.** *(déguiser)* to mask. ■ **s'envelopper** *vp* • **s'envelopper dans** to wrap o.s. up in.

envenimer *vt* **1.** *(blessure)* to infect **2.** *fig (querelle)* to poison. ■ **s'envenimer** *vp* **1.** *(s'infecter)* to become infected **2.** *fig (se détériorer)* to become poisoned.

envergure *nf* **1.** *(largeur)* span **2.** *(d'oiseau, d'avion)* wingspan **3.** *fig (qualité)* calibre **(UK)** *ou* caliber **(US)** **4.** *fig (importance)* scope • **prendre de l'envergure** to expand.

envers[1] *prép* towards **(UK)**, toward **(US)**.

À PROPOS DE

rédiger une enveloppe

Le titre de la personne à laquelle le courrier est destiné doit être indiqué avant son prénom et son nom (***Mr Oliver Twayne***, ***Mrs Amanda Sutton***, ***Dr James Parker***, ***Professor John Taylor***, etc).
Le nom des sociétés doit être mentionné en totalité et les numéros d'appartement ou de rues précèdent l'adresse (***Flat 4, Hereford Road***). Les abréviations sont courantes : ***Rd*** (Road), ***St*** (Street), ***Ave*** (Avenue), ***Tce*** (Terrace), ***Gdns*** (Gardens), ***Sq*** (Square).
Le nom des villes est suivi, sur la ligne suivante, par celui de la région (en Angleterre) ou de l'État (aux États-Unis) : les régions anglaises sont couramment abrégées (***N Yorks*** pour North Yorkshire ou ***Hants*** pour Hampshire). Les codes postaux sont toujours mentionnés après, par exemple (***Burke / Virginia 22051 / USA***).

envers[2] *nm* **1.** *(de tissu)* wrong side **2.** *(de feuillet)* back **3.** *(de médaille)* reverse **4.** *(face cachée)* other side. ■ **à l'envers** *loc adv* **1.** *(vêtement)* inside out **2.** *(portrait, feuille)* upside down **3.** *fig* the wrong way.

envi ■ **à l'envi** *loc adv littéraire* trying to outdo each other.

envie *nf* **1.** *(désir)* desire • **avoir envie de qqch/de faire qqch** to feel like sthg/like doing sthg, to want sthg/to do sthg **2.** *(convoitise)* envy • **ce tailleur me fait envie** I'd love to buy that suit.

envier *vt* to envy.

envieux, euse *adj* envious. ❑ *nm, f* envious person • **faire des envieux** to make other people envious.

environ *adv (à peu près)* about.

environnement *nm* **1.** environment **2.** INFORM environment, platform.

environnemental, e *adj* environmental.

environs *nmpl* (surrounding) area *sing* • **aux environs de a)** *(lieu)* near **b)** *(époque)* around, round about **(UK)**.

envisageable *adj* conceivable • **ce n'est guère envisageable** it hardly seems possible.

envisager *vt* to consider • **envisager de faire qqch** to be considering doing sthg.

envoi *nm* **1.** *(action)* sending, dispatch **2.** *(colis)* parcel **(UK)**, package **(US)** **3.** INTERNET • **envoi multiple** crossposting • **faire un envoi multiple** to cross-post.

envol *nm* takeoff.

envolée *nf* **1.** *(d'oiseaux)* flight **2.** *(augmentation)* • **l'envolée du dollar** the rapid rise in the value of the dollar.

envoler ■ **s'envoler** *vp* **1.** *(oiseau)* to fly away **2.** *(avion)* to take off **3.** *(disparaître)* to disappear into thin air.

envoûtant, e *adj* spellbinding, bewitching, entrancing.

envoûter *vt* to bewitch.

envoyé, e *adj* • **bien envoyé** well-aimed. ❑ *nm,f* envoy.

envoyer *vt* to send • **envoyer qqch à qqn a)** *(expédier)* to send sb sthg, to send sthg to sb **b)** *(jeter)* to throw sb sthg, to throw sthg to sb • **envoyer qqn faire qqch** to send sb to do sthg • **envoyer chercher qqn/qqch** to send for sb/sthg • **envoyer qqn par terre** to knock sb to the ground.

À PROPOS DE

envoyer

• *envoyer qqch à qqn* ***send sthg to sb*** *ou* ***send sb sthg***

Il faut noter la construction à double complément qui en anglais peut prendre deux formes dont le sens est le même :

1. une structure identique à celle du français : verbe + COD + préposition + COI ***send sthg to sb***

2. une structure qui diffère de celle du français, sans préposition, et dans laquelle l'ordre des compléments est inversé : verbe + COI + COD ***send sb sthg***

• *Marie envoie toujours des cartes postales à ses parents lorsqu'elle est en voyage.* ***Marie always*** **sends postcards to** ***her parents when she's travelling*** *ou* ***Marie always*** **sends her parents postcards** ***when she's travelling.***

enzyme *nmf* enzyme.

éolien *nm* • **l'éolien** wind energy *ou* power • **l'éolien va se développer dans les années à venir** wind power will develop over the coming years.

éolienne *nf* windmill *(for generating power)*, wind turbine.

épagneul *nm* spaniel.

épais, aisse *adj* **1.** *(large, dense)* thick **2.** *(grossier)* crude.

épaisseur *nf* **1.** *(largeur, densité)* thickness • **ça fait un centimètre d'épaisseur** it's one centimetre thick **2.** *fig (consistance)* depth.

épaissir *vt & vi* to thicken. ■ **s'épaissir** *vp* **1.** *(liquide)* to thicken **2.** *fig (mystère)* to deepen.

épanchement *nm* **1.** *(effusion)* outpouring **2.** MÉD effusion.

épancher *vt* to pour out. ■ **s'épancher** *vp (se confier)* to pour one's heart out.

épanoui, e *adj* **1.** *(fleur)* in full bloom **2.** *(expression)* radiant **3.** *(corps)* fully formed • **aux formes épanouies** well-rounded.

épanouir *vt (personne)* to make happy. ■ **s'épanouir** *vp* **1.** *(fleur)* to open **2.** *(visage)* to light up **3.** *(corps)* to fill out **4.** *(personnalité)* to blossom.

épanouissement *nm* **1.** *(de fleur)* blooming, opening **2.** *(de visage)* brightening **3.** *(de corps)* filling out **4.** *(de personnalité)* flowering.

épargnant, e *nm,f* saver.

épargne *nf* **1.** *(action, vertu)* saving **2.** *(somme)* savings *pl* • **épargne logement** savings account *(to buy property)* • **épargne salariale** employee savings.

épargner *vt* **1.** *(gén)* to spare • **épargner qqch à qqn** to spare sb sthg **2.** *(économiser)* to save.

éparpiller *vt* **1.** *(choses, personnes)* to scatter **2.** *fig (forces)* to dissipate. ■ **s'éparpiller** *vp* **1.** *(se disperser)* to scatter **2.** *fig (perdre son temps)* to lack focus.

épars, e *adj sout* **1.** *(objets)* scattered **2.** *(végétation, cheveux)* sparse.

épatant, e *adj fam* great.

épaté, e *adj* **1.** *(nez)* flat **2.** *fam (étonné)* amazed.

épaule *nf* shoulder.

épauler *vt* to support, to back up.

épaulette *nf* **1.** MIL epaulet **2.** *(rembourrage)* shoulder pad.

épave *nf* wreck.

épée *nf* sword.

épeler *vt* to spell.

éperdu, e *adj (sentiment)* passionate • **éperdu de** *(personne)* overcome with.

éperon *nm* **1.** *(de cavalier, de montagne)* spur **2.** *(de navire)* ram.

éperonner *vt* to spur on.

épervier *nm* sparrowhawk.

éphèbe *nm hum* Adonis.

éphémère *adj (bref)* ephemeral, fleeting. ❑ *nm* ZOOL mayfly.

éphéméride *nf* tear-off calendar.

épi *nm* **1.** *(de céréale)* ear **2.** *(cheveux)* tuft.

épice *nf* spice.

épicé, e *adj* spicy.

épicéa *nm* spruce.

épicer *vt (plat)* to spice.

épicerie *nf* **1.** *(magasin)* grocer's (shop) **(UK)**, grocery (store) **(US) 2.** *(denrées)* groceries *pl.*

épicier, ère *nm,f* grocer.

épidémie *nf* epidemic.

épidémiologiste *nmf* epidemiologist.

épiderme *nm* epidermis.

épier *vt* **1.** *(espionner)* to spy on **2.** *(observer)* to look for.

épilateur *nm* hair remover.

épilation *nf* hair removal • **épilation à la cire** waxing.

épilepsie *nf* epilepsy.

épiler *vt* **1.** *(jambes)* to remove hair from **2.** *(sourcils)* to pluck. ■ **s'épiler** *vp* **1.** • **s'épiler les jambes** to remove the hair from one's legs **2.** *(à la cire)* to wax one's legs **3.** • **s'épiler les sourcils** to pluck one's eyebrows.

épilogue *nm* **1.** *(de roman)* epilogue **2.** *(d'affaire)* outcome.

épinards *nmpl* spinach *(indén).*

épine *nf (piquant - de rosier)* thorn ; *(- de hérisson)* spine.

épineux, euse *adj* thorny.

épingle *nf (instrument)* pin • **épingle à cheveux** hairpin • **épingle à nourrice** safety pin.

épingler *vt* **1.** *(fixer)* to pin (up) **2.** *fam & fig (arrêter)* to nab, to nick **(UK).**

épinière → **moelle.**

Épiphanie *nf* Epiphany.

épique *adj* epic.

épiscopal, e *adj* episcopal.

épisode *nm* episode.

épisodique *adj* **1.** *(occasionnel)* occasional **2.** *(secondaire)* minor.

épistolaire *adj* **1.** *(échange)* of letters • **être en relations épistolaires avec qqn** to be in (regular) correspondence with sb **2.** *(roman)* epistolary.

épitaphe *nf* epitaph.

épithète *nf* **1.** GRAMM attribute **2.** *(qualificatif)* term. ❑ *adj* attributive.

épître *nf* epistle.

éploré, e *adj* **1.** *(personne)* in tears **2.** *(visage, air)* tearful.

épluche-légumes *nm inv* potato peeler.

éplucher *vt* **1.** *(légumes)* to peel **2.** *(textes)* to dissect **3.** *(comptes)* to scrutinize.

épluchure *nf* peelings *pl.*

éponge *nf* sponge • **passer l'éponge** *fig* to let bygones be bygones.

éponger *vt* **1.** *(liquide, déficit)* to mop up **2.** *(visage)* to mop, to wipe.

épopée *nf* epic.

époque *nf* **1.** *(de l'année)* time • **à l'époque j'habitais Paris** at the time I lived in Paris **2.** *(de l'histoire)* period.

épouiller *vt* to delouse.

époumoner ■ **s'époumoner** *vp* to shout o.s. hoarse.

épouse → **époux.**

épouser *vt* **1.** *(personne)* to marry **2.** *(forme)* to hug **3.** *fig (idée, principe)* to espouse.

épousseter *vt* to dust.

époustouflant, e *adj fam* amazing.

épouvantable *adj* dreadful.

épouvantail *nm* **1.** *(à moineaux)* scarecrow **2.** *fig* bogeyman.

épouvante *nf* terror, horror • **film d'épouvante** horror film **(UK)** *ou* movie **(US).**

épouvanter *vt* to terrify.

époux, épouse *nm, f* spouse.

éprendre ■ **s'éprendre** *vp sout* • **s'éprendre de** to fall in love with.

épreuve *nf* **1.** *(essai, examen)* test • **à l'épreuve du feu** fireproof • **à l'épreuve des balles** bulletproof • **épreuve de force** *fig* trial of strength **2.** *(malheur)* ordeal **3.** SPORT event **4.** TYPO proof **5.** PHOTO print.

épris, e *pp* → **éprendre.** ❑ *adj sout* • **épris de** in love with.

éprouvant, e *adj* testing, trying.

éprouver *vt* **1.** *(tester)* to test **2.** *(ressentir)* to feel **3.** *(faire souffrir)* to distress • **être éprouvé par** to be afflicted by **4.** *(difficultés, problèmes)* to experience.

éprouvette *nf* **1.** *(tube à essai)* test tube **2.** *(échantillon)* sample.

EPS (abrév de éducation physique et sportive) *nf* PE.

épuisant, e *adj* exhausting.

épuisé, e *adj* **1.** *(personne, corps)* exhausted **2.** *(marchandise)* sold out, out of stock **3.** *(livre)* out of print.

épuisement *nm* exhaustion.

épuiser *vt* to exhaust.

épuisette *nf* landing net.

épuration *nf* **1.** *(des eaux)* purification **2.** POLIT purge.

épurer *vt* **1.** *(eau, huile)* to purify **2.** POLIT to purge.

équarrir *vt* **1.** *(animal)* to cut up **2.** *(poutre)* to square.

équateur *nm* equator • **sous l'équateur** on the equator.

Équateur *nm* • **l'Équateur** Ecuador.

équation *nf* equation.

équatorial, e *adj* equatorial.

équerre *nf* **1.** *(instrument)* set square **(UK),** triangle **(US) 2.** *(en T)* T-square.

équestre *adj* equestrian.

équilatéral, e *adj* equilateral.

équilibre *nm* **1.** *(gén)* balance • **il a perdu l'équilibre** he lost his balance **2.** *(psychique)* stability.

équilibré, e *adj* **1.** *(personne)* well-balanced **2.** *(vie)* stable **3.** ARCHIT • **aux proportions équilibrées** well-proportioned.

équilibrer *vt* to balance. ■ **s'équilibrer** *vp* to balance each other out.

équilibriste *nmf* tightrope walker.

équinoxe *nm* equinox • **équinoxe de printemps/d'automne** spring/autumn *ou* fall **(US)** equinox.

équipage *nm* crew.

équipe *nf* team • **l'équipe de handball** the handball team.

équipé, e *adj* • **cuisine équipée** fitted kitchen.

équipement *nm* **1.** *(matériel)* equipment • **équipement électroménager** electrical appliances **2.** *(aménagement)* facilities *pl* • **équipe-**

ments sportifs/scolaires sports/educational facilities.

équiper *vt* **1.** *(navire, armée)* to equip **2.** *(personne, local)* to equip, to fit out • **équiper qqn/qqch de** to equip sb/sthg with, to fit sb/sthg out with. ■ **s'équiper** *vp* • **s'équiper (de)** to equip o.s. (with).

équipier, ère *nm, f* team member.

équitable *adj* fair.

équitation *nf* riding, horse-riding (UK), horseback riding (US).

LEXIQUE

équitation

la bombe the riding cap
la brosse the brush
le cure-pieds the hoof pick
la couverture the blanket
la cravache the horsewhip
la culotte de cheval the riding breeches
l'étrier the stirrup
le fer the horseshoe
le filet the bridle
le licol the halter
la martingale the martingale
le mors the bit
la selle the saddle
le poney the pony
la pouliche the filly
l'étalon the stallion
le naseau the nostril
le sabot the hoof
la jambe the leg

équité *nf* fairness.

équivalent, e *adj* equivalent. ■ **équivalent** *nm* equivalent.

équivaloir ■ **équivaloir à** *v + prép (être égal à)* to be equal *ou* equivalent to.

équivoque *adj* **1.** *(ambigu)* ambiguous **2.** *(mystérieux)* dubious. ❑ *nf* ambiguity • **sans équivoque** unequivocal *(adj)*, unequivocally *(adv)*.

érable *nm* maple.

éradiquer *vt* to eradicate.

érafler *vt* **1.** *(peau)* to scratch **2.** *(mur, voiture)* to scrape.

éraflure *nf* **1.** *(de peau)* scratch **2.** *(de mur, voiture)* scrape.

éraillé, e *adj (voix)* hoarse.

ère *nf* era.

érection *nf* erection.

éreintant, e *adj* exhausting.

éreinter *vt* **1.** *(fatiguer)* to exhaust **2.** *fam (critiquer)* to pull to pieces. ■ **s'éreinter** *vpi* to wear o.s. out • **s'éreinter à faire qqch** to wear o.s. out doing sthg.

ergonomique *adj* ergonomic.

ériger *vt* **1.** *(monument)* to erect **2.** *(tribunal)* to set up **3.** *fig (transformer)* • **ériger qqn en** to set sb up as.

ermite *nm* hermit.

éroder *vt* to erode.

érogène *adj* erogenous.

érosion *nf* erosion.

érotique *adj* erotic.

érotisme *nm* eroticism.

errance *nf* wandering.

errant, e *adj (chien, chat)* stray *(avant nom)*.

erratum *nm* erratum.

errer *vi* to wander.

erreur *nf* mistake • **par erreur** by mistake.

erroné, e *adj* wrong.

ersatz *nm inv* ersatz.

éructer *vi* to belch.

érudit, e *adj* erudite, learned. ❑ *nm, f* learned person, scholar.

éruption *nf* **1.** MÉD rash **2.** *(de volcan)* eruption.

érythème *nm* erythema • **érythème fessier** nappy (UK) *ou* diaper (US) rash.

es → être.

ès *prép* of *(in certain titles)* • **docteur ès lettres** ≃ PhD, doctor of philosophy.

ESB (abrév de encéphalopathie spongiforme bovine) *nf* BSE.

escabeau *nm* **1.** *(échelle)* stepladder • **monter sur un escabeau** to climb onto a stepladder **2.** *vieilli (tabouret)* stool.

escadre *nf* **1.** *(navires)* fleet **2.** *(avions)* wing.

escadrille *nf* **1.** *(navires)* flotilla **2.** *(avions)* flight.

escadron *nm* squadron.

escalade *nf* **1.** *(de montagne, grille)* climbing **2.** *(des prix, de violence)* escalation.

escalader *vt* to climb.

escale *nf* **1.** *(lieu - pour navire)* port of call ; *(- pour avion)* stopover **2.** *(arrêt - de navire)* call ; *(- d'avion)* stopover, stop • **faire escale à a)** *navire)* to put in at, to call at **b)** *(avion)* to stop over at.

escalier *nm* stairs *pl* • **descendre/monter l'escalier** to go downstairs/upstairs • **escalier roulant** *ou* **mécanique** escalator.

escalope *nf* escalope.

escamotable *adj* **1.** *(train d'atterrissage)* retractable **2.** *(antenne)* telescopic **3.** *(table)* folding.

escamoter *vt* **1.** *(faire disparaître)* to make disappear **2.** *(rentrer)* to retract **3.** *(phrase, mot)* to swallow **4.** *(éluder - question)* to evade ; *(- objection)* to get around.

escapade *nf* **1.** *(voyage)* outing **2.** *(fugue)* escapade.

escarbille *nf* cinder.

escargot *nm* snail.

escarmouche *nf* skirmish.

escarpé, e *adj* steep.
escarpement *nm* **1.** *(de pente)* steep slope **2.** *GÉOGR* escarpment.
escarpin *nm* court shoe **(UK)**, pump **(US)**.
escarre *nf* bedsore, pressure sore.
escient *nm* • **à bon escient** advisedly • **à mauvais escient** ill-advisedly.
esclaffer ■ **s'esclaffer** *vp* to burst out laughing.
esclandre *nm* scene.
esclavage *nm* slavery.
esclave *nmf* slave. ❑ *adj* • **être esclave de** to be a slave to.
escompte *nm* discount.
escompter *vt* **1.** *(prévoir)* to count on **2.** *FIN* to discount.
escorte *nf* escort.
escorter *vt* to escort.
escouade *nf* squad.
escrime *nf* fencing.
escrimer ■ **s'escrimer** *vp* • **s'escrimer à faire qqch** to work (away) at doing sthg.
escroc *nm* swindler.
escroquer *vt* to swindle • **escroquer qqch à qqn** to swindle sb out of sthg.
escroquerie *nf* swindle, swindling *(indén)*.
espace *nm* space • **espace disque** *INFORM* disk space • **espace vert** green space, green area.
espacer *vt* **1.** *(dans l'espace)* to space out **2.** *(dans le temps - visites)* to space out ; *(- paiements)* to spread out. ■ **s'espacer** *vp* to become less frequent.
espadon *nm* *(poisson)* swordfish.
espadrille *nf* espadrille.
Espagne *nf* • **l'Espagne** Spain.

En anglais, à de rares exceptions près, il n'y a pas d'article devant les noms de pays.

espagnol, e *adj* Spanish. ■ **espagnol** *nm* *(langue)* Spanish. ■ **Espagnol, e** *nm, f* Spaniard • **les Espagnols** the Spanish.

En anglais, les adjectifs se rapportant à un pays ou une région ainsi que le nom désignant la langue de ce pays ou cette région, s'écrivent avec une majuscule.

espagnolette *nf* latch *(for window or shutter)*.
espalier *nm* **1.** *(arbre)* espalier **2.** *SPORT* wall bars *pl*.
espèce *nf* **1.** *BIOL, BOT & ZOOL* species • **espèce en voie de disparition** endangered species **2.** *(sorte)* kind, sort • **espèce d'idiot !** you stupid fool! ■ **espèces** *nfpl* cash • **payer en espèces** to pay (in) cash.
espérance *nf* hope • **espérance de vie** life expectancy.
espérer *vt* to hope for • **espérer que** to hope (that) • **espérer faire qqch** to hope to do sthg. ❑ *vi* to hope • **espérer en qqn/qqch** to trust in sb/sthg.
espiègle *adj* mischievous.
espion, onne *nm, f* spy.
espionnage *nm* spying • **espionnage industriel** industrial espionage.
espionner *vt* to spy on.
esplanade *nf* esplanade.
espoir *nm* hope.
esprit *nm* **1.** *(entendement, personne, pensée)* mind • **reprendre ses esprits** to recover **2.** *(attitude)* spirit • **esprit de compétition** competitive spirit • **esprit critique** critical acumen **3.** *(humour)* wit **4.** *(fantôme)* spirit, ghost.
esquif *nm* *littéraire* skiff.
Esquimau® *nm inv* • **Esquimau (glacé)** choc-ice *(on a stick)* **(UK)**, Eskimo **(US)**.
esquimau, aude *adj* Eskimo. ■ **Esquimau, aude, Eskimo** *nm, f* Eskimo *(attention : le terme « Esquimau », comme son équivalent anglais, est souvent considéré comme injurieux en Amérique du Nord. On préférera le terme « Inuit »)*.
esquinter *vt* *fam* **1.** *(abîmer)* to ruin **2.** *(critiquer)* to pan, to slate **(UK)**. ■ **s'esquinter** *vp* • **s'esquinter à faire qqch** to kill o.s. doing sthg.
esquisse *nf* **1.** *(croquis)* sketch **2.** *fig* *(de projet)* outline **3.** *fig* *(de geste, sourire)* trace.
esquiver *vt* to dodge. ■ **s'esquiver** *vp* to slip away.
essai *nm* **1.** *(vérification)* test, testing *(indén)* • **à l'essai** on trial • **essais nucléaires** nuclear tests **2.** *(tentative)* attempt **3.** *(rugby)* try • **marquer un essai** to score a try.
essaim *nm* *litt & fig* swarm.
essayage *nm* fitting.
essayer *vt* to try • **essayer de faire qqch** to try to do sthg.

À PROPOS DE

essayer de faire

Il faut noter l'emploi de ***try and do sthg*** qui a le même sens que ***try to do sthg*** mais qui est d'un registre plus familier :
• *Essaie de deviner ce qu'il y a dans mon sac.* **Try and guess *what's in my bag*.**
La construction ***try and do sthg*** ne peut pas être employée au prétérit :
• *J'ai essayé de lui en parler.* ***I tried to talk to him about it.***

essence *nf* **1.** *(fondement, de plante)* essence • **par essence** *sout* in essence **2.** *(carburant)* petrol **(UK)**, gas **(US) 3.** *(d'arbre)* species.
essentiel, elle *adj* **1.** *(indispensable)* essential **2.** *(fondamental)* basic. ■ **essentiel** *nm* **1.** *(point)* • **l'essentiel a)** *(le principal)* the essential *ou* main

thing **b)** *(objets)* the essentials *pl* **2.** *(quantité)* • **l'essentiel de** the main *ou* greater part of.

essentiellement *adv* **1.** *(avant tout)* above all **2.** *(par essence)* essentially.

esseulé, e *adj littéraire* forsaken.

essieu *nm* axle.

essor *nm* flight, expansion, boom • **prendre son essor a)** to take flight **b)** *fig* to take off.

essorage *nm* **1.** *(manuel)* wringing (out) **2.** *(à la machine)* drying, spin-drying **(UK)**.

essorer *vt* **1.** *(à la main)* to wring out **2.** *(à la machine)* to dry, to spin-dry **(UK)**, to tumble-dry **(UK) 3.** *(salade)* to spin, to dry.

essoreuse *nf* **1.** *(électrique)* dryer, spin-dryer **(UK)**, tumble-dryer **(UK) 2.** *(à salade)* salad spinner.

essouffler *vt* to make breathless. ■ **s'essouffler** *vp* **1.** to be breathless *ou* out of breath **2.** *fig* to run out of steam.

essuie-glace *nm* windscreen wiper **(UK)**, windshield wiper **(US)**.

essuie-mains *nm inv* hand towel.

essuie-tout *nm inv* paper towels *pl*, kitchen roll **(UK)**.

essuyer *vt* **1.** *(sécher)* to dry **2.** *(nettoyer)* to wipe **3.** *fig (subir)* to suffer. ■ **s'essuyer** *vp* to dry o.s.

est[1] *nm* east • **un vent d'est** an easterly wind • **à l'est** in the east • **à l'est (de)** to the east (of). ❑ *adj inv* **1.** *(gén)* east **2.** *(province, région)* eastern • **la côte est des États-Unis** the east coast of the United States.

est[2] → **être**.

estafette *nf* **1.** dispatch rider **2.** MIL liaison officer.

estafilade *nf* slash, gash.

est-allemand, e *adj* HIST East German.

estampe *nf* print.

estampille *nf* stamp.

est-ce que *adv interr* • **est-ce qu'il fait beau ?** is the weather good? • **est-ce que vous aimez l'accordéon ?** do you like the accordion? • **où est-ce que tu es ?** where are you?

esthète *nmf* aesthete, esthete **(US)**.

esthétique *adj* **1.** *(relatif à la beauté)* aesthetic, esthetic **(US) 2.** *(harmonieux)* attractive.

estimation *nf* estimate, estimation.

estime *nf* respect, esteem.

estimer *vt* **1.** *(expertiser)* to value **2.** *(évaluer)* to estimate • **j'estime la durée du voyage à 2 heures** I reckon the journey time is 2 hours **3.** *(respecter)* to respect **4.** *(penser)* • **estimer que** to feel (that).

estival, e *adj* summer *(avant nom)*.

estivant, e *nm,f* (summer) holiday-maker **(UK)** *ou* vacationer **(US)**.

estomac *nm* ANAT stomach.

estomper *vt* **1.** to blur **2.** *fig (douleur)* to lessen. ■ **s'estomper** *vp* **1.** to become blurred **2.** *fig (douleur)* to lessen.

Estonie *nf* • **l'Estonie** Estonia.

> En anglais, à de rares exceptions près, il n'y a pas d'article devant les noms de pays.

estonien, enne *adj* Estonian. ■ **estonien** *nm (langue)* Estonian. ■ **Estonien, enne** *nm,f* Estonian.

> En anglais, les adjectifs se rapportant à un pays ou une région ainsi que le nom désignant la langue de ce pays ou cette région, s'écrivent avec une majuscule.

estrade *nf* dais.

estragon *nm* tarragon.

estropié, e *adj* crippled. ❑ *nm,f* cripple.

estuaire *nm* estuary.

esturgeon *nm* sturgeon.

et *conj* **1.** *(gén)* and • **et moi ?** what about me? **2.** *(dans les fractions et les nombres composés)* • **vingt et un** twenty-one • **il y a deux ans et demi** two and a half years ago • **à deux heures et demie** at half past two.

> **À PROPOS DE**
>
> **et**
>
> Lorsqu'il figure dans les heures et dans les nombres entiers jusqu'à cent, *et* ne se traduit pas en anglais.
>
> • *Il est neuf heures et quart.* ***It's quarter past nine.***
>
> • *quarante et un* ***forty-one***
>
> • *cent quatre* ***one hundred and four***

ét. (abrév de étage) fl.

ETA (abrév de Euskadi ta Askatasuna) *nf* ETA.

étable *nf* cowshed.

établi *nm* workbench.

établir *vt* **1.** *(gén)* to establish **2.** *(record)* to set **3.** *(dresser)* to draw up. ■ **s'établir** *vp* **1.** *(s'installer)* to settle **2.** *(s'instaurer)* to become established.

établissement *nm (institution)* establishment • **établissement hospitalier** hospital • **établissement (scolaire)** school.

étage *nm* **1.** *(de bâtiment)* floor, storey **(UK)**, story **(US)** • **à l'étage** upstairs • **un immeuble de quatre étages** a four-storey block of flats **(UK)**, a five-story block of apartments **(US)** • **au premier étage** on the first floor **(UK)**, on the second floor **(US) 2.** *(de fusée)* stage.

étagère *nf* **1.** *(rayon)* shelf **2.** *(meuble)* shelves *pl*, set of shelves.

étain *nm* **1.** *(métal)* tin **2.** *(alliage)* pewter.

étais, était *etc* → **être**.

étal *nm* **1.** *(éventaire)* stall **2.** *(de boucher)* butcher's block.

étalage *nm* **1.** *(action, ensemble d'objets)* display • **faire étalage de** *fig* to flaunt **2.** *(devanture)* window display.

étalagiste *nmf* **1.** *(décorateur)* window dresser **2.** *(vendeur)* stallholder (UK).

étaler *vt* **1.** *(exposer)* to display **2.** *(étendre)* to spread out **3.** *(dans le temps)* to stagger **4.** *(mettre une couche de)* to spread **5.** *(exhiber)* to parade. ■ **s'étaler** *vp* **1.** *(s'étendre)* to spread **2.** *(dans le temps)* • **s'étaler (sur)** to be spread (over) **3.** *fam (tomber)* to fall flat on one's face, to come a cropper (UK).

étalon *nm* **1.** *(cheval)* stallion **2.** *(mesure)* standard.

étamine *nf (de fleur)* stamen.

étanche *adj* **1.** watertight **2.** *(montre)* waterproof.

étancher *vt* **1.** *(sang, larmes)* to stem (the flow of) **2.** *litt (assouvir)* to quench.

étang *nm* pond.

étant *p prés* → **être**.

étape *nf* **1.** *(gén)* stage **2.** *(halte)* stop • **faire étape à** to break one's journey at.

état *nm* **1.** *(manière d'être)* state • **être en état/hors d'état de faire qqch** to be in a/in no fit state to do sthg • **en bon/mauvais état** in good/poor condition • **en état de marche** in working order • **état d'âme** mood • **état d'esprit** state of mind • **état de santé** (state of) health • **être dans tous ses états** to be in a state **2.** *(métier, statut)* status • **état civil** *ADMIN* ≃ marital status **3.** *(inventaire - gén)* inventory ; *(- de dépenses)* statement • **état des lieux** inventory *(of fixtures)*. ■ **État** *nm (nation)* state • **l'État** the State • **État membre** member state.

état-major *nm* **1.** *ADMIN & MIL* staff **2.** *(de parti)* leadership **3.** *(lieu)* headquarters *sing*.

États-Unis *nmpl* • **les États-Unis (d'Amérique)** the United States (of America).

> À PROPOS DE
>
> **États-Unis**
>
> Attention, l'expression ***the United States*** se comporte comme un nom singulier ; le verbe qui lui est associé est par conséquent toujours au singulier :
>
> • *Les États-Unis ont décidé d'abandonner le projet.* ***The United States has decided to abandon the project.***

étau *nm* vice (UK), vise (US).

étayer *vt* **1.** to prop up **2.** *fig* to back up.

etc. (abrév de et cætera) etc.

et cetera, et cætera *loc adv* et cetera, and so on (and so forth).

été *pp inv* → **être**. ❑ *nm* summer • **en été** in (the) summer.

éteindre *vt* **1.** *(incendie, bougie, cigarette)* to put out **2.** *(radio, chauffage, lampe)* to turn off, to switch off **3.** *INFORM* to shut down. ■ **s'éteindre** *vp* **1.** *(feu, lampe)* to go out **2.** *(bruit, souvenir)* to fade (away) **3.** *fig & littéraire (personne)* to pass away **4.** *(race)* to die out.

étendard *nm* standard.

étendre *vt* **1.** *(déployer)* to stretch **2.** *(journal)* to spread (out) **3.** *(coucher)* to lay **4.** *(appliquer)* to spread **5.** *(accroître)* to extend **6.** *(diluer)* to dilute **7.** *(sauce)* to thin. ■ **s'étendre** *vp* **1.** *(se coucher)* to lie down **2.** *(s'étaler au loin)* • **s'étendre (de/jusqu'à)** to stretch (from/as far as) **3.** *(croître)* to spread **4.** *(s'attarder)* • **s'étendre sur** to elaborate on.

étendu, e *pp* → **étendre**. ❑ *adj* **1.** *(bras, main)* outstretched **2.** *(plaine, connaissances)* extensive. ■ **étendue** *nf* **1.** *(surface)* area, expanse **2.** *(durée)* length **3.** *(importance)* extent **4.** *MUS* range.

éternel, elle *adj* eternal • **ce ne sera pas éternel** this won't last for ever.

éterniser *vt (prolonger)* to drag out. ■ **s'éterniser** *vp* **1.** *(se prolonger)* to drag out **2.** *fam (rester)* to stay for ever.

éternité *nf* eternity • **il y a une éternité que je ne t'ai pas vu** *fam* I haven't seen you for ages.

éternuement *nm* sneeze.

éternuer *vi* to sneeze.

êtes → **être**.

étêter *vt* to cut the head off.

éther *nm* ether.

Éthiopie *nf* • **l'Éthiopie** Ethiopia.

éthique *nf* ethics *(indén ou pl)*. ❑ *adj* ethical.

ethnie *nf* ethnic group.

ethnique *adj* ethnic.

ethnologie *nf* ethnology.

ethnologue *nmf* ethnologist.

éthylisme *nm* alcoholism.

éthylotest *nm* Breathalyser (UK), Breathalyzer (US).

étiez, étions *etc* → **être**.

étincelant, e *adj* sparkling.

étinceler *vi* to sparkle.

étincelle *nf* spark • **le feu faisait des étincelles** the fire was throwing off sparks.

étioler ■ **s'étioler** *vp* **1.** *(plante)* to wilt **2.** *(personne)* to weaken **3.** *(mémoire)* to go.

étiqueter *vt litt & fig* to label.

étiquette *nf* **1.** *(marque)* label • **étiquette électronique** electronic label **2.** *(protocole)* etiquette.

étirer *vt* to stretch. ■ **s'étirer** *vp* to stretch.

étoffe *nf* fabric, material.

étoile *nf* star • **étoile filante** shooting star • **à la belle étoile** *fig* under the stars. ■ **étoile de mer** *nf* starfish.

étoilé, e *adj* **1.** *(ciel, nuit)* starry • **la bannière étoilée** the Star-Spangled Banner **2.** *(vitre, pare-brise)* shattered.

étole *nf* stole.

étonnant, e *adj* surprising.

étonné, e *adj* astonished, surprised.

étonnement *nm* surprise, astonishment.

> S'EXPRIMER
> ### exprimer son étonnement
> - ***What a surprise!*** Quelle surprise !
> - ***Who'd have thought it?*** Qui l'eût cru ?
> - ***What a coincidence!*** Quelle coïncidence !
> - ***I'm amazed.*** Ça m'étonne.
> - ***That's really strange!*** Comme c'est curieux !
> - ***I'd never have believed that.*** Jamais je n'aurais cru ça.

étonner *vt* to astonish, to surprise. ■ **s'étonner** *vp* • **s'étonner (de)** to be surprised (by) • **s'étonner que** *(+ subjonctif)* to be surprised (that).

étouffant, e *adj* stifling.

étouffée ■ **à l'étouffée** *loc adv* **1.** steamed **2.** *(viande)* braised.

étouffer *vt* **1.** *(gén)* to stifle **2.** *(asphyxier)* to suffocate **3.** *(feu)* to smother **4.** *(scandale, révolte)* to suppress. ❑ *vi* to suffocate. ■ **s'étouffer** *vp* *(s'étrangler)* to choke.

étourderie *nf* **1.** *(distraction)* thoughtlessness **2.** *(bévue)* careless mistake **3.** *(acte irréfléchi)* thoughtless act.

étourdi, e *adj* scatterbrained. ❑ *nm, f* scatterbrain.

étourdir *vt (assommer)* to daze.

étourdissant, e *adj* **1.** *(fatigant)* wearing **2.** *(sensationnel)* stunning.

étourdissement *nm* dizzy spell.

étourneau *nm* starling.

étrange *adj* strange.

étrangement *adv* strangely.

étranger, ère *adj* **1.** *(gén)* foreign **2.** *(différent, isolé)* unknown, unfamiliar • **être étranger à qqn** to be unknown to sb • **être étranger à qqch** to have no connection with sthg • **se sentir étranger** to feel like an outsider. ❑ *nm, f* **1.** *(de nationalité différente)* foreigner **2.** *(inconnu)* stranger **3.** *(exclu)* outsider. ■ **étranger** *nm* • **à l'étranger** abroad.

étrangeté *nf* strangeness.

étranglement *nm* **1.** *(strangulation)* strangulation **2.** *(rétrécissement)* constriction.

étrangler *vt* **1.** *(gén)* to choke **2.** *(stranguler)* to strangle **3.** *(réprimer)* to stifle **4.** *(serrer)* to constrict. ■ **s'étrangler** *vp (s'étouffer)* to choke.

étrave *nf* stem.

être

■ **être** *nm*

BIOL & PHILO • **les êtres humains/vivants** human/living beings

1. PERSONNE

• **c'était un être merveilleux** she was a wonderful person

2. ÂME, CŒUR

• **il la chérissait de tout son être** he cherished her with all his heart

■ **être** *v aux*

1. POUR FORMER LES TEMPS COMPOSÉS

• **il est parti hier** he left yesterday • **il est déjà arrivé** he has already arrived • **il est né en 1952** he was born in 1952

2. POUR FORMER LE PASSIF

• **la maison a été vendue** the house has been *ou* was sold • **l'école sera construite l'an prochain** the school will be built next year

■ **être** *v att*

1. INDIQUE UNE CARACTÉRISTIQUE, UNE PROFESSION, UN ÉTAT

• **la maison est blanche** the house is white • **il est médecin** he's a doctor • **je suis toujours fatiguée** I'm always tired • **sois sage !** be good! • **si j'étais vous, je ne dirais pas de telles choses** if I were you, I wouldn't say such things

2. INDIQUE L'APPARTENANCE

• **elle est à vous, cette voiture ?** is this your car?, is this car yours?, does this car belong to you? • **cette maison est à lui/eux** this house is his/theirs, this is his/their house

■ **être** *v impers*

1. EXPRIME L'HEURE

• **quelle heure est-il ?** what time is it?, what's the time? • **il est dix heures dix** it's ten past ten, it's ten after ten **(us)**

2. SUIVI D'UN ADJECTIF

• **il est inutile de crier, j'ai entendu** there's no need to shout, I heard you • **il serait bon de partir tout de suite** it would be good to leave straight away

■ **être** *vi*

1. EXISTER

• **être ou ne pas être...** to be or not to be...

2. INDIQUE UNE SITUATION DANS LE TEMPS OU DANS L'ESPACE

• **nous sommes au printemps/en été** it's spring/summer • **il est à Paris** he's in Paris

3. INDIQUE L'ORIGINE

• **il est de Paris** he's from Paris

■ **être à** *v + prép*

INDIQUE UNE OBLIGATION

• **c'est à vérifier** it needs to be checked • **c'est à voir** that remains to be seen

À PROPOS DE

être

Être sert à former le passif : *être* + participe passé en français se traduit par ***to be*** + participe passé en anglais.

• *La maison a été vendue.* ***The house has been sold.***

Lorsqu'il sert à former le passé composé, *être* se traduit par ***to have*** si l'on parle d'une action qui n'est pas encore terminée ou qui se situe imprécisément dans le passé.

• *Elle n'est pas encore partie.* **She hasn't *left yet*.**

Être + participe passé se traduit par un prétérit en anglais si l'action est complètement terminée et lorsqu'on précise le moment où l'action a eu lieu.

• *Il est parti il y a une heure.* ***He left an hour ago.***

étreindre *vt* **1.** *(embrasser)* to hug, to embrace **2.** *fig (tenailler)* to grip, to clutch. ■ **s'étreindre** *vp* to embrace each other.

étreinte *nf* **1.** *(enlacement)* embrace **2.** *(pression)* stranglehold.

étrenner *vt* to use for the first time.

étrennes *nfpl* Christmas box *(sing)* **(UK)**.

étrier *nm* stirrup.

étriller *vt* **1.** *(cheval)* to curry **2.** *(personne)* to wipe the floor with **3.** *(film)* to tear to pieces.

étriper *vt* **1.** *(animal)* to disembowel **2.** *fam & fig (tuer)* to murder. ■ **s'étriper** *vp fam* to tear each other to pieces.

étriqué, e *adj* **1.** *(vêtement)* tight **2.** *(appartement)* cramped **3.** *(esprit)* narrow.

étroit, e *adj* **1.** *(gén)* narrow **2.** *(intime)* close **3.** *(serré)* tight. ■ **à l'étroit** *loc adj* • **être à l'étroit** to be cramped.

étroitesse *nf* narrowness.

étude *nf* **1.** *(gén)* ÉCON study • **à l'étude** under consideration • **étude de marché** market research *(indén)* **2.** *(de notaire - local)* office ; *(- charge)* practice **3.** MUS étude. ■ **études** *nfpl* studies • **faire des études** to study.

étudiant, e *nm,f* student • **des étudiants en droit** law students.

étudié, e *adj* studied.

étudier *vt (apprendre - gén)* to study ; *(- leçon)* to learn ; *(- piano)* to learn (to play), to study ; *(- auteur, période)* to study.

étui *nm* case • **étui à cigarettes/lunettes** cigarette/glasses case.

étuve *nf* **1.** *(local)* steam room **2.** *fig* oven **3.** *(appareil)* sterilizer.

étuvée ■ **à l'étuvée** *loc adv* braised.

étymologie *nf* etymology.

eu, e *pp* → **avoir**.

E-U, E-U A (abrév de États-Unis (d'Amérique)) *nmpl* US, USA.

eucalyptus *nm* eucalyptus.

euh *interj* er.

eunuque *nm* eunuch.

euphémisme *nm* euphemism.

euphorie *nf* euphoria.

euphorique *adj* euphoric.

euphorisant, e *adj* exhilarating. ■ **euphorisant** *nm* antidepressant.

eurent → **avoir**.

euro *nm* euro • **zone euro** euro zone, euro area.

eurodéputé *nm* Euro MP.

eurodevise *nf* Eurocurrency.

Europe *nf* • **l'Europe** Europe.

En anglais, il n'y a pas d'article devant les noms de continents.

européen, enne *adj* European. ■ **Européen, enne** *nm,f* European. ■ **européennes** *nfpl* POLIT European elections, Euro-elections, elections for the European Parliament.

En anglais, les adjectifs se rapportant à un continent s'écrivent avec une majuscule.

Eurostar® *npr m* Eurostar®.

eus, eut *etc* → **avoir**.

eût → **avoir**.

euthanasie *nf* euthanasia.

euthanasier *vt* **1.** *(animal)* to put down, to put to sleep **2.** *(personne)* to practise **(UK)** *ou* practice **(US)** euthanasia on, to help to die.

eux *pron pers* **1.** *(sujet)* they • **ce sont eux qui me l'ont dit** they're the ones who told me **2.** *(complément)* them. ■ **eux-mêmes** *pron pers* themselves.

évacuation *nf* **1.** *(gén)* evacuation **2.** *(de liquide)* draining.

évacuer *vt* **1.** *(gén)* to evacuate **2.** *(liquide)* to drain.

évadé, e *nm,f* escaped prisoner.

évader ■ **s'évader** *vp* • **s'évader (de)** to escape (from).

évaluation *nf* **1.** *(action)* valuation **2.** *(résultat)* estimate.

évaluer *vt* **1.** *(distance)* to estimate **2.** *(tableau)* to value **3.** *(risque)* to assess.

évangélique *adj* evangelical.

évangéliser *vt* to evangelize.

évangile *nm* gospel.

évanouir ■ **s'évanouir** *vp* **1.** *(défaillir)* to faint **2.** *(disparaître)* to fade.

évanouissement *nm (syncope)* fainting fit.

évaporer ■ **s'évaporer** *vp* to evaporate.

évasé, e *adj* flared.

évasif, ive *adj* evasive.

évasion *nf* escape.

évêché *nm* **1.** *(territoire)* diocese **2.** *(résidence)* bishop's palace.

éveil *nm* awakening • **en éveil** on the alert.

éveillé, e *adj* **1.** *(qui ne dort pas)* wide awake **2.** *(vif, alerte)* alert.

éveiller *vt* **1.** to arouse **2.** *(intelligence, dormeur)* to awaken. ■ **s'éveiller** *vp* **1.** *(dormeur)* to wake, to awaken **2.** *(curiosité)* to be aroused **3.** *(esprit, intelligence)* to be awakened **4.** *(s'ouvrir)* • **s'éveiller à qqch** to discover sthg.

événement *nm* event.

événementiel, elle *adj (histoire)* factual.

éventail *nm* **1.** *(objet)* fan • **en éventail** fan-shaped **2.** *(choix)* range.

éventaire *nm* **1.** *(étalage)* stall, stand **2.** *(corbeille)* tray.

éventé, e *adj* stale.

éventer *vt* **1.** *(rafraîchir)* to fan **2.** *(divulguer)* to give away. ■ **s'éventer** *vp* **1.** *(se rafraîchir)* to fan o.s. **2.** *(parfum, vin)* to go stale.

éventrer *vt* **1.** *(étriper)* to disembowel **2.** *(fendre)* to rip open.

éventualité *nf* **1.** *(possibilité)* possibility **2.** *(circonstance)* eventuality • **dans l'éventualité de** in the event of.

éventuel, elle *adj* possible.

éventuellement *adv* possibly.

> **FAUX AMIS**
> ### éventuellement
> *Éventuellement* se traduit par ***perhaps, possibly***. Exemple : *Je pourrais éventuellement revenir demain* **Maybe *I could come* back *tomorrow***. *Éventuellement* ne doit donc pas être confondu avec ***eventually***, qui signifie *finalement*.

évêque *nmf* bishop.

évertuer ■ **s'évertuer** *vp* • **s'évertuer à faire qqch** to strive to do sthg.

évidemment *adv* **1.** *(manifestement)* obviously **2.** *(bien sûr)* of course.

évidence *nf* **1.** *(caractère)* evidence **2.** *(fait)* obvious fact. ■ **en évidence** *loc adv (chose, personne)* • **ses décorations bien en évidence sur le buffet** his medals lying conspicuously *ou* there for all to see on the sideboard • **mettre en évidence a)** *(exposer)* to display **b)** *(détail, talent)* to bring out • **les chercheurs ont mis en évidence l'influence du virus** the researchers showed clearly the influence of the virus • **se mettre en évidence** *(se faire remarquer)* to make o.s. conspicuous.

évident, e *adj* obvious.

évider *vt* to hollow out.

évier *nm* sink.

évincer *vt* • **évincer qqn (de)** to oust sb (from).

éviter *vt* **1.** *(esquiver)* to avoid **2.** *(s'abstenir)* • **éviter de faire qqch** to avoid doing sthg **3.** *(épargner)* • **éviter qqch à qqn** to save sb sthg.

> **À PROPOS DE**
> ### éviter
> Il faut remarquer la différence entre les constructions française et anglaise :
> *éviter de* + infinitif
> ***avoid*** + verbe en ***-ing***
> • *Évitez de manger trop de graisses animales.*
> **Avoid eating *too much animal fat*.**

évocateur, trice *adj (geste, regard)* meaningful.

évocation *nf* evocation.

évolué, e *adj* **1.** *(développé)* developed **2.** *(libéral, progressiste)* broad-minded.

évoluer *vi* **1.** *(changer)* to evolve **2.** *(personne)* to change **3.** *(se mouvoir)* to move around.

évolution *nf* **1.** *(transformation)* development **2.** BIOL evolution **3.** MÉD progress.

évoquer *vt* **1.** *(souvenir)* to evoke **2.** *(problème)* to refer to **3.** *(esprits, démons)* to call up.

exacerber *vt* to exacerbate.

exact, e *adj* **1.** *(calcul)* correct **2.** *(récit, copie)* exact **3.** *(ponctuel)* punctual.

exactement *adv* exactly.

exaction *nf* extortion.

exactitude *nf* **1.** *(de calcul, montre)* accuracy **2.** *(ponctualité)* punctuality.

ex æquo *adj inv & nmf* equal. ❑ *adv* equal • **troisième ex æquo** third equal, tied for third.

exagération *nf* exaggeration.

exagéré, e *adj* exaggerated.

exagérer *vt & vi* to exaggerate • **cette fois, tu exagères !** you're going too far this time!

exaltant, e *adj* exhilarating.

exalté, e *adj* **1.** *(sentiment)* elated **2.** *(tempérament)* over-excited **3.** *(imagination)* vivid. ❑ *nm, f* fanatic.

exalter *vt* to excite. ■ **s'exalter** *vp* to get carried away.

examen *nm* **1.** examination **2.** SCOL exam, examination **3.** MÉD • **examen médical** medical (examination) (UK), physical (examination) (US) • **examen de santé** medical check up **4.** DR • **mise en examen** indictment • **mettre qqn en examen** to indict sb.

examinateur, trice *nm, f* examiner.

examiner *vt* to examine.

exaspérant, e *adj* exasperating.

exaspération *nf* exasperation.

exaspérer *vt* to exasperate.

exaucer *vt* to grant • **exaucer qqn** to answer sb's prayers.

excédent *nm* surplus • **en excédent** surplus *(avant nom)* • **excédent commercial** trade surplus.
excéder *vt* **1.** *(gén)* to exceed **2.** *(exaspérer)* to exasperate.
excellence *nf* excellence • **par excellence** par excellence.
excellent, **e** *adj* excellent.
exceller *vi* • **exceller en** *ou* **dans qqch** to excel at *ou* in sthg • **exceller à faire qqch** to excel at doing sthg.
excentré, **e** *adj* • **c'est très excentré** it's quite a long way out.
excentrique *nmf* eccentric. ❑ *adj* **1.** *(gén)* eccentric **2.** *(quartier)* outlying.
excepté, **e** *adj* • **tous sont venus, lui excepté** everyone came except (for) him. ■ **excepté** *prép* apart from, except.
exception *nf (hors norme)* exception • **à l'exception de** except for.
exceptionnel, **elle** *adj* exceptional.
excès *nm* excess • **excès de zèle** overzealousness. ❑ *nmpl* excesses.
excessif, **ive** *adj* **1.** *(démesuré)* excessive **2.** *(extrême)* extreme.
excision *nf* excision.
excitant, **e** *adj (stimulant, passionnant)* exciting. ■ **excitant** *nm* stimulant.
excitation *nf* **1.** *(énervement)* excitement **2.** *(stimulation)* encouragement **3.** *MÉD* stimulation.
excité, **e** *adj (énervé)* excited. ❑ *nm, f* hothead.
exciter *vt* **1.** *(gén)* to excite **2.** *(inciter)* • **exciter qqn (à qqch/à faire qqch)** to incite sb (to sthg/to do sthg) **3.** *MÉD* to stimulate.
exclamation *nf* exclamation.
exclamer ■ **s'exclamer** *vp* • **s'exclamer (devant)** to exclaim (at *ou* over).
exclu, **e** *pp* → **exclure**. ❑ *adj* excluded. ❑ *nm, f* outsider.
exclure *vt* **1.** to exclude **2.** *(expulser)* to expel.
exclusion *nf* expulsion • **à l'exclusion de** to the exclusion of.
exclusivement *adv* **1.** *(uniquement)* exclusively **2.** *(non inclus)* exclusive.
exclusivité *nf* **1.** *CINÉ* sole screening rights *pl* • **en exclusivité** exclusively **2.** *(de sentiment)* exclusiveness.
excommunier *vt* to excommunicate.
excrément *nm (gén pl)* excrement *(indén)*.
excroissance *nf* excrescence.
excursion *nf* excursion, trip • **faire une excursion** to go on a trip.
excursionniste *nmf* day-tripper.
excusable *adj* excusable.
excuse *nf* excuse.

> **S'EXPRIMER**
> ## présenter des excuses
> - ***Excuse me!*** Excuse-moi !/Excusez-moi !
> - ***Sorry!*** Pardon !
> - ***Sorry for disturbing you/for being late!*** Je suis désolé de vous déranger/d'être en retard !
> - ***I'm* (*really*) *sorry!*** Je suis (vraiment) désolé.

> **S'EXPRIMER**
> ## accepter des excuses
> - ***Not at all.*** Je t'en prie./Je vous en prie.
> - ***It doesn't matter.*** Ça ne fait rien.
> - ***Don't worry about it.*** Ce n'est pas grave.
> - ***These things happen.*** Ce sont des choses qui arrivent.
> - ***It can happen to anyone.*** Cela peut arriver à tout le monde.

excuser *vt* to excuse • **excusez-moi a)** *(pour réparer)* I'm sorry **b)** *(pour demander)* excuse me. ■ **s'excuser** *vp (demander pardon)* to apologize • **s'excuser de qqch/de faire qqch** to apologize for sthg/for doing sthg.
exécrable *adj* atrocious.
exécrer *vt* to loathe.
exécutable *adj* **1.** *(faisable)* possible, feasible • **ce n'est pas exécutable en trois jours** it can't possibly be done in three days **2.** *INFORM* executable.
exécutant, **e** *nm, f* **1.** *(personne)* underling **2.** *MUS* performer.
exécuter *vt* **1.** *(réaliser)* to carry out **2.** *(tableau)* to paint **3.** *MUS* to play, to perform **4.** *(mettre à mort)* to execute. ■ **s'exécuter** *vp* to comply.
exécutif, **ive** *adj* executive. ■ **exécutif** *nm* • **l'exécutif** the executive.
exécution *nf* **1.** *(réalisation)* carrying out **2.** *(de tableau)* painting **3.** *MUS* performance **4.** *(mise à mort)* execution.
exemplaire *adj* exemplary. ❑ *nm* copy.
exemple *nm* example • **par exemple** for example, for instance.
exempté, **e** *adj* • **exempté (de)** exempt (from).
exempter *vt* to exempt • **il a été exempté du service militaire** he has been exempted from doing military service • **exempter qqn d'impôts** to exempt sb from tax.
exercer *vt* **1.** *(entraîner, mettre en usage)* to exercise **2.** *(autorité, influence)* to exert **3.** *(métier)* to carry on **4.** *(médecine)* to practise (UK), to practice (US). ■ **s'exercer** *vp* **1.** *(s'entraîner)* to practise (UK), to practice (US) • **s'exercer à qqch/à faire qqch** to practise (UK) *ou* to practice (US) sthg/doing sthg **2.** *(se manifester)* • **s'exercer (sur** *ou* **contre)** to be exerted (on).
exercice *nm* **1.** *(gén)* exercise **2.** *(entraînement)* practice **3.** *(de métier, fonction)* carrying out • **en exercice** in office.

exergue *nm* inscription • **mettre qqch en exergue** *fig* to emphasize sthg.

exfoliant, e *adj* exfoliating *(avant nom)*. ■ **exfoliant** *nm* exfoliant.

exhaler *vt* **1.** *sout (odeur)* to give off **2.** *sout (plainte, soupir)* to utter. ■ **s'exhaler** *vp* **1.** *(odeur)* to rise **2.** *sout (plainte, soupir)* • **s'exhaler de** to rise from.

exhaustif, ive *adj* exhaustive.

exhiber *vt* **1.** *(présenter)* to show **2.** *(faire étalage de)* to show off. ■ **s'exhiber** *vp* to make an exhibition of o.s.

exhibitionniste *nmf* exhibitionist.

exhorter *vt* • **exhorter qqn à qqch/à faire qqch** to urge sb to sthg/to do sthg.

exhumer *vt* **1.** to exhume **2.** *fig* to unearth, to dig up.

exigeant, e *adj* demanding.

exigence *nf (demande)* demand.

exiger *vt* **1.** *(demander)* to demand • **exiger que** *(+ subjonctif)* to demand that • **exiger qqch de qqn** to demand sthg from sb **2.** *(nécessiter)* to require.

exigible *adj* payable.

exigu, ë *adj* cramped.

exil *nm* exile • **en exil** exiled.

exilé, e *nm, f* exile.

exiler *vt* to exile. ■ **s'exiler** *vp* **1.** POLIT to go into exile **2.** *fig (partir)* to go into seclusion.

existence *nf* existence.

exister *vi* to exist. ❑ *v impers* • **il existe** *(il y a)* there is/are.

exode *nm* exodus.

exonération *nf* exemption • **exonération d'impôts** tax exemption.

exonérer *vt* • **exonérer qqn de qqch** to exempt sb from sthg.

exorbitant, e *adj* exorbitant.

exorbité, e → œil

exorciser *vt* to exorcize.

exotique *adj* exotic.

exotisme *nm* exoticism.

expansif, ive *adj* expansive.

expansion *nf* expansion.

expansionniste *nmf & adj* expansionist.

expatrié, e *adj & nm, f* expatriate.

expatrier *vt* to expatriate. ■ **s'expatrier** *vp* to leave one's country.

expectorant, e *adj* expectorant. ■ **expectorant** *nm* expectorant.

expédier *vt* **1.** *(lettre, marchandise)* to send, to dispatch **2.** *(personne)* to get rid of **3.** *(question)* to dispose of **4.** *(travail)* to dash off.

expéditeur, trice *nm, f* sender.

expéditif, ive *adj* quick, expeditious.

expédition *nf* **1.** *(envoi)* sending **2.** *(voyage, campagne militaire)* expedition.

expérience *nf* **1.** *(pratique)* experience • **avoir de l'expérience** to have experience, to be experienced **2.** *(essai)* experiment.

expérimental, e *adj* experimental.

expérimenté, e *adj* experienced.

expérimenter *vt* to test.

expert, e *adj* expert. ❑ *nm, f* expert.

expert-comptable, experte-comptable *nm, f* chartered accountant (UK), certified public accountant (US).

expertise *nf* **1.** *(examen)* expert appraisal **2.** *(estimation)* (expert) valuation **3.** *(compétence)* expertise.

expertiser *vt* **1.** to value **2.** *(dégâts)* to assess.

expiation *nf* atonement.

expier *vt* to pay for.

expiration *nf* **1.** *(d'air)* exhalation **2.** *(de contrat)* expiry (UK), expiration (US) • **arriver à expiration** to expire • **date d'expiration** expiry (UK) *ou* expiration (US) date.

expirer *vt* to breathe out. ❑ *vi (contrat)* to expire.

explicatif, ive *adj* explanatory.

explication *nf* explanation • **explication de texte** (literary) criticism.

explicite *adj* explicit.

expliciter *vt* to make explicit.

expliquer *vt* **1.** *(gén)* to explain **2.** *(texte)* to criticize. ■ **s'expliquer** *vp* **1.** *(se justifier)* to explain o.s. **2.** *(comprendre)* to understand **3.** *(discuter)* to have it out **4.** *(devenir compréhensible)* to be explained.

À PROPOS DE

expliquer

Il faut noter que le verbe ***to explain*** n'est jamais suivi immédiatement d'un complément d'objet indirect :

• *Explique-nous comment ça marche.* **Explain *how it works*.**

• *Pouvez-vous m'expliquer comment cela s'est passé ?* ***Can you explain how it happened?***

Généralement, ***to us***, ***to me***, etc, ne sont pas exprimés.

exploit *nm* **1.** exploit, feat **2.** *iron (maladresse)* achievement.

exploitant, e *nm, f* farmer.

exploitation *nf* **1.** *(mise en valeur)* running **2.** *(de mine)* working **3.** *(entreprise)* operation, concern • **exploitation agricole** farm **4.** *(d'une personne)* exploitation.

exploiter *vt* **1.** *(gén)* to exploit **2.** *(entreprise)* to operate, to run.

explorateur, trice *nm, f* explorer.

exploration *nf* exploration.

explorer *vt* to explore.
exploser *vi* to explode.
explosif, ive *adj* explosive. ■ **explosif** *nm* explosive.
explosion *nf* **1.** explosion **2.** *(de colère, joie)* outburst.
expo *nf fam* exhibition.
exponentiel, elle *adj* exponential.
exportateur, trice *adj* exporting. ❑ *nm, f* exporter.
exportation *nf* export.
exporter *vt* to export.
exposant, e *nm, f* exhibitor. ■ **exposant** *nm* exponent.
exposé, e *adj* **1.** *(orienté)* • **bien exposé** facing the sun **2.** *(vulnérable)* exposed. ■ **exposé** *nm* **1.** account **2.** SCOL talk.
exposer *vt* **1.** *(orienter, mettre en danger)* to expose **2.** *(présenter)* to display **3.** *(tableaux)* to show, to exhibit **4.** *(expliquer)* to explain, to set out. ■ **s'exposer** *vp* • **s'exposer à qqch** to expose o.s. to sthg.
exposition *nf* **1.** *(présentation)* exhibition **2.** *(orientation)* aspect.
exposition-vente *nf* exhibition *(where purchases can be made)*.
exprès[1], esse *adj (formel)* formal, express. ■ **exprès** *adj inv (urgent)* express.
exprès[2] *adv* on purpose • **faire exprès de faire qqch** to do sthg deliberately *ou* on purpose.
express *nm inv* **1.** *(train)* express **2.** *(café)* espresso. ❑ *adj inv* express.
expressément *adv* expressly.
expressif, ive *adj* expressive.
expression *nf* expression.
expresso *nm* espresso ; = express.
exprimer *vt (pensées, sentiments)* to express. ■ **s'exprimer** *vp* to express o.s.
expropriation *nf* expropriation.
exproprier *vt* to expropriate.
expulser *vt* • **expulser (de) a)** to expel (from) **b)** *(locataire)* to evict (from) • **se faire expulser** to be thrown out.
expulsion *nf* **1.** expulsion **2.** *(de locataire)* eviction.
expurger *vt* to expurgate.
exquis, e *adj* **1.** *(délicieux)* exquisite **2.** *(distingué, agréable)* delightful.
exsangue *adj (blême)* deathly pale.
extase *nf* ecstasy.
extasier ■ **s'extasier** *vp* • **s'extasier devant** to go into ecstasies over.
extensible *adj* **1.** stretchable **2.** *(tissu)* stretch.
extension *nf* **1.** *(étirement)* stretching **2.** *(élargissement)* extension • **par extension** by extension.
exténuant, e *adj* exhausting.
exténuer *vt* to exhaust.
extérieur, e *adj* **1.** *(au dehors)* outside **2.** *(étranger)* external **3.** *(apparent)* outward **4.** ÉCON & POLIT foreign. ■ **extérieur** *nm* **1.** *(dehors)* outside **2.** *(de maison)* exterior • **à l'extérieur de qqch** outside sthg.
extérieurement *adv* **1.** *(à l'extérieur)* on the outside, externally **2.** *(en apparence)* outwardly.
extérioriser *vt* to show.
extermination *nf* extermination.
exterminer *vt* to exterminate.
externaliser *vt* to outsource.
externat *nm* **1.** SCOL day school **2.** MÉD non-resident medical studentship.
externe *nmf* **1.** SCOL day pupil **2.** MÉD non-resident medical student ; ≃ extern (US). ❑ *adj* outer, external.
extincteur *nm* (fire) extinguisher.
extinction *nf* **1.** *(action d'éteindre)* putting out, extinguishing **2.** *fig (disparition)* extinction • **extinction de voix** loss of one's voice.
extirper *vt* • **extirper (de) a)** *(épine, racine)* to pull out (of) **b)** *(plante)* to uproot (from) **c)** *(réponse, secret)* to drag (out of) **d)** *(erreur, préjugé)* to root out (of). ■ **s'extirper** *vp* • **s'extirper de qqch** to struggle out of sthg.
extorquer *vt* • **extorquer qqch à qqn** to extort sthg from sb.
extorsion *nf* extortion • **extorsion de fonds** extortion of money.
extra *nm inv* **1.** *(employé)* extra help *(indén)* **2.** *(chose inhabituelle)* (special) treat. ❑ *adj inv* **1.** *(de qualité)* top-quality **2.** *fam (génial)* great, fantastic.
extraction *nf* extraction.
extrader *vt* to extradite.
extradition *nf* extradition.
extrafin, e *adj* **1.** *(haricots)* extra(-)fine **2.** *(collants)* sheer **3.** *(chocolats)* superfine.
extraire *vt (ôter)* to extract, to remove, to pull out. ■ **s'extraire** *vp (emploi réfléchi)* • **s'extraire de qqch** to climb out of sthg • **s'extraire d'une voiture** *(rescapé d'un accident)* to extricate o.s. from (the wreckage of) a car.
extrait, e *pp* → extraire. ■ **extrait** *nm* extract • **extrait de baptême** baptismal certificate • **extrait de naissance** birth certificate.
extralucide → voyant.
extraordinaire *adj* extraordinary.
extrapoler *vt & vi* to extrapolate.
extraterrestre *nmf & adj* extraterrestrial.
extravagance *nf* extravagance.
extravagant, e *adj* **1.** extravagant **2.** *(idée, propos)* wild.
extraverti, e *nm, f & adj* extrovert.
extrême *nm* extreme • **d'un extrême à l'autre** from one extreme to the other.

❑*adj* **1.**extreme **2.***(limite)* furthest • **les sports extrêmes** extreme sports.

extrêmement *adv* extremely.

extrême-onction *nf* last rites *pl*, extreme unction.

Extrême-Orient *nm* • **l'Extrême-Orient** the Far East.

extrémiste *nmf & adj* extremist.

extrémité *nf* **1.***(bout)* end **2.***(situation critique)* straits *pl*.

exubérant, e *adj* **1.***(personne)* exuberant **2.***(végétation)* luxuriant.

exulter *vi* to exult.

eye-liner *nm* eyeliner.

f, F *nm inv* f, F • **F3** three-room flat (UK) *ou* apartment (US). ■ **F 1.** (abrév de Fahrenheit) F **2.** (abrév de franc) F, Fr.

fa *nm inv* **1.** F **2.** *(chanté)* fa, fah (UK).

fable *nf* fable.

fabricant, e *nm, f* manufacturer.

fabrication *nf* manufacture, manufacturing.

fabrique *nf (usine)* factory.

> FAUX AMIS
>
> **fabrique**
>
> Il ne faut pas confondre le mot français *fabrique* et le mot anglais ***fabric***, qui a un sens totalement différent, malgré une orthographe très similaire. ***Fabric*** signifie *tissu*, et *fabrique* se traduit par ***factory***.

fabriquer *vt* **1.** *(confectionner)* to manufacture, to make **2.** *fam (faire)* • **qu'est-ce que tu fabriques ?** what are you up to? **3.** *(inventer)* to fabricate.

fabulation *nf* fabrication.

fabuleux, euse *adj* fabulous.

fac *nf fam* college, uni (UK) • **être en fac** *ou* **à la fac** to be at college (UK), to be in college (US).

façade *nf litt & fig* facade.

face *nf* **1.** *(visage)* face • **faire face à qqch** *fig (affronter)* to face up to sthg **2.** *(côté)* side • **faire face à qqch** *(maison)* to face sthg, to be opposite sthg • **de face** from the front • **en face de qqn/qqch** opposite sb/sthg **3.** *MUS* • **la face B d'une cassette** the B-side of a tape.

face-à-face *nm inv* debate.

facétie *nf* practical joke.

facette *nf litt & fig* facet.

fâché, e *adj* **1.** *(en colère)* angry **2.** *(contrarié)* annoyed **3.** *(brouillé)* on bad terms.

fâcher *vt* **1.** *(mettre en colère)* to anger, to make angry **2.** *(contrarier)* to annoy, to make annoyed. ■ **se fâcher** *vp* **1.** *(se mettre en colère)* • **se fâcher (contre qqn)** to get angry (with sb) **2.** *(se brouiller)* • **se fâcher (avec qqn)** to fall out (with sb).

fâcheux, euse *adj* unfortunate.

facial, e *adj* facial.

facile *adj* **1.** *(aisé)* easy • **facile à faire/prononcer** easy to do/pronounce **2.** *(peu subtil)* facile **3.** *(conciliant)* easy-going.

facilement *adv* easily.

facilité *nf* **1.** *(de tâche, problème)* easiness **2.** *(capacité)* ease **3.** *(dispositions)* aptitude. ■ **facilités** *nfpl* **1.** *(capacités)* ability, aptitude • **avoir des facilités** to have ability *ou* aptitude • **votre enfant a des facilités** your child shows some aptitude **2.** *FIN* facilities • **facilités de caisse** overdraft facilities • **facilités de crédit** credit facilities • **facilités de paiement** payment facilities.

faciliter *vt* to make easier.

façon *nf* **1.** *(manière)* way **2.** *(travail)* work **3.** *COUT* making-up **4.** *(imitation)* • **façon cuir** imitation leather. ■ **de façon à** *loc prép* so as to. ■ **de façon que** *loc conj* so that. ■ **de toute façon** *loc adv* anyway, in any case.

façonner *vt* **1.** *(travailler, former)* to shape **2.** *(fabriquer)* to manufacture, to make.

fac-similé *nm* facsimile.

facteur, trice *nm, f (des postes)* postman, postwoman *f* (UK), mailman (US), mail *ou* letter carrier (US). ■ **facteur** *nm (élément) MATH* factor.

factice *adj* artificial.

faction *nf* **1.** *(groupe)* faction **2.** *MIL* • **être en** *ou* **de faction** to be on guard (duty) *ou* on sentry duty.

facturation *nf* **1.** *(action)* invoicing **2.** *(bureau)* invoice office.

facture *nf* **1.** *COMM* invoice **2.** *(de gaz, d'électricité)* bill • **facture de téléphone** phone bill **3.** *ART* technique.

facturer *vt COMM* to invoice.

facturette *nf* (credit card sales) receipt, record of charge form.

facultatif, ive *adj* optional.

faculté *nf* **1.** *(don) UNIV* faculty • **faculté de lettres/de droit/de médecine** Faculty of Arts/Law/Medicine **2.** *(possibilité)* freedom **3.** *(pouvoir)* power. ■ **facultés** *nfpl* (mental) faculties.

fadaises *nfpl* drivel *(indén)*.

fade *adj* **1.** *(sans saveur)* bland **2.** *(sans intérêt)* insipid.

fagot *nm* bundle of sticks.

fagoté, e *adj fam* dressed.

faible *adj* **1.** *(gén)* weak • **être faible en maths** to be not very good at maths **(UK)** *ou* math **(US) 2.** *(petit - montant, proportion)* small ; *(- revenu)* low **3.** *(lueur, bruit)* faint. ❑ *nmf* weak person • **faible d'esprit** feeble-minded person. ❑ *nm* weakness.

faiblement *adv* **1.** *(mollement)* weakly, feebly **2.** *(imperceptiblement)* faintly **3.** *(peu)* slightly.

faiblesse *nf* **1.** *(gén)* weakness **2.** *(petitesse)* smallness.

faiblir *vi* **1.** *(personne, monnaie)* to weaken **2.** *(forces)* to diminish, to fail **3.** *(tempête, vent)* to die down.

faïence *nf* earthenware.

faignant, e = **fainéant.**

faille → **falloir.** ❑ *nf* **1.** GÉOL fault **2.** *(défaut)* flaw.

faillible *adj* fallible.

faillir *vi* **1.** *(manquer)* • **faillir à a)** *(promesse)* not to keep **b)** *(devoir)* not to do **2.** *(être sur le point de)* • **faillir faire qqch** to nearly *ou* almost do sthg.

faillite *nf* FIN bankruptcy • **faire faillite** to go bankrupt • **en faillite** bankrupt.

faim *nf* hunger • **avoir faim** to be hungry • **faire une grève de la faim** to go on a hunger strike • **mourir de faim** to die of starvation.

fainéant, e, feignant, e, faignant, e *fam adj* lazy, idle. ❑ *nm, f* lazybones.

faire

■ faire *vt*

1. FABRIQUER, PRÉPARER

• **il fait une tarte/du café/un film** he's making a tart/coffee/a film • **il déteste faire son lit** he hates making his bed

2. TRANSFORMER

• **il veut en faire une maison de vacances** he wants to turn it into a holiday home

3. S'OCCUPER À

• **qu'est-ce qu'il fait dans la vie ?** what does he do (for a living)? • **que fais-tu dimanche ?** what are you doing on Sunday?

4. ÉTUDIER

• **elle a fait de l'anglais/des maths/du droit à l'université** she did English/maths/law at university

5. SPORT, MUSIQUE

• **il fait du football/de la clarinette** he plays football/the clarinet

6. EFFECTUER

• **faire une sieste** to have a snooze • **faire une promenade** to go for a walk • **je n'aime pas faire la vaisselle** I don't like doing the washing-up • **je préfère faire les courses** I prefer doing the shopping • **faire le ménage** to do the housework • **son mari fait parfois la cuisine** her husband sometimes cooks *ou* does the cooking

7. CAUSER, OCCASIONNER

• **je suis désolé, je ne voulais pas lui faire de la peine** I'm sorry, I didn't want to hurt her • **arrête de faire du bruit !** stop making noise! • **ça ne fait rien** it doesn't matter

8. IMITER

• **arrête de faire le clown** stop acting the clown • **ne fais pas l'innocent** don't pretend you're innocent

9. CHERCHER DANS

• **j'ai fait tous les musées de New York mais je n'ai pas trouvé la peinture que je cherchais** I went round all the museums in New York but I didn't find the painting I was looking for

10. DANS DES CALCULS, DES MESURES

• **un et un font deux** one and one are *ou* make two • **la table fait 2 mètres de long** the table is 2 metres **(UK)** *ou* meters **(US)** long • **faire du 38** to take a size 38 • **ça fait combien (de kilomètres) jusqu'à la mer ?** how far is it to the sea?

11. COÛTER

• **ça vous fait 10 euros en tout** that'll be 10 euros altogether *ou* it'll cost you 10 euros altogether

12. EN TANT QUE VERBE SUBSTITUTIF

• **je lui ai dit de prendre une échelle mais il ne l'a pas fait** I told him to use a ladder but he didn't

13. DIRE

• **« tiens », fit-elle** "really", she said

14. DANS DES EXPRESSIONS

• **je ne fais que passer** I've just popped in • **elle ne fait que bavarder** she does nothing but gossip, she's always gossiping

■ faire *vi*

AGIR

• **fais vite !** hurry up! • **que faire ?** what is to be done? • **tu ferais bien d'aller voir ce qui se passe** you ought to *ou* you'd better go and see what's happening • **fais comme chez toi !** make yourself at home!

■ faire *v att*

AVOIR L'AIR, PARAÎTRE

• **ça fait démodé/joli** it looks old-fashioned/pretty • **ça fait jeune** it makes you look young • **elle ne fait pas son âge** she doesn't look her age

■ **faire** *v impers*

1. POUR DÉCRIRE L'ATMOSPHÈRE

• **il fait beau/froid** it's fine/cold • **il fait 20 degrés** it's 20 degrees • **il fait jour/nuit** it's light/dark

2. POUR EXPRIMER LA DURÉE, LA DISTANCE

• **ça fait six mois que je ne l'ai pas vu** it's been six months since I last saw him • **ça fait deux mois que je fais du portugais** I've been doing Potuguese *ou* going to Portuguese classes for two months • **ça fait 30 kilomètres qu'on roule sans phares** we've been driving without lights for 30 kilometres **(UK)** *ou* kilometers **(US)**

■ **faire** *v aux*

1. À L'ACTIF

• **je n'arrive pas à faire démarrer la voiture** I can't start the car • **il a fait tomber ses clés** he dropped his keys

2. AU PASSIF

• **j'ai fait réparer ma voiture/nettoyer mes vitres** I had my car repaired/my windows cleaned

■ **se faire** *vp*

1. AVOIR LIEU

• **les choses finissent toujours par se faire** things always get done in the end • **rien ne peut se faire sans confiance** nothing gets done without trust

2. ÊTRE CONVENABLE

• **ça ne se fait pas (de faire qqch)** it's not done (to do sthg)

3. DEVENIR

• **il se fait tard** it's getting late • **essaie de te faire beau !** try to make yourself look good!

4. À LA MODE

• **les jupes courtes se font beaucoup cette année** short skirts are in this year *ou* are being worn a lot this year • **ça se fait encore, ce style de manteau ?** are people still wearing this style of coats?

5. SUIVI D'UN NOM

• **elle ne connaît personne dans cette école, il faut qu'elle se fasse des amis** she doesn't know anybody in that schools, she needs to make friends • **il faut que je me fasse une idée là-dessus** I must get some idea about it

6. SUIVI D'UN INFINITIF

• **je ne veux pas que mon chat se fasse écraser** I don't want my cat to get run over • **je dois me faire opérer le mois prochain** I need to have an operation next month • **elle devrait se faire aider (par qqn)** she should get help (from sb) • **se faire faire qqch** to have sthg made • **il voudrait se faire faire un costume** he'd like to have a suit made

7. DANS DES EXPRESSIONS

• **comment se fait-il que... ?** how is it that...?, how come...? • **s'en faire** to worry • **ne vous en faites pas !** don't worry!

■ **se faire à** *vp + prép*

to get used to • **il faut que je m'y fasse** I'll have to get used to it

À PROPOS DE

faire

To do et ***to make*** servent tous deux à traduire *faire*, mais ils interviennent dans des contextes différents.

To do s'utilise lorsque l'on ne donne pas de précisions sur l'activité (***what are you doing?*** ; ***she never knows what to* do *at weekends***), ou lorsque l'on parle de tâches ménagères, de sport ou de travail en général (***I hate* doing *the washing up*** ; ***you should* do *some swimming*** ; ***you must* do *your homework before watching television***).

To make rend l'idée de création ou d'exécution (***I'm* making *some soup for dinner*** ; ***let's* make *a plan of the area***).

Il s'emploie aussi dans les situations où quelqu'un ou quelque chose oblige une personne à effectuer une action (***she'll* make *you finish your homework first*** ; ***that book* made *me understand a lot about history***).

Voir aussi ***do*** dans la partie anglais-français du dictionnaire.

À PROPOS DE

faire

• *faire qqch pour/à qqn* ***make sthg for sb*** *ou* ***make sb sthg***

Notez la construction à double complément qui en anglais peut prendre deux formes dont le sens est le même :

une structure identique à celle du français : verbe + COD + préposition + COI ***make sthg for sb***

une structure qui diffère de celle du français, sans préposition, et dans laquelle l'ordre des compléments est inversé : verbe + COI + COD ***make sb sthg***

• *Elle a fait un superbe gâteau d'anniversaire pour Vincent.* ***She* made *a lovely birthday cake for Vincent*** *ou* ***She* made *Vincent à lovely birthday cake***.

• *Avec le tissu qu'il lui restait elle a fait une robe à Léa.* ***With the remaining fabric she* made *a dress for Léa*** *ou* ***With the remaining fabric she* made *Léa a dress.***

À PROPOS DE cela fait... que

Ago sert à parler du moment où s'est passé quelque chose (*Ça fait trois ans qu'ils ont déménagé* ***They moved house three years ago***), tandis que ***for*** insiste sur la durée écoulée (*Ça fait une heure que je t'attends* ***I've been waiting for you for an hour***).

faire-part *nm inv* announcement.

fair-play *adj inv* sporting • **se montrer fair-play** to be sporting.

fais, fait *etc* → **faire.**

faisable *adj* feasible.

faisan, e *nm,f* pheasant.

faisandé, e *adj* CULIN high.

faisceau *nm (rayon)* beam.

faisons → **faire.**

faisselle *nf* **1.** *(récipient)* cheese basket **2.** *(fromage)* fromage frais *(packaged in its own draining basket)*.

fait, e *pp* → **faire.** ❑ *adj* **1.** *(fabriqué)* made • **il n'est pas fait pour mener cette vie** he's not cut out for this kind of life **2.** *(physique)* • **bien fait** well-built **3.** *(fromage)* ripe **4.** *(locution)* • **c'est bien fait pour lui** (it) serves him right • **c'en est fait de nous** we're done for. ■ **au fait** *loc adv* by the way. ■ **du fait de** *loc prép* because of. ■ **en fait** *loc adv* in (actual) fact. ■ **en fait de** *loc prép* by way of. ■ **fait** *nm* **1.** *(acte)* act • **mettre qqn devant le fait accompli** to present sb with a fait accompli • **prendre qqn sur le fait** to catch sb in the act • **faits et gestes** doings, actions **2.** *(événement)* event • **faits divers** news in brief **3.** *(réalité)* fact • **c'est un fait** it's a fact.

faîte *nm* **1.** *(de toit)* ridge **2.** *(d'arbre)* top **3.** *fig (sommet)* pinnacle.

faites → **faire.**

fait-tout, faitout *nm* stewpan.

fakir *nm* fakir.

falafel *nm* CULIN falafel.

falaise *nf* cliff.

fallacieux, euse *adj* **1.** *(promesse)* false **2.** *(argument)* fallacious.

falloir

■ **falloir** *v impers*

1. EXPRIME UN BESOIN, UNE NÉCESSITÉ

• **il me faut du temps** I need (some) time • **il me faudrait deux kilos de pommes, s'il vous plaît** I'd like two kilos of apples, please • **il faut deux heures pour aller à Oxford** it takes two hours to get to Oxford • **il m'a fallu trois jours pour terminer ce travail** it took me three days to finish this work

2. EXPRIME UNE OBLIGATION

• **il faut que tu partes** you must go *ou* leave, you'll have to go *ou* leave • **il faut faire attention** we/you *etc* must be careful, we'll/you'll *etc* have to be careful • **s'il le faut** if necessary

3. EXPRIME UN CONSEIL, UNE SUGGESTION

• **il faut que tu ailles voir ce film** you must go and see this film • **il faut que nous partions en vacances ensemble** we must go on holiday together • **il faudrait que je leur écrive** I should write to them

4. POUR EXPRIMER L'AGACEMENT

• **il faut toujours qu'elle intervienne !** she always has to interfere!

5. POUR EXPRIMER L'ADMIRATION

• **il faut la voir danser !** you should see her dance!

6. INDIQUE UNE FATALITÉ

• **il fallait bien que cela arrive** it was bound to happen • **il a fallu qu'elle découvre ce secret** she would have to discover that secret

■ **s'en falloir** *v impers*

• **il s'en faut de peu qu'il puisse acheter cette maison** he can almost afford to buy the house • **il s'en faut de 20 cm que l'armoire tienne dans le coin** the cupboard is 20 cm too big to fit into the corner • **il s'en faut de beaucoup qu'il ait l'examen** it'll take a lot for him to pass the exam • **peu s'en est fallu qu'il démissionne** he very nearly resigned *ou* he came close to resigning

À PROPOS DE falloir

Must indique ce qui est bien du point de vue moral, de la santé, etc, qu'il s'agisse d'une obligation ou d'une recommandation. ***Have to*** indique une obligation imposée par les circonstances.

fallu *pp inv* → **falloir.**

falot, e *adj* dull.

falsifier *vt (document, signature, faits)* to falsify.

famé, e *adj* • **mal famé** *ou* **malfamé** with a (bad) reputation.

famélique *adj* half-starved.

fameux, euse *adj* **1.** *(célèbre)* famous **2.** *fam (remarquable)* great.

familial, e *adj* family *(avant nom)* • **une réunion familiale** a family gathering.

familiariser *vt* • **familiariser qqn avec** to familiarize sb with. ■ **se familiariser** *vp* • **se familiariser avec** to get used to.

familiarité *nf* familiarity. ■ **familiarités** *nfpl* liberties.

familier, ère *adj (connu)* familiar. ■ **familier** *nm* regular (customer).

famille *nf* **1.** family **2.** *(ensemble des parents)* relatives, relations • **famille d'accueil a)** *(lors d'un séjour linguistique)* host family **b)** *(pour enfant en* *difficulté)* foster home • **famille monoparentale** single-parent *ou* lone-parent *ou* one-parent **(UK)** family • **famille recomposée** blended family.

LEXIQUE

la famille

l'arrière-grand-mère the great-grandmother
l'arrière-grand-père the great-grandfather
le beau-frère the brother-in-law
le beau-père (mari de la mère) the father-in-law
la belle-mère (femme du père) the mother-in-law
la belle-sœur the sister-in-law
le cousin the cousin
la cousine the cousin
le demi-frère the half-brother
la demi-sœur the half-sister
la famille recomposée the recomposed family
la fille the daughter
le fils the son
le frère the brother
la grand-mère the grandmother
le grand-père the grandfather
la mère the mother
l'oncle the uncle
le père the father
la sœur the sister
la tante the aunt

famine *nf* famine.
fan *nmf fam* fan • **un fan de jazz** a jazz fan.
fanal *nm* **1.** *(de phare)* beacon **2.** *(lanterne)* lantern.
fanatique *nmf* fanatic. ❑ *adj* fanatical.
fanatisme *nm* fanaticism.
fan-club *nm* **1.** *(d'un artiste)* fan club **2.** *hum* admirers, supporters, fan club *fig*.
faner *vt (altérer)* to fade. ❑ *vi* **1.** *(fleur)* to wither **2.** *(beauté, couleur)* to fade. ■ **se faner** *vp* **1.** *(fleur)* to wither **2.** *(beauté, couleur)* to fade.
fanfare *nf* **1.** *(orchestre)* brass band **2.** *(musique)* fanfare.
fanfaron, onne *adj* boastful. ❑ *nm,f* braggart.
fange *nf littéraire* mire.
fanion *nm* pennant.
fantaisie *nf* **1.** *(caprice)* whim **2.** *(indén) (goût)* fancy **3.** *(imagination)* imagination. ❑ *adj inv* • **chapeau fantaisie** fancy hat • **bijoux fantaisie** fake/costume jewellery **(UK)** *ou* jewelry **(US)**.
fantaisiste *nmf* entertainer. ❑ *adj (bizarre)* fanciful.
fantasme *nm* fantasy.
fantasmer *vi* to fantasize.
fantasque *adj* **1.** *(personne)* whimsical **2.** *(humeur)* capricious.
fantassin *nm* infantryman.
fantastique *adj* fantastic. ❑ *nm* • **le fantastique** the fantastic.
fantoche *adj* puppet *(avant nom)*. ❑ *nm* puppet.
fantôme *nm* ghost. ❑ *adj (inexistant)* phantom • **croire aux fantômes** to believe in ghosts.
faon *nm* fawn.
faramineux, euse *adj fam* **1.** *(prix)* astronomical **2.** *(génial)* fantastic.
farandole *nf* farandole.
farce *nf* **1.** CULIN stuffing **2.** *(blague)* (practical) joke • **farces et attrapes** jokes and novelties.
farceur, euse *nm,f* (practical) joker.
farci, e *adj* **1.** CULIN stuffed **2.** *fig (plein)* stuffed, crammed.
farcir *vt* **1.** CULIN to stuff **2.** *(remplir)* • **farcir qqch de** to stuff *ou* cram sthg with.
fard *nm* make-up.
fardeau *nm* **1.** *(poids)* load **2.** *fig* burden.
farder *vt (maquiller)* to make up. ■ **se farder** *vp* to make o.s. up, to put on one's make-up.
farfelu, e *fam adj* weird. ❑ *nm,f* weirdo.
farfouiller *vi fam* to rummage.
farine *nf* flour • **farine animale** animal flour • **de la farine de blé** wheat flour • **farine de manioc** cassava.
farniente *nm* idleness.
farouche *adj* **1.** *(animal)* wild, not tame **2.** *(personne)* shy, withdrawn **3.** *(sentiment)* fierce.
fart *nm* (ski) wax.
fascicule *nm* part, instalment **(UK)**, installment **(US)**.
fascinant, e *adj* **1.** *(regard)* alluring, captivating **2.** *(personne, histoire)* fascinating.
fascination *nf* fascination.
fasciner *vt* to fascinate.
fascisme *nm* fascism.
fasse, fassions *etc* → **faire**.
faste *nm* splendour **(UK)**, splendor **(US)**. ❑ *adj (favorable)* lucky.
fastidieux, euse *adj* boring.
fastueux, euse *adj* luxurious.
fatal, e *adj* **1.** *(mortel, funeste)* fatal **2.** *(inévitable)* inevitable.
fataliste *adj* fatalistic.
fatalité *nf* **1.** *(destin)* fate **2.** *(inéluctabilité)* inevitability.
fatidique *adj* fateful.
fatigant, e *adj* **1.** *(épuisant)* tiring **2.** *(ennuyeux)* tiresome.
fatiguant *p prés* → **fatiguer**.
fatigue *nf* tiredness.
fatigué, e *adj* **1.** tired **2.** *(cœur, yeux)* strained.

fatiguer *vt* **1.** *(épuiser)* to tire **2.** *(cœur, yeux)* to strain **3.** *(ennuyer)* to wear out. ❑ *vi* **1.** *fam (personne)* to grow tired **2.** *(moteur)* to strain. ■ **se fatiguer** *vp* to get tired • **se fatiguer de qqch** to get tired of sthg • **se fatiguer à faire qqch** to wear o.s. out doing sthg.

fatras *nm* jumble.

faubourg *nm* suburb.

fauché, e *adj fam* broke, hard-up.

faucher *vt* **1.** *(couper - herbe, blé)* to cut **2.** *fam (voler)* • **faucher qqch à qqn** to steal *ou* pinch **(UK)** sthg from sb **3.** *(piéton)* to run over **4.** *fig (sujet : mort, maladie)* to cut down.

faucille *nf* sickle.

faucon *nm* hawk.

faudra → **falloir.**

faufiler *vt* to tack, to baste. ■ **se faufiler** *vp* • **se faufiler dans** to slip into • **se faufiler entre** to thread one's way between.

faune *nf* **1.** *(animaux)* fauna • **la faune et la flore** the flora and fauna **2.** *fam & péj (personnes)* • **la faune qui fréquente ce bar** the sort of people who hang around that bar. ❑ *nm* MYTHOL faun.

faussaire *nmf* forger.

faussement *adv* **1.** *(à tort)* wrongly **2.** *(prétendument)* falsely.

fausser *vt* **1.** *(déformer)* to bend **2.** *(rendre faux)* to distort.

fausseté *nf* **1.** *(hypocrisie)* duplicity **2.** *(de jugement, d'idée)* falsity.

faute *nf* **1.** *(erreur)* mistake, error • **faute de frappe a)** *(à la machine à écrire)* typing error **b)** *(à l'ordinateur)* keying error • **faute d'orthographe** spelling mistake **2.** *(méfait, infraction)* offence **(UK)**, offense **(US)** • **prendre qqn en faute** to catch sb out **(UK)** • **faute professionnelle** professional misdemeanour **(UK)** *ou* misdemeanor **(US)** **3.** TENNIS fault **4.** FOOTBALL foul **5.** *(responsabilité)* fault • **de ma/ta** *etc* **faute** my/your *etc* fault • **par la faute de qqn** because of sb. ■ **faute de** *loc prép* for want *ou* lack of • **faute de mieux** for want *ou* lack of anything better. ■ **sans faute** *loc adv* without fail.

fauteuil *nm* **1.** *(siège)* armchair • **fauteuil roulant** wheelchair • **un fauteuil en cuir** a leather armchair **2.** *(de théâtre)* seat **3.** *(de président)* chair **4.** *(d'académicien)* seat.

fautif, ive *adj* **1.** *(coupable)* guilty **2.** *(défectueux)* faulty. ❑ *nm, f* guilty party.

fauve *nm* **1.** *(animal)* big cat **2.** *(couleur)* fawn **3.** ART Fauve. ❑ *adj* **1.** *(animal)* wild **2.** *(cuir, cheveux)* tawny **3.** ART Fauvist.

fauvette *nf* warbler.

faux, fausse *adj* **1.** *(incorrect)* wrong **2.** *(postiche, mensonger, hypocrite)* false • **faux témoignage** DR perjury **3.** *(monnaie, papiers)* forged, fake **4.** *(bijou, marbre)* imitation, fake **5.** *(injustifié)* • **fausse alerte** false alarm • **c'est un faux problème** that's not an issue (here). ■ **faux** *nm (document, tableau)* forgery, fake. ❑ *nf* scythe. ❑ *adv* • **chanter/jouer faux** MUS to sing/play out of tune • **sonner faux** *fig* not to ring true. ■ **faux ami** *nm* false friend. ■ **faux pas** *nm* **1.** *(en marchant)* • **faire un faux pas** to trip, to stumble **2.** *(maladresse)* faux pas, gaffe.

faux-filet *nm* sirloin.

faux-fuyant *nm* excuse.

faux-monnayeur *nm* counterfeiter.

faux-sens *nm inv* mistranslation.

faveur *nf* favour **(UK)**, favor **(US)**. ■ **à la faveur de** *loc prép* thanks to. ■ **en faveur de** *loc prép* in favour **(UK)** *ou* favor **(US)** of • **se décider en faveur de qqch** to decide in favour of sthg.

favorable *adj* • **favorable (à)** favourable **(UK)** *ou* favorable **(US)** (to).

favori, ite *adj & nm, f* favourite **(UK)**, favorite **(US)**. ■ **favoris** *nmpl* side whiskers.

favoriser *vt* **1.** *(avantager)* to favour **(UK)**, to favor **(US)** **2.** *(contribuer à)* to promote.

fax *nm* fax • **envoyer un fax** to send a fax.

faxer *vt* to fax.

fayot, te *nm, f fam (personne)* creep, crawler.

fayotage *nm fam* bootlicking.

fayoter *vi fam* to lick sb's boots • **il est toujours à fayoter** he's always bootlicking.

fébrile *adj* feverish.

fécond, e *adj* **1.** *(femelle, terre, esprit)* fertile **2.** *(écrivain)* prolific.

fécondation *nf* fertilization • **fécondation in vitro** in vitro fertilization.

féconder *vt* **1.** *(ovule)* to fertilize **2.** *(femme, femelle)* to impregnate.

fécondité *nf* **1.** *(gén)* fertility **2.** *(d'écrivain)* productiveness.

fécule *nf* starch.

féculent, e *adj* starchy. ■ **féculent** *nm* starchy food.

fédéral, e *adj* federal.

fédération *nf* federation.

fée *nf* fairy • **un conte de fées** a fairy tale.

féerique *adj (enchanteur)* enchanting.

feignant, e = **fainéant.**

feindre *vt* to feign • **feindre de faire qqch** to pretend to do sthg. ❑ *vi* to pretend.

feint, e *pp* → **feindre.**

feinte *nf* **1.** *(ruse)* ruse **2.** *(football)* dummy **3.** *(boxe)* feint.

fêlé, e *adj* **1.** *(assiette)* cracked **2.** *fam (personne)* nutty, loony.

fêler *vt* to crack.

félicitations *nfpl* congratulations.

féliciter *vt* to congratulate. ■ **se féliciter** *vp* • **se féliciter de** to congratulate o.s. on.

S'EXPRIMER féliciter quelqu'un

- ***I'd like to congratulate you on doing so well in* (UK) *ou on* (US) *your exam.*** Tu permets/vous permettez que je te/vous félicite pour ton/votre examen ?
- ***Congratulations on getting your licence* (UK) *ou license* (US)*!*** Félicitations pour ton permis !

félin, e *adj* feline. ■ **félin** *nm* big cat.
fêlure *nf* crack.
femelle *nf & adj* female • **une femelle éléphant** a female elephant.
féminin, e *adj* **1.** *(gén)* feminine **2.** *(revue, équipe)* women's *(avant nom)*. ■ **féminin** *nm* GRAMM feminine.
féminiser *vt* **1.** *(efféminer)* to make effeminate **2.** BIOL to feminize. ■ **se féminiser** *vp* **1.** *(institution)* to attract more women **2.** *(homme)* to become effeminate.
féminisme *nm* feminism.
féminité *nf* femininity.
femme *nf* **1.** *(personne de sexe féminin)* woman • **femme de chambre** chambermaid • **femme de ménage** cleaning woman **2.** *(épouse)* wife.
fémur *nm* femur.
fendre *vt* **1.** *(bois)* to split **2.** *(foule, flots)* to cut through. ■ **se fendre** *vp (se crevasser)* to crack.
fendu, e *pp* → **fendre**.
fenêtre *nf (gén)* window.
fennec *nm* fennec.
fenouil *nm* fennel.
fente *nf* **1.** *(fissure)* crack **2.** *(interstice, de vêtement)* slit.
féodal, e *adj* feudal.
féodalité *nf* feudalism.
fer *nm* iron • **fer à cheval** horseshoe • **fer forgé** wrought iron • **fer à repasser** iron • **fer à souder** soldering iron.
ferai, feras *etc* → **faire**.
fer-blanc *nm* tinplate, tin.
ferblanterie *nf* **1.** *(commerce)* tin industry **2.** *(ustensiles)* tinware.
férié, e → **jour**.
férir *vt* • **sans coup férir** without meeting any resistance *ou* obstacle.
ferme[1] *nf* farm • **vivre dans une ferme** to live on a farm.
ferme[2] *adj* firm • **être ferme sur ses jambes** to be steady on one's feet. ❑ *adv* **1.** *(beaucoup)* a lot **2.** *(définitivement)* • **acheter/vendre ferme** to make a firm purchase/sale.
fermement *adv* firmly.
ferment *nm* **1.** *(levure)* ferment **2.** *fig (germe)* seed, seeds *pl*.
fermentation *nf* **1.** CHIM fermentation **2.** *fig* ferment.
fermer *vt* **1.** *(porte, tiroir, yeux)* to close, to shut **2.** *(store)* to pull down **3.** *(enveloppe)* to seal **4.** *(bloquer)* to close • **fermer son esprit à qqch** to close one's mind to sthg **5.** *(gaz, lumière)* to turn off **6.** *(vêtement)* to do up **7.** *(entreprise)* to close down **8.** *(interdire)* • **fermer qqch à qqn** to close sthg to sb. ❑ *vi* **1.** *(gén)* to shut, to close **2.** *(vêtement)* to do up **3.** *(entreprise)* to close down. ■ **se fermer** *vp* **1.** *(porte, partie du corps)* to close, to shut **2.** *(plaie)* to close up **3.** *(vêtement)* to do up.
fermeté *nf* firmness.
fermeture *nf* **1.** *(de porte)* closing **2.** *(de vêtement, sac)* fastening • **fermeture** Éclair® zip (UK), zipper (US) **3.** *(d'établissement - temporaire)* closing ; *(- définitive)* closure • **fermeture hebdomadaire/annuelle** weekly/annual closing.
fermier, ère *nm, f* farmer.
fermoir *nm* clasp.
féroce *adj* **1.** *(animal, appétit)* ferocious **2.** *(personne, désir)* fierce.
ferraille *nf* **1.** *(vieux fer)* scrap iron *(indén)* • **bon à mettre à la ferraille** fit for the scrap heap **2.** *fam (monnaie)* loose change.
ferronnerie *nf* **1.** *(objet, métier)* ironwork *(indén)* **2.** *(atelier)* ironworks *sing*.
ferroutage *nm* piggyback traffic.
ferroviaire *adj* rail *(avant nom)*.
ferry-boat *nm* ferry.
fertile *adj litt & fig* fertile • **fertile en** *fig* filled with, full of.
fertiliser *vt* to fertilize.
fertilité *nf* fertility.
féru, e *adj sout (passionné)* • **être féru de qqch** to have a passion for sthg.
fervent, e *adj* **1.** *(chrétien)* fervent **2.** *(amoureux, démocrate)* ardent.
ferveur *nf (dévotion)* fervour (UK), fervor (US).
fesse *nf* buttock • **un coup de pied aux fesses** a kick up the bottom.
fessée *nf* spanking, smack (on the bottom).
festif, ive *adj* festive.
festin *nm* banquet, feast.
festival *nm* festival.
festivités *nfpl* festivities.
feston *nm* **1.** ARCHIT festoon **2.** COUT scallop.
festoyer *vi* to feast.
fêtard, e *nm, f fam* fun-loving person.
fête *nf* **1.** *(congé)* holiday • **les fêtes (de fin d'année)** the Christmas holidays • **fête nationale** national holiday **2.** *(réunion, réception)* celebration **3.** *(kermesse)* fair • **fête foraine** funfair (UK), carnival (US) **4.** *(jour de célébration - de personne)* name-day, saint's day ; *(- de saint)* feast (day) **5.** *(soirée)* party **6.** *(locution)* • **faire la fête** to have a good time • **faire fête à qqn** to make a fuss of sb. ■ **fêtes** *nfpl* **1.** *(gén)* holidays **2.** *(de Noël et du jour de l'an)* the Christmas

and New Year celebrations • **les fêtes juives/catholiques** the Jewish/Catholic holidays **3.** *(locution)* • **fêtes galantes** *ART* fêtes galantes.

fêter *vt* **1.** *(événement)* to celebrate **2.** *(personne)* to have a party for.

fétiche *nm* **1.** *(objet de culte)* fetish **2.** *(mascotte)* mascot.

fétichisme *nm (culte, perversion)* fetishism.

fétide *adj* fetid.

fétu *nm* • **fétu (de paille)** wisp (of straw).

feu[1], e *adj* • **feu M. X** the late Mr X • **feu mon mari** my late husband.

feu[2] *nm* **1.** *(flamme, incendie)* fire • **au feu !** fire! • **en feu** *litt* & *fig* on fire • **avez-vous du feu ?** have you got a light? • **faire feu** *MIL* to fire • **mettre le feu à qqch** to set fire to sthg, to set sthg on fire • **prendre feu** to catch fire • **feu de camp** camp fire • **feu de cheminée** chimney fire • **feu follet** will-o'-the-wisp **2.** *(signal)* light • **feu rouge/vert** red/green light • **feux de croisement** dipped **(UK)** *ou* dimmed **(US)** headlights • **feux de position** sidelights • **feux de route** headlights on full beam **(UK)** *ou* high beams **(US) 3.** *CULIN* ring **(UK)**, burner **(US)** • **à feu doux/vif** on a low/high flame • **à petit feu** gently **4.** *CINÉ & THÉÂTRE* light *(indén)*. ■ **feu d'artifice** *nm* firework.

feuillage *nm* foliage.

feuille *nf* **1.** *(d'arbre)* leaf • **feuille morte** dead leaf • **feuille de vigne** *BOT* vine leaf **2.** *(page)* sheet • **feuille de papier** sheet of paper **3.** *(document)* form • **feuille de soins** *si vous voulez expliquer à un anglophone de quoi il s'agit, vous pouvez dire* it is a claim form that you fill in so that you can be reimbursed for medical expenses • **feuille d'heures** time sheet.

feuillet *nm* page.

feuilleté, e *adj* **1.** *CULIN* • **pâte feuilletée** puff pastry **2.** *GÉOL* foliated. ■ **feuilleté** *nm* pastry.

feuilleter *vt* to flick through.

feuilleton *nm* serial • **un feuilleton télévisé** a TV series.

feutre *nm* **1.** *(étoffe)* felt **2.** *(chapeau)* felt hat **3.** *(crayon)* felt-tip pen.

feutré, e *adj* **1.** *(garni de feutre)* trimmed with felt **2.** *(qui a l'aspect du feutre)* felted **3.** *(bruit, cri)* muffled.

feutrine *nf* lightweight felt.

fève *nf* broad bean.

février *nm* February. Voir aussi **septembre**.

> En anglais, les mois de l'année s'écrivent avec une majuscule.

fg abrév de **faubourg**.

fi *interj littéraire* • **faire fi de** to scorn.

fiable *adj* reliable.

fiacre *nm* (horse-drawn) carriage.

fiançailles *nfpl* engagement *sing*.

fiancé, e *nm, f* fiancé, fiancée *f*.

fiancer ■ **se fiancer** *vp* • **se fiancer (avec)** to get engaged (to).

fiasco *nm fam* fiasco • **faire fiasco** to be a fiasco.

fibre *nf ANAT, BIOL & TECHNOL* fibre **(UK)**, fiber **(US)** • **fibre de verre** fibreglass **(UK)** *ou* fiberglass **(US)**, glass fibre **(UK)** *ou* fiber **(US)**.

fibrome *nm* fibroma.

ficelé, e *adj fam* dressed.

ficeler *vt (lier)* to tie up.

ficelle *nf* **1.** *(fil)* string **2.** *(pain) si vous voulez expliquer à un anglophone de quoi il s'agit, vous pouvez dire* it is a very thin baguette **3.** *(gén pl) (truc)* trick.

fiche *nf* **1.** *(document)* card • **fiche de paie** pay slip **(UK)**, paystub **(US) 2.** *ÉLECTR & TECHNOL* pin.

ficher *vt* **1.** *(participe passé* **fiché***) (enfoncer)* • **ficher qqch dans** to stick sthg into **2.** *(participe passé* **fiché***) (inscrire)* to put on file **3.** *(participe passé* **fichu***) fam (faire)* • **qu'est-ce qu'il fiche ?** what's he doing? **4.** *(participe passé* **fichu***) fam (mettre)* to put • **ficher qqch par terre** *fig* to mess *ou* muck **(UK)** sthg up. ■ **se ficher** *vp fam* **1.** *(s'enfoncer - sujet : clou, pique)* • **se ficher dans** to go into **2.** *(se moquer)* • **se ficher de** to make fun of **3.** *(ne pas tenir compte)* • **se ficher de** not to give a damn about • **je m'en fiche** I don't care.

fichier *nm* file.

fichu[1] *nm* scarf.

fichu[2], e *adj fam* **1.** *(cassé, fini)* done for **2.** *(avant nom) (désagréable)* nasty **3.** *(locution)* • **être mal fichu a)** *(personne)* to feel rotten **b)** *(objet)* to be badly made • **il n'est même pas fichu de faire son lit** he can't even make his own bed.

fictif, ive *adj* **1.** *(imaginaire)* imaginary **2.** *(faux)* false.

fiction *nf* **1.** *LITTÉR* fiction **2.** *(monde imaginaire)* dream world.

ficus *nm* ficus.

fidèle *nmf* **1.** *RELIG* believer **2.** *(adepte)* fan. ❑ *adj* **1.** *(loyal, exact, semblable)* • **fidèle (à)** faithful (to) • **il est resté fidèle à son équipe** he remained loyal to his team • **fidèle à la réalité** accurate **2.** *(habitué)* regular.

fidéliser *vt* to attract and keep.

fidélité *nf* faithfulness.

fief *nm* **1.** fief **2.** *fig* stronghold.

fiel *nm litt* & *fig* gall.

fiente *nf* droppings *pl*.

fier[1], fière *adj* **1.** *(gén)* proud • **fier de qqn/qqch** proud of sb/sthg • **fier de faire qqch** proud to be doing sthg **2.** *(noble)* noble.

fier[2] ■ **se fier** *vp* • **se fier à** to trust, to rely on.

fierté *nf* **1.** *(satisfaction, dignité)* pride **2.** *(arrogance)* arrogance.

fièvre *nf* **1.** *MÉD* fever • **avoir de la fièvre** to have a fever, to have a temperature • **avoir 40 de fièvre** to have a temperature of 105 (degrees)

2. *(vétérinaire)* • **fièvre aphteuse** foot and mouth disease **3.** *fig (excitation)* excitement.
fiévreux, euse *adj litt & fig* feverish.
fig. abrév de **figure**.
figé, e *adj* fixed.
figer *vt* to paralyse (UK), to paralyze (US). ■ **se figer** *vp* **1.** *(s'immobiliser)* to freeze **2.** *(se solidifier)* to congeal.
fignoler *vt* to put the finishing touches to.
figue *nf* fig.
figuier *nm* fig tree.
figurant, e *nm,f* extra.
figuratif, ive *adj* figurative.
figuration *nf* CINÉ & THÉÂTRE • **faire de la figuration** to work as an extra.
figure *nf* **1.** *(gén)* figure • **faire figure de** to look like **2.** *(visage)* face.
figuré, e *adj (sens)* figurative. ■ **figuré** *nm* • **au figuré** in the figurative sense.
figurer *vt* to represent. ❑ *vi* • **figurer dans/parmi** to figure in/among.
figurine *nf* figurine.
fil *nm* **1.** *(brin)* thread • **du fil et une aiguille** a needle and thread • **fil à plomb** plumb line • **perdre le fil (de qqch)** *fig* to lose the thread (of sthg) **2.** *(câble)* wire • **fil de fer** wire **3.** *(cours)* course • **au fil de** in the course of **4.** *(tissu)* linen **5.** *(tranchant)* edge.
filaire *adj* telegraphic.
filament *nm* **1.** ANAT & ÉLECTR filament **2.** *(végétal)* fibre (UK), fiber (US) **3.** *(de colle, bave)* thread.
filandreux, euse *adj (viande)* stringy.
filasse *nf* tow. ❑ *adj inv* flaxen.
filature *nf* **1.** *(usine)* mill **2.** *(fabrication)* spinning **3.** *(poursuite)* tailing.
file *nf* **1.** *(gén)* line • **à la file** in a line • **file d'attente** queue (UK), line (US) **2.** *(voie)* lane • **rouler sur la file de gauche** to drive in the left lane • **se garer en double file** to double-park.
filer *vt* **1.** *(soie, coton)* to spin **2.** *(personne)* to tail **3.** *fam (donner)* • **filer qqch à qqn** to slip sthg to sb, to slip sb sthg. ❑ *vi* **1.** *(bas)* to ladder (UK), to run (US) **2.** *(aller vite - temps, véhicule)* to fly (by) **3.** *fam (partir)* to dash off **4.** *(locution)* • **filer doux** to behave nicely.
filet *nm* **1.** *(à mailles)* net • **filet de pêche** fishing net • **filet à provisions** string bag **2.** CULIN fillet, filet (US) • **filet de sole** fillet *ou* filet (US) of sole **3.** *(de liquide)* drop, dash **4.** *(de lumière)* shaft.
filial, e *adj* filial. ■ **filiale** *nf* ÉCON subsidiary.
filiation *nf (lien de parenté)* line.
filière *nf* **1.** *(voie)* • **suivre la filière** *(professionnelle)* to work one's way up **2.** *(réseau)* network.
filiforme *adj* skinny.
filigrane *nm (dessin)* watermark • **en filigrane** *fig* between the lines.
filin *nm* rope.
fille *nf* **1.** *(enfant)* daughter **2.** *(femme)* girl • **jeune fille** girl • **vieille fille** *péj* spinster.
fillette *nf* little girl.
filleul, e *nm,f* godchild.
film *nm* **1.** *(gén)* film (UK), movie (US) • **film catastrophe** disaster film (UK) *ou* movie (US) • **film d'épouvante** horror film (UK) *ou* movie (US) • **film policier** detective film (UK) *ou* movie (US) **2.** *fig (déroulement)* course.
filmer *vt* to film.
filmographie *nf* filmography, films *pl* (UK), movies *pl* (US).
filon *nm* **1.** *(de mine)* vein **2.** *fam & fig (possibilité)* cushy number.
filou *nm* rogue.
fils *nm* son • **fils de famille** boy from a privileged background.
filtrant, e *adj (verre)* tinted.
filtre *nm* **1.** filter • **filtre à café** coffee filter **2.** INFORM • **filtre parental** Internet filter, parental control filter.
filtrer *vt* **1.** to filter **2.** *fig* to screen. ❑ *vi* **1.** to filter **2.** *fig* to filter through.
fin[1], fine *adj* **1.** *(gén)* fine **2.** *(partie du corps)* slender **3.** *(couche, papier)* thin **4.** *(subtil)* shrewd **5.** *(ouïe, vue)* keen. ❑ *adv* finely • **fin prêt** quite ready.
fin[2] *nf* end • **fin mars** at the end of March • **mettre fin à** to put a stop *ou* an end to • **prendre fin** to come to an end • **tirer** *ou* **toucher à sa fin** to draw to a close • **arriver** *ou* **parvenir à ses fins** to achieve one's ends *ou* aims. ■ **à la fin** *loc adv* • **tu vas m'écouter, à la fin ?** will you listen to me? ■ **à la fin de** *loc prép* at the end of. ■ **fin de série** *nf* oddment. ■ **sans fin** *loc adj* endless.
final, e *adj* final. ■ **finale** *nf* SPORT final. ■ **final(e)** *nm* MUS finale.
finalement *adv* finally • **finalement, ils ont décidé de rester** they finally decided to stay.
finaliser *vt* to finalize.
finaliste *nmf & adj* finalist.
finalité *nf sout (fonction)* purpose.
finance *nf* finance. ■ **finances** *nfpl* finances.
financement *nm* financing, funding.
financer *vt* to finance, to fund.
financier, ère *adj* financial. ■ **financier** *nm* financier.
finaud, e *adj* wily, crafty.
finesse *nf* **1.** *(gén)* fineness **2.** *(minceur)* slenderness **3.** *(perspicacité)* shrewdness **4.** *(subtilité)* subtlety.
fini, e *adj* **1.** *péj (fieffé)* • **un crétin fini** a complete idiot **2.** *fam (usé, diminué)* finished **3.** *(limité)* finite. ■ **fini** *nm (d'objet)* finish.
finir *vt* **1.** *(gén)* to finish, to end **2.** *(vider)* to empty. ❑ *vi* **1.** *(gén)* to finish, to end • **finir par faire qqch** to do sthg eventually • **tu vas finir**

par tomber ! you're going to fall! • **mal finir** to end badly **2.** *(arrêter)* • **finir de faire qqch** to stop doing sthg • **en finir (avec)** to finish (with).

À PROPOS DE

finir de

Il faut noter la différence entre les constructions française et anglaise :
– *finir de* + infinitif
– ***finish*** + verbe en ***-ing***
• *Je dois finir de ranger mon bureau avant de partir.* ***I've got to finish tidying up my desk before I leave.***

finition *nf (d'objet)* finish.

finlandais, e *adj* Finnish. ■ **Finlandais, e** *nm, f* Finn.

En anglais, les adjectifs se rapportant à un pays ou une région s'écrivent avec une majuscule.

Finlande *nf* • **la Finlande** Finland.

En anglais, à de rares exceptions près, il n'y a pas d'article devant les noms de pays.

finnois, e *adj* Finnish. ■ **finnois** *nm (langue)* Finnish. ■ **Finnois, e** *nm, f* Finn.

En anglais, les adjectifs se rapportant à la langue d'un pays, s'écrivent avec une majuscule.

fiole *nf* flask.

fioriture *nf* flourish.

fioul = **fuel**.

firmament *nm* firmament.

firme *nf* firm.

fis, fit *etc* → **faire**.

fisc *nm* ≃ Inland Revenue **(UK)**; ≃ Internal Revenue Service **(US)**.

fiscal, e *adj* tax *(avant nom)*, fiscal.

fiscaliser *vt* to (make) subject to tax.

fiscalité *nf* tax system.

fissure *nf* *litt* & *fig* crack.

fissurer *vt* **1.** *litt (fendre)* to crack **2.** *fig* to split. ■ **se fissurer** *vpt & vpi* to crack.

fiston *nm* *fam* son.

FIV (abrév de fécondation in vitro) *nf* IVF.

fivete (abrév de fécondation in vitro et transfert d'embryon) *nf* GIFT • **une fivete** a test-tube baby.

fixation *nf* **1.** *(action de fixer)* fixing **2.** *(attache)* fastening, fastener **3.** *(de ski)* binding **4.** PSYCHO fixation.

fixe *adj* **1.** fixed **2.** *(encre)* permanent. ■ **fixe** *nm* fixed salary.

fixement *adv* fixedly • **regarder fixement** to stare at.

fixer *vt* **1.** *(gén)* to fix **2.** *(règle)* to set • **fixer son choix sur** to decide on **3.** *(monter)* to hang **4.** *(regarder)* to stare at **5.** *(renseigner)* • **fixer qqn sur qqch** to put sb in the picture about sthg • **être fixé sur qqch** to know all about sthg. ■ **se fixer** *vp* to settle • **se fixer sur a)** *(sujet : choix, personne)* to settle on **b)** *(sujet : regard)* to rest on.

fjord *nm* fjord.

flacon *nm* small bottle • **flacon à parfum** perfume bottle.

flageller *vt (fouetter)* to flagellate.

flageoler *vi* to tremble.

flageolet *nm* **1.** *(haricot)* flageolet bean **2.** MUS flageolet.

flagrant, e *adj* flagrant ; → **délit**.

flair *nm* sense of smell.

flairer *vt* **1.** to sniff, to smell **2.** *fig* to scent.

flamand, e *adj* Flemish. ■ **flamand** *nm (langue)* Flemish. ■ **Flamand, e** *nm, f* Flemish person, Fleming.

flamant *nm* flamingo • **flamant rose** pink flamingo.

flambeau *nm* **1.** torch **2.** *fig* flame.

flambée *nf* **1.** *(feu)* blaze **2.** *fig (de colère)* outburst **3.** *(de violence)* outbreak • **il y a eu une flambée des prix** prices have sky-rocketed.

flamber *vi* **1.** *(brûler)* to blaze **2.** *fam (jeux)* to play for high stakes. ❑ *vt* **1.** *(crêpe)* to flambé **2.** *(volaille)* to singe.

flamboyant, e *adj* **1.** *(ciel, regard)* blazing **2.** *(couleur)* flaming **3.** ARCHIT flamboyant.

flamboyer *vi* to blaze.

flamiche *nf* leek pie *ou* quiche.

flamme *nf* **1.** flame **2.** *fig* fervour **(UK)**, fervor **(US)**, fire. ■ **en flammes** *loc adj* burning, blazing. ❑ *loc adv* • **l'avion est tombé en flammes** the plane went down in flames • **descendre un auteur en flammes** *fam* to pan an author.

flan *nm* baked custard.

flanc *nm* **1.** *(de personne, navire, montagne)* side **2.** *(d'animal, d'armée)* flank.

flancher *vi* *fam* to give up.

flanelle *nf* flannel.

flâner *vi (se promener)* to stroll.

flanquer *vt* **1.** *fam (jeter)* • **flanquer qqch par terre** to fling sthg to the ground • **flanquer qqn dehors** to chuck *ou* fling sb out **2.** *fam (donner)* • **flanquer une gifle à qqn** to smack *ou* slap sb • **flanquer la frousse à qqn** to scare the pants off sb, to put the wind up sb **(UK)** **3.** *(accompagner)* • **être flanqué de** to be flanked by.

flapi, e *adj* *fam* dead beat.

flaque *nf* pool • **une flaque d'eau** a puddle.

flash *nm* **1.** PHOTO flash **2.** RADIO & TV • **flash (d'information)** newsflash • **flash de publicité** commercial.

flash-back *nm inv* CINÉ flashback.

flashball *nm* **1.** *(arme)* ≃ baton gun **2.** *(projectile)* ≃ baton round.

flasher *vi* **1.** *fam* • **flasher sur qqn/qqch** to be turned on by sb/sthg **2.** *fam (craquer)* • **elle**

me fait flasher, cette nana ! that girl really turns me on!

flashy *adj inv* flashy.

flasque *nf* flask. ❑ *adj* flabby, limp.

flatter *vt* **1.** *(louer)* to flatter **2.** *(caresser)* to stroke. ■ **se flatter** *vp* to flatter o.s. • **je me flatte de le convaincre** I flatter myself that I can convince him • **se flatter de faire qqch** to pride o.s. on doing sthg.

flatterie *nf* flattery.

flatteur, euse *adj* flattering. ❑ *nm, f* flatterer.

flatulence *nf* flatulence, wind.

fléau *nm* **1.** *litt* & *fig (calamité)* scourge **2.** *(instrument)* flail.

flèche *nf* **1.** *(gén)* arrow • **flèche lumineuse** *(pour projection)* pointer **2.** *(d'église)* spire **3.** *fig (critique)* shaft.

fléchette *nf* dart. ■ **fléchettes** *nfpl* darts *sing* • **jouer aux fléchettes** to play darts.

fléchir *vt* **1.** to bend, to flex **2.** *fig* to sway. ❑ *vi* **1.** to bend **2.** *fig* to weaken.

fléchissement *nm* **1.** bending, flexing **2.** *fig* weakening.

flegmatique *adj* phlegmatic.

flegme *nm* composure.

flemmard, e *fam adj* lazy. ❑ *nm, f* lazybones *sing*.

flemme *nf fam* laziness • **j'ai la flemme (de sortir)** I can't be bothered (to go out) **(UK)**.

flétan *nm* halibut.

flétrir *vt (fleur, visage)* to wither. ■ **se flétrir** *vp* to wither.

fleur *nf fig* BOT flower • **en fleur, en fleurs** *(arbre)* in flower, in blossom • **à fleurs** *(motif)* flowered.

LEXIQUE

les fleurs

le chardon the thistle
le coquelicot the poppy
le géranium the geranium
l'iris the iris
le lilas the lilac
la marguerite the daisy
le muguet the lily of the valley
l'œillet the carnation
l'orchidée the orchid
la rose the rose
le tournesol the sunflower
la tulipe the tulip
la violette the violet

fleuret *nm* foil.

fleuri, e *adj* **1.** *(jardin, pré)* in flower **2.** *(vase)* of flowers **3.** *(tissu)* flowered **4.** *(table, appartement)* decorated with flowers **5.** *fig (style)* flowery.

fleurir *vi* **1.** to blossom **2.** *fig* to flourish. ❑ *vt* **1.** *(maison)* to decorate with flowers **2.** *(tombe)* to lay flowers on.

fleuriste *nmf* florist • **aller chez le fleuriste** to go to the florist's.

fleuron *nm fig* jewel.

fleuve *nm* **1.** *(cours d'eau)* river **2.** *(en apposition) (interminable)* lengthy, interminable.

flexible *adj* flexible.

flexion *nf* **1.** *(de genou, de poutre)* bending **2.** LING inflexion.

flexitarien, enne *adj & nm, f* flexitarian.

flibustier *nm* buccaneer.

flic *nmf fam* cop.

flinguer *vt fam* to gun down. ■ **se flinguer** *vp fam* to blow one's brains out.

flipper *nm* pinball machine.

flirt *nm* **1.** *(amourette)* flirtation **2.** *(personne)* boyfriend, girlfriend *f*.

flirter *vi* • **flirter (avec qqn)** to flirt (with sb) • **flirter avec qqch** *fig* to flirt with sthg.

flocon *nm* flake • **flocon de neige** snowflake.

flonflon *nm (gén pl)* blare.

flop *nm fam (échec)* flop, failure.

flopée *nf fam* • **une flopée de** heaps of, masses of.

floraison *nf litt* & *fig* flowering, blossoming.

floral, e *adj* floral.

flore *nf* flora.

Floride *nf* • **la Floride** Florida.

florilège *nm* anthology.

florissant, e *adj* **1.** *(santé)* blooming **2.** *(économie)* flourishing.

flot *nm* flood, stream • **être à flot a)** *(navire)* to be afloat **b)** *fig* to be back to normal. ■ **flots** *nmpl littéraire* waves.

flottaison *nf* floating.

flottant, e *adj* **1.** *(gén)* floating **2.** *(esprit)* irresolute **3.** *(robe)* loose-fitting.

flotte *nf* **1.** AÉRON & NAUT fleet **2.** *fam (eau)* water **3.** *fam (pluie)* rain.

flottement *nm* **1.** *(indécision)* hesitation, wavering **2.** *(de monnaie)* floating.

flotter *vi* **1.** *(sur l'eau)* to float **2.** *(drapeau)* to flap **3.** *(brume, odeur)* to drift **4.** *(dans un vêtement)* • **tu flottes dedans** it's baggy on you. ❑ *v impers fam* • **il flotte** it's raining.

flotteur *nm* **1.** *(de ligne de pêche, d'hydravion)* float **2.** *(de chasse d'eau)* ballcock.

flou, e *adj* **1.** *(couleur, coiffure)* soft **2.** *(photo)* blurred, fuzzy **3.** *(pensée)* vague, woolly **(UK)** *ou* wooly **(US)**. ■ **flou** *nm* **1.** *(de photo)* fuzziness **2.** *(de décision)* vagueness.

flouer *vt fam* to swindle, to do **(UK)**.

fluctuer *vi* to fluctuate.

fluet, ette *adj* **1.** *(personne)* thin, slender **2.** *(voix)* thin.

fluide *nm* **1.** *(matière)* fluid **2.** *fig (pouvoir)* (occult) power. ❑ *adj* **1.** *(matière)* fluid **2.** *(circulation)* flowing freely.

fluidifier *vt (trafic)* to improve the flow of.

fluidité *nf* **1.** *(gén)* fluidity **2.** *(de circulation)* easy flow.

fluo *adj* fluorescent, Day-Glo®.

fluor *nm* fluorine.

fluorescent, e *adj* fluorescent.

flûte *nf* **1.** MUS flute **2.** *(verre)* flute (glass). ❑ *interj fam* darn!, bother! **(UK)**.

flûtiste *nmf* flautist **(UK)**, flutist **(US)**.

fluvial, e *adj* **1.** *(eaux, pêche)* river *(avant nom)* **2.** *(alluvions)* fluvial.

flux *nm* **1.** *(écoulement)* flow **2.** *(marée)* flood tide **3.** PHYS flux **4.** *(sociologie)* • **flux migratoire** massive population movement **5.** ÉCON • **travailler en flux tendus** to use just-in-time methods *ou* planning.

FM (abrév de frequency modulation) *nf* FM.

FMI (abrév de Fonds monétaire international) *nm* IMF.

FN (abrév de Front national) *nm* French National Front.

foc *nm* jib.

focal, e *adj* focal.

focaliser *vt* to focus. ■ **se focaliser** *vp fig* • **se focaliser sur qqch** to focus on sthg.

fœtal, e *adj* foetal **(UK)**, fetal **(US)**.

fœtus *nm* foetus **(UK)**, fetus **(US)**.

foi *nf* **1.** RELIG faith • **avoir la foi** to have faith **2.** *(confiance)* trust • **avoir foi en qqn/qqch** to trust sb/sthg, to have faith in sb/sthg **3.** *(locution)* • **être de bonne/mauvaise foi** to be in good/bad faith.

foie *nm* ANAT & CULIN liver • **du foie de veau** calf's liver.

foin *nm* hay • **le rhume des foins** hay fever.

foire *nf* **1.** *(fête)* funfair **(UK)**, carnival **(US)** **2.** *(exposition, salon)* trade fair • **foire agricole** agricultural show • **la foire du livre** the book fair.

fois *nf* time • **une fois** once • **deux fois** twice • **trois/quatre fois** three/four times • **deux fois plus long** twice as long • **neuf fois sur dix** nine times out of ten • **deux fois trois** two times three • **cette fois** this time • **il était une fois...** once upon a time there was... • **une (bonne) fois pour toutes** once and for all. ■ **à la fois** *loc adv* at the same time, at once. ■ **des fois** *loc adv (parfois)* sometimes • **non, mais des fois !** *fam* look here! ■ **si des fois** *loc conj fam* if ever. ■ **une fois que** *loc conj* once.

foison ■ **à foison** *loc adv* in abundance.

foisonner *vi* to abound.

folâtrer *vi* to romp (around).

folie *nf litt & fig* madness.

folklore *nm (de pays)* folklore.

folklorique *adj* **1.** *(danse)* folk **2.** *fig (situation, personne)* bizarre, quaint.

folle → **fou**.

follement *adv* madly, wildly.

follet → **feu**.

fomenter *vt littéraire* to foment.

foncé, e *adj* dark • **bleu foncé** dark blue.

foncer *vi* **1.** *(teinte)* to darken **2.** *(se ruer)* • **foncer sur** to rush at **3.** *fam (se dépêcher)* to get a move on.

foncier, ère *adj* **1.** *(impôt)* land *(avant nom)* • **propriétaire foncier** landowner **2.** *(fondamental)* basic, fundamental.

foncièrement *adv* basically.

fonction *nf* **1.** *(gén)* function • **faire fonction de** to act as **2.** *(profession)* post • **entrer en fonction** to take up one's post *ou* duties. ■ **en fonction de** *loc prép* according to. ■ **de fonction** *loc adj* • **appartement** *ou* **logement de fonction** tied accommodation **(UK)**, accommodations that go with the job **(US)**.

fonctionnaire *nmf* **1.** *(de l'État)* state employee **2.** *(dans l'administration)* civil servant • **haut fonctionnaire** senior civil servant.

fonctionnel, elle *adj* functional.

fonctionnement *nm* working, functioning.

fonctionner *vi* to work, to function • **je ne sais pas comment ça fonctionne** I don't know how it works • **je n'arrive pas à faire fonctionner la radio** I can't get the radio to work.

fond *nm* **1.** *(de récipient, puits, mer)* bottom **2.** *(de pièce)* back • **sans fond** bottomless **3.** *(substance)* heart, root • **le fond de ma pensée** what I really think • **le fond et la forme** content and form **4.** *(arrière-plan)* background. ■ **à fond** *loc adv* **1.** *(entièrement)* thoroughly • **se donner à fond** to give one's all **2.** *(très vite)* at top speed. ■ **au fond, dans le fond** *loc adv* basically. ■ **au fond de** *loc prép* • **au fond de moi-même/lui-même** *etc* at heart, deep down. ■ **fond d'artichaut** *nm* artichoke heart. ■ **fond de teint** *nm* foundation.

fondamental, e *adj* fundamental • **une notion fondamentale** a basic notion.

fondamentaliste *nmf & adj* fundamentalist.

fondant, e *adj* **1.** *(neige, glace)* melting **2.** *(aliment)* melting in the mouth. ■ **fondant** *nm (gâteau)* fondant.

fondateur, trice *nm, f* founder.

fondation *nf* foundation. ■ **fondations** *nfpl* CONSTR foundations.

fondé, e *adj (craintes, reproches)* justified, well-founded • **non fondé** unfounded. ■ **fondé de pouvoir** *nm* authorized representative.

fondement *nm (base, motif)* foundation • **sans fondement** groundless, without foundation.

fonder *vt* **1.** *(créer)* to found **2.** *(baser)* • **fonder qqch sur** to base sthg on • **fonder de grands espoirs sur qqn** to pin one's hopes on sb. ■ **se fonder** *vp* • **se fonder sur a)** *(sujet : personne)* to base o.s. on **b)** *(sujet : argument)* to be based on.

fonderie *nf (usine)* foundry.

fondre *vt* **1.** *(beurre, neige)* to melt **2.** *(sucre, sel)* to dissolve **3.** *(métal)* to melt down **4.** *(mouler)* to cast **5.** *(mêler)* to blend. ❑ *vi* **1.** *(beurre, neige)* to melt **2.** *(sucre, sel)* to dissolve **3.** *fig* to melt away **4.** *(maigrir)* to lose weight **5.** *(se ruer)* • **fondre sur** to swoop down on.

fonds *nm* **1.** *(ressources)* fund • **fonds commun de placement** unit trust **(UK)**, mutual fund **(US)** • **le Fonds monétaire international** the International Monetary Fund **2.** *(bien immobilier)* • **fonds (de commerce)** business. ❑ *nmpl* **1.** *(ressources)* funds **2.** *ÉCON & FIN* • **fonds de pension** (private) pension fund.

fondu, e *pp* → **fondre**. ■ **fondue** *nf* fondue • **fondue bourguignonne** meat fondue • **fondue savoyarde** cheese fondue.

font → **faire**.

fontaine *nf* **1.** *(naturelle)* spring **2.** *(publique)* fountain.

fontanelle *nf* fontanelle.

fonte *nf* **1.** *(de glace, beurre)* melting **2.** *(de métal)* melting down **3.** *(alliage)* cast iron.

foot *fam* = **football**.

football *nm* soccer, football **(UK)** • **jouer au football** to play football **(UK)**.

footballeur, euse *nm,f* soccer player, footballer **(UK)**.

footing *nm* jogging • **faire du footing** to go jogging.

for *nm* • **dans son for intérieur** in his/her heart of hearts.

forage *nm* drilling.

forain, e *adj* → **fête**. ■ **forain** *nm* stallholder **(UK)**.

forçat *nm* convict.

force *nf* **1.** *(vigueur)* strength • **c'est ce qui fait sa force** that's where his strength lies **2.** *(violence, puissance) MIL & PHYS* force • **faire faire qqch à qqn de force** to force sb to do sthg • **avoir force de loi** to have force of law • **obtenir qqch par la force** to obtain sthg by force • **force centrifuge** *PHYS* centrifugal force. ■ **forces** *nfpl (physique)* strength *(indén)* • **de toutes ses forces** with all one's strength. ■ **à force de** *loc prép* by dint of.

forcément *adv* inevitably • **elle acceptera forcément** she's bound to say yes • **pas forcément** not necessarily.

forcené, e *nm,f* maniac.

forceps *nm* forceps *pl*.

forcer *vt* **1.** *(gén)* to force • **forcer qqn à qqch/à faire qqch** to force sb into sthg/to do sthg **2.** *(admiration, respect)* to compel, to command **3.** *(talent, voix)* to strain. ❑ *vi* • **ça ne sert à rien de forcer, ça ne passe pas** there's no point in forcing it: it won't go through • **forcer sur qqch** to overdo sthg. ■ **se forcer** *vp (s'obliger)* • **se forcer à faire qqch** to force o.s. to do sthg.

forcir *vi* to put on weight.

forer *vt* to drill.

forestier, ère *adj* forest *(avant nom)*.

forêt *nf* forest • **une forêt de chênes** an oak forest.

foreuse *nf* drill.

forfait *nm* **1.** *(prix fixe)* fixed price • **c'est moins cher si tu achètes un forfait** it's cheaper if you buy a pass **2.** *(séjour)* package deal **3.** *SPORT* • **déclarer forfait a)** *(abandonner)* to withdraw **b)** *fig* to give up **4.** *littéraire (crime)* heinous crime.

forfaitaire *adj* inclusive.

forge *nf* forge.

forger *vt* **1.** *(métal)* to forge **2.** *fig (caractère)* to form. ■ **se forger** *vpt* • **se forger une réputation** to earn o.s. a reputation • **se forger le caractère** to build up one's character.

forgeron *nm* blacksmith.

formaliser *vt* to formalize. ■ **se formaliser** *vp* • **se formaliser (de)** to take offence **(UK)** *ou* offense **(US)** (at).

formalisme *nm* formality.

formaliste *nmf* formalist. ❑ *adj* **1.** *(milieu)* conventional **2.** *(personne)* • **être formaliste** to be a stickler for the rules.

formalité *nf* formality.

format *nm (dimension)* size.

formatage *nm INFORM* formatting.

formater *vt INFORM* to format.

formateur, trice *adj* formative. ❑ *nm,f* trainer.

formation *nf* **1.** *(gén)* formation **2.** *(apprentissage)* training • **formation en alternance** sandwich course **(UK)**.

forme *nf* **1.** *(aspect)* shape, form • **en forme de** in the shape of **2.** *(état)* form • **être en (pleine) forme** to be in (great) shape, to be on **(UK)** *ou* in **(US)** (top) form. ■ **formes** *nfpl* figure *sing*.

formel, elle *adj* **1.** *(définitif, ferme)* positive, definite **2.** *(poli)* formal.

formellement *adv* **1.** *(refuser)* positively **2.** *(promettre)* definitely **3.** *(raisonner)* formally.

former *vt* **1.** *(gén)* to form **2.** *(personnel, élèves)* to train **3.** *(goût, sensibilité)* to develop. ■ **se former** *vp* **1.** *(se constituer)* to form **2.** *(s'instruire)* to train o.s.

Formica® *nm inv* Formica®.

formidable *adj* **1.** *(épatant)* great, tremendous **2.** *(incroyable)* incredible.

formol *nm* formalin.

formulaire *nm* form • **remplir un formulaire** to fill in a form **(UK)**, fill out the form **(US)**.

formule *nf* **1.** *(expression)* expression • **une formule toute faite** a ready-made phrase • **formule de politesse a)** *(orale)* polite phrase **b)** *(épistolaire)* letter ending **2.** *CHIM & MATH* formula **3.** *(méthode)* way, method.

formuler *vt* to formulate, to express.

forsythia *nm* forsythia.

fort, e *adj* **1.** *(gén)* strong • **et le plus fort, c'est que...** and the most amazing thing about it is... • **c'est plus fort que moi** I can't help it **2.** *(corpulent)* heavy, big **3.** *(doué)* gifted • **être fort en qqch** to be good at sthg **4.** *(puissant - voix)* loud ; *(- vent, lumière, accent)* strong **5.** *(considérable)* large • **il y a de fortes chances qu'il gagne** there's a good chance he'll win. ❑ *adv* **1.** *(frapper, battre)* hard **2.** *(sonner, parler)* loud, loudly **3.** *sout (très)* very. ❑ *nm* **1.** *(château)* fort **2.** *(spécialité)* • **ce n'est pas mon fort** it's not my forte *ou* strong point.

fortement *adv* **1.** *(avec force)* hard **2.** *(très - intéressé, ému)* deeply **3.** *(beaucoup - bégayer, loucher)* badly.

forteresse *nf* fortress.

fortifiant, e *adj* fortifying. ■ **fortifiant** *nm* tonic.

fortification *nf* fortification.

fortifier *vt (personne, ville)* to fortify • **fortifier qqn dans qqch** *fig* to strengthen sb in sthg.

fortuit, e *adj* chance *(avant nom)*, fortuitous.

fortune *nf* **1.** *(richesse)* fortune • **faire fortune** to make a fortune • **valoir une fortune** to be worth a fortune **2.** *(hasard)* luck, fortune.

fortuné, e *adj* **1.** *(riche)* wealthy **2.** *(chanceux)* fortunate, lucky.

forum *nm* forum.

fosse *nf* **1.** *(trou)* pit **2.** *(tombe)* grave.

fossé *nm* **1.** ditch **2.** *fig* gap.

fossette *nf* dimple.

fossile *nm* **1.** *(de plante, d'animal)* fossil **2.** *fig* & *péj (personne)* fossil, fogey.

fossoyeur, euse *nm, f* gravedigger.

fou, folle *adj* (**fol** *devant voyelle ou h muet*) **1.** mad, insane • **devenir fou** to go mad • **rendre qqn fou/folle** to drive sb mad **2.** *(prodigieux)* tremendous • **il y avait un monde fou** there was a huge crowd. ❑ *nm, f* madman, madwoman *f*.

foudre *nf* lightning • **la foudre est tombée tout près** lightning struck very near.

foudroyant, e *adj* **1.** *(progrès, vitesse)* lightning *(avant nom)* **2.** *(succès)* stunning **3.** *(nouvelle)* devastating **4.** *(regard)* withering.

foudroyer *vt* **1.** *(sujet : foudre)* to strike • **l'arbre a été foudroyé** the tree was struck by lightning **2.** *fig (abattre)* to strike down, to kill • **foudroyer qqn du regard** to glare at sb.

fouet *nm* **1.** *(en cuir)* whip **2.** CULIN whisk.

fouetter *vt* **1.** *(gén)* to whip **2.** *(sujet : pluie)* to lash (against) **3.** *(stimuler)* to stimulate **4.** CULIN to whisk.

fougasse *nf si vous voulez expliquer à un anglophone de quoi il s'agit, vous pouvez dire* it is a type of unleavened bread.

fougère *nf* fern.

fougue *nf* ardour **(UK)**, ardor **(US)**.

fougueux, euse *adj* ardent, spirited.

fouille *nf* **1.** *(de personne, maison)* search **2.** *(du sol)* dig, excavation.

fouiller *vt* **1.** *(gén)* to search **2.** *fig (approfondir)* to examine closely. ❑ *vi* • **fouiller dans** to go through.

fouillis *nm* jumble, muddle.

fouine *nf* stone-marten.

fouiner *vi fam* to ferret around.

foulard *nm* scarf.

foule *nf (de gens)* crowd.

foulée *nf (de coureur)* stride.

fouler *vt* **1.** *(raisin)* to press **2.** *(sol)* to walk on. ■ **se fouler** *vp* **1.** MÉD • **se fouler le poignet/la cheville** to sprain one's wrist/ankle **2.** *(se donner du mal)* to strain o.s.

foulure *nf* sprain.

four *nm* **1.** *(de cuisson)* oven • **four électrique/à micro-ondes** electric/microwave oven • **mettez au four 40 minutes** put in the oven for 40 minutes • **four crématoire** HIST oven **2.** THÉÂTRE flop.

fourbe *adj* treacherous, deceitful.

fourbu, e *adj* tired out, exhausted.

fourche *nf* **1.** *(outil)* pitchfork **2.** *(de vélo, route)* fork **3.** **(BELGIQUE)** SCOL free period.

fourchette *nf* **1.** *(couvert)* fork **2.** *(écart)* range, bracket.

fourchu, e *adj* forked.

fourgon *nm* **1.** *(camionnette)* van • **fourgon cellulaire** police van **(UK)**, patrol wagon **(US)** **2.** *(ferroviaire)* • **fourgon à bestiaux** cattle truck • **fourgon postal** mail van **(UK)**, mail truck **(US)**.

fourgonnette *nf* small van.

fourmi *nf* **1.** *(insecte)* ant • **des fourmis rouges** red ants **2.** *fig* hard worker.

fourmilière *nf* anthill.

fourmillement *nm* **1.** *(d'insectes, de personnes)* swarming **2.** *(picotement)* pins and needles *pl*.

fourmiller *vi (pulluler)* to swarm • **fourmiller de** *fig* to be swarming with.

fournaise *nf* furnace.

fourneau *nm* **1.** *(cuisinière, poêle)* stove **2.** *(de fonderie)* furnace.

fournée *nf* batch.

fourni, e *adj (barbe, cheveux)* thick.

fournil *nm* bakery.

fournir *vt* **1.** *(procurer)* • **fournir qqch à qqn** to supply *ou* provide sb with sthg **2.** *(produire)* • **fournir un effort** to make an effort **3.** *(approvisionner)* • **fournir qqn (en)** to supply sb (with).

fournisseur, euse *nm, f* supplier.

fourniture *nf* supply, supplying *(indén)*. ■ **fournitures** *nfpl* • **fournitures de bureau** office supplies • **fournitures scolaires** school supplies.

fourrage *nm* fodder.

fourré *nm* thicket.

fourreau *nm* **1.** *(d'épée)* sheath **2.** *(de parapluie)* cover **3.** *(robe)* sheath dress.

fourrer *vt* **1.** CULIN to stuff, to fill **2.** *fam (mettre)* • **fourrer qqch (dans)** to stuff sthg (into). ■ **se fourrer** *vp fam* • **se fourrer une idée dans la tête** to get an idea into one's head • **je ne savais plus où me fourrer** I didn't know where to put myself.

fourre-tout *nm inv* **1.** *(pièce)* lumber room **(UK)**, junk room **(US)** **2.** *(sac)* holdall **(UK)**, carryall **(US)**.

fourreur *nm* furrier.

fourrière *nf* pound.

fourrure *nf* fur • **un manteau en fourrure** *ou* **un manteau de fourrure** a fur coat • **une fausse fourrure** a fake fur.

fourvoyer ■ **se fourvoyer** *vp sout* **1.** *(s'égarer)* to lose one's way **2.** *(se tromper)* to go off on the wrong track.

foutre *vt tfam* **1.** *(mettre)* to shove, to stick • **foutre qqn dehors** *ou* **à la porte** to chuck sb out **2.** *(donner)* • **foutre la trouille à qqn** to scare the pants off sb, to put the wind up sb **(UK)** • **il lui a foutu une baffe** he thumped him one **3.** *(faire)* to do • **ne rien foutre de la journée** to not do a damn thing all day • **j'en ai rien à foutre** I don't give a damn *ou* toss **(UK)**. ■ **se foutre** *vp tfam* **1.** *(se mettre)* • **se foutre dans** *(situation)* to get o.s. into **2.** *(se moquer)* • **se foutre de (la gueule de) qqn** to laugh at sb, to take the mickey out of sb **(UK)** **3.** *(ne pas s'intéresser)* • **je m'en fous** I don't give a damn *ou* toss **(UK)** about it.

foutu, e *adj fam* **1.** *(maudit)* damned, bloody **(UK)** **2.** *(caractère)* nasty **3.** *(fait, conçu)* • **bien foutu** *(projet, maison)* great • **elle est bien foutue, celle-là** *(femme)* she's a real stunner **4.** *(perdu)* • **il est foutu** he's/it'shad it **5.** *(capable)* • **être foutu de faire qqch** to be liable *ou* quite likely to do sthg.

foyer *nm* **1.** *(maison)* home **2.** *(résidence)* home, hostel • **un foyer de jeunes travailleurs** a hostel for young workers **3.** *(point central)* centre **(UK)**, center **(US)** **4.** *(de lunettes)* focus • **verres à double foyer** bifocals **5.** *(épidémie)* • **foyer de contagion ou épidémique** cluster, outbreak.

frac *nm* tails *pl*.

fracas *nm* roar.

fracassant, e *adj* **1.** *(bruyant)* thunderous **2.** *fig* staggering, sensational.

fracasser *vt* to smash, to shatter.

fraction *nf* fraction • **une fraction de seconde** a fraction of a second, a split second.

fractionner *vt* to divide (up), to split up.

fracture *nf* MÉD fracture • **il a une fracture du crâne** his skull is fractured, he has a fractured skull.

fracturer *vt* **1.** MÉD to fracture **2.** *(coffre, serrure)* to break open.

fragile *adj* **1.** *(gén)* fragile **2.** *(peau, santé)* delicate.

fragiliser *vt* to weaken.

fragilité *nf* fragility.

fragment *nm* **1.** *(morceau)* fragment **2.** *(extrait -d'œuvre)* extract ; *(-de conversation)* snatch.

fragmenter *vt* to fragment, to break up.

fraîcheur *nf* **1.** *(d'air, d'accueil)* coolness **2.** *(de teint, d'aliment)* freshness.

frais, fraîche *adj* **1.** *(air, accueil)* cool • **boisson fraîche** cold drink **2.** *(récent - trace)* fresh ; *(- encre)* wet **3.** *(teint)* fresh, clear. ■ **frais** *nm* • **mettre qqch au frais** to put sthg in a cool place. ❑ *nmpl (dépenses)* expenses, costs • **frais fixes** fixed costs. ❑ *adv* • **il fait frais** it's cool.

fraise *nf* **1.** *(fruit)* strawberry • **une glace à la fraise** a strawberry ice cream **2.** *(de dentiste)* drill **3.** *(de menuisier)* bit.

fraiser *vt* to countersink.

fraiseuse *nf* milling machine.

fraisier *nm* **1.** *(plante)* strawberry plant **2.** *(gâteau)* strawberry sponge.

framboise *nf* **1.** *(fruit)* raspberry • **confiture à la framboise** raspberry jam **2.** *(liqueur)* raspberry liqueur.

franc, franche *adj* **1.** *(sincère)* frank **2.** *(net)* clear, definite. ■ **franc** *nm* franc • **franc français** *si vous voulez expliquer à un anglophone de quoi il s'agit, vous pouvez dire* it is the former French currency • **franc suisse** Swiss franc.

français, e *adj* French. ■ **français** *nm (langue)* French. ■ **Français, e** *nm, f* Frenchman, Frenchwoman *f* • **les Français** the French.

> En anglais, les adjectifs se rapportant à un pays ou une région ainsi que le nom désignant la langue de ce pays ou de cette région, s'écrivent avec une majuscule.

France *nf* • **la France** France • **France 2, France 3** TV *si vous voulez expliquer à un anglophone de quoi il s'agit, vous pouvez dire* these are two French television channels that are owned by the state.

> En anglais, à de rares exceptions près, il n'y a pas d'article devant les noms de pays.

franche → **franc**.

franchement *adv* **1.** *(sincèrement)* frankly **2.** *(nettement)* clearly **3.** *(tout à fait)* completely, downright.

franchir *vt* **1.** *(obstacle)* to get over **2.** *(porte)* to go through **3.** *(seuil)* to cross • **franchir la barre des dix mille** to pass the ten thousand mark **4.** *(distance)* to cover.

franchise *nf* **1.** *(sincérité)* frankness **2.** COMM franchise **3.** *(d'assurance)* excess **4.** *(détaxe)* exemption.

franchiser *vt* to franchise.

francilien, enne *adj* of/from the Île-de-France. ■ **Francilien, enne** *nm,f* person from the Île-de-France.
franciscain, e *adj & nm,f* Franciscan.
franciser *vt* to frenchify.
franc-jeu *nm* • **jouer franc-jeu** to play fair.
franc-maçon, onne *adj* masonic. ■ **franc-maçon** *nm* freemason.
franc-maçonnerie *nf* freemasonry *(indén)*.
franco *adv* COMM • **franco de port** carriage paid.
francophile *nmf & adj* francophile.
francophone *adj* French-speaking. ❑ *nmf* French speaker.
francophonie *nf* • **la francophonie** French-speaking nations *pl*.
franc-parler *nm* • **avoir son franc-parler** to speak one's mind.
franc-tireur *nm* MIL irregular.
frange *nf* fringe.
frangin, e *nm,f fam* brother, sister *f*.
frangipane *nf* almond paste.
franglais *nm* Franglais.
franquette ■ **à la bonne franquette** *loc adv* informally, without ceremony.
frappant, e *adj* striking.
frapper *vt* **1.** *(gén)* to strike **2.** *(boisson)* to chill. ❑ *vi* to knock.
frasques *nfpl* pranks, escapades.
fraternel, elle *adj* fraternal, brotherly.
fraterniser *vi* to fraternize.
fraternité *nf* brotherhood.
fratricide *nmf* fratricide.
fratrie *nf* siblings *pl*, brothers and sisters *pl*.
fraude *nf* fraud.
frauder *vt & vi* to cheat.
frauduleux, euse *adj* fraudulent.
frayer ■ **se frayer** *vp* • **se frayer un chemin (à travers une foule)** to force one's way through (a crowd).
frayeur *nf* fright, fear.
fredaines *nfpl* pranks.
fredonner *vt & vi* to hum.
free-lance *adj* freelance. ❑ *nmf* freelance, freelancer. ❑ *nm* freelancing, freelance work • **travailler** *ou* **être en free-lance** to work on a freelance basis *ou* as a freelancer.
freezer *nm* freezer compartment.
frégate *nf (bateau)* frigate.
frein *nm* **1.** AUTO brake • **frein à main** handbrake • **mets le frein à main** put the handbrake on • **donner un grand coup de frein** to brake sharply **2.** *fig (obstacle)* brake, check.
freinage *nm* braking.
freiner *vt* **1.** *(mouvement, véhicule)* to slow down **2.** *(inflation, dépenses)* to curb **3.** *(personne)* to restrain. ❑ *vi* to brake.
frelaté, e *adj* **1.** *(vin)* adulterated **2.** *fig* corrupt.
frêle *adj (enfant, voix)* frail.
frelon *nm* hornet.
frémir *vi* **1.** *(corps, personne)* to tremble **2.** *(eau)* to simmer.
frémissement *nm* **1.** *(de corps, personne)* shiver, trembling *(indén)* **2.** *(d'eau)* simmering.
frêne *nm* ash.
frénésie *nf* frenzy.
frénétique *adj* frenzied.
fréquemment *adv* frequently.
fréquence *nf* frequency.
fréquent, e *adj* frequent • **peu fréquent** infrequent.
fréquentable *adj* respectable.
fréquentation *nf* **1.** *(d'endroit)* frequenting **2.** *(de personne)* association. ■ **fréquentations** *nfpl* company *(indén)*.
fréquenté, e *adj* • **très fréquenté** busy • **c'est très bien/mal fréquenté** the right/wrong sort of people go there.
fréquenter *vt* **1.** *(endroit)* to frequent **2.** *(personne)* to associate with • **je n'aime pas les gens que tu fréquentes** I don't like the people you mix with.
frère *nm* brother • **mon grand frère** my big brother. ❑ *adj (parti, pays)* sister *(avant nom)*.
fresque *nf* fresco.
fret *nm* freight.
frétiller *vi (poisson, personne)* to wriggle.
fretin *nm* • **le menu fretin** the small fry.
friable *adj* crumbly.
friand, e *adj* • **être friand de** to be partial to. ■ **friand** *nm si vous voulez expliquer à un anglophone de quoi il s'agit, vous pouvez dire* it is a kind of meat pie baked in puff pastry.
friandise *nf* delicacy.
fric *nm fam* cash • **je n'ai plus de fric** I haven't got any cash left.
fricassée *nf* fricassee.
friche *nf* fallow land • **en friche** fallow.
friction *nf* **1.** *(massage)* massage **2.** *fig (désaccord)* friction.
frictionner *vt* to rub.
Frigidaire® *nm* fridge (UK), refrigerator.
frigide *adj* frigid.
frigo *nm fam* fridge (UK).
frigorifié, e *adj fam* frozen.
frileux, euse *adj* **1.** *(craignant le froid)* sensitive to the cold • **je suis très frileux** I really feel the cold **2.** *(prudent)* unadventurous.
frimas *nm littéraire* foggy winter weather.
frime *nf fam* showing off.
frimer *vi fam* **1.** *(bluffer)* to pretend **2.** *(se mettre en valeur)* to show off.
frimousse *nf fam* dear little face.
fringale *nf fam* • **avoir la fringale** to be starving.
fringant, e *adj* high-spirited.

fringues *nfpl fam* clothes.
fripe *nf* • **la fripe, les fripes** secondhand clothes.
fripon, onne *nm,f fam & vieilli* rogue, rascal. ❏ *adj* mischievous, cheeky.
fripouille *nf fam* scoundrel • **petite fripouille** little devil.
frire *vt* to fry. ❏ *vi* to fry.
frise *nf* ARCHIT frieze.
frisé, e *adj* **1.** *(cheveux)* curly **2.** *(personne)* curly-haired.
frisée *nf (salade)* frisée, curly endive.
friser *vt* **1.** *(cheveux)* to curl **2.** *fig (ressembler à)* to border on. ❏ *vi* to curl.
frisquet, ette *adj fam* • **il fait frisquet** it's chilly.
frisson *nm* **1.** *(gén)* shiver • **donner des frissons** to give the shivers • **avoir des frissons** to be shivering **2.** *(de dégoût)* shudder.
frissonner *vi* **1.** *(trembler)* to shiver • **frissonner de froid** to be shivering with cold **2.** *(de dégoût)* to shudder **3.** *(s'agiter - eau)* to ripple ; *(- feuillage)* to tremble.
frite *nf* chip (UK), (French) fry (US).
friterie *nf* ≃ chip shop (UK).
friteuse *nf* deep-fat fryer.
friture *nf* **1.** *(poisson)* fried fish **2.** *fam* RADIO crackle.
frivole *adj* frivolous.
frivolité *nf* frivolity.
froid, froide *adj litt & fig* cold • **rester froid** to be unmoved. ■ **froid** *nm* **1.** *(température)* cold • **prendre froid** to catch (a) cold **2.** *(tension)* coolness. ❏ *adv* • **il fait froid** it's cold • **avoir froid** to be cold.
froidement *adv* **1.** *(accueillir)* coldly **2.** *(écouter, parler)* coolly **3.** *(tuer)* cold-bloodedly.
froisser *vt* **1.** *(tissu, papier)* to crumple, to crease **2.** *fig (offenser)* to offend. ■ **se froisser** *vp* **1.** *(tissu)* to crumple, to crease **2.** MÉD • **se froisser un muscle** to strain a muscle **3.** *(se vexer)* to take offence (UK) *ou* offense (US).
frôler *vt* **1.** to brush against **2.** *fig* to have a brush with, to come close to.
fromage *nm* cheese • **fromage de brebis** sheep's milk cheese • **fromage de chèvre** goat's cheese • **fromage blanc battu** smooth fromage frais.
fromager, ère *nm,f (fabricant)* cheesemaker.
fromagerie *nf* cheese shop (UK) *ou* store (US).
froment *nm* wheat.
froncer *vt* **1.** COUT to gather **2.** *(plisser)* • **froncer les sourcils** to frown.
frondaison *nf* **1.** *(phénomène)* foliation **2.** *(feuillage)* foliage.
fronde *nf* **1.** *(arme)* sling **2.** *(jouet)* catapult (UK), slingshot (US) **3.** *(révolte)* rebellion • **La Fronde** the Fronde rebellion.
front *nm* **1.** ANAT forehead **2.** *fig (audace)* nerve, cheek (UK) **3.** *(avant) (gén)* front ; *(de bâtiment)* front, façade • **front de mer** (sea) front **4.** MÉTÉOR, MIL & POLIT front.
frontal, e *adj* **1.** ANAT frontal **2.** *(collision, attaque)* head-on.
frontalier, ère *adj* frontier *(avant nom)* • **travailleur frontalier** cross-border commuter. ❏ *nm,f* person from a border area.
frontière *adj* border *(avant nom)*. ❏ *nf* **1.** frontier, border • **passer la frontière** to cross the border **2.** *fig* frontier.
fronton *nm* ARCHIT pediment.
frottement *nm* **1.** *(action)* rubbing **2.** *(contact, difficulté)* friction.
frotter *vt* **1.** to rub **2.** *(parquet)* to scrub. ❏ *vi* to rub, to scrape.
frottis *nm* smear.
froufrou *nm* rustle, swish. ■ **froufrous** *nmpl (de robe)* frills.
frousse *nf fam* fright • **avoir la frousse** to be scared stiff.
fructifier *vi* **1.** *(investissement)* to give *ou* yield a profit **2.** *(terre)* to be productive **3.** *(arbre, idée)* to bear fruit.
fructose *nm* fructose.
fructueux, euse *adj* fruitful, profitable.
frugal, e *adj* frugal.
fruit *nm litt & fig* fruit • **fruits de mer** seafood *(indén)*.

LEXIQUE

les fruits

l'abricot the apricot
l'airelle the cranberry
l'ananas the pineapple
l'avocat the avocado
la banane the banana
le cassis the blackcurrant
la cerise the cherry
le citron the lemon
le citron vert the lime
la clementine the clementine
la figue the fig
la fraise the strawberry
la framboise the raspberry
le fruit de la passion the passion fruit
la goyave the guava
la grenade the pomegranate
la groseille the redcurrant
le kiwi the kiwi
la mangue the mango
le melon the melon
la mûre the blackberry
la myrtille the blueberry
la noix de coco the coconut
l'orange the orange
la pastèque the watermelon
la pêche the peach
la poire the pear
la pomme the apple
la prune the plum
le raisin grapes

fruité, e *adj* fruity.
fruitier, ère *adj (arbre)* fruit *(avant nom)*. ❑ *nm, f* fruit seller, fruiterer **(UK)**.
fruste *adj* uncouth.
frustrant, e *adj* frustrating.
frustration *nf* frustration.
frustrer *vt* **1.** *(priver)* • **frustrer qqn de** to deprive sb of **2.** *(décevoir)* to frustrate.
fuchsia *nm* fuchsia.
fuel, fioul *nm* **1.** *(de chauffage)* fuel **2.** *(carburant)* fuel oil.
fugace *adj* fleeting.
fugitif, ive *adj* fleeting. ❑ *nm, f* fugitive.
fugue *nf* **1.** *(de personne)* flight • **faire une fugue** to run off *ou* away **2.** MUS fugue.
fui *pp inv* → **fuir**.
fuir *vi* **1.** *(détaler)* to flee **2.** *(tuyau)* to leak **3.** *fig (s'écouler)* to fly by. ❑ *vt (éviter)* to avoid, to shun.
fuite *nf* **1.** *(de personne)* escape, flight • **prendre la fuite** to take flight, to run away **2.** *(écoulement, d'information)* leak • **une fuite de gaz** a gas leak.
fulgurant, e *adj* **1.** *(découverte)* dazzling **2.** *(vitesse)* lightning *(avant nom)* **3.** *(douleur)* searing.
fulminer *vi (personne)* • **fulminer (contre)** to fulminate (against).
fumé, e *adj* **1.** CULIN smoked **2.** *(verres)* tinted.
fumée *nf (de combustion)* smoke • **il y a trop de fumée dans ce pub** there's too much smoke in this pub, it's too smoky in this pub.
fumer *vi* **1.** *(personne, cheminée)* to smoke **2.** *(bouilloire, plat)* to steam. ❑ *vt* **1.** *(cigarette, aliment)* to smoke • **arrêter de fumer** to stop smoking **2.** AGRIC to spread manure on.
fumet *nm* **1.** *(odeur)* aroma **2.** CULIN greatly reduced stock.
fumette *nf fam* marijuana smoking • **se faire une fumette** to get stoned.
fumeur, euse *nm, f* smoker • **compartiment fumeurs** smoking compartment.
fumeux, euse *adj* confused, woolly **(UK)** *ou* wooly **(US)**.
fumier *nm* AGRIC dung, manure.
fumiste *nmf péj* shirker, skiver **(UK)**.
fumisterie *nf fam* shirking, skiving **(UK)**.
fumoir *nm* **1.** *(pour aliments)* smokehouse **2.** *(pièce)* smoking room.
funambule *nmf* tightrope walker.
funèbre *adj* **1.** *(de funérailles)* funeral *(avant nom)* **2.** *(lugubre)* funereal **3.** *(sentiments)* dismal.
funérailles *nfpl* funeral *sing*.
funéraire *adj* funeral *(avant nom)*.
funeste *adj* **1.** *(accident)* fatal **2.** *(initiative, erreur)* disastrous **3.** *(présage)* of doom.
funiculaire *nm* funicular railway.
fur ■ **au fur et à mesure** *loc adv* as I/you *etc* go along • **au fur et à mesure des besoins** as (and when) needed. ■ **au fur et à mesure que** *loc conj* as (and when).
furet *nm (animal)* ferret.
fureter *vi (fouiller)* to ferret around.
fureur *nf (colère)* fury.
furibond, e *adj* furious.
furie *nf* **1.** *(colère, agitation)* fury • **en furie a)** *(personne)* infuriated **b)** *(éléments)* raging **2.** *fig (femme)* shrew.
furieux, euse *adj* **1.** *(personne)* furious • **être furieux contre qqn** to be furious with sb **2.** *(énorme)* tremendous.
furoncle *nm* boil.
furtif, ive *adj* furtive.
fus, fut *etc* → **être**.
fusain *nm* **1.** *(crayon)* charcoal **2.** *(dessin)* charcoal drawing.
fuseau *nm* **1.** *(outil)* spindle **2.** *(pantalon)* ski pants *pl*. ■ **fuseau horaire** *nm* time zone.
fusée *nf (pièce d'artifice)* AÉRON rocket • **la fusée a décollé** the rocket has taken off.
fuselage *nm* fuselage.
fuselé, e *adj* **1.** *(doigts)* tapering **2.** *(jambes)* slender.
fuser *vi (cri, rire)* to burst forth *ou* out.
fusible *nm* fuse • **les fusibles ont grillé** the fuses have blown.
fusil *nm (arme)* gun • **fusil à pompe** pump-action rifle.
fusillade *nf (combat)* gunfire *(indén)*, fusillade.
fusiller *vt (exécuter)* to shoot.
fusion *nf* **1.** *(gén)* fusion **2.** *(fonte)* smelting **3.** ÉCON & POLIT merger.
fusionnel, elle *adj* **1.** *(couple)* inseparable **2.** *(relation)* intense.
fusionner *vt & vi* to merge.
fustiger *vt* to castigate.
fut → **être**.
fût *nm* **1.** *(d'arbre)* trunk **2.** *(tonneau)* barrel, cask **3.** *(d'arme)* stock **4.** *(de colonne)* shaft.
futaie *nf* wood.
futé, e *fam adj* cunning. ❑ *nm, f* smart cookie.
futile *adj* **1.** *(insignifiant)* futile **2.** *(frivole)* frivolous.
futon *nm* futon.
futur, e *adj* future *(avant nom)*. ❑ *nm, f vieilli & hum (fiancé)* intended. ■ **futur** *nm* future.
futuriste *adj* futuristic.
fuyant, e *adj* **1.** *(perspective, front)* receding *(avant nom)* **2.** *(regard)* evasive.
fuyard, e *nm, f* runaway.

g, G *nm inv* g, G.
gabardine *nf* gabardine.
gabarit *nm (dimension)* size.
Gabon *nm* • **le Gabon** Gabon.
gâcher *vt* **1.** *(gaspiller)* to waste **2.** *(gâter)* to spoil **3.** CONSTR to mix.
gâchette *nf* trigger • **appuyer sur la gâchette** to pull the trigger.
gâchis *nm (gaspillage)* waste *(indén)*.
gadget *nm* gadget.
gadoue *nf fam* **1.** *(boue)* mud **2.** *(engrais)* sludge.
gaélique *adj* Gaelic. ❑ *nm* Gaelic.
gaffe *nf* **1.** *fam (maladresse)* boo-boo, clanger (UK) • **faire une gaffe** to blunder, to put one's foot in it **2.** *(outil)* boat hook.
gaffer *vi fam* to put one's foot in it.
gag *nm* gag.
gage *nm* **1.** *(dépôt)* pledge • **mettre qqch en gage** to pawn sthg **2.** *(assurance, preuve)* proof **3.** *(dans jeu)* forfeit.
gager *vt littéraire* • **gager que** to bet (that).
gageure *nf* challenge.
gagnant, e *adj* winning *(avant nom)*. ❑ *nm,f* winner.
gagne-pain *nm inv* livelihood.
gagner *vt* **1.** *(salaire, argent, repos)* to earn • **gagner sa vie** to earn one's living **2.** *(course, prix, affection)* to win **3.** *(obtenir, économiser)* to gain, to save • **gagner du temps/de la place** to gain time/space • **ça nous fera gagner du temps** it will save us time • **qu'est-ce que j'y gagne ?** what do I get out of it? **4.** *(atteindre -gén)* to reach ; *(-sujet : feu, engourdissement)* to spread to ; *(-sujet : sommeil, froid)* to overcome. ❑ *vi* **1.** *(être vainqueur)* to win **2.** *(bénéficier)* to gain • **gagner à faire qqch** to be better off doing sthg **3.** *(s'améliorer)* • **gagner en** to increase in.
gai, e *adj* **1.** *(joyeux)* cheerful, happy **2.** *(vif, plaisant)* bright.
gaieté *nf* **1.** *(joie)* cheerfulness **2.** *(vivacité)* brightness.
gaillard, e *adj* **1.** *(alerte)* sprightly, spry **2.** *(licencieux)* ribald. ❑ *nm,f* strapping individual.
gain *nm* **1.** *(profit)* gain, profit **2.** *(succès)* winning **3.** *(économie)* saving. ■ **gains** *nmpl* earnings.
gaine *nf* **1.** *(étui, enveloppe)* sheath **2.** *(sous-vêtement)* girdle, corset.
gainer *vt* to sheathe.
gala *nm* gala, reception.
galant, e *adj* **1.** *(courtois)* gallant • **il est très galant** he's a gentleman **2.** *(amoureux)* flirtatious. ■ **galant** *nm* admirer.
galanterie *nf* **1.** *(courtoisie)* gallantry, politeness **2.** *(flatterie)* compliment.
galaxie *nf* galaxy.
galbe *nm* curve.
gale *nf* MÉD scabies *(indén)*.
galère *nf* NAUT galley • **quelle galère !** *fam & fig* what a hassle!, what a drag!
galérer *vi fam* to have a hard time.
galerie *nf* **1.** *(gén)* gallery • **galerie marchande** *ou* **commerciale** shopping arcade (UK) *ou* mall (US) • **une galerie d'art** an art gallery **2.** THÉÂTRE circle **3.** *(porte-bagages)* roof (UK) *ou* luggage (US) rack.
galeriste *nmf* gallery owner.
galet *nm* **1.** *(caillou)* pebble **2.** TECHNOL wheel, roller.
galette *nf* CULIN pancake *(made from buckwheat flour)*.
galipette *nf fam* somersault.
Galles → **pays**.
gallicisme *nm* **1.** *(expression)* French idiom **2.** *(dans une langue étrangère)* gallicism.
gallois, e *adj* Welsh. ■ **gallois** *nm (langue)* Welsh. ■ **Gallois, e** *nm,f* Welshman, Welshwoman *f* • **les Gallois** the Welsh.

> En anglais, les adjectifs se rapportant à un pays ou à une région ainsi que le nom désignant la langue de ce pays ou cette région, s'écrivent avec une majuscule.

galoche *nf* clog.
galon *nm* **1.** COUT braid *(indén)* **2.** MIL stripe.

galop *nm (allure)* gallop • **au galop a)** *(cheval)* at a gallop **b)** *fig* at the double **(UK)**, on the double **(US)**.

galoper *vi* **1.** *(cheval)* to gallop **2.** *(personne)* to run around **3.** *(imagination)* to run riot.

galopin *nm fam* brat.

galvaniser *vt litt & fig* to galvanize.

galvauder *vt (ternir)* to tarnish.

gambader *vi* **1.** *(sautiller)* to leap around **2.** *(agneau)* to gambol.

gamelle *nf* **1.** *(plat)* mess tin **(UK)** *ou* kit **(US)** **2.** *(d'un chien)* bowl.

gamin, e *adj fam (puéril)* childish. ❑ *nm, f fam (enfant)* kid.

gamme *nf* **1.** *(série)* range • **notre nouvelle gamme de parfums** our new range of perfumes **2.** *MUS* scale • **faire des gammes au piano** to practise scales on the piano.

ganglion *nm* ganglion.

gangrène *nf* **1.** gangrene **2.** *fig* corruption, canker.

gangue *nf* **1.** *(de minerai)* gangue **2.** *fig (carcan)* straitjacket.

gant *nm* glove • **gant de toilette** facecloth, flannel **(UK)**, washcloth **(US)** • **des gants de boxe** boxing gloves.

garage *nm* garage.

garagiste *nmf* **1.** *(propriétaire)* garage owner **2.** *(réparateur)* garage mechanic.

garant, e *nm, f (responsable)* guarantor • **se porter garant de** to vouch for. ■ **garant** *nm (garantie)* guarantee.

garantie *nf (gén)* guarantee. ■ **sous garantie** *loc adj* under guarantee • **un appareil sous garantie** an appliance under guarantee.

garantir *vt* **1.** *(assurer)* *COMM & FIN* to guarantee, to collateralize **(US)** • **c'est garanti un an** it's guaranteed for one year • **garantir à qqn que** to assure *ou* guarantee sb that **2.** *(protéger)* • **garantir qqch (de)** to protect sthg (from).

garce *nf péj* bitch.

garçon *nm* **1.** *(enfant)* boy • **un petit garçon** a little boy **2.** *(célibataire)* • **vieux garçon** confirmed bachelor **3.** *(serveur)* • **garçon (de café)** waiter.

garçonnet *nm* little boy.

garçonnière *nf* bachelor flat **(UK)** *ou* apartment **(US)**.

garde *nf* **1.** *(surveillance)* protection **2.** *(veille)* duty, emergency **3.** • **garde alternée** shared custody • **garde partagée** *(avec nourrice à domicile)* shared childcare **4.** *MIL* guard • **monter la garde** to go on guard **5.** *(locution)* • **être/se tenir sur ses gardes** to be/stay on one's guard • **mettre qqn en garde contre qqch** to put sb on their guard about sthg • **mise en garde** warning. ❑ *nmf* keeper • **garde du corps** bodyguard • **garde d'enfants** babysitter, childminder **(UK)**. ■ **de garde** *loc adj* **1.** → **chien** **2.** *(qui se conserve)* • **fromage de (bonne) garde** cheese that keeps well **3.** *MÉD* duty *(modificateur)* • **médecin de garde** duty doctor, doctor on duty • **pharmacie de garde** duty chemist **(UK)**, emergency drugstore **(US)**.

garde-à-vous *nm inv* attention • **se mettre au garde-à-vous** to stand to attention.

garde-boue *nm inv* mudguard.

garde-chasse *nm* gamekeeper.

garde-fou *nm* railing, parapet.

garde-malade *nmf* nurse.

garde-manger *nm inv* **1.** *(pièce)* pantry, larder **2.** *(armoire)* meat safe **(UK)**, cooler **(US)**.

garde-meuble(s) *nm* warehouse.

garde-pêche *nm (personne)* water bailiff **(UK)**, fishwarden **(US)**.

garder *vt* **1.** *(gén)* to keep **2.** *(vêtement)* to keep on **3.** *(surveiller)* to mind, to look after **4.** *(défendre)* to guard **5.** *(protéger)* • **garder qqn de qqch** to save sb from sthg. ■ **se garder** *vp* **1.** *(se conserver)* to keep • **ce gâteau peut se garder longtemps** this cake will keep for a long time **2.** *(se méfier)* • **se garder de qqn/qqch** to beware of sb/sthg **3.** *(s'abstenir)* • **se garder de faire qqch** to take care not to do sthg.

garderie *nf* crèche **(UK)**, day nursery **(UK)**, day-care center **(US)**.

garde-robe *nf* wardrobe.

gardien, enne *nm, f* **1.** *(surveillant)* guard, keeper • **gardien de but** goalkeeper • **gardien de nuit** night watchman • **un gardien d'immeuble** a caretaker **2.** *fig (défenseur)* protector, guardian **3.** *(agent)* • **gardien de la paix** police officer.

gardiennage *nm* caretaking **(UK)**, job of janitor **(US)**.

gare[1] *nf* station • **gare routière a)** *(de marchandises)* road haulage depot **(UK)** **b)** *(pour passagers)* coach **(UK)** *ou* bus station.

gare[2] *interj (attention)* watch out! • **gare aux voleurs** watch out for pickpockets.

garer *vt* **1.** *(ranger)* to park **2.** *(mettre à l'abri)* to put in a safe place. ■ **se garer** *vp* **1.** *(stationner)* to park **2.** *(se ranger)* to pull over.

gargariser ■ **se gargariser** *vp* **1.** *(se rincer)* to gargle **2.** *péj (se délecter)* • **se gargariser de** to delight *ou* revel in.

gargouiller *vi* **1.** *(eau)* to gurgle **2.** *(intestins)* to rumble.

garnement *nm* rascal, pest.

garni *nm* **1.** • **le poisson est garni d'haricots verts** the fish comes with green beans **2.** *vieilli* furnished accommodation *(indén)* **(UK)** *ou* accommodations *(pl)* **(US)**.

garnir *vt* **1.** *(équiper)* to fit out, to furnish **2.** *(remplir)* to fill **3.** *(orner)* • **garnir qqch de a)** to decorate sthg with **b)** *COUT* to trim sthg with.

garnison *nf* garrison.
garniture *nf* **1.** *(ornement)* trimming **2.** *(de lit)* bed linen **3.** *(CULIN - pour accompagner)* garnish, fixings *pl* **(US)**; *(- pour remplir)* filling.
garrigue *nf* scrub.
garrot *nm* **1.** *(de cheval)* withers *pl* **2.** *MÉD* tourniquet.
gars *nm fam* **1.** *(garçon, homme)* lad **2.** *(type)* guy, bloke **(UK)**.
gas-oil, gazole *nm* diesel oil.
gaspillage *nm* waste.
gaspiller *vt* to waste.
gastrique *adj* gastric.
gastro-entérite *nf* gastroenteritis *(indén)*.
gastro-entérologue *nmf* gastroenterologist.
gastronome *nmf* gourmet.
gastronomie *nf* gastronomy.
gâteau *nm* cake • **gâteau sec** biscuit **(UK)**, cookie **(US)** • **un gâteau d'anniversaire** a birthday cake.
gâter *vt* **1.** *(gén)* to spoil **2.** *(vacances, affaires)* to ruin, to spoil **3.** *iron (combler)* to be too good to • **on est gâté !** just marvellous! ■ **se gâter** *vp* **1.** *(temps)* to change for the worse **2.** *(situation)* to take a turn for the worse **3.** *(s'abîmer)* to go bad • **les fruits se sont gâtés** the fruit has gone bad.
gâteux, euse *adj fam* senile.
gauche *nf* **1.** *(côté)* left, left-hand side • **à gauche (de)** on the left (of) • **tournez à gauche** turn left **2.** *POLIT* • **la gauche** the left (wing) • **de gauche** left-wing. ❑ *adj* **1.** *(côté)* left **2.** *(personne)* clumsy.
gaucher, ère *adj* left-handed. ❑ *nm,f* left-handed person.
gauchiste *nmf* leftist.
gaufre *nf* waffle.
gaufrer *vt* to emboss.
gaufrette *nf* wafer.
gaule *nf* **1.** *(perche)* pole **2.** *(canne à pêche)* fishing rod.
gauler *vt* to bring *ou* shake down.
gaulliste *nmf & adj* Gaullist.
gaulois, e *adj (de Gaule)* Gallic. ■ **Gaulois, e** *nm,f* Gaul.
gaver *vt* **1.** *(animal)* to force-feed **2.** *fam (personne)* • **gaver qqn de** to feed sb full of.
gay *adj inv & nm* gay.
gaz *nm inv* gas • **gaz de schiste** shale gas.
gaze *nf* gauze.
gazelle *nf* gazelle.
gazer *vt* to gas.
gazette *nf* newspaper, gazette.
gazeux, euse *adj* **1.** *CHIM* gaseous **2.** *(boisson)* fizzy • **eau gazeuse** sparkling water.
gazinière *nf* gas stove, gas cooker **(UK)**.
gazoduc *nm* gas pipeline.
gazole = gas-oil.
gazon *nm* **1.** *(herbe)* grass **2.** *(terrain)* lawn • **tondre le gazon** to mow the lawn.
gazouiller *vi* **1.** *(oiseau)* to chirp, to twitter **2.** *(bébé)* to gurgle.
GB, G-B (abrév de Grande-Bretagne) *nf* GB.
gd abrév de **grand**.
GDF, Gdf (abrév de Gaz de France) French national gas company.
geai *nm* jay.
géant, e *adj* gigantic, giant. ❑ *nm,f* giant.
geindre *vi* **1.** *(gémir)* to moan **2.** *fam (pleurnicher)* to whine.
gel *nm* **1.** *MÉTÉOR* frost **2.** *(d'eau)* freezing **3.** *(cosmétique)* gel.
gélatine *nf* gelatine.
gelée *nf* **1.** *MÉTÉOR* frost **2.** *CULIN* jelly.
geler *vt & vi* **1.** *(gén)* to freeze • **on gèle dans cette maison !** it's freezing in this house! **2.** *(projet)* to halt. ■ **se geler** *vp* to freeze • **je me gèle** I'm freezing.
gélule *nf* capsule.
Gémeaux *nmpl ASTROL* Gemini • **elle est Gémeaux** she's a Gemini.
gémir *vi* **1.** *(gén)* to moan **2.** *(par déception)* to groan.
gémissement *nm* **1.** *(gén)* moan **2.** *(du vent)* moaning *(indén)* **3.** *(de déception)* groan.
gemme *nf* gem, precious stone.
gênant, e *adj* **1.** *(encombrant)* in the way **2.** *(embarrassant)* awkward, embarrassing **3.** *(énervant)* • **être gênant** to be a nuisance.
gencive *nf* gum.
gendarme *nmf* policeman *m*, -woman *f*.
gendarmerie *nf* **1.** *(corps)* police force **2.** *(lieu)* police station.
gendre *nm* son-in-law.
gène *nm* gene.
gêne *nf* **1.** *(physique)* difficulty **2.** *(psychologique)* embarrassment **3.** *(financière)* difficulty.
généalogie *nf* genealogy.
généalogique *adj* genealogical • **arbre généalogique** family tree.
gêner *vt* **1.** *(physiquement - gén)* to be too tight for; *(- sujet : chaussures)* to pinch **2.** *(moralement)* to embarrass **3.** *(incommoder)* to bother **4.** *(encombrer)* to hamper. ■ **se gêner** *vp* • **ne te gêne pas, sers-toi** go ahead, help yourself • **ne pas se gêner pour** don't hesitate to.
général, e *adj* general • **en général** generally, in general • **répétition générale** dress rehearsal. ■ **général** *nm MIL* general. ■ **générale** *nf THÉÂTRE* dress rehearsal.
généralement *adv* generally.
généralisation *nf* generalization.

généraliser *vt & vi* to generalize. ■ **se généraliser** *vp* to become general *ou* widespread.
généraliste *nmf* family doctor, GP. ❑ *adj* general.
généralité *nf* **1.** *(idée)* generality **2.** *(universalité)* general nature. ■ **généralités** *nfpl* generalities.
générateur, trice *adj* generating *(avant nom)*. ■ **générateur** *nm* TECHNOL generator.
génération *nf* generation.
générationnel, elle *adj* generational • **le fossé générationnel** the generation gap.
générer *vt* to generate.
généreux, euse *adj* **1.** generous **2.** *(terre)* fertile.
générique *adj* generic • **médicament générique** MÉD generic drug. ❑ *nm* **1.** CINÉ & TV credits *pl* **2.** MÉD generic drug.
générosité *nf* generosity.
genèse *nf (création)* genesis. ■ **Genèse** *nf (bible)* Genesis.
genêt *nm* broom.
génétique *adj* genetic. ❑ *nf* genetics *(indén)*.
Genève *npr* Geneva.
génial, e *adj* **1.** *(personne)* of genius **2.** *(idée, invention)* inspired **3.** *fam (formidable)* • **c'est génial !** that's great!, that's terrific!
génie *nm* **1.** *(personne, aptitude)* genius **2.** MYTHOL spirit, genie **3.** TECHNOL engineering • **le génie** MIL ≃ the Royal Engineers **(UK)** ; ≃ the (Army) Corps of Engineers **(US)**.
genièvre *nm* juniper.
génisse *nf* heifer.
génital, e *adj* genital.
géniteur, trice *nm, f* **1.** parent **2.** *(d'animal)* sire, dam *f*.
génitif *nm* genitive (case).
génocide *nm* genocide.
génome *nm* genome *m*.
génotype *nm* genotype.
genou *nm* knee • **à genoux** on one's knees, kneeling.
genouillère *nf* **1.** *(bandage)* knee bandage **2.** SPORT kneepad.
genre *nm* **1.** *(type)* type, kind **2.** LITTÉR genre **3.** *(style de personne)* style **4.** GRAMM & SOCIOL gender.
gens *nmpl* people • **de nos jours les gens vivent plus longtemps** people live longer nowadays.
gentiane *nf* gentian.
gentil, ille *adj* **1.** *(agréable)* nice **2.** *(aimable)* nice, kind.
gentillesse *nf* kindness.
gentiment *adv* **1.** *(sagement)* nicely **2.** *(aimablement)* nicely, kindly **3.** **(SUISSE)** *(tranquillement)* calmly, quietly.
génuflexion *nf* genuflexion.
géo *nf fam & arg scol* geography.
géographie *nf* geography.
geôlier, ère *nm, f* jailer, gaoler **(UK)**.
géologie *nf* geology.
géologue *nmf* geologist.
géomètre *nmf* **1.** *(spécialiste)* geometer, geometrician **2.** *(technicien)* surveyor.
géométrie *nf* geometry.
gérance *nf* management.
géranium *nm* geranium.
gérant, e *nm, f* manager.
gerbe *nf* **1.** *(de blé)* sheaf **2.** *(de fleurs)* spray **3.** *(d'étincelles, d'eau)* shower.
gercé, e *adj* chapped.
gérer *vt* to manage.
gériatrie *nf* geriatrics *(indén)*.
germain, e → **cousin**.
germanique *adj* Germanic.
germe *nm* **1.** BOT & MÉD germ **2.** *(de pomme de terre)* eye **3.** *fig (origine)* seed, cause.
germer *vi* to germinate.
gérondif *nm* **1.** *(latin)* gerundive **2.** *(français)* gerund.
gésier *nm* gizzard.
gésir *vi littéraire* to lie.
gestation *nf* gestation.
geste *nm* **1.** *(mouvement)* gesture • **faire un geste de la main** to wave • **il a fait un geste brusque** he made a sudden move **2.** *(acte)* act, deed ▸ **gestes barrières** *MÉD* barrier gestures, safety *OU* mitigation measures.
gesticuler *vi* to gesticulate.
gestion *nf* **1.** *(activité)* management **2.** DR administration **3.** INFORM • **gestion de fichiers** file management.
gestionnaire *nmf (personne)* manager. ❑ *adj* management *(avant nom)*. ❑ *nm* INFORM • **gestionnaire de données** data manager.
Ghana *nm* • **le Ghana** Ghana.
ghetto *nm litt & fig* ghetto.
gibet *nm* gallows *sing*, gibbet.
gibier *nm* **1.** game **2.** *fam & fig (personne)* prey.
giboulée *nf* sudden shower.
gicler *vi* to squirt, to spurt.
gifle *nf* slap.
gifler *vt* **1.** to slap **2.** *fig (sujet : vent, pluie)* to whip, to lash.
gigantesque *adj* gigantic.
giga-octet *nm* INFORM gigabyte.
gigolo *nm fam* gigolo.
gigot *nm* CULIN leg.
gigoter *vi fam* to squirm, to wriggle.
gilet *nm* **1.** *(cardigan)* cardigan **2.** *(sans manches)* waistcoat **(UK)**, vest **(US)**.
gin *nm* gin.
gingembre *nm* ginger.

gingivite *nf* inflammation of the gums, gingivitis *(indén)*.
girafe *nf* giraffe.
giratoire *adj* gyrating • **sens giratoire** roundabout (UK), traffic circle (US).
girofle → **clou.**
girolle *nf* chanterelle.
girouette *nf* weathercock.
gisement *nm* deposit.
gitan, e *adj* Gipsy *(avant nom)*. ■ **Gitan, e** *nm,f* Gipsy.
gîte *nm* **1.** *(logement)* • **gîte (rural)** gîte ; *si vous voulez expliquer à un anglophone de quoi il s'agit, vous pouvez dire* it is a self-catering holiday cottage in the country **2.** *(du bœuf)* shank, shin (UK).
givre *nm* frost.
glabre *adj* hairless.
glace *nf* **1.** *(eau congelée)* ice • **glace à l'eau** water ice (UK), sherbet (US) **2.** *(crème glacée)* ice cream • **glace à la crème** dairy ice-cream (UK), iced-milk icecream (US) **3.** *(vitre)* pane **4.** *(de voiture)* window **5.** *(miroir)* mirror.
glacé, e *adj* **1.** *(gelé)* frozen **2.** *(très froid)* freezing **3.** *fig (hostile)* cold **4.** *(dessert)* iced **5.** *(viande)* glazed **6.** *(fruit)* glacé **7.** *(boisson)* • **servir glacé** best served chilled.
glacer *vt* **1.** *(geler, paralyser)* to chill **2.** *(étoffe, papier)* to glaze **3.** *(gâteau)* to ice (UK), to frost (US).
glacial, e *adj litt* & *fig* icy.
glacier *nm* **1.** GÉOGR glacier **2.** *(marchand)* ice cream seller *ou* man.
glacière *nf* icebox.
glaçon *nm* **1.** *(dans boisson)* ice cube **2.** *(sur toit)* icicle **3.** *fam* & *fig (personne)* iceberg.
gladiateur *nm* gladiator.
glaïeul *nm* gladiolus.
glaire *nf* MÉD phlegm.
glaise *nf* clay.
glaive *nm* sword.
glamour *adj inv* glamorous.
gland *nm* **1.** *(de chêne)* acorn **2.** *(ornement)* tassel **3.** ANAT glans.
glande *nf* gland.
glaner *vt* to glean.
glapir *vi* to yelp, to yap.
glas *nm* knell.
glauque *adj* **1.** *(couleur)* bluey-green **2.** *fam (lugubre)* gloomy **3.** *fam (sordide)* sordid.
glissade *nf* slip.
glissant, e *adj* slippery.
glissement *nm* **1.** *(action de glisser)* gliding, sliding **2.** *fig (électoral)* swing, shift.
glisser *vi* **1.** *(se déplacer)* • **glisser (sur)** to glide (over), to slide (over) **2.** *(déraper)* • **glisser (sur)** to slip (on) **3.** *fig (passer rapidement)* • **glisser sur** to skate over **4.** *(surface)* to be slippery **5.** *(progresser)* to slip • **glisser dans** to slip into, to slide into • **glisser vers** to slip towards (UK) *ou* toward (US), to slide towards (UK) *ou* toward (US) **6.** INFORM to drag. ❑ *vt* to slip • **glisser un regard à qqn** *fig* to give sb a sidelong glance. ■ **se glisser** *vp* to slip • **se glisser dans a)** *(lit)* to slip *ou* slide into **b)** *fig* to slip *ou* creep into.
glissière *nf* runner.
global, e *adj* **1.** global **2.** *(somme)* total.
globalement *adv* on the whole.
globe *nm* **1.** *(sphère, terre)* globe **2.** *(de verre)* glass cover.
globe-trotter *nmf* globetrotter.
globule *nm* corpuscle, blood cell • **globule blanc/rouge** white/red corpuscle.
globuleux → **œil.**
gloire *nf* **1.** *(renommée)* glory **2.** *(de vedette)* fame, stardom **3.** *(mérite)* credit.
glorieux, euse *adj* **1.** *(mort, combat)* glorious **2.** *(héros, soldat)* renowned.
gloss *nm* lipgloss.
glossaire *nm* glossary.
glotte *nf* glottis.
glousser *vi* **1.** *(poule)* to cluck **2.** *fam (personne)* to chortle, to chuckle.
glouton, onne *adj* greedy. ❑ *nm,f* glutton.
glu *nf (colle)* glue.
gluant, e *adj* sticky.
glucide *nm* glucide.
glycémie *nf* glycaemia (UK) *ou* glycemia (US).
glycérine *nf* glycerine.
glycine *nf* wisteria.
gnome *nm* gnome.
go ■ **tout de go** *loc adv* straight.
GO (abrév de grandes ondes) *nfpl* LW.
goal *nm* goalkeeper.
gobelet *nm* beaker, tumbler.
gober *vt* **1.** *(avaler)* to gulp down **2.** *fam (croire)* to swallow.
godet *nm* **1.** *(récipient)* jar, pot **2.** COUT flare.
godiller *vi* **1.** *(rameur)* to scull **2.** *(skieur)* to wedeln.
goéland *nm* gull, seagull.
goélette *nf* schooner.
goguenard, e *adj* mocking.
goinfre *nmf fam* pig.
goitre *nm* goitre.
golf *nm* **1.** *(sport)* golf • **jouer au golf** to play golf **2.** *(terrain)* golf course.
golfe *nm* gulf, bay • **le golfe de Gascogne** the Bay of Biscay • **le golfe Persique** the (Persian) Gulf.
gommage *nm* **1.** *(d'écriture)* erasing, rubbing out **2.** *(cosmétique)* face scrub.
gommant, e *adj* exfoliating.
gomme *nf* **1.** *(substance, bonbon)* gum **2.** *(pour effacer)* eraser, rubber (UK).

gommer *vt* **1.** to rub out, to erase **2.** *fig* to erase.
gond *nm* hinge.
gondole *nf* gondola.
gondoler *vi* **1.** *(bois)* to warp **2.** *(carton)* to curl.
gonflable *adj* inflatable.
gonfler *vt* **1.** *(ballon, pneu)* to blow up, to inflate **2.** *(rivière, poitrine, yeux)* to swell **3.** *(joues)* to blow out **4.** *fig (grossir)* to exaggerate. ❑ *vi* to swell.
gonflette *nf fam* • **faire de la gonflette** to pump iron.
gong *nm* gong.
gore *adj* gory.
goret *nm* **1.** *(cochon)* piglet **2.** *fam (garçon)* dirty little pig.
gorge *nf* **1.** *(gosier, cou)* throat • **avoir mal à la gorge** to have a sore throat **2.** *(gén pl) (vallée)* gorge.
gorgée *nf* mouthful.
gorger *vt* • **gorger qqn de qqch a)** *(gaver)* to stuff sb with sthg **b)** *(combler)* to heap sthg on sb • **gorger qqch de** to fill sthg with.
gorille *nm (animal)* gorilla.
gosier *nm* throat, gullet.
gosse *nmf fam* kid.
gothique *adj* **1.** ARCHIT Gothic **2.** TYPO • **écriture gothique** Gothic script **3.** *(mouvement)* gothic, goth.
gouache *nf* gouache.
goudron *nm* tar.
goudronner *vt* to tar.
gouffre *nm* abyss • **au bord du gouffre** on the age of the abyss.
goujat *nm* boor.
goulet *nm* narrows *pl*.
goulot *nm* neck.
goulu, e *adj* greedy, gluttonous.
goupillon *nm* **1.** RELIG (holy water) sprinkler **2.** *(à bouteille)* bottle brush.
gourd, e *adj* numb.
gourde *nf* **1.** *(récipient)* flask, water bottle **2.** *fam (personne)* clot **(UK)**. ❑ *adj fam* thick.
gourdin *nm* club.
gourmand, e *adj* greedy. ❑ *nm, f* glutton.
gourmandise *nf* **1.** *(caractère)* greed, greediness **2.** *(sucrerie)* sweet thing.
gourmet *nm* • **(fin) gourmet** gourmet.
gourmette *nf* chain bracelet.
gourou *nm* guru.
gousse *nf* pod • **gousse d'ail** clove of garlic.
gousset *nm (de gilet)* fob pocket.
goût *nm* taste • **avoir bon goût** to taste nice • **de mauvais goût** tasteless, in bad taste • **chacun ses goûts** each to his own. ■ **à mon goût, à son goût** *etc loc adj & loc adv* to my/his *etc* liking • **le décor est tout à fait à mon goût** the decor is exactly to my liking • **à mon/son goût, on est trop lents** we're not going fast enough for my/his liking.

S'EXPRIMER

parler de ses goûts

- ***I like fish.*** J'aime le poisson.
- ***I really like trout.*** J'aime beaucoup la truite.
- ***I love smoked salmon.*** J'adore le saumon fumé.
- ***I hate raw meat.*** Je déteste la viande crue.
- ***It's disgusting.*** Cela me dégoûte.
- ***I like swimming.*** J'aime (bien) nager.
- ***I prefer dancing.*** Je préfère danser.
- ***What I like best is listening to music.*** Ce que je préfère par-dessus tout, c'est écouter de la musique.
- ***I hate getting up early.*** Je déteste me lever tôt.

goûter *vt* **1.** *(déguster)* to taste **2.** *(savourer)* to enjoy. ❑ *vi* to have an afternoon snack • **goûter à** to taste. ❑ *nm* afternoon snack.
goutte *nf* **1.** *(de pluie, d'eau)* drop **2.** MÉD *(maladie)* gout. ■ **gouttes** *nfpl* MÉD drops.
goutte-à-goutte *nm inv* (intravenous) drip, IV **(US)**.
gouttelette *nf* droplet.
gouttière *nf* **1.** *(CONSTR - horizontale)* gutter ; *(- verticale)* drainpipe **2.** MÉD splint.
gouvernail *nm* rudder.
gouvernante *nf* **1.** *(d'enfants)* governess **2.** *(de maison)* housekeeper.
gouvernement *nm* POLIT government.
gouverner *vt* to govern.
gouverneur *nm* governor.
GPS (abrév de global positioning system) *nm* GPS.
grabataire *nmf* invalid. ❑ *adj* bedridden.
grâce *nf* **1.** *(charme)* grace • **de bonne grâce** with good grace, willingly • **de mauvaise grâce** with bad grace, reluctantly **2.** *(faveur)* favour **(UK)**, favor **(US) 3.** *(miséricorde)* mercy. ■ **grâce à** *loc prép* thanks to.
gracier *vt* to pardon.
gracieusement *adv* **1.** *(avec grâce)* graciously **2.** *(gratuitement)* free (of charge).
gracieux, euse *adj* **1.** *(charmant)* graceful **2.** *(gratuit)* free.
gradation *nf* gradation.
grade *nm* **1.** *(échelon)* rank **2.** *(universitaire)* qualification.
gradé, e *adj* non-commissioned. ❑ *nm, f* non-commissioned officer, NCO.
gradin *nm* **1.** *(de stade, de théâtre)* tier **2.** *(de terrain)* terrace.
graduation *nf* graduation.

graduel, elle *adj* **1.** gradual **2.** *(difficultés)* increasing.

graduer *vt* **1.** *(récipient, règle)* to graduate **2.** *fig (effort, travail)* to increase gradually.

graff (abrév de graffiti) *nm* (piece of) graffiti.

graffiti *nm inv* graffiti *(indén).*

grain *nm* **1.** *(gén)* grain **2.** *(de moutarde)* seed **3.** *(de café)* bean • **grain de raisin** grape **4.** *(point)* • **grain de beauté** mole, beauty spot **5.** *(averse)* squall.

graine *nf* BOT seed.

graisse *nf* **1.** ANAT & CULIN fat **2.** *(pour lubrifier)* grease.

graisser *vt* **1.** *(machine)* to grease, to lubricate **2.** *(vêtements)* to get grease on.

grammaire *nf* grammar.

grammatical, e *adj* grammatical.

gramme *nm* gram, gramme (UK).

grand, e *adj* **1.** *(en hauteur)* tall **2.** *(en dimensions)* big, large **3.** *(en quantité, nombre)* large, great • **un grand nombre de** a large *ou* great number of • **en grand** *(dimension)* full-size **4.** *(âgé)* grown-up • **les grandes personnes** grown-ups • **grand frère** big *ou* older brother **5.** *(important, remarquable)* great • **un grand homme** a great man **6.** *(intense)* • **un grand blessé/brûlé** a person with serious wounds/burns • **un grand buveur/fumeur** a heavy drinker/smoker. ❑ *nm, f (gén pl)* **1.** *(personnage)* great man, woman *f* • **c'est l'un des grands de l'électroménager** he's one of the big names in electrical appliances **2.** *(enfant)* older *ou* bigger boy, girl *f.* ■ **grand** *adv* • **voir grand** to think big. ■ **grande surface** *nf* hypermarket (UK), supermarket (US).

FAUX AMIS

grand

Attention : ***they lived in a grand house*** ne veut pas dire *ils habitaient dans une grande maison*, mais *ils habitaient une* ***magnifique*** *demeure*. En anglais, ***Grand*** n'a donc rien à voir avec la taille physique. Pour rendre cette dernière idée, on utilisera ***big***, ***tall***, etc, comme dans *ils viennent d'acheter un grand appartement*, ***they've just bought a big flat***, ou *je ne suis pas assez grand pour l'attraper*, ***I'm not tall enough to reach it***. Lorsque l'on veut parler de quantité ou d'intensité, on utilise plutôt ***big*** : *c'est un grand changement pour lui*, ***it's a big change for him***.

grand-angle *nm* wide-angle lens.

grand-chose ■ **pas grand-chose** *pron indéf* not much • **il ne reste plus grand-chose à manger** there's not much left to eat.

Grande-Bretagne *nf* • **la Grande-Bretagne** Great Britain.

En anglais, à de rares exceptions près, il n'y a pas d'article devant les noms de pays.

grandeur *nf* **1.** *(taille)* size **2.** *fig (apogée)* greatness • **grandeur d'âme** *fig* magnanimity.

grandiose *adj* imposing.

grandir *vt* • **grandir qqn a)** *(sujet : chaussures)* to make sb look taller **b)** *fig* to increase sb's standing. ❑ *vi* **1.** *(personne, plante)* to grow • **j'ai grandi de dix centimètres en un an** I have grown ten centimetres in the last year **2.** *(obscurité, bruit)* to increase, to grow.

grand-mère *nf* **1.** grandmother **2.** *fam & fig* old biddy.

grand-père *nm* **1.** grandfather **2.** *fam & fig* grandad (UK), granddad (US), old timer (US).

grands-parents *nmpl* grandparents.

grange *nf* barn.

granit(e) *nm* granite.

granule *nm* **1.** *(grain)* granule **2.** MÉD pill.

granulé, e *adj (surface)* granular. ■ **granulé** *nm* tablet.

granuleux, euse *adj* granular.

graphique *nm* **1.** diagram **2.** *(courbe)* graph • **faire un graphique** to draw a graph. ❑ *adj* graphic.

graphisme *nm* **1.** *(écriture)* handwriting **2.** ART style of drawing.

graphologie *nf* graphology.

grappe *nf* **1.** *(de fruits)* bunch **2.** *(de fleurs)* stem **3.** *fig (de gens)* knot.

grappiller *vt litt & fig* to gather, to pick up.

grappin *nm (ancre)* grapnel.

gras, grasse *adj* **1.** *(personne, animal)* fat **2.** *(plat, aliment)* fatty • **matières grasses** fats **3.** *(cheveux, mains)* greasy **4.** *(sol)* clayey **5.** *(crayon)* soft **6.** *fig (rire)* throaty **7.** *(toux)* phlegmy. ■ **gras** *nm* **1.** *(du jambon)* fat **2.** TYPO bold (type) **3.** *(substance)* grease. ❑ *adv* • **manger gras** to eat fatty foods.

gras-double *nm* tripe.

grassement *adv* **1.** *(rire)* coarsely **2.** *(payer)* a lot.

gratifier *vt* **1.** *(accorder)* • **gratifier qqn de qqch a)** to present sb with sthg, to present sthg to sb **b)** *fig* to reward sb with sthg **2.** *(stimuler)* to gratify.

gratin *nm* **1.** CULIN *si vous voulez expliquer à un anglophone en quoi consiste ce plat, vous pouvez le définir ainsi :* it is a dish that is topped with breadcrumbs or cheese and then browned in the oven • **gratin dauphinois** Dauphinoise potatoes **2.** *fam & fig (haute société)* upper crust.

gratiné, e *adj* **1.** CULIN au gratin **2.** *fam & fig (ardu)* stiff.

gratis *adv* free.

gratitude *nf* • **gratitude (envers)** gratitude (to *ou* towards).

gratte-ciel *nm inv* skyscraper.

grattement *nm* scratching.
gratter *vt* **1.** *(gén)* to scratch **2.** *(pour enlever)* to scrape off. ❑ *vi* **1.** *(démanger)* to itch, to be itchy **2.** *fam (écrire)* to scribble **3.** *(frapper)* • **gratter à la porte** to tap at the door **4.** *fam (travailler)* to slave, to slog. ■ **se gratter** *vp* to scratch.
gratuit, e *adj* **1.** *(entrée)* free **2.** *(violence)* gratuitous.
gratuitement *adv* **1.** *(sans payer)* free, for nothing **2.** *(sans raison)* gratuitously.
gravats *nmpl* rubble *(indén).*
grave *adj* **1.** *(attitude, faute, maladie)* serious, grave • **ce n'est pas grave** *(ce n'est rien)* don't worry about it **2.** *(voix)* deep **3.** LING • **accent grave** grave accent. ❑ *nm (gén pl)* MUS low register.
gravement *adv* gravely, seriously.
graver *vt* **1.** *(gén)* to engrave **2.** *(bois)* to carve **3.** INFORM to burn.
graveur *nm* INFORM CD-RW drive, (CD-) burner • **graveur de CD** CD writer *ou* burner.
gravier *nm* gravel *(indén).*
gravillon *nm* fine gravel *(indén).*
gravir *vt* to climb.
gravité *nf* **1.** *(importance)* seriousness, gravity **2.** PHYS gravity.
graviter *vi* **1.** *(astre)* to revolve **2.** *fig (évoluer)* to gravitate.
gravure *nf* **1.** *(technique)* • **gravure (sur)** engraving (on) **2.** *(reproduction)* print **3.** *(dans livre)* plate.
gré *nm* **1.** *(goût)* • **à mon/son gré** for my/his taste, for my/his liking **2.** *(volonté)* • **bon gré mal gré** willy-nilly • **de gré ou de force** *fig* whether you/they*etc* like it or not • **de mon/son plein gré** of my/his own free will.
grec, grecque *adj* Greek. ■ **grec** *nm (langue)* Greek. ■ **Grec, Grecque** *nm, f* Greek.

> En anglais, les adjectifs se rapportant à un pays ou à une région ainsi que le nom désignant la langue de ce pays ou cette région, s'écrivent avec une majuscule.

Grèce *nf* • **la Grèce** Greece.

> En anglais, à de rares exceptions près, il n'y a pas d'article devant les noms de pays.

gréement *nm* rigging.
greffe *nf* **1.** MÉD transplant **2.** MÉD *(de peau)* graft **3.** BOT graft.
greffer *vt* **1.** MÉD to transplant • **greffer un rein/un cœur à qqn** to give sb a kidney/heart transplant **2.** MÉD *(peau)* to graft **3.** BOT to graft. ■ **se greffer** *vp* • **se greffer sur qqch** to be added to sthg.
greffier, ère *nm, f* clerk of the court.
grégaire *adj* gregarious.
grêle[1] *nf* hail.
grêle[2] *adj* **1.** *(jambes)* spindly **2.** *(son)* shrill.
grêler *v impers* to hail • **il grêle** it's hailing.
grêlon *nm* hailstone.
grelot *nm* bell.
grelotter *vi* • **grelotter (de)** to shiver (with).
grenade *nf* **1.** *(fruit)* pomegranate **2.** MIL grenade.
grenadine *nf* grenadine *(pomegranate syrup).*
grenat *adj inv* dark red.
grenier *nm* **1.** *(de maison)* attic **2.** *(à foin)* loft.
grenouille *nf* frog.
grès *nm* **1.** *(roche)* sandstone **2.** *(poterie)* stoneware.
grésiller *vi* **1.** *(friture)* to sizzle **2.** *(feu)* to crackle **3.** *(radio)* to crackle.
grève *nf* **1.** *(arrêt du travail)* strike • **être en grève** to be on strike • **faire grève** to strike, to go on strike **2.** *(rivage)* shore.
grever *vt* **1.** to burden **2.** *(budget)* to put a strain on.
gréviste *nmf* striker.
gribouiller *vt & vi* **1.** *(écrire)* to scrawl **2.** *(dessiner)* to doodle.
grief *nm* grievance • **faire grief de qqch à qqn** to hold sthg against sb.
grièvement *adv* seriously.
griffe *nf* **1.** *(d'animal)* claw **2.** **(BELGIQUE)** *(éraflure)* scratch.
griffé, e *adj (vêtement)* designer *(modificateur).*
griffer *vt (sujet : chat)* to claw.
grignoter *vt* **1.** *(manger)* to nibble **2.** *fam & fig (réduire - capital)* to eat away (at) **3.** *fam & fig (gagner - avantage)* to gain. ❑ *vi* **1.** *(manger)* to nibble **2.** *fam & fig (prendre)* • **grignoter sur** to nibble away at.
gril *nm* grill.
grillade *nf* CULIN grilled meat.
grillage *nm* **1.** *(de porte, de fenêtre)* wire netting **2.** *(clôture)* wire fence.
grille *nf* **1.** *(portail)* gate **2.** *(de four)* • **la grille du four** the grill **3.** *(d'orifice, de guichet)* grille **4.** *(de fenêtre)* bars *pl* **5.** *(de mots croisés, de loto)* grid **6.** *(tableau)* table **7.** TV & RADIO • **grille des programmes** programme **(UK)** *ou* program **(US)** listings *pl.*
grille-pain *nm inv* toaster.
griller *vt* **1.** *(viande)* to grill **(UK)**, to broil **(US)** **2.** *(pain)* to toast **3.** *(café, marrons)* to roast **4.** *fig (au soleil - personne)* to burn ; *(- végétation)* to shrivel **5.** *fam & fig (dépasser - concurrents)* to outstrip • **griller un feu rouge** to jump the lights **6.** *fam & fig (compromettre)* to ruin. ❑ *vi* **1.** *(viande)* to grill **(UK)**, to broil **(US)** **2.** *(ampoule)* to blow.
grillon *nm (insecte)* cricket.
grimace *nf* grimace.
grimer *vt* CINÉ & THÉÂTRE to make up.
grimper *vt* to climb. ❑ *vi* to climb • **grimper à un arbre/une échelle** to climb a tree/a ladder.

grincement *nm* **1.** *(de charnière)* squeaking **2.** *(de porte, plancher)* creaking.

grincer *vi* **1.** *(charnière)* to squeak **2.** *(porte, plancher)* to creak.

grincheux, euse *adj* grumpy. ❑ *nm, f* moaner, grumbler.

griotte *nf* morello (cherry).

grippe *nf* MÉD flu *(indén)* • **Luc a la grippe** Luc has got flu (UK), Luc has the flu • **grippe aviaire** bird flu • **grippe A H1N1** H1N1 A influenza • **grippe porcine** swine influenza.

grippé, e *adj (malade)* • **être grippé** to have (the) flu.

gripper *vi* **1.** *(mécanisme)* to jam **2.** *fig (processus)* to stall.

gris, e *adj* **1.** *(couleur)* grey (UK), gray (US) **2.** *fig (morne)* dismal **3.** *(saoul)* tipsy. ■ **gris** *nm (couleur)* grey (UK), gray (US).

grisaille *nf* **1.** *(de ciel)* greyness (UK), grayness (US) **2.** *fig (de vie)* dullness.

grisant, e *adj* intoxicating.

grisé *nm* grey (UK) *ou* gray (US) shading.

griser *vt* to intoxicate.

grisonner *vi* to turn grey (UK) *ou* gray (US).

grisou *nm* firedamp.

grive *nf* thrush.

grivois, e *adj* ribald.

Groenland *nm* • **le Groenland** Greenland.

grog *nm* (hot) toddy.

grognement *nm* **1.** *(son)* grunt **2.** *(d'ours, de chien)* growl **3.** *(protestation)* grumble.

grogner *vi* **1.** *(émettre un son)* to grunt **2.** *(ours, chien)* to growl **3.** *(protester)* to grumble.

grognon, onne *adj* grumpy.

groin *nm* snout.

grommeler *vt & vi* to mutter.

grondement *nm* **1.** *(d'animal)* growl **2.** *(de tonnerre, de train)* rumble **3.** *(de torrent)* roar.

gronder *vi* **1.** *(animal)* to growl **2.** *(tonnerre)* to rumble. ❑ *vt (réprimander)* to scold • **ma mère m'a grondé** my mother told me off.

gros, grosse *adj (gén avant un nom)* **1.** *(gén)* large, big **2.** *péj* big **3.** *(avant ou après un nom) (corpulent)* fat **4.** *(grossier)* coarse **5.** *(fort, sonore)* loud **6.** *(important, grave - ennuis)* serious ; *(- dépense)* major. ■ **gros** *adv (beaucoup)* a lot. ❑ *nm (partie)* • **le (plus) gros (de qqch)** the main part (of sthg). ■ **en gros** *loc adv & loc adj* **1.** COMM wholesale **2.** *(en grands caractères)* in large letters **3.** *(grosso modo)* roughly.

groseille *nf* currant.

grossesse *nf* pregnancy.

grosseur *nf* **1.** *(dimension, taille)* size **2.** MÉD lump.

grossier, ère *adj* **1.** *(matière)* coarse **2.** *(sommaire)* rough **3.** *(insolent)* rude **4.** *(vulgaire)* crude **5.** *(erreur)* crass.

grossièrement *adv* **1.** *(sommairement)* roughly **2.** *(vulgairement)* crudely.

grossir *vi* **1.** *(prendre du poids)* to put on weight • **faire grossir a)** to add pounds, to make you put on weight **b)** *(être calorique)* to be fattening • **ça fait grossir** it's fattening **2.** *(augmenter)* to grow **3.** *(s'intensifier)* to increase. ❑ *vt* **1.** *(sujet : microscope, verre)* to magnify **2.** *(sujet : vêtement)* • **grossir qqn** to make sb look fatter **3.** *(exagérer)* to exaggerate.

grossiste *nmf* wholesaler.

grosso modo *adv* roughly.

grotte *nf* cave.

grouiller *vi* • **grouiller (de)** to swarm (with).

groupe *nm* group • **groupe armé** armed group • **groupe de combat** section. ■ **groupe sanguin** *nm* blood group.

groupement *nm* **1.** *(action)* grouping **2.** *(groupe)* group.

grouper *vt* to group. ■ **se grouper** *vp* to come together.

groupie *nmf* groupie.

grue *nf* TECHNOL & ZOOL crane.

grumeau *nm* lump.

grunge *adj* grunge.

gruyère *nm* Gruyère (cheese).

guacamole *nm* guacamole.

Guadeloupe *nf* • **la Guadeloupe** Guadeloupe.

Guatemala *nm* • **le Guatemala** Guatemala.

gué *nm* ford • **traverser à gué** to ford.

guenilles *nfpl* rags.

guenon *nf* female monkey.

guépard *nm* cheetah.

guêpe *nf* wasp.

guêpier *nm* **1.** wasp's nest **2.** *fig* hornet's nest.

guère *adv (peu)* hardly • **ne (+ verbe) guère** *(peu)* hardly • **nous ne sortons guère** we hardly ever go out • **il ne l'aime guère** he doesn't like him/her very much.

guéridon *nm* pedestal table.

guérilla *nf* guerrilla warfare.

guérir *vt* to cure • **guérir qqn de** *litt & fig* to cure sb of. ❑ *vi* to recover, to get better • **la blessure ne guérit pas** the wound isn't healing.

guérison *nf* **1.** *(de malade)* recovery **2.** *(de maladie)* cure.

guérisseur, euse *nm, f* healer.

guerre *nf* **1.** war • **faire la guerre à un pays** to make *ou* wage war on a country • **Première/Seconde Guerre mondiale** World War I/II, First/Second World War (UK) • **guerre atomique/nucléaire** atomic/nuclear war • **guerre de religion** war of religion • **guerre civile** civil war **2.** *(technique)* warfare *(indén)* • **guerre biologique/chimique** biological/chemical warfare • **guerre bactériologique** germ warfare.

guerrier, **ère** *adj* **1.** *(de guerre)* war *(avant nom)* **2.** *(peuple)* warlike. ■ **guerrier** *nm* warrior.
guet-apens *nm* **1.** ambush **2.** *fig* trap.
guêtre *nf* gaiter.
guetter *vt* **1.** *(épier)* to lie in wait for **2.** *(attendre)* to be on the look-out for, to watch for **3.** *(menacer)* to threaten.
gueule *nf* **1.** *(d'animal, ouverture)* mouth **2.** *tfam (bouche de l'homme)* gob **(UK)**, yap **(US)** **3.** *fam (visage)* face.
gueuler *fam vt* to yell. ❑ *vi* **1.** *(crier)* to yell **2.** *(protester)* to kick up a stink, to scream and shout.
gueuleton *nm fam* blowout.
gui *nm* mistletoe.
guichet *nm* **1.** counter **2.** *(de gare, de théâtre)* ticket office.
guide *nmf* guide. ■ **guide** *nm* **1.** *(gén)* guide **2.** *(livre)* guidebook.
guider *vt* to guide.
guidon *nm* handlebars *pl.*
guignol *nm* **1.** *(marionnette)* glove puppet **2.** *(théâtre)* ≃ Punch and Judy show.
guillemet *nm* quotation mark, inverted comma **(UK)**.
guilleret, **ette** *adj* perky.
guillotine *nf* **1.** *(instrument)* guillotine **2.** *(de fenêtre)* sash.
guimauve *nf* **1.** *(confiserie, plante)* marshmallow **2.** *fam (sentimentalité)* mush.
guindé, **e** *adj* stiff.
Guinée *nf* • **la Guinée** Guinea.
guirlande *nf* **1.** *(de fleurs)* garland **2.** *(de papier)* chain **3.** *(de Noël)* tinsel *(indén)*.
guise *nf* • **à ma guise** as I please *ou* like • **en guise de** by way of.
guitare *nf* guitar.
guitariste *nmf* guitarist.
guttural, **e** *adj* guttural.
Guyane *nf* • **la Guyane** French Guiana.
gym *nf* gym *(indén)*.
gymnastique *nf fig* SPORT gymnastics *(indén)* • **faire de la gymnastique** to do exercises • **gymnastique aquatique** aquaerobics.
gynécologie *nf* gynaecology **(UK)**, gynecology **(US)**.
gynécologue *nmf* gynaecologist **(UK)**, gynecologist **(US)**.
gyrophare *nm* flashing light.

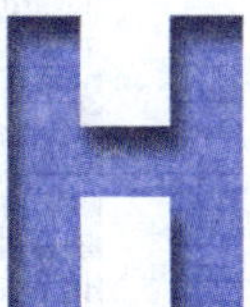

h[1], **H** *nm inv* h, H.

h[2] (abrév de heure) hr.

H 1. abrév de **homme 2.** (abrév de hydrogène) H.

ha (abrév de hectare) ha.

hab. abrév de **habitant.**

habile *adj* skilful (UK), skillful (US) ; *(démarche)* clever.

habileté *nf* skill.

habiliter *vt* to authorize • **être habilité à faire qqch** to be authorized to do sthg.

habiller *vt* **1.** *(vêtir)* • **habiller qqn (de)** to dress sb (in) **2.** *(recouvrir)* to cover. ■ **s'habiller** *vp* **1.** *(se vêtir)* to dress, to get dressed **2.** *(se vêtir élégamment)* to dress up.

habit *nm* **1.** *(costume)* suit **2.** RELIG habit. ■ **habits** *nmpl (vêtements)* clothes.

habitacle *nm (d'avion)* cockpit ; *(de voiture)* passenger compartment.

habitant, e *nm, f* **1.** *(de pays)* inhabitant **2.** *(d'immeuble)* occupant **3.** (QUÉBEC) *(paysan)* farmer.

habitation *nf* **1.** *(fait d'habiter)* housing **2.** *(résidence)* house, home.

habiter *vt (résider)* to live in • **habiter chez des amis** to be staying with friends. ❑ *vi* to live • **habiter à** to live in.

habitude *nf (façon de faire)* habit • **une mauvaise habitude** a bad habit • **avoir l'habitude de faire qqch** to be in the habit of doing sthg • **d'habitude** usually • **par habitude** out of habit.

habitué, e *nm, f* regular.

habituel, elle *adj (coutumier)* usual, customary.

habituer *vt* • **habituer qqn à qqch/à faire qqch** to get sb used to sthg/to doing sthg. ■ **s'habituer** *vp* • **s'habituer à qqch/à faire qqch** to get used to sthg/to doing sthg.

hache *nf* axe, ax (US).

hache-légumes *nm* vegetable chopper.

hacher *vt* **1.** *(couper - gén)* to chop finely ; *(- viande)* to mince (UK), to grind (US) **2.** *(entrecouper)* to interrupt.

hachis *nm* • **un hachis de persil** finely chopped parsley • **un hachis de porc** minced pork (UK), ground pork (US) • **hachis Parmentier** ≃ shepherd's pie ; ≃ cottage pie.

hachisch, hachich = **haschisch.**

hachoir *nm* **1.** *(couteau)* chopper **2.** *(appareil)* mincer (UK), grinder (US) **3.** *(planche)* chopping board (UK), cutting board (US).

hachure *nf* hatching.

hacker *nm* INFORM hacker.

haddock *nm* smoked haddock.

hagard, e *adj* haggard.

haie *nf* **1.** *(d'arbustes)* hedge **2.** *(de personnes)* row ; *(de soldats, d'agents de police)* line **3.** SPORT hurdle • **400 mètres haies** 400 metres hurdles (UK), 400 meters hurdles (US).

haillons *nmpl* rags.

haine *nf* hatred.

haïr *vt* to hate. ■ **se haïr** *vp* • **ils se haïssent depuis toujours** they've always hated each other • **je me hais d'avoir pu agir de cette façon** I hate myself for behaving like that.

Haïti *npr* Haiti.

hâle *nm* tan.

hâlé, e *adj* tanned (UK), tan (US).

haleine *nf* breath.

haleter *vi* to pant.

hall *nm* **1.** *(vestibule, entrée)* foyer, lobby **2.** *(salle publique)* concourse.

halle *nf* covered market.

hallucinant, e *adj* **1.** *(incroyable)* extraordinary **2.** *(grandiose)* impressive.

hallucination *nf* hallucination.

hallucinogène *nm* hallucinogen. ❑ *adj* hallucinogenic.

halo *nm (cercle lumineux)* halo.

halogène *nm & adj* halogen.

halte *nf* stop • **c'est la dernière halte sur le parcours** it's the last stop on the route. ❑ *interj* stop!

haltère *nm* dumbbell.

haltérophilie *nf* weightlifting.

hamac *nm* hammock.

hamburger *nm* hamburger.

hameau *nm* hamlet.
hameçon *nm* fishhook.
hammam *nm* Turkish baths *pl.*
hamster *nm* hamster.
hanche *nf* hip.
handball *nm* handball.
handicap *nm* handicap.
handicapé, e *adj* handicapped, disabled. ❑ *nm, f* handicapped person • **handicapé physique** physically handicapped person • **handicapé mental** mentally handicapped person • **les handicapés** the disabled.
handicaper *vt* to handicap.
hangar *nm* shed ; *AÉRON* hangar.
hanneton *nm* cockchafer.
hanter *vt* to haunt.
hantise *nf* obsession.
happer *vt (attraper)* to snap up.
haranguer *vt* to harangue.
haras *nm* stud (farm).
harassant, e *adj* exhausting.
harcèlement *nm* harassment • **harcèlement moral** workplace bullying, moral harassment • **harcèlement sexuel** sexual harassment.
harceler *vt* **1.** *(relancer)* to harass **2.** *MIL* to harry **3.** *(importuner)* • **harceler qqn (de)** to pester sb (with).
hardes *nfpl littéraire* old clothes.
hardi, e *adj* bold, daring.
harem *nm* harem.
hareng *nm* herring.
hargne *nf* spite *(indén)*, bad temper.
haricot *nm* bean • **haricots verts/blancs/rouges** green *ou* string/haricot/kidney beans.
harmonica *nm* harmonica, mouth organ.
harmonie *nf* **1.** *(gén)* harmony **2.** *(de visage)* symmetry.
harmonieux, euse *adj* **1.** *(gén)* harmonious **2.** *(voix)* melodious **3.** *(traits, silhouette)* regular.
harmoniser *vt fig MUS* to harmonize ; *(salaires)* to bring into line.
harnacher *vt (cheval)* to harness.
harnais *nm* **1.** *(de cheval, de parachutiste)* harness **2.** *TECHNOL* train.
harpe *nf* harp.
harpon *nm* harpoon.
harponner *vt* **1.** *(poisson)* to harpoon **2.** *fam (personne)* to collar.
hasard *nm* chance • **au hasard** at random. ■ **par hasard** *loc adv* by chance *ou* accident • **si par hasard vous la voyez** if by any chance you should see her, should you happen to see her • **je suis entré par hasard et je l'ai pris la main dans le sac** I went in quite by chance and caught him red-handed • **tu ne l'as pas vu, par hasard ?** you haven't seen it by any chance, have you? • **comme par hasard !** *iron* that's a surprise, surprise, surprise ! • **comme par hasard, elle n'a rien entendu** surprisingly enough, she didn't hear a thing.
hasarder *vt* **1.** *(tenter)* to venture **2.** *(risquer)* to hazard. ■ **se hasarder** *vp* • **se hasarder à faire qqch** to risk doing sthg.
haschisch, haschich, hachisch *nm* hashish.
hâte *nf* haste.
hâter *vt* **1.** *(activer)* to hasten **2.** *(avancer)* to bring forward. ■ **se hâter** *vp* to hurry • **se hâter de faire qqch** to hurry to do sthg.
hausse *nf (augmentation)* rise, increase.
hausser *vt* to raise • **hausser le ton** to raise one's voice.
haut, e *adj* **1.** *(gén)* high • **haut de 20 m** 20 m high **2.** *(classe sociale, pays, région)* upper **3.** *(responsable)* senior **4.** *INFORM & TÉLÉCOM* • **haut débit** broadband. ■ **haut** *adv* **1.** *(gén)* high **2.** *(placé)* highly **3.** *(fort)* loudly. ❑ *nm* **1.** *(hauteur)* height • **faire 2 m de haut** to be 2 m high *ou* in height **2.** *(sommet, vêtement)* top **3.** *(locution)* • **avoir** *ou* **connaître des hauts et des bas** to have one's ups and downs. ■ **de haut** *loc adv (avec dédain)* haughtily • **le prendre de haut** to react haughtily. ■ **de haut en bas** *loc adv* from top to bottom. ■ **du haut de** *loc prép* from the top of. ■ **en haut de** *loc prép* at the top of.
hautain, e *adj* haughty.
hautbois *nm* oboe.
haut de gamme *adj* upmarket, high-end, top-of-the-line (US) • **une chaîne haut de gamme** a state-of-the-art hi-fi system. ❑ *nm* top of the range, top of the line (US).
haute-fidélité *nf* high fidelity, hi-fi.
hautement *adv* highly.
hauteur *nf* height • **à hauteur d'épaule** at shoulder level *ou* height.
haut-fourneau *nm* blast furnace.
haut-le-cœur *nm inv* retch • **avoir des haut-le-cœur** to retch.
haut-parleur *nm* loudspeaker.
havre *nm (refuge)* haven.
Haye *npr* • **La Haye** the Hague.
hayon *nm* hatchback.
hebdomadaire *nm & adj* weekly.
hébergement *nm* **1.** accommodation (UK), accommodations *(pl)* (US) **2.** *INTERNET (d'un site Web)* hosting.
héberger *vt* **1.** *(loger)* to put up **2.** *(sujet : hôtel)* to take in.
hébété, e *adj* dazed.
hébraïque *adj* Hebrew.
hébreu *adj* Hebrew. ■ **hébreu** *nm (langue)* Hebrew. ■ **Hébreu** *nm* Hebrew.
hécatombe *nf litt & fig* slaughter.
hectare *nm* hectare.
hectolitre *nm* hectolitre (UK), hectoliter (US).
hégémonie *nf* hegemony.
hein *interj fam* eh?, what? • **tu m'en veux, hein ?** you're angry with me, aren't you?

hélas *interj* unfortunately, alas.
héler *vt sout* to hail.
hélice *nf* **1.** *(d'avion, de bateau)* propeller **2.** *MATH* helix.
hélicoptère *nm* helicopter.
héliport *nm* heliport.
hélium *nm* helium.
Helsinki *npr* Helsinki.
hématome *nm MÉD* haematoma **(UK)**, hematoma **(US)**.
hémicycle *nm POLIT* • **l'hémicycle** the Assemblée Nationale.
hémiplégique *nmf & adj* hemiplegic.
hémisphère *nm* hemisphere.
hémophile *nmf* haemophiliac **(UK)**, hemophiliac **(US)**. ❑ *adj* haemophilic **(UK)**, hemophilic **(US)**.
hémorragie *nf* **1.** *MÉD* haemorrhage **(UK)**, hemorrhage **(US)** **2.** *fig (perte, fuite)* loss.
hémorroïdes *nfpl* haemorrhoids **(UK)**, hemorrhoids **(US)**, piles.
henné *nm* henna.
hennir *vi* to neigh, to whinny.
hépatite *nf MÉD* hepatitis *(indén)* • **hépatite C** hepatitis C.
herbe *nf* **1.** *BOT* grass **2.** *CULIN & MÉD* herb **3.** *fam (marijuana)* grass. ■ **herbes** *nfpl* • **fines herbes** *CULIN* herbs, fines herbes • **herbes (médicinales)** medicinal herbs.
herbicide *nm* weedkiller, herbicide.
herboriste *nmf* herbalist.
héréditaire *adj* hereditary.
hérédité *nf (génétique)* heredity.
hérésie *nf* heresy.
hérisson *nm ZOOL* hedgehog.
héritage *nm* **1.** *(de biens)* inheritance • **faire un gros héritage** to come into a big inheritance **2.** *(culturel)* heritage.
hériter *vi* to inherit • **hériter de qqch** to inherit sthg. ❑ *vt* • **hériter qqch de qqn** *litt & fig* to inherit sthg from sb.

> **S'EXPRIMER**
>
> ## demander l'heure
>
> - ***What time is it?*** Quelle heure est-il ?
> - ***It's four o'clock.*** Il est quatre heures.
> - ***It's five past*** *ou* ***after* (US) *four.*** Il est quatre heures cinq.
> - ***It's a quarter past*** *ou* ***after* (US) *four.*** Il est quatre heures et quart.
> - ***It's half past four.*** Il est quatre heures et demie.
> - ***It's a quarter to*** *ou* ***of* (US) *five.*** Il est cinq heures moins le quart.
> - ***It's four twenty-five.*** Il est quatre heures vingt-cinq.
> - ***It's four thirty-five.*** Il est quatre heures trente-cinq.

héritier, ère *nm, f* heir, heiress *f*.
hermétique *adj* **1.** *(étanche)* hermetic **2.** *(incompréhensible)* inaccessible, impossible to understand **3.** *(impénétrable)* impenetrable.
hermine *nf* **1.** *(animal)* stoat **2.** *(fourrure)* ermine.
hernie *nf* hernia.
héroïne *nf* **1.** *(personne)* heroine **2.** *(drogue)* heroin.
héroïque *adj* heroic.
héroïsme *nm* heroism.
héron *nm* heron.
héros *nm* hero.
herpès *nm* herpes.
hertz *nm inv* hertz.
hésitant, e *adj* hesitant.
hésitation *nf* hesitation.
hésiter *vi* to hesitate • **hésiter entre/sur** to hesitate between/over • **hésiter à faire qqch** to hesitate to do sthg.
hétéroclite *adj* motley.
hétérogène *adj* heterogeneous.
hétérosexuel, elle *adj & nm, f* heterosexual.
hêtre *nm* beech.

> **À PROPOS DE**
>
> ## à quelle heure... ?
>
> Il faut remarquer qu'on dit plus couramment ***What time...?*** que ***At what time...?***
> • *À quelle heure sors-tu du bureau ?* **What time** ***do you leave the office?***
> • *À quelle heure commence le spectacle ?* **What time** ***does the show start?***

heure *nf* **1.** *(indique un moment du jour)* • **quelle heure est-il ?** what time is it? • **à quelle heure te lèves-tu ?** when *ou* (at) what time do you get up? • **il est deux heures** it's two o'clock • **il est deux heures dix** it's ten past two • **il est deux heures moins dix** it's ten to two • **les bus passent à l'heure et à la demie** the buses come on the hour and on the half hour • **il n'est jamais à l'heure** he's never on time • **c'est l'heure d'aller à l'école** it's time to go to school • **il se lève toujours de bonne heure** he always gets up early • **heures de bureau** office hours • **heures de réception** office/surgery **(UK)** hours • **tu ferais mieux d'éviter les heures de pointe** you'd better avoid rush hours **2.** *(indique une durée)* • **ce film dure deux heures** this film lasts two hours • **nous avons parlé pendant des heures hier après midi** we talked for hours yesterday afternoon • **c'est à deux heures de train** it's a two-hour train journey, it takes two hours by train • **il a roulé à 250 km à l'heure** he drove his car at 250 km per *ou* an hour • **elle a dû faire des heures supplémentaires** she had to to work overtime **3.** *(fuseau horaire)* • **l'heure d'été** British Summer Time **(UK)**, daylight (saving) time **(US)** • **nous sommes passés à l'heure d'été/**

d'hiver la semaine dernière we put the clocks forward/back last week **4.** *SCOL* class, period • **j'ai deux heures de maths aujourd'hui** I've two periods of maths today • **l'heure de français commence à 9 heures** the French class starts at nine.

heureusement *adv (par chance)* luckily, fortunately.

heureux, euse *adj* **1.** *(gén)* happy • **être heureux de faire qqch** to be happy to do sthg **2.** *(favorable)* fortunate **3.** *(réussi)* successful, happy.

heurt *nm* **1.** *(choc)* collision, impact **2.** *(désaccord)* clash.

heurter *vt* **1.** *(rentrer dans - gén)* to hit ; *(- sujet : personne)* to bump into **2.** *(offenser - personne, sensibilité)* to offend **3.** *(bon sens, convenances)* to go against. ■ **se heurter** *vp* **1.** *(gén)* • **se heurter (contre)** to collide (with) **2.** *(rencontrer)* • **se heurter à qqch** to come up against sthg.

hexagonal, e *adj* **1.** *GÉOM* hexagonal **2.** *(français)* French.

hexagone *nm GÉOM* hexagon. ■ **Hexagone** *nm* • **l'Hexagone** (metropolitan) France.

hiatus *nm inv* hiatus.

hiberner *vi* to hibernate.

hibou *nm* owl.

hideux, euse *adj* hideous.

hier *adv* yesterday • **hier matin** yesterday morning.

hiérarchie *nf* hierarchy.

hiéroglyphe *nm* hieroglyph, hieroglyphic.

hilare *adj* beaming.

hilarité *nf* hilarity.

Himalaya *nm* • **l'Himalaya** the Himalayas *pl.*

hindou, e *adj* Hindu. ■ **Hindou, e** *nm, f* Hindu.

hindouisme *nm* Hinduism.

> En anglais, les adjectifs et les noms se rapportant à une religion s'écrivent avec une majuscule.

hindouiste *adj* Hindu.

hip-hop *adj inv & nm inv* hip-hop.

hippie, hippy *nmf & adj* hippy.

hippique *adj* horse *(avant nom).*

hippocampe *nm* seahorse.

hippodrome *nm* racecourse, racetrack.

hippopotame *nm* hippopotamus.

hirondelle *nf* swallow.

hirsute *adj (chevelure, barbe)* shaggy.

hispanique *adj (gén)* Hispanic.

hispano-américain, e *adj* Hispanic, Spanish-American. ■ **Hispano-Américain, e** *nm, f* Hispanic, Spanish-American, Hispanic.

hisser *vt* **1.** *(voile, drapeau)* to hoist **2.** *(charge)* to heave, to haul. ■ **se hisser** *vp* **1.** *(grimper)* • **se hisser (sur)** to heave *ou* haul o.s. up (onto) **2.** *fig (s'élever)* • **se hisser à** to pull o.s. up to.

histoire *nf* **1.** *(science)* history • **histoire naturelle** natural history **2.** *(récit, mensonge)* story **3.** *(aventure)* funny *ou* strange thing **4.** *(gén pl) (ennui)* trouble *(indén).*

historique *adj* **1.** *(roman, recherches)* historical **2.** *(monument, événement)* historic.

hit-parade *nm* • **le hit-parade** the charts *pl.*

hiver *nm* winter • **en hiver** in (the) winter.

HLM (abrév de habitation à loyer modéré) *nm & nf* ≃ council house/flat (UK) ; ≃ public housing unit (US).

hobby *nm* hobby.

hocher *vt* • **hocher la tête a)** *(affirmativement)* to nod (one's head) **b)** *(négativement)* to shake one's head.

hochet *nm* rattle.

hockey *nm* hockey • **hockey sur glace** ice hockey (UK), hockey (US) • **le hockey sur gazon** hockey (UK), field hockey (US).

holding *nm & nf* holding company.

hold-up *nm inv* holdup.

hollandais, e *adj* Dutch. ■ **hollandais** *nm (langue)* Dutch. ■ **Hollandais, e** *nm, f* Dutchman, Dutchwoman *f.*

> En anglais, les adjectifs se rapportant à un pays ou une région ainsi que le nom désignant la langue de ce pays ou cette région, s'écrivent avec une majuscule.

Hollande *nf* • **la Hollande** Holland.

> En anglais, à de rares exceptions près, il n'y a pas d'article devant les noms de pays.

holocauste *nm* holocaust.

hologramme *nm* hologram.

holster *nm* holster.

homard *nm* lobster.

home cinéma *nm* home cinema.

homéopathie *nf* homeopathy.

homicide *nm (meurtre)* murder.

hommage *nm (témoignage d'estime)* tribute • **rendre hommage à qqn/qqch** to pay tribute to sb/sthg.

homme *nm* man • **homme d'affaires** businessman • **homme d'État** statesman • **homme politique** politician • **l'homme de la rue** the man in the street.

homme-grenouille *nm* frogman.

homogène *adj* homogeneous.

homologue *nm* counterpart, opposite number.

homonyme *nm* **1.** *LING* homonym **2.** *(personne, ville)* namesake.

homoparental, e *adj* relating to gay parenting, homoparental.

homophobe *adj* homophobic.

homosexualité *nf* homosexuality.

homosexuel, elle *adj & nm,f* homosexual.
Honduras *nm* • **le Honduras** Honduras.
Hongrie *nf* • **la Hongrie** Hungary.

En anglais, à de rares exceptions près, il n'y a pas d'article devant les noms de pays.

hongrois, e *adj* Hungarian. ■ **hongrois** *nm (langue)* Hungarian. ■ **Hongrois, e** *nm,f* Hungarian.

En anglais, les adjectifs se rapportant à un pays ou une région ainsi que le nom désignant la langue de ce pays ou cette région, s'écrivent avec une majuscule.

honnête *adj* **1.** *(intègre)* honest **2.** *(correct)* honourable **(UK)**, honorable **(US)** **3.** *(convenable - travail, résultat)* reasonable.
honnêtement *adv* **1.** *(de façon intègre, franchement)* honestly **2.** *(correctement)* honourably **(UK)**, honorably **(US)**.
honnêteté *nf* honesty.
honneur *nm* honour **(UK)**, honor **(US)** • **faire honneur à qqn/à qqch** to be a credit to sb/to sthg • **faire honneur à un repas** *fig* to do justice to a meal.
honorable *adj* **1.** *(digne)* honourable **(UK)**, honorable **(US)** **2.** *(convenable)* respectable.
honoraire *adj* honorary. ■ **honoraires** *nmpl* fee *sing*, fees.
honorer *vt* **1.** *(faire honneur à)* to be a credit to **2.** *(payer)* to honour **(UK)**, to honor **(US)**.
honte *nf (sentiment)* shame • **avoir honte de qqn/qqch** to be ashamed of sb/sthg • **avoir honte de faire qqch** to be ashamed of doing sthg.
honteux, euse *adj* shameful ; *(personne)* ashamed.
hooligan, houligan *nm* hooligan.
hôpital *nm* hospital • **être à l'hôpital** to be in hospital **(UK)**, to be in the hospital **(US)**.
hoquet *nm* hiccup.
horaire *nm* **1.** *(de départ, d'arrivée)* timetable **(UK)**, schedule **(US)** **2.** *(de travail)* hours *pl* (of work). ❑ *adj* hourly.
horizon *nm* **1.** *(ligne, perspective)* horizon • **à l'horizon** on the horizon **2.** *(panorama)* view.
horizontal, e *adj* horizontal. ■ **horizontale** *nf* MATH horizontal.
horloge *nf* clock.
horloger, ère *adj* clockmaking *(avant nom)*, watchmaking *(avant nom)*. ❑ *nm,f* clockmaker, watchmaker.
hormis *prép* save.
hormone *nf* hormone.
hormonothérapie *nf* MÉD hormone therapy ; MÉD *(pour femmes ménopausées)* hormone replacement therapy.
horodateur *nm (à l'usine)* clock ; *(au parking)* ticket machine.
horoscope *nm* horoscope.
horreur *nf* horror • **avoir horreur de qqn/qqch** to hate sb/sthg • **avoir horreur de faire qqch** to hate doing sthg • **quelle horreur !** how awful!
horrible *adj* **1.** *(affreux)* horrible **2.** *fig (terrible)* terrible, dreadful.
horrifier *vt* to horrify.
horripiler *vt* to exasperate.
hors *prép* → **service**. ■ **hors de** *loc prép* outside.
hors-bord *nm inv* speedboat.
hors-d'œuvre *nm inv* hors d'oeuvre, appetizer, starter **(UK)**.
hors-jeu *nm inv & adj inv* offside.
hors-la-loi *nmf inv* outlaw.
hors-piste(s) *nm* off-piste skiing.
hors-série *adj inv* special. ❑ *nm* special issue *ou* edition.
hortensia *nm* hydrangea.
horticulture *nf* horticulture.
hospice *nm* home.
hospitalier, ère *adj* **1.** *(accueillant)* hospitable **2.** *(relatif aux hôpitaux)* hospital *(avant nom)*.
hospitalisation *nf* hospitalization ; *(chiffre covid)* hospital admission.
hospitaliser *vt* to hospitalize.
hospitalité *nf* hospitality.
hostie *nf* host.
hostile *adj* • **hostile (à)** hostile (to).
hostilité *nf* hostility. ■ **hostilités** *nfpl* hostilities.
hot dog *nm* hot dog.
hôte, hôtesse *nm,f* host, hostess *f* • **hôtesse de l'air** stewardess, air hostess **(UK)**. ■ **hôte** *nm (invité)* guest.
hôtel *nm* **1.** *(d'hébergement)* hotel **2.** *(établissement public)* public building • **hôtel de ville** town **(UK)** *ou* city **(US)** hall **3.** *(demeure)* • **hôtel (particulier)** (private) mansion, town house.
hôtellerie *nf* **1.** *(métier)* hotel trade **2.** *(hôtel-restaurant)* inn.
hot line *nf* hot line.
hotte *nf* **1.** *(panier)* basket **2.** *(d'aération)* hood.
houblon *nm* **1.** BOT hop **2.** *(de la bière)* hops *pl*.
houille *nf* coal.
houiller, ère *adj* coal *(avant nom)*. ■ **houillère** *nf* coalmine.
houle *nf* swell.
houlette *nf sout* • **sous la houlette de qqn** under the guidance of sb.
houppe *nf* **1.** *(à poudre)* powder puff **2.** *(de cheveux)* tuft.
hourra, hurrah *interj* hurrah!, hurray!
house, house music *nf* house (music).
houspiller *vt* to tell off.

housse *nf* cover • **housse de couette** duvet (UK) *ou* comforter (US) cover.
houx *nm* holly.
HS (abrév de hors service) *adj fam* out of order • **je suis HS** I'm completely washed out.
hub *nm* AÉRON & INFORM hub.
hublot *nm (de bateau)* porthole.
huer *vt (siffler)* to boo.
huile *nf* **1.** *(gén)* oil • **huile d'arachide** groundnut (UK) *ou* peanut (US) oil • **huile d'olive** olive oil • **huile de bain** bath oil • **huile pour le corps** body oil • **huile solaire** suntan oil **2.** *(peinture)* oil painting **3.** *fam (personnalité)* bigwig.
huis *nm littéraire* door • **à huis clos** DR in camera.
huissier, ère *nm, f* **1.** *(appariteur)* usher **2.** DR bailiff.
huit *adj num inv* eight. ❑ *nm* eight • **lundi en huit** a week on Monday (UK), Monday week (UK), a week from Monday (US) • **aujourd'hui en huit** this time next week. Voir aussi **six**.
huitième *adj num inv & nmf* eighth. ❑ *nm* eighth • **le huitième de finale** the last sixteen • **il est arrivé huitième** he came eighth. ❑ *nf* **1.** SCOL ≃ Year 4 (UK) ; ≃ fourth grade (US) **2.** SCOL ≃ Year 5 *(at junior school)* (UK) ; ≃ fourth grade (US). Voir aussi **sixième**.
huître *nf* oyster.
humain, e *adj* **1.** *(gén)* human **2.** *(sensible)* humane. ■ **humain** *nm (être humain)* human (being).
humanitaire *adj* humanitarian. ❑ *nm* • **l'humanitaire** humanitarian *ou* relief work • **travailler dans l'humanitaire** to work for a humanitarian organization.
humanité *nf* humanity. ■ **humanités** *nfpl* (BELGIQUE) humanities.
humble *adj* humble.
humecter *vt* to moisten.
humer *vt* to smell.
humérus *nm* humerus.
humeur *nf* **1.** *(disposition)* mood • **être de bonne/mauvaise humeur** to be in a good/bad mood **2.** *(caractère)* nature **3.** *sout (irritation)* temper.
humide *adj (air, climat)* humid ; *(terre, herbe, mur)* wet, damp ; *(saison)* rainy ; *(front, yeux)* moist.
humidité *nf (de climat, d'air)* humidity ; *(de terre, mur)* dampness.
humiliation *nf* humiliation.
humilier *vt* to humiliate. ■ **s'humilier** *vp* • **s'humilier devant qqn** to grovel to sb.
humilité *nf* humility.
humoriste *nmf* humorist. ❑ *adj* humoristic.
humoristique *adj* humorous.
humour *nm* humour (UK), humor (US) • **le sens de l'humour** a sense of humour (UK), a sense of humor (US).
humus *nm* humus.
huppé, e *adj* **1.** *fam (société)* upper-crust **2.** *(oiseau)* crested.
hurlement *nm* howl.
hurler *vi (gén)* to howl.
hurrah = **hourra**.
hutte *nf* hut.
hybride *nm & adj* hybrid.
hydratant, e *adj* moisturizing.
hydrater *vt* **1.** CHIM to hydrate **2.** *(peau)* to moisturize.
hydraulique *adj* hydraulic.
hydravion *nm* seaplane, hydroplane.
hydrocarbure *nm* hydrocarbon.
hydrocution *nf* immersion syncope.
hydroélectrique *adj* hydroelectric.
hydrogène *nm* hydrogen.
hydroglisseur *nm* jetfoil, hydroplane.
hydrophile *adj* → **coton**.
hyène *nf* hyena.
hygiène *nf* hygiene.
hygiénique *adj* **1.** *(sanitaire)* hygienic **2.** *(bon pour la santé)* healthy.
hymne *nm* hymn • **hymne national** national anthem.
hype *adj inv (quartier, créateur)* trendy.
hypermarché *nm* hypermarket.
hypermétrope *nmf* longsighted (UK) *ou* farsighted (US) person. ❑ *adj* longsighted (UK), farsighted (US).
hypertension *nf* high blood pressure, hypertension.
hypertrophié *adj* hypertrophic ; *fig* exaggerated.
hypnose *nf* hypnosis.
hypnotiser *vt* to hypnotize ; *fig* to mesmerize.
hypoallergénique *adj* hypoallergenic.
hypocondriaque *nmf & adj* hypochondriac.
hypocrisie *nf* hypocrisy.
hypocrite *nmf* hypocrite. ❑ *adj* hypocritical.
hypoglycémie *nf* hypoglycaemia (UK), hypoglycemia (US).
hypokhâgne *nf si vous voulez expliquer à un anglophone de quoi il s'agit, vous pouvez dire* it is the first year of a two-year preparatory arts course taken prior to the competitive examination for entry to the École normale supérieure.
hypotension *nf* low blood pressure.
hypothèque *nf* mortgage.
hypothèse *nf* hypothesis.
hystérie *nf* hysteria.
hystérique *adj* hysterical.

I

i, I *nm inv* i, I • **mettre les points sur les i** to dot the i's and cross the t's.

IA (abrév de Intelligence artificielle) *nf* AI.

ibérique *adj* • **la péninsule ibérique** the Iberian Peninsula.

iceberg *nm* iceberg.

ici *adv* **1.** *(lieu)* here • **viens ici** come here • **par ici a)** *(direction)* this way **b)** *(alentour)* around here **2.** *(temps)* now • **d'ici (à) une semaine** in a week's time, a week from now • **d'ici là** by then.

icône *nf* INFORM & RELIG icon.

idéal, e *adj* ideal. ■ **idéal** *nm* ideal.

idéaliste *nmf* idealist. ❑ *adj* idealistic.

idée *nf* idea • **une vague** *ou* **une petite idée** an inkling • **aucune idée !** no idea! • **à l'idée de/que** at the idea of/that • **se faire des idées** to imagine things • **cela ne m'est jamais venu à l'idée** it never occurred to me.

idem *adv* idem.

identifiant *nm* INFORM user name, login name.

identification *nf* • **identification (à)** identification (with) • **identification d'appel** caller identification, caller ID.

identifier *vt* to identify. ■ **s'identifier** *vp* • **s'identifier à qqn/qqch** to identify with sb/sthg.

identique *adj* • **identique (à)** identical (to).

identité *nf* identity • **identité culturelle** cultural identity.

idéologie *nf* ideology.

idiomatique *adj* idiomatic.

idiot, e *adj* **1.** idiotic **2.** MÉD idiot *(avant nom)*. ❑ *nm,f* idiot.

idiotie *nf* **1.** *(stupidité)* idiocy **2.** *(action, parole)* idiotic thing.

idolâtrer *vt* to idolize.

idole *nf* idol.

idylle *nf (amour)* romance.

idyllique *adj (idéal)* idyllic.

if *nm* yew.

igloo, iglou *nm* igloo.

ignare *nmf* ignoramus. ❑ *adj* ignorant.

ignifuge, ignifugeant, e *adj* fire-retardant. ■ **ignifuge, ignifugeant** *nm* fire-retardant material.

ignoble *adj* **1.** *(abject)* base **2.** *(hideux)* vile.

ignominie *nf* **1.** *(état)* disgrace **2.** *(action)* disgraceful act.

ignorance *nf* ignorance.

ignorant, e *adj* ignorant. ❑ *nm,f* ignoramus.

ignorer *vt* **1.** *(ne pas savoir)* not to know, to be unaware of **2.** *(ne pas tenir compte de)* to ignore **3.** *(ne pas connaître)* to have no experience of.

il *pron pers* **1.** *(sujet - personne)* he ; *(- animal)* it, he ; *(- chose)* it **2.** *(sujet d'un verbe impersonnel)* it • **il pleut** it's raining. ■ **ils** *pron pers pl* they. ■ **il y a** *loc impers* **1.** *(suivi d'un singulier)* • **il y a un problème** there is a problem **2.** *(suivi d'un pluriel)* • **il y a deux garçons qui t'attendent** there are two boys waiting for you **3.** *(en parlant d'un instant du passé)* • **c'est arrivé il y a trois ans** it happened three years ago • **il y a longtemps qu'il est parti** he left a long time ago **4.** *(en parlant d'une durée)* • **il y a une heure que j'attends** I've been waiting for an hour.

> **À PROPOS DE**
>
> **il**
>
> *Il* se traduit par ***he*** s'il s'agit d'une personne ou par ***it*** s'il s'agit d'une chose, d'un animal ou s'il est utilisé dans les constructions impersonnelles.
>
> • *Il ne m'a rien dit.* **He *didn't tell me anything*.**
>
> • *Il est cassé.* **It's *broken*.**
>
> • *Il pleut.* **It's *raining*.**

île *nf* island • **les îles Anglo-Normandes** the Channel Islands • **les îles Baléares** the Balearic Islands • **les îles Britanniques** the British Isles • **les îles Canaries** the Canary Islands • **l'Île-de-France** the Île-de-France • **les îles Malouines** the Falkland Islands • **l'île Maurice** Mauritius.

illégal, e *adj* illegal.

illégalité *nf (fait d'être illégal)* illegality.

illégitime *adj* **1.** *(enfant)* illegitimate **2.** *(union)* unlawful **3.** *(non justifié)* unwarranted.

illettré, e *adj & nm,f* illiterate.

illicite *adj* illicit.
illico *adv fam* right away, pronto.
illimité, e *adj* **1.** *(sans limites)* unlimited **2.** *(indéterminé)* indefinite.
illisible *adj* **1.** *(indéchiffrable)* illegible **2.** *(incompréhensible)* INFORM unreadable.
illogique *adj* illogical.
illumination *nf* **1.** *(éclairage)* lighting **2.** *(idée soudaine)* inspiration.
illuminer *vt* **1.** to light up **2.** *(bâtiment, rue)* to illuminate. ■ **s'illuminer** *vp* • **s'illuminer de joie** to light up with joy.
illusion *nf* illusion.
illusionniste *nmf* conjurer.
illusoire *adj* illusory.
illustrateur, trice *nm,f* illustrator.
illustration *nf* illustration.
illustre *adj* illustrious.
illustré, e *adj* illustrated. ■ **illustré** *nm* illustrated magazine.
illustrer *vt* **1.** *(gén)* to illustrate **2.** *(rendre célèbre)* to make famous. ■ **s'illustrer** *vp* to distinguish o.s.
îlot *nm* **1.** *(île)* small island, islet **2.** *fig (de résistance)* pocket.
ils → **il.**
image *nf* **1.** *(vision mentale, comparaison, ressemblance)* image **2.** *(dessin)* picture • **image de synthèse** computer-generated image *ou* picture.
imagé, e *adj* full of imagery.
imagerie *nf* MÉD • **imagerie médicale** medical imaging • **imagerie par résonance magnétique/par ultrasons** magnetic resonance/ultrasound imaging.
imaginaire *adj* imaginary.
imagination *nf* imagination • **avoir de l'imagination** to be imaginative.
imaginer *vt* **1.** *(supposer, croire)* to imagine **2.** *(trouver)* to think of. ■ **s'imaginer** *vp* **1.** *(se voir)* to see o.s. **2.** *(croire)* to imagine • **il s'imagine qu'il peut m'appeler n'importe quand** he thinks he can phone me up whenever he wants.
imam *nm* imam.
imbattable *adj* unbeatable.
imbécile *nmf* imbecile.
imbécillité *nf* **1.** *(manque d'intelligence)* imbecility **2.** *(acte, parole)* stupid thing.
imberbe *adj* beardless.
imbiber *vt* • **imbiber qqch de qqch** to soak sthg with *ou* in sthg.
imbriqué, e *adj* overlapping.
imbroglio *nm* imbroglio.
imbu, e *adj* • **être imbu de** to be full of.
imbuvable *adj* **1.** *(eau)* undrinkable **2.** *fam (personne)* unbearable.
imitateur, trice *nm,f* **1.** *(comique)* impersonator **2.** *péj (copieur)* imitator.
imitation *nf* imitation.
imiter *vt* **1.** *(s'inspirer de, contrefaire)* to imitate **2.** *(reproduire l'aspect de)* to look (just) like.
immaculé, e *adj* immaculate.
immangeable *adj* inedible.
immanquable *adj* **1.** impossible to miss **2.** *(sort, échec)* inevitable.
immatriculation *nf* registration.
immature *adj* immature.
immédiat, e *adj* immediate.
immédiatement *adv* immediately.
immense *adj* immense.
immensité *nf* immensity, vastness.
immerger *vt* to submerge. ■ **s'immerger** *vp* to submerge o.s.
immérité, e *adj* undeserved.
immeuble *nm* building • **j'habite dans cet immeuble** I live in this block of flats (UK).
immigration *nf* immigration • **immigration clandestine** illegal immigration.
immigré, e *adj & nm,f* immigrant.
immigrer *vi* to immigrate.
imminent, e *adj* imminent.
immiscer ■ **s'immiscer** *vp* • **s'immiscer dans** to interfere in *ou* with.
immobile *adj* **1.** *(personne, visage)* motionless **2.** *(mécanisme)* fixed, stationary **3.** *fig (figé)* immovable.
immobilier, ère *adj* • **biens immobiliers** property *(indén)* (UK), real estate *(indén)* (US). ■ **immobilier** *nm* • **l'immobilier** property (UK), real estate (US).
immobiliser *vt* to immobilize. ■ **s'immobiliser** *vp* to stop.
immobilité *nf* **1.** immobility **2.** *(de paysage, de lac)* stillness.
immodéré, e *adj* inordinate.
immoler *vt* **1.** to sacrifice **2.** RELIG to immolate. ■ **s'immoler** *vp* to immolate o.s.
immonde *adj* **1.** *(sale)* foul **2.** *(abject)* vile.
immondices *nfpl* waste *(indén)*, refuse *(indén)*.
immoral, e *adj* immoral.
immortaliser *vt* to immortalize.
immortel, elle *adj* immortal. ■ **Immortel, elle** *nm,f fam si vous voulez expliquer à un anglophone ce qu'est un Immortel, vous pouvez dire* it is a member of the Académie française. ■ **immortelle** *nf* BOT everlasting flower.
immuable *adj* **1.** *(éternel - loi)* immutable **2.** *(constant)* unchanging.
immuniser *vt* **1.** *(vacciner)* to immunize **2.** *fig (garantir)* • **immuniser qqn contre qqch** to make sb immune to sthg.
immunitaire *adj* immune *(avant nom)*.

immunité *nf* immmunity • **immunité collective** herd immunity.

impact *nm* impact • **avoir de l'impact sur** to have an impact on.

impair, e *adj* odd. ■ **impair** *nm (faux-pas)* gaffe.

imparable *adj* **1.** *(coup)* unstoppable **2.** *(argument)* unanswerable.

impardonnable *adj* unforgivable.

imparfait, e *adj* **1.** *(défectueux)* imperfect **2.** *(inachevé)* incomplete. ■ **imparfait** *nm* GRAMM imperfect (tense) • **à l'imparfait** in the imperfect.

impartial, e *adj* impartial.

impartir *vt* • **impartir qqch à qqn a)** *littéraire (délai, droit)* to grant sthg to sb **b)** *(don)* to bestow sthg upon sb **c)** *(tâche)* to assign sthg to sb.

impasse *nf* **1.** *(rue)* dead end **2.** *fig (difficulté)* impasse, deadlock.

impassible *adj* impassive.

impatience *nf* impatience.

impatient, e *adj* impatient.

impatienter *vt* to annoy. ■ **s'impatienter** *vp* • **s'impatienter (de/contre)** to get impatient (at/with).

impayable *adj fam* priceless.

impayé, e *adj* unpaid, outstanding. ■ **impayé** *nm* outstanding payment.

impeccable *adj* **1.** *(parfait)* impeccable, faultless **2.** *(propre)* spotless, immaculate.

impénétrable *adj* impenetrable.

impénitent, e *adj* unrepentant.

impensable *adj* unthinkable.

imper *nm fam* raincoat, mac (UK).

impératif, ive *adj* **1.** *(ton, air)* imperious **2.** *(besoin)* imperative, essential. ■ **impératif** *nm* GRAMM imperative • **mettez les verbes à l'impératif** put the verbs in the imperative.

impératrice *nf* empress.

imperceptible *adj* imperceptible.

imperfection *nf* imperfection.

impérial, e *adj* imperial. ■ **impériale** *nf* top deck.

impérialisme *nm* **1.** POLIT imperialism **2.** *fig* dominance.

impérieux, euse *adj* **1.** *(ton, air)* imperious **2.** *(nécessité)* urgent.

impérissable *adj* undying.

imperméabiliser *vt* to waterproof.

imperméable *adj* waterproof • **imperméable à a)** *(étanche)* impermeable to **b)** *fig* impervious *ou* immune to. ❑ *nm* raincoat.

impersonnel, elle *adj* impersonal.

impertinence *nf* impertinence *(indén)*.

impertinent, e *adj* impertinent. ❑ *nm, f* impertinent person.

imperturbable *adj* imperturbable.

impétueux, euse *adj (personne, caractère)* impetuous.

impie *littéraire adj* impious.

impitoyable *adj* merciless, pitiless.

implacable *adj* implacable.

implant *nm* MÉD implant • **implant capillaire** hair graft.

implanter *vt* **1.** *(entreprise, système)* to establish **2.** *fig (préjugé)* to implant. ■ **s'implanter** *vp* **1.** *(entreprise)* to set up **2.** *(coutume)* to become established.

implication *nf* **1.** *(participation)* • **implication (dans)** involvement (in) **2.** *(gén pl) (conséquence)* implication.

implicite *adj* implicit.

impliquer *vt* **1.** *(compromettre)* • **impliquer qqn dans** to implicate sb in **2.** *(requérir, entraîner)* to imply. ■ **s'impliquer** *vp* • **s'impliquer dans** *fam* to become involved in.

implorer *vt* to beseech.

implosion *nf* implosion.

impoli, e *adj* rude, impolite.

impopulaire *adj* unpopular.

import *nm* **1.** COMM import **2.** (BELGIQUE) *(montant)* total.

importance *nf* **1.** *(gén)* importance **2.** *(de problème, montant)* magnitude **3.** *(de dommages)* extent **4.** *(de ville)* size.

important, e *adj* **1.** *(personnage, découverte, rôle)* important **2.** *(événement, changement)* important, significant **3.** *(quantité, collection, somme)* considerable, sizeable **4.** *(dommages)* extensive.

importation *nf fig* COMM import.

importer *vt* to import • **importer des pièces détachées** to import spare parts. ❑ *v impers* • **importer (à)** to matter (to) • **il importe de/que** it is important to/that • **qu'importe !, peu importe !** it doesn't matter! • **n'importe qui** anyone (at all) • **n'importe quoi** anything (at all) • **n'importe où** anywhere (at all) • **n'importe quand** at any time (at all).

import-export *nm* import-export.

importuner *vt* to irk.

imposable *adj* taxable • **non imposable** nontaxable.

imposant, e *adj* imposing.

imposé, e *adj* **1.** *(contribuable)* taxed **2.** SPORT *(figure)* compulsory.

imposer *vt* **1.** *(gén)* • **imposer qqn/qqch à qqn** to impose sb/sthg on sb **2.** *(impressionner)* • **en imposer à qqn** to impress sb **3.** *(taxer)* to tax. ■ **s'imposer** *vp* **1.** *(être nécessaire)* to be essential *ou* imperative **2.** *(forcer le respect)* to stand out **3.** *(avoir pour règle)* • **s'imposer de faire qqch** to make it a rule to do sthg.

imposition *nf* **1.** FIN taxation • **double imposition** double taxation **2.** RELIG laying on.

impossibilité *nf* impossibility • **être dans l'impossibilité de faire qqch** to find it impossible to *ou* to be unable to do sthg.

impossible *adj* impossible • **être impossible à** to be impossible to • **être impossible de** to be impossible to. ❑ *nm* • **tenter l'impossible** to attempt the impossible.

imposteur *nm* impostor.

impôt *nm* tax • **impôts locaux** council tax (UK), local tax (US) • **impôt sur le revenu** income tax.

impotent, e *adj* disabled.

impraticable *adj* **1.** *(inapplicable)* impracticable **2.** *(inaccessible)* impassable.

imprécis, e *adj* imprecise.

imprégner *vt (imbiber)* • **imprégner qqch de qqch** to soak sthg in sthg • **imprégner qqn de qqch** *fig* to fill sb with sthg. ■ **s'imprégner** *vp* • **s'imprégner de qqch a)** *(s'imbiber)* to soak sthg up **b)** *fig* to soak sthg up, to steep o.s. in sthg.

imprenable *adj* **1.** *(forteresse)* impregnable **2.** *(vue)* unimpeded.

imprésario *nm* impresario.

impression *nf* **1.** *(gén)* impression • **avoir l'impression que** to have the impression *ou* feeling that **2.** *(de livre, tissu)* printing **3.** PHOTO print.

impressionnant, e *adj* **1.** *(imposant)* impressive **2.** *(effrayant)* frightening.

impressionner *vt* **1.** *(frapper)* to impress **2.** *(choquer)* to shock, to upset **3.** *(intimider)* to frighten **4.** PHOTO to expose.

impressionniste *nmf & adj* impressionist.

imprévisible *adj* unforeseeable.

imprévu, e *adj* unforeseen. ■ **imprévu** *nm* unforeseen situation.

imprimante *nf* printer • **imprimante photo** photo printer • **une imprimante laser** a laser printer.

imprimé, e *adj* printed. ■ **imprimé** *nm* **1.** *(mention postale)* printed matter *(indén)* **2.** *(formulaire)* printed form • **remplir un imprimé** to fill in a form **3.** *(tissu)* print.

imprimer *vt* **1.** *(texte, tissu)* to print **2.** *(mouvement)* to impart **3.** *(marque, empreinte)* to leave.

imprimerie *nf* **1.** *(technique)* printing **2.** *(usine)* printing works *sing.*

improbable *adj* improbable.

improductif, ive *adj* unproductive.

impromptu, e *adj* impromptu.

imprononçable *adj* unpronounceable.

impropre *adj* **1.** GRAMM incorrect **2.** *(inadapté)* • **impropre à** unfit for.

improvisé, e *adj* **1.** *(discours)* improvised, extempore *sout* **2.** *(explication)* off-the-cuff, ad hoc **3.** *(mesure, réforme)* makeshift, improvised • **un repas improvisé** a makeshift meal **4.** *(décision)* snap *(avant nom).*

improviser *vt* to improvise. ■ **s'improviser** *vp* **1.** *(s'organiser)* to be improvised **2.** *(devenir)* • **s'improviser metteur en scène** to act as director.

improviste ■ **à l'improviste** *loc adv* unexpectedly, without warning.

imprudence *nf* **1.** *(de personne, d'acte)* rashness **2.** *(acte)* rash act.

imprudent, e *adj* rash • **un conducteur imprudent** a careless driver. ❑ *nm, f* rash person.

impubère *adj (avant la puberté)* pre-pubescent.

impudent, e *adj* impudent. ❑ *nm, f* impudent person.

impudique *adj* shameless.

impuissant, e *adj* **1.** *(incapable)* • **impuissant (à faire qqch)** powerless (to do sthg) **2.** *(homme, effort)* impotent. ■ **impuissant** *nm* impotent man.

impulsif, ive *adj* impulsive. ❑ *nm, f* impulsive person.

impulsion *nf* **1.** *(poussée, essor)* impetus **2.** *(instinct)* impulse, instinct **3.** *fig* • **sous l'impulsion de qqn** *(influence)* at the prompting *ou* instigation of sb • **sous l'impulsion de qqch** *(effet)* impelled by sthg.

impunément *adv* with impunity.

impunité *nf* impunity • **en toute impunité** with impunity.

impur, e *adj* impure.

impureté *nf* impurity.

imputer *vt* • **imputer qqch à qqn/qqch** to attribute sthg to sb/sthg • **imputer qqch à qqch** FIN to charge sthg to sthg.

imputrescible *adj* **1.** *(bois)* rotproof **2.** *(déchets)* non-degradable.

inabordable *adj* **1.** *(prix)* prohibitive **2.** GÉOGR inaccessible *(by boat)* **3.** *(personne)* unapproachable.

inacceptable *adj* unacceptable.

inaccessible *adj* **1.** *(destination, domaine, personne)* inaccessible **2.** *(objectif, poste)* unattainable • **inaccessible à** *(sentiment)* impervious to.

inaccoutumé, e *adj* unaccustomed.

inachevé, e *adj* unfinished, uncompleted.

inactif, ive *adj* **1.** *(sans occupation, non utilisé)* idle **2.** *(sans effet)* ineffective **3.** *(sans emploi)* non-working.

inaction *nf* inaction.

inactivité *nf* **1.** *(oisiveté)* inactivity **2.** ADMIN • **en inactivité** out of active service.

inadapté, e *adj* **1.** *(non adapté)* • **inadapté (à)** unsuitable (for), unsuited (to) **2.** *(asocial)* maladjusted.

inadéquation *nf* • **inadéquation (à)** inadequacy (for).

inadmissible *adj (conduite)* unacceptable.

inadvertance *nf littéraire* oversight • **par inadvertance** inadvertently.

inaliénable *adj* inalienable.

inaltérable *adj* **1.** *(matériau)* stable **2.** *(sentiment)* unfailing.

inamovible *adj* fixed.

inanimé, e *adj* **1.** *(sans vie)* inanimate **2.** *(inerte, évanoui)* senseless.

inanition *nf* • **tomber/mourir d'inanition** to faint with/die of hunger.

inaperçu, e *adj* unnoticed.

inappréciable *adj (précieux)* invaluable.

inapprochable *adj* • **il est vraiment inapprochable en ce moment** you can't say anything to him at the moment.

inapproprié, e *adj* • **inapproprié à** not appropriate for.

inapte *adj* **1.** *(incapable)* • **inapte à qqch/à faire qqch** incapable of sthg/of doing sthg **2.** MIL unfit.

inattaquable *adj* **1.** *(imprenable)* impregnable **2.** *(irréprochable)* irreproachable, beyond reproach **3.** *(irréfutable)* irrefutable.

inattendu, e *adj* unexpected.

inattention *nf* inattention • **faute d'inattention** careless mistake.

inaudible *adj (impossible à entendre)* inaudible.

inauguration *nf (cérémonie)* inauguration, opening (ceremony).

inaugurer *vt* **1.** *(monument)* to unveil **2.** *(installation, route)* to open **3.** *(procédé, édifice)* to inaugurate **4.** *(époque)* to usher in.

inavouable *adj* unmentionable.

inavoué, e *adj* unconfessed.

incalculable *adj* incalculable.

incandescence *nf* incandescence.

incantation *nf* incantation.

incapable *nmf (raté)* incompetent. ❑ *adj* • **incapable de faire qqch a)** *(inapte à)* incapable of doing sthg **b)** *(dans l'impossibilité de)* unable to do sthg.

incapacité *nf* **1.** *(impossibilité)* • **incapacité à** *ou* **de faire qqch** inability to do sthg **2.** *(invalidité)* disability.

incarcération *nf* incarceration.

incarner *vt* **1.** *(personnifier)* to be the incarnation of **2.** CINÉ & THÉÂTRE to play.

incartade *nf* misdemeanour **(UK)**, misdemeanor **(US)**.

incassable *adj* unbreakable.

incendiaire *nmf* arsonist. ❑ *adj* **1.** *(bombe)* incendiary **2.** *fig* inflammatory.

incendie *nm* **1.** fire • **éteindre un incendie** to put a fire out **2.** *fig* flames *pl*.

incendier *vt (mettre le feu à)* to set alight, to set fire to.

incertain, e *adj* **1.** *(gén)* uncertain **2.** *(temps)* unsettled **3.** *(vague - lumière)* dim ; *(- contour)* blurred.

incertitude *nf* uncertainty.

> **S'EXPRIMER**
>
> **exprimer son incertitude**
>
> • ***Do you really think so?*** Tu crois vraiment ?
> • ***I'm not so sure.*** Je n'en suis pas si sûr.
> • ***Who knows? Maybe he changed his mind.*** Qui sait, il a peut-être changé d'avis.
> • ***I don't really know.*** Je ne sais pas vraiment.
> • ***I wonder whether I've done the right thing.*** Je me demande si j'ai bien agi.

incessamment *adv* at any moment, any moment now.

incessant, e *adj* incessant.

inceste *nm* incest.

incestueux, euse *adj* **1.** *(liaison, parent)* incestuous **2.** *(enfant)* born of incest. ❑ *nm, f* incestuous person.

inchangé, e *adj* unchanged.

incidence *nf (conséquence)* effect, impact *(indén)* • **taux d'incidence** MÉD incidence rate.

incident, e *adj (accessoire)* incidental. ■ **incident** *nm* **1.** *(gén)* incident • **sans incident** safely **2.** *(ennui)* hitch.

incinération *nf* **1.** *(de corps)* cremation **2.** *(d'ordures)* incineration.

incinérer *vt* **1.** *(corps)* to cremate **2.** *(ordures)* to incinerate.

inciser *vt* to incise, to make an incision in.

incisif, ive *adj* incisive. ■ **incisive** *nf* incisor.

inciter *vt* **1.** *(provoquer)* • **inciter qqn à qqch/à faire qqch** to incite sb to sthg/to do sthg **2.** *(encourager)* • **inciter qqn à faire qqch** to encourage sb to do sthg.

incivilité *nf* **1.** *(manque de courtoisie)* rudeness, disrespect **2.** *(fraude)* petty crime **3.** *(insultes, vandalismes)* antisocial behaviour **(UK)** *ou* behavior **(US)**.

inclassable *adj* unclassifiable.

inclinable *adj* reclinable, reclining.

inclinaison *nf* **1.** *(pente)* incline **2.** *(de tête, chapeau)* angle, tilt.

incliné, e *adj* **1.** *(en pente)* sloping **2.** *(penché - mur)* leaning ; *(- dossier, siège)* reclining.

incliner *vt (pencher)* to tilt, to lean. ■ **s'incliner** *vp* **1.** *(se pencher)* to tilt, to lean **2.** *(céder)* • **s'incliner (devant)** to give in (to), to yield (to).

inclure *vt (mettre dedans)* • **inclure qqch dans qqch a)** to include sthg in sthg **b)** *(joindre)* to enclose sthg with sthg.

inclus, e *pp* → **inclure**. ❑ *adj* **1.** *(compris - taxe, frais)* included **2.** *(joint - lettre)* enclosed **3.** • **jusqu'à la page 10 incluse** up to and including page 10 **4.** MATH • **être inclus dans** to be a subset of.

incoercible *adj sout* uncontrollable.

incognito *adv* incognito.

incohérent, e *adj* **1.** *(paroles)* incoherent **2.** *(actes)* inconsistent.

incollable *adj* **1.** *(riz)* nonstick **2.** *fam (imbattable)* unbeatable.

incolore *adj* colourless **(UK)**, colorless **(US)**.

incomber *vi* **1.** *(revenir à)* • **incomber à qqn** to be sb's responsibility **2.** *(emploi impersonnel)* • **il incombe à qqn de faire qqch** it falls to sb *ou* it is incumbent on sb to do sthg.

incommensurable *adj (immense)* immeasurable.

incommoder *vt sout* to trouble.

incomparable *adj* **1.** *(différent)* not comparable **2.** *(sans pareil)* incomparable.

incompatible *adj* incompatible.

incompétent, e *adj (incapable)* incompetent.

incomplet, ète *adj* incomplete.

incompréhensible *adj* incomprehensible.

incompressible *adj* **1.** *TECHNOL* incompressible **2.** *fig (dépenses)* impossible to reduce **3.** *DR* → **peine.**

incompris, e *adj* misunderstood, not appreciated. ❑ *nm, f* misunderstood person.

inconcevable *adj* unimaginable.

inconciliable *adj* irreconcilable.

inconditionnel, elle *adj* **1.** *(total)* unconditional **2.** *(fervent)* ardent. ❑ *nm, f* ardent supporter *ou* admirer.

inconfort *nm* discomfort.

inconfortable *adj* uncomfortable.

incongru, e *adj* **1.** *(malséant)* unseemly, inappropriate **2.** *(bizarre)* incongruous.

inconnu, e *adj* unknown. ❑ *nm, f* stranger. ■ **inconnue** *nf* **1.** *MATH* unknown **2.** *(variable)* unknown (factor).

inconsciemment *adv* **1.** *(sans en avoir conscience)* unconsciously, unwittingly **2.** *(à la légère)* thoughtlessly.

inconscient, e *adj* **1.** *(évanoui, machinal)* unconscious **2.** *(irresponsable)* thoughtless, reckless • **tu es complètement inconsciente !** you're totally reckless! ■ **inconscient** *nm* • **l'inconscient** the unconscious.

inconsidéré, e *adj* ill-considered, thoughtless.

inconsistant, e *adj* **1.** *(aliment)* thin, watery **2.** *(caractère)* frivolous.

inconsolable *adj* inconsolable.

incontestable *adj* unquestionable, indisputable.

incontinent, e *adj MÉD* incontinent.

incontournable *adj* unavoidable.

incontrôlable *adj* **1.** *(personne)* out of control **2.** *(non vérifiable)* unverifiable, unconfirmable.

inconvenant, e *adj* improper, unseemly.

inconvénient *nm* **1.** *(obstacle)* problem **2.** *(désavantage)* disadvantage, drawback **3.** *(risque)* risk.

incorporation *nf* **1.** *(intégration)* incorporation **2.** *CULIN* mixing, blending **3.** *MIL* enlistment.

incorporé, e *adj (intégré)* built-in.

incorporer *vt* **1.** *(gén)* to incorporate • **incorporer qqch dans** to incorporate sthg into • **incorporer qqch à** *CULIN* to mix *ou* blend sthg into **2.** *MIL* to enlist.

incorrect, e *adj* **1.** *(faux)* incorrect **2.** *(inconvenant)* inappropriate **3.** *(impoli)* rude **4.** *(déloyal)* unfair • **être incorrect avec qqn** to treat sb unfairly.

incorrection *nf* **1.** *(impolitesse)* impropriety **2.** *(de langage)* grammatical mistake **3.** *(malhonnêteté)* dishonesty.

incorrigible *adj* incorrigible.

incorruptible *adj* incorruptible.

incrédule *adj* **1.** *(sceptique)* incredulous, sceptical **(UK)**, skeptical **(US)** **2.** *RELIG* unbelieving.

incrédulité *nf* **1.** *(scepticisme)* incredulity, scepticism **(UK)**, skepticism **(US)** **2.** *RELIG* unbelief, lack of belief.

S'EXPRIMER

exprimer son incrédulité

- ***It's not possible!*** Ce n'est pas possible !
- ***Really?*** Vraiment ?
- ***No way!*** C'est pas vrai !
- ***It's absolutely unbelievable!*** C'est vraiment incroyable !
- ***Who'd have thought it?*** Qui l'eût cru ?
- ***It's inconceivable!*** C'est inimaginable !

increvable *adj* **1.** *(ballon, pneu)* puncture-proof **2.** *fam (personne)* tireless **3.** *fam (machine)* able to withstand rough treatment.

incriminer *vt* **1.** *(personne)* to incriminate **2.** *(conduite)* to condemn.

incroyable *adj* incredible, unbelievable.

incroyant, e *nm, f* unbeliever.

incruster *vt* **1.** *(insérer)* • **incruster qqch dans qqch** to inlay sthg into sthg **2.** *(décorer)* • **incruster qqch de qqch** to inlay sthg with sthg **3.** *(couvrir d'un dépôt)* to scale, to fur up **(UK)**. ■ **s'incruster** *vp (s'insérer)* • **s'incruster dans qqch** to become embedded in sthg.

incubation *nf* **1.** *(d'œuf, de maladie)* incubation **2.** *fig* hatching.

inculpation *nf* charge.

inculpé, e *nm, f* • **l'inculpé** the accused.

inculper *vt* to charge • **inculper qqn de** to charge sb with.

inculquer *vt* • **inculquer qqch à qqn** to instil **(UK)** *ou* instill **(US)** sthg in sb.

inculte *adj* **1.** *(terre)* uncultivated **2.** *péj (personne)* uneducated.

incurable *adj* incurable.

incursion *nf* incursion, foray.

Inde *nf* • **l'Inde** India.

En anglais, à de rares exceptions près, il n'y a pas d'article devant les noms de pays.

indécent, e *adj* **1.** *(impudique)* indecent **2.** *(immoral)* scandalous.

indéchiffrable *adj* **1.** *(texte, écriture)* indecipherable **2.** *fig (regard)* inscrutable, impenetrable.

indécis, e *adj* **1.** *(personne - sur le moment)* undecided ; *(- de nature)* indecisive **2.** *(sourire)* vague. ❑ *nm, f* indecisive person.

indécision *nf* **1.** indecision **2.** *(perpétuelle)* indecisiveness.

indécrottable *adj fam* **1.** *(borné)* incredibly dumb **2.** *(incorrigible)* hopeless.

indéfendable *adj* indefensible.

indéfini, e *adj (quantité, pronom)* indefinite.

indéfinissable *adj* indefinable.

indéformable *adj* able to retain its shape.

indélébile *adj* indelible.

indélicat, e *adj* **1.** *(mufle)* indelicate **2.** *(malhonnête)* dishonest.

indemne *adj* unscathed, unharmed.

indemnisation *nf* compensation.

indemniser *vt* • **indemniser qqn de qqch a)** *(perte, préjudice)* to compensate sb for sthg **b)** *(frais)* to reimburse sb for sthg.

indemnité *nf* **1.** *(de perte, préjudice)* compensation • **indemnité de chômage** unemployment benefit **2.** *(de frais)* allowance.

indémodable *adj* • **ce style est indémodable** this style doesn't date • **la musique de Bob Marley est indémodable** Bob Marley's music never goes out of fashion.

indéniable *adj* undeniable.

indépendance *nf* independence.

indépendant, e *adj* **1.** *(gén)* independent **2.** *(entrée)* separate • **indépendant de ma volonté** beyond my control **3.** *(travailleur)* self-employed.

indéracinable *adj* **1.** *(arbre)* impossible to uproot **2.** *fig* ineradicable.

indescriptible *adj* indescribable.

indestructible *adj* indestructible.

indéterminé, e *adj* **1.** *(indéfini)* indeterminate, indefinite **2.** *(vague)* vague **3.** *(personne)* undecided.

index *nm* **1.** *(doigt)* index finger **2.** *(aiguille)* pointer, needle **3.** *(registre)* index.

indexation *nf* indexing.

indexer *vt* **1.** *ÉCON* • **indexer qqch sur qqch** to index sthg to sthg **2.** *(livre)* to index.

indicateur, trice *adj* • **poteau indicateur** signpost • **panneau indicateur** road sign. ■ **indicateur** *nm* **1.** *(guide)* directory, guide • **indicateur des chemins de fer** railway timetable (UK), train schedule (US) **2.** *TECHNOL* gauge **3.** *ÉCON* indicator **4.** *(de police)* informer.

indicatif, ive *adj* indicative. ■ **indicatif** *nm* **1.** *RADIO & TV* signature tune **2.** *(code)* • **indicatif (téléphonique)** dialling code (UK), area code (US) **3.** *GRAMM* • **l'indicatif** the indicative • **le présent de l'indicatif** the present indicative.

indication *nf* **1.** *(mention)* indication **2.** *(renseignement)* information *(indén)* **3.** *(directive)* instruction **4.** *THÉÂTRE* direction • **sauf indication contraire** unless otherwise instructed.

indice *nm* **1.** *(signe)* sign **2.** *(dans une enquête)* clue **3.** *(taux)* rating • **indice du coût de la vie** *ÉCON* cost-of-living index **4.** *MATH* index.

indicible *adj* inexpressible.

indien, enne *adj* **1.** *(d'Inde)* Indian **2.** *(d'Amérique)* Native American, American Indian. ■ **Indien, enne** *nm, f* **1.** *(d'Inde)* Indian **2.** *(d'Amérique)* Native American, American Indian.

En anglais, les adjectifs se rapportant à un pays ou une région s'écrivent avec une majuscule.

indifféremment *adv* indifferently.

indifférence *nf* indifference.

S'EXPRIMER

exprimer son indifférence

- ***I don't mind either way.*** Ça m'est égal.
- ***It's all the same to me.*** Ça m'est complètement égal.
- ***It's nothing to do with me.*** Mais ça ne me regarde pas !
- ***Bad luck!*** C'est pas de chance !
- ***It doesn't matter.*** Peu importe.
- ***That's your business.*** Ça te/vous regarde.
- ***If you like.*** Si tu veux/vous voulez.

indifférent, e *adj (gén)* • **indifférent à** indifferent to. ❑ *nm, f* unconcerned person.

indigence *nf* poverty.

indigène *nmf* native. ❑ *adj* **1.** *(peuple)* native **2.** *(faune, flore)* indigenous.

indigent, e *adj* **1.** *(pauvre)* destitute, poverty-stricken **2.** *fig (intellectuellement)* impoverished. ❑ *nm, f* poor person • **les indigents** the poor, the destitute.

indigeste *adj* indigestible.

indigestion *nf* **1.** *(alimentaire)* indigestion *(indén)* • **avoir une indigestion** to have indigestion **2.** *fig (saturation)* surfeit.

indignation *nf* indignation.

indigne *adj* • **indigne (de)** unworthy (of).

indigné, e *adj* indignant • **être indigné par** to be outraged by.

indigner *vt* to make indignant. ■ **s'indigner** *vp* • **s'indigner de** *ou* **contre qqch** to get indignant about sthg.

indigo *nm* indigo. ❑ *adj inv* indigo (blue).

indiquer *vt* **1.** *(désigner)* to indicate, to point out • **indiquer qqn/qqch du regard** to glance towards (UK) *ou* toward (US) sb/sthg **2.** *(afficher,* *montrer - sujet : carte, pendule, aiguille)* to show, to indicate **3.** *(recommander)* • **indiquer qqn/qqch à qqn** to tell sb of sb/sthg, to suggest sb/sthg to sb **4.** *(dire, renseigner sur)* to tell • **pourriez-vous m'indiquer l'heure ?** could you tell me the time? **5.** *(fixer - heure, date, lieu)* to name, to indicate.

indirect, e *adj* **1.** *(gén)* indirect • **le complément d'objet indirect** the indirect object **2.** *(itinéraire)* roundabout.

indiscipliné, e *adj* **1.** *(écolier, esprit)* undisciplined, unruly **2.** *fig (mèches de cheveux)* unmanageable.

indiscret, ète *adj* **1.** indiscreet **2.** *(curieux)* inquisitive. ❑ *nm, f* indiscreet person.

indiscrétion *nf* **1.** indiscretion **2.** *(curiosité)* curiosity.

indiscutable *adj* indisputable, unquestionable.

indispensable *adj* indispensable, essential • **indispensable à** indispensable to, essential to • **il est indispensable de faire qqch** it is essential *ou* vital to do sthg.

indisponible *adj* unavailable.

indisposer *vt (rendre malade)* to indispose.

indistinct, e *adj* **1.** indistinct **2.** *(souvenir)* hazy.

individu *nm* individual.

individualisme *nm* individualism.

individuel, elle *adj* individual.

indivisible *adj* indivisible.

Indochine *nf* • **l'Indochine** Indochina.

indolent, e *adj* **1.** *(personne)* indolent, lethargic **2.** *(geste, regard)* languid.

indolore *adj* painless.

indomptable *adj* **1.** *(animal)* untamable **2.** *(personne)* indomitable.

Indonésie *nf* • **l'Indonésie** Indonesia.

indu, e *adj (heure)* ungodly, unearthly.

indubitable *adj* indubitable, undoubted • **il est indubitable que** it is indisputable *ou* beyond doubt that.

induire *vt* to induce • **induire qqn à faire qqch** to induce sb to do sthg • **induire qqn en erreur** to mislead sb • **en induire que** to infer *ou* gather that.

induit, e *adj* **1.** *(consécutif)* resulting **2.** *ÉLECTR* induced.

indulgence *nf* **1.** *(de juge)* leniency **2.** *(de parent)* indulgence.

indulgent, e *adj* **1.** *(juge)* lenient **2.** *(parent)* indulgent • **elle est indulgente avec sa fille** she indulges her daughter.

indûment *adv* unduly.

industrialisation *nf* industrialization.

industrialisé, e *adj* industrialized • **pays industrialisé** industrialized country.

industrialiser *vt* to industrialize. ■ **s'industrialiser** *vp* to become industrialized.

industrie *nf* industry.

industriel, elle *adj* industrial. ■ **industriel** *nm* industrialist.

inébranlable *adj* **1.** *(roc)* solid, immovable **2.** *fig (conviction)* unshakeable.

inédit, e *adj* **1.** *(texte)* unpublished **2.** *(trouvaille)* novel, original.

ineffable *adj* ineffable.

ineffaçable *adj* indelible.

inefficace *adj* **1.** *(personne, machine)* inefficient **2.** *(solution, remède, mesure)* ineffective.

inefficacité *nf* **1.** *(de personne, machine)* inefficiency **2.** *(de solution, remède, mesure)* ineffectiveness.

inégal, e *adj* **1.** *(différent, disproportionné)* unequal **2.** *(irrégulier)* uneven **3.** *(changeant)* changeable **4.** *(artiste, travail)* erratic.

inégalé, e *adj* unequalled **(UK)**, unequaled **(US)**.

inégalité *nf* **1.** *(injustice, disproportion)* inequality **2.** *(différence)* difference, disparity **3.** *(irrégularité)* unevenness **4.** *(d'humeur)* changeability.

inélégant, e *adj* **1.** *(dans l'habillement)* inelegant **2.** *fig (indélicat)* discourteous.

inéligible *adj* ineligible.

inéluctable *adj* inescapable.

inénarrable *adj* very funny.

inepte *adj* inept.

ineptie *nf* **1.** *(bêtise)* ineptitude **2.** *(chose idiote)* nonsense *(indén)*.

inépuisable *adj* inexhaustible.

inerte *adj* **1.** *(corps, membre)* lifeless **2.** *(personne)* passive, inert **3.** *PHYS* inert.

inertie *nf* **1.** *(manque de réaction)* apathy, inertia **2.** *PHYS* inertia.

inespéré, e *adj* unexpected, unhoped-for.

inesthétique *adj* unaesthetic **(UK)**, unesthetic **(US)**.

inestimable *adj* **1.** • **d'une valeur inestimable** priceless **2.** *fig* invaluable.

inévitable *adj* **1.** *(obstacle)* unavoidable **2.** *(conséquence)* inevitable.

inexact, e *adj* **1.** *(faux, incomplet)* inaccurate, inexact **2.** *littéraire (en retard)* unpunctual.

inexactitude *nf (erreur, imprécision)* inaccuracy.

inexcusable *adj* unforgivable, inexcusable.

inexistant, e *adj* nonexistent.

inexorable *adj* inexorable.

inexpérience *nf* lack of experience, inexperience.

inexpérimenté, e *adj* **1.** *(personne)* inexperienced **2.** *(gestes)* inexpert **3.** *(produit)* untested.

inexplicable *adj* inexplicable, unexplainable.

inexpliqué, e *adj* unexplained.

inexpressif, ive *adj* inexpressive.

inexprimable *adj* inexpressible.

inextensible *adj* **1.** *(matériau)* unstretchable **2.** *(étoffe)* non-stretch.

in extremis *adv* at the last minute.

inextricable *adj* **1.** *(fouillis)* inextricable **2.** *fig (affaire, mystère)* impossible to unravel.

infaillible *adj* **1.** *(personne, méthode)* infallible **2.** *(instinct)* unerring.

infâme *adj* **1.** *(ignoble)* despicable **2.** *hum* & *littéraire (dégoûtant)* vile.

infanterie *nf* infantry.

infanticide *nmf* infanticide, child-killer. ❑ *adj* infanticidal.

infantile *adj* **1.** *(maladie)* childhood *(avant nom)* **2.** *(médecine)* for children **3.** *(comportement)* infantile.

infantiliser *vt* to treat like a child.

infarctus *nm* infarction, infarct • **infarctus du myocarde** coronary thrombosis, myocardial infarction.

infatigable *adj* **1.** *(personne)* tireless **2.** *(attitude)* untiring.

infect, e *adj (dégoûtant)* vile.

infecter *vt* **1.** *(eau)* to contaminate **2.** *(plaie)* to infect **3.** *(empoisonner)* to poison. ■ **s'infecter** *vp* to become infected, to turn septic.

infectieux, euse *adj* infectious.

infection *nf* **1.** MÉD infection **2.** *fig* & *péj (puanteur)* stench.

inférer *vt littéraire* • **inférer qqch de qqch** to infer sthg from sthg.

inférieur, e *adj* **1.** *(qui est en bas)* lower • **les membres inférieurs** the lower limbs **2.** *(dans une hiérarchie)* inferior • **inférieur à a)** *(qualité)* inferior to **b)** *(quantité)* less than. ❑ *nm,f* inferior.

infériorité *nf* inferiority.

infernal, e *adj* **1.** *(personne)* fiendish **2.** *fig (bruit, chaleur, rythme)* infernal **3.** *(vision)* diabolical.

infester *vt* to infest • **être infesté de a)** *(rats, moustiques)* to be infested with **b)** *(touristes)* to be overrun by.

infidèle *adj* **1.** *(mari, femme, ami)* • **infidèle (à)** unfaithful (to) **2.** *(traducteur, historien)* inaccurate.

infidélité *nf (trahison)* infidelity.

infiltration *nf* infiltration.

infiltrer *vt* to infiltrate. ■ **s'infiltrer** *vp* **1.** *(pluie, lumière)* • **s'infiltrer par/dans** to filter through/into **2.** *(hommes, idées)* to infiltrate.

infime *adj* minute, infinitesimal.

infini, e *adj* **1.** *(sans bornes)* infinite, boundless **2.** MATH, PHILO & RELIG infinite **3.** *fig (interminable)* endless, interminable. ■ **infini** *nm* infinity. ■ **à l'infini** *loc adv* **1.** MATH to infinity **2.** *(discourir)* ad infinitum, endlessly.

infiniment *adv* extremely, immensely • **je vous remercie infiniment** thank you so much.

infinité *nf* infinity, infinite number.

infinitif, ive *adj* infinitive. ■ **infinitif** *nm* infinitive.

infirme *adj* **1.** *(handicapé)* disabled **2.** *(avec l'âge)* infirm. ❑ *nmf* disabled person.

infirmer *vt* **1.** *(démentir)* to invalidate **2.** DR to annul.

infirmerie *nf* infirmary • **l'infirmerie de l'école** the school infirmary, the sick bay.

infirmier, ère *nm,f* nurse.

infirmité *nf* **1.** *(handicap)* disability **2.** *(de vieillesse)* infirmity.

inflammable *adj* inflammable, flammable.

inflammation *nf* inflammation.

inflation *nf* **1.** ÉCON inflation **2.** *fig* increase.

inflationniste *adj* & *nmf* inflationist.

infléchir *vt fig (politique)* to modify.

inflexible *adj* inflexible.

inflexion *nf* **1.** *(de tête)* nod **2.** *(de voix)* inflection.

infliger *vt* • **infliger qqch à qqn a)** to inflict sthg on sb **b)** *(amende)* to impose sthg on sb.

influençable *adj* easily influenced.

influence *nf* **1.** influence • **avoir de l'influence sur qqn** to have influence over sb **2.** *(de médicament)* effect.

influencer *vt* to influence.

influenceur, euse *nm,f* influencer.

influent, e *adj* influential.

influer *vi* • **influer sur qqch** to influence sthg, to have an effect on sthg.

infogérance *nf* outsourcing.

Infographie® *nf* computer graphics *(indén)*.

infographiste *nmf* computer graphics artist.

informateur, trice *nm,f* **1.** *(qui renseigne)* informant **2.** *(de police)* informer.

informaticien, enne *nm,f* computer scientist.

information *nf* **1.** *(renseignement)* piece of information **2.** *(renseignements)* INFORM information *(indén)* **3.** *(nouvelle)* piece of news. ■ **informations** *nfpl (média)* news *sing* • **les informations passent à vingt heures** the news is on at eight.

FAUX AMIS

information

Ces deux mots sont très proches par le sens, mais on ne les emploie pas de la même façon. En anglais, ***information*** est un indénombrable, qui ne se met donc jamais au pluriel et qui se traduit par *renseignements* ou *informations*. On traduira le mot français *information* parfois par ***information***, mais pour *une information*, on dira ***a piece of information***, et on traduira *les informations* (à la télévision, à la radio) ***the news***.

Exemples : ***She gave me a very interesting piece of information*** *Elle m'a donné une information/un renseignement très intéressant(e).* **Information *is mostly transmitted by the media*** *L'information passe essentiellement par les médias.* ***For further* information, *please contact Mrs Brown*** *Pour plus de renseignements, veuillez contacter Mme Brown.*

informatique *nf* **1.** *(technique)* computers • **un cours d'informatique** a computing course **2.** *(science)* computer science, information technology. ❑ *adj* computer *(avant nom).*
informatiser *vt* to computerize.
informe *adj (masse, vêtement, silhouette)* shapeless.
informel, elle *adj* informal.
informer *vt* to inform • **informer qqn sur** *ou* **de qqch** to inform sb about sthg. ■ **s'informer** *vp* to inform o.s. • **s'informer de qqch** to ask about sthg • **s'informer sur qqch** to find out about sthg.
infortune *nf* misfortune.
infos (abrév de informations) *nfpl fam* • **les infos** the news *sing.*
infraction *nf* offence **(UK)** *ou* offense **(US)** • **être en infraction** to be in breach of the law.
infranchissable *adj* insurmountable.
infrarouge *nm & adj* infrared.
infrastructure *nf* infrastructure.
infréquentable *adj* **1.** *(personne)* • **il est infréquentable** you shouldn't mix with him **2.** *(lieu)* • **ce café est infréquentable** it's not the kind of café you should go to.
infroissable *adj* crease-resistant.
infructueux, euse *adj* fruitless.
infuser *vi* **1.** *(tisane)* to infuse **2.** *(thé)* to brew.
infusion *nf* infusion.
ingénier ■ **s'ingénier** *vp* • **s'ingénier à faire qqch** to try hard to do sthg.
ingénieur *nm* engineer.
ingénieux, euse *adj* ingenious.
ingéniosité *nf* ingenuity.
ingénu, e *adj* **1.** *littéraire (candide)* artless **2.** *hum & péj (trop candide)* naïve.
ingérable *adj* unmanageable.
ingérer *vt* to ingest. ■ **s'ingérer** *vp* • **s'ingérer dans** to interfere in.
ingrat, e *adj* **1.** *(personne)* ungrateful **2.** *(métier)* thankless, unrewarding **3.** *(sol)* barren **4.** *(physique)* unattractive. ❑ *nm, f* ungrateful person, ingrate.
ingratitude *nf* ingratitude.
ingrédient *nm* ingredient.
inguérissable *adj* incurable.
ingurgiter *vt* **1.** *(avaler)* to swallow **2.** *fig (connaissances)* to absorb.
inhabitable *adj* uninhabitable.
inhabité, e *adj* uninhabited.

FAUX AMIS

inhabité

Inhabité et ***inhabited*** sont des faux amis par excellence, puisqu'ils veulent dire exactement le contraire l'un de l'autre. Ainsi, ***the footprints in the sand indicated that the island was inhabited*** signifie *les traces de pas dans le sable indiquaient que l'île devait être* ***habitée***. Pour traduire *inhabité*, il faut faire précéder l'adjectif anglais du prefixe ***un-***, comme dans : *la région est complètement inhabitée*, ***the area is completely* uninhabited.**

inhabituel, elle *adj* unusual.
inhalateur, trice *adj* • **appareil inhalateur** inhaler. ■ **inhalateur** *nm* inhaler.
inhalation *nf* inhalation.
inhérent, e *adj* • **inhérent à** inherent in.
inhibition *nf* inhibition.
inhospitalier, ère *adj* inhospitable.
inhumain, e *adj* inhuman.
inhumation *nf* burial.
inhumer *vt* to bury.
inimaginable *adj* incredible, unimaginable.
inimitable *adj* inimitable.
ininflammable *adj* non-flammable.
inintelligible *adj* unintelligible.
inintéressant, e *adj* uninteresting.
ininterrompu, e *adj* **1.** *(file, vacarme)* uninterrupted **2.** *(ligne, suite)* unbroken **3.** *(travail, effort)* continuous.
inique *adj* iniquitous.
initial, e *adj (lettre)* initial. ■ **initiale** *nf* initial.
initialiser *vt* INFORM to initialize.
initiateur, trice *nm, f* **1.** *(maître)* initiator **2.** *(précurseur)* innovator.
initiation *nf* • **initiation (à) a)** *(discipline)* introduction (to) **b)** *(rituel)* initiation (into).
initiative *nf* initiative • **prendre l'initiative de qqch/de faire qqch** to take the initiative for sthg/in doing sthg.
initié, e *adj* initiated. ❑ *nm, f* initiate.
initier *vt* • **initier qqn à** to initiate sb into. ■ **s'initier** *vp* • **s'initier à** to familiarize o.s. with.
injecté, e *adj* • **yeux injectés de sang** bloodshot eyes.
injecter *vt* to inject.
injection *nf* injection.
injoignable *adj* • **j'ai essayé de lui téléphoner mais il est injoignable** I tried to phone him but

I couldn't get through to him *ou* reach him *ou* get hold of him.
injonction *nf* injunction.
injure *nf* insult.
injurier *vt* to insult.

FAUX AMIS

injurier

Injurier ne se traduit jamais par ***to injure*** qui, malgré la ressemblance orthographique, a le sens de *blesser*, notamment par accident (***he was injured in a car accident***, *il a été blessé dans un accident de voiture*). Une phrase du type *il n'arrête pas de l'injurier* se traduira par ***he's always insulting her***.

injurieux, euse *adj* abusive, insulting.
injuste *adj* unjust, unfair.
injustice *nf* injustice.
injustifié, e *adj* unjustified.
inlassable *adj* tireless.
inlassablement *adv* tirelessly.
inné, e *adj* innate.
innocence *nf* innocence.
innocent, e *adj* innocent • **elle a été déclarée innocente** she was found innocent. ❑ *nm, f* **1.** *DR* innocent person **2.** *(inoffensif, candide)* innocent **3.** *(idiot)* simpleton.
innocenter *vt DR* to clear.
innocuité *nf* harmlessness, innocuousness.
innombrable *adj* **1.** innumerable **2.** *(foule)* vast.
innovant, e *adj* innovative.
innovation *nf* innovation.
innover *vi* to innovate.
inobservation *nf* inobservance.
inoccupé, e *adj (lieu)* empty, unoccupied.
inoculer *vt MÉD* • **inoculer qqch à qqn a)** *(volontairement)* to inoculate sb with sthg **b)** *(accidentellement)* to infect sb with sthg.
inodore *adj* odourless **(UK)**, odorless **(US)**.
inoffensif, ive *adj* harmless.
inondable *adj* liable to flooding.
inondation *nf* **1.** *(action)* flooding **2.** *(résultat)* flood.
inonder *vt* to flood • **inonder de** *fig* to flood with.
inopérable *adj* inoperable.
inopérant, e *adj* ineffective.
inopiné, e *adj* unexpected.
inopportun, e *adj* inopportune.
inoubliable *adj* unforgettable.
inouï, e *adj* incredible, extraordinary.
Inox® *nm inv & adj inv* stainless steel.
inoxydable *adj* **1.** stainless **2.** *(casserole)* stainless-steel.
inqualifiable *adj* unspeakable.
inquiet, ète *adj* **1.** *(gén)* anxious, worried • **elle est très inquiète pour lui** she's very worried about him **2.** *(tourmenté)* feverish.
inquiétant, e *adj* disturbing, worrying.
inquiéter *vt* **1.** *(donner du souci à)* to worry **2.** *(demander des comptes)* to disturb. ■ **s'inquiéter** *vp* **1.** *(s'alarmer)* to be worried **2.** *(se préoccuper)* • **s'inquiéter de a)** *(s'enquérir de)* to enquire about **b)** *(se soucier de)* to worry about.
inquiétude *nf* anxiety, worry • **avec inquiétude** anxiously, fretfully.
inquisiteur, trice *adj* prying.
insaisissable *adj* **1.** *(personne)* elusive **2.** *fig (nuance)* imperceptible.
insalubre *adj* unhealthy.
insatiable *adj* insatiable.
insatisfait, e *adj (personne)* dissatisfied. ❑ *nm, f* malcontent.
insaturé, e *adj* unsaturated.
inscription *nf* **1.** *(action, écrit)* inscription **2.** *(enregistrement)* enrolment **(UK)**, enrollment **(US)**, registration.
inscrire *vt* **1.** *(écrire)* to write down **2.** *(graver)* to inscribe **3.** *(personne)* • **inscrire qqn à qqch** to enrol **(UK)** *ou* enroll **(US)** sb for sthg, to register sb for sthg • **inscrire qqn sur qqch** to put sb's name down on sthg **4.** *(inclure)* to list, to include. ■ **s'inscrire** *vp (personne)* • **s'inscrire à qqch** to enrol **(UK)** *ou* enroll **(US)** for sthg, to register for sthg • **s'inscrire sur qqch** to put one's name down on sthg.
inscrit, e *pp* → **inscrire**. ❑ *adj (sur liste)* registered • **être inscrit sur une liste** to have one's name on a list. ❑ *nm, f* registered person.
insecte *nm* insect.
insecticide *nm & adj* insecticide.
insécurité *nf* insecurity.
insémination *nf* insemination • **insémination artificielle** artificial insemination.
insensé, e *adj* **1.** *(déraisonnable)* insane **2.** *(incroyable, excentrique)* extraordinary.
insensibiliser *vt* to anaesthetize, to anesthetize **(US)** • **insensibiliser qqn (à)** *fig* to make sb insensitive (to).
insensible *adj* **1.** *(gén)* • **insensible (à)** insensitive (to) **2.** *(imperceptible)* imperceptible.
insensiblement *adv* imperceptibly.
inséparable *adj* • **inséparable (de)** inseparable (from).
insérer *vt* to insert • **insérer une annonce dans un journal** to put an advertisement in a newspaper. ■ **s'insérer** *vp (s'intégrer)* • **s'insérer dans** to fit into.
insertion *nf* **1.** *(d'objet, de texte)* insertion **2.** *(de personne)* integration.
insidieux, euse *adj* insidious.
insigne[1] *nm* badge.

insigne[2] *adj* **1.** *littéraire (honneur)* distinguished **2.** *hum (maladresse)* remarkable.

insignifiant, e *adj* insignificant.

insinuation *nf* insinuation, innuendo.

insinuer *vt* to insinuate, to imply. ■ **s'insinuer** *vp* • **s'insinuer dans a)** *(eau, humidité, odeur)* to seep into **b)** *fig (personne)* to insinuate o.s. into.

insipide *adj* **1.** *(aliment)* insipid, tasteless **2.** *fig* insipid.

insistance *nf* insistence.

insister *vi* to insist • **insister sur** to insist on • **insister pour faire qqch** to insist on doing sthg.

insolation *nf (malaise)* sunstroke *(indén)*.

insolence *nf* insolence *(indén)*.

insolent, e *adj* **1.** *(personne, acte)* insolent **2.** *(joie, succès)* unashamed, blatant. ❑ *nm, f* insolent person.

insolite *adj* unusual.

insoluble *adj* **1.** CHIM insoluble, insolvable (US) **2.** *(problème)* insoluble, insolvable (US).

insolvable *adj* insolvent.

insomniaque *nmf & adj* insomniac.

insomnie *nf* insomnia *(indén)*.

insondable *adj* **1.** *(gouffre, mystère)* unfathomable **2.** *(bêtise)* abysmal.

insonoriser *vt* to soundproof.

insouciance *nf (légèreté)* carefree attitude.

insouciant, e *adj (sans-souci)* carefree.

insoumis, e *adj* **1.** *(caractère)* rebellious **2.** *(peuple)* unsubjugated **3.** *(soldat)* deserting *(avant nom)*.

insoumission *nf* **1.** *(caractère rebelle)* rebelliousness **2.** MIL desertion.

insoupçonné, e *adj* unsuspected.

insoutenable *adj* **1.** *(rythme)* unsustainable **2.** *(scène, violence)* unbearable **3.** *(théorie)* untenable.

inspecter *vt* to inspect.

inspecteur, trice *nm, f* inspector.

inspection *nf* **1.** *(contrôle)* inspection **2.** *(fonction)* inspectorate.

inspiration *nf* **1.** *(gén)* inspiration **2.** *(idée)* bright idea, brainwave (UK), brainstorm (US) • **avoir de l'inspiration** to be inspired **3.** *(d'air)* breathing in.

inspiré, e *adj* inspired.

inspirer *vt* **1.** *(gén)* to inspire • **inspirer qqch à qqn** to inspire sb with sthg **2.** *(air)* to breathe in, to inhale. ■ **s'inspirer** *vp (prendre modèle sur)* • **s'inspirer de qqn/qqch** to be inspired by sb/sthg.

instable *adj* **1.** *(gén)* unstable **2.** *(vie, temps)* unsettled.

installateur, trice *nm, f* fitter (UK).

installation *nf* **1.** *(de gaz, eau, électricité)* installation **2.** *(de personne - comme médecin, artisan)* setting up ; *(- dans appartement)* settling in **3.** *(gén pl) (équipement)* installations *pl*, fittings *pl* **4.** *(usine)* plant *(indén)* **5.** *(de loisirs)* facilities *pl* • **installation électrique** wiring.

installer *vt* **1.** *(gaz, eau, électricité)* to install, to put in **2.** INFORM to install **3.** *(appartement)* to fit out **4.** *(rideaux, étagères)* to put up **5.** *(meubles)* to put in **6.** *(personne)* • **installer qqn** to get sb settled, to install sb. ■ **s'installer** *vp* **1.** *(comme médecin, artisan)* to set (o.s.) up **2.** *(emménager)* to settle in • **s'installer chez qqn** to move in with sb **3.** *(dans fauteuil)* to settle down • **installez-vous, j'en ai pour une minute** take a seat, I'll be with you in a minute **4.** *fig (maladie, routine)* to set in.

instamment *adv* insistently.

instance *nf* **1.** *(autorité)* authority **2.** DR proceedings *pl*. ■ **instances** *nfpl sout* entreaties • **les instances dirigeantes** the ruling body. ■ **en instance** *loc adj* pending. ■ **en instance de** *loc adv* on the point of.

instant *nm* instant • **à l'instant a)** *(il y a peu de temps)* a moment ago **b)** *(immédiatement)* this minute • **à tout instant a)** *(en permanence)* at all times **b)** *(d'un moment à l'autre)* at any moment • **pour l'instant** for the moment.

instantané, e *adj* **1.** *(immédiat)* instantaneous **2.** *(soluble)* instant. ■ **instantané** *nm* snapshot.

instar ■ **à l'instar de** *loc prép* following the example of.

instaurer *vt* **1.** *(instituer)* to establish **2.** *fig (peur, confiance)* to instil (UK), to instill (US).

instigateur, trice *nm, f* instigator.

instigation *nf* instigation. ■ **à l'instigation de, sur l'instigation de** *loc prép* at the instigation of.

instinct *nm* instinct.

instinctif, ive *adj* instinctive. ❑ *nm, f* instinctive person.

instituer *vt* **1.** *(pratique)* to institute **2.** DR *(personne)* to appoint.

institut *nm* **1.** *(établissement)* institute • **l'Institut Pasteur** Pasteur Institute **2.** *(de soins)* • **institut de beauté** beauty salon.

instituteur, trice *nm, f* primary school teacher (UK), grade school teacher (US).

institution *nf* **1.** *(gén)* institution **2.** *(école privée)* private school. ■ **institutions** *nfpl* POLIT institutions.

instructeur, trice *nm, f* instructor. ❑ *adj* MIL • **sergent instructeur** drill sergeant.

instructif, ive *adj* instructive, educational.

instruction *nf* **1.** *(enseignement, savoir)* education • **l'instruction civique** civics **2.** *(formation)* training **3.** *(directive)* order **4.** DR (pre-trial) investigation. ■ **instructions** *nfpl* instructions.

instruire *vt* **1.** *(éduquer)* to teach, to instruct **2.** *sout (informer)* to inform **3.** DR *(affaire)* to investigate • **instruire contre qqn** to investigate sb.

■ **s'instruire** *vp* **1.** *(se former)* to learn **2.** *littéraire (s'informer)* • **s'instruire de qqch auprès de qqn** to find out about sthg from sb.
instruit, e *adj* educated.
instrument *nm* instrument • **instrument de musique** musical instrument • **un instrument à cordes** a stringed instrument • **un instrument à vent** a wind instrument.

LEXIQUE
les instruments de musique
la batterie the drums
la clarinette the clarinet
la contrebasse the double bass
la cymbale the cymbal
la flûte à bec the recorder
la flûte traversière the flute
la guitare the guitar
l'harmonica the harmonica
le piano the piano
le saxophone the saxophone
le tambourin the tambourine
le trombone the trombone
la trompette the trumpet
le violoncelle the cello
le violon the violin
le xylophone the xylophone

instrumental, e *adj* instrumental. ■ **instrumental** *nm* GRAMM instrumental.
instrumentaliser *vt* to use, to manipulate.
insu ■ **à l'insu de** *loc prép* • **à l'insu de qqn** without sb knowing • **ils ont tout organisé à mon insu** they organized it all without my knowing.
insubmersible *adj* unsinkable.
insubordination *nf* insubordination.
insuccès *nm* failure.
insuffisance *nf* **1.** *(manque)* insufficiency **2.** MÉD deficiency. ■ **insuffisances** *nfpl (faiblesses)* shortcomings.
insuffisant, e *adj* **1.** *(en quantité)* insufficient **2.** *(en qualité)* inadequate, unsatisfactory.
insuffler *vt* **1.** *(air)* to blow **2.** *fig (sentiment)* • **insuffler qqch à qqn** to inspire sb with sthg.
insulaire *nmf* islander. ❑ *adj* GÉOGR island *(avant nom)*.
insuline *nf* insulin.
insultant, e *adj* insulting.
insulte *nf* insult.
insulter *vt* to insult.
insupportable *adj* unbearable.
insurgé, e *adj & nm, f* insurgent, rebel.
insurger ■ **s'insurger** *vp* to rebel, to revolt • **s'insurger contre qqch** to protest against sthg.
insurmontable *adj* **1.** *(difficulté)* insurmountable **2.** *(dégoût)* uncontrollable.
insurrection *nf* insurrection.
intact, e *adj* intact.
intangible *adj* **1.** *littéraire (impalpable)* intangible **2.** *(sacré)* inviolable.
intarissable *adj* inexhaustible • **il est intarissable** he could go on talking for ever.
intégral, e *adj* **1.** *(paiement)* in full **2.** *(texte)* unabridged, complete **3.** MATH • **calcul intégral** integral calculus. ■ **intégrale** *nf* **1.** MUS complete works *pl* **2.** MATH integral.
intégralement *adv* fully, in full.
intégrant, e → **parti**.
intégration *nf* integration • **intégration latérale** ÉCON lateral integration.
intègre *adj* honest.
intégré, e *adj (élément)* built-in.
intégrer *vt (assimiler)* • **intégrer (à** *ou* **dans)** to integrate (into). ■ **s'intégrer** *vp* **1.** *(s'incorporer)* • **s'intégrer dans** *ou* **à** to fit into **2.** *(s'adapter)* to integrate.
intégrisme *nm* fundamentalism.
intégrité *nf* **1.** *(totalité)* entirety **2.** *(honnêteté)* integrity.
intellectuel, elle *adj & nm, f* intellectual.
intelligence *nf* **1.** *(facultés mentales)* intelligence • **intelligence artificielle** artificial intelligence **2.** *(compréhension, complicité)* understanding.
intelligent, e *adj* intelligent.
intelligible *adj* **1.** *(voix)* clear **2.** *(concept, texte)* intelligible.
intello *adj inv & nmf fam & péj* intellectual.
intempéries *nfpl* bad weather *(indén)*.
intempestif, ive *adj* untimely.
intemporel, elle *adj* **1.** *(sans durée)* timeless **2.** *littéraire (immatériel)* immaterial.
intenable *adj* **1.** *(chaleur, personne)* unbearable **2.** *(position)* untenable, indefensible.
intendance *nf* **1.** MIL commissariat **2.** SCOL & UNIV bursar's office **3.** *fig (questions matérielles)* housekeeping.
intendant, e *nm, f* **1.** SCOL & UNIV bursar **2.** *(de manoir)* steward. ■ **intendant** *nm* MIL quartermaster.
intense *adj (gén)* intense.
intensif, ive *adj* intensive.
intensifier *vt* to intensify. ■ **s'intensifier** *vp* to intensify.
intensité *nf* intensity.
intenter *vt* DR • **intenter qqch contre qqn** *ou* **à qqn** to bring sthg against sb.
intention *nf* intention • **avoir l'intention de faire qqch** to intend to do sthg • **intention de vote** voting intention • **les intentions de vote pour le président** those leaning towards **(UK)** *ou* toward **(US)** the président. ■ **à l'intention de** *loc prép* for.
intentionné, e *adj* • **bien intentionné** well-meaning • **mal intentionné** ill-disposed.

intentionnel, elle *adj* intentional.

interactif, ive *adj* interactive.

interaction *nf* interaction • **interaction médicamenteuse** medicinal interaction.

interactivité *nf* INFORM interactivity.

intercalaire *nm* insert. ❑ *adj* • **feuillet intercalaire** insert.

intercaler *vt* • **intercaler qqch dans qqch a)** *(feuillet, citation)* to insert sthg in sthg **b)** *(dans le temps)* to fit sthg into sthg.

intercéder *vi* • **intercéder pour** *ou* **en faveur de qqn auprès de qqn** to intercede with sb on behalf of sb.

intercepter *vt* **1.** *(lettre, ballon)* to intercept **2.** *(chaleur)* to block.

interchangeable *adj* interchangeable.

interclasse *nm* break (UK), recess (US).

interdiction *nf* **1.** *(défense)* • **'interdiction de stationner'** 'strictly no parking' **2.** *(prohibition, suspension)* • **interdiction (de)** ban (on), banning (of) • **interdiction de séjour** *si vous voulez expliquer à un anglophone de quoi il s'agit, vous pouvez dire* it is an order banning someone released from prison from living in certain areas.

S'EXPRIMER

exprimer une interdiction

- ***No smoking*** Interdiction de fumer
- ***Running in the corridors is strictly forbidden.*** Il est strictement interdit de courir dans les couloirs.
- ***It's out of the question!*** Il n'en est pas question !
- ***I'm not having it!/That's just not on!*** **(UK)** Ça ne marche pas avec moi !
- ***I won't stand for it!*** Je n'accepterai pas ça !

interdire *vt* **1.** *(prohiber)* • **interdire qqch à qqn** to forbid sb sthg • **interdire à qqn de faire qqch** to forbid sb to do sthg **2.** *(empêcher)* to prevent • **interdire à qqn de faire qqch** to prevent sb from doing sthg **3.** *(bloquer)* to block. ■ **s'interdire** *vp* • **s'interdire qqch/de faire qqch** to refrain from sthg/from doing sthg.

interdit, e *pp* → **interdire.** ❑ *adj* **1.** *(défendu)* forbidden • **'film interdit aux moins de 18 ans'** ≃ '18' *si vous voulez expliquer à un anglophone de quoi il s'agit, vous pouvez dire* it is a film that is not suitable for under 18's • **il est interdit de fumer** you're not allowed to smoke, smoking is forbidden **2.** *(ébahi)* • **rester interdit** to be stunned **3.** *(privé)* • **être interdit de chéquier** to have had one's chequebook **(UK)** *ou* checkbook **(US)** facilities withdrawn, to be forbidden to write cheques **(UK)** *ou* checks **(US)** • **interdit de séjour** banned from entering the country.

intéressant, e *adj* **1.** *(captivant)* interesting **2.** *(avantageux)* advantageous, good.

intéressé, e *adj* **1.** *(concerné)* concerned, involved **2.** *péj (cupide)* self-interested.

intéressement *nm* profit-sharing (scheme).

intéresser *vt* **1.** *(captiver)* to interest • **intéresser qqn à qqch** to interest sb in sthg **2.** COMM *(faire participer)* • **intéresser les employés (aux bénéfices)** to give one's employees a share in the profits • **intéresser qqn à (*ou* aux résultats de) son commerce** to give sb a financial interest in one's business **3.** *(concerner)* to concern. ■ **s'intéresser à** *vp + prép* • **s'intéresser à qqch/qqn** to be interested in sthg/sb • **elle ne s'intéresse à rien** she is not interested *ou* she takes no interest in anything • **à quoi vous intéressez-vous ?** what are your interests (in life)? • **je m'intéresse vivement à sa carrière** I take great *ou* a keen interest in her career • **elle s'intéresse énormément à mon frère** she's very interested in my brother, she shows a great deal of interest in my brother • **personne ne s'intéresse à moi !** nobody cares about me!, nobody's interested in me!

intérêt *nm* **1.** *(gén)* interest • **avec intérêt** with interest • **intérêt pour** interest in • **avoir intérêt à faire qqch** to be well advised to do sthg • **ce livre n'a aucun intérêt** this book is of no interest **2.** *(importance)* significance. ■ **intérêts** *nmpl* **1.** FIN interest *(indén)* **2.** COMM • **avoir des intérêts dans** to have a stake in.

interface *nf* INFORM interface • **interface graphique** graphic interface.

interférence *nf* **1.** PHYS & POLIT interference **2.** *fig (conjonction)* convergence.

interférer *vi* **1.** PHYS to interfere **2.** *fig (s'immiscer)* • **interférer dans qqch** to interfere in sthg.

intérieur, e *adj* **1.** *(gén)* inner **2.** *(de pays)* domestic. ■ **intérieur** *nm* **1.** *(gén)* inside • **de l'intérieur** from the inside • **à l'intérieur (de qqch)** inside (sthg) **2.** *(de pays)* interior.

intérim *nm* **1.** *(période)* interim period • **par intérim** acting *(avant nom)* **2.** *(travail temporaire)* temporary *ou* casual work **3.** *(dans un bureau)* temping.

intérimaire *adj* **1.** *(ministre, directeur)* acting *(avant nom)* **2.** *(employé, fonctions)* temporary. ❑ *nmf (employé)* temp.

intérioriser *vt* to internalize.

interjection *nf* LING interjection.

interligne *nm* (line) spacing.

interlocuteur, trice *nm, f* **1.** *(dans conversation)* speaker • **mon interlocuteur** the person to whom I am/was speaking **2.** *(dans négociation)* negotiator.

interloquer *vt* to disconcert.

interlude *nm* interlude.

intermède *nm* interlude.

intermédiaire *nmf* intermediary, go-between • **par l'intermédiaire de qqn/qqch** through sb/sthg. ❑ *adj* intermediate.

interminable *adj* never-ending, interminable.

intermittence *nf (discontinuité)* • **par intermittence** intermittently, off and on.

intermittent, e *adj* intermittent • **les intermittents du spectacle** *si vous voulez donner une définition à un anglophone, vous pouvez dire* these are people working in the performing arts. They are entitled to special social security benefits because they do not have regular employment.

internat *nm (SCOL - établissement)* boarding school ; *(- système)* boarding.

international, e *adj* international.

internaute *nmf INFORM* (net) surfer, cybersurfer, cybernaut, Internet user.

interne *nmf* **1.** *(élève)* boarder **2.** *MÉD & UNIV* houseman **(UK)**, intern **(US)**. ❑ *adj* **1.** *ANAT* internal **2.** *(oreille)* inner **3.** *(du pays)* domestic.

internement *nm* **1.** *POLIT* internment **2.** *MÉD* confinement *(to psychiatric hospital)*.

interner *vt POLIT* to intern.

Internet, internet *nm* • **(l')Internet** the Internet.

interpellation *nf* **1.** *(apostrophe)* call, shout **2.** *(par la police)* (arrest for) questioning • **la police a procédé à plusieurs interpellations** several people were detained *ou* taken in by the police for questioning **3.** *POLIT* question **4.** *(terme spécialisé)* interpellation.

interpeller *vt* **1.** *(apostropher)* to call *ou* shout out to **2.** *(interroger)* to take in for questioning.

Interphone® *nm* **1.** intercom **2.** *(d'un immeuble)* Entryphone®.

interposer *vt* to interpose. ■ **s'interposer** *vp* • **s'interposer entre qqn et qqn** to intervene *ou* come between sb and sb.

interprétariat *nm* interpreting.

interprétation *nf* interpretation.

interprète *nmf* **1.** *(gén)* interpreter **2.** *CINÉ, MUS & THÉÂTRE* performer.

interpréter *vt* to interpret.

interrogateur, trice *adj* inquiring.

interrogatif, ive *adj GRAMM* interrogative.

interrogation *nf* **1.** *(de prisonnier)* interrogation **2.** *(de témoin)* questioning **3.** *(question)* question **4.** *SCOL* test, quiz **(US)**.

interrogatoire *nm* **1.** *(de police, juge)* questioning **2.** *(procès-verbal)* statement.

interrogeable *adj* • **répondeur interrogeable à distance** answering machine *ou* answerphone **(UK)** with remote playback facility.

interroger *vt* **1.** *(questionner)* to question **2.** *(accusé, base de données)* to interrogate • **interroger qqn (sur qqch)** to question sb (about sthg) **3.** *(faits, conscience)* to examine. ■ **s'interroger** *vp* • **s'interroger sur** to wonder about.

interrompre *vt* to interrupt. ■ **s'interrompre** *vp* to stop.

interrompu, e *pp* → **interrompre**.

interrupteur *nm* switch.

interruption *nf* **1.** *(arrêt)* break **2.** *(action)* interruption.

intersection *nf* intersection.

interstice *nm* chink, crack.

interurbain, e *adj* long-distance. ■ **interurbain** *nm* • **l'interurbain** the long-distance telephone service.

intervalle *nm* **1.** *(spatial)* space, gap **2.** *(temporel)* interval, period (of time) • **à 6 jours d'intervalle** after 6 days **3.** *MUS* interval.

intervenant, e *nm, f (orateur)* speaker.

intervenir *vi* **1.** *(personne)* to intervene • **intervenir auprès de qqn** to intervene with sb • **intervenir dans qqch** to intervene in sthg • **faire intervenir qqn** to bring *ou* call in sb **2.** *(événement)* to take place.

intervention *nf* **1.** *(gén)* intervention **2.** *MÉD* operation • **subir une intervention chirurgicale** to have an operation, to have surgery **3.** *(discours)* speech.

intervertir *vt* to reverse, to invert.

interview *nf* interview.

interviewer *vt* to interview.

intervieweur, euse *nm, f* interviewer.

intestin *nm* intestine.

intestinal, e *adj* intestinal.

intime *nmf* close friend. ❑ *adj* **1.** *(gén)* intimate **2.** *(vie, journal)* private.

intimidant, e *adj* intimidating.

intimider *vt* to intimidate.

intimité *nf* **1.** *(secret)* depths *pl* **2.** *(familiarité, confort)* intimacy **3.** *(vie privée)* privacy.

intitulé *nm* **1.** *(titre)* title **2.** *(de paragraphe)* heading.

intituler *vt* to call, to entitle. ■ **s'intituler** *vp (ouvrage)* to be called *ou* entitled.

intolérable *adj* intolerable.

intolérance *nf (religieuse, politique)* intolerance.

intolérant, e *adj* intolerant.

intonation *nf* intonation.

intouchable *nmf & adj* untouchable.

intoxication *nf* **1.** *(empoisonnement)* poisoning **2.** *fig (propagande)* brainwashing.

intoxiqué, e *adj* • **intoxiqué (de)** addicted (to). ❑ *nm, f* addict.

intoxiquer *vt* • **intoxiquer qqn par a)** *(empoisonner)* to poison sb with **b)** *fig* to indoctrinate sb with.

intraduisible *adj (texte)* untranslatable.

intraitable *adj* • **intraitable (sur)** inflexible (about).

intra-muros *loc adj inv* • **quartiers intra-muros** districts within the city boundaries • **Londres intra-muros** inner London. ❑ *loc adv* • **habiter intra-muros** to live in the city itself.

intranet *nm* intranet.
intransigeant, e *adj* intransigent.
intransitif, ive *adj* intransitive.
intransportable *adj* • **il est intransportable** he/it cannot be moved.
intraveineux, euse *adj* intravenous. ■ **intraveineuse** *nf* intravenous injection.
intrépide *adj* bold, intrepid.
intrigue *nf* **1.** *(manœuvre)* intrigue **2.** *CINÉ, LITTÉR & THÉÂTRE* plot.
intriguer *vt* to intrigue. ❑ *vi* to scheme, to intrigue.
intro (abrév de introduction) *nf fam* intro.
introduction *nf* **1.** *(gén)* • **introduction (à)** introduction (to) **2.** *(insertion)* insertion.
introduire *vt* **1.** *(gén)* to introduce **2.** *(faire entrer)* to show in • **introduire clandestinement** *(marchandises)* to smuggle in **3.** *(insérer)* to insert. ■ **s'introduire** *vp* **1.** *(pénétrer)* to enter • **s'introduire dans une maison** *(cambrioleur)* to get into *ou* enter a house **2.** *(s'implanter)* to be introduced.
introspection *nf* introspection.
introuvable *adj* nowhere *ou* no-place **(US)** to be found.
introverti, e *adj* introverted. ❑ *nm,f* introvert.
intrus, e *nm,f* intruder.
intrusion *nf* **1.** *(gén) GÉOL* intrusion **2.** *(ingérence)* interference.
intuitif, ive *adj* intuitive.
intuition *nf* intuition.
inusable *adj* hardwearing.
inusité, e *adj* unusual, uncommon.
in utero *loc adj & loc adv* in utero.
inutile *adj* **1.** *(objet, personne)* useless **2.** *(effort, démarche)* pointless.
inutilement *adv* needlessly, unnecessarily.
inutilisable *adj* unusable.
inutilité *nf* **1.** *(de personne, d'objet)* uselessness **2.** *(de démarche, d'effort)* pointlessness.
invaincu, e *adj SPORT* unbeaten.
invalide *nmf* disabled person • **invalide du travail** *si vous voulez donner une définition à un anglophone, vous pouvez dire* it is someone who has a disability as a result of an industrial accident. ❑ *adj* disabled.
invalidité *nf* **1.** *DR* invalidity **2.** *MÉD* disability.
invariable *adj* **1.** *(immuable)* unchanging **2.** *GRAMM* invariable.
invasion *nf* invasion.
invectiver *vt* to abuse. ■ **s'invectiver** *vp* to hurl abuse at each other.
invendable *adj* unsaleable, unsellable.
invendu, e *adj* unsold. ■ **invendu** *nm* remainder.
inventaire *nm* **1.** *(gén)* inventory **2.** *(COMM - activité)* stocktaking **(UK)**, inventory **(US)** ; *(- liste)* list.
inventer *vt DR (trésor)* to discover, to find.
inventeur, trice *nm,f (de machine)* inventor.
inventif, ive *adj* inventive.
invention *nf* **1.** *(découverte, mensonge)* invention **2.** *(imagination)* inventiveness.
inventorier *vt* to make an inventory of.
inverse *nm* opposite, reverse. ❑ *adj* **1.** *(sens)* opposite **2.** *(ordre)* reverse • **en sens inverse (de)** in the opposite direction (to) **3.** *(rapport)* inverse.
inversement *adv* **1.** *MATH* inversely **2.** *(au contraire)* on the other hand **3.** *(vice versa)* vice versa.
inverser *vt* to reverse.
inversion *nf* reversal.
invertébré, e *adj* invertebrate. ■ **invertébré** *nm* invertebrate.
investigation *nf* investigation.
investir *vt* to invest. ■ **s'investir dans** *vp + prép* • **s'investir dans son métier** to be involved *ou* absorbed in one's job • **une actrice qui s'investit entièrement dans ses rôles** an actress who throws herself heart and soul into every part she plays • **je me suis énormément investie dans le projet** the project really meant a lot to me.
investissement *nm* investment.
investisseur, euse *nm,f* investor.
investiture *nf* investiture.
invétéré, e *adj* inveterate.
invincible *adj* **1.** *(gén)* invincible **2.** *(difficulté)* insurmountable **3.** *(charme)* irresistible.
inviolable *adj* **1.** *DR* inviolable **2.** *(coffre)* impregnable.
invisible *adj* invisible.
invitation *nf* • **invitation (à)** invitation (to) • **sur invitation** by invitation.
invité, e *adj* **1.** *(hôte)* invited **2.** *(professeur, conférencier)* guest *(avant nom)*. ❑ *nm,f* guest.
inviter *vt* to invite • **inviter qqn à faire qqch a)** to invite sb to do sthg **b)** *fig (sujet : chose)* to be an invitation to sb to do sthg • **je vous invite !** it's my treat!
in vitro → **fécondation**.
invivable *adj* unbearable.
involontaire *adj (acte)* involuntary.
invoquer *vt* **1.** *(alléguer)* to put forward **2.** *(citer, appeler à l'aide)* to invoke **3.** *(paix)* to call for.
invraisemblable *adj* **1.** *(incroyable)* unlikely, improbable **2.** *(extravagant)* incredible.
invraisemblance *nf* improbability.
invulnérable *adj* invulnerable.
iode *nm* iodine.
ion *nm* ion.
IRA (abrév de Irish Republican Army) *nf* IRA.

Irak, Iraq *nm* • **l'Irak** Iraq.
irakien, enne, iraquien, enne *adj* Iraqi. ■ **Irakien, enne, Iraquien, enne** *nm,f* Iraqi.
Iran *nm* • **l'Iran** Iran.
iranien, enne *adj* Iranian. ■ **iranien** *nm (langue)* Iranian. ■ **Iranien, enne** *nm,f* Iranian.
Iraq = **Irak**.
iraquien = **irakien**.
irascible *adj* irascible.
iris *nm ANAT & BOT* iris.
irisé, e *adj* iridescent.
irlandais, e *adj* Irish. ■ **irlandais** *nm (langue)* Irish. ■ **Irlandais, e** *nm,f* Irishman, Irishwoman *f* • **les Irlandais** the Irish.

En anglais, les adjectifs se rapportant à un pays ou une région ainsi que le nom désignant la langue de ce pays ou cette région, s'écrivent avec une majuscule.

Irlande *nf* • **l'Irlande** Ireland • **l'Irlande du Nord** Northern Ireland • **l'Irlande du Sud** the Republic of Ireland, Eire.

En anglais, à de rares exceptions près, il n'y a pas d'article devant les noms de pays.

IRM (abrév de Imagerie par résonance magnétique) *nm MÉD* MRI.
ironie *nf* irony.
ironique *adj* ironic.
ironiser *vi* to speak ironically.
irradier *vi* to radiate • **se faire irradier** to be exposed to radiation. ❑ *vt* to irradiate.
irraisonné, e *adj* irrational.
irrationnel, elle *adj* irrational.
irréalisable *adj* unrealizable.
irréaliste *adj* unrealistic.
irrecevable *adj* inadmissible.
irrécupérable *adj* **1.** *(irrécouvrable)* irretrievable **2.** *(irréparable)* beyond repair **3.** *(personne)* beyond hope.
irrécusable *adj* unimpeachable.
irréductible *nmf* diehard. ❑ *adj* **1.** *CHIM, MATH & MÉD* irreducible **2.** *fig (volonté)* indomitable **3.** *(personne)* implacable **4.** *(communiste)* diehard *(before n)*.
irréel, elle *adj* unreal.
irréfléchi, e *adj* unthinking.
irréfutable *adj* irrefutable.
irrégularité *nf* **1.** *(gén)* irregularity **2.** *(de terrain, performance)* unevenness.
irrégulier, ère *adj* **1.** *(gén)* irregular • **un verbe irrégulier** an irregular verb **2.** *(terrain, surface)* uneven, irregular **3.** *(employé, athlète)* erratic.
irrémédiable *adj (irréparable)* irreparable.
irremplaçable *adj* irreplaceable.
irréparable *adj* **1.** *(objet)* beyond repair **2.** *fig (perte, erreur)* irreparable.
irrépressible *adj* irrepressible.
irréprochable *adj* irreproachable.
irrésistible *adj* **1.** *(tentation, femme)* irresistible **2.** *(amusant)* entertaining.
irrésolu, e *adj* **1.** *(indécis)* irresolute **2.** *(sans solution)* unresolved.
irrespirable *adj* **1.** *(air)* unbreathable **2.** *fig (oppressant)* oppressive.
irresponsable *nmf* irresponsible person. ❑ *adj* irresponsible.
irréversible *adj* irreversible.
irrévocable *adj* irrevocable.
irrigation *nf* irrigation.
irriguer *vt* to irrigate.
irritable *adj* irritable.
irritant, e *adj* **1.** *(agaçant)* irritating, annoying **2.** *MÉD* irritant.
irritation *nf* irritation.
irriter *vt* **1.** *(exaspérer)* to irritate, to annoy **2.** *MÉD* to irritate. ■ **s'irriter** *vp* to get irritated • **s'irriter contre qqn/de qqch** to get irritated with sb/at sthg.
irruption *nf* **1.** *(invasion)* invasion **2.** *(entrée brusque)* irruption.
islam *nm* Islam.
islamique *adj* Islamic.

En anglais, les adjectifs et les noms se rapportant à une religion s'écrivent avec une majuscule.

islamisme *nm* Islamism.
islamiste *nmf* Islamic fundamentalist.
islandais, e *adj* Icelandic. ■ **islandais** *nm (langue)* Icelandic. ■ **Islandais, e** *nm,f* Icelander.

En anglais, les adjectifs se rapportant à un pays ou une région ainsi que le nom désignant la langue de ce pays ou cette région, s'écrivent avec une majuscule.

Islande *nf* • **l'Islande** Iceland.

En anglais, à de rares exceptions près, il n'y a pas d'article devant les noms de pays.

isocèle *adj* isoceles.
isolant, e *adj* insulating. ■ **isolant** *nm* insulator, insulating material.
isolation *nf* insulation.
isolé, e *adj* isolated.
isolement *nm* **1.** *(gén)* isolation **2.** *CONSTR & ÉLECTR* insulation.
isoler *vt* **1.** *(séparer)* to isolate **2.** *CONSTR & ÉLECTR* to insulate • **isoler qqch du froid** to insulate sthg (against the cold) • **isoler qqch du bruit** to soundproof sthg. ■ **s'isoler** *vp* • **s'isoler (de)** to isolate o.s. (from) **2.** *MÉD* to self-isolate.
isoloir *nm* polling (UK) *ou* voting (US) booth.
isotherme *adj* isothermal.

isotope *adj* isotopic. ❑ *nm* isotope.
Israël *npr* Israel.

En anglais, à de rares exceptions près, il n'y a pas d'article devant les noms de pays.

israélien, enne *adj* Israeli. ■ **Israélien, enne** *nm,f* Israeli.

En anglais, les adjectifs se rapportant à un pays ou une région s'écrivent avec une majuscule.

israélite *adj* Jewish. ■ **Israélite** *nmf* Jew.
issu, e *adj* • **être issu de a)** *(résulter de)* to emerge *ou* stem from **b)** *(personne)* to come from. ■ **issue** *nf* **1.** *(sortie)* exit • **issue de secours** emergency exit **2.** *fig (solution)* way out, solution **3.** *(terme)* outcome.
isthme *nm* isthmus.
Italie *nf* • **l'Italie** Italy.

En anglais, à de rares exceptions près, il n'y a pas d'article devant les noms de pays.

italien, enne *adj* Italian. ■ **italien** *nm (langue)* Italian. ■ **Italien, enne** *nm,f* Italian.

En anglais, les adjectifs se rapportant à un pays ou une région ainsi que le nom désignant la langue de ce pays ou cette région, s'écrivent avec une majuscule.

italique *nm* TYPO italics *pl* • **en italique** in italics.
itinéraire *nm* itinerary, route • **itinéraire bis** diversion.
itinérant, e *adj (spectacle, troupe)* itinerant.
IUT (abrév de institut universitaire de technologie) *nm* ≃ technical college.
IVG (abrév de interruption volontaire de grossesse) *nf* abortion.
ivoire *nm* ivory.
ivre *adj* drunk.
ivresse *nf* **1.** drunkenness **2.** *(extase)* rapture.
ivrogne *nmf* drunkard.

j, J *nm inv* j, J.
jabot *nm* **1.** *(d'oiseau)* crop **2.** *(de chemise)* frill.
jacasser *vi fam* to chatter, to jabber.
jachère *nf* • **en jachère** fallow.
jacinthe *nf* hyacinth.
jackpot *nm* **1.** *(combinaison)* jackpot • **toucher le jackpot** *litt & fig* to hit the jackpot **2.** *(machine)* slot machine.
Jacuzzi® *nm* Jacuzzi®.
jade *nm* jade.
jadis *adv* formerly, in former times.
jaguar *nm* jaguar.
jaillir *vi* **1.** *(liquide)* to gush **2.** *(flammes)* to leap **3.** *(cri)* to ring out **4.** *(personne)* to spring out.
jais *nm* jet.
jalon *nm* marker pole.
jalonner *vt* to mark (out).
jalousie *nf* **1.** *(envie)* jealousy • **il a fait ça par jalousie** he did it out of jealousy **2.** *(store)* blind.
jaloux, ouse *adj* • **jaloux (de)** jealous (of).
Jamaïque *nf* • **la Jamaïque** Jamaica.
jamais *adv* **1.** *(sens négatif)* never • **ne… jamais, jamais… ne** never • **je ne reviendrai jamais, jamais je ne reviendrai** I'll never come back • **(ne)… jamais plus, plus jamais (… ne)** never again • **je ne viendrai jamais plus, plus jamais je ne viendrai** I'll never come here again **2.** *(sens positif)* • **plus que jamais** more than ever • **il est plus triste que jamais** he's sadder than ever • **si jamais tu le vois** if you should happen to see him, should you happen to see him • **le plus long voyage que j'aie jamais fait** the longest journey I've ever made. ■ **à jamais** *loc adv* for ever.

À PROPOS DE

jamais

Il faut noter la position de ***never*** dans la phrase.

Avec un verbe autre que ***be*** conjugué, ***never*** s'insère ainsi : sujet + ***never*** + verbe

• *Je n'ai jamais su si elle était sincère.* ***I never knew if she was sincere.***

Avec le verbe ***be*** conjugué, ***never*** se place comme suit : sujet + ***be*** + ***never***

• *C'est très difficile de le joindre, il n'est jamais chez lui.* ***It's really hard to reach him, he's never at home.***

Dans un style recherché, ***never*** peut se placer en début de phrase. Le sujet et l'auxiliaire ou le modal qui suit sont alors inversés :

• *Il n'avait jamais imaginé que la maison serait vendue.* **Never *had he imagined that the house might be sold.***

jambe *nf* leg.
jambières *nfpl* **1.** *(de football)* shin pads *ou* guards **2.** *(de cricket)* pads.
jambon *nm* ham • **jambon blanc** ham • **du jambon cru** cured ham • **un jambon beurre** *fam* a ham sandwich.
jante *nf* (wheel) rim.
janvier *nm* January. Voir aussi **septembre**.

En anglais, les mois de l'année s'écrivent avec une majuscule.

Japon *nm* • **le Japon** Japan.

En anglais, à de rares exceptions près, il n'y a pas d'article devant les noms de pays.

japonais, e *adj* Japanese. ■ **japonais** *nm (langue)* Japanese. ■ **Japonais, e** *nm, f* Japanese (person) • **les Japonais** the Japanese.

En anglais, les adjectifs se rapportant à un pays ou une région ainsi que le nom désignant la langue de ce pays ou cette région, s'écrivent avec une majuscule.

japper *vi* to yap.
jaquette *nf* **1.** *(vêtement)* jacket **2.** *(de livre)* (dust) jacket.
jardin *nm* **1.** *(espace clos)* garden • **jardin public** park • **jardin ouvrier** allotment **2.** *(attaché à une maison)* yard.
jardinage *nm* gardening • **faire du jardinage** to do some gardening.

jardiner *vi* to garden.

jardinier, ère *nm, f* gardener. ■ **jardinière** *nf* *(bac à fleurs)* window box.

jargon *nm* **1.** *(langage spécialisé)* jargon **2.** *fam* *(charabia)* gibberish.

jarret *nm* **1.** ANAT back of the knee **2.** CULIN knuckle of veal.

jarretelle *nf* suspender (UK), garter (US).

jarretière *nf* garter.

jars *nm* gander.

jaser *vi* *(bavarder)* to gossip.

jasmin *nm* jasmine.

jatte *nf* bowl.

jauge *nf* **1.** *(instrument)* gauge. **2.** *MÉD* Covid-related capacity limit.

jauger *vt* to gauge.

jaunâtre *adj* yellowish.

jaune *nm* *(couleur)* yellow. ❑ *adj* yellow. ■ **jaune d'œuf** *nm* (egg) yolk.

jaunir *vt & vi* to turn yellow.

jaunisse *nf* MÉD jaundice.

java *nf* java.

Javel *nf* • **eau de Javel** bleach.

javelot *nm* javelin.

jazz *nm* jazz.

J.-C. (abrév de Jésus-Christ) J.C.

je, j' *pron pers* I • **je m'appelle François** I'm called François • **j'habite à Nice** I live in Nice • **je suis français** I'm French • **j'ai très faim** I'm very hungry.

jean, jeans *nm* jeans *pl*, pair of jeans.

Jeep® *nf* Jeep®.

jérémiades *nfpl* *fam* moaning *(indén)*, whining *(indén)*.

jerrycan, jerrican *nm* jerry can.

jersey *nm* jersey.

Jersey *npr* Jersey • **à Jersey** on Jersey.

jésuite *nm* Jesuit.

Jésus-Christ *nm* Jesus Christ.

jet[1] *nm* **1.** *(action de jeter)* throw **2.** *(de liquide)* jet.

jet[2] *nm* *(avion)* jet.

jetable *adj* disposable.

jeté, e *pp* → **jeter**.

jetée *nf* jetty.

jeter *vt* **1.** *(gén)* to throw **2.** *(se débarrasser de)* to throw away • **jeter qqch à qqn a)** *(lancer)* to throw sthg to sb, to throw sb sthg **b)** *(pour faire mal)* to throw sthg at sb **3.** *(émettre - étincelle)* to throw *ou* to give out ; *(- lumière)* to cast, to shed. ■ **se jeter** *vp* • **se jeter sur** to pounce on • **se jeter dans** *(sujet : rivière)* to flow into.

jeton *nm* *(de jeu)* counter.

jet-set, jet-society *nf* jet set • **membre de la jet-set** jet-setter.

Jet-Ski® *nm* Jet-Ski.

jeu *nm* **1.** *(divertissement)* play *(indén)*, playing *(indén)* • **jeu de mots** play on words, pun **2.** *(régi par des règles)* game • **mettre un joueur hors jeu** to put a player offside • **jeu de société** parlour (UK) *ou* parlor (US) game **3.** *(d'argent)* • **le jeu** gambling **4.** *(d'échecs, de clés)* set • **jeu de cartes** pack (UK) *ou* deck (US) of cards **5.** *(manière de jouer)* MUS playing ; THÉÂTRE acting ; SPORT game **6.** TECHNOL play **7.** *(locution)* • **cacher son jeu** to play one's cards close to one's chest. ■ **Jeux Olympiques** *nmpl* • **les Jeux Olympiques** the Olympic Games.

jeudi *nm* Thursday. Voir aussi **samedi**.

> En anglais, les jours de la semaine s'écrivent avec une majuscule.

jeun ■ **à jeun** *loc adv* on an empty stomach.

jeune *adj* **1.** young • **jeune homme/femme** young man/woman • **jeune pousse** ÉCON start up (company) **2.** *(style, apparence)* youthful. ❑ *nm* young person • **les jeunes** young people. ■ **jeunes** *nmpl* • **les jeunes** youngsters, young people, the young • **les jeunes d'aujourd'hui** today's young people, the young people of today, the young generation • **les jeunes ont préféré manger sur la terrasse** the youngsters chose to eat out on the terrace • **une bande de jeunes** a bunch of kids.

jeûne *nm* fast.

jeunesse *nf* **1.** *(âge)* youth **2.** *(de style, apparence)* youthfulness **3.** *(jeunes gens)* young people *pl*.

jingle *nm* jingle.

jiu-jitsu *nm* ju-jitsu, jiu-jitsu.

JO *nmpl* (abrév de Jeux Olympiques) Olympic Games.

joaillerie *nf* **1.** *(métier)* jewel trade **2.** *(magasin)* jeweller's (UK) *ou* jeweler's (US) (shop).

joaillier, ère *nm, f* jeweller (UK), jeweler (US).

job *nm* *fam* job.

jobard, e *adj* *fam* gullible.

jockey *nmf* jockey.

jogging *nm* **1.** *(activité)* jogging • **faire du jogging** to go jogging **2.** *(vêtement)* tracksuit, jogging suit.

joie *nf* joy • **crier de joie** to shout for joy.

S'EXPRIMER

exprimer sa joie

- ***I'm glad we saw each other.*** Je suis content que nous nous soyons vus.
- ***I'm really looking forward to the holidays* (UK) *ou my vacation* (US).** Je me réjouis à l'avance des vacances.
- ***I'm glad you're feeling better.*** Ça me fait plaisir que tu ailles mieux.
- ***It's really nice to see you!*** Quel plaisir de te voir !
- ***What a nice surprise!*** Quelle bonne surprise !

joignable *adj* contactable.

joindre *vt* **1.** *(rapprocher)* to join **2.** *(mains)* to put together **3.** *(mettre avec)* • **joindre qqch (à)** to attach sthg (to) **4.** *(ajouter)* • **joindre un fichier à un message électronique** to attach a file to an email message ; *(adjoindre)* to enclose sthg (with) **5.** *(par téléphone)* to contact, to reach. ■ **se joindre** *vp* • **se joindre à qqn** to join sb • **se joindre à qqch** to join in sthg.

joint, e *pp* → **joindre**. ■ **joint** *nm* **1.** *(d'étanchéité)* seal **2.** *fam (drogue)* joint. ■ **joint de culasse** *nm* cylinder head gasket.

joker *nm* joker.

joli, e *adj* **1.** *(femme, chose)* pretty, attractive **2.** *(somme, situation)* nice.

joliment *adv* **1.** *(bien)* prettily, attractively **2.** *iron* nicely **3.** *fam (beaucoup)* really.

jonc *nm* rush, bulrush.

joncher *vt* to strew • **être jonché de** to be strewn with.

jonction *nf (de routes)* junction.

jongler *vi* to juggle.

jongleur, euse *nm, f* juggler.

jonquille *nf* daffodil.

Jordanie *nf* • **la Jordanie** Jordan.

jouable *adj* **1.** SPORT playable **2.** *(situation)* feasible.

joue *nf* cheek • **tenir** *ou* **mettre qqn en joue** *fig* to take aim at sb.

jouer *vi* **1.** *(gén)* to play • **jouer avec qqn/qqch** to play with sb/sthg • **jouer à qqch** *(jeu, sport)* to play sthg • **jouer de** MUS to play • **à toi de jouer !** (it's) your turn! **2.** *fig* your move! **3.** CINÉ & THÉÂTRE to act **4.** *(parier)* to gamble. ❑ *vt* **1.** *(carte, partie)* to play **2.** *(somme d'argent)* to bet, to wager **3.** *fig* to gamble with **4.** *(THÉÂTRE - pièce)* to put on, to perform ; *(- personnage, rôle)* to play **5.** *(avoir à l'affiche)* to show **6.** MUS to perform, to play.

jouet *nm* toy.

joueur, euse *nm, f* **1.** SPORT player • **joueur de football** soccer *ou* football **(UK)** player, footballer **(UK)** **2.** *(au casino)* gambler.

joufflu, e *adj (personne)* chubby-cheeked.

joug *nm* yoke.

jouir *vi* **1.** *(profiter)* • **jouir de** to enjoy **2.** *(sexuellement)* to have an orgasm.

jouissance *nf* **1.** DR *(d'un bien)* use **2.** *(sexuelle)* orgasm.

joujou *nm* toy.

jour *nm* **1.** *(unité de temps)* day • **huit jours** a week • **quinze jours** two weeks, a fortnight **(UK)** • **de jour en jour** day by day • **jour après jour** day after day • **au jour le jour** from day to day • **jour et nuit** night and day • **le jour de l'an** New Year's Day • **jour chômé** public holiday • **jour de congé** day off • **jour férié** public holiday • **jour ouvrable** working day • **jour de semaine** weekday **2.** *(lumière)* daylight • **de jour** in the daytime, by day **3.** COUT opening *(made by drawing threads)* **4.** *(locution)* • **mettre qqch à jour** to update sthg, to bring sthg up to date.

> LEXIQUE
> ### les jours de la semaine
> **lundi** Monday
> **mardi** Tuesday
> **mercredi** Wednesday
> **jeudi** Thursday
> **vendredi** Friday
> **samedi** Saturday
> **dimanche** Sunday

journal *nm* **1.** *(publication)* newspaper, paper **2.** TV • **journal télévisé** television news **3.** *(écrit)* • **journal (intime)** diary, journal • **journal électronique** electronic newspaper • **journal gratuit** free paper **(UK)**.

journalier, ère *adj* daily.

journalisme *nm* journalism.

journaliste *nmf* journalist, reporter.

journalistique *adj* journalistic.

journée *nf* day.

joute *nf* **1.** joust **2.** *fig* duel.

jovial, e *adj* jovial, jolly.

joyau *nm* jewel.

joyeux, euse *adj* joyful, happy • **joyeux Noël !** Merry Christmas!

joystick *nm* joystick.

JPEG (abrév de Joint Photographic Experts Group) *nm* JPEG • **fichier JPEG** JPEG file.

jubilé *nm* jubilee.

jubiler *vi fam* to be jubilant.

jucher *vt* • **jucher qqn sur qqch** to perch sb on sthg. ■ **se jucher** *vp* • **se jucher sur qqch** to perch on sthg.

judaïque *adj* **1.** *(loi)* Judaic **2.** *(tradition, religion)* Jewish.

judaïsme *nm* Judaism.

judas *nm (ouverture)* peephole.

judéo-chrétien, enne *adj* Judaeo-Christian.

judiciaire *adj* judicial.

judicieux, euse *adj* judicious.

judo *nm* judo • **faire du judo** to do judo.

juge *nmf* judge • **juge d'instruction** examining magistrate • **juge d'enfants** children's judge, juvenile magistrate **(UK)** • **juge de chaise** umpire.

jugé ■ **au jugé** *loc adv* by guesswork • **tirer au jugé** to fire blind.

jugement *nm* judgment • **prononcer un jugement** to pass sentence.

jugeote *nf fam* common sense.

juger *vt* **1.** to judge **2.** *(accusé)* to try • **juger que** to judge (that), to consider (that) • **juger qqn/qqch inutile** to consider sb/sthg useless.

❑ *vi* to judge • **juger de qqch** to judge sthg • **si j'en juge d'après mon expérience** judging from my experience • **jugez de ma surprise !** imagine my surprise!

LEXIQUE

juger

bon good
mauvais bad
bien *(adverbe)* well
bien *(adjectif)* good
mal *(adverbe)* badly
mal *(adjectif)* bad
fort strong
faible weak
beaucoup a lot
peu little
assez enough
très very
vite fast

juguler *vt* **1.** *(maladie)* to halt **2.** *(révolte)* to put down **3.** *(inflation)* to curb.

juif, ive *adj* Jewish. ■ **Juif, ive** *nm, f* Jew.

En anglais les adjectifs se rapportant aux religions s'écrivent avec une majuscule.

juillet *nm* July • **la fête du 14 juillet** the Fourteenth of July, Bastille Day. Voir aussi **septembre**.

En anglais les noms de mois s'écrivent avec une majuscule.

juin *nm* June. Voir aussi **septembre**.

En anglais, les mois de l'année s'écrivent avec une majuscule.

juke-box *nm inv* jukebox.

julienne *nf* • **julienne de légumes** *si vous voulez expliquer à un anglophone de quoi il s'agit, vous pouvez dire* it is a clear soup with very thin strips of vegetable.

jumeau, elle *adj* twin *(avant nom)*. ❑ *nm, f* twin. ■ **jumelles** *nfpl (en optique)* binoculars.

jumelage *nm* twinning.

jumelé, e *adj* **1.** *(villes)* twinned **2.** *(maisons)* semidetached.

jumeler *vt* to twin.

jument *nf* mare.

jungle *nf* jungle.

junior *adj & nmf* SPORT junior.

junte *nf* junta.

jupe *nf* skirt.

jupe-culotte *nf* culottes *pl*.

jupon *nm* petticoat, slip.

juré[1], e *nm, f* DR juror.

juré[2], e *adj* • **ennemi juré** sworn enemy.

jurer *vt* • **jurer qqch à qqn** to swear *ou* pledge sthg to sb • **jurer (à qqn) que…** to swear (to sb) that… • **jurer de faire qqch** to swear *ou* vow to do sthg • **je vous jure !** *fam* honestly! ❑ *vi* **1.** *(blasphémer)* to swear, to curse **2.** *(ne pas aller ensemble)* • **jurer (avec)** to clash (with). ■ **se jurer** *vp* • **se jurer de faire qqch** to swear *ou* vow to do sthg.

juridiction *nf* jurisdiction.

juridique *adj* legal.

jurisprudence *nf* jurisprudence.

juriste *nmf* lawyer.

juron *nm* swearword, oath.

jury *nm* **1.** DR jury **2.** *(SCOL - d'examen)* examining board ; *(- de concours)* admissions board.

jus *nm* **1.** *(de fruits, légumes)* juice • **du jus d'orange** some orange juice **2.** *(de viande)* gravy.

jusque, jusqu' ■ **jusqu'à** *loc prép* **1.** *(sens temporel)* until, till • **jusqu'à nouvel ordre** until further notice • **jusqu'à présent** up until now, so far **2.** *(sens spatial)* as far as • **jusqu'au bout** to the end **3.** *(même)* even. ■ **jusqu'à ce que** *loc conj* until, till. ■ **jusqu'en** *loc prép* up until. ■ **jusqu'ici** *loc adv* **1.** *(lieu)* up to here **2.** *(temps)* up until now, so far. ■ **jusque-là** *loc adv* **1.** *(lieu)* up to there **2.** *(temps)* up until then.

justaucorps *nm (maillot)* leotard.

juste *adj* **1.** *(équitable)* fair **2.** *(exact)* right, correct **3.** *(trop petit, trop court)* tight. ❑ *adv* **1.** *(bien)* correctly, right **2.** *(exactement, seulement)* just.

justement *adv* **1.** *(avec raison)* rightly **2.** *(précisément)* exactly, precisely.

justesse *nf* **1.** *(de remarque)* aptness **2.** *(de raisonnement)* soundness. ■ **de justesse** *loc adv* only just.

justice *nf* **1.** DR justice • **passer en justice** to stand trial • **il a eu des problèmes avec la justice** he had problems with the law **2.** *(équité)* fairness.

justicier, ère *nm, f* righter of wrongs.

justifiable *adj* justifiable.

justificatif, ive *adj* supporting *(avant nom)*. ■ **justificatif** *nm* written proof *(indén)* • **justificatif de domicile** proof of address.

justification *nf* justification.

justifier *vt (gén)* to justify. ■ **se justifier** *vp* to justify o.s.

jute *nm* jute.

juteux, euse *adj* juicy.

juvénile *adj* youthful.

juxtaposer *vt* to juxtapose, to place side by side.

k, K *nm inv* k, K.
K7 (abrév de cassette) *nf* cassette.
kaki *nm* **1.** *(couleur)* khaki **2.** *(fruit)* persimmon. ❑ *adj inv* khaki.
kaléidoscope *nm* kaleidoscope.
kamikaze *nmf* kamikaze pilot.
kanak *adj* Kanak. ■ **Kanak** *nmf* Kanak.
kangourou *nm* kangaroo.
karaoké *nm* karaoke.
karaté *nm* karate • **faire du karaté** to do karate.
karité *nm* shea.
karting *nm* go-karting **(UK)**, go-carting **(US)**.
kasher, cascher, cachère *adj inv* kosher.
kayak *nm* kayak • **faire du kayak** to go canoeing • **son kayak s'est retourné** his canoe capsized.
Kenya *nm* • **le Kenya** Kenya.
képi *nm* kepi.
kératine *nf* keratin.
kermesse *nf* **1.** *(foire)* fair **2.** *(fête de bienfaisance)* fête.
kérosène *nm* kerosene.
ketchup *nm* ketchup.
keuf *nm fam* cop.
keum *nm fam* guy, bloke.
kg (abrév de kilogramme) kg.
khâgne *nf second year of a two-year preparatory arts course taken prior to the competitive examination for entry to the École normale supérieure*.
kibboutz *nm inv* kibbutz.
kidnapper *vt* to kidnap.
kidnappeur, euse *nm, f* kidnapper.
kiffer, kifer *vt fam* to love.
kilo *nm* kilo.
kilogramme *nm* kilogram, kilogramme **(UK)**.
kilométrage *nm* **1.** *(de voiture)* ≃ mileage **2.** *(distance)* distance.
kilomètre *nm* kilometre **(UK)**, kilometer **(US)** • **faire du cent cinquante kilomètres heure** to be doing a hundred and fifty kilometres **(UK)** *ou* kilometers **(US)** an hour.
kilo-octet *nm* INFORM kilobyte.
kilowatt *nm* kilowatt.
kilt *nm* kilt.
kimono *nm* kimono.
kiné *fam nmf* (abrév de kinésithérapeute) physio **(UK)**, physical therapist **(US)**. ❑ *nmf* (abrév de kinésithérapie) physio **(UK)**, physical therapy **(US)** • **5 séances de kiné** 5 sessions of physio **(UK)** *ou* physical therapy **(US)**.
kinésithérapeute *nmf* physiotherapist **(UK)**, physical therapist **(US)**.
kinésithérapie *nf* physiotherapy **(UK)**, physical therapy **(US)**.
kiosque *nm* **1.** *(de vente)* kiosk • **un kiosque à journaux** a newspaper kiosk **2.** *(pavillon)* pavilion.
kir *nm* kir *(white wine and blackcurrant liqueur)* • **kir royal** kir royal *(champagne with blackcurrent liqueur)*.
kirsch *nm* cherry brandy.
kit *nm* kit • **en kit** in kit form • **kit mains libres** TÉLÉCOM hands-free kit • **kit auto mains libres** *(pour mobile)* car kit.
kitch *adj inv* = **kitsch**.
kitchenette *nf* kitchenette.
kitsch *adj inv* kitsch.
kiwi *nm* **1.** *(oiseau)* kiwi **2.** *(fruit)* kiwi, kiwi fruit *(indén)*.
Klaxon® *nm* horn • **donner un coup de Klaxon** to sound one's horn, to hoot.
klaxonner *vi* to hoot, to honk.
kleptomane *nmf* kleptomaniac.
km (abrév de kilomètre) km.
km/h (abrév de kilomètre par heure) kph.
Ko (abrév de kilo-octet) K.
K.-O. *nm* • **mettre qqn K.-O.** to knock sb out.
Koweït *nm (pays, ville)* Kuwait • **le Koweït** Kuwait.
krach *nm* crash • **krach boursier** stock market crash.
kung-fu *nm* kung fu.
kurde *adj* Kurdish. ❑ *nm (langue)* Kurdish. ■ **Kurde** *nmf* Kurd.
kyrielle *nf fam* **1.** stream **2.** *(d'enfants)* horde.
kyste *nm* cyst.

l, L *nm inv* l, L. ❑ (abrév de **litre**) l.

la[1] *art déf & pron pers* → **le**.

la[2] *nm inv* **1.** *MUS* A **2.** *(chanté)* la, lah **(UK)**.

là *adv* **1.** *(lieu)* there • **à 3 kilomètres de là** 3 kilometres from there • **passe par là** go that way • **c'est là que je travaille** that's where I work • **je suis là** I'm here **2.** *(temps)* then • **à quelques jours de là** a few days later, a few days after that **3.** *(avec une proposition relative)* • **là où a)** *(lieu)* where **b)** *(temps)* when. ❑ Voir aussi **ce**, **là-bas**, **là-dedans** *etc.*

là-bas *adv* (over) there.

label *nm* **1.** *(étiquette)* • **label de qualité** label guaranteeing quality **2.** *(commerce)* label, brand name **3.** *(maison de disques)* label.

labeur *nm sout* labour **(UK)**, labor **(US)**.

labo (abrév de **laboratoire**) *nm fam* lab.

laborantin, e *nm, f* laboratory assistant.

laboratoire *nm* laboratory • **un laboratoire d'analyses** a test laboratory.

laborieux, euse *adj (difficile)* laborious.

labourer *vt* **1.** *AGRIC* to plough **(UK)**, to plow **(US)** **2.** *fig (creuser)* to make a gash in.

laboureur *nm* ploughman **(UK)**, plowman **(US)**.

labyrinthe *nm* labyrinth.

lac *nm* lake • **les Grands Lacs** the Great Lakes • **le lac Léman** Lake Geneva.

lacer *vt (chaussures)* to lace up, to tie up.

lacérer *vt* **1.** *(déchirer)* to shred **2.** *(blesser, griffer)* to slash.

lacet *nm* **1.** *(cordon)* lace **2.** *(de route)* bend **3.** *(piège)* snare.

lâche *nmf* coward. ❑ *adj* **1.** *(nœud)* loose **2.** *(personne, comportement)* cowardly.

lâcher *vt* **1.** *(libérer - bras, objet)* to let go of ; *(- animal)* to let go, to release **2.** *(émettre - son, mot)* to let out, to come out with **3.** *(desserrer)* to loosen **4.** *(laisser tomber)* • **lâcher qqch** to drop sthg. ❑ *vi* to give way.

lâcheté *nf* **1.** *(couardise)* cowardice **2.** *(acte)* cowardly act.

lacis *nm (labyrinthe)* maze.

laconique *adj* laconic.

lacrymal, e *adj* lacrimal.

lacrymogène *adj* tear *(avant nom)*.

lacté, e *adj (régime)* milk *(avant nom)*.

lacunaire *adj (insuffisant)* incomplete.

lacune *nf (manque)* gap.

lacustre *adj* **1.** *(faune, plante)* lake *(avant nom)* **2.** *(cité, village)* on stilts.

lad *nm* stable lad.

là-dedans *adv* inside, in there • **il y a quelque chose qui m'intrigue là-dedans** there's something in that which intrigues me.

là-dessous *adv* **1.** underneath, under there **2.** *fig* behind that.

là-dessus *adv* on that • **là-dessus, il partit** at that point *ou* with that, he left • **je suis d'accord là-dessus** I agree about that.

lagon *nm* lagoon.

lagune *nf* = **lagon**.

là-haut *adv* up there.

laïc, laïque *adj* **1.** lay *(avant nom)* **2.** *(juridiction)* civil *(avant nom)* **3.** *(école)* state *(avant nom)* • **l'école laïque** *(institution)* secular education. ❑ *nm, f* layman, laywoman *f*.

laid, e *adj* **1.** *(esthétiquement)* ugly **2.** *(moralement)* wicked.

laideron *nm* ugly woman.

laideur *nf* **1.** *(physique)* ugliness **2.** *(morale)* wickedness.

laie *nf ZOOL* wild sow.

lainage *nm* **1.** *(étoffe)* woollen **(UK)** *ou* woolen **(US)** material **2.** *(vêtement)* woollen **(UK)** *ou* woolen **(US)** garment, woolly **(UK)**.

laine *nf* wool • **laine polaire** polar fleece • **de la laine vierge** pure new wool.

laineux, euse *adj* woolly **(UK)**, wooly **(US)**.

laïque = **laïc**.

laisse *nf (corde)* lead **(UK)**, leash **(US)** • **tenir en laisse** *(chien)* to keep on a lead **(UK)** *ou* leash **(US)**.

laisser

■ laisser *v aux*

1. AUTORISER QQN À FAIRE QQCH

• **laisse-le parler !** let him talk! • **les parents de Luc ne le laissent pas sortir** Luc's parents won't let him go out • **laisse-le faire, il va y arriver** let him do it, he'll manage

2. AGIR DE FAÇON INCONTRÔLÉE

• **elle a laissé voir sa tristesse** she couldn't help showing her sadness • **il a laissé tomber le nouveau vase** he dropped the new vase

3. DANS DES EXPRESSIONS

• **laisse tomber !** drop it! • **laisse faire !** never mind! *ou* don't bother!

■ laisser *vt*

1. CONFIER

• **ils m'ont laissé leur chat pour le week-end** they left their cat with me for the week-end

2. CÉDER, DONNER

• **laisse-moi un morceau de gâteau** leave a piece of cake for me • **il m'a laissé sa casquette parce qu'elle me plaisait** he let me have his cap because I liked it

3. FAIRE DEMEURER

• **ils m'ont laissé dans l'erreur** they didn't tell me I was mistaken • **ça l'a laissé indifférent** it left him unmoved

4. PERDRE

• **Nelson a laissé son bras dans la bataille** Nelson lost his arm in the battle • **il y a laissé la vie** it cost him his life

■ se laisser *vp*

INDIQUE UN « RELÂCHEMENT »

• **ne te laisse pas décourager !** don't be discouraged • **laisse-toi aller** relax • **tu ne devrais pas te laisser aller** you shouldn't let yourself go • **elle s'est laissé persuader d'accorder une interview au magazine** she let herself be persuaded to grant an interview to the magazine

À PROPOS DE

laisser à

• *Laisser qqch à qqn* ***Leave sthg for/to/with sb*** *ou* ***leave sb sthg***

Il faut noter la construction à double complément qui, en anglais, peut prendre deux formes dont le sens est le même :

1. une structure identique à celle du français : verbe + COD + préposition + COI ***leave sthg for/to/withsb***

2. une structure qui diffère de celle du français, sans préposition, et dans laquelle l'ordre des compléments est inversé : verbe + COI + COD ***leave sb sthg***

• *Ils laissent toujours une clé de leur appartement aux voisins.* ***They always leave a key to their flat with the neighbours*** *ou* ***They always leave the neighbours a key to their flat.***

laisser-aller *nm inv* carelessness.

laissez-passer *nm inv* pass.

lait *nm* **1.** *(gén)* milk • **lait concentré** *ou* **condensé a)** *(sucré)* condensed milk **b)** *(non sucré)* evaporated milk • **lait écrémé** skimmed *ou* skim **(US)** milk • **lait entier** whole milk **2.** *(cosmétique)* • **lait démaquillant** cleansing milk *ou* lotion. **■ au lait** *loc adj* with milk.

laitage *nm* dairy product.

laiterie *nf* dairy.

laitier, ère *adj* dairy *(avant nom)*. ❑ *nm, f* milkman, milkwoman *f*.

laiton *nm* brass.

laitue *nf* lettuce.

laïus *nm* *fam* long speech.

lama *nm* **1.** ZOOL llama **2.** RELIG lama.

lambeau *nm* *(morceau)* shred.

lambris *nm* panelling **(UK)**, paneling **(US)**.

lame *nf* **1.** *(fer)* blade • **lame de rasoir** razor blade **2.** *(lamelle)* strip **3.** *(vague)* wave.

lamé, e *adj* lamé. **■ lamé** *nm* lamé.

lamelle *nf* **1.** *(de champignon)* gill **2.** *(tranche)* thin slice **3.** *(de verre)* slide.

lamentable *adj* **1.** *(résultats, sort)* appalling **2.** *(ton)* plaintive.

lamentation *nf* **1.** *(plainte)* lamentation **2.** *(gén pl) (jérémiade)* moaning *(indén)*.

lamenter ■ se lamenter *vp* to complain.

laminer *vt* **1.** *(dans l'industrie)* to laminate **2.** *fig (personne, revenus)* to eat away at.

lampadaire *nm* **1.** *(d'intérieur)* floor lamp, standard lamp **(UK) 2.** *(de rue)* street lamp *ou* light.

lampe *nf* lamp, light • **lampe de chevet** bedside lamp • **lampe halogène** halogen light • **lampe de poche** torch **(UK)**, flashlight **(US)**.

lampe-tempête *nf* storm lamp.

lampion *nm* Chinese lantern.

lampiste *nm* *(employé, subalterne)* underling, dogsbody **(UK)**.

lance *nf* **1.** *(arme)* spear **2.** *(de tuyau)* nozzle • **lance d'incendie** fire hose.

lance-flammes *nm inv* flame-thrower.

lancement *nm* *(d'entreprise, produit, navire)* launching • **le lancement de la fusée** the rocket launch.

lance-pierre(s) *nm* catapult **(UK)**, slingshot **(US)**.

lancer *vt* **1.** *(pierre, javelot)* to throw • **lancer qqch sur qqn** to throw sthg at sb **2.** *(fusée, produit,* *style)* to launch **3.** *(émettre)* to give off **4.** *(cri)* to let out **5.** *(injures)* to hurl **6.** *(ultimatum)* to issue **7.** *(moteur)* to start up **8.** *(INFORM - programme)* to start • **lancer une impression** to start printing ; *(- système)* to boot (up) **9.** *fam & fig (sur un sujet)* • **lancer qqn sur qqch** to get sb started on sthg **10.** *(faire connaître)* to launch. ❑ *nm* **1.** *(à la pêche)* casting **2.** *SPORT* throwing • **lancer du poids** the shotput, putting the shot. ■ **se lancer** *vp* **1.** *(débuter)* to make a name for o.s **2.** *(s'engager)* • **se lancer dans** *(dépenses, explication, lecture)* to embark on.

lance-roquettes *nm* (hand held) rocket launcher *ou* gun.

lanceur, euse *nm, f SPORT* thrower • **lanceur de javelot** javelin thrower • **lanceur de poids** shot putter. ■ **lanceur** *nm AÉRON* launcher.

lancinant, e *adj* **1.** *(douleur)* shooting **2.** *fig (obsédant)* haunting **3.** *(monotone)* insistent.

landau *nm (d'enfant)* pram **(UK)**, baby carriage **(US)**.

lande *nf* moor.

langage *nm (gén)* language.

lange *nm* nappy **(UK)**, diaper **(US)**.

langer *vt* to change.

langoureux, euse *adj* languorous.

langouste *nf* crayfish.

langoustine *nf* langoustine.

langue *nf* **1.** *fig ANAT* tongue **2.** *LING* language • **langue maternelle** mother tongue • **langue morte/vivante** dead/modern language • **langue officielle** official language **3.** *(forme)* tongue.

languette *nf* tongue.

langueur *nf* **1.** *(dépérissement, mélancolie)* languor **2.** *(apathie)* apathy.

languir *vi* **1.** *(dépérir)* • **languir (de)** to languish (with) **2.** *sout (attendre)* to wait • **faire languir qqn** to keep sb waiting.

lanière *nf* strip.

lanoline *nf* lanolin.

lanterne *nf* **1.** *(éclairage)* lantern **2.** *(phare)* light.

Laos *nm* • **le Laos** Laos.

laper *vt & vi* to lap.

lapidaire *nm* lapidary. ❑ *adj* **1.** lapidary **2.** *fig (style)* terse.

lapider *vt (tuer)* to stone.

lapin, e *nm, f CULIN & ZOOL* rabbit. ■ **lapin** *nm (fourrure)* rabbit fur.

Laponie *nf* • **la Laponie** Lapland.

laps *nm* • **(dans) un laps de temps** (in) a while.

lapsus *nm* slip (of the tongue/pen).

laquais *nm* lackey.

laque *nf* **1.** *(vernis, peinture)* lacquer **2.** *(pour cheveux)* hair spray, lacquer **(UK)**.

laqué, e *adj* lacquered.

laquelle → **lequel**

larbin *nm fam & péj* **1.** *(domestique)* servant **2.** *(personne servile)* yes-man.

larcin *nm* **1.** *(vol)* larceny, theft **2.** *(butin)* spoils *pl*.

lard *nm* **1.** *(graisse de porc)* lard **2.** *(viande)* bacon.

lardon *nm* **1.** *CULIN* bacon cube **2.** *fam (enfant)* kid.

large *adj* **1.** *(étendu, grand)* wide • **large de 5 mètres** 5 metres **(UK)** *ou* meters **(US)** wide **2.** *(important, considérable)* big **3.** *(esprit, sourire)* broad • **avoir l'esprit large** *ou* **les idées larges** to be broad-minded *ou* open-minded **4.** *(généreux - personne)* generous. ❑ *nm* **1.** *(largeur)* • **5 mètres de large** 5 metres **(UK)** *ou* meters **(US)** wide **2.** *(mer)* • **le large** the open sea • **au large de la côte française** off the French coast.

> **FAUX AMIS**
>
> **large**
>
> Bien que le mot français *large* et son homographe anglais ***large*** soient tous deux liés à la notion de dimension, le second est beaucoup plus vague que le premier, et équivaut à *grand* ou *gros* (***a large helping of vegetables***, *une* ***grosse*** *part de légumes*). Quant au *large* français, il se traduit par ***wide*** lorsqu'il décrit la dimension physique : *une rue très large*, ***a very wide street***.

largement *adv* **1.** *(diffuser, répandre)* widely • **la porte était largement ouverte** the door was wide open **2.** *(donner, payer)* generously **3.** *(dépasser)* considerably **4.** *(récompenser)* amply • **avoir largement le temps** to have plenty of time **5.** *(au moins)* easily.

largeur *nf* **1.** *(d'avenue, de cercle)* width • **quelle est la largeur du salon ?** how wide is the living room? **2.** *fig (d'idées, d'esprit)* breadth.

larguer *vt* **1.** *(voile)* to unfurl **2.** *(bombe, parachutiste)* to drop **3.** *fam & fig (abandonner)* to dump, to chuck **(UK)**.

larme *nf (pleur)* tear • **être en larmes** to be in tears.

larmoyant, e *adj* **1.** *(yeux, personne)* tearful **2.** *péj (histoire)* tearjerking.

larron *nm vieilli (voleur)* thief.

larve *nf* **1.** *ZOOL* larva **2.** *péj (personne)* wimp.

laryngite *nf* laryngitis *(indén)*.

larynx *nm* larynx.

las, lasse *adj littéraire (fatigué)* weary.

lascar *nm fam* **1.** *(homme louche)* shady character **2.** *(homme rusé)* rogue **3.** *(enfant)* rascal.

lascif, ive *adj* lascivious.

laser *nm* laser. ❑ *adj inv* laser *(avant nom)*.

lasser *vt* **1.** *sout (personne)* to weary **2.** *sout (patience)* to try. ■ **se lasser** *vp* to weary.

lassitude *nf* lassitude.

lasso *nm* lasso.

latent, e *adj* latent.

latéral, **e** *adj* lateral.
latex *nm inv* latex.
latin, **e** *adj* Latin. ■ **latin** *nm (langue)* Latin.
latiniste *nmf* **1.** *(spécialiste)* Latinist **2.** *(étudiant)* Latin student.
latino *adj & nmf* Latino.
latino-américain, **e** *adj* Latin-American, Hispanic.
latitude *nf litt & fig* latitude.
latrines *nfpl* latrines.
latte *nf* lath, slat.
lauréat, **e** *nm,f* prizewinner, winner.
laurier *nm* BOT laurel.
laurier-rose *nm* oleander.
lavable *adj* washable • **lavable en machine** machine-washable.
lavabo *nm* **1.** *(cuvette)* basin (UK), washbowl (US) **2.** *(gén pl) (local)* toilet (UK), washroom (US).
lavage *nm* washing.
lavande *nf* BOT lavender.
lave *nf* lava.
lave-glace *nm* windscreen washer (UK), windshield washer (US).
lave-linge *nm inv* washing machine.
lavement *nm* enema.
laver *vt* **1.** *(nettoyer)* to wash **2.** *fig (disculper)* • **laver qqn de qqch** to clear sb of sthg. ■ **se laver** *vp (se nettoyer)* to wash o.s., to have a wash (UK), to wash up (US) • **se laver les mains/les cheveux** to wash one's hands/hair.
laverie *nf (commerce)* laundry • **laverie automatique** launderette, laundrette, Laundromat® (US).
lavette *nf* **1.** *(brosse)* washing-up brush (UK), dish mop (US) **2.** *(en tissu)* dishcloth **3.** *fam (homme)* drip.
laveur, **euse** *nm,f* washer • **laveur de carreaux** window cleaner *(person)*.
lave-vaisselle *nm inv* dishwasher.
lave-vitre *nm* AUTO windscreen (UK) *ou* windshield (US) washer.
lavoir *nm (lieu)* laundry.
laxatif, **ive** *adj* laxative. ■ **laxatif** *nm* laxative.
laxisme *nm* laxity.
laxiste *adj* lax.
layette *nf* layette.
LCD (abrév de liquid cristal display) *nm* LCD.
le, **la** *art déf* **1.** *(gén)* the • **le lac** the lake • **la fenêtre** the window • **l'homme** the man • **les enfants** the children **2.** *(devant les noms abstraits)* • **l'amour** love • **la liberté** freedom • **la vieillesse** old age **3.** *(temps)* • **le 15 janvier 1953** 15th January 1953 (UK), January 15th, 1953 (US) • **je suis arrivé le 15 janvier 1953** I arrived on the 15th of January 1953 *ou* on January 15th, 1953 (US) • **le lundi a)** *(habituellement)* on Mondays **b)** *(jour précis)* on (the) Monday **4.** *(possession)* • **se laver les mains** to wash one's hands • **avoir les cheveux blonds** to have fair hair **5.** *(distributif)* per, a • **2 euros le mètre** 2 euros per metre (UK) *ou* meter (US), 2 euros a metre (UK) *ou* meter (US) **6.** *(dans les fractions)* a, an **7.** *(avec un nom propre)* the. ❑ *pron pers* **1.** *(personne)* him, her *f*, them *pl* • **je le/la/les connais bien** I know him/her/them well **2.** *(chose)* it, them *pl* • **tu dois avoir la clé, donne-la moi** you must have the key: give it to me **3.** *(animal)* it, him, her *f*, them *pl* **4.** *(représente une proposition)* • **je le sais bien** I know, I'm well aware (of it) • **je te l'avais bien dit !** I told you so!

À PROPOS DE

le

Devant les noms abstraits ou généraux, l'article ne se traduit pas.
• *La liberté.* ***Freedom.***
• *Les femmes.* ***Women.***
Avec les parties du corps, on utilise les pronoms possessifs en anglais pour traduire l'article défini.
• *Elle se lave les cheveux.* ***She's washing*** **her** ***hair.***
Lorsqu'on décrit le physique d'une personne, l'article ne se traduit pas.
• *Il a les cheveux blonds.* ***He has blonde hair.***
Lorsqu'il s'agit d'un animal familier, on utilise souvent en anglais le pronom ***him***, normalement réservé aux personnes, pour traduire le pronom *le*.
• *Le chat a envie de sortir, veux-tu le laisser faire ?* ***The cat wants to go out, do you want to let*** **him?**

À PROPOS DE

la

Lorsqu'il s'agit d'un animal familier, on utilise souvent en anglais le pronom ***her***, normalement réservé aux personnes, pour traduire le pronom *la*.
• *La chatte a envie de sortir, veux-tu la laisser faire ?* ***The cat wants to go out, do you want to let*** **her?**

LEA (abrév de langues étrangères appliquées) *nfpl* applied foreign languages.
leader *nm (de parti, course)* leader.
leadership *nm* leadership.
lécher *vt* **1.** *(passer la langue sur, effleurer)* to lick **2.** *(sujet : vague)* to wash against **3.** *fam (fignoler)* to polish (up).
lèche-vitrines *nm inv* window-shopping • **faire du lèche-vitrines** to go window-shopping.
leçon *nf* **1.** *(gén)* lesson • **leçons de conduite** driving lessons • **leçons particulières** private lessons *ou* classes **2.** *(conseil)* advice *(indén)* • **faire la leçon à qqn** to lecture sb.

lecteur, trice *nm,f* **1.** *(de livres)* reader **2.** *UNIV* foreign language assistant. ■ **lecteur** *nm* **1.** *(gén)* head • **lecteur de CD/DVD** CD/DVD player • **lecteur MP3** MP3 player **2.** *INFORM* reader • **lecteur biométrique** biometric reader.

lecture *nf* reading.

FAUX AMIS

lecture

Si l'on dit ***she gave a lecture on Yeats***, ou pourrait croire qu'il s'agit de quelqu'un qui lit une œuvre du poète irlandais. Or il n'en est rien, car la ***lecture*** anglaise n'est pas un équivalent du mot français *lecture*, mais plutôt de ***conférence*** (à l'université). L'action de lire se dit ***reading***, comme dans : *n'oublie pas ton livre de lecture*, ***don't forget your reading book.***

ledit, ladite *adj* the said, the aforementioned.

légal, e *adj* legal.

légalement *adv* legally.

légaliser *vt (rendre légal)* to legalize.

légalité *nf* **1.** *(de contrat, d'acte)* legality, lawfulness **2.** *(loi)* law.

légataire *nmf* legatee.

légendaire *adj* legendary.

légende *nf* **1.** *(fable)* legend **2.** *(de carte, de schéma)* key.

léger, ère *adj* **1.** *(objet, étoffe, repas)* light **2.** *(bruit, différence, odeur)* slight **3.** *(alcool, tabac)* low-strength **4.** *(femme)* flighty **5.** *(insouciant - ton)* light-hearted ; *(- conduite)* thoughtless. ■ **à la légère** *loc adv* lightly, thoughtlessly.

légèrement *adv* **1.** *(s'habiller, poser)* lightly **2.** *(agir)* thoughtlessly **3.** *(blesser, remuer)* slightly.

légèreté *nf* **1.** *(d'objet, de repas, de punition)* lightness **2.** *(de style)* gracefulness **3.** *(de conduite)* thoughtlessness **4.** *(désinvolture)* flightiness.

légiférer *vi* to legislate.

légion *nf MIL* legion.

légionellose *nf MÉD* legionnaires' disease.

légionnaire *nm* legionary.

législateur, trice *nm,f* legislator.

législatif, ive *adj* legislative. ■ **législatives** *nfpl* • **les législatives** the legislative elections ; ≃the general election *(sing)* **(UK)**; ≃the Congressional election *(sing)* **(US)**.

législation *nf* legislation.

légiste *adj* **1.** *(juriste)* jurist **2.** → **médecin**

légitime *adj* legitimate.

légitimer *vt* **1.** *(reconnaître)* to recognize **2.** *(enfant)* to legitimize **3.** *(justifier)* to justify.

légitimité *nf* **1.** *(de pouvoir, d'enfant)* legitimacy **2.** *(de récompense)* fairness.

legs *nm* legacy.

léguer *vt* • **léguer qqch à qqn a)** *DR* to bequeath sthg to sb **b)** *fig* to pass sthg on to sb.

légume *nm* vegetable.

LEXIQUE

les légumes

l'ail the garlic
l'artichaut the artichoke
l'asperge the asparagus
l'aubergine the aubergine **(UK)**, eggplant **(US)**
la betterave the beetroot **(UK)**, the beet **(US)**
le brocoli the broccoli
la carotte the carrot
le céleri the celery
le champignon the mushroom
le chou de Bruxelles the brussels sprout
le chou-fleur the cauliflower
le concombre the cucumber
la courgette the courgette **(UK)**, the zucchini **(US)**
les épinards the spinach
le germe de soja the beansprout
le haricot vert the green bean, the string bean **(US)**
la laitue the lettuce
le maïs the sweetcorn (the **UK**), corn **(US)**
le navet the turnip
l'oignon the onion
le petit pois the pea
le poireau the leek
le poivron the pepper
la pomme de terre the potato
le potiron the pumpkin
le radis the radish
la tomate the tomato

leitmotiv *nm* leitmotif.

Léman → **lac**

lendemain *nm (jour)* day after • **le lendemain matin** the next morning • **au lendemain de** after, in the days following.

lénifiant, e *adj litt & fig* soothing.

lent, e *adj* slow.

lente *nf* nit.

lentement *adv* slowly.

lenteur *nf* slowness *(indén)*.

lentille *nf* **1.** *BOT & CULIN* lentil **2.** *(d'optique)* lens • **lentilles de contact** contact lenses.

léopard *nm* leopard.

lèpre *nf MÉD* leprosy.

lequel, laquelle *pron rel* **1.** *(complément - personne)* whom ; *(- chose)* which **2.** *(sujet - personne)* who ; *(- chose)* which. ❑ *pron interr* • **lequel ?** which (one)?

En anglais, le pronom relatif est souvent omis.

les → **le**

lesbienne *nf* lesbian.

léser *vt (frustrer)* to wrong.
lésiner *vi* to skimp • **ne pas lésiner sur** not to skimp on.
lésion *nf* lesion.
lessive *nf* **1.** *(nettoyage, linge)* laundry, washing (UK) • **faire deux lessives par jour** to do two washes a day **2.** *(produit)* washing powder (UK), laundry detergent (US).
lessiver *vt* **1.** *(nettoyer)* to wash **2.** CHIM to leach **3.** *fam (épuiser)* to wipe out.
lest *nm* ballast.
leste *adj* **1.** *(agile)* nimble, agile **2.** *(licencieux)* crude.
lester *vt (garnir de lest)* to ballast.
létalité [letalite] *nf* lethality • **taux de létalité** case fatality rate.
letchi = **litchi**.
léthargie *nf litt & fig* lethargy.
letton, onne *adj* Latvian. ■ **letton** *nm (langue)* Latvian. ■ **Letton, onne** *nm, f* Latvian.

En anglais, les adjectifs se rapportant à un pays ou une région ainsi que le nom désignant la langue de ce pays ou cette région, s'écrivent avec une majuscule.

Lettonie *nf* • **la Lettonie** Latvia.

En anglais, à de rares exceptions près, il n'y a pas d'article devant les noms de pays.

lettre *nf* **1.** *(gén)* letter • **en toutes lettres** in words, in full • **lettre de motivation** covering (UK) *ou* cover (US) letter **2.** *(sens des mots)* • **à la lettre** to the letter. ■ **lettres** *nfpl* **1.** *(culture littéraire)* letters **2.** UNIV arts, humanities • **lettres classiques** classics • **lettres modernes** French language and literature.
leucémie *nf* leukaemia (UK), leukemia (US).
leucocyte *nm* leucocyte.
leur *pron pers inv* (to) them • **je voudrais leur parler** I'd like to speak to them • **je leur ai donné la lettre** I gave them the letter, I gave the letter to them. ■ **leur** *adj poss* their • **c'est leur tour** it's their turn • **leurs enfants** their children. ■ **le leur, la leur** *pron poss* theirs • **il faudra qu'ils y mettent du leur** they've got to pull their weight.
leurre *nm* **1.** *(appât)* lure **2.** *fig (illusion)* illusion **3.** *fig (tromperie)* deception, trap.
leurrer *vt* to deceive. ■ **se leurrer** *vp* to deceive o.s.
levain *nm* CULIN • **pain au levain/sans levain** leavened/unleavened bread.
levant *nm* east. ❑ *adj* → **soleil**.
lever *vt* **1.** *(objet, blocus, interdiction)* to lift **2.** *(main, tête, armée)* to raise **3.** *(scellés, difficulté)* to remove **4.** *(séance)* to close, to end **5.** *(impôts, courrier)* to collect **6.** *(enfant, malade)* • **lever qqn** to get sb up. ❑ *vi* **1.** *(plante)* to come up **2.** *(pâte)* to rise. ❑ *nm* **1.** *(d'astre)* rising, rise • **lever du jour** daybreak • **lever du soleil** sunrise **2.** *(de personne)* • **il est toujours de mauvaise humeur au lever** he's always in a bad mood when he gets up. ■ **se lever** *vp* **1.** *(personne)* to get up, to rise **2.** *(vent)* to get up **3.** *(soleil, lune)* to rise **4.** *(jour)* to break **5.** *(temps)* to clear.
lève-tard *nmf fam* late riser.
lève-tôt *nmf fam* early riser.
levier *nm litt & fig* lever • **levier de vitesses** gear stick (UK), gear lever (UK), gearshift (US).
lévitation *nf* levitation.
lèvre *nf* **1.** lip **2.** *(de vulve)* labium.
lévrier, levrette *nm, f* greyhound.
levure *nf* yeast • **levure chimique** baking powder.
lexical, e *adj* lexical.
lexicographie *nf* lexicography.
lexique *nm* **1.** *(dictionnaire)* glossary **2.** *(vocabulaire)* vocabulary.
lézard *nm* lizard • **un bracelet de montre en lézard** a lizardskin watch strap.
lézarder *vt* to crack. ❑ *vi fam (paresser)* to bask. ■ **se lézarder** *vp* to crack.
LGBT (abr de lesbiennes, gays, bisexuels, transgenres) *adj & nmpl* LGBT.
liaison *nf* **1.** *(jonction, enchaînement)* connection **2.** CULIN & LING liaison **3.** *(contact, relation)* contact • **avoir une liaison** to have an affair **4.** *(transports)* link.
liane *nf* creeper.
liant, e *adj* sociable. ■ **liant** *nm (substance)* binder.
liasse *nf* **1.** bundle **2.** *(de billets de banque)* wad.
Liban *nm* • **le Liban** Lebanon.

En anglais, à de rares exceptions près, il n'y a pas d'article devant les noms de pays.

libanais, e *adj* Lebanese. ■ **Libanais, e** *nm, f* Lebanese (person) • **les Libanais** the Lebanese.

En anglais, les adjectifs se rapportant à un pays ou une région s'écrivent avec une majuscule.

libeller *vt* **1.** *(chèque)* to make out **2.** *(lettre)* to word.
libellule *nf* dragonfly.
libéral, e *adj (attitude, idée, parti)* liberal. ❑ *nm, f* POLIT liberal.
libéraliser *vt* to liberalize.
libéralisme *nm* liberalism.
libération *nf* **1.** *(de prisonnier)* release, freeing **2.** *(de pays, de la femme)* liberation **3.** *(d'énergie)* release.
libérer *vt* **1.** *(prisonnier, fonds)* to release, to free **2.** *(pays, la femme)* to liberate • **libérer qqn de qqch** to free sb from sthg **3.** *(passage)* to clear **4.** *(énergie)* to release **5.** *(instincts, passions)* to give

free rein to. ■ **se libérer** *vp* **1.** *(se rendre disponible)* to get away **2.** *(se dégager)* • **se libérer de a)** *(lien)* to free o.s. from **b)** *(engagement)* to get out of.

libertaire *nmf & adj* libertarian.

liberté *nf* **1.** *(gén)* freedom • **en liberté** free • **parler en toute liberté** to speak freely • **liberté d'expression** freedom of expression • **liberté d'opinion** freedom of thought **2.** DR release **3.** *(loisir)* free time.

libertin, e *nm, f* libertine.

libidineux, euse *adj* lecherous.

libido *nf* libido.

libraire *nmf* bookseller.

librairie *nf (magasin)* bookshop **(UK)**, bookstore **(US)**.

FAUX AMIS

librairie

Il est malheureusement très facile de confondre *librairie* et ***library***, tous les deux ayant trait aux livres. Pourtant, une ***library*** est une *bibliothèque*, tandis qu'une *librairie* est un **bookshop**. Comparez, par exemple, ***he spends a lot of time reading at the library***, *il passe beaucoup de temps à lire à la* ***bibliothèque*** ; *et elle veut ouvrir une petite librairie*, ***she wants to open a little*** **bookshop**.

libre *adj* **1.** *(gén)* free • **libre de qqch** free from sthg • **être libre de faire qqch** to be free to do sthg **2.** *(école, secteur)* private **3.** *(passage)* clear.

libre-échange *nm* free trade *(indén)*.

librement *adv* freely.

libre-service *nm* **1.** *(magasin)* self-service shop **(UK)** *ou* store **(US)** **2.** *(restaurant)* self-service restaurant.

Libye *nf* • **la Libye** Libya.

libyen, enne *adj* Libyan. ■ **Libyen, enne** *nm, f* Libyan.

lice *nf* • **en lice** *fig* in the fray • **entrer en lice** *fig* to join the fray.

licence *nf* **1.** *(permis)* permit **2.** COMM licence **(UK)**, license **(US)** • **licence d'exploitation** *(de logiciel, de réseau)* licence **3.** UNIV (first) degree • **licence ès lettres/en droit** ≃ Bachelor of Arts/Law degree **4.** *littéraire (liberté)* licence **(UK)**, license **(US)**.

licencié, e *adj* **1.** UNIV graduate *(avant nom)* **2.** *(qui a perdu son emploi)* laid off *ou* made redundant **(UK)**. ❑ *nm, f* **1.** UNIV graduate **2.** *(titulaire d'un permis)* permit holder **3.** COMM licence **(UK)** *ou* license **(US)** holder **4.** *(qui a perdu son emploi)* laid off *ou* redundant **(UK)** employee.

licenciement *nm* **1.** dismissal **2.** *(économique)* layoff, redundancy **(UK)**.

licencier *vt* **1.** *(pour faute)* to dismiss, to fire **2.** *(pour raison économique)* to lay off, to make redundant **(UK)** • **se faire licencier** to be laid off, to be made redundant **(UK)**.

lichen *nm* lichen.

licite *adj* lawful, legal.

licorne *nf* unicorn.

lie *nf (dépôt)* dregs *pl*, sediment.

lié, e *adj* **1.** *(mains)* bound **2.** *(amis)* • **être très lié avec** to be great friends with.

lie-de-vin *adj inv* burgundy, wine-coloured **(UK)**, wine-colored **(US)**.

liège *nm* cork.

liégeois, e *adj* **1.** GÉOGR of/from Liège **2.** CULIN • **café/chocolat liégeois** *si vous voulez expliquer de quoi il s'agit à un anglophone, vous pouvez dire* it is coffee or chocolate ice cream topped with whipped cream.

lien *nm* **1.** *(sangle)* bond **2.** *(relation, affinité)* bond, tie • **avoir des liens de parenté avec** to be related to **3.** *fig (enchaînement)* connection, link.

lier *vt* **1.** *(attacher)* to tie (up) • **lier qqn/qqch à** to tie sb/sthg to **2.** *(sujet : contrat, promesse)* to bind • **lier qqn/qqch par** to bind sb/sthg by **3.** *(relier par la logique)* to link, to connect • **lier qqch à** to link sthg to, to connect sthg with **4.** *(commencer)* • **lier connaissance/conversation avec** to strike up an acquaintance/a conversation with **5.** *(sujet : sentiment, intérêt)* to unite **6.** CULIN to thicken. ■ **se lier** *vp (s'attacher)* • **se lier (d'amitié) avec qqn** to make friends with sb.

lierre *nm* ivy.

liesse *nf* jubilation.

lieu *nm* **1.** *(endroit)* place • **en lieu sûr** in a safe place • **lieu de naissance** birthplace **2.** *(locution)* • **avoir lieu** to take place. ■ **lieux** *nmpl* **1.** *(scène)* scene *sing*, spot *sing* • **sur les lieux (d'un crime/d'un accident)** at the scene (of a crime/an accident) **2.** *(domicile)* premises. ■ **lieu commun** *nm* commonplace. ■ **au lieu de** *loc prép* • **au lieu de qqch/de faire qqch** instead of sthg/of doing sthg. ■ **en dernier lieu** *loc adv* lastly. ■ **en premier lieu** *loc adv* in the first place.

lieu-dit *nm* locality, place.

lieue *nf* league.

lieutenant, e *nm, f* lieutenant.

lièvre *nm* hare.

lifter *vt* TENNIS to put topspin on.

lifting *nm* face-lift.

ligament *nm* ligament.

ligature *nf* MÉD *(lien)* ligature ; *(opération)* ligation, ligature • **ligature des trompes** MÉD tubal ligation.

ligaturer *vt* MÉD to ligature, to ligate.

ligne *nf* **1.** *(gén)* line • **à la ligne** new line *ou* paragraph • **en ligne a)** *(personnes)* in a line **b)** INFORM on line • **restez en ligne !** TÉLÉCOM hold the line! • **ligne de départ/d'arrivée** starting/finishing **(UK)** *ou* finish **(US)** line • **ligne aérienne** airline • **ligne de commande** INFORM command line • **ligne de conduite** line of conduct • **ligne directrice** guideline • **lignes de la main** lines of the hand • **les grandes lignes** *(trans-*

ports) the main lines **2.** *(forme - de voiture, meuble)* lines *pl* **3.** *(silhouette)* • **garder la ligne** to keep one's figure • **surveiller sa ligne** to watch one's waistline **4.** *(de pêche)* fishing line • **pêcher à la ligne** to go angling **5.** *(locution)* • **dans les grandes lignes** in outline • **entrer en ligne de compte** to be taken into account.

lignée *nf (famille)* descendants *pl* • **dans la lignée de** *fig (d'écrivains, d'artistes)* in the tradition of.

ligoter *vt* **1.** *(attacher)* to tie up • **ligoter qqn à qqch** to tie sb to sthg **2.** *fig (entraver)* to bind.

ligue *nf* league.

liguer ■ **se liguer** *vp* to form a league • **se liguer contre** to conspire against.

lilas *nm & adj inv* lilac.

limace *nf* ZOOL slug.

limaille *nf* filings *pl*.

limande *nf* dab.

lime *nf* **1.** *(outil)* file • **lime à ongles** nail file **2.** BOT lime.

limer *vt* **1.** *(ongles)* to file **2.** *(aspérités)* to file down **3.** *(barreau)* to file through.

limier *nm* **1.** *(chien)* bloodhound **2.** *(détective)* sleuth.

liminaire *adj* introductory.

limitation *nf* **1.** limitation **2.** *(de naissances)* control • **limitation de vitesse** speed limit.

limite *nf* **1.** *(gén)* limit • **à la limite** *(au pire)* at worst • **à la limite, j'accepterais de le voir** if pushed, I'd agree to see him **2.** *(terme, échéance)* deadline • **limite d'âge** age limit. ❑ *adj (extrême)* maximum *(avant nom)* • **cas limite** borderline case • **date limite** deadline • **date limite de vente/consommation** sell-by/use-by date.

limiter *vt* **1.** *(borner)* to border, to bound **2.** *(restreindre)* to limit. ■ **se limiter** *vp* **1.** *(se restreindre)* • **se limiter à qqch/à faire qqch** to limit o.s. to sthg/to doing sthg **2.** *(se borner)* • **se limiter à** to be limited to.

limitrophe *adj* **1.** *(frontalier)* border *(avant nom)* • **être limitrophe de** to border on **2.** *(voisin)* adjacent.

limoger *vt* to dismiss.

limon *nm* GÉOL alluvium, silt.

limonade *nf* lemonade (UK).

limpide *adj* **1.** *(eau)* limpid **2.** *(ciel, regard)* clear **3.** *(explication, style)* clear, lucid.

lin *nm* **1.** BOT flax **2.** *(tissu)* linen.

linceul *nm* shroud.

linéaire *adj (mesure, perspective)* linear.

linge *nm* **1.** *(lessive)* laundry, washing (UK) **2.** *(de lit, de table)* linen **3.** *(sous-vêtements)* underwear **4.** *(morceau de tissu)* cloth.

lingerie *nf* **1.** *(sous-vêtements)* lingerie **2.** *(local)* linen room.

lingette *nf* wipe • **lingette antibactérienne** anti-bacterial wipe • **lingette démaquillante** eye makeup remover pad.

lingot *nm* ingot.

linguistique *nf* linguistics *(indén)*. ❑ *adj* linguistic.

lino, **linoléum** *nm* lino, linoleum.

lion, **lionne** *nm, f* lion, lioness *f*. ■ **Lion** *nm* ASTROL Leo.

lionceau *nm* lion cub.

lipide *nm* lipid.

liquéfier *vt* to liquefy. ■ **se liquéfier** *vp* **1.** *(matière)* to liquefy **2.** *fam* & *fig (personne)* to turn to jelly.

liqueur *nf* liqueur.

liquidation *nf* **1.** FIN *(de compte)* settlement **2.** *(de société, stock)* liquidation • **liquidation judiciaire** compulsory liquidation.

liquide *nm* **1.** *(substance)* liquid • **liquide vaisselle** washing-up liquid, dishwashing liquid (US), dish soap (US) • **liquide de refroidissement** coolant **2.** *(argent)* cash • **en liquide** in cash. ❑ *adj (corps, consonne)* liquid.

liquider *vt* **1.** *(compte)* FIN to settle **2.** *(société, stock)* to liquidate **3.** *arg crime (témoin)* to liquidate, to eliminate **4.** *fig (problème)* to eliminate, to get rid of.

liquidité *nf* liquidity. ■ **liquidités** *nfpl* liquid assets.

liquoreux, **euse** *adj* syrupy.

lire[1] *vt* to read • **lu et approuvé** read and approved.

lire[2] *nf* lira.

lis, **lys** *nm* lily.

Lisbonne *npr* Lisbon.

liseré, **liséré** *nm* **1.** *(ruban)* binding **2.** *(bande)* border, edging.

liseron *nm* bindweed.

liseuse *nf* **1.** *(vêtement)* bedjacket **2.** *(lampe)* reading light.

lisible *adj (écriture)* legible.

lisiblement *adv* legibly.

lisière *nf (limite)* edge.

lisse *adj (surface, peau)* smooth.

lisser *vt* **1.** *(papier, vêtements)* to smooth (out) **2.** *(moustache, cheveux)* to smooth (down) **3.** *(plumes)* to preen.

liste *nf* list • **liste d'attente** waiting list, waitlist (US) • **liste de discussion** INTERNET discussion list • **liste électorale** electoral register (UK), electoral roll (UK), list of registered voters (US) • **liste de mariage** wedding (present) list • **être sur la liste rouge** to be ex-directory (UK), to have an unlisted number (US).

lister *vt* to list.

listériose *nf* MÉD listeriosis *(indén)*.

listing *nm* listing.

lit *nm (gén)* bed • **faire son lit** to make one's bed • **garder le lit** to stay in bed • **se mettre au lit** to go to bed • **lit à baldaquin** four-poster bed • **lit de camp** camp bed (UK), cot (US).

litanie *nf* litany.

litchi, letchi *nm* lychee.
literie *nf* bedding.
lithographie *nf* **1.** *(procédé)* lithography **2.** *(image)* lithograph.
litière *nf* litter.
litige *nm* **1.** *DR* lawsuit **2.** *(désaccord)* dispute.
litigieux, euse *adj* **1.** *DR* litigious **2.** *(douteux)* disputed.
litre *nm* **1.** *(mesure, quantité)* litre **(UK)**, liter **(US)** **2.** *(récipient)* litre **(UK)** *ou* liter **(US)** bottle.
littéraire *adj* literary.
littéral, e *adj* **1.** *(gén)* literal **2.** *(écrit)* written.
littérature *nf (gén)* literature.
littoral, e *adj* coastal. ■ **littoral** *nm* coast, coastline.
Lituanie *nf* • **la Lituanie** Lithuania.

> En anglais, à de rares exceptions près, il n'y a pas d'article devant les noms de pays.

lituanien, enne *adj* Lithuanian. ■ **lituanien** *nm (langue)* Lithuanian. ■ **Lituanien, enne** *nm, f* Lithuanian.

> En anglais, les adjectifs se rapportant à un pays ou une région ainsi que le nom désignant la langue de ce pays ou cette région, s'écrivent avec une majuscule.

liturgie *nf* liturgy.
livide *adj (blême)* pallid.
livraison *nf (de marchandise)* delivery • **livraison à domicile** home delivery.
livre[1] *nm (gén)* book • **livre de cuisine** cookbook, cookery book **(UK)** • **livre électronique** e-book • **livre d'images** picture book • **livre d'or** visitors' book • **livre de poche** paperback • **livre scolaire** schoolbook, textbook.
livre[2] *nf* pound • **livre sterling** pound sterling.
livrée *nf (uniforme)* livery.
livrer *vt* **1.** *COMM* to deliver • **livrer qqch à qqn** *(achat)* to deliver sthg to sb **2.** *fig* to reveal • **livrer qqch à qqn** *(secret)* to reveal *ou* give away sthg to sb **3.** *(coupable, complice)* • **livrer qqn à qqn** to hand sb over to sb **4.** *(abandonner)* • **livrer qqch à qqch** to give sthg over to sthg • **livrer qqn à lui-même** to leave sb to his own devices. ■ **se livrer** *vp* **1.** *(se rendre)* • **se livrer à a)** *(police, ennemi)* to give o.s. up to **b)** *(amant)* to give o.s. to **2.** *(se confier)* • **se livrer à** *(ami)* to open up to, to confide in **3.** *(se consacrer)* • **se livrer à a)** *(occupation)* to devote o.s. to **b)** *(excès)* to indulge in.

> **À PROPOS DE**
> ### logement
> Attention ! Le mot ***accommodation*** est indénombrable en anglais britannique. Il ne s'emploie jamais ni au pluriel ni avec l'article indéfini ***an*** :
> • *Je cherche un logement provisoire.* ***I'm looking for*** (some) ***temporary*** **accommodation.**

livret *nm* **1.** *(carnet)* booklet • **livret de caisse d'épargne** bankbook, passbook **(UK)** • **livret de famille** *si vous voulez donner expliquer à un anglophone de quoi il s'agit, vous pouvez dire* it is an official family record book. It is given to newly-weds for them to keep a record of births and deaths in the family • **livret scolaire** ≃ school report **(UK)**; ≃ report card **(US)** **2.** *(catalogue)* catalogue **(UK)**, catalog **(US)** **3.** *MUS* book, libretto.
livreur, euse *nm, f* delivery man, woman *f*.
lobby *nm* lobby.
lobe *nm ANAT & BOT* lobe • **le lobe de l'oreille** the earlobe.
lober *vt* to lob.
local, e *adj* **1.** local **2.** *(douleur)* localized. ■ **local** *nm* room, premises *pl*. ■ **locaux** *nmpl* premises, offices.
localement *adv* locally.
localiser *vt* **1.** *(avion, bruit)* to locate **2.** *(épidémie, conflit, produit multimédia)* to localize.
localité *nf* (small) town.
locataire *nmf* tenant.
locatif *nm GRAMM* locative.
location *nf* **1.** *(de propriété - par propriétaire)* renting, letting **(UK)**; *(- par locataire)* renting **2.** *(de machine)* leasing • **location de voitures/vélos** car/bicycle hire **(UK)**, car/bicycle rental **(US)** **3.** *(bail)* lease **4.** *(maison, appartement)* rented property, rental **(US)** **5.** *(réservation)* booking. ■ **en location** *loc adj* • **être en location a)** *(locataire)* to be renting *(a house)* **b)** *(appartement)* to be available for rent, to be up for rent.

> **FAUX AMIS**
> ### location
> Attention à ne pas se laisser influencer par l'orthographe identique, en français et en anglais, du mot *location*. En anglais, il a le sens de *lieu, emplacement, endroit* (***the firm has moved to a new location***, *la société a déménagé*). Le *location* français équivaut par contre à ***hire***, ***renting***, etc. Par exemple, dans une agence immobilière : *nous n'avons pas de locations*, ***we have no*** **accomodation for rent.**

location-vente *nf* ≃ hire purchase **(UK)**; ≃ installment plan **(US)**.
locomotion *nf* locomotion.
locomotive *nf* **1.** *(machine)* locomotive **2.** *fig (leader)* pacesetter.
locuteur, trice *nm, f* speaker.
locution *nf* expression, phrase.
loft *nm* (converted) loft.
logarithme *nm* logarithm.
loge *nf* **1.** *(de concierge, de francs-maçons)* lodge **2.** *(d'acteur)* dressing room.
logement *nm* **1.** *(hébergement)* accommodation **(UK)**, accommodations *(pl)* **(US)** **2.** *(appar-*

tement) flat (UK), apartment (US) • **logement de fonction** company flat (UK) *ou* apartment (US).

LEXIQUE

les différentes formes de logement

l'appartement the apartment/flat
l'appart hôtel the apartment hotel
l'auberge (de jeunesse) the hostel
la chambre chez l'habitant the bed and breakfast *(B&B)*
le gîte rural the (country) holiday home
l'hôtel (deux/trois étoiles) the two-star/three-star hotel
la location the rental
la maison the house
le studio the studio apartment

loger *vi (habiter)* to live. ❑ *vt* **1.** *(amis, invités)* to put up **2.** *(sujet : hôtel, maison)* to accommodate, to take. ■ **se loger** *vp* **1.** *(trouver un logement)* to find accommodation (UK) *ou* accommodations (US) **2.** *(se placer - ballon, balle)* • **se loger dans** to lodge in, to stick in.

logeur, euse *nm, f* landlord, landlady *f.*

logiciel *nm* software *(indén)* • **logiciel éducatif** courseware • **logiciel intégré** integrated software.

logique *nf* logic. ❑ *adj* logical.

logiquement *adv* logically • **logiquement, tu devrais le recevoir demain** if all goes well, you should get it tomorrow.

logis *nm littéraire* abode.

logistique *nf* logistics *pl.*

logo *nm* logo.

loi *nf (gén)* law.

loin *adv* **1.** *(dans l'espace)* far • **plus loin** farther, further **2.** *(dans le temps - passé)* a long time ago ; *(- futur)* a long way off. ■ **au loin** *loc adv* in the distance, far off. ■ **de loin** *loc adv (depuis une grande distance)* from a distance • **de plus loin** from farther *ou* further away. ■ **loin de** *loc prép* **1.** *(gén)* far from • **loin de là !** *fig* far from it! **2.** *(dans le temps)* • **il n'est pas loin de 9 h** it's nearly 9 o'clock, it's not far off 9 o'clock.

lointain, e *adj (pays, avenir, parent)* distant.

loir *nm* dormouse.

loisir *nm* **1.** *(temps libre)* leisure **2.** *(gén pl) (distractions)* leisure activities *pl.*

lombago = **lumbago.**

lombaire *nf* lumbar vertebra. ❑ *adj* lumbar.

londonien, enne *adj* London *(avant nom).* ■ **Londonien, enne** *nm, f* Londoner.

En anglais, les adjectifs se rapportant aux villes s'écrivent avec une majuscule.

Londres *npr* London.

long, longue *adj* **1.** *(gén)* long **2.** *(lent)* slow • **être long à faire qqch** to take a long time doing sthg **3.** *(qui existe depuis longtemps)* long, long-standing. ■ **long** *nm (longueur)* • **4 mètres de long** 4 metres (UK) *ou* meters (US) long *ou* in length • **de long en large** up and down, to and fro • **en long et en large** in great detail • **(tout) le long de** *(espace)* all along • **tout au long de** *(année, carrière)* throughout. ❑ *adv (beaucoup)* • **en savoir long sur qqch** to know a lot about sthg. ■ **à la longue** *loc adv* in the end.

long-courrier *adj* **1.** *(navire)* ocean-going **2.** *(vol)* long-haul.

longe *nf (courroie)* halter.

longer *vt* **1.** *(border)* to go along *ou* alongside **2.** *(marcher le long de)* to walk along **3.** *(raser)* to stay close to, to hug.

longévité *nf* longevity.

longiligne *adj* long-limbed.

longitude *nf* longitude.

longitudinal, e *adj* longitudinal.

longtemps *adv* (for) a long time • **depuis longtemps** (for) a long time • **il y a longtemps que...** it's been a long time since... • **il y a longtemps qu'il est là** he's been here a long time • **mettre longtemps à faire qqch** to take a long time to do sthg.

longue → **long.**

longuement *adv* **1.** *(longtemps)* for a long time **2.** *(en détail)* at length.

longueur *nf* length • **faire 5 mètres de longueur** to be 5 metres (UK) *ou* meters (US) long • **disposer qqch en longueur** to put sthg lengthways • **à longueur de journée/temps** the entire day/time • **à longueur d'année** all year long • **longueur d'onde** wavelength • **saut en longueur** long jump. ■ **longueurs** *nfpl (de film, de livre)* boring parts.

longue-vue *nf* telescope.

look *nm fam* look • **avoir un look** to have a style.

looping *nm* loop-the-loop.

lopin *nm* • **lopin (de terre)** patch *ou* plot of land.

loquace *adj* loquacious.

loque *nf* **1.** *(lambeau)* rag **2.** *fig (personne)* wreck.

loquet *nm* latch.

lorgner *vt fam* **1.** *(observer)* to eye **2.** *(guigner)* to have one's eye on.

lors *adv* • **depuis lors** since that time • **lors de** at the time of.

lorsque *conj* when.

losange *nm* lozenge.

loser *nm fam* loser.

lot *nm* **1.** *(part)* share **2.** *(de terre)* plot **3.** *(stock)* batch **4.** *(prix)* prize **5.** *littéraire* & *fig (destin)* fate, lot.

loterie *nf* lottery.

loti, e *adj* • **être bien/mal loti** to be well/badly off.

lotion *nf* lotion.

lotir *vt* to divide up.

lotissement *nm* **1.** *(terrain à constuire)* plot **2.** *(ensemble de maisons)* housing development.

loto *nm* **1.** *(jeu de société)* lotto **2.** *(loterie)* the National Lottery • **le Loto sportif** the pools **(UK)**.

lotte *nf* monkfish.

lotus *nm* lotus.

louable *adj* **1.** *(méritoire)* praiseworthy **2.** *(location)* • **facilement/difficilement louable** easy/difficult to rent, easy/difficult to let **(UK)**.

louange *nf* praise.

louche[1] *nf* ladle.

louche[2] *adj (personne, histoire)* suspicious.

loucher *vi* **1.** *(être atteint de strabisme)* to squint **2.** *fam* & *fig (lorgner)* • **loucher sur** to have one's eye on.

louer *vt* **1.** *(glorifier)* to praise **2.** *(donner en location)* to rent (out), to let (out) **(UK)** • **à louer** for rent, to let **(UK)** **3.** *(prendre en location)* to rent **4.** *(réserver)* to book. ■ **se louer** *vp (se féliciter)* • **se louer de qqch/de faire qqch** to be very pleased about sthg/about doing sthg.

loufoque *fam adj* nuts, crazy.

loup *nm* **1.** *(carnassier)* wolf **2.** *(poisson)* bass **3.** *(masque)* mask.

loupe *nf (optique)* magnifying glass • **regarder quelque chose à la loupe** to look at something with a magnifying glass.

louper *vt fam* **1.** *(travail)* to make a mess of **2.** *(train)* to miss.

loup-garou *nm* werewolf.

lourd, e *adj* **1.** *(gén)* heavy • **lourd de** *fig* full of **2.** *(tâche)* difficult **3.** *(faute)* serious **4.** *(maladroit)* clumsy, heavy-handed **5.** *MÉTÉOR* close. ■ **lourd** *adv* • **peser lourd** to be heavy, to weigh a lot • **il n'en fait pas lourd** *fam* he doesn't do much.

loutre *nf* otter.

louve *nf* she-wolf.

louveteau *nm* **1.** *ZOOL* wolf cub **2.** *(scout)* cub.

louvoyer *vi* **1.** *NAUT* to tack **2.** *fig (tergiverser)* to beat around *ou* about **(UK)** the bush.

Louvre *npr* • **le Louvre** the Louvre (museum).

lover ■ **se lover** *vp (serpent)* to coil up.

loyal, e *adj* **1.** *(fidèle)* loyal **2.** *(honnête)* fair.

loyauté *nf* **1.** *(fidélité)* loyalty **2.** *(honnêteté)* fairness.

loyer *nm* rent.

LP (abrév de lycée professionnel) *nm si vous voulez expliquer à un anglophone de quoi il s'agit, vous pouvez dire* it is a secondary school that teaches vocational subjects.

lubie *nf fam* whim.

lubrifiant, e *adj* lubricating. ■ **lubrifiant** *nm* lubricant.

lubrifier *vt* to lubricate.

lubrique *adj* lewd.

lucarne *nf* **1.** *(fenêtre)* skylight **2.** *FOOTBALL* top corner of the net.

lucide *adj* lucid.

lucidité *nf* lucidity.

luciole *nf* firefly.

lucratif, ive *adj* lucrative • **une association à but non lucratif** a non-profit *ou* not-for-profit **(US)** organization.

ludique *adj* play *(avant nom)*.

ludo-éducatif *nm* edutainment.

ludothèque *nf* toy library.

lueur *nf* **1.** *(de bougie, d'étoile)* light • **à la lueur de** by the light of **2.** *fig (de colère)* gleam **3.** *(de raison)* spark • **lueur d'espoir** glimmer of hope.

luge *nf* toboggan • **faire de la luge** to go tobogganning.

lugubre *adj* lugubrious.

lui *pron pers* **1.** *(complément d'objet indirect - homme)* (to) him ; *(- femme)* (to) her ; *(- animal, chose)* (to) it • **je lui ai parlé** I've spoken to him/to her • **il lui a serré la main** he shook his/her hand **2.** *(sujet, en renforcement de « il »)* he **3.** *(objet, après préposition, comparatif - personne)* him ; *(- animal, chose)* it • **sans lui** without him • **je vais chez lui** I'm going to his place • **elle est plus jeune que lui** she's younger than him *ou* than he is **4.** *(remplaçant « soi » en fonction de pronom réfléchi - personne)* himself ; *(- animal, chose)* itself • **il est content de lui** he's pleased with himself. ■ **lui-même** *pron pers* **1.** *(personne)* himself **2.** *(animal, chose)* itself.

À PROPOS DE

lui

En anglais, le ton de la voix peut servir à renforcer ce qui est dit : c'est le cas pour ***he*** dans les exemples ci-dessous où l'accent tonique de la phrase porte sur ce mot.

• *Lui, il dit que c'est vrai.* ***He** says it's true.* • *Et lui, qu'est ce qu'il en pense ?* ***What does he think about it?*** • *C'est lui qui nous a renseignés.* ***He was the one who informed us.***

luire *vi* **1.** *(soleil, métal)* to shine **2.** *fig (espoir)* to glow, to glimmer.

luisant, e *adj* gleaming.

lumbago, lombago *nm* lumbago.

lumière *nf fig (éclairage)* light.

luminaire *nm* light.

lumineux, euse *adj* **1.** *(couleur, cadran)* luminous **2.** *fig (visage)* radiant **3.** *(idée)* brilliant **4.** *(explication)* clear.

luminosité *nf* **1.** *(du regard, ciel)* radiance **2.** *(sciences)* luminosity.

lump *nm* • **œufs de lump** lumpfish roe.
lunaire *adj* **1.** *ASTRON* lunar **2.** *fig (visage)* moon *(avant nom)* **3.** *(paysage)* lunar.
lunatique *adj* temperamental.
lunch *nm* buffet lunch.
lundi *nm* Monday. Voir aussi **samedi**.

En anglais, les jours de la semaine s'écrivent avec une majuscule.

lune *nf ASTRON* moon • **pleine lune** full moon.
lunette *nf ASTRON* telescope. ■ **lunettes** *nfpl* glasses • **lunettes de ski** skiing goggles • **lunettes de soleil** sunglasses.
lunule *nf (d'ongle)* half-moon.
lurette *nf fam* • **il y a belle lurette que…** it's been ages since….
luron, onne *nm,f fam* • **un joyeux luron** a bit of a lad **(UK)**.
lustre *nm* **1.** *(luminaire)* chandelier **2.** *(éclat)* sheen, shine **3.** *fig* reputation.
lustrer *vt* **1.** *(faire briller)* to make shine **2.** *(user)* to wear.
luth *nm* lute.
luthier, ère *nm,f* maker of stringed instruments.
lutin, e *adj* mischievous. ■ **lutin** *nm* imp.
lutrin *nm* lectern.
lutte *nf* **1.** *(combat)* fight, struggle • **la lutte des classes** the class struggle **2.** *SPORT* wrestling.
lutter *vi* to fight, to struggle • **lutter contre** to fight (against).
lutteur, euse *nm,f* **1.** *SPORT* wrestler **2.** *fig* fighter.
luxation *nf* dislocation.
luxe *nm* luxury • **de luxe** luxury.
Luxembourg *nm (pays)* • **le Luxembourg** Luxembourg.

En anglais, à de rares exceptions près, il n'y a pas d'article devant les noms de pays.

luxembourgeois, e *adj* of/from Luxembourg. ■ **Luxembourgeois, e** *nm,f* person from Luxembourg.

En anglais, les adjectifs se rapportant à un pays ou une région s'écrivent avec une majuscule.

luxer *vt* to dislocate. ■ **se luxer** *vp* • **se luxer l'épaule** to dislocate one's shoulder.
luxueux, euse *adj* luxurious.
luxure *nf littéraire* lust.
luzerne *nf* lucerne, alfalfa.
lycée *nm* ≃ secondary school **(UK)**; ≃ high school **(US)** • **lycée professionnel** *si vous voulez expliquer à un anglophone de quoi il s'agit, vous pouvez dire* it is a secondary school that teaches vocational subjects • **lycée technique** ≃ technical college.
lycéen, enne *nm,f* secondary school pupil **(UK)**, high school pupil **(US)**.
lymphatique *adj* **1.** *MÉD* lymphatic **2.** *fig (apathique)* sluggish.
lymphe *nf* lymph.
lyncher *vt* to lynch.
lynx *nm* lynx.
Lyon *npr* Lyons.
lyre *nf* lyre.
lyrique *adj* **1.** *fig (poésie)* lyrical **2.** *(drame, chanteur, poète)* lyric.
lys = **lis**.

m, M *nm inv* m, M. ❑ (abrév de mètre) m. ■ **M** **1.** (abrév de Monsieur) Mr **(UK)**, Mr. **(US)** **2.** (abrév de million) M.

macabre *adj* macabre.

macadam *nm* **1.** *(revêtement)* macadam **2.** *(route)* road.

macaque *nm* ZOOL macaque.

macaron *nm* **1.** *(pâtisserie)* macaroon **2.** *(autocollant)* sticker.

macaronis *nmpl* CULIN macaroni *(indén)*.

macchabée *nm* *tfam* stiff.

macédoine *nf* CULIN • **macédoine de fruits** fruit salad • **macédoine de légumes** mixed vegetables.

macérer *vt* to steep. ❑ *vi* **1.** *(mariner)* to steep • **faire macérer** to steep **2.** *fig* & *péj* *(personne)* to wallow.

mâche *nf* lamb's lettuce.

mâcher *vt* *(mastiquer)* to chew.

machiavélique *adj* Machiavellian.

machin *nm* *fam* *(chose)* thing, thingamajig.

Machin, e *nm, f* *fam* what's his name, what's her name *f*.

machinal, e *adj* mechanical.

machinalement *adv* mechanically.

machination *nf* machination.

machine *nf* **1.** TECHNOL machine • **machine à calculer** adding machine • **machine à coudre** sewing machine • **machine à laver** washing machine • **machine à laver séchante** washer-dryer **2.** *(organisation)* machinery *(indén)* **3.** NAUT engine.

machine-outil *nf* machine tool.

machiniste *nm* **1.** CINÉ & THÉÂTRE scene shifter **2.** *(transports)* driver.

macho *péj* *nm* macho man.

mâchoire *nf* jaw.

mâchonner *vt* *(mâcher, mordiller)* to chew.

maçon *nm* mason. ■ **maçon, onne** *nm, f* = **franc-maçon**.

maçonnerie *nf* **1.** *(travaux)* building **2.** *(construction)* masonry **3.** *(franc-maçonnerie)* freemasonry.

macramé *nm* macramé.

macro *nf* INFORM macro.

macrobiotique *nf* macrobiotics *(indén)*.

maculer *vt* to stain.

madame *nf* *(titre)* • **madame X** Mrs X • **bonjour madame !** **a)** good morning! **b)** *(dans hôtel, restaurant)* good morning, madam! • **bonjour mesdames !** good morning (ladies)! • **Madame la Ministre n'est pas là** the Minister is out.

madeleine *nf* madeleine ; *si vous voulez expliquer de quoi il s'agit à un anglophone, vous pouvez dire* it is a small sponge cake. ■ **Madeleine** *nf* • **pleurer comme une Madeleine** to cry one's eyes out.

mademoiselle *nf* *(titre)* • **mademoiselle X** Miss X • **bonjour mademoiselle !** **a)** good morning! **b)** *(à l'école, dans hôtel)* good morning, miss! • **bonjour mesdemoiselles !** good morning (ladies)!

madone *nf* ART & RELIG Madonna.

Madrid *npr* Madrid.

madrier *nm* beam.

maf(f)ia *nf* Mafia.

magasin *nm* **1.** *(boutique)* shop **(UK)**, store **(US)** • **grand magasin** department store • **faire les magasins** *fig* to go around *ou* do the shops **(UK)** *ou* stores **(US)** **2.** *(d'arme, d'appareil photo)* magazine.

LEXIQUE

le magasin

l'ascenseur the lift **(UK)**, the elevator **(US)**
le billet the banknote
le billet de 10 euros the 10 euro banknote
la cabine d'essayage the fitting room
la caisse the cash desk
le cintre the clothes hanger
la clé the key
le/la client(e) the customer
l'escalator the escalator
la monnaie the money
la pièce the coin
le portefeuille the wallet

le porte-monnaie the purse
le téléphone portable the mobile phone

magasinier, ère *nm,f* warehouseman, storeman.
magazine *nm* magazine.
mage *nm* • **les Rois mages** the Three Wise Men.
Maghreb *nm* • **le Maghreb** the Maghreb.
maghrébin, e *adj* North African. ■ **Maghrébin, e** *nm,f* North African.

En anglais, les adjectifs se rapportant à un pays ou une région s'écrivent avec une majuscule.

magicien, enne *nm,f* magician.
magie *nf* magic • **comme par magie** as if by magic.
magique *adj* **1.** *(occulte)* magic **2.** *(merveilleux)* magical.
magistral, e *adj* **1.** *(œuvre, habileté)* masterly **2.** *(dispute, fessée)* enormous **3.** *(attitude, ton)* authoritative.
magistrat, e *nm,f* magistrate.
magistrature *nf* magistracy, magistrature.
magma *nm* **1.** GÉOL magma **2.** *fig (mélange)* muddle.
magnanime *adj* magnanimous.
magnat *nm* magnate, tycoon.
magnésium *nm* magnesium.
magnet *nm* fridge magnet.
magnétique *adj* magnetic.
magnétisme *nm* PHYS *(fascination)* magnetism.
magnétoscope *nm* camcorder, video camera **(UK)** • **enregistrer un film au magnétoscope** to video a film.
magnificence *nf* magnificence.
magnifique *adj* magnificent.
magnolia *nm* magnolia.
magnum *nm* magnum.
magot *nm fam* tidy sum, packet.
maharadjah, maharaja *nm* maharajah, maharaja.
mai *nm* May • **le premier mai** May Day. Voir aussi **septembre**.

En anglais, les mois de l'année s'écrivent avec une majuscule.

maigre *adj* **1.** *(très mince)* thin • **maigre comme un clou** *fam* as thin as a rake **2.** *(aliment)* low-fat **3.** *(viande)* lean **4.** *(peu important)* meagre **(UK)**, meager **(US)** **5.** *(végétation)* sparse.
maigreur *nf* thinness.
maigrir *vi* to lose weight • **maigrir de trois kilos** to lose three kilos.
mail *nm* INFORM email (message), mail.
mailing *nm* mailing, mailshot **(UK)**.
maille *nf* **1.** *(de tricot)* stitch **2.** *(de filet)* mesh.
maillet *nm* mallet.
maillon *nm* link.
maillot *nm (de sport)* shirt, jersey • **maillot de bain** swimsuit • **maillot (de bain) une pièce/deux pièces** one-piece/two-piece swimsuit • **maillot de corps** vest **(UK)**, undershirt **(US)** • **le maillot jaune** the yellow jersey.
main *nf* hand • **attaque à main armée** armed attack • **mains libres** *(téléphone, kit)* hands-free • **donner la main à qqn** to take sb's hand • **haut les mains !** hands up! ❑ *adv (fabriqué, imprimé)* by hand • **fait/tricoté/trié main** hand-made/-knitted/-picked. ■ **à main droite** *loc adv* on the right-hand side. ■ **à main gauche** *loc adv* on the left-hand side. ■ **de la main** *loc adv* with one's hand • **saluer qqn de la main a)** *(pour dire bonjour)* to wave (hello) to sb **b)** *(pour dire au revoir)* to wave (goodbye) to sb, to wave sb goodbye • **de la main, elle me fit signe d'approcher** she waved me over. ■ **de la main à la main** *loc adv* directly, without any middleman • **j'ai payé le plombier de la main à la main** I paid the plumber cash in hand. ■ **de la main de** *loc prép* **1.** *(fait par)* by • **la lettre est de la main même de Proust/de ma main** the letter is in Proust's own hand/in my handwriting **2.** *(donné par)* from (the hand of) • **elle a reçu son prix de la main du président** she received her award from the President himself. ■ **de main en main** *loc adv* from hand to hand, from one person to the next. ■ **d'une main** *loc adv* **1.** *(ouvrir, faire)* with one hand **2.** *(prendre)* with *ou* in one hand • **donner qqch d'une main et le reprendre de l'autre** to give sthg with one hand and take it back with the other. ■ **en main** *loc adj* • **l'affaire est en main** the question is in hand *ou* is being dealt with • **le livre est actuellement en main** *(il est consulté)* the book is out on loan *ou* is being consulted at the moment. ❑ *loc adv* • **avoir qqch en main** to be holding sthg • **avoir** *ou* **tenir qqch (bien) en main** *fig* to have sthg well in hand *ou* under control • **quand tu auras la voiture bien en main** when you've got the feel of the car • **prendre qqch en main** to take control of *ou* over sthg • **prendre qqn en main** to take sb in hand • **la société a été reprise en main** the company was taken over. ■ **la main dans la main** *loc adv* **1.** *(en se tenant par la main)* hand in hand **2.** *fig* together **3.** *péj* hand in glove.
main-d'œuvre *nf* **1.** *(travail)* labour **(UK)**, labor **(US)** **2.** *(personne)* workforce.
main-forte *nf sing* • **prêter main-forte à qqn** to come to sb's assistance.
mainmise *nf* seizure.
maint, e *adj littéraire* many a • **maints** many • **maintes fois** time and time again.
maintenance *nf* maintenance.

maintenant *adv* now. ■ **maintenant que** *loc prép* now that.

maintenir *vt* **1.** *(soutenir)* to support • **maintenir qqn à distance** to keep sb away **2.** *(garder, conserver)* to maintain **3.** *(affirmer)* • **maintenir que** to maintain (that). ■ **se maintenir** *vp* **1.** *(durer)* to last **2.** *(rester)* to remain.

maintenu, e *pp* → **maintenir.**

maintien *nm* **1.** *(conservation)* maintenance **2.** *(de tradition)* upholding **3.** *(tenue)* posture.

maire *nmf* mayor.

mairie *nf* **1.** *(bâtiment)* town hall **(UK)**, city hall **(US)** **2.** *(administration)* town council **(UK)**, city hall **(US)**.

mais *conj* but • **mais non !** of course not! • **mais alors, tu l'as vu ou non ?** so did you see him or not? • **il a pleuré, mais pleuré !** he cried, and how! • **non mais ça ne va pas !** that's just not on! ❑ *adv* but • **vous êtes prêts ? — mais bien sûr !** are you ready? — but of course! ❑ *nm* • **il y a un mais** there's a hitch *ou* a snag • **il n'y a pas de mais** (there are) no buts.

maïs *nm* **1.** maize **(UK)**, corn **(US)** **2.** *(doux)* sweetcorn.

maison *nf* **1.** *(habitation, lignée)* ASTROL house • **maison individuelle** detached house **2.** *(foyer)* home **3.** *(famille)* family • **à la maison a)** *(au domicile)* at home **b)** *(dans la famille)* in my/your *etc* family **4.** COMM company **5.** *(institut)* • **maison d'arrêt** prison • **maison de la culture** arts centre **(UK)** *ou* center **(US)** • **maison de retraite** old people's home **6.** *(en apposition) (artisanal)* home-made **7.** *(dans restaurant - vin)* house *(avant nom)*.

LEXIQUE

la maison

l'allée the drive **(UK)**, the driveway **(US)**
le balcon the balcony
le bureau the study
la cave the cellar
la chambre the bedroom
la cheminée (extérieure) the chimney
la cheminée (intérieure) the fireplace
le couloir the corridor
la cuisine the kitchen
la douche the shower
l'entrée the hall
l'entrée (extérieure) the entrance
l'escalier the stairs
la fenêtre the window
le garage the garage
le grenier the attic
le massif de fleurs the flower bed
le mur (extérieur) the wall
la pelouse the lawn
la porte the door
la salle à manger the dining room
la salle de bains the bathroom
le salon the living room **(UK)**, the lounge **(US)**
le store the blind
la terrasse the terrace
les toilettes the toilet **(UK)**, the bathroom **(US)**
le toit the roof
le volet the shutter

Maison-Blanche *nf* • **la Maison-Blanche** the White House.

maisonnée *nf* household.

maisonnette *nf* small house.

maître, esse *nm, f* **1.** *(professeur)* teacher • **maître de conférences** UNIV ≃ senior lecturer **(UK)** ; ≃ assistant professor **(US)** • **maître d'école** schoolteacher • **maître nageur** swimming instructor **2.** *fig (modèle, artiste)* master **3.** *(dirigeant)* ruler • **maître chanteur** blackmailer • **maître d'hôtel** head waiter • **être maître de soi** to be in control of oneself, to have self-control **4.** *(d'animal)* master, mistress *f* **5.** *(en apposition) (principal)* main, principal. ■ **de maître** *loc adj* **1.** *(qui appartient à un riche particulier)* • **chauffeur de maître** (personal) chauffeur • **voiture de maître** expensive car **2.** *(exécuté par un grand artiste)* • **un tableau** *ou* **une toile de maître** an old master • **un coup de maître** *fig* a masterstroke • **pour un coup d'essai, c'est un coup de maître** for a first attempt, it was brilliant. ■ **Maître** *nm si vous voulez expliquer à un anglophone comment s'utilise ce titre, vous pouvez dire* this is how you address a lawyer in French. *En anglais, vous direz* Mr, Mrs *ou* Ms, *suivi du nom de famille.* ■ **maîtresse** *nf (amie)* mistress.

maître-assistant, e *nm, f* ≃ lecturer **(UK)** ; ≃ assistant professor **(US)**.

maître-chien *nm* dog trainer *ou* handler.

maître-nageur, euse *nm, f* swimming teacher *ou* instructor.

maîtresse → **maître.**

maîtrise *nf* **1.** *(sang-froid, domination)* control **2.** *(connaissance)* mastery, command **3.** *(habileté)* skill **4.** UNIV ≃ master's degree.

maîtriser *vt* **1.** *(animal, forcené)* to subdue **2.** *(émotion, réaction)* to control, to master **3.** *(incendie)* to bring under control. ■ **se maîtriser** *vp* to control o.s. • **sous l'influence de l'alcool, on n'arrive plus à se maîtriser** under the influence of alcohol, one loses (all) control • **je sais que tu as du chagrin, mais il faut te maîtriser** I know you're upset, but you must get a grip on yourself.

majesté *nf* majesty. ■ **Majesté** *nf* • **Sa Majesté** His/Her Majesty.

majestueux, euse *adj* majestic.

majeur, e *adj* **1.** *(gén)* major **2.** *(personne)* of age. ■ **majeur** *nm* middle finger.

major *nm* **1.** MIL ≃ adjutant **2.** SCOL • **major (de promotion)** first in *ou* top of one's year.

majoration *nf* increase • **une majoration de** an increase in.
majordome *nm* majordomo.
majorer *vt* to increase.
majorette *nf* majorette.
majoritaire *adj* majority *(avant nom)* • **être majoritaire** to be in the majority.
majorité *nf* majority • **en (grande) majorité** in the majority • **majorité absolue/relative** *POLIT* absolute/relative majority.
majuscule *nf* capital (letter). ❑ *adj* capital *(avant nom)*.
making of *nm inv* making of.
mal *nm* **1.** *(ce qui est contraire à la morale)* evil **2.** *(souffrance physique)* pain • **avoir mal au bras** to have a sore arm • **avoir mal au cœur** to feel sick • **avoir mal au dos** to have backache **(UK)** *ou* a backache **(US)** • **avoir mal à la gorge** to have a sore throat • **avoir le mal de mer** to be seasick • **avoir mal aux dents** to have toothache **(UK)** *ou* a toothache **(US)** • **avoir mal à la tête** to have a headache • **avoir mal au ventre** to have (a) stomachache • **faire mal à qqn** to hurt sb • **ça fait mal** it hurts • **se faire mal** to hurt o.s. **3.** *(difficulté)* difficulty **4.** *(douleur morale)* pain, suffering *(indén)* • **être en mal de qqch** to long for sthg • **faire du mal (à qqn)** to hurt (sb). ■ **mal** *adv* **1.** *(malade)* ill • **aller mal** not to be well • **se sentir mal** to feel ill **2.** *(respirer)* with difficulty **3.** *(informé, se conduire)* badly • **mal prendre qqch** to take sthg badly • **mal tourner** to go wrong **4.** *(locution)* • **pas mal** not bad *(adj)*, not badly *(adv)* • **pas mal de** quite a lot of. ■ **mal** *adj inv* • **être au plus mal** to be extremely ill. ■ **mal à l'aise** *loc adj* uncomfortable, ill at ease • **être/se sentir mal à l'aise** to be/feel uncomfortable *ou* ill at ease • **je suis mal à l'aise devant elle** I feel ill at ease with her.
malade *nmf* invalid, sick person • **malade mental** mentally ill person. ❑ *adj* **1.** *(souffrant -personne)* ill, sick ; *(-organe)* bad • **tomber malade** to fall ill *ou* sick **2.** *fam (fou)* crazy.
maladie *nf* **1.** *MÉD* illness • **maladie d'Alzheimer** Alzheimer's disease • **maladie contagieuse** contagious disease • **maladie de Creutzfeldt-Jakob** Creutzfeldt-Jakob disease • **maladie héréditaire** hereditary disease • **maladie infantile** childhood illness • **maladie orpheline** orphan disease *ou* illness • **maladie de Parkinson** Parkinson's disease • **maladie sexuellement transmissible** sexually transmissible *ou* transmitted disease • **maladie de la vache folle** mad cow disease **2.** *(passion, manie)* mania.
maladif, ive *adj* **1.** *(enfant)* sickly **2.** *fig (pâleur)* unhealthy.
maladresse *nf* **1.** *(inhabileté)* clumsiness **2.** *(bévue)* blunder.
maladroit, e *adj* clumsy.
malaise *nm* **1.** *(indisposition)* discomfort **2.** *(trouble)* unease *(indén)*.
malaisé, e *adj* difficult.
Malaisie *nf* • **la Malaisie** Malaya.
malappris, e *nm, f* lout.
malaria *nf* malaria.
malaudition *nf MÉD* hearing loss, hardness of hearing • **souffrir de malaudition** to be hearing-impaired *ou* hard of hearing.
malaxer *vt* to knead.
malbouffe *nf fam* junk food, bad food.
malchance *nf* bad luck *(indén)*.
malchanceux, euse *adj* unlucky. ❑ *nm, f* unlucky person.
malcommode *adj* **1.** inconvenient **2.** *(meuble)* impractical.
mâle *adj* **1.** *(enfant, animal, hormone)* male **2.** *(voix, assurance)* manly **3.** *ÉLECTR* male. ❑ *nm* male.
malédiction *nf* curse.
maléfique *adj sout* evil.
malencontreux, euse *adj (hasard, rencontre)* unfortunate.
malentendant, e *nm, f* person who is hard of hearing.
malentendu *nm* misunderstanding.
malfaçon *nf* defect.
malfaiteur *nm* criminal.
malfamé, e, mal famé, e *adj* rough • **il habite dans un quartier malfamé** he lives in a rough neighbourhood.
malformation *nf* malformation.
malfrat *nm fam* crook.
malgré *prép* in spite of • **malgré tout a)** *(quoi qu'il arrive)* in spite of everything **b)** *(pourtant)* even so, yet. ■ **malgré que** *loc conj (+ subjonctif) fam* although, in spite of the fact that.
malhabile *adj* clumsy.
malheur *nm* misfortune • **par malheur** unfortunately • **porter malheur à qqn** to bring sb bad luck.
malheureusement *adv* unfortunately.
malheureux, euse *adj* **1.** *(triste)* unhappy **2.** *(désastreux, regrettable)* unfortunate **3.** *(malchanceux)* unlucky **4.** *(avant nom) (sans valeur)* pathetic, miserable. ❑ *nm, f* **1.** *(infortuné)* poor soul **2.** *(indigent)* poor person.
malhonnête *nmf* dishonest person. ❑ *adj* **1.** *(personne, affaire)* dishonest **2.** *hum (proposition, propos)* indecent.

LEXIQUE

maladies infantiles

la coqueluche the whooping cough
les oreillons the mumps
la rougeole the measles
la rubéole the German measles
la scarlatine the scarlet fever
la varicelle the chicken pox

malhonnêteté *nf* **1.** *(de personne)* dishonesty **2.** *(action)* dishonest action.
Mali *nm* • **le Mali** Mali.

En anglais, à de rares exceptions près, il n'y a pas d'article devant les noms de pays.

malice *nf* mischief.
malicieux, euse *adj* mischievous.
malien, enne *adj* Malian. ■ **Malien, enne** *nm,f* Malian.

En anglais, les adjectifs se rapportant à un pays ou une région s'écrivent avec une majuscule.

malin, igne *adj* **1.** *(rusé)* crafty, cunning **2.** *(regard, sourire)* knowing **3.** *(méchant)* malicious, spiteful **4.** *(intelligent)* clever • **tu te crois malin ?** do you think you're clever? **5.** *MÉD* malignant. ❑ *nm,f* cunning *ou* crafty person.
malingre *adj* sickly.
malle *nf* **1.** *(coffre)* trunk **2.** *(de voiture)* boot **(UK)**, trunk **(US)**.
malléable *adj* malleable.
mallette *nf* briefcase.
mal-logé, e *nm,f* person living in poor accommodation.
malmener *vt (brutaliser)* to handle roughly, to ill-treat.
malnutrition *nf* malnutrition.
malodorant, e *adj* smelly.
malotru, e *nm,f* lout.
malpoli, e *nm,f* rude person.
malpropre *adj (sale)* dirty.
malsain, e *adj* unhealthy.
malt *nm* **1.** *(céréale)* malt **2.** *(whisky)* malt (whisky) **(UK)** *ou* (whiskey) **(US)**.
Malte *npr* Malta.
maltraiter *vt* **1.** to ill-treat **2.** *(en paroles)* to attack, to run down.
malus *nm si vous voulez expliquer de quoi il s'agit à un anglophone, vous pouvez dire* it is the term for the increase in car insurance charges resulting from loss of no-claims bonus.
malveillance *nf* spite.
malveillant, e *adj* spiteful.
malversation *nf* embezzlement.
malvoyant, e *nm,f* person who is partially sighted.
maman *nf* mum, mummy **(UK)**, mommy **(US)**.
mamelle *nf* **1.** teat **2.** *(de vache)* udder.
mamelon *nm (du sein)* nipple.
mamie, mamy *nf* granny, grandma.
mammifère *nm* mammal.
mammographie *nf* mammography.
mammouth *nm* mammoth.
mamy = **mamie.**
management *nm* management.
manager *nmf* manager.
manageur, euse *nm,f* = **manager.**
manche *nf* **1.** *(de vêtement)* sleeve • **manches courtes/longues** short/long sleeves • **un tee-shirt à manches courtes/longues** a short-/long-sleeved T-shirt **2.** *(de jeu)* round, game **3.** *TENNIS* set. ❑ *nm* **1.** *(d'outil)* handle • **manche à balai** **a)** broomstick **b)** *(d'avion)* joystick **2.** *MUS* neck.
Manche *nf (mer)* • **la Manche** the English Channel.
manchette *nf* **1.** *(de chemise)* cuff **2.** *(de journal)* headline **3.** *(coup)* forearm blow.
manchon *nm* **1.** *(en fourrure)* muff **2.** *TECHNOL* casing, sleeve.
manchot, ote *adj* one-armed. ❑ *nm,f* one-armed person. ■ **manchot** *nm* penguin.
mandarine *nf* mandarin (orange).
mandat *nm* **1.** *(pouvoir, fonction)* mandate **2.** *DR* warrant • **mandat de perquisition** search warrant **3.** *(titre postal)* money order • **mandat postal** postal order **(UK)**, money order **(US)**.
mandataire *nmf* proxy, representative.
mandater *vt* **1.** *(personne)* to appoint **2.** *(somme)* to pay by postal **(UK)** *ou* money **(US)** order.
mandibule *nf* mandible.
mandoline *nf* mandolin.
manège *nm* **1.** *(attraction)* merry-go-round, roundabout **(UK)**, carousel **(US)** **2.** *(de chevaux - lieu)* riding school **3.** *(manœuvre)* scheme, game.
manette *nf* lever.
manga *nm* manga (comic).
manganèse *nm* manganese.
mangeable *adj* edible.
mangeoire *nf* manger.
manger *vt* **1.** *(nourriture)* to eat **2.** *(fortune)* to get through, to squander. ❑ *vi* to eat. ■ **se manger** *vp (emploi passif)* to be eaten • **ça se mange avec de la mayonnaise** you eat it *ou* it is served with mayonnaise.
mangeur, euse *nm,f* eater • **gros mangeur** big eater.
mangue *nf* mango.
maniable *adj (instrument)* manageable.
maniaque *nmf* **1.** *(méticuleux)* fusspot **(UK)**, fussbudget **(US)** **2.** *(fou)* maniac. ❑ *adj* **1.** *(méticuleux)* fussy **2.** *(fou)* maniacal.
manie *nf* **1.** *(habitude)* funny habit • **elle a ses petites manies** she has her little habits **2.** *(obsession)* mania • **avoir la manie de qqch/de faire qqch** to have a mania for sthg/for doing sthg.
maniement *nm* handling.
manier *vt* **1.** *(manipuler, utiliser)* to handle **2.** *fig (ironie, mots)* to handle skilfully **(UK)** *ou* skillfully **(US)**.
manière *nf (méthode)* manner, way • **de quelle manière avez-vous résolu le problème ?** how did you solve the problem? • **de toute manière** at

any rate • **d'une manière générale** generally speaking. ■ **de manière à** *loc conj* (in order) to • **de manière à ce que** *(+ subjonctif)* so that. ■ **de manière que** *loc conj (+ subjonctif)* in such a way that. ■ **manières** *nfpl* manners • **les bonnes manières** good manners.

maniéré, e *adj* affected.

manif *nf fam* demonstration, demo (UK).

manifestant, e *nm, f* demonstrator.

manifestation *nf* **1.** *(témoignage)* expression **2.** *(mouvement collectif)* demonstration **3.** *(apparition - de maladie)* appearance.

manifeste *nm (déclaration)* manifesto. ❑ *adj* obvious.

manifestement *adv* obviously.

manifester *vt* to show, to express. ❑ *vi* to demonstrate. ■ **se manifester** *vp* **1.** *(apparaître)* to show *ou* manifest itself **2.** *(se montrer)* to turn up, to appear.

manigancer *vt fam* to scheme, to plot.

manioc *nm* manioc.

manipulateur, trice *nm, f* **1.** *(opérateur)* technician **2.** *fig (de personnes)* manipulator. ■ **manipulateur** *nm* TÉLÉCOM key.

manipulation *nf* **1.** *(de produits, d'explosifs)* handling • **manipulations génétiques** genetic engineering **2.** *fig (manœuvre)* manipulation *(indén)*.

manipuler *vt* **1.** *(colis, appareil)* to handle **2.** *(statistiques, résultats)* to falsify, to rig **3.** *(personne)* to manipulate.

manique, manicle *nf* **1.** CULIN *(gant)* oven glove **2.** *(carré)* oven cloth.

manivelle *nf* crank.

manne *nf* **1.** RELIG manna **2.** *fig & littéraire* godsend.

mannequin *nm* **1.** *(forme humaine)* model, dummy **2.** *(personne)* model, mannequin.

manœuvre *nf* **1.** *(d'appareil, de véhicule)* driving, handling • **faire une manœuvre pour se garer** to manoeuvre into a parking place **2.** MIL manoeuvre (UK), maneuver (US), exercise **3.** *(machination)* ploy, scheme. ❑ *nm* labourer (UK), laborer (US).

manœuvrer *vi* to manoeuvre (UK), to maneuver (US). ❑ *vt* **1.** *(faire fonctionner)* to operate, to work **2.** *(voiture)* to manoeuvre (UK), to maneuver (US) **3.** *(influencer)* to manipulate.

manoir *nm* manor, country house.

manquant, e *adj* missing.

manque *nm* **1.** *(pénurie)* lack, shortage • **par manque de** for want of **2.** *(de toxicomane)* withdrawal symptoms *pl* **3.** *(lacune)* gap.

manqué, e *adj* **1.** *(raté)* failed **2.** *(rendez-vous, occasion)* missed.

manquer *vi* **1.** *(faire défaut)* to be lacking, to be missing • **l'argent/le temps me manque** I don't have enough money/time • **tu me manques** I miss you **2.** *(être absent)* • **manquer (à)** to be absent (from), to be missing (from) **3.** *(ne pas avoir assez)* • **manquer de qqch** to lack sthg, to be short of sthg **4.** *(faillir)* • **il a manqué (de) se noyer** he nearly *ou* almost drowned • **ne manquez pas de lui dire** don't forget to tell him • **je n'y manquerai pas** I certainly will, I'll definitely do it **5.** *(ne pas respecter)* • **manquer à** *(devoir)* to fail in • **manquer à sa parole** to break one's word. ❑ *vt* **1.** *(gén)* to miss **2.** *(échouer à)* to bungle, to botch. ❑ *v impers* • **il manque quelqu'un** somebody is missing • **il me manque 3 euros** I'm 3 euros short.

mansarde *nf* attic.

mansardé, e *adj* attic *(avant nom)*.

mansuétude *nf littéraire* indulgence.

mante *nf* HIST mantle. ■ **mante religieuse** *nf* praying mantis.

manteau *nm (vêtement)* coat.

manucure *nmf* manicurist.

manuel, elle *adj* manual. ■ **manuel** *nm* manual.

manufacture *nf (fabrique)* factory.

manuscrit, e *adj* handwritten. ■ **manuscrit** *nm* manuscript.

manutention *nf* handling.

manutentionnaire *nmf* warehouseman.

mappemonde *nf* **1.** *(carte)* map of the world **2.** *(sphère)* globe.

maquereau, elle *nm, f fam* pimp, madam *f*. ■ **maquereau** *nm* mackerel.

maquette *nf* **1.** *(ébauche)* paste-up **2.** *(modèle réduit)* model • **une maquette d'avion** a model plane.

maquettiste *nmf* model maker.

maquillage *nm (action, produits)* make-up.

maquiller *vt* **1.** *(farder)* to make up **2.** *(fausser - gén)* to disguise ; *(- chiffres)* to doctor ; *(- passeport)* to falsify. ■ **se maquiller** *vp* to make up, to put on one's make-up.

maquis *nm* **1.** *(végétation)* scrub, brush, maquis **2.** HIST Maquis, French Resistance.

marabout *nm* **1.** ZOOL marabou **2.** *(guérisseur)* marabout.

maraîcher, ère *adj* market garden *(avant nom)* (UK), truck farming *(avant nom)* (US). ❑ *nm, f* market gardener (UK), truck farmer (US).

marais *nm (marécage)* marsh, swamp • **marais salant** salt marsh.

marasme *nm (récession)* stagnation.

marathon *nm* marathon.

marâtre *nf vieilli* **1.** *(mauvaise mère)* bad mother **2.** *(belle-mère)* stepmother.

maraudage *nm* = **maraude**.

maraude *nf* pilfering.

marbre *nm (roche, objet)* marble.

marbré, e *adj* **1.** *(gâteau)* marble *(avant nom)* **2.** *(peau, teint)* mottled.

marc *nm* **1.** *(eau-de-vie)* marc (brandy) *(distilled from grape residue)* **2.** *(de fruits)* residue **3.** *(de thé)* leaves • **marc de café** grounds *pl.*

marcassin *nm* young wild boar.

marchand, e *adj* **1.** *(valeur)* market *(avant nom)* **2.** *(prix)* trade *(avant nom).* ❑ *nm, f* **1.** *(commerçant)* merchant **2.** *(détaillant)* shopkeeper (UK), storekeeper (US) • **marchand de journaux** newsagent (UK), newsdealer (US).

marchander *vt* **1.** *(prix)* to haggle over **2.** *(appui)* to begrudge. ❑ *vi* to bargain, to haggle.

marchandise *nf* merchandise *(indén)*, goods *pl.*

marche *nf* **1.** *(d'escalier)* step **2.** *(activité, sport)* walking • **marche à pied** walking • **marche à suivre** *fig* correct procedure **3.** *(promenade)* walk • **nous avons fait une marche de 8 km** we did an 8 km walk **4.** *(défilé)* • **marche silencieuse/de protestation** silent/protest march **5.** MUS march **6.** *(déplacement - du temps, d'astre)* course • **assis dans le sens de la marche** *- en train)* sitting facing the engine • **en marche arrière** in reverse • **faire marche arrière a)** to reverse **b)** *fig* to backpedal, to backtrack **7.** *(fonctionnement)* running, working • **en marche** running • **se mettre en marche** to start (up).

marché *nm* **1.** *(lieu de vente)* market • **faire son marché** to go shopping, to do one's shopping • **marché aux puces** flea market • **second marché** ≃ unlisted securities market **2.** FIN & ÉCON • **marché noir** black market • **le marché du travail** the labour (UK) *ou* labor (US) market **3.** *(contrat)* bargain, deal • **(à) bon marché** cheap • **marché public** procurement contract. ■ **Marché commun** *nm* • **le Marché commun** the Common Market.

marchepied *nm* **1.** *(de train)* step **2.** *(escabeau)* steps *pl* (UK), stepladder **3.** *fig* stepping-stone.

marcher *vi* **1.** *(aller à pied)* to walk **2.** *(poser le pied)* to step • **ne marche pas sur mes lunettes** don't step on my glasses **3.** *(fonctionner, tourner)* to work • **son affaire marche bien** his business is doing well **4.** *fam (accepter)* to agree • **ça marche pour mardi ?** is it OK for Tuesday? **5.** *(locution)* • **faire marcher qqn** *fam* to take sb for a ride.

mardi *nm* Tuesday • **mardi gras** Shrove Tuesday. Voir aussi **samedi.**

En anglais, les jours de la semaine s'écrivent avec une majuscule.

mare *nf* pool • **la mare aux canards** the duck pond.

marécage *nm* marsh, bog.

marécageux, euse *adj (terrain)* marshy, boggy.

maréchal, aux *nm* marshal.

maréchal-ferrant *nm* blacksmith.

marée *nf* **1.** *(de la mer)* tide • **(à) marée haute/basse** (at) high/low tide **2.** *fig (de personnes)* wave, surge. ■ **marée noire** *nf* oil slick.

marelle *nf* hopscotch.

margarine *nf* margarine.

marge *nf* **1.** *(espace)* margin • **vivre en marge de la société** *fig* to live on the fringes of society **2.** *(latitude)* leeway • **marge d'erreur** margin of error **3.** COMM margin • **marge commerciale** gross margin.

margelle *nf* coping.

marginal, e *adj* **1.** *(gén)* marginal **2.** *(groupe)* dropout *(avant nom).* ❑ *nm, f* dropout.

marginaliser *vt* to marginalize. ■ **se marginaliser** *vp (emploi réfléchi)* to opt out. ❑ *vpi* **1.** *(personne)* • **il se marginalise de plus en plus** he's been feeling increasingly isolated **2.** *(rôle, fonction)* to become marginalized *ou* irrelevant.

marguerite *nf* BOT daisy.

mari *nm* husband.

mariage *nm* **1.** *(union, institution)* marriage **2.** *(cérémonie)* wedding • **mariage civil/religieux** civil/church wedding **3.** *fig (de choses)* blend.

Marianne *npr si vous voulez donner une définition à un anglophone, vous pouvez dire* it is a female figure who symbolizes the French Republic.

marié, e *adj* married. ❑ *nm, f* groom, bridegroom, bride *f.*

marier *vt* **1.** *(personne)* to marry **2.** *fig (couleurs)* to blend. ■ **se marier** *vp* **1.** *(personnes)* to get married • **se marier avec qqn** to marry sb **2.** *fig (couleurs)* to blend.

marihuana, marijuana *nf* marijuana.

marin, e *adj* **1.** *(de la mer)* sea *(avant nom)* **2.** *(faune, biologie)* marine **3.** NAUT *(carte, mille)* nautical. ■ **marin** *nm* **1.** *(navigateur)* seafarer **2.** *(matelot)* sailor • **marin pêcheur** deep-sea fisherman. ■ **marine** *nf* **1.** *(navigation)* seamanship, navigation **2.** *(navires)* navy • **marine marchande** merchant navy (UK) *ou* marine (US) • **marine nationale** navy. ❑ *nm* **1.** MIL marine **2.** *(couleur)* navy (blue). ❑ *adj inv* navy.

mariner *vt* to marinate. ❑ *vi* **1.** *(aliment)* to marinate • **faire mariner qqch** to marinate sthg **2.** *fam* & *fig (attendre)* to hang around • **faire mariner qqn** to let sb stew.

marinier, ère *nm, f* bargee (UK), bargeman (US).

marinière *nf* smock.

marionnette *nf* puppet.

marital, e *adj* • **autorisation maritale** husband's permission.

maritime *adj* **1.** *(navigation)* maritime **2.** *(ville)* coastal.

marjolaine *nf* marjoram.

mark *nm* HIST *(monnaie)* mark.

marketing *nm* marketing • **marketing téléphonique** telemarketing.
marmaille *nf fam* brood (of kids).
marmelade *nf* stewed fruit • **de la marmelade d'oranges** marmalade • **les brocolis étaient en marmelade** the broccoli was cooked to a pulp.
marmite *nf (casserole)* pot.
marmonner *vt & vi* to mutter, to mumble.
marmot *nm fam* kid.
marmotte *nf* marmot.
Maroc *nm* • **le Maroc** Morocco.

En anglais, à de rares exceptions près, il n'y a pas d'article devant les noms de pays.

marocain, e *adj* Moroccan. ■ **Marocain, e** *nm,f* Moroccan.

En anglais, les adjectifs se rapportant à un pays ou une région s'écrivent avec une majuscule.

maroquinerie *nf (magasin)* leather-goods shop **(UK)** *ou* store **(US)**.
marotte *nf fam (dada)* craze.
marquant, e *adj* outstanding.
marque *nf* **1.** *(signe, trace)* mark **2.** *fig* stamp, mark **3.** *(label, fabricant)* make, brand • **de marque a)** designer *(avant nom)* **b)** *fig* important • **marque déposée** registered trademark **4.** SPORT score • **à vos marques, prêts, partez !** on your marks, get set, go!, ready, steady, go! **(UK) 5.** *(témoignage)* sign, token.
marqué, e *adj* **1.** *(net)* marked, pronounced **2.** *(personne, visage)* marked.
marquer *vt* **1.** *(gén)* to mark **2.** *(écrire)* to write down, to note down **3.** *(indiquer, manifester)* to show **4.** *(SPORT - but, point)* to score ; *(- joueur)* to mark **5.** *(impressionner)* to mark, to affect, to make an impression on. ❑ *vi* **1.** *(événement, expérience)* to leave its mark **2.** SPORT to score.
marqueterie *nf* marquetry.
marqueur *nm (crayon)* marker (pen).
marquis, e *nm,f* marquis, marchioness *f*.
marraine *nf* **1.** *(de filleul)* godmother **2.** *(de navire)* christener.
marrant, e *adj fam* funny.
marre *adv* • **en avoir marre (de)** *fam* to be fed up (with).
marrer ■ **se marrer** *vp fam* to split one's sides.
marron, onne *adj péj* **1.** *(médecin)* quack *(avant nom)* **2.** *(avocat)* crooked. ■ **marron** *nm* **1.** *(fruit)* chestnut • **marrons chauds** roast chestnuts • **marrons glacés** candied chestnuts **2.** *(couleur)* brown. ❑ *adj inv* brown.
marronnier *nm* chestnut tree.
mars *nm* March. Voir aussi **septembre**.

En anglais, les mois de l'année s'écrivent avec une majuscule.

Marseille *npr* Marseilles.
marsouin *nm* porpoise.
marteau *nm* **1.** *(gén)* hammer • **marteau piqueur** *ou* **pneumatique** pneumatic drill **(UK)**, jackhammer **(US) 2.** *(heurtoir)* knocker. ❑ *adj fam* nuts, barmy **(UK)**.
marteler *vt* **1.** *(pieu)* to hammer **2.** *(table, porte)* to hammer on, to pound **3.** *(phrase)* to rap out.
martial, e *adj* martial.
martien, enne *adj & nm,f* Martian.
martinet *nm* **1.** ZOOL swift **2.** *(fouet)* whip.
martingale *nf* **1.** *(de vêtement)* half-belt **2.** *(jeux)* winning system.
Martini® *nm* Martini®.
Martinique *nf* • **la Martinique** Martinique.
martin-pêcheur *nm* kingfisher.
martyr, e *adj* martyred. ❑ *nm,f* martyr. ■ **martyre** *nm* martyrdom.
martyriser *vt* to torment.
marxisme *nm* Marxism.
mas *nm si vous voulez expliquer de quoi il s'agit à un anglophone, vous pouvez dire* it is a country house or farm in the Provence.
mascara *nm* mascara.
mascarade *nf (mise en scène)* masquerade.
mascotte *nf* mascot.
masculin, e *adj* **1.** *(apparence)* GRAMM masculine **2.** *(métier, population, sexe)* male. ■ **masculin** *nm* GRAMM masculine.
maso *fam nm* masochist. ❑ *adj* masochistic.
masochisme *nm* masochism.
masque *nm* **1.** *(gén)* mask • **masque à gaz** gas mask **2.** *fig (façade)* front, façade **3.** MED face mask • **masque chirurgical** surgical grade mask.
masquer *vt* **1.** *(vérité, crime, problème)* to conceal **2.** *(maison, visage)* to conceal, to hide.
massacre *nm litt & fig* massacre.
massacrer *vt* **1.** to massacre **2.** *(voiture)* to smash up.
massage *nm* massage.
masse *nf* **1.** *(de pierre)* block **2.** *(d'eau)* volume **3.** *(grande quantité)* • **une masse de** masses *pl ou* loads *pl* of **4.** PHYS mass **5.** ÉLECTR earth **(UK)**, ground **(US) 6.** *(maillet)* sledgehammer. ■ **en masse** *loc adv* **1.** *(venir)* en masse, all together • **arriver en masse** *(lettres, personnes)* to pour in **2.** *fam (acheter)* in bulk.
massepain *nm* marzipan.
masser *vt* **1.** *(assembler)* to assemble **2.** *(frotter)* to massage. ■ **se masser** *vp* **1.** *(s'assembler)* to assemble, to gather **2.** *(se frotter)* • **se masser le bras** to massage one's arm.
masseur, euse *nm,f (personne)* masseur, masseuse *f*.
massicot *nm* guillotine.

massif, ive *adj* **1.** *(monument, personne, dose)* massive **2.** *(or, chêne)* solid. ■ **massif** *nm* **1.** *(de plantes)* clump **2.** *(de montagnes)* massif.

massue *nf* club.

master *nm* UNIV master's degree.

mastère *nm* UNIV master's (degree) • **cette année, elle fait un mastère d'économie** this year she's doing a master's in economics.

mastic *nm* mastic, putty.

mastiquer *vt* *(mâcher)* to chew.

masturber ■ **se masturber** *vp* to masturbate.

masure *nf* hovel.

mat, e *adj* **1.** *(peinture, surface)* matt (UK), matte (US) **2.** *(peau, personne)* dusky **3.** *(bruit, son)* dull **4.** *(aux échecs)* checkmated. ■ **mat** *nm* checkmate.

mat' (abrév de matin) *nm fam* • **trois heures du mat'** three in the morning. ❑ *nf* • **faire la grasse mat'** to have a lie-in.

mât *nm* **1.** NAUT mast **2.** *(poteau)* pole, post.

match *nm* match • **(faire) match nul** (to) tie, (to) draw (UK) • **match aller/retour** first/second leg (UK).

matelas *nm inv* *(de lit)* mattress • **matelas pneumatique** airbed.

matelassé, e *adj* padded.

matelot *nm* sailor.

mater *vt* **1.** *(soumettre, neutraliser)* to subdue **2.** *fam* *(regarder)* to eye up.

matérialiser ■ **se matérialiser** *vp* *(aspirations)* to be realized.

matérialiste *nmf* materialist. ❑ *adj* materialistic.

matériau *nm* material. ■ **matériaux** *nmpl* CONSTR material *(indén)*, materials.

matériel, elle *adj* **1.** *(être, substance)* material, physical **2.** *(confort, avantage, aide)* material **3.** *(considération)* practical. ■ **matériel** *nm* **1.** *(gén)* equipment *(indén)* **2.** INFORM hardware *(indén)*.

maternel, elle *adj* **1.** maternal **2.** *(langue)* mother *(avant nom)*. ■ **maternelle** *nf* nursery school.

materner *vt* to mother.

maternisé, e *adj* • **lait maternisé** formula, baby milk.

maternité *nf* **1.** *(qualité)* maternity, motherhood **2.** *(hôpital)* maternity hospital.

mathématicien, enne *nm, f* mathematician.

mathématique *adj* mathematical. ■ **mathématiques** *nfpl* mathematics *(indén)*.

matheux, euse *nm, f fam* • **c'est un matheuse** she's a wizard at maths (UK) *ou* math (US).

maths *nfpl fam* maths (UK), math (US).

matière *nf* **1.** *(substance)* matter • **matières grasses** fat • **matière grise** grey (UK) *ou* gray (US) matter **2.** *(matériau)* material • **matières premières** raw materials **3.** *(discipline, sujet)* subject • **en matière de sport/littérature** as far as sport/literature is concerned.

matin *nm* morning • **le matin** in the morning • **ce matin** this morning • **à trois heures du matin** at 3 o'clock in the morning • **du matin au soir** *fig* from dawn to dusk.

matinal, e *adj* **1.** *(gymnastique, émission)* morning *(avant nom)* **2.** *(personne)* • **être matinal** to be an early riser.

matinée *nf* **1.** *(matin)* morning • **faire la grasse matinée** to sleep late, to have a lie in (UK) **2.** *(spectacle)* matinée, afternoon performance.

matou *nm* tom, tomcat.

matraquage *nm* **1.** *(bastonnade)* beating, clubbing **2.** *fig* *(intoxication)* bombardment • **matraquage publicitaire** bombardment with advertisements.

matraque *nf* truncheon (UK), billy club (US), nightstick (US).

matraquer *vt* **1.** *(frapper)* to beat, to club **2.** *fig* *(intoxiquer)* to bombard.

matriarcat *nm* matriarchy.

matrice *nf* **1.** *(moule)* mould (UK), mold (US) **2.** MATH matrix **3.** ANAT womb.

matricule *nm* • **(numéro) matricule** number.

matrimonial, e *adj* matrimonial.

matrone *nf péj* old bag.

mature *adj* mature.

mâture *nf* masts *pl*.

maturité *nf* **1.** maturity **2.** *(de fruit)* ripeness.

maudire *vt* to curse.

maudit, e *pp* → **maudire**. ❑ *adj* **1.** *(réprouvé)* accursed **2.** *(avant nom)* *(exécrable)* damned.

maugréer *vt* to mutter. ❑ *vi* • **maugréer (contre)** to grumble (about).

Maurice → **île**.

mausolée *nm* mausoleum.

maussade *adj* **1.** *(personne, air)* sullen **2.** *(temps)* gloomy.

mauvais, e *adj* **1.** *(gén)* bad **2.** *(moment, numéro, réponse)* wrong **3.** *(mer)* rough **4.** *(personne, regard)* nasty. ■ **mauvais** *adv* • **il fait mauvais** the weather is bad • **sentir mauvais** to smell bad.

mauve *nm & adj* mauve.

mauviette *nf fam* **1.** *(physiquement)* weakling **2.** *(moralement)* coward, wimp.

max (abrév de maximum) *nm fam* max • **un max de fric** loads of money.

maxillaire *nm* jawbone.

maxime *nf* maxim.

maximum *nm* maximum • **le maximum de personnes** the greatest (possible) number of people • **au maximum** at the most. ❑ *adj* maximum *(avant nom)*.

maya *adj* Mayan. ■ **Maya** *nmf* • **les Mayas** the Maya.

mayonnaise *nf* mayonnaise.

mazout *nm* fuel oil.

MDR (abrév de mort de rire) *nf* LOL.

me, **m'** *pron pers* **1.** *(complément d'objet direct)* me **2.** *(complément d'objet indirect)* (to) me **3.** *(réfléchi)* myself **4.** *(avec un présentatif)* • **me voici** here I am.

À PROPOS DE **me**

Pour les verbes qui ne sont que pronominaux, c'est-à-dire qui ne s'utilisent qu'avec un pronom, *me* ne se traduit pas en anglais.
• *Je me suis évanouie.* ***I fainted.***
Lorsque *me* a une valeur réfléchie, il se traduit par ***myself*** ou bien il ne se traduit pas.
• *Je me suis fait mal.* ***I hurt* myself.**
• *Je m'habille.* ***I'm getting dressed.***
Notez qu'en anglais on utilise les adjectifs possessifs avec les parties du corps.
• *Je me suis lavé les cheveux.* ***I washed* my *hair.***

méandre *nm (de rivière)* meander, bend. ■ **méandres** *nmpl (détours sinueux)* meanderings *pl*.
mec *nm fam* guy, bloke **(UK)**.
mécanicien, **enne** *nm,f* **1.** *(de garage)* mechanic **2.** *(conducteur de train)* train driver **(UK)**, engineer **(US)**.
mécanique *nf* **1.** TECHNOL mechanical engineering **2.** MATH & PHYS mechanics *(indén)* **3.** *(mécanisme)* mechanism. ❑ *adj* mechanical.
mécanisme *nm* mechanism.
mécano *nm fam* mechanic.
mécène *nm* patron.
méchamment *adv (cruellement)* nastily.
méchanceté *nf* **1.** *(attitude)* nastiness **2.** *(rosserie)* nasty thing.
méchant, **e** *adj* **1.** *(malveillant, cruel)* nasty, wicked **2.** *(animal)* vicious **3.** *(désobéissant)* naughty. ❑ *nm,f (en langage enfantin)* bad boy.
mèche *nf* **1.** *(de bougie)* wick **2.** *(de cheveux)* lock **3.** *(de bombe)* fuse.
méchoui *nm* lamb barbecue on a spit *(of a whole sheep roasted on a spit)*.
méconnaissable *adj* unrecognizable.
méconnu, **e** *adj* unrecognized.
mécontent, **e** *adj* unhappy. ❑ *nm,f* malcontent.
mécontenter *vt* to displease.
Mecque *npr* • **La Mecque** Mecca.
médaille *nf* **1.** *(pièce, décoration)* medal **2.** *(bijou)* medallion **3.** *(de chien)* identification tag, identification disc **(UK)** *ou* disk **(US)**.
médaillon *nm* **1.** *(bijou)* locket **2.** ART & CULIN medallion.
médecin *nmf* doctor • **médecin conventionné** ≃ National Health doctor **(UK)** • **médecin de famille** family doctor, GP • **médecin de garde** doctor on duty, duty doctor • **médecin généraliste** general practitioner, GP • **médecin légiste** (forensic) pathologist **(UK)**, medical examiner **(US)** • **Médecins du monde** Doctors of the World • **médecin référent** *si vous voulez expliquer de quoi il s'agit à un anglophone, vous pouvez dire* it is a doctor officially designated by the patient as his or her usual doctor • **Médecins sans frontières** Doctors Without Borders • **votre médecin traitant** your (usual) doctor.
médecine *nf* medicine • **médecine douce** *ou* **naturelle** natural medecine.
Medef (abrév de Mouvement des entreprises de France) *nm* ≃ CBI **(UK)** ; *si vous voulez donner une définition à un anglophone, vous pouvez dire* it is the French employers federation.
média *nm* • **les médias** the (mass) media.
médian, **e** *adj* median. ■ **médiane** *nf* median.
médiateur, **trice** *adj* mediating *(avant nom)*. ❑ *nm,f* **1.** mediator **2.** *(dans un conflit de travail)* arbitrator. ■ **médiateur** *nm* ADMIN ombudsman. ■ **médiatrice** *nf* median.
médiathèque *nf* media library.
médiation *nf* **1.** mediation **2.** *(dans un conflit du travail)* arbitration.
médiatique *adj* media *(avant nom)*.
médiatiser *vt* to turn into a media event.
médical, **e** *adj* medical.
médicalisé, **e** *adj* • **établissement médicalisé** nursing home.
médicament *nm* medicine, drug.
médicamenteux, **euse** *adj* medicinal.
médicinal, **e** *adj* medicinal.
médico-légal, **e** *adj* forensic.
médiéval, **e** *adj* medieval.
médiocre *adj* mediocre.
médiocrité *nf* mediocrity.
médire *vi* to gossip • **médire de qqn** to speak ill of sb.
médisant, **e** *adj* slanderous.
méditation *nf* meditation.
méditer *vt (projeter)* to plan • **méditer de faire qqch** to plan to do sthg. ❑ *vi* • **méditer (sur)** to meditate (on).
Méditerranée *nf* • **la Méditerranée** the Mediterranean (Sea).
méditerranéen, **enne** *adj* Mediterranean. ■ **Méditerranéen**, **enne** *nm,f* person from the Mediterranean.
médium *nmf (personne)* medium.
médius *nm* middle finger.
méduse *nf* jellyfish.
méduser *vt* to dumbfound.
meeting *nm* meeting.
méfait *nm* misdemeanour **(UK)**, misdemeanor **(US)**, misdeed. ■ **méfaits** *nmpl (du temps)* ravages.
méfiance *nf* suspicion, distrust.

méfiant, e *adj* suspicious, distrustful.
méfier ■ **se méfier** *vp* to be wary *ou* careful • **se méfier de qqn/qqch** to distrust sb/sthg.
mégabit *nm INFORM* megabit.
mégalo *nmf & adj fam* megalomaniac.
mégalomane *nmf & adj* megalomaniac.
mégalomanie *nf* megalomania.
méga-octet *nm* megabyte.
mégapole *nf* megalopolis, megacity.
mégarde ■ **par mégarde** *loc adv* by mistake.
mégère *nf péj* shrew.
mégot *nm fam* butt, fag-end (UK).
meilleur, e *adj* **1.** *(compar)* better **2.** *(superl)* best. ❑ *nm, f* best. ■ **meilleur** *nm* • **le meilleur** the best. ❑ *adv* better.
mél *nm INFORM* email.
mélancolie *nf* melancholy.
mélancolique *adj* melancholy.
mélange *nm* **1.** *(action)* mixing **2.** *(mixture)* mixture.
mélanger *vt* **1.** *(mettre ensemble)* to mix **2.** *(déranger)* to mix up, to muddle up. ■ **se mélanger** *vp* **1.** *(se mêler)* to mix **2.** *(se brouiller)* to get mixed up.
mélasse *nf* **1.** *(liquide)* treacle (UK), molasses *(indén)* (US) **2.** *fam (mélange)* mess • **être dans la mélasse** *fig* to be in a fix.
mêlée *nf* **1.** *(combat)* fray **2.** *(rugby)* scrum.
mêler *vt* **1.** *(mélanger)* to mix **2.** *(déranger)* to muddle up, to mix up **3.** *(impliquer)* • **mêler qqn à qqch** to involve sb in sthg. ■ **se mêler** *vp* **1.** *(se joindre)* • **se mêler à** *(groupe)* to join **2.** *(s'ingérer)* • **se mêler de qqch** to get mixed up in sthg • **mêlez-vous de ce qui vous regarde !** mind your own business!
mélèze *nm* larch.
mélo *nm fam* melodrama.
mélodie *nf* melody.
mélodieux, euse *adj* melodious, tuneful.
mélodrame *nm* melodrama.
mélomane *nmf* music lover. ❑ *adj* music-loving.
melon *nm* **1.** *(fruit)* melon **2.** *(chapeau)* bowler (hat) (UK), derby (hat) (US).
membrane *nf* membrane.
membre *nm* **1.** *(du corps)* limb **2.** *(personne, pays, partie)* member. ❑ *adj* member *(avant nom)*.
même *adj indéf* **1.** *(indique une identité ou une ressemblance)* same • **il a le même âge que moi** he's the same age as me **2.** *(sert à souligner)* • **ce sont ses paroles mêmes** those are his very words • **elle est la bonté même** she's kindness itself. ❑ *pron indéf* • **le/la même** the same one • **ce sont toujours les mêmes qui gagnent** it's always the same people who win. ❑ *adv* even • **il n'est même pas diplômé** he isn't even qualified. ■ **de même** *loc adv* similarly, likewise • **il en va de même pour lui** the same goes for him. ■ **de même que** *loc conj* just as. ■ **tout de même** *loc adv* all the same. ■ **à même** *loc prép* • **s'asseoir à même le sol** to sit on the bare ground. ■ **à même de** *loc prép* • **être à même de faire qqch** to be able to do sthg, to be in a position to do sthg. ■ **même si** *loc conj* even if.
mémé = **mémère.**
mémento *nm* **1.** *(agenda)* pocket diary **2.** *(ouvrage)* notes *(title of school textbook)*.
mémère, mémé *nf fam* **1.** *(grand-mère)* granny **2.** *péj (vieille femme)* old biddy.
mémoire *nf (gén) INFORM* memory • **de mémoire** from memory • **avoir bonne/mauvaise mémoire** to have a good/bad memory • **mettre en mémoire** *INFORM* to store • **mémoire tampon** *INFORM* buffer • **mémoire vive** *INFORM* random access memory • **à la mémoire de** in memory of. ❑ *nm UNIV* dissertation, paper. ■ **mémoires** *nmpl* memoirs.
mémorable *adj* memorable.
mémorandum *nm* **1.** *(note diplomatique)* memorandum **2.** *(carnet)* notebook.
mémorial, aux *nm (monument)* memorial.
mémorisable *adj INFORM* storable.
mémoriser *vt* **1.** *(sujet : personne)* to memorize **2.** *INFORM* to store.
menaçant, e *adj* threatening.
menace *nf* • **menace (pour)** threat (to).

S'EXPRIMER

exprimer une menace

- ***If you don't stop that racket at once, I'm calling the police!*** Si vous n'arrêtez pas ce tapage immédiatement, j'appelle la police !
- ***Leave that woman alone or I'll call the police!*** Laissez cette femme tranquille ou j'appelle la police !
- ***I'm warning you: you'd better stop right now!*** Je te préviens, tu ferais mieux d'arrêter tout de suite !
- ***That's enough now!*** Maintenant, ça suffit !

menacer *vt* to threaten • **menacer de faire qqch** to threaten to do sthg • **menacer qqn de qqch** to threaten sb with sthg. ❑ *vi* • **la pluie menace** it looks like rain.
ménage *nm* **1.** *(nettoyage)* housework *(indén)* • **faire le ménage** to do the housework **2.** *(couple)* couple **3.** *ÉCON* household.
ménagement *nm (égards)* consideration • **sans ménagement** brutally.
ménager[1], ère *adj* household *(avant nom)*, domestic. ■ **ménagère** *nf* **1.** *(femme)* housewife **2.** *(de couverts)* canteen (UK).
ménager[2] *vt* **1.** *(bien traiter)* to treat gently **2.** *(économiser - réserves)* to use sparingly ; *(- argent, temps)* to use carefully • **ménager ses forces** to

conserve one's strength • **ménager sa santé** to take care of one's health **3.** *(préparer - surprise)* to prepare. ■ **se ménager** *vp* to take care of o.s., to look after o.s.

ménagerie *nf* menagerie.

mendiant, e *nm,f* beggar.

mendier *vt (argent)* to beg for. ❑ *vi* to beg.

mener *vt* **1.** *(emmener)* to take **2.** *(sujet : escalier, route)* to take, to lead **3.** *(diriger - débat, enquête)* to conduct ; *(- affaires)* to manage, to run • **mener qqch à bonne fin** *ou* **à bien** to see sthg through, to bring sthg to a successful conclusion **4.** *(être en tête de)* to lead. ❑ *vi* to lead.

meneur, euse *nm,f (chef)* ringleader • **meneur d'hommes** born leader.

menhir *nm* standing stone.

méningite *nf* meningitis *(indén)*.

ménisque *nm* meniscus.

ménopause *nf* menopause.

menotte *nf (main)* little hand. ■ **menottes** *nfpl* handcuffs • **passer les menottes à qqn** to handcuff sb.

mensonge *nm (propos)* lie.

mensonger, ère *adj* false.

menstruel, elle *adj* menstrual.

mensualiser *vt* to pay monthly.

mensualité *nf* **1.** *(traite)* monthly instalment **(UK)** *ou* installment **(US)** **2.** *(salaire)* (monthly) salary.

mensuel, elle *adj* monthly. ■ **mensuel** *nm* monthly (magazine).

mensuration *nf* measuring. ■ **mensurations** *nfpl* measurements.

mental, e *adj* mental. ■ **mental** *nm* • **le mental** the mind • **avoir un mental d'acier** to be a tower of strength.

mentalité *nf* mentality.

menteur, euse *nm,f* liar.

menthe *nf* mint.

mentholé, e *adj* mentholated, menthol *(avant nom)*.

mention *nf* **1.** *(citation)* mention **2.** *(note)* note • **'rayer la mention inutile'** 'delete as appropriate' **3.** UNIV • **avec mention** with distinction.

mentionner *vt* to mention.

mentir *vi* • **mentir (à)** to lie (to).

menton *nm* chin.

menu[1], e *adj* **1.** *(très petit)* tiny **2.** *(mince)* thin.

menu[2] *nm* **1.** *(liste, carte)* menu **2.** *(repas à prix fixe)* set menu • **menu gastronomique/touristique** gourmet/tourist menu **3.** INFORM menu • **menu déroulant** pull-down menu.

menuiserie *nf* **1.** *(métier)* carpentry, joinery **(UK)** **2.** *(atelier)* carpenter's workshop, joinery (workshop) **(UK)**.

menuisier *nm* carpenter, joiner **(UK)**.

méprendre ■ **se méprendre** *vp littéraire* • **se méprendre sur** to be mistaken about.

mépris, e *pp* → **méprendre**. ■ **mépris** *nm* **1.** *(dédain)* • **mépris (pour)** contempt (for), scorn (for) **2.** *(indifférence)* • **mépris de** disregard for. ■ **au mépris de** *loc prép* regardless of.

méprisable *adj* contemptible, despicable.

méprisant, e *adj* contemptuous, scornful.

méprise *nf* mistake, error.

mépriser *vt* **1.** to despise **2.** *(danger, offre)* to scorn.

mer *nf* sea • **en mer** at sea • **prendre la mer** to put to sea • **haute** *ou* **pleine mer** open sea • **la mer d'Irlande** the Irish Sea • **la mer Morte** the Dead Sea • **la mer Noire** the Black Sea • **la mer du Nord** the North Sea.

mercantile *adj* mercenary.

mercenaire *nm & adj* mercenary.

mercerie *nf* **1.** *(articles)* haberdashery **(UK)**, notions *(pl)* **(US)** **2.** *(boutique)* haberdasher's shop **(UK)**, notions store **(US)**.

merci *interj* thank you!, thanks! • **merci beaucoup !** thank you very much! ❑ *nm* • **merci (de** *ou* **pour)** thank you (for) • **dire merci à qqn** to thank sb, to say thank you to sb. ❑ *nf* mercy • **être à la merci de** to be at the mercy of.

À PROPOS DE

dire merci

Pour remercier quelqu'un, vous pouvez utiliser ***thank you*** *merci*, ***thank you very much*** *merci beaucoup*, ***thanks for...*** *merci pour...* ou encore ***it was really kind of you*** *c'était vraiment gentil de votre part*. Si quelqu'un vous présente ses remerciements, vous pouvez répondre : ***you're welcome***, ***don't mention it!*** ou encore ***my pleasure*** qui sont autant de variantes de *je vous en prie*.

mercier, ère *nm,f* haberdasher **(UK)**, notions dealer **(US)**.

mercredi *nm* Wednesday. Voir aussi **samedi**.

En anglais, les jours de la semaine s'écrivent avec une majuscule.

mercure *nm* mercury.

merde *tfam nf* shit.

mère *nf* **1.** *(génitrice)* mother • **mère biologique** MÉD & BIOL biological *ou* natural mother • **mère de famille** mother **2.** RELIG Mother.

merguez *nf* spicy mutton sausage.

méridien, enne *adj (ligne)* meridian. ■ **méridien** *nm* meridian.

méridional, e *adj* **1.** southern **2.** *(du sud de la France)* Southern (French).

meringue *nf* meringue.

merisier *nm* **1.** *(arbre)* wild cherry (tree) **2.** *(bois)* cherry.

mérite *nm* merit.
mériter *vt* **1.** *(être digne de, encourir)* to deserve **2.** *(valoir)* to be worth, to merit.
méritoire *adj* commendable.
merlan *nm* whiting.
merle *nm* blackbird.
merveille *nf* marvel, wonder • **à merveille** marvellously **(UK)**, marvelously **(US)**, wonderfully.
merveilleux, euse *adj* **1.** *(remarquable, prodigieux)* marvellous **(UK)**, marvelous **(US)**, wonderful **2.** *(magique)* magic, magical. ■ **merveilleux** *nm* • **le merveilleux** the supernatural.
mésalliance *nf* unsuitable marriage, misalliance.
mésange *nf* ZOOL tit.
mésaventure *nf* misfortune.
mésentente *nf* disagreement.
mesquin, e *adj* mean, petty.
mesquinerie *nf* *(étroitesse d'esprit)* meanness, pettiness.
mess *nm* mess.
message *nm* message • **laisser un message à qqn** to leave a message for sb • **message d'alerte** INFORM alert message • **message publicitaire** COMM commercial.
messager, ère *nm, f* messenger.
messagerie *nf* **1.** *(gén pl) (transport de marchandises)* freight *(indén)* **2.** INFORM • **messagerie électronique** electronic mail.
messe *nf* mass • **aller à la messe** to go to mass.
messie *nm* **1.** Messiah **2.** *fig* saviour **(UK)**, savior **(US)**.
mesure *nf* **1.** *(disposition, acte)* measure, step • **prendre des mesures** to take measures *ou* steps • **mesure de sécurité** safety measure **2.** *(évaluation, dimension)* measurement • **prendre les mesures de qqn/qqch** to measure sb/sthg **3.** *(étalon, récipient)* measure **4.** MUS time, tempo **5.** *(modération)* moderation **6.** *(locution)* • **dans la mesure du possible** as far as possible • **être en mesure de** to be in a position to. ■ **à la mesure de** *loc prép* worthy of. ■ **à mesure que** *loc conj* as. ■ **outre mesure** *loc adv* excessively. ■ **sur mesure** *loc adj* **1.** custom-made **2.** *(costume)* made-to-measure.
mesurer *vt* **1.** *(gén)* to measure • **elle mesure 1,50 m** she's 5 feet tall • **la table mesure 1,50 m** the table is 5 feet long **2.** *(risques, portée, ampleur)* to weigh, to weigh up **(UK)** • **mesurer ses paroles** to weigh one's words. ■ **se mesurer** *vp* • **se mesurer avec** *ou* **à qqn** to pit o.s. against sb.
métabolisme *nm* metabolism.
métal *nm* metal.
métallique *adj* **1.** *(en métal)* metal *(avant nom)* **2.** *(éclat, son)* metallic.
métallurgie *nf* **1.** *(industrie)* metallurgical industry **2.** *(technique)* metallurgy.
métamorphose *nf* metamorphosis.
métaphore *nf* metaphor.
métaphorique *adj* metaphorical.
métaphysique *nf* metaphysics *(indén)*. ❑ *adj* metaphysical.
métayer, ère *nm, f* tenant farmer.
météo *nf* **1.** *(bulletin)* weather forecast • **prévisions météo** (weather) forecast **2.** *(service)* ≃ Met Office **(UK)** ; ≃ National Weather Service **(US)**.
météore *nm* meteor.
météorite *nm & nf* meteorite.
météorologie *nf* *(sciences)* meteorology.
météorologique *adj* meteorological, weather *(avant nom)*.
métèque *nm vulg si vous voulez expliquer de quoi il s'agit à un anglophone, vous pouvez dire* it is a racist term used with reference to people from Mediterranean countries living in France.
méthane *nm* methane.
méthode *nf* **1.** *(gén)* method **2.** *(ouvrage - gén)* manual ; *(- de lecture, de langue)* primer.
méthodique *adj* methodical.
méthodologie *nf* methodology.
méticuleux, euse *adj* meticulous.
métier *nm* *(profession - manuelle)* occupation, trade ; *(- intellectuelle)* occupation, profession • **il est du métier** he's in the same trade *ou* same line of work • **avoir du métier** to have experience.

LEXIQUE

les métiers

l'acteur/l'actrice the actor/the actress
l'architecte the architect
l'artiste peintre the painter
l'avocat(e) the lawyer
le banquier/la banquière the banker
le coiffeur/la coiffeuse the hairdresser
le facteur/la factrice the postman/the postwoman **(UK)**, the mailman/the mailwoman **(US)**
l'ingénieur the engineer
le/la journaliste the journalist
le juge the judge
le mécanicien/la mécanicienne the mechanic
le/la médecin the doctor
le/la photographe the photographer
le pilote the pilot
le policier/la policière the policeman/the policewoman
le pompier the fireman **(UK)**, the firefighter **(US)**
le/la professeur(e) the teacher
le vendeur/la vendeuse the salesman/the saleswoman

métis, isse *nm,f* person of mixed race. ■ **métis** *nm (tissu)* cotton-linen mix.

métissage *nm (de personnes)* interbreeding.

métrage *nm* **1.** *(mesure)* measurement, measuring **2.** *(COUT - coupon)* length **3.** *CINÉ* footage • **long métrage** feature film • **court métrage** short (film) (UK) *ou* (movie) (US).

mètre *nm* **1.** *LITTÉR & MATH* metre (UK), meter (US) • **mètre carré** square metre (UK) *ou* meter (US) • **mètre cube** cubic metre (UK) *ou* meter (US) **2.** *(instrument)* rule.

métrique *nf LITTÉR* metrics *(indén)*. ❑ *adj* **1.** *MATH* metric **2.** *LITTÉR* metrical.

métro *nm* underground (UK), subway (US).

métronome *nm* metronome.

métropole *nf* **1.** *(ville)* metropolis **2.** *(pays)* home country.

métropolitain, e *adj* metropolitan • **la France métropolitaine** metropolitan *ou* mainland France.

mets *nm CULIN* dish.

metteur, euse *nm,f* • **metteur en scène** *THÉÂTRE & CINÉ* director.

mettre *vt* **1.** *(placer)* to put • **mettre de l'eau à bouillir** to put some water on to boil **2.** *(revêtir)* to put on • **mets ta robe noire** put your black dress on • **je ne mets plus ma robe noire** I don't wear my black dress any more **3.** *(consacrer - temps)* to take • **mettre longtemps à faire qqch** to take a long time to do sthg ; *(- argent)* to spend **4.** *(allumer - radio, chauffage)* to put on, to switch on **5.** *(installer)* to put in • **faire mettre l'électricité** to have electricity put in • **faire mettre de la moquette** to have a carpet put down *ou* fitted **6.** *(inscrire)* to put (down). ■ **se mettre** *vp* **1.** *(se placer)* • **où est-ce que ça se met ?** where does this go? • **se mettre au lit** to get into bed • **se mettre à côté de qqn** to sit/stand near to sb **2.** *(devenir)* • **se mettre en colère** to get angry **3.** *(commencer)* • **se mettre à qqch/à faire qqch** to start sthg/doing sthg **4.** *(revêtir)* to put on • **je n'ai rien à me mettre** I haven't got a thing to wear.

meuble *nm* piece of furniture • **meubles** furniture *(indén)*. ❑ *adj* **1.** *(terre, sol)* easily worked **2.** *DR* movable.

> **À PROPOS DE**
>
> **meuble**
>
> Attention ! Le mot ***furniture*** est indénombrable. Il ne s'emploie ni au pluriel, ni avec l'article indéfini ***a*** :
>
> • *C'est un très joli meuble art déco.* ***It's a fine piece of art deco* furniture.**
>
> • *Je dois acheter des meubles pour mon nouvel appartement.* ***I've got to buy some* furniture *for my new flat*.**

meublé, e *adj* furnished. ■ **meublé** *nm* furnished room/flat (UK) *ou* apartment (US).

meubler *vt* **1.** *(pièce, maison)* to furnish **2.** *fig (occuper)* • **meubler qqch (de)** to fill sthg (with). ■ **se meubler** *vp* to furnish one's home.

meuf *nf fam* woman.

meugler *vi* to moo.

meule *nf* **1.** *(à moudre)* millstone **2.** *(à aiguiser)* grindstone **3.** *(de fromage)* round **4.** *AGRIC* stack • **meule de foin** haystack.

meunier, ère *nm,f* miller, miller's wife *f*.

meurette *nf CULIN* • **œufs en meurette** *si vous voulez expliquer de quoi il s'agit à un anglophone, vous pouvez dire* it is a dish of poached eggs in red wine and bacon sauce.

meurtre *nm* murder.

meurtrier, ère *adj* **1.** *(épidémie, arme)* deadly **2.** *(fureur)* murderous **3.** *(combat)* bloody. ❑ *nm,f* murderer. ■ **meurtrière** *nf ARCHIT* loophole.

meurtrir *vt* **1.** *(contusionner)* to bruise **2.** *fig (blesser)* to wound.

meurtrissure *nf (marque)* bruise.

meute *nf* pack.

mexicain, e *adj* Mexican. ■ **Mexicain, e** *nm,f* Mexican.

> En anglais, les adjectifs se rapportant à un pays ou une région s'écrivent avec une majuscule.

Mexique *nm* • **le Mexique** Mexico.

> En anglais, à de rares exceptions près, il n'y a pas d'article devant les noms de pays.

mezzanine *nf* mezzanine.

mezze *nmpl CULIN* meze.

mezzo-soprano *nm ou nf* mezzo-soprano.

mi *nm inv* **1.** E **2.** *(chanté)* mi.

mi- *adj inv* half • **à la mi-juin** in mid-June. ❑ *adv* half-.

miam, miam-miam *interj fam* yum, yum-yum.

miasme *nm (gén pl)* putrid *ou* foul smell.

miaulement *nm* miaowing (UK), meowing (US).

miauler *vi* to miaow (UK), to meow (US).

mi-bas *nm inv* knee-sock.

mi-carême *nf si vous voulez donner une définition à un anglophone, vous pouvez dire* it is a feast day that falls on the third Thursday in Lent.

mi-chemin ■ **à mi-chemin** *loc adv* halfway (there).

mi-clos, e *adj* half-closed.

micmac *nm fam* **1.** *(manigance)* game, scheme **2.** *(embrouillamini)* muddle, chaos.

micro *nm* **1.** *(microphone)* mike **2.** *(micro-ordinateur)* micro. ❑ *nf* microcomputing.

microbe *nm* **1.** *MÉD* microbe, germ **2.** *fam (avorton)* (little) runt.

microbien, enne *adj* bacterial.

microclimat *nm* microclimate.

microcosme *nm* microcosm.

microfiche *nf* microfiche.

microfilm *nm* microfilm.

micro-ondes *nfpl* microwaves • **(four à) micro-ondes** microwave (oven).

micro-ordinateur *nm* micro, microcomputer.

microphone *nm* microphone.

microprocesseur *nm* microprocessor.

microscope *nm* microscope • **regarder quelque chose au microscope** to look at something through a microscope.

microscopique *adj* microscopic.

micro-trottoir *nm* voxpop.

midi *nm* **1.** *(période du déjeuner)* lunchtime **2.** *(heure)* midday, noon **3.** *(sud)* south. ■ **Midi** *nm* • **le Midi** the South of France.

midinette *nf fam* starry-eyed girl.

mie *nf (de pain)* soft part, inside.

miel *nm* honey.

mielleux, euse *adj* **1.** *(personne)* unctuous **2.** *(paroles, air)* honeyed.

mien ■ **le mien, la mienne** *pron poss* mine.

miette *nf* **1.** *(de pain)* crumb, breadcrumb **2.** *(gén pl) (débris)* shreds *pl.*

mieux *adv* **1.** *(comparatif)* • **mieux (que)** better (than) • **il pourrait mieux faire** he could do better • **il va mieux** he's better • **faire mieux de faire qqch** to do better to do sthg • **vous feriez mieux de vous taire** you would do better to keep quiet, you would be well-advised to keep quiet **2.** *(superlatif)* best • **il est le mieux payé du service** he's the best *ou* highest paid member of the department • **le mieux qu'il peut** as best he can. ❑ *adj* better. ❑ *nm* **1.** *(sans déterminant)* • **j'espérais mieux** I was hoping for something better **2.** *(avec déterminant)* best • **il y a un** *ou* **du mieux** there's been an improvement • **faire de son mieux** to do one's best. ■ **au mieux** *loc adv* at best. ■ **pour le mieux** *loc adv* for the best. ■ **de mieux en mieux** *loc adv* better and better.

mièvre *adj* insipid.

mignon, onne *adj* **1.** *(charmant)* sweet, cute **2.** *(gentil)* nice. ❑ *nm, f* darling, sweetheart.

migraine *nf* **1.** headache **2.** MÉD migraine • **j'ai la migraine** I have a migraine.

migrant, e *nm, f* migrant.

migrateur, trice *adj* migratory.

migration *nf* migration.

mijoter *vt fam (tramer)* to cook up. ❑ *vi* CULIN to simmer.

mi-journée *nf* • **les informations de la mi-journée** the lunchtime news.

mil *nm* millet.

milan *nm* kite *(bird).*

milice *nf* militia.

milicien, enne *nm, f* militiaman, militiawoman *f.*

milieu *nm* **1.** *(centre)* middle • **au milieu de a)** *(au centre de)* in the middle of **b)** *(parmi)* among, surrounded by **2.** *(stade intermédiaire)* middle course **3.** *(sociologie)* environment, milieu • **milieu familial** family background **4.** BIOL environment, habitat **5.** *(pègre)* • **le milieu** the underworld **6.** FOOTBALL • **milieu de terrain** midfielder, midfield player.

militaire *nmf* soldier • **militaire de carrière** professional soldier. ❑ *adj* military.

militant, e *adj & nm, f* militant.

militariste *nmf* militarist. ❑ *adj* militaristic.

militer *vi* to be active • **militer pour** to militate in favour (UK) *ou* favor (US) of • **militer contre** to militate against.

mille *nm inv* **1.** *(unité)* a *ou* one thousand **2.** *(de cible)* • **dans le mille** on target **3.** NAUT • **mille marin** nautical mile **4.** (QUÉBEC) *(distance)* mile. ❑ *adj inv* thousand • **plus de mille spectateurs** more than a thousand spectators • **c'est mille fois trop** it's far too much • **je lui ai dit mille fois** I've told him a thousand times. Voir aussi **six**.

mille-feuille, millefeuille *nm* ≃ vanilla slice (UK) ; ≃ napoleon (US).

millénaire *nm* millennium, thousand years *pl.* ❑ *adj* thousand-year-old *(avant nom).*

mille-pattes *nm inv* centipede, millipede.

millésime *nm* **1.** *(de pièce)* date **2.** *(de vin)* vintage, year.

millésimé, e *adj (vin)* vintage *(avant nom).*

millet *nm* millet.

milliard *nm* thousand million *vieilli* (UK), billion • **six milliards d'habitants** six billion inhabitants • **par milliards** *fig* in (their) millions.

milliardaire *nmf* multimillionaire (UK), billionaire. ❑ *adj* • **elle est milliardaire** she's a billionaire *ou* a multimillionaire (UK).

millier *nm* thousand • **un millier d'euros** about a thousand euros • **un millier de personnes** about a thousand people • **par milliers** in (their) thousands.

milligramme *nm* milligram, milligramme (UK).

millilitre *nm* millilitre (UK), milliliter (US).

millimètre *nm* millimetre (UK), millimeter (US).

millimétrique *adj* • **papier millimétrique** graph paper.

million *nm* million • **un million d'euros** a million euros.

millionnaire *nmf* millionaire. ❑ *adj* • **elle est millionnaire** she's a millionaire.

mime *nm* mime.

mimer *vt* **1.** *(exprimer sans parler)* to mime **2.** *(imiter)* to mimic.

mimétisme *nm* mimicry.

mimique *nf* **1.** *(grimace)* face **2.** *(geste)* sign language *(indén)*.
mimosa *nm* mimosa.
min. (abrév de minimum) min.
minable *fam adj* **1.** *(misérable)* seedy, shabby **2.** *(médiocre)* pathetic. ❑ *nmf* loser.
minaret *nm* minaret.
minauder *vi* to simper.
mince *adj* **1.** *(maigre - gén)* thin ; *(- personne, taille)* slender, slim **2.** *fig (faible)* small, meagre (UK), meager (US) **3.** *(exclamation)* blast • **mince, j'ai oublié !** blast, I've forgotten!
minceur *nf* **1.** *(gén)* thinness **2.** *(de personne)* slenderness, slimness **3.** *fig (insuffisance)* meagreness (UK), meagerness (US).
mincir *vi* to get thinner *ou* slimmer.
mine *nf* **1.** *(expression)* look • **avoir bonne/mauvaise mine** to look well/ill **2.** *(apparence)* appearance **3.** *(gisement)* mine **4.** *(exploitation)* mining • **mine de charbon** coalmine **5.** *(explosif)* mine **6.** *(de crayon)* lead.
miner *vt* **1.** MIL to mine **2.** *(ronger)* to undermine, to wear away **3.** *fig* to wear down. ■ **se miner** *vp* to worry o.s. sick.
minerai *nm* ore.
minéral, e *adj* **1.** CHIM inorganic **2.** *(eau, source)* mineral *(avant nom)*. ■ **minéral** *nm* mineral.
minéralogie *nf* mineralogy.
minéralogique *adj* **1.** AUTO • **plaque minéralogique** numberplate (UK), license plate (US) **2.** GÉOL mineralogical.
minet, ette *nm, f fam* **1.** *(chat)* pussy cat, pussy **2.** *(personne)* trendy.
mineur, e *adj* minor • **Simon est encore mineur** Simon is still a minor. ❑ *nm, f* DR minor. ■ **mineur** *nm (ouvrier)* miner • **mineur de fond** face worker.
miniature *nf* miniature. ❑ *adj* miniature.
miniaturiser *vt* to miniaturize.
minibar *nm* minibar.
minibus *nm* minibus.
minichaîne *nf* portable hi-fi.
minier, ère *adj* mining *(avant nom)*.
minijupe *nf* miniskirt.
minimal, e *adj* minimum *(avant nom)*.
minimalisme *nm* minimalism.
minime *nmf* SPORT ≃ junior. ❑ *adj* minimal.
minimiser *vt* to minimize.
minimum *nm (gén)* MATH minimum • **au minimum** at least • **le strict minimum** the bare minimum • **minima sociaux** basic welfare benefit. ❑ *adj* minimum *(avant nom)*.
ministère *nm* **1.** *(département)* department, ministry (UK) **2.** *(cabinet)* government **3.** RELIG ministry.
ministériel, elle *adj (du ministère)* departmental, ministerial (UK).
ministre *nmf* secretary, minister (UK) • **ministre d'État** secretary of state, cabinet minister (UK) • **Premier ministre** prime minister.
minois *nm* sweet (little) face.
minoritaire *adj* minority *(avant nom)* • **être minoritaire** to be in the minority.
minorité *nf* minority • **en minorité** in the minority.
minuit *nm* midnight.
minuscule *nf (lettre)* small letter. ❑ *adj* **1.** *(lettre)* small **2.** *(très petit)* tiny, minuscule.
minute *nf* minute • **dans une minute** in a minute • **d'une minute à l'autre** in next to no time. ❑ *interj fam* hang on (a minute)!
minuter *vt (chronométrer)* to time (precisely).
minuterie *nf (d'éclairage)* time switch, timer.
minuteur *nm* timer.
minutie *nf* **1.** *(soin)* meticulousness **2.** *(précision)* attention to detail • **avec minutie a)** *(avec soin)* meticulously **b)** *(dans le détail)* in minute detail.
minutieux, euse *adj* **1.** *(méticuleux)* meticulous **2.** *(détaillé)* minutely detailed • **un travail minutieux** a job requiring great attention to detail.
mioche *nmf fam* kiddy.
mirabelle *nf* **1.** *(fruit)* mirabelle (plum) **2.** *(alcool)* plum brandy.
miracle *nm* miracle • **par miracle** by some *ou* a miracle, miraculously.
miraculé, e *adj* lucky to be alive. ❑ *nm, f si vous voulez expliquer de quoi il s'agit à un anglophone, vous pouvez dire* it means someone who is lucky to be alive.
miraculeux, euse *adj* miraculous.
mirador *nm* MIL watchtower.
mirage *nm* mirage.
mire *nf* **1.** TV test card (UK), test pattern (US) **2.** *(visée)* • **ligne de mire** line of sight.
mirifique *adj fam* fabulous.
mirobolant, e *adj fam* fabulous, fantastic.
miroir *nm* mirror • **miroir déformant** distorting mirror.
miroiter *vi* to sparkle, to gleam • **faire miroiter qqch à qqn** to hold out the prospect of sthg to sb.
mis, e *pp* → mettre.
misanthrope *nmf* misanthropist, misanthrope. ❑ *adj* misanthropic.
mise *nf* **1.** *(action)* putting • **mise à feu a)** *(en armement)* firing **b)** *(en astronautique)* blast-off, launch **c)** TECHNOL firing, ignition • **mise à jour** updating • **mise en page** making up, composing • **mise au point a)** PHOTO focusing **b)** TECHNOL adjustment **c)** *fig* clarification • **mise en scène** production **2.** *(d'argent)* stake.
miser *vt* to bet. ❑ *vi* **1.** • **miser sur a)** *(cheval)* to bet on **b)** *(argent)* to stake • **j'ai misé 10 euros sur le numéro 29** I've staked 10 euros on number 29 **2.** *fig (compter sur - quelque chose)*

to bank *ou* to count on *(insép)* ; *(-quelqu'un)* to count on *(insép)* • **elle mise sur le succès de son livre pour s'acheter une maison** she's banking on her book being a success to buy a house • **il vaut mieux ne pas miser sur lui** we'd better not count on him.

misérable *adj* **1.** *(pauvre)* poor, wretched **2.** *(sans valeur)* paltry, miserable.

misère *nf* **1.** *(indigence)* poverty **2.** *fig (bagatelle)* trifle.

miséricorde *nf (clémence)* mercy.

misogyne *adj* misogynous.

misogynie *nf* misogyny.

missel *nm* missal.

missile *nm* missile.

mission *nf* mission • **en mission** on a mission.

missionnaire *nmf* missionary.

missive *nf* letter.

mistral *nm* mistral.

mitaine *nf* fingerless glove.

mite *nf* (clothes) moth.

mité, e *adj* moth-eaten.

mi-temps *nf inv (SPORT-période)* half ; *(-pause)* half-time. ❑ *nm* part-time work. ■ **à mi-temps** *loc adj & loc adv* part-time.

miteux, euse *fam adj* seedy, dingy.

mitigé, e *adj* **1.** *(tempéré)* lukewarm **2.** *fam (mélangé)* mixed.

mitonner *vt* **1.** *(faire cuire)* to simmer **2.** *(préparer avec soin)* to prepare lovingly. ❑ *vi CULIN* to simmer.

mitoyen, enne *adj* **1.** *(commun)* common **2.** *(attenant)* adjoining • **mur mitoyen** party wall.

mitrailler *vt* **1.** *MIL* to machinegun **2.** *fam (photographier)* to click away at **3.** *fam & fig (assaillir)* • **mitrailler qqn (de)** to bombard sb (with).

mitraillette *nf* submachine gun.

mitrailleuse *nf* machinegun.

mitre *nf (d'évêque)* mitre **(UK)**, miter **(US)**.

mi-voix ■ **à mi-voix** *loc adv* in a low voice.

mix *nm inv* **1.** *(morceau de musique)* mix **2.** *(mélange)* mixture, combination.

mixage *nm CINÉ & RADIO* (sound) mixing.

mixer[1]**, mixeur** *nm* (food) mixer.

mixer[2] *vt* to mix.

mixité *nf* **1.** *(gén)* mixed nature **2.** *SCOL* coeducation.

mixte *adj* mixed.

mixture *nf* **1.** *CHIM & CULIN* mixture **2.** *péj (mélange)* concoction.

MJC (abrév de maison des jeunes et de la culture) *nf si vous voulez donner une définition à un anglophone, vous pouvez dire* it is a combination of a youth club and a cultural centre.

ml (abrév de millilitre) ml.

Mlle (abrév de Mademoiselle) Miss.

mm (abrév de millimètre) mm.

MM (abrév de Messieurs) Messrs.

Mme (abrév de Madame) Mrs.

MMS (abrév de multimedia message service) *nm TÉLÉCOM* MMS.

mnémotechnique *adj* mnemonic.

Mo (abrév de méga-octet) MB.

mob (abrév de Mobylette®) *nf fam* moped.

mobile *nm* **1.** *(jouet, téléphone) INFORM* mobile **2.** *(motivation)* motive. ❑ *adj* **1.** *(gén)* movable, mobile **2.** *(téléphone)* mobile **3.** *(partie, pièce)* moving **4.** *(population, main-d'œuvre)* mobile.

mobilier, ère *adj DR* movable. ■ **mobilier** *nm* furniture.

mobilisation *nf* mobilization.

mobiliser *vt* **1.** *(gén)* to mobilize **2.** *(moralement)* to rally. ■ **se mobiliser** *vp* to mobilize, to rally.

mobilité *nf* mobility.

Mobylette® *nf* moped.

mocassin *nm* moccasin.

moche *adj fam* **1.** *(laid)* ugly **2.** *(triste, méprisable)* lousy, rotten.

modalité *nf (convention)* form • **modalités de paiement** methods of payment.

mode *nf* **1.** *(gén)* fashion • **à la mode** in fashion, fashionable **2.** *(coutume)* custom, style • **à la mode de** in the style of. ❑ *nm* **1.** *(manière)* mode, form • **mode de vie** way of life • **mode avion** *(sur téléphone mobile)* airplane mode **2.** *(méthode)* method • **mode de cuisson** *(sur emballage)* cooking instructions • **mode d'emploi** instructions (for use) **3.** *GRAMM* mood **4.** *MUS* mode **5.** *INFORM* mode.

modèle *nm* **1.** *(gén)* model • **sur le modèle de** on the model of • **modèle déposé** patented design • **modèle économique** *ou* **business model** business model • **modèle énergétique** energy model **2.** *(exemplaire)* model. ❑ *adj (parfait)* model *(avant nom)*.

modeler *vt* to shape • **modeler qqch sur qqch** *fig* to model sthg on sthg.

modélisme *nm* modelling **(UK)** *ou* modeling **(US)** *(of scale models)*.

modem *nm TÉLÉCOM* modem • **modem d'appel** dial-up modem • **modem fax** fax modem • **modem RNIS** *ou* **Numéris** ISDN line.

modération *nf* moderation.

modéré, e *adj & nm, f* moderate.

modérer *vt* to moderate. ■ **se modérer** *vp* to restrain o.s., to control o.s.

moderne *adj* **1.** modern **2.** *(mathématiques)* new.

moderniser *vt* to modernize. ■ **se moderniser** *vp* to become (more) modern.

modernité *nf* modernity.

modeste *adj* **1.** modest **2.** *(origine)* humble.

modestie *nf* modesty • **fausse modestie** false modesty.

modifiable *adj* modifiable, alterable.

modification *nf* alteration, modification • **apporter une modification à qqch** to modify sthg.

modifier *vt* to alter, to modify. ■ **se modifier** *vp* to alter.

modique *adj* modest.

modiste *nmf* milliner.

modulation *nf* modulation.

module *nm* module.

moduler *vt* **1.** *(air)* to warble **2.** *(structure)* to adjust.

moelle *nf* ANAT marrow • **la moelle osseuse** bone marrow. ■ **moelle épinière** *nf* spinal cord.

moelleux, euse *adj* **1.** *(canapé, tapis)* soft **2.** *(fromage, vin)* mellow. ❑ *nm* • **moelleux au chocolat** rich chocolate cake.

moellon *nm* rubble stone.

mœurs *nfpl* **1.** *(morale)* morals **2.** *(coutumes)* customs, habits **3.** ZOOL behaviour *(indén)* (UK), behavior *(indén)* (US).

mohair *nm* mohair.

moi *pron pers* **1.** *(objet, après préposition, comparatif)* me • **aide-moi** help me • **il me l'a dit, à moi** he told *me* • **c'est pour moi** it's for me • **plus âgé que moi** older than me *ou* than I (am) **2.** *(sujet)* I • **moi non plus, je n'en sais rien** I don't know anything about it either • **qui est là ? — (c'est) moi** who's there? — (it's) me • **je l'ai vu hier — moi aussi** I saw him yesterday — me too • **c'est moi qui lui ai dit de venir** I was the one who told him to come. ■ **moi-même** *pron pers* myself.

> À PROPOS DE **moi**
>
> En anglais, le ton de la voix peut servir à renforcer ce qui est dit : c'est le cas pour ***I*** dans ***I told them.*** *C'est moi qui leur ai dit.* ou ***Moi, je crois qu'il a tort.*** *I think that he's wrong.* où l'accent tonique de la phrase porte sur ce mot.

moignon *nm* stump.

moindre *adj (superl)* • **le/la moindre** the least • *(avec négation)* the least *ou* slightest • **les moindres détails** the smallest details • **sans la moindre difficulté** without the slightest problem • **c'est la moindre des choses** it's the least I/you *etc* could do. ❑ *adj compar* **1.** less **2.** *(prix)* lower • **à un moindre degré** to a lesser extent.

moine *nm* monk.

moineau *nm* sparrow.

moins

■ **moins** *adv*

1. INDIQUE UNE QUANTITÉ INFÉRIEURE

• **tu devrais boire moins !** you should drink less! • **mange moins de bonbons !** eat fewer sweets! *ou* don't eat so many sweets! • **cette année, moins de gens sont venus** fewer people came this year

2. COMPARATIF

• **elle est moins sympa que Cécile** she's less nice than Cécile *ou* she's not as nice as Cécile • **il est moins enthousiaste que sa sœur** he's less enthusiastic than his sister • **il fait moins chaud à Dublin qu'à Paris** it's not as warm in Dublin as it is in Paris • **j'ai moins de courage que toi** I've got less courage than you *ou* I'm not as brave as you

3. SUPERLATIF

• **il pense être le moins riche des hommes** he thinks he is the poorest man (in the world) • **c'est lui qui travaille le moins** he works (the) least • **elle est très timide, elle parle le moins possible** she is very shy, she speaks as little as possible

4. DANS UNE CORRÉLATION

• **moins il mange, moins il travaille** the less he eats, the less he works

■ **moins** *prép*

1. POUR INDIQUER UNE TEMPÉRATURE NÉGATIVE

minus • **il fait moins vingt** it's minus twenty, it's twenty below

2. DANS UNE SOUSTRACTION

• **dix moins huit font deux** ten minus eight is two, ten less eight is two

3. POUR INDIQUER L'HEURE

• **il est 3 heures moins le quart** it's quarter to *ou* of (US) 3 • **il est moins dix** it's ten to *ou* it's ten of (US) • **il est un peu moins de 10 heures** it's nearly 10 o'clock

■ **moins** *nm*

1. SIGNE MATHÉMATIQUE

minus (sign) • **le moins est le signe de la soustraction** minus is the sign of subtraction

2. DANS DES EXPRESSIONS

• **le moins qu'on puisse dire, c'est que...** it's an understatement to say...

■ **à moins de** *loc prép*

1. POUR MOINS CHER

• **vous ne le trouverez pas à moins de 10 euros** you won't find it for less then 10 euros

2. SAUF, EXCEPTÉ

• **nous viendrons, à moins d'un imprévu** we'll be there unless sthg comes up • **à moins de battre le record** unless I/you beat the record

■ **à moins que** *loc conj*

unless • **à moins que j'y aille moi-même** unless I go myself

■ **au moins** *loc adv*
at least • **sa robe vaut au moins 300 euros** her dress is worth at least 300 euros

■ **de moins en moins** *loc adv*
less and less • **je joue de moins en moins au tennis** I am playing less and less tennis

■ **du moins** *loc adv*
at least • **ils devaient venir samedi, c'est du moins ce qu'ils nous avaient dit** they were supposed to come on Saturday, at least that's what they told us

■ **en moins** *loc adv*
• **il a une dent en moins** he's missing *ou* minus a tooth • **c'était le paradis, les anges en moins** it was heaven, minus the angels

■ **pour le moins** *loc adv*
at (the very) least • **son attitude est pour le moins surprenante** his attitude is surprising to say the least

moiré, e *adj* **1.** *(tissu)* watered **2.** *littéraire (reflet)* shimmering.

mois *nm (laps de temps)* month.

LEXIQUE

les mois de l'année

janvier January
février February
mars March
avril April
mai May
juin June
juillet July
août August
septembre September
octobre October
novembre November
décembre December

moisi, e *adj* mouldy (UK), moldy (US). ■ **moisi** *nm* mould (UK), mold (US).

moisir *vi* **1.** *(pourrir)* to go mouldy (UK) *ou* moldy (US) **2.** *fig (personne)* to rot.

moisissure *nf* mould (UK), mold (US).

moisson *nf* **1.** *(récolte)* harvest • **faire la moisson** *ou* **les moissons** to harvest, to bring in the harvest **2.** *fig (d'idées, de projets)* wealth.

moissonner *vt* **1.** to harvest, to gather (in) **2.** *fig* to collect, to gather.

moissonneuse-batteuse *nf* combine (harvester).

moite *adj* **1.** *(peau, mains)* moist, sweaty **2.** *(atmosphère)* muggy ; *(chaleur)* moist.

moiteur *nf* **1.** *(de peau, mains)* moistness **2.** *(d'atmosphère)* mugginess.

moitié *nf (gén)* half • **à moitié vide** half-empty • **faire qqch à moitié** to half-do sthg • **la moitié du temps** half the time • **à la moitié de qqch** halfway through sthg.

moka *nm* **1.** *(café)* mocha (coffee) **2.** *(gâteau)* coffee cake.

molaire *nf* molar.

moléculaire *adj* molecular.

molécule *nf* molecule.

moleskine *nf* imitation leather.

molester *vt* to manhandle.

molette *nf* **1.** *(de réglage)* toothed wheel **2.** *(outil)* glasscutter.

molle → **mou**.

mollement *adv* **1.** *(faiblement)* weakly, feebly **2.** *littéraire (paresseusement)* sluggishly, lethargically.

mollesse *nf* **1.** *(de chose)* softness **2.** *(de personne)* lethargy.

mollet *nm* calf. □ *adj* → **œuf**.

mollir *vi* **1.** *(physiquement, moralement)* to give way **2.** *(vent)* to drop, to die down.

mollusque *nm* ZOOL mollusc (UK), mollusk (US).

molosse *nm (chien)* watchdog.

môme *fam nmf (enfant)* kid, youngster.

moment *nm* **1.** *(gén)* moment • **au moment de l'accident** at the time of the accident, when the accident happened • **au moment de partir** just as we/you *etc* were leaving • **au moment où** just as • **dans un moment** in a moment • **d'un moment à l'autre, à tout moment** (at) any moment, any moment now • **à un moment donné** at a given moment • **par moments** at times, now and then • **en ce moment** at the moment • **pour le moment** for the moment **2.** *(durée)* (short) time • **passer un mauvais moment** to have a bad time **3.** *(occasion)* time • **ce n'est pas le moment (de faire qqch)** this is not the time (to do sthg). ■ **du moment que** *loc prép* since, as.

momentané, e *adj* temporary.

momie *nf* mummy.

mon, ma *adj poss* my.

monacal, e *adj* monastic.

Monaco *npr* • **(la principauté de) Monaco** (the principality of) Monaco.

monarchie *nf* monarchy • **monarchie absolue/constitutionnelle** absolute/constitutional monarchy • **monarchie parlementaire** parliamentary monarchy.

monarque *nm* monarch.

monastère *nm* monastery.

monceau *nm (tas)* heap.

mondain, e *adj* **1.** *(chronique, journaliste)* society *(avant nom)* **2.** *(futile)* frivolous, superficial.

mondanités *nfpl* **1.** *(événements)* society life *(indén)* **2.** *(paroles)* small talk *(indén)* **3.** *(comportements)* formalities.

monde *nm* **1.** *(gén)* world • **le/la plus... au monde, le/la plus... du monde** the most... in the world • **pour rien au monde** not for the world, not for all the tea in China • **mettre un enfant au monde** to bring a child into the world • **venir au monde** to come into the world **2.** *(gens)* people *pl* • **beaucoup/peu de monde** a lot of/not many people • **tout le monde** everyone, everybody **3.** *(locution)* • **c'est un monde !** that's really the limit! • **se faire un monde de qqch** to make too much of sthg • **noir de monde** packed with people.

mondial, e *adj* world *(avant nom)*. ■ **mondial** *nm* • **le Mondial de football** the World Cup • **le Mondial de l'athlétisme** the World Athletics Championship • **le Mondial de l'automobile** the International Motor Show.

mondialement *adv* throughout *ou* all over the world.

mondialisation *nf* globalization.

mondialiste *adj* pro-globalization.

monétaire *adj* monetary.

Mongolie *nf* • **la Mongolie** Mongolia.

mongolien, enne *vieilli* *nm, f* mongol *péj & vieilli*.

moniteur, trice *nm, f* **1.** *(enseignant)* instructor, coach • **moniteur d'auto-école** driving instructor **2.** *(de colonie de vacances)* supervisor, leader. ■ **moniteur** *nm (appareil)* INFORM monitor.

monnaie *nf* **1.** *(moyen de paiement)* money **2.** *(de pays)* currency • **monnaie unique** single currency **3.** *(pièces)* change • **avoir de la monnaie** to have change • **avoir la monnaie** to have the change • **vous avez la monnaie de dix euros ?** do you have change for ten euros? • **faire (de) la monnaie** to get (some) change.

monnayer *vt* **1.** *(biens)* to convert into cash **2.** *fig (silence)* to buy.

monochrome *adj* monochrome, monochromatic.

monocle *nm* monocle.

monocoque *nm & adj (bateau)* monohull.

monocorde *adj (monotone)* monotonous.

monogamie *nf* monogamy.

monogramme *nm* monogram.

monolingue *adj* monolingual.

monologue *nm* **1.** THÉÂTRE soliloquy **2.** *(discours individuel)* monologue.

monologuer *vi fig & péj (parler à soi-même)* to talk away.

mononucléose *nf* • **mononucléose infectieuse** glandular fever **(UK)**, mono **(US)**, (infectious) mononucleosis **(US)**.

monoparental, e *adj* single-parent *(avant nom)*, lone-parent *(avant nom)*, one-parent *(avant nom)* **(UK)**.

monoplace *adj* single-seater *(avant nom)*.

monopole *nm* monopoly • **avoir le monopole de qqch** *litt & fig* to have a monopoly of *ou* on sthg • **monopole d'État** state monopoly.

monopoliser *vt* to monopolize.

monoski *nm* **1.** *(objet)* monoski **2.** SPORT monoskiing • **faire du monoski** to go monoskiing.

monospace *nm* minivan, people carrier **(UK)**.

monosyllabe *nm* monosyllable. ❑ *adj* monosyllabic.

monotone *adj* monotonous.

monotonie *nf* monotony.

monseigneur *nm (titre - d'évêque, de duc)* His Grace ; *(- de cardinal)* His Eminence ; *(- de prince)* His (Royal) Highness.

monsieur *nm* **1.** *(titre)* • **monsieur X** Mr X • **bonjour monsieur** good morning **2.** *(dans hôtel, restaurant)* good morning, sir • **bonjour messieurs** good morning (gentlemen) • **messieurs dames** ladies and gentlemen • **Monsieur le Ministre n'est pas là** the Minister is out **3.** *(homme quelconque)* gentleman.

monstre *nm* **1.** *(gén)* monster **2.** *(en apposition) fam (énorme)* colossal.

monstrueux, euse *adj* **1.** *(gén)* monstrous **2.** *fig (erreur)* terrible.

monstruosité *nf* monstrosity.

mont *nm* GÉOGR Mount • **le mont Blanc** Mont Blanc • **le mont Cervin** the Matterhorn.

montage *nm* **1.** *(assemblage)* assembly **2.** *(de bijou)* setting **3.** PHOTO photomontage **4.** CINÉ editing.

montagnard, e *nm, f* mountain dweller.

montagne *nf* **1.** *(gén)* mountain • **les montagnes Rocheuses** the Rocky Mountains **2.** *(région)* • **la montagne** the mountains *pl* • **à la montagne** in the mountains • **en haute montagne** at high altitudes. ■ **montagnes russes** *nfpl* roller coaster *sing*, big dipper *sing* **(UK)**.

montagneux, euse *adj* mountainous.

montant, e *adj (mouvement)* rising. ■ **montant** *nm* **1.** *(pièce verticale)* upright **2.** *(somme)* total (amount).

monte-charge *nm inv* goods lift **(UK)**, service elevator **(US)**.

montée *nf* **1.** *(de montagne)* climb, ascent **2.** *(de prix)* rise **3.** *(relief)* slope, gradient.

monte-plats *nm inv* dumbwaiter.

monter *vi* **1.** *(personne)* to come/go up • **monter sur qqch** to climb onto sthg **2.** *(température, niveau)* to rise **3.** *(route, avion)* to climb **4.** *(passager)* to get on • **monter dans un bus** to get on a bus • **monter dans une voiture** to get into a car **5.** *(cavalier)* to ride • **monter à cheval** to ride **6.** *(marée)* to go/come in. ❑ *vt* **1.** *(escalier, côte)* to climb, to come/go up • **monter la rue en courant** to run up the street **2.** *(chauffage, son)* to turn up **3.** *(valise)* to take/bring up **4.** *(meuble)* to assemble **5.** COUT to assemble, to put *ou* sew together **6.** *(tente)* to put up **7.** *(cheval)* to mount

8. *THÉÂTRE* to put on **9.** *(société, club)* to set up **10.** *CULIN* to beat, to whisk (up). ■ **se monter** *vp* **1.** *(s'assembler)* • **se monter facilement** to be easy to assemble **2.** *(atteindre)* • **se monter à** to amount to, to add up to.

> À PROPOS DE
> ### monter
> Notez la différence de traduction selon que la personne qui parle se trouve en bas, traduction ***to go up***, ***to take up*** ou déjà en haut, traduction ***to come up***, ***to bring up***.

monteur, euse *nm, f* **1.** *TECHNOL* fitter **2.** *CINÉ* editor.

monticule *nm* mound.

montre *nf* watch • **montre à quartz** quartz watch • **montre en main** to the minute, exactly • **contre la montre a)** *(sport)* time-trialling (UK), time-trialing (US) **b)** *(épreuve)* time trial • **une course contre la montre** *fig* a race against time.

montre-bracelet *nf* wristwatch.

montrer *vt* **1.** *(gén)* to show • **montrer qqch à qqn** to show sb sthg, to show sthg to sb **2.** *(désigner)* to show, to point out • **montrer qqch du doigt** to point at *ou* to sthg. ■ **se montrer** *vp* **1.** *(se faire voir)* to appear **2.** *fig (se présenter)* to show o.s. **3.** *fig (se révéler)* to prove (to be).

> À PROPOS DE
> ### montrer à
> • *Montrer qqch à qqn* ***Show sthg to sb*** *ou* ***show sb sthg***
> Il faut noter la construction à double complément qui en anglais peut prendre deux formes dont le sens est le même :
> 1. une structure identique à celle du français : verbe + COD + préposition + COI ***show sthg to sb***
> 2. une structure qui diffère de celle du français, sans préposition, et dans laquelle l'ordre des compléments est inversé : verbe + COI + COD ***show sb sthg***
> • *Marie a montré ses photos de Chine à tous ses amis.* ***Marie showed her photos of China to all her friends*** *ou* ***Marie showed all her friends her photos of China.***

monture *nf* **1.** *(animal)* mount **2.** *(de lunettes)* frame.

monument *nm (gén)* • **monument (à)** monument (to) • **monument aux morts** war memorial.

monumental, e *adj* monumental.

moquer ■ **se moquer** *vp* • **se moquer de a)** *(plaisanter sur)* to make fun of, to laugh at **b)** *(ne pas se soucier de)* not to give a damn about.

moquerie *nf* mockery *(indén)*, jibe.

moquette *nf* wall-to-wall carpet, fitted carpet (UK) • **faire mettre de la moquette** to have a carpet fitted.

moqueur, euse *adj* mocking.

moral, e *adj* **1.** *(éthique - conscience, jugement)* moral • **il n'a aucun sens moral** he has no sense of morality • **se sentir dans l'obligation morale de faire qqch** to feel morally obliged *ou* a moral obligation to do sthg • **prendre l'engagement moral de faire qqch** to be morally committed to do sthg **2.** *(édifiant - auteur, conte, réflexion)* moral • **la fin de la pièce n'est pas très morale !** the end of the play is rather immoral! **3.** *(spirituel - douleur)* mental ; *(- soutien, victoire, résistance)* moral. ■ **moral** *nm* **1.** *(mental)* • **au moral comme au physique** mentally as well as physically **2.** *(état d'esprit)* morale, spirits *pl* • **avoir/ne pas avoir le moral** to be in good/bad spirits • **j'ai le moral à zéro** *fam* I feel down in the dumps *ou* really low • **remonter le moral à qqn** to cheer sb up. ■ **morale** *nf* **1.** *(science)* moral philosophy, morals *pl* **2.** *(règle)* morality **3.** *(mœurs)* morals *pl* **4.** *(leçon)* moral • **faire la morale à qqn** to preach at *ou* lecture sb.

moralisateur, trice *adj* moralizing. ❑ *nm, f* moralizer.

moraliste *nmf* moralist.

moralité *nf* **1.** *(gén)* morality **2.** *(enseignement)* morals *pl*.

moratoire *nm* moratorium.

morbide *adj* morbid.

morceau *nm* **1.** *(gén)* piece **2.** *(de poème, de film)* passage.

morceler *vt* to break up, to split up.

mordant, e *adj* biting. ■ **mordant** *nm (vivacité)* keenness, bite.

mordiller *vt* to nibble.

mordoré, e *adj* bronze.

mordre *vt (blesser)* to bite. ❑ *vi* **1.** *(saisir avec les dents)* • **mordre à** to bite **2.** *(croquer)* • **mordre dans qqch** to bite into sthg **3.** *SPORT* • **mordre sur la ligne** to step over the line.

mordu, e *pp* → **mordre**. ❑ *adj (amoureux)* hooked. ❑ *nm, f* • **mordu de foot/ski** football/ski addict.

morfondre ■ **se morfondre** *vp* to mope.

morgue *nf* **1.** *litt (attitude)* pride **2.** *(lieu)* morgue.

moribond, e *adj* dying. ❑ *nm, f* dying person.

morille *nf* morel.

mormon, e *adj & nm, f* Mormon.

morne *adj* **1.** *(personne, visage)* gloomy **2.** *(paysage, temps, ville)* dismal, dreary.

morose *adj* gloomy.

morphine *nf* morphine.

morphologie *nf* morphology.

morpion *nm* **1.** *fam MÉD* crab **2.** *fam (enfant)* brat **3.** *(jeu)* ≃ noughts and crosses *(indén)* (UK) ; ≃ tick-tack-toe (US).

mors *nm* bit.

morse *nm* **1.** *ZOOL* walrus **2.** *(code)* Morse (code).

morsure *nf* bite.

mort, e *pp* → **mourir**. ❑ *adj* dead • **mort de fatigue** *fig* dead tired • **mort de peur** *fig* frightened to death. ❑ *nm, f* **1.** *(cadavre)* corpse, dead body **2.** *(défunt)* dead person. ■ **mort** *nm* **1.** *(victime)* fatality **2.** *(partie de cartes)* dummy. ❑ *nf litt* & *fig* death • **de mort** *(silence)* deathly • **être en danger de mort** to be in mortal danger • **condamner qqn à mort** *DR* to sentence sb to death • **se donner la mort** to take one's own life, to commit suicide.

À PROPOS DE

mort

Attention à ne pas confondre ***to be dead*** et ***have died***.

Dead est la traduction de l'adjectif *mort* :

• *Il me semble que ses deux parents sont morts.* ***It appears both his parents are dead.***

Died (prétérit et participe passé de ***die***) sert à traduire le verbe *mourir* :

• *Sa grand-mère est morte cet été.* ***His grandmother died this summer.***

Comparez les deux traductions possibles de la phrase suivante :

Toutes mes roses sont mortes. ***All my roses have died.*** Ici, l'emploi du verbe met l'accent sur l'action de mourir. ***All my roses are dead.*** Ici, l'emploi de l'adjectif met l'accent sur l'état des fleurs.

mortadelle *nf* mortadella.

mortalité *nf* mortality, death rate.

mort-aux-rats *nf inv* rat poison.

Morte → **mer**.

mortel, elle *adj* **1.** *(humain)* mortal **2.** *(accident, maladie)* fatal **3.** *fam* & *fig (ennuyeux)* deadly (dull). ❑ *nm, f* mortal.

morte-saison *nf* off-season.

mortier *nm* mortar.

mortification *nf* mortification.

mort-né, e *adj (enfant)* still-born.

mortuaire *adj* funeral *(avant nom)*.

morue *nf ZOOL* cod • **morue salée** salt cod.

morve *nf* snot.

mosaïque *nf litt* & *fig* mosaic.

Moscou *npr* Moscow.

mosquée *nf* mosque.

mot *nm* **1.** *(gén)* word • **mots croisés** crossword (puzzle) *sing* • **gros mot** swearword **2.** *(message)* note, message. ■ **mot de passe** *nm* password • **protégé par un mot de passe** *INFORM* password-protected.

motard, e *nm, f* **1.** *(motocycliste)* motorcyclist **2.** *(policier)* motorcycle policeman *m*, policewoman *f*.

mot-clé, mot-clef *nm* keyword.

motel *nm* motel.

moteur, trice *adj (force, énergie)* driving *(avant nom)* • **à quatre roues motrices** *AUTO* with four-wheel drive. ■ **moteur** *nm* **1.** *TECHNOL* motor, engine **2.** *fig* driving force • **moteur à réaction** jet engine • **moteur de recherche** *INFORM* search engine.

motif *nm* **1.** *(raison)* motive, grounds *pl* **2.** *(dessin, impression)* motif.

motion *nf POLIT* motion • **motion de censure** censure motion.

motivation *nf* motivation • **motivation par le profit** profit motive.

motiver *vt* **1.** *(stimuler)* to motivate **2.** *(justifier)* to justify.

moto *nf* motorcycle, motorbike **(UK)**.

motocross *nm* motocross.

motoculteur *nm* ≃ Rotavator® **(UK)** ; ≃ Rototiller® **(US)**.

motocyclette *nf* motorcycle, motorbike **(UK)**.

motocycliste *nmf* motorcyclist.

motorisé, e *adj* motorized.

motricité *nf* motor functions *pl*.

motte *nf* • **motte (de terre)** clod, lump of earth • **motte de beurre** slab of butter.

mou, molle *adj* (**mol** *devant voyelle ou* **h** *muet*) **1.** *(gén)* soft **2.** *(faible)* weak **3.** *(résistance, protestation)* half-hearted **4.** *(de caractère)* wet, wimpy. ■ **mou** *nm* **1.** *(de corde)* • **avoir du mou** to be slack **2.** *(abats)* lungs *pl*, lights *pl*.

mouchard, e *nm, f fam (personne)* sneak. ■ **mouchard** *nm fam (dans camion, train)* spy in the cab.

mouche *nf* **1.** *ZOOL* fly **2.** *(accessoire féminin)* beauty spot.

moucher *vt* **1.** *(nez)* to wipe • **moucher un enfant** to wipe a child's nose **2.** *(chandelle)* to snuff out **3.** *fam* & *fig (personne)* • **moucher qqn** to put sb in his/her place. ■ **se moucher** *vp* to blow *ou* wipe one's nose.

moucheron *nm (insecte)* gnat.

moucheté, e *adj* **1.** *(laine)* flecked **2.** *(animal)* spotted, speckled.

mouchoir *nm* handkerchief.

moudre *vt* to grind.

moue *nf* pout • **faire la moue** to pull a face.

mouette *nf* seagull.

moufle *nf* mitten.

mouflon *nm* wild sheep.

mouillage *nm (NAUT - emplacement)* anchorage, moorings *pl*.

mouillé, e *adj* wet.

mouiller *vt* **1.** *(personne, objet)* to wet • **se faire mouiller** to get wet *ou* soaked **2.** *NAUT* • **mouiller l'ancre** to drop anchor **3.** *fam & fig (compromettre)* to involve. ■ **se mouiller** *vp* **1.** *(se tremper)* to get wet **2.** *fam & fig (prendre des risques)* to stick one's neck out.

moulage *nm* **1.** *(action)* moulding **(UK)**, molding **(US)**, casting **2.** *(objet)* cast.

moulant, e *adj* close-fitting.

moule[1] *nm* mould **(UK)**, mold **(US)** • **moule à gâteau** cake tin **(UK)** *ou* pan **(US)** • **moule à tarte** flan dish.

moule[2] *nf ZOOL* mussel • **moules marinières** *CULIN si vous voulez expliquer de quoi il s'agit à un anglophone, vous pouvez dire* it is a dish of mussels cooked in white wine.

mouler *vt* **1.** *(objet)* to mould **(UK)**, to mold **(US)** **2.** *(forme)* to make a cast of.

moulin *nm* mill • **moulin à café** coffee mill • **moulin à paroles** *fig* chatterbox.

moulinet *nm* **1.** *(à la pêche)* reel **2.** *(mouvement)* • **faire des moulinets** to whirl one's arms around.

Moulinette® *nf* food mill.

moulu, e *adj (en poudre)* ground.

moulure *nf* moulding **(UK)**, molding **(US)**.

mourant, e *adj* **1.** *(moribond)* dying **2.** *fig (voix)* faint. ❑ *nm, f* dying person.

mourir *vi* **1.** *(personne)* to die • **s'ennuyer à mourir** to be bored to death **2.** *(feu)* to die down.

mousquetaire *nm* musketeer.

moussant, e *adj* foaming.

mousse *nf* **1.** *BOT* moss **2.** *(substance)* foam • **mousse à raser** shaving foam **3.** *CULIN* mousse **4.** *(matière plastique)* foam rubber. ❑ *nm NAUT* cabin boy.

mousseline *nf* muslin.

mousser *vi* to foam, to lather.

mousseux, euse *adj* **1.** *(shampooing)* foaming, frothy **2.** *(vin, cidre)* sparkling. ■ **mousseux** *nm* sparkling wine.

mousson *nf* monsoon.

moussu, e *adj* mossy, moss-covered.

moustache *nf* moustache, mustache **(US)**. ■ **moustaches** *nfpl (d'animal)* whiskers.

moustachu, e *adj* with a moustache **(UK)** *ou* mustache **(US)**.

moustiquaire *nf* mosquito net.

moustique *nm* mosquito.

moutarde *nf* mustard.

mouton *nm* **1.** *fig ZOOL* sheep **2.** *(viande)* mutton **3.** *fam (poussière)* piece of fluff, fluff *(indén)*.

mouture *nf* **1.** *(de céréales, de café)* grinding **2.** *(de thème, d'œuvre)* rehash.

mouvance *nf (domaine)* sphere of influence.

mouvant, e *adj* **1.** *(terrain)* unstable **2.** *(situation)* uncertain.

mouvement *nm* **1.** *(gén)* movement • **en mouvement** on the move **2.** *(de colère, d'indignation)* burst, fit.

mouvementé, e *adj* **1.** *(terrain)* rough **2.** *(réunion, soirée)* eventful.

mouvoir *vt* to move. ■ **se mouvoir** *vp* to move.

moyen, enne *adj* **1.** *(intermédiaire)* medium **2.** *(médiocre, courant)* average. ■ **moyen** *nm* means *sing*, way • **moyen de communication** means of communication • **moyen de locomotion** *ou* **transport** means of transport. ■ **moyenne** *nf* average • **en moyenne** on average • **la moyenne d'âge** the average age. ■ **moyens** *nmpl* **1.** *(ressources)* means • **avoir les moyens** to be comfortably off **2.** *(capacités)* powers, ability • **faire qqch par ses propres moyens** to do sthg on one's own. ■ **au moyen de** *loc prép* by means of.

Moyen Âge *nm* • **le Moyen Âge** the Middle Ages *pl*.

Moyen-Orient *nm* • **le Moyen-Orient** the Middle East.

moyeu *nm* hub.

MP3 (abrév de moving picture experts group audio layer 3) *nm INFORM* MP3 • **lecteur MP3** MP3 player.

MP4 (abrév de moving picture experts group audio layer 4) *nm INFORM* MP4 • **baladeur MP4** MP4 personal stereo.

MST *nf* **1.** (abrév de maladie sexuellement transmissible) STD **2.** (abrév de maîtrise de sciences et techniques) master's (degree) in science and technology.

mû, mue *pp* → **mouvoir**.

mucus *nm* mucus *(indén)*.

mue *nf* **1.** *(de pelage)* moulting **(UK)**, molting **(US)** **2.** *(de serpent)* skin, slough **3.** *(de voix)* breaking.

muer *vi* **1.** *(mammifère)* to moult **(UK)**, to molt **(US)** **2.** *(serpent)* to slough its skin **3.** *(voix)* to break **4.** *(jeune homme)* • **il mue** his voice is breaking.

muet, muette *adj* **1.** *MÉD* dumb **2.** *(silencieux)* silent • **muet d'admiration/d'étonnement** speechless with admiration/surprise **3.** *LING* silent, mute. ❑ *nm, f* dumb person, mute. ■ **muet** *nm* • **le muet** *CINÉ* silent films *pl* **(UK)** *ou* movies **(US)**.

muezzin *nm* muezzin.

mufle *nm* **1.** *(d'animal)* muzzle, snout **2.** *fig (goujat)* lout.

muflerie *nf* loutishness.

mugir *vi* **1.** *(vache)* to moo **2.** *(vent, sirène)* to howl.

muguet *nm* **1.** *(fleur)* lily of the valley **2.** *MÉD* thrush.

mule *nf* mule.

mulet *nm* **1.** *(âne)* mule **2.** *(poisson)* mullet.

mulot *nm* field mouse.
multicolore *adj* multicoloured (UK), multicolored (US).
multicoque *adj* • **(bateau) multicoque** multihull *ou* multihulled boat. ❑ *nm* multihull.
multifonction *adj inv* multifunction.
multilatéral, e *adj* multilateral.
multimédia *adj* INFORM multimedia.
multimillionnaire *nmf & adj* multimillionaire.
multinational, e *adj* multinational. ■ **multinationale** *nf* multinational (company).
multiple *nm* multiple. ❑ *adj* **1.** *(nombreux)* multiple, numerous **2.** *(divers)* many, various.
multiplexe *nm* CINÉ multiplex (cinema), multiscreen cinema.
multiplication *nf* multiplication.
multiplier *vt* **1.** *(accroître)* to increase **2.** MATH to multiply • **X multiplié par Y égale Z** X multiplied by *ou* times Y equals Z. ■ **se multiplier** *vp* to multiply.
multipolaire *adj* multipolar • **un monde multipolaire** a multipolar world.
multipropriété *nf* timeshare.
multiracial, e *adj* multiracial.
multirisque *adj* comprehensive.
multitude *nf* • **multitude (de)** multitude (of).
municipal, e *adj* municipal. ■ **municipales** *nfpl* • **les municipales** the local government elections.
municipalité *nf* **1.** *(commune)* municipality **2.** *(conseil)* town council (UK), city council (US).
munir *vt* • **munir qqn/qqch de** to equip sb/sthg with. ■ **se munir** *vp* • **se munir de** to equip o.s. with.
munitions *nfpl* ammunition *(indén)*, munitions.
muqueuse *nf* mucous membrane.
mur *nm* **1.** *(gén)* wall **2.** *fig (obstacle)* barrier, brick wall • **mur du son** AÉRON sound barrier.
mûr, mûre *adj* **1.** ripe **2.** *(personne)* mature.
muraille *nf* wall.
mural, e *adj* wall *(avant nom)*.
mûre *nf* **1.** *(de mûrier)* mulberry **2.** *(de ronce)* blackberry, bramble.
murène *nf* moray eel.
murer *vt* **1.** *(boucher)* to wall up, to block up **2.** *(enfermer)* to wall in. ■ **se murer** *vp* to shut o.s. up *ou* away • **se murer dans** *fig* to retreat into.
muret *nm* low wall.
mûrier *nm* **1.** *(arbre)* mulberry tree **2.** *(ronce)* blackberry bush, bramble bush.
mûrir *vi* **1.** *(fruits, légumes)* to ripen **2.** *fig (idée, projet)* to develop **3.** *(personne)* to mature.
murmure *nm* murmur.
murmurer *vt & vi* to murmur.
musaraigne *nf* shrew.
musarder *vi* to dawdle.
musc *nm* musk.
muscade *nf* nutmeg.
muscat *nm* **1.** *(raisin)* muscat grape **2.** *(vin)* Muscat, Muscatel.
muscle *nm* muscle.
musclé, e *adj* **1.** *(personne)* muscular **2.** *fig (mesure, décision)* forceful.
muscler *vt* • **muscler son corps** to build up one's muscles. ■ **se muscler** *vp* to build up one's muscles.
muscu (abrév de musculation) *nf fam* bodybuilding.
musculation *nf* • **faire de la musculation** to do muscle-building exercises.
muse *nf* muse.
museau *nm* **1.** *(d'animal)* muzzle, snout **2.** *fam (de personne)* face.
musée *nm* **1.** museum **2.** *(d'art)* art gallery.
museler *vt litt & fig* to muzzle.
muselière *nf* muzzle.
musette *nf* **1.** knapsack **2.** *(d'écolier)* satchel **3.** *(de chasseur)* game bag.
muséum *nm* museum.
musical, e *adj* **1.** *(son)* musical **2.** *(émission, critique)* music *(avant nom)*.
music-hall *nm* music hall (UK), vaudeville (US).
musicien, enne *adj* musical. ❑ *nm, f* musician.
musicologue *nmf* musicologist.
musique *nf* music • **musique de chambre** chamber music • **musique de film** film (UK) *ou* movie (US) score.
musqué, e *adj* **1.** *(parfum)* musky **2.** *(animal)* • **rat musqué** muskrat.
musulman, e *adj & nm, f* Muslim.

> En anglais les adjectifs et les noms se rapportant à une religion s'écrivent avec une majuscule.

mutant, e *adj & nm, f* mutant.
mutation *nf* **1.** BIOL, MÉD mutation **2.** *fig (changement)* transformation **3.** *(de fonctionnaire)* transfer.
muter *vt* to transfer.
mutilation *nf* mutilation.
mutilé, e *nm, f* disabled person.
mutiler *vt* to mutilate • **il a été mutilé du bras droit** he lost his right arm.
mutin, e *adj littéraire* impish. ■ **mutin** *nm* **1.** rebel **2.** MIL & NAUT mutineer.
mutinerie *nf* **1.** rebellion **2.** MIL & NAUT mutiny.
mutisme *nm* silence.

mutualiser *vt (risques, coûts, compétences)* to mutualise.

mutualité *nf (assurance)* mutual insurance.

mutuel, elle *adj* mutual. ■ **mutuelle** *nf* mutual insurance company.

mutuellement *adv* mutually.

mycose *nf* mycosis, fungal infection.

myocarde *nm* myocardium.

myopathie *nf* myopathy.

myope *nmf* shortsighted **(UK)** *ou* nearsighted **(US)** person. ❑ *adj* shortsighted **(UK)**, nearsighted **(US)**, myopic.

myopie *nf* shortsightedness **(UK)**, nearsightedness **(US)**, myopia.

myosotis *nm* forget-me-not.

myriade *nf* • **une myriade de** a myriad of.

myrtille *nf* blueberry, bilberry.

mystère *nm (gén)* mystery.

mystérieux, euse *adj* mysterious.

mysticisme *nm* mysticism.

mystification *nf (tromperie)* hoax, practical joke.

mystifier *vt (duper)* to take in.

mystique *nmf* mystic. ❑ *adj* mystic, mystical.

mythe *nm* myth.

mythique *adj* mythical.

mythologie *nf* mythology.

mythomane *nmf* pathological liar.

n, N *nm inv (lettre)* n, N. ■ **N** (abrév de nord) N.
n° (abrév de numéro) no.
nacelle *nf (de montgolfière)* basket.
nacre *nf* mother-of-pearl.
nage *nf* **1.** *(natation)* swimming • **traverser à la nage** to swim across **2.** *(locution)* • **en nage** bathed in sweat.
nageoire *nf* **1.** *(de poisson)* fin **2.** *(de phoque, de dauphin)* flipper.
nager *vi* **1.** *(se baigner)* to swim **2.** *(flotter)* to float **3.** *fig (dans vêtement)* • **nager dans** to be lost in • **nager dans la joie** to be incredibly happy.
nageur, euse *nm,f* swimmer.
naguère *adv littéraire* a short time ago.
naïf, naïve *adj* **1.** *(ingénu, art)* naive **2.** *(crédule)* gullible.
nain, e *adj* dwarf *(avant nom)*. ❑ *nm,f* dwarf • **nain de jardin** garden gnome.
naissance *nf* **1.** *(de personne)* birth • **donner naissance à** to give birth to • **le contrôle des naissances** birth control **2.** *(endroit)* source **3.** *(du cou)* nape **4.** *fig (de science, nation)* birth • **donner naissance à** to give rise to.
naissant, e *adj* **1.** *(brise)* rising **2.** *(jour)* dawning **3.** *(barbe)* incipient.
naître *vi* **1.** *(enfant)* to be born • **elle est née en 1965** she was born in 1965 **2.** *(espoir)* to spring up • **naître de** to arise from • **faire naître qqch** to give rise to sthg.

> **À PROPOS DE**
> **naître**
> Attention, *naître* se traduit par ***to be born*** :
> • *Certains enfants naissent avec des dents.* ***Some babies* are born *with teeth*.**
> • *Je suis né en Afrique du Nord.* ***I* was born *in North Africa*.**

naïveté *nf* **1.** *(candeur)* innocence **2.** *(crédulité)* gullibility.
nana *nf* **1.** *fam (jeune fille)* girl **2.** *(petite amie)* girlfriend.
nanoélectronique *nf* nanoelectronics *(sing)*.
nanoscience *nf* PHYS nanoscience.
nanti, e *nm,f* wealthy person.
nantir *vt littéraire* • **nantir qqn de** to provide sb with.
naphtaline *nf* mothballs *pl*.
nappe *nf* **1.** *(de table)* tablecloth, cloth **2.** *fig (étendue - gén)* sheet ; *(- de brouillard)* blanket **3.** *(couche)* layer.
napper *vt* CULIN to coat.
napperon *nm* tablemat.
narcisse *nm* BOT narcissus.
narcissique *nmf* narcissist. ❑ *adj* narcissistic.
narcissisme *nm* narcissism.
narcotique *nm & adj* narcotic.
narcotrafic *nm* narcotrafficking.
narcotrafiquant, e *nm,f* drug trafficker.
narguer *vt* **1.** *(danger)* to flout **2.** *(personne)* to scorn, to scoff at.
narine *nf* nostril.
narquois, e *adj* sardonic.
narrateur, trice *nm,f* narrator.
narration *nf* **1.** *(récit)* narration **2.** SCOL essay.
narrer *vt littéraire* to narrate.
nasal, e *adj* nasal.
NASDAQ (abrév de National Association of Securities Dealers Automated Quotations) *nm* NASDAQ • **l'indice NASDAQ** the NASDAQ index.
naseau *nm* nostril.
nasillard, e *adj* nasal.
nasse *nf* keep net.
natal, e *adj (d'origine)* native.
natalité *nf* birth rate.
natation *nf* swimming • **faire de la natation** to swim.
natif, ive *adj (originaire)* • **natif de** native of. ❑ *nm,f* native.
nation *nf* nation. ■ **Nations unies** *nfpl* • **les Nations unies** the United Nations.
national, e *adj* national. ■ **nationale** *nf* • **(route) nationale** ≃ A road (UK) ; ≃ state highway (US).
nationalisation *nf* nationalization.

nationaliser *vt* to nationalize.

nationalisme *nm* nationalism.

nationaliste *nmf & adj* nationalist.

nationalité *nf* nationality • **de nationalité française** of French nationality • **vous êtes de quelle nationalité ?** what nationality are you?

nativité *nf* nativity.

natte *nf* **1.** *(tresse)* plait **(UK)**, braid **(US)** • **elle a des nattes** she wears plaits **(UK)**, she wears braids **(US)** **2.** *(tapis)* mat.

naturalisation *nf* **1.** *(de personne, de plante)* naturalization **2.** *(taxidermie)* stuffing.

naturalisé, e *adj* **1.** *(personne, plante)* naturalized **2.** *(empaillé)* stuffed. ❑ *nm, f* naturalized person.

naturaliser *vt* **1.** *(personne, plante)* to naturalize **2.** *(empailler)* to stuff.

naturaliste *nmf* **1.** *LITTÉR & ZOOL* naturalist **2.** *(empailleur)* taxidermist. ❑ *adj* naturalistic.

nature *nf* **1.** nature **2.** countryside • **se promener dans la nature** to go for a walk in the countryside. ❑ *adj inv* **1.** *(simple)* plain • **yaourt nature** plain yoghurt **(UK)**, plain yogurt **(US)** **2.** *fam (spontané)* natural. ■ **nature morte** *nf* a still life.

LEXIQUE

la nature

la campagne the countryside
le champ the field
la colline the hill
la falaise the cliff
la ferme the farm
la forêt the forest
l'île the island
la mer the sea
la montagne the mountain
la plage the beach
la plaine the plain
la rivière the river
le rocher the rock
la vallée the valley
le volcan the volcano

naturel, elle *adj* natural • **c'est tout à fait naturel** it's only natural. ■ **naturel** *nm* **1.** *(tempérament)* nature • **être d'un naturel affable/sensible** to be affable/sensitive by nature **2.** *(aisance, spontanéité)* naturalness.

naturellement *adv* **1.** *(gén)* naturally **2.** *(logiquement)* rationally.

naturisme *nm* naturism.

naturiste *nmf* naturist.

naturopathe *nmf MÉD* naturopath.

naufrage *nm* **1.** *(navire)* shipwreck • **faire naufrage** to be wrecked **2.** *fig (effondrement)* collapse.

naufragé, e *adj* shipwrecked. ❑ *nm, f* shipwrecked person.

nauséabond, e *adj* nauseating.

nausée *nf* **1.** *MÉD* nausea • **avoir la nausée** to feel nauseous *ou* sick **(UK)** • **donner la nausée** to be nauseating **2.** *(dégoût)* disgust **3.** *(locution)* • **donner la nausée à quelqu'un** to make somebody feel sick **(UK)**, to make somebody nauseous **(US)**.

nautique *adj* **1.** nautical **2.** *(ski, sport)* water *(avant nom)*.

naval, e *adj* naval.

navarin *nm si vous voulez expliquer de quoi il s'agit à un anglophone, vous pouvez dire* it is a kind of lamb stew.

navel *nf* navel orange.

navet *nm* **1.** *BOT* turnip **2.** *fam (œuvre)* trash *(indén)*.

navette *nf* shuttle • **navette spatiale** *AÉRON* space shuttle • **faire la navette** to shuttle.

navigable *adj* navigable.

navigateur, trice *nm, f* navigator. ■ **navigateur** *nm INFORM* browser.

navigation *nf* **1.** navigation **2.** *COMM* shipping **3.** *INFORM* browsing.

naviguer *vi* **1.** *(voguer)* to sail **2.** *(piloter)* to navigate **3.** *INFORM* to browse.

navire *nm* ship • **un navire de guerre** a warship.

navrant, e *adj* **1.** *(triste)* upsetting, distressing **2.** *(regrettable, mauvais)* unfortunate.

navrer *vt* to upset • **être navré de qqch/de faire qqch** to be sorry about sthg/to do sthg.

nazi, e *nm, f* Nazi.

nazisme *nm* Nazism.

NB (abrév de Nota Bene) NB.

NDLR (abrév de note de la rédaction) editor's note.

NDT (abrév de note du traducteur), **N.d.T.** (abrév de note du traducteur) translator's note.

ne, n' *adv* **1.** → **pas**[2], **plus, rien** *etc* **2.** *(négation implicite)* • **il se porte mieux que je ne (le) croyais** he's in better health than I thought (he would be) **3.** *(avec verbes ou expressions marquant le doute, la crainte, etc)* • **je crains qu'il n'oublie** I'm afraid he'll forget • **j'ai peur qu'il n'en parle** I'm frightened he'll talk about it.

né, e *adj* born • **né en 1965** born in 1965 • **né le 17 juin** born on the 17th June **(UK)**, born on June 17th **(US)** • **Mme X, née Y** Mrs X née Y.

néanmoins *adv* nevertheless.

néant *nm* **1.** *(absence de valeur)* worthlessness **2.** *(absence d'existence)* nothingness • **réduire à néant** to reduce to nothing.

nébuleux, euse *adj* **1.** *(ciel)* cloudy **2.** *(idée, projet)* nebulous. ■ **nébuleuse** *nf ASTRON* nebula.

nécessaire *adj* necessary • **nécessaire à** necessary for • **si nécessaire** if necessary • **il est nécessaire de faire qqch** it is necessary to do sthg • **il est nécessaire que** *(+ subjonctif)* : **il est nécessaire qu'elle vienne** she must come. ❑ *nm*

1. *(biens)* necessities *pl* • **le strict nécessaire** the bare essentials *pl* 2. *(mesures)* • **faire le nécessaire** to do the necessary 3. *(trousse)* bag.

nécessité *nf (obligation, situation)* necessity • **être dans la nécessité de faire qqch** to have no choice *ou* alternative but to do sthg.

nécessiter *vt* to necessitate.

nécrologique *adj* obituary *(avant nom)*.

nectar *nm* nectar.

nectarine *nf* nectarine.

néerlandais, e *adj* Dutch. ■ **néerlandais** *nm (langue)* Dutch. ■ **Néerlandais, e** *nm, f* Dutchman, Dutchwoman *f* • **les Néerlandais** the Dutch.

En anglais, les adjectifs se rapportant à un pays ou une région s'écrivent avec une majuscule.

néerlandophone *adj* Dutch-speaking. □ *nmf* Dutch speaker.

nef *nf* 1. *(d'église)* nave 2. *littéraire (bateau)* vessel.

néfaste *adj* 1. *(jour, événement)* fateful 2. *(influence)* harmful.

négatif, ive *adj* negative. ■ **négatif** *nm* PHOTO negative. ■ **négative** *nf* • **répondre par la négative** to reply in the negative.

négation *nf* 1. *(rejet)* denial 2. GRAMM negative.

négationnisme *nm* negationism.

négationniste *adj* negationist.

négativement *adv* negatively • **répondre négativement** to say no • **influencer négativement** to have a negative effect • **juger qqch négativement** to judge sthg negatively.

négligé, e *adj* 1. *(travail, tenue)* untidy 2. *(ami, jardin)* neglected.

négligeable *adj* negligible.

négligemment *adv* 1. *(sans soin)* carelessly 2. *(avec indifférence)* casually.

négligence *nf* 1. *(laisser-aller)* carelessness 2. *(omission)* negligence • **par négligence** out of negligence.

négligent, e *adj* 1. *(sans soin)* careless 2. *(indifférent)* casual.

négliger *vt* 1. *(ami, jardin)* to neglect • **négliger de faire qqch** to fail to do sthg 2. *(avertissement)* to ignore. ■ **se négliger** *vp* to neglect o.s.

négoce *nm* business.

négociable *adj* negotiable.

négociant, e *nm, f* dealer.

négociateur, trice *nm, f* negotiator.

négociation *nf* negotiation • **négociations de paix** peace negotiations.

négocier *vt* to negotiate.

nègre, négresse *nm, f* Negro, negress *f*. ■ **nègre** *nm fam* ghost writer. □ *adj* negro *(avant nom)*.

neige *nf* 1. *(flocons)* snow 2. CULIN • **œufs en neige** stiffly-beaten egg whites.

neigeoter *v impers fam* • **il neigeote** it's snowing a little bit.

neiger *v impers* • **il neige** it is snowing.

neigeux, euse *adj* snowy.

nem *nm* CULIN (Vietnamese) small spring roll.

nénuphar *nm* water lily.

néo-calédonien, enne *adj* New Caledonian. ■ **Néo-Calédonien, enne** *nm, f* New Caledonian.

néologisme *nm* neologism.

néon *nm* 1. *(gaz)* neon 2. *(enseigne)* neon light.

néophyte *nmf* novice.

néo-zélandais, e *adj* New Zealand *(avant nom)*, of/from New Zealand. ■ **Néo-Zélandais, e** *nm, f* New Zealander.

En anglais, les adjectifs se rapportant à un pays ou une région s'écrivent avec une majuscule.

Népal *nm* • **le Népal** Nepal.

nerf *nm* 1. ANAT nerve 2. *fig (vigueur)* spirit. ■ **nerfs** *nmpl* nerves • **être à bout de nerfs** to be a nervous wreck.

nerveux, euse *adj* 1. *(gén)* nervous 2. *(viande)* stringy 3. *(style)* vigorous 4. *(voiture)* responsive.

nervosité *nf* nervousness.

nervure *nf (de feuille, d'aile)* vein.

n'est-ce pas *adv* • **vous me croyez, n'est-ce pas ?** you believe me, don't you? • **c'est délicieux, n'est-ce pas ?** it's delicious, isn't it? • **n'est-ce pas que vous vous êtes bien amusés ?** you enjoyed yourselves, didn't you?

net, nette *adj* 1. *(écriture, image, idée)* clear 2. *(propre, rangé)* clean, neat 3. COMM & FIN net • **net d'impôt** tax-free, tax-exempt 4. *(visible, manifeste)* definite, distinct. ■ **net** *adv* 1. *(sur le coup)* on the spot • **s'arrêter net** to stop dead • **se casser net** to break clean off 2. COMM & FIN net.

Net *nm fam* • **le Net** the Net, the net • **surfer sur le Net** to surf the Net.

netéconomie *nf* net economy.

nettement *adv* 1. *(clairement)* clearly 2. *(incontestablement)* definitely • **nettement plus/moins** much more/less.

netteté *nf* clearness.

nettoyage *nm* 1. *(de vêtement)* cleaning • **nettoyage à sec** dry cleaning 2. *(de maison)* cleaning • **entreprise de nettoyage** cleaning firm.

nettoyer *vt* 1. *(gén)* to clean 2. *fam (vider)* to clear out. ■ **se nettoyer** *vpt* • **se nettoyer les mains a)** *(gén)* to clean one's hands **b)** *(à l'eau)* to wash one's hands • **se nettoyer les ongles** to clean one's nails.

neuf[1], neuve *adj* new • **tout neuf** *ou* **flambant neuf** brand new. ■ **neuf** *nm* • **vêtu de neuf** wearing new clothes • **quoi de neuf ?** what's new? • **rien de neuf** nothing new.

neuf[2] *adj num inv & nm* nine. Voir aussi **six**.

neurasthénique *nmf & adj* depressive.
neurochirurgie *nf* neurosurgery.
neurodégénératif, ive *adj MÉD* neurodegenerative.
neurologie *nf* neurology.
neutralisation *nf* neutralization.
neutraliser *vt* to neutralize.
neutralité *nf* neutrality • **neutralité carbone** carbon neutrality.
neutre *nm LING* neuter. ❏ *adj* **1.** *(gén)* neutral **2.** *LING* neuter.
neutron *nm* neutron.
neuve → **neuf 1**.
neuvième *adj num inv, nm & nmf* ninth. Voir aussi **sixième**.
névé *nm* snowbank.
neveu *nm* nephew.
névralgie *nf MÉD* neuralgia.
névrose *nf* neurosis.
névrosé, e *adj & nm, f* neurotic.
new(-)wave *nf inv* new-wave.
New York *npr* **1.** *(ville)* New York (City) **2.** *(état)* New York State.
new-yorkais, e *adj* of/from New York. ■ **New-Yorkais, e** *nm, f* New Yorker.
nez *nm* nose • **saigner du nez** to have a nosebleed • **nez aquilin** aquiline nose • **nez busqué** hooked nose • **nez à nez** face to face.
NFT (abrév de non fungible token) *nf* NFT.
ni *conj* • **sans pull ni écharpe** without a sweater or a scarf • **je ne peux ni ne veux venir** I neither can nor want to come. ■ **ni… ni** *loc corrélative* neither… nor • **ni lui ni moi** neither of us • **ni l'un ni l'autre n'a parlé** neither of them spoke • **je ne les aime ni l'un ni l'autre** I don't like either of them.
niais, e *adj* silly, foolish. ❏ *nm, f* fool.
niaque, gnaque *nf fam* determination • **manquer de niaque** to lack drive • **avoir la niaque** to be determined to succeed • **toute l'équipe a la niaque** the whole team is determined to win.
Nicaragua *nm* • **le Nicaragua** Nicaragua.
niche *nf* **1.** *(de chien)* kennel **(UK)**, doghouse **(US)** **2.** *(de statue)* niche.
nicher *vi (oiseaux)* to nest. ■ **se nicher** *vp* to hide.
nickel *nm* nickel. ❏ *adj inv fam* spotless, spick and span.
niçois, e *adj* of/from Nice.
nicotine *nf* nicotine.
nid *nm* nest. ■ **nid de poule** *nm* pothole.
nièce *nf* niece.
nier *vt* to deny • **nier tout** to deny it all.
nigaud, e *nm, f* halfwit.
Niger *nm* **1.** *(fleuve)* • **le Niger** the River Niger **2.** *(État)* • **le Niger** Niger.

En anglais, à de rares exceptions près, il n'y a pas d'article devant les noms de pays.

Nigeria *nm* • **le Nigeria** Nigeria.
nigérien, enne *adj* Nigerien. ■ **Nigérien, enne** *nm, f* Nigerien.

En anglais, les adjectifs se rapportant à un pays ou une région s'écrivent avec une majuscule.

night-club *nm* nightclub.
Nil *nm* • **le Nil** the Nile.
n'importe → **importer**.
nippon, one *adj* Japanese. ■ **Nippon, one** *nm, f* Japanese (person) • **les Nippons** the Japanese.
nirvana *nm* nirvana.
nitrate *nm* nitrate.
nitroglycérine *nf* nitroglycerine.
niveau *nm (gén)* level • **avoir un bon niveau en anglais** to have good English, to be good at English • **de même niveau** *fig* of the same standard • **au-dessus du niveau de la mer** above sea level • **niveau de vie** standard of living • **au niveau de a)** at the level of **b)** *fig (en ce qui concerne)* as regards.
niveler *vt* **1.** to level **2.** *fig* to level out.
nobélisable *adj* likely to win the Nobel Prize. ❏ *nmf* potential Nobel Prize winner.
noble *nmf* nobleman, noblewoman *f.* ❏ *adj* noble.
noblesse *nf* nobility.
noce *nf* **1.** *(mariage)* wedding **2.** *(invités)* wedding party. ■ **noces** *nfpl* wedding *sing* • **noces d'or/d'argent** golden/silver wedding (anniversary).
nocif, ive *adj (produit, gaz)* noxious.
noctambule *nmf* night bird.
nocturne *nf (d'un magasin)* late opening. ❏ *adj* **1.** *(émission, attaque)* night *(avant nom)* **2.** *(animal)* nocturnal.
Noël *nm* Christmas • **à Noël** at Christmas • **joyeux Noël !** Happy *ou* Merry Christmas!
nœud *nm* **1.** *(de fil, de bois)* knot • **double nœud** double knot • **faire un nœud** to tie a knot, to make a knot **2.** *NAUT* knot • **filer à X nœuds** *NAUT* to do X knots **3.** *(de l'action, du problème)* crux **4.** *(ornement)* bow • **nœud de cravate** knot *(in one's tie)* • **nœud papillon** bow tie **5.** *ANAT, ASTRON, ÉLECTR & RAIL* node.
noir, e *adj* **1.** *(gén)* black • **noir de** *(poussière)* black with **2.** *(pièce, couloir)* dark • **faire (déjà) noir** to be (already) dark. ■ **Noir, e** *nm, f* black • **un Noir américain** an African American. ■ **noir** *nm* **1.** *(couleur)* black • **noir sur blanc** *fig* in black and white **2.** *(obscurité)* dark **3.** *(clandestin, illégal)* • **acheter qqch au noir** to buy sthg on the black market • **travail au noir** moonlighting. ■ **noire** *nf* crotchet **(UK)**, quarter note **(US)**.
noirâtre *adj* blackish.

noirceur *nf fig (méchanceté)* wickedness.

noircir *vi* to darken. ❑ *vt litt & fig* to blacken.

Noire → mer.

noise *nf* • **chercher noise à qqn** to pick a quarrel with sb.

noisetier *nm* hazel tree.

noisette *nf (fruit)* hazelnut.

noix *nf* **1.** *(fruit)* walnut • **un gâteau aux noix** a walnut cake • **noix de cajou** cashew (nut) • **noix de coco** coconut • **noix de muscade** nutmeg **2.** *(locution)* • **à la noix** *fam* dreadful.

nom *nm* **1.** *(gén)* name • **au nom de** in the name of • **nom de code** code name • **nom déposé** trade name • **nom de famille** surname • **quel est votre nom de famille ?** what is your surname? • **nom de fichier** filename • **nom de jeune fille** maiden name **2.** *(prénom)* (first) name **3.** *GRAMM* noun • **nom propre/commun** proper/common noun.

nomade *nmf* nomad. ❑ *adj* nomadic.

nombre *nm* number • **nombre pair/impair** even/odd number • **un grand nombre de** many, a lot of.

nombreux, euse *adj* **1.** *(famille, foule)* large **2.** *(erreurs, occasions)* numerous • **peu nombreux** few.

nombril *nm* navel • **il se prend pour le nombril du monde** *fam* he thinks the world revolves around him.

nomenclature *nf* **1.** *(terminologie)* nomenclature **2.** *(liste)* word list.

nominal, e *adj* **1.** *(liste)* of names **2.** *(valeur, autorité)* nominal **3.** *GRAMM* noun *(avant nom)*.

nominatif, ive *adj (liste)* of names. ■ **nominatif** *nm GRAMM* nominative.

nomination *nf* nomination, appointment.

nommé, e *adj* **1.** *(désigné)* named **2.** *(choisi)* appointed.

nommément *adv (citer)* by name.

nommer *vt* **1.** *(appeler)* to name, to call **2.** *(qualifier)* to call **3.** *(promouvoir)* to appoint, to nominate • **être nommé proviseur** to be named headmaster **4.** *(dénoncer, mentionner)* to name. ■ **se nommer** *vp* **1.** *(s'appeler)* to be called • **elle se nomme Aurélie** she's called Aurélie **2.** *(se désigner)* to give one's name.

non *adv* **1.** *(réponse négative)* no **2.** *(se rapportant à une phrase précédente)* not • **moi non** not me • **moi non plus** (and) neither am/do *etc* I **3.** *(sert à demander une confirmation)* • **c'est une bonne idée, non ?** it's a good idea, isn't it? **4.** *(modifie un adjectif ou un adverbe)* not • **non loin d'ici** not far from here • **une difficulté non négligeable** a not inconsiderable problem. ❑ *nm inv* no. ■ **non (pas) que... mais** *loc corrélative* not that... but.

nonagénaire *nmf & adj* nonagenarian.

non-agression *nf* non-aggression.

nonante *adj num inv* (BELGIQUE & SUISSE) ninety.

non-appartenance *nf (à un parti)* non-partisanship.

non-assistance *nf* non-assistance • **non-assistance à personne en danger** failure to give assistance to a person in danger.

nonchalance *nf* nonchalance, casualness.

non-conformiste *nmf* nonconformist. ❑ *adj* unconventional.

non-cumul *nm* • **avoir non-cumul des peines** the sentences are to run concurrently • **le non-cumul des mandats** *vous pouvez expliquer ainsi* a rule that prevents people from holding more than one political office at the same time.

non-droit *nm* • **une zone de non-droit** a no-go area.

non-fumeur, euse *nm, f* **1.** non-smoker **2.** *(en apposition)* • **compartiment non-fumeurs** non-smoking *ou* no smoking compartment.

non-ingérence *nf* noninterference.

non-lieu *nm DR* dismissal through lack of evidence • **rendre un non-lieu** to dismiss a case for lack of evidence.

nonne *nf* nun.

non-sens *nm inv* **1.** *(absurdité)* nonsense **2.** *(contresens)* meaningless word.

non-violence *nf* non-violence.

non-voyant, e *adj* visually handicapped (UK), visually impaired (US).

nord *nm* north • **un vent du nord** a northerly wind • **au nord** in the north • **au nord (de)** to the north (of) • **la côte nord** the north coast • **le grand Nord** the frozen North. ❑ *adj inv* **1.** north **2.** *(province, région)* northern • **la banlieue nord** the northern suburbs.

nord-africain, e *adj* North African. ■ **Nord-Africain, e** *nm, f* North African.

nord-américain, e *adj* North American. ■ **Nord-Américain, e** *nm, f* North American.

nord-est *nm & adj inv* northeast.

nordique *adj* Nordic, Scandinavian. ■ **Nordique** *nmf* **1.** *(Scandinave)* Scandinavian **2.** (QUÉBEC) North Canadian.

nord-ouest *nm & adj inv* north-west.

normal, e *adj* normal • **c'est tout à fait normal** it's only natural. ■ **normale** *nf* **1.** *(moyenne)* • **la normale** the norm **2.** *GOLF* par.

normalement *adv* normally, usually • **normalement il devrait déjà être arrivé** he should have arrived by now.

normalien, enne *nm, f* **1.** *(élève d'une école normale)* student at teacher training college (UK) *ou* teachers college (US) **2.** *(ancien élève de l'École normale supérieure)* graduate of the École normale supérieure.

normalisation *nf* **1.** *(stabilisation)* normalization **2.** *(standardisation)* standardization.

normaliser *vt* **1.** *(situation)* to normalize **2.** *(produit)* to standardize.

normand, e *adj* Norman. ■ **Normand, e** *nm, f* Norman.

Normandie *nf* • **la Normandie** Normandy.

norme *nf* **1.** *(gén)* standard, norm **2.** *(critère)* criterion.

Norvège *nf* • **la Norvège** Norway.

> En anglais, à de rares exceptions près, il n'y a pas d'article devant les noms de pays.

norvégien, enne *adj* Norwegian. ■ **norvégien** *nm (langue)* Norwegian. ■ **Norvégien, enne** *nm, f* Norwegian.

> En anglais, les adjectifs se rapportant à un pays ou une région s'écrivent avec une majuscule.

nos → **notre**.

nosocomial, e *adj* nosocomial, hospital- *ou* healthcare-acquired.

nostalgie *nf* nostalgia.

nostalgique *adj* nostalgic.

notable *adj* noteworthy, notable. ❑ *nm* notable.

notaire *nmf* ≃ solicitor **(UK)** ; ≃ lawyer.

notamment *adv* in particular.

notation *nf* **1.** *(système)* notation **2.** *(remarque)* note **3.** SCOL marking, grading **(US)** **4.** FIN • **notation financière** credit ratings, rating.

note *nf* **1.** *(gén)* note • **prendre des notes** to take notes • **prendre note de qqch** to make a note of sthg **2.** MUS note **3.** SCOL & UNIV mark, grade **(US)** • **avoir une bonne/mauvaise note** to have a good/bad mark **4.** *(facture)* bill • **note de frais** *(à remplir)* expense *ou* expenses claim (form) • **présenter sa note de frais** to put in for expenses • **régler sa note** to pay the bill.

noter *vt* **1.** *(écrire)* to note down **2.** *(constater)* to note, to notice **3.** SCOL & UNIV to mark, to grade **(US)** • **être noté sur 20** to be marked out of 20 **(UK)**, to be graded out of 20 **(US)**.

notice *nf* instructions *pl.*

notifier *vt* • **notifier qqch à qqn** to notify sb of sthg.

notion *nf* **1.** *(conscience, concept)* notion, concept **2.** *(gén pl) (rudiment)* smattering *(indén)* • **avoir des notions de quelque chose** to have a basic knowledge of something.

notoire *adj* **1.** *(fait)* well-known **2.** *(criminel)* notorious.

notoriété *nf* **1.** *(de fait)* notoriety • **être de notoriété publique** to be common *ou* public knowledge **2.** *(célébrité)* fame.

notre *adj poss* our • **dans notre classe** in our class • **c'est l'une de nos matières préférées** it's one of our favourite subjects.

nôtre ■ **le nôtre, la nôtre** *pron poss* ours • **le nôtre est plus petit** ours is smaller • **les nôtres** our family *sing* • **serez-vous des nôtres demain ?** will you be joining us tomorrow?

nouer *vt* **1.** *(corde, lacet)* to tie **2.** *(bouquet)* to tie up **3.** *fig (gorge, estomac)* to knot. ■ **se nouer** *vp* **1.** *(gorge)* to tighten up **2.** *(intrigue)* to start.

noueux, euse *adj* **1.** *(bois)* knotty **2.** *(mains)* gnarled.

nougat *nm* nougat.

nouille *nf fam & péj* idiot. ■ **nouilles** *nfpl (pâtes)* pasta *(indén)*, noodles *pl.*

nounou *nf* nanny.

nourri, e *pp* → **nourrir**.

nourrice *nf* **1.** *(garde d'enfants)* nanny **(UK)**, childminder **(UK)**, nursemaid **(US)** **2.** *(qui allaite)* wet nurse.

nourrir *vt* **1.** *(gén)* to feed **2.** *(sentiment, projet)* to nurture. ■ **se nourrir** *vp* to eat • **se nourrir de qqch** *littéraire & fig* to live on sthg.

nourrissant, e *adj* nutritious, nourishing.

nourrisson *nm* infant.

nourriture *nf* food.

nous

■ **nous** *pron*

1. SUJET

we • **nous avons une autre sœur** we have another sister • **nous y sommes allés finalement** we went in the end • **nous voilà !** here we are!

2. OBJET

us, to us • **ils nous ont invités** they invited us • **il nous a regardés** he looked at us • **elle nous parle en anglais** she speaks to us in English • **c'est nous qui y sommes allés finalement** it was us who went in the end • **allez-y sans nous** go without us • **avoir plus que nous** to have more than us • **montrez-nous** show us • **rends-le-nous** give it back to us • **et nous ?** what about us?

3. POSSESSIF

• **c'est à nous** it's ours

4. COMPLÉMENT AVEC FORME PROMINALE

ourselves • **nous sommes fières de nous** we're proud of ourselves

5. DANS LES VERBES QUI NE SONT QUE PRONOMINAUX

• **nous nous souvenons** we remember

6. DANS LES VERBES PRONOMINAUX, LORSQUE « NOUS » A UNE VALEUR RÉFLÉCHIE

• **nous nous sommes habillés** we got dressed • **nous sommes allés nous promener** we went for a walk • **nous nous sommes fait mal** we hurt ourselves

7. DANS LES VERBES PRONOMINAUX À L'IMPÉRATIF

let's • **dépêchons-nous** let's hurry up

8. AVEC UNE VALEUR RÉCIPROQUE
• **nous nous appelons tous les jours** we call each other every day • **nous nous battons** we fight

■ **nous-mêmes** *pron pers*
ourselves • **nous l'avons fait nous-mêmes** we did it ourselves

À PROPOS DE

nous

Pour les verbes qui ne sont que pronominaux, c'est-à-dire qui ne s'utilisent qu'avec un pronom, *nous* ne se traduit pas.

• *Nous nous souvenons.* ***We remember.***

Lorsque *nous* a une valeur réfléchie, soit il se traduit par ***ourselves***, soit il ne se traduit pas.

• *Nous nous sommes fait mal.* ***We hurt ourselves.***

• *Nous nous sommes habillés.* ***We got dressed.***

Lorsque *nous* a une valeur réciproque, soit il se traduit par ***each other***, soit il ne se traduit pas.

• *Nous nous appelons tous les jours.* ***We call each other every day.***

• *Nous nous battons.* ***We fight.***

nouveau, elle *adj* new • **nouveaux mariés** newlyweds. ❑ *nm,f* new boy, new girl *f.* ■ **à nouveau** *loc adv* **1.** *(encore)* again **2.** *(de manière différente)* afresh, anew. ■ **de nouveau** *loc adv* again. ■ **nouveau** *nm* • **il y a du nouveau** there's something new. ■ **nouvelle** *nf* **1.** *(information)* (piece of) news *(indén)* • **une bonne nouvelle** good news **2.** *(court récit)* short story. ■ **nouvelles** *nfpl* news • **avoir des nouvelles de quelqu'un** to hear from somebody • **les nouvelles** *(média)* the news *sing* • **il a donné de ses nouvelles** I/we *etc* have heard from him.

À PROPOS DE

nouvelle

Attention ! Le mot anglais ***news*** est singulier et indénombrable. Il est suivi d'un verbe au singulier et ne s'emploie jamais avec l'article indéfini ***a*** :

• *Les nouvelles ne sont pas bonnes.* ***The news isn't very good.***

• *En voilà une bonne nouvelle !* ***That's good news!***

• *Il m'a rapporté une nouvelle intéressante.* ***He told me an interesting piece of news*** *ou* ***He told me some interesting news.***

nouveau-né, e *nm,f* newborn baby.

nouveauté *nf* **1.** *(actualité)* novelty **2.** *(innovation)* something new **3.** *(ouvrage)* new book/film *etc.*

nouvel, nouvelle → **nouveau**.

Nouvelle-Calédonie *nf* • **la Nouvelle-Calédonie** New Caledonia.

Nouvelle-Écosse *nf* • **la Nouvelle-Écosse** Nova Scotia.

Nouvelle-Guinée *nf* • **la Nouvelle-Guinée** New Guinea.

Nouvelle-Orléans *npr* • **La Nouvelle-Orléans** New Orleans.

Nouvelle-Zélande *nf* • **la Nouvelle-Zélande** New Zealand.

En anglais, à de rares exceptions près, il n'y a pas d'article devant les noms de pays.

novateur, trice *adj* innovative. ❑ *nm,f* innovator.

novembre *nm* November. Voir aussi **septembre**.

En anglais, les mois de l'année s'écrivent avec une majuscule.

novice *nmf* novice. ❑ *adj* inexperienced.

noyade *nf* drowning.

noyau *nm* **1.** *(de fruit)* stone **(UK)**, pit • **des noyaux de pêche** peach stones **(UK)**, peach pits **(US)** **2.** ASTRON, BIOL & PHYS nucleus **3.** *fig (d'amis)* group, circle **4.** *(d'opposants, de résistants)* cell • **noyau dur** hard core **5.** *fig (centre)* core.

noyauter *vt* to infiltrate.

noyé, e *adj* **1.** *(personne)* drowned **2.** *(inondé)* flooded • **yeux noyés de larmes** eyes swimming with tears. ❑ *nm,f* drowned person.

noyer[1] *nm* walnut (tree).

noyer[2] *vt* **1.** *(animal, personne)* to drown **2.** *(terre, moteur)* to flood **3.** *(estomper, diluer)* to swamp **4.** *(contours)* to blur. ■ **se noyer** *vp* **1.** *(personne)* to drown **2.** *fig (se perdre)* • **se noyer dans** to become bogged down in.

NPI (abrév de nouveaux pays industrialisés) *nmpl* NICs *(newly industrialised countries).*

N/Réf (abrév de Notre référence) O/Ref.

nu, e *adj* **1.** *(personne)* naked • **être tout nu** to be completely naked, to be stark naked **2.** *(paysage, fil électrique)* bare **3.** *(style, vérité)* plain. ■ **nu** *nm* nude • **à nu** stripped, bare • **mettre à nu** to strip bare.

nuage *nm* **1.** *(gén)* cloud • **être dans les nuages** *fig* to have one's head in the clouds **2.** *(petite quantité)* • **un nuage de lait** a drop of milk.

nuageux, euse *adj* **1.** *(temps, ciel)* cloudy • **le temps est nuageux** it's cloudy **2.** *fig (esprit)* hazy.

nuance *nf* **1.** *(de couleur)* shade **2.** *(de son, de sens)* nuance.

nuancer *vt* **1.** *(couleurs)* to shade **2.** *(pensée)* to qualify.

nubile *adj* nubile.

nubuck *nm* nubuck • **des chaussures en nubuck** nubuck shoes.

nucléaire *nm* nuclear energy. ❑ *adj* nuclear • **l'énergie nucléaire** nuclear energy, nuclear power.

nudisme *nm* nudism, naturism.

nudiste *nmf & adj* nudist.

nudité *nf* **1.** *(de personne)* nudity, nakedness **2.** *(de lieu, style)* bareness.

nuée *nf* **1.** *(multitude)* • **une nuée de** a horde of **2.** *littéraire (nuage)* cloud.

nues *nfpl* • **tomber des nues** to be completely taken aback.

nui *pp inv* → **nuire**.

nuire *vi* • **nuire à** to harm, to injure.

nuisance *nf* nuisance *(indén)*, harm *(indén)*.

nuisette *nf* short nightgown, babydoll nightgown.

nuisible *adj* harmful.

nuit *nf* **1.** *(laps de temps)* night • **cette nuit a)** *(la nuit dernière)* last night **b)** *(la nuit prochaine)* tonight • **de nuit** at night • **bateau/vol de nuit** night ferry/flight • **nuit blanche** sleepless night **2.** *(obscurité)* darkness, night • **il fait nuit** it's dark.

nuitée *nf* overnight stay.

nul, nulle *adj indéf (avant nom) littéraire* no. ❑ *adj (après un nom)* **1.** *(égal à zéro)* nil **2.** *(sans valeur)* useless, hopeless • **être nul en maths** to be hopeless *ou* useless at maths **3.** *(sans résultat)* • **match nul** draw (UK), tie (US). ❑ *nm, f péj* nonentity. ❑ *pron indéf sout* no one, nobody. ■ **nulle part** *loc adv* nowhere, no place (US) • **ne trouver nulle part** to find nowhere • **je ne le trouve nulle part** I can't find it anywhere.

nullement *adv* by no means.

nullité *nf* **1.** *(médiocrité)* incompetence **2.** DR invalidity, nullity.

numéraire *nm* cash.

numéral, e *adj* numeral. ■ **numéral** *nm* numeral.

numération *nf* MÉD • **numération globulaire** blood count.

numérique *adj* **1.** *(gén)* numerical **2.** INFORM digital • **appareil photo numérique** digital camera. ❑ *nm* • **le numérique** digital technology.

numérisé, e *adj* digitalised.

numéro *nm* **1.** *(gén)* number • **composer** *ou* **faire un numéro** to dial a number • **faire un faux numéro** to dial a wrong number • **numéro minéralogique** *ou* **d'immatriculation** registration (UK) *ou* license (US) number • **numéro de poste** extension number • **numéro de téléphone** telephone number • **numéro vert** ≃ freefone number (UK) ; ≃ 800 *ou* tollfree number (US) **2.** *(de spectacle)* act, turn **3.** *fam (personne)* • **quel numéro !** what a character!

numéroter *vt* to number.

numerus clausus *nm si vous voulez expliquer de quoi il s'agit à un anglophone, vous pouvez dire* it is a restricted intake of students.

nu-pieds *nm inv (sandale)* sandal.

nuptial, e *adj* nuptial.

nuque *nf* nape.

nurse *nf* children's nurse, nanny (UK).

nursery, nurserie *nf* **1.** *(dans un hôpital)* nursery **2.** *(dans un lieu public)* parent-and-baby clinic.

nutritif, ive *adj* nutritious.

nutritionniste *nmf* nutritionist, dietician.

Nylon® *nm* nylon.

nymphe *nf* nymph.

nymphomane *nf & adj* nymphomaniac.

o, O *nm inv (lettre)* o, O. ■ **O** (abrév de Ouest) W.

ô *interj* oh!, O!

oasis *nf* **1.** *(dans désert)* oasis **2.** *fig (de calme)* haven, oasis.

obéir *vi* **1.** *(personne)* • **obéir à qqn/qqch** to obey sb/sthg **2.** *(freins)* to respond.

obéissant, e *adj* obedient.

obélisque *nm* obelisk.

obèse *adj* obese.

obésité *nf* obesity.

objecter *vt* **1.** *(répliquer)* to raise as an objection • **objecter que** to object that **2.** *(prétexter)* • **objecter qqch (à qqn)** to put forward sthg as an excuse (to sb).

objecteur *nm* objector • **objecteur de conscience** conscientious objector.

objectif, ive *adj* objective. ■ **objectif** *nm* **1.** PHOTO lens **2.** *(but, cible)* objective, target • **se fixer un objectif** to set o.s. a goal.

objection *nf* objection • **faire objection à** to object to.

objectivité *nf* objectivity.

objet *nm* **1.** *(chose)* object • **objet d'art** objet d'art • **objet de valeur** valuable • **objets trouvés** lost property office (UK), lost-and-found (office) (US) **2.** *(sujet)* subject • **cela fera l'objet d'une émission spéciale** this will be the subject of a special programme **3.** DR matter.

obligation *nf* **1.** *(gén)* obligation • **tu peux y aller, mais ce n'est pas une obligation** you can go, but you're not obliged to • **être dans l'obligation de faire qqch** to be obliged to do sthg **2.** FIN bond, debenture.

obligatoire *adj* **1.** *(imposé)* compulsory, obligatory **2.** *fam (inéluctable)* inevitable.

obligeance *nf sout* obligingness • **avoir l'obligeance de faire qqch** to be good *ou* kind enough to do sthg.

obliger *vt* **1.** *(forcer)* • **obliger qqn à qqch** to impose sthg on sb • **obliger qqn à faire qqch** to force sb to do sthg • **être obligé de faire qqch** to be obliged to do sthg **2.** *sout (rendre service à)* to oblige. ■ **s'obliger** *vp* • **s'obliger à qqch** to impose sthg on o.s. • **s'obliger à faire qqch** to force o.s. to do sthg.

oblique *adj* oblique.

obliquer *vi* to turn off.

oblitérer *vt* **1.** *(tamponner)* to cancel **2.** MÉD to obstruct **3.** *litt (effacer)* to obliterate.

oblong, oblongue *adj* oblong.

obnubiler *vt* to obsess • **être obnubilé par** to be obsessed with *ou* by.

obole *nf* small contribution.

obscène *adj* obscene.

obscénité *nf* obscenity.

obscur, e *adj* **1.** *(sombre)* dark **2.** *(confus)* vague **3.** *(inconnu, douteux)* obscure.

obscurantisme *nm* obscurantism.

obscurcir *vt* **1.** *(assombrir)* to darken **2.** *(embrouiller)* to confuse. ■ **s'obscurcir** *vp* **1.** *(s'assombrir)* to grow dark **2.** *(s'embrouiller)* to become confused.

obscurité *nf (nuit)* darkness.

obsédé, e *adj* obsessed • **il est obsédé par cette idée** he's obsessed with the idea. ❑ *nm,f* obsessive • **un obsédé sexuel** a sex maniac.

obséder *vt* to obsess, to haunt.

obsèques *nfpl* funeral *sing*.

obséquieux, euse *adj* obsequious.

observateur, trice *adj* observant. ❑ *nm,f* observer.

observation *nf* **1.** *(gén)* observation • **être en observation** MÉD to be under observation **2.** *(critique)* remark.

observatoire *nm* **1.** ASTRON observatory **2.** *(lieu de surveillance)* observation post.

observer *vt* **1.** *(regarder, remarquer, respecter)* to observe **2.** *(épier)* to watch **3.** *(constater)* • **observer que** to note that • **faire observer qqch à qqn** to point sthg out to sb.

obsession *nf* obsession.

obsolète *adj* obsolete.

obstacle *nm* **1.** *(entrave)* obstacle **2.** *fig (difficulté)* hindrance • **faire obstacle à qqch/qqn** to hinder sthg/sb.

obstétricien, enne *nm,f* obstetrician.

obstétrique *nf* obstetrics *(indén)*.
obstination *nf* stubbornness, obstinacy.
obstiné, e *adj* **1.** *(entêté)* stubborn, obstinate **2.** *(acharné)* dogged.
obstiner ■ **s'obstiner** *vp* to insist • **s'obstiner à faire qqch** to persist stubbornly in doing sthg • **s'obstiner dans qqch** to cling stubbornly to sthg.
obstruction *nf* **1.** *MÉD* obstruction, blockage **2.** *POLIT & SPORT* obstruction.
obstruer *vt* to block, to obstruct. ■ **s'obstruer** *vp* to become blocked.
obtempérer *vi* • **obtempérer à** to comply with.
obtenir *vt* to get, to obtain • **obtenir qqch de qqn** to get sthg from sb • **obtenir qqch à** *ou* **pour qqn** to obtain sthg for sb.

> À PROPOS DE
> ### obtenir pour
> • *Obtenir qqch pour qqn* ***Get sthg for sb*** *ou* ***get sb sthg***
> Il faut noter la construction à double complément qui, en anglais, peut prendre deux formes dont le sens est le même :
> 1. une structure identique à celle du français : verbe + COD + préposition + COI ***get sthg for sb***
> 2. une structure qui diffère de celle du français, sans préposition, et dans laquelle l'ordre des compléments est inversé : verbe + COI + COD ***get sb sthg***
> • *Elle a obtenu une invitation pour Anne.* ***She got an invitation for Anne*** *ou* ***She got Anne an invitation.***

obtention *nf* obtaining.
obtenu, e *pp* → **obtenir**.
obturateur, trice *adj* closing *(avant nom)*. ■ **obturateur** *nm* **1.** *(valve)* stop valve **2.** *PHOTO* shutter.
obturer *vt* **1.** to close, to seal **2.** *(dent)* to fill.
obtus, e *adj* obtuse.
obus *nm* shell.
OC (abrév de ondes courtes) SW.
occasion *nf* **1.** *(possibilité, chance)* opportunity, chance • **saisir l'occasion (de faire qqch)** to seize *ou* grab the chance (to do sthg) • **rater une occasion (de faire qqch)** to miss a chance (to do sthg) • **à l'occasion a)** some time **b)** *(de temps en temps)* sometimes, on occasion • **à la première occasion** at the first opportunity **2.** *(circonstance)* occasion • **à l'occasion de** on the occasion of **3.** *(bonne affaire)* bargain. ■ **d'occasion** *loc adv & loc adj* second-hand.
occasionnel, elle *adj (irrégulier - visite, problème)* occasional ; *(- travail)* casual.
occasionner *vt* to cause.
occident *nm* west. ■ **Occident** *nm* • **l'Occident** the West.
occidental, e *adj* western. ■ **Occidental, e** *nm,f* Westerner.
occiput *nm* back of the head.
occlusion *nf* **1.** *MÉD* blockage, obstruction **2.** *LING & CHIM* occlusion.
occulte *adj* occult.
occulter *vt (sentiments)* to conceal.
occupation *nf* **1.** *(activité)* occupation, job **2.** *MIL* occupation.
occupé, e *adj* **1.** *(personne)* busy • **être occupé à qqch** to be busy with sthg **2.** *(appartement, zone)* occupied **3.** *(place)* taken **4.** *(toilettes)* engaged (UK) • **c'est occupé** *(téléphone)* it's engaged (UK) *ou* busy (US).
occuper *vt* **1.** *(gén)* to occupy **2.** *(espace)* to take up **3.** *(place, poste)* to hold **4.** *(main-d'œuvre)* to employ. ■ **s'occuper** *vp* **1.** *(s'activer)* to keep o.s. busy • **s'occuper à qqch/à faire qqch** to be busy with sthg/doing sthg **2.** • **s'occuper de qqch a)** *(se charger de)* to take care of sthg, to deal with sthg **b)** *(s'intéresser à)* to take an interest in, to be interested in • **occupez-vous de vos affaires !** mind your own business! **3.** *(prendre soin)* • **s'occuper de qqn** to take care of sb, to look after sb.
occurrence *nf* **1.** *(circonstance)* • **en l'occurrence** in this case **2.** *LING* occurrence.
OCDE (abrév de Organisation de coopération et de développement économique) *nf* OECD.
océan *nm* ocean • **l'océan Antarctique** the Antarctic Ocean • **l'océan Arctique** the Arctic Ocean • **l'océan Atlantique** the Atlantic Ocean • **l'océan Indien** the Indian Ocean • **l'océan Pacifique** the Pacific Ocean.
Océanie *nf* • **l'Océanie** Oceania.
océanique *adj* ocean *(avant nom)*.
océanographie *nf* oceanography.
ocre *adj inv & nf* ochre (UK), ocher (US).
octante *adj num inv* (BELGIQUE & SUISSE) eighty.
octave *nf* octave.
octet *nm INFORM* byte.
octobre *nm* October. Voir aussi **septembre**.

> En anglais, les mois de l'année s'écrivent avec une majuscule.

octogénaire *nmf & adj* octogenarian.
octogone *nm* octagon.
octroyer *vt* • **octroyer qqch à qqn** to grant sb sthg, to grant sthg to sb. ■ **s'octroyer** *vp* to grant o.s., to treat o.s. to.
oculaire *nm* eyepiece. ❑ *adj* ocular, eye *(avant nom)* • **témoin oculaire** eyewitness.
oculiste *nmf* ophthalmologist.
ode *nf* ode.
odeur *nf* smell • **odeur corporelle** body odour (UK), body odor (US).
odieux, euse *adj* **1.** *(crime)* odious, abominable **2.** *(personne, attitude)* unbearable, obnoxious.

odorant, e *adj* sweet-smelling, fragrant.
odorat *nm* (sense of) smell.
odyssée *nf* odyssey.
œdème *nm* oedema (UK), edema (US).
œil *nm* **1.** *(gén)* eye • **yeux bridés/exorbités/globuleux** slanting/bulging/protruding eyes • **avoir les yeux cernés** to have bags under one's eyes • **baisser/lever les yeux** to look down/up, to lower/raise one's eyes • **à l'œil nu** to the naked eye • **à vue d'œil** visibly **2.** *(locution)* • **avoir qqch/qqn à l'œil** to have one's eye on sthg/sb • **n'avoir pas froid aux yeux** not to be afraid of anything, to have plenty of nerve • **mon œil !** *fam* like hell! • **cela saute aux yeux** it's obvious.
œil-de-bœuf *nm* bull's-eye window.
œillade *nf* wink • **lancer une œillade à qqn** to wink at sb.
œillère *nf* eyebath. ■ **œillères** *nfpl* blinkers (UK), blinders (US).
œillet *nm* **1.** *(fleur)* carnation **2.** *(de chaussure)* eyelet.
œnologue *nmf* wine expert.
œsophage *nm* oesophagus (UK), esophagus (US).
œstrogène *nm* oestrogen (UK), estrogen (US).
œuf *nm* egg • **œuf à la coque/au plat/poché** boiled/fried/poached egg • **œuf mollet/dur** soft-boiled/hard-boiled egg • **œufs brouillés** scrambled eggs.
œuvre *nf* **1.** *(travail)* work • **être à l'œuvre** to be working *ou* at work • **se mettre à l'œuvre** to get down to work • **mettre qqch en œuvre a)** to make use of sthg **b)** *(loi, accord, projet)* to implement sthg **2.** *(artistique)* work **3.** *(ensemble de la production d'un artiste)* works *pl* • **œuvre d'art** work of art • **œuvre de bienfaisance** charity, charitable organization **4.** *(organisation)* charity.
off *adj inv* CINÉ *(voix, son)* off.
offense *nf* **1.** *(insulte)* insult **2.** RELIG trespass.
offenser *vt* **1.** *(personne)* to offend **2.** *(bon goût)* to offend against. ■ **s'offenser** *vp* • **s'offenser de** to take offence (UK) *ou* offense (US) at, to be offended by.
offensif, ive *adj* offensive. ■ **offensive** *nf* **1.** MIL offensive • **passer à l'offensive** to go on the offensive • **prendre l'offensive** to take the offensive **2.** *fig (du froid)* (sudden) onset.
offert, e *pp* → **offrir**.
office *nm* **1.** *(bureau)* office, agency • **office du tourisme** tourist office **2.** *(fonction)* • **faire office de** to act as • **remplir son office** to do its job, to fulfil its function **3.** RELIG service. ■ **d'office** *loc adv* automatically, as a matter of course • **commis d'office** officially appointed.
officialiser *vt* to make official.
officiel, elle *adj & nm, f* official.
officier[1] *vi* to officiate.
officier[2] *nm* officer.
officieux, euse *adj* unofficial.
officine *nf* **1.** *(pharmacie)* pharmacy **2.** *péj (repaire)* agency.
offrande *nf* **1.** *(don)* offering **2.** RELIG offertory.
offre *nf* **1.** *(proposition)* offer **2.** *(aux enchères)* bid **3.** *(pour contrat)* tender • **'offres d'emploi'** 'situations vacant (UK)', 'help wanted (US)', 'vacancies' • **offre d'essai** trial offer • **offre de lancement** introductory offer • **offre publique d'achat** takeover bid **4.** ÉCON supply • **la loi de l'offre et de la demande** the law of supply and demand.
offrir *vt* **1.** *(faire cadeau)* • **offrir qqch à qqn** to give sb sthg, to give sthg to sb **2.** *(proposer)* • **offrir qqch à qqn** to offer sb sthg *ou* sthg to sb **3.** *(présenter)* to offer, to present • **son visage n'offrait rien d'accueillant** his/her face showed no sign of welcome. ■ **s'offrir** *vp* **1.** *(croisière, livre)* to treat o.s. to **2.** *(se présenter)* to present itself **3.** *(se proposer)* to offer one's services, to offer o.s.
offusquer *vt* to offend. ■ **s'offusquer** *vp* • **s'offusquer (de)** to take offence (UK) *ou* offense (US) (at).
ogive *nf* **1.** ARCHIT ogive **2.** MIL *(d'obus)* head **3.** MIL *(de fusée)* nosecone • **ogive nucléaire** nuclear warhead.
OGM (abrév de organisme génétiquement modifié) *nm* GMO.
ogre, ogresse *nm, f* ogre, ogress *f*.
oh *interj* oh! • **oh là là !** dear oh dear!
ohé *interj* hey!
oie *nf* goose.
oignon *nm* **1.** *(plante)* onion • **soupe à l'oignon** onion soup **2.** *(bulbe)* bulb **3.** MÉD bunion.
oiseau *nm* **1.** ZOOL bird • **oiseau de proie** bird of prey **2.** *fam & péj (individu)* character.
oisif, ive *adj* idle. ❑ *nm, f* man of leisure, woman of leisure *f*.
oisillon *nm* fledgling.
oisiveté *nf* idleness.
O.K. *interj fam* okay.
ola *nf* Mexican wave (UK), wave (US).
oléagineux *nm* oleaginous plant.
oléoduc *nm* (oil) pipeline.
olfactif, ive *adj* olfactory.
oligarche *nm* oligarch.
oligo-élément *nm* trace element.
olive *nf* olive • **olives vertes/noires** green/black olives.
oliveraie *nf* olive grove.
olivier *nm* **1.** *(arbre)* olive tree **2.** *(bois)* olive wood.
OLP (abrév de Organisation de libération de la Palestine) *nf* PLO.
olympique *adj* Olympic *(avant nom)* • **les Jeux olympiques** the Olympic Games, the Olympics.

ombilical, **e** *adj* umbilical.
ombrage *nm* shade.
ombragé, **e** *adj* shady.
ombrageux, **euse** *adj* **1.** *litt (personne)* touchy, prickly **2.** *(cheval)* nervous, skittish.
ombre *nf* **1.** *(zone sombre)* shade • **à l'ombre** in the shade • **à l'ombre de a)** *(arbre)* in the shade of **b)** *(personne)* in the shadow of • **laisser qqch dans l'ombre** *fig* to deliberately ignore sthg • **vivre dans l'ombre** *fig* to live in obscurity **2.** *(forme, fantôme)* shadow **3.** *(trace)* hint.
ombrelle *nf* parasol.
OMC (abrév de Organisation mondiale du commerce) *nf* WTO.
omelette *nf* omelette.
omerta *nf* law of silence, omertá.
omettre *vt* to omit • **omettre de faire qqch** to omit to do sthg.
omis, **e** *pp* → **omettre**.
omission *nf* omission • **par omission** by omission.
omnibus *nm* stopping (UK) *ou* local (US) train.
omniprésent, **e** *adj* omnipresent.
omnisports *adj inv* sports *(avant nom)*.
omnivore *nm* omnivore. ❑ *adj* omnivorous.
omoplate *nf* **1.** *(os)* shoulder blade **2.** *(épaule)* shoulder.
OMS (abrév de Organisation mondiale de la santé) *nf* WHO.

on

■ **on** *pron indéf*

1. POUR DÉSIGNER L'ESPÈCE HUMAINE OU UN NOMBRE INDÉTERMINÉ DE PERSONNES

• **on vit de plus en plus vieux en Europe** people in Europe are living longer and longer • **au Japon, on mange avec des baguettes** in Japan, they eat with chopsticks

2. POUR EXPRIMER UNE GÉNÉRALITÉ

• **on n'a pas le droit de fumer ici** you're not allowed *ou* one isn't allowed to smoke here, smoking isn't allowed here • **on ne doit pas parler la bouche pleine** one shouldn't speak with one's mouth full

3. QUELQU'UN

• **on vous a appelé au téléphone ce matin** there was a telephone call for you this morning *ou* someone called you this morning • **on frappa à la porte** there was a knock on the door • **on m'a volé ma calculatrice** somebody has stolen my calculator *ou* my calculator's been stolen

4. NOUS

• **on s'en va** we're off, we're going • **il faut qu'on se dépêche** we must hurry up

À PROPOS DE

on

Lorsque *on* est utilisé pour désigner quelqu'un dont on ne veut pas ou ne peut pas spécifier l'identité, *on* se traduit souvent en anglais par un passif.

• *On m'a volé ma montre.* ***My watch's been stolen.***

onanisme *nm* onanism.
oncle *nm* uncle.
onctueux, **euse** *adj* **1.** smooth **2.** CULIN creamy • **un yaourt onctueux** a creamy yogurt.
onde *nf* PHYS wave. ■ **ondes** *nfpl (radio)* air *sing*.
ondée *nf* shower (of rain).
on-dit *nm inv* rumour (UK), rumor (US), hearsay *(indén)*.
ondoyer *vi litt* to ripple.
ondulation *nf* **1.** *(mouvement)* rippling **2.** *(de sol, terrain)* undulation **3.** *(de coiffure)* wave.
onduler *vi* **1.** *(drapeau)* to ripple, to wave **2.** *(cheveux)* to be wavy **3.** *(route)* to undulate.
onéreux, **euse** *adj* costly.
ongle *nm* **1.** *(de personne)* fingernail, nail • **se ronger les ongles** to bite one's nails **2.** *(d'animal)* claw.
onglet *nm* **1.** *(de reliure)* tab **2.** *(de lame)* thumbnail groove **3.** CULIN top skirt.
onguent *nm* ointment.
onirique *adj* **1.** *(relatif au rêve)* dream *(avant nom)* **2.** *(semblable au rêve)* dreamlike.
onomatopée *nf* onomatopoeia.
ont → **avoir**.
ONU, **Onu** (abrév de Organisation des Nations unies) *nf* UN, UNO.
onyx *nm* onyx.
onze *adj num inv* eleven. ❑ *nm (chiffre)* SPORT eleven. Voir aussi **six**.
onzième *adj num inv, nm & nmf* eleventh ; Voir aussi **sixième**.
OPA (abrév de offre publique d'achat) *nf* takeover bid.
opacité *nf* opacity.
opale *nf & adj inv* opal.
opaline *nf* opaline.
opaque *adj* • **opaque (à)** opaque (to).
OPEP, **Opep** (abrév de Organisation des pays exportateurs de pétrole) *nf* OPEC.
opéra *nm* **1.** MUS opera **2.** *(théâtre)* opera house.
opéra-comique *nm* light opera.
opérateur, **trice** *nm, f* operator.
opération *nf* **1.** *(gén)* operation **2.** COMM deal, transaction • **opération financière** financial transaction.
opérationnel, **elle** *adj* operational.
opératoire *adj* MÉD operating *(avant nom)* • **choc opératoire** post-operative shock.

opérer *vt* **1.** *MÉD* to operate on **2.** *(exécuter)* to carry out, to implement **3.** *(choix, tri)* to make. ❑ *vi* **1.** *(agir)* to take effect **2.** *(personne)* to operate, to proceed. ■ **s'opérer** *vp* to come about, to take place.

opérette *nf* operetta.

ophtalmo *nm fam* abrév de **ophtalmologiste**.

ophtalmologiste *nmf* ophthalmologist.

Opinel® *nm si vous voulez donner une définition à un anglophone, vous pouvez dire* it is a folding knife that you use for outdoor activities, scouting, etc.

opiniâtre *adj* **1.** *(caractère, personne)* stubborn, obstinate **2.** *(effort)* dogged **3.** *(travail)* unrelenting **4.** *(fièvre, toux)* persistent.

opinion *nf* opinion • **avoir (une) bonne/mauvaise opinion de** to have a good/bad opinion of • **l'opinion publique** public opinion.

opium *nm* opium.

opportun, e *adj* opportune, timely.

opportuniste *nmf* opportunist. ❑ *adj* opportunistic.

opportunité *nf* **1.** *(à-propos)* opportuneness, timeliness **2.** *(occasion)* opportunity.

opposant, e *adj* opposing. ❑ *nm, f* • **opposant (à)** opponent (of).

opposé, e *adj* **1.** *(direction, côté, angle)* opposite **2.** *(intérêts, opinions)* conflicting **3.** *(forces)* opposing **4.** *(hostile)* • **opposé à** opposed to. ■ **opposé** *nm* • **l'opposé** the opposite • **à l'opposé de a)** in the opposite direction from **b)** *fig* unlike, contrary to.

opposer *vt* **1.** *(mettre en opposition - choses, notions)* • **opposer qqch (à)** to contrast sthg (with) **2.** *(mettre en présence - personnes, armées)* to oppose • **opposer deux équipes** to bring two teams together • **opposer qqn à qqn** to pit *ou* set sb against sb **3.** *(refus, protestation, objection)* to put forward **4.** *(diviser)* to divide. ■ **s'opposer** *vp* **1.** *(contraster)* to contrast **2.** *(entrer en conflit)* to clash **3.** • **s'opposer à** *(se dresser contre)* to oppose, to be opposed to • **s'opposer à ce que qqn fasse qqch** to be opposed to sb's doing sthg.

opposition *nf* **1.** *(gén)* opposition • **faire opposition à a)** *(décision, mariage)* to oppose **b)** *(chèque)* to stop (UK) • **entrer en opposition avec** to come into conflict with **2.** *DR* • **opposition (à)** objection (to) **3.** *(contraste)* contrast • **par opposition à** in contrast with, as opposed to.

oppressant, e *adj* oppressive.

oppresser *vt* **1.** *(étouffer)* to suffocate, to stifle **2.** *fig (tourmenter)* to oppress.

oppresseur *nm* oppressor.

oppressif, ive *adj* oppressive.

oppression *nf* **1.** *(asservissement)* oppression **2.** *(malaise)* tightness of the chest.

opprimé, e *adj* oppressed. ❑ *nm, f* oppressed person.

opprimer *vt* **1.** *(asservir)* to oppress **2.** *(étouffer)* to stifle.

opter *vi* • **opter pour** to opt for.

opticien, enne *nm, f* optician.

optimal, e *adj* optimal.

optimiser, optimaliser *vt* to optimize.

optimiste *nmf* optimist. ❑ *adj* optimistic.

option *nf* **1.** *(gén)* option • **prendre une option sur** *FIN* to take (out) an option on **2.** *(accessoire)* optional extra • **l'airbag est en option** the airbag is an optional extra **3.** *(matière)* optional subject • **j'ai pris latin en option** I took Latin as an optional subject.

optionnel, elle *adj* optional.

optique *nf* **1.** *(science, technique)* optics *(indén)* **2.** *(perspective)* viewpoint. ❑ *adj* **1.** *(nerf)* optic **2.** *(verre)* optical.

opulence *nf* **1.** *(richesse)* opulence **2.** *(ampleur)* fullness, ampleness.

opulent, e *adj* **1.** *(riche)* rich **2.** *(gros)* ample.

or[1] *nm* **1.** *(métal, couleur)* gold • **en or** *(objet)* gold *(avant nom)* • **une occasion en or** a golden opportunity • **une affaire en or a)** *(achat)* an excellent bargain **b)** *(commerce)* a lucrative line of business • **j'ai une femme en or** I've a wonderful wife • **or massif** solid gold **2.** *(dorure)* gilding.

or[2] *conj* **1.** *(au début d'une phrase)* now **2.** *(pour introduire un contraste)* well, but.

oracle *nm* oracle.

orage *nm (tempête)* storm.

orageux, euse *adj* stormy • **le temps est orageux** it's stormy.

oraison *nf* prayer • **oraison funèbre** funeral oration.

oral, e *adj* oral. ■ **oral** *nm* oral (examination) • **oral de rattrapage** *si vous voulez expliquer à un anglophone de quoi il s'agit, vous pouvez dire* it is an oral exam that you take as a resit after you have failed a written exam.

oralement *adv* orally.

orange *nf* orange. ❑ *nm & adj inv (couleur)* orange.

orangé, e *adj* orangey.

orangeade *nf* orange squash (UK), orangeade (US).

oranger *nm* orange tree.

orang-outan, orang-outang *nm* orang-utang.

orateur, trice *nm, f* **1.** *(conférencier)* speaker **2.** *(personne éloquente)* orator.

orbital, e *adj* **1.** *(mouvement)* orbital **2.** *(station)* orbiting.

orbite *nf* **1.** *ANAT* (eye) socket **2.** *fig ASTRON* orbit • **mettre sur orbite a)** *AÉRON* to put into orbit **b)** *fig* to launch.

orchestre *nm* **1.** *MUS* orchestra **2.** *CINÉ & THÉÂTRE* stalls *pl* (UK), orchestra (US) • **fauteuil d'or-**

chestre seat in the stalls (UK), orchestra seat (US).

orchestrer *vt littéraire & fig* to orchestrate.

orchidée *nf* orchid.

ordinaire *adj* **1.** *(usuel, standard)* ordinary, normal **2.** *péj (commun)* ordinary, common. ❑ *nm* **1.** *(moyenne)* • **l'ordinaire** the ordinary **2.** *(alimentation)* usual diet. ■ **d'ordinaire** *loc adv* normally, usually.

ordinal, e *adj* ordinal. ■ **ordinal** *nm* ordinal (number).

ordinateur *nm* computer • **ordinateur individuel** personal computer, PC • **ordinateur de bureau** desktop (computer) • **ordinateur portable** laptop (computer) • **ordinateur de poche** palmtop.

LEXIQUE

l'ordinateur

l'adresse Internet the Internet address
le clavier the keyboard
la connexion ADSL the ADSL connection
la connexion Internet the Internet connection
le dossier the file
l'écran the screen
l'écran plat the flat screen
l'e-mail the e-mail
le fichier the file
le fournisseur d'accès the Internet service provider
l'imprimante the printer
le logiciel the software
le matériel the hardware
le modem the modem
le moteur de recherche the search engine
l'ordinateur the computer
l'ordinateur portable the laptop computer
le réseau the network
le scanner the scanner
le site Internet the Internet site
la souris the mouse
le tapis de souris the mouse pad
l'unité centrale the central processing unit

ordonnance *nf* **1.** *MÉD* prescription **2.** *(de gouvernement, juge)* order. ❑ *nmf MIL* orderly.

ordonné, e *adj (maison, élève)* tidy.

ordonner *vt* **1.** *(ranger)* to organize, to put in order **2.** *(enjoindre)* to order, to tell • **ordonner à qqn de faire qqch** to order sb to do sthg **3.** *RELIG* to ordain **4.** *MATH* to arrange in order. ■ **s'ordonner** *vp* to be arranged *ou* put in order.

ordre *nm* **1.** *(gén)* order • **par ordre alphabétique/chronologique/décroissant** in alphabetical/chronological/descending order • **donner un ordre à qqn** to give sb an order • **être aux ordres de qqn** to be at sb's disposal • **jusqu'à nouvel ordre** until further notice • **l'ordre public** law and order **2.** *MIL & RELIG* order **3.** *(bonne organisation)* tidiness, orderliness • **en ordre** orderly, tidy • **mettre en ordre** to put in order, to tidy (up) • **remettre qqch en ordre** to tidy sthg up **4.** *(catégorie)* • **de premier ordre** first-rate • **de second ordre** second-rate • **d'ordre privé/pratique** of a private/practical nature • **pouvez-vous me donner un ordre de grandeur ?** can you give me some idea of the size/amount, etc? **5.** *(corporation)* professional association • **l'Ordre des médecins** ≃ the British Medical Association (UK) ; ≃ the American Medical Association (US) **6.** *FIN* • **à l'ordre de** payable to. ■ **ordre du jour** *nm* **1.** *(de réunion)* agenda • **à l'ordre du jour a)** *(de réunion)* on the agenda **b)** *fig* topical **2.** *MIL* order of the day.

S'EXPRIMER

donner un ordre

- ***Silence!*** Silence !
- ***Stop! OK?*** Arrête/arrêtez ! Compris ?
- ***Step back, please!*** Reculez, s'il vous plaît !
- ***Put the box down here!*** Pose ce carton ici !

ordure *nf* **1.** *fig (grossièreté)* filth *(indén)* **2.** *injur (personne)* scum *(indén)*, bastard. ■ **ordures** *nfpl (déchets)* rubbish *(indén)* (UK), garbage *(indén)* (US).

ordurier, ère *adj* filthy, obscene.

orée *nf* edge.

oreille *nf* **1.** *ANAT* ear **2.** *(ouïe)* hearing **3.** *(de fauteuil, écrou)* wing **4.** *(de marmite, tasse)* handle.

oreiller *nm* pillow.

oreillette *nf* **1.** *(du cœur)* auricle **2.** *(de casquette)* earflap.

oreillons *nmpl* mumps *sing*.

ores ■ **d'ores et déjà** *loc adv* from now on.

orfèvre *nmf* **1.** goldsmith **2.** *(d'argent)* silversmith.

orfèvrerie *nf* **1.** *(art)* goldsmith's art **2.** *(d'argent)* silversmith's art **3.** *(commerce)* goldsmith's trade **4.** *(d'argent)* silversmith's trade.

organdi *nm* organdie.

organe *nm* **1.** *ANAT* organ **2.** *(institution)* organ, body **3.** *fig (porte-parole)* representative.

organigramme *nm* **1.** *(hiérarchique)* organization chart **2.** *INFORM* flow chart.

organique *adj* organic.

organisateur, trice *adj* organizing *(avant nom)*. ❑ *nm, f* organizer.

organisation *nf* organization • **Organisation mondiale du commerce** World Trade Organization.

organisé, e *adj* organized.

organiser *vt* to organize. ■ **s'organiser** *vp* **1.** *(personne)* to be *ou* get organized **2.** *(prendre forme)* to take shape.

organisme *nm* **1.** BIOL & ZOOL organism • **organisme génétiquement modifié** genetically modified organism **2.** *(institution)* body, organization.

organiste *nmf* organist.

orgasme *nm* orgasm.

orge *nf* barley.

orgeat *nm* • **sirop d'orgeat** barley water.

orgelet *nm* stye.

orgie *nf* orgy.

orgue *nm* organ.

orgueil *nm* pride.

orgueilleux, euse *adj* proud. ❑ *nm, f* proud person.

orient *nm* east. ■ **Orient** *nm* • **l'Orient** the Orient, the East.

orientable *adj* adjustable.

oriental, e *adj* **1.** *(région, frontière)* eastern **2.** *(d'Extrême-Orient)* oriental.

orientation *nf* **1.** *(direction)* orientation • **avoir le sens de l'orientation** to have a good sense of direction **2.** SCOL career **3.** *(de maison)* aspect **4.** *fig (de politique, recherche)* direction, trend.

orienté, e *adj (tendancieux)* biased.

orienter *vt* **1.** *(disposer)* to position **2.** *(voyageur, élève, recherches)* to guide, to direct. ■ **s'orienter** *vp* **1.** *(se repérer)* to find *ou* get one's bearings **2.** *fig (se diriger)* • **s'orienter vers** to move towards *ou* toward **(US)**.

orifice *nm* orifice.

origan *nm* oregano.

originaire *adj* **1.** *(natif)* • **être originaire de a)** to originate from **b)** *(personne)* to be a native of **2.** *(premier)* original.

original, e *adj* **1.** *(premier, inédit)* original **2.** *(singulier)* eccentric. ❑ *nm, f (personne)* (outlandish) character. ■ **original** *nm (œuvre, document)* original.

originalité *nf* **1.** *(nouveauté)* originality **2.** *(caractéristique)* original feature **3.** *(excentricité)* eccentricity.

origine *nf* **1.** *(gén)* origin • **d'origine a)** *(originel)* original **b)** *(de départ)* of origin • **pays d'origine** country of origin • **d'origine anglaise** of English origin • **à l'origine** originally **2.** *(souche)* origins *pl* **3.** *(provenance)* source.

ORL *nmf* (abrév de oto-rhino-laryngologiste) ENT specialist.

orme *nm* elm.

ornement *nm* **1.** *(gén)* MUS ornament • **d'ornement** *(plante, arbre)* ornamental **2.** ARCHIT embellishment.

orner *vt* **1.** *(décorer)* • **orner (de)** to decorate (with) **2.** *(agrémenter)* to adorn.

ornière *nf* rut.

ornithologie *nf* ornithology.

orphelin, e *adj* orphan *(avant nom)*, orphaned • **il est orphelin** he's an orphan. ❑ *nm, f* orphan.

orphelinat *nm* orphanage.

orteil *nm* toe • **le gros orteil** the big toe.

orthodontiste *nmf* orthodontist.

orthodoxe *adj* **1.** RELIG Orthodox **2.** *(conformiste)* orthodox. ❑ *nmf* RELIG Orthodox Christian.

> En anglais, les adjectifs et les noms se rapportant à une religion s'écrivent avec une majuscule.

orthodoxie *nf* orthodoxy • **l'orthodoxie marxiste** marxist orthodoxy.

orthographe *nf* spelling • **une faute d'orthographe** a spelling mistake.

orthographier *vt* to spell • **mal orthographier** to misspell.

orthopédiste *nmf* orthop(a)edist.

orthophoniste *nmf* speech therapist.

ortie *nf* nettle.

os *nm* **1.** *(gén)* bone • **os à moelle** marrowbone **2.** *fam* & *fig (difficulté)* snag, hitch.

oscar *nm* CINÉ Oscar.

oscarisé, e *adj* CINÉ Oscar-winning.

oscariser *vt* to award an oscar to.

oscillation *nf* **1.** oscillation **2.** *(de navire)* rocking.

osciller *vi* **1.** *(se balancer)* to swing **2.** *(navire)* to rock **3.** *(vaciller, hésiter)* to waver.

osé, e *adj* daring, audacious.

oseille *nf* BOT sorrel.

oser *vt* to dare • **oser faire qqch** to dare (to) do sthg.

osier *nm* **1.** BOT osier **2.** *(fibre)* wicker.

Oslo *npr* Oslo.

osmose *nf* osmosis • **en osmose** *fig* in osmosis.

ossature *nf* **1.** ANAT skeleton **2.** *fig (structure)* framework.

osselet *nm* **1.** ANAT ossicle **2.** *(élément de jeu)* jack • **jouer aux osselets** to play jacks.

ossements *nmpl* bones.

osseux, euse *adj* **1.** ANAT & MÉD bone *(avant nom)* **2.** *(maigre)* bony.

ossuaire *nm* ossuary.

ostensible *adj* conspicuous.

ostentation *nf* ostentation.

ostéopathe *nmf* osteopath.

ostéoporose *nf* MÉD osteoporosis.

otage *nmf* hostage • **prendre qqn en otage** to take sb hostage.

OTAN, Otan (abrév de Organisation du traité de l'Atlantique Nord) *nf* NATO.

otarie *nf* sea lion.

ôter *vt* **1.** *(enlever)* to take off **2.** *(soustraire)* to take away **3.** *(retirer, prendre)* • **ôter qqch à qqn** to take sthg away from sb.

otite *nf* ear infection.

oto-rhino-laryngologie *nf* ear, nose and throat medicine, ENT.

oto-rhino-laryngologiste *nmf* ear, nose and throat specialist.

ou *conj* **1.** *(indique une alternative, une approximation)* or **2.** *(sinon)* • **ou (bien)** or (else). ■ **ou (bien)… ou (bien)** *loc corrélative* either… or • **ou c'est elle, ou c'est moi !** it's either her or me!

où *pron rel* **1.** *(spatial)* where • **le village où j'habite** the village where I live, the village I live in • **pose-le là où tu l'as trouvé** put it back where you found it • **partout où vous irez** wherever you go **2.** *(temporel)* that • **le jour où je suis venu** the day (that) I came. ❑ *adv* where • **je vais où je veux** I go where I please • **où que vous alliez** wherever you go. ❑ *adv interr* where? • **où vas-tu ?** where are you going? • **dites-moi où il est allé** tell me where he's gone. ■ **d'où** *loc adv (conséquence)* hence.

> **À PROPOS DE**
> **où**
> *Où* se traduit par ***where*** ou ***that*** suivant qu'il désigne un lieu ou un moment, ou bien ne se traduit pas.
> • *Le village où j'habite.* ***The village where I live.***
> • *Le jour où je suis venu.* ***The day*** (that) ***I came.***

ouate *nf* **1.** *(pansement)* cotton wool (UK), (absorbent) cotton (US) **2.** *(rembourrage)* (cotton) wadding.

ouaté, e *adj* **1.** *(garni d'ouate)* cotton wool (UK) *(avant nom)*, cotton (US) *(avant nom)* **2.** *(vêtement)* quilted **3.** *fig (feutré)* muffled.

oubli *nm* **1.** *(acte d'oublier)* forgetting **2.** *(négligence)* omission **3.** *(étourderie)* oversight **4.** *(général)* oblivion • **tomber dans l'oubli** to sink into oblivion.

oublier *vt* **1.** to forget **2.** *(laisser quelque part)* to leave behind • **oublier de faire qqch** to forget to do sthg.

oubliettes *nfpl* dungeon *sing*.

ouest *nm* west • **un vent d'ouest** a westerly wind • **à l'ouest** in the west • **à l'ouest (de)** to the west (of). ❑ *adj inv* **1.** *(gén)* west **2.** *(province, région)* western.

ouest-allemand, e *adj* West German.

ouf *interj* phew! ❑ *adj fam* nuts • **non, mais t'es ouf ou quoi ?** are you nuts? ❑ *nm fam* nutter • **j'ai eu une semaine de ouf !** I've had a crazy week! • **c'est un truc de ouf** it's crazy.

Ouganda *nm* • **l'Ouganda** Uganda.

oui *adv* yes • **tu viens ? — oui** are you coming? — yes (I am) • **tu viens, oui ou non ?** are you coming or not?, are you coming or aren't you? • **je crois que oui** I think so • **faire signe que oui, faire oui de la tête** to nod • **mais oui, bien sûr que oui** yes, of course. ❑ *nm inv* yes • **pour un oui pour un non** for no apparent reason.

ouï-dire *nm inv* • **par ouï-dire** by *ou* from hearsay.

ouïe *nf* hearing • **avoir l'ouïe fine** to have excellent hearing. ■ **ouïes** *nfpl (de poisson)* gills.

ouragan *nm* MÉTÉOR hurricane.

ourlet *nm* COUT hem.

ours *nm* bear • **ours (en peluche)** teddy (bear) • **ours polaire** polar bear.

ourse *nf* she-bear.

oursin *nm* sea urchin.

ourson *nm* bear cub.

outil *nm* tool • **boîte** *ou* **caisse à outils** toolbox • **outil de recherche** INTERNET search tool.

outillage *nm (équipement)* tools *pl*, equipment.

outrage *nm* **1.** *sout (insulte)* insult **2.** DR • **outrage à la pudeur** indecent behaviour *(indén)* (UK) *ou* behavior *(indén)* (US).

outrager *vt (offenser)* to insult.

outrance *nf* excess • **à outrance** excessively.

outrancier, ère *adj* extravagant.

outre[1] *nf* wineskin.

outre[2] *prép* besides, as well as. ❑ *adv* • **passer outre** to go on, to proceed further. ■ **en outre** *loc adv* moreover, besides.

outré, e *adj* indignant.

outre-Atlantique *loc adv* across the Atlantic.

outre-Manche *loc adv* across the Channel.

outremer *nm* **1.** *(pierre)* lapis lazuli **2.** *(couleur)* ultramarine. ❑ *adj inv* ultramarine.

outre-mer *adv* overseas.

outrepasser *vt* to exceed.

outrer *vt (personne)* to outrage.

outre-Rhin *loc adv* across the Rhine.

outsider *nm* outsider.

ouvert, e *pp* → **ouvrir**. ❑ *adj* **1.** *(gén)* open • **grand ouvert** wide open **2.** *(robinet)* on, running.

ouvertement *adv* openly.

ouverture *nf* **1.** *(gén)* opening **2.** *(d'hostilités)* outbreak • **ouverture d'esprit** open-mindedness **3.** MUS overture **4.** PHOTO aperture. ■ **ouvertures** *nfpl (propositions)* overtures.

ouvrable *adj* working • **heures ouvrables** hours of business.

ouvrage *nm* **1.** *(travail)* work *(indén)*, task • **se mettre à l'ouvrage** to start work **2.** *(objet produit)* (piece of) work **3.** COUT work *(indén)* **4.** *(livre, écrit)* work • **ouvrage de référence** reference work.

ouvragé, e *adj* elaborate.

ouvré, e *adj* • **jour ouvré** working day.

ouvre-boîtes *nm inv* tin opener **(UK)**, can opener.
ouvre-bouteilles *nm inv* bottle opener.
ouvreur, euse *nm,f* usher, usherette *f*.
ouvrier, ère *adj* **1.** *(quartier, enfance)* working-class **2.** *(conflit)* industrial **3.** *(questions, statut)* labour *(avant nom)* **(UK)**, labor *(avant un nom)* **(US)** • **classe ouvrière** working class. ❑ *nm,f* worker • **ouvrier agricole** farm worker • **ouvrier qualifié** skilled worker • **ouvrier spécialisé** semi-skilled worker.
ouvrir *vt* **1.** *(gén)* to open **2.** *(chemin, voie)* to open up **3.** *(gaz)* to turn on. ❑ *vi* to open • **ouvrir sur qqch** to open onto sthg. ■ **s'ouvrir** *vp* **1.** *(porte, fleur)* to open **2.** *(route, perspectives)* to open up **3.** *(personne)* • **s'ouvrir (à qqn)** to confide (in sb), to open up (to sb) **4.** *(se blesser)* • **s'ouvrir le genou** to cut one's knee open • **s'ouvrir les veines** to slash *ou* cut one's wrists.
ovaire *nm* ovary.
ovale *adj & nm* oval.
ovation *nf* ovation • **faire une ovation à qqn** to give sb an ovation.
overbooking *nm* overbooking.
overdose *nf* overdose.
ovin, e *adj* ovine. ■ **ovin** *nm* sheep.
OVNI, Ovni (abrév de objet volant non identifié) *nm* UFO.
ovoïde *adj* egg-shaped.
ovuler *vi* to ovulate.
oxydation *nf* oxidation, oxidization.
oxyde *nm* oxide.
oxyder *vt* to oxidize.
oxygène *nm* oxygen.
oxygéné, e *adj* CHIM oxygenated ; → **eau**.
oxygéner *vt* **1.** CHIM to oxygenate **2.** *(cheveux)* to bleach, to peroxide. ■ **s'oxygéner** *vp fam* to get some fresh air.
ozone *nm* ozone • **la couche d'ozone** the ozone layer.

p[1]**, P** *nm inv* p, P.

p[2] **1.** (abrév de **page**) p **2.** abrév de **pièce**.

pacha *nm* pasha • **mener une vie de pacha** *fam & fig* to live a life of ease.

pachyderme *nm* elephant • **les pachydermes** (the) pachyderms.

pacifier *vt* to pacify.

pacifique *adj* peaceful.

Pacifique *nm* • **le Pacifique** the Pacific (Ocean).

pacifiste *nmf & adj* pacifist.

pack *nm* pack.

pacotille *nf* shoddy goods *pl*, rubbish • **de pacotille** cheap.

PACS (abrév de Pacte civil de solidarité) *nm Si vous voulez expliquer à un anglophone de quoi il s'agit, vous pouvez dire* it is a civil partnership for both straight and gay couples.

pacsé, e *nm, f fam* ≃ (life) partner.

pacser ■ **se pacser** *vpi si vous voulez expliquer à un anglophone de quoi il s'agit, vous pouvez préciser :* it means to register one's relationship and have it legally recognized.

pacte *nm* pact.

pactiser *vi* • **pactiser avec a)** *(faire un pacte avec)* to make a pact with **b)** *(transiger avec)* to come to terms with.

pactole *nm* gold mine *fig*.

pagaie *nf* paddle.

pagaille, pagaye, pagaïe *nf fam* mess.

pagayer *vi* to paddle.

page *nf* **1.** *(feuillet)* page • **page blanche** blank page • **mettre en pages** *TYPO* to make up (into pages) **2.** *INFORM* page • **page d'accueil** home page • **page précédente** page up • **page suivante** page down **3.** *(locution)* • **être à la page** to be up-to-date. ❑ *nm* page (boy).

pagne *nm* loincloth.

pagode *nf* pagoda.

paie, paye *nf* pay *(indén)*, wages *pl*.

paiement, payement *nm* payment.

païen, ïenne *adj & nm, f* pagan, heathen.

paillard, e *adj* bawdy.

paillasse *nf* **1.** *(matelas)* straw mattress **2.** *(d'évier)* draining board (UK), drainboard (US).

paillasson *nm (tapis)* doormat.

paille *nf* **1.** *BOT* straw **2.** *(pour boire)* straw. ■ **paille de fer** *nf* steel wool.

pailleté, e *adj* sequined.

paillette *nf (gén pl)* **1.** *(sur vêtements)* sequin, spangle **2.** *(d'or)* grain of gold dust **3.** *(de lessive, savon)* flake • **savon en paillettes** soap flakes *pl*.

pain *nm* **1.** *(aliment)* bread • **un pain** a loaf • **petit pain** (bread) roll • **pain de campagne** ≃ farmhouse loaf • **pain complet** wholemeal (UK) *ou* whole wheat (US) bread • **pain d'épice** ≃ gingerbread • **pain de mie** sandwich loaf **2.** *(de savon, cire)* bar.

pair, e *adj* even. ■ **au pair** *loc adv* for board and lodging, for one's keep • **jeune fille au pair** au pair (girl). ■ **de pair** *loc adv* • **aller de pair avec** to go hand in hand with. ■ **hors pair** *loc adj* unrivalled (UK), unrivaled (US). ■ **pair** *nm* peer. ■ **paire** *nf* pair • **une paire de** *(lunettes, ciseaux, chaussures)* a pair of.

paisible *adj* peaceful.

paître *vi* to graze.

paix *nf* peace • **en paix a)** *(en harmonie)* at peace **b)** *(tranquillement)* in peace • **avoir la paix** to have peace and quiet • **faire la paix avec qqn** to make peace with sb.

Pakistan *nm* • **le Pakistan** Pakistan.

palace *nm* luxury hotel.

palais *nm* **1.** *(château)* palace **2.** *(grand édifice)* centre (UK), center (US) • **palais de justice** *DR* law courts *pl* • **le Grand Palais** the Grand Palais • **le Petit Palais** the Petit Palais **3.** *ANAT* palate.

palan *nm* block and tackle, hoist.

pale *nf (de rame, d'hélice)* blade.

pâle *adj* pale.

palefrenier, ère *nm, f* groom.

paléolithique *nm* • **le paléolithique** the Paleolithic (age). ❑ *adj* paleolithic.

paléontologie *nf* paleontology.

Palestine *nf* • **la Palestine** Palestine.
palet *nm (hockey)* puck.
palette *nf (de peintre)* palette.
pâleur *nf (de visage)* pallor.
palier *nm* **1.** *(d'escalier)* landing **2.** *(étape)* level **3.** TECHNOL bearing.
pâlir *vi* **1.** *(couleur, lumière)* to fade **2.** *(personne)* to turn *ou* go pale.
palissade *nf* **1.** *(clôture)* fence **2.** *(de verdure)* hedge.
palissandre *nm* rosewood.
palliatif, ive *adj* palliative. ■ **palliatif** *nm* **1.** MÉD palliative **2.** *fig* stopgap measure.
pallier *vt* to make up for.
palmarès *nm* **1.** *(de lauréats)* list of (medal) winners **2.** SCOL list of prizewinners **3.** *(de succès)* record (of achievements).
palme *nf* **1.** *(de palmier)* palm leaf **2.** *(de nageur)* flipper **3.** *(décoration, distinction)* • **avec palme** MIL ≃ with bar.
palmé, e *adj* **1.** BOT palmate **2.** ZOOL web-footed **3.** *(patte)* webbed.
palmeraie *nf* palm grove.
palmier *nm* BOT palm tree.
palmipède *nm* web-footed bird.
palombe *nf* woodpigeon.
pâlot, otte *adj* pale, sickly-looking.
palourde *nf* clam.
palpable *adj* palpable, tangible.
palper *vt* **1.** *(toucher)* to feel, to finger **2.** MÉD to palpate.
palpitant, e *adj* exciting, thrilling.
palpitation *nf* palpitation.
palpiter *vi* **1.** *(paupières)* to flutter **2.** *(cœur)* to pound.
palu *nm fam* malaria.
paludisme *nm* malaria.
pâmer ■ **se pâmer** *vp littéraire (s'évanouir)* to swoon (away).
pampa *nf* pampas *pl*.
pamphlet *nm* satirical tract.
pamplemousse *nm* grapefruit.
pan *nm* **1.** *(de vêtement)* tail **2.** *(d'affiche)* piece, bit • **pan de mur** section of wall. ❑ *interj* bang!
panache *nm* **1.** *(de plumes, fumée)* plume **2.** *(éclat)* panache.
panaché, e *adj* **1.** *(de plusieurs couleurs)* multicoloured **(UK)**, multicolored **(US)** **2.** *(mélangé)* mixed. ■ **panaché** *nm* shandy **(UK)**.
Panama *nm (pays)* • **le Panama** Panama.
panaris *nm* whitlow.
pancarte *nf* **1.** *(de manifestant)* placard **2.** *(de signalisation)* sign.
pancréas *nm* pancreas.
panda *nm* panda.
pandémie *nf* pandemic.
pandémique *adj* pandemic.
pané, e *adj* breaded, in breadcrumbs.
panel *nm* **1.** *(groupe)* sample (group) **2.** *(jury)* panel.
panier *nm* basket • **panier à provisions** shopping basket • **mettre au panier** *fig* to throw out.
panier-repas *nm* packed lunch.
panini *nm* panini.
panique *nf* panic. ❑ *adj* panicky • **être pris d'une peur panique** to be panic-stricken.
paniquer *vt & vi fam* to panic.
panne *nf (arrêt)* breakdown • **tomber en panne** to break down • **panne de courant** *ou* **d'électricité** power failure • **tomber en panne d'essence** *ou* **en panne sèche** to run out of petrol **(UK)** *ou* gas **(US)**.
panneau *nm* **1.** *(pancarte)* sign • **panneau indicateur** signpost • **panneau publicitaire** (advertising) hoarding **(UK)**, billboard **(US)** • **panneau de signalisation** road sign **2.** *(élément)* panel • **panneau solaire** solar panel.
panoplie *nf* **1.** *(jouet)* outfit **2.** *fig (de mesures)* package.
panorama *nm* **1.** *(vue)* view, panorama **2.** *fig* overview.
panoramique *adj* panoramic. ❑ *nm* CINÉ pan, panning shot.
panse *nf* **1.** *(d'estomac)* first stomach, rumen **2.** *fam (gros ventre)* belly, paunch **3.** *(partie arrondie)* bulge.
pansement *nm* dressing, bandage • **pansement (adhésif)** (sticking) plaster **(UK)**, Band-Aid® **(US)**.
panser *vt* **1.** *(plaie)* to dress, to bandage **2.** *(jambe)* to put a dressing on, to bandage **3.** *(avec pansement adhésif)* to put a plaster **(UK)** *ou* Band-Aid® **(US)** on **4.** *(cheval)* to groom.
pantacourt *nm* capri pants, capris, clam-diggers.
pantalon *nm* trousers *pl* **(UK)**, pants *pl* **(US)**, pair of trousers **(UK)** *ou* pants **(US)**.
pantelant, e *adj* panting, gasping.
panthère *nf* panther.
pantin *nm* **1.** *(jouet)* jumping jack **2.** *fam (personne)* puppet.
pantomime *nf (art, pièce)* mime.
pantoufle *nf* slipper.
PAO (abrév de publication assistée par ordinateur) *nf* DTP.
paon *nm* peacock.
papa *nm* dad, daddy.
papauté *nf* papacy.
papaye *nf* papaya, pawpaw.
pape *nm* RELIG pope.

paperasse *nf péj* **1.** *(papier sans importance)* bumf *(indén)* **(UK)**, papers *pl* **2.** *(papiers administratifs)* paperwork *(indén)*.
papeterie *nf* **1.** *(magasin)* stationer's **2.** *(fabrique)* paper mill.
papetier, ère *nm, f* **1.** *(commerçant)* stationer **2.** *(fabricant)* paper manufacturer.
papi, papy *nm* grandpa, grandad.
papier *nm (matière, écrit)* paper • **papier alu** *ou* **aluminium** aluminium **(UK)** *ou* aluminum **(US)** foil, tinfoil • **papier carbone** carbon paper • **papier crépon** crêpe paper • **papier d'emballage** wrapping paper • **papier à en-tête** headed notepaper • **papier hygiénique** *ou* **toilette** toilet paper • **papier à lettres** writing paper, notepaper • **papier peint** wallpaper • **papier de verre** glasspaper **(UK)**, sandpaper. ■ **papiers** *nmpl* • **papiers (d'identité)** (identity) papers.
papier-calque *nm* tracing paper.
papille *nf* • **papilles gustatives** taste buds.
papillon *nm* **1.** ZOOL butterfly **2.** *(écrou)* wing nut **3.** *(nage)* butterfly (stroke).
papillonner *vi* to flit about *ou* around.
papillote *nf* **1.** *(de bonbon)* sweet paper *ou* wrapper **(UK)**, candy paper **(US)** **2.** *(de cheveux)* curl paper.
papilloter *vi* **1.** *(lumière)* to twinkle **2.** *(yeux)* to blink.
papoter *vi fam* to chatter.
paprika *nm* paprika.
paquebot *nm* liner.
pâquerette *nf* daisy.
Pâques *nfpl* Easter *sing* • **joyeuses Pâques** Happy Easter.
paquet *nm* **1.** *(colis)* parcel **(UK)**, package **(US)** **2.** *(emballage)* packet **(UK)**, package **(US)** • **paquet-cadeau** gift-wrapped parcel **(UK)** *ou* package **(US)**.
paquetage *nm* MIL kit.

par

■ **par** *prép*

1. VALEUR SPATIALE

• **ils sont passés par la Suède et le Danemark** they went via Sweden and Denmark • **vous devrez passer par Reims** you'll have to go through Reims • **les voleurs sont entrés par la fenêtre** the burglars came in through the window • **mon cousin habite par ici** my cousin lives round here

2. VALEUR TEMPORELLE

• **il partit par un beau jour d'été** he left on a lovely summer's day • **par le passé, les tensions étaient très fortes dans cette région** in the past, tensions were very high in this region

3. INDIQUE LE MOYEN

• **nous y sommes allés par bateau/train/avion** we went there by boat/train/plane • **les gens communiquent beaucoup par Internet** people communicate by *ou* via the Internet a lot • **il obtient tout ce qu'il veut par la ruse** he obtains everything he wants by *ou* through cunning

4. INDIQUE LA CAUSE

• **je l'ai aidé uniquement par pitié** I helped him only out of *ou* from pity • **cet animal a été tué par pure bêtise** this animal got killed because of sheer stupidity • **par manque de temps, je ne pourrai pas t'aider** owing to lack of time, I won't be able to help you

5. INTRODUIT UN COMPLÉMENT D'AGENT

• **ce livre a été écrit par Hanif Kureishi** this book was written by Hanif Kureishi • **Thomas a été puni par le professeur d'espagnol** Thomas was punished by the Spanish teacher • **j'ai fait tondre la pelouse par mon voisin** I had *ou* got my neighbour mow the lawn

6. SENS DISTRIBUTIF

• **il regarde la télévision une heure par jour** he watches television one hour a *ou* per day • **il gagne 1 700 euros par mois** he earns 1, 700 euros a month • **les écoliers marchaient deux par deux** the pupils were walking in twos *ou* two by two

7. INTRODUIT UN ÉLÉMENT DE DÉBUT OU DE FIN

• **nous avons commencé par du foie gras** we started with foie gras *ou* we had foie gras to start • **il a fini par tout me dire** he finally told me everything *ou* he ended up telling me everything

■ **par-ci par-là** *loc adv*

here and there • **des livres traînaient par-ci par-là** books were lying about here and there

para (abrév de parachutiste) *nm fam* para **(UK)**.
paraben *nm* paraben • **sans paraben** paraben-free.
parabole *nf* **1.** *(récit)* parable **2.** MATH parabola.
parabolique *adj* parabolic.
paracétamol *nm* paracetamol.
parachever *vt* to put the finishing touches to.
parachute *nm* parachute • **parachute ascensionnel** parachute *(for parascending)* • **parachute doré** golden parachute.
parachuter *vt* to parachute, to drop by parachute • **ils l'ont parachuté directeur** *fam & fig* he was unexpectedly given the job of manager.
parachutiste *nmf* **1.** parachutist **2.** MIL paratrooper.

parade *nf* **1.** *(spectacle)* parade **2.** *(défense)* parry **3.** *fig* riposte.
parader *vi* to show off.
paradis *nm* paradise.
paradoxal, e *adj* paradoxical.
paradoxe *nm* paradox.
parafe, paraphe *nm* initials *pl.*
parafer, parapher *vt* to initial.
paraffine *nf* **1.** paraffin **(UK)**, kerosene **(US)** **2.** *(solide)* paraffin wax.
parages *nmpl* • **être** *ou* **se trouver dans les parages** *fig* to be in the area *ou* vicinity.
paragraphe *nm* paragraph.
Paraguay *nm* • **le Paraguay** Paraguay.
paraître *v att* to look, to seem, to appear. ❑ *vi* **1.** *(se montrer)* to appear **2.** *(être publié)* to come out, to be published. ❑ *v impers* • **il paraît/paraîtrait que** it appears/would appear that.
parallèle *nm* parallel • **établir un parallèle entre** *fig* to draw a parallel between. ❑ *nf* parallel (line). ❑ *adj* **1.** *(action, en maths)* parallel **2.** *(marché)* unofficial **3.** *(médecine, énergie)* alternative.
parallélépipède *nm* parallelepiped.
parallélisme *nm* **1.** parallelism **2.** *(de roues)* alignment.
paralyser *vt* to paralyse **(UK)**, to paralyze **(US)**.
paralysie *nf* paralysis.
paramédical, e *adj* paramedical.
paramètre *nm* parameter.
paramilitaire *adj* paramilitary.
paranoïa *nf* paranoia.
paranoïaque *adj* paranoid. ❑ *nmf* paranoiac.
parapente *nm* paragliding • **faire du parapente** to go paragliding.
parapet *nm* parapet.
paraphe = **parafe**.
parapher = **parafer**.
paraphrase *nf* paraphrase.
paraplégique *nmf & adj* paraplegic.
parapluie *nm* umbrella.
parascolaire *adj* extracurricular.
parasite *nm* parasite. ❑ *adj* parasitic. ■ **parasites** *nmpl* RADIO & TV interference *(indén).*
parasol *nm* parasol, sunshade.
paratonnerre *nm* lightning conductor **(UK)** *ou* rod **(US)**.
paravent *nm* screen.
parc *nm* **1.** *(jardin)* park **2.** *(de château)* grounds *pl* • **parc d'attractions** amusement park • **parc de loisirs** ≃ leisure park • **parc national** national park • **parc à thème** ≃ theme park **3.** *(pour l'élevage)* pen **4.** *(de bébé)* playpen **5.** *(de voitures)* fleet • **le parc automobile** the number of cars on the roads.

CULTURE

parcs nationaux

Il existe 14 parcs nationaux en Grande-Bretagne et la région des ***South Downs*** devrait prochainement faire partie de la liste.
L'Angleterre possède 9 parcs : ***Dartmoor*** et ***Exmoor*** au sud-ouest ; ***New Forest*** au sud-est ; ***The Broads*** à l'est ; ***Peak District*** dans le cœur de l'Angleterre ; ***Lake District*** au nord-ouest ; et enfin ***Northumberland, North York Moors Yorkshire Dales*** dans le Nord-Est.
Le Pays de Galles en a trois : ***Brecon Beacons***, au sud ; ***Pembrokeshire Coast*** au sud-ouest et ***Snowdonia*** au nord.
En Écosse, on trouve les parcs de ***Cairngorms*** et de ***Loch Lomond/Trossachs***.
La République d'Irlande compte, quant à elle, 6 parcs nationaux : ***Ballycroy, Connemara, Glenveagh, Killarney, The Burren, Wicklow Mountains***.

parcelle *nf* **1.** *(petite partie)* fragment, particle **2.** *(terrain)* parcel of land.
parce que *loc conj* because.
parchemin *nm* parchment.
parcheminé, e *adj* wrinkled.
parcimonie *nf* parsimoniousness • **avec parcimonie** sparingly, parsimoniously.
parcimonieux, euse *adj* parsimonious.
parcmètre *nm* parking meter.
parcourir *vt* **1.** *(région, route)* to cover **2.** *(journal, dossier)* to skim *ou* glance through, to scan.
parcours *nm* **1.** *(trajet, voyage)* journey **2.** *(itinéraire)* route • **parcours santé** fitness trail **3.** *(golf) (terrain)* course **4.** *(trajet)* round.
parcouru, e *pp* → **parcourir**.
par-delà *prép* beyond.
par-derrière *adv* **1.** *(par le côté arrière)* round **(UK)** *ou* around **(US)** the back **2.** *(en cachette)* behind one's back.
par-dessous *prép & adv* under, underneath.
pardessus *nm inv* overcoat.
par-dessus *prép* over, over the top of • **par-dessus tout** above all. ❑ *adv* over, over the top.
par-devant *prép* in front of. ❑ *adv* in front.
pardi *interj* of course!
pardon *nm* forgiveness • **demander pardon** to say (one is) sorry. ❑ *interj* **1.** *(excuses)* (I'm) sorry! **2.** *(pour attirer l'attention)* excuse me! • **pardon ?** (I beg your) pardon? **(UK)**, pardon me? **(US)**.
pardonner *vt* to forgive • **pardonner qqch à qqn** to forgive sb for sthg • **pardonner à qqn d'avoir fait qqch** to forgive sb for doing sthg. ❑ *vi* • **ce genre d'erreur ne pardonne pas** this kind of mistake is fatal.
paré, e *adj (prêt)* ready.

pare-balles *adj inv* bullet-proof.
pare-brise *nm inv* windscreen **(UK)**, windshield **(US)**.
pare-buffles *nm inv* bull bar.
pare-chocs *nm inv* bumper.
pare-feu *nm inv* **1.** *(dispositif)* fireguard **2.** *(en forêt)* firebreak.
pareil, eille *adj* **1.** *(semblable)* • **pareil (à)** similar (to) **2.** *(tel)* such • **un pareil film** such a film, a film like this • **de pareils films** such films, films like these. ■ **pareil** *adv fam* the same (way).
parent, e *adj* • **parent (de)** related (to). ❑ *nm, f* relative, relation. ■ **parents** *nmpl (père et mère)* parents, mother and father.
parenté *nf (lien, affinité)* relationship.
parenthèse *nf* **1.** *(digression)* digression, parenthesis **2.** *TYPO* bracket **(UK)**, parenthesis • **entre parenthèses a)** in brackets **(UK) b)** *fig* incidentally, by the way • **ouvrir/fermer la parenthèse** to open/close brackets **(UK)** *ou* parentheses **(US)**.
paréo *nm* pareo.
parer *vt* **1.** *(orner)* to adorn **2.** *(vêtir)* • **parer qqn de qqch a)** to dress sb up in sthg, to deck sb out in sthg **b)** *fig* to attribute sthg to sb **3.** *(contrer)* to ward off, to parry. ❑ *vi* • **parer à a)** *(faire face à)* to deal with **b)** *(pourvoir à)* to prepare for • **parer au plus pressé** to see to what is most urgent. ■ **se parer** *vp* to dress up, to put on all one's finery.
pare-soleil *nm inv* sun visor.
paresse *nf* **1.** *(fainéantise)* laziness, idleness **2.** *MÉD* sluggishness.
paresser *vi* to laze about *ou* around.
paresseux, euse *adj* **1.** *(fainéant)* lazy **2.** *MÉD* sluggish. ❑ *nm, f (personne)* lazy *ou* idle person. ■ **paresseux** *nm (animal)* sloth.
parfaire *vt* to complete, to perfect.
parfait, e *adj* perfect. ■ **parfait** *nm GRAMM* perfect (tense).
parfaitement *adv* **1.** *(admirablement, très)* perfectly **2.** *(marque l'assentiment)* absolutely.
parfois *adv* sometimes.

À PROPOS DE

parfois

Il faut remarquer la position de ***sometimes*** dans la phrase.

Comme *parfois* et *quelquefois*, ***sometimes*** peut être placé en début ou en fin de phrase :

• *Parfois, il vient me voir en rentrant du travail.* **Sometimes, *he comes to see me on his way back from work*.**

• *Il m'agaçait parfois.* ***He got on my nerves*** **sometimes.**

Avec un verbe autre que ***be*** conjugué, ***sometimes*** peut également s'insérer ainsi : sujet + ***sometimes*** + verbe

• *Il m'arrive parfois de penser à elle.* ***I* sometimes *think about her*.**

Avec le verbe ***be*** conjugué, ***sometimes*** peut se placer ainsi : sujet + ***be*** + ***sometimes***

• *Il est malade parfois lorsqu'il mange des fruits de mer.* ***He's* sometimes *ill when he eats seafood*.**

parfum *nm* **1.** *(de fleur)* scent, fragrance **2.** *(à base d'essences)* perfume, scent **3.** *(de glace)* flavour **(UK)**, flavor **(US)**.
parfumé, e *adj* **1.** *(fleur)* fragrant **2.** *(mouchoir)* perfumed **3.** *(femme)* • **elle est trop parfumée** she's wearing too much perfume.
parfumer *vt* **1.** *(sujet : fleurs)* to perfume **2.** *(mouchoir)* to perfume, to scent **3.** *CULIN* to flavour. ■ **se parfumer** *vp* to put perfume on.
parfumerie *nf* perfumery.
pari *nm* **1.** *(entre personnes)* bet **2.** *(jeu)* betting *(indén)*.
paria *nm* pariah.
parier *vt* • **parier (sur)** to bet (on).
parieur, euse *nm, f* punter.
Paris *npr* Paris.
parisien, enne *adj* **1.** *(vie, société)* Parisian **2.** *(métro, banlieue, région)* Paris *(avant nom)*. ■ **Parisien, enne** *nm, f* Parisian.
paritaire *adj* • **commission paritaire** joint commission *(with both sides equally represented)*.
parité *nf* parity.
parjure *nmf (personne)* perjurer. ❑ *nm (faux serment)* perjury.
parjurer ■ **se parjurer** *vp* to perjure o.s.
parka *nm & nf* parka.
parking *nm (parc)* car park **(UK)**, parking lot **(US)**.
parlant, e *adj* **1.** *(qui parle)* • **le cinéma parlant** talking pictures • **l'horloge parlante** *TÉLÉCOM* the speaking clock **2.** *fig (chiffres, données)* eloquent **3.** *(portrait)* vivid.
parlé, e *adj (anglais, langue)* spoken. ■ **parlé** *nm (à l'opéra)* spoken part, dialogue.
parlement *nm* parliament • **le Parlement européen** the European Parliament.
parlementaire *nmf* **1.** *(député)* member of parliament **2.** *(négociateur)* negotiator. ❑ *adj* parliamentary.
parlementer *vi* **1.** *(négocier)* to negotiate, to parley **2.** *(parler longtemps)* to talk at length.
parler *vi* **1.** *(gén)* to talk, to speak • **parler à/avec qqn** to speak to/with sb, to talk to/with sb • **parler de qqch à qqn** to speak *ou* talk to sb about sthg • **parler de qqn/qqch** to talk about sb/sthg • **parler de faire qqch** to talk about doing sthg • **parler en français** to speak

in French • **sans parler de** apart from, not to mention • **à proprement parler** strictly speaking • **tu parles !** *fam* you can say that again! • **n'en parlons plus** we'll say no more about it **2.** *(avouer)* to talk. ❑ *vt (langue)* to speak • **parler (le) français** to speak French.

parloir *nm* parlour **(UK)**, parlor **(US)**.

parme *nm & adj inv* violet.

parmesan *nm* Parmesan (cheese).

parmi *prép* among.

parodie *nf* parody.

parodier *vt* to parody.

paroi *nf* **1.** *(mur)* wall **2.** *(cloison)* partition • **paroi rocheuse** rock face **3.** *(de récipient)* inner side.

paroisse *nf* parish.

paroissial, e *adj* parish *(avant nom)*.

paroissien, enne *nm, f* parishioner.

parole *nf* **1.** *(faculté de parler)* • **la parole** speech **2.** *(propos, discours)* • **adresser la parole à qqn** to speak to sb • **couper la parole à qqn** to cut sb off • **prendre la parole** to speak **3.** *(promesse, mot)* word • **tenir parole** to keep one's word • **donner sa parole (d'honneur)** to give one's word of honour **(UK)** *ou* honor **(US)**. ■ **paroles** *nfpl* MUS words, lyrics.

paroxysme *nm* height.

parpaing *nm* breezeblock **(UK)**, cinderblock **(US)**.

parquer *vt* **1.** *(animaux)* to pen in *ou* up **2.** *(prisonniers)* to shut up *ou* in **3.** *(voiture)* to park.

parquet *nm* **1.** *(plancher)* parquet floor **2.** DR ≃ Crown Prosecution Service **(UK)** ; ≃ District Attorney's office **(US)**.

parqueter *vt* to lay a parquet floor in.

parrain *nm* **1.** *(d'enfant)* godfather **2.** *(de festival, sportif)* sponsor.

parrainer *vt* to sponsor, to back.

parricide *nm (crime)* parricide.

parsemer *vt* • **parsemer (de)** to strew (with).

part *nf* **1.** *(de gâteau)* portion **2.** *(de bonheur, d'héritage)* share **3.** *(partie)* part **4.** *(participation)* • **prendre part à qqch** to take part in sthg **5.** *(locution)* • **de la part de a)** from **b)** *(appeler, remercier)* on behalf of **(UK)**, in behalf of **(US)** • **c'est de la part de qui ?** *(au téléphone)* who's speaking *ou* calling? • **dites-lui de ma part que...** tell him from me that... • **ce serait bien aimable de votre part** it would be very kind of you • **pour ma part** as far as I'm concerned • **faire part à qqn de qqch** to inform sb of sthg. ■ **à part** *loc adv* aside, separately. ❑ *loc adj* exceptional. ❑ *loc prép* apart from. ■ **autre part** *loc adv* somewhere *ou* someplace **(US)** else. ■ **d'autre part** *loc adv* besides, moreover. ■ **de part et d'autre** *loc adv* on both sides. ■ **d'une part..., d'autre part** *loc corrélative* on the one hand..., on the other hand. ■ **quelque part** *loc adv* somewhere, someplace **(US)**.

part. abrév de **particulier**.

partage *nm (action)* sharing (out).

partager *vt* **1.** *(morceler)* to divide (up) • **être partagé** *fig* to be divided **2.** *(mettre en commun)* • **partager qqch avec qqn** to share sthg with sb. ■ **se partager** *vp* **1.** *(se diviser)* to be divided **2.** *(partager son temps)* to divide one's time **3.** *(se répartir)* • **se partager qqch** to share sthg between themselves/ourselves *etc.*

partance *nf* • **en partance** outward bound • **en partance pour** bound for.

partant, e *adj* • **être partant pour** to be ready for. ■ **partant** *nm* starter.

partenaire *nmf* partner.

partenariat *nm* partnership.

parterre *nm* **1.** *(de fleurs)* (flower) bed **2.** THÉÂTRE stalls *pl* **(UK)**, orchestra **(US)**.

parti, e *pp* → **partir**. ❑ *adj fam (ivre)* tipsy. ■ **parti** *nm* **1.** POLIT party **2.** *(choix, décision)* course of action • **prendre parti** to make up one's mind • **prendre le parti de faire qqch** to make up one's mind to do sthg • **en prendre son parti** to be resigned • **être de parti pris** to be prejudiced *ou* biased • **tirer parti de** to make (good) use of **3.** *(personne à marier)* match. ■ **partie** *nf* **1.** *(élément, portion)* part • **en grande partie** largely • **en majeure partie** for the most part • **faire partie (intégrante) de qqch** to be (an integral) part of sthg **2.** *(domaine d'activité)* field, subject **3.** SPORT *(jeux)* game **4.** DR party • **la partie adverse** the opposing party **5.** *(locution)* • **prendre qqn à partie** to attack sb • **ce n'est que partie remise** there'll be other opportunities, I'll reschedule it, I'll take a rain check **(US)**. ■ **en partie** *loc adv* partly, in part.

partial, e *adj* biased.

partialité *nf* partiality, bias.

participant, e *adj* participating. ❑ *nm, f* **1.** *(à réunion)* participant **2.** SPORT competitor **3.** *(à concours)* entrant.

participation *nf* **1.** *(collaboration)* participation **2.** ÉCON interest • **participation aux bénéfices** profit sharing.

participe *nm* participle • **participe passé/présent** past/present participle.

participer *vi* • **participer à a)** *(réunion, concours)* to take part in **b)** *(frais) (payer pour)* to contribute to **c)** *(bénéfices)* to share in.

particularité *nf* distinctive feature.

particule *nf* **1.** *(gén)* LING particle **2.** *(nobiliaire)* nobiliary particle.

particulier, ère *adj* **1.** *(personnel, privé)* private **2.** *(spécial)* particular, special **3.** *(propre)* peculiar, characteristic • **particulier à** peculiar to, characteristic of **4.** *(remarquable)* unusual, exceptional • **cas particulier** special case **5.** *(assez bizarre)* peculiar. ■ **en particulier** *loc adv* **1.** *(seul à seul)* in private **2.** *(surtout)* in particular, particularly **3.** *(à part)* separately. ■ **particulier** *nm (personne)* private individual.

particulièrement *adv* particularly • **tout particulièrement** especially.

partiel, elle *adj* partial. ■ **partiel** *nm UNIV* ≃ end-of-term exam (UK).

partir *vi* **1.** *(personne)* to go, to leave • **partir à** to go to • **partir pour** to leave for • **partir de a)** *(bureau)* to leave **b)** *(aéroport, gare)* to leave from **c)** *(date)* to run from **d)** *(hypothèse, route)* to start from • **la rue part de la mairie** the street starts at the town hall **2.** *(voiture)* to start **3.** *(coup de feu)* to go off **4.** *(bouchon)* to pop **5.** *(tache)* to come out, to go. ■ **à partir de** *loc prép* from.

partisan, e *adj (partial)* partisan • **être partisan de** to be in favour (UK) *ou* favor (US) of. ■ **partisan** *nm (adepte)* supporter, advocate.

partition *nf* **1.** *(séparation)* partition **2.** *MUS* score.

partout *adv* everywhere • **un peu partout** all over, everywhere.

paru, e *pp* → **paraître**.

parure *nf* (matching) set.

parution *nf* publication.

parvenir *vi* • **parvenir à faire qqch** to manage to do sthg • **faire parvenir qqch à qqn** to send sthg to sb.

parvenu, e *pp* → **parvenir**. ❑ *nm, f péj* parvenu, upstart.

parvis *nm* square *(in front of church)*.

pas[1] *nm* **1.** *(gén)* step • **allonger le pas** to quicken one's pace • **revenir sur ses pas** to retrace one's steps • **pas à pas** step by step • **à pas de loup** *fig* stealthily • **à pas feutrés** *fig* with muffled footsteps **2.** *TECHNOL* thread **3.** *(locution)* • **c'est à deux pas (d'ici)** it's very near (here) • **faire les cent pas** to pace up and down • **faire un faux pas a)** to slip **b)** *fig* to make a faux pas • **faire le premier pas** to make the first move • **franchir** *ou* **sauter le pas** to take the plunge • **(rouler) au pas** (to move) at a snail's pace • **sur le pas de la porte** on the doorstep • **tirer qqn d'un mauvais pas** to get sb out of a tight spot.

pas[2] *adv* **1.** *(avec ne)* not • **elle ne vient pas** she's not *ou* she isn't coming • **elle n'a pas mangé** she hasn't eaten • **je ne le connais pas** I don't know him • **il n'y a pas de vin** there's no wine, there isn't any wine • **je préférerais ne pas le rencontrer** I would prefer not to meet him, I would rather not meet him **2.** *(sans ne)* not • **l'as-tu vu ou pas ?** have you seen him or not? • **il est très satisfait, moi pas** he's very pleased, but I'm not • **pas encore** not yet • **pas du tout** not at all **3.** *(avec pron indéf)* • **pas un** *(aucun)* none, not one • **pas un d'eux n'est venu** none of them *ou* not one of them came.

pascal, e *adj* Easter *(avant nom)*. ■ **pascal** *nm* **1.** *INFORM* Pascal **2.** *PHYS* pascal.

pashmina *nm* pashmina.

passable *adj* passable, fair.

passage *nm* **1.** *(action - de passer)* going past ; *(- de traverser)* crossing • **être de passage** to be passing through **2.** *(endroit)* passage, way • **'passage interdit'** 'no entry' • **passage clouté** *ou* **pour piétons** pedestrian crossing (UK), crosswalk (US) • **passage à niveau** level crossing (UK), grade crossing (US) • **passage protégé** right of way • **passage souterrain** underpass, subway (UK) **3.** *(extrait)* passage.

passager, ère *adj (bonheur)* fleeting, short-lived. ❑ *nm, f* passenger.

passant, e *adj* busy. ❑ *nm, f* passerby. ■ **passant** *nm (de ceinture)* (belt) loop.

passe *nm fam* passkey. ❑ *nf* **1.** *(au sport)* pass **2.** *NAUT* channel.

passé, e *adj* **1.** *(qui n'est plus)* past **2.** *(précédent)* • **la semaine passée** last week • **au cours de la semaine passée** in the last week • **il est trois heures passées** it's gone three (UK), it's after three **3.** *(fané)* faded. ■ **passé** *nm* past • **passé composé** perfect tense • **passé simple** past historic. ❑ *prép* after.

passe-droit *nm* privilege.

passementerie *nf* haberdashery (UK), notions *pl* (US).

passe-montagne *nm* balaclava (helmet).

passe-partout *nm inv* **1.** *(clé)* passkey **2.** *(en apposition) (tenue)* all-purpose **3.** *(phrase)* stock *(avant nom)*.

passe-passe *nm inv* • **tour de passe-passe a)** *(prestidigitation)* conjuring trick **b)** *fig (tromperie)* trick.

passeport *nm* passport • **passeport biométrique** biometric passport.

passer

■ **passer** *vi*

aux : être

1. FAIRE UNE HALTE RAPIDE

• **peux-tu passer à la pharmacie ?** can you call into the chemist's on the way? • **ton ami est passé ce matin** your friend came by this morning • **je suis passé au bureau hier** I dropped by the office this morning • **je ne fais que passer** I can't stay long • **le facteur n'est pas encore passé** the postman (UK) *ou* mailman (US) hasn't been by yet

2. ARRIVER, EN PARLANT D'UN BUS OU D'UN TRAIN

• **le train va bientôt passer** the train will be coming past *ou* by soon

3. SE FRAYER UN CHEMIN

• **il y a trop de monde, on ne passera jamais** there are too many people, we won't get through • **laissez-moi passer !** let me go through!

4. DÉFILER

• **on a regardé passer les cyclistes** we watched the cyclists go past *ou* go by

5. TRAVERSER

• **vous devrez passer par Annecy** you'll have to go *ou* pass through Annecy • **par où êtes-vous passé ?** which way did you come?

6. S'INFILTRER

• **l'eau passe par les fentes** the water gets in through the cracks

7. SYSTÈME SCOLAIRE

• **il est passé dans la classe supérieure** he has moved up **(UK)** he has been moved up (a class) **(UK)** • **je passe en cinquième** I'm moving up to year eight

8. ÊTRE ACCEPTÉ

• **une telle attitude ne passe pas dans certains milieux** such an attitude doesn't go down well *ou* isn't appreciated in some circles

9. FERMER LES YEUX

• **je vais passer sur ce mensonge** I'll pass over this lie

10. S'ÉCOULER

• **le temps est passé vite** time passed quickly *ou* went by quickly • **comme le temps passe !** how time flies!

11. DISPARAÎTRE

• **est-ce que ton mal de tête est passé ?** has your headache gone? • **cela fera passer ton mal de tête** that will get you over your headache *ou* get rid of your headache for you • **elle était très triste mais ça lui est passé** she was very sad but she got over it

12. PERDRE SON ÉCLAT

• **ce produit empêche les couleurs de passer** this product prevents colours from fading

13. AU CINÉMA, À LA TÉLÉ, À LA RADIO

• **ton émission passe à la radio/télévision ce soir** your programm is on the radio/television tonight

14. AUX CARTES

• **je passe** I pass

15. DEVENIR

• **il est passé président/directeur** he became president/director, he was appointed president/director

16. DANS DES EXPRESSIONS

• **ça passe ou ça casse** it's make or break • **passer inaperçu** to pass *ou* go unnoticed • **passons...** let's move on... • **passer pour un fou** to be regarded as a fool • **se faire passer pour qqn** to pass o.s. off as sb

■ passer *vt*

aux : avoir

1. FRANCHIR

• **il a passé la rivière à la nage** he swam across the river • **quand vous passerez le pont, levez la tête** when you go past the bridge, lift up your head

2. TEMPS

• **nous avons passé deux semaines en Grèce** we spent two weeks in Greece

3. FERMER LES YEUX SUR

• **je lui passe toutes ses erreurs** I overlook all his mistakes • **on lui passe tout à cet enfant !** that child gets away with anything!

4. DÉPASSER

• **tu as passé l'âge** you're too old now • **il ne passera pas la nuit** he won't last *ou* see the night

5. FILTRER

• **n'oublie pas de passer l'huile** don't forget to strain the oil

6. FILM, DISQUE

• **passe ce disque, s'il te plaît ! j'adore cette chanson** put on *ou* play this record please! I love that song

7. VÊTEMENT

• **je passe mon manteau et je suis prête** I'll slip on my coat and I'm ready

8. VITESSE

• **passe la** *ou* **en troisième** change into third (gear)

9. DONNER

• **passe-moi ton cahier** give me your exercise book • **passe-moi le sel** pass me the salt

10. ACCORD

• **il a passé un contrat avec cet homme** he had an agreement with this man

11. SYSTÈME SCOLAIRE, EXAMEN

• **mon frère passe son examen aujourd'hui** my brother is taking ou sitting **(UK)** his exam today

12. EXAMEN DE SANTÉ

• **je dois passer un scanner/une radio** I'm due to have a scan/an X-Ray

13. AU TÉLÉPHONE, TRANSMETTRE

• **je vous passe Mme Ledoux** I'll put you through to Mme Ledoux

14. AU TÉLÉPHONE, DONNER L'ÉCOUTEUR À

• **je vous passe Mme Ledoux** I'll hand you to Mme Ledoux

15. APPLIQUER SUR UNE SURFACE

• **nous devrions passer une couche de peinture sur le mur** we should give the wall a coat of paint • **j'ai passé l'aspirateur hier** I hoovered yesterday • **peux-tu passer le balai dans la cuisine ?** can you give the kitchen floor a sweep?

■ **se passer** *vp*

1. SE DÉROULER

• **quand cela s'est-il passé ?** when did it happen? • **comment ça s'est passé ?** how did it go? • **tout s'est bien passé** everything went off smoothly • **la scène se passe dans une grande ville** the scene takes place in a big city • **ça ne se passera pas comme ça !** I'm not putting up with that!

2. S'ENDUIRE

• **elle s'est passé de la lotion solaire sur les épaules** she put some sun lotion on her shoulders

3. S'ABSTENIR

• **tu pourrais te passer de fumer** you could refrain from smoking • **je me passerais bien de t'aider maintenant** I could do without helping you now

À PROPOS DE

passer à

• *passer qqch à qqn* ***pass sthg to sb*** *ou* ***pass sb sthg***

Il faut noter la construction à double complément qui, en anglais, peut prendre deux formes dont le sens est le même :

1. une structure identique à celle du français : verbe + COD + préposition + COI ***pass sthg to sb***

2. une structure qui diffère de celle du français, sans préposition, et dans laquelle l'ordre des compléments est inversé : verbe + COI + COD ***pass sb sthg***

• *Il a discrètement passé un mot à son voisin.* ***He discreetly passed a note to the person sitting next to him*** *ou* ***He discreetly passed the person sitting next to him a note.***

passerelle *nf* **1.** *(pont)* footbridge **2.** *(passage mobile)* gangway.

passe-temps *nm inv* pastime.

passif, ive *adj* passive. ■ **passif** *nm* **1.** GRAMM passive **2.** FIN liabilities *pl*.

passion *nf* passion • **avoir la passion de qqch** to have a passion for sthg.

passionnant, e *adj* exciting, fascinating.

passionné, e *adj* **1.** *(personne)* passionate **2.** *(récit, débat)* impassioned. ❑ *nm, f* passionate person • **passionné de ski/d'échecs** *etc* skiing/chess *etc* fanatic.

passionnel, elle *adj (crime)* of passion.

passionner *vt (personne)* to grip, to fascinate. ■ **se passionner** *vp* • **se passionner pour** to have a passion for.

passivité *nf* passivity.

passoire *nf* **1.** *(à liquide)* sieve **2.** *(à légumes)* colander.

pastel *nm* pastel. ❑ *adj inv (couleur)* pastel *(avant nom)*.

pastèque *nf* watermelon.

pasteur *nm* **1.** *littéraire (berger)* shepherd **2.** RELIG pastor, minister.

pasteuriser *vt* to pasteurize.

pastille *nf (bonbon)* pastille, lozenge.

pastis *nm* pastis.

patate *nf* **1.** *fam (pomme de terre)* spud **2.** *fam (imbécile)* fathead.

pataugeoire *nf* paddling pool **(UK)**, wading pool **(US)**.

patauger *vi (barboter)* to splash about.

patch *nm* MÉD patch.

patchouli *nm* patchouli.

pâte *nf* **1.** *(à tarte)* pastry **2.** *(à pain)* dough • **pâte brisée** shortcrust pastry • **pâte feuilletée** puff pastry • **pâte à frire** batter • **pâte à pain** bread dough **3.** *(mélange)* paste • **pâte d'amandes** almond paste • **pâte de fruits** fruit jelly • **pâte à modeler** modelling **(UK)** *ou* modeling **(US)** clay. ■ **pâtes** *nfpl* pasta *sing*.

À PROPOS DE

pâte

Attention ! Le mot ***pasta*** est indénombrable. Il est suivi d'un verbe au singulier et ne s'emploie jamais avec l'article indéfini ***a*** :

• *Ces pâtes sont trop cuites.* ***This pasta is overcooked.***

• *Il s'est étouffé en avalant une pâte.* ***He choked on a piece of* pasta.**

pâté *nm* **1.** CULIN pâté • **pâté de campagne** farmhouse pâté • **pâté en croûte** pâté baked in pastry • **pâté de foie** liver pâté **2.** *(tache)* ink blot **3.** *(bloc)* • **pâté de maisons** block (of houses).

pâtée *nf* mash, feed.

patelin *nm fam* village, place.

patente *nf* licence **(UK)** *ou* license **(US)** fee *(for traders and professionals)*.

patère *nf (portemanteau)* coat hook.

paternalisme *nm* paternalism.

paternel, elle *adj* **1.** *(devoir, autorité)* paternal **2.** *(amour, ton)* fatherly.

paternité *nf* **1.** paternity, fatherhood **2.** *fig* authorship, paternity.

pâteux, euse *adj* **1.** *(aliment)* doughy **2.** *(encre)* thick.

pathétique *adj* moving, pathetic.

pathologie *nf* pathology.

patibulaire *adj* sinister.

patience *nf* **1.** *(gén)* patience • **prendre son mal en patience** to put up with it **2.** *(jeu de cartes)* patience **(UK)**, solitaire **(US)**.

patient, e *adj* patient. ❑ *nm, f MÉD* patient.
patienter *vi* to wait.
patin *nm SPORT* skate • **patin à glace/à roulettes** ice/roller skate • **faire du patin à glace/à roulettes** to go ice-/roller-skating.
patinage *nm SPORT* skating • **patinage artistique/de vitesse** figure/speed skating.
patine *nf* patina.
patiner *vi* **1.** *SPORT* to skate **2.** *(véhicule)* to skid. ❑ *vt* **1.** *(objet)* to give a patina to **2.** *(avec vernis)* to varnish. ■ **se patiner** *vp* to take on a patina.
patineur, euse *nm, f* skater.
patinoire *nf* ice *ou* skating rink.
patio *nm* patio.
pâtisserie *nf* **1.** *(gâteau)* pastry **2.** *(art, métier)* pastry-making **3.** *(commerce)* ≃ cake shop **(UK)**, bakery **(US)** ; ≃ bakery **(US)**.
pâtissier, ère *adj* • **crème pâtissière** confectioner's custard. ❑ *nm, f* pastrycook.
patois *nm* patois.
patriarcal, e *adj* patriarchal.
patriarche *nm* patriarch.
patrie *nf* country, homeland.
patrimoine *nm* **1.** *(familial)* inheritance **2.** *(collectif)* heritage **3.** *BIOL* • **patrimoine génétique** gene pool.
patriote *nmf* patriot.
patriotique *adj* patriotic.
patron, onne *nm, f* **1.** *(d'entreprise)* head **2.** *(chef)* boss **3.** *RELIG* patron saint. ■ **patron** *nm (modèle)* pattern.
patronage *nm* **1.** *(protection)* patronage **2.** *(de saint)* protection **3.** *(organisation)* youth club.
patronal, e *adj (organisation, intérêts)* employers' *(avant nom)*.
patronat *nm* employers.
patronyme *nm* patronymic.
patrouille *nf* patrol.
patte *nf* **1.** *(d'animal)* paw **2.** *(d'oiseau)* foot **3.** *fam (jambe)* leg **4.** *fam (pied)* foot **5.** *fam (main)* hand, paw **6.** *(favori)* sideburn.
patte-d'oie *nf* crow's foot.
pâturage *nm (lieu)* pasture land.
pâture *nf* **1.** *(nourriture)* food, fodder **2.** *fig* intellectual nourishment.
paume *nf* **1.** *(de main)* palm **2.** *SPORT* real tennis.
paumé, e *fam adj* lost. ❑ *nm, f* down and out.
paumer *fam vt* to lose. ■ **se paumer** *vp* to get lost.
paupière *nf* eyelid.
paupiette *nf si vous voulez expliquer de quoi il s'agit à un anglophone, vous pouvez dire* it is thin slice of meat or fish stuffed and rolled up • **paupiettes de veau** ≃ veal olives **(UK)**.
pause *nf (arrêt)* break.
pause-café *nf* **1.** coffee-break **2.** *MUS* pause.
pauvre *nmf* poor person. ❑ *adj* poor • **pauvre en** low in.
pauvreté *nf* poverty.
pavaner ■ **se pavaner** *vp* to strut.
pavé, e *adj* cobbled. ■ **pavé** *nm* **1.** *(chaussée)* • **être sur le pavé** *fig* to be out on the streets • **battre le pavé** *fig* to walk the streets **2.** *(de pierre)* cobblestone, paving stone **3.** *fam (livre)* tome **4.** *INFORM* • **pavé numérique** numeric keypad.
pavillon *nm* **1.** *(bâtiment)* detached house **(UK)** **2.** *(de trompette)* bell **3.** *(d'oreille)* pinna, auricle **4.** *(drapeau)* flag.
pavot *nm* poppy.
payant, e *adj* **1.** *(hôte)* paying *(avant nom)* **2.** *(spectacle)* with an admission charge **3.** *fam (affaire)* profitable.
paye = **paie²**
payé, e *adj* • **bien/mal payé** well-/low-paid.
payement = **paiement**.
payer *vt* **1.** *(gén)* to pay **2.** *(achat)* to pay for • **payer qqch à qqn** to buy sthg for sb, to buy sb sthg, to treat sb to sthg **3.** *(expier - crime, faute)* to pay for. ❑ *vi* • **payer (pour)** to pay (for).

> **À PROPOS DE**
> ### payer
> Il faut noter les différentes constructions du verbe ***to pay*** :
> Pour dire *payer qqn* ***pay sb*** :
> • *Elle paie sa femme de ménage 15 euros de l'heure.* ***She pays her cleaner 15 euros an hour.***
> Lorsque *payer qqch* signifie *donner de l'argent en échange de qqch*, il se traduit par ***pay for sthg*** :
> • *Vous pouvez payer vos consommations à la sortie.* ***You can pay for your drinks on the way out.***
> Lorsque *payer* signifie *régler (un montant)*, on emploie le verbe ***to pay*** suivi du montant, et on fait précéder le nom de ce qu'on achète par ***for*** :
> • *J'ai payé cette voiture 20 000 euros.* ***I paid 20,000 euros for this car.***
> À noter également :
> • *Combien l'avez-vous payé ?* ***How much did you pay for it?***

pays *nm* **1.** *(gén)* country **2.** *(région, province)* region. ■ **pays de Galles** *nm* • **le pays de Galles** Wales.
paysage *nm* **1.** *(site, vue)* landscape, scenery **2.** *(tableau)* landscape.
paysagiste *nmf* **1.** *(peintre)* landscape artist **2.** *(concepteur de parcs)* landscape gardener.
paysan, anne *adj* **1.** *(vie, coutume)* country *(avant nom)*, rural **2.** *(organisation, revendication)* farmers' *(avant nom)* **3.** *péj* peasant *(avant nom)*.

❑ *nm,f* **1.** *(agriculteur)* (small) farmer **2.** *péj (rustre)* peasant.
Pays-Bas *nmpl* • **les Pays-Bas** the Netherlands.
PC *nm* **1.** (abrév de Parti communiste) Communist Party **2.** (abrév de personal computer) PC **3.** (abrév de Petite Ceinture) *si vous voulez donner une définition à un anglophone, vous pouvez dire* it is the bus that serves the inner ring road in Paris.
PCV (abrév de à percevoir) *nm* reverse-charge call **(UK)**, collect call **(US)**.
PDF® *nm* PDF.
P-DG (abrév de président-directeur général *ou* présidente-directrice générale) *nmf* Chairman *m* and Managing Director **(UK)**, Chairwoman *f* and Managing Director **(UK)**, President and Chief Executive Officer **(US)**.
péage *nm* toll.
peau *nf* **1.** *(gén)* skin • **peau d'orange a)** orange peel **b)** MÉD ≃ cellulite **2.** *(cuir)* hide, leather *(indén)*.
peaufiner *vt fig (travail)* to polish up.
pécan *nm* • **(noix de) pécan** pecan.
pêche *nf* **1.** *(fruit)* peach **2.** *(activité)* fishing **3.** *(poissons)* catch • **aller à la pêche** to go fishing.
péché *nm* sin.
pécher *vi* to sin.
pêcher[1] *vt* **1.** *(poisson)* to catch **2.** *fam (trouver)* to dig up.
pêcher[2] *nm* peach tree.
pécheur, eresse *adj* sinful. ❑ *nm,f* sinner.
pêcheur, euse *nm,f* fisherman, fisherwoman *f*.
pectoral, e *adj (sirop)* cough *(avant nom)*. ■ **pectoraux** *nmpl* pectorals.
pécule *nm (économies)* savings *pl*.
pécuniaire *adj* financial.
pédagogie *nf* **1.** *(science)* education, pedagogy **2.** *(qualité)* teaching ability.
pédagogue *nmf* teacher. ❑ *adj* • **être pédagogue** to be a good teacher.
pédale *nf (gén)* pedal.
pédaler *vi (à bicyclette)* to pedal.
pédalier *nm* **1.** *(de vélo)* (bicycle) drive **2.** *(d'orgue)* pedals *pl*.
Pédalo® *nm* pedal boat.
pédant, e *adj* pedantic.
pédégère *nf fam* (female) managing director **(UK)**, (female) CEO **(US)**.
pédéraste *nm* homosexual, pederast.
pédestre *adj* • **randonnée pédestre** hike, ramble • **chemin pédestre** footpath.
pédiatre *nmf* pediatrician.
pédiatrie *nf* pediatrics *(indén)*.
pédicure *nmf* chiropodist, podiatrist **(US)**.
pedigree *nm* pedigree.
pédophile *nm* pedophile. ❑ *adj* pedophiliac.
pédopsychiatre *nmf* child psychiatrist.
peeling *nm* face scrub.
pègre *nf* underworld.
peigne *nm* **1.** *(démêloir, barrette)* comb **2.** *(de tissage)* card.
peigner *vt* **1.** *(cheveux)* to comb **2.** *(fibres)* to card. ■ **se peigner** *vp* to comb one's hair.
peignoir *nm* dressing gown **(UK)**, robe **(US)**, bathrobe **(US)**.
peindre *vt* **1.** to paint **2.** *fig (décrire)* to depict.
peine *nf* **1.** *(châtiment)* punishment, penalty **2.** DR sentence • **sous peine de qqch** on pain of sthg • **peine capitale** *ou* **de mort** capital punishment, death sentence **3.** *(chagrin)* sorrow, sadness *(indén)* • **faire de la peine à qqn** to upset sb, to distress sb **4.** *(effort)* trouble • **ça ne vaut pas** *ou* **ce n'est pas la peine** it's not worth it **5.** *(difficulté)* difficulty • **avoir de la peine à faire qqch** to have difficulty *ou* trouble doing sthg • **à grand-peine** with great difficulty • **sans peine** without difficulty, easily. ■ **à peine** *loc adv* scarcely, hardly • **à peine… que** hardly… than • **c'est à peine si on se parle** we hardly speak (to each other).
peint, e *pp* → **peindre**.
peintre *nmf* painter.
peinture *nf* **1.** *(gén)* painting **2.** *(produit)* paint • **'peinture fraîche'** 'wet paint'.
péjoratif, ive *adj* pejorative.
Pékin *npr* Peking, Beijing.
pékinois, e *adj* of/from Peking. ■ **pékinois** *nm* **1.** *(langue)* Mandarin **2.** *(chien)* pekinese. ■ **Pékinois, e** *nm,f* native *ou* inhabitant of Peking.
pelage *nm* coat, fur.
pêle-mêle *adv* pell-mell.
peler *vt & vi* to peel.
pèlerin *nm* pilgrim.
pèlerinage *nm* **1.** *(voyage)* pilgrimage **2.** *(lieu)* place of pilgrimage.
pèlerine *nf* cape.
pélican *nm* pelican.
pelle *nf* **1.** *(instrument)* shovel **2.** *(machine)* digger.
pelleter *vt* to shovel.
pelleteuse *nf* mechanical digger.
pellicule *nf* film. ■ **pellicules** *nfpl* dandruff *(indén)*.
pelote *nf (de laine, ficelle)* ball.
peloter *vt fam* to paw.
peloton *nm* **1.** *(de soldats)* squad • **peloton d'exécution** firing squad **2.** *(de concurrents)* pack.
pelotonner ■ **se pelotonner** *vp* to curl up.
pelouse *nf* **1.** *(de jardin)* lawn **2.** *(de champ de courses)* public enclosure **3.** FOOTBALL *(rugby)* field.
peluche *nf* **1.** *(jouet)* soft toy, stuffed animal **2.** *(d'étoffe)* piece of fluff.
pelure *nf (fruit)* peel.

pénal, e *adj* penal.
pénaliser *vt* to penalize.
pénalité *nf* penalty.
penalty *nm* penalty.
penaud, e *adj* sheepish.
penchant *nm* **1.** *(inclination)* tendency **2.** *(sympathie)* • **penchant pour** liking *ou* fondness for.
pencher *vi* to lean • **pencher vers** *fig* to incline towards *ou* toward **(US)** • **pencher pour** to incline in favour **(UK)** *ou* favor **(US)** of. ❑ *vt* to bend. ■ **se pencher** *vp* **1.** *(s'incliner)* to lean over **2.** *(se baisser)* to bend down • **se pencher sur qqn/qqch** to lean over sb/sthg.
pendaison *nf* hanging.
pendant[1], e *adj (bras)* hanging, dangling. ■ **pendant** *nm* **1.** *(bijou)* • **pendant d'oreilles** (drop) earring **2.** *(de paire)* counterpart.
pendant[2] *prép* during. ■ **pendant que** *loc conj* while, whilst **(UK)** • **pendant que j'y suis,...** while I'm at it,...
pendentif *nm* pendant.
penderie *nf* wardrobe **(UK)**, walk-in closet **(US)**.
pendre *vi* **1.** *(être fixé en haut)* • **pendre (à)** to hang (from) **2.** *(descendre trop bas)* to hang down. ❑ *vt* **1.** *(rideaux, tableau)* to hang (up), to put up **2.** *(personne)* to hang. ■ **se pendre** *vp (se suicider)* to hang o.s.
pendule *nm* pendulum. ❑ *nf* clock.
pêne *nm* bolt.
pénétrant, e *adj* **1.** penetrating **2.** *(odeur)* pervasive.
pénétrer *vi* to enter. ❑ *vt (mur, vêtement)* to penetrate.
pénible *adj* **1.** *(travail)* laborious **2.** *(nouvelle, maladie)* painful **3.** *fam (personne)* tiresome.
péniche *nf* barge.
pénicilline *nf* penicillin.
péninsule *nf* peninsula.
pénis *nm* penis.
pénitence *nf* **1.** *(repentir)* penitence **2.** *(peine, punition)* penance.
pénitencier *nm* prison, penitentiary **(US)**.
pénitentiaire *adj* prison *(avant nom)*.
pénombre *nf* half-light.
pense-bête *nm* reminder.
pensée *nf* **1.** *(idée, faculté)* thought **2.** *(esprit)* mind, thoughts *pl* **3.** *(doctrine)* thought, thinking **4.** BOT pansy.
penser *vi* to think • **penser à qqn/qqch a)** *(avoir à l'esprit)* to think of sb/sthg, to think about sb/sthg **b)** *(se rappeler)* to remember sb/sthg • **penser à faire qqch a)** *(avoir à l'esprit)* to think of doing sthg **b)** *(se rappeler)* to remember to do sthg • **qu'est-ce que tu en penses ?** what do you think (of it)? • **faire penser à qqn/qqch** to make one think of sb/sthg • **faire penser à qqn à faire qqch** to remind sb to do sthg. ❑ *vt* to think • **je pense que oui** I think so • **je pense que non** I don't think so • **penser faire qqch** to be planning to do sthg.
pensif, ive *adj* pensive, thoughtful.
pension *nf* **1.** *(allocation)* pension • **pension alimentaire** *(dans un divorce)* alimony **2.** *(hébergement)* board and lodgings • **pension complète** full board • **demi-pension** half board **3.** *(hôtel)* guesthouse • **pension de famille** guesthouse, boarding house **4.** *(prix de l'hébergement)* ≃ rent, keep **5.** *(internat)* boarding school • **être en pension** to be a boarder *ou* at boarding school.
pensionnaire *nmf* **1.** *(élève)* boarder **2.** *(hôte payant)* lodger.
pensionnat *nm (internat)* boarding school.
pentagone *nm* pentagon.
pente *nf* slope • **en pente** sloping, inclined.
Pentecôte *nf* **1.** *(juive)* Pentecost **2.** *(chrétienne)* Whitsun.
pénurie *nf* shortage.
people *adj* • **la presse people** celebrity (gossip) magazines.
pépé *nm fam* **1.** *(grand-père)* grandad, grandpa **2.** *(homme âgé)* old man.
pépier *vi* to chirp.
pépin *nm* **1.** *(graine)* pip **2.** *fam (ennui)* hitch **3.** *fam (parapluie)* umbrella, brolly **(UK)**.
pépinière *nf* **1.** tree nursery **2.** *fig (école, établissement)* nursery.
pépite *nf* nugget.
peps *nm (dynamisme)* energy.
péquenaud, e *nm, f fam & péj* country bumpkin.
péquenot, otte *nm, f fam & péj* = **péquenaud**.
perçant, e *adj* **1.** *(regard, son)* piercing **2.** *(froid)* bitter, biting.
perce-neige *nm inv & nf inv* snowdrop.
percepteur, trice *nm, f* tax collector.
perception *nf* **1.** *(d'impôts)* collection **2.** *(bureau)* tax office **3.** *(sensation)* perception.
percer *vt* **1.** *(mur, roche)* to make a hole in **2.** *(coffre-fort)* to crack **3.** *(trou)* to make **4.** *(avec perceuse)* to drill **5.** *(silence, oreille)* to pierce **6.** *(foule)* to make one's way through **7.** *fig (mystère)* to penetrate. ❑ *vi* **1.** *(soleil)* to break through **2.** *(abcès)* to burst • **avoir une dent qui perce** to be cutting a tooth **3.** *(réussir)* to make a name for o.s., to break through.
perceuse *nf* drill.
percevoir *vt* **1.** *(intention, nuance)* to perceive **2.** *(retraite, indemnité)* to receive **3.** *(impôts)* to collect.
perche *nf* **1.** *(poisson)* perch **2.** *(de bois, métal)* pole.

percher *vi (oiseau)* to perch. ❑ *vt* to perch. ■ **se percher** *vp* to perch.
perchiste *nmf* **1.** SPORT pole vaulter **2.** CINÉ & TV boom operator.
perchoir *nm* perch.
percolateur *nm* percolator.
perçu, e *pp* → **percevoir**.
percussion *nf* percussion.
percussionniste *nmf* percussionist.
percutant, e *adj* **1.** *(obus)* explosive **2.** *fig (argument)* forceful.
percuter *vt* to strike, to smash into. ❑ *vi* to explode.
perdant, e *adj* losing. ❑ *nm,f* loser.
perdre *vt* **1.** *(gén)* to lose **2.** *(temps)* to waste **3.** *(occasion)* to miss, to waste **4.** *(sujet : bonté, propos)* to be the ruin of. ❑ *vi* to lose. ■ **se perdre** *vpi* **1.** *(coutume)* to die out, to become lost **2.** *(personne)* to get lost, to lose one's way.
perdrix *nf* partridge.
perdu, e *pp* → **perdre**. ❑ *adj* **1.** *(égaré)* lost **2.** *(endroit)* out-of-the-way **3.** *(balle)* stray **4.** *(emballage)* non-returnable **5.** *(temps, occasion)* wasted **6.** *(malade)* dying **7.** *(récolte, robe)* spoilt, ruined.
père *nm (gén)* father • **père de famille** father. ■ **père Noël** *nm* • **le père Noël** Father Christmas (UK), Santa Claus.
péremption *nf* time limit • **date de péremption** best-before date.
péremptoire *adj* peremptory.
perfection *nf (qualité)* perfection.
perfectionné, e *adj* sophisticated.
perfectionner *vt* to perfect. ■ **se perfectionner** *vp* to improve.
perfide *adj* perfidious.
perforatrice *nf* **1.** *(perceuse)* drill **2.** *(de bureau)* hole punch.
perforer *vt* to perforate.
performance *nf* performance.
performant, e *adj* **1.** *(personne)* efficient **2.** *(machine)* high-performance *(avant nom)*.
perfusion *nf* perfusion.
pergola *nf* pergola.
péridurale *nf* epidural.
péril *nm* peril.
périlleux, euse *adj* perilous, dangerous.
périmé, e *adj* **1.** out-of-date • **le lait est périmé** the milk is past its use-by date **2.** *fig (idées)* outdated.
périmètre *nm* **1.** *(contour)* perimeter **2.** *(contenu)* area.
périnée *nm* perineum.
période *nf* period.
périodique *nm* periodical. ❑ *adj* periodic.
péripétie *nf* event.
périph *nm fam* abrév de **périphérique**.
périphérie *nf* **1.** *(de ville)* outskirts *pl* **2.** *(bord)* periphery **3.** *(de cercle)* circumference.
périphérique *nm* **1.** *(route)* ring road (UK), beltway (US) **2.** INFORM peripheral device. ❑ *adj* peripheral.
périphrase *nf* periphrasis.
périple *nm* **1.** NAUT voyage **2.** *(voyage)* trip.
périr *vi* to perish.
périscope *nm* periscope.
périssable *adj* **1.** *(denrée)* perishable **2.** *littéraire (sentiment)* transient.
Péritel® *nf* • **(prise) Péritel®** SCART socket.
péritonite *nf* peritonitis.
perle *nf* **1.** *(de nacre)* pearl **2.** *(de bois, verre)* bead **3.** *(personne)* gem.
permanence *nf* **1.** *(continuité)* permanence • **en permanence** constantly **2.** *(service)* • **être de permanence** to be on duty **3.** SCOL • **(salle de) permanence** study room (UK), study hall (US).
permanent, e *adj* **1.** permanent **2.** *(cinéma)* with continuous showings **3.** *(comité)* standing *(avant nom)*. ■ **permanente** *nf* perm.
permettre *vt* to permit, to allow • **permettre à qqn de faire qqch** to permit *ou* allow sb to do sthg. ■ **se permettre** *vp* • **se permettre qqch a)** to allow o.s sthg **b)** *(avoir les moyens de)* to be able to afford sthg • **se permettre de faire qqch** to take the liberty of doing sthg.
permis, e *pp* → **permettre**. ■ **permis** *nm* licence (UK), license (US), permit • **permis de conduire** driving licence (UK), driver's license (US) • **permis de construire** planning permission (UK), building permit (US) • **permis à points** *si vous voulez expliquer à un anglophone de quoi il s'agit, vous pouvez dire* it is a driving licence with a penalty points system • **permis de travail** work permit.
permission *nf* **1.** *(autorisation)* permission **2.** MIL leave.
permuter *vt* **1.** to change round **2.** *(mots, figures)* to transpose. ❑ *vi* to change, to switch.
péroné *nm* fibula.
pérorer *vi péj* to hold forth.
Pérou *nm* • **le Pérou** Peru.
perpendiculaire *nf* perpendicular. ❑ *adj* • **perpendiculaire (à)** perpendicular (to).
perpétrer *vt* to perpetrate.
perpétuel, elle *adj* **1.** *(fréquent, continu)* perpetual **2.** *(rente)* life *(avant nom)* **3.** *(secrétaire)* permanent.
perpétuer *vt* to perpetuate. ■ **se perpétuer** *vp* **1.** to continue **2.** *(espèce)* to perpetuate itself.
perpétuité *nf* perpetuity • **à perpétuité** for life • **être condamné à perpétuité** to be sentenced to life imprisonment.
perplexe *adj* perplexed.

perquisition *nf* search.
perron *nm* steps *pl (at entrance to building)*.
perroquet *nm (animal)* parrot.
perruche *nf* **1.** *(petit perroquet)* budgerigar **(UK)**, parakeet **(US) 2.** *(femelle du perroquet)* female parrot.
perruque *nf* wig.
persan, e *adj* Persian. ■ **persan** *nm (chat)* Persian (cat).
persécuter *vt* **1.** *(martyriser)* to persecute **2.** *(harceler)* to harass.
persécution *nf* persecution.
persévérant, e *adj* persevering.
persévérer *vi* • **persévérer (dans)** to persevere (in).
persienne *nf* shutter.
persifler *vt littéraire* to mock.
persil *nm* parsley.
Persique → **golfe.**
persistant, e *adj* persistent • **arbre à feuillage persistant** evergreen (tree).
persister *vi* to persist • **persister à faire qqch** to persist in doing sthg.
perso (abrév de personnel) *adj fam* personal, private.
personnage *nm* **1.** THÉÂTRE character • **personnage principal** main *ou* leading character **2.** ART figure **3.** *(personnalité)* image.
personnaliser *vt* to personalize.
personnalité *nf* **1.** *(gén)* personality **2.** DR status.
personne *nf* person • **personnes** people • **en personne** in person, personally • **personne âgée** elderly person. ❑ *pron indéf* **1.** *(quelqu'un)* anybody, anyone **2.** *(aucune personne)* nobody, no one • **personne ne viendra** nobody will come • **il n'y a jamais personne** there's never anybody there, nobody is ever there.
personnel, elle *adj* **1.** *(gén)* personal **2.** *(égoïste)* self-centred **(UK)**, self-centered **(US)**. ■ **personnel** *nm* staff, personnel.
personnellement *adv* personally.
personnifier *vt* to personify.
perspective *nf* **1.** ART *(point de vue)* perspective **2.** *(panorama)* view **3.** *(éventualité)* prospect.
perspicace *adj* perspicacious.
persuader *vt* • **persuader qqn de qqch/de faire qqch** to persuade sb of sthg/to do sthg, to convince sb of sthg/to do sthg.
persuasif, ive *adj* persuasive.
persuasion *nf* persuasion.
perte *nf* **1.** *(gén)* loss **2.** *(gaspillage - de temps)* waste **3.** *(ruine, déchéance)* ruin. ■ **pertes** *nfpl (morts)* losses. ■ **à perte de vue** *loc adv* as far as the eye can see.
pertinent, e *adj* pertinent, relevant.
perturbation *nf* **1.** disruption **2.** ASTRON & MÉTÉOR disturbance.
perturber *vt* **1.** *(gén)* to disrupt • **perturber l'ordre public** to disturb the peace **2.** PSYCHO to disturb.
pervenche *nf* **1.** BOT periwinkle **2.** *fam (contractuelle)* traffic warden **(UK)**, meter maid **(US)**.
pervers, e *adj* **1.** *(vicieux)* perverted **2.** *(effet)* unwanted. ❑ *nm, f* pervert.
perversion *nf* perversion.
perversité *nf* perversity.
pervertir *vt* to pervert.
pesamment *adv* heavily.
pesant, e *adj* **1.** *(lourd)* heavy **2.** *(style, architecture)* ponderous.
pesanteur *nf* **1.** PHYS gravity **2.** *(lourdeur)* heaviness.
pesée *nf (opération)* weighing.
pèse-lettre *nm* letter scales.
pèse-personne *nm* scales *pl.*
peser *vt* to weigh. ❑ *vi* **1.** *(avoir un certain poids)* to weigh **2.** *(être lourd)* to be heavy **3.** *(appuyer)* • **peser sur qqch** to press (down) on sthg.
peseta *nf* peseta.
pessimisme *nm* pessimism.
pessimiste *nmf* pessimist. ❑ *adj* pessimistic.
peste *nf* **1.** MÉD plague **2.** *(personne)* pest.
pestiféré, e *adj* plague-stricken. ❑ *nm, f* plague victim.
pestilentiel, elle *adj* pestilential.
pesto *nm* pesto.
pet *nm fam* fart.
pétale *nm* petal.
pétanque *nf* ≃ bowls *(indén)*.
pétarader *vi* to backfire.
pétard *nm* **1.** *(petit explosif)* banger **(UK)**, firecracker **2.** *fam (revolver)* gun **3.** *fam (haschich)* joint.
péter *vi* **1.** *tfam (personne)* to fart **2.** *fam (câble, élastique)* to snap **3.** *tfam* • **péter plus haut que son cul** *tfam* to be full of oneself. ❑ *vt fam* to bust.
pétillant, e *adj litt & fig* sparkling.
pétiller *vi* **1.** *(vin, eau)* to sparkle, to bubble **2.** *(feu)* to crackle **3.** *fig (yeux)* to sparkle.
petit, e *adj* **1.** *(de taille, jeune)* small, little • **petit frère** little *ou* younger brother • **petite sœur** little *ou* younger sister **2.** *(voyage, visite)* short, little **3.** *(faible, infime - somme d'argent)* small ; *(- bruit)* faint, slight • **c'est une petite nature** he/she is slightly built **4.** *(de peu d'importance, de peu de valeur)* minor **5.** *(médiocre, mesquin)* petty **6.** *(de rang modeste - commerçant, propriétaire, pays)* small ; *(- fonctionnaire)* minor. ❑ *nm, f (enfant)* little one, child • **bonjour, mon petit/ma petite** good morning, my dear • **pauvre petit !** poor little thing! • **la classe des petits** SCOL the infant

class. ❑ nm *(jeune animal)* young *(indén)* • **faire des petits** to have puppies/kittens *etc.* ■ **petit à petit** *loc adv* little by little, gradually.
petit déjeuner *nm* breakfast.
petite-fille *nf* granddaughter.
petitement *adv* **1.** *(chichement - vivre)* poorly **2.** *(mesquinement)* pettily.
petitesse *nf* **1.** *(de personne, de revenu)* smallness **2.** *(d'esprit)* pettiness.
petit-fils *nm* grandson.
petit-four *nm* petit four.
pétition *nf* petition.
petit-lait *nm* whey.
petit pois *nm* (garden) pea.
petits-enfants *nmpl* grandchildren.
petit-suisse *nm* petit-suisse *(small cream cheese)*.
pétrifier *vt litt* & *fig* to petrify.
pétrin *nm* **1.** *(de boulanger)* kneading machine **2.** *fam (embarras)* pickle • **se fourrer/être dans le pétrin** to get into/to be in a pickle.
pétrir *vt (pâte, muscle)* to knead.
pétrochimie *nf* petrochemistry.
pétrole *nm* oil, petroleum • **un puits de pétrole** an oil well.
pétrolier, ère *adj* oil *(avant nom)*, petroleum *(avant nom)*. ■ **pétrolier** *nm (navire)* oil tanker.
pétrolifère *adj* oil-bearing.
pétulant, e *adj* exuberant.
peu *adv* **1.** *(avec verbe, adjectif, adverbe)* • **il a peu dormi** he didn't sleep much, he slept little • **peu souvent** not very often, rarely • **très peu** very little **2.** • **peu de** *(+ nom sing)* little, not much • **peu de** *(+ nom pl)* few, not many • **il a peu de travail** he hasn't got much work, he has little work • **il reste peu de jours** there aren't many days left • **peu de gens le connaissent** few *ou* not many know him. ❑ *nm* **1.** *(petite quantité)* • **le peu de a)** *(+ nom sing)* the little **b)** *(+ nom pl)* the few **2.** *(précédé de* **un***)* a little, a bit • **je le connais un peu** I know him slightly *ou* a little • **un (tout) petit peu** a little bit • **elle est un peu sotte** she's a bit stupid • **un peu de** a little • **un peu de vin/patience** a little wine/patience. ■ **avant peu** *loc adv* soon, before long. ■ **depuis peu** *loc adv* recently. ■ **peu à peu** *loc adv* gradually, little by little. ■ **pour peu que** *loc conj* if ever, if only. ■ **pour un peu** *loc adv* nearly, almost. ■ **si peu que** *loc conj* however little. ■ **sous peu** *loc adv* soon, shortly.
peuplade *nf* tribe.
peuple *nm* **1.** *(gén)* people • **le peuple** the (common) people **2.** *fam (multitude)* • **quel peuple!** what a crowd!
peuplement *nm* **1.** *(action)* populating **2.** *(population)* population.
peupler *vt* **1.** *(pourvoir d'habitants - région)* to populate ; *(- bois, étang)* to stock **2.** *(habiter, occuper)* to inhabit **3.** *fig (remplir)* to fill. ■ **se peupler** *vp* **1.** *(région)* to become populated **2.** *(rue, salle)* to be filled.
peuplier *nm* poplar.
peur *nf* fear • **avoir peur de qqn/qqch** to be afraid of sb/sthg • **avoir peur de faire qqch** to be afraid of doing sthg • **avoir peur que** *(+ subjonctif)* to be afraid that • **j'ai peur qu'il ne vienne pas** I'm afraid he won't come • **faire peur à qqn** to frighten sb • **par** *ou* **de peur de qqch** for fear of sthg • **par** *ou* **de peur de faire qqch** for fear of doing sthg.

S'EXPRIMER

exprimer sa peur

- ***I'm afraid of spiders.*** J'ai peur des araignées.
- ***I'm really frightened there are going to be more attacks.*** J'ai très peur qu'il y ait de nouveaux attentats.
- ***I'm worried about you.*** Je me fais du souci pour toi.

peureux, euse *adj* fearful, timid. ❑ *nm, f* fearful *ou* timid person.
peut → **pouvoir**.
peut-être *adv* perhaps, maybe • **peut-être qu'ils ne viendront pas, ils ne viendront peut-être pas** perhaps *ou* maybe they won't come.
peux → **pouvoir**.
phalange *nf* ANAT phalanx.
phallocrate *nm* male chauvinist.
phallus *nm* phallus.
pharaon *nm* pharaoh.
phare *nm* **1.** *(tour)* lighthouse **2.** AUTO headlight • **phare antibrouillard** fog lamp (UK), fog light (US). ❑ *adj* landmark *(avant nom)* • **une industrie phare** a flagship *ou* pioneering industry.
pharmaceutique *adj* pharmaceutical.
pharmacie *nf* **1.** *(science)* pharmacology **2.** *(magasin)* chemist's (UK), drugstore (US) **3.** *(meuble)* • **(armoire à) pharmacie** medicine cupboard (UK) *ou* chest (US).
pharmacien, enne *nm, f* chemist (UK), druggist (US).
pharyngite *nf* pharyngitis *(indén)*.
pharynx *nm* pharynx.
phase *nf* phase • **être en phase avec qqn** to be on the same wavelength as sb • **phase terminale** final phase.
phénoménal, e *adj* phenomenal.
phénomène *nm* **1.** *(fait)* phenomenon **2.** *(être anormal)* freak **3.** *fam (excentrique)* character.
philanthropie *nf* philanthropy.
philatélie *nf* philately, stamp collecting.
philharmonique *adj* philharmonic.

Philippines *nfpl* • **les Philippines** the Philippines.

philologie *nf* philology.

philosophe *nmf* philosopher. ❑ *adj* philosophical.

philosophie *nf* philosophy.

phlébite *nf* phlebitis.

phobie *nf* phobia.

phonème *nm* phoneme.

phonétique *nf* phonetics *(indén)*. ❑ *adj* phonetic.

phonographe *nm vieilli* gramophone **(UK)**, phonograph **(US)**.

phoque *nm* seal.

phosphate *nm* phosphate.

phosphore *nm* phosphorus.

phosphorescent, e *adj* phosphorescent.

photo *nf* **1.** *(technique)* photography **2.** *(image)* photo, picture • **prendre qqn en photo** to take a photo of sb • **photo d'identité** passport photo • **photo couleur** colour **(UK)** *ou* color **(US)** photo • **y'a pas photo** *fam* there's no comparison. ❑ *adj inv* • **appareil photo** camera.

photocomposition *nf* filmsetting **(UK)**, photocomposition **(US)**.

photocopie *nf* **1.** *(procédé)* photocopying **2.** *(document)* photocopy.

photocopier *vt* to photocopy.

photocopieur *nm* photocopier.

photocopieuse *nf* = **photocopieur**.

photoélectrique *adj* photoelectric.

photogénique *adj* photogenic.

photographe *nmf* **1.** *(artiste, technicien)* photographer **2.** *(commerçant)* camera dealer.

> **FAUX AMIS**
>
> **photographe**
>
> Attention : pour traduire *photographe* en anglais, il faut ajouter une lettre au mot français et non pas en retrancher une. En effet, *photographe* se dit ***photographer***, alors que ***photograph*** signifie *photographie*.

photographie *nf* **1.** *(technique)* photography **2.** *(cliché)* photograph.

photographier *vt* to photograph.

Photomaton® *nm* photo booth.

photoreportage *nm* PRESSE report *(consisting mainly of photographs)*.

phrase *nf* **1.** LING sentence • **phrase toute faite** stock phrase **2.** MUS phrase.

phréatique *adj* • **nappe phréatique** water table.

physicien, enne *nm, f* physicist.

physiologie *nf* physiology.

physiologique *adj* physiological.

physionomie *nf* **1.** *(faciès)* face **2.** *(apparence)* physiognomy.

physionomiste *adj* • **être physionomiste** to have a good memory for faces.

physiothérapeute *nmf* **(QUÉBEC & SUISSE)** physiotherapist.

physique *adj* physical. ❑ *nf (sciences)* physics *(indén)*. ❑ *nm* **1.** *(constitution)* physical well-being **2.** *(apparence)* physique.

physiquement *adv* physically.

phytothérapie *nf* herbal medicine.

piaffer *vi* **1.** *(cheval)* to paw the ground **2.** *(personne)* to fidget.

piailler *vi* **1.** *(oiseaux)* to cheep **2.** *fam (enfant)* to squawk.

pianiste *nmf* pianist.

piano *nm* piano. ❑ *adv* **1.** MUS piano **2.** *(doucement)* gently.

pianoter *vi* **1.** *(jouer du piano)* to plunk away (on the piano) **2.** *(sur table)* to drum one's fingers.

piaule *nf fam* **1.** *(hébergement)* place **2.** *(chambre)* room.

PIB (abrév de **produit intérieur brut**) *nm* GDP.

pic *nm* **1.** *(outil)* pick, pickaxe **(UK)**, pickax **(US)** **2.** *(montagne)* peak **3.** *(oiseau)* woodpecker **4.** *fig (maximum)* • **pic d'audience** top (audience) ratings • **on a observé des pics de pollution** pollution levels reached a peak, pollution levels peaked • MÉD **pic épidémique** peak in the epidemic. ■ **à pic** *loc adv* **1.** *(verticalement)* vertically • **couler à pic** to sink like a stone **2.** *fam & fig (à point nommé)* just at the right moment.

pichenette *nf* flick (of the finger).

pichet *nm* jug **(UK)**, pitcher **(US)**.

pickpocket *nm* pickpocket.

picorer *vi & vt* to peck.

picotement *nm* prickling *(indén)*, prickle.

pie *nf* **1.** *(oiseau)* magpie **2.** *fam & fig (bavard)* chatterbox. ❑ *adj inv (cheval)* piebald.

pièce *nf* **1.** *(élément)* piece • **pièce de collection** collector's item **2.** *(de moteur)* part • **pièce détachée** spare part **3.** *(unité)* • **deux euros pièce** deux euros each *ou* apiece • **acheter/vendre qqch à la pièce** to buy/sell sthg singly, to buy/sell sthg separately • **travailler à la pièce** to do piecework **4.** *(document)* document, paper • **pièce d'identité** identification papers *pl* • **pièce jointe** *(e-mail)* attachment • **pièces jointes** *(document)* enclosures • **pièce justificative** written proof *(indén)*, supporting document **5.** *(œuvre littéraire ou musicale)* piece • **pièce (de théâtre)** play **6.** *(argent)* • **pièce (de monnaie)** coin **7.** *(de maison)* room **8.** COUT patch. ■ **pièce montée** *nf* tiered cake.

pied *nm* **1.** *(gén)* foot • **à pied** on foot • **avoir pied** to be able to touch the bottom • **perdre pied** *littéraire & fig* to be out of one's depth • **être/marcher pieds nus** *ou* **nu-pieds** to be/to go barefoot • **pied bot** *(handicap)* clubfoot

2. *(base - de montagne, table)* foot ; *(- de verre)* stem ; *(- de lampe)* base **3.** *(plant - de tomate)* stalk ; *(- de vigne)* stock **4.** CULIN • **pied de veau** calf's foot **5.** *(locution)* • **être sur pied** to be (back) on one's feet, to be up and about • **faire du pied à** to play footsie with • **mettre qqch sur pied** to get sthg on its feet, to get sthg off the ground • **je n'ai jamais mis les pieds chez lui** *fam* I've never set foot in his house • **au pied de la lettre** literally, to the letter. ■ **en pied** *loc adj (portrait)* full-length.

pied-de-biche *nm (outil)* nail claw.

piédestal *nm* pedestal.

pied-noir *nmf si vous voulez donner une définition à un anglophone, vous pouvez dire* it is a French settler in Algeria during the period of French rule.

piège *nm litt* & *fig* trap • **être pris au piège** to be trapped.

piéger *vt* **1.** *(animal, personne)* to trap **2.** *(colis, véhicule)* to boobytrap.

piercing *nm* body piercing.

pierraille *nf* loose stones *pl.*

pierre *nf* stone • **pierre d'achoppement** *fig* stumbling block • **pierre précieuse** precious stone.

pierreries *nfpl* precious stones, jewels.

piété *nf* piety.

piétiner *vi* **1.** *(trépigner)* to stamp (one's feet) **2.** *fig (ne pas avancer)* to make no progress, to be at a standstill. ❑ *vt (personne, parterre)* to trample.

piéton, onne *nm, f* pedestrian. ❑ *adj* pedestrian *(avant nom).*

piétonnier, ère *adj* pedestrian *(avant nom).*

piètre *adj* poor.

pieu *nm* **1.** *(poteau)* post, stake **2.** *fam (lit)* pit (UK), sack (US).

pieuvre *nf* **1.** octopus **2.** *fig* & *péj* leech.

pieux, pieuse *adj (personne, livre)* pious.

pif *nm fam* conk (UK), hooter (UK), schnoz(zle) (US) • **au pif** *fig* by guesswork.

pigeon *nm* **1.** *(oiseau)* pigeon **2.** *fam (personne)* sucker.

pigeonnant, e *adj* **1.** *(soutien-gorge)* uplift *(avant nom)* **2.** *(poitrine)* prominent.

pigeonnier *nm (pour pigeons)* pigeon loft, dovecote.

pigment *nm* pigment.

pignon *nm* **1.** *(de mur)* gable **2.** *(d'engrenage)* gearwheel **3.** *(de pomme de pin)* pine kernel.

pile *nf* **1.** *(de livres, journaux)* pile **2.** ÉLECTR battery • **marcher à piles** to work off batteries **3.** *(de pièce)* • **pile ou face** heads or tails. ❑ *adv fam* on the dot • **tomber/arriver pile** to come/to arrive at just the right time.

piler *vt (amandes)* to crush, to grind. ❑ *vi fam* AUTO to jam on the brakes.

pileux, euse *adj* hairy *(avant nom)* • **système pileux** hair.

pilier *nm* **1.** *(de construction)* pillar **2.** *fig (soutien)* mainstay, pillar **3.** *(rugby)* prop (forward).

pillard, e *nm, f* looter.

piller *vt* **1.** *(ville, biens)* to loot **2.** *fig (ouvrage, auteur)* to plagiarize.

pilon *nm* **1.** *(instrument)* pestle **2.** *(de poulet)* drumstick **3.** *(jambe de bois)* wooden leg.

pilonner *vt* to pound.

pilori *nm* pillory • **mettre** *ou* **clouer qqn au pilori** *fig* to pillory sb.

pilotage *nm* piloting • **pilotage automatique** automatic piloting.

pilote *nmf* **1.** *(d'avion)* pilot **2.** *(de voiture)* driver • **pilote de chasse** fighter pilot • **pilote de course** racing (UK) *ou* race (US) driver • **pilote d'essai** test pilot • **pilote de ligne** airline pilot. ❑ *nm* • **pilote automatique** autopilot. ❑ *adj* pilot *(avant nom)*, experimental.

piloter *vt* **1.** *(avion)* to pilot **2.** *(voiture)* to drive **3.** *(personne)* to show around.

pilotis *nm* pile.

pilule *nf* pill • **prendre la pilule** to be on the pill.

piment *nm* **1.** *(plante)* pepper, capsicum • **piment rouge** chilli pepper, hot red pepper **2.** *fig (piquant)* spice, pizzazz (US).

pimenté, e *adj (sauce)* hot, spicy.

pimpant, e *adj* smart.

pin *nm* pine • **pin parasol** umbrella pine • **pin sylvestre** Scots pine.

pince *nf* **1.** *(grande)* pliers *pl* **2.** *(petite)* • **pince (à épiler)** tweezers *pl* • **pince à linge** clothes peg (UK), clothespin (US) **3.** *(de crabe)* pincer **4.** COUT dart.

pinceau *nm (pour peindre)* brush.

pincée *nf* pinch.

pincer *vt* **1.** *(serrer)* to pinch **2.** MUS to pluck **3.** *(lèvres)* to purse **4.** *fam* & *fig (arrêter)* to nick (UK), to catch **5.** *(sujet : froid)* to nip. ❑ *vi fam (faire froid)* • **ça pince !** it's a bit nippy!

pince-sans-rire *nmf* person with a deadpan face.

pincettes *nfpl (ustensile)* tongs.

pinède, pineraie, pinière *nf* pinewood.

pingouin *nm* penguin.

ping-pong *nm* ping pong, table tennis.

pingre *péj nmf* skinflint. ❑ *adj* stingy.

pin's *nm inv* badge.

pinson *nm* chaffinch.

pintade *nf* guinea fowl.

pin-up *nf inv* pinup (girl).

pioche *nf* **1.** *(outil)* pick **2.** *(jeux)* pile.

piocher *vt* **1.** *(terre)* to dig **2.** *(jeux)* to take **3.** *fig (choisir)* to pick at random. ❑ *vi* **1.** *(creuser)* to dig **2.** *(jeux)* to pick up • **piocher dans a)** *(tas)* to delve into **b)** *(économies)* to dip into.

piolet *nm* ice axe **(UK)** *ou* ax **(US)**.

pion, pionne *nm, f fam* SCOL supervisor. ■ **pion** *nm* **1.** *(aux échecs)* pawn **2.** *(aux dames)* piece • **n'être qu'un pion** *fig* to be just a pawn in the game.

pionnier, ère *nm, f* pioneer.

pipe *nf* pipe.

pipeau *nm* MUS (reed) pipe • **c'est du pipeau** *fam* that's nonsense.

pipeline, pipe-line *nm* pipeline.

pipi *nm fam* wee **(UK)**, wee-wee, pee • **faire pipi** to have a wee.

piquant, e *adj* **1.** *(barbe, feuille)* prickly **2.** *(sauce)* spicy, hot. ■ **piquant** *nm* **1.** *(d'animal)* spine **2.** *(de végétal)* thorn, prickle **3.** *fig (d'histoire)* spice.

pique *nf* **1.** *(arme)* pike **2.** *fig (mot blessant)* barbed comment. ❑ *nm (aux cartes)* spade • **la dame de pique** the queen of spades.

pique-assiette *nmf fam* sponger.

pique-nique *nm* picnic.

piquer *vt* **1.** *(sujet : guêpe, méduse)* to sting • **se faire piquer par** to get stung by **2.** *(sujet : serpent, moustique)* to bite **3.** *(avec pointe)* to prick **4.** MÉD to give an injection to **5.** *(animal)* to put down **6.** *(fleur)* • **piquer qqch dans** to stick sthg into **7.** *(sujet : tissu, barbe)* to prickle **8.** *(sujet : fumée, froid)* to sting **9.** COUT to sew, to machine **10.** *fam (voler)* to pinch **(UK)** **11.** *fig (curiosité)* to excite, to arouse **12.** *fam (voleur, escroc)* to nick **(UK)**, to catch. ❑ *vi* **1.** *(ronce)* to prick **2.** *(ortie)* to sting **3.** *(guêpe, méduse)* to sting **4.** *(serpent, moustique)* to bite **5.** *(épice)* to burn **6.** *fam (voler)* • **piquer (dans)** to pinch (from) **7.** *(avion)* to dive.

piquet *nm (pieu)* peg, stake. ■ **piquet de grève** *nm* picket.

piqûre *nf* **1.** *(de guêpe, de méduse)* sting **2.** *(de serpent, de moustique)* bite **3.** *(d'ortie)* sting **4.** *(injection)* jab **(UK)**, shot • **piqûre de rappel** booster (injection *ou* shot).

piratage *nm* **1.** piracy • **piratage de musique** music piracy • **piratage téléphonique** phreaking **2.** INFORM hacking.

pirate *nm (corsaire)* pirate • **pirate de l'air** hijacker, skyjacker. ❑ *adj* pirate *(avant nom)*.

pirater *vt* to pirate.

pire *adj* **1.** *(comparatif relatif)* worse • **c'est pire que ce que je pensais** it's worse than I thought **2.** *(superlatif)* • **le/la pire** the worst. ❑ *nm* • **le pire (de)** the worst (of).

pirogue *nf* dugout canoe.

pirouette *nf* **1.** *(saut)* pirouette **2.** *fig (faux-fuyant)* prevarication, evasive answer.

pis *adj littéraire (pire)* worse. ❑ *adv* worse • **de mal en pis** from bad to worse. ❑ *nm* udder.

pis-aller *nm inv* last resort.

pisciculture *nf* fish farming.

piscine *nf* swimming pool • **piscine couverte/découverte** indoor/open-air swimming pool.

pisse *nf tfam* pee, piss.

pissenlit *nm* dandelion.

pisser *tfam vt* **1.** *(sujet : personne)* • **pisser du sang** to pass blood **2.** *(sujet : plaie)* • **son genou pissait le sang** blood was gushing from his knee. ❑ *vi* to pee, to piss.

pissotière *nf fam* public urinal.

pistache *nf (fruit)* pistachio (nut).

piste *nf* **1.** *(trace)* trail **2.** *(zone aménagée)* • **piste d'atterrissage** runway • **piste cyclable** (bi)cycle path • **piste de danse** dance floor • **piste de ski** ski run **3.** *(chemin)* path, track **4.** *(d'enregistrement)* track **5.** *(divertissement)* • **jeu de piste** treasure hunt.

pistil *nm* pistil.

pistolet *nm* **1.** *(arme)* pistol, gun **2.** *(à peinture)* spray gun.

piston *nm* **1.** *(de moteur)* piston **2.** MUS *(d'instrument)* valve **3.** *fam* & *fig (appui)* string-pulling.

pistonner *vt* to pull strings for • **se faire pistonner** to have strings pulled for one.

pistou *nm si vous voulez expliquer de quoi il s'agit à un anglophone, vous pouvez dire* it is a dish of vegetables served with sauce made from basil.

pitance *nf litt* sustenance.

pitbull, pit-bull *nm* pitbull (terrier).

pitch *nm* pitch.

piteux, euse *adj* piteous.

pitié *nf* pity • **avoir pitié de qqn** to have pity on sb, to pity sb.

piton *nm* **1.** *(clou)* piton **2.** *(pic)* peak.

pitoyable *adj* pitiful.

pitre *nm* clown.

pitrerie *nf* tomfoolery.

pittoresque *adj* **1.** *(région)* picturesque **2.** *(détail)* colourful **(UK)**, colorful **(US)**, vivid.

pivoine *nf* peony.

pivot *nm* **1.** *(de machine, au basket)* pivot **2.** *(de dent)* post **3.** *fig (centre)* mainspring.

pivotant, e *adj (fauteuil)* swivel *(avant nom)*.

pivoter *vi* **1.** to pivot **2.** *(porte)* to revolve.

pizza *nf* pizza • **une pizza aux champignons et aux olives** a mushroom and olive pizza.

pizzaiolo *nm* pizza chef.

Pl., pl. abrév de **place**.

placage *nm (de bois)* veneer.

placard *nm* **1.** *(armoire)* cupboard **2.** *(affiche)* poster, notice.

placarder *vt* **1.** *(affiche)* to put up, to stick up **2.** *(mur)* to placard, to stick a notice on.

place *nf* **1.** *(espace)* space, room • **prendre de la place** to take up (a lot of) space • **faire place à** *(amour, haine)* to give way to **2.** *(emplacement, position)* position • **changer qqch de place** to put sthg in a different place, to move sthg

• **prendre la place de qqn** to take sb's place • **à la place de qqn** instead of sb, in sb's place • **à ta place** if I were you, in your place **3.** *(siège)* seat • **place assise** seat • **est-ce que cette place est prise ?** is anybody sitting here? **4.** *(rang)* place **5.** *(de ville)* square **6.** *(emploi)* position, job **7.** MIL *(de garnison)* garrison (town) • **place forte** fortified town **8.** *(bourse)* • **place boursière** stock market. ■ **sur place** *loc adv* there, on the spot • **je serai déjà sur place** I'll already be there.

placement *nm* **1.** *(d'argent)* investment **2.** *(d'employé)* placing.

placenta *nm* ANAT placenta.

placer *vt* **1.** *(gén)* to put, to place **2.** *(invités, spectateurs)* to seat **3.** *(mot, anecdote)* to put in, to get in **4.** *(argent)* to invest. ■ **se placer** *vp* **1.** *(prendre place - debout)* to stand ; *(-assis)* to sit (down) **2.** *fig (dans une situation)* to put o.s. **3.** *(se classer)* to come, to be.

placide *adj* placid.

plafond *nm litt* & *fig* ceiling.

plafonner *vi* **1.** *(prix, élève)* to peak **2.** *(avion)* to reach its ceiling.

plafonnier *nm* ceiling light.

plage *nf* **1.** *(de sable)* beach **2.** *(d'ombre, de prix)* band **3.** *fig (de temps)* slot **4.** *(de disque)* track **5.** *(dans une voiture)* • **plage arrière** back shelf.

> LEXIQUE
> ### plage
> **la casquette** the (baseball) cap
> **la chaise longue** the deck chair
> **les chaussures de plage** the beach shoes
> **la crème solaire** the sun cream
> **l'insolation** the sunstroke
> **les lunettes de soleil** the sunglasses
> **le maillot de bain** the bathing suit
> **le parasol** the beach umbrella
> **la serviette** the towel
> **les tongs** flip-flops

plagiat *nm* plagiarism.

plagier *vt* to plagiarize.

plagiste *nm* beach attendant.

plaid *nm* car rug.

plaider *vt* DR to plead. ❑ *vi* **1.** DR to plead • **plaider contre qqn** to plead against sb • **plaider pour qqn** DR to plead for sb **2.** *(justifier)* to plead sb's cause.

plaidoirie *nf* **1.** DR speech for the defence (UK) *ou* defense (US) **2.** *fig* plea.

plaidoyer *nm* **1.** DR = **plaidoirie 2.** *(supplication)* plea.

plaie *nf* **1.** *litt* & *fig* wound • **la plaie s'est infectée** the wound became infected **2.** *fam (personne)* pest.

plaindre *vt* to pity. ■ **se plaindre** *vp* to complain • **se plaindre de qqch** to complain about sthg.

plaine *nf* plain.

plain-pied ■ **de plain-pied** *loc adv* **1.** *(pièce)* on one floor • **de plain-pied avec** *litt* & *fig* on a level with **2.** *fig (directement)* straight.

plaint, e *pp* → **plaindre**.

plainte *nf* **1.** *(gémissement)* moan, groan **2.** *fig* & *litt (du vent)* moan **3.** *(doléance)* DR complaint • **porter plainte** to lodge a complaint • **plainte contre X** ≃ complaint against person or persons unknown.

plaintif, ive *adj* plaintive.

plaire *vi* to be liked • **il me plaît** I like him • **ça te plairait d'aller au cinéma ?** would you like to go to the cinema? • **s'il vous/te plaît** please.

plaisance ■ **de plaisance** *loc adj* pleasure *(avant nom)* • **navigation de plaisance** sailing • **port de plaisance** marina.

plaisancier, ère *nm, f* (amateur) sailor.

plaisant, e *adj* pleasant.

plaisanter *vi* to joke • **tu plaisantes ?** you must be joking! • **en plaisantant** jokingly.

plaisanterie *nf* joke • **c'est une plaisanterie ?** *iron* you must be joking! • **faire des plaisanteries** to tell jokes.

plaisantin *nm* joker.

plaisir *nm* pleasure • **les plaisirs de la vie** life's pleasures • **avoir du/prendre plaisir à faire qqch** to have/to take pleasure in doing sthg • **faire plaisir à qqn** to please sb • **avec plaisir** with pleasure • **j'ai le plaisir de vous annoncer que...** I have the (great) pleasure of announcing that...

plan[1], e *adj* level, flat.

plan[2] *nm* **1.** *(dessin - de ville)* map ; *(- de maison)* plan **2.** *(projet)* plan • **faire des plans** to make plans • **avoir son plan** to have something in mind **3.** *(domaine)* • **sur tous les plans** in all respects • **sur le plan affectif** emotionally • **sur le plan familial** as far as the family is concerned **4.** *(surface)* • **plan d'eau** lake • **plan de travail** work surface, worktop (UK) **5.** GÉOM plane **6.** CINÉ take • **gros plan** close-up **7.** BANQUE • **plan d'épargne** savings plan **8.** *(sécurité)* • **plan vigipirate** security measures to protect against terrorist attacks **9.** ÉCON • **plan social** redundancy scheme *ou* plan (UK). ■ **à l'arrière-plan** *loc adv* in the background. ■ **au premier plan** *loc adv (dans l'espace)* in the foreground. ■ **en plan** *loc adv* • **laisser qqn en plan** to leave sb stranded, to abandon sb • **il a tout laissé en plan** he dropped everything. ■ **sur le même plan** *loc adj* on the same level.

planche *nf* **1.** *(en bois)* plank • **planche à dessin** drawing board • **planche à repasser** ironing board • **planche à voile a)** *(planche)* sailboard **b)** *(sport)* windsurfing • **planche de surf** surf borad • **faire la planche** *fig* to float **2.** *(d'illustration)* plate **3.** PHOTO • **planche contact** contact print.

plancher *nm* **1.** *(de maison, de voiture)* floor **2.** *fig (limite)* floor, lower limit.

plancton *nm* plankton.

planer *vi* **1.** *(avion, oiseau)* to glide **2.** *(nuage, fumée, brouillard)* to float **3.** *fig (danger)* • **planer sur qqn** to hang over sb **4.** *fam & fig (personne)* to be out of touch with reality.

planétaire *adj* **1.** ASTRON planetary **2.** *(mondial)* world *(avant nom)*.

planétarium *nm* planetarium.

planète *nf* planet.

planeur *nm* glider.

planification *nf* ÉCON planning.

planifier *vt* ÉCON to plan.

planisphère *nm* map of the world, planisphere.

planning *nm* **1.** *(de fabrication)* workflow schedule **2.** *(agenda personnel)* schedule • **planning familial a)** *(contrôle)* family planning **b)** *(organisme)* family planning clinic.

planque *nf fam* **1.** *(cachette)* hideout **2.** *fig (situation, travail)* cushy number.

plant *nm (plante)* seedling.

plantage *nm fam* **1.** *(erreur)* mistake • **il y a eu un plantage dans les calculs** they got the sums wrong **2.** *(échec total)* failure **3.** *fam* INFORM crash.

plantaire *adj* plantar.

plantation *nf* **1.** *(exploitation - d'arbres, de coton, de café)* plantation ; *(- de légumes)* patch **2.** *(action)* planting.

plante *nf* **1.** BOT plant • **plante verte** *ou* **d'appartement** *ou* **d'intérieur** house *ou* pot (UK) plant **2.** ANAT sole.

planter *vt* **1.** *(arbre, terrain)* to plant **2.** *(clou)* to hammer in, to drive in **3.** *(pieu)* to drive in **4.** *(couteau, griffes)* to stick in **5.** *(tente)* to pitch **6.** *fam & fig (laisser tomber)* to dump **7.** *fig (chapeau)* to stick **8.** *(baiser)* to plant • **planter son regard dans celui de qqn** to look sb right in the eyes. ❑ *vi fam* INFORM to crash.

plantureux, euse *adj* **1.** *(repas)* lavish **2.** *(femme)* buxom.

plaque *nf* **1.** *(de métal, de verre, de verglas)* sheet **2.** *(de marbre)* slab • **plaque chauffante** *ou* **de cuisson** hotplate • **plaque de chocolat** bar of chocolate **3.** *(gravée)* plaque • **plaque d'immatriculation** *ou* **minéralogique** numberplate (UK), license plate (US) **4.** *(insigne)* badge **5.** *(sur la peau)* patch **6.** *(dentaire)* plaque.

plaqué, e *adj (métal)* plated • **plaqué or/argent** gold-/silver-plated. ■ **plaqué** *nm (métal)* • **du plaqué or/argent** gold/silver plate.

plaquer *vt* **1.** *(métal)* to plate **2.** *(bois)* to veneer **3.** *(aplatir)* to flatten • **plaquer qqn contre qqch** to pin sb against sthg • **plaquer qqch contre qqch** to stick sthg onto sthg **4.** *(rugby)* to tackle **5.** MUS *(accord)* to play **6.** *fam (travail, personne)* to chuck.

plaquette *nf* **1.** *(de métal)* plaque **2.** *(de marbre)* tablet **3.** *(de chocolat)* bar **4.** *(de beurre)* pat **5.** *(de comprimés)* packet, strip **6.** *(gén pl)* BIOL platelet **7.** AUTO • **plaquette de frein** brake pad.

plasma *nm* plasma.

plastifié, e *adj* plastic-coated.

plastique *adj & nm* plastic.

plastiquer *vt* to blow up *(with plastic explosives)*.

plat, e *adj* **1.** *(gén)* flat • **des chaussures plates** flat shoes **2.** *(eau)* still. ■ **à plat** *loc adv* **1.** *(horizontalement, dégonflé)* flat **2.** *fam (épuisé)* exhausted. ■ **plat** *nm* **1.** *(partie plate)* flat **2.** *(récipient)* dish **3.** *(mets)* course • **plat cuisiné** ready-cooked meal *ou* dish • **plat du jour** today's special • **plat préparé** ready meal • **plat de résistance** *ou* **principal** main course **4.** *(plongeon)* belly-flop.

platane *nm* plane tree.

plateau *nm* **1.** *(de cuisine)* tray • **plateau de/à fromages** cheeseboard **2.** *(de balance)* pan **3.** *fig* GÉOGR plateau **4.** THÉÂTRE stage **5.** CINÉ & TV set **6.** *(de vélo)* chain wheel.

plateau-repas *nm* tray (of food).

plate-bande *nf* flowerbed.

plate-forme *nf (gén)* platform • **plate-forme de forage** drilling platform.

platine *adj inv* platinum. ❑ *nm (métal)* platinum. ❑ *nf (de tourne-disque)* deck • **platine laser** compact disc player.

platonique *adj (amour, amitié)* platonic.

plâtras *nm (gravats)* rubble.

plâtre *nm* **1.** CONSTR & MÉD plaster **2.** *(sculpture)* plaster cast **3.** *fam (fromage)* • **c'est du vrai plâtre** it's like sawdust.

plâtrer *vt* **1.** *(mur)* to plaster **2.** MÉD to put in plaster.

plausible *adj* plausible.

play-back *nm inv* miming • **chanter en play-back** to mime.

play-boy *nm* playboy.

plébiscite *nm* plebiscite.

plein, e *adj* **1.** *(rempli, complet)* full • **c'est la pleine forme** I am/they are *etc* in top form • **en pleine nuit** in the middle of the night • **en plein air** outdoor, open-air **2.** *(non creux)* solid **3.** *(femelle)* pregnant. ■ **plein** *fam adv* • **il a de l'encre plein les doigts** he has ink all over his fingers • **en plein dans/sur qqch** right in/on sthg. ❑ *nm (de réservoir)* full tank • **le plein, s'il vous plaît** fill her up, please • **faire le plein** to fill up.

plein-air *nm inv* SCOL games. ■ **de plein-air, en plein-air** *loc adj* open-air, outdoor.

plein-temps *nm* full-time job.

plénitude *nf* fullness.

pléonasme *nm* pleonasm.

pleurer *vi* **1.** *(larmoyer)* to cry • **pleurer de joie** to weep for joy, to cry with joy **2.** *péj (se plaindre)* to whinge (UK) **3.** *(se lamenter)* • **pleurer sur** to lament. ❑ *vt* to mourn.

pleurnicher *vi* to whine, to whinge (UK).
pleurs *nmpl* • **être en pleurs** to be in tears.
pleuvoir *v impers litt & fig* to rain • **il pleut** it is raining.
Plexiglas® *nm* Plexiglass®.
plexus *nm* plexus • **plexus solaire** solar plexus.
pli *nm* **1.** *(de tissu)* pleat **2.** *(de pantalon)* crease • **faux pli** crease **3.** *(du front)* line **4.** *(du cou)* fold **5.** *(lettre)* letter **6.** *(enveloppe)* envelope • **sous pli séparé** under separate cover **7.** *(aux cartes)* trick **8.** GÉOL fold.
pliant, e *adj* folding *(avant nom)*.
plier *vt* **1.** *(papier, tissu)* to fold **2.** *(vêtement, vélo)* to fold (up) **3.** *(branche, bras)* to bend. ❑ *vi* **1.** *(se courber)* to bend **2.** *fig (céder)* to bow. ■ **se plier** *vp* **1.** *(être pliable)* to fold (up) **2.** *fig (se soumettre)* • **se plier à qqch** to bow to sthg.
plinthe *nf* plinth.
plissé, e *adj* **1.** *(jupe)* pleated **2.** *(peau)* wrinkled.
plissement *nm* **1.** *(de front)* creasing **2.** *(d'yeux)* screwing up **3.** GÉOL fold.
plisser *vt* **1.** COUT to pleat **2.** *(front)* to crease **3.** *(lèvres)* to pucker **4.** *(yeux)* to screw up. ❑ *vi (étoffe)* to crease.
plomb *nm* **1.** *(métal, de vitrail)* lead **2.** *(de chasse)* shot **3.** ÉLECTR fuse • **les plombs ont sauté** a fuse has blown *ou* gone **4.** *(de pêche)* sinker.
plombage *nm (de dent)* filling.
plomber *vt* **1.** *(ligne)* to weight (with lead) **2.** *(dent)* to fill.
plombier *nm* plumber.
plonge *nf fam* dishwashing • **faire la plonge** to wash dishes.
plongeant, e *adj* **1.** *(vue)* from above **2.** *(décolleté)* plunging.
plongée *nf (immersion)* diving • **plongée sous-marine** scuba diving.
plongeoir *nm* diving board.
plongeon *nm (dans l'eau, au football)* dive.
plonger *vt* **1.** *(immerger, enfoncer)* to plunge • **plonger la tête sous l'eau** to put one's head under the water **2.** *fig (précipiter)* • **plonger qqn dans qqch** to throw sb into sthg • **plonger une pièce dans l'obscurité** to plunge a room into darkness. ❑ *vi* **1.** *(dans l'eau, gardien de but)* to dive **2.** *fam (échouer)* to decline, to fall off. ■ **se plonger** *vp* **1.** *(s'immerger)* to submerge **2.** *fig (s'absorber)* • **se plonger dans qqch** to immerse o.s. in sthg.
plongeur, euse *nm, f* **1.** *(dans l'eau)* diver **2.** *(dans restaurant)* dishwasher.
ployer *vt & vi litt & fig* to bend.
pluie *nf* **1.** *(averse)* rain *(indén)* • **sous la pluie** in the rain • **une pluie battante** driving rain • **une pluie fine** drizzle **2.** *fig (grande quantité)* • **une pluie de** a shower of.
plume *nf* **1.** *(d'oiseau)* feather **2.** *(pour écrire - d'oiseau)* quill pen ; *(- de stylo)* nib.
plumeau *nm* feather duster.
plumer *vt* **1.** *(volaille)* to pluck **2.** *fam (personne)* to fleece.
plumier *nm* pencil box.
plupart *nf* • **la plupart de** most of, the majority of • **la plupart du temps** most of the time, mostly • **pour la plupart** mostly, for the most part.
pluralisme *nm* pluralism.
pluriel, elle *adj* **1.** GRAMM plural **2.** *(société)* pluralist. ■ **pluriel** *nm* plural • **au pluriel** in the plural.

plus

■ **plus** *adv*

1. INDIQUE UNE QUANTITÉ SUPÉRIEURE
more • **tu devrais travailler plus** you should work more • **je ne peux pas vous en dire plus** I can't tell you anything more • **je voudrais beaucoup plus de sucre** I'd like a lot more *ou* much more sugar • **peux-tu me donner un peu plus de café ?** can you give me a little more coffee?

2. COMPARATIF
• **il est plus grand que sa sœur** he is taller than his sister • **c'est un joueur plus expérimenté que toi** he's a more experienced player than you • **c'est plus court par là** it's shorter that way • **c'est plus simple qu'on ne le croit** it's simpler than you think • **ce gâteau est meilleur que le mien** this cake is better than mine • **c'est plus difficile qu'avant** it's more difficult than before

3. SUPERLATIF
• **c'est lui qui travaille le plus** he's the hardest worker, he's the one who works (the) hardest • **c'est l'un de ses tableaux les plus connus** it's one of his best-known paintings • **viens le plus vite possible** come as quickly as possible • **c'est le livre le plus intéressant que j'aie jamais lu** it's the most interesting book I've ever read

4. DANS UNE NÉGATION
• **plus un mot !** not another word! • **il ne vient plus me voir** he doesn't come to see me any more, he no longer comes to see me • **je n'y vais plus du tout** I don't go there any more • **je ne t'aiderai plus jamais** I will never help you again, I'm not going to help you over again

5. DANS UNE CORRÉLATION
• **plus j'y pense, plus je me dis qu'il est responsable** the more I think about it, the more I'm sure he is responsible (for it)

■ plus *nm*

1. SIGNE MATHÉMATIQUE
plus (sign) • **le plus est le signe de l'addition** the plus is the sign of addition

2. ATOUT
• **ici, parler anglais est un plus indéniable** being able to speak English is definitely a plus *ou* is quite an asset here

■ plus *prép*

DANS UNE ADDITION
• **trois plus trois font six** three plus three is six, three and three are six

■ au plus *loc adv*

• **il a quarante ans au plus** he's forty at the most • **tout au plus** at the very most

■ de plus *loc adv*

1. EN SUPPLÉMENT
• **elle a cinq ans de plus que moi** she's five years older than me

2. EN OUTRE
• **de plus, il n'y a pas de signe de changement** what is more, there's no sign of a change • **de plus, il a menti** what's more, he lied

■ de plus en plus *loc adv*

• **il fait de plus en plus beau** the weather is getting nicer and nicer • **de plus en plus de gens font des sudokus** more and more people do sudokus

■ en plus *loc adv*

1. EN SUPPLÉMENT
• **les frais d'envoi sont en plus** the postal charges are extra *ou* are not included • **on nous a donné deux hamburgers en plus** we were given two more *ou* extra hamburgers, we were given two free hamburgers

2. EN OUTRE
• **je n'ai pas envie de sortir, en plus il ne fait pas beau** I don't feel like going out, moreover the weather is not nice

■ en plus de *loc prép*

• **en plus du squash, elle fait du tennis** in addition to squash, she plays tennis

■ ni plus ni moins *loc adv*

• **c'est ce que je dis ! ni plus ni moins** that's what I'm saying! no more, no less

■ plus ou moins *loc adv*

• **j'étais plus ou moins satisfaite de son travail** I was more or less satisfied with his work

■ sans plus *loc adv*

• **elle est gentille, sans plus** she's nice, but no more than that

À PROPOS DE

plus

La formation du comparatif de supériorité en anglais dépend de la longueur de l'adjectif qui suit :
Avec un adjectif de plus de deux syllabes : ***more + adjectif*** (*plus difficile* = ***more difficult*** ; *plus confortable* = ***more comfortable***).
Avec un adjectif de deux syllabes maximum : ***adjectif + terminaison -er*** (*plus grand* = ***taller*** ; *plus court* = ***shorter***).
Pour former le comparatif d'un adjectif se terminant par *y*, on n'utilise pas ***more***.

À PROPOS DE

plus

La formation du superlatif de supériorité en anglais dépend de la longueur de l'adjectif qui suit :
Avec un adjectif de plus de deux syllabes : ***the most + adjectif*** (*le plus intéressant* = ***the most interesting*** ; *le plus difficile* = ***the most difficult***).
Avec un adjectif de deux syllabes maximum : ***adjectif + terminaison -est*** (*le plus sympa* = ***the nic/est*** ; *le plus facile* = ***the easi/est***).
Pour former le superlatif d'un adjectif se terminant par ***y***, on n'utilise pas ***most***.
Notez que le ***y*** final (***easy*** ; ***lazy***) devient ***i*** (***easiest*** ; ***laziest***).

plusieurs *adj indéf pl & pron indéf pl* several • **plusieurs BD** several comic books • **plusieurs d'entre eux** several of them.

plus-que-parfait *nm* GRAMM pluperfect.

plus-value *nf* **1.** *(d'investissement)* appreciation **2.** *(excédent)* surplus **3.** *(bénéfice)* profit **4.** *(à la revente)* capital gain.

plutôt *adv* rather • **elle est plutôt sympa** she's rather nice • **plutôt que de faire qqch** instead of doing sthg, rather than doing *ou* do sthg.

pluvieux, euse *adj* rainy.

PME (abrév de petite et moyenne entreprise) *nf* SME.

PMI *nf* (abrév de petite et moyenne industrie) small industrial firm.

PMU (abrév de Pari mutuel urbain) *nm* ≃ tote (UK) ; ≃ pari-mutuel (US).

PNB (abrév de produit national brut) *nm* GNP.

pneu *nm (de véhicule)* tyre (UK), tire (US) • **pneu arrière** rear tyre (UK) *ou* tire (US) • **pneu neige** winter tyre (UK) *ou* tire (US).

pneumatique *nf* PHYS pneumatics *(indén)*. ❑ *adj* **1.** *(fonctionnant à l'air)* pneumatic **2.** *(gonflé à l'air)* inflatable.

pneumonie *nf* pneumonia.

PO (abrév de petites ondes) MW.

poche *nf* **1.** *(de vêtement, de sac, d'air)* pocket • **de poche** pocket *(avant nom)* **2.** *(sac, sous les yeux)* bag • **faire des poches** *(vêtement)* to bag **3.** *MÉD* sac.

poché, e *adj* **1.** *(œuf)* poached **2.** *(meurtri)* • **avoir un œil poché** to have a black eye.

pocher *vt* **1.** *CULIN* to poach **2.** *(blesser)* • **pocher l'œil à qqn** to give sb a black eye.

pochette *nf* **1.** *(enveloppe)* envelope **2.** *(d'allumettes)* book **3.** *(de photos)* packet **4.** *(de disque)* sleeve, jacket (US) **5.** *(mouchoir)* (pocket) handkerchief.

pochette-surprise *nf* lucky bag.

pochoir *nm* stencil.

podcast *nm* podcast.

podcaster *vt (une émission)* to podcast.

podium *nm* podium.

podologue *nmf* chiropodist, podiatrist (US).

poêle *nf* pan • **poêle à frire** frying pan. ❑ *nm* stove.

poêlée *nf* **1.** panful **2.** *CULIN* • **poêlée de champignons** panfried mushrooms.

poème *nm* poem.

poésie *nf* **1.** *(genre, émotion)* poetry **2.** *(pièce écrite)* poem.

poète *nm* **1.** *(écrivain)* poet **2.** *(rêveur)* dreamer.

poétique *adj* poetic.

pogrom(e) *nm* pogrom.

poids *nm* **1.** *(gén)* weight • **quel poids fait-il ?** how heavy is it/he? • **perdre/prendre du poids** to lose/gain weight • **vendre au poids** to sell by weight • **poids lourd a)** *(boxe)* heavyweight **b)** *(camion)* heavy goods vehicle (UK) • **de poids** *(argument)* weighty **2.** *SPORT (lancer)* shot.

poignant, e *adj* poignant.

poignard *nm* dagger.

poignarder *vt* to stab.

poignée *nf* **1.** *(quantité, petit nombre)* handful **2.** *(manche)* handle. ■ **poignée de main** *nf* handshake.

poignet *nm* **1.** *ANAT* wrist **2.** *(de vêtement)* cuff.

poil *nm* **1.** *(du corps)* hair **2.** *(d'animal)* hair, coat **3.** *(de pinceau)* bristle **4.** *(de tapis)* strand **5.** *fam (peu)* • **il s'en est fallu d'un poil que je réussisse** I came within a hair's breadth of succeeding.

poilu, e *adj* hairy.

poinçon *nm* **1.** *(outil)* awl **2.** *(marque)* hallmark.

poinçonner *vt* **1.** *(bijou)* to hallmark **2.** *(billet, tôle)* to punch.

poing *nm* fist.

point *nm* **1.** *COUT (tricot)* stitch • **points de suture** *MÉD* stitches **2.** *(de ponctuation)* • **point (final)** full stop (UK), period (US) • **point d'interrogation/d'exclamation** question/exclamation mark • **points de suspension** suspension points **3.** *(petite tache)* dot • **point noir a)** *(sur la peau)* blackhead **b)** *fig (problème)* problem **4.** *(endroit)* spot, point **5.** *fig* point • **point d'appui** *(support)* something to lean on • **point culminant a)** *(en montagne)* summit **b)** *fig* climax • **point de repère a)** *(temporel)* reference point **b)** *(spatial)* landmark • **point de vente** point of sale, sale outlet • **point de vue a)** *(panorama)* viewpoint **b)** *fig (opinion, aspect)* point of view • **avoir un point commun avec qqn** to have something in common with sb **6.** *(degré)* point • **au point que, à tel point que** to such an extent that • **je ne pensais pas que cela le vexerait à ce point** I didn't think it would make him so cross • **être... au point de faire qqch** to be so... as to do sthg **7.** *fig (position)* position **8.** *(réglage)* • **mettre au point a)** *(machine)* to adjust **b)** *(idée, projet)* to finalize • **à point** *(cuisson)* just right • **à point (nommé)** just in time **9.** *(question, détail)* point, detail • **point faible** weak point **10.** *(score)* point **11.** *(douleur)* pain • **point de côté** stitch **12.** *(début)* • **être sur le point de faire qqch** to be on the point of doing sthg, to be about to do sthg **13.** *GÉOGR* • **points cardinaux** points of the compass. ❑ *adv litt & vieilli* • **ne point** not (at all). ■ **point mort** *nm AUTO* neutral • **au point mort a)** *AUTO* in neutral **b)** *fig* at a standstill.

pointe *nf* **1.** *(extrémité)* point **2.** *(de nez)* tip • **se hausser sur la pointe des pieds** to stand on tiptoe • **en pointe** pointed • **tailler en pointe** to taper • **se terminer en pointe** to taper • **pointe d'asperge** asparagus tip **3.** *(clou)* tack **4.** *(sommet)* peak, summit • **à la pointe de** *fig* at the peak of • **à la pointe de la technique** at the forefront *ou* cutting edge of technology **5.** *fig (trait d'esprit)* witticism **6.** *fig (petite quantité)* • **une pointe de** a touch of. ■ **pointes** *nfpl (danse)* points • **faire des** *ou* **les pointes** to dance on one's points. ■ **de pointe** *loc adj* **1.** *(vitesse)* maximum, top **2.** *(industrie, secteur)* leading **3.** *(technique)* latest.

pointer *vt* **1.** *(cocher)* to tick (off) **2.** *(employés - à l'entrée)* to check in ; *(- à la sortie)* to check out **3.** *(diriger)* • **pointer qqch vers** to point sthg towards *ou* toward (US) • **pointer qqch sur** to point sthg at. ❑ *vi* **1.** *(à l'usine - à l'entrée)* to clock in ; *(- à la sortie)* to clock out **2.** *(à la pétanque)* to get as close to the jack as possible **3.** *(jour)* to break.

pointillé *nm* **1.** *(ligne)* dotted line • **en pointillé a)** *(ligne)* dotted **b)** *fig (par sous-entendus)* obliquely **2.** *(perforations)* perforations *pl*.

pointilleux, euse *adj* • **pointilleux (sur)** particular (about).

pointu, e *adj* **1.** *(objet)* pointed **2.** *(voix, ton)* sharp **3.** *(étude, formation)* specialized.

pointure *nf* (shoe) size.

point-virgule *nm* semi-colon.

poire *nf* **1.** *(fruit)* pear **2.** *MÉD* • **poire à injections** syringe **3.** *fam (visage)* face **4.** *fam (naïf)* dope.

poireau *nm* leek.

poirier *nm* pear tree.

pois *nm* **1.** *BOT* pea • **pois chiche** chickpea • **petits pois** garden peas, petits pois • **pois de senteur** sweet pea **2.** *fig (motif)* dot, spot • **à pois** spotted, polka-dot.

poison *nm (substance)* poison. ❑ *nmf fam* & *fig* **1.** *(personne)* drag, pain **2.** *(enfant)* brat.

poisse *nf fam* bad luck • **porter la poisse** to be bad luck.

poisseux, euse *adj* sticky.

poisson *nm* fish • **poisson d'avril a)** *(farce)* April fool **b)** *(en papier) si vous voulez expliquer à un anglophone de quoi il s'agit, vous pouvez dire* it is a paper fish that you pin on someone's back as a joke on April Fools' Day • **poisson rouge** goldfish. ■ **Poissons** *nmpl ASTROL* Pisces *sing.*

poissonnerie *nf (boutique)* fish shop, fishmonger's (shop) **(UK)**.

poissonnier, ère *nm,f* fishmonger **(UK)**.

poitrine *nf* **1.** *(thorax)* chest **2.** *(de femme)* chest, bust.

poivre *nm* pepper • **poivre blanc** white pepper • **poivre gris, poivre noir** black pepper.

poivré, e *adj* **1.** *CULIN* peppery **2.** *(parfum)* peppery, spicy **3.** *(chanson, histoire)* spicy, racy.

poivrier *nm* pepper pot **(UK)**, pepperbox **(US)**.

poivrière *nf* = **poivrier**.

poivron *nm* pepper, capsicum • **poivron rouge/vert** red/green pepper.

poivrot, e *nm,f fam* boozer.

poker *nm* poker.

polaire *adj* polar. ❑ *nf (textile)* (polar) fleece.

polar *nm fam* thriller, whodunnit.

polarisé, e *adj* **1.** *(personne)* obsessed **2.** *(en optique)* polarized.

Polaroïd® *nm* Polaroid®.

polder *nm* polder.

pôle *nm* pole • **pôle Nord/Sud** North/South Pole.

polémique *nf* controversy. ❑ *adj (style, ton)* polemical.

poli, e *adj* **1.** *(personne)* polite **2.** *(surface)* polished.

police *nf* **1.** *(force de l'ordre)* police • **être de** *ou* **dans la police** to be in the police • **police secours** emergency services • **police technique et scientifique** *si vous voulez expliquer de quoi il s'agit à un anglophone, vous pouvez dire* this is the branch of the French police specialising in forensic investigation **2.** *(contrat)* policy • **police d'assurance** insurance policy.

> **À PROPOS DE**
> **police**
> Attention, ***police*** est en anglais un nom collectif et le verbe qui lui est associé doit toujours être au pluriel :
> • *La police passe le quartier au peigne fin à la recherche d'indices.* ***The police are combing the area searching for clues.***

polichinelle *nm (personnage)* Punch • **secret de polichinelle** *fig* open secret.

policier, ère *adj* **1.** *(de la police)* police *(avant nom)* **2.** *(film, roman)* detective *(avant nom)*. ❑ *nm,f* police officer, policeman *m*, -woman *f*.

poliment *adv* politely.

polio *nf fam* polio.

poliomyélite *nf* poliomyelitis.

polir *vt* to polish.

polisson, onne *adj* **1.** *(chanson, propos)* lewd, suggestive **2.** *(enfant)* naughty. ❑ *nm,f (enfant)* naughty child.

politesse *nf* **1.** *(courtoisie)* politeness **2.** *(action)* polite action.

politicien, enne *adj péj* politicking, politically unscrupulous. ❑ *nm,f* politician, politico.

politique *nf* **1.** *(de gouvernement, de personne)* policy **2.** *(affaires publiques)* politics *(indén)* • **faire de la politique** to be involved in politics. ❑ *adj* **1.** *(pouvoir, théorie)* political • **homme/femme politique** politician, political figure **2.** *littéraire (choix, réponse)* politic.

politiser *vt* to politicize.

pollen *nm* pollen.

polluer *vt* to pollute.

pollution *nf* pollution.

polo *nm* **1.** *(sport)* polo **2.** *(chemise)* polo shirt.

polochon *nm fam* bolster.

Pologne *nf* • **la Pologne** Poland.

> En anglais, à de rares exceptions près, il n'y a pas d'article devant les noms de pays.

polonais, e *adj* Polish. ■ **polonais** *nm (langue)* Polish. ■ **Polonais, e** *nm,f* Pole.

> En anglais, les adjectifs se rapportant à un pays ou une région ainsi que le nom désignant la langue de ce pays ou cette région, s'écrivent avec une majuscule.

poltron, onne *nm,f* coward. ❑ *adj* cowardly.

polychrome *adj* polychrome, polychromatic.

polyclinique *nf* general hospital.

polycopié, e *adj* duplicate *(avant nom)*. ■ **polycopié** *nm* duplicated lecture notes *pl*.

polyester *nm* polyester.

polygame *adj* polygamous.

polyglotte *nmf & adj* polyglot.

polygone *nm MATH* polygon.

Polynésie *nf* • **la Polynésie** Polynesia.

polype *nm* polyp.

polystyrène *nm* polystyrene.

polytechnicien, enne *nm,f* student *ou* ex-student of the École Polytechnique.

Polytechnique *npr* • **l'École Polytechnique** *si vous voulez donner une définition à un anglophone, vous pouvez dire* it is a prestigious higher-education institution that provides specialist training in engineering.

polyvalent, e *adj* **1.** *(salle)* multi-purpose **2.** *(personne)* versatile.

pommade *nf (médicament)* ointment.

pomme *nf* **1.** *(fruit)* apple • **pomme de pin** pine *ou* fir cone **2.** *(pomme de terre)* • **pommes allumettes** very thin (French) fries *ou* chips **(UK)** • **pommes frites** (French) fries, chips **(UK)** • **pommes vapeur** steamed potatoes. ■ **pomme d'Adam** *nf* Adam's apple.

pommeau *nm* **1.** *(de parapluie, de canne)* knob **2.** *(de sabre)* pommel.

pomme de terre *nf* potato • **des pommes de terre à l'eau** boiled potatoes.

pommette *nf* cheekbone.

pommier *nm* apple tree.

pompe *nf* **1.** *(appareil)* pump • **pompe à essence** petrol pump **(UK)**, gas pump **(US)** **2.** *littéraire (magnificence)* pomp, ceremony **3.** *fam (chaussure)* shoe. ■ **pompes funèbres** *nfpl* undertaker's *sing*, funeral director's *(sing)* **(UK)**, mortician's *(sing)* **(US)**.

pomper *vt (eau, air)* to pump.

pompeux, euse *adj* pompous.

pompier *nm* fireman, firefighter.

pompiste *nmf* petrol **(UK)** *ou* gas **(US)** pump attendant.

pompon *nm* pompom.

pomponner ■ **se pomponner** *vp* to get dressed up.

ponce *adj* • **pierre ponce** pumice (stone).

poncer *vt (bois)* to sand (down).

ponceuse *nf* sander, sanding machine.

ponction *nf* **1.** *(MÉD - lombaire)* puncture ; *(- pulmonaire)* tapping **2.** *fig (prélèvement)* withdrawal.

ponctualité *nf* punctuality.

ponctuation *nf* punctuation • **des signes de ponctuation** punctuation marks.

ponctuel, elle *adj* **1.** *(action)* specific, selective **2.** *(personne)* punctual.

ponctuellement *adv* punctually.

ponctuer *vt* to punctuate • **ponctuer qqch de qqch** *fig* to punctuate sthg with sthg.

pondéré, e *adj* **1.** *(personne)* level-headed **2.** *ÉCON* weighted.

pondre *vt* **1.** *(œufs)* to lay **2.** *fam & fig (projet, texte)* to produce.

pondu, e *pp* → **pondre**.

poney *nm* pony.

pont *nm* **1.** *CONSTR* bridge • **ponts et chaussées** *ADMIN* ≃ highways department **2.** *(lien)* link, connection • **pont aérien** airlift **3.** *(congé) si vous voulez expliquer à un anglophone de quoi il s'agit, vous pouvez dire* it is a extra day off that your employer gives you when there is a working day between a national holiday and a weekend **4.** *(de navire)* deck.

ponte *nf* **1.** *(action)* laying **2.** *(œufs)* clutch. ❑ *nm fam (autorité)* big shot.

pontifical, e *adj* papal.

pont-levis *nm* drawbridge.

ponton *nm (plate-forme)* pontoon.

pop *nm ou nf* pop. ❑ *adj* pop *(avant nom)*.

pop-corn *nm inv* popcorn *(indén)*.

populace *nf péj* mob.

populaire *adj* **1.** *(du peuple - volonté)* popular, of the people ; *(- quartier)* working-class ; *(- art, chanson)* folk **2.** *(personne)* popular.

populariser *vt* to popularize.

popularité *nf* popularity.

population *nf* population • **population active** working population.

porc *nm* **1.** *(animal)* pig, hog **(US)** **2.** *fam & fig (personne)* pig, swine **3.** *(viande)* pork **4.** *(peau)* pigskin.

porcelaine *nf* **1.** *(matière)* china, porcelain **2.** *(objet)* piece of china *ou* porcelain.

porc-épic *nm* porcupine.

porche *nm* porch.

porcherie *nf fam & litt* pigsty.

porcin, e *adj* **1.** *(élevage)* pig *(avant nom)* **2.** *fig & péj (yeux)* piggy.

pore *nm* pore.

poreux, euse *adj* porous.

porno *fam adj (film, magazine, scène)* porn, porno • **des photos pornos** dirty pictures. ❑ *nm* **1.** *(activité)* • **le porno a)** *(genre)* porn **b)** *(industrie)* the porn industry **2.** *(film)* porno film **(UK)**, blue movie.

pornographie *nf* pornography.

porridge *nm* porridge.

port *nm* **1.** *(lieu)* port • **port de commerce/pêche** commercial/fishing port **2.** *(fait de porter sur soi - objet)* carrying • **port d'armes** carrying of weapons ; *(- vêtement, décoration)* wearing **3.** *(transport)* carriage • **franco de port** carriage paid **4.** *INFORM* port • **port parallèle/série** parallel/serial port • **port USB** USB port.

portable *nm* **1.** *TV* portable **2.** *INFORM* laptop, portable **3.** *(téléphone)* mobile. ❑ *adj* **1.** *(vêtement)* wearable **2.** *(ordinateur, machine à écrire)* portable, laptop.

portail *nm (gén) INFORM* portal.

portant, e *adj* • **être bien/mal portant** to be in good/poor health.

portatif, ive *adj* portable.

porte *nf* **1.** *(de maison, voiture)* door • **mettre qqn à la porte** to throw sb out • **claquer la porte au nez de qqn** to slammed the door in sb's face • **porte d'entrée** front door **2.** gate **3.** *fig (de région)* gateway.

porte-à-faux *nm inv* **1.** *(roche)* overhang **2.** *CONSTR* cantilever • **en porte-à-faux a)** overhanging **b)** *CONSTR* cantilevered **c)** *fig* in a delicate situation.

porte-à-porte *nm inv* • **faire du porte-à-porte** to sell from door to door.

porte-avions *nm inv* aircraft carrier.

porte-bagages *nm inv* **1.** luggage rack **(UK)** **2.** *(de voiture)* roof rack **(UK)** **3.** *(de vélo)* bike rack.

porte-bébé *nm* baby sling, papoose.

porte-bonheur *nm inv* lucky charm.

porte-cartes *nm inv* card holder.

porte-clés, porte-clefs *nm inv* keyring.

porte-documents *nm inv* attaché *ou* document case.

portée *nf* **1.** *(de missile)* range • **à portée de** within range of • **à portée de main** within reach • **à portée de voix** within earshot • **à portée de vue** in sight • **à la portée de qqn** *fig* within sb's reach **2.** *(d'événement)* impact, significance **3.** *MUS* stave, staff **4.** *(de femelle)* litter.

porte-fenêtre *nf* French window *ou* door **(US)**.

portefeuille *nm* **1.** *(pour billets)* wallet **2.** *FIN & POLIT* portfolio • **portefeuille d'activités** business portfolio **3.** *INTERNET* • **portefeuille électronique** e-wallet.

porte-jarretelles *nm inv* suspender belt **(UK)**, garter belt **(US)**.

portemanteau *nm* **1.** *(au mur)* coat-rack **2.** *(sur pied)* coat stand.

porte-monnaie *nm inv* purse.

porte-parapluies *nm inv* umbrella stand.

porte-parole *nmf inv* spokesman, spokeswoman *f*.

porter *vt* **1.** *(gén)* to carry **2.** *(vêtement, lunettes, montre)* to wear **3.** *(barbe)* to have **4.** *(nom, date, inscription)* to bear **5.** *(inscrire)* to put down, to write down • **porté disparu** reported missing. ❑ *vi* **1.** *(remarque)* to strike home **2.** *(voix, tir)* to carry. ■ **se porter** *vp (se sentir)* • **se porter bien/mal** to be well/unwell. ❑ *v att* • **se porter garant de qqch** to guarantee sthg, to vouch for sthg • **se porter candidat à** to stand for election to **(UK)**, to run for **(US)**.

porte-savon *nm* soap dish.

porte-serviette *nm* towel rail.

porteur, euse *adj* • **marché porteur** *COMM* growth market • **mère porteuse** surrogate mother • **mur porteur** load-bearing wall. ❑ *nm, f* **1.** *(de message, nouvelle)* bringer, bearer **2.** *(de bagages)* porter **3.** *(détenteur - de papiers, d'actions)* holder ; *(- de chèque)* bearer **4.** *(de maladie)* carrier.

portier, ère *nm, f* commissionaire **(UK)**, doorman **(US)**.

portière *nf (de voiture, train)* door.

portillon *nm* barrier, gate.

portion *nf (de gâteau)* portion, helping.

portique *nm* **1.** *ARCHIT* portico **2.** *SPORT* crossbeam.

porto *nm* port.

Porto Rico, Puerto Rico *npr* Puerto Rico.

portrait *nm* **1.** portrait **2.** *PHOTO* photograph • **faire le portrait de qqn** *fig* to describe sb.

portraitiste *nmf* portrait painter.

portrait-robot *nm* Photofit® picture, Identikit® picture.

portuaire *adj* port *(avant nom)*, harbour *(avant nom)* **(UK)**, harbor *(avant un nom)* **(US)**.

portugais, e *adj* Portuguese. ■ **portugais** *nm (langue)* Portuguese. ■ **Portugais, e** *nm, f* Portuguese (person) • **les Portugais** the Portuguese.

> En anglais, les adjectifs se rapportant à un pays ou une région ainsi que le nom désignant la langue de ce pays ou cette région, s'écrivent avec une majuscule.

Portugal *nm* • **le Portugal** Portugal.

> En anglais, à de rares exceptions près, il n'y a pas d'article devant les noms de pays.

pose *nf* **1.** *(de pierre, moquette)* laying **2.** *(de papier peint, rideaux)* hanging **3.** *(position)* pose **4.** *PHOTO* exposure.

posé, e *adj* sober, steady.

poser *vt* **1.** *(mettre)* to put down • **poser qqch sur qqch** to put sthg on sthg **2.** *(installer - rideaux, papier peint)* to hang ; *(- étagère)* to put up ; *(- moquette, carrelage)* to lay **3.** *(donner à résoudre - problème, difficulté)* to pose • **poser une question** to ask a question • **poser sa candidature a)** to apply **b)** *POLIT* to stand **(UK)** *ou* run **(US)** for election. ❑ *vi* to pose. ■ **se poser** *vp* **1.** *(oiseau, avion)* to land **2.** *fig (choix, regard)* • **se poser sur** to fall on **3.** *(question, problème)* to arise, to come up.

positif, ive *adj* positive.

position *nf* position • **prendre position** *fig* to take up a position, to take a stand.

positionner *vt* to position. ■ **se positionner** *vp* to position o.s.

posologie *nf* dosage.

posséder *vt* **1.** *(détenir - voiture, maison)* to possess, to own ; *(- diplôme)* to have ; *(- capacités, connaissances)* to possess, to have **2.** *(langue, art)* to have mastered **3.** *fam (personne)* to have.

possesseur *nm* **1.** *(de bien)* possessor, owner **2.** *(de secret, diplôme)* holder.

possessif, ive *adj* possessive. ■ **possessif** *nm GRAMM* possessive.

possession *nf (gén)* possession • **être en ma/ta** *etc* **possession** to be in my/your *etc* possession.

possibilité *nf* **1.** *(gén)* possibility **2.** *(moyen)* chance, opportunity.

possible *adj* possible • **c'est/ce n'est pas possible** that's possible/impossible • **dès que** *ou* **aussitôt que possible** as soon as possible. ❑ *nm* • **faire tout son possible** to do one's utmost, to do everything possible • **dans la mesure du possible** as far as possible.
postal, e *adj* postal.
poste *nf* **1.** *(service)* post (UK), mail (US) • **envoyer/recevoir qqch par la poste** to send/receive sthg by post **2.** *(bureau)* post office • **poste restante** poste restante (UK), general delivery (US). ❑ *nm* **1.** *(emplacement)* post • **poste de police** police station • **poste de contrôle** checkpoint **2.** *(emploi)* position, post **3.** *(appareil)* • **poste de radio** radio • **poste de télévision** television (set) **4.** *TÉLÉCOM* extension.
poster[1] *nm* poster.
poster[2] *vt* **1.** *(lettre)* to post (UK), to mail (US) **2.** *(sentinelle)* to post. ■ **se poster** *vp* to position o.s., to station o.s.
postérieur, e *adj* **1.** *(date)* later, subsequent **2.** *(membre)* hind *(avant nom)*, back *(avant nom)*. ■ **postérieur** *nm fam* posterior.
posteriori ■ **a posteriori** *loc adv* a posteriori.
postérité *nf (générations à venir)* posterity.
postface *nf* postscript.
posthume *adj* posthumous.
postiche *adj* false.
postier, ère *nm, f* post-office worker.
postillon *nm (salive)* droplet of saliva.
postillonner *vi* to splutter.
Post-it® *nm inv* Post-it®, Post-it® note.
post mortem *loc adj inv & loc adv* post mortem.
postopératoire *adj* postoperative.
postproduction *nf CINÉ & TV* postproduction.
post-scriptum *nm inv* postscript.
postulant, e *nm, f (pour emploi)* applicant.
postuler *vt* **1.** *(emploi)* to apply for **2.** *PHILO* to postulate.
posture *nf* posture • **être** *ou* **se trouver en mauvaise posture** *fig* to be in a difficult position.
pot *nm* **1.** *(récipient)* pot, jar **2.** *(à eau, à lait)* jug (UK), pitcher (US) • **pot de chambre** chamber pot • **pot de fleurs** flowerpot **3.** *AUTO* • **pot catalytique** catalytic convertor *ou* converter • **pot d'échappement** exhaust (pipe) **4.** *AUTO (silencieux)* silencer (UK), muffler (US) **5.** *fam (boisson)* drink • **faire un pot** to have a drinks party (UK).
potable *adj* **1.** *(liquide)* drinkable • **eau potable** drinking water **2.** *fam (travail)* acceptable.
potage *nm* soup.
potager, ère *adj* • **jardin potager** vegetable garden • **plante potagère** vegetable. ■ **potager** *nm* kitchen *ou* vegetable garden.
potasser *vt fam* **1.** *(cours)* to swot up (UK), to bone up on (US) **2.** *(examen)* to swot up for (UK), to bone up for (US).
potassium *nm* potassium.
pot-au-feu *nm inv* ≃ beef-and-vegetable stew.
pot-de-vin *nm* bribe.
pote *nm fam* mate (UK), buddy (US).
poteau *nm* post • **poteau de but** goalpost • **poteau indicateur** signpost • **poteau télégraphique** telegraph pole (UK), telephone pole (US).
potelé, e *adj* plump, chubby.
potence *nf* **1.** *CONSTR* bracket **2.** *(de pendaison)* gallows *sing*.
potentiel, elle *adj* potential. ■ **potentiel** *nm* potential.
poterie *nf* **1.** *(art)* pottery **2.** *(objet)* piece of pottery.
potiche *nf (vase)* vase.
potier, ère *nm, f* potter.
potin *nm fam (bruit)* din. ■ **potins** *nmpl fam (ragots)* gossip *(indén)*.
potion *nf* potion.
potiron *nm* pumpkin.
pot-pourri *nm* potpourri.
pou *nm* louse.
poubelle *nf* **1.** dustbin (UK), trashcan (US) **2.** *INFORM* recycle bin.
pouce *nm* **1.** *(de main)* thumb **2.** *(de pied)* big toe **3.** *(mesure)* inch.
poudre *nf* powder • **prendre la poudre d'escampette** *fam* to make off.
poudreux, euse *adj* powdery. ■ **poudreuse** *nf* powder (snow).
poudrier *nm (boîte)* powder compact.
poudrière *nf* **1.** powder magazine **2.** *fig* powder keg.
pouf *nm* pouffe. ❑ *interj* thud!
pouffer *vi* • **pouffer (de rire)** to snigger.
pouilleux, euse *adj* **1.** *(personne, animal)* flea-ridden **2.** *(endroit)* squalid.
poulailler *nm* **1.** *(de ferme)* henhouse **2.** *fam THÉÂTRE* gods *sing*.
poulain *nm* **1.** foal **2.** *fig* protégé.
poule *nf* **1.** *ZOOL* hen **2.** *SPORT (compétition)* round robin **3.** *(rugby) (groupe)* pool.
poulet *nm* **1.** *ZOOL* chicken • **poulet fermier** free-range chicken **2.** *fam (policier)* cop.
pouliche *nf* filly.
poulie *nf* pulley.
poulpe *nm* octopus.
pouls *nm* pulse.
poumon *nm* lung.
poupe *nf* stern.
poupée *nf (jouet)* doll.
poupon *nm* **1.** *(bébé)* little baby **2.** *(jouet)* baby doll.
pouponner *vi* to play mother.

pouponnière *nf* nursery.

pour

■ **pour** *prép*

1. INDIQUE LE DESTINATAIRE

• **il ferait tout pour elle** he would do anything for her • **ce cadeau est pour lui** this gift is for him • **ce n'est pas un film pour les enfants** it is not a film for children *ou* it's not a children's film *ou* this film is not suitable for children

2. INDIQUE LA DESTINATION

• **il part pour l'étranger le mois prochain** he is going abroad next month • **il est parti pour l'Espagne hier** he left for Spain yesterday • **je voudrais un billet pour Nantes** I'd like a ticket to *ou* for Nantes

3. SUIVI D'UN INFINITIF, EXPRIME LE BUT

• **je suis venu pour vous voir** I've come to see you • **elle fait un régime pour maigrir** she's on a diet to get thinner • **j'ai fait ça pour ne pas les déranger** I did that so as not to disturb them

4. POUR DONNER SON POINT DE VUE

• **pour moi, la situation est pire qu'il ya deux ans** for my part *ou* as far as I'm concerned, the situation is worse than two years ago

5. INDIQUE LA CAUSE

• **Roland a été puni pour avoir triché** Roland was punished for cheating *ou* having cheated • **pour quelle raison ?** why? *ou* for what reason? • **il est connu pour sa gentillesse** he's known for his kindness • **on l'a félicité pour son élection** he was congratulated on his election

6. INDIQUE LA DURÉE

• **il est absent pour deux jours** he's absent for two days • **le médecin lui a donné un traitement pour six mois** the doctor gave him a six-month treatment

7. INDIQUE UNE DATE LIMITE

• **sa voiture doit être prête pour demain** his car must be ready for tommorrow *ou* by tomorrow

8. EN FAVEUR DE

• **je suis pour cette nouvelle mesure** I'm in favour (UK) *ou* favor (US) of this new measure • **ils manifestent pour la paix** they're demonstrating for peace

9. À L'ÉGARD DE

• **j'ai de l'affection pour lui** I'm fond of him

10. INDIQUE UNE PROPORTION

• **il y a trois filles pour deux garçons dans la classe** there are three girls for two boys in the class

11. EN ÉCHANGE DE

• **j'ai eu cette robe pour 15 euros** I got this dress for 15 euros

12. À LA PLACE DE, AU NOM DE

• **peux-tu signer pour moi ?** can you sign for me *ou* in my place? • **il a parlé pour nous tous** he spoke on behalf of all of us *ou* on our behalf *ou* for all of us

■ **pour** *adv*

• **je suis pour !** I'm (all) for it!

■ **pour** *nm*

• **le pour et le contre** the pros and cons *pl*

■ **pour que** *loc conj*

• **ils se sacrifient pour que leurs enfants puissent faire des études** they make sacrifices so that their children can go to university

pourboire *nm* tip • **trois euros de pourboire** a three-euro tip.

pourcentage *nm* percentage.

pourparlers *nmpl* talks.

pourpre *nm & adj* crimson.

pourquoi *adv* why • **pourquoi pas ?** why not? • **c'est pourquoi...** that's why... • **je ne comprends pas pourquoi** I don't understand why. ❑ *nm inv* • **le pourquoi (de)** the reason (for).

pourri, e *adj* **1.** *(fruit)* rotten **2.** *(personne, milieu)* corrupt **3.** *(enfant)* spoiled rotten, ruined.

pourrir *vt* **1.** *(matière, aliment)* to rot, to spoil **2.** *(enfant)* to ruin, to spoil rotten. ❑ *vi* **1.** *(matière)* to rot **2.** *(fruit, aliment)* to go rotten *ou* bad.

pourriture *nf* **1.** *(d'aliment)* rot **2.** *fig (de personne, de milieu)* corruption **3.** *injur (personne)* bastard.

poursuite *nf* **1.** *(de personne)* chase **2.** *(d'argent, de vérité)* pursuit **3.** *(de négociations)* continuation. ■ **poursuites** *nfpl* DR (legal) proceedings.

poursuivi, e *pp* → **poursuivre**.

poursuivre *vt* **1.** *(voleur)* to pursue, to chase **2.** *(gibier)* to hunt **3.** *(rêve, vengeance)* to pursue **4.** *(enquête, travail)* to carry on with, to continue **5.** DR *(criminel)* to prosecute **6.** *(voisin)* to sue. ❑ *vi* to go on, to carry on.

pourtant *adv* nevertheless, even so • **et pourtant il avait dit qu'il le ferait** and yet he said that he would do it.

pourtour *nm* perimeter.

pourvoi *nm* DR appeal.

pourvoir *vt* • **pourvoir qqn de** to provide sb with • **pourvoir qqch de** to equip *ou* fit sthg with. ❑ *vi* • **pourvoir à** to provide for.

pourvu, e *pp* → **pourvoir**. ■ **pourvu que** *loc conj* **1.** *(condition)* providing, provided (that) **2.** *(souhait)* let's hope (that).

pousse *nf* **1.** *(croissance)* growth **2.** *(bourgeon)* shoot **3.** ÉCON • **jeune pousse** start-up.

poussé, e *adj* **1.** *(travail)* meticulous **2.** *(moteur)* souped-up.

pousse-café *nm inv fam* liqueur.

poussée *nf* **1.** *(pression)* pressure **2.** *(coup)* push **3.** *(de fièvre, inflation)* rise.

pousse-pousse *nm inv* **1.** *(voiture)* rickshaw **2.** (SUISSE) *(poussette)* pushchair.

pousser *vt* **1.** *(personne, objet)* to push **2.** *(moteur, voiture)* to drive hard **3.** *(recherches, études)* to carry on, to continue **4.** *(cri, soupir)* to give **5.** *(inciter)* • **pousser qqn à faire qqch** to urge sb to do sthg **6.** *(au crime, au suicide)* • **pousser qqn à** to drive sb to. ❑ *vi* **1.** *(exercer une pression)* to push **2.** *(croître)* to grow • **tu te laisses pousser les cheveux ?** are you letting your hair grow?, are you growing your hair? **3.** *fam (exagérer)* to overdo it. ■ **se pousser** *vp* to move up.

poussette *nf* pushchair (UK), stroller (US).

poussière *nf (gén)* dust.

poussiéreux, euse *adj* **1.** *(meuble)* dusty **2.** *fig (organisation)* old-fashioned.

poussif, ive *adj fam* wheezy.

poussin *nm* ZOOL chick. ❑ *nmf* SPORT under-11.

poutre *nf* beam.

poutrelle *nf* girder.

pouvoir *nm* **1.** *(gén)* power • **pouvoir d'achat** purchasing power • **les pouvoirs publics** the authorities **2.** DR proxy, power of attorney. ❑ *vt* **1.** *(avoir la possibilité de, parvenir à)* • **pouvoir faire qqch** to be able to do sthg • **je ne peux pas venir ce soir** I can't come tonight • **pouvez-vous... ?** can you...?, could you...? • **je n'en peux plus a)** *(exaspéré)* I'm at the end of my tether **b)** *(fatigué)* I'm exhausted • **je/tu n'y peux rien** there's nothing I/you can do about it • **tu aurais pu me le dire !** you might have *ou* could have told me! **2.** *(avoir la permission de)* • **je peux prendre la voiture ?** can I borrow the car? • **aucun élève ne peut partir** no pupil may leave **3.** *(indiquant l'éventualité)* • **il peut pleuvoir** it may rain • **vous pourriez rater votre train** you could *ou* might miss your train. ■ **se pouvoir** *v impers* • **il se peut que je me trompe** I may be mistaken • **cela se peut/pourrait bien** that's quite possible.

À PROPOS DE

pouvoir

May I smoke in here? et ***can I smoke in here?*** ont tous deux la même signification, mais ***may*** appartient à un registre de langue un peu plus soutenu.

Can n'existe qu'au présent et au conditionnel (***could***). On forme les autres temps à partir de l'expression ***be able to*** (***I can't do it now, but maybe I'll* be able to *on Sunday***).

On peut tout de même utiliser ***could*** comme passé de ***can***, lorsque l'on veut parler de choses que l'on était capable de faire, de façon générale, dans le passé (***at one time, I could run 100 mètres in 11 seconds***, *avant, je courais le 100 mètres en 11 secondes*). Normalement, ***could*** ne sert pas à parler de ce que l'on a eu la possibilité de faire a un moment donné du passé ; il faut employer ***be able to*** à la place (***he was able to visit him last week***, *elle a pu lui rendre visite la semaine dernière*).

Voir aussi ***can*** dans la partie anglais-français du dictionnaire.

pragmatique *adj* pragmatic.

Prague *npr* Prague.

praire *nf* clam.

prairie *nf* **1.** meadow **2.** *(aux États-Unis)* prairie.

praline *nf* **1.** *(amande)* sugared almond **2.** (BELGIQUE) *(chocolat)* chocolate.

praliné *nm si vous voulez expliquer de quoi il s'agit à un anglophone, vous pouvez dire* it is an almond-flavoured sponge cake covered with praline.

praticable *adj* **1.** *(route)* passable **2.** *(plan)* feasible, practicable.

praticien, enne *nm, f* **1.** practitioner **2.** MÉD medical practitioner.

pratiquant, e *adj* practising (UK), practicing (US).

pratique *nf* **1.** *(expérience)* practical experience **2.** *(usage)* practice • **mettre qqch en pratique** to put sthg into practice. ❑ *adj* **1.** practical **2.** *(gadget, outil)* handy.

pratiquement *adv* **1.** *(en fait)* in practice **2.** *(quasiment)* practically.

pratiquer *vt* **1.** *(métier)* to practise (UK), to practice (US) **2.** *(sport)* to do **3.** *(jeu de ballon)* to play **4.** *(méthode)* to apply **5.** *(ouverture)* to make. ❑ *vi* RELIG to be a practising (UK) *ou* practicing (US) Christian/Jew/Muslim *etc.* ■ **se pratiquer** *vp* **1.** SPORT to be played **2.** *(politique, tradition)* to be the practice **3.** *(prix)* to apply.

pré *nm* meadow.

préalable *adj* prior, previous. ❑ *nm* precondition. ■ **au préalable** *loc adv* first, beforehand.

préambule *nm* **1.** *(introduction, propos)* preamble • **sans préambule** immediately **2.** *(prélude)* • **préambule de** prelude to.

préau *nm (d'école)* (covered) play area.

préavis *nm inv* advance notice *ou* warning.

précaire *adj (incertain)* precarious.

précariser *vt* to make (sthg) less secure *ou* stable • **précariser l'emploi** to threaten job security • **la crise a précarisé leur situation** the recession has made them more vulnerable.

précaution *nf* **1.** *(prévoyance)* precaution • **par précaution** as a precaution • **prendre des précautions** to take precautions **2.** *(prudence)* caution.

précédent, e *adj* previous. ■ **précédent** *nm* precedent • **sans précédent** unprecedented.

précéder *vt* **1.** *(dans le temps - gén)* to precede ; *(- sujet : personne)* to arrive before **2.** *(marcher devant)* to go in front of **3.** *fig (devancer)* to get ahead of.

précepte *nm* precept.

précepteur, trice *nm,f* (private) tutor.

préchauffer *vt* to preheat.

prêcher *vt & vi* to preach.

précieux, euse *adj* **1.** *(pierre, métal)* precious **2.** *(objet)* valuable **3.** *(collaborateur)* invaluable, valued **4.** *(style)* precious, affected.

précipice *nm* precipice.

précipitation *nf* **1.** *(hâte)* haste **2.** CHIM precipitation. ■ **précipitations** *nfpl* MÉTÉOR precipitation *(indén)*.

précipité, e *adj* **1.** *(pressé - pas)* hurried ; *(- fuite)* headlong **2.** *(rapide - respiration)* rapid • **tout cela a été si précipité** it all happened so fast **3.** *(hâtif - retour)* hurried, hasty ; *(- décision)* hasty, rash. ■ **précipité** *nm* precipitate.

précipiter *vt* **1.** *(objet, personne)* to throw, to hurl • **précipiter qqn/qqch du haut de** to throw sb/sthg off, to hurl sb/sthg off **2.** *(départ)* to hasten. ■ **se précipiter** *vp* **1.** *(se jeter)* to throw o.s., to hurl o.s. **2.** *(s'élancer)* • **se précipiter (vers qqn)** to rush *ou* hurry (towards sb) **3.** *(s'accélérer - gén)* to speed up ; *(- choses, événements)* to move faster.

précis, e *adj* **1.** *(exact)* precise, accurate **2.** *(fixé)* definite, precise. ■ **précis** *nm* handbook.

précisément *adv* precisely, exactly.

préciser *vt* **1.** *(heure, lieu)* to specify **2.** *(pensée)* to clarify. ■ **se préciser** *vp* to become clear.

précision *nf* **1.** *(de style, d'explication)* precision **2.** *(détail)* detail.

précoce *adj* **1.** *(plante, fruit)* early **2.** *(enfant)* precocious.

préconçu, e *adj* preconceived.

préconiser *vt* to recommend • **préconiser de faire qqch** to recommend doing sthg.

précurseur *nm* precursor, forerunner. ❑ *adj m* precursory.

prédateur, trice *adj* predatory. ❑ *nm,f* predator.

prédécesseur *nm* predecessor.

prédestiner *vt* to predestine • **être prédestiné à qqch/à faire qqch** to be predestined for sthg/to do sthg.

prédicateur, trice *nm,f* preacher.

prédiction *nf* prediction.

prédilection *nf* partiality • **avoir une prédilection pour** to have a partiality *ou* liking for.

prédire *vt* to predict.

prédit, e *pp* → **prédire**.

prédominer *vt* to predominate.

préfabriqué, e *adj* **1.** *(maison)* prefabricated **2.** *(accusation, sourire)* false. ■ **préfabriqué** *nm* prefabricated material.

préface *nf* preface.

préfectoral, e *adj* prefectorial.

préfecture *nf* prefecture.

préférable *adj* preferable.

préféré, e *adj & nm,f* favourite (UK), favorite (US) • **elle a ses préférés** she has her favourites.

préférence *nf* preference • **de préférence** preferably.

préférentiel, elle *adj* preferential.

préférer *vt* • **préférer qqn/qqch (à)** to prefer sb/sthg (to) • **je préfère rentrer** I would rather go home, I would prefer to go home • **je préfère ça !** I like that better!, I prefer that!

préfet, ète *nm,f* prefect.

préfixe *nm* prefix.

préhistoire *nf* prehistory.

préhistorique *adj* prehistoric.

préinscription *nf* preregistration.

préjudice *nm* harm *(indén)*, detriment *(indén)* • **porter préjudice à qqn** to harm sb.

préjugé *nm* • **préjugé (contre)** prejudice (against) • **avoir des préjugés** to be prejudiced.

prélasser ■ **se prélasser** *vp* to lounge.

prélat *nm* prelate.

prélavage *nm* pre-wash.

prélèvement *nm* **1.** MÉD removal **2.** *(de sang)* sample **3.** FIN deduction • **prélèvement automatique** direct debit (UK) • **prélèvement mensuel** monthly standing order (UK) • **prélèvements obligatoires** tax and social security contributions.

prélever *vt* **1.** FIN • **prélever de l'argent (sur)** to deduct money (from) **2.** MÉD to remove • **prélever du sang** to take a blood sample.

préliminaire *adj* preliminary. ■ **préliminaires** *nmpl* **1.** *(de paix)* preliminary talks **2.** *(de discours)* preliminaries.

prématuré, e *adj* premature. ❑ *nm,f* premature baby.

préméditation *nf* premeditation • **avec préméditation a)** *(meurtre)* premeditated **b)** *(agir)* with premeditation.

premier, ère *adj* **1.** *(gén)* first **2.** *(étage)* first (UK), second (US) **3.** *(qualité)* top **4.** *(état)* original. ❑ *nm,f* first • **jeune premier** CINÉ leading man. ■ **premier** *nm (étage)* first floor (UK), second floor (US). ■ **première** *nf* **1.** CINÉ première **2.** THÉÂTRE première, first night **3.** *(exploit)* first **4.** *(première classe)* first class **5.** SCOL ≃ lower sixth year *ou* form (UK) ; ≃ eleventh grade (US) **6.** AUTO first (gear). ■ **premier de l'an** *nm* • **le premier de l'an** New Year's Day. ■ **en premier** *loc adv* first, firstly.

premièrement *adv* first, firstly.

prémolaire *nf* premolar.

prémonition *nf* premonition.
prémunir *vt* • **prémunir qqn (contre)** to protect sb (against). ■ se prémunir *vp* to protect o.s. • **se prémunir contre qqch** to guard against sthg.
prénatal, e *adj* **1.** antenatal, prenatal (US) **2.** *(allocation)* maternity *(avant nom)*.

prendre

■ prendre *vt*

1. ATTRAPER, SAISIR
• **prends ça, c'est pour toi** take this, it's for you • **il l'a pris dans le placard** he took it out of the cupboard

2. EMPRUNTER, VOLER
• **il m'a pris ma montre** he took my watch off *ou* away from me • **un voleur lui a pris son sac** a thief has taken *ou* stolen her bag *ou* has robbed her of her bag

3. REPAS, BOISSON
• **vous prendrez quelque chose ?** would you like something to eat/drink? • **je prends mon petit déjeuner à 7 h 30** I have breakfast at 7.30

4. ALLER CHERCHER
• **prends du pain en rentrant** get some bread on your way home • **ma mère est passée me prendre à la gare** my mother collected me from *ou* picked me up at the station • **peux-tu passer me prendre à mon bureau ?** can you call for me at my office?

5. ATTRAPER, SURPRENDRE
• **se faire prendre** to get caught • **le voleur s'est fait prendre** the robber was *ou* got caught • **je l'ai pris sur le fait** I caught him red-handed *ou* in the act • **je vous y prends !** caught you!

6. POIDS
• **il a encore pris du poids** he has gained weight again *ou* put on weight again

7. TEMPS
• **ce travail prend beaucoup de temps mais il est intéressant** this work takes a lot of time but it's interesting • **le voyage a pris des heures** the trip took hours *ou* ages • **calme-toi ! ça ne prendra pas longtemps** calm down! it won't be long

8. INTERPRÉTER
• **il a très mal pris ma remarque** he took my remark very badly *ou* he didn't take my remark kindly • **si vous le prenez ainsi, nous ferions mieux de cesser notre discussion** if that's how you want it, we'd better stop our discussion

9. MANIER
• **nous savons le prendre maintenant** we know how to handle *ou* approach *ou* get round him now • **il est très agréable mais il faut savoir le prendre** he's very nice but one has to keep on the right side of him • **il n'y a qu'une façon de prendre le problème** there's only one way to deal with the problem *ou* to tackle the problem *ou* to go about the problem

■ prendre *vi*

1. PASSER DE L'ÉTAT LIQUIDE À L'ÉTAT PÂTEUX OU SOLIDE
• **fais attention ! le ciment prend très vite** be careful! the concrete sets very fast

2. PLANTE, GREFFE
• **la bouture a bien pris** the slip has taken well • **la greffe n'a pas pris** the graft didn't take

3. MODE
• **cette mode a pris à Paris** this fashion caught on in Paris

4. FEU, INCENDIE FEU, INCENDIE
• **la maison a pris feu** the house caught on fire • **le feu ne veut pas prendre** the fire won't start

5. SE DIRIGER
• **prends à droite après le cinéma** turn right after the cinema

■ se prendre *vp*

SE CONSIDÉRER
• **pour qui se prend-il ?** who does he think he is?

■ s'en prendre *vp*

1. PHYSIQUEMENT
• **s'en prendre à qqn** to set about sb (UK)

2. VERBALEMENT
• **s'en prendre à qqn** to take it out on sb

■ s'y prendre *vp*

• **je sais comment m'y prendre** I know how to do it *ou* go about it

prénom *nm* first name.
prénommer *vt* to name, to call. ■ se prénommer *vp* to be called.
prénuptial, e *adj* premarital.
préoccupant, e *adj* preoccupying.
préoccupation *nf* preoccupation.
préoccuper *vt* to preoccupy. ■ se préoccuper *vp* • **se préoccuper de qqch** to be worried about sthg.
préparatifs *nmpl* preparations.
préparation *nf* preparation.
préparer *vt* **1.** *(gén)* to prepare **2.** *(plat, repas)* to cook, to prepare • **préparer qqn à qqch** to prepare sb for sthg **3.** *(réserver)* • **préparer qqch à qqn** to have sthg in store for sb **4.** *(congrès)* to organize. ■ se préparer *vp* **1.** *(personne)* • **se**

préparer à qqch/à faire qqch to prepare for sthg/to do sthg **2.** *(tempête)* to be brewing.

prépayer *vt* to prepay • **'port prépayé'** 'postage paid'.

prépondérant, e *adj* dominating.

préposé, e *nm, f* **1.** (minor) official **2.** *(de vestiaire)* attendant **3.** *(facteur)* postman, postwoman *f* (UK), mailman (US), mail *ou* letter carrier (US) • **préposé à qqch** person in charge of sthg.

préposition *nf* preposition.

prépuce *nm* foreskin.

préretraite *nf* **1.** early retirement **2.** *(allocation)* early retirement pension.

prérogative *nf* prerogative.

près *adv* near, close • **j'habite tout près** I live very nearby. ■ **à ceci près que, à cela près que** *loc conj* except that, apart from the fact that. ■ **à peu près** *loc adv* more or less, just about • **il est à peu près cinq heures** it's about five o'clock. ■ **à... près** *loc adv* • **à dix centimètres près** to within ten centimetres • **il n'en est pas à un ou deux jours près** a day or two more or less won't make any difference. ■ **de près** *loc adv* closely • **regarder qqch de près** to watch sthg closely. ■ **près de** *loc prép* **1.** *(dans l'espace)* near, close to **2.** *(dans le temps)* close to **3.** *(presque)* nearly, almost.

présage *nm* omen.

présager *vt* **1.** *(annoncer)* to portend **2.** *(prévoir)* to predict.

presbyte *nmf* longsighted person (UK), farsighted person (US). ❑ *adj* longsighted (UK), farsighted (US).

presbytère *nm* presbytery.

presbytie *nf* longsightedness (UK), farsightedness (US).

prescription *nf* **1.** MÉD prescription **2.** DR limitation.

prescrire *vt* **1.** *(mesures, conditions)* to lay down, to stipulate **2.** MÉD to prescribe.

prescrit, e *pp* → **prescrire**.

préséance *nf* precedence.

présélection *nf* **1.** preselection **2.** *(pour concours)* making a list of finalists, shortlisting (UK).

présence *nf* **1.** *(gén)* presence • **en présence** face to face • **en présence de** in the presence of **2.** *(compagnie)* company *(indén)* **3.** *(assiduité)* attendance • **feuille de présence** attendance sheet. ■ **présence d'esprit** *nf* presence of mind.

présent, e *adj (gén)* present • **le présent ouvrage** this work • **la présente loi** this law • **avoir qqch présent à l'esprit** to remember sthg. ■ **présent** *nm* **1.** *(gén)* present • **à présent** at present • **à présent que** now that • **jusqu'à présent** up to now, so far • **dès à présent** right away **2.** GRAMM • **le présent** the present tense.

présentable *adj (d'aspect)* presentable.

présentateur, trice *nm, f* presenter (UK), anchorman, anchorwoman *f*.

présentation *nf* **1.** *(de personne)* • **faire les présentations** to make the introductions **2.** *(aspect extérieur)* appearance **3.** *(de papiers, de produit, de film)* presentation **4.** *(de magazine)* layout.

S'EXPRIMER

faire les présentations

- ***Let me introduce myself: my name is…*** Je me présente : je m'appelle…
- ***My name is Daniel.*** Je m'appelle Daniel.
- ***This is Mrs Thomas.*** Je te présente Mme Thomas.
- ***It's a pleasure!*** Enchanté(e) !
- ***Pleased to meet you!*** Ravi de faire votre connaissance !

présenter *vt* **1.** *(gén)* to present **2.** *(projet)* to present, to submit **3.** *(invité)* to introduce **4.** *(condoléances, félicitations, avantages)* to offer **5.** *(hommages)* to pay • **présenter qqch à qqn** to offer sb sthg. ■ **se présenter** *vp* **1.** *(se faire connaître)* • **se présenter (à)** to introduce o.s. (to) **2.** *(être candidat)* • **se présenter à** to stand in (UK), to run in (US) • **se présenter aux présidentielles** to run for president **3.** *(examen)* to sit (UK), to take • **se présenter pour un poste** to apply for a job **4.** *(paraître)* to appear **5.** *(occasion, situation)* to arise, to present itself **6.** *(affaire, contrat)* • **se présenter bien/mal** to look good/bad.

présentoir *nm* display stand.

préservatif *nm* condom.

préserver *vt* to preserve. ■ **se préserver** *vp* • **se préserver de** to protect o.s. from.

présidence *nf* **1.** *(de groupe)* chairmanship **2.** *(d'État)* presidency.

président, e *nm, f* **1.** *(d'assemblée)* chairman, chairwoman *f* **2.** *(d'État)* president • **président de la République** President (of the Republic) of France **3.** DR *(de tribunal)* presiding judge **4.** *(de jury)* foreman, forewoman *f*. ■ **président-directeur général, présidente-directrice générale** *nm, f* (Chairman *ou* Chairwoman and) Managing Director (UK), President and Chief Executive Officer (US).

présider *vt* **1.** *(réunion)* to chair **2.** *(banquet, dîner)* to preside over. ❑ *vi* • **présider à a)** to be in charge of **b)** *fig* to govern, to preside at.

présomption *nf* **1.** *(hypothèse)* presumption **2.** DR presumption • **présomption d'innocence** presumption of innocence.

présomptueux, euse *adj* presumptuous.

presque *adv* almost, nearly • **on n'a presque pas travaillé aujourd'hui** we hardly did any work today • **presque rien** next to nothing, scarcely anything • **presque jamais** hardly ever.

presqu'île *nf* peninsula.

pressant, e *adj* pressing.

press-book *nm* portfolio.

presse *nf* **1.** *(journaux)* press **2.** *(d'imprimerie)* press.

pressé, e *adj* **1.** *(travail)* urgent **2.** *(personne)* • **être pressé** to be in a hurry **3.** *(citron, orange)* freshly squeezed.

presse-agrumes *nm* electric (orange or lemon) squeezer.

presse-citron *nm inv* lemon squeezer.

presse-fruits *nm* juicer.

pressentiment *nm* premonition.

pressentir *vt (événement)* to have a premonition of.

presse-papiers *nm inv* paperweight.

presser *vt* **1.** *(écraser - olives)* to press ; *(- citron, orange)* to squeeze **2.** *(bouton)* to press, to push **3.** *sout (harceler)* • **presser qqn de faire qqch** to press sb to do sthg **4.** *(faire se hâter)* • **presser le pas** to speed up, to walk faster. ■ **se presser** *vp* **1.** *(se dépêcher)* to hurry (up) **2.** *(s'agglutiner)* • **se presser (autour de)** to crowd (around) **3.** *(se serrer)* to huddle.

pressing *nm (établissement)* dry cleaner's.

pression *nf* **1.** *(gén)* pressure • **exercer une pression sur qqch** to exert pressure on sthg • **sous pression a)** *fig (liquide)* under pressure **b)** *(cabine)* pressurized **2.** *(sur vêtement)* press stud (UK), popper (UK), snap fastener (US) **3.** *(bière)* draught (UK) *ou* draft (US) beer.

pressoir *nm* **1.** *(machine)* press **2.** *(lieu)* press house.

pressurer *vt* **1.** *(objet)* to press, to squeeze **2.** *fig (contribuable)* to squeeze.

prestance *nf* bearing • **avoir de la prestance** to have presence.

prestataire *nmf* **1.** *(bénéficiaire)* person in receipt of benefit, claimant **2.** *(fournisseur)* provider • **prestataire de service** service provider.

prestation *nf* **1.** *(allocation)* benefit (UK) • **prestation en nature** payment in kind **2.** *(de comédien)* performance.

preste *adj littéraire* nimble.

prestidigitateur, trice *nm, f* conjurer.

prestige *nm* prestige.

prestigieux, euse *adj (réputé)* prestigious.

présumer *vt* to presume, to assume • **être présumé coupable/innocent** to be presumed guilty/innocent. ❑ *vi* • **présumer de qqch** to overestimate sthg.

prêt, e *adj* ready • **prêt à qqch/à faire qqch** ready for sthg/to do sthg • **prêts ? partez !** *SPORT* get set, go!, ready, steady, go! (UK). ■ **prêt** *nm* **1.** *(action)* lending *(indén)* **2.** *(somme)* loan • **prêt bancaire** bank loan.

prêt-à-porter *nm* ready-to-wear clothing *(indén)*.

prétendant, e *nm, f (au trône)* pretender.

prétendre *vt* **1.** *(affecter)* • **prétendre faire qqch** to claim to do sthg **2.** *(affirmer)* • **prétendre que** to claim (that), to maintain (that).

> FAUX AMIS
>
> **prétendre**
>
> *Prétendre* ne se traduit pas par ***to pretend***, bien que les deux orthographes se ressemblent et que les deux mots soient liés à la notion de fausseté (prouvée ou non). La traduction correcte est ***to claim***, comme dans *elle prétend que son enfant sait déjà marcher*, ***she claims her child can already walk. To pretend***, quant à lui, veut dire *faire semblant*. Ainsi, ***he's not ill, he's just pretending!*** équivaut à *il n'est pas malade, il* ***fait semblant***, *c'est tout !*.

prétendu, e *pp* → **prétendre**. ❑ *adj (avant nom)* so-called.

prête-nom *nm* front man.

prétentieux, euse *adj* pretentious.

prétention *nf* **1.** *(suffisance)* pretentiousness **2.** *(ambition)* pretension, ambition • **avoir la prétention de faire qqch** to claim *ou* pretend to do sthg. ■ **prétentions** *nfpl* **1.** *(exigences)* claims • **avoir des prétentions sur un héritage/une propriété** to lay claim to an inheritance/a property **2.** *(financières)* • **prétentions (de salaire)** expected salary, target earnings • **vos prétentions sont trop élevées** you're asking for too high a salary • **envoyez une lettre spécifiant vos prétentions** send a letter specifying your salary expectations.

prêter *vt* **1.** *(fournir)* • **prêter qqch (à qqn) a)** *(objet, argent)* to lend (sb) sthg **b)** *fig (concours, appui)* to lend (sb) sthg, to give (sb) sthg **2.** *(attribuer)* • **prêter qqch à qqn** to attribute sthg to sb. ■ **se prêter** *vp* • **se prêter à a)** *(participer à)* to go along with **b)** *(convenir à)* to fit, to suit.

> À PROPOS DE
>
> **prêter à**
>
> • *prêter qqch à qqn* ***lend sthg to sb*** *ou* ***lend sb sthg***
>
> Il faut noter la construction à double complément qui en anglais peut prendre deux formes dont le sens est le même :
>
> 1. une structure identique à celle du français : verbe + COD + préposition + COI ***lend sthg to sb***
>
> 2. une structure qui diffère de celle du français, sans préposition, et dans laquelle l'ordre des compléments est inversé : verbe + COI + COD ***lend sb sthg***
>
> • *Ils nous ont prêté leur appartement.* ***They lent their flat to us*** *ou* ***They lent us their flat***.

prétérit *nm* preterite.

prêteur, euse *nm,f* • **prêteur sur gages** pawnbroker.

prétexte *nm* pretext, excuse • **sous prétexte de faire qqch/que** on the pretext of doing sthg/that, under the pretext of doing sthg/that • **sous aucun prétexte** on no account.

prétexter *vt* to give as an excuse.

prétimbré, e *adj* prepaid.

prêtre *nm* priest.

preuve *nf* **1.** *(gén)* proof **2.** DR evidence **3.** *(témoignage)* sign, token • **faire preuve de qqch** to show sthg • **faire ses preuves** to prove o.s./itself.

prévaloir *vi (dominer)* • **prévaloir (sur)** to prevail (over). ■ **se prévaloir** *vp* • **se prévaloir de** to boast about.

prévalu *pp inv* → **prévaloir**.

prévenance *nf (attitude)* thoughtfulness, consideration.

prévenant, e *adj* considerate, attentive.

prévenir *vt* **1.** *(employé, élève)* • **prévenir qqn (de)** to warn sb (about) **2.** *(police)* to inform **3.** *(désirs)* to anticipate **4.** *(maladie)* to prevent.

préventif, ive *adj* **1.** *(mesure, médecine)* preventive **2.** DR • **être en détention préventive** to be on remand.

prévention *nf* **1.** *(protection)* • **prévention (contre)** prevention (of) • **prévention routière** road safety (measures) **2.** DR remand.

prévenu, e *pp* → **prévenir**. ❑ *nm,f* accused, defendant.

prévision *nf* **1.** forecast, prediction • **les prévisions météorologiques** the weather forecast **2.** *(de coûts)* estimate **3.** ÉCON forecast. ■ **en prévision de** *loc prép* in anticipation of.

prévoir *vt* **1.** *(s'attendre à)* to expect **2.** *(prédire)* to predict **3.** *(anticiper)* to foresee, to anticipate **4.** *(programmer)* to plan • **comme prévu** as planned, according to plan.

prévoyant, e *adj* provident.

prévu, e *pp* → **prévoir**.

prier *vt* **1.** RELIG to pray to **2.** *(implorer)* to beg • **(ne pas) se faire prier (pour faire qqch)** (not) to need to be persuaded (to do sthg) • **je vous en prie a)** *(de grâce)* please, I beg you **b)** *(de rien)* don't mention it, not at all **3.** *(demander)* • **prier qqn de faire qqch** to request sb to do sthg. ❑ *vi* RELIG to pray.

prière *nf* **1.** (RELIG *- recueillement)* prayer *(indén)*, praying *(indén)* ; *(- formule)* prayer **2.** *(demande)* entreaty • **prière de frapper avant d'entrer** please knock before entering.

primaire *adj* **1.** *(premier)* • **études primaires** primary education *(indén)* **2.** *péj (primitif)* limited.

primate *nm* **1.** ZOOL primate **2.** *fam (brute)* gorilla.

prime *nf* **1.** *(d'employé)* bonus • **prime d'intéressement** profit-related bonus **2.** *(allocation - de déménagement, de transport)* allowance (UK) ; *(- à l'exportation)* incentive **3.** *(d'assurance)* premium. ❑ *adj* **1.** *(premier)* • **de prime abord** at first glance • **de prime jeunesse** in the first flush of youth **2.** MATH prime.

primer *vi* to take precedence, to come first. ❑ *vt* **1.** *(être supérieur à)* to take precedence over **2.** *(récompenser)* to award a prize to • **le film a été primé au festival** the film won an award at the festival.

prime time *nm* TV prime time • **une émission diffusée en prime time** a programme broadcast in prime time.

primeur *nf* immediacy • **avoir la primeur de qqch** to be the first to hear sthg. ■ **primeurs** *nfpl* early produce *(indén)*.

primevère *nf* primrose.

primitif, ive *adj* **1.** *(gén)* primitive **2.** *(aspect)* original. ❑ *nm,f* primitive.

primo *adv* firstly.

primo-accédant, e *nm,f* first-time buyer.

primordial, e *adj* essential.

prince *nm* prince • **le prince de Galles** the Prince of Wales • **le Prince Charmant** Prince Charming.

princesse *nf* princess.

princier, ère *adj* princely.

principal, e *adj (gén)* main, principal. ■ **principal** *nm (important)* • **le principal** the main thing. ■ **principal, e** *nm,f* SCOL headmaster, headmistress *f* (UK), principal (US).

principalement *adv* mainly, principally.

principauté *nf* principality.

principe *nm* principle • **par principe** on principle. ■ **en principe** *loc adv* theoretically, in principle.

printanier, ère *adj (temps)* spring-like.

printemps *nm* **1.** *(saison)* spring • **au printemps** in spring, in the spring **2.** *litt (année)* • **avoir 20 printemps** to be 20.

prion *nm* BIOL & MÉD prion.

priori ■ **a priori** *loc adv* in principle. ❑ *nm inv* initial reaction.

prioritaire *adj* **1.** *(industrie, mesure)* priority *(avant nom)* **2.** AUTO with right of way.

priorité *nf* **1.** *(importance primordiale)* priority • **en priorité** first • **donner** *ou* **accorder la priorité à qqch** to prioritize sthg, to give priority to sthg **2.** AUTO right of way • **priorité à droite** give way to the right.

pris, e *pp* → **prendre**. ❑ *adj* **1.** *(place)* taken **2.** *(personne)* busy **3.** *(mains)* full **4.** *(nez)* blocked **5.** *(gorge)* sore. ■ **prise** *nf* **1.** *(sur barre, sur branche)* grip, hold • **lâcher prise a)** to let go **b)** *fig* to give up **2.** *(action de prendre - ville)* seizure, capture • **prise en charge** *- par Sécurité sociale)* (guaranteed) reimbursement • **prise d'otages** hostage taking • **prise de sang** blood test • **prise de**

vue shot • **prise de vue** *ou* **vues** *- action)* filming, shooting **3.** *(à la pêche)* haul **4.** ÉLECTR • **prise (de courant) a)** *(mâle)* plug **b)** *(femelle)* socket **5.** *(de judo)* hold.

prisme *nm* prism.

prison *nf* **1.** *(établissement)* prison, jail **2.** *(réclusion)* imprisonment.

prisonnier, ère *nm, f* prisoner • **faire qqn prisonnier** to take sb prisoner, to capture sb. ❑ *adj* **1.** imprisoned **2.** *fig* trapped.

privation *nf* deprivation. ■ **privations** *nfpl* privations, hardships.

privatisation *nf* privatization.

privatiser *vt* to privatize.

privé, e *adj* private. ■ **privé** *nm* **1.** ÉCON private sector **2.** *(détective)* private eye **3.** *(intimité)* • **en privé** in private • **dans le privé** in private life.

priver *vt* • **priver qqn (de)** to deprive sb (of).

privilège *nm* privilege.

privilégié, e *adj* **1.** *(personne)* privileged **2.** *(climat, site)* favoured **(UK)**, favored **(US)**. ❑ *nm, f* privileged person.

privilégier *vt* to favour **(UK)**, to favor **(US)**.

prix *nm* **1.** *(coût)* price • **à aucun prix** on no account • **hors de prix** too expensive • **à moitié prix** at half price • **à tout prix** at all costs • **y mettre le prix** to pay a lot • **prix de revient** cost price **2.** *(importance)* value **3.** *(récompense)* prize • **prix Goncourt** *si vous voulez expliquer à un anglophone de quoi il s'agit, vous pouvez dire* it is the most prestigious French literary prize. It is awarded annually.

probabilité *nf* **1.** *(chance)* probability **2.** *(vraisemblance)* probability, likelihood • **selon toute probabilité** in all probability.

probable *adj* probable, likely • **il est probable qu'il pleuvra** it's likely to rain, it will probably rain.

probablement *adv* probably.

probant, e *adj* convincing, conclusive.

probité *nf* integrity.

problème *nm* problem • **sans problème !, (il n'y a) pas de problème !** *fam* no problem! • **ça ne lui pose aucun problème** *hum* that doesn't worry him/her.

procédé *nm* **1.** *(méthode)* process **2.** *(conduite)* behaviour *(indén)* **(UK)**, behavior *(indén)* **(US)**.

procéder *vi* **1.** *(agir)* to proceed **2.** *(exécuter)* • **procéder à qqch** to set about sthg.

procédure *nf* **1.** procedure **2.** *(démarche)* proceedings *pl*.

procédurier, ère *adj* quibbling. ❑ *nm, f* quibbler.

procès *nm* DR trial • **intenter un procès à qqn** to sue sb.

processeur *nm* processor.

procession *nf* procession.

processus *nm* process.

procès-verbal *nm* **1.** *(contravention - gén)* ticket ; *(- pour stationnement interdit)* parking ticket **2.** *(compte-rendu)* minutes.

prochain, e *adj* **1.** *(suivant)* next • **à la prochaine !** *fam* see you! **2.** *(imminent)* impending. ■ **prochain** *nm (semblable)* fellow man.

prochainement *adv* soon, shortly.

proche *adj* **1.** *(dans l'espace)* near • **proche de a)** near, close to **b)** *(semblable à)* very similar to, closely related to **2.** *(dans le temps)* imminent, near • **dans un proche avenir** in the immediate future **3.** *(ami, parent)* close. ■ **proches** *nmpl* • **les proches** close friends and relatives *sing*. ■ **de proche en proche** *loc adv* gradually.

Proche-Orient *nm* • **le Proche-Orient** the Near East.

proclamation *nf* proclamation.

proclamer *vt* to proclaim, to declare.

procréer *vt littéraire* to procreate.

procuration *nf* proxy • **par procuration** by proxy.

procurer *vt* • **procurer qqch à qqn a)** *(sujet : personne)* to obtain sthg for sb **b)** *(sujet : chose)* to give *ou* bring sb sthg. ■ **se procurer** *vp* • **se procurer qqch** to obtain sthg.

procureur *nmf* • **Procureur de la République** public prosecutor.

prodige *nm* **1.** *(miracle)* miracle **2.** *(tour de force)* marvel, wonder **3.** *(génie)* prodigy.

prodigieux, euse *adj* fantastic, incredible.

prodigue *adj (dépensier)* extravagant.

prodiguer *vt littéraire (soins, amitié)* • **prodiguer qqch (à)** to lavish sthg (on).

producteur, trice *nm, f* **1.** *(gén)* producer **2.** AGRIC producer, grower. ❑ *adj* • **producteur de pétrole** oil-producing *(avant nom)*.

productif, ive *adj* productive.

production *nf* **1.** *(gén)* production • **la production littéraire d'un pays** the literature of a country **2.** *(producteurs)* producers *pl*.

productivité *nf* productivity.

produire *vt* **1.** *(gén)* to produce **2.** *(provoquer)* to cause. ■ **se produire** *vp* **1.** *(arriver)* to occur, to take place **2.** *(acteur, chanteur)* to appear.

produit, e *pp* → **produire**. ■ **produit** *nm (gén)* product • **produits alimentaires** foodstuffs, foods • **produit de beauté** cosmetic, beauty product • **produits chimiques** chemicals • **produits d'entretien** cleaning products • **produit financier** financial product • **produit de grande consommation** mass consumption product • **produit intérieur brut/net** gross/net domestic product.

proéminent, e *adj* prominent.

prof *nmf fam* teacher.

profane *nmf* **1.** *(non religieux)* non-believer **2.** *(novice)* layman. ❑ *adj* **1.** *(laïc)* secular **2.** *(ignorant)* ignorant.

profaner *vt* **1.** *(église)* to desecrate **2.** *fig (mémoire)* to defile.

proférer *vt* to utter.

professeur, e *nm,f* **1.** *(gén)* teacher **2.** *(dans l'enseignement supérieur)* lecturer **3.** *(titulaire)* professor.

profession *nf* **1.** *(métier)* occupation • **sans profession** unemployed **2.** *(corps de métier - libéral)* profession • **profession libérale** (liberal) profession • **être en profession libérale** to work in a liberal profession ; *(- manuel)* trade.

professionnel, elle *adj* **1.** *(gén)* professional **2.** *(école)* technical **3.** *(enseignement)* vocational. ❑ *nm,f* professional.

professorat *nm* teaching.

profil *nm* **1.** *(de personne, d'emploi)* profile **2.** *(de bâtiment)* outline • **de profil a)** *(visage, corps)* in profile **b)** *(objet)* from the side **3.** *(coupe)* section **4.** INFORM • **profil (utilisateur)** (user) profil.

profiler *vt* to shape, to profile. ■ **se profiler** *vp* **1.** *(bâtiment, arbre)* to stand out **2.** *(solution)* to emerge.

profileur, euse *nm,f* profiler.

profit *nm* **1.** *(avantage)* benefit • **au profit de** in aid of • **tirer profit de** to profit from, to benefit from **2.** *(gain)* profit.

profitable *adj* profitable • **être profitable à qqn** to benefit sb, to be beneficial to sb.

profiter *vi (tirer avantage)* • **en profiter** to make the most of it. ■ **profiter de** *v + prép* **1.** *(financièrement)* to profit from • **tous n'ont pas profité de l'expansion** not everybody gained by the expansion **2.** *(jouir de)* to enjoy • **vivement Noël que je puisse profiter de mes petits-enfants !** *fam* I can't wait for Christmas so as I can be with my grandchildren! **3.** *(tirer parti de)* to take advantage of • **profiter du soleil** to make the most of the sun • **profiter du beau temps pour aller se promener** to take advantage of the good weather to go for a walk • **il profite de ce qu'elle est absente** he's taking advantage of the fact that she's away • **profiter de la situation** to take advantage of the situation • **comme j'avais un deuxième billet, j'en ai fait profiter ma copine** since I had a second ticket, I took my girlfriend along **4.** *(exploiter)* to exploit, to take advantage of, to use • **elle a profité de nous tant qu'elle a pu** she exploited us as long as she could • **tu profites de moi, c'est tout !** you're taking advantage of me *ou* using me, that's all!

profond, e *adj* **1.** *(gén)* deep **2.** *(pensée)* deep, profound.

profondément *adv* **1.** *(enfoui)* deep **2.** *(intensément - aimer, intéresser)* deeply ; *(- dormir)* soundly • **être profondément endormi** to be fast asleep **3.** *(extrêmement - convaincu, ému)* deeply, profoundly ; *(- différent)* profoundly.

profondeur *nf* depth • **en profondeur** in depth.

profusion *nf* • **une profusion de** a profusion of • **à profusion** in abundance, in profusion.

progéniture *nf* offspring.

programmable *adj* programmable.

programmateur, trice *nm,f* programme (UK) *ou* program (US) planner. ■ **programmateur** *nm* automatic control unit.

programmation *nf* **1.** INFORM programming **2.** RADIO & TV programme (UK) *ou* program (US) planning.

programme *nm* **1.** *(gén)* programme (UK), program (US) **2.** INFORM program **3.** *(planning)* schedule **4.** SCOL syllabus.

programmer *vt* **1.** *(organiser)* to plan **2.** RADIO & TV to schedule **3.** INFORM to program.

programmeur, euse *nm,f* INFORM (computer) programmer.

progrès *nm* progress *(indén)* • **faire des progrès** to make progress.

> **À PROPOS DE**
>
> **progrès**
>
> Attention ! Le mot ***progress*** est indénombrable. Il ne s'emploie jamais ni au pluriel ni avec l'article indéfini ***a*** :
>
> • *Ils ont fait des progrès certains.* ***They've made considerable* progress.**
>
> • *Considérez-vous cela comme un progrès ?* ***Do you consider this to be a sign of progress?***

progresser *vi* **1.** *(avancer)* to progress, to advance **2.** *(maladie)* to spread **3.** *(élève)* to make progress.

progressif, ive *adj* **1.** progressive **2.** *(difficulté)* increasing.

progression *nf* **1.** *(avancée)* advance **2.** *(de maladie, du nationalisme)* spread.

prohiber *vt* to ban, to prohibit.

prohibitif, ive *adj* **1.** *(dissuasif)* prohibitive **2.** DR prohibitory.

proie *nf* prey • **être la proie de qqch** *fig* to be the victim of sthg • **être en proie à** *(sentiment)* to be prey to • **un oiseau de proie** a bird of prey.

projecteur *nm* **1.** *(de lumière)* floodlight **2.** THÉÂTRE spotlight **3.** *(d'images)* projector.

projectile *nm* missile.

projection *nf* **1.** *(gén)* projection **2.** *(jet)* throwing.

projectionniste *nmf* projectionist.

projet *nm* **1.** *(perspective)* plan **2.** *(étude, ébauche)* draft • **projet de loi** bill.

projeter *vt* **1.** *(envisager)* to plan • **projeter de faire qqch** to plan to do sthg **2.** *(missile, pierre)* to throw **3.** *(film, diapositives)* to show.

prolétaire *nmf & adj* proletarian.

prolétariat *nm* proletariat.

proliférer *vi* to proliferate.

prolifique *adj* prolific.

prologue *nm* prologue.

prolongation *nf (extension)* extension, prolongation. ■ **prolongations** *nfpl* SPORT extra time *(indén)* (UK), overtime (US) • **jouer les prolongations** to go into extra time.

prolongement *nm (de mur, quai)* extension • **être dans le prolongement de** to be a continuation of. ■ **prolongements** *nmpl (conséquences)* repercussions.

prolonger *vt* **1.** *(dans le temps)* • **prolonger qqch (de)** to prolong sthg (by) **2.** *(dans l'espace)* • **prolonger qqch (de)** to extend sthg (by).

promenade *nf* **1.** *(balade)* walk, stroll **2.** *fig* trip, excursion • **promenade en voiture** drive • **promenade à vélo** (bike) ride • **faire une promenade** to go for a walk **3.** *(lieu)* promenade.

promener *vt* **1.** *(personne, chien)* to take out (for a walk) **2.** *(en voiture)* to take for a drive **3.** *fig (regard, doigts)* • **promener qqch sur** to run sthg over. ■ **se promener** *vp* to go for a walk.

promesse *nf* **1.** *(serment)* promise • **tenir sa promesse** to keep one's promise **2.** *(engagement)* undertaking • **promesse d'achat/de vente** DR agreement to purchase/to sell **3.** *fig (espérance)* • **être plein de promesses** to be very promising.

S'EXPRIMER

faire une promesse

- ***It's a promise!*** C'est promis !
- ***You can count on me.*** Tu peux compter sur moi.
- ***I'll see to it.*** Je vais m'en occuper.
- ***No problem. It's OK.*** Pas de problème, ça marche.

prometteur, euse *adj* promising.

promettre *vt* to promise • **promettre qqch à qqn** to promise sb sthg • **promettre de faire qqch** to promise to do sthg • **promettre à qqn que** to promise sb that. ❑ *vi* to be promising • **ça promet !** *iron* that bodes well!

À PROPOS DE

promettre à

• *promettre qqch à qqn* ***promise sthg to sb*** *ou* ***promise sb sthg***

Il faut noter la construction à double complément qui, en anglais, peut prendre deux formes dont le sens est le même :

1. une structure identique à celle du français : verbe + COD + préposition + COI ***promise sthg to sb***
2. une structure qui diffère de celle du français, sans préposition, et dans laquelle l'ordre des compléments est inversé : verbe + COI + COD ***promise sb sthg***

• *Il a promis monts et merveilles à sa femme.* ***He promised the moon to his wife*** *ou* ***He promised his wife the moon.***

promis, e *pp* → **promettre**. ❑ *adj* promised. ❑ *nm,f hum* intended.

promiscuité *nf* overcrowding • **promiscuité sexuelle** (sexual) promiscuity.

promo *nf fam* **1.** MIL, SCOL & UNIV year (UK), class (US) **2.** COMM special offer.

promontoire *nm* promontory.

promoteur, trice *nm,f* **1.** *(novateur)* instigator **2.** *(constructeur)* property developer.

promotion *nf* **1.** *(gén)* promotion • **en promotion** *(produit)* on special offer **2.** MIL & SCOL year.

promouvoir *vt* to promote.

prompt, e *adj sout* • **prompt (à faire qqch)** swift (to do sthg).

promulguer *vt* to promulgate.

prôner *vt sout* to advocate.

pronom *nm* pronoun.

pronominal, e *adj* pronominal.

prononcé, e *adj* marked.

prononcer *vt* **1.** DR & LING to pronounce **2.** *(dire)* to utter. ■ **se prononcer** *vp* **1.** *(se dire)* to be pronounced **2.** *(trancher - assemblée)* to decide, to reach a decision ; *(- magistrat)* to deliver a verdict • **se prononcer sur** to give one's opinion of.

prononciation *nf* **1.** LING pronunciation **2.** DR pronouncement.

pronostic *nm* **1.** *(gén pl) (prévision)* forecast **2.** MÉD prognosis.

propagande *nf* **1.** *(endoctrinement)* propaganda **2.** *fig & hum (publicité)* • **faire de la propagande pour qqch** to plug sthg.

propager *vt* to spread. ■ **se propager** *vp* **1.** to spread **2.** BIOL to be propagated **3.** PHYS to propagate.

propane *nm* propane.

prophète, prophétesse *nm,f* prophet, prophetess *f*.

prophétie *nf* prophecy.

prophétiser *vt* to prophesy.

propice *adj* favourable (UK), favorable (US).

proportion *nf* proportion • **toutes proportions gardées** relatively speaking.

proportionné, e *adj* • **bien/mal proportionné** well-/badly-proportioned.

proportionnel, elle *adj* • **proportionnel (à)** proportional (to). ■ **proportionnelle** *nf* • **la proportionnelle** proportional representation.

propos *nm* **1.** *(discours)* talk **2.** *(but)* intention • **c'est à quel propos ?** what is it about? • **hors de propos** at the wrong time. ❑ *nmpl (paroles)* talk *(indén)*, words • **tenir des propos racistes** to say racist things. ■ **à propos** *loc adv* **1.** *(opportunément)* at (just) the right time **2.** *(au fait)* by the way. ■ **à propos de** *loc prép* about.

proposer *vt* **1.** *(offrir)* to offer, to propose • **proposer qqch à qqn** to offer sb sthg, to offer sthg to sb • **proposer à qqn de faire qqch**

to offer to do sthg for sb **2.** *(suggérer)* to suggest, to propose • **proposer de faire qqch** to suggest *ou* propose doing sthg **3.** *(loi, candidat)* to propose.

FAUX AMIS

proposer

Le verbe ***to propose*** possède différents sens : *proposer, suggérer, avoir l'intention de,* ou encore *demander en mariage* dans l'expression ***to propose to***. *Proposer* se traduira par ***to suggest, to offer*** ou ***to propose*** selon les cas : *Je propose que nous allions tous boire un verre.* ***I propose that we all go for a drink.*** *Je propose qu'on aille au cinéma.* ***I suggest going to the cinema.***

À PROPOS DE

proposer à

• *proposer qqch à qqn* ***offer sthg to sb*** *ou* ***offer sb sthg***

Il faut noter la construction à double complément qui, en anglais, peut prendre deux formes dont le sens est le même :

1. une structure identique à celle du français : verbe + COD + préposition + COI ***offer sthg to sb***
2. une structure qui diffère de celle du français, sans préposition, et dans laquelle l'ordre des compléments est inversé : verbe + COI + COD ***offer sb sthg***

• *Ils ont proposé un poste plutôt intéressant à Pierre.* ***They offered quite an interesting job to Pierre*** *ou* ***They offered Pierre quite an interesting job.***

proposition *nf* **1.** *(offre)* offer, proposal **2.** *(suggestion)* suggestion, proposal **3.** GRAMM clause.

S'EXPRIMER

faire une proposition

- ***Why don't we all go the cinema*** **(UK)** *ou* ***movies*** **(US)** ***together?*** Je propose que nous allions tous ensemble au cinéma.
- ***Do you feel like going to a restaurant?*** As-tu/Avez-vous envie d'aller au restaurant ?
- ***What about going for a swim?*** Et si on allait nager ?
- ***Would you like to go to the museum?*** Voudrais-tu/Voudriez-vous aller au musée ?

propre *adj* **1.** *(nettoyé)* clean **2.** *(soigné)* neat, tidy **3.** *(éduqué - enfant)* toilet-trained ; *(- animal)* house-trained **(UK)**, housebroken **(US)** **4.** *(personnel)* own **5.** *(particulier)* • **propre à** peculiar to **6.** *(de nature)* • **propre à faire qqch** capable of doing sthg. ❑ *nm (propreté)* cleanness, cleanliness • **recopier qqch au propre** to make a fair copy of sthg, to copy sthg up. ■ **au propre** *loc adv* LING literally.

proprement *adv* **1.** *(convenablement - habillé)* neatly, tidily ; *(- se tenir)* correctly **2.** *(véritablement)* completely • **à proprement parler** strictly *ou* properly speaking • **l'événement proprement dit** the event itself, the actual event.

propreté *nf* cleanness, cleanliness.

propriétaire *nmf* **1.** *(possesseur)* owner • **propriétaire terrien** landowner **2.** *(dans l'immobilier)* landlord.

propriété *nf* **1.** *(gén)* property • **propriété privée** private property **2.** *(droit)* ownership **3.** *(terres)* property *(indén)* **4.** *(convenance)* suitability **5.** *(qualité)* property, characteristic, feature.

propulser *vt litt & fig* to propel. ■ **se propulser** *vp* **1.** to move forward, to propel o.s. forward *ou* along **2.** *fig* to shoot.

prorata ■ **au prorata de** *loc prép* in proportion to.

prosaïque *adj* prosaic, mundane.

proscrit, e *adj (interdit)* banned, prohibited.

prose *nf* prose • **en prose** in prose.

prospecter *vt* **1.** *(pays, région)* to prospect **2.** COMM to canvass.

prospection *nf* **1.** *(de ressources)* prospecting **2.** COMM canvassing.

prospectus *nm* (advertising) leaflet.

prospère *adj* **1.** *(commerce)* prosperous **2.** *(santé)* blooming.

prospérer *vi* **1.** to prosper, to thrive **2.** *(plante, insecte)* to thrive.

prospérité *nf* **1.** *(richesse)* prosperity **2.** *(bien-être)* well-being.

prostate *nf* prostate (gland).

prosterner ■ **se prosterner** *vp* to bow down • **se prosterner devant a)** to bow down before **b)** *fig* to kowtow to.

prostituée *nf* prostitute.

prostituer ■ **se prostituer** *vp* to prostitute o.s.

prostitution *nf* prostitution.

prostré, e *adj* prostrate.

protagoniste *nmf* protagonist, hero, heroine *f.*

protecteur, trice *adj* protective. ❑ *nm, f* **1.** *(défenseur)* protector **2.** *(des arts)* patron. ❑ *nm (souteneur)* pimp.

protection *nf* **1.** *(défense)* protection • **prendre qqn sous sa protection** to take sb under one's wing **2.** *(des arts)* patronage **3.** • **protection sociale** social welfare.

protectionnisme *nm* protectionism.

protégé, e *adj* protected. ❑ *nm, f* protégé.

protège-cahier *nm* exercise book cover **(US)**, notebook cover **(US)**.

protège-poignets *nm inv* wrist guard, wrist protector.

protéger *vt (gén)* to protect.

protège-slip *nm* panty liner.
protéine *nf* protein • **protéineC-réactive** *MÉD* C-reactive protein.
protestant, e *adj & nm,f* Protestant • **il est protestant** he is a Protestant • **les protestants** Protestants.
protestantisme *nm* Protestantism.

En anglais, les adjectifs et les noms se rapportant à une religion s'écrivent avec une majuscule.

protestation *nf (contestation)* protest.
protester *vi* to protest • **protester contre qqch** to protest against sthg, to protest sthg **(US)**.
prothèse *nf* prosthesis • **prothèse dentaire** dentures *(pl)*, false teeth *pl.*
protide *nm* protein.
protocolaire *adj (poli)* conforming to etiquette.
protocole *nm* protocol.
proton *nm* proton.
prototype *nm* prototype.
protubérance *nf* bulge, protuberance.
proue *nf* bows *pl*, prow.
prouesse *nf* feat.
prouver *vt* **1.** *(établir)* to prove **2.** *(montrer)* to demonstrate, to show.
provenance *nf* origin • **en provenance de** from.
provençal, e *adj (de Provence)* of/from Provence. ■ **provençal** *nm (langue)* Provençal. ■ **à la provençale** *loc adv CULIN* provençale.
Provence *nf* • **la Provence** Provence • **herbes de Provence** ≃ mixed herbs.
provenir *vi* • **provenir de a)** to come from **b)** *fig* to be due to, to be caused by.
proverbe *nm* proverb.
proverbial, e *adj* proverbial.
providence *nf* providence.
providentiel, elle *adj* providential.
province *nf* **1.** *(gén)* province **2.** *(campagne)* provinces *pl.*
provincial, e *adj & nm,f* provincial.
proviseur *nm* ≃ head **(UK)** ; ≃ headteacher **(UK)** ; ≃ headmaster, headmistress *f* **(UK)** ; ≃ principal **(US)**.
proviseure *nf (directrice)* headmistress.
provision *nf* **1.** *(réserve)* stock, supply **2.** *FIN* retainer. ■ **provisions** *nfpl* provisions.
provisoire *adj* **1.** temporary **2.** *DR* provisional. ❏ *nm* • **ce n'est que du provisoire** it's only a temporary arrangement.
provocant, e *adj* provocative.
provocation *nf* provocation.
provoquer *vt* **1.** *(entraîner)* to cause **2.** *(personne)* to provoke **3.** *(réaction, explosion, changement)* to cause.
proxénète *nm* pimp.
proximité *nf (de lieu)* proximity, nearness • **à proximité de** near. ■ **de proximité** *loc adj* **1.** *TECHNOL* proximity **2.** *(de quartier)* • **commerces de proximité** local shops • **police de proximité** community policing • **élu de proximité a)** *(de la communauté)* local councillor, local representative **b)** *(faisant valoir ses liens avec la communauté)* local man *ou* woman • **médias de proximité** locals *ou* community media.
prude *adj littéraire* prudish.
prudence *nf* care, caution.
prudent, e *adj* careful, cautious • **sois prudent !** be careful!
prune *nf* plum.
pruneau *nm (fruit)* prune.
prunelle *nf ANAT* pupil.
prunier *nm* plum tree.
PS[1] (abrév de Parti socialiste) *nm* French Socialist Party.
PS[2], **P-S** (abrév de post-scriptum) *nm* PS.
psalmodier *vt* **1.** to chant **2.** *fig & littéraire* to drone. ❏ *vi* to drone.
psaume *nm* psalm.
pseudonyme *nm* pseudonym.
psy *fam nmf* (abrév de psychiatre) shrink.
psychanalyse *nf* psychoanalysis • **faire une psychanalyse** to be in analysis.
psychanalyste *nmf* psychoanalyst, analyst.
psyché *nf* cheval glass.
psychédélique *adj* psychedelic.
psychiatre *nmf* psychiatrist.
psychiatrie *nf* psychiatry.
psychique *adj* **1.** psychic **2.** *(maladie)* psychosomatic.
psychologie *nf* psychology.
psychologique *adj* psychological.
psychologue *nmf* psychologist. ❏ *adj* psychological.
psychose *nf* **1.** *MÉD* psychosis **2.** *(crainte)* obsessive fear.
psychosomatique *adj* psychosomatic.
psychothérapeute *nmf* psychotherapist.
psychothérapie *nf* psychotherapy.
Pte abrév de **porte**, abrév de **pointe**.
puant, e *adj* **1.** *(fétide)* smelly, stinking **2.** *fam & fig (personne)* bumptious, full of oneself.
puanteur *nf* stink, stench.
pub[1] *nf fam* **1.** ad, advert **(UK)** **2.** *(métier)* advertising.
pub[2] *nm* pub.
pubère *adj* pubescent.
puberté *nf* puberty.
pubis *nm (zone)* pubis.
public, ique *adj* **1.** *(gén)* public **2.** *(de l'état)* • **les écoles publiques** state schools **(UK)**, public schools **(US)**. ■ **public** *nm* **1.** *(auditoire)* audience • **en public** in public **2.** *(population)* public.

publication *nf* publication.
publicitaire *adj* **1.** *(campagne)* advertising *(avant nom)* **2.** *(vente, film)* promotional.
publicité *nf* **1.** *(domaine)* advertising • **publicité comparative** comparative advertising • **publicité mensongère** misleading advertising, deceptive advertising **2.** *(réclame)* advertisement, advert **(UK)** **3.** *(autour d'une affaire)* publicity *(indén)*.
publier *vt* **1.** *(livre)* to publish **2.** *(communiqué)* to issue, to release.
publireportage *nm* free write-up **(UK)**, special advertising section **(US)**.
puce *nf* **1.** *(insecte)* flea **2.** INFORM (silicon) chip **3.** *fig (terme affectueux)* pet, love. ■ **puces** *nfpl* • **les puces** flea market *sing*.
puceau, elle *nm,f & adj fam* virgin.
pudeur *nf* **1.** *(physique)* modesty, decency **2.** *(morale)* restraint.
pudibond, e *adj* prudish, prim and proper.
pudique *adj* **1.** *(physiquement)* modest, decent **2.** *(moralement)* restrained.
puer *vi* to stink • **ça pue ici !** it stinks in here! ❑ *vt* to reek of, to stink of.
puéricultrice *nf* nursery nurse.
puériculture *nf* childcare.
puéril, e *adj* childish.
Puerto Rico = **Porto Rico**.
pugilat *nm* fight.
puis *adv* then • **et puis** *(d'ailleurs)* and moreover *ou* besides.
puiser *vt (liquide)* to draw • **puiser qqch dans qqch** *fig* to draw *ou* take sthg from sthg.
puisque *conj (gén)* since.
puissance *nf* power. ■ **en puissance** *loc adj* potential.
puissant, e *adj* powerful. ■ **puissant** *nm* • **les puissants** the powerful.
puisse, puisses *etc* → **pouvoir**.
puits *nm* **1.** *(d'eau)* well **2.** *(de gisement)* shaft • **puits de pétrole** oil well.
pull, pull-over *nm* jumper **(UK)**, sweater.
pulluler *vi* to swarm.
pulmonaire *adj* lung *(avant nom)*, pulmonary.
pulpe *nf* pulp.
pulpeux, euse *adj* **1.** *(fruit)* pulpy **2.** *(jus)* containing pulp **3.** *fig (femme)* curvaceous.
pulsation *nf* beat, beating *(indén)*.
pulsion *nf* impulse.
pulvérisation *nf* **1.** *(d'insecticide)* spraying **2.** MÉD spray **3.** MÉD *(traitement)* spraying.
pulvériser *vt* **1.** *(projeter)* to spray **2.** *(détruire)* to pulverize **3.** *fig* to smash.
puma *nm* puma.
punaise *nf* **1.** *(insecte)* bug **2.** *(clou)* drawing pin **(UK)**, thumbtack **(US)**.
punch *nm* punch.
punching-ball *nm* punchball **(UK)**, punching bag **(US)**.
puni, e *adj* punished.
punir *vt* • **punir qqn (de)** to punish sb (with).
punition *nf* punishment.
pupille *nf* ANAT pupil. ❑ *nmf (orphelin)* ward • **pupille de l'État** ≃ child in care **(UK)** • **pupille de la Nation** war orphan *(in care)*.
pupitre *nm* **1.** *(d'orateur)* lectern **2.** MUS stand **3.** TECHNOL console **4.** *(d'écolier)* desk.
pur, e *adj* **1.** *(gén)* pure **2.** *fig (absolu)* pure, sheer • **pur et simple** pure and simple **3.** *fig (intention)* honourable **(UK)**, honorable **(US)** **4.** *(lignes)* pure, clean.
purée *nf* purée • **purée de pommes de terre** mashed potatoes *pl*.
purement *adv* purely • **purement et simplement** purely and simply.
pureté *nf* **1.** *(gén)* purity **2.** *(de sculpture, de diamant)* perfection **3.** *(d'intention)* honourableness **(UK)**, honorableness **(US)**.
purgatoire *nm* purgatory.
purge *nf* **1.** MÉD & POLIT purge **2.** *(de radiateur)* bleeding.
purger *vt* **1.** MÉD & POLIT to purge **2.** *(radiateur)* to bleed **3.** *(peine)* to serve.
purifier *vt* to purify.
purin *nm* slurry.
puritain, e *adj (pudibond)* puritanical. ❑ *nm,f* **1.** *(prude)* puritan **2.** RELIG Puritan.
puritanisme *nm* **1.** puritanism **2.** RELIG Puritanism.

> En anglais, les adjectifs et les noms se rapportant à une religion s'écrivent avec une majuscule.

pur-sang *nm inv* thoroughbred.
purulent, e *adj* purulent.
pus *nm* pus.
pusillanime *adj litt* pusillanimous.
putain *vulg nf* **1.** *péj (prostituée)* whore **2.** *péj (femme facile)* tart, slag **(UK)**.
pute *nf vulg injur (prostituée)* whore.
putréfier ■ **se putréfier** *vp* to putrefy, to rot.
putsch *nm* uprising, coup.
puzzle *nm* jigsaw (puzzle).
P-V *nm* abrév de **procès-verbal**.
pyjama *nm* pyjamas *pl* **(UK)**, pajamas *pl* **(US)** • **un pyjama** (a pair of) pyjamas **(UK)**, pajamas *pl* **(US)**.
pylône *nm* pylon.
pyramide *nf* pyramid • **la Pyramide du Louvre** the Louvre pyramid.
Pyrénées *nfpl* • **les Pyrénées** the Pyrenees.
Pyrex® *nm* Pyrex®.
pyromane *nmf* **1.** arsonist **2.** MÉD pyromaniac.
python *nm* python.

q, Q *nm inv (lettre)* q, Q.
QCM (abrév de questionnaire à choix multiple) *nm* multiple choice questionnaire.
QG (abrév de quartier général) *nm* HQ.
QI (abrév de quotient intellectuel) *nm* IQ.
qqch (abrév de quelque chose) sthg.
qqn (abrév de quelqu'un) s.o., sb.
QRCode *nm* QRcode.
qu' = que.
quad *nm* **1.** *(moto)* four-wheel motorbike, quad bike **2.** *(rollers)* roller skate.
quadra *nm* fortysomething, babyboomer.
quadragénaire *nmf* forty year old.
quadrilatère *nm* quadrilateral.
quadrillage *nm* **1.** *(de papier, de tissu)* criss-cross pattern **2.** *(policier)* combing.
quadrillé, e *adj* squared, cross-ruled.
quadriller *vt* **1.** *(papier)* to mark with squares **2.** *(ville - sujet : rues)* to criss-cross ; *(- sujet : police)* to comb.
quadrimoteur *nm* four-engined plane.
quadrupède *nm & adj* quadruped.
quadruple *nm & adj* quadruple.
quadruplés *nmf pl* quadruplets, quads.
quai *nm* **1.** *(de gare)* platform **2.** *(de port)* quay, wharf **3.** *(de rivière)* embankment.
qualifiant, e *adj (formation, stage)* leading to a qualification.
qualificatif, ive *adj* qualifying. ■ **qualificatif** *nm* term.
qualification *nf (gén)* qualification.
qualifier *vt* **1.** *(gén)* to qualify • **être qualifié pour qqch/pour faire qqch** to be qualified for sthg/to do sthg **2.** *(caractériser)* • **qualifier qqn/qqch de qqch** to describe sb/sthg as sthg, to call sb/sthg sthg. ■ **se qualifier** *vp* to qualify.
qualitatif, ive *adj* qualitative.
qualité *nf* **1.** *(gén)* quality • **de bonne/mauvaise qualité** of good/poor quality • **de première qualité** top-quality, first-rate **2.** *(condition)* position, capacity.
quand *conj (lorsque, alors que)* when • **quand tu le verras, demande-lui de me téléphoner** when you see him, ask him to phone me. ❑ *adv interr* when • **quand arriveras-tu ?** when will you arrive? • **jusqu'à quand restez-vous ?** how long are you staying for? ■ **quand bien même** *loc conj sout* even though, even if. ■ **quand même** *loc adv* all the same • **je pense qu'il ne viendra pas, mais je l'inviterai quand même** I don't think he'll come but I'll invite him all the same • **tu pourrais faire attention quand même !** you might at least be careful! ❑ *interj* • **quand même, à son âge !** really, at his/her age!

À PROPOS DE
quand
Lorsque la proposition subordonnée est au futur en français, elle est au présent en anglais.
• *Quand tu auras fini, nous pourrons partir.* ***When you're through with it, we can go.***
• *Tu pourras voter, quand tu auras 18 ans.* ***You'll be able to vote when you're eighteen.***

quant ■ **quant à** *loc prép* as for.
quantifier *vt* to quantify.
quantitatif, ive *adj* quantitative.
quantité *nf* **1.** *(mesure)* quantity, amount **2.** *(abondance)* • **(une) quantité de** a great many, a lot of • **en quantité** in large numbers • **des exemplaires en quantité** a large number of copies.
quarantaine *nf* **1.** *(nombre)* • **une quarantaine de** about forty **2.** *(âge)* • **avoir la quarantaine** to be in one's forties **3.** *(isolement)* quarantine.
quarante *adj num inv & nm* forty. Voir aussi **six**.
quarantième *adj num inv, nm & nmf* fortieth. Voir aussi **sixième**.
quart *nm* **1.** *(fraction)* quarter • **deux heures moins le quart** (a) quarter to two, (a) quarter of two (US) • **deux heures et quart** (a) quarter past two, (a) quarter after two (US) • **il est moins le quart** it's (a) quarter to, it's a quarter of (US) • **un quart de** a quarter of • **un quart**

d'heure a quarter of an hour **2.** *NAUT* watch **3.** *SPORT* • **quart de finale** quarterfinal.

quarté *nm si vous voulez expliquer de quoi il s'agit à un anglophone, vous pouvez dire* it is a system of betting involving the first four horses in a race.

quartette *nm* jazz quartet.

quartier *nm* **1.** *(de ville)* area, district • **les beaux quartiers** the smart areas • **le quartier latin** the Latin quarter **2.** *(de fruit)* piece **3.** *(de viande)* quarter **4.** *(héraldique, de lune)* quarter **5.** *(gén pl)* *MIL* quarters *pl* • **quartier général** headquarters *pl* **6.** *(partie d'une prison)* wing.

quartier-maître *nmf* leading seaman *m*, seawoman *f*.

quart-monde *nm* • **le quart-monde** the Fourth World.

quartz *nm* quartz • **montre à quartz** quartz watch.

quasi *adv* almost, nearly.

quasi- *préf* near • **quasi-collision** near collision.

quasiment *adv fam* almost, nearly.

quaternaire *adj* **1.** *GÉOL* Quaternary • **ère quaternaire** Quaternary era **2.** *CHIM & MATH* quaternary. ❑ *nm GÉOL* Quaternary (period).

quatorze *adj num inv & nm* fourteen. Voir aussi **six**.

quatorzième *adj num inv, nm & nmf* fourteenth. Voir aussi **sixième**.

quatrain *nm* quatrain.

quatre *adj num inv* four • **monter l'escalier quatre à quatre** to take the stairs four at a time • **se mettre en quatre pour qqn** *fam* to bend over backwards for sb. ❑ *nm* four. Voir aussi **six**.

quatre-heures, quatre heures *nm inv fam* afternoon snack.

quatre-quarts *nm inv* pound cake.

quatre-vingt = **quatre-vingts**.

quatre-vingt-dix *adj num inv & nm* ninety. Voir aussi **six**.

quatre-vingt-dixième *adj num inv, nm & nmf* ninetieth. Voir aussi **sixième**.

quatre-vingtième *adj num inv, nm & nmf* eightieth. Voir aussi **sixième**.

quatre-vingts, quatre-vingt *adj num inv & nm* eighty. Voir aussi **six**.

quatrième *adj num inv, nm & nmf* fourth. ❑ *nf SCOL* ≃ third year *ou* form **(UK)**; ≃ eighth grade **(US)**. Voir aussi **sixième**.

quatuor *nm* quartet.

que

■ **que** *conj*

1. INTRODUIT UNE SUBORDONNÉE

• **il a dit qu'il viendrait** he said (that) he'd come • **il veut que tu viennes** he wants you to come

2. EXPRIME UNE ALTERNATIVE

• **que vous le vouliez ou non, vous allez devoir m'aider** whether you like it or not, you'll have to help me • **qu'elle parte ou qu'elle reste, ça m'est égal** whether she leaves or stays *ou* she can leave or stay, it's all the same to me

3. REPREND UNE AUTRE CONJONCTION

• **s'il fait beau et que nous avons le temps, nous irons à la plage** if the weather is good and we have time, we'll go to the beach

4. EXPRIME UN ORDRE, UN SOUHAIT

• **qu'il entre !** let him come in! • **que tout le monde sorte !** everybody out! • **qu'il me laisse tranquille !** I wish he'd leave me alone!

5. APRÈS UN PRÉSENTATIF

• **voilà/voici que ça recommence !** here we go again!

6. DANS UNE COMPARAISON

• **elle est plus jeune que moi** she's younger than I (am) *ou* than me • **il est moins beau que son frère** he's less handsome than his brother • **elle a la même robe que moi** she has the same dress as I do *ou* as me • **ma cousine est aussi grande que son père** my cousin is as tall as her father

7. POUR EXPRIMER UNE RESTRICTION

• **je n'ai qu'une sœur** I've only got one sister

■ **que** *pron rel*

• **le livre qu'il m'a prêté est très intéressant** the book (which *ou* that) he lent me is very interesting • **la femme que j'aime est devant moi** the woman (whom *ou* that) I love is in front of me

■ **que** *pron interr*

• **que savez-vous au juste ?** what exactly do you know? • **que faire ?** what can I/we/one do? • **je me demande que faire** I wonder what I should do

■ **que** *adv excl*

• **qu'elle est belle !** how beautiful she is!
• **que de monde !** what a lot of people!

■ **c'est que** *loc conj*

• **s'il insiste autant, c'est que ça doit être important** if he is insisting so much then it must be important

■ **qu'est-ce que** *pron interr*

• **qu'est-ce que tu veux encore ?** what else do you want?

■ **qu'est-ce qui** *pron interr*

• **qu'est-ce qui se passe ?** what's going on?

À PROPOS DE

que

La conjonction *que* ou *qu'* introduisant une subordonnée se traduit par ***that*** ou ne se traduit pas.
Notez la structure dans les exemples suivants avec des verbes de souhait ou de volonté (***want***, ***like***, etc).
Si *que* représente une personne, il se traduit par ***that*** ou ***whom*** ou bien il ne se traduit pas.
Si *que* représente une chose, il se traduit par ***which*** ou ***that*** ou bien il ne se traduit pas.

Québec *nm (province)* • **le Québec** Quebec.

québécois, e *adj* Quebec *(avant nom)*. ■ **québécois** *nm (langue)* Quebec French. ■ **Québécois, e** *nm,f* Quebecker, Québecois.

En anglais, les adjectifs se rapportant à un pays ou une région ainsi que le nom désignant la langue de ce pays ou cette région, s'écrivent avec une majuscule.

quel, quelle *adj interr* **1.** *(personne)* which • **quel homme ?** which man? **2.** *(chose)* what, which • **quel livre voulez-vous ?** what *ou* which book do you want? • **de quel côté es-tu ?** what *ou* which side are you on? • **je ne sais quels sont ses projets** I don't know what his plans are • **quelle heure est-il ?** what time is it?, what's the time? ❑ *adj excl* • **quel idiot !** what an idiot! • **quelle honte !** the shame of it! ❑ *adj indéf* • **quel que** *(+ subjonctif)* **a)** *(chose, animal)* whatever **b)** *(personne)* whoever • **il se baigne, quel que soit le temps** he goes swimming whatever the weather • **il refuse de voir les nouveaux arrivants, quels qu'ils soient** he refuses to see new arrivals, whoever they may be. ❑ *pron interr* which (one) • **de vous trois, quel est le plus jeune ?** which (one) of you three is the youngest?

À PROPOS DE

quel

Dans les exclamations où l'accent est mis sur le nom, avec ou sans adjectif, on emploie ***what*** (**What *nice friends you've got!*** *Quels amis sympathiques tu as !*). Avec un nom dénombrable au singulier, ***what*** est suivi de ***a*** ou ***an*** (**What a *great dress!*** *Quelle robe superbe* ou **What a *hero!*** *Quel héros*). Avec un nom non dénombrable, il n'y a pas d'article (**What *awful* luck!** *Quelle chance incroyable !*).

On emploie '***which***' plutôt que '***what***' ou '***who***' lorsqu'on se réfère à un choix entre des choses ou des personnes bien précises.

quelconque *adj* **1.** *(n'importe lequel)* any • **donner un prétexte quelconque** to give any old excuse • **si pour une raison quelconque...** if for any reason... • **une quelconque observation** some remark or other **2.** *(après un nom) (banal)* ordinary, mediocre.

quelque

■ **quelque** *adj indéf*

1. AU SINGULIER, INDIQUE UNE DURÉE, UNE QUANTITÉ, UN DEGRÉ INDÉTERMINÉS, GÉNÉRALEMENT FAIBLES

• **pendant quelque temps** for a while • **il habite à quelque distance de là** he lives some way *ou* some distance (from there) • **son attitude a suscité quelque étonnement** his attitude caused some surprise

2. AU PLURIEL, INDIQUE UN PETIT NOMBRE

• **j'ai quelques lettres à écrire** I have some *ou* a few letters to write • **mon frère ne peut rester que quelques jours** my brother can only stay a few days • **vous n'avez pas quelques livres à me montrer ?** don't you have any books to show me? • **je dois lui rendre les quelques 30 euros qu'il m'a prêtés** I must give him back the 30 euros or so (that) he lent me

3. APRÈS UN NOM DE NOMBRE, INDIQUE UNE ADDITION PEU IMPORTANTE

• **il est midi et quelques** it's just after midday • **ce livre coûte 20 euros et quelques** this book costs some *ou* about 20 euros

■ **quelque** *adv*

INDIQUE UNE APPROXIMATION

• **il y a quelque trente ans** some thirty years ago • **elle a investi quelque 2 000 euros** she invested some 2, 000 euros

quelque chose *pron indéf* something • **quelque chose de différent** something different • **quelque chose d'autre** something else • **tu veux boire quelque chose ?** do you want something *ou* anything to drink? • **apporter un petit quelque chose à qqn** to give sb a little something • **c'est quelque chose !** *(ton admiratif)* it's really something! • **cela m'a fait quelque chose** I really felt it.

À PROPOS DE

quelque chose

Dans les questions, on peut employer ***something*** si l'on s'attend à une réponse affirmative (***Did you have* something *hot for dinner?*** *Avez-vous mangé quelque chose de chaud au dîner*). Si ce n'est pas le cas, on le remplace par ***anything*** (***Did she tell you* anything *about her new job?*** *Est-ce qu'elle vous a dit quelque chose sur son nouveau travail ?*).

quelquefois *adv* sometimes, occasionally • **je vais quelquefois à la piscine avec mon frère** I sometimes go to the swimming pool with my brother.

quelque part *adv* somewhere, someplace (US) • **l'as-tu vu quelque part ?** did you see him anywhere *ou* anyplace (US)?, have you seen him anywhere *ou* anyplace (US)?

quelques-uns, quelques-unes *pron indéf* some, a few • **quelques-uns d'entre eux ont refusé** some of them refused.

quelqu'un *pron indéf m* someone, somebody • **c'est quelqu'un d'ouvert/d'intelligent** he's/she's a frank/an intelligent person.

> À PROPOS DE
> ### quelqu'un
> Dans les questions, on peut employer ***someone*** ou ***somebody*** si l'on s'attend à une réponse affirmative (***are you going to the dance with someone/somebody nice?***). Si ce n'est pas le cas on les remplace par ***anyone*** ou ***anybody*** (***is anyone/anybody there?***).

quémander *vt* to beg for • **quémander qqch à qqn** to beg sb for sthg.

qu'en-dira-t-on *nm inv fam* tittle-tattle.

quenelle *nf* quenelle *(oval fish or meat dumpling)*.

querelle *nf* quarrel.

quereller ■ **se quereller** *vp* • **se quereller (avec)** to quarrel (with).

querelleur, euse *adj* quarrelsome.

qu'est-ce que → **que**.

qu'est-ce qui → **que**.

question *nf* question • **poser une question à qqn** to ask sb a question • **il est question de faire qqch** it's a question *ou* matter of doing sthg • **il n'en est pas question** there is no question of it • **remettre qqn/qqch en question** to question sb/sthg, to challenge sb/sthg • **question subsidiaire** tiebreaker.

> LEXIQUE
> ### lexique des questions
> **Qui ?** Who?
> **Quel ?** What?/Which?
> **Où est/sont ?** Where is/are?
> **Pourquoi ?** Why?
> **Combien de temps ?** How long?
> **Quand ?** When?

questionnaire *nm* questionnaire.

questionner *vt* to question.

quête *nf* **1.** *sout (d'objet, de personne)* quest • **se mettre en quête de** to go in search of **2.** *(d'aumône)* • **faire la quête** to take a collection.

quêter *vi* to collect. ❑ *vt fig* to seek, to look for.

quetsche *nf* **1.** *(fruit) variety of plum* **2.** *(eau-de-vie) si vous voulez expliquer de quoi il s'agit à un anglophone, vous pouvez dire* it is a type of plum brandy.

queue *nf* **1.** *(d'animal)* tail • **faire une queue de poisson à qqn** *AUTO* to cut in front of sb **2.** *(de fruit)* stalk **3.** *(de poêle)* handle **4.** *(de liste, de classe)* bottom **5.** *(de file, peloton)* rear **6.** *(file)* queue (UK), line (US) • **faire la queue** to queue (UK), to stand in line (US) • **à la queue leu leu** in single file.

queue-de-cheval *nf* ponytail.

queue-de-pie *nf fam* tails *pl*.

qui

■ **qui** *pron rel*

1. SUJET

• **l'homme qui parle est allemand** the man who's talking is German • **le chien qui aboie n'est pas dangereux** the barking dog, the dog which *ou* that is barking is not dangerous • **je l'ai vu qui passait** I saw him pass

2. COMPLÉMENT D'OBJET DIRECT

• **tu vois qui je veux dire** you see who I mean • **invite qui tu veux** invite whoever *ou* anyone you like

3. COMPLÉMENT D'OBJET INDIRECT

• **la personne à qui je parle est étrange** the person I'm talking to *ou* the person to whom I'm talking is strange

4. INDÉFINI

• **qui que tu sois** whoever you are • **qui que ce soit** whoever it may be • **viendra qui voudra** whoever wants *ou* anyone who wants can come • **amenez qui vous voulez** bring along whoever you like *ou* anyone you like

■ **qui** *pron interr*

1. SUJET

• **qui es-tu ?** who are you? • **je voudrais savoir qui est là** I would like to know who's there

2. COMPLÉMENT D'OBJET DIRECT

• **qui demandez-vous ?** who do you want to see? • **dites-moi qui vous demandez** tell me who you want to see

3. COMPLÉMENT D'OBJET INDIRECT

• **à qui vas-tu le donner ?** who are you going to give it to?, to whom are you going to give it?

■ **ce qui** *pron rel*

• **il m'a raconté ce qui s'est passé** he told me what happened

■ **n'importe qui** *pron indéf*

• **n'importe qui pourrait le faire** anyone could do it

À PROPOS DE

qui

Dans la langue soutenue, il existe une forme particulière de ***who***, qui remplit la fonction de complément d'objet : il s'agit de ***whom*** (**whom *did you see?***). ***Whom*** n'est jamais utilisé en tant que sujet ; c'est ***who*** qui remplit cette fonction (**who *saw you?***).

Whom peut être accompagné d'une préposition mais son utilisation dépend de l'ordre des mots dans la phrase. On peut par exemple rendre la phrase **Whom *were you arguing* with?** plus familière en disant **Who *were you arguing* with?** *Avec qui te disputais-tu ?* En revanche, si la préposition (***with*** dans notre exemple) se place en tout début de phrase, il faut obligatoirement utiliser ***whom*** (**With whom *were you arguing?***).

Voir aussi ***whom*** dans la partie anglais-français du dictionnaire.

'**Whom**' appartient à la langue écrite ou soutenue ; dans la langue courante *qui* ne se traduit pas.

quiche *nf* quiche • **quiche lorraine** quiche lorraine.

quiconque *pron indéf* anyone, anybody • **je le sais mieux que quiconque** I know it better than anybody. ❑ *pron indéf sout* anyone who, whoever • **quiconque voudra participer devra payer dix euros** whoever wants to take part will have to pay ten euros.

quidam *nm fam* chap **(UK)**, guy **(US)**.

quiétude *nf* tranquillity **(UK)**, tranquility **(US)**.

quignon *nm fam* hunk.

quille *nf (de bateau)* keel. ■ **quilles** *nfpl (jeu)* • **(jeu de) quilles** skittles *(indén)*.

quincaillerie *nf* **1.** *(magasin)* ironmonger's (shop) **(UK)**, hardware shop **2.** *fam* & *fig (bijoux)* jewellery **(UK)**, jewelry **(US)**.

quinconce *nm* • **en quinconce** in a staggered arrangement.

quinine *nf* quinine.

quinoa *nm* quinoa.

quinqua *nmf* fiftysomething.

quinquagénaire *nmf* fifty year old.

quinquennal, e *adj* **1.** *(plan)* five-year *(avant nom)* **2.** *(élection)* five-yearly.

quinquennat *nm* five-year period of office, quinquennium, lustrum.

quintal *nm* quintal.

quinte *nf* MUS fifth. ■ **quinte de toux** *nf* coughing fit.

quintette *nm* quintet.

quintuple *nm & adj* quintuple.

quinzaine *nf* **1.** *(nombre)* fifteen (or so) • **une quinzaine de** about fifteen • **une quinzaine de jours** two weeks, a fortnight **(UK)** **2.** *(deux semaines)* fortnight **(UK)**, two weeks *pl*.

quinze *adj num inv* fifteen • **dans quinze jours** in a fortnight **(UK)**, in two weeks. ❑ *nm (chiffre)* fifteen. Voir aussi **six**.

quinzième *adj num inv, nm & nmf* fifteenth. Voir aussi **sixième**.

quiproquo *nm* misunderstanding.

quittance *nf* receipt.

quitte *adj* quits • **en être quitte pour qqch/pour faire qqch** to get off with sthg/doing sthg • **quitte à faire qqch** even if it means doing sthg.

quitter *vt* **1.** *(gén)* to leave • **ne quittez pas !** *(au téléphone)* hold the line, please! **2.** *(fonctions)* to give up **3.** INFORM to exit. ■ **se quitter** *vp* to part.

qui-vive *nm inv* • **être sur le qui-vive** to be on the alert.

quiz *nm* quiz.

quoi *pron rel (après une prép)* • **ce à quoi je me suis intéressé** what I was interested in • **c'est en quoi vous avez tort** that's where you're wrong • **après quoi** after which • **avoir de quoi vivre** to have enough to live on • **avez-vous de quoi écrire ?** have you got something to write with? • **merci — il n'y a pas de quoi** thank you — don't mention it. ❑ *pron interr* what • **à quoi penses-tu ?** what are you thinking about? • **je ne sais pas quoi dire** I don't know what to say • **à quoi bon ?** what's the point *ou* use? • **quoi de neuf ?** what's new? • **décide-toi, quoi !** *fam* make your mind up, will you? • **tu viens ou quoi ?** *fam* are you coming or what? ■ **quoi que** *loc conj (+ subjonctif)* whatever • **quoi qu'il arrive** whatever happens • **quoi qu'il dise** whatever he says • **quoi qu'il en soit** be that as it may.

quoique *conj* although, though.

quolibet *nm* jeer, taunt.

quota *nm* quota.

quotidien, enne *adj* daily. ■ **quotidien** *nm* **1.** *(routine)* daily life • **au quotidien** on a day-to-day basis **2.** *(journal)* daily (newspaper).

quotient *nm* quotient • **quotient intellectuel** intelligence quotient.

r[1], **R** *nm inv (lettre)* r, R.

r[2] abrév de **rue**.

rabâcher *vi fam* to harp on. ❑ *vt fam* to go over (and over).

rabais *nm* reduction, discount • **au rabais a)** *péj (artiste)* third-rate **b)** *(travailler)* for a pittance.

rabaisser *vt* **1.** *(réduire)* to reduce **2.** *(orgueil)* to humble **3.** *(personne)* to belittle. ■ **se rabaisser** *vp* **1.** *(se déprécier)* to belittle o.s. **2.** *(s'humilier)* • **se rabaisser à faire qqch** to demean o.s. by doing sthg.

rabat *nm (partie rabattue)* flap.

rabat-joie *nm inv* killjoy. ❑ *adj inv* • **être rabat-joie** to be a killjoy.

rabattable *adj (siège)* folding.

rabattre *vt* **1.** *(col)* to turn down **2.** *(siège)* to tilt back **3.** *(couvercle)* to shut **4.** *(gibier)* to drive. ■ **se rabattre** *vp* **1.** *(siège)* to tilt back **2.** *(couvercle)* to shut **3.** *(voiture, coureur)* to cut in **4.** *(se contenter)* • **se rabattre sur** to fall back on.

rabattu, e *pp* → **rabattre**.

rabbin *nm* rabbi.

râble *nm* **1.** *(de lapin)* back **2.** CULIN saddle.

râblé, e *adj* stocky.

rabot *nm* plane.

raboter *vt* to plane.

rabougri, e *adj* **1.** *(plante)* stunted **2.** *fam (personne)* shrivelled, wizened.

rabrouer *vt* to snub.

racaille *nf péj* riffraff.

raccommodage *nm* mending.

raccommoder *vt* **1.** *(vêtement)* to mend **2.** *fam & fig (personnes)* to reconcile, to get back together. ■ **se raccommoder** *vp (personnes)* to make up • **ils se sont enfin raccommodés** they made it up at last.

raccompagner *vt (jusqu'au domicile)* to see home, to take home • **je te raccompagne jusqu'au bout de la rue** I'll walk you to the end of the street.

raccord *nm* **1.** *(liaison)* join **2.** *(pièce)* connector, coupling **3.** CINÉ link.

raccordement *nm* connection, linking.

raccorder *vt* • **raccorder qqch (à)** to connect sthg (to), to join sthg (to). ■ **se raccorder** *vp* • **se raccorder à a)** to be connected to **b)** *fig (faits)* to tie in with.

raccourci *nm* shortcut • **raccourci clavier** keyboard shortcut.

raccourcir *vt* to shorten. ❑ *vi* to grow shorter.

raccrocher *vt* to hang back up. ❑ *vi (au téléphone)* • **raccrocher (au nez de qqn)** to hang up (on sb), to put the phone down (on sb). ■ **se raccrocher** *vp* • **se raccrocher à** to cling to, to hang on to.

> À PROPOS DE
>
> **finir une conversation téléphonique**
>
> On achève couramment une conversation formelle par ***Thanks for calling*** *merci pour votre appel* et par ***Speak to you soon*** *à bientôt* en privé ou par ***Lots of love*** quand vous dites au revoir à vos amis ou proches.

race *nf* **1.** *(humaine)* race **2.** *(animale)* breed • **de race a)** pedigree **b)** *(cheval)* thoroughbred.

racé, e *adj* **1.** *(animal)* purebred **2.** *(voiture)* of distinction.

rachat *nm* **1.** *(transaction)* repurchase **2.** *fig (de péchés)* atonement.

racheter *vt* **1.** *(acheter en plus - gén)* to buy another ; *(- pain, lait)* to buy some more **2.** *(acheter d'occasion)* to buy **3.** *(acheter après avoir vendu)* to buy back **4.** *(péché, faute)* to atone for **5.** *fig (défaut, lapsus)* to make up for **6.** *(prisonnier)* to ransom **7.** *(honneur)* to redeem **8.** COMM *(société)* to buy out. ■ **se racheter** *vp fig* to redeem o.s.

rachitique *adj* suffering from rickets.

racial, e *adj* racial.

racine *nf* **1.** root **2.** *(de nez)* base • **racine carrée/cubique** MATH square/cube root.

racisme *nm* racism.

raciste *nmf & adj* racist.

racket *nm* racket.

racketter *vt* • **racketter qqn** to subject sb to a protection racket.

raclée *nf fam* hiding, thrashing • **mettre une raclée à qqn** to thrash sb.

racler *vt* to scrape. ■ **se racler** *vp* • **se racler la gorge** to clear one's throat.

raclette *nf* CULIN raclette.

racoler *vt fam & péj* **1.** *(sujet : commerçant)* to tout for **2.** *(sujet : prostituée)* to solicit.

racoleur, euse *adj fam & péj* **1.** *(air, sourire)* come-hither **2.** *(publicité)* strident.

racontar *nm fam & péj* piece of gossip. ■ **racontars** *nmpl fam & péj* tittle-tattle *(indén).*

raconter *vt* **1.** *(histoire)* to tell, to relate **2.** *(événement)* to relate, to tell about • **raconter qqch à qqn** to tell sb sthg, to relate sthg to sb **3.** *(ragot, mensonge)* to tell • **qu'est-ce que tu racontes ?** what are you (going) on about?

radar *nm* radar.

rade *nf* (natural) harbour **(UK)** *ou* harbor **(US)**.

radeau *nm (embarcation)* raft.

radiateur *nm* radiator.

radiation *nf* **1.** PHYS radiation **2.** *(de liste, du barreau)* striking off.

radical, e *adj* radical. ■ **radical** *nm* **1.** *(gén)* radical **2.** LING stem.

radier *vt* to strike off.

radieux, euse *adj* **1.** radiant **2.** *(soleil)* dazzling.

radin, e *fam & péj adj* stingy. ❑ *nm, f* skinflint.

radio *nf* **1.** *(station, poste)* radio • **à la radio** on the radio • **radio locale** *ou* **privée** *ou* **libre** independent local radio station • **radio numérique** digital radio **2.** MÉD • **passer une radio** to have an X-ray, to be X-rayed. ❑ *nm* radio operator.

radioactif, ive *adj* radioactive.

radioactivité *nf* radioactivity.

radiodiffuser *vt* to broadcast.

radiographie *nf* **1.** *(technique)* radiography **2.** *(image)* X-ray.

radiologue, radiologiste *nmf* radiologist.

radioréveil, radio-réveil *nm* radio alarm, clock radio.

radiotélévisé, e *adj* broadcast on both radio and television.

radis *nm* radish.

radium *nm* radium.

radius *nm* radius.

radoter *vi* to ramble.

radoucir *vt* to soften. ■ **se radoucir** *vp* **1.** *(temps)* to become milder **2.** *(personne)* to calm down.

radoucissement *nm* **1.** *(d'attitude)* softening **2.** *(de température)* rise • **un radoucissement du temps** a spell of milder weather.

rafale *nf* **1.** *(de vent)* gust • **en rafales** in gusts *ou* bursts **2.** *(de coups de feu, d'applaudissements)* burst.

raffermir *vt* **1.** *(muscle)* to firm up **2.** *fig (pouvoir)* to strengthen.

raffermissant, e *adj (crème)* firming.

raffinage *nm* refining.

raffiné, e *adj* refined.

raffinement *nm* refinement.

raffiner *vt* to refine.

raffinerie *nf* refinery.

raffoler *vi* • **raffoler de qqn/qqch** to adore sb/sthg.

raffut *nm fam* row, racket.

rafistoler *vt fam* to patch up.

rafle *nf* raid.

rafler *vt* to swipe.

rafraîchir *vt* **1.** *(nourriture, vin)* to chill, to cool **2.** *(air)* to cool **3.** *(vêtement, appartement)* to smarten up **4.** *fig (mémoire, idées)* to refresh **5.** *(connaissances)* to brush up **6.** INFORM to refresh **7.** *(navigateur)* to reload. ■ **se rafraîchir** *vp* **1.** *(se refroidir)* to cool (down) **2.** *(en buvant)* to have a drink.

rafraîchissant, e *adj* refreshing.

rafraîchissement *nm* **1.** *(de climat)* cooling **2.** *(boisson)* cold drink.

rafting *nm* whitewater rafting • **faire du rafting** to go whitewater rafting.

ragaillardir *vt fam* to buck up, to perk up.

rage *nf* **1.** *(fureur)* rage • **faire rage** *(tempête)* to rage **2.** *(maladie)* rabies *(indén).* ■ **rage de dents** *nf* (raging) toothache.

rageant, e *adj fam* infuriating.

rager *vi fam* to fume.

rageur, euse *adj* bad-tempered.

raglan *adj inv* raglan *(avant nom).*

ragot *nm (gén pl) fam* (malicious) rumour **(UK)** *ou* rumor **(US)**, tittle-tattle *(indén).*

ragoût *nm* stew.

rai *nm littéraire (de soleil)* ray.

raid *nm* AÉRON, FIN & MIL raid • **raid aérien** air raid.

raide *adj* **1.** *(cheveux)* straight **2.** *(tendu - corde)* taut ; *(- membre, cou)* stiff **3.** *(pente)* steep **4.** *(personne - attitude physique)* stiff, starchy ; *(- caractère)* inflexible **5.** *fam (histoire)* hard to swallow, far-fetched **6.** *fam (chanson)* rude, blue **7.** *fam (sans le sou)* broke. ❑ *adv* **1.** *(abruptement)* steeply **2.** *(locution)* • **tomber raide mort** to fall down dead.

raideur *nf* **1.** *(de membre)* stiffness **2.** *(de personne - attitude physique)* stiffness, starchiness ; *(- caractère)* inflexibility.

raidillon *nm* steep (section of) road.

raidir *vt* **1.** *(muscle)* to tense **2.** *(corde)* to tighten, to tauten. ■ **se raidir** *vp* **1.** *(se contracter)* to grow stiff, to stiffen **2.** *fig (résister)* • **se raidir contre** to steel o.s. against.

raie *nf* **1.** *(rayure)* stripe • **un tee-shirt blanc à raies noires** a white T-shirt with black stripes

2. *(dans les cheveux)* parting **(UK)**, part **(US)** **3.** *(des fesses)* crack **4.** *(poisson)* skate.

raifort *nm* horseradish.

rail *nm* rail.

raillerie *nf sout* mockery *(indén)*.

railleur, euse *sout adj* mocking. ❑ *nm, f* scoffer.

rainette *nf* tree frog.

rainure *nf* **1.** *(longue)* groove, channel **2.** *(courte)* slot.

raisin *nm (fruit)* grapes *pl*.

raison *nf* **1.** *(gén)* reason • **à plus forte raison** all the more (so) • **se faire une raison** to resign o.s. • **raison de plus pour faire qqch** all the more reason to do sthg **2.** *(justesse, équité)* • **avoir raison** to be right • **avoir raison de faire qqch** to be right to do sthg • **donner raison à qqn** to prove sb right. ■ **à raison de** *loc prép* at (the rate of). ■ **en raison de** *loc prép* owing to, because of.

raisonnable *adj* reasonable.

raisonnement *nm* **1.** *(faculté)* reason, power of reasoning **2.** *(argumentation)* reasoning, argument.

raisonner *vt (personne)* to reason with. ❑ *vi* **1.** *(penser)* to reason **2.** *(discuter)* • **raisonner avec** to reason with.

rajeunir *vt* **1.** *(sujet : couleur, vêtement)* • **rajeunir qqn** to make sb look younger **2.** *(sujet : personne)* • **rajeunir qqn de trois ans** to take three years off sb's age **3.** *(vêtement, canapé)* to renovate, to do up **4.** *(meubles)* to modernize **5.** *fig (parti)* to rejuvenate. ❑ *vi* **1.** *(personne)* to look younger **2.** *(se sentir plus jeune)* to feel younger *ou* rejuvenated.

rajouter *vt* to add • **en rajouter** *fam* to exaggerate.

rajuster, réajuster *vt* **1.** to adjust **2.** *(cravate)* to straighten. ■ **se rajuster** *vp* to straighten one's clothes.

râle *nm* **1.** moan **2.** *(de mort)* death rattle.

ralenti, e *adj* slow. ■ **ralenti** *nm* **1.** AUTO idling speed **2.** CINÉ slow motion. ■ **au ralenti** *loc adv* **1.** CINÉ in slow motion • **passer une scène au ralenti** to show a scene in slow motion **2.** *(à vitesse réduite)* • **tourner au ralenti** *(moteur)* to idle • **l'usine tourne au ralenti** the factory is running under capacity • **depuis qu'il est à la retraite, il vit au ralenti** now that he's retired, he doesn't do as much as he used to • **ils travaillent au ralenti a)** *(pour protester)* they're on a go-slow **(UK)** *ou* a slowdown **(US)** **b)** *(par nécessité)* they're working at a slower pace.

ralentir *vt* **1.** *(allure, expansion)* to slow (down) **2.** *(rythme)* to slacken. ❑ *vi* to slow down *ou* up.

ralentissement *nm* **1.** *(d'allure, d'expansion)* slowing (down) **2.** *(de rythme)* slackening **3.** *(embouteillage)* holdup **4.** PHYS deceleration.

râler *vi* **1.** *(malade)* to breathe with difficulty **2.** *fam (grogner)* to moan.

râleur, euse *fam adj* • **il est très râleur** he grumbles *ou* moans a lot. ❑ *nm, f* grumbler, moaner.

ralliement *nm* rallying.

rallier *vt* **1.** *(poste, parti)* to join **2.** *(suffrages)* to win **3.** *(troupes)* to rally. ■ **se rallier** *vp* to rally • **se rallier à a)** *(parti)* to join **b)** *(cause)* to rally to **c)** *(avis)* to come round **(UK)** *ou* around **(US)** to.

rallonge *nf* **1.** *(de table)* leaf, extension • **une table à rallonge** a table with an extension **2.** *(électrique)* extension (lead).

rallonger *vt* to lengthen • **on a pu rallonger notre séjour d'une semaine** we were able to extend our stay by a week. ❑ *vi* to lengthen, to get longer.

rallumer *vt* **1.** *(feu, cigarette)* to relight **2.** *fig (querelle)* to revive **3.** *(appareil, lumière électrique)* to switch (back) on again.

rallye *nm* rally.

ramadan *nm* Ramadan • **faire le ramadan** to observe Ramadan.

ramassage *nm* collection • **ramassage scolaire a)** *(action)* pick-up (of school children), busing **(US)** **b)** *(service)* school bus.

ramasse *nf* • **être à la ramasse** *fam* to be out of it.

ramasse-miettes *nm inv* crumb-brush and tray (set).

ramasser *vt* **1.** *(récolter, réunir)* to gather, to collect **2.** *fig (forces)* to gather **3.** *(prendre)* to pick up **4.** *fam (claque, rhume)* to get. ■ **se ramasser** *vp* **1.** *(se replier)* to crouch **2.** *fam (tomber, échouer)* to come a cropper.

rambarde *nf* (guard) rail.

rame *nf* **1.** *(aviron)* oar **2.** RAIL train **3.** *(de papier)* ream.

rameau *nm* branch.

ramener *vt* **1.** *(remmener)* to take back **2.** *(rapporter, restaurer)* to bring back **3.** *(réduire)* • **ramener qqch à qqch** to reduce sthg to sthg, to bring sthg down to sthg.

ramequin *nm* ramekin.

ramer *vi (rameur)* to row.

rameur, euse *nm, f* rower.

ramification *nf (division)* branch.

ramolli, e *adj* **1.** soft **2.** *fig* soft (in the head).

ramollir *vt* **1.** *(beurre)* to soften **2.** *fam & fig (ardeurs)* to cool. ■ **se ramollir** *vp* **1.** *(beurre)* to go soft, to soften **2.** *fam & fig (courage)* to weaken.

ramoner *vt* to sweep.

ramoneur *nm* (chimney) sweep.

rampant, e *adj* **1.** *(animal)* crawling **2.** *(plante)* creeping.

rampe *nf* **1.** *(d'escalier)* banister, handrail **2.** *(d'accès)* ramp • **rampe de lancement** launch pad **3.** THÉÂTRE • **la rampe** the footlights *pl*.

ramper *vi* **1.** *(animal, soldat, enfant)* to crawl **2.** *(plante)* to creep.

rance *adj (beurre)* rancid.

ranch *nm* ranch.

rancir *vi* to go rancid.

rancœur *nf* rancour **(UK)**, rancor **(US)**, resentment.

rançon *nf* **1.** ransom **2.** *fig* price.

rancune *nf* rancour **(UK)**, rancor **(US)**, spite • **garder** *ou* **tenir rancune à qqn de qqch** to hold a grudge against sb for sthg • **sans rancune !** no hard feelings!

rancunier, ère *adj* vindictive, spiteful • **être rancunier** to bear grudges.

rando *nf fam* hiking.

randonnée *nf* **1.** *(promenade - à pied)* walk ; *(- à cheval, à bicyclette)* ride ; *(- en voiture)* drive **2.** *(activité)* • **la randonnée a)** *(à pied)* walking **b)** *(à cheval)* riding • **faire de la randonnée** to go trekking.

randonneur, euse *nm, f* walker, rambler.

rang *nm* **1.** *(d'objets, de personnes)* row • **se mettre en rang par deux** to line up in twos **2.** MIL rank **3.** *(position sociale)* station **4.** **(QUÉBEC)** *(peuplement rural)* rural district **5.** **(QUÉBEC)** *(chemin)* country road. ■ **rangs** *nmpl* **1.** ranks • **à vos rangs fixe !** MIL fall in! • **en rangs serrés** MIL in close order **2.** *(locution)* • **être** *ou* **se mettre sur les rangs** to line up • **trois candidats sont sur les rangs** three candidates are lined up for *ou* are in the running for the job • **servir dans les rangs d'une armée** to serve in the ranks of an army • **servir dans les rangs d'un parti/syndicat** to be a member *ou* to serve in the ranks of a party/union.

rangé, e *adj (sérieux)* well-ordered, well-behaved.

rangée *nf* row.

rangement *nm* tidying up.

ranger *vt* **1.** *(chambre)* to tidy **2.** *(objets)* to arrange **3.** *(voiture)* to park **4.** *fig (livre, auteur)* • **ranger parmi** to rank among. ■ **se ranger** *vp* **1.** *(élèves, soldats)* to line up **2.** *(voiture)* to pull in **3.** *(piéton)* to step aside **4.** *(s'assagir)* to settle down **5.** *fig (se rallier)* • **se ranger à** to go along with.

ranimer *vt* **1.** *(personne)* to revive, to bring round **2.** *(feu)* to rekindle **3.** *fig (sentiment)* to reawaken.

rap *nm* rap (music).

rapace *nm* bird of prey. ❑ *adj (cupide)* rapacious, grasping.

rapatrier *vt* to repatriate.

râpe *nf* **1.** *(de cuisine)* grater **2.** **(SUISSE)** *fam (avare)* miser, skinflint.

râpé, e *adj* **1.** CULIN grated **2.** *(manteau)* threadbare **3.** *fam (raté)* • **c'est râpé !** we've had it!

râper *vt* CULIN to grate.

râpeux, euse *adj* **1.** *(tissu)* rough **2.** *(vin)* harsh.

raphia *nm* raffia.

rapide *adj* **1.** *(gén)* rapid **2.** *(train, coureur)* fast **3.** *(musique, intelligence)* lively, quick. ❑ *nm* **1.** *(train)* express (train) **2.** *(de fleuve)* rapid.

rapidement *adv* rapidly.

rapidité *nf* rapidity.

rapiécer *vt* to patch.

rappel *nm* **1.** *(de réservistes, d'ambassadeur)* recall **2.** *(souvenir)* reminder • **rappel à l'ordre** call to order **3.** TÉLÉCOM • **rappel automatique** recall **4.** *(de paiement)* back pay **5.** *(de vaccination)* booster **6.** *(au spectacle)* curtain call, encore **7.** SPORT abseiling **(UK)**, rapelling **(US)** • **descendre en rappel** to abseil **(UK)** *ou* rappel **(US)** (down).

rappeler *vt* **1.** *(gén)* to call back • **rappeler qqn à qqch** *fig* to bring sb back to sthg **2.** *(faire penser à)* • **rappeler qqch à qqn** to remind sb of sthg • **ça me rappelle les vacances** it reminds me of my holidays. ■ **se rappeler** *vp* to remember.

rappeur, euse *nm, f* rapper.

rapport *nm* **1.** *(corrélation)* link, connection **2.** *(compte-rendu)* report **3.** *(profit)* return, yield **4.** MATH ratio. ■ **rapports** *nmpl* **1.** *(relations)* relations **2.** *(sexuels)* • **rapports (sexuels)** intercourse *sing*. ■ **par rapport à** *loc prép* in comparison to, compared with.

rapporter *vt* to bring back. ■ **se rapporter** *vp* • **se rapporter à** to refer *ou* relate to.

rapporteur, euse *adj* sneaky, telltale *(avant nom)*. ❑ *nm, f* **1.** sneak, telltale **2.** *(de commission)* rapporteur. ■ **rapporteur** *nm* GÉOM protractor.

rapprochement *nm* **1.** *(d'objets, de personnes)* bringing together **2.** *(entre événements)* link, connection **3.** *(de pays, de partis)* rapprochement, coming together.

rapprocher *vt* **1.** *(mettre plus près)* • **rapprocher qqn/qqch de qqch** to bring sb/sthg nearer to sthg, to bring sb/sthg closer to sthg **2.** *fig (personnes)* to bring together **3.** *fig (idée, texte)* • **rapprocher qqch (de)** to compare sthg (with). ■ **se rapprocher** *vp* **1.** *(approcher)* • **se rapprocher (de qqn/qqch)** to approach (sb/sthg) **2.** *(se ressembler)* • **se rapprocher de qqch** to be similar to sthg **3.** *(se réconcilier)* • **se rapprocher de qqn** to become closer to sb.

rapt *nm* abduction.

raquette *nf* **1.** *(de tennis, de squash)* racket **2.** *(de ping-pong)* bat **(UK)**, paddle **3.** *(à neige)* snowshoe.

rare *adj* **1.** *(peu commun, peu fréquent)* rare • **ses rares amis** his few friends **2.** *(peu dense)* sparse **3.** *(surprenant)* unusual, surprising • **ça n'a rien de rare** there's nothing unusual about that.

raréfier *vt* to rarefy. ■ **se raréfier** *vp* to become rarefied.

rarement *adv* rarely • **je vois rarement Anaïs** I rarely see Anaïs.

rareté *nf* **1.** *(de denrées, de nouvelles)* scarcity **2.** *(de visites, de lettres)* infrequency **3.** *(objet précieux)* rarity.

rarissime *adj* extremely rare.

ras, e *adj* **1.** *(herbe, poil)* short **2.** *(mesure)* full. ■ **ras** *adv* short • **à ras de** level with • **en avoir ras le bol** *fam* to be fed up.

rasade *nf* glassful.

rasage *nm* shaving.

rasant, e *adj* **1.** *(lumière)* low-angled **2.** *fam (film, discours)* boring.

rascasse *nf* scorpion fish.

raser *vt* **1.** *(barbe, cheveux)* to shave off **2.** *(mur, sol)* to hug **3.** *(village)* to raze **4.** *fam (personne)* to bore. ■ **se raser** *vp (avec rasoir)* to shave.

ras-le-bol *nm inv fam* discontent.

rasoir *nm* razor • **rasoir électrique** electric shaver • **rasoir mécanique** safety razor. ❑ *adj inv fam* boring.

rassasié, e *adj* full (up).

rassasier *vt* to satisfy.

rassemblement *nm* **1.** *(d'objets)* collecting, gathering **2.** *(foule)* crowd, gathering **3.** *(union, parti)* union **4.** MIL parade • **rassemblement !** fall in!

rassembler *vt* **1.** *(personnes, documents)* to collect, to gather **2.** *(courage)* to summon up **3.** *(idées)* to collect. ■ **se rassembler** *vp* **1.** *(manifestants)* to assemble **2.** *(famille)* to get together.

rasseoir ■ **se rasseoir** *vp* to sit down again • **il a fait se rasseoir tous les invités** he made all the guests sit down again • **allez vous rasseoir** go back to your seat, go and sit down again.

rasséréner *vt sout* to calm down.

rassis, e *adj (pain)* stale.

rassurant, e *adj* reassuring.

rassuré, e *adj* confident, at ease.

rassurer *vt* to reassure.

> S'EXPRIMER
>
> **rassurer quelqu'un**
>
> • ***You'll see: it'll be all right.*** Tu verras, ça va aller.
> • ***Don't worry!*** Ne t'en fais pas !
> • ***Don't worry about it!*** Ce n'est pas grave !

rasta *adj inv* Rasta *(inv)*. ❑ *nmf* Rasta.

rat *nm* rat • **petit rat** *(danseur)* young ballet pupil. ❑ *adj fam (avare)* mean, stingy.

ratatiné, e *adj (fruit, personne)* shrivelled **(UK)** *ou* shriveled **(US)**.

ratatouille *nf* ratatouille.

rate *nf* **1.** *(animal)* female rat **2.** *(organe)* spleen.

raté, e *nm, f fam (personne)* failure. ■ **raté** *nm* **1.** *(gén pl)* AUTO misfiring *(indén)* • **faire des ratés** to misfire **2.** *fig (difficulté)* problem.

râteau *nm* rake.

râtelier *nm* **1.** *(à fourrage, à outils)* rack • **manger à tous les râteliers** *fig* to have a finger in every pie **2.** *fam (dentier)* false teeth *pl*.

rater *vt* **1.** *(train, occasion)* to miss **2.** *(plat, affaire)* to make a mess of **3.** *(examen)* to fail. ❑ *vi* to go wrong.

ratification *nf* ratification.

ratifier *vt* to ratify.

ration *nf fig* share • **ration alimentaire** food intake.

rationaliser *vt* to rationalize.

rationnel, elle *adj* rational.

rationnement *nm* rationing.

rationner *vt* to ration.

ratissage *nm* **1.** *(de jardin)* raking **2.** *(de quartier)* search.

ratisser *vt* **1.** *(jardin)* to rake **2.** *(quartier)* to search, to comb.

raton *nm* ZOOL young rat. ■ **raton laveur** *nm* racoon.

RATP (abrév de Régie autonome des transports parisiens) *nf* Paris transport authority.

rattacher *vt* **1.** *(attacher de nouveau)* to do up, to fasten again **2.** *(relier)* • **rattacher qqch à a)** to join sthg to **b)** *fig* to link sthg with **3.** *(unir)* • **rattacher qqn à** to bind sb to. ■ **se rattacher** *vp* • **se rattacher à** to be linked to.

ratte *nf* BOT & CULIN fingerling potato, (La) Ratte potato.

rattrapage *nm* **1.** SCOL • **cours de rattrapage** remedial class **2.** *(de salaires, prix)* adjustment.

rattraper *vt* **1.** *(animal, prisonnier)* to recapture **2.** *(temps)* • **rattraper le temps perdu** to make up for lost time **3.** *(rejoindre)* to catch up with **4.** *(erreur)* to correct **5.** *(personne qui tombe)* to catch. ■ **se rattraper** *vp* **1.** *(se retenir)* • **se rattraper à qqn/qqch** to catch hold of sb/sthg **2.** *(se faire pardonner)* to make amends.

rature *nf* alteration.

rauque *adj* hoarse, husky.

ravager *vt (gén)* to devastate, to ravage.

ravaler *vt* **1.** *(façade)* to clean, to restore **2.** *(personne)* • **ravaler qqn au rang de** to lower sb to the level of **3.** *fig (larmes, colère)* to stifle, to hold back.

rave *nf* BOT rape.

ravi, e *adj* • **ravi (de)** delighted (with) • **je suis ravi de l'avoir trouvé** I'm delighted that I found it, I'm delighted to have found it • **ravi de vous connaître** pleased to meet you.

ravier *nm* small dish.

ravin *nm* ravine, gully.

ravioles *nfpl* CULIN *si vous voulez expliquer de quoi il s'agit à un anglophone, vous pouvez dire* it is a type of small ravioli.

ravir *vt* **1.** *(charmer)* to delight • **à ravir** beautifully **2.** *littéraire (arracher)* • **ravir qqch à qqn** to rob sb of sthg.

raviser ■ **se raviser** *vp* to change one's mind.

ravissant, e *adj* delightful, beautiful.

ravisseur, euse *nm,f* abductor.

ravitaillement *nm* **1.** *(en denrées)* resupplying **2.** *(en carburant)* refuelling **(UK)**, refueling **(US)**.

ravitailler *vt* **1.** *(en denrées)* to resupply **2.** *(en carburant)* to refuel. ■ **se ravitailler** *vp* **1.** *(en denrées)* to get fresh supplies **2.** *(en carburant)* to refuel.

raviver *vt* **1.** *(feu)* to rekindle **2.** *(couleurs)* to brighten up **3.** *fig (douleur)* to revive **4.** *(plaie)* to reopen.

rayé, e *adj* **1.** *(tissu)* striped **2.** *(disque, vitre)* scratched.

rayer *vt* **1.** *(disque, vitre)* to scratch **2.** *(nom, mot)* to cross out.

rayon *nm* **1.** *(de lumière)* beam, ray **2.** *fig (d'espoir)* ray **3.** *(gén pl) (radiation)* radiation *(indén)* • **rayon laser** laser beam • **rayons X** X-rays **4.** *(de roue)* spoke **5.** *GÉOM* radius • **dans un rayon de** *fig* within a radius of **6.** *(étagère)* shelf **7.** *(dans un magasin)* department.

rayonnage *nm* shelving.

rayonnant, e *adj litt & fig* radiant.

rayonnement *nm* **1.** *(gén)* radiance **2.** *(des arts)* influence **3.** *PHYS* radiation.

rayonner *vi* **1.** *(soleil)* to shine • **rayonner de joie** *fig* to radiate happiness **2.** *(culture)* to be influential **3.** *(avenues, lignes, chaleur)* to radiate **4.** *(touriste)* to tour around *(from a base)*.

rayure *nf* **1.** *(sur étoffe)* stripe • **du tissu blanc à rayures vertes** white material with green stripes **2.** *(sur disque, sur meuble)* scratch.

raz ■ **raz de marée** *nm* **1.** tidal wave **2.** *fig POLIT* landslide.

razzia *nf fam* raid.

RDA (abrév de **République démocratique allemande**) *nf* GDR.

RdC abrév de **rez-de-chaussée**.

ré *nm inv* **1.** *MUS* D **2.** *(chanté)* re.

réabonner *vt* • **réabonner qqn à** to renew sb's subscription to. ■ **se réabonner** *vp* • **se réabonner à** to renew one's subscription to.

réacheminer *vt* to forward.

réacteur *nm (d'avion)* jet engine • **réacteur nucléaire** nuclear reactor.

réaction *nf* • **réaction (à/contre)** reaction (to/against).

réactionnaire *nmf & adj péj* reactionary.

réactiver *vt* to reactivate.

réactualiser *vt (moderniser)* to update, to bring up to date.

réadapter *vt* **1.** to readapt **2.** *(accidenté)* to rehabilitate.

réagir *vi* • **réagir (à/contre)** to react (to/against) • **réagir sur** to affect.

réajuster = **rajuster**.

réalisable *adj* **1.** *(projet)* feasible **2.** *FIN* realizable.

réalisateur, trice *nm,f CINÉ & TV* director.

réalisation *nf* **1.** *(de projet)* carrying out **2.** *CINÉ & TV* production.

réaliser *vt* **1.** *(projet)* to carry out **2.** *(ambitions, rêves)* to achieve, to realize **3.** *CINÉ & TV* to produce **4.** *(s'apercevoir de)* to realize. ■ **se réaliser** *vp* **1.** *(ambition)* to be realized **2.** *(rêve)* to come true **3.** *(personne)* to fulfil **(UK)** *ou* fulfill **(US)** o.s.

réalisme *nm* realism.

réaliste *nmf* realist. ❑ *adj* **1.** *(personne, objectif)* realistic **2.** *ART & LITTÉR* realist.

réalité *nf* reality • **en réalité** in reality • **réalité virtuelle** *INFORM* virtual reality, VR.

reality-show, reality show *nm* reality show.

réaménagement *nm* **1.** *(de projet)* restructuring • **le réaménagement du territoire** land redevelopment **2.** *(de taux d'intérêt)* readjustment.

réamorcer *vt* to start up again.

réanimation *nf* intensive care ; *(service)* intensive care unit, ICU ▸ **nombre de patients en réanimation** number of patients in ICU.

réanimer *vt* to resuscitate.

réapparaître *vi* to reappear.

rébarbatif, ive *adj* **1.** *(personne, visage)* forbidding **2.** *(travail)* daunting.

rebâtir *vt* to rebuild.

rebattu, e *adj* overworked, hackneyed.

rebelle *adj* **1.** *(personne)* rebellious **2.** *(troupes)* rebel *(avant nom)* **3.** *(mèche, boucle)* unruly.

rebeller ■ **se rebeller** *vp* • **se rebeller (contre)** to rebel (against).

rébellion *nf* rebellion.

rebiffer ■ **se rebiffer** *vp fam* • **se rebiffer (contre)** to rebel (against).

reboiser *vt* to reafforest **(UK)**, to reforest **(US)**.

rebond *nm* bounce.

rebondi, e *adj* rounded.

rebondir *vi* **1.** *(objet)* to bounce **2.** *(contre mur)* to rebound **3.** *fig (affaire)* to come to life (again).

rebondissement *nm (d'affaire)* new development.

rebord *nm* **1.** *(de table)* edge **2.** *(de fenêtre)* sill, ledge.

reboucher *vt* **1.** *(bouteille)* to put the cork back in, to recork **2.** *(trou)* to fill in.

rebours ■ **à rebours** *loc adv* **1.** the wrong way **2.** *fig* the wrong way round **(UK)** *ou* around **(US)**, back to front.

reboutonner *vt* to rebutton.

rebrousse-poil ■ **à rebrousse-poil** *loc adv* the wrong way • **prendre qqn à rebrousse-poil** *fig* to rub sb up the wrong way.

rebrousser *vt* to brush back • **rebrousser chemin** *fig* to retrace one's steps.

rébus *nm* rebus.

rebut *nm* scrap • **mettre qqch au rebut** to get rid of sthg, to scrap sthg.

rebuter *vt (sujet : travail)* to dishearten.

recadrer *vt* **1.** CINÉ & PHOTO to crop **2.** *fig (action, projet)* to redefine.

récalcitrant, e *adj* recalcitrant, stubborn.

recaler *vt fam* to fail.

récapitulatif, ive *adj* summary *(avant nom)*. ■ **récapitulatif** *nm* summary.

récapituler *vt* to recapitulate, to recap.

recel *nm* **1.** *(action)* receiving *ou* handling stolen goods **2.** *(délit)* possession of stolen goods.

receleur, euse *nm, f* receiver *(of stolen goods)*.

récemment *adv* recently.

recensement *nm* **1.** *(de population)* census **2.** *(d'objets)* inventory.

recenser *vt* **1.** *(population)* to take a census of **2.** *(objets)* to take an inventory of.

récent, e *adj* recent.

recentrer *vt* to refocus.

récépissé *nm* receipt.

réceptacle *nm* **1.** *(objet)* container, vessel **2.** *(lieu)* receptacle, gathering place.

récepteur, trice *adj* receiving. ■ **récepteur** *nm* receiver.

réception *nf* **1.** *(gén)* reception • **donner une réception** to hold a reception **2.** *(de marchandises)* receipt **3.** *(bureau)* reception (desk), front desk (US) **4.** SPORT *(de sauteur, skieur)* landing **5.** *(du ballon, avec la main)* catch • **bonne réception de X** *(avec le pied)* X traps the ball.

À PROPOS DE

se présenter à la réception

Lorsque l'on se présente pour un entretien par exemple, on utilise la formule : ***Hello, I'm Jenny Barton, I have an appointment with Mr Patrick Johnson*** *Bonjour, je suis Jenny Barton et j'ai rendez-vous avec Mr Patrick Johnson.*

Dans le cas où vous représentez seul une compagnie, il faut se présenter en disant : ***Hello, I'm Jenny Barton from Robinson Associates, I have an appointment with...*** *Bonjour, je suis Jenny Barton des Associés Robinson et j'ai rendez-vous avec...*

En groupe, indiquer le nom de la société suffit.

Dans un hôtel, vous indiquez directement le nom de la personne qui a réservé la chambre : ***Hello, we've booked a room for two nights under the name of Barker*** *Bonjour, nous avons une réservation pour deux nuits au nom de Barker.*

réceptionner *vt* **1.** *(marchandises)* to take delivery of **2.** *(SPORT - avec la main)* to catch ; *(- avec le pied)* to control.

réceptionniste *nmf* receptionist, desk clerk (US).

récession *nf* recession.

recette *nf* **1.** COMM takings *pl* **2.** CULIN recipe **3.** *fig (méthode)* recipe, formula. ■ **recettes** *nfpl* **1.** *(sommes touchées)* income *(indén)*, receipts, incomings **2.** *(locution)* • **recettes et dépenses a)** *(gén)* income and expenses, incomings and outgoings **b)** *(en comptabilité)* credit and debit • **recettes publiques** public revenue *ou* income.

recevable *adj* **1.** *(excuse, offre)* acceptable **2.** DR admissible.

receveur, euse *nm, f* **1.** ADMIN • **receveur des impôts** tax collector • **receveur des postes** postmaster, postmistress *f* **2.** *(de bus)* conductor, conductress *f* **3.** *(de greffe)* recipient.

recevoir *vt* **1.** *(gén)* to receive **2.** *(coup)* to get, to receive **3.** *(invités)* to entertain **4.** *(client)* to see **5.** SCOL & UNIV • **être reçu à un examen** to pass an exam. ❑ *vi* **1.** *(donner une réception)* to entertain **2.** *(avocat, médecin)* to be available (to see clients). ■ **se recevoir** *vp* SPORT to land.

rechange ■ **de rechange** *loc adj* **1.** spare **2.** *fig* alternative.

réchapper *vi* • **réchapper de** to survive.

recharge *nf (cartouche)* refill.

rechargeable *adj* **1.** *(batterie)* rechargeable **2.** *(briquet)* refillable.

recharger *vt* **1.** *(batterie)* to recharge **2.** *(stylo, briquet)* to refill **3.** *(arme, camion, appareil-photo)* to reload.

réchaud *nm* (portable) stove.

réchauffé, e *adj* **1.** *(plat)* reheated **2.** *fig* rehashed.

réchauffement *nm* warming (up) • **le réchauffement climatique** global warming.

réchauffer *vt* **1.** *(nourriture)* to reheat **2.** *(personne)* to warm up. ■ **se réchauffer** *vp* to warm up.

rêche *adj* rough.

recherche *nf* **1.** *(quête)* INFORM search • **être à la recherche de** to be in search of • **faire** *ou* **effectuer des recherches** to make inquiries **2.** *(sciences)* research • **faire de la recherche** to do research **3.** *(raffinement)* elegance. ■ **recherches** *nfpl* **1.** *(enquête)* search • **les recherches de la police pour rattraper le fuyard sont restées vaines** despite a police search, the runaway has not been found **2.** *(travaux - gén)* work, research ; *(- de médecine)* research • **une équipe d'archéologues mène déjà des recherches sur le site** a team of archeologists is already working on *ou* researching the site.

À PROPOS DE

recherche

Attention ! Le mot ***research*** est indénombrable. Il ne s'emploie ni au pluriel, ni avec l'article indéfini ***a*** :

• *Ces recherches sont financées par le conseil général.* ***This research is financed by the local council.***

recherché, e *adj* **1.** *(ouvrage)* sought-after **2.** *(raffiné - vocabulaire)* refined ; *(- mets)* exquisite.

recherchercher *vt* **1.** *(objet, personne)* to search for, to hunt for **2.** *(compagnie)* to seek out.

rechigner *vi* • **rechigner à** to balk at.

rechute *nf* relapse.

récidive *nf* **1.** *DR* repeat offence **(UK)** *ou* offense **(US)** **2.** *MÉD* recurrence.

récidiver *vi* **1.** *DR* to commit another offence **(UK)** *ou* offense **(US)** **2.** *MÉD* to recur.

récidiviste *nmf* repeat *ou* persistent offender.

récif *nm* reef • **récif de corail** coral reef.

récipient *nm* container.

réciproque *adj* reciprocal. ❑ *nf* • **la réciproque** the reverse.

réciproquement *adv* mutually • **et réciproquement** and vice versa.

récit *nm* story.

récital *nm* recital.

récitation *nf* recitation.

réciter *vt* to recite.

réclamation *nf* complaint • **faire/déposer une réclamation** to make/lodge a complaint.

réclame *nf* **1.** *(annonce)* advert **(UK)**, advertisement **2.** *(publicité)* • **la réclame** advertising **3.** *(promotion)* • **en réclame** on special offer.

réclamer *vt* **1.** *(demander)* to ask for, to request **2.** *(avec insistance)* to demand **3.** *(nécessiter)* to require, to demand.

reclasser *vt* **1.** *(dossiers)* to refile **2.** *ADMIN* to regrade.

réclusion *nf* imprisonment • **réclusion à perpétuité** life imprisonment.

recoiffer ■ **se recoiffer** *vp* to do one's hair again.

recoin *nm* nook.

recoller *vt (objet brisé)* to stick back together.

récolte *nf* **1.** *(AGRIC - action)* harvesting *(indén)*, gathering *(indén)* ; *(- produit)* harvest, crop **2.** *fig* collection.

récolter *vt* **1.** to harvest **2.** *fig (informations, argent)* to collect ; *fam (ennuis, maladie)* to get • **Saïd a récolté deux heures de colle** Saïd got two hours' detention.

recommandable *adj* commendable • **peu recommandable** undesirable.

recommandation *nf* recommendation.

recommandé, e *adj* **1.** *(envoi, lettre)* registered • **envoyer qqch en recommandé** to send sthg by registered post **(UK)** *ou* mail **(US)** **2.** *(conseillé)* advisable.

recommander *vt* to recommend • **recommander à qqn de faire qqch** to advise sb to do sthg • **recommander qqn à qqn** to recommend sb to sb.

> **À PROPOS DE**
>
> ### recommander
>
> Il faut noter que le verbe ***to recommend*** n'est jamais suivi immédiatement d'un complément d'objet indirect :
>
> • *Ils m'ont recommandé un hôtel dans le centre.* ***They recommended a good hotel in the centre.***
>
> • *Pouvez-vous nous recommander un médecin ?* ***Can you recommend a good doctor?***
>
> Comme le montrent ces exemples, le complément d'objet indirect (***to me***, ***to us***) est sous-entendu et, par conséquent, omis.

recommencer *vt* **1.** *(travail)* to start *ou* begin again **2.** *(erreur)* to make again • **recommencer à faire qqch** to start *ou* begin doing sthg again. ❑ *vi* to start *ou* begin again • **ne recommence pas !** don't do that again!

récompense *nf* reward.

récompenser *vt* to reward.

recompter *vt* to recount.

réconciliation *nf* reconciliation.

réconcilier *vt* to reconcile.

reconduire *vt* **1.** *(personne)* to accompany, to take **2.** *(politique, bail)* to renew.

reconduit, e *pp* → **reconduire**.

reconfigurer *INFORM* to reconfigure.

réconfort *nm* comfort.

réconfortant, e *adj* comforting.

réconforter *vt* to comfort.

> **S'EXPRIMER**
>
> ### réconforter quelqu'un
>
> • ***Don't worry!*** Ne t'en fais pas !
>
> • ***Hang on in there!*** Du nerf !
>
> • ***Don't give in.*** Ne te laisse pas aller.
>
> • ***Don't be discouraged!*** Bon courage !

reconnaissable *adj* recognizable.

reconnaissance *nf* **1.** *(gén)* recognition • **reconnaissance vocale** *ou* **de la parole** speech recognition **2.** *MIL* reconnaissance • **aller/partir en reconnaissance** to go out on reconnaissance **3.** *(gratitude)* gratitude • **exprimer sa reconnaissance à qqn** to show *ou* express one's gratitude to sb.

reconnaissant, e *adj* grateful • **je vous serais reconnaissant de m'aider** I would be grateful if you would help me.

reconnaître *vt* **1.** *(gén)* to recognize **2.** *(erreur)* to admit, to acknowledge **3.** *MIL* to reconnoitre.

reconnecter *vt* to reconnect. ■ **se reconnecter** *vpi INFORM* to reconnect o.s., to get back on line.

reconnu, e *pp* → **reconnaître**. ❑ *adj* well-known.

reconquérir *vt* to reconquer.
reconquis, e *pp* → **reconquérir.**
reconsidérer *vt* to reconsider.
reconstituant, e *adj* invigorating. ■ **reconstituant** *nm* tonic.
reconstituer *vt* **1.** *(puzzle)* to put together **2.** *(crime, délit)* to reconstruct.
reconstitution *nf* **1.** *(de puzzle)* putting together **2.** *(de crime, délit)* reconstruction.
reconstruction *nf* reconstruction, rebuilding.
reconstruire *vt* to reconstruct, to rebuild.
reconstruit, e *pp* → **reconstruire.**
reconversion *nf* **1.** *(d'employé)* redeployment **2.** *(d'usine, de société)* conversion • **reconversion économique/technique** economic/technical restructuring.
reconvertir *vt* **1.** *(employé)* to redeploy **2.** *(économie)* to restructure. ■ **se reconvertir** *vp* • **se reconvertir dans** to move into.
recopier *vt* to copy out.
record *nm* record • **détenir/améliorer/battre un record** to hold/improve/beat a record • **le record du monde** the world record. ❑ *adj inv* record *(avant nom)*.
recoucher *vt* to put back to bed. ■ **se recoucher** *vp* to go back to bed.
recoudre *vt* **1.** *(ourlet, accroc)* to sew up again **2.** *(bouton)* to sew back on.
recoupement *nm* cross-check • **par recoupement** by cross-checking.
recouper *vt* **1.** *(pain)* to cut again **2.** *COUT* to recut **3.** *fig (témoignages)* to compare, to cross-check. ■ **se recouper** *vp* **1.** *(lignes)* to intersect **2.** *(témoignages)* to match up.
recourir *vi* • **recourir à a)** *(médecin, agence)* to turn to **b)** *(force, mensonge)* to resort to.
recours *nm* **1.** *(emploi)* • **avoir recours à a)** *(médecin, agence)* to turn to **b)** *(force, mensonge)* to resort to, to have recourse to **2.** *(solution)* solution, way out • **en dernier recours** as a last resort **3.** *DR* action • **recours en cassation** appeal.
recouvert, e *pp* → **recouvrir.**
recouvrir *vt* **1.** *(gén)* to cover **2.** *(fauteuil)* to recover **3.** *(personne)* to cover (up). ■ **se recouvrir** *vp* **1.** *(tuiles)* to overlap **2.** *(surface)* • **se recouvrir (de)** to be covered (with).
recracher *vt* to spit out.
récréatif, ive *adj* entertaining.
récréation *nf* **1.** *(détente)* relaxation, recreation **2.** *SCOL* break **(UK)**, recess **(US)** • **à la récréation** during the break.
recréer *vt* to recreate.
récrimination *nf* complaint.
récrire, réécrire *vt* to rewrite.
recroqueviller ■ **se recroqueviller** *vp* to curl up.
recru, e *adj* • **recru de fatigue** *littéraire* exhausted.
recrudescence *nf* renewed outbreak.
recrue *nf* recruit.
recrutement *nm* recruitment.
recruter *vt* to recruit.
rectal, e *adj* rectal.
rectangle *nm* rectangle.
rectangulaire *adj* rectangular.
recteur *nm SCOL* ≃ Chief Education Officer **(UK)** ; ≃ Superintendent of Schools **(US)**.
rectificatif, ive *adj* correcting. ■ **rectificatif** *nm* correction.
rectification *nf* **1.** *(correction)* correction **2.** *(de tir)* adjustment.
rectifier *vt* **1.** *(tir)* to adjust **2.** *(erreur)* to rectify, to correct **3.** *(calcul)* to correct.
rectiligne *adj* rectilinear.
recto *nm* right side • **recto verso** on both sides.
rectorat *nm SCOL* ≃ Education Offices **(UK)**; ≃ Board of Education Offices **(US)**.
reçu, e *pp* → **recevoir.** ■ **reçu** *nm* receipt.
recueil *nm* collection.
recueillement *nm* meditation.
recueillir *vt* **1.** *(fonds)* to collect **2.** *(suffrages)* to win **3.** *(enfant)* to take in. ■ **se recueillir** *vp* to meditate.
recul *nm* **1.** *(mouvement arrière)* step backwards **2.** *MIL* retreat **3.** *(d'arme à feu)* recoil **4.** *(de civilisation)* decline **5.** *(d'inflation, de chômage)* • **recul (de)** downturn (in) **6.** *fig (retrait)* • **avec du recul** with hindsight.
reculé, e *adj* distant.
reculer *vt* **1.** *(voiture)* to back up **2.** *(date)* to put back, to postpone. ❑ *vi* **1.** *(aller en arrière)* to move backwards **2.** *(voiture)* to reverse • **ne reculer devant rien** *fig* to stop at nothing **3.** *(maladie, pauvreté)* to be brought under control **4.** *(faiblir - cours, valeur)* to fall, to weaken.
reculons ■ **à reculons** *adv* backwards.
récupération *nf (de déchets)* salvage.
récupérer *vt* **1.** *(objet, argent)* to get back **2.** *(déchets)* to salvage **3.** *(idée)* to pick up **4.** *(journée)* to make up. ❑ *vi* to recover, to recuperate.
récurer *vt* to scour.
récuser *vt* **1.** *DR* to challenge **2.** *sout (refuser)* to reject.
recyclage *nm* **1.** *(d'employé)* retraining **2.** *(de déchets)* recycling.
recycler *vt* **1.** *(employé)* to retrain **2.** *(déchets)* to recycle. ■ **se recycler** *vp (employé)* to retrain.
rédacteur, trice *nm, f* **1.** *(de journal)* subeditor **2.** *(d'ouvrage de référence)* editor • **rédacteur en chef** editor-in-chief.
rédaction *nf* **1.** *(de texte)* editing **2.** *SCOL* essay • **faire une rédaction** to write an essay **3.** *(personnel)* editorial staff.

reddition *nf* surrender.
redécouvrir *vt* to rediscover.
redéfinir *vt* to redefine.
redéfinition *nf* redefinition.
redemander *vt* **1.** *(demander à nouveau)* to ask again for • **j'ai dû lui redemander mon stylo** I had to ask him for my pen again **2.** *(demander davantage)* to ask for more • **je n'ai pas osé redemander du gâteau** I didn't dare ask for more cake.
redémarrer *vi* **1.** to start again **2.** *fig* to get going again **3.** *INFORM* to reboot, to restart.
rédemption *nf* redemption.
redescendre *vt* **1.** *(escalier)* to go/come down again **2.** *(objet - d'une étagère)* to take down again. ❑ *vi* to go/come down again.
redevable *adj* • **être redevable de 20 euros à qqn** to owe sb 20 euros • **être redevable à qqn de qqch** *(service)* to be indebted to sb for sthg.
redevance *nf* **1.** *(de radio, télévision)* licence **(UK)** *ou* license **(US)** fee **2.** *(téléphonique)* rental (fee).
rédhibitoire *adj* **1.** *(défaut)* crippling **2.** *(prix)* prohibitive.
rediffusion *nf* repeat.
rédiger *vt* to write.
redimensionner *vt INFORM* to resize.
redire *vt* to repeat • **avoir** *ou* **trouver à redire à qqch** *fig* to find fault with sthg.
redistribuer *vt* to redistribute.
redit, e *pp* → **redire.**
redite *nf* repetition.
redondance *nf* redundancy.
redonner *vt* **1.** *(rendre)* to give back **2.** *(confiance, forces)* to restore **3.** *(donner davantage)* to give some more • **je te redonne de la soupe si tu veux** I'll give you some more soup if you want.
redoublant, e *nm, f* pupil who is repeating a year.
redoubler *vt* **1.** *(syllabe)* to reduplicate **2.** *(efforts)* to intensify **3.** *SCOL* to repeat. ❑ *vi* **1.** *(froid, tempête)* to intensify **2.** *SCOL* to repeat a year.
redoutable *adj* formidable.
redouter *vt* to fear.
redoux *nm* thaw.
redressement *nm* **1.** *(de pays, d'économie)* recovery **2.** *DR* • **redressement fiscal** payment of back taxes.
redresser *vt* **1.** *(poteau, arbre)* to put *ou* set upright • **redresser la tête a)** to raise one's head **b)** *fig* to hold up one's head **2.** *(situation)* to set right. ❑ *vi AUTO* to straighten up. ■ **se redresser** *vp* **1.** *(personne)* to stand *ou* sit straight **2.** *(pays)* to recover.
réducteur, trice *adj (limitatif)* simplistic.
réduction *nf* **1.** *(gén)* reduction • **réductions d'effectifs** staff cuts, downsizing **2.** *MÉD* setting.
réduire *vt* **1.** *(gén)* to reduce • **réduire en** to reduce to **2.** *INFORM* to minimize **3.** *MÉD* to set **4.** **(SUISSE)** *(ranger)* to put away. ❑ *vi CULIN* to reduce • **faire réduire** to reduce.
réduit, e *pp* → **réduire.** ❑ *adj* reduced. ■ **réduit** *nm (local)* small room.
rééchelonner *vt* to reschedule.
réécrire = **récrire.**
réédition *nf* new edition.
rééducation *nf* **1.** *(de membre)* re-education **2.** *(de délinquant, malade)* rehabilitation, rehab **(US).**
réel, elle *adj* real. ■ **réel** *nm* • **le réel** reality.
réélection *nf* reelection.
réellement *adv* really.
réenregistrer *vt* to rerecord.
rééquilibrer *vt* to balance (again).
réessayer *vt* to try again.
réévaluer *vt* to revalue.
réexaminer *vt* to re-examine.
réexpédier *vt* to send back.
réf. (abrév de **référence**) ref.
refaire *vt* **1.** *(faire de nouveau - travail, devoir)* to do again ; *(- voyage)* to make again **2.** *(mur, toit)* to repair.

À PROPOS DE

refaire

Les deux traductions les plus courantes de *refaire* au sens de *réaliser à nouveau* sont ***do again*** et ***make again***.
To do again s'utilise lorsqu'on parle de tâches ménagères, de sport ou de travail en général.
• *Je refuse de refaire la vaisselle !* ***I refuse to do the washing-up again!***
• *J'ai dû refaire mes devoirs.* ***I had to do my homework again.***
To make again rend l'idée de création ou de préparation.
• *Tu refais de la soupe ?* ***Are you making soup again?***
To make again s'utilise également dans les situations où l'on oblige une personne à effectuer une action.
• *Il nous a refait traduire le texte.* ***He made us translate the text again.***

refait, e *pp* → **refaire.**
réfection *nf* repair.
réfectoire *nm* **1.** refectory **2.** *(à l'école)* dining hall, canteen **(UK)**, cafeteria **(US).**
référé *nm* **1.** *(procédure)* special hearing **2.** *(arrêt)* temporary ruling **3.** *(ordonnance)* temporary injunction.
référence *nf* reference • **faire référence à** to refer to.
référendum *nm* referendum.

référent, e *adj* • **médecin référent** referral doctor.

référer *vi* • **en référer à qqn** to refer the matter to sb.

refermer *vt* to close *ou* shut again. ■ **se refermer** *vp* to shut.

réfléchi, e *adj* **1.** *(action)* considered • **c'est tout réfléchi** I've made up my mind, I've decided **2.** *(personne)* thoughtful **3.** GRAMM reflexive.

réfléchir *vt* **1.** *(refléter)* to reflect **2.** *(penser)* • **réfléchir que** to think *ou* reflect that. ❑ *vi* to think, to reflect • **réfléchir à** *ou* **sur qqch** to think about sthg.

réfléchissant, e *adj* reflective.

reflet *nm* **1.** *(image)* reflection **2.** *(de lumière)* glint.

refléter *vt* to reflect. ■ **se refléter** *vp* **1.** *(se réfléchir)* to be reflected **2.** *(transparaître)* to be mirrored.

refleurir *vi (fleurir à nouveau)* to flower again.

reflex *nm* reflex camera. ❑ *adj* reflex *(avant nom)*.

réflexe *nm* reflex. ❑ *adj* reflex *(avant nom)*.

réflexion *nf* **1.** *(de lumière, d'ondes)* reflection **2.** *(pensée)* reflection, thought **3.** *(remarque)* remark.

refluer *vi* **1.** *(liquide)* to flow back **2.** *(foule)* to flow back **3.** *(avec violence)* to surge back.

reflux *nm* **1.** *(d'eau)* ebb **2.** *(de personnes)* backward surge.

refonte *nf* **1.** *(de métal)* remelting **2.** *(d'ouvrage)* recasting **3.** *(d'institution, de système)* overhaul, reshaping.

reforestation *nf* reforestation.

réformateur, trice *adj* reforming. ❑ *nm, f* **1.** *(personne)* reformer **2.** RELIG Reformer.

réforme *nf* reform.

réformé, e *adj & nm, f* Protestant. ■ **réformé** *nm* MIL conscript declared unfit for military service.

reformer *vt* to re-form.

réformer *vt* **1.** *(améliorer)* to reform, to improve **2.** MIL to invalid out **(UK)** **3.** *(matériel)* to scrap.

réformiste *adj & nmf* reformist.

refoulé, e *adj* repressed, frustrated. ❑ *nm, f* repressed person.

refouler *vt* **1.** *(personnes)* to repel, to repulse **2.** PSYCHO to repress.

réfractaire *adj* **1.** *(rebelle)* insubordinate • **réfractaire à** resistant to **2.** *(matière)* refractory. ❑ *nmf* insubordinate.

refrain *nm* MUS refrain, chorus • **c'est toujours le même refrain** *fam & fig* it's always the same old story.

refréner *vt* to check, to hold back.

réfrigérant, e *adj* **1.** *(liquide)* refrigerating, refrigerant **2.** *fam (accueil)* icy.

réfrigérateur *nm* refrigerator.

refroidir *vt* **1.** *(plat)* to cool **2.** *(décourager)* to discourage **3.** *argot (tuer)* to rub out, to do in. ❑ *vi* **1.** *(devenir moins chaud)* to cool down • **laisse refroidir la soupe** leave the soup to cool down **2.** *(devenir froid)* to get cold • **mon thé a refroidi, il n'est pas bon** my tea has got cold, it doesn't taste nice. ■ **se refroidir** *vp* • **le temps se refroidit** it's getting cooler.

refroidissement *nm* **1.** *(de température)* drop, cooling **2.** *(grippe)* chill.

refuge *nm* **1.** *(abri)* refuge • **chercher refuge** to seek refuge **2.** *(de montagne)* hut.

réfugié, e *nm, f* refugee • **réfugié politique** political refugee.

réfugier ■ **se réfugier** *vp* to take refuge.

refus *nm inv* refusal • **ce n'est pas de refus** *fam* I wouldn't say no.

refuser *vt* **1.** *(repousser)* to refuse • **refuser de faire qqch** to refuse to do sthg **2.** *(contester)* • **refuser qqch à qqn** to deny sb sthg **3.** *(clients, spectateurs)* to turn away **4.** *(candidat)* • **être refusé** to fail. ■ **se refuser** *vp* • **se refuser à faire qqch** to refuse to do sthg.

réfuter *vt* to refute.

regagner *vt* **1.** *(reprendre)* to regain, to win back **2.** *(revenir à)* to get back to.

regain *nm (retour)* • **un regain de** a revival of, a renewal of • **un regain de vie** a new lease of life.

régal *nm* treat, delight.

régaler *vt* to treat • **c'est moi qui régale !** *fam* it's my treat! ■ **se régaler** *vp* • **je me régale a)** *(nourriture)* I'm thoroughly enjoying it **b)** *(activité)* I'm having the time of my life.

regard *nm* look.

regardant, e *adj* **1.** *fam (économe)* mean **2.** *(minutieux)* • **être très/peu regardant sur qqch** to be very/not very particular about sthg.

regarder *vt* **1.** *(observer, examiner, consulter)* to look at **2.** *(télévision, spectacle)* to watch • **regarder qqn faire qqch** to watch sb doing sthg • **regarder les trains passer** to watch the trains go by **3.** *(considérer)* to consider, to regard • **regarder qqn/qqch comme** to regard sb/sthg as, to consider sb/sthg as **4.** *(concerner)* to concern • **cela ne te regarde pas** it's none of your business. ❑ *vi* **1.** *(observer, examiner)* to look **2.** *(faire attention)* • **sans regarder à la dépense** regardless of the expense • **y regarder à deux fois** to think twice about it.

regarnir *vt* to refill, to restock.

régate *nf (gén pl)* regatta.

régénérer *vt* to regenerate. ■ **se régénérer** *vp* to regenerate.

régent, e *nm, f* regent.

régenter *vt* • **vouloir tout régenter** *péj* to want to be the boss.

reggae *nm & adj inv* reggae.

régie *nf* **1.** *(entreprise)* state-controlled company **2.** RADIO & TV *(pièce)* control room **3.** CINÉ, THÉÂTRE & TV *(équipe)* production team.

regimber *vi* to balk.

régime *nm* **1.** *(politique)* regime **2.** *(administratif)* system • **régime carcéral** prison regime **3.** *(alimentaire)* diet • **se mettre au/suivre un régime** to go on/to be on a diet • **régime amincissant** slimming diet **4.** *(de moteur)* speed **5.** *(de fleuve, des pluies)* cycle **6.** *(de bananes, dattes)* bunch.

régiment *nm* **1.** MIL regiment **2.** *fam (grande quantité)* • **un régiment de** masses of, loads of.

région *nf* region • **la région parisienne** the Paris area, the Paris region.

régional, e *adj* regional.

régir *vt* to govern.

régisseur, euse *nm, f* **1.** *(intendant)* steward **2.** *(de théâtre)* stage manager.

registre *nm (gén)* register • **registre de comptabilité** ledger.

réglable *adj* **1.** *(adaptable)* adjustable **2.** *(payable)* payable.

réglage *nm* adjustment, setting.

règle *nf* **1.** *(instrument)* ruler **2.** *(principe, loi)* rule • **je suis en règle** my papers are in order. ■ **en règle générale** *loc adv* as a general rule. ■ **règles** *nfpl (menstruation)* period *sing*.

réglé, e *adj (organisé)* regular, well-ordered.

règlement *nm* **1.** *(résolution)* settling • **règlement de comptes** *fig* settling of scores **2.** *(règle)* regulation **3.** *(paiement)* settlement.

réglementaire *adj* **1.** *(régulier)* statutory **2.** *(imposé)* regulation *(avant nom)*.

réglementation *nf* **1.** *(action)* regulation **2.** *(ensemble de règles)* regulations *pl*, rules *pl*.

régler *vt* **1.** *(affaire, conflit)* to settle, to sort out **2.** *(appareil)* to adjust **3.** *(payer - note)* to settle, to pay ; *(- commerçant)* to pay.

réglisse *nf* liquorice **(UK)**, licorice **(US)**.

règne *nm* **1.** *(de souverain)* reign • **sous le règne de** in the reign of **2.** *(pouvoir)* rule **3.** BIOL kingdom.

régner *vi* **1.** *(souverain)* to rule, to reign **2.** *(silence)* to reign.

regonfler *vt* **1.** *(pneu, ballon)* to blow up again, to reinflate **2.** *fam (personne)* to cheer up.

regorger *vi* • **regorger de** to be abundant in.

régresser *vi* **1.** *(sentiment, douleur)* to diminish **2.** *(personne)* to regress.

régression *nf* **1.** *(recul)* decline **2.** PSYCHO regression.

regret *nm* • **regret (de)** regret (for) • **à regret** with regret • **sans regret** with no regrets.

regrettable *adj* regrettable.

regretter *vt* **1.** *(époque)* to miss, to regret **2.** *(personne)* to miss **3.** *(faute)* to regret • **regretter d'avoir fait qqch** to regret having done sthg **4.** *(déplorer)* • **regretter que** *(+ subjonctif)* to be sorry *ou* to regret that • **je regrette de ne pas pouvoir venir** I'm sorry I can't come. ❑ *vi* to be sorry.

regrouper *vt* **1.** *(grouper à nouveau)* to regroup, to reassemble **2.** *(réunir)* to group together. ■ **se regrouper** *vp* to gather, to assemble.

régulariser *vt* **1.** *(documents)* to sort out, to put in order **2.** *(situation)* to straighten out **3.** *(circulation, fonctionnement)* to regulate.

régularité *nf* **1.** *(gén)* regularity **2.** *(de travail, résultats)* consistency.

régulateur, trice *adj* regulating.

régulation *nf (contrôle)* control, regulation.

régulier, ère *adj* **1.** *(gén)* regular **2.** *(uniforme, constant)* steady, regular **3.** *(travail, résultats)* consistent **4.** *(légal)* legal • **être en situation régulière** to have all the legally required documents.

régulièrement *adv* **1.** *(gén)* regularly **2.** *(uniformément)* steadily, regularly **3.** *(étalé, façonné)* evenly.

réhabilitation *nf* rehabilitation.

réhabiliter *vt* **1.** *(accusé)* to rehabilitate, to clear **2.** *fig (racheter)* to restore to favour **(UK)** *ou* favor **(US)** **3.** *(rénover)* to restore.

rehausser *vt* **1.** *(surélever)* to heighten **2.** *fig (mettre en valeur)* to enhance.

rehausseur *nm* booster seat.

réhydrater *vt (peau)* to moisturize, to rehydrate. ■ **se réhydrater** *vp* to drink plenty of water, to rehydrate oneself.

réimpression *nf* reprinting, reprint.

rein *nm* kidney. ■ **reins** *nmpl* small of the back *sing* • **avoir mal aux reins** to have backache **(UK)** *ou* a backache **(US)**.

réincarnation *nf* reincarnation.

réincarner ■ **se réincarner** *vpi* to be reincarnated • **il voulait se réincarner en oiseau** he wanted to be reincarnated as a bird.

reine *nf* queen • **la reine Élisabeth** Queen Elizabeth.

reine-claude *nf* greengage.

reinette *nf si vous voulez expliquer de quoi il s'agit à un anglophone, vous pouvez dire* it is a variety of apple similar to pippin.

S'EXPRIMER

exprimer ses regrets

- ***It really upsets me.*** Ça me fait beaucoup de peine.
- ***Unfortunately I couldn't get in touch with him.*** Je n'ai malheureusement pas pu le joindre.
- ***It's a real shame that we can't see each other any more.*** C'est vraiment dommage que nous ne puissions plus nous voir.

réinitialiser *vt INFORM* to reinitialize.

réinscriptible *adj* **1.** *INFORM* (re-)recordable **2.** *(cédérom)* rewritable.

réinsertion *nf* **1.** *(de délinquant)* rehabilitation **2.** *(dans la vie professionnelle)* reintegration.

réintégrer *vt* **1.** *(rejoindre)* to return to **2.** *DR* to reinstate.

rejaillir *vi* to splash up • **rejaillir sur qqn** *fig* to rebound on sb.

rejet *nm* **1.** *(gén)* rejection **2.** *(pousse)* shoot.

rejeter *vt* **1.** *(relancer)* to throw back **2.** *(offre, personne)* to reject **3.** *(partie du corps)* • **rejeter la tête/les bras en arrière** to throw back one's head/one's arms **4.** *(imputer)* • **rejeter la responsabilité de qqch sur qqn** to lay the responsibility for sthg at sb's door.

rejeton *nm* offspring *(indén)*.

rejoindre *vt* **1.** *(retrouver)* to join **2.** *(regagner)* to return to **3.** *(concorder avec)* to agree with **4.** *(rattraper)* to catch up with. ■ **se rejoindre** *vp* **1.** *(personnes, routes)* to meet **2.** *(opinions)* to agree.

rejoint, e *pp* → **rejoindre**.

réjoui, e *adj* joyful.

réjouir *vt* to delight. ■ **se réjouir** *vp* to be delighted • **se réjouir de qqch** to be delighted at *ou* about sthg.

réjouissance *nf* rejoicing. ■ **réjouissances** *nfpl* festivities.

réjouissant, e *adj* joyful, cheerful.

relâche *nf* **1.** *(pause)* • **sans relâche** without respite *ou* a break **2.** *THÉÂTRE* • **faire relâche** to be closed.

relâché, e *adj* lax, loose.

relâchement *nm* relaxation.

relâcher *vt* **1.** *(étreinte, cordes)* to loosen **2.** *(discipline, effort)* to relax, to slacken **3.** *(prisonnier)* to release. ■ **se relâcher** *vp* **1.** *(se desserrer)* to loosen **2.** *(faiblir - discipline)* to become lax ; *(- attention)* to flag **3.** *(se laisser aller)* to slacken off.

relais *nm* **1.** *(auberge)* post house • **relais routier** transport cafe **(UK)**, truck stop **(US)** **2.** *SPORT & TV* • **prendre/passer le relais** to take/hand over • **(course de) relais** relay.

relance *nf* **1.** *(économique)* revival, boost **2.** *(de projet)* relaunch.

relancer *vt* **1.** *(renvoyer)* to throw back **2.** *(faire reprendre - économie)* to boost ; *(- projet)* to relaunch ; *(- moteur, machine)* to restart **3.** *INFORM* to restart.

relater *vt littéraire* to relate.

relatif, ive *adj* relative • **relatif à** relating to • **tout est relatif** it's all relative. ■ **relative** *nf GRAMM* relative clause.

relation *nf* relationship • **mettre qqn en relation avec qqn** to put sb in touch with sb. ■ **relations** *nfpl* **1.** *(rapport)* relationship *sing* • **avoir de bonnes/mauvaises relations avec qqn** to be on good/bad terms with sb • **relations sexuelles** sexual relations, intercourse *(indén)* **2.** *(connaissance)* acquaintance • **avoir des relations** to have connections.

relationnel, elle *adj (problèmes)* relationship *(avant nom)*.

relativement *adv* relatively.

relativiser *vt* to relativize.

relativité *nf* relativity.

relax, relaxe *adj fam* relaxed.

relaxant, e *adj* relaxing, soothing.

relaxation *nf* relaxation.

relaxe = **relax**.

relaxer *vt* **1.** *(reposer)* to relax **2.** *DR* to discharge. ■ **se relaxer** *vp* to relax.

relayer *vt* to relieve. ■ **se relayer** *vp* to take over from one another.

relecture *nf* second reading, rereading.

reléguer *vt* to relegate.

relent *nm* **1.** *(odeur)* stink, stench **2.** *fig (trace)* whiff.

relève *nf* relief • **prendre la relève** to take over.

relevé, e *adj CULIN* spicy. ■ **relevé** *nm* reading • **faire le relevé de qqch** to read sthg • **relevé de compte** bank statement • **relevé d'identité bancaire** bank account number.

relever *vt* **1.** *(redresser - personne)* to help up ; *(- pays, économie)* to rebuild ; *(- moral, niveau)* to raise **2.** *(ramasser)* to collect **3.** *(tête, col, store)* to raise **4.** *(manches)* to push up **5.** *(CULIN - mettre en valeur)* to bring out ; *(- pimenter)* to season **6.** *fig (récit)* to liven up, to spice up **7.** *(noter)* to note down **8.** *(compteur)* to read **9.** *(relayer)* to take over from, to relieve **10.** *(erreur)* to note. ❑ *vi* **1.** *(se rétablir)* • **relever de** to recover from **2.** *(être du domaine)* • **relever de** to come under. ■ **se relever** *vp* **1.** *(se mettre debout)* to stand up **2.** *(sortir du lit)* to get up.

relief *nm* relief • **en relief** in relief, raised • **une carte en relief** relief map • **mettre en relief** *fig* to enhance, to bring out.

relier *vt* **1.** *(livre)* to bind **2.** *(joindre)* to connect **3.** *fig (associer)* to link up.

religieux, euse *adj* **1.** *(vie, chant)* religious **2.** *(mariage)* religious, church *(avant nom)* **3.** *(respectueux)* reverent. ■ **religieux** *nm* monk. ■ **religieuse** *nf RELIG* nun.

religion *nf* **1.** *(culte)* religion **2.** *(croyance)* religion, faith.

relique *nf* relic.

relire *vt* **1.** *(lire)* to reread **2.** *(vérifier)* to read over. ■ **se relire** *vp* to read what one has written.

reliure *nf* binding.

reloger *vt* to rehouse.

relooker *vt* **1.** *(personne)* to give a makeover to **2.** *(produit, journal, site Web)* to give a new look to.

reluire *vi* to shine, to gleam.

reluisant, e *adj* shining, gleaming • **peu** *ou* **pas très reluisant a)** *fig (avenir, situation)* not all that brilliant **b)** *(personne)* shady.

remaniement *nm* restructuring • **remaniement ministériel** cabinet reshuffle.

remaquiller *vt* to make up *(sép)* again. ■ **se remaquiller** *vp (emploi réfléchi)* **1.** *(entièrement)* to reapply one's make-up **2.** *(partiellement)* to touch up one's make-up.

remarier ■ **se remarier** *vp* to remarry.

remarquable *adj* remarkable.

remarque *nf* **1.** *(observation)* remark **2.** *(critique)* critical remark **3.** *(annotation)* note.

remarquer *vt* **1.** *(apercevoir)* to notice • **faire remarquer qqch (à qqn)** to point sthg out (to sb) • **se faire remarquer** *péj* to draw attention to o.s. **2.** *(noter)* to remark, to comment. ❑ *vi* • **ce n'est pas l'idéal, remarque !** it's not ideal, mind you! ■ **se remarquer** *vp* to be noticeable.

FAUX AMIS

remarquer

Le verbe ***to notice*** est un équivalent du verbe français *remarquer*, mais il existe différentes possibilités de traductions selon les contextes. Le verbe ***to remark*** quant à lui, se traduit par *faire remarquer*. Exemples : ***"The days are getting shorter", she remarked***. *« Les jours raccourcissent », fit-elle remarquer. Elle me fit remarquer à quel point l'ambiance avait changé.* ***She made me notice how different the atmosphere had become.***

remballer *vt (marchandise)* to pack up.

rembarrer *vt fam* to snub.

remblai *nm* embankment.

rembobiner *vt* to rewind.

rembourrer *vt* to stuff, to pad.

remboursement *nm* refund, repayment.

rembourser *vt* **1.** *(dette)* to pay back, to repay **2.** *(personne)* to pay back • **rembourser qqn de qqch** to reimburse sb for sthg • **tu t'es fait rembourser pour ton trajet en taxi ?** did they reimburse you for your taxi journey? **3.** *(dépense, achat)* • **se faire rembourser** to get a refund.

rembrunir ■ **se rembrunir** *vp* to cloud over, to become gloomy.

remède *nm litt* & *fig* remedy, cure.

remédier *vi* • **remédier à qqch** to put sthg right, to remedy sthg.

remembrement *nm* land regrouping.

remerciement *nm* thanks *pl* • **une lettre de remerciement** a thank-you letter.

remercier *vt* **1.** *(dire merci à)* to thank • **remercier qqn de** *ou* **pour qqch** to thank sb for sthg • **non, je vous remercie** no, thank you **2.** *(congédier)* to dismiss.

remettre *vt* **1.** *(replacer)* to put back • **remettre en question** to call into question • **remettre qqn à sa place** to put sb in his place **2.** *(enfiler de nouveau)* to put back on **3.** *(rétablir - lumière, son)* to put back on • **remettre qqch en marche** to restart sthg • **remettre de l'ordre dans qqch** to tidy sthg up • **remettre une montre à l'heure** to put a watch right • **remettre qqch en état de marche** to put sthg back in working order **4.** *(donner)* • **remettre qqch à qqn a)** to hand sthg over to sb **b)** *(médaille, prix)* to present sthg to sb **5.** *(ajourner)* • **remettre qqch (à)** to put sthg off (until). ■ **se remettre** *vp* **1.** *(recommencer)* • **se remettre à qqch** to take up sthg again • **se remettre à fumer** to start smoking again **2.** *(se rétablir)* to get better • **se remettre de qqch** to get over sthg **3.** *(redevenir)* • **se remettre debout** to stand up again • **le temps s'est remis au beau** the weather has cleared up.

réminiscence *nf* reminiscence.

remise *nf* **1.** *(action)* • **remise en jeu** throw-in • **remise en marche** restarting • **remise en question** *ou* **cause** calling into question **2.** *(de message, colis)* handing over **3.** *(de médaille, prix)* presentation **4.** *(réduction)* discount • **la vendeuse nous a fait une remise de dix euros** the sales assistant gave us a ten-euro discount • **remise de peine** *DR* remission **5.** *(hangar)* shed.

rémission *nf* remission • **sans rémission a)** *(sans pardon possible)* without mercy **b)** *(sans relâche)* unremittingly.

remix *nm MUS (enregistrement, disque)* remix ; *(technique)* remixing.

remixé, e *adj* remastered • **remixé en numérique** digitally remastered.

remodeler *vt* **1.** *(forme)* to remodel **2.** *(remanier)* to restructure.

remontant, e *adj (tonique)* invigorating. ■ **remontant** *nm* tonic.

remonte-pente *nm* ski tow.

remonter *vt* **1.** *(escalier, pente)* to go/come back up **2.** *(assembler)* to put together again **3.** *(manches)* to turn up **4.** *(horloge, montre)* to wind up **5.** *(ragaillardir)* to put new life into, to cheer up. ❑ *vi* **1.** *(monter à nouveau - personne)* to go/come back up ; *(- baromètre)* to rise again ; *(- prix, température)* to go up again, to rise ; *(- sur vélo)* to get back on • **remonter dans une voiture** to get back into a car **2.** *(dater)* • **remonter à** to date *ou* go back to.

remontoir *nm* winder.

remontrer *vt* to show again • **vouloir en remontrer à qqn** to try to show sb up.

remords *nm* remorse • **avoir des remords** to be full of remorse.

remorque *nf* trailer • **être en remorque** to be on tow.

remorquer *vt (voiture, bateau)* to tow.

remorqueur *nm* tug, tugboat.

remous *nm* **1.** *(de bateau)* wash, backwash **2.** *(de rivière)* eddy. ❑ *nmpl fig* stir, upheaval.

rempailler *vt* to re-cane.

À PROPOS DE

remonter

Notez la différence de traduction selon que la personne qui parle se trouve en bas ou en haut.
Si la personne qui parle se trouve en bas, on traduit *remonter* par ***to go back up*** :
• *J'ai dû remonter l'escalier.* **I had to go back up** ***the stairs.***
Si la personne qui parle se trouve en haut, on traduit *remonter* par ***to come back up*** :
• *Il est remonté nous chercher.* **He came back up** ***to fetch us.***

rempart *nm (gén pl)* rampart.
rempiler *vt* to pile up again. ❑ *vi fam* MIL to sign on again.
remplaçable *adj* replaceable.
remplaçant, e *nm, f* **1.** *(suppléant)* stand-in **2.** SPORT substitute.
remplacement *nm* **1.** *(changement)* replacing, replacement **2.** *(intérim)* substitution • **faire des remplacements a)** to stand in **b)** *(docteur)* to act as a locum **(UK)**.
remplacer *vt* **1.** *(gén)* to replace **2.** *(prendre la place de)* to stand in for **3.** SPORT to substitute.
remplir *vt* **1.** *(gén)* to fill • **remplir de** to fill with • **remplir qqn de joie/d'orgueil** to fill sb with happiness/pride **2.** *(questionnaire)* to fill in *ou* out **3.** *(mission, fonction)* to complete, to fulfil.
remplissage *nm* **1.** *(de récipient)* filling up **2.** *fig* & *péj (de texte)* padding out.
remporter *vt* **1.** *(repartir avec)* to take away again **2.** *(gagner)* to win.
remuant, e *adj* restless, overactive.
remue-ménage *nm inv* commotion, confusion.
remuer *vt* **1.** *(bouger, émouvoir)* to move **2.** *(café, thé)* to stir **3.** *(salade)* to toss. ❑ *vi* to move, to stir • **arrête de remuer comme ça** stop being so restless. ■ **se remuer** *vp* **1.** *(se mouvoir)* to move **2.** *fig (réagir)* to make an effort.
rémunération *nf* remuneration.
rémunérer *vt* **1.** *(personne)* to remunerate, to pay **2.** *(activité)* to pay for.
renâcler *vi fam* to make a fuss • **renâcler devant** *ou* **à qqch** to balk at sthg.
renaissance *nf* rebirth.
renaître *vi* **1.** *(ressusciter)* to come back to life, to come to life again • **faire renaître** *(passé, tradition)* to revive **2.** *(revenir - sentiment, printemps)* to return ; *(- économie)* to revive, to recover.
renard *nm* fox.
renchérir *vi* **1.** *(augmenter)* to become more expensive **2.** *(prix)* to go up **3.** *(surenchérir)* • **renchérir sur** to add to.
rencontre *nf (gén)* meeting • **faire une bonne rencontre** to meet somebody interesting • **faire une mauvaise rencontre** to meet an unpleasant person • **aller/venir à la rencontre de qqn** to go/come to meet sb.
rencontrer *vt* **1.** *(gén)* to meet **2.** *(heurter)* to strike. ■ **se rencontrer** *vp* **1.** *(gén)* to meet **2.** *(opinions)* to agree.
rendement *nm* **1.** *(de machine, travailleur)* output **2.** *(de terre, placement)* yield.
rendez-vous *nm inv* **1.** *(rencontre)* appointment **2.** *(amoureux)* date • **on a tous rendez-vous au café** we're all meeting at the café • **lors de notre dernier rendez-vous** at our last meeting • **prendre rendez-vous avec qqn** to make an appointment with sb • **donner rendez-vous à qqn** to arrange to meet sb • **se donner rendez-vous** to arrange to meet **3.** *(lieu)* meeting place.

S'EXPRIMER

fixer un rendez-vous

• ***What time are we meeting?*** À quelle heure nous retrouvons-nous ?
• ***Where are we going to meet?*** Où nous donnons-nous rendez-vous ?
• ***Do you want to meet up this evening?*** Veux-tu/Voulez-vous qu'on se donne rendez-vous pour ce soir ?
• ***Have you anything on tomorrow?*** As-tu/Avez-vous déjà prévu quelque chose demain ?
• ***I can't tomorrow, but I'm free all weekend.*** Je ne peux pas demain, mais j'ai tout mon week-end de libre.

rendormir ■ **se rendormir** *vp* to go back to sleep.
rendre *vt* **1.** *(restituer)* • **rendre qqch à qqn** to give sthg back to sb, to return sthg to sb **2.** *(invitation, coup)* to return **3.** DR to pronounce **4.** *(produire un effet)* to produce **5.** *(vomir)* to vomit, to cough up **6.** MIL *(céder)* to surrender • **rendre les armes** to lay down one's arms **7.** *(+ adj) (faire devenir)* to make • **rendre qqn fou** to drive sb mad **8.** *(exprimer)* to render. ❑ *vi* **1.** *(produire - champ)* to yield **2.** *(vomir)* to vomit, to be sick **(UK)**. ■ **se rendre** *vp* **1.** *(céder, capituler)* to give in • **j'ai dû me rendre à l'évidence** I had to face facts **2.** *(aller)* • **se rendre à** to go to **3.** *(+ adj) (se faire tel)* • **se rendre utile/malade** to make o.s. useful/ill.
rêne *nf* rein.
renégat, e *nm, f sout* renegade.
renégocier *vt* to renegotiate.
renfermé, e *adj* introverted, withdrawn. ■ **renfermé** *nm* • **ça sent le renfermé** it smells stuffy in here.
renfermer *vt (contenir)* to contain. ■ **se renfermer** *vp* to withdraw.
renflé, e *adj* bulging.
renflouer *vt* **1.** *(bateau)* to refloat **2.** *fig (entreprise, personne)* to bail out.
renfoncement *nm* recess.

renforcer *vt* to reinforce, to strengthen • **cela me renforce dans mon opinion** that confirms my opinion.

renfort *nm* reinforcement • **venir en renfort** to come as reinforcements.

renfrogné, e *adj* scowling.

renfrogner ■ **se renfrogner** *vp* to scowl, to pull a face.

rengaine *nf* **1.** *fam (formule répétée)* (old) story **2.** *(chanson)* (old) song.

rengorger ■ **se rengorger** *vp fig* to puff o.s. up.

renier *vt* **1.** *(famille, ami)* to disown **2.** *(foi, opinion)* to renounce, to repudiate.

renifler *vi* to sniff. ❑ *vt* to sniff • **renifler quelque chose de louche** *fam* to smell a rat.

renne *nm* reindeer *(inv)*.

renom *nm* renown, fame.

renommé, e *adj* renowned, famous. ■ **renommée** *nf* renown, fame • **de renommée internationale** world-famous, internationally renowned.

renoncement *nm* • **renoncement (à)** renunciation (of).

renoncer *vi* to give up. ■ **renoncer à** *v + prép* to give up • **renoncer à comprendre qqch** to give up trying to understand sthg • **renoncer à voir qqn** to give up *ou* abandon the idea of seeing sb • **renoncer à faire qqch** to give up doing sthg.

renoncule *nf* buttercup.

renouer *vt* **1.** *(lacet, corde)* to re-tie, to tie up again **2.** *(contact, conversation)* to resume. ❑ *vi* • **renouer avec qqn** to take up with sb again • **renouer avec sa famille** to make it up with one's family again.

renouveau *nm (transformation)* revival.

renouvelable *adj* **1.** renewable **2.** *(expérience)* repeatable.

renouveler *vt (gén)* to renew. ■ **se renouveler** *vp* **1.** *(être remplacé)* to be renewed **2.** *(changer, innover)* to have new ideas **3.** *(se répéter)* to be repeated, to recur.

renouvellement *nm* renewal.

rénovation *nf* renovation, restoration.

rénové, e *adj (quartier, bâtiment)* renovated.

rénover *vt* **1.** *(immeuble)* to renovate, to restore **2.** *(système, méthodes)* to reform.

renseignement *nm* information *(indén)* • **un renseignement** a piece of information • **prendre des renseignements (sur)** to make enquiries (about). ■ **renseignements** *nmpl (service d'information)* enquiries **(UK)**, information.

renseigner *vt* • **renseigner qqn (sur)** to give sb information (about), to inform sb (about). ■ **se renseigner** *vp* **1.** *(s'enquérir)* to make enquiries, to ask for information **2.** *(s'informer)* to find out.

S'EXPRIMER

demander un renseignement

- ***Excuse me, please!*** Excusez-moi, s'il vous plaît !
- ***Can you tell me where the market place is?*** Pouvez-vous me dire où se trouve la place du marché ?
- ***Do you know what time the train to Paris leaves?*** Savez-vous à quelle heure part le train pour Paris ?
- ***What's the time, please?*** Quelle heure est-il, s'il vous plaît ?
- ***What time are you open until today?*** Jusqu'à quelle heure êtes-vous ouverts aujourd'hui ?
- ***Could you give me change for 10 euros?*** Auriez-vous la monnaie de 10 euros ?

S'EXPRIMER

renseignement

Attention ! Le mot anglais ***information*** est indénombrable. Il ne s'emploie ni au pluriel, ni avec l'article indéfini ***an*** :

• *Ces renseignements me seront très utiles.* ***This information will be extremely useful.***

• *Chaque renseignement est payant.* ***Each piece/item of information has to be paid for.***

rentabiliser *vt* to make profitable.

rentabilité *nf* profitability.

rentable *adj* **1.** COMM profitable **2.** *fam (qui en vaut la peine)* worthwhile.

rente *nf* **1.** *(d'un capital)* revenue, income **2.** *(pension)* pension, annuity.

rentier, ère *nm, f* person of independent means.

rentrée *nf* **1.** *(fait de rentrer)* return **2.** *(reprise des activités)* • **la rentrée parlementaire** the reopening of parliament • **la rentrée des classes** the start of the new school year **3.** CINÉ & THÉÂTRE comeback **4.** *(recette)* income • **j'attends une rentrée pour la fin du mois** I've got some money coming in at the end of the month • **avoir une rentrée d'argent** to come into some money • **rentrées de fonds** income.

rentrer *vi* **1.** *(entrer de nouveau)* to go/come back in • **tout a fini par rentrer dans l'ordre** everything returned to normal **2.** *(entrer)* to go/come in **3.** *(revenir chez soi)* to go/come back, to go/come home **4.** *(recouvrer, récupérer)* • **rentrer dans** to recover, to get back • **rentrer dans ses frais** to cover one's costs, to break even **5.** *(se jeter avec violence)* • **rentrer dans** to crash into **6.** *(s'emboîter)* to go in, to fit • **rentrer les uns dans les autres** to fit together **7.** *(être perçu - fonds)* to come in. ❑ *vt* **1.** *(mettre ou remettre à l'intérieur)* to bring in **2.** *(chemise)* to tuck in **3.** *(ventre)* to pull in **4.** *(griffes)* to retract, to draw in **5.** *fig (rage, larmes)* to hold back.

À PROPOS DE

rentrer

Notez la différence de traduction selon que la personne qui parle se trouve ou non à l'endroit en question.
Si la personne qui parle est à l'endroit en question, on traduit *rentrer* par ***to go back in*** :
• *Je l'ai vu rentrer.* ***I saw him* go back in.**
Si la personne qui parle n'est pas à l'endroit en question, on traduit *rentrer* par ***to come back in*** :
• *Rentrez tout de suite !* **Come back in** ***at once!***

renversant, e *adj* staggering, astounding.

renverse *nf* • **tomber à la renverse** to fall over backwards.

renversé, e *adj* **1.** *(à l'envers)* upside down **2.** *(qu'on a fait tomber)* overturned **3.** *(incliné en arrière)* tilted back **4.** *(stupéfait)* staggered.

renversement *nm* **1.** *(inversion)* turning upside down **2.** *(de situation)* reversal.

renverser *vt* **1.** *(mettre à l'envers)* to turn upside down **2.** *(faire tomber - objet)* to knock over ; *(- piéton)* to run over ; *(- liquide)* to spill **3.** *fig (obstacle)* to overcome **4.** *(régime)* to overthrow **5.** *(ministre)* to throw out of office **6.** *(tête, buste)* to tilt back **7.** *(accident)* • **se faire renverser par une voiture** to get *ou* be knocked over by a car. ■ **se renverser** *vp* **1.** *(incliner le corps en arrière)* to lean back **2.** *(tomber)* to overturn.

renvoi *nm* **1.** *(licenciement)* dismissal **2.** *(de colis, lettre)* return, sending back **3.** *(ajournement)* postponement **4.** *(référence)* cross-reference **5.** DR referral **6.** *(éructation)* belch.

renvoyer *vt* **1.** *(faire retourner)* to send back **2.** *(congédier)* to dismiss **3.** *(colis, lettre)* to send back, to return **4.** *(balle)* to throw back **5.** *(réfléchir - lumière)* to reflect ; *(- son)* to echo **6.** *(référer)* • **renvoyer qqn à** to refer sb to **7.** *(différer)* to postpone, to put off.

réorganisation *nf* reorganization.

réorganiser *vt* to reorganize.

réorienter *vt* to reorient, to reorientate.

réouverture *nf* reopening.

repaire *nm* den.

répandre *vt* **1.** *(verser, renverser)* to spill **2.** *(larmes)* to shed **3.** *(diffuser, dégager)* to give off **4.** *fig (bienfaits)* to pour out **5.** *(effroi, terreur, nouvelle)* to spread.

répandu, e *pp* → **répandre.** ❑ *adj (opinion, maladie)* widespread.

réparable *adj* **1.** *(objet)* repairable **2.** *(erreur)* that can be put right.

réparateur, trice *adj (sommeil)* refreshing. ❑ *nm, f* repairer.

réparation *nf* **1.** *(d'objet - action)* repairing ; *(- résultat)* repair • **en réparation** under repair **2.** *(de faute)* • **réparation (de)** atonement (for) **3.** *(indemnité)* reparation, compensation.

réparer *vt* **1.** *(objet)* to repair **2.** *(faute, oubli)* to make up for • **réparer ses torts** to make amends.

reparler *vi* • **reparler de qqn/qqch** to talk about sb/sthg again.

repartie *nf* retort • **avoir de la repartie** to be good at repartee.

repartir *vt littéraire* to reply. ❑ *vi* **1.** *(retourner)* to go back, to return **2.** *(partir de nouveau)* to set off again **3.** *(recommencer)* to start again.

répartir *vt* **1.** *(partager)* to share out, to divide up **2.** *(dans l'espace)* to spread out, to distribute **3.** *(classer)* to divide *ou* split up. ■ **se répartir** *vp* to divide up.

répartition *nf* **1.** *(partage)* sharing out **2.** *(de tâches)* allocation **3.** *(dans l'espace)* distribution.

repas *nm* meal • **prendre son repas** to eat.

LEXIQUE

le repas

l'assiette the plate
la bière the beer
le café the coffee
la carafe d'eau the water jug
la charcuterie pork
les couverts the cutlery
les crudités raw vegetables
le dessert dessert
l'eau du robinet tap water
l'eau gazeuse fizzy water
l'eau minérale mineral water
l'eau plate still water
l'entrée the starter
la forêt noire the Black Forest cake
le fromage cheese
les fruits fruit
le gâteau the cake
le gâteau d'anniversaire the birthday cake
le jus de pomme apple juice
le jus d'orange orange juice
les légumes vegetables
le pain the bread
le plat the main course
le plateau the tray
le plateau de fromages the cheese board
la tarte the tart
le thé tea
la tisane herb tea
le verre the glass
la viande meat
le vin wine
le yaourt the yoghurt

repassage *nm* ironing.

repasser *vi* **1.** *(passer à nouveau)* to go/come back **2.** *(film)* to be on again. ❑ *vt* **1.** *(frontière, montagne)* to cross again, to recross **2.** *(examen)* to resit **(UK) 3.** *(film)* to show again **4.** *(linge)* to iron.

À PROPOS DE

repasser

Avec les verbes, la notion de *à nouveau*, exprimée en français par le préfixe ***re-***, est souvent rendue en anglais par l'adverbe ***again*** (refaire = ***to do again***, ***to make again*** ; redire = ***to say again*** ; reprendre = ***to take again***).
Le préfixe ***re-*** est parfois employé en anglais, mais il est nettement plus rare qu'en français.

repayer *vt* to pay again.
repêchage *nm (de noyé, voiture)* recovery.
repêcher *vt* **1.** *(noyé, voiture)* to fish out **2.** *fam (candidat)* to let through.
repeindre *vt* to repaint.
repeint, e *pp* → **repeindre.**
repenser *vt* to rethink.
repentir *nm* repentance. ■ **se repentir** *vp* to repent • **se repentir de qqch/d'avoir fait qqch** to be sorry for sthg/for having done sthg.
répercussion *nf* repercussion.
répercuter *vt* **1.** *(lumière)* to reflect **2.** *(son)* to throw back **3.** *(ordre, augmentation)* to pass on. ■ **se répercuter** *vp* **1.** *(lumière)* to be reflected **2.** *(son)* to echo **3.** *(influer)* • **se répercuter sur** to have repercussions on.
repère *nm* **1.** *(marque)* mark **2.** *(objet concret)* landmark • **point de repère** point of reference.
repérer *vt* **1.** *(situer)* to locate, to pinpoint **2.** *(remarquer)* to spot • **se faire repérer** to be spotted. ■ **se repérer** *vp* to find one's way around.
répertoire *nm* **1.** *(agenda)* thumb-indexed notebook **2.** *(de théâtre, d'artiste)* repertoire **3.** *INFORM* directory.
répertorier *vt* to make a list of.
répéter *vt* **1.** *(gén)* to repeat **2.** *(leçon)* to go over, to learn **3.** *(rôle)* to rehearse. ❑ *vi* to rehearse. ■ **se répéter** *vp* **1.** *(radoter)* to repeat o.s. **2.** *(se reproduire)* to be repeated • **que cela ne se répète pas !** don't let it happen again!
répétitif, ive *adj* repetitive.
répétition *nf* **1.** *(réitération)* repetition **2.** *MUS & THÉÂTRE* rehearsal.
repeupler *vt* **1.** *(région, ville)* to repopulate **2.** *(forêt)* to replant **3.** *(étang)* to restock.
repiquer *vt* **1.** *(replanter)* to plant out **2.** *(disque, cassette)* to tape.
répit *nm* respite • **sans répit** without respite.
replacer *vt* **1.** *(remettre)* to replace, to put back **2.** *(situer)* to place, to put. ■ **se replacer** *vp* to find new employment.
replanter *vt* to replant.
replet, ète *adj* chubby.
repli *nm* **1.** *(de tissu)* fold **2.** *(de rivière)* bend **3.** *(de troupes)* withdrawal.
replier *vt* **1.** *(plier de nouveau)* to fold up again **2.** *(ramener en pliant)* to fold back **3.** *(armée)* to withdraw. ■ **se replier** *vp* **1.** *(armée)* to withdraw **2.** *(personne)* • **se replier sur soi-même** to withdraw into o.s. **3.** *(journal, carte)* to fold **4.** *(monnaie)* to fall back.
réplique *nf* **1.** *(riposte)* reply • **sans réplique** *(argument)* irrefutable **2.** *(d'acteur)* line • **donner la réplique à qqn** to play opposite sb **3.** *(copie)* replica **4.** *(sosie)* double.
répliquer *vt* • **répliquer à qqn que** to reply to sb that. ❑ *vi* **1.** *(répondre)* to reply **2.** *(avec impertinence)* to answer back **3.** *fig (riposter)* to retaliate.
replonger *vt* to plunge back. ❑ *vi* to dive back. ■ **se replonger** *vp* • **se replonger dans qqch** to immerse o.s. in sthg again.
répondeur *nm* • **répondeur (téléphonique** *ou* **automatique** *ou* **-enregistreur)** answering machine.
répondre *vi* • **répondre à qqn a)** *(faire connaître sa pensée)* to answer sb, to reply to sb **b)** *(riposter)* to answer sb back • **répondre à qqch a)** *(faire une réponse)* to reply to sthg, to answer sthg **b)** *(en se défendant)* to respond to sthg • **répondre au téléphone** to answer the telephone. ❑ *vt* to answer, to reply. ■ **répondre à** *vt* **1.** *(correspondre à - besoin)* to answer ; *(- conditions)* to meet **2.** *(ressembler à - description)* to match. ■ **répondre de** *vt* to answer for.
répondu, e *pp* → **répondre.**
réponse *nf* **1.** *(action de répondre)* answer, reply • **en réponse à votre lettre...** in reply *ou* in answer *ou* in response to your letter... **2.** *(solution)* answer **3.** *(réaction)* response **4.** *TECHNOL* response.
report *nm* **1.** *(de réunion, rendez-vous)* postponement **2.** *COMM (d'écritures)* carrying forward.
reportage *nm (article, enquête)* report.
reporter[1] *nmf* reporter • **grand reporter** international reporter.
reporter[2] *vt* **1.** *(rapporter)* to take back **2.** *(différer)* • **reporter qqch à** to postpone sthg till, to put sthg off till **3.** *(somme)* • **reporter (sur)** to carry forward (to) **4.** *(transférer)* • **reporter sur** to transfer to. ■ **se reporter** *vp* • **se reporter à a)** *(se référer à)* to refer to **b)** *(se transporter en pensée à)* to cast one's mind back to.
repos *nm* **1.** *(gén)* rest • **prendre un jour de repos** to take a day off **2.** *(tranquillité)* peace and quiet.
reposant, e *adj* restful.
reposé, e *adj* rested • **à tête reposée** with a clear head.
reposer *vt* **1.** *(poser à nouveau)* to put down again, to put back down **2.** *(remettre)* to put

back **3.** *(poser de nouveau - question)* to ask again **4.** *(appuyer)* to rest **5.** *(délasser)* to rest, to relax. ❑ *vi* **1.** *(pâte)* to sit, to stand **2.** *(vin)* to stand **3.** *(théorie)* • **reposer sur** to rest on. ■ **se reposer** *vp* **1.** *(se délasser)* to rest **2.** *(faire confiance)* • **se reposer sur qqn** to rely on sb.

repositionnable *adj* repositionable, removable.

repoussant, e *adj* repulsive.

repousser *vi* to grow again, to grow back. ❑ *vt* **1.** *(écarter)* to push away, to push back **2.** *(l'ennemi)* to repel, to drive back **3.** *(éconduire)* to reject **4.** *(proposition)* to reject, to turn down **5.** *(différer)* to put back, to postpone.

répréhensible *adj* reprehensible.

reprendre *vt* **1.** *(prendre de nouveau)* to take again • **je passe te reprendre dans une heure** I'll come by and pick you up again in an hour • **reprendre la route** to take to the road again • **reprendre haleine** to get one's breath back **2.** *(récupérer - objet prêté)* to take back ; *(- prisonnier, ville)* to recapture **3.** *COMM (entreprise, affaire)* to take over **4.** *(se resservir)* • **reprendre un gâteau/de la viande** to take another cake/some more meat **5.** *(recommencer)* to resume • **« et ainsi », reprit-il...** "and so", he continued... **6.** *(retoucher)* to repair **7.** *(jupe)* to alter **8.** *(corriger)* to correct. ❑ *vi* **1.** *(affaires, plante)* to pick up **2.** *(recommencer)* to start again.

représailles *nfpl* reprisals.

représentant, e *nm, f* representative.

représentatif, ive *adj* representative.

représentation *nf* **1.** *(gén)* representation **2.** *(spectacle)* performance.

représentativité *nf* representativeness.

représenter *vt* to represent. ■ **se représenter** *vp* **1.** *(s'imaginer)* • **se représenter qqch** to visualize sthg **2.** *(se présenter à nouveau)* • **se représenter à a)** *(aux élections)* to stand (UK) *ou* run (US) again at **b)** *(à un examen)* to resit (UK), to represent.

répressif, ive *adj* repressive.

répression *nf* **1.** *(de révolte)* repression **2.** *(de criminalité, d'injustices)* suppression.

réprimande *nf* reprimand.

réprimander *vt* to reprimand.

réprimer *vt* **1.** *(émotion, rire)* to repress, to check **2.** *(révolte, crimes)* to put down, to suppress.

repris, e *pp* → **reprendre.** ■ **repris** *nm* • **repris de justice** habitual criminal.

reprise *nf* **1.** *(recommencement - des hostilités)* resumption, renewal ; *(- des affaires)* revival, recovery ; *(- de pièce)* revival • **à plusieurs reprises** on several occasions, several times **2.** *(boxe)* round **3.** *(raccommodage)* mending.

repriser *vt* to mend.

réprobateur, trice *adj* reproachful.

réprobation *nf* disapproval.

reproche *nm* reproach • **faire des reproches à qqn** to reproach sb • **avec reproche** reproachfully • **sans reproche** blameless.

reprocher *vt* • **reprocher qqch à qqn** to reproach sb for sthg. ■ **se reprocher** *vp* • **se reprocher (qqch)** to blame o.s. (for sthg).

reproducteur, trice *adj* reproductive.

reproduction *nf* reproduction • **reproduction interdite** all rights (of reproduction) reserved.

reproduire *vt* to reproduce. ■ **se reproduire** *vp* **1.** *BIOL* to reproduce, to breed **2.** *(se répéter)* to recur.

reproduit, e *pp* → **reproduire.**

reprogrammer *vt* to reprogram.

réprouver *vt (blâmer)* to reprove.

reptile *nm* reptile.

repu, e *adj* full, sated.

républicain, e *adj & nm, f* republican.

république *nf* republic • **la République française** the French Republic • **la République populaire de Chine** the People's Republic of China • **la République tchèque** the Czech Republic.

répudier *vt (femme)* to repudiate.

répugnance *nf* **1.** *(horreur)* repugnance **2.** *(réticence)* reluctance • **avoir** *ou* **éprouver de la répugnance à faire qqch** to be reluctant to do sthg.

répugnant, e *adj* repugnant.

répugner *vi* • **répugner à qqn** to disgust sb, to fill sb with repugnance • **répugner à faire qqch** to be reluctant to do sthg, to be loath to do sthg.

répulsion *nf* repulsion.

réputation *nf* reputation • **avoir une réputation de** to have a reputation for • **avoir bonne/mauvaise réputation** to have a good/bad reputation.

réputé, e *adj* famous, well-known.

requérir *vt* **1.** *(nécessiter)* to require, to call for **2.** *(solliciter)* to solicit **3.** *DR (réclamer au nom de la loi)* to demand.

requête *nf* **1.** *(prière)* petition **2.** *DR* appeal **3.** *INFORM* query.

requiem *nm inv* requiem.

requin *nm* shark.

requis, e *pp* → **requérir.** ❑ *adj* required, requisite.

réquisition *nf* **1.** *MIL* requisition **2.** *DR* closing speech for the prosecution.

réquisitionner *vt* to requisition.

réquisitoire *nm DR* closing speech for the prosecution • **réquisitoire (contre)** *fig* indictment (of).

RER (abrév de réseau express régional) *nm* *pour expliquer à un anglophone de quoi il s'agit, vous pouvez dire* it is the rail network linking central Paris with its suburbs and airports.

rescapé, e *nm, f* survivor.

rescousse ■ **à la rescousse** *loc adv* • **venir à la rescousse de qqn** to come to sb's rescue • **appeler qqn à la rescousse** to call on sb for help.

réseau *nm* network • **réseau ferroviaire/routier** rail/road network.

réséda *nm* mignonette.

réservation *nf* reservation.

réserve *nf* **1.** *(gén)* reserve • **en réserve** in reserve • **officier de réserve** *MIL* reserve officer **2.** *(restriction)* reservation • **faire des réserves (sur)** to have reservations (about) • **sous réserve de** subject to • **sans réserve** unreservedly **3.** *(d'animaux, de plantes)* reserve **4.** *(d'Indiens)* reservation • **réserve faunique (QUÉBEC)** wildlife reserve • **réserve naturelle** nature reserve **5.** *(local)* storeroom.

réservé, e *adj* reserved.

réserver *vt* **1.** *(destiner)* • **réserver qqch (à qqn) a)** *(chambre, place)* to reserve *ou* book sthg (for sb) **b)** *fig (surprise, désagrément)* to have sthg in store (for sb) **2.** *(mettre de côté, garder)* • **réserver qqch (pour)** to put sthg on one side (for), to keep sthg (for). ■ **se réserver** *vp* **1.** *(s'accorder)* • **se réserver qqch** to keep sthg for o.s. • **se réserver le droit de faire qqch** to reserve the right to do sthg **2.** *(se ménager)* to save o.s.

réserviste *nmf* reservist.

réservoir *nm* **1.** *(cuve)* tank **2.** *(bassin)* reservoir.

résidant, e (QUÉBEC) *adj* resident. ❑ *nm, f* = **résident**.

résidence *nf* **1.** *(habitation)* residence • **résidence principale** main residence *ou* home • **résidence secondaire** second home • **résidence universitaire** hall of residence **(UK)**, dormitory **(US) 2.** *(immeuble)* block of luxury flats **(UK)**, luxury apartment block **(US)**. ■ **résidence surveillée** *nf* • **en résidence surveillée** under house arrest.

résident, e *nm, f* **1.** *(de pays)* • **les résidents français en Écosse** French nationals resident in Scotland **2.** *(habitant d'une résidence)* resident.

résidentiel, elle *adj* residential.

résider *vi* **1.** *(habiter)* • **résider à/dans/en** to reside in **2.** *(consister)* • **résider dans** to lie in.

résidu *nm* **1.** *(reste)* residue **2.** *(déchet)* waste.

résignation *nf* resignation.

résigné, e *adj* resigned.

résigner ■ **se résigner** *vp* • **se résigner (à)** to resign o.s. (to).

résilier *vt* to cancel, to terminate.

résille *nf* **1.** *(pour cheveux)* hairnet **2.** *(pour les jambes)* • **bas résille** fishnet stockings.

résine *nf* resin.

résineux, euse *adj* resinous. ■ **résineux** *nm* conifer.

résistance *nf* **1.** *(gén)* *ÉLECTR & PHYS* resistance • **manquer de résistance** to lack stamina • **opposer une résistance** to put up resistance **2.** *(de radiateur, chaudière)* element. ■ **Résistance** *nf* • **la Résistance** *HIST* the Resistance.

résistant, e *adj* **1.** *(personne)* tough **2.** *(tissu)* hard-wearing, tough • **être résistant au froid/aux infections** to be resistant to the cold/to infection. ❑ *nm, f* **1.** *(gén)* resistance fighter **2.** *(de la Résistance)* member of the Resistance.

résister *vi* **1.** to resist • **je ne peux pas lui résister, il est si gentil** I can't resist him, he's so nice **2.** *(en usage absolu)* • **la serrure résiste** the lock is sticking • **la toiture/théière n'a pas résisté** the roof/teapot didn't stand up to the shock • **je n'ai pas pu résister** I couldn't resist. ■ **résister à** *v + prép* **1.** *(agresseur, attaquant)* to resist, to hold out against **2.** *(autorité)* to resist, to stand up to **3.** *(personne)* to stand up to, to oppose • **j'ai toujours résisté à ses caprices** I've always stood up to *ou* opposed his whims **4.** *(gendarme, huissier)* to put up resistance to • **il a résisté aux officiers venus l'arrêter** he resisted arrest **5.** *(fatigue, faim)* to withstand, to put up with **6.** *(solitude, douleur)* to stand, to withstand • **résister à la tentation** to resist temptation • **résister à ses désirs/penchants** to fight against one's desires/inclinations **7.** *(à l'usure, à l'action des éléments)* to withstand, to resist, to be proof against • **qui résiste au feu** fireproof • **qui résiste à la chaleur** heatproof • **qui résiste aux chocs** shockproof • **couleurs qui résistent au lavage** fast colours • **la porte a résisté à ma poussée** the door wouldn't open when I pushed it • **résister au temps** to stand the test of time **8.** *(sujet : livre, projet)* to stand up • **résister à l'analyse/l'examen** to stand up to analysis/investigation • **son œuvre ne résistera pas à la critique** his work won't stand up to criticism.

résolu, e *pp* → **résoudre**. ❑ *adj* resolute • **être bien résolu à faire qqch** to be determined to do sthg.

résolument *adv* resolutely.

résolution *nf* **1.** *(décision)* resolution • **prendre la résolution de faire qqch** to make a resolution to do sthg **2.** *(détermination)* resolve, determination **3.** *(solution)* solving.

résonance *nf* **1.** *ÉLECTR & PHYS* resonance **2.** *fig (écho)* echo.

résonner *vi* **1.** *(retentir)* to resound **2.** *(renvoyer le son)* to echo.

résorber *vt* **1.** *(déficit)* to absorb **2.** *MÉD* to resorb. ■ **se résorber** *vp* **1.** *(déficit)* to be absorbed **2.** *MÉD* to be resorbed.

résoudre *vt (problème)* to solve, to resolve. ■ **se résoudre** *vp* • **se résoudre à faire qqch** to make up one's mind to do sthg, to decide *ou* resolve to do sthg.

respect *nm* respect. ■ **respects** *nmpl* respects, regards.

respectable *adj* respectable.

respecter *vt* to respect • **faire respecter la loi** to enforce the law.

respectif, ive *adj* respective.

respectivement *adv* respectively.

respectueux, euse *adj* respectful • **être respectueux de** to have respect for.

respiration *nf* breathing *(indén)* • **retenir sa respiration** to hold one's breath.

respiratoire *adj* respiratory.

respirer *vi* **1.** *(inspirer-expirer)* to breathe **2.** *fig (se reposer)* to get one's breath **3.** *(être soulagé)* to be able to breathe again. ❑ *vt* **1.** *(aspirer)* to breathe in **2.** *fig (exprimer)* to exude.

resplendir *vi* **1.** *(lune)* to shine **2.** *fig (personne)* • **resplendir de joie/santé** to be radiant with joy/health.

resplendissant, e *adj* radiant.

responsabiliser *vt* • **responsabiliser qqn** to make sb aware of his/her responsibilities.

responsabilité *nf* **1.** *(morale)* responsibility • **avoir la responsabilité de** to be responsible for, to have the responsibility of **2.** DR liability.

responsable *adj* **1.** *(gén)* • **responsable (de)** responsible (for) **2.** *(légalement)* liable (for) **3.** *(chargé de)* in charge (of), responsible (for) **4.** *(sérieux)* responsible. ❑ *nmf* **1.** *(auteur, coupable)* person responsible **2.** *(dirigeant)* official **3.** *(personne compétente)* person in charge.

resquillage *nm fam* = **resquille.**

resquille *nf fam* **1.** *(au théâtre, etc)* sneaking in without paying **2.** *(dans autobus, etc)* fare-dodging.

resquiller *vi fam* **1.** *(au théâtre, etc)* to sneak in without paying **2.** *(dans autobus, etc)* to dodge paying the fare.

resquilleur, euse *nm, f fam* **1.** *(au théâtre, etc)* person who sneaks in without paying **2.** *(dans autobus, etc)* fare-dodger.

ressac *nm* undertow.

ressaisir ■ **se ressaisir** *vp* to pull o.s. together.

ressasser *vt* **1.** *(répéter)* to keep churning out **2.** *fig (mécontentement)* to dwell on.

ressemblance *nf* **1.** *(gén)* resemblance, likeness **2.** *(trait)* resemblance.

ressemblant, e *adj* lifelike.

ressembler *vi* • **ressembler à a)** *(physiquement)* to resemble, to look like **b)** *(moralement)* to be like, to resemble • **cela ne lui ressemble pas** that's not like him. ■ **ressembler à** *v + prép* **1.** *(avoir la même apparence que)* to resemble, to look like **2.** *(avoir la même nature que)* to be like • **ressembler à son père** to be like one's father • **je n'ai rien qui ressemble à une tenue de soirée** I have nothing that you could even vaguely call evening wear **3.** • **ne ressembler à rien** *fam* : **ça ne ressemble à rien** it makes no sense at all • **son tableau ne ressemble à rien** *fam* her painting looks like nothing on earth • **ça ne ressemble à rien de ne pas vouloir venir** *fam* there's no sense in not wanting to come • **à quoi ça ressemble de...** *fam* : **à quoi ça ressemble de quitter la réunion sans même s'excuser ?** what's the idea *ou* meaning of leaving the meeting without even apologizing? • **cela ne me/te/leur ressemble pas** that's not like me/you/them • **ça lui ressemble bien de...** : **ça lui ressemble bien d'oublier mon anniversaire** it's just like him to forget my birthday. ■ **se ressembler** *vp* to look alike, to resemble each other.

ressemeler *vt* to resole.

ressentiment *nm* resentment.

ressentir *vt* to feel.

resserrer *vt* **1.** *(ceinture, boulon)* to tighten **2.** *fig (lien)* to strengthen. ■ **se resserrer** *vp* **1.** *(route)* to (become) narrow **2.** *(nœud, étreinte)* to tighten **3.** *fig (relations)* to grow stronger, to strengthen.

resservir *vt* **1.** *(plat)* to serve again **2.** *fig (histoire)* to trot out **3.** *(personne)* to give another helping to. ❑ *vi* to be used again. ■ **se resservir** *vp* • **se resservir de qqch a)** *(ustensile)* to use sthg again **b)** *(plat)* to take another helping of sthg.

ressort *nm* **1.** *(mécanisme)* spring **2.** *fig (énergie)* spirit **3.** *fig (compétence)* • **être du ressort de qqn** to be sb's area of responsibility, to come under sb's jurisdiction. ■ **en dernier ressort** *loc adv* in the last resort, as a last resort.

ressortir *vi* **1.** *(personne)* to go out again **2.** *fig (couleur)* • **ressortir (sur)** to stand out (against) • **faire ressortir** to highlight **3.** *fig (résulter de)* • **ressortir de** to emerge from. ❑ *vt* to take *ou* get *ou* bring out again.

> **À PROPOS DE**
>
> **ressortir**
>
> Notez la différence de traduction selon que la personne qui parle se trouve à l'intérieur ou déjà dehors.
>
> Si elle est à l'intérieur, on emploie ***to go out again*** :
>
> • *Il faut que je ressorte, j'ai oublié le pain.* ***I've got to go out again, I've forgotten the bread.***
>
> Et si elle est déjà dehors ***to come out again*** :
>
> • *Tu peux ressortir deux minutes ? je veux te montrer un truc.* ***Can you come out again for two minutes? I want to show you something.***

ressortissant, e *nm, f* national.

ressource *nf* resort • **votre seule ressource est de...** the only course open to you is to.... ■ **ressources** *nfpl* **1.** *(financières)* means **2.** *(énergétiques, de langue)* resources • **ressources naturelles** natural resources **3.** *(de personne)* resourcefulness *(indén)*.

ressourcer ■ **se ressourcer** *vp* to recharge one's batteries.
ressurgir *vi* to reappear.
ressusciter *vi* **1.** to rise (from the dead) **2.** *fig* to revive.
restant, e *adj* remaining, left. ■ **restant** *nm* rest, remainder.
restaurant *nm* restaurant • **manger au restaurant** to eat out • **restaurant d'entreprise** staff canteen **(UK)** *ou* cafeteria **(US)** • **restaurant universitaire** ≃ university cafeteria *ou* refectory.
restaurateur, trice *nm, f* **1.** CULIN restaurant owner **2.** ART restorer.
restauration *nf* **1.** CULIN restaurant business • **restauration rapide** fast food **2.** ART & POLIT restoration.
restaurer *vt* to restore. ■ **se restaurer** *vp* to have something to eat.
reste *nm* **1.** *(de lait, temps)* • **le reste (de)** the rest (of) **2.** MATH remainder. ■ **au reste, du reste** *loc adv* besides. ■ **pour le reste** *loc adv* as for the rest. ■ **restes** *nmpl* **1.** *(de repas)* leftovers **2.** *(de mort)* remains.
rester *vi* **1.** *(dans lieu, état)* to stay, to remain • **restez calme !** stay *ou* keep calm! • **rester sans rien faire** to sit around doing nothing **2.** *(subsister)* to remain, to be left • **le seul bien qui me reste** the only thing I have left **3.** *(s'arrêter)* • **en rester à qqch** to stop at sthg • **en rester là** to finish there **4.** *(locution)* • **y rester** *fam (mourir)* to pop one's clogs **(UK)**. ❑ *v impers* • **il en reste un peu** there's still a little left • **il te reste de l'argent ?** do you still have some money left?

> FAUX AMIS
> ### rester
> Comparez ***you should rest for one or two days*** et ***you should stay for one or two days*** : la différence entre ces deux phrases est la même que celle qui exixte entre *vous devriez vous reposer pendant un jour ou deux* et *vous devriez rester un jour ou deux*. Attention, donc, à ne jamais traduire *rester* par ***to rest***.

restituer *vt* **1.** *(objet volé)* to return, to restore **2.** *(argent)* to refund, to return **3.** *(énergie)* to release **4.** *(son)* to reproduce.
resto *nm fam* restaurant • **les restos du cœur** ≃ soup kitchens • **resto-U** UNIV university refectory, cafeteria.
Restoroute® *nm* motorway cafe **(UK)**, highway restaurant **(US)**.
restreindre *vt* to restrict. ■ **se restreindre** *vp* **1.** *(domaine, champ)* to narrow **2.** *(personne)* to cut back • **se restreindre dans qqch** to restrict sthg.
restreint, e *pp* → **restreindre**.
restrictif, ive *adj* restrictive.
restriction *nf* **1.** *(condition)* condition • **sans restriction** unconditionally **2.** *(limitation)* restriction. ■ **restrictions** *nfpl (alimentaires)* rationing *(indén)*.
restructurer *vt* to restructure.
résultant, e *adj* resulting. ■ **résultante** *nf* **1.** *(sciences)* resultant **2.** *(conséquence)* consequence, outcome.
résultat *nm* **1.** result **2.** *(d'action)* outcome.
résulter *vi* • **résulter de** to be the result of, to result from. ❑ *v impers* • **il en résulte que...** as a result,....
résumé *nm* summary, résumé • **en résumé a)** *(pour conclure)* to sum up **b)** *(en bref)* in brief, summarized.
résumer *vt* to summarize. ■ **se résumer** *vp (se réduire)* • **se résumer à qqch/à faire qqch** to come down to sthg/to doing sthg.

> FAUX AMIS
> ### résumer
> Le verbe *résumer* ressemble beaucoup au verbe anglais ***to resume***. Il a pourtant un sens tout à fait différent : par exemple, ***let's resume where we left off*** se traduit par ***reprenons*** *là où nous nous sommes arrêtés*. Pour traduire *résumer*, on utilisera le verbe ***to summarize*** : *Veuillez résumer ce texte en dix lignes*. ***Please summarize this text in ten lines***.

résurgence *nf* resurgence.
résurrection *nf* resurrection.
rétablir *vt* **1.** *(gén)* to restore **2.** *(malade)* to restore (to health) **3.** *(communications, contact)* to re-establish. ■ **se rétablir** *vp* **1.** *(silence)* to return, to be restored **2.** *(malade)* to recover **3.** *(gymnastique)* to pull o.s. up.
rétablissement *nm* **1.** *(d'ordre)* restoration **2.** *(de communications)* re-establishment **3.** *(de malade)* recovery **4.** *(gymnastique)* pull-up.
retard *nm* **1.** *(délai)* delay • **être en retard a)** *(sur heure)* to be late **b)** *(sur échéance)* to be behind • **avoir du retard** to be late *ou* delayed **2.** *(de pays, peuple, personne)* backwardness.
retardataire *nmf (en retard)* latecomer.
retardement *nm* • **à retardement** belatedly. Voir aussi **bombe**.
retarder *vt* **1.** *(personne, train)* to delay **2.** *(sur échéance)* to put back **3.** *(ajourner - rendez-vous)* to put back *ou* off ; *(- départ)* to put back *ou* off, to delay **4.** *(montre)* to put back. ❑ *vi* **1.** *(horloge)* to be slow **2.** *fam (ne pas être au courant)* to be behind the times **3.** *fam (être en décalage)* • **retarder sur** to be out of step *ou* tune with.
retenir *vt* **1.** *(physiquement - objet, personne, cri)* to hold back ; *(- souffle)* to hold • **retenir qqn de faire qqch** to stop *ou* restrain sb from doing sthg **2.** *(retarder)* to keep, to detain **3.** *(montant, impôt)* to keep back, to withhold **4.** *(chambre)* to reserve **5.** *(leçon, cours)* to remember **6.** *(projet)* to

accept, to adopt **7.** *(eau, chaleur)* to retain **8.** MATH to carry **9.** *(intérêt, attention)* to hold. ■ **se retenir** *vp* **1.** *(s'accrocher)* • **se retenir à** to hold onto **2.** *(se contenir)* to hold on • **se retenir de faire qqch** to refrain from doing sthg.

rétention *nf* MÉD retention.

retentir *vi* **1.** *(son)* to ring (out) **2.** *(pièce, rue)* • **retentir de** to resound with **3.** *fig (fatigue, blessure)* • **retentir sur** to have an effect on.

retentissant, e *adj* resounding.

retentissement *nm (de mesure)* repercussions *pl.*

retenu, e *pp* → **retenir**.

retenue *nf* **1.** *(prélèvement)* deduction **2.** MATH amount carried **3.** SCOL detention **4.** *fig (de personne - dans relations)* reticence ; *(- dans comportement)* restraint • **sans retenue** without restraint.

réticence *nf (hésitation)* hesitation, reluctance • **avec réticence** hesitantly.

réticent, e *adj* hesitant, reluctant.

rétine *nf* retina.

retiré, e *adj* **1.** *(lieu)* remote, isolated **2.** *(vie)* quiet.

retirer *vt* **1.** *(vêtement, emballage)* to take off, to remove **2.** *(permis, jouet)* to take away • **retirer qqch à qqn** to take sthg away from sb **3.** *(plainte)* to withdraw, to take back **4.** *(avantages, bénéfices)* • **retirer qqch de qqch** to get *ou* derive sthg from sthg **5.** *(bagages, billet)* to collect **6.** *(argent)* to withdraw. ■ **se retirer** *vp* **1.** *(s'isoler)* to withdraw, to retreat **2.** *(des affaires)* • **se retirer (de)** to retire (from) **3.** *(refluer)* to recede.

retombées *nfpl* repercussions, fallout *sing.*

retomber *vi* **1.** *(gymnaste, chat)* to land **2.** *(redevenir)* • **retomber malade** to relapse **3.** *fig (colère)* to die away **4.** *(cheveux)* to hang down **5.** *fig (responsabilité)* • **retomber sur** to fall on **6.** *(dans un état)* to fall back, to lapse *sout*.

rétorquer *vt* to retort • **rétorquer à qqn que...** to retort to sb that...

retors, e *adj* wily.

rétorsion *nf* retaliation • **mesures de rétorsion** reprisals.

retouche *nf* **1.** *(de texte, vêtement)* alteration **2.** ART & PHOTO touching up.

retoucher *vt* **1.** *(texte, vêtement)* to alter **2.** ART & PHOTO to touch up.

retour *nm* **1.** *(gén)* return • **à mon/ton retour** when I/you get back, on my/your return • **être de retour (de)** to be back (from) • **retour en arrière** flashback • **en retour** in return **2.** *(trajet)* journey back, return journey.

retourner *vt* **1.** *(carte, matelas)* to turn over **2.** *(terre)* to turn (over) **3.** *(compliment, objet prêté)* • **retourner qqch (à qqn)** to return sthg (to sb) **4.** *(lettre, colis)* to send back, to return **5.** *fam* & *fig (personne)* to shake up. ❑ *vi* to come/go back • **retourner en arrière** *ou* **sur ses pas** to retrace one's steps. ■ **se retourner** *vp* **1.** *(basculer)* to turn over **2.** *(pivoter)* to turn round **(UK)** *ou* around **(US)** **3.** *fam* & *fig (s'adapter)* to sort o.s. out **(UK)** **4.** *(rentrer)* • **s'en retourner** to go back (home) **5.** *fig (s'opposer)* • **se retourner contre** to turn against.

retracer *vt* **1.** *(ligne)* to redraw **2.** *(événement)* to relate.

rétracter *vt* to retract. ■ **se rétracter** *vp* **1.** *(se contracter)* to retract **2.** *(se dédire)* to back down.

retrait *nm* **1.** *(gén)* withdrawal • **retrait du permis** disqualification from driving **2.** BANQUE • **faire un retrait** to withdraw money **3.** *(de bagages)* collection **4.** *(des eaux)* ebbing. ■ **en retrait** *loc adj & loc adv* **1.** *(maison)* set back from the road • **rester en retrait** *fig* to hang back **2.** *(texte)* indented.

retraite *nf* **1.** *(gén)* retreat **2.** *(cessation d'activité)* retirement • **être à la retraite** to be retired • **prendre sa retraite** to retire • **retraite anticipée** early retirement **3.** *(revenu)* (retirement) pension • **retraite complémentaire** supplementary pension.

retraité, e *adj* **1.** *(personne)* retired **2.** TECHNOL reprocessed. ❑ *nm, f* retired person, pensioner **(UK)**.

retrancher *vt* **1.** *(passage)* • **retrancher qqch (de)** to cut sthg out (from), to remove sthg (from) **2.** *(montant)* • **retrancher qqch (de)** to take sthg away (from), to deduct sthg (from). ■ **se retrancher** *vp* to entrench o.s. • **se retrancher derrière/dans** *fig* to take refuge behind/in.

retransmettre *vt* to broadcast.

retransmis, e *pp* → **retransmettre**.

retransmission *nf* broadcast.

retravailler *vt* • **retravailler qqch** to work on sthg again. ❑ *vi* to start work again.

rétrécir *vi (tissu)* to shrink.

rétrécissement *nm* **1.** *(de vêtement)* shrinkage **2.** MÉD stricture **3.** • **rétrécissement de la chaussée** bottleneck.

rétribuer *vt* **1.** *(employé)* to pay **2.** *(travail)* to pay for.

rétribution *nf* remuneration.

rétro *nm* **1.** *(style)* retro **2.** *fam (rétroviseur)* rearview mirror. ❑ *adj inv* old-style.

rétroactif, ive *adj* retrospective.

rétrograde *adj péj* reactionary.

rétrograder *vt* to demote. ❑ *vi* AUTO to change down **(UK)**, to downshift **(US)**.

rétroprojecteur *nm* overhead projector.

rétrospectif, ive *adj* retrospective. ■ **rétrospective** *nf* retrospective.

rétrospectivement *adv* retrospectively.

retroussé, e *adj* **1.** *(manches, pantalon)* rolled up **2.** *(nez)* turned up.

retrousser *vt* **1.** *(manches, pantalon)* to roll up **2.** *(lèvres)* to curl.

retrouvailles *nfpl* reunion *sing*.

retrouver *vt* **1.** *(gén)* to find **2.** *(appétit)* to recover, to regain **3.** *(reconnaître)* to recognize **4.** *(ami)* to meet, to see. ■ **se retrouver** *vp* **1.** *(entre amis)* to meet (up) again • **on se retrouve au café ?** shall we meet up *ou* see each other at the cafe? **2.** *(être de nouveau)* to find o.s. again **3.** *(par hasard)* to end up **4.** *(s'orienter)* to find one's way • **ne pas s'y retrouver** *(dans ses papiers)* to be completely lost **5.** *(erreur, style)* to be found, to crop up **6.** *(financièrement)* • **s'y retrouver** *fam* to break even.

rétroviseur *nm* rearview mirror.

réunification *nf* reunification.

réunifier *vt* to reunify.

réunion *nf* **1.** *(séance)* meeting **2.** *(jonction)* union, merging **3.** *(d'amis, de famille)* reunion **4.** SPORT meeting.

Réunion *nf* • **(l'île de) la Réunion** Réunion.

réunir *vt* **1.** *(fonds)* to collect **2.** *(extrémités)* to put together, to bring together **3.** *(qualités)* to combine **4.** *(personnes)* to bring together **5.** *(après séparation)* to reunite. ■ **se réunir** *vp* **1.** *(personnes)* to meet **2.** *(entreprises)* to combine **3.** *(États)* to unite **4.** *(fleuves, rues)* to converge.

réussi, e *adj* successful • **c'est réussi !** *fig* & *iron* congratulations!, well done!

réussir *vi* **1.** *(personne, affaire)* to succeed, to be a success • **réussir à faire qqch** to succeed in doing sthg **2.** *(convenir)* • **réussir à** to agree with. ❑ *vt* **1.** *(portrait, plat)* to make a success of **2.** *(examen)* to pass.

réussite *nf* **1.** *(succès)* success **2.** *(jeu de cartes)* patience **(UK)**, solitaire **(US)**.

réutilisable *adj* reusable • **non réutilisable** disposable, throwaway.

réutiliser *vt* to reuse.

revaloriser *vt* **1.** *(monnaie)* to revalue **2.** *(salaires)* to raise **3.** *fig (idée, doctrine)* to rehabilitate.

revanche *nf* **1.** *(vengeance)* revenge • **prendre sa revanche** to take one's revenge **2.** SPORT return (match). ■ **en revanche** *loc adv (par contre)* on the other hand.

rêvasser *vi* to daydream.

rêve *nm* dream • **faire un rêve** to have a dream • **fais de beaux rêves !** sweet dreams!

rêvé, e *adj* ideal.

revêche *adj* surly.

réveil *nm* **1.** *(de personne)* waking (up) **2.** *fig* awakening **3.** *(pendule)* alarm clock • **mets le réveil à sonner pour 7 heures** set the alarm clock for 7 o'clock.

réveiller *vt* **1.** *(personne)* to wake up **2.** *(courage)* to revive. ■ **se réveiller** *vp* **1.** *(personne)* to wake (up) **2.** *(ambitions)* to reawaken.

réveillon *nm (jour - de Noël)* Christmas Eve ; *(- de nouvel an)* New Year's Eve.

réveillonner *vi* to have a Christmas Eve/New Year's Eve meal.

révélateur, trice *adj* revealing. ■ **révélateur** *nm* **1.** PHOTO developer **2.** *fig (ce qui révèle)* indication.

révélation *nf* **1.** *(gén)* revelation **2.** *(artiste)* discovery.

révéler *vt* **1.** *(gén)* to reveal **2.** *(artiste)* to discover. ■ **se révéler** *vp* **1.** *(apparaître)* to be revealed **2.** *(s'avérer)* to prove to be.

revenant *nm* **1.** *(fantôme)* spirit, ghost **2.** *fam (personne)* stranger.

revendeur, euse *nm, f* retailer.

revendication *nf* claim, demand.

revendiquer *vt* **1.** *(dû, responsabilité)* to claim **2.** *(avec force)* to demand.

revendre *vt* **1.** *(après utilisation)* to resell **2.** *(vendre plus de)* to sell more of.

revendu, e *pp* → **revendre**.

revenir *vi* **1.** *(gén)* to come back, to return • **revenir de** to come back from, to return from • **revenir à** to come back to, to return to • **revenir sur a)** *(sujet)* to go over again **b)** *(décision)* to go back on • **revenir à soi** to come to **2.** *(mot, sujet)* to crop up **3.** *(à l'esprit)* • **revenir à** to come back to **4.** *(impliquer)* • **cela revient au même/à dire que…** it amounts to the same thing/to saying (that)... **5.** *(coûter)* • **revenir à** to come to, to amount to • **revenir cher** to be expensive **6.** *(honneur, tâche)* • **revenir à** to fall to • **c'est à lui qu'il revient de…** it is up to him to... **7.** CULIN • **faire revenir** to brown **8.** *(locutions)* • **sa tête ne me revient pas** I don't like the look of him/her • **il n'en revenait pas** *fam* he couldn't get over it.

revente *nf* resale.

revenu, e *pp* → **revenir**. ■ **revenu** *nm* **1.** *(de pays)* revenue **2.** *(de personne)* income. ■ **revenus** *nmpl* incomings.

rêver *vi* **1.** to dream **2.** *(rêvasser)* to daydream • **rêver de/à** to dream of/about. ❑ *vt* to dream • **rêver que** to dream (that).

réverbération *nf* reverberation.

réverbère *nm* street lamp *ou* light.

révérence *nf* **1.** *(salut)* bow **2.** *littéraire (déférence)* reverence.

révérend, e *adj* reverend. ■ **révérend** *nm* reverend.

révérer *vt* to revere.

rêverie *nf* reverie.

revers *nm* **1.** *(de main)* back **2.** *(de pièce)* reverse **3.** *(de veste)* lapel **4.** *(de pantalon)* turn-up **(UK)**, cuff **(US)** **5.** TENNIS backhand **6.** *fig (de fortune)* reversal.

reverser *vt* **1.** *(liquide)* to pour out more of **2.** FIN • **reverser qqch sur** to pay sthg into.

réversible *adj* reversible.

revêtement *nm* surface.

revêtir *vt* **1.** *(mur, surface)* • **revêtir (de)** to cover (with) **2.** *(aspect)* to take on, to assume **3.** *(vêtement)* to put on **4.** *(personne)* to dress.

rêveur, euse *adj* dreamy. ❑ *nm, f* dreamer.

revient → **prix**.

revigorer *vt* to invigorate.

revirement *nm (gén)* change.

réviser *vt* **1.** *(réexaminer, modifier)* to revise, to review **2.** SCOL to revise **(UK)**, to review **(US)** **3.** *(machine)* to check.

révision *nf* **1.** *(réexamen, modification)* revision, review **2.** *(de machine)* checkup. ■ **révisions** *nfpl* SCOL revision *sing* **(UK)**, review *sing* **(US)**.

revisser *vt* to screw back again.

revivre *vi* **1.** *(personne)* to come back to life, to revive **2.** *fig (espoir)* to be revived, to revive • **faire revivre** to revive. ❑ *vt* to relive • **faire revivre qqch à qqn** to bring sthg back to sb.

révocation *nf* **1.** *(de loi)* revocation **2.** *(de fonctionnaire)* dismissal.

revoici *prép* • **me revoici !** it's me again!, I'm back!

revoir *vt* **1.** *(renouer avec)* to see again **2.** *(corriger, étudier)* to revise **(UK)**, to review **(US)**. ■ **se revoir** *vp* **1.** *(amis)* to see each other again **2.** *(professionnellement)* to meet again. ■ **au revoir** *interj & nm inv* goodbye.

révoltant, e *adj* revolting.

révolte *nf* revolt.

révolter *vt* to disgust. ■ **se révolter** *vp* • **se révolter (contre)** to revolt (against).

révolu, e *adj* past • **avoir 15 ans révolus** ADMIN to be over 15.

révolution *nf* **1.** *(gén)* revolution • **la Révolution française** the French Revolution **2.** *fam (effervescence)* uproar.

révolutionnaire *nmf & adj* revolutionary.

révolutionner *vt* **1.** *(transformer)* to revolutionize **2.** *(mettre en émoi)* to stir up.

revolver *nm* revolver.

révoquer *vt* **1.** *(fonctionnaire)* to dismiss **2.** *(loi)* to revoke.

revue *nf* **1.** *(gén)* review • **revue de presse** press review • **passer en revue** *fig* to review **2.** *(défilé)* march-past **3.** *(magazine)* magazine **4.** *(spectacle)* revue.

révulsé, e *adj (traits, visage)* contorted • **révulsé de douleur** *(visage)* contorted with pain • **les yeux révulsés** with one's eyes rolled upwards.

rez-de-chaussée *nm inv* ground floor **(UK)**, first floor **(US)** • **au rez-de-chaussée** on the ground floor **(UK)**, on the first floor **(US)**.

rez-de-jardin *nm inv* garden level.

RFA (abrév de République fédérale d'Allemagne) *nf* FRG.

rhabiller *vt* to dress again. ■ **se rhabiller** *vp* to get dressed again.

rhapsodie, rapsodie *nf* rhapsody.

rhéostat *nm* rheostat.

rhésus *nm* rhesus (factor) • **rhésus positif/négatif** rhesus positive/negative.

rhétorique *nf* rhetoric.

Rhin *nm* • **le Rhin** the Rhine.

rhinocéros *nm* rhinoceros.

rhino-pharyngite *nf* throat infection.

rhododendron *nm* rhododendron.

Rhône *nm* • **le Rhône** the (River) Rhone.

rhubarbe *nf* rhubarb.

rhum *nm* rum.

rhumatisme *nm* rheumatism. ■ **rhumatismes** *nmpl* rheumatism *sing* • **avoir des rhumatismes** to have rheumatism.

rhumatologue *nmf* rheumatologist.

rhume *nm* cold • **attraper un rhume** to catch a cold • **rhume des foins** hay fever.

ri *pp inv* → **rire**.

riant, e *adj* **1.** smiling **2.** *fig* cheerful.

RIB, Rib (abrév de relevé d'identité bancaire) *nm* bank details *(bank account identification slip)*.

ribambelle *nf* • **ribambelle de** string of.

ricaner *vi* to snigger.

riche *adj* **1.** *(gén)* rich **2.** *(personne, pays)* rich, wealthy • **riche en** *ou* **de** rich in **3.** *(idée)* great. ❑ *nmf* rich person • **les riches** the rich.

richesse *nf* **1.** *(de personne, pays)* wealth *(indén)* **2.** *(de faune, flore)* abundance. ■ **richesses** *nfpl (gén)* wealth *(indén)*.

richissime *adj* super-rich.

ricocher *vi* **1.** *litt & fig* to rebound **2.** *(balle d'arme)* to ricochet.

ricochet *nm* **1.** *litt & fig* rebound **2.** *(de balle d'arme)* ricochet • **par ricochet** in an indirect way.

rictus *nm* rictus.

ride *nf* **1.** wrinkle **2.** *(de surface d'eau)* ripple.

ridé, e *adj* wrinkled.

rideau *nm* curtain, drape **(US)** • **rideau de fer** *(frontière)* Iron Curtain.

rider *vt* **1.** *(peau)* to wrinkle **2.** *(surface)* to ruffle. ■ **se rider** *vp* to become wrinkled.

ridicule *adj* ridiculous. ❑ *nm* • **se couvrir de ridicule** to make o.s. look ridiculous • **tourner qqn/qqch en ridicule** to ridicule sb/sthg.

ridiculiser *vt* to ridicule. ■ **se ridiculiser** *vp* to make o.s. look ridiculous.

rien *pron indéf* **1.** *(en contexte négatif)* • **ne... rien** nothing, not... anything • **je n'ai rien fait** I've done nothing, I haven't done anything

• **je n'en sais rien** I don't know (anything about it), I know nothing about it • **rien ne m'intéresse** nothing interests me • **il n'y a plus rien dans le réfrigérateur** there's nothing left in the fridge **2.** *(aucune chose)* nothing • **que fais-tu ? — rien** what are you doing? — nothing • **rien de nouveau** nothing new • **rien d'autre** nothing else • **rien du tout** nothing at all • **rien à faire** it's no good • **de rien !** don't mention it!, not at all! • **pour rien** for nothing **3.** *(quelque chose)* anything • **sans rien dire** without saying anything. ❑ *nm* • **pour un rien** *(se fâcher, pleurer)* for nothing, at the slightest thing • **perdre son temps à des riens** to waste one's time with trivia • **en un rien de temps** in no time at all. ■ **rien que** *loc adv* only, just • **la vérité, rien que la vérité** the truth and nothing but the truth • **rien que l'idée des vacances la comblait** just thinking about the holiday filled her with joy.

rieur, rieuse *adj* cheerful.

rigide *adj* **1.** rigid **2.** *(muscle)* tense.

rigidité *nf* **1.** rigidity **2.** *(de muscle)* tenseness **3.** *(de principes, mœurs)* strictness.

rigolade *nf fam* fun *(indén)* • **c'est de la rigolade** *fig* it's a walkover.

rigole *nf* channel.

rigoler *vi fam* **1.** *(rire)* to laugh **2.** *(plaisanter)* • **rigoler (de)** to joke (about).

rigolo, ote *fam adj* funny. ❑ *nm, f péj* phoney **(UK)**, phony **(US)**.

rigoureux, euse *adj* **1.** *(discipline, hiver)* harsh **2.** *(analyse)* rigorous.

rigueur *nf* **1.** *(de punition)* severity, harshness **2.** *(de climat)* harshness **3.** *(d'analyse)* rigour **(UK)**, rigor **(US)**, exactness. ■ **à la rigueur** *loc adv* if necessary, if need be.

rillettes *nfpl si vous voulez expliquer de quoi il s'agit à un anglophone, vous pouvez dire* it is a dish of potted pork, duck or goose.

rime *nf* rhyme.

rimer *vi* • **rimer (avec)** to rhyme (with).

Rimmel® *nm* mascara.

rinçage *nm* rinsing.

rince-doigts *nm inv* finger bowl.

rincer *vt* **1.** *(bouteille)* to rinse out **2.** *(cheveux, linge)* to rinse.

ring *nm* **1.** *(boxe)* ring **2.** **(BELGIQUE)** *(route)* bypass.

ringard, e *fam adj* **1.** *(chanson)* corny **2.** *(décor)* naff **(UK)** **3.** *(acteur)* second-rate **4.** *(personne)* nerdy. ❑ *nm, f* nerd.

riposte *nf* **1.** *(réponse)* retort, riposte **2.** *(contre-attaque)* counterattack.

riposter *vt* • **riposter que** to retort *ou* riposte that. ❑ *vi* **1.** *(répondre)* to riposte **2.** *(contre-attaquer)* to counter, to retaliate.

rire *nm* laugh • **éclater de rire** to burst out laughing. ❑ *vi* **1.** *(gén)* to laugh **2.** *(plaisanter)* • **pour rire** *fam* as a joke, for a laugh.

ris *nm* **1.** *(gén pl)* CULIN • **ris de veau** sweetbread **2.** NAUT reef.

risée *nf* ridicule • **être la risée de** to be the laughingstock of.

risette *nf fam* • **faire (une) risette à qqn a)** *(enfant)* to give sb a nice *ou* sweet smile **b)** *(sourire de commande)* to smile politely at sb.

risible *adj (ridicule)* ridiculous.

risotto *nm* risotto.

risque *nm* risk • **prendre des risques** to take risks • **à tes/vos risques et périls** at your own risk.

risqué, e *adj* **1.** *(entreprise)* risky, dangerous **2.** *(plaisanterie)* risqué, daring.

risquer *vt* **1.** *(vie, prison)* to risk • **risquer de faire qqch** to be likely to do sthg • **je risque de perdre tout ce que j'ai** I'm running the risk of losing everything I have • **cela ne risque rien** it will be all right **2.** *(tenter)* to venture. ■ **se risquer** *vp* to venture • **se risquer à faire qqch** to dare to do sthg.

rissoler *vi* to brown.

ristourne *nf* discount • **faire une ristourne à qqn** to give sb a discount.

rite *nm* **1.** RELIG rite **2.** *fig (cérémonial)* ritual.

ritournelle *nf* **1.** *fam* & *fig (rabâchage)* old story, old song **2.** MUS ritornello.

rituel, elle *adj* ritual. ■ **rituel** *nm* ritual.

rivage *nm* shore.

rival, e *adj* rival *(avant nom)*. ❑ *nm, f* rival.

rivaliser *vi* • **rivaliser avec** to compete with.

rivalité *nf* rivalry.

rive *nf (de rivière)* bank • **la rive droite** *(à Paris)* the north bank of the Seine • **la rive gauche** *(à Paris)* the south bank of the Seine.

river *vt* **1.** *(fixer)* • **river qqch à qqch** to rivet sthg to sthg **2.** *(clou)* to clinch • **être rivé à** *fig* to be riveted *ou* glued to.

riverain, e *nm, f* resident.

rivet *nm* rivet.

rivière *nf* river.

rixe *nf* fight, brawl.

riz *nm* rice.

rizière *nf* paddy (field).

RMI (abrév de revenu minimum d'insertion) *nm* ≃ income support **(UK)** ; ≃ welfare **(US)**.

robe *nf* **1.** *(de femme)* dress • **robe de mariée** wedding dress **2.** *(peignoir)* • **robe de chambre** dressing gown **(UK)**, (bath)robe **(US)** **3.** *(de cheval)* coat **4.** *(de vin)* colour **(UK)**, color **(US)**.

robinet *nm* tap **(UK)**, faucet **(US)**.

robinetterie *nf (installations)* taps *(pl)* **(UK)**, faucets *(pl)* **(US)**.

robot *nm* **1.** *(gén)* robot **2.** *(ménager)* food processor.

robotique *nf* robotics *(indén)*.
robotisation *nf* automation, robotization **(US)**.
robuste *adj* **1.** *(personne, santé)* robust **2.** *(plante)* hardy **3.** *(voiture)* sturdy.
roc *nm* rock.
rocade *nf* bypass.
rocaille *nf* **1.** *(cailloux)* loose stones *pl* **2.** *(dans un jardin)* rockery.
rocailleux, euse *adj* **1.** *(terrain)* rocky **2.** *fig (voix)* harsh.
rocambolesque *adj* fantastic.
roche *nf* rock.
rocher *nm* rock.
rocheux, euse *adj* rocky. ■ **Rocheuses** *nfpl* • **les Rocheuses** the Rockies.
rock *nm* rock('n'roll).
rocking-chair *nm* rocking chair.
rodage *nm* **1.** *(de véhicule)* running in **(UK)**, break in **(US)** • **en rodage** running in **(UK)** **2.** *fig (de méthode)* running-in **(UK)** *ou* breaking-in **(US)** *ou* debugging period.
rodéo *nm* **1.** rodeo **2.** *fig & iron* free-for-all.
roder *vt* **1.** *(véhicule)* to run in **(UK)**, to break in **(US)** **2.** *fig (méthode)* to run in **(UK)**, to break in **(US)**, to debug **3.** *fam (personne)* to break in.
rôder *vi* to prowl, to wander about.
rôdeur, euse *nm,f* prowler.
rogne *nf fam* bad temper • **être/se mettre en rogne** to be in/to get into a bad mood, to be in/to get into a temper.
rogner *vt* **1.** *(ongles)* to trim **2.** *(revenus)* to eat into. ❑ *vi* • **rogner sur qqch** to cut down on sthg.
rognon *nm* kidney.
roi *nm* king • **tirer les rois** to celebrate Epiphany.
rôle *nm* role, part • **jeu de rôle** role play.
roller *nm (sport)* rollerblading • **les rollers** *(patins)* Rollerblades® • **faire du roller** to go rollerblading, to rollerblade.
rolleur, euse *nm,f* roller skater.
romain, e *adj* Roman. ■ **Romain, e** *nm,f* Roman. ■ **romain** *nm TYPO* roman.

En anglais, les adjectifs se rapportant à un pays ou une région s'écrivent avec une majuscule.

roman, e *adj* **1.** *(langue)* Romance **2.** *ARCHIT* Romanesque. ■ **roman** *nm LITTÉR* novel.
romance *nf (chanson)* love song.
romancé *vt* romanced.
romancier, ère *nm,f* novelist.
romanesque *adj* **1.** *LITTÉR* novelistic **2.** *(aventure)* fabulous, storybook *(avant nom)*.
roman-feuilleton *nm* **1.** serial **2.** *fig* soap opera.
roman-fleuve *nm* saga.
romanichel, elle *nm,f* gipsy.
roman-photo *nm* story told in photographs.
romantique *nmf & adj* romantic.
romantisme *nm* **1.** *ART* Romantic movement **2.** *(sensibilité)* romanticism.
romarin *nm* rosemary.
rombière *nf fam & péj* old biddy.
rompre *vt* **1.** *sout (objet)* to break **2.** *(charme, marché)* to break **3.** *(fiançailles, relations)* to break off. ❑ *vi* to break • **rompre avec qqn** *fig* to break up with sb. ■ **se rompre** *vp* to break • **se rompre le cou/les reins** to break one's neck/back.
romsteck = **rumsteck**.
ronce *nf (arbuste)* bramble.
ronchon, onne *fam adj* grumpy. ❑ *nm,f* grumbler.
ronchonner *vi fam* • **ronchonner (après)** to grumble (at).
rond, e *adj* **1.** *(forme, chiffre)* round **2.** *(joue, ventre)* chubby, plump **3.** *fam (ivre)* tight. ■ **rond** *nm* **1.** *(cercle)* circle • **en rond** in a circle *ou* ring • **tourner en rond** *fig* to go round in circles **2.** *(anneau)* ring **3.** *fam (argent)* • **je n'ai pas un rond** I haven't got a penny *ou* bean.
rond-de-cuir *nm péj & vieilli* pen pusher.
ronde *nf* **1.** *(de surveillance)* rounds *pl* **2.** *(de policier)* beat **3.** *(danse)* round **4.** *MUS* semibreve **(UK)**, whole note **(US)**. ■ **à la ronde** *loc adv* • **à des kilomètres à la ronde** for miles around.
rondelet, ette *adj* **1.** *(grassouillet)* plump **2.** *fig (somme)* goodish, tidy.
rondelle *nf* **1.** *(de saucisson)* slice **2.** *(de métal)* washer.
rondement *adv (efficacement)* efficiently, briskly.
rondeur *nf* **1.** *(forme)* roundness **2.** *(partie charnue)* curve.
rondin *nm* log.
rond-point *nm* roundabout **(UK)**, traffic circle **(US)**.
ronflant, e *adj péj* grandiose.
ronflement *nm* **1.** *(de dormeur)* snore **2.** *(de poêle, moteur)* hum, purr.
ronfler *vi* **1.** *(dormeur)* to snore **2.** *(poêle, moteur)* to hum, to purr.
ronger *vt* **1.** *(bois, os)* to gnaw **2.** *(métal, falaise)* to eat away at **3.** *fig* to gnaw at, to eat away at. ■ **se ronger** *vp* **1.** *(grignoter)* • **se ronger les ongles** to bite one's nails **2.** *fig (se tourmenter)* to worry, to torture o.s.
rongeur, euse *adj* gnawing, rodent *(avant nom)*. ■ **rongeur** *nm* rodent.
ronron *nm* **1.** *(de chat)* purr **2.** *(de moteur)* purr, hum **3.** *fam & fig (routine)* humdrum existence.
ronronner *vi* **1.** *(chat)* to purr **2.** *(moteur)* to purr, to hum.

roquet *nm* **1.** *(chien)* nasty little dog **2.** *fam & péj (personne)* nasty little squirt.

ROR (abrév de rougeole oreillons rubéole) *nm* MMR (vaccine).

rosace *nf* **1.** *(ornement)* rose **2.** *(vitrail)* rose window **3.** *(figure géométrique)* rosette.

rosaire *nm* rosary.

rosbif *nm (viande)* roast beef.

rose *nf* rose. ❑ *nm* pink. ❑ *adj* pink. ■ **rose des sables, rose du désert** *nf* gypsum flower. ■ **rose des vents** *nf* compass card.

rosé, e *adj (teinte)* rosy. ■ **rosé** *nm* rosé. ■ **rosée** *nf* dew.

roseau *nm* reed.

rosette *nf* **1.** *(nœud)* bow **2.** *(insigne)* rosette. ■ **rosette de Lyon** *nf si vous voulez expliquer de quoi il s'agit à un anglophone, vous pouvez dire* it is a kind if dry, cured pork salami.

rosier *nm* rose bush.

rosir *vt & vi* to turn pink.

rosser *vt* to thrash.

rossignol *nm (oiseau)* nightingale.

rot *nm fam* burp.

rotatif, ive *adj* rotary.

rotation *nf* rotation.

roter *vi fam* to burp.

rôti, e *adj* roast. ■ **rôti** *nm* roast, joint (UK).

rotin *nm* rattan.

rôtir *vt* to roast. ❑ *vi* CULIN to roast.

rôtisserie *nf* **1.** *(restaurant)* ≃ steakhouse **2.** *(magasin) pour expliquer à un anglophone de quoi il s'agit, vous pouvez dire* it is a shop that sells roast meat.

rôtissoire *nf* spit.

rotonde *nf (bâtiment)* rotunda.

rotule *nf* kneecap.

roturier, ère *adj* **1.** HIST *(non noble)* common **2.** *(commun)* plebeian. ❑ *nm, f* HIST commoner.

rouage *nm* cog, gearwheel • **les rouages de l'État** *fig* the wheels of State.

roublard, e *fam adj* cunning, crafty. ❑ *nm, f* cunning *ou* crafty devil.

rouble *nm* rouble.

roucouler *vt* **1.** to warble **2.** *fig* to coo. ❑ *vi* **1.** to coo **2.** *fig* to bill and coo.

roue *nf* **1.** *(gén)* wheel • **la grande roue** the big wheel (UK), the Ferris wheel (US) • **roue de secours** spare wheel • **un deux roues** a two-wheeled vehicle **2.** *(de paon)* • **faire la roue** to display **3.** *(gymnastique)* cartwheel.

rouer *vt* • **rouer qqn de coups** to thrash sb, to beat sb.

rouge *nm* **1.** *(couleur)* red **2.** *fam (vin)* red (wine) **3.** *(fard)* rouge, blusher • **rouge à lèvres** lipstick **4.** AUTO • **passer au rouge a)** to turn red **b)** *(conducteur)* to go through a red light. ❑ *nmf péj* POLIT Red. ❑ *adj* **1.** *(gén)* red **2.** *(fer, tison)* red-hot **3.** *péj* POLIT Red.

rougeâtre *adj* reddish.

rougeaud, e *adj* red-faced. ❑ *nm, f* red-faced person.

rouge-gorge *nm* robin.

rougeole *nf* measles *sing*.

rougeoyer *vi* to turn red.

rouget *nm* mullet.

rougeur *nf* **1.** *(de visage, de chaleur, d'effort)* flush **2.** *(de gêne)* blush **3.** *(sur peau)* red spot *ou* blotch.

rougir *vt* **1.** *(colorer)* to turn red **2.** *(chauffer)* to make red-hot. ❑ *vi* **1.** *(devenir rouge)* to turn red **2.** *(d'émotion)* • **rougir (de) a)** *(de plaisir, colère)* to flush (with) **b)** *(de gêne)* to blush (with) **3.** *fig (avoir honte)* • **rougir de qqch** to be ashamed of sthg.

rougissant, e *adj* **1.** *(ciel)* reddening **2.** *(jeune fille)* blushing.

rouille *nf* **1.** *(oxyde)* rust **2.** CULIN rouille *(red chilli and garlic sauce for fish soup)*. ❑ *adj inv* rust.

rouillé, e *adj* **1.** *(grille, clef)* rusty, rusted • **la serrure est complètement rouillée** the lock is rusted up **2.** *fig (muscles)* stiff • **être rouillé a)** *(physiquement)* to feel stiff **b)** *(intellectuellement)* to feel a bit rusty • **mes réflexes au volant sont un peu rouillés** my driving reflexes are a bit rusty **3.** BOT *(blé)* affected by rust, rusted **4.** *(feuille)* mouldy.

rouiller *vt* to rust, to make rusty. ❑ *vi* to rust.

roulade *nf (galipette)* roll.

rouleau *nm* **1.** *(gén)* TECHNOL roller • **rouleau compresseur** steamroller **2.** *(de papier)* roll **3.** *(à pâtisserie)* rolling pin **4.** CULIN • **rouleau de printemps** spring roll, egg roll (US).

roulement *nm* **1.** *(gén)* rolling **2.** *(de personnel)* rotation • **travailler par roulement** to work to a rota (UK) **3.** *(de tambour, tonnerre)* roll **4.** TECHNOL rolling bearing **5.** FIN circulation.

rouler *vt* **1.** *(déplacer)* to wheel **2.** *(enrouler - tapis)* to roll up ; *(- cigarette)* to roll **3.** *fam (balancer)* to sway **4.** LING to roll **5.** *fam & fig (duper)* to swindle, to do (UK). ❑ *vi* **1.** *(ballon, bateau)* to roll **2.** *(véhicule)* to go, to run **3.** *(sujet : personne)* to drive. ■ **se rouler** *vp* to roll about • **se rouler par terre** to roll on the ground • **se rouler en boule** to roll o.s. into a ball.

roulette *nf* **1.** *(petite roue)* castor • **une table à roulettes** a table on castors **2.** *(de dentiste)* drill **3.** *(jeux)* roulette.

roulis *nm* roll.

roulotte *nf* **1.** *(de gitan)* caravan **2.** *(de tourisme)* caravan (UK), trailer (US) **3.** DR • **vol à la roulotte** theft of goods in car.

roumain, e *adj* Romanian. ■ **roumain** *nm (langue)* Romanian. ■ **Roumain, e** *nm, f* Romanian.

En anglais, les adjectifs se rapportant à un pays ou une région ainsi que le nom désignant la langue de ce pays ou cette région, s'écrivent avec une majuscule.

Roumanie *nf* • **la Roumanie** Romania.

En anglais, à de rares exceptions près, il n'y a pas d'article devant les noms de pays.

rouquin, e *fam adj* redheaded. ❑ *nm,f* redhead.

rouspéter *vi fam* to grumble, to moan.

rousse → **roux**.

rousseur *nf* redness. ■ **taches de rousseur** *nfpl* freckles.

roussir *vt* **1.** *(rendre roux)* to turn brown **2.** CULIN to brown **3.** *(brûler légèrement)* to singe. ❑ *vi* **1.** to turn brown **2.** CULIN to brown.

routage *nm* sorting and mailing.

routard, e *nm,f fam* backpacker.

route *nf* **1.** *(gén)* road • **en route** on the way • **en route !** let's go! • **mettre en route a)** *(démarrer)* to start up **b)** *fig* to get under way • **route départementale** secondary road **2.** *(itinéraire)* route.

routier, ère *adj* road *(avant nom)*. ❑ *nm,f (chauffeur)* long-distance lorry driver **(UK)** *ou* trucker **(US)**. ■ **routier** *nm (restaurant)* ≃ transport cafe **(UK)** ; ≃ truck stop **(US)**.

routine *nf* routine.

routinier, ère *adj* routine.

rouvert, e *pp* → **rouvrir**.

rouvrir *vt* to reopen, to open again. ■ **se rouvrir** *vp* to reopen, to open again.

roux, rousse *adj* **1.** *(cheveux)* red **2.** *(sucre)* brown. ❑ *nm,f (personne)* redhead. ■ **roux** *nm (couleur)* red, russet.

royal, e *adj* **1.** *(de roi)* royal **2.** *(magnifique)* princely.

royaliste *nmf & adj* royalist.

royaume *nm* kingdom.

Royaume-Uni *nm* • **le Royaume-Uni** the United Kingdom.

royauté *nf* **1.** *(fonction)* kingship **2.** *(régime)* monarchy.

rte abrév de **route**.

RSE (abr de responsabilité sociale de l'entreprise) *nf* CSR.

RTT (abrév de réduction du temps de travail) *nf* (statutory) reduction in working hours. ❑ *nm* (extra) day off • **poser/prendre un RTT** to book *ou* claim a day's holiday, to take a day off **(US)**.

ruade *nf* kick.

ruban *nm* ribbon • **ruban adhésif** adhesive tape • **ruban correcteur** correction tape.

rubéole *nf* German measles *sing*, rubella.

rubicond, e *adj* rubicund.

rubis *nm (pierre précieuse)* ruby.

rubrique *nf* **1.** *(chronique)* column **2.** *(dans classement)* heading.

ruche *nf* **1.** *(abri)* hive, beehive **2.** *fig* hive of activity.

rude *adj* **1.** *(surface)* rough **2.** *(voix)* harsh **3.** *(personne, manières)* rough, uncouth **4.** *(hiver, épreuve)* harsh, severe **5.** *(tâche, adversaire)* tough.

rudement *adv* **1.** *(brutalement - tomber)* hard ; *(- répondre)* harshly **2.** *fam (très)* damn.

rudesse *nf* harshness, severity.

rudimentaire *adj* rudimentary.

rudiments *nmpl* rudiments.

rudoyer *vt* to treat harshly.

rue *nf* street • **rue piétonne** *ou* **piétonnière** pedestrian area *ou* street.

ruée *nf* rush.

ruelle *nf (rue)* alley, lane.

ruer *vi* to kick. ■ **se ruer** *vp* • **se ruer sur** to pounce on.

rugby *nm* rugby.

rugir *vi* **1.** to roar **2.** *(vent)* to howl.

rugissement *nm* **1.** roar, roaring *(indén)* **2.** *(de vent)* howling.

rugosité *nf* **1.** *(de surface)* roughness **2.** *(aspérité)* rough patch.

rugueux, euse *adj* rough.

ruine *nf* **1.** *(gén, financière)* ruin **2.** *(effondrement)* ruin, downfall **3.** *(humaine)* wreck. ■ **ruines** *nfpl* ruins • **tomber en ruines** to fall into ruins.

ruiner *vt* to ruin. ■ **se ruiner** *vp* to ruin o.s., to bankrupt o.s.

ruineux, euse *adj* ruinous.

ruisseau, x *nm* **1.** *(cours d'eau)* stream **2.** *fig & litt (caniveau)* gutter.

ruisseler *vi* • **ruisseler (de)** to stream (with).

rumba *nf* rumba.

rumeur *nf* **1.** *(bruit)* murmur **2.** *(nouvelle)* rumour **(UK)**, rumor **(US)**.

ruminer *vt* **1.** to ruminate **2.** *fig* to mull over.

rumsteck, romsteck *nm* rump steak.

rupture *nf* **1.** *(cassure)* breaking **2.** *fig (changement)* abrupt change **3.** *(de négociations, fiançailles)* breaking off **4.** *(de contrat)* breach **5.** *(amoureuse)* breakup, split.

rural, e *adj* country *(avant nom)*, rural.

ruse *nf* **1.** *(habileté)* cunning, craftiness **2.** *(subterfuge)* ruse.

rusé, e *adj* cunning, crafty.

russe *adj* Russian. ❑ *nm (langue)* Russian. ■ **Russe** *nmf* Russian.

En anglais, les adjectifs se rapportant à un pays ou une région ainsi que le nom désignant la langue de ce pays ou cette région, s'écrivent avec une majuscule.

Russie *nf* • **la Russie** Russia.

> En anglais, à de rares exceptions près, il n'y a pas d'article devant les noms de pays.

rustine® *nf* rubber patch *(for repairing a bicycle tyre)*.

rustique *adj* rustic.

rustre *péj nmf* lout. ❑ *adj* loutish.

rut *nm* • **être en rut a)** *(mâle)* to be rutting **b)** *(femelle)* to be on **(UK)** *ou* in **(US)** heat.

rutilant, e *adj (brillant)* gleaming.

rythme *nm* **1.** MUS rhythm • **en rythme** in rhythm **2.** *(de travail, production)* pace, rate.

rythmique *adj* rhythmical.

S

s, S *nm inv* **1.** *(lettre)* s, S **2.** *(forme)* zigzag. ■ **S** (abrév de Sud) S.

s/ abrév de **sur**.

SA (abrév de société anonyme) *nf* ≃ Ltd **(UK)** ; ≃ Inc. **(US)**.

sabayon *nm* zabaglione.

sabbatique *adj* **1.** RELIG Sabbath *(avant nom)* **2.** *(congé)* sabbatical.

sable *nm* sand • **sables mouvants** quicksand *(sing)*, quicksands.

sablé, e *adj (route)* sandy. ■ **sablé** *nm* ≃ shortbread *(indén)*.

sabler *vt* **1.** *(route)* to sand **2.** *(boire)* • **sabler le champagne** to crack a bottle of champagne.

sablier *nm* hourglass.

sablonneux, euse *adj* sandy.

saborder *vt* **1.** *(navire)* to scuttle **2.** *fig (entreprise)* to wind up **3.** *fig (projet)* to scupper **(UK)**.

sabot *nm* **1.** *(chaussure)* clog **2.** *(de cheval)* hoof **3.** AUTO • **sabot de Denver** wheel clamp, Denver boot.

sabotage *nm* **1.** *(volontaire)* sabotage **2.** *(bâclage)* bungling.

saboter *vt* **1.** *(volontairement)* to sabotage **2.** *(bâcler)* to bungle.

saboteur, euse *nm, f* MIL & POLIT saboteur.

sabre *nm* sabre **(UK)**, saber **(US)**.

sac *nm* **1.** *(gén)* bag • **sac de couchage** sleeping bag • **sac à dos** rucksack • **sac à main** handbag • **sac (en) plastique a)** *(petit)* plastic bag **b)** *(solide et grand)* plastic carrier (bag) **(UK)**, large plastic bag **(US)** • **sac poubelle a)** bin liner **(UK)**, garbage can liner **(US)** **b)** *(noir)* black bag • **sac gonflable** AUTO airbag® **2.** *(pour grains)* sack **3.** *(contenu)* bag, bagful, sack, sackful **4.** *fam (10 francs)* 10 francs **5.** *littéraire (pillage)* sack.

saccade *nf* jerk.

saccadé, e *adj* jerky.

saccage *nm* havoc.

saccager *vt* **1.** *(piller)* to sack **2.** *(dévaster)* to destroy.

saccharine *nf* saccharin.

sacerdoce *nm* **1.** priesthood **2.** *fig* vocation.

sacerdotal, e *adj* priestly.

sachant *p prés* → **savoir**.

sache, saches *etc* → **savoir**.

sachet *nm* **1.** *(de bonbons)* bag **2.** *(de shampooing)* sachet • **sachet de thé** teabag • **soupe en sachet** packet soup **(UK)**, package soup **(US)**.

sacoche *nf* **1.** *(de médecin, d'écolier)* bag **2.** *(de cycliste)* pannier.

sac-poubelle *nm* **1.** *(petit)* dustbin **(UK)** *ou* garbage can **(US)** liner **2.** *(grand)* rubbish bag **(UK)**, garbage bag **(US)**.

sacre *nm* **1.** *(de roi)* coronation **2.** *(d'évêque)* consecration.

sacré, e *adj* **1.** *(gén)* sacred **2.** RELIG *(ordres, écritures)* holy **3.** *(avant nom) fam (maudit)* bloody **(UK)** *(avant nom)*, goddam **(US)** *(avant nom)*.

sacrement *nm* sacrament.

sacrément *adv fam & vieilli* dashed.

sacrer *vt* **1.** *(roi)* to crown **2.** *(évêque)* to consecrate **3.** *fig (déclarer)* to hail.

sacrifice *nm* sacrifice.

sacrifié, e *adj* **1.** *(personne)* sacrificed **2.** *(prix)* giveaway *(avant nom)*.

sacrifier *vt (gén)* to sacrifice • **sacrifier qqn/qqch à** to sacrifice sb/sthg to. ■ **se sacrifier** *vp* • **se sacrifier à/pour** to sacrifice o.s. to/for.

sacrilège *nm* sacrilege. ❑ *adj* sacrilegious.

sacristain *nm* sacristan.

sacristie *nf* sacristy.

sadique *nmf* sadist. ❑ *adj* sadistic.

sadisme *nm* sadism.

safari *nm* safari • **faire un safari** to go on a safari.

safran *nm (épice)* saffron.

saga *nf* saga.

sage *adj* **1.** *(personne, conseil)* wise, sensible **2.** *(enfant, chien)* good **3.** *(goûts)* modest **4.** *(propos, vêtement)* sober. ❑ *nm* wise man, sage.

sage-femme *nf* midwife.

sagement *adv* **1.** *(avec bon sens)* wisely, sensibly • **les enfants jouaient sagement** the children were playing quietly **2.** *(docilement)* like a good girl/boy.

sagesse *nf* **1.** *(bon sens)* wisdom, good sense **2.** *(docilité)* good behaviour **(UK)** *ou* behavior **(US)**.

Sagittaire *nm* ASTROL Sagittarius.

Sahara *nm* • **le Sahara** the Sahara.

saharienne *nf* safari jacket.

saignant, e *adj* **1.** *(blessure)* bleeding **2.** *(viande)* rare, underdone.

saignée *nf* **1.** *vieilli* MÉD bloodletting, bleeding **2.** *(pli du bras)* crook of the arm **3.** *(sillon - dans un sol)* ditch ; *(- dans un mur)* groove.

saignement *nm* bleeding.

saigner *vt* **1.** *(malade, animal)* to bleed **2.** *(financièrement)* • **saigner qqn (à blanc)** to bleed sb (white). ❑ *vi* to bleed • **je saigne du nez** my nose is bleeding, I've got a nosebleed.

saillant, e *adj* **1.** *(proéminent)* projecting, protruding **2.** *(muscles)* bulging **3.** *(pommettes)* prominent.

saillie *nf (avancée)* projection • **en saillie** projecting.

saillir *vi* **1.** *(balcon)* to project, to protrude **2.** *(muscles)* to bulge.

sain, e *adj* **1.** *(gén)* healthy • **sain et sauf** safe and sound **2.** *(lecture)* wholesome **3.** *(fruit)* fit to eat **4.** *(mur, gestion)* sound.

saindoux *nm* lard.

saint, e *adj* **1.** *(sacré)* holy **2.** *(pieux)* saintly **3.** *(extrême)* • **avoir une sainte horreur de qqch** to detest sthg. ❑ *nm, f* saint.

saint-bernard *nm inv* **1.** *(chien)* St Bernard **2.** *fig (personne)* good Samaritan.

saintement *adv* • **vivre saintement** to lead a saintly life.

sainte-nitouche *nf péj* • **c'est une sainte-nitouche** butter wouldn't melt in her mouth.

sainteté *nf* holiness.

saint-glinglin ■ **à la saint-glinglin** *loc adv fam* till Doomsday.

saint-honoré *nm inv si vous voulez expliquer à un anglophone de quoi il s'agit, vous pouvez dire* it is a choux pastry ring filled with confectioner's custard.

Saint-Père *nm* Holy Father.

saint-pierre *nm inv (poisson)* John Dory.

sais, sait *etc* → **savoir**.

saisie *nf* **1.** *(fiscalité)* DR distraint, seizure **2.** INFORM input • **saisie de données** data capture.

saisir *vt* **1.** *(empoigner)* to take hold of **2.** *(avec force)* to seize **3.** FIN & DR to seize, to distrain **4.** INFORM to capture **5.** *(comprendre)* to grasp **6.** *(sujet : sensation, émotion)* to grip, to seize **7.** *(surprendre)* • **être saisi par** to be struck by **8.** CULIN to seal **9.** • **'à saisir'** *(achat)* 'a real bargain'. ■ **se saisir** *vp* • **se saisir de qqn/qqch** to seize sb/sthg, to grab sb/sthg.

saisissant, e *adj* **1.** *(spectacle)* gripping **2.** *(ressemblance)* striking **3.** *(froid)* biting.

saison *nf* season • **en/hors saison** in/out of season • **la haute/basse/morte saison** the high/low/off season.

> **LEXIQUE**
>
> **les saisons**
>
> **l'automne** autumn, fall **(US)**
> **l'été** summer
> **l'hiver** winter
> **le printemps** spring

saisonnier, ère *adj* seasonal. ❑ *nm, f* seasonal worker.

salace *adj* salacious.

salade *nf* **1.** *(plante)* lettuce **2.** *(plat)* (green) salad • **salade composée** mixed salad • **salade de fruits** fruit salad.

saladier *nm* salad bowl.

salaire *nm* **1.** *(rémunération)* salary, wage • **salaire brut/net/de base** gross/net/basic salary, gross/net/basic wage **2.** *fig (récompense)* reward.

salaison *nf* **1.** *(procédé)* salting **2.** *(aliment)* salted food.

salamandre *nf (animal)* salamander.

salant → **marais**.

salarial, e *adj* wage *(avant nom)*.

salarié, e *adj* **1.** *(personne)* wage-earning **2.** *(travail)* paid. ❑ *nm, f* salaried employee.

salaud *nm vulg* bastard. ❑ *adj m injur* shitty.

sale *adj* **1.** *(linge, mains)* dirty **2.** *(couleur)* dirty, dingy **3.** *(avant nom) (type, gueule, coup)* nasty **4.** *(tour, histoire)* dirty **5.** *(bête, temps)* filthy.

salé, e *adj* **1.** *(eau, saveur)* salty **2.** *(beurre)* salted **3.** *(viande, poisson)* salt *(avant nom)*, salted **4.** *fig (histoire)* spicy **5.** *fam* & *fig (addition, facture)* steep.

salement *adv* **1.** *(malproprement)* dirtily, disgustingly **2.** *fam (très)* bloody **(UK)**, damn.

saler *vt* **1.** *(gén)* to salt • **as-tu salé la soupe ?** did you put salt in the soup? **2.** *fam* & *fig (note)* to bump up.

saleté *nf* **1.** *(malpropreté)* dirtiness, filthiness **2.** *(crasse)* dirt *(indén)*, filth *(indén)* • **faire des saletés** to make a mess **3.** *fam (maladie)* bug **4.** *(obscénité)* dirty thing, obscenity • **il m'a dit des saletés** he used obscenities to me **5.** *(action)* disgusting thing • **faire une saleté à qqn** to play a dirty trick on sb **6.** *(calomnie)* (piece of) dirt **7.** *fam* & *péj (personne)* nasty piece of work **(UK)**.

salière *nf* saltcellar, saltshaker **(US)**.

salir *vt* **1.** *(linge, mains)* to (make) dirty, to soil **2.** *fig (réputation, personne)* to sully. ■ **se salir** *vp* to get dirty.

salissant, e *adj* **1.** *(tissu)* easily soiled **2.** *(travail)* dirty, messy.

salive *nf* saliva.

saliver *vi* to salivate.

salle *nf* **1.** *(pièce)* room • **en salle** *(dans un café)* inside • **salle d'attente** waiting room • **salle**

de bains bathroom • **salle de classe** classroom • **salle d'eau, salle de douches** shower room • **salle d'embarquement** departure lounge • **salle à manger** dining room • **salle d'opération** operating theatre **(UK)** *ou* room **(US)** • **salle de séjour** living room • **salle des ventes** saleroom **(UK)**, salesroom **(US)** **2.** *(de spectacle)* auditorium • **salle de spectacle** theatre **(UK)**, theater **(US)** • **salle de cinéma** cinema **(UK)**, movie theater **(US)** **3.** *(public)* audience, house • **faire salle comble** to have a full house.

salon *nm* **1.** *(de maison)* lounge **(UK)**, living room **2.** *(commerce)* • **salon de coiffure** hairdressing salon, hairdresser's • **salon de thé** tearoom **3.** *(foire-exposition)* show, fair.

salope *nf vulg* & *injur* bitch.

saloperie *nf fam* **1.** *(pacotille)* rubbish *(indén)* **2.** *(maladie)* bug **3.** *(saleté)* junk *(indén)*, rubbish *(indén)* • **faire des saloperies** to make a mess **4.** *(action)* dirty trick • **faire des saloperies à qqn** to play dirty tricks on sb **5.** *(propos)* dirty comment.

salopette *nf* **1.** *(d'ouvrier)* overalls *pl* **2.** *(à bretelles)* dungarees *(pl)* **(UK)**, overalls **(US)**.

salpêtre *nm* saltpetre **(UK)**, saltpeter **(US)**.

salsifis *nm* salsify.

saltimbanque *nmf* acrobat.

salubrité *nf* healthiness.

saluer *vt* **1.** *(accueillir)* to greet • **elle ne m'a même pas salué** she didn't even say hello to me **2.** *(dire au revoir à)* to take one's leave of • **elle m'a salué et elle est partie** she said goodbye to me and she left **3.** *fig* MIL to salute. ■ **se saluer** *vp* to say hello/goodbye (to one another).

S'EXPRIMER

saluer quelqu'un

- ***Hi!/Hey!*** Salut !
- ***Good morning!*** Bonjour ! (le matin)
- ***Hello!*** Bonjour ! (après dix heures)
- ***How are you?*** Comment vas-tu ?/ allez-vous ?
- ***Hello!/Good evening!*** *sout* Bonsoir !

salut *nm* **1.** *(de la main)* wave **2.** *(de la tête)* nod **3.** *(propos)* greeting **4.** MIL salute **5.** *(sauvegarde)* safety **6.** RELIG salvation. ❑ *interj fam* **1.** *(bonjour)* hi! **2.** *(au revoir)* bye!, see you! • **salut, ça va ?** hi, how are you doing?

salutaire *adj* **1.** *(conseil, expérience)* salutary **2.** *(remède, repos)* beneficial.

salutation *nf littéraire* salutation, greeting. ■ **salutations** *nfpl* • **veuillez agréer, Monsieur, mes salutations distinguées** *ou* **mes sincères salutations** *sout* yours faithfully **(UK)**, yours sincerely.

salve *nf* salvo.

samedi *nm* Saturday • **nous sommes partis samedi** we left on Saturday • **samedi 13 septembre** Saturday 13th September **(UK)**, Saturday September 13th **(US)** • **samedi dernier/prochain** last/next Saturday • **samedi en huit** a week on Saturday **(UK)**, Saturday week **(UK)**, a week from Saturday **(US)** • **le samedi** on Saturdays.

En anglais, les jours de la semaine s'écrivent avec une majuscule.

samoussa, samosa *nm* samosa.

SAMU, Samu (abrév de Service d'aide médicale d'urgence) *nm* **1.** MÉD ≃ ambulance service **(UK)** ; ≃ EMS **(US)** **2.** *(aide sociale)* • **le SAMU social** *si vous voulez donner une définition à un anglophone, vous pouvez dire* it is a council service that provides help for the homeless and other people in need.

sanatorium *nm* sanatorium.

sanctifier *vt* **1.** *(rendre saint)* to sanctify **2.** *(révérer)* to hallow.

sanction *nf* **1.** sanction **2.** *fig* *(conséquence)* penalty, price • **prendre des sanctions contre** to impose sanctions on • **sanctions économiques** economic sanctions.

sanctionner *vt* to sanction.

sanctuaire *nm* **1.** *(d'église)* sanctuary **2.** *(lieu saint)* shrine.

sandale *nf* sandal.

sandalette *nf* sandal.

sandwich *nm* sandwich.

sandwicherie *nf* **1.** sandwich shop **2.** *(avec possibilité de manger sur place)* sandwich bar.

sang *nm* blood • **en sang** covered in blood.

sang-froid *nm inv* calm • **de sang-froid** in cold blood • **perdre/garder son sang-froid** to lose/to keep one's head.

sanglant, e *adj* **1.** bloody **2.** *fig* cruel.

sangle *nf* **1.** strap **2.** *(de selle)* girth.

sangler *vt* **1.** *(attacher)* to strap **2.** *(cheval)* to girth.

sanglier *nm* boar.

sanglot *nm* sob • **éclater en sanglots** to burst into sobs.

sangloter *vi* to sob.

sangsue *nf* **1.** leech **2.** *fig* *(personne)* bloodsucker.

sanguin, e *adj* **1.** ANAT blood *(avant nom)* • **groupe sanguin** blood group **2.** *(rouge - visage)* ruddy ; *(- orange)* blood *(avant nom)* **3.** *(emporté)* quick-tempered.

sanguinaire *adj* **1.** *(tyran)* bloodthirsty **2.** *(lutte)* bloody.

Sanisette® *nf* ≃ Superloo **(UK)** ; *si vous voulez donner une définition à un Américain, vous pouvez dire* it is a coin-operated automatic washroom.

sanitaire *adj* **1.** *(service, mesure)* health *(avant nom)* **2.** *(installation, appareil)* bathroom *(avant nom)*. ■ **sanitaires** *nmpl* toilets and showers.

sans *prép* without • **sans argent** without any money • **sans faire un effort** without making an effort. ❑ *adv* • **passe-moi mon manteau,**

je ne veux pas sortir sans pass me my coat, I don't want to go out without it. ■ **sans que** *loc conj (+ subjonctif)* • **sans que vous le sachiez** without your knowing.

> **À PROPOS DE**
>
> **sans**
>
> Il faut noter la différence entre les constructions française et anglaise :
> *Sans* + infinitif
> ***without*** + verbe en **-*ing***
> • *Ne partez pas sans me dire au revoir.* ***Don't leave* without *saying goodbye*.**
> Attention, on ne dit pas ***without to...***

sans-abri *nmf* homeless person • **les sans-abri** the homeless.

sans-emploi *nmf inv* unemployed person.

sans-gêne *nm inv (qualité)* rudeness, lack of consideration. ❑ *nmf inv (personne)* rude *ou* inconsiderate person. ❑ *adj inv* rude, inconsiderate.

sans-papiers *nmf si vous voulez expliquer à un anglophone de quoi il s'agit, vous pouvez dire* it is an immigrant without proper identity or working papers.

sans-plomb *nm inv* unleaded, unleaded petrol **(UK)** *ou* gas **(US)**, lead-free petrol **(UK)** *ou* gas **(US)**.

santal *nm* sandalwood.

santé *nf* health • **à ta/votre santé !** cheers!, good health! • **bon/mauvais pour la santé** good/bad for one's health.

santiag *nf* cowboy boot.

santon *nm* Christman crib **(UK)** *ou* crèche **(US)** figurine *(in Provence)*.

saoul = **soûl**.

saouler = **soûler**.

sapeur-pompier *nm* fireman, firefighter.

saphir *nm* sapphire.

sapin *nm* **1.** *(arbre)* fir, firtree • **sapin de Noël** Christmas tree **2.** *(bois)* fir, deal **(UK)**.

sarabande *nf* **1.** *(danse)* saraband **2.** *fam (vacarme)* din, racket.

sarbacane *nf* **1.** *(arme)* blowpipe, blowgun **2.** *(jouet)* peashooter.

sarcasme *nm* sarcasm.

sarcastique *adj* sarcastic.

sarcler *vt* to weed.

sarcophage *nm* sarcophagus.

Sardaigne *nf* • **la Sardaigne** Sardinia.

sardine *nf* sardine.

SARL, Sarl (abrév de société à responsabilité limitée) *nf* limited liability company **(UK)** • **Leduc, SARL** ≃ Leduc Ltd **(UK)** ; ≃ Leduc Inc **(US)**.

sarment *nm (de vigne)* shoot.

sarrasin *nm* buckwheat.

sas *nm* **1.** AÉRON & NAUT airlock **2.** *(d'écluse)* lock **3.** *(tamis)* sieve.

sashimi *nm* CULIN sashimi.

satanique *adj* satanic.

satelliser *vt* **1.** *(fusée)* to put into orbit **2.** *(pays)* to make a satellite.

satellite *nm* satellite • **satellite artificiel/météorologique/de télécommunications** artificial/meteorological/communications satellite • **la télévision par satellite** satellite TV.

satiété *nf* • **à satiété a)** *(boire, manger)* one's fill **b)** *(répéter)* ad nauseam.

satin *nm* satin.

satiné, e *adj* **1.** satin *(avant nom)* **2.** *(peau)* satiny-smooth. ■ **satiné** *nm* satin-like quality.

satire *nf* satire.

satirique *adj* satirical.

satisfaction *nf* satisfaction.

satisfaire *vt* to satisfy. ■ **se satisfaire** *vp* • **se satisfaire de** to be satisfied with.

satisfaisant, e *adj* **1.** *(travail)* satisfactory **2.** *(expérience)* satisfying.

satisfait, e *pp* → **satisfaire**. ❑ *adj* satisfied • **être satisfait de** to be satisfied with.

saturation *nf* saturation.

saturé, e *adj* • **saturé (de)** saturated (with).

saturne *nm vieilli* lead. ■ **Saturne** *nm* ASTRON Saturn.

satyre *nm* **1.** satyr **2.** *fig* sex maniac.

sauce *nf* CULIN sauce.

saucière *nf* sauceboat.

saucisse *nf* CULIN sausage.

saucisson *nm* slicing sausage.

sauf[1], sauve *adj* **1.** *(personne)* safe, unharmed **2.** *fig (honneur)* saved, intact.

sauf[2] *prép* **1.** *(à l'exclusion de)* except, apart from **2.** *(sous réserve de)* barring • **sauf que** except (that).

sauf-conduit *nm* safe-conduct.

sauge *nf* CULIN sage.

saugrenu, e *adj* ridiculous, nonsensical.

saule *nm* willow • **saule pleureur** weeping willow.

saumon *nm* salmon • **saumon fumé** CULIN smoked salmon **(UK)**, lox **(US)**.

saumoné, e *adj* salmon *(avant nom)*.

saumure *nf* brine.

sauna *nm* sauna • **aller au sauna** to have a sauna.

saupoudrer *vt* • **saupoudrer qqch de** to sprinkle sthg with.

saurai, sauras *etc* → **savoir**.

saut *nm* **1.** *(bond)* leap, jump • **faire un saut** to jump **2.** SPORT • **saut en hauteur** high jump • **saut en longueur** long jump, broad jump **(US)** • **saut à l'élastique** bungee-jumping • **faire du saut à l'élastique** to go bungee-jumping

3. *(visite)* • **faire un saut chez qqn** *fig* to pop in and see sb **4.** *INFORM* • **(insérer un) saut de page** (insert) page break.

sauté, e *adj* sautéed. ■ **sauté** *nm* • **sauté de veau** sautéed veal • **pommes de terre sautées** sautéed potatoes.

saute-mouton *nm inv* • **jouer à saute-mouton** to play leapfrog.

sauter *vi* **1.** *(bondir)* to jump, to leap • **sauter à la corde** to skip **(UK)**, to skip *ou* jump rope **(US)** • **sauter d'un sujet à l'autre** *fig* to jump from one subject to another • **sauter de joie** *fig* to jump for joy • **sauter au cou de qqn** *fig* to throw one's arms around sb **2.** *(exploser)* to blow up **3.** *(fusible)* to blow **4.** *(être projeté - bouchon)* to fly out ; *(- serrure)* to burst off ; *(- bouton)* to fly off ; *(- chaîne de vélo)* to come off **5.** *fam (personne)* to get the sack **(UK)**. ❑ *vt* **1.** *(fossé, obstacle)* to jump *ou* leap over **2.** *fig (page, repas)* to skip • **il a sauté une classe** he skipped a year.

sauterelle *nf ZOOL* grasshopper.

sauteur, euse *adj (insecte)* jumping *(avant nom)*. ❑ *nm, f (athlète)* jumper.

sautiller *vi* to hop.

sautoir *nm (bijou)* chain.

sauvage *adj* **1.** *(plante, animal)* wild **2.** *(farouche - animal familier)* shy, timid ; *(- personne)* unsociable **3.** *(conduite, haine)* savage. ❑ *nmf* **1.** *(solitaire)* recluse **2.** *vieilli (brute, indigène)* savage.

sauvagerie *nf* **1.** *(férocité)* brutality, savagery **2.** *(insociabilité)* unsociableness.

sauvegarde *nf* **1.** *(protection)* safeguard **2.** *INFORM* saving **3.** *INFORM (copie)* backup.

sauvegarder *vt* **1.** *(protéger)* to safeguard **2.** *INFORM* to save **3.** *INFORM (copier)* to back up.

sauve-qui-peut *nm inv (débandade)* stampede. ❑ *interj* every man for himself!

sauver *vt* **1.** *(gén)* to save • **sauver qqn/qqch de** to save sb/sthg from, to rescue sb/sthg from **2.** *(navire, biens)* to salvage. ■ **se sauver** *vp* **1.** *(fuir)* • **se sauver (de)** to run away (from) **2.** *(prisonnier)* to escape (from) **3.** *(s'en aller)* • **bon, je me sauve** right, I'm off.

sauvetage *nm* **1.** *(de personne)* rescue **2.** *(de navire, biens)* salvage.

sauveteur *nm* rescuer.

sauvette ■ **à la sauvette** *loc adv* hurriedly, at great speed.

sauveur *nm* saviour **(UK)**, savior **(US)**.

savamment *adv* **1.** *(avec érudition)* learnedly **2.** *(avec habileté)* skilfully **(UK)**, skillfully **(US)**, cleverly.

savane *nf* savanna.

savant, e *adj* **1.** *(érudit)* scholarly **2.** *(habile)* skilful, clever **3.** *(animal)* performing *(avant nom)*. ■ **savant** *nm* scientist.

savate *nf* **1.** *(pantoufle)* worn-out slipper **2.** *(soulier)* worn-out shoe **3.** *SPORT* kick boxing **4.** *fam* & *fig (personne)* clumsy oaf.

saveur *nf* **1.** flavour **(UK)**, flavor **(US)** **2.** *fig* savour **(UK)**, savor **(US)**.

savoir *vt* **1.** *(gén)* to know • **je ne sais pas comment ça marche** I don't know how it works • **faire savoir qqch à qqn** to tell sb sthg, to inform sb of sthg • **si j'avais su...** had I but known..., if I had only known... • **sans le savoir** unconsciously, without being aware of it • **tu (ne) peux pas savoir** *fam* you have no idea • **pas que je sache** not as far as I know **2.** *(être capable de)* to know how to • **sais-tu conduire ?** can you drive? • **savoir s'y prendre avec les enfants** to know how to handle children, to be good with children. ❑ *nm* learning. ■ **à savoir** *loc conj* namely, that is.

savoir-faire *nm inv* know-how, expertise.

savoir-vivre *nm inv* good manners *pl*.

savon *nm* **1.** *(matière)* soap **2.** *(pain)* cake *ou* bar of soap • **savon de Marseille** ≃ household soap **3.** *fam (réprimande)* telling-off.

savonner *vt (linge)* to soap. ■ **se savonner** *vp* to soap o.s.

savonnette *nf* guest soap.

savonneux, euse *adj* soapy.

savourer *vt* to savour **(UK)**, to savor **(US)**.

savoureux, euse *adj* **1.** *(mets)* tasty **2.** *fig (anecdote)* juicy.

saxophone *nm* saxophone.

saxophoniste *nmf* saxophonist, saxophone player.

s/c (abrév de sous couvert de) c/o.

scabreux, euse *adj* **1.** *(propos)* shocking, indecent **2.** *(entreprise)* risky.

scalpel *nm* scalpel.

scalper *vt* to scalp.

scandale *nm* **1.** *(fait choquant)* scandal **2.** *(indignation)* uproar • **son dernier film a fait scandale** his latest film caused a scandal **3.** *(tapage)* scene • **faire du** *ou* **un scandale** to make a scene.

scandaleux, euse *adj* scandalous, outrageous.

scandaliser *vt* to shock, to scandalize.

scander *vt* **1.** *(vers)* to scan **2.** *(slogan)* to chant.

scandinave *adj* Scandinavian. ■ **Scandinave** *nmf* Scandinavian.

Scandinavie *nf* • **la Scandinavie** Scandinavia.

scanner[1] *vt* to scan.

scanner[2] *nm* **1.** *INFORM* scanner **2.** *MÉD* scan • **passer un scanner** to have a scan.

scanneur *nm* = **scanner**.

scaphandre *nm* **1.** *(de plongeur)* diving suit **2.** *(d'astronaute)* spacesuit.

scarabée *nm* beetle, scarab.

scarlatine *nf* scarlet fever.

scarole *nf* endive.

scatologique *adj* scatological.

sceau *nm* **1.** seal **2.** *fig* stamp, hallmark.

scélérat,e *adj* wicked. ❑ *nm,f* **1.** villain **2.** *péj* rogue, rascal.

sceller *vt* **1.** *(gén)* to seal **2.** *CONSTR (fixer)* to embed.

scellés *nmpl* seals • **sous scellés** sealed.

scénario *nm* **1.** *CINÉ, LITTÉR & THÉÂTRE (canevas)* scenario **2.** *CINÉ & TV (découpage, synopsis)* screenplay, script **3.** *fig (rituel)* pattern.

scénariste *nmf* scriptwriter.

scène *nf* **1.** *(gén)* scene **2.** *(estrade)* stage • **entrée en scène a)** *THÉÂTRE* entrance **b)** *fig* appearance • **mettre en scène a)** *THÉÂTRE* to stage **b)** *CINÉ* to direct.

scepticisme *nm* scepticism **(UK)**, skepticism **(US)**.

sceptique *nmf* sceptic **(UK)**, skeptic **(US)**. ❑ *adj* **1.** *(incrédule)* sceptical **(UK)**, skeptical **(US)** **2.** *PHILO* sceptic **(UK)**, skeptic **(US)**.

sceptre *nm* sceptre **(UK)**, scepter **(US)**.

schéma *nm (diagramme)* diagram • **j'ai fait un schéma** I drew a diagram.

schématique *adj* **1.** *(dessin)* diagrammatic **2.** *(interprétation, exposé)* simplified.

schématiser *vt péj (généraliser)* to oversimplify.

schisme *nm* **1.** *RELIG* schism **2.** *(d'opinion)* split.

schizophrène *nmf & adj* schizophrenic.

schizophrénie *nf* schizophrenia.

sciatique *nf* sciatica. ❑ *adj* sciatic.

scie *nf (outil)* saw.

sciemment *adv* knowingly.

science *nf* **1.** *(connaissances scientifiques)* science • **sciences humaines** *ou* **sociales** *UNIV* social sciences **2.** *(érudition)* knowledge **3.** *(art)* art.

science-fiction *nf* science fiction.

sciences-po *nfpl UNIV* political science *sing.* ■ **Sciences-Po** *npr si vous voulez donner une définition à un anglophone, vous pouvez dire* it is a prestigious higher-education institution that provides specialist training in political science.

scientifique *nmf* scientist. ❑ *adj* scientific.

scier *vt (branche)* to saw.

scierie *nf* sawmill.

scinder *vt* • **scinder (en)** to split (into), to divide (into). ■ **se scinder** *vp* • **se scinder (en)** to split (into), to divide (into).

scintiller *vi* to sparkle.

scission *nf* split.

sciure *nf* sawdust.

sclérose *nf* **1.** sclerosis **2.** *fig* ossification • **sclérose en plaques** multiple sclerosis.

sclérosé,e *adj* **1.** sclerotic **2.** *fig* ossified.

scolaire *adj* **1.** school *(avant nom)* **2.** *péj* bookish.

scolarisable *adj* of school age.

scolariser *vt* to provide with schooling.

scolarité *nf* schooling • **frais de scolarité a)** *SCOL* school fees **b)** *UNIV* tuition fees.

scoliose *nf* curvature of the spine.

scooter *nm* scooter • **faire du scooter** to ride a scooter.

scorbut *nm* scurvy.

score *nm SPORT* score.

scorpion *nm* scorpion. ■ **Scorpion** *nm ASTROL* Scorpio.

Scotch® *nm (adhésif)* ≃ adhesive tape **(UK)** ; ≃ Scotch® tape **(US)**.

scotch *nm (alcool)* whisky, Scotch.

scotché,e *adj* • **être scotché devant la télévision** to be glued to the television.

scotcher *vt* to sellotape **(UK)**, to scotch-tape **(US)**.

scout,e *adj* scout *(avant nom)*. ■ **scout** *nm* scout.

scoutisme *nm* scouting.

scribe *nm HIST* scribe.

script *nm CINÉ & TV* script.

scripte *nmf CINÉ & TV* continuity person.

scrupule *nm* scruple • **avec scrupule** scrupulously • **sans scrupules a)** *(être)* unscrupulous **b)** *(agir)* unscrupulously.

scrupuleux,euse *adj* scrupulous.

scrutateur,trice *adj* searching.

scruter *vt* to scrutinize.

scrutin *nm* **1.** *(vote)* ballot **2.** *(système)* voting system • **scrutin majoritaire** first-past-the-post system **(UK)** • **scrutin proportionnel** proportional representation system.

sculpter *vt* to sculpt.

sculpteur *nm* sculptor.

sculpture *nf* sculpture.

SDF (abrév de sans domicile fixe) *nmf* • **les SDF** the homeless.

se,s' *pron pers* **1.** *(réfléchi - personne)* oneself, himself, herself *f*, themselves • **elle se regarde dans le miroir** she looks at herself in the mirror ; *(- chose, animal)* itself, themselves **2.** *(réciproque)* each other, one another • **ils se sont rencontrés hier** they met yesterday **3.** *(passif)* • **ce produit se vend bien/partout** this product is selling well/is sold everywhere **4.** *(remplace l'adjectif possessif)* • **se laver les mains** to wash one's hands • **se couper le doigt** to cut one's finger.

À PROPOS DE

se

Comparez les deux phrases suivantes : ***Sue and Ted hate themselves*** (= *Sue déteste Sue et Ted déteste Ted*) ; ***Sue and Ted hate each other*** (= *Sue déteste Ted et Ted déteste Sue*).

On utilise ***each other*** lorsque le sujet du verbe est constitué de deux personnes ou de deux groupes, et que l'action exprimée par le verbe est réciproque (***they send* each other *cards at Christmas***).

S'il y a plus de deux personnes ou groupes, on peut remplacer **each other** par **one another** (***my brothers and sisters are always arguing with* one other**).

À PROPOS DE

se

Pour les verbes qui ne sont que pronominaux, c'est-à-dire qui ne s'utilisent qu'avec le pronom *se*, *se* ne se traduit pas en anglais.

- *Il se souvient.* ***He remembers.***

Lorsque *se* représente une personne, il se traduit par ***himself*** (féminin ***herself***, pluriel ***themselves***) ou bien il ne se traduit pas.

- *Il s'est fait mal.* ***He hurt himself.***

Lorsque *se* représente une chose ou un animal, il se traduit par ***itself*** ou bien il ne se traduit pas.

- *Le cheval s'est fait mal.* ***The horse hurt itself.***
- *Cette espèce se reproduit très vite.* ***This species reproduces very quickly.***

Lorsque le verbe est à l'infinitif et que *se* représente une personne indéfinie, soit il se traduit par ***oneself***, soit il ne se traduit pas.

- *se faire mal* ***to hurt oneself***
- *se coucher* ***to go to bed***

Notez qu'en anglais, on utilise l'adjectif possessif avec les parties du corps.

- *Ils doivent se laver les mains.* ***They have to wash their hands.***

Lorsque *se* a une valeur réciproque, il se traduit par ***each other*** ou bien il ne se traduit pas.

- *Elles se sont rencontrées dans la rue.* ***They bumped into each other in the street.***
- *Ils se battent tout le temps.* ***They never stop fighting.***

séance *nf* **1.** *(réunion)* meeting, sitting, session **2.** *(période)* session **3.** *(de pose)* sitting **4.** CINÉ & THÉÂTRE performance **5.** *(locution)* • **séance tenante** right away, forthwith.

seau *nm* **1.** *(récipient)* bucket • **un seau d'eau** a bucket of water **2.** *(contenu)* bucketful.

sébum *nm* sebum.

sec, sèche *adj* **1.** *(gén)* dry **2.** *(fruits)* dried **3.** *(personne - maigre)* lean ; *(- austère)* austere **4.** *fig (cœur)* hard **5.** *(voix, ton)* sharp **6.** *(sans autre prestation)* • **vol sec** flight only. ■ **sec** *adv* **1.** *(beaucoup)* • **boire sec** to drink heavily **2.** *(démarrer)* sharply. ❑ *nm* • **tenir au sec** to keep in a dry place.

sécable *adj* divisible.

sécateur *nm* secateurs *pl.*

sécession *nf* secession • **faire sécession (de)** to secede (from).

sèche-cheveux *nm inv* hairdryer.

sèche-linge *nm inv* tumble-dryer.

sèche-mains *nm* hand-dryer.

sécher *vt* **1.** *(linge)* to dry **2.** *arg scol (cours)* to skip, to skive off (UK). ❑ *vi* **1.** *(linge)* to dry **2.** *(peau)* to dry out **3.** *(rivière)* to dry up **4.** *arg scol (ne pas savoir répondre)* to dry up.

sécheresse *nf* **1.** *(de terre, climat, style)* dryness **2.** *(absence de pluie)* drought **3.** *(de réponse)* curtness.

séchoir *nm* **1.** *(tringle)* airer, clotheshorse **2.** *(électrique)* dryer • **séchoir à cheveux** hairdryer.

second, e *adj num inv* second • **dans un état second** dazed. ❑ *nm, f* second. Voir aussi **sixième.** ■ **seconde** *nf* **1.** *(unité de temps)* MUS second **2.** SCOL ≃ fifth year *ou* form (UK) ; ≃ tenth grade (US) **3.** *(transports)* second class **4.** AUTO second gear.

secondaire *nm* • **le secondaire a)** GÉOL the Mesozoic **b)** SCOL secondary education **c)** ÉCON the secondary sector. ❑ *adj* **1.** *(gén)* SCOL secondary • **effets secondaires** MÉD side effects **2.** GÉOL Mesozoic.

seconder *vt* to assist.

secouer *vt (gén)* to shake. ■ **se secouer** *vp fam* to snap out of it.

secourable *adj* helpful • **main secourable** helping hand.

secourir *vt* **1.** *(blessé, miséreux)* to help **2.** *(personne en danger)* to rescue.

secouriste *nmf* first-aid worker.

secours *nm* **1.** *(aide)* help • **appeler au secours** to call for help • **les secours** emergency services • **va chercher du secours** go and get help • **au secours !** help! **2.** *(dons)* aid, relief **3.** *(renfort)* relief, reinforcements *pl* **4.** *(soins)* aid • **les premiers secours** first aid *(indén)*. ■ **de secours** *loc adj* **1.** *(trousse, poste)* first-aid *(avant nom)* **2.** *(éclairage, issue)* emergency *(avant nom)* **3.** *(roue)* spare.

secouru, e *pp* → **secourir**.

secousse *nf* **1.** *(mouvement)* jerk, jolt **2.** *fig (bouleversement)* upheaval **3.** *(psychologique)* shock **4.** *(tremblement de terre)* tremor.

secret, ète *adj* **1.** *(gén)* secret **2.** *(personne)* reticent. ■ **en secret** *loc adv* **1.** *(écrire, économiser)* in secret, secretly **2.** *(croire, espérer)* secretly, privately. ■ **secret** *nm* **1.** *(gén)* secret **2.** *(discrétion)* secrecy • **dans le plus grand secret** in the utmost secrecy.

secrétaire *nmf (personne)* secretary • **secrétaire de direction** executive secretary. ❑ *nm (meuble)* writing desk, secretaire.

secrétariat *nm* **1.** *(bureau)* secretary's office **2.** *(d'organisation internationale)* secretariat **3.** *(personnel)* secretarial staff **4.** *(métier)* secretarial work.

secret(-)défense *adj inv & nm inv* classified, top secret • **ce dossier est classé secret défense** this file is classified • **un document secret défense** a top secret document.

sécréter *vt* **1.** to secrete **2.** *fig* to exude.

sécrétion *nf* secretion.

sectaire *nmf & adj* sectarian.

secte *nf* sect.

secteur *nm* **1.** *(zone)* area • **se trouver dans le secteur** *fam* to be somewhere *ou* someplace **(US)** around **2.** ADMIN district **3.** ÉCON, GÉOM & MIL sector • **secteur primaire/secondaire/tertiaire** primary/secondary/tertiary sector • **secteur privé/public** private/public sector **4.** ÉLECTR mains • **sur secteur** off *ou* from the mains.

section *nf* **1.** *(gén)* section **2.** *(de parti)* branch **3.** MIL platoon.

sectionner *vt* **1.** *fig (diviser)* to divide into sections **2.** *(trancher)* to sever.

séculaire *adj (ancien)* age-old.

secundo *adv* in the second place, secondly.

sécurisant, e *adj* **1.** *(milieu)* secure **2.** *(attitude)* reassuring.

sécurisé, e *adj* INFORM *(transaction, paiement)* secure.

sécurité *nf* **1.** *(d'esprit)* security **2.** *(absence de danger)* safety • **la sécurité routière** road safety • **en toute sécurité** safe and sound **3.** *(dispositif)* safety catch **4.** *(organisme)* • **la Sécurité sociale** ≃ the DSS **(UK)** ; ≃ Social Security **(US)**.

sédatif, ive *adj* sedative. ■ **sédatif** *nm* sedative.

sédentaire *adj* **1.** *(personne, métier)* sedentary **2.** *(casanier)* stay-at-home.

sédentariser ■ **se sédentariser** *vp (tribu)* to settle, to become settled.

sédiment *nm* sediment.

sédition *nf* sedition.

séducteur, trice *adj* seductive. ❑ *nm, f* seducer, seductress *f*.

séduction *nf* **1.** *(action)* seduction **2.** *(attrait)* seductive power.

séduire *vt* **1.** *(plaire à)* to attract, to appeal to **2.** *(attirer le client)* to attract **3.** *(abuser de)* to seduce.

séduisant, e *adj* attractive.

séduit, e *pp* → **séduire**.

segment *nm* GÉOM segment.

segmenter *vt* to segment.

ségrégation *nf* segregation.

seiche *nf* cuttlefish.

seigle *nm* rye.

seigneur *nm* lord. ■ **Seigneur** *nm* • **le Seigneur** the Lord.

sein *nm* **1.** breast **2.** *fig* bosom • **donner le sein (à un bébé)** to breast-feed (a baby). ■ **au sein de** *loc prép* within.

Seine *nf* • **la Seine** the (River) Seine.

séisme *nm* earthquake.

seize *adj num inv & nm* sixteen. Voir aussi **six**.

seizième *adj num inv, nm & nmf* sixteenth. Voir aussi **sixième**.

séjour *nm* **1.** *(durée)* stay • **bon séjour !** enjoy your stay! • **interdit de séjour** ≃ banned • **séjour linguistique** stay abroad *(pour perfectionner ses connaissances linguistiques)* **2.** *(pièce)* living room.

séjourner *vi* to stay.

sel *nm* **1.** salt • **gros sel** coarse salt **2.** *fig* piquancy. ■ **sels** *nmpl* smelling salts • **sels de bain** bath salts.

sélection *nf* selection.

sélectionner *vt* **1.** to select, to pick **2.** INFORM to select.

self *nm fam* self-service (cafeteria).

self-service *nm* self-service cafeteria.

selle *nf (gén)* saddle • **il s'est mis en selle** he got on his horse.

seller *vt* to saddle.

selon *prép* **1.** *(conformément à)* in accordance with **2.** *(d'après)* according to. ■ **selon que** *loc conj* depending on whether.

Seltz → **eau**.

semaine *nf* week • **à la semaine** *(être payé)* by the week • **en semaine** during the week • **dans une semaine** in a week's time • **la semaine dernière/prochaine** last/next week.

semainier *nm* **1.** *(bijou)* seven-band bracelet **2.** *(meuble) si vous voulez expliquer à un anglophone de quoi il s'agit, vous pouvez dire* it is a small chest of drawers **3.** *(calendrier)* desk diary.

sémantique *adj* semantic.

sémaphore *nm* **1.** NAUT semaphore **2.** RAIL semaphore, semaphore signals *pl*.

semblable *nm (prochain)* fellow man • **il n'a pas son semblable** there's nobody like him. ❑ *adj* **1.** *(analogue)* similar • **semblable à** like, similar to **2.** *(avant nom) (tel)* such.

semblant *nm* • **un semblant de** a semblance of • **faire semblant (de faire qqch)** to pretend (to do sthg).

sembler *vi* to seem. ❑ *v impers* • **il (me/te) semble que** it seems (to me/you) that.

semelle *nf (de chaussure - dessous)* sole ; *(- à l'intérieur)* insole.

semence *nf* **1.** *(graine)* seed **2.** *(sperme)* semen *(indén)*.

semer *vt* **1.** *fig (planter)* to sow **2.** *(répandre)* to scatter • **semer qqch de** to scatter sthg with, to strew sthg with **3.** *fam (se débarrasser de)* to shake off **4.** *fam (perdre)* to lose **5.** *(propager)* to bring.

semestre *nm* **1.** half year, six-month period **2.** SCOL semester.

semestriel, elle *adj* **1.** *(qui a lieu tous les six mois)* half-yearly, six-monthly **2.** *(qui dure six mois)* six months', six-month.

séminaire *nm* **1.** RELIG seminary **2.** UNIV *(colloque)* seminar.

séminariste *nm* seminarist.

semi-remorque *nm* articulated lorry **(UK)**, semitrailer **(US)**, rig **(US)**.
semis *nm* **1.** *(méthode)* sowing broadcast **2.** *(plant)* seedling.
semonce *nf* **1.** *(réprimande)* reprimand **2.** *MIL* • **coup de semonce** warning shot.
semoule *nf* semolina.
sempiternel, elle *adj* eternal.
sénat *nm* senate • **le Sénat** the French Senate ; ≃ the House of Lords **(UK)** ; ≃ the Senate **(US)**.
sénateur, trice *nm* senator.
Sénégal *nm* • **le Sénégal** Senegal.

En anglais, à de rares exceptions près, il n'y a pas d'article devant les noms de pays.

sénégalais, e *adj* Senegalese. ■ **Sénégalais, e** *nm, f* Senegalese person.

En anglais, les adjectifs se rapportant à un pays ou une région s'écrivent avec une majuscule.

sénile *adj* senile.
sénilité *nf* senility.
senior *adj & nmf* **1.** *SPORT* senior **2.** *(tourisme)* for the over-50s, for the young at heart **3.** *(menu)* over 50s' • **notre clientèle senior** our over-50s customers **4.** *(personnes de plus de 50 ans)* over-50 *(gén pl)*.
sens *nm* **1.** *(fonction, instinct, raison)* sense • **le sens du toucher** the sense of touch • **avoir le sens de la nuance** to be subtle • **avoir le sens de l'humour** to have a sense of humour **(UK)** *ou* humor **(US)** • **ne pas avoir le sens des réalités** to have no grasp of reality • **bon sens** good sense • **les cinq sens** the five senses **2.** *(direction)* direction • **dans le sens de la longueur** lengthways • **dans le sens des aiguilles d'une montre** clockwise • **dans le sens contraire des aiguilles d'une montre** anticlockwise **(UK)**, counterclockwise **(US)** • **sens dessus dessous** upside down • **sens interdit** *ou* **unique** one-way street **3.** *(signification)* meaning • **cela n'a pas de sens !** it's nonsensical! • **ce que tu dis n'a pas de sens** *(c'est inintelligible, déraisonnable)* what you're saying doesn't make sense • **dans** *ou* **en un sens** in one sense • **porteur de sens** meaningful • **lourd** *ou* **chargé de sens** meaningful • **au sens propre/figuré** in the literal/figurative sense **4.** *fig (orientation)* line.
sensation *nf* **1.** *(perception)* sensation, feeling **2.** *(impression)* feeling.
sensationnel, elle *adj* sensational.
sensé, e *adj* sensible.
sensibiliser *vt* **1.** *MÉD & PHOTO* to sensitize **2.** *fig (public)* • **sensibiliser (à)** to make aware (of).
sensibilité *nf* • **sensibilité (à)** sensitivity (to).
sensible *adj* **1.** *(gén)* • **sensible (à)** sensitive (to) **2.** *(notable)* considerable, appreciable.

FAUX AMIS

sensible

Il ne faut pas confondre la version française et la version anglaise du mot *sensible*, lequel a un sens bien précis dans chaque langue. Ainsi, *elle est très sensible et s'inquiète facilement* se traduira par ***she's very sensitive and is easily upset***. En revanche, ***sensible*** en anglais signifie *raisonnable* ou *judicieux*, comme dans ***what she said wasn't very sensible***, *ce qu'elle a dit n'était pas très raisonnable*.

sensiblement *adv* **1.** *(à peu près)* more or less **2.** *(notablement)* appreciably, considerably.
sensoriel, elle *adj* sensory.
sensualité *nf* **1.** *(lascivité)* sensuousness **2.** *(charnelle)* sensuality.
sensuel, elle *adj* **1.** *(charnel)* sensual **2.** *(lascif)* sensuous.
sentence *nf* **1.** *(jugement)* sentence **2.** *(maxime)* adage.
sentencieux, euse *adj péj* sententious.
senteur *nf littéraire* perfume.
senti, e *pp* → **sentir**. ❑ *adj* • **bien senti** *(mots)* well-chosen.
sentier *nm* path.
sentiment *nm* feeling • **un sentiment de bonheur** a feeling of happiness • **veuillez agréer, Monsieur, l'expression de mes sentiments distingués/cordiaux/les meilleurs** yours faithfully **(UK)**/sincerely/truly.
sentimental, e *adj* **1.** *(amoureux)* love *(avant nom)* **2.** *(sensible, romanesque)* sentimental. ❑ *nm, f* sentimentalist.
sentinelle *nf* sentry.
sentir *vt* **1.** *(percevoir - par l'odorat)* to smell ; *(- par le goût)* to taste ; *(- par le toucher)* to feel **2.** *(exhaler - odeur)* to smell of **3.** *(colère, tendresse)* to feel **4.** *(affectation, plagiat)* to smack of **5.** *(danger)* to sense, to be aware of • **sentir que** to feel (that) **6.** *(beauté)* to feel, to appreciate. ❑ *vi* • **sentir bon/mauvais** to smell good/bad. ■ **se sentir** *v att* • **se sentir bien/fatigué** to feel well/tired. ❑ *vp (être perceptible)* • **ça se sent !** you can really tell!
séparation *nf* separation.
séparatiste *nmf* separatist.
séparé, e *adj* **1.** *(intérêts)* separate **2.** *(couple)* separated.
séparer *vt* **1.** *(gén)* • **séparer (de)** to separate (from) **2.** *(sujet : divergence)* to divide. ■ **se séparer** *vp* **1.** *(se défaire)* • **se séparer de** to part with **2.** *(conjoints)* to separate, to split up • **se séparer de** to separate from, to split up with **3.** *(participants)* to disperse **4.** *(route)* • **se séparer (en)** to split (into), to divide (into).
sept *adj num inv & nm* seven. Voir aussi **six**.

septembre *nm* September • **en septembre, au mois de septembre** in September • **début septembre, au début du mois de septembre** at the beginning of September • **fin septembre, à la fin du mois de septembre** at the end of September • **d'ici septembre** by September • **(à la) mi-septembre** (in) mid-September • **le premier/deux/dix septembre** the first/second/tenth of September.

En anglais, les mois de l'année s'écrivent avec une majuscule.

septennat *nm* seven-year term (of office).
septicémie *nf* septicaemia **(UK)**, septicemia **(US)**, blood poisoning.
septième *adj num inv, nm & nmf* seventh. Voir aussi **sixième**.
septuagénaire *nmf* 70-year-old. ❑ *adj* • **être septuagénaire** to be in one's seventies.
sépulcre *nm* sepulchre **(UK)**, sepulcher **(US)**.
sépulture *nf* **1.** *(lieu)* burial place **2.** *litt & vieilli (inhumation)* burial.
séquelle *nf* **1.** *(gén pl)* aftermath **2.** *MÉD* after-effect.
séquence *nf* **1.** sequence **2.** *(cartes à jouer)* run, sequence.
séquestre *nm DR* pound • **mettre** *ou* **placer sous séquestre** to impound.
séquestrer *vt* **1.** *(personne)* to confine **2.** *(biens)* to impound.
serai, seras *etc* → **être**.
sérail *nm* seraglio.
serbe *adj* Serbian. ■ **Serbe** *nmf* Serb.
Serbie *nf* • **la Serbie** Serbia.
serein, e *adj* **1.** *(calme)* serene **2.** *(impartial)* calm, dispassionate.
sérénade *nf MUS* serenade.
sérénité *nf* serenity.
serf, serve *nm, f* serf.
sergent, e *nm, f* sergeant.
série *nf* **1.** *(gén)* series *sing* • **une série de questions** a series of questions **2.** *SPORT* rank **3.** *(au tennis)* seeding **4.** *COMM (dans l'industrie)* • **produire qqch en série** to mass-produce sthg • **hors série a)** custom-made **b)** *fig* outstanding, extraordinary **5.** *TV* series *sing* • **il y a une nouvelle série à la télé** there's a new series on TV.
sérieusement *adv* seriously.
sérieux, euse *adj* **1.** *(grave)* serious **2.** *(digne de confiance)* reliable **3.** *(client, offre)* genuine **4.** *(consciencieux)* responsible • **ce n'est pas sérieux** it's irresponsible **5.** *(considérable)* considerable. ■ **sérieux** *nm* **1.** *(application)* sense of responsibility **2.** *(gravité)* seriousness • **garder son sérieux** to keep a straight face • **prendre qqn/qqch au sérieux** to take sb/sthg seriously.
serin, e *nm, f (oiseau)* canary.
seringue *nf* syringe.
serment *nm* **1.** *(affirmation solennelle)* oath • **sous serment** on *ou* under oath **2.** *(promesse)* vow, pledge.
sermon *nm litt & fig* sermon.
séronégatif, ive *adj* HIV-negative.
séropositif, ive *adj* HIV-positive.
séropositivité *nf* HIV infection.
serpe *nf* billhook.
serpent *nm ZOOL* snake.
serpenter *vi* to wind.
serpentin *nm* **1.** *(de papier)* streamer **2.** *(tuyau)* coil.
serpillière *nf* floor cloth **(UK)**, mop **(US)**.
serpolet *nm* wild thyme.
serre *nf (bâtiment)* greenhouse, glasshouse **(UK)**. ■ **serres** *nfpl ZOOL* talons, claws.
serré, e *adj* **1.** *(écriture)* cramped **2.** *(tissu)* closely-woven **3.** *(rangs)* serried **4.** *(vêtement, chaussure)* tight **5.** *(discussion)* closely argued **6.** *(match)* close-fought **7.** *(poing, dents)* clenched • **la gorge serrée** with a lump in one's throat • **j'en avais le cœur serré** *fig* it was heartbreaking **8.** *(café)* strong.
serre-livres *nm inv* bookend • **deux serre-livres** a pair of bookends.
serrer *vt* **1.** *(saisir)* to grip, to hold tight • **serrer la main à qqn** to shake sb's hand • **serrer qqn dans ses bras** to hug sb **2.** *fig (rapprocher)* to bring together • **serrer les rangs** to close ranks **3.** *(poing, dents)* to clench **4.** *(lèvres)* to purse **5.** *fig (cœur)* to wring **6.** *(sujet : vêtement, chaussure)* to be too tight for **7.** *(vis, ceinture)* to tighten **8.** *(trottoir, bordure)* to hug. ❑ *vi AUTO* • **serrer à droite/gauche** to keep right/left. ■ **se serrer** *vp* **1.** *(se blottir)* • **se serrer contre** to huddle up to *ou* against **2.** *(se rapprocher)* to squeeze up.
serre-tête *nm inv* headband.
serrure *nf* lock.
serrurier *nm* locksmith.
sertir *vt* **1.** *(pierre précieuse)* to set **2.** *TECHNOL (assujettir)* to crimp.
sérum *nm* serum • **sérum physiologique** saline.
servage *nm* **1.** serfdom **2.** *fig* bondage.
servante *nf (domestique)* maidservant.
serveur, euse *nm, f* **1.** *(de restaurant)* waiter, waitress *f* **2.** *(de bar)* barman, barmaid *f* **(UK)**, bartender **(US)**. ■ **serveur** *nm* **1.** *INFORM* server **2.** *TÉLÉCOM* • **serveur vocal** voicemail service.
servi, e *pp* → **servir**.
serviable *adj* helpful, obliging.
service *nm* **1.** *(gén)* service • **être en service** to be in use, to be set up • **hors service** out of order **2.** *(travail)* duty • **pendant le service** while on duty **3.** *(département)* department • **service d'ordre** police and stewards **(UK)** *(at a*

demonstration) **4.** *MIL* • **service (militaire)** military *ou* national service **5.** *(aide, assistance)* favour **(UK)**, favor **(US)** • **rendre un service à qqn** to do sb a favour **(UK)** *ou* favor **(US)** • **rendre service** to be helpful • **service après-vente** after-sales service **6.** *(à table)* • **premier/deuxième service** first/second sitting **7.** *(pourboire)* service (charge) • **service compris/non compris** service included/not included **8.** *(assortiment - de porcelaine)* service, set ; *(- de linge)* set **9.** *SPORT* service, serve **10.** *ADMIN* • **les services sociaux** the social services. ■ **service minimum** *nm* skeleton service.

serviette *nf* **1.** *(de table)* serviette, napkin **2.** *(de toilette)* towel • **une serviette de bain** a bath towel • **serviette de plage** beach towel **3.** *(porte-documents)* briefcase. ■ **serviette hygiénique** *ou* **périodique** *nf* sanitary towel **(UK)** *ou* napkin **(US)**.

serviette-éponge *nf* terry towel.

servile *adj* **1.** *(gén)* servile **2.** *(traduction, imitation)* slavish.

servir *vt* **1.** *(gén)* to serve • **servir qqch à qqn** to serve sb sthg, to help sb to sthg **2.** *(avantager)* to serve (well), to help. ❑ *vi* **1.** *(avoir un usage)* to be useful *ou* of use • **ça peut toujours/encore servir** it may/may still come in useful **2.** *(être utile)* • **servir à qqch/à faire qqch** to be used for sthg/for doing sthg • **ça ne sert à rien** it's pointless **3.** *(tenir lieu)* • **servir de a)** *(personne)* to act as **b)** *(chose)* to serve as **4.** *(domestique)* to be in service **5.** *MIL & SPORT* to serve **6.** *(jeu de cartes)* to deal. ■ **se servir** *vp* **1.** *(prendre)* • **se servir (de)** to help o.s. (to) • **servez-vous !** help yourself! **2.** *(utiliser)* • **se servir de qqn/qqch** to use sb/sthg.

serviteur *nm* servant.

servitude *nf* **1.** *(esclavage)* servitude **2.** *(gén pl)* *(contrainte)* constraint.

sésame *nm* **1.** *BOT* sesame **2.** *fig (formule magique)* • **sésame ouvre-toi** open sesame.

session *nf* **1.** *(d'assemblée)* session, sitting **2.** *UNIV* exam session **3.** *INFORM* • **ouvrir une session** to log in *ou* on • **fermer** *ou* **clore une session** to log out *ou* off.

set *nm* **1.** *TENNIS* set **2.** *(napperon)* • **set (de table)** set of table *ou* place mats.

seuil *nm litt & fig* threshold.

seul, e *adj* **1.** *(isolé)* alone • **seul à seul** alone (together), privately **2.** *(sans compagnie)* alone, by o.s. • **parler tout seul** to talk to o.s. **3.** *(sans aide)* on one's own, by o.s. **4.** *(unique)* • **le seul…** the only… • **un seul…** a single… • **pas un seul…** not one…, not a single… **5.** *(esseulé)* lonely **6.** *(sans partenaire, non marié)* alone, on one's own. ❑ *nm, f* • **le seul** the only one • **un seul** a single one, only one.

seulement *adv* **1.** *(gén)* only **2.** *(exclusivement)* only, solely **3.** *(même)* even. ■ **non seulement… mais (encore)** *loc corrélative* not only… but (also).

sève *nf BOT* sap.

sévère *adj* severe • **ses parents sont sévères avec lui** his parents are strict with him.

sévérité *nf* severity.

sévices *nmpl sout* ill treatment *(indén)*.

sévir *vi* **1.** *(épidémie, guerre)* to rage **2.** *(punir)* to give out a punishment.

sevrage *nm* **1.** *(d'enfant)* weaning **2.** *(de toxicomane)* withdrawal.

sevrer *vt* to wean.

sexagénaire *nmf* sixty-year-old. ❑ *adj* • **être sexagénaire** to be in one's sixties.

sexe *nm* **1.** *(gén)* sex **2.** *(organe)* genitals *pl*.

sexiste *nmf & adj* sexist.

sexologue *nmf* sexologist.

sex-shop *nm* sex shop.

sex-symbol *nm* sex symbol.

sextant *nm* sextant.

sexualité *nf* sexuality.

sexuel, elle *adj* sexual.

sexy *adj inv fam* sexy.

seyant, e *adj* becoming.

SF (abrév de science-fiction) *nf* sci-fi.

shabbat *nm* = **sabbat**.

shampooing *nm* shampoo • **shampoing antipelliculaire** antidandruff shampoo.

shampouiner *vt* to shampoo.

shérif *nm* sheriff.

shiatsu *nm* shiatsu.

shinto, shintoïsme *nm* Shinto.

> En anglais, les adjectifs et les noms se rapportant à une religion s'écrivent avec une majuscule.

shintoïste *adj & nmf* Shintoist.

shit *fam nm* hash.

shopping *nm* shopping • **faire du shopping** to go (out) shopping.

short *nm* shorts *pl*, pair of shorts.

show-biz *nm inv fam* show biz.

show-business *nm inv* show business.

showroom *nm COMM* showroom.

si *nm inv* **1.** *MUS* B **2.** *(chanté)* ti.

si

■ **si** *adv*

1. POUR RENFORCER

• **elle est si belle** she is so beautiful • **il roulait si vite qu'il a eu un accident** he was driving so fast (that) he had an accident • **c'est un garçon si gentil que tout le monde l'aime** he's such a nice boy that everybody loves him • **ce n'est pas si facile que ça** it's not as easy as that

2. SIGNIFIE « OUI », AVEC EFFET D'INSISTANCE, DANS LES RÉPONSES À DES PHRASES INTERROGATIVES NÉGATIVES

• **tu n'aimes pas le café ? — si** don't you like coffee? — yes, I do • **je n'y arriverai jamais — mais si !** I'll never manage — of course you will!

3. INTRODUIT UNE CONCESSION

• **si vieux qu'il soit, il comprend parfaitement ce que tu dis** however old he may be *ou* old as he is, he understands perfectly well what you are saying • **si gentiment qu'il ait parlé, il n'a convaincu personne** for all that he spoke nicely *ou* however nicely he may have spoken, he didn't convince anyone

■ **si** *conj*

1. EXPRIME UNE CONDITION, UNE ÉVENTUALITÉ

• **s'il fait beau demain, nous irons à la plage** if it's fine tomorrow, we'll go to the beach • **si tu veux, on y va** we'll go if you want

2. EXPRIME UNE HYPOTHÈSE

• **si j'avais de l'argent, j'achèterais une belle maison pour mes parents** If I had money, I would buy a very nice house for my parents • **et s'il ne venait pas ?** what if he didn't come? *ou* supposing he didn't come? • **si j'avais su, je t'aurais téléphoné** if I had known, I would have called you

3. DANS UNE QUESTION INDIRECTE

• **dites-moi si vous venez** tell me if *ou* whether you're coming

4. PERMET D'EXPLICITER UN FAIT

• **s'il ne t'aide pas, c'est qu'il n'en a pas envie** if he doesn't help you, it's because he doesn't feel like it *ou* the reason he doesn't help you is that he doesn't feel like it • **c'est un miracle s'il est encore en vie** it's a miracle (that) he's still alive

5. PERMET D'EXPRIMER UNE OPPOSITION

• **si lui est adroit, son frère, en revanche, casse tout ce qu'il touche** while *ou* whilst he is skilful, his brother on the other hand breaks everything he touches!

À PROPOS DE

si

Dans les questions indirectes, ***if*** et ***whether*** sont pratiquement interchangeables (***she asked me if I wanted to go out for lunch*** = ***she asked me whether I wanted to go out for lunch***). Notez bien, en revanche, que seul ***if*** sert à introduire une hypothèse (***if you have any problems, just phone me***).

SI *nm* (abrév de syndicat d'initiative) tourist office.

siamois, e *adj* • **frères siamois, sœurs siamoises** **a)** *MÉD* Siamese twins **b)** *fig* inseparable companions.

Sibérie *nf* • **la Sibérie** Siberia.

sibyllin, e *adj* enigmatic.

SICAV, Sicav (abrév de société d'investissement à capital variable) *nf inv* **1.** *(société)* unit trust **(UK)**, mutual fund **(US)** **2.** *(action)* share in a unit trust **(UK)** *ou* mutual fund **(US)**.

Sicile *nf* • **la Sicile** Sicily.

SIDA, Sida (abrév de syndrome immunodéficitaire acquis) *nm* AIDS • **la lutte contre le SIDA** the fight against AIDS.

side-car *nm* sidecar.

sidéen, enne *nm,f* person with AIDS.

sidérant, e *adj fam* staggering.

sidérer *vt fam* to stagger.

sidérurgie *nf (industrie)* iron and steel industry.

siècle *nm* **1.** *(cent ans)* century • **vingt-et-unième siècle** twenty-first century **2.** *(époque, âge)* age **3.** *(gén pl) fam (longue durée)* ages *pl*.

siège *nm* **1.** *(gén)* seat • **siège auto enfant** child car seat • **le siège avant** the front seat **2.** *MIL* siege **3.** *(d'organisme)* headquarters, head office • **siège social** registered office **4.** *MÉD* • **se présenter par le siège** to be in the breech position.

siéger *vi* **1.** *(juge, assemblée)* to sit **2.** *littéraire (mal)* to have its seat **3.** *littéraire (maladie)* to be located.

sien ■ **le sien, la sienne** *pron poss* **1.** *(d'homme)* his **2.** *(de femme)* hers **3.** *(de chose, d'animal)* its • **les siens** his/her family • **faire des siennes** to be up to one's usual tricks.

sieste *nf* siesta • **faire la sieste** to have a nap.

sifflant, e *adj* **1.** *(son)* whistling **2.** *(voix)* hissing **3.** *LING* sibilant.

sifflement *nm* **1.** *(son)* whistling **2.** *(de serpent)* hissing.

siffler *vi* **1.** to whistle **2.** *(serpent)* to hiss. ❑ *vt* **1.** *(air de musique)* to whistle **2.** *(femme)* to whistle at **3.** *(chien)* to whistle (for) **4.** *(acteur)* to boo, to hiss **5.** *fam (verre)* to knock back.

sifflet *nm* whistle • **l'arbitre a donné un coup de sifflet** the referee blew his whistle. ■ **sifflets** *nmpl* hissing *(indén)*, boos.

siffloter *vi & vt* to whistle.

sigle *nm* acronym, (set of) initials.

signal *nm* **1.** *(geste, son)* signal • **signal d'alarme** alarm (signal) • **signal d'alerte** warning signal • **donner le signal (de)** to give the signal (for) **2.** *(panneau)* sign.

signalement *nm* description.

signaler *vt* **1.** *(fait)* to point out • **rien à signaler** nothing to report **2.** *(à la police)* to denounce. ■ **se signaler** *vp* • **se signaler par** to become known for, to distinguish o.s. by.

signalétique *adj* identifying.

signalisation *nf* **1.** *(panneaux)* signs *pl* **2.** *(au sol)* (road) markings *pl* **3.** NAUT signals *pl.*

signataire *nmf* signatory.

signature *nf* **1.** *(nom, marque)* signature • **signature électronique** INFORM digital signature, e-signature **2.** *(acte)* signing.

signe *nm* **1.** *(gén)* sign • **être né sous le signe de** ASTROL to be born under the sign of • **les signes du zodiaque** the signs of the zodiac • **signe avant-coureur** advance indication **2.** *(trait)* mark • **signe particulier** distinguishing mark.

signer *vt* to sign. ■ **se signer** *vp* to cross o.s.

signet *nm* bookmark • **mettre un signet sur** Internet® to bookmark.

significatif, ive *adj* significant.

signification *nf (sens)* meaning.

signifier *vt* **1.** *(vouloir dire)* to mean **2.** *(faire connaître)* to make known **3.** DR to serve notice of.

sikh *adj & nm* Sikh • **il est sikh** he's a Sikh.

sikhisme *nm* Sikhism.

> En anglais, les adjectifs et les noms se rapportant à une religion s'écrivent avec une majuscule.

silence *nm* **1.** *(gén)* silence • **garder le silence (sur)** to remain silent (about) • **silence radio** radio silence **2.** MUS rest.

silencieux, euse *adj* **1.** *(lieu, appareil)* quiet **2.** *(personne - taciturne)* quiet ; *(- muet)* silent. ■ **silencieux** *nm* AUTO silencer **(UK)**, muffler **(US)**.

silex *nm* flint.

silhouette *nf* **1.** *(de personne)* silhouette **2.** *(de femme)* figure **3.** *(d'objet)* outline **4.** ART silhouette.

silicium *nm* silicon.

silicone *nf* silicone.

sillage *nm* wake.

sillon *nm* **1.** *(tranchée, ride)* furrow **2.** *(de disque)* groove.

sillonner *vt* **1.** *(champ)* to furrow **2.** *(ciel)* to crisscross.

silo *nm* silo.

simagrées *nfpl péj* • **faire des simagrées** to make a fuss.

similaire *adj* similar.

similicuir *nm* imitation leather.

similitude *nf* similarity.

simple *adj* **1.** *(gén)* simple **2.** *(ordinaire)* ordinary **3.** *(billet)* • **un aller simple** a single ticket. ❑ *nm* TENNIS singles *sing.*

simplement *adv* simply • **tout simplement** quite simply, just.

simplicité *nf* simplicity.

simplifier *vt* **1.** *(procédé)* to simplify **2.** *(explication)* to simplify, to make simpler.

simpliste *adj péj* simplistic.

simulacre *nm* **1.** *(semblant)* • **un simulacre de** a pretence of, a sham **2.** *(action simulée)* enactment.

simulateur, trice *nm, f* **1.** pretender **2.** *(de maladie)* malingerer. ■ **simulateur** *nm* TECHNOL simulator.

simulation *nf* **1.** *(gén)* simulation **2.** *(comédie)* shamming, feigning **3.** *(de maladie)* malingering.

simuler *vt* **1.** *(gén)* to simulate **2.** *(feindre)* to feign, to sham.

simultané, e *adj* simultaneous.

sincère *adj* sincere.

sincèrement *adv* **1.** *(franchement)* honestly, sincerely **2.** *(vraiment)* really, truly.

sincérité *nf* sincerity.

sine qua non *adj* • **condition sine qua non** prerequisite.

Singapour *npr* Singapore.

singe *nm* **1.** monkey **2.** *(de grande taille)* ape.

singer *vt* **1.** *(personne)* to mimic, to ape **2.** *(sentiment)* to feign.

singerie *nf* **1.** *(grimace)* face **2.** *(manières)* fuss *(indén).*

singulariser *vt* to draw *ou* call attention to. ■ **se singulariser** *vp* to draw *ou* call attention to o.s.

singularité *nf* **1.** *(bizarrerie)* strangeness **2.** *(particularité)* peculiarity.

singulier, ère *adj* **1.** *sout (bizarre)* strange **2.** *sout (spécial)* uncommon **3.** GRAMM singular • **mettre les noms au singulier** put the nouns in the singular **4.** *(d'homme à homme)* • **combat singulier** single combat. ■ **singulier** *nm* GRAMM singular.

singulièrement *adv* **1.** *littéraire (bizarrement)* strangely **2.** *(beaucoup, très)* particularly.

sinistre *nm* **1.** *(catastrophe)* disaster **2.** DR damage *(indén).* ❑ *adj* **1.** *(personne, regard)* sinister **2.** *(maison, ambiance)* gloomy • **un endroit sinistre** a grim place **3.** *(avant nom) fam (crétin, imbécile)* dreadful, terrible.

sinistré, e *adj* **1.** *(région)* disaster *(avant nom)*, disaster-stricken **2.** *(famille)* disaster-stricken. ❑ *nm, f* disaster victim.

sinon *conj* **1.** *(autrement)* or else, otherwise **2.** *(sauf)* except, apart from **3.** *(si ce n'est)* if not.

sinueux, euse *adj* **1.** winding **2.** *fig* tortuous.

sinuosité *nf* bend, twist.

sinus *nm* **1.** ANAT sinus **2.** MATH sine.

sinusite *nf* sinusitis *(indén).*

sionisme *nm* Zionism.

siphon *nm* **1.** *(tube)* siphon **2.** *(bouteille)* soda siphon.

siphonner *vt* to siphon.

sirène *nf* siren.

sirop *nm* syrup • **sirop d'érable** maple syrup • **sirop de grenadine** (syrup of) grenadine • **sirop de menthe** mint cordial • **un sirop contre la toux** cough syrup.

siroter *vt fam* to sip.

sirupeux, euse *adj* syrupy.

sis, e *adj* DR located.

sismique *adj* seismic.

site *nm* **1.** *(emplacement)* site • **site archéologique/historique** archaeological/historic site **2.** *(paysage)* beauty spot **3.** INFORM site • **site Web** web *ou* Web site, website • **site FTP** FTP site.

sitôt *adv* • **sitôt après** immediately after • **pas de sitôt** not for some time, not for a while • **sitôt arrivé,...** as soon as I/he *etc* arrived,... • **sitôt dit, sitôt fait** no sooner said than done. ■ **sitôt que** *loc conj* as soon as.

situation *nf* **1.** *(position, emplacement)* position, location **2.** *(contexte, circonstance)* situation • **situation de famille** marital status **3.** *(emploi)* job, position **4.** FIN financial statement.

situer *vt* **1.** *(maison)* to site, to situate **2.** *(sur carte)* to locate. ■ **se situer** *vp* **1.** *(scène)* to be set **2.** *(dans classement)* to be.

six *adj num inv* six • **il a six ans** he is six (years old) • **il est six heures** it's six (o'clock) • **le six janvier** (on) the sixth of January **(UK)**, (on) January sixth **(US)** • **daté du six septembre** dated the sixth of September **(UK)** *ou* September sixth **(US)** • **Charles Six** Charles the Sixth • **page six** page six. ❑ *nm inv* **1.** *(gén)* six • **six de pique** six of spades **2.** *(adresse)* (number) six. ❑ *pron* six • **ils étaient six** there were six of them • **six par six** six at a time.

sixième *adj num inv* sixth. ❑ *nmf* sixth • **arriver/se classer sixième** to come (in)/to be placed sixth. ❑ *nf* SCOL ≃ first year *ou* form **(UK)** ; ≃ sixth grade **(US)** • **être en sixième** to be in the first year *ou* form **(UK)**, to be in sixth grade **(US)** • **entrer en sixième** to go to secondary school, to start attending "collège". ❑ *nm* **1.** *(part)* • **le/un sixième de** one/a sixth of • **cinq sixièmes** five sixths **2.** *(arrondissement)* sixth arrondissement **3.** *(étage)* sixth floor **(UK)**, seventh floor **(US)**.

sixièmement *adv* sixthly, in (the) sixth place.

skateboard *nm* skateboard • **faire du skateboard** to go skateboarding.

sketch *nm* sketch *(in a revue, etc)*.

ski *nm* **1.** *(objet)* ski **2.** *(sport)* skiing • **faire du ski** to ski • **ski acrobatique/alpin/de fond** freestyle/alpine/cross-country skiing • **ski nautique** water skiing.

skier *vi* to ski • **j'apprends à skier** I'm learning to ski.

skieur, euse *nm,f* skier.

skipper *nm* **1.** *(capitaine)* skipper **2.** *(barreur)* helmsman.

sky-surfing, sky-surf *nm* SPORT sky-surfing.

slalom *nm* **1.** SKI slalom **2.** *(zigzags)* • **faire du slalom** to zigzag.

slam *nm (poésie)* slam.

slameur, euse *nm,f* slammer.

slave *adj* Slavonic. ■ **Slave** *nmf* Slav.

slip *nm* briefs *pl*, underpants *pl* • **slip de bain a)** *(d'homme)* swimming trunks *pl* **b)** *(de femme)* bikini bottoms *pl*.

slogan *nm* slogan.

slovaque *adj* Slovak. ❑ *nm (langue)* Slovak. ■ **Slovaque** *nmf* Slovak.

> En anglais, les adjectifs se rapportant à un pays ou une région ainsi que le nom désignant la langue de ce pays ou cette région, s'écrivent avec une majuscule.

Slovaquie *nf* • **la Slovaquie** Slovakia.

> En anglais, à de rares exceptions près, il n'y a pas d'article devant les noms de pays.

slovène *adj* Slovenian. ❑ *nm (langue)* Slovenian. ■ **Slovène** *nmf* Slovenian.

> En anglais, les adjectifs se rapportant à un pays ou une région ainsi que le nom désignant la langue de ce pays ou cette région, s'écrivent avec une majuscule.

Slovénie *nf* • **la Slovénie** Slovenia.

> En anglais, à de rares exceptions près, il n'y a pas d'article devant les noms de pays.

slow *nm* slow dance.

smasher *vi* TENNIS to smash (the ball).

SME (abrév de Système monétaire européen) *nm* EMS.

SMIC, Smic (abrév de salaire minimum interprofessionnel de croissance) *nm* minimum wage.

smiley *nm* smiley.

smoking *nm* dinner jacket, tuxedo **(US)**.

SNCF (abrév de Société nationale des chemins de fer français) *nf* French national railway company.

sniper *nm* sniper.

snob *nmf* snob. ❑ *adj* snobbish.

snober *vt* to snub, to cold-shoulder.

snobisme *nm* snobbery, snobbishness.

snowboard *nm* **1.** *(planche)* snowboard **2.** *(sport)* snowboarding.

soap opera, soap *nm* soap (opera).

sobre *adj* **1.** *(personne)* temperate **2.** *(style)* sober **3.** *(décor, repas)* simple.

sobriété *nf* sobriety.

sobriquet *nm* nickname.

soc *nm* ploughshare **(UK)**, plowshare **(US)**.

sociable *adj* sociable.

social, e *adj* **1.** *(rapports, classe, service)* social **2.** *COMM* • **capital social** share capital • **raison sociale** company name. ■ **social** *nm* • **le social** social affairs *pl* • **les services sociaux** the social services.
socialisme *nm* socialism.
socialiste *nmf & adj* socialist.
sociétaire *nmf* member.
société *nf* **1.** *(communauté, classe sociale, groupe)* society • **en société** in society **2.** *(présence)* company, society **3.** *COMM* company, firm.
sociologie *nf* sociology.
sociologue *nmf* sociologist.
socioprofessionnel, elle *adj* socioprofessional.
socle *nm* **1.** *(de statue)* plinth, pedestal **2.** *(de lampe)* base **3.** *fig SCOL* base • **le socle commun des connaissances et compétences** the common base of knowledge and skills.
socquette *nf* ankle *ou* short sock.
soda *nm* fizzy drink.
sodium *nm* sodium.
sodomiser *vt* to sodomize.
sœur *nf* **1.** *(gén)* sister • **grande/petite sœur** big/little sister **2.** *RELIG* nun, sister.
sofa *nm* sofa.
Sofia *npr* Sofia.
softball *nm SPORT* softball.
software *nm* software.
soi *pron pers* oneself • **chacun pour soi** every man for himself • **ne penser qu'à soi** to always think about oneself • **cela va de soi** that goes without saying. ■ **soi-même** *pron pers* oneself • **se connaître soi-même** to know oneself.
soi-disant *adj inv (avant nom)* so-called. ❏ *adv fam* supposedly.
soie *nf* **1.** *(textile)* silk **2.** *(poil)* bristle.
soierie *nf (gén pl) (textile)* silk.
soif *nf* thirst • **soif (de)** *fig* thirst (for), craving (for) • **avoir soif** to be thirsty • **mourir de soif** to die of thirst.
soignant, e *nm, f* health care worker.
soigné, e *adj* **1.** *(travail)* meticulous **2.** *(personne)* well-groomed **3.** *(jardin, mains)* well-cared-for.
soigner *vt* **1.** *(sujet : médecin)* to treat **2.** *(sujet : infirmière, parent)* to nurse **3.** *(invités, jardin, mains)* to look after **4.** *(travail, présentation)* to take care over. ■ **se soigner** *vp* to take care of o.s., to look after o.s.
soigneusement *adv* carefully.
soigneux, euse *adj* **1.** *(personne)* tidy, neat **2.** *(travail)* careful.
soin *nm* **1.** *(attention)* care • **avoir** *ou* **prendre soin de faire qqch** to be sure to do sthg • **avec soin** carefully • **sans soin a)** *(procéder)* carelessly **b)** *(travail)* careless • **être aux petits soins pour qqn** *fig* to wait on sb hand and foot **2.** *(souci)* concern. ■ **soins** *nmpl* care *(indén)* • **les premiers soins** first aid *sing*.
soir *nm* evening • **demain soir** tomorrow evening *ou* night • **le soir** in the evening • **à ce soir !** see you tonight!
soirée *nf* **1.** *(soir)* evening **2.** *(réception)* party • **il y a une soirée chez Jérôme samedi** there's a party at Jérôme's on Saturday.
sois → **être**.
soit[1] *adv* so be it.
soit[2] *v* → **être**. ❏ *conj* **1.** *(c'est-à-dire)* in other words, that is to say **2.** *MATH (étant donné)* • **soit une droite AB** given a straight line AB. ■ **soit... soit** *loc corrélative* either... or. ■ **soit que... soit que** *loc corrélative (+ subjonctif)* whether... or (whether).
soixantaine *nf* **1.** *(nombre)* • **une soixantaine (de)** about sixty, sixty-odd **2.** *(âge)* • **avoir la soixantaine** to be in one's sixties.
soixante *adj num inv* sixty • **les années soixante** the Sixties. ❏ *nm* sixty. Voir aussi **six**.
soixante-dix *adj num inv* seventy • **les années soixante-dix** the Seventies. ❏ *nm* seventy. Voir aussi **six**.
soixante-dixième *adj num inv, nm & nmf* seventieth. Voir aussi **sixième**.
soixante-huitard, e *adj* of May 1968. ❏ *nm,f si vous voulez expliquer à un anglophone de quoi il s'agit, vous pouvez dire* it is a person who participated in the demonstrations and riots of May 1968.
soixantième *adj num inv, nm & nmf* sixtieth. Voir aussi **sixième**.
soja *nm* soya.
sol *nm* **1.** *(terre)* ground **2.** *(de maison)* floor **3.** *(territoire)* soil **4.** *MUS* G **5.** *(chanté)* so.
solaire *adj* **1.** *(énergie, four)* solar **2.** *(crème)* sun *(avant nom)*.
solarium *nm* solarium.
soldat *nm* **1.** soldier **2.** *(grade)* private • **le soldat inconnu** the Unknown Soldier **3.** *(jouet)* (toy) soldier.
solde *nm* **1.** *(de compte, facture)* balance • **solde créditeur/débiteur** credit/debit balance **2.** *(rabais)* • **en solde** *(acheter)* in the sale **(UK)**, on sale **(US)**. ❏ *nf MIL* pay. ■ **soldes** *nmpl* sales • **faire les soldes** to go round the sales.
soldé, e *adj (article)* reduced.
solder *vt* **1.** *(compte)* to close **2.** *(marchandises)* to sell off. ■ **se solder** *vp* • **se solder par a)** *FIN* to show **b)** *fig (aboutir)* to end in.
sole *nf* sole.
soleil *nm* **1.** *(astre, motif)* sun • **soleil couchant/levant** setting/rising sun **2.** *(lumière, chaleur)* sun, sunlight • **au soleil** in the sun • **en plein soleil** right in the sun • **il fait (du) soleil** it's sunny • **prendre le soleil** to sunbathe. ■ **Soleil** *nm (astre, motif)* sun • **Soleil couchant/levant** setting/rising sun • **le Soleil de minuit** the midnight sun.

solennel, elle *adj* **1.** *(cérémonieux)* ceremonial **2.** *(grave)* solemn **3.** *péj (pompeux)* pompous.

solennité *nf* **1.** *(gravité)* solemnity **2.** *(raideur)* stiffness, formality **3.** *(fête)* special occasion.

solfège *nm* • **apprendre le solfège** to learn the rudiments of music.

solidaire *adj* **1.** *(lié)* • **être solidaire de qqn** to be behind sb, to show solidarity with sb **2.** *(relié)* interdependent, integral.

solidariser ■ **se solidariser** *vp* • **se solidariser (avec)** to show solidarity (with).

solidarité *nf (entraide)* solidarity • **par solidarité** *(se mettre en grève)* in sympathy.

solide *adj* **1.** *(état, corps)* solid **2.** *(construction)* solid, sturdy **3.** *(personne)* sturdy, robust **4.** *(argument)* solid, sound **5.** *(relation)* stable, strong. ❑ *nm* solid • **il nous faut du solide** *fig* we need something solid *ou* concrete.

solidifier *vt* **1.** *(ciment, eau)* to solidify **2.** *(structure)* to reinforce. ■ **se solidifier** *vp* to solidify.

solidité *nf* **1.** *(de matière, construction)* solidity **2.** *(de mariage)* stability, strength **3.** *(de raisonnement, d'argument)* soundness.

soliloque *nm sout* soliloquy.

soliste *nmf* soloist.

solitaire *adj* **1.** *(de caractère)* solitary **2.** *(esseulé, retiré)* lonely. ❑ *nmf (personne)* loner, recluse. ❑ *nm (jeu, diamant)* solitaire. ■ **en solitaire** *loc adj* **1.** *(course, vol)* solo *(modificateur)* **2.** *(navigation)* single-handed. ❑ *loc adv* **1.** *(vivre, travailler)* on one's own **2.** *(naviguer)* single-handed • **il vit en solitaire dans sa vieille maison** he lives on his own in his old house.

solitude *nf* **1.** *(isolement)* loneliness **2.** *(retraite)* solitude.

sollicitation *nf (gén pl)* entreaty.

solliciter *vt* **1.** *(demander - entretien, audience)* to request ; *(- attention, intérêt)* to seek **2.** *(s'intéresser à)* • **être sollicité** to be in demand **3.** *(faire appel à)* • **solliciter qqn pour faire qqch** to appeal to sb to do sthg.

sollicitude *nf* solicitude, concern.

solo *nm* solo • **en solo** solo • **jouer en solo** to play a solo.

solstice *nm* • **solstice d'été/d'hiver** summer/ winter solstice.

soluble *adj* **1.** *(matière)* soluble **2.** *(café)* instant **3.** *fig (problème)* solvable.

solution *nf* **1.** *(résolution)* solution, answer • **trouver la solution à un problème** to find the solution to a problem **2.** *(liquide)* solution.

solvabilité *nf* solvency.

solvable *adj* solvent, creditworthy.

solvant *nm* solvent.

Somalie *nf* • **la Somalie** Somalia.

sombre *adj* **1.** *(couleur, costume, pièce)* dark **2.** *fig (pensées, avenir)* dark, gloomy **3.** *(avant nom) fam (profond)* • **c'est un sombre crétin** he's a prize idiot.

sombrer *vi* to sink • **sombrer dans** *fig* to sink into.

sommaire *adj* **1.** *(explication)* brief **2.** *(exécution)* summary **3.** *(installation)* basic • **un repas sommaire** a basic meal. ❑ *nm* summary.

sommation *nf* **1.** *(assignation)* summons *sing* **2.** *(ordre - de payer)* demand ; *(- de se rendre)* warning.

somme *nf* **1.** *(addition)* total, sum **2.** *(d'argent)* sum, amount **3.** *(ouvrage)* overview. ❑ *nm* nap • **faire un somme** to have a nap. ■ **en somme** *loc adv* in short. ■ **somme toute** *loc adv* when all's said and done.

sommeil *nm* sleep • **avoir sommeil** to be sleepy • **neuf heures de sommeil** nine hours' sleep.

sommeiller *vi* **1.** *(personne)* to doze **2.** *fig (qualité)* to be dormant.

sommelier, ère *nm, f* wine waiter, wine waitress *f*.

sommes → **être**.

sommet *nm* **1.** *(de montagne)* summit, top • **atteindre le sommet** to reach the summit **2.** *fig (de hiérarchie)* top **3.** *(de perfection)* height **4.** GÉOM apex.

sommier *nm* base, bed base.

sommité *nf (personne)* leading light.

somnambule *nmf* sleepwalker. ❑ *adj* • **être somnambule** to be a sleepwalker.

somnifère *nm* sleeping pill.

somnolent, e *adj* **1.** *(personne)* sleepy, drowsy **2.** *fig (vie)* dull **3.** *fig (économie)* sluggish.

somnoler *vi* to doze.

somptueux, euse *adj* sumptuous, lavish.

somptuosité *nf* lavishness *(indén)*.

son[1] *nm* **1.** *(bruit)* sound • **au son de** to the sound of • **son et lumière** son et lumière **2.** *(céréale)* bran • **un pain au son** a bran loaf.

son[2], **sa** *adj poss* **1.** *(possesseur défini - homme)* his ; *(- femme)* her ; *(- chose, animal)* its • **il aime son père** he loves his father • **sa femme l'a quitté** his wife left him • **elle aime ses parents** she loves her parents • **la ville a perdu de son charme** the town has lost its charm **2.** *(possesseur indéfini)* one's **3.** *(après « chacun », « tout le monde », etc)* his/ her, their.

sonar *nm* sonar.

sonate *nf* sonata.

sondage *nm* **1.** *(enquête)* poll, survey • **sondage d'opinion** opinion poll • **faire un sondage** to carry out a poll, to carry out a survey **2.** TECHNOL drilling **3.** MÉD probing.

sonde *nf* **1.** MÉTÉOR sonde **2.** *(spatiale)* probe **3.** MÉD probe **4.** NAUT sounding line **5.** TECHNOL drill.

sonder *vt* **1.** *MÉD & NAUT* to sound **2.** *(terrain)* to drill **3.** *fig (opinion, personne)* to sound out.

sondeur, euse *nm,f* pollster. ■ **sondeur** *nm* *TECHNOL* sounder.

songe *nm littéraire* dream.

songer *vt* • **songer que** to consider that. ❑ *vi* • **songer à** to think about.

songeur, euse *adj* pensive, thoughtful.

sonnant, e *adj* • **à six heures sonnantes** at six o'clock sharp.

sonné, e *adj* **1.** *(passé)* • **il est trois heures sonnées** it's gone three o'clock • **il a quarante ans bien sonnés** *fam & fig* he's the wrong side of forty **2.** *fam & fig (étourdi)* groggy.

sonner *vt* **1.** *(cloche)* to ring **2.** *(retraite, alarme)* to sound **3.** *(domestique)* to ring for **4.** *fam & fig (siffler)* • **je ne t'ai pas sonné !** who asked you! **5.** *fam (assommer)* to knock out *(sép)*, to stun **6.** *fam (abasourdir)* to stun, to stagger, to knock (out). ❑ *vi (gén)* to ring • **sonner chez qqn** to ring sb's bell.

sonnerie *nf* **1.** *(bruit)* ringing • **la sonnerie de la porte** the doorbell **2.** *(mécanisme)* striking mechanism **3.** *(signal)* call.

sonnet *nm* sonnet.

sonnette *nf* bell • **sonnette d'alarme** alarm bell.

sono *nf fam* **1.** *(de salle)* P.A. (system) **2.** *(de discothèque)* sound system.

sonore *adj* **1.** *CINÉ & PHYS* sound *(avant nom)* **2.** *(voix, rire)* ringing, resonant **3.** *(salle)* resonant.

sonorisation *nf* **1.** *(action - de film)* addition of the soundtrack ; *(- de salle)* wiring for sound **2.** *(matériel - de salle)* public address system, P.A. (system) ; *(- de discothèque)* sound system.

sonoriser *vt* **1.** *(film)* to add the soundtrack to **2.** *(salle)* to wire for sound.

sonorité *nf* **1.** *(de piano, voix)* tone **2.** *(de salle)* acoustics *pl*.

sont → **être**.

Sopalin® *nm* kitchen roll **(UK)**, paper towels **(US)**.

sophistiqué, e *adj* sophisticated.

soporifique *adj* soporific. ❑ *nm* sleeping drug, soporific.

soprane *nf* = **soprano** *(nmf)*.

soprano *nmf* soprano.

sorbet *nm* sorbet **(UK)**, sherbet **(US)**.

Sorbonne *nf* • **la Sorbonne** the Sorbonne *(highly respected Paris university)*.

sorcellerie *nf* witchcraft, sorcery.

sorcier, ère *nm,f* sorcerer, witch *f*.

sordide *adj* **1.** squalid **2.** *fig* sordid.

sornettes *nfpl* nonsense *(indén)*.

sort *nm* **1.** *(maléfice)* spell • **jeter un sort (à qqn)** to cast a spell (on sb) **2.** *(destinée)* fate **3.** *(condition)* lot **4.** *(hasard)* • **le sort** fate • **tirer au sort** to draw lots.

sortant, e *adj* **1.** *(numéro)* winning **2.** *(président, directeur)* outgoing *(avant nom)*.

sorte *nf* sort, kind • **une sorte de** a sort of, a kind of • **toutes sortes de** all kinds of, all sorts of.

sortie *nf* **1.** *(issue)* exit, way out **2.** *(d'eau, d'air)* outlet • **sortie d'autoroute** motorway junction *ou* exit **(UK)**, freeway exit **(US)** • **sortie de secours** emergency exit **3.** *(départ)* • **c'est la sortie de l'école** it's home-time **(UK)** • **à la sortie du travail** when work finishes, after work **4.** *(de produit)* launch, launching **5.** *(de disque)* release **6.** *(de livre)* publication **7.** *(gén pl) (dépense)* outgoings *pl* **(UK)**, expenditure *(indén)* **8.** *(excursion)* outing **9.** *(au cinéma, au restaurant)* evening *ou* night out • **faire une sortie** to go out **10.** *MIL* sortie **11.** *INFORM* • **sortie imprimante** printout.

sortilège *nm* spell.

sortir *vi* **1.** *(de la maison, du bureau, etc)* to leave, to go/come out • **sortir de** to go/come out of, to leave **2.** *(pour se distraire)* to go out **3.** *fig (quitter)* • **sortir de** *(réserve, préjugés)* to shed **4.** *fig* • **sortir de a)** *(coma)* to come out of **b)** *(de maladie)* to get over, to recover from • **je sors d'une grippe** I'm just recovering from a bout of flu **5.** *(film, livre, produit)* to come out **6.** *(disque)* to be released **7.** *(au jeu - carte, numéro)* to come up **8.** *(s'écarter de)* • **sortir de a)** *(sujet)* to get away from **b)** *(légalité, compétence)* to be outside **9.** *(locution)* • **sortir de l'ordinaire** to be out of the ordinary • **d'où il sort, celui-là ?** where did *he* spring from? ❑ *vt* **1.** *(gén)* • **sortir qqch (de)** to take sthg out (of) **2.** *(de situation difficile)* to get out, to extract **3.** *(produit)* to launch **4.** *(disque)* to bring out, to release **5.** *(livre)* to bring out, to publish. ■ **au sortir de** *loc prép (dans le temps)* • **au sortir de l'hiver** as winter draws to a close • **au sortir de la guerre** towards the end of the war. ■ **se sortir** *vp fig (de pétrin)* to get out • **s'en sortir a)** *(en réchapper)* to come out of it **b)** *(y arriver)* to get through it.

> **À PROPOS DE**
> **sortir**
> Notez la différence de traduction selon que la personne qui parle se trouve à l'intérieur ou si elle est déjà dehors.
> Si elle est à l'intérieur, on emploie ***to go out*** :
> • *Ne sors pas, il fait trop froid dehors.* ***Don't go out, it's too cold outside.***
> Et si la personne est déjà dehors ***to come out*** :
> • *Sors, je veux te dire quelque chose.* **Come out, *I want to tell you something*.**

SOS *nm* SOS • **lancer un SOS** to send out an SOS • **SOS médecins/dépannage** emergency medical/repair service • **SOS-Racisme** *si vous* *voulez donner une définition à un anglophone, vous pouvez dire* it is a French antiracism organization.

sosie *nm* double • **être le sosie de qqn** to be the spitting image of sb.

sot, sotte *adj* silly, foolish. ❑ *nm,f* fool.

sottise *nf* stupidity *(indén)*, foolishness *(indén)* • **dire/faire une sottise** to say/do something stupid.

sou *nm* • **être sans le sou** to be penniless. ■ **sous** *nmpl fam* money *(indén)*.

soubassement *nm* base.

soubresaut *nm* **1.** *(de voiture)* jolt **2.** *(de personne)* start.

souche *nf* **1.** *(d'arbre)* stump **2.** *(de carnet)* counterfoil, stub.

souci *nm* **1.** *(tracas)* worry • **se faire du souci** to worry **2.** *(préoccupation)* concern **3.** *(fleur)* marigold.

soucier ■ **se soucier** *vp* • **se soucier de** to care about.

soucieux, euse *adj* **1.** *(préoccupé)* worried, concerned **2.** *(concerné)* • **être soucieux de qqch/de faire qqch** to be concerned about sthg/about doing sthg.

soucoupe *nf* **1.** *(assiette)* saucer **2.** *(vaisseau)* • **soucoupe volante** flying saucer.

soudain, e *adj* sudden. ■ **soudain** *adv* suddenly, all of a sudden.

Soudan *nm* • **le Soudan** the Sudan.

soude *nf* soda.

souder *vt* **1.** TECHNOL to weld, to solder **2.** MÉD to knit **3.** *fig (unir)* to bind together.

soudoyer *vt* to bribe.

soudure *nf* **1.** welding **2.** *(résultat)* weld.

souffert, e *pp* → **souffrir**.

souffle *nm* **1.** *(respiration)* breathing **2.** *(expiration)* puff, breath • **un souffle d'air** *fig* a breath of air, a puff of wind **3.** *fig (inspiration)* inspiration **4.** *(d'explosion)* blast **5.** MÉD • **souffle au cœur** heart murmur • **avoir le souffle coupé** to have one's breath taken away.

soufflé *nm* soufflé • **soufflé au fromage** cheese soufflé.

souffler *vt* **1.** *(bougie)* to blow out **2.** *(vitre)* to blow out, to shatter **3.** *(chuchoter)* • **souffler qqch à qqn** to whisper sthg to sb **4.** *fam (prendre)* • **souffler qqch à qqn** to pinch sthg from sb (UK) **5.** *fam (époustoufler - sujet : événement, personne)* to take aback, to stagger, to knock out *(sép)*. ❑ *vi* **1.** *(gén)* to blow • **le vent souffle fort** the wind is blowing hard • **souffler les bougies** to blow the candles out **2.** *(respirer)* to puff, to pant **3.** *(se reposer)* to have a break.

soufflet *nm* **1.** *(instrument)* bellows *sing* **2.** *(de train)* connecting corridor, concertina vestibule **3.** COUT gusset.

souffleur, euse *nm,f* THÉÂTRE prompt. ■ **souffleur** *nm (de verre)* blower.

souffrance *nf* suffering.

souffrant, e *adj* poorly.

souffre-douleur *nm inv* whipping boy.

souffrir *vi* to suffer • **souffrir de** to suffer from • **souffrir du dos/cœur** to have back/heart problems. ❑ *vt* **1.** *(ressentir)* to suffer **2.** *littéraire (supporter)* to stand, to bear.

soufre *nm* sulphur (UK), sulfur (US).

souhait *nm* wish • **à tes/vos souhaits !** bless you! • **fais un souhait** make a wish.

souhaitable *adj* desirable • **il est souhaitable que** *(+ subjonctif)* it is desirable that...

souhaiter *vt* • **souhaiter qqch** to wish for sthg • **souhaiter faire qqch** to hope to do sthg • **souhaiter qqch à qqn** to wish sb sthg • **souhaiter à qqn de faire qqch** to hope that sb does sthg • **souhaiter que...** *(+ subjonctif)* to hope that...

souiller *vt littéraire* **1.** *(salir)* to soil **2.** *fig* to sully.

souillon *nf péj* slut.

soûl, e, saoul, e *adj* drunk.

soulagement *nm* relief.

> **S'EXPRIMER**
>
> **exprimer son soulagement**
>
> - ***Fortunately, we'll make it in time*** Heureusement, on sera à l'heure
> - ***Phew, the vase didn't break!*** Ouf, le vase n'est pas cassé !
> - ***There you are at last!*** Te voilà enfin !
> - ***I'm so relieved that...*** Je suis vraiment soulagé que...

soulager *vt (gén)* to relieve.

soûler, saouler *vt* **1.** *fam (enivrer)* • **soûler qqn a)** to get sb drunk **b)** *fig* to intoxicate sb **2.** *fig (de plaintes, d'éloges)* • **soûler qqn** to bore sb silly. ■ **se soûler** *vp fam* to get drunk. ■ **se soûler** *vpi* **1.** *fam (s'enivrer)* to get drunk, to booze • **je vais me soûler à mort pour oublier !** I'm going to get dead drunk to forget! **2.** *(s'étourdir)* • **se soûler de** to get intoxicated with *fig* • **il se soûle de paroles** he talks so much that it goes to his head.

soulèvement *nm* uprising.

soulever *vt* **1.** *(fardeau, poids)* to lift **2.** *(rideau)* to raise **3.** *fig (question)* to raise, to bring up **4.** *fig (enthousiasme)* to generate, to arouse **5.** *(tollé)* to stir up • **soulever qqn contre** to stir sb up against. ■ **se soulever** *vp* **1.** *(s'élever)* to raise o.s., to lift o.s. **2.** *(se révolter)* to rise up.

soulier *nm* shoe.

souligner *vt* **1.** *(par un trait)* to underline **2.** *fig (insister sur)* to underline, to emphasize **3.** *(mettre en valeur)* to emphasize.

soumettre *vt* **1.** *(astreindre)* • **soumettre qqn à** to subject sb to **2.** *(ennemi, peuple)* to subjugate **3.** *(projet, problème)* • **soumettre qqch (à)** to submit sthg (to). ■ **se soumettre** *vp* • **se soumettre (à)** to submit (to).

soumis, e *pp* → **soumettre**. ❑ *adj (gén)* submissive.
soumission *nf* submission.
soupape *nf* valve.
soupçon *nm (suspicion, intuition)* suspicion.
soupçonner *vt (suspecter)* to suspect • **soupçonner qqn de qqch/de faire qqch** to suspect sb of sthg/of doing sthg.
soupçonneux, euse *adj* suspicious.
soupe *nf* CULIN soup • **soupe populaire** soup kitchen.
souper *nm* supper. ❑ *vi* to have supper.
soupeser *vt* **1.** *(poids)* to feel the weight of **2.** *fig (évaluer)* to weigh up.
soupière *nf* tureen.
soupir *nm* **1.** *(souffle)* sigh • **pousser un soupir** to let out *ou* give a sigh **2.** MUS crotchet rest **(UK)**, quarter-note rest **(US)**.
soupirail *nm* barred basement window *(for ventilation purposes)*.
soupirant *nm vieilli & hum* suitor.
soupirer *vi (souffler)* to sigh.
souple *adj* **1.** *(gymnaste)* supple **2.** *(pas)* lithe **3.** *(paquet, col, brosse à dents)* soft **4.** *(tissu, cheveux)* flowing **5.** *(tuyau, horaire, caractère)* flexible.
souplesse *nf* **1.** *(de gymnaste)* suppleness **2.** *(flexibilité - de tuyau)* pliability, flexibility ; *(- de matière)* suppleness **3.** *(de personne)* flexibility.
source *nf* **1.** *(gén)* source **2.** *(d'eau)* spring • **prendre sa source à** to rise in **3.** *(cause)* source.
sourcil *nm* eyebrow • **froncer les sourcils** to frown.
sourcilière → **arcade**.
sourciller *vi* • **sans sourciller** without batting an eyelid.
sourcilleux, euse *adj* fussy, finicky.
sourd, e *adj* **1.** *(personne)* deaf **2.** *(bruit, voix)* muffled **3.** *(douleur)* dull **4.** *(lutte, hostilité)* silent. ❑ *nm, f* deaf person.
sourdement *adv* **1.** *(avec un bruit sourd)* dully **2.** *fig (secrètement)* silently.
sourdine *nf* mute • **en sourdine a)** *(sans bruit)* softly **b)** *(secrètement)* in secret.
sourd-muet, sourde-muette *nm, f* deaf-mute, deaf-and-dumb person.
sourdre *vi litt* to well up.
souriant, e *adj* smiling, cheerful.
souricière *nf* **1.** mousetrap **2.** *fig* trap.
sourire *vi* to smile • **sourire à qqn a)** to smile at sb **b)** *fig (campagne)* to appeal to sb **c)** *(destin, chance)* to smile on sb. ❑ *nm* smile.
souris *nf* INFORM & ZOOL mouse.
sournois, e *adj* **1.** *(personne)* underhand **2.** *fig (maladie, phénomène)* unpredictable.
sous *prép* **1.** *(gén)* under • **nager sous l'eau** to swim underwater • **sous la pluie** in the rain • **sous cet aspect** *ou* **angle** from that point of view **2.** *(dans un délai de)* within • **sous huit jours** within a week.
sous-alimentation *nf* malnutrition, undernourishment.
sous-alimenté, e *adj* malnourished, underfed.
sous-bois *nm inv* undergrowth.
souscription *nf* subscription.
souscrire *vi* FIN to apply for • **souscrire à** to subscribe to.
sous-développé, e *adj* **1.** ÉCON underdeveloped **2.** *fig & péj* backward.
sous-directeur, trice *nm, f* assistant manager, assistant manageress *f*.
sous-effectif *nm* understaffing • **en sous-effectif** *(entreprise, usine)* understaffed.
sous-ensemble *nm* subset.
sous-entendu *nm* insinuation.
sous-estimer *vt* to underestimate, to underrate.
sous-évaluer *vt* to underestimate.
sous-jacent, e *adj* underlying.
sous-louer *vt* to sublet.
sous-marin, e *adj* underwater *(avant nom)*. ■ **sous-marin** *nm* submarine.
sous-officier *nm* non-commissioned officer.
sous-payer *vt* to underpay.
sous-préfecture *nf* sub-prefecture.
sous-préfet, ète *nm, f* sub-prefect.
sous-produit *nm* **1.** *(objet)* by-product **2.** *fig (imitation)* pale imitation.
sous-répertoire *nm* INFORM sub-directory.
soussigné, e *adj* • **je soussigné** I the undersigned. ❑ *nm, f* undersigned.
sous-sol *nm* **1.** *(de bâtiment)* basement • **au sous-sol** in the basement **2.** *(naturel)* subsoil.
sous-tasse *nf* saucer.
sous-titre *nm* subtitle.
sous-total *nm* subtotal.
soustraction *nf* MATH subtraction.
soustraire *vt* **1.** *(retrancher)* • **soustraire qqch de** to subtract sthg from **2.** *sout (voler)* • **soustraire qqch à qqn** to take sthg away from sb. ■ **se soustraire** *vp* • **se soustraire à** to escape from.
sous-traitant, e *adj* subcontracting. ■ **sous-traitant** *nm* subcontractor.
sous-traiter *vt* to subcontract.
sous-variant *nm* MÉD sub-variant.
sous-verre *nm inv* clip-frame picture.
sous-vêtement *nm* undergarment • **sous-vêtements** underwear *(indén)*, underclothes.
soutane *nf* cassock.
soute *nf* hold.
soutenance *nf* viva **(UK)**.
souteneur *nm* procurer.
soutenir *vt* **1.** *(immeuble, personne)* to support, to hold up **2.** *(effort, intérêt)* to sustain **3.** *(encourager)*

to support **4.** *POLIT* to back, to support **5.** *(affirmer)* • **soutenir que** to maintain (that) **6.** *(résister à)* to withstand **7.** *(regard, comparaison)* to bear.

soutenu, e *adj* **1.** *(style, langage)* elevated **2.** *(attention, rythme)* sustained **3.** *(couleur)* vivid.

souterrain, e *adj* underground • **un parking souterrain** an underground car park **(UK)**, an underground parking lot **(US)**. ■ **souterrain** *nm* underground passage.

soutien *nm* support • **apporter son soutien à** to give one's support to.

soutien-gorge *nm* bra.

soutirer *vt fig (tirer)* • **soutirer qqch à qqn** to extract sthg from sb.

souvenir *nm* **1.** *(réminiscence, mémoire)* memory **2.** *(objet)* souvenir. ■ **se souvenir** *vp (ne pas oublier)* • **se souvenir de qqch/de qqn** to remember sthg/sb • **se souvenir que** to remember (that).

souvent *adv* often.

À PROPOS DE

souvent

Il faut noter les différentes positions possibles de ***often*** dans la phrase.
Avec un verbe autre que ***be***, ***often*** s'insère généralement ainsi : sujet + ***often*** + verbe
• *Il m'arrive souvent de penser à elle.* ***I often think about her.***
Avec le verbe ***be***, ***often*** se place couramment comme suit : sujet + ***be*** + ***often***
• *Elle est souvent en retard.* ***She is often late.***
Often peut également se rencontrer en début de proposition :
• *Souvent, les gens qui travaillent devant un ordinateur ont des problèmes de vue.* ***Often people who work at computers have eye problems.***
Plus rarement, ***often*** peut se placer en fin de proposition :
• *J'y vais souvent.* ***I go there often.***

souvenu, e *pp* → **souvenir.**

souverain, e *adj* **1.** *(remède, état)* sovereign **2.** *(indifférence)* supreme. ❑ *nm, f (monarque)* sovereign, monarch.

souveraineté *nf* sovereignty.

soviétique *adj* Soviet. ■ **Soviétique** *nmf* Soviet (citizen).

soyeux, euse *adj* silky.

soyez → **être.**

SPA (abrév de Société protectrice des animaux) *nf* ≃ RSPCA **(UK)** ; ≃ SPCA **(US)**.

spacieux, euse *adj* spacious.

spaghettis *nmpl* spaghetti *(indén)*.

spam *nm INFORM* spam.

sparadrap *nm* sticking plaster **(UK)**, Band-Aid® **(US)**.

spartiate *adj (austère)* Spartan.

spasme *nm* spasm.

spasmodique *adj* spasmodic.

spatial, e *adj* space *(avant nom)*.

spatule *nf* **1.** *(ustensile)* spatula **2.** *(de ski)* tip.

speaker, speakerine *nm, f* announcer.

spécial, e *adj* **1.** *(particulier)* special **2.** *fam (bizarre)* peculiar • **il a un style un peu spécial** his style is quite particular, he has a rather odd style.

spécialisé, e *adj* **1.** *(gén)* specialized **2.** *INFORM* dedicated, special-purpose • **des chercheurs spécialisés dans l'intelligence artificielle** researchers specializing in artificial intelligence.

spécialiser *vt* to specialize. ■ **se spécialiser** *vp* • **se spécialiser (dans)** to specialize (in).

spécialiste *nmf* specialist • **un spécialiste des arts martiaux** a specialist in martial arts.

spécialité *nf* speciality **(UK)**, specialty **(US)**.

spécifier *vt* to specify.

spécifique *adj* specific.

spécimen *nm* **1.** *(représentant)* specimen **2.** *(exemplaire)* sample.

spectacle *nm* **1.** *(représentation)* show **2.** *(domaine)* show business, entertainment **3.** *(tableau)* spectacle, sight.

spectaculaire *adj* spectacular.

spectateur, trice *nm, f* **1.** *(témoin)* witness **2.** *(de spectacle)* spectator.

spectre *nm* **1.** *(fantôme)* spectre **(UK)**, specter **(US)** **2.** *PHYS* spectrum.

spéculateur, trice *nm, f* speculator.

spéculatif, ive *adj* speculative.

spéculation *nf* speculation.

spéculer *vi* • **spéculer sur a)** *FIN* to speculate in **b)** *fig (miser)* to count on.

speech *nm* speech.

speed *adj fam* hyper • **il est très speed** he's really hyper.

speeder *vi fam* to hurry.

spéléologie *nf* **1.** *(exploration)* potholing **(UK)**, spelunking **(US)** **2.** *(science)* speleology.

spermatozoïde *nm* sperm, spermatozoon.

sperme *nm* sperm, semen.

sphère *nf* sphere.

sphérique *adj* spherical.

spirale *nf* spiral.

spirituel, elle *adj* **1.** *(de l'âme, moral)* spiritual **2.** *(vivant, drôle)* witty.

spiritueux *nm* spirit.

splendeur *nf* **1.** *(beauté, prospérité)* splendour **(UK)**, splendor **(US)** **2.** *(merveille)* • **c'est une splendeur !** it's magnificent!

splendide *adj* magnificent, splendid.

spongieux, euse *adj* spongy.

sponsor *nm* sponsor.

sponsorisation *nf* sponsoring, sponsorship.

sponsoriser *vt* to sponsor.

spontané, e *adj* spontaneous.

spontanéité *nf* spontaneity.

sporadique *adj* sporadic.

sport *nm* sport • **sports d'hiver** winter sports. ❑ *adj inv* **1.** *(vêtement)* sports *(avant nom)* **2.** *(fair play)* sporting.

LEXIQUE

les sports

l'athlétisme athletics **(UK)**, track and field **(US)**
le base-ball baseball
la boxe boxing
le basket-ball basketball
la course running
l'équitation riding
l'escrime fencing
le football football **(UK)**, soccer **(US)**
le football américain american football **(UK)**, football **(US)**
le golf golf
le hockey sur glace ice hockey **(UK)**, hockey **(US)**
le judo judo
le kayak canoeing
la natation swimming
le patinage sur glace ice-skating
la planche à voile windsurfing
le rugby rugby
le ski skiing
le tennis tennis
le tennis de table ping pong
la voile sailing
le volley-ball volleyball

sportif, ive *adj* **1.** *(association, résultats)* sports *(avant nom)* • **un commentateur sportif** a sports commentator **2.** *(personne, physique)* sporty, athletic **3.** *(fair play)* sportsmanlike, sporting. ❑ *nm,f* sportsman, sportswoman *f.*

spot *nm* **1.** *(lampe)* spot, spotlight **2.** *(publicité)* • **spot (publicitaire)** commercial, advert **(UK)**.

sprint *nm* (SPORT - *accélération)* spurt ; *(-course)* sprint.

sprinter *nm* sprinter.

square *nm* small public garden.

squash *nm* squash • **faire du squash** *ou* **jouer au squash** to play squash.

squat *nm* squat.

squatter[1] *vt* to squat in. ❑ *vi* to squat.

squatter[2] *nm* squatter.

squelette *nm* skeleton.

squelettique *adj (corps)* emaciated.

St (abrév de saint) St.

stabiliser *vt* **1.** *(gén)* to stabilize **2.** *(meuble)* to steady **3.** *(terrain)* to make firm. ■ **se stabiliser** *vp* **1.** *(véhicule, prix, situation)* to stabilize **2.** *(personne)* to settle down.

stabilité *nf* stability.

stable *adj* **1.** *(gén)* stable • **un travail stable** a steady job **2.** *(meuble)* steady, stable.

stade *nm* **1.** *(terrain)* stadium **2.** *(étape)* MÉD stage • **en être au stade de/où** to reach the stage of/at which.

Stade de France *nm* Stade de France *(stadium built for the 1998 World Cup in the north of Paris)*.

stage *nm* **1.** SCOL work placement **(UK)**, internship **(US)** **2.** *(sur le temps de travail)* in-service training • **faire un stage a)** *(cours)* to go on a training course **b)** *(expérience professionnelle)* to go on a work placement **(UK)**, to undergo an internship **(US)**.

stagiaire *nmf* trainee, intern **(US)**. ❑ *adj* trainee *(avant nom)* • **une coiffeuse stagiaire** a trainee hairdresser.

stagnant, e *adj* stagnant.

stagner *vi* to stagnate.

stalactite *nf* stalactite.

stalagmite *nf* stalagmite.

stand *nm* **1.** *(d'exposition)* stand • **un stand d'exposition** an exhibition stand **2.** *(de fête)* stall.

standard *adj inv* standard. ❑ *nm* **1.** *(norme)* standard • **le modèle standard** the standard model **2.** *(téléphonique)* switchboard.

standardiser *vt* to standardize.

standardiste *nmf* switchboard operator.

standing *nm* standing • **quartier de grand standing** select district.

star *nf* CINÉ star.

starter *nm* AUTO choke • **mettre le starter** to pull the choke out.

starting-block *nm* starting block.

start up *nf* start-up.

station *nf* **1.** *(de métro)* station • **à quelle station dois-je descendre ?** which stop do I get off at? • **station de taxis** taxi stand **2.** *(installations)* station • **station d'épuration** sewage treatment plant • **une station d'essence** a petrol station **(UK)**, a gas station **(US)** **3.** *(de téléphone)* • **station d'accueil** base station.

stationnaire *adj* stationary.

stationnement *nm* parking • **'stationnement interdit'** 'no parking'.

stationner *vi* to park • **'défense de stationner'** 'no parking'.

station-service *nf* service station, petrol station **(UK)**, gas station **(US)**.

statique *adj* static.

statisticien, enne *nm,f* statistician.

statistique *adj* statistical. ❑ *nf (donnée)* statistic.

statue *nf* statue.

statuer *vi* • **statuer sur** to give a decision on.

statuette *nf* statuette.

statu quo *nm inv* status quo.

stature *nf* stature.
statut *nm* status. ■ **statuts** *nmpl* statutes, by laws **(US)**.
statutaire *adj* statutory.
Ste (abrév de sainte) St.
Sté (abrév de société) Co.
steak *nm* steak • **steak haché** mince **(UK)**, ground beef **(US)** • **steak frites** steak and chips **(UK)** *ou* fries **(US)**.
stèle *nf* stele.
sténo *nmf* stenographer. ❑ *nf* shorthand.
sténodactylo *nmf* shorthand typist **(UK)**, stenographer **(US)**.
sténodactylographie *nf* shorthand typing.
stentor → **voix**.
step *nm* SPORT step.
steppe *nf* steppe.
stéréo *adj inv* stereo. ❑ *nf* stereo • **en stéréo** in stereo.
stéréotype *nm* stereotype.
stérile *adj* **1.** *(personne)* sterile, infertile **2.** *(terre)* barren **3.** *fig (inutile - discussion)* sterile ; *(- efforts)* futile **4.** MÉD sterile.
stérilet *nm* IUD, intrauterine device.
stériliser *vt* to sterilize.
stérilité *nf* **1.** *litt & fig* sterility **2.** *(d'efforts)* futility.
sterling *adj inv & nm inv* sterling.
sternum *nm* breastbone, sternum.
stéthoscope *nm* stethoscope.
steward *nm* steward • **il est steward chez British Airways** he's a steward with British Airways.
sticker *nm* sticker.
stigmate *nm (gén pl)* mark, scar.
stimulant, e *adj* stimulating. ■ **stimulant** *nm* **1.** *(remontant)* stimulant **2.** *(motivation)* incentive, stimulus.
stimulation *nf* stimulation.
stimuler *vt* to stimulate.
stipuler *vt* • **stipuler que** to stipulate (that).
stock *nm* stock • **en stock** in stock.
stocker *vt* **1.** *(marchandises)* to stock **2.** INFORM to store.
Stockholm *npr* Stockholm.
stoïque *adj* stoical.
stop *interj* stop! ❑ *nm* **1.** *(panneau)* stop sign **2.** *(auto-stop)* hitchhiking, hitching.
stopper *vt (arrêter)* to stop, to halt. ❑ *vi* to stop.
store *nm* **1.** *(de fenêtre)* blind • **baisse le store** put the blind down **2.** *(de magasin)* awning.
STP abrév de **s'il te plaît**.
strabisme *nm* squint.
strangulation *nf* strangulation.
strapontin *nm (siège)* fold-down seat.
strass *nm* paste.
stratagème *nm* stratagem.
stratège *nm* strategist.
stratégie *nf* strategy.
stratégique *adj* strategic.
stress *nm* stress • **dû au stress** due to stress.
stressant, e *adj* stressful.
stresser *vt* • **stresser qqn** to cause sb stress, to put sb under stress. ❑ *vi* to be stressed.
strict, e *adj* **1.** *(personne, règlement)* strict **2.** *(sobre)* plain **3.** *(absolu - minimum)* bare, absolute ; *(- vérité)* absolute • **dans la plus stricte intimité** strictly in private • **au sens strict du terme** in the strict sense of the word.
strident, e *adj* strident, shrill.
strié, e *adj (rayé)* striped.
strier *vt* to streak.
strip-poker *nm* strip poker.
strip-tease *nm* striptease.
strophe *nf* verse.
structure *nf* structure.
structurel, elle *adj* structural.
structurer *vt* to structure.
studieux, euse *adj* **1.** *(personne)* studious **2.** *(vacances)* study *(avant nom)*.
studio *nm* **1.** CINÉ, PHOTO & TV studio • **un studio d'enregistrement** a recording studio **2.** *(appartement)* studio flat **(UK)**, studio apartment **(US)**.
stupéfaction *nf* astonishment, stupefaction.
stupéfait, e *adj* astounded, stupefied.
stupéfiant, e *adj* astounding, stunning. ■ **stupéfiant** *nm* narcotic, drug.
stupéfier *vt* to astonish, to stupefy.
stupeur *nf* **1.** *(stupéfaction)* astonishment **2.** MÉD stupor.
stupide *adj* **1.** *péj (abruti)* stupid **2.** *(insensé - mort)* senseless ; *(- accident)* stupid.
stupidité *nf* stupidity.
style *nm* **1.** *(gén)* style **2.** GRAMM • **style direct/indirect** direct/indirect speech.
styliste *nmf* COUT designer.
stylo *nm* pen • **un stylo (à) bille** a ballpoint pen, a Biro® **(UK)** • **stylo plume** fountain pen • **stylo correcteur** correction pen.
stylo-feutre *nm* felt-tip pen.
suave *adj* **1.** *(voix)* smooth **2.** *(parfum)* sweet.
subalterne *nmf* subordinate, junior. ❑ *adj* **1.** *(rôle)* subordinate **2.** *(employé)* junior.
subconscient, e *adj* subconscious. ■ **subconscient** *nm* subconscious.
subdiviser *vt* to subdivide.
subir *vt* **1.** *(conséquences, colère)* to suffer **2.** *(personne)* to put up with **3.** *(opération, épreuve, examen)*

to undergo **4.** *(dommages, pertes)* to sustain, to suffer • **subir une hausse** to be increased.

subit, e *adj* sudden.

subitement *adv* suddenly.

subjectif, ive *adj (personnel, partial)* subjective.

subjonctif *nm* subjunctive • **au subjonctif** in the subjunctive.

subjuguer *vt* to captivate.

sublime *adj* sublime.

submerger *vt* **1.** *(inonder)* to flood **2.** *(envahir)* to overcome, to overwhelm **3.** *(déborder)* to overwhelm • **être submergé de travail** to be swamped with work.

suborbital, e *adj* suborbital • **vol suborbital** suborbital spaceflight.

subordination *nf* subordination.

subordonné, e *adj* GRAMM subordinate, dependent. ❑ *nm, f* subordinate. ■ **subordonnée** *nf* GRAMM subordinate clause.

subornation *nf* bribing, subornation.

subrepticement *adv* surreptitiously.

subsidiaire *adj* subsidiary.

subsistance *nf* subsistence.

subsister *vi* **1.** *(chose)* to remain **2.** *(personne)* to live, to subsist.

subsonique *adj* subsonic.

substance *nf* **1.** *(matière)* substance • **une substance nocive** a harmful substance **2.** *(essence)* gist.

substantiel, elle *adj* substantial.

substantif *nm* noun.

substituer *vt* • **substituer qqch à qqch** to substitute sthg for sthg. ■ **se substituer** *vp* • **se substituer à a)** *(personne)* to stand in for, to substitute for **b)** *(chose)* to take the place of.

substitut *nm (remplacement)* substitute. ❑ *nmf* DR deputy public prosecutor.

substitution *nf* substitution.

subterfuge *nm* subterfuge.

subtil, e *adj* subtle.

subtiliser *vt* to steal.

subtilité *nf* subtlety.

subtropical, e *adj* subtropical.

subvenir *vi* • **subvenir à** to meet, to cover.

subvention *nf* grant, subsidy.

subventionné *adj* subsidized • **un projet subventionné par l'État** a government-funded project • **une école subventionnée (par l'État)** a grant-maintained school.

subventionner *vt* to give a grant to, to subsidize.

subversif, ive *adj* subversive.

succédané *nm* substitute.

succéder *vt* • **succéder à a)** *(suivre)* to follow **b)** *(remplacer)* to succeed, to take over from.

succès *nm* **1.** *(gén)* success • **avoir du succès** to be very successful • **sans succès a)** *(essai)* unsuccessful **b)** *(essayer)* unsuccessfully **2.** *(chanson, pièce)* hit.

successeur *nm* **1.** *(gén)* successor **2.** DR successor, heir.

successif, ive *adj* successive.

succession *nf* **1.** *(gén)* succession • **une succession de** a succession of • **prendre la succession de qqn** to take over from sb, to succeed sb **2.** DR succession, inheritance • **droits de succession** death duties **(UK)**, inheritance tax **(US)**.

succinct, e *adj* **1.** *(résumé)* succinct **2.** *(repas)* frugal.

succion *nf* suction, sucking.

succomber *vi* • **succomber (à)** to succumb (to).

succulent, e *adj* delicious.

succursale *nf* branch.

sucer *vt* to suck.

sucette *nf (friandise)* lolly **(UK)**, lollipop.

sucre *nm* sugar • **sucre en morceaux** lump sugar • **sucre en poudre, sucre semoule** caster sugar **(UK)**, finely granulated sugar **(US)** • **sucre roux** *ou* **brun** brown sugar.

sucré, e *adj (goût)* sweet.

sucrer *vt* **1.** *(café, thé)* to sweeten, to sugar • **je ne sucre pas mon café** I don't take sugar in my coffee **2.** *fam (permission)* to withdraw **3.** *fam (passage, réplique)* to cut • **sucrer qqch à qqn** to take sthg away from sb.

sucrerie *nf* **1.** *(usine)* sugar refinery **2.** *(friandise)* sweet **(UK)**, candy **(US)**.

sucrette *nf* sweetener.

sucrier *nm* sugar bowl.

sud *nm* south • **un vent du sud** a southerly wind • **au sud** in the south • **au sud (de)** to the south (of). ❑ *adj inv* **1.** *(gén)* south **2.** *(province, région)* southern • **la côte sud de l'île** the south coast of the island • **la banlieue sud** the southern suburbs.

sud-africain, e *adj* South African. ■ **Sud-Africain, e** *nm, f* South African.

sud-américain, e *adj* South American. ■ **Sud-Américain, e** *nm, f* South American.

> En anglais, les adjectifs se rapportant à un pays ou une région s'écrivent avec une majuscule.

sudation *nf* sweating.

sud-est *nm & adj inv* southeast.

Sudoku® *nm* Sudoku.

sud-ouest *nm & adj inv* southwest.

Suède *nf* • **la Suède** Sweden.

> En anglais, à de rares exceptions près, il n'y a pas d'article devant les noms de pays.

suédois, e *adj* Swedish. ■ **suédois** *nm (langue)* Swedish. ■ **Suédois, e** *nm, f* Swede.

> En anglais, les adjectifs se rapportant à un pays ou une région ainsi que le nom désignant la langue de ce pays ou cette région, s'écrivent avec une majuscule.

suer *vi (personne)* to sweat • **elle sue à grosses gouttes** she's dripping with sweat. ❏ *vt* to exude.

sueur *nf* sweat • **avoir des sueurs froides** *fig* to be in a cold sweat.

Suez *npr* • **le canal de Suez** the Suez Canal.

suffi *pp inv* → **suffire.**

suffire *vi* **1.** *(être assez)* • **suffire pour qqch/pour faire qqch** to be enough for sthg/to do sthg, to be sufficient for sthg/to do sthg • **ça suffit !** that's enough! **2.** *(satisfaire)* • **suffire à** to be enough for. ❏ *v impers* • **il suffit de...** all that is necessary is..., all that you have to do is... • **il suffit d'un moment d'inattention pour que...** it only takes a moment of carelessness for... • **il suffit que** *(+ subjonctif)* : **il suffit que vous lui écriviez** all (that) you need do is write to him. ■ **se suffire** *vp* • **se suffire à soi-même** to be self-sufficient.

suffisamment *adv* sufficiently • **je n'ai pas suffisamment travaillé** I haven't done enough work.

suffisant, e *adj* **1.** *(satisfaisant)* sufficient **2.** *(vaniteux)* self-important.

suffixe *nm* suffix.

suffocation *nf* suffocation.

suffoquer *vt* **1.** *(sujet : chaleur, fumée)* to suffocate **2.** *fig (sujet : colère)* to choke **3.** *(sujet : nouvelle, révélation)* to astonish, to stun. ❏ *vi* to choke.

suffrage *nm* vote.

suggérer *vt* **1.** *(proposer)* to suggest • **suggérer qqch à qqn** to suggest sthg to sb • **suggérer à qqn de faire qqch** to suggest that sb (should) do sthg **2.** *(faire penser à)* to evoke.

> **À PROPOS DE**
> **suggérer**
> Il faut noter que le verbe ***to suggest*** n'est jamais suivi immédiatement d'un complément d'objet indirect :
> • *Ils nous ont suggéré plusieurs approches possibles.* ***They suggested several possible approaches.***
> • *Quel type d'améliorations nous suggéreriez-vous ?* ***What type of improvements would you suggest?***
> Dans l'usage, ***to us, to me***, etc sont généralement absents.

suggestif, ive *adj* **1.** *(musique)* evocative **2.** *(pose, photo)* suggestive.

suggestion *nf* suggestion • **faire une suggestion** to make a suggestion.

suicidaire *adj* suicidal.

suicide *nm* suicide.

suicider ■ **se suicider** *vp* to commit suicide, to kill o.s.

suie *nf* soot.

suinter *vi* **1.** *(eau, sang)* to ooze, to seep **2.** *(surface, mur)* to sweat **3.** *(plaie)* to weep.

suis → **être.**

suisse *adj* Swiss. ❏ *nm* RELIG verger. ■ **Suisse** *nf (pays)* • **la Suisse** Switzerland • **la Suisse allemande/italienne/romande** German-/Italian-/French-speaking Switzerland. ❏ *nmf (personne)* Swiss (person) • **les Suisses** the Swiss.

> En anglais, à de rares exceptions près, il n'y a pas d'article devant les noms de pays. Les adjectifs se rapportant à un pays ou une région s'écrivent avec une majuscule.

suite *nf* **1.** *(de liste, feuilleton)* continuation • **je n'ai pas écouté la suite** I didn't listen to the rest **2.** *(série - de maisons, de succès)* series ; *(- d'événements)* sequence **3.** *(succession)* • **prendre la suite de a)** *(personne)* to succeed, to take over from **b)** *(affaire)* to take over • **à la suite** one after the other • **à la suite de** *fig* following **4.** *(escorte)* retinue **5.** MUS suite **6.** CINÉ sequel **7.** *(appartement)* suite. ■ **suites** *nfpl* consequences. ■ **par la suite** *loc adv* afterwards. ■ **par suite de** *loc prép* owing to, because of.

suivant, e *adj* next, following. ❏ *nm, f* next *ou* following one • **au suivant !** next!

suivi, e *pp* → **suivre.** ❏ *adj* **1.** *(visites)* regular **2.** *(travail)* sustained **3.** *(qualité)* consistent. ■ **suivi** *nm* follow-up.

suivre *vt* **1.** *(gén)* to follow • **'faire suivre'** 'please forward' • **à suivre** to be continued **2.** *(sujet : médecin)* to treat. ❏ *vi* **1.** SCOL to keep up **2.** *(venir après)* to follow. ■ **se suivre** *vp* to follow one another.

sujet, ette *adj* • **être sujet à qqch** to be subject *ou* prone to sthg. ❏ *nm, f (de souverain)* subject. ■ **sujet** *nm (gén)* subject • **c'est à quel sujet ?** what is it about? • **sujet de conversation** topic of conversation • **au sujet de** about, concerning.

sulfate *nm* sulphate (UK), sulfate (US).

sulfurique *adj* sulphuric (UK), sulfuric (US).

super *fam adj inv* super, great. ❏ *nm* four star (petrol) (UK), premium (US).

superbe *adj* **1.** superb **2.** *(enfant, femme)* beautiful.

supercherie *nf* deception, trickery.

supérette *nf* mini-market, superette (US).

superficie *nf* **1.** *(surface)* area **2.** *fig (aspect superficiel)* surface.

superficiel, elle *adj* superficial.

superflu, e *adj* superfluous. ■ **superflu** *nm* superfluity.

super-géant, super-g *nm inv* SKI super-giant slalom.

supérieur, e *adj* **1.** *(étage)* upper **2.** *(intelligence, qualité)* superior • **intelligence supérieure à la moyenne** above-average intelligence • **supérieur à a)** *(température)* higher than, above

b) *(notation)* superior to • **une note supérieure à 10** a mark above 10 **3.** *(dominant - équipe)* superior ; *(- cadre)* senior **4.** *(SCOL - classe)* upper, senior ; *(- enseignement)* higher **5.** *péj (air)* superior. ❑ *nm, f* superior.

supériorité *nf* superiority.

superlatif *nm* superlative.

supermarché *nm* supermarket • **aller au supermarché** to go to the supermarket.

superposer *vt* to stack. ■ **se superposer** *vp* to be stacked.

superproduction *nf* spectacular.

superpuissance *nf* superpower.

supersonique *adj* supersonic.

superstitieux, euse *adj* superstitious.

superstition *nf (croyance)* superstition.

superviser *vt* to supervise.

supplanter *vt* to supplant.

suppléant, e *adj* acting *(avant nom)*, temporary. ❑ *nm, f* substitute, deputy.

suppléer *vt* **1.** *littéraire (carence)* to compensate for **2.** *(personne)* to stand in for.

supplément *nm* **1.** *(surplus)* • **un supplément de détails** additional details, extra details **2.** PRESSE supplement **3.** *(de billet)* extra charge.

supplémentaire *adj* extra, additional.

supplication *nf* plea.

supplice *nm* **1.** torture **2.** *fig (souffrance)* torture, agony.

supplier *vt* • **supplier qqn de faire qqch** to beg *ou* implore sb to do sthg • **je t'en** *ou* **vous en supplie** I beg *ou* implore you.

support *nm* **1.** *(socle)* support, base **2.** *fig (de communication)* medium • **support pédagogique** teaching aid • **support publicitaire** advertising medium.

supportable *adj* **1.** *(douleur)* bearable **2.** *(conduite)* tolerable, acceptable.

supporter[1] *vt* **1.** *(soutenir, encourager)* to support **2.** *(endurer)* to bear, to stand • **supporter que** *(+ subjonctif)* : **il ne supporte pas qu'on le contredise** he cannot bear being contradicted **3.** *(résister à)* to withstand. ■ **se supporter** *vp (se tolérer)* to bear *ou* stand each other.

> FAUX AMIS
>
> **supporter**
>
> Bien que *supporter* puisse, dans certains contextes, se traduire par ***to support***, ce verbe anglais est un faux ami lorsqu'il s'agit de traduire le sens principal de *supporter*, c'est-à-dire *tolérer*. Il faut dans ce cas utiliser ***to bear*** ou ***to stand***. Comparez, par exemple, ***she has three children to support***, *elle a trois enfants **à charge*** et *je ne supporte pas ces enfants !* ***I can't stand these children!***

supporter[2] *nm* supporter.

supposer *vt* **1.** *(imaginer)* to suppose, to assure • **en supposant que** *(+ subjonctif)* supposing (that) • **à supposer que** *(+ subjonctif)* supposing (that) **2.** *(impliquer)* to imply, to presuppose.

supposition *nf* supposition, assumption.

> S'EXPRIMER
>
> **faire une supposition**
>
> • ***I suppose he's away*** Je suppose qu'il est en voyage.
> • ***Maybe he did it deliberately.*** Peut-être qu'il l'a fait exprès.
> • ***If I'm not mistaken, it's her birthday soon.*** Si je ne m'abuse, c'est bientôt son anniversaire.
> • ***She'll probably come tomorrow.*** Elle viendra sans doute demain.

suppositoire *nm* suppository.

suppression *nf* **1.** *(de permis de conduire)* withdrawal **2.** *(de document)* suppression **3.** *(de mot, passage)* deletion **4.** *(de loi, poste)* abolition.

supprimer *vt* **1.** *(document)* to suppress **2.** *(obstacle, difficulté)* to remove **3.** *(mot, passage)* to delete **4.** *(loi, poste)* to abolish **5.** *(témoin)* to do away with, to eliminate **6.** *(permis de conduire, revenus)* • **supprimer qqch à qqn** to take sthg away from sb **7.** *(douleur)* to take away, to suppress **8.** INFORM to delete.

supranational, e *adj* supranational.

suprématie *nf* supremacy.

suprême *adj (gén)* supreme.

sur

■ **sur** *prép*

1. INDIQUE UNE POSITION, SANS IDÉE DE MOUVEMENT

• **le livre est sur la table** the book is on the table • **il y a des crocodiles sur l'île** there are crocodiles on the island • **je n'ai pas d'argent sur moi** I haven't got any money on me

2. INDIQUE UNE POSITION, AVEC UNE IDÉE DE MOUVEMENT

• **mets un pull sur ton tee-shirt** put a jumper over your T-shirt • **mets un couvercle sur la casserole, s'il te plaît** put a lid on the saucepan, please

3. INDIQUE UNE DIRECTION

• **la cathédrale est sur votre droite/gauche** the cathedral is on your right/left, to your right/left • **il est revenu sur Paris hier** he returned to Paris yesterday

4. INDIQUE UNE DISTANCE

• **il y a des travaux sur 10 kilomètres** there are roadworks for 10 kilometres **(UK)** *ou* kilometers **(US)** • **la plage s'étend sur 3 kilomètres** the beach extends for 3 kilometres **(UK)** *ou* kilometers **(US)**

5. EN FONCTION DE, SELON
by • **on ne devrait pas juger quelqu'un sur son apparence** one shouldn't juge someone by his/her appearance

6. INDIQUE LE MOYEN
• **il vit sur les revenus de ses parents** he lives on *ou* off his parents' income

7. INDIQUE UN THÈME, UN SUJET
• **c'est un film sur l'esclavage** it's a film on slavery • **je suis allé à une conférence sur l'Inde hier** yesterday, I went to a conference about India

8. INDIQUE UN RAPPORT DE PROPORTION
• **9 élèves sur 10 ont choisi le premier sujet** 9 pupils out of 10 chose the first subject • **j'ai eu 14 sur 20** I got 14 out of 20 • **ma chambre fait trois mètres sur quatre** my bedroom is *ou* measures three metres **(UK)** *ou* meters **(US)** by four • **il travaille un jour sur deux** he works every other day • **il est en retard une fois sur deux** he is late every other time

9. INDIQUE UNE RELATION DE SUPÉRIORITÉ
• **son chef a beaucoup d'influence sur lui** his boss has a lot of influence over him *ou* on him • **les femmes doivent avoir des droits sur leur propre corps** women must have rights over their own bodies

10. INDIQUE UNE APPPROXIMATION
• **il a appelé sur les quatre heures** he called (at) about *ou* (at) around four • **il va sur la cinquantaine** he's getting on for **(UK)** *ou* going on **(US)** fifty

11. INDIQUE UNE ACCUMULATION
• **sa fille fait bêtise sur bêtise** his daughter makes one blunder after another • **elle a fumé trois cigarettes coup sur coup** she smoked three cigarettes one after another

■ **sur ce** *loc adv*
• **sur ce, je vous laisse** on that note, I leave you

sûr, e *adj* **1.** *(sans danger)* safe **2.** *(digne de confiance -personne)* reliable, trustworthy ; *(-goût)* reliable, sound ; *(-investissement)* sound **3.** *(certain)* sure, certain • **sûr de** sure of • **sûr et certain** absolutely certain • **sûr de soi** self-confident.

surabondance *nf* overabundance.

suraigu, ë *adj* high-pitched, shrill.

suranné, e *adj* *littéraire* old-fashioned, outdated.

surbrillance *nf* • **mettre qqch en surbrillance** *INFORM* to highlight sth.

surcharge *nf* **1.** *(de poids)* excess load **2.** *(de bagages)* excess weight **3.** *fig (surcroît)* • **une surcharge de travail** extra work **4.** *(surabondance)* surfeit **5.** *(de document)* alteration.

surcharger *vt* **1.** *(véhicule, personne)* • **surcharger (de)** to overload (with) **2.** *(texte)* to alter extensively.

surchauffer *vt* to overheat.

surchemise *nf* overshirt.

surclassement *nm (de voyageur aérien)* bumping up *(to business or first class)*.

surcroît *nm* • **un surcroît de travail/d'inquiétude** additional work/anxiety.

surdimensionné, e *adj* oversize(d).

surdité *nf* deafness.

surdoué, e *adj* exceptionally *ou* highly gifted • **les enfants surdoués** gifted children.

sureffectif *nm* overmanning, overstaffing.

surélever *vt* to raise, to heighten.

sûrement *adv* **1.** *(certainement)* certainly • **sûrement pas !** *fam* no way!, definitely not! **2.** *(sans doute)* certainly, surely **3.** *(sans risque)* surely, safely.

surenchère *nf* **1.** higher bid **2.** *fig* overstatement, exaggeration.

surenchérir *vi* **1.** to bid higher **2.** *fig* to try to go one better.

surendetté, e *adj* overindebted.

surendettement *nm* overindebtedness.

surestimer *vt* **1.** *(exagérer)* to overestimate **2.** *(surévaluer)* to overvalue. ■ **se surestimer** *vp* to overestimate o.s.

sûreté *nf* **1.** *(sécurité)* safety • **en sûreté** safe • **de sûreté** safety *(avant nom)* **2.** *(fiabilité)* reliability **3.** *DR* surety. ■ **de sûreté** *loc adj* safety *(modificateur)*.

surexcitation *nf* overexcitement.

surexcité, e *adj* overexcited.

surexposer *vt* to overexpose.

surf *nm* surfing • **faire du surf** to go surfing • **surf des neiges** snowboarding.

surface *nf* **1.** *(extérieur, apparence)* surface **2.** *(superficie)* surface area. ■ **grande surface** *nf* hypermarket **(UK)**, supermarket **(US)**. ■ **moyenne surface** *nf* high-street store **(UK)**, superette **(US)**.

surfait, e *adj* overrated.

surfer *vi* **1.** *SPORT* to go surfing **2.** *INFORM* to surf • **surfer sur (l')Internet** to surf the Net.

surgelé, e *adj* frozen. ■ **surgelé** *nm* frozen food.

surgir *vi* **1.** to appear suddenly **2.** *fig (difficulté)* to arise, to come up.

surhumain, e *adj* superhuman.

surimi *nm* surimi.

surimpression *nf* double exposure.

surinformer *vt* to overinform • **le public a tendance à être constamment surinformé** the public tends to be constantly overinformed.

sur-le-champ *loc adv* immediately, straightaway.

surlendemain *nm* • **le surlendemain** two days later • **le surlendemain de mon départ** two days after I left.

surligner *vt* to highlight.

surligneur *nm* highlighter (pen).

surmenage *nm* overwork.

surmener *vt* to overwork. ■ **se surmener** *vp* to overwork.

surmonter *vt* **1.** *(obstacle, peur)* to overcome, to surmount **2.** *(sujet : statue, croix)* to surmount, to top.

surnager *vi* **1.** *(flotter)* to float (on the surface) **2.** *fig (subsister)* to remain, to survive.

surnaturel, elle *adj* supernatural. ■ **surnaturel** *nm* • **le surnaturel** the supernatural.

surnom *nm* nickname.

> FAUX AMIS
>
> **surnom**
>
> On traduit *surnom* par ***nickname***. En anglais, ***surname*** signifie *nom de famille*, comme l'illustre la phrase suivante : ***His* surname *is Smith and his* nickname *is Billy*** *Son nom de famille est Smith et son surnom est Billy*.

surpasser *vt* to surpass, to outdo. ■ **se surpasser** *vp* to surpass *ou* excel o.s.

surpeuplé, e *adj* overpopulated.

surpeuplement *nm* overpopulation.

surplomb ■ **en surplomb** *loc adj* overhanging.

surplomber *vt* to overhang • **le village surplombe la mer** the village overhangs the sea. ❑ *vi* to be out of plumb.

surplus *nm (excédent)* surplus.

surprenant, e *adj* surprising, amazing.

surprendre *vt* **1.** *(voleur)* to catch (in the act) **2.** *(secret)* to overhear **3.** *(prendre à l'improviste)* to surprise, to catch unawares **4.** *(étonner)* to surprise, to amaze.

surpris, e *pp* → **surprendre**. ❑ *adj (pris au dépourvu, déconcerté)* surprised • **j'ai été surprise de le voir là** I was surprised to see him there.

surprise *nf* surprise • **par surprise** by surprise • **faire une surprise à qqn** to give sb a surprise • **quelle bonne surprise !** what a nice surprise! ❑ *adj (inattendu)* surprise *(avant nom)* • **grève surprise** lightning strike.

surproduction *nf* overproduction.

surréalisme *nm* surrealism.

surréservation *nm* = **overbooking**.

sursaut *nm* **1.** *(de personne)* jump, start • **en sursaut** with a start **2.** *(d'énergie)* burst, surge.

sursauter *vi* to start, to give a start.

sursis *nm fig* DR reprieve • **six mois avec sursis** six months' suspended sentence.

surtaxe *nf* surcharge.

surtout *adv* **1.** *(avant tout)* above all **2.** *(spécialement)* especially, particularly • **surtout pas** certainly not. ■ **surtout que** *loc conj fam* especially as.

survécu *pp* → **survivre**.

surveillance *nf* **1.** supervision **2.** *(de la police, de militaire)* surveillance.

surveillant, e *nm, f* **1.** supervisor **2.** *(de prison)* guard, warder **(UK)**.

surveiller *vt* **1.** *(enfant)* to watch, to keep an eye on **2.** *(suspect)* to keep a watch on **3.** *(travaux)* to supervise **4.** *(examen)* to invigilate **(UK)** **5.** *(ligne, langage)* to watch. ■ **se surveiller** *vp* to watch o.s.

survenir *vi (incident)* to occur.

survêtement *nm* tracksuit.

survie *nf (de personne)* survival.

survitaminé, é *adj fam (animateur, film)* supercharged.

survivant, e *nm, f* survivor. ❑ *adj* surviving.

survivre *vi* to survive • **survivre à a)** *(personne)* to outlive, to survive **b)** *(accident, malheur)* to survive • **trois personnes ont survécu à l'accident** three people survived the accident.

survoler *vt* **1.** *(territoire)* to fly over **2.** *(texte)* to skim (through).

sus *interj* • **sus à l'ennemi !** at the enemy! ■ **en sus** *loc adv* moreover, in addition • **en sus de** over and above, in addition to.

susceptibilité *nf* touchiness, sensitivity.

susceptible *adj* **1.** *(ombrageux)* touchy, sensitive **2.** *(en mesure de)* • **susceptible de faire qqch** liable *ou* likely to do sthg • **susceptible d'amélioration, susceptible d'être amélioré** open to improvement.

susciter *vt* **1.** *(admiration, curiosité)* to arouse **2.** *(ennuis, problèmes)* to create.

sushi *nm* sushi.

suspect, e *adj* **1.** *(personne)* suspicious **2.** *(douteux)* suspect. ❑ *nm, f* suspect.

suspecter *vt* to suspect, to have one's suspicions about • **suspecter qqn de qqch/de faire qqch** to suspect sb of sthg/of doing sthg.

suspendre *vt* **1.** *(lustre, tableau)* to hang (up) **2.** *(pourparlers)* to suspend **3.** *(séance)* to adjourn **4.** *(journal)* to suspend publication of **5.** *(fonctionnaire, constitution)* to suspend **6.** *(jugement)* to postpone, to defer.

suspendu, e *pp* → **suspendre**. ❑ *adj* **1.** *(fonctionnaire)* suspended **2.** *(séance)* adjourned **3.** *(lustre, tableau)* • **suspendu au plafond/au mur** hanging from the ceiling/on the wall.

suspens ■ **en suspens** *loc adv* in abeyance.

suspense *nm* suspense.

suspension *nf* **1.** *(gén)* suspension • **en suspension** in suspension, suspended **2.** *(de combat)* halt **3.** *(d'audience)* adjournment **4.** *(lustre)* light fitting.

suspicion *nf* suspicion.
susurrer *vt & vi* to murmur.
suture *nf* suture.
svelte *adj* slender.
SVP = s'il vous plaît.
sweat-shirt *nm* sweatshirt.
SWIFT (abrév de Society for Worldwide Interbank Financial Telecommunications) • **le système SWIFT** the (international payment) SWIFT system.
syllabe *nf* syllable.
symbole *nm* symbol.
symbolique *adj* **1.** *(figure)* symbolic **2.** *(geste, contribution)* token *(avant nom)* **3.** *(rémunération)* nominal.
symboliser *vt* to symbolize.
symétrie *nf* symmetry.
symétrique *adj* symmetrical.
sympa *adj fam* **1.** *(personne)* likeable, nice **2.** *(soirée, maison)* pleasant, nice **3.** *(ambiance)* friendly.
sympathie *nf* **1.** *(pour personne, projet)* liking • **avoir de la sympathie pour quelqu'un** to like somebody • **accueillir un projet avec sympathie** to look sympathetically *ou* favourably on a project **2.** *(condoléances)* sympathy.
sympathique *adj* **1.** *(personne)* likeable, nice **2.** *(soirée, maison)* pleasant, nice **3.** *(ambiance)* friendly **4.** ANAT & MÉD sympathetic.

> FAUX AMIS
>
> **sympathique**
>
> *Sympathique* ne se traduit pas par ***sympathetic***, du moins dans les contextes courants. ***Sympathetic*** veut dire *compatissant, compréhensif* (***he was sympathetic when I told him of my troubles***, *il a compati quand je lui ai raconté mes problèmes*). C'est **nice** que l'on utilise le plus souvent pour traduire *sympathique* (*c'est un garçon vraiment sympathique*, ***he's a really* nice boy**).

sympathisant, e *adj* sympathizing. ❑ *nm,f* sympathizer.
sympathiser *vi* to get on well • **sympathiser avec qqn** to get on well with sb.
symphonie *nf* symphony.
symphonique *adj* **1.** *(musique)* symphonic **2.** *(concert, orchestre)* symphony *(avant nom)*.
symptomatique *adj* symptomatic.
symptôme *nm* symptom.
synagogue *nf* synagogue.
synchroniser *vt* to synchronize.
syncope *nf* **1.** *(évanouissement)* blackout **2.** MUS syncopation.
syndic *nm (de copropriété)* managing agent.
syndicalisme *nm* **1.** *(mouvement)* trade unionism **2.** *(activité)* (trade) union **(UK)** *ou* labor union **(US)** activity.
syndicaliste *nmf* trade unionist **(UK)**, union activist **(US)**. ❑ *adj* (trade) union *(avant nom)* **(UK)**, labor union *(avant nom)* **(US)**.
syndicat *nm* **1.** *(d'employés, d'agriculteurs)* (trade) union **(UK)**, labor union **(US)** **2.** *(d'employeurs, de propriétaires)* association. ■ **syndicat d'initiative** *nm* tourist office.
syndiqué, e *adj* unionized.
syndiquer ■ **se syndiquer** *vp* **1.** *(personne)* to join (a trade **(UK)** *ou* labor **(US)** union) **2.** *(groupe)* to form (a trade **(UK)** *ou* labor **(US)** union).
syndrome *nm* syndrome • **syndrome immunodéficitaire acquis** acquired immunodeficiency syndrome.
synergie *nf* synergy, synergism.
synonyme *nm* synonym. ❑ *adj* synonymous.
syntaxe *nf* syntax.
synthé *nm fam* synth.
synthèse *nf* **1.** *(opération)* CHIM synthesis **2.** *(exposé)* overview • **faire la synthèse de qqch** to summarize sthg.
synthétique *adj* **1.** *(vue)* overall **2.** *(produit)* synthetic.
synthétiseur *nm* synthesizer.
syphilis *nf* syphilis.
Syrie *nf* • **la Syrie** Syria.

> En anglais, à de rares exceptions près, il n'y a pas d'article devant les noms de pays.

syrien, enne *adj* Syrian. ■ **Syrien, enne** *nm,f* Syrian.

> En anglais, les adjectifs se rapportant à un pays ou une région s'écrivent avec une majuscule.

systématique *adj* systematic.
systématiser *vt* to systematize.
système *nm* **1.** *(structure)* system • **système nerveux** nervous system • **système solaire** solar system **2.** POLIT & ÉCON • **système monétaire européen** European Monetary System **3.** INFORM • **système expert** expert system • **système d'exploitation** operating system • **système de navigation** browser.

t, T *nm inv* t, T.

tabac *nm* **1.** *(plante, produit)* tobacco • **tabac blond** mild *ou* Virginia tobacco • **tabac brun** dark tobacco • **tabac à priser** snuff **2.** *(magasin)* tobacconist's **(UK)**.

tabagisme *nm* **1.** *(intoxication)* nicotine addiction **2.** *(habitude)* smoking.

tabernacle *nm* tabernacle.

table *nf (meuble)* table • **à table !** lunch/dinner *etc* is ready! • **être à table** to be at table, to be having a meal • **se mettre à table a)** to sit down to eat **b)** *fig* to come clean • **dresser** *ou* **mettre la table** to lay the table • **table de chevet** *ou* **de nuit** bedside table • **table de cuisson** hob. ■ **table des matières** *nf* contents *pl*, table of contents. ■ **table de multiplication** *nf* (multiplication) table. ■ **table ronde** *nf (conférence)* round table.

tableau *nm* **1.** *(peinture)* painting, picture • **un tableau de Seurat** a painting by Seurat **2.** *fig (description)* picture **3.** THÉÂTRE scene **4.** *(panneau)* board • **tableau d'affichage** notice board **(UK)**, bulletin board **(US)** • **tableau de bord a)** AÉRON instrument panel **b)** AUTO dashboard • **tableau noir** blackboard **5.** *(de données)* table.

tabler *vi* • **tabler sur** to count *ou* bank on.

tablette *nf* **1.** *(planchette)* shelf **2.** *(de chewing-gum)* stick **3.** *(de chocolat)* bar.

tableur *nm* INFORM spreadsheet.

tablier *nm* **1.** *(de cuisinière)* apron **2.** *(d'écolier)* smock **3.** *(de pont)* roadway, deck.

tabloïd *nm* tabloid.

tabou, e *adj* taboo. ■ **tabou** *nm* taboo.

tabouret *nm* stool.

tabulateur *nm* tabulator, tab.

tac *nm* • **du tac au tac** tit for tat.

tache *nf* **1.** *(de pelage)* marking **2.** *(de peau)* mark • **tache de rousseur** *ou* **de son** freckle **3.** *(de couleur, lumière)* spot, patch **4.** *(sur nappe, vêtement)* stain • **être plein de taches** to be covered in stains.

tâche *nf* task • **les tâches administratives** administrative tasks.

tacher *vt* **1.** *(nappe, vêtement)* to stain, to mark **2.** *fig (réputation)* to tarnish.

tâcher *vi* • **tâcher de faire qqch** to try to do sthg.

tacheter *vt* to spot, to speckle.

tacite *adj* tacit.

taciturne *adj* taciturn.

tact *nm (délicatesse)* tact • **avoir du tact** to be tactful • **manquer de tact** to be tactless.

tactile *adj* tactile • **écran tactile** touch-sensitive.

tactique *adj* tactical. ❑ *nf* tactics *pl*.

taffe *nf fam* drag, puff.

tag *nm* tag.

tagliatelle *nf* tagliatelle *(indén)*.

taguer *vt* to tag *(with graffiti)*.

tagueur, euse *nm, f* tagger.

taie *nf (enveloppe)* • **taie (d'oreiller)** pillowcase, pillowslip.

taille *nf* **1.** *(action - de pierre, diamant)* cutting ; *(- d'arbre, de haie)* pruning **2.** *(stature)* height **3.** *(mesure, dimensions)* size • **vous faites quelle taille ?** what size are you?, what size do you take? • **quelle est la taille de la pièce ?** what size is the room?, how big is the room? • **de taille moyenne** medium-sized • **ce n'est pas à ma taille** it doesn't fit me • **de taille** sizeable, considerable **4.** *(milieu du corps)* waist • **avoir la taille fine** to be slim-waisted **5.** *(partie d'un vêtement)* waist.

taille-crayon *nm* pencil sharpener.

tailler *vt* **1.** *(couper - chair, pierre, diamant)* to cut ; *(- arbre, haie)* to prune ; *(- crayon)* to sharpen ; *(- bois)* to carve **2.** *(vêtement)* to cut out.

tailleur *nm* **1.** *(couturier)* tailor **2.** *(vêtement)* (lady's) suit **3.** *(de diamants, pierre)* cutter.

taillis *nm* coppice, copse.

tain *nm* silvering • **miroir sans tain** two-way mirror.

taire *vt* to conceal. ■ **se taire** *vp* **1.** *(rester silencieux)* to be silent *ou* quiet **2.** *(cesser de s'exprimer)* to fall silent • **tais-toi !** shut up!

Taiwan *npr* Taiwan.

talc *nm* talcum powder.

talent *nm* talent • **avoir du talent** to be talented, to have talent • **les jeunes talents** young talent *(indén)*.

talentueux, euse *adj* talented.

talisman *nm* talisman.

talkie-walkie *nm* walkie-talkie.

talk-show *nm* talk show, chat show (UK).

talon *nm* **1.** *(gén)* heel • **talons aiguilles/hauts** stiletto/high heels • **talons plats** low *ou* flat heels **2.** *(de chèque)* counterfoil (UK), stub **3.** *(jeux de cartes)* stock.

talonner *vt* **1.** *(sujet : poursuivant)* to be hard on the heels of **2.** *(sujet : créancier)* to harry, to hound.

talonnette *nf (de chaussure)* heel cushion, heel-pad.

talquer *vt* to put talcum powder on.

talus *nm* embankment.

tambour *nm* **1.** *(instrument, cylindre)* drum • **jouer du tambour** to play the drum **2.** *(musicien)* drummer **3.** *(porte à tourniquet)* revolving door **4.** *(d'une machine à laver)* drum.

tambourin *nm* **1.** *(à grelots)* tambourine **2.** *(tambour)* tambourin.

tambouriner *vi* • **tambouriner sur** *ou* **à** to drum on • **tambouriner contre** to drum against.

tamis *nm (crible)* sieve.

Tamise *nf* • **la Tamise** the Thames.

tamisé, e *adj (éclairage)* subdued.

tamiser *vt* **1.** *(farine)* to sieve **2.** *(lumière)* to filter.

tampon *nm* **1.** *(bouchon)* stopper, plug **2.** *(éponge)* pad • **tampon à récurer** scourer **3.** *(de coton, d'ouate)* pad • **tampon hygiénique** *ou* **périodique** tampon **4.** *(cachet)* stamp **5.** *litt & fig (amortisseur)* buffer.

tamponner *vt* **1.** *(document)* to stamp **2.** *(plaie)* to dab.

tam-tam *nm* tom-tom.

tandem *nm* **1.** *(vélo)* tandem • **se promener en tandem** to ride a tandem **2.** *(duo)* pair • **en tandem** together, in tandem.

tandis ■ **tandis que** *loc conj* **1.** *(pendant que)* while **2.** *(alors que)* while, whereas.

tandoori *nm* tandoori.

tangage *nm* pitching, pitch.

tangent, e *adj* • **c'était tangent** *fam & fig* it was close, it was touch and go. ■ **tangente** *nf* tangent.

tangible *adj* tangible.

tango *nm* tango.

tanguer *vi* to pitch.

tanière *nf* den, lair.

tank *nm* tank.

tanner *vt* **1.** *(peau)* to tan **2.** *fam (personne)* to pester, to annoy.

tant *adv* **1.** *(quantité)* • **tant de** so much • **tant de travail** so much work **2.** *(nombre)* • **tant de** so many • **tant de livres/d'élèves** so many books/pupils **3.** *(tellement)* such a lot, so much • **il l'aime tant** he loves her so much **4.** *(quantité indéfinie)* so much • **ça coûte tant** it costs so much **5.** *(un jour indéfini)* • **votre lettre du tant** your letter of such-and-such a date **6.** *(comparatif)* • **tant que** as much as **7.** *(valeur temporelle)* • **tant que a)** *(aussi longtemps que)* as long as **b)** *(pendant que)* while. ■ **en tant que** *loc conj* as. ■ **tant bien que mal** *loc adv* after a fashion, somehow or other. ■ **tant mieux** *loc adv* so much the better • **tant mieux pour lui** good for him. ■ **tant pis** *loc adv* too bad • **tant pis pour lui** too bad for him.

tante *nf (parente)* aunt.

tantinet *nm* • **un tantinet exagéré/trop long** *fam* a bit exaggerated/too long.

tantôt *adv* **1.** *(parfois)* sometimes **2.** *vieilli (après-midi)* this afternoon.

taoïsme *nm* Taoism.

taoïste *adj & nmf* Taoist • **il est taoïste** he's a Taoist.

> En anglais, les adjectifs et les noms se rapportant à une religion s'écrivent avec une majuscule.

tapage *nm* **1.** *(bruit)* row **2.** *fig (battage)* fuss *(indén)*.

tapageur, euse *adj* **1.** *(hôte, enfant)* rowdy **2.** *(style)* flashy **3.** *(liaison, publicité)* blatant.

tapas *nfpl* CULIN tapas.

tape *nf* slap.

tape-à-l'œil *adj inv* flashy.

taper *vt (personne, cuisse)* to slap • **taper (un coup) à la porte** to knock at the door • **ce n'est pas bien de taper les petits** it's not nice to hit little children. ❑ *vi* **1.** *(frapper)* to hit • **taper du poing sur** to bang one's fist on • **taper dans ses mains** to clap **2.** *(à la machine)* to type **3.** *fam (soleil)* to beat down **4.** *fig (critiquer)* • **taper sur qqn** to knock sb. ■ **se taper** *vpt fam* **1.** *(chocolat, vin)* to put away **2.** *(corvée)* to be landed with • **je me suis tapé les cinq étages à pied** I had to walk up the five floors. ❑ *vp (emploi réciproque)* to hit each other • **ils ont fini par se taper dessus** eventually, they came to blows.

tapis *nm* **1.** *(gén)* carpet **2.** *(de gymnase)* mat • **tapis roulant a)** *(pour bagages)* conveyor belt **b)** *(pour personnes)* travelator • **dérouler le tapis rouge** *fig* to roll out the red carpet.

tapisser *vt* • **tapisser (de)** to cover (with) • **mon père a tapissé le salon** my father wallpapered the living room.

tapisserie *nf* **1.** *(de laine)* tapestry **2.** *(papier peint)* wallpaper.

tapissier, ère *nm, f* **1.** *(artisan)* tapestry maker **2.** *(décorateur)* (interior) decorator **3.** *(commerçant)* upholsterer.

tapoter *vt* **1.** to tap **2.** *(joue)* to pat. ❑ *vi* • **tapoter sur** to tap on.

taquin, e *adj* teasing.

taquiner *vt* **1.** *(sujet : personne)* to tease **2.** *(sujet : douleur)* to worry.

tarabuster *vt* **1.** *(sujet : personne)* to badger **2.** *(sujet : idée)* to niggle at **(UK)**.

tard *adv* late • **il est tard, je rentre** it's late, I'm going home • **plus tard** later • **au plus tard** at the latest.

tarder *vi* • **tarder à faire qqch a)** *(attendre pour)* to delay *ou* put off doing sthg **b)** *(être lent à)* to take a long time to do sthg • **le feu ne va pas tarder à s'éteindre** it won't be long before the fire goes out • **elle ne devrait plus tarder maintenant** she should be here any time now. ❏ *v impers* • **il me tarde de te revoir/qu'il vienne** I am longing to see you again/for him to come.

tardif, ive *adj (heure)* late.

tardivement *adv* **1.** *(arriver)* late **2.** *(s'excuser)* belatedly.

tare *nf* **1.** *(défaut)* defect **2.** *(de balance)* tare.

tarif *nm* **1.** *(prix - de restaurant, café)* price ; *(- de service)* rate, price • **demi-tarif** half rate *ou* price • **payer plein tarif** to pay full price • **tarif réduit a)** reduced price **b)** *(au cinéma, théâtre)* concession **(UK)** • **à tarif réduit a)** *(loisirs)* reduced-price **b)** *(transport)* reduced-fare **2.** *(douanier)* tariff **3.** *(tableau)* price list.

tarir *vi* to dry up • **elle ne tarit pas d'éloges sur son professeur** she never stops praising her teacher. ■ **se tarir** *vp* to dry up.

tarot *nm* tarot • **jouer au tarot** to play tarot. ■ **tarots** *nmpl* tarot cards.

tartare *adj* Tartar • **steak tartare** steak tartare.

tarte *nf* **1.** *(gâteau)* tart, pie **(US)** **2.** *fam* & *fig (gifle)* slap **3.** *(sujet, propos)* hackneyed. ❏ *adj (avec ou sans accord) fam (idiot)* stupid.

tartiflette *nf* cheese and potato gratin.

tartine *nf (de pain)* piece of bread and butter.

tartiner *vt* **1.** *(pain)* to spread • **chocolat/fromage à tartiner** chocolate/cheese spread **2.** *fam* & *fig (pages)* to cover.

tartre *nm* **1.** *(de dents, vin)* tartar **2.** *(de chaudière)* fur, scale.

tas *nm* heap • **un tas de** a lot of.

tasse *nf* cup • **tasse à café/à thé** coffee/tea cup • **tasse de café/de thé** cup of coffee/tea.

tasser *vt* **1.** *(neige)* to compress, to pack down **2.** *(vêtements, personnes)* • **tasser qqn/qqch dans** to stuff sb/sthg into. ■ **se tasser** *vp* **1.** *(fondations)* to settle **2.** *fig (vieillard)* to shrink **3.** *(personnes)* to squeeze up **4.** *fam* & *fig (situation)* to settle down • **les choses se sont enfin tassées** things have finally settled down.

tâter *vt* **1.** to feel **2.** *fig* to sound out. ■ **se tâter** *vp fam* & *fig (hésiter)* to be in **(UK)** *ou* of **(US)** two minds.

tatillon, onne *adj* finicky.

tâtonnement *nm (gén pl) (tentative)* trial and error *(indén)*.

tâtonner *vi* to grope around.

tâtons ■ **à tâtons** *loc adv* • **marcher/procéder à tâtons** to feel one's way.

tatouage *nm (dessin)* tattoo • **se faire faire un tatouage** to get a tattoo.

tatouer *vt* to tattoo • **se faire tatouer** to get a tattoo.

taudis *nm* slum • **c'est un vrai taudis chez lui** his house is a real dump.

taupe *nf litt* & *fig* mole.

taureau *nm (animal)* bull. ■ **Taureau** *nm* ASTROL Taurus.

tauromachie *nf* bullfighting.

taux *nm* **1.** *(proportion)* rate • **taux de natalité/mortalité** birth/death rate **2.** *(de cholestérol, d'alcool)* level **3.** ÉCON rate • **taux zéro** zero-rating • **le taux de change** the exchange rate • **les taux d'intérêts** interest rates.

taverne *nf* tavern.

taxe *nf* tax • **hors taxe a)** COMM exclusive of tax, before tax **b)** *(boutique, achat)* duty-free • **taxe sur la valeur ajoutée** value-added tax • **taxe d'habitation** ≃ council tax **(UK)** ; ≃ local tax **(US)** • **toutes taxes comprises** inclusive of tax.

taxer *vt (imposer)* to tax.

taxi *nm* **1.** *(voiture)* taxi, cab **(US)** • **on prend un taxi ?** shall we take a taxi? **2.** *(chauffeur)* taxi driver.

TB, tb (abrév de très bien) VG.

Tchad *nm* • **le Tchad** Chad.

tchatche *nf fam* • **avoir la tchatche** to have the gift of the gab.

tchatcher *vi fam* to chat (away).

tchécoslovaque *adj* Czechoslovakian. ■ **Tchécoslovaque** *nmf* Czechoslovak.

Tchécoslovaquie *nf* • **la Tchécoslovaquie** Czechoslovakia.

tchèque *adj* Czech. ❏ *nm (langue)* Czech. ■ **Tchèque** *nmf* Czech.

TD (abrév de travaux dirigés) *nmpl* supervised practical work.

> **À PROPOS DE**
> ### te
> Dans les verbes qui ne sont que pronominaux, c'est-à-dire qui ne s'utilisent qu'avec un pronom, *te* ne se traduit pas en anglais.
> • *Tu te souviens ?* ***Do you remember?***
> Lorsque *te* a une valeur réfléchie, soit il ne se traduit pas, soit il se traduit par ***yourself***.
> • *Va t'habiller.* ***Go and get dressed.***
> • *Est-ce que tu t'es fait mal ?* ***Did you hurt yourself?***

te, t' *pron pers* **1.** *(complément d'objet direct)* you **2.** *(complément d'objet indirect)* (to) you **3.** *(réfléchi)* yourself **4.** *(avec un présentatif)* • **te voici !** there you are!

technicien, enne *nm,f* **1.** *(professionnel)* technician **2.** *(spécialiste)* • **technicien (de)** expert (in).

technico-commercial, e *nm,f* sales engineer.

technique *adj* technical. ❑ *nf* technique.

techno *adj & nf* techno.

technocrate *nmf* technocrat.

technologie *nf* technology • **des technologies de pointe** state-of-the-art technology.

technologique *adj* technological.

teckel *nm* dachshund.

tee-shirt, T-shirt *nm* T-shirt • **un tee-shirt à manches longues** a long-sleeved T-shirt.

teigne *nf* **1.** *(mite)* moth **2.** MÉD ringworm **3.** *fam, fig & péj (femme)* cow **(UK)** **4.** *fam, fig & péj (homme)* bastard.

teindre *vt* to dye • **j'ai envie de teindre mon jean en noir** I want to dye my jeans black • **se faire teindre (les cheveux)** to have one's hair dyed • **se teindre les cheveux** *ou* **se teindre** to dye one's hair.

teint, e *pp* → **teindre.** ❑ *adj* dyed. ■ **teint** *nm (carnation)* complexion. ■ **teinte** *nf* colour **(UK)**, color **(US)**.

teinté, e *adj* tinted • **des verres teintés** tinted glasses • **teinté de** *fig* tinged with.

teinter *vt* to stain.

teinture *nf* **1.** *(action)* dyeing **2.** *(produit)* dye. ■ **teinture d'iode** *nf* tincture of iodine.

teinturerie *nf* **1.** *(pressing)* dry cleaner's **2.** *(métier)* dyeing.

teinturier, ère *nm,f (de pressing)* dry cleaner.

tel, telle *adj* **1.** *(valeur indéterminée)* such-and-such a • **tel et tel** such-and-such a • **tel jour à telle heure** such and such a day at such and such a time **2.** *(semblable)* such • **un tel homme** such a man • **de telles gens** such people • **je n'ai rien dit de tel** I never said anything of the sort **3.** *(valeur emphatique ou intensive)* such • **un tel génie** such a genius • **un tel bonheur** such happiness **4.** *(introduit un exemple ou une énumération)* • **tel (que)** such as, like **5.** *(introduit une comparaison)* like • **il est tel que je l'avais toujours rêvé** he's just like I always dreamt he would be • **tel quel** as it is/was *etc.* ■ **à tel point que** *loc conj* to such an extent that. ■ **de telle manière que** *loc conj* in such a way that. ■ **de telle sorte que** *loc conj* with the result that, so that.

tél. (abrév de **téléphone**) tel.

télé *nf fam* TV, telly **(UK)** • **regarder la télé** to watch TV • **qu'est-ce qu'il y a ce soir à la télé ?** what's on TV tonight?

téléachat *nm* TV teleshopping.

téléacteur, trice *nm,f* telesalesperson.

télébenne, télécabine *nf* cable car.

téléchargeable *adj* downloadable.

téléchargement *nm* INFORM *(vers un serveur)* to upload.

télécharger *vt* to download.

télécommande *nf* remote control.

télécommander *vt* **1.** to operate by remote control **2.** *fig* to mastermind.

télécommunication *nf* telecommunications *pl.*

télécoms (abrév de **télécommunications**) *nfpl fam* • **les télécoms** the telecommunications industry, telecommunications.

téléconseiller, ère *nm,f* call centre person.

télécopie *nf* fax.

télécopieur *nm* fax (machine).

télédiffusion *nf* televising.

télédistribution *nf* cable television.

téléférique *nm* = **téléphérique.**

téléfilm *nm* film made for television.

télégramme *nm* telegram, wire **(US)**, cable **(US)**.

télégraphe *nm* telegraph.

télégraphier *vt* to telegraph, to wire **(US)**, to cable **(US)**.

téléguidé, e *adj* **1.** *(missile)* guided **2.** *(piloté à distance - avion, jouet)* radiocontrolled **3.** *fig (manipulé)* manipulated.

téléguider *vt* **1.** to operate by remote control **2.** *fig* to mastermind.

télématique *nf* telematics *(indén).*

téléobjectif *nm* telephoto lens *sing.*

téléopérateur, trice *nm,f* call centre agent.

télépaiement *nm* electronic payment.

télépathie *nf* telepathy.

téléphérique, téléférique *nm* **1.** *(cabine)* cable-car **2.** *(système)* cable-way.

téléphone *nm* telephone • **le téléphone sonne** the phone is ringing • **téléphone à carte** cardphone • **téléphone à clapet** flip phone, clamshell • **téléphone sans fil** cordless telephone • **téléphone avec appareil photo** camera phone, cam phone.

téléphoner *vi* to telephone, to phone • **téléphoner à qqn** to telephone sb, to phone sb (up) **(UK)**. ■ **se téléphoner** *vp (emploi réciproque)* to call each other • **on se téléphone, d'accord ?** we'll talk on the phone later, OK?

À PROPOS DE

téléphoner

En privé, on décroche en disant ***Hello*** (certaines personnes énoncent également leur numéro : ***Hello, 842157***).

Dans un contexte professionnel en revanche, on indique son nom et prénom : ***Hello, James Taylor***

Lorsque que quelqu'un souhaite joindre une personne (***Can I speak to…*** *Pour-*

rais-je parler à…) et qu'il s'agit de vous, vous pouvez répondre par ***Speaking*** (en Grande-Bretagne) ou ***This is he/she*** *C'est lui-même/elle-même* (aux États-Unis) et de manière moins officielle, simplement répondre par ***It's me*** *C'est moi.* Lorsque que l'on souhaite joindre une autre personne en particulier, vous pouvez mentionner ***Just a moment please*** *Un moment s'il vous plaît* avant de transférer l'appel.
Dans le cas où vous êtes occupé, il est d'usage de dire ***I have someone with me right now, can I call you back?*** *Je suis en rendez-vous actuellement, puis-je vous rappeler ?*

téléphonique *adj* telephone *(avant nom)*, phone *(avant nom)*.

téléprospection *nf* telemarketing.

télé-réalité *nf* reality TV • **émission de télé-réalité** reality show.

télescope *nm* telescope • **regarder dans le téléscope** to look through the telescope.

télescoper *vt (véhicule)* to crash into. ■ **se télescoper** *vp (véhicules)* to concertina (UK).

télescopique *adj (antenne)* telescopic.

téléscripteur *nm* teleprinter (UK), teletype-writer (US).

télésiège *nm* chairlift.

téléski *nm* ski tow.

téléspectateur, trice *nm, f* (television) viewer.

télésurveillance *nf* remote surveillance.

télétravail *nm* teleworking, telework, working from home.

télétravailler *vi* to work from home, to telework.

télétravailleur, euse *nm, f* teleworker.

télévente *nf* **1.** *(à la télévision)* television selling **2.** *(via Internet)* online selling *ou* commerce, e-commerce.

télévisé, e *adj (discours, match)* televised.

téléviseur *nm* television (set).

télévision *nf* television • **à la télévision** on television • **regarder la télévision** to watch television • **télévision numérique** digital television • **télévision par satellite** satellite television.

télévision-réalité *nf TV* reality TV, fly-on-the-wall television.

télex *nm inv* telex.

tellement *adv* **1.** *(si, à ce point)* so **2.** *(+ comparatif)* so much • **tellement plus jeune que** so much younger than • **pas tellement** not especially, not particularly **3.** *(autant)* • **tellement de a)** *(personnes, objets)* so many **b)** *(gentillesse, travail)* so much **4.** *(tant)* so much • **elle a tellement changé** she's changed so much • **je ne comprends rien tellement il parle vite** he talks so quickly that I can't understand a word.

téméraire *adj* **1.** *(audacieux)* bold **2.** *(imprudent)* rash. ❑ *nmf* hothead.

témérité *nf* **1.** *(audace)* boldness **2.** *(imprudence)* rashness.

témoignage *nm* **1.** DR testimony, evidence *(indén)* • **faux témoignage** perjury **2.** *(gage)* token, expression • **en témoignage de** as a token of **3.** *(récit)* account.

témoigner *vt* **1.** *(manifester)* to show, to display **2.** DR • **témoigner que** to testify that. ❑ *vi* DR to testify • **témoigner contre** to testify against.

témoin *nm* **1.** *(spectateur)* witness • **être témoin de qqch** to be a witness to sthg, to witness sthg **2.** DR • **témoin oculaire** eyewitness **3.** *littéraire (marque)* • **témoin de** evidence *(indén)* of **4.** SPORT baton. ❑ *adj (appartement)* show *(avant nom)*.

tempe *nf* temple.

tempérament *nm* temperament • **avoir du tempérament** to be hot-blooded.

température *nf* temperature • **avoir de la température** to have a temperature.

tempéré, e *adj (climat)* temperate.

tempérer *vt* **1.** *(adoucir)* to temper **2.** *fig (enthousiasme, ardeur)* to moderate.

tempête *nf* storm.

tempêter *vi* to rage.

temple *nm* **1.** HIST temple **2.** *(protestant)* church.

tempo *nm* tempo.

temporaire *adj* temporary.

temporairement *adv* temporarily.

temporel, elle *adj* **1.** *(défini dans le temps)* time *(avant nom)* **2.** *(terrestre)* temporal.

temporiser *vi* to play for time, to stall.

LEXIQUE

le temps

le brouillard the fog
l'éclair the lightning
la grêle the hail
la neige the snow
le nuage the cloud
l'orage the storm
la pluie the rain
le soleil the sun
le vent the wind

temps *nm* **1.** *(gén)* time • **à plein temps** full-time • **à mi-temps** half-time • **à temps partiel** part-time • **un temps partiel** a part-time job • **en un temps record** in record time • **au** *ou* **du temps où** (in the days) when • **de mon temps** in my day • **ça prend un certain temps** it takes some time • **ces temps-ci, ces derniers temps** these days • **pendant ce temps** meanwhile • **en**

temps utile in due course • **en temps de guerre/paix** in wartime/peacetime • **il était temps !** *iron* and about time too! • **avoir le temps de faire qqch** to have time to do sthg • **temps libre** free time • **à temps** in time • **de temps à autre** now and then *ou* again • **de temps en temps** from time to time • **en même temps** at the same time • **tout le temps** all the time, the whole time • **avoir tout son temps** to have all the time in the world **2.** *MUS* beat **3.** *GRAMM* tense **4.** *MÉTÉOR* weather **5.** *TV & RADIO* • **temps d'antenne** air time **6.** *(sur téléphone portable)* • **temps de communication** airtime.

S'EXPRIMER

parler du temps qu'il fait

- ***What's the weather like?*** Quel temps fait-il ?
- ***It's nice.*** Il fait beau.
- ***The sun's out.*** Le soleil brille.
- ***The weather's bad.*** Il fait mauvais.
- ***It's overcast and it looks like rain.*** Le temps est couvert et il va sûrement pleuvoir.
- ***It's warm/hot/cold*** Il fait chaud/très chaud/froid.
- ***What's the weather forecast?*** Quelles sont les prévisions météo ?
- ***The forecast's for snow tomorrow.*** La météo annonce de la neige pour demain.

tenable *adj* bearable.

tenace *adj* **1.** *(gén)* stubborn **2.** *fig (odeur, rhume)* lingering.

ténacité *nf* **1.** *(d'odeur)* lingering nature **2.** *(de préjugé, personne)* stubbornness.

tenailler *vt* to torment.

tenailles *nfpl* pincers.

tenancier, ère *nm, f* manager, manageress *f*.

tendance *nf* **1.** *(disposition)* tendency • **avoir tendance à qqch/à faire qqch** to have a tendency to sthg/to do sthg, to be inclined to sthg/to do sthg **2.** *(économique, de mode)* trend **3.** *ÉCON* trend.

tendancieux, euse *adj* tendentious.

tendeur *nm (sangle)* elastic strap *(for fastening luggage, etc)*.

tendinite *nf* tendinitis.

tendon *nm* tendon.

tendre[1] *adj* **1.** *(gén)* tender **2.** *(matériau)* soft **3.** *(couleur)* delicate. ❑ *nmf* tender-hearted person.

tendre[2] *vt* **1.** *(corde)* to tighten, to stretch • **on a tendu la corde à linge entre deux arbres** we stretched the clothesline between two trees **2.** *(muscle)* to tense **3.** *(objet, main)* • **tendre qqch à qqn** to hold out sthg to sb **4.** *(bâche)* to hang **5.** *(piège)* to set (up). ■ **se tendre** *vp* **1.** to tighten **2.** *fig (relations)* to become strained.

tendresse *nf* **1.** *(affection)* tenderness **2.** *(indulgence)* sympathy.

tendu, e *adj* **1.** *(fil, corde)* taut **2.** *(personne)* tense **3.** *(atmosphère, rapports)* strained **4.** *(main)* outstretched.

ténèbres *nfpl* **1.** darkness *sing*, shadows **2.** *fig* depths.

ténébreux, euse *adj* **1.** *fig (dessein, affaire)* mysterious **2.** *(personne)* serious, solemn.

teneur *nf* **1.** content **2.** *(de traité)* terms *pl* • **teneur en alcool/cuivre** alcohol/copper content.

tenir *vt* **1.** *(objet, personne, solution)* to hold **2.** *(garder, conserver, respecter)* to keep • **tenir (sa) parole** to keep one's word **3.** *(gérer - boutique)* to keep, to run **4.** *(apprendre)* • **tenir qqch de qqn** to have sthg from sb **5.** *(considérer)* • **tenir qqn pour** to regard sb as. ❑ *vi* **1.** *(être solide)* to stay up, to hold together **2.** *(durer)* to last **3.** *(pouvoir être contenu)* to fit **4.** *(être attaché)* • **tenir à a)** *(personne)* to care about **b)** *(privilèges)* to value **5.** *(vouloir absolument)* • **tenir à faire qqch** to insist on doing sthg **6.** *(ressembler)* • **tenir de** to take after **7.** *(relever de)* • **tenir de** to have something of **8.** *(dépendre de)* • **il ne tient qu'à toi de...** it's entirely up to you to... **9.** *(locution)* • **tenir bon** to stand firm • **tiens ! a)** *(en donnant)* here! **b)** *(surprise)* well, well! **c)** *(pour attirer attention)* look! ■ **se tenir** *vp* **1.** *(réunion)* to be held **2.** *(personnes)* to hold one another • **se tenir par la main** to hold hands **3.** *(être présent)* to be **4.** *(être cohérent)* to make sense **5.** *(se conduire)* to behave (o.s.) **6.** *(se retenir)* • **se tenir (à)** to hold on (to) **7.** *(se borner)* • **s'en tenir à** to stick to.

tennis *nm (sport)* tennis • **tu sais jouer au tennis ?** can you play tennis? ❑ *nmpl* tennis shoes, sneakers **(US)**.

tennisman *nm* tennis player.

ténor *nm* **1.** *(chanteur)* tenor **2.** *fig (vedette)* • **un ténor de la politique** a political star performer.

tension *nf* **1.** *(contraction, désaccord)* tension **2.** *MÉD* pressure • **avoir de la tension** to have high blood pressure **3.** *ÉLECTR* voltage • **haute/basse tension** high/low voltage.

tentaculaire *adj fig* sprawling.

tentant, e *adj* tempting.

tentation *nf* temptation.

tentative *nf* attempt • **tentative de suicide** suicide attempt • **tentative de meurtre a)** *(gén)* murder attempt **b)** *DR* attempted murder.

tente *nf* tent • **monter la tente** to put up the tent.

tenter *vt* **1.** *(entreprendre)* • **tenter qqch/de faire qqch** to attempt sthg/to do sthg **2.** *(plaire)* to tempt • **être tenté par qqch/de faire qqch** to be tempted by sthg/to do sthg.

tenture *nf* hanging.

tenu, e *pp* → **tenir**. ❑ *adj* **1.** *(obligé)* • **être tenu de faire qqch** to be required *ou* obliged to do sthg **2.** *(en ordre)* • **bien/mal tenu** *(maison)* well/ badly kept.

ténu, e *adj* **1.** *(fil)* fine **2.** *fig (distinction)* tenuous **3.** *(voix)* thin.

tenue *nf* **1.** *(entretien)* running **2.** *(manières)* good manners *pl* **3.** *(maintien du corps)* posture **4.** *(costume)* dress • **être en petite tenue** to be scantily dressed • **une tenue d'été** summer clothes. ■ **tenue de route** *nf* roadholding.

ter *adv* MUS three times. ❑ *adj* • **12 ter** 12B.

TER (abrév de Train Express Régional) *nm* inter-city train.

Tergal® *nm* ≃ Terylene®.

tergiverser *vi* to shilly-shally.

terme *nm* **1.** *(fin)* end • **mettre un terme à** to put an end *ou* a stop to **2.** *(de grossesse)* term • **avant terme** prematurely **3.** *(échéance)* time limit **4.** *(de loyer)* rent day • **à court/moyen/long terme a)** *(calculer)* in the short/medium/long term **b)** *(projet)* short-/medium-/long-term **5.** *(mot, élément)* term. ■ **termes** *nmpl* **1.** *(expressions)* words **2.** *(de contrat)* terms.

terminaison *nf* GRAMM ending.

terminal, e *adj* **1.** *(au bout)* final **2.** MÉD *(phase)* terminal. ■ **terminal** *nm* terminal. ■ **terminale** *nf* SCOL ≃ upper sixth year *ou* form **(UK)**; ≃ twelfth grade **(US)**.

terminer *vt* **1.** to end, to finish **2.** *(travail, repas)* to finish. ■ **se terminer** *vp* to end, to finish.

> **À PROPOS DE**
>
> **terminer**
>
> Il faut noter la différence entre les constructions française et anglaise.
>
> En français, on emploie *terminer de* + infinitif.
>
> En anglais ***finish*** + verbe en ***-ing***.
>
> • *Avez-vous terminé d'écrire votre rapport ?* ***Have you finished writing your report?***

terminologie *nf* terminology.

terminus *nm* terminus.

termite *nm* termite.

terne *adj* dull.

ternir *vt* **1.** to dirty **2.** *(métal, réputation)* to tarnish.

terrain *nm* **1.** *(sol)* soil • **vélo tout terrain** mountain bike **2.** *(surface)* piece of land • **terrain vague** waste ground *(indén) ou* land *(indén)* **(UK)**, vacant lot **(US)** **3.** *(emplacement - de football, rugby)* pitch **(UK)**; *(- de golf)* course • **terrain d'aviation** airfield • **terrain de camping** campsite **4.** *fig (domaine)* ground.

terrasse *nf* terrace.

terrassement *nm (action)* excavation.

terrasser *vt* **1.** *(sujet : personne)* to bring down **2.** *(sujet : émotion)* to overwhelm **3.** *(sujet : maladie)* to conquer.

terre *nf* **1.** *(monde)* world **2.** *(sol)* ground • **par terre** on the ground • **terre à terre** *fig* down-to-earth **3.** *(matière)* earth, soil **4.** *(propriété)* land *(indén)* **5.** *(territoire, continent)* land **6.** ÉLECTR earth **(UK)**, ground **(US)**. ■ **Terre** *nf* GÉOL • **la Terre** Earth.

terreau *nm* compost.

terre-plein *nm* platform.

terrer ■ **se terrer** *vp* to go to earth.

terrestre *adj* **1.** *(croûte, atmosphère)* of the earth **2.** *(animal, transport)* land *(avant nom)* **3.** *(plaisir, paradis)* earthly **4.** *(considérations)* worldly.

terreur *nf* terror.

terrible *adj* **1.** *(gén)* terrible **2.** *(appétit, soif)* terrific, enormous **3.** *fam (excellent)* brilliant.

terriblement *adv* terribly.

terrien, enne *adj (foncier)* • **propriétaire terrien** landowner. ❑ *nm, f (habitant de la Terre)* earthling.

terrier *nm* **1.** *(tanière)* burrow **2.** *(du renard)* hole **3.** *(chien)* terrier.

terrifier *vt* to terrify.

terrine *nf* terrine.

territoire *nm* **1.** *(pays, zone)* territory • **les territoires occupés** the occupied territories **2.** ADMIN area. ■ **territoire d'outre-mer** *nm* (French) overseas territory.

territorial, e *adj* territorial.

terroir *nm* **1.** *(sol)* soil **2.** *(région rurale)* country.

terroriser *vt* to terrorize.

terrorisme *nm* terrorism.

terroriste *nmf* terrorist.

tertiaire *nm* tertiary sector. ❑ *adj* tertiary.

tesson *nm* piece of broken glass.

test *nm* test • **test de dépistage** screening test • **test de grossesse** pregnancy test • **test PCR** PCR test • **test antigénique** LFD antigen test • **test sérologique** antibody test, serological test.

testament *nm* **1.** will **2.** *fig* legacy.

tester *vt* to test.

testicule *nm* testicle.

tétaniser *vt* **1.** to cause to go into spasm **2.** *fig* to paralyse **(UK)**, to paralyze **(US)**.

tétanos *nm* tetanus.

têtard *nm* tadpole.

tête *nf* **1.** *(gén)* head • **de la tête aux pieds** from head to foot *ou* toe • **la tête en bas** head down • **la tête la première** head first • **calculer qqch de tête** to calculate sthg in one's head • **tête chercheuse** homing head • **tête de lecture** INFORM read head • **tête de liste** POLIT main candidate • **être tête en l'air** *fam* to have one's head in the clouds • **faire la tête** *fam* to sulk • **tenir tête à qqn** to stand up to sb **2.** *(visage)* face **3.** *(devant - de cortège, peloton)* head, front • **en tête** SPORT in the lead • **tête de série** SPORT seeded player.

tête-à-queue *nm inv* spin.

tête-à-tête *nm inv* tête-à-tête.
tête-bêche *loc adv* head to tail.
tétée *nf* feed.
téter *vi* to suckle.
tétine *nf* **1.** *(de biberon, mamelle)* nipple, teat **2.** *(sucette)* dummy (UK), pacifier (US).
Tétrabrick® *nm* carton.
têtu, e *adj* stubborn.
teuf *nf fam* party, rave.
tex mex *adj* Tex Mex. ❑ *nm* Tex Mex food.
texte *nm* **1.** *(écrit)* wording **2.** *(imprimé)* text **3.** *(extrait)* passage.
textile *adj* textile *(avant nom)*. ❑ *nm* **1.** *(matière)* textile **2.** *(industrie)* • **le textile** textiles *pl*, the textile industry.
texto *adv fam* word for word, verbatim • **il a dit ça, texto** those were his very *ou* exact words. ❑ *nm* TÉLÉCOM text (message).
textuel, elle *adj* **1.** *(analyse)* textual **2.** *(citation)* exact **3.** *(traduction)* literal.
textuellement *adv* verbatim.
texture *nf* texture.
TGV® (abrév de train à grande vitesse) *nm* TGV *(French high-speed train)*.
thaïlandais, e *adj* Thai. ■ **Thaïlandais, e** *nm,f* Thai.
Thaïlande *nf* • **la Thaïlande** Thailand.
thalassothérapie *nf* seawater therapy.
thé *nm* tea • **une tasse de thé** a cup of tea • **un thé au citron** tea with lemon • **un thé nature** tea without milk.
théâtral, e *adj (ton)* theatrical.
théâtre *nm* **1.** *(bâtiment, représentation)* theatre (UK), theater (US) **2.** *(art)* • **faire du théâtre** to be on the stage • **adapté pour le théâtre** adapted for the stage **3.** *(œuvre)* plays *pl* **4.** *(lieu)* scene • **théâtre d'opérations** MIL theatre (UK) *ou* theater (US) of operations.
théière *nf* teapot.
thématique *adj* thematic. ❑ *nf* themes *pl*.
thème *nm* **1.** *(sujet)* MUS theme **2.** SCOL prose.
théologie *nf* theology.
théorème *nm* theorem.
théoricien, enne *nm,f* theoretician.
théorie *nf* theory • **en théorie** in theory.
théorique *adj* theoretical.
théoriquement *adv* theoretically.
thérapeute *nmf* therapist.
thérapie *nf* therapy • **thérapie génique** gene therapy.
thermal, e *adj* thermal.
thermes *nmpl* thermal baths.
thermique *adj* thermal.
thermomètre *nm (instrument)* thermometer • **le thermomètre indique 29°** the thermometer says 29°.
thermonucléaire *adj* thermonuclear.
Thermos® *nm & nf* Thermos® (flask).
thermostat *nm* thermostat.
thèse *nf* **1.** *(opinion)* argument **2.** PHILO & UNIV thesis • **thèse de doctorat** doctorate **3.** *(théorie)* theory.
thon *nm* tuna.
thorax *nm* thorax.
thym *nm* thyme.
thyroïde *nf* thyroid (gland).
Tibet *nm* • **le Tibet** Tibet.
tibia *nm* tibia.
tic *nm* tic.
ticket *nm* ticket • **ticket de caisse** (till) receipt (UK), sales slip (US) • **un carnet de tickets de métro** a book of metro tickets • **ticket-repas** ≃ luncheon voucher (UK) ; ≃ meal ticket (US).
tic-tac *nm inv* tick-tock.
tiède *adj* **1.** *(boisson, eau)* tepid, lukewarm **2.** *(vent)* mild **3.** *fig (accueil)* lukewarm.
tiédir *vt* to warm. ❑ *vi* to become warm • **faire tiédir qqch** to warm sthg.
tien ■ **le tien, la tienne** *pron poss* yours • **à la tienne !** cheers!
tierce *nf* **1.** MUS third **2.** *(cartes à jouer, escrime)* tierce. ❑ *adj* → **tiers.**
tiercé *nm si vous voulez donner une définition à un anglophone, vous pouvez dire* it is a system for betting in which you say which horses will be the first three in a race.
tiers, tierce *adj* • **une tierce personne** a third party. ■ **tiers** *nm* **1.** *(étranger)* outsider, stranger **2.** *(tierce personne)* third party **3.** *(de fraction)* • **le tiers de** one-third of.
tiers-monde *nm* • **le tiers-monde** the Third World.
tiers-mondisation *nf* • **la tiers-mondisation de ce pays** this country's economic degeneration to Third World levels.
tiers-mondiste *adj* favouring (UK) *ou* favoring (US) the Third World. ❑ *nmf* champion of the Third World.
tige *nf* **1.** *(de plante)* stem, stalk **2.** *(de bois, métal)* rod.
tignasse *nf fam* mop (of hair).
tigre *nm* tiger.
tigresse *nf* tigress.
tilleul *nm* lime (tree).
timbale *nf* **1.** *(gobelet)* (metal) cup **2.** MUS kettledrum.
timbre *nm* **1.** *(gén)* stamp **2.** *(de voix)* timbre **3.** *(de bicyclette)* bell.
timbré, e *adj* **1.** *(papier, enveloppe)* stamped **2.** *(voix)* resonant **3.** *fam (fou)* barmy (UK), doolally (UK). ❑ *nm,f fam* loony.
timbre(-poste) *nm* (postage) stamp.
timbrer *vt* to stamp.

timide *adj* **1.** *(personne)* shy **2.** *(protestation, essai)* timid **3.** *(soleil)* uncertain. ❑ *nmf* shy person.

timidité *nf* **1.** *(de personne)* shyness **2.** *(de protestation)* timidness.

timing *nm* **1.** *(emploi du temps)* schedule **2.** *(organisation)* timing.

timoré, e *adj* fearful, timorous.

tintamarre *nm fam* racket.

tintement *nm* **1.** *(de cloche, d'horloge)* chiming **2.** *(de pièces)* jingling.

tinter *vi* **1.** *(cloche, horloge)* to chime **2.** *(pièces)* to jingle.

Tipp-Ex® *nm* Tipp-Ex®.

tir *nm* **1.** *(SPORT - activité)* shooting ; *(- lieu)* • **(centre de) tir** shooting range • **tir au but** penalty shoot-out **2.** *(trajectoire)* shot **3.** *(salve)* fire *(indén)* • **tir de roquette** rocket attack • **faire du tir à la carabine** to go rifle-shooting **4.** *(manière, action de tirer)* firing.

tirage *nm* **1.** *(de journal)* circulation **2.** *(de livre)* • **à grand tirage** mass circulation **3.** *(du loto)* draw • **tirage au sort** drawing lots **4.** *(de cheminée)* draught **(UK)**, draft **(US)**.

tiraillement *nm (gén pl)* **1.** *(crampe)* cramp **2.** *fig (conflit)* conflict.

tirailler *vt* **1.** *(tirer sur)* to tug (at) **2.** *fig (écarteler)* • **être tiraillé par/entre qqch** to be torn by/between sthg. ❑ *vi* to fire wildly.

tiramisu *nm* CULIN tiramisu.

tiré, e *adj (fatigué)* • **avoir les traits tirés** *ou* **le visage tiré** to look drawn.

tire-au-flanc *nm inv fam* shirker, skiver **(UK)**.

tire-bouchon *nm* corkscrew. ■ **en tire-bouchon** *loc adv* corkscrew *(avant nom)*.

tirelire *nf* moneybox **(UK)**, piggy bank **(US)**.

tirer *vt* **1.** *(gén)* to pull **2.** *(rideaux)* to draw **3.** *(tiroir)* to pull open **4.** *(tracer - trait)* to draw **5.** *(revue, livre)* to print **6.** *(avec arme)* to fire **7.** *(faire sortir - vin)* to draw off • **tirer qqn de** *litt & fig* to help *ou* get sb out of • **tirer un revolver/un mouchoir de sa poche** to pull a gun/a handkerchief out of one's pocket • **tirer la langue** to stick out one's tongue **8.** *(aux cartes, au loto)* to draw **9.** *(plaisir, profit)* to derive **10.** *(déduire - conclusion)* to draw ; *(- leçon)* to learn. ❑ *vi* **1.** *(tendre)* • **tirer sur** to pull on *ou* at **2.** *(aspirer)* • **tirer sur** *(pipe)* to draw *ou* pull on **3.** *(couleur)* • **bleu tirant sur le vert** greenish blue **4.** *(cheminée)* to draw **5.** *(avec arme)* to fire, to shoot **6.** SPORT to shoot. ■ **se tirer** *vp* **1.** *fam (s'en aller)* to push off **2.** *(se sortir)* • **se tirer de** to get o.s. out of • **s'en tirer** *fam* to escape.

tiret *nm* dash.

tireur, euse *nm, f (avec arme)* gunman • **tireur d'élite** marksman, markswoman *f*.

tiroir *nm* drawer.

tiroir-caisse *nm* till.

tisane *nf* herb(al) tea.

tisonnier *nm* poker.

tissage *nm* weaving.

tisser *vt* **1.** *litt & fig* to weave **2.** *(sujet : araignée)* to spin.

tissu *nm* **1.** *(étoffe)* cloth, material **2.** BIOL tissue.

titiller *vt* to titillate.

titre *nm* **1.** *(gén)* title **2.** *(de presse)* headline **3.** *(universitaire)* diploma, qualification **4.** DR title • **titre de propriété** title deed **5.** FIN security. ■ **à titre de** *loc prép* • **à titre d'exemple** by way of example • **à titre d'information** for information. ■ **en titre** *loc adj* **1.** *(titulaire)* titular **2.** *(attitré)* official • **le fournisseur en titre de la cour de Hollande** the official *ou* appointed supplier to the Dutch Court. ■ **titre de transport** *nm* ticket.

titrer *vt* **1.** *(œuvre)* to title **2.** *(liquide)* to titrate.

tituber *vi* to totter.

titulaire *adj* **1.** *(employé)* permanent **2.** UNIV with tenure. ❑ *nmf* **1.** *(de passeport, permis)* holder **2.** *(de poste, chaire)* occupant.

titulariser *vt* to give tenure to.

TNP (abrév de traité de non-prolifération) *nm* NPT.

TNT (abrév de Télévision numérique terrestre) *nf* DTTV.

toast *nm* **1.** *(pain grillé)* toast *(indén)* **2.** *(discours)* toast • **porter un toast à** to drink a toast to.

toboggan *nm* **1.** *(traîneau)* toboggan **2.** *(de terrain de jeu)* slide **3.** *(de piscine)* chute. ■ **Toboggan®** *nm (pont)* flyover **(UK)**, overpass **(US)**.

toc *interj* • **et toc !** so there! ❑ *nm fam* • **c'est du toc** it's fake • **en toc** fake *(avant nom)*.

TOC (abrév de troubles obsessionnels compulsifs) *nmpl* MÉD OCD.

tocsin *nm* alarm bell.

tofu *nm* CULIN tofu.

Togo *nm* • **le Togo** Togo.

> En anglais, à de rares exceptions près, il n'y a pas d'article devant les noms de pays.

togolais, e *adj* Togolese. ■ **Togolais, e** *nm, f* Togolese person • **les Togolais** the Togolese.

> En anglais, les adjectifs se rapportant à un pays ou une région s'écrivent avec une majuscule.

toi *pron pers* you. ■ **toi-même** *pron pers* yourself.

toile *nf* **1.** *(étoffe)* cloth • **toile cirée** oilcloth **2.** *(de lin)* linen **3.** *(tableau)* canvas, picture • **une toile du Greco** a painting by El Greco. ■ **toile d'araignée** *nf* spider's web. ■ **Toile** *nf* • **la Toile** INFORM the Web, the web.

toilettage *nm* grooming.

toilette *nf* **1.** *(de personne, d'animal)* washing • **faire sa toilette** to (have a) wash **(UK)**, to wash up **(US)** **2.** *(parure, vêtements)* outfit, clothes *pl*. ■ **toilettes** *nfpl* toilet(s) **(UK)**, bathroom **(US)**, rest room **(US)**.

toise *nf* height gauge.

toiser *vt* to eye (up and down). ■ **se toiser** *vp* to eye each other up and down.

toison *nf* **1.** *(pelage)* fleece **2.** *(chevelure)* mop (of hair).

toit *nm* roof • **toit ouvrant** sunroof.

toiture *nf* roof, roofing.

tôle *nf (de métal)* sheet metal • **tôle ondulée** corrugated iron.

tolérance *nf* **1.** *(gén)* tolerance **2.** *(liberté)* concession.

tolérant, e *adj* **1.** *(large d'esprit)* tolerant **2.** *(indulgent)* liberal.

tolérer *vt* to tolerate. ■ **se tolérer** *vp* to put up with *ou* tolerate each other.

tollé *nm* protest.

tomate *nf* tomato.

tombal, e *adj* • **pierre tombale** gravestone.

tombant, e *adj* **1.** *(moustaches)* drooping **2.** *(épaules)* sloping.

tombe *nf (fosse)* grave, tomb.

tombeau *nm* tomb.

tombée *nf* fall • **à la tombée du jour** *ou* **de la nuit** at nightfall.

tomber *vi* **1.** *(gén)* to fall • **la nuit tombe** night is falling • **faire tomber qqn** to knock sb over *ou* down • **tomber raide mort** to drop down dead • **tomber bien a)** *(robe)* to hang well **b)** *fig (visite, personne)* to come at a good time **2.** *(cheveux)* to fall out **3.** *(nouvelle)* to break **4.** *(diminuer - prix)* to drop, to fall ; *(- fièvre, vent)* to drop ; *(- jour)* to come to an end ; *(- colère)* to die down **5.** *(devenir brusquement)* • **tomber malade** to fall ill • **tomber amoureux** to fall in love • **être bien/mal tombé** to be lucky/unlucky **6.** *(trouver)* • **tomber sur** to come across **7.** *(attaquer)* • **tomber sur** to set about **8.** *(date, événement)* to fall on.

tombola *nf* raffle.

tome *nm* volume.

ton[1] *nm* **1.** *(de voix)* tone • **hausser/baisser le ton** to raise/lower one's voice **2.** MUS key • **donner le ton a)** to give the chord **b)** *fig* to set the tone **3.** *(couleur)* tone, shade.

ton[2], **ta** *adj poss* your.

tonalité *nf* **1.** MUS tonality **2.** *(au téléphone)* dialling tone **(UK)**, dial tone **(US)**.

tondeuse *nf (à cheveux)* clippers *pl* • **tondeuse (à gazon)** mower, lawnmower.

tondre *vt* **1.** *(gazon)* to mow **2.** *(mouton)* to shear **3.** *(caniche, cheveux)* to clip.

tondu, e *adj* **1.** *(caniche, cheveux)* clipped **2.** *(pelouse)* mown.

tongs *nfpl* flip-flops **(UK)**, thongs **(US)**.

tonicité *nf (des muscles)* tone.

tonifiant, e *adj* **1.** *(climat)* invigorating, bracing **2.** *(lecture)* stimulating.

tonifier *vt* **1.** *(peau)* to tone **2.** *(esprit)* to stimulate.

tonique *adj* **1.** *(boisson)* tonic *(avant nom)* **2.** *(froid)* bracing **3.** *(lotion)* toning **4.** LING & MUS tonic.

tonitruant, e *adj* booming.

tonnage *nm* tonnage.

tonnant, e *adj* thundering, thunderous.

tonne *nf (1000 kg)* tonne.

tonneau *nm* **1.** *(baril)* barrel, cask **2.** *(en voiture)* roll **3.** NAUT ton.

tonnelle *nf* bower, arbour.

tonner *vi* to thunder.

tonnerre *nm* thunder • **coup de tonnerre a)** thunderclap **b)** *fig* bombshell.

tonte *nf* **1.** *(de mouton)* shearing **2.** *(de gazon)* mowing **3.** *(de caniche, cheveux)* clipping.

tonton *nm* uncle.

tonus *nm* **1.** *(dynamisme)* energy **2.** *(de muscle)* tone.

top *nm (signal)* beep.

toper *vi* • **tope-là !** right, you're on!

top modèle, top model *nm* top model.

topo *nm fam* spiel • **c'est toujours le même topo** *fig* it's always the same old story.

topographie *nf* topography.

toque *nf* **1.** *(de juge, de jockey)* cap **2.** *(de cuisinier)* hat.

torche *nf* torch • **une torche électrique** an electric torch **(UK)**, a flashlight **(US)**.

torcher *vt fam* **1.** *(assiette, fesses)* to wipe **2.** *(travail)* to dash off.

torchon *nm* **1.** *(serviette)* cloth **2.** *fam (travail)* mess.

tordre *vt (gén)* to twist • **on a tordu les draps pour les sécher** we wrung the sheets in order to dry them. ■ **se tordre** *vp* • **se tordre la cheville** to twist one's ankle • **se tordre de rire** *fam & fig* to double up with laughter.

tordu, e *pp* → **tordre**. ❑ *adj fam* **1.** *(bizarre, fou)* crazy **2.** *(esprit)* warped.

tornade *nf* tornado.

torpeur *nf* torpor.

torpille *nf* MIL torpedo.

torpiller *vt* to torpedo.

torréfaction *nf* roasting.

torrent *nm* torrent • **un torrent de a)** *fig (injures)* a stream of **b)** *(lumière, larmes)* a flood of.

torrentiel, elle *adj* torrential.

torride *adj* torrid.

torsade *nf* **1.** *(de cheveux)* twist, coil **2.** *(de pull)* cable.

torsader *vt* to twist.

torse *nm* chest.

torsion *nf* **1.** twisting **2.** PHYS torsion.

tort *nm* **1.** *(erreur)* fault • **avoir tort** to be wrong • **être dans son** *ou* **en tort** to be in the wrong • **à tort** wrongly **2.** *(préjudice)* wrong.

torticolis *nm* stiff neck.

tortiller *vt* **1.** *(enrouler)* to twist **2.** *(moustache)* to twirl. ■ **se tortiller** *vp* to writhe, to wriggle.

tortionnaire *nmf* torturer.

tortue *nf* **1.** tortoise **2.** *(marine)* turtle **3.** *fig* slowcoach **(UK)**, slowpoke **(US)**.

tortueux, euse *adj* **1.** winding, twisting **2.** *fig* tortuous.

torture *nf* torture • **avouer sous la torture** to confess under torture.

torturer *vt* to torture. ■ **se torturer** *vp* to torment o.s. • **se torturer pour** to agonize over.

tôt *adv* **1.** *(de bonne heure)* early **2.** *(avant le moment prévu)* soon **3.** *(vite)* soon, early. ■ **au plus tôt** *loc adv* at the earliest.

total, e *adj* total. ■ **total** *nm* total.

totalement *adv* totally.

totaliser *vt* **1.** *(additionner)* to add up, to total **2.** *(réunir)* to have a total of.

totalitaire *adj* totalitarian.

totalitarisme *nm* totalitarianism.

totalité *nf (intégralité)* whole. ■ **en totalité** *loc adv* • **somme remboursée en totalité** sum paid back in full • **le navire a été détruit en totalité** the ship was completely destroyed, the whole ship was destroyed.

totem *nm* totem.

Touareg, ègue, Targui, e *nm, f* Tuareg.

toubib *nmf fam* doc.

touchant, e *adj* touching.

touche *nf* **1.** *(de clavier)* key • **touche de fonction** function key **2.** *(de peinture)* stroke **3.** *fig (note)* • **une touche de** a touch of **4.** *(à la pêche)* bite **5.** *(FOOTBALL - ligne)* touch line ; *(- remise en jeu)* throw-in **6.** *(rugby - ligne)* touch (line) ; *(- remise en jeu)* line-out **7.** *(escrime)* hit.

touche-à-tout *nmf inv fam* **1.** *(adulte)* dabbler **2.** *(enfant)* • **c'est un petit touche-à-tout** he's into everything.

toucher *nm* • **le toucher** the (sense of) touch • **au toucher** to the touch. ❑ *vt* **1.** *(palper, émouvoir)* to touch **2.** *(correspondant)* to contact, to reach **3.** *(cible)* to hit **4.** *(rivage)* to reach **5.** *(cible)* to hit **6.** *(salaire)* to get, to be paid **7.** *(chèque)* to cash **8.** *(gros lot)* to win **9.** *(concerner)* to affect, to concern. ❑ *vi* • **toucher à a)** to touch **b)** *(problème)* to touch on **c)** *(inconscience, folie)* to border *ou* verge on **d)** *(maison)* to adjoin • **toucher à sa fin** to draw to a close. ■ **se toucher** *vp (maisons)* to be adjacent (to each other), to adjoin (each other).

touffe *nf* tuft.

touffu, e *adj* **1.** *(forêt)* dense **2.** *(barbe)* bushy.

touiller *vt* **1.** *fam (mélanger)* to stir **2.** *(salade)* to toss.

toujours

■ **toujours** *adv*

1. INDIQUE UNE RÉPÉTITION

• **Mathilde est toujours en retard** Mathilde is always late

2. INDIQUE UNE CONTINUITÉ, UNE PERSISTANCE DANS LE PRÉSENT

• **il aime toujours sa femme** he still loves his wife • **je ne sais pas s'il joue toujours pour Marseille** I don't know whether he still plays for Marseilles • **elle est partie il y a une heure et elle n'est toujours pas revenue** she left an hour ago and she still hasn't come back • **j'espère toujours qu'elle viendra** I'm still hoping *ou* I keep hoping she'll come • **cette rue est toujours encombrée** this street is always *ou* constantly jammed

3. INDIQUE UNE CONTINUITÉ, UNE PERSISTANCE DANS LE FUTUR

• **ils s'aimeront toujours** they will always love one another, they will love one another forever • **il est parti pour toujours** he's gone forever *ou* for good

4. DE TOUTE FAÇON

• **essayez toujours, il vous répondra peut-être** try anyway *ou* anyhow *ou* you may as well try, he might answer you

■ **de toujours** *loc adj*

• **ce sont des amis de toujours** they are lifelong friends

■ **toujours est-il que** *loc conj*

the fact remains that • **toujours est-il qu'il n'est pas venu** the fact remains, he hasn't turned up

■ **toujours moins** *loc adv*

• **elle est toujours moins disponible à cause de son travail** she is less and less available because of her work

■ **toujours plus** *loc adv*

• **il est toujours plus beau** he just keeps getting better looking

À PROPOS DE toujours

Il faut noter la position de ***always*** dans la phrase.

Avec un verbe autre que ***to be*** conjugué, ***always*** s'insère ainsi : sujet + ***always*** + verbe

• *Il essaie toujours de me contredire.* **He always *tries to contradict me*.**

Avec le verbe ***to be*** conjugué, ***always*** se place comme suit : sujet + ***be*** + ***always***

• *Il est toujours très aimable avec les clients.* ***He's* always *very friendly with customers*.**

Lorsqu'il signifie *encore*, *toujours* se traduit par ***still***.
Avec un verbe autre que ***to be*** conjugué, ***still*** s'insère comme suit : sujet + ***still*** + verbe
• *Je ne comprends toujours pas.* ***I still don't understand.***
Avec le verbe ***be*** conjugué, ***still*** se place ainsi : sujet + ***be*** + ***still***
• *Il est toujours à Marseille ?* ***Is he still in Marseille?***

toupet *nm* **1.** *(de cheveux)* quiff **(UK)**, tuft of hair **2.** *fam & fig (aplomb)* cheek • **avoir du toupet, ne pas manquer de toupet** to have a cheek.

toupie *nf* (spinning) top.

tour *nm* **1.** *(périmètre)* circumference • **faire le tour de** to go round • **faire un tour** to go for a walk/drive *etc* • **tour d'horizon** survey • **tour de piste** *SPORT* lap • **tour de taille** waist measurement **2.** *(rotation)* turn • **fermer à double tour** to double-lock **3.** *(plaisanterie)* trick **4.** *(succession)* turn • **c'est à mon tour** it's my turn • **à tour de rôle** in turn • **tour à tour** alternately, in turn **5.** *(d'événements)* turn **6.** *(de potier)* wheel. ❑ *nf* **1.** *(monument, de château)* tower **2.** *(immeuble)* tower-block **(UK)**, high rise **(US)** **3.** *(échecs)* rook, castle. ■ **tour de contrôle** *nf* control tower. ■ **Tour de France** *npr m* • **le Tour de France** the Tour de France.

tourbe *nf* peat.

tourbillon *nm* **1.** *(de vent)* whirlwind **2.** *(de poussière, fumée)* swirl **3.** *(d'eau)* whirlpool **4.** *fig (agitation)* hurly-burly.

tourbillonner *vi* **1.** to whirl, to swirl **2.** *fig* to whirl (round).

tourelle *nf* turret.

tourisme *nm* tourism.

tourista, turista *nf* traveller's **(UK)** *ou* traveler's **(US)** tummy, t(o)urista **(US)**.

touriste *nmf* tourist.

touristique *adj* tourist *(avant nom)* • **malheureusement ce quartier est devenu très touristique** unfortunately, this area has become very touristy.

tourment *nm littéraire* torment.

tourmente *nf littéraire* **1.** *(tempête)* storm, tempest **2.** *fig* turmoil.

tourmenter *vt* to torment. ■ **se tourmenter** *vp* to worry o.s., to fret.

tournage *nm CINÉ* shooting.

tournant, e *adj* **1.** *(porte)* revolving **2.** *(fauteuil)* swivel *(avant nom)* **3.** *(pont)* swing *(avant nom)*. ■ **tournant** *nm* **1.** bend **2.** *fig* turning point.

tourné, e *adj (lait)* sour, off.

tournée *nf* **1.** *(voyage)* tour **2.** *fam (consommations, distribution)* round • **le facteur fait sa tournée** the postman is doing his round.

tourner *vt* **1.** *(gén)* to turn **2.** *(pas, pensées)* to turn, to direct **3.** *(obstacle, loi)* to get round **(UK)** *ou* around **(US)** **4.** *CINÉ* to shoot. ❑ *vi* **1.** *(gén)* to turn **2.** *(moteur)* to turn over **3.** *(planète)* to revolve • **tourner autour de qqn** *fig* to hang around sb • **tourner autour du pot** *ou* **du sujet** *fig* to beat about the bush **4.** *fam (entreprise)* to tick over **(UK)**, to go ok **5.** *(lait)* to go off **(UK)**, to go bad **(US)**. ■ **se tourner** *vp* to turn (right) round **(UK)** *ou* around **(US)** • **se tourner vers** to turn towards *ou* toward **(UK)** *ou* around **(US)**.

tournesol *nm (plante)* sunflower.

tournevis *nm* screwdriver.

tourniquet *nm* **1.** *(entrée)* turnstile **2.** *MÉD* tourniquet.

tournis *nm fam* • **avoir le tournis** to feel dizzy *ou* giddy.

tournoi *nm* tournament.

tournoyer *vi* to wheel, to whirl.

tournure *nf* **1.** *(apparence)* turn **2.** *(formulation)* form • **tournure de phrase** turn of phrase.

tour-opérateur *nm* tour operator.

tourteau *nm (crabe)* crab.

tourterelle *nf* turtledove.

Toussaint *nf* • **la Toussaint** All Saints' Day.

tousser *vi* to cough.

toussotement *nm* coughing.

toussoter *vi* to cough.

tout

■ **tout, toute** *adj*

1. AVEC SUBSTANTIF SINGULIER DÉTERMINÉ
• **elle a bu tout le vin** she drank all the wine • **il a dormi toute la journée/la nuit** he slept all day/night, the whole day/night • **toute sa famille était fière de lui** all his family *ou* his whole family was proud of him • **tout le monde le sait** everybody knows • **tout le monde est invité** everyone is invited

2. AVEC UN PRONOM DÉMONSTRATIF
• **je sais tout ceci/cela** I know all this/that • **tout ce que je sais, c'est que je ne peux pas lui faire confiance** all I know is that I can't trust him

■ **tout, toute** *adj indéf*

1. AVEC SUBSTANTIF PLURIEL
• **tous les gâteaux sont frais** all the cakes are fresh • **tous les deux sont charmants** both of us/them *etc* are charming • **tous les trois sont responsables** all three of us/them *etc* are responsible

2. EXPRIME LA FRÉQUENCE
every • **il va à la piscine tous les jours** he goes to the swimming pool every day • **tous les deux ans, ils vont au Japon** every two years *ou* every other year, they go to Japan • **tous les combien ?** *fam* how often?

3. N'IMPORTE QUEL

• **toute personne susceptible de nous aider est la bienvenue** any person *ou* anyone able to help us is welcome • **à toute heure** at any time • **pour tout renseignement, appelez le numéro suivant** for all information, call the following number

■ **tout, toute** *pron indéf*

• **je t'ai tout dit** I've told you everything • **ce sera tout ?** will that be all? • **c'est tout** that's all

■ **du tout au tout** *loc adv*

completely, entirely • **en deux ans, il a changé du tout au tout** in two years, he changed entirely

■ **pas du tout** *loc adv*

not at all • **je ne suis pas du tout fatiguée** I'm not at all tired *ou* I'm not tired at all

■ **tout** *adv*

1. POUR RENFORCER

• **il est tout jeune** he's very young • **elle est tout étonnée** she's very *ou* most surprised • **c'est tout autre chose** that's quite another matter • **ils étaient tout seuls** they were all alone • **la boîte est tout en haut** the box is right at the top

2. AVEC UN GÉRONDIF, INDIQUE LA SIMULTANÉITÉ

• **il mange un sandwich tout en marchant** he's eating a sandwich while walking

3. AVEC UN GÉRONDIF, INDIQUE UNE OPPOSITION

• **tout en prétendant vouloir l'aider, il ne voulait pas qu'elle réussisse** although *ou* even though he claimed to help her, he didn't want her to succeed

4. MARQUE UNE OPPOSITION

• **tout intelligent qu'il soit, il n'est pas capable de résoudre ce problème** however intelligent he is *ou* no matter how intelligent he is, he can't solve this problem

■ **tout** *nm*

• **un tout** a whole • **le tout est de...** the main thing is to...

■ **tout à fait** *loc adv*

1. COMPLÈTEMENT

entirely • **je suis tout à fait d'accord avec toi** I entirely agree with you

2. EXACTEMENT

exactly • **c'est tout à fait ce que je cherche** it's exactly what I'm looking for

■ **tout à l'heure** *loc adv*

1. DANS LE FUTUR

in a little while • **à tout à l'heure !** see you later!

2. DANS LE PASSÉ

a little while ago • **je l'ai rencontré tout à l'heure** I met him a little while ago

■ **tout de suite** *loc adv*

immediately, at once • **j'arrive tout de suite !** I'll be right there!

À PROPOS DE

tout

all et ***every*** s'utilisent différemment.

all peut s'utiliser avec des noms au pluriel ***all men*** ou des noms singuliers indénombrables ***all the money*** ; ***every***, en revanche, ne peut s'utiliser qu'avec des noms indénombrables au singulier ***every town in the country.***

Notez que ***all the*** s'emploie lorsqu'on parle de la totalité d'un groupe défini (***all the boys in the class*** = *les garçons de la classe*), alors que ***all*** s'emploie seul lorsqu'on parle d'un groupe indéfini (***all men*** = *tous les hommes du monde*).

tout-à-l'égout *nm inv* mains drainage.

toutefois *adv* however.

toutou *nm fam* doggie.

tout-petit *nm* toddler, tot.

tout-puissant, toute-puissante *adj* omnipotent, all-powerful.

toux *nf* cough • **un sirop contre la toux** a cough syrup.

toxicomane *nmf* drug addict.

toxine *nf* toxin.

toxique *adj* toxic.

TPE *nmpl* (abrév de travaux personnels encadrés) GIS. ❑ *nf* (abrév de très petite entreprise) VSB.

trac *nm* **1.** nerves *pl* **2.** *THÉÂTRE* stage fright • **avoir le trac a)** to get nervous **b)** *THÉÂTRE* to get stage fright.

traçabilité *nf* traceability.

tracas *nm* worry.

tracasser *vt* to worry, to bother. ■ **se tracasser** *vp* to worry.

tracasserie *nf* annoyance.

trace *nf* **1.** *(d'animal, de fugitif)* track **2.** *(de brûlure, fatigue)* mark **3.** *(gén pl) (vestige)* trace **4.** *(très petite quantité)* • **une trace de** a trace of.

tracé *nm* **1.** *(lignes)* plan, drawing **2.** *(de parcours)* line.

tracer *vt* **1.** *(dessiner, dépeindre)* to draw **2.** *(route, piste)* to mark out.

trachéite *nf* throat infection.

tract *nm* leaflet.

tractations *nfpl* negotiations, dealings.

tracter *vt* to tow.

tracteur *nm* tractor.

traction *nf* **1.** *(action de tirer)* towing, pulling • **traction avant/arrière** front-/rear-wheel drive **2.** *TECHNOL* tensile stress **3.** *(SPORT - au sol)* press-up **(UK)**, push-up **(US)** ; *(- à la barre)* pull-up.

trader *nm* trader.

tradition *nf* tradition.

traditionnel, elle *adj* **1.** *(de tradition)* traditional **2.** *(habituel)* usual.

traducteur, trice *nm, f* translator.

traduction *nf (gén)* translation • **une traduction de l'anglais vers le français** a translation from English into French.

traduire *vt* **1.** *(texte)* to translate • **traduire qqch en français/anglais** to translate sthg into French/English **2.** *(révéler - crise)* to reveal, to betray ; *(- sentiments, pensée)* to render, to express **3.** *DR* • **traduire qqn en justice** to bring sb before the courts.

trafic *nm* **1.** *(de marchandises)* traffic, trafficking **2.** *(circulation)* traffic. ■ **trafic d'influence** *nm* corruption, taking bribes.

trafiquant, e *nm, f* trafficker, dealer.

trafiquer *vt fam* **1.** *(falsifier)* to tamper with **2.** *(manigancer)* • **qu'est-ce que tu trafiques ?** what are you up to? ❑ *vi* to be involved in trafficking.

tragédie *nf* tragedy.

tragi-comédie *nf* tragicomedy.

tragique *adj* tragic.

tragiquement *adv* tragically.

trahir *vt* **1.** *(gén)* to betray • **trahir la confiance de quelqu'un** to betray somebody's trust **2.** *(sujet : moteur)* to let down **3.** *(sujet : forces)* to fail **4.** *(révéler, démasquer)* to betray, to give away *(sép)*. ■ **se trahir** *vp* to give o.s. away.

trahison *nf* **1.** *(gén)* betrayal **2.** *DR* treason.

train *nm* **1.** *(transports)* train • **voyager en train** to travel by train **2.** *(allure)* pace **3.** *(locution)* • **être en train** *fig* to be on form. ■ **en train de** *loc prép* • **être en train de lire/travailler** to be reading/working. ■ **train de vie** *nm* lifestyle.

traînant, e *adj* **1.** *(voix)* drawling **2.** *(démarche)* dragging.

traîne *nf* **1.** *(de robe)* train **2.** *(locution)* • **être à la traîne** to lag behind.

traîneau *nm* sleigh, sledge.

traînée *nf* **1.** *(trace)* trail **2.** *tfam & injur (prostituée)* tart, whore.

traîner *vt* **1.** *(tirer, emmener)* to drag **2.** *(emmener avec soi)* to lug around, to cart around **3.** *(maladie)* to be unable to shake off **4.** *(dans la rue)* to hang around. ❑ *vi* **1.** *(personne, animal)* to dawdle **2.** *(maladie, affaire)* to drag on • **traîner en longueur** to drag **3.** *(vêtements, livres)* to lie around *ou* about. ■ **se traîner** *vp* **1.** *(personne)* to drag o.s. along **2.** *(jour, semaine)* to drag.

training *nm* **1.** *(entraînement)* training **2.** *(survêtement)* tracksuit top.

train-train *nm inv fam* routine, daily grind.

traire *vt (vache)* to milk.

trait *nm* **1.** *(ligne)* line, stroke • **trait d'union** hyphen • **trait de soulignement** underscore **2.** *(gén pl) (de visage)* feature **3.** *(caractéristique)* trait, feature **4.** *(locution)* • **avoir trait à** to have to do with, to concern. ■ **d'un trait** *loc adv (boire, lire)* in one go. ■ **trait d'union** *nm* **1.** hyphen **2.** *fig* link • **ce mot prend un trait d'union** this word is hyphenated *ou* takes a hyphen, this is a hyphenated word • **servir de trait d'union entre** *fig* to bridge the gap between, to link.

traitant, e *adj (shampooing, crème)* medicated ; → **médecin**.

traite *nf* **1.** *(de vache)* milking **2.** *COMM* bill, draft **3.** *(d'esclaves)* • **la traite des noirs** the slave trade • **la traite des Blanches** the white slave trade. ■ **d'une seule traite** *loc adv* without stopping, in one go.

traité *nm* **1.** *(ouvrage)* treatise **2.** *POLIT* treaty • **traité de non-prolifération** non-proliferation treaty.

traitement *nm* **1.** *(gén)* treatment • **mon père est sous traitement pour son cœur** my father is having treatment for his heart • **mauvais traitement** ill-treatment **2.** *(rémunération)* wage **3.** *INFORM* processing • **traitement de texte** word processing **4.** *(procédé)* processing **5.** *(de problème)* handling.

traiter *vt* **1.** *(gén)* to treat • **bien/mal traiter qqn** to treat sb well/badly **2.** *(qualifier)* • **traiter qqn d'imbécile/de lâche** *etc* to call sb an imbecile/a coward *etc* **3.** *(question, thème)* to deal with **4.** *(dans l'industrie) INFORM* to process. ❑ *vi* **1.** *(négocier)* to negotiate **2.** *(livre)* • **traiter de** to deal with.

traiteur *nm* caterer.

traître, esse *adj* treacherous. ❑ *nm, f* traitor.

traîtrise *nf* **1.** *(déloyauté)* treachery **2.** *(acte)* act of treachery.

trajectoire *nf* **1.** trajectory, path **2.** *fig* path.

trajet *nm* **1.** *(distance)* distance **2.** *(itinéraire)* route **3.** *(voyage)* journey.

trame *nf* **1.** weft **2.** *fig* framework.

tramer *vt sout* to plot. ■ **se tramer** *vp* to be plotted. ❑ *v impers* • **il se trame quelque chose** there's something afoot.

traminot *nm* tram(way) **(UK)** *ou* streetcar **(US)** worker.

tramontane *nf pour expliquer à un anglophone de quoi il s'agit, vous pouvez dire* it is a strong cold wind in southwest France.

trampoline *nm* trampoline.

tramway *nm* tram **(UK)**, streetcar **(US)**.

tranchant, e *adj* **1.** *(instrument)* sharp **2.** *(personne)* assertive **3.** *(ton)* curt. ■ **tranchant** *nm* edge.

tranche *nf* **1.** *(de gâteau, jambon)* slice • **tranche d'âge** *fig* age bracket **2.** *(de livre, pièce)* edge **3.** *(période)* part, section **4.** *(de revenus)* portion **5.** *(de* *paiement)* instalment **(UK)**, installment **(US)** **6.** *(fiscale)* bracket.

tranchée *nf* MIL *(Travaux Publics)* trench • **creuser une tranchée** to (dig a) trench.

trancher *vt* **1.** *(couper)* to cut **2.** *(pain, jambon)* to slice • **trancher la question** *fig* to settle the question. ❑ *vi* **1.** *fig (décider)* to decide **2.** *(contraster)* • **trancher avec** *ou* **sur** to contrast with.

tranquille *adj* **1.** *(endroit, vie)* quiet • **laisser qqn/qqch tranquille** to leave sb/sthg alone • **se tenir/rester tranquille** to keep/remain quiet **2.** *(rassuré)* at ease, easy • **soyez tranquille** don't worry.

tranquillement *adv* **1.** *(sans s'agiter)* quietly **2.** *(sans s'inquiéter)* calmly.

tranquillisant, e *adj* **1.** *(nouvelle)* reassuring **2.** *(médicament)* tranquillizing. ■ **tranquillisant** *nm* tranquillizer **(UK)**, tranquilizer **(US)** • **être sous tranquillisants** to be on tranquillizers.

tranquilliser *vt* to reassure. ■ **se tranquilliser** *vp* to set one's mind at rest.

tranquillité *nf* **1.** *(calme)* peacefulness, quietness **2.** *(sérénité)* peace, tranquillity **(UK)**, tranquility **(US)**.

transaction *nf* transaction.

transalpin, e *adj* transalpine.

transat *nm* deckchair. ❑ *nf* transatlantic race.

transatlantique *adj* transatlantic. ❑ *nm* transatlantic liner. ❑ *nf* transatlantic race.

transcription *nf* **1.** *(de document)* MUS transcription **2.** *(dans un autre alphabet)* transliteration • **transcription phonétique** phonetic transcription.

transcrire *vt* **1.** *(document)* MUS to transcribe **2.** *(dans un autre alphabet)* to transliterate.

transcrit, e *pp* → **transcrire**.

transe *nf* • **être en transe** *fig* to be beside o.s.

transférer *vt* to transfer.

transfert *nm* transfer.

transfigurer *vt* to transfigure.

transformable *adj* convertible.

transformateur, trice *adj (dans l'industrie)* processing *(avant nom)*. ■ **transformateur** *nm* transformer.

transformation *nf* **1.** *(de pays, personne)* transformation **2.** *(dans l'industrie)* processing **3.** *(rugby)* conversion.

transformer *vt* **1.** *(gén)* to transform **2.** *(magasin)* to convert • **transformer qqch en** to turn sthg into **3.** *(dans l'industrie, au rugby)* to convert. ■ **se transformer** *vp* • **se transformer en monstre/papillon** to turn into a monster/butterfly.

transfuge *nmf* renegade.

transfuser *vt (sang)* to transfuse.

transfusion *nf* • **transfusion (sanguine)** (blood) transfusion • **on lui a fait une transfusion** he was given a transfusion.

transgénique *adj* transgenic.

transgresser *vt* **1.** *(loi)* to infringe **2.** *(ordre)* to disobey.

transhumance *nf* transhumance.

transi, e *adj* • **être transi de** to be paralysed **(UK)** *ou* paralyzed **(US)**, to be transfixed with • **être transi de froid** to be chilled to the bone.

transiger *vi* • **transiger (sur)** to compromise (on).

transistor *nm* transistor.

transit *nm* transit.

transiter *vi* to pass in transit.

transitif, ive *adj* transitive.

transition *nf* transition • **sans transition** with no transition, without transition, abruptly • **transition écologique** ecological transition • **transition numérique** digital transition.

transitivité *nf* transitivity.

transitoire *adj (passager)* transitory.

translucide *adj* translucent.

transmettre *vt* **1.** *(message, salutations)* • **transmettre qqch (à)** to pass sthg on (to) **2.** *(tradition, propriété)* • **transmettre qqch (à)** to hand sthg down (to) **3.** *(fonction, pouvoir)* • **transmettre qqch (à)** to hand sthg over (to) **4.** *(maladie)* • **transmettre qqch (à)** to transmit sthg (to), to pass sthg on (to) **5.** *(concert, émission)* to broadcast. ■ **se transmettre** *vp* **1.** *(maladie)* to be passed on, to be transmitted **2.** *(nouvelle)* to be passed on **3.** *(courant, onde)* to be transmitted **4.** *(tradition)* to be handed down.

transmis, e *pp* → **transmettre**.

transmissible *adj* **1.** *(patrimoine)* transferable **2.** *(maladie)* transmissible.

transmission *nf* **1.** *(de biens)* transfer **2.** *(de maladie)* transmission **3.** *(de message)* passing on **4.** *(de tradition)* handing down.

transparaître *vi* to show.

transparence *nf* transparency.

transparent, e *adj* transparent. ■ **transparent** *nm* transparency.

transpercer *vt* **1.** to pierce **2.** *fig (sujet : froid, pluie)* to go right through.

transpiration *nf (sueur)* perspiration.

transpirer *vi (suer)* to perspire, to sweat.

transplantation *nf* **1.** *(d'arbre, de population)* transplanting **2.** MÉD transplant.

transplanter *vt* to transplant.

transport *nm* transport *(indén)*, transportation *(indén)* **(US)** • **transports en commun** public transport *sing* • **le transport aérien** air transport • **les moyens de transport** means of transport.

LEXIQUE

les moyens de transports

l'avion the plane
le bateau the boat
la bicyclette/le vélo the bicycle/the bike
le bus the bus

LEXIQUE (suite)

le camion the lorry (UK), the truck (US)
la camionnette the van
l'hélicoptère the helicopter
le métro the underground (UK), the subway (US)
la Mobylette the moped
le monospace the people carrier (UK), the minivan (US)
la moto the motorbike, the motor- cycle (US)
les rollers the rollerblades
le scooter the scooter
le train the train
le tramway the tram (UK), the streetcar (US)
la trottinette the child's scooter
la voiture the car

transportable *adj* **1.** *(marchandise)* transportable **2.** *(blessé)* fit to be moved.

transporter *vt (marchandises, personnes)* to transport.

transporteur *nm (personne)* carrier • **transporteur routier** road haulier (UK) *ou* hauler (US).

transposer *vt* **1.** *(déplacer)* to transpose **2.** *(adapter)* • **transposer qqch (à)** to adapt sthg (for).

transposition *nf* **1.** *(déplacement)* transposition **2.** *(adaptation)* • **transposition (à)** adaptation (for).

transsexuel, elle *adj & nm,f* transsexual.

transvaser *vt* to decant.

transversal, e *adj* **1.** *(coupe)* cross *(avant nom)* • **coupe transversale** cross-section **2.** *(chemin)* running at right angles, cross *(avant nom)* (US) **3.** *(vallée)* transverse.

trapèze *nm* **1.** GÉOM trapezium **2.** *(gymnastique)* trapeze.

trapéziste *nmf* trapeze artist.

trappe *nf* **1.** *(ouverture)* trapdoor **2.** *(piège)* trap.

trappeur *nm* trapper.

trapu, e *adj* **1.** *(personne)* stocky, solidly built **2.** *(édifice)* squat.

traquenard *nm* **1.** trap **2.** *fig* trap, pitfall.

traquer *vt* **1.** *(animal)* to track **2.** *(personne, faute)* to track *ou* hunt down.

traumatiser *vt* to traumatize.

traumatisme *nm* traumatism.

travail *nm* **1.** *(gén)* work *(indén)* • **se mettre au travail** to get down to work • **demander du travail** *(projet)* to require some work **2.** *(tâche, emploi)* job • **travail intérimaire** temporary work **3.** *(du métal, du bois)* working **4.** *(phénomène - du bois)* warping ; *(- du temps, fermentation)* action **5.** MÉD • **être en travail** to be in labour (UK) *ou* labor (US) • **entrer en travail** to go into labour (UK) *ou* labor (US). ■ **travaux** *nmpl* **1.** *(d'aménagement)* work *(indén)* **2.** *(routiers)* roadworks (UK), roadwork (US) • **travaux publics** civil engineering *sing* **3.** SCOL • **travaux dirigés** class work • **travaux manuels** arts and crafts • **travaux pratiques** practical work *(indén)*.

À PROPOS DE

travail

Attention ! Le mot ***work*** est généralement indénombrable lorsqu'il désigne le travail. Il ne s'emploie ni au pluriel, ni avec l'article indéfini ***a*** dans ce contexte :

• *C'est un travail épuisant.* ***It's exhausting work.***

• *Ils font des travaux sur la route.* ***They're doing some work on the road.***

travaillé, e *adj* **1.** *(matériau)* wrought, worked **2.** *(style)* laboured (UK), labored (US) **3.** *(tourmenté)* • **être travaillé par** to be tormented by.

travailler *vi* **1.** *(gén)* to work • **travailler chez/dans** to work at/in • **travailler à qqch** to work on sthg • **travailler à temps partiel** to work part-time • **travailler en indépendant** to be self-employed **2.** *(métal, bois)* to warp. ❑ *vt* **1.** *(étudier)* to work at *ou* on **2.** *(piano)* to practise (UK), to practice (US) **3.** *(essayer de convaincre)* to work on **4.** *(sujet : idée, remords)* to torment **5.** *(matière)* to work, to fashion.

travailleur, euse *adj* hard-working. ❑ *nm,f* worker.

travailliste *nmf* member of the Labour Party. ❑ *adj* Labour *(avant nom)*.

travée *nf* **1.** *(de bâtiment)* bay **2.** *(de sièges)* row.

travelling *nm (mouvement)* travelling (UK) *ou* traveling (US) shot.

travers *nm* failing, fault. ■ **à travers** *loc adv & loc prép* through. ■ **au travers** *loc adv* through. ■ **au travers de** *loc prép* through. ■ **de travers** *loc adv* **1.** *(irrégulièrement - écrire)* unevenly • **marcher de travers** to stagger **2.** *(nez, escalier)* crooked **3.** *(obliquement)* sideways **4.** *(mal)* wrong • **aller de travers** to go wrong • **comprendre qqch de travers** to misunderstand sthg. ■ **en travers** *loc adv* crosswise. ■ **en travers de** *loc prép* across.

traverse *nf* **1.** *(de chemin de fer)* sleeper (UK), tie (US) **2.** *(chemin)* short cut.

traversée *nf* crossing.

traverser *vt* **1.** *(rue, mer, montagne)* to cross **2.** *(ville)* to go through **3.** *(peau, mur)* to go through, to pierce **4.** *(crise, période)* to go through.

À PROPOS DE

traverser

L'idée rendue par le verbe *traverser* peut se traduire soit par ***across*** soit par ***through***. ***Across*** suggère des surfaces planes et des espaces à deux dimensions (***I ran across the road*** ; ***he swam across the lake***), tandis que ***through*** évoque des espaces à trois dimensions, comprenant parfois un obstacle (***we walked through the wood*** ; ***the nail went right through the wall***).

traversin *nm* bolster.

travesti,e *adj* **1.** *(pour s'amuser)* dressed up (in fancy dress) **2.** THÉÂTRE *(comédien)* playing a female part. ■ **travesti** *nm (homosexuel)* transvestite.

travestir *vt* **1.** *(déguiser)* to dress up **2.** *fig (vérité, idée)* to distort. ■ **se travestir** *vp* **1.** *(pour bal)* to wear fancy dress **2.** *(en femme)* to put on drag.

trébucher *vi* • **trébucher (sur/contre)** to stumble (over/against).

trèfle *nm* **1.** *(plante)* clover • **un trèfle à quatre feuilles** a four-leaf clover **2.** *(carte)* club **3.** *(famille)* clubs *pl* • **le roi de trèfle** the king of clubs.

treille *nf* **1.** *(vigne)* climbing vine **2.** *(tonnelle)* trellised vines *pl*, vine arbour.

treillis *nm* **1.** *(clôture)* trellis (fencing) **2.** *(toile)* canvas **3.** MIL combat uniform.

treize *adj num inv & nm* thirteen. Voir aussi **six**.

treizième *adj num inv, nm & nmf* thirteenth • **treizième mois** *pour expliquer à un anglophone de quoi il s'agit, vous pouvez dire* it is a bonus of an extra month's salary. Voir aussi **sixième**.

trekkeur,euse *nm,f* trekker.

trekking *nm* trek.

tréma *nm* diaeresis (UK), dieresis (US).

tremblant,e *adj* **1.** *(personne - de froid)* shivering ; *(- d'émotion)* trembling, shaking **2.** *(voix)* quavering **3.** *(lumière)* flickering.

tremblement *nm* **1.** *(de corps)* trembling • **être pris de tremblements** to start to shake **2.** *(de voix)* quavering **3.** *(de feuilles)* fluttering. ■ **tremblement de terre** *nm* earthquake.

trembler *vi* **1.** *(personne - de froid)* to shiver ; *(- d'émotion)* to tremble, to shake • **trembler de peur** to tremble with fear, to shake with fear **2.** *(voix)* to quaver **3.** *(lumière)* to flicker **4.** *(terre)* to shake.

trembloter *vi* **1.** *(personne)* to tremble **2.** *(voix)* to quaver **3.** *(lumière)* to flicker.

trémousser ■ **se trémousser** *vp* to jig up and down.

trempe *nf* **1.** *(envergure)* calibre • **de sa trempe** of his/her calibre **2.** *fam (coups)* thrashing.

tremper *vt* **1.** *(mouiller)* to soak **2.** *(plonger)* • **tremper qqch dans** to dip sthg into **3.** *(métal)* to harden, to quench. ❑ *vi (linge)* to soak. ■ **se tremper** *vp* **1.** *(se mouiller)* to get soaking wet **2.** *(se plonger)* to have a quick dip.

tremplin *nm* **1.** SKI ski jump **2.** *fig* springboard.

trentaine *nf* **1.** *(nombre)* • **une trentaine de** about thirty **2.** *(âge)* • **avoir la trentaine** to be in one's thirties.

trente *adj num inv* thirty. ❑ *nm* thirty. Voir aussi **six**.

trente-six *adj num* **1.** *fam (pour exprimer la multitude)* umpteen, dozens of • **il n'y a pas trente-six solutions !** there aren't all that many solutions! • **j'ai trente-six mille choses à faire** I've a hundred and one things to do **2.** *(locution)* • **voir trente-six chandelles** to see stars. ❑ *nm inv fam* • **tous les trente-six du mois** once in a blue moon. Voir aussi **cinquante**.

trentième *adj num inv, nm & nmf* thirtieth. Voir aussi **sixième**.

trépasser *vi littéraire* to pass away.

trépidant,e *adj (vie)* hectic.

trépied *nm (support)* tripod.

trépigner *vi* to stamp one's feet.

très *adv* very • **très bien** very well • **être très aimé** to be much *ou* greatly liked • **j'ai très envie de...** I'd very much like to....

trésor *nm* treasure. ■ **Trésor** *nm* • **le Trésor public** the public revenue department. ■ **trésors** *nmpl* riches, treasures • **des trésors de** *fig* a wealth *sing* of.

trésorerie *nf* **1.** *(service)* accounts department **2.** *(gestion)* accounts *pl* **3.** *(fonds)* finances *pl*, funds *pl*.

trésorier,ère *nm,f* treasurer.

tressaillement *nm* **1.** *(de joie)* thrill **2.** *(de douleur)* wince.

tressaillir *vi* **1.** *(de joie)* to thrill **2.** *(de douleur)* to wince **3.** *(sursauter)* to start, to jump.

tressauter *vi* **1.** *(sursauter)* to jump, to start **2.** *(dans véhicule)* to be tossed about.

tresse *nf* **1.** *(de cheveux)* plait **2.** *(de rubans)* braid.

tresser *vt* **1.** *(cheveux)* to plait **2.** *(osier)* to braid **3.** *(panier, guirlande)* to weave.

tréteau *nm* trestle.

treuil *nm* winch, windlass.

trêve *nf* **1.** *(cessez-le-feu)* truce **2.** *fig (répit)* rest, respite • **trêve de plaisanteries/de sottises** that's enough joking/nonsense. ■ **sans trêve** *loc adv* relentlessly, unceasingly.

tri *nm* **1.** *(de lettres)* sorting **2.** *(de candidats)* selection • **faire le tri dans qqch** *fig* to sort sthg out **3.** *(dans les poubelles)* • **tri sélectif (des déchets)** *si vous voulez donner une définition à un anglophone, vous pouvez dire* it is the sorting of household waste into different types for recycling.

triage *nm* **1.** *(de lettres)* sorting **2.** *(de candidats)* selection.

triangle *nm* triangle • **un triangle isocèle** an isosceles triangle • **un triangle rectangle** a right-angled triangle.

triangulaire *adj* triangular.

triathlon *nm* triathlon.

tribal,e *adj* tribal.

tribord *nm* starboard • **à tribord** on the starboard side, to starboard.

tribu *nf* tribe.

tribulations *nfpl* tribulations, trials.

tribunal,aux *nm* DR court • **tribunal correctionnel** ≃ magistrates' court (UK) ; ≃ county court (US) • **tribunal de grande instance**

≃ crown court **(UK)**; ≃ circuit court **(US)** • **le tribunal pour enfants** the juvenile court.

tribune *nf* **1.** *(d'orateur)* platform **2.** *(gén pl) (de stade)* stand.

tribut *nm littéraire* tribute.

tributaire *adj* • **être tributaire de** to depend *ou* be dependent on.

triceps *nm* triceps.

triche *nf fam* cheating.

tricher *vi* **1.** *(au jeu, à un examen)* to cheat **2.** *(mentir)* • **tricher sur** to lie about.

tricherie *nf* cheating.

tricheur, euse *nm,f* cheat.

tricolore *adj* **1.** *(à trois couleurs)* three-coloured **(UK)**, three-colored **(US)** **2.** *(français)* French.

tricot *nm* **1.** *(vêtement)* jumper **(UK)**, sweater **2.** *(ouvrage)* knitting • **faire du tricot** to knit **3.** *(étoffe)* knitted fabric, jersey.

tricoter *vi & vt* to knit.

tricycle *nm* tricycle.

trier *vt* **1.** *(classer)* to sort out **2.** *(sélectionner)* to select.

trigonométrie *nf* trigonometry.

trilingue *adj* trilingual.

trillion *nm* trillion.

trilogie *nf* trilogy.

trimer *vi fam* to slave away.

trimestre *nm* SCOL term **(UK)**, trimester **(US)**, quarter **(US)**.

trimestriel, elle *adj* **1.** *(loyer, magazine)* quarterly **2.** SCOL end-of-term *(avant nom)* **(UK)**.

tringle *nf* rod • **tringle à rideaux** curtain rod.

trinité *nf littéraire* trinity. ■ **Trinité** *nf* • **la Trinité** the Trinity.

trinquer *vi (boire)* to toast, to clink glasses • **trinquer à** to drink to.

trio *nm* trio.

triomphal, e *adj* **1.** *(succès)* triumphal **2.** *(accueil)* triumphant.

triomphant, e *adj* **1.** *(équipe)* winning **2.** *(air)* triumphant.

triomphe *nm* triumph.

triompher *vi (gén)* to triumph • **triompher de** to triumph over.

tripes *nfpl* **1.** *(d'animal, de personne)* guts **2.** CULIN tripe *sing*.

triple *adj* triple. ❑ *nm* • **le triple (de)** three times as much (as).

triplé *nm* **1.** *(au turf) si vous voulez donner une définition à un anglophone, vous pouvez dire* it is a bet that you place on three horses to win in three different races **2.** SPORT *(trois victoires)* hat-trick of victories. ■ **triplés** *nmpl* triplets.

tripler *vt & vi* to triple.

triste *adj* **1.** *(personne, nouvelle)* sad • **être triste de qqch/de faire qqch** to be sad about sthg/about doing sthg **2.** *(paysage, temps)* gloomy **3.** *(couleur)* dull **4.** *(avant nom) (lamentable)* sorry • **tu es dans un triste état** you're in a sorry state.

tristement *adv* **1.** *(d'un air triste)* sadly **2.** *(lugubrement)* gloomily **3.** *(de façon regrettable)* sadly, regrettably • **tristement célèbre** notorious.

tristesse *nf* **1.** *(de personne, nouvelle)* sadness **2.** *(de paysage, temps)* gloominess.

triturer *vt (mouchoir)* to knead. ■ **se triturer** *vp fam* • **se triturer l'esprit** *ou* **les méninges** to rack one's brains.

trivial, e *adj* **1.** *(banal)* trivial **2.** *(vulgaire)* crude, coarse.

troc *nm* **1.** *(échange)* exchange **2.** *(système économique)* barter.

trois *nm* three. ❑ *adj num inv* **1.** three **2.** Voir aussi **six**.

troisième *adj num inv & nmf* third. ❑ *nm* **1.** third **2.** *(étage)* third floor **(UK)**, fourth floor **(US)**. ❑ *nf* **1.** SCOL ≃ fourth year *ou* form **(UK)**; ≃ ninth grade **(US)** **2.** *(vitesse)* third (gear). Voir aussi **sixième**.

trois-mâts *nm inv* three-master.

trombe *nf* water spout.

trombone *nm* **1.** *(agrafe)* paper clip • **les feuilles sont attachées par un trombone** the sheets are fastened with a paper clip **2.** *(instrument)* trombone • **Alex joue du trombone** Alex plays the trombone.

trompe *nf* **1.** *(instrument)* trumpet **2.** *(d'éléphant)* trunk **3.** *(d'insecte)* proboscis **4.** ANAT tube.

trompe-l'œil *nm inv* **1.** *(peinture)* trompe-l'oeil • **en trompe-l'œil** done in trompe-l'oeil **2.** *(apparence)* deception.

tromper *vt* **1.** *(personne)* to deceive **2.** *(époux)* to be unfaithful to, to deceive **3.** *(vigilance)* to elude. ■ **se tromper** *vp* to make a mistake, to be mistaken • **se tromper de jour/maison** to get the wrong day/house.

tromperie *nf* deception.

trompette *nf* trumpet • **jouer de la trompette** to play the trumpet.

trompettiste *nmf* trumpeter.

trompeur, euse *adj* **1.** *(personne)* deceitful **2.** *(calme, apparence)* deceptive.

tronc *nm* **1.** *(d'arbre, de personne)* trunk **2.** *(d'église)* collection box. ■ **tronc commun** *nm* **1.** *(de programmes)* common element *ou* feature **2.** SCOL core syllabus.

tronçon *nm* **1.** *(morceau)* piece, length **2.** *(de route, de chemin de fer)* section.

tronçonneuse *nf* chain saw.

trône *nm* throne.

trôner *vi* **1.** *(personne)* to sit enthroned **2.** *(objet)* to have pride of place **3.** *hum (faire l'important)* to lord it.

trop

■ trop *adv*

1. DEVANT UN ADJECTIF
too • **je suis trop vieux maintenant** I am too old now • **cette rue est trop bruyante** this street is too noisy • **nous étions trop nombreux** there were too many of us • **j'ai trop chaud/froid** I am too hot/cold • **je suis trop stressé** I'm overstressed • **c'est trop drôle !** it's so funny *ou* it's hilarious!

2. AVEC UN VERBE
• **nous étions trop** there were too many of us • **il travaille trop** he works too much • **il conduit trop vite** he drives too fast • **je n'aime pas trop le chocolat** I don't like chocolate very much

■ trop de *loc adv*
• **j'ai acheté trop de pain** I've bought too much bread • **il y a trop de monde dans cette salle** there are too many people in this room *ou* this room is overcrowded

■ en trop, de trop *loc adv*
• **2 euros de** *ou* **en trop** 2 euros too much • **je sens que je suis de trop** I feel like a spare wheel

trophée *nm* trophy.

tropical, e *adj* tropical.

tropique *nm* tropic. **■ tropiques** *nmpl* tropics.

trop-plein *nm* **1.** *(excès)* excess **2.** *fig* excess, surplus.

troquer *vt* • **troquer qqch (contre) a)** to barter sthg (for) **b)** *fig* to swap sthg (for).

trot *nm* trot • **au trot** at a trot.

trotter *vi* **1.** *(cheval)* to trot **2.** *(personne)* to run around.

trotteur, euse *nm, f* trotter. **■ trotteuse** *nf* second hand.

trottiner *vi* to trot.

trottinette *nf* child's scooter.

trottoir *nm* pavement **(UK)**, sidewalk **(US)**.

trou *nm* **1.** *(gén)* hole • **trou d'air** air pocket **2.** *(manque, espace vide)* gap • **trou de mémoire** memory lapse **3.** *fam* *(endroit reculé)* (little) place, hole *péj*, one-horse-town *hum*.

troublant, e *adj* disturbing.

trouble *adj* **1.** *(eau)* cloudy **2.** *(image, vue)* blurred **3.** *(affaire)* shady. ❏ *nm* **1.** *(désordre)* trouble, discord **2.** *(gêne)* confusion **3.** *(émoi)* agitation **4.** *(gén pl)* *(dérèglement)* disorder. **■ troubles** *nmpl* *(sociaux)* unrest *(indén)*.

trouble-fête *nmf* spoilsport.

troubler *vt* **1.** *(eau)* to cloud, to make cloudy **2.** *(image, vue)* to blur **3.** *(sommeil, événement)* to disrupt, to disturb **4.** *(esprit, raison)* to cloud **5.** *(inquiéter, émouvoir)* to disturb **6.** *(rendre perplexe)* to trouble. **■ se troubler** *vp* **1.** *(eau)* to become cloudy **2.** *(personne)* to become flustered.

trouée *nf* **1.** gap **2.** MIL breach.

trouer *vt* **1.** *(chaussette)* to make a hole in **2.** *fig* *(silence)* to disturb.

trouille *nf fam* fear, terror.

troupe *nf* **1.** MIL troop **2.** *(d'amis)* group, band **3.** *(de singes)* troop **4.** THÉÂTRE theatre **(UK)** *ou* theater **(US)** group.

troupeau *nm* **1.** *(de vaches, d'éléphants)* herd **2.** *(de moutons, d'oies)* flock **3.** *péj* *(de personnes)* herd.

trousse *nf* case, bag • **trousse de secours** first-aid kit • **trousse de toilette** toilet bag. **■ trousses** *nfpl* • **avoir qqn à ses trousses** *fig* to have sb hot on one's heels • **être aux trousses de qqn** *fig* to be hot on the heels of sb.

trousseau *nm* **1.** *(de mariée)* trousseau **2.** *(de clés)* bunch.

trouvaille *nf* **1.** *(découverte)* find, discovery **2.** *(invention)* new idea.

trouvé, e *adj* *(découvert)* • **enfant trouvé** foundling • **bien trouvé** *(original)* well-chosen, apposite • **voilà une réponse bien trouvée !** that's a (pretty) good answer! • **tout trouvé** ready-made.

trouver *vt* to find • **trouver que** to feel (that) • **trouver bon/mauvais que…** to think (that) it is right/wrong that… • **trouver qqch à faire/à dire** *etc* to find sthg to do/say *etc*. ❏ *v impers* • **il se trouve que…** the fact is that…. **■ se trouver** *vp* **1.** *(dans un endroit)* to be • **où se trouve le lycée ?** where is the school? **2.** *(dans un état)* to find o.s. **3.** *(se sentir)* to feel • **se trouver mal** *(s'évanouir)* to faint.

truand *nm* crook.

truc *nm fam* **1.** *(combine)* trick **2.** *fam* *(chose)* thing, thingamajig • **ce n'est pas son truc** it's not his thing.

trucage = **truquage**.

truculent, e *adj* colourful **(UK)**, colorful **(US)**.

truelle *nf* trowel.

truffe *nf* **1.** *(champignon)* truffle **2.** *(museau)* muzzle.

truffer *vt* **1.** *(volaille)* to garnish with truffles **2.** *fig* *(discours)* • **truffer de** to stuff with.

truie *nf* sow.

truite *nf* trout.

truquage, trucage *nm* CINÉ (special) effect.

truquer *vt* **1.** *(élections)* to rig **2.** CINÉ to use special effects in.

trust *nm* **1.** *(groupement)* trust **2.** *(entreprise)* corporation.

ts abrév de **tous**.

tsar, tzar *nm* tsar.

tsigane, tzigane *adj* Gypsyish. **■ Tsigane, Tzigane** *nmf* (Hungarian) Gypsy.

TSVP (abrév de **tournez s'il vous plaît**) PTO.

tt abrév de **tout**.
tt conf. abrév de **tout confort**.
ttes abrév de **tout**.
TTX (abrév de traitement de texte) WP.
tu[1], **e** *pp* → **taire**.
tu[2] *pron pers* you.
tuant, e *adj fam* **1.** *(épuisant)* exhausting **2.** *(énervant)* tiresome.
tuba *nm* **1.** MUS tuba **2.** *(de plongée)* snorkel.
tube *nm* **1.** *(gén)* tube • **tube cathodique** cathode ray tube **2.** *fam (chanson)* hit. ■ **tube digestif** *nm* digestive tract.
tubercule *nm* BOT tuber.
tuberculose *nf* tuberculosis.
tuer *vt* to kill. ■ **se tuer** *vp* **1.** *(se suicider)* to kill o.s. **2.** *(par accident)* to die.
tuerie *nf* slaughter.
tue-tête ■ **à tue-tête** *loc adv* at the top of one's voice.
tueur, euse *nm, f (meurtrier)* killer • **tueur en série** serial killer.
tuile *nf* **1.** *(de toit)* tile **2.** *fam (désagrément)* blow • **il m'arrive une tuile** I'm in a bit of a fix.
tulipe *nf* tulip.
tulle *nm* tulle.
tuméfié, e *adj* swollen.
tumeur *nf* tumour (UK), tumor (US).
tumulte *nm* **1.** *(désordre)* hubbub **2.** *littéraire (trouble)* tumult.
tuner *nm* tuner.
tuning *nm* AUTO tuning.
tunique *nf* tunic.
Tunisie *nf* • **la Tunisie** Tunisia.

> En anglais, à de rares exceptions près, il n'y a pas d'article devant les noms de pays.

tunisien, enne *adj* Tunisian. ■ **Tunisien, enne** *nm, f* Tunisian.

> En anglais, les adjectifs se rapportant à un pays ou une région s'écrivent avec une majuscule.

tunnel *nm* tunnel • **le tunnel sous la Manche** the Channel Tunnel, the Channel.
turban *nm* turban.
turbine *nf* turbine.
turbo *nm & nf* turbo.
turbulence *nf* MÉTÉOR turbulence.
turbulent, e *adj* boisterous, rowdy.
turc, turque *adj* Turkish. ■ **turc** *nm (langue)* Turkish. ■ **Turc, Turque** *nm, f* Turk.

> En anglais, les adjectifs se rapportant à un pays ou une région ainsi que le nom désignant la langue de ce pays ou cette région, s'écrivent avec une majuscule.

turf *nm (activité)* • **le turf** racing.
turnover *nm* turnover.
turque → **turc**.
Turquie *nf* • **la Turquie** Turkey.

> En anglais, à de rares exceptions près, il n'y a pas d'article devant les noms de pays.

turquoise *nf & adj inv* turquoise.
tutelle *nf* **1.** DR guardianship **2.** *(dépendance)* supervision.
tuteur, trice *nm, f* guardian. ■ **tuteur** *nm (pour plante)* stake.
tutoiement *nm use of* tu.
tutoyer *vt* • **tutoyer qqn** to use the familiar "tu" form to sb • **elle tutoie son professeur** ≃ she's on first-name terms with her teacher. ■ **se tutoyer** *vp* to use the familiar "tu" form with each other.

> **À PROPOS DE**
> **tutoyer**
> Il n'existe pas de forme de vouvoiement en anglais. Que l'on s'adresse à un ami ou à la reine, on emploiera indifféremment ***you*** qui se traduira donc soit par *tu*, soit par *vous*.

tuyau *nm* **1.** *(conduit)* pipe • **tuyau d'arrosage** hosepipe **2.** *fam (renseignement)* tip.
tuyauterie *nf* piping *(indén)*, pipes *pl*.
TV (abrév de télévision) *nf* TV.
TVA (abrév de taxe à la valeur ajoutée) *nf* ≃ VAT.
tweed *nm* tweed.
tympan *nm* ANAT eardrum.
type *nm* **1.** *(exemple caractéristique)* perfect example **2.** *(genre)* type **3.** *fam (individu)* guy, bloke (UK). ❑ *adj (caractéristique)* typical.
typhoïde *nf* typhoid.
typhon *nm* typhoon.
typhus *nm* typhus.
typique *adj* typical.
typographie *nf* typography.
tyran *nm* tyrant.
tyrannie *nf* tyranny.
tyrannique *adj* tyrannical.
tyranniser *vt* to tyrannize.
tzar = **tsar**.
tzatziki *nm* CULIN tzatziki.
tzigane = **tsigane**.

u, **U** *nm inv* u, U.
UE (abrév de Union européenne) *nf* EU.
UFR (abrév de unité de formation et de recherche) *nf* university department.
Ukraine *nf* • **l'Ukraine** the Ukraine.
ulcère *nm* ulcer.
ulcérer *vt* **1.** *MÉD* to ulcerate **2.** *sout (mettre en colère)* to enrage.
ULM (abrév de ultra léger motorisé) *nm* microlight.
ultérieur, **e** *adj* later, subsequent.
ultérieurement *adv* later, subsequently.
ultimatum *nm* ultimatum.
ultime *adj* ultimate, final.
ultramoderne *adj* ultramodern.
ultrasensible *adj* **1.** *(personne)* ultra-sensitive **2.** *(pellicule)* high-speed.
ultrason *nm* ultrasound *(indén)*.
ultraviolet, **ette** *adj* ultraviolet. ■ **ultraviolet** *nm* ultraviolet.
UMP (abrév de Union pour un mouvement populaire) *nf POLIT pour expliquer à un anglophone de quoi il s'agit, vous pouvez dire* it is the main French right-wing political party.
un, **une** *art indéf* a, an *(devant voyelle)* • **un homme** a man • **un livre** a book • **une femme** a woman • **une pomme** an apple. ❑ *pron indéf* one • **l'un de mes amis** one of my friends • **l'un l'autre** each other • **les uns les autres** one another • **l'un…, l'autre** one…, the other • **les uns…, les autres** some…, others • **l'un et l'autre** both (of them) • **l'un ou l'autre** either (of them) • **ni l'un ni l'autre** neither one nor the other, neither (of them). ❑ *adj num inv* one • **une personne à la fois** one person at a time. ❑ *nm* one. Voir aussi **six.** ■ **une** *nf* • **faire la/être à la une** *PRESSE* to make the/to be on the front page.
unanime *adj* unanimous.
unanimité *nf* unanimity • **faire l'unanimité** to be unanimously approved • **à l'unanimité** unanimously.
UNESCO, **Unesco** (abrév de United Nations Educational, Scientific and Cultural Organization) *nf* UNESCO.
uni, **e** *adj* **1.** *(joint, réuni)* united **2.** *(famille, couple)* close **3.** *(surface, mer)* smooth **4.** *(route)* even **5.** *(étoffe, robe)* plain, self-coloured **(UK)**, self-colored **(US)**.
UNICEF, **Unicef** (abrév de United Nations International Children's Emergency Fund) *nm* UNICEF.
unième *adj num inv* • **cinquante et unième** fifty-first.
unifier *vt* **1.** *(régions, parti)* to unify **2.** *(programmes)* to standardize.
uniforme *adj* **1.** uniform **2.** *(régulier)* regular. ❑ *nm* uniform.
uniformisation *nf* standardization.
uniformiser *vt* **1.** *(couleur)* to make uniform **2.** *(programmes, lois)* to standardize.
unijambiste *adj* one-legged. ❑ *nmf* one-legged person.
unilatéral, **e** *adj* unilateral • **stationnement unilatéral** parking on only one side of the street.
union *nf* **1.** *(de couleurs)* blending **2.** *(mariage)* union • **union libre** cohabitation **3.** *(de pays)* union • **union monétaire** monetary union **4.** *(de syndicats)* confederation **5.** *(entente)* unity. ■ **Union européenne** *nf* European Union. ■ **Union soviétique** *nf* • **l'(ex-)Union soviétique** the (former) Soviet Union.

À PROPOS DE

un

En anglais, l'article indéfini est ***a*** devant un nom commençant par une consonne (**a *game*** ; **a *month*** ; **a *new boat***), et ***an*** devant un nom commençant par une voyelle (**an *apple*** ; **an *egg*** ; **an *old boat***). Devant une semi-consonne telle que ou, on utilise ***a*** (**a *university*** ; **a *union*** ; **a *year***). Devant un h muet, on utilise ***an*** (**an *hour*** ; **an *honour***).
Voir aussi ***one*** dans la partie anglais-français du dictionnaire.

unique *adj* **1.** *(seul - enfant, veston)* only ; *(- préoccupation)* sole **2.** *(principe, prix)* single **3.** *(exceptionnel)* unique.

uniquement *adv* **1.** *(exclusivement)* only, solely **2.** *(seulement)* only, just.

unir *vt* **1.** *(assembler - mots, qualités)* to put together, to combine ; *(- pays)* to unite • **unir qqch à a)** *pays)* to unite sthg with **b)** *(mot, qualité)* to combine sthg with **2.** *(réunir - partis, familles)* to unite **3.** *(marier)* to unite, to join in marriage. ■ **s'unir** *vp* **1.** *(s'associer)* to unite, to join together **2.** *(se marier)* to be joined in marriage.

unisexe *adj* unisex.

unitaire *adj (à l'unité)* • **prix unitaire** unit price.

unité *nf* **1.** *(cohésion)* unity **2.** *COMM, MATH & MIL* unit • **les unités de mesure** units of measurement. ■ **unité centrale** *nf INFORM* central processing unit.

univers *nm* **1.** universe **2.** *fig* world.

universel, elle *adj* universal.

universitaire *adj* university *(avant nom)*. ❑ *nmf* academic.

université *nf* university • **aller à l'université** to go to university **(UK)**, to go to college **(US)**.

uranium *nm* uranium.

urbain, e *adj* **1.** *(de la ville)* urban • **les transports urbains** the urban transport system **2.** *littéraire (affable)* urbane.

urbanisation *nf* urbanization.

urbaniser *vt* to urbanize. ■ **s'urbaniser** *vp* to become urbanized *ou* built up.

urbanisme *nm* town planning **(UK)**, city planning **(US)**.

urgence *nf* **1.** *(de mission)* urgency **2.** *MÉD* emergency • **en cas d'urgence** in case of emergency • **les urgences** the casualty department *(sing)* **(UK)**, emergency room **(US)**. ■ **d'urgence** *loc adv* immediately.

urgent, e *adj* urgent.

urgentiste *nmf MÉD* A&E doctor **(UK)**, ER doctor **(US)**.

urine *nf* urine.

uriner *vi* to urinate.

urinoir *nm* urinal.

urne *nf* **1.** *(vase)* urn **2.** *(de vote)* ballot box.

URSS (abrév de Union des républiques socialistes soviétiques) *nf* • **l'(ex-)URSS** the (former) USSR.

urticaire *nf* urticaria, hives *pl*.

Uruguay *nm* • **l'Uruguay** Uruguay.

us *nmpl* • **les us et coutumes** the ways and customs.

USA (abrév de United States of America) *nmpl* USA.

usage *nm* **1.** *(gén)* use • **à usage externe/interne** for external/internal use • **hors d'usage** out of action **2.** *(coutume)* custom **3.** *LING* usage.

usagé, e *adj* worn, old.

usager, ère *nm, f* user.

USB (abrév de Universal Serial Bus) *nm INFORM* USB • **clé USB** USB key, USB stick **(UK)** • **port USB** USB port.

usé, e *adj* **1.** *(détérioré)* worn • **eaux usées** waste water *sing* **2.** *(personne)* worn-out **3.** *(plaisanterie)* hackneyed, well-worn.

user *vt* **1.** *(consommer)* to use **2.** *(vêtement)* to wear out **3.** *(forces)* to use up **4.** *(santé)* to ruin **5.** *(personne)* to wear out. ❑ *vi (se servir)* • **user de a)** *(charme)* to use **b)** *(droit, privilège)* to exercise. ■ **s'user** *vp* **1.** *(chaussure)* to wear out **2.** *(amour)* to burn itself out.

usine *nf* factory • **une usine de chaussures** a shoe factory.

usiner *vt* **1.** *(façonner)* to machine **2.** *(fabriquer)* to manufacture.

usité, e *adj* in common use • **très/peu usité** commonly/rarely used.

USP (abrév de unité de soins palliatifs) *nf MÉD* palliative care unit.

ustensile *nm* implement, tool.

usuel, elle *adj* common, usual.

usufruit *nm* usufruct.

usure *nf* **1.** *(de vêtement, meuble)* wear **2.** *(de forces)* wearing down • **avoir qqn à l'usure** *fam* to wear sb down **3.** *(intérêt)* usury.

usurier, ère *nm, f* usurer.

usurpateur, trice *nm, f* usurper.

usurper *vt* to usurp.

ut *nm inv* C.

utérus *nm* uterus, womb.

utile *adj* useful • **être utile à qqn** to be useful *ou* of help to sb, to help sb.

utilisable *adj* usable.

utilisateur, trice *nm, f* user.

utiliser *vt* to use. ■ **s'utiliser** *vp* to be used • **je ne sais pas comment cela s'utilise** I don't know how this is used.

utilitaire *adj* **1.** *(pratique)* utilitarian **2.** *(véhicule)* commercial. ❑ *nm INFORM* utility (program).

utilité *nf* **1.** *(usage)* usefulness **2.** *DR* • **entreprise d'utilité publique** public utility • **organisme d'utilité publique** registered charity.

utopie *nf* **1.** *(idéal)* utopia **2.** *(projet irréalisable)* unrealistic idea.

utopiste *nmf* utopian.

UV *nf* (abrév de unité de valeur) course credit *ou* unit. ❑ (abrév de ultraviolet) UV.

v, **V** *nm inv* v, V.

v. 1. *LITTÉR* (abrév de vers) v. **2.** (abrév de verset) v. **3.** *(environ)* (abrév de vers) approx.

va *interj* • **courage, va !** come on, cheer up! • **va donc !** come on! • **va pour 10 euros/demain** OK, let's say 10 euros/tomorrow.

vacance *nf* vacancy. ■ **vacances** *nfpl* holiday *(sing)* **(UK)**, vacation *(sing)* **(US)** • **être/partir en vacances** to be/go on holiday • **les grandes vacances** the summer holidays.

vacancier, **ère** *nm,f* holiday-maker **(UK)**, vacationer **(US)**.

vacant, **e** *adj* **1.** *(poste)* vacant **2.** *(logement)* vacant, unoccupied.

vacarme *nm* racket, din.

vacataire *adj (employé)* temporary. ❑ *nmf* temporary worker, temp.

vacation *nf* **1.** *(d'expert)* session **2.** *DR* session.

vaccin *nm* vaccine • **le vaccin contre la grippe** the flu vaccine.

vaccination *nf* vaccination.

vacciner *vt* • **se faire vacciner** to get vaccinated • **vacciner qqn (contre) a)** *MÉD* to vaccinate sb (against) **b)** *fam* & *fig* to make sb immune (to).

vache *nf* **1.** *ZOOL* cow **2.** *(cuir)* cowhide **3.** *fam* & *péj (femme)* cow **(UK)** **4.** *fam* & *péj (homme)* pig. ❑ *adj fam* rotten.

vachement *adv fam* bloody **(UK)**, dead **(UK)**, real **(US)**.

vaciller *vi* **1.** *(jambes, fondations)* to shake **2.** *(lumière)* to flicker • **vaciller sur ses jambes** to be unsteady on one's legs **3.** *(mémoire, santé)* to fail.

va-et-vient *nm inv* **1.** *(de personnes)* comings and goings *pl*, toing and froing **2.** *(de balancier)* to-and-fro movement **3.** *ÉLECTR* two-way switch.

vagabond, **e** *adj* **1.** *(chien)* stray **2.** *(vie)* vagabond *(avant nom)* **3.** *(humeur)* restless. ❑ *nm,f* **1.** *(rôdeur)* vagrant, tramp **2.** *littéraire (voyageur)* wanderer.

vagabondage *nm* **1.** *(délit)* vagrancy **2.** *(errance)* wandering, roaming.

vagin *nm* vagina.

vagissement *nm* cry, wail.

vague[1] *adj* **1.** *(idée, promesse)* vague **2.** *(vêtement)* loose-fitting **3.** *(avant nom) (quelconque)* • **il a un vague travail dans un bureau** he has some job or other in an office **4.** *(avant nom) (cousin)* distant.

vague[2] *nf* wave • **une vague de froid** a cold spell • **vague de chaleur** heatwave.

vaguement *adv* vaguely.

vaillant, **e** *adj* **1.** *(enfant, vieillard)* hale and hearty **2.** *littéraire (héros)* valiant.

vain, **e** *adj* **1.** *(inutile)* vain, useless • **en vain** in vain, to no avail **2.** *littéraire (vaniteux)* vain.

vaincre *vt* **1.** *(ennemi)* to defeat **2.** *(obstacle, peur)* to overcome.

vaincu, **e** *pp* → **vaincre**. ❑ *adj* defeated. ❑ *nm,f* defeated person.

vainement *adv* vainly.

vainqueur *nm* **1.** *(de combat)* conqueror, victor **2.** *SPORT* winner • **le vainqueur du 100 m** the winner of the 100 m. ❑ *adj m* victorious, conquering.

vaisseau *nm* **1.** *NAUT* vessel, ship • **vaisseau spatial** *AÉRON* spaceship **2.** *ANAT* vessel • **les vaisseaux sanguins** the blood vessels **3.** *ARCHIT* nave.

vaisselle *nf* crockery • **faire** *ou* **laver la vaisselle** to do the dishes, to wash up **(UK)**.

vaissellerie *nf (commerce)* tableware trade.

val *nm* valley.

valable *adj* **1.** *(passeport)* valid **2.** *(raison, excuse)* valid, legitimate • **cela reste valable** that still stands **3.** *(œuvre)* good, worthwhile.

valet *nm* **1.** *(serviteur)* servant **2.** *(cartes à jouer)* jack, knave • **le valet de cœur** the jack of hearts, the knave of hearts.

valeur *nf* **1.** *(gén) MUS* value • **avoir de la valeur** to be valuable • **mettre en valeur a)** *(talents)* to bring out **b)** *(terre)* to exploit • **de (grande) valeur a)** *(chose)* (very) valuable **b)** *(personne)* of (great) worth *ou* merit **2.** *(gén pl) FIN* stocks and shares *pl*, securities *pl* **3.** *(mérite)* worth, merit **4.** *fig (importance)* value, importance **5.** *(équivalent)* • **la valeur de** the equivalent of.

valide *adj* **1.** *(personne)* spry **2.** *(contrat)* valid.

valider *vt* to validate, to authenticate.

validité *nf* validity.

valise *nf* case (UK), suitcase • **faire sa valise/ses valises a)** *litt* to pack one's case/cases **b)** *fam & fig (partir)* to pack one's bags.

vallée *nf* valley.

vallon *nm* small valley.

vallonné, e *adj* undulating.

valoir *vi* **1.** *(gén)* to be worth • **ça vaut combien ?** how much is it? • **cette voiture doit valoir une fortune** that car must be worth a fortune • **que vaut ce film ?** is this film any good? • **ne rien valoir** not to be any good, to be worthless • **ça vaut mieux** *fam* that's best • **ça ne vaut pas la peine** it's not worth it • **faire valoir a)** *(vues)* to assert **b)** *(talent)* to show **2.** *(règle)* • **valoir pour** to apply to, to hold good for. ❑ *vt (médaille, gloire)* to bring, to earn. ❑ *v impers* • **il vaudrait mieux que nous partions** it would be better if we left, we'd better leave. ■ **se valoir** *vp* to be equally good/bad.

valorisant, e *adj* good for one's image.

valoriser *vt* **1.** *(immeuble, région)* to develop **2.** *(individu, société)* to improve the image of.

valse *nf* waltz.

valser *vi* to waltz • **envoyer valser qqch** *fam & fig* to send sthg flying.

valu *pp inv* → **valoir**.

valve *nf* valve.

vampire *nm* **1.** *(fantôme)* vampire **2.** ZOOL vampire bat.

van *nm (fourgon)* horsebox (UK), horsecar (US).

vandalisme *nm* vandalism.

vanille *nf* vanilla.

vanité *nf* vanity.

vaniteux, euse *adj* vain, conceited.

vanne *nf* **1.** *(d'écluse)* lockgate **2.** *fam (remarque)* gibe.

vannerie *nf* basketwork, wickerwork.

vantard, e *adj* bragging, boastful. ❑ *nm,f* boaster.

vanter *vt* to vaunt. ■ **se vanter** *vp* to boast, to brag • **se vanter de faire qqch** to boast *ou* brag about doing sthg.

va-nu-pieds *nmf inv* beggar.

vapeur *nf* **1.** *(d'eau)* steam • **à la vapeur** steamed • **bateau à vapeur** steamboat, steamer • **locomotive à vapeur** steam engine **2.** *(émanation)* vapour (UK), vapor (US). ■ **vapeurs** *nfpl* **1.** *(émanations)* fumes **2.** *(locution)* • **avoir ses vapeurs** *vieilli* to have the vapours (UK) *ou* vapors (US).

vapocuiseur *nm* pressure cooker.

vaporisateur *nm* **1.** *(atomiseur)* spray, atomizer • **du parfum en vaporisateur** spray perfume **2.** *(dans l'industrie)* vaporizer.

vaporiser *vt* **1.** *(parfum, déodorant)* to spray **2.** PHYS to vaporize.

vaquer *vi* • **vaquer à** to see to, to attend to.

varappe *nf* rock climbing.

varappeur, euse *nm,f* (rock) climber.

variable *adj* **1.** *(temps)* changeable **2.** *(distance, résultats)* varied, varying **3.** *(température)* variable. ❑ *nf* variable.

variant *nf* MÉD variant.

variante *nf* variant.

variateur *nm* ÉLECTR dimmer switch.

variation *nf* variation.

varice *nf* varicose vein.

varicelle *nf* chickenpox.

varié, e *adj* **1.** *(divers)* various • **des activités variées** various activities **2.** *(non monotone)* varied, varying.

varier *vt & vi* to vary.

variété *nf* **1.** *(gén)* variety • **plusieurs variétés de chocolat** several varieties of chocolate **2.** MUS easy listening. ■ **variétés** *nfpl* variety show *sing*.

variole *nf* smallpox.

Varsovie *npr* Warsaw • **le pacte de Varsovie** the Warsaw Pact.

vase[1] *nm* vase.

vase[2] *nf* mud, silt.

vaseline *nf* Vaseline®, petroleum jelly (UK).

vaseux, euse *adj* **1.** *(fond)* muddy, silty **2.** *fam (personne)* under the weather **3.** *fam (raisonnement, article)* woolly.

vasistas *nm* fanlight.

vaste *adj* vast, immense.

Vatican *nm* • **le Vatican** the Vatican.

vaudou, e *adj* voodoo. ■ **vaudou** *nm* voodoo, voodooism.

vautour *nm* vulture.

va-vite ■ **à la va-vite** *loc adv fam* in a rush.

vd (abrév de vend) = **vendre**.

veau *nm* **1.** *(animal)* calf **2.** *(viande)* veal **3.** *(peau)* calfskin.

vecteur *nm* **1.** GÉOM vector **2.** *(intermédiaire)* vehicle **3.** MÉD carrier.

vécu, e *pp* → **vivre**. ❑ *adj* real.

vedettariat *nm* stardom.

vedette *nf* **1.** NAUT patrol boat **2.** *(star)* star.

vegan *adj & nmf inv* vegan.

végétal, e *adj* **1.** *(huile)* vegetable *(avant nom)* **2.** *(cellule, fibre)* plant *(avant nom)*.

végétalien, enne *adj & nm,f* vegan.

végétarien, enne *adj & nm,f* vegetarian.

végétarisme *nm* vegetarianism.

végétation *nf* vegetation. ■ **végétations** *nfpl* adenoids.

végéter *vi* to vegetate.

véhémence *nf* vehemence.

véhicule *nm* vehicle • **véhicule sanitaire** ambulance.

véhiculer *vt* **1.** to transport **2.** *fig* to convey.

veille *nf* **1.** *(jour précédent)* day before, eve • **la veille de mon anniversaire** the day before my birthday • **la veille de Noël** Christmas Eve • **la veille au soir** the previous evening, the evening before **2.** *(éveil)* wakefulness **3.** *(privation de sommeil)* sleeplessness.

veillée *nf* **1.** *(soirée)* evening **2.** *(de mort)* wake, vigil.

veiller *vi* **1.** *(rester éveillé)* to stay up **2.** *(rester vigilant)* • **veiller à qqch** to look after sthg • **veiller à faire qqch** to see that sthg is done • **veiller sur** to watch over. ❑ *vt* to sit up with • **reste avec moi pour veiller Hélène** stay with me to sit up with Hélène.

veilleur *nm* • **veilleur de nuit** night watchman.

veilleuse *nf* **1.** *(lampe)* nightlight **2.** AUTO sidelight **3.** *(de chauffe-eau)* pilot light.

veinard, e *fam adj* lucky. ❑ *nm,f* lucky devil.

veine *nf* **1.** *(gén)* vein **2.** *(de marbre)* vein **3.** *(de bois)* grain **4.** *(filon)* seam, vein **5.** *fam (chance)* luck.

veiné, e *adj* **1.** *(marbre)* veined **2.** *(bois)* grained.

veineux, euse *adj* **1.** ANAT venous **2.** *(marbre)* veined **3.** *(bois)* grainy.

véliplanchiste *nmf* windsurfer.

velléité *nf* whim.

vélo *nm* bike • **faire du vélo** to go cycling.

LEXIQUE

vélo

Le VTT the mountain bike
le cale-pied the toe-clip
le cadre the frame
le guidon the handlebars
le changement de vitesse the gear change
la potence the support bar
le frein avant the front brake
la fourche the fork
le moyeu the hub
la valve the valve
la pédale the pedal
le plateau the triple crankset
le dérailleur the derailleur
le pneu tout terrain the all-terrain tyre
le frein arrière the rear brake
la jante the rim
le rayon the spoke
la tige de selle the saddle stem
la selle the saddle

vélocité *nf littéraire* swiftness, speed.

vélodrome *nm* velodrome.

vélomoteur *nm* light motorcycle, moped.

velours *nm* velvet.

velouté, e *adj* velvety. ■ **velouté** *nm* **1.** *(de peau)* velvetiness **2.** *(potage)* cream soup.

velu, e *adj* hairy.

vénal, e *adj* venal.

vendange *nf* **1.** *(récolte)* grape harvest, wine harvest **2.** *(période)* • **les vendanges** (grape) harvest time *sing*.

vendanger *vi* to harvest the grapes.

vendeur, euse *nm,f* salesman, saleswoman *f*, sales assistant.

vendre *vt* to sell • **'à vendre'** 'for sale'. ■ **se vendre** *vp* **1.** *(maison, produit)* to be sold • **ça se vend bien/mal actuellement** it is/isn't selling well at the moment • **se vendre comme des petits pains** to sell *ou* to go like hot cakes **2.** *péj (se laisser corrompre)* to sell o.s. • **se vendre à l'adversaire** to sell o.s. to *ou* to sell out to the opposite side **3.** *(se trahir)* to give o.s. away.

vendredi *nm* Friday • **Vendredi Saint** Good Friday. Voir aussi **samedi**.

> En anglais, les jours de la semaine s'écrivent avec une majuscule.

vendu, e *adj* **1.** *(cédé)* sold **2.** *(corrompu)* corrupt. ❑ *nm,f* traitor.

vénéneux, euse *adj* poisonous.

vénérable *adj* venerable.

vénération *nf* veneration, reverence.

vénérer *vt* to venerate, to revere.

vénérien, enne *adj* venereal.

Venezuela *nm* • **le Venezuela** Venezuela.

vengeance *nf* vengeance.

venger *vt* to avenge. ■ **se venger** *vp* to get one's revenge • **se venger de qqn** to take revenge on sb • **se venger de qqch** to take revenge for sthg • **se venger sur** to take it out on.

vengeur, vengeresse *adj* vengeful. ❑ *nm,f* avenger.

venimeux, euse *adj* venomous.

venin *nm* venom.

venir

■ **venir** *vi*

1. INDIQUE UN DÉPLACEMENT EN DIRECTION DU LOCUTEUR

• **ma mère vient chez moi tous les samedis** my mother comes (round) to my place every Saturday • **viens voir !** come and see! • **il ne vient jamais aux fêtes** he never comes to parties

2. INDIQUE UN DÉPLACEMENT AVEC LE LOCUTEUR

• **tu viens avec moi à la piscine ?** are you coming to the swimming pool with me?

3. INDIQUE LA PROVENANCE, L'ORIGINE

• **mes voisins viennent du Guatémala** my neighbours are from Guatemala • **ce riz vient du Japon** this rice comes from Japan • **ce mot vient du suédois** this word comes from Swedish

4. POUR EXPRIMER LE PASSÉ PROCHE

• **je viens de la voir** I've just seen her • **elle venait de téléphoner à son amie** she had just phoned her friend

5. POUSSER

• **cette plante vient bien dans un sol riche** this plant does well in a rich soil

6. DANS DES EXPRESSIONS

• **où veux-tu en venir ?** what are you getting at?

■ **venir à** *vi*

• **que se passerait-il s'il venait à mourir ?** what would happen if he was to die? • **la situation empira quand l'eau vint à manquer** the situation got worse when the water started running out

À PROPOS DE

venir faire

Il faut noter l'emploi de ***come and do sthg*** qui sert à insister sur l'accomplissement de l'action. En anglais américain, ***and*** est souvent omis :

• *Viens me voir mercredi.* **Come and see *me on Wednesday*** *ou* **Come see *me on Wednesday*** **(US)**.

Au passé, les deux verbes sont au prétérit. Dans ce cas, ***and*** ne peut pas être omis :

• *Il est venu réparer le lave-linge.* **He came and fixed *the washing machine***.

À noter aussi : la construction ***come and do sthg*** relève d'un registre plutôt oral.

vent *nm* wind • **il fait** *ou* **il y a du vent** it's windy.

vente *nf* **1.** *(cession, transaction)* sale **2.** *(technique)* selling. ■ **en vente** *loc adj & loc adv* **1.** *(à vendre)* for sale • **mettre qqch en vente** *(commercialiser qqch)* to put sthg on the market • **mettre une maison en vente** to put a house up for sale **2.** *(disponible)* available, on sale • **en vente en pharmacie** on sale at *ou* available from the chemist's • **en vente libre** sold without a prescription • **en vente sur/sans ordonnance** obtainable on prescription/without a prescription.

venteux, euse *adj* windy.

ventilateur *nm* fan.

ventilation *nf* **1.** *(de pièce)* ventilation **2.** FIN breakdown.

ventouse *nf* **1.** *(de caoutchouc)* suction pad **2.** *(d'animal)* sucker **3.** MÉD ventouse **4.** TECHNOL air vent.

ventre *nm* *(de personne)* stomach • **avoir/prendre du ventre** to have/be getting (a bit of) a paunch • **à plat ventre** flat on one's stomach.

ventriloque *nmf* ventriloquist.

venu, e *adj* • **bien venu** welcome • **mal venu** unwelcome • **il serait mal venu de faire cela** it would be improper to do that. ❑ *nm, f* • **nouveau venu** newcomer. ■ **venue** *nf* coming, arrival.

vépéciste *nm* mail-order company.

vêpres *nfpl* vespers.

ver *nm* **1.** *(gén)* worm **2.** *(dans un fruit)* maggot.

véracité *nf* truthfulness.

véranda *nf* veranda.

verbal, e *adj* **1.** *(promesse, violence)* verbal **2.** GRAMM verb *(avant nom)*.

verbalement *adv* verbally.

verbaliser *vt* to verbalize. ❑ *vi* to make out a report.

verbe *nm* GRAMM verb.

verdâtre *adj* greenish.

verdeur *nf* **1.** *(de personne)* vigour **(UK)**, vigor **(US)**, vitality **2.** *(de langage)* crudeness.

verdict *nm* verdict • **le jury a rendu son verdict** the jury returned its verdict.

verdir *vt & vi* to turn green.

verdoyant, e *adj* green.

verdure *nf (végétation)* greenery • **tu devrais manger plus de verdure** you should eat more salad.

véreux, euse *adj* **1.** worm-eaten, maggoty **2.** *fig* shady.

verge *nf* **1.** ANAT penis **2.** *littéraire (baguette)* rod, stick.

verger *nm* orchard.

vergeture *nf* stretchmark.

verglacé, e *adj* icy.

verglas *nm* (black) ice • **des plaques de verglas** patches of black ice.

véridique *adj* truthful.

vérification *nf (contrôle)* check, checking.

vérifier *vt* **1.** *(contrôler)* to check **2.** *(confirmer)* to prove, to confirm. ■ **se vérifier** *vp* to prove accurate.

véritable *adj* **1.** real **2.** *(ami)* true.

véritablement *adv* really.

vérité *nf* **1.** *(chose vraie, réalité, principe)* truth *(indén)* • **c'est la vérité, je te le jure !** it's true, I swear! **2.** *(sincérité)* sincerity. ■ **en vérité** *loc adv* actually, really.

verlan *nm* back slang.

vermeil, eille *adj* scarlet. ■ **vermeil** *nm* silver-gilt.

vermicelle *nm* vermicelli *(indén)*.

vermine *nf (parasites)* vermin.

vermoulu, e *adj* **1.** riddled with woodworm **2.** *fig* moth-eaten.

verni, e *adj* **1.** *(bois)* varnished **2.** *(souliers)* • **chaussures vernies** patent-leather shoes **3.** *fam (chanceux)* lucky.

vernir *vt* to varnish.

vernis *nm* **1.** varnish **2.** *fig* veneer • **vernis à ongles** nail polish *ou* varnish.

vernissage *nm* **1.** *(de meuble)* varnishing **2.** *(d'exposition)* private viewing.

verre *nm* **1.** *(matière, récipient)* glass • **des verres à vin** wine glasses • **verre dépoli** frosted glass **2.** *(quantité)* glassful, glass **3.** *(optique)* lens • **verres de contact** contact lenses • **verres progressifs** progressive lenses, progressives **(UK) 4.** *(boisson)* drink • **boire un verre** to have a drink.

verrière *nf* *(toit)* glass roof.

verrine *nf* *si vous voulez expliquer à un anglophone de quoi il s'agit, vous pouvez dire* it is an appetizer or dessert served in a small glass.

verr num (abrév de verrouillage numérique) *nf* *INFORM* num lock.

verrou *nm* bolt • **mettre le verrou** to bolt the door.

verrouillage *nm* *AUTO* • **verrouillage centralisé** central locking.

verrouiller *vt* **1.** *(porte)* to bolt **2.** *(personne)* to lock up.

verrue *nf* wart • **verrue plantaire** verruca.

vers[1] *nm* line • **je n'arrive pas à me rappeler le troisième vers du poème** I can't remember the third line of the poem. ❑ *nmpl* • **en vers** in verse • **faire des vers** to write poetry.

vers[2] *prép* **1.** *(dans la direction de)* towards, toward **(US) 2.** *(aux environs de - temporel)* around, about • **vers la fin du mois** towards *ou* toward **(US)** the end of the month ; *(- spatial)* near.

versant *nm* side.

versatile *adj* changeable, fickle.

verse ■ **à verse** *loc adv* • **pleuvoir à verse** to pour down.

versé, e *adj* • **être versé dans** to be versed *ou* well-versed in.

Verseau *nm* *ASTROL* Aquarius.

versement *nm* payment • **en trois versements** in three instalments.

verser *vt* **1.** *(eau)* to pour **2.** *(larmes, sang)* to shed **3.** *(argent)* to pay. ❑ *vi* to overturn, to tip over.

verset *nm* verse.

version *nf* **1.** *(gén)* version • **version française/originale** French/original version **2.** *(traduction)* translation *(into mother tongue)*.

verso *nm* back.

vert, e *adj* **1.** *(couleur, fruit, légume, bois)* green **2.** *fig* *(vieillard)* spry, sprightly **3.** *(réprimande)* sharp **4.** *(à la campagne)* • **le tourisme vert** country holidays *pl.* ■ **vert** *nm* *(couleur)* green • **vert pomme** apple green. ■ **Verts** *nmpl* • **les Verts** *POLIT* the Greens.

vertébral, e *adj* vertebral.

vertèbre *nf* vertebra • **les vertèbres cervicales** the cervical vertebrae.

vertébré, e *adj* vertebrate. ■ **vertébré** *nm* vertebrate.

vertement *adv* sharply.

vertical, e *adj* vertical. ■ **verticale** *nf* vertical • **à la verticale a)** *(descente)* vertical **b)** *(descendre)* vertically.

vertige *nm* **1.** *(peur du vide)* vertigo • **avoir le vertige** to suffer from vertigo **2.** *(étourdissement)* dizziness • **ça me donne le vertige** it makes me dizzy **3.** *fig* intoxication • **avoir des vertiges** to suffer from *ou* have dizzy spells.

vertigineux, euse *adj* **1.** *fig* *(vue, vitesse)* breathtaking **2.** *(hauteur)* dizzy.

vertu *nf* **1.** *(morale, chasteté)* virtue **2.** *(pouvoir)* properties *pl*, power. ■ **en vertu de** *loc prép* in accordance with.

vertueux, euse *adj* virtuous.

verve *nf* eloquence.

vésicule *nf* vesicle.

vessie *nf* bladder.

veste *nf* *(vêtement)* jacket • **veste croisée/droite** double-/single-breasted jacket.

vestiaire *nm* **1.** *(au théâtre)* cloakroom **2.** *(gén pl)* *SPORT* changing room **(UK)**, locker room **(US)**.

vestibule *nm* *(pièce)* hall, vestibule.

vestige *nm* **1.** *(gén pl)* *(de ville)* remains *pl* **2.** *fig* *(de civilisation, grandeur)* vestiges *pl*, relic.

vestimentaire *adj* **1.** *(industrie)* clothing *(avant nom)* **2.** *(dépense)* on clothes • **détail vestimentaire** accessory.

veston *nm* jacket.

vétéciste *nmf* hybrid bike rider.

vêtement *nm* garment, article of clothing • **vêtements** clothing *(indén)*, clothes.

LEXIQUE

les vêtements

le blouson en cuir the leather jacket
le bonnet the woolly hat **(UK)**, the wooly hat **(US)**
le bonnet de bain the swimming-cap
la botte the boot
le caleçon de bain swimming trunks
la chaussette the sock
la chaussure the shoe
la chaussure de sport the trainer **(UK)**, the sneaker **(US)**
la chemise the shirt
la chemise de nuit the nightie
le chemisier the blouse
le collant tights **(UK)**, pantyhose **(US)**
la culotte panties
l'écharpe the scarf
le gant the glove
le gilet the cardigan
l'imperméable the raincoat

LEXIQUE (suite)

le jean jeans
la jupe the skirt
les lunettes de soleil sunglasses
le maillot de bain (de femme) the swimming costume (UK), the bathing suit (US)
le manteau the coat
la mini-jupe the mini skirt
le pantalon trousers (UK), pants (US)
la pantoufle the slipper
le peignoir de bain the bathrobe
le pull the sweater, the jumper (UK)
le pyjama pyjamas
la robe the dress
la sandale the sandal
le short shorts
le slip underpants
le slip de bain swimming trunks
la socquette the anckle sock
le soutien-gorge the bra
le survêtement the tracksuit (UK), the sweatsuit (US)
le tee-shirt the T-shirt
la tennis the tennis shoe
la veste (d'homme) the jacket
la veste (de femme) the jacket

vétéran *nm* veteran.

vétérinaire *nmf* vet (UK), veterinary surgeon (UK), veterinarian (US).

vététiste *nmf* mountain biker.

vêtir *vt* to dress. ■ **se vêtir** *vp* to dress, to get dressed.

veto *nm inv* veto • **mettre son veto à qqch** to veto sthg.

véto *nmf fam* vet.

vêtu, e *pp* → **vêtir**. ❑ *adj* • **vêtu (de)** dressed (in).

vétuste *adj* dilapidated.

veuf, veuve *nm, f* widower, widow *f*.

veuvage *nm* **1.** *(de femme)* widowhood **2.** *(d'homme)* widowerhood.

vexant, e *adj* **1.** *(contrariant)* annoying, vexing **2.** *(blessant)* hurtful.

vexation *nf (humiliation)* insult.

vexer *vt* to offend. ■ **se vexer** *vp* to take offence (UK) *ou* offense (US).

VHS (abrév de Video Home System) *nm* VHS.

via *prép* via.

viabiliser *vt* to service.

viabilité *nf* **1.** *(de route)* passable state **2.** *(d'entreprise, organisme)* viability.

viable *adj* viable.

viaduc *nm* viaduct.

viager, ère *adj* life *(avant nom)*. ■ **viager** *nm* life annuity.

viande *nf* meat • **de la viande rouge** red meat.

vibration *nf* vibration.

vibrer *vi* **1.** *(trembler)* to vibrate **2.** *fig (être ému)* • **vibrer (de)** to be stirred (with).

vibreur *nm* TÉLÉCOM VibraCall® (alert *ou* feature).

vice *nm* **1.** *(de personne)* vice **2.** *(d'objet)* fault, defect.

vice-présidence *nf* **1.** POLIT vice-presidency **2.** *(de société)* vice-chairmanship.

vice-président, e *nm, f* **1.** POLIT vice-president **2.** *(de société)* vice-chairman, vice-chairwoman *f*.

vice versa *loc adv* vice versa.

vicié, e *adj (air)* polluted, tainted.

vicieux, euse *adj* **1.** *(personne, conduite)* perverted, depraved **2.** *(animal)* restive **3.** *(attaque)* underhand.

victime *nf* **1.** victim **2.** *(blessé)* casualty.

victoire *nf* **1.** MIL victory **2.** POLIT & SPORT win, victory.

victorieux, euse *adj* **1.** MIL victorious **2.** POLIT & SPORT winning *(avant nom)*, victorious **3.** *(air)* triumphant.

victuailles *nfpl* provisions.

vidange *nf* **1.** *(action)* emptying, draining **2.** AUTO oil change **3.** *(mécanisme)* waste outlet. ■ **vidanges** *nfpl* sewage *(indén)*.

vidanger *vt* to empty, to drain.

vide *nm* **1.** *(espace)* void **2.** *fig (néant, manque)* emptiness **3.** *(absence d'air)* vacuum • **conditionné sous vide** vacuum-packed **4.** *(ouverture)* gap, space **5.** DR • **vide juridique** legal vacuum. ❑ *adj* empty. ■ **à vide** *loc adj & loc adv* empty.

vidéo *adj inv* video *(avant nom)*. ❑ *nf* video • **vidéo à la demande** video on demand.

vidéocassette *nf* video cassette.

vidéoconférence = **visioconférence**.

vidéodisque *nm* videodisc (UK), videodisk (US).

vidéoprojecteur *nm* video projector.

vide-ordures *nm inv* rubbish chute (UK), garbage chute (US).

vidéosurveillance *nf* video surveillance.

vidéothèque *nf* video library.

vidéotransmission *nf* video transmission.

vide-poches *nm inv (de voiture)* glove compartment.

vider *vt* **1.** *(rendre vide)* to empty **2.** *(évacuer)* • **vider les lieux** to vacate the premises **3.** *(poulet)* to clean **4.** *fam (personne - épuiser)* to drain ; *(- expulser)* to chuck out. ■ **se vider** *vp* **1.** *(eaux)* • **se vider dans** to empty into, to drain into **2.** *(baignoire, salle)* to empty.

videur *nm* bouncer.

vie *nf* **1.** *(gén)* life • **sauver la vie à qqn** to save sb's life • **être en vie** to be alive • **à vie** for life • **mener la vie dure à qqn** to make s.o.'s life hell **2.** *(subsistance)* cost of living • **gagner sa vie** to earn one's living.

vieillard *nm* old man. ■ **vieillards** *nmpl (personnes âgées)* old people.
vieille → **vieux**.
vieillerie *nf (objet)* old thing.
vieillesse *nf (fin de la vie)* old age.
vieilli, e *adj (mode, attitude)* dated.
vieillir *vi* **1.** *(personne)* to grow old, to age **2.** CULIN to mature, to age **3.** *(tradition, idée)* to become dated *ou* outdated. ❑ *vt* • **vieillir qqn** to make sb look older • **c'est fou ce que les cheveux longs la vieillissent !** *(coiffure, vêtement)* long hair makes her look a lot older! • **ils m'ont vieilli de cinq ans** *(personne)* they said I was five years older than I actually am.
vieillissement *nm (de personne)* ageing.
Vienne *npr (en Autriche)* Vienna.
viennoiserie *nf si vous voulez expliquer à un anglophone de quoi il s'agit, vous pouvez dire* it is the term for a kind of pastry made with sweetened dough, for example croissant and brioche.
vierge *nf* virgin • **la (Sainte) Vierge** the (Blessed) Virgin, the Virgin Mary. ❑ *adj* **1.** *(personne)* virgin **2.** *(terre)* virgin **3.** *(page)* blank **4.** *(casier judiciaire)* clean. ■ **Vierge** *nf* ASTROL Virgo.
Viêt Nam *nm* • **le Viêt Nam** Vietnam.
vieux, vieille *adj (**vieil** devant voyelle ou **h** muet)* old • **vieux jeu** old-fashioned. ❑ *nm, f* **1.** *(personne âgée)* old man, old woman *f* • **les vieux** the old **2.** *fam (ami)* • **mon vieux** old chap *ou* boy (UK), old buddy (US) • **ma vieille** old girl.
vif, vive *adj* **1.** *(preste - enfant)* lively ; *(- imagination)* vivid **2.** *(couleur, œil)* bright • **rouge/jaune vif** bright red/yellow **3.** *(reproche)* sharp **4.** *(discussion)* bitter **5.** *sout (vivant)* alive **6.** *(douleur, déception)* acute **7.** *(intérêt)* keen **8.** *(amour, haine)* intense, deep. ■ **à vif** *loc adj (plaie)* open • **j'ai les nerfs à vif** *fig* my nerves are frayed. ■ **vif** *nm* **1.** DR living person **2.** *(à la pêche)* live bait **3.** *(locution)* • **entrer dans le vif du sujet** to get to the heart of the matter • **piquer au vif** to touch a raw nerve • **prendre qqn sur le vif** to catch sb red-handed • **une photo prise sur le vif** an action photograph.
vigie *nf (NAUT - personne)* lookout ; *(- poste)* crow's nest.
vigilance *nf* vigilance.
vigilant, e *adj* vigilant, watchful.
vigile *nm* watchman.
vigne *nf* **1.** *(plante)* vine, grapevine **2.** *(plantation)* vineyard. ■ **vigne vierge** *nf* Virginia creeper.
vigneron, onne *nm, f* wine grower.
vignette *nf* **1.** *(timbre)* label **2.** *(de médicament)* price sticker *(for reimbursement by the social security services)* **3.** AUTO tax disc (UK) **4.** *(motif)* vignette.
vignoble *nm* **1.** *(plantation)* vineyard **2.** *(vignes)* vineyards *pl*.
vigoureux, euse *adj* **1.** *(corps, personne)* vigorous **2.** *(bras, sentiment)* strong.
vigueur *nf* vigour (UK), vigor (US). ■ **en vigueur** *loc adj* in force.
VIH, V.I.H. (abrév de virus d'immunodéficience humaine) *nm* HIV.
vilain, e *adj* **1.** *(gén)* nasty **2.** *(laid)* ugly. ■ **vilain** *nm* **1.** HIST villein **2.** *fam (grabuge)* • **il y aura du vilain** there's going to be trouble.
vilebrequin *nm* **1.** *(outil)* brace and bit **2.** AUTO crankshaft.
villa *nf* villa.
village *nm* village.
villageois, e *nm, f* villager.
ville *nf* **1.** *(petite, moyenne)* town **2.** *(importante)* city • **les grandes villes** big cities • **aller en ville** to go into town • **habiter en ville** to live in town • **ville d'eau** spa (town).

LEXIQUE

la ville

l'ambulance the ambulance
l'arrêt de bus the bus stop
la boutique the shop (UK), the store (US)
la chaussée the road
le cinéma the cinema (UK), the movie theater (US)
le feu the traffic light
le grand magasin the department store
l'hôpital the hospital
l'immeuble the building
le kiosque à journaux the newsstand
la mairie the town hall (UK), the city hall (US)
le parking the car park (UK), the parking lot (US)
le passage piétons the pedestrian crossing (UK), the crosswalk (US)
le piéton the pedestrian
la place the square
la rue the street
la station de taxis the taxi rank
le taxi the taxi
le trottoir the pavement (UK), the sidewalk (US)
les vitrines the window displays

villégiature *nf* holiday (UK), vacation (US).
vin *nm* wine • **vin blanc/rosé/rouge** white/rosé/red wine. ■ **vin d'honneur** *nm* reception.
vinaigre *nm* vinegar.
vinaigrette *nf* oil and vinegar dressing.
vindicatif, ive *adj* vindictive.
vingt *adj num inv & nm* twenty. Voir aussi **six**.
vingtaine *nf* • **une vingtaine de** about twenty.
vingtième *adj num inv, nm & nmf* twentieth. Voir aussi **sixième**.
vinicole *adj* wine-growing, wine-producing.

viol *nm* **1.** *(de femme)* rape • **être condamné pour viol** to be sentenced for rape **2.** *(de sépulture)* desecration **3.** *(de sanctuaire)* violation.

violation *nf* violation, breach.

violemment *adv* **1.** *(frapper)* violently **2.** *(rétorquer)* sharply.

violence *nf* violence • **se faire violence** to force o.s.

violent, e *adj* **1.** *(personne, tempête)* violent **2.** *fig (douleur, angoisse, chagrin)* acute **3.** *(haine, passion)* violent.

violer *vt* **1.** *(femme)* to rape **2.** *(loi, traité)* to break **3.** *(sépulture)* to desecrate **4.** *(sanctuaire)* to violate.

violet, ette *adj* **1.** purple **2.** *(pâle)* violet. ■ **violet** *nm* **1.** purple **2.** *(pâle)* violet.

violette *nf* violet.

violeur *nm* rapist.

violon *nm (instrument)* violin.

violoncelle *nm (instrument)* cello.

violoniste *nmf* violinist.

vipère *nf* viper.

virage *nm* **1.** *(sur route)* bend **2.** *(changement)* turn.

viral, e *adj* viral.

virée *nf fam* • **faire une virée a)** *(en voiture)* to go for a spin **b)** *(dans bars)* ≃ to go on a pub crawl.

virement *nm* FIN transfer • **virement automatique** automatic transfer, standing order • **virement bancaire/postal** bank/giro **(UK)** transfer.

virer *vi* **1.** *(tourner)* • **virer à droite/à gauche** to turn right/left **2.** *(étoffe)* to change colour **(UK)** *ou* color **(US)** • **virer au blanc/jaune** to go white/yellow **3.** MÉD to react positively. ❑ *vt* **1.** FIN to transfer **2.** *fam (renvoyer)* to kick out.

virevolte *nf* **1.** *(mouvement)* twirl **2.** *fig (volte-face)* about-turn **(UK)**, about-face **(US)**, U-turn.

virevolter *vi (tourner)* to twirl *ou* spin round **(UK)** *ou* around **(US)**.

virginité *nf* **1.** *(de personne)* virginity **2.** *(de sentiment)* purity.

virgule *nf* **1.** *(entre mots)* comma **2.** *(entre chiffres)* (decimal) point.

> En anglais, les décimales s'écrivent avec un point et non avec une virgule : 5,4 s'écrit 5.4 et se lit '***five point four***'.

viril, e *adj* virile.

virilité *nf* virility.

virtuel, elle *adj* potential.

virtuellement *adv* **1.** *(potentiellement)* potentially **2.** *(pratiquement)* virtually.

virtuose *nmf* virtuoso.

virulence *nf* virulence.

virulent, e *adj* virulent.

virus *nm* INFORM & MÉD virus • **le virus de la grippe** the flu virus.

vis *nf* screw.

visa *nm* visa • **demander un visa** to apply for a visa.

visage *nm* face.

visagiste *nmf* beautician.

vis-à-vis *nm* **1.** *(personne)* person sitting opposite **2.** *(immeuble)* • **avoir un vis-à-vis** to have a building opposite. ■ **vis-à-vis de** *loc prép* **1.** *(en face de)* opposite **2.** *(en comparaison de)* beside, compared with **3.** *(à l'égard de)* towards, toward **(US)**.

viscéral, e *adj* **1.** ANAT visceral **2.** *fam (réaction)* gut *(avant nom)* **3.** *fam (haine, peur)* deep-seated.

viscère *nm (gén pl)* innards *pl*.

viscose *nf* viscose.

visé, e *adj* **1.** *(concerné)* concerned • **je me suis senti visé quand il a fait cette remarque** I felt I was being got at when he made that remark **2.** *(vérifié)* stamped.

visée *nf* **1.** *(avec arme)* aiming **2.** *(gén pl) fig (intention, dessein)* aim.

viser *vt* **1.** *(cible)* to aim at **2.** *fig (poste)* to aspire to, to aim for **3.** *(personne)* to be directed *ou* aimed at **4.** *(document)* to check, to stamp. ❑ *vi* to aim, to take aim • **viser à** to aim at • **viser à faire qqch** to aim to do sthg, to be intended to do sthg • **viser haut** *fig* to aim high.

viseur *nm* **1.** *(d'arme)* sights *pl* **2.** PHOTO viewfinder.

visibilité *nf* visibility.

visible *adj* **1.** *(gén)* visible **2.** *(personne)* • **il n'est pas visible** he's not seeing visitors.

visiblement *adv* visibly.

visière *nf* **1.** *(de casque)* visor **2.** *(de casquette)* peak **3.** *(de protection)* eyeshade.

visioconférence, vidéoconférence *nf* videoconference.

vision *nf* **1.** *(faculté)* eyesight, vision **2.** *(représentation)* view, vision **3.** *(mirage)* vision.

visionnaire *nmf & adj* visionary.

visionner *vt* to view.

visite *nf* **1.** *(chez un ami, officielle)* visit • **rendre visite à qqn** to pay sb a visit **2.** *(MÉD - à l'extérieur)* call, visit ; *(- à l'hôpital)* rounds *pl* • **passer une visite médicale** to have a medical **(UK)** *ou* a physical **(US)** **3.** *(de monument)* tour • **visite audioguidée** audio guided tour **4.** *(d'expert)* inspection.

visiter *vt* **1.** *(en touriste)* to tour **2.** *(malade, prisonnier)* to visit.

visiteur, euse *nm, f* visitor.

vison *nm* mink.

visqueux, euse *adj* **1.** *(liquide)* viscous **2.** *(surface)* sticky.

visser *vt* **1.** *(planches)* to screw together **2.** *(couvercle)* to screw down **3.** *(bouchon)* to screw in **4.** *(écrou)* to screw on.

visseuse *nf* electric screwdriver.
visualisation *nf* INFORM display mode.
visualiser *vt* **1.** *(gén)* to visualize **2.** INFORM to display **3.** TECHNOL to make visible.
visuel, elle *adj* visual. ■ **visuel** *nm* INFORM visual display unit • **visuel graphique** graphical display unit.
visuellement *adv* visually.
vital, e *adj* vital.
vitalité *nf* vitality.
vitamine *nf* vitamin.
vitaminé, e *adj* with added vitamins, vitamin-enriched.
vite *adv* **1.** *(rapidement)* quickly, fast • **vite, le prof arrive !** quick, the teacher's coming! • **fais vite !** hurry up! **2.** *(tôt)* soon.
vitesse *nf* **1.** *(gén)* speed • **à toute vitesse** at top speed **2.** *(de vélo, voiture)* gear • **un vélo à dix vitesses** a ten-gear bike, a bike with ten gears • **changer de vitesse** to change gear.
viticole *adj* wine-growing.
viticulteur, trice *nm, f* wine-grower.
vitrage *nm* **1.** *(vitres)* windows *pl* **2.** *(toit)* glass roof.
vitrail *nm* stained-glass window.
vitre *nf* **1.** *(de fenêtre)* pane of glass, windowpane **2.** *(de voiture, train)* window.
vitré, e *adj* glass *(avant nom)*.
vitreux, euse *adj* **1.** *(roche)* vitreous **2.** *(œil, regard)* glassy, glazed.
vitrification *nf* **1.** *(de parquet)* sealing and varnishing **2.** *(d'émail)* vitrification.
vitrifier *vt* **1.** *(parquet)* to seal and varnish **2.** *(émail)* to vitrify.
vitrine *nf* **1.** *(de boutique)* (shop) window **2.** *fig* showcase **3.** *(meuble)* display cabinet.
vivable *adj* **1.** *(appartement)* livable-in **2.** *(situation)* bearable, tolerable **3.** *(personne)* • **il n'est pas vivable** he's impossible to live with.
vivace *adj* **1.** *(plante)* perennial **2.** *(arbre)* hardy **3.** *fig (haine, ressentiment)* deep-rooted, entrenched **4.** *(souvenir)* enduring.
vivacité *nf* **1.** *(promptitude - d'une personne)* liveliness, vivacity • **vivacité d'esprit** quick-wittedness **2.** *(d'un coloris, du teint)* intensity, brightness **3.** *(de propos)* sharpness.
vivant, e *adj* **1.** *(en vie)* alive, living **2.** *(enfant, quartier)* lively **3.** *(souvenir)* still fresh. ■ **vivant** *nm (personne)* • **les vivants** the living.
vive[1] *nf (poisson)* weever.
vive[2] *interj* three cheers for • **vive le roi !** long live the King! • **vive les vacances !** three cheers for the holidays!
vivement *adv* **1.** *(agir)* quickly **2.** *(répondre)* sharply **3.** *(affecter)* deeply. ❑ *interj* • **vivement les vacances !** roll on the holidays! • **vivement que l'été arrive** I'll be glad when summer comes, summer can't come quick enough.
vivifiant, e *adj* invigorating, bracing.
vivisection *nf* vivisection.
vivoter *vi* **1.** *(personne)* to live from hand to mouth **2.** *(affaire, commerce)* to struggle to survive.
vivre *vi* **1.** to live **2.** *(être en vie)* to be alive • **vivre de** to live on • **faire vivre sa famille** to support one's family • **être difficile/facile à vivre** to be hard/easy to get on with • **avoir vécu** to have seen life. ❑ *vt* **1.** *(passer)* to spend **2.** *(éprouver)* to experience. ■ **vivres** *nmpl* provisions.
vizir *nm* vizier.
VO (abrév de version originale) *nf it is a label that indicates that a film is being displayed in its original language, usually with French subtitles* • **en VO sous-titrée** in the original version with subtitles.
vocable *nm* term.
vocabulaire *nm* **1.** *(gén)* vocabulary **2.** *(livre)* lexicon, glossary.
vocal, e *adj* • **ensemble vocal** choir → corde.
vocatif *nm* vocative (case).
vocation *nf* **1.** *(gén)* vocation **2.** *(d'organisation)* mission.
vocifération *nf* shout, scream.
vociférer *vt* to shout, to scream.
vodka *nf* vodka.
vœu *nm* **1.** RELIG *(résolution)* vow • **faire vœu de silence** to take a vow of silence **2.** *(souhait, requête)* wish. ■ **vœux** *nmpl* greetings.

S'EXPRIMER

formuler des vœux

- ***Good luck!*** Bonne chance !
- ***Have a good time!*** Amuse-toi bien ! Amusez-vous bien !
- ***Happy Birthday!*** Bon anniversaire !
- ***Merry Christmas!*** Joyeux Noël !
- ***Happy New Year!*** Bonne année !

vogue *nf* vogue, fashion • **en vogue** fashionable, in vogue.
voguer *vi* littéraire to sail.

À PROPOS DE

voici

Les expressions ***here is*** et ***here are*** servent à annoncer l'arrivée de quelqu'un ou de quelque chose, ou le fait que l'on vient de trouver quelque chose (**here's *Charlie!*** ; **here are *the answers***). Le sujet (***Charlie*** ; ***answers***) se place à la fin de la phrase, sauf s'il s'agit d'un pronom personnel tel que ***I, you, he***, etc (***here's Charlie!*** — **here *he* is** ; ***here are the answers*** — **here *they* are**).

voici *prép* **1.** *(pour désigner, introduire)* here is/are • **le voici** here he/it is • **les voici** here they are • **vous cherchiez des allumettes ? en voici** were you looking for matches? there are some here • **voici ce qui s'est passé** this is what happened **2.** *(il y a)* • **voici trois mois** three months ago • **voici quelques années que je ne l'ai pas vu** I haven't seen him for some years (now), it's been some years since I last saw him.

voie *nf* **1.** *(route)* road • **route à deux voies** two-lane road • **la voie publique** the public highway • **voie sans issue** no through road • **voie privée** private road **2.** *(rails)* track, line **3.** *(quai)* platform • **voie ferrée** railway line **(UK)**, railroad line **(US)** • **voie de garage a)** siding **b)** *fig* dead-end job **4.** *(mode de transport)* route **5.** *ANAT* passage, tract • **par voie buccale** *ou* **orale** orally, by mouth • **par voie rectale** by rectum • **voie respiratoire** respiratory tract **6.** *fig (chemin)* way **7.** *(filière, moyen)* means *pl.* ■ **en voie de** *loc prép* on the way *ou* road to • **en voie de développement** developing. ■ **voie de fait** *nf* assault • **se livrer à des voies de fait sur qqn** to assault sb. ■ **Voie lactée** *nf* • **la Voie lactée** the Milky Way.

voilà *prép* **1.** *(pour désigner)* there is/are • **le voilà** there he/it is • **les voilà** there they are • **me voilà** that's me, there I am • **vous cherchiez de l'encre ? en voilà** you were looking for ink? there is some (over) there • **nous voilà arrivés** we've arrived **2.** *(reprend ce dont on a parlé)* that is **3.** *(introduit ce dont on va parler)* this is • **voilà ce que j'en pense** this is/that is what I think • **voilà tout** that's all • **et voilà !** there we are! **4.** *(il y a)* • **voilà dix jours** ten days ago • **voilà dix ans que je le connais** I've known him for ten years (now).

voile[1] *nf* **1.** *(de bateau)* sail **2.** *(activité)* sailing • **faire de la voile** to go sailing.

LEXIQUE

voile

l'amarre the mooring
l'ancre the anchor
la coque the hull
la cale the hold
la corde the cord
le gouvernail the rudder
le mât the mast
la rame the oar
le spi the spinnaker
la voile the sail

voile[2] *nm* **1.** *(textile)* voile **2.** *(coiffure)* veil **3.** *(de brume)* mist.

voilé, e *adj* **1.** *(visage, allusion)* veiled **2.** *(ciel, regard)* dull **3.** *(roue)* buckled **4.** *(son, voix)* muffled.

voiler *vt* **1.** *(visage)* to veil **2.** *(vérité, sentiment)* to hide **3.** *(sujet : brouillard, nuages)* to cover. ■ **se voiler** *vp* **1.** *(femme)* to wear a veil **2.** *(ciel)* to cloud over **3.** *(yeux)* to mist over **4.** *(roue)* to buckle.

voilier *nm (bateau)* sailing boat **(UK)**, sailboat **(US)**.

voilure *nf (de bateau)* sails *pl.*

voir *vt (gén)* to see • **je l'ai vu tomber** I saw him fall • **faire voir qqch à qqn** to show sb sthg • **ne rien avoir à voir avec** *fig* to have nothing to do with • **voyons,...** *(en réfléchissant)* let's see,.... ❑ *vi* to see. ■ **se voir** *vp* **1.** *(se regarder)* to see o.s., to watch o.s. **2.** *(s'imaginer)* to see *ou* to imagine *ou* to picture o.s. **3.** *(se rencontrer)* to see one another *ou* each other **4.** *(se remarquer)* to be obvious, to show • **ça se voit !** you can tell!

voire *adv* even.

voirie *nf ADMIN* ≃ Department of Transport.

voisin, e *adj* **1.** *(pays, ville)* neighbouring **(UK)**, neighboring **(US)** **2.** *(maison)* next-door **3.** *(idée)* similar. ❑ *nm, f* neighbour **(UK)**, neighbor **(US)** • **voisin de palier** next-door neighbour *(in a flat)*.

voisinage *nm* **1.** *(quartier)* neighbourhood **(UK)**, neighborhood **(US)** **2.** *(environs)* vicinity **3.** *(relations)* • **rapports de bon voisinage** (good) neighbourliness **(UK)** *ou* neighborliness **(US)**.

voiture *nf* **1.** *(automobile)* car • **voiture de fonction** company car • **voiture de location** hire **(UK)** *ou* rental **(US)** car • **voiture d'occasion/de sport** second-hand/sports car **2.** *(de train)* carriage **(UK)**, car **(US)**.

voix *nf* **1.** *(gén)* voice • **voix de stentor** stentorian voice • **à mi-voix** in an undertone • **à voix basse** in a low voice, quietly • **à voix haute a)** *(parler)* in a loud voice **b)** *(lire)* aloud • **de vive voix** in person **2.** *(suffrage)* vote.

vol *nm* **1.** *(d'oiseau, avion)* flight • **vol (en) charter** charter flight • **à vol d'oiseau** as the crow flies • **en plein vol** in flight **2.** *(groupe d'oiseaux)* flight, flock **3.** *(délit)* theft.

vol. (abrév de volume) vol.

volage *adj* fickle.

volaille *nf* • **la volaille** poultry, (domestic) fowl.

volant[1]**, e** *adj* **1.** *(qui vole)* flying **2.** *(mobile)* • **feuille volante** loose sheet.

volant[2] *nm* **1.** *(de voiture)* steering wheel **2.** *(de robe)* flounce **3.** *(de badminton)* shuttlecock.

volatiliser ■ **se volatiliser** *vp* **1.** to volatilize **2.** *fig* to vanish into thin air.

volcan *nm* **1.** volcano **2.** *fig* spitfire.

volcanique *adj* **1.** volcanic **2.** *fig (tempérament)* fiery.

volée *nf* **1.** *(de flèches)* volley • **une volée de coups** a hail of blows **2.** *FOOTBALL & TENNIS* volley.

voler *vi* to fly. ❑ *vt* **1.** *(personne)* to rob **2.** *(chose)* to steal.

volet *nm* **1.** *(de maison)* shutter **2.** *(de dépliant)* leaf **3.** *(d'émission)* part.

voleur, euse *nm, f* thief • **la police a arrêté les voleurs** the police arrested the thieves.

volière *nf* aviary.

volley-ball *nm* volleyball.

volontaire *nmf* volunteer. ❑ *adj* **1.** *(omission)* deliberate **2.** *(activité)* voluntary **3.** *(enfant)* strong-willed.

volontairement *adv* **1.** deliberately **2.** *(offrir)* voluntarily.

volonté *nf* **1.** *(vouloir)* will • **à volonté** unlimited, as much as you like **2.** *(disposition)* • **bonne volonté** willingness, good will • **mauvaise volonté** unwillingness **3.** *(détermination)* willpower.

volontiers *adv* **1.** *(avec plaisir)* with pleasure, gladly, willingly **2.** *(affable, bavard)* naturally.

volt *nm* volt.

voltage *nm* voltage.

volte-face *nf inv* **1.** about-turn **(UK)**, about-face **(US)** **2.** *fig* U-turn, about-turn **(UK)**, about-face **(US)**.

voltige *nf* **1.** *(au trapèze)* trapeze work • **haute voltige a)** flying trapeze act **b)** mental gymnastics *(indén)* **2.** *(à cheval)* circus riding **3.** *(en avion)* aerobatics *(indén)*.

voltiger *vi* **1.** *(insecte, oiseau)* to flit *ou* flutter about **2.** *(feuilles)* to flutter about.

volubile *adj* voluble.

volume *nm* **1.** *(tome)* volume **2.** *(en acoustique)* volume **3.** *(quantité globale)* volume, amount **4.** *(poids, épaisseur)* volume **5.** INFORM *(unité)* volume.

volumineux, euse *adj* voluminous, bulky.

volupté *nf* **1.** *(sensuelle)* sensual *ou* voluptuous pleasure **2.** *(morale, esthétique)* delight.

voluptueux, euse *adj* voluptuous.

volute *nf* **1.** *(de fumée)* wreath **2.** ARCHIT volute, helix.

vomi *nm fam* vomit.

vomir *vt* **1.** *(aliments)* to bring up • **j'ai envie de vomir** I feel sick **2.** *(fumées)* to belch, to spew (out) **3.** *(injures)* to spit out.

vont → **aller.**

vorace *adj* voracious.

voracité *nf* voracity.

votant, e *nm, f* voter.

vote *nm* vote.

voter *vi* to vote. ❑ *vt* **1.** POLIT to vote for **2.** *(crédits)* to vote **3.** *(loi)* to pass.

votre *adj poss* your.

vôtre ■ **le vôtre, la vôtre** *pron poss* yours • **les vôtres** your family • **vous et les vôtres** people like you • **à la vôtre !** your good health!

vouer *vt* **1.** *(promettre, jurer)* • **vouer qqch à qqn** to swear *ou* vow sthg to sb **2.** *(consacrer)* to devote **3.** *(condamner)* • **être voué à** to be doomed to.

vouloir

■ vouloir *vt*

1. EXIGER

• **je veux partir** I want to leave • **je veux qu'il se taise** I want him to be quiet

2. ACCEPTER

• **je veux bien le faire** I don't mind doing it

3. SOUHAITER, DÉSIRER

• **il veut une nouvelle montre pour son anniversaire** he wants a new watch for his birthday • **voulez-vous boire quelque chose ?** would you like something to drink? • **si tu veux** if you like, if you want • **je voudrais un verre d'eau, s'il vous plaît** I would like a glass of water, please • **je voudrais savoir si ma sœur est arrivée** I would like to know if my sister has arrrived • **il aurait voulu être là quand sa femme a accouché** he would have liked to have been there when his wife had her baby • **j'aurais voulu que vous soyez là !** I wish you had been here! • **sans le vouloir** without meaning *ou* wishing to, unintentionally

4. DANS DES DEMANDES POLIES

• **veuillez vous asseoir** please take a seat

5. EXPRIME UNE IMPUISSANCE

• **que voulez-vous, c'est comme ça, on n'y peut rien !** what can you do? *ou* what do you expect? that's the way it is and we can't do anything about it! • **qu'est-ce que tu veux que je te dise ?** what do you want me to say? *ou* what can I say? • **que voulez-vous que j'y fasse ?** what do you want *ou* expect me to do about it? • **comment voulez-vous que je sache ?** how should I know?

6. EN PARLANT DE COUTUMES

• **l'usage veut que les genoux et les épaules soient couverts** custom requires covering the knees and shoulders • **comme le veut la tradition, le gagnant du concours ira étudier trois semaines aux États-Unis** according to the tradition, the winner of the contest will go to America to study for 4 weeks

7. FAIRE UNE TENTATIVE

• **elle voulut se lever mais elle était trop faible** she tried to stand up but she was too weak • **en voulant aider sa mère, il ne réussit qu'à lui faire perdre son temps** in trying to help his mother, he only succeeded in making her lose time

8. DANS DES EXPRESSIONS

• **si on veut** more or less, if you like • **en vouloir à qqn** to have a grudge against sb

■ se vouloir *vp*

• **elle se veut différente** she thinks she's different

■ s'en vouloir *vp*

1. EMPLOI RÉFLÉCHI

• **s'en vouloir de faire qqch** to be cross with o.s. for doing sthg • **je m'en veux d'avoir été dur avec elle** I wish I hadn't been hard with her

2. EMPLOI RÉCIPROQUE

• **elles s'en veulent à mort** they really have it in for each other

voulu, e *pp* → **vouloir.** ❑ *adj* **1.** *(requis)* requisite **2.** *(délibéré)* intentional.

vous *pron pers* **1.** *(sujet, objet direct)* you **2.** *(objet indirect)* (to) you **3.** *(après préposition, comparatif)* you **4.** *(réfléchi)* yourself, yourselves. ■ **vous-même** *pron pers* yourself. ■ **vous-mêmes** *pron pers* yourselves.

> **À PROPOS DE**
> ### vous
> *Vous* et *tu* se traduisent par le même pronom en anglais : ***you***.
>
> • *Je te/vous cherchais.* ***I was looking for* you.**
>
> Lorsque *vous* a une valeur réfléchie, il se traduit par ***yourself***, si *vous* représente une personne, ou par ***yourselves***, si *vous* représente plusieurs personnes, ou bien il ne se traduit pas.• *Vous ne pensez qu'à vous. (pour une personne)* ***You only think about* yourself.**
>
> • *Vous ne pensez qu'à vous. (pour plusieurs personnes)* ***You only think about* yourselves.**
>
> Pour les verbes qui ne sont que pronominaux, c'est-à-dire qui ne s'utilisent qu'avec un pronom, *vous* ne se traduit pas en anglais.
>
> Notez qu'avec les parties du corps, on utilise l'adjectif possessif en anglais.
>
> • *Vous vous êtes lavé les mains ?* ***Did you wash* your *hands?***
>
> Lorsque *vous* a une valeur réciproque, il se traduit par ***each other*** ou bien il ne se traduit pas.
>
> • *Est-ce que vous vous voyez souvent ?* ***Do you see* each other *often?***

voûte *nf* **1.** ARCHIT vault **2.** *fig* arch **3.** ANAT • **voûte du palais** roof of the mouth • **voûte plantaire** arch (of the foot).

voûter *vt* to arch over, to vault. ■ **se voûter** *vp* to be *ou* become stooped. ■ **se voûter** *vpi* to stoop, to become round-shouldered.

vouvoiement *nm* use of the "vous" form.

vouvoyer *vt* • **vouvoyer qqn** to use the "vous" form to sb. ■ **se vouvoyer** *vp* to use the formal "vous" form with each other.

> **À PROPOS DE**
> ### vouvoyer
> Il n'existe pas de forme de vouvoiement en anglais. Que l'on s'adresse à un ami ou à la reine, on emploiera indifféremment ***you*** qui se traduira donc soit par *tu*, soit par *vous*.

voyage *nm* **1.** journey, trip • **les voyages** travel *(sing)*, travelling *(indén)* (UK), traveling *(indén)* (US) • **partir en voyage** to go away, to go on a trip • **voyage d'affaires** business trip • **voyage organisé** package tour • **voyage de noces** honeymoon **2.** *(sur la mer, dans l'espace)* voyage.

> **À PROPOS DE**
> ### voyage
> Attention ! Le mot ***travel*** est indénombrable sauf dans l'expression idiomatique ***my/your/his** etc* ***travels***. Il ne s'emploie jamais avec l'article indéfini ***a*** :
>
> • *J'adore les voyages.* ***I love to* travel.**
>
> • *Je reviens d'un très beau voyage en Chine.* ***I've just come back from a wonderful* trip *to China*.**

voyager *vi* to travel.

voyageur, euse *nm,f* traveller (UK), traveler (US).

voyagiste *nm* tour operator.

voyance *nf* clairvoyance.

voyant, e *adj* loud, gaudy. ❑ *nm,f (devin)* seer, clairvoyant. ■ **voyant** *nm* **1.** *(lampe)* light **2.** AUTO indicator (light) • **voyant d'essence/d'huile** petrol/oil warning light.

voyelle *nf* vowel.

voyeur, euse *nm,f* voyeur, Peeping Tom.

voyou *nm* **1.** *(garnement)* urchin **2.** *(loubard)* lout.

vrac ■ **en vrac** *loc adv* **1.** *(sans emballage)* loose **2.** *(en désordre)* higgledy-piggledy **3.** *(au poids)* in bulk.

vrai, e *adj* **1.** *(histoire)* true • **c'est** *ou* **il est vrai que…** it's true that… **2.** *(or, perle, nom)* real **3.** *(personne)* natural **4.** *(ami, raison)* real, true. ■ **vrai** *nm* • **à vrai dire, à dire vrai** to tell the truth.

vraiment *adv* really • **ce n'est vraiment pas rigolo !** it really isn't funny! • **ce n'est pas vraiment mon genre** he's not really my type.

vraisemblable *adj* **1.** likely, probable **2.** *(excuse)* plausible.

vraisemblance *nf* **1.** likelihood, probability **2.** *(d'excuse)* plausibility.

V/Réf (abrév de Votre référence) your ref.

vrille *nf* **1.** BOT tendril **2.** *(outil)* gimlet **3.** *(spirale)* spiral. ■ **en vrille** *loc adv* • **descendre en vrille** to spin downwards • **partir en vrille** *fam* **a)** *(situation, projet)* to go pear-shaped **b)** *(personne)* to go crazy • **se mettre en vrille** to go into a (vertical) spin.

vrombir *vi* to hum.

vrombissement *nm* humming *(indén)*.

VTC (abrév de vélo tout chemin) *nf* SPORT hybrid bike.

VTT (abrév de vélo tout terrain) *nm* mountain bike.

vu, e *pp* → **voir.** ❑ *adj* **1.** *(perçu)* • **être bien/mal vu** to be acceptable/unacceptable **2.** *(compris)* clear. ■ **en vue de** *loc prép* with a view to. ■ **vu** *prép* given, in view of • **vu tes notes habituelles…** given your usual marks…. ■ **vue**

nf **1.** *(sens, vision)* sight, eyesight **2.** *(regard)* gaze • **à première vue** at first sight • **de vue** by sight • **en vue** *(vedette)* in the public eye • **perdre qqn de vue** to lose touch with sb **3.** *(panorama, idée)* view. ■ **vues** *nfpl* plans • **avoir des vues sur qqn** to have designs on sb, to have one's eye on sb • **avoir des vues sur qqch** to covet sthg. ■ **vu que** *loc conj* given that, seeing that.

vulgaire *adj* **1.** *(grossier)* vulgar, coarse **2.** *(avant nom) péj (quelconque)* common.

vulgarisation *nf* popularization.

vulgariser *vt* to popularize.

vulgarité *nf* vulgarity, coarseness.

vulnérable *adj* vulnerable.

vulve *nf* vulva.

WY XZ

W

w, W *nm inv* w, W.

wagon *nm* carriage **(UK)**, car **(US)** • **wagon de première/seconde classe** first-class/second-class carriage **(UK)** *ou* car **(US)** • **un wagon fumeurs** a smoking carriage.

wagon-lit *nm* sleeping car, sleeper.

wagon-restaurant *nm* restaurant **(UK)** *ou* dining **(US)** car.

Walkman® *nm* personal stereo, Walkman®.

wallon, onne *adj* Walloon. ■ **wallon** *nm (langue)* Walloon. ■ **Wallon, onne** *nm,f* Walloon.

warning *nm* AUTO hazard warning lights **(UK)**, hazard lights **(US)**.

Washington *npr* **1.** *(ville)* Washington DC **2.** *(État)* Washington State.

water-polo *nm* water polo.

waterproof *adj inv* waterproof.

watt *nm* watt.

W.-C. (abrév de water closet) *nmpl* WC *sing*, toilets • **où sont les W.-C. ?** where is the WC?, where are the toilets?, where is the bathroom? **(US)**.

Web *nm* • **le Web** the Web, the web.

webcam *nf* webcam.

weblog *nm* blog.

webmaster, webmestre *nmf* webmaster.

week-end *nm* weekend • **bon week-end !** have a nice weekend!

western *nm* western.

whisky *nm* **1.** *(écossais)* whisky, scotch **2.** *(irlandais ou américain)* whiskey.

white-spirit *nm* white spirit **(UK)**.

Wi-Fi, wi-fi (abrév de Wireless Fidelity) *nm inv* Wi-Fi.

WWW (abrév de World Wide Web) *nf* WWW.

X

x, X *nm inv* x, X • **l'X** the École polytechnique.

xénophobie *nf* xenophobia.

xérès *nm* sherry.

XXL (abrév de extra extra large) *adj* XXL.

xylophone *nm* xylophone • **jouer du xylophone** to play the xylophone.

y[1], Y *nm inv* y, Y.

y[2] *adv (lieu)* there • **j'y vais demain** I'm going there tomorrow • **mets-y du sel** put some salt in it • **va voir sur la table si les clefs y sont** go and see if the keys are on the table • **ils ont ramené des vases anciens et y ont fait pousser des fleurs exotiques** they brought back some antique vases and grew exotic flowers in them. ❑ *pron pers* **1.** *(la traduction varie selon la préposition utilisée avec le verbe)* • **pensez-y** think about it • **n'y comptez pas** don't count on it • **j'y suis !** I've got it! **2.** Voir aussi **aller, avoir** *etc.*

yacht *nm* yacht.

yachtman, yachtsman *nm* yachtsman.

yaourt, yogourt, yoghourt *nm* yoghurt • **un yaourt aux fruits** a fruit yoghurt • **des yaourts nature** plain yoghurts.

Yémen *nm* • **le Yémen** Yemen.

yen *nm* yen.

yiddish *nm inv & adj inv* Yiddish.

yoga *nm* yoga.

yoghourt = **yaourt**.

yogourt = **yaourt**.

yougoslave *adj* Yugoslav, Yugoslavian. ■ **Yougoslave** *nmf* Yugoslav, Yugoslavian.

> En anglais, les adjectifs se rapportant à un pays ou une région s'écrivent avec une majuscule.

Yougoslavie *nf* • **la Yougoslavie** Yugoslavia • **l'ex-Yougoslavie** the former Yugoslavia.

En anglais, à de rares exceptions près, il n'y a pas d'article devant les noms de pays.

yoyo *nm* MÉD grommet.

Z

z, Z *nm inv* z, Z.
Zaïre *nm* • **le Zaïre** Zaïre.
zapper *vi* to zap.
zappeur, euse *nm,f* channel hopper, zapper.
zapping *nm* zapping, channel-hopping.
zèbre *nm* zebra • **un drôle de zèbre** *fam & fig* an oddball.
zébrure *nf* **1.** *(de pelage)* stripe **2.** *(marque)* weal.
zébu *nm* zebu.
zèle *nm* zeal • **faire du zèle** *péj* to be overzealous.
zélé, e *adj* zealous.
zénith *nm* zenith.
zéro *nm* **1.** *(chiffre)* zero, nought **(UK)** **2.** *(énoncé dans un numéro de téléphone)* O **(UK)**, zero **3.** *(nombre)* nought **(UK)**, nothing **4.** *(de graduation)* freezing point, zero • **au-dessus/au-dessous de zéro** above/below (zero) **5.** SPORT • **trente à zéro pour Agassi** thirty love for Agassi • **deux buts à zéro** two goals to nil **6.** • **avoir le moral à zéro** *fig* to be *ou* feel down. ❑ *adj* • **zéro faute** no mistakes.
zeste *nm* peel, zest • **du zeste de citron** lemon peel, lemon zest.
zézayer *vi* to lisp.
zigzag *nm* zigzag • **en zigzag** winding.
zigzaguer *vi* to zigzag (along).
zinc *nm* **1.** *(matière)* zinc **2.** *fam (comptoir)* bar **3.** *fam (avion)* crate.
zipper *vt* INFORM to zip.
zizanie *nf* • **semer la zizanie** *fig* to sow discord.
zizi *nm fam* willy **(UK)**, peter **(US)**.
zodiaque *nm* zodiac.
zone *nf* **1.** *(région)* zone, area **2.** *(faubourg)* • **la zone** the slum belt **3.** • **zone de turbulences** *(en avion)* turbulence zone • **zone d'activités** ÉCON business park **4.** TÉLÉCOM • **zone de couverture** coverage area • **la zone euro** the euro zone.
zoner *vi fam* to hang about, to hang around.
zoo *nm* zoo.
zoologie *nf* zoology.
zoom *nm* **1.** *(objectif)* zoom (lens) **2.** *(gros plan)* zoom.
zut *interj fam* damn!

Guide pratique

Sommaire du guide pratique

Grammaire de l'anglais

Guide de communication

Grammaire de l’anglais

Les adjectifs

■ En anglais, l'adjectif ne change jamais de forme. Il est invariable en genre et en nombre :

a young woman → young women ;

a young man → young men.

■ L'adjectif épithète se place toujours devant le nom qu'il qualifie :

green peppers *des poivrons verts* ;

my dirty old jeans *mon vieux jean tout sale* ;

a beautiful red Italian sports car *une belle voiture de sport italienne rouge.*

■ L'adjectif attribut se place après les verbes d'état (**be**, **seem**, etc.) :

Your hands are dirty. *Tu as les mains sales.*

That doesn't seem right to me. *Je crois qu'il y a quelque chose qui ne va pas.*

■ Certains adjectifs sont toujours attributs (**alive**, **asleep**, **afraid**, **alone**, **awake**, **ill**, **well**, **fine**, **better**, **cross**, **glad**, etc.) :

The fish were still alive. *Les poissons étaient toujours vivants.*

The children, who were afraid, started to cry. *Les enfants, qui avaient peur, se sont mis à pleurer.*

■ S'il y a plusieurs adjectifs épithètes, l'ordre est généralement le suivant : taille, âge, couleur, origine, matière.

a large black London taxi *un grand taxi noir de Londres* ;

a small metal toy *un petit jouet en métal.*

■ Un adjectif qui exprime un jugement personnel se place en premier :

a beautiful black dress *une belle robe noire.*

Les adverbes

■ L'adverbe peut modifier le verbe, l'adjectif, la phrase entière ou un autre adverbe.

■ On peut former de nombreux adverbes, en particulier ceux de manière, en ajoutant le suffixe **-ly** à l'adjectif :

slow → slowly ; clear → clearly.

■ Attention aux changements orthographiques :

- **-y → -ily** : happily ; tidily ; speedily ;
- **-le → -ly** : gently ; nobly ;
- **-ll → -lly** : fully ;
- **-ic → -ically** : drastically ; historically mais publicly.

■ On peut également former un adverbe à partir du participe du verbe en lui ajoutant le suffixe **-ly** :

tiredly ; repeatedly ; pleasingly.

■ Lorsque l'adjectif se termine déjà par **-ly**, ce qui est le cas pour un certain nombre comme **friendly**, **silly**, **likely**, il faut utiliser l'expression **in a... way/manner** :

She smiled at him in a friendly way. *Elle lui a souri amicalement.*

Certains adverbes très courants ont la même forme que l'adjectif ou le déterminant correspondant : fast, early, wrong, right, much, either, enough, late.

Les articles

L'article indéfini

- L'article indéfini s'écrit **a** devant une consonne, **an** devant une voyelle :
  a branch; a day; a new boat; an owl; an egg; an old boat.

- Cependant, on emploie :
- **a** devant un nom qui commence par une voyelle se prononçant [j] ou [w] ou devant un « h » aspiré : a university; a one-way ticket; a house; a husband.
- **an** devant un « h » muet : an honour; an hour.

- Il indique que le nom qu'il précède appartient à une classe. Il s'emploie devant un nom singulier dénombrable.
  Lend me a pencil, will you? *Prête-moi un crayon, s'il te plaît.*

- Il précède obligatoirement un nom de métier :
  My sister is a musician. *Ma sœur est musicienne.*

- Il s'emploie dans les indications de mesure avec un sens distributif :
  90 km an hour *90 km à l'heure*;
  four times a day *quatre fois par jour*.

Au pluriel, on omet l'article indéfini : a little house → little houses.

L'article défini

- L'article défini est **the**, et il précède le nom au singulier ou au pluriel :
  the book; the boy; the truth; the girls; the bicycles.

- L'article défini indique que le nom qu'il précède renvoie à une entité spécifique, et en principe connue du co-énonciateur :
  Have you seen the keys? *As-tu vu les clés ?*

- On emploie **the** pour désigner les entités repérées dans la situation d'énonciation ou seules représentantes de la classe :
  the Queen; the moon; the President.

- On emploie **the** devant un adjectif substantivé ayant un sens générique. Ce procédé est très courant avec les adjectifs de nationalité; dans ce cas, il désigne une nation entière. L'adjectif substantivé reste invariable et il est suivi d'un verbe au pluriel :
  the old and the poor *les personnes âgées et les pauvres*;
  Do the French drink more wine than the Italians? *Est-ce que les Français boivent plus de vin que les Italiens ?*

Pour parler d'un membre de ce groupe, on doit adjoindre un nom à l'adjectif :
  the blind → a blind man *les aveugles → un aveugle*;
  the Irish → an Irish woman *les Irlandais → une Irlandaise*.

L'absence d'article

■ Devant les **noms indénombrables*** ou les **dénombrables pluriels***, l'absence d'article souligne l'aspect « générique » ou notionnel du nom :

I love chocolate. *J'adore le chocolat.*

Books don't interest me. *Les livres ne m'intéressent pas.*

■ Il n'y a pas d'article devant des noms indiquant :

- le lieu :

to be in bed *être au lit*;
to go to church *aller à l'église*;
to walk to school *aller à l'école à pied*;
from left to right *de gauche à droite*.
to travel to work *aller au travail*;
to go into hospital *aller à l'hôpital*;
to get home *rentrer chez soi*;

- les repas :

to have breakfast *prendre le petit déjeuner*;
to meet for lunch *se retrouver pour déjeuner*;
to invite some friends to dinner *inviter des amis à dîner*.

- les moyens de transports :

to come by car *venir en voiture*;
to go by bus/train *prendre le bus/le train*;
to arrive on foot *arriver à pied*.

- le temps :

in spring *au printemps*;
at night *la nuit*;
next year *l'année prochaine*,

mais

in the evening *le soir*.

■ Les noms propres et les titres sont également employés sans article :

Doctor Allen *le docteur Allen*;
King Louis XIV *le Roi Louis XIV*;
President Kennedy *le président Kennedy*,

mais

the President of the United States *le président des États-Unis*.

■ Il n'y a pas d'article non plus devant les noms de pays, sauf s'ils sont formés à partir d'un nom commun :

France, England, mais the British Isles, the United States.

Les astérisques (*) renvoient à d'autres points abordés dans la grammaire de l'anglais.

Les auxiliaires

■ Les auxiliaires sont des opérateurs qui permettent d'indiquer le temps, la voix, la négation et la modalité.

- On utilise **be** et **have** pour former les temps et les formes composés :

Why are you looking at me? *Pourquoi tu me regardes ?*
I have never been to Brazil. *Je ne suis jamais allé au Brésil.*

- On utilise **be** pour former le **passif***.

- On utilise **do**, suivi de la base verbale, pour les phrases négatives, interrogatives ou emphatiques :

  She didn't go out at all last night. *Elle n'est pas du tout sortie hier soir.*

  Do you watch television? *Est-ce que vous regardez la télévision ?*

  I do wish you would stop talking. *J'aimerais bien que tu arrêtes de bavarder.*

■ **Be**, **do** et **have** peuvent être soit auxiliaire soit verbe lexical. Il est donc tout à fait possible de les trouver utilisés dans les deux emplois dans une seule et même phrase :

  What do you do at the weekend? *Que fais-tu le weekend ?*

  Have you had your breakfast yet? *As-tu déjà pris ton petit déjeuner ?*

  Are you being stupid again? *Tu es encore en train de faire l'imbécile ?*

■ Les auxiliaires modaux sont un sous-groupe des auxiliaires : **can**, **could**, **may**, **might**, **must**, **shall**, **should**, **will** et **would** (et quelquefois **need** et **dare**). En utilisant ces auxiliaires, l'énonciateur donne son point de vue quant à ce qui peut ou doit arriver. Selon le modal employé, l'événement est présenté, entre autres, comme possible, probable ou obligatoire en ce qui concerne le sujet grammatical :

  You must see his latest film. *Il faut que tu voies son dernier film.*

  You should stop smoking. *Tu devrais arrêter de fumer.*

  I might be a little late if there's a lot of traffic. *Il se peut que j'aie un peu de retard s'il y a beaucoup de circulation.*

  He will be there. *Il sera là.*

  Can I have some more cake? *Est-ce que je peux reprendre du gâteau ?*

■ Les modaux, ainsi que **be**, **have** et **do** lorsqu'ils sont auxiliaires, et le verbe **be** ont les propriétés suivantes :

- ils peuvent se contracter, notamment à la forme négative :

  He's gone away. *Il est parti.*

  They don't know. *Ils ne savent pas.*

- ils s'antéposent au sujet dans les questions :

  Are you hungry? *Tu as faim ?*

  Do you speak English? *Vous parlez anglais ?*

- on les trouve seuls dans les reprises, les réponses courtes et les tags :

  I worked much harder than you did. *J'ai travaillé beaucoup plus dur que toi.*

  "Would you like some tea? – Yes, I would." *« Voulez-vous du thé ? – Oui, volontiers. »*

  You're Eric Von Stalhiem, aren't you? *Vous êtes Eric Von Stalhiem, n'est-ce pas ?*

- lorsqu'ils sont accentués, ce n'est pas l'auxiliaire qui est mis en avant, mais l'ensemble du prédicat :

  Don't be angry with him, he did try to call. *Ne lui en veux pas, il a essayé de t'appeler.*

■ Les auxiliaires modaux sont suivis :

- de la base verbale :

  I can see you. *Je te vois.*

- de l'infinitif passé, **have** + participe passé lorsque la phrase porte sur le passé :

  She should have taken a taxi. *Elle aurait dû prendre un taxi.*

- de l'auxiliaire de la forme progressive, **be** :

  I will be seeing him tomorrow. *Je le verrai demain.*

- de l'auxiliaire de la voix passive, **be** :

  He must be caught immediately. *Il faut l'arrêter tout de suite.*

■ Les modaux ont, au présent, une seule et unique forme :

I can go ; you can go ; he can go ; we can go ; they can go.

■ Les modaux n'ont pas de forme en **-ing**, mais ils peuvent se combiner avec la forme **be** + **-ing**. On utilise souvent cette forme pour exprimer la probabilité :

He can't still be working. **[fortement improbable]** *Il ne peut pas être encore en train de travailler.*

He must be joking. **[forte probabilité]** *Il doit sûrement plaisanter.*

■ Seuls **can**, **may**, **will** et **shall** possèdent un prétérit :

can → could ; may → might ; will → would ; shall → should.

> Lorsque le prétérit des modaux a une valeur temporelle (chronologique), on constate la présence d'un repère temporel :
>
> Mozart could play the piano when he was four. *Mozart savait jouer du piano à l'âge de quatre ans.*
>
> Mais la forme prétérit sert souvent à nuancer la modalité et n'a aucune valeur temporelle :
>
> It may rain later. *Il pourrait pleuvoir plus tard.*
>
> It might rain later. *Il se pourrait qu'il pleuve plus tard.*
>
> Pour insister sur la valeur du passé, on utilise parfois un équivalent « semi-modal ». On notera aussi qu'il est impossible d'employer deux modaux ensemble :
>
> I can afford a car now. *J'ai maintenant les moyens de m'acheter une voiture.*
>
> I'll soon be able to afford a car. *J'aurai bientôt les moyens de m'acheter une voiture.*
>
> I wasn't able to afford a car. *Je n'avais pas les moyens de m'acheter une voiture.*

Le comparatif et le superlatif de l'adjectif

■ Le comparatif s'emploie pour comparer deux éléments. Il existe trois grandes catégories de comparatifs :

- le comparatif de supériorité (« plus… que ») se construit avec l'adjectif au comparatif, suivi de **than** :

  He's much older than you. *Il est beaucoup plus âgé que toi.*

  London is bigger than Paris. *Londres est plus étendu que Paris.*

- le comparatif d'infériorité (« moins… que ») se construit avec **less**, suivi de la forme de base de l'adjectif et de **than** :

  The film was less interesting than I'd expected. *Le film était moins intéressant que je ne pensais.*

He is less happy about his job than (he was) last year. *Son travail lui plaît moins que l'année dernière.*

- le comparatif d'égalité (« aussi... que ») se construit en employant **as** avant et après l'adjectif :

  My uncle is as handsome as Jude Law. *Mon oncle est aussi beau que Jude Law.*

■ Cette construction est cependant beaucoup plus fréquente au négatif, elle équivaut dans ce cas à un comparatif de supériorité ou d'infériorité :

German is not as easy as English. *L'allemand n'est pas aussi facile que l'anglais.*

■ Le superlatif s'emploie pour comparer un élément à un ensemble d'éléments. On distingue deux grandes catégories de superlatifs :

- le superlatif de supériorité (« le/la plus... ») se construit avec l'adjectif au superlatif, précédé de **the** ou d'un autre déterminant :

  She is the brightest pupil in the class. *C'est l'élève la plus brillante de la classe.*

  It's the most interesting book I've read this year. *C'est le livre le plus intéressant que j'aie lu cette année.*

  Lucy is my best friend. *Lucy est ma meilleure amie.*

- le superlatif d'infériorité (« le/la moins... ») se construit avec **the least** devant l'adjectif à la forme neutre :

  This is the least interesting part of the book. *C'est la partie la moins intéressante du livre.*

■ Lorsque la relation de supériorité concerne seulement deux choses ou deux personnes, le superlatif se construit avec **the**, suivi de l'adjectif au comparatif de supériorité et de **of** :

This is the likelier of the two possibilities. *C'est la plus probable des deux possibilités.*

■ Le comparatif et le superlatif de supériorité de l'adjectif peuvent se former de deux façons. On ajoute **-er** pour le comparatif, et **-est** pour le superlatif :

- aux adjectifs courts (d'une seule syllabe) :

  fast → faster → fastest;

- aux adjectifs de deux syllabes, principalement ceux qui se terminent en **-y** et en **-ow** :

  dirty → dirtier → dirtiest; hollow → hollower → hollowest;

- et à ces mêmes adjectifs lorsqu'ils sont précédés du préfixe **un-** :

  unhappy → unhappier → unhappiest.

■ On emploie **more** pour le comparatif et **most** pour le superlatif :

- avec les adjectifs longs (de trois syllabes et plus) :

  beautiful → more beautiful → most beautiful;

- avec la plupart des adjectifs de deux syllabes dont ceux qui se terminent en **-ful**, **-less**, **-al**, **-ant**, **-ent**, **-ic**, **-ive**, **-ous**, ou qui commencent par **a-** :

  graceful → more graceful → most graceful;

- devant tous les participes :

  boring → more boring → most boring;
  spoilt → more spoilt → most spoilt.

■ Beaucoup d'adjectifs de deux syllabes peuvent former leur comparatif/superlatif des deux façons :

common → commoner → commonest
common → more common → most common

■ Dans le doute, préférez **more** et **most**, qui sonnent généralement mieux que **-er** et **-est** mal employés.

■ Attention aux changements orthographiques :
- après une voyelle courte, la consonne finale est doublée :
  big → bigger → biggest ;
- le **-y** final devient **-i** devant **-er** et **-est** :
  silly → sillier → silliest ;
- on ajoute **-r** ou **-st** aux adjectifs se terminant en **-e** :
  rude → ruder → rudest.

Les adjectifs suivants ont un comparatif et un superlatif irréguliers :

ADJECTIF	COMPARATIF	SUPERLATIF
bad	worse	worst
far	farther/further	farthest/furthest
good	better	best
little	less	least
much/many	more	most
old	older/elder	oldest/eldest

Les dénombrables et les indénombrables

■ Les noms qui renvoient à des entités que l'on peut compter sont appelés les dénombrables :
- ils ont un singulier et un pluriel ;
- ils peuvent être précédés de l'article indéfini **a/an** (au singulier), d'un nombre, de **some** (au pluriel), d'un **adjectif possessif*** ou démonstratif :

  sandwich ; child ; inch ; idea ; chair ; loaf ; wish ; view.

  I want a fork. *Je veux une fourchette.*

  I want two forks. *Je veux deux fourchettes.*

  I made some sandwiches for lunch. *J'ai préparé des sandwichs pour le déjeuner.*

■ Les indénombrables renvoient à des ensembles d'objets, à de la matière, à des états, à des notions abstraites :
- ils n'ont pas de pluriel, mais ils peuvent représenter plusieurs objets ;
- ils sont employés sans article ou précédés de **some**, d'un adjectif possessif ou démonstratif :

  water ; furniture ; money ; weather ; happiness ; work ; advice.

I want some food. *Je veux quelque chose à manger.*

Money is the biggest problem. *Le plus gros problème, c'est l'argent.*

Quand un nom passe d'une catégorie à l'autre, il change généralement de sens :

DÉNOMBRABLE		**INDÉNOMBRABLE**	
Our flat has three rooms.	*Nous avons un trois pièces.*	Our flat has plenty of room.	*Notre appartement est très spacieux.*
I'm covered in cat hairs.	*Je suis couvert de poils de chat.*	She has lovely hair.	*Elle a de beaux cheveux.*

Le discours indirect

■ On emploie le discours indirect pour rapporter les paroles d'une tierce personne. Le discours indirect entraîne souvent la modification des formes verbales ainsi que des pronoms et des repères temporels.

■ On utilise un verbe introductif tel que **say** ou **tell**, mais il existe quantité d'autres verbes introductifs tels que **add**, **answer**, **declare**, **promise**, **wonder**, **explain**.

■ Si le verbe introductif est au présent, cela n'entraîne aucune modification de temps dans la phrase rapportée :

Fred says that he doesn't like frogs. *Fred dit qu'il n'aime pas les grenouilles.*

■ Si le verbe introductif est au prétérit, les verbes rapportés se mettent au prétérit ou au **past perfect** :

She said she could read at the age of four. *Elle a dit qu'elle savait lire à l'âge de quatre ans.*

They answered that they had read the book the previous year. *Ils ont répondu qu'ils avaient lu le livre l'année précédente.*

You told me you had already seen that film. *Tu m'as dit que tu avais déjà vu ce film.*

■ Il n'y a pas de modification de temps si le verbe renvoie à quelque chose qui est toujours valable au moment de parler, ou à un état :

He told me that this book is very good. *Il m'a dit que ce livre est très bon.*

L'interrogation indirecte

■ L'énonciateur emploie le verbe **ask** pour rapporter des questions. **Ask** est suivi de **if** pour rapporter les **yes/no questions**, et d'une forme en **wh-** pour rapporter une **wh- question** :

She asked me if I was crazy. *Elle m'a demandé si j'étais fou.*

Wayne asked Kathy where she lived. *Wayne a demandé à Kathy où elle habitait.*

Les formes du verbe

■ À l'exception du verbe be, le verbe anglais a, au plus, cinq formes différentes :
- la base verbale : write
- la forme en -s :
  She writes letters. *Elle écrit des lettres.*
- la forme en -ing :
  I was writing a letter. *J'étais en train d'écrire une lettre.*
- la forme du prétérit :
  I wrote a letter. *J'écrivis/J'ai écrit une lettre.*
- la forme du participe passé :
  I have written a letter. *J'ai écrit une lettre.*

■ De plus, on distingue des formes simples et des formes composées :
- la forme simple est constituée du verbe sans auxiliaire. On la trouve au **présent simple*** et au **prétérit simple***.
- la forme composée comporte le verbe + un ou plusieurs auxiliaires placés devant lui. Il peut s'agir de l'auxiliaire de la forme progressive, de l'auxiliaire du **present perfect***, de celui de **la voix passive*** ou encore d'**auxiliaires modaux***.

■ On trouve la base verbale à toutes les personnes du **présent simple***, excepté à la troisième personne du singulier, qui prend un -s.

■ On la trouve aussi :
- après l'auxiliaire do et les **modaux***;
- à toutes les personnes de l'impératif.

■ On distingue trois catégories de verbes irréguliers :
- première catégorie : le prétérit et le participe passé de ces verbes ont la même forme;
- deuxième catégorie : le prétérit et le participe passé ont des formes différentes;
- troisième catégorie : ces verbes, d'une seule syllabe, se terminent par -d ou -t, et ont une même forme pour la base verbale, le prétérit et le participe passé.

Le futur

■ En anglais, il n'y a pas de temps grammatical futur. Cependant, l'énonciateur dispose d'un certain nombre de moyens pour dire qu'un événement va avoir lieu dans l'avenir. Selon le point de vue qu'il adopte, il choisira une forme plutôt qu'une autre en fonction de la probabilité de réalisation de l'événement, par exemple, ou du moment de sa réalisation dans l'avenir (plus ou moins proche). Voici les différentes manières d'exprimer le futur :
- will/shall + base verbale. Il est souvent impossible de déterminer laquelle de ces deux formes est employée, puisqu'elles ont la même forme réduite 'll.
  I'll start my diet on Monday. *Je me mettrai au régime lundi.*
  They'll be here soon. *Ils seront bientôt là.*
  Dans la pratique, shall s'emploie surtout à la première personne du singulier et du pluriel, pour faire une suggestion :
  Shall we go out for a meal tonight? *Et si nous allions au restaurant ce soir ?*

On utilise **will** pour dire que l'événement aura lieu dans l'avenir. Il n' y a pas de lien précis avec la situation présente.

I will be in London next week. *Je serai à Londres la semaine prochaine.*

– **be going to** + base verbale.

Cette forme exprime la certitude de la part de l'énonciateur qu'un événement aura lieu. La réalisation de cet événement est souvent liée au moment où l'énonciateur prend la parole.

Look at those clouds! It's going to rain. *Regarde ces nuages ! Il va pleuvoir.*

– **présent progressif**

L'aspect « événement en cours » de cette forme présente l'événement comme s'il se déroulait déjà. C'est le complément de temps qui indique qu'il s'agit d'un futur. Cette forme s'emploie souvent pour évoquer un futur « planifié ».

She's taking me out to dinner tonight. *Elle m'emmène dîner ce soir.*

– **will/shall + be + -ing**

Cette forme permet de présenter l'événement futur dans son déroulement.

I'll be working late tomorrow. *Je travaillerai jusqu'à tard demain.*

– **présent simple**

L'événement futur est présenté comme un fait. Cette forme est assez fréquente pour indiquer les horaires.

The train leaves at eight o'clock. *Le train part à huit heures.*

– **be to** + base verbale

Cette forme indique uniquement que l'événement est déjà prévu et planifié et doit logiquement avoir lieu.

We're to see him on Tuesday. *Nous devons le voir mardi.*

The Prime Minister is to visit the factory on Friday. *Le Premier ministre doit visiter l'usine vendredi.*

– **be about to** + base verbale

Cette forme indique que l'événement est sur le point d'avoir lieu.

They're about to leave. *Ils sont sur le point de partir.*

– **hope/intend/plan/want** + base verbale

On emploie également des verbes dont le sens indique qu'il s'agit d'un événement futur.

He intends to learn Greek when he has a little more time.
Il a l'intention d'apprendre le grec lorsqu'il aura un peu plus de temps.

Les noms

Le genre

■ En anglais, il n'existe pas de genre grammatical. Tous les noms sont neutres et les articles définis (**the**) et indéfinis (**a**/**an**) sont invariables. Il existe un genre « naturel » (masculin, féminin, neutre) dont les **pronoms personnels*** et réfléchis portent obligatoirement la marque :

She's my sister. *C'est ma sœur.*

It's his fault, not mine! *C'est de sa faute, pas de la mienne !*

■ Certains noms, cependant, ont une forme féminine et une forme masculine :
waiter → waitress ; policeman → policewoman.

Le pluriel

- La marque du pluriel est généralement -s :
  book → books ; bird → birds ; hat → hats ; bag → bags.
- Cependant, pour les noms se terminant par -s, -sh, -ch, -x ou par -o, la marque du pluriel est -es :
  bus → buses ; box → boxes ; kiss → kisses ; tomato → tomatoes.
- Quelques exceptions, **piano**, **photo**, prennent un -s.
- Pour les noms terminés en -y, la marque du pluriel est -ies :
  baby → babies ; cherry → cherries ; entry → entries ; sauf lorsque le -y est précédé d'une voyelle : boy → boys ; day → days.
- Pour les noms terminés en -f ou -fe, la marque du pluriel est -ves :
  wife → wives ; knife → knives ; leaf → leaves.
- Quelques exceptions, **belief**, **chief**, **cliff**, **proof**, **safe**, prennent un -s.
- Pour certains noms, le pluriel entraîne une modification à l'intérieur du nom :
  man → men ; woman → women ; child → children ; foot → feet ;
  tooth → teeth ; goose → geese ; mouse → mice.
- Certains noms ont la même forme au singulier et au pluriel :
  sheep ; deer ; fish ; aircraft ; series ; species.

La terminaison en -s n'est pas forcément la marque du pluriel. Certains noms en -s, par exemple des noms de jeux, de maladies et de matières, sont des **indénombrables*** toujours suivis d'un verbe au singulier : news, mathematics, the United States, measles, politics.

The news is bad. *C'est une mauvaise nouvelle.*

The United States is a very big country. *Les États-Unis sont un très grand pays.*

Les noms qui font référence à des groupes de personnes ou d'animaux, comme **government**, **team**, **school**, peuvent être suivis d'un verbe singulier ou d'un verbe pluriel :

England is/are winning 2-0. *L'Angleterre mène 2-0.*

Certains noms, qu'ils se terminent ou non par -s, sont suivis d'un verbe au pluriel : people, cattle, police, trousers, scissors, clothes, outskirts.

Some people are never satisfied! *Il y a des gens qui ne sont jamais contents !*

Le participe passé

- Le participe passé des verbes réguliers se forme en ajoutant -ed à la base verbale :
  I've finished my homework. *J'ai fini mes devoirs.*
- À la forme négative, **not** se place devant le participe passé :
  The subject is not dealt with in this book. *Cet ouvrage n'aborde pas le sujet.*
- Les formes du **prétérit*** et du participe passé des verbes réguliers sont toujours les mêmes. Quand la base verbale se termine par une consonne non accentuée, on ajoute -ed à la base verbale :
  looked ; cheated ; failed ; seemed ; appeared ; repaired.

■ Lorsque la base verbale se termine par :
- **-e**, on ajoute **-d** :
  hoped ; liked ; judged ; debated ; invited ; agreed ;
- une consonne + **y**, le **y** disparaît et la terminaison est **-ied** :
  tried ; replied ;
- une voyelle + **y**, la terminaison est régulière, **-ed** :
  enjoyed ; played; mais pay → paid ; lay → laid.

■ Lorsque la base verbale se termine par une voyelle accentuée simple + une consonne, la consonne est doublée :
flopped ; banned ; knitted ; admitted ; barred ; referred.

■ Notez bien les verbes terminés par :
- **-c → -cked** : panic → panicked ;
- **-m → -mmed** : program → programmed ;
- **-p → -pped** : worship → worshipped ;
- **-l → -lled** : travel → travelled.

■ Le participe passé peut avoir différentes fonctions et places dans la phrase :
- au **present perfect** : **have** + participe passé ;
- au **past perfect** : **had** + participe passé ;
- au passif : **be/get** + participe passé ;
- comme adjectif, par exemple **bored**, **tired**, **well-known** ;
- dans les propositions en apposition :
  I found out from a letter written by a friend. *Je l'ai appris par une lettre d'un ami.*

Le « past perfect »

■ Le **past perfect** se construit avec had + **participe passé***. Cette structure s'emploie souvent dans les propositions subordonnées, en particulier dans le discours indirect ; elle indique qu'il y a un décalage temporel entre deux événements du passé. On parle parfois de « passé dans le passé ». Le **past perfect** sert de passé au **prétérit simple*** et au **present perfect*** :

"Have you seen her yet?" *« Est-ce que tu l'as vue ? »*

He asked me if I had seen her yet. *Il m'a demandé si je l'avais vue.*

"Did you go to the parents' meeting on Saturday?" *« Avez-vous assisté à la réunion des parents d'élèves samedi matin ? »*

He asked me if I had been to the parents' meeting on Saturday morning. *Il m'a demandé si j'avais assisté à la réunion des parents d'élèves samedi matin.*

■ Le **past perfect** s'emploie pour insister sur l'antériorité d'un événement passé par rapport à un autre événement passé.

Olivia knew where to go; she had been there before. *Olivia savait où aller ; elle y était déjà allée.*

■ Dans les propositions introduites par **when**, **after**, etc., on peut employer le prétérit simple plutôt que le **past perfect**, si le décalage temporel dans le passé n'est pas explicitement mentionné :

I saw Ben some time after I spoke to you. *J'ai vu Ben quelque temps après t'avoir parlé.*

■ Le **past perfect** peut aussi avoir une valeur modale : il sert alors à désigner « l'irréel du passé », qui constitue un décalage entre ce qui s'est réellement passé et ce qui aurait pu se passer.

If I had known you were coming I would have stayed at home. *Si j'avais su que tu venais, je serais resté chez moi.*

■ Il s'emploie également avec **if only...** et **I wish...** :

If only you could come! *Si seulement tu pouvais venir !*

I wish I could help you. *J'aimerais pouvoir t'aider.*

■ Le **past perfect** peut se combiner avec la forme progressive, et dans ce cas il est souvent associé à **for** ou à **since** :

He had been sitting there for two hours before she arrived. *Ça faisait deux heures qu'il était assis là lorsqu'elle est arrivée.*

Le possessif

Le cas possessif

■ Le cas possessif indique souvent une relation de possession :

Mary's suitcase *la valise de Mary.*

■ Mais il indique dans de nombreux cas une simple relation entre les deux noms, le premier fonctionnant comme « repère » du deuxième :

London's underground *le métro de Londres*

today's paper *le journal d'aujourd'hui*

Kennedy's assassination *l'assassinat de Kennedy*

■ Pour tous les noms singuliers et pour les pluriels qui ne se terminent pas en **-s**, le nom du possesseur est suivi de **-'s**, puis du nom de la chose possédée :

the cat's food *la pâtée du chat*

my wife's car *la voiture de ma femme*

children's clothes *les vêtements pour enfants*

James's sister *la sœur de James*

the boss's desk *le bureau du patron*

■ Pour les noms au pluriel qui se terminent par un **-s**, le nom du possesseur est suivi de l'apostrophe, puis du nom de la chose possédée :

boys' clothes *les vêtements pour garçons*

the countries' leaders *les dirigeants des pays*

■ Au pluriel, c'est donc l'apostrophe qui marque la relation de possession :

my sister's friend (= the friend of my sister) *l'ami(e) de ma sœur*

my sisters' friend (= the friend of my sisters) *l'ami(e) de mes sœurs*

Le -s employé seul avec le possesseur peut faire référence à shop ou house ; il est inutile de préciser ce nom, car il est sous-entendu :

We bought some sausages at the butcher's. (= butcher's shop) *Nous avons acheté des saucisses chez le boucher.*

I heard the news at Steve's. (= Steve's house) *J'ai appris la nouvelle chez Steve.*

Le génitif ne désigne pas forcément un objet spécifique, mais un type d'objet ; on parle alors de « génitif générique » :

a girls' school *une école de filles.*

Les adjectifs possessifs

		SINGULIER	PLURIEL
1re personne		my	our
2e personne		your	your
3e personne	- masculin	his	their
	- féminin	her	their
	- indéfini	one's	
	- neutre	its	

■ L'adjectif possessif est un déterminant qui marque la relation d'appartenance, de possession ou de lien. Il se place devant le nom.

■ À la troisième personne, le choix de l'adjectif possessif dépend du sexe du « possesseur » :

She's my best friend. Her father is a doctor. *C'est ma meilleure amie. Son père est médecin.*

■ À la différence du français, l'adjectif possessif peut accompagner les parties du corps dont on parle :

I wash my hair every day. *Je me lave les cheveux tous les jours.*

She broke her leg skiing. *Elle s'est cassé la jambe au ski.*

Les pronoms possessifs

■ On emploie les pronoms possessifs pour exprimer l'appartenance. En anglais, l'accord du pronom possessif se fait avec le genre du possesseur :

This isn't your book, it's hers. *Ce n'est pas ton livre, c'est le sien/ son livre à elle.*

		SINGULIER	PLURIEL
1re personne		mine	ours
2e personne		yours	yours
3e personne	- masculin	his	theirs
	- féminin	hers	theirs
	- indéfini	-	-
	- neutre	-	-

It et one n'ont pas de pronom possessif. Si nécessaire, on peut employer its own, one's own

■ On emploie le pronom possessif pour remplacer le groupe « adjectif possessif + groupe nominal » lorsque le nom a déjà été mentionné ou qu'il est inutile de le répéter :

"Whose is this suitcase? Is it yours or mine?" "I think it's your brother's." *« À qui est cette valise ? Est-ce la tienne ou la mienne ? » « Je crois que c'est celle de ton frère. »*

Le « present perfect »

■ Pour former le **present perfect**, on emploie have au présent + **participe passé*** du verbe :

I've thought about it a lot and I still don't agree. *J'y ai beaucoup réfléchi et je ne suis toujours pas d'accord.*

■ À la forme interrogative, il y a inversion du sujet et de l'**auxiliaire*** :

Have you seen the new James Bond film yet? *Avez-vous vu le nouveau James Bond ?*

■ À la forme négative, la négation not se place derrière l'auxiliaire :

My pay hasn't gone up this year. *Mon salaire n'a pas été augmenté cette année.*

■ Le **present perfect** s'emploie pour désigner un événement passé qui a un lien avec le présent. Soit parce que l'événement passé a des conséquences dans le présent, soit parce qu'il s'agit d'un événement ou d'un état qui n'est pas terminé. Lorsqu'il n'y a pas de lien avec le présent, ou qu'on emploie un marqueur de temps qui n'exprime pas un lien avec le présent, on doit employer le **prétérit***.

■ On emploie le **present perfect** pour décrire des faits qui sont toujours valables au moment présent :

She's taught French for twenty years. **[present perfect]** *Ça fait vingt ans qu'elle enseigne le français.*

Mais

She taught French for twenty years before retiring. **[prétérit]** *Elle a enseigné le français pendant vingt ans avant de partir en retraite.*

■ On l'emploie pour constater à un moment donné les conséquences d'un événement passé ou d'une action accomplie dans le passé :

There's been an accident! (Can you help me?) **[present perfect]** *Il y a eu un accident ! (Pouvez-vous m'aider ?)*

Mais

There was an accident on the way to school. (but we can't do anything about it now) **[prétérit]** *Il y a eu un accident alors que j'allais à l'école. (Il n'y a plus rien à faire.)*

■ On l'emploie également pour évoquer un événement qui a eu lieu plus d'une fois et qui peut encore se produire :

Liverpool have won the European Cup five times. *Liverpool a gagné cinq fois la Coupe d'Europe.*

■ Avec le **present perfect**, on place les événements dans un passé relativement vague. En revanche, si pour l'énonciateur l'événement est repéré avec précision dans le passé, il emploie alors le prétérit :

Have you seen the Van Gogh exhibition at the Tate Gallery? **[present perfect]** *Avez-vous vu l'exposition Van Gogh à la Tate Gallery ?*

Did you see the Van Gogh exhibition when you were in London? **[prétérit]** *Avez-vous vu l'exposition Van Gogh lorsque vous étiez à Londres ?*

▪ Le prétérit s'emploie avec des repères temporels, adverbes ou expressions de temps qui sont en rupture avec le présent. Ces repères répondent à une question introduite par when :

a week ago *il y a une semaine* ;
last year *l'année dernière* ;
on Tuesday *mardi* ;
at one o'clock *à une heure* ;
when I was young *quand j'étais jeune* ;
in 1947 *en 1947* ;
We visited the museum yesterday. **[prétérit]** *Nous avons visité le musée hier.*

▪ Le **present perfect** s'emploie avec des repères temporels qui englobent le moment présent. Ces repères temporels répondent à une question introduite par **how long**, **how often** : **so far**, **until now** (*jusqu'à maintenant*). Les propositions introduites par since, ou les compléments de temps introduits par since ou for peuvent également servir de repères temporels au **present perfect**, et expriment la notion de durée. For insiste davantage sur la durée elle-même, since met plutôt l'accent sur le point de départ :

He's known Lolita for five years/since 2000. *Il connaît Lolita depuis cinq ans/depuis 2000.*

▪ Cependant, si le complément de temps introduit par for désigne une durée qui renvoie exclusivement au passé, on doit utiliser le **prétérit** :

He lived in Antibes for five years during the 1980s. *Il a vécu à Antibes pendant cinq ans dans les années 1980.*

▪ Le **present perfect** est souvent employé avec des adverbes de fréquence comme **always** et **never**, mais aussi avec **already**, **yet**, **not yet**, **recently**, **just**, **it's the first time** :

I've always wanted to go bungee jumping. *J'ai toujours voulu faire du saut à l'élastique.*

▪ Dans les questions avec le **present perfect**, **ever** signifie « déjà » :

Have you ever eaten haggis? *Avez-vous déjà mangé de la panse de brebis farcie ?*

On rencontre le present perfect dans les temps composés suivants :

- **present perfect** progressif
- **past perfect**
- **past perfect** progressif
- **present perfect** et futur
- **present perfect**, futur et forme progressive
- **present perfect** et modaux

Le « present perfect » progressif

▪ Le **present perfect** réunit les valeurs du **present perfect simple*** et celles du présent progressif. Il ne peut pas s'employer avec les verbes qui n'acceptent pas la forme progressive, par exemple les verbes d'état.

▪ Le **present perfect** progressif se construit avec le **present perfect** de be (has/have been) suivi de la forme verbale en -ing :

It's been raining for three days. *Ça fait trois jours qu'il pleut.*

▪ L'énonciateur emploie le **present perfect** progressif pour faire référence à des événements qui ont duré un certain temps et dont les conséquences sont encore visibles, constatables. Cela implique souvent que l'événement dont on parle n'est pas encore terminé au moment présent, qu'il se poursuit :

This seat's wet. It's been raining. *Ce siège est mouillé. Il a plu.*

You've been working far too much recently. *Tu travailles beaucoup trop ces derniers temps.*

▪ L'événement dont on parle s'est souvent passé sur une courte période :

I've been working here for ten days now and I'm enjoying it. **[present perfect progressif]** *Je travaille ici depuis dix jours maintenant et ça me plaît.*

I've worked here for ten years and I don't want to leave. **[present perfect]** *Ça fait dix ans que je travaille ici et je n'ai pas l'intention de partir.*

▪ Le **present perfect** progressif s'emploie souvent avec des verbes qui décrivent des états temporaires, comme wait, sit, stand et stay. Il est souvent associé à for et since, qui indiquent la durée ou le point de départ d'une action :

She's been sitting there for hours now. *Ça fait maintenant des heures qu'elle est assise là.*

Le présent progressif

▪ On emploie le présent progressif (present progressive) pour parler d'un événement en cours :

I'm listening to the radio. Be quiet! *J'écoute la radio. Ne fais pas de bruit !*

▪ Le présent progressif se forme avec l'auxiliaire be au présent + base verbale en -ing.

▪ Dans la phrase interrogative, il y a inversion du sujet avec l'auxiliaire :

Is your mother making dinner? *Est-ce que ta mère prépare le dîner ?*

▪ Dans les énoncés négatifs, on place la négation not après l'**auxiliaire***. À l'oral, on utilise généralement la forme contractée :

He isn't/He's not doing too well right now. *Il ne va pas très bien en ce moment.*

▪ L'énonciateur emploie le présent progressif pour désigner un événement en cours au moment où il parle. L'événement a commencé dans le passé, continue dans le présent et n'est pas terminé :

"What's happening?" "We're just going out." *« Que se passe-t-il ? » « Nous sortons. »*

■ Avec les verbes d'action, le présent progressif indique que l'action se produit au moment présent :

It's raining. *Il pleut.*

■ Avec les verbes exprimant des actions brèves et rapides, le présent progressif indique que l'action qui se déroule se répète plusieurs fois de suite :

The children are jumping up and down with excitement. *Les enfants sautent de joie.*

■ Avec des verbes exprimant le passage d'un état à un autre, le présent progressif indique que ce processus est en cours d'accomplissement :

The train is leaving the station. *Le train quitte la gare.*

■ Le présent progressif peut avoir une valeur de futur, souvent pour rendre compte de projets, d'actions programmées qui ont toutes les chances de se réaliser dans un avenir proche :

I'm starting work at the bakery on Monday. *Je commence à travailler à la boulangerie lundi.*

■ Pour mettre en évidence cette valeur de futur, le présent progressif est généralement associé à des expressions et adverbes de temps comme **soon**, **later**, **next week**, **in two months**, **tomorrow**. Cette valeur se rencontre souvent avec des verbes de mouvement :

Steve's coming home tomorrow. *Steve rentre demain.*

■ Le présent progressif peut aussi avoir la valeur de prise de position ou de commentaire de la part de l'énonciateur :

You are always criticizing me in public! *Tu n'arrêtes pas de me critiquer devant les autres !*

Certains verbes ne s'emploient pas avec la forme progressive :

- les verbes de perception, comme **feel**, **hear**, **see** (souvent employés avec **can**) ;
- les verbes exprimant des attitudes intellectuelles, psychiques ou spéculatives, comme **imagine**, **know**, **suppose**, **understand** ;
- les verbes exprimant des attitudes affectives, comme **like**, **hate**, **prefer**, **want** ;
- les verbes d'état, les verbes exprimant la possession, l'appartenance, comme **have**, et la caractéristique, comme **be**, à savoir **belong to**, **own**, **consist of**, **depend on**, **matter**, **resemble**, **appear**.

En revanche, certaines constructions avec **be** décrivant des attitudes momentanées, passagères, sont compatibles avec la forme progressive :

The children are being naughty. *Les enfants sont en train de faire des bêtises.*

Le présent simple

■ On emploie le présent simple (simple present) pour parler d'événements qui se répètent, d'habitudes, de caractéristiques, de goûts, de vérités générales. Il s'emploie également avec les verbes d'état :

My brother works in an insurance company. *Mon frère travaille pour une compagnie d'assurances.*

Do you know Roger Toad? *Est-ce que vous connaissez Roger Toad ?*

■ Au présent simple, toutes les formes du verbe, sauf celle de la troisième personne du singulier, sont constituées de la base verbale. La troisième personne du singulier se termine toujours par -s :

	SINGULIER	PLURIEL
1re personne	I like music	We like music
2e personne	You like music	You like music
3e personne	He/she/it likes music	They like music

■ Les verbes se terminant par -ss, -sh, -ch et -x prennent -es à la troisième personne :

stresses; washes; watches; fixes.

■ Pour les verbes se terminant par une consonne + y, le -y devient -ies :

tries; replies.

■ Mais ceux qui se terminent par une voyelle + y prennent un -s à la troisième personne du singulier :

enjoys; plays.

■ Les phrases interrogatives, négatives et emphatiques nécessitent toutes l'emploi d'un **auxiliaire***. Do est l'auxiliaire du présent.

■ La valeur du présent simple dépend en partie du sens du verbe conjugué :

I live in Versailles but I work in Buc. *J'habite à Versailles mais je travaille à Buc.*

Do you remember the name of her sister? *Tu te souviens du nom de sa sœur ?*

■ Le présent simple peut avoir une valeur de vérité générale : c'est vrai maintenant, ça l'a été dans le passé, ça le sera dans l'avenir. Les verbes d'état ne s'emploient jamais avec la forme progressive, mais avec le présent simple :

Jenny likes chocolate. *Jenny aime le chocolat.*

■ Pour les verbes qui décrivent des actions, des événements, le présent simple indique que cet événement est habituel ou qu'il se répète. L'action ne se déroule pas nécessairement au moment où l'énonciateur parle. Les adverbes often, sometimes, occasionally, never renforcent cette valeur :

Nick plays tennis on Saturdays. *Nick joue au tennis le samedi.*

Don't you ever eat meat? *Tu ne manges jamais de viande ?*

■ Au présent simple, certains verbes comme promise, wish, accept introduits par I ou we indiquent que l'énonciateur fait ce qu'il dit au moment même où il le dit :

We wish you every success in your exams. *Nous te souhaitons bonne chance pour tes examens.*

Le présent simple peut avoir valeur de commentaire d'événements ou d'actions au moment où ils se déroulent (commentaires sportifs, indications scéniques, mais aussi recettes de cuisine, instructions d'utilisation…) :

Giggs passes to Rooney. Rooney shoots, and it's a goal! *Passe de Giggs à Rooney. Tir de Rooney et but !*

■ Le présent simple est employé avec une valeur de futur :
- dans les subordonnées introduites par **if**, **when** ou **after** :

  She'll see her mother when she goes to London next month. *Elle verra sa mère quand elle ira à Londres le mois prochain.*
- lorsque l'événement décrit est une vérité générale :

  Christmas Day falls on a Saturday this year. *Noël tombe un samedi cette année.*
- lorsque l'événement a été programmé, planifié :

  The plane leaves in ten minutes. *L'avion part dans dix minutes.*

Le prétérit progressif

■ Le prétérit progressif se forme avec **be** au **prétérit*** + base verbale + **-ing** :

I was watching television when you called. *J'étais en train de regarder la télévision lorsque tu as appelé.*

■ Dans la phrase interrogative, il y a inversion du sujet et de l'auxiliaire. Dans la phrase négative, la négation se place derrière l'auxiliaire :

Where were you going when I saw you? *Où allais-tu lorsque je t'ai rencontré ?*

It wasn't raining when I left the house. *Il ne pleuvait pas lorsque je suis sorti de la maison.*

■ Le prétérit progressif associe les valeurs du prétérit et de la forme progressive. Le prétérit progressif s'emploie pour désigner un événement en cours de déroulement, mais dans un contexte passé. Le locuteur met l'accent sur le déroulement de ces événements dans le passé, sans considérer le moment où ils se terminent :

"What were you doing on Saturday?" "We were visiting relatives." *« Qu'est-ce que vous avez fait samedi ? » « Nous sommes allés voir de la famille. »*

■ Il permet également à l'énonciateur de décrire les circonstances ou le contexte d'un événement :

They arrived while we were washing up. *Nous faisions la vaisselle lorsqu'ils sont arrivés.*

■ Lorsque les événements ont lieu en même temps, la forme progressive peut être employée dans les deux propositions :

You were watching the television while I was washing up. *Tu regardais la télévision pendant que je faisais la vaisselle.*

■ Lorsque le prétérit progressif est modifié par des adverbes comme **just**, **recently**, il désigne un événement passé très récent :

My sister was just saying that there's been a fire at her school. *Ma sœur disait à l'instant qu'il y a eu un incendie dans son école.*

■ On peut l'employer pour évoquer un événement planifié qui n'a finalement pas eu lieu :

I was meeting Rupert for lunch but he can't come. *Je devais déjeuner avec Rupert mais il ne peut pas venir.*

Le prétérit simple

■ Le prétérit (**simple past**) est le seul « vrai » temps du passé. L'événement dont on parle appartient complètement au passé, il est révolu. Il y a une rupture par rapport au moment présent :

He seemed to be happy about something. *Il avait l'air content.*

We were very worried. Why didn't you phone? *Nous étions très inquiets. Pourquoi tu n'as pas téléphoné ?*

■ Les formes du prétérit et du **participe passé*** des verbes réguliers sont toujours les mêmes :

looked; cheated; failed; seemed; appeared; repaired.

■ Dans les phrases affirmatives, le verbe au prétérit a la même forme à toutes les personnes. Les formes du verbe **be** sont :

SINGULIER	PLURIEL
I was	we were
you were	you were
he/she/it was	they were

I knew him when I was young. *Je le connaissais quand j'étais jeune.*

Jenny asked us whether we were happy. *Jenny nous a demandé si nous étions heureux.*

■ Les phrases interrogatives, négatives ou emphatiques nécessitent l'emploi de l'**auxiliaire*** **did**.

■ On emploie le prétérit simple pour parler d'événements passés complètement achevés. L'événement a eu lieu à un moment précis du passé, généralement explicitement mentionné par l'énonciateur. L'événement est vu dans sa totalité (début, déroulement, fin) :

The Romans invaded Britain in 44 AD. *Les Romains ont envahi la Grande-Bretagne en 44 apr. J.-C.*

In one year Jeremy sold 25 cars. *Jeremy a vendu 25 voitures en un an.*

■ Le prétérit simple est le temps du récit : histoires, contes de fées, romans, etc. :

There was once a beautiful princess who had a wicked stepmother... *Il était une fois une très belle princesse dont la belle-mère était très cruelle...*

■ Le prétérit simple est employé pour exprimer ce que l'on suppose ou ce que l'on souhaite, en particulier dans les propositions conditionnelles introduites par **if**, mais aussi après des expressions comme **I'd rather, it's (about) time** (prétérit modal) :

If you really loved me you wouldn't keep criticizing my mother. *Si tu m'aimais vraiment, tu arrêterais de critiquer ma mère.*

I'd rather you didn't come tomorrow. *Je préférerais que tu ne viennes pas demain.*

Les pronoms personnels

■ Le pronom personnel remplace les noms et les groupes nominaux. Il peut être sujet ou complément d'objet (direct ou indirect).

		PRONOM SUJET	PRONOM COMPLÉMENT D'OBJET
singulier	1re personne	I	me
	2e personne	you	you
	3e personne		
	- masculin	he	him
	- féminin	she	her
	- indéfini	one	one
	- neutre	it	it
pluriel	1re personne	we	us
	2e personne	you	you
	3e personne	they	them

■ On emploie la forme de la deuxième personne du pluriel **you** aussi bien pour le singulier que pour le pluriel de la deuxième personne (= « tu », « vous »). On l'emploie (de même que les possessifs **your**, **yours**) quel que soit le degré de familiarité.

■ **They**, **them**, etc. sont souvent utilisés en anglais courant pour renvoyer à une seule personne si son sexe est inconnu ou s'il n'est pas essentiel de le connaître :

If you find a good piano teacher, give me their details. *Si tu trouves un bon professeur de piano, donne-moi ses coordonnées.*

■ Des noms au singulier qui font référence à des groupes de personnes, comme, par exemple, les noms d'équipes sportives ou de sociétés commerciales, sont souvent considérés comme des **pluriels*** et sont repris par **they**, etc. :

The union say that they will go on strike. *Le syndicat dit qu'il va se mettre en grève.*

■ On emploie le pronom sujet quand il est sujet du verbe :

Last night I saw someone I hadn't seen for years. *Hier soir, j'ai rencontré quelqu'un que je n'avais pas vu depuis des années.*

■ On emploie le pronom complément d'objet :

- quand il est complément du verbe (il n'y a pas de différence entre le complément d'objet direct, indirect et d'attribution) :

  Does Alistair know them well? *Est-ce que Alistair les connaît bien ?*

- après les prépositions :

  Chris will be staying with us. *Chris va habiter chez nous.*

■ **He/She** portent respectivement la marque du masculin et du féminin. Ils désignent les personnes, mais peuvent être utilisés pour parler d'un animal domestique. **She** peut être utilisé pour désigner un bateau ou une voiture.

It est le pronom personnel neutre. Il désigne les objets, les choses, les notions et les animaux non domestiques :

There's my brother. He's a postman. *Voici mon frère. Il est facteur.*

There's my sister. She's a bus driver. *Voici ma sœur. Elle est conductrice d'autobus.*

There's my car. It's a Ford. *Voici ma voiture. C'est une Ford.*

- Certains noms peuvent désigner indifféremment l'un ou l'autre sexe : doctor ; friend ; shop assistant ; dog.

- Le choix du pronom dépend alors du sexe de la personne ou de l'animal : There's my boss. Do you know him/her? *Voici mon/ma responsable. Vous le/la connaissez ?*

« Some » et « any »

- **Some** et **any** s'emploient comme déterminants devant un nom pluriel dénombrable ou indénombrable. Il s'agit de quantifieurs qui désignent une quantité (ou éventuellement une qualité) indéterminée. On emploie **some** à la forme affirmative et **any** aux formes négative et interrogative.

There are some books on the table. *Il y a des livres sur la table.*

There's some coffee in the kitchen. *Il y a du café dans la cuisine.*

Are there any good films on television tonight? *Y a-t-il de bons films à la télévision ce soir ?*

I don't want any sugar. *Je ne veux pas de sucre.*

- On peut employer **some** dans une question si la réponse attendue est affirmative :

Would you like some cake? *Tu veux du gâteau ?*

- **Any** peut avoir le sens de « n'importe lequel ». Il s'emploie alors également à la forme affirmative.

Any good bookshop sells this dictionary. *N'importe quelle bonne librairie vend ce dictionnaire.*

- **Some** et **any** s'emploient également comme pronoms indéfinis. Ils peuvent, dans cet emploi, se combiner avec **-body**, **-one**, **-thing** et **-where** pour former des pronoms indéfinis composés :

I haven't got any money. Could you lend me some? *Je n'ai pas d'argent. Pourrais-tu m'en prêter ?*

Something strange happened yesterday. *Quelque chose d'étrange est arrivé hier.*

Somebody called last night. *Quelqu'un a téléphoné hier soir.*

She lives somewhere in Milton Keynes. *Elle habite quelque part à Milton Keynes.*

« Used to »

■ Pour insister sur l'aspect habituel ou répétitif d'un événement dans le passé, on peut employer l'expression **used to** :

They used to live just down the road. *Ils habitaient un peu plus loin dans la même rue.*

He used to smoke. *Autrefois, il fumait.*

■ Notez qu'en français, pour traduire cette valeur, on emploie l'imparfait.

Les verbes à particules et les verbes prépositionnels

■ De nombreux verbes anglais sont composés de la base verbale + un ou deux éléments. Cet élément peut être : une particule adverbiale (**up**, **down**, **off**) ou une préposition (**to**, **at**, **in**). On parlera donc de verbes à particules et de verbes prépositionnels. Ces éléments changent le sens du verbe :

He told me. *Il me l'a dit.* He told me off. *Il m'a vilipendé.*

■ Comme tous les verbes, ces verbes peuvent être intransitifs (sans complément d'objet) :

Agnes turned up late. *Agnes est arrivée en retard.*

■ ou transitifs (suivis d'un complément d'objet) :

She turned up the music/She turned the music up. *Elle a augmenté le volume de la musique.*

■ On remarque par ailleurs que les constructions transitive et intransitive peuvent avoir des sens très différents.

■ Il y a trois types de construction où la base verbale est suivie d'un élément et d'un complément d'objet. Lorsque le complément est un nom, les trois constructions sont très semblables :

- verbes à particules :

  He got his message over to his colleagues. *Il a réussi à faire passer le message auprès de ses collègues.*

- verbes prépositionnels :

  The company got over its financial problems. *La société a surmonté ses difficultés financières.*

- verbes suivis d'une préposition :

  The burglar got over the garden wall. *Le cambrioleur a escaladé le mur du jardin.*

■ Ces constructions ont un point commun, elles peuvent toutes être mises au **passif*** :

The message was got over clearly to his colleagues. *Le message a été clairement communiqué à ses collègues.*

The company's problems have been finally got over. *Les difficultés de la société ont finalement été surmontées.*

The wall is so high it cannot be got over. *Le mur est si haut qu'on ne peut pas l'escalader.*

■ Mais il y a des différences grammaticales importantes entre les verbes à particules et les autres.

Pour distinguer les verbes à particules des verbes prépositionnels, on les met à l'impératif. Le verbe à particules ne peut se séparer de sa particule ; elle fait partie intégrante du verbe :

I don't feel like getting up this morning. *Je n'ai pas envie de me lever ce matin.*

Get up! *Lève-toi !*

À l'inverse, les verbes prépositionnels n'ont une préposition que lorsqu'ils sont suivis d'un complément. Sinon, on a simplement la base verbale :

He listened to me. *Il m'a écouté.*

Listen! *Écoute !*

Les verbes à particules

■ Dans les verbes à particules, la base verbale et la particule adverbiale forment un tout. La particule modifie le sens du verbe. Ces verbes peuvent être transitifs (suivis d'un complément) ou intransitifs (sans complément) :

turn off (a light) *éteindre (une lumière)*
make up (a story) *inventer (une histoire)*
bring up (a child) *élever (un enfant)*
hold down (a job) *garder (un travail)*

■ La particule est souvent un adverbe de lieu. Elle se place immédiatement après la base verbale :

Please sit down here. *Asseyez-vous ici.*
The house blew up. *La maison a sauté.*

■ Devant certains verbes à particules transitifs, quand le complément d'objet est un nom, il peut se placer avant ou après la particule :

I made the story up. = I made up the story. *J'ai inventé cette histoire.*

■ Quand le complément d'objet est un pronom, il se place toujours devant la particule :

I made it up. *Je l'ai inventée.*

■ La particule reste derrière le verbe dans les questions et les propositions relatives :

What did you find out? *Qu'est-ce que tu as appris ?*
This is a project which you must see through. *Vous devez mener à bien ce projet.*

Les verbes à particules prépositionnels

■ Certains verbes à particules se construisent toujours avec une préposition et un complément. C'est le cas de :

put up with (discomfort) *supporter (une gêne)*
look forward to (a holiday) *attendre avec impatience (des vacances)*

check up on (a fact) *vérifier (un fait)*

look down on (poor people) *mépriser (les pauvres)*

■ La première particule suit presque toujours immédiatement le verbe. La préposition se comporte comme celle des verbes prépositionnels :

I hope you'll make up with her soon. *J'espère que tu vas bientôt te réconcilier avec elle.*

I'm looking forward greatly to their arrival. *J'ai vraiment hâte qu'ils arrivent.*

Les verbes prépositionnels

■ Les verbes prépositionnels sont formés d'une base verbale et d'une préposition. Ils sont toujours suivis d'un complément :

look at (a picture) *regarder (un tableau)*

ask for (some money) *demander (de l'argent)*

make for (the door) *se diriger vers (la porte)*

refer to (a book) *consulter (un livre)*

■ Le complément d'objet se place toujours après la préposition, qu'il soit ou non un pronom :

I looked at the picture. *J'ai regardé le tableau.*

I looked at it. *Je l'ai regardé.*

■ Dans les questions et les propositions relatives, la préposition reste derrière le verbe. La préposition ne se place devant le mot interrogatif ou le pronom relatif qu'en style soutenu :

Who are you thinking about? *À qui penses-tu ?*

About whom are you thinking? *À qui penses-tu ?*

La voix passive

■ Pour former le passif, on emploie l'**auxiliaire*** **be** + **participe passé*** du verbe :

Our school was opened by the Queen in 1985. *La reine a inauguré notre école en 1985.*

Have all the lights been switched off? *Est-ce que toutes les lumières sont éteintes ?*

■ La voix passive se combine avec tous les temps, aspects et modes du verbe (mais **been being** est rare) :

I wondered whether she'd been warned about the danger. *Je me demandais si elle avait été prévenue du danger.*

You will be thrown out of school if your work doesn't improve. *Tu vas être renvoyé de l'école si ton travail ne s'améliore pas.*

■ Le complément d'agent du verbe au passif est introduit par la préposition **by**, mais il n'est pas toujours mentionné :

The costumes were made by the children's mothers. *Les costumes ont été réalisés par les mères des enfants.*

She was badly injured in a car crash. *Elle a été grièvement blessée dans un accident de voiture.*

■ La plupart des verbes transitifs, c'est-à-dire susceptibles d'avoir un complément d'objet, et la plupart des **verbes prépositionnels** ou **à particules*** peuvent s'employer au passif. La préposition ou la particule se place après le verbe :

The matter will be dealt with tomorrow. *On s'occupera de cette affaire demain.*

■ Certains verbes, comme **have**, **get**, **find**, peuvent avoir une valeur passive quand ils sont suivis du participe passé :

Have you had your nose done? *Tu t'es fait refaire le nez ?*

I'm getting my car fixed. *Je fais réparer ma voiture.*

■ Certains des verbes introducteurs peuvent être mis au passif. Mais ils se construisent alors avec **to** devant la base verbale (**ask**, **allow**, **expect**, **help**, **make**, **tell**, **persuade**, **invite**, **remind**, **believe**) :

We were made to do the washing-up. *On nous a obligés à faire la vaisselle.*

She can't be persuaded to come. *On n'arrive pas à la convaincre de venir.*

■ Pour d'autres verbes, comme **see**, la forme verbale au passif peut être suivie de **to** + base verbale ou du verbe en **-ing** :

He was seen leaving/to leave the building at nine o'clock. *On l'a vu sortir de l'immeuble à neuf heures.*

■ L'énonciateur choisit la voix passive lorsqu'il veut mettre en relief le bénéficiaire ou le résultat d'une action (ils deviennent sujet du verbe au passif). Le complément d'agent (ex-sujet de la phrase active) peut être omis :

My son has cleaned the car. *Mon fils a lavé la voiture.*

The car has been cleaned (by my son). *La voiture a été lavée (par mon fils).*

■ Le passif s'emploie beaucoup en anglais journalistique, technique et scientifique, et correspond souvent à « on » en français :

This printer can be used with most computers. *Cette imprimante peut s'utiliser avec la plupart des ordinateurs.*

He was arrested yesterday. *On l'a arrêté hier.*

En anglais familier, **get** s'emploie plus souvent que **be** pour exprimer le passage d'un état à un autre ou pour désigner un événement plutôt qu'un état :

They got married in church last Saturday. *Ils se sont mariés à l'église samedi dernier.*

Verbes irréguliers anglais

infinitif	prétérit	participe passé
arise	arose	arisen
awake	awoke	awoken
be	was, were	been
bear	bore	borne
beat	beat	beaten
become	became	become
befall	befell	befallen
begin	began	begun
behold	beheld	beheld
bend	bent	bent
beseech	besought	besought
beset	beset	beset
bet	bet, betted	bet, betted
bid [for auctions]	bid	bid
bid [say]	bade	bidden
bind	bound	bound
bite	bit	bitten
bleed	bled	bled
blow	blew	blown
break	broke	broken
breed	bred	bred
bring	brought	brought
build	built	built
burn	burnt, burned	burnt, burned
burst	burst	burst
buy	bought	bought
can	could	—
cast	cast	cast
catch	caught	caught
choose	chose	chosen
cling	clung	clung
come	came	come
cost	cost	cost
creep	crept	crept
cut	cut	cut
deal	dealt	dealt
dig	dug	dug
do	did	done
draw	drew	drawn
dream	dreamt, dreamed	dreamt, dreamed
drink	drank	drunk
drive	drove	driven
dwell	dwelt, dwelled	dwelt, dwelled

infinitif	prétérit	participe passé
eat	ate	eaten
fall	fell	fallen
feed	fed	fed
feel	felt	felt
fight	fought	fought
find	found	found
flee	fled	fled
fling	flung	flung
fly	flew	flown
forbear	forbore	forborne
forbid	forbade	forbidden
forecast	forecast	forecast
forego	forewent	foregone
foresee	foresaw	foreseen
foretell	foretold	foretold
forget	forgot	forgotten
forgive	forgave	forgiven
forsake	forsook	forsaken
freeze	froze	frozen
get	got	got (Am gotten)
give	gave	given
go	went	gone
grind	ground	ground
grow	grew	grown
hang	hung, hanged	hung, hanged
have	had	had
hear	heard	heard
hide	hid	hidden
hit	hit	hit
hold	held	held
hurt	hurt	hurt
keep	kept	kept
kneel	knelt, kneeled	knelt, kneeled
know	knew	known
lay	laid	laid
lead	led	led
lean	leant, leaned	leant, leaned
leap	leapt, leaped	leapt, leaped
learn	learnt, learned	learnt, learned
leave	left	left
lend	lent	lent
let	let	let
lie	lay	lain
light	lit, lighted	lit, lighted
lose	lost	lost

infinitif	prétérit	participe passé
make	made	made
may	might	—
mean	meant	meant
meet	met	met
mistake	mistook	mistaken
mow	mowed	mown, mowed
pay	paid	paid
put	put	put
quit	quit, quitted	quit, quitted
read	read	read
rend	rent	rent
rid	rid	rid
ride	rode	ridden
ring	rang	rung
rise	rose	risen
run	ran	run
saw	sawed	sawn, sawed
say	said	said
see	saw	seen
seek	sought	sought
sell	sold	sold
send	sent	sent
set	set	set
shake	shook	shaken
shall	should	—
shear	sheared	shorn, sheared
shed	shed	shed
shine	shone	shone
shoot	shot	shot
show	showed	shown
shrink	shrank	shrunk
shut	shut	shut
sing	sang	sung
sink	sank	sunk
sit	sat	sat
slay	slew	slain
sleep	slept	slept
slide	slid	slid
sling	slung	slung
slink	slunk	slunk
slit	slit	slit
smell	smelt, smelled	smelt, smelled
sow	sowed	sown, sowed
speak	spoke	spoken
speed	sped, speeded	sped, speeded

infinitif	prétérit	participe passé
spell	spelt, spelled	spelt, spelled
spend	spent	spent
spill	spilt, spilled	spilt, spilled
spin	spun	spun
spit	spat, spit	spat, spit
split	split	split
spoil	spoilt, spoiled	spoilt, spoiled
spread	spread	spread
spring	sprang	sprung
stand	stood	stood
steal	stole	stolen
stick	stuck	stuck
sting	stung	stung
stink	stank	stunk
stride	strode	stridden
strike	struck	struck, stricken
strive	strove	striven
swear	swore	sworn
sweep	swept	swept
swell	swelled	swollen, swelled
swim	swam	swum
swing	swung	swung
take	took	taken
teach	taught	taught
tear	tore	torn
tell	told	told
think	thought	thought
throw	threw	thrown
thrust	thrust	thrust
tread	trod	trod, trodden
upset	upset	upset
wake	woke, waked	woken, waked
wear	wore	worn
weave	wove, weaved	woven, weaved
wed	wed, wedded	wed, wedded
weep	wept	wept
wet	wet, wetted	wet, wetted
will	would	—
win	won	won
wind	wound	wound
withdraw	withdrew	withdrawn
withhold	withheld	withheld
withstand	withstood	withstood
wring	wrung	wrung
write	wrote	written

Guide de communication

À l'office du tourisme

• Do you have a map of the town?
Avez-vous un plan de la ville ?

• I'd like a public transport UK (public transportation US) map.
Je voudrais un plan des transports en commun.

• Is there a night bus ?
Est-ce qu'il y a un bus de nuit ?

• Do you have a list of youth hostels / campsites UK (campgrounds US) in the area?
Avez-vous une liste des auberges de jeunessse / des campings de la région ?

• Do you have a restaurant guide for the town?
Avez-vous un guide des restaurants de la ville ?

• Do you have a listings guide?
Auriez-vous un programme des spectacles ?

• I'm looking for a reasonably priced hotel.
Je cherche un hôtel pas trop cher.

• Could you recommend a hotel that's fairly central?
Pouvez-vous me recommander un hôtel près du centre ?

• Can you recommend somewhere to go in the evening?
Pouvez-vous nous conseiller un endroit pour sortir le soir ?

• What are the museum opening times?
Quels sont les horaires d'ouverture des musées ?

• Are there guided visits?
Y a-t-il des visites guidées ?

• Where can you hire UK (rent US) a car?
Où peut-on louer une voiture ?

L'hébergement

À l'hôtel

• Do you have any rooms left for tonight?
Vous reste-t-il des chambres pour la nuit ?

• Could you recommend another hotel?
Pourriez-vous nous conseiller un autre hôtel ?

• Do you do half board / full board UK (modified American plan / American plan US)?
Faites-vous la demi-pension / la pension complète ?

• What are your rates?
Quels sont vos tarifs ?

• We'd like a double room / two single rooms for the night.
Nous voudrions une chambre double / deux chambres simples pour la nuit.

• I'd like a room with a shower / with a bath UK (bathtub US).
Je voudrais une chambre avec douche / avec baignoire.

• I'd like a quiet room / a room with a sea UK (an ocean US) view.
J'aimerais une chambre tranquille / avec vue sur la mer.

• We're intending to stay three nights.
Nous pensons rester trois nuits.

• We'd like to stay another night.
Nous aimerions rester une nuit supplémentaire.

• I reserved a room in the name of Pignon by phone / via the Internet.
J'ai réservé une chambre au nom de Pignon par téléphone / par Internet.

• We've booked a room for two nights.
Nous avons réservé une chambre pour deux nuits.

• Is there a lift UK (an elevator US)?
Est-ce qu'il y a un ascenseur ?

• Could you have my bags sent up ?
Est-ce que vous pourriez faire monter mes bagages ?

• Do you have a safe where one can put one's valuables?
Avez-vous un coffre pour déposer les objets de valeur ?

• Is there somewhere I can get Internet access in the hotel?
Y a-t-il une borne Internet dans l'hôtel ?

• Is there a car park UK (parking garage US) for hotel guests?
Y a-t-il un parking réservé aux clients de l'hôtel ?

• Could you wake me at seven o'clock?
Pourriez-vous me réveiller à sept heures ?

• What time is breakfast?
À quelle heure le petit déjeuner est-il servi ?

• The key to room 121, please.
La clé de la chambre 121, s'il vous plaît.

• Are there any messages for me?
Est-ce qu'il y a des messages pour moi ?

• The air conditioning / The television isn't working.
L'air conditionné / la télévision ne marche pas.

• There's no light in the bathroom.
Il n'y a pas de lumière dans la salle de bains.

• Is it possible to have an extra blanket?
Est-il possible d'avoir une couverture supplémentaire ?

• I'm leaving tomorrow. Could you get my bill ready, please ?
Je pars demain. Pouvez-vous préparer ma note, s'il vous plaît ?

À l'auberge de jeunesse

• Here's my youth hostel card.
Voici ma carte d'adhérent des auberges de jeunesse.

• Do you have double rooms / rooms for four people?
Avez-vous des chambres doubles / pour quatre personnes ?

• Do you just have dormitories?
Vous avez uniquement des dortoirs ?

• Are the rooms mixed?
Les chambres sont-elles mixtes ?

• What's the price of a night in the dormitory?
Quel est le prix d'une nuit en dortoir ?

• Is breakfast included ?
Le petit déjeuner est-il compris ?

• Is there a kitchen where you can cook your own food?
Y a-t-il une cuisine équipée pour préparer soi-même les repas ?

• Are there lockers?
Y a-t-il une consigne automatique ?

• Is there a launderette?
Y a-t-il une laverie automatique ?

• Are you open all night?
Est-ce qu'il y a un couvre-feu ?

• What time do you have to be out of your room by?

À quelle heure faut-il libérer les chambres ?

• Is it possible to get towels?

Est-il possible d'avoir des serviettes de toilette ?

Au camping

• Do you have any spaces available?

Vous reste-t-il des emplacements libres ?

• How much is a space for a tent and two people?

Combien coûte un emplacement pour une tente et deux personnes ?

• We'd like a space for two tents and a car.

Nous voudrions un emplacement pour deux tentes et une voiture.

• Is it possible to hire *UK* **(rent** *US***) a tent?**

Est-il possible de louer une tente ?

• Do you hire out *UK* **(rent out** *US***) sleeping bags?**

Est-ce que vous louez des sacs de couchage ?

• Where are the toilets *UK* **(restrooms** *US***) and showers?**

Où se trouvent les sanitaires ?

• Does the campsite *UK* **(campground** *US***) provide any activities?**

Le camping propose-t-il des activités ?

• Is there a disco at the campsite *UK* **(campground** *US***)?**

Est-ce qu'il y a une discothèque dans le camping ?

Se renseigner en ville

• Could you help me? I think I'm lost.

Pourriez-vous m'aider ? Je crois que je me suis perdu.

• Could you show me where we are on the map?

Pourriez-vous m'indiquer où nous sommes sur le plan ?

• Can you tell me the way to the station, please?

Pouvez-vous m'indiquer la direction de la gare, s'il vous plaît ?

• Excuse me, I'm looking for the police station.

Excusez-moi, je cherche le commissariat.

• Excuse me, I'm looking for the museum of modern art.

Excusez-moi, je cherche le musée d'art moderne.

• Is it far? Can you walk there?

C'est loin ? Peut-on y aller à pied ?

• Do you have to get the bus / the underground *UK* **(subway** *US***)?**

Faut-il prendre le bus / le métro ?

• Is there a bus stop near here?

Y a-t-il un arrêt de bus à proximité ?

• Where's the nearest underground *UK* **(subway** *US***) station / the nearest taxi rank** *UK* **(taxi stand** *US***)?**

Où est la station de métro / la station de taxis la plus proche ?

• Where's the nearest hospital / the nearest chemist's *UK* **(drugstore** *US***)?**

Où se trouve l'hôpital le plus proche / la pharmacie la plus proche ?

Les transports en commun

Prendre le bus

• Where do you buy tickets?
Où peut-on acheter des tickets ?

• Can you buy tickets from the bus driver?
Peut-on acheter des tickets au chauffeur du bus ?

• Two to the station, please.
Deux tickets pour la gare, s'il vous plaît.

• What bus do you take for the airport?
Quel bus faut-il prendre pour aller à l'aéroport ?

• Excuse me, where's the stop for the number 20?
Excusez-moi, où se trouve l'arrêt du 20 ?

• How long till the next number 48 comes?
Dans combien de temps passe le 48 ?

• Does this bus go to the museum of archaeology?
Est-ce que ce bus va au musée archéologique ?

• Which station do I get off at for Princess Street?
À quel arrêt dois-je descendre pour aller à Princess Street ?

• Can you tell me when to get off ?
Pourrez-vous me prévenir quand je devrai descendre ?

• Is this the terminus?
Nous sommes arrivés au terminus ?

Prendre le train

• When's the next train to Leeds?
À quelle heure part le prochain train pour Leeds ?

• Is there an earlier / a later train?
Y a-t-il un train plus tôt / tard ?

• Can I buy a ticket on the train?
Est-ce que je peux acheter le billet dans le train ?

• A single UK (one-way ticket US) to Glasgow, please.
Un aller simple pour Glasgow, s'il vous plaît.

• A return UK (round-trip ticket US) to London, please.
Un aller-retour pour Londres, s'il vous plaît.

• Do you have to change ?
Est-ce qu'il y a un changement ?

• Is there a reduced fare for young people / groups?
Est-ce qu'il y a une réduction pour les jeunes / les groupes ?

• Is there a left-luggage office UK (baggage room US)?
Y a-t-il une consigne pour les bagages ?

• I'd like to reserve two first-class/ second-class seats to Edinburgh.
Je voudrais réserver deux places en première / seconde classe pour Édimbourg.

• I'd like to take the sleeper.
Je voudrais voyager en train couchettes.

• Where can I date-stamp my ticket?
Où puis-je composter mon billet ?

• Which platforms do suburban trains leave from?
De quels quais partent les trains de banlieue ?

• Excuse me, is there anyone sitting here?
Excusez-moi, est-ce que cette place est libre ?

• Excuse me, I think you're in my seat.
Excusez-moi, je crois que vous êtes assis à ma place.

• Can you let me know when we arrive at Manchester?
Pourrez-vous m'avertir quand nous serons arrivés à Manchester ?

• Is there a bar / a dining car on the train?
Y a-t-il un bar / une voiture-restaurant dans le train ?

• I've missed my connection.
J'ai raté ma correspondance.

• Is there a connection for Brighton?
Y a-t-il une correspondance pour Brighton ?

Prendre l'avion

• Where is the Air France desk, please?
Où est le guichet Air France, s'il vous plaît ?

• What time is the next flight to Toulouse?
À quelle heure est le prochain vol pour Toulouse ?

• How much is a return UK **(round-trip** US**) ticket to Paris?**
Combien coûte un billet aller-retour pour Paris ?

• I'd like to book a one-way ticket to Nice.
Je voudrais réserver un aller simple pour Nice.

• Put me on standby, please.
Mettez-moi en liste d'attente, s'il vous plaît.

• I'm booked on the 9 o'clock flight to Paris.
J'ai une réservation sur le vol pour Paris de 9 h.

• I'd like an aisle / window seat.
Je voudrais une place côté couloir / côté hublot.

• Where do we check in our luggage?
Où devons-nous enregistrer nos bagages ?

• Can you tell me where Gate 2 is?
Pouvez-vous me dire où se trouve la porte 2?

• I've missed my connection to London.
J'ai raté ma correspondance pour Londres.

• My luggage hasn't arrived.
Mes bagages ne sont pas arrivés.

• Excuse me, I'm looking for a baggage trolley UK **(baggage cart** US**).**
Excusez-moi, je cherche un chariot pour mes bagages.

• Where are the buses / trains for the city centre UK **(for downtown** US**) / the central station?**
Où se trouvent les bus / trains pour se rendre au centre-ville / à la gare centrale ?

Prendre un taxi

• Could you call me a taxi?
Pourriez-vous m'appeler un taxi ?

• I'd like to book a taxi for 8 o'clock.
Je voudrais réserver un taxi pour 8 h.

• How much is a taxi from here to the town centre UK **(to downtown** US**)?**
Combien coûte un taxi d'ici au centre-ville ?

• Do you have to pay extra for luggage?
Doit-on payer un supplément pour les bagages ?

• How long does it take to the airport?
Combien de temps met-on pour aller à l'aéroport?

• Take me to that address, please.
Conduisez-moi à cette adresse, s'il vous plaît.

• To the central station / To the airport, please.
À la gare centrale / À l'aéroport, s'il vous plaît.

• Stop here / at the lights / at the corner.
Arrêtez-vous ici / au feu / au coin de la rue.

• How much do I owe you?
Combien je vous dois ?

• Keep the change.
Vous pouvez garder la monnaie.

La restauration

Au café

• Is there table service?
Est-ce que vous servez en salle ?

• Is this table free?
Cette table est-elle libre ?

• Excuse me!
S'il vous plaît !

• Could you bring us the drinks list?
Pourriez-vous nous apporter la carte des consommations ?

• What sandwiches do you have?
Qu'avez-vous comme sandwichs ?

• What hot / cold drinks do you have?
Qu'avez-vous comme boissons chaudes / fraîches ?

• A coffee, an orange juice, and a croissant, please.
Un café, un jus d'orange et un croissant, s'il vous plaît.

• A weak espresso, a latte, and a cappuccino, please.
Un café allongé, un grand crème et un cappuccino, s'il vous plaît.

• A draught UK **(draft** US**) beer, please.**
Une bière pression, s'il vous plaît.

• I'd like a non-alcoholic aperitif / a lemonade UK **(soda** US**).**
Je voudrais un apéritif sans alcool / une limonade, s'il vous plaît.

• Can I have another glass of red wine, please?
Puis-je avoir un autre verre de vin rouge, s'il vous plaît ?

• Could I have some ice?
Pourrais-je avoir des glaçons ?

• The bill UK **(check** US**), please!**
L'addition, s'il vous plaît !

• Can I just pay the waiter?
Est-ce que je peux régler directement au serveur ?

• **Keep the change.**
Gardez la monnaie.

Au restaurant

• **There are four of us.**
Nous sommes quatre.

• **I'd like to reserve a table for this evening.**
Je voudrais réserver une table pour ce soir.

• **We've got a reservation. The name's Lebras.**
Nous avons réservé au nom de Lebras.

• **Could you bring us the menu / the wine list, please?**
Pouvez-vous nous apporter la carte / la carte des boissons, s'il vous plaît ?

• **What are the local specialities** UK **(specialties** US**)?**
Quels sont les plats typiques de la région ?

• **What's today's special?**
Quel est le plat du jour ?

• **To drink, a bottle of mineral water, please.**
Comme boisson, une bouteille d'eau minérale, s'il vous plaît.

• **Can you recommend a good wine?**
Est-ce que vous pouvez nous recommander un bon vin ?

• **Rare / Medium rare / Well done, please!**
Saignant / À point / Bien cuit, s'il vous plaît !

• **Could I have a glass of water / some bread, please?**
Est-ce que je pourrais avoir un verre d'eau / du pain, s'il vous plaît ?

• **It's not what I ordered.**
Ce n'est pas ce que j'avais commandé.

• **The bill** UK **(check** US**), please!**
L'addition, s'il vous plaît !

• **Is service included ?**
Le service est-il compris ?

• **Do you take credit cards?**
Vous acceptez les cartes de crédit ?

• **Where are the toilets** UK **(restrooms** US**), please?**
Où sont les toilettes, s'il vous plaît ?

Dans les magasins

• **Can I ask you something?**
Je peux vous demander un renseignement ?

• **No thanks, I'm just looking.**
Non, merci, je ne fais que regarder.

• **I'm being attended to, thanks.**
On s'occupe de moi, merci.

• **Can I try it on ?**
Est-ce que je peux l'essayer ?

• **Where are the changing rooms** UK **(fitting rooms** US**)?**
Où se trouvent les cabines d'essayage ?

• **Have you got the next size up / down?**
Avez-vous la taille au-dessus / en dessous ?

• Do you have it in another colour UK (color US)?
Est-ce que vous l'avez dans une autre couleur ?

• And how much is this one ?
Et celui-ci, combien coûte-t-il ?

• I'll take this one, thanks.
Je vais prendre celui-ci, merci.

• If it's not right, can I exchange it?
Si ça ne va pas, est-ce que je peux le changer ?

• That's everything, thanks.
Ce sera tout, merci.

• Can you gift-wrap it for me?
Pouvez-vous me faire un paquet-cadeau ?

À la pharmacie

• I've got a prescription from my doctor in France.
J'ai une ordonnance de mon médecin français.

• I'd like something for a headache / a sore throat.
Je voudrais un médicament contre les maux de tête / le mal de gorge.

• Can you recommend something for a cough / diarrhoea UK (diarrhea US)?
Pouvez-vous me recommander quelque chose contre la toux / la diarrhée ?

• Do you have a lotion for insect bites?
Auriez-vous une lotion contre les piqûres d'insectes ?

• I've been stung by a wasp.
Je me suis fait piquer par une guêpe.

• I'm allergic to aspirin.
Je suis allergique à l'aspirine.

• I'm on antibiotics.
Je suis sous antibiotiques.

• I have high blood pressure. Can I still take this medicine?
J'ai de la tension. Puis-je quand même prendre ce médicament ?

• Do you have any homeopathic medicines?
Avez-vous des médicaments homéopathiques ?

• Do I take these tablets before or after meals?
Dois-je prendre ces comprimés avant ou après les repas ?

• How long do I have to take the medicine for?
Pendant combien de temps dois-je prendre ce médicament ?

• Is there any risk of drowsiness with this medicine?
Y a-t-il des risques de somnolence avec ce médicament ?

• Could you recommend a doctor / dentist?
Pourriez-vous me recommander un médecin / dentiste ?

Chez le médecin – À l'hôpital

• I'd like to make an appointment with a GP.
Je voudrais prendre un rendez-vous avec un médecin généraliste.

• Does the doctor see people without an appointment?
Ce médecin reçoit-il sans rendez-vous ?

• I've got a very bad stomachache and this morning I had a temperature of 102.
J'ai très mal au ventre et ce matin j'avais 39 °C de fièvre.

• I think I've got the flu.
Je crois que j'ai la grippe.

• I feel sick and I'm dizzy.
J'ai mal au cœur et j'ai des vertiges.

• I spent the whole night being sick.
J'ai vomi toute la nuit.

• I fell and hurt my arm / my leg.
Je suis tombé et mon bras / ma jambe me fait très mal.

• I've twisted my ankle.
Je me suis foulé la cheville.

• I got sunburned.
J'ai attrapé un coup de soleil.

• I'm pregnant / diabetic / epileptic.
Je suis enceinte / diabétique / épileptique.

• My blood group is 0 positive.
Mon groupe sanguin est 0^+.

• Is it contagious?
C'est une maladie contagieuse ?

• When do you think I'll be well enough to travel?
Quand pensez-vous que je serai en état de voyager ?

• I'd prefer to be taken back to France.
Je préférerais me faire rapatrier en France.

• Could you fill in these forms for my insurance?
Pourriez-vous remplir ces formulaires pour mon assurance ?

• How much do I owe you, doctor?
Combien vous dois-je, docteur ?

Au commissariat

• We've been attacked.
Nous avons été agressés.

• My bag's been stolen with all my papers in it.
On m'a volé mon sac avec tous mes papiers.

• My car / My scooter's been stolen.
On m'a volé ma voiture / mon scooter.

• There's been an accident.
Il y a eu un accident.

• I've lost my identity card.
J'ai perdu ma carte d'identité.

À la banque

• Can I change my traveller's cheques UK (traveler's checks US) here?
Est-ce que je peux changer mes traveller's cheques ici ?

• Where is there an ATM?
Où y a-t-il un distributeur de billets ?

• The ATM has swallowed my credit card.
Le distributeur automatique a avalé ma carte de crédit.

• I'd like to withdraw some money.
Je voudrais retirer de l'argent.

• I'm expecting a money transfer from France in the name of Jean Dupont. Has it come in?
J'attends un virement de France au nom de Jean Dupont. Est-il arrivé ?

• I'd like 10-pound notes UK (bills US).
Je voudrais des billets de 10 livres.

• I'd like to change 100 euros into pounds / dollars.
Je voudrais changer 100 euros en livres / dollars.

À la poste

• I'd like ten stamps for France.
Je voudrais dix timbres pour la France.

• I'd like to send this letter / this parcel UK (package US) by registered post UK (mail US).
Je voudrais envoyer cette lettre / ce paquet en recommandé.

• Where do I put the address of the adressee and that of the sender?
Où dois-je indiquer l'adresse du destinataire et celle de l'expéditeur ?

• How long will it take to get to France?
Ça met combien de temps pour arriver en France ?

• How much does it cost to send a parcel UK (package US) by express post UK (mail US)?
Combien coûte l'envoi d'un paquet par Chronopost ?

• Is there any post UK (mail US) for Daniel Legrand?
Y a-t-il du courrier au nom de Daniel Legrand ?

• I'm expecting a money order for Chabrier.
J'attends un mandat au nom de Chabrier.

Anglais
Français

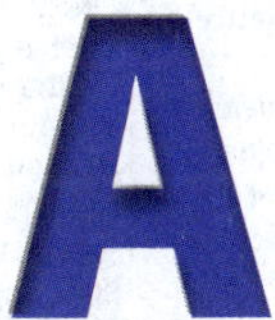

a (*pl* **a's**), **A** (*pl* **A's** *ou* **As**) [eɪ] *n* a *m inv*, A *m inv (lettre)* • **to get from A to B** aller d'un point à un autre. ■ **A** *n* **1.** *MUS* la *m inv* **2.** A *m inv*.

a

■ **a** *art indéf*

forme non accentuée [ə], *forme accentuée* [eɪ], *devant une voyelle ou un* **h** *muet* : **an**, *forme non accentuée* [ən], *forme accentuée* [æn]

1. S'UTILISE DEVANT UN NOM LORSQU'IL Y A INDÉFINITION

• **I've bought a car** j'ai acheté une voiture • **she ate an orange for breakfast** elle a mangé une orange pour le petit déjeuner

2. S'UTILISE DEVANT UN NOM DE PROFESSION

• **he is a doctor/lawyer/plumber** il est médecin/avocat/plombier

3. S'UTILISE EN TANT QUE NOMBRE

• **there were three men and a woman** il y avait trois hommes et une femme • **it costs a hundred/thousand pounds** cela coûte cent/mille livres

4. POUR EXPRIMER LA FRÉQUENCE, LE PRIX OU LA VITESSE

• **he plays rugby twice a week/month** il joue au rugby deux fois par semaine/mois • **it costs 20 pence a kilo** ça coûte 20 pence le kilo • **£7 *a head*** 7 livres *par tête* • **the speed limit is 50 miles an hour** la limite de vitesse est de 75 km à l'heure

5. S'UTILISE PARFOIS DEVANT DES NOMS DE PERSONNES QUAND ON NE LES CONNAÎT PAS

• **there's a Mrs Jones to see you** une certaine madame Jones demande à vous voir

A3 *SMS* (abrév de anytime, anywhere, anyplace) quand tu veux, où tu veux. ❑ *n* format *m* A3. ❑ *adj* • **A3 paper** papier *m* (format) A3.

A4 *n* (UK) format *m* A4.

AA *n* **1.** (abrév de Automobile Association) *automobile club britannique* ; ≃ ACF *m* ; ≃ TCF *m* **2.** (abrév de Alcoholics Anonymous) Alcooliques Anonymes *mpl*.

AAA (abrév de American Automobile Association) *n automobile club américain* ; ≃ACF *m* ; ≃TCF *m*.

aardvark ['ɑːdvɑːk] *n* oryctérope *m*.

aargh [ɑː] *interj* aargh !

AB *n* (US) abrév de Bachelor of Arts.

aback [ə'bæk] *adv* • **to be taken aback** être décontenancé.

abacus ['æbəkəs] (*pl* **-cuses** *ou* **-ci**) *n* boulier *m*, abaque *m*.

abandon [ə'bændən] *vt* abandonner. ❑ *n* • **with abandon** avec abandon.

abandoned [ə'bændənd] *adj* abandonné.

abandonment [ə'bændənmənt] *n* **1.** abandon *m (d'un endroit, d'une personne, d'un projet)* **2.** cession *f (d'un droit)*.

abashed [ə'bæʃt] *adj* confus.

abate [ə'beɪt] *vi* **1.** *(tempête)* se calmer **2.** *(bruit)* faiblir.

abattoir ['æbətwɑːʳ] *n* abattoir *m*.

abbess ['æbes] *n* abbesse *f*.

abbey ['æbɪ] *n* abbaye *f*.

abbot ['æbət] *n* abbé *m*.

abbreviate [ə'briːvɪeɪt] *vt* abréger.

abbreviated [ə'briːvɪeɪtɪd] *adj* abrégé.

abbreviation [əˌbriːvɪ'eɪʃn] *n* abréviation *f*.

ABC *n* **1.** alphabet *m* **2.** *fig* B.A.-Ba *m*, abc *m*.

abdicate ['æbdɪkeɪt] *vt & vi* abdiquer.

abdication [ˌæbdɪ'keɪʃn] *n* abdication *f*.

abdomen ['æbdəmən] *n* abdomen *m*.

abdominal [æb'dɒmɪnl] *adj* abdominal.

abduct [əb'dʌkt] *vt* enlever.

abduction [æb'dʌkʃn] *n* enlèvement *m*.

abductor [əb'dʌktəʳ] *n* **1.** ravisseur *m*, -euse *f* **2.** (muscle *m*) abducteur *m*.

aberration [ˌæbə'reɪʃn] *n* aberration *f*.

abet [ə'bet] *vt* → **aid**.

abeyance [ə'beɪəns] *n* • **in abeyance** en attente.

abhor [əb'hɔːʳ] *vt* abhorrer.

abhorrence [əb'hɒrəns] *n* *sout* aversion *f*, horreur *f* • **to have an abhorrence of sthg** avoir horreur de qqch.

abhorrent [əb'hɒrənt] *adj* répugnant.

abide [ə'baɪd] *vt* supporter, souffrir • **I can't abide hypocrisy** je ne supporte pas l'hypocrisie. ■ **abide by** *vt insép* respecter, se soumettre à *(loi, décision)*.

abiding [ə'baɪdɪŋ] *adj (sentiment, intérêt)* constant ; *(mémoire)* éternel, impérissable.

ability [ə'bɪlətɪ] *n* **1.** aptitude *f* • **children of different abilities** des enfants ayant des capacités différentes **2.** talent *m*.

abject ['æbdʒekt] *adj* **1.** *(misère)* noir **2.** *(personne)* pitoyable **3.** *(comportement)* servile.

ablaze [ə'bleɪz] *adj* en feu.

able ['eɪbl] *adj* **1.** • **to be able to do sthg** pouvoir faire qqch **2.** compétent.

able-bodied [-,bɒdɪd] *adj* valide.

ablutions [ə'blu:ʃnz] *npl sout* & *hum* ablutions *fpl*.

ably ['eɪblɪ] *adv* avec compétence, habilement.

ABM (abrév de anti-ballistic missile) *n* ABM *m*.

abnormal [æb'nɔml] *adj* anormal.

abnormality [,æbnɔ:'mælətɪ] (*pl* **-ies**) *n* **1.** MÉD anomalie *f* **2.** anormalité *f (d'une condition)*.

abnormally [æb'nɔ:məlɪ] *adv* anormalement.

aboard [ə'bɔd] *adv & prép* à bord.

abode [ə'bəʊd] *n sout* • **of no fixed abode** sans domicile fixe.

abolish [ə'bɒlɪʃ] *vt* abolir.

abolition [,æbə'lɪʃn] *n* abolition *f*.

A-bomb (abrév de atom bomb) *n* bombe *f* atomique.

abominable [ə'bɒmɪnəbl] *adj* abominable.

abominable snowman *n* • **the abominable snowman** l'abominable homme *m* des neiges.

abominably [ə'bɒmɪnəblɪ] *adv* abominablement.

abomination [ə,bɒmɪ'neɪʃn] *n* **1.** *sout (mépris)* abomination *f* • **we hold such behaviour in abomination** ce genre de comportement nous fait horreur *ou* nous horrifie **2.** *sout (action détestable)* abomination *f*, acte *m* abominable.

aboriginal [,æbə'rɪdʒənl] *adj* **1.** aborigène, des aborigènes **2.** BOT & ZOOL aborigène. ■ **Aboriginal** *adj* aborigène, des Aborigènes *(d'Australie)*.

Aborigine [,æbə'rɪdʒənɪ] *n* Aborigène *mf (d'Australie)*.

abort [ə'bɔt] *vt* **1.** interrompre *(grossesse)* **2.** *fig* abandonner, faire avorter **3.** INFORM abandonner.

abortion [ə'bɔʃn] *n* avortement *m*, interruption *f* volontaire de grossesse • **to have an abortion** se faire avorter.

abortive [ə'bɔtɪv] *adj (essai)* manqué.

abound [ə'baʊnd] *vi* abonder.

about

■ about [ə'baʊt] *adv*

1. INDIQUE L'APPROXIMATION

• **she has got about 200 books** elle a environ 200 livres • **let's meet at about five o'clock** retrouvons-nous vers cinq heures • **I'm just about ready** je suis presque prêt

2. INDIQUE LA PROXIMITÉ GÉOGRAPHIQUE OU TEMPORELLE

• **he's somewhere about** il est dans les parages *ou* quelque part par ici • **there's no one about** il n'y a personne • **there's a lot of flu about** il y a beaucoup de cas de grippe en ce moment

3. INDIQUE L'ÉPARPILLEMENT

• **he left his books lying about** il a laissé traîner ses livres partout

4. INDIQUE UN THÈME

• **what is it about?** de quoi s'agit-il ? • **OK, what's this all about?** bon, qu'est-ce qui se passe ?

5. INDIQUE QU'UNE ACTION EST IMMINENTE

• **to be about to do sthg** être sur le point de faire qqch

■ about [ə'baʊt] *prép*

1. INDIQUE UN THÈME, UN SUJET

• **I'm reading a book about magic** je lis un livre sur la magie • **his parents worry about him** ses parents s'inquiètent à son sujet

2. INDIQUE LA PROXIMITÉ DANS L'ESPACE

• **I left it about here** je l'ai laissé par ici

3. INDIQUE L'ÉPARPILLEMENT

• **his belongings were scattered about the room** ses affaires étaient éparpillées dans toute la pièce • **to wander about the streets** errer de par les rues

4. APRÈS « HOW » OU « WHAT », EXPRIME UNE SUGGESTION

• **what about going to the movies?** et si on allait au cinéma ?

À PROPOS DE — about

What about et ***how about*** servent, en anglais parlé, à émettre une suggestion. Ils peuvent être suivis d'un nom ***(what/how about a game of cards?)***, d'un pronom ***(what/how about this one?)*** ou d'un participe présent ***(what/how about going to the cinema?)***.

On utilise ***be about to*** pour dire que quelque chose est sur le point de se produire ***(the train's about to leave)***.

about-turn (UK), **about-face** (US) *n* **1.** MIL demi-tour *m* **2.** *fig* volte-face *f inv* **3.** revirement *m*.

above [ə'bʌv] *adv* **1.** au-dessus **2.** ci-dessus, plus haut **3.** plus • **children aged 5 and above** les enfants âgés de 5 ans et plus *ou* de plus de 5 ans. ❑ *prép* **1.** au-dessus de • **the sun is shining above the clouds** le soleil brille au-dessus des nuages **2.** plus de • **boys above the age of 7** les garçons âgés de plus de 7 ans. ■ **above all** *adv* avant tout.

aboveboard [ə,bʌv'bɔd] *adj* honnête.

above-mentioned [-'menʃnd] *sout adj* cité plus haut. ❑ *n* (*pl inv*) • **the above-mentioned** le susmentionné, la susmentionnée.

above-named *sout adj* susnommé. ❑ *n* (*pl inv*) • **the above-named** le susnommé, la susnommée.

abracadabra [,æbrəkə'dæbrə] *interj* abracadabra !

abrasion [ə'breɪʒn] *n sout* écorchure *f*, égratignure *f*.

abrasive [ə'breɪsɪv] *adj* **1.** abrasif **2.** *fig* caustique, acerbe.

abreast [ə'brest] *adv* de front. ■ **abreast of** *prép* • **to keep abreast of** se tenir au courant de.

abridge [ə'brɪʤ] *vt* abréger (*livre*).

abridged [ə'brɪʤd] *adj* abrégé.

abroad [ə'brɔd] *adv* à l'étranger • **to go abroad** aller à l'étranger.

abrupt [ə'brʌpt] *adj* **1.** soudain, brusque **2.** abrupt.

abruptly [ə'brʌptlɪ] *adv* **1.** brusquement **2.** abruptement.

abs [æbz] *npl fam* abdos *mpl* • **to have killer abs** avoir des tablettes de chocolat • **I'm working on my abs** je travaille mes abdos.

ABS (abrév de anti-lock braking system) *n* ABS *m*.

abscess ['æbses] *n* abcès *m*.

abscond [əb'skɒnd] *vi* s'enfuir.

abseil ['æbseɪl] *vi* (UK) descendre en rappel.

abseiling ['æbseɪlɪŋ] *n* (descente *f* en) rappel *m*.

absence ['æbsəns] *n* absence *f*.

absent ['æbsənt] *adj* • **absent (from)** absent (de).

absentee [,æbsən'tiː] *n* absent *m*, -e *f*.

absenteeism [,æbsən'tiːɪzm] *n* absentéisme *m*.

absent-minded [-'maɪndɪd] *adj* distrait.

absent-mindedly [-'maɪndɪdlɪ] *adv* distraitement.

absent-mindedness [-'maɪndɪdnɪs] *n* distraction *f*.

absolute ['æbsəluːt] *adj* absolu • **it's an absolute scandal** c'est un véritable scandale.

absolutely ['æbsə'luːtlɪ] *adv* absolument • **she's absolutely right** elle a tout à fait raison.

absolute majority *n* majorité *f* absolue.

absolution [,æbsə'luːʃn] *n* absolution *f*.

absolve [əb'zɒlv] *vt* • **to absolve sb (from)** absoudre qqn (de).

absorb [əb'zɔb] *vt* **1.** absorber **2.** retenir, assimiler (*des informations*) • **to be absorbed in sthg** être absorbé dans qqch.

absorbent [əb'zɔbənt] *adj* absorbant.

absorbing [əb'zɔːbɪŋ] *adj* captivant.

absorption [əb'zɔpʃn] *n* absorption *f*.

abstain [əb'steɪn] *vi* • **to abstain (from)** s'abstenir (de).

abstainer [əb'steɪnəʳ] *n* **1.** abstinent *m*, -e *f* (*personne qui ne boit pas d'alcool*) **2.** abstentionniste *mf* (*à une élection*).

abstemious [æb'stiːmjəs] *adj* **1.** *sout* (*repas*) frugal **2.** (*personne*) sobre.

abstention [əb'stenʃn] *n* abstention *f*.

abstract ['æbstrækt] *adj* (*idées, raisonnement, art*) abstrait. ❑ *n* résumé *m*, abrégé *m* • **you are asked to submit an abstract of approximately 100 words** vous devez fournir un résumé d'environ 100 mots.

abstraction [æb'strækʃn] *n* **1.** distraction *f* **2.** abstraction *f*.

abstruse [æb'struːs] *adj* abstrus.

absurd [əb'sɜːd] *adj* absurde.

absurdity [əb'sɜːdətɪ] (*pl* -ies) *n* absurdité *f*.

absurdly [əb'sɜːdlɪ] *adv* absurdement.

abundance [ə'bʌndəns] *n* abondance *f* • **in abundance** en abondance.

abundant [ə'bʌndənt] *adj* abondant.

abundantly [ə'bʌndəntlɪ] *adv* **1.** parfaitement, tout à fait • **it has become abundantly clear that there is no time to lose** il est devenu extrêmement clair qu'il n'y a pas de temps à perdre **2.** en abondance.

abuse *n* [ə'bjuːs] (*indén*) **1.** insultes *fpl*, injures *fpl* **2.** mauvais traitement *m* **3.** abus *m*. ❑ *vt* [ə'bjuːz] **1.** insulter, injurier **2.** maltraiter **3.** abuser de.

abuser [ə'bjuːzəʳ] *n* **1.** • **abusers of the system** ceux qui profitent du système **2.** *personne qui a maltraité un enfant physiquement ou psychologiquement* **3.** • **(drug) abuser** drogué *m*, -e *f*.

abusive [ə'bjuːsɪv] *adj* grossier, injurieux.

abysmal [ə'bɪzml] *adj* épouvantable, abominable.

abysmally [ə'bɪzməlɪ] *adv* abominablement.

abyss [ə'bɪs] *n* abîme *m*, gouffre *m*.

a/c (abrév de account (current)) cc.

AC *n* **1.** (abrév de alternating current) courant *m* alternatif **2.** (abrév de air conditoning) climatisation *f*.

acacia [ə'keɪʃə] *n* acacia *m*.

academic [,ækə'demɪk] *adj* **1.** (*carrière, recherche, qualification*) universitaire **2.** (*personne*) intellectuel **3.** (*question, argument*) théorique. ❑ *n* universitaire *mf*.

academic year *n* année *f* scolaire *ou* universitaire.

academy [ə'kædəmɪ] *n* **1.** école *f* • **academy of music** conservatoire *m* **2.** académie *f*.

accede [æk'siːd] *vi* **1.** • **to accede to** agréer, donner suite à *(une demande)* **2.** • **to accede to the throne** monter sur le trône.

accelerate [ək'seləreɪt] *vi* **1.** *(voiture, automobiliste)* accélérer **2.** *(croissance)* s'accélérer.

acceleration [ək,selə'reɪʃn] *n* accélération *f*.

accelerator [ək'seləreɪtər] *n* accélérateur *m*.

accent ['æksent] *n* accent *m* • **she has an English accent** elle a un accent anglais.

accentuate [æk'sentjʊeɪt] *vt* accentuer.

accept [ək'sept] *vt* **1.** accepter **2.** recevoir, admettre *(un membre dans un club)* **3.** • **to accept that...** admettre que....

acceptable [ək'septəbl] *adj* acceptable.

acceptably [ək'septəblɪ] *adv* convenablement.

acceptance [ək'septəns] *n* **1.** acceptation *f* *(cadeau, invitation)* **2.** admission *f* *(dans un club)*.

accepted [ək'septɪd] *adj* *(idée, fait)* reconnu.

access ['ækses] *n* accès *m* • **to have access to sthg** avoir accès à qqch.

access card *n* carte *f* d'accès.

access code *n* INFORM code *m* d'accès.

accessibility [ək,sesə'bɪlətɪ] *n* **1.** accessibilité *(d'un endroit)* *f* **2.** accès *m* *(à une personne)*.

accessible [ək'sesəbl] *adj* **1.** accessible **2.** disponible.

accession [æk'seʃn] *n* accession *f* *(de monarque)*.

access number *n* numéro *m* d'accès.

accessorize, **-ise** (UK) [ək'sesəraɪz] *vt* accessoiriser.

accessory [ək'sesərɪ] *n* **1.** accessoire *m* **2.** DR complice *mf*. ■ **accessories** *npl* accessoires *mpl*.

access ramp *n* bretelle *f* d'accès.

access road *n* bretelle *f* d'accès *(à une autoroute)*.

access time *n* INFORM temps *m* d'accès.

accident ['æksɪdənt] *n* **1.** accident *m* • **to have an accident** avoir un accident • **accident and emergency department** (UK) (service *m* des) urgences *fpl* **2.** *(locution)* • **it was an accident waiting to happen** c'était une bombe à retardement *fig*.

accidental [,æksɪ'dentl] *adj* accidentel.

accidentally [,æksɪ'dentəlɪ] *adv* **1.** par mégarde **2.** par hasard.

accident-prone *adj* prédisposé aux accidents.

acclaim [ə'kleɪm] *n* *(indén)* éloges *mpl*, acclamations *fpl*. ❑ *vt* louer • **a book widely acclaimed by the critics** un livre salué par un grand nombre de critiques.

acclimatize (UK), **-ise** (UK) [ə'klaɪmətaɪz], **acclimate** (US) ['ækləmeɪt] *vi* • **to acclimatize (to)** s'acclimater (à).

accolade ['ækəleɪd] *n* accolade *f* • **the ultimate accolade** la consécration suprême.

accommodate [ə'kɒmədeɪt] *vt* **1.** loger **2.** satisfaire *(des souhaits)*.

accommodating [ə'kɒmədeɪtɪŋ] *adj* obligeant, arrangeant.

accommodation [ə,kɒmə'deɪʃn] *n* (UK) logement *m*.

accommodations [ə,kɒmə'deɪʃnz] *npl* (US) = **accommodation**.

accompaniment [ə'kʌmpənɪmənt] *n* MUS accompagnement *m*.

accompanist [ə'kʌmpənɪst] *n* MUS accompagnateur *m*, -trice *f*.

accompany [ə'kʌmpənɪ] *vt* accompagner.

accompanying [ə'kʌmpənɪɪŋ] *adj* • **the accompanying documents** les documents ci-joints • **children will not be allowed in without an accompanying adult** l'entrée est interdite aux enfants non accompagnés.

accomplice [ə'kʌmplɪs] *n* complice *mf*.

accomplish [ə'kʌmplɪʃ] *vt* accomplir.

accomplished [ə'kʌmplɪʃt] *adj* accompli.

accomplishment [ə'kʌmplɪʃmənt] *n* **1.** accomplissement *m* **2.** réussite *f*. ■ **accomplishments** *npl* talents *mpl*.

accord [ə'kɔːd] *n* • **to do sthg of one's own accord** faire qqch de son propre chef *ou* de soi-même.

accordance [ə'kɔːdəns] *n* • **in accordance with** conformément à.

according [ə'kɔːdɪŋ] ■ **according to** *prép* **1.** d'après • **according to her** d'après elle • **to go according to plan** se passer comme prévu **2.** suivant, en fonction de.

accordingly [ə'kɔːdɪŋlɪ] *adv* **1.** *(agir)* en conséquence **2.** par conséquent.

accordion [ə'kɔːdjən] *n* accordéon *m*.

accost [ə'kɒst] *vt* accoster.

account [ə'kaʊnt] *n* **1.** compte *m* • **a bank account** un compte bancaire **2.** compte-rendu *m* **3.** appui *m* *(dans les affaires)* **4.** budget *m* *(dans la publicité)* **5.** *(locution)* • **to take account of sthg, to take sthg into account** prendre qqch en compte • **to be of no account** n'avoir aucune importance. ■ **account for** *vt insép* **1.** justifier, expliquer **2.** représenter. ■ **accounts** *npl* comptabilité *f*, comptes *mpl*. ■ **by all accounts** *adv* d'après ce que l'on dit, au dire de tous. ■ **on account** *adv* à crédit. ■ **on account of** *prép* à cause de. ■ **on no account** *adv* en aucun cas, sous aucun prétexte.

accountability [ə,kaʊntə'bɪlətɪ] *(indén)* *n* responsabilité *f*.

accountable [ə'kaʊntəbl] *adj* • **accountable (for)** responsable (de).

accountancy [ə'kaʊntənsɪ] *n* comptabilité *f*.

accountant [ə'kaʊntənt] *n* comptable *mf*.

account balance *n* *(statut)* situation *f* de compte.

account charges *n* frais *mpl* de tenue de compte.

account holder *n* titulaire *mf*.

accounting [ə'kaʊntɪŋ] *n* comptabilité *f*.

account number *n* numéro *m* de compte.

accredit [ə'kredɪt] *vt* **1.** *(attribuer)* créditer • **they accredited the discovery to him** on lui a attribué cette découverte **2.** *(fournir des références)* accréditer • **ambassador accredited to Morocco** ambassadeur accrédité au Maroc **3.** *(reconnaître comme étant authentique)* agréer.

accreditation [ə,kredɪ'teɪʃn] *n* • **to seek accreditation** chercher à se faire accréditer *ou* reconnaître.

accrue [ə'kru:] *vi* **1.** *(argent)* fructifier **2.** *(intérêts)* courir.

accumulate [ə'kju:mjʊleɪt] *vt* accumuler, amasser. ❑ *vi* s'accumuler.

accumulation [ə,kju:mjʊ'leɪʃn] *n* **1.** *(indén)* *(action)* accumulation *f* **2.** *(résultat)* amas *m*.

accuracy ['ækjʊrəsɪ] *n* **1.** exactitude *f* **2.** précision *f*.

accurate ['ækjʊrət] *adj* **1.** exact **2.** précis.

accurately ['ækjʊrətlɪ] *adv* **1.** *(pour une traduction)* fidèlement **2.** *(pour une mesure)* avec précision **3.** sans faute.

accusation [,ækju:'zeɪʃn] *n* accusation *f*.

accuse [ə'kju:z] *vt* • **to accuse sb of sthg/of doing sthg** accuser qqn de qqch/de faire qqch.

accused [ə'kju:zd] *(pl inv)* *n* • **the accused** l'accusé *m*, -e *f*.

accuser [ə'kju:zəʳ] *n* accusateur *m*, -trice *f*.

accusing [ə'kju:zɪŋ] *adj* accusateur.

accusingly [ə'kju:zɪŋlɪ] *adv* d'une manière accusatrice.

accustom [ə'kʌstəm] *vt* habituer, accoutumer • **to accustom sb to sthg** habituer qqn à qqch.

accustomed [ə'kʌstəmd] *adj* • **to be accustomed to sthg/to doing sthg** avoir l'habitude de qqch/de faire qqch.

AC/DC *n* abrév de **alternating current/direct current**. ❑ *adj fam* • **to be AC/DC a)** marcher à voile et à vapeur **b)** être bisexuel.

ace [eɪs] *n* as *m*.

acerbic [ə'sɜ:bɪk] *adj* acerbe.

acetate ['æsɪteɪt] *n* acétate *m*.

ache [eɪk] *n* douleur *f* • **aches and pains** des douleurs • **I have got a stomach-ache** j'ai mal au ventre. ❑ *vi* faire mal • **my head aches** j'ai mal à la tête.

achieve [ə'tʃi:v] *vt* **1.** obtenir, remporter *(une victoire)* **2.** atteindre **3.** réaliser *(ses ambitions)* • **she achieved her ambition** elle a réalisé son ambition **4.** parvenir à.

achievement [ə'tʃi:vmənt] *n* réussite *f*.

achiever [ə'tʃi:vəʳ] *n* fonceur *m*, -euse *f*.

Achilles' heel [ə'kɪli:z-] *n* talon *m* d'Achille.

Achilles' tendon *n* tendon *m* d'Achille.

aching ['eɪkɪŋ] *adj* douloureux, endolori.

achy ['eɪkɪ] *adj fam* douloureux, endolori.

acid ['æsɪd] *adj litt* & *fig* acide. ❑ *n* acide *m*.

acidic [ə'sɪdɪk] *adj* acide.

acidity [ə'sɪdətɪ] *n* acidité *f*.

acid rain *n* *(indén)* pluies *fpl* acides.

acid test *n fig* épreuve *f* décisive.

acknowledge [ək'nɒlɪdʒ] *vt* **1.** reconnaître • **to acknowledge one's mistakes** reconnaître ses erreurs **2.** • **to acknowledge (receipt of)** accuser réception de **3.** saluer • **she acknowledged him with a nod** elle le salua d'un signe de tête.

acknowledg(e)ment [ək'nɒlɪdʒmənt] *n* **1.** reconnaissance *f* • **in acknowledgement of your letter** en réponse à votre lettre **2.** • **acknowledgement of receipt** *(lettre, reçu)* accusé *m* de réception **3.** quittance *f*, reçu *m*. ■ **acknowledg(e)ments** *npl* *(dans un article, un livre)* remerciements *mpl*.

acne ['æknɪ] *n* acné *f*.

acorn ['eɪkɔ:n] *n* gland *m*.

acoustic [ə'ku:stɪk] *adj* acoustique. ■ **acoustics** *npl* acoustique *f*.

acoustic guitar *n* guitare *f* sèche.

acquaint [ə'kweɪnt] *vt* • **to acquaint sb with sthg** mettre qqn au courant de qqch • **to be acquainted with sb** connaître qqn.

acquaintance [ə'kweɪntəns] *n* connaissance *f*.

acquiesce [,ækwɪ'es] *vi* • **to acquiesce (to** *ou* **in sthg)** donner son accord (à qqch).

acquiescence [,ækwɪ'esns] *n* consentement *m*.

acquire [ə'kwaɪəʳ] *vt* acquérir.

acquired [ə'kwaɪəd] *adj* acquis • **an acquired taste** un goût acquis.

acquisition [,ækwɪ'zɪʃn] *n* acquisition *f*.

acquisitive [ə'kwɪzɪtɪv] *adj* avide de possessions.

acquit [ə'kwɪt] *vt* acquitter.

acquittal [ə'kwɪtl] *n* acquittement *m*.

acre ['eɪkəʳ] *n* ≃ demi-hectare *m* *(= 4046,9 m²)*.

acrid ['ækrɪd] *adj* **1.** âcre **2.** *fig* acerbe.

acrimonious [,ækrɪ'məʊnjəs] *adj* acrimonieux.

acrimoniously [,ækrɪ'məʊnjəslɪ] *adv* *(dire)* avec amertume.

acrobat ['ækrəbæt] *n* acrobate *mf*.

acrobatic [,ækrə'bætɪk] *adj* acrobatique. ■ **acrobatics** *npl* acrobatie *f*.

acronym ['ækrənɪm] *n* acronyme *m*.

across [ə'krɒs] *adv* **1.** en travers **2.** • **the river is 2 km across** la rivière mesure 2 km de large **3.** *(dans les mots croisés)* • **21 across** 21 horizontalement. ❑ *prép* **1.** d'un côté à l'autre de, en travers de • **to walk across the road** traverser la route **2.** de l'autre côté de • **the house across the road** la maison d'en face. ■ **across from** *prép* en face de.

across-the-board *adj* général.

acrylic [ə'krılık] *adj & n* acrylique • **acrylic paint** peinture *f* acrylique.

act [ækt] *n* **1.** acte *m* • **to catch sb in the act of doing sthg** surprendre qqn en train de faire qqch **2.** loi *f* **3.** THÉÂTRE acte *m* **4.** *(au cirque, au cabaret)* numéro *m* **5.** *fig* • **to put on an act** jouer la comédie **6.** *(locution)* • **to get one's act together** se reprendre en main. ❑ *vi* **1.** agir • **we must act quickly** il faut agir vite **2.** se comporter • **to act as if** se conduire comme si, se comporter comme si • **to act like** se comporter comme **3.** THÉÂTRE & CINÉ jouer **4.** *fig* jouer la comédie **5.** • **to act as a)** être **b)** servir de. ❑ *vt* jouer. ■ **act on** *vt insép* **1.** suivre **2.** exécuter **3.** *(médicament)* agir sur. ■ **act up** *vt insép (enfant)* faire des siennes.

ACT (abrév de American College Test) *n examen américain de fin d'études secondaires.*

acting ['æktıŋ] *adj* par intérim, provisoire • **the acting President** le Président par intérim. ❑ *n* THÉÂTRE & CINÉ interprétation *f*.

action ['ækʃn] *n* **1.** action *f* • **to take action** agir, prendre des mesures • **to put sthg into action** mettre qqch à exécution • **in action a)** en action **b)** en marche • **out of action a)** hors de combat **b)** hors service, hors d'usage **2.** DR procès *m*, action *f*.

action group *n* groupe *m* de pression.

action movie *n* film *m* d'action.

action-packed *adj* **1.** *(film)* bourré d'action **2.** *(vacances, congé)* rempli d'activités.

action replay *n* (UK) répétition *f* immédiate (au ralenti).

action stations *npl* MIL postes *mpl* de combat. ❑ *interj* • **action stations!** à vos postes !

activate ['æktıveıt] *vt* mettre en marche.

active ['æktıv] *adj* **1.** actif **2.** *(encouragement)* vif **3.** *(volcan)* en activité.

active duty (US) = active service.

actively ['æktıvlı] *adv* activement.

active service *n* • **to be killed on active service** mourir au champ d'honneur.

activewear ['æktıvweəʳ] *n* vêtements *mpl* de sport.

activist ['æktıvıst] *n* activiste *mf*.

activity [æk'tıvətı] *n* activité *f*.

activity centre *n* **1.** centre *m* d'activités **2.** centre *m* de loisirs *(en particulier pour les enfants)*.

activity holiday *n* (UK) vacances *fpl* actives.

act of God *n* catastrophe *f* naturelle.

actor ['æktəʳ] *n* acteur *m*, -trice *f*.

actress ['æktrıs] *n* actrice *f*.

actual ['æktʃʊəl] *adj* réel • **what are your actual reasons?** quelles sont vos raisons réelles ?

actually ['æktʃʊəlı] *adv* **1.** vraiment • **it's not actually raining** il ne pleut pas vraiment **2.** en fait • **actually, I do know the answer** en fait, je connais la réponse.

acumen ['ækjʊmen] *n* flair *m*.

acupressure ['ækjʊpreʃəʳ] *n* MÉD acupressing *m*.

acupuncture ['ækjʊpʌŋktʃəʳ] *n* acupuncture *f*, acuponcture *f*.

acupuncturist ['ækjʊpʌŋktʃərıst] *n* acupuncteur *m*, -trice *f*.

acute [ə'kjuːt] *adj* **1.** aigu • **acute angle** angle *m* aigu • **e acute** e accent aigu • **an acute pain** une douleur aiguë **2.** sérieux, grave **3.** *(esprit)* perspicace **4.** *(vue)* perçant **5.** *(ouïe)* fin **6.** *(odorat)* développé.

acute accent *n* accent *m* aigu.

acutely [ə'kjuːtlı] *adv* extrêmement.

ad [æd] (abrév de advertisement) *n* **1.** *fam* annonce *f* **2.** pub *f (à la télévision)*.

AD (abrév de Anno Domini) apr. J.-C.

adage ['ædıdʒ] *n* adage *m*.

adamant ['ædəmənt] *adj* résolu, inflexible • **he was quite adamant that I was wrong** il a soutenu dur comme fer que j'avais tort.

adamantly ['ædəməntlı] *adv* résolument • **he was adamantly opposed to the idea** il était résolument opposé à l'idée.

Adam's apple ['ædəmz-] *n* pomme *f* d'Adam.

adapt [ə'dæpt] *vt* adapter. ❑ *vi* • **to adapt (to)** s'adapter (à).

adaptability [ə,dæptə'bılətı] *n* souplesse *f fig*.

adaptable [ə'dæptəbl] *adj* souple *fig*.

adaptation [,ædæp'teıʃn] *n* adaptation *f (d'un livre, d'une pièce)*.

adapter, adaptor [ə'dæptəʳ] *n* **1.** (UK) prise *f* multiple **2.** adaptateur *m*.

add [æd] *vt* **1.** • **to add sthg (to)** ajouter qqch (à) **2.** additionner • **she added the numbers together** elle a additionné les chiffres. ■ **add on** *vt sép* • **to add sthg on (to) a)** ajouter qqch (à) **b)** rajouter qqch (à). ■ **add to** *vt insép* ajouter à, augmenter. ■ **add up** *vt sép* additionner. ■ **add up to** *vt insép (somme, total)* s'élever à.

added ['ædıd] *adj* supplémentaire.

adder ['ædəʳ] *n* vipère *f*.

addict ['ædıkt] *n* drogué *m*, -e *f* • **she's a TV addict** c'est une mordue de la télé.

addicted [ə'dıktıd] *adj* • **addicted (to) a)** drogué (à) **b)** *fig* passionné (de) • **he's addicted to jogging** c'est un mordu de jogging.

addiction [ə'dıkʃn] *n* • **addiction (to) a)** dépendance *f* (à) **b)** *fig* penchant *m* (pour).

addictive [ə'dɪktɪv] *adj* qui rend dépendant.
addition [ə'dɪʃn] *n* addition *f* • **in addition (to)** en plus (de).
additional [ə'dɪʃənl] *adj* supplémentaire.
additionally [ə'dɪʃənəlɪ] *adv* **1.** davantage **2.** en outre.
additive ['ædɪtɪv] *n* additif *m*.
add-on *adj* INFORM supplémentaire. ❑ *n* INFORM dispositif *m* supplémentaire.
address [ə'dres] *n* **1.** adresse *f* **2.** discours *m* • **the president's address** le discours du président. ❑ *vt* **1.** adresser *(une lettre, une plainte)* **2.** prendre la parole à **3.** aborder, examiner *(un problème)*.
address book *n* carnet *m* d'adresses.
addressee [ˌædre'siː] *n* destinataire *mf*.
adenoids ['ædɪnɔɪdz] *npl* végétations *fpl*.
adept ['ædept] *adj* • **adept (at)** doué (pour).
adequate ['ædɪkwət] *adj* adéquat.
adequately ['ædɪkwətlɪ] *adv* **1.** suffisamment **2.** de façon satisfaisante.
adhere [əd'hɪəʳ] *vi* **1.** • **to adhere (to)** adhérer (à) *(un parti, une idée)* **2.** • **to adhere to** obéir à *(une règle, un plan)*.
adherence [əd'hɪərəns] *n* • **adherence to** adhésion *f* à.
adherent [əd'hɪərənt] *adj* adhérent. ❑ *n* **1.** adhérent *m*, -e *f (à un accord)* **2.** adepte *mf (d'une idée, d'une religion)*.
adhesive [əd'hiːsɪv] *adj* adhésif. ❑ *n* adhésif *m*.
adhesive tape *n* ruban *m* adhésif.
ad hoc [ˌæd'hɒk] *adj* ad hoc *(inv)*.
ad infinitum [ˌædɪnfɪ'naɪtəm] *adv* à l'infini.
adjacent [ə'dʒeɪsənt] *adj* • **adjacent (to)** adjacent (à), contigu (à).
adjective ['ædʒɪktɪv] *n* adjectif *m*.
adjoining [ə'dʒɔɪnɪŋ] *adj* voisin. ❑ *prép* attenant à.
adjourn [ə'dʒɜːn] *vt* ajourner, reporter • **let's adjourn this discussion until tomorrow** reportons cette discussion à demain. ❑ *vi* suspendre la séance • **I am afraid the meeting may not adjourn before ten o'clock** je crains que la réunion ne dure jusqu'à dix heures.
adjournment [ə'dʒɜːnmənt] *n* ajournement *m*.
adjudicate [ə'dʒuːdɪkeɪt] *vi* • **to adjudicate (on** *ou* **upon)** se prononcer (sur), statuer (sur).
adjudication [əˌdʒuːdɪ'keɪʃn] *n* jugement *m*.
adjudicator [ə'dʒuːdɪkeɪtəʳ] *n* juge *m*, arbitre *m (d'une compétition)*.
adjust [ə'dʒʌst] *vt* ajuster, régler. ❑ *vi* • **to adjust (to)** s'adapter (à).
adjustable [ə'dʒʌstəbl] *adj* réglable.
adjustment [ə'dʒʌstmənt] *n* **1.** ajustement *m* **2.** réglage *m* **3.** • **adjustment (to)** adaptation *f* (à).
ad lib [ˌæd'lɪb] *adj* improvisé. ❑ *adv* à volonté. ❑ *n* improvisation *f*. ■ **ad-lib** *vi* improviser.
admin ['ædmɪn] (abrév de administration) *n* **(UK)** *fam* administration *f*.
administer [əd'mɪnɪstəʳ] *vt* **1.** administrer, gérer **2.** rendre *(la justice)* **3.** administrer *(un médicament)*.
administration [ədˌmɪnɪ'streɪʃn] *n* administration *f*. ■ **Administration** *n* **(US)** • **the Administration** le gouvernement.
administrative [əd'mɪnɪstrətɪv] *adj* administratif • **administrative blunder** *ou* **error** erreur *f* administrative.
administrative costs *npl* frais *mpl* de gestion.
administrator [əd'mɪnɪstreɪtəʳ] *n* INFORM administrateur *m*, -trice *f*.
admirable ['ædmərəbl] *adj* admirable.
admirably ['ædmərəblɪ] *adv* admirablement.
admiral ['ædmərəl] *n* amiral *m*.
admiration [ˌædmə'reɪʃn] *n* admiration *f* • **to be full of admiration for sb/sthg** être plein d'admiration pour qqn/qqch.
admire [əd'maɪəʳ] *vt* admirer.
admirer [əd'maɪərəʳ] *n* admirateur *m*, -trice *f*.
admiring [əd'maɪərɪŋ] *adj* admiratif.
admissible [əd'mɪsəbl] *adj* DR recevable.
admission [əd'mɪʃn] *n* **1.** admission *f* **2.** *(dans un musée, une université)* entrée *f* • **admissions procedure** procédure *f* d'inscription **3.** confession *f*, aveu *m*.
admit [əd'mɪt] *vt* **1.** reconnaître • **to admit (that)...** reconnaître que... • **to admit doing sthg** reconnaître avoir fait qqch • **to admit defeat** *fig* s'avouer vaincu **2.** admettre. ❑ *vi* • **to admit to** admettre, reconnaître.
admittance [əd'mɪtəns] *n* admission *f* • **'no admittance'** 'entrée interdite'.
admittedly [əd'mɪtɪdlɪ] *adv* de l'aveu général.
admonish [əd'mɒnɪʃ] *vt* réprimander.
ad nauseam [ˌæd'nɔzɪæm] *adv* à n'en plus finir.
ado [ə'duː] *n* • **without further** *ou* **more ado** sans plus de cérémonie.
adolescence [ˌædə'lesns] *n* adolescence *f*.
adolescent [ˌædə'lesnt] *adj* **1.** adolescent **2.** *péj* puéril. ❑ *n* adolescent *m*, -e *f*.
adopt [ə'dɒpt] *vt* adopter • **to be adopted** être adopté.
adopted [ə'dɒptɪd] *adj* **1.** *(enfant)* adoptif **2.** *(pays)* d'adoption, adoptif.
adoption [ə'dɒpʃn] *n* adoption *f*.
adoptive [ə'dɒptɪv] *adj* adoptif.
adorable [ə'dɔːrəbl] *adj* adorable.
adore [ə'dɔːʳ] *vt* adorer.
adoring [ə'dɔːrɪŋ] *adj* **1.** *(personne)* adorateur **2.** *(regard)* d'adoration.
adoringly [ə'dɔːrɪŋlɪ] *adv* avec adoration.

adorn [ə'dɔn] *vt* orner.
adrenalin [ə'drenəlɪn] *n* adrénaline *f.*
Adriatic [,eɪdrɪ'ætɪk] *n* • **the Adriatic (Sea)** l'Adriatique *f*, la mer Adriatique.
adrift [ə'drɪft] *adj* à la dérive.
ADSL (abrév de **Asymmetric Digital Subscriber Line**) *n* ADSL *m*, RNA *m recomm off.*
adult ['ædʌlt] *adj* **1.** adulte **2.** *(film, livre)* pour adultes. ❑ *n* adulte *mf.*
adult education *n* enseignement *m* pour adultes.
adulteration [ə,dʌltə'reɪʃn] *n* frelatage *m.*
adulterer [ə'dʌltərəʳ] *n* personne *f* adultère.
adulteress [ə'dʌltərɪs] *n* adultère *f.*
adulterous [ə'dʌltərəs] *adj* adultère.
adultery [ə'dʌltərɪ] *n* adultère *m.*
adulthood ['ædʌlthʊd] *n* âge *m* adulte.
adult student *n* **(US)** = **mature student.**
advance [əd'vɑːns] *n* **1.** avance *f* **2.** progrès *m* • **there have been great advances in technology** il y a eu de grands progrès dans le domaine de la technologie. ❑ *en apposition* à l'avance. ❑ *vt* **1.** avancer **2.** faire progresser *ou* avancer. ❑ *vi* **1.** avancer **2.** progresser. ■ **advances** *npl* • **to make advances to sb** faire des avances à qqn. ■ **in advance** *adv* à l'avance.
advance copy *n* exemplaire *m* de lancement *(d'un livre, d'un magazine).*
advanced [əd'vɑːnst] *adj* avancé.
advance publicity *n* publicité *f* d'amorçage.
advantage [əd'vɑːntɪdʒ] *n* avantage *m* • **to take advantage of sthg** profiter de qqch • **to take advantage of sb** exploiter qqn.
advent ['ædvənt] *n* avènement *m.* ■ **Advent** *n* Avent *m.*
adventure [əd'ventʃəʳ] *n* aventure *f.*
adventure playground *n* **(UK)** aire *f* de jeux.
adventurous [əd'ventʃərəs] *adj* aventureux.
adverb ['ædvɜːb] *n* adverbe *m.*
adversary ['ædvəsərɪ] *(pl* **-ies***)* *n* adversaire *mf.*
adverse ['ædvɜːs] *adj* défavorable.
adversely ['ædvɜːslɪ] *adv* de façon défavorable.
adversity [əd'vɜːsətɪ] *n* adversité *f.*
advert ['ædvɜːt] **(UK)** = **advertisement.**
advertise ['ædvətaɪz] *vt* **1.** faire de la publicité pour **2.** annoncer *(un événement).* ❑ *vi* faire de la publicité • **to advertise on TV/the Internet** faire de la publicité à la télé/sur Internet.
advertisement [əd'vɜːtɪsmənt] *n* **1.** annonce *f* **2.** *fig* publicité *f.*
advertiser ['ædvətaɪzəʳ] *n* annonceur *m*, -euse *f.*
advertising ['ædvətaɪzɪŋ] *n (indén)* publicité *f.*
advertising agency *n* agence *f* de publicité.
advertising campaign *n* campagne *f* de publicité.
advertising space *n* espace *m* publicitaire.
advice [əd'vaɪs] *n (indén)* conseils *mpl* • **a piece of advice** un conseil • **to take sb's advice** suivre les conseils de qqn.
advice slip *n* reçu *m (du distributeur de billets).*
advisable [əd'vaɪzəbl] *adj* conseillé, recommandé.
advise [əd'vaɪz] *vt* **1.** • **to advise sb to do sthg** conseiller à qqn de faire qqch • **to advise sb against doing sthg** déconseiller à qqn de faire qqch **2.** • **to advise sb on sthg** conseiller qqn sur qqch **3.** • **to advise sb (of sthg)** aviser qqn (de qqch).
advisedly [əd'vaɪzɪdlɪ] *adv* en connaissance de cause, délibérément.
adviser, **advisor (surtout US)** [əd'vaɪzəʳ] *n* conseiller *m*, -ère *f.*
advisory [əd'vaɪzərɪ] *adj* consultatif.
advocacy ['ædvəkəsɪ] *n* plaidoyer *m.*
advocate *n* ['ædvəkət] **1.** *DR* avocat *m*, -e *f* **2.** partisan *m.* ❑ *vt* ['ædvəkeɪt] préconiser, recommander.
adware ['ædweəʳ] *n* publiciel *m.*
Aegean [iː'dʒiːən] *n* • **the Aegean (Sea)** la mer Égée.
aerial ['eərɪəl] *adj* aérien. ❑ *n* **(UK)** antenne *f* • **a television aerial** une antenne de télévision.
aerobic [eə'rəʊbɪk] *adj* aérobie.
aerobicized [eə'rəʊbɪsaɪzd] *adj aux muscles tonifiés grâce à l'aérobic* • **aerobicized Hollywood women** des femmes d'Hollywood aux muscles tonifiés.
aerobics [eə'rəʊbɪks] *n (indén)* aérobic *m.*
aerodynamic [,eərəʊdaɪ'næmɪk] *adj* aérodynamique. ■ **aerodynamics** *n (indén)* aérodynamique *f.* ❑ *npl* aérodynamisme *m.*
aeroplane ['eərəpleɪn] *n* **(UK)** avion *m.*
aerosol ['eərəsɒl] *n* aérosol *m.*
aerospace ['eərəʊspeɪs] *n* • **the aerospace industry** l'industrie *f* aérospatiale.
aesthete, **esthete (US)** ['iːsθiːt] *n* esthète *mf.*
aesthetic, **esthetic (US)** [iːs'θetɪk] *adj* esthétique.
aesthetically, **esthetically (US)** [iːs'θetɪklɪ] *adv* esthétiquement.
aesthetics, **esthetics (US)** [iːs'θetɪks] *n (indén)* esthétique *f.*
AFAIK *SMS* (abrév de **as far as I know**) pour autant que je sache.
afar [ə'fɑːʳ] *adv* • **from afar** de loin.
affable ['æfəbl] *adj* affable.
affair [ə'feəʳ] *n* **1.** affaire *f* **2.** liaison *f (amoureuse).* ■ **affairs** *npl* affaires *fpl.*
affect [ə'fekt] *vt* **1.** avoir un effet *ou* des conséquences sur • **pollution affects the environment** la pollution a des conséquences sur l'environnement **2.** affecter, émouvoir **3.** affecter *(prétendre).*

affectation [ˌæfek'teɪʃn] *n* affectation *f*.
affected [ə'fektɪd] *adj* affecté.
affection [ə'fekʃn] *n* affection *f*.
affectionate [ə'fekʃnət] *adj* affectueux.
affidavit [ˌæfɪ'deɪvɪt] *n déclaration écrite sous serment*.
affiliation [əˌfɪlɪ'eɪʃn] *n* affiliation *f*.
affinity [ə'fɪnətɪ] (*pl* **-ies**) *n* affinité *f* • **to have an affinity with sb** avoir des affinités avec qqn.
affirm [ə'fɜːm] *vt* affirmer, soutenir.
affirmative [ə'fɜːmətɪv] *adj* affirmatif. ❑ *n* • **in the affirmative** par l'affirmative.
affix [ə'fɪks] *vt* coller.
afflict [ə'flɪkt] *vt* affliger • **to be afflicted with** souffrir de.
affliction [ə'flɪkʃn] *n* affliction *f*.
affluence ['æflʊəns] *n* prospérité *f*.
affluent ['æflʊənt] *adj* riche.
afford [ə'fɔd] *vt* **1.** • **to be able to afford sthg** avoir les moyens d'acheter qqch **2.** • **to be able to afford the time (to do sthg)** avoir le temps (de faire qqch) **3.** • **I can't afford to take any risks** je ne peux pas me permettre de prendre des risques **4.** procurer *(de la joie, du plaisir)*.
affordability [əˌfɔːdə'bɪlɪtɪ] *n* prix *m* raisonnable • **this is an area of high affordability pressure** c'est une zone où les prix de l'immobilier atteignent des niveaux très élevés.
affordable [ə'fɔːdəbl] *adj* que l'on peut se permettre.
afforestation [æˌfɒrɪ'steɪʃn] *n* boisement *m*.
affront [ə'frʌnt] *n* affront *m*, insulte *f*. ❑ *vt* insulter, faire un affront à.
Afghan ['æfgæn], **Afghani** [æf'gænɪ] *adj* afghan. ❑ *n* Afghan *m*, -e *f*.
Afghanistan [æf'gænɪstæn] *n* Afghanistan *m*.
aficionado [əˌfɪsjə'nɑːdəʊ] (*pl* **-s**) *n* aficionado *m* • **theatre aficionados** les aficionados du théâtre.
afield [ə'fɪəld] *adv* • **far afield** loin.
afloat [ə'fləʊt] *adj litt* & *fig* à flot.
afoot [ə'fʊt] *adj* en préparation.
aforementioned [ə'fɔːˌmenʃənd], **aforesaid** [ə'fɔːsed] *adj* susmentionné.

> **À PROPOS DE**
> ### again
> Attention à ne pas confondre ***again*** et ***back***, adverbes dont les sens sont proches mais l'utilisation différente. ***Again*** signifie **encore**, **une autre fois** ***(don't do it again or you'll be in trouble)***, alors que ***back*** implique un retour à un état précédent ***(put it back in the closet)***. ***Back*** sert aussi à exprimer l'idée de **rendre** quelque chose à quelqu'un ***(give it back to me right now!)***.

afraid [ə'freɪd] *adj* **1.** • **to be afraid (of)** avoir peur (de), craindre **2.** • **to be afraid (that)...** regretter que... • **I'm afraid so/not** j'ai bien peur que oui/non.
afresh [ə'freʃ] *adv* de nouveau.
Africa ['æfrɪkə] *n* Afrique *f*.
African ['æfrɪkən] *adj* africain. ❑ *n* Africain *m*, -e *f*.
African-American *n* Noir américain *m*, Noire américaine *f*. ❑ *adj* noir américain.
Afro-Caribbean *n* Afro-Antillais *m*, -e *f*. ❑ *adj* afro-antillais.
after ['ɑːftəʳ] *prép* après • **to be after sb/sthg** *fam* chercher qqn/qqch • **after you!** après vous ! • **to name sb after sb** donner à qqn le nom de qqn. ❑ *adv* après • **two days after** deux jours plus tard. ❑ *conj* après que. ■ **after all** *adv* après tout. ■ **after a while** *adv* au bout d'un moment. ■ **afters** *npl* **(UK)** *fam* dessert *m*. ■ **one after another, one after the other** *adv* l'un après l'autre.
aftercare ['ɑːftəkeəʳ] *n* postcure *f*.
after-dinner *adj (orateur, discours)* de fin de dîner • **an after-dinner drink** ≃ un digestif.
aftereffect ['ɑːftərɪˌfekt] *n* **1.** *(gén pl)* suite *f* **2.** MÉD séquelle *f*.
after-hours *adj* **1.** qui suit la fermeture **2.** qui suit le travail. ■ **after hours** *adv* **1.** après la fermeture **2.** après le travail.
afterlife ['ɑːftəlaɪf] (*pl* **-lives**) *n* vie après la mort.
aftermath ['ɑːftəmæθ] *n* conséquences *fpl*, suites *fpl*.
afternoon [ˌɑːftə'nuːn] *n* après-midi *m inv* • **in the afternoon** l'après-midi • **on Tuesday afternoon** mardi après-midi • **good afternoon** bonjour *(prononcé l'après-midi)* • **afternoon nap** *ou* **rest** sieste *f* • **afternoon snack** goûter *m*.
afternoon tea *n thé pris avec une légère collation dans le cours de l'après-midi*.
after-party *n* after *m*.
after-sales *adj* après-vente *(inv)* • **after-sales service** service *m* après-vente.
after-school ['ɑːftəʳˌskuːl] *adj* extra-scolaire.
aftershave ['ɑːftəʃeɪv], **after-shaving lotion (US)** *n* après-rasage *m*.
aftershock ['ɑːftəʃɒk] *n* réplique *f*.
aftersun ['ɑːftəsʌn] *adj* • **aftersun cream** crème *f* après-soleil.
aftertaste ['ɑːftəteɪst] *n litt* & *fig* arrière-goût *m*.
after-tax *adj (profit, salaire)* net d'impôt.
afterthought ['ɑːftəθɔt] *n* pensée *f ou* réflexion *f* après coup.
afterwards (UK) ['ɑːftəwədz], **afterward (US)** ['ɑːftəwəd] *adv* après.
again [ə'gen] *adv* encore une fois, de nouveau • **to do again** refaire • **to say again** répéter • **to start again** recommencer • **again and again** à

plusieurs reprises • **all over again** une fois de plus • **time and again** maintes et maintes fois • **come again?** *fam* comment ?, pardon ? • **then** *ou* **there again** d'autre part.

against [ə'genst] *prép & adv* contre • **(as) against** contre.

age [eɪʤ] (**(UK)** *cont* **ageing**, **(US)** *cont* **aging**) *n* **1.** âge *m* • **what age are you?** quel âge avez-vous ? • **to be under age** être mineur • **to come of age** atteindre sa majorité **2.** vieillesse *f* **3.** époque *f*. ❑ *vt & vi* vieillir. ■ **ages** *npl* • **ages ago** il y a une éternité • **I haven't seen him for ages** je ne l'ai pas vu depuis une éternité.

CULTURE

age

Aux États-Unis et en Grande-Bretagne, on peut voter à partir de 18 ans. Pour pouvoir boire ou acheter de l'alcool, il faut avoir 21 ans aux États-Unis et 18 ans en Grande-Bretagne. En revanche, on peut conduire dès 16 ans dans la plupart des États des États-Unis, et dès 17 ans en Grande-Bretagne. L'âge normal de la retraite est de 65 ans aux États-Unis ; en Grande-Bretagne, il varie en fonction du sexe : 65 ans pour les hommes et de 60 à 65 ans pour les femmes en fonction de leur date de naissance.

age bracket *n* = **age group**.

aged *adj* **1.** [eɪʤd] • **aged 15** âgé de 15 ans **2.** ['eɪʤɪd] âgé, vieux. ❑ *npl* ['eɪʤɪd] • **the aged** les personnes *fpl* âgées.

age group *n* tranche *f* d'âge.

ageing (UK), **aging (US)** ['eɪʤɪŋ] *adj* vieillissant. ❑ *n* vieillissement *m*.

ageism ['eɪʤɪzm] *n* âgisme *m*.

ageist ['eɪʤɪst] *adj (action, politique)* qui relève de l'âgisme. ❑ *n personne qui fait preuve d'âgisme*.

ageless ['eɪʤlɪs] *adj* sans âge.

age limit *n* limite *f* d'âge.

agency ['eɪʤənsɪ] *n* **1.** agence *f* **2.** organisme *m*.

agenda [ə'ʤendə] (*pl* **-s**) *n* ordre *m* du jour.

agent ['eɪʤənt] *n* agent *m*, -e *f*.

age-old *adj* antique.

aggravate ['ægrəveɪt] *vt* **1.** aggraver *(situation)* **2.** agacer *(personne)*.

aggravating ['ægrəveɪtɪŋ] *adj* **1.** *(personne, problème)* agaçant **2.** *(situation, condition)* aggravant.

aggravation [,ægrə'veɪʃn] *n* **1.** agacement *m* **2.** *(situation, condition)* aggravation.

aggregate ['ægrɪgət] *adj* total. ❑ *n* total *m*.

aggression [ə'greʃn] *n* agression *f*.

aggressive [ə'gresɪv] *adj* agressif.

aggressively [ə'gresɪvlɪ] *adv* d'une manière agressive.

aggressiveness [ə'gresɪvnɪs] *n* **1.** *(gén)* agressivité *f* **2.** COMM fougue *f (d'une campagne)*.

aggressor [ə'gresər] *n* agresseur *m*.

aggrieved [ə'gri:vd] *adj* blessé, froissé.

aggro ['ægrəʊ] *n* **(UK)** *fam* enquiquinement *m*.

aghast [ə'gɑ:st] *adj* • **aghast (at sthg)** atterré (par qqch).

agile [**(UK)** 'æʤaɪl, **(US)** 'æʤəl] *adj* agile.

agility [ə'ʤɪlətɪ] *n* agilité *f*.

aging (US) = **ageing**.

agitate ['æʤɪteɪt] *vt* **1.** inquiéter *(personne)* **2.** agiter *(liquide)*.

agitated ['æʤɪteɪtɪd] *adj* agité.

agitation [,æʤɪ'teɪʃn] *n* agitation *f*.

agitator ['æʤɪteɪtər] *n* agitateur *m*, -trice *f*.

AGM (abrév de annual general meeting) *n* **(UK)** AGA *f*.

agnostic [æg'nɒstɪk] *adj* agnostique. ❑ *n* agnostique *mf*.

ago [ə'gəʊ] *adv* • **three days ago** il y a trois jours • **a long time ago** il y a longtemps.

À PROPOS DE

ago

Ago se place directement après une expression temporelle ***(half an hour ago)***. Le verbe peut être soit au prétérit ***(the bus left 20 minutes ago)***, soit au passé progressif ***(I was living abroad five years ago)***.

Dans les questions, on utilise ***how long ago (how long ago did this happen?)***.

agog [ə'gɒg] *adj* • **to be agog (with)** être en effervescence (à propos de).

agonize, **-ise (UK)** ['ægənaɪz] *vi* • **to agonize over** *ou* **about sthg** se tourmenter au sujet de qqch.

agonizing, **-ising (UK)** ['ægənaɪzɪŋ] *adj* **1.** angoissant **2.** déchirant **3.** atroce.

agonizingly, **-isingly (UK)** ['ægənaɪzɪŋlɪ] *adv* extrêmement *(difficile)*.

agony ['ægənɪ] *n* **1.** douleur *f* atroce • **to be in agony** souffrir le martyre **2.** angoisse *f*.

agony aunt *n* **(UK)** *fam personne qui tient la rubrique du courrier du cœur*.

agony column *n* **(UK)** *fam* courrier *m* du cœur.

agoraphobia [,ægərə'fəʊbjə] *n* agoraphobie *f*.

agoraphobic [,ægərə'fəʊbɪk] *adj* agoraphobe. ❑ *n* agoraphobe *mf*.

agree [ə'gri:] *vi* **1.** • **to agree (with/about)** être d'accord (avec/au sujet de) • **I don't agree** je ne suis pas d'accord • **to agree on** convenir de **2.** • **to agree (to sthg)** donner son consentement (à qqch) **3.** GRAMM s'accorder **4.** • **to agree with** réussir à • **rich food doesn't agree with me** la nourriture riche ne me réussit pas **5.** • **to agree (with)** s'accorder (avec). ❑ *vt* **1.** • **to agree (that)...** admettre que... **2.** • **to**

agree to do sthg se mettre d'accord pour faire qqch **3.** accepter, convenir de.
agreeable ['ɡrɪəbl] *adj* **1.** agréable **2.** • **to be agreeable to** consentir à.
agreed [ə'ɡriːd] *adj* • **to be agreed (on sthg)** être d'accord (à propos de qqch).
agreement [ə'ɡriːmənt] *n* **1.** accord *m* • **to reach an agreement** parvenir à un accord • **to be in agreement (with)** être d'accord (avec) **2.** concordance *f.*
agricultural [ˌæɡrɪ'kʌltʃərəl] *adj* agricole.
agriculture ['æɡrɪkʌltʃər] *n* agriculture *f.*
agritourism ['æɡrɪtʊərɪzəm] *n* agritourisme *m.*
agroclimatology [ˌæɡrəʊklaɪmə'tɒlədʒɪ] *n* agroclimatologie *f.*
agro-industrial ['æɡrəʊ-] *n* agro-industriel.
agro-industry ['æɡrəʊ-] *n* agro-industrie *f.*
agroterrorism ['æɡrəʊterərɪzəm] *n* agro-terrorisme *m.*
agroterrorist ['æɡrəʊterərɪst] *n* agro-terroriste *mf.*
aground [ə'ɡraʊnd] *adv* • **to run aground** s'échouer.
ah [ɑː] *interj* ah !
aha [ɑː'hɑː] *interj* ah !
ahead [ə'hed] *adv* **1.** devant, en avant • **right** *ou* **straight ahead** droit devant **2.** en avance • **Scotland are ahead by two goals to one** l'Écosse mène par deux buts à un • **to get ahead** réussir **3.** à l'avance • **the months ahead** les mois à venir. ■ **ahead of** *prép* **1.** devant **2.** avant • **the work is ahead of schedule** le travail est en avance sur le planning.
ahem [ə'hem] *interj* hum !
ahoy [ə'hɔɪ] *interj* NAUT ohé ! • **ship ahoy!** ohé, du bateau !
AI *n* (abrév de artificial intelligence) IA *f.*
AICE [eɪs] (abrév de Advanced International Certificate of Education) *n* **(US)** SCOL *diplôme international d'études secondaires qui donne accès aux études universitaires, délivré par l'université de Cambridge.*
aid [eɪd] *n* aide *f* • **in aid of** au profit de. ❑ *vt* **1.** aider **2.** • **to aid and abet sb** être complice de qqn.
aide-mémoire [ˌeɪdmem'wɑː] (*pl* **aides-mémoire** ['eɪdz-]) *n* aide-mémoire *m inv.*
AIDS, Aids [eɪdz] (abrév de acquired immune deficiency syndrome) *n* SIDA *m*, sida *m.* ❑ *en apposition* • **AIDS patient** sidéen *m*, -enne *f.*
aid worker *n* employé *m*, -e *f* d'une organisation humanitaire.
ailing ['eɪlɪŋ] *adj* **1.** souffrant **2.** *fig (économie, pays)* dans une mauvaise passe.
ailment ['eɪlmənt] *n* maladie *f.*
aim [eɪm] *n* but *m*, objectif *m.* ❑ *vt* **1.** • **to aim a gun at** braquer une arme sur **2.** *fig* • **to be aimed at a)** *(plan, campagne)* être destiné à, viser **b)** *(critique)* être dirigé contre. ❑ *vi* • **to aim (at)** viser • **to aim at** *ou* **for** *fig* viser • **to aim to do sthg** viser à faire qqch.
aimless ['eɪmlɪs] *adj* **1.** désœuvré **2.** sans but.
aimlessly ['eɪmlɪslɪ] *adv* sans but.
ain't [eɪnt] *fam* = **am not, are not, is not, has not, have not.**
air [eər] *n* **1.** air *m* • **by air** par avion • **to be (up) in the air** *fig* être vague **2.** RADIO & TV • **on the air** à l'antenne. ❑ *en apposition* aérien. ❑ *vt* **1.** aérer **2.** faire connaître *ou* communiquer **3.** RADIO & TV diffuser. ❑ *vi* **1.** sécher **2.** RADIO & TV • **the movie airs next week** le film sera diffusé la semaine prochaine. ■ **airs** *npl* • **airs and graces** manières *fpl* • **to give o.s. airs, to put on airs** prendre de grands airs.
airbag ['eəbæɡ] *n* Airbag® *m.*
airbase ['eəbeɪs] *n* base *f* aérienne.
airbed ['eəbed] *n* matelas *m* pneumatique.
airborne ['eəbɔn] *adj* **1.** aéroporté • **airborne particles** MÉD particules aéroportées **2.** emporté par le vent **3.** *(avion)* qui a décollé.
airbrush ['eəbrʌʃ] *n* pistolet *m (pour peindre).* ❑ *vt* peindre au pistolet.
air-conditioned [-kən'dɪʃnd] *adj* climatisé, à air conditionné.
air-conditioning [-kən'dɪʃnɪŋ] *n* climatisation *f.*
aircraft ['eəkrɑːft] *n (pl inv)* avion *m.*
aircraft carrier *n* porte-avions *m inv.*
airfare ['eəfeər] *n* tarif *m* aérien.
airfield ['eəfiːld] *n* terrain *m* d'aviation.
airforce ['eəfɔs] *n* armée *f* de l'air.
Air Force One *n nom de l'avion officiel du président des États-Unis.*
air freight *n* fret *m* aérien.
airgun ['eəɡʌn] *n* carabine *f ou* fusil *m* à air comprimé.
airhead ['eəhed] *n fam* taré *m*, -e *f.*
air hostess ['eəˌhəʊstɪs] *n* **(UK)** *vieilli* hôtesse *f* de l'air.
air-kiss ['eəkɪs] *vi* s'embrasser (avec affectation).
airless ['eəlɪs] *adj (pièce)* qui sent le renfermé.
airlift ['eəlɪft] *n* pont *m* aérien. ❑ *vt* transporter par pont aérien.
airline ['eəlaɪn] *n* compagnie *f* aérienne.
airliner ['eəlaɪnər] *n* **1.** (avion *m*) moyen-courrier *m* **2.** (avion *m*) long-courrier *m.*
airlock ['eəlɒk] *n* **1.** poche *f ou* bulle *f* d'air **2.** sas *m.*
airmail ['eəmeɪl] *n* poste *f* aérienne • **by airmail** par avion.
air marshal *n* général *m* de corps aérien.
air mattress *n* matelas *m* pneumatique.
Air Miles® *n programme de fidélité pour les personnes qui prennent souvent l'avion.*
airplane ['eəpleɪn] *n* **(US)** avion *m* • **airplane mode** *(téléphone portable)* mode *m* avion.

airplay ['eəpleɪ] *n RADIO* • **to get a lot of airplay** passer beaucoup à la radio.
air pocket *n* trou *m* d'air.
air pollution *n* pollution *f* atmosphérique.
airport ['eəpɔt] *n* aéroport *m* • **to meet sb at the airport** attendre qqn à l'aéroport • **airport tax** taxe *f* d'aéroport • **airport terminal** aérogare *f*.
air pressure *n* pression *f* atmosphérique.
air raid *n* raid *m* aérien, attaque *f* aérienne.
air-raid shelter *n* abri *m* antiaérien.
air rifle *n* carabine *f* à air comprimé.
air-sea rescue *n* sauvetage *m* en mer *(par hélicoptère)*.
airship ['eəʃɪp] *n* (ballon *m*) dirigeable *m*.
airsick ['eəsɪk] *adj* • **to be airsick** avoir le mal de l'air.
airspace ['eəspeɪs] *n* espace *m* aérien.
airspeed ['eəspi:d] *n* vitesse *f* vraie *(d'un avion)*.
air steward *n* steward *m*.
air stewardess *n* hôtesse *f* de l'air.
airstrip ['eəstrɪp] *n* piste *f* d'atterrissage.
air terminal *n* aérogare *f*.
airtight ['eətaɪt] *adj* hermétique.
airtime ['eətaɪm] *n* **1.** *RADIO* temps *m* d'antenne **2.** *(téléphone portable)* temps *m* de communication.
air-to-air *adj (missile, roquette)* air-air *(inv)*.
air-to-surface *adj MIL* air-sol *(inv)*.
air-traffic control *n* contrôle *m* du trafic (aérien).
air-traffic controller *n* aiguilleur *m* (du ciel).
air travel *n* déplacement *m ou* voyage *m* par avion.
airwaves ['eəweɪvz] *npl* ondes *fpl* (hertziennes).
airway ['eəweɪ] *n MÉD* voies *fpl* respiratoires.
airworthy ['eə,wɜ:ðɪ] *adj* en état de navigation.
airy ['eərɪ] *adj* **1.** aéré **2.** chimérique, vain **3.** nonchalant.
airy-fairy *adj* **(UK)** *fam (personne, idée)* farfelu.
aisle [aɪl] *n* **1.** allée *f* **2.** couloir *m* (central).
ajar [ə'ʤɑ:ʳ] *adj* entrouvert.
aka (abrév de also known as) alias.
akin [ə'kɪn] *adj* • **to be akin to** être semblable à.
alacrity [ə'lækrətɪ] *n* empressement *m*.
alarm [ə'lɑ:m] *n* **1.** alarme *f* • **to raise the alarm** donner l'alarme **2.** *(émotion)* alarme *f*, inquiétude *f*. ❑ *vt* alarmer, alerter.
alarm clock *n* réveil *m*, réveille-matin *m inv*.
alarmed [ə'lɑ:md] *adj* **1.** inquiet • **don't be alarmed** ne vous alarmez pas • **to become alarmed a)** *(personne)* s'alarmer **b)** *(animal)* s'effaroucher, prendre peur **2.** *(véhicule, bâtiment)* équipé d'une alarme.
alarming [ə'lɑ:mɪŋ] *adj* alarmant, inquiétant.
alarmingly [ə'lɑ:mɪŋlɪ] *adv* d'une manière alarmante *ou* inquiétante.
alarmist [ə'lɑ:mɪst] *adj* alarmiste.
alas [ə'læs] *interj* hélas !
Albania [æl'beɪnjə] *n* Albanie *f*.
Albanian [æl'beɪnjən] *adj* albanais. ❑ *n* **1.** Albanais *m*, -e *f* **2.** albanais *m*.
albeit [ɔl'bi:ɪt] *conj sout* bien que *(+ subjonctif)*.
Albert Hall ['ælbət-] *n* • **the Albert Hall** *salle de concert à Londres*.

CULTURE

the Albert Hall

Grande salle londonienne accueillant concerts et manifestations diverses, y compris sportives ; elle a été baptisée ainsi en l'honneur du prince Albert, époux de la reine Victoria.

albino [æl'bi:nəʊ] *n (pl* -s*)* albinos *mf*.
album ['ælbəm] *n* album *m*.
alcohol ['ælkəhɒl] *n* alcool *m* • **alcohol content** teneur *f* en alcool.
alcohol-free *adj* sans alcool • **(UK) alcohol-free beer** bière *f* sans alcool.
alcoholic [,ælkə'hɒlɪk] *adj* **1.** alcoolique **2.** alcoolisé. ❑ *n* alcoolique *mf*.
alcoholism ['ælkəhɒlɪzm] *n* alcoolisme *m*.
alcopop ['ælkəupɒp] *n* **(UK)** *boisson gazeuse faiblement alcoolisée*.
alcove ['ælkəʊv] *n* alcôve *f*.
alderman ['ɔldəmən] *(pl* -men*)* *n* conseiller *m* municipal.
ale [eɪl] *n* bière *f*.
alert [ə'lɜ:t] *adj* **1.** vigilant **2.** *(esprit, enfant)* vif, éveillé. ❑ *n* alerte *f* • **on the alert a)** sur le qui-vive **b)** en état d'alerte. ❑ *vt* alerter • **to alert sb to sthg** avertir qqn de qqch.
A level (abrév de Advanced level) *n* ≃ baccalauréat *m*.
alfresco [æl'freskəʊ] *adj & adv* en plein air.
algae ['ælʤi:] *npl* algues *fpl*.
algebra ['ælʤɪbrə] *n* algèbre *f*.
Algeria [æl'ʤɪərɪə] *n* Algérie *f*.
alias ['eɪlɪəs] *adv* alias. ❑ *n (pl* -es*)* **1.** faux nom *m*, nom *m* d'emprunt **2.** *INFORM* alias *m*.
alibi ['ælɪbaɪ] *n* alibi *m*.
alien ['eɪljən] *adj* **1.** étranger **2.** immigré **3.** extraterrestre. ❑ *n* **1.** extraterrestre *mf* **2.** étranger *m*, -ère *f* **3.** immigré *m*, -e *f*.
alienate ['eɪljəneɪt] *vt* aliéner.
alienation [,eɪljə'neɪʃn] *n PSYCHO* aliénation *f*.
alight [ə'laɪt] *adj* allumé, en feu. ❑ *vi* **1.** *(oiseau)* se poser **2.** • **to alight from** descendre de *(d'un bus, d'un train)*.
align [ə'laɪn] *vt* aligner.
alignment [ə'laɪnmənt] *n* alignement *m*.

alike [ə'laɪk] *adj* semblable • **to look alike** se ressembler. ❑ *adv* de la même façon.
alimony ['ælɪmənɪ] *n* pension *f* alimentaire.
A-list *n* **1.** *(à Hollywood)* • **an A-list celebrity** une star très en vogue **2.** *(pour une fête) liste d'invités de marque.*
alive [ə'laɪv] *adj* **1.** vivant, en vie • **to be alive and well** être bien vivant **2.** *(tradition)* vivace • **to keep alive** préserver **3.** plein de vitalité • **to come alive a)** prendre vie **b)** s'animer.
alkali ['ælkəlaɪ] *(pl* **-s** *ou* **-es***)* *n* alcali *m*.
alkaline ['ælkəlaɪn] *adj* alcalin.
all [ɔːl] *adj* **1.** *(avec un nom sing)* tout • **all day/night/evening** toute la journée/la nuit/la soirée • **all the drink** toute la boisson **2.** *(avec un nom pl)* tous • **all the boxes** toutes les boîtes • **all men** tous les hommes. ❑ *pron* **1.** *(sing)* tout *m* **2.** *(pl)* tous, toutes *f* **3.** *(avec un superl)* • **... of all** ... de tous, toutes *f* • **I like this one best of all** je préfère celui-ci entre tous **4.** • **above all** → **above** • **after all** → **after** • **at all** → **at**. ❑ *adv* **1.** complètement • **I'd forgotten all about that** j'avais complètement oublié cela • **all alone** tout seul, toute seule *f* **2.** SPORT • **the score is five all** le score est de cinq partout **3.** *(avec un compar)* • **to run all the faster** courir d'autant plus vite • **all the better** d'autant mieux. ■ **all but** *adv* presque, pratiquement. ■ **all in all** *adv* dans l'ensemble. ■ **in all** *adv* en tout.

> **À PROPOS DE**
> ### all
> Il ne faut pas confondre ***all***, ***each*** et ***every***.
> ***All*** est le seul de ces adjectifs qui puisse s'utiliser avec des noms au pluriel ou des indénombrables **(all *students*** ; **all *money*)** ; il peut aussi précéder des noms dénombrables au singulier qui expriment une période de temps **(all *day*)**. ***Each*** et ***every***, en revanche, ne peuvent s'utiliser qu'avec des noms dénombrables au singulier **(each *person*** ; **every *town*)**.
> ***All*** et ***each*** sont également des pronoms **(*I want* all *of it*, je le veux tout entier** ; ***we got one* each, nous en avons eu un chacun)**, ce qui n'est pas le cas de ***every***.
> ***All*** et ***each*** peuvent être placés après des pronoms personnels tels que ***we***, ***you***, ***they***, etc. **(*we* all *went swimming*** ; ***I gave them one* each)**.
> Voir aussi **chaque** dans la partie français-anglais du dictionnaire.

Allah ['ælə] *n* Allah *m*.
all along *adv* depuis le début.
all-around **(US)** = **all-round**.
allay [ə'leɪ] *vt* **1.** apaiser, calmer *(crainte)* **2.** dissiper *(des doutes)*.
all clear *n* **1.** signal *m* de fin d'alerte **2.** *fig* feu *m* vert.
all-day *adj* qui dure toute la journée • **all-day breakfast** petit déjeuner *m* servi toute la journée.
allegation [,ælɪ'geɪʃn] *n* allégation *f*.
allege [ə'ledʒ] *vt* prétendre, alléguer • **she is alleged to have done it** on prétend qu'elle l'a fait.
alleged [ə'ledʒd] *adj* prétendu.
allegedly [ə'ledʒɪdlɪ] *adv* prétendument.
allegiance [ə'liːdʒəns] *n* allégeance *f*.
alleluia [,ælɪ'luːjə] *interj* alléluia !
all-embracing [-ɪm'breɪsɪŋ] *adj* exhaustif, complet.
allergenic [ælə'dʒenɪk] *adj* allergisant.
allergic [ə'lɜːdʒɪk] *adj* • **allergic (to)** allergique (à).
allergy ['ælədʒɪ] *n* allergie *f*.
alleviate [ə'liːvɪeɪt] *vt* apaiser, soulager.
all-expenses-paid *adj* tous frais payés.
alley(way) ['ælɪ(weɪ)] *n* **1.** ruelle *f* **2.** *(dans un parc)* allée *f*.
alliance [ə'laɪəns] *n* alliance *f*.
allied ['ælaɪd] *adj* **1.** MIL allié **2.** connexe.
alligator ['ælɪgeɪtər] *(pl inv ou* **-s***)* *n* alligator *m*.
all-important *adj* capital, crucial.
all-in *adj* **(UK)** global. ■ **all in** *adv* tout compris.
all-inclusive *adj* **1.** *(prix, tarif)* tout compris **2.** *(assurance)* tous risques.
all-in-one *adj* tout-en-un *(inv)*.
all-night *adj* **1.** qui dure toute la nuit **2.** ouvert toute la nuit.
all-nighter [-'naɪtə] *n* • **the party will be an all-nighter** la fête va durer toute la nuit.
allocate ['æləkeɪt] *vt* • **to allocate sthg (to sb)** attribuer qqch (à qqn).
allocation [,ælə'keɪʃn] *n* attribution *f*.
allot [ə'lɒt] *vt* **1.** assigner *(un emploi)* **2.** attribuer *(une somme d'argent)* **3.** allouer *(du temps)*.
allotment [ə'lɒtmənt] *n* **1.** **(UK)** jardin *m* ouvrier *(loué par la commune)* **2.** attribution *f* **3.** part *f*.
all out *adv* • **to go all out to do sthg** se donner à fond pour faire qqch. ■ **all-out** *adj* **1.** *(attaque, guerre)* total **2.** *(effort)* maximum *(inv)*.
allow [ə'laʊ] *vt* **1.** autoriser, permettre • **to allow sb to do sthg** permettre à qqn de faire qqch, autoriser qqn à faire qqch **2.** prévoir *(du temps, de la place)* **3.** • **to allow that...** admettre que.... ■ **allow for** *vt insép* tenir compte de.
allowance [ə'laʊəns] *n* **1.** **(UK)** indemnité *f* **2.** **(US)** argent *m* de poche **3.** • **to make allowances for sb** faire preuve d'indulgence envers qqn.
alloy ['ælɔɪ] *n* alliage *m*. ■ **alloys** *npl* AUTO roues *fpl* en alliage léger.
all-party talks *n* POLIT *discussions entre tous les partis.*
all-powerful *adj* tout-puissant.

all-purpose *adj* **1.** passe-partout *(inv)* **2.** *(outil, véhicule)* polyvalent • **all-purpose cleaning fluid** détachant *m* tous usages.

all right *adv* bien • **are you all right?** tu te sens bien ?, ça va ? ❑ *interj* d'accord. ❑ *adj* **1.** en bonne santé **2.** sain et sauf **3.** *fam* • **it was all right** c'était pas mal • **that's all right** ce n'est pas grave • **it'll be all right on the night (UK)** tu verras, tout se passera bien.

all-round (UK), all-around (US) *adj* doué dans tous les domaines.

all-rounder [-'raʊndəʳ] *n* **(UK) 1.** *(personne polyvalente)* • **to be an all-rounder** être bon en tout **2.** SPORT sportif complet *m*, sportive complète *f*.

All Saints' Day *n* (le jour de) la Toussaint.

all-singing all-dancing *adj* dernier cri.

All Souls' Day *n* la fête des Morts.

all-star *adj (show, spectacle)* à vedettes • **with an all-star cast** avec un plateau de vedettes.

all-time *adj* sans précédent.

allude [ə'lu:d] *vi* • **to allude to** faire allusion à.

allure [ə'ljʊəʳ] *n* charme *m*.

alluring [ə'ljʊərɪŋ] *adj* séduisant.

allusion [ə'lu:ʒn] *n* allusion *f*.

all-weather *adj (surface)* tous temps • **all-weather court** TENNIS (terrain *m* en) quick *m*.

ally *n* ['ælaɪ] allié *m*, -e *f*. ❑ *vt* • **to ally o.s. with** s'allier à.

almighty [ɔl'maɪtɪ] *adj fam (bruit)* terrible, énorme. ■ **Almighty** *n* • **the Almighty** le Tout-Puissant.

almond ['ɑ:mənd] *n* amande *f*.

almost ['ɔlməʊst] *adv* presque • **I've almost finished** j'ai presque terminé • **I almost missed the bus** j'ai failli rater le bus.

alone [ə'ləʊn] *adj* seul • **he's all alone** il est tout seul. ❑ *adv* seul • **to leave sthg alone** ne pas toucher à qqch • **leave me alone!** laisse-moi tranquille !

along [ə'lɒŋ] *adv* • **to walk along** se promener • **to move along** avancer • **can I come along (with you)?** est-ce que je peux venir (avec vous) ? ❑ *prép* le long de • **to run/walk along the street** courir/marcher le long de la rue.

alongside [ə,lɒŋ'saɪd] *prép* le long de, à côté de. ❑ *adv* bord à bord.

aloof [ə'lu:f] *adj* distant. ❑ *adv* • **to remain aloof** garder ses distances.

aloud [ə'laʊd] *adv* à voix haute, tout haut.

alphabet ['ælfəbet] *n* alphabet *m*.

alphabetical [,ælfə'betɪkl] *adj* alphabétique • **to be in alphabetical order** être dans l'ordre alphabétique.

alphabetically [,ælfə'betɪklɪ] *adv* par ordre alphabétique.

alpha girl *n* MARKETING *fille très branchée et donnant le ton pour ses pairs.*

alpha male *n* mâle *m* alpha.

Alps [ælps] *npl* • **the Alps** les Alpes *fpl*.

already [ɔl'redɪ] *adv* déjà.

alright [,ɔl'raɪt] = **all right**.

Alsace [æl'sæs] *n* Alsace *f*.

Alsatian [æl'seɪʃn] *n* **(UK)** berger *m* allemand.

also ['ɔlsəʊ] *adv* aussi.

altar ['ɔltəʳ] *n* autel *m*.

alter ['ɔltəʳ] *vt & vi* changer.

alteration [,ɔltə'reɪʃn] *n* modification *f*, changement *m*.

altercation [,ɔ:ltə'keɪʃn] *n* altercation *f*.

alter ego ['ɔ:ltəʳ-] *(pl* **-s***)* *n* alter ego *m*.

alterglobalism [,ɔ:ltə'gləʊbəlɪzəm] *n* altermondialisme *m*.

alterglobalist [,ɔ:ltə'gləʊbəlɪst] *n* altermondialiste *mf*.

alternate *adj* [**(UK)** ɔl'tɜ:nət, **(US)** 'ɔltərnət] alterné, alternatif • **on alternate days** tous les deux jours, un jour sur deux. ❑ *vt* ['ɔltərneɪt] faire alterner. ❑ *vi* ['ɔltərneɪt] • **to alternate (with)** alterner (avec) • **to alternate between sthg and sthg** passer de qqch à qqch.

alternately [ɔl'tɜ:nətlɪ] *adv* alternativement.

alternating ['ɔ:ltəneɪtɪŋ] *adj* **1.** alternant **2.** ÉLECTR & TECHNOL alternatif.

alternating current ['ɔltəneɪtɪŋ-] *n* courant *m* alternatif.

alternating current *n* courant *m* alternatif.

alternative [ɔl'tɜ:nətɪv] *adj* **1.** autre **2.** *(énergie, médecine, technologie)* parallèle **3.** alternatif. ❑ *n* alternative *f* • **alternative (to)** solution *f* de remplacement (à) • **to have no alternative but to do sthg** ne pas avoir d'autre choix que de faire qqch.

alternatively [ɔl'tɜ:nətɪvlɪ] *adv* ou bien.

alternative medicine *n* médecine *f* parallèle *ou* douce.

alternator ['ɔltəneɪtəʳ] *n* alternateur *m*.

although [ɔl'ðəʊ] *conj* bien que *(+ subjonctif)*.

altitude ['æltɪtju:d] *n* altitude *f*.

alt key [ælt-] *n* touche *f* alt.

alto ['æltəʊ] *(pl* **-s***)* *n* **1.** haute-contre *f* **2.** contralto *m*.

altogether [,ɔltə'geðəʳ] *adv* **1.** entièrement, tout à fait **2.** tout compte fait **3.** en tout.

altruism ['æltrʊɪzm] *n* altruisme *m*.

altruistic [,æltrʊ'ɪstɪk] *adj* altruiste.

aluminium (UK) [,æljʊ'mɪnɪəm], **aluminum (US)** [ə'lu:mɪnəm] *n* aluminium *m*. ❑ *en apposition* en aluminium.

always ['ɔlweɪz] *adv* toujours.

am [æm] → **be**.

a.m. (abrév de **ante meridiem**) • **at 3 a.m.** à 3 h (du matin).

AM (abrév de **amplitude modulation**) *n* AM *f*.

amalgamate [ə'mælgəmeɪt] *vt & vi* fusionner.
amalgamation [ə,mælgə'meɪʃn] *n* fusion *f* *(de sociétés)*.
amass [ə'mæs] *vt* amasser.
amateur ['æmətəʳ] *adj* **1.** amateur *(inv)* **2.** *péj* d'amateur. ❑ *n* amateur *m*.
amateurish [,æmətɜːrɪʃ] *adj* d'amateur.
amaze [ə'meɪz] *vt* étonner, stupéfier.
amazed [ə'meɪzd] *adj* stupéfait.
amazement [ə'meɪzmənt] *n* stupéfaction *f*.
amazing [ə'meɪzɪŋ] *adj* **1.** étonnant, ahurissant **2.** excellent.
Amazon ['æməzn] *n* **1.** • **the Amazon** l'Amazone *f* **2.** • **the Amazon (Basin)** l'Amazonie *f* • **the Amazon rain forest** la forêt amazonienne.
ambassador [æm'bæsədəʳ] *n* ambassadeur *m*, -drice *f*.
amber ['æmbəʳ] *n* ambre *m*.
ambience ['æmbɪəns] *n* ambiance *f*.
ambiguity [,æmbɪ'gjuːətɪ] (*pl* **-ies**) *n* ambiguïté *f*.
ambiguous [æm'bɪgjʊəs] *adj* ambigu.
ambition [æm'bɪʃn] *n* ambition *f*.
ambitious [æm'bɪʃəs] *adj* ambitieux.
ambivalence [æm'bɪvələns] *n* ambivalence *f*.
ambivalent [æm'bɪvələnt] *adj* ambivalent.
amble ['æmbl] *vi* déambuler.
ambulance ['æmbjʊləns] *n* ambulance *f*.
ambush ['æmbʊʃ] *n* embuscade *f*. ❑ *vt* tendre une embuscade à.
amen [,ɑː'men] *interj* amen !
amenable [ə'miːnəbl] *adj* • **amenable (to)** ouvert (à).
amend [ə'mend] *vt* **1.** modifier **2.** amender. ■ **amends** *npl* • **to make amends (for)** se racheter (pour).
amendment [ə'mendmənt] *n* **1.** modification *f* **2.** amendement *m*.
amenities [ə'miːnətɪz] *npl* **1.** agréments *mpl* **2.** équipements *mpl*.
America [ə'merɪkə] *n* Amérique *f* • **in America** en Amérique.
American [ə'merɪkn] *adj* américain. ❑ *n* Américain *m*, -e *f*.

CULTURE

the American Revolution

On désigne ainsi la guerre qui opposa les Américains aux Anglais de 1775 à 1783. Les Américains voulaient être indépendants, notamment pour ne plus avoir à payer d'impôts à l'Angleterre. Le 4 juillet 1776, Thomas Jefferson, futur président, signa la Déclaration d'indépendance, mais l'Angleterre la refusa et la guerre continua. George Washington, aidé de soldats français, menait les troupes américaines, et en 1783 la paix fut signée : les États-Unis d'Amérique étaient nés.

American Indian *n* Indien *m*, -enne *f* d'Amérique, Amérindien *m*, -enne *f*.
amiable ['eɪmjəbl] *adj* aimable.
amicable ['æmɪkəbl] *adj* amical.
amicably ['æmɪkəblɪ] *adv* amicalement.
amid(st) [ə'mɪd(st)] *prép* au milieu de, parmi.
amiss [ə'mɪs] *adj* • **is there anything amiss?** y a-t-il quelque chose qui ne va pas ? ❑ *adv* • **to take sthg amiss** mal prendre qqch.
AML *SMS* (abrév de all my love) tout mon amour.
ammonia [ə'məʊnjə] *n* ammoniaque *f*.
ammunition [,æmjʊ'nɪʃn] *n (indén)* **1.** munitions *fpl* **2.** *fig* argument *m*.
amnesia [æm'niːzjə] *n* amnésie *f*.
amnesty ['æmnəstɪ] *n* amnistie *f*.
amok [ə'mɒk] *adv* • **to run amok** être pris d'une crise de folie furieuse.
among [ə'mʌŋ], **amongst** [ə'mʌŋst] *prép* parmi, entre • **among other things** entre autres (choses).
amoral [,eɪ'mɒrəl] *adj* amoral.
amorous ['æmərəs] *adj* amoureux.
amount [ə'maʊnt] *n* **1.** quantité *f* • **a great amount of** beaucoup de **2.** somme *f*, montant *m* • **'amount due'** 'montant à régler'. ■ **amount to** *vt insép* **1.** s'élever à **2.** revenir à, équivaloir à.
amp [æmp] *n* abrév de **ampere**.
ampere ['æmpeəʳ] *n* ampère *m*.
amphibious [æm'fɪbɪəs] *adj* amphibie.
ample ['æmpl] *adj* **1.** suffisamment de, assez de **2.** ample.
amplifier ['æmplɪfaɪəʳ] *n* amplificateur *m*.
amplify ['æmplɪfaɪ] (*prét & pp* **amplified**) *vt* **1.** amplifier *(son)* **2.** développer *(idée)*. ❑ *vi* • **to amplify on sthg** développer qqch.
amputate ['æmpjʊteɪt] *vt & vi* amputer.
amputation [,æmpjʊ'teɪʃn] *n* amputation *f*.
Amsterdam [,æmstə'dæm] *n* Amsterdam.
amuse [ə'mjuːz] *vt* **1.** amuser, faire rire **2.** divertir, distraire • **to amuse o.s. (by doing sthg)** s'occuper (à faire qqch).
amused [ə'mjuːzd] *adj* **1.** amusé • **to be amused at** *ou* **by sthg** trouver qqch amusant **2.** • **to keep o.s. amused** s'occuper.
amusement [ə'mjuːzmənt] *n* **1.** amusement *m* **2.** distraction *f*.
amusement arcade *n* **(UK)** galerie *f* de jeux *(notamment de jeux vidéo)*.
amusement park *n* parc *m* d'attractions.
amusing [ə'mjuːzɪŋ] *adj* amusant.
an *(accentué* [æn], *non accentué* [ən]*)* → **a**.
anabolic steroid [,ænə'bɒlɪk-] *n* (stéroïde *m*) anabolisant *m*.
anachronism [ə'nækrənɪzm] *n* anachronisme *m*.

anachronistic [ə,nækrə'nıstık] *adj* anachronique.

anaemic, anemic (US) [ə'ni:mık] *adj* **1.** anémique **2.** *fig* & *péj* fade, plat.

anaesthetic, anesthetic (US) [,ænıs'θetık] *n* anesthésique *m* • **under anaesthetic** sous anesthésie • **local/general anaesthetic** anesthésie *f* locale/générale.

anaesthetist [æ'ni:sθətıst], **anesthetist (US)** [æ'ni:sθətıst], **anesthesiologist** [æ,ni:sθəzı'ɒlədzıst] *n* anesthésiste *mf*.

anaesthetize, -ise (UK), anesthetize (US) [æ'ni:sθətaız] *vt* anesthésier.

anagram ['ænəgræm] *n* anagramme *f*.

anal ['eınl] *adj* anal.

analgesic [,ænæl'ʤi:sık] *adj* analgésique. ❑ *n* analgésique *m*.

analogue (UK), analog (US) ['ænəlɒg] *adj* *(montre, pendule)* analogique.

analogy [ə'næləʤı] *n* analogie *f*.

analyse (UK), -yze (US) ['ænəlaız] *vt* analyser.

analysis [ə'næləsıs] (*pl* **-ses**) *n* analyse *f*.

analyst ['ænəlıst] *n* analyste *mf*.

analytic(al) [,ænə'lıtık(l)] *adj* analytique.

analyze (US) = **analyse**.

anaphylactic [ænəfə'læktık] *adj* *(choc)* anaphylactique.

anarchist ['ænəkıst] *n* anarchiste *mf*.

anarchy ['ænəkı] *n* anarchie *f*.

anathema [ə'næθəmə] *n* anathème *m*.

anatomical [,ænə'tɒmıkl] *adj* anatomique.

anatomically [,ænə'tɒmıklı] *adv* anatomiquement • **anatomically correct** *(mannequin)* réaliste du point de vue anatomique.

anatomy [ə'nætəmı] *n* anatomie *f*.

ANC (abrév de **African National Congress**) *n* ANC *m*.

ancestor ['ænsestər] *n* *litt* & *fig* ancêtre *m*.

ancestral [æn'sestrəl-] *adj* ancestral.

ancestry ['ænsestrı] (*pl* **-ies**) *n* **1.** ascendance *f* **2.** *(indén)* ancêtres *mpl*.

anchor ['æŋkər] *n* **1.** ancre *f* **2. (US)** présentateur *m*, -trice *f*. ❑ *vt* **1.** ancrer **2. (US)** présenter. ❑ *vi* jeter l'ancre.

anchorman ['æŋkəmæn] (*pl* **-men**) *n* **(US)** *TV* présentateur *m*.

anchorwoman ['æŋkə,wʊmən] (*pl* **-women**) *n* **(US)** *TV* présentatrice *f*.

anchovy ['æntʃəvı] (*pl inv* ou **-ies**) *n* anchois *m*.

ancient ['eınʃənt] *adj* **1.** *(monument)* historique **2.** *(coutume)* ancien **3.** *hum* antique **4.** vieux.

ancillary [æn'sılərı] *adj* auxiliaire.

and *(accentué* [ænd], *non accentué* [ənd] *ou* [ən]) *conj* **1.** et **2.** • **six and a half** six et demi **3.** • **come and look!** venez voir ! • **try and come** essayez de venir • **wait and see** vous verrez bien, on verra bien. ■ **and so on, and so forth** *adv* et ainsi de suite.

Andes ['ændi:z] *npl* • **the Andes** les Andes *fpl*.

Andorra [æn'dɔ:rə] *n* Andorre *f*.

androgynous [æn'drɒʤınəs] *adj* androgyne.

android ['ændrɔıd] *n* androïde *m*.

anecdote ['ænıkdəʊt] *n* anecdote *f*.

anemic (US) = **anaemic**.

anesthetic *etc* **(US)** = **anaesthetic** *etc*

anew [ə'nju:] *adv* • **to start anew** recommencer (à zéro).

angel ['eınʤəl] *n* ange *m*.

angel dust *n arg drogue* PCP *f*.

angelic [æn'ʤelık] *adj* angélique.

angel investor *n FIN* ange *m* investisseur.

anger ['æŋgər] *n* colère *f*. ❑ *vt* fâcher, irriter.

anger management *n thérapie pour aider les gens coléreux à mieux se maîtriser*.

angina [æn'ʤaınə] *n* angine *f* de poitrine.

angle ['æŋgl] *n* **1.** angle *m* • **at an angle** de travers, en biais **2.** point *m* de vue.

angler ['æŋglər] *n* pêcheur *m* (à la ligne).

Anglican ['æŋglıkən] *adj* anglican. ❑ *n* anglican *m*, -e *f*.

angling ['æŋglıŋ] *n* pêche *f* à la ligne.

Anglo-American *adj* anglo-américain. ❑ *n* Anglo-Américain *m*, -e *f*.

Anglo-French *adj* anglo-français, franco-anglais, franco-britannique.

Anglo-Irish *adj* anglo-irlandais. ❑ *npl* • **the Anglo-Irish** les Anglo-Irlandais *mpl*.

anglophile ['æŋgləʊfaıl] *n* anglophile *mf*.

anglophobe ['æŋgləʊfəʊb] *n* anglophobe *mf*.

Anglo-Saxon *n* **1.** *(personne)* Anglo-Saxon *m*, -onne *f* **2.** *(langue)* anglo-saxon *m*.

angora [æŋ'gɔ:rə] *n* angora *m*.

angrily ['æŋgrəlı] *adv* avec colère.

angry ['æŋgrı] *adj* **1.** en colère, fâché **2.** *(dispute)* violent.

angst [æŋst] *n* anxiété *f*.

anguish ['æŋgwıʃ] *n* angoisse *f*.

anguished ['æŋgwıʃt] *adj* angoissé.

angular ['æŋgjʊlər] *adj* anguleux.

animal ['ænıml] *n* **1.** animal *m* • **animal welfare** protection *f* des animaux **2.** *péj* brute *f*. ❑ *adj* animal.

animate ['ænımət] *adj* animé, vivant.

animated ['ænımeıtıd] *adj* animé.

animation [,ænı'meıʃn] *n* animation *f*.

animosity [,ænı'mɒsətı] (*pl* **-ies**) *n* animosité *f*.

aniseed ['ænısi:d] *n* anis *m*.

ankle ['æŋkl] *n* cheville *f*. ❑ *en apposition* • **ankle socks** socquettes *fpl* • **ankle boots** bottines *fpl*.

anklebone ['æŋkəlbəʊn] *n* astragale *m*.

ankle-deep *adj* • **she was ankle-deep in mud** elle était dans la boue jusqu'aux chevilles.

ankle-length *adj* qui descend jusqu'à la cheville.
annals ['ænlz] *npl* annales *fpl*.
annex, annexe (UK) ['æneks] *n* annexe *f*.
annihilate [ə'naɪəleɪt] *vt* anéantir, annihiler.
annihilation [ə,naɪə'leɪʃn] *n* anéantissement *m*.
anniversary [,ænɪ'vɜːsərɪ] *n* anniversaire *m* • **anniversary card** carte *f* d'anniversaire (de mariage) • **wedding anniversary** anniversaire de mariage.
annotate ['ænəteɪt] *vt* annoter.
annotation [,ænə'teɪʃn] *n* annotation *f*, note *f*.
announce [ə'naʊns] *vt* annoncer.
announcement [ə'naʊnsmənt] *n* **1.** déclaration *f* **2.** avis *m (dans un journal)* **3.** *(indén)* annonce *f* • **to make an announcement** faire une annonce.
announcer [ə'naʊnsər] *n* speaker *m*, speakerine *f*.
annoy [ə'nɔɪ] *vt* agacer, contrarier.
annoyance [ə'nɔɪəns] *n* contrariété *f*.
annoyed [ə'nɔɪd] *adj* mécontent, agacé • **to get annoyed** se fâcher.
annoying [ə'nɔɪɪŋ] *adj* agaçant.
annoyingly [ə'nɔɪɪŋlɪ] *adv* de manière agaçante.
annual ['ænjʊəl] *adj* annuel. ❑ *n* **1.** plante *f* annuelle **2.** publication *f* annuelle **3.** album *m (de bande dessinée)*.
annual general meeting *n* **(UK)** assemblée *f* générale annuelle.
annual income *n* revenu *m* annuel.
annually ['ænjʊəlɪ] *adv* annuellement.
annul [ə'nʌl] *vt* **1.** annuler **2.** abroger.
annum ['ænəm] *n* • **per annum** par an.
anomaly [ə'nɒməlɪ] *n* anomalie *f*.
anonymous [ə'nɒnɪməs] *adj* anonyme.
anorak ['ænəræk] *n* anorak *m*.
anorexia (nervosa) [,ænə'reksɪə (nɜː'vəʊsə)] *n* anorexie *f* (mentale).
anorexic [,ænə'reksɪk] *adj & n* anorexique.
another [ə'nʌðər] *adj* **1.** • **another apple** encore une pomme, une pomme de plus, une autre pomme • **in another few minutes** dans quelques minutes **2.** • **another job** un autre travail. ❑ *pron* **1.** un autre, une autre *f*, encore un, encore une *f* • **one after another** l'un après l'autre, l'une après l'autre *f* **2.** un autre, une autre *f* • **one another** l'un l'autre, l'une l'autre *f*.
answer ['ɑːnsər] *n* **1.** réponse *f (à une question)* **2.** solution *f (à un problème)*. ❑ *vt* répondre à • **to answer the door** aller ouvrir la porte • **to answer the phone** répondre au téléphone. ❑ *vi* répondre. ■ **answer back** *vt sép* répondre (avec insolence) à. ❑ *vi* répondre (avec insolence). ■ **answer for** *vt insép* être responsable de, répondre de.
answerable ['ɑːnsərəbl] *adj* • **answerable to sb/for sthg** responsable devant qqn/de qqch.
answering machine ['ɑːnsərɪŋ-] *n* répondeur *m*.
answerphone ['ænsəfəʊn] *n* répondeur *m* (téléphonique).
ant [ænt] *n* fourmi *f*.
antagonism [æn'tægənɪzm] *n* antagonisme *m*, hostilité *f*.
antagonistic [æn,tægə'nɪstɪk] *adj* hostile.
antagonize, -ise (UK) [æn'tægənaɪz] *vt* éveiller l'hostilité de.
Antarctic [æn'tɑːktɪk] *n* • **the Antarctic** l'Antarctique *m*. ❑ *adj* antarctique.
antelope ['æntɪləʊp] *(pl inv ou* **-s***)* *n* antilope *f*.
antenatal [,æntɪ'neɪtl] *adj* prénatal.
antenatal clinic *n* service *m* de consultation prénatale.
antenna [æn'tenə] *n* **1.** *(pl* **-nae***)* antenne *f (d'un insecte)* **2.** *(pl* **-s***)* **(US)** antenne *f (d'une télévision)*.
anthem ['ænθəm] *n* hymne *m*.
anthology [æn'θɒləʤɪ] *n* anthologie *f*.
anthropological [,ænθrəpə'lɒʤɪkl] *adj* anthropologique.
anthropologist [,ænθrə'pɒləʤɪst] *n* anthropologue *mf*.
anthropology [,ænθrə'pɒləʤɪ] *n* anthropologie *f*.
anti- ['æntɪ] *préf* anti-.
antiapartheid [,æntɪə'pɑːtheɪt] *adj* anti-apartheid *(inv)*.
antibiotic [,æntɪbaɪ'ɒtɪk] *n* antibiotique *m*.
antibodies ['æntɪbɒdɪz] *npl* anticorps.
antibody test ['æntɪbɒdɪtest] *n* test *m* sérologique.
anticipate [æn'tɪsɪpeɪt] *vt* **1.** s'attendre à, prévoir **2.** anticiper *(une demande)* **3.** prendre de l'avance sur **4.** savourer à l'avance.
anticipation [æn,tɪsɪ'peɪʃn] *n* **1.** attente *f* **2.** impatience *f* • **in anticipation of** en prévision de.
anticlimax [æntɪ'klaɪmæks] *n* déception *f*.
anticlockwise [,æntɪ'klɒkwaɪz] *adj & adv* **(UK)** dans le sens inverse des aiguilles d'une montre.
antics ['æntɪks] *npl* **1.** cabrioles *fpl* **2.** *péj* bouffonneries *fpl*.
anticyclone [,æntɪ'saɪkləʊn] *n* anticyclone *m*.
antidepressant [,æntɪdɪ'presnt] *n* antidépresseur *m*.
antidote ['æntɪdəʊt] *n litt & fig* • **antidote (to)** antidote *m* (contre).
antifreeze ['æntɪfriːz] *n* antigel *m*.
antihistamine [,æntɪ'hɪstəmɪn] *n* antihistaminique *m*.
anti-inflammatory *adj* anti-inflammatoire. ❑ *n* anti-inflammatoire *m*.
antioxidant [,æntɪ'ɔksɪdənt] *n* antioxydant *m*.

antiperspirant [ˌæntɪ'pɜːspərənt] *n* antiperspirant *m*, antitranspirant *m*.

antipodean [æn,tɪpə'dɪən] *adj* des antipodes.

Antipodes [æn'tɪpədiːz] *npl* • **the Antipodes** l'Australie *f* et la Nouvelle-Zélande.

antiquated ['æntɪkweɪtɪd] *adj* dépassé.

antique [æn'tiːk] *adj* ancien. ❑ *n* **1.** objet *m* ancien **2.** meuble *m* ancien.

antique shop *n* magasin *m* d'antiquités.

anti-Semitic [-sɪ'mɪtɪk] *adj* antisémite.

anti-Semitism [-semɪtɪzəm] *n* antisémitisme *m*.

antiseptic [ˌæntɪ'septɪk] *adj & n* antiseptique.

antisocial [ˌæntɪ'səʊʃl] *adj* **1.** antisocial **2.** peu sociable, sauvage.

antiterrorist [ˌæntɪ'terərɪst] *adj* antiterroriste.

antivirus ['æntɪvairəs] *adj* antivirus • **antivirus check** *INFORM* vérification *f* antivirale • **antivirus program** *INFORM* programme *m* antivirus.

antivirus check [ˌæntɪ'vaɪrəs-] *n INFORM* vérification *f* antivirale.

antivirus program [ˌæntɪ'vaɪrəs-] *n INFORM* programme *m* antivirus.

antler ['æntlər] *n* corne *f*. ■ **antlers** *npl* bois *mpl (de cervidés)*, ramure *f*.

antonym ['æntənɪm] *n* antonyme *m*.

anus ['eɪnəs] *n* anus *m*.

anvil ['ænvɪl] *n* enclume *f*.

anxiety [æŋ'zaɪətɪ] *n* **1.** anxiété *f* **2.** souci *m* **3.** désir *m* farouche.

anxious ['æŋkʃəs] *adj* **1.** anxieux, très inquiet • **to be anxious about** se faire du souci au sujet de **2.** • **to be anxious to do sthg** tenir à faire qqch • **to be anxious that** tenir à ce que *(+ subjonctif)*.

anxiously ['æŋkʃəslɪ] *adv* avec anxiété.

any

■ **any** ['enɪ] *adj*

1. DANS DES PHRASES NÉGATIVES, EXPRIME L'ABSENCE DE QQCH

• **I haven't got any money/tickets** je n'ai pas d'argent/de billets • **he never does any work** il ne travaille jamais

2. DANS DES PHRASES INTERROGATIVES OU CONDITIONNELLES

• **have you got any money?** est-ce que vous avez de l'argent ?

3. N'IMPORTE QUEL

• **any box will do** n'importe quelle boîte fera l'affaire • **any other person would have refused** toute autre personne aurait refusé

■ **any** ['enɪ] *pron*

1. DANS DES PHRASES NÉGATIVES

• **I didn't buy any (of them)** je n'en ai pas acheté • **I didn't know any of the guests** je ne connaissais aucun des invités

2. DANS DES PHRASES INTERROGATIVES

• **do you have any?** est-ce que vous en avez ?

3. N'IMPORTE LEQUEL

• **take any you like** prenez n'importe lequel/laquelle, prenez celui/celle que vous voulez

■ **any** ['enɪ] *adv*

1. DANS DES PHRASES NÉGATIVES

• **I can't see it any more** je ne le vois plus • **I can't stand it any longer** je ne peux plus le supporter

2. DANS DES PHRASES INTERROGATIVES

• **do you want any more potatoes?** voulez-vous encore des pommes de terre ? • **is that any better/clearer?** est-ce que c'est mieux/plus clair comme ça ?

ANY1 *SMS* abrév de anyone.

anybody ['enɪˌbɒdɪ] = anyone.

anyhow ['enɪhaʊ] *adv* **1.** quand même, néanmoins **2.** n'importe comment **3.** de toute façon.

any more, anymore (US) ['enɪmɔːr] *adv* • **they don't live here any more** ils n'habitent plus ici.

anyone ['enɪwʌn] *pron* **1.** *(dans des phrases négatives)* • **I didn't see anyone** je n'ai vu personne **2.** *(dans des phrases interrogatives)* quelqu'un **3.** n'importe qui • **anyone could do it** n'importe qui pourrait le faire.

anyplace ['enɪpleɪs] **(US)** = anywhere.

anything ['enɪθɪŋ] *pron* **1.** *(dans des phrases négatives)* • **I didn't see anything** je n'ai rien vu **2.** *(dans des phrases interrogatives)* quelque chose • **anything else?** et avec ceci ? **3.** n'importe quoi • **if anything happens...** s'il arrive quoi que ce soit....

anytime ['enɪtaɪm] *adv* **1.** n'importe quand • **call me anytime** appelle-moi quand tu veux • **they can flower anytime between May and September** ils peuvent fleurir à n'importe quel moment entre mai et septembre **2.** je t'en prie, je vous en prie • **thanks for driving me to the airport — anytime!** merci de m'avoir conduit à l'aéroport — je t'en prie !

anyway ['enɪweɪ] *adv* de toute façon.

anywhere ['enɪweər], **anyplace (US)** ['enɪpleɪs] *adv* **1.** *(dans des phrases négatives)* • **I haven't seen him anywhere** je ne l'ai vu nulle part **2.** *(dans des phrases interrogatives)* quelque part **3.** n'importe où • **put it down anywhere** pose-le n'importe où.

AP ['eɪ'piː] (abrév de Advanced Placement) *n* **(US)** *SCOL examen de niveau universitaire passé par les lycéens qui le souhaitent pour obtenir des crédits pour l'université*.

apart [ə'pɑːt] *adv* **1.** • **we're living apart** nous sommes séparés **2.** à l'écart **3.** • **joking apart** sans plaisanter. ■ **apart from** *prép* **1.** à part, sauf **2.** en plus de, outre.

apartheid [ə'pɑːtheɪt] *n* apartheid *m*.

apartment [ə'pɑːtmənt] *n* appartement *m*.

apartment building *n* **(US)** immeuble *m (d'habitation)*.

apathetic [,æpə'θetɪk] *adj* apathique.

apathy ['æpəθɪ] *n* apathie *f*.

ape [eɪp] *n* singe *m*. ❑ *vt* singer.

aperitif [əperə'tiːf] *n* apéritif *m*.

aperture ['æpə,tjʊəʳ] *n* orifice *m*, ouverture *f*.

apex ['eɪpeks] (*pl* **-es** *ou* **apices** ['eɪpɪsiːz]) *n* sommet *m*.

aphrodisiac [,æfrə'dɪzɪæk] *n* aphrodisiaque *m*.

apiece [ə'piːs] *adv* **1.** *(personne)* chacun, par personne **2.** *(chose)* chacun, pièce *(inv)*.

aplomb [ə'plɒm] *n* aplomb *m*, assurance *f*.

apocalypse [ə'pɒkəlɪps] *n* apocalypse *f*.

apolitical [,eɪpə'lɪtɪkəl] *adj* apolitique.

apologetic [ə,pɒlə'dʒetɪk] *adj* d'excuse • **to be apologetic about sthg** s'excuser de qqch.

apologetically [ə,pɒlə'dʒetɪklɪ] *adv* en s'excusant.

apologize, **-ise (UK)** [ə'pɒlədʒaɪz] *vi* s'excuser.

apology [ə'pɒlədʒɪ] *n* excuses *fpl*.

apoplectic [,æpə'plektɪk] *adj fam* hors de soi.

apostle [ə'pɒsl] *n* apôtre *m*.

apostrophe [ə'pɒstrəfɪ] *n* apostrophe *f*.

app [æp] (abrév de application) *n INFORM* application *f*, appli *f fam*.

appal (UK), **appall (US)** [ə'pɔl] *vt* horrifier.

appalled [ə'pɔːld] *adj* horrifié.

appalling [ə'pɔlɪŋ] *adj* épouvantable.

appallingly [ə'pɔːlɪŋlɪ] *adv* épouvantablement.

apparatus [,æpə'reɪtəs] (*pl inv ou* **-es**) *n* **1.** appareil *m*, dispositif *m* **2.** *(indén)* agrès *mpl*.

apparel [ə'pærəl] *n* **(US)** habillement *m*.

apparent [ə'pærənt] *adj* **1.** évident **2.** apparent.

apparently [ə'pærəntlɪ] *adv* **1.** à ce qu'il paraît **2.** apparemment, en apparence.

appeal [ə'piːl] *vi* **1.** • **to appeal (to sb for sthg)** lancer un appel (à qqn pour obtenir qqch) **2.** • **to appeal to** faire appel à **3.** • **to appeal (against)** faire appel (de) **4.** • **to appeal to sb** plaire à qqn • **it appeals to me** ça me plaît. ❑ *n* **1.** appel *m* **2.** *DR* appel *m* **3.** intérêt *m*, attrait *m*.

appealing [ə'piːlɪŋ] *adj* attirant, sympathique.

appear [ə'pɪəʳ] *vi* **1.** apparaître **2.** *(livre)* sortir, paraître **3.** sembler, paraître **4.** *CINÉ* jouer **5.** *DR* comparaître.

appearance [ə'pɪərəns] *n* **1.** apparition *f* • **to make an appearance** se montrer **2.** apparence *f*, aspect *m* • **don't judge by appearances** ne vous fiez pas aux apparences.

appease [ə'piːz] *vt* apaiser.

append [ə'pend] *vt* **1.** *sout* joindre *(un document)* **2.** apposer *(sa signature)*.

appendicitis [ə,pendɪ'saɪtɪs] *n (indén)* appendicite *f*.

appendix [ə'pendɪks] (*pl* **-dixes** *ou* **-dices**) *n* appendice *m* • **to have one's appendix out** *ou* **removed** *ou* **taken out (US)** se faire opérer de l'appendicite.

appetite ['æpɪtaɪt] *n* **1.** • **appetite (for)** appétit *m* (pour) **2.** *fig* • **appetite (for)** goût *m* (de *ou* pour).

appetizer, **-iser (UK)** ['æpɪtaɪzəʳ] *n* **1.** amuse-gueule *m inv* **2.** apéritif *m*.

appetizing, **-ising (UK)** ['æpɪtaɪzɪŋ] *adj* appétissant.

applaud [ə'plɔd] *vt* **1.** applaudir **2.** approuver, applaudir à. ❑ *vi* applaudir.

applause [ə'plɔz] *n (indén)* applaudissements *mpl*.

apple ['æpl] *n* **1.** *(fruit)* pomme *f* • **apple juice** jus *m* de pomme **2.** *(arbre)* pommier *m* • **apple orchard** pommeraie *f*.

apple pie *n* tarte *f* aux pommes.

apple tree *n* pommier *m*.

appliance [ə'plaɪəns] *n* appareil *m* • **domestic appliances** des appareils ménagers.

applicable [ə'plɪkəbl] *adj* • **applicable (to)** applicable (à).

applicant ['æplɪkənt] *n* **1.** • **applicant (for)** **a)** candidat *m*, -e *f* (à) **b)** demandeur *m*, -euse *f* (de) **2.** • **college (US)** *ou* **university applicant** candidat à l'inscription à l'université.

application [,æplɪ'keɪʃn] *n* **1.** application *f (lotion, peinture)* **2.** • **application (for)** demande *f* (de).

application form *n* **1.** dossier *m* de candidature **2.** dossier *m* d'inscription.

applications program [,æplɪ'keɪʃns-] *n INFORM* programme *m* d'application.

applicator ['æplɪkeɪtəʳ] *n* applicateur *m (pour lotion, colle)*.

applied [ə'plaɪd] *adj* appliqué.

apply [ə'plaɪ] *vt* appliquer. ❑ *vi* **1.** • **to apply (for)** faire une demande (de) • **to apply to sb (for sthg)** s'adresser à qqn (pour obtenir qqch) • **to apply for a job** poser sa candidature pour un emploi **2.** • **to apply to** s'appliquer à, concerner.

appoint [ə'pɔɪnt] *vt* **1.** • **to appoint sb (as sthg)** nommer qqn (qqch) **2.** fixer *(un lieu, une date de rendez-vous)*.

appointment [ə'pɔɪntmənt] *n* **1.** nomination *f*, désignation *f* • **his appointment was announced yesterday** sa nomination a été annoncée hier **2.** poste *m*, emploi *m* • **his new appointment is a direct result of those efforts** son nouveau poste est le résultat direct de ces efforts **3.** rendez-vous *m* • **to make an appointment with sb** prendre rendez-vous avec qqn.

apportion [ə'pɔʃn] *vt* répartir • **to apportion expenses** répartir les dépenses.

appraisal [ə'preɪzl] *n* évaluation *f* • **appraisal procedure** procédure *f* d'évaluation.

appraise [ə'preɪz] *vt* évaluer.

appreciable [ə'pri:ʃəbl] *adj* appréciable, sensible • **appreciable changes in altitude** de sensibles changements d'altitude.

appreciate [ə'pri:ʃɪeɪt] *vt* **1.** apprécier, aimer • **they appreciate modern art** ils aiment l'art moderne **2.** comprendre, se rendre compte de • **they never appreciated the risk** ils ne se sont jamais rendu compte du risque **3.** être reconnaissant de • **I would appreciate it if you didn't smoke in the car** je vous serais reconnaissant de ne pas fumer dans la voiture. ❑ *vi* FIN *(objet, monnaie, propriété)* prendre de la valeur • **gold has appreciated a lot** l'or a pris beaucoup de valeur.

appreciation [ə,pri:ʃɪ'eɪʃn] *n* **1.** *(gratitude)* reconnaissance *f* • **in appreciation of your kindness and generosity** en remerciement de votre gentillesse et de votre générosité **2.** compréhension *f* • **he has a a perfect appreciation of the situation** il comprend parfaitement la situation **3.** évaluation *f*, estimation *f* **4.** hausse, augmentation de la valeur *(objet, monnaie, propriété)*.

appreciative [ə'pri:ʃjətɪv] *adj* **1.** reconnaissant • **I am very appreciative of your help** je vous suis très reconnaissant de votre aide **2.** élogieux • **he made a few appreciative remarks** il a fait quelques remarques élogieuses.

apprehend [,æprɪ'hend] *vt sout (police)* arrêter.

apprehension [,æprɪ'henʃn] *n* appréhension *f*.

apprehensive [,æprɪ'hensɪv] *adj* inquiet • **people are apprehensive about the future** les gens s'inquiètent de l'avenir.

apprehensively [,æprɪ'hensɪvlɪ] *adv* avec appréhension.

apprentice [ə'prentɪs] *n* apprenti *m*, -e *f*.

apprenticeship [ə'prentɪsʃɪp] *n* apprentissage *m*.

approach [ə'prəʊtʃ] *n* **1.** arrivée *f (personne, véhicule)* • **she heard his approach** elle l'a entendu arriver **2.** approche *f*, arrivée *f (événement, saison)* • **the children's excitement with the approach of Christmas** l'excitation des enfants à l'approche de Noël • **a sign of the imminent approach of Spring** un signe de l'arrivée imminente du printemps **3.** démarche *f*, approche *f* • **there are different approaches to gathering information** il y a plusieurs démarches pour obtenir des informations • **another approach to the problem** une autre façon d'aborder le problème. ❑ *vt* **1.** s'approcher de **2.** parler à • **I approached him about the situation** je lui ai parlé de la situation **3.** aborder *(un problème)*. ❑ *vi* s'approcher.

approachable [ə'prəʊtʃəbl] *adj (lieu, personne)* accessible.

appropriate *adj* [ə'prəʊprɪət] **1.** *(tenue)* convenable **2.** *(comportement)* approprié **3.** *(moment)* opportun. ❑ *vt* [ə'prəʊprɪeɪt] **1.** s'approprier • **other countries appropriated the profits from the deal** d'autres pays se sont approprié les profits du contrat **2.** affecter *(des fonds)* à.

appropriately [ə'prəʊprɪətlɪ] *adv* **1.** *(se tenir)* convenablement **2.** *(se comporter)* de manière appropriée.

approval [ə'pru:vl] *n* approbation *f* • **on approval** à condition, à l'essai.

approve [ə'pru:v] *vi* • **to approve (of sthg)** approuver (qqch) • **I don't approve of your behaviour** je n'approuve pas ton comportement. ❑ *vt* approuver, ratifier • **the treaty was approved in 1794** le traité fut ratifié en 1794.

approx. [ə'prɒks] (abrév de approximately) approx., env.

approximate *adj* [ə'prɒksɪmət] approximatif.

approximately [ə'prɒksɪmətlɪ] *adv* à peu près, environ.

Apr. (abrév de April) avr.

après-ski [,æpreɪ'ski:] *n (indén)* activités *fpl* après-ski.

apricot ['eɪprɪkɒt] *n* abricot *m*.

April ['eɪprəl] *n* avril *m*. Voir aussi **September**.

April Fools' Day *n* le 1er avril.

> **CULTURE**
> ### April Fools' day
> En Grande-Bretagne et aux États-Unis, le 1er avril est l'occasion de farces et calembours en tous genres. Même la radio et les journaux diffusent des canulars. En revanche, la tradition du poisson en papier n'existe pas.

apron ['eɪprən] *n* tablier *m*.

apropos ['æprəpəʊ] *prép* • **apropos (of)** à propos (de).

apt [æpt] *adj* **1.** pertinent, approprié **2.** extrêmement intelligent • **an apt pupil** un élève très doué **3.** • **to be apt to do sthg** avoir tendance à faire qqch.

aptitude ['æptɪtju:d] *n* aptitude *f*, disposition *f*.

aptitude test *n* test *m* d'aptitude.
aptly ['æptlı] *adv* avec justesse, à propos • **he aptly pointed out** remarqua-t-il avec justesse.
aquaculture ['ækwə,kʌltʃər] *n* aquaculture *f.*
aqualung ['ækwəlʌŋ] *n* scaphandre *m* autonome.
aquarium [ə'kweərıəm] (*pl* **-riums** *ou* **-ria**) *n* aquarium *m.*
Aquarius [ə'kweərıəs] *n* Verseau *m.*
aquatic [ə'kwætık] *adj* **1.** *(animal, plante)* aquatique **2.** *(sport)* nautique.
aqueduct ['ækwıdʌkt] *n* aqueduc *m.*
Arab ['ærəb] *adj* arabe. ❑ *n* Arabe *mf.*
Arabian [ə'reıbjən] *adj* d'Arabie, arabe.
Arabic ['ærəbık] *adj* arabe. ❑ *n* arabe *m.*
Arabic numeral *n* chiffre *m* arabe.
arable ['ærəbl] *adj* arable.
arbitrary ['ɑːbıtrərı] *adj* arbitraire.
arbitration [,ɑːbı'treıʃn] *n* arbitrage *m.*
arcade [ɑː'keıd] *n* **1.** galerie *f* marchande **2.** arcades *fpl (série d'arches)* **3.** galerie *f* de jeux • **amusement/video arcade** salle *f* de jeux vidéo.
arch [ɑːtʃ] *adj* **1.** majeur • **my arch ennemy** mon ennemi de toujours **2.** malicieux, espiègle • **she gave me an arch lool** elle me regarda d'un air malicieux. ❑ *n* **1.** ARCHIT arc *m*, voûte *f* **2.** voûte *f* plantaire, cambrure *f.* ❑ *vt* cambrer, arquer. ❑ *vi* former une voûte.
archaeologist [,ɑːkı'ɒlədʒıst] *n* archéologue *mf.*
archaeology [,ɑːkı'ɒlədʒı] *n* archéologie *f.*
archaic [ɑː'keıık] *adj* archaïque.
archbishop [,ɑːtʃ'bıʃəp] *n* archevêque *m.*
archenemy [,ɑːtʃ'enımı] *n* ennemi *m* numéro un.
archeology = **archaeology.**
archer ['ɑːtʃər] *n* archer *m.*
archery ['ɑːtʃərı] *n* tir *m* à l'arc.
archetypal [,ɑːkı'taıpl] *adj* typique • **cricket is the archetypal English game** le cricket est le jeu anglais par excellence.
architect ['ɑːkıtekt] *n* *litt* & *fig* architecte *mf.*
architectural [,ɑːkı'tektʃərəl] *adj* architectural.
architecture ['ɑːkıtektʃər] *n* architecture *f.*
archway ['ɑːtʃweı] *n* passage *m* voûté.
ardent ['ɑːdənt] *adj* fervent, passionné.
arduous ['ɑːdjʊəs] *adj* ardu.
are *(forme non accentuée* [ər], *forme accentuée* [ɑːr]*)* → **be.**
area ['eərıə] *n* **1.** région *f* • **parking area** aire *f* de stationnement • **in the area of** environ, à peu près **2.** aire *f*, superficie *f* **3.** domaine *m (d'étude, d'investigation).*
area code *n* **(US)** indicatif *m* de zone.
arena [ə'riːnə] *n* *litt* & *fig* arène *f.*
aren't [ɑːnt] = **are not.**
Argentina [,ɑːdʒən'tiːnə] *n* Argentine *f.*
Argentine ['ɑːdʒəntaın], **Argentinian** [,ɑːdʒən'tınıən] *adj* argentin. ❑ *n* Argentin *m*, -e *f.*
arguable ['ɑːgjʊəbl] *adj* discutable.
arguably ['ɑːgjʊəblı] *adv* • **she's arguably the best** on peut soutenir qu'elle est la meilleure.
argue ['ɑːgjuː] *vi* **1.** • **to argue (with sb about sthg)** se disputer (avec qqn à propos de qqch) **2.** • **to argue (for/against)** argumenter (pour/contre). ❑ *vt* débattre de, discuter de • **to argue that** soutenir *ou* maintenir que.
argument ['ɑːgjʊmənt] *n* **1.** dispute *f* **2.** argument *m* **3.** *(indén)* discussion *f*, débat *m.*
argumentative [,ɑːgjʊ'mentətıv] *adj* querelleur, batailleur.
arid ['ærıd] *adj* *litt* & *fig* aride.
Aries ['eəriːz] *n* Bélier *m.*
arise [ə'raız] *(prét* **arose**, *pp* **arisen** [ə'rızn]*)* *vi* surgir, survenir • **to arise from** résulter de, provenir de • **if the need arises** si le besoin se fait sentir.
aristocracy [,ærı'stɒkrəsı] (*pl* **-ies**) *n* aristocratie *f.*
aristocrat [**(UK)** 'ærıstəkræt, **(US)** ə'rıstəkræt] *n* aristocrate *mf.*
aristocratic [**(UK)** ,ærıstə'krætık, **(US)** ə,rıstə'krætık] *adj* aristocratique.
arithmetic [ə'rıθmətık] *n* arithmétique *f.*
ark [ɑːk] *n* arche *f* • **the Ark of the Covenant** l'arche d'alliance • **Noah's Ark** l'Arche de Noé.
arm [ɑːm] *n* **1.** bras *m* • **arm in arm** bras dessus bras dessous • **to keep sb at arm's length (UK)** *fig* tenir qqn à distance • **to twist sb's arm** *fig* forcer la main à qqn **2.** manche *f (d'un vêtement).* ❑ *vt* armer. ■ **arms** *npl* armes *fpl* • **to take up arms** prendre les armes • **to be up in arms about sthg** s'élever contre qqch.
armaments ['ɑːməmənts] *npl* matériel *m* de guerre, armements *mpl.*
armband ['ɑːmbænd] *n* brassard *m.*
arm candy ['ɑːmkændı] *n* *fam* & *péj* jeune et jolie compagne *f.*
armchair ['ɑːmtʃeər] *n* fauteuil *m.*
armed [ɑːmd] *adj* *litt* & *fig* • **armed (with)** armé (de) • **be careful, he might be armed** faites attention, il est peut-être armé • **armed with patience, she waited until he arrived** armée de patience, elle attendit son arrivée.
armed forces *npl* forces *fpl* armées.
armful ['ɑːmfʊl] *n* brassée *f.*
armhole ['ɑːmhəʊl] *n* emmanchure *f.*
armour (UK), armor (US) ['ɑːmər] *n* **1.** armure *f* **2.** MIL blindage *m.*
armoury (UK), armory (US) ['ɑːmərı] *n* arsenal *m.*
armpit ['ɑːmpıt] *n* aisselle *f.*

armrest ['ɑːmrest] *n* accoudoir *m*.

arms control ['ɑːmz-] *n* contrôle *m* des armements.

arms race ['ɑːmz-] *n* course *f* aux armements.

arm wrestling *n* bras *m* de fer.

army ['ɑːmɪ] *n litt* & *fig* armée *f* • **an army of photographers** une armée de photographes.

arnica ['ɑːnɪkə] *n* BOT & MÉD arnica *f*.

A-road *n* **(UK)** ≃ route *f* nationale.

aroma [ə'rəumə] *n* arôme *m*.

aromatherapist [ə,rəumə'θerəpɪst] *n* aromathérapeute *mf*.

aromatherapy [ə,rəumə'θerəpɪ] *n* aromathérapie *f*.

arose [ə'rəuz] *passé* → **arise**.

around

■ around [ə'raund] *adv*

1. INDIQUE UNE PROXIMITÉ DANS L'ESPACE
• **have you seen him around?** l'avez-vous vu dans les parages ? • **she'll be around soon** elle sera là bientôt • **to walk around** se promener • **to lie around** traîner

2. AUTOUR
• **there was a yard with a fence all around** il y avait une cour avec une clôture tout autour

3. DANS DES EXPRESSIONS
• **to turn around** se retourner • **he has been around** *fam* il n'est pas né d'hier, il a de l'expérience

■ around [ə'raund] *prép*

1. AUTOUR DE
• **they walked around the lake** ils se sont promenés autour du lac

2. À TRAVERS
• **all around the country** dans tout le pays

3. EXPRIME UNE APPROXIMATION
• **I'll see you around 9 o'clock** je te verrai vers 9 heures • **around here** par ici

around-the-clock *adj* • **around-the-clock protection/surveillance** protection *f*/surveillance *f* 24 heures sur 24.

arouse [ə'rauz] *vt* **1.** éveiller, susciter *(un sentiment, un doute)* **2.** exciter *(une personne)* **3.** réveiller • **the noise aroused her** le bruit la réveilla.

arrange [ə'reɪndʒ] *vt* **1.** arranger, disposer *(des fleurs, des meubles)* **2.** organiser, fixer *(une réunion, un rendez-vous)* • **to arrange to do sthg** convenir de faire qqch.

arranged marriage [ə'reɪndʒd-] *n* mariage *m* arrangé.

arrangement [ə'reɪndʒmənt] *n* accord *m*, arrangement *m* • **to come to an arrangement** s'entendre, s'arranger. **■ arrangements** *npl* dispositions *fpl*, préparatifs *mpl* • **to make arrangements** prendre des dispositions.

array [ə'reɪ] *n* étalage *m*. ❑ *vt* disposer.

arrears [ə'rɪəz] *npl* arriéré *m* • **to be in arrears** **a)** être en retard **b)** *(endettement)* avoir des arriérés.

arrest [ə'rest] *n* arrestation *f* • **under arrest** en état d'arrestation. ❑ *vt* arrêter.

arrival [ə'raɪvl] *n* **1.** arrivée *f* • **late arrival** retard *m* **2.** arrivant *m*, -e *f* • **new arrival** nouveau venu *m*, nouvelle venue *f*, nouveau-né *m*, nouveau-née *f*.

arrive [ə'raɪv] *vi* **1.** arriver **2.** être né.

arrogant ['ærəgənt] *adj* arrogant.

arrogantly ['ærəgəntlɪ] *adv* avec arrogance.

arrow ['ærəu] *n* flèche *f*.

arse (UK) [ɑːs], **ass (US)** [æs] *n vulg* cul *m*.

arsehole (UK) ['ɑːshəul], **asshole (US)** ['æshəul] *n vulg* • **don't be such an arsehole** ne sois pas si con.

arsenal ['ɑːsənl] *n* arsenal *m*.

arsenic ['ɑːsnɪk] *n* arsenic *m*.

arson ['ɑːsn] *n* incendie *m* criminel *ou* volontaire.

arsonist ['ɑːsənɪst] *n* incendiaire *mf*.

art [ɑːt] *n* art *m*. ❑ *en apposition* **1.** d'art **2.** des beaux-arts. **■ arts** *npl* **1. (UK)** UNIV lettres *fpl* **2.** • **the arts** les arts *mpl*.

artefact ['ɑːtɪfækt] = **artifact**.

artery ['ɑːtərɪ] *n* artère *f*.

art gallery *n* **1.** musée *m* d'art **2.** galerie *f* d'art.

arthritis [ɑː'θraɪtɪs] *n* arthrite *f*.

artichoke ['ɑːtɪtʃəuk] *n* artichaut *m*.

article ['ɑːtɪkl] *n* article *m* • **article of clothing** vêtement *m*.

articulate *adj* [ɑː'tɪkjulət] **1.** qui sait s'exprimer **2.** *(élocution)* clair, distinct. ❑ *vt* [ɑː'tɪkjuleɪt] formuler.

articulated lorry [ɑː'tɪkjuleɪtɪd-] *n* **(UK)** semi-remorque *m*.

artifact ['ɑːtɪfækt] *n* objet *m* fabriqué.

artificial [,ɑːtɪ'fɪʃl] *adj* **1.** artificiel **2.** affecté, forcé • **her artificial accent** son accent affecté • **his artificial smile** son sourire forcé.

artificial insemination *n* insémination *f* artificielle.

artificial intelligence *n* intelligence *f* artificielle.

artificial respiration *n* respiration *f* artificielle.

artillery [ɑː'tɪlərɪ] *n* artillerie *f*.

artisan [,ɑːtɪ'zæn] *n* artisan *m*, -e *f*.

artist ['ɑːtɪst] *n* artiste *mf*.

artiste [ɑː'tiːst] *n* artiste *mf*.

artistic [ɑːˈtɪstɪk] *adj* **1.** *(personne)* qui a une sensibilité d'artiste **2.** artistique.

artistically [ɑːˈtɪstɪklɪ] *adv* avec art.

artistry [ˈɑːtɪstrɪ] *n* art *m*, talent *m* artistique.

artless [ˈɑːtlɪs] *adj* **1.** naturel, ingénu • **artless beauty** une beauté naturelle • **artless child** un enfant ingénu **2.** grossier, maladroit • **artless translation** traduction maladroite.

artwork [ˈɑːtwɜːk] *n* iconographie *f*, illustration *f*.

as

■ **as** *conj*

forme accentuée [æz], *forme non accentuée* [əz]

1. EXPRIME LA SIMULTANÉITÉ

• **she rang (just) as I was leaving** elle m'a téléphoné juste au moment où je partais

2. EXPRIME UN CHANGEMENT GRADUEL

• **as time goes by** à mesure que le temps passe, avec le temps • **he grew grumpier as he got older** il devenait de plus en plus grognon en vieillissant

3. EXPRIME LA CAUSE

• **as it's snowing, we'd better stay at home** comme il neige, nous ferions mieux de rester à la maison

4. CONFORMÉMENT À

• **as you know, he is always late** comme tu le sais, il est toujours en retard • **do as I say** fais ce que je (te) dis

5. EXPRIME UNE OPPOSITION

• **long as it was, I didn't find the lesson boring** bien que la leçon ait été longue, je ne me suis pas ennuyé

■ **as** *prép*

forme accentuée [æz], *forme non accentuée* [əz]

1. INDIQUE UNE FONCTION, UN RÔLE

• **she works as a nurse** elle est infirmière
• **I'm speaking as your friend** je te parle en ami

2. EN TANT QUE

• **it could be used as evidence against him** cela pourrait être utilisé comme preuve contre lui

■ **as** *adv*

forme accentuée [æz], *forme non accentuée* [əz]

DANS UNE COMPARAISON

• **he's as tall as I am** il est aussi grand que moi • **he runs as fast as his sister** il court aussi vite que sa sœur • **as much wine as** autant de vin que

■ **as for** *prép*

• **as for dessert, there's some ice-cream in the freezer** pour ce qui est du dessert, il y a de la glace au congélateur

■ **as from, as of** *prép*

INDIQUE UN POINT DE DÉPART DANS LE TEMPS

• **as of yesterday** depuis hier • **your ticket is valid as of Monday** votre ticket sera valable à partir de lundi

■ **as if, as though** *conj*

comme si • **as if it mattered!** comme si ça avait de l'importance ! • **it looks as if** *ou* **as though it will rain** on dirait qu'il va pleuvoir

■ **as to** *prép*

en ce qui concerne, au sujet de • **I'm still uncertain as to his motivation** j'ai toujours des doutes quant à sa motivation

À PROPOS DE

as

As... as s'utilise dans les comparaisons, pour exprimer l'égalité. Dans la langue de tous les jours, on le fait suivre d'un pronom objet tel que ***me***, ***him***, ***her***, etc. ***(she's*** **as** ***tall*** **as** ***me)***. Dans la langue soutenue, il peut être suivi d'un pronom sujet tel que ***I***, ***he***, ***she***, etc, et, éventuellement, d'un deuxième verbe ***(she's not*** **as** ***tall*** **as I)**.

As if et ***as though*** ont le même sens. Si la personne qui parle a de sérieux doutes quant à la véracité de la comparaison, ou si elle est certaine que la comparaison n'est pas vraie, elle peut utiliser un verbe au subjonctif passé ***(she went pale*** **as if/ though** ***she*** **were** ***about to faint)***.

asap (abrév de as soon as possible) *adv* dès que possible.

asbestos [æsˈbestəs] *n* asbeste *m*, amiante *m*.

ASBO [ˈæzbəʊ] (abrév de anti-social behaviour order) *n* **(UK)** *ordonnance civile sanctionnant des comportements antisociaux*.

ascend [əˈsend] *vt & vi* monter.

ascendant [əˈsendənt] *n* • **to be in the ascendant** avoir le dessus.

ascent [əˈsent] *n litt & fig* ascension *f*.

ascertain [ˌæsəˈteɪn] *vt* établir.

ascribe [əˈskraɪb] *vt* • **to ascribe sthg to a)** attribuer qqch à **b)** *(faute)* imputer qqch à.

asexual [ˌeɪˈsekʃʊəl] *adj* asexué.

ash [æʃ] *n* **1.** cendre *f* **2.** frêne *m*.

ashamed [əˈʃeɪmd] *adj* honteux, confus • **to be ashamed (of)** avoir honte (de).

ashen-faced [ˈæʃnˌfeɪst] *adj* blême.

ashore [əˈʃɔːr] *adv* à terre.

ashtray [ˈæʃtreɪ] *n* cendrier *m*.

Ash Wednesday *n* le mercredi des Cendres.
Asia [**(UK)** ˈeɪʃə, **(US)** ˈeɪʒə] *n* Asie *f*.
Asian [**(UK)** ˈeɪʃn, **(US)** ˈeɪʒn] *adj* asiatique. ❑ *n* Asiatique *mf*.
aside [əˈsaɪd] *adv* **1.** de côté • **to move aside** s'écarter **2.** à part • **to take sb aside** prendre qqn à part • **aside from** à l'exception de. ❑ *n* **1.** *THÉÂTRE* aparté *m* **2.** réflexion *f*, commentaire *m*.
ask [ɑːsk] *vt* **1.** demander • **to ask sb sthg** demander qqch à qqn • **he asked me my name** il m'a demandé mon nom • **that's asking a lot** c'est beaucoup demander • **to ask sb for sthg** demander qqch à qqn **2.** poser *(une question)* **3.** inviter. ■ **ask after** *vt insép* demander des nouvelles de. ■ **ask for** *vt insép* **1.** demander à voir *(quelqu'un)* • **there is somebody asking for you** il y a quelqu'un qui voudrait te voir **2.** demander *(quelque chose)* • **he asked for a glass of wine** il a demandé un verre de vin **3.** chercher *(des ennuis)* • **you're asking for trouble!** tu cherches les ennuis !
askance [əˈskæns] *adv* • **to look askance at sb** regarder qqn d'un air désapprobateur.
askew [əˈskjuː] *adj* de travers.
asking price [ˈɑːskɪŋ-] *n* prix *m* demandé.
asleep [əˈsliːp] *adj* **1.** endormi • **to fall asleep** s'endormir • **to fall asleep at the wheel** s'endormir au volant **2.** *(locution)* • **to be asleep at the switch (US)** *ou* **at the wheel** *fig* ne pas faire son travail.
as-new *adj* comme neuf.
asparagus [əˈspærəgəs] *n (indén)* asperges *fpl*.
aspartame [ˈæspərteɪm] *n* aspartame *m*.
aspect [ˈæspekt] *n* **1.** aspect *m* **2.** orientation *f (d'une maison)* • **the house has a south-west aspect** la maison est exposée *ou* orientée au sud-ouest.
aspersions [əˈspɜːʃnz] *npl* • **to cast aspersions on** jeter le discrédit sur.
asphalt [ˈæsfælt] *n* asphalte *m*.
asphyxiate [əsˈfɪksɪeɪt] *vt* asphyxier.
asphyxiating [əsˈfɪksɪeɪtɪŋ] *adj* asphyxiant.
aspiration [ˌæspəˈreɪʃn] *n* aspiration *f*.
aspire [əˈspaɪər] *vi* • **to aspire to sthg/to do sthg** aspirer à qqch/à faire qqch.
aspirin [ˈæsprɪn] *n* aspirine *f*.
aspiring [əˈspaɪərɪŋ] *adj* • **she was an aspiring writer** elle avait pour ambition de devenir écrivain.
ass [æs] *n* **1.** âne *m* **2.** *fam* imbécile *mf*, idiot *m*, -e *f* **3.** **(US)** *vulg* = **arse** **4.** *(locution)* • **to kick ass** assurer • **the Lakers kicked ass last night** les Lakers ont assuré grave hier soir.
assailant [əˈseɪlənt] *n* assaillant *m*, -e *f*.
assassin [əˈsæsɪn] *n* assassin *m*.
assassinate [əˈsæsɪneɪt] *vt* assassiner.
assassination [əˌsæsɪˈneɪʃn] *n* assassinat *m*.
assault [əˈsɔlt] *n* **1.** • **assault (on)** assaut *m* (de), attaque *f* (de) **2.** • **assault (on sb)** agression *f* (contre qqn). ❑ *vt* **1.** agresser **2.** violenter.
assemble [əˈsembl] *vt* **1.** réunir *(personne)* **2.** assembler, monter *(voiture, avion, machine)*. ❑ *vi* se réunir, s'assembler.
assembly [əˈsemblɪ] *n* **1.** assemblée *f* **2.** *(construction)* assemblage *m*, montage *m*.
assembly line *n* chaîne *f* de montage.
assent [əˈsent] *n* consentement *m*, assentiment *m*. ❑ *vi* • **to assent (to)** donner son consentement *ou* assentiment (à).
assert [əˈsɜːt] *vt* **1.** affirmer, soutenir **2.** imposer *(son autorité)*.
assertive [əˈsɜːtɪv] *adj* assuré.
assertiveness [əˈsɜːtɪvnɪs] *n* manière *f* assurée.
assess [əˈses] *vt* évaluer, estimer.
assessment [əˈsesmənt] *n* **1.** opinion *f* **2.** *SCOL* évaluation *f*, estimation *f*.
assessor [əˈsesər] *n* contrôleur *m*, -euse *f* des impôts.
asset [ˈæset] *n* avantage *m*, atout *m*. ■ **assets** *npl COMM* actif *m*.
asshole [ˈæshəʊl] *n vulg* **(US)** = **arsehole**.
assiduous [əˈsɪdjʊəs] *adj* assidu.
assiduously [əˈsɪdjʊəslɪ] *adv* assidûment.
assign [əˈsaɪn] *vt* **1.** • **to assign sthg (to)** assigner qqch (à) **2.** • **to assign sb (to sthg/to do sthg)** nommer qqn (à qqch/pour faire qqch).
assignment [əˈsaɪnmənt] *n* **1.** mission *f* **2.** *SCOL* devoir *m* **3.** attribution *f (d'un poste)*.
assimilate [əˈsɪmɪleɪt] *vt* assimiler.
assimilation [əˌsɪmɪˈleɪʃn] *n* assimilation *f*.
assist [əˈsɪst] *vt* • **to assist sb (with sthg/in doing sthg) a)** aider *ou* assister qqn (dans qqch/à faire qqch).
assistance [əˈsɪstəns] *n* aide *f* • **to be of assistance (to)** être utile (à).
assistance dog *n* chien *m* guide.
assistant [əˈsɪstənt] *n* assistant *m*, -e *f* • **(shop) assistant (UK)** vendeur *m*, -euse *f*. ❑ *en apposition* adjoint • **assistant manager** sous-directeur *m*, -trice *f*.
assistant headmaster [əˈsɪstənt ˌhedˈmɑːstər] **(UK)**, **assistant principal** [əˈsɪstənt ˌprɪnsəpl] **(US)** *n* principal *m* adjoint, principale *f* adjointe.
associate *adj* [əˈsəʊʃɪət] associé. ❑ *n* [əˈsəʊʃɪət] associé *m*, -e *f*. ❑ *vt* [əˈsəʊʃɪeɪt] • **to associate sb/sthg (with)** associer qqn/qqch (à) • **to be associated with** être associé à. ❑ *vi* [əˈsəʊʃɪeɪt] • **to associate with sb** fréquenter qqn.
associate editor *n* rédacteur *m* associé, rédactrice *f* associée.
association [əˌsəʊsɪˈeɪʃn] *n* association *f* • **in association with** avec la collaboration de.

assorted [əˈsɔːtɪd] *adj* **1.** varié • **in assorted sizes** en différentes tailles **2.** assorti.

assortment [əˈsɔːtmənt] *n* mélange *m*.

assume [əˈsjuːm] *vt* **1.** supposer, présumer **2.** assumer *(ses responsabilités)* **3.** adopter *(une attitude)*.

assumed name [əˈsjuːmd-] *n* nom *m* d'emprunt.

assuming [əˈsjuːmɪŋ] *conj* en supposant que.

assumption [əˈsʌmpʃn] *n* supposition *f*.

assurance [əˈʃʊərəns] *n* **1.** assurance *f* **2.** garantie *f*, promesse *f*.

assure [əˈʃʊəʳ] *vt* • **to assure sb (of)** assurer qqn (de).

assured [əˈʃʊəd] *adj* assuré.

asterisk [ˈæstərɪsk] *n* astérisque *m*.

astern [əˈstɜːn] *adv* en poupe.

asthma [ˈæsmə] *n* asthme *m*.

asthmatic [æsˈmætɪk] *adj* asthmatique. ❑ *n* asthmatique *mf*.

astonish [əˈstɒnɪʃ] *vt* étonner.

astonished [əˈstɒnɪʃt] *adj* surpris.

astonishing [əˈstɒnɪʃɪŋ] *adj* étonnant.

astonishingly [əˈstɒnɪʃɪŋlɪ] *adv* incroyablement.

astonishment [əˈstɒnɪʃmənt] *n* étonnement *m*.

astound [əˈstaʊnd] *vt* stupéfier.

astounded [əˈstaʊndɪd] *adj* stupéfait.

astounding [əˈstaʊndɪŋ] *adj* stupéfiant.

astoundingly [əˈstaʊndɪŋlɪ] *adv* incroyablement • **astoundingly beautiful** d'une beauté incroyable.

astray [əˈstreɪ] *adv* • **to go astray** s'égarer • **to lead sb astray** détourner qqn du droit chemin.

astride [əˈstraɪd] *adv & prép* à cheval, à califourchon.

astrology [əˈstrɒlədʒɪ] *n* astrologie *f*.

astronaut [ˈæstrənɔːt] *n* astronaute *mf*.

astronomical [ˌæstrəˈnɒmɪkl] *adj* astronomique.

astronomically [ˌæstrəˈnɒmɪklɪ] *adv* **1.** astronomiquement **2.** *fig* • **prices have risen astronomically** les prix ont atteint des sommets astronomiques.

astronomy [əˈstrɒnəmɪ] *n litt & fig* astronomie *f*.

astute [əˈstjuːt] *adj* astucieux, malin.

astutely [əˈstjuːtlɪ] *adv* astucieusement.

asymptomatic [ˌeɪsɪmptəˈmætɪk] *adj* asymptomatique • **asymptomatic carrier** porteur asymptomatique.

asylum [əˈsaɪləm] *n* asile *m (politique et psychiatrique)*.

at *(accentué* [æt], *non accentué* [ət]) *prép* **1.** à • **at home** à la maison, chez soi **2.** vers • **to look at sb** regarder qqn • **to shoot at sb** tirer sur qqn **3.** à • **at midnight/noon** à minuit/midi • **at Easter** à Pâques **4.** à • **at 52 (years of age)** à 52 ans • **at 100 mph** à 160 km/h • **at £50 a pair** 50 livres la paire **5.** en • **at peace/war** en paix/guerre • **to be at lunch** être en train de déjeuner **6.** *(après adj)* • **amused/appalled at sthg** diverti /effaré par qqch • **to be bad/good at sthg** être mauvais /bon en qqch **7.** arobase *f*. ■ **at all** *adv* **1.** *(dans des phrases négatives)* • **not at all a)** je vous en prie **b)** pas du tout **2.** • **anything at all will do** n'importe quoi fera l'affaire • **do you know her at all?** est-ce que vous la connaissez ?

> **À PROPOS DE**
>
> **at**
>
> Attention à ne pas confondre ***at***, ***in*** et ***on***, qui apparaissent tous dans des expressions temporelles.
>
> ***At*** s'utilise avec des heures ou des moments précis **(*at nine o'clock* ; *at lunch time*)**, avec les noms de certaines fêtes officielles **(*at Christmas* ; *at New Year* ; *at Easter*)**, et enfin avec les mots ***weekend*** et ***night*** **(*what did you do at the weekend?* ; *I do my homework at night*)**.
>
> ***In*** précède les noms de mois **(*in September*)**, les années **(*in 1966*)**, les siècles **(*in the 17th century*)** et les saisons **(*in spring*)**. On trouve aussi ***in*** dans des expressions contenant les mots ***morning***, ***afternoon***, etc. **(*in the evening we like to go out* ; *I'll call you in the afternoon*)**.
>
> ***On*** est associé à un jour ou une date spécifique **(*on Christmas Day* ; *on March 8th, 1998* ; *on Monday I went swimming*)**, ou bien à un jour en général pour exprimer la répétition **(*on Sundays I visit my grandparents*)**. On le trouve également dans des expressions contenant les mots ***morning***, ***afternoon***, etc., lorsqu'elles contiennent des informations supplémentaires **(*on Saturday morning* ; *on wet afternoons*)**.

ATB *SMS* abrév de **all the best**.

ate [(UK) et, (US) eɪt] *passé* → **eat**.

atheism [ˈeɪθɪɪzm] *n* athéisme *m*.

atheist [ˈeɪθɪɪst] *n* athée *mf*.

Athens [ˈæθɪnz] *n* Athènes.

athlete [ˈæθliːt] *n* athlète *mf*.

athletic [æθˈletɪk] *adj* athlétique. ■ **athletics** *npl* **1.** (UK) athlétisme *m* **2.** (US) sports *mpl*.

atishoo [əˈtɪʃuː] *interj* atchoum !

Atlantic [ətˈlæntɪk] *adj* atlantique. ❑ *n* • **the Atlantic (Ocean)** l'océan *m* Atlantique, l'Atlantique *m*.

atlas [ˈætləs] *n* atlas *m*.

ATM *SMS* (abrév de at the moment) en ce moment.

atmosphere [ˈætməˌsfɪəʳ] *n* **1.** atmosphère *f* **2.** ambiance *f* • **the atmosphere is good in school** il y a une bonne ambiance à l'école.

atmospheric [ˌætməs'ferɪk] *adj* **1.** atmosphérique **2.** *(film)* évocateur, plein.
atom ['ætəm] *n* **1.** atome *m* **2.** *fig* grain *m*, parcelle *f*.
atom bomb *n* bombe *f* atomique.
atomic [ə'tɒmɪk] *adj* atomique.
atomic bomb = **atom bomb**.
atomizer, -iser (UK) ['ætəmaɪzəʳ] *n* atomiseur *m*, vaporisateur *m*.
atone [ə'təʊn] *vi* • **to atone for** racheter *(faute, péché)*.
A to Z *n* plan *m* de ville.
at-risk *adj* • **an at-risk group** un groupe à risque.
atrocious [ə'trəʊʃəs] *adj* atroce, horrible.
atrociously [ə'trəʊʃəslɪ] *adv* **1.** atrocement *(cruellement)* **2.** affreusement *(énormément)*.
atrocity [ə'trɒsətɪ] *n* atrocité *f*.
at-sign *n* TYPO & INFORM arobase *f*.
attach [ə'tætʃ] *vt* **1.** • **to attach sthg (to)** attacher qqch (à) **2.** joindre *(un document, un fichier)*.
attaché case *n* attaché-case *m*.
attached [ə'tætʃt] *adj* • **attached to** attaché à.
attachment [ə'tætʃmənt] *n* **1.** accessoire *m* **2.** *(affection)* • **attachment (to)** attachement *m* (à) **3.** INFORM pièce *f* jointe.
attack [ə'tæk] *n* **1.** • **attack (on)** attaque *f* (contre) **2.** crise *f*. ❑ *vt* **1.** attaquer **2.** s'attaquer à *(un problème)*.
attack dog *n* chien *m* d'attaque.
attacker [ə'tækəʳ] *n* **1.** agresseur *m* **2.** SPORT attaquant *m*, -e *f*.
attagirl ['ætəgɜːrl] *interj* vas-y ma petite !
attain [ə'teɪn] *vt* atteindre, parvenir à.
attainable [ə'teɪnəbl] *adj* **1.** *(niveau, objectif, profit)* réalisable **2.** *(position)* accessible • **a growth rate attainable by industrialized countries** un taux de croissance à la portée des *ou* accessible aux pays industrialisés.
attainment [ə'teɪnmənt] *n* **1.** réalisation *f (d'un rêve, d'un objectif)* **2.** talent *m*.
attempt [ə'tempt] *n* • **attempt (at)** tentative *f* (de) • **attempt on sb's life** tentative d'assassinat contre qqn. ❑ *vt* tenter, essayer.
attend [ə'tend] *vt* **1.** assister à *(une réunion)* **2.** aller à *(l'école, l'église)*. ❑ *vi* être présent. ■ **attend to** *vt insép* **1.** s'occuper de, régler **2.** MÉD soigner.
attendance [ə'tendəns] *n* **1.** assistance *f*, public *m* **2.** SCOL présence *f* **3.** *(locution)* • **take attendance (US)** faire l'appel • **regular attendance** assiduité • **attendance roster** liste d'appel.
attendant [ə'tendənt] *adj (danger, publicité)* qui en découle. ❑ *n* **1.** gardien *m*, -enne *f* **2.** *(station-service)* pompiste *mf*.
attending physician *n* médecin *m* traitant.
attention [ə'tenʃn] *n (indén)* **1.** attention *f* • **to catch** *ou* **draw sb's attention to sthg** attirer l'attention de qqn sur qqch • **to pay attention to** prêter attention à • **for the attention of** à l'attention de **2.** soins *mpl (médicaux)*, attentions *fpl*. ❑ *interj* MIL garde-à-vous !
attention-seeking *n* • **it's just attention-seeking** il/elle *etc* essaie juste de se faire remarquer. ❑ *adj* • **her attention-seeking behaviour** son besoin constant de se faire remarquer.
attentive [ə'tentɪv] *adj* **1.** attentif **2.** attentionné, prévenant.
attic ['ætɪk] *n* grenier *m*.
attitude ['ætɪtjuːd] *n* **1.** • **attitude (to** *ou* **towards)** attitude *f* (envers) **2.** pose *f (affectée)*.
attorney [ə'tɜːnɪ] *n* **(US)** avocat *m*, -e *f*.
attorney general (*pl* **attorneys general**) *n* **1.** *(au Royaume-Uni, sauf en Écosse) principal avocat de la couronne* **2.** *(aux États-Unis)* ministre *m* de la Justice.
attract [ə'trækt] *vt* attirer.
attraction [ə'trækʃn] *n* **1.** attraction *f* • **tourist attractions** des attractions touristiques • **attraction to sb** attirance *f* pour qqn **2.** attrait *m*.
attractive [ə'træktɪv] *adj* **1.** attrayant, séduisant **2.** *(prix, idée)* intéressant.
attribute *vt* [ə'trɪbjuːt] • **to attribute sthg to** attribuer qqch à. ❑ *n* ['ætrɪbjuːt] attribut *m*.
attrition [ə'trɪʃn] *n* usure *f*.
attuned [ə'tjuːnd] *adj* • **attuned to** accoutumé à.
atypical [ˌeɪ'tɪpɪkl] *adj* atypique.
aubergine ['əʊbəʒiːn] *n* **(UK)** aubergine *f*.
auburn ['ɔːbən] *adj* auburn *(inv)*.
auction ['ɔːkʃn] *n* vente *f* aux enchères. ❑ *vt* vendre aux enchères.
auctioneer [ˌɔːkʃə'nɪəʳ] *n* commissaire-priseur *m*.
audacious [ɔː'deɪʃəs] *adj* audacieux.
audible ['ɔːdəbl] *adj* audible.
audience ['ɔːdjəns] *n* **1.** public *m*, spectateurs *mpl* **2.** téléspectateurs *mpl* **3.** audience *f* • **to grant somebody an audience** accorder une audience à quelqu'un.
audioblog ['ɔːdɪəʊblɒg] *n* audioblog *m*.
audiobook ['ɔːdɪəʊbʊk] *n* livre *m* audio.
audiovisual [ˌɔːdɪəʊvɪzjʊəl] *adj* audiovisuel.
audit ['ɔːdɪt] *n* audit *m*, vérification *f* des comptes. ❑ *vt* vérifier, apurer.
audition [ɔː'dɪʃn] *n* **1.** audition *f* **2.** (séance *f* d')essai *m*.
auditor ['ɔːdɪtəʳ] *n* auditeur *m*, -trice *f*.
auditorium [ˌɔːdɪ'tɔːrɪəm] (*pl* **-riums** *ou* **-ria**) *n* salle *f*.
Aug. abrév de **August**.
augur ['ɔːgəʳ] *vi* • **to augur well/badly** être de bon/mauvais augure.
August ['ɔːgəst] *n* août *m*. Voir aussi **September**.

Auld Alliance [ˌɔld-] *n* • **the Auld Alliance** *l'ancienne alliance unissant l'Écosse et la France contre l'Angleterre.*

Auld Lang Syne [ˌɔldlæŋ'saɪn] *n chant traditionnel britannique correspondant à « Ce n'est qu'un au revoir, mes frères ».*

aunt [ɑːnt] *n* tante *f.*

auntie, aunty ['ɑːntɪ] *n fam* tata *f*, tantine *f.*

au pair [ˌəʊ'peəʳ] *n* jeune fille *f* au pair.

aura ['ɔrə] *n* atmosphère *f*, aura *f.*

aural ['ɔrəl] *adj* auditif.

auspices ['ɔspɪsɪz] *npl* • **under the auspices of** sous les auspices de.

auspicious [ɔ'spɪʃəs] *adj* prometteur.

Aussie ['ɒzɪ] *fam adj* australien. ❑ *n* Australien *m*, -enne *f.*

austere [ɒ'stɪəʳ] *adj* austère.

austerity [ɒ'sterətɪ] *n* austérité *f.*

Australia [ɒ'streɪljə] *n* Australie *f.*

Australian [ɒ'streɪljən] *adj* australien. ❑ *n* Australien *m*, -enne *f.*

Austria ['ɒstrɪə] *n* Autriche *f.*

Austrian ['ɒstrɪən] *adj* autrichien. ❑ *n* Autrichien *m*, -enne *f.*

authentic [ɔ'θentɪk] *adj* authentique.

authenticate [ɔː'θentɪkeɪt] *vt* établir l'authenticité de.

authenticity [ˌɔːθen'tɪsətɪ] *n* authenticité *f.*

author ['ɔθəʳ] *n* auteur *m.*

authoring ['ɔːθərɪŋ] *n* authoring *m (d'un DVD)* ; *création des menus et du système de navigation* • **authoring language** *INFORM* langage *m* auteur • **authoring package** *ou* **software** *INFORM* logiciel *m* auteur • **authoring tool** *INFORM* outil *m* auteur.

authoring tool ['ɔːθərɪŋ-] *n INFORM* outil *m* auteur.

authoritarian [ɔˌθɒrɪ'teərɪən] *adj* autoritaire.

authoritarianism [ɔːˌθɒrɪ'teərɪənɪzm] *n* autoritarisme *m.*

authoritative [ɔ'θɒrɪtətɪv] *adj* **1.** autoritaire **2.** qui fait autorité.

authority [ɔ'θɒrətɪ] *n* **1.** autorité *f* • **to be in authority** être le/la responsable **2.** autorisation *f* **3.** • **authority (on sthg)** expert *m*, -e *f* (en qqch). ■ **authorities** *npl* • **the authorities** les autorités *fpl.*

authorization, -isation (UK) [ˌɔːθəraɪ'zeɪʃn] *n* **1.** autorisation *f (permission)* **2.** pouvoir *m (déclaration officielle)* • **he has authorization to leave the country** il est autorisé à quitter le pays.

authorize, -ise (UK) ['ɔθəraɪz] *vt* • **to authorize sb (to do sthg)** autoriser qqn (à faire qqch).

authorized, -ised (UK) ['ɔːθəraɪzd] *adj* autorisé • **authorized dealer** *COMM* distributeur *m* agréé.

autistic [ɔ'tɪstɪk] *adj* **1.** *(enfant)* autiste **2.** *(comportement)* autistique.

auto ['ɔtəʊ] *(pl* **-s***)* *n* **(US)** auto *f*, voiture *f.*

autoantibody ['ɔːtəʊˌæntɪbɒdɪ] *n* autoanticorps *m.*

autobiography [ˌɔtəbaɪ'ɒgrəfɪ] *n* autobiographie *f.*

autocorrect [ˌɔːtəʊkə'rekt] *vt INFORM* corriger automatiquement.

autocratic [ˌɔtə'krætɪk] *adj* autocratique.

autoformat ['ɔːtəʊˌfɔːmæt] *n INFORM* composition *f* automatique.

autograph ['ɔtəgrɑːf] *n* autographe *m.* ❑ *vt* **1.** signer **2.** dédicacer *(un livre).*

automate ['ɔtəmeɪt] *vt* automatiser.

automatic [ˌɔtə'mætɪk] *adj* automatique • **automatic teller machine (surtout US)** distributeur *m* automatique (de billets). ❑ *n* **1.** voiture *f* à transmission automatique **2.** *(arme)* automatique *m.*

automatically [ˌɔtə'mætɪklɪ] *adv* automatiquement.

automatic pilot *n litt* & *fig* pilote *m* automatique.

automation [ˌɔtə'meɪʃn] *n* automatisation *f*, automation *f.*

automobile ['ɔtəməbiːl] *n* **(US)** automobile *f.*

autonomy [ɔ'tɒnəmɪ] *n* autonomie *f.*

autopilot [ˌɔːtəʊ'paɪlət] = **automatic pilot.**

autopsy ['ɔtɒpsɪ] *n* autopsie *f.*

autosave ['ɔːtəʊˌseɪv] *n INFORM* sauvegarde *f* automatique.

autumn ['ɔtəm] *n* **(surtout UK)** automne *m.*

auxiliary [ɔg'zɪljərɪ] *adj* auxiliaire. ❑ *n* auxiliaire *mf.*

avail [ə'veɪl] *n* • **to no avail** en vain, sans résultat. ❑ *vt* • **to avail o.s. of** profiter de.

availability [əˌveɪlə'bɪlətɪ] *n* disponibilité *f.*

available [ə'veɪləbl] *adj* disponible.

avalanche ['ævəlɑːnʃ] *n litt* & *fig* avalanche *f.*

avarice ['ævərɪs] *n* avarice *f.*

Ave. (abrév de **avenue**) av.

avenge [ə'vendʒ] *vt* venger • **he intends to avenge himself on his enemy** il a l'intention de se venger de son ennemi.

avenue ['ævənjuː] *n* avenue *f.*

average ['ævərɪdʒ] *adj* moyen. ❑ *n* moyenne *f* • **on average** en moyenne. ❑ *vt* • **the cars were averaging 90 mph** les voitures roulaient en moyenne à 150 km/h. ■ **average out** *vi* • **to average out at** donner une moyenne de.

aversion [ə'vɜːʃn] *n* • **aversion (to)** aversion *f* (pour).

avert [ə'vɜːt] *vt* **1.** écarter **2.** empêcher *(un accident)* **3.** détourner *(le regard).*

aviary ['eɪvjərɪ] *n* volière *f.*

avid ['ævɪd] *adj* • **avid (for)** avide (de).

avocado [ˌævə'kɑːdəʊ] *(pl* **-s** *ou* **-es***)* *n* • **avocado (pear)** avocat *m (fruit).*

avoid [ə'vɔɪd] *vt* éviter.

await [ə'weɪt] *vt* attendre.

awake [ə'weɪk] *adj* réveillé • **are you awake?** tu dors ? • **to be wide awake** être complètement réveillé. ❑ *vt* (*prét* **awoke** *ou* **awaked**, *pp* **awoken**) **1.** réveiller **2.** *fig* éveiller. ❑ *vi* (*prét* **awoke** *ou* **awaked**, *pp* **awoken**) **1.** se réveiller **2.** *fig* s'éveiller.

awakening [ə'weɪknɪŋ] *n* **1.** réveil *m* **2.** *fig* éveil *m*.

award [ə'wɔd] *n* prix *m (récompense)*. ❑ *vt* • **to award sb sthg, to award sthg to sb a)** décerner qqch à qqn **b)** accorder qqch à qqn.

award-winning *adj* qui a reçu un prix • **he gave an award-winning performance in...** il a reçu un prix pour son rôle dans....

aware [ə'weər] *adj* • **to be aware of sthg** se rendre compte de qqch, être conscient de qqch.

awareness [ə'weənɪs] *n (indén)* conscience *f*.

awash [ə'wɒʃ] *adj litt* & *fig* • **awash (with)** inondé (de) • **awash with rumours** parcouru de rumeurs.

away

■ **away** [ə'weɪ] *adv*

1. EXPRIME L'ABSENCE, L'ÉLOIGNEMENT

• **I'll be away for two weeks** je serai absent deux semaines • **she moved away from him** elle s'éloigna de lui • **he looked away in disgust** de dégoût, il détourna le regard

2. EXPRIME LA DISTANCE

• **we live 4 miles away (from here)** nous habitons à 6 kilomètres (d'ici)

3. DANS DES EXPRESSIONS DE TEMPS

• **the elections are a month away** les élections se dérouleront dans un mois

4. INDIQUE QUE QQCH A ÉTÉ PLACÉ EN LIEU SÛR

• **he put the dictionary away on the shelf** il rangea le dictionnaire sur l'étagère

5. EXPRIME LA DISPARITION

• **the music faded away as the lights went on** la musique disparut lorsque la lumière s'alluma • **I had two watches, so I gave one away** j'avais deux montres, donc j'en ai donné une

6. EXPRIME LA CONTINUATION

• **he was working away on a new project** il travaillait sans discontinuer sur un nouveau projet

awayday [ə'weɪdeɪ] *n* séminaire *m* au vert.

awe [ɔ] *n* respect *m* mêlé de crainte • **to be in awe of sb** être impressionné par qqn.

awesome ['ɔsəm] *adj* impressionnant, génial.

awful ['ɔfʊl] *adj* **1.** affreux **2.** *fam* • **an awful lot (of)** énormément (de).

awfully ['ɔflɪ] *adv fam* extrêmement • **I'm awfully sorry** je suis vraiment désolé.

awhile [ə'waɪl] *adv littéraire* un moment.

awkward ['ɔkwəd] *adj* **1.** gauche, maladroit **2.** mal à l'aise, gêné • **to feel awkward** se sentir mal à l'aise **3.** *(personne, problème)* difficile **4.** *(question, situation)* embarrassant, gênant.

awning ['ɔnɪŋ] *n* **1.** auvent *m (d'une tente)* **2.** banne *f (d'un magasin)*.

awoke [ə'wəʊk] *passé* → **awake**.

awoken [ə'wəʊkn] *pp* → **awake**.

awry [ə'raɪ] *adj* de travers. ❑ *adv* • **to go awry** aller de travers, mal tourner.

axe, **ax (US)** [æks] *n* hache *f* • **axe murderer** tueur *m* à la hache. ❑ *vt* **1.** abandonner *(un projet)* **2.** supprimer *(des emplois)*.

axes ['æksiːz] *npl* → **axis**.

axis ['æksɪs] (*pl* **axes** ['æksiːz]) *n* axe *m*.

axle ['æksl] *n* essieu *m*.

aye [aɪ] *adv* oui. ❑ *n* **1.** oui *m* **2.** *(vote)* voix *f* pour.

AYP ['eɪ 'waɪ 'piː] (abrév de Adequate Yearly Progress) *n* **(US)** SCOL *mesure qui permet de déterminer si chaque école publique obtient les résultats escomptés aux tests mis en place par chaque État*.

azalea [ə'zeɪljə] *n* azalée *f*.

Azores [ə'zɔz] *npl* • **the Azores** les Açores *fpl*.

B

b [biː] (*pl* **b's** *ou* **bs**), **B** (*pl* **B's** *ou* **Bs**) *n* b *m inv*, B *m inv*. ■ **B** *n* **1.** *MUS* si *m* **2.** *SCOL* B *m inv* **3.** *SMS* abrév de **be**.

B4 *SMS* abrév de **before**.

B4N *SMS* (abrév de **bye for now**) salut.

B&B *n* abrév de **bed and breakfast**.

BA *n* abrév de **Bachelor of Arts**.

babble ['bæbl] *n* murmure *m*, rumeur *f*. ❑ *vi* **1.** babiller **2.** gazouiller.

babe [beɪb] *n* **1.** *littéraire* bébé *m* **2.** (US) *fam* chéri *m*, -e *f* **3.** *(locution)* • **she's no babe in arms** elle n'est pas née de la dernière pluie.

baboon [bə'buːn] *n* babouin *m*.

baby ['beɪbɪ] *n* **1.** bébé *m* **2.** *fam* chéri *m*, -e *f*.

baby book *n* livre *m* de bébé.

baby boom *n* baby-boom *m*.

baby boomer [-ˌbuːməʳ] *n* (US) *personne née pendant le baby-boom d'après-guerre*.

baby buggy *n* **1.** (UK) • **Baby buggy**® poussette *f* **2.** (US) = **baby carriage**.

baby carriage *n* (US) landau *m*.

babyish ['beɪbɪɪʃ] *adj* puéril, enfantin.

baby-sit *vi* faire du baby-sitting.

baby-sitter *n* baby-sitter *mf*.

baby-sitting *n* garde *f* d'enfants, baby-sitting *m*.

baby sling *n* porte-bébé *m*, Kangourou® *m*.

baby-snatcher *n* ravisseur *m*, -euse *f* de bébés.

baby talk *n* langage *m* enfantin *ou* de bébé.

babywipe ['beɪbɪwaɪp] *n* lingette *f*.

baccalaureate [ˌbækə'lɔːrɪət] *n UNIV* ≃ licence *f*.

bachelor ['bætʃələʳ] *n* célibataire *m*.

bachelor flat *n* garçonnière *f*.

Bachelor of Arts *n* **1.** ≃ licence *f* de lettres **2.** ≃ licencié *m*, -e *f* en *ou* ès lettres.

Bachelor of Science *n* **1.** ≃ licence *f* de sciences **2.** ≃ licencié *m*, -e *f* en *ou* ès sciences.

bachelor party *n* (US) enterrement *m* de vie de garçon.

bachelor's degree *n* (UK) ≃ licence *f*.

back

■ **back** [bæk] *adv*

1. INDIQUE UN MOUVEMENT VERS L'ARRIÈRE

• **stand back!** reculez ! • **the company pushed back the offer until this week** la société a repoussé l'offre jusqu'à cette semaine

2. EXPRIME LE RETOUR DANS UN LIEU OU À UN ÉTAT ANTÉRIEUR

• **I'll be back at five** je rentrerai *ou* serai de retour à dix-sept heures • **he drove me back home** il m'a raccompagnée à la maison • **don't forget to put the book back on the shelf!** n'oublie pas de remettre le livre sur l'étagère ! • **to go back and forth** faire des allées et venues • **to go back to sleep** se rendormir • **to be back (in fashion)** revenir à la mode • **to think back (to)** se souvenir (de)

3. EXPRIME LA RESTITUTION

• **give it back to me** rends-le-moi • **I'd like my money back** je voudrais me faire rembourser

4. EXPRIME UNE ACTION EN RÉPONSE À UNE AUTRE

• **don't forget to call him back!** n'oublie pas de le rappeler ! • **if he hits you, hit him back** s'il te frappe, frappe-le !

■ **back** [bæk] *n*

1. PARTIE DU CORPS

dos • **he's lying on his back** il est allongé sur le dos • **to have a back problem** avoir des problèmes de dos • **he did it behind my back!** *fig* il l'a fait derrière mon dos ! • **I can't do anything! he's always on my back!** *fig* je ne peux rien faire ! il est toujours sur mon dos !

2. AU DOS D'UN DOCUMENT

• **don't forget to write your name on the back of the envelope** n'oubliez pas d'écrire votre nom au dos de l'enveloppe

3. À L'ARRIÈRE, AU FOND

• **she sat at the back of the car** elle s'est assise à l'arrière de la voiture • **the sugar's**

at the back of the cupboard le sucre est au fond du placard

4. EXPRIME L'ORIGINE, LA CAUSE
• **the Parliament is at the back of all this** le Parlement est à l'origine de tout ceci

■ **back** [bæk] *adj*

1. ARRIÈRE, DE DERRIÈRE
• **the map is on the back seat** la carte est sur le siège arrière • **the back door is always closed** la porte de derrière est toujours fermée

2. EN RETARD, DÛ
• **he owes a back rent** il doit un arriéré de loyer

■ **back** [bæk] *vt*

1. EXPRIME UN MOUVEMENT VERS L'ARRIÈRE
• **she backed the car in the garage** elle a fait entrer la voiture en marche arrière dans le garage

2. EXPRIME UN SOUTIEN
• **he backed the government** il a soutenu le gouvernement

3. POUR PARIER
• **I'm backing Chelsea to win** je parie que le Chelsea va gagner

■ **back** [bæk] *vi*

INDIQUE UN MOUVEMENT VERS L'ARRIÈRE
• **she backed quickly out of the room** elle sortit rapidement de la pièce en reculant

■ **back away** *vi*

reculer

■ **back off** *vi*

reculer

■ **back onto** *vt*

• **the house backs onto the park** l'arrière de la maison donne sur le parc

backache ['bækeɪk] *n* • **to have backache** **(UK)**, **to have a backache** **(US)** avoir mal aux reins *ou* au dos.

backbencher [,bæk'bentʃəʳ] *n* **(UK)** *député qui n'a aucune position officielle au gouvernement ni dans aucun parti.*

backbiting ['bækbaɪtɪŋ] *n* médisance *f.*

backbone ['bækbəʊn] *n* **1.** épine *f* dorsale, colonne *f* vertébrale **2.** *fig* pivot *m.*

backbreaking ['bæk,breɪkɪŋ] *adj* éreintant.

back burner *n* • **to put sthg on the back burner** *fam* mettre qqch en veilleuse.

backchat **(UK)** ['bæktʃæt], **backtalk** **(US)** ['bæktɔːk] *n fam* insolence *f.*

backcloth ['bækklɒθ] **(UK)** = **backdrop**.

backcomb ['bækkəʊm] *vt* **(UK)** crêper.

back copy *n* vieux numéro *m* *(d'un journal).*

backdate [,bæk'deɪt] *vt* antidater.

back door *n* porte *f* de derrière.

backdoor draft *n enrôlement forcé d'anciennes troupes ou de soldats ayant terminé leur engagement volontaire.*

back down *vi* céder.

backdrop ['bækdrɒp] *n litt* & *fig* toile *f* de fond.

back end *n* **1.** *(d'une voiture, d'un bus)* arrière *m* **2.** *(d'un train)* queue *f* **3.** **(UK)** *fam* • **the back end of the year** l'arrière-saison.

backer ['bækəʳ] *n* commanditaire *m*, bailleur *m* de fonds.

backfire [,bæk'faɪəʳ] *vi* **1.** pétarader **2.** • **to backfire (on sb)** se retourner (contre qqn).

backflip ['bækflɪp] *n* culbute *f* à l'envers.

backgammon ['bæk,gæmən] *n* backgammon *m* ; ≃ jacquet *m.*

background ['bækgraʊnd] *n* **1.** arrière-plan *m* • **in the background a)** *litt* dans le fond, à l'arrière-plan **b)** *fig* au second plan **2.** contexte *m* **3.** *(origines sociales)* milieu *m* • **he comes from a modest background** il vient d'un milieu modeste.

backhand ['bækhænd] *n* revers *m.*

backhanded ['bækhændɪd] *adj* ambigu, équivoque.

backhander ['bækhændəʳ] *n* **(UK)** *fam* pot-de-vin *m.*

backheel ['bækhiːl] *n* FOOTBALL talonnade *f.*

backing ['bækɪŋ] *n* **1.** soutien *m* **2.** *(matériau)* renforcement *m.*

backing group *n* **(UK)** *musiciens qui accompagnent un chanteur.*

back issue = **back number**.

backlash ['bæklæʃ] *n* contrecoup *m*, choc *m* en retour.

backless ['bæklɪs] *adj* décolleté dans le dos.

backlist ['bæklɪst] *n* liste *f* des ouvrages disponibles • **backlist titles** ouvrages *mpl* de fonds.

backlog ['bæklɒg] *n* • **backlog (of work)** travail *m* en retard.

back number *n* vieux numéro *m.*

back out *vi* se dédire.

backpack ['bækpæk] *n* sac *m* à dos.

backpacker ['bækpækəʳ] *n* randonneur *m*, -euse *f* *(avec sac à dos).*

backpacking ['bækpækɪŋ] *n* • **to go backpacking** faire de la randonnée *(avec sac à dos).*

back pay *n* rappel *m* de salaire.

backpedal [,bæk'pedl] (**(UK)** *prét* & *pp* **backpedalled**, *cont* **backpedalling**, **(US)** *prét* & *pp* **backpedaled**, *cont* **backpedaling**) *vi fig* • **to backpedal (on)** faire marche *ou* machine arrière (sur).

backrest ['bækrest] *n* dossier *m.*

back seat *n* siège *m ou* banquette *f* arrière • **to take a back seat** *fig* jouer un rôle secondaire.

back-seat driver *n personne qui n'arrête pas de donner des conseils au conducteur.*

backside [,bæk'saɪd] *n fam* postérieur *m*, derrière *m*.

backslash ['bækslæʃ] *n INFORM* barre *f* oblique inversée.

backspace ['bækspeɪs] *n* touche *f* de retour en arrière. ❑ *vi* reculer d'un espace *(sur un clavier)*.

backstage [,bæk'steɪdʒ] *adv* dans les coulisses.

back story *n* **1.** antécédents *mpl* **2.** historique *m*.

back street *n* petite rue *f*.

backstroke ['bækstrəʊk] *n* dos *m* crawlé • **to do the backstroke** nager le dos crawlé.

back-to-back *adj litt* & *fig* dos à dos. ❑ *n* • **back-to-backs** *rangée de maisons construites dos à dos et séparées par un passage étroit, typique des régions industrielles du nord de l'Angleterre.* ■ **back to back** *adv* **1.** *(se tenir)* dos à dos **2.** *(se produire)* l'un après l'autre.

backtrack ['bæktræk] = **backpedal**.

back up *vt insép* **1.** soutenir • **I'll back you up** je te soutiendrai **2.** reculer **3.** sauvegarder, faire une copie de sauvegarde de • **he backed up his files** il a sauvegardé ses fichiers. ❑ *vi* reculer.

backup ['bækʌp] *adj* de secours, de remplacement. ❑ *n* **1.** aide *f*, soutien *m* **2.** *INFORM* (copie *f* de) sauvegarde *f* • **backup copy** copie *f* de sauvegarde **3.** (US) embouteillage *m*.

backup copy *n INFORM* copie *f* de sauvegarde.

backward ['bækwəd] *adj* **1.** en arrière **2.** arriéré **3.** arriéré, attardé. ❑ *adv* (US) = **backwards**.

backwards ['bækwədz], **backward** (US) ['bækwərd] *adv* **1.** en arrière, à reculons • **to take a step backwards** faire un pas en arrière • **backwards and forwards** de va-et-vient, d'avant en arrière et d'arrière en avant • **to walk backwards and forwards** aller et venir **2.** à rebours, à l'envers.

backwater ['bæk,wɔtər] *n* **1.** coin *m* tranquille **2.** *péj* coin *m* perdu.

backyard [,bæk'jɑːd] *n* **1.** (UK) arrière-cour *f* **2.** (US) jardin *m* de derrière.

bacn ['beɪkən] *n alertes d'e-mail que l'on ne souhaite pas lire tout de suite.*

bacon ['beɪkən] *n* bacon *m*.

bacteria [bæk'tɪərɪə] *npl* bactéries *fpl*.

bad [bæd] *adj (comp* **worse**, *superl* **worst***)* **1.** mauvais • **to be bad at sthg** être mauvais en qqch • **too bad!** dommage ! • **not bad** pas mal **2.** malade • **smoking is bad for you** fumer est mauvais pour la santé • **I'm feeling bad** je ne suis pas dans mon assiette • **he's in a bad way a)** il va mal, il est en piteux état **3.** • **a bad cold** un gros rhume **4.** pourri, gâté • **to go bad** se gâter, s'avarier **5.** • **to feel bad about sthg** se sentir coupable de qqch **6.** méchant. ❑ *adv* (US) = **badly**.

bad blood *n* ressentiment *m*, rancune *f*.

bad cheque (UK), **bad check** (US) *n* chèque *m* sans provision.

bad debt *n* créance *f* irrécouvrable *ou* douteuse.

baddie, **baddy** ['bædɪ] *n* (UK) *fam* méchant *m*.

bad feeling *n (indén)* rancœur *f*.

badge [bædʒ] *n* **1.** badge *m* **2.** écusson *m*. ■ **badge in** *vi* badger *(en entrant)*. ■ **badge out** *vi* badger *(en sortant)*.

badger ['bædʒər] *n* blaireau *m*. ❑ *vt* • **to badger sb (to do sthg)** harceler qqn (pour qu'il fasse qqch).

badly ['bædlɪ] *(comp* **worse**, *superl* **worst***)* *adv* **1.** mal • **badly made/organized** mal fait /organisé **2.** *(blessé)* grièvement **3.** gravement, sérieusement • **to be badly in need of sthg** avoir vraiment *ou* absolument besoin de qqch.

badly-off *adj* pauvre, dans le besoin.

bad-mannered [-'mænəd] *adj* **1.** mal élevé **2.** impoli.

badminton ['bædmɪntən] *n* badminton *m* • **to play badminton** jouer au badminton.

badmouth ['bædmaʊθ] *vt* médire de.

bad-tempered [-'tempəd] *adj* **1.** qui a mauvais caractère **2.** de mauvaise humeur.

baffle ['bæfl] *vt* déconcerter, dérouter.

baffling ['bæflɪŋ] *adj* déconcertant.

bag [bæg] *n* **1.** sac *m* • **to pack one's bags** *fig* plier bagage **2.** sac *m* à main. ❑ *vt* **1.** (UK) *fam* obtenir • **I bagged that job** j'ai décroché ce poste **2.** dénicher *(une bonne affaire)*. ■ **bags** *npl* **1.** poches *fpl* **2.** (UK) *fam* • **bags of** plein *ou* beaucoup de.

bagboy ['bægbɔɪ] *n* (US) commis *m (qui aide à l'emballage des achats)*.

bagel ['beɪgəl] *n petit pain en couronne.*

baggage ['bægɪdʒ] *n (indén)* bagages *mpl*.

baggage reclaim (UK), **baggage claim** (US) *n* retrait *m* des bagages.

baggy ['bægɪ] *adj* ample • **a baggy jumper** un pull-over très large.

bag lady *n fam* clocharde *f*.

bagpipes ['bægpaɪps] *npl* cornemuse *f*.

bag-snatcher [-snætʃər] *n* voleur *m*, -euse *f* à la tire.

Bahamas [bə'hɑːməz] *npl* • **the Bahamas** les Bahamas *fpl*.

bail [beɪl] *n (indén)* caution *f* • **on bail** sous caution. ❑ *vi* (US) *fam* se casser *(partir)* • **don't bail on us now!** ne nous laisse pas tomber maintenant ! ■ **bail out** *vt sép* **1.** se porter garant de **2.** *fig* tirer d'affaire. ❑ *vi insép* (US) sauter (en parachute).

bailiff ['beɪlɪf] *n* huissier *m*.

bailout ['beɪlaʊt] *n* plan de sauvetage.
bait [beɪt] *n* appât *m.* ❑ *vt* **1.** appâter **2.** tourmenter.
bake [beɪk] *vt* **1.** faire cuire au four *(un gâteau)* **2.** cuire *(des poteries, de l'argile).* ❑ *vi* cuire au four.
baked [beɪkt] *adj* **(US)** *fam* défoncé *(drogué).*
baked beans [beɪkt-] *npl* haricots *mpl* blancs à la sauce tomate.
baked potato [beɪkt-] *n* pomme *f* de terre en robe des champs *ou* de chambre.
baker ['beɪkəʳ] *n* boulanger *m*, -ère *f* • **baker's (shop)** **(UK)** boulangerie *f.*
bakery ['beɪkərɪ] *n* boulangerie *f.*
baking ['beɪkɪŋ] *n* cuisson *f.*
baking powder *n* levure *f* (chimique).
baking tin *n* **1.** moule *m* à gâteau **2.** plat *m* à rôtir.
balaclava (helmet) [,bælə'klɑːvə-] *n* passe-montagne *m.*
balance ['bæləns] *n* **1.** équilibre *m* • **to keep/lose one's balance** garder/perdre l'équilibre • **off balance** déséquilibré • **to strike a balance between the practical and the idealistic** trouver un juste milieu entre la réalité et l'idéal **2.** *fig* contrepoids *m* **3.** *fig* poids *m*, force *f* **4.** *(pour peser)* balance *f* **5.** FIN solde *m.* ❑ *vt* **1.** maintenir en équilibre **2.** • **to balance sthg against sthg** mettre qqch et qqch en balance **3.** • **to balance a budget** équilibrer un budget • **to balance the books** clôturer les comptes, dresser le bilan. ❑ *vi* **1.** se tenir en équilibre **2.** *(comptes, budget)* s'équilibrer. ■ **on balance** *adv* tout bien considéré. ■ **balance out** *vi insép* • **the advantages and disadvantages balance out** les avantages contrebalancent *ou* compensent les inconvénients.
balanced ['bælənst] *adj* juste, impartial.
balanced diet [,bælənst-] *n* alimentation *f* équilibrée.
balance of payments *n* balance *f* des paiements.
balance of power *n* équilibre *m ou* balance *f* des forces.
balance of trade *n* balance *f* commerciale.
balance sheet *n* bilan *m.*
balcony ['bælkənɪ] *n* balcon *m.*
bald [bɔld] *adj* **1.** chauve • **to go bald** devenir chauve **2.** *(pneu)* lisse.
bald-headed *adj* chauve.
balding ['bɔːldɪŋ] *adj* qui devient chauve.
bald spot *n* • **to have a bald spot** avoir un début de calvitie.
bale [beɪl] *n* balle *f.* ■ **bale out (UK)** *vt sép* écoper, vider. ❑ *vi* sauter en parachute.
Balearic Islands [,bælɪ'ærɪk-], **Balearics** [,bælɪ'ærɪks] *npl* • **the Balearic Islands** les Baléares *fpl.*
baleful ['beɪlful] *adj littéraire* sinistre.
balk [bɔk] *vi* • **to balk (at)** hésiter *ou* reculer (devant).
Balkan ['bɔːlkən] *adj* balkanique.
Balkans ['bɔlkənz], **Balkan States** ['bɔlkən-] *npl* • **the Balkans** les Balkans *mpl*, les États *mpl* balkaniques.
ball [bɔl] *n* **1.** boule *f* **2.** balle *f* **3.** ballon *m* • **to be on the ball** *fig* connaître son affaire, s'y connaître **4.** plante *f (du pied)* **5.** bal *m.* ■ **balls** *vulg npl* couilles *fpl.* ❑ *n (indén)* conneries *fpl.*
ballad ['bæləd] *n* ballade *f.*
ballast ['bæləst] *n* lest *m.*
ball bearing *n* bille *f* de roulement • **ball bearings** roulement *m* à billes.
ball boy *n* ramasseur *m* de balles.
ballcock ['bɔːlkɒk] *n* (robinet à) flotteur *m.*
ballerina [,bælə'riːnə] *n* ballerine *f.*
ballet ['bæleɪ] *n* **1.** *(indén)* danse *f* **2.** ballet *m.*
ballet dancer *n* danseur *m*, -euse *f* de ballet.
ball game *n* **1. (US)** match *m* de base-ball **2.** *fam* • **it's a whole new ball game** c'est une autre paire de manches.
ball girl *n* ramasseuse *f* de balles.
ballistic [bə'lɪstɪk] *adj* balistique • **to go ballistic** *fam* péter les plombs.
ballistic missile *n* missile *m* balistique.
balloon [bə'luːn] *n* **1.** ballon *m* **2.** bulle *f (de bande dessinée).*
balloon loan *n* crédit-ballon *m.*
balloon payment *n* FIN dernier remboursement *m (dont le montant est supérieur aux versements précédents).*
ballot ['bælət] *n* **1.** bulletin *m* de vote **2.** scrutin *m.* ❑ *vt* appeler à voter.
ballot box *n* **1.** urne *f* **2.** scrutin *m.*
ballot paper *n* bulletin *m* de vote.
ballpark ['bɔːlpɑːk] *n* **1. (US)** stade *m* de base-ball **2.** *fam* ordre *m* de grandeur • **his guess was in the right ballpark** il avait plutôt bien deviné.
ballpark figure *n fam* chiffre *m* approximatif.
ballplayer ['bɔːlpleɪəʳ] *n* **(US)** SPORT *(baseball)* joueur *m*, -euse *f* de baseball.
ballpoint ['bɔːlpɔɪnt] *adj* à bille • **ballpoint pen** stylo *m* (à) bille, Bic® *m.* ❑ *n* stylo *m* (à) bille, Bic® *m.*
ballroom ['bɔlrʊm] *n* salle *f* de bal.
ballroom dancing *n (indén)* danse *f* de salon.
ballsiness ['bɔːlzɪnɪs] *n* **(US)** *tfam* culot *m.*
balls-up (UK), **ball-up (US)** *n tfam* • **to make a balls-up of sthg** saloper qqch.
ballsy ['bɔːlzɪ] *adj* **(US)** *tfam* culotté.
balm [bɑːm] *n* baume *m.*
balmy ['bɑːmɪ] *adj* doux, douce *f.*
baloney [bə'ləʊnɪ] *n (indén) fam* foutaises *fpl*, bêtises *fpl.*

balsamic vinegar [bɔːl'sæmɪk] *n* vinaigre *m* balsamique.

balsa(wood) ['bɒlsə(wʊd)] *n* balsa *m*.

balti ['bɔltɪ] *n* **1.** *récipient métallique utilisé dans la cuisine indienne* **2.** *plat épicé préparé dans un « balti »*.

Baltic ['bɔltɪk] *adj* de la Baltique. ❑ *n* • **the Baltic (Sea)** la Baltique.

Baltic State *n* • **the Baltic States** les pays *mpl* Baltes.

bamboo [bæm'buː] *n* bambou *m*.

bamboozle [bæm'buːzl] *vt fam* embobiner.

ban [bæn] *n* interdiction *f* • **there is a ban on smoking** il est interdit de fumer. ❑ *vt* interdire • **to ban sb from doing sthg** interdire à qqn de faire qqch.

banal [bə'nɑːl] *adj péj* banal, ordinaire.

banana [bə'nɑːnə] *n* banane *f*.

banana republic *n* république *f* bananière.

banana skin *n* **1.** *litt* peau *f* de banane **2.** *fig* gaffe • **he slipped on a banana skin** *fig* il a fait une gaffe.

band [bænd] *n* **1.** MUS groupe *m* ; fanfare *f* ; orchestre *m* **2.** bande *f* **3.** rayure *f* **4.** tranche *f*. ■ **band together** *vi* s'unir.

bandage ['bændɪdʒ] *n* bandage *m*, bande *f*. ❑ *vt* mettre un pansement *ou* un bandage sur.

Band-Aid® *n* pansement *m* adhésif.

bandan(n)a [bæn'dænə] *n* bandana *m*.

b and b, B and B *n* abrév de **bed and breakfast**.

bandit ['bændɪt] *n* bandit *m*.

bandleader ['bænd,liːdər] *n* **1.** chef *m* d'orchestre **2.** MIL chef *m* de fanfare.

bandstand ['bændstænd] *n* kiosque *m* à musique.

bandwagon ['bændwægən] *n* • **to jump on the bandwagon** suivre le mouvement.

bandwidth ['bændwɪdθ] *n* **1.** RADIO largeur *f* de bande **2.** *(en acoustique)* bande *f* passante.

bandy ['bændɪ] *adj* **1.** qui a les jambes arquées **2.** • **to have bandy legs** avoir les jambes arquées. ■ **bandy about, bandy around** *vt sép* répandre *(une expression)*, faire circuler *(une histoire)*.

bandy-legged [-,legd] *adj* = **bandy**.

bane [beɪn] *n* • **he's the bane of my life** il m'empoisonne la vie.

bang [bæŋ] *adv* • **bang in the middle** en plein milieu • **to be bang on time** être pile à l'heure. ❑ *n* **1.** coup *m* violent **2.** détonation *f* **3.** claquement *m*. ❑ *vt* **1.** frapper violemment **2.** claquer • **to bang one's head/knee** se cogner la tête/le genou. ❑ *vi* **1.** • **to bang on** frapper à **2.** *(arme)* détoner **3.** *(porte)* claquer **4.** • **to bang into** se cogner contre. ❑ *interj* boum ! ■ **bangs** *npl* **(US)** frange *f*.

banger ['bæŋər] *n* **(UK) 1.** *fam* saucisse *f* **2.** *fam* vieille guimbarde *f* **3.** pétard *m*.

Bangladesh [,bæŋglə'deʃ] *n* Bangladesh *m* • **in Bangladesh** au Bangladesh.

Bangladeshi [,bæŋglə'deʃɪ] *adj* bangladais, bangladeshi. ❑ *n* Bangladais *m*, -e *f*, Bangladeshi *mf*.

bangle ['bæŋgl] *n* bracelet *m*.

bang-on *fam adv* **1.** pile • **to hit sthg bang-on** frapper qqch en plein dans le mille **2.** à l'heure. ❑ *adj* • **his answers were bang-on** ses réponses étaient percutantes.

banish ['bænɪʃ] *vt* bannir.

banister ['bænɪstər] *n* rampe *f*.

banjo ['bændʒəʊ] *(pl* **-s** *ou* **-es***)* *n* banjo *m*.

bank [bæŋk] *n* **1.** banque *f* **2.** rive *f*, bord *m* • **the river has overflowed its banks** le fleuve est sorti de son lit **3.** talus *m* **4.** masse *f (de nuages)* **5.** nappe *f (de brouillard)*. ❑ *vt* mettre *ou* déposer à la banque. ❑ *vi* **1.** • **to bank with** avoir un compte à **2.** *(avion)* tourner. ■ **bank on** *vt insép* compter sur.

bankable ['bæŋkəbl] *adj* bancable, escomptable • **to be bankable** *fig* être une valeur sûre.

bank account *n* compte *m* en banque.

bank balance *n* **(UK)** solde *m* bancaire.

bank card = **banker's card**.

bank charges *npl* frais *mpl* bancaires.

bank clerk *n* employé *m*, -e *f* de banque.

bank details *n* relevé *m* d'identité bancaire, RIB *m*.

bank draft *n* traite *f* bancaire.

banker ['bæŋkər] *n* banquier *m*.

banker's card *n* **(UK)** carte *f* d'identité bancaire.

bank holiday *n* **(UK)** jour *m* férié.

banking ['bæŋkɪŋ] *n* • **to be in banking** travailler dans la banque.

banking hours *npl* heures *fpl* d'ouverture des banques.

bank loan *n* emprunt *m* (bancaire).

bank manager *n* directeur *m*, -trice *f* de banque.

bank note *n* billet *m* de banque.

bank rate *n* taux *m* d'escompte.

bank robber *n* cambrioleur *m*, -euse *f* de banque.

bankroll ['bæŋkrəʊl] **(US)** *fam n* fonds *mpl*, finances *fpl*. ❑ *vt* financer.

bankrupt ['bæŋkrʌpt] *adj* failli • **to go bankrupt** faire faillite.

bankruptcy ['bæŋkrəptsɪ] *n* faillite *f*.

bank statement *n* relevé *m* de compte.

banner ['bænər] *n* **1.** banderole *f* **2.** INFORM bandeau *m*.

banner ad *n* bannière *f* publicitaire.

banner campaign *n* *campagne publicitaire sur Internet utilisant des bandeaux publicitaires*.

bannister ['bænɪstər] *n* = **banister**.

banns [bænz] *npl* • **to publish the banns** publier les bans.
banoffee [bə'nɒfiː] *n (indén)* banoffee *m*, caramel *m* banane.
banquet ['bæŋkwɪt] *n* banquet *m*.
banter ['bæntər] *n (indén)* plaisanterie *f*, badinage *m*.
bap [bæp] *n* **(UK)** petit pain *(rond) m*.
baptism ['bæptɪzm] *n* baptême *m*.
Baptist ['bæptɪst] *n* baptiste *mf*.
baptize, **-ise (UK)** [**(UK)** bæp'taɪz, **(US)** 'bæptaɪz] *vt* baptiser.
bar [bɒr] *n* **1.** lingot *m* • **a bar of soap** une savonnette **2.** tablette *f (de chocolat)* **3.** barreau *m* • **to be behind bars** être derrière les barreaux *ou* sous les verrous **4.** *fig* obstacle *m* **5.** barre *f* • **to lower/raise the bar** placer la barre moins/plus haut • **to set the bar high** placer la barre haut **6.** bar *m* **7.** comptoir *m*, zinc *m* **8.** mesure *f*. ❑ *vt* **1.** barrer • **to bar sb's way** barrer la route *ou* le passage à qqn **2.** mettre des barreaux à **3.** interdire, défendre • **to bar sb (from)** interdire à qqn (de). ❑ *prép* sauf, excepté • **bar none** sans exception. ■ **Bar** *n* • **the Bar a) (UK)** le barreau **b) (US)** les avocats *mpl*.
barbarian [bɑː'beərɪən] *n* barbare *mf*.
barbaric [bɑː'bærɪk] *adj* barbare.
barbecue ['bɑːbɪkjuː] *n* barbecue *m* • **to have a barbecue** faire un barbecue.
barbed ['bɑːbd] *adj* **1.** barbelé **2.** *fig* acerbe, acide.
barbed wire [bɑːbd-], **barbwire (US)** ['bɑːrbwaɪər] *n (indén)* fil *m* de fer barbelé.
barber ['bɑːbər] *n* coiffeur *m* (pour hommes) • **barber's (shop) (UK)** salon *m* de coiffure (pour hommes).
barbie ['bɑːbɪ] *n* **(AUSTRALIE)** *fam* barbecue *m*.
barbiturate [bɑː'bɪtjʊrət] *n* barbiturique *m*.
bar chart, **bar graph** *n* histogramme *m*.
bar code *n* code-barres *m*.
bare [beər] *adj* **1.** nu **2.** dénudé **3.** • **the bare facts** les simples faits • **the bare minimum** le strict minimum **4.** vide. ❑ *vt* découvrir • **to bare one's teeth** montrer les dents.
bareback ['beəbæk] *adv* à cru, à nu.
barefaced ['beəfeɪst] *adj* éhonté.
barefoot(ed) [ˌbeə'fʊt(ɪd)] *adj* aux pieds nus • **to be barefoot** avoir les pieds nus. ❑ *adv* nu-pieds, pieds nus.
barelegged [ˌbeə'legd] *adj* aux jambes nues. ❑ *adv* les jambes nues.
barely ['beəlɪ] *adv* à peine, tout juste • **I barely have enough time** j'ai à peine le temps.
bargain ['bɑːgɪn] *n* affaire *f*, occasion *f* • **it's a real bargain!** c'est une bonne affaire ! ❑ *vi* négocier • **to bargain with sb for sthg** négocier qqch avec qqn. ■ **bargain for**, **bargain on** *vt insép* compter sur, prévoir.
bargain basement *n dans certains grands magasins, sous-sol où sont regroupés les articles en solde et autres bonnes affaires*.
bargain-hunter *n* dénicheur *m*, -euse *f* de bonnes affaires.
bargaining ['bɑːgɪnɪŋ] *n* **1.** *(indén)* marchandage *m* **2.** négociations *fpl* **3.** • **to use sthg as a bargaining chip** utiliser qqch comme argument dans une négociation.
bargaining power *n* influence *f* sur les négociations.
bargain price *n* prix *m* exceptionnel.
barge [bɑːdʒ] *n* péniche *f*. ❑ *vi fam* • **to barge past sb** bousculer qqn. ■ **barge in** *vi fam* • **to barge in (on)** interrompre.
barge pole *n* **(UK)** • **I wouldn't touch it with a barge pole** *fam* je ne m'y frotterais pas.
barhop ['bɑːhɒp] *vi* **(US)** faire la tournée des bars • **we went barhopping** on a fait les bars, on a fait la tournée des bars.
barista [bə'riːstə] *n* barman *m*, barmaid *f*.
baritone ['bærɪtəʊn] *n* baryton *m*.
barium meal ['beərɪəm-] *n* **(UK)** baryte *f*.
bark [bɑːk] *n* **1.** aboiement *m* **2.** écorce *f*. ❑ *vi* • **to bark (at)** aboyer (après).
barking ['bɑːkɪŋ] *n (indén)* aboiement *m*. ❑ *adj* **(UK)** *fam* • **to be barking (mad)** être fou à lier.
barking head *n* **(US)** *fam présentateur de radio ou de télévision au style agressif*.
barley ['bɑːlɪ] *n* orge *f*.
barley sugar *n* **(UK)** sucre *m* d'orge.
barley water *n* **(UK)** orgeat *m*.
barmaid ['bɑːmeɪd] *n* **(UK)** barmaid *f*, serveuse *f* de bar.
barman ['bɑːmən] (*pl* **-men**) *n* **(UK)** barman *m*, serveur *m* de bar.
barmy ['bɑːmɪ] (*comp* **barmier**, *superl* **barmiest**) *adj* **(UK)** *fam* toqué, timbré.
barn [bɑːn] *n* grange *f*.
barnacle ['bɑːnəkl] *n* anatife *m*, bernache *f*.
barn dance *n* **1.** soirée *f* de danse campagnarde **2. (UK)** danse *f* campagnarde.
barn owl *n* chouette *f*.
barometer [bə'rɒmɪtər] *n litt & fig* baromètre *m*.
baron ['bærən] *n* baron *m*.
baroness ['bærənɪs] *n* baronne *f*.
baroque [bə'rɒk] *adj* baroque.
bar phone *n* téléphone *m* monobloc.
barrack ['bærək] *vt* **(UK)** huer, conspuer. ■ **barracks** *npl* caserne *f*.
barrage ['bærɑːʒ] *n* **1. (UK)** barrage *m* **2.** *fig* avalanche *f (de coups, de lettres)*, déluge *m (de protestations)* **3.** *MIL* tir *m* de barrage.
barred [bɑːd] *adj (fenêtre)* à barreaux.
barrel ['bærəl] *n* **1.** tonneau *m*, fût *m* **2.** baril *m* **3.** canon *m (d'une arme)* **4.** *(locution)* • **to be a barrel of laughs** *fam* être marrant comme tout.

barren ['bærən] *adj* stérile.
barricade [,bærɪ'keɪd] *n* barricade *f*.
barrier ['bærɪər] *n litt* & *fig* barrière *f*.
barring ['bɑːrɪŋ] *prép* sauf.
barrister ['bærɪstər] *n* **(UK)** avocat *m*, -e *f*.
bar room ['bɑːrum] *n* **(US)** bar *m* • **bar room brawl** bagarre *f* de bar.
barrow ['bærəu] *n* brouette *f*.
bar snack *n repas léger pris dans un pub*.
bar staff *n* personnel *m* de bar.
bar stool *n* tabouret *m* de bar.
bartender ['bɑːtendər] *n* **(US)** barman *m*.
barter ['bɑːtər] *n* troc *m*. ❑ *vt* • **to barter sthg (for)** troquer *ou* échanger qqch (contre). ❑ *vi* faire du troc.
base [beɪs] *n* **1.** base *f* **2.** siège *m* • **the company's base** le siège de la société. ❑ *vt* baser • **to base sthg on** *ou* **upon** baser *ou* fonder qqch sur. ❑ *adj littéraire* indigne, ignoble.
baseball ['beɪsbɔl] *n* base-ball *m* • **to play baseball** jouer au base-ball • **baseball game** match *m* de base-ball.

CULTURE

baseball

Le base-ball est l'un des sports les plus populaires aux États-Unis. Il y a neuf joueurs dans chacune des deux équipes. On joue avec une longue batte en bois (**bat**), une petite balle (**baseball**) et de larges gants en cuir. Le championnat de base-ball s'appelle **the World Series**. Ce sont les **New York Yankees** qui ont gagné ce championnat le plus grand nombre de fois. Parmi les autres équipes connues, on peut citer les **Boston Red Sox**, les **Cleveland Indians** et les **Detroit Tigers**.

baseball cap *n* casquette *f* de base-ball.
base camp *n* camp *m* de base.
base-jump *vi* pratiquer le base-jump.
base-jumper *n* adepte *mf* du base-jump.
base-jumping *n* base-jump *m* *(saut en parachute à partir d'une falaise, d'un pont, d'un immeuble, etc)*.
Basel ['bɑːzl] *n* Bâle.
baseless ['beɪslɪs] *adj* sans fondement.
baseline ['beɪslaɪn] *n* **1.** *(au tennis)* ligne *f* de fond • **baseline player** joueur *m*, -euse *f* de fond de court **2.** *slogan situé en bas d'une annonce*.
basement ['beɪsmənt] *n* sous-sol *m*.
base metal *n vieilli* métal *m* vil.
base rate *n* **(UK)** taux *m* de base.
bases ['beɪsiːz] *npl* → **basis**.
bash [bæʃ] *fam n* **1.** coup *m* **2. (UK)** • **to have a bash** tenter le coup. ❑ *vt* **1.** frapper, cogner **2.** percuter.
bashful ['bæʃful] *adj* timide.
-bashing ['bæʃɪŋ] *suffixe fam* • **media-bashing** dénigration *f* systématique des médias.
basic ['beɪsɪk] *adj* **1.** fondamental **2.** de base • **a basic knowledge of French** des connaissances de base du français. ■ **basics** *npl* éléments *mpl*, bases *fpl* • **the basics** l'essentiel *m sing*.
BASIC ['beɪsɪk] (abrév de Beginner's All-purpose Symbolic Instruction Code) *n* basic *m*.
basically ['beɪsɪklɪ] *adv* **1.** au fond, fondamentalement **2.** en fait.
basic commodity *n* denrée *f* de base.
basic rate *n* **(UK)** taux *m* de base.
basic wage *n* salaire *m* de base.
basil ['bæzl] *n* basilic *m*.
basin ['beɪsn] *n* **1. (UK)** terrine *f*; cuvette *f* • **basin cut** coupe *f* au bol **2. (UK)** lavabo *m* **3.** GÉOGR bassin *m*.
basis ['beɪsɪs] (*pl* **-ses**) *n* base *f* • **on the basis of** sur la base de • **on a regular basis** de façon régulière • **to be paid on a monthly basis** toucher un salaire mensuel.
bask [bɑːsk] *vi* • **to bask in the sun** se chauffer au soleil.
basket ['bɑːskɪt] *n* **1.** corbeille *f* **2.** panier *m* • **a wastepaper basket** une corbeille à papier • **basket of gases** ÉCOL panier *m* de gaz à effet de serre.
basketball ['bɑːskɪtbɔl] *n* basket-ball *m*, basket *m* • **to play basketball** jouer au basket • **basketball game** match *m* de basket.
basket case *n tfam* • **to be a basket case a)** être un paquet de nerfs **b)** être bon, bonne *f* à enfermer.
basmati (rice) [,bæz'mætɪ(-)] *n* (riz) basmati *m*.
Basque [bɑːsk] *adj* basque. ❑ *n* **1.** *(personne)* Basque *mf* **2.** *(langue)* basque *m*.
bass [beɪs] *adj* bas, basse *f*. ❑ *n* **1.** basse *f* **2.** contrebasse *f*.
bass clef [beɪs-] *n* clef *f* de fa.
bass drum [beɪs-] *n* grosse caisse *f*.
basset (hound) ['bæsɪt-] *n* basset *m*.
bass guitar [beɪs-] *n* basse *f*.
bassoon [bə'suːn] *n* basson *m*.
bastard ['bɑːstəd] *n* **1.** bâtard *m*, -e *f*, enfant naturel *m*, enfant naturelle *f* **2.** *tfam* salaud *m*, saligaud *m*.
baste [beɪst] *vt* arroser.
bastion ['bæstɪən] *n* bastion *m*.
bat [bæt] *n* **1.** chauve-souris *f* **2.** batte *f* • **a baseball bat** une batte de base-ball **3. (UK)** raquette *f*.
batch [bætʃ] *n* **1.** tas *m*, liasse *f* **2.** série *f* **3.** lot *m (de produits)*.
batch processing *n* INFORM traitement *m* par lots.
bated ['beɪtɪd] *adj* • **with bated breath** en retenant son souffle.

bath [bɑːθ] *n* **1.** **(UK)** baignoire *f* **2.** bain *m* • **to have (UK)** *ou* **take a bath** prendre un bain. ❑ *vt* **(UK)** baigner, donner un bain à. ■ **baths** *npl* **(UK)** piscine *f*.

bathcap ['bæθkæp] *n* **(US)** bonnet *m* de bain.

bathe [beɪð] *vt* **1.** laver **2.** • **to be bathed in** *ou* **with** être baigné de. ❑ *vi* **1.** se baigner **2.** prendre un bain.

bather ['beɪðəʳ] *n* baigneur *m*, -euse *f*.

bathing ['beɪðɪŋ] *n (indén)* baignade *f*.

bathing cap *n* bonnet *m* de bain.

bathing costume (UK), bathing suit *n* maillot *m* de bain.

bathing trunks *npl* slip *m ou* caleçon *m* de bain.

bath mat *n* tapis *m* de bain.

bath oil *n* huile *f* de bain.

bathrobe ['bɑːθrəʊb] *n* **1.** sortie *f* de bain **2.** peignoir *m*.

bathroom ['bɑːθrʊm] *n* **1.** salle *f* de bains • **bathroom suite** salle *f* de bains *(mobilier)* **2. (US)** toilettes *fpl* • **where's the bathroom?** où sont les toilettes ?

bath salts *npl* sels *mpl* de bain.

bathtime ['bɑːθtaɪm] *n* l'heure *f* du bain.

bath towel *n* serviette *f* de bain.

bathtub ['bɑːθtʌb] *n* baignoire *f*.

baton ['bætən] *n* **1.** baguette *f (de chef d'orchestre)* **2.** *(dans une course)* témoin *m* **3. (UK)** matraque *f*.

baton charge *n* **(UK)** charge *f* à la matraque.

batsman ['bætsmən] *(pl* **-men***)* *n* batteur *m*.

battalion [bə'tæljən] *n* bataillon *m*.

batten ['bætn] *n* planche *f*, latte *f*. ■ **batten down** *vt insép* • **to batten down the hatches** fermer les écoutilles.

batter ['bætəʳ] *n (indén)* CULIN pâte *f*. ❑ *vt* battre.

battered ['bætəd] *adj* **1.** battu **2.** cabossé **3.** CULIN en beignet.

battering ['bætərɪŋ] *n* • **to take a battering** *fig* être ébranlé.

battering ram *n* bélier *m (pour enfoncer)*.

battery ['bætərɪ] *n* **1.** *(pour radio, MP3)* pile *f* **2.** *(de voiture)* batterie *f*.

battery charger *n* chargeur *m*.

battery farming *n* élevage *m* intensif *ou* en batterie.

battery hen *n* poulet *m* de batterie.

battery-reared ['rɪəd] *adj (poulets)* de batterie.

battle ['bætl] *n* **1.** bataille *f* **2.** • **battle (for/against/with)** lutte *f* (pour/contre/avec). ❑ *vi* • **to battle (for/against/with)** se battre (pour/contre/avec).

battlefield ['bætlfiːld], **battleground** ['bætlgraʊnd] *n* champ *m* de bataille.

battlements ['bætlmənts] *npl* remparts *mpl*.

battle-scarred *adj* **1.** *(armée, paysage)* marqué par les combats **2.** *(personne)* marqué par la vie **3.** *hum (voiture, table)* abîmé.

battleship ['bætlʃɪp] *n* cuirassé *m*.

batty ['bætɪ] *(comp* **battier**, *superl* **battiest***)* *adj* **1.** *fam* cinglé, dingue **2.** bizarre.

bauble ['bɔbl] *n* babiole *f*, colifichet *m*.

baud [bɔːd] *n* INFORM baud *m*.

baud rate *n* INFORM vitesse *f* de transmission.

baulk [bɔk] = **balk**.

Bavaria [bə'veərɪə] *n* Bavière *f* • **in Bavaria** en Bavière.

Bavarian [bə'veərɪən] *adj* bavarois. ❑ *n* Bavarois *m*, -e *f*.

bawdy ['bɔdɪ] *adj* grivois, salé.

bawl [bɔl] *vt & vi* brailler.

bay [beɪ] *n* **1.** GÉOGR baie *f* **2.** aire *f* (de chargement) **3.** place *f* (de stationnement) **4.** *(locution)* • **to keep sb/sthg at bay** tenir qqn/qqch à distance, tenir qqn/qqch en échec.

bay leaf *n* feuille *f* de laurier.

bayonet ['beɪənɪt] *n* baïonnette *f*.

bay tree *n* laurier *m*.

bay window *n* fenêtre *f* en saillie.

bazaar [bə'zɑːʳ] *n* **1.** bazar *m* **2.** vente *f* de charité.

bazooka [bə'zuːkə] *n* bazooka *m*.

BBC (abrév de British Broadcasting Corporation) *n office national britannique de radiodiffusion* • **the BBC** la BBC.

CULTURE

BBC

La **BBC** regroupe neuf chaînes de télévision publiques et dix stations de radio nationales au Royaume-Uni. Les présentateurs de la BBC ont longtemps adopté une prononciation standardisée (surnommée le **BBC English**) fondée sur la clarté de l'énonciation et un accent du sud. Aujourd'hui en revanche, on entend sur la BBC une grande variété d'accents régionaux.

BBFN SMS (abrév de bye bye for now) salut.

BBL SMS (abrév de be back later) je reviens.

BBQ *n* abrév de **barbecue**.

BBS SMS (abrév de be back soon) je reviens tout de suite.

BC (abrév de Before Christ) av. J.-C.

Bcc (abrév de blind carbon copy) *n* Cci *m*.

BCNU SMS (abrév de be seeing you) @+.

be

■ **be** [biː] *v aux (prét* **was** *ou* **were**, *pp* **been***)*

1. COMBINÉ AVEC LE PARTICIPE PRÉSENT, POUR COMPOSER LA FORME PROGRESSIVE

• **what is he doing?** qu'est-ce qu'il fait ?

• **it was snowing** il neigeait • **they've been promising reform for years** ça fait des années qu'ils nous promettent des réformes

2. COMBINÉ AVEC LE PARTICIPE PRÉSENT, POUR FORMER LE FUTUR

• **I'm going to London next week** la semaine prochaine, je vais à Londres • **I'll be coming back next Friday** je serai de retour vendredi prochain • **Paul's leaving tomorrow morning** Paul part demain matin

3. COMBINÉ AVEC LE PARTICIPE PASSÉ, POUR FORMER LE PASSIF

être • **to be loved** être aimé

4. DANS LES « TAGS »

• **the meal was delicious, wasn't it?** le repas était délicieux, non ? *ou* vous n'avez pas trouvé ? • **were you late? — no, I wasn't** tu étais en retard ? — non

5. SUIVI DE « TO » + INFINITIF

• **I'm to be promoted** je vais avoir de l'avancement • **you're not to tell anyone** ne le dis à personne • **there was no one to be seen** il n'y avait personne

■ **be** [biː] *v*

1. POUR DÉCRIRE UNE CARACTÉRISTIQUE

• **to be a doctor** être médecin • **she's attractive** elle est jolie • **she's Italian** elle est italienne • **where are you from?** tu viens/vous venez d'où ? • **it's over there** c'est là-bas • **Toulouse is in France** Toulouse se trouve *ou* est en France

2. POUR DÉCRIRE UN ÉTAT

• **she's hungry/thirsty** elle a faim/soif • **I'm hot/cold** j'ai chaud/froid • **how are you?** comment allez-vous ?

3. PRÉCÉDÉ DE « THERE »

• **is there a café nearby?** il y a un café dans le coin ?

4. POUR INDIQUER L'ÂGE

avoir • **how old are you?** quel âge avez-vous ? • **I'm 20 (years old)** j'ai 20 ans

5. POUR INDIQUER LE PRIX

coûter, faire • **how much was it?** combien cela a-t-il coûté ? • **that will be £10, please** cela fait 10 livres, s'il vous plaît

6. POUR INDIQUER L'HEURE

être • **it's two o'clock** il est deux heures

7. POUR PARLER DU TEMPS

• **it's hot/cold** il fait chaud/froid • **it's windy** il y a du vent

8. AVEC « IT », POUR IDENTIFIER QQN OU QQCH

• **it's me/Paul** c'est moi/Paul

9. « TO HAVE BEEN TO »

• **I've been to the cinema** j'ai été *ou* je suis allé au cinéma

10. POUR INDIQUER LA MESURE, LA DISTANCE

• **how tall is he?** combien mesure-t-il ? • **the table is one metre long** la table fait un mètre de long • **it's 3 km to the next town** la ville voisine est à 3 km

11. POUR DONNER UN ORDRE

• **be quiet!** silence ! • **be careful!** fais/faites attention !

12. LOCUTION

• **be that as it may** quoi qu'il en soit • **been there, done that (, got the t-shirt)** *fam* je connais (déjà) • **it is what it is** *fam* c'est comme ça • **there you are** ah, te/vous voilà, tiens/tenez

À PROPOS DE

be

Présent : ***I am, you are, he/she/it is, we are, you are, they are***. **Prétérit** : ***I was, you were, he/she/it was, we were, you were, they were***. **Participe présent** : ***being***. **Participe passé** : ***been***.

Be est un verbe à part entière, doté de sens propres, et qui peut donc apparaître seul. Il remplit en outre la fonction d'auxiliaire, notamment dans la formation des temps progressifs ***(why are you staring at me?)*** et des constructions passives ***(my suit is being mended)***.

Notez bien que ***be*** s'utilise souvent pour traduire **avoir** ou **faire**, par exemple lorsque l'on décrit des sensations ou des attitudes ***(I'm cold*** = **j'ai froid** ; ***are you hungry?*** = **as-tu faim ?** ; ***she's right*** = **elle a raison*)***, ou pour parler du temps qu'il fait ***(it's sunny*** = **il fait beau*)***.

Be to sert à exprimer l'idée d'un projet ou d'une tâche prévus par une personne autre que le sujet de la phrase ***(we're to meet at 10 o'clock)***. Son équivalent au prétérit, ***was to/were to***, peut exprimer l'idée de quelque chose qui devait fatalement se produire ***(he was to become president at the age of 39)***.

Voir aussi ***go***.

beach [biːtʃ] *n* plage *f* • **to go to the beach** aller à la plage. ❑ *vt* échouer.

beach ball *n* ballon *m* de plage.

beach buggy *n* buggy *m*.

beach bunny *n* **(US)** *fam* petite pépée *f (qui passe son temps à la plage)*.

beachwear [ˈbiːtʃweəʳ] *n (indén)* tenue *f* de plage.

beacon [ˈbiːkən] *n* **1.** feu *m*, fanal *m* **2.** phare *m* **3.** radiophare *m*.

beacon school *n* école *f* modèle.

bead [biːd] *n* **1.** perle *f* • **bead necklace** collier *m* de perles *(en verre, en bois, etc)* **2.** goutte *f (de sueur)*.

beaded ['biːdɪd] *adj* orné de perles.
beading ['biːdɪŋ] *n (indén)* baguette *f* de recouvrement.
beady ['biːdɪ] *(comp* **beadier**, *superl* **beadiest**) *adj* • **beady eyes** petits yeux perçants.
beady-eyed *adj* aux yeux perçants.
beagle ['biːgl] *n* beagle *m*.
beak [biːk] *n* bec *m*.
beaker ['biːkəʳ] *n* gobelet *m*.
be-all *n* • **the be-all and end-all** la seule chose qui compte.
beam [biːm] *n* **1.** poutre *f* • **wooden beams** des poutres en bois **2.** rayon *m (de lumière)*. ❑ *vt* transmettre. ❑ *vi* faire un sourire radieux.
beaming ['biːmɪŋ] *adj* **1.** radieux **2.** rayonnant.
bean [biːn] *n* **1.** haricot *m* **2.** grain *m* • **to spill the beans** *fam* manger le morceau.
beanbag ['biːnbæg] *n* sacco *m*.
bean-counter *n fam* gratte-papier *m*.
beanshoot ['biːnʃuːt], **beansprout** ['biːnspraʊt] *n* germe *m ou* pousse *f* de soja.
bear [beəʳ] *n* **1.** ours *m* • **a polar bear** un ours polaire **2. (US)** *fam (problème)* • **it's a real bear** c'est pénible. ❑ *vt (prét* **bore**, *pp* **borne**) **1.** porter **2.** supporter • **I can't bear him** je ne le supporte pas **3.** • **to bear sb a grudge** garder rancune à qqn. ❑ *vi (prét* **bore**, *pp* **borne**) • **to bear left/right** se diriger vers la gauche/la droite • **to bring pressure/influence to bear on sb** exercer une pression/une influence sur qqn. ■ **bear out** *vt sép* confirmer, corroborer. ■ **bear up** *vi* tenir le coup. ■ **bear with** *vt insép* être patient avec. ■ **bear down** *vi* • **to bear down on sb/sthg** s'approcher de qqn/qqch de façon menaçante.
bearbaiting ['beə,beɪtɪŋ] *n* combat *m* d'ours et de chiens.
beard [bɪəd] *n* barbe *f*.
bearded ['bɪədɪd] *adj* barbu • **bearded liberal** libéral *m* bien-pensant.
beard trimmer *n* tondeuse *f* à barbe.
bearer ['beərəʳ] *n* **1.** porteur *m*, -euse *f* **2.** titulaire *mf*.
bear hug *n fam* • **to give sb a bear hug** serrer qqn très fort.
bearing ['beərɪŋ] *n* **1.** • **bearing (on)** rapport *m* (avec) **2.** allure *f*, maintien *m* **3.** TECHNOL palier *m* **4.** position *f (d'un bateau)* • **to get one's bearings** s'orienter, se repérer.
bear market *n* FIN marché *m* à la baisse.
bearskin ['beəskɪn] *n* **1.** peau *f* d'ours **2.** bonnet *m* à poil.
beast [biːst] *n* **1.** bête *f* **2.** *fam* & *péj* brute *f*.
beastly ['biːstlɪ] *adj* **1. (UK)** *vieilli* malveillant, cruel **2.** *(météo)* épouvantable.
beat [biːt] *n* **1.** battement *m* **2.** MUS mesure *f*, temps *m* **3.** ronde *f (de police)*. ❑ *vt (prét* **beat**, *pp* **beaten**) **1.** battre **2.** être bien mieux que, valoir mieux que **3.** *(locution)* • **beat it!** *fam* décampe !, fiche le camp ! ❑ *vi (prét* **beat**, *pp* **beaten**) battre. ■ **beat down** *vi* **1.** *(soleil)* taper, cogner **2.** *(pluie)* s'abattre. ❑ *vt sép* faire baisser son prix à. ■ **beat off** *vt sép* repousser. ■ **beat up** *vt sép fam* **1.** tabasser **2.** culpabiliser • **to beat o.s. up (about sthg)** culpabiliser (à propos de qqch).
beat-em-up ['biːtəmʌp] *n fam* jeu *m* vidéo violent.
beaten ['biːtn] *adj* battu.
beaten-up *adj* cabossé.
beating ['biːtɪŋ] *n* **1.** raclée *f*, rossée *f* **2.** défaite *f*.
beatnik ['biːtnɪk] *n* beatnik *mf (hippie)*.
beautician [bjuː'tɪʃn] *n* esthéticien *m*, -enne *f*.
beautiful ['bjuːtɪfʊl] *adj* **1.** *(fille, yeux)* beau, belle *f* **2.** *fam* joli.
beautifully ['bjuːtəflɪ] *adv* **1.** élégamment **2.** avec goût **3.** *fam* parfaitement, à la perfection.
beautify ['bjuːtɪfaɪ] *(prét & pp* **beautified**) *vt* embellir, orner • **to beautify o.s.** se faire une beauté.
beauty ['bjuːtɪ] *n* beauté *f*.
beauty contest *n* concours *m* de beauté.
beauty mask *n* masque *m* de beauté.
beauty parlour (UK), beauty parlor (US) *n* institut *m* de beauté.
beauty queen *n* reine *f* de beauté.
beauty salon = **beauty parlour**.
beauty sleep *n* • **I need my beauty sleep** *hum* j'ai besoin de mon compte de sommeil pour être frais le matin.
beauty spot *n* **1.** site *m* pittoresque **2.** grain *m* de beauté.
beaver ['biːvəʳ] *n* castor *m*. ■ **beaver away** *vi* travailler d'arrache-pied.
became [bɪ'keɪm] *passé* → **become**.
because [bɪ'kɒz] *conj* parce que. ■ **because of** *prép* à cause de.
béchamel sauce [,beɪʃə'mel-] *n* sauce *f* Béchamel, béchamel *f*.
beck [bek] *n* • **to be at sb's beck and call** être aux ordres *ou* à la disposition de qqn.
beckon ['bekən] *vt* faire signe à. ❑ *vi* • **to beckon to sb** faire signe à qqn.
become [bɪ'kʌm] *(prét* **became**, *pp* **become**) *vi* devenir • **to become famous** devenir célèbre • **what has become of them?** que sont-ils devenus ? • **to become quieter** se calmer • **to become irritated** s'énerver.
becoming [bɪ'kʌmɪŋ] *adj* **1.** seyant, qui va bien **2.** convenable.
bed [bed] *n* **1.** lit *m* • **to be in bed** être au lit • **to go to bed** se coucher • **to go to bed with sb** *euphém* coucher avec qqn **2.** parterre *m (de fleurs)* **3.** lit *m (d'une rivière)*, fond *m (de la mer)*.

BEd [ˌbiːˈed] (abrév de Bachelor of Education) *n* **(UK) 1.** ≃ licence *f* de sciences de l'éducation **2.** ≃ licencié *m*, -e *f* en sciences de l'éducation.
bed and breakfast *n* ≃ chambre *f* d'hôte.

CULTURE
bed & breakfast
On trouve des **B & Bs**, également appelés **guest houses**, dans toutes les villes et les régions touristiques. Ce sont des résidences privées dont une ou plusieurs chambres sont réservées aux hôtes payants. Le prix de la chambre inclut le petit déjeuner, c'est-à-dire souvent un **English breakfast**, composé de saucisses, d'œufs, de bacon et de toasts, accompagnés de thé ou de café.

bed-bath *n* **(UK)** toilette *f* d'un malade.
bedclothes [ˈbedkləʊðz] *npl* draps *mpl* et couvertures *fpl*.
bedcover [ˈbedˌkʌvəʳ] *n* couvre-lit *m*, dessus-de-lit *m inv*.
bedding [ˈbedɪŋ] *n (indén)* = **bedclothes**.
bedding plant *n* plant *m* à repiquer.
bedlam [ˈbedləm] *n* pagaille *f*.
bed linen *n (indén)* draps *mpl* et taies *fpl*.
bedmate [ˈbedmeɪt] *n* • **bedmates of snorers** *les personnes qui dorment avec quelqu'un qui ronfle* • **old computers and new software make terrible bedmates** les vieux ordinateurs et les nouveaux logiciels ne font pas bon ménage.
bedpan [ˈbedpæn] *n* bassin *m (hygiénique)*.
bedplate [ˈbedpleɪt] *n* TECHNOL semelle *f*.
bedraggled [bɪˈdrægld] *adj* **1.** débraillé **2.** *(cheveux)* ébouriffé.
bedridden [ˈbedˌrɪdn] *adj* grabataire.
bedrock [ˈbedrɒk] *n (indén)* **1.** GÉOL soubassement *m* **2.** *fig* base *f*, fondement *m*.
bedroom [ˈbedrum] *n* chambre *f* (à coucher).
-bedroomed [ˌbedrumd] *suffixe* • **a two-bedroomed flat** un trois-pièces.
bedside [ˈbedsaɪd] *n* chevet *m*.
bedside manner *n* comportement *m* envers les malades.
bedsit [ˈbedˌsɪt], **bedsitter** [ˈbedsɪtəʳ], **bed-sitting room** [ˈbedˈsɪtɪŋ-] *n* **(UK)** chambre *f* meublée.
bedsore [ˈbedsɔʳ] *n* escarre *f*.
bedspread [ˈbedspred] *n* couvre-lit *m*, dessus-de-lit *m inv*.
bedtime [ˈbedtaɪm] *n* heure *f* du coucher.
bed-wetting [ˌwetɪŋ] *n* énurésie *f*, incontinence *f* nocturne.
bee [biː] *n* abeille *f* • **bee sting** piqûre *f* d'abeille.
bee-eater *n* guêpier *m*.
beef [biːf] *n* **1.** *(viande)* bœuf *m* • **joint of beef** rôti *m* (de bœuf), rosbif *m* **2.** (**(UK)** *pl* **beeves** [biːvz]) *(animal)* bœuf *m* **3.** *fam* grief *m* • **what's your beef?** tu as un problème ? • **to have a beef with sb/sthg** avoir des ennuis avec qqn/qqch. ❑ *en apposition* de bœuf • **beef cattle** bœufs *mpl* de boucherie. ❑ *vi fam* râler • **to beef about sthg** râler contre qqch. ■ **beef up** *vt sép* **1.** *fam* MIL renforcer **2.** *(texte)* étoffer.
beefburger [ˈbiːfˌbɜːgəʳ] *n* **(UK)** hamburger *m*.
beehive [ˈbiːhaɪv] *n* **1.** ruche *f* • **the Beehive State** l'Utah *m* **2.** *coiffure très haute maintenue avec de la laque*.
beeline [ˈbiːlaɪn] *n* • **to make a beeline for** *fam* aller tout droit *ou* directement vers.
been [biːn] *pp* → **be**.
beep [biːp] *fam n* **1.** bip *m* **2.** bip sonore. ❑ *vi* faire bip.
beeper *n* = **bleeper**.
beer [bɪəʳ] *n* bière *f*.
beer garden *n* **(surtout UK)** *jardin attenant à un pub* ; ≃ terrasse *f*.
beeswax [ˈbiːzwæks] *n* cire *f* d'abeille.
beet [biːt] *n* **(US)** betterave *f*.
beetle [ˈbiːtl] *n* scarabée *m*.
beetroot [ˈbiːtruːt] *n* **(UK)** betterave *f*.
befall [bɪˈfɔːl] (*prét* **befell** [-ˈfel], *pp* **befallen** [-ˈfɔːlən]) *littéraire vt* advenir à. ❑ *vi* arriver, survenir.
befit [bɪˈfɪt] (*prét & pp* **befitted**, *cont* **befitting**) *vt* seoir à.
before [bɪˈfɔʳ] *adv* auparavant, avant • **I've never been there before** je n'y suis jamais allé • **I've seen it before** je l'ai déjà vu. ❑ *prép* **1.** avant **2.** devant. ❑ *conj* avant de *(+ infinitif)*, avant que *(+ subjonctif)* • **before leaving** avant de partir • **before you leave** avant que vous ne partiez.
beforehand [bɪˈfɔhænd] *adv* à l'avance.
befriend [bɪˈfrend] *vt* prendre en amitié.
befuddled [bɪˈfʌdld] *adj (idée)* embrouillé.
beg [beg] *vt* **1.** mendier **2.** solliciter, quémander • **that begs the question of whether…** cela pose la question de savoir si… **3.** demander *(pardon)* • **to beg sb to do sthg** prier *ou* supplier qqn de faire qqch **4.** *(locution)* • **to beg, borrow or steal** se procurer par tous les moyens. ❑ *vi* supplier • **to beg for forgiveness** demander pardon.
began [bɪˈgæn] *passé* → **begin**.
beggar [ˈbegəʳ] *n* mendiant *m*, -e *f*.
begging bowl [ˈbegɪŋ-] *n* sébile *f (de mendiant)*.
begin [bɪˈgɪn] (*prét* **began**, *pp* **begun**) *vt* commencer. ❑ *vi* commencer • **when does the film begin?** à quelle heure commence le film ?
beginner [bɪˈgɪnəʳ] *n* débutant *m*, -e *f*.
beginning [bɪˈgɪnɪŋ] *n* début *m*, commencement *m* • **at the beginning** au début.
begonia [bɪˈgəunjə] *n* bégonia *m*.

begrudge [bɪ'grʌdʒ] *vt* **1.** • **to begrudge sb sthg** envier qqch à qqn **2.** • **to begrudge doing sthg** rechigner à faire qqch.
beguiling [bɪ'gaɪlɪŋ] *adj* séduisant.
begun [bɪ'gʌn] *pp* → **begin**.
behalf [bɪ'hɑːf] *n* • **on behalf of** (UK) *ou* **in behalf of** (US) de la part de, au nom de.
behave [bɪ'heɪv] *vt* • **to behave o.s.** bien se conduire *ou* se comporter. ❑ *vi* **1.** se conduire, se comporter **2.** se tenir bien, *fam* bien se conduire **3.** fonctionner, marcher.
behaviour (UK), **behavior** (US) [bɪ'heɪvjəʳ] *n* conduite *f*, comportement *m*.
behead [bɪ'hed] *vt* décapiter.
beheld [bɪ'held] *passé & pp* → **behold**.
behind [bɪ'haɪnd] *prép* **1.** derrière **2.** en retard sur. ❑ *adv* **1.** derrière **2.** en retard • **to leave sthg behind** oublier qqch • **to stay behind** rester • **to be behind with sthg** être en retard dans qqch. ❑ *n fam* derrière *m*, postérieur *m*.
behind-the-scenes *adj* secret • **a behind-the-scenes look at politics** un aperçu des coulisses de la politique.
behold [bɪ'həʊld] (*prét & pp* **beheld**) *vt littéraire* voir, regarder.
beige [beɪʒ] *adj* beige. ❑ *n* beige *m*.
Beijing [ˌbeɪ'dʒɪŋ] *n* Beijing, Pékin.
being ['biːɪŋ] *n* **1.** être *m (créature)* • **human beings** êtres humains **2.** • **in being** existant • **to come into being** voir le jour, prendre naissance.
Beirut [ˌbeɪ'ruːt] *n* Beyrouth.
belated [bɪ'leɪtɪd] *adj* tardif.
belatedly [bɪ'leɪtɪdlɪ] *adv* tardivement.
belch [beltʃ] *n* renvoi *m*, rot *m*. ❑ *vt* vomir, cracher. ❑ *vi* éructer, roter.
beleaguered [bɪ'liːgəd] *adj* **1.** *litt* assiégé **2.** *fig* harcelé, tracassé.
Belgian ['beldʒən] *adj* belge. ❑ *n* Belge *mf*.
Belgium ['beldʒəm] *n* Belgique *f* • **in Belgium** en Belgique.
Belgrade [ˌbel'greɪd] *n* Belgrade.
belie [bɪ'laɪ] (*cont* **belying**) *vt* **1.** démentir **2.** donner une fausse idée de.
belief [bɪ'liːf] *n* **1.** • **belief (in)** croyance *f* (en) **2.** opinion *f*, conviction *f*.
believable [bɪ'liːvəbl] *adj* croyable.
believe [bɪ'liːv] *vt* croire • **it has to be seen to be believed** il faut le voir pour le croire • **believe it or not** tu ne me croiras peut-être pas • **you'd better believe it** *fam* bien sûr que oui. ❑ *vi* croire • **to believe in sb** croire en qqn.
believer [bɪ'liːvəʳ] *n* **1.** RELIG croyant *m*, -e *f* **2.** • **believer in** partisan *m*, -e *f* de.
belittle [bɪ'lɪtl] *vt* dénigrer, rabaisser.
Belize [be'liːz] *n* Belize *m* • **in Belize** au Belize.
bell [bel] *n* **1.** cloche *f* **2.** clochette *f* **3.** sonnette *f* • **to ring the bell** sonner à la porte **4.** *(sur un vélo)* timbre *m*.
bell-bottoms *npl* pantalon *m* à pattes d'éléphant.
bellhop ['belhɒp] *n* (US) groom *m*, chasseur *m*.
belligerence [bɪ'lɪdʒərəns] *n* belligérance *f*.
belligerent [bɪ'lɪdʒərənt] *adj* **1.** belligérant **2.** belliqueux.
bellow ['beləʊ] *vi* **1.** *(personne)* brailler, beugler **2.** *(taureau)* beugler.
bellows ['beləʊz] *npl* soufflet *m*.
bell-ringer *n* carillonneur *m*, -euse *f*.
bell work ['bel ˌwɜːk] *n* (US) SCOL *travail affiché au tableau que les élèves doivent effectuer dès leur entrée en classe.*
belly ['belɪ] *n* **1.** ventre *m* **2.** *(animal)* panse *f*.
bellyache ['belɪeɪk] *n* mal *m* de ventre.
bellyaching ['belɪˌeɪkɪŋ] *n (indén) fam* ronchonnements *mpl*, rouspétances *fpl*.
belly button *n fam* nombril *m*.
belly dancer *n* danseuse *f* du ventre, danseuse *f* orientale.
belly flop *n* • **to do a belly flop** faire un plat.
bellyful ['belɪfʊl] *n* **1.** *fam* ventre *m* plein **2.** (UK) *fig* • **I've had a bellyful of your complaints** j'en ai ras le bol de tes rouspétances.
belly laugh *n fam* gros rire *m*.
belly-up *adv fam* • **to go belly-up a)** *(projet)* tomber à l'eau **b)** *(société)* mettre la clef sous la porte, faire faillite.
belong [bɪ'lɒŋ] *vi* **1.** • **to belong to sb** appartenir *ou* être à qqn **2.** • **to belong to sthg** être membre de qqch **3.** être à sa place • **that chair belongs here** ce fauteuil va là.
belongings [bɪ'lɒŋɪŋz] *npl* affaires *fpl* • **my personal belongings** mes affaires personnelles.
Belorussia [ˌbeləʊ'rʌʃə] *n* Biélorussie *f* • **in Belorussia** en Biélorussie.
beloved [bɪ'lʌvd] *adj* bien-aimé.
below [bɪ'ləʊ] *adv* **1.** en dessous, en bas **2.** ci-dessous **3.** en bas. ❑ *prép* sous, au-dessous de • **to be below sb in rank** occuper un rang inférieur à qqn.
below-average *adj* en dessous de la moyenne.
below-the-line accounts *n* comptes *mpl* de résultats exceptionnels.
belt [belt] *n* **1.** ceinture *f* **2.** TECHNOL courroie *f*. ❑ *vt fam* flanquer une raclée à.
beltway ['beltˌweɪ] *n* (US) route *f* périphérique.
bemused [bɪ'mjuːzd] *adj* perplexe.
bench [bentʃ] *n* **1.** banc *m* • **to be on the bench** *(football)* être sur le banc de touche **2.** banquette *f* **3.** établi *m*.
benchmark ['bentʃˌmɑːk] *n* **1.** *litt* repère *m* **2.** *(en topographie)* repère *m* de nivellement

3. *fig* point *m* de référence • **benchmark test** *INFORM* test *m* d'évaluation (de programme) 4. *UNIV description détaillée du niveau attendu des étudiants à un stade donné.*

benchmarking ['bentʃmɑːkɪŋ] *n* benchmarking *m*, étalonnage *m* concurrentiel.

benchwarmer ['bentʃwɔːmər] *n* **(US)** *fam (en sport) joueur qui se trouve souvent sur le banc des remplaçants.*

bend [bend] *n* 1. courbe *f*, virage *m* 2. coude *m (d'une rivière)* 3. *(locution)* • **round (UK)** *ou* **around (US) the bend** *fam* dingue, fou, folle *f*. ❑ *vt (prét & pp* **bent***)* 1. plier 2. tordre, courber. ❑ *vi (prét & pp* **bent***)* 1. se baisser, se courber 2. plier. ■ **bend down** *vi* se baisser, se pencher • **he bent down to pick up his book** il s'est baissé pour ramasser son livre. ■ **bend over** *vi* 1. se pencher • **she bent over to have a closer look** elle s'est penchée pour mieux voir 2. *(locution)* • **to bend over backwards for sb** se mettre en quatre pour qqn.

bender ['bendər] *n fam* beuverie *f* • **to go on a bender** faire la noce.

beneath [bɪ'niːθ] *adv* dessous, en bas. ❑ *prép* 1. sous 2. • **she thinks the work is beneath her** elle estime que le travail est indigne d'elle.

benefactor ['benɪfæktər] *n* bienfaiteur *m*.

beneficial [,benɪ'fɪʃl] *adj* • **beneficial (to sb)** salutaire (à qqn) • **beneficial (to sthg)** utile (à qqch).

beneficiary [,benɪ'fɪʃərɪ] *n* bénéficiaire *mf*.

benefit ['benɪfɪt] *n* 1. avantage *m* • **for the benefit of** dans l'intérêt de • **to be to sb's benefit, to be of benefit to sb** être dans l'intérêt de qqn • **to have the benefit of sthg** bénéficier de qqch 2. *(administration)* allocation *f*, prestation *f*. ❑ *vt* profiter à. ❑ *vi* • **to benefit from** tirer avantage de, profiter de.

benefits agency *n* caisse *f* des allocations sociales.

Benelux ['benɪlʌks] *n* Bénélux *m*.

benevolent [bɪ'nevələnt] *adj* bienveillant.

BEng [,biː'endʒ] (abrév de Bachelor of Engineering) *n* **(UK)** 1. ≃ licence *f* de mécanique 2. ≃ licencié en mécanique.

benign [bɪ'naɪn] *adj* 1. gentil, bienveillant 2. *MÉD* bénin.

bent [bent] *passé & pp* → **bend**. ❑ *adj* 1. tordu 2. courbé, voûté 3. **(UK)** *fam* véreux 4. • **to be bent on doing sthg** vouloir absolument faire qqch. ❑ *n* • **bent (for)** penchant *m* (pour).

bento ['bentəʊ] *n (indén)* bento *m*.

bento box *n* boîte *f* à bento.

bequeath [bɪ'kwiːð] *vt litt & fig* léguer.

bequest [bɪ'kwest] *n* legs *m*.

berate [bɪ'reɪt] *vt* réprimander.

bereaved [bɪ'riːvd] *adj* endeuillé, affligé. ❑ *n (pl inv)* • **the bereaved** la famille du défunt.

bereavement [bɪ'riːvmənt] *n* deuil *m*.

bereft [bɪ'reft] *adj littéraire* • **bereft of** privé de.

beret ['bereɪ] *n* béret *m*.

berk [bɜːk] *n* **(UK)** *fam* idiot *m*, -e *f*, andouille *f*.

Berlin [bɜː'lɪn] *n* Berlin.

berm [bɜːm] *n* **(US)** bas-côté *m*.

Bermuda [bə'mjuːdə] *n* Bermudes *fpl*.

Bermuda shorts *npl* bermuda *m*.

Bern [bɜːn] *n* Berne.

berry ['berɪ] *n* baie *f*.

berserk [bə'zɜːk] *adj* • **to go berserk** devenir fou furieux, folle furieuse *f*.

berth [bɜːθ] *n* 1. poste *m* d'amarrage, mouillage *m* 2. couchette *f*. ❑ *vi* accoster, se ranger à quai.

beseech [bɪ'siːtʃ] *(prét & pp* **besought** *ou* **beseeched***)* *vt littéraire* • **to beseech sb (to do sthg)** implorer *ou* supplier qqn (de faire qqch).

beset [bɪ'set] *adj* • **beset with** *ou* **by** assailli de. ❑ *vt (prét & pp* **beset***)* assaillir.

beside [bɪ'saɪd] *prép* 1. à côté de, auprès de 2. • **to be beside o.s. with anger** être hors de soi 3. comparé à, à côté de.

besides [bɪ'saɪdz] *adv* en outre, en plus • **besides, I think you're wrong** en plus, je pense que tu as tort. ❑ *prép* en plus de.

besiege [bɪ'siːdʒ] *vt* 1. assiéger 2. *fig* assaillir, harceler.

besotted [bɪ'sɒtɪd] *adj* • **besotted (with sb)** entiché (de qqn).

besought [bɪ'sɔt] *passé & pp* → **beseech**.

bespoke [bɪ'spəʊk] *adj* **(UK)** *(vêtements)* fait sur mesure • **bespoke tailor** tailleur *m (couturier)*.

best [best] *adj* le meilleur, la meilleure *f* • **she's my best friend** c'est ma meilleure amie. ❑ *adv* le mieux. ❑ *n* le mieux • **to do one's best** faire de son mieux • **all the best!** meilleurs souhaits ! • **to be for the best** être pour le mieux • **to make the best of sthg** s'accommoder de qqch, prendre son parti de qqch. ■ **at best** *adv* au mieux.

best-before date *n* date *f* limite de consommation.

best-case *adj* • **this is the best-case scenario** c'est le scénario le plus optimiste.

bestial ['bestjəl] *adj* bestial.

best man *n* garçon *m* d'honneur.

> CULTURE
> ### best man
> Dans les pays anglo-saxons, le garçon d'honneur présente l'alliance au marié et prononce un discours lors de la réception de mariage.

bestow [bɪ'stəʊ] *vt soutenu* • **to bestow sthg on sb** conférer qqch à qqn.

best-perceived *adj* mieux perçu.

best practices *npl* bonnes pratiques *fpl*.

best-seller *n* best-seller *m.*
best-selling *adj* à succès.
bet [bet] *n* **1.** pari *m* **2.** *(locution)* • **all bets are off** l'issue est incertaine. ❑ *vt (prét & pp* **bet** *ou* **betted**) parier • **I bet you can't do it** je parie que tu ne peux pas le faire. ❑ *vi (prét & pp* **bet** *ou* **betted**) parier • **I wouldn't bet on it** *fig* je n'en suis pas si sûr.
beta ['bi:tə] *n* bêta *m inv.*
beta-blocker ['bi:tə,blɒkər] *n* bêtabloquant *m.*
beta release *n* INFORM version *f* bêta.
beta test *n* test *m* bêta.
beta version *n* INFORM version *f* bêta.
betcha ['betʃə] *interj fam* • **you betcha!** un peu, oui !
betray [bɪ'treɪ] *vt* trahir.
betrayal [bɪ'treɪəl] *n* trahison *f.*
betrayer [bɪ'treɪər] *n* traître *m*, -esse *f.*
betrothed [bɪ'trəʊðd] *adj vieilli* • **betrothed (to)** fiancé (à).
better ['betər] *adj (comparatif de* **good***)* meilleur • **to get better a)** s'améliorer **b)** *(après une maladie)* se remettre, se rétablir • **to feel better** se sentir mieux. ❑ *adv (comparatif de* **well***)* mieux • **I'd better leave** je dois partir. ❑ *n* le meilleur, la meilleure *f* • **to get the better of sb** avoir raison de qqn. ❑ *vt* améliorer • **to better o.s.** améliorer sa situation.

À PROPOS DE

had better

Had better sert à donner un conseil ***(you'd better leave soon)***, et peut également impliquer une menace ou un avertissement ***(you'd better not forget or she'll be angry)***.

better half *n fam* moitié *f (conjoint).*
better off *adj* **1.** plus à son aise **2.** mieux. ■ **better-off** *npl* • **the better-off** les gens riches *ou* aisés.
betting ['betɪŋ] *n (indén)* paris *mpl.*
betting shop *n* (UK) ≃ bureau *m* de PMU.
between [bɪ'twi:n] *prép* entre. ❑ *adv* • **(in) between a)** *(dans l'espace)* au milieu **b)** *(dans le temps)* dans l'intervalle.
beverage ['bevərɪdʒ] *n sout* boisson *f.*
bevvy ['bevɪ] *n* (UK) *fam* breuvage.
bevy ['bevɪ] *(pl* **-ies***)* *n* bande *f.*
beware [bɪ'weər] *vi* • **to beware (of)** prendre garde (à), se méfier (de) • **beware of...** attention à...
bewilder [bɪ'wɪldər] *vt* dérouter.
bewildered [bɪ'wɪldəd] *adj* déconcerté, perplexe.
bewildering [bɪ'wɪldərɪŋ] *adj* déroutant.
bewilderment [bɪ'wɪldəmənt] *n* perplexité *f.*
bewitched [bɪ'wɪtʃt] *adj* ensorcelé.
bewitching [bɪ'wɪtʃɪŋ] *adj* charmeur, ensorcelant.
beyond [bɪ'jɒnd] *prép* **1.** au-delà de **2.** après, plus tard que **3.** au-dessus de • **it's beyond my control** je n'y peux rien. ❑ *adv* au-delà.
BF SMS abrév de **boyfriend**.
BFN SMS (abrév de **bye for now**) salut.
BG SMS (abrév de **big grin**) grand sourire.
BHL8 SMS (abrév de **be home late**) je rentrerai tard.
bi- [baɪ] *préf* bi-.
biannual [baɪ'ænjʊəl] *adj* semestriel.
bias ['baɪəs] *n* **1.** préjugé *m*, parti *m* pris **2.** tendance *f.*
biased ['baɪəst] *adj* partial • **to be biased towards sb/sthg** favoriser qqn/qqch.
bib [bɪb] *n* bavoir *m*, bavette *f.*
Bible ['baɪbl] *n* • **the Bible** la Bible. ■ **bible** *n* bible *f.*
bible-basher, **bible-thumper** *n fam & péj* évangéliste *mf* de carrefour.
bibliography [,bɪblɪ'ɒgrəfɪ] *(pl* **-ies***)* *n* bibliographie *f.*
bicarbonate of soda [baɪ'kɑ:bənət-] *n* bicarbonate *m* de soude.
bicentenary (UK) [,baɪsen'ti:nərɪ] *(pl* **-ies***)*, **bicentennial (US)** [,baɪsen'tenjəl] *n* bicentenaire *m.*
biceps ['baɪseps] *(pl inv)* *n* biceps *m.*
bicker ['bɪkər] *vi* se chamailler.
bickering ['bɪkərɪŋ] *n (indén)* chamailleries *fpl.*
bickie ['bɪkɪ] *n* (UK) *fam* biscuit *m*, petit gâteau *m.*
bicultural [,baɪ'kʌltʃərəl] *adj* biculturel.
bicycle ['baɪsɪkl] *n* bicyclette *f*, vélo *m* • **to ride a bicycle** faire du vélo. ❑ *vi* aller à bicyclette *ou* à vélo.
bicycle clip *n* pince *f* à vélo.
bicycle-friendly *adj* = **bike-friendly**.
bicycle path *n* piste *f* cyclable.
bicycle pump *n* pompe *f* à vélo.
bicycler ['baɪsɪklər] *n* (US) cycliste *mf.*
bicycle rack *n* **1.** râtelier *m* à vélos **2.** porte-vélos *m inv.*
bid [bɪd] *n* **1.** tentative *f* **2.** enchère *f* **3.** COMM offre *f.* ❑ *vt (prét & pp* **bid**, *cont* **bidding**) faire une enchère de. ❑ *vi (prét & pp* **bid**, *cont* **bidding**) **1.** • **to bid (for)** faire une enchère (pour) **2.** • **to bid for sthg** briguer qqch **3.** COMM faire une soumission, répondre à un appel d'offres.
bidder ['bɪdər] *n* enchérisseur *m*, -euse *f.*
bidding ['bɪdɪŋ] *n (indén)* enchères *fpl.*
bide [baɪd] *vt* • **to bide one's time** attendre son heure *ou* le bon moment.
bidet ['bi:deɪ] *n* bidet *m.*

bid price *n* cours *m* acheteur.

biennial [baɪ'enɪəl] *adj* biennal. ❑ *n* plante *f* bisannuelle.

bifocals [ˌbaɪ'fəʊklz] *npl* lunettes *fpl* bifocales.

big [bɪg] *adj* **1.** grand • **a big tree** un grand arbre • **my big brother** mon grand frère **2.** gros, grosse *f* • **a big book** un gros livre.

> CULTURE
>
> ### Big Ben
>
> **Big Ben** est le surnom de la cloche de la tour des **Houses of Parliament** à Londres. Le son de cette cloche est très connu, car il annonce souvent les nouvelles sur la BBC. Beaucoup de gens pensent, à tort, que **Big Ben** est le nom de l'horloge ou de la tour elle-même.

bigamist ['bɪgəmɪst] *n* bigame *mf.*

bigamy ['bɪgəmɪ] *n* bigamie *f.*

Big Apple *npr* • **the Big Apple** *surnom de New York.*

> CULTURE
>
> ### Big Apple
>
> **The Big Apple**, qui signifie la Grosse Pomme, est le surnom de la ville de New York. Ce nom fut utilisé pour la première fois par les jazzmen des années vingt, en référence au succès qu'ils pouvaient rencontrer dans cette ville. D'autres villes américaines, comme Chicago et Detroit, ont également un surnom : **the Windy City** pour la première, à cause des vents forts qui y soufflent, et **Motown** pour la seconde, car c'est la ville de l'automobile.

big bang theory *n* la théorie du Big Bang.

big-boned *adj* fortement charpenté.

big-box store *n* **(US)** hypermarché *m.*

big-budget *adj* à gros budget.

big business *n (indén)* les grandes entreprises *fpl.*

big cat *n* fauve *m.*

Big Crunch *npr* • **the Big Crunch** le Big Crunch *(contraction et effondrement de l'Univers, envers du Big Bang).*

Big data *n* Big data *m.*

big deal *fam n* • **it's no big deal** ce n'est pas dramatique • **what's the big deal?** où est le problème ? ❑ *interj* tu parles !, et alors ?

big dipper [-'dɪpər] *n* **1. (UK)** montagnes *fpl* russes **2. (US)** • **the Big Dipper** la Grande Ourse.

Big Easy *npr* **(US)** *surnom de la Nouvelle-Orléans.*

big game *n* gros gibier *m.*

biggie ['bɪgɪ] *n* **1.** *fam* tube *m (chanson)* **2.** succès *m (film, album).*

big gun *n fam* gros bonnet *m.*

big hair *n* **(US)** *coiffure volumineuse et apprêtée.*

big hand *n* **1.** grande aiguille *f* **2.** *fam* • **let's give him a big hand** applaudissons-le bien fort.

bighead ['bɪghed] *n fam* crâneur *m*, -euse *f.*

bigheaded [ˌbɪg'hedɪd] *adj fam* crâneur.

bighearted [ˌbɪg'hɑːtɪd] *adj* au grand cœur • **to be bighearted** avoir bon cœur.

Big League *n* **(US)** = **Major League**.

big man on campus *n* **(US)** *fam étudiant jouissant d'une certaine popularité grâce à ses exploits sportifs, etc.*

big name *n fam* grand nom *m.*

big noise *n fam* gros bonnet *m.*

bigot ['bɪgət] *n* sectaire *mf.*

bigoted ['bɪgətɪd] *adj* sectaire.

bigotry ['bɪgətrɪ] *n* sectarisme *m.*

big screen *n* • **the big screen** le grand écran, le cinéma.

big shot *n fam* huile *f*, grosse légume *f*, personnage *m* important.

big smoke *n* **(UK)** *fam* • **the big smoke a)** la grande ville **b)** Londres.

Big Ten *npl* **(US)** SPORT *équipes sportives universitaires du Midwest, réputées de très haut niveau.*

big-ticket *adj* **(US)** cher • **a big-ticket item** un article haut de gamme.

big time *n fam* • **to make** *ou* **to hit the big time** réussir, arriver en haut de l'échelle.

big toe *n* gros orteil *m.*

big top *n* chapiteau *m.*

big wheel *n* **(UK)** grande roue *f.*

bigwig ['bɪgwɪg] *n fam* huile *f*, gros bonnet *m.*

bike [baɪk] *n fam* **1.** vélo *m* **2.** bécane *f*, moto *f.*

bike-friendly *adj* bien aménagé pour les cyclistes.

bikejack ['baɪkjæk] *vt* voler son vélo à • **someone tried to bikejack him** quelqu'un a essayé de lui voler son vélo.

bike lane *n* voie *f* cyclable.

bike shed *n* cabane *f* à vélos.

bikeway ['baɪkweɪ] *n* **(US)** piste *f* cyclable.

bikini [bɪ'kiːnɪ] *n* Bikini® *m.*

bikini line *n* • **to have one's bikini line done** se faire épiler le maillot.

bile [baɪl] *n* **1.** bile *f* **2.** mauvaise humeur *f.*

bilingual [baɪ'lɪŋgwəl] *adj* bilingue.

bill [bɪl] *n* **1.** • **bill (for) a)** note *f ou* facture *f* (de) **b)** addition *f* (de) • **can I have the bill, please?** l'addition, s'il vous plaît ! **2.** projet *m* de loi **3.** programme *m (d'un spectacle)* **4. (US)** billet *m* de banque **5.** • **'post** *ou* **stick (UK) no bills'** 'défense d'afficher' **6.** bec *m.* ❑ *vt* **1.** • **to bill sb (for)** envoyer une facture à qqn (pour) **2.** *(spectacle)* annoncer • **they're billed as the best band in the world** on les présente comme le meilleur groupe du monde.

billboard ['bɪlbɔd] *n* panneau *m* d'affichage.

billet ['bɪlɪt] *n* logement *m* chez l'habitant.
billfold ['bɪlfəʊld] *n* **(US)** portefeuille *m*.
billiards ['bɪljədz] *n* billard *m*.
billion ['bɪljən] *num* **1. (US)** milliard *m* **2. (UK)** *vieilli* billion *m*.
billionaire [ˌbɪljə'neər] *n* milliardaire *mf*.
billionth ['bɪljənθ] *adj* milliardième. ❑ *n* **1.** *(ordinal)* milliardième *mf* **2.** *(fraction)* milliardième *m*.
Bill of Rights *n* • **the Bill of Rights** *les dix premiers amendements à la Constitution américaine*.
billow ['bɪləʊ] *n* volute *f*. ❑ *vi* **1.** tournoyer **2.** se gonfler.
billy goat ['bɪlɪ-] *n* bouc *m*.
bimbette [bɪm'bet] *n* **(US)** *fam* & *péj* minette *f*.
bimbo ['bɪmbəʊ] (*pl* **-s** *ou* **-es**) *n fam* & *péj* • **she's a bit of a bimbo** c'est le genre « pin-up ».
bimonthly [ˌbaɪ'mʌnθlɪ] *adj* **1.** bimestriel **2.** bimensuel. ❑ *adv* **1.** tous les deux mois **2.** deux fois par mois.
bin [bɪn] *n* **1. (UK)** poubelle *f* • **to throw sthg in the bin** jeter qqch à la poubelle **2.** coffre *m*.
binary ['baɪnərɪ] *adj* binaire.
bind [baɪnd] (*prét & pp* **bound**) *vt* **1.** attacher **2.** *fig* lier **3.** panser **4.** contraindre, forcer **5.** relier *(un livre)*.
binder ['baɪndər] *n* classeur *m*.
binding ['baɪndɪŋ] *adj* **1.** qui lie *ou* engage **2.** irrévocable. ❑ *n* reliure *f*.
bin-end *n* fin *f* de série *(de vin)*.
binge [bɪndʒ] *fam n* • **to go on a binge** prendre une cuite. ❑ *vi* • **to binge on sthg** se gaver *ou* se bourrer de qqch.
binge drinking *n fait de boire de très grandes quantités d'alcool en une soirée, de façon régulière*.
binge eating *n* hyperphagie *f*, consommation *f* compulsive de nourriture.
bingo ['bɪŋgəʊ] *n* bingo *m* ; ≃ loto *m*.

> **CULTURE**
>
> **bingo**
>
> Jeu proche du loto, le **bingo** est souvent pratiqué dans des cinémas désaffectés ou de grandes salles municipales. On joue aussi au **bingo** dans les villes balnéaires, et ce sont alors de petits lots (jouets en peluche, etc.) que l'on peut remporter.

bingo wings *npl* **(UK)** *fam chair qui pendouille sous les avant-bras*.
bin liner *n* **(UK)** sac-poubelle *m*.
binner ['bɪnər] *n* **(US)** *personne qui fait les poubelles*.
binoculars [bɪ'nɒkjʊləz] *npl* jumelles *fpl* • **a pair of binoculars** des jumelles.
bio ['baɪəʊ] *adj* bio *(invariable)*.
bioavailability [ˌbaɪəʊəveɪlə'bɪlɪtɪ] *n* biodisponibilité *f*.
biochemical [ˌbaɪəʊ'kemɪkl] *adj* biochimique. ❑ *n* produit *m* biochimique.
biochemistry [ˌbaɪəʊ'kemɪstrɪ] *n* biochimie *f*.
biodegradable [ˌbaɪəʊdɪ'greɪdəbl] *adj* biodégradable.
biodiesel ['baɪəʊdi:zəl] *n* biodiesel *m*.
biodiversity [ˌbaɪəʊdaɪ'vɜ:sətɪ] *n* biodiversité *f*.
biodynamic [ˌbaɪəʊdaɪ'næmɪk] *adj* biodynamique.
bioethics [ˌbaɪəʊ'eθɪks] *n (indén)* bioéthique *f*.
biofuel ['baɪəʊfju:l] *n* biocarburant *m*.
biogeography [baɪədʒɪ'ɒgrəfɪ] *n* biogéographie *f*.
biographer [baɪ'ɒgrəfər] *n* biographe *mf*.
biographic(al) [ˌbaɪə'græfɪk(l)] *adj* biographique.
biography [baɪ'ɒgrəfɪ] *n* biographie *f*.
biological [ˌbaɪə'lɒdʒɪkl] *adj* **1.** biologique **2.** aux enzymes.
biological clock *n* horloge *f* interne.
biological mother *n* mère *f* biologique.
biological weapon *n* arme *f* biologique.
biologist [baɪ'ɒlədʒɪst] *n* biologiste *mf*.
biology [baɪ'ɒlədʒɪ] *n* biologie *f*.
biometric [ˌbaɪəʊ'metrɪk] *adj (données, lecteur)* biométrique.
bionic [baɪ'ɒnɪk] *adj* bionique.
biopic ['baɪəʊpɪk] *n fam* film *m* biographique.
biopiracy ['baɪəʊpaɪrəsɪ] *n* biopiraterie *f*.
bioprivacy [ˌbaɪəʊ'prɪvəsɪ] *n* protection *f* des données biométriques.
biopsy ['baɪɒpsɪ] (*pl* **-ies**) *n* biopsie *f*.
biotechnology [ˌbaɪəʊtek'nɒlədʒɪ] *n* biotechnologie *f*.
bioterrorism [ˌbaɪəʊ'terərɪzm] *n* bioterrorisme *m*.
bioterrorist ['baɪəʊterərɪst] *n* bioterroriste *mf*.
biowarfare [ˌbaɪəʊ'wɔ:feə] *n* guerre *f* biologique.
bioweapon ['baɪəʊwepən] *n* arme *f* biologique.
bipolar disorder [baɪ'pəʊlər-] *n* trouble *m* bipolaire.
birch [bɜ:tʃ] *n* bouleau *m*.
bird [bɜ:d] *n* **1.** oiseau *m* **2. (UK)** *fam* gonzesse *f*.
bird-brained [-breɪnd] *adj* **1.** *fam* écervelé **2.** insensé.
birdcage ['bɜ:dkeɪdʒ] *n* cage *f* à oiseaux.
bird flu *n* grippe *f* aviaire.
birdie ['bɜ:dɪ] *n* **1.** petit oiseau *m* **2.** GOLF birdie *m*.
birding ['bɜ:dɪŋ] *n* = **bird-watching**.
bird of prey *n* oiseau *m* de proie.
bird's-eye view *n* **1.** *litt* vue *f* aérienne **2.** *fig* vue *f* d'ensemble.
bird-watcher [-ˌwɒtʃər] *n* observateur *m*, -trice *f* d'oiseaux.
bird-watching *n* ornithologie *f* • **to go bird-watching** aller observer les oiseaux.

Biro® ['baɪərəʊ] *n* **(UK)** stylo *m* à bille.
birth [bɜːθ] *n litt* & *fig* naissance *f* • **what's your date of birth?** quelle est votre date de naissance ? • **to give birth (to)** donner naissance (à).
birth certificate *n* acte *m ou* extrait *m* de naissance.
birth chart *n* thème *m* astral.
birth control *n (indén)* régulation *f ou* contrôle *m* des naissances.
birthday ['bɜːθdeɪ] *n* anniversaire *m*.
birthmark ['bɜːθmɑːk] *n* tache *f* de vin.
birth mother *n* mère *f* gestationnelle.
birthparent ['bɜːθpeərənt] *n* parent *m* biologique.
birthplace ['bɜːθpleɪs] *n* lieu *m* de naissance.
birthrate ['bɜːθreɪt] *n* (taux *m* de) natalité *f*.
birthright ['bɜːθraɪt] *n* droit *m* de naissance.
birth sign *n* signe *m* du zodiaque • **what's your birth sign?** tu es de quel signe ?
birthweight ['bɜːθweɪt] *n* poids *m* à la naissance.
Biscay ['bɪskeɪ] *n* • **the Bay of Biscay** le golfe de Gascogne.
biscuit ['bɪskɪt] *n* **1.** **(UK)** *petit pain rond non sucré* **2.** **(US)** biscuit *m* sec.
bisect [baɪ'sekt] *vt* couper *ou* diviser en deux.
bisexual [,baɪ'sekʃjʊəl] *adj* bisexuel. ❑ *n* bisexuel *m*, -elle *f*.
bishop ['bɪʃəp] *n* **1.** évêque *mf* **2.** *(au jeu d'échecs)* fou *m*.
bison ['baɪsn] *(pl inv ou -s)* *n* bison *m*.
bistro ['biːstrəʊ] *(pl -s)* *n* bistro *m*.
bit [bɪt] *passé* → **bite**. ❑ *n* **1.** morceau *m*, bout *m* **2.** • **bits and pieces** **(UK)** petites affaires *fpl ou* choses *fpl* **3.** • **a bit of shopping** quelques courses • **quite a bit of** pas mal de, beaucoup de **4.** • **for a bit** pendant quelque temps **5.** mèche *f (d'une perceuse)* **6.** mors *m* **7.** INFORM bit *m*. ■ **a bit** *adv* un peu. ■ **bit by bit** *adv* petit à petit. ■ **to bits** *adv* **1.** *fam* super- • **he was thrilled to bits** il était super-content • **I love him to bits!** je l'adore ! **2.** en morceaux • **to take sthg to bits** démonter qqch.

À PROPOS DE

a bit

A bit peut être un adverbe ***(he's* a *bit shy)*** ou un pronom ***(would you like some cake? — yes, just* a bit*)***. Si on veut l'utiliser directement devant un nom, il faut ajouter ***of*** ***(a bit of paper)***.
A bit et ***a bit of*** ont la même signification que ***a little***, mais appartiennent à un registre moins soutenu.

bitch [bɪtʃ] *n* **1.** chienne *f* **2.** *fam* & *péj* salope *f*, garce *f*.
bitchy [bɪtʃɪ] *adj fam* vache, rosse.
bitcoin [bɪtkɔɪn] *n* bitcoin *m*.
bite [baɪt] *n* **1.** morsure *f*, coup *m* de dent **2.** *fam* • **to have a bite (to eat)** manger un morceau **3.** piqûre *f (d'insecte)*. ❑ *vt (prét* **bit**, *pp* **bitten***)* **1.** mordre **2.** *(insecte, serpent)* piquer, mordre. ❑ *vi (prét* **bit**, *pp* **bitten***)* • **to bite (into)** mordre (dans) • **to bite off sthg** arracher qqch d'un coup de dents.
bite-sized [-,saɪzd] *adj* • **cut the meat into bite-sized pieces** coupez la viande en petits dés.
biting ['baɪtɪŋ] *adj* **1.** *(froid)* cinglant, piquant **2.** *(humour, commentaire)* mordant, caustique.
bitrate ['bɪtreɪt] *n* INFORM débit *m* binaire, bitrate *m*.
bitten ['bɪtn] *pp* → **bite**.
bitter ['bɪtəʳ] *adj* **1.** amer **2.** glacial **3.** violent. ❑ *n* **(UK)** *bière relativement amère, à forte teneur en houblon*.
bitter lemon *n* Schweppes® *m* au citron.
bitterly ['bɪtəlɪ] *adv* **1.** • **it's bitterly cold** il fait un froid de canard **2.** *(déçu)* cruellement **3.** *(pleurer, se plaindre)* amèrement **4.** *(critiquer)* violemment.
bitterness ['bɪtənɪs] *n* **1.** amertume *f* **2.** âpreté *f*.
bizarre [bɪ'zɑːʳ] *adj* bizarre.
bizarrely [bɪ'zɑːlɪ] *adv* bizarrement.
blab [blæb] *vi fam* cracher le morceau.
black [blæk] *adj* noir. ❑ *n* **1.** *(couleur)* noir *m* **2.** *(personne)* Noir *m*, -e *f* **3.** *(locution)* • **in the black** solvable, sans dettes • **it's the new black** *fam* c'est très tendance. ❑ *vt* **(UK)** boycotter. ■ **black out** *vi* s'évanouir.
blackberry ['blækbərɪ] *n* mûre *f* • **blackberry bush** mûrier *m*.
blackbird ['blækbɜːd] *n* merle *m*.
blackboard ['blækbɔd] *n* tableau *m* (noir).
black box *n* boîte *f* noire *(d'avion)*.
blackcurrant [,blæk'kʌrənt] *n* cassis *m*.
black economy *n* économie *f* parallèle.
blacken ['blækn] *vt* noircir. ❑ *vi* s'assombrir.
black eye *n* œil *m* poché *ou* au beurre noir.
blackhead ['blækhed] *n* point *m* noir.
black hole *n* trou *m* noir.
black ice *n* verglas *m*.
blackleg ['blækleg] *n* **(UK)** *péj* jaune *m*.
blacklist ['blæklɪst] *n* liste *f* noire. ❑ *vt* mettre sur la liste noire.
black magic *n* magie *f* noire.
blackmail ['blækmeɪl] *n litt* & *fig* chantage *m*. ❑ *vt* **1.** faire chanter **2.** *fig* faire du chantage à.
black market *n* marché *m* noir.
blackout ['blækaʊt] *n* **1.** black-out *m* **2.** panne *f* d'électricité **3.** évanouissement *m*.
black pepper *n* poivre *m* gris.
black pudding *n* **(UK)** boudin *m (noir)*.
Black Sea *n* • **the Black Sea** la mer Noire.
black sheep *n* brebis *f* galeuse.

blacksmith ['blæksmɪθ] *n* **1.** maréchal-ferrant *m* **2.** forgeron *m*.
black spot *n* **(UK)** point *m* noir.
black tie *n nœud papillon noir porté avec une tenue de soirée* • **'black tie'** 'tenue de soirée exigée'. ■ **black-tie** *adj* • **it's black-tie** il faut être en smoking.
bladder ['blædəʳ] *n* vessie *f*.
blade [bleɪd] *n* **1.** lame *f* **2.** pale *f (d'hélice)* **3.** brin *m (d'herbe)*.
blame [bleɪm] *n* responsabilité *f*, faute *f* • **to take the blame for sthg** endosser la responsabilité de qqch. ❑ *vt* **1.** blâmer, condamner • **to blame sthg on** rejeter la responsabilité de qqch sur, imputer qqch à • **to blame sb/sthg for sthg** reprocher qqch à qqn/qqch • **to be to blame for sthg** être responsable de qqch **2.** *(locution)* • **I don't blame you!** (comme) je te comprends !
bland [blænd] *adj* **1.** *(personne)* insipide, ennuyeux ; mielleux, doucereux **2.** *(nourriture)* fade, insipide.
blank [blæŋk] *adj* **1.** blanc, blanche *f* **2.** nu • **blank document** INFORM document *m* vierge **3.** *fig* vide, sans expression. ❑ *n* **1.** *(espace)* blanc *m* **2.** cartouche *f* à blanc.
blank cheque (UK), blank check (US) *n* **1.** chèque *m* en blanc **2.** *fig* carte *f* blanche.
blanket ['blæŋkɪt] *n* **1.** couverture *f* **2.** couche *f*, manteau *m (de neige)* **3.** nappe *f (de brouillard)*. ❑ *adj* général • **blanket instruction** consigne *f* générale.
blare [bleəʳ] *vi* **1.** hurler **2.** beugler.
blasé [(UK) 'blɑːzeɪ, (US) ˌblɑː'zeɪ] *adj* blasé.
blasphemy ['blæsfəmɪ] *n* blasphème *m*.
blast [blɑːst] *n* **1.** explosion *f* **2.** souffle *m*. ❑ *vt* creuser à la dynamite. ❑ *interj* **(UK)** *fam* zut !, mince ! ■ **(at) full blast** *adv* à pleins gaz *ou* tubes.
blasted ['blɑːstɪd] *adj fam* fichu, maudit.
blast-off *n* lancement *m*.
blatant ['bleɪtənt] *adj* criant, flagrant.
blaze [bleɪz] *n* **1.** incendie *m* **2.** *fig* éclat *m*, flamboiement *m*. ❑ *vi* **1.** flamber **2.** *fig* flamboyer.
blazer ['bleɪzəʳ] *n* blazer *m*.
bleach [bliːtʃ] *n* eau *f* de Javel. ❑ *vt* **1.** décolorer **2.** blanchir.
bleached [bliːtʃt] *adj* décoloré.
bleachers ['bliːtʃəz] *npl* **(US)** gradins *mpl*.
bleak [bliːk] *adj* **1.** sombre **2.** lugubre, triste.
bleary-eyed [ˌblɪərɪ'aɪd] *adj* aux yeux troubles.
bleat [bliːt] *n* bêlement *m*. ❑ *vi* **1.** bêler **2.** *fig* se plaindre, geindre.
bleed [bliːd] *(prét & pp* **bled** [bled]*) vi* saigner. ❑ *vt* purger *(un radiateur)*.
bleeding ['bliːdɪŋ] *n* **1.** saignement *m* **2.** hémorragie *f* **3.** saignée *f* **4.** écoulement *m* de sève. ❑ *adj* **1.** saignant **2.** qui saigne **3. (UK)** *tfam* fichu, sacré. ❑ *adv* **(UK)** *tfam* vachement.
bleep [bliːp] **(UK)** *n* bip *m*. ❑ *vt* biper. ❑ *vi* faire bip-bip.
bleeper ['bliːpəʳ] *n* **(UK)** bip *m*, biper *m*.
blemish ['blemɪʃ] *n litt & fig* défaut *m*.
blend [blend] *n* mélange *m*. ❑ *vt* • **to blend sthg (with)** mélanger qqch (avec *ou* à). ❑ *vi* • **to blend (with)** se mêler (à *ou* avec).
blended learning ['blendɪd-] *n* apprentissage *m* mixte *(en présentiel et à distance)*.
blender ['blendəʳ] *n* mixer *m*.
bless [bles] *(prét & pp* **blessed** *ou* **blest***) vt* bénir • **bless you! a)** à vos souhaits ! **b)** merci mille fois !
blessing ['blesɪŋ] *n litt & fig* bénédiction *f*.
blest [blest] *passé & pp* → **bless**.
blew [bluː] *passé* → **blow**.
blight [blaɪt] *vt* gâcher, briser.
blimey ['blaɪmɪ] *interj* **(UK)** *fam* zut alors !, mince alors !
blind [blaɪnd] *adj litt & fig* aveugle • **to be blind to sthg** ne pas voir qqch. ❑ *n* **1.** store *m* **2. (US)** cachette *f*. ❑ *npl* • **the blind** les aveugles *mpl*. ❑ *vt* aveugler.
blind alley *n litt & fig* impasse *f*.
blind corner *n* **(UK)** virage *m* sans visibilité.
blind date *n rendez-vous avec quelqu'un que l'on ne connaît pas*.
blinders ['blaɪndəz] *npl* **(US)** œillères *fpl*.
blindfold ['blaɪndfəʊld] *adv* les yeux bandés. ❑ *n* bandeau *m*. ❑ *vt* bander les yeux à.
blinding ['blaɪndɪŋ] *adj* **1.** aveuglant **2.** évident.
blindly ['blaɪndlɪ] *adv* **1.** à l'aveuglette **2.** aveuglément.
blindness ['blaɪndnɪs] *n* cécité *f*.
blind spot *n* AUTO angle *m* mort.
blind testing *n (indén)* tests *mpl* en aveugle.
bling (bling) ['blɪŋ('blɪŋ)] *adj fam (ostentatoire)* bling(-)bling, tape-à-l'œil.
blink [blɪŋk] *n* • **on the blink** *fam* détraqué. ❑ *vt* cligner. ❑ *vi* **1.** cligner des yeux **2.** *(lumière)* clignoter.
blinkered ['blɪŋkəd] *adj* • **to be blinkered** *litt & fig* avoir des œillères.
blinkers ['blɪŋkəz] *npl* **(UK)** œillères *fpl*.
blip [blɪp] *n* **1.** bip *m* **2.** spot *m (sur un radar)* **3.** *fig* problème *m* passager.
bliss [blɪs] *n* bonheur *m* suprême, félicité *f*.
blissful ['blɪsfʊl] *adj* **1.** merveilleux **2.** *(ignorance)* total.
blissfully ['blɪsfʊlɪ] *adv* **1.** *(sourire)* d'un air heureux **2.** *(heureux, inconscient)* parfaitement.
blister ['blɪstəʳ] *n* ampoule *f*, cloque *f*. ❑ *vi* **1.** *(peau)* se couvrir de cloques **2.** *(peinture)* cloquer, se boursoufler.

blithely ['blaɪðlɪ] *adv* gaiement, joyeusement.
blitz [blɪts] *n* bombardement *m* aérien.
blitzed [blɪtst] *adj* **(US)** *fam* bourré *(ivre)*.
blizzard ['blɪzəd] *n* tempête *f* de neige.
bloated ['bləʊtɪd] *adj* **1.** bouffi **2.** ballonné.
bloatware ['bləʊtweəʳ] *n logiciel offrant un nombre excessif de fonctionnalités*.
blob [blɒb] *n* **1.** goutte *f* **2.** forme *f* • **a blob of colour** une tache de couleur.
block [blɒk] *n* **1.** • **office block** **(UK)** immeuble *m* de bureaux • **block of flats** **(UK)** immeuble *m* **2.** **(US)** pâté *m* de maisons **3.** bloc *m (de pierre, de glace)* **4.** blocage *m*. ❑ *vt* **1.** boucher **2.** bloquer, empêcher.
blockade [blɒ'keɪd] *n* blocus *m*. ❑ *vt* faire le blocus de.
blockage ['blɒkɪdʒ] *n* obstruction *f*.
blockbuster ['blɒkbʌstəʳ] *n* **1.** *fam* best-seller *m* **2.** film *m* à succès.
block capitals *npl* majuscules *fpl* d'imprimerie • **in block capitals** en majuscules.
block letters *npl* majuscules *fpl* d'imprimerie.
block scheduling ['blɒk ˌskedʒʊlɪŋ] *n* **(US)** SCOL *journée scolaire organisée en 4 blocs de 90 minutes chacun*.
blog [blɒg] (abrév de weblog) *n* INFORM blog *m*.
blogger ['blɒgəʳ] *n* bloggeur *m*, -euse *f*.
blogging ['blɒgɪŋ] *n* INFORM blogging *m*, création *f* de blogs.
blogosphere ['blɒgəʊsfɪəʳ] *n* blogosphère *f*.
blogroll ['blɒgrəʊl] *n* blogroll *f*, liste *f* de liens vers des blogs.
bloke [bləʊk] *n* **(UK)** *fam* type *m*.
blond(e) [blɒnd] *adj* blond.
blonde [blɒnd] *adj* blond. ❑ *n* blonde *f*.
blood [blʌd] *n* sang *m* • **in cold blood** de sang-froid.
blood bank *n* banque *f* de sang.
bloodbath ['blʌdbɑːθ] (*pl* [-bɑːðz]) *n* bain *m* de sang, massacre *m*.
blood cell *n* globule *m*.
blood donor *n* donneur *m*, -euse *f* de sang.
blood group *n* **(UK)** groupe *m* sanguin.
bloodhound ['blʌdhaʊnd] *n* limier *m*.
blood poisoning *n* septicémie *f*.
blood pressure *n* tension *f* artérielle.
blood relation, blood relative *n* parent *m*, -e *f* par le sang.
bloodshed ['blʌdʃed] *n* carnage *m*.
bloodshot ['blʌdʃɒt] *adj (yeux)* injecté de sang.
blood-spattered *adj* maculé de sang.
bloodstream ['blʌdstriːm] *n* sang *m*.
blood test *n* prise *f* de sang.
bloodthirsty ['blʌdˌθɜːstɪ] *adj* sanguinaire.
blood transfusion *n* transfusion *f* sanguine.
bloody ['blʌdɪ] *adj* **1.** sanglant **2.** **(UK)** *tfam* foutu • **you bloody idiot!** espèce de con ! ❑ *adv* **(UK)** *tfam* vachement.
bloody-minded [-'maɪndɪd] *adj* **(UK)** *fam* contrariant.
bloom [bluːm] *n* fleur *f*. ❑ *vi* fleurir.
bloomer ['bluːməʳ] *n* **1.** **(UK)** *fam* gaffe *f*, faux pas *m* • **I made a terrible bloomer** j'ai fait une gaffe terrible **2.** **(UK)** CULIN *pain cranté sur le dessus*.
blooming ['bluːmɪŋ] *adj* **(UK)** *fam* sacré, fichu. ❑ *adv* **(UK)** *fam* sacrément.
blossom ['blɒsəm] *n* fleurs *fpl*. ❑ *vi* **1.** fleurir **2.** *fig* s'épanouir.
blot [blɒt] *n* *litt* & *fig* tache *f*. ❑ *vt* **1.** faire des pâtés sur *(une feuille de papier)* **2.** *(encre)* sécher. ■ **blot out** *vt sép* **1.** cacher, masquer **2.** effacer.
blotchy ['blɒtʃɪ] *adj* couvert de marbrures *ou* taches.
blotting paper ['blɒtɪŋ-] *n (indén)* (papier *m*) buvard *m*.
blouse [blaʊz] *n* chemisier *m*.
blow [bləʊ] *vi (prét* **blew**, *pp* **blown***)* **1.** souffler **2.** • **to blow off** s'envoler **3.** *(fusible)* sauter. ❑ *vt (prét* **blew**, *pp* **blown***)* **1.** faire voler, chasser **2.** • **to blow one's nose** se moucher **3.** *(trompette, cor)* jouer de, souffler dans • **to blow a whistle** donner un coup de sifflet **4.** *fam* gâcher • **I blew it!** j'ai tout gâché ! ❑ *n* coup *m*. ■ **blow away** *vt sép* **1.** chasser, disperser **2.** **(US)** *fam* écraser, battre à plate couture **3.** **(US)** *fam* • **it really blew me away!** j'ai trouvé ça génial ! **4.** *(locution)* • **to blow away the cobwebs** **(UK)** se changer les idées • **let's take a walk to blow away the cobwebs** allons nous promener pour nous changer les idées. ■ **blow off** *vi insép* **1.** *(chapeau, toit)* s'envoler **2.** **(UK)** *fam* péter. ❑ *vt sép* **1.** emporter **2.** laisser échapper, lâcher **3.** **(US)** *fam* • **to blow sb off a)** *(faire faux bond)* poser un lapin à qqn **b)** *(ignorer)* snober qqn **c)** *(repousser)* mettre un râteau à qqn **4.** *(locution)* • **to blow off steam** *fam* dire ce qu'on a sur le cœur. ■ **blow out** *vi* **1.** *(bougie)* s'éteindre **2.** *(pneu)* éclater. ❑ *vt* **1.** souffler • **blow the candles out** souffle les bougies **2.** *(locution)* • **to blow sb out of the water a)** *(critiquer)* descendre qqn en flammes **b)** *(vaincre)* battre qqn à plates coutures. ■ **blow over** *vi* se calmer. ■ **blow up** *vt sép* **1.** gonfler • **to blow up balloons** gonfler des ballons **2.** faire sauter • **to blow up a building** faire sauter un immeuble **3.** *(photo)* agrandir. ❑ *vi* exploser.
blow-dry *n* Brushing® *m*. ❑ *vt* faire un Brushing® à.
blowlamp **(UK)** ['bləʊlæmp], **blowtorch** ['bləʊtɔːtʃ] *n* chalumeau *m*, lampe *f* à souder.
blown [bləʊn] *pp* → **blow**.
blowout ['bləʊaʊt] *n* **1.** (surtout **US**) éclatement *m (d'un pneu)* **2.** éruption *f*.
blowtorch = **blowlamp**.

BLT (abrév de **bacon, lettuce and tomato**) *n sandwich avec du bacon, de la laitue et de la tomate.*
blubber [ˈblʌbəʳ] *n* graisse *f* de baleine. ❑ *vi fam & péj* chialer.
bludgeon [ˈblʌdʒən] *vt* matraquer.
blue [bluː] *adj* **1.** bleu **2.** *fam* triste, cafardeux **3.** *fam & vieilli* porno *(inv)*. ❑ *n* bleu *m* • **out of the blue a)** subitement **b)** *(arriver)* à l'improviste. ■ **blues** *npl* • **the blues a)** le blues **b)** *fam* le blues, le cafard.
blue badge *n* **(UK)** *carte de conducteur handicapé.*
bluebell [ˈbluːbel] *n* jacinthe *f* des bois.
blueberry [ˈbluːbərɪ] *n* myrtille *f*.
bluebottle [ˈbluːˌbɒtl] *n* mouche *f* bleue, mouche à viande.
blue cheese *n* (fromage *m*) bleu *m*.
blue-chip *en apposition* de premier ordre.
blue-collar *adj* ouvrier • **a blue-collar worker** un col bleu.
blue-eyed boy [-aɪd-] *n* **(UK)** *fam* chouchou *m*.
blue-green *adj* bleu-vert *(inv)*.
blue jeans *npl* **(surtout US)** blue-jean *m*, jean *m*.
blue-on-blue *adj* **(US)** MIL • **we have a blue-on-blue situation** des soldats ont été tués par des tirs amis *ou* fratricides.
blueprint [ˈbluːprɪnt] *n* **1.** Ozalyd® *f* **2.** *fig* plan *m*, projet *m*.
blue state *n* **(US)** *État qui vote traditionnellement démocrate.*
bluff [blʌf] *adj* franc, franche *f*. ❑ *n* **1.** bluff *m* • **to call sb's bluff** prendre qqn au mot **2.** falaise *f* à pic. ❑ *vt* bluffer, donner le change à. ❑ *vi* faire du bluff, bluffer.
blunder [ˈblʌndəʳ] *n* gaffe *f*, bévue *f*. ❑ *vi* faire une gaffe, commettre une bévue.
blunt [blʌnt] *adj* **1.** *(couteau)* émoussé **2.** *(crayon)* épointé **3.** *(instrument)* contondant **4.** *(manières, personne)* direct, carré • **he's very blunt** c'est quelqu'un de très direct. ❑ *vt litt & fig* émousser.
bluntly [ˈblʌntlɪ] *adv* carrément.
blur [blɜːʳ] *n* forme *f* confuse, tache *f* floue. ❑ *vt* troubler, brouiller.
blurb [blɜːb] *n* texte *m* publicitaire.
blurt [blɜːt] ■ **blurt out** *vt sép* laisser échapper.
blush [blʌʃ] *n* rougeur *f*. ❑ *vi* rougir.
blusher [ˈblʌʃəʳ] *n* **(UK)** fard *m* à joues, blush *m*.
blustery [ˈblʌstərɪ] *adj* venteux.
BMX (abrév de **bicycle motorcross**) *n* bicross *m*.
BN SMS abrév de **been**.
BO abrév de **body odour**.
boar [bɔːʳ] *n* **1.** verrat *m* **2.** sanglier *m*.
board [bɔːd] *n* **1.** planche *f* **2.** panneau *m* d'affichage **3.** *(jeux)* tableau *m* **4.** *(échecs)* échiquier *m* **5.** tableau *m* (noir) **6.** • **board (of directors)** conseil *m* d'administration **7.** comité *m*, conseil *m* **8. (UK)** pension *f* • **board and lodging** pension • **full board** pension complète • **half board** demi-pension *f* **9.** • **on board** à bord. ❑ *vt* **1.** monter à bord de *(un bateau, un avion)* **2.** monter dans *(un train, un bus)*.
boarder [ˈbɔːdəʳ] *n* **1.** pensionnaire *mf* **2.** SCOL interne *mf*, pensionnaire *mf*.
board game *n* jeu *m* de société.
boarding card [ˈbɔːdɪŋ-] *n* carte *f* d'embarquement.
boarding house [ˈbɔːdɪŋhaʊs] (*pl* [-haʊzɪz]) *n vieilli* pension *f* de famille.
boarding pass [ˈbɔːdɪŋ-] *n* carte *f* d'embarquement.
boarding school [ˈbɔːdɪŋ-] *n* pensionnat *m*, internat *m*.
board meeting *n* réunion *f* du conseil d'administration.
Board of Trade *n* **(UK)** • **the Board of Trade** ≃ le ministère *m* du Commerce.
boardroom [ˈbɔːdrʊm] *n* salle *f* du conseil (d'administration).
boast [bəʊst] *n* vantardise *f*, fanfaronnade *f*. ❑ *vi* • **to boast (about)** se vanter (de).
boastful [ˈbəʊstfʊl] *adj* vantard, fanfaron.
boat [bəʊt] *n* **1.** bateau *m* **2.** canot *m*, embarcation *f* • **by boat** en bateau.
boater [ˈbəʊtəʳ] *n* canotier *m*.
boatswain [ˈbəʊsn], **bosun** [ˈbəʊsn] *n* maître *m* d'équipage.
bob [bɒb] *n* **1.** coupe *f* au carré **2. (UK)** *fam & vieilli* shilling *m*. ❑ *vi* tanguer.
bobbin [ˈbɒbɪn] *n* bobine *f*.
bobby [ˈbɒbɪ] *n* **(UK)** *fam & vieilli* agent *m* de police.
bobby socks, **bobby sox** *npl* **(US)** socquettes *fpl (de fille)*.
bobsleigh (UK) [ˈbɒbsleɪ], **bobsled (US)** [ˈbɒbsled] *n* bobsleigh *m*.
bode [bəʊd] *vi littéraire* • **to bode ill/well (for)** être de mauvais/bon augure (pour).
bodily [ˈbɒdɪlɪ] *adj* **1.** *(besoins)* matériel **2.** *(douleur)* physique. ❑ *adv* à bras-le-corps.
body [ˈbɒdɪ] *n* **1.** corps *m* • **the human body** le corps humain **2.** *(d'un mort)* corps *m*, cadavre *m* **3.** organisme *m*, organisation *f* **4.** carrosserie *f* **5.** fuselage *m* **6.** *(indén)* corps *m (en parlant du vin)* **7.** *(indén)* volume *m (en parlant des cheveux)* **8. (UK)** body *m*.
body building *n* culturisme *m*.
body count *n* pertes *fpl* en vies humaines.
body double *n* CINÉ doublure *f (pour les scènes d'amour)*.
bodyguard [ˈbɒdɪgɑːd] *n* garde *m* du corps.
body language *n* langage *m* du corps.
body lotion *n* lait *m* corporel.
body odour (UK), **body odor (US)** *n* odeur *f* corporelle.

body shaper [-ˈʃeɪpəʳ] *n* body *m* minceur.
body-surf *vi* SPORT faire du bodysurf.
body-surfing *n* SPORT bodysurf *m*.
body warmer [-ˌwɔːməʳ] *n* gilet *m* matelassé.
bodywork [ˈbɒdɪwɜːk] *n* carrosserie *f*.
bog [bɒg] *n* marécage *m*. ■ **bog off** *vi insép* (UK) *tfam* • **oh, bog off!** dégage !
bogged down [ˌbɒgd-] *adj* • **bogged down (in)** enlisé (dans).
boggle [ˈbɒgl] *vi* • **the mind boggles!** ce n'est pas croyable !, on croit rêver !
bog-standard *adj* (UK) *fam* médiocre.
bogus [ˈbəʊgəs] *adj* faux, fausse *f*, bidon *(inv)*.
boil [bɔɪl] *n* **1.** furoncle *m* **2.** • **to bring sthg to the boil** porter qqch à ébullition. ❑ *vt* **1.** faire bouillir **2.** mettre sur le feu. ❑ *vi* bouillir. ■ **boil down to** *vt insép fig* revenir à, se résumer à. ■ **boil over** *vi* **1.** *(liquide)* déborder **2.** *fig (sentiments)* exploser.
boiled [ˈbɔɪld] *adj* • **boiled egg** œuf *m* à la coque.
boiler [ˈbɔɪləʳ] *n* chaudière *f*.
boiler room *n* chaufferie *f*.
boiler suit *n* (UK) bleu *m* de travail.
boiling [ˈbɔɪlɪŋ] *adj* **1.** bouillant **2.** *fam* très chaud, torride • **I'm boiling (hot)!** je crève de chaleur !
boiling point *n* point *m* d'ébullition.
boisterous [ˈbɔɪstərəs] *adj* turbulent, remuant.
BOL SMS (abrév de best of luck) bonne chance.
bold [bəʊld] *adj* **1.** hardi, audacieux **2.** *(couleurs)* vif, vive *f*, éclatant **3.** • **bold type** *ou* **print** caractères *mpl* gras.
bollard [ˈbɒlɑːd] *n* (UK) borne *f*.
bollocking [ˈbɒləkɪŋ] *n* (UK) *tfam* engueulade *f* • **he got/she gave him a right bollocking** il a reçu/elle lui a passé un sacré savon.
bollocks [ˈbɒləks] (UK) *tfam npl* couilles *fpl*. ❑ *interj* quelles conneries !
bolster [ˈbəʊlstəʳ] *n* traversin *m*. ❑ *vt* renforcer, affirmer • **he bolstered my morale** il m'a remonté le moral. ■ **bolster up** *vt sép* soutenir.
bolt [bəʊlt] *n* **1.** verrou *m* **2.** boulon *m*. ❑ *adv* • **bolt upright** droit comme un piquet. ❑ *vt* **1.** boulonner **2.** verrouiller **3.** engouffrer, engloutir *(de la nourriture)*. ❑ *vi* détaler.
bomb [bɒm] *n* bombe *f* • **a bomb scare** une alerte à la bombe. ❑ *vt* bombarder.
bombard [bɒmˈbɑːd] *vt fig* • **to bombard (with)** bombarder (de).
bombastic [bɒmˈbæstɪk] *adj* pompeux.
bomb disposal squad *n* équipe *f* de déminage.
bombed-out *adj fam* **1.** crevé, nase **2.** plein à craquer **3.** bourré, beurré *(ivre)* **4.** défoncé *(drogué)*.
bomber [ˈbɒməʳ] *n* **1.** bombardier *m* **2.** plastiqueur *m*.
bomber jacket *n* blouson *m* d'aviateur.
bombing [ˈbɒmɪŋ] *n* bombardement *m*.
bombshell [ˈbɒmʃel] *n fig* bombe *f*.
bombsite [ˈbɒmsaɪt] *n* lieu *m* bombardé.
bona fide [ˌbəʊnəˈfaɪdɪ] *adj* **1.** véritable, authentique **2.** *(offre)* sérieux.
bond [bɒnd] *n* **1.** lien *m* **2.** engagement *m* **3.** FIN bon *m*, titre *m*. ❑ *vt* **1.** • **to bond sthg to sthg** coller qqch sur qqch **2.** *fig* unir.
bondage [ˈbɒndɪdʒ] *n* servitude *f*, esclavage *m*.
bone [bəʊn] *n* **1.** os *m* **2.** arête *f (de poisson)*. ❑ *vt* **1.** *(viande)* désosser **2.** *(poisson)* enlever les arêtes de.
bone-dry *adj* tout à fait sec, sèche *f*.
bone-idle *adj* (UK) *fam* paresseux comme une couleuvre *ou* un lézard.
bonfire [ˈbɒnˌfaɪəʳ] *n* **1.** feu *m* de joie **2.** feu *(de jardin)*.
bonkers [ˈbɒŋkəz] *adj* (UK) *fam* cinglé.
Bonn [bɒn] *n* Bonn.
bonnet [ˈbɒnɪt] *n* **1.** (UK) capot *m* **2.** bonnet *m*.
bonny [ˈbɒnɪ] *adj* (ÉCOSSE) beau, belle *f*, joli.
bonus [ˈbəʊnəs] (*pl* -es) *n* **1.** prime *f*, gratification *f* **2.** *fig* plus *m*.
bony [ˈbəʊnɪ] *adj* **1.** maigre, osseux **2.** *(viande)* plein d'os **3.** *(poisson)* plein d'arêtes.
boo [buː] *interj* hou ! ❑ *n* (*pl* -s) huée *f*. ❑ *vt & vi* huer.
boob (UK) [buːb], **boo-boo** [buːbuː] *n fam* gaffe *f*, bourde *f*. ■ **boobs** *npl tfam* nichons *mpl*.
booby prize [ˈbuːbɪ-] *n* prix *m* de consolation.
booby trap [ˈbuːbɪ-] *n* **1.** objet *m* piégé **2.** farce *f*.
book [bʊk] *n* **1.** livre *m* • **book cover** couverture *f* • **she's an open book** *fig* on peut lire en elle comme dans un livre ouvert *fig* **2.** carnet *m (de timbres, de chèques)* **3.** pochette *f (d'allumettes)*. ❑ *vt* **1.** réserver • **to be fully booked** être complet **2.** engager **3.** *fam* coller un PV à **4.** (UK) prendre le nom de. ❑ *vi* réserver. ■ **books** *npl* livres *mpl* de comptes. ■ **book up** *vt sép* réserver, retenir.
bookcase [ˈbʊkkeɪs] *n* bibliothèque *f*.
Booker Prize [ˈbʊkə-] *n* • **the Booker Prize** *prix littéraire britannique*.
book group *n* club *m* de lecture.
bookie [ˈbʊkɪ] *n fam* bookmaker *m*.
booking [ˈbʊkɪŋ] *n* **1.** réservation *f* **2.** (UK) • **to get a booking** recevoir un carton jaune.
booking office *n* (UK) bureau *m* de réservation *ou* location.
bookkeeping [ˈbʊkˌkiːpɪŋ] *n* comptabilité *f*.
booklet [ˈbʊklɪt] *n* brochure *f*.
bookmaker [ˈbʊkˌmeɪkəʳ] *n* bookmaker *m*.

bookmark ['bʊkmɑːk] *n* signet *m*. ❑ *vt* • **to bookmark a site** mettre un signet à un site.
bookseller ['bʊk,seləʳ] *n* libraire *mf*.
bookshelf ['bʊkʃelf] (*pl* **-shelves**) *n* rayon *m* *ou* étagère *f* à livres.
bookshop (UK) ['bʊkʃɒp], **bookstore (US)** ['bʊkstɔʳ] *n* librairie *f*.
book token *n* **(UK)** chèque-livre *m*.
bookwork ['bʊkwɜːk] *n* **1.** comptabilité *f* **2.** secrétariat *m*.
boom [buːm] *n* **1.** grondement *m* **2.** boom *m* **3.** *NAUT* bôme *f* **4.** *CINÉ & TV* girafe *f*, perche *f*. ❑ *vi* **1.** gronder **2.** *(commerce)* être en plein essor *ou* en hausse.
boom and bust (cycle) *n ÉCON* cycle *m* expansion-récession.
boom operator *n CINÉ* perchiste *mf*.
boon [buːn] *n* aubaine *f*, bénédiction *f*.
boondoggle ['buːndɒgl] **(US)** *n fam* planque *f* *(travail)*. ❑ *vi fam* flemmarder, peigner la girafe.
boost [buːst] *n* **1.** augmentation *f* **2.** croissance *f*. ❑ *vt* **1.** stimuler **2.** accroître, renforcer.
booster ['buːstəʳ] *n MÉD* rappel *m* • **booster shot** piqûre *f* de rappel.
boot [buːt] *n* **1.** chaussure *f* • **football boots** des chaussures de football **2.** botte *f* **3. (UK)** coffre *m* *(de voiture)*. ❑ *vt fam* flanquer des coups de pied à. ■ **to boot** *adv* par-dessus le marché, en plus.
bootcut ['buːtkʌt] *adj (pantalon, jean)* trompette.
boot disk *n INFORM* disque *m* de démarrage.
booth [buːð] *n* **1.** baraque *f* foraine **2.** cabine *f* **3.** isoloir *m*.
booty ['buːtɪ] *n* butin *m*.
booze [buːz] *fam* *n (indén)* alcool *m*, boisson *f* alcoolisée. ❑ *vi* picoler.
bop [bɒp] *fam* *n* **1.** coup *m* **2. (UK)** fête *f*. ❑ *vi* **(UK)** danser.
border ['bɔːdəʳ] *n* **1.** frontière *f* **2.** bord *m* **3.** bordure *f*. ❑ *vt* **1.** être limitrophe de **2.** border. ■ **border on** *vt insép* friser, être voisin de.
borderline ['bɔːdəlaɪn] *adj* • **borderline case** cas *m* limite. ❑ *n fig* limite *f*, ligne *f* de démarcation.
bore [bɔːʳ] *passé* → **bear**. ❑ *n* **1.** *(personne)* raseur *m*, -euse *f* **2.** *(chose)* corvée *f* **3.** calibre *m*. ❑ *vt* **1.** ennuyer, raser • **to bore sb stiff** *ou* **to tears** *ou* **to death** ennuyer qqn à mourir **2.** forer, percer.
bored [bɔːd] *adj* **1.** *(personne)* qui s'ennuie **2.** *(expression)* d'ennui • **to be bored with** en avoir assez de.
boredom ['bɔːdəm] *n (indén)* ennui *m*.
boring ['bɔːrɪŋ] *adj* ennuyeux • **what a boring film!** quel film ennuyeux !
born [bɔːn] *adj* né • **to be born** naître • **she was born lucky** elle est née coiffée.
borne [bɔːn] *pp* → **bear**.
borough ['bʌrə] *n* municipalité *f*.
borrow ['bɒrəʊ] *vt* emprunter • **can I borrow your pen?** je peux t'emprunter ton stylo ?
borrower ['bɒrəʊəʳ] *n* emprunteur *m*, -euse *f*.
borrowing ['bɒrəʊɪŋ] *n* emprunt *m*.
Bosnia ['bɒznɪə] *n* Bosnie *f*.
Bosnia-Herzegovina [-,hɜːtsəgə'viːnə] *n* Bosnie-Herzégovine *f*.
Bosnian ['bɒznɪən] *adj* bosniaque. ❑ *n* Bosniaque *mf*.
bosom ['bʊzəm] *n* **1.** poitrine *f*, seins *mpl* **2.** *fig* sein *m* • **bosom buddy** meilleur pote *m*.
boss [bɒs] *n* patron *m*, -onne *f*, chef *m*. ■ **boss about, boss around** *vt sép péj* donner des ordres à, régenter.
bossy ['bɒsɪ] *adj péj* autoritaire.
bossy-boots *n fam* • **he/she's a real bossy-boots** il/elle adore donner des ordres.
bosun ['bəʊsn] = **boatswain**.
bot [bɒt] *n INFORM* bot *m* informatique, robogiciel *m*.
botany ['bɒtənɪ] *n* botanique *f*.
botch [bɒtʃ] ■ **botch up** *vt sép fam* bousiller, saboter.
both [bəʊθ] *adj* les deux. ❑ *pron* • **both (of them)** (tous) les deux, (toutes) les deux *f* • **both of us are coming** on vient tous les deux. ❑ *adv* • **she is both intelligent and amusing** elle est à la fois intelligente et drôle.

À PROPOS DE

both

L'adjectif ***both*** peut apparaître soit devant un nom dénombrable au pluriel ***(both girls are clever)***, soit devant deux noms dénombrables au singulier ***(both my brother and my sister are coming)***. Dans les deux cas le verbe est au pluriel.
En tant qu'adjectif, ***both*** peut être suivi directement : du nom qu'il qualifie ***(both cars need repairing)*** ; de ***the*** ***(both the cars need repairing)*** ; d'un adjectif possessif tel que ***my***, ***your***, ***his***, etc. ***(both my cars need repairing)*** ; de ***this/these*** ou ***that/those*** ***(both these cars need repairing)***.
En tant que pronom, ***both*** peut être utilisé seul ***(I like them both*** ; ***both speak English)***, ou devant ***of***, lui-même suivi d'un pronom objet tel que ***us***, ***you*** ou ***them*** ***(both of them speak English)***.

bother ['bɒðəʳ] *vt* **1.** ennuyer, inquiéter • **to bother o.s. (about)** se tracasser (au sujet de) **2.** embêter • **I'm sorry to bother you** excusez-moi de vous déranger. ❑ *vi* • **to bother about sthg** s'inquiéter de qqch • **don't bother (to do it)** ce n'est pas la peine (de le faire). ❑ *n (indén)* **(surtout UK)** embêtement *m* • **it's no bother at all** cela ne me dérange pas du tout.

bothered ['bɒðəd] *adj* inquiet • **I am really bothered that so many people are unemployed** cela m'inquiète que tant de personnes soient au chômage • **I am bothered about it** *ou* **by it (UK)** cela me dérange.

botnet ['bɒtnet] *n INFORM* botnet *m*, réseau *m* de robots IRC.

bottle ['bɒtl] *n* **1.** bouteille *f* **2.** flacon *m* **3.** biberon *m*. ❑ *vt* **1.** mettre en bouteilles **2.** mettre en bocal. ■ **bottle up** *vt sép* refouler, contenir.

bottle bank *n* **(UK)** container *m* pour verre usagé.

bottleneck ['bɒtlnek] *n* **1.** bouchon *m*, embouteillage *m* **2.** goulet *m* d'étranglement.

bottle-opener *n* ouvre-bouteilles *m inv*, décapsuleur *m*.

bottle party *n* soirée *f (où chacun apporte quelque chose à boire)*.

bottom ['bɒtəm] *adj* du bas. ❑ *n* **1.** fond *m* **2.** bas *m (d'une page, d'une rue)* **3.** pied *m (d'une colline)* **4.** dernier *m*, -ère *f (de la classe)* **5.** derrière *m* **6.** • **to get to the bottom of sthg** aller au fond de qqch, découvrir la cause de qqch **7.** bas *m (d'un vêtement deux pièces)*. ■ **bottom out** *vi* atteindre son niveau le plus bas.

bottom line *n fig* • **the bottom line** l'essentiel *m*.

bottom-up *adj* ascendant.

bough [baʊ] *n* branche *f*.

bought [bɔt] *passé & pp* → **buy**.

boulder ['bəʊldəʳ] *n* rocher *m*.

bounce [baʊns] *vi* **1.** rebondir **2.** sauter **3.** *fam* être sans provision. ❑ *vt* faire rebondir. ❑ *n* rebond *m*. ■ **bounce back** *vi* **1.** *fig* se remettre vite **2.** *(e-mail)* ne pas être livré.

bounce message *n* rapport *m* de non livraison *(d'un e-mail)*.

bouncer ['baʊnsəʳ] *n fam* videur *m*.

bound [baʊnd] *passé & pp* → **bind**. ❑ *adj* **1.** • **he's bound to win** il va sûrement gagner • **she's bound to see it** elle ne peut pas manquer de le voir **2.** • **to be bound to do sthg** être obligé *ou* tenu de faire qqch • **I'm bound to say/admit that...** je dois dire/reconnaître que... **3.** • **to be bound for a)** *(personne)* être en route pour **b)** *(avion, train)* être à destination de. ❑ *n* bond *m*, saut *m*. ❑ *vt* • **to be bounded by a)** *(terrain)* être limité *ou* délimité par **b)** *(pays)* être limitrophe de. ■ **bounds** *npl* limites *fpl* • **out of bounds** interdit, défendu.

boundary ['baʊndərɪ] *n* **1.** frontière *f* **2.** limite *f*, borne *f*.

bouquet [bu'keɪ] *n* bouquet *m*.

bourbon ['bɜːbən] *n* bourbon *m*.

bourgeois ['bɔːʒwɑː] *adj péj* bourgeois.

bout [baʊt] *n* **1.** accès *m (de fièvre)* • **a bout of flu** une grippe **2.** période *f* **3.** combat *m*.

bow¹ [baʊ] *n* **1.** révérence *f* **2.** proue *f*, avant *m*. ❑ *vt* baisser, incliner. ❑ *vi* **1.** saluer **2.** • **to bow to** s'incliner devant.

bow² [bəʊ] *n* **1.** arc *m* **2.** archet *m* **3.** nœud *m*.

bowel ['baʊəl] *n* **1.** intestin *m* • **a bowel disorder** des troubles *mpl* intestinaux **2.** boyau *m*. ■ **bowels** *npl* **1.** *ANAT* intestins *mpl* **2.** *fig* entrailles *fpl* • **the bowels of the earth** les entrailles de la Terre.

bowl [bəʊl] *n* **1.** jatte *f*, saladier *m* **2.** bol *m* **3.** cuvette *f* **4.** cuvette *f (des toilettes)* **5.** fourneau *m (d'une pipe)*. ❑ *vi CRICKET* lancer la balle. ■ **bowls** *n (indén)* boules *fpl (sur herbe)*.

bow-legged [ˌbəʊ'legɪd] *adj* aux jambes arquées.

bowler ['bəʊləʳ] *n* **1.** *CRICKET* lanceur *m* **2.** **(UK)** • **bowler (hat)** chapeau *m* melon.

bowling ['bəʊlɪŋ] *n (indén)* bowling *m*.

bowling alley *n* **1.** bowling *m* **2.** piste *f* de bowling.

bowling green *n* terrain *m* de boules *(sur herbe)*.

bow tie [bəʊ-] *n* nœud *m* papillon.

box [bɒks] *n* **1.** boîte *f* **2.** *THÉÂTRE* loge *f* **3.** **(UK)** *fam* • **the box** la télé **4.** *(locution)* • **to think outside the box** réfléchir de façon créative. ❑ *vi* **1.** boxer, faire de la boxe **2.** *(locution)* • **to box clever** *fig* ruser.

boxer ['bɒksəʳ] *n* **1.** boxeur *m*, -euse *f* **2.** *(chien)* boxer *m*.

boxer shorts *npl* boxer-short *m*.

box file *n* boîte *f* archive.

boxing ['bɒksɪŋ] *n* boxe *f*.

Boxing Day *n le 26 décembre*.

boxing glove *n* gant *m* de boxe.

box office *n* bureau *m* de location.

box of tricks *n* sac *m* à malices.

boxroom ['bɒksrʊm] *n* **(UK)** débarras *m*.

boy [bɔɪ] *n* garçon *m*. ❑ *interj fam* • **(oh) boy!** ben, mon vieux !, ben, dis-donc !

boy band *n* boy's band *m*.

boycott ['bɔɪkɒt] *n* boycott *m*, boycottage *m*. ❑ *vt* boycotter.

boyfriend ['bɔɪfrend] *n* copain *m*, petit ami *m* • **boyfriend trouble** problèmes *mpl* de cœur.

boyish ['bɔɪɪʃ] *adj* **1.** gamin **2.** de garçon.

boy wonder *n* petit génie *m*.

bpm (abrév de beats per minute) battements par minute.

BR (abrév de British Rail) *n* ≃ SNCF *f*.

bra [brɑː] *n* soutien-gorge *m*.

brace [breɪs] *n* **1.** **(UK)** appareil *m* (dentaire) **2.** appareil *m* orthopédique. ❑ *vt* **1.** soutenir, consolider • **to brace o.s.** s'accrocher, se cramponner **2.** *fig* • **to brace o.s. (for sthg)** se préparer (à qqch). ■ **braces** *npl* **1.** **(UK)** bretelles *fpl* **2.** **(US)** appareil *m* (dentaire).

bracelet ['breɪslɪt] *n* bracelet *m*.
brace position *n (en avion)* position *f* de sécurité.
bracing ['breɪsɪŋ] *adj* vivifiant.
bracken ['brækn] *n* fougère *f*.
bracket ['brækɪt] *n* **1.** support *m* **2.** parenthèse *f* **3.** crochet *m* • **in brackets** entre parenthèses/crochets **4.** • **age/income bracket** tranche *f* d'âge/de revenus. ❑ *vt* mettre entre parenthèses/crochets.
brag [bræg] *vi* se vanter.
braid [breɪd] *n* **1.** galon *m* **2.** (surtout US) tresse *f*, natte *f*. ❑ *vt* (surtout US) tresser, natter.
brain [breɪn] *n* cerveau *m*. ■ **brains** *npl* intelligence *f*.
brainbox ['breɪnbɒks] *n* (UK) *fam* & *vieilli* cerveau *m (personne)*.
brainchild ['breɪntʃaɪld] *n fam* idée *f* personnelle, invention *f* personnelle.
brain dead *adj* dans un coma dépassé • **he's brain dead** *fam* & *péj* il n'a rien dans le cerveau.
brain drain *n* fuite *f* des cerveaux.
brainiac ['breɪnɪæk] *n* (US) *fam* intello *mf*.
brainstem ['breɪnstem] *n* tronc *m* cérébral.
brainstorming ['breɪn,stɔːmɪŋ] *n* brainstorming *m*, remue-méninges *m inv*.
brainwash ['breɪnwɒʃ] *vt* faire un lavage de cerveau à.
brainwave ['breɪnweɪv] *n* (UK) idée *f* géniale *ou* de génie.
brainy ['breɪnɪ] *adj fam* intelligent.
brake [breɪk] *n litt* & *fig* frein *m* • **to put on the brakes** freiner. ❑ *vi* freiner.
brake light *n* stop *m*, feu *m* arrière.
bramble ['bræmbl] *n* **1.** ronce *f* **2.** (UK) mûre *f*.
bran [bræn] *n* son *m*.
branch [brɑːntʃ] *n* **1.** branche *f* **2.** bifurcation *f*, embranchement *m* **3.** filiale *f*, succursale *f* **4.** agence *f (d'une banque)*. ❑ *vi* bifurquer. ■ **branch out** *vi* étendre ses activités, se diversifier.
brand [brænd] *n* **1.** COMM marque *f* **2.** *fig* type *m*, genre *m*. ❑ *vt* **1.** marquer au fer rouge **2.** *fig* • **to brand sb (as) sthg** étiqueter qqn comme qqch, coller à qqn l'étiquette de qqch.
brandish ['brændɪʃ] *vt* brandir.
brand leader *n* marque *f* dominante.
brand-led *adj* MARKETING piloté par la marque.
brand-loyal *adj* MARKETING fidèle à la marque.
brand loyalty *n* fidélité *f* à la marque.
brand name *n* marque *f*.
brand-new *adj* flambant neuf, flambant neuve *f*, tout neuf, toute neuve *f*.
brand-sensitive *adj* MARKETING sensible aux marques.
brandy ['brændɪ] *n* cognac *m*.
brash [bræʃ] *adj* effronté.
brass [brɑːs] *n* **1.** laiton *m*, cuivre *m* jaune **2.** • **the brass** les cuivres *mpl*.
brass band *n* fanfare *f*.
brassiere [(UK) 'bræsɪəʳ, (US) brə'zɪr] *n* soutien-gorge *m*.
brat [bræt] *n fam* & *péj* sale gosse *m*.
bravado [brə'vɑːdəʊ] *n* bravade *f*.
brave [breɪv] *adj* courageux, brave. ❑ *n* guerrier *m* indien, brave *m*. ❑ *vt* braver, affronter.
bravery ['breɪvərɪ] *n* courage *m*, bravoure *f*.
brawl [brɔl] *n* bagarre *f*, rixe *f*.
brawn [brɔn] *n (indén)* muscle *m*.
bray [breɪ] *vi* braire.
brazen ['breɪzn] *adj* **1.** effronté, impudent **2.** éhonté.
brazenness ['breɪznnɪs] *n* effronterie *f*.
brazier ['breɪzjəʳ] *n* brasero *m*.
Brazil [brə'zɪl] *n* Brésil *m*.
Brazilian [brə'zɪljən] *adj* brésilien. ❑ *n* Brésilien *m*, -enne *f*.
brazil nut *n* noix *f* du Brésil.
BRB SMS (abrév de be right back) je reviens tout de suite.
breach [briːtʃ] *n* **1.** infraction *f*, violation *f* **2.** • **breach of contract** rupture *f* de contrat **3.** trou *m*, brèche *f*. ❑ *vt* **1.** rompre **2.** faire une brèche dans.
breach of the peace *n* atteinte *f* à l'ordre public.
bread [bred] *n* pain *m* • **bread and butter** **a)** tartine *f* beurrée, pain *m* beurré **b)** *fig* gagne-pain *m*.
bread bin (UK), **bread box** (US) *n* boîte *f* à pain.
breadcrumbs ['bredkrʌmz] *npl* chapelure *f*.
breadline ['bredlaɪn] *n* • **to be on the breadline** être sans ressources *ou* sans le sou.
breadstick ['bredstɪk] *n* gressin *m*.
breadth [bretθ] *n* **1.** largeur *f* **2.** *fig* ampleur *f*, étendue *f*.
breadwinner ['bred,wɪnəʳ] *n* soutien *m* de famille.
break [breɪk] *n* **1.** • **break (in)** trouée *f* (dans) **2.** fracture *f* **3.** pause *f* **4.** (UK) récréation *f* • **to take a break** **a)** faire une pause **b)** prendre des jours de congé • **without a break** sans interruption • **to have a break from doing sthg** arrêter de faire qqch **5.** *fam* • **(lucky) break** chance *f*, veine *f*. ❑ *vt* (*prét* **broke**, *pp* **broken**) **1.** casser, briser • **to break one's arm** se casser le bras • **to break a record** battre un record **2.** interrompre **3.** rompre **4.** enfreindre, violer **5.** manquer à *(sa promesse)* **6.** • **to break the news (of sthg to sb)** annoncer la nouvelle (de qqch à qqn). ❑ *vi* (*prét* **broke**, *pp* **broken**) **1.** se casser, se briser • **to break loose** *ou* **free** se dégager, s'échapper **2.** s'arrêter, faire une pause **3.** *(temps)* se gâter **4.** *(voix)* se briser **5.** *(à la*

puberté) muer **6.** *(nouvelle)* se répandre, éclater **7.** *(locution)* • **to break even** rentrer dans ses frais. ■ **break away** *vi* s'échapper. ■ **break down** *vt sép* **1.** démolir **2.** enfoncer • **the police broke the door down** la police a enfoncé la porte **3.** analyser. ❑ *vi* **1.** tomber en panne • **their car broke down** leur voiture est tombée en panne **2.** céder **3.** échouer **4.** fondre en larmes. ■ **break in** *vi* **1.** entrer par effraction **2.** • **to break in (on sb/sthg)** interrompre (qqn/ qqch). ❑ *vt sép* **1.** dresser *(un cheval)* **2.** *(chaussures)* porter *(pour user)*, faire. ■ **break into** *vt insép* **1.** entrer par effraction dans **2.** • **to break into song/applause** se mettre à chanter/applaudir. ■ **break off** *vt sép* **1.** détacher **2.** rompre **3.** interrompre. ❑ *vi* **1.** se casser, se détacher **2.** s'interrompre, se taire. ■ **break out** *vi* **1.** *(feu)* se déclarer **2.** *(bagarre)* éclater **3.** • **to break out (of)** s'échapper (de), s'évader (de). ■ **break through** *vt insép* percer *(soleil)*, traverser *(de force)* • **she broke through the crowd** elle se fraya un chemin à travers la foule. ❑ *vi insép* **1.** percer **2.** faire une percée. ■ **break up** *vt sép* **1.** mettre en morceaux **2.** détruire **3.** mettre fin à. ❑ *vi* **1.** se casser en morceaux **2.** *(navire)* se briser **3.** *(relation)* prendre fin • **to break up (with sb)** rompre (avec qqn) **4.** *(école)* finir, fermer **5.** se disperser **6.** *(au téléphone)* • **you're breaking up!** je ne t'entends plus !

breakage ['breɪkɪʤ] *n* bris *m*.

break-dance *vi* danser le smurf.

break dancing *n* smurf *m*.

breakdown ['breɪkdaʊn] *n* **1.** panne *f* **2.** échec *m* **3.** rupture *f* **4.** détail *m*.

breakfast ['brekfəst] *n* petit déjeuner *m*.

breakfast television *n* **(UK)** télévision *f* du matin.

break-in *n* cambriolage *m*.

breaking ['breɪkɪŋ] *n* • **breaking and entering** entrée *f* par effraction.

breaking point *n* limite *f*.

breakneck ['breɪknek] *adj* • **at breakneck speed** à fond de train.

breakthrough ['breɪkθruː] *n* percée *f*.

breakup ['breɪkʌp] *n* rupture *f* *(d'une relation)*.

breast [brest] *n* **1.** sein *m* **2.** poitrine *f* **3.** blanc *m*.

breast-feed *vt & vi* allaiter.

breast milk *n (indén)* lait *m* maternel.

breaststroke ['breststrəʊk] *n* brasse *f* • **to swim breaststroke** nager la brasse.

breath [breθ] *n* souffle *m*, haleine *f* • **to take a deep breath** inspirer profondément.

breathalyse (UK), -yze (US) ['breθəlaɪz] *vt* ≃ faire subir l'Alcootest® à.

breathe [briːð] *vi* respirer. ❑ *vt* **1.** respirer **2.** souffler des relents de. ■ **breathe in** *vi & vt sép* inspirer. ■ **breathe out** *vi & vt sép* expirer.

breather ['briːðər] *n fam* moment *m* de repos *ou* répit.

breath freshener *n* spray *m* buccal.

breathing ['briːðɪŋ] *n* respiration *f*.

breathless ['breθlɪs] *adj* **1.** hors d'haleine, essoufflé **2.** fébrile, fiévreux.

breathlessness ['breθlɪsnɪs] *n* essoufflement *m*.

breathtaking ['breθ,teɪkɪŋ] *adj* à vous couper le souffle.

breed [briːd] *n litt & fig* race *f*, espèce *f*. ❑ *vt (prét & pp* **bred** [bred]) **1.** élever *(des animaux)* **2.** *fig* faire naître, engendrer *(des doutes, du mépris)*. ❑ *vi* se reproduire.

breeding ['briːdɪŋ] *n (indén)* **1.** élevage *m* **2.** bonnes manières *fpl*, savoir-vivre *m*.

breeze [briːz] *n* brise *f*.

breezy ['briːzɪ] *adj* **1.** venteux **2.** jovial, enjoué.

brevity ['brevɪtɪ] *n* brièveté *f*.

brew [bruː] *vt* **1.** brasser *(de la bière)* **2.** faire infuser *(du thé)* **3.** préparer, faire *(du café)*. ❑ *vi* se tramer • **there is trouble brewing** il y a des ennuis en perspective.

brewer ['bruːər] *n* brasseur *m*.

brewery ['brʊərɪ] *n* brasserie *f*.

bribe [braɪb] *n* pot-de-vin *m*. ❑ *vt* • **to bribe sb (to do sthg)** soudoyer qqn (pour qu'il fasse qqch).

bribery ['braɪbərɪ] *n* corruption *f*.

brick [brɪk] *n* brique *f*.

bricklayer ['brɪk,leɪər] *n* maçon *m*.

bridal ['braɪdl] *adj* **1.** *(robe)* de mariée **2.** *(suite)* nuptial.

bride [braɪd] *n* mariée *f* • **the bride and groom** les mariés.

bridegroom ['braɪdgrʊm] *n* marié *m*.

bridesmaid ['braɪdzmeɪd] *n* **1.** demoiselle *f* d'honneur **2.** *(locution)* • **to be always the bridesmaid, never the bride** être une éternelle seconde.

bridge [brɪʤ] *n* **1.** pont *m* **2.** passerelle *f* **3.** arête *f (du nez)* **4.** *(jeu de cartes et appareil dentaire)* bridge *m*. ❑ *vt fig* réduire *(un écart)*.

bridle ['braɪdl] *n* bride *f*.

bridle path *n* piste *f* cavalière.

brief [briːf] *adj* bref, brève *f*, court. ❑ *n* **1.** affaire *f*, dossier *m* **2. (UK)** instructions *fpl*. ❑ *vt* • **to brief sb (on) a)** mettre qqn au courant (de) **b)** briefer qqn (sur).

briefcase ['briːfkeɪs] *n* serviette *f*.

briefing ['briːfɪŋ] *n* instructions *fpl*, briefing *m*.

briefly ['briːflɪ] *adv* **1.** un instant **2.** brièvement.

briefs [briːfz] *npl* slip *m* • **a pair of briefs** un slip.

brigade [brɪ'geɪd] *n* brigade *f*.

brigadier [,brɪgə'dɪər] *n* général *m* de brigade.

bright [braɪt] *adj* **1.** clair **2.** vif, vive *f* **3.** éclatant **4.** *(yeux, avenir)* brillant **5.** intelligent • **she's very bright** elle est très intelligente. ■ **bright and early** *adv* de bon matin.

brighten ['braɪtn] *vi* **1.** s'éclaircir **2.** s'éclairer. ■ **brighten up** *vt sép* égayer. ❑ *vi* **1.** s'animer **2.** MÉTÉOR se dégager.

brightly-coloured *adj* aux couleurs vives.

brilliance ['brɪljəns] *n* **1.** intelligence *f* **2.** éclat *m*.

brilliant ['brɪljənt] *adj* **1.** brillant **2.** éclatant **3.** *fam* super *(inv)*, génial.

Brillo pad® ['brɪləʊ-] *n* ≃ tampon *m* Jex®.

brim [brɪm] *n* bord *m*. ❑ *vi* • **to brim with** *litt* & *fig* être plein de.

brine [braɪn] *n* saumure *f*.

bring [brɪŋ] *(prét & pp* **brought**) *vt* **1.** amener **2.** apporter **3.** entraîner, causer • **to bring sthg to an end** mettre fin à qqch. ■ **bring about** *vt sép* causer, provoquer. ■ **bring around** *vt sép* ranimer. ■ **bring back** *vt sép* **1.** rapporter *(quelque chose)* **2.** ramener *(quelqu'un)* • **to bring sb back to life** ranimer qqn **3.** rappeler *(des souvenirs)* **4.** rétablir. ■ **bring down** *vt sép* **1.** abattre *(un avion)* **2.** renverser *(un gouvernement)* **3.** faire baisser *(les prix)*. ■ **bring forward** *vt sép* **1.** avancer **2.** reporter. ■ **bring in** *vt sép* **1.** introduire *(une loi)* **2.** gagner **3.** rapporter. ■ **bring off** *vt sép* **1.** réaliser, réussir **2.** conclure, mener à bien *(une affaire)*. ■ **bring out** *vt sép* **1.** lancer *(un produit)* **2.** publier, faire paraître *(un livre)* **3.** faire ressortir. ■ **bring up** *vt sép* **1.** élever *(des enfants)* • **he was brought up by his grandparents** il a été élevé par ses grands-parents **2.** mentionner **3.** rendre, vomir.

brink [brɪŋk] *n* • **on the brink of** au bord de, à la veille de.

brisk [brɪsk] *adj* **1.** vif, vive *f*, rapide **2.** déterminé.

bristle ['brɪsl] *n* poil *m*. ❑ *vi* *litt* & *fig* se hérisser.

Brit [brɪt] (abrév de **Briton**) *n fam* Britannique *mf*.

Britain ['brɪtn] *n* Grande-Bretagne *f* • **in Britain** en Grande-Bretagne.

Britart ['brɪtɑːt] *npr* *nom collectif désignant l'œuvre de certains artistes conceptuels britanniques des années 1990.*

British ['brɪtɪʃ] *adj* britannique.

British Isles *npl* • **the British Isles** les îles *fpl* Britanniques.

British Library *n la bibliothèque nationale britannique.*

British Rail *n société des chemins de fer britanniques ;* ≃ SNCF *f*.

British Telecom [-'telɪkɒm] *n société britannique de télécommunications.*

Briton ['brɪtn] *n* Britannique *mf*.

Brittany ['brɪtənɪ] *n* Bretagne *f*.

brittle ['brɪtl] *adj* fragile.

broach [brəʊtʃ] *vt* aborder.

broad [brɔd] *adj* **1.** large **2.** divers, varié **3.** *(description)* général **4.** *(allusion)* transparent **5.** *(accent)* prononcé. ■ **in broad daylight** *adv* en plein jour.

broadband ['brɔdbænd] *n* diffusion *f* en larges bandes de fréquence • **have you got broadband?** tu as une connexion haut débit ? • **broadband Internet connection** connexion *f* Internet à haut débit.

broad bean *n* fève *f*.

broadcast ['brɔdkɑːst] *n* RADIO & TV émission *f*. ❑ *vt* *(prét & pp* **broadcast**) **1.** radiodiffuser **2.** téléviser.

broaden ['brɔdn] *vt* élargir. ❑ *vi* s'élargir.

broad jump (US) *n* = **long jump**.

broadly ['brɔdlɪ] *adv* généralement.

broad-minded [-'maɪndɪd] *adj* large d'esprit • **to be broad-minded** avoir les idées larges.

broadsheet ['brɔːdʃiːt] *n* journal *m* de qualité.

> CULTURE
> **broadsheet**
> Les principaux journaux nationaux de qualité en Grande-Bretagne sont les suivants :
> **The Guardian** (tendance centre-gauche) ;
> **The Independent** ;
> **The Daily Telegraph** (tendance conservatrice) ;
> **The Times** (tendance centre-droit) ;
> **The Financial Times**.

broccoli ['brɒkəlɪ] *n (indén)* brocoli *m*.

brochure ['brəʊʃəʳ] *n* brochure *f*, prospectus *m*.

broil [brɔɪl] *vt* **(US)** griller.

broke [brəʊk] *passé* → **break**. ❑ *adj fam* fauché.

broken ['brəʊkn] *pp* → **break**. ❑ *adj* **1.** cassé **2.** *(voyage, sommeil)* interrompu **3.** *(mariage, union)* brisé **4.** *(couple, famille)* désuni **5.** • **to speak in broken English** parler un anglais hésitant.

broker ['brəʊkəʳ] *n* courtier *m*, -ère *f* • **(insurance) broker** assureur *m*, courtier d'assurances.

brolly ['brɒlɪ] *n* **(UK)** *fam* pépin *m (parapluie)*.

bronchitis [brɒŋ'kaɪtɪs] *n (indén)* bronchite *f*.

bronze [brɒnz] *adj* (couleur) bronze *(inv)*. ❑ *n* bronze *m*.

brooch [brəʊtʃ] *n* broche *f*.

brood [bruːd] *n* couvée *f*. ❑ *vi* • **to brood (over** *ou* **about sthg)** ressasser (qqch), remâcher (qqch).

brook [brʊk] *n* ruisseau *m*.

broom [bruːm] *n* balai *m*.

broomstick ['bruːmstɪk] *n* manche *m* à balai.

broth [brɒθ] *n* bouillon *m*.

brothel ['brɒθl] *n* bordel *m*.

brother ['brʌðəʳ] *n* frère *m*.

brother-in-law (*pl* **brothers-in-law**) *n* beau-frère *m*.

brought [brɔːt] *passé & pp* → **bring**.

brow [braʊ] *n* **1.** front *m* **2.** sourcil *m* **3.** sommet *m*.

brown [braʊn] *adj* **1.** brun, marron *(inv)* **2.** bronzé, hâlé. ❑ *n* marron *m*, brun *m*. ❑ *vt* faire dorer.

brown bread *n (indén)* pain *m* complet.

brownfield site ['braʊnfiːld-] *n* terrain *m* à bâtir *(après démolition de bâtiments préexistants)*.

brownie ['braʊnɪ] *n* **1.** lutin *m* **2.** brownie *m*. ■ **Brownie (Guide)** *n* ≃ jeannette *f*.

Brownie point ['braʊnɪ-] *n fam* bon point *m*.

brown paper *n* papier *m* d'emballage, papier kraft • **brown paper bag** sac *m* en papier kraft.

brown rice *n* riz *m* complet.

brown sugar *n* sucre *m* roux.

browse [braʊz] *vi* **1.** • **I'm just browsing** je ne fais que regarder • **to browse through** feuilleter **2.** *(animal)* brouter **3.** INFORM naviguer, surfer • **she's browsing the Net** elle surfe sur le Net. ❑ *vt* parcourir.

browser ['braʊzəʳ] *n* navigateur *m*, browser *m*.

BRT SMS (abrév de be right there) j'arrive tout de suite.

bruise [bruːz] *n (ecchymose)* bleu *m*. ❑ *vt* **1.** se faire un bleu à **2.** taler *(des fruits)* **3.** *fig* meurtrir, blesser.

brunch [brʌntʃ] *n* brunch *m*. ❑ *vi* prendre un brunch, bruncher.

brunette [bruː'net] *n* brunette *f*.

brunt [brʌnt] *n* • **to bear** *ou* **take the brunt of** subir le plus gros de.

brush [brʌʃ] *n* **1.** brosse *f* **2.** pinceau *m* **3.** • **to have a brush with the police** avoir des ennuis avec la police. ❑ *vt* **1.** brosser **2.** effleurer. ■ **brush aside** *vt sép fig* écarter, repousser. ■ **brush off** *vt sép* envoyer promener. ■ **brush up** *vt sép* réviser. ❑ *vi* • **to brush up on sthg** réviser qqch.

brush-off *n fam* • **to give sb the brush-off** envoyer promener qqn.

brushwood ['brʌʃwʊd] *n (indén)* brindilles *fpl*.

brusque, brusk (US) [bruːsk] *adj* brusque.

Brussels ['brʌslz] *n* Bruxelles.

brussels sprout *n* chou *m* de Bruxelles.

brutal ['bruːtl] *adj* brutal.

brute [bruːt] *adj* brutal. ❑ *n* brute *f*.

BSc (abrév de Bachelor of Science) *n* **1. (UK)** ≃ licence *f* de sciences **2.** ≃ licencié *m*, -e *f* en *ou* ès sciences.

BT (abrév de British Telecom) *n société britannique de télécommunications*.

BT SMS abrév de **between**.

BTW (abrév de by the way) *adv fam* à propos.

BTWN SMS abrév de **between**.

bubble ['bʌbl] *n* bulle *f* • **the dotcom/property bubble** la bulle Internet/immobilière. ❑ *vi* **1.** faire des bulles, bouillonner **2.** *fig* • **to bubble with** déborder de.

bubble bath *n* bain *m* moussant.

bubble gum *n* bubble-gum *m*.

bubblejet printer ['bʌbldʒet-] *n* imprimante *f* à jet d'encre.

bubble wrap *n* emballage-bulle *m*.

Bucharest [ˌbjuːkə'rest] *n* Bucarest.

buck [bʌk] *n* **1.** mâle *m* **2. (US)** *fam* dollar *m*. ❑ *vi (cheval)* ruer. ❑ *vt (locution)* • **to buck the trend** résister à la tendance.

bucket ['bʌkɪt] *n* seau *m*.

Buckingham Palace ['bʌkɪŋəm-] *n* le palais de Buckingham.

> **CULTURE**
>
> **Buckingham Palace**
>
> Résidence officielle de la famille royale britannique à Londres, **Buckingham Palace** a été construit en 1703 pour le duc de Buckingham. Il se trouve à l'extrémité du **Mall**, entre **Green Park** et **St James's Park**. La cérémonie de la relève de la garde (**the Changing of the Guard**) a lieu chaque jour dans la cour du palais.

buckle ['bʌkl] *n* boucle *f*. ❑ *vt* **1.** boucler **2.** voiler. ❑ *vi* **1.** *(roue)* se voiler **2.** *(genoux, jambes)* se plier. ■ **buckle up** *vi insép* **(US)** • **buckle up!** attachez vos ceintures !

buckraker ['bʌkreɪkəʳ] *n journaliste ou personnage politique fortement rémunéré pour ses communications auprès d'un groupe d'intérêt*.

buckraking ['bʌkreɪkɪŋ] *n communication fortement rémunérée, réalisée par un journaliste ou un personnage politique auprès d'un groupe d'intérêt*.

bud [bʌd] *n* bourgeon *m*. ❑ *vi* bourgeonner.

Budapest [ˌbjuːdə'pest] *n* Budapest.

Buddha ['bʊdə] *n* Bouddha *m*.

Buddhism ['bʊdɪzm] *n* bouddhisme *m*.

Buddhist ['bʊdɪst] *adj* bouddhiste. ❑ *n* bouddhiste *mf*.

budding ['bʌdɪŋ] *adj* en herbe.

buddy ['bʌdɪ] *n fam* pote *m*.

budge [bʌdʒ] *vt* faire bouger. ❑ *vi* bouger.

budgerigar ['bʌdʒərɪɡɑːʳ] *n* perruche *f*.

budget ['bʌdʒɪt] *adj* pour petits budgets. ❑ *n* budget *m*. ■ **budget for** *vt insép* prévoir.

budget constraint *n* contrainte *f* budgétaire.

budget deficit *n* déficit *m* budgétaire.

budget forecast *n* prévisions *fpl* budgétaires.

budgie ['bʌdʒɪ] *n fam* perruche *f*.

bud vase *n* soliflore *m*.

buff [bʌf] *adj* chamois *(inv)*. ❑ *n fam* mordu *m*, -e *f*.
buffalo ['bʌfələʊ] *(pl inv ou* **-es** *ou* **-s**) *n* **1.** buffle *m* **2. (US)** bison *m*.
buffalo wings *npl ailes de poulet frites servies avec une sauce relevée.*
buffer ['bʌfəʳ] *n* **1.** tampon *m* **2.** *INFORM* mémoire *f* tampon.
buffering ['bʌfərɪŋ] *n INFORM* **1.** stockage *m* en mémoire tampon **2.** utilisation *f* de la mémoire tampon.
buffet[1] [(UK) 'bʊfeɪ, (US) bə'feɪ] *n* buffet *m (d'une gare, dans une réception)*.
buffet[2] ['bʌfɪt] *vt* frapper.
buffet car ['bʊfeɪ-] *n* **(UK)** wagon-restaurant *m*.
bug [bʌg] *n* **1.** punaise *f* **2.** *fam* microbe *m* **3.** *fam* micro *m* **4.** *INFORM* bogue *m*, bug *m* • **bug-free** exempt de bugs. ❑ *vt fam* **1.** mettre sur table d'écoute **2.** embêter • **stop bugging me!** arrête de m'embêter ! ■ **bug off!** *interj* **(US)** *tfam* dégage !
bugbear ['bʌgbeəʳ] *n* cauchemar *m*.
bugger ['bʌgəʳ] **(UK)** *tfam n* con *m*, conne *f*. ❑ *interj* merde ! • **bugger off!** fous le camp !
buggy ['bʌgɪ] *n* **1.** boghei *m* **2.** poussette *f* **3. (US)** landau *m*.
bugle ['bju:gl] *n* clairon *m*.
bug-ridden *adj* **1.** *(chambre, hôtel)* infesté de vermine **2.** *(logiciel)* plein de bugs.
build [bɪld] *(prét & pp* **built**) *vt litt & fig* construire, bâtir. ❑ *n (construction)* • **a new build** une construction neuve. ■ **build on, build upon** *vt insép* tirer avantage de. ❑ *vt sép* fonder sur. ■ **build up** *vt sép* **1.** développer *(une affaire)* **2.** bâtir *(une réputation)*. ❑ *vi* **1.** *(nuages)* s'amonceler **2.** *(circulation)* augmenter.
builder ['bɪldəʳ] *n* entrepreneur *m*, -euse *f*.
building ['bɪldɪŋ] *n* bâtiment *m*.
building and loan association *n* **(US)** *société d'épargne et de financement immobilier.*
building block *n* **1.** cube *m (jouet)* **2.** *fig* élément *m*, composante *f*.
building site *n* chantier *m*.
building society *n* **(UK)** ≃ société *f* d'épargne et de financement immobilier.
buildup ['bɪldʌp] *n* accroissement *m*.
built [bɪlt] *passé & pp* → **build**.
built-in *adj* **1.** encastré **2.** inné.
built-up *adj* • **built-up area** agglomération *f*.
bulb [bʌlb] *n* **1.** *ÉLECTR* ampoule *f* **2.** oignon *m*.
Bulgaria [bʌl'geərɪə] *n* Bulgarie *f*.
Bulgarian [bʌl'geərɪən] *adj* bulgare. ❑ *n* **1.** Bulgare *mf* **2.** bulgare *m*.
bulge [bʌldʒ] *n* bosse *f*. ❑ *vi* • **to bulge (with)** être gonflé (de).
bulk [bʌlk] *n* **1.** volume *m* **2.** corpulence *f* **3.** *COMM* • **in bulk** en gros **4.** • **the bulk of** le plus gros de. ❑ *adj* en gros.
bulky ['bʌlkɪ] *adj* volumineux.
bull [bʊl] *n* **1.** taureau *m* **2.** mâle *m*.
bulldog ['bʊldɒg] *n* bouledogue *m*.
bulldozer ['bʊldəʊzəʳ] *n* bulldozer *m*.
bullet ['bʊlɪt] *n* balle *f*.
bulletin ['bʊlətɪn] *n* bulletin *m*.
bullet loan *n* prêt-ballon *m*.
bullfight ['bʊlfaɪt] *n* corrida *f*.
bullfighter ['bʊl,faɪtəʳ] *n* toréador *mf*.
bullfighting ['bʊl,faɪtɪŋ] *n (indén)* courses *fpl* de taureaux.
bullion ['bʊljən] *n (indén)* lingot *m*.
bull market *n FIN* marché *m* à la hausse.
bullock ['bʊlək] *n* bœuf *m*.
bullring ['bʊlrɪŋ] *n* arène *f*.
bull's-eye *n* centre *m*.
bullshit ['bʊlʃɪt] *vulg n (indén)* conneries *fpl*. ❑ *vi (prét & pp* **bullshitted**, *cont* **bullshitting**) dire des conneries.
bully ['bʊlɪ] *n* tyran *m*. ❑ *vt* tyranniser, brutaliser.
bum [bʌm] *n* **1. (UK)** *fam* derrière *m* **2.** *fam & péj* clochard *m*. ■ **bum around** *vi fam* **1.** perdre son temps **2.** se balader.
bumblebee ['bʌmblbi:] *n* bourdon *m*.
bummer ['bʌməʳ] *n tfam* poisse *f* • **what a bummer!** la poisse !, les boules !
bump [bʌmp] *n* **1.** bosse *f* **2.** choc *m* **3.** bruit *m* sourd. ❑ *vt* **1.** cogner **2.** heurter. ■ **bump into** *vt insép* rencontrer par hasard.
bumper ['bʌmpəʳ] *adj* exceptionnel. ❑ *n* **1.** pare-chocs *m inv* **2. (US)** *RAIL* tampon *m*.
bumper cars *npl* auto *fpl* tamponneuses.
bumptious ['bʌmpʃəs] *adj* suffisant.
bumpy ['bʌmpɪ] *adj* **1.** défoncé **2.** cahoteux **3.** *(traversée)* agité.
bun [bʌn] *n* **1. (UK)** petit pain *m* aux raisins **2. (UK)** petit pain au lait **3.** chignon *m*.
bunch [bʌntʃ] *n* **1.** groupe *m* **2.** bouquet *m* **3.** grappe *f* **4.** régime *m (de bananes)* **5.** trousseau *m*. ❑ *vi* se grouper.
bundle ['bʌndl] *n* **1.** paquet *m* **2.** liasse *f* **3.** fagot *m*. ❑ *vt* **1.** entasser **2.** fourrer.
bundler ['bʌndləʳ] *n POLIT leveur de fonds qui réunit des donations pour un candidat.*
bung [bʌŋ] *n* bonde *f*. ❑ *vt* **(UK)** *fam* envoyer.
bungalow ['bʌŋgələʊ] *n* bungalow *m*.
bungee ['bʌndʒi:] *n* tendeur *m (corde)*.
bungee jump saut *m* à l'élastique.
bungee-jumping ['bʌndʒɪ-] *n* saut *m* à l'élastique.
bungle ['bʌŋgl] *vt* gâcher, bâcler.
bunion ['bʌnjən] *n* oignon *m*.

bunk [bʌŋk] *n* couchette *f*.

bunk bed *n* lit *m* superposé.

bunker ['bʌŋkə^r] *n* GOLF & MIL bunker *m*.

bunny ['bʌnɪ] *n* • **bunny (rabbit)** lapin *m*.

bunting ['bʌntɪŋ] *n (indén)* guirlandes *fpl* (de drapeaux).

buoy [(UK) bɔɪ, (US) 'buːɪ] ■ **buoy up** *vt sép* soutenir.

buoyant ['bɔɪənt] *adj* **1.** qui flotte **2.** *fig* enjoué **3.** *(économie)* florissant **4.** *(marché financier)* ferme.

burbot ['bɜːbət] *n* lotte *f*.

burbs [bɜːrbz] *npl* (US) *fam* • **the burbs** la banlieue.

burden ['bɜːdn] *n litt* & *fig* • **burden (on)** charge *f* (pour), fardeau *m* (pour). ❑ *vt* • **to burden sb with** accabler qqn de.

bureau ['bjʊərəʊ] (*pl* **-x**) *n* **1.** (UK) bureau *m (meuble)* **2.** (US) commode *f* **3.** bureau *m (lieu de travail)*.

bureaucracy [bjʊə'rɒkrəsɪ] *n* bureaucratie *f*.

burgeoning ['bɜːdʒənɪŋ] *adj (industrie, population)* en plein essor • **a burgeoning talent** un talent en herbe.

burger ['bɜːgə^r] *n* hamburger *m*.

burglar ['bɜːglə^r] *n* cambrioleur *m*, -euse *f*.

burglar alarm *n* système *m* d'alarme.

burglary ['bɜːglərɪ] *n* cambriolage *m*.

burgle ['bɜːgl], **burglarize** (US) ['bɜːgləraɪz] *vt* cambrioler.

Burgundy ['bɜːgəndɪ] *n* Bourgogne *f*.

burial ['berɪəl] *n* enterrement *m*.

burial chamber *n* caveau *m*.

burlap ['bɜːlæp] *n* jute *f*.

burly ['bɜːlɪ] *adj* bien charpenté.

Burma ['bɜːmə] *n* Birmanie *f* • **in Burma** en Birmanie.

burn [bɜːn] (*prét* & *pp* **burnt** *ou* **burned**) *vt* **1.** brûler **2.** graver. ❑ *vi* brûler. ■ **burn down** *vt sép* incendier. ❑ *vi* brûler complètement.

burner ['bɜːnə^r] *n* brûleur *m*, graveur *m*.

Burns' Night [bɜːnz-] *n fête célébrée en l'honneur du poète écossais Robert Burns, le 25 janvier*.

burnt [bɜːnt] *passé* & *pp* → **burn**.

burp [bɜːp] *fam n* rot *m*. ❑ *vi* roter.

burrow ['bʌrəʊ] *n* terrier *m*. ❑ *vi* **1.** creuser un terrier **2.** *fig* fouiller.

bursar ['bɜːsə^r] *n* **1.** intendant *m*, -e *f* **2.** (ÉCOSSE) boursier *m*, -ère *f*.

bursary ['bɜːsərɪ] *n* (UK) bourse *f*.

burst [bɜːst] (*prét* & *pp* **burst**) *vi* éclater. ❑ *vt* faire éclater. ■ **burst into** *vt insép* **1.** faire irruption dans **2.** • **to burst into tears** fondre en larmes • **to burst into flames** prendre feu. ■ **burst out** *vt insép* s'exclamer • **to burst out laughing** éclater de rire.

bursting ['bɜːstɪŋ] *adj* **1.** plein, bourré **2.** • **bursting with** débordé de **3.** *(locution)* • **to be full to bursting** être plein à craquer.

bury ['berɪ] *vt* **1.** enterrer **2.** cacher, enfouir.

bus [bʌs] *n* **1.** autobus *m*, bus *m* • **to take the bus** prendre le bus **2.** car *m*.

bus driver *n* conducteur *m*, -trice *f* d'autobus.

bush [bʊʃ] *n* **1.** buisson *m* **2.** • **the bush** la brousse **3.** *(locution)* • **she doesn't beat about the bush** elle n'y va pas par quatre chemins.

bush league *n* (US) *petite équipe locale de base-ball*.

bushmeat ['bʊʃmiːt] *n (indén)* viande *f* de brousse.

bush taxi *n* taxi-brousse *m*.

bushy ['bʊʃɪ] *adj* touffu.

business ['bɪznɪs] *n* **1.** *(indén)* affaires *fpl* • **on business** pour affaires • **to go out of business** fermer, faire faillite **2.** entreprise *f* **3.** affaire *f* • **to mean business** *fam* ne pas plaisanter • **mind your own business!** *fam* occupe-toi de tes oignons ! **4.** histoire *f*, affaire *f*.

business card *n* carte *f* de visite.

business class *n* classe *f* affaires.

business expenses *npl* **1.** frais *mpl* professionnels **2.** frais *mpl* généraux.

business hours *npl* heures *fpl* ouvrables.

business incubator *n* incubateur *m* d'entreprises.

business intelligence *n* veille *f* économique.

businesslike ['bɪznɪslaɪk] *adj* systématique, méthodique.

businessman ['bɪznɪsmæn] (*pl* **-men**) *n* homme *m* d'affaires.

business manager *n* **1.** COMM & INDUST directeur *m* commercial **2.** SPORT manager *m* **3.** THÉÂTRE directeur *m*.

business model *n* modèle *m* économique.

business partner *n* associé *m*, -e *f*.

business reply card *n* carte-réponse *f*.

business reply envelope *n* enveloppe *f* préaffranchie.

business-to-business *adj* interentreprises, B to B.

business trip *n* voyage *m* d'affaires.

businesswoman ['bɪznɪs,wʊmən] (*pl* **-women**) *n* femme *f* d'affaires.

busing ['bʌsɪŋ] *n* (US) *système de ramassage scolaire aux États-Unis, qui organise la répartition des enfants noirs et des enfants blancs dans les écoles, afin de lutter contre la ségrégation raciale*.

busk [bʌsk] *vi* (UK) jouer de la musique *(dans la rue ou le métro)*.

busker ['bʌskə^r] *n* (UK) chanteur *m*, -euse *f* des rues.

bus pass *n* **(UK)** *carte d'autobus pour le troisième âge.*
bus shelter *n* Abribus® *m.*
bus station *n* gare *f* routière.
bus stop *n* arrêt *m* de bus.
bust [bʌst] *adj fam* **1.** foutu **2.** • **to go bust** faire faillite. ❑ *n* **1.** poitrine *f* **2.** buste *m.* ❑ *vt* (*prét & pp* **bust** *ou* **busted**) *fam* péter. ❑ *vi* **(US)** *fam* • **to be busting to do sthg** crever d'envie de faire qqch.
bustle ['bʌsl] *n (indén)* remue-ménage *m inv.* ❑ *vi* s'affairer.
busy ['bɪzɪ] *adj* **1.** occupé • **I'm very busy** je suis très occupé **2.** *(vie, semaine)* chargé **3.** *(rue, ville)* animé.
busybody ['bɪzɪˌbɒdɪ] *n fam & péj* mouche *f* du coche.
busy signal *n* **(US)** tonalité *f* « occupé ».

but

■ but [bʌt] *conj*

1. INDIQUE UNE OPPOSITION
• **I'm sorry, but I don't agree** je suis désolé, mais je ne suis pas d'accord

2. INDIQUE UNE CONTRADICTION
• **he's not Chinese but Japanese** il n'est pas chinois mais japonais

■ but [bʌt] *prép*

AVEC « ALL », « EVERY », « ANY », « NO » ET LEURS COMPOSÉS, EXPRIME UNE RESTRICTION
• **he has no one but himself to blame** il ne peut s'en prendre qu'à lui-même • **Spain won all but one of its matches** l'Espagne a gagné tous ses matchs sauf un

■ but [bʌt] *adv*

sout SEULEMENT
• **she's but a child** ce n'est qu'une enfant
• **we can but try** on peut toujours essayer
• **had I but known!** si j'avais su !

■ but for *prép*

sans • **but for you, I would never have succeeded** sans vous, je n'aurais jamais réussi

butcher ['bʊtʃər] *n* boucher *m,* -ère *f.* ❑ *vt* **1.** abattre **2.** *fig* massacrer.
butler ['bʌtlər] *n* maître *m* d'hôtel *(chez un particulier).*
butt [bʌt] *n* **1.** mégot *m* **2.** crosse *f (de fusil)* **3.** fesses *fpl* **4.** cible *f.* ❑ *vt* donner un coup de tête à. **■ butt in** *vi* • **to butt in on sb** interrompre qqn • **to butt in on sthg** s'immiscer *ou* s'imposer dans qqch. **■ butt out** *vi insép* **(US)** *fam* • **why don't you just butt out?** fiche-moi la paix !
butter ['bʌtər] *n* beurre *m.* ❑ *vt* beurrer.
buttercup ['bʌtəkʌp] *n* **(UK)** bouton *m* d'or.
butter dish *n* beurrier *m.*
butterfly ['bʌtəflaɪ] *n* papillon *m.*
buttery ['bʌtərɪ] *adj* **1.** *(odeur, goût)* de beurre **2.** *(biscuits)* fait avec beaucoup de beurre.
buttocks ['bʌtəks] *npl* fesses *fpl.*
button ['bʌtn] *n* **1.** bouton *m* **2.** **(US)** badge *m.* **■ button up** *vt sép* boutonner.
button mushroom *n* champignon *m* de Paris.
buttress ['bʌtrɪs] *n* contrefort *m.*
buxom ['bʌksəm] *adj* bien en chair.
buy [baɪ] *vt* (*prét & pp* **bought**) acheter. ❑ *n* • **a good buy** une bonne affaire. **■ buy into** *vi insép* • **to buy into sthg** adhérer à qqch *(croire).* **■ buy up** *vt sép* acheter en masse. **■ buy off** *vt sép* acheter • **they bought off the witness** ils ont acheté le silence du témoin.
buyer ['baɪər] *n* acheteur *m,* -euse *f.*
buyout ['baɪaʊt] *n* rachat *m.*
buy-to-let *n* investissement *m* locatif.
buzz [bʌz] *n* **1.** bourdonnement *m* • **the buzz on the streets is that...** *fig* le bruit court que... **2.** *fam* • **to give sb a buzz** passer un coup de fil à qqn. ❑ *vi* • **this place is really buzzing** il y a une super ambiance ici • **to buzz (with)** bourdonner (de). ❑ *vt* appeler.
buzzer ['bʌzər] *n* **1.** sonnerie *f* **2.** *(dans un jeu télévisé)* buzzer *m.*
buzzword ['bʌzwɜːd] *n fam* mot *m* à la mode.

by

■ by [baɪ] *prép*

1. AU PASSIF, INTRODUIT UN COMPLÉMENT D'AGENT
• **she was killed by a mad man** elle a été tuée par un fou

2. INTRODUIT L'AUTEUR D'UNE ŒUVRE
• **it's a poem by Shakespeare** c'est un poème de Shakespeare

3. EXPRIME LE MOYEN
• **I don't pay by cheque very often** je ne paie pas souvent par chèque • **he generally travels by bus** il voyage généralement en bus • **by doing a lot of sport, you can keep fit** vous pouvez garder la forme en faisant beaucoup de sport

4. POUR DÉCRIRE UNE PERSONNE
• **he's a lawyer by trade** il est avocat de son métier • **by nature, she's very patient** elle est très patiente de nature

5. INDIQUE UNE PROXIMITÉ
• **she lives by the sea** elle habite au bord de la mer • **I sat by her bed** j'étais assis à son chevet • **she passed by me** elle est passée à côté de moi

6. INDIQUE UNE LIMITE TEMPORELLE
• **I'll be there by eight** j'y serai avant huit heures
7. SELON, EN CONFORMITÉ AVEC
• **by my watch it's 9 o'clock** à ma montre, il est neuf heures • **by law** conformément à la loi
8. POUR DONNER SON AVIS
• **if that's okay by you, I'd like to leave now** si cela vous va, je souhaiterais partir maintenant • **that's fine by me** je n'ai rien contre
9. DANS DES EXPRESSIONS DE CALCUL, DE MESURE, DE QUANTITÉ
• **divide/multiply 20 by 2** divisez/multipliez 20 par 2 • **2 metres by 4** 2 mètres sur 4 • **this fabric is sold by the yard** ce tissu se vend au mètre • **the company decided to cut prices by 50%** l'entreprise a décidé de réduire les prix de 50 %
10. POUR EXPRIMER UNE DIFFÉRENCE, UN ÉCART
• **she won by five points** elle a gagné de cinq points • **the bullet missed me by inches** la balle m'a raté de quelques centimètres
11. POUR EXPRIMER LA FRÉQUENCE
• **the workers are paid by the day** les travailleurs sont payés à la journée
12. POUR INDIQUER UN PROCESSUS GRADUEL
• **she grew thinner day by day** elle mincissait de jour en jour • **one by one, they told their amazing stories** l'un après l'autre, ils racontèrent leurs histoires fantastiques
13. POUR INDIQUER LES MOMENTS DE LA JOURNÉE
• **we travelled by night and rested by day** nous voyagions de nuit et nous nous reposions le jour
14. POUR PRÊTER SERMENT
• **I swear by Almighty God** je jure devant Dieu
15. DANS DES EXPRESSIONS
• **(all) by oneself** (tout) seul, (toute) seule

À PROPOS DE

by

Dans les constructions passives, l'agent - c'est-à-dire la personne ou la chose qui exécute l'action - est introduit par ***by (the tickets were booked* by *my mother*; *I was hurt* by *what he said)***. L'instrument - la chose utilisée pour exécuter l'action - est introduit par ***with (he was killed* with *a knife)***.

bye(-bye) [baɪ(baɪ)] *interj fam* au revoir !, salut !
by-election *n* (UK) élection *f* partielle.
bygone [ˈbaɪgɒn] *adj* d'autrefois. ■ **bygones** *npl* • **to let bygones be bygones** oublier le passé.
bylaw [ˈbaɪlɔ] *n* arrêté *m*.
bypass [ˈbaɪpɑːs] *n* **1.** route *f* de contournement **2.** MÉD • **bypass (operation)** pontage *m*. ❏ *vt* **1.** contourner **2.** éviter.
by-product, byproduct (US) [ˈbaɪprɒdʌkt] *n* **1.** dérivé *m* **2.** *fig* conséquence *f*.
bystander [ˈbaɪˌstændəʳ] *n* spectateur *m*, -trice *f*.
byte [baɪt] *n* octet *m*.
byword [ˈbaɪwɜːd] *n* • **to be a byword for** être synonyme de.

c [siː] (*pl* **c's** *ou* **cs**), **C** (*pl* **C's** *ou* **Cs**) *n* c *m inv*, C *m inv*. ■ **C** *n* **1.** *MUS* do *m* **2.** *SCOL* C *m inv* **3.** *SMS* abrév de **see** **4.** (abrév de Celsius, centigrade) C.

cab [kæb] *n* **1.** taxi *m* • **to take a cab** prendre un taxi **2.** cabine *f (de camion)*.

cabala [kə'bɑːlə] *n* cabale *f*.

cabalism ['kæbælɪzm] *n* cabalisme *m*.

cabaret ['kæbəreɪ] *n* cabaret *m*.

cabbage ['kæbɪdʒ] *n* chou *m*.

cabbage patch *n* ≃ carré *m* de salades.

cabbie, **cabby** ['kæbɪ] *n fam* chauffeur *m* de taxi.

cabin ['kæbɪn] *n* **1.** cabine *f* **2.** cabane *f*.

cabin class *n* seconde classe *f*.

cabin crew *n* équipage *m*.

cabinet ['kæbɪnɪt] *n* **1.** meuble *m* **2.** cabinet *m (ministériel)*.

cabinet minister *n* **(UK)** ministre *mf*.

cable ['keɪbl] *n* câble *m*. ❑ *vt* **1.** câbler **2.** câbler à.

cable car *n* téléphérique *m*.

cablecast ['keɪblkɑːst] *vt* **(US)** *TV* transmettre par câble.

cablecasting ['keɪbl,kɑːstɪŋ] *n* **(US)** *TV* transmission *f* par câble.

cable television, **cable TV** *n* câble *m*.

caboodle [kə'buːdl] *n fam* • **the whole caboodle** et tout le tremblement.

cache [kæʃ] *n* **1.** cache *f* **2.** *INFORM* mémoire *f* cache, antémémoire *f*.

cache memory *n INFORM* antémémoire *f*, mémoire *f* cache.

cachet ['kæʃeɪ] *n* cachet *m (chic)*.

cack [kæk] **(UK)** *vulg n* merde *f* • **a load of cack** un tas de conneries.

cack-handed [kæk-] *adj* **(UK)** *fam* maladroit, gauche.

cackle ['kækl] *vi* **1.** caqueter **2.** jacasser.

cacophony [kæ'kɒfənɪ] *n* cacophonie *f*.

cactus ['kæktəs] (*pl* **-tuses** *ou* **-ti**) *n* cactus *m*.

CAD [kæd] (abrév de computer-aided design) *n* CAO *f*.

caddie ['kædɪ] *n GOLF* caddie *m*. ❑ *vi* • **to caddie for sb** servir de caddie à qqn.

cadet [kə'det] *n* élève *m* officier.

cadge [kædʒ] **(UK)** *fam* & *vieilli vt* • **to cadge sthg off** *ou* **from sb** taper qqn de qqch. ❑ *vi* • **to cadge off** *ou* **from sb** taper qqn.

caesarean (section) (UK), **cesarean (section) (US)** [sɪ'zeərɪən-] *n* césarienne *f*.

cafe, **café** ['kæfeɪ] *n* café *m* • **cafe society** les habitués des cafés à la mode.

cafeteria [,kæfɪ'tɪərɪə] *n* cafétéria *f*, cantine *f*.

cafetiere [kæfə'tjeəʳ] *n* cafetière *f* à piston.

caffeine ['kæfiːn] *n* caféine *f*.

caffeine-free *adj* sans caféine.

cage [keɪdʒ] *n* **1.** cage *f* **2.** *(locution)* • **to rattle sb's cage** mettre qqn en colère.

caged [keɪdʒd] *adj* en cage.

cagey ['keɪdʒɪ] (*comp* **cagier**, *superl* **cagiest**) *adj fam* discret.

cagoule [kə'guːl] *n* **(UK)** K-way® *m inv*.

cahoots [kə'huːts] *n fam* • **to be in cahoots (with)** être de mèche (avec).

cajole [kə'dʒəʊl] *vt* • **to cajole sb** enjôler qqn.

cajoling [kə'dʒəʊlɪŋ] *adj* cajoleur.

cake [keɪk] *n* **1.** gâteau *m* • **cake decoration** décoration *f* pour gâteau • **it's a piece of cake** *fam* & *fig* c'est du gâteau **2.** croquette *f (de poisson, de pommes de terre)* **3.** pain *m (de savon)*.

caked [keɪkt] *adj* • **caked with mud** couvert de boue séchée.

cake tin (UK), **cake pan (US)** *n* moule *m* à gâteau.

calamity [kə'læmətɪ] (*pl* **-ies**) *n* calamité *f*.

calcium ['kælsɪəm] *n* calcium *m* • **calcium deficiency** carence *f* en calcium.

calculate ['kælkjʊleɪt] *vt* **1.** calculer **2.** évaluer.

calculating ['kælkjʊleɪtɪŋ] *adj péj* calculateur.

calculation [,kælkjʊ'leɪʃn] *n* calcul *m*.

calculator ['kælkjʊleɪtəʳ] *n* calculatrice *f* • **a pocket calculator** une calculette.

calendar ['kælɪndəʳ] *n* calendrier *m*.

calendar girl *n* pin-up *f*.

calendar month *n* mois *m* (de calendrier).
calendar year *n* année *f* civile.
calf [kɑːf] (*pl* **calves** [kɑːvz]) *n* **1.** veau *m* **2.** éléphanteau *m* **3.** bébé *m* phoque **4.** mollet *m*.
caliber ['kælɪbər] **(US)** = **calibre**.
calibrate ['kælɪbreɪt] *vt* **1.** étalonner **2.** calibrer.
calibre (UK), caliber (US) ['kælɪbər] *n* calibre *m*.
California [,kælɪ'fɔnjə] *n* Californie *f*.
calipers (US) = **callipers**.
call [kɔl] *n* **1.** appel *m*, cri *m* **2.** appel *m* (téléphonique) • **there's a call for you** il y a un appel pour toi **3.** visite *f* • **to pay a call on sb** rendre visite à qqn **4.** • **call (for)** demande *f* (de). ❑ *vt* **1.** appeler • **what's this thing called?** comment ça s'appelle, ce truc ? • **let's call it £10** disons 10 livres **2.** appeler • **he called me a liar** il m'a traité de menteur **3.** convoquer *(quelqu'un)* **4.** lancer *(une grève)* **5.** appeler *(les passagers d'un vol)* **6.** annoncer *(des élections)*. ❑ *vi* **1.** crier **2.** *TÉLÉCOM* appeler • **who's calling?** qui est à l'appareil ? **3.** passer. ■ **call away** *vt sép* • **she's often called away on business** elle doit souvent partir en déplacement *ou* s'absenter pour affaires. ■ **call back** *vt sép* rappeler. ❑ *vi* **1.** *TÉLÉCOM* rappeler **2.** repasser. ■ **call by** *vi fam* passer. ■ **call for** *vt insép* **1.** passer prendre **2.** demander. ■ **call in** *vt sép* **1.** faire venir *(la police, un expert)* **2.** *COMM* rappeler *(des marchandises)* **3.** *FIN* exiger le remboursement de. ❑ *vi* passer. ■ **call off** *vt sép* **1.** annuler **2.** rappeler. ■ **call on** *vt insép* **1.** passer voir **2.** • **to call on sb to do sthg** demander à qqn de faire qqch. ■ **call out** *vt sép* **1.** appeler *(la police, le médecin)* **2.** crier. ❑ *vi* crier. ■ **call round** *vi* **(UK)** passer. ■ **call up** *vt sép* **1.** *MIL & TÉLÉCOM* appeler **2.** *INFORM* rappeler.
CALL (abrév de computer assisted (*ou* aided) language learning) *n* enseignement *m* des langues assisté par ordinateur.
call box *n* **(UK)** cabine *f* téléphonique.
call centre (UK), call center (US) *n* centre *m* d'appels.
caller ['kɔlər] *n* **1.** visiteur *m*, -euse *f* **2.** *TÉLÉCOM* demandeur *m* • **caller identification** identification *f* d'appel.
caller ID display, caller display *n TÉLÉCOM* présentation *f* du numéro.
call girl *n* call-girl *f*.
calligraphy [kə'lɪgrəfɪ] *n* calligraphie *f*.
call-in *n* **(US)** *RADIO & TV* programme *m* à ligne ouverte.
calling ['kɔlɪŋ] *n* **1.** métier *m* **2.** vocation *f*.
calling card *n* **1. (US)** carte *f* de visite **2.** *TÉLÉCOM* carte *f* téléphonique.
callipers (UK), calipers (US) ['kælɪpəz] *npl* **1.** compas *m* **2.** appareil *m* orthopédique.
callous ['kæləs] *adj* dur.
callously ['kæləslɪ] *adv* durement.
call screening *n* filtrage *m* d'appels.
call sequence *n INFORM* séquence *f* d'appel.
callus ['kæləs] (*pl* **-es**) *n* cal *m*, durillon *m*.
calm [kɑːm] *adj* calme. ❑ *n* calme *m* • **the calm before the storm** le calme avant la tempête. ❑ *vt* calmer. ■ **calm down** *vi* se calmer • **calm down!** calmez-vous !, calme-toi !
calming ['kɑːmɪŋ] *adj* calmant.
calmly ['kɑːmlɪ] *adv* calmement.
Calor gas® ['kælər-] *n* **(UK)** butane *m*.
calorie ['kælərɪ] *n* calorie *f*.
calorie-conscious *adj* • **she's very calorie-conscious** elle fait très attention au nombre de calories qu'elle absorbe.
calorie-controlled *adj* contrôlé en calories.
calorie-free *adj* sans calories.
calorific [,kælə'rɪfɪk] *adj* calorifique.
calves [kɑːvz] *npl* → **calf**.
CAM [kæm] (abrév de computer-aided manufacturing) *n* FAO *f*.
camaraderie [,kæmə'rɑːdərɪ] *n* camaraderie *f*.
camber ['kæmbər] *n* bombement *m*.
Cambodia [kæm'bəudjə] *n* Cambodge *m*.
camcorder ['kæm,kɔdər] *n* Caméscope® *m*.
came [keɪm] *passé* → **come**.
camel ['kæml] *n* chameau *m*.
cameo ['kæmɪəu] (*pl* **-s**) *n* **1.** camée *m* **2.** *CINÉ & THÉÂTRE* courte apparition *f (d'une grande vedette)*.
camera ['kæmərə] *n* **1.** appareil photo *m* • **a digital camera** un appareil photo numérique **2.** caméra *f* • **a video camera** une caméra vidéo. ■ **in camera** *adv* à huis clos.
cameraman ['kæmərəmæn] (*pl* **-men**) *n* cameraman *m*, cadreur *m*.
camera phone *n* téléphone *m* avec appareil photo.
camera-ready *adj* prêt à imprimer.
camera-shy *adj* qui n'aime pas être photographié.
camerawoman ['kæmərə,wumən] (*pl* **-women**) *n* cadreuse *f*.
Cameroon [,kæmə'ruːn] *n* Cameroun *m*.
camomile ['kæməmaɪl] *n* camomille *f*. ❑ *en apposition* • **camomile tea** infusion *f* de camomille.
camouflage ['kæməflɑːʒ] *n* camouflage *m*. ❑ *vt* camoufler.
camp [kæmp] *n* camp *m* • **(summer) camp (US)** colonie *f* de vacances • **to set up camp** établir un camp. ❑ *vi* camper. ■ **camp out** *vi* camper.
campaign [kæm'peɪn] *n* campagne *f*. ❑ *vi* • **to campaign (for/against)** mener une campagne (pour/contre).
campaigner [kæm'peɪnər] *n* militant *m*, -e *f*.
campaign trail *n* tournée *f* électorale.
camp bed *n* **(UK)** lit *m* de camp.

camp counsellor *n* moniteur *m*, -trice *f*.

camper ['kæmpəʳ] *n* **1.** campeur *m*, -euse *f* **2.** camping-car *m*.

camper van *n* **(UK)** camping-car *m*.

campfire ['kæmp,faɪəʳ] *n* feu *m* de camp.

campground ['kæmpgraʊnd] *n* **(US)** (terrain *m* de) camping *m*.

camphone ['kæmfəʊn] *n* téléphone *m* avec appareil photo.

camping ['kæmpɪŋ] *n* camping *m* • **to go camping** faire du camping.

camping site, **campsite** ['kæmpsaɪt] *n* (terrain *m* de) camping *m*.

campus ['kæmpəs] (*pl* **-es**) *n* campus *m*.

can

■ **can** *aux modal*

forme non accentuée [kən], *forme accentuée* [kæn], *conditionnel et prétérit* **could** *; forme négative* ***cannot*** *et* ***can't***

1. EXPRIME UNE POSSIBILITÉ (UNE IMPOSSIBILITÉ AVEC « CAN'T »)

• **can you come to lunch?** tu peux venir déjeuner ? • **Peter can't come on Saturday** Peter ne peut pas venir samedi

2. AVEC DES VERBES DE PERCEPTION, NE SE TRADUIT PAS EN FRANÇAIS

• **can you see/hear/smell something?** tu vois/entends/sens quelque chose ?

3. INDIQUE UNE CAPACITÉ

• **can you drive?** tu sais conduire ? • **she can speak three languages** elle parle trois langues

4. POUR DEMANDER OU DONNER UNE PERMISSION

• **you can use my car if you like** tu peux prendre ma voiture si tu veux • **can I speak to John, please?** est-ce que je pourrais parler à John, s'il vous plaît ? • **can I help you?** je peux t'aider ?

5. INDIQUE UNE PROBABILITÉ

• **what can she have done with it?** qu'est-ce qu'elle a bien pu en faire ? • **you can't be serious!** tu ne parles pas sérieusement !

6. AVEC « COULD », INDIQUE UNE POSSIBILITÉ DE FAÇON POLIE

• **I could see you tomorrow** je pourrais vous voir demain

À PROPOS DE can

Can s'utilise dans les questions, pour demander la permission de faire quelque chose ou pour faire une demande **(can *you tell me the way to the station?*)**. ***Could*** remplit la même fonction, mais dans les contextes où l'on veut être particulièrement poli **(could *you help me with this, please?*)**.

Avec les verbes de perception tels que ***hear*** (entendre) ou ***see*** (voir), il est courant de faire précéder le verbe de ***can*** ou ***can't,*** qui ne se traduisent pas en français **(can *you hear something?* = est-ce que tu entends quelque chose ?** ; ***I*** **can't *see the house from here* = je ne vois pas la maison d'ici**).

Can et ***can't*** apparaissent aussi dans des phrases comme ***I*** **can** ***speak English*** ou ***I*** **can't** ***swim***, pour dire que l'on sait faire quelque chose.

Voir aussi **pouvoir** dans la partie français-anglais du dictionnaire.

can [kæn] *n* • **he brought a few cans of beer to the party** il a apporté des canettes de bière à la fête. ❑ *vt* (*prét & pp* **canned**, *cont* **canning**) • **the fish is canned in this factory** le poisson est mis en boîte dans cette usine.

Canada ['kænədə] *n* Canada *m* • **in Canada** au Canada.

Canadian [kə'neɪdjən] *adj* canadien. ❑ *n* Canadien *m*, -enne *f*.

canal [kə'næl] *n* canal *m*.

canapé ['kænəpeɪ] *n* canapé *m* (*petit four*).

Canaries [kə'neərɪz] *npl* • **the Canaries** les Canaries *fpl*.

canary [kə'neərɪ] *n* canari *m*.

cancel ['kænsl] (**(UK)** *prét & pp* **cancelled**, *cont* **cancelling**, **(US)** *prét & pp* **canceled**, *cont* **canceling**) *vt* **1.** annuler **2.** décommander **3.** oblitérer **4.** faire opposition à. ■ **cancel out** *vt sép* annuler • **to cancel each other out** s'annuler.

cancellation [,kænsə'leɪʃn] *n* annulation *f*.

cancer ['kænsəʳ] *n* cancer *m*. ■ **Cancer** *n* Cancer *m*.

cancer-causing *adj* cancérigène, carcinogène.

cancerous ['kænsərəs] *adj* cancéreux.

candelabra [,kændɪ'lɑːbrə] *n* candélabre *m*.

candid ['kændɪd] *adj* franc, franche *f*.

candidacy ['kændɪdəsɪ] *n* candidature *f*.

candidate ['kændɪdət] *n* • **candidate (for)** candidat *m*, -e *f* (pour).

candidate country *n* pays *m* candidat (*à l'adhésion*).

candidly ['kændɪdlɪ] *adv* franchement.

candied ['kændɪd] *adj* confit.

candle ['kændl] *n* bougie *f*, chandelle *f*.

candlelight ['kændllaɪt] *n* lueur *f* d'une bougie *ou* d'une chandelle.

candlelit ['kændllɪt] *adj* aux chandelles.

candlestick ['kændlstɪk] *n* bougeoir *m*.

can-do ['kænduː] *adj* • **can-do spirit** esprit *m* de battant *ou* de gagneur.

candour (UK), candor (US) ['kændər] *n* franchise *f.*
candy ['kændɪ] *n* (US) **1.** *(indén)* confiserie *f* **2.** bonbon *m.*
candy apple *n* (US) pomme *f* d'amour.
candy bar *n* (US) **1.** barre *f* de chocolat **2.** barre *f* de céréales.
candybar phone ['kændɪbɑː-] *n* téléphone *m* monobloc.
candyfloss ['kændɪflɒs] *n* (UK) barbe *f* à papa.
cane [keɪn] *n* **1.** *(indén)* rotin *m* **2.** canne *f* **3.** • **the cane** la verge *(pour punir)* **4.** tuteur *m.* ❑ *vt* fouetter.
cane sugar *n* sucre *m* de canne.
canine ['keɪnaɪn] *adj* canin. ❑ *n* • **canine (tooth)** canine *f.*
canister ['kænɪstər] *n* boîte *f.*
cannabis ['kænəbɪs] *n* cannabis *m.*
canned [kænd] *adj* en boîte • **canned sardines** des sardines en boîte.
cannelloni [,kænɪ'ləʊnɪ] *n (indén)* cannellonis *m.*
cannibal ['kænɪbl] *n* cannibale *mf.*
cannibalize, -ise (UK) ['kænɪbəlaɪz] *vt* cannibaliser.
cannon ['kænən] *(pl inv ou* -s) *n* canon *m.*
cannonball ['kænənbɔl] *n* boulet *m* de canon.
cannot ['kænɒt] *sout* = **can²**
canny ['kænɪ] *adj* adroit.
canoe [kə'nuː] *n* canoë *m*, kayak *m.*
canoeing [kə'nuːɪŋ] *n (indén)* canoë-kayak *m* • **to go canoeing** faire du canoë-kayak.
canoeist [kə'nuːɪst] *n* canoéiste *mf.*
canon ['kænən] *n* canon *m.*
canoodle [kə'nuːdl] *vi fam* & *vieilli* se faire des mamours.
can opener *n* ouvre-boîtes *m inv.*
canopy ['kænəpɪ] *n* **1.** baldaquin *m* **2.** dais *m* **3.** *fig* voûte *f.*
can't [kɑːnt] = **cannot.**
cantankerous [kæn'tæŋkərəs] *adj* hargneux.
canteen [kæn'tiːn] *n* (UK) cantine *f.*
canter ['kæntər] *n* petit galop *m.*
cantilever ['kæntɪliːvər] *n* cantilever *m.*
Cantonese [,kæntə'niːz] *adj* cantonais. ❑ *n (langue)* cantonais *m.*
canvas ['kænvəs] *n* toile *f.*
canvass ['kænvəs] *vt* **1.** POLIT solliciter la voix de **2.** sonder *(les opinions).*
canvasser ['kænvəsər] *n* **1.** POLIT agent *m* électoral **2.** sondeur *m*, -euse *f.*
canvassing ['kænvəsɪŋ] *n* **1.** POLIT démarchage *m* électoral **2.** sondage *m.*
canyon ['kænjən] *n* canyon *m.*
cap [kæp] *n* **1.** casquette *f* **2.** capuchon *m* **3.** capsule *f* **4.** bouchon *m.* ❑ *vt* **1.** limiter • **to cap greenhouse emissions** plafonner les émissions de gaz à effet de serre **2.** *(locution)* • **to cap it all** pour couronner le tout.
CAP (abrév de Common Agricultural Policy) *n* PAC *f.*
capability [,keɪpə'bɪlətɪ] *n* capacité *f.*
capable ['keɪpəbl] *adj* • **capable (of)** capable (de).
capably ['keɪpəblɪ] *adv* avec compétence.
capacity [kə'pæsɪtɪ] *n* **1.** *(indén)* capacité *f*, contenance *f* **2.** • **capacity (for)** aptitude *f* (à) **3.** qualité *f.*
cape [keɪp] *n* **1.** GÉOGR cap *m* **2.** cape *f.*
capeesh [kə'piːʃ] *vi* (US) *fam* comprendre • **I'm not going, capeesh?** j'y vais pas, compris ?
caper ['keɪpər] *n* **1.** câpre *f* **2.** *fam* coup *m*, combine *f.*
capful ['kæpfʊl] *n* (plein) bouchon *m.*
capillary [kə'pɪlərɪ] *(pl* -ies) *n* capillaire *m.*
capita → **per capita.**
capital ['kæpɪtl] *adj* **1.** majuscule **2.** capital. ❑ *n* **1.** • **capital (city)** capitale *f* **2.** • **capital (letter)** majuscule *f* • **in capitals** en majuscules **3.** *(indén)* capital *m* • **to make capital (out) of** *fig* tirer profit de.
capital expenditure *n (indén)* dépenses *fpl* d'investissement.
capital gains tax *n* impôt *m* sur les plus-values.
capital goods *npl* biens *mpl* d'équipement.
capitalism ['kæpɪtəlɪzm] *n* capitalisme *m.*
capitalist ['kæpɪtəlɪst] *adj* capitaliste. ❑ *n* capitaliste *mf.*
capitalize, -ise (UK) ['kæpɪtəlaɪz] *vi* • **to capitalize on** tirer parti de.
capital punishment *n* peine *f* capitale *ou* de mort.
Capitol Hill *n siège du Congrès à Washington.*
capitulate [kə'pɪtjʊleɪt] *vi* capituler.
cappuccino [,kæpʊ'tʃiːnəʊ] *(pl* -s) *n* cappuccino *m.*
Capricorn ['kæprɪkɔn] *n* Capricorne *m.*
capri pants [kə'priː] *n* (US) pantacourt *m.*
capsize [kæp'saɪz] *vt* faire chavirer. ❑ *vi* chavirer.
capsule ['kæpsjuːl] *n* **1.** capsule *f* **2.** gélule *f.*
Capt. (abrév de captain) cap.
captain ['kæptɪn] *n* capitaine *mf.*
caption ['kæpʃn] *n* légende *f.*
captivate ['kæptɪveɪt] *vt* captiver.
captivating ['kæptɪveɪtɪŋ] *adj* captivant.
captive ['kæptɪv] *adj* captif. ❑ *n* captif *m*, -ive *f.*
captive audience *n* audience *f* captive.
captive market *n* clientèle *f* captive, marché *m* captif.
captivity [kæp'tɪvətɪ] *n (indén)* captivité *f* • **in captivity** en captivité.

captor ['kæptəʳ] *n* ravisseur *m*, -euse *f*.

capture ['kæptʃəʳ] *vt* **1.** capturer **2.** prendre *(une ville)* **3.** conquérir **4.** captiver **5.** *INFORM* saisir. ❑ *n* **1.** capture *f* **2.** prise *f (d'une ville)*.

car [kɑːʳ] *n* **1.** voiture *f* • **by car** en voiture • **car salesman** vendeur *m* de voitures **2.** wagon *m*, voiture *f*. ❑ *en apposition* **1.** de voiture **2.** automobile.

carafe [kə'ræf] *n* carafe *f*.

car alarm *n AUTO* alarme *f* de voiture.

caramel ['kærəmel] *n* caramel *m*.

caramelize, -ise (UK) ['kærəməlaɪz] *vi* se caraméliser.

carat ['kærət] *n* **(UK)** carat *m* • **24-carat gold** or à 24 carats.

caravan ['kærəvæn] *n* **1. (UK)** caravane *f* **2.** roulotte *f*.

caravan site *n* **(UK)** camping *m* pour caravanes.

carbohydrate [ˌkɑːbəʊ'haɪdreɪt] *n* hydrate *m* de carbone. ■ **carbohydrates** *npl* glucides *mpl*.

car bomb *n* voiture *f* piégée.

carbon ['kɑːbən] *n* carbone *m* • **carbon capture and storage** la capture et le stockage du carbone.

carbonated ['kɑːbəneɪtɪd] *adj* gazeux.

carbon copy *n* **1.** carbone *m* **2.** *fig* réplique *f*.

carbon dating [-'deɪtɪŋ] *n* datation *f* au carbone 14.

carbon dioxide [-daɪ'ɒksaɪd] *n* gaz *m* carbonique.

carbon footprint *n* empreinte *f* carbone.

carbon monoxide *n* oxyde *m* de carbone.

carbon neutrality [-njuː'træləti] *n* neutralité *f* carbone.

carbon offset *n* compensation *f* carbone.

carbon paper *n (indén)* (papier *m*) carbone *m*.

carbon sink *n* puits *m* de carbone.

carbon tax *n* taxe *f* sur les émissions de carbone.

car-boot sale *n* **(UK)** *brocante en plein air où les coffres des voitures servent d'étal.*

carburettor (UK), carburetor (US) [ˌkɑːbə'retəʳ] *n* carburateur *m*.

carcass ['kɑːkəs] *n* carcasse *f*.

carcinogenic [ˌkɑːsɪnə'dʒenɪk] *adj* carcinogène, cancérogène.

carcinoma [ˌkɑːsɪ'nəʊmə] *(pl* **-s** *ou* **-mata***)* *n* carcinome *m*.

card [kɑːd] *n* **1.** carte *f* • **a birthday card** une carte d'anniversaire **2.** *(indén)* carton *m* **3.** *INFORM* carte *f*. ■ **cards** *npl* • **to play cards** jouer aux cartes. ■ **on the cards (UK), in the cards (US)** *adv fam* • **it's on the cards that…** il y a de grandes chances pour que…

cardboard ['kɑːdbɔːd] *n (indén)* carton *m*. ❑ *en apposition* en carton • **a cardboard box** une boîte en carton.

cardboard box *n* boîte *f* en carton.

card-carrying *adj* • **card-carrying member** membre *m*.

card game *n* jeu *m* de cartes.

cardiac ['kɑːdɪæk] *adj* cardiaque.

cardiac arrest *n* arrêt *m* du cœur.

cardigan ['kɑːdɪgən] *n* cardigan *m*.

cardinal ['kɑːdɪnl] *adj* cardinal. ❑ *n* cardinal *m*.

cardinal number, cardinal numeral *n* nombre *m* cardinal.

card index *n* **(UK)** fichier *m*.

cardiology [ˌkɑːdɪ'ɒlədʒɪ] *n* cardiologie *f*.

cardiovascular [ˌkɑːdɪəʊ'væskjʊləʳ] *adj* cardiovasculaire.

card-operated lock *n* serrure *f* à carte perforée.

cardphone ['kɑːdfəʊn] *n* **(UK)** téléphone *m* à carte.

card table *n* table *f* de jeu.

card trick *n* tour *m* de cartes.

care [keəʳ] *n* **1.** *(indén)* soin *m*, attention *f* • **to take care of** s'occuper de • **take care!** faites bien attention à vous ! **2.** souci *m* **3. (UK)** • **the baby was put in care** *ou* **taken into care** on a retiré aux parents la garde de leur bébé. ❑ *vi* **1.** • **to care about** se soucier de **2.** • **I don't care** ça m'est égal • **who cares?** qu'est-ce que ça peut faire ? ■ **care for** *vt insép vieilli* aimer. ■ **care of** *prép* chez.

care attendant (UK), care assistant (US) *n* aide-soignant *m*, -e *f*.

career [kə'rɪəʳ] *n* carrière *f (professionnelle)*. ❑ *vi* aller à toute vitesse.

career coach *n* coach *m* carrière.

career-minded *adj* ambitieux.

careers adviser *n* **(UK)** conseiller *m*, -ère *f* d'orientation.

carefree ['keəfriː] *adj* insouciant.

careful ['keəfʊl] *adj* **1.** prudent • **to be careful to do sthg** prendre soin de faire qqch, faire attention à faire qqch • **be careful!** fais attention ! **2.** soigné **3.** consciencieux.

carefully ['keəflɪ] *adv* **1.** prudemment • **to drive carefully** conduire prudemment **2.** soigneusement.

caregiver ['keəgɪvəʳ] *n* **1.** aidant *m* familial, aidante *f* familiale **2.** aide-soignant *m*, -e *f*.

care home [keəhəʊm] *n* ehpad *m*.

careless ['keəlɪs] *adj* **1.** *(travail)* peu soigné **2.** *(conducteur)* négligent **3.** insouciant.

carelessly ['keəlɪslɪ] *adv* **1.** sans faire attention **2.** avec insouciance.

caress [kə'res] *n* caresse *f*. ❑ *vt* caresser.

caretaker ['keəˌteɪkəʳ] *n* **(UK)** concierge *mf*.

caretaker government *n* gouvernement *m* intérimaire.
care worker *n* aide-soignant *m*, -e *f*.
car ferry *n* ferry *m*.
cargo ['kɑːgəʊ] (*pl* -es *ou* -s) *n* cargaison *f*.
car hire *n* (UK) location *f* de voitures.
Caribbean [(UK) kærɪ'biːən, (US) kə'rɪbɪən] *n* • **the Caribbean (Sea)** la mer des Caraïbes *ou* des Antilles.
caricature ['kærɪkə,tjʊəʳ] *n* 1. caricature *f* 2. parodie *f*. ❑ *vt* caricaturer.
caring ['keərɪŋ] *adj* bienveillant.
caring professions *npl* • **the caring professions** les métiers *mpl* du social.
carjack ['kɑː,dʒæk] *vt* • **to be carjacked** se faire voler sa voiture sous la menace d'une arme.
carjacker ['kɑːdʒækəʳ] *n* *auteur d'un vol de voiture sous la menace d'une arme*.
carjacking ['kɑː,dʒækɪŋ] *n* vol *m* de voiture sous la menace d'une arme.
car kit *n* kit *m* auto mains libres.
carload ['kɑː,ləʊd] *n* • **a carload of boxes/people** une voiture pleine de cartons/de gens.
carlot [kɑːlɒt] *n* (US) parking *m* (*d'un garage automobile*).
carmaker ['kɑːmeɪkəʳ] *n* (US) constructeur *m* automobile.
carnage ['kɑːnɪdʒ] *n* carnage *m*.
carnal ['kɑːnl] *adj* *littéraire* charnel.
carnation [kɑː'neɪʃn] *n* œillet *m*.
carnival ['kɑːnɪvl] *n* 1. carnaval *m* 2. (US) fête *f* foraine.
carnivore ['kɑːnɪvɔːʳ] *n* carnivore *mf*.
carnivorous [kɑː'nɪvərəs] *adj* carnivore.
carol ['kærəl] *n* • **(Christmas) carol** chant *m* de Noël.
carousel [,kærə'sel] *n* 1. (US) manège *m* 2. (*à l'aéroport*) tapis *m* roulant à bagages.
carp [kɑːp] *n* (*pl inv ou* -s) carpe *f*. ❑ *vi* • **to carp (about sthg)** critiquer (qqch).
car park *n* (UK) parking *m* • **car park attendant** gardien *m*, -enne *f* de parking.
carpenter ['kɑːpəntəʳ] *n* 1. charpentier *m* 2. menuisier *m*.
carpentry ['kɑːpəntrɪ] *n* 1. charpenterie *f* 2. menuiserie *f*.
carpet ['kɑːpɪt] *n* *litt* & *fig* tapis *m* • **(fitted) carpet** moquette *f*. ❑ *vt* recouvrir d'un tapis.
carpet slipper *n* pantoufle *f*.
carpet sweeper [-,swiːpəʳ] *n* balai *m* mécanique.
carphone ['kɑː,fəʊn] *n* téléphone *m* de voiture.
car pool [kɑː'puːl] *n* 1. (UK) parc *m* de voitures 2. groupe *m* de covoiturage.
carport ['kɑː,pɔːt] *n* appentis *m* (pour voitures).
car rental *n* (US) location *f* de voitures. ❑ *en apposition* de location de voitures.
carriage ['kærɪdʒ] *n* 1. voiture *f* 2. (*indén*) (UK) transport *m* (*de marchandises*).
carriage return *n* retour *m* chariot.
carriageway ['kærɪdʒweɪ] *n* (UK) chaussée *f*.
carrier ['kærɪəʳ] *n* 1. transporteur *m* 2. porteur *m*, -euse *f* 3. opérateur *m* (*téléphonique*).
carrier-agnostic *adj* TÉLÉCOM tous opérateurs.
carrier bag *n* sac *m* (en plastique).
carrier-based, **carrier-borne** *adj* AÉRON & NAUT embarqué.
carrier pigeon *n* pigeon *m* voyageur.
carrot ['kærət] *n* carotte *f*.
carry ['kærɪ] *vt* 1. porter 2. transporter 3. transmettre (*une maladie*) 4. impliquer (*la responsabilité*) 5. entraîner (*des conséquences*) 6. voter 7. attendre (*un enfant*) 8. MATH retenir. ❑ *vi* (*son*) porter. ■ **carry away** *vt insép* • **he was carried away by his enthusiasm/imagination** il s'est laissé emporter par son enthousiasme/imagination • **I got a bit carried away and spent all my money** je me suis emballé et j'ai dépensé tout mon argent. ■ **carry forward** *vt sép* FIN reporter. ■ **carry off** *vt sép* 1. mener à bien 2. remporter. ■ **carry on** *vt insép* continuer • **to carry on doing sthg** continuer à *ou* de faire qqch. ❑ *vi* 1. continuer • **to carry on with sthg** continuer qqch 2. *fam* faire des histoires. ■ **carry out** *vt insép* 1. remplir (*une mission*) 2. exécuter (*un ordre*) 3. effectuer (*une expérience*) 4. mener (*une enquête*). ■ **carry through** *vt sép* réaliser.
carryall ['kærɪɔl] *n* (US) fourre-tout *m inv*.
carrycot ['kærɪkɒt] *n* (UK) couffin *m*.
carry-on *n* (UK) *fam* • **what a carry-on!** quelle histoire ! ❑ *adj* • **carry-on items, carry-on luggage** *ou* **bags** bagages à main.
carry-out, **carryout** (US) *n* plat *m* à emporter.
carsick ['kɑː,sɪk] *adj* • **to be carsick** être malade en voiture.
car sickness *n* mal *m* de la route • **to suffer from car sickness** être malade en voiture.
cart [kɑːt] *n* 1. charrette *f* 2. (US) chariot *m* (*de supermarché*) 3. panier *m* (*pour achats en ligne*) • **'add to cart'** 'ajouter au panier'. ❑ *vt fam* traîner.
carte blanche *n* carte *f* blanche.
cartel [kɑː'tel] *n* cartel *m*.
cartilage ['kɑːtɪlɪdʒ] *n* cartilage *m*.
carton ['kɑːtn] *n* 1. boîte *f* en carton 2. pot *m* (*de yaourt*) 3. carton *m* (*de lait*).
cartoon [kɑː'tuːn] *n* 1. dessin *m* humoristique 2. bande *f* dessinée 3. dessin *m* animé.
cartoon character *n* personnage *m* de bande dessinée.

cartoonist [kɑːˈtuːnɪst] *n* **1.** dessinateur *m*, -trice *f* humoristique **2.** dessinateur *m*, -trice *f* de bandes dessinées.

cartoon strip *n* bande *f* dessinée.

cartridge [ˈkɑːtrɪdʒ] *n* **1.** cartouche *f* **2.** *PHOTO* chargeur *m*.

cartridge paper *n* papier-cartouche *m*.

cartwheel [ˈkɑːtwiːl] *n* roue *f* • **to do a cartwheel** faire la roue.

carve [kɑːv] *vt* **1.** sculpter **2.** graver **3.** découper **4.** *(locution)* • **it's not carved in stone** ce n'est pas gravé dans le marbre. ❑ *vi CULIN* découper. ■ **carve out** *vt sép fig* se tailler. ■ **carve up** *vt sép fig* diviser.

carving [ˈkɑːvɪŋ] *n* sculpture *f*.

carving knife *n* couteau *m* à découper.

car wash *n* **1.** lavage *m* de voitures **2.** station *f* de lavage de voitures.

cascade [kæˈskeɪd] *n* cascade *f (chute d'eau)*. ❑ *vi* tomber en cascade.

case [keɪs] *n* **1.** cas *m* • **to be the case** être le cas • **in case of** en cas de • **in that case** dans ce cas • **in which case** auquel cas **2.** • **case (for/against)** arguments *mpl* (pour/contre) **3.** *DR* affaire *f*, procès *m* • **the case continues** affaire à suivre **4.** caisse *f* **5.** étui *m* **6.** **(UK)** valise *f* • **to packed one's case** faire sa valise. ■ **in any case** *adv* de toute façon. ■ **in case** *conj* au cas où. ❑ *adv* • **(just) in case** à tout hasard.

case fatality rate *n* taux *m* de létalité.

case history *n MÉD* antécédents *mpl*.

case-insensitive *adj INFORM* • **this URL is case-insensitive** le respect des majuscules et des minuscules n'est pas nécessaire pour cette URL.

case-sensitive *adj* • **this password is case-sensitive** le respect des majuscules et des minuscules est nécessaire pour ce mot de passe.

case study *n* étude *f* de cas.

casework [ˈkeɪswɜːk] *n travail social personnalisé*.

caseworker [ˈkeɪsˌwɜːkəʳ] *n travailleur social s'occupant de cas individuels et familiaux*.

cash [kæʃ] *n (indén)* **1.** liquide *m* • **to pay (in) cash** payer comptant *ou* en espèces • **cash on delivery** paiement *m* à la livraison, (livraison *f*) contre remboursement **2.** *fam* sous *mpl*, fric *m*. ❑ *vt* encaisser. ■ **cash in** *vi fam* • **to cash in on** tirer profit de.

cash and carry *n* **(UK)** libre-service *m* de gros, cash-and-carry *m*.

cashback [ˈkæʃbæk] *n* **(surtout UK)** **1.** *espèces retirées à la caisse d'un supermarché lors d'un paiement par carte* **2.** *prime versée par une société de crédit immobilier au souscripteur d'un emprunt*.

cashbook [ˈkæʃbʊk] *n* livre *m* de caisse.

cash box *n* caisse *f*.

cash card *n* carte *f* de retrait.

cash cow *n COMM* vache *f* à lait.

cash deposit *n* versement *m* en espèces.

cash desk *n* **(UK)** caisse *f*.

cash discount *n* escompte *m* de caisse, remise *f* sur paiement (au) comptant.

cash dispenser [-dɪˌspensəʳ] *n* distributeur *m* automatique de billets.

cashew (nut) [ˈkæʃuː-] *n* noix *f* de cajou.

cash flow *n* marge *f* d'auto-financement, cash-flow *m*.

cashier [kæˈʃɪəʳ] *n* caissier *m*, -ère *f*.

cashless [ˈkæʃlɪs] *adj* sans argent • **cashless pay system** système *m* de paiement électronique • **cashless society** société *f* de l'argent virtuel.

cash machine *n* distributeur *m* de billets.

cashmere [kæʃˈmɪəʳ] *n* cachemire *m*.

cash payment *n* paiement *m* comptant, versement *m* en espèces.

cash point, cashpoint *n* **(UK)** **1.** distributeur *m* (automatique de billets), DAB *m* **2.** caisse *f (d'un magasin)*.

cash price *n* prix *m* comptant.

cash purchase *n* achat *m* au comptant.

cash register *n* caisse *f* enregistreuse.

cash sale *n* vente *f* au comptant.

cash value *n* valeur *f* au comptant *ou* de rachat.

casing [ˈkeɪsɪŋ] *n* **1.** revêtement *m* **2.** boîtier *m*.

casino [kəˈsiːnəʊ] *(pl* **-s***)* *n* casino *m*.

cask [kɑːsk] *n* tonneau *m*.

casket [ˈkɑːskɪt] *n* **1.** coffret *m* **2.** **(US)** cercueil *m*.

casserole [ˈkæsərəʊl] *n* **1.** ragoût *m* **2.** cocotte *f*.

cassette [kæˈset] *n* **1.** cassette *f* **2.** *PHOTO* recharge *f*.

cassette player *n* lecteur *m* de cassettes.

cassette recorder *n* magnétophone *m* à cassettes.

cast [kɑːst] *n* **1.** acteurs *mpl* **2.** distribution *f* **3.** plâtre *m* • **her arm was in a cast** elle avait un bras dans le plâtre. ❑ *vt (prét & pp* **cast***)* **1.** jeter • **to cast doubt on sthg** jeter le doute sur qqch • **to cast lots (UK)** tirer au sort **2.** *CINÉ & THÉÂTRE* donner un rôle à **3.** • **to cast one's vote** voter **4.** couler *(du métal)* **5.** mouler *(une statue)*. ■ **cast aside** *vt sép fig* écarter, rejeter. ■ **cast off** *vi* larguer les amarres.

castaway [ˈkɑːstəweɪ] *n* naufragé *m*, -e *f*.

caster [ˈkɑːstəʳ] *n* roulette *f*.

caster sugar *n* **(UK)** sucre *m* en poudre.

casting [ˈkɑːstɪŋ] *n* distribution *f (d'un film, d'une pièce)*.

casting couch *n fam* • **she denied having got the part on the casting couch** elle a nié avoir couché avec le metteur en scène pour obtenir le rôle.

casting vote *n* voix *f* prépondérante.

cast iron *n* fonte *f.* ■ **cast-iron** *adj* **1.** en *ou* de fonte **2.** *(volonté)* de fer **3.** *(alibi)* en béton • **to have a cast-iron stomach** *fig* avoir un estomac en béton.

castle ['kɑːsl] *n* **1.** château *m* **2.** tour *f.*

castoff ['kɑːstɒf] *n (souvent pl)* **(UK)** vieux vêtement *m* ; *fig* laissé-pour-compte *m*, laissée-pour-compte *f.* ■ **cast-off** *adj* **(UK)** dont personne ne veut • **cast-off clothes** vieux vêtements *mpl.*

castor oil *n* huile *f* de ricin.

castrate [kæ'streɪt] *vt* châtrer.

casual ['kæʒʊəl] *adj* **1.** désinvolte **2.** sans-gêne **3.** fortuit **4.** *(vêtements)* décontracté, sport *(inv)* **5.** *(travail)* temporaire.

casualization [,kæʒʊəlaɪ'zeɪʃən] *n* précarisation *f.*

casualize ['kæʒʊəlaɪz] *vt* précariser.

casually ['kæʒʊəlɪ] *adv* avec désinvolture • **casually dressed** habillé simplement.

casualty ['kæʒjʊəltɪ] *n* **1.** mort *m*, -e *f*, victime *f* **2.** blessé *m*, -e *f* **3.** accidenté *m*, -e *f.*

casualty department *n* **(UK)** service *m* des urgences.

cat [kæt] *n* **1.** chat *m* **2.** fauve *m* **3.** *(locution)* • **he thinks he's the cat's whiskers** *fam* il se prend pour le nombril du monde • **it's the cat's pyjamas (UK)** *fam ou* **pajamas (US)** *fam* c'est génial.

CAT [kæt] **1. (UK)** (abrév de computer-assisted teaching) EAO *m* **2.** (abrév de computerized axial tomography) CAT • **CAT scan** scanographie *f* • **to have a CAT scan** passer un scanner.

catalogue, **catalog (US)** ['kætəlɒg] *n* **1.** catalogue *m* **2.** fichier *m (en bibliothèque).* ❑ *vt* cataloguer.

catalyst ['kætəlɪst] *n litt* & *fig* catalyseur *m.*

catalytic convertor, **catalytic converter** [,kætə'lɪtɪkkən'vɜːtər] *n* pot *m* catalytique.

catamaran [,kætəmə'ræn] *n* catamaran *m.*

catapult ['kætəpʌlt] *n* **(UK)** lance-pierres *m inv.* ❑ *vt litt* & *fig* catapulter.

cataract ['kætərækt] *n* cataracte *f.*

catarrh [kə'tɑːr] *n* catarrhe *m.*

catastrophe [kə'tæstrəfɪ] *n* catastrophe *f.*

catastrophic [,kætə'strɒfɪk] *adj* catastrophique.

catatonic [,kætə'tɒnɪk] *adj* catatonique.

catbird seat ['kætbɜːd-] *n* **(US)** *fam* • **in the catbird seat** en position de force.

cat burglar *n* **(UK)** monte-en-l'air *m inv.*

catcall ['kætkɔːl] *n* sifflet *m.*

catch [kætʃ] *vt (prét & pp* **caught***)* **1.** attraper • **to catch sight** *ou* **a glimpse of** apercevoir • **to catch sb's attention** attirer l'attention de qqn • **to catch the post (UK)** arriver à temps pour la levée **2.** prendre, surprendre • **to catch sb doing sthg** surprendre qqn à faire qqch **3.** saisir, comprendre **4.** • **I caught my finger in the door** je me suis pris le doigt dans la porte **5.** frapper **6.** *(locution)* • **catch you later! (US)** *fam* à plus ! ❑ *vi (prét & pp* **caught***)* **1.** se prendre **2.** *(feu de cheminée)* prendre **3.** *(moteur)* démarrer. ❑ *n* **1.** prise *f* • **he's a good catch** c'est une belle prise **2.** fermoir *m* **3.** loqueteau *m* **4.** loquet *m* **5.** hic *m*, entourloupette *f.* ■ **catch on** *vi* **1.** prendre **2.** *fam* • **to catch on (to sthg)** piger (qqch). ■ **catch out** *vt sép* **(UK)** prendre en défaut, coincer • **I won't be caught out like that again!** on ne m'y prendra plus ! ■ **catch up** *vt sép* rattraper. ❑ *vi* • **to catch up on sthg** rattraper qqch. ■ **catch up with** *vt insép* rattraper • **his past will catch up with him one day** il finira par être rattrapé par son passé.

catch-22 [-twentɪ'tuː] *n* • **it's a catch-22 situation** on ne peut pas s'en sortir.

catch-all *adj* fourre-tout *(inv).*

catching ['kætʃɪŋ] *adj* contagieux.

catchment area ['kætʃmənt-] *n* **1. (UK)** secteur *m* de recrutement scolaire **2.** circonscription *f* hospitalière.

catchphrase ['kætʃfreɪz] *n* rengaine *f.*

catchword ['kætʃwɜːd] *n* slogan *m.*

catchy ['kætʃɪ] *adj* facile à retenir, entraînant.

categorical [,kætɪ'gɒrɪkl] *adj* catégorique.

categorically [,kætɪ'gɒrɪklɪ] *adv* catégoriquement.

categorize, **-ise (UK)** ['kætəgəraɪz] *vt* • **to categorize sb (as sthg)** cataloguer qqn (en tant que *ou* comme).

category ['kætəgərɪ] *n* catégorie *f.*

cater ['keɪtər] *vi* s'occuper de la nourriture, prévoir les repas. ■ **cater for** *vt insép* **(UK)** **1.** pourvoir à, satisfaire *(des besoins)* **2.** s'adresser à • **this TV channel caters for teenagers** cette chaîne de télé s'adresse aux adolescents **3.** prévoir. ■ **cater to** *vt insép* satisfaire.

cater-corner, **cater-cornered (US)** *fam adj* diagonal. ❑ *adv* diagonalement.

caterer ['keɪtərər] *n* traiteur *m.*

catering ['keɪtərɪŋ] *n* restauration *f (industrie).*

caterpillar ['kætəpɪlər] *n* chenille *f.*

caterpillar tracks *npl* chenille *f.*

cat-eye *adj* • **cat-eye glasses** lunettes *fpl* de star.

catfight ['kætfaɪt] *n* crêpage *m* de chignon. ❑ *vi* se bagarrer *(en parlant de femmes).*

cathartic [kə'θɑːtɪk] *adj* cathartique. ❑ *n* MÉD purgatif *m*, cathartique *m.*

cathedral [kə'θiːdrəl] *n* cathédrale *f.*

catheter ['kæθɪtər] *n* cathéter *m.*

Catholic ['kæθlɪk] *adj* catholique. ❑ *n* catholique *mf.* ■ **catholic** *adj* éclectique.

Catholicism [kə'θɒlɪsɪzm] *n* catholicisme *m.*

catnap ['kætnæp] *fam n* (petit) somme *m* • **to have a catnap** faire un petit somme. ❑ *vi* sommeiller, faire un petit somme.

Catseyes® ['kætsaɪz] *npl* **(UK)** catadioptres *mpl*.
catsuit ['kætsu:t] *n* **(UK)** combinaison-pantalon *f*.
catsup ['kætsəp] *n* (surtout **US**) ketchup *m*.
cattle ['kætl] *npl* bétail *m*.
cattle grid *n* **(UK)** passage *m* canadien.
catty ['kætɪ] *adj fam* & *péj* rosse, vache.
catwalk ['kætwɔk] *n* passerelle *f*.
Caucasian [kɔ:'keɪzjən] *adj* caucasien. ❑ *n* Blanc *m*, Blanche *f*.
caucus ['kɔkəs] *n* **1. (US)** comité *m* électoral *(d'un parti)* **2. (UK)** comité *m (d'un parti)*.
caught [kɔt] *passé & pp* → **catch**.
cauliflower ['kɒlɪ,flaʊəʳ] *n* chou-fleur *m*.
cause [kɔz] *n* cause *f* • **I have no cause for complaint** je n'ai pas à me plaindre, je n'ai pas lieu de me plaindre • **to have cause to do sthg** avoir lieu *ou* des raisons de faire qqch. ❑ *vt* causer • **to cause sb to do sthg** faire faire qqch à qqn.
caustic ['kɔstɪk] *adj* caustique.
caustic soda *n* soude *f* caustique.
caution ['kɔʃn] *n* **1.** *(indén)* précaution *f*, prudence *f* **2.** avertissement *m* **3. (UK)** *DR* réprimande *f*. ❑ *vt* • **to caution sb against doing sthg** déconseiller à qqn de faire qqch.
cautionary ['kɔ:ʃənərɪ] *adj* édifiant.
cautious ['kɔʃəs] *adj* prudent.
cautiously ['kɔ:ʃəslɪ] *adv* avec prudence, prudemment.
cavalier [,kævə'lɪəʳ] *adj* cavalier.
cavalry ['kævlrɪ] *n* cavalerie *f*.
cave [keɪv] *n* caverne *f*, grotte *f*. ■ **cave in** *vi (toit, plafond)* s'affaisser.
cave-dwelling *adj* cavernicole.
caveman ['keɪvmæn] (*pl* **-men**) *n* homme *m* des cavernes.
cave painting [keɪv-] *n* peinture *f* rupestre.
caver ['keɪvəʳ] *n* spéléologue *mf*.
cavernous ['kævənəs] *adj* immense.
caviar(e) ['kævɪɑ:ʳ] *n* caviar *m*.
cavity ['kævətɪ] *n* cavité *f*.
cavort [kə'vɔt] *vi* gambader.
CB (abrév de citizens' band) *n* CB *f*.
cc *n* **1.** (abrév de cubic centimetre) cm³ **2.** (abrév de carbon copy) pcc.
CCS *n* abrév de **carbon capture and storage**.
CCTV *n* abrév de **closed circuit television**.
CD (abrév de compact disc) *n* CD *m*.
CDI (abrév de compact disc interactive) *n* CDI *m*.
CDM (abrév de Clean Development Mechanism) *npr* MDP *m*.
CD player *n* lecteur *m* de CD.
CD-R [,si:di:'ɑ:ʳ] (abrév de compact disc recordable) *n* CD(-R) *m*.
CD-R drive [,si:di:'ɑ:,draɪv] *n* lecteur-graveur *m* de CD.
CD-ROM [,si:di:'rɒm] (abrév de compact disc read only memory) *n* CD-ROM *m*, CD-Rom *m* • **CD-ROM drive** lecteur *m* de CD-ROM.
CD-ROM drive *n* lecteur *m* de CD-ROM *ou* de disque optique.
CD-RW [,si:di:ɑ:'dʌblju:] (abrév de compact disc rewritable) *n* CD-RW *m*.
cease [si:s] *sout vt* cesser • **to cease doing** *ou* **to do sthg** cesser de faire qqch. ❑ *vi* cesser.
cease-fire *n* cessez-le-feu *m inv*.
ceaseless ['si:slɪs] *adj sout* incessant, continuel.
cedar (tree) ['si:dəʳ-] *n* cèdre *m*.
cedilla [sɪ'dɪlə] *n* cédille *f*.
ceiling ['si:lɪŋ] *n litt* & *fig* plafond *m*.
celeb [sɪ'leb] *n fam* célébrité *f*, star *f*.
celebrate ['selɪbreɪt] *vt* célébrer, fêter • **we're going to celebrate my birthday** nous allons fêter mon anniversaire • **to celebrate the memory of sthg** commémorer qqch. ❑ *vi* faire la fête.
celebrated ['selɪbreɪtɪd] *adj* célèbre.
celebration [,selɪ'breɪʃn] *n* **1.** *(indén)* fête *f*, festivités *fpl* **2.** festivités *fpl*.
celebratory [,selə'breɪtərɪ] *adj* **1.** *(repas)* de fête • **to have a celebratory drink** prendre un verre pour fêter l'évènement **2.** *(événement officiel)* commémoratif **3.** *(ambiance)* de fête, festif.
celebrity [sɪ'lebrətɪ] *n* célébrité *f*.
celebutante [sɪ'lebju:tɑ̃nt] *n fam* jeune célébrité *f*.
celery ['selərɪ] *n* céleri *m* (en branches) • **a stick of celery** une branche de céleri.
celibate ['selɪbət] *adj* célibataire.
cell [sel] *n* **1.** cellule *f* **2.** *fam (téléphone)* mobile *m*, portable *m*.
cellar ['seləʳ] *n* cave *f*.
cellist ['tʃelɪst] *n* violoncelliste *mf*.
cello ['tʃeləʊ] (*pl* **-s**) *n* violoncelle *m* • **to play the cello** jouer du violoncelle.
Cellophane® ['seləfeɪn] *n* Cellophane® *f*.
cellphone ['selfəʊn], **cellular phone** ['seljʊləʳ-] *n* téléphone *m* cellulaire.
cellulite ['seljʊlaɪt] *n* cellulite *f*.
Celsius ['selsɪəs] *adj* Celsius *(inv)*.
Celt [kelt] *n* Celte *mf*.
Celtic ['keltɪk] *adj* celte. ❑ *n* celte *m*.
cement [sɪ'ment] *n* ciment *m*. ❑ *vt litt* & *fig* cimenter.
cement mixer *n* bétonnière *f*.
cemetery ['semɪtrɪ] *n* cimetière *m*.
censor ['sensəʳ] *n* censeur *m*. ❑ *vt* censurer.
censorship ['sensəʃɪp] *n* censure *f*.
censure ['senʃəʳ] *n* blâme *m*, critique *f*. ❑ *vt* blâmer, critiquer.
census ['sensəs] (*pl* **-es**) *n* recensement *m*.

cent [sent] *n* **1.** cent *m* **2.** centime *m*, (euro) cent *m* **3.** *(locution)* • **to put one's two cents in** **(US)** mettre son grain de sel.

centenary (UK) [sen'ti:nərɪ], **centennial (US)** [sen'tenjəl] *n* centenaire *m*.

center *etc* **(US)** = **centre** *etc*

centered ['sentəd] *adj* **(US)** • **he's not very centered** il est un peu paumé.

center strip *n* **(US)** terre-plein *m* central.

centigrade ['sentɪgreɪd] *adj* centigrade.

centilitre (UK), centiliter (US) ['sentɪ,li:tə^r] *n* centilitre *m*.

centimetre (UK), centimeter (US) ['sentɪ,mi:tə^r] *n* centimètre *m*.

centipede ['sentɪpi:d] *n* mille-pattes *m inv*.

central ['sentrəl] *adj* central.

Central America *n* Amérique *f* centrale.

central government *n* l'État *m (par opposition aux pouvoirs régionaux)*.

central heating *n* chauffage *m* central.

centralize, -ise (UK) ['sentrəlaɪz] *vt* centraliser.

centralized ['sentrəlaɪzd] *adj* centralisé.

central locking [-'lɒkɪŋ] *n* verrouillage *m* centralisé.

centrally heated *adj* équipé du chauffage central.

central nervous system *n* système *m* nerveux central.

central processing unit *n* INFORM unité *f* centrale (de traitement).

central reservation *n* **(UK)** terre-plein *m* central.

centre (UK), center (US) ['sentə^r] *n* centre *m*. ❑ *adj* **1.** central • **a centre parting** une raie au milieu **2.** POLIT du centre, centriste. ❑ *vt* centrer. ■ **centre around, centre on** *vt insép* se concentrer sur.

centre back (UK), center back (US) *n* arrière *m* central.

centre forward (UK), center forward (US) *n* avant-centre *m inv*.

centre half (UK), center half (US) *n* arrière *m* central.

centrepiece (UK), centerpiece (US) ['sentəpi:s] *n* **1.** milieu *m* de table **2.** *fig* élément *m* principal.

century ['sentʃorɪ] *n* siècle *m* • **in the twenty-first century** au vingt et unième siècle.

ceramic [sɪ'ræmɪk] *adj* en céramique • **ceramic tiles** carrelage *m*. ■ **ceramics** *npl* objets *mpl* en céramique.

cereal ['sɪərɪəl] *n* céréale *f*.

cereal bowl *n* assiette *f* creuse, bol *m* à céréales.

cerebral ['serɪbrəl] *adj* cérébral.

cerebral palsy *n* paralysie *f* cérébrale.

ceremonial [,serɪ'məʊnjəl] *adj* **1.** de cérémonie **2.** honorifique. ❑ *n* cérémonial *m*.

ceremonious [,serɪ'məʊnjəs] *adj* solennel.

ceremoniously [,serɪ'məʊnjəslɪ] *adv* **1.** solennellement, avec cérémonie **2.** cérémonieusement.

ceremony ['serɪmənɪ] *n* **1.** cérémonie *f* **2.** *(indén)* cérémonies *fpl* • **to stand on ceremony** faire des cérémonies.

certain ['sɜ:tn] *adj* certain • **he is certain to be late** il sera certainement en retard • **to be certain of sthg/of doing sthg** être sûr de qqch/de faire qqch • **to make certain** vérifier • **to make certain of** s'assurer de • **I know for certain that...** je suis sûr *ou* certain que... • **to a certain extent** jusqu'à un certain point, dans une certaine mesure.

certainly ['sɜ:tnlɪ] *adv* certainement • **certainly not!** certainement pas !

certainty ['sɜ:tntɪ] *n* certitude *f*.

certifiable [,sɜ:tɪ'faɪəbl] *adj* bon, bonne *f* à enfermer.

certificate [sə'tɪfɪkət] *n* certificat *m*.

certified ['sɜ:tɪfaɪd] *adj* **1.** diplômé **2.** *(document)* certifié.

certified check *n* **(US)** chèque *m* de banque.

certified mail *n* **(US)** envoi *m* recommandé.

certified public accountant *n* **(US)** expert-comptable *m*.

certify ['sɜ:tɪfaɪ] *vt* **1.** • **to certify (that)** certifier *ou* attester que **2.** déclarer mentalement aliéné.

cervical [sə'vaɪkl] *adj* du col de l'utérus.

cervical smear *n* **(UK)** frottis *m* vaginal.

cervix ['sɜ:vɪks] *(pl* **-ices***)* *n* col *m* de l'utérus.

cesarean [sɪ'zeərɪən-] **(US)** = **caesarean**.

cesspit ['sespɪt], **cesspool** ['sespu:l] *n* fosse *f* d'aisance.

cf. (abrév de confer) cf.

CFC (abrév de chlorofluorocarbon) *n* CFC *m*.

CFO ['si:ef'əʊ] (abrév de Chief Financial Officer) *n* **(US)** contrôleur *m*, -euse *f* de gestion.

CGI *n* **1.** INFORM (abrév de common gateway interface) CGI *f*, interface *f* commune de passerelle **2.** INFORM (abrév de computer-generated images) images *fpl* de synthèse.

chafe [tʃeɪf] *vt* irriter, frotter contre.

chaffinch ['tʃæfɪntʃ] *n* pinson *m*.

chafing dish ['tʃeɪfɪŋ-] *n* chauffe-plat *m*.

chai [tʃaɪ] *n thé indien parfumé aux épices*.

chain [tʃeɪn] *n* chaîne *f* • **chain of events** suite *f ou* série *f* d'événements. ❑ *vt* **1.** enchaîner **2.** attacher avec une chaîne.

chain guard *n* cache-chaîne *m*.

chain letter *n* lettre *f* faisant partie d'une chaîne.

chain of custody *n* chaîne *f* de détention.

chain reaction *n* réaction *f* en chaîne.
chain saw *n* tronçonneuse *f*.
chain-smoke *vi* fumer cigarette sur cigarette.
chain-smoker *n* fumeur invétéré *m*, fumeuse invétérée *f*, gros fumeur *m*, grosse fumeuse *f*.
chain store *n* grand magasin *m (à succursales multiples)*.
chair [tʃeəʳ] *n* **1.** chaise *f* **2.** fauteuil *m* **3.** chaire *f (à l'université)* **4.** présidence *f* **5.** **(US)** *fam* • **the chair** la chaise électrique. ❑ *vt* **1.** présider **2.** diriger.
chairlift *n* télésiège *m*.
chairman ['tʃeəmən] (*pl* **-men**) *n* président *m*, -e *f*.
chairperson ['tʃeə,pɜːsn] (*pl* **-s**) *n* président *m*, -e *f*.
chairwoman ['tʃeə,wʊmən] (*pl* **-women**) *n* présidente *f*.
chaise longue [ʃeɪz'lɒŋ] (*pl* **chaises longues** [ʃeɪz'lɒŋ]) *n* méridienne *f*.
chaise lounge (*pl* **chaise lounges**) *n* **(US)** méridienne *f*.
chalet ['ʃæleɪ] *n* chalet *m*.
chalk [tʃɔːk] *n* craie *f* • **a piece of chalk** un morceau de craie. ■ **chalk up** *vt sép* remporter *(une victoire)*. ■ **not by a long chalk** *adv* **(UK)** loin s'en faut, loin de là.
chalkboard ['tʃɔːkbɔːd] *n* **(US)** tableau *m* (noir).
challenge ['tʃælɪndʒ] *n* défi *m*. ❑ *vt* **1.** • **she challenged me to a race** elle m'a défié à la course • **to challenge sb to do sthg** défier qqn de faire qqch **2.** mettre en question *ou* en doute.
challenger ['tʃælɪndʒəʳ] *n* challenger *m*.
challenging ['tʃælɪndʒɪŋ] *adj* **1.** stimulant **2.** provocateur.
chamber ['tʃeɪmbəʳ] *n* chambre *f*. ■ **chambers** *npl* cabinet *(d'un juge, d'un avocat) m*.
chambermaid ['tʃeɪmbəmeɪd] *n* femme *f* de chambre.
chamber music *n* musique *f* de chambre.
chamber of commerce *n* chambre *f* de commerce.
chamber orchestra *n* orchestre *m* de chambre.
chameleon [kə'miːljən] *n* caméléon *m*.
champ [tʃæmp] *n fam* champion *m*, -onne *f*. ❑ *vi* mastiquer.
champagne [,ʃæm'peɪn] *n* champagne *m*.
champion ['tʃæmpjən] *n* champion *m*, -onne *f* • **the world champion** le champion du monde.
championship ['tʃæmpjənʃɪp] *n* championnat *m*.
chance [tʃɑːns] *n* **1.** *(indén)* hasard *m* • **by chance** par hasard **2.** chance *f* • **she didn't stand a chance (of doing sthg)** elle n'avait aucune chance (de faire qqch) • **on the off chance** à tout hasard **3.** occasion *f* **4.** risque *m* • **to take a chance** risquer le coup. ❑ *adj* fortuit, accidentel. ❑ *vt* risquer • **to chance it** tenter sa chance. ■ **chances** *npl* chances *fpl* • **what are her chances of making a full recovery?** quelles sont ses chances de se rétablir complètement ?
chancellor ['tʃɑːnsələʳ] *n* **1.** chancelier *m*, -ère *f* **2.** UNIV président *m*, -e *f* honoraire.
Chancellor of the Exchequer *n* **(UK)** Chancelier *m* de l'Échiquier ; ≃ ministre *m* des Finances.
chandelier [,ʃændə'lɪəʳ] *n* lustre *m*.
change [tʃeɪndʒ] *n* **1.** changement *m* • **there's been a change of plan** il y a eu un changement de programme • **for a change** pour changer • **change of clothes** vêtements *mpl* de rechange **2.** monnaie *f* • **do you have any change?** vous avez de la monnaie ? **3.** *(locution)* • **a change is as good as a rest** un changement d'air vaut tous les repos. ❑ *vt* **1.** changer • **to change sthg into sthg** changer *ou* transformer qqch en qqch • **to change one's mind** changer d'avis **2.** changer de *(travail, train, côté)* **3.** faire la monnaie de **4.** changer *(des euros en dollars)*. ❑ *vi* changer • **he really has changed** il a vraiment changé. ■ **change over** *vi* • **to change over from/to** passer de/à.
changeable ['tʃeɪndʒəbl] *adj* **1.** *(caractère)* versatile **2.** *(temps)* variable.
changed [tʃeɪndʒd] *adj* changé.
change machine *n* distributeur *m* de monnaie.
change of life *n* • **the change of life** le retour *m* d'âge.
changeover ['tʃeɪndʒ,əʊvəʳ] *n* • **changeover (to)** passage *m* (à), changement *m* (pour).
changing ['tʃeɪndʒɪŋ] *adj* changeant.
changing room *n* **1.** **(UK)** SPORT vestiaire *m* **2.** cabine *f* d'essayage.
channel ['tʃænl] *n* **1.** TV chaîne *f* • **to change the channel** changer de chaîne **2.** RADIO station *f* **3.** canal *m* **4.** conduit *m* **5.** chenal *m*. ❑ *vt* (**(UK)** *prét & pp* **channelled**, *cont* **channelling**, **(US)** *prét & pp* **channeled**, *cont* **channeling**) *litt & fig* canaliser. ■ **Channel** *n* • **the (English) Channel** la Manche. ■ **channels** *npl* • **to go through the proper channels** suivre *ou* passer la filière.
channel-hop *vi* TV zapper.
channel-hopper *n* TV zappeur *m*, -euse *f*.
Channel Islands *npl* • **the Channel Islands** les îles *fpl* Anglo-Normandes.
Channel tunnel *n* • **the Channel tunnel** le tunnel sous la Manche.
chant [tʃɑːnt] *n* chant *m*. ❑ *vt* **1.** RELIG chanter **2.** scander.

chanting ['tʃɑːntɪŋ] *adj* monotone, traînant. ❏ *n* **1.** MUS mélopée *f* **2.** RELIG chants *mpl*, psalmodie *f* **3.** slogans *mpl* (scandés).
chaos ['keɪɒs] *n* chaos *m*.
chaotic [keɪ'ɒtɪk] *adj* chaotique.
chap [tʃæp] *n* **(UK)** *fam* type *m*.
chapel ['tʃæpl] *n* chapelle *f*.
chaperon(e) ['ʃæpərəun] *n* chaperon *m*. ❏ *vt* chaperonner.
chaplain ['tʃæplɪn] *n* aumônier *m*.
chapped [tʃæpt] *adj* gercé.
chapter ['tʃæptəʳ] *n* chapitre *m*.
char [tʃɑːʳ] *vt* calciner.
character ['kærəktəʳ] *n* **1.** caractère *m* **2.** personnage *m (de roman, de film)* **3.** *fam (personne excentrique)* phénomène *m*, original *m*.
character actor *n* acteur *m* de genre.
character assassination *n* diffamation *f*.
character-forming (UK), character-building *adj* qui forme le caractère • **it's character-forming** ça forme le caractère.
characterful ['kærəktəful] *adj* plein de caractère.
characteristic [ˌkærəktə'rɪstɪk] *adj* caractéristique. ❏ *n* caractéristique *f*.
characterization [ˌkærəktəraɪ'zeɪʃn] *n* représentation *f* des personnages.
characterize, -ise (UK) ['kærəktəraɪz] *vt* caractériser.
character witness *n* témoin *m* de moralité.
charade [ʃə'rɑːd] *n* farce *f*. ■ **charades** *n (indén)* charades *fpl*.
char-broil *vt* **(US)** CULIN griller au charbon de bois.
char-broiled *adj* **(US)** grillé au feu de bois.
charcoal ['tʃɑːkəul] *n* **1.** *(dessins, esquisses)* charbon *m* **2.** charbon de bois.
charge [tʃɑːdʒ] *n* **1.** prix *m* • **free of charge** gratuit • **administrative/delivery charges** frais de dossier/livraison **2.** accusation *f*, inculpation *f* **3.** • **to take charge of** se charger de • **in charge** responsable **4.** ÉLECTR & MIL charge *f*. ❏ *vt* **1.** faire payer • **how much do you charge?** vous prenez combien ? • **to charge sthg to sb** mettre qqch sur le compte de qqn **2.** • **to charge sb (with)** accuser qqn (de) **3.** ÉLECTR & MIL charger. ❏ *vi* se précipiter, foncer.
chargeable ['tʃɑːdʒəbl] *adj* **1.** • **chargeable to** à la charge de **2.** qui entraîne une inculpation.
charge card *n* carte *f* de compte crédit *(auprès d'un magasin)*.
chargé d'affaires [ˌʃɑːʒeɪdæ'feəʳ] (*pl* **chargés d'affaires**) *n* chargé *m* d'affaires.
charge nurse *n* **(UK)** infirmier *m*, -ère *f* en chef.
charger ['tʃɑːdʒəʳ] *n* chargeur *m*, -euse *f*.
charge time *n* temps *m* de charge.
char-grill [tʃɑː'grɪl] *vt* **(UK)** CULIN griller au charbon de bois.
char-grilled *adj* grillé au feu de bois.
chariot ['tʃærɪət] *n* char *m*.
charisma [kə'rɪzmə] *n* charisme *m*.
charismatic [ˌkærɪz'mætɪk] *adj* charismatique.
charitable ['tʃærətəbl] *adj* **1.** charitable **2.** de charité, caritatif.
charity ['tʃærətɪ] *n* charité *f*.
charm [tʃɑːm] *n* charme *m*. ❏ *vt* charmer.
charm bracelet *n* bracelet *m* à breloques.
charmer ['tʃɑːməʳ] *n* charmeur *m*, -euse *f*.
charming ['tʃɑːmɪŋ] *adj* charmant.
charmless ['tʃɑːmlɪs] *adj* sans charme, dépourvu de charme.
charm school *n* école *f* de bonnes manières • **which charm school did you go to?** *iron* dis-donc, tu en as des manières !
chart [tʃɑːt] *n* **1.** graphique *m*, diagramme *m* **2.** carte *f*. ❏ *vt* **1.** porter sur une carte **2.** *fig* rendre compte de. ❏ *vi* être au hit-parade. ■ **charts** *npl* • **the charts** le hit-parade.
charter ['tʃɑːtəʳ] *n* charte *f*. ❏ *vt* affréter.
chartered accountant [ˌtʃɑːtəd-] *n* **(UK)** expert-comptable *m*.
charter flight *n* vol *m* charter.
charter member *n* **(US)** membre *m* fondateur.
charter plane *n* (avion *m*) charter *m*.
charter school ['tʃɑːtəʳ ˌskuːl] *n* **(US)** SCOL *école publique dont la pédagogie est décidée par les professeurs, les parents ou des associations*.
chart-topping *adj* qui est en tête du hit-parade.
chase [tʃeɪs] *n* **1.** poursuite *f*, chasse *f* **2.** *(locution)* • **cut to the chase!** abrège ! ❏ *vt* **1.** poursuivre **2.** chasser. ❏ *vi* • **to chase after sb/sthg** courir après qqn/qqch. ■ **chase up** *vt sép* **(UK)** rechercher, faire la chasse à.
chasm ['kæzm] *n* *litt* & *fig* abîme *m*.
chassis ['ʃæsɪ] (*pl inv*) *n* châssis *m*.
chaste [tʃeɪst] *adj* chaste.
chastise [tʃæ'staɪz] *vt* *sout* punir, châtier.
chat [tʃæt] *n* **1.** causerie *f*, bavardage *m* • **to have a chat** bavarder **2.** INTERNET chat *m* • **online chat** discussion en ligne. ❏ *vi* **1.** causer, bavarder **2.** INTERNET bavarder, dialoguer • **to chat live** bavarder en direct, dialoguer en direct. ■ **chat up** *vt sép* **(UK)** *fam* baratiner.
chatline ['tʃætlaɪn] *n* **1.** réseau *m* téléphonique (payant) **2.** téléphone *m* rose.
chatroom ['tʃætrum] *n* INFORM salle *f* de chat.
chat show *n* **(UK)** talk-show *m* • **chat show host** présentateur *m*, -trice *f* de talk-show.
chatter ['tʃætəʳ] *n* **1.** bavardage *m* • **it's not just chatter** ce ne sont pas que des paroles en l'air **2.** caquetage *m*. ❏ *vi* **1.** bavarder **2.** *(animal)*

jacasser, caqueter **3.** • **his teeth were chattering** il claquait des dents.

chatterati [ˌtʃætəraːtɪ] *npl* **(UK)** *fam* & *péj* • **the chatterati** les intellos *mpl*.

chatterbox [ˈtʃætəbɒks] *n fam* moulin *m* à paroles.

chatty [ˈtʃætɪ] *adj* **1.** bavard **2.** plein de bavardages.

chauffeur [ˈʃəʊfəʳ] *n* chauffeur *m*.

chauffeur-driven *adj* conduit par un chauffeur.

chauvinism [ˈʃəʊvɪnɪzm] *n* machisme *m*, phallocratie *f*.

chauvinist [ˈʃəʊvɪnɪst] *n* **1.** macho *m* **2.** chauvin *m*, -e *f*.

chauvinistic [ˈʃəʊvɪˈnɪstɪk] *adj* macho, machiste.

chav [ˈtʃæv] *n* **(UK)** *fam* & *péj* racaille *f*, lascar *m*.

cheap [tʃiːp] *adj* **1.** pas cher, bon marché *(inv)* **2.** à prix réduit **3.** de mauvaise qualité **4.** *(plaisanterie)* facile **5.** *(locution)* • **a cheap shot** un coup bas. ❑ *adv* (à) bon marché.

cheapen [ˈtʃiːpn] *vt* rabaisser.

cheaply [ˈtʃiːplɪ] *adv* à bon marché, pour pas cher.

cheapskate [ˈtʃiːpskeɪt] *n fam* grigou *m*.

cheat [tʃiːt] *n* tricheur *m*, -euse *f*. ❑ *vt* tromper • **to cheat sb out of sthg** escroquer qqch à qqn. ❑ *vi* **1.** tricher **2.** *fam* • **to cheat on sb** tromper qqn.

cheating [ˈtʃiːtɪŋ] *n* tricherie *f*.

check [tʃek] *n* **1.** • **check (on)** contrôle *m* (de) • **an identity check** un contrôle d'identité **2.** • **check (on)** frein *m* (à), restriction *f* (sur) • **to put a check on sthg** freiner qqch **3. (US)** note *f* **4.** carreaux *mpl (motif sur un tissu)* **5. (US)** coche *f* **6. (US)** = **cheque**. ❑ *vt* **1.** vérifier **2.** contrôler **3.** enrayer, arrêter **4. (US)** cocher • **to check a box** cocher une case. ❑ *vi* • **to check (for sthg)** vérifier (qqch) • **to check on sthg** vérifier *ou* contrôler qqch. ■ **check in** *vt sép* enregistrer *(ses bagages)*. ❑ *vi* **1.** *(à l'hôtel)* signer le registre **2.** *(à l'aéroport)* se présenter à l'enregistrement. ■ **check into** *vt insép* • **to check into a hotel** descendre dans un hôtel. ■ **check off** *vt sép* pointer, cocher. ■ **check out** *vt sép* **1.** retirer *(ses bagages)* **2.** vérifier **3.** *fam* • **check this out a)** vise un peu ça **b)** écoute-moi ça. ❑ *vi* **1.** *(à l'hôtel)* régler sa note **2.** quitter l'hôtel. ■ **check up** *vi* • **to check up on sb** prendre des renseignements sur qqn • **to check up (on sthg)** vérifier (qqch).

checkbook (US) = **chequebook**.

check box *n* case *f* (à cocher).

checked [tʃekt] *adj* à carreaux • **a checked shirt** une chemise à carreaux.

checkerboard [tʃekəbɔːd] *n* **(US)** damier.

checkered (US) = **chequered**.

checkers [ˈtʃekəz] *n (indén)* **(US)** jeu *m* de dames.

check guarantee card *n* **(US)** carte *f* bancaire *(servant à garantir les chèques jusqu'à concurrence de la somme indiquée sur la carte)*.

check-in *n* enregistrement *m (des bagages)*.

checking account [ˈtʃekɪŋ-] *n* **(US)** compte *m* courant.

checklist [ˈtʃeklɪst] *n* liste *f* de contrôle.

checkmate [ˈtʃekmeɪt] *n* échec et mat *m*.

checkout [ˈtʃekaʊt] *n* caisse *f*.

checkpoint [ˈtʃekpɔɪnt] *n* (poste *m* de) contrôle *m*.

checkup [ˈtʃekʌp] *n* bilan *m* de santé, check-up *m* • **to go for a checkup** (se faire) faire un bilan de santé.

Cheddar (cheese) [ˈtʃedəʳ-] *n* (fromage *m* de) cheddar *m*.

cheek [tʃiːk] *n* **1.** joue *f* **2.** *fam* culot *m* • **what a cheek!** quel culot !

cheekbone [ˈtʃiːkbəʊn] *n* pommette *f*.

cheekily [ˈtʃiːkɪlɪ] *adv* avec insolence.

cheekiness [ˈtʃiːkɪnɪs] *n* insolence *f*.

cheeky [ˈtʃiːkɪ] *adj* insolent, effronté.

cheer [tʃɪəʳ] *n* acclamation *f*. ❑ *vt* **1.** acclamer **2.** réjouir. ❑ *vi* applaudir. ■ **cheers** *interj* **1.** santé ! **2. (UK)** *fam* ciao ! **3. (UK)** *fam* merci. ■ **cheer on** *vt sép* encourager. ■ **cheer up** *vt sép* remonter le moral à. ❑ *vi* se dérider • **cheer up!** allez, un petit sourire !

cheerful [ˈtʃɪəfʊl] *adj* joyeux, gai.

cheerfully [ˈtʃɪəfʊlɪ] *adv* de bon gré *ou* cœur.

cheerfulness [ˈtʃɪəfʊlnɪs] *n* gaieté *f*.

cheering [ˈtʃɪərɪŋ] *adj* réconfortant. ❑ *n (indén)* acclamations *fpl*.

cheerio [ˌtʃɪərɪˈəʊ] *interj* **(UK)** *fam* au revoir !, salut !

cheerleader [ˈtʃɪəˌliːdəʳ] *n majorette qui stimule l'enthousiasme des supporters des équipes sportives, surtout aux États-Unis*.

cheese [tʃiːz] *n* **1.** fromage *m* • **cheese sauce** sauce *f* au fromage **2.** *(locution)* • **the big cheese** *fam* le patron, le big boss.

cheeseboard [ˈtʃiːzbɔːd] *n* plateau *m* à fromage.

cheeseburger [ˈtʃiːzˌbɜːgəʳ] *n* cheeseburger *m*, hamburger *m* au fromage.

cheesecake [ˈtʃiːzkeɪk] *n* gâteau *m* au fromage blanc, cheesecake *m*.

cheesed off [tʃiːzd-] *adj* **(UK)** *fam* • **to be cheesed off** en avoir marre.

cheesemonger [ˈtʃiːzmʌŋgəʳ] *n* fromager *m*, -ère *f*.

cheesy [ˈtʃiːzɪ] *(comp* **cheesier**, *superl* **cheesiest**) *adj* **1.** au goût de fromage **2.** ringard • **a cheesy grin** un sourire toutes dents dehors.

cheetah [ˈtʃiːtə] *n* guépard *m*.

chef [ʃef] *n* chef *mf*.

chemical ['kemɪkl] *adj* chimique • **chemical waste** déchets *mpl* chimiques. ❑ *n* produit *m* chimique.
chemical toilet *n* W-C *mpl* chimiques.
chemical weapons *npl* armes *fpl* chimiques.
chemist ['kemɪst] *n* **(UK)** pharmacien *m*, -enne *f*.
chemistry ['kemɪstrɪ] *n* **1.** chimie *f* • **chemistry lesson** cours *m* de chimie **2.** *(entre deux personnes)* • **the chemistry is right/wrong** le courant passe/ne passe pas.
chemotherapy [,kiːməʊ'θerəpɪ] *n* chimiothérapie *f*.
cheque (UK), check (US) [tʃek] *n* chèque *m* • **to pay by cheque** payer par chèque.
chequebook (UK), checkbook (US) ['tʃekbʊk] *n* chéquier *m*, carnet *m* de chèques.
chequebook holder *n* porte-chéquier *m*.
chequebook journalism (UK), checkbook journalism (US) *n* PRESSE *pratique qui consiste à payer des sommes importantes pour le témoignage d'une personne impliquée dans une affaire*.
cheque card *n* **(UK)** carte *f* bancaire.
chequered (UK), checkered (US) ['tʃekerd] ['tʃekəd] *adj fig* mouvementé.
cherish ['tʃerɪʃ] *vt* **1.** chérir **2.** nourrir, caresser *(un espoir)*.
cherished ['tʃerɪʃt] *adj* cher, chère *f*.
cherry ['tʃerɪ] *n* cerise *f*.
cherry-picker *n* nacelle *f* élévatrice.
chess [tʃes] *n (indén)* échecs *mpl* • **chess match** tournoi *m* d'échecs.
chessboard ['tʃesbɔd] *n* échiquier *m*.
chessman ['tʃesmæn] *(pl* **-men***) n* pièce *f (de jeu d'échecs)*.
chest [tʃest] *n* **1.** poitrine *f* **2.** coffre *m*.
chestnut ['tʃesnʌt] *adj* châtain *(inv)*. ❑ *n* châtaigne *f*.
chest of drawers *(pl* **chests of drawers***) n* commode *f*.
chesty ['tʃestɪ] *(comp* **chestier**, *superl* **chestiest***) adj (toux)* de poitrine.
chew [tʃuː] *n* **(UK)** bonbon *m* (à mâcher). ❑ *vt* mâcher. ■ **chew over** *vt sép fig* ruminer, remâcher. ■ **chew up** *vt sép* **1.** mâchouiller **2.** *(locution)* • **he's all chewed up about it** *fam* ça le ronge de l'intérieur.
chewing gum ['tʃuːɪŋ-] *n* chewing-gum *m*.
chewy [tʃuːɪ] *(comp* **chewier**, *superl* **chewiest***) adj* difficile à mâcher.
chic [ʃiːk] *adj* chic *(inv)*.
chick [tʃɪk] *n* **1.** oisillon *m* **2.** poussin *m*.
chicken ['tʃɪkɪn] *n* **1.** poulet *m* • **chicken soup a)** bouillon *m* de poule **b)** velouté *m ou* crème *f* de volaille **2.** *fam* froussard *m*, -e *f*. ■ **chicken out** *vi fam* se dégonfler.
chickenfeed ['tʃɪkɪnfiːd] *n (indén) fig* bagatelle *f*.
chicken-hearted *adj* poltron.
chicken-livered [-,lɪvəd] *adj* = **chicken-hearted**.
chickenpox ['tʃɪkɪnpɒks] *n (indén)* varicelle *f*.
chick flick *n fam film qui cible les jeunes femmes*.
chick lit *n fam littérature populaire, en général écrite par des femmes, qui cible les jeunes femmes*.
chickpea ['tʃɪkpiː] *n* pois *m* chiche.
chicory ['tʃɪkərɪ] *n* **(UK)** endive *f*.
chief [tʃiːf] *adj* **1.** principal **2.** en chef. ❑ *n* chef *m*.
chief constable *n* **(UK)** commissaire *m* de police divisionnaire.
chief executive *n* directeur général *m*, directrice générale *f*. ■ **Chief Executive** *n* **(US)** • **the Chief Executive** le président des États-Unis.
chief executive officer *n* **(US)** président-directeur général *m*.
chiefly ['tʃiːflɪ] *adv* **1.** principalement **2.** surtout.
chief operating officer *n* directeur *m* général adjoint, directrice *f* générale adjointe.
chiffon ['ʃɪfɒn] *n* mousseline *f*.
chilblain ['tʃɪlbleɪn] *n* engelure *f*.
child [tʃaɪld] *(pl* **children** ['tʃɪldrən]*) n* enfant *mf*.
childbearing ['tʃaɪld,beərɪŋ] *n* maternité *f*.
child benefit *n (indén)* **(UK)** ≃ allocations *fpl* familiales.
childbirth ['tʃaɪldbɜːθ] *n (indén)* accouchement *m*.
child care *n* **1. (UK)** ADMIN protection *f* de l'enfance **2. (US)** • **child care center** crèche *f*, garderie *f*.
child directory *n* INFORM sous-répertoire *m*.
childfree ['tʃaɪldfriː] *adj* **(US)** sans enfants.
child-friendly *adj* **1.** aménagé pour les enfants **2.** conçu pour les enfants.
childhood ['tʃaɪldhʊd] *n* enfance *f*. ❑ *en apposition* d'enfance.
childish ['tʃaɪldɪʃ] *adj péj* puéril, enfantin.
childless ['tʃaɪldlɪs] *adj* sans enfants.
childlike ['tʃaɪldlaɪk] *adj* enfantin, d'enfant.
child lock *n* serrure *f* de securité pour enfants.
child maintenance *n* pension *f* alimentaire.
childminder ['tʃaɪld,maɪndəʳ] *n* **(UK)** assistante *f* maternelle, nourrice *f*.
childminding ['tʃaɪld,maɪndɪŋ] *n* garde *f* d'enfants.
child prodigy *n* enfant *mf* prodige.
childproof ['tʃaɪldpruːf] *adj qui ne peut pas être ouvert par les enfants*.
children ['tʃɪldrən] *npl* → **child**.
children's home *n* maison *f* d'enfants.
child support *n* **(US)** pension *f* alimentaire.
Chile ['tʃɪlɪ] *n* Chili *m*.

Chilean ['tʃɪlɪən] *adj* chilien. ❑ *n* Chilien *m*, -enne *f*.

chili ['tʃɪlɪ] = **chilli**.

chill [tʃɪl] *adj* frais, fraîche *f*. ❑ *n* **1.** coup *m* de froid • **to catch a chill** prendre froid **2.** • **there's a chill in the air** le fond de l'air est frais **3.** frisson *m*. ❑ *vt* **1.** mettre au frais **2.** faire frissonner. ❑ *vi fam* se détendre • **just chill for a minute** détendez-vous une minute.

chilli ['tʃɪlɪ] (*pl* **-es**) *n* **1.** piment *m* **2.** • **chilli dog** hot dog *m* au chili.

chillin ['tʃɪlɪn] *adj* **(US)** *fam* génial, cool.

chilling ['tʃɪlɪŋ] *adj* **1.** glacial **2.** qui glace le sang.

chilly ['tʃɪlɪ] *adj* froid • **to feel chilly** avoir froid • **it's chilly** il fait froid.

chime [tʃaɪm] *n* carillon *m*. ❑ *vt* sonner. ❑ *vi* carillonner.

chimney ['tʃɪmnɪ] *n* cheminée *f*.

chimneypot ['tʃɪmnɪpɒt] *n* mitre *f* de cheminée.

chimneysweep ['tʃɪmnɪswiːp] *n* ramoneur *m*.

chimp(anzee) [tʃɪmp(ən'ziː)] *n* chimpanzé *m*.

chin [tʃɪn] *n* menton *m*.

china ['tʃaɪnə] *n* porcelaine *f*.

China ['tʃaɪnə] *n* Chine *f*.

Chinatown ['tʃaɪnətaʊn] *n* quartier *m* chinois.

Chinese [ˌtʃaɪ'niːz] *adj* chinois. ❑ *n* **1.** Chinois *m*, -e *f*. **2.** chinois *m*

Chinese cabbage *n* chou *m* chinois.

Chinese leaves *npl* **(UK)** = **Chinese cabbage**.

chink [tʃɪŋk] *n* **1.** fente *f* **2.** tintement *m*.

chinos ['tʃiːnəʊz] *npl pantalon de grosse toile beige*.

chinwag ['tʃɪnwæg] *n* **(UK)** *fam* • **to have a chinwag** tailler une bavette.

chip [tʃɪp] *n* **1.** **(UK)** frite *f* **2.** **(US)** chip *m* **3.** éclat *m* **4.** copeau *m* **5.** ébréchure *f* **6.** INFORM puce *f* **7.** jeton *m*. ❑ *vt* ébrécher. ■ **chip in** *fam vi* **1.** contribuer **2.** mettre son grain de sel. ■ **chip off** *vt sép* enlever petit morceau par petit morceau.

chip-and-pin *n* **(UK)** paiement *m* par carte à puce.

chipboard ['tʃɪpbɔd] *n* aggloméré *m*.

chipmunk ['tʃɪpmʌŋk] *n* tamia *m*.

chip shop *n* **(UK)** friterie *f*.

chip van *n* **(UK)** friterie *f (camionnette)*.

chiropodist [kɪ'rɒpədɪst] *n* pédicure *mf*.

chiropody [kɪ'rɒpədɪ] *n* podologie *f*.

chirp [tʃɜːp] *vi* **1.** pépier **2.** chanter.

chirpily ['tʃɜːpɪlɪ] *adv fam* gaiement.

chirpy ['tʃɜːpɪ] *adj* gai.

chisel ['tʃɪzl] *n* **1.** ciseau *m* **2.** burin *m*. ❑ *vt* (**(UK)** *prét & pp* **chiselled**, *cont* **chiselling**, **(US)** *prét & pp* **chiseled**, *cont* **chiseling**) ciseler.

chit [tʃɪt] *n* note *f*, reçu *m*.

chitchat ['tʃɪttʃæt] *n (indén) fam* bavardage *m*.

chivalry ['ʃɪvlrɪ] *n (indén)* **1.** *littéraire* chevalerie *f* **2.** galanterie *f*.

chives [tʃaɪvz] *npl* ciboulette *f*.

chlorine ['klɔriːn] *n* chlore *m*.

chocaholic *n* = **chocoholic**.

choccy [tʃɒkɪ] (*pl* **choccies**) *n fam* chocolat *m*.

choc-ice ['tʃɒkaɪs] *n* **(UK)** Esquimau® *m*.

chock [tʃɒk] *n* cale *f (d'une roue)*.

chock-a-block, chock-full *adj fam* • **chock-a-block (with)** plein à craquer (de).

chocoholic ['tʃɒkəˌhɒlɪk] *n fam* accro *mf* du chocolat, fondu *m* de chocolat.

chocolate ['tʃɒkələt] *n* chocolat *m*.

choice [tʃɔɪs] *n* choix *m*. ❑ *adj* de choix.

choir ['kwaɪər] *n* chœur *m*.

choirboy ['kwaɪəbɔɪ] *n* jeune choriste *m*.

choke [tʃəʊk] *n* starter *m*. ❑ *vt* **1.** étrangler, étouffer **2.** obstruer, boucher. ❑ *vi* s'étrangler. ■ **choke back** *vt insép* **1.** étouffer *(sa colère)* **2.** refouler *(des larmes)*.

choked [tʃəʊkt] *adj* **1.** *(cri, voix)* étranglé **2.** **(UK)** *fam* secoué *(ému)* **3.** **(UK)** *fam* peiné, attristé.

cholera ['kɒlərə] *n* choléra *m*.

cholesterol [kə'lestərɒl] *n* cholestérol *m* • **cholesterol level** taux *m* de cholestérol.

chomp ['tʃɒmp] *vi & vt fam* mastiquer bruyamment. ❑ *n* mastication *f* bruyante.

choose [tʃuːz] (*prét* **chose**, *pp* **chosen**) *vt* **1.** choisir **2.** • **to choose to do sthg** décider *ou* choisir de faire qqch.

choos(e)y ['tʃuːzɪ] (*comp* **choosier**, *superl* **choosiest**) *adj* difficile.

chop [tʃɒp] *n* côtelette *f*. ❑ *vt* **1.** couper *(du bois)* **2.** hacher *(des légumes)* **3.** *fam & fig* réduire **4.** *(locution)* • **to chop and change** changer sans cesse d'avis. ■ **chops** *npl fam* babines *fpl*. ■ **chop down** *vt sép* abattre *(un arbre)*. ■ **chop up** *vt sép* couper en morceaux.

chopper ['tʃɒpər] *n* **1.** couperet *m* **2.** *fam* hélico *m*.

chopping board ['tʃopɪŋ-] *n* planche *f* à découper.

chopping knife *n* hachoir *m*.

choppy ['tʃɒpɪ] *adj* agité.

chopstick ['tʃɒpstɪk] *n* baguette *f (pour manger)*.

chord [kɔd] *n* MUS accord *m*.

chore [tʃɔr] *n* corvée *f* • **household chores** travaux *mpl* ménagers.

choreograph ['kɒrɪəgrɑːf] *vt* chorégraphier, faire la chorégraphie de.

choreographer [ˌkɒrɪ'ɒgrəfər] *n* chorégraphe *mf*.

choreography [ˌkɒrɪ'ɒgrəfɪ] *n* chorégraphie *f*.

chorizo [tʃə'riːzəʊ] *n* chorizo *m*.

chortle ['tʃɔːtl] *vi* glousser.
chorus ['kɔːrəs] *n* **1.** refrain *m* **2.** chœur *m* **3.** *fig* concert *m (de louanges)*.
chose [tʃəuz] *passé* → **choose**.
chosen ['tʃəuzn] *pp* → **choose**.
Christ [kraɪst] *n* Christ *m*. ❑ *interj* Seigneur !, bon Dieu !
christen ['krɪsn] *vt* **1.** baptiser **2.** nommer.
christening ['krɪsnɪŋ] *n* baptême *m*.
Christian ['krɪstʃən] *adj* chrétien. ❑ *n* chrétien *m*, -enne *f*.
Christianity [ˌkrɪstɪ'ænətɪ] *n* christianisme *m*.
Christian name *n* prénom *m*.
Christmas ['krɪsməs] *n* Noël *m* • **happy** *ou* **merry Christmas!** joyeux Noël !
Christmas cake *n* **(UK)** gâteau *m* de Noël.
Christmas card *n* carte *f* de Noël.
Christmas carol *n* chant *m* de Noël, noël *m*.
Christmas cracker *n* **(UK)** pétard *m* de Noel.
Christmas Day *n* jour *m* de Noël.
Christmas Eve *n* veille *f* de Noël.
Christmas pudding *n* **(UK)** pudding *m* (de Noël).
Christmas stocking *n chaussette que les enfants accrochent à la cheminée ou au pied de leur lit pour que le père Noël y dépose des cadeaux*.
Christmas tree *n* arbre *m* de Noël.
chrome [krəum], **chromium** ['krəumɪəm] *n* chrome *m*. ❑ *en apposition* chromé.
chromosome ['krəuməsəum] *n* chromosome *m*.
chronic ['krɒnɪk] *adj* **1.** *(maladie, chômage)* chronique **2.** *(menteur, fumeur)* invétéré.
chronicle ['krɒnɪkl] *n* chronique *f*.
chronological [ˌkrɒnə'lɒdʒɪkl] *adj* chronologique.
chronologically [ˌkrɒnə'lɒdʒɪklɪ] *adv* chronologiquement.
chrysanthemum [krɪ'sænθəməm] (*pl* **-s**) *n* chrysanthème *m*.
chubby ['tʃʌbɪ] *adj* **1.** joufflu **2.** potelé.
chuck [tʃʌk] *vt fam* **1.** lancer, envoyer **2.** laisser tomber *(son petit ami, sa petite amie)*. ■ **chuck away, chuck out** *vt sép fam* jeter, balancer.
chucking-out time ['tʃʌkɪŋ-] *n* **(UK)** *fam (au pub)* heure *f* de la fermeture.
chuckle ['tʃʌkl] *vi* glousser.
chuffed [tʃʌft] *adj* **(UK)** *fam* • **chuffed (with sthg/to do sthg)** ravi (de qqch/de faire qqch).
chug [tʃʌg] *vi (voiture, train)* faire teuf-teuf.
chum [tʃʌm] *n fam* copain *m*, copine *f*.
chummy ['tʃʌmɪ] (*comp* **chummier**, *superl* **chummiest**) *adj fam* • **to be chummy with sb** être copain, copine *f* avec qqn.
chunk [tʃʌŋk] *n* gros morceau *m*.
chunky ['tʃʌŋkɪ] (*comp* **chunkier**, *superl* **chunkiest**) *adj* **1.** trapu **2.** gros, grosse *f*.
church [tʃɜːtʃ] *n* église *f*.
churchgoer ['tʃɜːtʃˌgəuəʳ] *n* pratiquant *m*, -e *f*.
churchgoing ['tʃɜːtʃˌgəuɪŋ] *adj* pratiquant • **the churchgoing public** les gens qui vont à l'église.
church leader *n* chef *m* de l'église.
Church of England *n* • **the Church of England** l'Église d'Angleterre.
churchyard ['tʃɜːtʃjɑːd] *n* cimetière *m*.
churlish ['tʃɜːlɪʃ] *adj* grossier.
churn [tʃɜːn] *n* **1.** baratte *f* **2.** bidon *m (de lait)*. ❑ *vt* battre. ■ **churn out** *vt sép fam* produire en série.
chute [ʃuːt] *n* glissière *f* • **rubbish (UK)** *ou* **garbage (US) chute** vide-ordures *m inv*.
chutney ['tʃʌtnɪ] *n* chutney *m*.
CIA (abrév de Central Intelligence Agency) *n* CIA *f*.
ciabatta [tʃə'bɑːtə] *n* ciabatta *m*.
CID (abrév de Criminal Investigation Department) *n la police judiciaire britannique*.
cider ['saɪdəʳ] *n* **1. (UK)** cidre *m* **2. (US)** jus *m* de pomme.
cigar [sɪ'gɑːʳ] *n* cigare *m*.
cigarette [ˌsɪgə'ret] *n* cigarette *f*.
cigarette butt, cigarette end (UK) *n* mégot *m*.
cigarette lighter *n* briquet *m*.
cigarette paper *n* papier *m* à cigarettes.
ciggiecaked ['sɪgɪ] *n fam* clope *mf*, sèche *f*.
cilantro [sɪ'læntrəu] *n* **(US)** coriandre *f*.
cinch [sɪntʃ] *n fam* • **it's a cinch** c'est un jeu d'enfant.
cinder ['sɪndəʳ] *n* cendre *f*.
Cinderella [ˌsɪndə'relə] *n* Cendrillon *f*.
cine-camera ['sɪnɪ-] *n* caméra *f*.
cine-film ['sɪnɪ-] *n* **(UK)** film *m*.
cinema ['sɪnəmə] *n* **(UK)** cinéma *m*.
cinemagoer ['sɪnɪməˌgəuəʳ] *n* personne *f* qui fréquente les cinémas.
cinematographic [ˌsɪnəmætə'græfɪk] *adj* cinématographique.
cinematography [ˌsɪnəmə'tɒgrəfɪ] *n* **(UK)** cinématographie *f*.
cinnamon ['sɪnəmən] *n* cannelle *f*.
cipher ['saɪfəʳ] *n* code *m*.
circa ['sɜːkə] *prép* environ.
circle ['sɜːkl] *n* **1.** cercle *m* **2.** *(dans un théâtre)* balcon *m*. ❑ *vt* **1.** entourer (d'un cercle) **2.** faire le tour de. ❑ *vi* tourner en rond.
circuit ['sɜːkɪt] *n* circuit *m*.
circuitous [sə'kjuːɪtəs] *adj* indirect.
circular ['sɜːkjuləʳ] *adj* **1.** circulaire **2.** *(locution)* • **to put sthg in the circular file (US)** *fam* jeter

qqch à la corbeille à papier. ❑ *n* **1.** circulaire *f* **2.** prospectus *m*.

circulate ['sɜːkjʊleɪt] *vi* **1.** circuler **2.** se mêler aux invités. ❑ *vt* **1.** propager **2.** faire circuler.

circulation [ˌsɜːkjʊ'leɪʃn] *n* **1.** circulation *f* **2.** PRESSE tirage *m*.

circumcise ['sɜːkəmsaɪz] *vt* circoncire.

circumcised ['sɜːkəmsaɪzd] *adj* circoncis.

circumcision [ˌsɜːkəm'sɪʒn] *n* circoncision *f*.

circumference [sə'kʌmfərəns] *n* circonférence *f*.

circumflex ['sɜːkəmfleks] *n* • **circumflex (accent)** accent *m* circonflexe.

circumspect ['sɜːkəmspekt] *adj* circonspect.

circumstances ['sɜːkəmstənsɪz] *npl* circonstances *fpl* • **under** *ou* **in no circumstances** en aucun cas.

circumstantial [ˌsɜːkəm'stænʃl] *adj sout* • **circumstantial evidence** preuve *f* indirecte *(irrecevable pour un tribunal/juge, en common law)*.

circumvent [ˌsɜːkəm'vent] *vt sout* tourner, contourner.

circus ['sɜːkəs] *n* cirque *m*.

CIS (abrév de Commonwealth of Independent States) *n* CEI *f*.

CISC (abrév de complex instruction set computer) *n* CISC *m*.

cistern ['sɪstən] *n* **1.** (UK) réservoir *m* d'eau **2.** réservoir *m* de chasse d'eau.

citation file *n* corpus *m*.

cite [saɪt] *vt* citer.

citizen ['sɪtɪzn] *n* **1.** citoyen *m*, -enne *f* **2.** habitant *m*, -e *f*.

Citizens' Advice Bureau *n service britannique d'information et d'aide au consommateur*.

Citizens' Band *n* citizen band *f (fréquence radio réservée au public)*.

citizenship ['sɪtɪznʃɪp] *n* citoyenneté *f*.

citric acid ['sɪtrɪk-] *n* acide *m* citrique.

citrus fruit ['sɪtrəs-] *n* agrume *m*.

city ['sɪtɪ] *n* ville *f*, cité *f*. ■ **City** *n* (UK) • **the City** la City *(quartier financier de Londres)*.

> CULTURE
> ### the City
> La **City**, quartier financier de la capitale, est une circonscription administrative autonome de Londres ayant sa propre police. Le terme **the City** est souvent employé pour désigner le monde britannique de la finance.

city centre *n* (UK) centre-ville *m*.

city-dweller *n* citadin *m*, -e *f*.

city hall *n* (US) ≃ mairie *f* ; ≃ hôtel *m* de ville.

cityscape ['sɪtɪskeɪp] *n* paysage *m* urbain.

city technology college *n* (UK) *établissement d'enseignement technique du secondaire subventionné par les entreprises*.

civic ['sɪvɪk] *adj* **1.** municipal **2.** civique.

civic centre (UK), **civic center** (US) *n* centre *m* administratif municipal.

civil ['sɪvl] *adj* **1.** civil **2.** courtois, poli.

civil engineering *n* génie *m* civil.

civilian [sɪ'vɪljən] *n* civil *m*, -e *f*. ❑ *en apposition* civil • **in civilian clothes** en civil.

civilization [ˌsɪvəlaɪ'zeɪʃn] *n* civilisation *f*.

civilized ['sɪvəlaɪzd] *adj* civilisé.

civilizing ['sɪvɪlaɪzɪŋ] *adj* • **the civilizing influence of...** l'influence civilisatrice de... • **to have a civilizing influence on sb** avoir une influence apaisante sur qqn.

civil law *n* droit *m* civil.

civil liberties *npl* libertés *fpl* civiques.

civil partner *n* conjoint *m*, -e *f* (par union civile).

civil partnership *n loi britannique qui garantit aux couples homosexuels les mêmes droits qu'aux couples mariés en matière de succession, de retraite, et pour les questions de garde et d'éducation des enfants*.

civil rights *npl* droits *mpl* civils.

civil servant *n* fonctionnaire *mf*.

civil service *n* fonction *f* publique.

civil union *n* union *f* civile.

civil war *n* guerre *f* civile.

> CULTURE
> ### the American Civil War
> La guerre de Sécession opposa entre 1861 et 1865 les États du Sud, à l'économie agricole fondée sur l'esclavage, et les États plus industriels du Nord, partisans de l'abolition de l'esclavage. Les États du Nord, qui avaient plus de soldats et d'armes, gagnèrent finalement la guerre et abolirent l'esclavage.

CJD *n* abrév de **Creutzfeldt-Jakob disease**.

cl (abrév de centilitre) cl.

clad [klæd] *adj littéraire* • **clad in** vêtu de.

claim [kleɪm] *n* **1.** demande *f* **2.** droit *m* • **to lay claim to sthg** revendiquer qqch **3.** affirmation *f*. ❑ *vt* **1.** réclamer **2.** revendiquer **3.** prétendre • **she claims to have seen the murderer** elle prétend avoir vu l'assassin. ❑ *vi* • **to claim for sthg** faire une demande d'indemnité pour qqch • **to claim (on one's insurance)** faire une déclaration de sinistre.

claimant ['kleɪmənt] *n* **1.** prétendant *m*, -e *f (au trône)* **2.** demandeur *m*, -eresse *f (de prestations sociales)*, requérant *m*, -e *f*.

clairvoyant [kleə'vɔɪənt] *n* voyant *m*, -e *f*.

clam [klæm] *n* palourde *f*. ■ **clam up** *vi fam* la boucler.

clamber ['klæmbər] *vi* grimper.

clammy ['klæmɪ] *adj* **1.** *(mains)* moite **2.** *(temps)* lourd et humide.

clamour (UK), clamor (US) ['klæmər] *n (indén)* cris *mpl.* ❑ *vi* • **to clamour for sthg** demander qqch à cor et à cri.

clamp [klæmp] *n* **1.** pince *f*, agrafe *f* **2.** serre-joint *m* **3.** MÉD clamp *m* **4.** sabot *m* de Denver. ❑ *vt* **1.** serrer **2.** poser un sabot de Denver à. ■ **clamp down** *vi* • **to clamp down (on)** sévir (contre).

clampdown ['klæmpdaʊn] *n* • **clampdown (on)** répression *f* (contre).

clan [klæn] *n* clan *m.*

clandestine [klæn'destɪn] *adj* clandestin.

clang [klæŋ] *n* bruit *m* métallique.

clap [klæp] *vt* applaudir.

clapping ['klæpɪŋ] *n (indén)* applaudissements *mpl.*

claptrap ['klæptræp] *n (indén) fam* sottises *fpl.*

claret ['klærət] *n* **1.** *(vin)* bordeaux *m* rouge **2.** *(couleur)* bordeaux *m inv.*

clarify ['klærɪfaɪ] *vt* éclaircir, clarifier.

clarinet [,klærə'net] *n* clarinette *f.*

clarity ['klærətɪ] *n* clarté *f.*

clash [klæʃ] *n* **1.** conflit *m* **2.** heurt *m*, affrontement *m* **3.** fracas *m.* ❑ *vi* **1.** se heurter **2.** entrer en conflit **3.** • **to clash (with sthg)** tomber en même temps (que qqch) **4.** *(couleurs)* jurer.

clasp [klɑːsp] *n* **1.** fermoir *m* **2.** boucle *f (de ceinture).* ❑ *vt* serrer.

class [klɑːs] *n* **1.** classe *f* • **to travel first/second class** voyager en première/deuxième classe **2.** cours *m*, classe *f* **3.** catégorie *f.* ❑ *vt* classer.

class-conscious *adj péj* snob *(inv).*

classic ['klæsɪk] *adj* classique. ❑ *n* classique *m.* ■ **classics** *npl* humanités *fpl.*

classical ['klæsɪkl] *adj* classique • **classical music** la musique classique.

classical music *n* musique *f* classique.

classification [,klæsɪfɪ'keɪʃn] *n* classification *f.*

classified ['klæsɪfaɪd] *adj* classé secret, classée secrète *f.*

classified ad *n* petite annonce *f.*

classify ['klæsɪfaɪ] *vt* classifier, classer.

classless ['klɑːslɪs] *adj* sans distinctions sociales.

classmate ['klɑːsmeɪt] *n* camarade *mf* de classe.

classroom ['klɑːsrʊm] *n* (salle *f* de) classe *f.*

classroom assistant *n* aide-éducateur *m*, -rice *f.*

classy ['klɑːsɪ] *adj fam* chic *(inv).*

clatter ['klætər] *n* **1.** cliquetis *m* **2.** fracas *m.*

clause [klɔːz] *n* **1.** clause *f* **2.** GRAMM proposition *f.*

claustrophobia [,klɔːstrə'fəʊbjə] *n* claustrophobie *f.*

claustrophobic [,klɔːstrə'fəʊbɪk] *adj* **1.** qui rend claustrophobe **2.** claustrophobe.

claw [klɔː] *n* **1.** griffe *f (d'un chat)* **2.** pince *f (de crabe).* ❑ *vt* griffer. ■ **claw back** *vt sép* **(UK)** récupérer *(de l'argent).*

clay [kleɪ] *n* argile *f.*

clean [kliːn] *adj* **1.** propre **2.** *(feuille de papier)* vierge **3.** *(réputation)* sans tache **4.** *(plaisanterie)* de bon goût **5.** net, nette *f.* ❑ *vt* nettoyer. ❑ *vi* faire le ménage. ■ **clean out** *vt sép* nettoyer à fond. ■ **clean up** *vt sép* nettoyer.

clean-burning *adj brûlant sans résidu de combustible.*

clean-cut *adj* **1.** net, nette *f* **2.** bien délimité, net, nette *f* **3.** propre (sur soi), soigné.

Clean Development Mechanism *npr* ÉCOL Mécanisme *m* de Développement Propre.

cleaner ['kliːnər] *n* **1.** personne *f* qui fait le ménage **2.** produit *m* d'entretien.

cleaning ['kliːnɪŋ] *n* nettoyage *m.*

cleaning fluid *n* produit *m* nettoyant.

cleanliness ['klenlɪnɪs] *n* propreté *f.*

clean-living *adj* qui mène une vie saine.

clean room *n* salle *f* propre, salle *f* blanche.

cleanse [klenz] *vt* **1.** nettoyer **2.** *fig* purifier.

cleanser ['klenzər] *n* **1.** détergent *m* **2.** démaquillant *m.*

clean-shaven [-'ʃeɪvn] *adj* rasé de près.

cleantech ['kliːntek] *n* technologies *fpl* propres. ❑ *adj* relatif aux technologies propres.

clear [klɪər] *adj* **1.** clair **2.** *(verre, plastique)* transparent **3.** *(voie, espace)* libre, dégagé. ❑ *adv* • **to stand clear** s'écarter • **to stay** *ou* **steer clear of sb/sthg** éviter qqn/qqch. ❑ *vt* **1.** dégager **2.** débarrasser **3.** enlever • **I went for a walk to clear my head a)** j'ai fait un tour pour m'éclaircir les idées **4.** innocenter **5.** sauter, franchir **6.** s'acquitter de **7.** donner le feu vert à. ❑ *vi* **1.** *(brouillard)* se dissiper **2.** *(ciel)* s'éclaircir. ■ **clear away** *vt sép* **1.** débarrasser **2.** enlever. ■ **clear off** *vi* **(UK)** *fam* dégager. ■ **clear out** *vt sép* **1.** vider **2.** ranger. ❑ *vi fam* dégager. ■ **clear up** *vt sép* **1.** ranger **2.** éclaircir. ❑ *vi* **1.** s'éclaircir **2.** tout ranger.

clearance ['klɪərəns] *n* **1.** enlèvement *m (des ordures)* **2.** déblaiement *m* **3.** autorisation *f.*

clear-cut *adj* net, nette *f.*

clear-headed [-'hedɪd] *adj* lucide.

clearing ['klɪərɪŋ] *n* clairière *f.*

clearing bank *n* **(UK)** banque *f* de dépôt.

clearing-up *n* **1.** remise *f* en ordre **2.** déblaiement *m.*

clearly ['klɪəlɪ] *adv* **1.** clairement **2.** manifestement.

clearout ['klɪəraʊt] *n* **(surtout UK)** *fam* (grand) nettoyage *m.*

clear-sighted *adj* qui voit juste.

clearway ['klɪəweɪ] *n* **(UK)** *route où le stationnement n'est autorisé qu'en cas d'urgence.*
cleavage ['kli:vɪʤ] *n* décolleté *m*.
cleaver ['kli:vəʳ] *n* couperet *m*.
clef [klef] *n* clef *f*.
cleft [kleft] *n* fente *f*.
clench [klentʃ] *vt* serrer.
clergy ['klɜ:ʤɪ] *npl* • **the clergy** le clergé.
clergyman ['klɜ:ʤɪmən] (*pl* **-men**) *n* membre *m* du clergé.
clergywoman ['klɜ:ʤɪ,wʊmən] (*pl* **-women**) *n* (femme *f*) pasteur *m*.
cleric ['klerɪk] *n* membre *m* du clergé.
clerical ['klerɪkl] *adj* **1.** de bureau **2.** clérical.
clerk [**(UK)** klɑ:k, **(US)** klɜ:rk] *n* **1.** employé *m*, -e *f* de bureau **2.** DR clerc *mf* **3.** **(US)** vendeur *m*, -euse *f*.
clever ['klevəʳ] *adj* **1.** intelligent **2.** ingénieux **3.** habile, adroit.
cleverly ['klevəlɪ] *adv* **1.** intelligemment **2.** habilement.
cliché ['kli:ʃeɪ] *n* cliché *m*.
clichéd [**(UK)** 'kli:ʃeɪd, **(US)** kli:'ʃeɪd] *adj* banal • **a clichéd phrase** un cliché, une banalité, un lieu commun.
click [klɪk] *n* **1.** déclic *m* **2.** claquement *m* **3.** INFORM clic *m* • **at the click of a mouse** d'un clic de souris. ❑ *vt* **1.** faire claquer **2.** cliquer. ❑ *vi* **1.** claquer **2.** faire un déclic **3.** • **to click on sthg** cliquer sur qqch.
clickable ['klɪkəbl] *adj* INFORM cliquable • **clickable image** image *f* cliquable.
clickable image [klɪkəbl-] *n* INFORM image *f* cliquable.
clicking ['klɪkɪŋ] *n* cliquetis *m* • **a clicking sound** un cliquetis.
click-through *adj* • **click-through licence** *ou* **agreement** contrat *m* de licence en ligne • **click-through rate** taux *m* de clics.
clickwrap ['klɪkræp] *adj* • **clickwrap licence** *ou* **agreement** contrat *m* de licence en ligne.
client ['klaɪənt] *n* client *m*, -e *f*.
client base *n* clientèle *f*.
client confidence *n* confiance *f* du client.
clientele [,kli:ən'tel] *n* clientèle *f*.
clientelism [klaɪ'entɪlɪzəm] *n* *sout* POLIT clientélisme *m*.
client-focused *adj* orienté client.
client list *n* liste *f* de clients.
client relationship *n* relations *fpl* clientèle.
cliff [klɪf] *n* falaise *f*.
climate ['klaɪmɪt] *n* climat *m* • **climate sensitivity/variability** sensibilité *f* /variabilité *f* climatique.
climate action *n* action *f* pour le climat.
climate canary *n organisme ou espèce en danger, annonciateur d'une catastrophe pour les autres espèces.*
climate change *n* changement *m* climatique.
climate control *n* **(US)** AUTO climatiseur *m*.
climate crisis *n* crise *f* climatique.
climate refugee *n* réfugié *m*, -e *f* climatique.
climatologist [,klaɪmə'tɒləʤɪst] *n* climatologue *mf*.
climax ['klaɪmæks] *n* apogée *m*.
climb [klaɪm] *n* ascension *f*, montée *f*. ❑ *vt* **1.** monter à **2.** monter **3.** escalader **4.** *(locution)* • **to climb the walls** *fam* devenir dingue. ❑ *vi* **1.** *(personne)* monter, grimper **2.** *(plante)* grimper **3.** *(rue)* monter **4.** *(avion)* prendre de l'altitude **5.** augmenter.
climb-down *n* **(UK)** reculade *f*.
climber ['klaɪməʳ] *n* alpiniste *mf*, grimpeur *m*, -euse *f*.
climbing ['klaɪmɪŋ] *n* **1.** escalade *f* **2.** alpinisme *m*.
climbing frame *n* **(UK)** cage *f* à poules.
clinch [klɪntʃ] *vt* conclure.
cling [klɪŋ] (*prét & pp* **clung**) *vi* **1.** • **to cling (to)** s'accrocher (à), se cramponner (à) **2.** • **to cling (to)** coller (à).
clingfilm ['klɪŋfɪlm] *n* **(UK)** film *m* alimentaire transparent.
clingy ['klɪŋɪ] (*comp* **clingier**, *superl* **clingiest**) *adj* **1.** moulant **2.** *péj (personne)* collant.
clinic ['klɪnɪk] *n* centre *m* médical, clinique *f*.
clinical ['klɪnɪkl] *adj* **1.** clinique • **clinical trials** tests *mpl* cliniques **2.** *fig* froid.
clink [klɪŋk] *vi* tinter.
clip [klɪp] *n* **1.** trombone *m* **2.** pince *f (à cheveux)* **3.** clip *m (de boucle d'oreille)* **4.** extrait *m*. ❑ *vt* **1.** attacher **2.** couper **3.** tailler **4.** découper.
clipart [klɪpɑ:t] *n* INFORM clipart *m*.
clipboard ['klɪpbɔd] *n* écritoire *f* à pince.
clippers ['klɪpəz] *npl* **1.** tondeuse *f* **2.** pince *f* à ongles **3.** cisaille *f* à haie **4.** sécateur *m*.
clipping ['klɪpɪŋ] *n* **(US)** coupure *f*.
clique [kli:k] *n* clique *f*.
cliquey ['kli:kɪ], **cliquish** ['kli:kɪʃ] *adj* *péj* exclusif, qui a l'esprit de clan.
cloak [kləʊk] *n* cape *f*.
cloakroom ['kləʊkrʊm] *n* **1.** vestiaire *m* • **cloakroom attendant** préposé *m*, -e *f* au vestiaire **2.** **(UK)** toilettes *fpl*.
clobber ['klɒbəʳ] *fam* *n (indén)* **(UK)** **1.** affaires *fpl (possessions)* **2.** fringues *fpl*. ❑ *vt* tabasser.
clock [klɒk] *n* **1.** horloge *f* **2.** pendule *f* • **the clock is ticking** *fig* le temps passe **3.** • **(a)round the clock** 24 heures sur 24 **4.** AUTO compteur *m*. ■ **clock in, clock on** *vi* pointer *(à l'arrivée)*. ■ **clock off, clock out** *vi* pointer *(à la sortie)*. ■ **clock up** *vt insép (des kilomètres)* faire, avaler.
clockface ['klɒkfeɪs] *n* cadran *m*.
clock speed *n* INFORM vitesse *f* d'horloge.

clockwise ['klɒkwaɪz] *adj & adv* dans le sens des aiguilles d'une montre.

clockwork ['klɒkwɜːk] *n* • **to go like clockwork** *fig* aller *ou* marcher comme sur des roulettes. ❑ *en apposition* mécanique.

clog [klɒg] *vt* boucher. ■ **clog up** *vt sép* boucher. ❑ *vi* se boucher.

close[1] [kləʊs] *adj* **1.** • **close (to)** proche (de), près (de) • **a close friend** un ami intime, une amie intime *f* • **close up, close to** de près • **close by, close at hand** tout près • **that was a close shave** *ou* **thing** *ou* **call** on l'a échappé belle **2.** *(lien, ressemblance)* fort **3.** *(collaboration)* étroit **4.** *(interrogatoire)* serré **5.** *(examen)* minutieux • **to keep a close watch on sb/sthg** surveiller qqn/qqch de près • **to pay close attention** faire très attention **6.** *(résultat, compétition)* serré. ❑ *adv* • **close (to)** près (de) • **to come closer (together)** se rapprocher. ■ **close on, close to** *prép* près de.

close[2] [kləʊz] *vt* fermer, clore • **to close (a window)** fermer (une fenêtre) • **to close (an application)** quitter (une application). ❑ *vi* **1.** fermer **2.** (se) fermer **3.** se terminer, finir. ■ **close down** *vt sép & vi* fermer. ■ **close in** *vi* **1.** *(nuit, brouillard)* descendre **2.** • **to close in (on)** approcher *ou* se rapprocher (de) *(d'une personne)*. ■ **close off** *vt insép* barrer • **the area was closed off to the public** le quartier était fermé au public.

closed [kləʊzd] *adj* fermé.

closed circuit television *n* télévision *f* en circuit fermé.

close-fitting [ˌkləʊs-] *adj* près du corps.

close-grained ['kləʊs-] *adj* **1.** *(bois)* à grain fin *ou* serré **2.** *(métal)* à grains fins, à fine cristallisation.

close-knit [ˌkləʊs-] *adj* (très) uni.

closely ['kləʊslɪ] *adv* **1.** de près **2.** beaucoup • **to be closely related to** *ou* **with** être proche parent de.

closeness ['kləʊsnɪs] *n* **1.** proximité *f* **2.** intimité *f*.

close-range [kləʊs-] *adj* à courte portée.

close-run ['kləʊs-] *adj* = **close**[1] *(adj, sens 4)*

closet ['klɒzɪt] *n* **(US)** placard *m*. ❑ *adj fam* non avoué.

closeted ['klɒzɪtɪd] *adj* • **a closeted homosexual** un homosexuel qui n'est pas sorti du placard *(qui n'a pas rendu publique son homosexualité)*.

closetful ['klɒzɪtˌfʊl] *n* • **a closetful of dresses** une armoire pleine de robes.

close-up ['kləʊs-] *n* gros plan *m*.

closing-down sale (UK), closing-out sale *n* liquidation *f*.

closing time ['kləʊzɪŋ-] *n* heure *f* de fermeture.

closure ['kləʊʒəʳ] *n* **1.** fermeture *f* **2.** *(après un drame)* • **to get closure** tourner la page.

clot [klɒt] *n* **1.** caillot *m* **2. (UK)** *fam* empoté *m*, -e *f*. ❑ *vi* coaguler.

cloth [klɒθ] *n* **1.** *(indén)* tissu *m* **2.** chiffon *m* **3.** torchon *m*.

clothe [kləʊð] *vt sout* habiller.

cloth-eared *adj* **(UK)** *fam* dur de la feuille, sourdingue.

clothes [kləʊðz] *npl* vêtements *mpl*, habits *mpl* • **to put one's clothes on** s'habiller • **to take one's clothes off** se déshabiller.

clothes brush *n* brosse *f* à habits.

clothes hanger *n* cintre *m*.

clotheshorse ['kləʊðzhɔːs] *n* séchoir *m* à linge.

clothesline ['kləʊðzlaɪn] *n* corde *f* à linge.

clothes peg (UK), clothespin (US) ['kləʊðzpɪn] *n* pince *f* à linge.

clothes rack *n* **(US)** séchoir *m*.

clothing ['kləʊðɪŋ] *n (indén)* vêtements *mpl*, habits *mpl*.

cloud [klaʊd] *n* nuage *m*. ■ **cloud over** *vi* se couvrir.

cloud-cuckoo-land *n* **(UK)** *fam* • **they are living in cloud-cuckoo-land** ils n'ont pas les pieds sur terre.

cloudy ['klaʊdɪ] *adj* **1.** nuageux **2.** trouble.

clout [klaʊt] *fam n (indén)* poids *m*, influence *f*. ❑ *vt* donner un coup à.

clove [kləʊv] *n* • **a clove of garlic** une gousse d'ail. ■ **cloves** *npl* clous *mpl* de girofle.

clover ['kləʊvəʳ] *n* trèfle *m*.

clown [klaʊn] *n* **1.** clown *mf* **2.** pitre *m*. ❑ *vi* faire le pitre.

cloying ['klɔɪɪŋ] *adj* **1.** écœurant **2.** à l'eau de rose.

club [klʌb] *n* **1.** club *m* **2.** massue *f* **3.** • **(golf) club** club *m*. ❑ *vt* matraquer. ■ **clubs** *npl* trèfle *m*. ■ **club together** *vi* se cotiser.

clubbing ['klʌbɪŋ] *n* sorties *fpl* en boîte, clubbing *m* • **she loves clubbing** elle adore sortir en boîte • **to go clubbing** sortir en boîte.

club car *n* **(US)** wagon-restaurant *m*.

club class *n* classe *f* club.

clubhouse ['klʌbhaʊs] *(pl* [-haʊzɪz]*) n* club *m*, pavillon *m*.

cluck [klʌk] *vi* glousser.

clue [kluː] *n* **1.** indice *m* • **I haven't (got) a clue (about)** je n'ai aucune idée (sur) **2.** définition *f (dans les mots croisés)*.

clued-up [kluːd-] *adj* **(UK)** *fam* calé.

clueless ['kluːlɪs] *adj fam* qui n'y connaît rien.

clump [klʌmp] *n* massif *m*, bouquet *m*.

clumsily ['klʌmzɪlɪ] *adv* **1.** maladroitement **2.** sans tact.

clumsy ['klʌmzɪ] *adj* maladroit, gauche.

clung [klʌŋ] *passé & pp* → **cling**.

clunky ['klʌŋkɪ] *adj* **1.** *(chaussures)* gros, grosse *f* **2.** *(meubles)* encombrant ; *(interface utilisateur)* lourd.

cluster ['klʌstər] *n* **1.** groupe *m* **2.** foyer *m* de contagion *ou* épidémique, cluster *m*. ❑ *vi* **1.** se rassembler **2.** être regroupé.

cluster bomb *n* bombe *f* à fragmentation.

cluster headache *n* migraine *f* ophtalmique.

clutch [klʌtʃ] *n* embrayage *m*. ❑ *vt* agripper. ❑ *vi* • **to clutch at** s'agripper à.

clutter ['klʌtər] *n* désordre *m*. ❑ *vt* mettre en désordre.

cluttered ['klʌtəd] *adj* encombré.

cm (abrév de centimetre) *n* cm.

CMi *SMS* (abrév de call me) appelle-moi.

CMON *SMS* abrév de **come on**.

CND (abrév de Campaign for Nuclear Disarmament) *n mouvement pour le désarmement nucléaire*.

CNS *n* abrév de **central nervous system**.

co- [kəʊ] *préf* co-.

c/o (abrév de care of) a/s.

Co. 1. (abrév de Company) Cie **2.** abrév de **County**.

coach [kəʊtʃ] *n* **1.** (UK) car *m*, autocar *m* **2.** (UK) *RAIL* voiture *f* **3.** carrosse *m* **4.** entraîneur *m* **5.** répétiteur *m*, -trice *f*. ❑ *vt* **1.** *SPORT* entraîner **2.** donner des leçons (particulières) à.

coal [kəʊl] *n* charbon *m*.

coalfield ['kəʊlfiːld] *n* bassin *m* houiller.

coalition [,kəʊə'lɪʃn] *n* coalition *f*.

coalman ['kəʊlmæn] (*pl* **-men**) *n* (UK) charbonnier *m*.

coalmine ['kəʊlmaɪn] *n* mine *f* de charbon.

coarse [kɔːs] *adj* **1.** *(tissu)* grossier **2.** *(cheveux)* épais **3.** *(peau)* granuleux **4.** *(vulgaire)* grossier.

coarse-featured *adj* aux traits grossiers *ou* épais.

coast [kəʊst] *n* côte *f*. ❑ *vi* avancer en roue libre.

coastal ['kəʊstl] *adj* côtier.

coaster ['kəʊstər] *n* dessous *m* de verre.

coastguard ['kəʊstgɑːd] *n* **1.** garde-côte *m* **2.** • **the coastguard** la gendarmerie maritime.

coastline ['kəʊstlaɪn] *n* côte *f*.

coat [kəʊt] *n* **1.** manteau *m* **2.** pelage *m* **3.** couche *f*. ❑ *vt* • **to coat sthg (with) a)** recouvrir qqch (de) **b)** enduire qqch (de).

-coated [kəʊtɪd] *suffixe* • **plastic-coated** plastifié • **silver-coated** plaqué argent.

coat hanger *n* cintre *m*.

coating ['kəʊtɪŋ] *n* **1.** couche *f* **2.** *CULIN* glaçage *m*.

coat of arms (*pl* **coats of arms**) *n* blason *m*.

coauthor [kəʊ'ɔːθər] *n* co-auteur *m*.

coax [kəʊks] *vt* • **to coax sb (to do** *ou* **into doing sthg)** persuader qqn (de faire qqch) à force de cajoleries.

cob [kɒb] *n* → **corn**.

cobble ['kɒbl] ■ **cobble together** *vt sép* **1.** bricoler **2.** improviser.

cobbled ['kɒbld] *adj* pavé.

cobbler ['kɒblər] *n* cordonnier *m*, -ière *f*.

cobbles ['kɒblz], **cobblestones** ['kɒblstəʊnz] *npl* pavés *mpl*.

Cobol ['kəʊbɒl] (abrév de Common Business Oriented Language) *n* COBOL *m*.

cobweb ['kɒbweb] *n* toile *f* d'araignée.

cobweb site *n INTERNET* site *m* périmé.

Coca-Cola® [,kəʊkə'kəʊlə] *n* Coca-Cola® *m inv*.

cocaine [kəʊ'keɪn] *n* cocaïne *f*.

cock [kɒk] *n* **1.** coq *m* **2.** mâle *m*. ❑ *vt* **1.** armer *(un pistolet)* **2.** incliner *(la tête)*. ■ **cock up** *vt sép* (UK) *tfam* faire merder.

cockerel ['kɒkrəl] *n* jeune coq *m*.

cockeyed ['kɒkaɪd] *adj fam* **1.** de travers **2.** complètement fou, folle *f*.

cockiness ['kɒkɪnɪs] *n* impertinence *f*.

cockle ['kɒkl] *n* coque *f (mollusque)*.

Cockney ['kɒknɪ] (*pl* **Cockneys**) *n* Cockney *mf (personne issue des quartiers populaires de l'est de Londres)*.

cockpit ['kɒkpɪt] *n* cockpit *m*.

cockroach ['kɒkrəʊtʃ] *n* cafard *m*.

cocksure [,kɒk'ʃɔːr] *adj* trop sûr de soi.

cocktail ['kɒkteɪl] *n* cocktail *m*.

cocktail dress *n* robe *f* de soirée.

cocktail party *n* cocktail *m (fête)*.

cocktail stick *n* pique *f* apéritif.

cock-up *vt* (UK) *tfam* se planter • **to make a cock-up out of sthg** se planter dans qqch.

cocky ['kɒkɪ] *adj fam* suffisant.

cocoa ['kəʊkəʊ] *n* cacao *m*.

coconut ['kəʊkənʌt] *n* noix *f* de coco.

cocoon [kə'kuːn] *n litt* & *fig* cocon *m*. ❑ *vt fig* couver.

cod [kɒd] (*pl inv*) *n* morue *f*.

COD 1. abrév de **cash on delivery 2.** abrév de **collect on delivery**.

code [kəʊd] *n* code *m*. ❑ *vt* coder.

co-defendant *n* **1.** *DR* coaccusé *m*, -e *f* **2.** *(en droit civil)* codéfendeur *m*, -eresse *f*.

codeine ['kəʊdiːn] *n* codéine *f*.

code name *n* nom *m* de code.

codeword ['kəʊdwɜːd] *n* **1.** mot *m* de passe **2.** mot *m* codé.

cod-liver oil *n* huile *f* de foie de morue.

codswallop ['kɒdz,wɒləp] *n (indén)* (UK) *fam* bêtises *fpl*.

co-ed [kəʊ'ed] *adj* abrév de **coeducational**. ❑ *n* **1.** (abrév de coeducational student) *étudiant d'une université mixte américaine* **2.** (abrév de coeducational school) *école mixte britannique*.

coeducational [,kəʊedjuː'keɪʃənl] *adj* mixte.

coerce [kəʊ'ɜːs] *vt* • **to coerce sb (into doing sthg)** contraindre qqn (à faire qqch).
co-factor *n MÉD* facteur *m* prédisposant.
C of E abrév de **Church of England**.
coffee ['kɒfɪ] *n* café *m*.
coffee bar *n* **(UK)** café *m (établissement)*.
coffee bean *n* grain *m* de café.
coffee break *n* pause-café *f*.
coffee cup *n* tasse *f* à café.
coffee grinder *n* moulin *m* à café.
coffee-maker *n* cafetière *f* électrique.
coffee morning *n* **(UK)** *réunion matinale pour prendre le café*.
coffeepot ['kɒfɪpɒt] *n* cafetière *f*.
coffee shop *n* **1.** **(UK)** café *m* **2.** **(US)** ≃ café-restaurant *m*.
coffee table *n* table *f* basse.
coffee-table book *n* beau livre *m*.
coffers ['kɒfəz] *npl* coffres *mpl*.
coffin ['kɒfɪn] *n* cercueil *m*.
cog [kɒg] *n* **1.** dent *f* **2.** roue *f* dentée.
cognac ['kɒnjæk] *n* cognac *m*.
cognitive ['kɒgnɪtɪv] *adj* cognitif.
cognoscenti [,kɒnjə'ʃentiː] *npl* connaisseurs *mpl*.
cogwheel ['kɒgwiːl] *n* roue *f* dentée.
cohabit [,kəʊ'hæbɪt] *vi sout* cohabiter.
cohabitation [,kəʊhæbɪ'teɪʃn] *n* cohabitation *f*.
coherent [kəʊ'hɪərənt] *adj* cohérent.
coherently [kəʊ'hɪərəntlɪ] *adv* de façon cohérente.
cohesion [kəʊ'hiːʒn] *n* cohésion *f*.
cohesive [kəʊ'hiːsɪv] *adj* cohésif.
cohort ['kəʊhɔːt] *n* cohorte *f*.
co-host *n* co-présentateur *m*, -trice *f*. ❑ *vt* (co-)présenter.
coil [kɔɪl] *n* **1.** rouleau *m (de corde)* **2.** boucle *f* **3.** *ÉLECTR* bobine *f* **4.** **(UK)** stérilet *m*. ❑ *vt* enrouler. ❑ *vi* s'enrouler. ■ **coil up** *vt sép* enrouler.
coin [kɔɪn] *n* pièce *f* (de monnaie). ❑ *vt* inventer.
coinage ['kɔɪnɪdʒ] *n (indén)* monnaie *f*.
coincide [,kəʊɪn'saɪd] *vi* coïncider.
coincidence [kəʊ'ɪnsɪdəns] *n* coïncidence *f*.
coincidental [kəʊ,ɪnsɪ'dentl] *adj* de coïncidence.
coincidentally [kəʊ,ɪnsɪ'dentəlɪ] *adv* par hasard.
coin-operated [-'ɒpə,reɪtɪd] *adj* à pièces.
Coke® [kəʊk] *n* Coca® *m*.
coke [kəʊk] *n* **1.** coke *m* **2.** *arg drogue* coco *f*, coke *f*.
cokehead ['kəʊkhed] *n fam* • **to be a cokehead** être accro à la coke.
cola ['kəʊlə] *n* cola *m*.
colander ['kʌləndəʳ] *n* passoire *f*.
cold [kəʊld] *adj* froid • **it's cold** il fait froid • **to be cold** avoir froid • **to get cold a)** avoir froid **b)** refroidir. ❑ *n* **1.** rhume *m* • **to catch (a) cold** attraper un rhume, s'enrhumer **2.** froid *m*.
cold-blooded [-'blʌdɪd] *adj* **1.** *fig* sans pitié **2.** de sang-froid.
cold calling *n* **1.** démarchage *m* téléphonique **2.** démarchage *m* à domicile.
cold cuts *npl* **(surtout US)** assiette *f* anglaise.
cold feet *npl* • **to have** *ou* **get cold feet** *fam* avoir la trouille.
cold-hearted [-'hɑːtɪd] *adj* insensible.
cold shoulder *n* • **to give sb the cold shoulder** *fam* être froid avec qqn.
cold sore *n* bouton *m* de fièvre.
cold storage *n* • **to put sthg into cold storage** *(nourriture)* mettre qqch en chambre froide.
cold sweat *n* sueur *f* froide.
cold turkey *n arg drogue* manque *m* • **to go cold turkey a)** arrêter la drogue d'un seul coup **b)** être en manque.
cold war *n* • **the cold war** la guerre froide.
coleslaw ['kəʊlslɔː] *n* chou *m* cru mayonnaise.
colic ['kɒlɪk] *n* colique *f*.
collaborate [kə'læbəreɪt] *vi* collaborer.
collaboration [kə,læbə'reɪʃn] *n* collaboration *f*.
collaborative [kə'læbərətɪv] *adj* fait en collaboration *ou* en commun.
collagen ['kɒlədʒən] *n* collagène *m*.
collapse [kə'læps] *n* **1.** écroulement *m*, effondrement *m* **2.** échec *m*. ❑ *vi* **1.** s'effondrer, s'écrouler **2.** échouer **3.** *(table, chaise)* être pliant.
collapsible [kə'læpsəbl] *adj* pliant.
collar ['kɒləʳ] *n* **1.** col *m* **2.** collier *m (de chien)* **3.** *TECHNOL* collier *m*, bague *f*. ❑ *vt fam* coincer.
collarbone ['kɒləbəʊn] *n* clavicule *f*.
collate [kə'leɪt] *vt* collationner.
collateral [kɒ'lætərəl] *n (indén)* nantissement *m*.
colleague ['kɒliːg] *n* collègue *mf*.
collect [kə'lekt] *vt* **1.** rassembler, recueillir **2.** ramasser • **to collect o.s.** se reprendre **3.** collectionner **4.** recueillir *(de l'argent)* **5.** percevoir *(des taxes)*. ❑ *vi* **1.** se rassembler **2.** *(poussière, feuilles)* s'amasser, s'accumuler **3.** faire la quête. ❑ *adv* **(US)** • **to call (sb) collect** téléphoner (à qqn) en PCV.
collection [kə'lekʃn] *n* **1.** collection *f* **2.** *LITTÉR* recueil *m* **3.** quête *f* **4.** *(poste)* levée *f*.
collective [kə'lektɪv] *adj* collectif. ❑ *n* coopérative *f*.
collector [kə'lektəʳ] *n* **1.** collectionneur *m*, -euse *f* **2.** encaisseur *m* • **tax collector** percepteur *m*.
collector's item *n* pièce *f* de collection.

college ['kɒlɪdʒ] *n* **1.** ≃ école *f* d'enseignement (technique) supérieur **2.** *maison communautaire d'étudiants sur un campus universitaire* **3. (US)** *UNIV* université *f*.
college of education *n* ≃ institut *m* de formation de maîtres.
collide [kə'laɪd] *vi* • **to collide (with)** entrer en collision (avec).
collie ['kɒlɪ] *n* colley *m*.
colliery ['kɒljərɪ] *n* **(surtout UK)** mine *f*.
collision [kə'lɪʒn] *n* collision *f*.
colloquial [kə'ləʊkwɪəl] *adj* familier.
collude [kə'lu:d] *vi* • **to collude with sb** comploter avec qqn.
Colombia [kə'lɒmbɪə] *n* Colombie *f*.
colon ['kəʊlən] *n* **1.** côlon *m* **2.** deux-points *m inv*.
colonel ['kɜ:nl] *n* colonel *m*.
colonial [kə'ləʊnjəl] *adj* colonial.
colonize, **-ise (UK)** ['kɒlənaɪz] *vt* coloniser.
colony ['kɒlənɪ] *n* colonie *f*.
color *etc* **(US)** = **colour** *etc*
colossal [kə'lɒsl] *adj* colossal.
colour (UK), **color (US)** ['kʌlər] *n* couleur *f*. ❑ *adj* en couleur. ❑ *vt* **1.** colorer **2.** colorier **3.** teindre **4.** *fig* fausser *(un jugement)*. ❑ *vi* rougir. ■ **colour in** *vt sép* colorier.
colour bar (UK), **color bar (US)** *n* discrimination *f* raciale.
colour barrier (UK), **color barrier (US)** *n* discrimination *f* raciale.
colour-blind (UK), **color-blind (US)** *adj* **1.** *litt* daltonien **2.** *fig* qui ne fait pas de discrimination raciale.
colour chart *n* nuancier *m*.
colour-coded (UK), **color-coded (US)** *adj* codé par couleur.
coloured (UK), **colored (US)** ['kʌləd] *adj* de couleur • **brightly coloured** de couleur vive.
colourfast (UK), **colorfast (US)** ['kʌləfɑ:st] *adj* grand teint *(inv)*.
colourful (UK), **colorful (US)** ['kʌləfʊl] *adj* **1.** coloré **2.** haut(e) en couleur.
colouring (UK), **coloring (US)** ['kʌlərɪŋ] *n* **1.** colorant *m* **2.** *(indén)* teint *m*.
colouring-in, **coloring-in (US)** *n* **1.** coloriage *m* **2.** *(locution)* • **colouring-in book** album *m* à colorier.
colour scheme (UK), **color scheme (US)** *n* combinaison *f* de couleurs.
colour supplement *n* **(UK)** supplément *m* illustré.
colt [kəʊlt] *n* poulain *m*.
column ['kɒləm] *n* **1.** colonne *f* **2.** rubrique *f*.
columnist ['kɒləmnɪst] *n* chroniqueur *m*.
coma ['kəʊmə] *n* coma *m*.
comatose ['kəʊmətəʊs] *adj* comateux.
comb [kəʊm] *n* peigne *m*. ❑ *vt* **1.** peigner • **to comb one's hair** se peigner **2.** ratisser.
combat ['kɒmbæt] *n* combat *m*. ❑ *vt* combattre.
combat boots *npl* bottes *fpl* de combat.
combats ['kɒmbætz], **combat trousers** *npl* pantalon *m* battle.
combination [,kɒmbɪ'neɪʃn] *n* combinaison *f*.
combination lock *n* serrure *f* à combinaison.
combination skin *n* peau *f* mixte.
combine *vt* [kəm'baɪn] **1.** rassembler **2.** combiner • **to combine sthg with sthg a)** mélanger qqch avec *ou* à qqch **b)** *fig* allier qqch à qqch. ❑ *vi* [kəm'baɪn] *COMM & POLIT* • **to combine (with)** fusionner (avec). ❑ *n* ['kɒmbaɪn] cartel *m*.
combine harvester [-'hɑ:vɪstər] *n* moissonneuse-batteuse *f*.
come [kʌm] *(prét* **came**, *pp* **come**) *vi* **1.** venir **2.** arriver • **coming!** j'arrive ! • **I've got people coming a)** j'ai des invités **b)** il y a des gens qui viennent • **the news came as a shock** la nouvelle m'a/lui a *etc* fait un choc **3.** • **to come up to** arriver à, monter jusqu'à • **to come down to** descendre *ou* tomber jusqu'à **4.** arriver, se produire • **come what may** quoi qu'il arrive • **he got what was coming to him** il n'a eu que ce qu'il méritait **5.** • **to come true** se réaliser • **to come undone** se défaire • **to come unstuck** se décoller **6.** • **to come to do sthg** en venir à faire qqch **7.** venir, être placé • **P comes before Q** P vient avant Q, P précède Q • **she came second in the exam** elle était deuxième à l'examen. ■ **come about** *vi* arriver, se produire. ■ **come across** *vt insép* tomber sur, trouver par hasard. ■ **come along** *vi* **1.** arriver **2.** *(travail)* avancer **3.** *(élève)* faire des progrès. ■ **come apart** *vi* **1.** tomber en morceaux **2.** se détacher. ■ **come around**, **come round (UK)** *vi* reprendre connaissance, revenir à soi. ■ **come at** *vt insép* attaquer. ■ **come back** *vi* **1.** revenir **2.** • **to come back (to sb)** revenir (à qqn). ■ **come by** *vt insép* trouver, dénicher. ■ **come down** *vi* **1.** baisser **2.** descendre. ■ **come down to** *vt insép* se résumer à, se réduire à. ■ **come down with** *vt insép* attraper *(la grippe, un rhume)*. ■ **come forward** *vi* se présenter. ■ **come from** *vt insép* venir de. ■ **come in** *vi* entrer. ■ **come in for** *vt insép* être l'objet de. ■ **come into** *vt insép* **1.** hériter de **2.** • **to come into being** prendre naissance, voir le jour. ■ **come off** *vi* **1.** *(bouton)* se détacher **2.** *(tache)* s'enlever **3.** réussir **4.** *(locution)* • **come off it!** *fam* et puis quoi encore !, non mais sans blague ! ■ **come on** *vi* **1.** commencer, apparaître **2.** s'allumer **3.** avancer, faire des progrès **4.** • **come on! a)** allez ! **b)** allez, dépêche-toi ! **c)** allons donc ! ■ **come out** *vi* **1.** être découvert **2.** *(livre, film)* paraître, sortir **3.** *(soleil, lune)* apparaître **4.** faire grève **5.** • **to come out for/against sthg** se déclarer pour/contre qqch. ■ **come round (UK)**

vi = **come around.** ■ **come through** *vt insép* survivre à. ■ **come to** *vt insép* **1.** • **to come to an end** se terminer, prendre fin • **to come to a decision** parvenir à *ou* prendre une décision **2.** *(somme, total)* s'élever à. ❑ *vi* revenir à soi, reprendre connaissance. ■ **come under** *vt insép* **1.** dépendre de **2.** tomber sous, être soumis à • **the government is coming under pressure** le gouvernement subit des pressions • **to come under attack (from)** être en butte aux attaques (de). ■ **come up** *vi* **1.** survenir **2.** approcher **3.** *(occasion)* se présenter **4.** *(soleil)* se lever. ■ **come up against** *vt insép* se heurter à. ■ **come up to** *vt insép* **1.** s'approcher de **2.** répondre à. ■ **come up with** *vt insép* proposer *(une réponse, une idée)*. ■ **to come** *adv* à venir • **in (the) days/years to come** dans les jours/années à venir.

comeback ['kʌmbæk] *n* come-back *m* • **to make a comeback a)** revenir à la mode **b)** *(acteur)* revenir à la scène.

comedian [kə'mi:djən] *n* **1.** comique *m* **2.** THÉÂTRE comédien *m*.

comedienne [kə,mi:dɪ'en] *n* **1.** actrice *f* comique **2.** THÉÂTRE comédienne *f*.

comedown ['kʌmdaʊn] *n fam* • **it was a comedown for her** elle est tombée bien bas pour faire ça.

comedy ['kɒmədɪ] *n* comédie *f*. ❑ *en apposition* comique.

comet ['kɒmɪt] *n* comète *f*.

come-uppance [,kʌm'ʌpəns] *n* • **to get one's come-uppance** *fam* recevoir ce que l'on mérite.

comfort ['kʌmfət] *n* **1.** *(indén)* confort *m* **2.** commodité *f* **3.** réconfort *m*, consolation *f*. ❑ *vt* réconforter, consoler.

comfortable ['kʌmftəbl] *adj* **1.** confortable **2.** *fig* à l'aise • **make yourself comfortable** mettez-vous à l'aise.

comfortably ['kʌmftəblɪ] *adv* **1.** confortablement **2.** à l'aise **3.** aisément.

comforting ['kʌmfətɪŋ] *adj* réconfortant.

comfort station *n* **(US)** *vieilli* toilettes *fpl* publiques.

comfort zone *n* • **to stay within one's comfort zone** rester en terrain connu • **to step out of one's comfort zone** prendre des risques.

comfy ['kʌmfɪ] (*comp* **comfier**, *superl* **comfiest**) *adj fam* confortable.

comic ['kɒmɪk] *adj* comique, amusant. ❑ *n* **1.** comique *m*, actrice *f* comique **2.** bande *f* dessinée.

comical ['kɒmɪkl] *adj* comique, drôle.

comic strip *n* bande *f* dessinée.

coming ['kʌmɪŋ] *adj* à venir, futur. ❑ *n* • **comings and goings** allées et venues *fpl*.

coming of age *n* majorité *f*.

coming out *n* entrée *f* dans le monde *(d'une jeune fille)*.

comma ['kɒmə] *n* virgule *f*.

command [kə'mɑ:nd] *n* **1.** ordre *m* **2.** *(indén)* commandement *m* **3.** maîtrise *f (du langage, d'un sujet)* • **to have at one's command a)** maîtriser **b)** avoir à sa disposition **4.** INFORM commande *f*. ❑ *vt* **1.** • **to command sb to do sthg** ordonner à qqn de faire qqch **2.** MIL commander **3.** inspirer *(le respect)* **4.** mériter *(l'attention)*.

commandeer [,kɒmən'dɪər] *vt* réquisitionner.

commander [kə'mɑ:ndər] *n* **1.** commandant *m* **2.** capitaine *m* de frégate.

commandment [kə'mɑ:ndmənt] *n* RELIG commandement *m*.

commando [kə'mɑ:ndəʊ] (*pl* **-s** *ou* **-es**) *n* commando *m*.

command-orientated *adj* INFORM orienté commande.

command prompt *n* INFORM invite *f* de commande.

commemorate [kə'meməreɪt] *vt* commémorer.

commemoration [kə,memə'reɪʃn] *n* commémoration *f*.

commemorative [kə'memərətɪv] *adj* commémoratif.

commence [kə'mens] *sout vt* commencer, entamer • **to commence doing sthg** commencer à faire qqch. ❑ *vi* commencer.

commend [kə'mend] *vt* **1.** féliciter **2.** recommander.

commendable [kə'mendəbl] *adj* louable.

commendation [,kɒmen'deɪʃn] *n* • **to get a commendation for sthg** être récompensé pour qqch.

commensurate [kə'menʃərət] *adj sout* • **commensurate with** correspondant à.

comment ['kɒment] *n* commentaire *m*, remarque *f*. ❑ *vt* • **to comment that** remarquer que. ❑ *vi* • **to comment (on)** faire des commentaires *ou* remarques (sur).

commentary ['kɒməntrɪ] *n* commentaire *m*.

commentate ['kɒmənteɪt] *vi* RADIO & TV • **to commentate (on)** faire un reportage (sur).

commentator ['kɒmənteɪtər] *n* commentateur *m*, -trice *f*.

commerce ['kɒmɜ:s] *n* *(indén)* commerce *m*, affaires *fpl*.

commercial [kə'mɜ:ʃl] *adj* commercial. ❑ *n* RADIO & TV publicité *f*, spot *m* publicitaire.

commercial break *n* publicités *fpl*.

commercialism [kə'mɜ:ʃəlɪzm] *n* mercantilisme *m*.

commercialization, -isation (UK) [kə,mɜ:ʃəlaɪ'zeɪʃn] *n* commercialisation *f*.

commercial lease *n* bail *m* commercial.

commercial-use *adj* à usage commercial.

commingle [kə'mɪŋgl] *vi sout* se mélanger, se mêler.

commiserate [kə'mɪzəreɪt] *vi* • **to commiserate with sb** témoigner de la compassion pour qqn.

commission [kə'mɪʃn] *n* **1.** commission *f* **2.** commande *f.* ❑ *vt* commander • **to commission sb to do sthg** charger qqn de faire qqch.

commissionaire [kə,mɪʃə'neəʳ] *n* **(UK)** portier *m (d'un hôtel, etc).*

commissioner [kə'mɪʃnəʳ] *n* commissaire *mf (de police).*

commit [kə'mɪt] *vt* **1.** commettre • **to commit a crime** commettre un crime • **to commit suicide** se suicider **2.** allouer • **to commit o.s. (to sthg)** s'engager (à qqch) **3.** *(locution)* • **to commit sb to prison** faire incarcérer qqn • **to commit sthg to memory** apprendre qqch par cœur. ❑ *vi* • **he finds it hard to commit** il a du mal à s'engager dans une relation.

commitment [kə'mɪtmənt] *n* **1.** *(indén)* engagement *m* **2.** obligation *f.*

commitment period *n* période *f* d'engagement.

committee [kə'mɪtɪ] *n* commission *f*, comité *m.*

commodity [kə'mɒdətɪ] *n* marchandise *f.*

common ['kɒmən] *adj* **1.** courant **2.** • **common (to)** commun (à) **3.** banal **4. (UK)** *péj* vulgaire. ❑ *n* terrain *m* communal.

common cold *n* rhume *m.*

common good *n* • **for the common good** dans l'intérêt général.

common ground *n* **1.** intérêt *m* commun **2.** terrain *m* d'entente.

common knowledge *n* • **it is common knowledge that...** tout le monde sait que..., il est de notoriété publique que...

common law *n* droit *m* coutumier. ■ **common-law** *adj* • **common-law wife** concubine *f.*

commonly ['kɒmənlɪ] *adv* d'une manière générale, généralement.

Common Market *n vieilli* • **the Common Market** le Marché commun.

common-or-garden *adj* **(UK)** *fam* • **the common-or-garden variety** le modèle standard *ou* ordinaire.

commonplace ['kɒmənpleɪs] *adj* banal, ordinaire.

common room *n* **1.** salle *f* des professeurs **2.** *(étudiants)* salle commune.

Commons ['kɒmənz] *npl* **(UK)** • **the Commons** les Communes *fpl*, la Chambre des communes.

common sense *n (indén)* bon sens *m.*

Commonwealth ['kɒmənwelθ] *n* • **the Commonwealth** le Commonwealth.

> **CULTURE** — **the Commonwealth**
>
> Le terme **Commonwealth** désigne en Grande-Bretagne un regroupement de 53 pays indépendants, ex-colonies britanniques. Fondé en 1931, il reçoit communément le nom de **British Commonwealth**, bien que l'appellation officielle soit **the Commonwealth of Nations**.

Commonwealth of Independent States *n* • **the Commonwealth of Independent States** la Communauté des États indépendants.

commotion [kə'məʊʃn] *n* remue-ménage *m.*

communal ['kɒmjʊnl] *adj* **1.** commun **2.** communautaire, collectif.

communally ['kɒmjʊnəlɪ] *adv* collectivement, en commun.

commune *n* ['kɒmju:n] communauté *f.* ❑ *vi* [kə'mju:n] • **to commune with** communier avec.

communicate [kə'mju:nɪkeɪt] *vt & vi* communiquer.

communication [kə,mju:nɪ'keɪʃn] *n* **1.** contact *m* **2.** TÉLÉCOM communication *f.*

communication cord *n* **(UK)** sonnette *f* d'alarme.

communion [kə'mju:njən] *n* communion *f.* ■ **Communion** *n (indén)* RELIG communion *f.*

communiqué [kə'mju:nɪkeɪ] *n* communiqué *m.*

Communism ['kɒmjʊnɪzm] *n* communisme *m.*

Communist ['kɒmjʊnɪst] *adj* communiste. ❑ *n* communiste *mf.*

community [kə'mju:nətɪ] *n* communauté *f.*

community care *n système britannique d'assistance sociale au niveau local.*

community centre (UK), community center (US) *n* foyer *m* municipal.

community charge *n* **(UK)** ≃ impôts *mpl* locaux.

community college [kə'mju:nətɪ ,kɒlɪʤ] *n* **(US)** *centre universitaire public de premier cycle offrant notamment des formations professionnelles en deux ans.*

community service [kə'mju:nətɪ s,ɜ:vɪs] *n (indén)* travail *m* d'intérêt général ; *nécessaire pour l'entrée dans de nombreuses universités aux États-Unis.*

community spirit *n* esprit *m* de groupe.

commutation ticket [,kɒmju:'teɪʃn] *n* **(US)** carte *f* de transport.

commute [kə'mju:t] *vt* DR commuer. ❑ *vi faire la navette pour se rendre à son travail.*

commuter [kə'mju:təʳ] *n personne qui fait tous les jours la navette de banlieue en ville pour se rendre à son travail.*

comorbidity [kə'mɔ:bɪdətɪ] *n* comorbité *f.*

comp [kɒmp] *vt* **(US)** donner.

compact *adj* [kəm'pækt] compact. ❑ *n* ['kɒmpækt] poudrier *m.*

compact disc *n* compact disc *m*.

compact disc player *n* lecteur *m* de CD.

companion [kəm'pænjən] *n* camarade *mf*.

companionship [kəm'pænjənʃɪp] *n* compagnie *f*.

company ['kʌmpənɪ] *n* **1.** COMM société *f*, compagnie *f* **2.** compagnie *f* • **to keep sb company** tenir compagnie à qqn **3.** THÉÂTRE troupe *f*.

company car *n* voiture *f* de fonction.

company director *n* directeur *m*, -trice *f*.

company secretary *n* secrétaire général *m*, secrétaire générale *f*.

comparable ['kɒmprəbl] *adj* comparable.

comparative [kəm'pærətɪv] *adj* **1.** relatif **2.** comparatif.

comparatively [kəm'pærətɪvlɪ] *adv* relativement.

compare [kəm'peəʳ] *vt* • **to compare sb/sthg (with** *ou* **to)** comparer qqn/qqch (avec), comparer qqn/qqch (à) • **compared with** *ou* **to** par rapport à. ❑ *vi* • **to compare (with)** être comparable (à).

comparison [kəm'pærɪsn] *n* comparaison *f* • **in comparison with** *ou* **to** en comparaison de, par rapport à.

comparison-shop *vi* faire des achats en comparant les prix.

compartment [kəm'pɑːtmənt] *n* compartiment *m*.

compartmentalize, -ise (UK) [ˌkɒmpɑːt'mentəlaɪz] *vt* compartimenter.

compass ['kʌmpəs] *n* boussole *f*. ■ **compasses** *npl* • **(a pair of) compasses** un compas.

compassion [kəm'pæʃn] *n* compassion *f*.

compassionate [kəm'pæʃənət] *adj* compatissant.

compassionate leave *n* permission *f* exceptionnelle *(pour raisons personnelles)*.

compassionately [kəm'pæʃənətlɪ] *adv* avec compassion.

compassion fatigue *n lassitude du public à l'égard des nécessiteux*.

compatibility [kəmˌpætə'bɪlətɪ] *n* • **compatibility (with)** compatibilité *f* (avec).

compatible [kəm'pætəbl] *adj* • **compatible (with)** compatible (avec).

compel [kəm'pel] *vt* contraindre, obliger.

compelling [kəm'pelɪŋ] *adj* irrésistible.

compendium [kəm'pendɪəm] (*pl* **-diums** *ou* **-dia**) *n* abrégé *m (livre)*.

compensate ['kɒmpenseɪt] *vt* • **to compensate sb for sthg** dédommager *ou* indemniser qqn de qqch. ❑ *vi* • **to compensate for sthg** compenser qqch.

compensation [ˌkɒmpen'seɪʃn] *n* **1.** dédommagement **2.** compensation.

compere ['kɒmpeəʳ] (UK) *n* animateur *m*, -trice *f*. ❑ *vt* présenter, animer.

compete [kəm'piːt] *vi* **1.** • **to compete with sb for sthg** disputer qqch à qqn • **to compete for sthg** se disputer qqch **2.** COMM • **to compete** être en concurrence **3.** être en compétition.

competence ['kɒmpɪtəns] *n (indén)* compétence *f*, capacité *f*.

competent ['kɒmpɪtənt] *adj* compétent.

competently ['kɒmpɪtəntlɪ] *adv* avec compétence.

competition [ˌkɒmpɪ'tɪʃn] *n* **1.** *(indén)* rivalité *f*, concurrence *f* • **there's a lot of competition between them** il y a beaucoup de rivalité entre eux **2.** *(indén)* COMM concurrence *f* **3.** concours *m*, compétition *f (sportive)* • **to enter a competition** participer à un concours • **competition winner** gagnant *m*, -e *f* d'un concours.

competitive [kəm'petətɪv] *adj* **1.** qui a l'esprit de compétition **2.** *(sport)* de compétition **3.** COMM compétitif, concurrentiel.

competitive advantage *n* avantage *m* concurrentiel.

competitive marketplace *n* marché *m* concurrentiel.

competitive pricing *n* fixation *f* des prix en fonction de la concurrence.

competitor [kəm'petɪtəʳ] *n* concurrent *m*, -e *f*.

compilation [ˌkɒmpɪ'leɪʃn] *n* compilation *f*.

compile [kəm'paɪl] *vt* rédiger.

compiler [kəm'paɪləʳ] *n* **1.** compilateur *m*, -trice *f* **2.** rédacteur *m*, -trice *f* **3.** INFORM compilateur *m*.

complacency [kəm'pleɪsnsɪ] *n* autosatisfaction *f*.

complacent [kəm'pleɪsnt] *adj* satisfait de soi.

complacently [kəm'pleɪsntlɪ] *adv* **1.** d'un air suffisant **2.** d'un ton suffisant.

complain [kəm'pleɪn] *vi* se plaindre • **don't complain!** ne te plains pas !

complaint [kəm'pleɪnt] *n* **1.** plainte *f* **2.** *(dans une boutique)* réclamation *f* • **complaints department** bureau *m ou* service *m* des réclamations **3.** affection *f*, maladie *f*.

complement *n* ['kɒmplɪmənt] **1.** accompagnement *m* **2.** effectif *m* **3.** GRAMM complément *m*. ❑ *vt* ['kɒmplɪˌment] aller bien avec.

complementary [ˌkɒmplɪ'mentərɪ] *adj* complémentaire.

complementary medicine *n* médecine *f* douce.

complete [kəm'pliːt] *adj* **1.** complet **2.** achevé. ❑ *vt* **1.** compléter **2.** achever, terminer **3.** remplir *(un questionnaire)*.

completely [kəm'pliːtlɪ] *adv* complètement.

completion [kəm'pliːʃn] *n* achèvement *m*.

complex ['kɒmpleks] *adj* complexe. ❑ *n* complexe *m*.

complexion [kəm'plekʃn] *n* teint *m*.
complexity [kəm'pleksətɪ] (*pl* **-ies**) *n* complexité *f*.
compliance [kəm'plaɪəns] *n* • **compliance (with)** conformité *f* (à).
compliancy [kəm'plaɪənsɪ] *n* = **compliance**.
compliant [kəm'plaɪənt] *adj* docile ; conforme • **compliant with regulations/standards** conforme au règlement/aux normes.
complicate ['kɒmplɪkeɪt] *vt* compliquer.
complicated ['kɒmplɪkeɪtɪd] *adj* compliqué.
complication [,kɒmplɪ'keɪʃn] *n* complication *f*.
compliment *n* ['kɒmplɪmənt] compliment *m*. ❑ *vt* ['kɒmplɪ,ment] • **to compliment sb (on)** féliciter qqn (de). ■ **compliments** *npl sout* compliments *mpl*.
complimentary [,kɒmplɪ'mentərɪ] *adj* **1.** flatteur **2.** gratuit.
complimentary ticket *n* billet *m* de faveur.
compliments slip *n* (surtout UK) papillon *m* (*joint à un envoi, etc*).
comply [kəm'plaɪ] *vi* • **to comply with** se conformer à.
component [kəm'pəunənt] *n* composant *m*.
compose [kəm'pəuz] *vt* **1.** composer • **to be composed of** être composé de **2.** • **to compose o.s.** se calmer.
composed [kəm'pəuzd] *adj* calme.
composer [kəm'pəuzəʳ] *n* compositeur *m*, -trice *f*.
composition [,kɒmpə'zɪʃn] *n* composition *f*.
compost [(UK) 'kɒmpɒst, (US) 'kɒmpəust] *n* compost *m*.
composure [kəm'pəuʒəʳ] *n* sang-froid *m*, calme *m*.
compound *n* ['kɒmpaund] **1.** CHIM & LING composé *m* **2.** enceinte *f*.
compound fracture *n* fracture *f* multiple.
comprehend [,kɒmprɪ'hend] *vt* comprendre.
comprehensible [,kɒmprɪ'hensəbl] *adj* compréhensible, intelligible.
comprehension [,kɒmprɪ'henʃn] *n* compréhension *f*.
comprehensive [,kɒmprɪ'hensɪv] *adj* **1.** (*description, rapport*) exhaustif, détaillé **2.** (*assurance*) tous-risques (*inv*). ❑ *n* (UK) = **comprehensive school**.
comprehensively [,kɒmprɪ'hensɪvlɪ] *adv* exhaustivement.
comprehensive school *n établissement secondaire britannique d'enseignement général*.
compress [kəm'pres] *vt* **1.** comprimer **2.** INFORM compresser **3.** condenser (*un texte*).
comprise [kəm'praɪz] *vt* comprendre, être composé de • **to be comprised of** consister en, comprendre.
compromise ['kɒmprəmaɪz] *n* compromis *m*. ❑ *vt* compromettre. ❑ *vi* transiger.
compulsion [kəm'pʌlʃn] *n* **1.** • **to have a compulsion to do sthg** ne pas pouvoir s'empêcher de faire qqch **2.** (*indén*) obligation *f*.
compulsive [kəm'pʌlsɪv] *adj* **1.** (*fumeur, menteur*) invétéré **2.** (*livre, film*) captivant.
compulsively [kəm'pʌlsɪvlɪ] *adv* PSYCHO d'une façon compulsive.
compulsory [kəm'pʌlsərɪ] *adj* obligatoire.
computation [,kɒmpju:'teɪʃn] *n* calcul *m*.
computational [,kɒmpju:'teɪʃənl] *adj* quantitatif, statistique • **computational linguistics** linguistique *f* computationnelle.
compute [kəm'pju:t] *vt* calculer.
computer [kəm'pju:təʳ] *n* ordinateur *m*.
computer-aided, **computer-assisted** [-ə'sɪstɪd] *adj* assisté par ordinateur.
computer-aided design *n* conception *f* assistée par ordinateur.
computer-aided learning *n* enseignement *m* assisté par ordinateur.
computer-aided translation *n* traduction *f* assistée par ordinateur.
computer crime *n* fraude *f* informatique.
computer dating *n* (*indén*) rencontres *fpl* en ligne.
computer game *n* jeu *m* électronique.
computer-generated [-'dʒenəreɪtɪd] *adj* créé par ordinateur.
computer-generated image *n* image *f* de synthèse.
computer graphics *npl* infographie *f*.
computerize, **-ise** (UK) [kəm'pju:təraɪz] *vt* informatiser.
computerized, **-ised** (UK) [kəm'pju:təraɪzd] *adj* informatisé.
computer language *n* langage *m* de programmation.
computer literacy *n* compétence *f* informatique.
computer-literate *adj* qui a des compétences en informatique.
computer program *n* programme *m* informatique.
computer programmer *n* programmeur *m*, -euse *f*.
computer science *n* informatique *f*.
computer scientist *n* informaticien *m*, -enne *f*.
computer vaccine *n* vaccin *m* informatique.
computer virus *n* virus *m* informatique.
computing [kəm'pju:tɪŋ] *n* informatique *f*.
comrade ['kɒmreɪd] *n* camarade *mf*.
con [kɒn] *fam n* escroquerie *f*. ❑ *vt* • **to con sb** escroquer qqn.
con artist *n fam* arnaqueur *m*.
concave [,kɒn'keɪv] *adj* concave.

conceal [kən'si:l] *vt* cacher, dissimuler • **to conceal sthg from sb** cacher qqch à qqn.

concealer [kən'si:lər] *n* stick *m* camouflant.

concede [kən'si:d] *vt* concéder. ❑ *vi* céder.

conceit [kən'si:t] *n* vanité *f*.

conceited [kən'si:tɪd] *adj* vaniteux.

conceivable [kən'si:vəbl] *adj* concevable.

conceive [kən'si:v] *vt* concevoir. ❑ *vi MÉD* concevoir.

concentrate ['kɒnsəntreɪt] *vt* concentrer. ❑ *vi* • **to concentrate (on)** se concentrer (sur).

concentration [ˌkɒnsən'treɪʃn] *n* concentration *f*.

concentration camp *n* camp *m* de concentration.

concept ['kɒnsept] *n* concept *m* • **concept testing** tests *mpl* de concept.

concern [kən'sɜ:n] *n* **1.** souci *m*, inquiétude *f* **2.** *COMM* affaire *f*. ❑ *vt* **1.** inquiéter • **to be concerned (about)** s'inquiéter (de) **2.** concerner, intéresser • **as far as I'm concerned** en ce qui me concerne **3.** traiter de.

concerning [kən'sɜ:nɪŋ] *prép* en ce qui concerne.

concert ['kɒnsət] *n* concert *m*.

concerted [kən'sɜ:tɪd] *adj* concerté.

concert hall *n* salle *f* de concert.

concertina [ˌkɒnsə'ti:nə] *n* concertina *m*.

concerto [kən'tʃɜ:təʊ] (*pl* **-s**) *n* concerto *m*.

concession [kən'seʃn] *n* **1.** concession *f* **2. (UK)** réduction *f*.

concierge ['kɒnsɪerʒ] *n* **(US)** concierge *mf* *(d'hôtel)*.

conciliatory [kən'sɪlɪətrɪ] *adj* conciliant.

concise [kən'saɪs] *adj* concis.

conclude [kən'klu:d] *vt* conclure. ❑ *vi* **1.** *(réunion)* prendre fin **2.** *(orateur)* conclure.

conclusion [kən'klu:ʒn] *n* conclusion *f*.

conclusive [kən'klu:sɪv] *adj* concluant.

conclusively [kən'klu:sɪvlɪ] *adv* de façon concluante *ou* décisive, définitivement.

concoct [kən'kɒkt] *vt* **1.** préparer **2.** *fig* concocter.

concoction [kən'kɒkʃn] *n* préparation *f*.

concourse ['kɒŋkɔs] *n* hall *m*.

concrete ['kɒŋkri:t] *adj* concret • **in concrete terms** concrètement. ❑ *n (indén)* béton *m*. ❑ *en apposition* en béton.

concubine ['kɒŋkjʊbaɪn] *n* concubine *f*.

concur [kən'kɜ:r] *vi* • **to concur (with)** être d'accord (avec).

concurrently [kən'kʌrəntlɪ] *adv* simultanément.

concussed [kən'kʌst] *adj* commotionné.

concussion [kən'kʌʃn] *n* commotion *f*.

condemn [kən'dem] *vt* condamner.

condemnation [ˌkɒndem'neɪʃn] *n* condamnation *f*.

condensation [ˌkɒnden'seɪʃn] *n* condensation *f*.

condense [kən'dens] *vt* condenser. ❑ *vi* se condenser.

condensed milk [kən'denst-] *n* lait *m* concentré.

condescend [ˌkɒndɪ'send] *vi* **1.** • **to condescend to sb** se montrer condescendant envers qqn **2.** • **to condescend to do sthg** daigner faire qqch, condescendre à faire qqch.

condescending [ˌkɒndɪ'sendɪŋ] *adj* condescendant.

condition [kən'dɪʃn] *n* **1.** condition *f* • **in (a) good/bad condition** en bon/mauvais état • **out of condition** pas en forme **2.** maladie *f*. ❑ *vt* conditionner. ■ **conditions** *npl* conditions *fpl*.

conditional [kən'dɪʃənl] *adj* conditionnel.

conditioner [kən'dɪʃnər] *n* **1.** après-shampooing *m* **2.** assouplissant *m*.

condolences [kən'dəʊlənsɪz] *npl* condoléances *fpl*.

condom ['kɒndəm] *n* préservatif *m*.

condominium [ˌkɒndə'mɪnɪəm] *n* **(US) 1.** appartement *m* dans un immeuble en copropriété **2.** immeuble *m* en copropriété.

condone [kən'dəʊn] *vt* excuser.

conducive [kən'dju:sɪv] *adj* • **to be conducive to sthg** inciter à qqch.

conduct *n* ['kɒndʌkt] conduite *f*. ❑ *vt* [kən'dʌkt] **1.** conduire **2.** • **to conduct o.s. well/badly** se conduire bien/mal **3.** *MUS* diriger.

conducted tour [kən'dʌktɪd-] *n* **(UK)** visite *f* guidée.

conductor [kən'dʌktər] *n* **1.** chef *m* d'orchestre **2.** receveur *m (d'autobus)* **3. (US)** chef *m* de train.

conductress [kən'dʌktrɪs] *n* receveuse *f* *(d'autobus)*.

cone [kəʊn] *n* **1.** cône *m* **2.** cornet *m (de glace)* **3.** pomme *f* de pin.

conehead ['kəʊnhed] *n* **(US)** *fam* • **you conehead!** imbécile !

cone-shaped [-ʃeɪpt] *adj* en forme de cône, conique.

confectioner [kən'fekʃnər] *n* confiseur *m*.

confectionery [kən'fekʃnərɪ] *n* confiserie *f*.

confederation [kənˌfedə'reɪʃn] *n* confédération *f*.

Confederation of British Industry *n* • **the Confederation of British Industry** ≃ le conseil du patronat.

confer [kən'fɜ:r] *vt* • **to confer sthg (on sb)** conférer qqch (à qqn). ❑ *vi* • **to confer (with sb on** *ou* **about sthg)** s'entretenir (avec qqn de qqch).

conference ['kɒnfərəns] *n* conférence *f*.

conference call *n* téléconférence *f*.
conference centre (UK), **conference center** (US) *n* centre *m* de conférences.
conference hall *n* salle *f* de conférence.
confess [kən'fes] *vt* **1.** avouer, confesser **2.** RELIG confesser.
confession [kən'feʃn] *n* confession *f*.
confetti [kən'fetɪ] *n (indén)* confettis *mpl*.
confidant [ˌkɒnfɪ'dænt] *n* confident *m*.
confidante [ˌkɒnfɪ'dænt] *n* confidente *f*.
confide [kən'faɪd] *vi* • **to confide in sb** se confier à qqn.
confidence ['kɒnfɪdəns] *n* **1.** confiance *f* en soi, assurance *f* **2.** confiance *f* **3.** confidence *f* • **in confidence** en confidence.
confidence-building *adj* • **a confidence-building exercise** un exercise pour augmenter la confiance en soi.
confidence trick *n* abus *m* de confiance.
confident ['kɒnfɪdənt] *adj* **1.** • **to be confident** avoir confiance en soi **2.** sûr.
confidential [ˌkɒnfɪ'denʃl] *adj* confidentiel • **it's confidential, of course** c'est confidentiel, bien entendu.
confidentiality ['kɒnfɪˌdenʃɪ'ælətɪ] *n* confidentialité *f*.
confidentiality agreement *n* accord *m* de confidentialité.
confidentially [ˌkɒnfɪ'denʃəlɪ] *adv* confidentiellement.
confidently ['kɒnfɪdəntlɪ] *adv* avec assurance.
configuration [kənˌfɪgə'reɪʃn] *n* configuration *f*.
configure [kən'fɪgə] *vt* configurer.
confine [kən'faɪn] *vt* **1.** limiter • **to confine o.s. to** se limiter à **2.** enfermer, confiner.
confined [kən'faɪnd] *adj (espace)* restreint.
confinement [kən'faɪnmənt] *n* emprisonnement *m*.
confines ['kɒnfaɪnz] *npl* confins *mpl*.
confirm [kən'fɜːm] *vt* confirmer.
confirmation [ˌkɒnfə'meɪʃn] *n* confirmation *f*.
confirmed [kən'fɜːmd] *adj* **1.** invétéré **2.** *(célibataire)* endurci **3.** *(réservation)* confirmé.
confiscate ['kɒnfɪskeɪt] *vt* confisquer.
confiscation [ˌkɒnfɪ'skeɪʃn] *n* confiscation *f*.
conflict *n* ['kɒnflɪkt] conflit *m*. ❑ *vi* [kən'flɪkt] • **to conflict (with)** s'opposer (à), être en conflit (avec).
conflicting [kən'flɪktɪŋ] *adj* contradictoire.
conform [kən'fɔm] *vi* se conformer.
conformist [kən'fɔːmɪst] *adj* conformiste. ❑ *n* conformiste *mf*.
confound [kən'faʊnd] *vt* déconcerter.
confounded [kən'faʊndɪd] *adj fam & vieilli* sacré.
confront [kən'frʌnt] *vt* **1.** affronter **2.** • **to confront sb (with)** confronter qqn (avec).
confrontation [ˌkɒnfrʌn'teɪʃn] *n* affrontement *m*.
confuse [kən'fjuːz] *vt* **1.** troubler • **don't confuse me!** ne m'embrouille pas les idées ! **2.** confondre.
confused [kən'fjuːzd] *adj* **1.** compliqué **2.** troublé, désorienté • **I'm confused** je n'y comprends rien.
confusing [kən'fjuːzɪŋ] *adj* pas clair.
confusingly [kən'fjuːzɪŋlɪ] *adv* de façon embrouillée • **their names are confusingly similar** la similitude de leurs noms peut entrâiner des confusions.
confusion [kən'fjuːʒn] *n* confusion *f*.
congeal [kən'dʒiːl] *vi* se coaguler.
congenial [kən'dʒiːnjəl] *adj* sympathique.
congested [kən'dʒestɪd] *adj* **1.** encombré **2.** MÉD congestionné.
congestion [kən'dʒestʃn] *n* **1.** encombrement *m* **2.** MÉD congestion *f*.
congestion charge *n* (UK) taxe *f* anti-embouteillages.
conglomerate [ˌkən'glɒmərət] *n* conglomérat *m*.
conglomeration [kənˌglɒmə'reɪʃn] *n* conglomération *f*.
congratulate [kən'grætʃʊleɪt] *vt* féliciter.
congratulations [kənˌgrætʃʊ'leɪʃənz] *npl* félicitations *fpl*.
congregate ['kɒŋgrɪgeɪt] *vi* se rassembler.
congregation [ˌkɒŋgrɪ'geɪʃn] *n* assemblée *f* des fidèles.
congress ['kɒŋgres] *n* congrès *m*. ■ **Congress** *n* (US) le Congrès.

CULTURE

Congress

Le Congrès, organe législatif américain, est constitué du Sénat (**Senate**) et de la Chambre des représentants (**House of Representatives**). Les 100 Sénateurs (deux par État) sont élus pour 6 ans, tandis que les Représentants sont élus par le peuple tous les 2 ans, proportionnellement à la population de chaque État. Une proposition de loi doit obligatoirement être approuvée séparément par ces deux chambres.

congressman ['kɒŋgresmən] (*pl* **-men**) *n* (US) membre *m* du Congrès.
congresswoman ['kɒŋgresˌwʊmən] (*pl* **-women**) *n* (US) POLIT membre *m* (féminin) du Congrès.
conifer ['kɒnɪfəʳ] *n* conifère *m*.
conjoined twins [kən'dʒɒɪnd-] *npl* jumeaux *mpl* conjoints.

conjugation [ˌkɒndʒʊ'geɪʃn] *n GRAMM* conjugaison *f.*

conjunction [kən'dʒʌŋkʃn] *n GRAMM* conjonction *f.*

conjunctivitis [kənˌdʒʌŋktɪ'vaɪtɪs] *n* conjonctivite *f.*

conjure *vi* ['kʌndʒəʳ] faire des tours de prestidigitation. ■ **conjure up** *vt sép* évoquer.

conjurer ['kʌndʒərəʳ] *n* prestidigitateur *m*, -trice *f.*

conjuror ['kʌndʒərəʳ] = **conjurer.**

conk [kɒŋk] *n* **(UK)** *fam* pif *m.* ■ **conk out** *vi fam* tomber en panne.

conker ['kɒŋkəʳ] *n* **(UK)** marron *m.*

conman ['kɒnmæn] (*pl* **-men**) *n* escroc *m.*

connect [kə'nekt] *vt* **1.** relier **2.** *(au téléphone)* mettre en communication **3.** associer **4.** *ÉLECTR* brancher. ❑ *vi* **1.** *INFORM* se connecter • **to connect to Internet** se connecter à Internet **2.** • **to connect (with)** assurer la correspondance (avec).

connected [kə'nektɪd] *adj* • **to be connected with** avoir un rapport avec.

connection [kə'nekʃn] *n* **1.** • **connection (between/with)** rapport *m* (entre/avec) • **in connection with** à propos de **2.** *ÉLECTR* branchement *m*, connexion *f* **3.** *INFORM* connexion • **an Internet connection** une connexion Internet **4.** communication *f (au téléphone)* **5.** *(avion, train, métro)* correspondance *f* **6.** relation *f* • **he has connections** il a des relations.

connectivity [ˌkɒnek'tɪvɪtɪ] *n* connectivité *f.*

connive [kə'naɪv] *vi* comploter.

conniving [kə'naɪvɪŋ] *adj péj* malhonnête.

connoisseur [ˌkɒnə'sɜːʳ] *n* connaisseur *m*, -euse *f.*

connotation [ˌkɒnə'teɪʃn] *n* connotation *f.*

conquer ['kɒŋkəʳ] *vt* **1.** conquérir **2.** vaincre.

conqueror ['kɒŋkərəʳ] *n* conquérant *m*, -e *f.*

conquest ['kɒŋkwest] *n* conquête *f.*

cons [kɒnz] *npl* **1. (UK)** *fam* • **all mod cons** tout confort **2.** → **pro.**

conscience ['kɒnʃəns] *n* conscience *f* • **to have a clear conscience** avoir la conscience tranquille • **to have a guilty conscience** avoir mauvaise conscience.

conscientious [ˌkɒnʃɪ'enʃəs] *adj* consciencieux.

conscientiously [ˌkɒnʃɪ'enʃəslɪ] *adv* consciencieusement.

conscientious objector *n* objecteur *m* de conscience.

conscious ['kɒnʃəs] *adj* **1.** conscient **2.** • **conscious of sthg** conscient de qqch **3.** délibéré, intentionnel **4.** *(effort)* conscient.

consciously ['kɒnʃəslɪ] *adv* intentionnellement.

consciousness ['kɒnʃəsnɪs] *n* conscience *f* • **to lose consciousness** perdre connaissance.

consciousness raising *n* sensibilisation *f.* ■ **consciousness-raising** *en apposition (groupe, séance)* de prise de conscience.

conscript *n* ['kɒnskrɪpt] conscrit *m.*

conscription [kən'skrɪpʃn] *n* conscription *f.*

consecrate ['kɒnsɪkreɪt] *vt* consacrer.

consecrated ['kɒnsɪkreɪtɪd] *adj* **1.** *RELIG* consacré **2.** *(locution)* • **consecrated ground** terre *f* sainte *ou* bénite.

consecration [ˌkɒnsɪ'kreɪʃn] *n* consécration *f.*

consecutive [kən'sekjʊtɪv] *adj* consécutif • **consecutive interpreting** interprétation *f* consécutive.

consecutively [kən'sekjʊtɪvlɪ] *adv* consécutivement.

consensus [kən'sensəs] *n* consensus *m.*

consent [kən'sent] *n (indén)* **1.** consentement *m* **2.** accord *m.* ❑ *vi* consentir.

consenting adult [kən'sentɪŋ-] *n* adulte *m* consentant.

consequence ['kɒnsɪkwəns] *n* **1.** conséquence *f* • **in consequence** par conséquent **2.** importance *f.*

consequently ['kɒnsɪkwəntlɪ] *adv* par conséquent.

conservation [ˌkɒnsə'veɪʃn] *n* **1.** protection *f* **2.** conservation *f (du patrimoine)* **3.** économie *f (d'énergie).*

conservation area *n* secteur *m* sauvegardé.

conservationist [ˌkɒnsə'veɪʃənɪst] *n* écologiste *mf.*

conservatism [kən'sɜːvətɪzm] *n* conservatisme *m.* ■ **Conservatism** *n POLIT* conservatisme *m.*

conservative [kən'sɜːvətɪv] *adj* **1.** traditionaliste **2.** prudent. ❑ *n* traditionaliste *mf.* ■ **Conservative** *adj* conservateur. ❑ *n* conservateur *m*, -trice *f.*

conservatively [kən'sɜːvətɪvlɪ] *adv* de façon conventionnelle.

Conservative Party *n* • **the Conservative Party** le parti conservateur.

conservatory [kən'sɜːvətrɪ] *n* jardin *m* d'hiver.

conserve *n* ['kɒnsɜːv] confiture *f.* ❑ *vt* [kən'sɜːv] **1.** économiser **2.** protéger.

consider [kən'sɪdəʳ] *vt* **1.** examiner **2.** prendre en compte • **all things considered** tout compte fait **3.** considérer.

considerable [kən'sɪdrəbl] *adj* considérable.

considerably [kən'sɪdrəblɪ] *adv* considérablement.

considerate [kən'sɪdərət] *adj* prévenant.

considerately [kən'sɪdərətlɪ] *adv* avec des égards.

consideration [kən,sɪdə'reɪʃn] *n* **1.** *(indén)* réflexion *f* • **to take sthg into consideration** tenir compte de qqch • **under consideration** à l'étude **2.** *(indén)* attention *f* **3.** facteur *m*.

considered [kən'sɪdəd] *adj* • **it's my considered opinion that…** après mûre réflexion, je pense que…

considering [kən'sɪdərɪŋ] *prép* étant donné. ❑ *conj* étant donné que.

consign [kən'saɪn] *vt* reléguer.

consignment [,kən'saɪnmənt] *n* expédition *f*.

consist [kən'sɪst] ■ **consist in** *vt insép* • **to consist in sthg** consister dans qqch • **to consist in doing sthg** consister à faire qqch. ■ **consist of** *vt insép* consister en.

consistency [kən'sɪstənsɪ] *n* **1.** cohérence *f* **2.** consistance *f*.

consistent [kən'sɪstənt] *adj* **1.** *(comportement)* conséquent **2.** *(progrès)* régulier **3.** *(soutien)* constant **4.** cohérent • **to be consistent with a)** être compatible avec **b)** correspondre avec.

consistently [kən'sɪstəntlɪ] *adv* **1.** invariablement **2.** de manière cohérente.

consolation [,kɒnsə'leɪʃn] *n* réconfort *m*.

consolation prize *n* prix *m* de consolation.

console *n* ['kɒnsəʊl] **1.** tableau *m* de commande **2.** *INFORM & MUS* console *f*. ❑ *vt* [kən'səʊl] consoler.

consolidate [kən'sɒlɪdeɪt] *vt* **1.** consolider **2.** fusionner. ❑ *vi* fusionner.

consolidation [kən,sɒlɪ'deɪʃn] *n* *(indén)* **1.** consolidation *f* **2.** fusion *f*.

consommé [**(UK)** kən'sɒmeɪ, **(US)** ,kɒnsə'meɪ] *n* consommé *m*.

consonant ['kɒnsənənt] *n* consonne *f*.

consortium [kən'sɔːtjəm] (*pl* **-tiums** *ou* **-tia**) *n* consortium *m*.

conspicuous [kən'spɪkjʊəs] *adj* voyant, qui se remarque.

conspicuously [kən'spɪkjʊəslɪ] *adv* **1.** de manière voyante **2.** ostensiblement.

conspiracy [kən'spɪrəsɪ] *n* conspiration *f*, complot *m*.

conspiratorial [kən,spɪrə'tɔːrɪəl] *adj* de conspirateur.

conspire [kən'spaɪəʳ] *vt* • **to conspire to do sthg a)** comploter de faire qqch **b)** contribuer à faire qqch.

constable ['kʌnstəbl] *n* **(UK)** agent *m* de police.

constabulary [kən'stæbjʊlərɪ] *n* **(UK)** police *f*.

constant ['kɒnstənt] *adj* **1.** constant **2.** continuel.

constantly ['kɒnstəntlɪ] *adv* constamment.

constellation [,kɒnstə'leɪʃn] *n* constellation *f*.

consternation [,kɒnstə'neɪʃn] *n* consternation *f*.

constipated ['kɒnstɪpeɪtɪd] *adj* constipé.

constipation [,kɒnstɪ'peɪʃn] *n* constipation *f*.

constituency [kən'stɪtjʊənsɪ] *n* circonscription *f* électorale.

constituent [kən'stɪtjʊənt] *n* **1.** électeur *m*, -trice *f* **2.** composant *m*.

constitute ['kɒnstɪtjuːt] *vt* **1.** représenter, constituer **2.** constituer.

constitution [,kɒnstɪ'tjuːʃn] *n* constitution *f*.

constitutional [,kɒnstɪ'tjuːʃənl] *adj* constitutionnel.

constraint [kən'streɪnt] *n* **1.** • **constraint (on)** limitation *f* (à) **2.** *(indén)* retenue *f*, réserve *f* **3.** contrainte *f*.

construct *vt* [kən'strʌkt] construire.

construction [kən'strʌkʃn] *n* construction *f*.

constructive [kən'strʌktɪv] *adj* constructif.

constructively [kən'strʌktɪvlɪ] *adv* d'une manière constructive.

construe [kən'struː] *vt sout* • **to construe sthg as** interpréter qqch comme.

consul ['kɒnsəl] *n* consul *m*, -e *f*.

consulate ['kɒnsjʊlət] *n* consulat *m*.

consult [kən'sʌlt] *vt* consulter. ❑ *vi* • **to consult with sb** s'entretenir avec qqn.

consultancy [kən'sʌltənsɪ] (*pl* **-ies**) *n* **(UK)** cabinet *m* d'expert-conseil.

consultant [kən'sʌltənt] *n* **1.** expert-conseil *m* **2. (UK)** médecin-chef *m*.

consultation [,kɒnsəl'teɪʃn] *n* entretien *m*.

consulting [kən'sʌltɪŋ] *n* cabinet *m* d'expert.

consulting fee *n* honoraires *mpl* d'expert.

consulting room *n* cabinet *m* de consultation.

consume [kən'sjuːm] *vt* consommer.

consumer [kən'sjuːməʳ] *n* consommateur *m*, -trice *f*.

consumer confidence index *n* indice *m* de confiance.

consumer credit *n* *(indén)* crédit *m* à la consommation.

consumer demand *n* demande *f* des consommateurs.

consumer goods *npl* biens *mpl* de consommation.

consumer market *n* marché *m* de la consommation.

consumer profile *n* profil *m* du consommateur.

consumer society *n* société *f* de consommation.

consumer spending *n* *(indén)* dépenses *fpl* de consommation.

consumer testing *n* tests *mpl* auprès des consommateurs.

consumer trends *npl* tendances *fpl* de la consommation.

consummate *vt* ['kɒnsəmeɪt] consommer.

consumption [kən'sʌmpʃn] *n* consommation *f*.

contact ['kɒntækt] *n* **1.** *(indén)* contact *m* • **in contact (with sb)** en rapport *ou* contact (avec qqn) **2.** relation *f*, contact *m*. ❑ *vt* **1.** contacter **2.** *(par téléphone)* joindre.

contact case *n* cas *m* contact.

contact center *n* **(US)** centre *m* d'appels.

contact lens *n* verre *m* *ou* lentille *f* de contact.

contacts ['kɒntækts] *npl* lentilles *fpl* (de contact).

contact sport *n* sport *m* de contact.

contagious [kən'teɪdʒəs] *adj* contagieux.

contagiousness [kən'teɪdʒəsnɪs] *n* contagion *f*, contagiosité *f*.

contain [kən'teɪn] *vt* **1.** contenir, renfermer **2.** *sout* contenir **3.** *sout* circonscrire.

container [kən'teɪnəʳ] *n* **1.** récipient *m* **2.** conteneur *m*, container *m*.

contaminate [kən'tæmɪneɪt] *vt* contaminer.

contaminated [kən'tæmɪneɪtɪd] *adj* contaminé.

cont'd abrév de **continued**.

contemplate ['kɒntempleɪt] *vt* **1.** envisager **2.** *sout* contempler. ❑ *vi* méditer.

contemplation [,kɒntem'pleɪʃn] *n* contemplation *f*.

contemporary [kən'tempərərɪ] *adj* contemporain. ❑ *n* contemporain *m*, -e *f*.

contempt [kən'tempt] *n* **1.** mépris *m* **2.** DR • **contempt (of court)** outrage *m* à la cour.

contemptible [kən'temptəbl] *adj* méprisable.

contemptuous [kən'temptʃʊəs] *adj* méprisant.

contend [kən'tend] *vi* **1.** • **to contend with sthg** faire face à qqch **2.** • **to contend for a)** se disputer **b)** se battre pour • **to contend against** lutter contre. ❑ *vt* *sout* • **to contend that...** soutenir *ou* prétendre que...

contender [kən'tendəʳ] *n* **1.** candidat *m*, -e *f* **2.** concurrent *m*, -e *f* **3.** prétendant *m*, -e *f*.

content *adj* [kən'tent] • **content (with)** satisfait (de), content (de) • **to be content to do sthg** ne pas demander mieux que de faire qqch. ❑ *n* ['kɒntent] **1.** teneur *f* **2.** contenu *m*. ❑ *vt* [kən'tent] • **to content o.s. with sthg** se contenter de qqch. ■ **contents** *npl* **1.** contenu *m* **2.** table *f* des matières.

contented [kən'tentɪd] *adj* satisfait.

contentedly [kən'tentɪdlɪ] *adv* avec contentement.

content-free *adj (site web, logiciel)* sans contenu.

contention [kən'tenʃn] *n* *sout* **1.** assertion *f*, affirmation *f* **2.** *(indén)* dispute *f*, contestation *f*.

contentious [kən'tenʃəs] *adj* contentieux, contesté.

contentment [kən'tentmənt] *n* contentement *m*.

contest *n* ['kɒntest] **1.** concours *m* **2.** combat *m*, lutte *f (de pouvoir)*. ❑ *vt* [kən'test] **1.** disputer **2.** contester.

contestant [kən'testənt] *n* concurrent *m*, -e *f*.

context ['kɒntekst] *n* contexte *m*.

context-dependent *adj* • **to be context-dependent** dépendre du contexte.

context-sensitive *adj* INFORM contextuel.

continent ['kɒntɪnənt] *n* continent *m*. ■ **Continent** *n* **(UK)** • **the Continent** l'Europe *f* continentale.

continental [,kɒntɪ'nentl] *adj* continental.

continental breakfast *n* petit déjeuner *m (par opposition à « English breakfast »)*.

continental quilt *n* **(UK)** couette *f*.

contingency [kən'tɪndʒənsɪ] *n* éventualité *f*.

contingency plan *n* plan *m* d'urgence.

contingency theory *n* théorie *f* de la contingence.

continual [kən'tɪnjʊəl] *adj* continuel.

continually [kən'tɪnjʊəlɪ] *adv* continuellement.

continuation [kən,tɪnjʊ'eɪʃn] *n* **1.** *(indén)* continuation *f* **2.** suite *f (d'un feuilleton)*.

continue [kən'tɪnjuː] *vt* **1.** continuer, poursuivre **2.** reprendre. ❑ *vi* **1.** continuer • **to continue with sthg** poursuivre qqch **2.** reprendre, se poursuivre.

continuing [kən'tɪnjuːɪŋ] *adj* **1.** continu **2.** soutenu **3.** *(locution)* • **continuing education** formation *f* permanente *ou* continue.

continuity supervisor *n* scripte *mf*.

continuous [kən'tɪnjʊəs] *adj* continu.

continuous assessment *n* **(UK)** contrôle *m* continu des connaissances.

continuously [kən'tɪnjʊəslɪ] *adv* sans arrêt, continuellement.

contort [kən'tɔːt] *vt* tordre.

contortion [kən'tɔːʃn] *n* **1.** *(indén)* torsion *f* **2.** contorsion *f*.

contour ['kɒn,tʊəʳ] *n* **1.** contour *m* **2.** courbe *f* de niveau.

contraband ['kɒntrəbænd] *adj* de contrebande. ❑ *n* contrebande *f*.

contraception [,kɒntrə'sepʃn] *n* contraception *f*.

contraceptive [,kɒntrə'septɪv] *adj* **1.** contraceptif, anticonceptionnel **2.** sur la contraception. ❑ *n* contraceptif *m*.

contraceptive pill *n* pilule *f* contraceptive.

contract *n* ['kɒntrækt] contrat *m*. ❑ *vt* [kən'trækt] **1.** contracter **2.** • **to contract sb** passer un contrat avec qqn. ❑ *vi* se contracter.

contracting [kən'træktɪŋ] *adj* • **contracting company a)** contractant *m* **b)** sous-traitant *m*

• **contracting parties** *COMM & FIN* contractants *mpl*.
contraction [kən'trækʃn] *n* contraction *f*.
contractor [kən'træktəʳ] *n* entrepreneur *m*.
contractual [kən'træktʃʊəl] *adj* contractuel.
contractually [kən'træktʃʊəlɪ] *adv* par contrat.
contradict [ˌkɒntrə'dɪkt] *vt* contredire.
contradiction [ˌkɒntrə'dɪkʃn] *n* contradiction *f*.
contradictory [ˌkɒntrə'dɪktərɪ] *adj* **1.** contradictoire **2.** incohérent.
contraflow ['kɒntrəfləʊ] *n* **(UK)** circulation *f* à contre-sens.
contraption [kən'træpʃn] *n* machin *m*, truc *m*.
contrary ['kɒntrərɪ] *adj* **1.** • **contrary (to)** contraire (à), opposé (à) **2.** [kən'treərɪ] contrariant. ❑ *n* contraire *m* • **on the contrary** au contraire. ■ **contrary to** *prép* contrairement à.
contrast [kən'trɑːst] *n* ['kɒntrɑːst] contraste *m* • **by** *ou* **in contrast** par contraste. ❑ *vt* contraster. ❑ *vi* • **to contrast (with)** faire contraste (avec).
contravene [ˌkɒntrə'viːn] *vt* enfreindre, transgresser.
contretemps [kɒntrətɑ̃] *n* contretemps *m*.
contribute [kən'trɪbjuːt] *vt* **1.** apporter **2.** donner, apporter. ❑ *vi* **1.** • **to contribute (to)** contribuer (à) **2.** • **to contribute to** collaborer à.
contribution [ˌkɒntrɪ'bjuːʃn] *n* **1.** • **contribution (to)** cotisation *f* (à), contribution *f* (à) **2.** article *m*.
contributor [kən'trɪbjʊtəʳ] *n* **1.** donateur *m*, -trice *f* **2.** collaborateur *m* *(dans un journal)*.
contributory [kən'trɪbjʊtərɪ] *adj* • **to be a contributory factor in** contribuer à.
contrive [kən'traɪv] *vt sout* **1.** combiner **2.** • **to contrive to do sthg** trouver moyen de faire qqch.
contrived [kən'traɪvd] *adj* tiré par les cheveux.
control [kən'trəʊl] *n* **1.** contrôle *m* **2.** • **to get sb/sthg under control** maîtriser qqn/qqch • **to be in control of sthg a)** diriger qqch **b)** avoir le contrôle de qqch **c)** maîtriser qqch • **to lose control** perdre le contrôle de soi. ❑ *vt* **1.** diriger **2.** commander, faire fonctionner **3.** enrayer **4.** mettre un frein à **5.** tenir *(des enfants)* **6.** contenir *(une foule)* **7.** maîtriser, contenir *(ses émotions)* • **to control o.s.** se maîtriser, se contrôler. ■ **controls** *npl* commandes *fpl*.
control key *n INFORM* touche *f* control.
controller [kən'trəʊləʳ] *n* contrôleur *m*.
control panel *n* tableau *m* de bord.
control room *n* salle *f* des commandes, centre *m* de contrôle.
control tower *n* tour *f* de contrôle.
controversial [ˌkɒntrə'vɜːʃl] *adj* controversé.
controversy ['kɒntrəvɜːsɪ, **(UK)** kən'trɒvəsɪ] *n* controverse *f*, polémique *f*.
conundrum [kə'nʌndrəm] *(pl* **-s**) *n* énigme *f*.
convalesce [ˌkɒnvə'les] *vi* se remettre d'une maladie, relever de maladie.
convalescence [ˌkɒnvə'lesns] *n* convalescence *f*.
convene [kən'viːn] *vt* convoquer, réunir. ❑ *vi* se réunir, s'assembler.
convenience [kən'viːnjəns] *n* **1.** commodité *f* **2.** agrément *m*, confort *m*.
convenience food *n* aliment *m* tout préparé.
convenience store *n* **(US)** *petit supermarché de quartier*.
convenient [kən'viːnjənt] *adj* **1.** qui convient **2.** pratique, commode.
conveniently [kən'viːnjəntlɪ] *adv* d'une manière commode • **conveniently situated** bien situé.
convent ['kɒnvənt] *n* couvent *m*.
convention [kən'venʃn] *n* **1.** convention *f* **2.** usage *m*, convention *f*.
conventional [kən'venʃənl] *adj* conventionnel • **conventional oven** four *m* traditionnel.
conventionality [kənˌvenʃə'nælətɪ] *n* conformisme *m*.
converge [kən'vɜːʤ] *vi* • **to converge (on)** converger (sur).
conversant [kən'vɜːsənt] *adj sout* • **conversant with sthg** familiarisé avec qqch, qui connaît bien qqch.
conversation [ˌkɒnvə'seɪʃn] *n* conversation *f*.
conversational [ˌkɒnvə'seɪʃənl] *adj* de la conversation.
converse *n* ['kɒnvɜːs] • **the converse** le contraire, l'inverse *m*. ❑ *vi* [kən'vɜːs] *sout* converser.
conversely [kən'vɜːslɪ] *adv sout* inversement.
conversion [kən'vɜːʃn] *n* **1.** conversion *f* **2.** aménagement *m*, transformation *f*.
conversion rate *n (dans l'e-commerce)* taux *m* de conversion.
convert *vt* [kən'vɜːt] • **to convert sthg to** *ou* **into** convertir *ou* aménager *ou* transformer qqch en • **to convert sb (to)** *RELIG* convertir qqn (à). ❑ *vi* [kən'vɜːt] • **to convert from sthg to sthg** passer de qqch à qqch. ❑ *n* ['kɒnvɜːt] converti *m*, -e *f*.
converted [kən'vɜːtɪd] *adj* **1.** aménagé **2.** *RELIG* converti.
convertible [kən'vɜːtəbl] *n* (voiture *f*) décapotable *f*.
convex [kɒn'veks] *adj* convexe.
convey [kən'veɪ] *vt* **1.** *sout* transporter **2.** • **to convey sthg (to sb)** communiquer qqch (à qqn).
conveyor belt [kən'veɪəʳ-] *n* tapis *m* roulant.

convict *n* ['kɒnvɪkt] détenu *m*. ❑ *vt* [kən'vɪkt] • **to convict sb of sthg** reconnaître qqn coupable de qqch.

conviction [kən'vɪkʃn] *n* **1.** conviction *f* **2.** DR condamnation *f*.

convince [kən'vɪns] *vt* convaincre, persuader.

convincing [kən'vɪnsɪŋ] *adj* **1.** convaincant **2.** retentissant, éclatant.

convoluted ['kɒnvəlu:tɪd] *adj* compliqué.

convoy ['kɒnvɔɪ] *n* convoi *m*.

convulse [kən'vʌls] *vt* • **to be convulsed with** se tordre de.

convulsion [kən'vʌlʃn] *n* MÉD convulsion *f*.

coo [ku:] *vi* roucouler.

cook [kʊk] *n* cuisinier *m*, -ère *f*. ❑ *vt* **1.** faire cuire **2.** préparer. ❑ *vi* cuisiner. ■ **cook up** *vt sép* **1.** *(plan)* combiner **2.** *(excuse)* inventer.

cookbook ['kʊk,bʊk] = **cookery book**.

cook-chill *adj* cuisiné et réfrigéré.

cooker ['kʊkər] *n* **(UK)** cuisinière *f*.

cookery ['kʊkərɪ] *n* cuisine *f*.

cookery book *n* **(UK)** livre *m* de cuisine.

cookery course *n* stage *m* de cuisine.

cookery programme *n* émission *f* de cuisine.

cookie ['kʊkɪ] *n* **1.** (surtout **US**) biscuit *m*, gâteau *m* sec • **cookie jar** bocal *m* à biscuits **2.** INFORM cookie *m* **3.** *(locution)* • **to be caught with one's hand in the cookie jar** être pris en flagrant délit.

cooking ['kʊkɪŋ] *n* cuisine *f*.

cooking apple *n* pomme *f* à cuire.

cool [ku:l] *adj* **1.** frais, fraîche *f* **2.** léger **3.** calme **4.** froid **5.** *fam* génial **6.** *fam* branché. ❑ *vt* faire refroidir. ❑ *vi* refroidir. ❑ *n* • **to keep/lose one's cool** garder/perdre son sang-froid, garder/perdre son calme. ■ **cool down** *vi* **1.** refroidir **2.** se rafraîchir. ■ **cool off** *vi* **1.** refroidir **2.** se rafraîchir **3.** se calmer.

cool box *n* **(UK)** glacière *f*.

Cool Britannia *npr* **(UK)** *fam expression qui évoque l'art, la musique et la mode en Grande-Bretagne à la fin des années 1990.*

cooler *n* **(US)** glacière *f*.

cool-headed [-'hedɪd] *adj* calme.

cooling-off period ['ku:lɪŋ-] *n* délai *m* de réflexion.

coop [ku:p] ■ **coop up** *vt sép fam* confiner.

Co-op ['kəʊ,ɒp] (abrév de **Co-operative society**) *n* Coop *f*.

cooperate [kəʊ'ɒpəreɪt] *vi* • **to cooperate** coopérer, collaborer.

cooperation [kəʊ,ɒpə'reɪʃn] *n (indén)* **1.** coopération *f*, collaboration *f* **2.** aide *f*, concours *m*.

cooperative [kəʊ'ɒpərətɪv] *adj* coopératif. ❑ *n* coopérative *f*.

coordinate *n* [kəʊ'ɔdɪnət] coordonnée *f*. ❑ *vt* [kəʊ'ɔdɪneɪt] coordonner.

coordination [kəʊ,ɔdɪ'neɪʃn] *n* coordination *f*.

cooties ['ku:tɪz] *npl* **(US)** microbes *mpl*.

co-owner *n* copropriétaire *mf*.

cop [kɒp] *n fam* flic *m*. ■ **cop out** (*prét & pp* **copped**, *cont* **copping**) *vi fam* • **to cop out (of sthg)** se défiler *ou* se dérober (à qqch).

copacetic [,kəʊpə'setɪk] *adj* **(US)** • **everything's copacetic** tout va bien.

co-parenting *n* coparentalité *f*.

cope [kəʊp] *vi* se débrouiller • **I can't cope** je ne m'en sors pas • **to cope with** faire face à.

Copenhagen [,kəʊpən'heɪgən] *n* Copenhague.

copier ['kɒpɪər] *n* copieur *m*, photocopieur *m*.

co-pilot ['kəʊ,paɪlət] *n* copilote *mf*.

copious ['kəʊpjəs] *adj* **1.** copieux **2.** abondant.

cop-out *n fam* dérobade *f*, échappatoire *f*.

copper ['kɒpər] *n* **1.** cuivre *m* **2.** **(UK)** *fam* flic *m*.

copperplated [,kɒpə'pleɪtɪd] *adj* cuivré.

coppice ['kɒpɪs], **copse** [kɒps] *n* taillis *m*.

co-processor *n* coprocesseur *m*.

co-produce *vt* CINÉ & TV coproduire.

co-production *n* CINÉ & TV coproduction *f*.

copulate ['kɒpjʊleɪt] *vi* • **to copulate (with)** copuler (avec).

copy ['kɒpɪ] *n* **1.** copie *f*, reproduction *f* **2.** copie *f* **3.** exemplaire *m (d'un livre)* **4.** numéro *m (d'un magazine)*. ❑ *vt* **1.** copier, imiter **2.** photocopier. ■ **copy in** *vt sép* mettre en copie • **to copy sb in (on sthg)** mettre qqn en copie de qqch.

copy and paste *n* copier-coller *m*. ❑ *vt* copier-coller.

copycat ['kɒpɪkæt] *n fam* copieur *m*, -euse *f*. ❑ *en apposition (meurtre)* inspiré par un autre meurtre.

copy desk *n* **(US)** PRESSE secrétariat *m* de rédaction.

copy-editing *n* préparation *f* de copie.

copy editor *n* secrétaire *mf* de rédaction.

copy-protect *vt* protéger contre la copie.

copyright ['kɒpɪraɪt] *n* copyright *m*, droit *m* d'auteur.

copywriter ['kɒpɪ,raɪtər] *n* concepteur-rédacteur publicitaire *m*, conceptrice-rédactrice publicitaire *f*.

coral ['kɒrəl] *n* corail *m*.

coral reef *n* récif *m* de corail.

cord [kɔd] *n* **1.** ficelle *f* **2.** corde *f* **3.** ÉLECTR fil *m*, cordon *m* **4.** velours *m* côtelé. ■ **cords** *npl* pantalon *m* en velours côtelé.

cordial ['kɔdjəl] *adj* cordial, chaleureux. ❑ *n* cordial *m*.

cordless ['kɔ:dlɪs] *adj* **1.** *(téléphone)* sans fil **2.** *(rasoir)* à piles.

cordon ['kɔdn] *n* cordon *m*. ■ **cordon off** *vt sép* barrer (par un cordon de police).

cordon bleu [-blɜː] *adj* cordon bleu.
corduroy ['kɔdərɔɪ] *n* velours *m* côtelé.
core [kɔʳ] *n* **1.** trognon *m* *(d'une pomme)* **2.** noyau *m* *(d'un câble)* **3.** *fig* essentiel *m* • **core literacy** acquis *mpl* de base *(lecture, écriture)* • **core numeracy** acquis *mpl* numériques de base • **core skill** compétence *f* de base **4.** *fig* cœur *m* *(d'un sujet)* **5.** mémoire *f* centrale *(d'ordinateur)*.
core business *n* activité *f* centrale.
core market *n* marché *m* principal *ou* de référence.
corespondent [,kəʊrɪ'spɒndənt] *n* DR codéfendeur *m*, -eresse *f*.
Corfu [kɔ'fuː] *n* Corfou.
corgi ['kɔgɪ] (*pl* -**s**) *n* corgi *m*.
coriander [,kɒrɪ'ændəʳ] *n* coriandre *f*.
cork [kɔk] *n* **1.** liège *m* **2.** bouchon *m*.
corked [kɔːkt] *adj* qui a le goût de bouchon.
corkscrew ['kɔkskruː] *n* tire-bouchon *m*.
corn [kɔn] *n* **1.** (UK) grain *m* **2.** (US) maïs *m* • **corn on the cob** épi *m* de maïs cuit **3.** cor *m* *(au pied)*.
corn dog *n* (US) *saucisse enrobée de pâte à la farine de maïs et frite à l'huile*.
cornea ['kɔnɪə] (*pl* -**s**) *n* cornée *f*.
corned beef [kɔnd-] *n* (UK) corned-beef *m inv*.
corner ['kɔnəʳ] *n* **1.** coin *m*, angle *m* • **to cut corners** *fig* brûler les étapes **2.** virage *m*, tournant *m* **3.** FOOTBALL corner *m*. ❑ *vt* **1.** acculer **2.** accaparer.
corner shop *n* magasin *m* du coin *ou* du quartier.
cornerstone ['kɔnəstəʊn] *n fig* pierre *f* angulaire.
cornet ['kɔnɪt] *n* **1.** cornet *m* à pistons **2.** (UK) cornet *m* de glace.
cornfed ['kɔːnfed] *adj* (US) *fam* rustre.
cornfield ['kɔːnfiːld] *n* **1.** (UK) champ *m* de blé **2.** (US) champ *m* de maïs.
cornflakes ['kɔnfleɪks] *npl* corn-flakes *mpl*.
cornflour (UK) ['kɔnflaʊəʳ], **cornstarch** (US) ['kɔnstɑːtʃ] *n* ≃ Maïzena® *f* fécule *f* de maïs.
corn rows *npl* coiffure *f* tressée à l'africaine.
cornucopia [,kɔːnjʊ'kəʊpjə] *n littéraire* corne *f* d'abondance.
Cornwall ['kɔnwɔl] *n* Cornouailles *f*.
corny ['kɔnɪ] *adj* **1.** *fam (plaisanterie)* peu original **2.** *(roman, film)* à l'eau de rose.
coronary ['kɒrənrɪ], **coronary thrombosis** [-θrɒm'bəʊsɪs] (*pl* -**ses**) *n* infarctus *m* du myocarde.
coronation [,kɒrə'neɪʃn] *n* couronnement *m*.
coronavirus [kə'rəʊnəvaɪrəs] *n* coronavirus *m*.
coroner ['kɒrənəʳ] *n* coroner *m*.
corporal ['kɔpərəl] *n* **1.** caporal *m* **2.** brigadier *m*.
corporal punishment *n* châtiment *m* corporel.
corporate ['kɔpərət] *adj* **1.** corporatif, de société **2.** collectif.
corporate banking *n* banque *f* d'entreprise.
corporate culture *n* culture *f* d'entreprise.
corporate entertainment *n* divertissement *m* fourni par la société.
corporate finance *n* finance *f* d'entreprise.
corporate hospitality *n (indén) réceptions, déjeuners, etc organisés par une société pour ses clients*.
corporate image *n* image *f* de marque.
corporation [,kɔpə'reɪʃn] *n* **1.** (UK) conseil *m* municipal **2.** compagnie *f*, société *f* enregistrée.
corporation tax *n* (UK) impôt *m* sur les sociétés.
corps [kɔʳ] (*pl inv*) *n* corps *m*.
corpse [kɔps] *n* cadavre *m*.
corpulent ['kɔːpjʊlənt] *adj* corpulent.
correct [kə'rekt] *adj* **1.** correct, exact **2.** correct, convenable. ❑ *vt* corriger.
correction [kə'rekʃn] *n* correction *f*.
correction fluid *n* liquide *m* correcteur.
correctly [kə'rektlɪ] *adv* **1.** correctement, exactement **2.** correctement, comme il faut.
correlation [,kɒrə'leɪʃn] *n* corrélation *f*.
correspond [,kɒrɪ'spɒnd] *vi* **1.** • **to correspond (with** *ou* **to)** correspondre (à) **2.** • **to correspond (with sb)** correspondre (avec qqn).
correspondence [,kɒrɪ'spɒndəns] *n* correspondance *f*.
correspondence course *n* cours *m* par correspondance.
correspondent [,kɒrɪ'spɒndənt] *n* correspondant *m*, -e *f*.
corresponding [,kɒrɪ'spɒndɪŋ] *adj* correspondant.
corridor ['kɒrɪdɔʳ] *n* couloir *m*, corridor *m*.
corroborate [kə'rɒbəreɪt] *vt* corroborer.
corroboration [kə,rɒbə'reɪʃən] *n* corroboration *f*, confirmation *f*.
corrode [kə'rəʊd] *vt* corroder, attaquer. ❑ *vi* se corroder.
corrosion [kə'rəʊʒn] *n* corrosion *f*.
corrosion-resistant *adj* anti-corrosion.
corrosive [kə'rəʊsɪv] *adj* corrosif.
corrugated ['kɒrəgeɪtɪd] *adj* ondulé.
corrugated iron *n* tôle *f* ondulée.
corrupt [kə'rʌpt] *adj* corrompu. ❑ *vt* corrompre, dépraver.
corruptible [kə'rʌptəbl] *adj* corruptible.
corruption [kə'rʌpʃn] *n* corruption *f*.
corruptly [kə'rʌptlɪ] *adv* **1.** de manière corrompue **2.** d'une manière dépravée *ou* corrompue.

corset ['kɔsɪt] *n* corset *m*.
Corsica ['kɔsɪkə] *n* Corse *f*.
cos, 'cos (UK), cause (US) [kɒz] *fam conj* = **because**.
cosh [kɒʃ] **(UK)** *n* matraque *f*, gourdin *m*. ❑ *vt* frapper, matraquer.
cosign ['kəʊsaɪn] *vt* cosigner.
cosignatory [,kəʊ'sɪgnətrɪ] *(pl* **-ies***) n* cosignataire *mf*.
cosmetic [kɒz'metɪk] *n* cosmétique *m*, produit *m* de beauté. ❑ *adj fig* superficiel.
cosmetic surgery *n* chirurgie *f* esthétique.
cosmetologist [,kɒzmə'tɒlədʒɪst] *n* cosmétologue *mf*.
cosmetology [,kɒzmə'tɒlədʒɪ] *n* cosmétologie *f*.
cosmopolitan [kɒzmə'pɒlɪtn] *adj* cosmopolite.
cosset ['kɒsɪt] *vt* dorloter, choyer.
cossie ['kɒzɪ] *n* **(UK & AUSTRALIE)** *fam* maillot *m* de bain.
cost [kɒst] *n litt & fig* coût *m* • **the cost of living** le coût de la vie • **at all costs** à tout prix, coûte que coûte. ❑ *vt (prét & pp* **cost***) litt & fig* coûter. ■ **costs** *npl* dépens *mpl*.
co-star ['kəʊ-] *n* partenaire *mf*.
Costa Rica [,kɒstə'ri:kə] *n* Costa Rica *m*.
cost base *n* prix *m* de base.
cost-conscious *adj* • **to be cost-conscious** surveiller ses dépenses.
cost-cutting *n* compression *f ou* réduction *f* des coûts. ❑ *adj* de compression *ou* de réduction des coûts • **cost-cutting drive** *ou* **exercise** opération *f* de réduction des coûts.
cost-effective *adj* rentable.
cost-effectiveness *n* rentabilité *f*.
costing ['kɒstɪŋ] *n* évaluation *f* du coût.
costly ['kɒstlɪ] *adj litt & fig* coûteux.
cost management *n* gestion *f* des coûts.
cost of living *n* coût *m* de la vie.
costume ['kɒstju:m] *n* **1.** costume *m* • **costume hire** location *f* de costumes **2. (UK)** maillot *m* (de bain).
costume jewellery (UK), costume jewelry (US) *n (indén)* bijoux *mpl* fantaisie.
cosy (UK), cozy (US) ['kəʊzɪ] *adj* **1.** *(maison, pièce)* douillet **2.** *(atmosphère)* chaleureux • **to feel cosy** se sentir bien au chaud.
cot [kɒt] *n* **1. (UK)** lit *m* d'enfant, petit lit **2. (US)** lit *m* de camp.
cot death *n* **(UK)** mort *f* subite du nourrisson.
cottage ['kɒtɪdʒ] *n* cottage *m*, petite maison *f* de campagne.
cottage cheese *n* fromage *m* blanc.
cottage industry *n* industrie *f* artisanale.
cottage pie *n* **(UK)** ≃ hachis *m* Parmentier.
cotton ['kɒtn] *n* **1.** coton *m* **2. (US)** coton *m* hydrophile. ❑ *en apposition* de coton. ■ **cotton on** *vi fam* • **to cotton on (to sthg)** piger (qqch), comprendre (qqch).
cotton bud (UK), cotton swab (US) *n* Coton-Tige® *m*.
cotton candy *n* **(US)** barbe *f* à papa.
cotton wool *n* **(UK)** ouate *f*, coton *m* hydrophile.
couch [kaʊtʃ] *n* **1.** canapé *m*, divan *m* **2.** *(chez le médecin)* lit *m*.
couch potato *n fam* flemmard *m*, -e *f (qui passe son temps devant la télé)*.
cough [kɒf] *n* toux *f*. ❑ *vi* tousser. ■ **cough up** *vt sép* **1.** cracher (en toussant) **2.** *tfam & fig* casquer, cracher.
cough drop (US), cough sweet (UK) *n* pastille *f* pour la toux.
cough mixture *n* **(UK)** sirop *m* pour la toux.
cough syrup (US) = **cough mixture**.
could [kʊd] *aux modal* → **can**.
couldn't ['kʊdnt] = **could not**.
could've ['kʊdəv] = **could have**.
coulis ['ku:lɪ] *n* coulis *m*.
council ['kaʊnsl] *n* conseil *m*.
council estate *n* **(UK)** quartier *m* de logements sociaux.
council house *n* **(UK)** maison *f* qui appartient à la municipalité ; ≃ HLM *m ou f*.
councillor (UK), councilor (US) ['kaʊnsələr] *n* **(UK)** conseiller *m*, -ère *f*.
councilman (US) = **councilor**.
councilor (US) = **councillor**.
council tax *n* **(UK)** ≃ impôts *mpl* locaux.
councilwoman (US) = **councilor**.
counsel ['kaʊnsəl] *n* **1.** *(indén) sout* conseil *m* **2.** avocat *m*, -e *f*.
counselling (UK), counseling (US) ['kaʊnsəlɪŋ] *n (indén)* conseils *mpl*.
counsellor (UK), counselor (US) ['kaʊnsələʳ] *n* **1.** conseiller *m*, -ère *f* **2. (US)** avocat *m*.
count [kaʊnt] *n* **1.** total *m* • **to keep count of** tenir le compte de • **to lose count of sthg** ne plus savoir qqch **2.** comte *m*. ❑ *vt* compter. ❑ *vi* compter • **to count (up) to** compter jusqu'à. ■ **count against** *vt insép* jouer contre. ■ **count in** *vt sép fam* • **count me in!** je suis de la partie ! ■ **count out** *vt sép* **1.** compter *(de l'argent)* **2.** *fam* • **count me out!** ne comptez pas sur moi ! ■ **count up** *vt insép* compter *(totaliser)*. ■ **count (up)on** *vt insép* **1.** compter sur **2.** s'attendre à, prévoir.
countdown ['kaʊntdaʊn] *n* compte *m* à rebours.
counter ['kaʊntəʳ] *n* **1.** comptoir *m (d'une boutique, d'un pub)* **2.** pion *m*. ❑ *vt* • **to counter sthg (with)** riposter à qqch (par). ■ **counter to** *adv* contrairement à • **to run counter to** aller à l'encontre de.
counteract [,kaʊntə'rækt] *vt* contrebalancer, compenser.

counterargument [ˌkaʊntə'rɑːgjʊmənt] *n* argument *m* contraire.
counterattack ['kaʊntərəˌtæk] *vt & vi* contre-attaquer.
counterbalance [ˌkaʊntə'bæləns] *vt fig* contrebalancer, compenser.
counterclaim ['kaʊntəkleɪm] *n* demande *f* reconventionnelle.
counterclockwise [ˌkaʊntə'klɒkwaɪz] *adj & adv* **(US)** dans le sens inverse des aiguilles d'une montre.
counterfeit ['kaʊntəfɪt] *adj* faux, fausse *f*. ❑ *vt* contrefaire.
counterfoil ['kaʊntəfɔɪl] *n* **(UK)** talon *m*, souche *f*.
counterintuitive [ˌkaʊntərɪn'tjuːɪtɪv] *adj* qui va contre l'intuition.
countermand [ˌkaʊntə'mɑːnd] *vt* annuler.
counteroffer [ˌkaʊntər'ɒfəʳ] *n* **1.** offre *f* **2.** surenchère *f*.
counterpart ['kaʊntəpɑːt] *n* **1.** homologue *mf* **2.** équivalent *m*, -e *f*.
counterproductive [ˌkaʊntəprə'dʌktɪv] *adj* qui a l'effet inverse.
counterproposal ['kaʊntəprəˌpəʊzl] *n* contre-proposition *f*.
countersign ['kaʊntəsaɪn] *vt* contresigner.
countess ['kaʊntɪs] *n* comtesse *f*.
countless ['kaʊntlɪs] *adj* innombrable.
country ['kʌntrɪ] *n* **1.** pays *m* **2.** • **the country** la campagne **3.** région *f* **4.** terrain *m*.
country and western *n* MUS country *f*. ❑ *en apposition* country *(inv)*.
country dancing *n (indén)* **(UK)** danse *f* folklorique.
country-dweller *n* campagnard *m*, -e *f*, habitant *m*, -e *f* de la campagne.
countryfolk ['kʌntrɪfəʊk] *npl* gens *mpl* de la campagne.
country house *n* manoir *m*.
countryman ['kʌntrɪmən] (*pl* **-men**) *n* compatriote *m*.
country music *n* = **country and western**.
country park *n* **(UK)** parc *m* naturel.
countryside ['kʌntrɪsaɪd] *n* campagne *f*.
countrywoman ['kʌntrɪˌwʊmən] (*pl* **-women**) *n* compatriote *f*.
county ['kaʊntɪ] *n* comté *m*.
county council *n* **(UK)** conseil *m* général.
coup [kuː] *n* • **coup (d'état)** coup *m* d'État.
couple ['kʌpl] *n* **1.** couple *m* **2.** • **a couple (of)** **a)** deux **b)** quelques, deux ou trois.
coupon ['kuːpɒn] *n* **1.** bon *m (de réduction)* **2.** coupon *m*.
couponing ['kuːpənɪŋ] *n* MARKETING couponing *m*, couponnage *m*.
courage ['kʌrɪdʒ] *n* courage *m* • **to take courage** être encouragé.
courageous [kə'reɪdʒəs] *adj* courageux.
courageously [kə'reɪdʒəslɪ] *adv* courageusement, avec courage.
courgette [kɔ'ʒet] *n* **(UK)** courgette *f*.
courier ['kʊrɪəʳ] *n* **1. (UK)** guide *m*, accompagnateur *m*, -trice *f* **2.** coursier *m*, messager *m*.
course [kɔs] *n* **1.** cours *m* • **course of action** ligne *f* de conduite • **in the course of** au cours de **2.** enseignement *m*, cours *mpl* • **it's a five-year course** c'est un enseignement sur cinq ans • **to go on a (training) course** faire un stage **3.** MÉD série *f (d'injections)* • **course of treatment** traitement *m* **4.** route *f* • **to be on course a)** *fig* être sur la bonne voie • **to be off course** faire fausse route **5.** plat *m* **6.** SPORT terrain *m*. ■ **of course** *adv* **1.** évidemment, naturellement **2.** bien sûr.
coursebook ['kɔsbʊk] *n* **(UK)** livre *m* de cours.
course in the classroom *n* cours *m* en présentiel.
courseware ['kɔːsweəʳ] *n* logiciels *mpl* éducatifs.
coursework ['kɔswɜːk] *n (indén)* travail *m* personnel.
court [kɔt] *n* **1.** DR cour *f*, tribunal *m* • **the court** la justice • **to take sb to court** faire un procès à qqn **2.** SPORT court *m*, terrain *m* **3.** cour *f*. ❑ *vi vieilli* sortir ensemble, se fréquenter.
courteous ['kɜːtjəs] *adj* courtois, poli.
courtesy ['kɜːtɪsɪ] *n* courtoisie *f*, politesse *f*. ■ **(by) courtesy of** *prép* avec la permission de.
courtesy car *n* voiture *f* mise gratuitement à la disposition du client.
courtesy shuttle *n* navette *f* gratuite.
courthouse ['kɔthaʊs] (*pl* [-haʊzɪz]) *n* **(US)** palais *m* de justice, tribunal *m*.
courtier ['kɔtjəʳ] *n* courtisan *m*.
court-martial (*pl* **court-martials** *ou* **courts-martial**) *n* cour *f* martiale.
court order *n* ordonnance *f* du tribunal.
court-ordered *adj* DR *(vente)* judiciaire.
courtroom ['kɔtrʊm] *n* salle *f* de tribunal.
court shoe *n* **(UK)** escarpin *m*.
courtyard ['kɔtjɑːd] *n* cour *f*.
cousin ['kʌzn] *n* cousin *m*, -e *f*.
couture [kuː'tʊəʳ] *n* haute couture *f*.
cove [kəʊv] *n* crique *f*.
covenant ['kʌvənənt] *n* engagement *m* contractuel.
Covent Garden [ˌkɒvənt-] *n ancien marché de Londres, aujourd'hui importante galerie marchande*.

CULTURE

Covent Garden

Covent Garden, jadis marché aux fruits, légumes et fleurs du centre de Londres, est aujourd'hui une importante galerie marchande ; ce nom désigne également le **Royal Opera House**, situé près de l'ancien marché.

cover ['kʌvəʳ] *n* **1.** housse *f (recouvrant un meuble)* **2.** couvercle *m* **3.** couverture *f (d'un livre, d'un magazine)* **4.** couverture *f (en fibre)* **5.** abri *m* • **to take cover** s'abriter, se mettre à l'abri • **under cover** à l'abri, à couvert • **to run for cover** courir se mettre à l'abri **6.** MIL couverture *f* **7.** (UK) *(assurance)* couverture *f*, garantie *f* • **to have cover against sthg** être couvert *ou* assuré contre qqch. ❑ *vt* **1.** • **to cover sthg (with)** couvrir qqch (de) **2.** englober, comprendre **3.** • **to cover sb against** couvrir qqn en cas de. ❑ *vi* • **to cover for sb** remplacer qqn. ■ **cover up** *vt sép fig* dissimuler, cacher.

coverage ['kʌvərɪʤ] *n* **1.** reportage *m* **2.** couverture *f (d'un réseau de téléphonie mobile)* • **coverage area** zone *f* de couverture.

cover charge *n* couvert *m*.

covered ['kʌvəd] *adj* couvert • **cook, covered, for one hour** couvrir et faire cuire une heure.

covering ['kʌvərɪŋ] *n* **1.** revêtement *m* **2.** couche *f*.

covering letter (UK), **cover letter** (US) *n* lettre *f* explicative *ou* d'accompagnement.

cover note *n* (UK) lettre *f* de couverture, attestation *f* provisoire d'assurance.

cover price *n* prix *m*.

cover story *n* article *m* principal (en couverture).

covert ['kʌvət] *adj* **1.** *(activité)* clandestin **2.** *(regard)* furtif.

cover-up *n* étouffement *m (d'une affaire)*.

cover version *n* reprise *f*.

covet ['kʌvɪt] *vt* convoiter.

COVID-19, **covid-19** [,kəʊvɪdnaɪn'tiːn] *n* COVID-19, Covid-19.

cow [kaʊ] *n* **1.** vache *f* **2.** femelle *f*. ❑ *vt* intimider, effrayer.

coward ['kaʊəd] *n* lâche *mf*.

cowardice ['kaʊədɪs] *n* lâcheté *f*.

cowardly ['kaʊədlɪ] *adj* lâche.

cowboy ['kaʊbɔɪ] *n* cow-boy *m*.

cower ['kaʊəʳ] *vi* se recroqueviller.

co-worker *n* collègue *mf*.

cowshed ['kaʊʃed] *n* étable *f*.

cox [kɒks], **coxswain** ['kɒksən] *n* barreur *m*.

coy [kɔɪ] *adj* qui fait le/la timide.

COZ SMS abrév de **because**.

cozy (US) = **cosy**.

CPA *n* abrév de **certified public accountant**.

cpm (abrév de copies per minute) cpm.

CPS (abrév de Crown Prosecution Service) *n* ≃ Ministère *m* public.

CPU *n* abrév de **central processing unit**.

crab [kræb] *n* crabe *m*.

crab apple *n* pomme *f* sauvage.

crack [kræk] *n* **1.** fêlure *f* **2.** fissure *f* **3.** gerçure *f* **4.** entrebâillement *m* **5.** interstice *m* **6.** claquement *m* **7.** craquement *m* **8.** *fam* • **to have a crack at sthg** tenter qqch, essayer de faire qqch **9.** *arg drogue* crack *m*. ❑ *vt* **1.** fêler **2.** fissurer **3.** casser *(un œuf, une noix)* **4.** faire claquer *(un fouet)* **5.** • **to crack one's head** se cogner la tête **6.** résoudre **7.** déchiffrer **8.** *fam* faire *(une plaisanterie)*. ❑ *vi* **1.** *(verre)* se fêler **2.** *(sol, mur)* se fissurer **3.** *(peau)* se crevasser, se gercer **4.** *(personne)* craquer, s'effondrer **5.** *(résistance)* se briser. ■ **crack down** *vi* • **to crack down (on)** sévir (contre). ■ **crack up** *vi* **1.** se fissurer **2.** se craqueler **3.** se crevasser **4.** *fam* craquer, s'effondrer • **I must be cracking up** je débloque **5.** *fam* se tordre de rire.

crackdown ['krækdaʊn] *n* • **crackdown (on)** mesures *fpl* énergiques (contre).

cracker ['krækəʳ] *n* **1.** cracker *m*, craquelin *m* **2.** (UK) *(pour Noël)* diablotin *m*.

> **CULTURE**
>
> **crackers**
>
> En Grande-Bretagne, on trouve traditionnellement sur la table de Noël des **Christmas crackers**. Chacun de ces petits rouleaux en carton brillamment colorés doit être ouvert par deux personnes, chacune d'elle tirant sur un bout, ce qui déclenche un pétard. À l'intérieur se trouvent un petit jouet, une blague et un chapeau en papier.

crackerjack ['krækəʳ,ʤæk] *adj* (US) *fam* extra, génial.

crackers ['krækəz] *adj* (UK) *fam* dingue, cinglé.

cracking ['krækɪŋ] *adj fam* • **to walk at a cracking pace** (UK) marcher à toute allure.

crackle ['krækl] *vi* **1.** crépiter **2.** grésiller.

crackpot ['krækpɒt] *fam adj* fou, folle *f*. ❑ *n* cinglé *m*, -e *f*, tordu *m*, -e *f*.

cradle ['kreɪdl] *n* **1.** berceau *m* **2.** TECHNOL nacelle *f*. ❑ *vt* **1.** bercer **2.** tenir délicatement.

craft [krɑːft] (*pl* **craft**) *n* **1.** métier *m* • **craft shop** boutique *f* d'artisanat **2.** embarcation *f*.

craftily ['krɑːftɪlɪ] *adv* astucieusement • **to behave craftily a)** agir astucieusement *ou* habilement **b)** *péj* agir avec ruse.

craftiness ['krɑːftɪnɪs] *n* **1.** habileté *f* **2.** *péj* ruse *f*, roublardise *f*.

craftsman ['krɑːftsmən] (*pl* **-men**) *n* artisan *m*, homme *m* de métier.

craftsmanship ['krɑːftsmənʃɪp] *n (indén)* **1.** dextérité *f*, art *m* **2.** travail *m*, exécution *f*.

craftsmen *npl* → **craftsman**.

crafty ['krɑːftɪ] *adj* **1.** malin, astucieux **2.** *péj* rusé, roublard **3.** rusé.

crag [kræg] *n* rocher *m* escarpé.

craggy ['krægɪ] (*comp* **craggier**, *superl* **craggiest**) *adj* **1.** escarpé **2.** anguleux.
cram [kræm] *vt* **1.** fourrer **2.** • **to cram sthg with** bourrer qqch de. ❑ *vi* bachoter.
crammed ['kræmd] *adj* bourré, bondé • **to be crammed with people** être bondé • **to be crammed with sthg** être plein à craquer *ou* bourré de qqch • **to be crammed with useful information** regorger d'informations utiles.
cramp [kræmp] *n* crampe *f*. ❑ *vt* gêner, entraver.
cramped [kræmpt] *adj* exigu • **it's a bit cramped in here** on est un peu à l'étroit ici.
cram school ['kræm ˌskuːl] *n* **(US)** SCOL *école privée spécialisée dans le bachotage pour les examens*.
cranberry ['krænbərɪ] *n* canneberge *f*, airelle *f*.
crane [kreɪn] *n* grue *f*.
crank [kræŋk] *n* **1.** TECHNOL manivelle *f* **2.** *fam* excentrique *mf*. ❑ *vt* **1.** tourner **2.** remonter (à la manivelle).
crankshaft ['kræŋkʃɑːft] *n* vilebrequin *m*.
cranky ['kræŋkɪ] (*comp* **crankier**, *superl* **crankiest**) *adj fam* **1.** excentrique **2.** **(US)** grognon.
cranny ['krænɪ] *n* → **nook**.
crap [kræp] *n (indén) tfam* merde *f* • **it's a load of crap** tout ça, c'est des conneries.
crapware ['kræpweəʳ] *n tfam* logiciels *mpl* inutiles.
crash [kræʃ] *n* **1.** accident *m* **2.** fracas *m*. ❑ *vt* **1.** • **to crash the car** avoir un accident avec la voiture **2.** planter. ❑ *vi* **1.** se percuter, se rentrer dedans **2.** avoir un accident **3.** s'écraser • **to crash into** rentrer dans, emboutir **4.** faire faillite • **to crash and burn** **(US)** *fam* se casser la gueule *(échouer)* **5.** *(Bourse)* s'effondrer **6.** *fam* dormir, s'endormir.
crash course *n* cours *m* intensif.
crash diet *n* régime *m* intensif.
crash helmet *n* casque *m* de protection.
crash-land *vi* atterrir en catastrophe.
crash landing *n* atterrissage *m* en catastrophe.
crash test dummy *n* mannequin-test *m*.
crashworthiness ['kræʃ'wɜːðɪnɪs] *n* résistance *f* aux chocs.
crass [kræs] *adj* **1.** lourd **2.** grossier.
crate [kreɪt] *n* cageot *m*, caisse *f*.
crater ['kreɪtəʳ] *n* cratère *m*.
cravat [krə'væt] *n* cravate *f*.
crave [kreɪv] *vt* **1.** avoir soif de **2.** avoir un besoin fou *ou* maladif de. ❑ *vi* • **to crave for** **a)** avoir soif de **b)** avoir un besoin fou *ou* maladif de.
craving ['kreɪvɪŋ] *n* • **craving for** **a)** soif *f* de **b)** besoin *m* fou *ou* maladif de.
crawl [krɔl] *vi* **1.** *(bébé)* marcher à quatre pattes **2.** *(personne)* se traîner **3.** *(insecte)* ramper **4.** *(véhicule)* avancer au pas **5.** *fam* • **to be crawling with** grouiller de. ❑ *n* • **the crawl** le crawl.
crayfish ['kreɪfɪʃ] (*pl inv ou* **-es**) *n* écrevisse *f*.
crayon ['kreɪɒn] *n* crayon *m* de couleur.
craze [kreɪz] *n* engouement *m*.
craziness ['kreɪzɪnɪs] *n* folie *f*.
crazy ['kreɪzɪ] *adj fam* fou • **to be crazy about sb/sthg** être fou de qqn/qqch • **to go crazy over sthg** flasher sur qqch.
crazy quilt *n* **(US)** couette *f* en patchwork.
creak [kriːk] *vi* **1.** craquer **2.** grincer.
cream [kriːm] *adj* crème *(inv)*. ❑ *n* crème *f* • **cream soup** velouté *m*.
cream cake *n* **(UK)** gâteau *m* à la crème.
cream cheese *n* fromage *m* frais.
cream cracker *n* **(UK)** biscuit *m* salé *(que l'on mange généralement avec du fromage)*.
cream tea *n* **(UK)** *goûter se composant de thé et de « scones » servis avec de la crème et de la confiture*.
creamy ['kriːmɪ] (*comp* **creamier**, *superl* **creamiest**) *adj* **1.** crémeux **2.** crème *(inv)*.
crease [kriːs] *n* **1.** pli *m* **2.** (faux) pli *(fait accidentellement)*. ❑ *vt* froisser. ❑ *vi* se froisser.
crease-resistant *adj* infroissable.
create [kriː'eɪt] *vt* créer.
creation [kriː'eɪʃn] *n* création *f*.
creative [kriː'eɪtɪv] *adj* créatif • **creative team** équipe *f* créative.
creative director *n* directeur *m*, -trice *f* artistique.
creativity [ˌkriːeɪ'tɪvətɪ] *n* créativité *f*.
creature ['kriːtʃəʳ] *n* créature *f*.
creature comforts *npl* confort *m* matériel • **I like my creature comforts** j'aime *ou* je suis attaché à mon (petit) confort.
crèche [kreʃ] *n* **(UK)** crèche *f*.
cred [kred] *n* • **to have (street) cred** **(UK)** *fam* être branché *ou* dans le coup.
credence ['kriːdns] *n* • **to give** *ou* **lend credence to sthg** ajouter foi à qqch.
credentials [krɪ'denʃlz] *npl* **1.** papiers *mpl* d'identité **2.** *fig* capacités *fpl* **3.** références *fpl*.
credibility [ˌkredə'bɪlətɪ] *n* crédibilité *f*.
credit ['kredɪt] *n* **1.** crédit *m* • **to be in credit** **a)** avoir un compte approvisionné • **on credit** à crédit **2.** *(indén)* honneur *m*, mérite *m* • **to give sb credit for sthg** reconnaître que qqn a fait qqch **3.** UNIV unité *f* de valeur ; **(US)** SCOL unité *f* de valeur. ❑ *en apposition* **1.** du crédit **2.** à crédit • **to run a credit check on sb** **a)** vérifier la solvabilité de qqn, vérifier que le compte de qqn est approvisionné **b)** vérifier le passé bancaire de qqn. ❑ *vt* **1.** FIN • **to credit £10 to an account** créditer un compte de 10 livres

2. *fam* croire **3.** • **to credit sb with sthg** accorder *ou* attribuer qqch à qqn. ■ **credits** *npl* CINÉ générique *m*.

credit agreement *n* accord *m* de crédit.

credit balance *n* solde *m* créditeur.

credit card *n* carte *f* de crédit.

credit crunch *n* crise *f* du crédit.

credit facilities *npl* (UK) facilités *fpl* de paiement *ou* de crédit.

credit note *n* **1.** avoir *m* **2.** FIN note *f* de crédit.

creditor ['kredɪtər] *n* créancier *m*, -ère *f*.

credit rating *n* degré *m* de solvabilité.

credit report *n* (US) profil *m* d'emprunteur.

credit score *n* (US) = **credit rating**.

credit union *n* (US) société *f ou* caisse *f* de crédit.

creditworthy ['kredɪt,wɜːðɪ] *adj* solvable.

creed [kriːd] *n* **1.** principes *mpl* **2.** RELIG croyance *f*.

creek [kriːk] *n* **1.** crique *f* **2.** (US) ruisseau *m*.

creep [kriːp] *vi* (*prét & pp* **crept**) **1.** (*insecte*) ramper **2.** (*voitures*) avancer au pas **3.** se glisser. ❑ *n fam* sale type *m*. ■ **creeps** *npl* • **to give sb the creeps** *fam* donner la chair de poule à qqn.

creeper ['kriːpər] *n* plante *f* grimpante.

creepy ['kriːpɪ] *adj fam* qui donne la chair de poule.

creepy-crawly [-'krɔːlɪ] (*pl* **creepy-crawlies**) *n fam* bestiole *f* qui rampe.

cremate [krɪ'meɪt] *vt* incinérer.

cremation [krɪ'meɪʃn] *n* incinération *f*.

crematorium (UK) [,kremə'tɔːrɪəm] (*pl* **-riums** *ou* **-ria**), **crematory** (US) ['kremətrɪ] *n* crématorium *m*.

crème de la crème ['kremdəlæ'krem] *n* • **the crème de la crème** le gratin, le dessus du panier.

crêpe [kreɪp] *n* **1.** crêpe *m* **2.** CULIN crêpe *f*.

crêpe bandage *n* (UK) bande *f* Velpeau®.

crêpe paper *n* (*indén*) papier *m* crépon.

crept [krept] *passé & pp* → **creep**.

crescendo [krɪ'ʃendəʊ] (*pl* **-s**) *n* crescendo *m*.

crescent ['kresnt] *n* **1.** croissant **2.** (UK) rue *f* en demi-cercle.

cress [kres] *n* cresson *m*.

crest [krest] *n* **1.** crête *f* **2.** timbre *m* (*sur des armoiries*).

crestfallen ['krest,fɔːln] *adj* découragé.

Crete [kriːt] *n* Crète *f*.

cretin ['kretɪn] *n fam* crétin *m*, -e *f*.

cretinous ['kretɪnəs] *adj fig* MÉD crétin.

Creutzfeldt-Jakob disease [,krɔɪtsfelt'jækɒb-] *n* maladie *f* de Creutzfeldt-Jakob.

crevice ['krevɪs] *n* fissure *f*.

crew [kruː] *n* **1.** équipage *m* **2.** équipe *f* • **a film crew** une équipe de tournage.

crew cut *n* coupe *f* en brosse.

crib [krɪb] *n* **1.** lit *m* d'enfant **2.** (US) *fam* baraque *f* **3.** *fam* appart *m*.

crick [krɪk] *n* torticolis *m*.

cricket ['krɪkɪt] *n* **1.** cricket *m* **2.** grillon *m*.

> CULTURE
>
> **cricket**
>
> Pratiqué en été, le cricket est un sport très apprécié des Anglais. Les onze joueurs de chaque équipe, habillés tout en blanc, jouent avec une batte en bois (**cricket bat**) et une petite balle dure recouverte de cuir. Les joueurs doivent marquer des points en frappant la balle et en courant entre deux ensembles de piquets plantés sur le terrain. Les règles du jeu sont très complexes et une partie peut durer plusieurs jours. Ce sport est également très populaire dans d'autres pays du Commonwealth, tels que l'Australie, la Nouvelle-Zélande ou l'Inde.

crime [kraɪm] *n* crime *m* • **crimes against humanity** crimes *mpl* contre l'humanité.

criminal ['krɪmɪnl] *adj* criminel. ❑ *n* criminel *m*, -elle *f*.

criminal court *n* cour *f* d'assises.

criminal liability *n* DR responsabilité *f* pénale, majorité *f* pénale.

Criminal Records Bureau *n organisme chargé de vérifier le casier judiciaire de personnels sensibles.*

crimson ['krɪmzn] *adj* **1.** rouge foncé (*inv*) **2.** cramoisi. ❑ *n* cramoisi *m*.

cringe [krɪndʒ] *vi* **1.** avoir un mouvement de recul (*par peur*) **2.** *fam* • **to cringe (at sthg)** ne plus savoir où se mettre (devant qqch).

crinkle ['krɪŋkl] *vt* froisser.

cripple ['krɪpl] *n vieilli & injur* infirme *mf*. ❑ *vt* **1.** estropier **2.** paralyser (*un pays*) **3.** endommager (*un bateau, un avion*).

crisis ['kraɪsɪs] (*pl* **crises** ['kraɪsiːz]) *n* crise *f*.

crisp [krɪsp] *adj* **1.** croustillant **2.** croquant **3.** (*neige*) craquant **4.** (*air*) vif, vive *f*. ■ **crisps** *npl* (UK) chips *fpl*.

crispness ['krɪspnɪs] *n* **1.** (*d'un aliment, du papier*) craquant *m* **2.** (*des draps, du temps*) fraîcheur *f*; (*d'un vin*) caractère *m* vif.

crispy ['krɪspɪ] (*comp* **crispier**, *superl* **crispiest**) *adj* **1.** croustillant **2.** croquant.

crisscross ['krɪskrɒs] *adj* entrecroisé. ❑ *vt* entrecroiser.

criterion [kraɪ'tɪərɪən] (*pl* **-rions** *ou* **-ria**) *n* critère *m*.

critic ['krɪtɪk] *n* **1.** critique *mf* • **she's a film critic** elle est critique de cinéma **2.** détracteur *m*, -trice *f*.

critical ['krɪtɪkl] *adj* critique • **to be critical of sb/sthg** critiquer qqn/qqch.
critically ['krɪtɪklɪ] *adv* **1.** gravement • **critically important** d'une importance capitale **2.** de façon critique.
criticism ['krɪtɪsɪzm] *n* critique *f*.
criticize, -ise (UK) ['krɪtɪsaɪz] *vt & vi* critiquer.
CRM *n abrév de* **customer relations management**.
croak [krəʊk] *vi* **1.** *(grenouille)* coasser **2.** *(corbeau)* croasser **3.** parler d'une voix rauque.
Croat ['krəʊæt], **Croatian** [krəʊ'eɪʃn] *adj* croate. ❑ *n* **1.** Croate *mf* **2.** croate *m*.
Croatia [krəʊ'eɪʃə] *n* Croatie *f*.
crochet ['krəʊʃeɪ] *n* crochet *m (pour tricot ou dentelle)*.
crockery ['krɒkərɪ] *n* vaisselle *f*.
crockpot ['krɒkpɒt] *n* mijoteuse *f*.
crocodile ['krɒkədaɪl] *(pl inv ou* **-s***)* *n* crocodile *m*.
crocus ['krəʊkəs] *(pl* **-es***)* *n* crocus *m*.
croft [krɒft] *n* **(UK)** petite ferme *f (particulièrement en Écosse)*.
croissant *n* croissant *m*.
crony ['krəʊnɪ] *n fam* copain *m*, copine *f*.
crook [krʊk] *n* **1.** escroc *m* **2.** pliure *f (du bras, du coude)* **3.** houlette *f*.
crooked ['krʊkɪd] *adj* **1.** courbé **2.** de travers **3.** *fam* malhonnête.
crop [krɒp] *n* **1.** AGRIC culture *f* **2.** récolte *f* **3.** cravache *f*. ■ **crop up** *vi* survenir.
cropped ['krɒpt] *adj* • **cropped hair** cheveux coupés ras • **cropped trousers** pantacourt *m*.
croquette [krɒ'ket] *n* croquette *f*.
cross [krɒs] *adj* **1.** fâché **2.** méchant • **to get cross (with sb)** se fâcher (contre qqn). ❑ *n* **1.** croix *f* **2.** croisement *m*. ❑ *vt* **1.** traverser • **the bridge crosses the river at Orléans** le pont franchit *ou* enjambe le fleuve à Orléans **2.** croiser *(les bras, les jambes)* **3. (UK)** barrer *(un chèque)*. ❑ *vi* **1.** traverser • **she crossed (over) to the other side of the road** elle a traversé la route **2.** se croiser. ■ **cross off, cross out** *vt sép* rayer • **to cross a name off a list** rayer un nom d'une liste.
crossbar ['krɒsbɑːʳ] *n* **1.** SPORT barre *f* transversale **2.** barre *f*.
cross-border *adj* transfrontalier.
cross-Channel *adj* transManche.
cross-country *adj* • **cross-country running** cross *m* • **cross-country skier** fondeur *m*, -euse *f* • **cross-country skiing** ski *m* de fond. ❑ *n* cross-country *m*, cross *m*.
cross-cultural *adj* interculturel.
cross-curricular *adj* pluridisciplinaire.
cross-dresser *n* travesti *m*.
cross-examine *vt* **1.** DR faire subir un contre-interrogatoire à **2.** *fig* questionner de près.
cross-eyed [-aɪd] *adj* qui louche.
crossfire ['krɒs,faɪəʳ] *n (indén)* feu *m* croisé.
crossing ['krɒsɪŋ] *n* **1.** passage *m* clouté **2.** passage *m* à niveau **3.** traversée *f*.
crossing guard *n* **(US)** *employé municipal qui fait traverser les enfants*.
cross-legged [-legd] *adv (s'asseoir)* en tailleur.
cross-purposes *npl* • **to talk at cross-purposes** ne pas parler de la même chose • **to be at cross-purposes** ne pas être sur la même longueur d'ondes.
cross-refer *vt & vi* renvoyer.
cross-reference *n* renvoi *m*.
crossroads ['krɒsrəʊdz] *(pl inv)* *n* croisement *m*.
cross-section *n* **1.** coupe *f* transversale **2.** échantillon *m*.
crosswalk ['krɒswɔk] *n* **(US)** passage *m* clouté, passage pour piétons.
crossways ['krɒsweɪz] = **crosswise**.
crosswind ['krɒswɪnd] *n* vent *m* de travers.
crosswise ['krɒswaɪz] *adv* en travers.
crossword (puzzle) ['krɒswɜːd-] *n* mots croisés *mpl*.
crotch [krɒtʃ] *n* entrejambe *m*.
crotchety ['krɒtʃɪtɪ] *adj* **(UK)** *fam* grognon.
crouch [krautʃ] *vi* s'accroupir.
crow [krəʊ] *n* corbeau *m* • **as the crow flies** à vol d'oiseau. ❑ *vi* **1.** chanter **2.** *fam* frimer.
crowbar ['krəʊbɑːʳ] *n* pied-de-biche *m*.
crowd [kraʊd] *n* foule *f*. ❑ *vi* s'amasser. ❑ *vt* **1.** remplir **2.** entasser.
crowded ['kraʊdɪd] *adj* • **crowded (with)** bondé (de), plein (de).
crowdpuller ['kraʊd,pʊləʳ] *n* **(UK)** *fam* • **his play is a real crowdpuller** sa pièce attire les foules.
crown [kraʊn] *n* **1.** couronne *f* **2.** sommet *m* **3.** fond *m (d'un chapeau)*. ❑ *vt* couronner. ■ **Crown** *n* • **the Crown** la Couronne.
crown jewels *npl* joyaux *mpl* de la Couronne.
crown prince *n* prince *m* héritier.
Crown Prosecution Service *npr* • **the Crown Prosecution Service** DR *organisme public qui décide si les affaires doivent être portées devant les tribunaux en Angleterre et au pays de Galles* ; ≃ le parquet.
crow's feet *npl* pattes *fpl* d'oie.
crucial ['kruːʃl] *adj* crucial.
crucially ['kruːʃlɪ] *adv* de façon cruciale • **crucially important** d'une importance cruciale.
crucifix ['kruːsɪfɪks] *n* crucifix *m*.
Crucifixion [,kruːsɪ'fɪkʃn] *n* • **the Crucifixion** la crucifixion.
crude [kruːd] *adj* **1.** *(matériau)* brut **2.** *(plaisanterie, dessin)* grossier.
crude oil *n (indén)* brut *m*.
cruel [krʊəl] *adj* cruel.
cruelty ['krʊəltɪ] *n (indén)* cruauté *f*.

cruet ['kru:ɪt] *n* service *m* à condiments.

cruise [kru:z] *n* croisière *f*. ❑ *vi* **1.** *NAUT* croiser **2.** *(voiture)* rouler **3.** *(avion)* voler.

cruiser ['kru:zəʳ] *n* **1.** croiseur *m* **2.** yacht *m* de croisière.

cruising ['kru:zɪŋ] *n* **1.** croisière *f*, croisières *fpl* **2.** *(locution)* • **cruising altitude** altitude *f* de croisière • **cruising holiday** croisière *f* • **cruising speed** vitesse *f* de croisière.

crumb [krʌm] *n* miette *f*.

crumble ['krʌmbl] *n* crumble *m* (aux fruits). ❑ *vt* émietter. ❑ *vi* **1.** *(pain, fromage)* s'émietter **2.** *(bâtiment, mur)* s'écrouler **3.** *(falaise)* s'ébouler **4.** *(plâtre)* s'effriter **5.** *fig (société)* s'effondrer.

crumbly ['krʌmblɪ] *adj* friable.

crummy ['krʌmɪ] (*comp* **crummier**, *superl* **crummiest**) *adj fam* minable.

crumpet ['krʌmpɪt] *n* petite crêpe *f* épaisse.

crumple ['krʌmpl] *vt* froisser.

crumpled ['krʌmpld] *adj* froissé • **to be lying in a crumpled heap a)** *(vêtements)* être jeté en boule **b)** *(personne)* être recroquevillé par terre.

crumple zone *n AUTO* zone *f* d'absorption.

crunch [krʌntʃ] *n* **1.** crissement *m* **2.** *fam* • **to have a crunch on** être surchargé **3.** *(en sport)* redressement *m* assis **4.** *(locution)* • **if it comes to the crunch** *fam* s'il le faut • **when it comes to the crunch** *fam* au moment crucial. ❑ *vt* croquer. ❑ *vi (neige, gravier)* crisser.

crunched [krʌntʃd] *adj fam* très occupé • **how crunched are you?** tu as beaucoup de travail ?

crunchy ['krʌntʃɪ] *adj* **1.** croquant **2.** **(US)** *fam* branché bio.

crunk [krʌŋk] *n MUS* crunk *m (variété de rap)*.

crusade [kru:'seɪd] *n littéraire* & *fig* croisade *f*.

crush [krʌʃ] *n* **1.** foule *f* **2.** *fam* • **to have a crush on sb** avoir le béguin pour qqn. ❑ *vt* **1.** écraser **2.** broyer **3.** piler *(de la glace)* **4.** *fig* anéantir *(des espoirs)*.

crust [krʌst] *n* croûte *f*.

crusty ['krʌstɪ] (*comp* **crustier**, *superl* **crustiest**) *adj* **1.** croustillant **2.** grincheux.

crutch [krʌtʃ] *n* **1.** béquille *f* **2.** *fig* soutien *m*.

crux [krʌks] *n* nœud *m*.

cry [kraɪ] *n* cri *m*. ❑ *vi* **1.** pleurer **2.** crier **3.** *(locution)* • **to cry into one's beer** **(US)** *fam* pleurer sur son sort. ■ **cry out** *vt* crier. ❑ *vi* **1.** crier **2.** pousser un cri.

crybaby ['kraɪ,beɪbɪ] (*pl* **-ies**) *n fam* & *péj* pleurnicheur *m*, -euse *f*.

cryosphere ['kraɪə,sfɪəʳ] *n* cryosphère *f*.

cryptic ['krɪptɪk] *adj* mystérieux, énigmatique.

cryptocurrency ['krɪptəkʌrənsɪ] *n* cryptomonnaie *f*.

crystal ['krɪstl] *n* cristal *m*.

crystal ball *n* boule *f* de cristal.

crystal clear *adj* clair comme de l'eau de roche.

CS gas *n (indén)* gaz *m* lacrymogène.

CSR (abbr of corporate social responsibility) *n* RSE.

CT scan *n* = **CAT scan**.

CU *SMS* (abrév de see you) @+.

CU@ *SMS* abrév de **see you at**.

cub [kʌb] *n* **1.** petit *m (d'un animal)* **2.** *(scoutisme)* louveteau *m*.

Cuba ['kju:bə] *n* Cuba.

Cuban ['kju:bən] *adj* cubain. ❑ *n* Cubain *m*, -e *f*.

cubbyhole ['kʌbɪhəʊl] *n* cagibi *m*.

cube [kju:b] *n* **1.** cube *m* **2.** (abrév de cubicle) poste *m* de travail. ❑ *vt MATH* élever au cube.

cube farm *n fam* bureau *m* open-space.

cubic ['kju:bɪk] *adj* cubique.

cubicle ['kju:bɪkl] *n* cabine *f*.

CUB L8R *SMS* abrév de **call you back later**.

Cub Scout *n* louveteau *m*.

cuckoo ['kʊku:] *n* coucou *m*.

cuckoo clock *n* coucou *m*.

cucumber ['kju:kʌmbəʳ] *n* concombre *m*.

cuddle ['kʌdl] *n* caresse *f*, câlin *m*. ❑ *vt* caresser, câliner. ❑ *vi* se faire un câlin, se câliner.

cuddly toy *n* jouet *m* en peluche.

cue [kju:] *n* **1.** *RADIO, TV & THÉÂTRE* signal *m* • **on cue** au bon moment **2.** queue *f* (de billard).

cuff [kʌf] *n* **1.** poignet *m* • **off the cuff** au pied levé **2.** gifle *f*.

cuff link *n* bouton *m* de manchette.

cuisine [kwɪ'zi:n] *n* cuisine *f*.

CUL *SMS* (abrév de see you later) @+.

CUL8R *SMS* (abrév de see you later) @+.

cul-de-sac ['kʌldəsæk] *n* cul-de-sac *m*.

culinary ['kʌlɪnərɪ] *adj* culinaire.

cull [kʌl] *n* massacre *m*. ❑ *vt* **1.** massacrer **2.** recueillir.

culminate ['kʌlmɪneɪt] *vi* • **to culminate in sthg** se terminer par qqch, aboutir à qqch.

culmination [,kʌlmɪ'neɪʃn] *n* apogée *m*.

culottes [kju:'lɒts] *npl* jupe-culotte *f*.

culpable ['kʌlpəbl] *adj* coupable.

culprit ['kʌlprɪt] *n* coupable *mf*.

cult [kʌlt] *n* **1.** culte *m* **2.** • **to be a bit of a cult** susciter un véritable engouement. ❑ *en apposition* culte • **cult film** film-culte.

cultivate ['kʌltɪveɪt] *vt* cultiver.

cultivation [,kʌltɪ'veɪʃn] *n (indén)* culture *f*.

cultural ['kʌltʃərəl] *adj* culturel.

cultural anthropology *n* culturologie *f*.

culture ['kʌltʃəʳ] *n* culture *f*.

cultured ['kʌltʃəd] *adj* cultivé.

culture shock *n* choc *m* culturel.

cumbersome ['kʌmbəsəm] *adj* encombrant.

cumulative ['kju:mjʊlətɪv] *adj* cumulatif.

cunning ['kʌnɪŋ] *adj* **1.** astucieux, malin **2.** *péj* rusé, fourbe. ❑ *n (indén)* **1.** finesse *f*, astuce *f* **2.** *péj* ruse *f*, fourberie *f* **3.** habileté *f*, adresse *f*.

cup [kʌp] *n* **1.** tasse *f* **2.** *(prix, concours)* coupe *f* **3.** bonnet *m (de soutien-gorge)* **4.** **(US)** SPORT protège-sexe *m*.
cupboard ['kʌbəd] *n* placard *m*.
cupcake [kʌpkeɪk] *n* **1.** **(US)** petit gâteau *m* **2.** mon chou, ma puce.
cup final *n* SPORT finale *f* de la coupe • **the Cup Final** **(UK)** la finale de la Coupe de football.
cup tie *n* **(UK)** match *m* de coupe.
curable ['kjʊərəbl] *adj* curable, guérissable.
curate ['kjʊərət] *n* **(UK)** vicaire *m*.
curator [ˌkjʊə'reɪtər] *n* conservateur *m*, -trice *f*.
curb [kɜːb] *n* **1.** • **curb (on)** frein *m* (à) **2.** **(US)** bord *m* du trottoir. ❑ *vt* mettre un frein à.
curdle ['kɜːdl] *vi* cailler.
cure [kjʊər] *n* • **cure (for) a)** remède *m* (contre) **b)** *fig* remède *m* (à). ❑ *vt* **1.** guérir **2.** CULIN fumer ; saler ; sécher.
cure-all *n* panacée *f*.
curfew ['kɜːfjuː] *n* couvre-feu *m*.
curio ['kjʊərɪəʊ] (*pl* **-s**) *n* bibelot *m*.
curiosity [ˌkjʊərɪ'ɒsətɪ] *n* curiosité *f*.
curious ['kjʊərɪəs] *adj* • **curious (about)** curieux (à propos de).
curiously ['kjʊərɪəslɪ] *adv* **1.** avec curiosité **2.** curieusement • **curiously enough** curieusement, chose curieuse.
curl [kɜːl] *n* boucle *f (de cheveux)*. ❑ *vt* **1.** *(cheveux)* boucler **2.** enrouler. ❑ *vi* **1.** boucler **2.** s'enrouler. ■ **curl up** *vi* se mettre en boule, se pelotonner.
curler ['kɜːlər] *n* bigoudi *m*.
curling iron *n* **(US)** fer *m* à friser.
curling tongs *npl* **(UK)** fer *m* à friser.
curly ['kɜːlɪ] *adj* bouclé.
currant ['kʌrənt] *n* raisin *m* de Corinthe, raisin sec.
currency ['kʌrənsɪ] *n* **1.** monnaie *f* **2.** *(indén)* devise *f*.
current ['kʌrənt] *adj* **1.** actuel • **the current fashion** la mode actuelle **2.** en cours **3.** *(petit(e) ami(e))* du moment **4.** PRESSE • **current issue** dernier numéro. ❑ *n (eau, air, électricité)* courant *m*.
current account *n* **(UK)** compte *m* courant.
current affairs *npl* actualité *f*, questions *fpl* d'actualité.
currently ['kʌrəntlɪ] *adv* actuellement.
curriculum [kə'rɪkjələm] (*pl* **-lums** *ou* **-la**) *n* programme *m* d'études.
curriculum vitae [-'viːtaɪ] (*pl* **curricula vitae**) *n* curriculum vitae *m*.
curry ['kʌrɪ] *n* curry *m*.
curry powder *n* poudre *f* de curry.
curse [kɜːs] *n* **1.** malédiction *f* **2.** *fig* fléau *m* **3.** juron *m*. ❑ *vt* maudire. ❑ *vi* jurer.
curse word *n* **(US)** juron *m*.
cursor ['kɜːsər] *n* curseur *m*.
cursory ['kɜːsərɪ] *adj* superficiel.
curt [kɜːt] *adj* brusque.
curtail [kɜː'teɪl] *vt* écourter.
curtain ['kɜːtn] *n* rideau *m* • **to draw the curtains** tirer les rideaux.
curtain call *n* rappel *m*.
curtain wall *n* mur-rideau *m*.
curts(e)y ['kɜːtsɪ] *n* révérence *f*. ❑ *vi* (*prét & pp* **curtsied**) faire une révérence.
curve [kɜːv] *n* courbe *f*. ❑ *vi* faire une courbe.
curveball ['kɜːvbɔːl] *n* **(US)** balle *f* coupée • **to throw sb a curveball** *fig* prendre qqn de court.
curve grading ['kɜːv ˌgreɪdɪŋ] *n* **(US)** SCOL *système de notation relative tenant compte des performances des élèves de la classe.*
cushion ['kʊʃn] *n* coussin *m*. ❑ *vt* amortir.
cushy ['kʊʃɪ] *adj fam* pépère, peinard.
custard ['kʌstəd] *n* **(UK)** crème *f* anglaise.
custodian [kʌ'stəʊdjən] *n* **1.** gardien *m*, -enne *f* **2.** conservateur *m (d'un musée)*.
custody ['kʌstədɪ] *n* **1.** garde *f* **2.** DR • **in custody** en garde à vue.
custom ['kʌstəm] *n* **1.** coutume *f* **2.** clientèle *f*. ❑ *adj* sur mesure • **custom ringtone** sonnerie *f* sur mesure. ■ **customs** *n* douane *f*.
customarily [ˌkʌstə'merəlɪ] *adv* d'habitude.
customary ['kʌstəmrɪ] *adj* **1.** coutumier **2.** habituel.
custom-built *adj* fait sur commande *ou* mesure.
customer ['kʌstəmər] *n* **1.** client *m*, -e *f* **2.** *fam* type *m*.
customer-focused *adj* orienté client • **we must be more customer-focused** il faut que nous soyons davantage à l'écoute de nos clients.
customer relations management *n* gestion *f* des relations clients.
customer services *npl* service *m* clientèle • **customer services advisor** conseiller *m*, -ère *f* clientèle.
customizable ['kʌstəmaɪzəbəl] *adj* qui peut être personnalisé.
customization [ˌkʌstəmaɪ'zeɪʃən] *n* personnalisation *f*.
customize, -ise (UK) ['kʌstəmaɪz] *vt* fabriquer *ou* assembler sur commande.
Customs and Excise *n* **(UK)** ≃ service *m* des contributions indirectes.
customs duty *n* droit *m* de douane.
customs officer *n* douanier *m*, -ère *f*.
cut [kʌt] *n* **1.** entaille *f* **2.** coupure *f* **3.** morceau *m* **4.** • **cut (in) a)** réduction *f* (de) **b)** coupure *f (dans un film, un article)* • **budget cuts** compressions *fpl* budgétaires **5.** coupe *f (de cheveux, d'un costume)*. ❑ *vt* (*prét & pp* **cut**) couper. ❑ *vi* (*prét*

& *pp* **cut**) **1.** couper **2.** se couper. ■ **cut back** *vt sép* **1.** tailler **2.** réduire. ❑ *vi* • **to cut back on** réduire, diminuer. ■ **cut down** *vt sép* **1.** couper **2.** réduire, diminuer. ❑ *vi* • **to cut down on spending** dépenser moins. ■ **cut in** *vi* **1.** • **to cut in (on sb)** interrompre (qqn) **2.** *AUTO & SPORT* se rabattre. ■ **cut off** *vt sép* **1.** couper **2.** amputer **3.** • **to be cut off (from) a)** être coupé (de) **b)** être isolé (de). ■ **cut out** *vt sép* **1.** découper **2.** *COUT* couper **3.** *COUT* tailler **4.** • **to cut out smoking** arrêter de fumer • **cut it out!** *fam* ça suffit ! **5.** exclure. ■ **cut up** *vt sép* **1.** couper, hacher **2.** (US) • **that really cut me up!** ça m'a fait rire !

cut-and-dried *adj* tout fait, toute faite *f.*

cutback ['kʌtbæk] *n* • **cutback (in)** réduction *f* (de).

cute [kju:t] *adj* mignon.

cutesy ['kju:tsɪ] *adj fam & péj* mièvre.

cuticle ['kju:tɪkl] *n* envie *f.*

cutlery ['kʌtlərɪ] *n (indén)* couverts *mpl.*

cutlet ['kʌtlɪt] *n* côtelette *f.*

cutoff (point) ['kʌtof-] *n* limite *f.*

cutout ['kʌtaʊt] *n* **1.** disjoncteur *m* **2.** découpage *m.*

cut-price (UK), **cut-rate** (US) *adj* à prix réduit.

cutthroat ['kʌtθrəʊt] *adj* acharné.

cutting ['kʌtɪŋ] *adj* **1.** cinglant **2.** acerbe. ❑ *n* **1.** bouture *f* **2.** (UK) coupure *f (de presse)* **3.** (UK) tranchée *f.*

cutting-edge *adj (technologie)* de pointe.

CV (abrév de curriculum vitae) *n* CV *m.*

CYA *SMS* (abrév de see you around *ou* see ya) @+.

cyanide ['saɪənaɪd] *n* cyanure *m.*

cyberbanking ['saɪbə,bæŋkɪŋ] *n INFORM* transactions *fpl* bancaires en ligne.

cyberbully ['saɪbəbʊlɪ] *n* cyber-agresseur *m.*

cyberbullying ['saɪbəbʊlɪɪŋ] *n* cyber-agression *f.*

cybercafé ['saɪbə,kæfeɪ] *n* cybercafé *m.*

cyberchondria [,saɪbə'kɒndrɪə] *n fam comportement hypochondriaque d'internautes qui utilisent l'Internet pour s'autodiagnostiquer des maladies qu'ils n'ont pas.*

cybercrime ['saɪbəkraɪm] *n* cybercriminalité *f.*

cyberculture ['saɪbə,kʌltʃəʳ] *n* cyberculture *f.*

cyber harassment [saɪbə'hærəsmənt] *n* cyberharcèlement *m.*

cybernaut ['saɪbə,nɔt] *n* internaute *mf.*

cyber shop *n* boutique *f* en ligne.

cybershopping ['saɪbəʃɒpɪŋ] *n* achats *mpl* en ligne, cybershopping *m.*

cyberspace ['saɪbəspeɪs] *n* cyberespace *m.*

cybersquatter ['saɪbəskwɒtəʳ] *n* cybersquatteur *m*, -euse *f.*

cyberstalking ['saɪbəstɔ:kɪŋ] *n* harcèlement *m* en ligne, cyber-harcèlement *m.*

cyber store = **cyber shop**.

cybersurfer ['saɪbə,sɜ:fəʳ] *n* internaute *mf.*

cycle ['saɪkl] *n* **1.** cycle *m* **2.** bicyclette *f*, vélo *m.* ❑ *en apposition* **1.** *(piste)* cyclable **2.** *(course)* cycliste **3.** *(magasin)* de cycles. ❑ *vi* faire du vélo.

cycle lane *n* voie *f* cyclable.

cycleway ['saɪklweɪ] *n* (UK) piste *f* cyclable.

cycling ['saɪklɪŋ] *n* cyclisme *m.*

cyclist ['saɪklɪst] *n* cycliste *mf.*

cygnet ['sɪgnɪt] *n* jeune cygne *m.*

cylinder ['sɪlɪndəʳ] *n* cylindre *m.*

cymbal ['sɪmbl] *n* cymbale *f.*

cynic ['sɪnɪk] *n* cynique *mf.*

cynical ['sɪnɪkl] *adj* cynique.

cynicism ['sɪnɪsɪzm] *n* cynisme *m.*

cypress ['saɪprəs] *n* cyprès *m.*

Cypriot ['sɪprɪət] *adj* chypriote. ❑ *n* Chypriote *mf.*

Cyprus ['saɪprəs] *n* Chypre *f.*

cyst [sɪst] *n* kyste *m.*

cystitis [sɪs'taɪtɪs] *n* cystite *f.*

czar [zɑ:ʳ] *n* **1.** tsar *m* **2.** *fig* • **the government's drug(s) czar** le « Monsieur drogue » du gouvernement.

Czech [tʃek] *adj* tchèque. ❑ *n* **1.** Tchèque *mf* **2.** tchèque *m.*

Czechoslovakian [,tʃekəslə'vækɪən] *adj* tchécoslovaque. ❑ *n* Tchécoslovaque *mf.*

Czech Republic *n* République *f* tchèque.

d [diː] (*pl* **d's** *ou* **ds**), **D** (*pl* **D's** *ou* **Ds**) *n* d *m inv*, D *m inv*. ■ **D** *n* **1.** MUS ré *m* **2.** SCOL D *m inv*.
D&T (abrév de **Design and Technology**) *n* (UK) technologie *f* *(matière scolaire)*, techno *f* *fam*.
DA abrév de **district attorney**.
dab [dæb] *n* **1.** petit peu *m* **2.** touche *f*. ❑ *vt* tamponner.
dabble ['dæbl] *vi* • **to dabble in** toucher un peu à.
dab hand *n* (UK) • **to be a dab hand (at sthg)** être doué (pour qqch).
dachshund ['dækshʊnd] *n* teckel *m*.
dad [dæd], **daddy** ['dædɪ] *n fam* papa *m*.
dadager ['dædədʒər] *n père qui gère la carrière de son enfant artiste ou sportif*.
daddy longlegs [-'lɒŋlegz] (*pl inv*) *n* faucheur *m*.
daffodil ['dæfədɪl] *n* jonquille *f*.
daft [dɑːft] *adj* (UK) *fam* stupide, idiot.
dagger ['dægər] *n* poignard *m*.
daily ['deɪlɪ] *adj* **1.** quotidien **2.** journalier. ❑ *adv* quotidiennement • **twice daily** deux fois par jour • **open daily** ouvert tous les jours. ❑ *n* quotidien *m*.
dainty ['deɪntɪ] *adj* délicat.
dairy ['deərɪ] *n* **1.** laiterie *f* **2.** crémerie *f*.
dairy farm *n* ferme *f* laitière.
dairy products *npl* produits *mpl* laitiers.
dais ['deɪɪs] *n* estrade *f*.
daisy ['deɪzɪ] *n* **1.** *(dans les champs)* pâquerette *f* **2.** *(cultivée)* marguerite *f*.
daisy-wheel printer *n* imprimante *f* à marguerite.
dale [deɪl] *n* vallée *f*.
dalmatian [dæl'meɪʃn] *n* dalmatien *m* *(race canine)*.
dam [dæm] *n* barrage *m*. ❑ *vt* construire un barrage sur.
damage ['dæmɪdʒ] *n* **1.** dommage *m*, dégât *m* • **to cause a lot of damage** faire beaucoup de dégâts **2.** tort *m*. ❑ *vt* **1.** endommager, abîmer **2.** nuire à. ■ **damages** *npl* DR dommages et intérêts *mpl*.
damaging ['dæmɪdʒɪŋ] *adj* • **damaging (to)** préjudiciable (à).
Dame [deɪm] *n* (UK) *titre accordé aux femmes titulaires de certaines décorations*.
dammit ['dæmɪt] *interj fam* **1.** mince **2.** • **as near as dammit** (UK) à un cheveu près.
damn [dæm] *adj fam* fichu, sacré. ❑ *adv fam* sacrément. ❑ *n fam* • **not to give** *ou* **care a damn** se ficher pas mal. ❑ *vt* damner. ❑ *interj fam* zut !
damned [dæmd] *fam adj* fichu, sacré • **well I'll be** (US) *ou* **I'm damned!** (UK) c'est trop fort !, elle est bien bonne celle-là ! ❑ *adv* sacrément.
damnedest ['dæmdəst] *fam n* • **to do one's damnedest to do sthg** faire tout ce qu'on peut pour faire qqch. ❑ *adj* (US) incroyable.
damning ['dæmɪŋ] *adj* accablant.
damp [dæmp] *adj* humide. ❑ *n* humidité *f*. ❑ *vt* humecter. ■ **damp down** *vt sép* **1.** contenir, maîtriser *(violence, soulèvement)* **2.** refroidir *(des ardeurs)*.
dampen ['dæmpən] *vt* **1.** humecter **2.** *fig* abattre *(décourager)*.
damper ['dæmpər] *n* **1.** étouffoir *m* *(piano)* **2.** registre *m* *(protection incendie)* **3.** • **to put a damper on sthg** jeter un froid sur qqch.
dampness ['dæmpnɪs] *n* humidité *f*.
damson ['dæmzn] *n* prune *f* de Damas.
dance [dɑːns] *n* **1.** danse *f* **2.** bal *m*. ❑ *vi* danser.
dance floor *n* piste *f* de danse.
dancer ['dɑːnsər] *n* danseur *m*, -euse *f*.
dancing ['dɑːnsɪŋ] *n (indén)* danse *f*.
dandelion ['dændɪlaɪən] *n* pissenlit *m*.
dandruff ['dændrʌf] *n (indén)* pellicules *fpl*.
Dane [deɪn] *n* Danois *m*, -e *f*.
danger ['deɪndʒər] *n* • **danger (to)** risque *m* (pour) • **to be in danger of doing sthg** risquer de faire qqch.
danger money *n (indén)* (UK) prime *f* de risque.
dangerous ['deɪndʒərəs] *adj* dangereux.
danger zone *n* zone *f* dangereuse.
dangle ['dæŋgl] *vt* laisser pendre. ❑ *vi* pendre.

Danish ['deɪnɪʃ] *adj* danois. ❑ *n* **1.** danois *m* **2.** **(US)** = **Danish pastry**. ❑ *npl* • **the Danish** les Danois *mpl*.

Danish pastry *n gâteau feuilleté fourré aux fruits*.

dank [dæŋk] *adj* humide et froid *(cave, forêt)*.

dapper ['dæpə^r] *adj* pimpant.

dappled ['dæpld] *adj* **1.** tacheté **2.** *(cheval, ciel)* pommelé.

dare [deə^r] *vt* **1.** • **to dare to do sthg** oser faire qqch **2.** • **to dare sb to do sthg** défier qqn de faire qqch. ❑ *vi* oser. ❑ *n* défi *m*.

daredevil ['deə,devl] *n* casse-cou *m inv*.

daring ['deərɪŋ] *adj* audacieux. ❑ *n* audace *f*.

dark [dɑːk] *adj* **1.** sombre • **it's getting dark** il commence à faire nuit **2.** foncé **3.** *(cheveux)* brun **4.** basané. ❑ *n* **1.** • **the dark** l'obscurité *f* **2.** • **before/after dark** avant/après la tombée de la nuit.

darken ['dɑːkn] *vt* assombrir. ❑ *vi* s'assombrir.

dark glasses *npl* lunettes *fpl* noires.

darkness ['dɑːknɪs] *n* obscurité *f*.

darkroom ['dɑːkrʊm] *n* chambre *f* noire.

dark-skinned *adj* à la peau foncée.

darling ['dɑːlɪŋ] *adj* chéri. ❑ *n* **1.** chéri *m*, -e *f* **2.** chouchou *m* **3.** idole *f*.

darn [dɑːn] *vt* repriser. ❑ *adj fam* sacré, satané. ❑ *adv fam* sacrément.

dart [dɑːt] *n* fléchette *f*. ❑ *vi* se précipiter. ■ **darts** *n* jeu *m* de fléchettes.

dartboard ['dɑːtbɔːd] *n* cible *f* de jeu de fléchettes.

dash [dæʃ] *n* **1.** goutte *f* **2.** soupçon *m* **3.** pincée *f* **4.** touche *(de couleur, de peinture) f* **5.** *(ponctuation)* tiret *m* **6.** • **to make a dash for** se ruer vers. ❑ *vi* se précipiter. ■ **dash off** *vt sép* écrire en vitesse.

dashboard ['dæʃbɔːd] *n* tableau *m* de bord.

dashing ['dæʃɪŋ] *adj* fringant.

data ['deɪtə] *n (indén)* données *fpl*.

data bank *n* banque *f* de données.

database ['deɪtəbeɪs] *n* base *f* de données.

data capture *n* saisie *f* de données.

data processing *n* traitement *m* de données.

data protection *n* protection *f* de l'information.

date [deɪt] *n* **1.** date *f* • **what's your date of birth?** quelle est votre date de naissance ? • **what's the date today?** quel jour sommes-nous ? • **to date** à ce jour **2.** rendez-vous *m inv* **3.** petit ami *m*, petite amie *f* **4.** datte *f*. ❑ *vt* **1.** dater **2.** sortir avec.

dated ['deɪtɪd] *adj* qui date.

date of birth *n* date *f* de naissance.

date rape *n viol commis par une personne connue de la victime*.

daub [dɔːb] *vt* • **to daub sthg with sthg** barbouiller qqch de qqch.

daubing ['dɔːbɪŋ] *n* **1.** peinture *f* **2.** croûte *f* **3.** graffitis *mpl*.

daughter ['dɔːtə^r] *n* fille *f*.

daughter-in-law *(pl* **daughters-in-law***) n* belle-fille *f*.

daunting ['dɔːntɪŋ] *adj* intimidant.

dawdle ['dɔːdl] *vi* flâner.

dawdler ['dɔːdlə^r] *n* lambin *m*, -e *f*, traînard *m*, -e *f*.

dawn [dɔːn] *n littéraire* & *fig* aube *f*. ❑ *vi* **1.** *(jour)* poindre **2.** *(ère, époque)* naître. ■ **dawn (up)on** *vt insép* venir à l'esprit de.

day [deɪ] *n* **1.** jour *m* • **the day before** la veille • **the day after** le lendemain • **the day before yesterday** avant-hier • **the day after tomorrow** après-demain • **any day now** d'un jour à l'autre • **one day, some day, one of these days** un jour (ou l'autre), un de ces jours • **from day one** dès le premier jour **2.** journée *f* **3.** *(locution)* • **to make sb's day** réchauffer le cœur de qqn.

day-blind *adj* héméralope.

daybreak ['deɪbreɪk] *n* aube *f* • **at daybreak** à l'aube.

day care *n* **1.** service *m* d'accueil de jour *(pour personnes âgées, handicapés)* **2.** service *m* de garderie, garderie *f*. ■ **day-care** *adj* **1.** d'accueil de jour *(pour personnes âgées, handicapés)* **2.** de garderie.

day cream *n* crème *f* de jour.

daydream ['deɪdriːm] *vi* rêvasser.

day for night *n* nuit *f* américaine.

daylight ['deɪlaɪt] *n* **1.** lumière *f* du jour **2.** aube *f*.

daylight robbery *n* • **that's daylight robbery** **(UK)** *fam* c'est du vol manifeste.

daylight saving time *n* heure *f* d'été.

day off *(pl* **days off***) n* jour *m* de congé.

daypack ['deɪpæk] *n* petit sac à dos *m (pour ses affaires de la journée)*.

day pupil *n* **(UK)** *(élève)* externe *mf*.

day release *n* **(UK)** *jour de formation*.

day return *n* **(UK)** *billet aller et retour valable pour une journée*.

day shift *n* équipe *f* de jour.

daytime ['deɪtaɪm] *n* jour *m*, journée *f*. ❑ *en apposition* de jour • **daytime television** émissions *fpl* diffusées pendant la journée.

daytime television *n* émissions *fpl* télévisées pendant la journée.

day-to-day *adj* journalier • **on a day-to-day basis** au jour le jour.

day trip *n* excursion *f* d'une journée.

day tripper *n* excursionniste *mf*.

daze [deɪz] *n* • **in a daze** hébété, ahuri. ❑ *vt* **1.** étourdir **2.** *fig* abasourdir, sidérer.

dazzle ['dæzl] *vt* éblouir.
dazzling ['dæzlɪŋ] *adj* éblouissant.
DC (abrév de direct current) *n* courant *m* continu.
DCSF *npr* abrév de **Department for Children, Schools and Families**.
D-day, D-Day ['di:deɪ] *n fig* le jour J.
D/D abrév de **direct debit**.
DEA (abrév de Drug Enforcement Administration) *n agence américaine de lutte contre la drogue*.
deacon ['di:kn] *n* diacre *m*.
deactivate [,di:'æktɪveɪt] *vt* désamorcer.
dead [ded] *adj* **1.** mort **2.** engourdi **3.** *(batterie)* à plat **4.** de mort • **a dead body** un cadavre *m*. ❑ *adv* **1.** • **dead ahead** droit devant soi • **dead on time** pile à l'heure **2.** *fam* tout à fait **3.** • **to stop dead** s'arrêter net **4.** *(locution)* • **dead in the water** mort dans l'œuf • **you're dead meat!** tu es un homme mort !
dead cat bounce *n brève remontée d'un marché en forte baisse*.
deaden ['dedn] *vt* **1.** assourdir *(un bruit)* **2.** calmer *(une douleur)*.
dead end *n* impasse *f*.
dead-end job *n* travail *m* sans débouchés.
dead heat *n* arrivée *f* ex-æquo.
deadline ['dedlaɪn] *n* dernière limite *f*.
deadlock ['dedlɒk] *n* impasse *f*.
deadlocked ['dedlɒkt] *adj* dans une impasse.
dead loss *n* **(UK)** *fam* • **to be a dead loss a)** être complètement nul, nulle *f*.
deadly ['dedlɪ] *adj* **1.** mortel **2.** imparable. ❑ *adv* tout à fait.
deadpan ['dedpæn] *adj* pince-sans-rire *(inv)*. ❑ *adv* impassiblement.
dead ringer *n fam* sosie *m* • **to be a dead ringer for sb** être le sosie de qqn.
dead tree edition *n fam* édition *f* imprimée.
dead tree media *npl fam* médias *mpl* imprimés.
dead weight *n litt & fig* poids *m* mort.
deaf [def] *adj* sourd • **to be deaf to sthg** être sourd à qqch. ❑ *npl* • **the deaf** les sourds *mpl*.
deaf-and-dumb *adj* sourd-muet, sourde-muette *f*.
deafen ['defn] *vt* assourdir.
deafening ['defnɪŋ] *adj* assourdissant.
deaf-mute *adj* sourd-muet. ❑ *n* sourd-muet *m*, sourde-muette *f*.
deafness ['defnɪs] *n* surdité *f*.
deal [di:l] *n* **1.** marché *m*, affaire *f* • **to do** *ou* **strike a deal with sb** conclure un marché avec qqn **2.** *fam* • **to get a bad deal** ne pas faire une affaire **3.** • **a good** *ou* **great deal (of)** beaucoup (de) **4.** *(locution)* • **it's no big deal** *fam* ça ne fait rien. ❑ *vt (prét & pp* **dealt**) **1.** donner, distribuer **2.** • **to deal sb/sthg a blow, to deal a blow to sb/sthg** porter un coup à qqn/qqch. ❑ *vi (prét & pp* **dealt**) **1.** donner, distribuer **2.** faire du trafic de drogue. ■ **deal in** *vt insép* COMM faire le commerce de. ■ **deal out** *vt sép* distribuer. ■ **deal with** *vt insép* **1.** s'occuper de **2.** traiter de **3.** traiter *ou* négocier avec.
dealbreaker ['di:lbreɪkəʳ] *n* élément *m* rédhibitoire *(pour l'achat d'un produit)*.
dealer ['di:ləʳ] *n* **1.** négociant *m* **2.** *(drogue)* trafiquant *m*, dealer *m fam* **3.** donneur *m*.
dealing ['di:lɪŋ] *n* commerce *m*. ■ **dealings** *npl* relations *fpl*, rapports *mpl*.
dealt [delt] *passé & pp* → **deal**.
dean ['di:n] *n* **1.** doyen *m*, -ne *f* d'université **2. (US)** ≃ CPE *mf (membre de l'administration d'un lycée qui conseille les élèves et s'occupe des problèmes disciplinaires)*.
Dean's List *n* **(US)** *tableau d'honneur dans les universités américaines*.
dear [dɪəʳ] *adj* • **dear (to)** cher (à) • **Dear Sir** Cher Monsieur • **Dear Madam** Chère Madame. ❑ *n* chéri *m*, -e *f*. ❑ *interj* • **oh dear!** mon Dieu !
dearly ['dɪəlɪ] *adv* de tout son cœur.
death [deθ] *n* **1.** mort *f* **2.** *(locution)* • **to frighten sb to death** faire une peur bleue à qqn • **to be sick to death of sthg/of doing sthg** en avoir marre de qqch/de faire qqch.
deathbed ['deθbed] *n* lit *m* de mort.
deathblow ['deθbləʊ] *n fig* coup *m* fatal *ou* mortel • **to be the deathblow for sthg** porter un coup fatal *ou* mortel à qqch.
death certificate *n* acte *m* de décès.
death duty (UK), death tax (US) *n* droits *mpl* de succession.
deathly ['deθlɪ] *adj* de mort.
death penalty *n* peine *f* de mort.
death rate *n* taux *m* de mortalité.
death row *n* **(US)** quartier *m* des condamnés à mort.
death sentence *n* condamnation *f* à mort.
death tax (US) = **death duty**.
death throes [-,rəʊz] *npl* **1.** agonie *f* **2.** agoniser, être agonisant • **to be in its death throes** *fig (projet, affaires)* agoniser, être agonisant.
death toll *n* nombre *m* de morts.
death trap *n fam* véhicule *m* /bâtiment *m* dangereux.
death wish *n* désir *m* de mort.
débâcle, debacle [de'bɑ:kl] *n* débâcle *f*.
debar [di:'bɑ:ʳ] *vt* • **to debar sb (from)** exclure qqn (de) • **to debar sb from doing sthg** interdire à qqn de faire qqch.
debase [dɪ'beɪs] *vt* dégrader • **to debase o.s.** s'avilir.
debatable [dɪ'beɪtəbl] *adj* discutable, contestable.

debate [dɪ'beɪt] *n* débat *m* • **open to debate** discutable. ❑ *vt* débattre, discuter • **to debate whether** s'interroger pour savoir si.

debating society [dɪ'beɪtɪŋ-] *n* **(UK)** club *m* de débats.

debauchery [dɪ'bɔtʃərɪ] *n* débauche *f*.

debeard [ˌdiː'bɪəd] *vt* nettoyer *(des poissons, des fruits de mer)*.

debilitating [dɪ'bɪlɪteɪtɪŋ] *adj* débilitant.

debit ['debɪt] *n* débit *m*. ❑ *vt* débiter.

debit account *n* compte *m* débiteur.

debit card *n* carte *f* de paiement à débit immédiat.

debit note *n* note *f* de débit.

debrief [ˌdiː'briːf] *vt* faire faire un compte-rendu de mission à.

debris ['deɪbriː] *n (indén)* débris *mpl*.

debt [det] *n* dette *f* • **to be in sb's debt** être redevable à qqn • **to be in debt** avoir des dettes, être endetté.

debt collector *n* agent *m* de recouvrements.

debtor ['detər] *n* débiteur *m*, -trice *f*.

debt rescheduling, **debt restructuring** *n* rééchelonnement *m* de la dette.

debt-ridden *adj* criblé de dettes.

debt trap *n* piège *m* de la dette.

debug [ˌdiː'bʌg] *vt INFORM* mettre au point, déboguer.

debunk [ˌdiː'bʌŋk] *vt* démentir.

debut ['deɪbjuː] *n* débuts *mpl* • **debut performance** première apparition *f*.

Dec. (abrév de December) déc.

decade ['dekeɪd] *n* décennie *f*.

decadence ['dekədəns] *n* décadence *f*.

decadent ['dekədənt] *adj* décadent.

decaf(f) ['diːkæf] *n fam* déca *m*.

decaffeinated [dɪ'kæfɪneɪtɪd] *adj* décaféiné.

decamp [dɪ'kæmp] *vi fam* décamper, filer.

decanter [dɪ'kæntər] *n* carafe *f*.

decapitate [dɪ'kæpɪteɪt] *vt* décapiter.

decarbonization [ˌdiːˌkaːbənaɪ'zeɪʃn] *n* décarbonation *f*, décarbonisation *f*.

decathlon [dɪ'kæθlɒn] *n* décathlon *m*.

decay [dɪ'keɪ] *n* **1.** pourriture *f*, putréfaction *f* **2.** *(dent)* carie *f* **3.** *fig* délabrement *m* **4.** *fig* décadence *f*. ❑ *vi* **1.** pourrir **2.** se carier **3.** *fig* se délabrer, tomber en ruine **4.** tomber en décadence.

deceased [dɪ'siːst] *adj* décédé. ❑ *n (pl inv)* • **the deceased** le défunt, la défunte.

decedent [dɪ'siːdənt] *n* **(US)** défunt *m*.

deceit [dɪ'siːt] *n* tromperie *f*, supercherie *f*.

deceitful [dɪ'siːtfʊl] *adj* trompeur.

deceive [dɪ'siːv] *vt* **1.** tromper, duper • **to deceive o.s.** se leurrer, s'abuser **2.** *(mémoire)* jouer des tours à.

December [dɪ'sembər] *n* décembre *m*. Voir aussi September.

decency ['diːsnsɪ] *n* décence *f*, bienséance *f* • **to have the decency to do sthg** avoir la décence de faire qqch.

decent ['diːsnt] *adj* **1.** *(tenue, comportement)* décent **2.** *(salaire, repas)* correct, décent **3.** *(personne)* gentil, brave.

decently ['diːsntlɪ] *adv* **1.** décemment, convenablement **2.** correctement *(de manière appropriée)*.

decentralization [diːˌsentrəlaɪ'zeɪʃn] *n* décentralisation *f*.

decentralize, **-ise (UK)** [ˌdiː'sentrəlaɪz] *vt* décentraliser.

decent-sized *adj* de bonnes dimensions *(pour une pièce, un bâtiment)*.

deception [dɪ'sepʃn] *n* **1.** tromperie *f*, duperie *f* **2.** *(indén)* supercherie *f*.

deceptive [dɪ'septɪv] *adj* trompeur.

deceptively [dɪ'septɪvlɪ] *adv* en apparence.

decide [dɪ'saɪd] *vt* décider • **to decide to do sthg** décider de faire qqch. ❑ *vi* se décider. ■ **decide (up)on** *vt insép* se décider pour, choisir.

decided [dɪ'saɪdɪd] *adj* **1.** certain, incontestable **2.** décidé, résolu.

decidedly [dɪ'saɪdɪdlɪ] *adv* **1.** manifestement, incontestablement **2.** résolument.

decider [dɪ'saɪdər] *n* **1.** but *m* décisif **2.** point *m* décisif **3.** match *m* décisif, rencontre *f* décisive **4.** facteur *m* décisif.

deciding [dɪ'saɪdɪŋ] *adj* • **deciding vote** vote *m* décisif.

deciduous [dɪ'sɪdjʊəs] *adj* à feuilles caduques.

decimal ['desɪml] *adj* décimal. ❑ *n* décimale *f*.

decimal point *n* virgule *f*.

decimate ['desɪmeɪt] *vt* décimer.

decipher [dɪ'saɪfər] *vt* déchiffrer.

decision [dɪ'sɪʒn] *n* décision *f* • **to make a decision** prendre une décision.

decision-maker *n* décideur *m*, -euse *f*, décisionnaire *mf*.

decision-making *n* prise *f* de décisions.

decisive [dɪ'saɪsɪv] *adj* **1.** déterminé, résolu **2.** décisif.

decisively [dɪ'saɪsɪvlɪ] *adv* **1.** *(parler)* d'un ton décidé **2.** *(agir)* avec décision.

decisiveness [dɪ'saɪsɪvnɪs] *n* fermeté *f*, résolution *f*.

deck [dek] *n* **1.** pont *m (d'un bateau)* **2.** étage *m (d'un gros avion)* **3.** jeu *m (de cartes)*.

deckchair ['dektʃeər] *n* chaise *f* longue, transat *m*.

-decker ['dekər] *suffixe* • **double-decker bus** bus *m* à impériale • **double-decker sandwich** sandwich *m* double.

decking ['dekɪŋ] *n* **1.** terrasse *f* en bois **2.** caillebotis *m*.

declaration [ˌdekləˈreɪʃn] *n* déclaration *f*.
Declaration of Independence *n* • **the Declaration of Independence** *la Déclaration d'indépendance des États-Unis d'Amérique (1776)*.
declare [dɪˈkleəʳ] *vt* déclarer.
decline [dɪˈklaɪn] *n* déclin *m*. ❑ *vt* décliner • **to decline to do sthg** refuser de faire qqch. ❑ *vi* **1.** décliner **2.** refuser.
declutter [diːˈklʌtəʳ] *vt* désencombrer.
decode [ˌdiːˈkəʊd] *vt* décoder.
decommission [ˌdiːkəˈmɪʃn] *vt* mettre hors service.
decompose [ˌdiːkəmˈpəʊz] *vi* se décomposer.
decongestant [ˌdiːkənˈdʒestənt] *n* décongestionnant *m*.
decontaminate [ˌdiːkənˈtæmɪneɪt] *vt* décontaminer.
decontamination [ˈdiːkənˌtæmɪˈneɪʃn] *n* décontamination *f*. ❑ *en apposition* **1.** *(matériel, équipe)* de décontamination **2.** *(expert)* en décontamination.
decor, décor [ˈdeɪkɔːʳ] *n* décor *m*.
decorate [ˈdekəreɪt] *vt* décorer.
decoration [ˌdekəˈreɪʃn] *n* décoration *f*.
decorative [ˈdekərətɪv] *adj* décoratif.
decorator [ˈdekəreɪtəʳ] *n* décorateur *m*, -trice *f*.
decoy *n* [ˈdiːkɔɪ] **1.** *(pour la chasse)* appât *m*, leurre *m* **2.** compère *m*.
decrease *n* [ˈdiːkriːs] • **decrease (in)** diminution *f* (de), baisse *f* (de). ❑ *vt* [dɪˈkriːs] diminuer, réduire. ❑ *vi* [dɪˈkriːs] diminuer, décroître.
decree [dɪˈkriː] *n* **1.** décret *m* **2. (US)** *DR* arrêt *m*, jugement *m*. ❑ *vt* décréter, ordonner.
decree nisi [-ˈnaɪsaɪ] (*pl* **decrees nisi**) *n* **(UK)** jugement *m* provisoire.
decrepit [dɪˈkrepɪt] *adj* **1.** décrépit **2.** délabré.
dedicate [ˈdedɪkeɪt] *vt* **1.** dédier **2.** consacrer **3. (US)** inaugurer.
dedicated [ˈdedɪkeɪtɪd] *adj* **1.** *(personne)* dévoué **2.** *INFORM* spécialisé.
dedication [ˌdedɪˈkeɪʃn] *n* **1.** dévouement *m* **2.** dédicace *f*.
deduce [dɪˈdjuːs] *vt* déduire, conclure.
deducible [dɪˈdjuːsəbl] *adj* qui peut se déduire.
deduct [dɪˈdʌkt] *vt* déduire, retrancher.
deductible [dɪˈdʌktəbl] *adj* déductible.
deduction [dɪˈdʌkʃn] *n* déduction *f*.
deed [diːd] *n* **1.** action *f*, acte *m* **2.** acte *m* notarié.
deem [diːm] *vt* juger, considérer.
deep [diːp] *adj* profond. ❑ *adv* profondément • **deep down** au fond.
deep-dish pie *n* **(US)** tourte *f*.
deepen [ˈdiːpn] *vi* **1.** *(fleuve, mer)* devenir profond **2.** *(crise, récession)* s'aggraver.
deep-fat frying *n* cuisson *f* en bain de friture.
deep freeze *n* congélateur *m*.
deep-fried *adj* frit.
deeply [ˈdiːplɪ] *adv* profondément.
deep-pan pizza *n* pizza *f* à pâte épaisse.
deep-rooted *adj* **1.** *(préjugé)* ancré, enraciné **2.** *(sentiment)* vivace, tenace, profond.
deep-sea *adj* • **deep-sea diving** plongée *f* sous-marine • **deep-sea fishing** pêche *f* hauturière.
deep-set *adj (yeux)* enfoncé.
deep-six *vt* **(US)** *fam* balancer • **we deep-sixed the project** on a balancé cette idée de projet.
Deep South *npr* • **the Deep South** *l'extrême sud conservateur des États-Unis*.
deep vein thrombosis *n* thrombose *f* veineuse profonde.
deer [dɪəʳ] *n* (*pl inv*) cerf *m*.
deface [dɪˈfeɪs] *vt* barbouiller.
defamatory [dɪˈfæmətrɪ] *adj* diffamatoire, diffamant.
default [dɪˈfɔlt] *n* **1.** défaillance *f* **2.** valeur *f* par défaut • **by default** par défaut • **default setting** configuration *f* par défaut. ❑ *vi* manquer à ses engagements.
default setting *n* configuration *f* par défaut.
defeat [dɪˈfiːt] *n* défaite *f* • **to admit defeat** s'avouer battu *ou* vaincu. ❑ *vt* **1.** vaincre, battre **2.** rejeter.
defeatist [dɪˈfiːtɪst] *adj & n* défaitiste.
defect *n* [ˈdiːfekt] défaut *m*. ❑ *vi* [dɪˈfekt] • **to defect to** passer à.
defection [dɪˈfekʃn] *n* défection *f*.
defective [dɪˈfektɪv] *adj* défectueux.
defector [dɪˈfektəʳ] *n* transfuge *mf*.
defence (UK), defense (US) [dɪˈfens] *n* **1.** défense *f* **2.** protection *f* **3.** *DR* • **the defence** la défense.
defenceless (UK), defenseless (US) [dɪˈfenslɪs] *adj* sans défense.
defence mechanism (UK), defense mechanism (US) *n* mécanisme *m* de défense.
defend [dɪˈfend] *vt* défendre • **to defend o.s.** se défendre.
defendant [dɪˈfendənt] *n* **1.** défendeur *m*, -eresse *f* **2.** *(dans un procès)* accusé *m*, -e *f*.
defender [dɪˈfendəʳ] *n* défenseur *m*.
defense (US) = **defence**.
defenseless (US) = **defenceless**.
defensive [dɪˈfensɪv] *adj* défensif. ❑ *n* • **on the defensive** sur la défensive.
defer [dɪˈfɜːʳ] *vt* différer. ❑ *vi* • **to defer to sb** s'en remettre à (l'opinion de) qqn.
deferential [ˌdefəˈrenʃl] *adj* respectueux.
deferred [dɪˈfɜːd] *adj* **1.** ajourné, retardé • **deferred sentence** jugement *m* dont le prononcé est suspendu, jugement *m* ajourné **2.** *(paiement)* différé • **deferred charges** frais *mpl*

différés **3.** à paiement différé, à jouissance différée.

defiance [dɪ'faɪəns] *n* défi *m* • **in defiance of** au mépris de.

defiant [dɪ'faɪənt] *adj* **1.** intraitable, intransigeant **2.** de défi.

defiantly [dɪ'faɪəntlɪ] *adv* d'un ton de défi.

deficiency [dɪ'fɪʃnsɪ] *n* **1.** manque *m* **2.** carence *f* **3.** imperfection *f*.

deficient [dɪ'fɪʃnt] *adj* **1.** • **to be deficient in** manquer de **2.** insuffisant, médiocre.

deficit ['defɪsɪt] *n* déficit *m*.

defile [dɪ'faɪl] *vt* souiller, salir.

define [dɪ'faɪn] *vt* définir.

defining [dɪ'faɪnɪŋ] *adj* restrictif.

definite ['defɪnɪt] *adj* **1.** *(projet)* bien déterminé **2.** *(date)* certain **3.** *(différence, progrès)* net, marqué **4.** *(réponse)* précis, catégorique • **to have very definite ideas on a subject** avoir des idées bien arrêtées sur une question **5.** *(personne, ton)* catégorique.

definite article *n* article *m* défini.

definitely ['defɪnɪtlɪ] *adv* **1.** sans aucun doute, certainement • **I will definitely come** je viendrai sans faute **2.** catégoriquement.

definition [defɪ'nɪʃn] *n* **1.** définition *f* **2.** clarté *f*, précision *f*.

deflate [dɪ'fleɪt] *vt* dégonfler • **to deflate the economy** pratiquer une politique déflationniste. ❑ *vi* se dégonfler.

deflation [dɪ'fleɪʃn] *n* ÉCON déflation *f*.

deflect [dɪ'flekt] *vt* **1.** faire dévier *(un projectile)* **2.** détourner *(le cours d'un fleuve)*.

defogger [,diː'fɒgər] *n* **(US)** dispositif *m* antibuée.

deforestation [diː,fɒrɪ'steɪʃn] *n* déforestation *f*, déboisement *m*.

deformed [dɪ'fɔmd] *adj* difforme.

defrag [diː'fræg] *vt fam* = **defragment**.

defragment [,diːfræg'ment] *vt* défragmenter.

defragmentation [,diːfrægmen'teɪʃn] *n* défragmentation *f*.

defraud [dɪ'frɔd] *vt* **1.** escroquer **2.** frauder.

defrost [,diː'frɒst] *vt* **1.** dégivrer **2.** décongeler *(nourriture)* **3.** **(US)** désembuer. ❑ *vi* **1.** dégivrer **2.** se décongeler.

deft [deft] *adj* adroit.

deftly ['deftlɪ] *adv* adroitement.

defunct [dɪ'fʌŋkt] *adj* **1.** qui n'existe plus **2.** défunt.

defuse [,diː'fjuːz] *vt* désamorcer.

defy [dɪ'faɪ] *vt* **1.** défier **2.** résister à, faire échouer *(des efforts)*.

degenerate *adj* [dɪ'dʒenərət] dégénéré. ❑ *vi* [dɪ'dʒenəreɪt] • **to degenerate (into)** dégénérer (en).

degenerative [dɪ'dʒenərətɪv] *adj* dégénératif.

degradation [,degrə'deɪʃn] *n* **1.** déchéance *f (d'une personne)* **2.** dégradation *f (d'un lieu)*.

degrade [dɪ'greɪd] *vt* avilir.

degrading [dɪ'greɪdɪŋ] *adj* dégradant, avilissant.

degree [dɪ'griː] *n* **1.** degré *m* **2.** diplôme *m* universitaire • **degree ceremony** cérémonie *f* de remise des diplômes **3.** • **to a certain degree** dans une certaine mesure • **a degree of risk** un certain risque • **a degree of truth** une certaine part de vérité • **by degrees** progressivement, petit à petit.

dehire [,diː'haɪər] *vt* **(US)** *euphém* remercier *(licencier)*.

dehumanize, -ise (UK) [diː'hjuːmənaɪz] *vt* déshumaniser.

dehydrate [,diːhaɪ'dreɪt] *vt* déshydrater.

dehydrated [,diːhaɪ'dreɪtɪd] *adj* déshydraté.

dehydration [,diːhaɪ'dreɪʃn] *n* déshydratation *f*.

de-ice [diː'aɪs] *vt* dégivrer.

deign [deɪn] *vt* • **to deign to do sthg** daigner faire qqch.

deinstall [,diːɪn'stɔːl] *vt* **(UK)** désinstaller.

deinstallation [,diːɪnstə'leɪʃən] *n* **(UK)** désinstallation *f*.

deinstaller [,diːɪn'stɔːlər] *n* **(UK)** désinstallateur *m*.

deity ['diːɪtɪ] *n* dieu *m*, déesse *f*, divinité *f*.

déjà vu [,deʒɑː'vjuː] *n* déjà vu *m*.

dejected [dɪ'dʒektɪd] *adj* abattu, découragé.

dejection [dɪ'dʒekʃn] *n* abattement *m*, découragement *m*.

delay [dɪ'leɪ] *n* retard *m*, délai *m*. ❑ *vt* **1.** retarder **2.** différer • **to delay doing sthg** tarder à faire qqch.

delayed [dɪ'leɪd] *adj* • **to be delayed** être retardé.

delectable [dɪ'lektəbl] *adj* délicieux.

delectation [,diːlek'teɪʃn] *n littéraire* & *hum* délectation *f* • **for your delectation** pour votre plus grand plaisir.

delegate *n* ['delɪgət] délégué *m*, -e *f*. ❑ *vt* ['delɪgeɪt] déléguer.

delegation [,delɪ'geɪʃn] *n* délégation *f*.

delete [dɪ'liːt] *vt* supprimer, effacer.

delete key *n* touche *f* effacer.

deletion [dɪ'liːʃn] *n* suppression *f*, effacement *m*.

deli ['delɪ] *n fam* abrév de **delicatessen**.

deliberate *adj* [dɪ'lɪbərət] **1.** voulu, délibéré **2.** lent, sans hâte. ❑ *vi* [dɪ'lɪbəreɪt] délibérer.

deliberately [dɪ'lɪbərətlɪ] *adv* exprès, à dessein.

deliberation [dɪ,lɪbə'reɪʃn] *n* **1.** délibération *f* **2.** mesure *f (soin, attention)*.

delicacy ['delɪkəsɪ] *n* **1.** délicatesse *f* **2.** mets *m* délicat.
delicate ['delɪkət] *adj* **1.** délicat **2.** gracieux.
delicately ['delɪkətlɪ] *adv* **1.** délicatement **2.** gracieusement, avec grâce **3.** avec délicatesse, subtilement *(avec tact)*.
delicatessen [ˌdelɪkə'tesn] *n* épicerie *f* fine.
delicious [dɪ'lɪʃəs] *adj* délicieux.
deliciously [dɪ'lɪʃəslɪ] *adv* délicieusement.
delight [dɪ'laɪt] *n* délice *m* • **to take delight in doing sthg** prendre grand plaisir à faire qqch. ❑ *vt* enchanter, charmer.
delighted [dɪ'laɪtɪd] *adj* • **delighted (by** *ou* **with)** enchanté (de), ravi (de).
delightful [dɪ'laɪtfʊl] *adj* **1.** ravissant, charmant **2.** délicieux.
delightfully [dɪ'laɪtfʊlɪ] *adv* d'une façon charmante.
delinquency [dɪ'lɪŋkwənsɪ] *n* délinquance *f*.
delinquent [dɪ'lɪŋkwənt] *adj* délinquant. ❑ *n* délinquant *m*, -e *f*.
delirious [dɪ'lɪrɪəs] *adj littéraire* & *fig* délirant.
deliriously [dɪ'lɪrɪəslɪ] *adv* de façon délirante, frénétiquement • **deliriously happy** follement heureux.
delist [diː'lɪst] *vt* **1.** *COMM & MARKETING* déréférencer *(un produit)* **2.** radier de la cote *(une entreprise en Bourse)*.
delisting [ˌdiː'lɪstɪŋ] *n* **1.** déréférencement *m (d'un produit)* **2.** radiation *f* de la cote *(d'une entreprise en Bourse)*.
deliver [dɪ'lɪvər] *vt* **1.** • **to deliver sthg (to sb) a)** distribuer qqch (à qqn) **b)** *COMM* livrer qqch (à qqn) **2.** faire *(un discours)* **3.** donner *(une recommandation)* **4.** remettre *(un message)* **5.** donner *(des coups)* **6.** mettre au monde *(un enfant)* **7.** délivrer **8. (US)** *POLIT* obtenir *(des voix)*.
delivery [dɪ'lɪvərɪ] *n* **1.** *COMM* livraison *f* • **free delivery** livraison gratuite **2.** élocution *f* **3.** accouchement *m*.
delivery van (UK), **delivery truck (US)** *n* camionnette *f* de livraison.
delts [delts] *npl fam* (muscles *mpl*) deltoïdes *mpl*.
delude [dɪ'luːd] *vt* tromper, induire en erreur • **to delude o.s.** se faire des illusions.
deluge ['deljuːdʒ] *n* **1.** déluge *m* **2.** *fig* avalanche *f*. ❑ *vt* • **to be deluged with** être débordé *ou* submergé de.
delusion [dɪ'luːʒn] *n* illusion *f*.
deluxe, **de luxe** [də'lʌks] *adj* de luxe.
delve [delv] *vi* • **to delve into a)** fouiller *(le passé)* **b)** fouiller dans *(un sac)*.
demand [dɪ'mɑːnd] *n* **1.** revendication *f*, exigence *f* **2.** • **demand (for)** demande *f* (de) • **on demand** sur demande • **in demand** demandé, recherché. ❑ *vt* réclamer, exiger • **to demand to do sthg** exiger de faire qqch.
demanding [dɪ'mɑːndɪŋ] *adj* **1.** astreignant **2.** exigeant.
demean [dɪ'miːn] *vt* • **to demean o.s.** s'abaisser.
demeaning [dɪ'miːnɪŋ] *adj* avilissant, dégradant.
demeanour (UK), **demeanor (US)** [dɪ'miːnər] *n (indén) sout* comportement *m*.
demented [dɪ'mentɪd] *adj* fou, folle *f*, dément.
dementia [dɪ'menʃə] *n* démence *f*.
demise [dɪ'maɪz] *n* **1.** *(indén)* décès *m* **2.** *fig* mort *f*, fin *f*.
demister [ˌdiː'mɪstər] *n* **(UK)** dispositif *m* anti-buée.
demo ['deməʊ] (abrév de **demonstration**) *n* **1. (UK)** *fam* manif *f* **2.** version *f* de démonstration *ou* d'évaluation. ❑ *vt* faire une démo de • **they demoed the software** ils ont fait une démo du logiciel.
demobilize, **-ise (UK)** [ˌdiː'məʊbɪlaɪz] *vt* démobiliser.
democracy [dɪ'mɒkrəsɪ] *n* démocratie *f*.
democrat ['deməkræt] *n* démocrate *mf*. ■ **Democrat** *n* **(US)** démocrate *mf*.
democratic [ˌdemə'krætɪk] *adj* démocratique. ■ **Democratic** *adj* **(US)** démocrate.
democratically [ˌdemə'krætɪklɪ] *adv* démocratiquement.
Democratic Party *n* **(US)** • **the Democratic Party** le Parti démocrate.
demographic [ˌdemə'græfɪk] *adj* démographique • **demographic profile** profil *m* démographique.
demographics [ˌdemə'græfɪks] *n* statistiques *fpl* démographiques.
demolish [dɪ'mɒlɪʃ] *vt* démolir.
demolition [ˌdemə'lɪʃn] *n* démolition *f*.
demon ['diːmən] *n* démon *m (mauvais esprit)*. ❑ *en apposition fam* • **demon driver/chess player** as du volant/des échecs.
demonic [diː'mɒnɪk] *adj* diabolique.
demonize, **demonise** ['diːməˌnaɪz] *vt* diaboliser.
demonstrate ['demənstreɪt] *vt* **1.** démontrer, prouver **2.** faire une démonstration de. ❑ *vi* manifester.
demonstration [demən'streɪʃn] *n* **1.** démonstration *f* • **to give a demonstration of sthg** faire une démonstration de qqch **2.** manifestation *f*.
demonstrative [dɪ'mɒnstrətɪv] *adj* expansif, démonstratif.
demonstrator ['demənstreɪtər] *n* **1.** manifestant *m*, -e *f* **2.** démonstrateur *m*, -trice *f*.
demoralize, **-ise (UK)** [dɪ'mɒrəlaɪz] *vt* démoraliser.
demoralized [dɪ'mɒrəlaɪzd] *adj* démoralisé.

demoralizing [dɪ'mɒrəlaɪzɪŋ] *adj* démoralisant.

demote [,diː'məʊt] *vt* rétrograder.

demotivate [,diː'məʊtɪveɪt] *vt* démotiver.

demure [dɪ'mjʊəʳ] *adj* modeste, réservé.

den [den] *n* antre *m*, tanière *f*.

deniability [dɪ,naɪə'bɪlɪtɪ] *n* • **plausible deniability** déni *m* plausible.

denial [dɪ'naɪəl] *n* **1.** dénégation *f* **2.** démenti *m* • **in denial** en déni.

denier ['denɪəʳ] *n* denier *m*.

denigrate ['denɪgreɪt] *vt* dénigrer.

denim ['denɪm] *n* jean *m*. ■ **denims** *npl* • **a pair of denims** un jean.

denim jacket *n* blouson *m* en jean, veste *f* en jean.

Denmark ['denmɑːk] *n* Danemark *m*.

den mother *n* (US) cheftaine *f (scoute)*.

denomination [dɪ,nɒmɪ'neɪʃn] *n* **1.** confession *f (religion)* **2.** valeur *f (de l'argent)*.

denote [dɪ'nəʊt] *vt* dénoter.

denounce [dɪ'naʊns] *vt* dénoncer.

dense [dens] *adj* **1.** *(foule, forêt)* dense **2.** *(brouillard)* dense, épais **3.** *fam (stupide)* bouché.

densely ['denslɪ] *adv* • **densely packed** complètement bondé • **densely populated** très peuplé.

density ['densətɪ] *n* densité *f*.

dent [dent] *n* bosse *f*. ❑ *vt* cabosser.

dental ['dentl] *adj* dentaire.

dental floss *n* fil *m* dentaire.

dental surgeon *n* chirurgien-dentiste *m*.

dental treatment *n* traitement *m* dentaire.

dentist ['dentɪst] *n* dentiste *mf*.

dentures ['dentʃəz] *npl* dentier *m*.

deny [dɪ'naɪ] *vt* **1.** nier **2.** refuser.

deodorant [diː'əʊdərənt] *n* déodorant *m*.

deodorizer [diː'əʊdəraɪzəʳ] *n* désodorisant *m*.

deoxygenation [,dɪɒksɪʤən'eɪʃn] *n* désoxygénation *f*.

deoxyribonucleic acid ['diːɒksɪ,raɪbəʊnjuː'kliːɪk-] *n* BIOL & CHIM acide *m* désoxyribonucléique.

depart [dɪ'pɑːt] *vi* **1.** • **to depart (from)** partir (de) **2.** • **to depart from sthg** s'écarter de qqch.

department [dɪ'pɑːtmənt] *n* **1.** service *m* • **the complaints department** le service des réclamations **2.** *(dans un magasin)* rayon *m* **3.** UNIV département *m*, UFR *m* **4.** *(gouvernement)* département *m*.

department store *n* grand magasin *m*.

departure [dɪ'pɑːtʃəʳ] *n* **1.** départ *m* **2.** nouveau départ *m*.

departure lounge *n* salle *f* d'embarquement.

depend [dɪ'pend] *vi* • **to depend on a)** dépendre de **b)** compter sur **c)** se reposer sur • **it depends** cela dépend • **depending on** selon.

dependable [dɪ'pendəbl] *adj* **1.** sur qui l'on peut compter **2.** sûr **3.** fiable.

dependant [dɪ'pendənt] *n* personne *f* à charge.

dependent [dɪ'pendənt] *adj* **1.** • **dependent (on)** dépendant (de) • **to be dependent on sb/sthg** dépendre de qqn/qqch **2.** dépendant, accro.

depict [dɪ'pɪkt] *vt* **1.** représenter **2.** • **to depict sb/sthg as** dépeindre qqn/qqch comme.

deplete [dɪ'pliːt] *vt* épuiser.

depletion [dɪ'pliːʃn] *n* épuisement *m*.

deplorable [dɪ'plɔːrəbl] *adj* déplorable.

deplore [dɪ'plɔːʳ] *vt* déplorer.

deploy [dɪ'plɔɪ] *vt* déployer.

deployment [dɪ'plɔɪmənt] *n* déploiement *m*.

depopulation [diː,pɒpjʊ'leɪʃn] *n* dépeuplement *m*.

deport [dɪ'pɔːt] *vt* expulser.

deportable alien [dɪ'pɔːtəbl-] *n* (US) immigré *m*, -e *f* susceptible d'être reconduit à la frontière.

deportation [,diːpɔː'teɪʃn] *n* expulsion *f*.

depose [dɪ'pəʊz] *vt* déposer.

deposit [dɪ'pɒzɪt] *n* **1.** dépôt *m* • **to make a deposit** déposer de l'argent **2.** caution *f* **3.** acompte *m* • **to pay a deposit** payer un acompte **4.** *(bouteille)* consigne *f*. ❑ *vt* déposer.

deposit account *n* (UK) compte *m* sur livret.

depot ['depəʊ] *n* **1.** dépôt *m* **2.** (US) gare *f*.

depraved [dɪ'preɪvd] *adj* dépravé.

depravity [dɪ'prævətɪ] *n* dépravation *f*.

deprecating ['deprɪkeɪtɪŋ] *adj* désapprobateur.

depreciate [dɪ'priːʃɪeɪt] *vi* se déprécier.

depress [dɪ'pres] *vt* **1.** déprimer **2.** affaiblir *(l'économie)* **3.** faire baisser *(les prix)*.

depressed [dɪ'prest] *adj* **1.** déprimé **2.** en déclin.

depressing [dɪ'presɪŋ] *adj* déprimant.

depressingly [dɪ'presɪŋlɪ] *adv* de manière déprimante • **unemployment is depressingly high** le taux de chômage est déprimant.

depression [dɪ'preʃn] *n* **1.** dépression *f* **2.** tristesse *f*.

deprivation [,deprɪ'veɪʃn] *n* privation *f*.

deprive [dɪ'praɪv] *vt* priver.

deprived [dɪ'praɪvd] *adj* défavorisé.

deprogram [diː'prəʊgræm] *vt* déprogrammer.

depth [depθ] *n* profondeur *f* • **to be out of one's depth a)** ne pas avoir pied **b)** *fig* être dépassé. ■ **depths** *npl* • **the depths a)** les profondeurs *fpl* **b)** le fin fond • **to be in the depths of despair** toucher le fond du désespoir.

depth gauge *n* hydromètre *m*.

depth interview *n* entretien *m* en profondeur.
deputation [ˌdepjʊ'teɪʃn] *n* délégation *f*.
deputize, -ise (UK) ['depjʊtaɪz] *vi* • **to deputize for sb** assurer les fonctions de qqn, remplacer qqn.
deputy ['depjʊtɪ] *adj* adjoint • **deputy chairman** vice-président *m* • **deputy head** SCOL directeur *m* adjoint • **deputy leader** POLIT vice-président *m*. ❑ *n* **1.** adjoint *m*, -e *f* **2.** (US) shérif *m* adjoint.
derail [dɪ'reɪl] *vt* faire dérailler.
derailment [dɪ'reɪlmənt] *n* déraillement *m*.
deranged [dɪ'reɪndʒd] *adj* dérangé.
derby [(UK) 'dɑːbɪ, (US) 'dɜːbɪ] *n* **1.** SPORT derby *m* **2.** (US) chapeau *m* melon.
deregulate [ˌdiː'regjʊleɪt] *vt* déréglementer.
derelict ['derəlɪkt] *adj* en ruine.
deride [dɪ'raɪd] *vt* railler.
derision [dɪ'rɪʒn] *n* dérision *f*.
derisory [də'raɪzərɪ] *adj* **1.** dérisoire **2.** moqueur.
derivation [ˌderɪ'veɪʃn] *n* dérivation *f*.
derivative [dɪ'rɪvətɪv] *adj* *péj* pas original. ❑ *n* dérivé *m*.
derive [dɪ'raɪv] *vt* • **to derive sthg from sthg** tirer qqch de qqch. ❑ *vi* • **to derive from** venir de.
dermatitis [ˌdɜːmə'taɪtɪs] *n* dermatite *f*.
dermatologist [ˌdɜːmə'tɒlədʒɪst] *n* dermatologue *mf*.
dermatology [ˌdɜːmə'tɒlədʒɪ] *n* dermatologie *f*.
derogatory [dɪ'rɒgətrɪ] *adj* **1.** désobligeant **2.** péjoratif.
derv [dɜːv] *n* (UK) gas-oil *m*.
descend [dɪ'send] *vt* *sout* descendre. ❑ *vi* **1.** *sout* descendre **2.** • **to descend (on) a)** s'abattre (sur) *(un ennemi)* **b)** *(silence)* tomber (sur) **c)** faire irruption (chez) **3.** • **to descend to sthg/to doing sthg** s'abaisser à qqch/à faire qqch.
descendant [dɪ'sendənt] *n* descendant *m*, -e *f*.
descended [dɪ'sendɪd] *adj* • **to be descended from sb** descendre de qqn.
descent [dɪ'sent] *n* **1.** descente *f* **2.** *(indén)* origine *f*.
describe [dɪ'skraɪb] *vt* décrire.
description [dɪ'skrɪpʃn] *n* **1.** description *f* • **to give a description of sb/sthg** donner une description de qqn/qqch **2.** sorte *f*, genre *m*.
descriptive [dɪ'skrɪptɪv] *adj* descriptif.
desecrate ['desɪkreɪt] *vt* profaner.
deseed [ˌdiː'siːd] *vt* épépiner *(un fruit)*.
desensitize, -ise (UK) [ˌdiː'sensɪtaɪz] *vt* désensibiliser.
desert *n* ['dezət] désert *m*. ❑ *vt* [dɪ'zɜːt] **1.** déserter **2.** abandonner. ❑ *vi* [dɪ'zɜːt] MIL déserter.
deserted [dɪ'zɜːtɪd] *adj* désert.
deserter [dɪ'zɜːtəʳ] *n* déserteur *m*.
desert island ['dezət-] *n* île *f* déserte.
deserve [dɪ'zɜːv] *vt* mériter.
deserved [dɪ'zɜːvd] *adj* mérité.
deservedly [dɪ'zɜːvɪdlɪ] *adv* à juste titre.
deserving [dɪ'zɜːvɪŋ] *adj* **1.** méritant **2.** méritoire.
design [dɪ'zaɪn] *n* **1.** plan *m*, étude *f* • **design fault** défaut *m* de conception **2.** *(indén)* ART design *m* **3.** motif *m*, dessin *m* **4.** ligne *f* **5.** style *m* **6.** *sout* dessein *m*. ❑ *vt* **1.** faire les plans de, dessiner **2.** créer **3.** concevoir, mettre au point.
Design and Technology *n* (UK) technologie *f* *(matière scolaire)*, techno *f* *fam*.
designate *adj* ['dezɪgnət] désigné. ❑ *vt* ['dezɪgneɪt] désigner.
designer [dɪ'zaɪnəʳ] *adj* de marque. ❑ *n* **1.** INDUST concepteur *m*, -trice *f* **2.** ARCHIT dessinateur *m*, -trice *f* **3.** styliste *mf* • **a fashion designer** un styliste **4.** THÉÂTRE décorateur *m*, -trice *f*.
designer stubble *n* *hum* barbe *f* de deux jours.
desirability [dɪˌzaɪərə'bɪlətɪ] *n* *(indén)* **1.** intérêt *m*, avantage *m*, opportunité *f* **2.** charmes *mpl*, attraits *mpl*.
desirable [dɪ'zaɪərəbl] *adj* **1.** désirable **2.** *sout* désirable, souhaitable.
desire [dɪ'zaɪəʳ] *n* désir *m*. ❑ *vt* désirer.
desist [dɪ'zɪst] *vi* *sout* • **to desist (from doing sthg)** cesser (de faire qqch).
desk [desk] *n* bureau *m* • **reception desk** réception *f* • **information desk** (bureau *m* de) renseignements.
deskbound ['deskbaʊnd] *adj* sédentaire • **a deskbound job** un travail sédentaire.
desk clerk *n* (US) réceptionniste *mf*.
deskill [ˌdiː'skɪl] *vt* déqualifier.
deskilling [ˌdiː'skɪlɪŋ] *n* **1.** déqualification *f* *(de la main d'œuvre)* **2.** automatisation *f*.
desk lamp *n* lampe *f* de bureau.
desktop ['desktɒp] *adj* *(ordinateur)* de bureau. ❑ *n* bureau *m*, poste *m* de travail *(de l'ordinateur)*.
desktop publishing *n* publication *f* assistée par ordinateur.
desolate ['desələt] *adj* **1.** *(lieu)* abandonné **2.** *(personne)* désespéré, désolé.
despair [dɪ'speəʳ] *n* *(indén)* désespoir *m*. ❑ *vi* désespérer • **to despair of** désespérer de.
despairing [dɪ'speərɪŋ] *adj* *(geste)* de désespoir.
despairingly [dɪ'speərɪŋlɪ] *adv* avec désespoir.
despatch [dɪ'spætʃ] (UK) = **dispatch**.
desperate ['desprət] *adj* désespéré • **to be desperate for sthg** avoir absolument besoin de qqch.
desperately ['desprətlɪ] *adv* désespérément • **desperately ill** gravement malade.

desperation [ˌdespəˈreɪʃn] *n* désespoir *m* • **he agreed in desperation** en désespoir de cause, il a accepté.
despicable [dɪˈspɪkəbl] *adj* ignoble.
despicably [dɪˈspɪkəblɪ] *adv (se comporter)* bassement, d'une façon indigne.
despise [dɪˈspaɪz] *vt* **1.** mépriser **2.** exécrer.
despite [dɪˈspaɪt] *prép* malgré • **despite the fact that** malgré le fait que.
despondent [dɪˈspɒndənt] *adj* abattu, consterné.
despot [ˈdespɒt] *n* despote *m*.
dessert [dɪˈzɜːt] *n* dessert *m*.
dessertspoon [dɪˈzɜːtspuːn] *n* cuillère *f* à dessert.
destabilize, -ise (UK) [ˌdiːˈsteɪbɪlaɪz] *vt* déstabiliser.
destination [ˌdestɪˈneɪʃn] *n* destination *f*.
destined [ˈdestɪnd] *adj* **1.** • **destined for** destiné à • **destined to do sthg** destiné à faire qqch **2.** • **destined for** à destination de.
destiny [ˈdestɪnɪ] *n* destinée *f*.
destitute [ˈdestɪtjuːt] *adj* indigent.
de-stress [diːˈstres] *n* dé-stresser *fam*.
destroy [dɪˈstrɔɪ] *vt* détruire.
destruction [dɪˈstrʌkʃn] *n* destruction *f*.
destructive [dɪˈstrʌktɪv] *adj* destructeur.
detach [dɪˈtætʃ] *vt* **1.** détacher **2.** • **to detach o.s. from sthg a)** se détacher de qqch *(de la réalité)* **b)** s'écarter de qqch *(des débats)*.
detachable [dɪˈtætʃəbl] *adj* détachable, amovible.
detached [dɪˈtætʃt] *adj* détaché.
detached house *n* **(UK)** maison *f* individuelle.
detachment [dɪˈtætʃmənt] *n* détachement *m*.
detail [ˈdiːteɪl] *n* **1.** détail *m* • **to go into detail** entrer dans les détails • **in detail** en détail **2.** MIL détachement *m*. ❑ *vt* détailler. ■ **details** *npl* coordonnées *fpl*.
detailed [ˈdiːteɪld] *adj* détaillé.
detailing [ˈdiːteɪlɪŋ] *n* **(US)** nettoyage *m* complet.
detain [dɪˈteɪn] *vt* **1.** détenir *(au poste de police)* **2.** garder *(à l'hôpital)* **3.** *(retarder)* retenir.
detect [dɪˈtekt] *vt* **1.** déceler **2.** détecter.
detection [dɪˈtekʃn] *n (indén)* **1.** dépistage *m* **2.** détection *f*.
detective [dɪˈtektɪv] *n* détective *mf* • **a private detective** un détective privé.
detective novel *n* roman *m* policier.
detention [dɪˈtenʃn] *n* **1.** détention *f* **2.** SCOL retenue *f*.
deter [dɪˈtɜːr] *vt* dissuader.
detergent [dɪˈtɜːdʒənt] *n* détergent *m*.
deteriorate [dɪˈtɪərɪəreɪt] *vi* se détériorer.
deterioration [dɪˌtɪərɪəˈreɪʃn] *n* détérioration *f*.
determination [dɪˌtɜːmɪˈneɪʃn] *n* détermination *f*.
determine [dɪˈtɜːmɪn] *vt* **1.** déterminer **2.** *sout* • **to determine to do sthg** décider de faire qqch.
determined [dɪˈtɜːmɪnd] *adj* **1.** déterminé **2.** obstiné.
determining [dɪˈtɜːmɪnɪŋ] *adj* déterminant.
deterrent [dɪˈterənt] *n* moyen *m* de dissuasion.
detest [dɪˈtest] *vt* détester.
detestable [dɪˈtestəbl] *adj* détestable.
detonate [ˈdetəneɪt] *vt* faire détoner. ❑ *vi* détoner.
detonator [ˈdetəneɪtər] *n* détonateur *m*.
detour [ˈdiːˌtʊər] *n* détour *m*. ❑ *vi* faire un détour. ❑ *vt* (faire) dévier.
detox [ˈdiːtɒks] *n fam* désintoxication *f* • **detox centre** centre *m* de désintoxication.
detract [dɪˈtrækt] *vi* • **to detract from** diminuer.
detriment [ˈdetrɪmənt] *n* • **to the detriment of** au détriment de.
detrimental [ˌdetrɪˈmentl] *adj* préjudiciable.
deuce [djuːs] *n* TENNIS égalité *f*.
devaluation [ˌdiːvæljʊˈeɪʃn] *n* dévaluation *f*.
devalue [ˌdiːˈvæljuː] *vt* dévaluer.
devastate [ˈdevəsteɪt] *vt* **1.** dévaster **2.** *fig* accabler.
devastated [ˈdevəsteɪtɪd] *adj* **1.** dévasté **2.** *fig* accablé.
devastating [ˈdevəsteɪtɪŋ] *adj* **1.** dévastateur **2.** accablant **3.** irrésistible.
devastation [ˌdevəˈsteɪʃn] *n* dévastation *f*.
develop [dɪˈveləp] *vt* **1.** développer **2.** développer, aménager *(une région, un pays)* **3.** contracter *(une maladie)* **4.** développer, exploiter *(des ressources)*. ❑ *vi* **1.** se développer **2.** se déclarer.
developed [dɪˈveləpt] *adj* **1.** *(pellicule)* développé **2.** *(terrain)* mis en valeur, aménagé • **this coast is highly developed** on a beaucoup construit le long de cette côte **3.** *(pays)* développé.
developer [dɪˈveləpər] *n* **1.** promoteur *m* immobilier **2.** • **to be an early/a late developer** être en avance/en retard sur son âge **3.** développateur *m*, révélateur *m* *(chimique)*.
developing country [dɪˈveləpɪŋ-] *n* pays *m* en voie de développement.
development [dɪˈveləpmənt] *n* **1.** développement *m* **2.** *(indén)* exploitation *f* **3.** zone *f* d'aménagement **4.** zone aménagée **5.** lotissement *m* **6.** *(indén)* évolution *f (d'une maladie)*.
developmental [dɪˌveləpˈmentl] *adj* de développement.
development officer *n* responsable *mf* du développement.

deviate ['di:vieit] *vi* • **to deviate (from)** dévier (de), s'écarter (de).
deviation [,di:vi'eiʃn] *n* **1.** écart *m (par rapport à une règle, un plan)* **2.** déviance *f* **3.** *péj* déviation *f.*
device [di'vais] *n* **1.** appareil *m*, dispositif *m* **2.** moyen *m.*
device-agnostic *adj* universel *(fonctionnant sur n'importe quel type d'ordinateur, de téléphone, etc).*
devil ['devl] *n* **1.** diable *m* **2.** *fam* type *m* • **poor devil!** pauvre diable ! ■ **Devil** *n* • **the Devil** le diable.
devilish ['devliʃ] *adj* diabolique.
devil-may-care *adj* insouciant.
devil's advocate *n* avocat *m* du diable • **to play devil's advocate** se faire l'avocat du diable.
devious ['di:vjəs] *adj* **1.** retors, sournois **2.** *(moyens)* détourné **3.** tortueux.
deviously ['di:vjəsli] *adv* sournoisement.
devise [di'vaiz] *vt* concevoir.
devoid [di'vɔid] *adj sout* • **devoid of** dépourvu de, dénué de.
devolution [,di:və'lu:ʃn] *n* POLIT décentralisation *f.*
devote [di'vəut] *vt* • **to devote sthg to sthg** consacrer qqch à qqch • **to devote o.s. to sthg** se consacrer à qqch.
devoted [di'vəutid] *adj* dévoué.
devotee [,devə'ti:] *n* passionné *m*, -e *f.*
devotion [di'vəuʃn] *n* **1.** • **devotion (to)** dévouement *m* (à) **2.** RELIG dévotion *f.*
devour [di'vauər] *vt littéraire & fig* dévorer.
devout [di'vaut] *adj* dévot.
dew [dju:] *n* rosée *f.*
dexterity [dek'sterəti] *n* dextérité *f.*
diabetes [,daiə'bi:ti:z] *n* diabète *m.*
diabetic [,daiə'betik] *adj & n* diabétique.
diabolic(al) [,daiə'bɒlik(l)] *adj* **1.** diabolique **2.** *fam* atroce.
diagnose ['daiəgnəuz] *vt* diagnostiquer.
diagnosis [,daiəg'nəusis] (*pl* **-ses**) *n* diagnostic *m.*
diagnostic [,daiəg'nɒstik] *adj* diagnostique.
diagnostics [,daiəg'nɒstiks] *n (indén)* diagnostic *m.*
diagonal [dai'ægənl] *adj* diagonal. ❑ *n* diagonale *f.*
diagonally [dai'ægənəli] *adv* en diagonale.
diagram ['daiəgræm] *n* diagramme *m* • **to draw a diagram** faire un schéma.
dial ['daiəl] *n* cadran *m.* ❑ *vt* (**(UK)** *prét & pp* **dialled**, *cont* **dialling**, **(US)** *prét & pp* **dialed**, *cont* **dialing**) TÉLÉCOM composer *(un numéro).*
dialect ['daiəlekt] *n* dialecte *m.*
dialling code ['daiəliŋ-] *n* **(UK)** indicatif *m.*
dialling tone (UK) ['daiəliŋ-], **dial tone (US)** *n* tonalité *f.*
dialogue (UK), **dialog (US)** ['daiəlɒg] *n* dialogue *m* • **the dialogue box** INFORM la boîte de dialogue.
dialogue box (UK), **dialog box (US)** *n* boîte *f* de dialogue.
dial tone (US) = **dialling tone**.
dial-up *n* • **dial-up access** accès *m* commuté • **dial-up connection** connexion *f* par téléphone • **dial-up modem** modem *m* téléphonique • **dial-up service** service *m* de connexion à Internet par téléphone.
dialysis [dai'ælisis] *n* dialyse *f.*
diamanté [diə'mɒntei] *adj* diamanté.
diameter [dai'æmitər] *n* diamètre *m.*
diamond ['daiəmənd] *n* **1.** diamant *m* **2.** losange *m.* ■ **diamonds** *npl (cartes)* carreau *m.*
diamond wedding *n* noces *fpl* de diamant.
diaper ['daiəpər] *n* **(US)** couche *f.*
diaphragm ['daiəfræm] *n* diaphragme *m.*
diarrhoea (UK), **diarrhea (US)** [,daiə'riə] *n* diarrhée *f.*
diary ['daiəri] *n* **1.** agenda *m* **2.** journal *m* • **to keep a diary** tenir un journal.
dice [dais] *n (pl inv)* dé *m.* ❑ *vt* CULIN couper en dés.
dicey ['daisi] (*comp* **dicier**, *superl* **diciest**) *adj* **(surtout UK)** *fam* risqué.
dickhead ['dikhed] *n tfam* con *m.*
dickybird ['dikibɜ:d] *n fam* petit oiseau *m.*
dictate *vt* [dik'teit] dicter. ❑ *n* ['dikteit] ordre *m.*
dictation [dik'teiʃn] *n* dictée *f.*
dictator [dik'teitər] *n* dictateur *m.*
dictatorial [,diktə'tɔ:riəl] *adj* dictatorial.
dictatorship [dik'teitəʃip] *n* dictature *f.*
diction ['dikʃn] *n* diction *f.*
dictionary ['dikʃənri] *n* dictionnaire *m* • **to look sthg up in a dictionary** chercher qqch dans un dictionnaire.
did [did] *passé* → **do**.
didactic [di'dæktik] *adj* didactique.
diddle ['didl] *vt fam* escroquer, rouler.
diddly-squat ['didli-] *n* **(US)** *fam* que dalle • **I don't know diddly-squat about computers** l'informatique, j'y pige que dalle.
didn't ['didnt] = **did not**.
die [dai] *n* (*pl* **dice**) dé *m.* ❑ *vi* (*prét & pp* **died**, *cont* **dying**) **1.** mourir • **to be dying** se mourir **2.** • **to be dying to do sthg** mourir d'envie de faire qqch • **to be dying for a drink** mourir d'envie de boire un verre. ■ **die away** *vi (bruit)* s'éteindre. ■ **die down** *vi* **1.** *(son)* s'affaiblir **2.** *(vent)* tomber **3.** *(feu)* baisser. ■ **die out** *vi* s'éteindre, disparaître. ■ **to-die-for** *adj (excellent)* à tomber par terre.
diehard ['daihɑ:d] *n* • **to be a diehard a)** être coriace **b)** être réactionnaire.
diesel ['di:zl] *n* diesel *m.*

diesel engine *n* **1.** moteur *m* Diesel **2.** locomotive *f* diesel.

diesel fuel, diesel oil *n* diesel *m*.

diet ['daɪət] *n* **1.** alimentation *f* • **a balanced diet** une alimentation équilibrée **2.** régime *m* • **to be on a diet** être au régime • **to go on a diet** faire un régime. ❑ *en apposition* de régime. ❑ *vi* faire *ou* suivre un régime.

dietary ['daɪətrɪ] *adj* diététique.

diet-conscious *adj* • **to be very diet-conscious** faire très attention à ce qu'on mange.

dietician [,daɪə'tɪʃn] *n* diététicien *m*, -enne *f*.

differ ['dɪfəʳ] *vi* **1.** être différent, différer • **to differ from** être différent de **2.** • **to differ with sb (about sthg)** ne pas être d'accord avec qqn (à propos de qqch).

difference ['dɪfrəns] *n* différence *f* • **it doesn't make any difference** cela ne change rien.

difference threshold *n* seuil *m* différentiel.

different ['dɪfrənt] *adj* différent • **to be different from sthg** être différent de qqch.

differential [,dɪfə'renʃl] *adj* différentiel. ❑ *n* **1.** écart *m* *(entre les salaires)* **2.** MATH différentielle *f*.

differentiate [,dɪfə'renʃɪeɪt] *vi* • **to differentiate (between)** faire la différence (entre).

differently abled ['dɪfrəntlɪ-eɪbld] *adj* handicapé.

difficult ['dɪfɪkəlt] *adj* difficile.

difficulty ['dɪfɪkəltɪ] *n* difficulté *f* • **degree of difficulty** niveau *m* de difficulté • **to have difficulty in doing sthg** avoir des difficultés *ou* du mal à faire qqch.

diffident ['dɪfɪdənt] *adj* **1.** qui manque d'assurance **2.** hésitant.

diffuse *vt* [dɪ'fju:z] diffuser, répandre.

diffusion [dɪ'fju:ʒn] *n* diffusion *f*.

dig [dɪg] (*prét & pp* **dug**) *vi* **1.** creuser **2.** *fig* • **to dig into the past** fouiller dans le passé • **if you dig a bit deeper** si on creuse un peu. ❑ *vt* **1.** creuser **2.** bêcher. ■ **dig out** *vt sép fam* dénicher. ■ **dig up** *vt sép* **1.** déterrer **2.** arracher *(des pommes de terre)* **3.** *fam* dénicher.

digest *n* ['daɪdʒest] résumé *m*, digest *m*. ❑ *vt* [dɪ'dʒest] **1.** *litt* & *fig* digérer **2.** assimiler, comprendre *(une information)*.

digestion [dɪ'dʒestʃn] *n* digestion *f*.

digestive [dɪ'dʒestɪv] *adj* digestif.

digestive biscuit [daɪ'dʒestɪv-] *n* (UK) ≃ sablé *m* *(à la farine complète)*.

digibox ['dɪdʒɪbɒks] *n* (UK) TV décodeur *m* numérique.

digit ['dɪdʒɪt] *n* **1.** chiffre *m* **2.** doigt *m* **3.** orteil *m*.

digital ['dɪdʒɪtl] *adj* numérique.

digital camera *n* appareil *m* photo numérique.

digital display *n* affichage *m* numérique.

digitally remastered ['dɪdʒɪtəlɪri:'mɑ:stəd] *adj* remixé en numérique.

digital radio *n* radio *f* numérique.

digital recording *n* enregistrement *m* numérique.

digital signature *n* signature *f* électronique.

digital television *n* télévision *f* numérique.

digitize, -ise (UK) ['dɪdʒɪtaɪz] *vt* numériser.

dignified ['dɪgnɪfaɪd] *adj* digne, plein de dignité.

dignify ['dɪgnɪfaɪ] (*prét & pp* **dignified**) *vt* donner de la grandeur à.

dignitary ['dɪgnɪtrɪ] (*pl* **-ies**) *n* dignitaire *m*.

dignity ['dɪgnətɪ] *n* dignité *f* • **with dignity** avec dignité, dignement.

digress [daɪ'gres] *vi* • **to digress (from)** s'écarter (de).

digression [daɪ'greʃn] *n* digression *f*.

digs [dɪgz] *npl* (UK) *fam* piaule *f*.

dike [daɪk] *n* **1.** digue *f* **2.** *fam* & *injur* gouine *f*.

dilapidated [dɪ'læpɪdeɪtɪd] *adj* délabré.

dilapidation [dɪ,læpɪ'deɪʃn] *n* délabrement *m*, dégradation *f*.

dilate [daɪ'leɪt] *vt* dilater. ❑ *vi* se dilater.

dilemma [dɪ'lemə] *n* dilemme *m*.

diligent ['dɪlɪdʒənt] *adj* appliqué.

diligently ['dɪlɪdʒəntlɪ] *adv* avec assiduité *ou* soin *ou* application, assidûment.

dilly-dally ['dɪlɪdælɪ] (*prét & pp* **dilly-dallied**) *fam vi* **1.** lanterner, lambiner **2.** hésiter, tergiverser.

dilute [daɪ'lu:t] *adj* dilué. ❑ *vt* diluer.

dim [dɪm] *adj* **1.** *(lumière)* faible **2.** *(chambre)* sombre **3.** *(souvenir, contours)* vague **4.** *(vue)* faible **5.** *fam* borné. ❑ *vt & vi* baisser.

dime [daɪm] *n* (US) **1.** (pièce *f* de) dix cents *mpl* **2.** • **to do it on one's own dime** payer de sa poche.

dimension [dɪ'menʃn] *n* dimension *f*. ■ **dimensions** *npl* TECHNOL encombrement *m* *(d'un objet volumineux)*.

dime store *n* (US) supérette *f* de quartier.

diminish [dɪ'mɪnɪʃ] *vt & vi* diminuer.

diminished responsibility *n* responsabilité *f* atténuée.

diminutive [dɪ'mɪnjʊtɪv] *sout adj* minuscule. ❑ *n* GRAMM diminutif *m*.

dimly ['dɪmlɪ] *adv* **1.** faiblement *(légèrement)* **2.** vaguement *(indistinctement)*.

dimmers ['dɪmərz] *npl* **1.** (US) phares *mpl* code *(inv)* **2.** feux *mpl* de position.

dimmer (switch) ['dɪməʳ-] *n* variateur *m* de lumière.

dimple ['dɪmpl] *n* fossette *f*.

dim sum [dɪm'sʌm] *n* dim sum *m*.

dimwit ['dɪmwɪt] *n fam* crétin *m*, -e *f*.

din [dɪn] *n fam* barouf *m*.
dine [daɪn] *vi sout* dîner. ■ **dine out** *vi* dîner dehors.
diner ['daɪnər] *n* **1.** dîneur *m*, -euse *f* **2.** (US) petit restaurant *m* sans façon.
dingbat ['dɪŋbæt] *n fam* **1.** (US) truc *m*, machin *m* **2.** crétin *m*, -e *f*, gourde *f*.
dinghy ['dɪŋgɪ] *n* **1.** dériveur *m* **2.** (petit) canot *m*.
dinginess ['dɪndʒɪnɪs] *n* **1.** aspect *m* miteux *ou* douteux **2.** couleur *f* terne.
dingy ['dɪndʒɪ] *adj* **1.** *(endroit)* miteux **2.** douteux **3.** *(couleur)* terne.
dining car ['daɪnɪŋ-] *n* wagon-restaurant *m*.
dining club *n* club-restaurant *m (pour étudiants)*.
dining room ['daɪnɪŋ-] *n* **1.** salle *f* à manger **2.** restaurant *m*.
dining table ['daɪnɪŋ-] *n* table *f (de salle à manger)*.
dinkum ['dɪŋkəm] (AUSTRALIE) *fam adj* **1.** authentique *(véritable)* **2.** • **fair dinkum** régulier, vrai de vrai.
dinner ['dɪnər] *n* dîner *m*.
dinner jacket *n* smoking *m*.
dinner party *n* dîner *m (sur invitation)*.
dinner service *n* service *m* de table.
dinnertime ['dɪnətaɪm] *n* heure *f* du dîner.
dinosaur ['daɪnəsɔːr] *n* dinosaure *m*.
dint [dɪnt] *n sout* • **by dint of** à force de.
dip [dɪp] *n* **1.** déclivité *f*, pente *f* **2.** sauce *f*, dip *m* **3.** baignade *f* (rapide). ❏ *vt* • **to dip sthg in** *ou* **into** tremper *ou* plonger qqch dans. ❏ *vi* **1.** *(soleil)* descendre à l'horizon **2.** *(prix, température)* baisser **3.** *(route)* descendre.
diploma [dɪ'pləʊmə] (*pl* -s) *n* diplôme *m*.
diplomacy [dɪ'pləʊməsɪ] *n* diplomatie *f*.
diplomat ['dɪpləmæt] *n* diplomate *m*.
diplomatic [,dɪplə'mætɪk] *adj* **1.** diplomatique **2.** diplomate.
diplomatically [,dɪplə'mætɪklɪ] *adv* **1.** diplomatiquement **2.** *fig* avec diplomatie, diplomatiquement.
diplomatic immunity *n* immunité *f* diplomatique.
diplomatic relations *npl* relations *fpl* diplomatiques.
dippy ['dɪpɪ] (*comp* **dippier**, *superl* **dippiest**) *adj fam* écervelé.
dipstick ['dɪpstɪk] *n* jauge *f (de niveau d'huile)*.
dire ['daɪər] *adj* **1.** extrême *(pauvreté)* **2.** funeste • **in dire straits** dans une situation désespérée.
direct [dɪ'rekt] *adj* **1.** direct **2.** manifeste. ❏ *vt* **1.** diriger **2.** • **to direct sthg at sb** adresser qqch à qqn **3.** CINÉ & TV réaliser **4.** THÉÂTRE mettre en scène **5.** • **to direct sb to do sthg** ordonner à qqn de faire qqch. ❏ *adv* directement.
direct advertising *n* publicité *f* directe.
direct current *n* courant *m* continu.
direct current *n* courant *m* continu.
direct debit *n* (UK) prélèvement *m* automatique.
direction [dɪ'rekʃn] *n* direction *f*. ■ **directions** *npl* **1.** indications *fpl* **2.** instructions *fpl*.
directive [dɪ'rektɪv] *n* directive *f*.
directly [dɪ'rektlɪ] *adv* **1.** directement **2.** sans détours **3.** exactement **4.** immédiatement **5.** tout de suite.
direct marketing *n* marketing *m* direct.
directness [dɪ'rektnɪs] *n* **1.** franchise *f (honnêteté)* **2.** absence *f* d'ambiguïté *(clarté)*.
direct object *n* complément *m* (d'objet) direct.
director [dɪ'rektər] *n* **1.** directeur *m*, -trice *f* **2.** THÉÂTRE metteur *m* en scène **3.** CINÉ & TV réalisateur *m*, -trice *f*.
director's chair *n* fauteuil *m* régisseur.
directory [dɪ'rektərɪ] *n* **1.** annuaire *m* **2.** INFORM répertoire *m*.
directory enquiries (UK), **directory assistance** (US) *n* (service *m* des) renseignements *mpl* téléphoniques.
dirt [dɜːt] *n (indén)* **1.** saleté *f* **2.** terre *f* **3.** *(locution)* • **to eat dirt** (US) *fam* & *fig* ramper.
dirt-cheap *fam adv* pour rien • **to buy sthg dirt-cheap** payer qqch trois fois rien. ❏ *adj* très bon marché.
dirty ['dɜːtɪ] *adj* **1.** sale **2.** grossier **3.** cochon. ❏ *vt* salir.
dirty bomb *n* bombe *f* sale.
dirty trick *n* sale tour *m* • **to play a dirty trick on sb** jouer un sale tour *ou* un tour de cochon à qqn. ■ **dirty tricks** *npl* • **they've been up to their dirty tricks again** ils ont encore fait des leurs • **dirty tricks campaign** *manœuvres déloyales visant à discréditer un adversaire politique*.
dis [dɪs] *vt* (US) *fam* = **diss**.
disability [,dɪsə'bɪlətɪ] *n* infirmité *f* • **people with disabilities** les handicapés.
disable [dɪs'eɪbl] *vt* rendre infirme.
disabled [dɪs'eɪbld] *adj* handicapé, infirme. ❏ *npl* • **the disabled** les handicapés, les infirmes.
disadvantage [,dɪsəd'vɑːntɪdʒ] *n* désavantage *m*, inconvénient *m* • **to be at a disadvantage** être désavantagé.
disadvantaged [,dɪsəd'vɑːntɪdʒd] *adj* défavorisé.
disadvantageous [,dɪsædvɑːn'teɪdʒəs] *adj* désavantageux.
disaffected [,dɪsə'fektɪd] *adj* mécontent.
disagree [,dɪsə'griː] *vi* **1.** • **to disagree (with)** ne pas être d'accord (avec) **2.** ne pas concorder.
disagreeable [,dɪsə'griːəbl] *adj* désagréable.

disagreement [ˌdɪsə'griːmənt] *n* **1.** désaccord *m* **2.** différend *m*.

disallow [ˌdɪsə'laʊ] *vt* **1.** *sout* rejeter **2.** refuser.

disappear [ˌdɪsə'pɪər] *vi* disparaître.

disappearance [ˌdɪsə'pɪərəns] *n* disparition *f*.

disappoint [ˌdɪsə'pɔɪnt] *vt* décevoir.

disappointed [ˌdɪsə'pɔɪntɪd] *adj* déçu.

disappointing [ˌdɪsə'pɔɪntɪŋ] *adj* décevant.

disappointingly [ˌdɪsə'pɔɪntɪŋlɪ] *adv* • **disappointingly low grades** des notes d'une faiblesse décevante.

disappointment [ˌdɪsə'pɔɪntmənt] *n* déception *f*.

disapproval [ˌdɪsə'pruːvl] *n* désapprobation *f*.

disapprove [ˌdɪsə'pruːv] *vi* désapprouver.

disapproving [ˌdɪsə'pruːvɪŋ] *adj* désapprobateur.

disarm [dɪs'ɑːm] *vt & vi litt & fig* désarmer.

disarmament [dɪs'ɑːməmənt] *n* désarmement *m*.

disarming [dɪs'ɑːmɪŋ] *adj* désarmant.

disarray [ˌdɪsə'reɪ] *n* • **in disarray a)** en désordre **b)** en pleine confusion.

disassociate [ˌdɪsə'səʊʃɪeɪt] *vt* • **to disassociate o.s. from** se dissocier de.

disaster [dɪ'zɑːstər] *n* **1.** catastrophe *f* **2.** *(indén)* échec *m*, désastre *m* **3.** *fig* désastre *m* • **as a manager, he's a disaster!** en tant que directeur, ce n'est pas une réussite ! **4.** *(locution)* • **a disaster waiting to happen** une bombe à retardement *fig*.

disaster area *n* zone *f* sinistrée.

disastrous [dɪ'zɑːstrəs] *adj* désastreux.

disastrously [dɪ'zɑːstrəslɪ] *adv* de façon désastreuse.

disband [dɪs'bænd] *vt* dissoudre. ❑ *vi* se dissoudre.

disbelief [ˌdɪsbɪ'liːf] *n* • **in** *ou* **with disbelief** avec incrédulité.

disc (UK), disk (US) [dɪsk] *n* disque *m*.

discard [dɪ'skɑːd] *vt* mettre au rebut.

discern [dɪ'sɜːn] *vt* discerner, distinguer.

discernible [dɪ'sɜːnəbl] *adj* **1.** visible **2.** sensible *(perceptible)*.

discerning [dɪ'sɜːnɪŋ] *adj* judicieux.

discharge *n* ['dɪstʃɑːdʒ] **1.** autorisation *f* de sortie, décharge *f* **2.** *DR* relaxe *f* • **to get one's discharge** *MIL* être rendu à la vie civile **3.** émission *f (de fumée)* **4.** déversement *m (d'ordures)* **5.** *MÉD* écoulement *m*. ❑ *vt* [dɪs'tʃɑːdʒ] **1.** signer la décharge de *(un patient)* **2.** relaxer *(un prisonnier)* **3.** rendre à la vie civile *(un soldat)* **4.** émettre *(de la fumée)* **5.** déverser *(des ordures)*.

disciple [dɪ'saɪpl] *n* disciple *m*.

disciplinary ['dɪsɪplɪnərɪ] *adj* disciplinaire • **to take disciplinary action against sb** prendre des mesures disciplinaires contre qqn.

discipline ['dɪsɪplɪn] *n* discipline *f*. ❑ *vt* **1.** discipliner **2.** punir.

disciplined ['dɪsɪplɪnd] *adj* discipliné.

disc jockey *n* disc-jockey *m*.

disclaim [dɪs'kleɪm] *vt sout* nier.

disclaimer [dɪs'kleɪmər] *n* dénégation *f*, désaveu *m*.

disclose [dɪs'kləʊz] *vt* révéler, divulguer.

disclosure [dɪs'kləʊʒər] *n* révélation *f*, divulgation *f*.

disco ['dɪskəʊ] (*pl* **-s**) (abrév de discotheque) *n* discothèque *f*.

discolour (UK), discolor (US) [dɪs'kʌlər] *vt* **1.** décolorer **2.** *(dents)* jaunir. ❑ *vi* **1.** se décolorer **2.** *(dents)* jaunir.

discoloured (UK), discolored (US) [dɪs'kʌləd] *adj* **1.** décoloré **2.** *(dents)* jauni.

discomfort [dɪs'kʌmfət] *n* **1.** *(indén)* douleur *f* **2.** *(indén)* malaise *m*.

disconcert [ˌdɪskən'sɜːt] *vt* déconcerter.

disconcerting [ˌdɪskən'sɜːtɪŋ] *adj* déconcertant.

disconcertingly [ˌdɪskən'sɜːtɪŋlɪ] *adv* de façon déconcertante.

disconnect [ˌdɪskə'nekt] *vt* **1.** détacher **2.** débrancher **3.** *TÉLÉCOM* couper.

disconnected [ˌdɪskə'nektɪd] *adj* **1.** sans suite *(décousu)* **2.** sans rapport.

disconsolate [dɪs'kɒnsələt] *adj* triste, inconsolable.

discontent [ˌdɪskən'tent] *n* • **discontent (with)** mécontentement *m* (à propos de).

discontented [ˌdɪskən'tentɪd] *adj* mécontent.

discontinue [ˌdɪskən'tɪnjuː] *vt* cesser, interrompre.

discontinued line [ˌdɪskən'tɪnjuːd-] *n* fin *f* de série.

discord ['dɪskɔːd] *n* **1.** *(indén)* discorde *f*, désaccord *m* **2.** dissonance *f*.

discotheque ['dɪskəʊtek] *n* discothèque *f*.

discount *n* ['dɪskaʊnt] remise *f*. ❑ *vt* [**(UK)** dɪs'kaʊnt, **(US)** 'dɪskaʊnt] ne pas tenir compte de.

discourage [dɪs'kʌrɪdʒ] *vt* décourager • **to discourage sb from doing sthg** dissuader qqn de faire qqch.

discover [dɪ'skʌvər] *vt* découvrir • **to be discovered** être découvert.

discovery [dɪ'skʌvərɪ] *n* découverte *f*.

discredit [dɪs'kredɪt] *n* discrédit *m*. ❑ *vt* discréditer.

discredited [dɪs'kredɪtɪd] *adj* discrédité.

discreet [dɪ'skriːt] *adj* discret.

discreetly [dɪ'skriːtlɪ] *adv* discrètement.

discrepancy [dɪ'skrepənsɪ] *n* divergence *f*.

discretion [dɪ'skreʃn] *n (indén)* **1.** discrétion *f* **2.** jugement *m*, discernement *m*.

discretionary [dɪ'skreʃənrɪ] *adj* discrétionnaire.
discriminate [dɪ'skrɪmɪneɪt] *vi* **1.** différencier, distinguer • **to discriminate between** faire la distinction entre **2.** • **to discriminate against sb** faire de la discrimination envers qqn.
discriminating [dɪ'skrɪmɪneɪtɪŋ] *adj* judicieux.
discrimination [dɪˌskrɪmɪ'neɪʃn] *n* **1.** discrimination *f* • **racial discrimination** la discrimination raciale **2.** discernement *m*, jugement *m*.
discus ['dɪskəs] (*pl* **-es**) *n* disque *m (que l'on lance)*.
discuss [dɪ'skʌs] *vt* discuter (de).
discussion [dɪ'skʌʃn] *n* discussion *f* • **under discussion** en discussion.
discussion group *n* groupe *m* de discussion.
disdain [dɪs'deɪn] *n* • **disdain (for)** dédain *m* (pour).
disdainful [dɪs'deɪnfʊl] *adj* dédaigneux.
disease [dɪ'ziːz] *n* maladie *f*.
diseased [dɪ'ziːzd] *adj (plante, corps)* malade.
disembark [ˌdɪsɪm'bɑːk] *vi* débarquer.
disenchanted [ˌdɪsɪn'tʃɑːntɪd] *adj* • **disenchanted (with)** désenchanté (de).
disengage [ˌdɪsɪn'geɪdʒ] *vt* **1.** • **to disengage sthg (from)** libérer *ou* dégager qqch (de) **2.** déclencher • **to disengage the gears** débrayer.
disfavour (UK), **disfavor (US)** [dɪs'feɪvər] *n* désapprobation *f*.
disfigure [dɪs'fɪgər] *vt* défigurer.
disfigured [dɪs'fɪgəd] *adj* défiguré.
disgrace [dɪs'greɪs] *n* **1.** *(sentiment)* honte *f* • **to bring disgrace on sb** jeter la honte sur qqn • **in disgrace** en défaveur **2.** *(ce qui cause de la honte)* honte *f*, scandale *m*. ❑ *vt* faire honte à • **to disgrace o.s.** se couvrir de honte.
disgraceful [dɪs'greɪsfʊl] *adj* honteux, scandaleux.
disgracefully [dɪs'greɪsfʊlɪ] *adv* honteusement.
disgruntled [dɪs'grʌntld] *adj* mécontent.
disguise [dɪs'gaɪz] *n* déguisement *m* • **in disguise** déguisé. ❑ *vt* **1.** déguiser **2.** dissimuler.
disgust [dɪs'gʌst] *n* • **disgust (at) a)** dégoût *m* (pour) **b)** dégoût (devant). ❑ *vt* dégoûter, écœurer.
disgusted [dɪs'gʌstɪd] *adj* **1.** écœuré, dégoûté **2.** *fig* écœuré.
disgusting [dɪs'gʌstɪŋ] *adj* dégoûtant.
dish [dɪʃ] *n* **1.** plat *m* **2. (US)** assiette *f*. ❑ *vi (locution)* • **to dish on sb** *fam* cafarder qqn. ■ **dishes** *npl* vaisselle *f*. ■ **dish out** *vt sép fam* distribuer. ■ **dish up** *vt sép fam* servir *(de la nourriture)*.
dish aerial (UK), **dish antenna (US)** *n* antenne *f* parabolique.
dishcloth ['dɪʃklɒθ] *n* lavette *f*.
disheartened [dɪs'hɑːtnd] *adj* découragé.
disheartening [dɪs'hɑːtnɪŋ] *adj* décourageant.
dishevelled (UK), **disheveled (US)** [dɪ'ʃevəld] *adj* **1.** *(personne)* échevelé **2.** *(cheveux)* en désordre.
dishonest [dɪs'ɒnɪst] *adj* malhonnête.
dishonesty [dɪs'ɒnɪstɪ] *n* malhonnêteté *f*.
dishonour (UK), **dishonor (US)** [dɪs'ɒnər] *n* déshonneur *m*. ❑ *vt* déshonorer.
dishonourable (UK), **dishonorable (US)** [dɪs'ɒnərəbl] *adj* **1.** peu honorable **2.** déshonorant.
dishtowel ['dɪʃtaʊəl] *n* torchon *m*.
dishwasher ['dɪʃˌwɒʃər] *n* lave-vaisselle *m inv*.
dish(washing) soap *n* **(US)** liquide *m* pour la vaisselle.
dishy ['dɪʃɪ] (*comp* **dishier**, *superl* **dishiest**) *adj* **(UK)** *fam* mignon, sexy *(inv)*.
disillusioned [ˌdɪsɪ'luːʒnd] *adj* désillusionné, désenchanté.
disincentive [ˌdɪsɪn'sentɪv] *n* **1.** • **to be a disincentive** avoir un effet dissuasif **2.** être démotivant.
disinclined [ˌdɪsɪn'klaɪnd] *adj* • **to be disinclined to do sthg** être peu disposé à faire qqch.
disinfect [ˌdɪsɪn'fekt] *vt* désinfecter.
disinfectant [ˌdɪsɪn'fektənt] *n* désinfectant *m*.
disingenuous [ˌdɪsɪn'dʒenjʊəs] *adj* peu sincère.
disinherit [ˌdɪsɪn'herɪt] *vt* déshériter.
disintegrate [dɪs'ɪntɪgreɪt] *vi* se désintégrer, se désagréger.
disinterested [ˌdɪs'ɪntrəstɪd] *adj* **1.** désintéressé **2.** • **disinterested (in)** indifférent (à).
disjointed [dɪs'dʒɔɪntɪd] *adj* décousu.
disk [dɪsk] *n* **1.** INFORM disque *m* • **hard disk** disque dur **2. (US)** = **disc**.
disk drive *n* INFORM lecteur *m* de disques *ou* de disquettes.
diskette [dɪs'ket] *n* INFORM disquette *f*.
disk operating system *n* système *m* d'exploitation (à disques).
disk space *n* espace *m* disque.
dislike [dɪs'laɪk] *n* • **dislike (of)** aversion *f* (pour). ❑ *vt* ne pas aimer.
dislocate ['dɪsləkeɪt] *vt* **1.** MÉD se démettre **2.** désorganiser, perturber.
dislodge [dɪs'lɒdʒ] *vt* • **to dislodge sthg (from) a)** déplacer qqch (de) **b)** décoincer qqch (de).
disloyal [ˌdɪs'lɔɪəl] *adj* déloyal.
disloyalty [ˌdɪs'lɔɪəltɪ] *n* déloyauté *f* • **an act of disloyalty** un acte déloyal.
dismal ['dɪzml] *adj* **1.** lugubre **2.** infructueux **3.** lamentable.
dismantle [dɪs'mæntl] *vt* démanteler.
dismay [dɪs'meɪ] *n* consternation *f*. ❑ *vt* consterner.
dismiss [dɪs'mɪs] *vt* **1.** • **to dismiss sb (from)** congédier qqn (de) **2.** écarter *(une idée, une personne)* **3.** rejeter *(un projet)* **4.** laisser sortir *(des*

élèves) **5.** faire rompre les rangs à *(des troupes)* **6.** *DR* dissoudre • **to dismiss a charge** rendre une ordonnance de non-lieu • **case dismissed!** affaire classée !

dismissal [dɪs'mɪsl] *n* **1.** licenciement *m*, renvoi *m* **2.** rejet *m*.

dismissive [dɪs'mɪsɪv] *adj* méprisant, dédaigneux • **to be dismissive of** ne faire aucun cas de.

dismount [,dɪs'maʊnt] *vi* descendre (de).

disobedience [,dɪsə'bi:djəns] *n* désobéissance *f*.

disobedient [,dɪsə'bi:djənt] *adj* désobéissant.

disobey [,dɪsə'beɪ] *vt* désobéir à.

disorder [dɪs'ɔdəʳ] *n* **1.** • **in disorder** en désordre **2.** *(indén)* troubles *mpl* **3.** *MÉD* trouble *m*.

disorderly [dɪs'ɔdəlɪ] *adj* **1.** en désordre **2.** désordonné **3.** indiscipliné.

disorganized, -ised (UK) [dɪs'ɔgənaɪzd] *adj* **1.** désordonné, brouillon **2.** mal conçu.

disorient [dɪs'ɔ:rɪənt], **disorientate (UK)** [dɪs'ɔ:rɪənteɪt] *vt* désorienter • **to be disoriented** être désorienté • **it's easy to become disoriented a)** c'est facile de perdre son sens de l'orientation **b)** *fig* on a vite fait d'être désorienté.

disorientation [dɪs,ɔ:rɪən'teɪʃn] *n* désorientation *f*.

disoriented [dɪs'ɔrɪəntɪd], **disorientated (UK)** [dɪs'ɔrɪənteɪtɪd] *adj* désorienté.

disorienting [dɪs'ɔ:rɪəntɪŋ] *adj* déroutant.

disown [dɪs'əʊn] *vt* désavouer.

disparaging [dɪ'spærɪʤɪŋ] *adj* désobligeant.

disparate ['dɪspərət] *adj* disparate.

disparity [dɪ'spærətɪ] *(pl* **-ies***)* *n* • **disparity (between** *ou* **in)** disparité *f* (entre).

dispassionate [dɪ'spæʃnət] *adj* impartial.

dispatch [dɪ'spætʃ] *n* dépêche *f*. ❑ *vt* envoyer, expédier.

dispatch rider *n* **1.** estafette *f* **2.** coursier *m*.

dispel [dɪ'spel] *vt* dissiper, chasser.

dispensable [dɪ'spensəbl] *adj* **1.** dont on peut se passer **2.** *(dépense)* superflu.

dispensary [dɪ'spensərɪ] *n* officine *f*.

dispense [dɪ'spens] *vt* administrer. ■ **dispense with** *vt insép* **1.** se passer de **2.** rendre superflu • **to dispense with the need for sthg** rendre qqch superflu.

dispensing chemist [dɪ'spensɪŋ-] *n* **(UK)** pharmacien *m*, -enne *f*.

dispersal [dɪ'spɜ:sl] *n* dispersion *f*.

disperse [dɪ'spɜ:s] *vt* **1.** disperser *(une foule)* **2.** répandre, propager *(une nouvelle)*. ❑ *vi* se disperser.

dispirited [dɪ'spɪrɪtɪd] *adj* découragé, abattu.

displace [dɪs'pleɪs] *vt* **1.** déplacer **2.** supplanter.

displaced person [dɪs'pleɪst-] *n* personne *f* déplacée.

displacement activity *n* déplacement *m*.

display [dɪ'spleɪ] *n* **1.** exposition *f* **2.** manifestation *f* **3.** spectacle *m* **4.** *INFORM* écran *m* **5.** *INFORM* affichage *m*, visualisation *f*. ❑ *vt* **1.** exposer **2.** faire preuve de, montrer.

display advertisement *n* encadré *m*.

displease [dɪs'pli:z] *vt* déplaire à, mécontenter.

displeased [dɪs'pli:zd] *adj* mécontent • **to be displeased with** *ou* **at** être mécontent de.

displeasure [dɪs'pleʒəʳ] *n* mécontentement *m*.

disposable [dɪ'spəʊzəbl] *adj* jetable • **a disposable camera** un appareil photo jetable.

disposable camera *n* appareil *m* photo jetable.

disposable income *n* surplus *m*, revenu *m* disponible.

disposal [dɪ'spəʊzl] *n* **1.** enlèvement *m* **2.** • **at sb's disposal** à la disposition de qqn.

dispose [dɪ'spəʊz] ■ **dispose of** *vt insép* **1.** se débarrasser de **2.** résoudre *(un problème)*.

disposed [dɪ'spəʊzd] *adj* **1.** • **to be disposed to do sthg** être disposé à faire qqch **2.** • **to be well disposed to** *ou* **towards sb** être bien disposé envers qqn.

disposition [,dɪspə'zɪʃn] *n* **1.** caractère *m*, tempérament *m* **2.** • **disposition to do sthg** tendance *f* à faire qqch.

dispossessed [,dɪspə'zest] *adj* dépossédé.

disproportionate [,dɪsprə'pɔ:ʃnət] *adj* • **disproportionate (to)** disproportionné (à).

disproportionately [,dɪsprə'pɔ:ʃnətlɪ] *adv* d'une façon disproportionnée • **a disproportionately large sum** une somme disproportionnée.

disprove [,dɪs'pru:v] *vt* réfuter.

dispute [dɪ'spju:t] *n* **1.** dispute *f* **2.** *(indén)* désaccord *m* **3.** *INDUST* conflit *m*. ❑ *vt* contester.

disqualification [dɪs,kwɒlɪfɪ'keɪʃn] *n* disqualification *f*.

disqualify [,dɪs'kwɒlɪfaɪ] *vt* **1.** • **to disqualify sb (from doing sthg)** interdire à qqn (de faire qqch) **2.** *SPORT* disqualifier.

disquiet [dɪs'kwaɪət] *n* inquiétude *f*.

disregard [,dɪsrɪ'gɑ:d] *n* *(indén)* • **disregard (for) a)** mépris *m* (pour) **b)** indifférence *f* (à). ❑ *vt* **1.** ignorer **2.** mépriser **3.** ne pas tenir compte de.

disrepair [,dɪsrɪ'peəʳ] *n* délabrement *m* • **to fall into disrepair** se délabrer.

disreputable [dɪs'repjʊtəbl] *adj* peu respectable.

disrepute [,dɪsrɪ'pju:t] *n* • **to bring sthg into disrepute** discréditer qqch • **to fall into disrepute** acquérir une mauvaise réputation.

disrupt [dɪs'rʌpt] *vt* perturber.

disruption [dɪs'rʌpʃn] *n* perturbation *f.*
disruptive [dɪs'rʌptɪv] *adj* perturbateur.
diss [dɪs] *vt tfam* • **to diss sb** se foutre de qqn.
dissatisfaction ['dɪsˌsætɪs'fækʃn] *n* mécontentement *m.*
dissatisfied [ˌdɪs'sætɪsfaɪd] *adj* • **dissatisfied (with)** mécontent (de), pas satisfait (de).
dissect [dɪ'sekt] *vt litt & fig* disséquer.
dissection [dɪ'sekʃn] *n litt & fig* dissection *f.*
disseminate [dɪ'semɪneɪt] *vt* disséminer.
dissent [dɪ'sent] *n* dissentiment *m.* ❑ *vi* • **to dissent** être en désaccord.
dissenting [dɪ'sentɪŋ] *adj* • **dissenting voice** opinion *f* contraire.
dissertation [ˌdɪsə'teɪʃn] *n* **1.** thèse *f (de doctorat)* **2.** exposé *m* **3.** *UNIV* mémoire *m.*
disservice [ˌdɪs'sɜːvɪs] *n* • **to do sb a disservice** rendre un mauvais service à qqn.
dissident ['dɪsɪdənt] *n* dissident *m*, -e *f.*
dissimilar [ˌdɪ'sɪmɪlər] *adj* • **dissimilar (to)** différent (de).
dissipate ['dɪsɪpeɪt] *vt* **1.** dissiper **2.** dilapider, gaspiller.
dissociate [dɪ'səʊʃɪeɪt] *vt* dissocier • **to dissociate o.s. from** se dissocier de.
dissolute ['dɪsəluːt] *adj* dissolu.
dissolve [dɪ'zɒlv] *vt* dissoudre. ❑ *vi* **1.** se dissoudre **2.** *fig* disparaître.
dissuade [dɪ'sweɪd] *vt* dissuader.
distance ['dɪstəns] *n* distance *f* • **from a distance** de loin • **in the distance** au loin.
distance learning *n* télé-enseignement *m.*
distant ['dɪstənt] *adj* **1.** • **distant (from)** éloigné (de) **2.** distant.
distantly ['dɪstəntlɪ] *adv* **1.** au loin **2.** vaguement • **to be distantly related a)** avoir un lien de parenté éloigné **b)** avoir un rapport éloigné *(avec qqch).*
distaste [dɪs'teɪst] *n* • **distaste (for)** dégoût *m* (pour).
distasteful [dɪs'teɪstful] *adj* répugnant, déplaisant.
distended [dɪ'stendɪd] *adj* ballonné, gonflé.
distil (UK), distill (US) [dɪ'stɪl] *vt litt & fig* distiller.
distillery [dɪ'stɪlərɪ] *n* distillerie *f.*
distinct [dɪ'stɪŋkt] *adj* **1.** • **distinct (from)** distinct (de), différent (de) • **as distinct from** par opposition à **2.** *(amélioration)* net, nette *f.*
distinction [dɪ'stɪŋkʃn] *n* **1.** distinction *f*, différence *f* **2.** *(indén)* distinction *f* **3.** *UNIV* mention *f* très bien.
distinctive [dɪ'stɪŋktɪv] *adj* distinctif.
distinctive feature *n LING* trait *m* pertinent.
distinctly [dɪ'stɪŋktlɪ] *adv (voir, se rappeler)* clairement.
distinguish [dɪ'stɪŋgwɪʃ] *vt* **1.** • **to distinguish sthg from sthg** distinguer qqch de qqch, faire la différence entre qqch et qqch **2.** *(voir)* distinguer **3.** caractériser.
distinguishable [dɪ'stɪŋgwɪʃəbl] *adj* **1.** visible **2.** reconnaissable • **to be easily distinguishable from** se distinguer facilement de, être facile à distinguer de.
distinguished [dɪ'stɪŋgwɪʃt] *adj* distingué.
distinguishing [dɪ'stɪŋgwɪʃɪŋ] *adj* distinctif.
distort [dɪ'stɔt] *vt* déformer.
distorted [dɪ'stɔːtɪd] *adj* déformé.
distortion [dɪ'stɔːʃn] *n* déformation *f.*
distract [dɪ'strækt] *vt* distraire.
distracted [dɪ'stræktɪd] *adj* distrait.
distracting [dɪ'stræktɪŋ] *adj* gênant • **I find it distracting** ça m'empêche de me concentrer.
distraction [dɪ'strækʃn] *n* distraction *f.*
distraught [dɪ'strɔt] *adj* éperdu.
distress [dɪ'stres] *n* **1.** détresse *f* **2.** douleur *f*, souffrance *f.* ❑ *vt* affliger.
distressed [dɪ'strest] *adj* affligé *(accablé).*
distressing [dɪ'stresɪŋ] *adj* pénible.
distress signal *n* signal *m* de détresse.
distribute [dɪ'strɪbjuːt] *vt* **1.** distribuer **2.** répartir.
distribution [ˌdɪstrɪ'bjuːʃn] *n* **1.** distribution *f* **2.** répartition *f.*
distribution channel *n* canal *m* de distribution.
distribution list *n* liste *f* de distribution *(e-mail).*
distributor [dɪ'strɪbjʊtər] *n AUTO & COMM* distributeur *m.*
district ['dɪstrɪkt] *n* **1.** région *f* **2.** quartier *m* **3.** *(circonscription administrative)* district *m.*
district attorney *n* **(US)** ≃ procureur *m* de la République.
district council *n* **(UK)** ≃ conseil *m* général.
district nurse *n* **(UK)** infirmière *f* visiteuse *ou* à domicile.
distrust [dɪs'trʌst] *n* méfiance *f.* ❑ *vt* se méfier de.
distrustful [dɪs'trʌstful] *adj* méfiant.
disturb [dɪ'stɜːb] *vt* **1.** déranger **2.** inquiéter **3.** troubler.
disturbance [dɪ'stɜːbəns] *n* **1.** troubles *mpl* **2.** tapage *m* **3.** dérangement *m* **4.** trouble *m.*
disturbed [dɪ'stɜːbd] *adj* **1.** perturbé **2.** inquiet.
disturbing [dɪ'stɜːbɪŋ] *adj* **1.** bouleversant **2.** inquiétant.
disuse [ˌdɪs'juːs] *n* • **to fall into disuse** tomber en désuétude.
disused [ˌdɪs'juːzd] *adj* désaffecté.

ditch [dɪtʃ] *n* fossé *m.* ❑ *vt* **1.** *fam* plaquer *(son copain, sa copine)* **2.** se débarrasser de *(ses vieux vêtements)* **3.** abandonner *(un projet).*

dither ['dɪðər] *vi* hésiter.

ditherer ['dɪðərər] *n fam* • **he's such a terrible ditherer** il est toujours à hésiter sur tout.

dithering ['dɪðərɪŋ] *n* tramage *m (des couleurs).*

ditto ['dɪtəu] *adv* idem.

diva ['di:və] *(pl -s) n* diva *f.*

divan [dɪ'væn] *n* divan *m.*

dive [daɪv] *vi* (**(UK)** *prét & pp* **dived**, **(US)** *prét & pp* **dived** *ou* **dove**) **1.** plonger **2.** piquer. ❑ *n* **1.** plongeon *m* **2.** piqué *m* **3.** *fam & péj (bar, restaurant mal famé)* bouge *m.*

diver ['daɪvər] *n* plongeur *m,* -euse *f.*

diverge [daɪ'vɜ:dʒ] *vi* • **to diverge (from)** diverger (de).

diverse [daɪ'vɜ:s] *adj* divers.

diversification [daɪˌvɜ:sɪfɪ'keɪʃn] *n* diversification *f.*

diversify [daɪ'vɜ:sɪfaɪ] *vt* diversifier. ❑ *vi* se diversifier.

diversion [daɪ'vɜ:ʃn] *n* **1.** distraction *f* **2.** diversion *f* **3. (UK)** déviation *f* **4.** détournement *m.*

diversity [daɪ'vɜ:sətɪ] *n* diversité *f.*

divert [daɪ'vɜ:t] *vt* **1. (UK)** dévier *(la circulation)* **2.** détourner *(des fonds, le cours d'un fleuve)* **3.** distraire.

divide [dɪ'vaɪd] *vt* **1.** séparer **2.** diviser, partager • **to divide sthg (into)** diviser qqch (en) **3.** diviser *(des personnes)* **4.** MATH • **89 divided by 3** 89 divisé par 3. ❑ *vi* se diviser.

dividend ['dɪvɪdend] *n* dividende *m.*

dividing line [dɪ'vaɪdɪŋ-] *n* ligne *f* de démarcation.

divine [dɪ'vaɪn] *adj* divin • **divine intervention** intervention *f* divine.

diving ['daɪvɪŋ] *n* **1.** *(indén)* plongeon *m* **2.** plongée *f* (sous-marine).

diving board *n* plongeoir *m.*

diving suit *n* combinaison *f* de plongée.

divinity [dɪ'vɪnətɪ] *n* **1.** divinité *f* **2.** théologie *f.*

division [dɪ'vɪʒn] *n* **1.** division *f* **2.** séparation *f.*

division sign *n* signe *m* de division.

divisive [dɪ'vaɪsɪv] *adj* qui sème la division *ou* la discorde.

divorce [dɪ'vɔs] *n* divorce *m.* ❑ *vt* divorcer.

divorcé [dɪ'vɔ:seɪ] *n* divorcé *m.*

divorced [dɪ'vɔst] *adj* divorcé • **to get divorced** divorcer.

divorcée [dɪvɔ:'si:] *n* divorcée *f.*

divulge [daɪ'vʌldʒ] *vt* divulguer.

DIY (abrév de do-it-yourself) *n* **(UK)** bricolage *m.*

dizziness ['dɪzɪnɪs] *n* vertige *m.*

dizzy ['dɪzɪ] *adj* • **to feel dizzy** avoir la tête qui tourne.

DJ, deejay (abrév de disc jockey) *n* disc-jockey *m.*

Dk, DK (abrév de don't know) je ne sais pas.

DNA (abrév de deoxyribonucleic acid) *n* ADN *m* • **DNA test** test *m* ADN • **DNA testing** tests *mpl* ADN.

DNS [ˌdi:en'es] (abrév de Domain Name System) *n* DNS *m,* système *m* de nom de domaine.

do

■ **do** [du:] *v aux (prét* **did**, *pp* **done***)*

1. DANS LES PHRASES NÉGATIVES, EN L'ABSENCE D'UN AUTRE AUXILIAIRE

• **don't leave it there** ne le laisse pas là

2. DANS LES PHRASES INTERROGATIVES, EN L'ABSENCE D'UN AUTRE AUXILIAIRE

• **what did he want?** qu'est-ce qu'il voulait ? • **do you think she'll come?** tu crois qu'elle viendra ?

3. POUR REPRENDRE UN VERBE

• **she reads more than I do** elle lit plus que moi

4. DANS LES QUESTION TAGS, EN L'ABSENCE D'UN AUTRE AUXILIAIRE

• **so you think you can dance, do you?** alors tu t'imagines que tu sais danser, c'est ça ?

5. EFFET D'INSISTANCE, D'EMPHASE

• **I did tell you but you've forgotten** je te l'avais bien dit, mais tu as oublié

6. EFFET DE CONTRASTE

• **I am not very fond of the piano. I do like Chopin though** je ne suis pas vraiment amateur de piano et pourtant, j'aime Chopin

7. EFFET D'INVITATION, D'INCITATION

• **do come in** entrez donc

■ **do** [du:] *vt (prét* **did**, *pp* **done***)*

1. POUR EXPRIMER LA RÉALISATION D'UNE ACTION

• **what are you doing?** qu'est-ce que tu fais ? • **she does the cooking, he does the housework** elle fait la cuisine, il fait le ménage • **she's doing her hair** elle se coiffe • **they do fish very well in this restaurant** ils cuisinent très bien le poisson dans ce restaurant • **I did physics at school** j'ai étudié la physique à l'école

2. POUR QUESTIONNER QQN SUR SA PROFESSION

• **what do you do?** qu'est-ce que vous faites dans la vie ?

3. DANS DES EXPRESSSIONS

• **shall we do lunch?** *fam* et si on allait déjeuner ensemble ?

■ **do** [du:] *vi (prét* **did**, *pp* **done***)*

1. RÉALISER UNE ACTION

faire • **do as I tell you** fais comme je te dis

2. INTRODUIT UNE IDÉE DE RÉUSSITE
• **they're doing really well** leurs affaires marchent bien • **he could do better** il pourrait mieux faire • **how did you do in the exam?** comment ça a marché à l'examen ?

3. INDIQUE QUE QQCH EST SUFFISANT
• **will £6 do?** est-ce que 6 livres suffiront ?
• **that will do** ça suffit

■ **do** [duː] *n* (*pl* **dos** *ou* **do's**)

1. **(UK)** *fam* ACTIVITÉ
fête *f* • **they had a big do** ils ont fait une grande fête

2. *fam* EXCRÉMENT
• **dog do** crotte *f* de chien

■ **do away with** *vt insép*
supprimer • **to do away with a law** supprimer une loi

■ **do down** *vt sép*
(UK) *fam* dire du mal de

■ **dos** *npr*
CONSIGNES
• **dos and don'ts** ce qu'il faut faire et ne pas faire

À PROPOS DE

do

Présent : ***I do, you do, he/she/it does, we do, you do, they do***. **Prétérit** : ***I did, you did, he/she/it did, we did, you did, they did***. **Participe présent** : ***doing***. **Participe passé** : ***done***.
Do est un verbe à part entière, doté de sens propres, et qui peut donc apparaître seul. Il remplit en outre la fonction d'auxiliaire, notamment pour former les questions ***(do you watch much television?)*** et les tournures négatives ***(I didn't see him at school today)***, lorsque le verbe de la principale est au présent ou au prétérit. Aux autres temps, il faut utiliser les auxiliaires ***be*** ou ***have***.
On peut également utiliser ***do*** lorsque l'on veut insister sur quelque chose ***(you're wrong - I do know her)***.
Voir aussi **faire** dans la partie français-anglais du dictionnaire.

doable ['duːəbl] *adj fam* faisable.
d.o.b., **DOB** abrév de **date of birth**.
Doberman ['dəubəmən] (*pl* **-s**) *n* doberman *m*.
docile [**(UK)** 'dəusaɪl, **(US)** 'dɒsəl] *adj* docile.
dock [dɒk] *n* **1.** docks *mpl* **2.** DR banc *m* des accusés **3.** *(pour les appareils électroniques)* station *f* d'accueil. ❏ *vi* arriver à quai.
docker ['dɒkər] *n* docker *mf*.
docking station *n* station *f* d'accueil *(d'un appareil électronique)*.
docklands ['dɒkləndz] *npl* **(UK)** docks *mpl*.
dockworker ['dɒkwɜːkər] = **docker**.
dockyard ['dɒkjɑːd] *n* chantier *m* naval.
doctor ['dɒktər] *n* **1.** docteur *m*, médecin *m* • **doctor's orders : I can't, doctor's orders!** je ne peux pas, le médecin me l'interdit **2.** UNIV docteur *m (titulaire d'un doctorat)*. ❏ *vt* **1.** falsifier *(un rapport, des résultats)* **2.** altérer *(un texte, de la nourriture)*.
doctorate ['dɒktərət], **doctor's degree** *n* doctorat *m*.
doctrine ['dɒktrɪn] *n* doctrine *f*.
docudrama [ˌdɒkjʊ'drɑːmə] (*pl* **-s**) *n* docudrame *m*.
document *n* ['dɒkjʊmənt] document *m*.
documentarist [dɒkjʊ'mentərɪst] *n* documentariste *mf*.
documentary [ˌdɒkjʊ'mentərɪ] *n* documentaire *m*.
docusoap ['dɒkjuːsəʊp] *n* docudrame *m (sous forme de feuilleton)*.
doddering ['dɒdərɪŋ], **doddery** ['dɒdərɪ] *adj fam* branlant.
doddle ['dɒdl] *n* **(UK)** *fam* • **it was a doddle** c'était du gâteau.
dodge [dɒdʒ] *n fam* combine *f*. ❏ *vt* éviter, esquiver. ❏ *vi* s'esquiver.
dodgy ['dɒdʒɪ] *adj* **(UK)** *fam* douteux.
doe [dəʊ] *n* **1.** biche *f* **2.** lapine *f*.
does *(forme non accentuée* [dəz]*, forme accentuée* [dʌz]*)* → **do**.
doesn't ['dʌznt] = **does not**.
dog [dɒg] *n* **1.** chien *m*, chienne *f* **2.** • **she's like a dog with a bone** elle est toute contente *ou* joyeuse. ❏ *vt* **1.** *(sujet : personne)* suivre de près **2.** *(sujet : malchance, problèmes)* poursuivre.
dog and pony show *n* **(US)** *fam* • **to put on a dog and pony show** faire tout un cinéma.
dog collar *n* **1.** collier *m* de chien **2.** col *m* d'ecclésiastique.
dog dirt *n* **(UK)** crottes *fpl* de chien.
dog-eared [-ɪəd] *adj* écorné.
dog food *n* nourriture *f* pour chiens.
dogged ['dɒgɪd] *adj* tenace.
doggedly ['dɒgɪdlɪ] *adv* **1.** avec ténacité *ou* persévérance **2.** obstinément.
doggy bag, **doggie bag** *n sac pour emporter les restes d'un repas au restaurant*.
doghouse ['dɒghaus] (*pl* [-haʊzɪz]) *n* **1.** **(US)** chenil *m*, niche *f* **2.** *fam* • **to be in the doghouse (with sb)** ne pas être en odeur de sainteté *ou* être en disgrâce (auprès de qqn).
dogma ['dɒgmə] *n* dogme *m*.
dogmatic [dɒg'mætɪk] *adj* dogmatique.

dog mess *n* **(UK) 1.** crottes *fpl* de chien **2.** déjections *fpl* canines.
do-gooder [-'gʊdər] *n péj* bonne âme *f*.
dogsbody ['dɒgz,bɒdɪ] *n* **1. (UK)** *fam (femme)* bonne *f* à tout faire **2.** *(homme)* factotum *m*.
doing ['du:ɪŋ] *n* • **is this your doing?** c'est toi qui es cause de tout cela ?
do-it-yourself *n (indén)* bricolage *m*.
dojo ['dəʊdʒəʊ] *n* dojo *m*.
doldrums ['dɒldrəmz] *npl* • **to be in the doldrums** *fig* être dans le marasme.
dole [dəʊl] *n* **(UK)** allocation *f* de chômage • **to be on the dole** être au chômage. ■ **dole out** *vt sép* distribuer au compte-gouttes *(de la nourriture, de l'argent)*.
doleful ['dəʊlfʊl] *adj* morne.
doll [dɒl] *n* poupée *f*.
dollar ['dɒlər] *n* **1.** dollar *m* **2.** • **another day, another dollar! (US)** *fam* **a)** *(en début de journée)* encore une journée de boulot à se farcir ! **b)** *(en fin de journée)* encore une journée de passée !
dollar sign *n* signe *m* dollar.
dolled up [dɒld-] *adj fam* pomponné.
dollop ['dɒləp] *n fam* bonne cuillerée *f*.
doll's house (UK), dollhouse [dɒlhaʊs] **(US)** *n* maison *f* de poupée.
dolly grip *n* machiniste *mf (au cinéma)*.
dolphin ['dɒlfɪn] *n* dauphin *m*.
domain [də'meɪn] *n litt & fig* domaine *m*.
domain name *n* nom *m* de domaine *(Internet)*.
Domain Name System *n* système *m* de nom de domaine.
dome [dəʊm] *n* dôme *m*.
domestic [də'mestɪk] *adj* **1.** *(politique, vol)* intérieur **2.** *(animal)* domestique **3.** *(personne)* casanier. ❑ *n* domestique *mf*.
domestic appliance *n* appareil *m* ménager.
domesticate [də'mestɪkeɪt] *vt* **1.** domestiquer, apprivoiser **2.** *hum* habituer aux tâches ménagères.
domesticated [də'mestɪkeɪtɪd] *adj* **1.** domestiqué **2.** *hum* popote *(inv)*.
domestic market *n* marché *m* intérieur.
dominant ['dɒmɪnənt] *adj* **1.** dominant **2.** dominateur.
dominate ['dɒmɪneɪt] *vt* dominer.
domineering [,dɒmɪ'nɪərɪŋ] *adj* autoritaire.
dominion [də'mɪnjən] *n* **1.** *(indén)* domination *f* **2.** territoire *m*.
domino ['dɒmɪnəʊ] *(pl* **-es***)* *n* domino *m*. ■ **dominoes** *npl (jeu)* dominos *mpl*.
doN abrév de **doing**.
don [dɒn] *n* **(UK)** professeur *m* d'université.
donate [də'neɪt] *vt* faire don de.
donation [də'neɪʃn] *n* don *m*.
done [dʌn] *pp* → **do**. ❑ *adj* **1.** achevé • **I'm nearly done** j'ai presque fini **2.** cuit. ❑ *interj* tope là !
donkey ['dɒŋkɪ] *(pl* **-s***)* *n* âne *m*, ânesse *f*.
donkeywork ['dɒŋkɪwɜ:k] *n* **(UK)** *fam* • **to do the donkeywork** faire le sale boulot.
donor ['dəʊnər] *n* **1.** MÉD donneur *m*, -euse *f* **2.** donateur *m*, -trice *f*.
donor card *n* carte *f* de donneur.
don't [dəʊnt] = **do not**.
donut ['dəʊnʌt] **(US)** = **doughnut**.
doodle ['du:dl] *n* griffonnage *m*. ❑ *vi* griffonner.
doom [du:m] *n* destin *m*.
doomed [du:md] *adj* condamné • **the plan was doomed to failure** le plan était voué à l'échec.
door [dɔr] *n* **1.** porte *f* • **to open/close the door** ouvrir/fermer la porte **2.** portière *f*.
doorbell ['dɔbel] *n* sonnette *f*.
doorhandle ['dɔ:hændl] *n* poignée *f* de porte.
doorknob ['dɔnɒb] *n* bouton *m* de porte.
doorknocker ['dɔ:,nɒkər] *n* heurtoir *m*.
doorman ['dɔmən] *(pl* **-men***)* *n* portier *m*.
doormat ['dɔmæt] *n litt & fig* paillasson *m*.
doorstep ['dɔstep] *n* pas *m* de la porte.
doorstop ['dɔ:stɒp] *n* butoir *m* de porte.
door-to-door *adj (vente)* à domicile • **door-to-door enquiries** enquête *f* de voisinage.
door viewer *n* judas *m* (optique).
doorway ['dɔweɪ] *n* embrasure *f* de la porte.
do out of *vt sép fam* • **to do sb out of sthg** escroquer *ou* carotter qqch à qqn.
doozy ['du:zɪ] *n* **(US)** *fam* • **that bruise is a real doozy!** il est énorme ce bleu ! • **a doozy of a problem/challenge** un sacré problème/défi.
dope [dəʊp] *n fam* **1.** *arg drogue* dope *f* **2.** dopant *m* **3.** imbécile *mf*. ❑ *vt* doper.
dope test *n* contrôle *m* anti-dopage.
dopey, dopy ['dəʊpɪ] *(comp* **dopier**, *superl* **dopiest***)* *adj fam* idiot, abruti.
dork [dɔ:k] *n* **1. (US)** *fam* niais *m*, -e *f* **2.** binoclard *m*, -e *f*.
dorm *fam n* **(US)** = **dormitory**.
dormant ['dɔmənt] *adj* **1.** *(volcan)* endormi **2.** *(loi)* inappliqué.
dormitory ['dɔmətrɪ] *n* **1.** dortoir *m* **2. (US)** ≃ cité *f* universitaire.
Dormobile® ['dɔmə,bi:l] *n* **(UK)** camping-car *m*.
DOS [dɒs] (abrév de disk operating system) *n* DOS *m*.
dosage ['dəʊsɪdʒ] *n* dosage *m*.
dose [dəʊs] *n* **1.** MÉD dose *f* **2.** *fig* • **a dose of the measles** la rougeole.
dosh [dɒʃ] *n* **(UK)** *tfam* fric *m*.
doss [dɒs] ■ **doss down** *vi* **(UK)** *fam* crécher.

dosser ['dɒsəʳ] *n* **(UK)** *fam* clochard *m*, -e *f*.
dosshouse ['dɒshaʊs] (*pl* [-haʊzɪz]) *n* **(UK)** *fam* asile *m* de nuit.
dossier ['dɒsɪeɪ] *n* dossier *m*.
dot [dɒt] *n* **1.** point *m* **2.** • **on the dot** à l'heure pile. ❑ *vt* • **dotted with** parsemé de.
dotcom ['dɒtkɒm] *n* dot com *f*, point com *f* • **the dotcom economy** l'économie des dot coms • **the dotcom bubble** la bulle Internet.
dote [dəʊt] ■ **dote (up)on** *vt insép* adorer.
doting ['dəʊtɪŋ] *adj* • **she has a doting grandfather** elle a un grand-père qui l'adore.
dot-matrix printer *n* imprimante *f* matricielle.
dotted line ['dɒtɪd-] *n* ligne *f* pointillée.
dotty ['dɒtɪ] (*comp* **dottier**, *superl* **dottiest**) *adj* **(UK)** *fam* toqué.
double ['dʌbl] *adj* double. ❑ *adv* **1.** • **double the amount** deux fois plus • **to see double** voir double **2.** en deux • **to bend double** se plier en deux. ❑ *n* **1.** (le) double *m* • **I earn double what I used to** je gagne le double de ce que je gagnais auparavant **2.** *(locution)* • **at** *ou* **on the double** au pas de course **3.** CINÉ doublure *f*. ❑ *vt* doubler. ■ **double back** *vi insép* tourner brusquement • **the path doubles back on itself** le sentier vous ramène sur vos pas. ■ **doubles** *npl* TENNIS double *m*. ■ **double up** *vt sép* • **to be doubled up** être plié en deux. ❑ *vi (bend over)* se plier en deux.

> À PROPOS DE
> **double**
> Lorsque ***double*** est un nom, il est inutile de le faire précéder de ***the (I only paid 10 dollars but he offered me double for it)***.
> En revanche, si ***double*** est placé devant un autre nom ou devant une proposition, il faut faire précéder ceux-ci de ***the***, ***this/that*** ou ***what (I'd like* double *that amount ; she earns* double *what she got in her old job)***.

double act *n* **(surtout UK)** duo *m*.
double agent *n* agent *m* double.
double-barrelled (UK), **double-barreled (US)** [-'bærəld] *adj* **1.** *(fusil)* à deux coups **2.** **(UK)** *(nom)* à rallonge.
double bass [-beɪs] *n* contrebasse *f*.
double bed *n* lit *m* pour deux personnes, grand lit.
double bill *n* double programme *m*.
double-breasted [-'brestɪd] *adj* croisé.
double-check *vt & vi* revérifier.
double chin *n* double menton *m*.
double-click *vi* faire un double-clic, cliquer deux fois. ❑ *vt* double-cliquer • **to double-click on sthg** double-cliquer sur qqch.
double cream *n* **(UK)** crème *f* fraîche épaisse.
double-cross *vt* trahir.
double date *n* sortie *f* à quatre *(deux couples)*. ■ **double-date** *vi* sortir à quatre *(deux couples)*.
double-dealing *n (indén)* fourberie *f*, double jeu *m*. ❑ *adj* fourbe, faux jeton.
double-decker [-'dekəʳ] *n* **(UK)** autobus *m* à impériale.
double Dutch *n* **(UK)** charabia *m*.
double-edged [-'edʒd] *adj* *litt* & *fig* à double tranchant.
double entendre [,du:blɑ̃'tɑ̃dr] *n* allusion *f* grivoise.
double fault *n* double faute *f*.
double figures *npl* **(UK)** • **to be in(to) double figures** être au-dessus de dix, dépasser la dizaine.
double-glazing [-'gleɪzɪŋ] *n* double vitrage *m*.
double-jointed [-'dʒɔɪntɪd] *adj* désarticulé.
double-park *vi* se garer en double file.
double room *n* chambre *f* pour deux personnes.
double-side *adj* • **double-side tape** bande *f* adhésive double face.
double-sided *adj (disque, scotch)* double-face.
double standard *n* • **to have double standards** avoir deux poids *ou* deux mesures.
double take *n* • **to do a double take** marquer un temps d'arrêt.
double vision *n* vue *f* double.
double whammy [-'wæmɪ] *n* double malédiction *f*.
double yellow line *n* **(UK)** • **to be parked on a double yellow line** être en stationnement interdit.
doubly ['dʌblɪ] *adv* doublement.
doubt [daʊt] *n* doute *m* • **there is no doubt that** il n'y a aucun doute que • **without (a) doubt** sans aucun doute • **to be in doubt a)** ne pas être sûr • **to cast doubt on sthg** mettre qqch en doute. ❑ *vt* douter de • **to doubt whether** *ou* **if** douter que.
doubtful ['daʊtfʊl] *adj* **1.** incertain **2.** douteux.
doubtless ['daʊtlɪs] *adv* sans aucun doute.
dough [dəʊ] *n (indén)* **1.** CULIN pâte *f* **2.** *tfam* fric *m*.
doughnut ['dəʊnʌt] *n* beignet *m*.
do up *vt sép* **1.** *(vêtement)* • **can you do up my dress?** peux-tu attacher *ou* boutonner ma robe ? **2.** *(rénover)* • **to do up the kitchen** refaire la cuisine.
douse [daʊs] *vt* **1.** éteindre *(un feu)* **2.** tremper.
dove[1] [dʌv] *n* colombe *f*.
dove[2] [dəʊv] **(US)** *passé* → **dive**.
Dover ['dəʊvəʳ] *n* Douvres.
dovetail ['dʌvteɪl] *vi* *fig* coïncider.
dowdy ['daʊdɪ] *adj* sans chic.
do with *vt insép* **1.** *(indique un besoin, une nécessité)* • **I could do with a day off** j'aurais bien besoin

d'un jour de congé **2.** *(avoir un rapport avec)* • **that has nothing to do with it** ça n'a aucun rapport.

do without *vt insép* se passer de. ❑ *vi* s'en passer.

down [daʊn] *adv* **1.** en bas, vers le bas • **to bend down** se pencher • **to climb down** descendre • **to fall down** tomber (par terre) • **to pull down** tirer vers le bas **2.** • **we went down to have a look** on est allés jeter un coup d'œil • **I'm going down to the shop** je vais au magasin **3.** • **prices are coming down** les prix baissent • **down to the last detail** jusqu'au moindre détail. ❑ *prép* **1.** • **they ran down the stairs** ils ont descendu l'escalier en courant **2.** • **to walk down the street** descendre la rue. ❑ *adj* **1.** *fam* • **to feel down** avoir le cafard **2.** en panne **3.** *(critique)* • **to be down on sb** être dur *ou* sévère avec qqn. ❑ *n (indén)* duvet *m.* ❑ *vt* **1.** abattre **2.** avaler d'un trait. ■ **downs** *npl* **(UK)** collines *fpl.*

down-and-out *adj* indigent. ❑ *n* personne *f* dans le besoin.

down-at-heel, down-at-the-heels (US) *adj* déguenillé.

downbeat ['daʊnbiːt] *adj fam* pessimiste.

downcast ['daʊnkɑːst] *adj* démoralisé.

downfall ['daʊnfɔːl] *n (indén)* ruine *f (effondrement).*

downgrade ['daʊngreɪd] *vt* **1.** déclasser *(un emploi, un vin)* **2.** rétrograder *(un employé).*

downhearted [ˌdaʊn'hɑːtɪd] *adj* découragé.

downhill [ˌdaʊn'hɪl] *adj* en pente. ❑ *n (ski)* descente *f.* ❑ *adv* • **to walk downhill** descendre la côte • **her career is going downhill** *fig* sa carrière est sur le déclin.

Downing Street ['daʊnɪŋ-] *n rue du centre de Londres où réside le Premier ministre.*

> **CULTURE**
> ### Downing Street
> C'est au numéro 10 de cette rue que se trouve la résidence officielle du Premier ministre britannique. Le ministre des Finances réside au numéro 11. Le terme **Downing Street** est souvent employé dans la presse pour désigner le Premier ministre ou le gouvernement.

down-in-the-mouth *adj* • **to be down-in-the-mouth** être abattu.

downlink ['daʊnlɪŋk] *n* liaison *f* satellite-terre.

download [ˌdaʊn'ləʊd] *vt* télécharger.

downloadable [ˌdaʊn'ləʊdəbl] *adj* téléchargeable.

down-market *adj* **1.** *(produit)* bas de gamme **2.** grande diffusion *(inv)* • **a down-market area** un quartier pas très chic.

down payment *n* acompte *m.*

downpour ['daʊnpɔːr] *n* pluie *f* torrentielle.

downright ['daʊnraɪt] *adj* effronté. ❑ *adv* franchement.

downshift [ˌdaʊn'ʃɪft] *vi* **(US)** rétrograder.

downsize ['daʊnsaɪz] *vt* **1.** réduire les effectifs de **2.** réduire l'échelle de *(application informatique).*

downsizing ['daʊnsaɪzɪŋ] *n* **1.** réduction *f* des effectifs **2.** réduction *f* d'échelle *(application informatique).*

Down's syndrome *n* trisomie *f* 21.

downstairs [ˌdaʊn'steəz] *adj* **1.** du bas **2.** à l'étage en dessous. ❑ *adv* en bas • **wait for me downstairs** attends-moi en bas.

downstream [ˌdaʊn'striːm] *adv* en aval.

downswing ['daʊnswɪŋ] *n* **1.** tendance *f* à la baisse, baisse *f* **2.** mouvement *m* descendant *(au golf).*

downtime ['daʊntaɪm] *n* **1.** temps *m* improductif **2.** **(US)** *fig* • **on the weekends I need some downtime** j'ai besoin de faire une pause le week-end.

down-to-earth *adj* terre-à-terre *(inv).*

downtown [ˌdaʊn'taʊn] **(surtout US)** *adj* • **downtown Paris** le centre de Paris. ❑ *adv* en ville.

downtrodden ['daʊnˌtrɒdn] *adj* opprimé.

downturn ['daʊntɜːn] *n* • **downturn (in)** baisse *f* (de).

down under *adv* en Australie/Nouvelle-Zélande.

downward ['daʊnwəd] *adj* **1.** vers le bas **2.** à la baisse.

downward-compatible *adj (logiciel)* compatible vers le bas.

downward mobility *n* régression *f* sociale.

downwards ['daʊnwədz] *adv* vers le bas.

downward trend *n* tendance *f* à la baisse *ou* baissière *(de l'économie).*

downwind [ˌdaʊn'wɪnd] *adv* dans le sens du vent.

dowry ['daʊərɪ] *n* dot *f.*

doz. (abrév de **dozen**) douz.

doze [dəʊz] *n* somme *m.* ❑ *vi* sommeiller. ■ **doze off** *vi* s'assoupir.

dozen ['dʌzn] *adj num* • **a dozen eggs** une douzaine d'œufs. ❑ *n* **1.** douzaine *f* **2.** • **dozens of** *fam* des centaines de.

dozy ['dəʊzɪ] *adj* somnolent.

DPh, DPhil [ˌdiː'fɪl] (abrév de **Doctor of Philosophy**) *n* **(UK)** *docteur en philosophie.*

dpi (abrév de **dots per inch**) PPP *(point par pouce).*

Dr (abrév de **Doctor**) Dr.

Dr. (abrév de **Drive**) av. *(avenue).*

drab [dræb] *adj* terne *(triste)*, fade *(couleur).*

draft [drɑːft] *n* **1.** premier jet *m*, ébauche *f* **2.** brouillon *m* **3.** FIN traite *f* **4.** **(US)** MIL • **the draft** la conscription *f* **5.** **(US)** = **draught**. ❑ *vt* **1.** ébaucher, faire le plan de **2.** faire le brouillon de **3.** **(US)** MIL appeler **4.** muter.

draft dodging *n* insoumission *f.*

draft-proof (US) = **draught-proof**.

draft quality *n* qualité *f* brouillon *ou* listing, qualité *f* liste rapide *(de l'impression)*.

draftsman (US) = **draughtsman**.

drafty (US) = **draughty**.

drag [dræg] *vt* **1.** traîner **2.** faire glisser • **drag the file into the trash** *INFORM* glisser le fichier dans la corbeille. ❑ *vi* **1.** traîner **2.** *fig* traîner en longueur. ❑ *n* **1.** *fam* plaie *f* *(casse-pieds)* **2.** *fam* bouffée *f* *(de cigarette)* **3.** • **in drag** en travesti. ■ **drag on** *vi* s'éterniser.

drag and drop *vi, vt & n* glisser-déposer, glisser-lâcher.

dragon ['drægən] *n litt & fig* dragon *m*.

dragonfly ['drægnflaɪ] *n* libellule *f*.

drain [dreɪn] *n* **1.** égout *m* **2.** • **drain on** épuisement *m (de ressources)*. ❑ *vt* **1.** égoutter *(des légumes)* **2.** assécher, drainer *(des terres)* **3.** épuiser *(quelqu'un)*.

drainage ['dreɪnɪdʒ] *n* **1.** (système *m* du) tout-à-l'égout *m* **2.** drainage *m*.

draining board (UK) ['dreɪnɪŋ-], **drainboard** (US) ['dreɪnbɔrd] *n* égouttoir *m*.

drainpipe ['dreɪnpaɪp] *n* tuyau *m* d'écoulement.

dram [dræm] *n* (ÉCOSSE) goutte *f* (de whisky).

drama ['drɑːmə] *n* **1.** drame *m* **2.** *(indén)* théâtre *m*.

drama queen *n fam* • **he's a real drama queen** il en fait des tonnes • **don't be such a drama queen** arrête ton cinéma.

dramatic [drə'mætɪk] *adj* **1.** dramatique • **to take a dramatic turn** prendre une tournure dramatique **2.** spectaculaire.

dramatically [drə'mætɪklɪ] *adv* **1.** de façon spectaculaire **2.** de façon théâtrale.

dramatist ['dræmətɪst] *n* dramaturge *mf*.

dramatization [ˌdræmətaɪ'zeɪʃn] *n* adaptation *f* pour la télévision/la scène/l'écran.

dramatize, **-ise** (UK) ['dræmətaɪz] *vt* **1.** adapter pour la télévision/la scène/l'écran **2.** *péj* dramatiser.

dramedy ['drɑːmədɪ] *n* comédie *f* dramatique.

drank [dræŋk] *passé* → **drink**.

drape [dreɪp] *vt* draper. ■ **drapes** *npl* (US) rideaux *mpl*.

drapery ['dreɪpərɪ] *n* (UK) mercerie *f*.

drastic ['dræstɪk] *adj* **1.** drastique, radical **2.** spectaculaire.

drastically ['dræstɪklɪ] *adv (changer, décliner)* de façon spectaculaire.

draught (UK), **draft** (US) [drɑːft] *n* courant *m* d'air. ■ **draughts** *n* (UK) jeu *m* de dames.

draught beer (UK), **draft beer** (US) *n* bière *f* à la pression.

draughtboard ['drɑːftbɔd] *n* (UK) damier *m*.

draught-proof (UK), **draft-proof** (US) *vt* calfeutrer. ❑ *adj* calfeutré.

draughtsman (UK), **draftsman** (US) (*pl* **-men**) *n* dessinateur *m*, -trice *f*.

draughty (UK) (*comp* **draughtier**, *superl* **draughtiest**), **drafty** (US) ['drɑːftɪ] *adj* plein de courants d'air.

draw [drɔ] *vt* (*prét* **drew**, *pp* **drawn**) **1.** tirer *(une conclusion)* **2.** dessiner **3.** établir, faire *(une distinction)* **4.** attirer, entraîner • **to draw sb's attention to** attirer l'attention de qqn sur. ❑ *vi* (*prét* **drew**, *pp* **drawn**) **1.** dessiner **2.** • **to draw near a)** s'approcher **b)** *(date, événement)* approcher • **to draw away** reculer **3.** *SPORT* faire match nul. ❑ *n* **1.** *SPORT* match *m* nul **2.** tirage *m (au sort)* **3.** attraction *f*. ■ **draw out** *vt sép* **1.** faire sortir de sa coquille *(un poussin)* **2.** prolonger **3.** faire un retrait de, retirer *(de l'argent)*. ■ **draw up** *vt sép* établir, dresser *(une liste)*. ❑ *vi (véhicule)* s'arrêter.

drawback ['drɔbæk] *n* inconvénient *m*, désavantage *m*.

drawbridge ['drɔbrɪdʒ] *n* pont-levis *m*.

drawer [drɔr] *n* tiroir *m*.

drawing ['drɔɪŋ] *n* dessin *m*.

drawing board *n* planche *f* à dessin.

drawing pin *n* (UK) punaise *f*.

drawing room *n* salon *m*.

drawl [drɔl] *n* voix *f* traînante.

drawn [drɔn] *pp* → **draw**.

dread [dred] *n (indén)* épouvante *f*. ❑ *vt* appréhender.

dreaded ['dredɪd] *adj* redouté.

dreadful ['dredful] *adj* affreux, épouvantable.

dreadfully ['dredfulɪ] *adv* **1.** terriblement **2.** extrêmement • **I'm dreadfully sorry** je regrette infiniment.

dreadlocks ['dredlɒks] *npl* coiffure *f* rasta.

dreads [dredz] *npl* = **dreadlocks**.

dream [driːm] *n* rêve *m*. ❑ *adj* de rêve. ❑ *vt* (*prét & pp* **dreamed** *ou* **dreamt**) rêver • **to dream (that)...** rêver que... ❑ *vi* (*prét & pp* **dreamed** *ou* **dreamt**) • **to dream (of** *ou* **about)** rêver (de) • **I wouldn't dream of it** cela ne me viendrait même pas à l'idée. ■ **dream up** *vt sép* inventer.

dreamboat ['driːmbəut] *n fam & vieilli* homme *m*, femme *f* de rêve.

dreamer ['driːmər] *n* utopiste *mf*.

dreamt [dremt] *passé & pp* → **dream**.

dream world *n* monde *m* imaginaire.

dreamy ['driːmɪ] *adj* **1.** rêveur **2.** de rêve.

dreary ['drɪərɪ] *adj* **1.** morne **2.** ennuyeux.

dredge [dredʒ] *vt* draguer *(une rivière)*. ■ **dredge up** *vt sép* **1.** draguer **2.** *fig* déterrer *(du passé)*.

dregs [dregz] *npl litt & fig* lie *f*.

drench [drentʃ] *vt* tremper • **to be drenched in** *ou* **with** être inondé de.

dress [dres] *n* **1.** robe *f* **2.** *(indén)* costume *m*, tenue *f*. ❑ *vt* **1.** habiller • **to be dressed** être habillé • **to get dressed** s'habiller **2.** panser **3.** assaisonner. ❑ *vi* s'habiller. ■ **dress up** *vi* **1.** se déguiser **2.** s'habiller élégamment.

dress circle *n* **(UK)** premier balcon *m*.

dressed ['drest] *adj* **1.** habillé • **a well-dressed/smartly-dressed man** un homme bien habillé/élégant • **dressed in blue chiffon** vêtu de mousseline de soie bleue • **she was not appropriately dressed for the country** elle n'avait pas la tenue appropriée pour la campagne • **she was dressed as a man** elle était habillée en homme **2.** *(locution)* • **to be dressed to kill** *fam*: **she was dressed to kill** elle avait un look d'enfer • **to be dressed to the nines** être tiré à quatre épingles.

dresser ['dresər] *n* **1.** vaisselier *m* **2. (US)** commode *f*.

dressing ['dresɪŋ] *n* **1.** pansement *m* **2.** assaisonnement *m* **3. (US)** CULIN farce *f*.

dressing-down *n* **(UK)** *fam* réprimande *f*, semonce *f* • **to give sb a dressing-down** passer un savon à qqn.

dressing gown *n* **(UK)** robe *f* de chambre.

dressing room *n* **1.** THÉÂTRE loge *f* **2.** SPORT vestiaire *m*.

dressing table *n* coiffeuse *f*.

dressmaker ['dres,meɪkər] *n* couturier *m*, -ère *f*.

dressmaking ['dres,meɪkɪŋ] *n* couture *f*.

dress rehearsal *n* générale *f*.

dress sense *n* • **to have good dress sense** savoir s'habiller.

dressy ['dresɪ] *adj* habillé.

drew [druː] *passé* → **draw**.

dribble ['drɪbl] *n* **1.** bave *f* **2.** traînée *f* *(trace)*. ❑ *vt* SPORT dribbler. ❑ *vi* **1.** baver **2.** tomber goutte à goutte, couler.

dried [draɪd] *adj* **1.** *(lait)* en poudre **2.** *(fruits)* sec **3.** *(fleurs)* séché.

drier ['draɪər] = **dryer**.

drift [drɪft] *n* **1.** mouvement *m* **2.** direction *f*, sens *m* **3.** *(signification)* sens *m* général **4.** congère *f* **5.** amoncellement *m*, entassement *m*. ❑ *vi* **1.** NAUT dériver **2.** s'amasser, s'amonceler.

driftwood ['drɪftwʊd] *n* bois *m* flottant.

drill [drɪl] *n* **1.** perceuse *f* **2.** fraise *f* **3.** perforatrice *f* **4.** exercice *m* *(militaire, incendie)*. ❑ *vt* **1.** percer **2.** fraiser **3.** forer **4.** MIL entraîner.

drink [drɪŋk] *n* **1.** boisson *f* • **a cold drink** une boisson fraîche **2.** verre *m* • **to go out for a drink** sortir prendre un verre • **we invited them in for a drink** nous les avons invités à prendre un verre **3.** *(indén)* alcool *m*. ❑ *vt* *(prét* **drank**, *pp* **drunk***)* boire.

drinkable ['drɪŋkəbl] *adj* **1.** potable **2.** buvable.

drink-driver *n* **(UK)** conducteur *m*, -trice *f* ivre.

drink-driving (UK), **drunk driving (US)**, **drunken driving (US)** *n* conduite *f* en état d'ivresse.

drinker ['drɪŋkər] *n* buveur *m*, -euse *f*.

drinking water *n* eau *f* potable.

drinks machine (UK), **drink machine (US)** *n* distributeur *m* de boissons.

drip [drɪp] *n* **1.** goutte *f* **2.** MÉD goutte-à-goutte *m inv*. ❑ *vi* **1.** goutter, tomber goutte à goutte **2.** *fig* • **to be dripping with sthg** être couvert de qqch.

drip-dry *adj* qui ne se repasse pas.

drive [draɪv] *n* **1.** trajet *m* (en voiture) • **to go for a drive** faire une promenade (en voiture) **2.** désir *m*, besoin *m* **3.** campagne *f* *(pour ou contre qqch)* **4.** *(indén)* dynamisme *m*, énergie *f* **5.** allée *f*. ❑ *vt* *(prét* **drove**, *pp* **driven***)* **1.** conduire **2.** pousser • **he drives himself too hard** il exige trop de lui-même **3.** • **to drive sb to sthg/to do sthg** pousser *ou* conduire qqn à qqch/à faire qqch • **to drive sb mad** *ou* **crazy** rendre qqn fou **4.** enfoncer *(un clou)*.

drive-by *(pl* **drive-bys***)* *n* *fam* • **drive-by shooting** fusillade *f* en voiture.

drive-by shooting *n fusillade exécutée d'un véhicule en marche* • **he was killed in a drive-by shooting** il s'est fait descendre par un tireur en voiture.

drive-in (surtout US) *n* drive-in *m*, ciné-parc *m*. ❑ *adj (restaurant, cinéma)* drive-in *(inv)*.

drivel ['drɪvl] *n* *(indén)* *fam* foutaises *fpl*, idioties *fpl*.

driven ['drɪvn] *pp* → **drive**.

-driven *suffixe* **1.** (fonctionnant) à • **electricity/steam-driven engine** machine électrique/à vapeur **2.** *fig* déterminé par • **market/consumer-driven** déterminé par les contraintes du marché/les exigences du consommateur **3.** contrôlé par • **menu-driven** contrôlé par menu.

driver ['draɪvər] *n* **1.** conducteur *m*, -trice *f* **2.** chauffeur *m* **3.** INFORM *(logiciel)* driver *m*, pilote *m* **4.** INFORM *(matériel)* unité *f* de contrôle.

driver's license (US) = **driving licence**.

drive shaft *n* arbre *m* de transmission.

drive-through *adj* où l'on reste dans sa voiture. ❑ *n* drive-in *m inv*.

driveway ['draɪvweɪ] *n* allée *f*.

driving ['draɪvɪŋ] *adj* **1.** *(pluie)* battant **2.** *(vent)* cinglant. ❑ *n* *(indén)* conduite *f*.

driving force *n* force *f* motrice.

driving instructor *n* moniteur *m*, -trice *f* d'auto-école.

driving lesson *n* leçon *f* de conduite.

driving licence (UK), **driver's license (US)** *n* permis *m* de conduire.

driving mirror *n* rétroviseur *m*.

driving school *n* auto-école *f*.

driving seat *n* **1.** place *f* du conducteur **2.** • **she's in the driving seat** *fig* c'est elle qui mène l'affaire *ou* qui tient les rênes.

driving test *n* (examen *m* du) permis *m* de conduire.

drizzle ['drɪzl] *n* bruine *f.* ❑ *v impers* bruiner.

DRM (abrév de **digital rights management**) *n* GDN *f.*

droll [drəʊl] *adj* drôle.

drone [drəʊn] *n* **1.** *(aircraft)* drone *m* **2.** ronronnement *m (d'un moteur)* **3.** bourdonnement *m (d'un insecte)* **4.** abeille *f* mâle, faux-bourdon *m.* ■ **drone on** *vi* parler d'une voix monotone • **to drone on about sthg** rabâcher qqch.

drool [druːl] *vi* baver • **to drool over** *fig* baver (d'admiration) devant.

droop [druːp] *vi* **1.** pencher **2.** tomber.

droopy ['druːpɪ] (*comp* **droopier**, *superl* **droopiest**) *adj* **1.** *(moustache, épaules)* tombant **2.** qui commence à se faner.

drop [drɒp] *n* **1.** goutte *f* **2.** baisse *f*, chute *f* **3.** dénivellation *f* • **sheer drop** à-pic *m* **4.** livraison *f* **5.** parachutage *m*, droppage *m* **6.** *MÉD* pastille *f.* ❑ *vt* **1.** laisser tomber **2.** baisser **3.** abandonner **4.** exclure **5.** déposer **6.** • **to drop a hint that** laisser entendre que **7.** • **to drop sb a note** *ou* **line** écrire un petit mot à qqn. ❑ *vi* **1.** tomber **2.** baisser **3.** *(vent)* se calmer. ■ **drops** *npl MÉD* gouttes *fpl.* ■ **drop by** *vi fam* passer. ■ **drop in** *vi fam* passer chez qqn. ■ **drop off** *vt sép* déposer. ❑ *vi* **1.** s'endormir **2.** baisser. ■ **drop out** *vi* • **to drop out of society** vivre en marge de la société.

Drop Add ['drɒp ˌæd] *n* **(US)** *période en début de trimestre pendant laquelle les élèves peuvent modifier leur choix de cours.*

drop-dead *adv fam* vachement • **he's drop-dead gorgeous** il est craquant.

drop-down *adj (menu)* déroulant.

drop-in centre *n* **(UK)** *centre d'assistance sociale permanente.*

drop-off *n* baisse *f*, diminution *f* • **a drop-off in sales** une baisse des ventes.

dropout ['drɒpaʊt] *n* **1.** marginal *m*, -e *f* **2.** étudiant *m*, -e *f* qui abandonne ses études.

droppings ['drɒpɪŋz] *npl* **1.** fiente *f* **2.** crottes *fpl.*

drought [draʊt] *n* sécheresse *f.*

drove [drəʊv] *passé* → **drive**.

drown [draʊn] *vt* noyer. ❑ *vi* se noyer.

drowsiness ['draʊzɪnɪs] *n (indén)* somnolence *f.*

drowsy ['draʊzɪ] *adj* assoupi, somnolent.

drudge [drʌdʒ] *n* homme *m* de peine, femme *f* de peine.

drudgery ['drʌdʒərɪ] *n (indén)* corvée *f.*

drug [drʌg] *n* **1.** médicament *m* **2.** drogue *f.* ❑ *vt* droguer.

drug abuse *n* usage *m* de stupéfiants.

drug addict *n* drogué *m*, -e *f*, toxicomane *mf.*

drug addiction *n* toxicomanie *f.*

druggist ['drʌgɪst] *n* **(US)** pharmacien *m*, -enne *f.*

drug pusher *n* revendeur *m*, -euse *f* de drogue.

drugstore ['drʌgstɔːʳ] *n* **(US)** drugstore *m.*

drug test *n* contrôle *m* antidopage.

drum [drʌm] *n* **1.** *MUS* tambour *m* **2.** bidon *m.* ❑ *vt & vi* tambouriner. ■ **drums** *npl* batterie *f.* ■ **drum into** *vt sép* • **to drum sthg into sb** enfoncer qqch dans la tête de qqn. ■ **drum up** *vt sép* rechercher, solliciter *(le soutien).*

drummer ['drʌməʳ] *n* **1.** joueur *m*, -euse *f* de tambour **2.** batteur *m*, -euse *f.*

drum roll *n* roulement *m* de tambour.

drumstick ['drʌmstɪk] *n* **1.** baguette *f* de tambour **2.** pilon *m (de poulet).*

drunk [drʌŋk] *pp* → **drink**. ❑ *adj* ivre, soûl • **to get drunk** se soûler, s'enivrer. ❑ *n* soûlard *m*, -e *f.*

drunkard ['drʌŋkəd] *n* alcoolique *mf.*

drunk driving (US) = **drink-driving**.

drunken ['drʌŋkn] *adj* **1.** ivre **2.** d'ivrognes.

drunken driving (US) = **drink-driving**.

druthers ['drʌðəz] *npl* **(US)** *fam* • **if I had my druthers** si j'avais le choix.

dry [draɪ] *adj* **1.** sec **2.** *(jour)* sans pluie **3.** *(rivière)* asséché **4.** pince-sans-rire *(inv).* ❑ *vt* **1.** sécher, faire sécher **2.** essuyer. ❑ *vi* sécher. ■ **dry up** *vt sép* essuyer. ❑ *vi* **1.** s'assécher **2.** se tarir.

dry cleaner *n* • **dry cleaner's** pressing *m.*

dry-cleaning *n* nettoyage *m* à sec.

dryer ['draɪəʳ] *n* séchoir *m.*

drying-out clinic *n fam* centre *m* de désintoxication pour alcooliques.

drying rack *n* séchoir *m.*

dry land *n* terre *f* ferme.

dry-roasted *adj (cacahuètes)* grillé à sec.

dry rot *n* pourriture *f* sèche.

dry ski slope *n* **(surtout UK)** piste *f* de ski artificielle.

drysuit ['draɪsuːt] *n* combinaison *f* de plongée (étanche).

DSS (abrév de **Department of Social Security**) *n ministère britannique de la sécurité sociale.*

DST (abrév de **daylight saving time**) *heure d'été aux États-Unis.*

DTD (abrév de **document type definition**) *n* DTD *f.*

DTI (abrév de **Department of Trade and Industry**) *n ministère britannique du commerce et de l'industrie.*

DTP (abrév de **desktop publishing**) *n* PAO *f.*

DTV *n* abrév de **digital television**.

dual ['djuːəl] *adj* double.

dual carriageway *n* **(UK)** route *f* à quatre voies.

dual-core processor *n* processeur *m* à double cœur.

dual enrollment ['dju:əl ɪn'rəʊlmənt] *n* **(US)** *programme qui permet aux lycéens de suivre également des cours à l'université.*

dual-heritage *adj* métis.

dubbed [dʌbd] *adj* **1.** *(film)* doublé **2.** surnommé.

dubious ['dju:bjəs] *adj* **1.** douteux **2.** hésitant, incertain.

Dublin ['dʌblɪn] *n* Dublin.

duchess ['dʌtʃɪs] *n* duchesse *f.*

duck [dʌk] *n* canard *m.* ❑ *vt* **1.** baisser *(la tête)* **2.** esquiver, se dérober à. ❑ *vi* se baisser.

duckling ['dʌklɪŋ] *n* caneton *m.*

duct [dʌkt] *n* **1.** canalisation *f* **2.** *ANAT* canal *m.*

dud [dʌd] *adj* **1.** *(bombe, obus)* non éclaté **2.** *(chèque)* sans provision, en bois. ❑ *n* obus *m* non éclaté.

dude [dju:d] *n* **(US)** *fam* gars *m*, type *m.*

due [dju:] *adj* **1.** • **the book is due out in May** le livre doit sortir en mai • **she's due back shortly** elle devrait rentrer sous peu • **when is the train due?** à quelle heure le train doit-il arriver ? **2.** dû, qui convient • **in due course a)** en temps voulu **b)** à la longue **3.** *(somme d'argent, loyer)* dû. ❑ *adv* • **due west** droit vers l'ouest. ❑ *n* dû *m.* ■ **dues** *npl* cotisation *f.* ■ **due to** *prép* **1.** dû à **2.** provoqué par, à cause de.

due diligence *n FIN* due-diligence *f (vérification préalable à une opération).*

duel ['dju:əl] *n* duel *m.* ❑ *vi* (**(UK)** *prét & pp* **duelled**, *cont* **duelling**, **(US)** *prét & pp* **dueled**, *cont* **dueling**) se battre en duel.

duet [dju:'et] *n* duo *m.*

duffel bag ['dʌfl-] *n* sac *m* marin.

duffel coat ['dʌfl-] *n* duffel-coat *m.*

dug [dʌg] *passé & pp* → **dig.**

DUI abrév de **driving under the influence.**

duke [dju:k] *n* duc *m.*

dull [dʌl] *adj* **1.** ennuyeux **2.** *(œil, couleur)* terne **3.** maussade **4.** *(bruit, douleur)* sourd. ❑ *vt* **1.** atténuer *(la douleur)* **2.** émousser *(une lame, les sens)* **3.** ternir *(des couleurs, du métal).*

duly ['dju:lɪ] *adv* **1.** dûment **2.** comme prévu.

dumb [dʌm] *adj* **1.** muet **2.** *fam* idiot.

dumbass ['dʌmæs] **(US)** *tfam n* taré *m*, -e *f*, débile *mf.* ❑ *adj* débile.

dumbfounded [dʌm'faʊndɪd] *adj* abasourdi, interloqué.

dumbing down ['dʌmɪŋ-] *n* nivellement *m* par le bas.

dummy ['dʌmɪ] *adj* faux, fausse *f.* ❑ *n* **1.** mannequin *m (dans une vitrine)* **2.** maquette *f* **3.** **(UK)** sucette *f*, tétine *f* **4.** *SPORT* feinte *f.*

dummy issue *n* numéro *m* zéro.

dummy run *n* essai *m.*

dump [dʌmp] *n* **1.** décharge *f* **2.** *MIL* dépôt *m.* ❑ *vt* **1.** déposer **2.** jeter **3.** *fam* laisser tomber, plaquer. ❑ *vi fam* • **to dump on sb** casser du sucre sur le dos de qqn *(injustement).* ■ **dumps** *npl* • **to be (down) in the dumps** avoir le cafard.

dumper (truck) **(UK)** ['dʌmpər-], **dump truck** **(US)** *n* tombereau *m*, dumper *m.*

dumping ['dʌmpɪŋ] *n* décharge *f* • **'no dumping'** 'décharge interdite'.

dumping ground *n* décharge *f.*

dumpling ['dʌmplɪŋ] *n* boulette *f* de pâte.

dumpy ['dʌmpɪ] *adj fam* boulot.

dunce [dʌns] *n* cancre *m.*

dune [dju:n] *n* dune *f.*

dung [dʌŋ] *n* fumier *m.*

dungarees [,dʌŋgə'ri:z] *npl* **1.** **(UK)** bleu *m* de travail **2.** salopette *f.*

dungeon ['dʌndʒən] *n* cachot *m.*

dunk [dʌŋk] *vt fam* tremper.

Dunkirk [dʌn'kɜ:k] *n* Dunkerque.

duo ['dju:əʊ] *n* duo *m.*

dupe [dju:p] *n* dupe *f.* ❑ *vt* duper • **to dupe sb into doing sthg** amener qqn à faire qqch en le dupant.

duplex ['dju:pleks] *n* **(US)** **1.** duplex *m* **2.** maison *f* jumelée.

duplicate *adj* ['dju:plɪkət] en double. ❑ *n* ['dju:plɪkət] double *m.* ❑ *vt* ['dju:plɪkeɪt] faire un double de.

duplicity [dju:'plɪsətɪ] *n* duplicité *f.*

durability [,djʊərə'bɪlətɪ] *n* solidité *f.*

durable ['djʊərəbl] *adj* solide, résistant.

duration [djʊ'reɪʃn] *n* durée *f* • **for the duration of** jusqu'à la fin de.

duress [djʊ'res] *n* • **under duress** sous la contrainte.

Durex® ['djʊəreks] *n* préservatif *m.*

during ['djʊərɪŋ] *prép* pendant, au cours de.

dusk [dʌsk] *n* crépuscule *m.*

dust [dʌst] *n (indén)* poussière *f.* ❑ *vt* **1.** épousseter **2.** *(locution)* • **it's done and dusted a)** *(travail, tâche)* c'est complètement terminé **b)** *(dossier, affaire)* l'affaire est réglée.

dustbin ['dʌstbɪn] *n* **(UK)** poubelle *f.*

dustcart ['dʌstkɑ:t] *n* **(UK)** camion *m* des éboueurs.

duster ['dʌstər] *n* chiffon *m* (à poussière).

dust jacket *n* jaquette *f.*

dustman ['dʌstmən] (*pl* **-men**) *n* **(UK)** éboueur *m*, -euse *f.*

dustpan ['dʌstpæn] *n* pelle *f* à poussière.

dusty ['dʌstɪ] *adj* poussiéreux.

Dutch [dʌtʃ] *adj* néerlandais, hollandais. ❑ *n* néerlandais *m*, hollandais *m.*

dutiful ['dju:tɪfʊl] *adj* obéissant.

duty ['dju:tɪ] *n* **1.** *(indén)* devoir *m* • **to do one's duty** faire son devoir **2.** • **to be on/off duty** être/ne pas être de service **3.** droit *m (taxe)* **4. (US)** *tâche régulière de surveillance qu'un professeur doit effectuer en dehors de sa salle de classe.* ■ **duties** *npl* fonctions *fpl.*

duty-free *adj* hors taxe.

duty of care *n* devoir *m* de diligence.

duvet ['du:veɪ] *n* **(UK)** couette *f (literie).*

duvet cover *n* **(UK)** housse *f* de couette.

DVD (abrév de Digital Video or Versatile Disc) *n* DVD *m.*

DVD player *n* lecteur *m* de DVD.

DVD-ROM (abrév de Digital Video or Versatile Disc read only memory) *n* DVD-ROM *m.*

DVI (abrév de digital video interface) *n* DVI *f.*

DVR (abrév de digital video recorder) *n* DVR *m.*

DVT *n* abrév de **deep vein thrombosis**.

dwarf [dwɔf] *n (pl* **-s** *ou* **dwarves** [dwɔvz]) nain *m,* -e *f.* ❑ *vt* écraser.

dweeb [dwi:b] *n* **(US)** *fam* crétin *m,* -e *f.*

dwell [dwel] *(prét & pp* **dwelt** *ou* **dwelled**) *vi littéraire* habiter. ■ **dwell on** *vt insép* s'étendre sur.

dwelling ['dwelɪŋ] *n littéraire* habitation *f.*

dwelt [dwelt] *passé & pp* → **dwell**.

DWI (abrév de driving while intoxicated) *n* **(US)** conducteur *m,* -trice *f* en état d'ébriété.

dwindle ['dwɪndl] *vi* diminuer.

dwindling ['dwɪndlɪŋ] *adj* en diminution.

dye [daɪ] *n* teinture *f.* ❑ *vt* teindre.

dying ['daɪɪŋ] *prés progressif* → **die**. ❑ *adj* **1.** *(personne)* mourant, moribond **2.** *(plante, industrie)* moribond.

dyke [daɪk] = **dike**.

dynamic [daɪ'næmɪk] *adj* dynamique. ■ **dynamics** *npl* dynamique *f.*

dynamite ['daɪnəmaɪt] *n (indén) litt & fig* dynamite *f.*

dynamo ['daɪnəməʊ] *(pl* **-s**) *n* dynamo *f.*

dynasty [**(UK)** 'dɪnəstɪ, **(US)** 'daɪnəstɪ] *n* dynastie *f.*

dysfunctional [dɪs'fʌŋkʃənəl] *adj* dysfonctionnel • **dysfunctional family** famille *f* dysfonctionnelle.

dyslexia [dɪs'leksɪə] *n* dyslexie *f.*

dyslexic [dɪs'leksɪk] *adj* dyslexique.

e [iː] (*pl* **e's** *ou* **es**), **E** (*pl* **E's** *ou* **Es**) *n* e *m inv*, E *m inv.* ■ **E** *n* **1.** mi *m* **2.** (abrév de *east*) E.

e-account *n* compte *m* bancaire électronique.

each [iːtʃ] *adj* chaque. ❑ *pron* chacun • **the books cost £10.99 each** les livres coûtent 10,99 livres (la) pièce • **each other** l'un l'autre, l'une l'autre, les uns les autres, les unes les autres • **they love each other** ils s'aiment • **we've known each other for years** nous nous connaissons depuis des années.

eager [ˈiːgəʳ] *adj* passionné, avide • **to be eager for** être avide de • **to be eager to do sthg** être impatient de faire qqch.

eager beaver *n fam* travailleur *m* acharné, travailleuse *f* acharnée, mordu *m*, -e *f* du travail.

eagerly [ˈiːgəlɪ] *adv* **1.** avec passion, avidement **2.** avec impatience • **the eagerly awaited moment** le moment tant attendu.

eagle [ˈiːgl] *n* aigle *m*.

eagle-eyed [-aɪd] *adj* qui a des yeux d'aigle.

ear [ɪəʳ] *n* **1.** oreille *f* **2.** épi *m* (*de blé, etc*).

earache [ˈɪəreɪk] *n* • **to have earache, to have an earache (US)** avoir mal à l'oreille.

earbashing [ˈɪəbæʃɪŋ] *n* **(UK)** *fam* • **to give sb an earbashing** passer un savon à qqn.

earbuds *npl* oreillettes *fpl*.

eardrum [ˈɪədrʌm] *n* tympan *m*.

earl [ɜːl] *n* comte *m*.

earlier [ˈɜːlɪəʳ] *adj* **1.** précédent **2.** plus tôt. ❑ *adv* plus tôt • **earlier on** plus tôt.

earliest [ˈɜːlɪəst] *adj* **1.** premier **2.** le plus tôt. ❑ *n* • **at the earliest** au plus tôt.

earlobe [ˈɪələʊb] *n* lobe *m* de l'oreille.

early [ˈɜːlɪ] *adj* **1.** de bonne heure • **the early train** le premier train • **to make an early start** partir de bonne heure **2.** • **in the early sixties** au début des années soixante. ❑ *adv* **1.** en avance • **I was ten minutes early** j'étais en avance de dix minutes **2.** tôt, de bonne heure • **early on** tôt.

early bird *n* **1.** • **to be an early bird** *fam* être matinal **2.** (*locution*) • **it's the early bird that catches the worm a)** *prov* le monde appartient à ceux qui se lèvent tôt *prov* **b)** les premiers arrivés sont les mieux servis.

early closing *n* **(UK)** COMM *jour où l'on ferme tôt*.

early retirement *n* retraite *f* anticipée.

early warning system *n* système *m* de première alerte.

earmark [ˈɪəmɑːk] *vt* • **to be earmarked for** être réservé à.

earn [ɜːn] *vt* **1.** gagner (*de l'argent*) • **how much does he earn?** il gagne combien ? **2.** FIN rapporter **3.** *fig* gagner, mériter (*le respect, des éloges*).

earnest [ˈɜːnɪst] *adj* sérieux. ■ **in earnest** *adj* sérieux. ❑ *adv* pour de bon, sérieusement.

earnings [ˈɜːnɪŋz] *npl* salaire *m*, gains *mpl* ; bénéfices *mpl*.

earphones [ˈɪəfəʊnz] *npl* casque *m*.

earplugs [ˈɪəplʌgz] *npl* boules *fpl* Quiès®.

earring [ˈɪərɪŋ] *n* boucle *f* d'oreille • **to wear earrings** porter des boucles d'oreilles.

earshot [ˈɪəʃɒt] *n* • **within earshot** à portée de voix.

ear-splitting *adj* assourdissant.

earth [ɜːθ] *n* terre *f* • **how/what/where/why on earth…?** mais comment/que/où/pourquoi donc… ? • **to cost the earth (UK)** coûter les yeux de la tête. ❑ *vt* **(UK)** • **to be earthed** être à la masse.

earthed [ɜːθt] *adj* **(UK)** ÉLECTR mis à la terre.

earthenware [ˈɜːθnweəʳ] *n* (*indén*) poteries *fpl*.

Earth-friendly *adj* écologique, qui respecte l'environnement.

earthly [ˈɜːθlɪ] *adj* terrestre • **what earthly reason could she have for doing that?** *fam* pourquoi diable a-t-elle fait ça ?

earth mother *n fam* & *fig* mère *f* nourricière.

earthquake [ˈɜːθkweɪk] *n* tremblement *m* de terre.

earth-shaking, **earth-shattering** *adj* **(UK)** *fam* renversant.

earth tremor *n* secousse *f* tellurique.

earthworm ['ɜ:θwɜ:m] *n* ver *m* de terre.

earthy ['ɜ:θɪ] *adj* **1.** *fig* truculent **2.** *(odeur, goût)* de terre, terreux.

earwig ['ɪəwɪg] *n* perce-oreille *m*.

earworm ['ɪəwɜ:m] *n fam mélodie qu'on n'arrive pas à se sortir de la tête*.

ease [i:z] *n (indén)* **1.** facilité *f* • **to do sthg with ease** faire qqch sans difficulté *ou* facilement **2.** • **at ease** à l'aise. ❑ *vt* **1.** calmer *(la douleur)* **2.** assouplir *(des restrictions)* **3.** • **to ease sthg in/out** faire entrer/sortir qqch délicatement. ❑ *vi* **1.** *(problème)* s'arranger **2.** *(douleur)* s'atténuer **3.** *(pluie)* diminuer. ■ **ease off** *vi* **1.** *(douleur)* s'atténuer **2.** *(pluie)* diminuer. ■ **ease up** *vi* **1.** *(pluie)* diminuer **2.** se détendre.

easel ['i:zl] *n* chevalet *m*.

easily ['i:zɪlɪ] *adv* **1.** facilement **2.** de loin **3.** tranquillement.

east [i:st] *n* **1.** est *m* **2.** • **the east** l'est *m*. ❑ *adj* est *(inv)* ; d'est. ❑ *adv* à l'est, vers l'est. ■ **East** *n* • **the East a)** l'Est *m* **b)** l'Orient *m*.

eastbound ['i:stbaʊnd] *adj* en direction de l'est.

East End *n* • **the East End** *les quartiers est de Londres*.

Easter ['i:stər] *n* Pâques *m*.

Easter basket *n* **(US)** *panier de friandises présenté aux enfants comme étant un cadeau du* Easter bunny.

Easter bunny *n* lapin *m* de Pâques ; *personnage imaginaire qui distribue des friandises aux enfants*.

Easter egg *n* œuf *m* de Pâques.

easterly ['i:stəlɪ] *adj* à l'est, de l'est ; *(vent)* d'est.

eastern ['i:stən] *adj* de l'est. ■ **Eastern** *adj* de l'Est ; oriental.

Easter Sunday *n* dimanche *m* de Pâques.

East German *adj* d'Allemagne de l'Est. ❑ *n* Allemand *m*, -e *f* de l'Est.

East Germany *n* • **(former) East Germany** l'(ex-)Allemagne *f* de l'Est.

eastward ['i:stwəd] *adj* à l'est, vers l'est. ❑ *adv* = **eastwards**.

eastwards ['i:stwədz] *adv* vers l'est.

easy ['i:zɪ] *adj* **1.** facile **2.** naturel. ❑ *adv* • **to take it** *ou* **things easy** *fam* ne pas se fatiguer.

easy-care *adj* **(UK)** d'entretien facile.

easy chair *n* fauteuil *m*.

easygoing [,i:zɪ'gəʊɪŋ] *adj (personne)* facile à vivre ; *(attitude)* complaisant.

easy listening *n* MUS variété *f*.

easy-peasy *n fam* & *hum* fastoche.

eat [i:t] *(prét* **ate**, *pp* **eaten***)* *vt* & *vi* manger • **would you like something to eat?** voulez-vous manger quelque chose ? ■ **eat away, eat into** *vt insép* **1.** *(rouille, acide)* ronger **2.** grignoter. ■ **eat out** *vi* manger au restaurant. ■ **eat up** *vt sép* **1.** manger **2.** *(locution)* • **to eat up money** revenir très cher • **to eat up time** demander beaucoup de temps.

eaten ['i:tn] *pp* → **eat**.

eatery ['i:tərɪ] *n* **(US)** *fam* restaurant *m*.

eau de Cologne [,əʊdəkə'ləʊn] *n* eau *f* de Cologne.

eaves ['i:vz] *npl* avant-toit *m*.

eavesdrop ['i:vzdrɒp] *vi* • **to eavesdrop (on sb)** écouter (qqn) de façon indiscrète.

e-banking *n* cyberbanque *f*.

ebb [eb] *n* reflux *m*. ❑ *vi (marée)* descendre, refluer.

ebony ['ebənɪ] *adj* noir d'ébène. ❑ *n* ébène *f*.

e-book *n* livre *m* électronique.

ebullient [ɪ'bʊljənt] *adj* exubérant.

e-business *n* **1.** cyberentreprise *f* **2.** *(indén)* cybercommerce *m*, commerce *m* électronique.

EBV (abrév de Epstein-Barr Virus) *n* EBV *m*.

e-card *n* INFORM carte *f* (de vœux)virtuelle.

e-cash *n* argent *m* virtuel *ou* électronique.

ECB (abrév de European Central bank) *n* BCE *f*.

eccentric [ɪk'sentrɪk] *adj* excentrique, bizarre. ❑ *n* excentrique *mf*.

eccentricity [,eksen'trɪsətɪ] *(pl* **-ies***)* *n* excentricité *f*, bizarrerie *f*.

ECG *n* ECG *m*.

echelon ['eʃəlɒn] *n* échelon *m*.

echo ['ekəʊ] *n (pl* **-es***)* *litt* & *fig* écho *m*. ❑ *vt* **1.** répéter **2.** faire écho à. ❑ *vi* retentir, résonner.

echocardiogram [,ekəʊ'kɑ:dɪəʊgræm] *n* échocardiogramme *m*.

éclair [eɪ'kleər] *n* éclair *m*.

eclectic [e'klektɪk] *adj* éclectique.

eclipse [ɪ'klɪps] *n litt* & *fig* éclipse *f*. ❑ *vt fig* éclipser.

eco- [,i:kəʊ-] *préf* éco-.

ecodevelopment [,i:kəʊdɪ'veləpmənt] *n* écodéveloppement *m*, éco-développement *m*.

ecofreak ['i:kəʊfri:k] *n fam* écologiste enragé *m*, écologiste enragée *f*.

eco-friendly *adj* qui respecte l'environnement.

eco-hazard *n* substance *f* toxique.

eco-house *n* maison *f* écologique.

eco-label *n* écolabel *m*.

eco-labelling *n* **(UK)** attribution *f* d'écolabels.

E-coli [,i:'kəʊlaɪ] *n* E-coli *m*, bactérie *f* Escherischia coli.

ecological [,i:kə'lɒdʒɪkl] *adj* écologique.

ecological transition *n* transition *f* écologique.

ecologist [ɪ'kɒlədʒɪst] *n* écologiste *mf*.

ecology [ɪ'kɒlədʒɪ] *n* écologie *f*.

e-commerce *n (indén)* commerce *m* électronique, cybercommerce *m*.

ecomuseum [ɪ'kɒmju:'zi:əm] *n* écomusée *m*.

economic [ˌiːkəˈnɒmɪk] *adj* **1.** économique • **an economic crisis** une crise économique • **economic bubble** bulle *f* économique • **economic miracle** miracle *m* économique **2.** rentable.

economical [ˌiːkəˈnɒmɪkl] *adj* **1.** économique **2.** économe.

economically [ˌiːkəˈnɒmɪklɪ] *adv* **1.** *ÉCON* économiquement • **not economically active** inactif **2.** *(vivre)* de manière économe **3.** *(écrire)* avec sobriété **4.** *(utiliser)* de manière économe, avec parcimonie.

Economic and Monetary Union *n* Union *f* économique et monétaire.

economic climate *n* climat *m* économique.

economic migrant *n* migrant *m*, -e *f* économique.

economic sanctions *npl* sanctions *f* économiques.

economics [ˌiːkəˈnɒmɪks] *n (indén)* économie *f* (politique), sciences *fpl* économiques • **economics lecturer** professeur *mf* d'économie *(à l'université)*. ❑ *npl* aspect *m* financier.

economist [ɪˈkɒnəmɪst] *n* économiste *mf*.

economize, -ise (UK) [ɪˈkɒnəmaɪz] *vi* économiser.

economy [ɪˈkɒnəmɪ] *n* économie *f* • **economies of scale** économies d'échelle.

economy class *n* classe *f* touriste.

economy drive *n* campagne *f* de restrictions.

ecopolitics [ˈiːkəʊˌpɒlɪtɪks] *n (indén)* politique *f* et environnement *(sujet d'étude)*.

ecosystem [ˈiːkəʊˌsɪstəm] *n* écosystème *m*.

ecotax [ˈiːkəʊtæks] *n* écotaxe *f*.

ecoterrorism [ˈiːkəʊˌˈterərɪzm] *n* écoterrorisme *m*.

ecotourism [ˈiːkəʊˌˈtʊərɪzm] *n* écotourisme *m*, tourisme *m* vert.

eco-town *n* ville *f* écologique.

ecotoxic [ˌiːkəʊˈtɒksɪk] *adj* écotoxique.

eco-warrior *n* éco-guerrier *m*, -ère *f*.

ecstasy [ˈekstəsɪ] *n* **1.** extase *f*, ravissement *m* **2.** ecstasy *m ou f*.

ecstatic [ekˈstætɪk] *adj* en extase ; extatique.

eczema [ˈeksɪmə] *n* eczéma *m*.

Eden [ˈiːdn] *n* • **(the Garden of) Eden** le jardin *m* d'Éden, l'Éden *m*.

edge [edʒ] *n* **1.** bord *m* • **on the edge of the cliff** au bord de la falaise **2.** tranchant *m* **3.** • **to have an edge over** *ou* **the edge on** avoir un léger avantage sur. ❑ *vi* • **to edge forward** avancer tout doucement. ■ **on edge** *adj* contracté, tendu.

edger [ˈedʒəʳ] *n* taille-bordures *m*.

edgeways (UK) [ˈedʒweɪz], **edgewise (US)** [ˈedʒwaɪz] *adv* latéralement, de côté.

edgily [ˈedʒɪlɪ] *adv* nerveusement.

edginess [ˈedʒɪnɪs] *n* **1.** nervosité *f* **2.** caractère *m* ultra-contemporain.

edgy [ˈedʒɪ] *adj* **1.** contracté, tendu **2.** ultra-contemporain.

edible [ˈedɪbl] *adj* comestible.

edict [ˈiːdɪkt] *n* décret *m*.

Edinburgh [ˈedɪnbrə] *n* Édimbourg.

edit [ˈedɪt] *vt* **1.** corriger *(un texte)* **2.** *CINÉ* monter ; *RADIO & TV* réaliser **3.** *PRESSE* diriger ; être le rédacteur en chef de. ■ **edit out** *vt sép* couper.

editing [ˈedɪtɪŋ] *n* **1.** rédaction *f (d'un journal, d'un magazine)* **2.** montage *m (d'un film)* **3.** *INFORM* édition *f (d'un fichier)*.

edition [ɪˈdɪʃn] *n* édition *f*.

editor [ˈedɪtəʳ] *n* **1.** *PRESSE* directeur *m*, -trice *f* ; *PRESSE* rédacteur *m*, -trice *f* en chef **2.** *PRESSE* correcteur *m*, -trice *f* **3.** *CINÉ* monteur *m*, -euse *f* ; *RADIO & TV* réalisateur *m*, -trice *f*.

editorial [ˌedɪˈtɔːrɪəl] *adj* de la rédaction ; éditorial • **editorial policy** politique *f* éditoriale. ❑ *n* éditorial *m*.

editor-in-chief *n* rédacteur *m*, -trice *f* en chef.

EDP (abrév de electronic data processing) *n* traitement *m* électronique de données.

educate [ˈedʒʊkeɪt] *vt* **1.** *SCOL & UNIV* instruire **2.** informer, éduquer.

educated [ˈedʒʊkeɪtɪd] *adj* instruit • **to make an educated guess** faire une supposition bien informée.

education [ˌedʒʊˈkeɪʃn] *n* **1.** éducation *f* • **standards of education** niveau *m* scolaire **2.** enseignement *m*, instruction *f*.

educational [ˌedʒʊˈkeɪʃənl] *adj* **1.** pédagogique • **educational prospects** avenir *m* scolaire **2.** éducatif.

educator [ˈedʒʊkeɪtəʳ] *n* éducateur *m*, -trice *f*.

edutainment [edʒʊˈteɪnmənt] *n* **1.** jeux *mpl* éducatifs **2.** émissions *fpl* éducatives **3.** logiciels *mpl* ludo-éducatifs. ❑ *adj* ludo-éducatif.

e-economy *n* économie *f* en ligne.

E2EG *SMS* (abrév de ear to ear grin) sourire jusqu'aux oreilles.

eel [iːl] *n* anguille *f*.

EEPROM [ˈiːprɒm] (abrév de electrically erasable programmable ROM) *n INFORM* EEPROM *f*.

eery [ˈɪərɪ] (*comp* **eerier**, *superl* **eeriest**) *adj* inquiétant, sinistre.

eery [ˈɪərɪ] (*comp* **eerier**, *superl* **eeriest**) *adj* inquiétant, sinistre.

eew [iːw] *interj* **(US)** beurk.

efface [ɪˈfeɪs] *vt* effacer.

effect [ɪˈfekt] *n* effet *m* • **to have an effect on** avoir *ou* produire un effet sur • **for effect** pour attirer l'attention • **to take effect** *DR* entrer en vigueur • **to put sthg into effect** *DR & POLIT* mettre qqch en application. ❑ *vt* effectuer *(des transformations)* ; conduire à *(une réconciliation)*.

effective [ɪˈfektɪv] *adj* **1.** efficace **2.** effectif.

effectively [ɪ'fektɪvlɪ] *adv* **1.** efficacement **2.** effectivement.
effectiveness [ɪ'fektɪvnɪs] *n* efficacité *f*.
effeminate [ɪ'femɪnət] *adj* efféminé.
effervescent [,efə'vesənt] *adj* effervescent ; gazeux.
efficiency [ɪ'fɪʃənsɪ] *n* efficacité *f* ; rendement *m*.
efficient [ɪ'fɪʃənt] *adj* efficace.
efficiently [ɪ'fɪʃəntlɪ] *adv* efficacement.
effing ['efɪŋ] **(UK)** *tfam adj* de merde. ❑ *adv* foutrement. ❑ *n* • **there was a lot of effing and blinding** on a eu droit à un chapelet de jurons.
efflorescent [,eflə'resənt] *adj* efflorescent.
effluent ['efluənt] *n* effluent *m*.
effort ['efət] *n* effort *m* • **to be worth the effort** valoir la peine • **with effort** avec peine • **to make the effort to do sthg** s'efforcer de faire qqch • **to make an/no effort to do sthg** faire un effort/ne faire aucun effort pour faire qqch.
effortless ['efətlɪs] *adj* facile ; aisé.
effortlessly ['efətlɪslɪ] *adv* sans effort, facilement.
effusive [ɪ'fju:sɪv] *adj* démonstratif ; *(accueil)* d'une effusion exagérée.
effusively [ɪ'fju:sɪvlɪ] *adv* avec effusion.
E-fit® ['i:fɪt] *n* portrait-robot *m* électronique.
EFL ['efəl] (abrév de English as a foreign language) *n* anglais *m* langue étrangère.
EFT (abrév de electronic funds transfer) *n* INFORM transfert *m* de fonds électronique.
e.g. (abrév de exempli gratia) *adv* par exemple.
egalitarian [ɪ,gælɪ'teərɪən] *adj* égalitaire.
egg [eg] *n* œuf *m* • **boiled/fried egg** œuf à la coque/sur le plat. ■ **egg on** *vt sép* pousser, inciter.
eggcup ['egkʌp] *n* coquetier *m*.
egghead ['eghed] *n* *fam* intello *mf*.
egg-laying *adj* ovipare. ❑ *n* ponte *f*.
eggplant ['egplɑ:nt] *n* **(US)** aubergine *f*.
eggshell ['egʃel] *n* coquille *f* d'œuf • **to be walking on eggshells (US)** *fam* marcher sur des œufs.
eggslice ['egslaɪs] *n* spatule *f*.
egg white *n* blanc *m* d'œuf.
egg yolk *n* jaune *m* d'œuf.
EGM (abrév de extraordinary general meeting) *n* AGE *f*.
ego ['i:gəu] (*pl* -s) *n* PSYCHO moi *m*.
egocentric [,i:gəu'sentrɪk] *adj* égocentrique.
egoism ['i:gəuɪzm] *n* égoïsme *m*.
egoistic [,i:gəu'ɪstɪk] *adj* égoïste.
ego-surfing *n* *recherche de son propre nom sur Internet.*
egotist ['i:gətɪst] *n* égotiste *mf*.
egotistic(al) [,i:gə'tɪstɪk(l)] *adj* égocentrique.
ego trip *n* *fam* • **she's just on an ego trip** elle fait ça par vanité.
Egypt ['i:dʒɪpt] *n* Égypte *f*.
Egyptian [ɪ'dʒɪpʃn] *adj* égyptien. ❑ *n* Égyptien *m*, -enne *f*.
eh [eɪ] *interj* **(UK)** *fam* hein ?
eiderdown ['aɪdədaun] *n* **(surtout UK)** édredon *m*.
eight [eɪt] *num* huit. Voir aussi **six**.
eighteen [,eɪ'ti:n] *num* dix-huit. Voir aussi **six**.
eighteenth [,eɪ'ti:nθ] *num* dix-huitième. Voir aussi **sixth**.
eighth [eɪtθ] *num* huitième. Voir aussi **sixth**.
eighth grade *n* **(US)** SCOL *classe de l'enseignement secondaire correspondant à la quatrième (13-14 ans)*.
eightieth ['eɪtɪɪθ] *num* quatre-vingtième. Voir aussi **sixth**.
eighty ['eɪtɪ] *num* quatre-vingts. Voir aussi **sixty**.
Eire ['eərə] *n* république *f* d'Irlande.
either ['aɪðər *ou* 'i:ðər] *adj* **1.** l'un ou l'autre • **she couldn't find either jumper** elle ne trouva ni l'un ni l'autre des pulls • **either way** de toute façon **2.** • **on either side** de chaque côté. ❑ *pron* • **either (of them)** l'un ou l'autre *m*, l'une ou l'autre *f* • **I don't like either (of them)** je n'aime aucun des deux, je n'aime ni l'un ni l'autre. ❑ *adv (dans des phrases négatives)* non plus • **I don't either** moi non plus. ❑ *conj* • **either... or** soit... soit, ou... ou • **I'm not fond of either him or his wife** je ne les aime ni lui ni sa femme.

À PROPOS DE

either

Lorsque ***either*** est un adjectif, il apparaît toujours devant des noms dénombrables au singulier **(either *dictionary*** ; ***either alternative*)**.
Lorsque ***either*** est le sujet de la phrase, ou qu'il accompagne un nom qui est le sujet, le verbe est toujours au singulier **(either is *fine*** ; **either *movie* is *fine with me*)**.
Lorsque ***either... or*** accompagne le sujet de la phrase, le verbe est toujours au singulier **(either *John* or *Deborah* has *taken it*)**.

ejaculate [ɪ'dʒækjuleɪt] *vi* éjaculer.
eject [ɪ'dʒekt] *vt* **1.** expulser **2.** TECHNOL éjecter.
ejection [ɪ'dʒekʃn] *n* **1.** expulsion *f* **2.** éjection *f* **3.** projection *f*.
ejector seat (UK) [ɪ'dʒektər-], **ejection seat (US)** [ɪ'dʒekʃn-] *n* siège *m* éjectable.
eke [i:k] ■ **eke out** *vt sép* faire durer • **to eke out a living** gagner tout juste sa vie.
elaborate *adj* [ɪ'læbrət] *(procédure)* complexe ; *(explications)* détaillé, minutieux. ❑ *vi* [ɪ'læbəreɪt] • **to elaborate (on)** donner des précisions (sur).

elaborately [ɪ'læbərətlɪ] *adv* minutieusement ; avec recherche.

elapse [ɪ'læps] *vi* s'écouler.

elastic [ɪ'læstɪk] *adj litt & fig* élastique. ❑ *n (indén)* élastique *m*.

elasticated (UK) [ɪ'læstɪkeɪtɪd], **elasticized (US)** [ɪ'læstɪsaɪzd] *adj* élastique.

elastic band *n* **(UK)** élastique *m*, caoutchouc *m*.

elasticity [ˌelæ'stɪsətɪ] *n* élasticité *f*.

elastin [ɪ'læstɪn] *n* élastine *f*.

elated [ɪ'leɪtɪd] *adj* transporté (de joie).

elation [ɪ'leɪʃn] *n* exultation *f*, euphorie *f*.

elbow ['elbəʊ] *n* coude *m*.

elbow grease *n fam* huile *f* de coude.

elbow-length *adj* • **elbow-length gloves** gants *mpl* longs *(montant jusqu'au coude)*.

elbow pad *n* coudière *f*.

elbow-rest *n* accoudoir *m*.

elbowroom ['elbəʊrʊm] *n fam* • **to have some elbowroom** avoir les coudées franches.

elder ['eldər] *adj* aîné • **my elder brother** mon frère aîné. ❑ *n* **1.** aîné *m*, -e *f* **2.** ancien *m*.

elderflower ['eldəˌflaʊər] *n* fleur *f* de sureau.

elderly ['eldəlɪ] *adj* âgé • **elderly parents** parents âgés. ❑ *npl* • **the elderly** les personnes *fpl* âgées.

eldest ['eldɪst] *adj* aîné.

elect [ɪ'lekt] *adj* élu. ❑ *vt* **1.** élire **2.** *sout* • **to elect to do sthg** choisir de faire qqch.

elected [ɪ'lektɪd] *adj* élu.

election [ɪ'lekʃn] *n* élection *f* • **to have** *ou* **hold an election** procéder à une élection.

> CULTURE
>
> **elections**
>
> Aux États-Unis, les élections présidentielles ont lieu tous les quatre ans. Les électeurs élisent d'abord les représentants d'un collège électoral, qui à son tour élit pour quatre ans le président. Les élections sont organisées le lendemain du premier lundi de novembre. Les Britanniques, quant à eux, élisent au suffrage direct et pour cinq ans leur Premier ministre ainsi que les députés de la Chambre des communes (généralement appelés **MPs**).

election campaign *n* campagne *f* électorale.

electioneering [ɪˌlekʃə'nɪərɪŋ] *n (indén) péj* propagande *f* électorale.

election promise *n* promesse *f* électorale.

elector [ɪ'lektər] *n* électeur *m*, -trice *f*.

electoral [ɪ'lektərəl] *adj* électoral.

electoral register, electoral roll *n* **(UK)** • **the electoral register** la liste électorale.

electorate [ɪ'lektərət] *n* • **the electorate** l'électorat *m*.

electric [ɪ'lektrɪk] *adj litt & fig* électrique. ■ **electrics** *npl* **(UK)** *fam* installation *f* électrique.

electrical [ɪ'lektrɪkl] *adj* électrique • **an electrical appliance** un appareil électrique.

electrical car *n* voiture *f* électrique.

electrical engineer *n* ingénieur *m* électricien.

electrical engineering *n* électrotechnique *f*.

electrical shock = **electric shock**.

electric blanket *n* couverture *f* chauffante.

electric chair *n* • **the electric chair** la chaise électrique.

electric cooker *n* cuisinière *f* électrique.

electric fence *n* clôture *f* électrique.

electric fire *n* radiateur *m* électrique.

electric guitar *n* guitare *f* électrique.

electrician [ˌɪlek'trɪʃn] *n* électricien *m*, -enne *f*.

electricity [ˌɪlek'trɪsətɪ] *n* électricité *f*.

electric light *n* lumière *f* électrique.

electric shock *n* décharge *f* électrique.

electrify [ɪ'lektrɪfaɪ] *vt* **1.** électrifier **2.** *fig* galvaniser, électriser.

electrifying [ɪ'lektrɪfaɪɪŋ] *adj* galvanisant, électrisant.

electroacoustic [ɪˌlektrəʊə'kuːstɪk] *adj* électroacoustique.

electrocardiography [ɪˌlektrəʊˌkɑːdɪ'ɒgrəfɪ] *n MÉD* électrocardiographie *f*.

electrochemical [ɪˌlektrəʊ'kemɪkl] *adj* électrochimique.

electrochemistry [ɪˌlektrəʊ'kemɪstrɪ] *n* électrochimie *f*.

electrocute [ɪ'lektrəkjuːt] *vt* électrocuter.

electrodynamic [ɪˌlektrəʊdaɪ'næmɪk] *adj* électrodynamique *f*.

electrolysis [ˌɪlek'trɒləsɪs] *n* électrolyse *f*.

electromagnetic [ɪˌlektrəʊmæg'netɪk] *adj* électromagnétique.

electron [ɪ'lektrɒn] *n* électron *m*.

electronic [ˌɪlek'trɒnɪk] *adj* électronique. ■ **electronics** *n (indén)* électronique *f*. ❑ *npl* (équipement *m*) électronique *f*.

electronically [ˌɪlek'trɒnɪklɪ] *adv* électroniquement ; par voie électronique.

electronic banking *n* opérations *fpl* bancaires électroniques.

electronic brain *n* cerveau *m* électronique.

electronic cash, electronic money *n* argent *m* virtuel *ou* électronique.

electronic data processing *n* traitement *m* électronique de données.

electronic funds transfer *n INFORM* transfert *m* de fonds électronique.

electronic ignition *n* allumage *m* électronique.

electronic mail *n* courrier *m* électronique.

electronic mailbox *n* boîte *f* aux lettres électronique.

electronic media *n* médias *mpl* électroniques.

electronic news gathering *n* journalisme *m* électronique.

electronic organizer, electronic organiser (UK) *n* agenda *m* électronique.

electronic publishing *n (indén)* édition *f* électronique.

electronic tag *n* bracelet *m* électronique.

electronic tagging *n (indén)* mise *f* sous surveillance électronique mobile.

electronic trading *n* transactions *fpl* boursières électroniques.

electrosmog *n* pollution *f* électromagnétique.

elegance ['elɪgəns] *n* élégance *f*.

elegant ['elɪgənt] *adj* élégant.

elegantly ['elɪgəntlɪ] *adv* élégamment.

element ['elɪmənt] *n* **1.** élément *m* • **an element of truth** une part de vérité **2.** ÉLECTR résistance *f*. ■ **elements** *npl* rudiments *mpl*.

elementary [,elɪ'mentərɪ] *adj* élémentaire.

elementary school *n* **(US)** école *f* primaire.

elephant ['elɪfənt] *(pl inv ou -s) n* éléphant *m* • **the elephant in the room** *le gros problème que tout le monde fait semblant de ne pas voir*.

elevate ['elɪveɪt] *vt* élever.

elevated ['elɪveɪtɪd] *adj* **1.** important **2.** *(pensées, style)* élevé **3.** surélevé.

elevator ['elɪveɪtər] *n* **(US)** ascenseur *m*.

eleven [ɪ'levn] *num* onze. Voir aussi **six**.

elevenses [ɪ'levnzɪz] *n (indén)* **(UK)** ≃ pause-café *f (en fin de matinée)*.

eleventh [ɪ'levnθ] *num* onzième. Voir aussi **sixth**.

eleventh grade *n* **(US)** SCOL *classe de l'enseignement secondaire correspondant à la première (16-17 ans)*.

eleventh grader [ɪ'levnθ ,greɪdər] *n* **(US)** SCOL lycéen *m*, -enne *f (en troisième année)*.

elicit [ɪ'lɪsɪt] *vt sout* • **to elicit sthg (from sb)** arracher qqch (à qqn).

eligibility [,elɪdʒə'bɪlətɪ] *n* admissibilité *f*.

eligible ['elɪdʒəbl] *adj* admissible • **to be eligible to do sthg** avoir le droit de faire qqch.

eliminate [ɪ'lɪmɪneɪt] *vt* • **to eliminate sb/sthg (from)** éliminer qqn/qqch (de).

elimination [ɪ,lɪmɪ'neɪʃn] *n* élimination *f*.

elite [ɪ'li:t] *adj* d'élite. ❑ *n* élite *f*.

elitism [ɪ'li:tɪzm] *n* élitisme *m*.

elitist [ɪ'li:tɪst] *adj* élitiste. ❑ *n* élitiste *mf*.

elk [elk] *(pl inv ou -s) n* élan *m*.

elm [elm] *n* • **elm (tree)** orme *m*.

elocution [,elə'kju:ʃn] *n* élocution *f*, diction *f*.

elongated ['i:lɒŋgeɪtɪd] *adj* allongé ; *(doigts)* long, longue *f*.

elope [ɪ'ləʊp] *vi* • **to elope (with)** s'enfuir (avec).

eloquence ['eləkwəns] *n* éloquence *f*.

eloquent ['eləkwənt] *adj* éloquent.

eloquently ['eləkwəntlɪ] *adv* avec éloquence.

El Salvador [,el'sælvədɔːr] *n* Salvador *m*.

else [els] *adv* • **anything else** n'importe quoi d'autre • **anything else?** et avec ça ?, ce sera tout ? • **he doesn't need anything else** il n'a besoin de rien d'autre • **everyone else** tous les autres • **nothing else** rien d'autre • **someone else** quelqu'un d'autre • **something else** quelque chose d'autre • **somewhere else** autre part • **who/what else?** qui/quoi d'autre ? • **where else?** (à) quel autre endroit ? ■ **or else** *conj* sinon, sans quoi.

elsewhere [els'weər] *adv* ailleurs, autre part.

ELT (abrév de **English language teaching**) *n* enseignement *m* de l'anglais.

elude [ɪ'lu:d] *vt* échapper à.

elusive [ɪ'lu:sɪv] *adj* insaisissable ; *(succès)* qui échappe.

elusively [ɪ'lu:sɪvlɪ] *adv* **1.** de manière évasive **2.** de manière insaisissable.

emaciated [ɪ'meɪʃɪeɪtɪd] *adj* émacié ; décharné.

e-mail, email (abrév de **electronic mail**) *n* e-mail *m*, courrier *m* électronique • **to send an e-mail** envoyer un mail • **e-mail account** compte *m* de courrier électronique.

e-mail address *n* adresse *f* électronique.

emanate ['eməneɪt] *sout vi* • **to emanate from** émaner de.

emancipate [ɪ'mænsɪpeɪt] *vt* • **to emancipate sb (from)** affranchir *ou* émanciper qqn (de).

emancipated [ɪ'mænsɪpeɪtɪd] *adj* affranchi, émancipé.

emancipation [ɪ,mænsɪ'peɪʃn] *n* • **emancipation (from)** affranchissement *m* (de), émancipation *f* (de).

e-marketing *n* e-marketing *m*.

emasculate [ɪ'mæskjʊleɪt] *vt sout* émasculer.

embankment [ɪm'bæŋkmənt] *n* berge *f (d'une rivière)* ; remblai *m (d'une voie ferrée)*.

embargo [em'bɑ:gəʊ] *n (pl* **-es***)* • **embargo (on)** embargo *m* (sur). ❑ *vt (prét & pp* **embargoed**, *cont* **embargoing***)* mettre l'embargo sur.

embark [ɪm'bɑ:k] *vi* **1.** • **to embark (on)** embarquer (sur) **2.** • **to embark on** *ou* **upon sthg** s'embarquer dans qqch.

embarkation [,embɑ:'keɪʃn] *n* embarquement *m*.

embarrass [ɪm'bærəs] *vt* embarrasser.

embarrassed [ɪm'bærəst] *adj* embarrassé.
embarrassing [ɪm'bærəsɪŋ] *adj* embarrassant.
embarrassment [ɪm'bærəsmənt] *n* embarras *m*.
embassy ['embəsɪ] *n* ambassade *f*.
embed [ɪm'bed] (*prét & pp* **embedded**, *cont* **embedding**) *vt* enfoncer *(dans le bois)* ; enchâsser, incruster *(bijou)*.
embedded [ɪm'bedɪd] *adj* enfoncé ; scellé ; scellé, noyé *(dans la boue)* ; enchâssé, incrusté.
embellish [ɪm'belɪʃ] *vt* **1.** • **to embellish sthg (with) a)** décorer qqch (de) **b)** orner qqch (de) **2.** *fig* enjoliver.
embers ['embəz] *npl* braises *fpl*.
embezzle [ɪm'bezl] *vt* détourner.
embezzlement [ɪm'bezlmənt] *n* détournement *m* de fonds.
embittered [ɪm'bɪtəd] *adj* aigri.
emblazon [ɪm'bleɪzn] *vt* • **the shield is emblazoned with dragons** le bouclier porte des dragons.
emblem ['embləm] *n* emblème *m*.
emblematic [ˌemblə'mætɪk] *adj* emblématique.
embodiment [ɪm'bɒdɪmənt] *n* incarnation *f*.
embody [ɪm'bɒdɪ] *vt* incarner • **to be embodied in sthg** être exprimé dans qqch.
embossed [ɪm'bɒst] *adj* **1.** • **embossed (on)** inscrit (sur), gravé en relief (sur) **2.** *(papier peint)* gaufré.
embrace [ɪm'breɪs] *n* étreinte *f*. ❑ *vt* embrasser. ❑ *vi* s'embrasser, s'étreindre.
embroider [ɪm'brɔɪdər] *vt* **1.** broder **2.** *péj* enjoliver. ❑ *vi* broder.
embroidered [ɪm'brɔɪdəd] *adj* COUT brodé.
embroidery [ɪm'brɔɪdərɪ] *n (indén)* broderie *f*.
embroil [ɪm'brɔɪl] *vt* • **to be embroiled (in)** être mêlé (à).
embryo ['embrɪəʊ] (*pl* **-s**) *n* embryon *m*.
embryonic [ˌembrɪ'ɒnɪk] *adj* embryonnaire.
EMD ['iː'em'diː] (abrév de **Emergency Make-Up Day**) *n* **(US)** SCOL *journée de rattrapage si l'école a été fermée précédemment en raison d'une catastrophe naturelle.*
emerald ['emərəld] *adj* émeraude *(inv)*. ❑ *n* émeraude *f*.
emerge [ɪ'mɜːdʒ] *vi* **1.** *(personne, animal)* • **to emerge (from)** émerger (de) **2.** *(faits, vérité)* • **to emerge from** se dégager de. ❑ *vt* • **it emerges that...** il ressort *ou* il apparaît que...
emergence [ɪ'mɜːdʒəns] *n* émergence *f*.
emergency [ɪ'mɜːdʒənsɪ] *adj* d'urgence. ❑ *n* urgence *f* • **in an emergency** *ou* **in emergencies** en cas d'urgence • **the emergency services** les services d'urgence.
emergency exit *n* sortie *f* de secours.
emergency landing *n* atterrissage *m* forcé.
emergency room *n* **(US)** salle *f* des urgences.
emergency services *npl* ≃ police-secours *f*.
emergency stop *n* **(UK)** arrêt *m* d'urgence.
emergent [ɪ'mɜːdʒənt] *adj* qui émerge.
emerging market *n* ÉCON marché *m* émergeant.
emery board ['emərɪ-] *n* lime *f* à ongles.
emf (abrév de **electromotive force**) *n* f.é.m. *f*.
emigrant ['emɪgrənt] *n* émigré *m*, -e *f*.
emigrate ['emɪgreɪt] *vi* • **to emigrate (to)** émigrer (en/à).
emigration [ˌemɪ'greɪʃn] *n* émigration *f*.
eminent ['emɪnənt] *adj* éminent.
eminently ['emɪnəntlɪ] *adv* *sout* éminemment.
emission [ɪ'mɪʃn] *n* émission *f*.
emissions cap *n* ÉCOL plafonnement *m* des émissions.
emissions target *n* ÉCOL cible *f* de réduction des émissions.
emissions trading *n* ÉCOL échange *m* de quotas d'émissions.
emit [ɪ'mɪt] *vt* émettre.
e-money *n* argent *m* électronique, argent *m* virtuel.
emoticon [ɪ'məʊtɪkɒn] *n* émoticon *m*.
emotion [ɪ'məʊʃn] *n* **1.** *(indén)* émotion *f* **2.** sentiment *m*.
emotional [ɪ'məʊʃənl] *adj* **1.** émotif **2.** émouvant **3.** émotionnel.
emotional intelligence *n* intelligence *f* émotionnelle.
emotionally [ɪ'məʊʃnəlɪ] *adv* **1.** avec émotion **2.** émotionnellement.
emotive [ɪ'məʊtɪv] *adj* qui enflamme les esprits.
empathize, -ise (UK) ['empəθaɪz] *vt* • **to empathize with** s'identifier à.
empathy ['empəθɪ] *n (indén)* • **empathy (with)** communion *f* de sentiments (avec).
emperor ['empərər] *n* empereur *m*.
emphasis ['emfəsɪs] (*pl* **-ses**) *n* • **emphasis (on)** accent *m* (sur) • **to lay** *ou* **place emphasis on sthg** insister sur *ou* souligner qqch.
emphasize, -ise (UK) ['emfəsaɪz] *vt* insister sur.
emphatic [ɪm'fætɪk] *adj* catégorique.
emphatically [ɪm'fætɪklɪ] *adv* **1.** catégoriquement **2.** absolument.
empire ['empaɪər] *n* empire *m*.
empire-building *n* édification *f* d'empires.
empirical [ɪm'pɪrɪkl] *adj* empirique.
employ [ɪm'plɔɪ] *vt* employer • **to be employed as** être employé comme.
employable [ɪm'plɔɪəbl] *adj* qui peut être employé.
employed [ɪm'plɔɪd] *adj* employé. ❑ *npl* personnes *fpl* qui ont un emploi • **employers and employed** patronat *m* et salariat *m*.
employee [ɪm'plɔɪiː] *n* employé *m*, -e *f*.

employer [ɪm'plɔɪəʳ] *n* employeur *m*, -euse *f*.
employment [ɪm'plɔɪmənt] *n* emploi *m*, travail *m* • **employment contract** contrat *m* d'emploi.
Employment Act *n* **(UK)** *POLIT loi sur l'égalité des chances pour l'emploi*.
employment agency *n* bureau *m* *ou* agence *f* de placement.
employment tribunal *n DR* conseil *m* de prud'hommes.
emporium [em'pɔːrɪəm] *n* grand magasin *m*.
empower [ɪm'paʊəʳ] *vt sout* • **to be empowered to do sthg** être habilité à faire qqch.
empowering [ɪm'paʊərɪŋ] *adj* qui donne un sentiment de pouvoir.
empress ['emprɪs] *n* impératrice *f*.
emptiness ['emptɪnɪs] *n (indén)* vide *m*.
empty ['emptɪ] *adj* **1.** vide **2.** *péj* vain. ❑ *vt* vider. ❑ *vi* se vider.
empty-handed [-'hændɪd] *adj* les mains vides.
empty-headed [-'hedɪd] *adj* sans cervelle.
EMU (abrév de European Monetary Union) *n* UEM *f*.
emulate ['emjʊleɪt] *vt* imiter.
emulsion [ɪ'mʌlʃn] *n* **(UK)** • **emulsion (paint)** peinture *f* mate *ou* à émulsion.
enable [ɪ'neɪbl] *vt* • **to enable sb to do sthg** permettre à qqn de faire qqch.
enabled [ɪ'neɪbəld] *adj INFORM* activé.
enact [ɪ'nækt] *vt* **1.** *DR* promulguer **2.** *THÉÂTRE* jouer.
enactment [ɪ'næktmənt] *n DR* promulgation *f*.
enamel [ɪ'næml] *n* **1.** émail *m* **2.** peinture *f* laquée.
encampment [ɪn'kæmpmənt] *n* campement *m*.
encapsulate [ɪn'kæpsjʊleɪt] *vt* • **to encapsulate sthg (in)** résumer qqch (en).
encase [ɪn'keɪs] *vt* • **to be encased in a)** être enfermé dans **b)** être bardé de.
enchanted [ɪn'tʃɑːntɪd] *adj* • **enchanted (by/with)** enchanté (par/de).
enchanting [ɪn'tʃɑːntɪŋ] *adj* enchanteur.
encircle [ɪn'sɜːkl] *vt* entourer ; *MIL* encercler.
enclave ['enkleɪv] *n* enclave *f*.
enclose [ɪn'kləʊz] *vt* **1.** entourer **2.** joindre • **please find enclosed...** veuillez trouver ci-joint...
enclosure [ɪn'kləʊʒəʳ] *n* **1.** enceinte *f* **2.** pièce *f* jointe *(dans une lettre)*.
encoding [en'kəʊdɪŋ] *n* codage *m* ; *INFORM* encodage *m*.
encompass [ɪn'kʌmpəs] *vt sout* **1.** contenir **2.** entourer.
encore ['ɒŋkɔːʳ] *n* rappel *m*. ❑ *interj* bis !
encounter [ɪn'kaʊntəʳ] *n* rencontre *f*. ❑ *vt sout* rencontrer.
encourage [ɪn'kʌrɪdʒ] *vt* **1.** • **to encourage sb (to do sthg)** encourager qqn (à faire qqch) **2.** encourager, favoriser.
encouragement [ɪn'kʌrɪdʒmənt] *n* encouragement *m*.
encouraging [ɪn'kʌrɪdʒɪŋ] *adj* encourageant.
encroach [ɪn'krəʊtʃ] *vi* • **to encroach on** *ou* **upon** empiéter sur.
encrypt [en'krɪpt] *vt* **1.** *INFORM* crypter **2.** *TV* coder.
encryption [en'krɪpʃn] *n (indén)* **1.** *INFORM* cryptage *m* **2.** *TV* codage *m*, encodage *m*.
encyclop(a)edia [ɪn,saɪklə'piːdjə] *n* encyclopédie *f*.
encyclop(a)edic [ɪn,saɪkləʊ'piːdɪk] *adj* encyclopédique.
end [end] *n* **1.** fin *f* • **at an end** terminé, fini • **to come to an end** se terminer, s'arrêter • **at the end of the day** *fig* en fin de compte • **in the end** finalement **2.** bout *m*, extrémité *f* **3.** côté *m* **4.** mégot *m*. ❑ *vt* mettre fin à ; finir. ❑ *vi* se terminer • **to end in** se terminer par • **to end with** se terminer par *ou* avec. ■ **on end** *adv* **1.** debout **2.** d'affilée. ■ **end up** *vi* finir • **to end up doing sthg** finir par faire qqch. ■ **no end of** *prép fam* énormément de.
endanger [ɪn'deɪndʒəʳ] *vt* mettre en danger.
endangered species [ɪn'deɪndʒəd-] *n* espèce *f* en voie de disparition.
end-consumer *n COMM* utilisateur *m* final ; consommateur *m* final.
endear [ɪn'dɪəʳ] *vt* • **to endear sb to sb** faire aimer *ou* apprécier qqn de qqn.
endearing [ɪn'dɪərɪŋ] *adj* engageant.
endeavour (UK), endeavor (US) *sout* [ɪn'devəʳ] *n* effort *m*, tentative *f*. ❑ *vt* • **to endeavour to do sthg** s'efforcer *ou* tenter de faire qqch.
endemic [en'demɪk] *adj* endémique.
ending ['endɪŋ] *n* fin *f*, dénouement *m* • **a sad/happy ending** une fin triste/heureuse.
endive ['endaɪv] *n* **1. (US)** endive *f* **2. (UK)** chicorée *f*.
endless ['endlɪs] *adj* **1.** interminable ; inépuisable **2.** infini.
endlessly ['endlɪslɪ] *adv* sans arrêt, continuellement ; à perte de vue • **endlessly patient/kind** d'une patience/gentillesse infinie.
endnote ['endnəʊt] *n INFORM* note *f* de fin de document, NfD *f*.
endorse [ɪn'dɔs] *vt* **1.** approuver **2.** endosser *(un chèque)*.
endorsement [ɪn'dɔsmənt] *n* approbation *f*.
endow [ɪn'daʊ] *vt* **1.** • **to be endowed with sthg** être doté de qqch **2.** faire des dons à.
endowment [ɪn'daʊmənt] *n sout* capacité *f*, qualité *f*.
endowment mortgage *n* **(UK)** *prêt immobilier lié à une assurance-vie*.
endowment policy *n* assurance *f* mixte.
end product *n* produit *m* fini.
end result *n* résultat *m* final.
end table *n* bout *m* de canapé.
endurance [ɪn'djʊərəns] *n* endurance *f*.
endurance test *n* épreuve *f* d'endurance.

endure [ɪn'djʊəʳ] *vt* supporter, endurer. ❑ *vi* perdurer.

end user *n* utilisateur final *m*, utilisatrice finale *f*.

endways (UK) ['endweɪz], **endwise (US)** ['endwaɪz] *adv* **1.** en long **2.** bout à bout.

enema ['enɪmə] *n* lavement *m*.

enemy ['enɪmɪ] *n* ennemi *m*, -e *f*. ❑ *en apposition* ennemi.

enemy-occupied *adj* occupé par l'ennemi.

energetic [ˌenə'dʒetɪk] *adj* énergique ; plein d'entrain.

energetically [ˌenə'dʒetɪklɪ] *adv* énergiquement.

energize, -ise (UK) ['enədʒaɪz] *vt* **1.** donner de l'énergie à, stimuler **2.** *ÉLECTR* exciter, envoyer de l'électricité dans.

energy ['enədʒɪ] *n* énergie *f*.

energy crisis *n* crise *f* énergétique.

energy dependency *n* dépendance *f* énergétique.

energy model *n* modèle *f* énergétique.

energy-saving *adj* • **energy-saving lightbulb** ampoule *f* à économie d'énergie.

enforce [ɪn'fɔs] *vt* appliquer, faire respecter.

enforceable [ɪn'fɔːsəbl] *adj* applicable.

enforced [ɪn'fɔst] *adj* forcé.

enforcer [in'fɔːsəʳ] *n* **(US)** agent *m* de police.

engage [ɪn'geɪdʒ] *vt* **1.** susciter, éveiller **2.** *sout* engager *(embaucher)* • **to be engaged in** *ou* **on sthg** prendre part à qqch. ❑ *vi* • **to engage in** s'occuper de.

engaged [ɪn'geɪdʒd] *adj* **1.** fiancé • **to get engaged** se fiancer **2. (UK)** occupé.

engaged tone *n* **(UK)** tonalité *f* « occupé ».

engagement [ɪn'geɪdʒmənt] *n* **1.** fiançailles *fpl* **2.** rendez-vous *m inv*.

engagement ring *n* bague *f* de fiançailles.

engaging [ɪn'geɪdʒɪŋ] *adj* engageant ; attirant.

engender [ɪn'dʒendəʳ] *vt sout* engendrer, susciter.

engine ['endʒɪn] *n* **1.** moteur *m* **2.** *RAIL* locomotive *f*.

engine driver *n* **(UK)** mécanicien *m*.

engineer [ˌendʒɪ'nɪəʳ] *n* **1.** ingénieur *m*, -e *f* ; mécanicien *m*, -enne *f (dans la marine marchande ou l'aéronautique)* ; technicien *m*, -enne *f* **2. (US)** *RAIL* mécanicien *m*, -enne *f*.

engineering [ˌendʒɪ'nɪərɪŋ] *n* ingénierie *f*.

England ['ɪŋglənd] *n* Angleterre *f* • **in England** en Angleterre.

English ['ɪŋglɪʃ] *adj* anglais. ❑ *n* anglais *m*. ❑ *npl* • **the English** les Anglais.

English breakfast *n* petit déjeuner *m* anglais traditionnel.

English Channel *n* • **the English Channel** la Manche.

Englishman ['ɪŋglɪʃmən] *(pl* **-men***)* *n* Anglais *m*.

English-speaking *adj* anglophone ; parlant anglais.

Englishwoman ['ɪŋglɪʃˌwʊmən] *(pl* **-women***)* *n* Anglaise *f*.

engrave [ɪn'greɪv] *vt* • **to engrave sthg (on stone/in one's memory)** graver qqch (sur la pierre/dans sa mémoire).

engraving [ɪn'greɪvɪŋ] *n* gravure *f*.

engrossed [ɪn'grəʊst] *adj* • **to be engrossed (in sthg)** être absorbé (par qqch).

engrossing [ɪn'grəʊsɪŋ] *adj* absorbant.

engulf [ɪn'gʌlf] *vt* engloutir.

enhance [ɪn'hɑːns] *vt* améliorer.

enhancement [ɪn'hɑːnsmənt] *n* amélioration *f*.

enigma [ɪ'nɪgmə] *n* énigme *f*.

enigmatic [ˌenɪg'mætɪk] *adj* énigmatique.

enjoy [ɪn'dʒɔɪ] *vt* **1.** aimer • **to enjoy o.s.** s'amuser • **to enjoy doing sthg** aimer bien faire qqch **2.** s'amuser **3.** *sout* jouir de *(privilèges, bonne santé)*.

enjoyable [ɪn'dʒɔɪəbl] *adj* agréable.

enjoyment [ɪn'dʒɔɪmənt] *n* plaisir *m*.

enlarge [ɪn'lɑːdʒ] *vt* agrandir. ■ **enlarge (up) on** *vt insép* développer.

enlarged [ɪn'lɑːdʒd] *adj* **1.** *(majorité)* accru **2.** *(photo)* agrandi **3.** *MÉD* hypertrophié.

enlargement [ɪn'lɑːdʒmənt] *n* **1.** extension *f* **2.** *PHOTO* agrandissement *m*.

enlighten [ɪn'laɪtn] *vt* éclairer.

enlightened [ɪn'laɪtnd] *adj* éclairé.

enlightenment [ɪn'laɪtnmənt] *n (indén)* éclaircissement *m*.

enlist [ɪn'lɪst] *vt* **1.** *MIL* enrôler **2.** recruter **3.** s'assurer. ❑ *vi MIL* s'enrôler.

en masse [ɒn'mæs] *adv* en masse, massivement.

enmity ['enmətɪ] *n* hostilité *f*.

enormity [ɪ'nɔmətɪ] *n* étendue *f*.

enormous [ɪ'nɔməs] *adj* énorme ; immense.

enormously [ɪ'nɔːməslɪ] *adv* énormément ; immensément.

enough [ɪ'nʌf] *adj* assez de. ❑ *pron* assez • **more than enough** largement, bien assez • **to have had enough** en avoir assez. ❑ *adv* **1.** assez • **big enough for sthg/to do sthg** assez grand pour qqch/pour faire qqch • **to be good enough to do sthg** *sout* être assez aimable pour *ou* de faire qqch **2.** plutôt • **strangely enough** bizarrement.

À PROPOS DE

enough

Si ***enough*** est utilisé avec un autre adjectif ou avec un adverbe, il se place après - et non avant - le mot auquel il se rapporte ***(he's* old enough *to understand* ; strangely enough, *she couldn't remember)***.

enquire [ɪn'kwaɪəʳ] *vt* **(UK)** • **to enquire when/whether/how...** demander quand/si/comment... ❑ *vi* • **to enquire (about)** se renseigner (sur).

enquiry [ɪn'kwaɪərɪ] *n* **1.** demande *f* de renseignements **2.** enquête *f*.

enrage [ɪn'reɪʤ] *vt* rendre furieux, mettre en rage.

enraged [ɪn'reɪʤd] *adj* furieux ; *(animal)* enragé.

enrich [ɪn'rɪtʃ] *vt* enrichir.

enrol (UK), enroll (US) [ɪn'rəʊl] *vt* inscrire. ❑ *vi* • **to enrol (in)** s'inscrire (à).

en route [ɒn'ru:t] *adv* • **en route (to)** en route (vers) • **en route from** en provenance de.

ensconced [ɪn'skɒnst] *adj* *littéraire* • **ensconced (in)** bien installé (dans).

ensign ['ensaɪn] *n* pavillon *m*.

ensue [ɪn'sju:] *vi* s'ensuivre.

ensuing [ɪn'sju:ɪŋ] *adj* qui s'ensuit.

en suite [,ɒn'swi:t] *adj & adv* • **with en suite bathroom** avec salle de bains particulière.

ensure [ɪn'ʃʊəʳ] *vt* assurer • **to ensure (that)...** s'assurer que...

ENT (abrév de **Ear, Nose & Throat**) *n* ORL *f*.

entail [ɪn'teɪl] *vt* entraîner • **what does the work entail?** en quoi consiste le travail ?

enter ['entəʳ] *vt* **1.** entrer dans *(une pièce, un véhicule)* **2.** UNIV entrer à ; SCOL s'inscrire à, s'inscrire dans **3.** s'inscrire à *(un concours, une compétition)* **4.** se lancer dans *(la politique)* **5.** • **to enter sb/sthg for sthg** inscrire qqn/qqch à qqch. ❑ *vi* **1.** entrer **2.** • **to enter (for)** s'inscrire (à). ■ **enter into** *vt insép* entamer.

enter key *n* INFORM (touche *f*) entrée *f*.

enterprise ['entəpraɪz] *n* entreprise *f*.

enterprise zone *n* **(UK)** *zone dans une région défavorisée qui bénéficie de subsides de l'État.*

enterprising ['entəpraɪzɪŋ] *adj* qui fait preuve d'initiative.

entertain [,entə'teɪn] *vt* **1.** divertir **2.** recevoir **3.** *sout* considérer.

entertainer [,entə'teɪnəʳ] *n* fantaisiste *mf*.

entertaining [,entə'teɪnɪŋ] *adj* divertissant.

entertainment [,entə'teɪnmənt] *n* **1.** *(indén)* divertissement *m* • **family entertainment** divertissement pour toute la famille **2.** spectacle *m*.

enthral (UK), enthrall (US) [ɪn'θrɔl] *vt* captiver.

enthrallingly [ɪn'θrɔ:lɪŋlɪ] *adv* d'une manière captivante.

enthrone [ɪn'θrəʊn] *vt* introniser.

enthusiasm [ɪn'θju:zɪæzm] *n* **1.** • **enthusiasm (for)** enthousiasme *m* (pour) **2.** passion *f*.

enthusiast [ɪn'θju:zɪæst] *n* enthousiaste *mf*.

enthusiastic [ɪn,θju:zɪ'æstɪk] *adj* enthousiaste.

enthusiastically [ɪn,θju:zɪ'æstɪklɪ] *adv* avec enthousiasme.

entice [ɪn'taɪs] *vt* séduire.

entire [ɪn'taɪəʳ] *adj* entier.

entirely [ɪn'taɪəlɪ] *adv* entièrement, totalement.

entirety [ɪn'taɪrətɪ] *n* • **in its entirety** en entier.

entitle [ɪn'taɪtl] *vt* • **to entitle sb to sthg** donner droit à qqch à qqn • **to entitle sb to do sthg** autoriser qqn à faire qqch.

entitled [ɪn'taɪtld] *adj* **1.** autorisé • **to be entitled to sthg** avoir droit à qqch • **to be entitled to do sthg** avoir le droit de faire qqch **2.** intitulé.

entitlement [ɪn'taɪtlmənt] *n* droit *m* • **entitlement to social security** droit à la sécurité sociale.

entity ['entətɪ] (*pl* **-ies**) *n* entité *f*.

entourage [,ɒntʊ'rɑ:ʒ] *n* entourage *m*.

entrance *n* ['entrəns] **1.** • **entrance (to)** entrée *f* (de) **2.** *(acte d'entrer)* entrée *f* **3.** • **to gain entrance to a)** obtenir l'accès à **b)** être admis dans. ❑ *vt* [ɪn'trɑ:ns] ravir, enivrer.

entrance examination *n* examen *m* d'entrée.

entrance fee *n* **1.** *(musée, cinéma)* prix *m* d'entrée **2.** *(club, association)* droit *m* d'inscription.

entrance hall ['entrəns-] *n* *(dans une maison)* vestibule *m* ; *(dans un hôtel)* hall *m*.

entrant ['entrənt] *n* concurrent *m*, -e *f*.

entreat [ɪn'tri:t] *vt* • **to entreat sb (to do sthg)** supplier qqn (de faire qqch).

entrenched [ɪn'trentʃt] *adj* ancré.

entrepreneur [,ɒntrəprə'nɜ:ʳ] *n* entrepreneur *m*.

entrepreneurial [,ɒntrəprə'nɜ:rɪəl] *adj* *(personne)* qui a l'esprit d'entreprise ; *(savoir-faire)* d'entrepreneur.

entrust [ɪn'trʌst] *vt* • **to entrust sthg to sb, to entrust sb with sthg** confier qqch à qqn.

entry ['entrɪ] *n* **1.** entrée *f* • **to gain entry to** avoir accès à • **'no entry' a)** 'défense d'entrer' **b)** AUTO 'sens interdit' **2.** inscription *f* *(à un concours)* **3.** entrée *f* *(d'un dictionnaire)* ; écriture *f* *(dans un livre de comptes)*.

entry form *n* formulaire *m* *ou* feuille *f* d'inscription.

entry-level *adj* bas de gamme, d'entrée de gamme.

E number *n* additif *m* E.

envelop [ɪn'veləp] *vt* envelopper.

envelope ['envələʊp] *n* enveloppe *f*.

enviable ['envɪəbl] *adj* enviable.

envious ['envɪəs] *adj* envieux.

environment [ɪn'vaɪərənmənt] *n* **1.** milieu *m*, cadre *m* **2.** • **the environment** l'environnement *m*.

environment agency *n* agence *f* pour la protection de l'environnement.

environmental [ɪn,vaɪərən'mentl] *adj* de l'environnement ; sur l'environnement.

environmentalist [ɪn,vaɪərən'mentəlɪst] *n* écologiste *mf*, environnementaliste *mf*.

environmentally [ɪn,vaɪərən'mentəlɪ] *adv* pour l'environnement • **to be environmentally aware** être sensible aux problèmes de l'environnement.

Environmental Protection Agency *n* **(US)** ≃ ministère *m* de l'Environnement.

environment-friendly *adj* respectueux de l'environnement ; *(produit)* non polluant.

environs [ɪn'vaɪərənz] *npl* environs *mpl*.

envisage [ɪn'vɪzɪdʒ], **envision (US)** [ɪn'vɪʒn] *vt* envisager.

envoy ['envɔɪ] *n* émissaire *m*.

envy ['envɪ] *n* envie *f*, jalousie *f*. ❑ *vt* envier.

enzyme ['enzaɪm] *n* enzyme *f*.

EOD *SMS* (abrév de end of discussion) un point c'est tout.

ephemeral [ɪ'femərəl] *adj* éphémère.

epic ['epɪk] *adj* épique. ❑ *n* épopée *f*.

epidemic [,epɪ'demɪk] *n* épidémie *f*.

epidural [,epɪ'djʊərəl] *n* péridurale *f*.

epilepsy ['epɪlepsɪ] *n* épilepsie *f*.

epileptic [,epɪ'leptɪk] *adj* épileptique. ❑ *n* épileptique *mf*.

Epiphany [ɪ'pɪfənɪ] *n* Épiphanie *f*.

episode ['epɪsəʊd] *n* épisode *m*.

epistle [ɪ'pɪsl] *n* épître *f*.

epitaph ['epɪtɑːf] *n* épitaphe *f*.

epithet ['epɪθet] *n* épithète *f*.

epitome [ɪ'pɪtəmɪ] *n* • **the epitome of** le modèle de.

epitomize, -ise (UK) [ɪ'pɪtəmaɪz] *vt* incarner.

epoch ['iːpɒk] *n* époque *f*.

eponymous [ɪ'pɒnɪməs] *adj* éponyme.

equable ['ekwəbl] *adj* égal, placide.

equal ['iːkwəl] *adj* **1.** • **equal (to)** égal (à) • **on equal terms** d'égal à égal **2.** • **equal to sthg** à la hauteur de qqch. ❑ *n* égal *m*, -e *f*. ❑ *vt* (**(UK)** *prét & pp* **equalled**, *cont* **equalling**, **(US)** *prét & pp* **equaled**, *cont* **equaling**) égaler.

equality [iː'kwɒlətɪ] *n* égalité *f*.

equalize, -ise (UK) ['iːkwəlaɪz] *vt* niveler. ❑ *vi* **(UK)** *SPORT* égaliser.

equalizer ['iːkwəlaɪzər] *n* **(UK)** but *m* égalisateur.

equally ['iːkwəlɪ] *adv* **1.** tout aussi **2.** en parts égales **3.** en même temps.

equal opportunities *npl* égalité *f* des chances.

equal(s) sign *n* signe *m* d'égalité.

equanimity [,ekwə'nɪmətɪ] *n* sérénité *f*, égalité *f* d'humeur.

equate [ɪ'kweɪt] *vt* • **to equate sthg with sthg** assimiler qqch à qqch.

equation [ɪ'kweɪʒn] *n* équation *f*.

equator [ɪ'kweɪtər] *n* • **the equator** l'équateur *m*.

equilibrium [,iːkwɪ'lɪbrɪəm] *n* équilibre *m*.

equip [ɪ'kwɪp] *vt* équiper • **he's well equipped for the job** il est bien préparé pour ce travail.

equipment [ɪ'kwɪpmənt] *n (indén)* équipement *m*, matériel *m*.

equitable ['ekwɪtəbl] *adj* équitable.

equities ['ekwətɪz] *npl* actions *fpl* ordinaires.

equity ['ekwətɪ] *(pl* **-ies***)* *n* **1.** équité *f* **2.** *DR* équité *f* ; droit *m* équitable **3.** *FIN* fonds *mpl* ou capitaux *mpl* propres. ■ **Equity** *n principal syndicat britannique des gens du spectacle.*

equivalence [ɪ'kwɪvələns] *n* équivalence *f*.

equivalent [ɪ'kwɪvələnt] *adj* équivalent. ❑ *n* équivalent *m*.

equivocal [ɪ'kwɪvəkl] *adj* équivoque.

er [ɜːr] *interj* euh !

ER 1. (abrév de Elizabeth Regina) *emblème de la reine Élisabeth* **2. (US)** (abrév de Emergency Room) urgences *fpl*.

era ['ɪərə] *(pl* **-s***)* *n* ère *f*, période *f*.

eradicate [ɪ'rædɪkeɪt] *vt* éradiquer.

eradication [ɪ,rædɪ'keɪʃn] *n* éradication *f*.

erasable [ɪ'reɪzəbl] *adj* effaçable.

erase [ɪ'reɪz] *vt* **1.** gommer **2.** effacer *(un souvenir)* ; éliminer *(la faim, la pauvreté)*.

eraser [ɪ'reɪzər] *n* gomme *f*.

erect [ɪ'rekt] *adj* **1.** *(personne)* droit **2.** *(pénis)* en érection. ❑ *vt* **1.** ériger *(une statue)* ; construire *(un immeuble)* **2.** dresser *(une tente)*.

erection [ɪ'rekʃn] *n* **1.** *(indén)* érection *f (d'une statue)* ; construction *f* **2.** érection *f (du pénis)*.

ergonomic [,ɜːgəʊ'nɒmɪk] *adj* ergonomique.

ERM (abrév de Exchange Rate Mechanism) *n* mécanisme *m* des changes (du SME).

ermine ['ɜːmɪn] *n* hermine *f*.

erode [ɪ'rəʊd] *vt* **1.** éroder **2.** *fig* réduire. ❑ *vi* **1.** s'éroder **2.** *fig* diminuer.

erosion [ɪ'rəʊʒn] *n* **1.** érosion *f* **2.** baisse *f* ; diminution *f*.

erotic [ɪ'rɒtɪk] *adj* érotique.

err [ɜːr] *vi* se tromper.

errand ['erənd] *n* course *f*, commission *f*.

erratic [ɪ'rætɪk] *adj* irrégulier.

error ['erər] *n* erreur *f* • **a spelling/typing error** une faute d'orthographe/de frappe • **in error** par erreur.

error message *n INFORM* message *m* d'erreur.

erupt [ɪ'rʌpt] *vi* **1.** *(volcan)* entrer en éruption **2.** *fig (guerre, conflit)* éclater.

eruption [ɪ'rʌpʃn] *n* **1.** éruption *f (d'un volcan)* **2.** explosion *f (de violence)* **3.** déclenchement *m (d'une guerre)*.

escalate ['eskəleɪt] *vi* **1.** *(conflit)* s'intensifier **2.** *(prix)* monter en flèche.

escalation [,eskə'leɪʃn] *n* **1.** intensification *f* **2.** montée *f* en flèche.

escalator ['eskəleɪtər] *n* escalier *m* roulant.

escapade [,eskə'peɪd] *n* aventure *f*, exploit *m*.

escape [ɪ'skeɪp] *n* **1.** fuite *f*, évasion *f* • **to make one's escape** s'échapper • **to have a lucky escape** l'échapper belle **2.** fuite *f*. ❑ *vt* échapper à. ❑ *vi* **1.** s'échapper, fuir ; *(prisonnier)* s'évader • **to escape from a)** s'échapper de **b)** échapper à **2.** s'en tirer.

escape key *n* INFORM touche *f* d'échappement.

escape lane *n* voie *f* de détresse.

escape route *n* **1.** moyen *m* d'évasion **2.** *itinéraire d'évacuation en cas d'incendie*.

escapism [ɪ'skeɪpɪzm] *n (indén)* évasion *f* (de la réalité).

escort *n* ['eskɔt] **1.** escorte *f* **2.** cavalier *m* ; hôtesse *f*. ❑ *vt* [ɪ'skɔt] escorter, accompagner.

e-signature *n* signature *f* électronique.

Eskimo ['eskɪməʊ] *n (pl* **-s***)* Esquimau *m*, -aude *f (attention : le terme « Eskimo », comme son équivalent français, est souvent considéré comme injurieux en Amérique du Nord. On préférera le terme « Inuit »)*.

Eskimo roll *n* esquimautage *m (acrobatie en kayak)*.

ESOL ['iːsɒl] (abrév de English for Speakers of Other Languages) *n* **(US)** SCOL anglais *m* langue seconde.

esophagus (US) = oesophagus

espadrille [,espə'drɪl] *n* espadrille *f*.

especially [ɪ'speʃəlɪ] *adv* **1.** surtout **2.** particulièrement **3.** spécialement.

espionage ['espɪə,nɑːʒ] *n* espionnage *m*.

esplanade [,esplə'neɪd] *n* esplanade *f*.

Esq. abrév de **Esquire**

Esquire [ɪ'skwaɪər] *n* • **G. Curry Esquire** Monsieur G. Curry.

essay ['eseɪ] *n* **1.** dissertation *f* **2.** essai *m*.

essence ['esns] *n* **1.** essence *f*, nature *f* **2.** CULIN essence *f*.

essential [ɪ'senʃl] *adj* **1.** • **essential (to** *ou* **for)** indispensable (à) **2.** essentiel, de base. ■ **essentials** *npl* **1.** produits *mpl* de première nécessité **2.** essentiel *m*.

essentially [ɪ'senʃəlɪ] *adv* essentiellement, fondamentalement.

Essex girl ['esɪks-] *n* **(UK)** *fam* & *péj stéréotype de la jeune fille bête et vulgaire*.

Essex man ['esɪks-] *n* **(UK)** *fam stéréotype du réactionnaire bête et vulgaire*.

establish [ɪ'stæblɪʃ] *vt* **1.** établir **2.** fonder, créer.

established [ɪ'stæblɪʃt] *adj* **1.** *(coutume)* établi **2.** *(société)* fondé.

establishment [ɪ'stæblɪʃmənt] *n* **1.** établissement *m* **2.** fondation *f*, création *f*. ■ **Establishment** *n (status quo)* • **the Establishment** l'ordre *m* établi, l'establishment *m*.

estate [ɪ'steɪt] *n* **1.** propriété *f*, domaine *m* **2.** • **(housing) estate** lotissement *m* **3.** DR biens *mpl*.

estate agency *n* **(UK)** agence *f* immobilière.

estate agent *n* **(UK)** agent *m* immobilier.

estate car *n* **(UK)** break *m*.

esteem [ɪ'stiːm] *n* estime *f*. ❑ *vt* estimer.

esthetic *etc* **(US) = aesthetic** *etc*

estimate *n* ['estɪmət] **1.** estimation *f*, évaluation *f* **2.** devis *m*. ❑ *vt* ['estɪmeɪt] estimer, évaluer.

estimated ['estɪmeɪtɪd] *adj* estimé.

estimation [,estɪ'meɪʃn] *n* **1.** opinion *f* **2.** estimation *f*, évaluation *f*.

Estonia [e'stəʊnɪə] *n* Estonie *f*.

estranged [ɪ'streɪndʒd] *adj (couple)* séparé ; *(conjoint)* dont on s'est séparé.

estrogen (US) = oestrogen

estuary ['estjʊərɪ] *n* estuaire *m*.

e-tailer *n* détaillant *m* en ligne.

etc. (abrév de et cetera) etc.

etching ['etʃɪŋ] *n* gravure *f* à l'eau forte.

eternal [ɪ'tɜːnl] *adj* **1.** éternel **2.** *fig (plaintes)* sempiternel **3.** *(vérité, valeur)* immuable.

eternity [ɪ'tɜːnətɪ] *n* éternité *f*.

Ethernet *n* Ethernet *m* • **Ethernet cable** câble *m* Ethernet.

ethic ['eθɪk] *n* éthique *f*, morale *f*. ■ **ethics** *n (indén)* éthique *f*, morale *f*.

ethical ['eθɪkl] *adj* moral.

Ethiopia [,iːθɪ'əʊpɪə] *n* Éthiopie *f*.

ethnic ['eθnɪk] *adj* **1.** ethnique **2.** folklorique.

ethnic cleansing [-'klenzɪŋ] *n* purification *f* ethnique.

ethnicity ['eθnɪsɪtɪ] *n* appartenance *f* ethnique.

ethos ['iːθɒs] *n* éthos *m*.

etiquette ['etɪket] *n* convenances *fpl*, étiquette *f*.

e-trade *n (indén)* cybercommerce *m*, commerce *m* électronique.

EU (abrév de European Union) *n* UE *f* • **EU policy** la politique de l'Union européenne.

eulogy ['juːlədʒɪ] *n* panégyrique *m*.

euphemism ['juːfəmɪzm] *n* euphémisme *m*.

euphoria [juː'fɔːrɪə] *n* euphorie *f*.

euro ['jʊərəʊ] *n* euro *m*.

Eurocheque ['jʊərəʊ,tʃek] *n* **(UK)** eurochèque *m*.

Euroland ['jʊərəʊlænd] *n* POLIT Eurolande *f*.

Europe ['jʊərəp] *n* Europe *f*.

European [ˌjʊərə'piːən] *adj* européen. ❑ *n* Européen *m*, -enne *f*.

European Central Bank *n* Banque *f* centrale européenne.

European Commission *n* Commission *f* des Communautés européennes.

European Community *n* Communauté *f* européenne.

European Monetary System *n* Système *m* monétaire européen.

European Union *n* Union *f* européenne.

Eurosceptic ['jʊərʊəˌskeptɪk] *n* **(UK)** eurosceptique *mf*.

euro zone *n* zone *f* euro.

euthanasia [ˌjuːθə'neɪzjə] *n* euthanasie *f*.

evacuate [ɪ'vækjʊeɪt] *vt* évacuer.

evacuation [ɪˌvækjʊ'eɪʃn] *n* évacuation *f*.

evade [ɪ'veɪd] *vt* **1.** échapper à **2.** esquiver, éluder.

evaluate [ɪ'væljʊeɪt] *vt* évaluer.

evaporate [ɪ'væpəreɪt] *vi* **1.** s'évaporer **2.** *(espoirs)* s'envoler ; *(peur)* disparaître.

evaporated milk [ɪ'væpəreɪtɪd-] *n* lait *m* condensé *(non sucré)*.

evasion [ɪ'veɪʒn] *n* **1.** dérobade *f* **2.** faux-fuyant *m*.

evasive [ɪ'veɪsɪv] *adj* évasif.

eve [iːv] *n* veille *f*.

even

■ **even** ['iːvn] *adj*

1. EXPRIME UNE RÉGULARITÉ

• **the surface is even** la surface est régulière

2. EXPRIME UNE ÉGALITÉ

• **the teams are even** les équipes sont à égalité • **the odds** *ou* **chances are about even** *fig* les chances sont à peu près égales

3. EN MATHÉMATIQUES

• **two is an even number** deux est un nombre pair

■ **even** ['iːvn] *adv*

1. EXPRIME LA SURPRISE, LA MOQUERIE

• **he can't even dance** il ne sait même pas danser • **even my little brother can do it** même mon petit frère sait le faire • **even now** encore maintenant • **even then** même alors

2. PERMET D'APPORTER UNE PRÉCISION, UNE CLARIFICATION

• **she's always been very nice to me, even generous on occasion** elle a toujours été sympathique à mon égard, même généreuse parfois

3. DANS UNE COMPARAISON, JOUE UN RÔLE INTENSIFICATEUR, D'EMPHASE

• **it's even better now** c'est encore mieux maintenant

■ **even if** *conj*

même si • **even if I knew, I wouldn't tell you** même si je le savais, je ne te le dirais pas

■ **even so** *adv*

• **yes, but even so** oui, mais quand même

■ **even though** *conj*

bien que • **even though I asked politely, he still refused to help me** bien que je lui aie demandé poliment, il a refusé de m'aider

evening ['iːvnɪŋ] *n* soir *m* ; soirée *f* • **in the evening** le soir.

evening class *n* cours *m* du soir.

evening dress *n* habit *m* de soirée ; robe *f* du soir.

evenly ['iːvnlɪ] *adv* **1.** *(respirer, espacer)* régulièrement **2.** *(de façon identique - divisé)* également • **to be evenly matched** être de la même force **3.** calmement, sur un ton égal.

even out *vt sép* égaliser. ❑ *vi* s'égaliser.

even Stevens [-'stiːvənz] *adj* • **to be even Stevens** être quitte.

event [ɪ'vent] *n* **1.** événement *m* **2.** SPORT épreuve *f* **3.** • **in the event of** en cas de • **in the event that** au cas où. ■ **in any event** *adv* en tout cas, de toute façon.

eventful [ɪ'ventfʊl] *adj* mouvementé.

event horizon *n* ASTRON horizon *m* des événements.

eventual [ɪ'ventʃʊəl] *adj* final.

eventuality [ɪˌventʃʊ'ælətɪ] *n* éventualité *f*.

eventually [ɪ'ventʃʊəlɪ] *adv* finalement, en fin de compte • **he'll get tired of it eventually** il s'en lassera à la longue, il finira par s'en lasser.

ever

■ **ever** ['evəʳ] *adv*

1. DANS DES QUESTIONS AU PRÉSENT OU AU PRESENT PERFECT, POUR INTERROGER QQN SUR SES EXPÉRIENCES

• **have you ever been to Paris?** êtes-vous déjà allé à Paris ?

2. AVEC DES MOTS AYANT UN SENS NÉGATIF

• **I hardly ever see him** je ne le vois presque jamais • **nothing ever happens here** il ne se passe jamais rien ici

3. DANS DES PHRASES COMPARATIVES OU SUPERLATIVES

• **it was more beautiful than ever** c'était plus beau que jamais • **it's the best film I've ever seen** c'est le meilleur film que j'aie jamais vu

4. INDIQUE UNE PERMANENCE, UNE CONTINUITÉ • **the danger is ever present** le danger est toujours présent • **she is as cheerful as ever** elle est toujours aussi gaie

5. EXPRIME UNE INTENSITÉ, UNE EMPHASE • **he's ever so nice** (UK) il est tellement gentil • **it's ever such a pity** (UK) c'est vraiment dommage

■ **ever since** *adv*

INDIQUE UN POINT DE DÉPART DANS LE TEMPS • **she has loved him ever since** elle l'aime depuis lors *ou* depuis ce moment-là

■ **ever since** *conj*

depuis • **it's been raining ever since I arrived** il pleut depuis que je suis arrivé

■ **ever since** *prép*

depuis • **he's known her ever since his childhood** il la connaît depuis son enfance

evergreen ['evəgri:n] *adj* à feuilles persistantes. ❑ *n* arbre *m* à feuilles persistantes.

everlasting [,evə'lɑ:stɪŋ] *adj* éternel.

eversion [ɪ'vɜ:ʃən] *n* éversion *f.*

every ['evrɪ] *adj* chaque • **every morning** chaque matin, tous les matins. ■ **every now and then, every so often** *adv* de temps en temps, de temps à autre. ■ **every other** *adj* • **every other day** tous les deux jours, un jour sur deux.

everybody ['evrɪ,bɒdɪ] = **everyone**.

everyday ['evrɪdeɪ] *adj* quotidien.

everyone ['evrɪwʌn] *pron* chacun, tout le monde.

everyplace *fam* (US) = **everywhere**.

everything ['evrɪθɪŋ] *pron* tout.

everywhere ['evrɪweər] *adv* partout.

evict [ɪ'vɪkt] *vt* expulser.

evidence ['evɪdəns] *n (indén)* **1.** preuve *f* **2.** DR témoignage *m* • **to give evidence** témoigner.

evident ['evɪdənt] *adj* évident, manifeste.

evidently ['evɪdəntlɪ] *adv* **1.** apparemment **2.** de toute évidence, manifestement.

evil ['i:vl] *adj* mauvais, malveillant. ❑ *n* mal *m.*

evocative [ɪ'vɒkətɪv] *adj* évocateur.

evoke [ɪ'vəʊk] *vt* évoquer *(des souvenirs)* ; susciter *(une émotion, une réaction).*

evolution [,i:və'lu:ʃn] *n* évolution *f.*

evolve [ɪ'vɒlv] *vt* développer. ❑ *vi* • **to evolve (into/from)** se développer (en/à partir de).

EVRY1 SMS abrév de **everyone**.

e-wallet *n* portefeuille *m* électronique.

ewe [ju:] *n* brebis *f.*

ex- [eks] *préf* ex-.

exacerbate [ɪg'zæsəbeɪt] *vt* exacerber ; aggraver.

exact [ɪg'zækt] *adj* exact, précis • **to be exact** pour être exact *ou* précis, exactement. ❑ *vt* • **to exact sthg (from)** exiger qqch (de).

exacting [ɪg'zæktɪŋ] *adj (travail)* astreignant ; *(personne)* exigeant.

exactly [ɪg'zæktlɪ] *adv* exactement. ❑ *interj* exactement !, parfaitement !

exaggerate [ɪg'zædʒəreɪt] *vt & vi* exagérer.

exaggerated [ɪg'zædʒəreɪtɪd] *adj (soupir, sourire)* forcé.

exaggeration [ɪg,zædʒə'reɪʃn] *n* exagération *f.*

exalted [ɪg'zɔltɪd] *adj* haut placé.

exam [ɪg'zæm] *n* examen *m* • **to take** *ou* **sit** (UK) **an exam** passer un examen • **to pass an exam** réussir un examen.

examination [ɪg,zæmɪ'neɪʃn] *n* examen *m.*

examine [ɪg'zæmɪn] *vt* **1.** examiner • **he needs his head examined** *hum* il est complètement fou *ou* cinglé **2.** contrôler *(un passeport)* **3.** DR, SCOL & UNIV interroger.

examiner [ɪg'zæmɪnər] *n* (UK) examinateur *m*, -trice *f.*

example [ɪg'zɑ:mpl] *n* exemple *m* • **for example** par exemple.

exasperate [ɪg'zæspəreɪt] *vt* exaspérer.

exasperating [ɪg'zæspəreɪtɪŋ] *adj* énervant, exaspérant.

exasperation [ɪg,zæspə'reɪʃn] *n* exaspération *f.*

excavate ['ekskəveɪt] *vt* **1.** creuser **2.** déterrer.

exceed [ɪk'si:d] *vt* **1.** excéder **2.** dépasser.

exceedingly [ɪk'si:dɪŋlɪ] *adv* extrêmement.

excel [ɪk'sel] *vi* exceller.

excellence ['eksələns] *n* excellence *f*, supériorité *f.*

excellent ['eksələnt] *adj* excellent.

except [ɪk'sept] *prép & conj* • **except (for)** à part, sauf.

exception [ɪk'sepʃn] *n* **1.** • **exception (to)** exception *f* (à) • **with the exception of** à l'exception de **2.** • **to take exception to** s'offenser de, se froisser de.

exceptional [ɪk'sepʃənl] *adj* exceptionnel.

excerpt ['eksɜ:pt] *n* • **excerpt (from)** extrait *m* (de), passage *m* (de).

excess [ɪk'ses] *(avant un nom* ['ekses]*)* *adj* excédentaire. ❑ *n* excès *m.*

excess baggage *n* excédent *m* de bagages.

excess fare *n* (UK) supplément *m.*

excessive [ɪk'sesɪv] *adj* excessif.

exchange [ɪks'tʃeɪndʒ] *n* échange *m.* ❑ *vt* échanger.

exchange broker *n* cambiste *mf.*

exchange rate *n* taux *m* de change.

exchange value *n* contre-valeur *f.*

Exchequer [ɪks'tʃekər] *n* (UK) • **the Exchequer** ≃ le ministère des Finances.

excise ['eksaɪz] *n (indén)* contributions *fpl* indirectes.

excite [ɪk'saɪt] *vt* exciter.

excited [ɪk'saɪtɪd] *adj* excité • **it's nothing to get excited about** il n'y a pas de quoi en faire tout un plat.

excitement [ɪk'saɪtmənt] *n* excitation *f*.

exciting [ɪk'saɪtɪŋ] *adj* passionnant ; excitant.

exclaim [ɪk'skleɪm] *vt* s'écrier. ❑ *vi* s'exclamer.

exclamation [,eksklə'meɪʃn] *n* exclamation *f*.

exclamation mark (UK), exclamation point (US) *n* point *m* d'exclamation.

exclude [ɪk'sklu:d] *vt* • **to exclude sb/sthg (from)** exclure qqn/qqch (de).

excluding [ɪk'sklu:dɪŋ] *prép* sans compter, à l'exclusion de.

exclusive [ɪk'sklu:sɪv] *adj* **1.** *(club)* fermé **2.** exclusif. ❑ *n* exclusivité *f*. ■ **exclusive of** *prép* • **exclusive of interest** intérêts non compris.

ex-con *n fam* ancien taulard *m*, ancienne taularde *f*.

excrement ['ekskrɪmənt] *n* excrément *m*.

excruciating [ɪk'skru:ʃɪeɪtɪŋ] *adj* atroce.

excursion [ɪk'skɜ:ʃn] *n* excursion *f*.

excuse *n* [ɪk'skju:s] excuse *f* • **it's only an excuse** ce n'est qu'un prétexte. ❑ *vt* [ɪk'skju:z] **1.** excuser • **to excuse sb for sthg** excuser qqn de qqch • **excuse me a)** excusez-moi **b)** pardon, excusez-moi **c) (US)** pardon **2.** • **to excuse sb (from)** dispenser qqn (de).

ex-directory *adj* **(UK)** *TÉLÉCOM* sur la liste rouge.

executable ['eksɪkju:təbl] *adj INFORM* exécutable. ❑ *n INFORM* exécutable *m*.

execute ['eksɪkju:t] *vt* exécuter.

execution [,eksɪ'kju:ʃn] *n* exécution *f*.

executioner [,eksɪ'kju:ʃnər] *n* bourreau *m*.

executive [ɪg'zekjʊtɪv] *adj* exécutif. ❑ *n* **1.** cadre *m* **2.** *(gouvernement)* exécutif *m* ; *(parti politique)* comité *m* central, bureau *m*.

executive director *n* cadre *m* supérieur.

executor [ɪg'zekjʊtər] *n* exécuteur *m* testamentaire.

exemplify [ɪg'zemplɪfaɪ] *vt* **1.** exemplifier **2.** illustrer.

exempt [ɪg'zempt] *adj* • **exempt (from)** exempt (de). ❑ *vt* • **to exempt sb (from)** exempter qqn (de).

exercise ['eksəsaɪz] *n* exercice *m*. ❑ *vt* exercer. ❑ *vi* faire de l'exercice.

exercise book *n* **(UK)** cahier *m* d'exercices ; livre *m* d'exercices.

exert [ɪg'zɜ:t] *vt* exercer ; employer *(la force)* • **to exert o.s.** se donner du mal.

exertion [ɪg'zɜ:ʃn] *n* effort *m*.

exes ['eksɪz] *npl fam* • **to put sthg on exes** faire passer qqch en note de frais.

exfoliant [eks'fəʊlɪənt] *n* exfoliant *m*.

exfoliating [eks'fəʊlɪeɪtɪŋ] *adj* **1.** *BIOL & GÉOL* exfoliant **2.** *(locution)* • **exfoliating cream** crème *f* exfoliante • **exfoliating scrub** gommage *m* exfoliant.

exhale [eks'heɪl] *vt* exhaler. ❑ *vi* expirer.

exhaust [ɪg'zɔ:st] *n* **1.** *(indén)* gaz *mpl* d'échappement **2.** • **exhaust (pipe)** pot *m ou* tuyau *m* d'échappement. ❑ *vt* épuiser.

exhausted [ɪg'zɔ:stɪd] *adj* épuisé.

exhausting [ɪg'zɔ:stɪŋ] *adj* épuisant.

exhaustion [ɪg'zɔ:stʃn] *n* épuisement *m*.

exhaustive [ɪg'zɔ:stɪv] *adj* complet, exhaustif.

exhibit [ɪg'zɪbɪt] *n* **1.** *ART* objet *m* exposé **2.** *DR* pièce *f* à conviction. ❑ *vt* **1.** montrer ; faire preuve de **2.** *ART* exposer.

exhibition [,eksɪ'bɪʃn] *n* **1.** *ART* exposition *f* **2.** étalage *m (de sentiments)* **3.** *(locution)* • **to make an exhibition of o.s. (UK)** se donner en spectacle.

exhibitionist [,eksɪ'bɪʃnɪst] *n* exhibitionniste *mf*.

exhilarating [ɪg'zɪləreɪtɪŋ] *adj* grisant ; vivifiant.

exile ['eksaɪl] *n* **1.** exil *m* • **in exile** en exil **2.** exilé *m*, -e *f*. ❑ *vt* exiler.

exist [ɪg'zɪst] *vi* exister.

existence [ɪg'zɪstəns] *n* existence *f* • **in existence** qui existe, existant.

existing [ɪg'zɪstɪŋ] *adj* existant.

exit ['eksɪt] *n* sortie *f*. ❑ *vi* sortir.

exit interview *n entretien entre un employeur et son employé lors du départ de ce dernier*.

exit strategy *n* stratégie *f* de sortie.

exodus ['eksədəs] *n* exode *m*.

exonerate [ɪg'zɒnəreɪt] *vt* • **to exonerate sb (from)** disculper qqn (de).

exorbitant [ɪg'zɔ:bɪtənt] *adj* exorbitant.

exotic [ɪg'zɒtɪk] *adj* exotique.

expand [ɪk'spænd] *vt* accroître ; développer. ❑ *vi* s'accroître ; se développer ; *(métal)* se dilater. ■ **expand (up)on** *vt insép* développer.

expanse [ɪk'spæns] *n* étendue *f*.

expansion [ɪk'spænʃn] *n* accroissement *m* ; développement *m* ; dilatation *f (d'un métal)*.

expect [ɪk'spekt] *vt* **1.** s'attendre à ; attendre • **when do you expect it to be ready?** quand pensez-vous que ce sera prêt ? • **to expect sb to do sthg** s'attendre à ce que qqn fasse qqch **2.** compter sur **3.** exiger, demander • **to expect sthg from sb** exiger qqch de qqn **4. (UK)** supposer • **I expect so** je crois que oui. ❑ *vi* **1.** • **to expect to do sthg** compter faire qqch **2.** • **to be expecting** être enceinte, attendre un bébé.

expectant [ɪk'spektənt] *adj* qui est dans l'expectative.

expectant mother *n* femme *f* enceinte.

expectation [,ekspek'teɪʃn] *n* **1.** espoir *m*, attente *f* **2.** • **it's my expectation that...** à mon avis,...

expedient [ɪk'spiːdjənt] *sout adj* indiqué. ❑ *n* expédient *m*.

expedition [,ekspɪ'dɪʃn] *n* expédition *f*.

expel [ɪk'spel] *vt* **1.** expulser **2.** *SCOL* renvoyer.

expend [ɪk'spend] *vt* • **to expend time/money (on)** consacrer du temps/de l'argent (à).

expendable [ɪk'spendəbl] *adj* superflu ; qui peut être sacrifié.

expenditure [ɪk'spendɪtʃəʳ] *n (indén)* dépense *f*.

expense [ɪk'spens] *n* **1.** dépense *f* **2.** *(indén)* frais *mpl* • **at the expense of** au prix de • **at sb's expense a)** aux frais de qqn **b)** *fig* aux dépens de qqn. ■ **expenses** *npl* frais *mpl*.

expense account *n* frais *mpl* de représentation.

expensive [ɪk'spensɪv] *adj* **1.** cher, coûteux **2.** *(goûts)* dispendieux **3.** *(faute, erreur)* qui coûte cher.

experience [ɪk'spɪərɪəns] *n* expérience *f* • **to have experience** avoir de l'expérience. ❑ *vt* **1.** connaître *(des difficultés)* **2.** éprouver, ressentir *(une déception)* **3.** subir *(une perte)*.

experienced [ɪk'spɪərɪənst] *adj* expérimenté • **to be experienced at** *ou* **in sthg** avoir de l'expérience en *ou* en matière de qqch.

experiment [ɪk'sperɪmənt] *n* expérience *f* • **to do** *ou* **carry out an experiment** faire une expérience. ❑ *vi* • **to experiment (with sthg)** expérimenter (qqch).

expert ['ekspɜːt] *adj* expert ; d'expert. ❑ *n* expert *m*, -e *f* • **a computer expert** un spécialiste en informatique.

expertise [,ekspɜː'tiːz] *n (indén)* compétence *f*.

expiration (US) = **expiry**.

expire [ɪk'spaɪəʳ] *vi* expirer.

expiry [ɪk'spaɪərɪ] *n* **(UK)** expiration *f*.

expiry date *n* **(UK)** date *f* de péremption.

explain [ɪk'spleɪn] *vt* expliquer • **to explain sthg to sb** expliquer qqch à qqn. ❑ *vi* s'expliquer • **to explain to sb (about sthg)** expliquer (qqch) à qqn.

explanation [,eksplə'neɪʃn] *n* explication *f*.

explicit [ɪk'splɪsɪt] *adj* explicite.

explode [ɪk'spləʊd] *vt* faire exploser. ❑ *vi* *litt* & *fig* exploser.

exploit *n* ['eksplɔɪt] exploit *m*. ❑ *vt* [ɪk'splɔɪt] exploiter.

exploitation [,eksplɔɪ'teɪʃn] *n (indén)* exploitation *f*.

exploration [,eksplə'reɪʃn] *n* exploration *f*.

explore [ɪk'splɔːʳ] *vt* & *vi* explorer.

explorer [ɪk'splɔːrəʳ] *n* explorateur *m*, -trice *f*.

explosion [ɪk'spləʊʒn] *n* explosion *f* ; débordement *m*.

explosive [ɪk'spləʊsɪv] *adj* *litt* & *fig* explosif. ❑ *n* explosif *m*.

explosive belt *n* ceinture *f* explosive.

exponent [ɪk'spəʊnənt] *n* défenseur *m*.

export *n* ['ekspɔːt] exportation *f* • **export ban** interdiction *f* d'exporter. ❑ *en apposition* ['ekspɔːt] d'exportation. ❑ *vt* [ɪk'spɔːt] exporter.

exporter [ek'spɔːtəʳ] *n* exportateur *m*, -trice *f*.

expose [ɪk'spəʊz] *vt* **1.** exposer, découvrir • **to be exposed to sthg** être exposé à qqch **2.** révéler ; démasquer.

exposed [ɪk'spəʊzd] *adj* exposé.

exposure [ɪk'spəʊʒəʳ] *n* **1.** exposition *f* **2.** *PHOTO* temps *m* de pose ; pose *f* **3.** *(indén)* publicité *f* ; *(indén)* couverture *f*.

exposure meter *n* posemètre *m*.

expound [ɪk'spaʊnd] *sout vt* exposer. ❑ *vi* • **to expound on** faire un exposé sur.

express [ɪk'spres] *adj* **1. (UK)** exprès *(inv)* **2.** *(train)* express *(inv)*. ❑ *adv* exprès. ❑ *n* *(train)* rapide *m*, express *m*. ❑ *vt* exprimer *(un sentiment)*.

expression [ɪk'spreʃn] *n* expression *f*.

expressionism [ɪk'spreʃənɪzm] *n* expressionnisme *m*.

expressive [ɪk'spresɪv] *adj* expressif.

expressly [ɪk'spreslɪ] *adv* expressément.

expresso *n* expresso *m*.

expresso maker *n* machine *f* à expresso.

expressway [ɪk'spresweɪ] *n* **(US)** voie *f* express.

exquisite [ɪk'skwɪzɪt] *adj* exquis.

extend [ɪk'stend] *vt* **1.** agrandir *(un bâtiment)* **2.** prolonger ; proroger *(un visa)* ; repousser *(un délai)* **3.** étendre (la portée de) ; accroître *(son pouvoir)* **4.** étendre *(le bras)* **5.** apporter, offrir *(de l'aide)* ; accorder *(un crédit)*. ❑ *vi* s'étendre ; continuer.

extension [ɪk'stenʃn] *n* **1.** agrandissement *m* **2.** prolongement *m* ; prolongation *f* ; prorogation *f (d'un visa)* ; report *m* **3.** accroissement *m* ; élargissement *m (de la loi)* **4.** *TÉLÉCOM* poste *m* **5.** *ÉLECTR* prolongateur *m*.

extension cable *n* rallonge *f*.

extensive [ɪk'stensɪv] *adj* **1.** considérable **2.** vaste **3.** *(discussion)* approfondi.

extensively [ɪk'stensɪvlɪ] *adv* **1.** considérablement **2.** abondamment, largement.

extent [ɪk'stent] *n* **1.** étendue *f*, superficie *f* ; *fig* étendue *(d'un problème)* **2.** • **to what extent...?** dans quelle mesure... ? • **to the extent that a)** au point que • **to a certain extent** jusqu'à un certain point • **to some extent** en partie.

extenuating circumstances [ɪk'stenjʊeɪtɪŋ-] *npl* circonstances *fpl* atténuantes.

exterior [ɪk'stɪərɪəʳ] *adj* extérieur. ❑ *n* **1.** extérieur *m* **2.** dehors *mpl*.
exterminate [ɪk'stɜːmɪneɪt] *vt* exterminer.
external [ɪk'stɜːnl] *adj* externe.
extinct [ɪk'stɪŋkt] *adj* **1.** *(espèces)* disparu **2.** *(volcan)* éteint.
extinguish [ɪk'stɪŋgwɪʃ] *vt* éteindre.
extol, extoll (US) [ɪk'stəʊl] *vt* louer *(chanter les louanges de)*.
extort [ɪk'stɔt] *vt* • **to extort sthg from sb** extorquer qqch à qqn.
extortionate [ɪk'stɔʃnət] *adj péj* exorbitant.
extra ['ekstrə] *adj* supplémentaire. ❑ *n* **1.** supplément *m* **2.** CINÉ & THÉÂTRE figurant *m*, -e *f*. ❑ *adv* extra ; en plus • **to pay extra** payer un supplément.
extra- ['ekstrə] *préf* extra-.
extract *n* ['ekstrækt] extrait *m*. ❑ *vt* [ɪk'strækt] **1.** arracher • **to extract sthg from** tirer qqch de **2.** • **to extract sthg (from sb)** arracher qqch (à qqn), tirer qqch (de qqn) **3.** extraire.
extracurricular [,ekstrəkə'rɪkjʊləʳ] *adj* en dehors du programme.
extradite ['ekstrədaɪt] *vt* extrader.
extramarital [,ekstrə'mærɪtl] *adj* extraconjugal.
extramural [,ekstrə'mjʊərəl] *adj* UNIV hors faculté.
extranet *n* extranet *m*.
extraordinary [ɪk'strɔdnrɪ] *adj* **(UK)** extraordinaire.
extraordinary general meeting *n* **(UK)** assemblée *f* générale extraordinaire.
extra-special *adj* • **to take extra-special care over sthg** faire particulièrement attention à qqch.
extravagance [ɪk'strævəgəns] *n* **1.** *(indén)* gaspillage *m*, prodigalités *fpl* **2.** extravagance *f*, folie *f*.
extravagant [ɪk'strævəgənt] *adj* **1.** dépensier **2.** dispendieux **3.** extravagant.
extra-virgin *adj (huile d'olive)* extra vierge.
extreme [ɪk'striːm] *adj* extrême. ❑ *n* extrême *m*.
extremely [ɪk'striːmlɪ] *adv* extrêmement.
extreme sport *n* sport *m* extrême.
extremism [ɪk'striːmɪzm] *n* extrémisme *m*.
extremist [ɪk'striːmɪst] *adj* extrémiste. ❑ *n* extrémiste *mf*.
extricate ['ekstrɪkeɪt] *vt* • **to extricate sthg (from)** dégager qqch (de) • **to extricate o.s. (from) a)** s'extirper (de) **b)** se tirer (de).
extrovert ['ekstrəvɜːt] *adj* extraverti. ❑ *n* extraverti *m*, -e *f*.
exuberance [ɪg'zjuːbərəns] *n* exubérance *f*.
exude [ɪg'zjuːd] *vt* **1.** exsuder **2.** *fig* respirer *(la confiance)* ; déborder de *(charme)*.
exultant [ɪg'zʌltənt] *adj* triomphant.
eye [aɪ] *n* **1.** œil *m* • **to cast** *ou* **run one's eye over sthg** jeter un coup d'œil sur qqch • **to catch sb's eye** attirer l'attention de qqn • **to have one's eye on sb** avoir qqn à l'œil • **to keep one's eyes open for sthg** essayer de repérer qqch • **to keep an eye on sthg** surveiller qqch **2.** COUT chas *m*. ❑ *vt* (*cont* **eyeing** *ou* **eying**) regarder, reluquer. ■ **eye up** *vt sép* **(UK)** reluquer.
eyeball ['aɪbɔl] *n* globe *m* oculaire.
eyebath ['aɪbɑːθ] *n* œillère *f (pour bains d'œil)*.
eyebrow ['aɪbraʊ] *n* sourcil *m*.
eyebrow pencil *n* crayon *m* à sourcils.
eye candy *n (indén) fam chose ou personne agréable à regarder mais intellectuellement peu stimulante.*
eye-catcher *n* tire-l'œil *mf*.
eye-catching *adj* voyant.
eye drops *npl* gouttes *fpl (pour les yeux)*.
eyeful ['aɪfʊl] *n* **1.** • **I got an eyeful of sand** j'ai reçu du sable plein les yeux **2.** *fam* regard *m* • **get an eyeful of that!** visez un peu ça ! **3.** *fam* belle fille *f*.
eyelash ['aɪlæʃ] *n* cil *m*.
eyelid ['aɪlɪd] *n* paupière *f*.
eyeliner ['aɪ,laɪnəʳ] *n* eye-liner *m*.
eye-opener *n fam* révélation *f*.
eye-opening *adj fam* qui ouvre les yeux, révélateur.
eye-popper *n* • **(US)** *fam* **to be an eye-popper** valoir vraiment le coup d'œil.
eye-popping *adj* **(US)** *fam* sensationnel.
eye shadow *n* fard *m* à paupières.
eyesight ['aɪsaɪt] *n* vue *f*.
eyesore ['aɪsɔʳ] *n péj* horreur *f*.
eyestrain ['aɪstreɪn] *n* fatigue *f* des yeux.
eyewear ['aɪweəʳ] *n (indén)* lunettes *fpl*.
eyewitness [,aɪ'wɪtnɪs] *n* témoin *mf* oculaire.
EZ SMS abrév de **easy**.
e-zine ['iːziːn] *n* magazine *m* électronique.
EZY SMS abrév de **easy**.

f [ef] (*pl* **f's** *ou* **fs**), **F** (*pl* **F's** *ou* **Fs**) *n* f *m inv*, F *m inv*. ■ **F** *n* **1.** *MUS* fa *m* **2.** (abrév de **Fahrenheit**) F.

F? *SMS* (abrév de **friends?**) amis ?

fab [fæb] *adj fam* super.

fable ['feɪbl] *n* fable *f*.

fabric ['fæbrɪk] *n* **1.** tissu *m* **2.** structure *f*.

fabricate ['fæbrɪkeɪt] *vt* fabriquer.

fabrication [ˌfæbrɪ'keɪʃn] *n* **1.** fabrication *f*, invention *f* **2.** fabrication *f*.

fabulous ['fæbjʊləs] *adj* **1.** fabuleux **2.** *fam* sensationnel, fabuleux • **you look fabulous!** tu es superbe !

fabulously ['fæbjʊləslɪ] *adv* fabuleusement.

facade, **façade** [fə'sɑːd] *n* façade *f*.

face [feɪs] *n* **1.** visage *m*, figure *f* **2.** mine *f* • **to make** *ou* **pull a face** faire la grimace **3.** face *f*, paroi *f (d'une montagne)* **4.** façade *f* **5.** cadran *m* **6.** face *f (d'une pièce de monnaie)* **7.** surface *f* **8.** • **to be in sb's face** *fam* casser les pieds à qqn • **get out of my face!** *fam* fiche-moi la paix ! • **to save/lose face** sauver/perdre la face. ❑ *vt* **1.** faire face à • **the house faces the sea/south** la maison donne sur la mer/est orientée vers le sud **2.** être confronté à **3.** faire face à **4.** admettre • **we must face facts** il faut voir les choses comme elles sont **5.** *fam* affronter. ■ **face down** *adv* **1.** face contre terre **2.** à l'envers **3.** face en dessous. ■ **face off** *vi insép* **(US)** *SPORT (équipes)* se rencontrer. ■ **face up** *adv* **1.** sur le dos **2.** à l'endroit **3.** face en dessus. ■ **face up to** *vt insép* faire face à.

facecloth ['feɪsklɒθ] *n* **(UK)** gant *m* de toilette.

face cream *n* crème *f* pour le visage.

faceless ['feɪslɪs] *adj* anonyme.

facelift ['feɪslɪft] *n* **1.** lifting *m* **2.** *fig* restauration *f*, rénovation *f*.

face mask *n* **1.** masque *m* de beauté **2.** *MÉD* masque *m* **3.** *SPORT* masque *m*.

face-off *n* **1.** *SPORT* remise *f* en jeu **2.** *fig* confrontation *f*.

face pack *n* **(UK)** masque *m* de beauté.

face powder *n* poudre *f* de riz, poudre pour le visage.

face-saving [-ˌseɪvɪŋ] *adj* qui sauve la face.

facet ['fæsɪt] *n* facette *f*.

facetious [fə'siːʃəs] *adj* facétieux.

face-to-face *adj* face à face.

face value *n* valeur *f* nominale • **to take sthg at face value** prendre qqch au pied de la lettre.

facility [fə'sɪlətɪ] *n* fonction *f*. ■ **facilities** *npl* **1.** équipement *m*, aménagement *m* • **facilities manager** responsable *mf* des services généraux **2.** installations *fpl* • **sports facilities** installations sportives.

facing ['feɪsɪŋ] *adj* **1.** d'en face **2.** opposé.

facsimile [fæk'sɪmɪlɪ] *n* **1.** télécopie *f*, fax *m* **2.** fac-similé *m*.

fact [fækt] *n* **1.** fait *m* • **to know sthg for a fact** savoir pertinemment qqch **2.** *(indén)* faits *mpl*, réalité *f*. ■ **in fact** *adv* en fait.

fact of life *n* fait *m*, réalité *f* • **the facts of life** *euphém* les choses *fpl* de la vie.

factoid ['fæktɔɪd] *n* information *f* sans importance.

factor ['fæktər] *n* facteur *m*, -trice *f*.

factory ['fæktərɪ] *n* usine *f*, fabrique *f* • **factory price** prix *m* (d')usine.

factory farming *n* élevage *m* industriel.

factory price *n* prix *m* (d')usine *ou* sortie usine.

fact sheet *n* prospectus *m*, brochure *f*.

factual ['fæktʃʊəl] *adj* factuel, basé sur les faits.

faculty ['fækltɪ] *n* **1.** faculté *f* **2.** **(US)** • **the faculty** le corps enseignant.

FA Cup *n en Angleterre, championnat de football dont la finale se joue à Wembley*.

fad [fæd] *n* engouement *m*, mode *f*.

fade [feɪd] *vt* décolorer. ❑ *vi* **1.** se décolorer **2.** *(couleurs)* passer **3.** *(fleurs)* se flétrir **4.** *(lumière)* baisser, diminuer **5.** *(son, sentiment, intérêt)* diminuer, s'affaiblir **6.** *(souvenir)* s'effacer.

faded ['feɪdɪd] *adj (couleur)* passé.

faeces (UK), **feces (US)** ['fiːsiːz] *npl* fèces *fpl*.

faff [fæf] ■ **faff about**, **faff around** *vi* **(UK)** *fam* glander.

fag [fæg] *n fam* **1. (UK)** clope *m* **2. (US)** *injur* pédé *m*.

Fahrenheit ['færənhaɪt] *adj* Fahrenheit *(inv)*.

fail [feɪl] *vt* **1.** rater, échouer à **2.** • **to fail to do sthg** manquer *ou* omettre de faire qqch **3.** refuser *(un candidat)*. ❑ *vi* **1.** ne pas réussir *ou* y arriver **2.** échouer *(à un examen)* **3.** *(freins)* lâcher **4.** *(jour, santé)* décliner **5.** *(vue)* baisser.

failed [feɪld] *adj (chanteur, écrivain)* raté.

failing ['feɪlɪŋ] *n* défaut *m*, point *m* faible. ❑ *prép* à moins de • **failing that** à défaut.

fail-safe *adj* à sûreté intégrée.

failure ['feɪljər] *n* **1.** échec *m* **2.** raté *m*, -e *f* **3.** défaillance *f* **4.** perte *f (des récoltes)*.

faint [feɪnt] *adj* **1.** *(odeur)* léger **2.** *(souvenir)* vague **3.** *(son, espoir)* faible **4.** *(chance)* petit. ❑ *vi* s'évanouir.

faint-hearted [-'hɑːtɪd] *adj* timoré, timide.

faintly ['feɪntlɪ] *adv* **1.** vaguement **2.** faiblement **3.** légèrement.

fair [feər] *adj* **1.** juste, équitable • **that's not fair!** ce n'est pas juste ! **2.** grand, important **3.** assez bon **4.** blond **5.** *(peau, teint)* clair **6.** *(temps)* beau. ❑ *n* **1. (UK)** fête *f* foraine **2.** foire *f*. ❑ *adv* loyalement. ■ **fair enough** *adv fam* OK, d'accord.

fair copy *n* copie *f* au propre.

fair game *n* proie *f* rêvée.

fairground ['feəgraʊnd] *n* champ *m* de foire.

fair-haired [-'heəd] *adj* blond.

fairly ['feəlɪ] *adv* **1.** assez • **fairly certain** presque sûr **2.** équitablement **3.** avec impartialité **4.** loyalement.

fair-minded [-'maɪndɪd] *adj* impartial, équitable.

fairness ['feənɪs] *n* équité *f*.

fair play *n* fair-play *m inv*.

fair sex *n* • **the fair sex** le beau sexe.

fair-sized *adj* assez grand.

fair-skinned *adj* blanc de peau.

fairway ['feəweɪ] *n* fairway *m*, allée *f*.

fair-weather *adj* • **a fair-weather friend** *un ami qui n'est là que quand tout va bien*.

fairy ['feərɪ] *n* **1.** fée *f* **2.** *fam* & *injur* pédé *m* **3.** *(locution)* • **to be away with the fairies** *fam* être complètement à côté de ses pompes.

fairy godmother *n fig* LITTÉR bonne fée *f*.

fairy lights *npl* **(UK)** guirlande *f* électrique.

fairy story *n* **1.** LITTÉR conte *m* de fées **2.** histoire *f* à dormir debout.

fairy tale *n* conte *m* de fées.

fait accompli [,feɪtə'kɒmpliː] *(pl* **faits accomplis** [,feɪzə'kɒmpliː]*) n* fait *m* accompli.

faith [feɪθ] *n* **1.** foi *f*, confiance *f* • **to lose faith in sb/sthg** perdre confiance en qqn/qqch **2.** RELIG foi *f*.

faithful ['feɪθfʊl] *adj* fidèle.

faithfully ['feɪθfʊlɪ] *adv* fidèlement • **Yours faithfully (UK)** je vous prie d'agréer mes salutations distinguées.

faithfulness ['feɪθfʊlnɪs] *n* **1.** fidélité *f* **2.** exactitude *f*.

faith healer *n* guérisseur *m*, -euse *f*.

faith school *n* **(UK)** SCOL école *f* confessionnelle.

fake [feɪk] *adj* faux. ❑ *n* **1.** faux *m* **2.** imposteur *m*. ❑ *vt* **1.** falsifier **2.** imiter **3.** simuler • **to fake it** faire semblant.

falafel = **felafel**.

falcon ['fɔlkən] *n* faucon *m*.

Falkland Islands ['fɔklənd-], **Falklands** ['fɔkləndz] *npl* • **the Falkland Islands** les îles *fpl* Falkland, les Malouines *fpl*.

fall [fɔl] *vi (prét* **fell**, *pp* **fallen***)* **1.** tomber • **to fall flat** tomber à plat **2.** baisser **3.** • **to fall asleep** s'endormir • **to fall ill** tomber malade • **to fall in love** tomber amoureux. ❑ *n* **1.** • **fall (in)** chute (de) **2. (US)** automne *m*. ■ **fall apart** *vi* **1.** tomber en morceaux **2.** *fig* s'effondrer. ■ **fall back** *vi* reculer. ■ **fall back on** *vt insép* se rabattre sur. ■ **fall behind** *vi* **1.** se faire distancer **2.** être en retard • **to fall behind with (UK)** *ou* **in (US) one's work** avoir du retard dans son travail. ■ **fall for** *vt insép* **1.** *fam* tomber amoureux de **2.** se laisser prendre à. ■ **fall in** *vi* **1.** s'écrouler, s'affaisser **2.** MIL former les rangs. ■ **fall in with** *vt insép* accepter. ■ **fall off** *vi* **1.** se détacher, tomber **2.** baisser, diminuer. ■ **fall out** *vi* **1.** tomber **2.** se brouiller. ■ **fall over** *vt insép* • **to fall over sthg** trébucher sur qqch et tomber. ❑ *vi* tomber. ■ **fall through** *vi* échouer.

fallacy ['fæləsɪ] *n* erreur *f*, idée *f* fausse.

fallen ['fɔln] *pp* → **fall**.

faller ['fɔːlər] *n* FIN valeur *f* à la baisse.

fall guy *n* **(US)** *fam* bouc *m* émissaire.

fallible ['fæləbl] *adj* faillible.

fallout ['fɔlaʊt] *n (indén)* retombées *fpl*.

fallout shelter *n* abri *m* antiatomique.

fallow ['fæləʊ] *adj* • **to lie fallow** être en jachère.

false [fɔls] *adj* faux.

false alarm *n* fausse alerte *f*.

falsely ['fɔlslɪ] *adv* **1.** à tort **2.** faussement.

false memory syndrome *n* syndrome *m* des faux souvenirs.

false start *n litt* & *fig* faux départ *m*.

false teeth *npl* dentier *m*.

falsifiable [,fɔːlsɪ'faɪəbəl] *adj (en philosophie)* falsifiable.

falsify ['fɔlsɪfaɪ] *vt* falsifier.

falter ['fɔltər] *vi* **1.** chanceler **2.** devenir hésitant **3.** hésiter.

faltering ['fɔːltərɪŋ] *adj* hésitant.

fame [feɪm] *n* gloire *f*, renommée *f*.

familiar [fəˈmɪljəʳ] *adj* familier • **familiar with sthg** familiarisé avec qqch.

familiarity [fəˌmɪlɪˈærətɪ] *n (indén)* • **familiarity with sthg** connaissance *f* de qqch, familiarité *f* avec qqch.

familiarize, -ise (UK) [fəˈmɪljəraɪz] *vt* • **to familiarize o.s. with sthg** se familiariser avec qqch • **to familiarize sb with sthg** familiariser qqn avec qqch.

family [ˈfæmlɪ] *n* famille *f* • **to be one of the family** faire partie de la famille.

family business *n* entreprise *f* familiale.

family credit *n (indén)* **(UK)** ≃ complément *m* familial.

family doctor *n* médecin *m* de famille.

family-friendly *adj* **1.** *(hôtel, camping)* qui accueille volontiers les familles **2.** *(politique, proposition)* qui favorise la famille **3.** *(spectacle)* pour toute la famille.

family leave *n* congé *m* parental.

family life *n* vie *f* de famille.

family man *n* • **to be a family man** aimer la vie de famille, être un bon père de famille.

family name *n* nom *m* de famille.

family planning *n* planning *m* familial.

family-run *adj* géré en famille, familial.

family-size(d) *adj (bocal, paquet)* familial.

family tree *n* arbre *m* généalogique.

famine [ˈfæmɪn] *n* famine *f*.

famished [ˈfæmɪʃt] *adj fam* affamé • **I'm famished!** je meurs de faim !

famous [ˈfeɪməs] *adj* • **famous (for)** célèbre (pour).

famously [ˈfeɪməslɪ] *adv vieilli* • **to get on** *ou* **along famously** s'entendre comme larrons en foire.

fan [fæn] *n* **1.** éventail *m* **2.** ventilateur *m* • **when it hits the fan** *fam* **a)** quand ça va péter **b)** quand ça se saura **3.** fan *mf*. ❑ *vt* **1.** éventer **2.** attiser.

fanatic [fəˈnætɪk] *n* fanatique *mf*.

fanatical [fəˈnætɪkl] *adj* fanatique.

fanaticism [fəˈnætɪsɪzm] *n* fanatisme *m*.

fan belt *n* courroie *f* de ventilateur.

fanciful [ˈfænsɪfʊl] *adj* **1.** bizarre, fantasque **2.** extravagant.

fan club *n* fan-club *m*.

fan-cooled [-kuːld] *adj* refroidi par ventilateur.

fancy [ˈfænsɪ] *adj* **1.** extravagant **2.** raffiné **3.** *(restaurant, hôtel)* de luxe **4.** *(prix)* fantaisiste. ❑ *n* **(UK)** envie *f*, lubie *f* • **to take a fancy to sb** se prendre d'affection pour qqn • **to take a fancy to sthg** se mettre à aimer qqch • **to take sb's fancy** faire envie à qqn, plaire à qqn. ❑ *vt* **1. (UK)** *fam* avoir envie de • **to fancy doing sthg** avoir envie de faire qqch **2. (UK)** *fam* • **I fancy her** elle me plaît **3.** • **fancy that!** ça alors !

fancy dress *n (indén)* **(UK)** déguisement *m*.

fancy-dress party *n* fête *f* déguisée.

fancy-pants [ˈfænsɪpænts] *adj* **(US)** *fam (restaurant, hôtel, quartier)* classe.

fanfare [ˈfænfeəʳ] *n* fanfare *f*.

fang [fæŋ] *n* **1.** croc *m (de chien)* **2.** crochet *m (de serpent)*.

fan heater *n* radiateur *m* soufflant.

fan mail *n* courrier *m* de fans.

fanny [ˈfænɪ] *n* **(US)** *fam* fesses *fpl*.

fanny pack *n* **(US)** banane *f (sac)*.

fan-shaped *adj* en éventail.

fantabulous [fænˈtæbjələs] *adj* **(US)** *fam* génial.

fantasize, -ise (UK) [ˈfæntəsaɪz] *vi* • **to fantasize (about sthg/about doing sthg)** fantasmer (sur qqch/sur le fait de faire qqch).

fantastic [fænˈtæstɪk] *adj* **1.** *fam* fantastique, formidable **2.** extraordinaire, incroyable.

fantasy [ˈfæntəsɪ] *n* **1.** rêve *m*, fantasme *m* **2.** *(indén)* fiction *f* **3.** fantaisie *f*.

fantasy football *n jeu où chaque participant se constitue une équipe virtuelle avec les noms de footballeurs réels, chaque but marqué par ceux-ci dans la réalité valant un point dans le jeu*.

fanzine [ˈfænziːn] *n* fanzine *m*.

FAQ [fak *ou* efeɪˈkjuː] *n* INFORM (abrév de frequently asked questions) foire *f* aux questions, FAQ *f*.

far [fɑːʳ] *adv* **1.** loin • **how far is it?** c'est à quelle distance ?, (est-ce que) c'est loin ? • **have you come far?** vous venez de loin ? • **far away** *ou* **off** loin • **far and wide** partout • **as far as** jusqu'à **2.** • **so far** jusqu'ici **3.** bien • **I wouldn't trust him very far** je ne lui ferais pas tellement confiance **4.** *(locution)* • **as far as** autant que • **as far as I'm concerned** en ce qui me concerne • **by far** de loin • **far from it** loin de là, au contraire • **so far so good** jusqu'ici tout va bien • **to go so far as to do sthg** aller jusqu'à faire qqch • **to go too far** aller trop loin. ❑ *adj (comp* farther *ou* further, *superl* farthest *ou* furthest*)* • **the far end of the street** l'autre bout de la rue • **the far right** l'extrême droite • **the door on the far left** la porte la plus à gauche.

faraway [ˈfɑːrəweɪ] *adj* lointain.

farce [fɑːs] *n* **1.** THÉÂTRE farce *f* **2.** *fig* pagaille *f*, vaste rigolade *f*.

farcical [ˈfɑːsɪkl] *adj* grotesque.

fare [feəʳ] *n* **1.** prix *m*, tarif *m* • **train fare** prix d'un billet de train **2.** *vieilli* nourriture *f*.

Far East *n* • **the Far East** l'Extrême-Orient *m*.

fare stage *n* **(UK)** section *f (sur une ligne de bus)*.

farewell [ˌfeəˈwel] *n* adieu *m*. ❑ *interj littéraire* adieu !

far-fetched [-ˈfetʃt] *adj* bizarre, farfelu • **a far-fetched story** une histoire à dormir debout.

far-flung *adj* lointain.

farm [fɑːm] *n* ferme *f*. ❑ *vt* cultiver. ■ **farm out** *vt sép* confier en sous-traitance.

farmable ['fɑːməbl] *adj* cultivable.

farmer ['fɑːmər] *n* fermier *m*, -ère *f*.

farmers' market *n* marché *m* de producteurs.

farmhand ['fɑːmhænd] *n* ouvrier *m*, -ère *f* agricole.

farmhouse ['fɑːmhaʊs] (*pl* [-haʊzɪz]) *n* ferme *f*.

farming ['fɑːmɪŋ] *n* **1.** (*indén*) agriculture *f* **2.** élevage *m*.

farm labourer (UK), **farm laborer** (US) = **farmhand**.

farmland ['fɑːmlænd] *n* (*indén*) terres *fpl* cultivées *ou* arables.

farmstay ['fɑːmsteɪ] *n* (AUSTRALIE) • **farmstay (accommodation)** ≃ vacances *fpl* à la ferme.

farmstead ['fɑːmsted] *n* (US) ferme *f*.

farm worker = **farmhand**.

farmyard ['fɑːmjɑːd] *n* cour *f* de ferme.

far-off *adj* lointain.

far-reaching [-'riːtʃɪŋ] *adj* d'une grande portée.

farsighted [ˌfɑː'saɪtɪd] *adj* **1.** prévoyant **2.** élaboré avec clairvoyance **3.** (US) hypermétrope.

fart [fɑːt] *tfam* *n* pet *m*. ❑ *vi* péter.

farther ['fɑːðər] *compar* → **far**.

farthest ['fɑːðəst] *superl* → **far**.

fascinate ['fæsɪneɪt] *vt* fasciner.

fascinating ['fæsɪneɪtɪŋ] *adj* **1.** fascinant **2.** passionnant **3.** très intéressant.

fascination [ˌfæsɪ'neɪʃn] *n* fascination *f*.

fascism ['fæʃɪzm] *n* fascisme *m*.

fashion ['fæʃn] *n* **1.** mode *f* • **the latest fashion** la dernière mode • **to be in/out of fashion** être/ne plus être à la mode **2.** manière *f*. ❑ *vt* *sout* façonner, fabriquer.

fashionable ['fæʃnəbl] *adj* à la mode.

fashionably ['fæʃnəblɪ] *adv* élégamment, à la mode • **to be fashionably late** être un peu en retard, comme le veut l'étiquette.

fashion-conscious *adj* qui suit la mode.

fashion designer *n* styliste *mf*.

fashionista [fæʃə'nɪstə] *n* *fam* fashionista *mf*.

fashion show *n* défilé *m* de mode.

fashion victim *n* *hum* victime *f* de la mode.

fast [fɑːst] *adj* **1.** rapide **2.** (*montre, pendule*) qui avance. ❑ *adv* vite • **fast asleep** profondément endormi. ❑ *n* jeûne *m*. ❑ *vi* jeûner.

fastball ['fæstbɔːl] *n* (*au base-ball*) balle *f* rapide (*lancée vers le batteur*).

fasten ['fɑːsn] *vt* **1.** fermer (*un sac, un blouson*) **2.** attacher (*sa ceinture de sécurité*) • **to fasten sthg to sthg** attacher qqch à qqch.

fastener ['fɑːsnər] *n* **1.** fermoir *m* **2.** fermeture *f* (*d'un vêtement*).

fastening ['fɑːsnɪŋ] *n* fermeture *f* (*d'un vêtement*).

fast food *n* fast-food *m*, restauration *f* rapide.

fast-forward *n* avance *f* rapide. ❑ *vt* mettre en avance rapide. ❑ *vi* mettre la bande en avance rapide.

fastidious [fə'stɪdɪəs] *adj* méticuleux.

fast lane *n* voie *f* rapide • **life in the fast lane** *fig* la vie à cent à l'heure.

fast motion *n* • **in fast motion** en accéléré.

fast-paced [-'peɪst] *adj* **1.** au rythme trépidant **2.** rapide.

fast-track *adj* • **fast-track executives** *des cadres qui gravissent rapidement les échelons*.

fat [fæt] *adj* **1.** gros, gras • **to get fat** grossir **2.** épais. ❑ *n* **1.** graisse *f* **2.** (*indén*) matière *f* grasse.

fatal ['feɪtl] *adj* **1.** fatal • **fatal mistake** erreur fatale **2.** fatidique **3.** mortel • **to have a fatal accident** avoir un accident mortel.

fatality [fə'tælətɪ] *n* mort *m*.

fatally ['feɪtəlɪ] *adv* **1.** sérieusement, gravement **2.** mortellement • **to be fatally knifed** *ou* **stabbed** être poignardé à mort.

fat-assed [-æst] *adj* (US) *tfam* gros.

fat cat *n* *fam* & *péj* richard *m*, huile *f*.

fat city *n* (US) *fam* • **to be in fat city** être plein aux as.

fate [feɪt] *n* **1.** destin *m* • **to tempt fate** tenter le diable **2.** sort *m*.

fated ['feɪtɪd] *adj* fatal, marqué par le destin • **to be fated to do sthg** être voué *ou* destiné à faire qqch.

fateful ['feɪtfʊl] *adj* fatidique.

fat-free *adj* sans matières grasses.

father ['fɑːðər] *n* père *m*.

Father Christmas *n* (UK) le père Noël.

father figure *n* père *m* de substitution.

fatherhood ['fɑːðəhʊd] *n* (*indén*) paternité *f*.

father-in-law (*pl* **fathers-in-law**) *n* beau-père *m*.

fatherly ['fɑːðəlɪ] *adj* paternel.

fathom ['fæðəm] *n* brasse *f*. ❑ *vt* • **to fathom sb/sthg (out)** comprendre qqn/qqch.

fatigue [fə'tiːg] *n* **1.** épuisement *m* **2.** TECHNOL fatigue *f* (*des métaux*).

fatten ['fætn] *vt* engraisser.

fattening ['fætnɪŋ] *adj* qui fait grossir.

fatty ['fætɪ] *adj* gras, grasse *f*. ❑ *n* *fam* & *péj* gros *m*, grosse *f*.

fatuous ['fætjʊəs] *adj* *sout* stupide, niais.

faucet ['fɔsɪt] *n* (US) robinet *m*.

fault ['fɔlt] *n* **1.** faute *f* • **it's my fault** c'est de ma faute **2.** défaut *m* • **to find fault with**

sb/sthg critiquer qqn/qqch • **at fault** fautif **3.** *GÉOL* faille *f*. ❑ *vt* • **to fault sb** prendre qqn en défaut.

faultless ['fɔltlɪs] *adj* impeccable.

fault-tolerant *adj INFORM* quasi insensible aux défaillances.

faulty ['fɔltɪ] *adj* défectueux.

fauna ['fɔnə] *n* faune *f*.

faux pas [ˌfəʊ'pɑː] (*pl inv*) *n* faux pas *m*.

fava bean ['fɑːvə-] *n* **(US)** fève *f*.

favour (UK), favor (US) ['feɪvər] *n* **1.** faveur *f*, approbation *f* • **in sb's favour** en faveur de qqn • **to be in/out of favour with sb** avoir/ne pas avoir les faveurs de qqn, avoir/ne pas avoir la cote avec qqn **2.** service *m* • **to do sb a favour** rendre (un) service à qqn **3.** favoritisme *m*. ❑ *vt* **1.** préférer, privilégier **2.** favoriser. ■ **in favour** *adv* pour, d'accord. ■ **in favour of** *prép* **1.** au profit de **2.** • **to be in favour of sthg/of doing sthg** être partisan de qqch/de faire qqch.

favourable (UK), favorable (US) ['feɪvrəbl] *adj* favorable.

favourably (UK), favorably (US) ['feɪvrəblɪ] *adv* **1.** favorablement **2.** *(placé)* bien.

favourite (UK), favorite (US) ['feɪvrɪt] *adj* favori. ❑ *n* favori *m*, -ite *f*.

favouritism (UK), favoritism (US) ['feɪvrɪtɪzm] *n* favoritisme *m*.

fawn [fɔn] *adj* fauve *(inv)*. ❑ *n* faon *m*. ❑ *vi* • **to fawn on sb** flatter qqn servilement.

fax [fæks] *n* fax *m*, télécopie *f*. ❑ *vt* **1.** envoyer un fax à **2.** envoyer par fax à.

fax machine *n* fax *m*, télécopieur *m*.

fax modem *n* modem *m* fax.

FBI (abrév de Federal Bureau of Investigation) *n* **(US)** FBI *m*.

FC 1. *SPORT* abrév de **Football Club 2.** *SMS* (abrév de fingers crossed) je croise les doigts.

fear [fɪər] *n* **1.** *(indén)* peur *f* **2.** crainte *f* **3.** risque *m* • **for fear of** de peur de *(+ infinitif)*, de peur que *(+ subjonctif)*. ❑ *vt* **1.** craindre, avoir peur de • **to fear (that)...** craindre que..., avoir peur que... **2.** craindre • **to have nothing to fear** n'avoir rien à craindre.

fearful ['fɪəful] *adj* **1.** *sout* peureux • **to be fearful of sthg** avoir peur de qqch **2.** effrayant.

fearless ['fɪəlɪs] *adj* intrépide.

fearlessly ['fɪəlɪslɪ] *adv* avec intrépidité.

feasibility [ˌfiːzə'bɪlətɪ] *n (indén)* **1.** faisabilité *f* **2.** possibilité *f*.

feasibility study *n* étude *f* de faisabilité.

feasible ['fiːzəbl] *adj* faisable, possible.

feast [fiːst] *n* festin *m*, banquet *m*. ❑ *vi* • **to feast on** *ou* **off sthg** se régaler de qqch.

feat [fiːt] *n* exploit *m*, prouesse *f*.

feather ['feðər] *n* plume *f*.

featherbrained ['feðəbreɪnd] *adj* **1.** écervelé **2.** inconsidéré.

feature ['fiːtʃər] *n* **1.** caractéristique *f* **2.** *GÉOGR* particularité *f* **3.** article *m* de fond **4.** *RADIO & TV* émission *f* spéciale, spécial *m* **5.** *CINÉ* long métrage *m*. ❑ *vt* **1.** mettre en vedette **2.** présenter, comporter. ❑ *vi* • **to feature (in)** figurer en vedette (dans). ■ **features** *npl* traits *mpl*.

feature creep *n INFORM excès de fonctionnalités dans un logiciel*.

feature film *n* long métrage *m*.

feature-length *adj CINÉ* • **a feature-length film** un long métrage.

featurism ['fiːtʃərɪzəm] *n INFORM* • **(creeping) featurism** *excès de fonctionnalités dans un logiciel*.

featuritis [ˌfiːtʃə'raɪtɪs] *n INFORM excès de fonctionnalités dans un logiciel*.

Feb. [feb] (abrév de February) févr.

February ['februərɪ] *n* février *m*. Voir aussi **September**.

feces (US) = **faeces**.

fed [fed] *passé & pp* → **feed**. ❑ *n* **(US)** *fam* agent *m*, -e *f* du FBI.

federal ['fedrəl] *adj* fédéral.

Federal Agent *n* **(US)** agent *m* fédéral, agente *f* fédérale.

federation [ˌfedə'reɪʃn] *n* fédération *f*.

fed up *adj* • **to be fed up (with)** en avoir marre (de).

fee [fiː] *n* **1.** frais *mpl (de scolarité)* **2.** *(chez le médecin)* honoraires *mpl* **3.** cotisation *f* **4.** tarif *m*, prix *m*.

feeble ['fiːbəl] *adj* faible.

feeble-minded *adj* faible d'esprit.

feebly ['fiːblɪ] *adv* faiblement.

feed [fiːd] *vt (prét & pp* **fed***)* **1.** nourrir **2.** alimenter **3.** • **to feed sthg into sthg** mettre *ou* insérer qqch dans qqch. ❑ *vi (prét & pp* **fed***)* • **to feed (on** *ou* **off)** se nourrir (de). ❑ *n* **1.** repas *m (d'un bébé)* **2.** nourriture *f (pour animaux)*.

feedback ['fiːdbæk] *n (indén)* **1.** réactions *fpl* **2.** *ÉLECTR* réaction *f*, rétroaction *f*.

feed hopper *n* trémie *f*.

feeding bottle ['fiːdɪŋ-] *n* **(UK)** biberon *m*.

feel [fiːl] *vt (prét & pp* **felt***)* **1.** toucher **2.** sentir **3.** ressentir • **to feel o.s. doing sthg** se sentir faire qqch **4.** • **to feel (that)...** croire que..., penser que... ❑ *vi (prét & pp* **felt***)* **1.** • **to feel cold/hot/sleepy** avoir froid/chaud/sommeil • **to feel like sthg/like doing sthg** avoir envie de qqch/de faire qqch • **I'm not feeling myself today** je ne suis pas dans mon assiette aujourd'hui **2.** se sentir • **to feel stupid** se sentir bête • **to feel angry** être en colère **3.** sembler • **it feels strange** ça fait drôle **4.** • **to feel for sthg** chercher qqch. ❑ *n* **1.** toucher *m*, sensation *f* **2.** atmosphère *f*.

feeler ['fiːlər] *n* antenne *f.*

feelgood ['fiːlgʊd] *adj fam* qui donne la pêche • **the feelgood factor** l'optimisme *m* ambiant.

feeling ['fiːlɪŋ] *n* **1.** sentiment *m* **2.** sensation *f* **3.** sentiment *m*, impression *f* • **I have a strong feeling that...** j'ai bien l'impression que... **4.** sensibilité *f* • **to have a feeling for sthg** comprendre *ou* apprécier qqch. ■ **feelings** *npl* sentiments *mpl* • **to show one's feelings** montrer ses sentiments • **to hurt sb's feelings** blesser (la sensibilité de) qqn • **no hard feelings!** sans rancune !

fee-paying [-'peɪɪŋ] *adj* (UK) *(école)* privé.

feet [fiːt] *npl* → **foot**

feign [feɪn] *vt sout* feindre.

feigned [feɪnd] *adj* **1.** *(surprise, innocence)* feint **2.** *(maladie, folie)* simulé.

feisty ['faɪstɪ] *(comp* **feistier**, *superl* **feistiest***) adj fam* **1.** plein d'entrain **2.** qui a du cran.

fell [fel] *passé* → **fall** ❑ *vt* abattre.

fellow ['feləʊ] *n* **1.** *vieilli* homme *m* **2.** camarade *m*, compagnon *m* **3.** membre *m*, associé *m.* ❑ *adj* • **one's fellow men** ses semblables.

fellowship ['feləʊʃɪp] *n* **1.** amitié *f*, camaraderie *f* **2.** association *f*, corporation *f* **3.** titre *m* de membre *ou* d'associé **4.** UNIV bourse *f* d'études de l'enseignement supérieur **5.** UNIV poste *m*, de chercheur *m*, -euse *f.*

felony ['felənɪ] *n* crime *m*, forfait *m.*

felt [felt] *passé & pp* → **feel** ❑ *n (indén)* feutre *m.*

felt-tip pen *n* stylo-feutre *m.*

female ['fiːmeɪl] *adj* **1.** de sexe féminin **2.** femelle **3.** féminin. ❑ *n* femelle *f.*

feminine ['femɪnɪn] *adj* féminin. ❑ *n* GRAMM féminin *m.*

feminism ['femɪnɪzm] *n* féminisme *m.*

feminist ['femɪnɪst] *n* féministe *mf.*

fence [fens] *n* clôture *f.* ❑ *vt* clôturer, entourer d'une clôture. ■ **fence off** *vt sép* séparer par une clôture.

fence-mending *n fig* reprise *f* des relations.

fencing ['fensɪŋ] *n* escrime *f.*

fend [fend] *vi* • **to fend for o.s.** se débrouiller tout seul. ■ **fend off** *vt sép* **1.** parer *(des coups)* **2.** écarter *(des questions)*.

fender ['fendər] *n* **1.** pare-feu *m inv* **2.** défense *f* **3.** (US) aile *f.*

ferment *n* ['fɜːment] *(indén)* agitation *f*, effervescence *f.* ❑ *vi* [fə'ment] fermenter.

fern [fɜːn] *n* fougère *f.*

ferocious [fə'rəʊʃəs] *adj* féroce.

ferociously [fə'rəʊʃəslɪ] *adv* férocement, avec férocité.

ferret ['ferɪt] *n* furet *m.*

Ferris wheel ['ferɪs-] *n* (surtout US) grande roue *f.*

ferry ['ferɪ] *n* **1.** ferry *m*, ferry-boat *m* **2.** bac *m.* ❑ *vt* transporter.

fertile ['fɜːtaɪl] *adj* **1.** *(terre)* fertile **2.** *(femelle, imagination)* fécond.

fertility [fɜː'tɪlətɪ] *n* **1.** fertilité *f* **2.** fécondité *f.*

fertility drug *n* traitement *m* contre la stérilité.

fertilization, **-isation** (UK) [ˌfɜːtɪlaɪ'zeɪʃn] *n* **1.** fertilisation *f* **2.** fécondation *f.*

fertilize, **-ise** (UK) ['fɜːtɪlaɪz] *vt* **1.** fertiliser, amender **2.** féconder.

fertilizer, **-iser** (UK) ['fɜːtɪlaɪzər] *n* engrais *m.*

fervent ['fɜːvənt] *adj* fervent.

fervently ['fɜːvəntlɪ] *adv* **1.** avec ferveur **2.** ardemment.

fervour (UK), **fervor** (US) ['fɜːvər] *n* ferveur *f.*

fester ['festər] *vi* suppurer.

festering ['festrɪŋ] *adj (plaie)* suppurant ; *(mécontentement)* qui couve.

festival ['festəvl] *n* **1.** festival *m* **2.** fête *f.*

festive ['festɪv] *adj* de fête.

festive season *n* (UK) • **the festive season** la période des fêtes.

festivity [fes'tɪvətɪ] *(pl* **-ies***) n* fête *f.* ■ **festivities** *npl* festivités *fpl.*

festoon [fe'stuːn] *vt* décorer de guirlandes • **to be festooned with** être décoré de.

fetch [fetʃ] *vt* **1.** aller chercher **2.** rapporter *(de l'argent)*.

fetching ['fetʃɪŋ] *adj* séduisant.

fete, **fête** [feɪt] *n* fête *f*, kermesse *f.*

fetish ['fetɪʃ] *n* **1.** objet *m* de fétichisme **2.** manie *f*, obsession *f.*

fetus ['fiːtəs] (US) = **foetus**

feud [fjuːd] *n* querelle *f.* ❑ *vi* se quereller.

feudal ['fjuːdl] *adj* féodal.

fever ['fiːvər] *n* fièvre *f.*

feverish ['fiːvərɪʃ] *adj* fiévreux.

fever pitch *n* comble *m.*

few

■ **few** [fjuː] *adj*

• **few people come here** peu de gens viennent ici • **the first few pages were interesting** les toutes premières pages étaient intéressantes • **few and far between** rares

■ **few** [fjuː] *pron*

• **few of them agree** peu d'entre eux sont d'accord • **quite a few** *ou* **a good few** pas mal de *ou* un bon nombre de

■ **a few** *adj*

• **I need a few books** j'ai besoin de quelques livres

■ **a few** *pron*

• **a few of them are wearing hats** quelques-uns d'entre eux portent des chapeaux

À PROPOS DE

few

Attention à ne pas confondre ***few*** (**peu de**) et ***a few*** (**quelques/quelques-uns/quelques-unes**).
Devant les noms dénombrables au pluriel, on utilise ***few*** ***(few women)***, mais devant les noms indénombrables, c'est ***little*** qu'il faut utiliser ***(little water)***.
Il ne faut pas confondre ***a few*** et ***a little***. ***A little*** s'applique à des noms indénombrables **(a little *sugar*** ; **a little *patience*)** et ***a few*** à des noms dénombrables au pluriel **(a few *good ideas*)**. ***A little*** peut aussi être un adverbe, contrairement à ***a few***.
Dans les phrases négatives il est possible de dire ***not many*** au lieu de ***few***, et ***not much*** au lieu de ***little***.
Voir aussi ***little***.

fewer ['fjuːər] *adj* moins (de). ❑ *pron* moins.

fewest ['fjuːəst] *adj* le moins (de).

F2F, **FTF** *SMS* (abrév de face to face) face à face.

fiancé [fɪ'ɒnseɪ] *n* fiancé *m*.

fiancée [fɪ'ɒnseɪ] *n* fiancée *f*.

fiasco [fɪ'æskəʊ] (**(UK)** *pl* **-s**, **(surtout US)** *pl* **-es**) *n* fiasco *m*.

fib [fɪb] *fam* *n* bobard *m*, blague *f*. ❑ *vi* raconter des bobards *ou* des blagues.

fibre (UK), **fiber (US)** ['faɪbər] *n* fibre *f*.

fibreglass (UK), **fiberglass (US)** ['faɪbəglɑːs] *n* (*indén*) fibre *f* de verre.

fibre optic, **fiber optic (US)** *adj* (*câble*) en fibres optiques.

fibre optics (UK), **fiber optics (US)** *n* (*indén*) fibre *f* optique, fibres *fpl* optiques.

fibre-tip (pen) (UK) = **felt-tip pen**.

fickle ['fɪkl] *adj* inconstant.

fiction ['fɪkʃn] *n* fiction *f*.

fictional ['fɪkʃənl] *adj* fictif.

fictitious [fɪk'tɪʃəs] *adj* fictif.

fiddle ['fɪdl] *vi* • **to fiddle with sthg** tripoter qqch. ❑ *vt* **(UK)** *fam* truquer. ❑ *n* violon *m*. ■ **fiddle about**, **fiddle around** *vi* **1.** ne pas se tenir tranquille, s'agiter • **to fiddle about with sthg** tripoter qqch **2.** perdre son temps.

fiddly ['fɪdlɪ] *adj* **(UK)** *fam* délicat.

fidget ['fɪdʒɪt] *vi* remuer.

fidgety ['fɪdʒɪtɪ] *adj* *fam* remuant.

field [fiːld] *n* **1.** champ *m* **2.** *SPORT* terrain *m* **3.** domaine *m*.

field day *n* • **to have a field day** s'en donner à cœur joie.

field glasses *npl* jumelles *fpl*.

field marshal *n* ≃ maréchal *m* (de France).

field searching *n* *INFORM* recherche *f* thématique.

field study *n* étude *f* sur le terrain.

field trip *n* voyage *m* d'étude.

fieldwork ['fiːldwɜːk] *n* (*indén*) recherches *fpl* sur le terrain.

fieldworker ['fiːldwɜːkər] *n* chercheur *m*, -euse *f* *ou* enquêteur *m*, -trice *f* sur le terrain.

fiend [fiːnd] *n* **1.** monstre *m* **2.** *fam* fou *m*, folle *f*, mordu *m*, -e *f*.

fiendish ['fiːndɪʃ] *adj* **1.** diabolique **2.** *fam* abominable, atroce.

fierce [fɪəs] *adj* **1.** féroce **2.** (*chaleur*) torride **3.** (*orage*) violent.

fiery ['faɪərɪ] *adj* **1.** ardent **2.** enflammé **3.** fougueux • **to have a fiery temper** avoir un tempérament explosif.

FIFO (abrév de first in first out) *n* PEPS *m*.

fifteen [fɪf'tiːn] *num* quinze. Voir aussi **six**.

fifteenth [ˌfɪf'tiːnθ] *num* quinzième. Voir aussi **sixth**.

fifth [fɪfθ] *num* cinquième. Voir aussi **sixth**.

fifth grade *n* **(US)** *SCOL* *classe de l'enseignement primaire correspondant au CM2 (9-10 ans)*.

fiftieth ['fɪftɪəθ] *num* cinquantième. Voir aussi **sixth**.

fifty ['fɪftɪ] *num* cinquante. Voir aussi **sixty**.

fifty-fifty *adj* moitié-moitié, fifty-fifty • **to have a fifty-fifty chance** avoir cinquante pour cent de chances.

fig [fɪg] *n* figue *f*.

fight [faɪt] *n* **1.** bagarre *f* • **to have a fight (with sb)** se battre (avec qqn), se bagarrer (avec qqn) • **to put up a fight** se battre, se défendre **2.** *fig* lutte *f*, combat *m* **3.** dispute *f* • **to have a fight (with sb)** se disputer (avec qqn). ❑ *vt* (*prét & pp* **fought**) **1.** se battre contre *ou* avec **2.** mener (*une guerre*) **3.** combattre. ❑ *vi* (*prét & pp* **fought**) **1.** se battre **2.** *fig* • **to fight for/against sthg** lutter pour/contre qqch **3.** • **to fight (about *ou* over)** se battre *ou* se disputer (à propos de). ■ **fight back** *vt insép* refouler (*ses larmes*). ❑ *vi* riposter. ■ **fight off** *vt sép* **1.** repousser **2.** venir à bout de.

fighter ['faɪtər] *n* **1.** avion *m* de chasse, chasseur *m* **2.** combattant *m* **3.** battant *m*, -e *f*.

fighting ['faɪtɪŋ] *n* **1.** (*indén*) bagarres *fpl* **2.** conflits *mpl*.

fighting chance *n* • **to have a fighting chance** avoir de bonnes chances.

figment ['fɪgmənt] *n* • **a figment of sb's imagination** le fruit de l'imagination de qqn.

figurative ['fɪgərətɪv] *adj* figuré.

figuratively ['fɪgərətɪvlɪ] *adv* au figuré.

figure [**(UK)** 'fɪgər, **(US)** 'fɪgjər] *n* **1.** chiffre *m* **2.** silhouette *f*, forme *f* **3.** figure *f* **4.** ligne *f* (*du corps*). ❑ *vt* **(surtout US)** penser, supposer. ❑ *vi* figurer, apparaître. ■ **figure out** *vt sép* **1.** comprendre **2.** trouver.

figurehead ['fɪgəhed] *n* **1.** figure *f* de proue **2.** *fig & péj* homme *m* de paille.
figure-hugging [-ˌhʌgɪŋ] *adj* moulant.
figure of speech *n* figure *f* de rhétorique.
figure skating *n* patinage *m* artistique.
Fiji ['fiːdʒiː] *n* Fidji *fpl*.
file [faɪl] *n* **1.** dossier *m* • **on file, on the files** répertorié dans les dossiers **2.** *INFORM* fichier *m* • **file extension** extension *f* de fichier • **file format** format *m* de fichier • **file permissions** autorisations *fpl* fichier **3.** lime *f* **4.** • **in single file** en file indienne. ❑ *vt* **1.** classer **2.** *DR* déposer *(une plainte)* ; intenter • **to file an appeal (US)** faire appel **3.** limer. ❑ *vi* **1.** marcher en file indienne **2.** • **to file for divorce** demander le divorce.
file management *n INFORM* gestion *f* de fichiers.
filet (US) [fɪ'leɪ] = **fillet**
filing cabinet ['faɪlɪŋ-] *n* classeur *m*, fichier *m*.
Filipino [ˌfɪlɪ'piːnəʊ] *adj* philippin. ❑ *n* (*pl* **-s**) Philippin *m*, -e *f*.
fill [fɪl] *vt* **1.** remplir **2.** boucher **3.** • **to fill a vacancy** *(employé)* prendre un poste vacant. ■ **fill in** *vt sép* **1.** remplir **2.** • **to fill sb in (on)** mettre qqn au courant (de). ❑ *vi* • **to fill in for sb** remplacer qqn. ■ **fill out** *vt sép* remplir. ■ **fill up** *vt sép* remplir. ❑ *vi* se remplir.
fillet (UK) ['fɪlɪt] *n* filet *m*.
fillet steak *n* filet *m* de bœuf.
filling ['fɪlɪŋ] *adj* très nourrissant. ❑ *n* **1.** plombage *m* **2.** garniture *f*.
filling station *n* station-service *f*.
film [fɪlm] *n* **1.** film *m* **2.** *PHOTO* pellicule *f* **3.** images *fpl*. ❑ *vt & vi* filmer.
film buff *n fam* cinéphile *mf*.
film crew *n* équipe *f* de tournage.
film festival *n* festival *m* cinématographique *ou* du cinéma.
filmgoer ['fɪlmˌgəʊər] *n* amateur *m* de cinéma, cinéphile *mf* • **she is a regular filmgoer** elle va régulièrement au cinéma.
film industry *n* industrie *f* cinématographique *ou* du cinéma.
filming ['fɪlmɪŋ] *n (indén)* tournage *m*.
film noir *n CINÉ* film *m* noir.
film rights *n* droits *mpl* cinématographiques.
film star *n* vedette *f* de cinéma.
film studio *n* studio *m* (de cinéma).
Filofax® ['faɪləʊfæks] *n* Filofax® *m*.
filter ['fɪltər] *n* filtre *m*. ❑ *vt* **1.** passer **2.** filtrer. ■ **filter out** *vt sép* filtrer.
filter coffee *n* café *m* filtre.
filter lane *n* **(UK)** ≃ voie *f* de droite.
filter-tipped [-'tɪpt] *adj* à bout filtre.
filth [fɪlθ] *n (indén)* **1.** saleté *f*, crasse *f* **2.** obscénités *fpl*.
filthy ['fɪlθɪ] *adj* **1.** dégoûtant, répugnant **2.** obscène.
fin [fɪn] *n* nageoire *f*.
final ['faɪnl] *adj* **1.** dernier **2.** final **3.** définitif. ❑ *n* finale *f*. ■ **finals** *npl* examens *mpl* de dernière année.
finale [fɪ'nɑːlɪ] *n* finale *m*.
finalist ['faɪnəlɪst] *n* finaliste *mf*.
finalize - **ise (UK)** ['faɪnəlaɪz] *vt* mettre au point.
finally ['faɪnəlɪ] *adv* enfin.
final offer *n* dernier prix *m*.
finance *n* ['faɪnæns] *(indén)* finance *f*. ❑ *vt* [faɪ'næns] financer. ■ **finances** *npl* finances *fpl*.
financial [fɪ'nænʃl] *adj* financier.
financial adviser (UK) financial advisor (US) *n* conseiller financier *m*, conseillère financière *f*.
financial bubble *n* bulle *f* financière.
financially [fɪ'nænʃəlɪ] *adv* financièrement.
financial year (UK) fiscal year (US) *n* **1.** exercice *m* financier **2.** année *f* fiscale.
find [faɪnd] *vt* (*prét & pp* **found**) **1.** trouver **2.** • **to find (that)...** s'apercevoir que... **3.** • **to be found guilt** être déclaré coupable. ■ **find out** *vi* se renseigner. ❑ *vt insép* **1.** se renseigner sur **2.** découvrir, apprendre. ❑ *vt sép* démasquer.
findings ['faɪndɪŋz] *npl* conclusions *fpl*.
fine [faɪn] *adj* **1.** excellent **2.** beau **3.** très bien • **I'm fine** ça va bien **4.** fin **5.** subtil **6.** délicat. ❑ *adv* très bien. ❑ *n* amende *f*. ❑ *vt* condamner à une amende.
fine arts *npl* beaux-arts *mpl*.
finely ['faɪnlɪ] *adv* **1.** fin **2.** délicatement.
finery ['faɪnərɪ] *n (indén)* parure *f*.
finesse [fɪ'nes] *n* finesse *f*.
fine-tune *vt* **1.** régler avec précision **2.** *fig* peaufiner.
fine-tuning [-'tjuːnɪŋ] *n* **1.** réglage *m* fin **2.** *fig* peaufinage *m (d'un projet)*.
finger ['fɪŋgər] *n* doigt *m*. ❑ *vt* palper.
finger food *n* amuse-gueules *mpl*.
fingerless glove ['fɪŋgələs-] *n* mitaine *f*.
fingernail ['fɪŋgəneɪl] *n* ongle *m (de la main)*.
fingerprint ['fɪŋgəprɪnt] *n* empreinte *f* (digitale).
fingertip ['fɪŋgətɪp] *n* bout *m* du doigt • **at one's fingertips** sur le bout des doigts.
finicky ['fɪnɪkɪ] *adj péj* **1.** difficile **2.** tatillon.
finish ['fɪnɪʃ] *n* **1.** fin *f* **2.** arrivée *f* **3.** finition *f*. ❑ *vt* **1.** finir, terminer • **to finish doing sthg** finir *ou* terminer de faire qqch **2.** achever, tuer. ❑ *vi* **1.** finir **2.** *(école, film)* se terminer. ■ **finish off** *vt sép* finir, terminer. ■ **finish up** *vi* finir.
finishing line ['fɪnɪʃɪŋ-] **(UK) finish line (US)** *n* ligne *f* d'arrivée.

finishing school ['fɪnɪʃɪŋ-] *n école privée pour jeunes filles axée essentiellement sur l'enseignement des bonnes manières.*

finishing touch *n* • **to put the finishing touches to sthg** mettre la dernière touche *ou* la dernière main à qqch.

finite ['faɪnaɪt] *adj* fini.

Finland ['fɪnlənd] *n* Finlande *f.*

Finn [fɪn] *n* Finlandais *m*, -e *f.*

Finnish ['fɪnɪʃ] *adj* finlandais, finnois. ❑ *n* finnois *m.*

fir [fɜːʳ] *n* sapin *m.*

fire ['faɪəʳ] *n* **1.** feu *m* • **on fire** en feu • **to catch fire** prendre feu • **to set fire to sthg** mettre le feu à qqch **2.** incendie *m* **3.** *(indén)* coups *mpl* de feu. ❑ *vt* **1.** tirer **2.** **(surtout US)** renvoyer.

fire alarm *n* avertisseur *m* d'incendie.

firearm ['faɪərɑːm] *n* arme *f* à feu.

firebomb ['faɪəbɒm] *n* bombe *f* incendiaire.

fire brigade (UK) fire department (US) *n* sapeurs-pompiers *mpl.*

fire door *n* porte *f* coupe-feu.

fire engine *n* voiture *f* de pompiers.

fire escape *n* escalier *m* de secours.

fire exit *n* sortie *f* de secours.

fire extinguisher *n* extincteur *m* d'incendie.

fire fighter *n* pompier *m*, sapeur-pompier *m.*

fireguard ['faɪəgɑːd] *n* garde-feu *m inv.*

fire hazard *n* • **to be a fire hazard** présenter un risque d'incendie.

firehouse (US) = fire station

firelighter ['faɪəlaɪtəʳ] *n* allume-feu *m inv.*

fireman ['faɪəmən] (*pl* **-men**) *n* pompier *m*, -ère *f.*

fireplace ['faɪəpleɪs] *n* cheminée *f.*

fireproof ['faɪəpruːf] *adj* ignifugé.

fire-retardant *adj* ignifuge.

fireside ['faɪəsaɪd] *n* • **by the fireside** au coin du feu.

fire station *n* caserne *f* des pompiers.

firestorm ['faɪəstɔːm] *n* tempête *f* de feu.

fire truck (US) = fire engine

firewall ['faɪəwɔl] *n* pare-feu *m.*

firewood ['faɪəwʊd] *n* bois *m* de chauffage.

firework ['faɪəwɜːk] *n* pièce *f* d'artifice. ■ **fireworks** *npl* **1.** étincelles *fpl* **2.** feu *m* d'artifice.

firing ['faɪərɪŋ] *n (indén)* MIL tir *m*, fusillade *f.*

firing line *n* MIL ligne *f* de tir • **to be in the firing line** *fig* être dans la ligne de tir.

firing squad *n* peloton *m* d'exécution.

firm [fɜːm] *adj* **1.** ferme • **to be firm with sb** être ferme avec qqn • **to stand firm** tenir bon **2.** solide **3.** certain. ❑ *n* firme *f*, société *f.* ■ **firm up** *vt sép* **1.** renforcer **2.** rendre définitif *(un accord).* ❑ *vi* se renforcer.

first [fɜːst] *adj* premier • **for the first time** pour la première fois • **first thing in the morning** tôt le matin. ❑ *adv* **1.** en premier **2.** d'abord • **first of all** tout d'abord **3.** (pour) la première fois. ❑ *n* **1.** premier *m*, -ère *f* **2.** première *f (événement sans précédent)* **3. (UK)** *diplôme universitaire avec mention très bien.* ■ **at first** *adv* d'abord. ■ **at first hand** *adv* de première main.

first aid *n (indén)* premiers secours *mpl.*

first-aid kit *n* trousse *f* de premiers secours.

first-class *adj* **1.** excellent **2.** *(billet, compartiment)* de première classe **3.** *(timbre, courrier)* tarif normal.

first cousin *n* cousin germain *m*, cousine germaine *f.*

first-degree *adj* **1.** MÉD • **first-degree burn** brûlure *f* au premier degré **2. (US)** DR • **first-degree murder** ≃ homicide *m* volontaire.

first floor *n* **1. (UK)** premier étage *m* **2. (US)** rez-de-chaussée *m inv.*

first-generation *adj* de première génération.

first grade *n* **(US)** SCOL *classe de l'école primaire correspondant au CP (5-6 ans).*

firsthand [fɜːst'hænd] *adj & adv* de première main.

first lady *n* première dame *f* du pays.

first language *n* langue *f* maternelle.

firstly ['fɜːstlɪ] *adv* premièrement.

First Minister *n* président *m* du Parlement écossais.

first name *n* prénom *m.*

first-rate *adj* excellent.

first refusal *n* priorité *f.*

first school *n* **(UK)** école *f* primaire.

First Secretary *n* président *m* de l'Assemblée galloise.

first-time buyer *n* accédant *m* à la propriété.

firtree ['fɜːtriː] **= fir.**

fiscal year (US) = financial year.

fish [fɪʃ] *n (pl inv)* poisson *m.* ❑ *vt* pêcher dans. ❑ *vi* • **to fish (for sthg)** pêcher (qqch).

> **CULTURE**
> ### fish and chips
> Le **fish and chips** est un plat bon marché typiquement britannique, composé de poisson pané frit et de frites. On l'achète dans un **fish-and-chip shop** et on l'emporte emballé dans du papier pour le manger chez soi ou dans la rue. Les Britanniques le dégustent salé et arrosé de vinaigre.

fish and chips *npl* **(UK)** poisson *m* frit avec des frites.

fish-and-chip shop *n* **(UK)** *magasin vendant du poisson frit et des frites.*

fishbowl ['fɪʃbəʊl] *n* bocal *m* (à poissons).

fishcake ['fɪʃkeɪk] *n* croquette *f* de poisson.

fisherman ['fɪʃəmən] (*pl* **-men**) *n* pêcheur *m*, -euse *f*.

fish farm *n* centre *m* de pisciculture.

fish finger (UK), fish stick (US) *n* bâtonnet *m* de poisson pané.

fishing ['fɪʃɪŋ] *n* pêche *f* • **to go fishing** aller à la pêche.

fishing boat *n* bateau *m* de pêche.

fishing line *n* ligne *f* de pêche.

fishing rod *n* canne *f* à pêche.

fishmonger ['fɪʃ,mʌŋgər] *n* **(UK)** poissonnier *m*, -ère *f* • **fishmonger's (shop)** poissonnerie *f*.

fish sauce *n* sauce *f* de poisson.

fishwrap, fish wrapper *n* **(US)** *fam* torchon *m (mauvais journal)*.

fishy ['fɪʃɪ] *adj* **1.** de poisson **2.** *fig* louche.

fist [fɪst] *n* poing *m*.

fit [fɪt] *adj* **1.** convenable • **to be fit for sthg** être bon à qqch • **to be fit to do sthg** être apte à faire qqch **2.** en forme • **to keep fit** se maintenir en forme. ❑ *n* **1.** ajustement *m* • **it's a tight fit** c'est un peu juste • **it's a good fit** c'est la bonne taille **2.** crise *f (d'épilepsie)* • **to have a fit a)** avoir une crise **b)** *fig* piquer une crise **3.** accès *m (de colère)* **4.** quinte *f (de toux)* **5.** • **in fits and starts** par à-coups. ❑ *vt* **1.** *(vêtement)* aller à **2.** • **to fit sthg into sthg** insérer qqch dans qqch **3.** correspondre à. ❑ *vi* **1.** aller **2.** entrer. ■ **fit in** *vt sép* prendre. ❑ *vi* s'intégrer • **to fit in with sthg** correspondre à qqch • **to fit in with sb** s'accorder à qqn.

FITB *SMS* (abrév de **fill in the blank**) remplissez les blancs.

fitful ['fɪtful] *adj* **1.** *(sommeil)* agité **2.** *(pluies)* intermittent.

fitment ['fɪtmənt] *n* **(UK)** meuble *m* encastré.

fitness ['fɪtnɪs] *n (indén)* **1.** forme *f (bonne santé)* **2.** • **fitness (for)** aptitude *f* (pour).

fitted carpet [,fɪtəd-] *n* **(UK)** moquette *f*.

fitted kitchen [,fɪtəd-] *n* **(UK)** cuisine *f* intégrée *ou* équipée.

fitter ['fɪtər] *n* monteur *m*.

fitting ['fɪtɪŋ] *adj sout* approprié. ❑ *n* **1.** appareil *m* **2.** essayage *m*. ■ **fittings** *npl* **(UK)** installations *fpl*.

fittingly ['fɪtɪŋlɪ] *adv* convenablement • **fittingly, the government has agreed to ratify the treaty** le gouvernement a accepté comme il se devait de ratifier le traité.

fitting room *n* cabine *f* d'essayage.

five [faɪv] *num* cinq. Voir aussi **six**.

five-a-side (UK) *n SPORT* football *m* à dix. ❑ *en apposition SPORT* • **five-a-side football** football *m* à dix.

five-day week *n* semaine *f* de cinq jours.

fiver ['faɪvər] *n fam* **1. (UK)** (billet *m* de) cinq livres *fpl* **2. (US)** (billet *m* de) cinq dollars *mpl*.

five-star *adj* **1.** *(hôtel)* cinq étoiles **2.** *(traitement)* exceptionnel.

fix [fɪks] *vt* **1.** fixer • **can we fix a date?** on peut fixer une date ? **2.** graver **3.** réparer **4.** *fam* truquer **5.** préparer *(une boisson, un repas)*. ❑ *n* **1.** *fam* • **to be in a fix** être dans le pétrin **2.** *arg drogue* piqûre *f*. ■ **fix up** *vt sép* **1.** • **to fix sb up with sthg** obtenir qqch pour qqn **2.** arranger.

fixated [fɪk'seɪtɪd] *adj* obsédé • **to be fixated on sthg** faire une fixation sur qqch.

fixation [fɪk'seɪʃn] *n* obsession *f*.

fixed [fɪkst] *adj* **1.** fixé **2.** fixe **3.** *(sourire)* figé.

fixture ['fɪkstʃər] *n* **1.** installation *f* **2.** tradition *f* bien établie **3. (UK)** *SPORT* rencontre *f* (sportive).

fizz [fɪz] *vi* **1.** pétiller **2.** crépiter.

fizzle ['fɪzl] ■ **fizzle out** *vi* **1.** *(feu)* s'éteindre **2.** *(feu d'artifice)* se terminer **3.** *(enthousiasme)* se dissiper.

fizzy ['fɪzɪ] *adj* pétillant.

flab [flæb] *n fam* & *péj* graisse *f*.

flabbergasted ['flæbəgɑːstɪd] *adj* sidéré.

flabby ['flæbɪ] *adj* mou, molle *f*.

flag [flæg] *n* drapeau *m*. ❑ *vi* **1.** faiblir **2.** traîner. ■ **flag down** *vt sép* héler *(un taxi)* • **to flag sb down** faire signe à qqn de s'arrêter.

flagpole ['flægpəul] *n* mât *m*.

flagrant ['fleɪgrənt] *adj* flagrant.

flagship store *n* magasin *m* vitrine.

flagstaff = **flagpole**.

flagstone ['flægstəun] *n* dalle *f*.

flair [fleər] *n* **1.** don *m* **2.** *(indén)* style *m*.

flak [flæk] *n (indén)* **1.** tir *m* antiaérien **2.** *fam* critiques *fpl* sévères.

flake [fleɪk] *n* **1.** écaille *f (de peinture)* **2.** flocon *m (de neige, d'avoine)* **3.** petit lambeau *m (de peau)*. ❑ *vi* **1.** *(peinture)* s'écailler **2.** *(peau)* peler **3. (US)** *fam* • **to flake on sthg** rater qqch. ■ **flake out** *vi fam* s'écrouler de fatigue.

flaky ['fleɪkɪ] (*comp* **flakier**, *superl* **flakiest**) *adj* **1.** *(peau)* qui pèle **2.** *(peinture)* écaillé **3.** *(consistance)* floconneux **4.** *fam (personne)* barjo.

flamboyant [flæm'bɔɪənt] *adj* **1.** extravagant **2.** flamboyant.

flame [fleɪm] *n* flamme *f* • **to burst into flames** s'enflammer.

flame-coloured *adj* ponceau *(inv)*, couleur de feu *(inv)*.

flame-grilled *adj CULIN* grillé au feu de bois.

flameout ['fleɪmaut] *n* panne *f* de moteur *(d'avion)*.

flameproof ['fleɪmpruːf] *adj (plat)* allant au feu.

flame-retardant [-rɪ'tɑːdənt] *adj* qui ralentit la propagation des flammes.

flame war *n INFORM* échange *m* d'insultes.

flaming ['fleɪmɪŋ] *adj* **1. (UK)** furibond **2. (UK)** *fam* foutu, fichu.

flamingo [flə'mɪŋgəʊ] (*pl* **-s** *ou* **-es**) *n* flamant *m* rose.

flammable ['flæməbl] *adj* inflammable.

flan [flæn] *n* **1.** **(UK)** tarte *f* **2.** **(US)** flan *m*.

flank [flæŋk] *n* flanc *m*. ❑ *vt* • **to be flanked by** être flanqué de.

flannel ['flænl] *n* **1.** flanelle *f* **2.** **(UK)** gant *m* de toilette.

flap [flæp] *n* **1.** rabat *m* **2.** **(UK)** *fam* • **in a flap** paniqué. ❑ *vt & vi* battre.

flapjack ['flæpdʒæk] *n* **1.** **(UK)** biscuit *m* à l'avoine **2.** **(US)** crêpe *f* épaisse.

flare [fleəʳ] *n* fusée *f* éclairante. ❑ *vi* **1.** • **to flare (up)** s'embraser **2.** • **to flare (up) a)** *(guerre, révolution)* s'intensifier soudainement **b)** *(personne)* s'emporter **3.** *(jupe)* s'évaser **4.** *(narines)* se dilater. ■ **flares** *npl* **(UK)** pantalon *m* à pattes d'éléphant.

flared [fleəd] *adj* **1.** *(pantalon)* à pattes d'éléphant **2.** *(jupe)* évasé.

flash [flæʃ] *n* **1.** éclat *m* • **flash of lightning** éclair *m* **2.** PHOTO flash *m* **3.** éclair *m* • **in a flash** en un rien de temps. ❑ *vt* **1.** projeter • **to flash one's headlights** faire un appel de phares **2.** envoyer *(un signal)* **3.** jeter *(un regard)* **4.** montrer. ❑ *vi* **1.** briller **2.** clignoter **3.** *(yeux)* jeter des éclairs **4.** • **to flash by** *ou* **past** passer comme un éclair.

flashback ['flæʃbæk] *n* flash-back *m*, retour *m* en arrière.

flashbulb ['flæʃbʌlb] *n* ampoule *f* de flash.

flash card *n carte portant un mot, une image, etc utilisée comme aide à l'apprentissage.*

flash drive *n* INFORM clé *f* USB.

flash flood *n* crue *f* subite.

flashgun ['flæʃgʌn] *n* PHOTO flash *m*.

flashlight ['flæʃlaɪt] *n* **(surtout US)** lampe *f* électrique.

flash photography *n* photographie *f* au flash.

flashy ['flæʃɪ] *adj* *fam* tape-à-l'œil *(inv)*.

flask [flɑːsk] *n* **1.** Thermos® *m ou f* **2.** ballon *m* **3.** flasque *f*.

flat [flæt] *adj* **1.** plat • **flat shoes** des chaussures plates **2.** *(pneu)* crevé **3.** *(refus)* catégorique **4.** *(affaires, marché financier)* calme **5.** *(ton, voix)* monotone **6.** *(style)* terne **7.** MUS qui chante trop grave ; *(note)* bémol **8.** *(prix)* fixe **9.** *(bière, limonade)* éventé **10.** *(batterie)* à plat. ❑ *adv* **1.** à plat **2.** • **two hours flat** deux heures pile. ❑ *n* **1.** **(UK)** appartement *m* **2.** MUS bémol *m*. ■ **flat out** *adv* **1.** d'arrache-pied **2.** le plus vite possible.

flat-bed scanner *n* scanner *m* à plat.

flat-chested [-'tʃestɪd] *adj* plate comme une limande.

flat-footed [-'fʊtɪd] *adj* aux pieds plats.

flat-hunt *vi* **(UK)** chercher un appartement.

flatline ['flætlaɪn] *vi* **(US)** *fam* mourir.

flatly ['flætlɪ] *adv* **1.** catégoriquement **2.** avec monotonie **3.** de façon terne.

flatmate ['flætmeɪt] *n* **(UK)** *personne avec laquelle on partage un appartement.*

flat-pack *n* meuble *m* en kit. ❑ *adj* • **flat-pack furniture** meubles *mpl* en kit.

flat-packed *adj* en kit.

flat rate *n* tarif *m* forfaitaire.

flat-screen *adj* TV & INFORM à écran plat.

flatten ['flætn] *vt* **1.** aplatir **2.** aplanir **3.** raser. ■ **flatten out** *vi* s'aplanir.

flatter ['flætəʳ] *vt* flatter.

flattering ['flætərɪŋ] *adj* **1.** flatteur **2.** seyant.

flattery ['flætərɪ] *n* flatterie *f*.

flatware ['flætweəʳ] *n* *(indén)* **(US)** couverts *mpl*.

flaunt [flɔnt] *vt* faire étalage de.

flavonoid *n* flavonoïde *m*.

flavour (UK), **flavor (US)** ['fleɪvəʳ] *n* **1.** goût *m* **2.** parfum *m* *(de glace)* **3.** *fig* atmosphère *f*. ❑ *vt* parfumer.

-flavoured (UK), **-flavored (US)** ['fleɪvəd] *suffixe* • **chocolate-flavoured** aromatisé au chocolat • **vanilla-flavoured** aromatisé à la vanille.

flavouring (UK), **flavoring (US)** ['fleɪvərɪŋ] *n* *(indén)* parfum *m*.

flavoursome, **flavorsome (US)** ['fleɪvəsəm] *adj* savoureux.

flaw [flɔ] *n* **1.** défaut *m* **2.** faille *f*.

flawed [flɔːd] *adj* **1.** qui présente des défauts **2.** qui présente des failles.

flawless ['flɔlɪs] *adj* parfait.

flax [flæks] *n* lin *m*.

flea [fliː] *n* puce *f*.

flea-bitten *adj* **1.** couvert de puces **2.** *fig* miteux.

flea market *n* marché *m* aux puces.

fleck [flek] *n* moucheture *f*, petite tache *f*. ❑ *vt* • **flecked with** moucheté de.

fled [fled] *passé & pp* → **flee**.

flee [fliː] (*prét & pp* **fled**) *vt & vi* fuir.

fleece [fliːs] *n* **1.** toison *f* ; (laine) polaire *f* **2.** veste *f* en (laine) polaire **3.** sweat *m* en (laine) polaire. ❑ *vt* *fam* escroquer.

fleece-lined *adj* **1.** doublé en peau de mouton **2.** doublé en laine polaire.

fleecy ['fliːsɪ] *adj* **1.** laineux **2.** cotonneux.

fleet [fliːt] *n* **1.** flotte *f* **2.** parc *m* *(de bus, de cars)*.

fleeting ['fliːtɪŋ] *adj* **1.** bref, brève *f* **2.** fugitif **3.** éclair *(inv)*.

fleetingly ['fliːtɪŋlɪ] *adv* rapidement.

Fleet Street *n rue de Londres dont le nom est utilisé pour désigner la presse britannique.*

Flemish ['flemɪʃ] *adj* flamand. ❑ *n* flamand *m*. ❑ *npl* • **the Flemish** les Flamands *mpl*.

flesh [fleʃ] *n* chair *f* • **his/her flesh and blood** les siens.

flesh wound *n* blessure *f* superficielle.

flew [flu:] *passé* → **fly**.

flex [fleks] *n* fil *m*. ❑ *vt* fléchir.

flexibility ['fleksə'bılətı] *n* flexibilité *f*.

flexible ['fleksəbl] *adj* flexible • **my flexible friend** ma carte de crédit.

flexitarian [,fleksə'teəriən] *adj* & *n* flexitarien, enne.

flexitime ['fleksıtaım], **flextime (US)** ['flekstaım] *n (indén)* horaire *m* à la carte *ou* flexible.

flick [flık] *n* **(US)** *fam* film *m*. ❑ *vt* appuyer sur. ■ **flick through** *vt insép* feuilleter.

flicker ['flıkər] *vi* **1.** *(bougie, lumière)* vaciller **2.** *(ombre)* trembler **3.** *(yeux)* ciller.

flicker-free *adj* anti-scintillements *(inv)*.

flick knife *n* **(UK)** couteau *m* à cran d'arrêt.

flight [flaıt] *n* **1.** vol *m (d'un oiseau, d'un avion)* **2.** volée *f (de marches)* **3.** fuite *f*.

flight attendant *n* steward *m*, hôtesse *f* de l'air.

flight crew *n* équipage *m*.

flight deck *n* **1.** pont *m* d'envol **2.** cabine *f* de pilotage.

flight path *n* trajectoire *f*.

flight recorder *n* enregistreur *m* de vol.

flimflam ['flımflæm] **(US)** *fam n* **1.** foutaises *fpl* **2.** blabla *m*, baratin *m* • **flimflam artist** escroc *m*. ❑ *vt* rouler, escroquer.

flimsy ['flımzı] *adj* **1.** léger **2.** peu solide **3.** *(excuse)* piètre.

flinch [flıntʃ] *vi* tressaillir • **to flinch from sthg/from doing sthg** reculer devant qqch/à l'idée de faire qqch.

fling [flıŋ] *n fam* aventure *f (sentimentale)*. ❑ *vt (prét & pp* **flung**) lancer.

flint [flınt] *n* **1.** silex *m* **2.** pierre *f*.

flip [flıp] *vt* **1.** faire sauter **2.** tourner **3.** appuyer sur. ■ **flip through** *vt insép* feuilleter.

flip chart *n* tableau *m* à feuilles.

flip-flop *n* tong *f*.

flip-flopper [flıpflɒp] *n homme ou femme politique qui change d'opinions politiques*.

flippant ['flıpənt] *adj* désinvolte.

flipper ['flıpər] *n* **1.** nageoire *f* **2.** palme *f*.

flip phone *n* téléphone *m* à clapet.

flip side *n* **1.** *fig* inconvénient *m* **2.** face *f* B *(d'un disque)*.

flip top *n* couvercle *m* à rabat. ❑ *adj (portable)* à clapet.

flirt [flɜ:t] *n* flirt *m*. ❑ *vi* • **to flirt (with sb)** flirter (avec qqn).

flirtation [flɜ:'teıʃn] *n* **1.** flirt *m* **2.** • **to have a flirtation with sthg** caresser qqch.

flirtatious [flɜ:'teıʃəs] *adj* flirteur.

flit [flıt] *vi* voleter.

float [fləʊt] *n* **1.** flotteur *m* **2.** char *m (dans un défilé)* **3.** FIN encaisse *f*. ❑ *vt* faire flotter. ❑ *vi* **1.** flotter **2.** glisser.

float glass *n* verre *m* flotté.

floating floor *n* parquet *m* flottant.

floating voter *n* **(UK)** (électeur *m*) indécis *m*, électrice *f* indécise.

flock [flɒk] *n* **1.** vol *m (d'oiseaux)* **2.** troupeau *m (de moutons)* **3.** *fig* foule *f*.

flog [flɒg] *vt* **1.** flageller **2. (UK)** *fam* refiler.

flood [flʌd] *n* **1.** inondation *f* **2.** crue *f* • **flood warning** avis *m* de crue **3.** déluge *m* **4.** *fig* avalanche *f*. ❑ *vt* inonder.

flood-damaged *adj* abîmé *ou* endommagé par les eaux.

floodgates ['flʌdgeıts] *npl* • **to open the floodgates** ouvrir les vannes.

flooding ['flʌdıŋ] *n (indén)* inondations *fpl*.

floodlight ['flʌdlaıt] *n* projecteur *m*.

floodlit ['flʌdlıt] *adj* **1.** éclairé *(avec des projecteurs)* **2.** illuminé.

flood tide *n* marée *f* haute.

floor [flɔr] *n* **1.** sol *m* **2.** piste *f (de danse)* **3.** fond *m (de la mer, d'une vallée)* **4.** étage *m* **5.** auditoire *m*. ❑ *vt* **1.** terrasser **2.** dérouter.

floor area *n* surface *f*.

floorboard ['flɔbɔd] *n* plancher *m*.

floor cloth *n* **(UK)** serpillière *f*.

flooring ['flɔ:rıŋ] *n* revêtement *m* de sol.

floor lamp *n* **(US)** lampadaire *m*.

floor model *n* modèle *m* d'exposition.

floor sample *n* **(US)** modèle *m* d'exposition.

floor show *n* spectacle *m* de cabaret.

floozy ['flu:zı] *(pl* **-ies**) *n vieilli* & *péj* traînée *f*.

flop [flɒp] *fam n* fiasco *m*.

floppy ['flɒpı] *adj* **1.** *(oreilles de chien)* tombant **2.** *(vêtements)* lâche.

floppy (disk) *n* disquette *f*.

flora ['flɔrə] *n* flore *f*.

floral ['flɔ:rəl] *adj* **1.** floral **2.** à fleurs.

florid ['flɒrıd] *adj* **1.** rougeaud **2.** fleuri.

florist ['flɒrıst] *n* fleuriste *mf* • **florist's (shop)** (magasin *m* de) fleuriste *m*.

floss [flɒs] *n (indén)* **1.** bourre *f* de soie **2.** fil *m* dentaire. ❑ *vt* • **to floss one's teeth** se nettoyer les dents au fil dentaire.

flossy ['flɒsı] *adj* **1.** cotonneux **2. (US)** *fam* tape-à-l'œil.

flotsam ['flɒtsəm] *n (indén)* • **flotsam and jetsam a)** débris *mpl* **b)** *fig* épaves *fpl*.

flounce [flaʊns] *n* volant *m*. ❑ *vi* • **to flounce out/off** sortir/partir dans un mouvement d'humeur.

flouncy ['flaʊnsı] *adj* froufroutant.

flounder ['flaʊndər] *vi* **1.** patauger **2.** bredouiller.

flour ['flaʊər] *n* farine *f*.

flourish ['flʌrɪʃ] *vi* **1.** *(plantes)* bien pousser **2.** *(enfants)* être en pleine santé **3.** *(affaires)* prospérer **4.** *(arts)* s'épanouir. ❑ *vt* brandir. ❑ *n* grand geste *m*.

flout [flaʊt] *vt* bafouer.

flow [fləʊ] *n* **1.** circulation *f* **2.** mouvement *m (de fonds)* **3.** flot *m* **4.** flux *m*. ❑ *vi* **1.** couler **2.** s'écouler **3.** flotter.

flow chart flow diagram *n* organigramme *m*.

flower ['flaʊəʳ] *n* fleur *f* • **a bunch of flowers** un bouquet de fleurs. ❑ *vi* fleurir.

flower arrangement *n* **1.** art *m* floral **2.** composition *f* florale.

flowerbed ['flaʊəbed] *n* parterre *m*.

floweriness ['flaʊərɪnɪs] *n* syle *m* fleuri.

flowerpot ['flaʊəpɒt] *n* pot *m* de fleurs.

flowery ['flaʊərɪ] *adj* **1.** à fleurs **2.** *péj (style)* fleuri.

flown [fləʊn] *pp* → **fly**.

fl. oz. abrév de **fluid ounce**.

flu [fluː] *n (indén)* grippe *f* • **to have flu** (UK) *ou* **the flu** (US) avoir la grippe.

fluctuate ['flʌktʃʊeɪt] *vi* fluctuer.

fluctuating ['flʌktʃʊeɪtɪŋ] *adj* fluctuant.

fluctuation [ˌflʌktʃʊ'eɪʃn] *n* fluctuation *f*.

fluency ['fluːənsɪ] *n* aisance *f*.

fluent ['fluːənt] *adj* **1.** • **to speak fluent French** parler couramment le français **2.** *(style)* fluide, aisé.

fluently ['fluːəntlɪ] *adv* **1.** couramment **2.** avec aisance.

fluff [flʌf] *n (indén)* **1.** duvet *m* **2.** moutons *mpl (de poussière)*.

fluffy ['flʌfɪ] *adj* **1.** duveteux **2.** en peluche.

fluid ['fluːɪd] *n* **1.** fluide *m* **2.** liquide *m*. ❑ *adj* **1.** fluide **2.** changeant.

fluid ounce *n = 0,03 litre*.

fluke [fluːk] *n fam* coup *m* de bol.

flummox ['flʌməks] *vt* désarçonner.

flummoxed ['flʌməkst] *adj* • **I was completely flummoxed** ça m'a complètement démonté.

flung [flʌŋ] *passé & pp* → **fling**.

flunk [flʌŋk] (surtout US) *fam vt* **1.** rater *(un examen)* **2.** recaler *(un étudiant)*.

fluorescent [flʊə'resənt] *adj* fluorescent.

fluorescent light *n* lumière *f* fluorescente.

fluoride ['flʊəraɪd] *n* fluorure *m*.

flurry ['flʌrɪ] *n* **1.** rafale *f* **2.** *fig* concert *m* **3.** *fig* débordement *m*.

flush [flʌʃ] *adj* • **flush with** de niveau avec. ❑ *n* **1.** chasse *f* d'eau **2.** rougeur *f* **3.** accès *m*. ❑ *vt* • **to flush the toilet** tirer la chasse d'eau. ❑ *vi* rougir.

flushed [flʌʃt] *adj* **1.** rouge **2.** • **flushed with** exalté par.

flustered ['flʌstəd] *adj* troublé.

flute [fluːt] *n* flûte *f*.

flutter ['flʌtəʳ] *n* **1.** battement *m* **2.** *fam* émoi *m*. ❑ *vi* **1.** *(insecte)* voleter **2.** *(ailes)* battre **3.** *(drapeau)* flotter.

flux [flʌks] *n* • **to be in a state of flux** être en proie à des changements permanents.

fly [flaɪ] *n* **1.** mouche *f* **2.** braguette *f*. ❑ *vt (prét* **flew**, *pp* **flown***)* **1.** faire voler **2.** transporter par avion **3.** faire flotter. ❑ *vi (prét* **flew**, *pp* **flown***)* **1.** voler **2.** faire voler un avion **3.** voyager en avion **4.** filer **5.** *(drapeau)* flotter **6.** cartonner • **it'll never fly** ça ne marchera jamais. ■ **fly away** *vi* s'envoler. ■ **on the fly** *adv* **1.** (UK) *fam* • **to do sthg on the fly a)** faire qqch en douce **b)** faire qqch de façon autonome **2.** • **to make decisions on the fly** prendre des décisions sur-le-champ.

fly ball *n (au base-ball)* chandelle *f*.

fly-fishing *n* pêche *f* à la mouche.

flying ['flaɪɪŋ] *adj* volant. ❑ *n* aviation *f* • **to like flying** aimer prendre l'avion.

flying colours (UK), **flying colors** (US) *npl* • **to pass (sthg) with flying colours** réussir (qqch) haut la main.

flying picket *n* piquet *m* de grève volant.

flying saucer *n* soucoupe *f* volante.

flying squad *n* (UK) *force d'intervention rapide de la police*.

flying start *n* • **to get off to a flying start** prendre un départ sur les chapeaux de roue.

flying visit *n* visite *f* éclair.

flyover ['flaɪˌəʊvəʳ] *n* (UK) saut-de-mouton *m*.

flysheet ['flaɪʃiːt] *n* (UK) auvent *m*.

fly spray *n* insecticide *m*.

FM *n* (abrév de **frequency modulation**) FM *f*.

foal [fəʊl] *n* poulain *m*.

foam [fəʊm] *n (indén)* **1.** mousse *f* **2.** • **foam (rubber)** caoutchouc *m* Mousse®. ❑ *vi* mousser.

fob [fɒb] ■ **fob off** *vt sép* repousser • **to fob sthg off on sb** refiler qqch à qqn • **to fob sb off with sthg** se débarrasser de qqn à l'aide de qqch.

focalization [ˌfəʊkəlaɪ'zeɪʃn] *n* focalisation *f*.

focal point *n* **1.** *(optique)* foyer *m* **2.** *fig* point *m* central.

focus ['fəʊkəs] *n (pl* **-cuses** *ou* **-ci***)* **1.** PHOTO mise *f* au point • **in focus** net • **out of focus** flou **2.** foyer *m* **3.** centre *m*. ❑ *vt* mettre au point. ❑ *vi* **1.** se fixer • **to focus on sthg a)** se fixer sur qqch **b)** fixer qqch **2.** accommoder **3.** *fig* • **to focus on sthg** se concentrer sur qqch.

fodder ['fɒdəʳ] *n (indén)* fourrage *m*.

foe [fəʊ] *n littéraire* ennemi *m*.

foetus (UK), **fetus** (US) ['fiːtəs] *n* fœtus *m*.

fog [fɒg] *n (indén)* brouillard *m*.

foggy ['fɒgɪ] *adj* brumeux.

foghorn ['fɒghɔːn] *n* sirène *f* de brume.

fog lamp (UK), **fog light** (US) *n* feu *m* de brouillard.

foible ['fɔɪbl] *n* marotte *f*.

foil [fɔɪl] *n (indén)* feuille *f (de métal)* ; papier *m* d'aluminium. ❑ *vt* déjouer.

fold [fəʊld] *vt* **1.** plier • **to fold one's arms** croiser les bras **2.** envelopper. ❑ *vi* **1.** *(table, chaise)* se plier **2.** *(pétales)* se refermer **3.** *fam* échouer **4.** THÉÂTRE quitter l'affiche. ❑ *n* pli *m*. ■ **fold up** *vt sép* plier. ❑ *vi* **1.** se plier **2.** se refermer **3.** échouer.

folder ['fəʊldər] *n* **1.** chemise *f* **2.** classeur *m*.

folding ['fəʊldɪŋ] *adj* **1.** *(table, parapluie)* pliant **2.** *(porte)* en accordéon.

foley ['fəʊlɪ] *n* CINÉ bruitage *m*.

foliage ['fəʊlɪɪdʒ] *n* feuillage *m*.

folk [fəʊk] *adj* **1.** folklorique **2.** populaire. ❑ *npl* gens *mpl*. ■ **folks** *npl fam* famille *f*.

folklore ['fəʊklɔːr] *n* folklore *m*.

folk music *n* musique *f* folk.

folk song *n* chanson *f* folk.

follow ['fɒləʊ] *vt* suivre. ❑ *vi* **1.** suivre **2.** résulter • **it follows that...** il s'ensuit que... ■ **follow up** *vt sép* **1.** prendre en considération **2.** donner suite à **3.** • **to follow sthg up with** faire suivre qqch de.

follower ['fɒləʊər] *n* disciple *mf*.

following ['fɒləʊɪŋ] *adj* suivant. ❑ *n* groupe *m* d'admirateurs. ❑ *prép* après.

folly ['fɒlɪ] *n (indén)* folie *f*.

FOMCL SMS (abrév de fell off my chair laughing) MDR.

fond [fɒnd] *adj* affectueux • **to be fond of** aimer beaucoup.

fondle ['fɒndl] *vt* caresser.

fondly ['fɒndlɪ] *adv* affectueusement ; avec tendresse.

font [fɒnt] *n* **1.** fonts *mpl* baptismaux **2.** police *f* (de caractères).

food [fuːd] *n* nourriture *f*.

food chain *n* chaîne *f* alimentaire.

foodie ['fuːdɪ] *n fam* fin gourmet *m*.

food miles *npl* kilomètres *mpl* alimentaires.

food mixer *n* mixer *m*.

food poisoning [-ˌpɔɪznɪŋ] *n* intoxication *f* alimentaire.

food processor [-ˌprəʊsesər] *n* robot *m* ménager.

food safety *n* sécurité *f* alimentaire.

food stamp *n* (US) bon *m* alimentaire *(accordé aux personnes sans ressources)*.

foodstore ['fuːdstɔːr] *n* magasin *m* d'alimentation.

foodstuffs ['fuːdstʌfs] *npl* denrées *fpl* alimentaires.

food technology *n* technologie *f* alimentaire.

fool [fuːl] *n* **1.** idiot *m*, -e *f* **2.** (UK) CULIN ≃ mousse *f*. ❑ *vt* duper • **to fool sb into doing sthg** amener qqn à faire qqch en le dupant. ❑ *vi* faire l'imbécile. ■ **fool about, fool around** *vi* **1.** faire l'imbécile **2.** *fam* être infidèle.

foolhardy ['fuːlˌhɑːdɪ] *adj* téméraire.

foolish ['fuːlɪʃ] *adj* idiot, stupide.

foolishly ['fuːlɪʃlɪ] *adv* stupidement, bêtement.

foolishness ['fuːlɪʃnɪs] *n (indén)* bêtise *f*.

foolproof ['fuːlpruːf] *adj* infaillible.

foot [fʊt] (*pl* **feet** [fiːt]) *n* **1.** pied *m* **2.** patte *f* **3.** bas *m (d'une page, d'un escalier)* **4.** *(locution)* • **to be on one's feet** être debout • **to get to one's feet** se mettre debout, se lever • **on foot** à pied • **to put one's foot in it** mettre les pieds dans le plat • **to put one's feet up** se reposer.

footage ['fʊtɪdʒ] *n (indén)* CINÉ séquences *fpl*.

football ['fʊtbɔːl] *n* **1.** football *m* • **to play football** jouer au football **2.** foot *m* **3.** football américain **4.** ballon *m* de football *ou* de foot.

football club *n* (UK) club *m* de football.

footballer ['fʊtbɔːlər] *n* (UK) joueur *m*, -euse *f* de football, footballeur *m*, -euse *f*.

football field *n* (US) terrain *m* de football américain.

football ground *n* (UK) terrain *m* de football.

football match *n* (UK) match *m* de football.

football player = **footballer**.

football supporter *n* (surtout UK) supporter *m* (de football).

footbrake ['fʊtbreɪk] *n* frein *m* (à pied).

footbridge ['fʊtbrɪdʒ] *n* passerelle *f*.

foothills ['fʊthɪlz] *npl* contreforts *mpl*.

foothold ['fʊthəʊld] *n* prise *f* (de pied) • **to get a foothold** prendre pied, *fig* se faire accepter.

footing ['fʊtɪŋ] *n* **1.** prise *f* • **to lose one's footing** trébucher **2.** *fig* position *f*.

footlights ['fʊtlaɪts] *npl* rampe *f*.

footnote ['fʊtnəʊt] *n* note *f* de bas de page.

footpath ['fʊtpɑːθ] (*pl* [-pɑːðz]) *n* sentier *m*.

footprint ['fʊtprɪnt] *n* empreinte *f* (de pied), trace *f* (de pas).

footslogger ['fʊtˌslɒgər] *n fam* MIL pousse-cailloux *m inv*, biffin *m (fantassin)*.

footstep ['fʊtstep] *n* **1.** bruit *m* de pas **2.** empreinte *f* (de pied).

footwear ['fʊtweər] *n (indén)* chaussures *fpl*.

for

■ **for** [fɔːr] *prép*

1. EXPRIME LE BUT, L'INTENTION

• **let's meet for a drink** retrouvons-nous pour prendre un verre • **what's it for?** ça sert à quoi ?

2. INTRODUIT LA DESTINATION, LE DESTINATAIRE
• **the plane for Paris has already left** l'avion à destination de Paris est déjà parti • **this is for him** c'est pour lui

3. EXPRIME LA DURÉE
• **she'll be away for a month** elle sera absente (pendant) un mois • **I've lived here for 3 years** j'habite ici depuis 3 ans, cela fait 3 ans que j'habite ici

4. POUR INDIQUER UN DÉLAI
• **I can do it for you for tomorrow** je peux vous le faire pour demain

5. POUR EXPRIMER LA DISTANCE
• **this medical centre is the only one for 50 kilometres** ce centre médical est le seul sur 50 kilomètres • **I walked for miles** j'ai marché (pendant) des kilomètres

6. EN FAVEUR DE
• **he voted for the Democratic candidate** il a voté pour le candidat démocrate • **she was all for a negotiated political solution** elle était tout à fait pour *ou* en faveur d'une solution politique négociée

7. EXPRIME LA CAUSE
• **he did 20 years in prison for murder** il a passé 20 ans en prison pour meurtre • **for various reasons I decided not to talk to her** pour plusieurs raisons, j'ai décidé de ne pas lui parler • **I didn't say anything for fear of being ridiculed** je n'ai rien dit de *ou* par peur d'être ridiculisé

8. INDIQUE UNE OCCASION, UN ÉVÉNEMENT
• **she's coming home for Christmas** elle rentre à la maison pour Noël • **what are you doing for your birthday?** que fais-tu pour ton anniversaire ?

9. À LA PLACE DE, AU NOM DE
• **let me do that for you** laissez-moi faire, je vais vous le faire • **the MP for Barnsley was on TV yesterday** le député de Barnsley est passé à la télé hier

10. INDIQUE UNE ÉQUIVALENCE
• **P for Peter** P comme Peter • **what's the Greek for "mother"?** comment dit-on « mère » en grec ?

11. AVEC UN PRIX
• **they're 50p for ten** cela coûte 50 pence les dix • **I bought/sold it for £10** je l'ai acheté/vendu 10 livres

12. INDIQUE UNE PROPORTION
• **there's 1 woman applicant for 5 men** un candidat sur 6 est une femme

■ **for** [fɔr] *conj*

sout POUR EXPRIMER LA CAUSE
• **I always avoid him for I don't approve of his behaviour** je l'évite toujours car je n'approuve pas son comportement

■ **for all** *prép*

POUR EXPRIMER LA CONCESSION
• **for all his money he had no friends** malgré tout son argent, il n'avait pas d'amis

■ **for all** *conj*
• **for all I know** pour autant que je sache

À PROPOS DE

for

Il ne faut pas confondre ***for*** et ***during***. ***For*** répond à la question ***how long?*** (combien de temps ? ; pour combien de temps ?) ***(I went to Boston for three weeks)***, alors que ***during*** répond à la question ***when?*** (quand ?) ***(I went to Boston during the holidays)***.

forage ['fɒrɪdʒ] *vi* • **to forage (for)** fouiller (pour trouver).

forage harvester *n* fourragère *f*.

foray ['fɒreɪ] *n* • **foray (into)** *littéraire* incursion *f* (dans).

forbade [fə'beɪd], **forbad** [fə'bæd] *passé* → **forbid**.

forbid [fə'bɪd] (*prét* **forbade** *ou* **forbad** *pp* **forbid** *ou* **forbidden**) *vt* interdire, défendre.

forbidden [fə'bɪdn] *pp* → **forbid** ❑ *adj* interdit, défendu.

forbidding [fə'bɪdɪŋ] *adj* **1.** austère **2.** sinistre.

forbiddingly [fə'bɪdɪŋlɪ] *adv* de façon menaçante • **forbiddingly difficult/complex** d'une difficulté/complexité rébarbative.

force [fɔs] *n* **1.** force *f* • **by force** de force • **the force of gravity** la pesanteur **2.** • **to be in/to come into force** *(loi, règlement)* être/entrer en vigueur **3.** • **she's a force to be reckoned with** il faudra compter avec elle. ❑ *vt* **1.** forcer • **to force sb to do sthg** forcer qqn à faire qqch **2.** • **to force sthg on sb** imposer qqch à qqn. ■ **force back** *vt sép* **1.** repousser **2.** refouler. ■ **force down** *vt sép* **1.** se forcer à manger **2.** forcer à atterrir. ■ **forces** *npl* • **the forces** les forces *fpl* armées • **to join forces** joindre ses efforts.

forced [fɔːst] *adj* forcé.

force-feed *vt* nourrir de force.

forceful ['fɔsful] *adj* **1.** énergique **2.** vigoureux.

forcefully ['fɔːsfulɪ] *adv* avec force.

forceps ['fɔseps] *npl* forceps *m*.

forcibly ['fɔsəblɪ] *adv* **1.** de force **2.** avec vigueur.

ford [fɔd] *n* gué *m*.

fore [fɔʳ] *adj* NAUT à l'avant. ❑ *n* • **to come to the fore** s'imposer.

forearm ['fɔrɑ:m] *n* avant-bras *m inv*.

foreboding [fɔ'bəʊdɪŋ] *n* pressentiment *m*.

forecast ['fɔkɑ:st] *n* prévision *f* • **(weather) forecast** prévisions météorologiques. ❑ *vt* (*prét & pp* **forecast** *ou* **forecasted**) prévoir.

foreclose [fɔ'kləʊz] *vt* saisir. ❑ *vi* • **to foreclose on sb** saisir les biens de qqn.

forecourt ['fɔkɔt] *n* **1.** devant *m* (*d'une station-service*) **2.** avant-cour *f*.

forefinger ['fɔ,fɪŋgəʳ] *n* index *m*.

forefront ['fɔfrʌnt] *n* • **in** *ou* **at the forefront of** au premier plan de.

forego [fɔ'gəʊ] = **forgo**.

foregone conclusion ['fɔgɒn-] *n* • **it's a foregone conclusion** c'est couru d'avance.

foreground ['fɔgraʊnd] *n* premier plan *m*.

forehand ['fɔhænd] *n* TENNIS coup *m* droit.

forehead ['fɔhed] *n* front *m*.

foreign ['fɒrən] *adj* **1.** étranger **2.** à l'étranger **3.** extérieur.

foreign affairs *npl* affaires *fpl* étrangères.

foreign aid *n* aide *f* extérieure.

foreign competition *n* concurrence *f* étrangère.

foreign currency *n (indén)* devises *fpl* étrangères.

foreigner ['fɒrənəʳ] *n* étranger *m*, -ère *f*.

foreign languages *npl* les langues étrangères.

foreign minister *n* ministre *m* des Affaires étrangères.

foreignness ['fɒrɪnnɪs] *n* **1.** air *m* étranger **2.** caractère *m* étranger.

Foreign Office *n* **(UK)** • **the Foreign Office** ≃ le ministère des Affaires étrangères.

Foreign Secretary *n* **(UK)** ≃ ministre *m* des Affaires étrangères.

foreleg ['fɔleg] *n* **1.** membre *m* antérieur **2.** patte *f* de devant.

foreman ['fɔmən] (*pl* **-men**) *n* **1.** contremaître *m*, -esse *f* **2.** DR président *m* du jury.

foremost ['fɔməʊst] *adj* principal. ❑ *adv* • **first and foremost** tout d'abord.

forename ['fɔ:neɪm] *n* prénom *m*.

forensic [fə'rensɪk] *adj* médico-légal.

forensic medicine, **forensic science** *n* médecine *f* légale.

forerunner ['fɔ,rʌnəʳ] *n* précurseur *m*.

foresee [fɔ'si:] (*prét* **foresaw** [-'sɔ], *pp* **foreseen**) *vt* prévoir.

foreseeable [fɔ'si:əbl] *adj* prévisible • **for the foreseeable future** pour tous les jours/mois *etc* à venir.

foreseen [fɔ'si:n] *pp* → **foresee**.

foreshadow [fɔ'ʃædəʊ] *vt* présager.

foresight ['fɔsaɪt] *n (indén)* prévoyance *f*.

foresighted ['fɔ:,saɪtɪd] *adj* prévoyant.

forest ['fɒrɪst] *n* forêt *f*.

forestall [fɔ'stɔl] *vt* **1.** prévenir **2.** devancer.

forestry ['fɒrɪstrɪ] *n* sylviculture *f*.

foretaste ['fɔteɪst] *n* avant-goût *m*.

foretell [fɔ'tel] (*prét & pp* **foretold**) *vt* prédire.

foretold [fɔ'təʊld] *passé & pp* → **foretell**.

forever [fə'revəʳ] *adv* (pour) toujours.

forewarn [fɔ'wɔn] *vt* avertir.

forewarning [,fɔ:'wɔ:nɪŋ] *n* avertissement *m*.

foreword ['fɔwɜ:d] *n* avant-propos *m inv*.

forfeit ['fɔfɪt] *n* **1.** amende *f* **2.** gage *m*. ❑ *vt* perdre.

forgave [fə'geɪv] *passé* → **forgive**.

forge [fɔʤ] *n* forge *f*. ❑ *vt* **1.** *fig* INDUST forger **2.** contrefaire **3.** falsifier. ■ **forge ahead** *vi* prendre de l'avance.

forger ['fɔʤəʳ] *n* faussaire *mf*.

forgery ['fɔʤərɪ] *n* **1.** *(indén)* contrefaçon *f* **2.** faux *m*.

forget [fə'get] (*prét* **forgot**, *pp* **forgotten**) *vt* oublier • **to forget to do sthg** oublier de faire qqch • **forget it!** laisse tomber ! ❑ *vi* • **to forget (about sthg)** oublier (qqch).

forgetful [fə'getfʊl] *adj* distrait, étourdi.

forgetfulness [fə'getfʊlnɪs] *n* étourderie *f*.

forget-me-not *n* myosotis *m*.

forgettable [fə'getəbl] *adj* qui ne présente pas d'intérêt.

forgivable [fə'gɪvəbl] *adj* pardonnable.

forgive [fə'gɪv] (*prét* **forgave**, *pp* **forgiven** [-'gɪvən]) *vt* pardonner • **to forgive sb for sthg/for doing sthg** pardonner qqch à qqn/à qqn d'avoir fait qqch.

forgiveness [fə'gɪvnɪs] *n (indén)* pardon *m*.

forgiving [fə'gɪvɪŋ] *adj* indulgent.

forgo [fɔ'gəʊ] (*prét* **forwent**, *pp* **forgone** [-'gɒn]) *vt sout* renoncer à.

forgot [fə'gɒt] *passé* → **forget**.

forgotten [fə'gɒtn] *pp* → **forget**.

fork [fɔk] *n* **1.** fourchette *f* **2.** fourche *f* **3.** bifurcation *f* **4.** embranchement *m*. ❑ *vi* bifurquer. ■ **fork out** *fam vt insép* allonger, débourser.

forkful ['fɔ:kfʊl] *n* pleine fourchette *f*.

forklift truck ['fɔklɪft-] *n* chariot *m* élévateur.

forlorn [fə'lɔn] *adj* **1.** malheureux, triste **2.** *(lieu, paysage)* désolé **3.** désespéré.

form [fɔm] *n* **1.** forme *f* • **on form (UK)** *ou* **in form (US)** en pleine forme • **off form (surtout UK)** pas en forme • **in the form of** sous forme de **2.** formulaire *m* **3. (UK)** SCOL classe *f*. ❑ *vt* former. ❑ *vi* se former.

formal ['fɔml] *adj* **1.** officiel **2.** *(personne)* formaliste **3.** *(style, langue)* soutenu.

formality [fɔ'mæləti] *n* formalité *f*.

formally ['fɔːməli] *adv* **1.** de façon correcte **2.** solennellement • **to be formally dressed** être en tenue de cérémonie **3.** officiellement.

format ['fɔmæt] *n* format *m*. ❑ *vt* INFORM formater.

formation [fɔ'meɪʃn] *n* **1.** formation *f* **2.** élaboration *f*.

formative ['fɔmətɪv] *adj* formateur.

formatting ['fɔːmætɪŋ] *n* INFORM formatage *m*.

former ['fɔmər] *adj* **1.** ancien • **former husband** ex-mari *m* • **former pupil** ancien élève *m*, ancienne élève *f* **2.** premier *(des deux)*. ❑ *n* • **the former** le premier, la première *f*, celui-là, celle-là *f*.

formerly ['fɔməli] *adv* autrefois.

form-filling *n* • **there was a lot of form-filling** il y avait beaucoup de papiers à remplir.

formidable ['fɔmɪdəbl] *adj* redoutable, terrible.

formidably ['fɔːmɪdəbli] *adv* redoutablement, terriblement.

formula ['fɔmjʊlə] (*pl* **-as** *ou* **-ae**) *n* formule *f*.

formulate ['fɔmjʊleɪt] *vt* formuler.

forsake [fə'seɪk] (*prét* **forsook** *pp* **forsaken**) *vt littéraire* **1.** abandonner **2.** renoncer à.

forsaken [fə'seɪkn] *adj* abandonné.

forsook [fə'sʊk] *passé* → **forsake**

fort [fɔt] *n* fort *m (forteresse)*.

forte ['fɔti] *n* point *m* fort.

forth [fɔθ] *adv littéraire* en avant.

forthcoming [fɔθ'kʌmɪŋ] *adj* **1.** à venir **2.** communicatif.

forthright ['fɔθraɪt] *adj* franc, franche *f*, direct.

forthwith [,fɔθ'wɪθ] *adv sout* aussitôt.

fortieth ['fɔːtɪɪθ] *num* quarantième. Voir aussi **sixth**

fortified wine ['fɔtɪfaɪd-] *n* vin *m* de liqueur.

fortify ['fɔtɪfaɪ] *vt* **1.** MIL fortifier **2.** *fig* renforcer.

fortitude ['fɔːtɪtjuːd] *n* courage *m*.

fortnight ['fɔtnaɪt] *n* **(UK)** quinze jours *mpl*, quinzaine *f* • **once a fortnight** tous les quinze jours.

fortnightly ['fɔt,naɪtli] *adj* **(UK)** bimensuel. ❑ *adv* tous les quinze jours.

fortress ['fɔtrɪs] *n* forteresse *f*.

fortunate ['fɔtʃnət] *adj* heureux • **to be fortunate** avoir de la chance.

fortunately ['fɔtʃnətli] *adv* heureusement.

fortune ['fɔtʃuːn] *n* **1.** fortune *f* • **to earn a fortune** gagner une fortune **2.** fortune *f*, chance *f* • **to tell sb's fortune** dire la bonne aventure à qqn.

fortune-teller [-,telər] *n* diseuse *f* de bonne aventure.

forty ['fɔti] *num* quarante. Voir aussi **sixty**

forty winks *npl fam* petit somme *m*.

forum ['fɔːrəm] (*pl* **-s**) *n* **1.** *(gén)* forum *m*, tribune *f* **2.** INFORM & INTERNET forum *m*.

forward ['fɔwəd] *adj* **1.** en avant **2.** à long terme **3.** effronté. ❑ *adv* **1.** en avant • **to go** *ou* **move forward** avancer **2.** • **to bring a meeting forward** avancer la date d'une réunion. ❑ *n* SPORT avant *m*. ❑ *vt* **1.** faire suivre **2.** expédier.

forwarding address ['fɔwədɪŋ-] *n* adresse *f* où faire suivre le courrier.

forward-looking [-'lʊkɪŋ] *adj* tourné vers l'avenir.

forwards ['fɔwədz] *adv* = **forward**

forward slash *n* INFORM barre *f* oblique.

forwent [fɔ'went] *passé* → **forgo**

fossil ['fɒsl] *n & adj* fossile *m*.

fossil fuel *n* énergie *f* fossile.

foster ['fɒstər] *adj* d'accueil. ❑ *vt* **1.** accueillir **2.** *fig* nourrir, entretenir.

foster child *n* enfant *m* placé en famille d'accueil.

foster parent *n* parent *m* nourricier.

fought [fɔt] *passé & pp* → **fight**

foul [faʊl] *adj* **1.** infect **2.** croupi **3.** grossier, ordurier. ❑ *n* SPORT faute *f*. ❑ *vt sout* **1.** souiller, salir **2.** SPORT commettre une faute contre.

foul-mouthed [-'maʊðd] *adj* grossier.

foul play *n (indén)* **1.** SPORT antijeu *m* **2.** acte *m* malveillant.

found [faʊnd] *passé & pp* → **find** ❑ *vt* fonder • **to found sthg on** fonder *ou* baser qqch sur.

foundation [faʊn'deɪʃn] *n* **1.** fondation *f* **2.** fondement *m*, base *f* **3.** • **foundation (cream)** fond *m* de teint. ■ **foundations** *npl* fondations *fpl*.

foundation hospital *n* **(UK)** *hôpital faisant partie du système de sécurité sociale britannique, mais géré par une équipe privée.*

foundation stage *n* **(UK)** SCOL *premier cycle de l'enseignement, qui englobe le préscolaire et la première année du primaire.*

founder ['faʊndər] *n* fondateur *m*, -trice *f*. ❑ *vi* sombrer.

founder member *n* membre *m* fondateur.

foundry ['faʊndri] *n* fonderie *f*.

fountain ['faʊntɪn] *n* fontaine *f*.

fountain pen *n* stylo *m* à encre.

four [fɔr] *num* quatre • **on all fours** à quatre pattes. Voir aussi **six**

four-by-four *n* AUTO quatre-quatre *m*.

Four-F *n personne inapte (physiquement) au service militaire.*

four-letter word *n* mot *m* grossier.

four-poster (bed) *n* lit *m* à baldaquin.

foursome ['fɔsəm] *n* groupe *m* de quatre.

four-star *adj (hôtel)* quatre étoiles.

fourteen [,fɔ'tiːn] *num* quatorze. Voir aussi **six**

fourteenth [ˌfɔːˈtiːnθ] *num* quatorzième. Voir aussi **sixth**.

fourth [fɔθ] *num* quatrième. Voir aussi **sixth**.

fourth grade *n* **(US)** SCOL *classe de l'école primaire correspondant au CM1 (8-9 ans)*.

Fourth of July *n* • **the Fourth of July** *fête de l'Indépendance américaine, célébrée le 4 juillet*.

CULTURE

the Fourth of July

Le 4 juillet, jour de l'indépendance américaine (**Independence Day**), est l'une des fêtes les plus importantes pour les Américains. De nombreuses villes organisent des défilés et des feux d'artifice bleus, blancs et rouges. Ces mêmes couleurs sont utilisées pour décorer les façades des immeubles, qui arborent aussi souvent des drapeaux américains. La plupart des familles passent la journée ensemble à pique-niquer ; le menu comprend généralement des hot-dogs et de la pastèque.

four-wheel drive *n* • **with four-wheel drive** à quatre roues motrices.

fowl [faʊl] (*pl inv ou* **-s**) *n* volaille *f*.

fox [fɒks] *n* renard *m*. ❑ *vt* laisser perplexe.

foxed [fɒkst] *adj* marqué *ou* taché de rousseurs.

foxglove [ˈfɒksglʌv] *n* digitale *f*.

foxhunting [ˈfɒksˌhʌntɪŋ] *n* (*indén*) chasse *f* au renard.

foxy [ˈfɒksɪ] *adj fam* sexy (*inv*).

foyer [ˈfɔɪeɪ] *n* **1.** foyer *m* (*de théâtre, d'hôtel*) **2. (US)** hall *m* d'entrée.

Fr. (abrév de father) P.

fracas [ˈfrækɑː, **(US)** ˈfreɪkəs] (**(UK)** *pl inv*, **(US)** *pl* **-ses**) *n* bagarre *f*.

fraction [ˈfrækʃn] *n* fraction *f* • **a fraction too big** légèrement *ou* un petit peu trop grand.

fractionally [ˈfrækʃnəlɪ] *adv* un tout petit peu.

fractious [ˈfrækʃəs] *adj* grincheux.

fracture [ˈfræktʃəʳ] *n* fracture *f*. ❑ *vt* fracturer.

fragile [ˈfrædʒaɪl] *adj* fragile.

fragility [frəˈdʒɪlətɪ] *n* fragilité *f*.

fragment *n* [ˈfrægmənt] fragment *m*.

fragmented [frægˈmentɪd] *adj* fragmenté.

fragrance [ˈfreɪgrəns] *n* parfum *m*.

fragrance-free *adj* sans parfum.

fragrant [ˈfreɪgrənt] *adj* parfumé.

fragrant rice *n* riz *m* parfumé.

frail [freɪl] *adj* fragile.

frailty [ˈfreɪltɪ] (*pl* **-ies**) *n* fragilité *f*.

frame [freɪm] *n* **1.** cadre *m* **2.** monture *f* (*de lunettes*) **3.** encadrement *m* (*de porte, de fenêtre*) **4.** carcasse *f* (*de bateau*) **5.** charpente *f*. ❑ *vt* **1.** encadrer **2.** formuler **3.** *fam* monter un coup contre.

frame of mind *n* état *m* d'esprit.

framework [ˈfreɪmwɜːk] *n* **1.** armature *f*, carcasse *f* **2.** *fig* structure *f*, cadre *m*.

France [frɑːns] *n* France *f*.

franchise [ˈfræntʃaɪz] *n* **1.** droit *m* de vote **2.** COMM franchise *f*.

francophile [ˈfræŋkəfaɪl] *adj* francophile. ❑ *n* francophile *mf*.

francophobe [ˈfræŋkəfəʊb] *adj* francophobe. ❑ *n* francophobe *mf*.

francophone [ˈfræŋkəfəʊn] *adj* francophone. ❑ *n* francophone *mf*.

Franglais [ˈfrɒŋgleɪ] *n* franglais *m*.

frank [fræŋk] *adj* franc, franche *f*. ❑ *vt* **(UK)** affranchir.

frankfurter [ˈfræŋkfɜːtəʳ] *n* saucisse *f* de Francfort.

frankly [ˈfræŋklɪ] *adv* franchement.

frankness [ˈfræŋknɪs] *n* franchise *f*.

frantic [ˈfræntɪk] *adj* frénétique.

frantically [ˈfræntɪklɪ] *adv* frénétiquement, avec frénésie.

frat [fræt] *n* **(US)** abrév de **fraternity**.

fraternal [frəˈtɜːnl] *adj* fraternel.

fraternity [frəˈtɜːnətɪ] *n* **1.** confrérie *f* **2.** (*indén*) fraternité *f* **3. (US)** club *m* d'étudiants (*de sexe masculin*).

fraternize, -ise (UK) [ˈfrætənaɪz] *vi* fraterniser.

fraud [frɔd] *n* **1.** (*indén*) fraude *f* **2.** *péj* imposteur *m*.

fraudster [ˈfrɔːdstəʳ] *n* **(UK)** fraudeur *m*, -euse *f*.

fraudulent [ˈfrɔːdjʊlənt] *adj* frauduleux.

fraudulently [ˈfrɔːdjʊləntlɪ] *adv* frauduleusement.

fraught [frɔt] *adj* **1.** • **fraught with** plein de **2. (UK)** (*personne*) tendu **3. (UK)** (*situation*) difficile.

fray [freɪ] *vt fig* • **my nerves were frayed** j'étais extrêmement tendu, j'étais à bout de nerfs. ❑ *vi* s'user. ❑ *n littéraire* bagarre *f*.

frayed [freɪd] *adj* élimé.

frazzled [ˈfræzld] *adj fam* **1.** éreinté **2.** desséché.

freak [friːk] *adj* bizarre, insolite. ❑ *n* **1.** monstre *m*, phénomène *m* **2.** accident *m* bizarre **3.** *fam* fana *mf*, accro *mf* • **she's a fitness freak** c'est une accro de la gym. ■ **freak out** *fam vi* **1.** exploser (de colère) **2.** paniquer.

freaking, freakin' (US) *tfam adj* • **that freaking car** cette voiture à la con. ❑ *adv* • **it's freakin' cold** il fait vachement froid.

freaky [ˈfriːkɪ] *adj fam* zarbi.

freckle [ˈfrekl] *n* tache *f* de rousseur.

freckled [ˈfrekld] *adj* taché de son, couvert de taches de rousseur • **a freckled face/nose** un visage/nez couvert de taches de rousseur.

free [friː] *adj* (*comp* **freer**, *superl* **freest**) **1.** libre • **to be free to do sthg** être libre de faire qqch

• **feel free!** je t'en prie ! • **to set free** libérer **2.** gratuit. ❑ *adv* **1.** gratuitement • **free of charge** gratuitement • **for free** gratuitement **2.** librement. ❑ *vt* (*prét & pp* **freed**) **1.** libérer **2.** dégager.

-free [fri:] *suffixe* sans.

freebie ['fri:bɪ] *n fam* cadeau *m*.

free cash flow *n* flux *m* de trésorerie disponible.

free climbing *n* SPORT escalade *f* libre.

freedom ['fri:dəm] *n* **1.** liberté *f* • **freedom of speech** liberté d'expression **2.** • **freedom (from)** exemption *f* (de).

freedom fighter *n* partisan *m*, -e *f*.

free enterprise *n* (*indén*) libre entreprise *f*.

free-fall *n* (*indén*) chute *f* libre • **to go into free-fall** tomber en chute libre.

Freefone® ['fri:fəʊn] *n* (*indén*) **(UK)** ≃ numéro *m* vert.

free-for-all *n* mêlée *f* générale.

free-form *adj* de forme libre.

freegan *n personne qui se nourrit d'aliments récupérés dans les poubelles des supermarchés, après les marchés, etc.*

free gift *n* prime *f*.

freehand ['fri:hænd] *adj & adv* à main levée.

freehold ['fri:həʊld] *n* propriété *f* foncière inaliénable.

freeholder ['fri:həʊldəʳ] *n* propriétaire foncier *m*, propriétaire foncière *f*.

free house *n* **(UK)** pub *m* en gérance libre.

free jazz *n* free jazz *m*.

free kick *n* coup *m* franc.

freelance ['fri:lɑ:ns] *adj* indépendant, free-lance (*inv*). ❑ *n* indépendant *m*, -e *f*, free-lance *mf inv*.

freelancer ['fri:lɑ:nsəʳ] *n* travailleur *m* indépendant, travailleuse *f* indépendante, free-lance *mf inv*.

freeloader ['fri:ləʊdəʳ] *n fam* parasite *m*.

freely ['fri:lɪ] *adv* **1.** librement **2.** sans compter.

Freemason ['fri:ˌmeɪsn] *n* franc-maçon *m*.

free paper *n* **(UK)** journal *m* gratuit.

Freepost® ['fri:pəʊst] *n* **(UK)** port *m* payé.

free-range *adj* de ferme.

free sample *n* échantillon *m* gratuit.

free spirit *n* non-conformiste *mf*.

freestanding [ˌfri:'stændɪŋ] *adj* non encastré.

freestyle ['fri:staɪl] *n* SPORT nage *f* libre.

freethinker [fri:'θɪŋkəʳ] *n* libre-penseur *m*, -euse *f*.

free trade *n* (*indén*) libre-échange *m*.

freeware ['fri:weəʳ] *n* INFORM logiciel *m* public, logiciel *m* libre • **a piece of freeware** un gratuiciel.

freeway ['fri:weɪ] *n* **(US)** autoroute *f*.

freewheel [ˌfri:'wi:l] *vi* **1.** (*à vélo*) rouler en roue libre **2.** (*en voiture*) rouler au point mort.

free will *n* (*indén*) libre arbitre *m* • **to do sthg of one's own free will** faire qqch de son propre gré.

free world *n vieilli* • **the free world** le monde libre.

freeze [fri:z] *vt* (*prét* **froze** *pp* **frozen**) **1.** geler **2.** congeler **3.** bloquer (*les prix, les salaires*). ❑ *vi* (*prét* **froze** *pp* **frozen**) **1.** geler **2.** s'arrêter. ❑ *n* **1.** gel *m* **2.** blocage *m* (*des prix, des salaires*).
■ **freeze over** *vi* geler.

freeze-dried [-'draɪd] *adj* lyophilisé.

freeze-drying *n* lyophilisation *f*.

freezer ['fri:zəʳ] *n* congélateur *m*.

freezing ['fri:zɪŋ] *adj* glacé • **I'm freezing** je gèle. ❑ *n* = **freezing point**

freezing point *n* point *m* de congélation.

freight [freɪt] *n* fret *m*.

freight train *n* **(US)** train *m* de marchandises.

freight yard *n* **(US)** dépôt *m* de marchandises.

French [frentʃ] *adj* français. ❑ *n* français *m*. ❑ *npl* • **the French** les Français *mpl*.

French bean *n* **(UK)** haricot *m* vert.

French bread *n* (*indén*) baguette *f* (*de pain*).

French Canadian *adj* canadien français, canadienne française *f*. ❑ *n* Canadien français *m*, Canadienne française *f*.

French dip *n* **(US)** sauce *f* épaisse (*pour tremper les aliments*).

French doors = **French windows**

French dressing *n* **1.** vinaigrette *f* **2.** *sauce-salade à base de mayonnaise et de ketchup*.

French fries *npl* **(surtout US)** frites *fpl*.

French kiss *n* baiser *m* profond. ❑ *vt* embrasser sur la bouche (*avec la langue*). ❑ *vi* s'embrasser sur la bouche (*avec la langue*).

Frenchman ['frentʃmən] (*pl* **-men**) *n* Français *m*.

French stick *n* **(UK)** baguette *f* (*de pain*).

French windows *npl* porte-fenêtre *f*.

Frenchwoman ['frentʃˌwʊmən] (*pl* **-women**) *n* Française *f*.

frenemy ['frenəmɪ] *n ennemi qui se fait passer pour un ami* • **they're frenemies** ils se détestent cordialement.

frenetic [frə'netɪk] *adj* frénétique.

frenzied ['frenzɪd] *adj* **1.** frénétique **2.** déchaîné **3.** en délire.

frenzy ['frenzɪ] *n* frénésie *f*.

frequency ['fri:kwənsɪ] *n* fréquence *f*.

frequent *adj* ['fri:kwənt] fréquent. ❑ *vt* [frɪ'kwent] fréquenter.

frequently ['fri:kwəntlɪ] *adv* fréquemment.

fresh [freʃ] *adj* **1.** frais **2.** doux **3.** autre **4.** nouveau • **to make a fresh start** prendre un nouveau départ **5.** *fam* & *vieilli* familier.

freshen ['freʃn] *vt* rafraîchir. ◻ *vi* devenir plus fort. ■ **freshen up** *vi* faire un brin de toilette.

fresher ['freʃər] *n* **(UK)** bizut *m*, étudiant *m*, -e *f* de première année.

fresh-faced *adj* au teint frais.

freshly ['freʃlɪ] *adv* fraîchement.

freshman ['freʃmæn] (*pl* **-men**) *n* **(US)** SCOL bizut *m*, élève *mf (en première année)* ; UNIV étudiant *m*, -e *f (de première année)*.

freshness ['freʃnɪs] *n (indén)* **1.** fraîcheur *f* **2.** nouveauté *f*.

freshwater ['freʃ,wɔtər] *adj* d'eau douce.

fret [fret] *vi* s'inquiéter.

fretful ['fretfʊl] *adj* **1.** grognon **2.** agité.

fretfully ['fretfʊlɪ] *adv* avec inquiétude.

Fri. (abrév de **Friday**) ven.

friar ['fraɪər] *n* frère *m*.

friction ['frɪkʃn] *n (indén)* friction *f*.

Friday ['fraɪdɪ] *n* vendredi *m*. Voir aussi **Saturday**.

fridge [frɪʤ] *n* frigo *m*.

fridge-freezer *n* **(UK)** réfrigérateur-congélateur *m*.

fried [fraɪd] *adj* frit • **fried egg** œuf *m* au plat.

friend [frend] *n* ami *m*, -e *f* • **to be friends with sb** être ami avec qqn • **to make friends (with sb)** se lier d'amitié (avec qqn). ◻ *vt* **(US)** *(sur un réseau social)* marquer comme ami • **will you friend me?** tu veux bien me marquer comme ami ?

friendliness ['frendlɪnɪs] *n* gentillesse *f*.

friendly ['frendlɪ] *adj* **1.** amical **2.** ami **3.** *(dispute)* sans conséquence • **to be friendly with sb** être ami avec qqn.

friendship ['frendʃɪp] *n* amitié *f*.

fries [fraɪz] = **French fries**.

frieze [fri:z] *n* frise *f*.

fright [fraɪt] *n* peur *f* • **to give sb a fright** faire peur à qqn • **to take fright** prendre peur.

frighten ['fraɪtn] *vt* faire peur à, effrayer. ■ **frighten away** *vt sép* faire fuir *(en faisant peur)*. ■ **frighten off** *vt sép* faire fuir *(en faisant peur)*.

frightened ['fraɪtnd] *adj* apeuré • **to be frightened of sthg/of doing sthg** avoir peur de qqch/de faire qqch.

frightening ['fraɪtnɪŋ] *adj* effrayant.

frighteningly ['fraɪtnɪŋlɪ] *adv* à faire peur • **frighteningly true to life** d'un réalisme effrayant.

frightful ['fraɪtfʊl] *adj vieilli* effroyable.

frightfully ['fraɪtfʊlɪ] *adv* **(UK)** *vieilli* • **I'm frightfully sorry** je suis absolument désolé.

frigid ['frɪʤɪd] *adj* frigide.

frill [frɪl] *n* **1.** volant *m (sur une robe, une jupe)* **2.** *fam* supplément *m*.

frilly ['frɪlɪ] (*comp* **frillier**, *superl* **frilliest**) *adj* à fanfreluches.

fringe [frɪnʤ] *n* **1.** frange *f* **2.** bordure *f* **3.** lisière *f*.

fringe benefit *n* avantage *m* extrasalarial.

fringe group *n* groupe *m* marginal.

fringe theatre *n* **(UK)** théâtre *m* d'avant-garde.

frisk [frɪsk] *vt* fouiller.

frisky ['frɪskɪ] *adj fam* vif, vive *f*.

fritter ['frɪtər] *n* beignet *m*. ■ **fritter away** *vt sép* gaspiller.

fritz [frɪts] *n* **(US)** *fam* • **to be on the fritz** être en panne.

frivolity [frɪ'vɒlətɪ] (*pl* **-ies**) *n* frivolité *f*.

frivolous ['frɪvələs] *adj* frivole.

frivolously ['frɪvələslɪ] *adv* de manière frivole.

frizzy ['frɪzɪ] *adj* crépu.

fro [frəʊ] → **to**.

frock [frɒk] *n vieilli* robe *f*.

frog [frɒg] *n* grenouille *f* • **to have a frog in one's throat** avoir un chat dans la gorge.

frogman ['frɒgmən] (*pl* **-men**) *n* homme-grenouille *m*.

frogmarch ['frɒgmɑːtʃ] *vt* **(surtout UK)** *emmener quelqu'un de force en lui tenant les bras dans le dos*.

frogspawn ['frɒgspɔːn] *n (indén)* œufs *mpl* de grenouille.

frolic ['frɒlɪk] *vi* (*prét & pp* **frolicked**, *cont* **frolicking**) folâtrer.

from

■ **from** *prép*

forme accentuée [frɒm], *forme non accentuée* [frəm],

1. INDIQUE L'ORIGINE
• **where are you from?** d'où venez-vous ?, d'où êtes-vous ? • **she's from Italy** elle vient d'Italie, elle est originaire d'Italie

2. INDIQUE LA PROVENANCE
• **I got a letter from her today** j'ai reçu une lettre d'elle aujourd'hui • **the 10 o'clock flight from Paris has just arrived** le vol de 10 heures en provenance de Paris vient juste d'arriver

3. INDIQUE UN POINT DE DÉPART DANS LE TEMPS
• **we worked from 2 pm to** *ou* **till 6 pm** nous avons travaillé de 14 h à 18 h • **from the moment I saw him, I was in love** dès que *ou* dès l'instant où je l'ai vu, j'étais amoureuse

4. INDIQUE UN POINT DE DÉPART DANS L'ESPACE
• **it's 60 km from here** c'est à 60 km d'ici • **seen from above/below, it seems much smaller** vu d'en haut/d'en bas, cela semble

beaucoup plus petit • **he ran away from home** il a fait une fugue, il s'est sauvé de chez lui

5. INDIQUE UN POINT DE DÉPART DE FAÇON PLUS GÉNÉRALE

• **prices start from £50** le premier prix est de 50 livres • **you must translate from Spanish into English** vous devez traduire de l'espagnol vers l'anglais • **he started drinking from a glass very early** il a commencé à boire dans un verre très tôt

6. INDIQUE UNE SÉPARATION, UNE INTERDICTION

• **it's hard for a child to be kept away from its mother** c'est difficile pour un enfant d'être séparé de sa mère • **this amount will be deducted from your bank account** ce montant sera déduit *ou* retranché de votre compte bancaire • **take that knife from the child!** enlevez *ou* prenez ce couteau à l'enfant ! • **he's been banned from driving for six months** il a eu une interdiction de conduire depuis six mois

7. INDIQUE UNE PROTECTION, UN EMPÊCHEMENT

• **a tree gave us shelter from the rain** un arbre nous a protégés de la pluie • **he prevented her from coming** il l'a empêchée de venir

8. INDIQUE UNE DIFFÉRENCE

• **he is quite different from the others** il est très différent des autres • **the two sisters are so similar it's almost impossible to tell one from another** les deux sœurs se ressemblent tellement qu'il est quasiment impossible de distinguer l'une de l'autre

9. EXPRIME UN CHANGEMENT, UNE MODIFICATION

• **the price went up from £100 to £150** le prix est passé *ou* monté de 100 livres à 150 livres • **things got from bad to worse** les choses allèrent de mal en pis

10. INDIQUE LA MATIÈRE

• **it's made from wood/plastic** c'est en bois/plastique

11. INTRODUIT LA CAUSE

• **too many people still suffer from cold/hunger** trop de personnes souffrent encore du froid/de la faim • **he died from his injuries** il est mort des suites de ses blessures

12. INTRODUIT UNE RÉFÉRENCE, UN POINT DE VUE

• **from what I have heard, this is a very arduous task** d'après ce que j'ai entendu, c'est une tâche très ardue • **from his point of view, she'll never help you** d'après lui, elle ne t'aidera jamais

front [frʌnt] *n* **1.** avant *m* **2.** devant *m* **3.** premier rang *m* **4.** *MÉTÉOR & MIL* front *m* **5.** • **(sea) front** front *m* de mer **6.** contenance *f* **7.** *péj* façade *f.* ❑ *adj* **1.** *(dent, jardin)* de devant **2.** *(rang, page)* premier. ■ **in front** *adv* **1.** devant **2.** à l'avant **3.** • **to be in front** mener. ■ **in front of** *prép* devant.

frontbench [ˌfrʌnt'bentʃ] *n* **(UK)** *à la Chambre des communes, bancs occupés respectivement par les ministres du gouvernement en exercice et ceux du gouvernement fantôme.*

front desk *n* réception *f.*

front door *n* porte *f* d'entrée.

frontier ['frʌnˌtɪər, **(US)** frʌn'tɪər] *n* **1.** frontière *f* **2.** *fig* limite *f.*

front-loader *n* machine *f* à laver à chargement frontal.

front lot *n* **(US)** cour *f (devant un immeuble).*

front man *n* **1.** porte-parole *m inv* **2.** *TV* présentateur *m.*

front-page *adj* de première page.

front-rank *adj* • **a front-rank question** une question de premier plan.

front room *n* salon *m.*

front-runner *n* favori *m,* -ite *f.*

front-wheel drive *n* traction *f* avant.

front yard *n* **(US)** jardin *m (devant une maison).*

frost [frɒst] *n* gel *m.*

frostbite ['frɒstbaɪt] *n (indén)* gelure *f.*

frostbitten ['frɒstˌbɪtn] *adj* gelé.

frosted ['frɒstɪd] *adj* **1.** dépoli **2. (US)** glacé.

frost-free *adj* à dégivrage automatique.

frosting ['frɒstɪŋ] *n* **(US)** *(indén)* glaçage *m.*

frostproof ['frɒstpruːf] *adj* résistant à la gelée.

frosty ['frɒstɪ] *adj* **1.** glacial **2.** gelé.

froth [frɒθ] *n* **1.** mousse *f* **2.** écume *f.*

frothy ['frɒθɪ] *(comp* **frothier**, *superl* **frothiest***) adj* **1.** mousseux **2.** écumeux.

frown [fraʊn] *vi* froncer les sourcils. ■ **frown (up)on** *vt insép* désapprouver.

froze [frəʊz] *passé* → **freeze.**

frozen [frəʊzn] *pp* → **freeze.** ❑ *adj* **1.** gelé **2.** congelé • **frozen peas** petits pois *mpl* surgelés.

frozen assets *npl* capitaux *mpl* gelés.

frugal ['fruːgl] *adj* **1.** frugal **2.** économe.

frugally ['fruːgəlɪ] *adv* simplement, frugalement.

fruit [fruːt] *n (pl inv ou* **-s***)* fruit *m.*

fruit-bearing *adj* frugifère, fructifère.

fruit bowl *n* compotier *m.*

fruitcake ['fruːtkeɪk] *n* cake *m* (aux fruits).

fruit cocktail *n* macédoine *f* de fruits.

fruit-eating *adj* frugivore.

fruiterer ['fruːtərər] *n* **(UK)** *vieilli* fruitier *m.*

fruit fly *n* mouche *f* du vinaigre, drosophile *f.*

fruitful ['fruːtfʊl] *adj* fructueux.

fruition [fruː'ɪʃn] *n* • **to come to fruition** se réaliser.

fruit juice *n* jus *m* de fruits.

fruitless ['fru:tlɪs] *adj* vain.

fruit machine *n* **(UK)** machine *f* à sous.

fruit salad *n* salade *f* de fruits, macédoine *f*.

fruity ['fru:tɪ] (*comp* **fruitier**, *superl* **fruitiest**) *adj* fruité.

frump [frʌmp] *n* femme *f* mal habillée.

frumpily ['frʌmpɪlɪ] *adv* • **frumpily dressed** mal fagoté.

frumpishly ['frʌmpɪʃlɪ] *adv* • **frumpishly dressed** mal fagoté.

frumpy ['frʌmpɪ] *adj* mal habillé.

frustrate [frʌ'streɪt] *vt* **1.** frustrer **2.** faire échouer.

frustrated [frʌ'streɪtɪd] *adj* **1.** frustré **2.** vain.

frustrating [frʌ'streɪtɪŋ] *adj* frustrant.

frustration [frʌ'streɪʃn] *n* frustration *f*.

fry [fraɪ] (*prét & pp* **fried**) *vt & vi* frire.

frying pan ['fraɪɪŋ-] *n* poêle *f* à frire.

fry-up *n* **(UK)** *fam plat constitué de plusieurs aliments frits (œufs, bacon, etc), généralement consommé au petit déjeuner*.

ft. abrév de **foot**, abrév de **feet**.

F2T *SMS* (abrév de **free to talk**) tu es libre d'en discuter.

FTP (abrév de **file transfer protocol**) *n* FTP *m*.

FTSE ['futsi] *npr* (abrév de **Financial Times Stock Exchange**) • **the FTSE 100 index** l'index FTSE 100.

fuchsia ['fju:ʃə] *n* fuchsia *m*.

fuck [fʌk] *vulg vt & vi* baiser. ■ **fuck off** *vi vulg* • **fuck off!** fous le camp !

fucking ['fʌkɪŋ] *adj vulg* putain de.

fuddy-duddy ['fʌdɪ,dʌdɪ] (*pl* **-ies**) *n fam & péj* personne *f* vieux jeu.

fudge [fʌdʒ] *n (indén)* caramel *m* (mou). ❑ *vt* **(US)** *(ruin)* rater • **I fudged it** je l'ai complètement raté.

fuel [fjʊəl] *n* **1.** combustible *m* **2.** carburant *m*, essence *f* • **fuel gauge** jauge *f* à essence. ❑ *vt* (**(UK)** *prét & pp* **fuelled**, *cont* **fuelling**, **(US)** *prét & pp* **fueled**, *cont* **fueling**) **1.** alimenter (en combustible/carburant) **2.** *fig* nourrir.

fuel-efficient *adj* économique, qui ne consomme pas beaucoup.

fuel pump *n* pompe *f* d'alimentation.

fuel tank *n* réservoir *m* à carburant.

fugitive ['fju:dʒətɪv] *n* fugitif *m*, -ive *f*.

fulfil (UK), **fulfill (US)** [fʊl'fɪl] *vt* **1.** remplir *(son devoir)* **2.** réaliser *(un projet, ses ambition)* **3.** satisfaire *(un désir)*.

fulfilling [fʊl'fɪlɪŋ] *adj* épanouissant.

fulfilment (UK), **fulfillment (US)** [fʊl'fɪlmənt] *n (indén)* **1.** grande satisfaction *f* **2.** réalisation *f (d'un rêve)* **3.** exécution *f (d'un projet)* **4.** satisfaction *f (d'un besoin)*.

full [fʊl] *adj* **1.** plein **2.** complet **3.** gavé, repu **4.** total **5.** entier **6.** *(volume)* maximum *(inv)* **7.** *(vie)* rempli **8.** *(emploi du temps)* chargé **9.** *(saveur)* riche **10.** rondelet **11.** *(bouche)* charnu **12.** *(jupe, manche)* ample. ❑ *adv* • **you know full well that...** tu sais très bien que... ❑ *n* • **in full** complètement, entièrement.

full-blooded [-'blʌdɪd] *adj* **1.** de race pure **2.** robuste.

full-blown [-'bləʊn] *adj* général • **to have full-blown AIDS** avoir le Sida avéré.

full board *n* pension *f* complète.

full-bodied [-'bɒdɪd] *adj* qui a du corps.

full-court press *n (au basket)* zone-presse *f*.

full cream milk *n* **(UK)** lait *m* entier.

full-face *adj* de face.

full-fat *adj (lait)* entier.

full-flavoured *adj (histoire, blague)* épicé, corsé.

full-fledged (US) = **fully-fledged**.

full-frontal *adj* de face.

full-grown *adj* adulte.

full-length *adj* **1.** *(portrait, miroir)* en pied **2.** *(robe, roman)* long • **full-length film** long métrage. ❑ *adv* de tout son long.

full moon *n* pleine lune *f*.

full-on *adj fam (film, documentaire)* dur, cru • **he's full-on** il en fait trop.

full-page *adj* sur toute une page.

full-scale *adj* **1.** grandeur nature *(inv)* **2.** de grande envergure.

full-screen menu *n INFORM* menu *m* plein écran.

full-size(d) *adj* **1.** grandeur nature *(inv)* **2.** adulte **3.** **(US)** *AUTO* • **full-sized car** grande berline.

full stop (UK) *n* point *m*.

full time *n* **(UK)** *SPORT* fin *f* de match. ■ **full-time** *adj & adv* à temps plein • **to work full-time** travailler à plein temps.

full up *adj* **1.** complet **2.** gavé, repu.

fully ['fʊlɪ] *adv* **1.** tout à fait **2.** entièrement.

fully-fitted *adj (cuisine)* intégré.

fully-fledged (UK), **full-fledged (US)** [-'fledʒd] *adj* diplômé.

fulsome ['fʊlsəm] *adj* excessif.

fumble ['fʌmbl] *vi* fouiller, tâtonner • **to fumble for** fouiller pour trouver.

fume [fju:m] *vi* rager. ■ **fumes** *npl* **1.** émanations *fpl* **2.** fumées *fpl* **3.** gaz *mpl* d'échappement.

fumigate ['fju:mɪgeɪt] *vt* fumiger.

fumigation [,fju:mɪgeɪʃn] *n* fumigation *f*.

fun [fʌn] *n (indén)* **1.** • **to have fun** s'amuser • **for fun, for the fun of it** pour s'amuser **2.** • **to be full of fun** être plein d'entrain **3.** • **to make fun of sb** se moquer de qqn.

function ['fʌŋkʃn] *n* **1.** fonction *f* **2.** réception *f* officielle **3.** fonctionnalité *f.* ❑ *vi* fonctionner • **to function as** servir de.

functional ['fʌŋkʃnəl] *adj* **1.** fonctionnel **2.** en état de marche.

functional food *n* aliment *m* fonctionnel.

functionality [fʌŋkʃ'nælətɪ] *n* fonctionnalité *f.*

function key *n* INFORM touche *f* de fonction.

function room *n* salle *f* de réception.

fund [fʌnd] *n* **1.** fonds *m* **2.** *fig* puits *m (de science).* ❑ *vt* financer. ■ **funds** *npl* fonds *mpl.*

fundamental [,fʌndə'mentl] *adj* • **fundamental (to)** fondamental (à).

fundamentalism [,fʌndə'mentəlɪzm] *n* **1.** fondamentalisme *m* **2.** intégrisme *m.*

fundamentalist [,fʌndə'mentəlɪst] *adj* **1.** fondamentaliste **2.** intégriste. ❑ *n* **1.** fondamentaliste *mf* **2.** intégriste *mf.*

funding ['fʌndɪŋ] *n (indén)* financement *m.*

funding gap *n* écart *m* de financement.

fundraiser ['fʌnd,reɪzər] *n* **1.** collecteur *m*, -trice *f* de fonds **2.** *projet organisé pour collecter des fonds.*

fund-raising [-,reɪzɪŋ] *n (indén)* collecte *f* de fonds. ❑ *en apposition* organisé pour collecter des fonds.

funeral ['fju:nərəl] *n* obsèques *fpl* • **funeral procession** cortège *m* funèbre.

funeral director *n* entrepreneur *m* de pompes funèbres.

funeral home (US) = **funeral parlour.**

funeral parlour (UK), funeral home (US) *n* entreprise *f* de pompes funèbres.

funeral service *n* service *m* funèbre.

funfair ['fʌnfeər] *n* **(UK)** fête *f* foraine.

fun-filled *adj* divertissant.

fungicidal [,fʌnʤɪ'saɪdl] *adj* antifongique, fongicide.

fungus ['fʌŋgəs] (*pl* **-gi** *ou* **-guses**) *n* champignon *m.*

fun-loving *adj* qui aime s'amuser *ou* rire.

funnel ['fʌnl] *n* **1.** entonnoir *m* **2.** cheminée *f (d'un bateau).*

funnel cloud *n* tornade *f.*

funnily ['fʌnɪlɪ] *adv* bizarrement • **funnily enough** chose curieuse.

funny ['fʌnɪ] *adj* drôle.

funny bone *n* petit juif *m.*

funny papers *npl* **(US)** supplément *m* bandes dessinées.

fun-packed *adj* divertissant.

fun run *n course à pied organisée pour collecter des fonds.*

fur [fɜːr] *n* fourrure *f.*

fur coat *n* (manteau *m* de) fourrure *f.*

furious ['fjʊərɪəs] *adj* **1.** furieux **2.** acharné **3.** déchaîné.

furiously ['fjʊərɪəslɪ] *adv* **1.** furieusement **2.** avec acharnement **3.** à une allure folle.

furlong ['fɜːlɒŋ] *n* = *201,17 mètres.*

furnace ['fɜːnɪs] *n* fournaise *f.*

furnish ['fɜːnɪʃ] *vt* **1.** meubler **2.** *sout* fournir.

furnished ['fɜːnɪʃt] *adj* meublé.

furnishings ['fɜːnɪʃɪŋz] *npl* mobilier *m.*

furniture ['fɜːnɪtʃər] *n (indén)* meubles *mpl* • **a piece of furniture** un meuble.

furore (UK) ['fjʊərɔːrɪ], **furor (US)** ['fjʊrɔːr] *n* scandale *m.*

furrow ['fʌrəʊ] *n* **1.** sillon *m* **2.** ride *f.*

furrowed ['fʌrəʊd] *adj* ridé.

furry ['fɜːrɪ] *adj* **1.** à fourrure **2.** recouvert de fourrure.

further ['fɜːðər] *compar* → **far.** ❑ *adv* **1.** plus loin • **how much further is it?** combien de kilomètres y a-t-il encore ? • **further on** plus loin **2.** davantage **3.** plus avant **4.** de plus. ❑ *adj* nouveau, supplémentaire • **until further notice** jusqu'à nouvel ordre. ❑ *vt* **1.** faire avancer **2.** encourager.

further education *n* **(UK & AUSTRALIE)** éducation *f* post-scolaire.

furthermore [,fɜːðə'mɔːr] *adv* de plus.

furthermost ['fɜːðəməʊst] *adj* le plus éloigné.

furthest ['fɜːðɪst] *superl* → **far.** ❑ *adj* le plus éloigné. ❑ *adv* le plus loin.

furtive ['fɜːtɪv] *adj* **1.** sournois **2.** furtif.

fury ['fjʊərɪ] *n* fureur *f.*

fuse [fju:z] *n* **1.** ÉLECTR fusible *m*, plomb *m* **2.** détonateur *m* **3.** amorce *f.* ❑ *vt* **1.** réunir par la fusion **2.** fusionner. ❑ *vi* **1.** ÉLECTR • **the lights have fused** les plombs ont sauté **2.** fondre.

fuse-box *n* boîte *f* à fusibles.

fused [fju:zd] *adj* avec fusible incorporé.

fuselage ['fju:zəlɑːʒ] *n* fuselage *m.*

fusion food *n* cuisine *f* fusion.

fuss [fʌs] *n* **1.** agitation *f* • **to make a fuss** faire des histoires **2.** *(indén)* protestations *fpl.* ❑ *vi* faire des histoires. ■ **fuss over** *vt insép* être aux petits soins pour.

fusspot (UK) ['fʌspɒt], **fussbudget (US)** ['fʌs,bʌʤət] *n* *fam* tatillon *m*, -onne *f.*

fussy ['fʌsɪ] *adj* **1.** tatillon **2.** difficile **3.** tarabiscoté.

fusty ['fʌstɪ] (*comp* **fustier**, *superl* **fustiest**) *adj* **1. (UK)** *(pièce)* qui sent le moisi **2.** *(odeur)* de moisi **3.** vieillot.

futile ['fju:taɪl] *adj* vain.

futility [fju:'tɪlətɪ] *n* futilité *f.*

futon ['fu:tɒn] *n* futon *m.*

future ['fjuːtʃər] *n* **1.** avenir *m* • **in future** à l'avenir • **in the future** dans le futur, à l'avenir **2.** *GRAMM* futur *m*. ❑ *adj* futur.

future-proof *adj INFORM* évolutif. ❑ *vt INFORM* rendre évolutif.

futuristic [,fjuːtʃə'rɪstɪk] *adj* futuriste.

fuze (US) = **fuse** *(nom, sens 2)*

fuzzy ['fʌzɪ] *adj* **1.** *(cheveux)* crépu **2.** *(photo, image)* flou **3.** *(pensées, esprit)* confus.

fuzzy matching *n INFORM* recherche *f* floue.

fwd. abrév de **forward**.

FWIW *n SMS* (abrév de for what it's worth) pour ce que cela vaut.

f-word *n euphém* • **the f-word** le mot « fuck ».

FYA *SMS* (abrév de for your amusement) pour te distraire.

FYEO *SMS* (abrév de for your eyes only) rien que pour tes yeux.

FYI abrév de **for your information**.

g[1] [dʒiː] (*pl* **g's** *ou* **gs**), **G** (*pl* **G's** *ou* **Gs**) *n* g *m inv*, G *m inv*. ■ **G** *n* MUS sol *m*. ❑ (abrév de **good**) B.

g[2] (abrév de **gram**) g.

G7 *n* le G7, le groupe des 7.

G8 *n* le G8, le groupe des 8.

G9 SMS abrév de **genius**.

gab [gæb] → **gift**.

gabble ['gæbl] *vt & vi* baragouiner. ❑ *n* charabia *m*.

gable ['geɪbl] *n* pignon *m*.

gadget ['gædʒɪt] *n* gadget *m*.

Gaelic ['geɪlɪk] *adj* gaélique. ❑ *n* gaélique *m*.

gaffe [gæf] *n* gaffe *f*.

gag [gæg] *n* **1.** bâillon *m* **2.** *fam* blague *f*, gag *m*. ❑ *vt* bâillonner.

gaga ['gɑːgɑː] *adj fam* **1.** fou • **to be gaga about sb** être fou de qqn **2.** gaga *(sénile)*.

gage (US) = **gauge**.

gaggle ['gægl] *n* *litt* & *fig* troupeau *m*. ❑ *vi* cacarder.

gaiety ['geɪətɪ] *n* gaieté *f*.

gaily ['geɪlɪ] *adv* **1.** gaiement **2.** allègrement.

gain [geɪn] *n* **1.** profit *m* **2.** augmentation *f*. ❑ *vt* **1.** gagner **2.** prendre *(de la vitesse)* **3.** gagner en *(popularité, prestige)*. ❑ *vi* **1.** • **to gain in sthg** gagner en qqch **2.** • **to gain from** *ou* **by sthg** tirer un avantage de qqch **3.** avancer. ■ **gain on** *vt insép* rattraper.

gainful ['geɪnfʊl] *adj* *sout* lucratif.

gainfully ['geɪnfʊlɪ] *adv* *sout* lucrativement.

gait [geɪt] *n* démarche *f*.

gal., gall. abrév de **gallon**.

GAL SMS abrév de **get a life**.

gala ['gɑːlə] *n* gala *m*.

galaxy ['gæləksɪ] *n* galaxie *f*.

gale [geɪl] *n* grand vent *m*.

gall [gɔːl] *n* • **to have the gall to do sthg** avoir le toupet de faire qqch.

gallant *adj* **1.** ['gælənt] courageux **2.** [gə'lænt *ou* 'gælənt] galant.

gall bladder *n* vésicule *f* biliaire.

gallery ['gælərɪ] *n* **1.** galerie *f* **2.** musée *m* **3.** THÉÂTRE paradis *m*.

galley ['gælɪ] (*pl* **-s**) *n* **1.** galère *f* **2.** coquerie *f*.

Gallic ['gælɪk] *adj* français.

galling ['gɔːlɪŋ] *adj* humiliant.

gallivant [,gælɪ'vænt] *vi* *fam* mener une vie de patachon.

gallon ['gælən] *n* = *4,546 litres*, gallon *m*.

gallop ['gæləp] *n* galop *m*. ❑ *vi* galoper.

gallows ['gæləʊz] (*pl inv*) *n* gibet *m*.

gallstone ['gɔːlstəʊn] *n* calcul *m* biliaire.

galore [gə'lɔːʳ] *adj* en abondance.

galvanize, -ise (UK) ['gælvənaɪz] *vt* TECHNOL galvaniser.

gambit ['gæmbɪt] *n* entrée *f* en matière.

gamble ['gæmbl] *n* risque *m*. ❑ *vi* **1.** jouer • **to gamble on** jouer de l'argent sur **2.** *fig* • **to gamble on** miser sur.

gambler ['gæmbləʳ] *n* joueur *m*, -euse *f*.

gambling ['gæmblɪŋ] *n (indén)* jeu *m*.

game [geɪm] *n* **1.** jeu *m* **2.** match *m* **3.** *(indén)* gibier *m*. ❑ *adj* **1.** courageux **2.** • **game (for sthg/ to do sthg)** partant (pour qqch/pour faire qqch). ■ **games** *n (indén)* **(UK)** SCOL éducation *f* physique. ❑ *npl* jeux *mpl*.

gamekeeper ['geɪm,kiːpəʳ] *n* garde-chasse *m*.

game plan *n* stratégie *f*, plan *m* d'attaque.

gamer ['geɪməʳ] *n* *amateur de jeux vidéo*.

game reserve *n* réserve *f* (de chasse).

games console [geɪmz-] *n* INFORM console *f* de jeux.

game show *n* jeu *m* télévisé.

gamesmanship ['geɪmzmənʃɪp] *n* *art de gagner habilement*.

gameware ['geɪmweəʳ] *n* INFORM ludiciel *m*.

gaming ['geɪmɪŋ] *n (indén)* jeux *mpl* informatiques.

gamma rays *npl* rayons *mpl* gamma.

gammon ['gæmən] *n* **(surtout UK)** jambon *m* fumé.

gamut ['gæmət] *n* gamme *f*.

gang [gæŋ] *n* **1.** gang *m* **2.** bande *f.* ■ **gang up** *vi fam* • **to gang up (on)** se liguer (contre).

gangbuster ['gæŋbʌstər] *n* **(US)** *fam* **1.** *(policier)* ≃ flic *m* de la brigade antigang **2.** *fig* • **this movie is a gangbuster** ce film est vraiment super.

gangland ['gæŋlænd] *n (indén)* milieu *m.*

gangling ['gæŋglɪŋ], **gangly** ['gæŋglɪ] *(comp* **ganglier**, *superl* **gangliest**) *adj* dégingandé.

gangplank ['gæŋplæŋk] *n* passerelle *f.*

gangrene ['gæŋgriːn] *n* gangrène *f.*

gangsta ['gæŋstə] *n* **1.** • **gangsta (rap)** gangsta rap *m* **2.** rappeur *m*, -euse *f* gangsta **3. (US)** membre d'un gang.

gangster ['gæŋstər] *n* gangster *m.*

gangway ['gæŋweɪ] *n* **1. (UK)** allée *f* **2.** passerelle *f.*

gannet ['gænɪt] *(pl inv ou* **-s**) *n* ZOOL fou *m* (de Bassan).

gantry ['gæntrɪ] *n* portique *m.*

gaol [dʒeɪl] **(UK)** *vieilli* = **jail**.

gap [gæp] *n* **1.** trou *m* **2.** blanc *m (dans un texte)* **3.** *fig* lacune *f* **4.** *fig* fossé *m.*

gape [geɪp] *vi* **1.** rester bouche bée **2.** bâiller.

gaping ['geɪpɪŋ] *adj* **1.** bouche bée *(inv)* **2.** béant **3.** *(chemise)* grand ouvert, grande ouverte *f.*

gappy ['gæpɪ] *(comp* **gappier**, *superl* **gappiest**) *adj* **1.** *(connaissances)* plein de lacunes **2.** • **gappy teeth** des dents écartées.

gap year *n année d'interruption volontaire des études, avant l'entrée à l'université.*

garage [**(UK)** 'gærɑːʒ *ou* 'gærɪdʒ, **(US)** gə'rɑːʒ] *n* **1.** garage *m* **2. (UK)** station-service *f* **3.** concessionnaire *m* automobile.

garage sale [gə'rɑːʒ] *n* **(US)** *vente d'occasion chez un particulier* ; ≃ vide-grenier *m.*

garbage ['gɑːbɪdʒ] *n (indén)* **1. (surtout US)** détritus *mpl* **2.** *fam* idioties *fpl.*

garbage bag *n* **(US)** sac-poubelle *m.*

garbage can *n* **(US)** poubelle *f.*

garbage chute *n* **(US)** vide-ordures *m inv.*

garbage collector *n* **(US)** éboueur *m*, -euse *f.*

garbage disposal unit *n* **(US)** broyeur *m* d'ordures.

garbage shoot *n* **(US)** *fam* = **garbage chute**.

garbage truck *n* **(US)** camion-poubelle *m.*

garble ['gɑːbl] *vt* **1.** embrouiller **2.** déformer.

garbled ['gɑːbld] *adj* **1.** embrouillé, confus **2.** déformé, dénaturé.

garden ['gɑːdn] *n* jardin *m.* ❑ *vi* jardiner.

garden centre (UK), **garden center (US)** *n* jardinerie *f.*

gardener ['gɑːdnər] *n* **1.** jardinier *m*, -ère *f* **2.** personne *f* qui aime jardiner, amateur *m*, -trice *f* de jardinage.

garden flat *n* **(UK)** rez-de-jardin *m inv.*

gardening ['gɑːdnɪŋ] *n* jardinage *m.*

garden party *n* garden-party *f.*

garden shed *n* abri *m* de jardin.

gargantuan [gɑː'gæntjʊən] *adj* gargantuesque.

gargle ['gɑːgl] *vi* se gargariser.

gargoyle ['gɑːgɔɪl] *n* gargouille *f.*

garish ['geərɪʃ] *adj* criard.

garland ['gɑːlənd] *n* guirlande *f* de fleurs.

garlic ['gɑːlɪk] *n* ail *m.*

garlic bread *n* pain *m* à l'ail.

garlicky ['gɑːlɪkɪ] *adj fam* qui sent l'ail.

garment ['gɑːmənt] *n sout* vêtement *m.*

garnish ['gɑːnɪʃ] *n* garniture *f.* ❑ *vt* garnir.

garrison ['gærɪsn] *n* garnison *f.*

garrulous ['gærələs] *adj* volubile.

garter ['gɑːtər] *n* **1.** support-chaussette *m* **2.** jarretière *f* **3. (US)** jarretelle *f.*

gas [gæs] *n (pl* **gases** *ou* **gasses** [gæsiːz]) **1.** gaz *m inv* • **a gas cooker** une cuisinière à gaz **2. (US)** essence *f* • **to fill up with gas** faire le plein. ❑ *vt* gazer.

gas cooker *n* **(UK)** cuisinière *f* à gaz.

gas cylinder *n* bouteille *f* de gaz.

gaseous ['gæsɪəs] *adj* gazeux.

gas fire *n* **(UK)** appareil *m* de chauffage à gaz.

gas-fired *adj* **(UK)** • **gas-fired central heating** chauffage *m* central au gaz.

gas gauge *n* **(US)** jauge *f* d'essence.

gas guzzler *n* **(US)** • **to be a gas guzzler** consommer beaucoup (d'essence).

gash [gæʃ] *n* entaille *f.* ❑ *vt* entailler.

gas heater *n* **1.** radiateur *m* à gaz **2.** chauffe-eau *m inv* à gaz.

gasket ['gæskɪt] *n* joint *m* d'étanchéité.

gas main *n* conduite *f* de gaz.

gasman ['gæsmæn] *(pl* **-men**) *n* **1.** employé *m* du gaz **2.** installateur *m* de gaz.

gas mask *n* masque *m* à gaz.

gas meter *n* compteur *m* à gaz.

gasoline ['gæsəliːn] *n* **(US)** essence *f.*

gas oven *n* four *m* à gaz.

gasp [gɑːsp] *n* halètement *m.* ❑ *vi* **1.** haleter **2.** avoir le souffle coupé.

gas pedal *n* **(US)** accélérateur *m.*

gas-permeable *adj* • **gas-permeable (contact) lenses** lentilles *fpl* perméables au gaz.

gasping ['gɑːspɪŋ] *adj* **(UK)** *fam* mort de soif.

gassed up [gæst-] *adj* **(US)** *fam* bourré *(ivre).*

gas station *n* **(US)** station-service *f.*

gas stove = **gas cooker**.

gas tank *n* **(US)** réservoir *m.*

gas tap *n* **1.** robinet *m* de gaz **2.** prise *f* de gaz.

gastric ['gæstrɪk] *adj* gastrique.

gastric bypass *n* dérivation *f* gastrique.

gastric juice *n* suc *m* gastrique.

gastroenteritis ['gæstrəʊ,entə'raɪtɪs] *n* gastro-entérite *f*.

gastronomic [,gæstrə'nɒmɪk] *adj* gastronomique.

gastronomy [gæs'trɒnəmɪ] *n* gastronomie *f*.

gastropub ['gæstrəʊpʌb] *n* **(UK)** pub *m* gastronomique.

gasworks ['gæswɜːks] (*pl inv*) *n* usine *f* à gaz.

gate [geɪt] *n* **1.** barrière *f* **2.** porte *f* **3.** grille *f*.

gateau ['gætəʊ] (*pl* **-teaux**) *n* **(surtout UK)** gros gâteau *m (décoré et fourré à la crème)*.

gatecrash ['geɪtkræʃ] *fam vi* **1.** s'inviter, jouer les pique-assiette **2.** resquiller. ❑ *vt* • **to gatecrash a party** aller à une fête sans invitation.

gatecrasher ['geɪtkræʃər] *n* **1.** *fam* pique-assiette *mf* **2.** resquilleur *m*, -euse *f*.

gatehouse ['geɪthaʊs] *n* (*pl* [-haʊzɪz]) loge *f* du gardien.

gatekeeper ['geɪt,kiːpər] *n* **1.** gardien *m*, -enne *f* **2.** COMM contrôleur *m*, relais *m*, filtre *m*.

gatepost ['geɪtpəʊst] *n* montant *m* de barrière.

gateway ['geɪtweɪ] *n* **1.** entrée *f* **2.** • **gateway to a)** porte *f* de **b)** *fig* clé *f* de **3.** INFORM portail *m*.

gather ['gæðər] *vt* **1.** ramasser **2.** cueillir *(des fleurs)* **3.** recueillir *(des informations)* **4.** rassembler *(ses forces)* • **to gather together** rassembler **5.** • **to gather (that)…** croire comprendre que… **6.** COUT froncer. ❑ *vi* **1.** se rassembler **2.** *(nuages)* s'amonceler. ■ **gather up** *vt sép* rassembler.

gathering ['gæðərɪŋ] *n* rassemblement *m* • **a social gathering** une fête.

gauche [gəʊʃ] *adj* gauche.

gaudy ['gɔːdɪ] *adj* voyant.

gauge, **gage (US)** [geɪdʒ] *n* **1.** pluviomètre *m* **2.** jauge *f* (d'essence) **3.** manomètre *m* **4.** calibre *m* **5.** RAIL écartement *m*. ❑ *vt* **1.** mesurer **2.** jauger.

Gaul [gɔːl] *n* **1.** Gaule *f* **2.** Gaulois *m*, -e *f*.

gaunt [gɔːnt] *adj* **1.** émacié **2.** désolé.

gauntlet ['gɔːntlɪt] *n* gant *m (de protection)*.

gauze [gɔːz] *n* gaze *f*.

gave [geɪv] *passé* → **give**.

gawk [gɔːk], **gawp (UK)** [gɔːp] *vi* *fam* • **to gawk (at)** rester bouche bée (devant).

gawky ['gɔːkɪ] *adj fam* **1.** dégingandé **2.** *(mouvement)* désordonné.

gay [geɪ] *adj* **1.** gai **2.** homo *(inv)*, gay *(inv)* **3.** *fam* • **that's so gay** c'est nul. ❑ *n* homo *mf*, gay *mf*.

gay-affirmative *adj* **(US)** • **to be gay-affirmative** avoir une attitude positive à l'égard des homosexuels.

gay-bashing [-bæʃɪŋ] *n* *fam* agressions *fpl* homophobes.

gaydar ['geɪdɑːr] *n* *fam capacité d'un homosexuel à reconnaître d'autres homosexuels.*

gaze [geɪz] *n* regard *m* (fixe). ❑ *vi* regarder (fixement).

gazelle [gə'zel] (*pl inv* ou **-s**) *n* gazelle *f*.

gazette [gə'zet] *n* gazette *f*.

gazetteer [,gæzɪ'tɪər] *n* index *m* géographique.

gazillion [gə'zɪljən] **(US)** *fam* • **gazillions of…** des tonnes de…

gazump [gə'zʌmp] *vt* **(UK)** *fam (dans l'immobilier)* • **to be gazumped** être victime d'une suroffre.

gazunder *vi* **(UK)** *fam proposer un prix d'achat inférieur pour un bien immobilier à la dernière minute.*

GB[1] (abrév de Great Britain) *n* G-B *f*.

GB[2] (abrév de gigabyte), **Gb** *n* gigabyte *m*.

GBH (abrév de grievous bodily harm) *n* coups *mpl* et blessures *fpl*.

GCSE (abrév de General Certificate of Secondary Education) *n* *examen de fin d'études secondaires en Grande-Bretagne.*

GD, **gd** SMS abrév de **good**.

GDP (abrév de gross domestic product) *n* PIB *m*.

gear [gɪər] *n* **1.** embrayage *m* **2.** vitesse *f* • **to be in/out of gear** être en prise/au point mort **3.** *(indén)* équipement *m* **4.** fringues *fpl* • **she's got all the latest gear** elle s'habille très tendance. ■ **gear up** *vi* • **to gear up for sthg/to do sthg** se préparer pour qqch/à faire qqch.

gearbox ['gɪəbɒks] *n* **(UK)** boîte *f* de vitesses.

gear lever (UK), **gear stick (UK)**, **gear shift (US)** *n* levier *m* de vitesse.

gearwheel *n* pignon *m*, roue *f* d'engrenage.

geek ['giːk] *n* *fam* débile *mf* • **a movie/computer geek** un dingue de cinéma/d'informatique.

geeky *adj* *fam obsédé par l'informatique ou les sciences et socialement inapte* • **some geeky guy** un type ringard.

geese [giːs] *npl* → **goose**.

gel [dʒel] *n* gel *m* • **hair gel** gel pour les cheveux. ❑ *vi* prendre *(durcir)*.

gelatin ['dʒelətɪn], **gelatine** [,dʒelə'tiːn] *n* gélatine *f*.

gelatinous [dʒə'lætɪnəs] *adj* gélatineux.

gelignite ['dʒelɪgnaɪt] *n* gélignite *f*.

gem [dʒem] *n* **1.** pierre *f* précieuse, gemme *f* **2.** *fig* perle *f*.

Gemini ['dʒemɪnaɪ] *n* Gémeaux *mpl*.

gen. (abrév de general, generally) gén.

gender ['dʒendər] *n* **1.** sexe *m*, genre *m* **2.** GRAMM genre *m*.

gender reassignment *n* changement *m* de sexe.

gender-specific *adj* propre à l'un des deux sexes.

gene [dʒiːn] *n* gène *m*.

general ['dʒenərəl] *adj* général. ❑ *n* général *m*. ■ **in general** *adv* en général.

general anaesthetic, **general anesthetic (US)** *n* anesthésie *f* générale.

general delivery *n* **(US)** poste *f* restante.

general election *n* élections *fpl* législatives.

generalization, -isation (UK) [ˌdʒenərəlaɪˈzeɪʃn] *n* généralisation *f*.

generalize, -ise (UK) [ˈdʒenərəlaɪz] *vi* • **to generalize (about)** généraliser (au sujet de *ou* sur).

generalized, -ised (UK) [ˈdʒenərəlaɪzd] *adj* **1.** généralisé **2.** général.

general knowledge *n* culture *f* générale.

generally [ˈdʒenərəlɪ] *adv* **1.** généralement **2.** en général **3.** en gros.

general manager *n* directeur général *m*, directrice générale *f*.

general meeting *n* assemblée *f* générale.

general practice *n* **1.** médecine *f* générale **2.** cabinet *m* de généraliste.

general practitioner *n* (médecin *m*) généraliste *m*.

general public *n* • **the general public** le grand public.

general-purpose *adj* polyvalent.

general strike *n* grève *f* générale.

generate [ˈdʒenəreɪt] *vt* **1.** générer *(de l'énergie, des emplois)* **2.** produire *(de l'électricité)* **3.** susciter *(l'intérêt)*.

generation [ˌdʒenəˈreɪʃn] *n* **1.** génération *f* • **the younger generation** la nouvelle génération **2.** création *f (d'emplois)* **3.** production *f (d'électricité)*.

generation gap *n* fossé *m* des générations.

generator [ˈdʒenəreɪtər] *n* génératrice *f*, générateur *m*.

generic [dʒɪˈnerɪk] *adj* générique.

generic brand *n* marque *f* générique.

generic product *n* produit *m* générique.

generosity [ˌdʒenəˈrɒsətɪ] *n* générosité *f*.

generous [ˈdʒenərəs] *adj* généreux • **more than generous** très généreux • **they've been less than generous** ils n'ont pas été très généreux.

generously [ˈdʒenərəslɪ] *adv* généreusement.

genesis [ˈdʒenəsɪs] (*pl* **-ses**) *n* genèse *f*.

genetic [dʒɪˈnetɪk] *adj* génétique. ■ **genetics** *n (indén)* génétique *f*.

genetically [dʒɪˈnetɪklɪ] *adv* génétiquement • **genetically modified organism** organisme *m* génétiquement modifié.

genetic code *n* code *m* génétique.

genetic engineering *(indén) n* manipulation *f* génétique.

genetic fingerprinting [-ˈfɪŋgəprɪntɪŋ] *n (indén)* empreinte *f* génétique.

geneticist [dʒɪˈnetɪsɪst] *n* généticien *m*, -enne *f*.

Geneva [dʒɪˈniːvə] *n* Genève.

gengineer [ˌdʒendʒɪˈˈnɪər] *n* ingénieur *m*, -e *f* en génétique.

gengineering [ˌdʒendʒɪˈˈnɪərɪŋ] *n* génie *m* génétique.

genial [ˈdʒiːnjəl] *adj* **1.** aimable, affable **2.** cordial, chaleureux.

genie [ˈdʒiːnɪ] (*pl* **genies** *ou* **genii** [ˈdʒiːnɪaɪ]) *n* génie *m*.

genitals [ˈdʒenɪtlz] *npl* organes *mpl* génitaux.

genius [ˈdʒiːnjəs] (*pl* **-es**) *n* génie *m*.

genocide [ˈdʒenəsaɪd] *n* génocide *m*.

genome [ˈdʒiːnoʊm] *n* génome *m*.

genomics [dʒɪˈnəʊmɪks] *n (sing)* génomique *f*.

genre [ˈʒɑ̃rə] *n* genre *m*.

gent [dʒent] *n* **(UK)** *fam vieilli* gentleman *m*. ■ **gents** *n* **(UK) 1.** toilettes *fpl* pour hommes **2.** *(inscription sur la porte des toilettes)* messieurs.

genteel [dʒenˈtiːl] *adj* distingué.

gentle [ˈdʒentl] *adj* **1.** doux **2.** léger.

gentleman [ˈdʒentlmən] (*pl* **-men**) *n* **1.** gentleman *m* **2.** monsieur *m*.

gentlemanly [ˈdʒentlmənlɪ] *adj* courtois.

gentleman's agreement *n* gentleman's agreement *m*, accord *m* qui repose sur l'honneur.

gentlemen [-mən] *npl* → **gentleman**.

gentleness [ˈdʒentlnɪs] *n* douceur *f*.

gently [ˈdʒentlɪ] *adv* **1.** doucement **2.** avec douceur.

gentrification [ˌdʒentrɪfɪˈkeɪʃn] *n* embourgeoisement *m*.

gentrified [ˈdʒentrɪfaɪd] *adj* **(UK)** *(région, rue)* qui s'est embourgeoisé.

gentry [ˈdʒentrɪ] *n* petite noblesse *f*.

genuine [ˈdʒenjʊɪn] *adj* **1.** authentique **2.** sérieux **3.** sincère.

genuinely [ˈdʒenjʊɪnlɪ] *adv* réellement.

geochemical [ˌdʒiːəʊˈkemɪkl] *adj* géochimique.

geochemist [ˌdʒiːəʊˈkemɪst] *n* géochimiste *mf*.

geographical [dʒɪəˈgræfɪkl] *adj* géographique.

geography [dʒɪˈɒgrəfɪ] *n* géographie *f*.

geologist [dʒɪˈɒlədʒɪst] *n* géologue *mf*.

geology [dʒɪˈɒlədʒɪ] *n* géologie *f*.

geomarketing [ˌdʒiːəʊˈmɑːkɪtɪŋ] *n* géomarketing *m*.

geometric(al) [ˌdʒɪəˈmetrɪk(l)] *adj* géométrique.

geometry [dʒɪˈɒmətrɪ] *n* géométrie *f*.

geostrategy [ˌdʒiːəʊˈstrætədʒɪ] *n* géostratégie *f*.

geothermics [ˌdʒiːəʊˈθɜːmɪks] *n (indén)* géothermie *f*.

geotropical [ˌdʒiːəʊˈtrɒpɪkl] *adj* géotropique.

geranium [dʒɪˈreɪnjəm] (*pl* **-s**) *n* géranium *m*.

gerbil [ˈdʒɜːbɪl] *n* gerbille *f*.

geriatric [ˌdʒerɪˈætrɪk] *adj* **1.** MÉD gériatrique **2.** *péj* décrépit **3.** *péj* vétuste.

germ [dʒɜːm] *n* **1.** germe *m*, microbe *m* **2.** *fig* embryon *m*.

German [ˈdʒɜːmən] *adj* allemand. ❑ *n* **1.** Allemand *m*, -e *f* **2.** allemand *m*.

German measles *n (indén)* rubéole *f.*
Germany ['dʒɜːmənɪ] *n* Allemagne *f.*
germ-free *adj* stérilisé, aseptisé.
germinate ['dʒɜːmɪneɪt] *vi litt & fig* germer.
germproof ['dʒɜːmpruːf] *adj* résistant aux microbes.
germ warfare *n (indén)* guerre *f* bactériologique.
gerund ['dʒerənd] *n* gérondif *m.*
gestation period *n fig* période *f* de gestation.
gesticulate [dʒes'tɪkjʊleɪt] *vi sout* gesticuler.
gesture ['dʒestʃər] *n* geste *m.* ❑ *vi* • **to gesture to** *ou* **towards sb** faire signe à qqn.

get

■ **get** [get] *vt* ((UK) *prét & pp* got (US) *prét* got *pp* gotten)

1. RECEVOIR, OBTENIR
• **what did you get for your birthday?** qu'est-ce que tu as eu pour ton anniversaire ?
• **you need to get permission from the headmaster** tu dois avoir la permission du directeur

2. AVOIR
• **do you get the feeling he doesn't like us?** tu n'as pas l'impression qu'il ne nous aime pas ? • **I got a chance to see my sister when I was in London** j'ai eu l'occasion de voir ma sœur quand j'étais à Londres

3. TROUVER
• **they can't get jobs** ils n'arrivent pas à trouver de travail • **it's difficult to get a hotel room** c'est difficile de trouver une chambre d'hôtel • **you get a lot of artists here** on trouve *ou* il y a beaucoup d'artistes ici

4. AVOIR, ATTRAPER, EN PARLANT D'UNE MALADIE
• **he never gets a cold** il n'attrape jamais de rhume

5. ALLER CHERCHER
• **can I get you something to eat/drink?** est-ce que je peux vous offrir quelque chose à manger/boire ? • **call me when you arrive and I'll go down and get you** appelle-moi quand tu arriveras et je descendrai te chercher

6. COMPRENDRE, SAISIR
• **I don't get it** *fam* je ne comprends pas
• **I don't get the joke** je ne vois pas ce qu'il y a de drôle

7. FAIRE FAIRE
• **I'll get my sister to help** je vais demander à ma sœur de nous aider • **I got the car fixed** j'ai fait réparer la voiture

8. INDIQUE UN CHANGEMENT D'ÉTAT
• **your driving almost got us killed!** tu as failli nous tuer en conduisant comme ça !
• **I can't get the car started** je n'arrive pas à faire démarrer la voiture

■ **get** [get] *vi*

1. INDIQUE UN CHANGEMENT D'ÉTAT
• **he got suspicious when he heard police sirens** il est devenu méfiant quand il entendit les sirènes • **I'm getting cold/bored** je commence à avoir froid/à m'ennuyer
• **it's getting late** il se fait tard

2. ARRIVER, PARVENIR, AU SENS PROPRE
• **I got back yesterday** je suis rentré hier
• **how do you get to the beach from here?** comment fait-on pour aller jusqu'à la plage d'ici ?

3. ARRIVER, PARVENIR, AU SENS FIGURÉ
• **did you get to see him?** est-ce que tu as réussi à le voir ? • **how far have you got?** où en es-tu ? • **we're getting nowhere** on n'avance pas

■ **get** [get] *v aux*

INDIQUE UN CHANGEMENT D'ÉTAT
• **the children all get excited when it snows** les enfants s'excitent tous quand il neige
• **no one got hurt** personne n'a été blessé
• **let's get going** *ou* **moving** allons-y

■ **get across** *vt sép*
communiquer • **to get one's message across** se faire comprendre

■ **get ahead** *vi*
avancer • **to get ahead in life** *ou* **in the world** réussir dans la vie

■ **get in on** *vt insép*
se mêler de, participer à • **to get in on a deal** prendre part à un marché

■ **get off with** *vt insép*
(UK) *fam* avoir une touche avec • **did you get off with anyone last night?** est-ce que tu as fait des rencontres hier soir ?

À PROPOS DE

get

Dans la langue familière, ***get*** est plus fréquent que ***be*** dans les constructions passives qui décrivent un événement plutôt qu'un état ***(they got married on Saturday*** ; ***the window got broken last night)***. Il sert souvent à décrire une action effectuée sur soi-même ***(he got washed)***, ou à dire que quelque chose est arrivé de façon inattendue ou sans préparation ***(he got left behind)***. Certains considèrent cet usage de ***get*** comme un peu relâché.

get about (UK), get around *vi* se déplacer • **she gets about** *ou* **gets around quickly on her bicycle** elle se déplace rapidement avec son vélo.

get along *vi* **1.** *(se débrouiller)* • **he seems to be getting along well** il a l'air de bien se débrouiller **2.** *(avancer, faire des progrès)* • **the project is getting along well** le projet avance bien **3.** *(s'entendre)* • **she's easy to get along with** elle est facile à vivre.

get around, get round (UK) *vt insép (éviter, esquiver)* • **there's no way of getting around the problem** il n'y a aucun moyen de contourner le problème. ❑ *vi* **1.** *(circuler, se répandre)* • **the news got around quickly** la nouvelle s'est vite répandue **2.** *(suivi de « to » + vb se terminant en -ing)* • **to get around to (doing) sthg** trouver le temps de faire qqch **3.** Voir aussi **get about**.

get at *vt insép* **1.** *(parvenir à)* • **I put the presents in the attic where the children won't get at them** j'ai mis les cadeaux dans le grenier pour que les enfants ne puissent pas les trouver **2.** *(vouloir dire)* • **what are you getting at?** où veux-tu en venir ?

get away *vi* **1.** partir, s'en aller • **get away from me!** va-t-en ! **2.** partir en vacances • **I'd like to get away this summer** j'aimerais bien partir en vacances cet été **3.** s'échapper, s'évader • **they got away when the guards fell asleep** ils se sont échappés *ou* évadés quand les gardiens se sont endormis.

getaway ['getəweɪ] *n* fuite *f.*

getaway car *n voiture qui sert à la fuite des gangsters.*

get away with *vt insép* • **to let sb get away with sthg** : **he got away with cheating on his taxes** personne ne s'est aperçu qu'il avait fraudé le fisc.

get back *vt sép* • **I can't wait to get back home** j'ai hâte de rentrer à la maison. ❑ *vi (récupérer)* • **when he returned to France, he got his old job back** lorsqu'il est rentré en France, il a récupéré son (ancien) poste.

get back to *vt insép* **1.** *(revenir à)* • **to get back to sleep** se rendormir • **to get back to work** se remettre au travail **2.** *fam (reparler de)* • **I'll get back to you on that** je te reparlerai de ça plus tard.

get by *vi* • **it's not easy to get by on the minimum wage** ce n'est pas facile de se débrouiller *ou* de s'en sortir avec le SMIC.

get down *vt sép* **1.** *(déprimer)* • **it gets me down when I watch the news** ça me déprime de regarder les infos **2.** *(descendre)* • **could you get the large pot down from the shelf?** est-ce que tu peux attraper la grande casserole sur l'étagère ?

get down to *vt insép* • **to get down to doing sthg** se mettre à faire qqch.

get-go *n* **(US)** *fam* • **from the get-go** dès le début.

get in *vi* **1.** *(entrer)* • **the thief got in through the window** le voleur est entré par la fenêtre **2.** *(monter)* • **I got into the taxi** je suis monté dans le taxi **3.** *(arriver)* • **what time does the train get in?** à quelle heure le train arrive-t-il ? **4.** *(rentrer)* • **I got in very late** je suis rentrée très tard.

get into *vt insép* **1.** *(monter dans)* • **I was afraid of getting into the boat** j'avais peur de monter dans le bateau **2.** *(se lancer dans)* • **to get into an argument with sb** se disputer avec qqn **3.** *(faire l'expérience d'un état)* • **to get into a panic** s'affoler • **to get into trouble** s'attirer des ennuis • **to get into the habit of doing sthg** prendre l'habitude de faire qqch.

get off *vt sép (enlever)* • **get your wet things off** retire tes vêtements mouillés. ❑ *vt insép* **1.** • **what time do you get off work?** à quelle heure tu quittes le travail ? **2.** • **I'm getting off at the next stop** je descends au prochain arrêt. ❑ *vi* **1.** descendre **2.** s'en tirer **3.** partir.

get on *vt insép* monter dans *ou* sur. ❑ *vi* **1.** monter **2.** s'entendre, s'accorder **3.** réussir **4.** avancer, progresser • **how are you getting on?** comment ça va ? **5.** • **to get on (with sthg)** continuer (qqch), poursuivre (qqch).

get out *vt sép* **1.** sortir **2.** enlever. ❑ *vi* **1.** descendre **2.** s'ébruiter.

get out of *vt insép* **1.** descendre de **2.** s'évader de, s'échapper de **3.** éviter, se dérober à • **to get out of doing sthg** se dispenser de faire qqch.

get over *vt insép* **1.** se remettre de **2.** surmonter, venir à bout de.

get-rich-quick *adj fam* • **a get-rich-quick scheme** un projet pour faire fortune rapidement.

get round *vt insép & vi* **(UK)** = **get around**.

get-there *n* **(US)** *fam* pêche *f*, allant *m.*

get through *vt insép* **1.** arriver au bout de **2.** réussir à **3.** consommer **4.** endurer, supporter. ❑ *vi* **1.** obtenir la communication **2.** • **to get through (to sb)** se faire comprendre (de qqn).

get to *vt insép fam* taper sur les nerfs à.

get together *vt sép* **1.** rassembler **2.** préparer. ❑ *vi* se réunir.

get-together *n fam* réunion *f.*

get up *vi* se lever. ❑ *vt insép* organiser.

getup ['getʌp] *n fam* **1.** *fam* accoutrement *m* **2.** déguisement *m* **3.** présentation *f (d'un livre, d'un produit).*

get-up-and-go *n (indén) fam* tonus *m.*

get up to *vt insép fam* faire *(des bêtises).*

get-well card *n* carte *f* de vœux de prompt rétablissement.

geyser ['giːzəʳ] *n* **1.** geyser *m* **2.** **(UK)** chauffe-eau *m inv*.

GF *SMS* abrév de **girlfriend**.

G-force *n* pesanteur *f*.

GG *SMS* abrév de **good game**.

Ghana ['gɑːnə] *n* Ghana *m*.

ghastly ['gɑːstlɪ] *adj* **1.** *fam* épouvantable **2.** effroyable.

gherkin ['gɜːkɪn] *n* cornichon *m*.

ghetto ['getəʊ] (*pl* **-s** *ou* **-es**) *n* ghetto *m*.

ghetto blaster [-ˌblɑːstəʳ] *n fam* grand radiocassette *m* portatif.

ghost [gəʊst] *n* spectre *m*, fantôme *m* • **to lay any ghosts to rest about sthg** dissiper le moindre doute quant à qqch.

ghosting ['gəʊstɪŋ] *n TV* image *f* fantôme.

ghostlike ['gəʊstˌlaɪk] *adj* spectral, de spectre. ❑ *adv* comme un spectre.

ghost town *n* ville *f* fantôme.

ghostwrite ['gəʊstraɪt] (*prét* **ghostwrote**, *pp* **ghostwritten**) *vt* écrire à la place de l'auteur.

ghostwriter ['gəʊstˌraɪtəʳ] *n* nègre *m*.

giant ['dʒaɪənt] *adj* géant. ❑ *n* géant *m*, -e *f*.

giantkilling ['dʒaɪəntˌkɪlɪŋ] *n* **(UK)** *SPORT victoire surprise d'un concurrent peu coté*.

gibberish ['dʒɪbərɪʃ] *n (indén)* charabia *m*, inepties *fpl*.

gibe [dʒaɪb] *n* insulte *f*.

giblets ['dʒɪblɪts] *npl* abats *mpl*.

Gibraltar [dʒɪ'brɔltəʳ] *n* Gibraltar *m*.

giddy ['gɪdɪ] *adj* • **to feel giddy** avoir la tête qui tourne.

gift [gɪft] *n* **1.** cadeau *m* • **a gift shop** une boutique de cadeaux • **to give sb a gift** faire un cadeau à qqn **2.** don *m* • **to have a gift for sthg** avoir un don pour qqch • **the gift of the gab** le bagou.

gift certificate **(US)** = **gift token**.

gifted ['gɪftɪd] *adj* doué.

gift horse *n* • **don't** *ou* **never look a gift horse in the mouth** *prov* à cheval donné on ne regarde pas la bouche.

gift token, gift voucher *n* **(UK)** chèque-cadeau *m*.

gift-wrap *vt* faire un paquet cadeau de.

gift-wrapped [-ræpt] *adj* sous emballage-cadeau.

gig [gɪg] *n fam* concert *(de jazz, de rock) m*.

gigabyte ['gaɪgəbaɪt] *n INFORM* giga-octet *m*.

gigantic [dʒaɪ'gæntɪk] *adj* énorme, gigantesque.

giggle ['gɪgl] *n* **1.** fou rire *m* **2.** **(UK)** *fam* • **to be a giggle** être marrant *ou* tordant • **to have a giggle** bien s'amuser. ❑ *vi* rire bêtement.

giggly ['gɪglɪ] (*comp* **gigglier**, *superl* **giggliest**) *adj* qui rit bêtement.

gilded ['gɪldɪd] *adj* = **gilt**.

gill [dʒɪl] *n* quart *m* de pinte *(= 0,142 litre)*.

gills [gɪlz] *npl* branchies *fpl*.

gilt [gɪlt] *adj* doré. ❑ *n (indén)* dorure *f*.

gimmick ['gɪmɪk] *n* astuce *f*.

gimmicky ['gɪmɪkɪ] *adj fam* qui relève du procédé.

gin [dʒɪn] *n* gin *m* • **gin and tonic** gin-tonic *m*.

ginger ['dʒɪndʒəʳ] *n* **1.** gingembre *m* **2.** gingembre *m* en poudre. ❑ *adj* **(UK)** roux.

ginger ale *n boisson gazeuse au gingembre*.

ginger beer *n boisson britannique non alcoolisée au gingembre*.

gingerbread ['dʒɪndʒəbred] *n* pain *m* d'épice.

ginger-haired [-'heəd] *adj* **(UK)** roux, rousse *f*.

gingerly ['dʒɪndʒəlɪ] *adv* avec précaution.

ginormous [ˌdʒaɪ'nɔːməs] *adj fam* gigantesque.

gipsy (UK), gypsy (US) ['dʒɪpsɪ] *adj* gitan. ❑ *n* **1.** gitan *m*, -e *f* **2.** *péj* bohémien *m*, -enne *f*.

giraffe [dʒɪ'rɑːf] (*pl inv ou* **-s**) *n* girafe *f*.

girder ['gɜːdəʳ] *n* poutrelle *f*.

girdle ['gɜːdl] *n* gaine *f*.

girl [gɜːl] *n* **1.** fille *f* **2.** petite amie *f*.

girl Friday *n vieilli* aide *f (de bureau)*.

girlfriend ['gɜːlfrend] *n* **1.** petite amie *f* • **girlfriend trouble** problèmes *mpl* de cœur **2.** amie *f*.

girl guide (UK), girl scout (US) *n vieilli* éclaireuse *f*, guide *f*.

girlish ['gɜːlɪʃ] *adj* de petite fille.

giro ['dʒaɪrəʊ] (*pl* **-s**) *n* **(UK)** **1.** *(indén)* virement *m* postal **2.** • **giro (cheque)** chèque *m* d'indemnisation *f* (chômage *ou* maladie).

girth [gɜːθ] *n* **1.** circonférence *f* **2.** tour *m* de taille **3.** *(pour un cheval)* sangle *f*.

gist [dʒɪst] *n* substance *f* • **to get the gist of sthg** comprendre *ou* saisir l'essentiel de qqch.

give [gɪv] *vt* (*prét* **gave**, *pp* **given**) **1.** donner **2.** transmettre **3.** consacrer • **to give sb/sthg sthg** donner qqch à qqn/qqch • **to give sb pleasure/a fright** faire plaisir/peur à qqn • **to give a sigh** pousser un soupir • **to give a speech** faire un discours. ❑ *vi* (*prét* **gave**, *pp* **given**) céder, s'affaisser. ■ **give away** *vt sép* **1.** donner **2.** révéler. ■ **give back** *vt sép* rendre. ■ **give in** *vi* **1.** abandonner, se rendre **2.** • **to give in to sthg** céder à qqch. ■ **give off** *vt insép* **1.** exhaler *(une odeur)* **2.** faire *(de la fumée)* **3.** produire *(de la chaleur)*. ■ **give or take** *prép* • **give or take a day/£10** à un jour/10 livres près. ■ **give out** *vt sép* distribuer. ❑ *vi (voiture)* lâcher. ■ **give up** *vt sép* **1.** renoncer à • **to give up smoking** arrêter de fumer **2.** • **to give o.s. up (to sb)** se rendre (à qqn). ❑ *vi* abandonner, se rendre. ❑ *vt insép* **(US)** *fam* • **to give it up for sb** applaudir qqn. ■ **give up on** *vt insép* laisser tomber.

give-and-take *n (indén)* concessions *fpl* de part et d'autre.

giveaway ['gɪvə,weɪ] *adj* **1.** révélateur **2.** dérisoire. ❑ *n* signe *m* révélateur.

giveback ['gɪvbæk] *n* **1.** **(US)** réduction *f* de salaire **2.** réduction *f* de prime.

given ['gɪvn] *adj* **1.** convenu, fixé **2.** • **to be given to sthg/to doing sthg** être enclin à qqch/à faire qqch. ❑ *prép* étant donné • **given that** étant donné que. ❑ *n* fait *m* acquis.

given name *n* **(surtout US)** prénom *m*.

gizmo ['gɪzməʊ] (*pl* -**s**) *n fam* gadget *m*, truc *m*.

glaciated ['gleɪsɪeɪtɪd] *adj* glaciaire • **glaciated valley** vallée *f* glaciaire.

glacier ['glæsjəʳ] *n* glacier *m*.

glad [glæd] *adj* **1.** content • **to be glad about** *ou* **of sthg** être content de qqch **2.** • **to be glad to do sthg** faire qqch volontiers *ou* avec plaisir.

glad-hand ['glædhænd] *vt fam* & *péj* accueillir avec de grandes démonstrations d'amitié.

gladly ['glædlɪ] *adv* **1.** avec joie **2.** avec plaisir.

glad rags *npl fam* vêtements *mpl* chics • **to put on one's glad rags** se mettre sur son trente et un.

glam [glæm] **(UK)** *fam adj* = **glamorous**. ❑ *n* = **glamour**. ■ **glam up** *vt sép* (*prét* & *pp* **glammed up**, *cont* **glamming up**) *fam* **1.** • **to get glammed up a)** se saper **b)** se faire une beauté *(en se maquillant)* **2.** retaper **3.** embellir.

glamor (US) = **glamour**.

glamorize, -ise (UK) ['glæməraɪz] *vt* faire apparaître sous un jour séduisant.

glamorous ['glæmərəs] *adj* **1.** séduisant **2.** élégant **3.** prestigieux.

glamour (UK), glamor (US) ['glæməʳ] *n* **1.** charme *m* **2.** élégance *f*, chic *m* **3.** prestige *m*.

glance [glɑːns] *n* regard *m*, coup d'œil *m* • **at a glance** d'un coup d'œil. ❑ *vi* • **to glance at** jeter un coup d'œil à. ■ **glance off** *vt insép* ricocher sur.

glancing ['glɑːnsɪŋ] *adj* de côté, oblique.

gland [glænd] *n* glande *f*.

glandular fever [,glændjʊləʳ-] *n* **(UK)** mononucléose *f* infectieuse.

glare [gleəʳ] *n* **1.** regard *m* mauvais **2.** *(indén)* lumière *f* aveuglante. ❑ *vi* **1.** • **to glare at sb/sthg** regarder qqn/qqch d'un œil mauvais **2.** briller d'une lumière éblouissante.

glaring ['gleərɪŋ] *adj* **1.** flagrant • **a glaring omission** une omission flagrante **2.** aveuglant.

glaringly ['gleərɪŋlɪ] *adv* • **it's glaringly obvious** ça crève les yeux.

glasnost ['glæznɒst] *n* glasnost *f*, transparence *f*.

glass [glɑːs] *n* **1.** verre *m* **2.** *(indén)* verrerie *f*. ❑ *en apposition* **1.** en *ou* de verre **2.** vitré. ■ **glasses** *npl* lunettes *fpl* • **to wear glasses** porter des lunettes.

glass ceiling *n terme désignant le « plafond » qui empêche la progression dans la hiérarchie*.

glassware ['glɑːsweəʳ] *n (indén)* verrerie *f*.

glassy ['glɑːsɪ] *adj* **1.** lisse comme un miroir **2.** vitreux.

glaze [gleɪz] *n* **1.** vernis *m* **2.** CULIN glaçage *m*. ❑ *vt* **1.** vernir, vernisser **2.** CULIN glacer. ■ **glaze over** *vi* devenir terne *ou* vitreux.

glazier ['gleɪzjəʳ] *n* vitrier *m*, -ère *f*.

gleam [gliːm] *n* **1.** reflet *m* **2.** lueur *f*. ❑ *vi* **1.** luire **2.** briller.

gleaming ['gliːmɪŋ] *adj* brillant.

glean [gliːn] *vt* glaner.

glee [gliː] *n (indén)* joie *f*, jubilation *f*.

gleeful ['gliːfʊl] *adj* joyeux.

glen [glen] *n* **(ÉCOSSE)** vallée *f*.

glib [glɪb] *adj péj* **1.** qui a du bagout **2.** *(excuse)* facile.

glibly ['glɪblɪ] *adv péj* trop facilement.

glide [glaɪd] *vi* **1.** glisser sans effort **2.** se mouvoir sans effort **3.** planer.

glider ['glaɪdəʳ] *n* planeur *m*.

gliding ['glaɪdɪŋ] *n* vol *m* à voile.

glimmer ['glɪməʳ] *n* **1.** faible lueur *f* **2.** *fig* signe *m*, lueur.

glimpse [glɪmps] *n* **1.** aperçu *m* **2.** idée *f*. ❑ *vt* **1.** apercevoir, entrevoir **2.** pressentir.

glint [glɪnt] *n* **1.** reflet *m* **2.** éclair *m*. ❑ *vi* étinceler.

glisten ['glɪsn] *vi* luire.

glistening ['glɪsnɪŋ] *adj* luisant.

glitch [glɪtʃ] *n fam* **1.** pépin *m* **2.** ÉLECTR saute *f* de tension.

glitter ['glɪtəʳ] *n (indén)* scintillement *m*. ❑ *vi* **1.** scintiller **2.** briller.

glitterati [,glɪtə'rɑːtiː] *npl fam* • **the glitterati** *hum* le beau monde *m inv*.

glitterball ['glɪtəbɔːl] *n* boule *f* à facettes.

gloat [gləʊt] *vi* • **to gloat (over sthg)** se réjouir (de qqch).

global ['gləʊbl] *adj* **1.** mondial **2.** INFORM global • **to do a global search** faire une recherche globale.

globalist ['gləʊbəlɪst] *n* mondialiste *mf*.

globalization, -isation (UK) [,gləʊbəlaɪ'zeɪʃn] *n* mondialisation *f*.

globalize, -ise (UK) ['gləʊbəlaɪz] *vt* rendre mondial • **a globalized conflict** un conflit mondial.

globally ['gləʊbəlɪ] *adv* à l'échelle mondiale, mondialement.

global market(place) *n* COMM marché *m* global *ou* international.

global village *n* village *m* planétaire.

global warming [-'wɔːmɪŋ] *n* réchauffement *m* de la planète.

globe [gləʊb] *n* **1.** • **the globe** la Terre **2.** globe *m* terrestre **3.** globe *m*.

globefish ['gləʊbfɪʃ] *n* poisson-globe *m*.

globetrotter ['gləʊb,trɒtəʳ] *n fam* globe-trotter *m*.

glom [glɒm] *vi* **(US)** *fam* • **he glommed on to her ideas** il s'est approprié ses idées • **he's glommed on to her** il s'est collé à elle.

gloom [glu:m] *n (indén)* **1.** obscurité *f* **2.** tristesse *f*.

gloomy ['glu:mɪ] *adj* **1.** sombre **2.** triste, lugubre.

glorification [,glɔ:rɪfɪ'keɪʃn] *n* glorification *f*.

glorified ['glɔ:rɪfaɪd] *adj péj* • **it's just a glorified swimming pool** il ne s'agit que d'une vulgaire piscine.

glorify ['glɔ:rɪfaɪ] *(prét & pp* **gloriified***)* *vt* exalter.

glorious ['glɔrɪəs] *adj* **1.** splendide **2.** formidable **3.** magnifique.

gloriously ['glɔ:rɪəslɪ] *adv* glorieusement.

glory ['glɔrɪ] *n* **1.** *(indén)* gloire *f* **2.** *(indén)* splendeur *f*.

gloss [glɒs] *n* **1.** *(indén)* brillant *m*, lustre *m* **2.** peinture *f* brillante. ■ **gloss over** *vt insép* passer sur.

glossary ['glɒsərɪ] *n* glossaire *m*.

glossy ['glɒsɪ] *adj* **1.** *(cheveux, surface)* brillant **2.** *(livre, photo)* sur papier glacé.

glossy (magazine) *n* **(UK)** magazine *m* de luxe.

glove [glʌv] *n* gant *m*.

glove box, glove compartment *n* boîte *f* à gants.

glow [gləʊ] *n (indén)* lueur *f*. ❑ *vi* **1.** rougeoyer **2.** flamboyer **3.** briller **4.** • **to glow with health** rayonner de santé.

glower ['glaʊəʳ] *vi* • **to glower (at)** lancer des regards noirs (à).

glowing ['gləʊɪŋ] *adj* dithyrambique.

glucose ['glu:kəʊs] *n* glucose *m*.

glue [glu:] *n (indén)* colle *f*. ❑ *vt (cont* **glueing** *ou* gluing*)* coller • **to glue sthg together** coller qqch.

glue-sniffer [-,snɪfəʳ] *n* • **to be a glue-sniffer** inhaler *ou* sniffer (de la colle).

glue-sniffing [-,snɪfɪŋ] *n* inhalation *f* de colle.

glug [glʌg] *(prét & pp* **glugged***, cont* **glugging***)* *fam n* • **glug (glug)** glouglou *m* • **he took a long glug of lemonade** il prit une longue goulée de limonade. ❑ *vi* faire glouglou.

glum [glʌm] *adj* triste, morose.

glumly ['glʌmlɪ] *adv* tristement, avec morosité.

glut [glʌt] *n* surplus *m*.

gluten ['glu:tən] *n* gluten *m*.

gluten-free *adj* sans gluten.

glutes [glu:ts] *npl fam* muscles *mpl* fessiers.

glutton ['glʌtn] *n* glouton *m*, -onne *f* • **to be a glutton for punishment** être maso, être masochiste.

gluttony ['glʌtənɪ] *n* gloutonnerie *f*.

GM (abrév de genetically modified) *adj* génétiquement modifié.

G-man *n* **(US)** agent *m* du FBI.

GMAT ['dʒi:mæt] (abrév de Graduate Management Admissions Test) *n* **(US)** *SCOL test d'admission dans le 2e cycle de l'enseignement supérieur aux États-Unis*.

GMT (abrév de Greenwich Mean Time) *n* GMT *m*.

GMTA *SMS* abrév de **great minds think alike**.

gnarled [nɑ:ld] *adj* noueux.

gnash [næʃ] *vt* • **to gnash one's teeth** grincer des dents.

gnat [næt] *n* moucheron *m*.

gnaw [nɔ] *vt* ronger. ❑ *vi* • **to gnaw (away) at sb** ronger qqn.

gnawing ['nɔ:ɪŋ] *adj* **1.** lancinant **2.** tenaillant.

gnome [nəʊm] *n* gnome *m*, lutin *m*.

GNP (abrév de gross national product) *n* PNB *m*.

GNVQ (UK) (abrév de general national vocational qualification) *n diplôme sanctionnant deux années d'études professionnelles à la fin du secondaire* ; ≃ baccalauréat *m* professionnel.

go [gəʊ] *vi (prét* **went***, pp* **gone***)* **1.** aller • **where are you going?** où vas-tu ? • **he's gone to Portugal** il est allé au Portugal • **we went by bus/train** nous sommes allés en bus/en train • **where does this path go?** où mène ce chemin ? • **to go and do sthg** aller faire qqch • **to go swimming/shopping/jogging** aller nager/faire les courses/faire du jogging • **to go for a walk** aller se promener, faire une promenade • **to go to work** aller travailler *ou* à son travail **2.** partir, s'en aller • **I must go (surtout UK), I have to go** il faut que je m'en aille • **what time does the bus go? (UK)** à quelle heure part le bus ? • **let's go!** allons-y ! **3.** devenir • **to go grey (UK)** *ou* **gray (US)** grisonner • **to go mad** *ou* **crazy** devenir fou **4.** passer **5.** marcher, se dérouler • **the conference went very smoothly** la conférence s'est déroulée sans problème *ou* s'est très bien passée • **to go well/badly** aller bien/mal • **how's it going?** *fam* comment ça va ? **6.** marcher • **the car won't go (surtout UK)** la voiture ne veut pas démarrer **7.** • **to be going to do sthg** aller faire qqch • **he said he was going to be late** il a prévenu qu'il allait arriver en retard • **we're going (to go) to America in June** on va (aller) en Amérique en juin • **she's going to have a baby** elle attend un bébé **8.** sonner **9.** sauter **10.** baisser **11.** • **to go (with)** aller (avec) • **those colours don't really go (well together)** ces couleurs ne vont pas bien ensemble **12.** aller, se mettre • **the plates go in the cupboard** les assiettes vont *ou* se mettent dans le placard **13.** *fam* • **now**

what's he gone and done? qu'est-ce qu'il a fait encore ? ❑ *n (pl* **goes) 1. (UK)** tour *m* • **it's my go** c'est à moi (de jouer) **2.** *fam* • **to have a go (at sthg)** essayer (de faire qqch) **3.** • **to have a go at sb (UK)** *fam* s'en prendre à qqn, engueuler qqn **4.** • **to be on the go** *fam* être sur la brèche. ■ **go about** *vt insép* • **to go about one's business** vaquer à ses occupations. ❑ *vi* = **go around**. ■ **go ahead** *vi* **1.** • **to go ahead with sthg** mettre qqch à exécution • **go ahead!** allez-y ! **2.** avoir lieu. ■ **go along** *vi* avancer • **as you go along** au fur et à mesure. ■ **go along with** *vt insép* **1.** appuyer, soutenir **2.** suivre. ■ **go around** *vi* **1.** • **to go around with sb** fréquenter qqn **2.** circuler, courir **3.** • **what goes around comes around** on finit toujours par payer. ■ **go away** *vi insép* partir, s'en aller • **go away!** va-t'en ! • **I'm going away for a few days** je pars pour quelques jours. ■ **go back on** *vt insép* revenir sur. ■ **go back to** *vt insép* **1.** reprendre, se remettre à • **to go back to sleep** se rendormir **2.** remonter à, dater de. ■ **go by** *vi* s'écouler, passer. ❑ *vt insép* **1.** suivre **2.** juger d'après. ■ **go down** *vi* **1.** baisser **2.** • **to go down well/badly** être bien/mal accueilli **3.** *(soleil)* se coucher **4.** *(ballon, pneu)* se dégonfler. ❑ *vt insép* descendre. ■ **go for** *vt insép* **1.** choisir **2.** être attiré par **3.** tomber sur, attaquer **4.** essayer d'obtenir • **to go for it** donner son maximum. ■ **go in** *vi* entrer. ■ **go in for** *vt insép* **1.** prendre part à **2.** se présenter à **3.** aimer **4.** faire, s'adonner à. ■ **go into** *vt insép* **1.** étudier, examiner **2.** entrer dans. ■ **go off** *vi* **1.** exploser **2.** sonner **3. (UK)** se gâter **4.** s'éteindre **5. (US)** *fam* s'emporter • **to go off on one** *fam* péter un plomb. ❑ *vt insép* ne plus aimer. ■ **go on** *vi* **1.** se passer **2.** se mettre en marche **3.** • **to go on (doing)** continuer (à faire) **4.** • **to go on to sthg** passer à qqch • **to go on to do sthg** faire qqch après **5.** parler à n'en plus finir • **to go on about sthg** ne pas arrêter de parler de qqch **6. (US)** *fam* • **she's got it going on** elle a tout pour elle. ❑ *vt insép* se fonder sur. ■ **go on at** *vt insép* **(UK)** *fam* harceler. ■ **go out** *vi* **1.** sortir **2.** • **to go out (with sb)** sortir (avec qqn) **3.** s'éteindre. ■ **go over** *vt insép* **1.** examiner, vérifier **2.** repasser, réviser. ■ **go round** *vi* **(UK)** tourner. Voir aussi **go around**. ■ **go through** *vt insép* **1.** subir, souffrir **2.** examiner • **she went through his pockets** elle lui a fait les poches, elle a fouillé dans ses poches. ■ **go through with** *vt insép* aller jusqu'au bout de. ■ **go toward(s)** *vt insép* contribuer à. ■ **go under** *vi litt & fig* couler. ■ **go up** *vi* **1.** monter **2.** augmenter. ❑ *vt insép* monter. ■ **go without** *vt insép* se passer de. ❑ *vi* s'en passer.

goad [gəʊd] *vt* talonner.

go-ahead *adj* dynamique. ❑ *n (indén)* feu *m* vert *(permission)*.

> **À PROPOS DE**
>
> **go**
>
> Il est très fréquent, lorsque l'on décrit des activités physiques, des passe-temps ou des sports, d'utiliser ***go*** suivi du participe présent du verbe principal **(*to go dancing/birdwatching/running*)**. Comparez par exemple ***I like swimming*** (= ***I like to be in the water***) et ***I like going swimming*** (= ***I like going to the swimming pool***).
>
> Au passé composé et au plus-que-parfait, le participe passé ***gone*** peut être remplacé par ***been***, mais il y a une légère nuance. Comparez par exemple ***the Fosters have gone to Bermuda for their vacation*** (= les Fosters sont allés aux Bermudes et y sont encore) et ***the Fosters have been to Bermuda twice this year*** (= les Fosters sont allés aux Bermudes et en sont revenus).
>
> Dans la langue familière, le verbe ***go*** est souvent suivi de ***and*** et de la forme de base du verbe, au lieu de ***to*** et de la forme de base (***I'll go and see what's happening*** = ***I'll go to see what's happening***).
>
> Voir aussi **aller** dans la partie français-anglais du dictionnaire.

goal [gəʊl] *n* but *m* • **to score a goal** marquer un but.

goal difference *n* différence *f* de buts.

goal-driven *adj* volontariste.

goalie ['gəʊlɪ] *n fam* gardien *m* (de but).

goalkeeper ['gəʊl,kiːpər] *n* gardien *m* de but.

goalkeeping ['gəʊl,kiːpɪŋ] *n* jeu *m* du gardien de but.

goal kick *n* coup *m* de pied de but, dégagement *m* aux six mètres.

goalless ['gəʊllɪs] *adj* • **goalless draw** match *m* sans but marqué.

goalmouth ['gəʊlmaʊθ] *(pl* [-maʊðz]) *n* SPORT but *m*.

goalpost ['gəʊlpəʊst] *n* poteau *m* de but.

goat [gəʊt] *n* chèvre *f* • **goat's cheese** (fromage *m* de) chèvre *m* • **goat's milk** lait *m* de chèvre.

goatee [gəʊ'tiː] *n* barbiche *f*, bouc *m*.

gob [gɒb] *fam n* **(UK)** gueule *f*. ❑ *vi* mollarder.

gobble ['gɒbl] *vt* engloutir. ■ **gobble down, gobble up** *vt sép* engloutir.

gobbledegook, gobbledygook ['gɒbldɪguːk] *n fam* charabia *m*.

gobby ['gɒbɪ] *adj* **(UK)** *fam* • **to be gobby** être une grande gueule.

go-between *n* intermédiaire *mf*.

goblet ['gɒblɪt] *n* verre *m* à pied.

goblin ['gɒblɪn] *n* lutin *m*, farfadet *m*.

gobsmacked ['gɒbsmækt] *adj* **(UK)** *fam* bouche bée *(inv)*.
go-cart = **go-kart**.
god [gɒd] *n* dieu *m*, divinité *f*. ■ **God** *n* Dieu *m* • **God knows** Dieu seul le sait • **for God's sake** pour l'amour de Dieu.
god-awful *adj fam* atroce, affreux.
god-botherer [-'bɒðərə^r] *n fam* cul-bénit *m*.
godchild ['gɒdtʃaɪld] (*pl* **-children**) *n* filleul *m*, -e *f*.
goddammit [,gɒd'dæmɪt] *interj tfam* bordel !
goddaughter ['gɒd,dɔtə^r] *n* filleule *f*.
goddess ['gɒdɪs] *n* déesse *f*.
godfather ['gɒd,fɑːðə^r] *n* parrain *m*.
god-fearing *adj* croyant, pieux.
godforsaken ['gɒdfə,seɪkn] *adj* morne, désolé.
godless ['gɒdlɪs] *adj* irréligieux, impie.
godmother ['gɒd,mʌðə^r] *n* marraine *f*.
godparents ['gɒd,peərənts] *npl* parrain et marraine *mpl*.
godsend ['gɒdsend] *n* aubaine *f*.
godson ['gɒdsʌn] *n* filleul *m*.
goes [gəuz] → **go**.
go-faster stripe *n bande décorative sur la carrosserie d'une voiture*.
go-getter [-'getə^r] *n fam* battant *m*, -e *f*.
go-getting [-'getɪŋ] *adj* **1.** *fam (personne)* plein d'allant **2.** *(comportement)* dynamique.
goggles ['gɒglz] *npl* lunettes *fpl* protectrices.
going ['gəuɪŋ] *n (indén)* **1.** allure *f* **2.** conditions *fpl*. ❑ *adj* **1. (UK)** disponible **2.** en vigueur.
going-away *adj (fête, cadeau)* d'adieu • **going-away outfit** tenue *f* de voyage de noce.
going concern *n* affaire *f* qui marche.
goings-on *npl* événements *mpl*, histoires *fpl*.
go-kart [-kɑːt] *n* kart *m*.
gold [gəuld] *n (indén)* or *m*. ❑ *en apposition* en or, d'or • **a gold ring** une bague en or • **gold reserves** réserves *fpl* d'or. ❑ *adj* doré.
gold-digger *n* **1.** chercheur *m* d'or **2.** *fig* aventurier *m*, -ère *f*.
gold dust *n* poudre *f* d'or • **jobs are like gold dust around here** *fig* le travail est rare *ou* ne court pas les rues par ici.
golden ['gəuldən] *adj* **1.** en or **2.** doré • **golden brown** doré.
golden age *n* âge *m* d'or.
golden handcuffs *npl fam* primes *fpl (versées à un cadre à intervalles réguliers pour le dissuader de partir)*.
golden handshake *n* prime *f* de départ.
golden hello *n fam* gratification *f* de début de service.
golden wedding *n* noces *fpl* d'or.
goldfish ['gəuldfɪʃ] (*pl inv*) *n* poisson *m* rouge.
goldfish bowl *n* bocal *m* (à poissons).
gold leaf *n (indén)* feuille *f* d'or.
gold medal *n* médaille *f* d'or.
goldmine ['gəuldmaɪn] *n litt* & *fig* mine *f* d'or • **to be sitting on a goldmine** être assis sur une mine d'or.
gold-plated [-'pleɪtɪd] *adj* plaqué or.
goldsmith ['gəuldsmɪθ] *n* orfèvre *mf*.
golf [gɒlf] *n* golf *m*.
golf ball *n* **1.** balle *f* de golf **2.** boule *f (de machine à écrire)*.
golf club *n* club *m* de golf.
golf course *n* terrain *m* de golf.
golfer ['gɒlfə^r] *n* golfeur *m*, -euse *f*.
gone [gɒn] *pp* → **go**. ❑ *adj* parti. ❑ *prép* **(UK)** • **it's gone ten (o'clock)** il est dix heures passées.
gong [gɒŋ] *n* gong *m*.
gonzo ['gɒnzəu] *adj* **1. (US)** *fam (style)* particulier, bizarre **2.** *(personne)* barge • **gonzo journalism** journalisme *m* ultra-subjectif.
good [gud] *adj* (*comp* **better**, *superl* **best**) **1.** bon • **it's good to see you again** ça fait plaisir de te revoir • **to be good at sthg** être bon en qqch • **to be good with a)** savoir y faire avec **b)** être habile de *(ses mains)* • **it's good for you** c'est bon pour toi *ou* pour la santé **2.** gentil • **to be good to sb** être très attentionné envers qqn • **to be good enough to do sthg** avoir l'amabilité de faire qqch **3.** sage **4.** correct • **be good!** sois sage !, tiens-toi tranquille ! ❑ *n* **1.** *(indén)* bien *m* • **it will do him good** ça lui fera du bien **2.** utilité *f* • **what's the good of** *ou* **in (surtout US) doing that?** à quoi bon faire ça ? • **it's no good crying/worrying** ça ne sert à rien de pleurer/de s'en faire **3.** *(indén)* bien *m* • **to be up to no good** préparer un sale coup. ■ **as good as** *adv* pratiquement, pour ainsi dire. ■ **for good** *adv* pour de bon, définitivement. ■ **good afternoon** *interj* bonjour ! ■ **good evening** *interj* bonsoir ! ■ **good morning** *interj* bonjour ! ■ **good night** *interj* **1.** bonsoir ! **2.** bonne nuit ! ■ **goods** *npl* marchandises *fpl*, articles *mpl*.
goodbye [,gud'baɪ] *interj* au revoir ! ❑ *n* au revoir *m*.
good-for-nothing *adj* bon à rien. ❑ *n* bon *m* à rien.
Good Friday *n* Vendredi *m* saint.
good-hearted *adj* **1.** bon, généreux **2.** fait avec les meilleures intentions.
good-humoured (UK), **good-humored (US)** [-'hjuːməd] *adj* **1.** *(personne)* de bonne humeur **2.** *(remarque, plaisanterie)* bon enfant *(inv)*.
goodish ['gudɪʃ] *adj fam* **1.** assez bon, passable **2.** assez grand • **it's a goodish size** c'est assez grand.
good-looker *n fam* **1.** bel homme *m* **2.** beau garçon *m* **3.** belle femme *f* **4.** belle fille *f*, belle nana *f*.
good-looking [-'lukɪŋ] *adj* beau.

good looks *npl* beauté *f*.

good-natured [-'neɪtʃəd] *adj* **1.** *(personne)* d'un naturel aimable **2.** *(remarque, plaisanterie)* bon enfant *(inv)*.

goodness ['gʊdnɪs] *n (indén)* **1.** bonté *f* **2.** valeur *f* nutritive. ❑ *interj* • **(my) goodness!** mon Dieu !, Seigneur ! • **for goodness' sake!** par pitié !, pour l'amour de Dieu ! • **thank goodness!** grâce à Dieu !

good-sized *adj* de bonne taille • **a good-sized room** une grande pièce.

goods train *n* **(UK)** train *m* de marchandises.

good-tempered [-'tempəd] *adj* **1.** agréable **2.** qui a bon caractère.

goodwill [,gʊd'wɪl] *n* bienveillance *f*.

goody ['gʊdɪ] *fam n* **(UK)** bon *m*. ❑ *interj* chouette ! ■ **goodies** *npl fam* **1.** friandises *fpl* **2.** merveilles *fpl*, trésors *mpl*.

gooey ['gu:ɪ] (*comp* **gooier**, *superl* **gooiest**) *adj* **1.** *fam* qui colle **2.** *péj* poisseux.

Google® ['gu:gl] *vt* rechercher avec Google®.

goose [gu:s] (*pl* **geese** [gi:z]) *n* oie *f*.

gooseberry ['gʊzbərɪ] *n* groseille *f* à maquereau.

goose bumps *fam npl* = **gooseflesh**.

gooseflesh ['gu:sfleʃ] *n* chair *f* de poule.

goose pimples *npl* = **gooseflesh**.

Gordon Bennett ['gɔ:dən'benɪt] *interj* **(UK)** *fam* nom d'une pipe !

gore [gɔ:ʳ] *n (indén) littéraire* sang *m*. ❑ *vt* encorner.

gorge [gɔ:dʒ] *n* gorge *f*, défilé *m*. ❑ *vt* • **to gorge o.s. on** *ou* **with sthg** se bourrer *ou* se goinfrer de qqch.

gorgeous ['gɔ:dʒəs] *adj* **1.** divin **2.** *fam* magnifique, splendide.

gorilla [gə'rɪlə] *n* gorille *m*.

gormless ['gɔ:mlɪs] *adj* **(UK)** *fam* bêta, bêtasse *f*.

gorse [gɔ:s] *n (indén)* ajonc *m*.

gory ['gɔ:rɪ] *adj* sanglant.

gosh [gɒʃ] *interj fam* ça alors !

go-slow *n* **(UK)** grève *f* du zèle.

gospel ['gɒspl] *n* évangile *m*. ■ **Gospel** *n* Évangile *m*.

gossip ['gɒsɪp] *n* **1.** bavardage *m* **2.** *péj* commérage *m* **3.** commère *f*. ❑ *vi* **1.** bavarder, papoter **2.** *péj* cancaner.

gossip column *n* échos *mpl*.

got [gɒt] *passé & pp* → **get**.

go-to *adj* **(US)** *fam* • **he's your go-to guy** c'est votre interlocuteur *(en cas de problème)*.

gotten ['gɒtn] **(US)** *pp* → **get**.

gouge [gaʊdʒ] ■ **gouge out** *vt sép* **1.** creuser **2.** arracher.

goulash ['gu:læʃ] *n* goulache *m*.

gourmet ['gʊəmeɪ] *n* gourmet *m*, gastronome *m*. ❑ *en apposition (restaurant, menu)* gastronomique.

gout [gaʊt] *n (indén)* MÉD goutte *f*.

govern ['gʌvən] *vt* **1.** gouverner **2.** régir. ❑ *vi* POLIT gouverner.

governess ['gʌvənɪs] *n* gouvernante *f*.

governing body *n* conseil *m* d'administration.

government ['gʌvnmənt] *n* gouvernement *m*.

government aid *n* aide *f* gouvernementale *ou* de l'État.

governmental [,gʌvn'mentl] *adj* gouvernemental.

government-funded *adj* subventionné par l'État.

government grant *n* subvention *f* de l'État.

government handouts *npl* subventions *fpl* gouvernementales.

government spending *n (indén)* dépenses *fpl* publiques.

government-sponsored *adj* parrainé par le gouvernement • **government-sponsored terrorism** terrorisme *m* d'État.

government subsidy *n* subvention *f* d'État.

governor ['gʌvənəʳ] *n* **1.** POLIT gouverneur *m* **2.** **(UK)** SCOL ≃ membre *m* du conseil d'établissement **3.** **(UK)** gouverneur *m (d'une banque)* **4.** **(UK)** directeur *m (de prison)*.

govt (abrév de **government**) gvt.

gown [gaʊn] *n* **1.** robe *f* **2.** blouse *f (de chirurgien)* **3.** DR & UNIV robe *f*, toge *f*.

GP *n* **(UK)** abrév de **general practitioner**.

GPA ['dʒi:'pi:'eɪ] *n* **(US)** abrév de **grade point average**.

GPS [,dʒi:pi:'es] (abrév de **Global Positioning System**) *n* GPS *m*.

GR8 SMS abrév de **great**.

grab [græb] *vt* **1.** saisir **2.** *fam* avaler en vitesse • **to grab a few hours' sleep** dormir quelques heures **3.** *fam* emballer *(enthousiasmer)*. ❑ *vi* • **to grab at sthg** faire un geste pour attraper qqch.

grace [greɪs] *n* **1.** grâce *f* **2.** *(indén)* répit *m* **3.** RELIG grâces *fpl*.

graceful ['greɪsfʊl] *adj* gracieux, élégant.

gracefully ['greɪsfʊlɪ] *adv* **1.** avec grâce, gracieusement **2.** avec élégance.

gracious ['greɪʃəs] *adj* courtois. ❑ *interj* • **(good) gracious!** *vieilli* juste ciel !

graciously ['greɪʃəslɪ] *adv* poliment.

graciousness ['greɪʃəsnɪs] *n* **1.** bienveillance *f* **2.** élégance *f*, raffinement *m* **3.** RELIG miséricorde *f*.

grade [greɪd] *n* **1.** catégorie *f* **2.** *(laine, papier)* qualité *f* **3.** *(essence)* type *m* **4.** *(œufs)* calibre *m* **5.** **(US)** classe *f* **6.** **(US)** note *f*. ❑ *vt* **1.** classer **2.** noter.

grade crossing *n* **(US)** passage *m* à niveau.
grade point average *n* **(US)** *SCOL* moyenne *f (calculée en attribuant une valeur chiffrée aux notes et un coefficient en fonction des crédits de chaque matière)*.
grade school *n* **(US)** école *f* primaire.
gradient ['greɪdjənt] *n* pente *f*, inclinaison *f*.
gradual ['grædʒuəl] *adj* graduel, progressif.
gradually ['grædʒuəlɪ] *adv* graduellement, petit à petit.
graduate *n* ['grædʒuət] **1.** diplômé *m*, -e *f* **2. (US)** ≃ titulaire *mf* du baccalauréat. ❑ *vi* ['grædʒueɪt] **1.** • **to graduate (from)** ≃ obtenir son diplôme (à) **2. (US)** • **to graduate (from)** ≃ obtenir son baccalauréat (à).
graduate school *n* **(US)** troisième cycle *m* d'université.
graduation [,grædʒu'eɪʃn] *n (indén)* remise *f* des diplômes.
graffiti [grə'fi:tɪ] *n (indén)* graffiti *mpl*.
graft [grɑ:ft] *n* **1.** *BOT* greffe *f*, greffon *m* **2.** *MÉD* greffe *f* **3. (UK)** boulot *m* **4. (US)** *fam* graissage *m* de patte. ❑ *vt* greffer.
graham cracker ['greɪəm-] *n* **(US)** *biscuit rond légèrement sucré*.
grain [greɪn] *n* **1.** grain *m* **2.** *(indén)* céréales *fpl* **3.** *(indén)* fil *m (du bois)* ; grain *m (d'un matériau)* ; veines *fpl (dans le marbre)*.
graininess ['greɪnɪnɪs] *n* grain *m (d'une image)*.
gram [græm] *n* gramme *m*.
grammar ['græmər] *n* grammaire *f*.
grammar school *n* **1.** ≃ lycée *m* **2.** école *f* primaire.
grammatical [grə'mætɪkl] *adj* grammatical.
grammatically [grə'mætɪklɪ] *adv* grammaticalement, du point de vue grammatical.
gramme [græm] **(UK)** = **gram**.
gramophone ['græməfəun] *n vieilli* gramophone *m*, phonographe *m*.
gran [græn] *n* **(UK)** *fam* mamie *f*, mémé *f*.
grand [grænd] *adj* **1.** grandiose, imposant **2.** grand **3.** important **4.** distingué **5.** *fam* & *vieilli* sensationnel, formidable. ❑ *n (pl inv) fam* **1.** mille livres *fpl* **2.** mille dollars *mpl*.
grandchild ['græntʃaɪld] *(pl* **-children***)* *n* **1.** petit-fils *m* **2.** petite-fille *f*. ■ **grandchildren** *npl* petits-enfants *mpl*.
grand(d)ad ['grændæd] *n fam* papi *m*, pépé *m*.
granddaughter ['græn,dɔ:tər] *n* petite-fille *f*.
grandeur ['grændʒər] *n* splendeur *f*, magnificence *f*.
grandfather ['grænd,fɑ:ðər] *n* grand-père *m*.
grandfather clock *n* horloge *f*, pendule *f* de parquet.
grand finale *n* apothéose *f*.
grand jury *n* **(US)** tribunal *m* d'accusation.
grandma ['grænmɑ:] *n fam* mamie *f*, mémé *f*.
grandmother ['græn,mʌðər] *n* grand-mère *f*.
grandpa ['grænpɑ:] *n fam* papi *m*, pépé *m*.
grandparents ['græn,peərənts] *npl* grands-parents *mpl*.
grand piano *n* piano *m* à queue.
grand slam *n SPORT* grand chelem *m*.
grandson ['grænsʌn] *n* petit-fils *m*.
grandstand ['grændstænd] *n* tribune *f*.
grand total *n* somme *f* globale, total *m* général.
granita [grə'ni:tə] *n* granité *m*.
granite ['grænɪt] *n* granit *m*.
granny ['grænɪ] *n fam* mamie *f*, mémé *f*.
granny flat *n* **(UK)** *appartement indépendant dans une maison, pour y loger un parent âgé*.
granola [grə'nəulə] *n* **(US)** muesli *m* • **granola bar** barre *f* aux céréales.
grant [grɑ:nt] *n* **1.** subvention *f* **2.** bourse *f*. ❑ *vt* **1.** accorder **2.** accéder à **3.** admettre, reconnaître **4.** • **to take sb for granted a)** penser que tout ce que qqn fait va de soi **b)** penser que qqn fait partie des meubles • **to take sthg for granted** considérer qqch comme acquis.
grant-aided *adj* **1.** *(étudiant)* boursier **2.** *(industrie)* subventionné **3.** *(école)* qui reçoit une subvention.
grant-maintained [-meɪn'teɪnd] *adj* **(UK)** *SCOL* subventionné *(par l'État)*.
granulated sugar ['grænjuleɪtɪd-] *n* sucre *m* cristallisé.
granule ['grænju:l] *n* **1.** granule *m* **2.** *(sucre)* grain *m*.
grape [greɪp] *n* (grain *m* de) raisin *m* • **a bunch of grapes** une grappe de raisin.
grapefruit ['greɪpfru:t] *(pl inv ou* **-s***)* *n* pamplemousse *m*.
grapevine ['greɪpvaɪn] *n* vigne *f* • **on the grapevine** *fig* par le téléphone arabe.
graph [grɑ:f] *n* graphique *m* • **to draw a graph** faire un graphique.
graphic ['græfɪk] *adj* **1.** vivant **2.** *ART* graphique. ■ **graphics** *npl* art *m* graphique.
graphical user interface *n* interface *f* graphique.
graphic arts *npl* arts *mpl* graphiques.
graphic design *n* design *m* graphique.
graphic designer *n* graphiste *mf*.
graphics card ['græfɪks-] *n INFORM* carte *f* graphique.
graphite ['græfaɪt] *n (indén)* graphite *m*, mine *f* de plomb.
graph paper *n (indén)* papier *m* millimétré.
grapple ['græpl] ■ **grapple with** *vt insép* **1.** lutter avec **2.** se débattre avec.
grasp [grɑ:sp] *n* **1.** prise *f* **2.** compréhension *f* • **to have a good grasp of sthg** avoir une bonne connaissance de qqch. ❑ *vt* **1.** empoigner **2.** comprendre **3.** saisir.

grasping ['grɑːspɪŋ] *adj péj* avide, cupide.

grass [grɑːs] *n* herbe *f*.

grasshopper ['grɑːs,hɒpər] *n* sauterelle *f*.

grass roots *npl fig* base *f*. ❑ *en apposition* du peuple.

grass snake *n* couleuvre *f*.

grate [greɪt] *n* grille *f* de foyer. ❑ *vt* râper. ❑ *vi* grincer, crisser.

grateful ['greɪtful] *adj* reconnaissant • **I'm very grateful to you** je vous suis très reconnaissant.

gratefully ['greɪtfʊlɪ] *adv* avec reconnaissance.

grater ['greɪtər] *n* râpe *f*.

gratify ['grætɪfaɪ] *vt* **1.** • **to be gratified** être content, être satisfait **2.** satisfaire, assouvir.

gratifying ['grætɪfaɪɪŋ] *adj* gratifiant.

gratin *n* gratin *m*.

grating ['greɪtɪŋ] *adj* **1.** grinçant **2.** *(voix)* de crécelle. ❑ *n* grille *f*.

gratitude ['grætɪtjuːd] *n (indén)* gratitude *f*, reconnaissance *f*.

gratuitous [grə'tjuːɪtəs] *adj sout* gratuit.

grave[1] [greɪv] *adj* **1.** grave **2.** sérieux. ❑ *n* tombe *f*.

grave[2] [grɑːv] *adj* LING • **e grave** e *m* accent grave.

grave accent [grɑːv-] *n* accent *m* grave.

gravedigger ['greɪv,dɪgər] *n* fossoyeur *m*, -euse *f*.

gravel ['grævl] *n (indén)* gravier *m*.

gravestone ['greɪvstəʊn] *n* pierre *f* tombale.

graveyard ['greɪvjɑːd] *n* cimetière *m*.

graveyard slot *n* **1.** RADIO & TV tranche *f* nocturne **2.** *tranche horaire pendant laquelle est diffusée une émission à taux de grande écoute sur une chaîne ou une station rivale*.

gravitas ['grævɪtæs] *n* sérieux *m*.

gravitate ['grævɪteɪt] *vi* • **to gravitate towards** être attiré par.

gravity ['grævətɪ] *n* **1.** gravité *f*, pesanteur *f* **2.** gravité *f*.

gravy ['greɪvɪ] *n (indén)* jus *m* de viande.

gravy train *n fam* • **the gravy train** le bon filon *(situation lucrative)*.

gray (US) = **grey**.

graze [greɪz] *vt* **1.** brouter, paître **2.** faire paître **3.** écorcher, égratigner **4.** frôler, effleurer **5.** grignoter. ❑ *vi* brouter, paître. ❑ *n* écorchure *f*, égratignure *f*.

grease [griːs] *n* graisse *f*. ❑ *vt* graisser.

greased lightning ['griːst-] *n* • **like greased lightning** *fam* à tout berzingue.

greasepaint ['griːspeɪnt] *n* fard *m* gras.

greaseproof paper [,griːspruːf-] *n (indén)* (UK) papier *m* sulfurisé.

greasy ['griːsɪ] *adj* **1.** graisseux **2.** taché de graisse **3.** gras.

greasy spoon *n fam* gargote *f*.

great [greɪt] *adj* **1.** grand • **great big** énorme **2.** *fam* génial, formidable • **to feel great** se sentir en pleine forme • **great!** super !, génial !

great-aunt *n* grand-tante *f*.

Great Britain *n* Grande-Bretagne *f* • **in Great Britain** en Grande-Bretagne.

> CULTURE
>
> **Great Britain**
>
> La Grande-Bretagne (**Great Britain**) est un terme géographique désignant l'île qui comprend l'Angleterre, le pays de Galles et l'Écosse. Le Royaume-Uni (**the United Kingdom**), dont le nom complet est the **United Kingdom of Great Britain and Northern Ireland**, désigne quant à lui le pays qui est composé de la Grande-Bretagne et de l'Irlande du Nord. Cependant, dans la langue de tous les jours, il arrive qu'on emploie indifféremment ces deux mots pour désigner l'île ou le pays.

greatcoat ['greɪtkəʊt] *n* pardessus *m*.

Great Dane *n (chien)* danois *m*.

greater-than sign *n* signe *m* « supérieur à ».

great-grandchild *n* **1.** arrière-petit-fils *m* **2.** arrière-petite-fille *f*. ■ **great-grandchildren** *npl* arrière-petits-enfants *mpl*.

great-granddaughter *n* arrière-petite-fille *f*.

great-grandfather *n* arrière-grand-père *m*.

great-grandmother *n* arrière-grand-mère *f*.

great-grandparents *npl* arrière-grands-parents *mpl*.

great-grandson *n* arrière-petit-fils *m*.

greatly ['greɪtlɪ] *adv* **1.** beaucoup **2.** très.

great-nephew *n* petit-neveu *m*.

greatness ['greɪtnɪs] *n* grandeur *f*.

great-niece *n* petite-nièce *f*.

great-uncle *n* grand-oncle *m*.

Greece [griːs] *n* Grèce *f*.

greed [griːd] *n (indén)* **1.** gloutonnerie *f* **2.** *fig* • **greed (for)** avidité *f* (de).

greedily ['griːdɪlɪ] *adv* gloutonnement ; avec gourmandise.

greediness ['griːdɪnɪs] = **greed**.

greedy ['griːdɪ] *adj* **1.** glouton **2.** *fig* • **greedy for sthg** avide de qqch.

Greek [griːk] *adj* grec. ❑ *n* **1.** Grec *m*, Grecque *f* **2.** grec *m*.

Greek salad *n* salade *f* grecque *(composée de tomates, concombre, oignons, feta et olives noires)*.

green [griːn] *adj* **1.** vert **2.** *(mouvement)* écologique **3.** *(personne)* vert **4.** *fam* inexpérimenté, jeune. ❑ *n* **1.** vert *m* **2.** GOLF green *m* **3.** • **village green** pelouse *f* communale.

■ **Green** *n* vert *m*, -e *f*, écologiste *mf* • **the Greens** les Verts, les Écologistes. ■ **greens** *npl* légumes *mpl* verts.
green audit *n* audit *m* vert.
greenback ['gri:nbæk] *n* **(US)** *fam* billet *m* vert.
green bean *n* haricot *m* vert.
green belt *n* **(UK)** ceinture *f* verte.
green card *n* **1. (UK)** *(pour véhicule)* carte *f* verte **2. (US)** carte *f* verte ; ≃ carte *f* de séjour.
green collar *adj* **1.** *(employé)* qui travaille dans le domaine de l'environnement **2.** *(emploi)* dans le domaine de l'environnement.
greenery ['gri:nərɪ] *n* verdure *f*.
greenfield site ['gri:nfi:ld-] *n terrain non construit à l'extérieur d'une ville*.
green fingers *npl* **(UK)** • **to have green fingers** avoir la main verte.
greenfly ['gri:nflaɪ] *(pl inv* ou **-ies**) *n* puceron *m*.
green energy ['gri:nenədʒɪ] *n* énergie verte.
greengage ['gri:ngeɪdʒ] *n* reine-claude *f*.
greengrocer ['gri:n,grəʊsər] *n* **(surtout UK)** marchand *m*, -e *f* de légumes.
greenhouse ['gri:nhaʊs] *(pl* [-haʊzɪz]) *n* serre *f*.
greenhouse effect *n* • **the greenhouse effect** l'effet *m* de serre.
Greenland ['gri:nlənd] *n* Groenland *m*.
green onion *n* **(US)** ciboule *f*, cive *f*.
green salad *n* salade *f* verte.
green shoots *npl ÉCON* premiers signes *mpl* de reprise.
green tax *n* taxe *f* verte.
green tea *n* thé *m* vert.
green thumb *n* **(US)** • **to have a green thumb** avoir la main verte.
greet [gri:t] *vt* **1.** saluer **2.** accueillir.
greeter ['gri:tər] *n* **1.** *(homme)* hôte *f* (d'accueil) **2.** *(femme)* hôtesse *f* (d'accueil).
greeting ['gri:tɪŋ] *n* salutation *f*, salut *m*. ■ **greetings** *npl* • **Christmas/birthday greetings** vœux *mpl* de Noël/d'anniversaire.
greetings card (UK), **greeting card (US)** *n* carte *f* de vœux.

> **CULTURE**
> ### greetings cards
> Aux États-Unis comme en Grande-Bretagne, il existe des magasins qui vendent exclusivement des cartes : cartes de vœux pour Noël ou Pâques, pour la fête des Mères ou des Pères, cartes d'anniversaire ou de félicitations à l'occasion d'un mariage ou d'une naissance. Aux États-Unis, on trouve même des cartes pour la fête des Grands-Parents ou celle des Secrétaires.

grenade [grə'neɪd] *n* • **(hand)grenade** grenade *f* (à main).
grew [gru:] *passé* → **grow**.
grey (UK), **gray (US)** [greɪ] *adj* **1.** gris **2.** • **to go grey** grisonner **3.** morne, triste. ❑ *n* gris *m*.
grey cell *n* cellule *f* grise • **he's a little short on grey cells** *fam* il n'a pas inventé la poudre.
grey-haired (UK), **gray-haired (US)** [-'heəd] *adj* aux cheveux gris.
greyhound ['greɪhaʊnd] *n* lévrier *m*.
grey literature *n* littérature *f* grise.
grey matter (UK), **gray matter (US)** *n* matière *f* grise.
grid [grɪd] *n* **1.** grille *f* **2.** quadrillage *m* **3.** • **the grid** le réseau • **to live off the grid** ne pas être raccordé au réseau électrique.
griddle ['grɪdl] *n* plaque *f* à cuire.
gridline ['grɪdlaɪn] *n INFORM* quadrillage *m*.
gridlock ['grɪdlɒk] *n* embouteillage *m*.
gridlocked ['grɪdlɒkt] *adj* bloqué • **the two parties are gridlocked** chaque partie campe sur ses positions.
grid parity *n* parité *f* réseau *(seuil de compétitivité de l'énergie photovoltaïque)*.
grief [gri:f] *n (indén)* **1.** chagrin *m*, peine *f* **2.** *fam* ennuis *mpl* **3.** • **to come to grief a)** *(personne)* avoir de gros problèmes **b)** *(projet)* échouer, tomber à l'eau • **good grief!** Dieu du ciel !, mon Dieu !
grief-stricken *adj* accablé de douleur.
grievance ['gri:vns] *n* grief *m*, doléance *f*.
grieve [gri:v] *vi* être en deuil • **to grieve for sb/sthg** pleurer qqn/qqch.
grievous ['gri:vəs] *adj sout* **1.** grave **2.** cruel.
grievous bodily harm *n (indén)* coups *mpl* et blessures *fpl*.
grill [grɪl] *n* gril *m*. ❑ *vt* **1.** griller, faire griller **2.** *fam* cuisiner *(interroger)*.
grille [grɪl] *n* grille *f*.
grilling ['grɪlɪŋ] *n* **1. (UK)** cuisson *f* au gril **2.** *fam (interrogation)* • **to give sb a grilling** cuisiner qqn.
grim [grɪm] *adj* **1.** sévère **2.** inflexible **3.** sinistre **4.** lugubre **5.** morne, triste.
grimace [grɪ'meɪs] *n* grimace *f*. ❑ *vi* grimacer, faire la grimace.
grime [graɪm] *n (indén)* crasse *f*, saleté *f*.
grimy ['graɪmɪ] *adj* sale, encrassé.
grin [grɪn] *n* (large) sourire *m*. ❑ *vi* sourire • **to grin at sb/sthg** adresser un large sourire à qqn/qqch.
grind [graɪnd] *vt (prét & pp* **ground**) moudre. ❑ *vi (prét & pp* **ground**) grincer. ❑ *n* corvée *f*. ■ **grind up** *vt sép* pulvériser.
grinder ['graɪndər] *n* moulin *m*.
grindingly ['graɪndɪŋlɪ] *adv* • **grindingly boring** d'un ennui mortel • **grindingly slow** d'une lenteur insupportable.
grip [grɪp] *n* **1.** prise *f* **2.** contrôle *m* • **he's got a good grip on the situation** il a la situation bien en main • **to get to grips with sthg** s'attaquer à

qqch • **to get a grip on o.s.** se ressaisir **3.** adhérence *f* **4.** poignée *f* **5.** sac *m* (de voyage). ❑ *vt* **1.** saisir **2.** adhérer à **3.** *fig* captiver.

gripe [graɪp] *fam n* plainte *f* • **what's your gripe?** de quoi te plains-tu ? ❑ *vi* • **to gripe** râler *ou* rouspéter.

gripping ['grɪpɪŋ] *adj* passionnant.

grisly ['grɪzlɪ] *adj* macabre.

gristle ['grɪsl] *n (indén)* nerfs *mpl*.

grit [grɪt] *n* **1.** gravillon *m* **2.** poussière *f* **3.** *fam* cran *m (courage)*. ❑ *vt* sabler. ■ **grits** *npl* **(US)** gruau *m* de maïs.

gritty ['grɪtɪ] *adj* **1.** couvert de gravillon **2.** *fam* qui a du cran ; courageux.

groan [grəʊn] *n* gémissement *m*. ❑ *vi* **1.** gémir **2.** grincer.

grocer ['grəʊsər] *n* épicier *m*, -ère *f* • **grocer's (shop) (UK)** épicerie *f*.

groceries ['grəʊsərɪz] *npl* provisions *fpl*.

grocery ['grəʊsərɪ] *n* épicerie *f*.

grody ['grəʊdɪ] *adj* **(US)** *fam* dégueulasse.

groggy ['grɒgɪ] *adj* **1.** faible, affaibli **2.** groggy *(inv)*.

groin [grɔɪn] *n* aine *f*.

groom [gru:m] *n* **1.** palefrenier *m*, -ère *f*, garçon *m* d'écurie **2.** marié *m*. ❑ *vt* **1.** panser **2.** *fig* • **to groom sb (for sthg)** préparer *ou* former qqn (pour qqch).

groove [gru:v] *n* **1.** rainure *f* **2.** sillon *m (sur un disque)*.

grooved [gru:vd] *adj* cannelé, rainé • **grooved panel** panneau *m* tarabiscoté • **grooved tyre** pneu *m* cannelé.

groovy ['gru:vɪ] *adj fam* & *vieilli* **1.** super, génial **2.** branché.

grope [grəʊp] *vi* • **to grope (about (UK)** *ou* **around) for sthg** chercher qqch à tâtons.

gross [grəʊs] *adj* **1.** brut **2.** *sout (négligence)* coupable ; *(comportement)* choquant ; *(inégalité)* flagrant **3.** grossier.

gross domestic product *n* produit *m* intérieur brut.

gross income *n* FIN produit *m* brut.

grossly ['grəʊslɪ] *adv* extrêmement, énormément.

gross margin *n* marge *f* brute.

gross national product *n* produit *m* national brut.

gross profit *n* bénéfice *m* brut.

grotesque [grəʊ'tesk] *adj* grotesque.

grotto ['grɒtəʊ] *(pl* **-es** *ou* **-s**) *n* grotte *f*.

grotty ['grɒtɪ] *adj* **(UK)** *fam* minable.

grouchy ['graʊtʃɪ] *(comp* **grouchier**, *superl* **grouchiest**) *adj fam* grognon, maussade.

ground [graʊnd] *passé & pp* → **grind**. ❑ *n* **1.** *(indén)* sol *m*, terre *f* • **above ground** en surface • **below ground** sous terre • **to work o.s. into the ground** se tuer au travail **2.** *(indén)* terrain *m* **3.** SPORT terrain *m* **4.** • **to gain/lose ground** gagner/perdre du terrain. ❑ *vt* **1.** • **to be grounded on** *ou* **in sthg** être fondé sur qqch **2.** interdire de vol **3.** *fam* priver de sortie **4.** **(US)** ÉLECTR • **to be grounded** être à la masse. ■ **grounds** *npl* **1.** motif *m*, raison *f* • **grounds for doing sthg** raisons de faire qqch **2.** parc *m* **3.** marc *m (de café)*.

ground coffee *n* café *m* moulu.

ground crew *n* personnel *m* au sol.

grounded ['graʊndɪd] *adj* • **to be grounded** avoir les pieds sur terre.

ground floor *n* rez-de-chaussée *m inv*.

grounding ['graʊndɪŋ] *n* • **grounding (in)** connaissances *fpl* de base (en).

groundless ['graʊndlɪs] *adj* sans fondement.

ground rules *npl* règles *fpl* de base.

groundsheet ['graʊndʃi:t] *n* tapis *m* de sol.

groundspeed ['graʊndspi:d] *n* AÉRON vitesse *f* au sol.

ground staff *n* **1.** personnel *m* d'entretien *(d'un terrain de sport)* **2.** **(UK)** = **ground crew**.

groundswell ['graʊndswel] *n* vague *f* de fond.

ground-to-air *adj* MIL sol-air *(inv)*.

ground-to-ground *adj* MIL sol-sol *(inv)*.

groundwork ['graʊndwɜ:k] *n (indén)* travail *m* préparatoire.

ground zero *n* hypocentre *m*, point *m* zéro.

group [gru:p] *n* groupe *m*. ❑ *vt* grouper, réunir. ❑ *vi* • **to group (together)** se grouper.

groupie ['gru:pɪ] *n fam* groupie *f*.

group leader *n* **1.** accompagnateur *m*, -trice *f* **2.** moniteur *m*, -trice *f*.

group therapy *n* thérapie *f* de groupe.

groupware ['gru:pweər] *n* INFORM logiciel *m* de groupe.

grouse [graʊs] *n (pl inv ou* **-s**) grouse *f*, coq *m* de bruyère.

grove [grəʊv] *n* bosquet *m*.

grovel ['grɒvl] (**(UK)** *prét & pp* **grovelled**, *cont* **grovelling**, **(US)** *prét & pp* **groveled**, *cont* **groveling**) *vi* • **to grovel (to sb)** ramper (devant qqn).

grow [grəʊ] *(prét* **grew**, *pp* **grown**) *vi* **1.** pousser **2.** *(personne, animal)* grandir **3.** *(entreprise, ville)* s'agrandir **4.** *(peurs, influence, circulation)* augmenter, s'accroître **5.** *(problème, projet)* prendre de l'ampleur **6.** *(économie)* se développer **7.** devenir • **to grow old** vieillir • **to grow tired of sthg** se fatiguer de qqch. ❑ *vt* **1.** BOT faire pousser **2.** se laisser pousser *(les cheveux, la barbe)*. ■ **grow into** *vt insép (vêtements, chaussures)* devenir assez grand pour mettre • **he'll soon grow into those shoes** il pourra bientôt mettre ces chaussures, bientôt ces chaussures lui iront. ■ **grow on** *vt insép fam* plaire de plus en plus à • **it'll grow on**

you cela finira par te plaire. ■ **grow out of** *vt insép* **1.** *(vêtements, chaussures)* devenir trop grand pour **2.** perdre *(une habitude)*. ■ **grow up** *vi* **1.** grandir, devenir adulte • **I grew up in Oxford** j'ai grandi à Oxford • **when I grow up** quand je serai grand • **grow up!** ne fais pas l'enfant ! **2.** se développer.

grower ['grəʊər] *n* cultivateur *m*, -trice *f*.

growl [graʊl] *vi* **1.** *(animal)* grogner **2.** *(moteur)* vrombir, gronder **3.** *(personne)* grogner.

grown [grəʊn] *pp* → **grow.** ❑ *adj* adulte.

grown-up *adj* **1.** adulte, grand **2.** mûr. ❑ *n* adulte *mf*, grande personne *f*.

growth [grəʊθ] *n* **1.** croissance *f* • **economic growth** la croissance économique **2.** développement *m (de l'opposition, d'une entreprise)* **3.** augmentation *f*, accroissement *m (de la population)* **4.** tumeur *f*, excroissance *f*.

growth industry *n* industrie *f* en plein essor *ou* de pointe.

growth rate *n* taux *m* de croissance.

grub [grʌb] *n* **1.** larve *f* **2.** *fam* bouffe *f*.

grubby ['grʌbɪ] *adj* sale, malpropre.

grudge [grʌʤ] *n* rancune *f* • **to bear sb a grudge, to bear a grudge against sb** garder rancune à qqn. ❑ *vt* • **to grudge sb sthg** **a)** donner qqch à qqn à contrecœur **b)** en vouloir à qqn à cause de qqch.

gruelling (UK), grueling (US) ['grʊəlɪŋ] *adj* épuisant, exténuant.

gruesome ['gru:səm] *adj* horrible.

gruff [grʌf] *adj* **1.** gros, grosse *f* **2.** brusque, bourru.

grumble ['grʌmbl] *vi* **1.** • **to grumble about sthg** rouspéter *ou* grommeler contre qqch **2.** *(tonnerre)* gronder **3.** *(estomac)* gargouiller.

grumpily ['grʌmpɪlɪ] *adv fam* en ronchonnant, d'un ton *ou* air ronchon.

grumpy ['grʌmpɪ] *adj fam* renfrogné • **a grumpy old man** un vieillard grognon.

grunge [grʌnʤ] *n* **1.** *fam* crasse *f* **2.** grunge *m*.

grunt [grʌnt] *n* grognement *m*. ❑ *vi* grogner.

grunt work *n fam* travail *m* fastidieux.

GSM (abrév de **global system for mobile communication**) *n* TÉLÉCOM GSM *m*.

GSOH *SMS* **1.** abrév de **good sense of humour** **2.** abrév de **good salary, own home.**

G-string *n* cache-sexe *m inv*.

GTG, G2G *SMS* abrév de **got to go.**

GTSY *SMS* abrév de **glad to see you.**

guarantee [,gærən'ti:] *n* garantie *f*. ❑ *vt* garantir.

guard [gɑ:d] *n* **1.** garde *m* **2.** gardien *m (de prison)* **3.** garde *f* • **to be on guard** être de garde *ou* de faction • **to catch sb off guard** prendre qqn au dépourvu **4. (UK)** chef *m* de train **5.** protection *f* **6.** garde-feu *m inv*. ❑ *vt* **1.** protéger, garder *(un bâtiment)* **2.** protéger *(une personne)* **3.** garder, surveiller *(un prisonnier)* **4.** garder *(un secret)*.

guard dog *n* chien *m* de garde.

guarded ['gɑ:dɪd] *adj* prudent.

guardian ['gɑ:djən] *n* **1.** tuteur *m*, -trice *f* **2.** gardien *m*, -enne *f*, protecteur *m*, -trice *f*.

guardrail ['gɑ:dreɪl] *n* barrière *f* de sécurité.

guard's van *n* **(UK)** wagon *m* du chef de train.

guerilla [gə'rɪlə] = **guerrilla.**

Guernsey ['gɜ:nzɪ] *n* Guernesey *f*.

guerrilla [gə'rɪlə] *n* guérillero *m*.

guerrilla warfare *n (indén)* guérilla *f*.

guess [ges] *n* conjecture *f*. ❑ *vt* deviner • **guess what?** tu sais quoi ? ❑ *vi* **1.** deviner • **to guess at sthg** deviner qqch **2.** • **I guess (so)** je suppose (que oui).

guesstimate ['gestɪmət] *n fam* calcul *m* au pif.

guesswork ['geswɜ:k] *n (indén)* conjectures *fpl*, hypothèses *fpl*.

guest [gest] *n* **1.** invité *m*, -e *f* **2.** client *m*, -e *f*. ❑ *vi* être reçu comme invité.

guesthouse ['gesthaʊs] (*pl* [-haʊzɪz]) *n* pension *f* de famille.

guest of honour (UK), guest of honor (US) *n* invité *m*, -e *f* d'honneur.

guestroom ['gestrʊm] *n* chambre *f* d'amis.

guest star *n* invité-vedette *m*, invitée-vedette *f*.

guest worker *n* travailleur immigré *m*, travailleuse immigrée *f*.

guffaw [gʌ'fɔ:] *n* gros rire *m*. ❑ *vi* rire bruyamment.

GUI (abrév de **graphical user interface**) *n* INFORM interface *f* utilisateur graphique.

guidance ['gaɪdəns] *n (indén)* **1.** conseils *mpl* **2.** direction *f*.

guide [gaɪd] *n* **1.** guide *m* **2.** indication *f*. ❑ *vt* **1.** guider **2.** diriger **3.** • **to be guided by sb/sthg** se laisser guider par qqn/qqch. ■ **Guide** *n* éclaireuse *f*, guide *f*.

guide book, guidebook ['gaɪdbʊk] *n* guide *m (livre)*.

guided missile ['gaɪdɪd-] *n* missile *m* guidé.

guide dog *n* chien *m* d'aveugle.

guided tour ['gaɪdɪd-] *n* visite *f* guidée.

guidelines ['gaɪdlaɪnz] *npl* directives *fpl*, lignes *fpl* directrices.

guild [gɪld] *n* **1.** HIST corporation *f*, guilde *f* **2.** association *f*.

guile [gaɪl] *n (indén) littéraire* ruse *f*, astuce *f*.

guillotine ['gɪlə,ti:n] *n* **1.** guillotine *f* **2.** massicot *m*. ❑ *vt* guillotiner.

guilt [gɪlt] *n* culpabilité *f*.

guilt-free *adj* non culpabilisant • **guilt-free desserts** des desserts que l'on peut manger sans se sentir coupable.

guilty ['gɪltɪ] *adj* **1.** coupable • **to be guilty of sthg** être coupable de qqch • **to be found guilty/not guilty** *DR* être reconnu coupable/non coupable **2.** *fig* coupable • **I feel guilty** je me sens coupable • **to have a guilty conscience** avoir mauvaise conscience • **there's no need to feel guilty** il n'y a pas de raison de culpabiliser • **to have a guilty secret** avoir un secret inavouable.

guinea pig ['gɪnɪpɪg] *n* cobaye *m*.

guise [gaɪz] *n sout* apparence *f*.

guitar [gɪ'tɑːr] *n* guitare *f*.

guitarist [gɪ'tɑːrɪst] *n* guitariste *mf*.

gulf [gʌlf] *n* **1.** golfe *m* **2.** • **gulf (between)** abîme *m* (entre). ■ **Gulf** *n* • **the Gulf** le Golfe.

gull [gʌl] *n* mouette *f*.

gullet ['gʌlɪt] *n* **1.** œsophage *m* **2.** gosier *m* *(d'un oiseau)*.

gullible ['gʌləbl] *adj* crédule.

gullibly ['gʌləblɪ] *adv* naïvement.

gully ['gʌlɪ] *n* **1.** ravine *f* **2.** rigole *f*.

gulp [gʌlp] *n* **1.** grande gorgée *f* **2.** grosse bouchée *f*. ❑ *vt* avaler. ❑ *vi* avoir la gorge nouée. ■ **gulp down** *vt sép* avaler.

gum [gʌm] *n* **1.** chewing-gum *m* • **a stick of gum** un chewing-gum **2.** colle *f*, gomme *f* **3.** gencive *f*.

gumboots ['gʌmbuːts] *npl* **(UK)** *vieilli* bottes *fpl* de caoutchouc.

gun [gʌn] *n* **1.** revolver *m* **2.** fusil *m* **3.** canon *m* **4.** pistolet *m (de starter)* **5.** agrafeuse *f*. ■ **gun down** *vt sép* abattre.

gunboat ['gʌnbəʊt] *n* canonnière *f*.

gunfight ['gʌnfaɪt] *n* fusillade *f*.

gunfire ['gʌnfaɪər] *n (indén)* coups *mpl* de feu.

gunman ['gʌnmən] (*pl* **-men**) *n* personne *f* armée.

gunpoint ['gʌnpɔɪnt] *n* • **at gunpoint** sous la menace d'un fusil *ou* pistolet.

gunpowder ['gʌn,paʊdər] *n* poudre *f* à canon.

gunrunning ['gʌn,rʌnɪŋ] *n* trafic *m* d'armes.

gunshot ['gʌnʃɒt] *n* coup *m* de feu.

gunsmith ['gʌnsmɪθ] *n* armurier *m*, -ère *f*.

gurgle ['gɜːgl] *vi* **1.** *(eau)* glouglouter **2.** *(bébé)* gazouiller.

guru ['gʊruː] *n* gourou *mf*, guru *mf*.

gush [gʌʃ] *n* jaillissement *m*. ❑ *vi* **1.** jaillir **2.** *péj* s'exprimer de façon exubérante.

gusset ['gʌsɪt] *n* gousset *m*.

gust [gʌst] *n* rafale *f*, coup *m* de vent.

gusto ['gʌstəʊ] *n* • **with gusto** avec enthousiasme.

gut [gʌt] *n* intestin *m*. ❑ *vt* **1.** vider **2.** éventrer. ■ **guts** *npl fam* **1.** *ANAT* intestins *mpl* • **to hate sb's guts** ne pas pouvoir voir qqn en peinture **2.** cran *m*.

gut-churning *adj fam* déchirant.

gut course *n* **(US)** *UNIV* matière *f* lourde.

gutrot ['gʌtrɒt] *n* **(UK)** *fam* **1.** tord-boyaux *m inv* **2.** mal *m* de bide.

gutsy ['gʌtsɪ] (*comp* **gutsier**, *superl* **gutsiest**) *adj fam* **1.** qui a du cran **2.** qui a du punch, musclé.

gutter ['gʌtər] *n* **1.** rigole *f* **2.** gouttière *f*.

guttering ['gʌtərɪŋ] *n (indén)* **(surtout UK)** gouttières *fpl*.

gutter press *n* **(UK)** *péj* presse *f* à sensation.

gut-wrenching *adj fam* déchirant.

guy [gaɪ] *n* **1.** *fam* type *m* **2.** copain *m*, copine *f* **3.** **(UK)** *effigie de Guy Fawkes*.

Guy Fawkes' Night [-'fɔks-] *n fête célébrée le 5 novembre en Grande-Bretagne*.

CULTURE

Guy Fawkes' Night

Cette fête annuelle, également appelée **Bonfire Night**, marque l'anniversaire de la découverte d'un complot catholique visant à assassiner le roi Jacques Ier en faisant sauter le Parlement britannique (1605). À cette occasion, les enfants ont pour coutume de confectionner des pantins de chiffon à l'effigie de l'un des conspirateurs, **Guy Fawkes**, et de les exhiber dans la rue en demandant de l'argent. Dans la soirée, on tire des feux d'artifice et les effigies sont brûlées dans de grands feux de joie.

guyline (US) ['gaɪlaɪn], **guy rope** *n* corde *f* de tente.

guzzle ['gʌzl] *vt* **1.** bâfrer **2.** lamper. ❑ *vi* s'empiffrer.

GWP *n* (abrév de **global warming potential**) PRG *m*.

gym [dʒɪm] *n fam* **1.** gymnase *m*, salle *f* de sports **2.** gym *f*.

gymnasium [dʒɪm'neɪzjəm] (*pl* **-iums** *ou* **-ia**) *n* gymnase *m*.

gymnast ['dʒɪmnæst] *n* gymnaste *mf*.

gymnastics [dʒɪm'næstɪks] *n (indén)* gymnastique *f*.

gym shoes *npl* (chaussures *fpl* de) tennis *fpl*.

gymslip ['dʒɪm,slɪp] *n* **(UK)** tunique *f*.

gynaecologist (UK), **gynecologist (US)** [,gaɪnə'kɒlədʒɪst] *n* gynécologue *mf*.

gynaecology (UK), **gynecology (US)** [,gaɪnə'kɒlədʒɪ] *n* gynécologie *f*.

gyp [dʒɪp] **(US)** *vt* escroquer. ❑ *n* escroc.

gypsy ['dʒɪpsɪ] = **gipsy**.

gyrate [dʒaɪ'reɪt] *vi* tournoyer.

H

h [eɪtʃ] (*pl* **h's** *ou* **hs**), **H** (*pl* **H's** *ou* **Hs**) *n* h *m inv*, H *m inv*.
H8 *SMS* abrév de **hate**.
H&K *SMS* (abrév de **hugs and kisses**) biz.
haberdashery ['hæbədæʃərɪ] *n* **(UK)** mercerie *f*.
habit ['hæbɪt] *n* **1.** habitude *f* • **out of habit** par habitude • **to make a habit of doing sthg** avoir l'habitude de faire qqch • **to have bad habits** avoir de mauvaises habitudes • **to get into the habit of doing sthg** prendre l'habitude de faire qqch **2.** habit *m*.

> **CULTURE**
>
> **social habits**
>
> Aux États-Unis et surtout en Grande-Bretagne, la politesse est une règle d'or, et il est d'usage de s'excuser lorsque l'on demande quelque chose à quelqu'un, ne serait-ce que l'heure ou son chemin : **Sorry to bother you, but...** (Excusez-moi de vous déranger, mais...). Lorsque l'on vous dit merci, répondez **you're welcome** (je vous en prie) ou **not at all** (il n'y a pas de quoi). Si quelqu'un éternue devant vous, dites-lui **God bless you!** Si vous ne comprenez pas ce que l'on vous dit, dites **I'm sorry, but I didn't get what you said** (je m'excuse, mais je n'ai pas compris ce que vous avez dit), ou bien **I beg your pardon?** (pardon ?).
> En commencant le repas, vous pouvez souhaiter un bon appétit aux convives : **enyoy your meal!** Enfin, au moment de prendre congé, on peut souhaiter à son interlocuteur une bonne journée/soirée ou un bon week-end : **have a nice day/night, have a nice week-end**. Quand on se connaît un peu, il est fréquent de dire aussi **take care!**, qui peut se traduire par « prends soin de toi ! ».

habitable ['hæbɪtəbl] *adj* habitable.
habitat ['hæbɪtæt] *n* habitat *m*.
habit-forming [-ˌfɔːmɪŋ] *adj* qui crée une accoutumance.
habitual [hə'bɪtʃʊəl] *adj* **1.** habituel **2.** invétéré.
hack [hæk] *n* écrivailleur *m*, -euse *f*. ❑ *vt* tailler. ■ **hack into** *vt insép* INFORM *(computer)* pirater, s'introduire dans • **to hack into a system** s'introduire dans un système.
hacker ['hækəʳ] *n* • **(computer) hacker** pirate *m* informatique.
hacking cough *n* toux *f* sèche et douloureuse.
hackneyed ['hæknɪd] *adj* rebattu.
hacksaw ['hæksɔ] *n* scie *f* à métaux.
had *(forme non accentuée* [həd], *forme accentuée* [hæd]*) passé & pp* → **have**.
haddock ['hædək] (*pl inv*) *n* églefin *m*, aiglefin *m*.
hadn't ['hædnt] = **had not**.
haematite (UK), **hematite (US)** ['hiːmətaɪt] *n* hématite *f*.
haemophiliac (UK), **hemophiliac (US)** [ˌhiːmə'fɪlɪæk] *n* hémophile *mf*.
haemorrhage (UK), **hemorrhage (US)** ['hemərɪdʒ] *n* hémorragie *f*.
haemorrhoids (UK), **hemorrhoids (US)** ['hemərɔɪdz] *npl* hémorroïdes *fpl*.
haggard ['hægəd] *adj* **1.** *(visage)* défait • **to be** *ou* **look haggard** avoir les traits tirés **2.** *(personne)* abattu.
haggis ['hægɪs] *n plat typique écossais fait d'une panse de brebis farcie, le plus souvent servie avec des navets et des pommes de terre.*
haggle ['hægl] *vi* marchander • **to haggle over** *ou* **about sthg** marchander qqch.
Hague [heɪg] *n* • **The Hague** La Haye.
hail [heɪl] *n* **1.** grêle *f* **2.** *fig* pluie *f*. ❑ *vt* **1.** héler **2.** • **to hail sb/sthg as sthg** acclamer qqn/qqch comme qqch. ❑ *v impers* grêler.
hailstone ['heɪlstəʊn] *n* grêlon *m*.
hailstorm ['heɪlstɔːm] *n* averse *f* de grêle.
hair [heəʳ] *n* **1.** *(indén)* cheveux *mpl* • **to do one's hair** se coiffer • **to have a bad hair day** *fam* : **I'm having a bad hair day** j'ai une sale journée **2.** *(indén)* poils *mpl* **3.** cheveu *m* **4.** poil *m*.
hairband ['heəbænd] *n* bandeau *m*.

hairbrush [ˈheəbrʌʃ] *n* brosse *f* à cheveux.

haircare [ˈheəkeər] *n* soin *m* du cheveu • **haircare products** produits *mpl* de soin pour les cheveux.

hairclip [ˈheəklɪp] *n* barrette *f*.

hair conditioner *n* après-shampooing *m*.

haircut [ˈheəkʌt] *n* coupe *f* de cheveux.

hairdo [ˈheədu:] (*pl* **-s**) *n* *fam* & *vieilli* coiffure *f*.

hairdresser [ˈheəˌdresər] *n* coiffeur *m*, -euse *f* • **hairdresser's (salon)** salon *m* de coiffure.

hairdryer [ˈheəˌdraɪər] *n* **1.** sèche-cheveux *m inv* **2.** casque *m*.

hair gel *n* gel *m* coiffant.

hairgrip [ˈheəgrɪp] *n* **(UK)** pince *f* à cheveux.

hairline [ˈheəlaɪn] *n* naissance *f* des cheveux.

hairline fracture *n* fêlure *f*.

hairpiece [ˈheəpi:s] *n* postiche *m*.

hairpin [ˈheəpɪn] *n* épingle *f* à cheveux.

hairpin bend (UK), hairpin turn (US) *n* virage *m* en épingle à cheveux.

hair-raising [-ˌreɪzɪŋ] *adj* **1.** à faire dresser les cheveux sur la tête **2.** effrayant.

hair removal *n* épilation *f*.

hair remover [-rɪˌmu:vər] *n* (crème *f*) dépilatoire *m*.

hair restorer *n* lotion *f* capillaire régénératrice.

hair slide *n* **(UK)** barrette *f*.

hair splitting *n* ergotage *m*.

hairspray [ˈheəspreɪ] *n* laque *f*.

hairstyle [ˈheəstaɪl] *n* coiffure *f*.

hairstylist [ˈheəˌstaɪlɪst] *n* coiffeur *m*, -euse *f*.

hair wax *n* gomina *f*.

hairy [ˈheərɪ] *adj* **1.** velu, poilu **2.** *fam* à faire dresser les cheveux sur la tête.

Haiti [ˈheɪtɪ] *n* Haïti *m*.

HAK *SMS* (abrév de hugs and kisses) biz.

hake [heɪk] (*pl inv* *ou* **-s**) *n* colin *m*, merluche *f*.

half [**(UK)** hɑ:f, **(US)** hæf] *adj* demi • **half a dozen** une demi-douzaine • **half an hour** une demi-heure • **half a pound** une demi-livre. ❑ *adv* **1.** à moitié • **half English** à moitié anglais • **half-and-half** moitié-moitié **2.** de moitié **3.** • **half past ten** dix heures et demie. ❑ *n* (*pl* **halves** (*sens 1 et 2*) [**(UK)** hɑ:vz] [**(US)** hævz] *ou* **halves** *ou* **halfs** (*sens 3 et 4*)) **1.** moitié *f* • **in half** en deux • **to go halves (with sb)** partager (avec qqn) **2.** *SPORT* mi-temps *f* **3.** demi *m* **4.** **(UK)** demi-tarif *m*, tarif *m* enfant. ❑ *pron* la moitié • **half of them** la moitié d'entre eux.

> **À PROPOS DE**
> ### half
> Quand ***half*** est un nom, il est inutile de le faire précéder de ***the*** ***(I can't eat all of that - just give me* half)**. En revanche, si ***half*** est utilisé avec un autre nom, celui-ci est introduit par un mot tel que ***a***, ***the***, ***this/that*** ou ***what*** **(half a *pound of butter* ; *I'd like* half that *amount* ; *she earns* half what *she got in her old job*)**.

halfback [ˈhɑ:fbæk] *n* demi *m*.

half-baked [-ˈbeɪkt] *adj* *fam* **1.** *fig* (*idée*) à la noix **2.** (*projet*) mal conçu • **to make a half-baked attempt to do sthg** essayer vaguement de faire qqch.

half board *n* **(surtout UK)** demi-pension *f*.

half-bottle *n* demi-bouteille *f*.

half-breed *adj* métis. ❑ *n* métis *m*, -isse *f* (*attention : le terme « half-breed » est considéré comme raciste*).

half-brother *n* demi-frère *m*.

half-caste [-kɑ:st] *adj* métis. ❑ *n* métis *m*, -isse *f* (*attention : le terme « half-caste » est considéré comme raciste*).

half-cut *adj* **(UK)** *fam* (*ivre*) bourré, fait.

half-day *n* demi-journée *f* • **half-day closing** demi-journée *f* de fermeture.

half-dozen *n* demi-douzaine *f* • **a half-dozen eggs** une demi-douzaine d'œufs.

half-eaten *adj* à moitié mangé.

half-full *adj* à moitié *ou* à demi plein.

half-hearted [-ˈhɑ:tɪd] *adj* sans enthousiasme.

half-heartedly [-ˈhɑ:tɪdlɪ] *adv* sans enthousiasme.

half hour *n* demi-heure *f*.

half-hourly *adj* de toutes les demi-heures. ■ **half-hourly** *adv* toutes les demi-heures.

half-marathon *n* semi-marathon *m*.

half-mast *n* • **at half-mast** en berne.

half measure *n* demi-mesure *f* • **there are no half measures here!** on ne fait pas les choses à moitié ici !, on ne fait pas dans la demi-mesure ici !

half moon *n* demi-lune *f*.

half-naked *adj* à moitié nu.

half note *n* **(US)** blanche *f*.

half-open *adj* entrouvert. ❑ *vt* entrouvrir.

halfpenny [ˈheɪpnɪ] (*pl* **-pennies** *ou* **-pence**) *n* **(UK)** demi-penny *m*.

half-price *adj* à moitié prix.

half-shut *adj* mi-clos, à moitié fermé.

half-sister *n* demi-sœur *f*.

half term *n* **(UK)** congé *m* de mi-trimestre.

half-time *n* (*indén*) mi-temps *f*.

half-truth *n* demi-vérité *f*.

halfway [hɑ:fˈweɪ] *adj* à mi-chemin. ❑ *adv* **1.** (*dans l'espace*) à mi-chemin **2.** (*dans le temps*) à la moitié.

halibut [ˈhælɪbət] (*pl inv* *ou* **-s**) *n* flétan *m*.

hall [hɔl] *n* **1.** vestibule *m*, entrée *f* **2.** salle *f* **3.** manoir *m*.

halleluja [ˌhælɪ'luːjə] *interj* alléluia !
hallmark ['hɔːlmɑːk] *n* **1.** marque *f* **2.** poinçon *m*.
hallo [hə'ləʊ] **(UK)** = **hello**.
hall of residence (*pl* **halls of residence**) *n* **(UK)** résidence *f* universitaire.
Hallowe'en, **Halloween** [ˌhæləʊ'iːn] *n* Halloween *f* (*fête des sorcières et des fantômes*).

CULTURE

Hallowe'en

La nuit du 31 octobre est, selon la coutume, la nuit des fantômes et des sorcières. À cette occasion, les enfants se déguisent et font le tour des maisons du quartier en menaçant leurs voisins de leur jouer des tours s'ils ne leur donnent pas d'argent ou de sucreries (c'est le **trick or treat!**). On confectionne des lampes en évidant des citrouilles et en y plaçant une bougie (**jack-o'-lanterns**).

hallucinate [hə'luːsɪneɪt] *vi* avoir des hallucinations.
hallway ['hɔːlweɪ] *n* vestibule *m*.
halo ['heɪləʊ] (*pl* **-es** *ou* **-s**) *n* **1.** nimbe *m* **2.** ASTRON halo *m*.
halt [hɔːlt] *n* • **to come to a halt a)** s'arrêter, s'immobiliser **b)** s'interrompre • **to call a halt to sthg** mettre fin à qqch. ❑ *vt* arrêter. ❑ *vi* s'arrêter.
halterneck ['hɔːltənek], **halter top** *adj* dos nu (*inv*).
halve [**(UK)** hɑːv, **(US)** hæv] *vt* **1.** réduire de moitié **2.** couper en deux.
halves [**(UK)** hɑːvz, **(US)** hævz] *npl* → **half**.
ham [hæm] *n* jambon *m*. ❑ *en apposition* au jambon.
hamburger ['hæmbɜːgəʳ] *n* **1.** hamburger *m* **2.** (*indén*) **(US)** viande *f* hachée.
hamlet ['hæmlɪt] *n* hameau *m*.
hammer ['hæməʳ] *n* marteau *m*. ❑ *vt* **1.** marteler **2.** enfoncer à coups de marteau **3.** *fig* marteler du poing **4.** *fam* battre à plates coutures. ❑ *vi* • **to hammer (on)** cogner du poing (à). ■ **hammer out** *vt insép* parvenir finalement à.
hammock ['hæmək] *n* hamac *m*.
hamper ['hæmpəʳ] *n* **1. (UK)** panier *m* d'osier **2. (US)** panier *m* à linge sale. ❑ *vt* gêner.
hamster ['hæmstəʳ] *n* hamster *m*.
hamstring ['hæmstrɪŋ] *n* tendon *m* du jarret.
hand [hænd] *n* **1.** main *f* • **to hold hands** se tenir la main • **by hand** à la main • **to get** *ou* **lay one's hands on** mettre la main sur • **to get out of hand** échapper à tout contrôle • **to have a situation in hand** avoir une situation en main • **to have one's hands full** avoir du pain sur la planche • **to try one's hand at sthg** s'essayer à qqch **2.** coup *m* de main • **to give** *ou* **lend sb a hand (with sthg)** donner un coup de main à qqn (pour faire qqch) **3.** ouvrier *m*, -ère *f* **4.** aiguille *f* (*d'une montre, d'une pendule*) **5.** écriture *f* **6.** (*dans un jeu de cartes*) jeu *m*, main *f*. ❑ *vt* • **to hand sthg to sb, to hand sb sthg** passer qqch à qqn. ■ **(close) at hand** *adv* proche. ■ **hand down** *vt sép* transmettre. ■ **hand in** *vt sép* **1.** rendre • **to hand in one's homework** rendre ses devoirs **2.** (*démission*) donner. ■ **hand out** *vt sép* distribuer. ■ **hand over** *vt sép* **1.** remettre **2.** transmettre. ❑ *vi* • **to hand over (to)** passer le relais (à). ■ **on hand** *adv* disponible. ■ **on the other hand** *conj* d'autre part. ■ **out of hand** *adv* d'emblée. ■ **to hand** *adv* à portée de la main, sous la main.
HAND SMS abrév de **have a nice day**.
handbag ['hændbæg] *n* sac *m* à main.
handball ['hændbɔːl] *n* handball *m*.
handbook ['hændbʊk] *n* **1.** manuel *m* **2. (UK)** guide *m* (*touristique*).
handbrake ['hændbreɪk] *n* frein *m* à main.
handcuffs ['hændkʌfs] *npl* menottes *fpl*.
handful ['hændfʊl] *n* poignée *f*.
handgun ['hændgʌn] *n* revolver *m*, pistolet *m*.
hand-held *adj* **1.** (*outil*) à main **2.** (*caméra*) portatif.
handicap ['hændɪkæp] *n* handicap *m*. ❑ *vt* **1.** handicaper **2.** entraver.
handicapped ['hændɪkæpt] *adj* handicapé. ❑ *npl* • **the handicapped** les handicapés *mpl*.
handicraft ['hændɪkrɑːft] *n* activité *f* artisanale.
handiwork ['hændɪwɜːk] *n* (*indén*) ouvrage *m*.
handkerchief ['hæŋkətʃɪf] (*pl* **-chiefs** *ou* **-chieves**) *n* mouchoir *m*.
handle ['hændl] *n* **1.** poignée *f* **2.** anse *f* **3.** manche *m* **4.** INTERNET pseudo *m*. ❑ *vt* **1.** manipuler **2.** toucher à **3.** s'occuper de **4.** faire face à **5.** traiter, s'y prendre avec.
handlebars ['hændlbɑːz] *npl* guidon *m*.
handler ['hændləʳ] *n* **1.** maître-chien *m* **2.** • **(baggage) handler** bagagiste *m*.
handling charges ['hændlɪŋ-] *npl* (*dans une banque*) frais *mpl* de gestion.
hand lotion *n* lotion *f* pour les mains.
hand luggage *n* (*indén*) **(UK)** bagages *mpl* à main.
handmade [ˌhænd'meɪd] *adj* fait (à la) main.
hand-me-down *n fam* vêtement *m* usagé.
handout ['hændaʊt] *n* **1.** don *m* **2.** prospectus *m*.
handover ['hændəʊvəʳ] *n* **1.** remise *f* (*d'otage, de prisonnier*) **2.** passation *f* (*de pouvoir*).
handpicked [ˌhænd'pɪkt] *adj* trié sur le volet.
handrail ['hændreɪl] *n* rampe *f*.
handset ['hændset] *n* combiné *m* (*de téléphone*).

hands-free kit ['hændz-] *n* kit *m* mains libres.

handshake ['hændʃeɪk] *n* serrement *m ou* poignée *f* de main.

hands-off ['hændz-] *adj* non interventionniste.

handsome ['hænsəm] *adj* **1.** beau **2.** *(don)* généreux.

handsomely ['hænsəmlɪ] *adv* généreusement.

hands-on ['hændz-] *adj* **1.** *(formation)* pratique **2.** *(personne)* qui s'implique.

handstand ['hændstænd] *n* équilibre *m (sur les mains)*.

hand to mouth *adv* au jour le jour.

handwash ['hændwɒʃ] *vt* laver à la main. ❏ *n* • **to do a handwash** faire une lessive à la main.

handwriting ['hænd,raɪtɪŋ] *n* écriture *f*.

handwritten ['hænd,rɪtn] *adj* écrit à la main, manuscrit.

handy ['hændɪ] *adj fam* **1.** pratique • **to come in handy** être utile **2.** adroit **3.** tout près, à deux pas.

handyman ['hændɪmæn] (*pl* **-men**) *n* bricoleur *m*.

hang [hæŋ] *vt* (*pp* **hung** *ou* **hanged**) pendre. ❏ *vi* **1.** (*pp* **hung**) pendre, être accroché **2.** (*pp* **hung** *ou* **hanged**) être pendu **3.** (*pp* **hung**) planter. ❏ *n* • **to get the hang of sthg** *fam* saisir le truc *ou* attraper le coup pour faire qqch. ■ **hang about (UK), hang around** *vi* traîner • **she doesn't hang about** *ou* **around** elle ne perd pas de temps. ■ **hang on** *vi* **1.** • **to hang on (to)** s'accrocher *ou* se cramponner (à) **2.** *fam* attendre **3.** tenir bon. ■ **hang onto** *vt insép* **1.** se cramponner à *(une personne, une rampe)*, s'accrocher à **2.** garder *(des biens)*. ■ **hang out** *vi fam* traîner. ■ **hang round** *vt insép* **(UK)** = **hang about**. ■ **hang up** *vt sép* pendre. ❏ *vi (au téléphone)* raccrocher. ■ **hang up on** *vt insép (au téléphone)* raccrocher au nez de.

hangar ['hæŋər] *n* hangar *m*.

hanger ['hæŋər] *n* cintre *m*.

hanger-on (*pl* **hangers-on**) *n péj* parasite *m*.

hang gliding *n (indén)* **1.** deltaplane *m* **2.** vol *m* libre.

hangman ['hæŋmən] (*pl* **-men**) *n* bourreau *m*.

hangover ['hæŋ,əʊvər] *n* gueule *f* de bois.

hang time *n* SPORT temps *m* de suspension *(du ballon en l'air)*.

hang-up *n fam* complexe *m*.

hanker ['hæŋkər] ■ **hanker after, hanker for** *vt insép* convoiter.

hankie, hanky ['hæŋkɪ] (abrév de **handkerchief**) *n fam* mouchoir *m*.

haphazard [,hæp'hæzəd] *adj* fait au hasard.

haphazardly [,hæp'hæzədlɪ] *adv* au hasard.

hapless ['hæplɪs] *adj littéraire* infortuné.

happen ['hæpən] *vi* **1.** arriver, se passer • **what's happening?** qu'est-ce qui se passe ? • **to happen to sb** arriver à qqn • **this isn't happening!** *ou* **this can't be happening!** *fam* c'est pas possible ! **2.** • **I just happened to meet him** je l'ai rencontré par hasard • **as it happens** en fait **3.** *(en guise de salutations)* • **what's happening? (US)** ça va ?

happening ['hæpənɪŋ] *n* événement *m*.

happily ['hæpɪlɪ] *adv* **1.** de bon cœur **2.** • **to be happily doing sthg** être bien tranquillement en train de faire qqch **3.** heureusement.

happiness ['hæpɪnɪs] *n* bonheur *m*.

happy ['hæpɪ] *adj* heureux • **to be happy to do sthg** être heureux de faire qqch • **to be happy with** *ou* **about sthg** être heureux de qqch • **happy birthday!** joyeux anniversaire ! • **happy Christmas! (UK)** joyeux Noël ! • **happy New Year!** bonne année !

happy-clappy [-'klæpɪ] (*pl* **happy-clappies**) **(UK)** *fam & péj adj (office religieux, réunion)* exubérant.

happy-go-lucky *adj* décontracté.

happy hour *n fam moment dans la journée où les boissons sont vendues moins chères dans les bars.*

happy medium *n* juste milieu *m*.

harangue [hə'ræŋ] *n* harangue *f*. ❏ *vt* haranguer.

harass ['hærəs] *vt* harceler.

harassed ['hærəst] *adj* harcelé, tourmenté.

harassment ['hærəsmənt] *n* harcèlement *m*.

harbour (UK), harbor (US) ['hɑːbər] *n* port *m*. ❏ *vt* **1.** entretenir *(un espoir, des soupçons)* **2.** garder *(rancune)* **3.** héberger.

hard [hɑːd] *adj* **1.** dur • **to be hard on sb/sthg** être dur avec qqn/pour qqch **2.** *(hiver)* rude **3.** *(eau)* calcaire **4.** *(fait)* concret **5. (UK)** POLIT • **hard left/right** extrême gauche/droite. ❏ *adv* **1.** *(travail)* dur **2.** *(écouter, se concentrer)* avec effort • **to try hard (to do sthg)** faire de son mieux (pour faire qqch) **3.** fort **4.** *(pleuvoir)* à verse **5.** *(neiger)* dru **6.** *(locution)* • **to feel hard done by** avoir l'impression d'avoir été traité injustement.

hardass ['hɑːdæs] *n* **(US)** *tfam* enfoiré *m*, -e *f*.

hardback ['hɑːdbæk] *adj* relié. ❏ *n* livre *m* relié.

hardball ['hɑːdbɔːl] *n* • **to play hardball** *fam & fig* employer les grands moyens.

hardboard ['hɑːdbɔːd] *n (pour l'isolation)* panneau *m* de fibres.

hard-boiled *adj* • **hard-boiled egg** œuf *m* dur.

hard cash *n (indén)* espèces *fpl*.

hard copy *n* INFORM sortie *f* papier.

hard currency *n* devise *f* forte.

hard disk *n* INFORM disque *m* dur.

hard-disk drive *n* INFORM unité *f* de disque dur.

hard drugs *npl* drogues *fpl* dures.

hard-earned [-'ɜːnt] *adj* **1.** *(argent)* durement gagné **2.** *(victoire)* durement *ou* difficilement remporté **3.** *(réputation)* durement acquis **4.** *(vacances, récompense)* bien mérité.

harden ['hɑːdn] *vt* **1.** durcir **2.** tremper *(de l'acier)*. ❑ *vi* **1.** *(béton, colle)* durcir **2.** *(opposition, regard)* se durcir.

hardened ['hɑːdnd] *adj (criminel)* endurci.

hard-faced [-'feɪst] *adj* au visage dur.

hard-fought [-'fɔːt] *adj (match, bataille)* très disputé.

hard-headed [-'hedɪd] *adj* pragmatique • **to be hard-headed** avoir la tête froide.

hard-hearted [-'hɑːtɪd] *adj* insensible, impitoyable.

hard-hit *adj* gravement touché • **one particularly hard-hit village** un village très durement touché.

hard-hitting [-'hɪtɪŋ] *adj (rapport)* sans indulgence.

hard labour (UK), **hard labor (US)** *n (indén)* travaux *mpl* forcés.

hard line *n* • **to take a hard line on sthg** adopter une position ferme vis-à-vis de qqch. ■ **hard-line** *adj* convaincu.

hard-liner *n* partisan *m* de la manière forte.

hardly ['hɑːdlɪ] *adv* à peine, ne... guère • **hardly ever/anything** presque jamais/rien • **I hardly know him** je le connais à peine • **I can hardly move/wait** je peux à peine bouger/attendre.

> À PROPOS DE
> **hardly**
> ***Hardly*** et ***hard*** n'ont pas le même sens, bien qu'ils soient tous deux des adverbes (***hard*** est aussi un adjectif, bien sûr). ***Hardly*** se traduit par **à peine**. Comparez par exemple ***I pedalled* hard**, **j'ai pédalé dur**, et ***I* hardly *touched him***, **je l'ai à peine touché**.

hardness ['hɑːdnɪs] *n* **1.** dureté *f* **2.** difficulté *f*.

hard-nosed [-nəʊzd] *adj* **1.** *(personne)* à la tête froide **2.** *(attitude)* pragmatique.

hard-pressed [-'prest], **hard-pushed** [-'pʊʃt] *adj* • **to be hard-pressed for money/ideas/suggestions** être à court d'argent/d'idées/de suggestions • **to be hard-pressed for time** manquer de temps • **to be hard-pressed to do sthg** avoir du mal à faire qqch.

hardscaping ['hɑːdskeɪpɪŋ] *n mise en place des éléments en dur dans une zone paysagée.*

hard sell *n* vente *f* agressive.

hardship ['hɑːdʃɪp] *n* **1.** *(indén)* épreuves *fpl* **2.** épreuve *f*.

hard shoulder *n* **(UK)** AUTO bande *f* d'arrêt d'urgence.

hard up *adj fam* fauché • **hard up for sthg** à court de qqch.

hardware ['hɑːdweə^r] *n (indén)* **1.** quincaillerie *f* **2.** INFORM hardware *m*, matériel *m*.

hardware shop (UK), **hardware store (US)** *n* quincaillerie *f*.

hardwearing [,hɑːd'weərɪŋ] *adj* **(UK)** résistant.

hard-wired [-'waɪəd] *adj* INFORM câblé.

hard-won [-'wʌn] *adj* **1.** *(victoire, trophée, indépendance)* durement gagné **2.** *(réputation)* durement acquis.

hardworking [,hɑːd'wɜːkɪŋ] *adj* travailleur.

hardy ['hɑːdɪ] *adj* **1.** vigoureux, robuste **2.** résistant, vivace.

hare [heə^r] *n* lièvre *m*.

harebrained ['heə,breɪnd] *adj fam* **1.** *(personne)* écervelé **2.** *(idée)* insensé.

harelip [,heə'lɪp] *n* bec-de-lièvre *m*.

haricot (bean) ['hærɪkəʊ-] *n* haricot *m* blanc.

hark [hɑːk] ■ **hark back** *vi* • **to hark back to** revenir à.

harm [hɑːm] *n* **1.** mal *m* • **to be out of harm's way a)** être en sûreté **b)** être en lieu sûr **2.** dommage *m* • **to do harm to sthg, to do sthg harm** endommager qqch **3.** tort *m* • **to do harm to sb, to do sb harm** faire du tort à qqn. ❑ *vt* **1.** faire du mal à **2.** endommager **3.** faire du tort à.

harmful ['hɑːmfʊl] *adj* nuisible, nocif.

harmless ['hɑːmlɪs] *adj* **1.** inoffensif **2.** innocent.

harmonica [hɑː'mɒnɪkə] *n* harmonica *m*.

harmonize, -ise (UK) ['hɑːmənaɪz] *vt* harmoniser. ❑ *vi* s'harmoniser.

harmony ['hɑːmənɪ] *n* harmonie *f*.

harness ['hɑːnɪs] *n* harnais *m*. ❑ *vt* **1.** harnacher **2.** exploiter *(des ressources, de l'énergie)*.

harp [hɑːp] *n* harpe *f*. ■ **harp on** *vi* rabâcher.

harpoon [hɑː'puːn] *n* harpon *m*. ❑ *vt* harponner.

harpsichord ['hɑːpsɪkɔːd] *n* clavecin *m*.

harridan ['hærɪdn] *n péj* harpie *f*, vieille sorcière *f*.

harrowing ['hærəʊɪŋ] *adj* **1.** éprouvant **2.** déchirant.

harry ['hærɪ] *(prét & pp* **harried***) vt sout* • **to harry sb (for sthg)** harceler qqn (pour obtenir qqch).

harsh [hɑːʃ] *adj* **1.** rude **2.** sévère **3.** *(son)* discordant **4.** *(voix, couleur)* criard **5.** *(surface)* rugueux, rêche **6.** *(goût)* âpre.

harshly ['hɑːʃlɪ] *adv* **1.** *(punir, critiquer)* sévèrement **2.** *(parler)* durement **3.** de façon criarde.

harvest ['hɑːvɪst] *n* **1.** *(céréales)* moisson *f* **2.** *(fruits)* récolte *f* **3.** *(raisin)* vendange *f*, vendanges *fpl*. ❑ *vt* **1.** moissonner *(des céréales)* **2.** récolter *(des fruits)* **3.** vendanger *(du raisin)*.

harvest festival *n* fête *f* de la moisson.

has *(forme non accentuée* [həz]*, forme accentuée* [hæz]*)* → **have**.

has-been *n fam & péj* ringard *m*, -e *f*.

hash [hæʃ] *n* **1.** hachis *m* **2.** (UK) *fam* • **to make a hash of sthg** faire un beau gâchis de qqch.

hash browns *npl* pommes de terre *fpl* sautées.

hashish ['hæʃiːʃ] *n* haschich *m*.

hash key *n* touche *f* dièse.

Hasidic [hə'sɪdɪk] *adj* hassidique.

hasn't ['hæznt] = **has not**.

hassle ['hæsl] *fam* *n* tracas *m*, embêtement *m*. ❑ *vt* tracasser.

haste [heɪst] *n* hâte *f* • **to do sthg in haste** faire qqch à la hâte.

hasten ['heɪsn] *sout* *vt* hâter, accélérer. ❑ *vi* se hâter, se dépêcher • **to hasten to do sthg** s'empresser de faire qqch.

hastily ['heɪstɪlɪ] *adv* **1.** à la hâte **2.** sans réfléchir.

hasty ['heɪstɪ] *adj* **1.** hâtif **2.** irréfléchi.

hat [hæt] *n* chapeau *m*.

hatch [hætʃ] *vt* **1.** faire éclore *(un poussin)* **2.** couver *(un œuf)* **3.** *fig* tramer. ❑ *vi* éclore. ❑ *n* • **(serving) hatch** passe-plats *m inv*.

hatchback ['hætʃ,bæk] *n* voiture *f* avec hayon.

hatcheck clerk ['hættʃek-] *n* préposé *m*, -e *f* au vestiaire.

hatchet ['hætʃɪt] *n* hachette *f*.

hatchet-faced *adj* au visage en lame de couteau.

hatchet job *n fam* • **to do a hatchet job on sb** démolir qqn.

hatchway ['hætʃ,weɪ] *n* passe-plats *m inv*, guichet *m*.

hate [heɪt] *n (indén)* haine *f*. ❑ *vt* **1.** haïr **2.** détester • **to hate doing sthg** avoir horreur de faire qqch • **to hate it when sb does sthg** détester que qqn fasse qqch.

hate campaign *n* campagne *f* de dénigrement.

hate crime *n* délit *m* de haine.

hateful ['heɪtfʊl] *adj* odieux.

hate mail *n* lettres *fpl* d'injures.

hatred ['heɪtrɪd] *n (indén)* haine *f*.

hat trick *n* FOOTBALL • **to score a hat trick** marquer trois buts.

haughty ['hɔːtɪ] *adj* hautain.

haul [hɔːl] *n* **1.** prise *f*, butin *m* **2.** • **long haul** long voyage *m ou* trajet *m* **3.** • **to be in for the long haul** être prêt à attendre longtemps • **John and I are in for the long haul** John et moi, c'est du sérieux. ❑ *vt* traîner, tirer.

haulage ['hɔːlɪdʒ] *n* transport *m* routier *ou* ferroviaire, camionnage *m*.

haulier (UK) ['hɔːlɪər], **hauler** (US) ['hɔːlər] *n* entrepreneur *m* de transports routiers.

haunch [hɔːntʃ] *n* **1.** hanche *f* **2.** *(pour un animal)* derrière *m*, arrière-train *m*.

haunt [hɔːnt] *n* repaire *m*. ❑ *vt* hanter.

haunted ['hɔːntɪd] *adj* **1.** *(maison, château)* hanté **2.** *(regard)* égaré.

haunting ['hɔːntɪŋ] *adj* obsédant.

have

■ **have** [hæv] *v aux* (*prét & pp* **had**)

• **she has already eaten** elle a déjà mangé • **I was out of breath, having run all the way** j'étais essoufflé d'avoir couru tout le long du chemin • **she hasn't gone yet, has she?** elle n'est pas encore partie, si ? • **I have made a mistake** je me suis trompé

■ **have** [hæv] *vt*

1. POUR EXPRIMER LA POSSESSION, L'OBLIGATION

avoir • **to have (got)** avoir • **I don't have any money, I have no money, I haven't got any money** je n'ai pas d'argent • **I've got things to do** j'ai (des choses) à faire

2. AVEC DES MALADIES

avoir • **to have flu** (UK) *ou* **the flu** avoir la grippe

3. OBTENIR, RECEVOIR

• **I had some news from her yesterday** j'ai reçu de ses nouvelles hier

4. S'UTILISE POUR DES ACTIONS À LA PLACE D'UN VERBE SPÉCIFIQUE

• **have a look at this!** (UK) regarde ça ! • **I have a bath every morning** (UK) je prends un bain tous les matins • **he always has a cigarette after dinner** il fume toujours une cigarette après le dîner

5. DONNER NAISSANCE

• **my cousin has just had a baby** ma cousine vient d'avoir un bébé

6. FAIRE FAIRE

• **to have sb do sthg** faire faire qqch à qqn • **I had him mow the lawn** je lui ai fait tondre la pelouse • **to have sthg done** faire faire qqch • **he had his hair cut** il s'est fait couper les cheveux • **I had my car stolen** je me suis fait voler ma voiture

7. *fam* INDIQUE UNE TROMPERIE

• **I hate being had** je déteste me faire avoir

8. DANS DES EXPRESSIONS

• **to have it in for sb** en avoir après qqn, en vouloir à qqn • **to have had it** avoir fait son temps

■ **have** [hæv] *aux modal*

1. EXPRIME L'OBLIGATION, LA NÉCESSITÉ

• **do you have to go?** *ou* **have you got to go?** (surtout UK) est-ce que tu dois partir ? • **I've got to go to work** il faut que j'aille travailler

2. EXPRIME LA CERTITUDE

• **he has to be ready by now** il doit être prêt, maintenant • **you've got to be joking!** vous plaisantez !, c'est une plaisanterie !

■ haves *npl*

• **the haves and the have-nots** les riches et les pauvres

À PROPOS DE have

Présent : *I have, you have, he/she/it has, we have, you have, they have.* Prétérit : *I had, you had, he/she/it had, we had, you had, they had.* Participe présent : *having.* Participe passé : *had.*

Have est un verbe à part entière, doté de sens propres, et qui peut donc apparaître seul. Il remplit en outre la fonction d'auxiliaire, notamment pour former les temps composés du passé ***(I* have *always* liked *you* ; *I wish they* had told *me before)***.

On trouve aussi l'auxiliaire have dans les tournures passives (***he* had *his bike* stolen *the other day* = il s'est fait voler son vélo l'autre jour**). On peut parfois avoir recours à ***have*** pour montrer que le sujet fait faire par quelqu'un d'autre l'action décrite par le verbe ***(she's* having *the house* painted ; *he* had *his hair* cut)**.

Le verbe ***have*** peut avoir le sens de **posséder** ou **être le propriétaire de**. Lorsque c'est le cas, en anglais britannique parlé, on peut utiliser ***got*** dans les tournures interrogatives et négatives ***(I* haven't got *any money* ; have *you* got *any money?***, au lieu de ***I don't have any money* ; *do you have any money?)***.

Voir aussi ***must, need***.

have-a-go hero *n* **(UK)** *fam personne qui fait sans nécessité qqch d'héroïque.*
haven ['heɪvn] *n* havre *m.*
have-nots *npl* • **the have-nots** les démunis *mpl*, les défavorisés *mpl.*
haven't ['hævnt] = **have not**.
have on *vt sép* **1.** porter *(un vêtement)* **2. (UK)** faire marcher.
have out *vt sép* • **to have one's appendix/tonsils out** se faire opérer de l'appendicite/des amygdales • **to have it out with sb** s'expliquer avec qqn.
haversack ['hævəsæk] *n* **(UK)** *vieilli* sac *m* à dos.
havoc ['hævək] *n (indén)* dégâts *mpl* • **to play havoc with a)** abîmer **b)** détraquer **c)** ruiner.
Hawaii [hə'waiː] *n* Hawaii *m.*
hawk [hɔk] *n* faucon *m.*
hawker ['hɔkər] *n* colporteur *m*, -euse *f.*
hawk-eyed *adj* **1.** au regard d'aigle **2.** *fig* qui a l'œil partout.
hay [heɪ] *n* foin *m.*
hay fever *n (indén)* rhume *m* des foins.
haystack ['heɪ,stæk] *n* meule *f* de foin.
haywire ['heɪ,waɪər] *adj fam* • **to go haywire a)** perdre la tête **b)** se détraquer.
hazard ['hæzəd] *n* hasard *m.* ❑ *vt* hasarder.
hazardous ['hæzədəs] *adj* hasardeux.
hazard (warning) lights *npl* feux *mpl* de détresse.
haze [heɪz] *n* brume *f.*
hazel ['heɪzl] *adj* noisette *(inv).*
hazelnut ['heɪzl,nʌt] *n* noisette *f.*
hazy ['heɪzɪ] *adj* **1.** brumeux **2.** flou, vague.
H-bomb *n* bombe *f* H.
HD *adj* **1.** *INFORM* (abrév de high density) HD **2.** (abrév de high definition) HD.
HDMI *n* (abrév de high definition multimedia interface) HDMI *m.*
HD-ready *adj* prêt pour la TVHD.
HDTV (abrév de high-definition television) *n* TVHD *f.*
HDV *n* (abrév de high definition video) HDV *m.*
he [hiː] *pron pers* **1.** *(non accentué)* il • **he's tall** il est grand • **there he is** le voilà **2.** *(accentué)* lui • ***he* can't do it** lui ne peut pas le faire.

À PROPOS DE he

He est le pronom personnel qui représente les personnes et les animaux familiers de sexe masculin ***(there's my brother* - he's *a teacher* ; *there's my cat - isn't* he *funny?)*** ; ***she*** est son équivalent féminin ***(there's my sister* - she's *a nurse)***. ***It*** représente les objets, les concepts et les animaux non familiers ***(there's my car* - it's *a Ford)***.

Certains noms peuvent être soit masculins soit féminins, p. ex. ***doctor, cousin, friend***. Le choix entre **he** et ***she*** dépend donc du sexe de la personne ***(there's my boss - do you know* him/her?)**. On peut utiliser ***it*** pour les noms d'animaux, ainsi que pour certains noms comme ***baby***, si l'on ignore le sexe ***(listen to that baby - I wish* it *would be quiet!)***.

Lorsque l'on ignore le sexe d'une personne, l'usage classique et soutenu veut que l'on utilise le pronom masculin ***(if a student is sick,* he *must have a note from his parents)***. La langue moderne et soutenue préconise l'usage des pronoms masculin **et** féminin ***(if a student is sick,* he or she *must have a note from* his or her *parents)***. L'utilisation de ***they,*** autrefois considérée comme familière, est désormais acceptée ***(if a student is sick,* they *must have a note from* their *parents)***.

head [hed] *n* **1.** tête *f* • **a** *ou* **per head** par tête, par personne **2.** tête *f (de lit, d'un marteau)* **3.** haut *m (d'un escalier, d'une page)* **4.** tête *f (d'une* *fleur)* **5.** pomme *f (d'un chou)* **6.** chef *m* • **head of state** chef *m* d'État **7. (UK)** directeur *m*, -trice *f* **8.** *(locution)* • **to go heads up against** *ou* **with sb** *(dans un match)* jouer contre qqn en face à face • **to go to one's head** monter à la tête • **to keep one's head** garder son sang-froid • **to laugh one's head off** rire à gorge déployée • **to lose one's head** perdre la tête • **to be off one's head (UK)** *ou* **to be out of one's head (US)** être dingue • **to be soft in the head (UK)** *fam* être débile. ❑ *vt* **1.** être en tête de **2.** être à la tête de **3.** FOOTBALL • **to head the ball** faire une tête. ❑ *vi* • **where are you heading?** où allez-vous ? ■ **heads** *npl* face *f* • **heads or tails?** pile ou face ? ■ **head for** *vt insép* se diriger vers.

headache ['hedeɪk] *n* mal *m* de tête • **to have a headache** avoir mal à la tête.

headachy ['hedeɪkɪ] *adj fam* • **I'm feeling a bit headachy** j'ai un peu mal à la tête.

headband ['hedbænd] *n* bandeau *m*.

headbang ['hedbæŋ] *vi fam* secouer violemment la tête en rythme *(sur du heavy metal)*.

headbanger ['hedbæŋəʳ] *n fam* **1.** *(fan de heavy metal)* hardeux *m*, -euse *f* **2. (UK)** cinglé *m*, -e *f*.

head boy *n* **(UK)** *élève chargé de la discipline et qui siège aux conseils de son école.*

head case *n fam* dingue *mf*.

head cold *n* rhume *m* de cerveau.

head count *n* compte *m*.

headdress ['hed,dres] *n* coiffe *f*.

-headed ['hedɪd] *suffixe* à tête... • **a three-headed dragon** un dragon à trois têtes.

header ['hedəʳ] *n* tête *f*.

headfirst [,hed'fɜːst] *adv* (la) tête la première.

head girl *n* **(UK)** *élève chargée de la discipline et qui siège aux conseils de son école.*

headhunt ['hedhʌnt] *vt* recruter (chez la concurrence).

headhunter ['hed,hʌntəʳ] *n* chasseur *m* de têtes.

heading ['hedɪŋ] *n* titre *m*, intitulé *m*.

headlamp ['hedlæmp] *n* **(UK)** phare *m*.

headland ['hedlənd] *n* cap *m*.

headlight ['hedlaɪt] *n* phare *m*.

headline ['hedlaɪn] *n* **1.** gros titre *m* • **to make headline news** faire la une des journaux • **to read the headlines** lire les gros titres **2.** TV & RADIO grand titre *m*.

headlong ['hedlɒŋ] *adv* **1.** à toute allure **2.** tête baissée **3.** (la) tête la première.

headmaster [,hed'mɑːstəʳ] *n* **(UK)** directeur *m (d'une école)*.

headmistress [,hed'mɪstrɪs] *n* **(UK)** directrice *f (d'une école)*.

head office *n* siège *m* social.

head-on *adv* **1.** de plein fouet **2.** de front. ❑ *adj (collision)* frontal.

headphone jack *n* prise *f* casque.

headphones ['hedfəʊnz] *npl* casque *m*.

headquarters [,hed'kwɔːtəz] *npl* **1.** siège *m* **2.** quartier *m* général.

headrest ['hedrest] *n* appui-tête *m*.

headroom ['hedrʊm] *n (indén)* hauteur *f*.

headscarf ['hedskɑːf] *(pl* **-scarves** *ou* **-scarfs***)* *n* foulard *m*.

headset ['hedset] *n* casque *m*.

headship ['hedʃɪp] *n* **(UK)** direction *f (d'une école)*.

headstand ['hedstænd] *n* poirier *m*.

head start *n* avantage *m* au départ • **head start on** *ou* **over** avantage sur.

headstone ['hedstəʊn] *n* pierre *f* tombale.

headstrong ['hedstrɒŋ] *adj* volontaire, têtu.

head teacher *n* **(UK)** directeur *m*, -trice *f (d'une école)*.

head waiter *n* maître *m* d'hôtel.

headway ['hedweɪ] *n* • **to make headway** faire des progrès.

headwind ['hedwɪnd] *n* vent *m* contraire.

heady ['hedɪ] *adj* **1.** grisant **2.** capiteux.

heal [hiːl] *vt* **1.** guérir **2.** *fig* apaiser. ❑ *vi* se guérir.

healing ['hiːlɪŋ] *adj* curatif. ❑ *n (indén)* guérison *f*.

health [helθ] *n* santé *f* • **health problems** problèmes *mpl* de santé.

Health and Safety Committee *n* comité *m* d'hygiène, de sécurité et de conditions de travail, CHSCT *m*.

Health and Safety Executive *npr* **(UK)** inspection *f* du travail.

health care *n (indén)* services *mpl* médicaux.

health care worker *n* soignant *m*, -e *f*.

health centre *n* **(UK)** ≃ centre *m* médico-social.

health-conscious *adj* soucieux de sa santé.

health crisis *n* crise *f* sanitaire.

health farm *n* établissement *m* de cure.

health food *n (indén)* produits *mpl* diététiques *ou* naturels *ou* biologiques.

health-food shop *n* magasin *m* de produits diététiques.

health hazard *n* danger *m ou* risque *m* pour la santé.

healthily ['helθɪlɪ] *adv* sainement.

health professional *n* soignant *m*, -e *f*, professionnel *m*, -elle *f* de santé.

health service *n* **(UK)** ≃ sécurité *f* sociale.

health visitor *n* **(UK)** infirmière *f* visiteuse.

healthy ['helθɪ] *adj* **1.** sain • **to lead a healthy life** mener une vie saine **2.** en bonne santé, bien portant **3.** *fig (économie, entreprise)* qui se porte bien **4.** *(revenus)* bon.

heap [hiːp] *n* tas *m*. ❑ *vt* entasser. ■ **heaps** *npl fam* • **heaps of a)** des tas de **b)** énormément de.

hear [hɪəʳ] *(prét & pp* **heard** [hɜːd]*)* *vt* **1.** entendre **2.** apprendre • **to hear (that)...** apprendre que... ❑ *vi* **1.** entendre **2.** • **to hear about a)** entendre parler de **b)** avoir des nouvelles de **3.** • **to hear from sb** recevoir des nouvelles de qqn **4.** *(locution)* • **to have heard of** avoir entendu parler de • **I won't hear of it!** je ne veux pas en entendre parler ! ■ **hear out** *vt sép* écouter jusqu'au bout.

hearing ['hɪərɪŋ] *n* **1.** ouïe *f* • **hard of hearing** dur d'oreille **2.** DR audience *f.* ❑ *adj* entendant.

hearing aid *n* audiophone *m.*

hearing impaired *npl* • **the hearing impaired** les malentendants *mpl.*

hearsay ['hɪəseɪ] *n* ouï-dire *m.*

hearse [hɜːs] *n* corbillard *m.*

heart [hɑːt] *n* *litt* & *fig* cœur *m* • **from the heart** du fond du cœur • **to lose heart** perdre courage • **my heart missed a beat** *fig* mon cœur a bondi. ■ **hearts** *npl* cœur *m.* ■ **at heart** *adv* au fond (de soi). ■ **by heart** *adv* par cœur.

heartache ['hɑːteɪk] *n* *fig* peine *f* de cœur.

heart attack *n* crise *f* cardiaque.

heartbeat ['hɑːtbiːt] *n* **1.** battement *m* de cœur • **in a heartbeat** (US) *fig* sans hésiter **2.** pulsation *f* cardiaque.

heartbreaking ['hɑːtˌbreɪkɪŋ] *adj* à fendre le cœur.

heartbroken ['hɑːtˌbrəukn] *adj* qui a le cœur brisé.

heartburn ['hɑːtbɜːn] *n* *(indén)* brûlures *fpl* d'estomac.

heart condition *n* • **to have a heart condition** souffrir du cœur, être cardiaque.

heart disease *n* maladie *f* de cœur.

heartening ['hɑːtnɪŋ] *adj* encourageant.

heart failure *n* **1.** arrêt *m* cardiaque **2.** défaillance *f* cardiaque.

heartfelt ['hɑːtfelt] *adj* sincère.

hearth [hɑːθ] *n* foyer *m.*

heartless ['hɑːtlɪs] *adj* sans cœur.

heart-searching *n* • **after a lot of heart-searching** après s'être beaucoup interrogé.

heart-stopping *adj* terrifiant.

heartstrings ['hɑːtstrɪŋz] *npl* • **to pull on** *ou* **to tug at sb's heartstrings** faire vibrer *ou* toucher la corde sensible de qqn.

heartthrob ['hɑːtθrɒb] *n* *fam* idole *f*, coqueluche *f.*

heart-to-heart *adj* à cœur ouvert. ❑ *n* conversation *f* à cœur ouvert.

heart transplant *n* greffe *f* du cœur.

heartwarming ['hɑːtˌwɔmɪŋ] *adj* réconfortant.

hearty ['hɑːtɪ] *adj* **1.** cordial **2.** *(repas)* copieux **3.** *(appétit)* gros, grosse *f.*

heat [hiːt] *n* **1.** *(indén)* chaleur *f* **2.** *(indén)* *fig* pression *f* • **can she take the heat?** est-ce qu'elle pourra supporter la pression ? **3.** SPORT éliminatoire *f* **4.** ZOOL • **on** (UK) *ou* **in** (US) **heat** en chaleur. ❑ *vt* chauffer. ■ **heat up** *vt sép* réchauffer. ❑ *vi* chauffer.

heat bump *n* bouton *m* de chaleur.

heated ['hiːtɪd] *adj* **1.** *(discussion)* animé **2.** *(piscine, pièce)* chauffé.

heater ['hiːtər] *n* appareil *m* de chauffage.

heat exhaustion *n* épuisement *m* dû à la chaleur.

heath [hiːθ] *n* lande *f.*

heathen ['hiːðn] *adj* païen. ❑ *n* païen *m*, -enne *f.*

heather ['heðər] *n* bruyère *f.*

heating ['hiːtɪŋ] *n* chauffage *m.*

heat loss *n* perte *f* de chaleur.

heatproof ['hiːtpruːf] *adj* **1.** *(gén)* résistant à la chaleur **2.** *(vaisselle)* qui va au four.

heat rash *n* boutons *mpl* de chaleur.

heat-resistant *adj* résistant à la chaleur.

heat sink *n* INFORM dissipateur *m* de chaleur.

heatstroke ['hiːtstrəuk] *n* *(indén)* coup *m* de chaleur.

heat wave *n* canicule *f*, vague *f* de chaleur.

heave [hiːv] *vt* **1.** tirer (avec effort) **2.** pousser (avec effort) **3.** *fam* lancer. ❑ *vi* **1.** tirer **2.** se soulever **3.** avoir des haut-le-cœur.

heaven ['hevn] *n* paradis *m.* ■ **heavens** *interj* • **(good) heavens!** juste ciel !

heavenly ['hevnlɪ] *adj* *fam* délicieux, merveilleux.

heaven-sent *adj* providentiel • **a heaven-sent opportunity** une occasion providentielle *ou* qui tombe à pic.

heavily ['hevɪlɪ] *adv* **1.** énormément **2.** *(s'endetter)* lourdement **3.** solidement **4.** *(respirer, soupirer)* péniblement, bruyamment **5.** *(s'asseoir, tomber)* lourdement.

heavy ['hevɪ] *adj* **1.** lourd • **how heavy is it?** ça pèse combien ? **2.** *(circulation)* dense **3.** *(pluie)* battant **4.** *(combat)* acharné **5.** *(pertes)* nombreux **6.** *(buveur, fumeur)* gros **7.** bruyant **8.** *(emploi du temps)* chargé **9.** *(travail)* pénible.

heavy cream *n* (US) crème *f* fraîche épaisse.

heavy-duty *adj* solide, robuste.

heavy goods vehicle *n* (UK) poids lourd *m.*

heavy-handed [-'hændɪd] *adj* maladroit.

heavy hitter *n* (US) **1.** *(au baseball) joueur qui frappe fort et marque beaucoup de points* **2.** *fig* personne *f* influente, gros bonnet *m.*

heavy metal *n* MUS heavy metal *m.*

heavyweight ['hevɪweɪt] *adj* poids lourd. ❑ *n* poids lourd *m.*

Hebrew ['hiːbruː] *adj* hébreu, hébraïque. ❑ *n* **1.** Hébreu *m*, Israélite *mf* **2.** hébreu *m.*

Hebrides ['hebrɪdiːz] *npl* • **the Hebrides** les (îles *fpl*) Hébrides *fpl.*

heck [hek] *interj* *fam* • **what/where/why the heck...?** que/où/pourquoi diable... ? • **a heck of a nice guy** un type vachement sympa • **a heck of a lot of people** un tas de gens.

heckle ['hekl] *vt* interpeller. ❑ *vi* interrompre bruyamment.
heckler ['heklər] *n* perturbateur *m*, -trice *f*.
heckling ['heklɪŋ] *n (indén)* **1.** harcèlement *m* **2.** interpellations *fpl*. ❑ *adj* **1.** qui fait du harcèlement **2.** qui interpelle.
hectic ['hektɪk] *adj* agité, mouvementé.
he'd [hi:d] = **he had**, **he would**.
hedge [hedʒ] *n* haie *f*. ❑ *vi* répondre de façon détournée.
hedgehog ['hedʒhɒg] *n* hérisson *m*.
heebie-jeebies [ˌhi:bɪ'dʒi:bɪz] *npl fam* • **the film gave me the heebie-jeebies** le film m'a donné la trouille *ou* la frousse • **he gives me the heebie-jeebies** il me met mal à l'aise.
heed [hi:d] *n* • **to take heed of sthg** tenir compte de qqch. ❑ *vt sout* tenir compte de.
heedless ['hi:dlɪs] *adj* • **to be heedless of sthg** ne pas tenir compte de qqch.
heel [hi:l] *n* talon *m* • **high-heel shoes** des chaussures à talons hauts.
heel bar *n* talon-minute *m*, réparations-minute *fpl*.
heeltap ['hi:ltæp] *n* fond *m* de verre.
hefty ['heftɪ] *adj* **1.** costaud **2.** gros, grosse *f*.
heifer ['hefər] *n* génisse *f*.
height [haɪt] *n* **1.** hauteur *f* • **height restriction** hauteur *f* limitée **2.** taille *f* • **what height is it?** ça fait quelle hauteur ? • **what height are you?** combien mesurez-vous ? **3.** altitude *f* **4.** • **at the height of the summer** au cœur de l'été • **at the height of his fame** au sommet de sa gloire • **the height of bad manners** le comble de l'impolitesse *ou* de la grossièreté.
height-adjustable *adj* réglable en hauteur.
heighten ['haɪtn] *vt & vi* augmenter.
heightened ['haɪtnd] *adj* **1.** *(immeuble, plafond)* relevé, rehaussé **2.** *(peur, plaisir)* intensifié **3.** *(couleur)* plus vif.
heinous ['heɪnəs] *adj sout* odieux.
heir [eər] *n* héritier *m*.
heiress ['eərɪs] *n* héritière *f*.
heirless ['eəlɪs] *adj* sans héritier.
heirloom ['eəlu:m] *n* **1.** meuble *m* de famille **2.** bijou *m* de famille.
heist [haɪst] *n fam* casse *m*.
held [held] *passé & pp* → **hold**.
helicopter ['helɪkɒptər] *n* hélicoptère *m*.
helipad ['helɪpæd] *n* héliport *m*.
heliport ['helɪpɔ:t] *n* héliport *m*.
helium ['hi:lɪəm] *n* hélium *m*.
hell [hel] *n* **1.** *litt & fig* enfer *m* **2.** *fam* • **he's a hell of a nice guy** c'est un type vachement sympa • **what/where/why the hell...?** que/où/pourquoi..., bon sang ? **3.** *(locution)* • **to do sthg for the hell of it** *fam* faire qqch pour le plaisir, faire qqch juste comme ça • **to give sb hell** *fam* engueuler qqn • **go to hell!** *tfam* va te faire foutre ! ❑ *interj fam* merde !, zut !
he'll [hi:l] = **he will**.
hell-bent *adj* • **to be hell-bent on sthg/on doing sthg** vouloir à tout prix qqch/faire qqch.
hellhole ['helhəʊl] *n fam* bouge *m*.
hellish ['helɪʃ] *adj* infernal.
hello [hə'ləʊ] *interj* **1.** bonjour ! **2.** *(au téléphone)* allô ! **3.** *(pour attirer l'attention)* hé !
hell-raiser *n fam* fouteur *m*, -euse *f* de merde.
helm [helm] *n litt & fig* NAUT barre *f*.
helmet ['helmɪt] *n* casque *m*.
help [help] *n* **1.** *(indén)* aide *f* • **to ask sb for help** demander de l'aide à qqn • **he gave me a lot of help** il m'a beaucoup aidé • **with the help of sthg** à l'aide de qqch • **with sb's help** avec l'aide de qqn • **to be of help** rendre service **2.** *(indén)* secours *m*. ❑ *vi* aider. ❑ *vt* **1.** aider • **to help sb (to) do sthg** aider qqn à faire qqch • **to help sb with sthg** aider qqn à faire qqch • **can I help you?** je peux t'aider ? • **may I help you?** *sout* que désirez-vous ? **2.** • **I can't help it** je n'y peux rien • **I couldn't help laughing** je ne pouvais pas m'empêcher de rire **3.** *(locution)* • **to help o.s. (to sthg)** se servir (de qqch). ❑ *interj* au secours !, à l'aide ! ■ **help out** *vt sép & vi* aider.
help desk *n* service *m* d'assistance technique.
helper ['helpər] *n* **1.** aide *mf* **2. (US)** femme *f* de ménage.
helpful ['helpfʊl] *adj* **1.** serviable **2.** utile.
helping ['helpɪŋ] *n* **1.** portion *f* **2.** part *f*.
helping hand *n* coup *m* de main.
helpless ['helplɪs] *adj* **1.** impuissant **2.** *(regard, geste)* d'impuissance.
helplessly ['helplɪslɪ] *adv* **1.** sans rien pouvoir faire **2.** • **to laugh helplessly** avoir le fou rire.
helpline ['helplaɪn] *n* ligne *f* d'assistance téléphonique.
help menu *n* INFORM menu *m* d'aide.
Helsinki [hel'sɪŋkɪ] *n* Helsinki.
hem [hem] *n* ourlet *m*. ❑ *vt* ourler. ■ **hem in** *vt sép* encercler.
he-man *n fam & hum* vrai mâle *m*.
hemisphere ['hemɪˌsfɪər] *n* hémisphère *m*.
hemline ['hemlaɪn] *n* ourlet *m*.
hemophiliac [ˌhi:mə'fɪlɪæk] **(US)** = **haemophiliac**.
hemorrhage ['hemərɪdʒ] **(US)** = **haemorrhage**.
hemorrhoids ['hemərɔɪdz] **(US)** = **haemorrhoids**.
hen [hen] *n* **1.** poule *f* **2.** femelle *f*.
hence [hens] *adv sout* **1.** d'où **2.** d'ici.
henceforward [ˌhens'fɔ:wəd], **henceforth** [ˌhens'fɔ:θ] *adv* dorénavant, désormais.

henchman ['hentʃmən] (*pl* **-men**) *n* *péj* acolyte *m*.
henna ['henə] *n* henné *m*.
hen night, hen party *n* (UK) *(avant le mariage)* enterrement *m* de vie de jeune fille • **she's having her hen night** elle enterre sa vie de jeune fille.
henpecked ['henpekt] *adj* *péj* dominé par sa femme.
hepatitis [,hepə'taɪtɪs] *n* hépatite *f*.
her [hɜːʳ] *pron pers* **1.** *(complément d'objet direct)* la, elle • **I know/like her** je la connais/l'aime bien **2.** *(complément d'objet indirect)* lui • **we spoke to her** nous lui avons parlé • **he sent her a letter** il lui a envoyé une lettre **3.** *(précédé d'une préposition)* elle • **I'm shorter than her** je suis plus petit qu'elle. ❑ *adj poss* son, sa *f*, ses *(pl)* • **her coat** son manteau • **it was *her* fault** c'était de sa faute à elle.

À PROPOS DE — her
Si vous parlez d'une partie du corps, n'oubliez pas d'utiliser l'adjectif possessif ***her***, et non pas ***the*** ***(she put* her *hand up,* elle a levé le bras *; she brushed* her *hair,* elle s'est brossé les cheveux*)***.

herald ['herəld] *vt sout* annoncer. ❑ *n* héraut *m*.
herb [(UK) hɜːb, (US) ɜːrb] *n* herbe *f*.
herbaceous border *n* bordure *f* de plantes herbacées.
herbal [(UK) 'hɜːbl, (US) 'ɜːrbl] *adj* à base de plantes.
herbalist [(UK) 'hɜːbəlɪst, (US) 'ɜːrbəlɪst] *n* herboriste *mf*.
herb(al) tea *n* tisane *f*.
herbivore [(UK) 'hɜːbɪvɔːʳ, (US) 'ɜːrbɪvɔːr] *n* herbivore *m*.
herbivorous [hɜː'bɪvərəs, (US) ɜːr'bɪvərəs] *adj* herbivore.
herd [hɜːd] *n* troupeau *m*. ❑ *vt* **1.** mener **2.** *fig* conduire, mener **3.** *fig* parquer.

here

■ **here** [hɪəʳ] *adv*

1. À CET ENDROIT
• **I've lived here for 5 years** j'habite ici depuis 5 ans • **come here!** viens ici ! • **he's not here today** il n'est pas là aujourd'hui

2. POUR INDIQUER QUE L'ON EST PRÉSENT
• **Jenny Cooper? — here!** Jenny Cooper ? — présente !

3. POUR PRÉSENTER QQCH
• **here is what I want** voici ce que je veux

4. POUR PRÉSENTER QQN
• **here he is/they are** le/les voici • **here comes John** voici John

5. DANS DES PHRASES EXCLAMATIVES, POUR ATTIRER L'ATTENTION, ET ÉVENTUELLEMENT EXPRIMER SON DÉSACCORD
• **here, I didn't promise you anything!** dites donc, je ne vous ai rien promis !

hereabouts (UK) [,hɪərə'baʊts], **hereabout** (US) [,hɪərə'baʊt] *adv* par ici.
hereafter [,hɪər'ɑːftəʳ] *adv* *sout* ci-après. ❑ *n* • **the hereafter** l'au-delà *m*.
hereby [,hɪə'baɪ] *adv* *sout* par la présente.
hereditary [hɪ'redɪtrɪ] *adj* héréditaire.
heredity [hɪ'redətɪ] *n* hérédité *f*.
heresy ['herəsɪ] *n* hérésie *f*.
heretic ['herətɪk] *n* hérétique *mf*.
herewith [,hɪə'wɪð] *adv* *sout* ci-joint, ci-inclus.
heritage ['herɪtɪdʒ] *n* héritage *m*, patrimoine *m*.
heritage officer *n* ≃ chargé *m*, -e *f* de mission patrimoine.
hermaphrodite [hɜː'mæfrədaɪt] *adj* hermaphrodite. ❑ *n* hermaphrodite *m*.
hermetically [hɜː'metɪklɪ] *adv* • **hermetically sealed** fermé hermétiquement.
hermit ['hɜːmɪt] *n* ermite *m*.
hernia ['hɜːnjə] *n* hernie *f*.
hero ['hɪərəʊ] (*pl* **-es**) *n* héros *m*.
heroic [hɪ'rəʊɪk] *adj* héroïque.
heroically [hɪ'rəʊɪklɪ] *adv* héroïquement.
heroics [hɪ'rəʊɪks] *npl (dans l'attitude)* affectation *f*, emphase *f*.
heroin ['herəʊɪn] *n (drogue)* héroïne *f*.
heroine ['herəʊɪn] *n* héroïne *f*.
heroism ['herəʊɪzm] *n* héroïsme *m*.
heron ['herən] (*pl inv ou* **-s**) *n* héron *m*.
hero worship *n* culte *m* du héros.
herring ['herɪŋ] (*pl inv ou* **-s**) *n* hareng *m*.
hers [hɜːz] *pron poss* le sien, la sienne, les siens, les siennes • **that money is hers** cet argent est à elle *ou* est le sien • **a friend of hers** un ami à elle, un de ses amis.
herself [hɜː'self] *pron* **1.** *(réfléchi)* se **2.** *(précédé d'une préposition)* elle **3.** *(forme emphatique)* elle-même.
he's [hiːz] = **he is, he has**.
hesitant ['hezɪtənt] *adj* hésitant.
hesitate ['hezɪteɪt] *vi* hésiter • **don't hesitate to call me!** n'hésite pas à m'appeler !
hesitation [,hezɪ'teɪʃn] *n* hésitation *f*.
heterogeneous [,hetərə'dʒiːnjəs] *adj* *sout* hétérogène.
heterosexism [,hetərə'seksɪzm] *n* hétérosexisme *m*.
heterosexual [,hetərəʊ'sekʃʊəl] *adj* hétérosexuel. ❑ *n* hétérosexuel *m*, -elle *f*.
het up [het-] *adj* *fam* & *vieilli* excité, énervé.
hexagon ['heksəgən] *n* hexagone *m*.

hey [heɪ] *interj* hé !
heyday ['heɪdeɪ] *n* âge *m* d'or.
HGV (abrév de **heavy goods vehicle**) *n* PL *m (abréviation de poids lourd)*.
hi [haɪ] *interj fam* salut !
hiatus [haɪ'eɪtəs] (*pl* **-es**) *n sout* pause *f*.
hibernate ['haɪbəneɪt] *vi* hiberner.
hiccup, **hiccough** ['hɪkʌp] *n* **1.** hoquet *m* • **to have (the) hiccups** avoir le hoquet **2.** *fig* accroc *m*. ❑ *vi* hoqueter.
hickey [hɪkɪ] *n* **(US)** suçon *m*.
hid [hɪd] *passé* → **hide**.
hidden ['hɪdn] *pp* → **hide**. ❑ *adj* caché • **hidden camera** caméra *f* cachée *ou* invisible.
hidden camera *n* caméra *f* cachée *ou* invisible.
hidden economy *n* économie *f* souterraine.
hide [haɪd] *vt* (*prét* **hid**, *pp* **hidden**) • **to hide sthg (from sb) a)** cacher qqch (à qqn) **b)** taire qqch (à qqn). ❑ *vi* (*prét* **hid**, *pp* **hidden**) se cacher. ❑ *n* **1.** peau *f (d'un animal)* **2. (UK)** cachette *f*.
hide-and-seek *n* cache-cache *m*.
hideaway ['haɪdəweɪ] *n* cachette *f*.
hideous ['hɪdɪəs] *adj* **1.** hideux **2.** abominable.
hideously ['hɪdɪəslɪ] *adv* **1.** *(être blessé)* hideusement, atrocement, affreusement **2.** *fig* terriblement, horriblement.
hideout ['haɪdaʊt] *n* cachette *f*.
hiding ['haɪdɪŋ] *n* **1.** • **to be in hiding** se tenir caché **2.** *fam* • **to give sb a hiding** donner une raclée à qqn.
hiding place *n* cachette *f*.
hierarchical [,haɪə'rɑːkɪkl] *adj* hiérarchique.
hierarchy ['haɪərɑːkɪ] *n* hiérarchie *f*.
hieroglyphics [,haɪərə'glɪfɪks] *npl* hiéroglyphes *mpl*.
hi-fi ['haɪfaɪ] *n* hi-fi *f inv*.
higgledy-piggledy [,hɪgldɪ'pɪgldɪ] *fam adj* pêle-mêle *(inv)*. ❑ *adv* pêle-mêle.
high [haɪ] *adj* **1.** haut • **it's 3 feet high** cela fait 3 pieds de haut **2.** élevé **3.** *(voix)* aigu **4.** *arg drogue* qui plane, défoncé **5.** *fam* bourré. ❑ *adv* haut. ❑ *n* maximum *m*.
high-angle shot *n* CINÉ plan *m* en plongée.
highbrow ['haɪbraʊ] *adj péj* intellectuel.
high-cal *adj* **(US)** *fam* • **I avoid high-cal food** j'évite tout ce qui est calorique.
high chair *n* chaise *f* haute *(d'enfant)*.
high-class *adj* **1.** *(service, prestations)* de premier ordre **2.** *(hôtel, restaurant)* de grand standing.
high court *n* **(US)** Cour *f* suprême.
High Court *n* **(UK)** Cour *f* d'appel.
high-definition *adj* à haute définition.
high-density *adj* INFORM haute densité *(inv)*.
high-diving *n* plongeon *m* de haut vol, haut vol *m*.
high-end *adj* haut de gamme.
higher ['haɪər] *adj* supérieur. ■ **Higher** *n* SCOL • **Higher (Grade)** *examen de fin d'études secondaires en Écosse*.
higher education *n (indén)* études *fpl* supérieures.
highfalutin [,haɪfə'luːtɪn] *adj fam* affecté, prétentieux.
high-fibre *adj (nourriture)* riche en fibres.
high-fidelity *adj* (de) haute-fidélité *(inv)*.
high-five *n fam geste que font deux personnes pour se féliciter ou se dire bonjour et qui consiste à se taper dans la main*.
high-flier, **high-flyer** *n* ambitieux *m*, -euse *f*.
high-flying *adj* ambitieux.
high gear *n* **(US) 1.** quatrième/cinquième vitesse *f* **2.** *fig* • **to move into high gear** passer la surmultipliée.
high-handed [-'hændɪd] *adj* **1.** autoritaire, despotique **2.** cavalier.
high-heeled [-hiːld] *adj* à talons hauts.
high heels *npl* talons *mpl* aiguilles.
high horse *n fam* • **to get on one's high horse** monter sur ses grands chevaux.
high-income *adj* à revenus élevés.
high jinks *npl fam* chahut *m*.
high jump *n* saut *m* en hauteur.
Highland Games ['haɪlənd-] *npl* jeux *mpl* écossais.
Highlands ['haɪləndz] *npl* • **the Highlands** les Highlands *fpl (région montagneuse du nord de l'Écosse)*.
high-level *adj* **1.** *(pourparlers, négociations)* à haut niveau **2.** *(diplomate, fonctionnaire)* de haut niveau.
high life *n* • **the high life** la grande vie.
highlight ['haɪlaɪt] *n* moment *m ou* point *m* fort. ❑ *vt* **1.** souligner **2.** surligner. ■ **highlights** *npl* reflets *mpl*, mèches *fpl*.
highlighter (pen) ['haɪlaɪtər-] *n* surligneur *m*.
highly ['haɪlɪ] *adv* **1.** extrêmement, très **2.** • **highly placed** haut placé **3.** • **to think highly of sb/sthg** penser du bien de qqn/qqch.
highly-strung *adj* **(UK)** nerveux.
Highness ['haɪnɪs] *n* • **His/Her/Your (Royal) Highness** Son/Votre Altesse (Royale).
high-performance *adj* performant.
high-pitched [-'pɪtʃt] *adj* aigu.
high point *n* point *m* fort.
high-powered [-'paʊəd] *adj* **1.** de forte puissance **2.** *(poste)* à haute responsabilité **3.** *(personne)* dynamique, entreprenant.
high-pressure *adj* **1.** *(air, gaz)* à haute pression • **high-pressure area** MÉTÉOR zone *f* de hautes pressions **2.** *(vente)* agressif.
high-principled *adj* aux principes élevés.

high profile *n* • **to have a high profile** être très en vue. ■ **high-profile** *adj* **1.** *(position sociale, poste)* qui est très en vue **2.** *(campagne, promotion)* qui fait beaucoup de bruit.
high-ranking [-'ræŋkɪŋ] *adj* de haut rang.
high-rent *adj* **1.** *(maison, appartement)* à loyer élevé **2.** **(US)** haut de gamme *(inv)*.
high-res [haɪrez] (abrév de high-resolution) *adj fam* INFORM (à) haute résolution.
high resolution *n* INFORM haute résolution *f*. ❑ *adj* à haute résolution.
high rise *n* tour *f (immeuble)*.
high-risk *adj* à haut risque.
high school *n* **1.** **(UK)** *établissement d'enseignement secondaire* **2.** **(US)** ≃lycée *m*. ❑ *adj* de lycée.
high season *n* haute saison *f*.
high-speed *adj* **1.** à grande vitesse **2.** PHOTO à obturation rapide.
high-spirited *adj* plein d'entrain.
high spot *n* point *m* fort.
high street *n* **(UK)** rue *f* principale.
high-tech [-'tek] *adj* de pointe.
high tide *n* marée *f* haute.
highway ['haɪweɪ] *n* **1.** **(US)** autoroute *f* **2.** grande route *f*.
Highway Code *n* **(UK)** • **the Highway Code** le code de la route.
hijack ['haɪdʒæk] *n* détournement *m*. ❑ *vt* détourner.
hijacker ['haɪdʒækəʳ] *n* **1.** pirate *m* de l'air **2.** pirate *m* de la route.
hijacking ['haɪdʒækɪŋ] *n* **1.** détournement *m* **2.** vol *m*.
hike [haɪk] *n* **1.** randonnée *f* **2.** *fig* • **take a hike!** *fam* dégage ! **3.** hausse *f* • **tax hike** hausse d'impôts. ❑ *vi* faire une randonnée.
hiker ['haɪkəʳ] *n* randonneur *m*, -euse *f*.
hiking ['haɪkɪŋ] *n* marche *f*.
hilarious [hɪ'leərɪəs] *adj* hilarant.
hilariously [hɪ'leərɪəslɪ] *adv* joyeusement, gaiement • **the film's hilariously funny** le film est à se tordre de rire.
hill [hɪl] *n* **1.** colline *f* **2.** côte *f*.
hillside ['hɪlsaɪd] *n* coteau *m*.
hillwalker ['hɪl,wɔːkəʳ] *n* **(UK)** randonneur *m*, -euse *f (en terrain vallonné)*.
hillwalking ['hɪl,wɔːkɪŋ] *n (indén)* **(UK)** randonnée *f (en terrain vallonné)*.
hilly ['hɪlɪ] *adj* vallonné.
hilt [hɪlt] *n* garde *f* • **to support/defend sb to the hilt** soutenir/défendre qqn à fond.
him [hɪm] *pron pers* **1.** *(complément d'objet direct)* le, lui • **I know/like him** je le connais/l'aime bien **2.** *(complément d'objet indirect)* lui • **we spoke to him** nous lui avons parlé • **she sent him a letter** elle lui a envoyé une lettre **3.** *(précédé d'une préposition)* lui • **I'm shorter than him** je suis plus petit que lui.
Himalayas [,hɪmə'leɪəz] *npl* • **the Himalayas** l'Himalaya *m*.
himbo ['hɪmbəʊ] *n* **(US)** *fam homme séduisant mais superficiel*.
himself [hɪm'self] *pron* **1.** *(réfléchi)* se **2.** *(précédé d'une préposition)* lui **3.** *(forme emphatique)* lui-même.
hind [haɪnd] *adj* de derrière.
hinder ['hɪndəʳ] *vt* gêner, entraver.
Hindi ['hɪndɪ] *n* hindi *m*.
hindquarters ['haɪndkwɔːtəz] *npl* arrière-train *m*.
hindrance ['hɪndrəns] *n* obstacle *m*.
hindsight ['haɪndsaɪt] *n* • **with the benefit of hindsight** avec du recul.
Hindu ['hɪnduː] *adj* hindou. ❑ *n (pl* **-s***)* hindou *m*, -e *f*.
hinge [hɪndʒ] *n* **1.** charnière *f* **2.** gond *m*. ■ **hinge (up)on** *vt insép* dépendre de.
hinged [hɪndʒd] *adj* à charnière *ou* charnières • **hinged flap** abattant *m (d'un comptoir)*.
hinky ['hɪŋkɪ] *adj* **(US)** *fam* bizarre, louche.
hint [hɪnt] *n* **1.** allusion *f* • **to drop a hint** faire une allusion **2.** conseil *m*, indication *f* **3.** soupçon *m (petite quantité)*. ❑ *vi* • **to hint at sthg** faire allusion à qqch. ❑ *vt* • **to hint that...** insinuer que...
hip [hɪp] *n* **1.** hanche *f* **2.** • **to shoot from the hip** ne pas faire dans la dentelle. ❑ *adj fam* branché.
hip flask *n* flasque *f*.
hip-hop *n* MUS hip-hop *m*.
hippie ['hɪpɪ] = **hippy**.
hippo ['hɪpəʊ] *(pl* **-s***)* *n* hippopotame *m*.
hippodrome ['hɪpədrəʊm] *n* hippodrome *m*.
hippopotamus [,hɪpə'pɒtəməs] *(pl* **-muses** *ou* **-mi***)* *n* hippopotame *m*.
hippy ['hɪpɪ] *n* hippie *mf*.
hipsters ['hɪpstəz] *npl* **(UK)** pantalon *m* (à) taille basse.
hire ['haɪəʳ] *n* **1.** *(indén)* **(UK)** location *f* • **for hire a)** à louer **b)** *(taxi)* libre **2.** **(US)** employé *m*, -e *f*. ❑ *vt* **1.** **(UK)** louer **2.** employer les services de • **a hired killer** un tueur à gages. ■ **hire out** *vt sép* **(UK)** louer.
hire car *n* **(UK)** voiture *f* de location.
hired help ['haɪəd-] *n* aide *f* ménagère.
hire purchase *n (indén)* **(UK)** achat *m* à crédit *ou* à tempérament.
hi-res ['haɪrez] (abrév de high-resolution) *adj fam* INFORM (à) haute résolution.
his [hɪz] *adj poss* son, sa, ses • **his name is Joe** il s'appelle Joe. ❑ *pron poss* le sien, la sienne, les siens, les siennes • **that money is his** cet argent est à lui *ou* est le sien • **it wasn't *her***

fault, it was *his* ce n'était pas de sa faute à elle, c'était de sa faute à lui • **a friend of his** un ami à lui.

> **À PROPOS DE**
> ### his
> Si vous parlez d'une partie du corps, n'oubliez pas d'utiliser l'adjectif possessif ***his***, et non pas ***the*** (***he broke* his *leg,* il s'est cassé la jambe** ; ***she broke* his *nose,* elle lui a cassé le nez**).

his and hers *adj* • **his and hers towels** des serviettes brodées « lui » et « elle ».
hiss [hɪs] *n* **1.** sifflement *m* **2.** sifflets *mpl (huées)*. ❑ *vi* siffler.
hissy fit ['hɪsɪ-] *n fam* • **to have a hissy fit** piquer une crise.
histocompatibility [ˈhɪstəʊkəmpætə'bɪlətɪ] *n* histocompatibilité *f*.
historian [hɪ'stɔːrɪən] *n* historien *m*, -enne *f*.
historic [hɪ'stɒrɪk] *adj* historique.
historical [hɪ'stɒrɪkəl] *adj* historique.
historically [hɪ'stɒrɪklɪ] *adv* **1.** historiquement **2.** traditionnellement.
history ['hɪstərɪ] *n* **1.** histoire *f* **2.** antécédents *mpl* • **medical history** passé *m* médical **3.** historique *m*.
histrionics [hɪstrɪ'ɒnɪks] *npl péj* drame *m*.
hit [hɪt] *n* **1.** coup *m* **2.** coup *m ou* tir *m* réussi **3.** touche *f* **4.** succès *m* • **to be a hit with** plaire à **5.** INFORM visite *f (d'un site Internet)*. ❑ *en apposition* à succès. ❑ *vt (prét & pp* **hit**) **1.** frapper **2.** taper sur **3.** heurter, percuter **4.** atteindre **5.** toucher, affecter **6.** *(locution)* • **to hit it off (with sb)** bien s'entendre (avec qqn). ■ **hit back** *vi* **(surtout UK)** • **our army hit back with a missile attack** notre armée a riposté en envoyant des missiles • **to hit back (at)** répondre (à). ■ **hit out** *vi* **(surtout UK)** • **to hit out at a)** *(physiquement)* envoyer un coup à **b)** *(moralement)* attaquer.
hit-and-miss = **hit-or-miss**.
hit-and-run *adj* avec délit de fuite • **hit-and-run driver** chauffard *m (qui a commis un délit de fuite)*.
hitch [hɪtʃ] *n* ennui *m*. ❑ *vt* **1.** • **to hitch a lift** *ou* **a ride** faire du stop **2.** • **to hitch sthg on** *ou* **onto** accrocher *ou* attacher qqch à. ❑ *vi* faire du stop. ■ **hitch up** *vt sép* remonter.
hitchhike ['hɪtʃhaɪk] *vi* faire de l'auto-stop.
hitchhiker ['hɪtʃhaɪkəʳ] *n* auto-stoppeur *m*, -euse *f*.
hitchhiking ['hɪtʃhaɪkɪŋ], **hitching** ['hɪtʃɪŋ] *n* auto-stop *m*, stop *m*.
hi-tech [ˌhaɪ'tek] = **high-tech**.
hitherto [ˌhɪðə'tuː] *adv sout* jusqu'ici.
hit list *n* liste *f* noire.
hit man *n* tueur *m (à gages)*.
hit-or-miss *adj* aléatoire.
hit squad *n fam* commando *m* de tueurs.
HIV (abrév de **human immunodeficiency virus**) *n* VIH *m*, HIV *m* • **to be HIVpositive** être séropositif.
hive [haɪv] *n* ruche *f*. ■ **hive off** *vt sép* **(UK)** COMM séparer.
hiya ['haɪjə] *interj* salut *fam*.
HM (abrév de **His** (*ou* Her) **Majesty**) SM.
HNC (abrév de **Higher National Certificate**) *n brevet de technicien en Grande-Bretagne*.
HND (abrév de **Higher National Diploma**) *n brevet de technicien supérieur en Grande-Bretagne*.
hoard [hɔd] *n* **1.** réserves *fpl* **2.** tas *m*. ❑ *vt* **1.** amasser **2.** faire des provisions de.
hoarder ['hɔːdə] *n (gén) personne ou animal qui fait des réserves*.
hoarding ['hɔdɪŋ] *n* **(UK)** panneau *m* d'affichage publicitaire.
hoarfrost ['hɔfrɒst] *n* gelée *f* blanche.
hoarse [hɔs] *adj* **1.** enroué **2.** rauque.
hoax [həʊks] *n* canular *m*.
hob [hɒb] *n* **(UK)** rond *m (de cuisinière)*, plaque *f (de cuisson)*.
hobble ['hɒbl] *vi* boitiller.
hobby ['hɒbɪ] *n* passe-temps *m inv*, hobby *m*, violon *m* d'Ingres.
hobbyhorse ['hɒbɪhɔs] *n* **1.** cheval *m* à bascule **2.** *fig* dada *m*.
hobnob ['hɒbnɒb] *(prét & pp* **hobnobbed**, *cont* **hobnobbing**) *vi péj* • **to hobnob with sb** frayer avec qqn.
hobo ['həʊbəʊ] *(pl* **-es** *ou* **-s**) *n* **(US)** *vieilli* clochard *m*, -e *f*.
hockey ['hɒkɪ] *n* **1.** **(surtout UK)** hockey *m* **2.** **(US)** hockey *m* sur glace.
hoe [həʊ] *n* houe *f*. ❑ *vt* biner.
hog [hɒg] *n* **1.** **(US)** cochon *m* **2.** *fam* goinfre *m*. ❑ *vt fam* accaparer, monopoliser.
hog heaven *n* **(US)** *fam* • **to be in hog heaven** être comme un coq en pâte.
Hogmanay ['hɒgmənei] *n la Saint-Sylvestre en Écosse*.
hog-wild *adj* **(US)** *fam* • **she won the lottery and went hog-wild** après avoir gagné à la loterie elle a eu un moment de folie.
hoist [hɔɪst] *n* treuil *m*. ❑ *vt* hisser.
hold [həʊld] *vt (prét & pp* **held**) **1.** tenir **2.** maintenir **3.** maintenir appuyé *(une touche de clavier)* **4.** détenir • **to hold sb prisoner/hostage** détenir qqn prisonnier/comme otage **5.** *sout* considérer, estimer • **to hold sb responsible for sthg** rendre qqn responsable de qqch, tenir qqn pour responsable de qqch **6.** • **please hold (the line)** ne quittez pas, je vous prie **7.** retenir **8.** supporter **9.** contenir **10.** *(locution)* • **hold it!, hold everything!** attendez !, arrêtez ! • **to hold one's own** se défendre. ❑ *vi (prét & pp* **held**) **1.** tenir **2.** persister **3.** se maintenir • **to hold**

still *ou* **steady** ne pas bouger, rester tranquille **4.** *(au téléphone)* patienter. ❑ *n* **1.** prise *f*, étreinte *f* • **to take** *ou* **lay hold of sthg** saisir qqch • **to get hold of sthg** se procurer qqch • **to get hold of sb** joindre qqn **2.** prise *f (de contrôle)* **3.** cale *f*. ■ **hold against** *vt sép* • **to hold sthg against sb** *fig* en vouloir à qqn de qqch. ■ **hold back** *vt sép* **1.** retenir **2.** réprimer • **to hold sb back from doing sthg** retenir qqn de faire qqch **3.** cacher. ■ **hold down** *vt sép* garder. ■ **hold off** *vt sép* **1.** tenir à distance **2.** reporter. ■ **hold on** *vi* **1.** attendre **2.** *(au téléphone)* ne pas quitter **3.** • **to hold on (to sthg)** se tenir (à qqch). ■ **hold onto** *vt insép* garder *(le pouvoir, un poste)*. ■ **hold out** *vt sép* tendre. ❑ *vi* **1.** durer **2.** résister. ■ **hold out for** *vt insép* continuer à réclamer. ■ **hold up** *vt sép* **1.** lever **2.** retarder.

holdall ['həʊldɔːl] *n* **(UK)** fourre-tout *m inv*.

holder ['həʊldər] *n* **1.** porte-cigarettes *m inv* **2.** détenteur *m*, -trice *f* **3.** titulaire *mf*.

holding ['həʊldɪŋ] *n* **1.** FIN effets *mpl* en portefeuille **2.** ferme *f*.

hold-up ['həʊldʌp] *n* **1.** hold-up *m* **2.** retard *m*.

hole [həʊl] *n* trou *m*.

holiday ['hɒlɪdeɪ] *n* **1.** **(UK)** vacances *fpl* **2.** jour *m* férié.

> CULTURE
>
> ### holidays
>
> En dehors de Noël, on compte parmi les principales fêtes britanniques **Boxing Day**, **Guy Fawkes' Night** (appelée aussi **Bonfire Night**) et **Hogmanay** (la Saint-Sylvestre écossaise). En Irlande, on célèbre **Saint Patrick's Day**, la fête nationale. Aux États-Unis, les plus grandes fêtes sont **the Fourth of July** (ou **Independence Day**), **Hallowe'en** et **Thanksgiving**.
> Vous trouverez davantage d'informations en vous reportant à chacun des encadrés consacrés à ces fêtes.

holiday camp *n* **(UK)** camp *m* de vacances.

holiday home *n* **(UK)** maison *f* de vacances, résidence *f* secondaire.

holiday let *n* location *f* saisonnière.

holidaymaker ['hɒlɪdɪˌmeɪkər] *n* **(UK)** vacancier *m*, -ère *f*.

holiday pay *n* **(UK)** *salaire payé pendant les vacances*.

holiday resort *n* **(UK)** lieu *m* de vacances.

holiday season *n* **(UK)** saison *f* des vacances.

holistic [həʊ'lɪstɪk] *adj* holistique.

Holland ['hɒlənd] *n* Hollande *f*.

holler ['hɒlər] *vi & vt fam* gueuler, brailler.

hollow ['hɒləʊ] *adj* **1.** creux, creuse *f* **2.** *(yeux)* cave **3.** *(promesse, victoire)* faux **4.** *(rire)* qui sonne faux. ❑ *n* creux *m*. ■ **hollow out** *vt sép* creuser, évider.

holly ['hɒlɪ] *n* houx *m*.

Hollywood ['hɒlɪwʊd] *n* Hollywood.

> CULTURE
>
> ### Hollywood
>
> **Hollywood** est un quartier de **Los Angeles** devenu depuis 1911 le cœur de l'industrie cinématographique américaine, notamment dans les années 1930 et 1940. À cette époque, de grands studios tels que la **20th Century Fox**, **Paramount** ou **Warner Brothers** produisaient chaque année des centaines de films. À l'origine, l'endroit fut choisi en raison de son climat privilégié permettant de tourner en extérieur toute l'année. **Hollywood** est aujourd'hui l'une des attractions touristiques majeures des États-Unis.

holocaust ['hɒləkɔːst] *n* destruction *f*, holocauste *m*. ■ **Holocaust** *n* • **the Holocaust** l'Holocauste *m*.

hologram ['hɒləgræm] *n* hologramme *m*.

hols [hɒlz] *npl* **(UK)** *fam* & *vieilli* vacances *fpl*.

holster ['həʊlstər] *n* étui *m* de revolver.

holy ['həʊlɪ] *adj* **1.** saint **2.** sacré.

Holy Bible *n* • **the Holy Bible** la Sainte Bible.

Holy Ghost *n* • **the Holy Ghost** le Saint-Esprit.

Holy Land *n* • **the Holy Land** la Terre sainte.

holy roller *n* **(US)** *péj* • **he's a real holy roller** il fait vraiment du prêchi-prêcha.

Holy Spirit *n* • **the Holy Spirit** le Saint-Esprit.

homage ['hɒmɪdʒ] *(indén)* *sout* *n* hommage *m* • **to pay homage to sb/sthg** rendre hommage à qqn/qqch.

home [həʊm] *n* **1.** maison *f* • **to make one's home** s'établir, s'installer **2.** patrie *f* **3.** ville *f* natale **4.** foyer *m* • **to leave home** quitter la maison **5.** *fig* berceau *m*. ❑ *adj* **1.** intérieur **2.** national **3.** de famille **4.** domestique **5.** SPORT sur son propre terrain ; *(équipe)* qui reçoit. ❑ *adv* chez soi, à la maison • **to take sb home** ramener qqn chez lui. ■ **at home** *adv* **1.** chez soi, à la maison **2.** à l'aise • **at home with sthg** à l'aise dans qqch • **to make o.s. at home** faire comme chez soi. ■ **home in** *vi* • **to home in on sthg a)** viser qqch, se diriger vers qqch **b)** *fig* pointer sur qqch.

home address *n* adresse *f* du domicile.

home banking *n* la banque à domicile.

home brew *n (indén)* bière *f* faite à la maison.

home-brewed *adj (bière)* fait maison.

homecoming ['həʊmˌkʌmɪŋ] *n* **1.** retour *m* au foyer *ou* à la maison **2.** **(US)** SCOL & UNIV fête *f* marquant le début de l'année *(donnée en l'honneur de l'équipe de football et à laquelle sont invités les anciens élèves)*.

home computer *n* ordinateur *m* domestique.
home cooking *n* cuisine *f* familiale.
Home Counties *npl* • **the Home Counties** *les comtés entourant Londres.*
home economics *n (indén)* économie *f* domestique.
home fragrance *n* parfum *m* d'intérieur.
home ground *n* **1.** • **to be on home ground** *litt* & *fig* être sur son terrain **2.** SPORT terrain *m* du club.
homegrown [ˌhəʊm'grəʊn] *adj* du jardin.
home help *n* **(UK)** aide *f* ménagère.
homeland ['həʊmlænd] *n* patrie *f*.
homeless ['həʊmlɪs] *adj* sans abri • **to be homeless** être sans-abri. ❑ *npl* • **the homeless** les sans-abri *mpl*.
homelessness ['həʊmlɪsnəs] *n fait d'être sans abri.*
home-loving *adj* casanier.
homely ['həʊmlɪ] *adj* **1. (UK)** simple **2. (US)** ordinaire.
homemade [ˌhəʊm'meɪd] *adj* fait (à la) maison • **homemade cakes** gâteaux faits maison.
homemaker ['həʊmˌmeɪkə] *n* femme *f* au foyer.
home movie *n* film *m* amateur.
Home Office *n* **(UK)** • **the Home Office** ≃ le ministère de l'Intérieur.
homeopath [ˌhəʊmɪ'ɒpəθ] *n* **(UK)** homéopathe *mf*.
homeopathy [ˌhəʊmɪ'ɒpəθɪ] *n* homéopathie *f*.
home page *n* INFORM page *f* d'accueil.
homeroom ['həʊmˌruːm] *n* **(US)** SCOL heure *f* de vie de classe.
home rule *n* autonomie *f*.
home run *n* **(US)** coup *m* de circuit.
home sales *npl* ventes *fpl* sur le marché intérieur.
homeschooling ['həʊmˌskuːlɪŋ] *n* **(US)** SCOL instruction *f* à la maison.
Home Secretary *n* **(UK)** ≃ ministre *m* de l'Intérieur.
home shopping *n* **1.** téléachat *m* **2.** achat *m* par correspondance.
homesick ['həʊmsɪk] *adj* qui a le mal du pays • **to be homesick** avoir le mal du pays.
homesickness ['həʊmˌsɪknɪs] *n* mal *m* du pays.
homesite ['həʊmsaɪt] *n* **(US)** terrain *m* à bâtir.
home straight (UK), home stretch (US) *n* • **the home straight a)** *(dans une course)* la dernière ligne droite **b)** *(dans un travail)* la dernière étape.
home town *n* **1.** *(de naissance)* ville *f* natale **2.** *(d'enfance)* • **his home town** la ville où il a grandi.
home truth *n* **(surtout UK)** • **to tell sb a few home truths** dire ses quatre vérités à qqn.
homeward ['həʊmwəd] *adj* de retour. ❑ *adv* vers la maison.
homewards ['həʊmwədz] *adv* **(UK)** = **homeward**.
homework ['həʊmwɜːk] *n (indén)* **1.** devoirs *mpl* **2.** *fam* boulot *m*.
homeworker ['həʊmˌwɜːkəʳ] *n* travailleur *m*, -euse *f* à domicile.
homeworking ['həʊmˌwɜːkɪŋ] *n* travail *m* à domicile, télétravail *m*.
homey, homy ['həʊmɪ] *adj* **(US)** confortable, agréable.
homicide ['hɒmɪsaɪd] *n* homicide *m*.
homoeopath *etc* [ˌhəʊmɪ'ɒpəθ] **(UK)** = **homeopath**.
homoeopathy *etc* [ˌhəʊmɪ'ɒpəθɪ] **(UK)** = **homeopathy**.
homoerotic [ˌhəʊməʊɪ'rɒtɪk] *adj* homoérotique.
homogeneous [ˌhɒmə'dʒiːnjəs] *adj* homogène.
homogenize, -ise (UK) [hə'mɒdʒənaɪz] *vt* homogénéiser.
homophobia [ˌhəʊməʊ'fəʊbjə] *n* homophobie *f*.
homophobic [ˌhəʊməʊ'fəʊbɪk] *adj* homophobe.
homosexual [ˌhɒmə'sekʃʊəl] *adj* homosexuel. ❑ *n* homosexuel *m*, -elle *f*.
homosexuality [ˌhɒməˌseksjʊ'ælətɪ] *n* homosexualité *f*.
homy = **homey**.
Hon. abrév de **Honourable (UK), Honorable (US)**.
hone [həʊn] *vt* aiguiser.
honest ['ɒnɪst] *adj* **1.** honnête, probe **2.** franc, sincère • **to be honest...** pour dire la vérité..., à dire vrai... **3.** légitime. ❑ *adv fam* = **honestly** *(sens 2)*.
honestly ['ɒnɪstlɪ] *adv* **1.** honnêtement **2.** je vous assure. ❑ *interj (pour exprimer la désapprobation)* franchement !
honesty ['ɒnɪstɪ] *n* honnêteté *f*, probité *f*.
honey ['hʌnɪ] *n* **1.** miel *m* **2.** chéri *m*, -e *f*.
honeycomb ['hʌnɪkəʊm] *n* gâteau *m* de miel.
honeymoon ['hʌnɪmuːn] *n* *litt* & *fig* lune *f* de miel. ❑ *vi* aller en voyage de noces, passer sa lune de miel.
honeymoon period *n* POLIT lune *f* de miel, état *m* de grâce.
honeysuckle ['hʌnɪˌsʌkl] *n* chèvrefeuille *m*.
honeytrap ['hʌnɪˌtræp] *n piège tendu à une personnalité par la presse à sensation afin d'en tirer des confidences.*
Hong Kong [ˌhɒŋ'kɒŋ] *n* Hongkong, Hong Kong.
honk [hɒŋk] *vi* **1.** klaxonner **2.** *(oie)* cacarder. ❑ *vt* • **to honk the horn** klaxonner.

honker ['hɒŋkər] *n* **(US)** *fam* **1.** blaire *m*, tarin *m* **2.** *(appareil)* bécane *f*.

honking ['hɒŋkɪŋ] *adj fam* énorme.

honor *etc* **(US)** = **honour**.

honorable *etc* **(US)** = **honourable**.

honorably *etc* **(US)** = **honourably**.

honorary [**(UK)** 'ɒnərərɪ, **(US)** ɒnə'reərɪ] *adj* honoraire.

honors *npl* **(US)** = **honours** *(sens 1)*

honors program ['ɒnəz ,prəugræm] *n* **(US)** *enseignement réservé aux meilleurs élèves*.

honour (UK), honor (US) ['ɒnər] *n* honneur *m*. ❑ *vt* honorer. ■ **honours** *npl* **1.** honneurs *mpl* **2. (UK)** UNIV ≃ licence *f* • **she got a first-class honours degree (in History)** elle a eu mention très bien (en histoire) • **to graduate with first-class honours** obtenir son diplôme avec mention très bien **3.** *(locution)* • **to do the honours a)** servir *(à table)* **b)** faire les présentations.

honourable (UK), honorable (US) ['ɒnrəbl] *adj* honorable. ■ **Honourable** *adj (dans les titres)* • **the Honourable...** l'honorable...

honour killing *n* crime *m* d'honneur.

hood [hʊd] *n* **1.** capuchon *m* **2.** hotte *f* **3.** AUTO capote *f* **4. (US)** AUTO capot *m* **5. (US)** *fam* gangster *m*.

hoodie ['hʊdɪ] *n fam* **1.** sweat-shirt *m* à capuche **2. (UK)** *jeune qui porte un sweat-shirt à capuche*.

hoodlum ['hu:dləm] *n fam* & *vieilli* gangster *m*, truand *m*.

hoof [hu:f *ou* hʊf] (*pl* **-s** *ou* **hooves** [hu:vz]) *n* **1.** sabot *m* **2.** • **to eat on the hoof** *fam* manger sur le pouce.

hook [hʊk] *n* **1.** crochet *m* **2.** hameçon *m* **3.** agrafe *f* **4.** *(téléphone)* • **to be off the hook** être décroché • **to ring off the hook** ne pas arrêter de sonner **5.** • **to get one's hooks into sb** mettre le grappin sur qqn. ❑ *vt* **1.** accrocher **2.** prendre. ■ **hook up** *vt sép* • **to hook sthg up to sthg** connecter qqch à qqch.

hooked [hʊkt] *adj* **1.** crochu **2.** *fam* • **to be hooked (on) a)** être accro (à).

hooker ['hʊkər] *n* **(US)** *fam* putain *f*.

hook(e)y ['hʊkɪ] *n* **(US)** *fam* • **to play hookey** faire l'école buissonnière.

hooligan ['hu:lɪgən] *n* hooligan *m*, vandale *m*.

hoop [hu:p] *n* **1.** cercle *m* **2.** cerceau *m* **3. (US)** *fam (basketball)* • **hoop(s)** basket *m* • **to jump through hoops : I had to jump through hoops to get the job** j'ai dû faire des pieds et des mains pour obtenir ce travail.

hooray [hʊ'reɪ] = **hurray**.

hoot [hu:t] *n* **1.** hululement *m* **2. (UK)** coup *m* de Klaxon® **3. (UK)** *fam* • **to be a hoot** être tordant. ❑ *vi* **1.** hululer **2. (UK)** klaxonner. ❑ *vt* **(UK)** • **to hoot the horn** klaxonner.

hooter ['hu:tər] *n* **(UK)** Klaxon® *m*.

Hoover® **(UK)** ['hu:vər] *n* aspirateur *m*. ■ **hoover** *vt* passer l'aspirateur dans.

hooves [hu:vz] *npl* → **hoof**.

hop [hɒp] *n* **1.** saut *m* **2.** saut à cloche-pied. ❑ *vi* **1.** sauter **2.** sauter à cloche-pied **3.** sautiller. ■ **hops** *npl* houblon *m*.

hope [həup] *vi* espérer • **to hope for sthg** espérer qqch • **I hope so** j'espère bien • **I hope not** j'espère bien que non. ❑ *vt* • **to hope (that)** espérer que • **to hope to do sthg** espérer faire qqch. ❑ *n* espoir *m* • **in the hope of** dans l'espoir de.

hopeful ['həupful] *adj* **1.** plein d'espoir • **to be hopeful of doing sthg** avoir l'espoir de faire qqch • **to be hopeful of sthg** espérer qqch **2.** encourageant, qui promet.

hopefully ['həupfəlɪ] *adv* **1.** avec bon espoir, avec optimisme **2.** • **hopefully,...** espérons que...

hopeless ['həuplɪs] *adj* **1.** désespéré **2.** *(larmes)* de désespoir **3.** *fam* nul • **to be hopeless at sthg** être nul en qqch.

hopelessly ['həuplɪslɪ] *adv* **1.** avec désespoir **2.** complètement.

horde [hɔ:d] *n* horde *f*, foule *f*. ■ **hordes** *npl* • **hordes of** une foule de.

horizon [hə'raɪzn] *n* horizon *m* • **on the horizon** *litt* & *fig* à l'horizon.

horizontal [,hɒrɪ'zɒntl] *adj* horizontal. ❑ *n* • **the horizontal** l'horizontale *f*.

hormone ['hɔ:məun] *n* hormone *f*.

hormone replacement therapy *n* traitement *m* hormonal substitutif.

horn [hɔ:n] *n* **1.** corne *f* **2.** MUS cor *m* **3.** *fig* • **to blow one's own horn** se vanter **4.** Klaxon® *m* • **to sound the horn** klaxonner **5.** sirène *f (de bateau)*.

hornet ['hɔ:nɪt] *n* frelon *m*.

horn-rimmed [-'rɪmd] *adj* à monture d'écaille.

horny ['hɔ:nɪ] *adj* **1.** corné **2.** calleux **3.** *tfam* excité *(sexuellement)*.

horoscope ['hɒrəskəup] *n* horoscope *m*.

horrendous [hɒ'rendəs] *adj* horrible, atroce.

horrendously [hɒ'rendəslɪ] *adv* horriblement.

horrible ['hɒrəbl] *adj* horrible.

horribly ['hɒrəblɪ] *adv* horriblement.

horrid ['hɒrɪd] *adj* horrible.

horrific [hɒ'rɪfɪk] *adj* horrible, épouvantable.

horrified ['hɒrɪfaɪd] *adj* horrifié • **a horrified expression** une expression d'horreur.

horrify ['hɒrɪfaɪ] *vt* horrifier.

horror ['hɒrər] *n* horreur *f*.

horror film (surtout UK), horror movie (surtout US) *n* film *m* d'horreur *ou* d'épouvante.

horse [hɔ:s] *n* cheval *m*.

horseback ['hɔsbæk] *adj* à cheval • **horseback riding (US)** équitation *f*. ❑ *n* • **on horseback** à cheval.

horse chestnut *n* marron *m* d'Inde.

horseman ['hɔsmən] (*pl* **-men**) *n* cavalier *m*.

horseplay ['hɔːspleɪ] *n* chahut *m*.

horsepower ['hɔs,paʊəʳ] *n* puissance *f* en chevaux.

horse racing *n (indén)* courses *fpl* de chevaux.

horseradish ['hɔs,rædɪʃ] *n* raifort *m*.

horse riding *n* **(UK)** équitation *f*.

horseshoe ['hɔsʃuː] *n* fer *m* à cheval.

horsewoman ['hɔs,wʊmən] (*pl* **-women**) *n* cavalière *f*.

horticulture ['hɔtɪkʌltʃəʳ] *n* horticulture *f*.

hose [həʊz] *n* tuyau *m*. ❑ *vt* arroser au jet.

hosepipe ['həʊzpaɪp] *n* = **hose**.

hosiery ['həʊzɪərɪ] *n* bonneterie *f*.

hospitable [hɒ'spɪtəbl] *adj* hospitalier, accueillant.

hospital ['hɒspɪtl] *n* hôpital *m*. • **hospital admission** *(covid figure)* hospitalisation *f*.

hospitality [,hɒspɪ'tælətɪ] *n* hospitalité *f*.

hospitalization [,hɒspɪtælaɪ'zeɪʃn] *n (covid figure)* hospitalisation *f*.

hospitalize, **-ise (UK)** ['hɒspɪtəlaɪz] *vt* hospitaliser.

host [həʊst] *n* **1.** hôte *m* **2.** animateur *m*, -trice *f* **3.** • **a host of** une foule de. ❑ *vt* **1.** *fig* présenter, animer **2.** héberger.

hostage ['hɒstɪdʒ] *n* otage *m* • **to take sb hostage** prendre qqn en otage.

hostage-taking *n* prise *f* d'otages.

hostel ['hɒstl] *n* **1.** foyer *m* **2.** auberge *f* de jeunesse.

hostess ['həʊstes] *n* hôtesse *f*.

host family *n* famille *f* d'accueil.

hostile [**(UK)** 'hɒstaɪl, **(US)** 'hɒstl] *adj* • **hostile (to)** hostile (à).

hostility [hɒ'stɪlətɪ] *n* hostilité *f*.

hosting ['həʊstɪŋ] *n* INFORM hébergement *m* *(d'un site web)*.

host name *n* INFORM nom *m* d'hôte.

hot [hɒt] *adj* **1.** chaud • **I'm hot** j'ai chaud • **it's hot** il fait chaud **2.** épicé **3.** de dernière heure *ou* minute **4.** colérique.

hot-air balloon *n* montgolfière *f*.

hotbed ['hɒtbed] *n fig* foyer *m (d'intrigues, d'agitation sociale)*.

hot-blooded *adj* **1.** *(personne, passion)* fougueux, au sang chaud **2.** *(cheval)* pur sang.

hot cross bun *n petit pain sucré que l'on mange le Vendredi saint*.

hot-desking *n* partage *m* de bureaux.

hot dog *n* hot dog *m*.

hot-dogger [-dɒgəʳ] *n* **1.** SPORT skieur *m*, -euse *f* acrobatique **2.** *personne qui fait du surf acrobatique* **3. (US)** *fam* frimeur *m*, -euse *f*, crâneur *m*, -euse *f*.

hot-dogging [-dɒgɪŋ] *n* **1.** SPORT ski *m* acrobatique **2.** surf *m* acrobatique **3. (US)** *fam* frime *f*.

hotel [həʊ'tel] *n* hôtel *m* • **to stay in a hotel** loger à l'hôtel.

hot flush (UK), **hot flash (US)** *n* bouffée *f* de chaleur.

hotfoot ['hɒt,fʊt] *adv* à toute vitesse.

hothead ['hɒthed] *n* tête *f* brûlée, exalté *m*, -e *f*.

hotheaded [,hɒt'hedɪd] *adj* impulsif.

hothouse ['hɒthaʊs] *n* (*pl* [-haʊzɪz]) serre *f*.

hot key *n* INFORM raccourci *m* clavier.

hot line *n* **1.** téléphone *m* rouge **2.** hot line *f*, assistance *f* téléphonique.

hotlist ['hɒtlɪst] *n* INFORM hotlist *f*.

hotly ['hɒtlɪ] *adv* **1.** avec véhémence • **to be hotly contested** être très contesté **2.** de près.

hot pad *n* **(US)** dessous-de-plat *m*.

hot pants *npl* mini-short *m (très court et moulant)*.

hotplate ['hɒtpleɪt] *n* plaque *f* chauffante.

hot potato *n fam* & *fig* affaire *f* brûlante.

hot seat *n fam* • **to be in the hot seat** être sur la sellette.

hotshot ['hɒtʃɒt] *fam n* **1.** *(expert)* as *m*, crack *m* **2.** *(personnalité)* gros bonnet *m*. ❑ *adj* super • **they've hired some hotshot lawyer** ils ont pris un as du barreau.

hot spot *n* **1.** endroit *m* à la mode **2.** *(sur le plan politique)* point *m* chaud.

hotted-up ['hɒtɪd-] *adj fam (véhicule)* au moteur gonflé.

hot-tempered [-'tempəd] *adj* colérique.

hot ticket *n fam* • **to be a hot ticket** être très en demande.

hottie ['hɒtɪ] *n* **(US)** *fam* **1.** mec *m* canon **2.** fille *f* canon • **she's a hottie** c'est une bombe.

hot-water bottle *n* bouillotte *f*.

hot-wire *vt fam faire démarrer en court-circuitant l'allumage*.

houmous, **houmus** ['hʊmʊs] = **hummus**.

hound [haʊnd] *n* chien *m*. ❑ *vt* **1.** poursuivre, pourchasser **2.** • **to hound sb out (of)** chasser qqn (de).

hour ['aʊəʳ] *n* heure *f* • **half an hour** une demi-heure • **on the hour** à l'heure juste. ■ **hours** *npl* heures *fpl* d'ouverture.

hourly ['aʊəlɪ] *adj* & *adv* **1.** toutes les heures **2.** à l'heure.

house *n* [haʊs] (*pl* ['haʊzɪz]) **1.** maison *f* • **on the house** aux frais de la maison **2.** POLIT chambre *f* **3.** assistance *f* **4.** THÉÂTRE auditoire *m*, salle *f* • **to bring the house down** *fam* faire crouler la salle sous les applaudissements **5. (UK)** *au sein d'une école, répartition des élèves en groupes concurrents*. ❑ *vt* [haʊz] **1.** loger, héberger **2.** abriter. ❑ *adj* [haʊs] **1.** d'entreprise **2.** de la maison.

house arrest *n* • **under house arrest** en résidence surveillée.

houseboat ['hausbəut] *n* péniche *f* aménagée.

housebound ['hausbaund] *adj* confiné chez soi.

housebreaking ['haus,breɪkɪŋ] *n (indén)* cambriolage *m*.

housecoat ['hauskəut] *n* peignoir *m*.

household ['haushəuld] *adj* **1.** ménager **2.** *(mot, nom)* connu de tous. ❑ *n* maison *f*, ménage *m*.

householder ['haus,həuldər] *n* propriétaire *mf (d'une maison)*.

househunting ['haus,hʌntɪŋ] *n* recherche *f* d'un logement.

house husband *n* homme *m* au foyer.

housekeeper ['haus,kiːpər] *n* gouvernante *f*.

housekeeping ['haus,kiːpɪŋ] *n (indén)* ménage *m*.

house music *n* house music *f*.

House of Commons *n* **(UK)** • **the House of Commons** la Chambre des communes.

House of Lords *n* **(UK)** • **the House of Lords** la Chambre des lords.

House of Representatives *n* **(US)** • **the House of Representatives** la Chambre des représentants.

CULTURE

the House of Representatives

La Chambre des représentants constitue, avec le Sénat, l'organe législatif américain : le Congrès. Ses 435 membres sont élus par le peuple tous les deux ans, en proportion de la population de chaque État. Ainsi, le Delaware n'a que deux représentants, tandis que la Californie en a 52. Toute nouvelle loi doit être votée par les membres des deux chambres du Congrès.

house-owner *n* propriétaire *mf* d'une maison.

houseplant ['hausplɑːnt] *n* plante *f* d'appartement.

house-proud *adj* qui a la manie d'astiquer.

house-sit *vi* • **to house-sit for sb** *s'occuper de la maison de qqn pendant son absence*.

house-sitter *n personne qui garde une maison en l'absence de ses occupants*.

Houses of Parliament *npl* • **the Houses of Parliament** le Parlement britannique *(où se réunissent la Chambre des communes et la Chambre des lords)*.

house-to-house *adj* de porte en porte, maison par maison.

house-train *vt* **(UK)** *(animal)* dresser à être propre.

housewarming (party) ['haus,wɔːmɪŋ-] *n* pendaison *f* de crémaillère.

housewife ['hauswaɪf] *(pl* **-wives***)* *n* femme *f* au foyer.

house wine *n* vin *m* de la maison.

housework ['hauswɜːk] *n (indén)* ménage *m* • **to do the housework** faire le ménage.

housing ['hauzɪŋ] *n (indén)* logement *m*.

housing association *n* **(UK)** association *f* d'aide au logement.

housing benefit *n (indén)* **(UK)** allocation *f* logement.

housing estate (UK), **housing project (US)** *n* cité *f*.

HOV (abrév de High Occupancy Vehicle) *n* **(US)** • **HOV lane** *voie d'autoroute réservée aux automobiles occupées par au moins deux passagers*.

hovel ['hɒvl] *n* masure *f*, taudis *m*.

hover ['hɒvər] *vi* planer.

hovercraft ['hɒvəkrɑːft] *(pl inv ou* **-s***)* *n* aéroglisseur *m*, hovercraft *m*.

how [hau] *adv* **1.** comment • **how do you do it?** comment fait-on ? • **how are you?** comment allez-vous ? • **how do you do?** enchanté (de faire votre connaissance) **2.** • **how high is it?** combien cela fait-il de haut ? • **how long have you been waiting?** cela fait combien de temps que vous attendez ? • **how many people came?** combien (de personnes) sont venu(e)s ? **3.** • **how nice!** que c'est bien ! • **how awful!** quelle horreur ! • **how cool is that!** *fam* trop cool ! • **how stupid was that!** qu'est-ce que c'était bête ! ■ **how about** *adv* • **how about a drink?** si on prenait un verre ? • **how about you?** et toi ? ■ **how much** *pron* combien • **how much does it cost?** combien ça coûte ? ❑ *adj* combien de • **how much meat?** combien de viande ?

however [hau'evər] *adv* **1.** cependant, toutefois **2.** quelque... que *(+ subjonctif)*, si... que *(+ subjonctif)* • **however many/much** peu importe la quantité de **3.** comment. ❑ *conj* de quelque manière que *(+ subjonctif)*.

CULTURE

the Houses of Parliament

Le Parlement britannique se trouve dans le palais de Westminster, sur le bord de la Tamise, à Londres. Le bâtiment a été construit au milieu du XIXe siècle, après qu'un incendie a détruit l'ancien palais en 1834. Le Parlement se compose de la Chambre des communes, dont les députés (**MPs**) sont élus et ont le pouvoir de voter les lois, et la Chambre des lords (composée de nobles, d'hommes d'Église et de personnes récompensées pour leur mérite), qui a le pouvoir de les approuver.

howl [haʊl] *n* **1.** hurlement *m* **2.** éclat *m (de rire)*. ❑ *vi* **1.** hurler **2.** rire aux éclats.

how-to **(US)** *n* • **he gave me the how-to** il m'a expliqué comment faire. ❑ *adj* • **how-to books** livres *mpl* pratiques.

hp (abrév de horsepower) *n* CV *m*.

HP *n* **1.** **(UK)** (abrév de hire purchase) • **to buy sthg on HP** acheter qqch à crédit **2.** = **hp**.

HQ (abrév de headquarters) *n* QG *m*.

hr (abrév de hour) h.

HR *n* abrév de **human resources**.

HRT *n* abrév de **hormone replacement therapy**.

HRU *SMS* abrév de **how are you**.

HTML (abrév de hypertext markup language) *n* INFORM HTML.

Ht4U *SMS* (abrév de hot for you) *tu me plais*.

hub [hʌb] *n* **1.** moyeu *m* **2.** *fig* centre *m* **3.** INFORM & AÉRON hub *m*.

hubbub [ˈhʌbʌb] *n* vacarme *m*, brouhaha *m*.

hubcap [ˈhʌbkæp] *n* enjoliveur *m*.

huddle [ˈhʌdl] *vi* se blottir. ❑ *n* petit groupe *m*.

hue [hjuː] *n* teinte *f*, nuance *f*.

huff [hʌf] *n* • **in a huff** froissé.

hug [hʌg] *n* étreinte *f* • **to give sb a hug** serrer qqn dans ses bras. ❑ *vt* **1.** étreindre, serrer dans ses bras **2.** tenir **3.** serrer.

huge [hjuːdʒ] *adj* **1.** énorme **2.** vaste **3.** fou.

huggable [ˈhʌgəbl] *adj* trognon.

hulk [hʌlk] *n* **1.** carcasse *f* **2.** malabar *m*, mastodonte *m*.

hull [hʌl] *n* coque *f*.

hullo [həˈləʊ] *interj* **(UK)** = **hello**.

hum [hʌm] *vi* **1.** bourdonner **2.** *(machine)* vrombir, ronfler **3.** fredonner, chantonner **4.** être en pleine activité. ❑ *vt* fredonner, chantonner.

human [ˈhjuːmən] *adj* humain. ❑ *n* • **human (being)** être *m* humain.

humane [hjuːˈmeɪn] *adj* humain.

humanely [hjuːˈmeɪnlɪ] *adv* humainement.

human error *n* erreur *f* humaine.

human interest *n* PRESSE dimension *f* humaine • **a human interest story** un reportage à caractère social.

humanitarian [hjuːˌmænɪˈteərɪən] *adj* humanitaire.

humanitarian corridor *n* couloir *m* humanitaire.

humanity [hjuːˈmænətɪ] *n* humanité *f*. ■ **humanities** *npl* • **the humanities** les sciences *fpl* humaines.

human nature *n* nature *f* humaine.

human race *n* • **the human race** la race humaine.

human resources *npl* ressources *fpl* humaines.

human rights *npl* droits *mpl* de l'homme.

human shield *n* bouclier *m* humain.

human trafficking *n* trafic *m* ou traite *f* d'êtres humains.

humble [ˈhʌmbl] *adj* **1.** humble **2.** modeste. ❑ *vt* humilier.

humbling [ˈhʌmblɪŋ] *adj (expérience)* qui rend humble.

humbug [ˈhʌmbʌg] *n* *vieilli* hypocrisie *f*.

humdrum [ˈhʌmdrʌm] *adj* monotone.

humid [ˈhjuːmɪd] *adj* humide.

humidity [hjuːˈmɪdətɪ] *n* humidité *f*.

humiliate [hjuːˈmɪlɪeɪt] *vt* humilier.

humiliation [hjuːˌmɪlɪˈeɪʃn] *n* humiliation *f*.

humility [hjuːˈmɪlətɪ] *n* humilité *f*.

hummus [ˈhʊmʊs] *n* houmous *m*.

humongous [hjuːˈmʌŋgəs] *adj* **(US)** *fam* énorme.

humor **(US)** = **humour**.

humorous [ˈhjuːmərəs] *adj* **1.** humoristique **2.** plein d'humour.

humour **(UK)**, **humor** **(US)** [ˈhjuːmər] *n* **1.** humour *m* • **to have a good sense of humour** avoir le sens de l'humour **2.** côté *m* comique *(d'une situation, d'une remarque)* **3.** *vieilli* humeur *f*. ❑ *vt* se montrer conciliant envers.

humourless **(UK)**, **humorless** **(US)** [ˈhjuːməlɪs] *adj (personne)* qui manque d'humour.

hump [hʌmp] *n* bosse *f*.

humpbacked bridge [ˈhʌmpbækt-], **humpback bridge** [ˈhʌmpbæk-] *n* **(UK)** pont *m* en dos d'âne.

hunch [hʌntʃ] *n* *fam* pressentiment *m*, intuition *f*.

hunchback [ˈhʌntʃbæk] *n* *injur* bossu *m*, -e *f*.

hunched [hʌntʃt] *adj* voûté.

hundred [ˈhʌndrəd] *num* cent • **a** ou **one hundred** cent. Voir aussi **six**. ■ **hundreds** *npl* des centaines.

hundredth [ˈhʌndrətθ] *num* centième. Voir aussi **sixth**.

hundredweight [ˈhʌndrədweɪt] *n* **1.** poids *m* de 112 livres ; *= 50,8 kg* **2.** poids *m* de 100 livres ; *= 45,3 kg*.

hung [hʌŋ] *passé & pp* → **hang**.

Hungarian [hʌŋˈgeərɪən] *adj* hongrois. ❑ *n* **1.** Hongrois *m*, -e *f* **2.** hongrois *m*.

Hungary [ˈhʌŋgərɪ] *n* Hongrie *f*.

hunger [ˈhʌŋgər] *n* **1.** faim *f* **2.** soif *f*. ■ **hunger after**, **hunger for** *vt insép* *fig* avoir faim de, avoir soif de.

hunger strike *n* grève *f* de la faim.

hung over *adj* *fam* • **to be hung over** avoir la gueule de bois.

hungry [ˈhʌŋgrɪ] *adj* **1.** • **to be hungry a)** avoir faim **b)** être affamé **2.** • **to be hungry for** être avide de.

hung up *adj fam* • **to be hung up (on** *ou* **about)** être obsédé (par).

hunk [hʌŋk] *n* **1.** gros morceau *m* **2.** *fam* beau mec *m*.

hunt [hʌnt] *n* **1.** chasse *f* **2.** recherches *fpl*. ❑ *vi* **1.** chasser **2.** (UK) chasser le renard **3.** *fig* • **to hunt (for sthg)** chercher (qqch) partout. ❑ *vt* **1.** chasser **2.** poursuivre, pourchasser.

hunter ['hʌntəʳ] *n* chasseur *m*, -euse *f*.

hunting ['hʌntɪŋ] *n* chasse *f* • **(fox) hunting** (UK) la chasse au renard • **to go hunting** aller à la chasse.

hurdle ['hɜːdl] *n* **1.** SPORT haie *f* **2.** obstacle *m*. ❑ *vt* sauter.

hurl [hɜːl] *vt* **1.** lancer avec violence **2.** *fig* lancer *(des injures)*. ❑ *vi* (US) *fam* dégueuler, gerber.

hurrah [hʊ'rɑː] *interj vieilli* hourra !

hurray [hʊ'reɪ] *interj* hourra !

hurricane ['hʌrɪkən] *n* ouragan *m*.

hurried ['hʌrɪd] *adj* précipité.

hurriedly ['hʌrɪdlɪ] *adv* **1.** précipitamment **2.** vite, en toute hâte.

hurry ['hʌrɪ] *vt* **1.** faire se dépêcher **2.** hâter. ❑ *vi* se dépêcher, se presser • **to hurry to do sthg** se dépêcher *ou* se presser de faire qqch. ❑ *n* hâte *f*, précipitation *f* • **to be in a hurry** être pressé • **to do sthg in a hurry** faire qqch à la hâte. ■ **hurry up** *vi* se dépêcher.

hurt [hɜːt] *vt (prét & pp* **hurt**) **1.** blesser **2.** faire du mal à • **to hurt o.s.** se faire mal **3.** *fig* faire du mal à. ❑ *vi (prét & pp* **hurt**) **1.** faire mal • **my leg hurts** ma jambe me fait mal **2.** *fig* faire du mal. ❑ *adj* **1.** blessé **2.** offensé.

hurtful ['hɜːtfʊl] *adj* blessant.

hurtle ['hɜːtl] *vi* aller à toute allure.

husband ['hʌzbənd] *n* mari *m*.

hush [hʌʃ] *n* silence *m*. ❑ *interj* silence !, chut !

husk [hʌsk] *n* enveloppe *f*.

husky ['hʌskɪ] *adj* rauque. ❑ *n (chien)* husky *m*.

hustle ['hʌsl] *vt* pousser, bousculer. ❑ *n* agitation *f*.

hustler ['hʌsləʳ] *n* **1.** *fam (personne énergique)* chahuteur *m*, -euse *f* **2.** *fam (personne malhonnête)* arnaqueur *m*, -euse *f*.

hut [hʌt] *n* **1.** hutte *f* **2.** cabane *f*.

hutch [hʌtʃ] *n* clapier *m*.

hyacinth ['haɪəsɪnθ] *n* jacinthe *f*.

hybrid car [,haɪbrɪd kɑːʳ] *n* voiture *f* hybride.

hybridization [,haɪbrɪdaɪ'zeɪʃn] *n* hybridisation *f*.

hydrant ['haɪdrənt] *n* bouche *f* d'incendie.

hydraulic [haɪ'drɔlɪk] *adj* hydraulique.

hydroelectric [,haɪdrəʊɪ'lektrɪk] *adj* hydroélectrique.

hydrofluorocarbon [,haɪdrəʊ'flʊərəʊkɑːbən] *n* hydrofluorocarbone *m*.

hydrofoil ['haɪdrəfɔɪl] *n* hydroptère *m*.

hydrogen ['haɪdrədʒən] *n* hydrogène *m*.

hydrogenated [haɪ'drɒdʒɪneɪtɪd] *adj* CHIM hydrogéné.

hyena [haɪ'iːnə] *n* hyène *f*.

hygiene ['haɪdʒiːn] *n* hygiène *f*.

hygienic [haɪ'dʒiːnɪk] *adj* hygiénique.

hygienist [haɪ'dʒiːnɪst] *n personne qui se charge du détartrage des dents*.

hymn [hɪm] *n* **1.** hymne *m*, cantique *m* **2.** *(locution)* • **to be singing from the same hymn sheet** parler d'une même voix.

hype [haɪp] *fam n (indén)* battage *m* publicitaire. ❑ *vt* faire un battage publicitaire autour de.

hyperactive [,haɪpər'æktɪv] *adj* hyperactif.

hyperactivity [,haɪpəræk'tɪvətɪ] *n* hyperactivité *f*.

hyperlink ['haɪpəlɪŋk] *n* lien *m* hypertexte, hyperlien *m*.

hypermarket ['haɪpə,mɑːkɪt] *n* (surtout UK) hypermarché *m*.

hypermedia ['haɪpəmiːdɪə] *npl* hypermédia *mpl*.

hypertext link *n* lien *m* hypertexte.

hyperventilate [,haɪpə'ventɪleɪt] *vi* faire de l'hyperventilation.

hyphen ['haɪfn] *n* trait *m* d'union.

hypnosis [hɪp'nəʊsɪs] *n* hypnose *f*.

hypnotherapist [,hɪpnəʊ'θerəpɪst] *n* PSYCHO hypnothérapeute *mf*, médecin *m* hypnotiseur.

hypnotic [hɪp'nɒtɪk] *adj* hypnotique.

hypnotism ['hɪpnətɪzm] *n* hypnotisme *m*.

hypnotist ['hɪpnətɪst] *n* hypnotiseur *m*.

hypnotize, -ise (UK) ['hɪpnətaɪz] *vt* hypnotiser.

hypoallergenic ['haɪpəʊ,ælə'dʒenɪk] *adj* hypoallergénique.

hypochondriac [,haɪpə'kɒndrɪæk] *n* hypocondriaque *mf*.

hypocrisy [hɪ'pɒkrəsɪ] *n* hypocrisie *f*.

hypocrite ['hɪpəkrɪt] *n* hypocrite *mf*.

hypocritical [,hɪpə'krɪtɪkl] *adj* hypocrite.

hypothesis [haɪ'pɒθɪsɪs] *(pl* **-theses**) *n* hypothèse *f*.

hypothetical [,haɪpə'θetɪkl] *adj* hypothétique.

hysteria [hɪs'tɪərɪə] *n* hystérie *f*.

hysterical [hɪs'terɪkl] *adj* **1.** hystérique **2.** *fam* désopilant.

hysterics [hɪs'terɪks] *npl* **1.** crise *f* de nerfs **2.** *fam* fou rire *m*.

I

i [aɪ] (*pl* **i's**), **I** (*pl* **I's** *ou* **Is**) *n* i *m inv*, I *m inv*.

I [aɪ] *pron pers* **1.** je • **I like skiing** j'aime skier • **he and I are leaving for Paris** lui et moi (nous) partons pour Paris **2.** *(forme emphatique)* • **I can't do it** moi je ne peux pas le faire.

IAD8 *SMS* (abrév de it's a date) rendez-vous pris.

IB ['aɪ 'biː] (abrév de International Baccalaureate) *n* *SCOL* Baccalauréat *m* international.

IBS *n* abrév de **irritable bowel syndrome**.

IC *SMS* (abrév de I see) je vois.

ice [aɪs] *n* **1.** glace *f* **2.** *(indén)* verglas *m* **3.** *(indén)* glaçons *mpl*. ❑ *vt* glacer. ■ **ice over, ice up** *vi* **1.** *(lac)* geler **2.** *(pare-brise)* givrer **3.** *(route)* se couvrir de verglas.

ICE [aɪsiːiː] (abrév de In Case of Emergency) *n* *TÉLÉCOM* *dans le répertoire d'un téléphone portable, nom et coordonnées des personnes à prévenir en cas d'accident*.

ice age *n* période *f* glaciaire.

iceberg ['aɪsbɜːg] *n* iceberg *m*.

iceberg lettuce *n* laitue *f* iceberg.

icebox ['aɪsbɒks] *n* **1.** (UK) freezer *m* **2.** (US) *vieilli* réfrigérateur *m*.

icebreaker ['aɪs,breɪkəʳ] *n* brise-glace *m inv*.

ice cap *n* calotte *f* glaciaire.

ice-climbing *n* escalade *f* de murs de glace.

ice-cold *adj* glacé.

ice cream *n* glace *f*.

ice cube *n* glaçon *m*.

iced [aɪst] *adj* glacé.

ice hockey *n* (UK) hockey *m* sur glace.

Iceland ['aɪslənd] *n* Islande *f*.

Icelandic [aɪs'lændɪk] *adj* islandais. ❑ *n* islandais *m*.

ice lolly *n* (UK) sucette *f* glacée.

ice pack *n* **1.** banquise *f* **2.** *MÉD* poche *f* à glace.

ice pick *n* pic *m* à glace.

ice rink *n* patinoire *f*.

ice skate *n* patin *m* à glace. ■ **ice-skate** *vi* faire du patin (à glace).

ice-skater *n* patineur *m*, -euse *f*.

ice-skating *n* patinage *m* (sur glace) • **to go ice-skating** faire du patin à glace.

ice storm *n* tempête *f* de pluie verglaçante.

icicle ['aɪsɪkl] *n* glaçon *m* (naturel).

icing ['aɪsɪŋ] *n* **1.** *(indén)* glaçage *m* **2.** glace *f*.

icing sugar *n* (UK) sucre *m* glace.

icon ['aɪkɒn] *n* icône *f*.

ICT *n* (abrév de Information and Communications Technology) TIC *f*.

ICU (abrév de intensive care unit) *n* *unité de soins intensifs*.

icy ['aɪsɪ] *adj* **1.** glacial **2.** verglacé.

ID *n* *(indén)* (abrév de identification) papiers *mpl*.

I'd [aɪd] = **I would, I had**.

ID card = **identity card**.

idea [aɪ'dɪə] *n* **1.** idée *f* • **that's a good idea** c'est une bonne idée • **I've no idea** je n'en ai aucune idée • **to get the idea** *fam* piger **2.** intention *f*.

ideal [aɪ'dɪəl] *adj* idéal. ❑ *n* idéal *m*.

idealism [aɪ'dɪəlɪzm] *n* idéalisme *m*.

idealist [aɪ'dɪəlɪst] *n* idéaliste *mf*.

idealistic [aɪ,dɪə'lɪstɪk] *adj* idéaliste.

idealize, -ise (UK) [aɪ'dɪəlaɪz] *vt* idéaliser.

ideally [aɪ'dɪəlɪ] *adv* **1.** idéalement **2.** parfaitement.

identical [aɪ'dentɪkl] *adj* identique.

identical twins *npl* **1.** vrais jumeaux *mpl* **2.** vraies jumelles *fpl*.

identifiable [aɪ'dentɪfaɪəbl] *adj* identifiable, reconnaissable.

identification [aɪ,dentɪfɪ'keɪʃn] *n* *(indén)* **1.** • **identification (with)** identification *f* (à) **2.** pièce *f* d'identité.

identification parade *n* (UK) *séance d'identification d'un suspect dans un échantillon de plusieurs personnes*.

identify [aɪ'dentɪfaɪ] *vt* **1.** identifier **2.** permettre de reconnaître **3.** • **to identify sb with sthg** associer qqn à qqch. ❑ *vi* • **to identify with** s'identifier à.

Identikit® picture [aɪ'dentɪkɪt-] *n* portrait-robot *m*.

identity [aɪ'dentətɪ] *n* identité *f*.

identity card *n* carte *f* d'identité.

identity fraud *n* fraude *f* d'identité.
identity theft *n* vol *m* d'identité.
ideological [ˌaɪdɪə'lɒdʒɪkl] *adj* idéologique.
ideology [ˌaɪdɪ'ɒlədʒɪ] *n* idéologie *f*.
idiom ['ɪdɪəm] *n* **1.** expression *f* idiomatique **2.** *sout* langue *f*.
idiomatic [ˌɪdɪə'mætɪk] *adj* idiomatique.
idiosyncrasy [ˌɪdɪə'sɪŋkrəsɪ] *n* particularité *f*, caractéristique *f*.
idiosyncratic [ˌɪdɪəsɪŋ'krætɪk] *adj (style, attitude)* caractéristique.
idiot ['ɪdɪət] *n* idiot *m*, -e *f*, imbécile *mf*.
idiotic [ˌɪdɪ'ɒtɪk] *adj* idiot.
idiot-proof *fam adj* INFORM à l'épreuve de toute fausse manœuvre. ❏ *vt* rendre infaillible.
IDK *SMS* (abrév de I don't know) je ne sais pas.
idle ['aɪdl] *adj* **1.** oisif, désœuvré **2.** *(machine, usine)* arrêté **3.** *(travailleur)* qui chôme, en chômage **4.** *(menace)* vain. ❏ *vi (moteur)* tourner au ralenti. ■ **idle away** *vt sép* • **to idle away one's time** perdre son temps à ne rien faire.
idly ['aɪdlɪ] *adv* **1.** paresseusement **2.** négligemment.
idol ['aɪdl] *n* idole *f*.
idolize, -ise (UK) ['aɪdəlaɪz] *vt* idolâtrer, adorer.
idyllic [ɪ'dɪlɪk] *adj* idyllique.
i.e. (abrév de id est) c-à-d.
IED [aɪiːdiː] (abrév de Improvised Explosive Device) *n engin explosif improvisé, par exemple une voiture piégée.*
IEP ['aɪ 'iː 'piː] (abrév de Individualized Education Program) *n* **(US)** SCOL programme *m* d'aide individualisée ; *document qui fixe des objectifs et accorde des aides (tiers-temps, utilisation de l'ordinateur) aux élèves ayant des besoins spécifiques.*
if [ɪf] *conj* **1.** si • **if I were you** à ta place, si j'étais toi **2.** bien que. ■ **if anything** *adv* plutôt • **he doesn't look any slimmer, if anything, he's put on weight** il n'a pas l'air plus mince, il a même plutôt grossi. ■ **if not** *conj* sinon. ■ **if only** *conj* **1.** ne serait-ce que **2.** si seulement. ❏ *interj* si seulement... !
iffy ['ɪfɪ] (*comp* **iffier**, *superl* **iffiest**) *adj fam* incertain.
igloo ['ɪgluː] (*pl* -s) *n* igloo *m*, iglou *m*.
ignite [ɪg'naɪt] *vt* **1.** mettre le feu à, enflammer **2.** tirer *(un feu d'artifice)* **3.** susciter *(l'intérêt)*. ❏ *vi* prendre feu, s'enflammer.
ignition [ɪg'nɪʃn] *n* **1.** ignition *f* **2.** AUTO allumage *m* • **to switch on the ignition** mettre le contact.
ignition key *n* clef *f* de contact.
ignorance ['ɪgnərəns] *n* ignorance *f*.
ignorant ['ɪgnərənt] *adj* **1.** ignorant **2.** mal élevé.
ignore [ɪg'nɔʳ] *vt* **1.** ne pas tenir compte de **2.** faire semblant de ne pas voir.
ilk [ɪlk] *n* • **of that ilk** de cet acabit, de ce genre.
ill [ɪl] *adj* **1.** malade • **to feel ill** se sentir malade *ou* souffrant • **to be taken ill** (surtout **UK**) *ou* **to fall ill** tomber malade **2.** mauvais • **ill luck** malchance *f*. ❏ *adv* mal • **to speak/think ill of sb** dire/penser du mal de qqn.
I'll [aɪl] = I will, I shall.
ill-advised [-əd'vaɪzd] *adj sout* **1.** peu judicieux **2.** malavisé.
ill at ease *adj* mal à l'aise.
ill-behaved *adj* qui se tient mal.
ill-bred *adj* mal élevé.
ill-considered *adj* irréfléchi.
ill-disposed *adj* • **to be ill-disposed towards sb** être mal disposé *ou* malintentionné envers qqn.
illegal [ɪ'liːgl] *adj* illégal.
illegally [ɪ'liːgəlɪ] *adv* illégalement, d'une manière illégale.
illegible [ɪ'ledʒəbl] *adj* illisible.
illegitimate [ˌɪlɪ'dʒɪtɪmət] *adj* illégitime.
ill-equipped [-ɪ'kwɪpt] *adj* • **to be ill-equipped to do sthg** être mal placé pour faire qqch.
ill-fated [-'feɪtɪd] *adj* fatal, funeste.
ill feeling *n* animosité *f*.
ill-fitting *adj (vêtement, couvercle, fenêtre)* mal ajusté.
ill-founded [-'faʊndɪd] *adj* **1.** *(confiance)* mal placé **2.** *(doute, suspicion)* sans fondement.
ill-gotten gains [-'gɒtən-] *npl hum* biens *mpl* mal acquis.
ill health *n* mauvaise santé *f*.
ill-humoured, ill-humored (US) *adj* caractériel.
illicit [ɪ'lɪsɪt] *adj* illicite.
illicitly [ɪ'lɪsɪtlɪ] *adv* illicitement.
ill-informed *adj* mal renseigné.
ill-intentioned [-ɪn'tenʃənd] *adj* malintentionné.
illiteracy [ɪ'lɪtərəsɪ] *n* analphabétisme *m*, illettrisme *m*.
illiterate [ɪ'lɪtərət] *adj* analphabète, illettré. ❏ *n* analphabète *mf*, illettré *m*, -e *f*.
ill-mannered *adj* **1.** *(personne)* mal élevé **2.** *(comportement)* grossier.
ill-matched *adj* mal assorti.
illness ['ɪlnɪs] *n* maladie *f*.
ill-nourished [-'nʌrɪʃt] *adj* mal nourri.
illogical [ɪ'lɒdʒɪkl] *adj* illogique.
ill-qualified *adj* • **ill-qualified to do sthg a)** *(professionnellement)* peu qualifié pour faire qqch **b)** *(physiquement)* peu apte à faire qqch.
ill-suited *adj* mal assorti • **to be ill-suited for sthg** être inapte à qqch.
ill-tempered *adj sout* qui a mauvais caractère.

ill-timed [-'taɪmd] *adj* déplacé, mal à propos.
ill-treat *vt* maltraiter.
ill-treatment *n* mauvais traitement *m*.
illuminate [ɪ'lu:mɪneɪt] *vt* éclairer.
illuminating [ɪ'lu:mɪneɪtɪŋ] *adj* éclairant.
illumination [ɪ,lu:mɪ'neɪʃn] *n sout* éclairage *m*.
illusion [ɪ'lu:ʒn] *n* illusion *f* • **to be under the illusion that** croire *ou* s'imaginer que.
illustrate ['ɪləstreɪt] *vt* illustrer.
illustration [,ɪlə'streɪʃn] *n* illustration *f*.
illustrative ['ɪləstrətɪv] *adj* **1.** *(dessin, diagramme)* qui illustre, explicatif **2.** *(action, fait)* qui démontre, qui illustre • **illustrative examples** des exemples illustratifs.
illustrator ['ɪləstreɪtəʳ] *n* illustrateur *m*, -trice *f*.
illustrious [ɪ'lʌstrɪəs] *adj* illustre, célèbre.
ill will *n* animosité *f*.
ill wind *n* • **it's an ill wind (that blows nobody any good)** *prov* à quelque chose malheur est bon.
ILU *SMS* (abrév de I love you) je t'm.
ILU2 *SMS* (abrév de I love you too) moi aussi, je t'aime.
I'm [aɪm] = **I am**.
IM4U *SMS* (abrév de I am for you) je suis à toi.
image ['ɪmɪdʒ] *n* **1.** image *f* **2.** image *f* de marque • **to change one's image** changer d'image de marque.
image-conscious *adj* soucieux de son image.
imagery ['ɪmɪdʒrɪ] *n (indén) (dans la littérature)* images *fpl*.
imaginable [ɪ'mædʒɪnəbl] *adj* imaginable.
imaginary [ɪ'mædʒɪnrɪ] *adj* imaginaire.
imagination [ɪ,mædʒɪ'neɪʃn] *n* **1.** imagination *f* **2.** invention *f*.
imaginative [ɪ'mædʒɪnətɪv] *adj* **1.** imaginatif **2.** plein d'imagination.
imagine [ɪ'mædʒɪn] *vt* imaginer • **to imagine doing sthg** s'imaginer *ou* se voir faisant qqch • **imagine (that)!** tu t'imagines !
imam [ɪ'mɑ:m] *n* imam *m*.
imbalance [,ɪm'bæləns] *n* déséquilibre *m*.
imbecile ['ɪmbɪsi:l] *n* imbécile *mf*, idiot *m*, -e *f*.
IMF (abrév de International Monetary Fund) *n* FMI *m*.
IMI *SMS* (abrév de I mean it) → **mean** *(sens 3)*.
imitate ['ɪmɪteɪt] *vt* imiter.
imitation [,ɪmɪ'teɪʃn] *n* imitation *f*. ❑ *adj* en toc • **imitation leather** imitation *f* cuir.
immaculate [ɪ'mækjʊlət] *adj* impeccable.
immaculately [ɪ'mækjʊlətlɪ] *adv* impeccablement.
immaterial [,ɪmə'tɪərɪəl] *adj* sans importance.
immature [,ɪmə'tjʊəʳ] *adj* **1.** qui manque de maturité **2.** jeune, immature.
immaturity [,ɪmə'tjʊərətɪ] *n* immaturité *f*.
immeasurable [ɪ'meʒrəbl] *adj* incommensurable.
immediacy [ɪ'mi:djəsɪ] *n* caractère *m* immédiat.
immediate [ɪ'mi:djət] *adj* **1.** immédiat **2.** urgent **3.** le plus proche.
immediately [ɪ'mi:djətlɪ] *adv* **1.** immédiatement **2.** directement. ❑ *conj* dès que.
immense [ɪ'mens] *adj* **1.** immense **2.** énorme.
immensely [ɪ'menslɪ] *adv* extrêmement, immensément.
immerse [ɪ'mɜ:s] *vt* immerger • **to immerse o.s. in sthg** *fig* se plonger dans qqch.
immersion heater [ɪ'mɜ:ʃn-] *n* **(UK)** chauffe-eau *m* électrique.
immigrant ['ɪmɪgrənt] *n* immigré *m*, -e *f*.
immigration [,ɪmɪ'greɪʃn] *n* immigration *f*.
imminent ['ɪmɪnənt] *adj* imminent.
immobile [ɪ'məʊbaɪl] *adj* immobile.
immobilize, **-ise (UK)** [ɪ'məʊbɪlaɪz] *vt* immobiliser.
immobilizer [ɪ'məʊbɪlaɪzəʳ] *n AUTO* système *m* antidémarrage.
immoral [ɪ'mɒrəl] *adj* immoral.
immortal [ɪ'mɔ:tl] *adj* immortel. ❑ *n* immortel *m*, -elle *f*.
immortality [,ɪmɔ:'tælətɪ] *n* immortalité *f*.
immortalize, **-ise (UK)** [ɪ'mɔ:təlaɪz] *vt* immortaliser.
immune [ɪ'mju:n] *adj* **1.** *MÉD* • **immune (to)** immunisé (contre) **2.** *fig* • **to be immune to** *ou* **from** être à l'abri de.
immune system *n* système *m* immunitaire.
immunity [ɪ'mju:nətɪ] *n* **1.** *MÉD* • **immunity (to)** immunité *f* (contre) • **herd immunity** immunité collective **2.** *fig* • **immunity to** *ou* **from** immunité *f* contre.
immunization, **-isation (UK)** [,ɪmju:naɪ'zeɪʃn] *n* immunisation *f*.
immunize, **-ise (UK)** ['ɪmju:naɪz] *vt MÉD* • **to immunize sb (against)** immuniser qqn (contre).
immunodeficiency [,ɪmju:nəʊdɪ'fɪʃənsɪ] *n* immunodéficience *f*.
imp [ɪmp] *n* **1.** lutin *m* **2.** petit diable *m*, coquin *m*, -e *f*.
impact *n* ['ɪmpækt] impact *m* • **to make an impact on** *ou* **upon sb** faire une forte impression sur qqn • **to make an impact on** *ou* **upon sthg** avoir un impact sur qqch. ❑ *vt* [ɪm'pækt] **1.** entrer en collision avec **2.** avoir un impact sur.
impair [ɪm'peəʳ] *vt* **1.** affaiblir, abîmer **2.** réduire *(l'efficacité)*.
impaired [ɪm'peəd] *adj* **1.** affaibli **2.** *(efficacité)* réduit.
impale [ɪm'peɪl] *vt* • **to impale sb/sthg (on)** empaler qqn/qqch (sur).

impart [ɪm'pɑːt] *vt sout* **1.** • **to impart sthg (to sb)** communiquer *ou* transmettre qqch (à qqn) **2.** • **to impart sthg (to)** donner qqch (à).
impartial [ɪm'pɑːʃl] *adj* impartial.
impartiality [ɪm,pɑːʃɪ'ælətɪ] *n* impartialité *f.*
impassable [ɪm'pɑːsəbl] *adj* impraticable.
impasse [æm'pɑːs] *n* impasse *f* • **to reach an impasse** aboutir à une impasse.
impassioned [ɪm'pæʃnd] *adj* passionné.
impassive [ɪm'pæsɪv] *adj* impassible.
impatience [ɪm'peɪʃns] *n* **1.** impatience *f* **2.** irritation *f.*
impatient [ɪm'peɪʃnt] *adj* **1.** impatient • **to be impatient for sthg** attendre qqch avec impatience • **to be impatient to do sthg** être impatient de faire qqch **2.** • **to become** *ou* **get impatient** s'impatienter.
impatiently [ɪm'peɪʃntlɪ] *adv* avec impatience.
impeccable [ɪm'pekəbl] *adj* impeccable.
impeccably [ɪm'pekəblɪ] *adv* impeccablement.
impede [ɪm'piːd] *vt* **1.** entraver, empêcher **2.** gêner *(personne)*.
impediment [ɪm'pedɪmənt] *n* **1.** obstacle *m* **2.** défaut *m.*
impel [ɪm'pel] *vt* • **to impel sb to do sthg** inciter qqn à faire qqch.
impending [ɪm'pendɪŋ] *adj* imminent.
impenetrable [ɪm'penɪtrəbl] *adj* impénétrable.
imperative [ɪm'perətɪv] *adj* impératif, essentiel. ❑ *n* impératif *m.*
imperceptible [,ɪmpə'septəbl] *adj* imperceptible.
imperfect [ɪm'pɜːfɪkt] *adj* imparfait. ❑ *n* GRAMM • **imperfect (tense)** imparfait *m.*
imperfection [,ɪmpə'fekʃn] *n* **1.** imperfection *f* **2.** défaut *m.*
imperial [ɪm'pɪərɪəl] *adj* **1.** impérial **2.** *qui a cours légal dans le Royaume-Uni*.
imperialism [ɪm'pɪərɪəlɪzm] *n* impérialisme *m.*
imperil [ɪm'perɪl] (**(UK)** *prét & pp* **imperilled**, *cont* **imperilling**, **(US)** *prét & pp* **imperiled**, *cont* **imperiling**) *vt* **1.** mettre en péril *ou* en danger **2.** compromettre *(un projet)*.
impermeable [ɪm'pɜːmɪəbl] *adj* **1.** *(revêtement)* imperméable **2.** *(récipient, mur)* étanche.
impersonal [ɪm'pɜːsnl] *adj* impersonnel.
impersonate [ɪm'pɜːsəneɪt] *vt* se faire passer pour.
impersonation [ɪm,pɜːsə'neɪʃn] *n* **1.** usurpation *f* d'identité **2.** imitation *f.*
impersonator [ɪm'pɜːsəneɪtəʳ] *n* imitateur *m,* -trice *f.*
impertinence [ɪm'pɜːtɪnəns] *n* impertinence *f.*
impertinent [ɪm'pɜːtɪnənt] *adj* impertinent.
impervious [ɪm'pɜːvjəs] *adj* • **impervious to** indifférent à.
impetuous [ɪm'petʃʊəs] *adj* impétueux.
impetus ['ɪmpɪtəs] *n (indén)* **1.** élan *m* **2.** impulsion *f.*
impinge [ɪm'pɪndʒ] *vi* • **to impinge on sb/sthg** affecter qqn/qqch.
implacable [ɪm'plækəbl] *adj* implacable.
implant *n* ['ɪmplɑːnt] implant *m.* ❑ *vt* [ɪm'plɑːnt] implanter.
implausible [ɪm'plɔːzəbl] *adj* peu plausible.
implement *n* ['ɪmplɪmənt] outil *m,* instrument *m.* ❑ *vt* ['ɪmplɪment] exécuter, appliquer.
implementation [,ɪmplɪmen'teɪʃn] *n* application *f,* exécution *f.*
implicate ['ɪmplɪkeɪt] *vt* • **to implicate sb in sthg** impliquer qqn dans qqch.
implication [,ɪmplɪ'keɪʃn] *n* implication *f* • **by implication** par voie de conséquence.
implicit [ɪm'plɪsɪt] *adj* **1.** implicite **2.** *(confiance, foi)* absolu.
implicitly [ɪm'plɪsɪtlɪ] *adv* **1.** implicitement **2.** absolument.
implied [ɪm'plaɪd] *adj* implicite.
implode [ɪm'pləʊd] *vi* imploser.
implore [ɪm'plɔːʳ] *vt* implorer.
imply [ɪm'plaɪ] *vt* **1.** sous-entendre, laisser supposer *ou* entendre **2.** impliquer.
impolite [,ɪmpə'laɪt] *adj* impoli.
import *n* ['ɪmpɔːt] importation *f.* ❑ *vt* [ɪm'pɔːt] importer.
importance [ɪm'pɔːtns] *n* importance *f.*
important [ɪm'pɔːtnt] *adj* important • **to be important to sb** importer à qqn.
importantly [ɪm'pɔːtntlɪ] *adv* • **more importantly** ce qui est plus important.
import ban *n* interdiction *f* d'importation.
imported [ɪm'pɔːtɪd] *adj* importé.
importer [ɪm'pɔːtəʳ] *n* importateur *m,* -trice *f.*
import-export *n* import-export *m.*
impose [ɪm'pəʊz] *vt* • **to impose sthg (on)** imposer qqch (à). ❑ *vi* • **to impose (on sb)** abuser (de la gentillesse de qqn).
imposing [ɪm'pəʊzɪŋ] *adj* imposant.
imposition [,ɪmpə'zɪʃn] *n* **1.** imposition *f* **2.** • **it's an imposition** c'est abuser de ma gentillesse.
impossibility [ɪm,pɒsə'bɪlətɪ] (*pl* **-ies**) *n* impossibilité *f.*
impossible [ɪm'pɒsəbl] *adj* impossible.
impostor, imposter [ɪm'pɒstəʳ] *n* imposteur *m.*
impotence ['ɪmpətəns] *n* impuissance *f.*
impotent ['ɪmpətənt] *adj* impuissant.
impound [ɪm'paʊnd] *vt* confisquer.
impoverished [ɪm'pɒvərɪʃt] *adj* appauvri.
impracticable [ɪm'præktɪkəbl] *adj* irréalisable.
impractical [ɪm'præktɪkl] *adj* pas pratique.
imprecise [,ɪmprɪ'saɪs] *adj* imprécis.

impregnable [ɪm'pregnəbl] *adj* **1.** *MIL* imprenable **2.** *fig* inattaquable.

impregnate ['ɪmpregneɪt] *vt* **1.** • **to impregnate sthg with** imprégner qqch de **2.** *sout* féconder.

impress [ɪm'pres] *vt* **1.** impressionner **2.** • **to impress sthg on sb** faire bien comprendre qqch à qqn.

impression [ɪm'preʃn] *n* **1.** impression *f* • **to be under the impression (that)...** avoir l'impression que... • **to make an impression** faire impression **2.** imitation *f* **3.** impression *f*, empreinte *f*.

impressionable [ɪm'preʃnəbl] *adj* impressionnable.

impressionist [ɪm'preʃənɪst] *adj* impressionniste. ❑ *n* impressionniste *mf*.

impressive [ɪm'presɪv] *adj* impressionnant.

impressively [ɪm'presɪvlɪ] *adv* remarquablement.

imprint ['ɪmprɪnt] *n* **1.** empreinte *f* **2.** nom *m* de l'éditeur.

imprinted [ɪm'prɪntɪd] *adj* imprimé.

imprison [ɪm'prɪzn] *vt* emprisonner.

imprisonment [ɪm'prɪznmənt] *n* emprisonnement *m*.

improbable [ɪm'prɒbəbl] *adj* improbable.

improbably [ɪm'prɒbəblɪ] *adv* invraisemblablement.

impromptu [ɪm'prɒmptju:] *adj* impromptu.

improper [ɪm'prɒpər] *adj* **1.** impropre **2.** incorrect **3.** indécent.

improperly [ɪm'prɒpəlɪ] *adv* *(se conduire)* de manière déplacée.

impropriety [ɪmprə'praɪətɪ] *n* inconvenance *f*.

improve [ɪm'pru:v] *vi* **1.** s'améliorer • **to improve on** *ou* **upon sthg** améliorer qqch **2.** aller mieux. ❑ *vt* améliorer.

improved [ɪm'pru:vd] *adj* amélioré.

improvement [ɪm'pru:vmənt] *n* • **improvement (in/on)** amélioration *f* (de/par rapport à).

improvise ['ɪmprəvaɪz] *vt & vi* improviser.

imprudent [ɪm'pru:dənt] *adj* imprudent.

impudent ['ɪmpjʊdənt] *adj* impudent.

impulse ['ɪmpʌls] *n* impulsion *f* • **on impulse** par impulsion.

impulse buy *n* achat *m* spontané *ou* d'impulsion *ou* impulsif.

impulsive [ɪm'pʌlsɪv] *adj* impulsif.

impulsively [ɪm'pʌlsɪvlɪ] *adv* par *ou* sur impulsion, impulsivement.

impunity [ɪm'pju:nətɪ] *n* • **with impunity** avec impunité.

impurity [ɪm'pjʊərətɪ] *n* impureté *f*.

in

■ **in** [ɪn] *prép*

1. INDIQUE UNE LOCALISATION

• **the key is in a box/bag/drawer** la clé est dans une boîte/un sac/un tiroir • **they live in the country** ils habitent à la campagne • **he is in hospital (UK), to be in the hospital (US)** il est à l'hôpital

2. AVEC DES TERMES GÉOGRAPHIQUES

• **they live in Paris** ils habitent à Paris

3. INDIQUE UNE DATE, UNE SAISON, UN MOMENT DE LA JOURNÉE

• **they went to Italy in 2004** ils sont allés en Italie en 2004 • **he will start working in April** il commencera à travailler en avril • **you should visit London in (the) spring** vous devriez visiter Londres au printemps • **I'll meet at two o'clock in the afternoon** je vous verrai à deux heures de l'après-midi

4. INDIQUE LA DURÉE

• **he learned to type in two weeks** il a appris à taper à la machine en deux semaines • **I'll be ready in five minutes** je serai prêt dans cinq minutes • **it's my first decent meal in weeks** c'est mon premier repas correct depuis des semaines

5. AVEC DES VÊTEMENTS

• **he was dressed in a suit** il était vêtu d'un costume

6. INDIQUE DES CONDITIONS DE VIE

• **many people still live/die in poverty** un grand nombre de personnes vivent/meurent encore dans la misère • **she was in danger/difficulty** elle était en danger/difficulté

7. INDIQUE UN DOMAINE PROFESSIONNEL

• **he's in computers** il est dans l'informatique

8. EXPRIME LE MOYEN, LA MANIÈRE

• **you should write in pencil/ink** vous devriez écrire au crayon/à l'encre • **he spoke to me in a loud/soft voice** il me parla d'une voix forte/douce • **speak in English!** parlez (en) anglais !

9. EXPRIME LA CAUSE

• **in anger, he slammed the door shut** sous le coup de la colère, il claqua la porte

10. INDIQUE UNE PERSONNE OU UNE CATÉGORIE DE PERSONNES

• **pollen allergies are rare in adults** les allergies au pollen sont très rares chez les adultes • **the theme of irony is even stronger in Shakespeare** le thème de l'ironie est encore plus fort chez Shakespeare • **in him, the party sees a great leader** le parti voit en lui un excellent leader

11. AVEC DES QUANTITÉS, DES NOMBRES
• **don't buy in large/small quantities** n'achète pas en grande/petite quantité • **letters of support arrived in (their) thousands** les lettres de soutien arrivèrent par milliers • **she's in her sixties** elle a la soixantaine

12. INDIQUE LA DISTRIBUTION, LA RÉPARTITION
• **good things come in twos** les bonnes choses viennent par deux • **they were standing in a line/row/circle** ils se tenaient en ligne/rang/cercle

13. INDIQUE UNE PROPORTION
• **one child in ten suffers from malnutrition in that country** dans ce pays, un enfant sur dix souffre de malnutrition

14. APRÈS UN SUPERLATIF
• **it is the longest river in the world** c'est le fleuve le plus long du monde

15. SUIVI DU PARTICIPE PRÉSENT
• **in doing sthg** en faisant qqch • **in saying this, I would not for a minute suggest that the task is easy** en disant cela, je ne voudrais pas suggérer le moins du monde que la tâche est aisée

■ **in** [ɪn] *adv*

1. INDIQUE LA PRÉSENCE
• **is Judith in?** est-ce que Judith est là ? • **I'm staying in tonight** je reste à la maison *ou* chez moi ce soir

2. INDIQUE UN MOUVEMENT VERS L'INTÉRIEUR
• **the door opened and they all rushed in** la porte s'ouvrit et ils se précipitèrent tous à l'intérieur • **she opened the safe and put the money in** elle ouvrit le coffre-fort et y mit l'argent

3. EN PARLANT D'UN TRAIN
• **the train is in** le train est en gare

4. EN PARLANT DE LA MARÉE
• **the tide's in** c'est la marée haute

5. DANS DES EXPRESSIONS
• **we're in for some bad weather** nous allons avoir du mauvais temps • **you're in for a shock** tu vas avoir un choc

■ **in** [ɪn] *adj*

1. EN SPORT
• **the umpire said that the ball was in** l'arbitre a dit que la balle était bonne

2. *fam* BRANCHÉ, À LA MODE
• **long skirts are in this year** les jupes longues sont à la mode cette année

■ **ins** *npl*
• **the ins and outs** les tenants et les aboutissants

■ **in all** *adv*

SOMME, ADDITION
en tout • **there are 30 in all** il y en a 30 en tout

■ **in between** *adv*

1. SENS SPATIAL
• **a row of bushes with little clumps of flowers in between** une rangée d'arbustes séparés par des petites touffes de fleurs

2. SENS TEMPOREL
• **in between customers, we chatted about our plans** entre deux clients, nous avons discuté de nos projets

■ **in between** *prép*

SENS SPATIAL
entre • **the house was located in between two roads** la maison était située entre deux routes

in. abrév de **inch**.

inability [ˌɪnəˈbɪlətɪ] *n* • **inability (to do sthg)** incapacité *f* (à faire qqch).

inaccessible [ˌɪnəkˈsesəbl] *adj* inaccessible.

inaccuracy [ɪnˈækjʊrəsɪ] (*pl* **-ies**) *n* inexactitude *f*.

inaccurate [ɪnˈækjʊrət] *adj* inexact.

inactive [ɪnˈæktɪv] *adj* inactif.

inactivity [ˌɪnækˈtɪvətɪ] *n* inactivité *f*.

inadequacy [ɪnˈædɪkwəsɪ] (*pl* **-ies**) *n* insuffisance *f*.

inadequate [ɪnˈædɪkwət] *adj* insuffisant.

inadequately [ɪnˈædɪkwətlɪ] *adv* **1.** de manière inadéquate **2.** *(investir)* insuffisamment.

inadmissible [ˌɪnədˈmɪsəbl] *adj* **1.** inadmissible **2.** *(preuve)* irrecevable.

inadvertently [ˌɪnədˈvɜːtəntlɪ] *adv* par inadvertance.

inadvisable [ˌɪnədˈvaɪzəbl] *adj* déconseillé.

inane [ɪˈneɪn] *adj* **1.** inepte **2.** *(personne)* stupide.

inanely [ɪˈneɪnlɪ] *adv* stupidement.

inanimate [ɪnˈænɪmət] *adj* inanimé.

inapplicable [ɪnˈæplɪkəbl] *adj* inapplicable.

inappropriate [ɪnəˈprəʊprɪət] *adj* **1.** inopportun **2.** *(expression, mot)* impropre **3.** *(tenue vestimentaire)* peu approprié.

inappropriately [ˌɪnəˈprəʊprɪətlɪ] *adv* de manière peu convenable *ou* appropriée • **she was inappropriately dressed** elle n'était pas habillée pour la circonstance.

inarticulate [ˌɪnɑːˈtɪkjʊlət] *adj* **1.** inarticulé, indistinct **2.** *(personne)* qui s'exprime avec difficulté **3.** *(explication)* mal exprimé.

inasmuch [ˌɪnəzˈmʌtʃ] ■ **inasmuch as** *conj sout* attendu que.

inaudible [ɪˈnɔdɪbl] *adj* inaudible.

inaudibly [ɪ'nɔːdɪblɪ] *adv* indistinctement.
inaugural [ɪ'nɔgjʊrəl] *adj* inaugural.
inauguration [ɪˌnɔgjʊ'reɪʃn] *n* **1.** POLIT investiture *f* **2.** inauguration *f.*
in-between *adj* intermédiaire.
inborn [ˌɪn'bɔn] *adj* inné.
inbound ['ɪnbaʊnd] *adj* qui arrive.
inbox ['ɪnbaks] *n* INFORM boîte *f* de réception.
in-box (US) = in-tray.
inbred [ˌɪn'bred] *adj* **1.** consanguin **2.** *(animal)* croisé **3.** inné.
inbreeding ['ɪnˌbriːdɪŋ] *n* **1.** *(chez l'homme)* consanguinité *f* **2.** *(chez l'animal)* croisement *m.*
inbuilt [ˌɪn'bɪlt] *adj* inné.
Inc. [ɪŋk] (abrév de **incorporated**) **(US)** ≃ SARL.
incandescent [ˌɪnkæn'desnt] *adj* incandescent.
incapable [ɪn'keɪpəbl] *adj* incapable.
incapacitated [ˌɪnkə'pæsɪteɪtɪd] *adj* inapte physiquement • **incapacitated for work** mis dans l'incapacité de travailler.
incapacity [ˌɪnkə'pæsətɪ] *n* • **incapacity (for)** incapacité *f* (de).
incarcerate [ɪn'kɑːsəreɪt] *vt sout* incarcérer.
incarceration [ɪnˌkɑːsə'reɪʃn] *n sout* incarcération *f.*
incarnate [ɪn'kɑːneɪt] *adj sout* incarné.
incarnation [ˌɪnkɑː'neɪʃn] *n sout* incarnation *f.*
incendiary device [ɪn'sendjərɪ-] *n* dispositif *m* incendiaire.
incense *n* ['ɪnsens] encens *m.* ❑ *vt* [ɪn'sens] mettre en colère.
incentive [ɪn'sentɪv] *n* **1.** motivation *f* **2.** COMM récompense *f*, prime *f.*
incentive-based *adj* reposant sur l'incitation.
incentive program (US), incentive scheme (UK) *n* programme *m* d'encouragement.
incentivize, -ise [ɪn'sentɪvaɪz] *vt* motiver.
inception [ɪn'sepʃn] *n sout* commencement *m.*
incessant [ɪn'sesnt] *adj* incessant.
incessantly [ɪn'sesntlɪ] *adv* sans cesse.
incest ['ɪnsest] *n* inceste *m.*
incestuous [ɪn'sestjʊəs] *adj* **1.** incestueux **2.** *fig* très fermé **3.** en vase clos.
inch [ɪntʃ] *n* = *2,5 cm* ; ≃ pouce *m.* ❑ *vi* • **to inch forward** avancer petit à petit.
incidence ['ɪnsɪdəns] *n sout* fréquence *f* • **incidence rate** MÉD taux *m* d'incidence.
incident ['ɪnsɪdənt] *n* incident *m.*
incidental [ˌɪnsɪ'dentl] *adj* accessoire.
incidentally [ˌɪnsɪ'dentəlɪ] *adv* à propos.
incinerate [ɪn'sɪnəreɪt] *vt* incinérer.
incinerator [ɪn'sɪnəreɪtər] *n* incinérateur *m.*
incipient [ɪn'sɪpɪənt] *adj sout* naissant.
incision [ɪn'sɪʒn] *n* incision *f.*
incisive [ɪn'saɪsɪv] *adj* incisif.
incisively [ɪn'saɪsɪvlɪ] *adv* **1.** *(raisonner)* de façon incisive **2.** *(interroger, intervenir)* de manière perspicace *ou* pénétrante.
incisor [ɪn'saɪzər] *n* incisive *f.*
incite [ɪn'saɪt] *vt* inciter.
incitement [ɪn'saɪtmənt] *n (indén)* • **incitement (to sthg/to do sthg)** incitation *f* (à qqch/à faire qqch).
incl. abrév de **including** abrév de **inclusive.**
inclination [ˌɪnklɪ'neɪʃn] *n* **1.** *(indén)* inclination *f*, goût *m* **2.** • **inclination to do sthg** inclination *f* à faire qqch.
incline *n* ['ɪnklaɪn] inclinaison *f.* ❑ *vt* [ɪn'klaɪn] incliner.
inclined [ɪn'klaɪnd] *adj* **1.** • **to be inclined to sthg/to do sthg** avoir tendance à qqch/à faire qqch **2.** • **to be inclined to do sthg** être enclin à faire qqch **3.** incliné.
include [ɪn'kluːd] *vt* inclure • **service is included** le service est compris.
included [ɪn'kluːdɪd] *adj* inclus.
including [ɪn'kluːdɪŋ] *prép* y compris • **including Thomas** y compris Thomas.
inclusion [ɪn'kluːʒn] *n* inclusion *f.*
inclusive [ɪn'kluːsɪv] *adj* **1.** inclus **2.** tout compris, toute comprise *f* • **inclusive of VAT** TVA incluse *ou* comprise.
inclusive growth *n* croissance inclusive.
inclusively [ɪn'kluːsɪvlɪ] *adv* inclusivement.
incoherence [ˌɪnkəʊ'hɪərəns] *n* incohérence *f.*
incoherent [ˌɪnkəʊ'hɪərənt] *adj* incohérent.
incoherently [ˌɪnkəʊ'hɪərəntlɪ] *adv* de manière incohérente • **to mutter incoherently** marmonner des paroles incohérentes.
income ['ɪŋkʌm] *n* revenu *m.*
income bracket *n* tranche *f* de salaire *ou* de revenu.
income support *n (indén)* **(UK)** *allocations supplémentaires accordées aux personnes ayant un faible revenu.*
income tax *n* impôt *m* sur le revenu.
incoming ['ɪnˌkʌmɪŋ] *adj* **1.** *(marée, vague)* montant **2.** *(avion, passagers, mail)* qui arrive **3.** *(appel téléphonique)* de l'extérieur **4.** *(gouvernement)* nouveau.
incommunicado [ˌɪnkəmjuːnɪ'kɑːdəʊ] *adv* • **to be held incommunicado** être tenu au secret.
incomparable [ɪn'kɒmpərəbl] *adj* incomparable.
incompatibility ['ɪnkəmˌpætə'bɪlətɪ] *n* **1.** incompatibilité *f* **2.** incompatibilité *f* d'humeur.
incompatible [ˌɪnkəm'pætɪbl] *adj* • **incompatible (with)** incompatible (avec).
incompetence [ɪn'kɒmpɪtəns] *n* incompétence *f.*
incompetent [ɪn'kɒmpɪtənt] *adj* incompétent.

incomplete [ˌɪnkəm'pliːt] *adj* incomplet.
incomprehensible [ɪnˌkɒmprɪ'hensəbl] *adj* incompréhensible.
inconceivable [ˌɪnkən'siːvəbl] *adj* inconcevable.
inconclusive [ˌɪnkən'kluːsɪv] *adj* peu concluant.
incongruous [ɪn'kɒŋgrʊəs] *adj* incongru.
incongruously [ɪn'kɒŋgrʊəslɪ] *adv* • **the incongruously named Palace Hotel** le Palace Hôtel, le mal nommé.
inconsequential [ˌɪnkɒnsɪ'kwenʃl] *adj* sans importance.
inconsiderable [ˌɪnkən'sɪdərəbl] *adj* • **not inconsiderable** non négligeable.
inconsiderate [ˌɪnkən'sɪdərət] *adj* **1.** inconsidéré **2.** *(personne)* qui manque de considération.
inconsistency [ˌɪnkən'sɪstənsɪ] *n* inconsistance *f*.
inconsistent [ˌɪnkən'sɪstənt] *adj* **1.** contradictoire **2.** inconséquent • **inconsistent with sthg** en contradiction avec qqch **3.** inconsistant.
inconsolable [ˌɪnkən'səʊləbl] *adj* inconsolable.
inconspicuous [ˌɪnkən'spɪkjʊəs] *adj* qui passe inaperçu.
incontinence [ɪn'kɒntɪnəns] *n* incontinence *f*.
incontinent [ɪn'kɒntɪnənt] *adj* incontinent.
inconvenience [ˌɪnkən'viːnjəns] *n* désagrément *m*. ❑ *vt* déranger.
inconvenient [ˌɪnkən'viːnjənt] *adj* inopportun.
inconveniently [ˌɪnkən'viːnjəntlɪ] *adv* au mauvais moment, inopportunément.
incorporate [ɪn'kɔːpəreɪt] *vt* **1.** incorporer **2.** contenir, comprendre. ❑ *vi* COMM se constituer en société commerciale.
incorporated [ɪn'kɔːpəreɪtɪd] *adj* constitué en société commerciale.
incorporation [ɪnˌkɔːpə'reɪʃn] *n* **1.** incorporation *f* **2.** COMM constitution *f* en société commerciale.
incorrect [ˌɪnkə'rekt] *adj* incorrect.
incorrectly [ˌɪnkə'rektlɪ] *adv* • **I was incorrectly quoted** j'ai été cité de façon incorrecte • **the illness was incorrectly diagnosed** il y a eu erreur de diagnostic.
incorrigible [ɪn'kɒrɪdʒəbl] *adj* incorrigible.
incorruptible [ˌɪnkə'rʌptəbl] *adj* incorruptible.
increase *n* ['ɪnkriːs] • **increase (in)** augmentation *f* (de) • **to be on the increase** aller en augmentant. ❑ *vt & vi* [ɪn'kriːs] augmenter.
increased [ɪn'kriːst] *adj* accru.
increasing [ɪn'kriːsɪŋ] *adj* croissant.
increasingly [ɪn'kriːsɪŋlɪ] *adv* de plus en plus.
incredible [ɪn'kredəbl] *adj* incroyable.
incredibly [ɪn'kredəblɪ] *adv* **1.** • **incredibly, we were on time** aussi incroyable que cela puisse paraître, nous étions à l'heure **2.** incroyablement.
incredulous [ɪn'kredjʊləs] *adj* incrédule.
increment ['ɪnkrɪmənt] *n* augmentation *f*.
incriminate [ɪn'krɪmɪneɪt] *vt* incriminer • **to incriminate o.s.** se compromettre.
incriminating [ɪn'krɪmɪneɪtɪŋ] *adj* compromettant.
in-crowd *n fam* coterie *f* • **to be in with the in-crowd** être branché.
incubate ['ɪnkjʊbeɪt] *vt* incuber. ❑ *vi* être en incubation.
incubation [ˌɪnkjʊ'beɪʃn] *n* incubation *f*.
incubator ['ɪnkjʊbeɪtəʳ] *n* incubateur *m*, couveuse *f*.
incumbent [ɪn'kʌmbənt] *sout n* titulaire *m* *(d'un poste)*.
incur [ɪn'kɜːʳ] *vt* encourir.
incurable [ɪn'kjʊərəbl] *adj* incurable.
indebted [ɪn'detɪd] *adj* redevable.
indecency [ɪn'diːsnsɪ] *n* indécence *f*.
indecent [ɪn'diːsnt] *adj* **1.** indécent **2.** malséant.
indecent assault *n* attentat *m* à la pudeur.
indecent exposure *n* outrage *m* public à la pudeur.
indecently [ɪn'diːsntlɪ] *adv* indécemment.
indecipherable [ˌɪndɪ'saɪfərəbl] *adj* indéchiffrable.
indecision [ˌɪndɪ'sɪʒn] *n* indécision *f*.
indecisive [ˌɪndɪ'saɪsɪv] *adj* indécis.
indeed [ɪn'diːd] *adv* **1.** vraiment • **indeed I am** *ou* **yes indeed** certainement **2.** en effet **3.** • **very big/bad indeed** extrêmement *ou* vraiment grand/mauvais.
indefatigable [ˌɪndɪ'fætɪgəbl] *adj sout* infatigable.
indefensible [ˌɪndɪ'fensəbl] *adj* indéfendable.
indefinite [ɪn'defɪnɪt] *adj* **1.** indéfini **2.** vague.
indefinite article *n* article *m* indéfini.
indefinitely [ɪn'defɪnətlɪ] *adv* **1.** indéfiniment **2.** vaguement.
indelible [ɪn'deləbl] *adj* indélébile.
indelicate [ɪn'delɪkət] *adj* indélicat.
indemnify [ɪn'demnɪfaɪ] *(prét & pp* **indemnified***)* *vt* • **to indemnify sb for** *ou* **against sthg** indemniser qqn de qqch.
indemnity [ɪn'demnətɪ] *n* indemnité *f*.
indent [ɪn'dent] *vt* **1.** entailler **2.** TYPO mettre en retrait *(une ligne, un paragraphe)*.
independence [ˌɪndɪ'pendəns] *n* indépendance *f*.
Independence Day *n fête de l'indépendance américaine, le 4 juillet*.
independent [ˌɪndɪ'pendənt] *adj* • **independent (of)** indépendant (de).

independently [ˌɪndɪ'pendəntlɪ] *adv* de façon indépendante • **independently of sb/sthg** indépendamment de qqn/qqch.
independent school *n* **(UK)** école *f* privée.
in-depth *adj* approfondi.
indescribable [ˌɪndɪ'skraɪbəbl] *adj* indescriptible.
indescribably [ˌɪndɪ'skraɪbəblɪ] *adv* incroyablement.
indestructible [ˌɪndɪ'strʌktəbl] *adj* indestructible.
indeterminate [ˌɪndɪ'tɜːmɪnət] *adj* indéterminé.
index ['ɪndeks] *n* **1.** (*pl* **-dexes**) index *m* **2.** (*pl* **-dexes**) répertoire *m*, fichier *m* **3.** (*pl* **-dexes** *ou* **-dices**) *ÉCON* indice *m*.
index card *n* fiche *f*.
index finger *n* index *m* (*doigt*).
index-linked (UK) [-ˌlɪŋkt], **indexed (US)** ['ɪndekst] *adj* indexé.
index page *n INFORM* index *m*, page *f* d'accueil.
India ['ɪndjə] *n* Inde *f*.
Indian ['ɪndjən] *adj* indien. ❑ *n* Indien *m*, -enne *f*.
Indian Ocean *n* • **the Indian Ocean** l'océan *m* Indien.
Indian summer *n* été *m* indien.
indicate ['ɪndɪkeɪt] *vt* indiquer. ❑ *vi* **(UK)** *AUTO* mettre son clignotant.
indication [ˌɪndɪ'keɪʃn] *n* **1.** indication *f* **2.** signe *m*.
indicative [ɪn'dɪkətɪv] *adj* • **indicative of** indicatif de. ❑ *n GRAMM* indicatif *m*.
indicator ['ɪndɪkeɪtəʳ] *n* **1.** indicateur *m* **2. (UK)** *AUTO* clignotant *m*.
indices ['ɪndɪsiːz] *npl* → **index**.
indict [ɪn'daɪt] *vt* • **to indict sb (for)** accuser qqn (de), mettre qqn en examen (pour).
indictment [ɪn'daɪtmənt] *n* **1.** acte *m* d'accusation **2.** mise *f* en examen.
indie ['ɪndɪ] *adj fam* indépendant.
indifference [ɪn'dɪfrəns] *n* indifférence *f*.
indifferent [ɪn'dɪfrənt] *adj* **1.** • **indifferent (to)** indifférent (à) **2.** médiocre.
indigenous [ɪn'dɪdʒɪnəs] *adj* indigène.
indigestible [ˌɪndɪ'dʒestəbl] *adj* indigeste.
indigestion [ˌɪndɪ'dʒestʃn] *n* (*indén*) indigestion *f* • **to have indigestion** avoir une indigestion.
indignant [ɪn'dɪgnənt] *adj* • **indignant (at)** indigné (de).
indignantly [ɪn'dɪgnəntlɪ] *adv* avec indignation.
indignation [ˌɪndɪg'neɪʃn] *n* indignation *f*.
indignity [ɪn'dɪgnətɪ] *n* indignité *f*.
indigo ['ɪndɪgəʊ] *adj* indigo (*inv*). ❑ *n* indigo *m*.
indirect [ˌɪndɪ'rekt] *adj* indirect.
indirect costs *npl* coûts *mpl* indirects.
indirectly [ˌɪndɪ'rektlɪ] *adv* indirectement.
indirect object *n* objet *m* indirect.
indiscreet [ˌɪndɪ'skriːt] *adj* indiscret.
indiscreetly [ˌɪndɪ'skriːtlɪ] *adv* indiscrètement.
indiscretion [ˌɪndɪ'skreʃn] *n* indiscrétion *f*.
indiscriminate [ˌɪndɪ'skrɪmɪnət] *adj* **1.** (*personne*) qui manque de discernement **2.** (*traitement*) sans distinction **3.** (*meurtre*) commis au hasard.
indiscriminately [ˌɪndɪ'skrɪmɪnətlɪ] *adv* **1.** (*traiter*) sans faire de distinction **2.** (*tuer*) au hasard.
indispensable [ˌɪndɪ'spensəbl] *adj* indispensable.
indisposed [ˌɪndɪ'spəʊzd] *adj sout* & *euphém* indisposé.
indisputable [ˌɪndɪ'spjuːtəbl] *adj* indiscutable.
indistinct [ˌɪndɪ'stɪŋkt] *adj* **1.** indistinct **2.** (*mémoire, souvenirs*) vague.
indistinctly [ˌɪndɪ'stɪŋktlɪ] *adv* indistinctement.
indistinguishable [ˌɪndɪ'stɪŋgwɪʃəbl] *adj* • **indistinguishable (from)** que l'on ne peut distinguer (de).
individual [ˌɪndɪ'vɪdʒʊəl] *adj* **1.** individuel **2.** personnel. ❑ *n* individu *m*.
individuality ['ɪndɪˌvɪdʒʊ'ælətɪ] *n* individualité *f*.
individually [ˌɪndɪ'vɪdʒʊəlɪ] *adv* individuellement.
indivisible [ˌɪndɪ'vɪzəbl] *adj* indivisible.
indoctrinate [ɪn'dɒktrɪneɪt] *vt* endoctriner.
indoctrination [ɪnˌdɒktrɪ'neɪʃn] *n* endoctrinement *m*.
indolence ['ɪndələns] *n* **1.** *sout* paresse *f*, indolence *f* **2.** *MÉD* indolence *f*.
indolent ['ɪndələnt] *adj sout* indolent.
Indonesia [ˌɪndə'niːzjə] *n* Indonésie *f*.
indoor ['ɪndɔːʳ] *adj* **1.** d'intérieur • **indoor plants** des plantes d'intérieur **2.** (*piscine*) couvert **3.** (*sports*) en salle.
indoors [ˌɪn'dɔːz] *adv* à l'intérieur.
induce [ɪn'djuːs] *vt* provoquer.
-induced [ɪn'djuːst] *suffixe* • **drug-induced sleep** sommeil *m* provoqué par des médicaments.
inducement [ɪn'djuːsmənt] *n* incitation *f*, encouragement *m*.
induction [ɪn'dʌkʃn] *n* **1.** • **induction (into)** installation *f* (à) **2.** introduction *f* **3.** induction *f*.
induction course *n* **(UK)** stage *m* d'initiation.
induction hob *n* plaque *f* (de cuisson) à induction.
indulge [ɪn'dʌldʒ] *vt* **1.** céder à **2.** gâter. ❑ *vi* • **to indulge in sthg** se permettre qqch.
indulgence [ɪn'dʌldʒəns] *n* **1.** indulgence *f* **2.** gâterie *f*.
indulgent [ɪn'dʌldʒənt] *adj* indulgent.

indulgently [ɪn'dʌldʒəntlɪ] *adv* avec indulgence.
industrial [ɪn'dʌstrɪəl] *adj* industriel.
industrial accident *n* accident *m* du travail.
industrial action (surtout UK), **job action** (US) *n* (surtout UK) • **to take industrial action** se mettre en grève.
industrial dispute *n* conflit *m* social, conflit *m* du travail.
industrial estate (UK), **industrial park** (US) *n* zone *f* industrielle.
industrialist [ɪn'dʌstrɪəlɪst] *n* industriel *m*, -elle *f*.
industrialized countries *n* pays *mpl* industrialisés.
industrial park (US) = **industrial estate**.
industrial relations *npl* relations *fpl* patronat-syndicats.
industrial revolution *n* révolution *f* industrielle.
industrial-strength *adj* **1.** à usage industriel **2.** *hum (café)* hyper-costaud.
industrial tribunal *n* (UK) ≃ conseil *m* des prud'hommes.
industrious [ɪn'dʌstrɪəs] *adj* industrieux.
industry ['ɪndəstrɪ] *n* **1.** industrie *f* • **the film industry** l'industrie cinématographique **2.** *(indén)* assiduité *f*, application *f*.
industry-standard *adj* normalisé.
inebriated [ɪ'ni:brɪeɪtɪd] *adj sout* ivre.
inedible [ɪn'edɪbl] *adj* **1.** immangeable **2.** *(champignon, plante)* non comestible.
ineffective [,ɪnɪ'fektɪv] *adj* inefficace.
ineffectual [,ɪnɪ'fektʃʊəl] *adj sout* **1.** inefficace **2.** *(personne)* incapable, incompétent.
inefficiency [,ɪnɪ'fɪʃnsɪ] *n* **1.** inefficacité *f* **2.** incapacité *f*, incompétence *f*.
inefficient [,ɪnɪ'fɪʃnt] *adj* **1.** inefficace **2.** incapable, incompétent.
inelegant [ɪn'elɪgənt] *adj* inélégant, sans élégance.
ineligibility [ɪn,elɪdʒə'bɪlətɪ] *n* **1.** *(gén)* • **the ineligibility of most of the applications** l'irrecevabilité *f* de la plupart des demandes **2.** *(dans une élection)* inéligibilité *f*.
ineligible [ɪn'elɪdʒəbl] *adj* inéligible • **to be ineligible for sthg** ne pas avoir droit à qqch.
inept [ɪ'nept] *adj* **1.** inepte **2.** stupide.
ineptitude [ɪ'neptɪtju:d] *n* **1.** ineptie *f* **2.** stupidité *f (d'une personne)*.
ineptly [ɪ'neptlɪ] *adv* absurdement, stupidement.
inequality [,ɪnɪ'kwɒlətɪ] *n* inégalité *f*.
inert [ɪ'nɜ:t] *adj* inerte.
inertia [ɪ'nɜ:ʃə] *n* inertie *f*.
inescapable [,ɪnɪ'skeɪpəbl] *adj* inéluctable.
inessential [,ɪnɪ'senʃl] *adj* superflu.
inevitability [ɪn,evɪtə'bɪlətɪ] *n* inévitabilité *f*.
inevitable [ɪn'evɪtəbl] *adj* inévitable. ❑ *n* • **the inevitable** l'inévitable *m*.
inevitably [ɪn'evɪtəblɪ] *adv* inévitablement.
inexact [,ɪnɪg'zækt] *adj* inexact.
inexcusable [,ɪnɪk'skju:zəbl] *adj* inexcusable, impardonnable.
inexhaustible [,ɪnɪg'zɔ:stəbl] *adj* inépuisable.
inexpensive [,ɪnɪk'spensɪv] *adj* bon marché *(inv)*, pas cher.
inexpensively [,ɪnɪk'spensɪvlɪ] *adv* **1.** *(acheter)* (à) bon marché, à bas prix **2.** *(vivre)* à peu de frais.
inexperience [,ɪnɪk'spɪərɪəns] *n* inexpérience *f*.
inexperienced [,ɪnɪk'spɪərɪənst] *adj* inexpérimenté, qui manque d'expérience.
inexplicable [,ɪnɪk'splɪkəbl] *adj* inexplicable.
inexplicably [,ɪnɪk'splɪkəblɪ] *adv* inexplicablement.
inextricably [ɪn'ekstrɪkəblɪ] *adv* inextricablement.
infallibility [ɪn,fælə'bɪlətɪ] *n* infaillibilité *f*.
infallible [ɪn'fæləbl] *adj* infaillible.
infamous ['ɪnfəməs] *adj* infâme.
infancy ['ɪnfənsɪ] *n* petite enfance *f* • **in its infancy** *fig* à ses débuts.
infant ['ɪnfənt] *n* **1.** nouveau-né *m*, nouveau-née *f*, nourrisson *m* • **infant mortality rate** taux *m* de mortalité infantile **2.** enfant *mf* en bas âge.
infantry ['ɪnfəntrɪ] *n* infanterie *f*.
infant school *n* (UK) école *f* maternelle *(de 5 à 7 ans)*.
infatuated [ɪn'fætjʊeɪtɪd] *adj* • **infatuated (with)** entiché (de).
infatuation [ɪn,fætjʊ'eɪʃn] *n* • **infatuation (with)** béguin *m* (pour).
infect [ɪn'fekt] *vt MÉD* infecter.
infected [ɪn'fektɪd] *adj* • **infected (with)** infecté (par).
infection [ɪn'fekʃn] *n* infection *f*.
infectious [ɪn'fekʃəs] *adj* **1.** *MÉD* infectieux **2.** *fig* contagieux.
infer [ɪn'fɜ:ʳ] *vt* • **to infer sthg (from)** déduire qqch (de).
inference ['ɪnfrəns] *n* • **by inference** par déduction.
inferior [ɪn'fɪərɪəʳ] *adj* **1.** inférieur **2.** de qualité inférieure **3.** médiocre. ❑ *n* subalterne *mf*.
inferiority [ɪn,fɪərɪ'ɒrətɪ] *n* infériorité *f*.
inferiority complex *n* complexe *m* d'infériorité.
infernal [ɪn'fɜ:nl] *adj fam vieilli* infernal.
inferno [ɪn'fɜ:nəʊ] (*pl* -s) *n* brasier *m*.
infertile [ɪn'fɜ:taɪl] *adj* **1.** stérile **2.** infertile.
infertility [,ɪnfə'tɪlətɪ] *n* **1.** stérilité *f* **2.** infertilité *f*.

infestation [ˌɪnfeˈsteɪʃn] *n* infestation *f.*
infested [ɪnˈfestɪd] *adj* • **infested with** infesté de.
infidelity [ˌɪnfɪˈdelətɪ] *n* infidélité *f.*
infighting [ˈɪnˌfaɪtɪŋ] *n (indén)* querelles *fpl* intestines.
infiltrate [ˈɪnfɪltreɪt] *vt* infiltrer.
infinite [ˈɪnfɪnət] *adj* infini.
infinitely [ˈɪnfɪnətlɪ] *adv* infiniment.
infinitive [ɪnˈfɪnɪtɪv] *n* infinitif *m.*
infinity [ɪnˈfɪnətɪ] *n* infini *m.*
infinity pool *n* piscine *f* à débordement.
infirm [ɪnˈfɜːm] *sout adj* infirme. ❑ *npl* • **the infirm** les infirmes *mpl.*
infirmary [ɪnˈfɜːmərɪ] *n* **1.** (UK) hôpital *m* **2.** (US) infirmerie *f.*
infirmity [ɪnˈfɜːmətɪ] *n* *sout* infirmité *f.*
inflamed [ɪnˈfleɪmd] *adj* MÉD enflammé.
inflammable [ɪnˈflæməbl] *adj* inflammable.
inflammation [ˌɪnfləˈmeɪʃn] *n* inflammation *f.*
inflammatory [ɪnˈflæmətrɪ] *adj* inflammatoire.
inflatable [ɪnˈfleɪtəbl] *adj* gonflable.
inflate [ɪnˈfleɪt] *vt* **1.** gonfler **2.** ÉCON hausser, gonfler *(les prix, les salaires).*
inflated [ɪnˈfleɪtɪd] *adj* **1.** *(pneu, gilet de sauvetage, bouée)* gonflé **2.** *péj (idée)* • **to have an inflated opinion of o.s.** avoir une haute opinion de soi-même **3.** ÉCON *(salaire, prix)* exagéré, gonflé.
inflation [ɪnˈfleɪʃn] *n* inflation *f.*
inflationary [ɪnˈfleɪʃnrɪ] *adj* inflationniste.
inflationary gap *n* écart *m* inflationniste.
inflection [ɪnˈflekʃn] *n* **1.** *(dans le ton, la voix)* inflexion *f,* modulation *f* **2.** LING désinence *f,* flexion *f.*
inflexibility [ɪnˌfleksəˈbɪlətɪ] *n* inflexibilité *f,* rigidité *f.*
inflexible [ɪnˈfleksəbl] *adj* **1.** rigide **2.** inflexible.
inflict [ɪnˈflɪkt] *vt* • **to inflict sthg on sb** infliger qqch à qqn.
infliction [ɪnˈflɪkʃən] *n* action *f* d'infliger.
in-flight *adj* en vol *(inv).*
influence [ˈɪnflʊəns] *n* influence *f* • **under the influence of a)** sous l'influence de **b)** sous l'effet *ou* l'empire de. ❑ *vt* influencer.
influencer *n* influenceur *m,* euse *f.*
influential [ˌɪnflʊˈenʃl] *adj* influent.
influenza [ˌɪnflʊˈenzə] *n (indén)* grippe *f.*
influx [ˈɪnflʌks] *n* afflux *m.*
info [ˈɪnfəʊ] *n (indén) fam* info *f.*
inform [ɪnˈfɔm] *vt* • **to inform sb (of)** informer qqn (de) • **to inform sb about** renseigner qqn sur. ■ **inform on** *vt insép* dénoncer.
informal [ɪnˈfɔml] *adj* **1.** simple **2.** *(vêtements)* de tous les jours **3.** *(négociations, visite)* officieux **4.** *(réunion)* informel **5.** *(expression)* familier.
informality [ˌɪnfɔːˈmælətɪ] *(pl* **-ies***) n* **1.** simplicité *f (d'une réception)* **2.** caractère *m* informel *(d'une discussion, d'une réunion)* **3.** *(dans le langage)* familiarité *f,* liberté *f.*
informally [ɪnˈfɔːməlɪ] *adv* **1.** simplement **2.** officieusement.
informant [ɪnˈfɔmənt] *n* informateur *m,* -trice *f.*
informatics [ˌɪnfəˈmætɪks] *n (indén)* sciences *fpl* de l'information.
information [ˌɪnfəˈmeɪʃn] *n (indén)* • **information (on** *ou* **about)** renseignements *mpl* *ou* informations *fpl* (sur) • **a piece of information** un renseignement • **for your information** *sout* à titre d'information • **too much information!** *fam* tu n'avais pas besoin d'entrer dans les détails !
information desk *n* bureau *m* de renseignements.
information highway, information superhighway *n* autoroute *f* de l'information.
information superhighway = **information highway.**
information system *n* système *m* d'information.
information technology *n* informatique *f.*
informative [ɪnˈfɔmətɪv] *adj* informatif.
informed [ɪnˈfɔːmd] *adj* **1.** • **well/badly informed** bien/mal renseigné **2.** • **to make an informed guess** essayer de deviner qqch par déduction.
informer [ɪnˈfɔməʳ] *n* indicateur *m,* -trice *f.*
infrared [ˌɪnfrəˈred] *adj* infrarouge.
infrastructure [ˈɪnfrəˌstrʌktʃəʳ] *n* infrastructure *f.*
infrequent [ɪnˈfriːkwənt] *adj* peu fréquent.
infrequently [ɪnˈfriːkwəntlɪ] *adv* rarement, peu souvent.
infringe [ɪnˈfrɪndʒ] *vi* **1.** • **to infringe on** empiéter sur **2.** • **to infringe on** enfreindre.
infringement [ɪnˈfrɪndʒmənt] *n* **1.** • **infringement (of)** atteinte *f* (à) **2.** transgression *f.*
infuriate [ɪnˈfjʊərɪeɪt] *vt* rendre furieux.
infuriating [ɪnˈfjʊərɪeɪtɪŋ] *adj* exaspérant.
infuriatingly [ɪnˈfjʊərɪeɪtɪŋlɪ] *adv* • **infuriatingly stubborn** d'un entêtement exaspérant.
infusion [ɪnˈfjuːʒn] *n* **1.** injection *f (d'argent)* **2.** infusion *f (de tisane).*
ingenious [ɪnˈdʒiːnjəs] *adj* ingénieux.
ingeniously [ɪnˈdʒiːnjəslɪ] *adv* ingénieusement.
ingenuity [ˌɪndʒɪˈnjuːətɪ] *n* ingéniosité *f.*
ingenuous [ɪnˈdʒenjʊəs] *adj* ingénu, naïf, naïve *f.*
ingot [ˈɪŋgət] *n* lingot *m.*
ingrained [ˌɪnˈgreɪnd] *adj* **1.** incrusté **2.** *fig* enraciné.

ingratiate [ɪn'greɪʃɪeɪt] *vt péj* • **to ingratiate o.s. with sb** se faire bien voir de qqn.
ingratiating [ɪn'greɪʃɪeɪtɪŋ] *adj péj* doucereux, mielleux.
ingratitude [ɪn'grætɪtju:d] *n* ingratitude *f*.
ingredient [ɪn'gri:djənt] *n* **1.** ingrédient *m* **2.** *fig* élément *m*.
inhabit [ɪn'hæbɪt] *vt* habiter.
inhabitant [ɪn'hæbɪtənt] *n* habitant *m*, -e *f*.
inhalation [,ɪnhə'leɪʃn] *n* inhalation *f*.
inhale [ɪn'heɪl] *vt* inhaler, respirer. ❑ *vi* respirer.
inhaler [ɪn'heɪlər] *n MÉD* inhalateur *m*.
inherent [ɪn'hɪərənt *ou* ɪn'herənt] *adj* • **inherent (in)** inhérent (à).
inherently [ɪn'hɪərəntlɪ *ou* ɪn'herəntlɪ] *adv* fondamentalement, en soi.
inherit [ɪn'herɪt] *vi* hériter.
inheritance [ɪn'herɪtəns] *n* héritage *m*.
inhibit [ɪn'hɪbɪt] *vt* **1.** empêcher **2.** *PSYCHO* inhiber.
inhibited [ɪn'hɪbɪtɪd] *adj* inhibé.
inhibiting [ɪn'hɪbɪtɪŋ] *adj* inhibant.
inhibition [,ɪnhɪ'bɪʃn] *n* inhibition *f*.
inhospitable [,ɪnhɒ'spɪtəbl] *adj* inhospitalier.
in-house *adj* **1.** interne **2.** de la maison.
inhuman [ɪn'hju:mən] *adj* inhumain.
inhumane [,ɪnhju:'meɪn] *adj* inhumain.
inhumanity [,ɪnhju:'mænətɪ] (*pl* **-ies**) *n* **1.** *(personnalité)* inhumanité *f*, barbarie *f*, cruauté *f* **2.** *(acte)* atrocité *f*, brutalité *f*.
initial [ɪ'nɪʃl] *adj* initial, premier • **initial letter** initiale *f*. ❑ *vt* (**(UK)** *prét & pp* **initialled**, *cont* **initialling**, **(US)** *prét & pp* **initialed**, *cont* **initialing**) parapher. ■ **initials** *npl* initiales *fpl*.
initially [ɪ'nɪʃəlɪ] *adv* initialement, au début.
initiate [ɪ'nɪʃɪeɪt] *vt* **1.** engager *(des négociations)* **2.** ébaucher, inaugurer *(un projet)* **3.** • **to initiate sb into sthg** initier qqn à qqch.
initiative [ɪ'nɪʃətɪv] *n* **1.** initiative *f* **2.** • **to have the initiative** avoir l'avantage.
inject [ɪn'dʒekt] *vt* **1.** *MÉD* • **to inject sb with sthg, to inject sthg into sb** injecter qqch à qqn **2.** *fig* insuffler **3.** *fig* injecter *(de l'argent)*.
injection [ɪn'dʒekʃn] *n litt & fig* injection *f*.
injudicious [,ɪndʒu:'dɪʃəs] *adj sout* peu judicieux.
injure ['ɪndʒər] *vt* blesser • **to injure one's arm** se blesser au bras.
injured [ɪn'dʒəd] *adj* blessé. ❑ *npl* • **the injured** les blessés *mpl*.
injury ['ɪndʒərɪ] *n* **1.** blessure *f* **2.** *fig* coup *m*, atteinte *f*.
injury time *n (indén)* **(UK)** *FOOTBALL* arrêts *mpl* de jeu.
injustice [ɪn'dʒʌstɪs] *n* injustice *f* • **to do sb an injustice** se montrer injuste envers qqn.
ink [ɪŋk] *n* encre *f*.
ink-jet printer *n* imprimante *f* à jet d'encre.
inkling ['ɪŋklɪŋ] *n* • **to have an inkling of** avoir une petite idée de.
inlaid [,ɪn'leɪd] *adj* • **inlaid (with)** incrusté (de).
inland *adj* ['ɪnlənd] intérieur. ❑ *adv* [ɪn'lænd] à l'intérieur.
Inland Revenue *n* **(UK)** • **the Inland Revenue** ≃ le fisc.
in-laws *npl fam* **1.** beaux-parents *mpl* **2.** belle-famille *f*.
inlet ['ɪnlet] *n* avancée *f*.
inmate ['ɪnmeɪt] *n* **1.** *(en prison)* détenu *m*, -e *f* **2.** *(en hôpital psychiatrique)* interné *m*, -e *f*.
inn [ɪn] *n* auberge *f*.
innate [ɪ'neɪt] *adj* inné.
inner ['ɪnər] *adj* **1.** interne, intérieur **2.** intime.
inner circle *n* • **in the inner circles of power** dans les milieux proches du pouvoir.
inner city *n* • **the inner city** les quartiers *mpl* pauvres.
innermost ['ɪnəməʊst] *adj* le plus profond, le plus secret.
inner tube *n* chambre *f* à air.
innings ['ɪnɪŋz] (*pl inv*) *n* **(UK)** *CRICKET* tour *m* de batte.
innocence ['ɪnəsəns] *n* innocence *f*.
innocent ['ɪnəsənt] *adj* innocent • **to be found innocent** être déclaré innocent • **innocent of** non coupable de. ❑ *n* innocent *m*, -e *f*.
innocently ['ɪnəsəntlɪ] *adv* innocemment.
innocuous [ɪ'nɒkjʊəs] *adj* inoffensif.
innovation [,ɪnə'veɪʃn] *n* innovation *f*.
innovative ['ɪnəvətɪv] *adj* **1.** novateur **2.** *(produit, méthode)* innovant.
innuendo [,ɪnju:'endəʊ] (*pl* **-es** *ou* **-s**) *n* insinuation *f*.
innumerable [ɪ'nju:mərəbl] *adj* innombrable.
inoculate [ɪ'nɒkjʊleɪt] *vt* • **to inoculate sb (with sthg)** inoculer (qqch à) qqn.
inoffensive [,ɪnə'fensɪv] *adj* inoffensif.
inordinately [ɪ'nɔdɪnətlɪ] *adv sout* excessivement.
in-patient *n* malade hospitalisé *m*, malade hospitalisée *f*.
in-person class *n* cours *m* en présentiel.
input ['ɪnpʊt] *n* **1.** contribution *f*, concours *m* **2.** *INFORM & ÉLECTR* entrée *f*.
inquest ['ɪnkwest] *n* enquête *f*.
inquire [ɪn'kwaɪər] *vt* • **to inquire when/whether/how...** demander quand/si/comment... ❑ *vi* • **to inquire (about)** se renseigner (sur). ■ **inquire after** *vt insép* s'enquérir de. ■ **inquire into** *vt insép* enquêter sur.
inquiring [ɪn'kwaɪərɪŋ] *adj* **1.** *(personne, esprit)* curieux **2.** *(regard, ton)* interrogateur.

inquiry [ɪn'kwaɪərɪ] *n* **1.** demande *f* de renseignements • **'Inquiries'** **(UK)** 'Renseignements' **2.** enquête *f*.
inquiry desk *n* **(UK)** bureau *m* de renseignements.
inquisitive [ɪn'kwɪzətɪv] *adj* **1.** curieux **2.** *péj* indiscret.
inroads ['ɪnrəʊdz] *npl* • **to make inroads into** entamer *(ses économies, ses réserves)*.
insane [ɪn'seɪn] *adj* fou • **to go insane** devenir fou.
insanely [ɪn'seɪnlɪ] *adv* **1.** *(rire, crier)* comme un fou **2.** *(pour intensifier)* follement • **to be insanely jealous** être fou de jalousie.
insanity [ɪn'sænətɪ] *n* folie *f*.
insatiable [ɪn'seɪʃəbl] *adj* insatiable.
inscription [ɪn'skrɪpʃn] *n* **1.** inscription *f* **2.** dédicace *f*.
inscrutable [ɪn'skruːtəbl] *adj* impénétrable.
insect ['ɪnsekt] *n* insecte *m*.
insect bite *n* piqûre *f* d'insecte.
insecticide [ɪn'sektɪsaɪd] *n* insecticide *m*.
insect repellent *n* lotion *f* anti-moustiques.
insecure [ˌɪnsɪ'kjʊəʳ] *adj* **1.** anxieux **2.** *(investissement, avenir)* incertain.
insecurity [ˌɪnsɪ'kjʊərətɪ] *n* insécurité *f*.
insensible [ɪn'sensəbl] *adj* **1.** inconscient **2.** • **insensible of/to** insensible à.
insensitive [ɪn'sensətɪv] *adj* • **insensitive (to)** insensible (à).
insensitively [ɪn'sensətɪvlɪ] *adj* avec un grand manque de tact.
insensitivity [ɪnˌsensə'tɪvətɪ] *n* insensibilité *f*.
inseparable [ɪn'seprəbl] *adj* inséparable.
insert *vt* [ɪn'sɜːt] insérer.
insertion [ɪn'sɜːʃn] *n* insertion *f*.
in-service training *n* formation *f* en cours d'emploi.
inshore *adj* ['ɪnʃɔʳ] côtier. ❑ *adv* [ɪn'ʃɔʳ] **1.** *(être situé)* près de la côte **2.** *(se diriger)* vers la côte.
inside [ɪn'saɪd] *prép* **1.** à l'intérieur de, dans **2.** au sein de. ❑ *adv* dedans, à l'intérieur • **to go inside** entrer • **come inside!** entrez ! ❑ *adj* **1.** intérieur **2.** • **inside left/right** inter *m* gauche/droit. ❑ *n* **1.** • **the inside** l'intérieur *m* • **inside out** à l'envers • **to know sthg inside out** connaître qqch à fond **2.** AUTO • **the inside a)** *(au Royaume-Uni)* la gauche **b)** *(en Europe, aux États-Unis)* la droite. ■ **inside of** *prép* **(US)** à l'intérieur de, dans. ■ **insides** *npl* *fam* tripes *fpl*.
inside information *n (indén)* renseignements *mpl* obtenus à la source.
insider [ˌɪn'saɪdəʳ] *n* initié *m*, -e *f*.
insider dealing, **insider trading** *n (indén)* délits *mpl* d'initiés.
inside story *n* • **to get the inside story from sb** apprendre la vérité par qqn.
insidious [ɪn'sɪdɪəs] *adj* insidieux.
insight ['ɪnsaɪt] *n* **1.** sagacité *f*, perspicacité *f* **2.** • **insight (into)** aperçu *m* (de).
insignia [ɪn'sɪgnɪə] *(pl inv)* *n* insigne *m*.
insignificant [ˌɪnsɪg'nɪfɪkənt] *adj* insignifiant.
insincere [ˌɪnsɪn'sɪəʳ] *adj* pas sincère.
insinuate [ɪn'sɪnjʊeɪt] *vt* insinuer.
insinuation [ɪnˌsɪnjʊ'eɪʃn] *n* insinuation *f*.
insipid [ɪn'sɪpɪd] *adj* insipide.
insist [ɪn'sɪst] *vt* **1.** • **to insist (that)...** insister sur le fait que... **2.** • **to insist (that)...** insister pour que... *(+ subjonctif)*. ❑ *vi* • **to insist (on sthg)** exiger (qqch) • **to insist on doing sthg** vouloir absolument faire qqch.
insistence [ɪn'sɪstəns] *n* • **insistence (on)** insistance *f* (à).
insistent [ɪn'sɪstənt] *adj* **1.** insistant • **to be insistent on** insister sur **2.** incessant.
insofar [ˌɪnsəʊ'fɑːʳ] ■ **insofar as** *conj* *sout* dans la mesure où.
insole ['ɪnsəʊl] *n* semelle *f* intérieure.
insolence ['ɪnsələns] *n* insolence *f*.
insolent ['ɪnsələnt] *adj* insolent.
insoluble [ɪn'sɒljʊbl], **insolvable** **(US)** [ɪn'sɒlvəbl] *adj* insoluble.
insolvent [ɪn'sɒlvənt] *adj* insolvable.
insomnia [ɪn'sɒmnɪə] *n* insomnie *f*.
insomniac [ɪn'sɒmnɪæk] *n* insomniaque *mf*.
insomuch [ˌɪnsəʊ'mʌtʃ] ■ **insomuch as** *conj* *sout* d'autant que.
inspect [ɪn'spekt] *vt* **1.** examiner **2.** inspecter.
inspection [ɪn'spekʃn] *n* **1.** examen *m* **2.** inspection *f*.
inspector [ɪn'spektəʳ] *n* inspecteur *m*, -trice *f*.
inspiration [ˌɪnspə'reɪʃn] *n* inspiration *f*.
inspirational [ˌɪnspə'reɪʃənl] *adj* **1.** inspirant **2.** inspiré.
inspire [ɪn'spaɪəʳ] *vt* **1.** • **to inspire sb to do sthg** pousser *ou* encourager qqn à faire qqch • **to inspire sb with sthg, to inspire sthg in sb** inspirer qqch à qqn **2.** inspirer *(un sentiment)* • **to inspire confidence/respect** inspirer (la) confiance/le respect • **to inspire courage in sb** insuffler du courage à qqn.
inspired [ɪn'spaɪəd] *adj* **1.** *(artiste, jeu)* inspiré **2.** *(idée)* brillant.
inspiring [ɪn'spaɪərɪŋ] *adj* qui inspire.
instability [ˌɪnstə'bɪlətɪ] *n* instabilité *f*.
install [ɪn'stɔl] *vt* installer *(un programme)*.
installation [ˌɪnstə'leɪʃn] *n* installation *f*.
installer [ɪn'stɔːləʳ] *n* INFORM programme *m* d'installation.
installment (US) = **instalment**
instalment (UK), **installment (US)** [ɪn'stɔlmənt] *n* **1.** acompte *m* • **in instalments** par acomptes **2.** épisode *m* *(d'un feuilleton, d'un récit)*.

instance ['ɪnstəns] *n* exemple *m* • **for instance** par exemple.

instant ['ɪnstənt] *adj* **1.** instantané, immédiat • **to be an instant success** avoir un succès immédiat **2.** *(café)* soluble **3.** *(nourriture)* à préparation rapide. ❑ *n* instant *m* • **the instant (that)...** dès *ou* aussitôt que... • **this instant** tout de suite, immédiatement.

instant-access *adj (compte bancaire)* à accès immédiat.

instantly ['ɪnstəntlɪ] *adv* immédiatement.

instant messaging *n* messagerie *f* instantanée.

instant replay *n* **(US)** = **action replay**.

instead [ɪn'sted] *adv* au lieu de cela. ■ **instead of** *prép* au lieu de • **instead of him** à sa place.

instep ['ɪnstep] *n* cou-de-pied *m*.

instigate ['ɪnstɪgeɪt] *vt* être à l'origine de, entreprendre.

instigation [,ɪnstɪ'geɪʃn] *n* • **at the instigation of** à l'instigation *f* de.

instil (UK), instill (US) [ɪn'stɪl] *vt* • **to instil sthg in** *ou* **into sb** instiller qqch à qqn.

instinct ['ɪnstɪŋkt] *n* **1.** instinct *m* **2.** réaction *f*, mouvement *m*.

instinctive [ɪn'stɪŋktɪv] *adj* instinctif.

instinctively [ɪn'stɪŋktɪvlɪ] *adv* instinctivement.

institute ['ɪnstɪtju:t] *n* institut *m*. ❑ *vt* instituer.

institute of education *n* **(UK)** *école formant des enseignants*.

institution [,ɪnstɪ'tju:ʃn] *n* institution *f*.

institutional racism, institutionalized racism [,ɪnstɪ'tju:ʃən,laɪzd-] *n* racisme *m* institutionnel.

instruct [ɪn'strʌkt] *vt* **1.** • **to instruct sb to do sthg** charger qqn de faire qqch **2.** instruire • **to instruct sb in sthg** enseigner qqch à qqn.

instruction [ɪn'strʌkʃn] *n* instruction *f*. ■ **instructions** *npl* mode *m* d'emploi, instructions *fpl* • **to follow the instructions** suivez les instructions • **read the instructions** lisez le mode d'emploi.

instruction manual *n* manuel *m*.

instructor [ɪn'strʌktəʳ] *n* **1.** instructeur *m*, -trice *f*, moniteur *m*, -trice *f* • **a driving instructor** un moniteur d'auto-école **2. (US)** enseignant *m*, -e *f*.

instrument ['ɪnstrʊmənt] *n litt* & *fig* instrument *m* • **to play an instrument** jouer d'un instrument.

instrumental [,ɪnstrʊ'mentl] *adj* • **to be instrumental in** contribuer à.

instrumentalist [,ɪnstrʊ'mentəlɪst] *n* instrumentiste *mf*.

instrument panel *n* tableau *m* de bord.

insubordinate [,ɪnsə'bɔdɪnət] *adj* insubordonné.

insubstantial [,ɪnsəb'stænʃl] *adj* **1.** peu solide **2.** *(repas)* peu substantiel.

insufferable [ɪn'sʌfərəbl] *adj sout* insupportable.

insufficient [,ɪnsə'fɪʃnt] *adj sout* insuffisant.

insular ['ɪnsjʊləʳ] *adj péj* borné.

insulate ['ɪnsjʊleɪt] *vt* **1.** isoler **2.** calorifuger.

insulating tape ['ɪnsjʊleɪtɪŋ-] *n* **(UK)** chatterton *m*.

insulation [,ɪnsjʊ'leɪʃn] *n* isolation *f*.

insulin ['ɪnsjʊlɪn] *n* insuline *f*.

insult *vt* [ɪn'sʌlt] insulter, injurier. ❑ *n* ['ɪnsʌlt] insulte *f*, injure *f*.

insulting [ɪn'sʌltɪŋ] *adj* insultant, injurieux.

insuperable [ɪn'su:prəbl] *adj sout* insurmontable.

insurance [ɪn'ʃʊərəns] *n* **1.** assurance *f* • **to take out insurance** prendre une assurance **2.** *fig* protection *f*, garantie *f*.

insurance policy *n* police *f* d'assurance.

insure [ɪn'ʃʊəʳ] *vt* **1.** assurer **2. (US)** s'assurer. ❑ *vi* • **to insure against** se protéger de.

insurer [ɪn'ʃʊərəʳ] *n* assureur *m*.

insurmountable [,ɪnsə'maʊntəbl] *adj sout* insurmontable.

intact [ɪn'tækt] *adj* intact.

intake ['ɪnteɪk] *n* **1.** consommation *f* **2. (UK)** *SCOL* & *UNIV* admission *f*.

intangible [ɪn'tænʤəbl] *adj* **1.** intangible, impalpable **2.** *(preuve)* non tangible.

integral ['ɪntɪgrəl] *adj* intégral • **to be integral to sthg** faire partie intégrante de qqch.

integrate ['ɪntɪgreɪt] *vi* s'intégrer. ❑ *vt* intégrer.

integrated ['ɪntɪgreɪtɪd] *adj* intégré.

integrity [ɪn'tegrətɪ] *n* **1.** intégrité *f*, honnêteté *f* **2.** *sout* intégrité *f*, totalité *f*.

intel ['ɪntel] *n* **(US)** service *m* de renseignements de l'armée.

intellect ['ɪntəlekt] *n* **1.** intellect *m* **2.** intelligence *f*.

intellectual [,ɪntə'lektjʊəl] *adj* intellectuel. ❑ *n* intellectuel *m*, -elle *f*.

intellectual property *n* propriété *f* intellectuelle.

intelligence [ɪn'telɪʤəns] *n (indén)* **1.** intelligence *f* **2.** service *m* de renseignements • **to work in intelligence** travailler pour les services secrets *ou* de renseignements **3.** informations *fpl* • **intelligence gathering** renseignement *m*, espionnage *m*.

intelligent [ɪn'telɪʤənt] *adj* intelligent.

intelligent card *n* carte *f* à puce *ou* à mémoire.

intelligent design *n* dessein intelligent ; *théorie selon laquelle la vie aurait été créée par une entité « intelligente »*.
intelligible [ɪn'telɪdʒəbl] *adj* intelligible.
intend [ɪn'tend] *vt* **1.** avoir l'intention de • **to intend doing** *ou* **to do sthg** avoir l'intention de faire qqch **2.** • **to be intended for** être destiné à.
intended [ɪn'tendɪd] *adj* **1.** voulu **2.** *(cible)* visé.
intense [ɪn'tens] *adj* **1.** intense **2.** sérieux.
intensely [ɪn'tenslɪ] *adv* **1.** extrêmement **2.** énormément **3.** intensément.
intensify [ɪn'tensɪfaɪ] *vt* intensifier, augmenter. ❑ *vi* s'intensifier.
intensity [ɪn'tensətɪ] *n* intensité *f*.
intensive [ɪn'tensɪv] *adj* intensif.
intensive care unit *n* service *m* de réanimation, unité *f* de soins intensifs • **number of patients in intensive care unit** nombre de patients en réanimation.
intent [ɪn'tent] *adj* **1.** absorbé **2.** • **to be intent on** *ou* **upon doing sthg** être résolu *ou* décidé à faire qqch. ❑ *n sout* intention *f*, dessein *m* • **to** *ou* **for all intents and purposes** pratiquement, virtuellement.
intention [ɪn'tenʃn] *n* intention *f*.
intentional [ɪn'tenʃənl] *adj* intentionnel, voulu.
intentionally [ɪn'tenʃənəlɪ] *adv* intentionnellement • **I didn't do it intentionally** je ne l'ai pas fait exprès.
intently [ɪn'tentlɪ] *adv* avec attention, attentivement.
interact [,ɪntər'ækt] *vi* **1.** • **to interact (with sb)** communiquer (avec qqn) **2.** • **to interact (with sthg)** interagir (avec qqch).
interaction [,ɪntər'ækʃn] *n* interaction *f*.
interactive [,ɪntər'æktɪv] *adj* INFORM interactif.
interactive whiteboard *n* tableau *m* blanc interactif.
intercede [,ɪntə'si:d] *vi sout* • **to intercede (with sb)** intercéder (auprès de qqn).
intercept [,ɪntə'sept] *vt* intercepter.
interchange *n* ['ɪntətʃeɪndʒ] échange *m*. ❑ *vt* [,ɪntə'tʃeɪndʒ] échanger.
interchangeable [,ɪntə'tʃeɪndʒəbl] *adj* • **interchangeable (with)** interchangeable (avec).
intercity [,ɪntə'sɪtɪ] *n système de trains rapides reliant les grandes villes en Grande-Bretagne*.
intercom ['ɪntəkɒm] *n* Interphone® *m*.
intercourse ['ɪntəkɔːs] *n (indén)* (UK) rapports *mpl (intellectuels, sexuels)*.
interest ['ɪntrəst] *n* **1.** intérêt *m* • **to lose interest** se désintéresser • **it's in your own interest** c'est dans ton propre intérêt **2.** centre *m* d'intérêt **3.** *(indén)* FIN intérêt *m*, intérêts *mpl*. ❑ *vt* intéresser.
interested ['ɪntrəstɪd] *adj* intéressé • **to be interested in** s'intéresser à • **I'm not interested in that** cela ne m'intéresse pas • **to be interested in doing sthg** avoir envie de faire qqch.
interest-free credit *n* crédit *m* gratuit.
interesting ['ɪntrəstɪŋ] *adj* intéressant.
interestingly ['ɪntrəstɪŋlɪ] *adv* de façon intéressante • **interestingly enough,...** chose intéressante,...
interest rate *n* taux *m* d'intérêt.
interface *n* ['ɪntəfeɪs] **1.** INFORM interface *f* **2.** *fig* rapports *mpl*, relations *fpl*.
interfaith [,ɪntə'feɪθ] *adj* interreligieux.
interfere [,ɪntə'fɪər] *vi* **1.** • **to interfere in sthg** s'immiscer dans qqch, se mêler de qqch **2.** • **to interfere with sthg a)** gêner *ou* contrarier qqch **b)** déranger qqch.
interference [,ɪntə'fɪərəns] *n (indén)* **1.** • **interference (with** *ou* **in)** ingérence *f* (dans), intrusion *f* (dans) **2.** TÉLÉCOM parasites *mpl*.
interfering [,ɪntə'fɪərɪŋ] *adj péj* qui se mêle de tout.
intergenerational [,ɪntədʒenə'reɪʃənl] *adj* intergénérationnel.
interim ['ɪntərɪm] *adj* provisoire. ❑ *n* • **in the interim** dans l'intérim, entre-temps.
interior [ɪn'tɪərɪər] *adj* **1.** intérieur **2.** POLIT de l'Intérieur. ❑ *n* intérieur *m*.
interior decorator *n* décorateur *m*, -trice *f*.
interior design *n* architecture *f* d'intérieur.
interior designer *n* architecte *mf* d'intérieur.
interlock [,ɪntə'lɒk] *vi* **1.** s'enclencher, s'engrener **2.** *(doigts)* s'entrelacer.
interloper ['ɪntələʊpər] *n péj* intrus *m*, -e *f*.
interlude ['ɪntəlu:d] *n* **1.** intervalle *m* **2.** interlude *m*.
intermediary [,ɪntə'mi:djərɪ] *n* intermédiaire *mf*.
intermediate [,ɪntə'mi:djət] *adj* **1.** intermédiaire **2.** moyen **3.** *(élève)* de niveau moyen.
intermediate technology *n* technologie *f* intermédiaire.
interminable [ɪn'tɜ:mɪnəbl] *adj* interminable, sans fin.
interminably [ɪn'tɜ:mɪnəblɪ] *adv* interminablement • **the play seemed interminably long** la pièce semblait interminable.
intermission [,ɪntə'mɪʃn] *n* entracte *m*.
intermittent [,ɪntə'mɪtənt] *adj* intermittent.
intermodality [,ɪntəməʊ'dælɪtɪ] *n* intermodalité *f*.
intern *vt* [ɪn'tɜ:n] interner. ❑ *n* ['ɪntɜ:n, (US)] **1.** stagiaire *mf* **2.** MÉD interne *mf*.
internal [ɪn'tɜ:nl] *adj* **1.** interne • **internal hard drive** disque *m* dur interne **2.** intérieur.
internalize, **-ise** (UK) [ɪn'tɜ:nəlaɪz] *vt* intérioriser *(une émotion)*.

internally [ɪn'tɜːnəlɪ] *adv* **1.** • **to bleed internally** faire une hémorragie interne **2.** à l'intérieur **3.** intérieurement.

Internal Revenue Service *n* **(US)** • **the Internal Revenue Service** ≃ le fisc.

international [,ɪntə'næʃənl] *adj* international.

internationally [,ɪntə'næʃnəlɪ] *adv* dans le monde entier.

Internet ['ɪntənet] *n* • **the Internet** l'Internet *m* • **on the Internet** sur Internet.

Internet access *n (indén)* accès à l'Internet *m*.

Internet banking *n (indén)* opérations *fpl* bancaires par l'Internet.

Internet café *n* cybercafé *m*.

Internet connection *n* connexion *f* Internet *ou* à l'Internet.

Internet Service Provider *n* fournisseur *m* d'accès.

Internet start-up, Internet start-up company *n* start-up *f*, jeune *f* pousse d'entreprise *recomm off.*

Internet television, Internet TV *n (indén)* télévision *f* par Internet.

interpret [ɪn'tɜːprɪt] *vt* • **to interpret sthg (as)** interpréter qqch (comme). ❑ *vi* servir d'interprète, interpréter.

interpreter [ɪn'tɜːprɪtəʳ] *n* interprète *mf*.

interracial [,ɪntə'reɪʃl] *adj* entre des races différentes, racial.

interrelate [,ɪntərɪ'leɪt] *vt* mettre en corrélation. ❑ *vi* • **to interrelate (with)** être lié (à), être en corrélation (avec).

interrogate [ɪn'terəgeɪt] *vt* interroger.

interrogation [ɪn,terə'geɪʃn] *n* **1.** interrogation *f* **2.** interrogatoire *m*.

interrogation mark (UK), interrogation point *n* **(US)** point *m* d'interrogation.

interrogative [,ɪntə'rɒgətɪv] *adj* GRAMM interrogatif. ❑ *n* GRAMM interrogatif *m*.

interrogator [ɪn'terəgeɪtəʳ] *n* interrogateur *m*, -trice *f*.

interrupt [,ɪntə'rʌpt] *vt* interrompre. ❑ *vi* interrompre.

interruption [,ɪntə'rʌpʃn] *n* interruption *f*.

intersect [,ɪntə'sekt] *vi* s'entrecroiser, s'entrecouper. ❑ *vt* croiser, couper.

intersection [,ɪntə'sekʃn] *n* croisement *m*, carrefour *m*.

intersperse [,ɪntə'spɜːs] *vt* • **to be interspersed with** être émaillé de, être entremêlé de.

interstate ['ɪntəsteɪt] *adj* entre États. ❑ *n* **(US)** autoroute *f*.

interval ['ɪntəvl] *n* **1.** intervalle *m* • **at intervals** par intervalles • **at monthly/yearly intervals** tous les mois/ans **2. (UK)** *(au théâtre, au concert)* entracte *m*.

intervene [,ɪntə'viːn] *vi* **1.** • **to intervene (in)** intervenir (dans), s'interposer (dans) **2.** survenir **3.** *(temps)* s'écouler.

intervening [,ɪntə'viːnɪŋ] *adj* qui s'est écoulé.

intervention [,ɪntə'venʃn] *n* intervention *f*.

interview ['ɪntəvjuː] *n* **1.** entrevue *f*, entretien *m* • **to have a job interview** passer un entretien professionnel **2.** interview *f*. ❑ *vt* **1.** faire passer une entrevue *ou* un entretien à **2.** interroger, sonder **3.** PRESSE interviewer.

interviewer ['ɪntəvjuːəʳ] *n* **1.** personne *f* qui fait passer une entrevue **2.** PRESSE intervieweur *m*.

intestine [ɪn'testɪn] *n* intestin *m*.

intimacy ['ɪntɪməsɪ] *n* **1.** • **intimacy (between/with)** intimité *f* (entre/avec) **2.** familiarité *f*.

intimate *adj* ['ɪntɪmət] **1.** intime **2.** approfondi.

intimately ['ɪntɪmətlɪ] *adv* **1.** étroitement **2.** intimement **3.** à fond.

intimidate [ɪn'tɪmɪdeɪt] *vt* intimider.

intimidating [ɪn'tɪmɪdeɪtɪŋ] *adj* intimidant.

into ['ɪntʊ] *prép* **1.** dans **2.** • **to bump into sthg** se cogner contre qqch • **to crash into** rentrer dans **3.** en • **to translate sthg into Spanish** traduire qqch en espagnol **4.** • **research/investigation into** recherche/enquête sur **5.** • **3 into 2** 2 divisé par 3 **6.** *fam* • **to be into sthg** être passionné par qqch.

intolerable [ɪn'tɒlrəbl] *adj* intolérable, insupportable.

intolerance [ɪn'tɒlərəns] *n* intolérance *f*.

intolerant [ɪn'tɒlərənt] *adj* intolérant.

intoxicated [ɪn'tɒksɪkeɪtɪd] *adj* **1.** ivre **2.** *fig* • **to be intoxicated by** *ou* **with sthg** être grisé *ou* enivré par qqch.

intoxicating [ɪn'tɒksɪkeɪtɪŋ] *adj* **1.** *(boisson)* alcoolisé **2.** *fig (expérience)* grisant, enivrant.

intractable [ɪn'træktəbl] *adj* **1.** intraitable **2.** insoluble.

intranet, Intranet ['ɪntrənet] *n* intranet *m*.

intransigent [ɪn'trænzɪdʒənt] *adj* intransigeant.

intransitive [ɪn'trænzətɪv] *adj* intransitif.

intravenous [,ɪntrə'viːnəs] *adj* intraveineux.

in-tray (surtout UK), in-basket (US), in-box (US) *n* casier *m* des affaires à traiter.

intricate ['ɪntrɪkət] *adj* compliqué.

intrigue [ɪn'triːg] *n* intrigue *f*. ❑ *vt* intriguer, exciter la curiosité de.

intriguing [ɪn'triːgɪŋ] *adj* fascinant.

intrinsic [ɪn'trɪnsɪk] *adj* intrinsèque.

introduce [,ɪntrə'djuːs] *vt* **1.** présenter • **to introduce sb to sb** présenter qqn à qqn **2.** • **to introduce sthg (to** *ou* **into)** introduire qqch (dans) **3.** • **to introduce sb to sthg** initier qqn à qqch, faire découvrir qqch à qqn **4.** aborder *(un sujet)*.

introduction [ˌɪntrəˈdʌkʃn] *n* **1.** introduction *f* **2.** • **introduction (to sb)** présentation *f* (à qqn).
introductory [ˌɪntrəˈdʌktrɪ] *adj* d'introduction, préliminaire.
introductory offer *n* offre *f* de lancement.
introductory price *n* prix *m* de lancement.
introspection [ˌɪntrəˈspekʃn] *n* introspection *f*.
introspective [ˌɪntrəˈspektɪv] *adj* introspectif.
introvert [ˈɪntrəvɜːt] *n* introverti *m*, -e *f*.
introverted [ˈɪntrəvɜːtɪd] *adj* introverti.
intrude [ɪnˈtruːd] *vi* faire intrusion • **to intrude on sb** déranger qqn.
intruder [ɪnˈtruːdəʳ] *n* intrus *m*, -e *f*.
intrusive [ɪnˈtruːsɪv] *adj* gênant, importun.
intubate [ˈɪntjʊbeɪt] *vt* MÉD intuber.
intuition [ˌɪntjuːˈɪʃn] *n* intuition *f*.
intuitive [ɪnˈtjuːɪtɪv] *adj* intuitif.
inundate [ˈɪnʌndeɪt] *vt* **1.** *sout* inonder **2.** • **to be inundated with** être submergé de.
invade [ɪnˈveɪd] *vt* **1.** envahir **2.** *fig* violer *(l'intimité de qqn)*.
invalid *adj* [ɪnˈvælɪd] non valide, non valable. ❑ *n* [ˈɪnvəlɪd] invalide *mf*.
invaluable [ɪnˈvæljʊəbl] *adj* • **invaluable (to) a)** précieux (pour) **b)** inestimable (pour).
invariably [ɪnˈveərɪəblɪ] *adv* invariablement, toujours.
invasion [ɪnˈveɪʒn] *n* *litt* & *fig* invasion *f*.
invasive [ɪnˈveɪsɪv] *adj* **1.** MÉD invasif **2.** *fig* envahissant.
invent [ɪnˈvent] *vt* inventer.
invention [ɪnˈvenʃn] *n* invention *f*.
inventive [ɪnˈventɪv] *adj* inventif.
inventor [ɪnˈventəʳ] *n* inventeur *m*, -trice *f*.
inventory [ˈɪnvəntrɪ] *n* inventaire *m*.
invert [ɪnˈvɜːt] *vt* retourner.
inverted commas [ɪnˌvɜːtɪd-] *npl* **(UK)** guillemets *mpl* • **in inverted commas** entre guillemets.
invest [ɪnˈvest] *vt* **1.** • **to invest sthg (in)** investir qqch (dans) **2.** • **to invest sthg in sthg/in doing sthg** consacrer qqch à qqch/à faire qqch, employer qqch à qqch/à faire qqch. ❑ *vi* **1.** FIN • **to invest (in sthg)** investir (dans qqch) **2.** *fig* • **to invest in sthg** se payer qqch, s'acheter qqch.
investigate [ɪnˈvestɪgeɪt] *vt* **1.** enquêter sur, faire une enquête sur **2.** faire des recherches sur.
investigation [ɪnˌvestɪˈgeɪʃn] *n* **1.** • **investigation (into) a)** enquête *f* (sur) **b)** recherches *fpl* (sur) • **a police investigation** une enquête de police **2.** *(indén)* investigation *f*.
investigative [ɪnˈvestɪgətɪv] *adj* d'investigation.
investment [ɪnˈvestmənt] *n* **1.** FIN investissement *m*, placement *m* **2.** dépense *f*.
investor [ɪnˈvestəʳ] *n* investisseur *m*.
inveterate [ɪnˈvetərət] *adj* invétéré.
invidious [ɪnˈvɪdɪəs] *adj* **1.** ingrat **2.** injuste.
invigilate [ɪnˈvɪʤɪleɪt] **(UK)** *vi* surveiller les candidats (à un examen). ❑ *vt* surveiller.
invigorating [ɪnˈvɪgəreɪtɪŋ] *adj* tonifiant, vivifiant.
invincible [ɪnˈvɪnsɪbl] *adj* **1.** *(champion, armée)* invincible **2.** *(record)* imbattable.
invisible [ɪnˈvɪzɪbl] *adj* invisible.
invitation [ˌɪnvɪˈteɪʃn] *n* invitation *f* • **a wedding invitation** une invitation à un mariage.
invite [ɪnˈvaɪt] *vt* **1.** • **to invite sb (to)** inviter qqn (à) **2.** • **to invite sb to do sthg** inviter qqn à faire qqch **3.** • **to invite trouble** aller au devant des ennuis • **to invite gossip** faire causer.
inviting [ɪnˈvaɪtɪŋ] *adj* **1.** attrayant, agréable **2.** *(nourriture)* appétissant.
invoice [ˈɪnvɔɪs] *n* facture *f*. ❑ *vt* **1.** envoyer la facture à **2.** facturer.
invoicing [ˈɪnvɔɪsɪŋ] *n* COMM facturation *f* • **invoicing address** adresse *f* de facturation • **invoicing instructions** instructions *fpl* de facturation • **invoicing software** logiciel *m* de facturation.
invoke [ɪnˈvəʊk] *vt* **1.** *sout* invoquer *(la loi)* **2.** susciter, faire naître *(des sentiments)* **3.** demander, implorer *(l'aide de qqn)*.
involuntary [ɪnˈvɒləntrɪ] *adj* involontaire.
involve [ɪnˈvɒlv] *vt* **1.** nécessiter • **to involve doing sthg** nécessiter de faire qqch **2.** toucher • **what's involved?** de quoi s'agit-il ? **3.** • **to involve sb in sthg** impliquer qqn dans qqch.
involved [ɪnˈvɒlvd] *adj* **1.** complexe, compliqué **2.** • **to be involved in sthg** participer *ou* prendre part à qqch **3.** • **to be involved with sb** avoir des relations intimes avec qqn.
involvement [ɪnˈvɒlvmənt] *n* **1.** participation *f* **2.** engagement *m*.
inward [ˈɪnwəd] *adj* **1.** intérieur **2.** vers l'intérieur. ❑ *adv* **(US)** = **inwards**.
inward-looking *adj* **1.** *(personne)* introverti, replié sur soi **2.** *péj* nombriliste.
inwards [ˈɪnwədz] *adv* vers l'intérieur.
in-your-face *adj* *fam* provocant.
iodine [**(UK)** ˈaɪədiːn, **(US)** ˈaɪədaɪn] *n* iode *m*.
ionized [ˈaɪənaɪzd] *adj* CHIM & PHYS ionisé • **ionized-gas anemometer** anémomètre *m* à ionisation.
iota [aɪˈəʊtə] *n* *fig* brin *m*, grain *m*.
IOU (abrév de I owe you) *n* reconnaissance *f* de dette.
iPod® [ˈaɪpɒd] *n* iPod® *m*.
IQ (abrév de intelligence quotient) *n* QI *m*.
IRA *n* (abrév de Irish Republican Army) IRA *f*.
Iran [ɪˈrɑːn] *n* Iran *m*.

Iranian [ɪ'reɪnjən] *adj* iranien. ❑ *n* Iranien *m*, -enne *f*.
Iraq [ɪ'rɑːk] *n* Iraq *m*, Irak *m*.
Iraqi [ɪ'rɑːkɪ] *adj* iraquien, irakien. ❑ *n* Iraquien *m*, -enne *f*, Irakien *m*, -enne *f*.
irate [aɪ'reɪt] *adj* furieux.
Ireland ['aɪələnd] *n* Irlande *f*.
iris ['aɪərɪs] (*pl* **-es**) *n* iris *m*.
Irish ['aɪrɪʃ] *adj* irlandais. ❑ *n* irlandais *m*. ❑ *npl* • **the Irish** les Irlandais.
Irishman ['aɪrɪʃmən] (*pl* **-men**) *n* Irlandais *m*.
Irish Sea *n* • **the Irish Sea** la mer d'Irlande.
Irishwoman ['aɪrɪʃ,wʊmən] (*pl* **-women**) *n* Irlandaise *f*.
irksome ['ɜːksəm] *adj* ennuyeux, assommant.
IRL *SMS* (abrév de in real life) dans la réalité.
iron ['aɪən] *adj* **1.** de *ou* en fer **2.** *fig* de fer. ❑ *n* **1.** fer *m* **2.** fer *m* à repasser. ❑ *vt* repasser. ■ **iron out** *vt sép* **1.** aplanir *(les difficultés)* **2.** résoudre *(les problèmes)*.
Iron Curtain *n* • **the Iron Curtain** le rideau de fer.
ironic(al) [aɪ'rɒnɪk(l)] *adj* ironique.
ironically [aɪ'rɒnɪklɪ] *adv* ironiquement.
ironing ['aɪənɪŋ] *n* repassage *m* • **to do the ironing** faire le repassage.
ironing board *n* planche *f ou* table *f* à repasser.
ironmonger ['aɪən,mʌŋgəʳ] *n* **(UK)** *vieilli* quincaillier *m* • **ironmonger's (shop)** quincaillerie *f*.
iron-willed *adj* à la volonté de fer.
irony ['aɪrənɪ] *n* ironie *f*.
irrational [ɪ'ræʃənl] *adj* **1.** irrationnel, déraisonnable **2.** non rationnel.
irreconcilable [ɪ,rekən'saɪləbl] *adj* inconciliable.
irreconcilably [ɪ,rekən'saɪləblɪ] *adv* • **they are irreconcilably different** ils sont radicalement différents.
irredeemable [,ɪrɪ'diːməbl] *adj sout* **1.** *(erreur)* irréparable **2.** *(perte)* irrémédiable.
irrefutable [ɪ'refjʊtəbl] *adj* irréfutable.
irrefutably [,ɪrɪ'fjuːtəblɪ] *adv* irréfutablement.
irregular [ɪ'regjʊləʳ] *adj* irrégulier.
irregularity [ɪ,regjʊ'lærətɪ] (*pl* **-ies**) *n* irrégularité *f*.
irrelevance [ɪ'reləvəns], **irrelevancy** [ɪ'reləvənsɪ] (*pl* **-ies**) *n* manque *m* de pertinence.
irrelevant [ɪ'reləvənt] *adj* sans rapport.
irreparable [ɪ'repərəbl] *adj* irréparable.
irreplaceable [,ɪrɪ'pleɪsəbl] *adj* irremplaçable.
irrepressible [,ɪrɪ'presəbl] *adj* que rien ne peut entamer.
irresistible [,ɪrɪ'zɪstəbl] *adj* irrésistible.
irrespective [,ɪrɪ'spektɪv] ■ **irrespective of** *prép* sans tenir compte de.
irresponsible [,ɪrɪ'spɒnsəbl] *adj* irresponsable.
irretrievable [,ɪrɪ'triːvəbl] *adj* irréparable, irrémédiable.
irreversible [,ɪrɪ'vɜːsəbl] *adj* **1.** *(jugement, décision)* irrévocable **2.** *(changement, dégât)* irréversible.
irrevocable [ɪ'revəkəbl] *adj* irrévocable.
irrigate ['ɪrɪgeɪt] *vt* irriguer.
irrigation [,ɪrɪ'geɪʃn] *n* irrigation *f*. ❑ *en apposition* d'irrigation.
irritable ['ɪrɪtəbl] *adj* irritable.
irritable bowel syndrome *n* syndrome *m* du côlon irritable.
irritate ['ɪrɪteɪt] *vt* irriter.
irritated ['ɪrɪteɪtɪd] *adj* **1.** *(personne)* irrité, agacé • **don't get irritated!** ne t'énerve pas ! **2.** *MÉD (organe)* irrité.
irritating ['ɪrɪteɪtɪŋ] *adj* irritant.
irritation [ɪrɪ'teɪʃn] *n* **1.** irritation *f* **2.** source *f* d'irritation.
IRS (abrév de Internal Revenue Service) *n* **(US)** • **the IRS** ≃ le fisc.
is [ɪz] → **be**.
IS *n* abrév de **information system**.
ISDN (abrév de integrated services digital network) *n INFORM* RNIS *m (réseau numérique à intégration de services)* • **ISDN line** ligne *f* RNIS • **ISDN modem** modem *m* RNIS. ❑ *vt* • **to ISDN sth** *fam* envoyer qqch par RNIS.
Islam ['ɪzlɑːm] *n* islam *m*.
Islamic [ɪz'læmɪk] *adj* islamique.
Islamist ['ɪzləmɪst] *adj & n* islamiste *mf*.
island ['aɪlənd] *n* **1.** île *f* **2.** *AUTO* refuge *m* pour piétons.
islander ['aɪləndəʳ] *n* habitant *m*, -e *f* d'une île.
isle [aɪl] *n* île *f*.
Isle of Man *n* • **the Isle of Man** l'île *f* de Man.
Isle of Wight [-waɪt] *n* • **the Isle of Wight** l'île *f* de Wight.
isn't ['ɪznt] = **is not**.
isobar ['aɪsəbɑːʳ] *n* isobare *f*.
isolate ['aɪsəleɪt] *vt* • **to isolate sb/sthg (from)** isoler qqn/qqch (de).
isolated ['aɪsəleɪtɪd] *adj* isolé.
isolation [aɪsə'leɪʃn] *n* isolement *m* • **in isolation** dans l'isolement.
ISP *n* abrév de **Internet Service Provider**.
Israel ['ɪzreɪəl] *n* Israël *m*.
Israeli [ɪz'reɪlɪ] *adj* israélien. ❑ *n* Israélien *m*, -enne *f*.
ISS ['aɪ 'es 'es] (abrév de In School Suspension) *n* **(US)** *SCOL* exclusion *f* interne.
issue ['ɪʃuː] *n* **1.** question *f*, problème *m* **2.** *péj* • **to make an issue of sthg** faire toute une affaire de qqch **3.** • **at issue** en question, en cause **4.** *PRESSE* numéro *m* **5.** émission *f (de billets, de timbres)*. ❑ *vt* **1.** faire *(une déclaration)* **2.** lancer

(un avertissement) **3.** émettre *(des billets, des timbres)* **4.** publier *(un livre)* **5.** délivrer *(un passeport)*.

isthmus ['ɪsməs] *n* isthme *m*.

it [ɪt] *pron* **1.** *(sujet)* il/elle **2.** *(objet direct)* le/la • **did you find it?** tu l'as trouvé ? • **give it to me** donne-moi ça **3.** *(objet indirect)* lui **4.** *(avec prépositions)* • **put the vegetables in it** mettez-y les légumes • **on it** dessus • **under it** dessous • **beside it** à côté • **from/of it** en • **he's very proud of it** il en est très fier **5.** *(usage impersonnel)* il, ce • **it is cold today** il fait froid aujourd'hui • **who is it? — it's Mary** qui est-ce ? — c'est Mary. ❑ *n fam* • **you're it!** c'est toi le chat !

À PROPOS DE

it

It est le pronom personnel qui représente les objets, les concepts et les animaux non familiers ***(there's my car - it's a Ford)***. ***He*** représente les personnes et les animaux familiers de sexe masculin ***(there's my brother - he's a teacher*** ; ***there's my cat - isn't he funny?)*** ; ***she*** est son équivalent féminin ***(there's my sister - she's a nurse)***.

On peut utiliser ***it*** pour les noms d'animaux ainsi pour que certains noms désignant des personnes - dont ***baby*** - si l'on ignore le sexe ***(listen to that baby - I wish it would be quiet!)***.

N'oubliez pas qu'il n'y a pas de pronom possessif correspondant à ***it***. ***Its*** est uniquement un adjectif ***(its fur is wet*** ; ***its lock is broken)***.

Les verbes servant à décrire le temps qu'il fait sont toujours précédés de ***it,*** et ils sont toujours à la troisième personne du singulier.

IT (abrév de information technology) *n* • **she works in IT** elle travaille dans l'informatique • **IT manager** responsable *mf* du service informatique • **IT support** support *m* informatique.

Italian [ɪ'tæljən] *adj* italien. ❑ *n* **1.** Italien *m*, -enne *f* **2.** italien *m*.

Italian dressing *n* vinaigrette *f* aux fines herbes.

italic [ɪ'tælɪk] *adj* italique. ■ **italics** *npl* italiques *fpl* • **in italics** en italiques.

Italy ['ɪtəlɪ] *n* Italie *f*.

itch [ɪtʃ] *n* démangeaison *f*. ❑ *vi* **1.** • **my arm itches** mon bras me démange **2.** *fig* • **to be itching to do sthg** mourir d'envie de faire qqch.

itchy ['ɪtʃɪ] *adj* qui démange.

it'd ['ɪtəd] = **it would, it had**.

item ['aɪtəm] *n* **1.** chose *f*, article *m* **2.** question *f*, point *m* **3.** PRESSE article *m* **4.** *(couple)* • **are they an item?** est-ce qu'ils sortent ensemble ?

itemize, **-ise** (UK) ['aɪtəmaɪz] *vt* détailler.

it-girl *n fam jeune femme fortement médiatisée* • **she's the it-girl** c'est la fille dont on parle.

itinerary [aɪ'tɪnərərɪ] *n* itinéraire *m*.

it'll [ɪtl] = **it will**.

its [ɪts] *adj poss* son/sa, ses *(pl)*.

À PROPOS DE

its

L'adjectif possessif qui accompagne les noms collectifs tels que ***government, team*** et ***school*** peut être soit ***its***, soit ***their***. Faites bien attention à mettre le verbe au singulier ou au pluriel selon le cas ***(the government has made up its mind = the government have made up their minds)***.

Si vous parlez d'une partie du corps, n'oubliez pas d'utiliser l'adjectif possessif ***its,*** et non pas ***the (the cat was licking its paws, le chat se léchait les pattes)***.

it's [ɪts] = **it is, it has**.

itself [ɪt'self] *pron* **1.** *(réfléchi)* se **2.** *(précédé d'une préposition)* soi **3.** *(forme emphatique)* lui-même, elle-même *f* • **in itself** en soi.

ITV (abrév de Independent Television) *n sigle désignant les programmes diffusés par les chaînes relevant de l'IBA*.

ITYS SMS (abrév de I think you stink) je te trouve dégueulasse.

IUSS SMS (abrév de if you say so) si tu le dis.

I've [aɪv] = **I have**.

ivory ['aɪvərɪ] *n* ivoire *m*.

ivy ['aɪvɪ] *n* lierre *m*.

Ivy League *n* (US) *les huit grandes universités de l'est des États-Unis*.

CULTURE

Ivy League

Le terme **Ivy League** désigne l'ensemble composé de **Dartmouth College** et des sept universités de **Brown**, **Columbia**, **Cornell**, **Harvard**, **Pennsylvania**, **Princeton** et **Yale**. Ces établissements comptent parmi les plus anciens des États-Unis (le mot **ivy**, « lierre », fait allusion aux murs des bâtiments anciens). Posséder un diplôme de l'**Ivy League** est une preuve de succès reconnue par tous.

IWB *n* abrév de **interactive whiteboard**.

IYD SMS (abrév de in your dreams) dans tes rêves.

j [dʒeɪ] *(pl* **j's** *ou* **js)**, **J** *(pl* **J's** *ou* **Js)** *n* j *m inv*, J *m inv*.
J4F SMS (abrév de just for fun) juste pour s'amuser.
jab [dʒæb] *n* **1.** (UK) *fam* piqûre *f* **2.** *(boxe)* direct *m*. ❑ *vt* • **to jab sthg into** planter *ou* enfoncer qqch dans.
jabber ['dʒæbəʳ] *vt & vi* baragouiner.
jack [dʒæk] *n* cric *m*. ■ **jack in** *vt sép* (UK) *fam* laisser tomber, plaquer • **he's jacked in his job** il a plaqué son boulot. ■ **jack up** *vt sép* soulever avec un cric.
jackal ['dʒækəl] *n* chacal *m*.
jackdaw ['dʒækdɔ] *n* choucas *m*.
jacket ['dʒækɪt] *n* **1.** veste *f* • **a leather jacket** une veste en cuir **2.** peau *f*, pelure *f (de pomme de terre)* **3.** jaquette *f (de livre)* **4.** (US) pochette *f (de disque vinyle)*.
jacket potato *n* (UK) pomme de terre *f* en robe de chambre.
jackhammer ['dʒæk,hæməʳ] *n* (US) marteau piqueur *m*.
jack-in-the-box *n* diable *m* qui sort de sa boîte.
jackknife ['dʒæknaɪf] *n (pl* **jackknives** [-naɪvz]) couteau *m* de poche. ❑ *vi* • **the truck jackknifed** le camion s'est mis en travers de la route.
jackknife dive *n* SPORT saut *m* de carpe.
jack-of-all-trades *(pl* **jacks-of-all-trades**) *n* touche-à-tout *m*.
jack plug *n* (UK) ÉLECTR jack *m*.
jackpot ['dʒækpɒt] *n* gros lot *m* • **to win the jackpot** gagner le gros lot.
jacksie ['dʒæksɪ] *n* (UK) *tfam* fesses *fpl*, popotin *m*.
Jacuzzi® [dʒə'ku:zɪ] *n* Jacuzzi® *m*, bain *m* à remous.
jaded ['dʒeɪdɪd] *adj* blasé.
jagged ['dʒægɪd] *adj* déchiqueté, dentelé.
jail [dʒeɪl] *n* prison *f* • **to go to jail** aller en prison. ❑ *vt* emprisonner, mettre en prison.
jailbird ['dʒeɪlbɜ:d] *n fam* taulard *m*, -e *f*.
jailbreak ['dʒeɪlbreɪk] *n* évasion *f* de prison.
jailer ['dʒeɪləʳ] *n* geôlier *m*, -ère *f*.
jam [dʒæm] *n* **1.** confiture *f* **2.** embouteillage *m*, bouchon *m* **3.** *fam* • **to get into/be in a jam** se mettre/être dans le pétrin. ❑ *vt* **1.** bloquer, coincer **2.** • **to jam sthg into** entasser *ou* tasser qqch dans • **to jam sthg onto** enfoncer qqch sur **3.** embouteiller **4.** surcharger **5.** RADIO brouiller. ❑ *vi* **1.** *(porte, levier)* se coincer **2.** *(freins)* se bloquer.
Jamaica [dʒə'meɪkə] *n* Jamaïque *f*.
jammin' ['dʒæmɪn] (US) *adj fam* • **we're jammin'** tout baigne.
jammy ['dʒæmɪ] *(comp* **jammier**, *superl* **jammiest**) *adj fam* **1.** *(doigts)* poisseux • **jammy fingers** des doigts poisseux de confiture **2.** (UK) *(personne)* chanceux.
jam-packed [-'pækt] *adj fam* plein à craquer.
jams [dʒæmz] *npl* (US) bermuda *m*.
jam session *n* MUS bœuf *m*, jam-session *f*.
Jan. ['dʒæn] (abrév de January) janv.
jangle ['dʒæŋgl] *vt* **1.** faire cliqueter *(des clés)* **2.** faire retentir *(des cloches)*.
janitor ['dʒænɪtəʳ] *n* (US & ÉCOSSE) concierge *mf*.
January ['dʒænjʊərɪ] *n* janvier *m*. Voir aussi September.
Japan [dʒə'pæn] *n* Japon *m*.
Japanese [,dʒæpə'ni:z] *adj* japonais. ❑ *n (pl inv)* japonais *m*. ❑ *npl* • **the Japanese** les Japonais *mpl*.
jar [dʒɑ:ʳ] *n* pot *m*. ❑ *vt* secouer. ❑ *vi* • **to jar (on sb)** irriter (qqn), agacer (qqn).
jargon ['dʒɑ:gən] *n* jargon *m*.
jarring ['dʒɑ:rɪŋ] *adj (bruit, couleur)* discordant.
jasmine ['dʒæzmɪn] *n* jasmin *m*.
jaundice ['dʒɔndɪs] *n* jaunisse *f*.
jaundiced ['dʒɔndɪst] *adj fig* aigri.
jaunt [dʒɔnt] *n* balade *f*.
jaunty ['dʒɔntɪ] *adj* désinvolte, insouciant.
javelin ['dʒævlɪn] *n* javelot *m*.
jaw [dʒɔ] *n* mâchoire *f*.
jawbone ['dʒɔbəʊn] *n* (os *m*) maxillaire *m*.
jay [dʒeɪ] *n* geai *m*.
jaywalk ['dʒeɪwɔ:k] *vi* traverser en dehors des clous.

jaywalker ['dʒeɪwɔkər] *n* piéton *m* qui traverse en dehors des clous.
jazz [dʒæz] *n* jazz *m* • **a jazz band** un orchestre de jazz. ■ **jazz up** *vt sép fam* égayer, animer.
jazzy ['dʒæzɪ] *adj fam (vêtements, voiture)* voyant.
jealous ['dʒeləs] *adj* jaloux.
jealously ['dʒeləslɪ] *adv* jalousement.
jealousy ['dʒeləsɪ] *n* jalousie *f*.
jeans [dʒi:nz] *npl* jean *m* • **a pair of jeans** un jean.
Jeep® [dʒi:p] *n* Jeep® *f*.
jeer [dʒɪər] *vt* huer, conspuer. ❑ *vi* • **to jeer (at sb)** huer (qqn), conspuer (qqn). ■ **jeers** *npl* huées *fpl*.
jeering ['dʒɪərɪŋ] *adj* moqueur, railleur.
jeez [dʒi:z] *interj* **(US)** *fam* purée !
Jehovah's Witness [dʒɪ,həʊvəz-] *n* témoin *m* de Jéhovah.
Jell-O® ['dʒeləʊ] *n* **(US)** gelée *f*.
jelly ['dʒelɪ] *n (pl* **jellies**) **1.** **(UK)** gelée *f* **2.** (surtout **US)** confiture *f*.
jellyfish ['dʒelɪfɪʃ] *(pl inv ou -es) n* méduse *f*.
jeopardize, **-ise** **(UK)** ['dʒepədaɪz] *vt* compromettre, mettre en danger.
jeopardy ['dʒepədɪ] *n* • **in jeopardy** en péril *ou* danger, menacé.
jerk [dʒɜ:k] *n* **1.** secousse *f*, saccade *f* **2.** *fam* abruti *m*, -e *f*. ❑ *vi* **1.** sursauter **2.** *(voiture)* cahoter.
jersey ['dʒɜ:zɪ] *(pl -s) n* **1.** pull *m* **2.** jersey *m*.
Jersey ['dʒɜ:zɪ] *n* **1.** **(UK)** Jersey *f* **2.** **(US)** New-Jersey *m*.
jest [dʒest] *n sout* plaisanterie *f* • **in jest** pour rire.
Jesus (Christ) ['dʒi:zəs-] *n* Jésus *m*, Jésus-Christ *m*.
jet [dʒet] *n* **1.** jet *m*, avion *m* à réaction **2.** jet *m (de liquide)* **3.** AUTO gicleur *m*.
jet-black *adj* noir comme (du) jais.
jet engine *n* moteur *m* à réaction.
jetfoil ['dʒetfɔɪl] *n* hydroglisseur *m*.
jet lag *n* fatigue *f* due au décalage horaire.
jet-lagged [-lægd] *adj* fatigué par le décalage horaire.
jet set *n* • **the jet set** la jet-set.
jet-setter *n fam* membre *m* de la jet-set.
jettison ['dʒetɪsən] *vt* **1.** jeter, larguer *(une cargaison)* **2.** *fig* abandonner, renoncer à.
jet trail *n* traînée *f* de condensation.
jetty ['dʒetɪ] *n* jetée *f*.
Jew [dʒu:] *n* Juif *m*, -ive *f*.
jewel ['dʒu:əl] *n* **1.** bijou *m* **2.** TECHNOL rubis *m (d'une montre)*.
jeweller (UK), **jeweler (US)** ['dʒu:ələr] *n* bijoutier *m*, -ère *f*.
jewellery (UK), **jewelry (US)** ['dʒu:əlrɪ] *n (indén)* bijoux *mpl*.
jewelry store (US) *n* bijouterie *f*.
Jewess ['dʒu:ɪs] *n* juive *f*.
Jewish ['dʒu:ɪʃ] *adj* juif.
JFK SMS (abrév de just for kicks) juste pour se marrer.
jib [dʒɪb] *n* NAUT foc *m*.
jibe [dʒaɪb] *n* sarcasme *m*, moquerie *f*.
jiffy ['dʒɪfɪ] *n fam* • **in a jiffy** en un clin d'œil.
Jiffy bag® *n* **(UK)** enveloppe *f* matelassée.
jig [dʒɪg] *n* gigue *f*.
jiggy ['dʒɪgɪ] *adj* **(US)** *fam* cool.
jigsaw (puzzle) ['dʒɪgsɔ-] *n* puzzle *m*.
jilt [dʒɪlt] *vt* laisser tomber.
jingle ['dʒɪŋgl] *n* **1.** cliquetis *m* **2.** jingle *m*, indicatif *m*. ❑ *vi* **1.** tinter **2.** cliqueter.
jinx [dʒɪŋks] *n* poisse *f*.
jinxed [dʒɪŋkst] *adj* qui a la poisse.
JIT distribution *n* distribution *f* JAT.
jitters ['dʒɪtəz] *npl fam* • **the jitters** le trac.
jittery ['dʒɪtərɪ] *adj fam* nerveux.
jive [dʒaɪv] *n* **1.** *(danse)* rock *m* **2.** **(US)** *fam* & *vieilli* baratin *m*. ❑ *vi* danser le rock.
JK SMS (abrév de just kidding) je plaisante.
job [dʒɒb] *n* **1.** emploi *m* **2.** travail *m*, tâche *f* **3.** • **to have a job doing sthg** avoir du mal à faire qqch **4.** • **it's a good job they were home** heureusement qu'ils étaient à la maison • **we decided to make the best of a bad job** nous avons décidé de faire avec ce que nous avions **5.** • **great job!** **(US)** bravo !
job action *n* **(US)** = **industrial action**.
jobbing ['dʒɒbɪŋ] *adj* **(UK)** qui travaille à la tâche.
job centre *n* **(UK)** agence *f* pour l'emploi.
job creation *n* création *f* d'emplois.
job creation scheme *n* **(UK)** plan *m* de création d'emplois.
job description *n* profil *m* du poste.
jobholder ['dʒɒb,həʊldər] *n* salarié *m*, -e *f*.
job-hop *(prét & pp* **job-hopped**, *cont* **job-hopping**) *vi* **(US)** aller d'un emploi à l'autre.
job hunting *n* recherche *f* d'un emploi • **to go/to be job hunting** aller/être à la recherche d'un emploi.
jobless ['dʒɒblɪs] *adj* au chômage.
job satisfaction *n* satisfaction *f* dans le travail.
job security *n* sécurité *f* de l'emploi.
job seeker *n* **(UK)** *sout* demandeur *m* d'emploi.
job-share *n* partage *m* du travail. ❑ *vi* partager le travail.
jobsharing ['dʒɒbʃeərɪŋ] *n* partage *m* de l'emploi.
jobsworth ['dʒɒbzwəθ] *n* **(UK)** *fam* petit chef *m (qui invoque le règlement pour éviter toute initiative)*.
jockey ['dʒɒkɪ] *(pl -s) n* jockey *mf*. ❑ *vi* • **to jockey for position** manœuvrer pour devancer ses concurrents.

jocular ['dʒɒkjʊlər] *adj sout* **1.** enjoué, jovial **2.** amusant.
jodhpurs ['dʒɒdpəz] *npl* jodhpurs *mpl*, culotte *f* de cheval.
Joe Public [dʒəʊ-] *n* (UK) l'homme *m* de la rue.
jog [dʒɒg] *n* • **to go for a jog** faire du jogging. ❑ *vt* **1.** pousser **2.** • **to jog sb's memory** rafraîchir la mémoire de qqn. ❑ *vi* faire du jogging, jogger.
jogger ['dʒɒgər] *n* joggeur *m*, -euse *f*.
jogging ['dʒɒgɪŋ] *n* jogging *m* • **to go jogging** faire du jogging.
jog top *n* sweat *m*.
john [dʒɒn] *n* (US) *fam* petit coin *m*, cabinets *mpl*.
Johnny Foreigner [,dʒɒnɪ'fɒrɪnər] *n fam* & *hum* étranger *m*, -ère *f*.
John Q Public *n* (US) monsieur Tout-le-Monde.
join [dʒɔɪn] *n* raccord *m*, joint *m*. ❑ *vt* **1.** unir, joindre **2.** relier **3.** rejoindre, retrouver **4.** devenir membre de **5.** s'inscrire à **6.** s'engager dans *(l'armée)* • **to join a queue** (UK) *ou* **to join a line** (US) faire la queue. ❑ *vi* **1.** se joindre **2.** devenir membre **3.** s'inscrire. ■ **join in** *vt insép* prendre part à, participer à. ❑ *vi* participer. ■ **join up** *vi MIL* s'engager dans l'armée.
joiner ['dʒɔɪnər] *n* (UK) menuisier *m*, -ère *f*.
joinery ['dʒɔɪnərɪ] *n* (UK) menuiserie *f*.
joint [dʒɔɪnt] *adj* **1.** conjugué **2.** collectif. ❑ *n* **1.** joint *m* **2.** *ANAT* articulation *f* **3.** *CULIN* rôti *m* **4.** *fam* bouge *m* **5.** *arg drogue* joint *m*.
joint account *n* compte *m* joint.
jointly ['dʒɔɪntlɪ] *adv* conjointement.
joint venture *n* joint-venture *m*.
joke [dʒəʊk] *n* blague *f*, plaisanterie *f* • **to tell a joke** raconter une plaisanterie • **to play a joke on sb** faire une blague à qqn, jouer un tour à qqn • **it's no joke** *fam* ce n'est pas de la tarte. ❑ *vi* plaisanter, blaguer • **are you joking?** tu plaisantes ? • **to joke about sthg a)** plaisanter sur qqch **b)** se moquer de qqch.
joker ['dʒəʊkər] *n* **1.** blagueur *m*, -euse *f* **2.** *(jeu de cartes)* joker *m*.
jokingly ['dʒəʊkɪŋlɪ] *adv* en plaisantant, pour plaisanter.
jollies ['dʒɒlɪz] *npl* (US) • **to get one's jollies (doing sthg)** *fam* prendre son pied (à faire qqch).
jolly ['dʒɒlɪ] *adj* **1.** jovial, enjoué **2.** *vieilli* agréable. ❑ *adv* (UK) *fam* & *vieilli* drôlement, rudement.
jolt [dʒəʊlt] *n* **1.** secousse *f*, soubresaut *m* **2.** choc *m*. ❑ *vt* secouer.
jones [dʒəʊnz] *vi* (US) *fam* • **to jones for sthg** avoir très envie de qqch.
Jordan ['dʒɔːdn] *n* Jordanie *f*.
jostle ['dʒɒsl] *vt* bousculer. ❑ *vi* se bousculer.
jot [dʒɒt] *n* grain *m*, brin *m (de vérité, de savoir)*. ■ **jot down** *vt sép* noter.
jotter ['dʒɒtər] *n* **1.** (UK) *(à l'école)* cahier *m*, carnet *m* **2.** *(au bureau)* bloc-notes *m*.
jottings ['dʒɒtɪŋz] *npl* notes *fpl*.
journal ['dʒɜːnl] *n* **1.** revue *f* **2.** journal *m* (intime).
journalism ['dʒɜːnəlɪzm] *n* journalisme *m*.
journalist ['dʒɜːnəlɪst] *n* journaliste *mf*.
journey ['dʒɜːnɪ] *(pl* **-s***)* *n* voyage *m*.
jovial ['dʒəʊvjəl] *adj* jovial.
jowls [dʒaʊlz] *npl* bajoues *fpl*.
joy [dʒɔɪ] *n* joie *f*.
joyful ['dʒɔɪfʊl] *adj* joyeux.
joyfully ['dʒɔɪfʊlɪ] *adv* joyeusement, avec joie.
joyous ['dʒɔɪəs] *adj littéraire* joyeux.
joyride ['dʒɔɪraɪd] *n* virée *f (dans une voiture volée)*.
joyrider ['dʒɔɪraɪdər] *n personne qui vole une voiture pour aller faire une virée.*
joystick ['dʒɔɪstɪk] *n* **1.** *AÉRON* manche *m* (à balai) **2.** *INFORM* manette *f* (de jeux).
JP *n* abrév de **Justice of the Peace**.
JPEG ['dʒeɪpeg] (abrév de Joint Photographic Experts Group) *n INFORM* (format *m*) JPEG *m*.
Jr. (abrév de Junior) Jr.
JROTC ['dʒeɪ 'ɑːr 'əʊ 'tiː 'siː] (abrév de Junior Reserve Officers' Training Corps) *n* (US) *SCOL programme fédéral dont le but est d'instiller chez les lycéens le sens du patriotisme, de la citoyenneté et le goût de l'exercice afin d'effectuer plus facilement une carrière militaire.*
jubilant ['dʒuːbɪlənt] *adj* **1.** débordant de joie, qui jubile **2.** *(cri)* de joie.
jubilation [,dʒuːbɪ'leɪʃn] *n* joie *f*, jubilation *f*.
jubilee ['dʒuːbɪliː] *n* jubilé *m*.
Judaism [dʒuː'deɪɪzm] *n* judaïsme *m*.
judge [dʒʌdʒ] *n* juge *mf*. ❑ *vt* **1.** juger **2.** évaluer, juger. ❑ *vi* juger • **to judge from** *ou* **by, judging from** *ou* **by** à en juger par.
judg(e)ment ['dʒʌdʒmənt] *n* jugement *m*.
judg(e)mental [dʒʌdʒ'mentl] *adj péj* qui critique, qui porte des jugements.
judicial [dʒuː'dɪʃl] *adj* judiciaire.
judiciary [dʒuː'dɪʃərɪ] *n* • **the judiciary** la magistrature.
judicious [dʒuː'dɪʃəs] *adj* judicieux.
judo ['dʒuːdəʊ] *n* judo *m*.
jug [dʒʌg] *n* (UK) pot *m*, pichet *m*.
juggernaut ['dʒʌgənɔːt] *n* (UK) poids *m* lourd.
juggle ['dʒʌgl] *vt litt* & *fig* jongler avec. ❑ *vi* jongler.
juggler ['dʒʌglər] *n* jongleur *m*, -euse *f*.
jugular (vein) ['dʒʌgjʊlər-] *n* (veine *f*) jugulaire *f*.
jug wine *n* (US) vin *m* ordinaire.
juice [dʒuːs] *n* jus *m* • **orange juice** jus d'orange.
juicer ['dʒuːsər] *n* presse-fruits *m inv*.

juicy ['dʒu:sɪ] *adj* juteux.
jukebox ['dʒu:kbɒks] *n* juke-box *m.*
Jul. (abrév de **July**) juill.
July [dʒu:'laɪ] *n* juillet *m.* Voir aussi **September.**
jumbal ['dʒʌmbəl] *n* **(US)** CULIN *petit gâteau en forme d'anneau.*
jumble ['dʒʌmbl] *n* mélange *m*, fatras *m.* ❑ *vt* • **to jumble (up)** mélanger, embrouiller.
jumble sale *n* **(UK)** vente *f* de charité *(où sont vendus des articles d'occasion).*
jumbo jet ['dʒʌmbəʊ-] *n* jumbo-jet *m.*
jumbo-sized [-saɪzd] *adj* énorme, géant.
jump [dʒʌmp] *n* **1.** saut *m*, bond *m* **2.** obstacle *m* **3.** flambée *f*, hausse *f* brutale. ❑ *vt* **1.** sauter, franchir d'un bond **2.** *fam* sauter sur, tomber sur. ❑ *vi* **1.** sauter, bondir **2.** sursauter • **to make sb jump** faire sursauter qqn **3.** grimper en flèche, faire un bond. ■ **jump at** *vt insép fig* sauter sur.
jumped-up ['dʒʌmpt-] *adj* **(UK)** *fam* & *péj* prétentieux.
jumper ['dʒʌmpər] *n* **1. (UK)** pull *m*, sweat *m fam* **2. (US)** robe *f* chasuble.
jump leads *npl* **(UK)** câbles *mpl* de démarrage.
jump rope *n* **(US)** corde *f* à sauter.
jump-start *vt* • **to jump-start a car** faire démarrer une voiture en la poussant.
jumpsuit ['dʒʌmpsu:t] *n* combinaison-pantalon *f.*
jumpy ['dʒʌmpɪ] *adj fam* nerveux.
Jun. abrév de **June.**
junction ['dʒʌŋkʃn] *n* **(UK) 1.** carrefour *m* **2.** RAIL embranchement *m.*
juncture ['dʒʌŋktʃər] *n sout* • **at this juncture** en ce moment même.
June [dʒu:n] *n* juin *m.* Voir aussi **September.**
jungle ['dʒʌŋgl] *n litt* & *fig* jungle *f.*
junior ['dʒu:njər] *adj* **1.** jeune **2.** junior. ❑ *n* **1.** subalterne *mf* **2.** cadet *m*, -ette *f* **3. (US)** SCOL ≃ élève *mf* de première **4. (US)** UNIV ≃ étudiant *m*, -e *f* de troisième année **5. (US)** UNIV ≃ étudiant *m*, -e *f* en licence.
junior college ['dʒu:nɪər ,kɒlɪdʒ] *n* **(US)** UNIV *établissement d'enseignement supérieur où l'on obtient un diplôme en deux ans.*
junior doctor *n* interne *mf.*
junior high school *n* **(US)** ≃ collège *m* d'enseignement secondaire.
junior school *n* **(UK)** école *f* primaire.
junk [dʒʌŋk] *n* bric-à-brac *m.*
junk e-mail *n péj* messages *mpl* publicitaires.
junker ['dʒʌnkər] *n* **(US)** *fam* vieille bagnole.
junk food *n (indén) péj* • **to eat junk food** manger des cochonneries.
junkie ['dʒʌŋkɪ] *n arg drogue* drogué *m*, -e *f.*
junk mail *n* **1.** *(indén) péj* prospectus *mpl* publicitaires envoyés par la poste **2.** = **junk e-mail.**
junk shop *n* boutique *f* de brocanteur.
Jupiter ['dʒu:pɪtər] *n* Jupiter *f.*
jurisdiction [,dʒʊərɪs'dɪkʃn] *n* juridiction *f.*
juror ['dʒʊərər] *n* juré *m*, -e *f.*
jury ['dʒʊərɪ] *n* jury *m.*
jury duty (US), jury service (UK) *n* participation *f* à un jury.
just [dʒʌst] *adv* **1.** *(récemment)* • **he's just left** il vient de partir **2.** • **I was just about to go** j'allais juste partir • **I'm just going to do it now** je vais le faire tout de suite • **she arrived just as I was leaving** elle est arrivée au moment même où je partais **3.** *(seulement)* • **just add water** vous n'avez plus qu'à ajouter de l'eau • **just a minute** *ou* **moment** *ou* **second!** un (petit) instant ! **4.** tout juste, à peine • **I only just missed the train** j'ai manqué le train de peu • **we have just enough time** on a juste assez de temps **5.** *(pour accentuer)* • **the coast is just marvellous** la côte est vraiment magnifique • **just look at this mess!** non, mais regarde un peu ce désordre ! **6.** tout à fait, exactement • **it's just what I need** c'est tout à fait ce qu'il me faut **7.** *(dans les demandes)* • **could you just move over please?** pourriez-vous vous pousser un peu, s'il vous plaît ? ❑ *adj* juste, équitable. ■ **just about** *adv* à peu près, plus ou moins. ■ **just as** *adv* tout aussi • **you're just as clever as he is** tu es tout aussi intelligent que lui. ■ **just in case** *conj* juste au cas où • **just in case we don't see each other** juste au cas où nous ne nous verrions pas. ❑ *adv* au cas où • **take a coat, just in case** prends un manteau, au cas où. ■ **just now** *adv* **1.** il y a un moment, tout à l'heure **2.** en ce moment. ■ **just then** *adv* à ce moment-là. ■ **just the same** *adv* quand même.
justice ['dʒʌstɪs] *n* **1.** justice *f* **2.** bien-fondé *m.*
Justice of the Peace (*pl* **Justices of the Peace**) *n* juge *m* de paix.
justifiable ['dʒʌstɪfaɪəbl] *adj* justifiable, défendable.
justification [,dʒʌstɪfɪ'keɪʃn] *n* justification *f.*
justify ['dʒʌstɪfaɪ] *vt* justifier.
justly ['dʒʌstlɪ] *adv* **1.** *(agir)* d'une manière juste **2.** *(récompenser, condamner)* à juste titre.
jut [dʒʌt] *vi* • **to jut (out)** faire saillie, avancer.
jute [dʒu:t] *n* jute *m.*
juvenile ['dʒu:vənaɪl] *adj* **1.** DR mineur, juvénile **2.** puéril. ❑ *n* DR mineur *m*, -e *f.*
juvenile court tribunal *m* pour enfants *(10-16 ans).*
juvenile delinquent jeune délinquant *m*, -e *f*, mineur *m* délinquant, mineure *f* délinquante.
juvie ['dʒu:vɪ] **(US)** *fam* **1.** abrév de **juvenile court 2.** abrév de **juvenile delinquent.**
juxtapose [,dʒʌkstə'pəʊz] *vt* juxtaposer.

k[1] [keɪ] (*pl* **k's** *ou* **ks**), **K** (*pl* **K's** *ou* **Ks**) *n* k *m inv*, K *m inv*.

K[2] **1.** (abrév de kilobyte) Ko **2.** (abrév de thousand) K.

k12 [keɪ twelv] *n* **(US)** *SCOL système scolaire de l'école maternelle jusqu'à la fin du lycée*.

kabbala, kabbalism *etc* = **cabala, cabalism**.

kalashnikov [kə'læʃnɪkov] *n* kalachnikov *m*.

kaleidoscope [kə'laɪdəskəʊp] *n* kaléidoscope *m*.

kangaroo [,kæŋgə'ru:] *n* kangourou *m*.

kaput [kə'pʊt] *adj fam* fichu, foutu.

karaoke [,kærə'əʊkɪ] *n* karaoké *m*.

karat ['kærət] *n* **(US)** carat *m*.

karate [kə'rɑ:tɪ] *n* karaté *m*.

karma ['kɑ:mə] *n* karma *m*, karman *m*.

kayak ['kaɪæk] *n* kayak *m*.

kB, KB (abrév de kilobyte(s)) *n* Ko *m*.

kcal (abrév de kilocalorie) Kcal.

kebab [kɪ'bæb] *n* **(UK)** brochette *f*.

keel [ki:l] *n* quille *f* • **on an even keel** stable. ■ **keel over** *vi* **1.** *NAUT* chavirer **2.** *fig* tomber dans les pommes.

keen [ki:n] *adj* **1. (UK)** enthousiaste, passionné • **to be keen on sthg** avoir la passion de qqch • **he's keen on her** elle lui plaît • **to be keen to do** *ou* **on doing sthg** tenir à faire qqch **2.** *(intérêt, esprit)* vif, vive *f* **3.** *(compétition)* âpre, acharné **4.** *(odorat)* fin **5.** *(vue)* perçant.

keenly ['ki:nlɪ] *adv* **1.** vivement **2.** attentivement.

keenness ['ki:nnɪs] *n* **1. (UK)** enthousiasme *m* **2.** acuité *f (visuelle)*.

keep [ki:p] *vt* (*prét & pp* **kept**) **1.** garder • **keep the change!** gardez la monnaie ! **2.** • **to keep sb/sthg from doing sthg** empêcher qqn/qqch de faire qqch **3.** retenir **4.** détenir *(un prisonnier)* • **to keep sb waiting** faire attendre qqn **5.** tenir *(une promesse)* **6.** aller à *(un rendez-vous)* **7.** être fidèle à **8.** • **to keep sthg from sb** cacher qqch à qqn • **to keep sthg to o.s.** garder qqch pour soi **9.** tenir *(un journal)* **10.** élever *(des moutons, des porcs)* **11.** tenir *(un magasin)* **12.** avoir, posséder *(une voiture)* **13.** • **they keep to themselves** ils restent entre eux, ils se tiennent à l'écart. ❑ *vi* (*prét & pp* **kept**) **1.** • **to keep warm** se tenir au chaud • **to keep quiet** garder le silence • **keep quiet!** taisez-vous ! **2.** • **he keeps interrupting me** il n'arrête pas de m'interrompre • **to keep talking/walking** continuer à parler/à marcher **3.** • **to keep left/right** garder sa gauche/sa droite **4.** *(nourriture)* se conserver **5. (UK)** *vieilli* • **how are you keeping?** comment allez-vous ? ❑ *n* • **to earn one's keep** gagner sa vie. ■ **keeps** *n* • **for keeps** pour toujours. ■ **keep away** *vt sép* tenir éloigné, empêcher d'approcher • **spectators were kept away by the fear of violence** la peur de la violence tenait les spectateurs à distance. ❑ *vi insép* ne pas s'approcher • **keep away from those people** évitez ces gens-là. ■ **keep back** *vt sép* **1.** tenir éloigné, empêcher de s'approcher **2.** cacher, ne pas divulguer. ■ **keep down** *vt sép* **1.** ne pas lever • **keep your head down!** ne lève pas la tête !, garde la tête baissée ! • **keep your voices down!** parlez doucement ! **2.** *(prix)* empêcher de monter **3.** restreindre, limiter **4.** garder • **she can't keep solid foods down** son estomac ne garde aucun aliment solide. ■ **keep from** *vt insép* s'empêcher de, se retenir de • **I couldn't keep from laughing** je n'ai pas pu m'empêcher de rire. ■ **keep in with** *vt insép* • **to keep in with sb** rester en bons termes avec qqn. ■ **keep off** *vt sép* **1.** éloigner **2.** protéger de • **this cream will keep the mosquitoes off** cette crème vous protégera contre les moustiques • **keep your hands off!** pas touche !, bas les pattes ! ❑ *vt insép* • **'keep off the grass'** '(il est) interdit de marcher sur la pelouse'. ■ **keep on** *vi* **1.** • **to keep on (doing sthg) a)** continuer (de *ou* à faire qqch) **b)** ne pas arrêter (de faire qqch) **2.** • **to keep on (about sthg)** ne pas arrêter de parler (de qqch). ■ **keep out** *vt sép* empêcher d'entrer. ❑ *vi* • **'keep out'** 'défense d'entrer'. ■ **keep to** *vt insép* respecter, observer. ■ **keep up** *vt sép* **1.** continuer **2.** maintenir. ❑ *vi* • **to keep up (with sb)** aller aussi vite (que qqn).

keeper ['ki:pər] *n* gardien *m*, -enne *f*.

keep-fit **(UK)** *n (indén)* gymnastique *f* • **to do keep-fit** faire de la gymnastique • **keep-fit classes** des cours de gymnastique.

keeping ['ki:pɪŋ] *n* **1.** garde *f* **2.** • **to be in/out of keeping with a)** être/ne pas être conforme à **b)** *(meubles, vêtements)* aller/ne pas aller avec.

keepsake ['ki:pseɪk] *n* souvenir *m* • **to give sb sthg as a keepsake** donner qqch à qqn en souvenir.

keg [keg] *n* tonnelet *m*, baril *m*.

kennel ['kenl] *n* **1. (UK)** niche *f* **2. (US)** chenil *m*. ■ **kennels** *npl* **(UK)** chenil *m*.

Kenya ['kenjə] *n* Kenya *m*.

Kenyan ['kenjən] *adj* kenyan. ❑ *n* Kenyan *m*, -e *f*.

kept [kept] *passé & pp* → **keep**.

kerb [kɜ:b] *n* **(UK)** bordure *f* du trottoir.

kerb crawler [-ˌkrɔ:lər] *n* **(UK)** *homme en voiture qui accoste les prostituées*.

kerb crawling *n fait de longer le trottoir en voiture à la recherche d'une prostituée*.

kerfuffle [kə'fʌfl] *n* **(UK)** *fam* • **what a kerfuffle!** quelle histoire !

kernel ['kɜ:nl] *n* amande *f*.

kerosene ['kerəsi:n] *n* **(US)** kérosène *m*.

ketchup ['ketʃəp] *n* ketchup *m*.

kettle ['ketl] *n* bouilloire *f* • **an electric kettle** une bouilloire électrique • **to put the kettle on** mettre l'eau à chauffer, mettre la bouilloire à chauffer.

kewl [ku:l] *adj* **(US)** *fam* cool.

key [ki:] *n* **1.** clef *f*, clé *f* • **the key (to sthg)** *fig* la clé (de qqch) **2.** touche *f (d'un piano, du clavier d'un ordinateur)* **3.** légende *f (d'une carte)*. ❑ *adj* clé. ■ **key in** *vt sép* **1.** saisir *(un texte, des données)* **2.** *INFORM* composer *(du code)*.

key account *n* grand compte *m* • **key account manager** responsable *mf* grands comptes.

keyboard ['ki:bɔd] *n* clavier *m*.

keyboarder ['ki:bɔ:dər] *n INFORM* claviste *mf*.

key card *n* badge *m*.

key case *n* porte-clés *m*.

keyed up [ˌki:d-] *adj fam* tendu, énervé.

keyguard ['ki:gɑ:d] *n TÉLÉCOM* verrouillage *m* du clavier.

keyhole ['ki:həʊl] *n* trou *m* de serrure.

keyhole surgery *n* cœliochirurgie *f*.

keylogger ['ki:lɒgər] *n* enregistreur *m* de frappe.

key man *n* homme *m* clé.

keynote ['ki:nəʊt] *n* note *f* dominante. ❑ *en apposition* • **keynote speech** discours-programme *m*.

keypad ['ki:pæd] *n* pavé *m* numérique.

keypal ['ki:pæl] *n* correspondant *m*, -e *f (avec qui l'on correspond via Internet)*.

key ring *n* porte-clés *m inv*.

key skill *n SCOL* compétence *f* de base.

keystage ['ki:steɪdʒ] *n* **(UK)** *SCOL une des cinq étapes clés du parcours scolaire en Grande-Bretagne*.

kg (abrév de kilogram) kg.

khaki ['kɑ:kɪ] *adj* kaki *(inv)*. ❑ *n* kaki *m*.

kibosh ['kaɪbɒʃ] *n fam* • **to put the kibosh on sthg** ficher qqch en l'air.

kick [kɪk] *n* **1.** coup *m* de pied **2.** *fam* • **to get a kick from** *ou* **out of sthg** trouver qqch excitant • **to do sthg for kicks** faire qqch pour le plaisir. ❑ *vt* **1.** donner un coup de pied à • **to kick o.s.** *fig* se donner des gifles *ou* des claques **2.** • **to kick ass** *tfam* employer la méthode dure • **let's go and kick some ass!** *SPORT* allons leur montrer ce qu'on sait faire ! • **to kick the habit** *fam* arrêter. ❑ *vi* **1.** donner des coups de pied **2.** donner un coup de pied **3.** *(bébé)* gigoter **4.** *(cheval)* ruer. ■ **kick around**, **kick about (UK)** *vt sép* **1.** • **to kick a ball around** jouer au ballon **2.** *fam* débattre • **we kicked a few ideas around** on a discuté à bâtons rompus. ❑ *vi fam* traîner. ■ **kick in** *vt sép* défoncer à coups de pied. ❑ *vi insép fam* entrer en action. ■ **kick off** *vi* **1.** *FOOTBALL* donner le coup d'envoi **2.** *fam & fig* démarrer. ■ **kick out** *vt sép fam* vider, jeter dehors. ■ **kick up** *vt insép fam* • **to kick up a fuss** *ou* **a row** faire toute une histoire.

kick-ass *adj fam* super.

kickoff ['kɪkɒf] *n* engagement *m*.

kick-start *vt fig ÉCON* faire démarrer.

kid [kɪd] *n* **1.** *fam* gosse *mf*, gamin *m*, -e *f* **2.** *fam* petit jeune *m*, petite jeune *f* **3.** chevreau *m*. ❑ *en apposition* • **kid brother** petit frère. ❑ *vt fam* **1.** faire marcher **2.** • **to kid o.s.** se faire des illusions. ❑ *vi fam* • **to be kidding** plaisanter.

kiddo ['kɪdəʊ] *(pl* **kiddos**) *n* **1.** *fam (pour un garçon, un jeune homme)* mon grand **2.** *(pour une fille, une jeune femme)* ma grande.

kid gloves *npl* • **to treat** *ou* **handle sb with kid gloves** prendre des gants avec qqn.

kidnap ['kɪdnæp] *vt* kidnapper, enlever.

kidnapper **(UK)** ['kɪdnæpər] *n* kidnappeur *m*, -euse *f*, ravisseur *m*, -euse *f*.

kidnapping ['kɪdnæpɪŋ] *n* enlèvement *m*.

kidney ['kɪdnɪ] *(pl* **-s**) *n* **1.** *ANAT* rein *m* • **kidney stone** calcul *m* rénal **2.** *CULIN* rognon *m*.

kidney bean *n* haricot *m* rouge.

kidult [kɪ'dʌlt] *n* adulescent *m*, -e *f*, jeune adulte *mf*.

kilim [kɪ'li:m] *n* kilim *m*.

kill [kɪl] *vt* **1.** tuer **2.** *fig* mettre fin à **3.** *fig* supprimer. ❑ *vi* tuer. ❑ *n* mise *f* à mort. ■ **kill off** *vt sép* **1.** exterminer **2.** *fig* mettre fin à.

killer ['kɪlər] *n* **1.** meurtrier *m*, -ère *f* **2.** tueur *m*, -euse *f*. ❑ *adj* **(US)** *tfam (excellent)* d'enfer • **killer abs/pecs** des abdos/des pecs d'enfer.

killing ['kɪlɪŋ] *n* meurtre *m*.

killjoy ['kɪldʒɔɪ] *n péj* rabat-joie *m inv*.
kiln [kɪln] *n* four *m*.
kilo ['kiːləʊ] (*pl* **-s**) (abrév de **kilogram**) *n* kilo *m*.
kilobyte ['kɪləbaɪt] *n* kilo-octet *m*.
kilocalorie ['kɪlə,kælərɪ] *n* kilocalorie *f*.
kilogram, kilogramme (surtout **UK**) ['kɪləgræm] *n* kilogramme *m*.
kilohertz ['kɪləhɜːtz] (*pl inv*) *n* kilohertz *m*.
kilometre (**UK**) ['kɪlə,miːtəʳ], **kilometer** (**US**) [kɪ'lɒmɪtər] *n* kilomètre *m*.
kilowatt ['kɪləwɒt] *n* kilowatt *m*.
kilt [kɪlt] *n* kilt *m*.
kin [kɪn] *n* → **kith**.
kind [kaɪnd] *adj* gentil, aimable. ❑ *n* **1.** genre *m*, sorte *f* • **they're two of a kind** ils se ressemblent **2.** • **a kind of** une sorte de, une espèce de • **I had a kind of (a) feeling you'd come** j'avais comme l'impression que tu viendrais • **kind of** *fam* plutôt • **it's kind of big and round** c'est plutôt *ou* dans le genre grand et rond • **I'm kind of sad about it** ça me rend un peu triste • **did you hit him? — well, kind of** tu l'as frappé ? — oui, si on veut. ■ **in kind** *adv* en nature • **to pay sb in kind** payer qqn en nature.
kindergarten ['kɪndə,gɑːtn] *n* **1.** (**UK**) jardin *m* d'enfants **2.** (**US**) ≃ première année de maternelle.
kind-hearted [-'hɑːtɪd] *adj* qui a bon cœur, bon, bonne *f*.
kindle ['kɪndl] *vt* **1.** allumer **2.** *fig* susciter.
kindly ['kaɪndlɪ] *adj* **1.** plein de bonté, bienveillant **2.** plein de gentillesse. ❑ *adv* **1.** avec gentillesse **2.** *sout* • **will you kindly...?** veuillez..., je vous prie de...
kindness ['kaɪndnɪs] *n* gentillesse *f*.
kindred ['kɪndrɪd] *adj* semblable, similaire • **kindred spirit** âme *f* sœur.
kinetic [kɪ'netɪk] *adj* cinétique.
king [kɪŋ] *n* roi *m*.
kingdom ['kɪŋdəm] *n* **1.** royaume *m* **2.** règne *m (animal, végétal)*.
kingfisher ['kɪŋ,fɪʃəʳ] *n* martin-pêcheur *m*.
king prawn *n* (grosse) crevette *f*.
king-size(d) [-saɪz(d)] *adj* • **a king-sized bed** un grand lit *(de 195 cm)*.
kink [kɪŋk] *n* entortillement *m*.
kinky ['kɪŋkɪ] *adj fam* vicieux.
kiosk ['kiːɒsk] *n* **1.** kiosque *m* **2.** (**UK**) cabine *f* (téléphonique).
kip [kɪp] (**UK**) *fam n* somme *m*, roupillon *m*. ❑ *vi* faire *ou* piquer un petit somme.
kipper ['kɪpəʳ] *n* hareng *m* fumé *ou* saur.
kirby-grip ['kɜːbɪ-] *n* (**UK**) pince *f* à cheveux.
kiss [kɪs] *n* baiser *m* • **to give sb a kiss** embrasser qqn, donner un baiser à qqn. ❑ *vt* embrasser. ❑ *vi* s'embrasser.
kiss-and-tell *adj* PRESSE • **another kiss-and-tell story by an ex-girlfriend** encore des révélations intimes faites *ou* des secrets d'alcôve dévoilés par une ancienne petite amie.
kiss curl *n* (**UK**) accroche-cœur *m*.
kisser ['kɪsəʳ] *n* **1.** • **is he a good kisser?** est-ce qu'il embrasse bien ? **2.** *fam* & *vieilli* tronche *f*.
kiss of life *n* (**UK**) • **the kiss of life** le bouche-à-bouche.
kit [kɪt] *n* **1.** trousse *f* • **a first-aid kit** une trousse de secours • **a tool kit** une trousse à outils **2.** *(indén)* SPORT affaires *fpl*, équipement *m* • **football kit** affaires de football **3.** kit *m*. ■ **kit out** (*prét & pp* **kitted**, *cont* **kitting**) *vt sép* (**UK**) équiper.
KIT SMS (abrév de **keep in touch**) tiens-moi/tiens-nous au courant.
kit bag *n* sac *m* de marin.
kitchen ['kɪtʃɪn] *n* cuisine *f*.
kitchenette [,kɪtʃɪ'net] *n* kitchenette *f*.
kitchen garden *n* (jardin *m*) potager *m*.
kitchen sink *n* évier *m*.
kitchen unit *n* élément *m* de cuisine.
kitchenware ['kɪtʃɪnweəʳ] *n (indén)* ustensiles *mpl* de cuisine.
kite [kaɪt] *n* cerf-volant *m*.
kitesurfing ['kaɪtsɜːfɪŋ] *n* kitesurf *m*.
kith [kɪθ] *n vieilli* • **kith and kin** parents et amis *mpl*.
kitsch [kɪtʃ] *n & adj* kitsch *m inv*.
kitten ['kɪtn] *n* chaton *m*.
kitten heel *n* petit talon *m*.
kitty ['kɪtɪ] *n* **1.** cagnotte *f* **2.** *fam* chat.
kitty-corner (**US**) = **cater-corner**.
kiwi ['kiːwiː] *n* **1.** *(oiseau)* kiwi *m*, aptéryx *m* **2.** *fam* Néo-Zélandais *m*, -e *f*.
KK SMS OK.
km (abrév de **kilometre**) km.
km/m (abrév de **kilometres per hour**) km/h.
knack [næk] *n* • **to have a** *ou* **the knack (for doing sthg)** avoir le coup (pour faire qqch).
knacker ['nækəʳ] (**UK**) *vt tfam* épuiser.
knackered ['nækəd] *adj* (**UK**) *tfam* crevé, claqué.
knapsack ['næpsæk] *n* sac *m* à dos.
knead [niːd] *vt* pétrir.
knee [niː] *n* genou *m*.
kneecap ['niːkæp] *n* rotule *f*.
knee-high *adj* à hauteur de genou.
kneel [niːl] ((**UK**) *prét & pp* **knelt**, (**US**) *prét & pp* **knelt** *ou* **kneeled**) *vi* se mettre à genoux, s'agenouiller. ■ **kneel down** *vi* se mettre à genoux, s'agenouiller.
knee-length *adj* **1.** *(robe)* qui arrive aux genoux **2.** *(botte)* qui montent jusqu'aux genoux.
knelt [nelt] *passé & pp* → **kneel**.
knew [njuː] *passé* → **know**.
knickers ['nɪkəz] *npl* (**UK**) culotte *f* • **(a pair of) knickers** (une) culotte *f*, (un) slip *m (de femme)*.

knick-knack ['nɪknæk] *n* babiole *f*, bibelot *m*.

knife [naɪf] *n* (*pl* **knives** [naɪvz]) couteau *m* • **a bread knife** un couteau à pain. ❑ *vt* donner un coup de couteau à, poignarder.

knife crime *n* attaques *fpl* à l'arme blanche.

knife-point *n* • **at knife-point** sous la menace du couteau.

knight [naɪt] *n* **1.** chevalier *m* **2.** cavalier *m*. ❑ *vt* faire chevalier.

knighthood ['naɪthʊd] *n* titre *m* de chevalier.

knit [nɪt] *adj* • **closely** *ou* **tightly knit** *fig* très uni. ❑ *vt* (*prét & pp* **knit** *ou* **knitted**) tricoter. ❑ *vi* (*prét & pp* **knit** *ou* **knitted**) **1.** tricoter **2.** (*os cassés*) se souder.

knitted ['nɪtɪd] *adj* tricoté.

knitting ['nɪtɪŋ] *n* (*indén*) tricot *m*.

knitting needle *n* aiguille *f* à tricoter.

knitwear ['nɪtweəʳ] *n* (*indén*) tricots *mpl*.

knives [naɪvz] *npl* → **knife**.

knob [nɒb] *n* **1.** poignée *f*, bouton *m* (*de porte*) **2.** poignée (*d'un tiroir*) **3.** pommeau *m* (*d'une canne*) **4.** bouton *m* (*sur la télé, la radio*).

knobbly (UK) ['nɒblɪ] (*comp* **knobblier**, *superl* **knobbliest**), **knobby (US)** ['nɒbɪ] (*comp* **knobbier**, *superl* **knobbiest**) *adj* noueux.

knock [nɒk] *n* **1.** coup *m* **2.** *fam & fig* coup *m* dur. ❑ *vt* **1.** frapper, cogner • **to knock sb/sthg over** renverser qqn/qqch **2.** *fam* critiquer, dire du mal de. ❑ *vi* • **to knock on** *ou* **at the door** frapper (à la porte). ■ **knock down** *vt sép* **1. (UK)** renverser (*un piéton*) **2.** démolir. ■ **knock off** *vt sép* **1.** faire tomber • **he was knocked off his bicycle** le choc l'a fait tomber de sa bicyclette **2.** • **to knock £5 off** faire un rabais de 5 livres **3. (UK)** *fam* chiper, piquer **4.** dévaliser **5.** *fam* torcher (*un texte*) • **she can knock off an article in half an hour** elle peut pondre un article en une demi-heure **6.** *fam* • **knock it off!** arrête ton char ! ❑ *vi fam* finir son travail *ou* sa journée. ■ **knock out** *vt sép* **1.** assommer **2.** éliminer (*d'une compétition*). ■ **knock over** *vt sép* renverser, faire tomber.

knocker ['nɒkəʳ] *n* heurtoir *m*.

knock-kneed [-'niːd] *adj* cagneux.

knock-on effect *n* **(UK)** réaction *f* en chaîne.

knockout ['nɒkaʊt] *n* knock-out *m*, K.-O. *m*. ❑ *adj fam* génial.

knock-up *n* **(UK)** TENNIS • **to have a knock-up** faire des balles.

knot [nɒt] *n* **1.** nœud *m* • **to tie/untie a knot** faire/défaire un nœud **2.** petit attroupement *m*. ❑ *vt* nouer, faire un nœud à.

knotty ['nɒtɪ] *adj fig* épineux.

know [nəʊ] *vt* (*prét* **knew**, *pp* **known**) **1.** savoir **2.** savoir parler • **to know (that)…** savoir que… • **to let sb know (about sthg)** faire savoir (qqch) à qqn, informer qqn (de qqch) • **to get to know sthg** apprendre qqch **3.** connaître • **to get to know sb** apprendre à mieux connaître qqn. ❑ *vi* (*prét* **knew**, *pp* **known**) savoir • **to know of sthg** connaître qqch • **to know about a)** être au courant de **b)** s'y connaître en. ■ **as far as I know** *adv* (pour) autant que je sache • **not as far as I know** pas que je sache.

know-all (UK), **know-it-all (US)** *n* (monsieur) je-sais-tout *m*, (madame) je-sais-tout *f*.

know-how *n* savoir-faire *m*, technique *f* • **to have the know-how** avoir le savoir-faire.

knowing ['nəʊɪŋ] *adj* entendu.

knowingly ['nəʊɪŋlɪ] *adv* **1.** d'un air entendu **2.** sciemment.

know-it-all (US) = **know-all**.

knowledge ['nɒlɪdʒ] *n* (*indén*) **1.** connaissance *f* • **without my knowledge** à mon insu • **to the best of my knowledge** à ma connaissance, autant que je sache **2.** savoir *m*, connaissances *fpl* • **to have a good knowledge of sthg** avoir de bonnes connaissances en qqch.

knowledgeable ['nɒlɪdʒəbl] *adj* bien informé.

knowledge engineering *n* ingéniérie *f* des connaissances.

knowledge management *n* gestion *f* des connaissances.

knowledge retrieval *n* récupération *f* des connaissances.

known [nəʊn] *pp* → **know**.

knuckle ['nʌkl] *n* **1.** ANAT articulation *f* *ou* jointure *f* du doigt **2.** jarret *m*. ■ **knuckle down** *vi* s'y mettre, se mettre au travail • **to knuckle down to sthg/to doing sthg** se mettre sérieusement à qqch/à faire qqch.

knuckle-duster *n* coup-de-poing *m* américain.

koala (bear) [kəʊ'ɑːlə-] *n* koala *m*.

kooky ['kuːkɪ] (*comp* **kookier**, *superl* **kookiest**) *adj* **(US)** *fam* fêlé, dingue.

Koran [kɒ'rɑːn] *n* • **the Koran** le Coran.

Korea [kə'rɪə] *n* Corée *f*.

Korean [kə'rɪən] *adj* coréen. ❑ *n* **1.** Coréen *m*, -enne *f* **2.** coréen *m*.

kosher ['kəʊʃəʳ] *adj* **1.** kasher (*inv*) **2.** *fam* O.K. (*inv*), réglo (*inv*).

KOTC SMS (abrév de kiss on the cheek) biz.

KOTL SMS (abrév de kiss on the lips) baiser sur la bouche.

kowtow [,kaʊ'taʊ] *vi* • **to kowtow (to sb)** faire des courbettes (à *ou* devant qqn).

KP (abrév de kitchen police) *n* • **looks like we're on KP tonight** *fig* on dirait qu'on est de corvée de cuisine ce soir.

Kriss Kringle [-'krɪŋgl] *npr* **(US)** le père Noël.

kung fu [,kʌŋ'fuː] *n* kung-fu *m*.

Kurd [kɜːd] *n* Kurde *mf*.

Kuwait [kʊ'weɪt], **Koweit** [kəʊ'weɪt] *n* **1.** Koweït *m* **2.** Koweït City.

l[1] [el] (*pl* **l's** *ou* **ls**), **L** (*pl* **L's** *ou* **Ls**) *n* l *m inv*, L *m inv*.

l[2] (abrév de **litre**) l.

L8 *SMS* abrév de **late**.

L8r, **L8R** *SMS* abrév de **later**.

L&N *SMS* abrév de **landing**.

lab [læb] *n fam* labo *m* • **lab technician** technicien *m*, -enne *f* de laboratoire.

label ['leɪbl] *n* **1.** étiquette *f* **2.** label *m*, maison *f* de disques. ❑ *vt* (**(UK)** *prét & pp* **labelled**, *cont* **labelling**, **(US)** *prét & pp* **labeled**, *cont* **labeling**) **1.** étiqueter **2.** • **to label sb (as)** cataloguer *ou* étiqueter qqn (comme).

labelmate ['leɪblmeɪt] *n personne qui travaille pour le même label qu'une autre*.

labor *etc* **(US)** = **labour** *etc*

laboratory [**(UK)** lə'bɒrətrɪ, **(US)** 'læbrəˌtɔrɪ] *n* laboratoire *m*.

laboratory-tested *adj* testé en laboratoire.

Labor Day *n fête du Travail américaine (premier lundi de septembre)*.

> CULTURE
>
> **Labor Day**
>
> Congé fédéral depuis 1894, le **Labor Day** (« fête du Travail »), l'équivalent français du 1er Mai, est célébré aux États-Unis en l'honneur de tous les salariés le premier lundi de septembre. Ce jour férié marque la fin de l'été - la plupart des plages et des stations balnéaires populaires sont très fréquentées durant ce dernier long week-end - ainsi que la rentrée scolaire : certaines écoles sont ouvertes dès la fin du mois d'août, mais la majorité des établissements rouvrent leurs portes la semaine suivant ce jour férié.

laborious [lə'bɔːrɪəs] *adj* laborieux.

laboriously [lə'bɔːrɪəslɪ] *adv* laborieusement.

labor union *n* **(US)** syndicat *m*.

labour (UK), **labor (US)** ['leɪbəʳ] *n* **1.** travail *m* • **a labour of love** un travail que l'on fait pour le plaisir **2.** main d'œuvre *f* • **skilled labour** main-d'œuvre qualifiée. ❑ *vi* travailler dur • **to labour at** *ou* **over** peiner sur. ■ **Labour (UK)** *adj POLIT* travailliste. ❑ *n (indén) POLIT* les travaillistes *mpl*.

labour camp (UK), **labor camp (US)** *n* camp *m* de travaux forcés.

labour costs (UK), **labor costs (US)** *npl* coût *m* de la main-d'œuvre.

laboured (UK), **labored (US)** ['leɪbəd] *adj* **1.** pénible **2.** lourd, laborieux.

labourer (UK), **laborer (US)** ['leɪbərəʳ] *n* **1.** travailleur *m* manuel, travailleuse *f* manuelle **2.** ouvrier *m* agricole, ouvrière *f* agricole.

labour-intensive (UK), **labor-intensive (US)** *adj* à forte main-d'œuvre.

labour laws, **labor laws (US)** *n* législation *f* du travail.

labour market (UK), **labor market (US)** *n* marché *m* du travail.

labour of love (UK), **labor of love (US)** *n* tâche *f* effectuée par plaisir.

Labour Party *n* **(UK)** • **the Labour Party** le parti travailliste.

labour relations (UK), **labor relations (US)** *npl* relations *fpl* entre employeurs et employés.

laboursaving (UK), **laborsaving (US)** ['leɪbəˌseɪvɪŋ] *adj* • **laboursaving device** appareil *m* ménager.

labour shortage, **labor shortage (US)** *n* pénurie *f* de main-d'œuvre.

Labrador ['læbrədɔʳ] *n* labrador *m*.

labyrinth ['læbərɪnθ] *n* labyrinthe *m*.

lace [leɪs] *n* **1.** dentelle *f* **2.** lacet *m* • **to tie** *ou* **do up one's laces** nouer ses lacets. ❑ *vt* **1.** lacer **2.** verser de l'alcool *ou* une drogue dans **3.** *fig* • **laced with irony/humour** teinté d'ironie/d'humour. ■ **lace up** *vt sép* lacer.

lace-up *n* **(UK)** chaussure *f* à lacets.

lack [læk] *n* manque *m* • **for** *ou* **through lack of** par manque de • **no lack of** bien assez de. ❑ *vt* manquer de. ❑ *vi* • **to be lacking in sthg** manquer de qqch • **to be lacking** manquer, faire défaut.

lackadaisical [ˌlækəˈdeɪzɪkl] *adj péj* nonchalant.
lackey [ˈlækɪ] (*pl* **-s**) *n péj* larbin *m*.
lacklustre (UK), lackluster (US) [ˈlækˌlʌstəʳ] *adj* terne.
laconic [ləˈkɒnɪk] *adj sout* laconique.
lacquer [ˈlækəʳ] *n* **1.** *(pour le bois)* vernis *m*, laque *f* **2. (UK)** *(pour les cheveux)* laque *f*. ❑ *vt* laquer.
lacrosse [ləˈkrɒs] *n* crosse *f*.
lactose [ˈlæktəʊs] *n* lactose *m* • **to be lactose intolerant** être intolérant au lactose.
lacto-vegetarian [læktəʊ-] *n* lacto-végétarien *m*, -enne *f*.
lacy [ˈleɪsɪ] (*comp* **lacier**, *superl* **laciest**) *adj* de *ou* en dentelle.
lad [læd] *n* **(UK)** *fam* garçon *m*, gars *m* • **lad culture** culture *f* macho.
ladder [ˈlædəʳ] *n* **1.** échelle *f* **2. (UK)** maille *f* filée, estafilade *f*. ❑ *vt & vi* **(UK)** *(bas, collant)* filer.
ladderproof [ˈlædəpruːf] *adj* **(UK)** indémaillable.
laddish [ˈlædɪʃ] *adj* **(UK)** macho.
laddism [ˈlædɪzəm] *n* **(UK)** machisme *m*.
laden [ˈleɪdn] *adj* • **laden (with)** chargé (de).
ladette [læˈdet] *n* **(UK)** *fam jeune femme dont le comportement est considéré comme masculin (vulgarité, beuveries, etc)*.
ladies (UK) [ˈleɪdɪz], **ladies' room (US)** *n* toilettes *fpl* (pour dames).
ladies' man *n* don Juan *m*, homme *m* à femmes.
ladle [ˈleɪdl] *n* louche *f*. ❑ *vt* servir (à la louche).
ladleful [ˈleɪdlfʊl] *n* pleine louche *f*.
lad mag *n* **(UK)** *fam* magazine *m* masculin.
lady [ˈleɪdɪ] *n* dame *f* • **ladies who lunch (UK)** *fam* dames *fpl* de la bonne société.
ladybird (UK) [ˈleɪdɪbɜːd], **ladybug (US)** [ˈleɪdɪbʌg] *n* coccinelle *f*.
ladyfinger [ˈleɪdɪfɪŋgəʳ] *n* **(US)** boudoir *m* *(biscuit)*.
lady-in-waiting [-ˈweɪtɪŋ] (*pl* **ladies-in-waiting**) *n* dame *f* d'honneur.
ladykiller [ˈleɪdɪˌkɪləʳ] *n fam* bourreau *m* des cœurs.
ladylike [ˈleɪdɪlaɪk] *adj* distingué.
lag [læg] *vi* • **to lag (behind) a)** *(personne)* traîner **b)** *(économie)* être en retard, avoir du retard. ❑ *vt* calorifuger. ❑ *n* décalage *m*.
lager [ˈlɑːgəʳ] *n* (bière *f*) blonde *f*.
lager lout *n* **(UK)** *jeune qui, sous l'influence de l'alcool, cherche la bagarre ou commet des actes de vandalisme*.
lagoon [ləˈguːn] *n* lagune *f*.
laid [leɪd] *passé & pp* → **lay**.
laid-back *adj fam* relaxe, décontracté.
lain [leɪn] *pp* → **lie**.
lair [leəʳ] *n* repaire *m*, antre *m*.
laissez-faire [ˈleɪseɪˈfeəʳ] *adj* non interventionniste. ❑ *n* non-interventionnisme *m*.
laity [ˈleɪətɪ] *n* RELIG • **the laity** les laïcs *mpl*.
lake [leɪk] *n* lac *m*.
Lake District *n* • **the Lake District** la région des lacs *(au nord-ouest de l'Angleterre)*.
Lake Geneva *n* le lac Léman *ou* de Genève.
lamb [læm] *n* agneau *m*.
lambswool [ˈlæmzwʊl] *n* lambswool *m*. ❑ *en apposition* en lambswool, en laine d'agneau.
lame [leɪm] *adj litt & fig* boiteux.
lame duck *n* **1.** canard *m* boiteux **2. (US)** *président non réélu, pendant la période séparant l'élection de l'investiture de son successeur*.
lament [ləˈment] *n* lamentation *f*. ❑ *vt* se lamenter sur.
lamentable [ˈlæməntəbl] *adj* lamentable.
laminate [ˈlæmɪneɪt] *vt* **1.** TECHNOL laminer **2.** plaquer. ❑ *n* stratifié *m*.
laminated [ˈlæmɪneɪtɪd] *adj* **1.** *(bois)* stratifié **2.** *(verre)* feuilleté **3.** *(métal)* laminé.
lamp [læmp] *n* lampe *f*.
lampoon [læmˈpuːn] *n* satire *f*. ❑ *vt* faire la satire de.
lamppost [ˈlæmppəʊst] *n* réverbère *m*.
lampshade [ˈlæmpʃeɪd] *n* abat-jour *m*.
LAN (abrév de **local area network**) *n* INFORM réseau *m* local.
lance [lɑːns] *n* lance *f*. ❑ *vt* percer.
lance corporal *n* caporal *m*.
land [lænd] *n* **1.** terre *f* (ferme) **2.** terre, terrain *m* **3.** terres *fpl*, propriété *f* **4.** pays *m*. ❑ *vt* **1.** débarquer **2.** prendre *(des poissons)* **3.** atterrir **4.** *fam* décrocher **5.** *fam* • **to land sb in trouble** attirer des ennuis à qqn • **to be landed with sthg** se coltiner qqch. ❑ *vi* **1.** atterrir **2.** tomber. ■ **land up** *vi fam* atterrir.
landfill [ˈlændfɪl] *n* ensevelissement *m* de déchets.
landfill gas *n* gaz *m* d'enfouissement.
landing [ˈlændɪŋ] *n* **1.** palier *m* **2.** atterrissage *m* • **emergency landing** atterrissage d'urgence **3.** NAUT débarquement *m (de marchandises)*.
landing card *n* carte *f* de débarquement.
landing gear *n (indén)* train *m* d'atterrissage.
landing stage *n* débarcadère *m*.
landing strip *n* piste *f* d'atterrissage.
landlady [ˈlændˌleɪdɪ] *n* propriétaire *f*.
landlocked [ˈlændlɒkt] *adj* sans accès à la mer.
landlord [ˈlændlɔd] *n* **1.** propriétaire *m* **2. (UK)** patron *m (d'un pub)*.
landmark [ˈlændmɑːk] *n* **1.** point *m* de repère **2.** *fig* événement *m* marquant.
landmine [ˈlændmaɪn] *n* mine *f* (terrestre).
landowner [ˈlændˌəʊnəʳ] *n* propriétaire foncier *m*, propriétaire foncière *f*.

landscape [ˈlændskeɪp] *n* paysage *m*.
landscape gardener *n* paysagiste *mf*, jardinier *m*, -ère *f* paysagiste.
landslide [ˈlændslaɪd] *n* **1.** glissement *m* de terrain **2.** éboulement *m* **3.** *fig* victoire *f* écrasante.
lane [leɪn] *n* **1.** petite route *f*, chemin *m* **2.** ruelle *f* **3.** voie *f* • **'keep in lane'** 'ne changez pas de file' **4.** AÉRON & SPORT couloir *m*.
langoustine [ˈlæŋgəstiːn] *n* langoustine *f*.
language [ˈlæŋgwɪdʒ] *n* **1.** langue *f* **2.** langage *m*.
language lab(oratory) *n* labo(ratoire) *m* de langues.
languid [ˈlæŋgwɪd] *adj* *littéraire* langoureux.
languish [ˈlæŋgwɪʃ] *vi* languir.
lank [læŋk] *adj* terne.
lanky [ˈlæŋkɪ] *adj* dégingandé.
lantern [ˈlæntən] *n* lanterne *f*.
lap [læp] *n* **1.** • **on sb's lap** sur les genoux de qqn **2.** SPORT tour *m* de piste. ❑ *vt* **1.** laper **2.** SPORT prendre un tour d'avance sur. ❑ *vi* clapoter. ■ **lap up** *vt sép* **1.** laper **2.** *fig* se gargariser de *(compliments)* **3.** gober, avaler *(des mensonges)*.
lap dance *vi* danser sur les genoux des clients. ❑ *n danse érotique effectuée sur les genoux des clients*.
lap dancer *n* danseur *m*, -euse *f* érotique *(qui danse sur les genoux des clients)*.
lap dancing *n danse érotique exécutée sur les genoux des clients*.
lapdog [ˈlæpdɒg] *n* **1.** petit chien *m* d'appartement **2.** *fig* & *péj* toutou *m*, caniche *m*.
lapel [ləˈpel] *n* revers *m (d'une veste)*.
Lapland [ˈlæplænd] *n* Laponie *f*.
lapse [læps] *n* **1.** défaillance *f* **2.** écart *m* de conduite **3.** intervalle *m*, laps *m* de temps. ❑ *vi* **1.** *(passeport)* être périmé **2.** *(abonnement)* prendre fin **3.** *(tradition)* se perdre **4.** • **to lapse into bad habits** prendre de mauvaises habitudes.
lapsed [læpst] *adj (catholique)* qui ne pratique plus.
laptop (computer) *n* (ordinateur *m*) portable *m*.
larceny [ˈlɑːsənɪ] *n (indén)* vol *m* (simple).
lard [lɑːd] *n* saindoux *m*.

> **À PROPOS DE**
> ### late
> ***Lately*** et ***late*** n'ont pas le même sens, même si ce sont tous les deux des adverbes (***late*** est aussi un adjectif, bien sûr). ***Lately*** se traduit par **ces derniers temps**, **dernièrement**. Comparez par exemple ***he arrived* late (il est arrivé tard)** et ***we haven't spoken* lately (nous ne nous sommes pas parlé dernièrement)**.

larder [ˈlɑːdəʳ] *n vieilli* garde-manger *m inv*.
large [lɑːdʒ] *adj* **1.** grand **2.** gros. ■ **at large** *adv* **1.** dans son ensemble **2.** *(prisonnier, animal)* en liberté. ■ **by and large** *adv* dans l'ensemble.
largely [ˈlɑːdʒlɪ] *adv* en grande partie.
larger-than-life [ˈlɑːdʒəʳ-] *adj* exubérant.
large-scale *adj* à grande échelle.
lark [lɑːk] *n* **1.** alouette *f* **2.** *fam* blague *f*. ■ **lark about** *vi* **(UK)** s'amuser.
laryngitis [ˌlærɪnˈdʒaɪtɪs] *n (indén)* laryngite *f*.
larynx [ˈlærɪŋks] *n* larynx *m*.
lasagne, lasagna [ləˈzænjə] *n* lasagnes *fpl*.
lascivious [ləˈsɪvɪəs] *adj sout* & *péj* lascif.
laser [ˈleɪzəʳ] *n* laser *m*.
laser printer *n* imprimante *f* (à) laser.
laser proof *n* épreuve *f* laser.
laser weapon *n* arme *f* laser.
lash [læʃ] *n* **1.** cil *m* **2.** coup *m* de fouet. ❑ *vt* **1.** fouetter **2.** attacher. ■ **lash out** *vi* **1.** • **to lash out (at *ou* against)** envoyer un coup (à) **2. (UK)** *fam* • **to lash out (on sthg)** faire une folie (en s'achetant qqch).
lass [læs] *n* **(surtout ÉCOSSE)** jeune fille *f*.
lasso [læˈsuː] *n* (*pl* **-s**) lasso *m*. ❑ *vt* attraper au lasso.
last [lɑːst] *adj* dernier • **last week/year** la semaine/l'année dernière • **last night** hier soir • **down to the last detail/penny** jusqu'au moindre détail/dernier sou • **last but one** avant-dernier. ❑ *adv* **1.** la dernière fois **2.** en dernier, le dernier, la dernière *f*. ❑ *pron* • **the Saturday before last** pas samedi dernier, mais le samedi d'avant • **the year before last** il y a deux ans • **to leave sthg till last** faire qqch en dernier • **last in first out** ÉCON dernier entré premier sorti. ❑ *n* • **the last I saw of him** la dernière fois que je l'ai vu. ❑ *vi* **1.** durer **2.** *(nourriture)* se garder, se conserver **3.** *(sentiment)* persister. ■ **at last** *adv* enfin.
last-ditch *adj* ultime, désespéré.
lasting [ˈlɑːstɪŋ] *adj* durable.
lastly [ˈlɑːstlɪ] *adv* pour terminer, finalement.
last-minute *adj* de dernière minute.
last name *n* nom *m* de famille.
last straw *n* • **it was the last straw** cela a été la goutte d'eau qui fait déborder le vase.
last word *n* • **to have the last word** avoir le dernier mot.
latch [lætʃ] *n* loquet *m*. ■ **latch onto** *vt insép fam* s'accrocher à.
latchkey kid *n enfant qui rentre seul après l'école et qui a la clé du domicile familial*.
late [leɪt] *adj* **1.** • **to be late (for sthg)** être en retard (pour qqch) **2.** • **in late December** *ou* **late in December** vers la fin décembre • **at this late stage** à ce stade avancé **3.** tardif **4.** ancien **5.** • **her late husband** son défunt mari, feu son mari *sout*. ❑ *adv* **1.** en retard • **to arrive**

20 minutes late arriver avec 20 minutes de retard **2.** tard • **to work/go to bed late** travailler/se coucher tard • **late in the afternoon** tard dans l'après-midi • **late in the day** *litt* vers la fin de la journée • **it's rather late in the day to be thinking about that** *fig* c'est un peu tard pour penser à ça. ■ **of late** *adv* récemment, dernièrement.

late adopter *n* utilisateur tardif *m*, utilisatrice tardive *f*.

late-blooming *adj* BOT à floraison tardive.

latecomer ['leɪt,kʌmər] *n* retardataire *mf*.

late-flowering *adj* BOT à floraison tardive.

lately ['leɪtlɪ] *adv* ces derniers temps, dernièrement.

late-night *adj* **1.** programmé à une heure tardive **2.** ouvert en nocturne.

latent ['leɪtənt] *adj* latent.

later ['leɪtər] *adj* **1.** ultérieur **2.** postérieur. ❑ *adv* • **later (on)** plus tard • **see you later!** à plus tard !

lateral ['lætərəl] *adj* latéral.

lateral thinking *n* approche *f* originale.

latest ['leɪtɪst] *adj* dernier. ❑ *n* • **at the latest** au plus tard.

lathe [leɪð] *n* TECHNOL tour *m*.

lather ['lɑːðər] *n* mousse *f* (de savon). ❑ *vt* savonner.

Latin ['lætɪn] *adj* latin. ❑ *n* latin *m*.

Latin America *n* Amérique *f* latine.

Latin-American *adj* latino-américain.

latitude ['lætɪtjuːd] *n* latitude *f*.

latter ['lætər] *adj* **1.** dernier **2.** deuxième. ❑ *n* • **the latter** celui-ci, celle-ci *f*, ce dernier, cette dernière *f*.

latterly ['lætəlɪ] *adv* *sout* récemment.

lattice ['lætɪs] *n* treillis *m*, treillage *m*.

Latvia ['lætvɪə] *n* Lettonie *f*.

laudable ['lɔdəbl] *adj* louable.

laugh [lɑːf] *n* rire *m* • **we had a good laugh** *fam* on a bien rigolé, on s'est bien amusés • **to do sthg for laughs** *ou* **a laugh** *fam* faire qqch pour rire *ou* rigoler. ❑ *vi* rire • **to burst out laughing** éclater de rire. ■ **laugh at** *vt insép* se moquer de, rire de. ■ **laugh off** *vt sép* tourner en plaisanterie.

laughable ['lɑːfəbl] *adj* ridicule, risible.

laughably ['lɑːfəblɪ] *adv* • **laughably inadequate a)** dérisoire **b)** *(prix)* ridiculement bas.

laughingstock ['lɑːfɪŋstɒk] *n* risée *f*.

laugh lines *npl* rides *fpl* du sourire.

laughter ['lɑːftər] *n (indén)* rire *m*, rires *mpl*.

launch [lɔntʃ] *n* lancement *m*. ❑ *vt* lancer. ■ **launch into** *vt insép* se lancer dans • **to launch into a tirade against sb** se lancer dans une diatribe contre qqn.

launch(ing) pad, **launchpad** ['lɔntʃ(ɪŋ)-] *n* pas *m* de tir.

launder ['lɔndər] *vt* **1.** laver **2.** *fig* blanchir.

laundrette, **Launderette®** [lɔn'dret], **Laundromat®** **(US)** ['lɔndrəmæt] *n* laverie *f* automatique.

laundry ['lɔndrɪ] *n* **1.** *(indén)* lessive *f* • **you shouldn't do your dirty laundry in public** il ne faut pas laver son linge sale en public **2.** blanchisserie *f*.

laurel ['lɒrəl] *n* laurier *m*.

lava ['lɑːvə] *n* lave *f*.

lavatory ['lævətrɪ] *n* **(surtout UK)** toilettes *fpl*.

lavatory seat *n* **(UK)** lunette *f* *ou* siège *m* des W.-C.

lavender ['lævəndər] *n* lavande *f*.

lavish ['lævɪʃ] *adj* **1.** généreux • **to be lavish with** être prodigue de **2.** somptueux. ❑ *vt* • **to lavish sthg on sb** prodiguer qqch à qqn.

lavishly ['lævɪʃlɪ] *adv* **1.** généreusement **2.** somptueusement.

law [lɔ] *n* **1.** loi *f* • **against the law** contraire à la loi, illégal • **to break the law** enfreindre *ou* transgresser la loi • **law and order** l'ordre *m* public **2.** droit *m* **3.** loi *f (règle, principe)* • **the law of supply and demand** la loi de l'offre et de la demande.

law-abiding [-ə,baɪdɪŋ] *adj* respectueux des lois.

law court *n* tribunal *m*, cour *f* de justice.

law-enforcement *adj* **(US)** chargé de faire respecter la loi • **law-enforcement officer** *représentant d'un service chargé de faire respecter la loi*.

lawful ['lɔful] *adj* légal, licite.

lawfully ['lɔːfulɪ] *adv* légalement.

lawless ['lɔːlɪs] *adj* **1.** contraire à la loi, illégal **2.** sans loi.

lawlessness ['lɔːlɪsnɪs] *n* **1.** non-respect *m* de la loi **2.** anarchie *f* **3.** illégalité *f*.

lawn [lɔn] *n* pelouse *f*, gazon *m*.

lawn furniture *n* mobilier *m* de jardin.

lawnmower ['lɔn,məuər] *n* tondeuse *f* à gazon.

lawn tennis *n* tennis *m* (sur gazon).

law school *n* faculté *f* de droit.

lawsuit ['lɔsuːt] *n* procès *m*.

lawyer ['lɔjər] *n* **1.** avocat *m* **2.** conseiller *m*, -ère *f* juridique **3.** notaire *m*.

lax [læks] *adj* relâché.

laxative ['læksətɪv] *n* laxatif *m*.

lay [leɪ] *passé* → **lie**. ❑ *vt (prét & pp* **laid***)* **1.** poser, mettre **2.** *fig* • **to lay the blame for sthg on sb** rejeter la responsabilité de qqch sur qqn **3.** tendre *(un piège)* **4.** faire *(des projets)* • **to lay the table (UK)** mettre la table *ou* le couvert **5.** pondre. ❑ *adj* **1.** RELIG laïque **2.** profane.

■ **lay aside** *vt sép* mettre de côté. ■ **lay down** *vt sép* **1.** imposer, stipuler **2.** déposer. ■ **lay into** *vt insép fam* attaquer. ■ **lay off** *vt sép* licencier. ❑ *vt insép fam* **1.** ficher la paix à **2.** arrêter. ■ **lay on** *vt sép* **(UK)** organiser • **they had transport laid on for us** ils s'étaient occupés de nous procurer un moyen de transport • **to lay it on thick** *fam* & *fig* en rajouter. ■ **lay out** *vt sép* **1.** arranger, disposer **2.** concevoir.

layabout ['leɪəbaʊt] *n* **(UK)** *fam* fainéant *m*, -e *f*.

lay-by (*pl* **lay-bys**) *n* **(UK)** aire *f* de stationnement.

layer ['leɪəʳ] *n* **1.** couche *f* **2.** *fig* niveau *m*.

layered ['leɪəd] *adj* **1.** COUT • **a layered skirt** une jupe à volants • **the layered look** le look superposé **2.** • **layered hair** coupe (de cheveux) en dégradé.

layman ['leɪmən] (*pl* **-men**) *n* **1.** profane *m* • **in layman's terms** dans des termes simples **2.** laïc *m*.

layout ['leɪaʊt] *n* **1.** agencement *m* **2.** plan *m* *(d'un jardin)* **3.** mise *f* en page.

laze [leɪz] *vi* • **to laze (around** *ou* **about) (UK)** paresser.

lazily ['leɪzɪlɪ] *adv* paresseusement, avec nonchalance.

laziness ['leɪzɪnɪs] *n* paresse *f*.

lazy ['leɪzɪ] *adj* **1.** paresseux, fainéant **2.** nonchalant.

lazybones ['leɪzɪbəʊnz] (*pl inv*) *n fam* paresseux *m*, -euse *f*, fainéant *m*, -e *f*.

lb (abrév de **pound**) *livre (unité de poids)*.

LCD (abrév de **liquid crystal display**) *n affichage à cristaux liquides*.

LDC (abrév de **less-developed country**) *n* PMA *m* *(pays moins développé)*.

lead[1] [liːd] *n* **1.** • **to be in** *ou* **have the lead** mener, être en tête **2.** initiative *f*, exemple *m* • **to take the lead** montrer l'exemple **3.** THÉÂTRE • **the lead** le rôle principal **4.** indice *m* **5. (UK)** laisse *f* *(pour chien)* **6.** câble *m*, fil *m*. ❑ *adj* principal. ❑ *vt* (*prét & pp* **led**) **1.** mener, être à la tête de **2.** guider, conduire **3.** être à la tête de, diriger **4.** • **to lead sb to do sthg** inciter *ou* pousser qqn à faire qqch. ❑ *vi* (*prét & pp* **led**) **1.** mener, conduire • **to lead to/into** donner sur, donner accès à **2.** SPORT mener **3.** • **to lead to sthg** aboutir à qqch, causer qqch. ■ **lead up to** *vt insép* **1.** conduire à, aboutir à **2.** amener.

lead[2] [led] *n* **1.** plomb *m* **2.** mine *f* *(de crayon)*. ❑ *en apposition* en *ou* de plomb.

leaded ['ledɪd] *adj* au plomb.

leaden ['ledn] *adj* **1.** *littéraire (ciel)* de plomb **2.** mortellement ennuyeux.

leader ['liːdəʳ] *n* **1.** chef *mf* **2.** POLIT leader *mf* **3.** premier *m*, -ère *f* **4. (UK)** PRESSE éditorial *m*.

leaderboard ['liːdəbɔːd] *n* leaderboard *m* *(bannière publicitaire grand format utilisée sur une page Web)*.

leadership ['liːdəʃɪp] *n* **1.** • **the leadership** les dirigeants *mpl* • **leadership battle** *ou* **contest** POLIT lutte *f* pour la position de leader • **leadership election** POLIT élection *f* du leader **2.** direction *f* **3.** *(indén)* qualités *fpl* de chef.

leadership battle, leadership contest *n* POLIT lutte *f* pour la position de leader.

leadership election *n* POLIT élections *fpl* pour la position de leader.

lead-free [led-] *adj* sans plomb.

lead guitar [liːd-] *n* première *f* guitare.

leading ['liːdɪŋ] *adj* **1.** principal **2.** de tête.

leading article *n* **(UK)** éditorial *m*.

leading lady *n* premier rôle *m* féminin.

leading light *n* personnage *m* très important *ou* influent.

leading man *n* premier rôle *m* masculin.

lead poisoning [led-] *n* saturnisme *m*.

lead time [liːd-] *n* COMM délai *m* de livraison.

leaf [liːf] (*pl* **leaves** [liːvz]) *n* **1.** BOT feuille *f* **2.** abattant *m* **3.** rallonge *f* *(pour une table)* **4.** feuille *f*, page *f*. ■ **leaf through** *vt insép* parcourir, feuilleter.

leaflet ['liːflɪt] *n* prospectus *m*.

leafy ['liːfɪ] (*comp* **leafier**, *superl* **leafiest**) *adj* **1.** feuillu **2.** verdoyant.

league [liːg] *n* **1.** ligue *f* **2.** SPORT championnat *m* • **to be in league with** être de connivence avec.

league table *n* **(UK)** FOOTBALL classement *m* du championnat.

leak [liːk] *n* *litt* & *fig* fuite *f*. ❑ *vt* divulguer. ❑ *vi* fuir. ■ **leak out** *vi* **1.** fuir **2.** *fig* transpirer, être divulgué.

leakage ['liːkɪdʒ] *n* fuite *f*.

leakproof ['liːkpruːf] *adj* étanche.

lean [liːn] *adj* **1.** mince **2.** *(viande)* maigre **3.** *fig (période)* mauvais **4.** • **the company is lean and mean** l'entreprise reste très compétitive grâce à ses effectifs restreints. ❑ *vt* (*prét & pp* **leant** *ou* **leaned**) • **to lean sthg against** appuyer qqch contre, adosser qqch à. ❑ *vi* (*prét & pp* **leant** *ou* **leaned**) **1.** se pencher **2.** • **to lean on/against** s'appuyer sur/contre.

lean body mass *n* masse *f* corporelle.

leaning ['liːnɪŋ] *n* • **leaning (towards)** penchant *m* (pour).

leant [lent] *passé & pp* → **lean**.

lean-to (*pl* **lean-tos**) *n* appentis *m*.

leap [liːp] *n* *litt* & *fig* bond *m*. ❑ *vi* (*prét & pp* **leapt** *ou* **leaped**) **1.** bondir **2.** *fig* faire un bond • **to leap to one's feet** se lever d'un bond. ■ **leap at** *vt insép fig* sauter sur *(l'occasion)*. ■ **leap out** *vt insép* sortir d'un bond • **to leap out of sthg** sortir d'un bond de qqch.

leapfrog ['liːpfrɒg] *n* saute-mouton *m inv*. ❑ *vt* dépasser (d'un bond). ❑ *vi* • **to leapfrog over** sauter par-dessus.

leapt [lept] *passé & pp* → **leap**.
leap year *n* année *f* bissextile.
learn [lɜːn] (*prét & pp* **learned** *ou* **learnt**) *vt* • **to learn (that)...** apprendre que... • **to learn (how) to do sthg** apprendre à faire qqch. ❑ *vi* • **to learn (of** *ou* **about sthg)** apprendre (qqch).
learned ['lɜːnɪd] *adj* savant.
learner ['lɜːnəʳ] *n* débutant *m*, -e *f*.
learner (driver) *n* **(UK)** conducteur *m* débutant, conductrice *f* débutante *(qui n'a pas encore son permis)*.
learning ['lɜːnɪŋ] *n* savoir *m*, érudition *f* • **we see this as a learning opportunity** nous voyons ceci comme l'occasion d'apprendre quelque chose • **learning resources centre** centre *m* de documentation pédagogique.
learning curve *n* courbe *f* d'apprentissage • **it's been a steep learning curve** il a fallu apprendre très vite.
learning difficulties, learning disabilities *npl* difficultés *fpl* d'apprentissage.
learning disability *n* difficultés *fpl* d'apprentissage.
learning style *n* style *m* d'apprentissage.
learnt [lɜːnt] *passé & pp* → **learn**.
lease [liːs] *n* bail *m*. ❑ *vt* louer • **to lease sthg from sb** louer qqch à qqn • **to lease sthg to sb** louer qqch à qqn.
leasehold ['liːshəʊld] *adj* loué à bail, tenu à bail. ❑ *adv* à bail.
leaseholder ['liːs,həʊldəʳ] *n* locataire *mf*.
leash [liːʃ] *n* **1. (US)** laisse *f* **2.** • **to give sb a longer leash** lâcher la bride à qqn • **to keep sb on a tight leash** tenir la bride à qqn.
least [liːst] *(superlatif de* ***little****) adj* • **the least** le moindre, le plus petit. ❑ *pron* • **the least** le moins • **it's the least (that) he can do** c'est le moins qu'il puisse faire • **not in the least** pas du tout • **to say the least** c'est le moins qu'on puisse dire. ❑ *adv* • **(the) least** le/la/les moins. ■ **at least** *adv* **1.** au moins **2.** du moins. ■ **least of all** *adv* surtout pas, encore moins. ■ **not least** *adv sout* notamment.
least-developed country *n* pays *m* parmi les moins avancés.
leather ['leðəʳ] *n* cuir *m*. ❑ *en apposition* en cuir • **a leather belt** une ceinture en cuir.
leatherbound ['leðəbaʊnd] *adj* relié (en) cuir.
leathery ['leðərɪ] *adj* **1.** *(viande)* coriace **2.** *(peau)* parcheminé, tanné.
leave [liːv] *vt* (*prét & pp* **left**) **1.** laisser • **to leave sb alone** laisser qqn tranquille **2.** quitter **3.** • **to leave sb sthg, to leave sthg to sb** léguer *ou* laisser qqch à qqn. ❑ *vi* (*prét & pp* **left**) partir. ❑ *n* **1.** congé *m* • **to be on leave** être en congé **2.** *MIL* permission *f* • **to be on leave** être en permission **3.** *sout* permission *f*, autorisation *f* • **by** *ou* **with your leave** avec votre permission **4.** congé *m* • **to take one's leave (of sb)** prendre congé (de qqn). Voir aussi **left**. ■ **leave aside** *vt sép* laisser de côté. ■ **leave behind** *vt sép* **1.** abandonner, laisser • **she soon left the other runners behind** elle a vite distancé tous les autres coureurs **2.** oublier, laisser. ■ **leave off** *vt sép* **1.** • **to leave sthg off (sthg)** omettre qqch (de qqch) **2.** • **to leave off doing sthg** s'arrêter de faire qqch. ❑ *vi* s'arrêter • **we'll carry on from where we left off** nous allons reprendre là où nous nous étions arrêtés. ■ **leave out** *vt sép* omettre, exclure. ■ **leave over** *vt sép* laisser • **to be left over** rester • **there are still one or two left over** il en reste encore un ou deux.
leave of absence *n* congé *m*.
leaves [liːvz] *npl* → **leaf**.
Lebanon ['lebənən] *n* Liban *m*.
lecherous ['letʃərəs] *adj péj* lubrique, libidineux.
lecture ['lektʃəʳ] *n* **1.** conférence *f* **2.** *UNIV* cours *m* magistral **3.** • **to give sb a lecture** réprimander qqn, sermonner qqn • **end of lecture** j'arrête de te sermonner. ❑ *vt* réprimander, sermonner. ❑ *vi* • **to lecture on sthg** faire un cours sur qqch • **to lecture in sthg** être professeur de qqch.
lecturer ['lektʃərəʳ] *n* **1.** conférencier *m*, -ère *f* **2. (UK)** *UNIV* maître assistant *m*.
lecture theatre *n* **(UK)** amphithéâtre *m*.
led [led] *passé & pp* → **lead**[1]
ledge [ledʒ] *n* **1.** rebord *m (de fenêtre)* **2.** corniche *f (d'une montagne)*.
ledger ['ledʒəʳ] *n* grand livre *m*.
leech [liːtʃ] *n litt & fig* sangsue *f*.
leek [liːk] *n* poireau *m*.
leer [lɪəʳ] *n* regard *m* libidineux. ❑ *vi* • **to leer at** reluquer.
leeway ['liːweɪ] *n* marge *f* de manœuvre.
left [left] *passé & pp* → **leave**. ❑ *adj* **1.** • **to be left** rester • **have you** *ou* **do you have any money left?** il te reste de l'argent ? **2.** gauche. ❑ *adv* à gauche. ❑ *n* • **on** *ou* **to the left** à gauche. ■ **Left** *n POLIT* • **the Left** la gauche.
left-click *vt INFORM* cliquer avec le bouton gauche de la souris sur. ❑ *vi INFORM* cliquer avec le bouton gauche de la souris.
left field *n* **1. (US)** *SPORT* • **to play left field** être ailier gauche **2.** • **to be out in left field** *fam* être complètement à l'ouest.
left fielder *n* **(US)** *SPORT* ailier *m* gauche.
left-footed [-'fʊtɪd] *adj* gaucher du pied.
left-hand *adj* de gauche • **left-hand side** gauche *f*, côté *m* gauche.
left-hand drive *adj* avec la conduite à gauche.
left-handed [-'hændɪd] *adj* **1.** gaucher **2.** pour gaucher.
left-hander [-'hændəʳ] *n* gaucher *m*, -ère *f*.

left luggage (office) *n* **(UK)** consigne *f*.
leftover ['leftəʊvəʳ] *adj* qui reste, en surplus. ■ **leftovers** *npl* restes *mpl*.
left wing *n* POLIT gauche *f*. ■ **left-wing** *adj* POLIT de gauche.
lefty ['leftɪ] (*pl* **-ies**) *n* **1.** **(UK)** *fam* POLIT gauchiste *mf*, gaucho *m* **2.** **(US)** gaucher *m*, -ère *f*.
leg [leg] *n* **1.** jambe *f* • **to break one's leg** se casser la jambe • **to pull sb's leg** *fig* faire marcher qqn **2.** patte *f* **3.** CULIN gigot *m* **4.** CULIN cuisse *f* **5.** pied *m* *(d'une table)* **6.** étape *f*.
legacy ['legəsɪ] *n* *litt* & *fig* legs *m*, héritage *m*.
legacy duty *n* droit *m* de succession.
legacy tax *n* droit *m* de succession.
legal ['liːgl] *adj* **1.** juridique **2.** légal.
legal action *n* • **to take legal action against sb** intenter un procès à qqn, engager des poursuites contre qqn.
legal aid *n* assistance *f* judiciaire.
legal costs *npl* frais *mpl* de procédure.
legal currency *n* monnaie *f* légale.
legal eagle *n* *fam* & *hum* avocat *m*, -e *f*.
legal fees *npl* frais *mpl* de procédure.
legalize, **-ise** **(UK)** ['liːgəlaɪz] *vt* légaliser, rendre légal.
legalized alien *n* **(US)** *résident étranger en situation régulière*.
legally ['liːgəlɪ] *adv* légalement • **legally binding** qui oblige en droit.
legal offence *n* infraction *f*.
legal opinion *n* avis *m* juridique.
legal proceedings *npl* action *f* en justice, poursuites *fpl* judiciaires • **to start legal proceedings against sb** intenter une action en justice contre qqn, engager des poursuites judiciaires contre qqn.
legal redress *n* réparation *f* en justice • **to seek legal redress** demander une réparation en justice.
legal successor *n* ayant-droit *m*.
legal tender *n* monnaie *f* légale.
legend ['ledʒənd] *n* *litt* & *fig* légende *f* • **to become a legend** entrer dans la légende.
legendary ['ledʒəndrɪ] *adj* *litt* & *fig* légendaire.
leggings ['legɪŋz] *npl* caleçon *m* *(pour femme)*.
leggy ['legɪ] (*comp* **leggier**, *superl* **leggiest**) *adj* qui a des jambes interminables.
legibility [,ledʒɪ'bɪlətɪ] *n* lisibilité *f*.
legible ['ledʒəbl] *adj* lisible.
legibly ['ledʒəblɪ] *adv* lisiblement.
legislate ['ledʒɪsleɪt] *vi* • **to legislate (for/against)** faire des lois (pour/contre).
legislation [,ledʒɪs'leɪʃn] *n* législation *f*.
legislature ['ledʒɪsleɪtʃəʳ] *n* corps *m* législatif.
legitimacy [lɪ'dʒɪtɪməsɪ] *n* légitimité *f*.
legitimate [lɪ'dʒɪtɪmət] *adj* légitime.
legitimately [lɪ'dʒɪtɪmətlɪ] *adv* légitimement.
legless ['leglɪs] *adj* **(UK)** *fam* bourré, rond • **to get legless** prendre une cuite.
legroom ['legrʊm] *n* *(indén)* place *f* pour les jambes.
leg-up *n* • **to give sb a leg-up** **a)** *litt* faire la courte échelle à qqn **b)** *fig* donner un coup de main *ou* de pouce à qqn.
legwarmers [-,wɔməz] *npl* jambières *fpl*.
legwork ['legwɜːk] *n* • **I had to do the legwork** *fam* j'ai dû beaucoup me déplacer.
leisure [**(UK)** 'leʒəʳ, **(US)** 'liːʒər] *n* loisir *m*, temps *m* libre • **at (one's) leisure** à loisir, tout à loisir.
leisure centre *n* **(UK)** centre *m* de loisirs.
leisurely [**(UK)** 'leʒəlɪ, **(US)** 'liːʒərlɪ] *adj* lent, tranquille. ❑ *adv* sans se presser.
leisure suit *n* *tailleur-pantalon très en vogue, notamment aux États-Unis, dans les années 1970*.
leisure time *n* *(indén)* temps *m* libre, loisirs *mpl*.
leisurewear ['leʒəweəʳ] *n* *(indén)* vêtements *mpl* de sport.
lemon ['lemən] *n* citron *m*.
lemonade [,lemə'neɪd] *n* **1.** **(UK)** *(gazeuse)* limonade *f* **2.** **(surtout US)** *(non gazeuse)* citronnade *f* **3.** **(US)** citron *m* pressé.
lemon juice *n* jus *m* de citron.
lemon sole *n* limande-sole *f*.
lemon squash *n* **(UK)** citronnade *f*.
lemon squeezer [-'skwiːzəʳ] *n* presse-citron *m inv*.
lemon tea *n* thé *m* (au) citron.
lemony ['lemənɪ] *adj* citronné.
lend [lend] (*prét* & *pp* **lent**) *vt* **1.** prêter • **to lend sb sthg, to lend sthg to sb** prêter qqch à qqn **2.** • **to lend support (to sb)** offrir son soutien (à qqn) • **to lend assistance (to sb)** prêter assistance (à qqn).
lending limit *n* plafond *m* de prêt.
lending rate ['lendɪŋ-] *n* taux *m* de crédit.
length [leŋθ] *n* **1.** longueur *f* • **what length is it?** ça fait quelle longueur ? • **it's five metres in length** cela fait cinq mètres de long **2.** morceau *m*, bout *m* *(de corde, de fil)* **3.** coupon *m* *(de tissu)* **4.** durée *f* **5.** • **to go to great lengths to do sthg** tout faire pour faire qqch. ■ **at length** *adv* **1.** enfin **2.** à fond.
lengthen ['leŋθən] *vt* **1.** rallonger **2.** prolonger. ❑ *vi* allonger.
lengthways ['leŋθweɪz], **lengthwise** ['leŋθwaɪz] *adv* dans le sens de la longueur.
lengthy ['leŋθɪ] *adj* très long, longue *f*.
lenient ['liːnjənt] *adj* **1.** indulgent **2.** clément.
lens [lenz] *n* **1.** PHOTO objectif *m* **2.** verre *m* *(de lunettes)* **3.** verre *m* de contact, lentille *f* *(cornéenne)*.
lent [lent] *passé* & *pp* → **lend**.

Lent [lent] *n* carême *m*.
lentil ['lentɪl] *n* lentille *f*.
Leo ['li:əʊ] *n* Lion.
leopard ['lepəd] *n* léopard *m*.
leopard skin *n* peau *f* de léopard. ❑ *adj* en (peau de) léopard.
leotard ['li:ətɑ:d] *n* justaucorps *m (pour la gymnastique)*.
leper ['lepəʳ] *n* lépreux *m*, -euse *f*.
leprosy ['leprəsɪ] *n* lèpre *f*.
lesbian ['lezbɪən] *n* lesbienne *f*.
less [les] *(comparatif de* **little***) adj* moins de • **less money/time than me** moins d'argent/ de temps que moi. ❑ *pron* moins • **it costs less than you think** ça coûte moins cher que tu ne le crois • **no less than £50** pas moins de 50 livres • **the less... the less...** moins... moins... • **less than five** moins de cinq. ❑ *adv* moins • **less and less** de moins en moins. ❑ *prép* moins • **that's £300 less ten per cent for store-card holders** ça fait 300 livres moins dix pour cent avec la carte du magasin. ■ **no less** *adv* rien de moins • **he won the Booker Prize, no less!** il a obtenu le Booker Prize, rien de moins que ça ! • **taxes rose by no less than 15%** les impôts ont augmenté de 15 %, ni plus ni moins.
less-developed country *n* pays *m* moins développé.
lessen ['lesn] *vt* **1.** diminuer, réduire **2.** atténuer *(la douleur)*. ❑ *vi* **1.** diminuer **2.** *(douleur)* s'atténuer.
lesser ['lesəʳ] *adj* moindre • **to a lesser extent** *ou* **degree** à un degré moindre.
lesser-known *adj* moins connu.
lesson ['lesn] *n* leçon *f*, cours *m* • **to teach sb a lesson** *fig* donner une (bonne) leçon à qqn • **it was a lesson learned** cela m'a/nous a servi de leçon.
less-than sign *n* signe *m* « inférieur à ».
lest [lest] *conj sout* de crainte que.
let [let] *(prét & pp* **let***) vt* **1.** • **to let sb do sthg** laisser qqn faire qqch • **to let sb know sthg** dire qqch à qqn • **to let go of sb/sthg** lâcher qqn/qqch • **to let sb go a)** laisser (partir) qqn **b)** libérer qqn **2.** • **let's go!** allons-y ! • **let's see** voyons • **let them wait** qu'ils attendent **3.** *(surtout* **UK***)* louer • **'to let'** 'à louer'. ■ **let alone** *conj* encore moins, sans parler de. ■ **let down** *vt sép* **1.** **(UK)** dégonfler **2.** décevoir. ■ **let in** *vt sép* laisser *ou* faire entrer. ■ **let in on** *vt sép* • **to let sb in on sthg** mettre qqn au courant de qqch. ■ **let off** *vt sép* **1.** **(UK)** • **to let sb off sthg** dispenser qqn de qqch **2.** ne pas punir **3.** faire éclater *(une bombe)* **4.** faire partir *(un feu d'artifice, une arme)*. ■ **let on** *vi* • **don't let on!** **(UK)** ne dis rien (à personne) ! ■ **let out** *vt sép* **1.** laisser sortir • **to let air out of sthg** dégonfler qqch **2.** laisser échapper *(un cri)*. ❑ *vi* **(US)** finir. ■ **let up** *vi (pluie)* diminuer.
letdown ['letdaʊn] *n fam* déception *f*.
lethal ['li:θl] *adj* mortel, fatal.
lethargic [lə'θɑ:dʒɪk] *adj* léthargique.
lethargy ['leθədʒɪ] *n* léthargie *f*.
let-out *n* **1.** **(UK)** prétexte *m* **2.** échappatoire *f*.
let's [lets] = **let us**.
letter ['letəʳ] *n* **1.** lettre *f* • **the letters of the alphabet** les lettres de l'alphabet **2.** • **to write/ send sb a letter** écrire/envoyer une lettre à qqn • **letter of intent** lettre *f* d'intention • **letter of introduction** lettre *f* de recommandation.
letter bomb *n* lettre *f* piégée.
letterbox ['letəbɒks] *n* **(UK)** boîte *f* aux *ou* à lettres • **letterbox format** *TV* format *m* boîte aux lettres.
letterhead ['letəhed] *n* en-tête *m*.
letter of credit *n* lettre *f* de crédit.
letter opener *n* coupe-papier *m inv*.
letter-perfect *adj* **(US)** absolument parfait.
lettuce ['letɪs] *n* laitue *f*, salade *f*.
letup ['letʌp] *n* **1.** répit *m (dans une dispute)* **2.** relâchement *m (dans le travail)*.
leukaemia, **leukemia (US)** [lu:'ki:mɪə] *n* leucémie *f*.
level ['levl] *adj* **1.** à la même hauteur • **to be level with** être au niveau de **2.** horizontal **3.** à égalité **4.** plat, plan. ❑ *n* niveau *m*. ❑ *vt* (**(UK)** *prét & pp* **levelled**, *cont* **levelling**, **(US)** *prét & pp* **leveled**, *cont* **leveling**) **1.** niveler, aplanir **2.** raser. ■ **level off**, **level out** *vi* **1.** se stabiliser **2.** *AÉRON* amorcer un palier. ■ **level with** *vt insép fam* être franc, franche *f ou* honnête avec.
level crossing *n* **(UK)** passage *m* à niveau.
level-headed [-'hedɪd] *adj* raisonnable.
level pegging [-'pegɪŋ] *adj* **(UK)** • **to be level pegging** être à égalité.
lever [**(UK)** 'li:vəʳ, **(US)** 'levər] *n* levier *m*.
leverage [**(UK)** 'li:vərɪdʒ, **(US)** 'levərɪdʒ] *n (indén)* **1.** • **to get leverage on sthg** avoir une prise sur qqch **2.** *fig* influence *f*. ❑ *vt* **1.** tirer profit de • **we need to leverage our assets** il faut que nous tirions profit de nos actifs **2.** • **to leverage a company** augmenter le ratio d'endettement d'une entreprise.
lever-arch file *n* classeur *m* à levier.
levy ['levɪ] *n* prélèvement *m*, impôt *m*. ❑ *vt* prélever, percevoir.
lewd [lju:d] *adj* obscène.
lexicon ['leksɪkən] *n* lexique *m*.
LFD antigen test *n* test *m* antigénique.
LGBT [,eldʒi:bi:'ti:] (abbr of lesbian, gay, bisexual, transgender) *adj* LGBT.
liability [,laɪə'bɪlətɪ] *n* **1.** responsabilité *f* **2.** *fig* danger *m* public. ■ **liabilities** *npl FIN* dettes *fpl*, passif *m*.
liable ['laɪəbl] *adj* **1.** • **to be liable to do sthg** risquer de faire qqch, être susceptible de

faire qqch **2.** • **to be liable to sthg** être sujet à qqch **3.** • **to be liable (for)** être responsable (de) • **to be liable to** être passible de.
liaise [lɪ'eɪz] *vi* **(UK)** • **to liaise with** assurer la liaison avec.
liaison [lɪ'eɪzɒn] *n* liaison *f.*
liar ['laɪəʳ] *n* menteur *m,* -euse *f.*
libel ['laɪbl] *n* diffamation *f.* ❑ *vt* (**(UK)** *prét & pp* **libelled**, *cont* **libelling**, **(US)** *prét & pp* **libeled**, *cont* **libeling**) diffamer.
libellous (UK), libelous (US) ['laɪbələs] *adj* diffamatoire.
liberal ['lɪbərəl] *adj* **1.** libéral **2.** généreux. ❑ *n* libéral *m,* -e *f.* ■ **Liberal** *adj* libéral. ❑ *n* libéral *m,* -e *f.*
liberal arts *npl* **(surtout US)** arts *mpl* libéraux.
Liberal Democrat *n adhérent du principal parti centriste britannique.*
liberalism ['lɪbərəlɪzm] *n* libéralisme *m.*
liberally ['lɪbərəlɪ] *adv* **1.** libéralement **2.** • **liberally-minded** large d'esprit • **a liberally spiced dish** un plat généreusement épicé.
liberal-minded [-'maɪndɪd] *adj* large d'esprit.
liberate ['lɪbəreɪt] *vt* libérer.
liberated ['lɪbəreɪtɪd] *adj* libéré.
liberating ['lɪbəreɪtɪŋ] *adj* libérateur.
liberation [,lɪbə'reɪʃn] *n* libération *f.*
liberator ['lɪbəreɪtəʳ] *n* libérateur *m,* -trice *f.*
liberty ['lɪbətɪ] *n* liberté *f* • **at liberty** en liberté • **to be at liberty to do sthg** être libre de faire qqch • **to take liberties (with sb)** prendre des libertés (avec qqn).
libido [lɪ'biːdəʊ] (*pl* **-s**) *n* libido *f.*
Libra ['liːbrə] *n* Balance *f.*
librarian [laɪ'breərɪən] *n* bibliothécaire *mf.*
library ['laɪbrərɪ] *n* bibliothèque *f.*
library book *n* livre *m* de bibliothèque.
libretto [lɪ'bretəʊ] (*pl* **-s**) *n* livret *m.*
Libya ['lɪbɪə] *n* Libye *f.*
lice [laɪs] *npl* → **louse**.
licence (UK), license (US) ['laɪsəns] *n* **1. (UK)** permis *m,* autorisation *f* • **driving licence (UK)** *ou* **driver's licence (US)** permis *m* de conduire • **TV licence** redevance *f* télé **2. (UK)** COMM licence *f.*
license ['laɪsəns] *vt* autoriser. ❑ *n* **(US)** = **licence**.
licensed ['laɪsənst] *adj* **1.** • **to be licensed to do sthg** avoir un permis pour *ou* l'autorisation de faire qqch **2. (UK)** qui détient une licence de débit de boissons.
license plate *n* **(US)** plaque *f* d'immatriculation.
licensing ['laɪsənsɪŋ] *n* **1.** immatriculation *f (d'un véhicule)* **2.** autorisation *f (d'une activité)* • **licensing agreement** accord *m* de licence.
licensing agreement ['laɪsənsɪŋ-] *n* accord *m* de licence.
licensing hours ['laɪsənsɪŋ-] *npl* **(UK)** *heures d'ouverture des débits de boissons.*

> CULTURE
> ### licensing hours
> Traditionnellement, les heures d'ouverture des pubs répondaient à une réglementation très stricte (liée à la législation sur la vente des boissons alcoolisées), mais celle-ci a été assouplie en 1988. Au lieu d'ouvrir uniquement de 11 h 30 à 14 h 30 et de 18 h à 23 h, les pubs restent ouverts de 11 h à 23 h, sauf le dimanche (de 11 h à 15 h et de 19 h à 22 h 30). Il leur est aussi possible de rester ouverts 24 h sur 24 avec une licence spéciale.

lick [lɪk] *vt* **1.** lécher **2.** *fam* écraser.
licorice ['lɪkərɪs] **(US)** = **liquorice**.
lid [lɪd] *n* **1.** couvercle *m* **2.** paupière *f.*
lido ['liːdəʊ] (*pl* **-s**) *n* **1. (UK)** piscine *f* en plein air **2.** plage *f.*
lie [laɪ] *n* mensonge *m* • **to tell lies** mentir, dire des mensonges. ❑ *vi* (*prét* **lay**, *pp* **lain**, *cont* **lying**) **1.** (*prét & pp* **lied**) • **to lie (to sb)** mentir (à qqn) **2.** être allongé, être couché **3.** s'allonger, se coucher • **to lie low** *fam* se planquer, se tapir **4.** se trouver, être. ■ **lie about, lie around** *vi* **(UK)** traîner. ■ **lie down** *vi* s'allonger, se coucher. ■ **lie in** *vi* **(UK)** rester au lit, faire la grasse matinée.
Liechtenstein ['lɪktənstaɪn] *n* Liechtenstein *m.*
lie detector *n* détecteur *m* de mensonges.
lie-down *n* **(UK)** • **to have a lie-down** faire une sieste *ou* un (petit) somme.
lie-in *n* **(UK)** • **to have a lie-in** faire la grasse matinée.
lieu [ljuː *ou* luː] ■ **in lieu** *adv* **(surtout UK)** *sout* à la place • **in lieu of** au lieu de, à la place de.
lieutenant [**(UK)** lef'tenənt, **(US)** luː'tenənt] *n* lieutenant *m,* -e *f.*
life [laɪf] *n* (*pl* **lives** [laɪvz]) **1.** vie *f* • **for life** à vie • **that's life!** c'est la vie ! • **to scare the life out of sb** faire une peur bleue à qqn **2.** vie *f (animation)* • **there's more life in Sydney than in Wellington** Sydney est plus animé que Wellington • **to come to life** s'animer • **she was the life and soul of the party** c'est elle qui a mis de l'ambiance dans la soirée **3.** nature *f* • **to draw from life** dessiner d'après nature **4.** réalité *f* • **his novels are very true to life** ses romans sont très réalistes **5.** *(indén) fam* emprisonnement *m* à perpétuité.
life-and-death *adj* extrêmement grave *ou* critique.
life assurance (surtout UK) = **life insurance**.
lifebelt *n* bouée *f* de sauvetage.

lifeblood ['laɪfblʌd] *n fig* élément *m* vital, âme *f*.
lifeboat ['laɪfbəʊt] *n* canot *m* de sauvetage.
life buoy *n* bouée *f* de sauvetage.
life coach *n* coach *m* de vie.
life cycle *n* cycle *m* de vie.
life expectancy *n* espérance *f* de vie.
lifeguard ['laɪfgɑːd] *n* **1.**maître-nageur sauveteur *m* **2.**gardien *m* de plage.
life imprisonment [-ɪm'prɪznmənt] *n* emprisonnement *m* à perpétuité.
life insurance *n* assurance-vie *f*.
life jacket *n* gilet *m* de sauvetage.
lifeless ['laɪflɪs] *adj* **1.**sans vie, inanimé **2.**qui manque de vie **3.***(ton, voix)* monotone.
lifelike ['laɪflaɪk] *adj* **1.**qui semble vivant **2.**ressemblant.
lifeline ['laɪflaɪn] *n* **1.**corde *f* (de sauvetage) **2.***fig* lien *m* vital (avec l'extérieur).
lifelong ['laɪflɒŋ] *adj* de toujours.
life-or-death = **life-and-death**.
life preserver [-prɪˌzɜːvəʳ] *n* **(US)** **1.**bouée *f* de sauvetage **2.**gilet *m* de sauvetage.
lifer ['laɪfəʳ] *n fam* condamné *m*, -e *f* à perpète.
life raft *n* canot *m* pneumatique *(de sauvetage)*.
lifesaver ['laɪfˌseɪvəʳ] *n* maître-nageur sauveteur *m*.
life-saving *adj* • **life-saving apparatus** appareils *mpl* de sauvetage • **life-saving vaccine** vaccin *m* qui sauve la vie.
life sentence *n* condamnation *f* à perpétuité.
life-size(d) [-saɪz(d)] *adj* grandeur nature *(inv)*.
lifespan ['laɪfspæn] *n* **1.**espérance *f* de vie **2.**durée *f* de vie.
life story *n* biographie *f*.
lifestyle ['laɪfstaɪl] *n* mode *m* *ou* style *m* de vie • **lifestyle choice** choix *m* de vie • **lifestyle disease** maladie *f* liée au mode de vie • **lifestyle programme** *TV émission traitant de l'art de vivre (décoration, cuisine, etc)*.
life-support system *n* respirateur *m* artificiel.
life-threatening *adj (maladie)* qui peut être mortel.
lifetime ['laɪftaɪm] *n* vie *f* • **in my lifetime** de mon vivant.
LIFO abrév de **last in first out**.
lift [lɪft] *n* **1.** • **to give sb a lift** emmener *ou* prendre qqn en voiture **2. (UK)** ascenseur *m*. ❑ *vt* **1.**lever **2.**soulever. ❑ *vi* **1.***(couvercle)* s'ouvrir **2.***(brouillard)* se lever.
lifting ['lɪftɪŋ] *n* **1.**levage *m* • **not to do any heavy lifting** ne pas porter de poids **2.**levée *f (d'un embargo, de contrôles)*.
liftoff *n* décollage *m*.
ligament ['lɪgəmənt] *n* ligament *m*.
light [laɪt] *adj* **1.**clair **2.**léger **3.**fluide **4.**facile. ❑ *n* **1.***(indén)* lumière *f* **2.**lampe *f* **3.***AUTO* feu *m* ; phare *m* **4.**feu *m* • **have you got a light?** vous avez du feu ? *(pour une cigarette)* • **to set light to sthg** mettre le feu à qqch **5.** • **in light of, in the light of (UK)** à la lumière de • **in a good/bad light** sous un jour favorable/défavorable • **to come to light** être découvert *ou* dévoilé. ❑ *vt (prét & pp* **lit** *ou* **lighted***)* **1.**allumer *(une cigarette)* **2.**éclairer. ❑ *adv* • **to travel light** voyager léger. ■ **light up** *vt sép* **1.**éclairer **2.**allumer *(une cigarette)*. ❑ *vi* **1.***(visage)* s'éclairer **2.** *fam* allumer une cigarette.
lightbulb *n* ampoule *f*.
lighten ['laɪtn] *vt* **1.**éclairer **2.**éclaircir **3.**alléger. ❑ *vi* s'éclaircir.
lighter ['laɪtəʳ] *n* briquet *m*.
light-headed [-'hedɪd] *adj* • **to feel light-headed** avoir la tête qui tourne.
light-headedness [-'hedɪdnɪs] *n* **1.**vertige *m* **2.**ivresse *f*.
light-hearted [-'hɑːtɪd] *adj* **1.**joyeux, gai **2.**amusant.
lighthouse ['laɪthaʊs] *(pl* [-haʊzɪz]*) n* phare *m*.
lighting ['laɪtɪŋ] *n* éclairage *m*.
lightly ['laɪtlɪ] *adv* **1.**légèrement **2.**à la légère.
light meter *n* posemètre *m*, cellule *f* photoélectrique.
lightning ['laɪtnɪŋ] *n (indén)* éclair *m*, foudre *f* • **thunder and lightning** des coups de tonnerre et des éclairs.
lightning strike *n* **(UK)** grève *f* surprise.
light pollution *n* pollution *f* lumineuse.
light-sensitive *adj PHYS* photosensible.
lights-out *n* extinction *f* des feux.
lightweight ['laɪtweɪt] *adj* léger. ❑ *n* poids *m* léger.
light year *n* année-lumière *f*.
likable ['laɪkəbl] *adj* sympathique.
like [laɪk] *prép* **1.**comme • **to look like sb/sthg** ressembler à qqn/qqch • **to taste like sthg** avoir un goût de qqch • **like this/that** comme ci/ça **2.**tel que, comme. ❑ *vt* **1.**aimer • **I like her** elle me plaît • **to like doing** *ou* **to do sthg** aimer faire qqch • **do you like dancing?** est-ce que tu aimes danser ? **2.** • **would you like some more cake?** vous prendrez encore du gâteau ? • **I'd like to go** je voudrais bien *ou* j'aimerais y aller • **if you like** si vous voulez • **what's not to like?** *fam* il faudrait être difficile pour ne pas aimer ça. ❑ *n* • **the like** une chose pareille. ■ **likes** *npl* **1.** • **likes and dislikes** goûts *mpl* **2.** • **the likes of us/them** *etc* *fam* les gens comme nous/eux *etc*.
-like *suffixe* • **dream-like** onirique, de rêve • **ghost-like** fantomatique.
likeable ['laɪkəbl] = **likable**.

likelihood ['laɪklɪhʊd] *n (indén)* chances *fpl*, probabilité *f*.
likely ['laɪklɪ] *adj* **1.** probable • **he's likely to get angry** il risque de se fâcher • **a likely story!** *iron* à d'autres ! **2.** prometteur.
like-minded [-'maɪndɪd] *adj* de même opinion.
liken ['laɪkn] *vt* • **to liken sb/sthg to** assimiler qqn/qqch à.
likeness ['laɪknɪs] *n* **1.** • **likeness (to)** ressemblance *f* (avec) **2.** portrait *m*.
likewise ['laɪkwaɪz] *adv* de même • **to do likewise** faire pareil *ou* de même.
liking ['laɪkɪŋ] *n* **1.** affection *f*, sympathie *f* **2.** goût *m*, penchant *m* • **to have a liking for sthg** avoir le goût de qqch • **to be to sb's liking** être du goût de qqn, plaire à qqn.
lilac ['laɪlək] *adj* lilas *(inv)*. ❑ *n* lilas *m*.
Lilo® ['laɪləʊ] *(pl* **-s***)* *n* **(UK)** matelas *m* pneumatique.
lily ['lɪlɪ] *n* lis *m*.
lily-livered [-'lɪvəd] *adj hum* froussard.
lily of the valley *(pl* **lilies of the valley***)* *n* muguet *m*.
limb [lɪm] *n* **1.** ANAT membre *m* **2.** BOT branche *f*.
limber ['lɪmbəʳ] ■ **limber up** *vi* s'échauffer.
limbo ['lɪmbəʊ] *(pl* **-s***)* *n (indén)* • **to be in limbo** être dans les limbes.
lime [laɪm] *n* **1.** citron *m* vert **2.** • **lime (juice)** jus *m* de citron vert **3.** tilleul *m* **4.** chaux *f*.
lime-green *adj* vert jaune *(inv)*.
limelight ['laɪmlaɪt] *n* • **to be in the limelight** être au premier plan.
limerick ['lɪmərɪk] *n poème humoristique en cinq vers*.
limestone ['laɪmstəʊn] *n (indén)* pierre *f* à chaux, calcaire *m*.
limey ['laɪmɪ] *(pl* **-s***)* *n* **(US)** *fam terme péjoratif désignant un Anglais*.
limit ['lɪmɪt] *n* limite *f* • **off limits** d'accès interdit • **within limits** dans une certaine mesure • **to know one's limits** connaître ses limites. ❑ *vt* limiter, restreindre.
limitation [,lɪmɪ'teɪʃn] *n* limitation *f*, restriction *f*.
limited ['lɪmɪtɪd] *adj* limité, restreint.
limited edition *n* édition *f* à tirage limité.
limited (liability) company *n* **(UK)** société *f* anonyme.
limitless ['lɪmɪtlɪs] *adj* illimité.
limo ['lɪməʊ] *fam n* abrév de **limousine**.
limousine ['lɪməziːn] *n* limousine *f*.
limp [lɪmp] *adj* mou • **to go limp** s'affaisser. ❑ *n* • **to have a limp** boiter. ❑ *vi* boiter.
limpet ['lɪmpɪt] *n* ZOOL patelle *f*, bernique *f*.
linchpin ['lɪntʃpɪn] *fig (personne)* pivot *m*.
line [laɪn] *n* **1.** ligne *f* **2.** rangée *f* **3.** file *f*, queue *f* • **to stand** *ou* **wait in line** faire la queue **4.** RAIL voie *f* ; ligne *f* **5.** LITTÉR ligne *f* ; vers *m* **6.** TÉLÉCOM ligne *f* • **hold the line!** ne quittez pas ! **7.** • **to step out of line** faire cavalier seul **8.** ride *f* **9.** corde *f* • **a fishing line** une ligne **10.** frontière *f* • **to draw the line at sthg** refuser de faire *ou* d'aller jusqu'à faire qqch **11.** COMM gamme *f*. ❑ *vt* **1.** tapisser **2.** doubler *(un vêtement)*. ■ **line up** *vt sép* **1.** aligner **2.** prévoir. ❑ *vi* **1.** s'aligner **2.** faire la queue. ■ **out of line** *adj* déplacé.
lined [laɪnd] *adj* **1.** *(papier)* réglé **2.** ridé.
linen ['lɪnɪn] *n (indén)* **1.** lin *m* **2.** linge *m* (de maison).
linen basket *n* **(UK)** panier *m* à linge.
liner ['laɪnəʳ] *n* paquebot *m*.
linesman ['laɪnzmən] *(pl* **-men***)* *n* **1.** TENNIS juge *m* de ligne **2.** FOOTBALL juge de touche.
lineup ['laɪnʌp] *n* **1.** SPORT équipe *f* **2. (US)** rangée *f* de suspects *(pour identification par un témoin)*.
linger ['lɪŋgəʳ] *vi* **1.** s'attarder **2.** persister.
lingerie ['lænʒərɪ] *n (indén)* lingerie *f*.
lingering ['lɪŋgrɪŋ] *adj* **1.** *(doute)* persistant **2.** *(espoir)* faible **3.** *(toux)* long.
lingo ['lɪŋgəʊ] *(pl* **-es***)* *n fam* jargon *m*.
linguist ['lɪŋgwɪst] *n* linguiste *mf*.
linguistic [lɪŋ'gwɪstɪk] *adj* linguistique.
linguistics [lɪŋ'gwɪstɪks] *n (indén)* linguistique *f*.
lining ['laɪnɪŋ] *n* **1.** doublure *f (d'un vêtement)* **2.** muqueuse *f*.
link [lɪŋk] *n* **1.** maillon *m* **2.** • **link (between/with)** lien *m* (entre/avec) **3.** INFORM lien *m* • **links to sthg** liens vers qqch. ❑ *vt* **1.** relier **2.** lier • **to link arms** se donner le bras. ❑ *vi* INFORM avoir un lien vers • **to link to sthg** mettre *ou* poser un lien vers qqch. ■ **link up** *vt sép* relier • **to link sthg up with sthg** INFORM relier qqch avec *ou* à qqch.
linked [lɪŋkt] *adj* lié.
link rot *n* INTERNET *perte de validité d'un lien hypertexte qui pointe vers une ressource qui n'existe plus*.
links [lɪŋks] *(pl inv)* *n* terrain *m* de golf *(au bord de la mer)*.
lino (UK) ['laɪnəʊ], **linoleum** [lɪ'nəʊlɪəm] *n* lino *m*, linoléum *m*.
lintel ['lɪntl] *n* linteau *m*.
lion ['laɪən] *n* lion *m*.
lioness ['laɪənes] *n* lionne *f*.
lip [lɪp] *n* **1.** lèvre *f* **2.** rebord *m (d'une tasse, d'un bol)*.
lip balm = **lip salve**.
lip gloss *n* brillant *m* à lèvres.
liposuction ['lɪpəʊ,sʌkʃn] *n* liposuccion *f*.
lippy ['lɪpɪ] *(comp* **lippier**, *superl* **lippiest***)* *adj fam* insolent, culotté.
lip-read *vi* lire sur les lèvres.
lip salve (UK), **lip balm** *n* pommade *f* pour les lèvres.

lip service *n* • **to pay lip service to sthg** approuver qqch pour la forme.
lipstick [ˈlɪpstɪk] *n* rouge *m* à lèvres • **lipstick lesbian** *tfam* lesbienne *f* très féminine.
lip-synch [-sɪŋk] *vi* chanter en play-back. ❑ *vt* • **to lip-synch a song** chanter une chanson en play-back.
liqueur [lɪˈkjʊəʳ] *n* liqueur *f*.
liquid [ˈlɪkwɪd] *adj* liquide. ❑ *n* liquide *m*.
liquidation [ˌlɪkwɪˈdeɪʃn] *n* liquidation *f*.
liquidity [lɪˈkwɪdətɪ] *n* liquidité *f*.
liquidize, -ise (UK) [ˈlɪkwɪdaɪz] *vt* passer au mixer.
liquidizer, -iser [ˈlɪkwɪdaɪzəʳ] *n* mixer *m*.
liquified petroleum gas [ˈlɪkwɪfaɪd-] *n* gaz *m* de pétrole liquéfié.
liquor [ˈlɪkəʳ] *n (indén)* alcool *m*, spiritueux *mpl*.
liquorice (UK), licorice (US) [ˈlɪkərɪs] *n* réglisse *f*.
liquor store *n* **(US)** magasin *m* de vins et d'alcools.
Lisbon [ˈlɪzbən] *n* Lisbonne.
lisp [lɪsp] *n* zézaiement *m*. ❑ *vi* zézayer.
list [lɪst] *n* liste *f* • **to make a list** faire une liste. ❑ *vt* **1.** faire la liste de **2.** énumérer.
list administrator *n* INTERNET administrateur *m*, -trice *f* de liste.
listed building [ˌlɪstɪd-] *n* **(UK)** monument *m* classé.
listen [ˈlɪsn] *vi* • **to listen to (sb/sthg)** écouter (qqn/qqch) • **to listen for sthg** guetter qqch.
listener [ˈlɪsnəʳ] *n* auditeur *m*, -trice *f*.
listening device *n* dispositif *m* d'écoute.
listeria [lɪsˈtiːrɪə] *n* listeria *f*.
listing [ˈlɪstɪŋ] *n (INFORM - action)* listage *m* ; *(- résultat)* listing *m*. ■ **listings** *npl* • **the listings** le calendrier des spectacles.
listless [ˈlɪstlɪs] *adj* apathique, mou, molle *f*.
list price *n* prix *m* de catalogue.
list server *n* serveur *m* de liste (de diffusion).
lit [lɪt] *passé & pp* → **light**.
litany [ˈlɪtənɪ] *(pl* **-ies***)* *n* litanie *f*.
liter (US) = **litre**.
literacy [ˈlɪtərəsɪ] *n* alphabétisation *f*.
literal [ˈlɪtərəl] *adj* littéral.
literally [ˈlɪtərəlɪ] *adv* littéralement • **to take sthg literally** prendre qqch au pied de la lettre.
literary [ˈlɪtərərɪ] *adj* littéraire.
literate [ˈlɪtərət] *adj* **1.** qui sait lire et écrire **2.** cultivé.
-literate *suffixe* • **to be computer-literate** avoir des connaissances en informatique.
literati [ˌlɪtəˈrɑːtɪ] *npl* *sout* gens *mpl* de lettres, lettrés *mpl*.
literature [ˈlɪtrətʃəʳ] *n* **1.** littérature *f* **2.** documentation *f*.
lithe [laɪð] *adj* souple, agile.
Lithuania [ˌlɪθjʊˈeɪnɪjə] *n* Lituanie *f*.
litigate [ˈlɪtɪgeɪt] *vi* plaider.
litigation [ˌlɪtɪˈgeɪʃn] *n* litige *m* • **to go to litigation** aller en justice.
litre (UK), liter (US) [ˈliːtəʳ] *n* litre *m*.
litter [ˈlɪtəʳ] *n* **1.** *(indén)* ordures *fpl*, détritus *mpl* **2.** ZOOL portée *f*. ❑ *vt* • **to be littered with** être couvert de.
litterbin [ˈlɪtəˌbɪn] *n* **(UK)** boîte *f* à ordures.
little [ˈlɪtl] *adj* **1.** petit • **the shop is a little way along the street** le magasin se trouve un peu plus loin dans la rue • **a little while** un petit moment **2.** *(comp* **less**, *superl* **least***)* peu de • **little money** peu d'argent. ❑ *pron* **1.** • **little of the money was left** il ne restait pas beaucoup d'argent, il restait peu d'argent **2.** • **a little of everything** un peu de tout • **the little I saw looked excellent** le peu que j'en ai vu paraissait excellent. ❑ *adv* peu, pas beaucoup • **little by little** peu à peu. ■ **a little** *n* un peu de • **I speak a little French** je parle quelques mots de français • **a little money** un peu d'argent. ❑ *pron* un peu • **would you like some more? — just a little** est-ce que vous en voulez plus ? — juste un peu. ❑ *adv* un peu • **I'm a little tired** je suis un peu fatigué • **I walked on a little** j'ai marché encore un peu.

> **À PROPOS DE**
> **little**
> ***A little*** a le même sens que ***a bit*** et ***a bit of***, mais appartient à un registre plus élevé. Notez bien que si vous utilisez ***a little*** directement devant un nom, il est inutile d'ajouter ***of (would you like a little bread with your soup?)***.
> De même que ***a bit***, ***a little*** peut aussi remplir la fonction d'adverbe ***(he seems a little better** ; **I slept a little this afternoon)***.
> Voir aussi ***few***.

little finger *n* petit doigt *m*, auriculaire *m*.
little-known *adj* peu connu.
liturgy [ˈlɪtədʒɪ] *(pl* **-ies***)* *n* liturgie *f*.
live [lɪv] *vi* **1.** vivre • **they don't earn enough to live** ils ne gagnent pas de quoi vivre • **he lives by teaching** il gagne sa vie en enseignant • **how does she live on that salary?** comment s'en sort-elle avec ce salaire ? **2.** habiter, vivre • **to live in Paris** habiter (à) Paris. ❑ *vt* • **to live a quiet life** mener une vie tranquille • **she lived the life of a film star** elle a vécu comme une star de cinéma • **to live it up** *fam* faire la noce. ■ **live down** *vt sép* faire oublier. ■ **live in** *vi (élève)* être interne. ■ **live off** *vt insép* **1.** vivre de **2.** vivre aux dépens de. ■ **live on** *vt insép* vivre de. ❑ *vi (souvenir, sentiment)* rester, survivre.

■ **live out** *vt insép* • **she lived out the rest of her life in Spain** elle a passé le reste de sa vie en Espagne • **to live out one's fantasies** réaliser ses rêves. ❑ *vi (élève)* être externe. ■ **live through** *vt insép* connaître • **they've lived through war and famine** ils ont connu la guerre et la famine. ■ **live together** *vi* vivre ensemble. ■ **live up to** *vt insép* • **to live up to sb's expectations** répondre à l'attente de qqn • **to live up to one's reputation** faire honneur à sa réputation. ■ **live with** *vt insép* **1.** vivre avec **2.** *fam* se faire à, accepter.

lived-in ['lɪvdɪn] *adj* **1.** confortable **2.** habité.

live-in [lɪv-] *adj (gouvernante)* logé et nourri • **a live-in boyfriend/girlfriend** un petit ami/une petite amie avec qui on vit.

livelihood ['laɪvlɪhʊd] *n* gagne-pain *m inv.*

liveliness ['laɪvlɪnɪs] *n* vivacité *f.*

lively ['laɪvlɪ] *adj* **1.** *(personne)* plein d'entrain **2.** *(discussion, débat)* animé **3.** *(esprit)* vif.

liven ['laɪvn] ■ **liven up** *vt sép* **1.** égayer **2.** animer. ❑ *vi* s'animer.

liver ['lɪvəʳ] *n* foie *m.*

livery ['lɪvərɪ] *n* livrée *f.*

lives [laɪvz] *npl* → **life.**

livestock ['laɪvstɒk] *n (indén)* bétail *m.*

live wire [laɪv-] *n* **1.** fil *m* sous tension **2.** *fam & fig* boute-en-train *m inv.*

livid ['lɪvɪd] *adj* **1.** *fam* furieux **2.** *(ecchymose)* violacé.

living ['lɪvɪŋ] *adj* vivant, en vie. ❑ *n* • **to earn** *ou* **make a living** gagner sa vie • **what do you do for a living?** qu'est-ce que vous faites dans la vie ? • **living environment** cadre *m* de vie.

living conditions *npl* conditions *fpl* de vie.

living expenses *npl* frais *mpl* de subsistance.

living-flame *adj* • **living-flame gas fire** *chauffage au gaz à flammes réelles, imitant un feu de charbon.*

living room *n* salle *f* de séjour, living *m.*

living standards *npl* niveau *m* de vie.

living wage *n* minimum *m* vital.

lizard ['lɪzəd] *n* lézard *m.*

llama ['lɑːmə] *(pl inv ou* **-s***)* *n* lama *m.*

load [ləʊd] *n* **1.** chargement *m*, charge *f* **2.** • **loads of, a load of** *fam* des tas de, plein de • **a load of rubbish** **(surtout UK)** *ou* **of bull** **(surtout US)** *fam* de la foutaise. ❑ *vt* **1.** charger • **to load sb/sthg with** charger qqn/qqch de • **to load a gun/camera (with)** charger un fusil/un appareil photo (avec) • **to load the dice** piper les dés **2.** mettre une vidéo-cassette dans. ❑ *vi* **1.** charger • **the ship is loading** le navire est en cours de chargement **2.** se charger. ■ **load down** *vt sép* charger (lourdement) • **he was loaded down with packages** il avait des paquets plein les bras • **I'm loaded down with work** je suis surchargé de travail. ■ **load up** *vt sép & vi* charger.

loaded ['ləʊdɪd] *adj* **1.** insidieux **2.** *fam* plein aux as **3.** **(surtout US)** ivre.

loading bay ['ləʊdɪŋ-] *n* aire *f* de chargement.

loaf [ləʊf] *(pl* **loaves** [ləʊvz]*)* *n* • **a loaf (of bread)** un pain.

loafer ['ləʊfəʳ] *n* mocassin *m.*

loan [ləʊn] *n* prêt *m* • **on loan** prêté. ❑ *vt* prêter • **to loan sthg to sb, to loan sb sthg** prêter qqch à qqn.

loan shark *n fam & péj* usurier *m.*

loath [ləʊθ] *adj sout* • **to be loath to do sthg** ne pas vouloir faire qqch, hésiter à faire qqch.

loathe [ləʊð] *vt* détester • **to loathe doing sthg** avoir horreur de *ou* détester faire qqch.

loathing ['ləʊðɪŋ] *n sout* dégoût *m*, répugnance *f.*

loathsome ['ləʊðsəm] *adj* dégoûtant, répugnant.

loaves [ləʊvz] *npl* → **loaf.**

lob [lɒb] *n* TENNIS lob *m.* ❑ *vt* **1.** lancer **2.** TENNIS • **to lob a ball** lober, faire un lob.

lobby ['lɒbɪ] *n* **1.** hall *m* **2.** lobby *m*, groupe *m* de pression. ❑ *vt* faire pression sur.

lobe [ləʊb] *n* lobe *m.*

lobotomy [lə'bɒtəmɪ] *(pl* **-ies***)* *n* lobotomie *f.*

lobster ['lɒbstəʳ] *n* homard *m.*

local ['ləʊkl] *adj* local. ❑ *n fam* **1.** • **the locals** les gens *mpl* du coin *ou* du pays **2.** **(UK)** café *m ou* bistro *m* du coin.

local anaesthetic, local anesthetic (US) *n* anesthésie *f* locale.

local area network *n* INFORM réseau *m* local.

local authority *n* **(UK)** autorités *fpl* locales.

local call *n* TÉLÉCOM communication *f* urbaine.

locale [ləʊ'kɑːl] *n sout* lieu *m*, endroit *m.*

local government *n* administration *f* municipale.

locality [ləʊ'kælətɪ] *n* endroit *m.*

localization, -ise [ˌləʊkəlaɪ'zeɪʃn] *n* localisation *f.*

localize, -ise ['ləʊkəlaɪz] *vt* **1.** localiser, situer **2.** localiser, limiter • **they have tried to localize the effect of the strike** ils ont essayé de limiter l'effet de la grève.

localized, -ised (UK) ['ləʊkəlaɪzd] *adj* localisé.

locally ['ləʊkəlɪ] *adv* **1.** localement **2.** dans les environs, à proximité • **to live locally** habiter dans le quartier.

local time *n* heure *f* locale.

locate [**(UK)** ləʊ'keɪt, **(US)** 'ləʊkeɪt] *vt* **1.** trouver, repérer **2.** localiser **3.** implanter, établir *(une usine, une entreprise)* • **to be located** être situé.

location [ləʊ'keɪʃn] *n* **1.** emplacement *m* **2.** CINÉ • **on location** en extérieur • **location shot** extérieur *m.*

location shot *n* CINÉ extérieur *m*.

loch [lɒk *ou* lɒx] *n* (ÉCOSSE) loch *m*, lac *m*.

lock [lɒk] *n* **1.** serrure *f* **2.** verrou *m* **3.** écluse *f* **4.** AUTO angle *m* de braquage **5.** mèche *f (de cheveux)* **6.** INFORM • **shift** *ou* **caps lock** touche *f* de verrouillage majuscule **7.** percuteur *m (d'arme)*. ❑ *vt* **1.** fermer à clef **2.** cadenasser *(un vélo)* **3.** bloquer. ❑ *vi* **1.** fermer à clef **2.** se bloquer. ■ **lock away** *vt sép* **1.** mettre sous clef **2.** incarcérer, mettre sous les verrous • **we keep the alcohol locked away** nous gardons l'alcool sous clef. ■ **lock in** *vt sép* enfermer (à clef). ■ **lock out** *vt sép* **1.** enfermer dehors, laisser dehors • **to lock o.s. out** s'enfermer dehors **2.** empêcher d'entrer, mettre à la porte. ■ **lock up** *vt sép* **1.** mettre en prison *ou* sous les verrous **2.** enfermer *(dans un asile)* **3.** fermer à clef **4.** enfermer, mettre sous clef.

lockable ['lɒkəbl] *adj* qu'on peut fermer à clef.

lockdown ['lɒkdaʊn] *n gén* & MÉD confinement *m* • **to be in lockdown** faire l'objet de mesures de confinement • **to go into lockdown** interdire toute entrée et toute sortie *(d'une école, d'un aéroport)* • **end of lockdown** déconfinement.

locker ['lɒkəʳ] *n* casier *m (fermant à clé)*.

locker room *n* vestiaire *m*.

locket ['lɒkɪt] *n* médaillon *m*.

locksmith ['lɒksmɪθ] *n* serrurier *m*, -ère *f*.

locomotive ['ləʊkəˌməʊtɪv] *n* locomotive *f*.

locum ['ləʊkəm] (*pl* -s) *n* (surtout UK) remplaçant *m*, -e *f*.

locust ['ləʊkəst] *n* sauterelle *f*, locuste *f*.

lodge [lɒdʒ] *n* **1.** loge *f* **2.** pavillon *m (de gardien)* **3.** pavillon *m* de chasse. ❑ *vi* **1.** *sout* • **to lodge with sb** loger chez qqn **2.** se loger, se coincer **3.** *fig* s'enraciner, s'ancrer. ❑ *vt* déposer *(une plainte)* • **to lodge an appeal** interjeter *ou* faire appel.

lodger ['lɒdʒəʳ] *n* locataire *mf*.

lodging ['lɒdʒɪŋ] *n* → **board**. ■ **lodgings** *npl* chambre *f* meublée.

loft [lɒft] *n* grenier *m*.

lofty ['lɒftɪ] *adj* **1.** noble **2.** *péj* hautain, arrogant **3.** *littéraire* haut, élevé.

log [lɒg] *n* **1.** bûche *f* **2.** journal *m* de bord **3.** carnet *m* de vol. ❑ *vt* consigner, enregistrer. ■ **log in**, **log on** *vi* INFORM ouvrir une session. ■ **log off**, **log out** *vi* INFORM fermer une session.

logbook ['lɒgbʊk] *n* **1.** journal *m* de bord **2.** carnet *m* de vol **3.** (UK) ≃ carte *f* grise.

log cabin *n* cabane *f* en rondins.

log fire *n* feu *m* de bois.

loggerheads ['lɒgəhedz] *n* • **at loggerheads** en désaccord.

logic ['lɒdʒɪk] *n* logique *f*.

logical ['lɒdʒɪkl] *adj* logique.

logically ['lɒdʒɪklɪ] *adv* logiquement.

login (name) ['lɒgɪn] *n* INFORM nom *m* d'utilisateur *ou* de login.

logistical [lə'dʒɪstɪkl] *adj* logistique.

logistically [lə'dʒɪstɪklɪ] *adv* sur le plan logistique.

logistics [lə'dʒɪstɪks] *n (indén)* logistique *f*. ❑ *npl fig* organisation *f*.

logo ['ləʊgəʊ] (*pl* -s) *n* logo *m*.

loin [lɔɪn] *n* filet *m*.

loiter ['lɔɪtəʳ] *vi* traîner.

LOL SMS **1.** (abrév de laughing out loud) LOL, MDR **2.** (abrév de lots of love) grosses bises.

loll [lɒl] *vi* **1.** se prélasser **2.** *(tête, langue)* pendre.

lollipop ['lɒlɪpɒp] *n* sucette *f*.

lollipop lady *n* (UK) *dame qui fait traverser la rue aux enfants à la sortie des écoles*.

lollipop man *n* (UK) *monsieur qui fait traverser la rue aux enfants à la sortie des écoles*.

lollop ['lɒləp] *vi* **1.** marcher lourdement **2.** galoper.

lolly ['lɒlɪ] *n* (UK) *fam* **1.** sucette *f* **2.** sucette *f* glacée.

London ['lʌndən] *n* Londres.

Londoner ['lʌndənəʳ] *n* Londonien *m*, -enne *f*.

lone [ləʊn] *adj* solitaire.

loneliness ['ləʊnlɪnɪs] *n* **1.** solitude *f* **2.** isolement *m*.

lonely ['ləʊnlɪ] *adj* **1.** *(personne)* solitaire, seul **2.** *(enfance)* solitaire **3.** *(endroit)* isolé.

lonely hearts *adj* • **lonely hearts club** club *m* de rencontres • **lonely hearts column** rubrique *f* rencontres *(des petites annonces)*.

lone parent *n* (UK) père *m* / mère *f* célibataire.

loner ['ləʊnəʳ] *n* solitaire *mf*.

lonesome ['ləʊnsəm] *adj* (US) *fam* **1.** *(personne)* solitaire, seul **2.** *(endroit)* isolé.

long [lɒŋ] *adj* long. ❑ *adv* longtemps • **how long will it take?** combien de temps cela va-t-il prendre ? • **how long will you be?** tu en as pour combien de temps ? • **so long!** *fam* au revoir !, salut ! ■ **as long as**, **so long as** *conj* tant que. ■ **long for** *vt insép* **1.** désirer ardemment **2.** attendre avec impatience. ■ **before long** *adv* **1.** dans peu de temps, sous peu **2.** peu (de temps) après. ■ **no longer** *adv* ne... plus • **not any longer** plus maintenant • **I no longer like him** je ne l'aime plus • **I can't wait any longer** je ne peux pas attendre plus longtemps, je ne peux plus attendre.

long-awaited [-ə'weɪtɪd] *adj* très attendu.

long-distance *adj (coureur, course)* de fond • **long-distance lorry** (UK) *ou* **truck** (US) **driver** routier *m*.

long-distance call *n* TÉLÉCOM communication *f* interurbaine.

long-drawn-out *adj* interminable, qui n'en finit pas.

longed-for ['lɒŋd-] *adj* très attendu.

long-forgotten *adj* oublié depuis longtemps • **a long-forgotten tradition** une tradition tombée en désuétude.

long-grain rice *n* riz *m* long.

long-haired *adj* **1.** aux cheveux longs **2.** à poil(s) long(s).

longhand ['lɒŋhænd] *n* écriture *f* normale.

long-haul *adj* AÉRON long-courrier.

longing ['lɒŋɪŋ] *adj* plein de convoitise. ❑ *n* **1.** envie *f*, convoitise *f* • **a longing for** un grand désir *ou* une grande envie de **2.** nostalgie *f*, regret *m*.

longingly ['lɒŋɪŋlɪ] *adv* **1.** avec envie **2.** avec nostalgie.

longitude ['lɒndʒɪtju:d] *n* longitude *f*.

long johns *npl* caleçon *m* long.

long jump *n* saut *m* en longueur.

long-lasting *adj* qui dure longtemps, durable.

long-life *adj* **1.** *(lait)* longue conservation *(inv)* **2.** *(piles)* longue durée *(inv)*.

long-lived [-lɪvd] *adj* **1.** *(famille, espèce)* d'une grande longévité **2.** *(amitié)* durable **3.** *(préjugé)* tenace, qui a la vie dure.

long-lost *adj* **1.** perdu depuis longtemps **2.** perdu de vue depuis longtemps.

long-range *adj* **1.** *(missile)* à longue portée **2.** *(projet, prévision)* à long terme.

long-running *adj* **1.** *(émission de télé)* diffusé depuis de nombreuses années **2.** *(pièce de théâtre)* qui tient depuis longtemps l'affiche **3.** *(conflit)* qui dure depuis longtemps.

long shot *n* coup *m* à tenter *(sans grand espoir de succès)*.

longsighted [,lɒŋ'saɪtɪd] *adj* **(UK)** presbyte.

long-standing *adj* de longue date.

long-suffering *adj* à la patience infinie.

long term *n* • **in the long term** à long terme. ■ **long-term** *adj* à long terme.

long view *n* prévisions *fpl* à long terme • **to take the long view** voir le long terme.

long wave *n (indén)* grandes ondes *fpl*.

long weekend *n* long week-end *m*.

longwinded [,lɒŋ'wɪndɪd] *adj* **1.** *(personne)* prolixe, verbeux **2.** *(discours)* interminable, qui n'en finit pas.

loo [lu:] *(pl* **-s***)* *n* **(UK)** *fam* cabinets *mpl*, petit coin *m*.

look [lʊk] *n* **1.** regard *m* • **to take** *ou* **have a look (at sthg)** regarder (qqch), jeter un coup d'œil (à qqch) • **to give sb a look** jeter un regard à qqn, regarder qqn de travers **2.** • **to have a look (for sthg)** chercher (qqch) **3.** aspect *m*, air *m* • **by the look** *ou* **looks of it, by the look** *ou* **looks of things** vraisemblablement, selon toute probabilité. ❑ *vi* **1.** regarder **2.** chercher **3.** avoir l'air, sembler • **it looks like rain** *ou* **as if it will rain** on dirait qu'il va pleuvoir • **she looks like her mother** elle ressemble à sa mère **4.** *(bâtiment)* • **to look (out) onto** donner sur. ■ **look after** *vt insép* s'occuper de. ■ **look around, look round (UK)** *vt insép* faire le tour de. ❑ *vi* **1.** se retourner **2.** regarder *(autour de soi)*. ■ **look at** *vt insép* **1.** regarder **2.** examiner **3.** considérer. ■ **look back** *vi* penser au passé, évoquer le passé • **it seems funny now we look back on it** ça semble drôle quand on y pense aujourd'hui • **she's never looked back** *fig* depuis, elle a accumulé les succès. ■ **look down on** *vt insép* mépriser. ■ **look for** *vt insép* chercher. ■ **look forward to** *vt insép* attendre avec impatience. ■ **look into** *vt insép* examiner, étudier. ■ **look on** *vi* regarder. ■ **look out** *vi* prendre garde, faire attention • **look out!** attention ! ■ **look out for** *vt insép* **1.** guetter **2.** être à l'affût de, essayer de repérer. ■ **look round** *vt insép* **(UK)** = **look around**. ■ **looks** *npl* beauté *f*. ■ **look through** *vt insép* **1.** examiner **2.** parcourir *(un journal)*. ■ **look to** *vt insép* **1.** compter sur **2.** songer à. ■ **look up** *vt sép* **1.** chercher • **to look sthg up on the Web** chercher qqch sur Internet **2.** aller *ou* passer voir *(une personne)*. ❑ *vi* reprendre • **things are looking up** ça va mieux, la situation s'améliore. ■ **look up to** *vt insép* admirer.

look-alike *n* sosie *m*.

looker ['lʊkəʳ] *n fam* canon *m* • **she's/he's quite a looker** elle/il n'est pas mal (du tout).

look-in *n* **(UK)** *fam* • **I didn't get a look-in a)** je n'avais aucune chance **b)** *(dans une conversation)* je n'ai pas pu en placer une.

lookout ['lʊkaʊt] *n* **1.** poste *m* de guet **2.** guetteur *m* **3.** • **to be on the lookout for** être à la recherche de.

lookup query ['lʊkʌp] *n* INFORM requête *f*.

loom [lu:m] *n* métier *m* à tisser. ❑ *vi* **1.** se dresser **2.** *fig* être imminent. ■ **loom up** *vi* surgir.

looming ['lu:mɪŋ] *adj* imminent.

loony ['lu:nɪ] *fam adj* cinglé, timbré. ❑ *n* cinglé *m*, -e *f*, fou *m*, folle *f*.

loop [lu:p] *n* **1.** boucle *f* **2.** stérilet *m* **3.** *(locution)* • **to be/stay in the loop** être/rester dans le coup • **to keep sb in the loop** tenir qqn au courant.

loophole ['lu:phəʊl] *n* faille *f*, échappatoire *f*.

loopy ['lu:pɪ] *(comp* **loopier**, *superl* **loopiest***)* *adj fam* dingue, cinglé.

loose [lu:s] *adj* **1.** desserré **2.** branlant **3.** *(dent)* qui bouge *ou* branle **4.** *(nœud)* défait **5.** *(thé, bonbons)* en vrac, au poids **6.** *(vêtements)* ample, large **7.** *(cheveux)* dénoué **8.** *(animal)* en liberté, détaché **9.** approximatif **10.** vague • **they have loose ties with other political groups** ils sont vaguement liés à d'autres groupes politiques **11.** *péj* & *vieilli (femme)* facile ; *(vie)* dissolu.

loose change *n* petite *ou* menue monnaie *f*.

loose end *n* • **to be at a loose end (UK)** *ou* **to be at loose ends (US)** être désœuvré, n'avoir rien à faire.

loose-fitting *adj* ample.

loose-leaf binder *n* classeur *m* (à feuilles mobiles).

loose-leaf(ed) *adj* à feuilles mobiles *ou* volantes • **loose-leaf binder** classeur *m* (à feuilles mobiles) • **loose-leaf paper** feuillets *mpl* mobiles.

loosely ['lu:slɪ] *adv* **1.** sans serrer **2.** approximativement.

loosen ['lu:sn] *vt* desserrer, défaire. ■ **loosen up** *vi* **1.** s'échauffer **2.** *fam* se détendre.

loot [lu:t] *n* butin *m*. ❑ *vt* piller.

looter ['lu:tər] *n* pillard *m*, -e *f*.

looting ['lu:tɪŋ] *n* pillage *m*.

lop [lɒp] *vt* élaguer, émonder. ■ **lop off** *vt sép* couper.

lopsided [-'saɪdɪd] *adj* **1.** bancal, boiteux **2.** de travers.

lord [lɔːd] *n* **(UK)** seigneur *m*. ■ **Lord** *n* **1.** *RELIG* • **the Lord** le Seigneur • **good Lord!** Seigneur !, mon Dieu ! **2. (UK)** Lord *m* • **my Lord** Monsieur le duc/comte *etc.* ■ **Lords** *npl* **(UK)** *POLIT* • **the (House of) Lords** la Chambre des lords.

Lordship ['lɔːdʃɪp] *n* • **your/his Lordship** Monsieur le duc/comte *etc.*

lore [lɔːr] *n (indén)* traditions *fpl*.

lorry ['lɒrɪ] *n* **(UK)** camion *m*.

lorry driver *n* **(UK)** camionneur *m*, conducteur *m* de poids lourd.

lose [lu:z] *(prét & pp* **lost***)* *vt* **1.** perdre • **he lost four games to Karpov** il a perdu quatre parties contre Karpov • **to lose one's appetite** perdre l'appétit • **to lose one's balance** perdre l'équilibre • **to lose consciousness** perdre connaissance • **to lose one's head** perdre la tête • **to lose sight of** *litt* & *fig* perdre de vue • **to lose one's way a)** se perdre, perdre son chemin **b)** *fig* être un peu perdu • **to lose weight** perdre du poids **2.** *(montre, pendule)* retarder de • **to lose time** retarder **3.** semer *(des poursuivants)*. ❑ *vi* perdre. ■ **lose out** *vi* être perdant.

loser ['lu:zər] *n* **1.** perdant *m*, -e *f* • **to be a bad loser** être mauvais perdant **2.** *fam* & *péj* raté *m*, -e *f*.

losing ['lu:zɪŋ] *adj* perdant.

loss [lɒs] *n* **1.** perte *f* • **loss of smell** perte de l'odorat • **loss of taste** perte du goût **2.** • **to be at a loss** être perplexe, être embarrassé.

lossless ['lɒslɪs] *adj INFORM* • **lossless compression** compression *f* sans perte.

loss-making *adj* **(UK)** *COMM* déficitaire.

lossy *adj INFORM* • **lossy compression** compression *f* avec perte.

lost [lɒst] *passé & pp* → **lose**. ❑ *adj* perdu • **to get lost** se perdre • **get lost!** *fam* fous/foutez le camp !

lost-and-found office *n* **(US)** bureau *m* des objets trouvés.

lost cause *n* cause *f* perdue.

lost property *n (indén)* **(UK)** objets *mpl* trouvés.

lost property office *n* **(UK)** bureau *m* des objets trouvés.

lot [lɒt] *n* **1.** • **a lot (of), lots (of)** beaucoup (de) **2. (UK)** *fam* • **the lot** le tout **3.** *(dans une vente aux enchères)* lot *m* **4.** sort *m* • **to draw lots** tirer au sort **5. (US)** terrain *m* **6. (US)** parking *m*. ■ **a lot** *adv* beaucoup.

> **À PROPOS DE**
>
> **lot**
>
> ***Lots*** et ***lots of*** appartiennent à un registre plus familier que ***a lot*** et ***a lot of***.
>
> Dans les questions et les tournures négatives, il arrive souvent que l'on remplace ***a lot (of)*** et ***lots (of)*** par ***much*** (avec des noms indénombrables) et ***many*** (avec des noms au pluriel) : ***I haven't got much time*** ; ***were there many people at the party?***. On peut malgré tout utiliser ***a lot (of)*** et ***(lots) of*** si l'on souhaite mettre en relief l'idée qu'ils expriment : ***there's not a lot to do here*** ; ***lots of people don't agree***.

lotion ['ləʊʃn] *n* lotion *f*.

lottery ['lɒtərɪ] *n* *litt* & *fig* loterie *f* • **to win the lottery** gagner à la loterie.

loud [laʊd] *adj* **1.** fort **2.** bruyant **3.** voyant. ❑ *adv* fort.

loudhailer [,laʊd'heɪlər] *n* **(UK)** mégaphone *m*, porte-voix *m inv*.

loudly ['laʊdlɪ] *adv* **1.** fort **2.** de façon voyante.

loudmouth ['laʊdmaʊθ] *(pl* [-maʊðz]*)* *n* *fam* grande gueule *f*.

loudmouthed ['laʊdmaʊðd] *adj* *fam* **1.** fort en gueule **2.** crâneur, frimeur **3.** bavard.

loudness ['laʊdnɪs] *n* **1.** force *f*, intensité *f* **2.** bruit *m*.

loudspeaker [,laʊd'spiːkər] *n* haut-parleur *m*.

lounge [laʊndʒ] *n* **1. (UK)** salon *m* **2.** *(dans un aéroport)* hall *m*, salle *f* **3. (UK)** = **lounge bar**. ❑ *vi* se prélasser. ■ **lounge around**, **lounge about (UK)** *vi* flemmarder, traîner.

lounge bar *n* **(UK)** *l'une des deux salles d'un bar, la plus confortable*.

lounger ['laʊndʒər] *n* **1.** lit *m* de plage **2.** paresseux *m*, -euse *f*.

lounge suit *n* **(UK)** complet *m*, complet-veston *m*.

louse [laʊs] *n* **1.** *(pl* **lice** [laɪs]*)* pou *m* **2.** *(pl* **-s***)* *fam* & *péj* salaud *m*.

lousy ['laʊzɪ] *adj* *fam* **1.** minable, nul **2.** pourri.

lout [laʊt] *n* rustre *m*.
loutish ['laʊtɪʃ] *adj* **1.** grossier **2.** *(manières)* de rustre, mal dégrossi.
louvre (UK), louver (US) ['luːvər] *n* persienne *f*.
lovable ['lʌvəbl] *adj* adorable.
love [lʌv] *n* **1.** amour *m* • **to be in love** être amoureux • **to fall in love** tomber amoureux • **to make love** faire l'amour • **give her my love** embrasse-la pour moi • **love from** affectueusement, grosses bises **2. (UK)** *fam* mon chéri, ma chérie *f* **3.** TENNIS zéro *m*. ❑ *vt* aimer • **to love to do sthg** *ou* **doing sthg** aimer *ou* adorer faire qqch.
love affair *n* liaison *f*.
lovebird ['lʌvbɜːd] *n* **1.** inséparable *m (oiseau)* **2.** *hum* amoureux *m*, -euse *f*.
lovebite ['lʌvbaɪt] *n* suçon *m*.
loved up [lʌvd-] *adj* **(UK)** *arg drogue* tout gentil *(sous l'effet de l'ecstasy)*.
love handles *npl fam* poignées *fpl* d'amour.
love-hate *adj* • **a love-hate relationship** une relation d'amour-haine.
love-in *n* **1.** *vieilli* rassemblement *m* de hipppies **2.** *fig situation dans laquelle des gens passent leur temps à se faire des compliments les uns aux autres*.
loveless ['lʌvlɪs] *adj* sans amour.
love letter *n* lettre *f* d'amour.
love life *n* vie *f* amoureuse.
lovely ['lʌvlɪ] *adj* **1.** très joli **2.** très agréable, excellent.
lovemaking ['lʌv,meɪkɪŋ] *n (indén)* amour *m*, ébats *mpl* amoureux.
lover ['lʌvər] *n* **1.** amant *m*, -e *f* **2.** passionné *m*, -e *f*, amoureux *m*, -euse *f*.
lovesick ['lʌvsɪk] *adj* qui languit d'amour.
love song *n* chanson *f* d'amour.
love story *n* histoire *f* d'amour.
loving ['lʌvɪŋ] *adj* **1.** affectueux **2.** tendre.
lovingly ['lʌvɪŋlɪ] *adv* avec amour.
low [ləʊ] *adj* **1.** bas **2.** peu élevé **3.** mauvais **4.** faible **5.** décolleté **6.** presque épuisé **7.** *(voix)* bas **8.** *(murmure, gémissement)* faible **9.** déprimé. ❑ *adv* **1.** bas **2.** à voix basse **3.** faiblement **4.** bas • **stocks are running low** les réserves baissent • **the batteries are running low** les piles sont usées. ❑ *n* **1.** niveau *m ou* point *m* bas **2.** MÉTÉOR dépression *f*.
low-alcohol *adj* à faible teneur en alcool.
low-angle shot *n* TV & CINÉ contre-plongée *f*.
lowbrow ['ləʊbraʊ] *adj* peu intellectuel.
low-budget *adj* **1.** économique **2.** *(séjour)* à petit prix **3.** *(film)* à petit budget.
low-calorie *adj* à basses calories.
low-cost *adj* **1.** bon marché **2.** *(compagnie aérienne)* low cost.
low-cut *adj* décolleté.
low-density housing *n* zones *fpl* d'habitation peu peuplées.
lowdown ['ləʊdaʊn] *fam n* • **to give sb the lowdown (on sthg)** mettre qqn au parfum (de qqch). ■ **low-down** *adj* méprisable.
low-end *adj* bas de gamme.
lower ['ləʊər] *adj* inférieur • **the lower back** le bas du dos, les reins • **lower back pain** mal aux reins. ❑ *vt* **1.** baisser *(les yeux, les prix, le niveau)* **2.** abaisser *(un drapeau, l'âge de la retraite)* **3.** diminuer *(la pression)*.
lower class ['ləʊər-] *n* • **the lower class** *ou* **lower classes** les classes populaires *fpl*. ■ **lower-class** ['ləʊər-] *adj* populaire.
low-fat *adj* **1.** *(yaourt)* allégé **2.** *(lait)* demi-écrémé.
low-flying *adj* volant à basse altitude.
low-heeled *adj* à talons plats.
low-income *adj* à faibles revenus • **low-income group** population *f* à faibles revenus.
low-interest *adj* FIN *(crédit, prêt)* à taux réduit.
low-key *adj* discret.
low-level *adj* **1.** *(négociations)* à bas niveau **2.** *(opération)* de faible envergure **3.** AÉRON • **low-level flying** vol *m* à basse altitude **4.** PHYS • **low-level radiation** radiations *fpl* de faible intensité.
low life *n fam* pègre *f*.
lowlights ['ləʊlaɪts] *npl* **1.** mèches *fpl (décoloration)* **2.** *fam* points *mpl* faibles.
lowly ['ləʊlɪ] *adj* modeste, humble.
low-lying *adj* bas, basse *f*.
low-maintenance *adj* **1.** qui ne demande pas beaucoup de soins **2.** qui ne demande pas beaucoup d'entretien.
low-necked [-'nekt] *adj* décolleté.
low-octane fuel *n* carburant *m* à faible indice d'octane.
low-paid *adj* mal payé.
low-powered *adj* de faible puissance.
low profile *n* • **to keep a low profile** garder un profil bas. ■ **low-profile** *adj* discret.
low-res [ləʊrez] *fam* abrév de **low-resolution**.
low-resolution *adj* à basse résolution.
low-rise *adj* bas.
low season *n* **(UK)** basse saison *f*.
low-slung *adj* **1.** *(mobilier)* bas **2.** AUTO surbaissé.
low-start mortgage *n* **(UK)** crédit *m* immobilier à faible taux initial.
low-sulphur petrol *n* essence *f* à basse teneur en soufre.
low-tech [-'tek] *adj* rudimentaire.
low tide *n* marée *f* basse.
low vision *n* basse vision *f*.
low-voltage *adj* à faible voltage.
loyal ['lɔɪəl] *adj* loyal.

loyally ['lɔɪəlɪ] *adv* loyalement, fidèlement.
loyalty ['lɔɪəltɪ] *n* loyauté *f*.
loyalty card *n* carte *f* de fidélité.
lozenge ['lɒzɪndʒ] *n* **1.** *MÉD* pastille *f* **2.** losange *m*.
LP (abrév de long-playing record) *n* 33 tours *m*.
LPG [,elpiː'dʒiː] (abrév de liquified petroleum gas) *n* GPL *m*.
LPI (abrév de lines per inch) lignes par pouce, LPP.
L-plate *n* **(UK)** *plaque signalant que le conducteur du véhicule est en conduite accompagnée.*
LSD (abrév de lysergic acid diethylamide) *n* LSD *m*.
LSKOL *SMS* (abrév de long slow kiss on the lips) long baiser sur la bouche.
Ltd, ltd (abrév de limited) **(surtout UK)** ≃ SARL • **Smith and Sons, Ltd** ≃ Smith & Fils, SARL.
LTM ['el 'tiː 'em] (abrév de Learning Team Meetings) *n* **(US)** *SCOL journée où les cours ont des durées réduites, ce qui permet aux professeurs de participer à des réunions de travail.*
LTNC *SMS* (abrév de long time no see) ça fait un bail qu'on ne s'est pas vus.
LTNS *SMS* (abrév de long time no see) ça fait un bail qu'on ne s'est pas vus.
lubricant ['luːbrɪkənt] *n* lubrifiant *m*.
lubricate ['luːbrɪkeɪt] *vt* lubrifier.
lubrication [,luːbrɪ'keɪʃn] *n* lubrification *f*.
lucid ['luːsɪd] *adj* lucide.
lucidity [luː'sɪdətɪ] *n* **1.** lucidité *f* **2.** clarté *f*, limpidité *f*.
lucidly ['luːsɪdlɪ] *adv* lucidement.
luck [lʌk] *n* chance *f* • **good luck** chance • **good luck!** bonne chance ! • **bad luck** malchance *f* • **bad** *ou* **hard luck!** pas de chance ! • **to be in luck** avoir de la chance • **with (any) luck** avec un peu de chance. ■ **luck out** *vi* **(US)** *fam* avoir un coup de pot.
luckily ['lʌkɪlɪ] *adv* heureusement.
lucky ['lʌkɪ] *adj* **1.** qui a de la chance **2.** heureux **3.** porte-bonheur *(inv)*.
lucky dip *n* **(UK)** *sac rempli de cadeaux, dans lequel on pioche sans regarder.*
lucrative ['luːkrətɪv] *adj* lucratif.
ludicrous ['luːdɪkrəs] *adj* ridicule.
ludicrously ['luːdɪkrəslɪ] *adv* ridiculement.
lug [lʌg] *vt* *fam* traîner.
luggage ['lʌgɪdʒ] *n (indén)* bagages *mpl*.
luggage rack *n* porte-bagages *m inv*.
lukewarm ['luːkwɔːm] *adj* *litt* & *fig* tiède.
lull [lʌl] *n* • **lull (in) a)** accalmie *f* (de) **b)** arrêt *m* (de). ❑ *vt* • **to lull sb to sleep** endormir qqn en le berçant • **to lull sb into a false sense of security** endormir les soupçons de qqn.
lullaby ['lʌləbaɪ] *n* berceuse *f*.
lumbago [lʌm'beɪgəʊ] *n (indén)* lumbago *m*.
lumber ['lʌmbəʳ] *n (indén)* **1. (US)** bois *m* de charpente **2. (UK)** bric-à-brac *m inv*. ■ **lumber with** *vt sép* **(UK)** *fam* • **to lumber sb with sthg** coller qqch à qqn.
lumbering ['lʌmbərɪŋ] *adj* lourd, pesant.
lumberjack ['lʌmbədʒæk] *n* bûcheron *m*, -onne *f*.
luminous ['luːmɪnəs] *adj* **1.** lumineux **2.** phosphorescent.
lump [lʌmp] *n* **1.** morceau *m* **2.** motte *f* **3.** grumeau *m* **4.** grosseur *f (tumeur)*. ❑ *vt* • **to lump sthg together** réunir qqch • **to lump it** *fam* faire avec, s'en accommoder.
lump sum *n* somme *f* globale.
lumpy ['lʌmpɪ] *(comp* **lumpier**, *superl* **lumpiest**) *adj* **1.** plein de grumeaux **2.** *(matelas)* défoncé.
lunacy ['luːnəsɪ] *n* folie *f*.
lunar ['luːnəʳ] *adj* lunaire.
lunatic ['luːnətɪk] *adj* *péj* dément, démentiel. ❑ *n* **1.** *péj* fou *m*, folle *f* **2.** *vieilli* fou *m*, folle *f*, aliéné *m*, -e *f*.
lunch [lʌntʃ] *n* déjeuner *m* • **to have lunch** déjeuner • **to have sthg for lunch** manger qqch au déjeuner • **what did you have for lunch?** qu'est-ce que tu as mangé au déjeuner ?, qu'est-ce que tu as mangé à midi ? ❑ *vi* déjeuner.
lunchbox ['lʌntʃbɒks] *n* *boîte dans laquelle on transporte son déjeuner.*
luncheon ['lʌntʃən] *n* *sout* déjeuner *m*.
luncheon meat, lunchmeat (US) [,lʌntʃ'miːt] *n* *sorte de saucisson.*
luncheon voucher *n* **(UK)** ticket-restaurant *m*.
lunch hour *n* pause *f* de midi.
lunchtime ['lʌntʃtaɪm] *n* heure *f* du déjeuner.
lung [lʌŋ] *n* poumon *m*.
lung cancer *n* cancer *m* du poumon.
lunge [lʌndʒ] *vi* faire un brusque mouvement (du bras) en avant • **to lunge at sb** s'élancer sur qqn.
lurch [lɜːtʃ] *n* **1.** écart *m* brusque **2.** *AUTO* embardée *f* • **to leave sb in the lurch** laisser qqn dans le pétrin. ❑ *vi* **1.** tituber **2.** *AUTO* faire une embardée.
lure [ljʊəʳ] *n* charme *m* trompeur. ❑ *vt* attirer *ou* persuader par la ruse.
lurid ['ljʊərɪd] *adj* **1.** aux couleurs criardes **2.** affreux.
lurk [lɜːk] *vi* **1.** se cacher, se dissimuler **2.** *(souvenir, peur)* subsister **3.** *INFORM* • **to lurk in chatrooms** suivre les chats dans des forums sans y participer.
lurker *n* *INFORM personne qui suit les chats sur un forum sans y participer.*
lurking ['lɜːkɪŋ] *adj (doute, crainte)* vague.
luscious ['lʌʃəs] *adj* **1.** succulent **2.** *fam* & *fig* appétissant.
lush [lʌʃ] *adj* **1.** luxuriant **2.** luxueux.

lust [lʌst] *n* **1.** désir *m* **2.** *fig* • **lust for sthg** soif *f* de qqch. ■ **lust after, lust for** *vt insép* **1.** *fig* être assoiffé de **2.** désirer.

lustful ['lʌstfʊl] *adj* lubrique.

lusty ['lʌstɪ] *adj* vigoureux.

lute [lu:t] *n* luth *m*.

luvvie ['lʌvɪ] *n* **(UK)** *fam* théâtreux *m* prétentieux, théâtreuse prétentieuse *f*.

Luxembourg ['lʌksəmbɜ:g] *n* **1.** *(le pays)* Luxembourg *m* **2.** *(la ville)* Luxembourg.

luxuriate [lʌg'ʒʊərɪeɪt] *vi sout* • **to luxuriate in** s'abandonner aux plaisirs de.

luxurious [lʌg'ʒʊərɪəs] *adj* **1.** luxueux **2.** voluptueux.

luxury ['lʌkʃərɪ] *n* luxe *m*. ❑ *en apposition* de luxe.

lychee [ˌlaɪ'tʃi:] *n* litchi *m*.

Lycra® ['laɪkrə] *n* Lycra® *m*. ❑ *en apposition* en Lycra®.

lying ['laɪɪŋ] *adj* menteur. ❑ *n (indén)* mensonges *mpl*.

lymph gland [lɪmf-] *n* ganglion *m* lymphatique.

lynch [lɪntʃ] *vt* lyncher.

lynching ['lɪntʃɪŋ] *n* lynchage *m*.

lynchpin ['lɪntʃpɪn] = **linchpin**.

lyric ['lɪrɪk] *adj* lyrique.

lyrical ['lɪrɪkl] *adj* lyrique.

lyricist ['lɪrɪsɪst] *n* **1.** poète *m* lyrique **2.** parolier *m*, -ère *f*.

lyrics ['lɪrɪks] *npl* paroles *fpl*.

m¹ [em] (*pl* **m's** *ou* **ms**), **M** (*pl* **M's** *ou* **Ms**) *n* m *m inv*, M *m inv*.

m² **1.** (abrév de **metre**) m **2.** (abrév de **million**) M **3.** abrév de **mile**.

M³ **(UK)** abrév de **motorway**.

m8 *SMS* abrév de **mate**.

MA *n* abrév de **Master of Arts**.

mac [mæk] (abrév de **mackintosh**) *n* **(UK)** *fam* imper *m*.

macabre [mə'kɑːbrə] *adj* macabre.

macaroni [ˌmækə'rəʊnɪ] *n (indén)* macaronis *mpl*.

macchiato [mæk'jɑːtəʊ] *n* café *m* macchiato ; ≃ café *m* noisette.

Mace® [meɪs] *n* gaz *m* lacrymogène. ❑ *vt* **(US)** *fam* bombarder au gaz lacrymogène.

mace [meɪs] *n* **1.** masse *f* **2.** macis *m*.

machine [mə'ʃiːn] *n* *litt* & *fig* machine *f*. ❑ *vt* coudre à la machine.

machinegun [mə'ʃiːngʌn] *n* mitrailleuse *f*.

machine language *n* *INFORM* langage *m* machine.

machine learning *n* *INFORM* machine learning *m*.

machine-readable *adj* *INFORM* en langage machine.

machinery [mə'ʃiːnərɪ] *n* **1.** *(indén)* machines *fpl* **2.** *fig* mécanisme *m*.

machine translation *n* traduction *f* automatique.

machine-washable *adj* lavable à la *ou* en machine.

machismo [mə'tʃɪzməʊ] *n* machisme *m*.

macho ['mætʃəʊ] *adj* *fam* macho *(inv)*.

mackerel ['mækrəl] (*pl inv ou* **-s**) *n* maquereau *m*.

mackintosh ['mækɪntɒʃ] *n* **(UK)** *vieilli* imperméable *m*.

macrobiotic [ˌmækrəʊbaɪ'ɒtɪk] *adj* macrobiotique.

macroclimate ['mækrəʊˌklaɪmət] *n* macroclimat *m*.

macroeconomics ['mækrəʊˌiːkə'nɒmɪks] *n (indén)* macroéconomie *f*.

mad [mæd] *adj* **1.** fou • **to go mad** devenir fou • **to be in a mad rush** *fam* être à la bourre *fam* **2.** **(surtout UK)** *fam* insensé **3.** furieux • **to be mad at sb** être furieux contre qqn **4.** • **to be mad about sb/sthg** *fam* être fou de qqn/qqch.

Madagascar [ˌmædə'gæskər] *n* Madagascar *m*.

madam ['mædəm] *n* madame *f*.

madcap ['mædkæp] *adj* risqué, insensé.

mad cow disease *n* *fam* maladie *f* de la vache folle.

madden ['mædn] *vt* exaspérer.

maddening ['mædnɪŋ] *adj* exaspérant.

made [meɪd] *passé & pp* → **make**.

-made [meɪd] *suffixe* fait • **factory-made** fait *ou* fabriqué en usine • **French-made** de fabrication française.

Madeira [mə'dɪərə] *n* **1.** *(vin)* madère *m* **2.** Madère *f*.

made-to-measure *adj* fait sur mesure.

made-to-order *adj* (fait) sur commande.

made-up *adj* **1.** maquillé **2.** fabriqué **3.** **(UK)** *fam* super content.

madhouse ['mædhaʊs] (*pl* [-haʊzɪz]) *n* *fig* maison *f* de fous.

madly ['mædlɪ] *adv* comme un fou • **madly in love** follement amoureux.

madman ['mædmən] (*pl* **-men**) *n* fou *m*.

madness ['mædnɪs] *n* *litt* & *fig* folie *f*, démence *f*.

Madrid [mə'drɪd] *n* Madrid.

madwoman ['mædˌwʊmən] (*pl* **-women**) *n* folle *f*.

Mafia ['mæfɪə] *n* • **the Mafia** la Mafia.

magazine [ˌmægə'ziːn] *n* **1.** *PRESSE* revue *f*, magazine *m* **2.** *RADIO* & *TV* magazine **3.** magasin *m* *(d'un fusil)*.

magazine rack *n* porte-revues *m*.

maggot ['mægət] *n* ver *m*, asticot *m*.

magic ['mædʒɪk] *adj* magique. ❑ *n* magie *f*. ❑ *vt* faire apparaître comme par magie • **to magic sthg out of thin air** faire apparaître qqch comme par magie. ■ **magic up** *vt sép* faire comme par magie • **to magic sthg up** faire qqch, comme par magie.

magical ['mædʒɪkl] *adj* magique.
magically ['mædʒɪklɪ] *adv* **1.** magiquement **2.** *fig* comme par enchantement.
magician [mə'dʒɪʃn] *n* magicien *m*, -enne *f*.
magic wand *n* baguette *f* magique.
magistrate ['mædʒɪstreɪt] *n* magistrat *m*, -e *f*, juge *m*.
magistrates' court ['mædʒɪstreɪts-] *n* **(UK)** ≃ tribunal *m* d'instance.
magnanimous [mæg'nænɪməs] *adj* *sout* magnanime.
magnate ['mægneɪt] *n* magnat *m*.
magnesium [mæg'ni:zɪəm] *n* magnésium *m*.
magnet ['mægnɪt] *n* **1.** aimant *m* **2.** *fig* • **he's a girl magnet** *fam* il attire les filles.
magnetic [mæg'netɪk] *adj* *litt* & *fig* magnétique.
magnetic disk *n* disque *m* magnétique.
magnetic field *n* champ *m* magnétique.
magnetic tape *n* bande *f* magnétique.
magnetism ['mægnɪtɪzm] *n* *litt* & *fig* magnétisme *m*.
magnet school ['mægnɪt ˌsku:l] *n* **(US)** *SCOL* *école publique offrant un enseignement particulier non disponible dans les écoles alentour et qui recrute des élèves hors de la zone scolaire*.
magnificent [mæg'nɪfɪsənt] *adj* magnifique, superbe.
magnifier ['mægnɪfaɪər] *n* *(en optique)* verre *m* grossissant.
magnify ['mægnɪfaɪ] *vt* **1.** grossir *(avec une loupe)* **2.** amplifier *(un son)* **3.** *fig* exagérer.
magnifying glass ['mægnɪfaɪɪŋ-] *n* loupe *f* • **to look at sthg through a magnifying glass** examiner qqch à la loupe.
magnitude ['mægnɪtju:d] *n* envergure *f*, ampleur *f*.
magnolia [mæg'nəʊljə] *n* **1.** magnolia *m* **2.** fleur *f* de magnolia.
magpie ['mægpaɪ] *n* pie *f*.
mahogany [mə'hɒgənɪ] *n* acajou *m*.
maid [meɪd] *n* domestique *f*.
maiden ['meɪdn] *adj* *(vol, traversée)* premier. ❑ *n* *littéraire* jeune fille *f*.
maiden aunt *n* *vieilli* tante *f* célibataire.
maiden name *n* nom *m* de jeune fille.
mail [meɪl] *n* **1.** courrier *m* **2.** poste *f* **3.** courrier *m* électronique. ❑ *vt* **1.** **(surtout US)** poster **2.** envoyer (par courrier électronique).
mailbot ['meɪlbɒt] *n* mailbot *m* *(logiciel de gestion de courrier électronique)*.
mailbox ['meɪlbɒks] *n* **(US)** boîte *f* à *ou* aux lettres • **an electronic mailbox** une boîte aux lettres électronique.
mailing ['meɪlɪŋ] *n* **1.** expédition *f*, envoi *m* par la poste • **mailing address** adresse *f* postale **2.** *COMM* & *INFORM* mailing *m*, publipostage *m*.
mailing list *n* liste *f* d'adresses.
mailman ['meɪlmæn] *(pl* **-men***)* *n* **(US)** facteur *m*, -trice *f*.
mail order *n* vente *f* par correspondance.
mail server *n* serveur *m* de courrier électronique, serveur *m* mail.
mailshot ['meɪlʃɒt] *n* **(UK)** publipostage *m*.
maim [meɪm] *vt* estropier.
main [meɪn] *adj* principal. ❑ *n* conduite *f* *(canalisation)*. ■ **mains** *npl* **(UK)** • **the mains** le secteur.
main course *n* plat *m* principal.
mainframe (computer) ['meɪnfreɪm-] *n* gros ordinateur *m*, processeur *m* central.
mainland ['meɪnlənd] *adj* continental. ❑ *n* • **the mainland** le continent.
main line *n* *RAIL* grande ligne *f*.
mainly ['meɪnlɪ] *adv* principalement.
main office *n* **(surtout US)** siège *m* social.
main road *n* route *f* à grande circulation.
mains-operated *adj* **(UK)** fonctionnant sur secteur.
mainstay ['meɪnsteɪ] *n* pilier *m*, élément *m* principal.
mainstream ['meɪnstri:m] *adj* dominant. ❑ *n* • **the mainstream** la tendance générale.
mainstreaming ['meɪnstri:mɪŋ] *n* • **(gender) mainstreaming** approche *f* intégrée de l'égalité.
maintain [meɪn'teɪn] *vt* **1.** maintenir **2.** entretenir **3.** • **to maintain (that)...** maintenir que..., soutenir que...
maintainable [meɪn'teɪnəbl] *adj* *(attitude, opinion, position)* soutenable, défendable.
maintained school [meɪn'teɪnd-] *adj* **(UK)** ≃ école *f* publique.
maintenance ['meɪntənəns] *n* **1.** maintien *m* **2.** entretien *m*, maintenance *f* **3.** **(UK)** *DR* pension *f* alimentaire.
maisonette [ˌmeɪzə'net] *n* **(UK)** duplex *m*.
maize [meɪz] *n* **(UK)** maïs *m*.
majestic [mə'dʒestɪk] *adj* majestueux.
majestically [mə'dʒestɪklɪ] *adv* majestueusement.
majesty ['mædʒəstɪ] *n* majesté *f*. ■ **Majesty** *n* • **His/Her Majesty** Sa Majesté le roi/la reine.
major ['meɪdʒər] *vi* **(US)** **(US)** se spécialiser • **to major in linguistics** faire des études de linguistique.
major ['meɪdʒər] *adj* **1.** majeur **2.** principal **3.** *MUS* majeur. ❑ *n* **1.** ≃ chef *m* de bataillon **2.** commandant *m* **3.** **(US)** *UNIV* matière *f*.
Majorca [mə'dʒɔkə *ou* mə'jɔkə] *n* Majorque *f*.
majority [mə'dʒɒrətɪ] *n* majorité *f* • **in a** *ou* **the majority** dans la majorité • **to win by a big majority** gagner avec une forte majorité • **majority rule** gouvernement *m* à la majorité absolue, système *m* majoritaire.

Major League **(US)** *n (gén)* première division *f* • **Major League team** grande équipe *(sportive)* ; *(au base-ball) une des deux principales divisions de base-ball professionnel aux États-Unis.* ❑ *adj* de premier rang.

make [meɪk] *vt (prét & pp* **made***)* **1.** faire, fabriquer • **to make a meal** préparer un repas • **to make a film** **(surtout UK)** *ou* **movie** **(surtout US)** tourner *ou* réaliser un film • **to make a mistake** faire une erreur, se tromper • **to make a decision** prendre une décision • **to make sb do sthg** faire faire qqch à qqn, obliger qqn à faire qqch • **to make sb laugh** faire rire qqn • **2 and 2 make 4** 2 et 2 font 4 **2.** rendre • **to make sb happy/sad** rendre qqn heureux/triste **3.** • **to be made of** être en • **what's it made of?** c'est en quoi ? **4.** **(UK)** • **I make it 50** d'après moi il y en a 50, j'en ai compté 50 • **what time do you make it?** quelle heure as-tu ? • **I make it 6 o'clock** il est 6 heures (à ma montre) **5.** gagner, se faire • **to make a profit** faire des bénéfices • **to make a loss** essuyer des pertes **6.** se faire • **to make friends (with sb)** se lier d'amitié (avec qqn) **7.** arriver à. ❑ *n* COMM marque *f.* ■ **make for** *vt insép* se diriger vers. ■ **make of** *vt sép* comprendre. ❑ *vt insép* penser de • **what do you make of the Smiths?** qu'est-ce que tu penses des Smith ? ■ **make off** *vi fam* filer. ■ **make out** *vt sép* **1.** discerner **2.** comprendre **3.** libeller *(un chèque)* **4.** faire *(une facture)* **5.** remplir *(un formulaire).* ❑ *vt insép* • **to make out (that)…** prétendre que… ❑ *vi insép* **1.** *fam* se débrouiller • **how did you make out at work today?** comment ça s'est passé au boulot aujourd'hui ? **2.** **(US)** *tfam* se peloter • **to make out with sb** s'envoyer qqn. ■ **make over** *vt sép* **1.** transférer, céder **2.** transformer • **the garage had been made over into a workshop** le garage a été transformé en atelier. ■ **make up** *vt sép* **1.** composer, constituer **2.** inventer **3.** maquiller **4.** faire *(un paquet)* **5.** préparer **6.** compléter. ❑ *vi* se réconcilier. ■ **make up for** *vt insép* compenser. ■ **make up to** *vt sép* • **to make it up to sb (for sthg)** se racheter auprès de qqn (pour qqch).

make-believe *n* • **it's all make-believe** c'est de la pure fantaisie.

makeover [ˈmeɪkəʊvəʳ] *n* transformation *f* • **to give sthg a makeover** transformer qqch.

maker [ˈmeɪkəʳ] *n* **1.** fabricant *m*, -e *f* **2.** CINÉ réalisateur *m*, -trice *f.*

makeshift [ˈmeɪkʃɪft] *adj* de fortune.

make-up *n* **1.** maquillage *m* • **make-up remover** démaquillant *m* **2.** caractère *m* • **genetic make-up** caractéristiques *fpl* génétiques **3.** constitution *f (d'une équipe, d'un groupe).*

make up test [ˈmeɪk ʌp ˌtest] *n* **(US)** SCOL examen *m* de rattrapage.

making [ˈmeɪkɪŋ] *n* fabrication *f* • **his problems are of his own making** ses problèmes sont de sa faute • **in the making** en formation • **to have the makings of** avoir l'étoffe de.

malaise [məˈleɪz] *n sout* malaise *m.*

malaria [məˈleərɪə] *n* malaria *f.*

Malaya [məˈleɪə] *n* Malaisie *f*, Malaysia *f* occidentale.

Malaysia [məˈleɪzɪə] *n* Malaysia *f.*

male [meɪl] *adj* **1.** mâle **2.** masculin. ❑ *n* mâle *m.*

male chauvinism *n* phallocratie *f.*

male chauvinist *n* phallocrate *m* • **male chauvinist pig!** sale phallocrate !

male nurse *n vieilli* infirmier *m.*

malevolent [məˈlevələnt] *adj sout* malveillant.

malformed [mælˈfɔːmd] *adj* difforme.

malfunction [mælˈfʌŋkʃn] *vi* mal fonctionner.

malice [ˈmælɪs] *n* méchanceté *f.*

malicious [məˈlɪʃəs] *adj* malveillant.

maliciously [məˈlɪʃəslɪ] *adv* **1.** méchamment, avec malveillance **2.** DR avec préméditation, avec intention de nuire.

malign [məˈlaɪn] *adj sout* pernicieux. ❑ *vt* calomnier.

malignant [məˈlɪgnənt] *adj* MÉD malin.

malingerer [məˈlɪŋgərəʳ] *n péj* simulateur *m*, -trice *f.*

malingering [məˈlɪŋgərɪŋ] *n* simulation *f* (de maladie).

mall [mɔl] *n* **(surtout US)** • **(shopping) mall** centre *m* commercial.

> **CULTURE**
>
> **the Mall**
>
> Le **Mall** est une succession d'espaces verts au cœur de Washington. Il s'étend du Capitole au **Lincoln Memorial**, en passant par les musées du **Smithsonian Institute**, la Maison-Blanche, le **Washington Memorial** et le **Jefferson Memorial**. Le mur sur lequel sont gravés les noms des soldats tués pendant la guerre du Vietnam se trouve à l'extrémité ouest du **Mall**. À Londres, le **Mall** est une longue avenue bordée d'arbres allant de **Buckingham Palace** à **Trafalgar Square**.

malleable [ˈmælɪəbl] *adj litt* & *fig* malléable.

mallet [ˈmælɪt] *n* maillet *m.*

mallrat [ˈmɔːlræt] *n* **(US)** *adolescent qui traîne dans les centres commerciaux.*

malnutrition [ˌmælnjuːˈtrɪʃn] *n* malnutrition *f.*

malpractice [ˌmælˈpræktɪs] *n (indén)* DR faute *f* professionnelle.

malt [mɔlt] *n* malt *m.*

Malta [ˈmɔltə] *n* Malte *f.*

maltreat [ˌmælˈtriːt] *vt* maltraiter.

maltreatment [ˌmælˈtriːtmənt] *n* mauvais traitement *m.*

malware [ˈmælweəʳ] *n* logiciel *m* malveillant.

mammal ['mæml] *n* mammifère *m*.

mammogram ['mæməgræm] *n* mammographie *f*.

mammoth ['mæməθ] *adj* gigantesque. ❑ *n* mammouth *m*.

man [mæn] *n* (*pl* **men** [men]) **1.** homme *m* **2.** (*surtout* **US**) *fam* mon vieux. ❑ *vt* fournir du personnel pour *(un navire)*. ❑ *interj fam* • **man, was it big!** ah, la vache, qu'est-ce que c'était grand !

manage ['mænɪʤ] *vi* **1.** se débrouiller, y arriver **2.** s'en sortir. ❑ *vt* **1.** • **to manage to do sthg** arriver à faire qqch **2.** gérer **3.** • **can you manage 9 o'clock/next Saturday?** pouvez-vous venir à 9 h/samedi prochain ? • **can you manage lunch tomorrow?** pouvez-vous déjeuner avec moi demain ?

manageable ['mænɪʤəbl] *adj* maniable.

management ['mænɪʤmənt] *n* **1.** gestion *f* **2.** direction *f*.

management buyout *n* rachat *m* d'une entreprise par les salariés.

management consultant *n* conseiller *m*, -ère *f* en gestion.

manager ['mænɪʤəʳ] *n* **1.** directeur *m*, -trice *f* **2.** COMM gérant *m*, -e *f* **3.** manager *m*.

manageress [,mænɪʤə'res] *n* (**UK**) *vieilli* **1.** directrice *f* **2.** COMM gérante *f*.

managerial [,mænɪ'ʤɪərɪəl] *adj* directorial.

managing director ['mænɪʤɪŋ-] *n* directeur général *m*, directrice générale *f*.

managing editor *n* rédacteur *m*, -trice *f* en chef.

manbag ['mænbæg] *n* sacoche *f*.

mandarin ['mændərɪn] *n* mandarine *f*.

man date (**US**) [mæn deɪt] *n rendez-vous amical ou professionnel entre deux hommes*.

mandate ['mændeɪt] *n* mandat *m*.

mandatory ['mændətrɪ] *adj* obligatoire.

mane [meɪn] *n* crinière *f*.

man-eater *n* **1.** *(animal)* anthropophage *m* **2.** *(humain)* cannibale *m*, anthropophage *m* **3.** *hum* & *fig* dévoreuse *f* d'hommes, mante *f* religieuse.

maneuver (**US**) = **manoeuvre**.

maneuverable (**US**) = **manoeuvrable**.

manful ['mænfʊl] *adj* vaillant, ardent *(courageux)*.

manfully ['mænfʊlɪ] *adv* courageusement, vaillamment.

mangetout (pea) [,mɑ̃ʒ'tuː-] *n* (**UK**) mangetout *m inv*.

mangle ['mæŋgl] *vt* mutiler, déchirer.

mango ['mæŋgəʊ] (*pl* **-es** *ou* **-s**) *n* mangue *f*.

mangy ['meɪnʤɪ] *adj* galeux.

manhandle ['mæn,hændl] *vt* malmener.

Manhattan [mæn'hætn] *npr* Manhattan.

> **CULTURE**
>
> ## Manhattan
>
> **Manhattan**, île située entre l'Hudson, l'East River et la rivière de Harlem, constitue le quartier central de la ville de New York. On y trouve **Central Park**, la 5e Avenue et ses boutiques de luxe, **Broadway** et ses nombreux théâtres, de célèbres gratte-ciel comme l'**Empire State Building**, ainsi que le **World Trade Center** (dont les **Twin Towers** ont été détruites dans l'attentat du 11 septembre 2001).

manhole ['mænhəʊl] *n* regard *m*, bouche *f* d'égout.

manhood ['mænhʊd] *n* • **to reach manhood** devenir un homme.

man-hour *n* heure-homme *f*.

manhunt ['mænhʌnt] *n* chasse *f* à l'homme.

mania ['meɪnjə] *n* • **mania (for)** manie *f* (de).

maniac ['meɪnɪæk] *n* fou *m* • **a sex maniac** un obsédé sexuel, une obsédée sexuelle *f*.

manic ['mænɪk] *adj* **1.** *fig* surexcité **2.** *(comportement)* de fou.

manic depression *n* psychose *f* maniacodépressive.

manic-depressive *adj* maniaco-dépressif. ❑ *n* maniaco-dépressif *m*, maniaco-dépressive *f*.

manicure ['mænɪ,kjʊəʳ] *n* manucure *f*.

manifest ['mænɪfest] *sout adj* manifeste, évident. ❑ *vt* manifester.

manifestation [,mænɪfes'teɪʃn] *n sout* manifestation *f*.

manifesto [,mænɪ'festəʊ] (*pl* **-s** *ou* **-es**) *n* manifeste *m*.

manifold ['mænɪfəʊld] *adj littéraire* nombreux, multiple.

manipulate [mə'nɪpjʊleɪt] *vt litt* & *fig* manipuler.

manipulation [mə,nɪpjʊ'leɪʃn] *n litt* & *fig* manipulation *f*.

manipulative [mə'nɪpjʊlətɪv] *adj* **1.** rusé **2.** habile, subtil.

mankind [mæn'kaɪnd] *n* humanité *f*, genre *m* humain.

manlike ['mænlaɪk] *adj* **1.** *(pour un homme)* viril, masculin **2.** *(pour une femme)* masculin.

manliness ['mænlɪnɪs] *n* virilité *f*.

manly ['mænlɪ] *adj* viril.

man-made *adj* **1.** *(tissu, fibre)* synthétique **2.** *(environnement)* artificiel **3.** *(problème)* causé par l'homme.

manner ['mænəʳ] *n* **1.** manière *f*, façon *f* • **to keep sb in the manner to which he is accustomed** permettre à qqn de maintenir son train de vie **2.** attitude *f*, comportement *m*. ■ **manners** *npl* manières *fpl* • **to have good/bad manners** avoir de bonnes/mauvaises manières.

mannered [ˈmænəd] *adj sout* maniéré, affecté.
mannerism [ˈmænərɪzm] *n* tic *m*, manie *f*.
mannish [ˈmænɪʃ] *adj* masculin.
manoeuvrable (UK), maneuverable (US) [məˈnuːvrəbl] *adj* facile à manœuvrer, maniable.
manoeuvre (UK), maneuver (US) [məˈnuːvəʳ] *n* manœuvre *f*. ❑ *vt & vi* manœuvrer.
manor [ˈmænəʳ] *n* manoir *m*.
manpower [ˈmæn,paʊəʳ] *n* main-d'œuvre *f*.
manservant [ˈmænsɜːvənt] (*pl* **men-** [men-]) *n vieilli* valet *m* de chambre.
mansion [ˈmænʃn] *n* château *m*.
manslaughter [ˈmæn,slɔtəʳ] *n* homicide *m* involontaire.
mantelpiece [ˈmæntlpiːs] *n* (dessus *m* de) cheminée *f*.
man-to-man *adj* d'homme à homme. ❑ *adv (discussion)* d'homme à homme.
manual [ˈmænjʊəl] *adj* manuel. ❑ *n* manuel *m*.
manual worker *n* travailleur *m* manuel, travailleuse *f* manuelle.
manufacture [,mænjʊˈfæktʃəʳ] *n* **1.** fabrication *f* **2.** construction *f (de voitures)*. ❑ *vt* **1.** fabriquer **2.** construire *(des voitures)*.
manufacturer [,mænjʊˈfæktʃərəʳ] *n* **1.** fabricant *m* **2.** constructeur *m (de voitures)*.
manufacturing [,mænjʊˈfæktʃərɪŋ] *n* fabrication *f* • **manufacturing costs** coûts *mpl* de fabrication.
manufacturing costs *n* frais *mpl* de fabrication.
manure [məˈnjʊəʳ] *n* fumier *m*.
manuscript [ˈmænjʊskrɪpt] *n* manuscrit *m*.
many [ˈmenɪ] *adj* (*comp* **more**, *superl* **most**) • **many people came to the party** beaucoup de gens sont venus à la fête • **I've lived here for many years** j'habite ici depuis des années • **I've told him to come many times** je lui ai dit bien des fois de venir • **how many...?** combien de... ? • **too many** trop de • **as many... as** autant de... que • **so many** autant de • **a good** *ou* **great many** un grand nombre de. ❑ *pron* • **many believe that to be true** bien des gens croient que c'est vrai • **don't eat all the chocolates, there aren't many left** ne mange pas tous les chocolats, il n'en reste pas beaucoup.

À PROPOS DE

many

On trouve ***many*** principalement dans les questions ***(were there many people at the party?)*** et les tournures négatives ***(I didn't get many presents for my birthday)***. Dans les phrases affirmatives, on tend en revanche à utiliser ***a lot (of)*** et ***lots (of)***, même si l'on trouve également ***many*** dans les expressions ***too many***, ***how many*** et ***so many***.
Voir aussi **lot**, **plenty**.

map [mæp] *n* carte *f*. ■ **map out** *vt sép* **1.** élaborer *(un plan)* **2.** établir *(un emploi du temps)* **3.** définir *(une tâche)*.
maple [ˈmeɪpl] *n* érable *m*.
maple syrup *n* sirop *m* d'érable.
mar [mɑːʳ] *vt* gâter, gâcher.
Mar. abrév de **March**.
marathon [ˈmærəθn] *adj* marathon *(inv)*. ❑ *n* marathon *m*.
marathon runner *n* marathonien *m*, -enne *f*.
marauder [məˈrɔdəʳ] *n* maraudeur *m*, -euse *f*.
marble [ˈmɑːbl] *n* **1.** marbre *m* **2.** bille *f*. ■ **marbles** *n (indén) (jeu)* billes *fpl*.
march [mɑːtʃ] *n* marche *f*. ❑ *vi* **1.** MIL marcher au pas **2.** manifester, faire une marche de protestation **3.** • **to march up to sb** s'approcher de qqn d'un pas décidé.
March [mɑːtʃ] *n* mars *m*. Voir aussi **September**.
marcher [ˈmɑːtʃəʳ] *n* marcheur *m*, -euse *f*.
marching orders [ˈmɑːtʃɪŋ-] *npl* • **to get one's marching orders** se faire mettre à la porte.
Mardi Gras [,mɑːdɪˈgrɑː] *n* Mardi *m* gras, carnaval *m*.
mare [meəʳ] *n* jument *f*.
marg(e) [mɑːdʒ] *n* (UK) *fam* margarine *f*.
margarine [,mɑːdʒəˈriːn *ou* ,mɑːgəˈriːn] *n* margarine *f*.
margin [ˈmɑːdʒɪn] *n* **1.** marge *f* • **to win by a narrow margin** gagner de peu *ou* de justesse **2.** bord *m*.
marginal [ˈmɑːdʒɪnl] *adj* marginal, secondaire.
marginalize, -ise [ˈmɑːdʒɪnəlaɪz] *vt* marginaliser.
marginally [ˈmɑːdʒɪnəlɪ] *adv* très peu.
marginal seat *n en Grande-Bretagne, circonscription électorale où la majorité passe facilement d'un parti à un autre.*
marigold [ˈmærɪgəʊld] *n* BOT souci *m*.
marijuana, marijuana [,mærɪˈwɑːnə] *n* marijuana *f*.
marina [məˈriːnə] *n* marina *f*.
marinade [,mærɪˈneɪd] *n* marinade *f*. ❑ *vt & vi* mariner.
marinate [ˈmærɪneɪt] *vt & vi* mariner.
marine [məˈriːn] *adj* marin.
Marine *n* MIL marine *m*.
marionette [,mærɪəˈnet] *n* marionnette *f*.
marital [ˈmærɪtl] *adj* **1.** conjugal **2.** matrimonial.
marital status *n* situation *f* de famille.
maritime [ˈmærɪtaɪm] *adj* maritime.
mark [mɑːk] *n* **1.** marque *f* **2.** tache *f*, marque *f* **3.** (surtout UK) SCOL note *f*, point *m* **4.** *(niveau)* barre *f* **5.** *fig* • **your answer was nearest the mark** c'est vous qui avez donné la meilleure réponse **6.** *(monnaie)* mark *m*. ❑ *vt* **1.** marquer **2.** tacher **3.** (surtout UK) SCOL noter, corriger. ■ **mark off**

vt sép **1.** délimiter **2.** cocher. ■ **mark down** *vt sép* **1.** *(COMM - prix)* baisser ; *(- biens)* baisser le prix de, démarquer • **marked down shirts** chemises démarquées *ou* soldées **2.** *(dans une évaluation)* baisser la note de. ■ **mark up** *vt sép* **1.** marquer • **the menu is marked up on the blackboard** le menu est sur le tableau **2.** *(COMM - prix)* augmenter ; *(- biens)* augmenter le prix de **3.** annoter.

markdown ['mɑːkdaʊn] *n* démarque *f*.

marked [mɑːkt] *adj* **1.** marqué **2.** sensible.

marker ['mɑːkər] *n* **1.** repère *m* **2.** marqueur *m*.

marker pen *n* marqueur *m*.

market ['mɑːkɪt] *n* **1.** marché *m* **2.** *ÉCON* marché *m* **3.** *ÉCON* indice *m* • **the market has risen 10 points** l'indice est en hausse de 10 points. ❑ *vt* commercialiser.

marketability [ˌmɑːkɪtə'bɪlɪtɪ] *n* possibilité *f* de commercialisation *(de biens, de produits)*.

marketable ['mɑːkɪtəbl] *adj* commercialisable.

market analysis *n* analyse *f* de marché.

market analyst *n* analyste *mf* de marché.

market conditions *n* conditions *fpl* du marché.

market demand *n* demande *f* du marché.

market-driven *adj* déterminé par les contraintes du marché.

market economy *n* économie *f* de marché *ou* libérale.

market forces *npl* forces *fpl* *ou* tendances *fpl* du marché.

market garden *n* **(UK)** jardin *m* maraîcher.

marketing ['mɑːkɪtɪŋ] *n* marketing *m*.

marketing analyst *n* analyste *mf* marketing.

marketing campaign *n* campagne *f* commerciale.

marketing department *n* département *m* marketing.

marketing director *n* directeur *m*, -trice *f* marketing.

marketing manager = **marketing director**.

marketing mix *n* marchéage *m*, marketing mix *m*.

marketing strategy *n* stratégie *f* marketing.

marketing tool *n* outil *m* de marketing.

market intelligence *n* **1.** *(compétence)* connaissance *f* du marché **2.** *(statistiques)* données *fpl* marché.

market leader *n* **1.** *(produit)* premier produit *m* sur le marché **2.** *(entreprise)* leader *m* du marché.

market penetration *n* pénétration *f* du marché.

marketplace ['mɑːkɪtpleɪs] *n* **1.** place *f* du marché **2.** *ÉCON* marché *m*.

market positioning *n* positionnement *m* sur le marché.

market price *n* prix *m* du marché.

market research *n* étude *f* de marché.

market share *n* part *f* de marché.

market survey *n* enquête *f* de marché.

market value *n* valeur *f* marchande.

marking ['mɑːkɪŋ] *n* *SCOL* correction *f*. ■ **markings** *npl* taches *fpl*, marques *fpl*.

marksman ['mɑːksmən] (*pl* **-men**) *n* tireur *m* d'élite.

markswoman ['mɑːkswəmən] (*pl* **-women**) *n* tireuse *f* d'élite.

markup ['mɑːkʌp] *n* majoration *f*.

marmalade ['mɑːməleɪd] *n* confiture *f* d'oranges amères.

maroon [mə'ruːn] *adj* bordeaux *(inv)*.

marooned [mə'ruːnd] *adj* abandonné.

marquee [mɑː'kiː] *n* **(UK)** grande tente *f*.

marriage ['mærɪdʒ] *n* mariage *m*.

marriage bureau *n* **(UK)** agence *f* matrimoniale.

marriage certificate *n* acte *m* de mariage.

marriage guidance (UK & AUSTRALIE), marriage counseling (US) *n* conseil *m* conjugal.

marriage guidance counsellor (UK), marriage counselor (US) *n* conseiller conjugal *m*, conseillère conjugale *f*.

marriage of convenience *n* mariage *m* de raison.

married ['mærɪd] *adj* **1.** marié • **to get married** se marier **2.** conjugal.

marrow ['mærəʊ] *n* **1. (UK)** courge *f* **2.** moelle *f*.

marry ['mærɪ] *vt* **1.** épouser, se marier avec • **will you marry me?** veux-tu m'épouser ? **2.** marier. ❑ *vi* se marier.

Mars [mɑːz] *n* Mars *f*.

marsh [mɑːʃ] *n* marais *m*, marécage *m*.

marshal ['mɑːʃl] *n* **1.** *MIL* maréchal *m* **2.** membre *m* du service d'ordre **3. (US)** officier *m* de police fédérale. ❑ *vt* (**(UK)** *prét & pp* **marshalled**, *cont* **marshalling**, **(US)** *prét & pp* **marshaled**, *cont* **marshaling**) *litt & fig* rassembler.

martial arts *npl* arts *mpl* martiaux.

martial law *n* loi *f* martiale.

martyr ['mɑːtər] *n* martyr *m*, -e *f*.

martyrdom ['mɑːtədəm] *n* martyre *m*.

marvel ['mɑːvl] *n* merveille *f*. ❑ *vi* (**(UK)** *prét & pp* **marvelled**, *cont* **marvelling**, **(US)** *prét & pp* **marveled**, *cont* **marveling**) • **to marvel (at)** s'émerveiller (de), s'étonner (de).

marvellous (UK), marvelous (US) ['mɑːvələs] *adj* merveilleux.

Marxism ['mɑːksɪzm] *n* marxisme *m*.

Marxist ['mɑːksɪst] *adj* marxiste. ❑ *n* marxiste *mf.*
marzipan ['mɑːzɪpæn] *n (indén)* pâte *f* d'amandes.
mascara [mæs'kɑːrə] *n* mascara *m.*
masculine ['mæskjʊlɪn] *adj* masculin.
masculinity [,mæskjʊ'lɪnətɪ] *n* masculinité *f.*
mash [mæʃ] *vt* **(UK)** *fam* faire une purée de.
mashed potato (UK) [mæʃt-] *n* purée *f* de pommes de terre.
mask [mɑːsk] *litt* & *fig n* masque *m* • **to wear a mask** porter un masque. ❑ *vt* masquer.
masked [mɑːskt] *adj* masqué.
masochism ['mæsəkɪzm] *n* masochisme *m.*
masochist ['mæsəkɪst] *n* masochiste *mf.*
masochistic [,mæsə'kɪstɪk] *adj* masochiste.
mason ['meɪsn] *n* **1.** maçon *m* **2.** franc-maçon *m.*
masonry ['meɪsnrɪ] *n* maçonnerie *f.*
masquerade [,mæskə'reɪd] *vi* • **to masquerade as** se faire passer pour.
mass [mæs] *n* masse *f.* ❑ *adj* **1.** en masse, en nombre **2.** massif. ❑ *vi* se masser. ■ **Mass** *n* messe *f.* ■ **masses** *npl* **1. (surtout UK)** *fam* • **masses (of) a)** des masses (de) **b)** des tonnes (de) **2.** • **the masses** les masses *fpl.*
massacre ['mæsəkər] *n* massacre *m.* ❑ *vt* massacrer.
massage [**(UK)** 'mæsɑːʒ, **(US)** mə'sɑːʒ] *n* massage *m.* ❑ *vt* masser.
massive ['mæsɪv] *adj* massif, énorme.
massively ['mæsɪvlɪ] *adv* massivement.
mass-market *adj* grand public *(inv).*
mass media *n* & *npl* • **the mass media** les (mass) medias *mpl.*
mass-produce *vt* fabriquer en série.
mass-produced *adj* fabriqué en série.
mass production *n* fabrication *f ou* production *f* en série.
mass unemployment *n* chômage *m* sur une grande échelle.
mast [mɑːst] *n* **1.** mât *m* **2.** pylône *m.*
mastectomy [mæs'tektəmɪ] (*pl* **-ies**) *n* mastectomie *f.*
master ['mɑːstər] *n* **1.** maître *m* **2. (UK)** *SCOL* instituteur *m*, maître *m* ; professeur *m.* ❑ *adj* maître • **the master disk** le disque maître. ❑ *vt* **1.** maîtriser **2.** surmonter, vaincre **3.** se rendre maître de *(la situation).*
master bedroom *n* chambre *f* principale.
master class *n* **1.** cours *m* de maître **2.** *MUS* master class *m.*
master disk *n INFORM* disque *m* d'exploitation.
master file *n INFORM* fichier *m* principal *ou* maître.
masterful ['mɑːstəfʊl] *adj* autoritaire.
master key *n* passe *m*, passe-partout *m inv.*
masterly ['mɑːstəlɪ] *adj* magistral.
mastermind ['mɑːstəmaɪnd] *n* cerveau *m.* ❑ *vt* organiser, diriger.
Master of Arts (*pl* **Masters of Arts**) *n* **1.** maîtrise *f* de lettres **2.** titulaire *mf* d'une maîtrise de lettres.
master of ceremonies *n* **1.** *(dans des réceptions)* maître des cérémonies **2.** *TV* présentateur *m.*
Master of Science (*pl* **Masters of Science**) *n* **1.** maîtrise *f* de sciences **2.** titulaire *mf* d'une maîtrise de sciences.
masterpiece ['mɑːstəpiːs] *n* chef-d'œuvre *m.*
master plan *n* stratégie *f* globale.
master's degree *n* ≃ maîtrise *f.*
masterstroke ['mɑːstəstrəʊk] *n* coup *m* magistral *ou* de maître.
mastery ['mɑːstərɪ] *n* maîtrise *f.*
masticate ['mæstɪkeɪt] *vt* & *vi sout* mastiquer, mâcher.
masturbate ['mæstəbeɪt] *vi* se masturber.
mat [mæt] *n* **1.** petit tapis *m* • **an exercise mat** un tapis de gym **2.** paillasson *m* **3.** set *m* (de table) **4.** dessous *m* de verre.
match [mætʃ] *n* **1.** match *m* **2.** allumette *f* **3.** • **to be no match for sb** ne pas être de taille à lutter contre qqn. ❑ *vt* **1.** correspondre à, s'accorder avec • **the gloves match the scarf** les gants sont assortis à l'écharpe **2.** faire correspondre. ❑ *vi* **1.** correspondre **2.** être assorti.
matchbox ['mætʃbɒks] *n* boîte *f* d'allumettes.
matched [mætʃt] *adj* • **to be well matched a)** être bien assortis **b)** être de force égale.
match-fixing *n* • **(UK) they were accused of match-fixing** on les a accusés d'avoir truqué le match.
matching ['mætʃɪŋ] *adj* assorti.
matchmaker ['mætʃ,meɪkər] *n* marieur *m*, -euse *f.*
mate [meɪt] *n* **1. (UK)** *fam* copain *m*, copine *f*, pote *m* **2. (UK)** *fam* mon vieux **3.** *ZOOL* mâle *m*, femelle *f.* ❑ *vi* s'accoupler.
material [mə'tɪərɪəl] *adj* **1.** matériel **2.** important, essentiel. ❑ *n* **1.** matière *f*, substance *f* **2.** matériau *m* **3.** tissu *m*, étoffe *f* **4.** *(indén)* matériaux *mpl.* ■ **materials** *npl* matériaux *mpl.*
materialistic [mə,tɪərɪə'lɪstɪk] *adj* matérialiste.
materialize, **-ise (UK)** [mə'tɪərɪəlaɪz] *vi* **1.** *(offre, menace)* se concrétiser, se réaliser **2.** *(personne, objet)* apparaître.
maternal [mə'tɜːnl] *adj* maternel.
maternity [mə'tɜːnətɪ] *n* maternité *f.*
maternity allowance *n allocation de maternité versée par l'État à une femme n'ayant pas droit à la* maternity pay.

maternity benefit *n (indén)* **(UK)** allocations *fpl* (de) maternité.
maternity dress *n* robe *f* de grossesse.
maternity hospital *n* maternité *f*.
maternity leave *n* congé *m* (de) maternité.
maternity pay *n allocation de maternité versée par l'employeur*.
math (US) = **maths**.
mathematical [ˌmæθəˈmætɪkl] *adj* mathématique.
mathematician [ˌmæθəməˈtɪʃn] *n* mathématicien *m*, -enne *f*.
mathematics [ˌmæθəˈmætɪks] *n (indén)* mathématiques *fpl*.
maths (UK) [mæθs], **math (US)** [mæθ] (abrév de mathematics) *n fam (indén)* maths *fpl*.
matinée, **matinee** [ˈmætɪneɪ] *n* THÉÂTRE matinée *f*.
mating [ˈmeɪtɪŋ] *n* accouplement *m*.
mating call *n* appel *m* du mâle.
mating season *n* saison *f* des amours.
matriarch [ˈmeɪtrɪɑːk] *n* **1.** *(dans une société) femme ayant une autorité matriarcale* **2.** littéraire *(dans une famille)* aïeule *f*, doyenne *f*.
matriarchal [ˌmeɪtrɪˈɑːkl] *adj* matriarcal.
matrices [ˈmeɪtrɪsiːz] *npl* → **matrix**.
matriculation [məˌtrɪkjʊˈleɪʃn] *n* inscription *f*.
matrimonial [ˌmætrɪˈməʊnjəl] *adj* sout matrimonial, conjugal.
matrimony [ˈmætrɪmənɪ] *n (indén)* sout mariage *m*.
matrix [ˈmeɪtrɪks] (*pl* **matrices** [ˈmeɪtrɪsiːz] *ou* **-es**) *n* **1.** contexte *m*, structure *f* **2.** MATH & TECHNOL matrice *f*.
matron [ˈmeɪtrən] *n* **1. (UK)** infirmière *f* en chef **2. (UK)** SCOL infirmière *f*.
matronly [ˈmeɪtrənlɪ] *adj* euphém **1.** *(femme)* qui a l'allure d'une matrone **2.** *(attitude)* de matrone.
matt (UK), **matte (US)** [mæt] *adj* mat.
matted [ˈmætɪd] *adj* emmêlé.
matter [ˈmætəʳ] *n* **1.** question *f*, affaire *f* • **that's another** *ou* **a different matter** c'est tout autre chose, c'est une autre histoire • **as a matter of course** automatiquement • **to make matters worse** aggraver la situation • **that's a matter of opinion** c'est (une) affaire *ou* question d'opinion **2.** • **there's something the matter with my radio** il y a quelque chose qui cloche *ou* ne va pas dans ma radio • **what's the matter?** qu'est-ce qu'il y a ? • **what's the matter with him?** qu'est-ce qu'il a ? **3.** PHYS matière *f* **4.** *(indén)* matière *f* • **reading matter** choses *fpl* à lire. ❑ *vi* importer, avoir de l'importance • **it doesn't matter** cela n'a pas d'importance. ■ **as a matter of fact** *adv* en fait, à vrai dire. ■ **for that matter** *adv* d'ailleurs. ■ **no matter** *adv* • **no matter what** coûte que coûte, à tout prix • **no matter how hard I try to explain...** j'ai beau essayer de lui expliquer...
Matterhorn [ˈmætəˌhɔn] *n* • **the Matterhorn** le mont Cervin.
matter-of-fact *adj* terre-à-terre, neutre.
matter-of-factly [-ˈfæktlɪ] *adv* **1.** de façon pragmatique **2.** d'un air détaché.
mattress [ˈmætrɪs] *n* matelas *m*.
mature [məˈtjʊəʳ] *adj* **1.** *(personne)* mûr **2.** *(fromage)* fait **3.** *(vin)* arrivé à maturité. ❑ *vi* **1.** *(personne)* mûrir **2.** *(vin, fromage)* se faire.
mature student *n* **(UK)** *étudiant qui a commencé ses études sur le tard*.
maturity [məˈtjʊərətɪ] *n* maturité *f*.
maudlin [ˈmɔːdlɪn] *adj* larmoyant.
maul [mɔl] *vt* mutiler.
mauve [məʊv] *adj* mauve. ❑ *n* mauve *m*.
maverick [ˈmævərɪk] *n* non-conformiste *mf*.
max *adv fam* maximum • **three days max** trois jours grand maximum. ■ **max out (US)** *vt sép* • **to max out one's credit card** atteindre la limite sur sa carte de crédit.
max. [mæks] (abrév de maximum) max.
maxim [ˈmæksɪm] (*pl* **-s**) *n* maxime *f*.
maximize, **-ise (UK)** [ˈmæksɪmaɪz] *vt* maximiser, porter au maximum.
maximum [ˈmæksɪməm] *adj* maximum *(inv)*. ❑ *n* (*pl* **maxima** [ˈmæksɪmə] *ou* **-s**) maximum *m*.

may

■ **may** [meɪ] *aux modal*

1. EXPRIME UNE ÉVENTUALITÉ, UNE PROBABILITÉ
• **it may rain** il se peut qu'il pleuve, il va peut-être pleuvoir • **she may have phoned** elle a peut-être appelé

2. POUR DEMANDER OU DONNER UNE PERMISSION
pouvoir • **may I come in?** puis-je entrer ? • **you may sit down** vous pouvez vous asseoir

3. POUR EXPRIMER UN CONTRASTE
• **he may be fat, but he can still run fast** il est certes gros mais il court vite • **be that as it may** quoi qu'il en soit

4. *sout* EXPRIME UNE POSSIBILITÉ
pouvoir • **on a clear day the coast may be seen** on peut voir la côte par temps clair

5. *sout* POUR FORMULER UN SOUHAIT
• **may they be happy!** qu'ils soient heureux ! • **may he rest in peace!** qu'il repose en paix !

6. DANS DES EXPRESSIONS
• **may I go home now? — you may as well** est-ce que je peux rentrer chez moi maintenant ? — tu ferais aussi bien • **we may as well play another game** tant qu'à faire, faisons une autre partie

À PROPOS DE

may

On ne peut pas employer ***may*** au sens de **être autorisé à** dans des situations qui décrivent le passé ou l'avenir. Dans ces cas-là, on doit utiliser ***be allowed to*** à la place ***(she wasn't allowed to see him again ; I hope that I'll be allowed to go)***. Voir aussi ***might***.

May [meɪ] *n* mai *m*. Voir aussi **September**.
maybe ['meɪbi:] *adv* peut-être • **maybe I'll come** je viendrai peut-être.
May Day *n* le Premier Mai.
Mayday ['meɪdeɪ] *n (sos)* SOS *m* • **to send out a Mayday signal** envoyer un signal de détresse *ou* un SOS.
mayhem ['meɪhem] *n* pagaille *f*.
mayonnaise [ˌmeɪə'neɪz] *n* mayonnaise *f*.
mayor [meəʳ] *n* maire *m*.
mayoress ['meərɪs] *n* **(surtout UK) 1.** femme *f* maire **2.** femme *f* du maire.
maze [meɪz] *n litt & fig* labyrinthe *m*, dédale *m*.
MB (abrév de **megabyte**) Mo.
MBA ['em 'bi: 'eɪ] (abrév de **Master of Business Administration**) *n* **1.** MBA *(formation supérieure au management)*.
MC abrév de **master of ceremonies**.
MD *n* **1. (UK)** abrév de **managing director 2. (US)** abrév de **Doctor of Medicine**.
MDF *n* (abrév de **medium density fibreboard**) médium *m*.
me [mi:] *pron pers* **1.** me • **can you see/hear me?** tu me vois/m'entends ? • **it's me** c'est moi • **they spoke to me** ils m'ont parlé • **she gave it to me** elle me l'a donné **2.** moi • **you can't expect me to do it** tu ne peux pas exiger que ce soit moi qui le fasse • **she's shorter than me** elle est plus petite que moi.
ME *n* (abrév de **myalgic encephalomyelitis**) myélo-encéphalite *f*. ❑ abrév de **Maine**.
meadow ['medəʊ] *n* prairie *f*, pré *m*.
meagre (UK), meager (US) ['mi:gəʳ] *adj* maigre.
meal [mi:l] *n* repas *m* • **to make a meal** préparer un repas.

CULTURE

meals

En Grande-Bretagne, le petit déjeuner traditionnel (**English breakfast**) est bien plus copieux qu'en France : on mange des œufs et du bacon frit, des petites saucisses, parfois des haricots blancs en sauce, de la tomate et des champignons, le tout avec une tasse de thé (ou de café). Aujourd'hui, il est surtout consommé dans les **bed and breakfast**, ou parfois le week-end. Le thé, boisson nationale, est au cœur du rituel du **five o'clock tea** (thé de cinq heures) pour les Britanniques qui, en réalité, le dégustent aussi tout au long de la journée. Le dimanche midi, on mange traditionnellement un rôti, le **roast beef** (rôti de bœuf) par exemple, accompagné de **Yorkshire pudding** (pâte à choux cuite), de pommes de terre rôties, de légumes et de **gravy** (sauce brune à base de jus de rôti). Le jour de Noël, après la dinde rôtie, on mange le **Christmas pudding**, gâteau riche servi avec une sauce sucrée à base de cognac ou de whisky.
Aux États-Unis, le repas traditionnel de **Thanksgiving** se compose de dinde rôtie à la sauce aux airelles (**cranberry sauce**), accompagnée de patates douces (**sweet potatoes**), puis d'une tarte au potiron (**pumpkin pie**).

meals on wheels *npl* repas *mpl* à domicile *(pour personnes âgées ou handicapées)*.
meal ticket *n* **1. (US)** ticket *m* restaurant **2.** *fam* gagne-pain *m inv*.
mealtime ['mi:ltaɪm] *n* heure *f* du repas.
mealy-mouthed ['mi:lɪ'maʊðd] *adj péj* mielleux, patelin.
mean [mi:n] *vt (prét & pp* **meant**) **1.** signifier, vouloir dire • **I mean a)** c'est vrai **b)** je veux dire **2.** • **to mean to do sthg** vouloir faire qqch, avoir l'intention de faire qqch • **I didn't mean to drop it** je n'ai pas fait exprès de le laisser tomber • **to be meant for sb/sthg** être destiné à qqn/qqch • **to be meant to do sthg** être censé faire qqch • **to mean well** agir dans une bonne intention **3.** • **I mean it** je suis sérieux **4.** occasionner, entraîner. ❑ *adj* **1. (UK)** radin, chiche • **to be mean with sthg** être avare de qqch **2.** mesquin, méchant • **to be mean to sb** être mesquin envers qqn **3.** moyen. ❑ *n* moyenne *f*. Voir aussi **means**.
meander [mɪ'ændəʳ] *vi* **1.** *(route, fleuve)* serpenter **2.** *(personne)* errer.
meaning ['mi:nɪŋ] *n* sens *m*, signification *f*.
meaningful ['mi:nɪŋfʊl] *adj* **1.** significatif **2.** important.
meaningless ['mi:nɪŋlɪs] *adj* **1.** dénué *ou* vide de sens **2.** sans importance.
means [mi:nz] *n* moyen *m* • **by means of** au moyen de. ❑ *npl* moyens *mpl*, ressources *fpl*. ■ **by all means** *adv* mais certainement, bien sûr. ■ **by no means** *adv* nullement, en aucune façon.
mean-spirited *adj* mesquin.
means test *n* **(surtout UK)** *enquête sur les ressources d'une personne (qui demande une aide financière à l'État)*.
meant [ment] *passé & pp* → **mean**.
meantime ['mi:nˌtaɪm] *n* • **in the meantime** en attendant.

meanwhile ['mi:n,waɪl] *adv* **1.** pendant ce temps **2.** en attendant.

measles ['mi:zlz] *n* • **(the) measles** la rougeole.

measly ['mi:zlɪ] *adj fam* misérable, minable.

measurable ['meʒərəbl] *adj (amélioration, dégradation)* sensible.

measurably ['meʒərəblɪ] *adv* sensiblement.

measure ['meʒəʳ] *n* **1.** mesure *f* **2.** • **it is a measure of her success that...** la preuve de son succès, c'est que... ❑ *vt & vi* mesurer. ■ **measure up** *vi* • **to measure up (to)** être à la hauteur (de) • **to measure up to sb's expectations** répondre aux espérances de qqn.

measured ['meʒəd] *adj (pas, ton)* mesuré.

measurement ['meʒəmənt] *n* mesure *f*.

measuring jug *n* verre *m* gradué, doseur *m*.

meat [mi:t] *n* viande *f*.

meatball ['mi:tbɔl] *n* boulette *f* de viande.

meat-eater *n* carnivore *mf* • **we aren't big meat-eaters** nous ne mangeons pas beaucoup de viande, nous ne sommes pas de gros mangeurs de viande.

meat-eating *adj* carnivore.

meat loaf (*pl* **meat loaves**) *n* pain *m* de viande.

meat pie *n* tourte *f* à la viande.

meaty ['mi:tɪ] *adj fig* important.

Mecca ['mekə] *n* La Mecque.

mechanic [mɪ'kænɪk] *n* mécanicien *m*, -enne *f*. ■ **mechanics** *n (indén)* mécanique *f*. ❑ *npl fig* mécanisme *m*.

mechanical [mɪ'kænɪkl] *adj* **1.** *(panne)* mécanique **2.** *(personne)* fort en mécanique **3.** *(réponse, action)* machinal.

mechanical engineer *n* ingénieur *m* mécanicien.

mechanical engineering *n* génie *m* mécanique.

mechanically [mɪ'kænɪklɪ] *adv* **1.** mécaniquement **2.** *fig* machinalement, mécaniquement • **mechanically recovered meat** viande *f* séparée mécaniquement.

mechanism ['mekənɪzm] *n* *litt* & *fig* mécanisme *m*.

mechanize, -ise (UK) ['mekənaɪz] *vt & vi* mécaniser.

medal ['medl] *n* médaille *f*.

medallion [mɪ'dæljən] *n* médaillon *m*.

medallist (UK), medalist (US) ['medəlɪst] *n* médaillé *m*, -e *f*.

meddle ['medl] *vi* • **to meddle in** se mêler de.

meddler ['medləʳ] *n* **1.** *(par curiosité)* • **she's such a meddler** il faut toujours qu'elle fourre son nez partout **2.** *(avec ses mains)* touche-à-tout *mf inv*.

meddlesome ['medlsəm] *adj* qui met son nez partout.

media ['mi:djə] *npl* → **medium**. ❑ *n & npl* • **the media** les médias *mpl* • **media darling : to be a media darling** être le chouchou des médias.

media centre (UK), media center (US) *n* INFORM centre *m* multimédia.

media circus *n* cirque *m* médiatique.

media consultant *n* consultant *m*, -e *f* média.

media coverage *n* couverture *f* médiatique, médiatisation *f*.

mediaeval [,medɪ'i:vl] = **medieval**.

media event *n* événement *m* médiatique.

media-friendly *adj* • **to be media-friendly** avoir de bonnes relations avec les médias.

mediagenic ['mi:djə,ʤenɪk] *adj (personne)* médiatique.

media hype *n* battage *m* médiatique.

media mix *n* MARKETING mix-média *m*.

median ['mi:djən] *n* **(US)** bande *f* médiane *(qui sépare les deux côtés d'une grande route)*.

media officer *n* responsable *mf* des relations presse.

media player *n* lecteur *m* multimédia.

media-savvy *adj fam* • **to be media-savvy** bien connaître le fonctionnement des médias.

mediascape ['mi:dɪəskeɪp] *n* paysage *m* médiatique.

media-shy *adj* • **to be media-shy** ne pas aimer être interviewé.

mediaspeak ['mi:dɪəspi:,k] *n* jargon *m* des médias.

media studies *npl* études *fpl* de communication.

mediate ['mi:dɪeɪt] *vt* négocier. ❑ *vi* • **to mediate (for/between)** servir de médiateur (pour/entre).

mediation [,mi:dɪ'eɪʃn] *n* médiation *f*.

mediator ['mi:dɪeɪtəʳ] *n* médiateur *m*, -trice *f*.

media-wise *adj* • **to be media-wise** bien connaître le fonctionnement des médias.

medic ['medɪk] *n* **1. (UK)** *fam (étudiant)* carabin *m* **2. (UK)** *fam (médecine)* toubib *m* **3. (US)** MIL médecin *m* militaire.

Medicaid ['medɪkeɪd] *n* **(US)** *assistance médicale aux personnes sans ressources*.

medical ['medɪkl] *adj* médical. ❑ *n* **(UK)** examen *m* médical, visite *f* médicale • **to have a medical** passer une visite médicale.

medical certificate *n* certificat *m* médical.

medical examination *n* visite *f* médicale.

medical insurance *n* assurance *f* maladie.

medically ['medɪklɪ] *adv* médicalement • **medically approved** approuvé par les autorités médicales.

medical officer *n* **1.** médecin *m* du travail **2.** médecin militaire.

medical student *n* étudiant *m*, -e *f* en médecine.
Medicare ['medɪkeər] *n* **(US)** *programme fédéral d'assistance médicale pour personnes âgées.*
medicated ['medɪkeɪtɪd] *adj* traitant.
medication [,medɪ'keɪʃn] *n* **1.** médication *f* **2.** médicament *m*.
medicinal [me'dɪsɪnl] *adj* médicinal.
medicine ['medsɪn] *n* **1.** médecine *f* **2.** médicament *m* • **to take one's medicine** prendre ses médicaments.
medicine cabinet, **medicine chest** *n* (armoire *f* à) pharmacie *f*.
medieval [,medɪ'iːvl] *adj* médiéval.
mediocre [,miːdɪ'əʊkər] *adj* médiocre.
mediocrity [,miːdɪ'ɒkrətɪ] *n* médiocrité *f*.
meditate ['medɪteɪt] *vi* • **to meditate (on** *ou* **upon)** méditer (sur).
meditation [,medɪ'teɪʃn] *n* méditation *f*.
Mediterranean [,medɪtə'reɪnjən] *n* • **the Mediterranean (Sea)** la (mer) Méditerranée. ❑ *adj* méditerranéen.
medium ['miːdjəm] *adj* moyen. ❑ *n* **1.** (*pl* **media** ['miːdjə]) moyen *m* **2.** INFORM • **different media** des supports différents **3.** (*pl* **mediums**) médium *m*.
medium-dry *adj* demi-sec.
medium-haul *adj* moyen-courrier.
medium-range *adj* • **medium-range missile** missile *m* à moyenne portée.
medium-rare *adj* CULIN *(viande)* entre saignant et à point.
medium-size(d) [-saɪz(d)] *adj* de taille moyenne.
medium-term *adj* à moyen terme.
medium wave *n* onde *f* moyenne.
medley ['medlɪ] (*pl* **-s**) *n* **1.** mélange *m* **2.** MUS pot-pourri *m*.
medspeak ['medspiːk] *n* jargon *m* médical.
meek [miːk] *adj* docile.
meet [miːt] *vt* (*prét & pp* **met**) **1.** rencontrer **2.** retrouver • **fancy meeting you here!** je ne m'attendais pas à vous trouver ici ! **3.** aller/venir chercher **4.** aller/venir attendre **5.** satisfaire, répondre à *(un besoin, des exigences)* **6.** résoudre *(un problème)* **7.** répondre à *(un défi)* **8.** payer *(des dépenses, une addition)*. ❑ *vi* (*prét & pp* **met**) **1.** se rencontrer **2.** se retrouver **3.** se réunir **4.** *(lignes, routes)* se joindre. ❑ *n* **(US)** meeting *m*. ■ **meet up** *vi* se retrouver • **to meet up with sb** rencontrer qqn, retrouver qqn. ■ **meet with** *vt insép* **1.** être accueilli par **2.** remporter *(un succès)* **3.** essuyer *(un échec)* **4.** **(US)** retrouver.
meeting ['miːtɪŋ] *n* **1.** réunion *f* **2.** rencontre *f* **3.** entrevue *f*.
meeting place *n* lieu *m* de réunion.
mega- ['megə] *préf* méga-.
megabucks ['megəbʌks] *n fam* un fric fou, une fortune • **her job pays megabucks** elle gagne une fortune dans son travail.
megabyte ['megəbaɪt] *n* méga-octet *m*.
megalomaniac [,megələ'meɪnɪæk] *n* mégalomane *mf*.
megaphone ['megəfəʊn] *n* mégaphone *m*, porte-voix *m inv*.
megapixel ['megəpɪksl] *n* mégapixel.
megastar ['megəstɑːr] *n fam* superstar *f*.
megastore ['megəstɔːr] *n* très grand magasin *m*.
melamine ['meləmiːn] *n* mélamine *f*.
melancholic [,melən'kɒlɪk] *adj* mélancolique. ❑ *n* mélancolique *mf*.
melancholy ['melənkəlɪ] *adj* **1.** mélancolique **2.** triste. ❑ *n* mélancolie *f*.
melanoma [,melə'nəʊmə] *n* mélanome *m*.
melatonin [,melə'təʊnɪn] *n* *(physiologie)* mélatonine *f*.
mellow ['meləʊ] *adj* **1.** doux, douce *f* **2.** moelleux. ❑ *vi* s'adoucir.
melodic [mɪ'lɒdɪk] *adj* mélodique.
melodrama ['melədrɑːmə] *n* mélodrame *m*.
melodramatic [,melədrə'mætɪk] *adj* mélodramatique.
melody ['melədɪ] *n* mélodie *f*.
melon ['melən] *n* melon *m*.
melt [melt] *vt* faire fondre. ❑ *vi* **1.** fondre **2.** *fig* • **his heart melted at the sight** il fut tout attendri devant ce spectacle **3.** • **to melt (away)** fondre. ❑ *n (sandwich)* toast *m* au fromage fondu • **a tuna melt** un sandwich grillé au thon et au fromage fondu. ■ **melt down** *vt sép* fondre.
meltdown ['meltdaʊn] *n* **1.** fusion *f* du cœur (du réacteur) **2.** *fam* & *fig* effondrement *m* • **to go into meltdown** *(sur le plan émotionnel)* s'effondrer.
melted cheese ['meltɪd-] *n* fromage *m* fondu.
melting point ['meltɪŋ-] *n* point *m* de fusion.
melting pot ['meltɪŋ-] *n fig* creuset *m*.
member ['membər] *n* **1.** membre *m* **2.** adhérent *m*, -e *f*.
Member of Congress (*pl* **Members of Congress**) *n* **(US)** membre *m* du Congrès.
Member of Parliament (*pl* **Members of Parliament**) *n* **(UK)** ≃ député *m*.
Member of the Scottish Parliament (*pl* **Members of the Scottish Parliament**) *n* membre *m* du Parlement écossais.
membership ['membəʃɪp] *n* **1.** adhésion *f* **2.** nombre *m* d'adhérents **3.** • **the membership** les membres *mpl*.
membership card *n* carte *f* d'adhésion.
memento [mɪ'mentəʊ] (*pl* **-s**) *n* souvenir *m*.

memo ['meməʊ] (*pl* **-s**) *n* note *f* de service.
memoir ['memwɑːʳ] *n* **1.** *(récit)* biographie *f* **2.** *(analyse)* mémoire *m*.
memoirs ['memwɑːz] *npl* mémoires *mpl*.
memorabilia [ˌmemərə'bɪlɪə] *npl* souvenirs *mpl*.
memorable ['memərəbl] *adj* mémorable.
memorably ['memərəblɪ] *adv* • **a memorably hot summer** un été torride dont on se souvient encore.
memorandum [ˌmemə'rændəm] (*pl* **-da** *ou* **-dums**) *n sout* note *f* de service.
memorial [mɪ'mɔrɪəl] *adj* commémoratif. ❑ *n* monument *m*.
memorize, -ise (UK) ['meməraɪz] *vt* **1.** retenir **2.** apprendre par cœur.
memory ['memərɪ] *n* **1.** mémoire *f* • **from memory** de mémoire **2.** souvenir *m*.
memory bank *n* bloc *m* de mémoire.
memory card *n INFORM* carte *f* d'extension mémoire • **memory card slot** fente *f* d'extension.
memory leak *n INFORM* fuite *f* mémoire.
memory module *n INFORM* module *m* de mémoire.
men [men] *npl* → **man**.
menace ['menəs] *n* **1.** menace *f* **2.** *fam* plaie *f*. ❑ *vt* menacer.
menacing ['menəsɪŋ] *adj* menaçant.
menacingly ['menəsɪŋlɪ] *adv* **1.** d'un ton menaçant **2.** d'un air menaçant.
menagerie [mɪ'nædʒərɪ] *n* ménagerie *f*.
mend [mend] *n fam* • **to be on the mend** aller mieux. ❑ *vt* **1.** réparer **2.** raccommoder **3.** repriser.
menial ['miːnjəl] *adj* avilissant.
meningitis [ˌmenɪn'dʒaɪtɪs] *n (indén)* méningite *f*.
menopausal [ˌmenə'pɔːzl] *adj* ménopausique.
menopause ['menəpɔz] *n* • **the menopause (UK)** *ou* **menopause (US)** la ménopause.
men's room *n* **(US)** • **the men's room** les toilettes *fpl* pour hommes.
menstrual ['menstrʊəl] *adj* menstruel.
menstruate ['menstrʊeɪt] *vi* avoir ses règles.
menstruation [ˌmenstrʊ'eɪʃn] *n* menstruation *f*.
menswear ['menzweəʳ] *n (indén)* vêtements *mpl* pour hommes.
mental ['mentl] *adj* **1.** mental **2.** *(image)* dans la tête.
mental age *n* âge *m* mental.
mental arithmetic *n* calcul *m* mental.
mental block *n* blocage *m* (psychologique).
mental health *n* santé *f* mentale.
mental hospital *n* hôpital *m* psychiatrique.
mentality [men'tælətɪ] *n* mentalité *f*.
mentally ['mentəlɪ] *adv* mentalement • **to be mentally ill** être malade mental, malade mentale *f*.
mentally handicapped *npl* • **the mentally handicapped** les handicapés *mpl* mentaux.
mental note *n* • **to make a mental note to do sthg** prendre note mentalement de faire qqch.
mentee [men'tiː] *n* élève *mf*.
menthol ['menθɒl] *n* menthol *m*.
mentholated ['menθəleɪtɪd] *adj* mentholé.
mention ['menʃn] *vt* mentionner, signaler • **not to mention** sans parler de • **don't mention it!** je vous en prie ! ❑ *n* mention *f*.
mentor ['mentɔːʳ] *n* mentor *m*.
menu ['menjuː] *n* menu *m*.
menu bar *n INFORM* barre *f* de menu.
menu-controlled *adj INFORM* contrôlé par menu.
meow (US) = **miaow**.
MEP (abrév de **Member of the European Parliament**) *n* parlementaire *m* européen.
mercenary ['mɜːsɪnrɪ] *adj péj* mercenaire. ❑ *n* mercenaire *m*.
merchandise ['mɜːtʃəndaɪz] *n (indén)* marchandises *fpl*.
merchandising ['mɜːtʃəndaɪzɪŋ] *n* merchandising *m*, marchandisage *m*.
merchant ['mɜːtʃənt] *n* marchand *m*, -e *f*, commerçant *m*, -e *f*.
merchant bank *n* banque *f* d'affaires.
merchant banker *n* banquier *m* d'affaires.
merchant navy (UK), merchant marine (US) *n* marine *f* marchande.
merciful ['mɜːsɪfʊl] *adj* **1.** clément **2.** qui est une délivrance.
mercifully ['mɜːsɪfʊlɪ] *adv* par bonheur, heureusement.
merciless ['mɜːsɪlɪs] *adj* impitoyable.
mercury ['mɜːkjʊrɪ] *n* mercure *m*.
Mercury ['mɜːkjʊrɪ] *n* Mercure *f*.
mercy ['mɜːsɪ] *n* **1.** pitié *f* • **at the mercy of** *fig* à la merci de • **to show no mercy** n'avoir aucune pitié **2.** • **what a mercy that...** quelle chance que...
mercy killing *n* euthanasie *f*.
mere [mɪəʳ] *adj* seul • **she's a mere child** ce n'est qu'une enfant • **it cost a mere £10** cela n'a coûté que 10 livres.
merely ['mɪəlɪ] *adv* seulement, simplement.
merge [mɜːdʒ] *vt COMM & INFORM* fusionner. ❑ *vi* **1.** *COMM* • **to merge (with)** fusionner (avec) **2.** • **to merge (with)** se joindre (à) **3.** *(couleurs)* se fondre.
merger ['mɜːdʒəʳ] *n COMM & FIN* fusion *f*.
meringue [mə'ræŋ] *n* meringue *f*.

merit ['merɪt] *n* mérite *m*, valeur *f*. ❑ *vt sout* mériter. ■ **merits** *npl* qualités *fpl*.
mermaid ['mɜːmeɪd] *n* sirène *f*.
merry ['merɪ] **(UK)** *adj* **1.** joyeux • **Merry Christmas!** Joyeux Noël ! **2.** *fam* gai, éméché.
merry-go-round *n* manège *m*.
mesh [meʃ] *n* maille *f* (du filet) • **wire mesh** grillage *m*.
mesmerize, **-ise (UK)** ['mezməraɪz] *vt* • **to be mesmerized by** être fasciné par.
mess [mes] *n* **1.** désordre *m* **2.** *fig* gâchis *m* **3.** *MIL* mess *m*. ■ **mess around**, **mess about (UK)** *fam vt sép* • **to mess sb around** traiter qqn par-dessus *ou* par-dessous la jambe. ❑ *vi* **1.** perdre *ou* gaspiller son temps **2.** • **to mess around with sthg** s'immiscer dans qqch. ■ **mess up** *vt sép fam* **1.** mettre en désordre **2.** salir **3.** *fig* gâcher. ■ **mess with** *vt insép fam* • **don't mess with them** tiens-toi à l'écart.
message ['mesɪdʒ] *n* message *m*.
messaging ['mesɪdʒɪŋ] *n INFORM* messagerie *f*.
messenger ['mesɪndʒəʳ] *n* messager *m*, -ère *f*.
messenger bag *n* sacoche *f*.
messy ['mesɪ] *adj* **1.** sale • **a messy job** un travail salissant **2.** désordonné **3.** *fam (divorce)* difficile **4.** *fam (situation)* embrouillé.
met [met] *passé & pp* → **meet**.
metabolism [mɪ'tæbəlɪzm] *n* métabolisme *m*.
metadata ['metədeɪtə] *npl* métadonnées *fpl*.
metafile ['metəfaɪl] *n* métafichier *m*.
metal ['metl] *n* métal *m*. ❑ *en apposition* en *ou* de métal.
metallic [mɪ'tælɪk] *adj* **1.** *(son)* métallique **2.** *(peinture)* métallisé.
metalwork ['metəlwɜːk] *n* ferronnerie *f*.
metamorphosis [,metə'mɔːfəsɪs *ou* ,metəmɔː'fəʊsɪs] (*pl* **-phoses**) *n* métamorphose *f*.
metaphor ['metəfəʳ] *n* métaphore *f*.
metaphorical [,metə'fɒrɪkl] *adj* métaphorique.
metaphorically [,metə'fɒrɪklɪ] *adv* métaphoriquement • **metaphorically speaking** métaphoriquement.
metaphysical [,metə'fɪzɪkl] *adj* métaphysique.
meta-search *n INFORM* métarecherche *f* • **metasearch engine** moteur *m* de métarecherche.
metatag ['metətæg] *n INFORM* métabalise *f*.
mete [miːt] ■ **mete out** *vt sép sout* infliger.
meteor ['miːtɪəʳ] *n* météore *m*.
meteoric [miːtɪ'ɒrɪk] *adj* météorique.
meteorological [,miːtjərə'lɒdʒɪkl] *adj* météorologique.
meteorologist [miːtjə'rɒlədʒɪst] *n* météorologue *mf*, météorologiste *mf*.
meteorology [miːtjə'rɒlədʒɪ] *n* météorologie *f*.
meter ['miːtəʳ] *n* **1.** compteur *m* **2. (US)** = **metre**. ❑ *vt* établir la consommation de *(gaz, électricité)*.
metered ['miːtəd] *adj* décompté à la minute.
methane ['miːθeɪn] *n* méthane *m*.
method ['meθəd] *n* méthode *f*.
methodical [mɪ'θɒdɪkl] *adj* méthodique.
methodically [mɪ'θɒdɪklɪ] *adv* méthodiquement.
Methodist ['meθədɪst] *adj* méthodiste. ❑ *n* méthodiste *mf*.
methodology [,meθə'dɒlədʒɪ] (*pl* **-ies**) *n sout* méthodologie *f*.
meths [meθs] *n (indén)* **(UK)** *fam* alcool *m* à brûler.
methylated spirits ['meθɪleɪtɪd-] *n (indén)* alcool *m* à brûler.
meticulous [mɪ'tɪkjʊləs] *adj* méticuleux.
meticulously [mɪ'tɪkjʊləslɪ] *adv* méticuleusement.
me-too *adj MARKETING (produit, marque)* me-too *(imitant un produit leader sur le marché)*.
metre (UK), **meter (US)** ['miːtəʳ] *n* mètre *m*.
metric ['metrɪk] *adj* métrique.
metric system *n* • **the metric system** le système métrique.
metronome ['metrənəʊm] *n* métronome *m*.
metropolis [mɪ'trɒpəlɪs] (*pl* **-es**) *n* métropole *f*.
metropolitan [,metrə'pɒlɪtn] *adj* métropolitain.
Metropolitan Police *npl* • **the Metropolitan Police** la police de Londres.
metrosexual [,metrə'sekʃʊəl] *n* métrosexuel *m*. ❑ *adj* métrosexuel.
mettle ['metl] *n* • **to be on one's mettle** être d'attaque • **to show** *ou* **prove one's mettle** montrer ce dont on est capable.
mew [mjuː] = **miaow**.
mews [mjuːz] (*pl inv*) *n* **(UK)** ruelle *f*.
Mexican ['meksɪkn] *adj* mexicain. ❑ *n* Mexicain *m*, -e *f*.
Mexican wave *n* ola *f*.
Mexico ['meksɪkəʊ] *n* Mexique *m*.
mezzanine ['metsəniːn] *n* **1.** mezzanine *f (palier)* **2. (US)** *(au théâtre)* corbeille *f*.
mg (abrév de **milligram**) mg.
MI5 (abrév de **Military Intelligence 5**) *n service de contre-espionnage britannique*.
MI6 (abrév de **Military Intelligence 6**) *n service de renseignements britannique*.
miaow (UK) [miː'aʊ], **meow (US)** [mɪ'aʊ] *n* miaulement *m*, miaou *m*. ❑ *vi* miauler.
mice [maɪs] *npl* → **mouse**.
mickey ['mɪkɪ] *n* • **to take the mickey out of sb (UK)** *fam* se payer la tête de qqn, faire marcher qqn.

micro- ['maɪkrəʊ] *préf* micro-.
microbiologist [,maɪkrəʊbaɪ'ɒlədʒɪst] *n* microbiologiste *mf.*
microbiology [,maɪkrəʊbaɪ'ɒlədʒɪ] *n* microbiologie *f.*
microchip ['maɪkrəʊtʃɪp] *n INFORM* puce *f.*
microcomputer [,maɪkrəʊkəm'pju:tər] *n* micro-ordinateur *m.*
microcosm ['maɪkrəkɒzm] *n* microcosme *m.*
microcredit ['maɪkrəʊkredɪt] *n* microcrédit *m.*
microfilm ['maɪkrəʊfɪlm] *n* microfilm *m.*
microgreen (US) ['maɪkrəʊgri:n] *n* pousse *f* de salade, graine *f* germée.
microphone ['maɪkrəfəʊn] *n* microphone *m*, micro *m.*
microprocessor ['maɪkrəʊ,prəʊsesər] *n INFORM* microprocesseur *m.*
micro scooter *n* trottinette *f* pliante.
microscope ['maɪkrəskəʊp] *n* microscope *m.*
microscopic [,maɪkrə'skɒpɪk] *adj* microscopique.
microsurgery [,maɪkrə'sɜ:dʒərɪ] *n* microchirurgie *f.*
microwave ['maɪkrəweɪv] *n* **1.** *PHYS* micro-onde *f* **2.** = **microwave oven.** ❑ *vt* faire cuire au micro-ondes.
microwaveable ['maɪkrəʊ,weɪvəbl] *adj* micro-ondable.
microwave (oven) ['maɪkrəweɪv-] *n* (four *m* à) micro-ondes *m.*
mid- [mɪd] *préf* • **mid-height** mi-hauteur • **mid-morning** milieu de la matinée • **mid-winter** plein hiver.
midair [mɪd'eər] *adj* en plein ciel. ❑ *n* • **in midair** en plein ciel.
mid-Atlantic *adj (accent)* américanisé.
midday [mɪd'deɪ] *n* midi *m.*
middle ['mɪdl] *adj* du milieu, du centre. ❑ *n* **1.** milieu *m*, centre *m* • **in the middle (of)** au milieu (de) **2.** milieu *m* • **to be in the middle of doing sthg** être en train de faire qqch • **to be in the middle of a meeting** être en pleine réunion **3.** *ANAT* taille *f.*
middle-aged *adj* d'une cinquantaine d'années • **to be middle-aged** avoir une cinquantaine d'années.
Middle Ages *npl* • **the Middle Ages** le Moyen Âge.
middle-class *adj* bourgeois.
middle classes *npl* • **the middle classes** la bourgeoisie.
Middle East *n* • **the Middle East** le Moyen-Orient.
middle ground *n fig* terrain *m* neutre.
middleman ['mɪdlmæn] (*pl* **-men**) *n* intermédiaire *mf.*
middle management *n (indén)* cadres *mpl* moyens.
middle name *n* second prénom *m.*
middle-of-the-road *adj* modéré.
middle school ['mɪdl ,sku:l] *n* **(US)** *SCOL* collège *m* d'enseignement secondaire.
middleweight ['mɪdlweɪt] *n* poids *m* moyen.
middling ['mɪdlɪŋ] *adj* moyen.
Mideast [,mɪd'i:st] *n* **(US)** • **the Mideast** le Moyen-Orient.
midfield [,mɪd'fi:ld] *n FOOTBALL* milieu *m* de terrain.
midge [mɪdʒ] *n* moucheron *m.*
midget ['mɪdʒɪt] *n injur* nain *m*, -e *f.*
midi system, MIDI system ['mɪdɪ-] *n* **(UK)** chaîne *f* midi.
Midlands ['mɪdləndz] *npl* • **the Midlands** *les comtés du centre de l'Angleterre.*
midlife crisis *n* • **to have** *ou* **go through a midlife crisis** avoir du mal à passer le cap de la cinquantaine.
midnight ['mɪdnaɪt] *n* minuit *m.*
midriff ['mɪdrɪf] *n ANAT* diaphragme *m.*
midst [mɪdst] *n sout* **1.** • **in the midst of** au milieu de **2.** • **to be in the midst of doing sthg** être en train de faire qqch.
midsummer ['mɪd,sʌmər] *n* cœur *m* de l'été.
Midsummer Day *n* 24 juin.
midterm [mɪd'tɜ:m] *n* **1.** *SCOL & UNIV* milieu *m* du trimestre **2.** *MÉD* milieu *m (de grossesse).*
mid-term election *n* **(US)** élection *f* de mi-mandat.
midway [,mɪd'weɪ] *adv* **1.** • **midway (between)** à mi-chemin (entre) **2.** • **midway through the meeting** en pleine réunion.
midweek *adj* ['mɪdwi:k] du milieu de la semaine. ❑ *adv* [mɪd'wi:k] en milieu de semaine.
midwife ['mɪdwaɪf] (*pl* **-wives**) *n* sage-femme *f.*
midwifery ['mɪd,wɪfərɪ] *n* obstétrique *f.*
midwinter [,mɪd'wɪntər] *n* solstice *m* d'hiver • **in midwinter** au milieu de l'hiver.
miffed [mɪft] *adj fam* vexé.

might

■ **might** [maɪt] *aux modal*

1. EXPRIME UNE ÉVENTUALITÉ OU UNE PROBABILITÉ, AVEC UN FAIBLE DEGRÉ DE CERTITUDE

• **the criminal might be armed** il se pourrait que le criminel soit armé • **she might have got lost** il se pourrait qu'elle se soit perdue, elle s'est peut-être perdue

2. EXPRIME UN REPROCHE

• **you might at least say "thank you"** tu pourrais au moins dire « merci »

3. *sout* AU DISCOURS INDIRECT, EST L'ÉQUIVALENT DE « MAY »
• **he asked if he might leave the room** il demanda s'il pouvait sortir de la pièce

■ **might** [maɪt] *n*
(indén) force • **with all one's might** de toutes ses forces

À PROPOS DE

might

May et ***might*** servent tous deux à exprimer une possibilité réelle. Mais, si l'on utilise ***might***, le degré d'incertitude est plus grand. Comparez par exemple ***you may be right but I'll have to check*** et ***if you phone now, you might catch him in his office***.

mightily ['maɪtɪlɪ] *adv* **1.** avec vigueur, vigoureusement **2.** extrêmement.
mightn't ['maɪtənt] = **might not**.
mighty ['maɪtɪ] *adj* puissant. ❑ *adv* **(US)** *fam* drôlement, vachement.
migraine ['miːɡreɪn *ou* 'maɪɡreɪn] *n* migraine *f*.
migrant ['maɪɡrənt] *adj* migrateur. ❑ *n* **1.** *(oiseau)* migrateur *m* **2.** *(personne)* émigré *m*, -e *f* migrant *m*, -e *f*.
migrant worker *n* **1.** travailleur *m* saisonnier, travailleuse saisonnière *f* **2.** travailleur *m* immigré, travailleuse immigrée *f*.
migrate [**(UK)** maɪ'ɡreɪt, **(US)** 'maɪɡreɪt] *vi* **1.** *(oiseau)* migrer **2.** *(personne)* émigrer.
migration [maɪ'ɡreɪʃn] *n* migration *f*.
migration crisis *n* crise *f* migratoire.
mike [maɪk] (abrév de **microphone**) *n* *fam* micro *m*.
mild [maɪld] *adj* **1.** léger **2.** doux **3.** MÉD bénin.
mildew ['mɪldjuː] *n* *(indén)* moisissure *f*.
mildly ['maɪldlɪ] *adv* **1.** doucement • **that's putting it mildly** c'est le moins qu'on puisse dire **2.** légèrement **3.** un peu.
mild-mannered *adj* mesuré, calme.
mile [maɪl] *n* **1.** mile *m* **2.** NAUT mille *m* • **to be miles away** *fig* être très loin.
mileage ['maɪlɪdʒ] *n* distance *f* en miles ; ≃ kilométrage *m*.
mil(e)ometer [maɪ'lɒmɪtəʳ] *n* **(UK)** compteur *m* de miles ; ≃ compteur kilométrique.
milestone ['maɪlstəʊn] *n* **1.** borne *f* **2.** *fig* événement *m* marquant *ou* important.
militant ['mɪlɪtənt] *adj* militant. ❑ *n* militant *m*, -e *f*.
military ['mɪlɪtrɪ] *adj* militaire. ❑ *n* • **the military** les militaires *mpl*, l'armée *f*.
militia [mɪ'lɪʃə] *n* milice *f*.
milk [mɪlk] *n* lait *m* • **a glass of milk** un verre de lait. ❑ *vt* **1.** traire **2.** *fig* exploiter **3.** faire durer • **to milk the applause** faire durer les applaudissements.
milk chocolate *n* chocolat *m* au lait.
milkman ['mɪlkmən] (*pl* **-men**) *n* laitier *m*, -ère *f*.
milk round *n* **(UK)** tournée *f* du laitier.
milk shake *n* milk-shake *m*.
milky ['mɪlkɪ] *adj* **1.** *(café)* avec beaucoup de lait **2.** laiteux.
Milky Way *n* • **the Milky Way** la Voie lactée.
mill [mɪl] *n* **1.** moulin *m* **2.** usine *f*. ❑ *vt* moudre.
■ **mill about, mill around** *vi* grouiller.
millennium [mɪ'lenɪəm] (*pl* **millennia** [mɪ'lenɪə]) *n* millénaire *m*.
miller ['mɪləʳ] *n* meunier *m*, -ère *f*.
millet ['mɪlɪt] *n* millet *m*.
milli- ['mɪlɪ] *préf* milli-.
milligram, milligramme (UK) ['mɪlɪɡræm] *n* milligramme *m*.
millilitre (UK), milliliter (US) ['mɪlɪˌliːtəʳ] *n* millilitre *m*.
millimetre (UK), millimeter (US) ['mɪlɪˌmiːtəʳ] *n* millimètre *m*.
millinery ['mɪlɪnrɪ] *n* chapellerie *f* féminine.
million ['mɪljən] *n* million *m*.
millionaire [ˌmɪljə'neəʳ] *n* millionnaire *mf*.
millionairess [ˌmɪljə'neərɪs] *n* *vieilli* millionnaire *f*.
million-selling *adj* • **a million-selling album** un album qui s'est vendu à plus d'un million d'exemplaires.
millionth ['mɪljənθ] *num* millionième. ❑ *n* **1.** *(nombre ordinal)* millionième *mf* **2.** *(fraction)* millionième *m*.
millstone ['mɪlstəʊn] *n* meule *f*.
mime [maɪm] *n* mime *m*. ❑ *vt & vi* mimer.
mimic ['mɪmɪk] *n* imitateur *m*, -trice *f*. ❑ *vt* (*prét & pp* **mimicked**, *cont* **mimicking**) imiter.
mimicry ['mɪmɪkrɪ] *n* imitation *f*.
min. [mɪn] **1.** (abrév de **minute**) mn, min **2.** (abrév de **minimum**) min.
mince [mɪns] *n* **(UK)** viande *f* hachée. ❑ *vt* **(UK)** hacher. ❑ *vi* marcher à petits pas maniérés.
mincemeat ['mɪnsmiːt] *n* **1.** *mélange de pommes, raisins secs et épices utilisé en pâtisserie* **2. (UK)** viande *f* hachée.
mince pie *n* tartelette *f* de Noël.
mincer ['mɪnsəʳ] *n* **(UK)** hachoir *m*.
mind [maɪnd] *n* **1.** esprit *m* • **state of mind** état d'esprit • **to bear sthg in mind** ne pas oublier qqch • **to come into/cross sb's mind** venir à/traverser l'esprit de qqn • **to have sthg on one's mind** avoir l'esprit préoccupé, être préoccupé par qqch • **to keep an open mind** réserver son jugement • **to have sthg in mind** avoir qqch dans l'idée • **to have a mind to do sthg** avoir bien envie de faire qqch • **to make one's mind up** se décider **2.** • **to put one's mind to sthg** s'appliquer à qqch • **to keep one's mind on sthg** se concentrer sur qqch **3.** • **to change one's mind** changer d'avis • **to my mind** à mon

avis • **to speak one's mind** parler franchement • **to be in** (UK) *ou* **of** (US) **two minds (about sthg)** se tâter *ou* être indécis (à propos de qqch) **4.** *(personne)* cerveau *m*. ❑ *vi* • **I don't mind** ça m'est égal • **I hope you don't mind** j'espère que vous n'y voyez pas d'inconvénient • **do you mind! a)** *iron* vous permettez ? **b)** non mais ! • **never mind a)** ne t'en fais pas **b)** ça ne fait rien. ❑ *vt* **1.** • **I wouldn't mind a beer** je prendrais bien une bière **2.** (surtout UK) faire attention à, prendre garde à **3.** (surtout UK) garder, surveiller ; tenir *(un magasin)*. ■ **mind you** *adv* remarquez.

mind-altering [-'ɒltərɪŋ] *adj* psychotrope.

mind-boggling *adj* extraordinaire, stupéfiant.

minder ['maɪndəʳ] *n* (UK) *fam* ange *m* gardien.

mindful ['maɪndfʊl] *adj* • **mindful of a)** attentif à **b)** soucieux de.

mindless ['maɪndlɪs] *adj* stupide, idiot.

mind-numbing [-nʌmɪŋ] *adj* abrutissant.

mind reader *n* • **I'm not a mind reader** *hum* je ne suis pas devin.

mindset ['maɪndset] *n* façon *f* de voir les choses.

mind's eye *n* • **in my mind's eye** dans mon imagination.

mine[1] [maɪn] *pron poss* le mien, la mienne, les miens, les miennes • **that money is mine** cet argent est à moi • **it wasn't your fault, it was mine** ce n'était pas de votre faute, c'était de la mienne *ou* de ma faute à moi • **a friend of mine** un ami à moi, un de mes amis.

mine[2] [maɪn] *n* mine *f*. ❑ *vt* **1.** extraire *(du charbon, de l'or)* **2.** miner.

minefield ['maɪnfi:ld] *n* **1.** champ *m* de mines **2.** *fig* situation *f* explosive.

miner ['maɪnəʳ] *n* mineur *m*, -euse *f*.

mineral ['mɪnərəl] *adj* minéral. ❑ *n* minéral *m*.

mineral water *n* eau *f* minérale.

minesweeper ['maɪn,swi:pəʳ] *n* dragueur *m* de mines.

minging ['mɪŋɪŋ] *adj* (UK) *tfam* horrible.

mingle ['mɪŋgl] *vi* • **to mingle (with) a)** se mélanger (à) *(des sons, des parfums)* **b)** se mêler (à) *(des gens)*.

mini- ['mɪnɪ] *préf* mini-.

miniature ['mɪnətʃəʳ] *adj* miniature. ❑ *n* **1.** miniature *f* **2.** bouteille *f* miniature.

minibar ['mɪnɪbɑ:ʳ] *n* minibar *m*.

mini-break *n* mini-séjour *m*.

minibus ['mɪnɪbʌs] *(pl* **-es***)* *n* minibus *m*.

minicab ['mɪnɪkæb] *n* (UK) radiotaxi *m*.

minicam ['mɪnɪkæm] *n* caméra *f* de télévision miniature.

mini-cruise *n* mini-croisière *f*.

MiniDisc® player *n* lecteur de MiniDiscs® *m*.

minigolf ['mɪnɪgɒlf] *n* minigolf *m*.

minikini ['mɪnɪki:nɪ] *n* minikini *m*.

minimal ['mɪnɪml] *adj* **1.** insignifiant **2.** minime.

minimalism ['mɪnɪməlɪzm] *n* minimalisme *m*.

minimalist ['mɪnɪməlɪst] *n* minimaliste *mf*.

minimize, -ise (UK) ['mɪnɪ,maɪz] *vt* INFORM minimiser.

minimum ['mɪnɪməm] *adj* minimum *(inv)*.

minimum charge *n* tarif *m* minimum.

minimum day ['mɪnɪməm ,deɪ] *n* (US) SCOL *journée où les cours sont réduits, ce qui permet aux professeurs de participer à des réunions de travail*.

minimum wage *n* salaire *m* minimum.

mining ['maɪnɪŋ] *n* exploitation *f* minière. ❑ *adj* minier.

minion ['mɪnjən] *n* larbin *m*, laquais *m*.

miniroundabout [mɪnɪ'raʊndəbaʊt] *n* (UK) petit rond-point *m*.

miniskirt ['mɪnɪskɜ:t] *n* minijupe *f*.

minister ['mɪnɪstəʳ] *n* **1.** POLIT ministre *m* • **minister without portfolio** ministre *m* sans portefeuille **2.** RELIG pasteur *m*. ■ **minister to** *vt insép* **1.** donner *ou* prodiguer ses soins à **2.** pourvoir à.

ministerial [,mɪnɪ'stɪərɪəl] *adj* ministériel • **ministerial responsibility** responsabilité *f* ministérielle.

minister of state *n* (UK) secrétaire *mf* d'État.

ministry ['mɪnɪstrɪ] *n* **1.** POLIT ministère *m* **2.** RELIG • **the ministry** le saint ministère.

minivan ['mɪnɪvæn] *n* fourgonnette *f*.

mink [mɪŋk] *(pl inv)* *n* vison *m*.

minnow ['mɪnəʊ] *n* vairon *m*.

minor ['maɪnəʳ] *adj* **1.** mineur **2.** petit **3.** secondaire. ❑ *n* mineur *m*, -e *f*.

minority [maɪ'nɒrətɪ] *n* minorité *f* • **to be in a minority** être en minorité.

mint [mɪnt] *n* **1.** menthe *f* **2.** bonbon *m* à la menthe **3.** • **the Mint** l'hôtel de la Monnaie • **in mint condition** en parfait état. ❑ *vt* battre *(des pièces de monnaie)*.

minted ['mɪntɪd] *adj* (UK) *fam* plein aux as, bourré de fric.

minus ['maɪnəs] *prép* moins. ❑ *adj* négatif. ❑ *n* *(pl* **-es***)* **1.** MATH signe *m* moins **2.** handicap *m*.

minuscule ['mɪnəskju:l] *adj* minuscule.

minus sign *n* signe *m* moins.

minute[1] ['mɪnɪt] *n* minute *f* • **at any minute** à tout moment, d'une minute à l'autre • **stop that this minute!** arrête tout de suite *ou* immédiatement ! ❑ *adj* • **up-to-the-minute** de dernière heure. ■ **minutes** *npl* **1.** procès-verbal *m* **2.** compte rendu *m*.

minute[2] [maɪ'nju:t] *adj* minuscule.

miracle ['mɪrəkl] *n* miracle *m*.

miraculous [mɪ'rækjʊləs] *adj* miraculeux.

miraculously [mɪ'rækjʊləslɪ] *adv* miraculeusement, par miracle.

mirage [mɪ'rɑːʒ] *n litt & fig* mirage *m*.

mire [maɪəʳ] *n* fange *f*, boue *f*.

mirror ['mɪrəʳ] *n* **1.** miroir *m*, glace *f* **2.** INFORM site *m* miroir. ❑ *vt* **1.** refléter **2.** INFORM donner un site miroir à.

mirrorball ['mɪrəbɔːl] *n* boule *f* à facettes.

mirrored ['mɪrəd] *adj (plafond)* couvert de miroirs • **mirrored glasses** lunettes *fpl* métallisées.

mirror image *n* image *f* inversée.

mirror will *n* testament *m* miroir.

mirth [mɜːθ] *n littéraire* hilarité *f*, gaieté *f*.

misadventure [ˌmɪsəd'ventʃəʳ] *n* (UK) DR • **death by misadventure** mort *f* accidentelle.

misaligned [ˌmɪsə'laɪnd] *adj* mal aligné.

misanthropist [mɪ'sænθrəpɪst] *n* misanthrope *mf*.

misapprehension ['mɪsˌæprɪ'henʃn] *n* idée *f* fausse.

misappropriation ['mɪsəˌprəʊprɪ'eɪʃn] *n* détournement *m*.

misbehave [ˌmɪsbɪ'heɪv] *vi* se conduire mal • **stop misbehaving!** sois sage ! ❑ *vt* • **to misbehave oneself** se conduire mal.

miscalculate [ˌmɪs'kælkjʊleɪt] *vt* mal calculer. ❑ *vi* se tromper.

miscalculation [ˌmɪskælkjʊ'leɪʃn] *n* mauvais calcul *m*, erreur *f* de calcul.

miscarriage [ˌmɪs'kærɪdʒ] *n* fausse couche *f* • **to have a miscarriage** faire une fausse couche.

miscarriage of justice *n* erreur *f* judiciaire.

miscarry [ˌmɪs'kærɪ] (*prét & pp* **miscarried**) *vi* **1.** faire une fausse couche **2.** échouer.

miscellaneous [ˌmɪsə'leɪnjəs] *adj* varié, divers.

mischief ['mɪstʃɪf] *n (indén)* **1.** malice *f*, espièglerie *f* **2.** sottises *fpl*, bêtises *fpl* **3.** dégât *m*.

mischievous ['mɪstʃɪvəs] *adj* **1.** malicieux **2.** espiègle, coquin.

mischievously ['mɪstʃɪvəslɪ] *adv* **1.** malicieusement **2.** méchamment, avec malveillance.

misconceived [ˌmɪskən'siːvd] *adj (idée, plan)* mal conçu.

misconception [ˌmɪskən'sepʃn] *n* idée *f* fausse.

misconduct [ˌmɪs'kɒndʌkt] *n* inconduite *f*.

misconstrue [ˌmɪskən'struː] *vt sout* mal interpréter.

miscount [ˌmɪs'kaʊnt] *vt & vi* mal compter.

misdeed [ˌmɪs'diːd] *n sout* méfait *m*.

misdemeanour (UK), **misdemeanor** (US) [ˌmɪsdɪ'miːnəʳ] *n* délit *m*.

misdirected [ˌmɪsdɪ'rektɪd] *adj* **1.** *(letttre)* mal adressé **2.** *(efforts, énergie)* mal dirigé.

miser ['maɪzəʳ] *n* avare *mf*.

miserable ['mɪzrəbl] *adj* **1.** malheureux, triste • **to look miserable** avoir l'air malheureux **2.** misérable **3.** dérisoire **4.** maussade **5.** pitoyable, lamentable.

miserably ['mɪzrəblɪ] *adv* **1.** *(pleurer)* pitoyablement **2.** *(vivre)* misérablement **3.** *(échouer)* pitoyablement, lamentablement.

miserly ['maɪzəlɪ] *adj* avare.

misery ['mɪzərɪ] *n* **1.** tristesse *f* **2.** misère *f*.

misery-guts *n fam* rabat-joie *m*.

misfire [ˌmɪs'faɪəʳ] *vi* rater ou manquer son coup.

misfit ['mɪsfɪt] *n* inadapté *m*, -e *f*.

misfortune [mɪs'fɔtʃuːn] *n* **1.** malchance *f* **2.** malheur *m*.

misgivings [mɪs'gɪvɪŋz] *npl* craintes *fpl*, doutes *mpl* • **to have misgivings about** avoir des doutes quant à, douter de.

misguided [ˌmɪs'gaɪdɪd] *adj* **1.** malavisé **2.** malencontreux **3.** peu judicieux.

mishandle [ˌmɪs'hændl] *vt* **1.** manier sans précaution **2.** mal mener *(des négociations)* **3.** mal gérer *(une affaire)*.

mishap ['mɪshæp] *n* mésaventure *f*.

mishear [ˌmɪs'hɪəʳ] (*prét & pp* **misheard** [-'hɜːd]) *vt & vi* mal entendre.

mishit *vt* [ˌmɪs'hɪt] (*prét & pp* **mishit**) SPORT *(balle)* mal frapper. ❑ *vi* [ˌmɪs'hɪt] (*prét & pp* **mishit**) mal frapper la balle. ❑ *n* ['mɪshɪt] mauvais coup *m*, coup *m* manqué.

mishmash ['mɪʃmæʃ] *n fam* méli-mélo *m*.

misinform [ˌmɪsɪn'fɔːm] *vt* mal renseigner, mal informer.

misinterpret [ˌmɪsɪn'tɜːprɪt] *vt* mal interpréter.

misjudge [ˌmɪs'dʒʌdʒ] *vt* **1.** mal évaluer **2.** méjuger, se méprendre sur.

miskey *n* ['mɪskiː] faute *f* de frappe. ❑ *vt* [ˌmɪs'kiː] ne pas taper correctement.

mislay [ˌmɪs'leɪ] (*prét & pp* **mislaid** [-'leɪd]) *vt* égarer.

mislead [ˌmɪs'liːd] (*prét & pp* **misled**) *vt* induire en erreur.

misleading [ˌmɪs'liːdɪŋ] *adj* trompeur.

misled [ˌmɪs'led] *passé & pp* → **mislead**.

mismanage [ˌmɪs'mænɪdʒ] *vt* mal gérer, mal administrer.

mismatch [ˌmɪs'mætʃ] *vt* • **to be mismatched** être mal assorti.

misnomer [ˌmɪs'nəʊməʳ] *n* nom *m* mal approprié.

misogynistic [mɪ'sɒdʒɪnɪstɪk], **misogynous** [mɪ'sɒdʒɪnəs] *adj* misogyne.

misplace [ˌmɪs'pleɪs] *vt* égarer.

misplaced [ˌmɪs'pleɪst] *adj* mal placé, déplacé.

misprint ['mɪsprɪnt] *n* TYPO faute *f* d'impression.

mispronounce [ˌmɪsprəˈnaʊns] *vt* mal prononcer.
mispronunciation [ˈmɪsprəˌnʌnsɪˈeɪʃn] *n* faute *f* de prononciation.
misquote [ˌmɪsˈkwəʊt] *vt* citer de façon inexacte.
misread [ˌmɪsˈriːd] (*prét & pp* **misread** [-ˈred]) *vt* **1.** mal lire **2.** mal interpréter.
misreport [ˌmɪsrɪˈpɔːt] *n* rapport *m* inexact. ❏ *vt* rapporter inexactement.
misrepresent [ˈmɪsˌreprɪˈzent] *vt* dénaturer.
misrepresentation [ˈmɪsˌreprɪzenˈteɪʃn] *n* **1.** *(indén)* mauvaise interprétation *f* **2.** déformation *f*.
miss [mɪs] *vt* **1.** rater, manquer **2.** • **I miss my family/her** ma famille/elle me manque **3.** échapper à • **I just missed being run over** j'ai failli me faire écraser **4.** manquer de • **I'm missing two books from my collection** il me manque deux livres dans ma collection, deux livres de ma collection ont disparu. ❏ *vi* rater *ou* manquer son coup. ❏ *n* • **to give school a miss (UK)** *fam* ne pas aller à l'école. ■ **miss out** *vt sép* **(UK) 1.** oublier **2.** omettre. ❏ *vi* • **to miss out on sthg** ne pas pouvoir profiter de qqch.
Miss [mɪs] *n* Mademoiselle *f*.
misshapen [ˌmɪsˈʃeɪpn] *adj* difforme.
missile [(UK) ˈmɪsaɪl, (US) ˈmɪsəl] *n* **1.** missile *m* **2.** projectile *m*.
missing [ˈmɪsɪŋ] *adj* **1.** perdu, égaré **2.** manquant, qui manque.
missing link *n* maillon *m* qui manque à la chaîne.
missing person *n* personne *f* disparue.
mission [ˈmɪʃn] *n* mission *f*.
missionary [ˈmɪʃənrɪ] *n* missionnaire *mf*.
mission statement *n* ordre *m* de mission.
misspell [ˌmɪsˈspel] ((UK) *prét & pp* **misspelt** *ou* **misspelled**) *vt* mal orthographier.
misspelling [ˌmɪsˈspelɪŋ] *n* faute *f* d'orthographe.
misspend [ˌmɪsˈspend] (*prét & pp* **misspent** [-ˈspent]) *vt* gaspiller.
mis-suit [ˌmɪsˈsjuːt] *vt littéraire* convenir mal à.
mist [mɪst] *n* brume *f*. ■ **mist over, mist up** *vi* s'embuer.
mistake [mɪˈsteɪk] *n* erreur *f* • **by mistake** par erreur • **to make a mistake** faire une erreur, se tromper. ❏ *vt* (*prét* **mistook**, *pp* **mistaken**) **1.** mal comprendre **2.** se méprendre sur **3.** • **to mistake sb/sthg for** prendre qqn/qqch pour, confondre qqn/qqch avec.
mistaken [mɪˈsteɪkn] *pp* → **mistake**. ❏ *adj* **1.** • **to be mistaken (about)** se tromper (en ce qui concerne *ou* sur) **2.** erroné, faux, fausse *f*.
mistaken identity *n* • **a case of mistaken identity** une erreur sur la personne.
mistakenly [mɪsˈteɪknlɪ] *adv* par erreur.
mister [ˈmɪstəʳ] *n fam* monsieur *m*. ■ **Mister** *n* Monsieur *m*.
mistime [ˌmɪsˈtaɪm] *vt* **1.** mal calculer *(coup, tir)* **2.** faire au mauvais moment *(annonce)*.
mistletoe [ˈmɪsltəʊ] *n* gui *m*.
mistook [mɪˈstʊk] *passé* → **mistake**.
mistranslate [ˌmɪstrænsˈleɪt] *vt* mal traduire. ❏ *vi* faire des contresens.
mistranslation [ˌmɪstrænsˈleɪʃn] *n* erreur *f* de traduction.
mistreat [ˌmɪsˈtriːt] *vt* maltraiter.
mistreatment [ˌmɪsˈtriːtmənt] *n* mauvais traitement *m*.
mistress [ˈmɪstrɪs] *n* maîtresse *f*.
mistrust [ˌmɪsˈtrʌst] *n* méfiance *f*. ❏ *vt* se méfier de.
mistrustful [ˌmɪsˈtrʌstfʊl] *adj* • **mistrustful (of)** méfiant (à l'égard de).
misty [ˈmɪstɪ] *adj* brumeux.
misunderstand [ˌmɪsʌndəˈstænd] (*prét & pp* **misunderstood**) *vt & vi* mal comprendre.
misunderstanding [ˌmɪsʌndəˈstændɪŋ] *n* malentendu *m*.
misunderstood [ˌmɪsʌndəˈstʊd] *passé & pp* → **misunderstand**.
misuse *n* [ˌmɪsˈjuːs] **1.** mauvais emploi *m* **2.** abus *m (de pouvoir)* **3.** détournement *m (de fonds)*. ❏ *vt* [ˌmɪsˈjuːz] **1.** mal employer **2.** abuser de **3.** détourner.
miter (US) = **mitre**.
mitigate [ˈmɪtɪgeɪt] *vt* atténuer, mitiger.
mitigating [ˈmɪtɪgeɪtɪŋ] *adj* • **mitigating circumstances** circonstances *fpl* atténuantes.
mitre (UK), miter (US) [ˈmaɪtəʳ] *n* **1.** mitre *f* **2.** onglet *m*.
mitt [mɪt] *n* **1.** *fam* = **mitten 2.** gant *m* de baseball.
mitten [ˈmɪtn] *n* moufle *f*.
mix [mɪks] *vt* **1.** mélanger **2.** • **to mix sthg with sthg** combiner *ou* associer qqch et qqch **3.** préparer *(un cocktail)* **4.** malaxer *(du ciment)*. ❏ *vi* **1.** se mélanger **2.** • **to mix with** fréquenter. ❏ *n* **1.** mélange *m* **2.** MUS mixage *m*. ■ **mix up** *vt sép* **1.** confondre **2.** mélanger.
mix-and-match *adj (vêtements)* que l'on peut coordonner à volonté.
mixed [mɪkst] *adj* **1.** *(bonbons)* assortis • **mixed leaves** mesclun *m* **2.** *(école)* mixte **3.** • **to give out mixed messages** dire des choses contradictoires.
mixed-ability *adj* **(UK)** tous niveaux confondus.
mixed blessing *n quelque chose qui a du bon et du mauvais*.
mixed doubles *n* SPORT double *m* mixte.
mixed grill *n* **(UK)** assortiment *m* de grillades.
mixed marriage *n* mariage *m* mixte.

mixed up *adj* **1.** qui ne sait plus où il/elle en est, paumé **2.** embrouillé **3.** • **to be mixed up in sthg** être mêlé à qqch.

mixer ['mɪksəʳ] *n* mixer *m*.

mixologist [mɪk'sɒlədʒɪst] *n barman spécialisé dans les cocktails*.

mixture ['mɪkstʃəʳ] *n* **1.** mélange *m* **2.** *MÉD* préparation *f*.

mix-up *n fam* confusion *f* • **there's been a mix-up** il y a eu une confusion.

ml (abrév de millilitre) ml.

mm (abrév de millimetre) mm.

moan [məʊn] *n* gémissement *m*. ❑ *vi* **1.** gémir **2.** *fam* • **to moan (about)** rouspéter *ou* râler (à propos de).

moaner ['məʊnəʳ] *n fam* grognon *m*, -onne *f*, râleur *m*, -euse *f*.

moaning ['məʊnɪŋ] *n (indén)* plaintes *fpl*, jérémiades *fpl*.

moat [məʊt] *n* douves *fpl*.

mob [mɒb] *n* foule *f*. ❑ *vt* assaillir.

mobile ['məʊbaɪl] *adj* **1.** mobile **2.** motorisé. ❑ *n* **1.** **(UK)** téléphone *m* portable **2.** mobile *m*.

mobile home *n* auto-caravane *f*, mobil-home *m*.

mobile phone *n* **(surtout UK)** téléphone *m* portable.

mobility [mə'bɪlətɪ] *n* mobilité *f*.

mobilize, **-ise (UK)** ['məʊbɪlaɪz] *vt & vi* mobiliser.

mochaccino [mɒkə'tʃiːnəʊ] *n* mochaccino *m*.

mock [mɒk] *adj* faux, fausse *f* • **mock exam (UK)** examen blanc. ❑ *vt* se moquer de. ❑ *vi* se moquer.

mockery ['mɒkərɪ] *n* moquerie *f*.

mocking ['mɒkɪŋ] *adj* moqueur.

mod cons [ˌmɒd-] (abrév de modern conveniences) *npl* **(UK)** *fam* • **all mod cons** tout confort, tt conf.

mode [məʊd] *n (façon, manière)* mode *m*.

model ['mɒdl] *n* **1.** modèle *m* **2.** mannequin *m*. ❑ *adj* **1.** modèle **2.** (en) modèle réduit. ❑ *vt* (**(UK)** *prét & pp* **modelled**, *cont* **modelling**, **(US)** *prét & pp* **modeled**, *cont* **modeling**) **1.** modeler **2.** • **to model a dress** présenter un modèle de robe **3.** • **to model o.s. on sb** prendre modèle *ou* exemple sur qqn, se modeler sur qqn. ❑ *vi* (**(UK)** *prét & pp* **modelled**, *cont* **modelling**, **(US)** *prét & pp* **modeled**, *cont* **modeling**) être mannequin.

modem ['məʊdem] *n* modem *m*.

moderate *adj* ['mɒdərət] modéré. ❑ *n* ['mɒdərət] *POLIT* modéré *m*, -e *f*. ❑ *vt* ['mɒdəreɪt] modérer. ❑ *vi* ['mɒdəreɪt] se modérer.

moderately ['mɒdərətlɪ] *adv* pas très, plus ou moins.

moderation [ˌmɒdə'reɪʃn] *n* modération *f* • **in moderation** avec modération.

modern ['mɒdən] *adj* moderne • **modern dance** *HIST* modern dance *f*.

modern art *n* art *m* moderne.

modernize, **-ise (UK)** ['mɒdənaɪz] *vt* moderniser. ❑ *vi* se moderniser.

modern languages *npl* langues *fpl* vivantes.

modest ['mɒdɪst] *adj* modeste.

modestly ['mɒdɪstlɪ] *adv* modestement.

modesty ['mɒdɪstɪ] *n* modestie *f*.

modicum ['mɒdɪkəm] *n* minimum *m*.

modify ['mɒdɪfaɪ] *vt* modifier.

modular ['mɒdjʊləʳ] *adj* modulaire.

module ['mɒdjuːl] *n* module *m*.

mogul ['məʊgl] *n fig* magnat *m*.

mohair ['məʊheəʳ] *n* mohair *m*.

moist [mɔɪst] *adj* **1.** humide **2.** *(gâteau)* moelleux.

moisten ['mɔɪsn] *vt* humecter.

moisture ['mɔɪstʃəʳ] *n* humidité *f*.

moisturize, **-ise (UK)** ['mɔɪstʃəraɪz] *vt* hydrater.

moisturizer, **-iser (UK)** ['mɔɪstʃəraɪzəʳ] *n* crème *f* hydratante, lait *m* hydratant.

mojo ['məʊdʒəʊ] *n* **(US)** *fam* peps *m (énergie)*.

molar ['məʊləʳ] *n* molaire *f*.

molasses [mə'læsɪz] *n (indén)* mélasse *f*.

mold *etc* **(US)** = **mould**.

molding *etc* **(US)** = **moulding**.

moldy *etc* **(US)** = **mouldy**.

mole [məʊl] *n* **1.** taupe *f* **2.** grain *m* de beauté.

molecular [mə'lekjʊləʳ] *adj* moléculaire.

molecule ['mɒlɪkjuːl] *n* molécule *f*.

molest [mə'lest] *vt* **1.** attenter à la pudeur de **2.** importuner, agresser.

mollusc (UK), **mollusk (US)** ['mɒləsk] *n* mollusque *m*.

mollycoddle ['mɒlɪˌkɒdl] *vt fam* chouchouter.

molt (US) = **moult**.

molten ['məʊltn] *adj* en fusion.

mom [mɒm] *n* **(US)** *fam* maman *f*.

momager ['mɒmədʒəʳ] *n mère qui gère la carrière de son enfant artiste ou sportif*.

moment ['məʊmənt] *n* moment *m*, instant *m* • **at any moment** d'un moment à l'autre • **at the moment** en ce moment • **her moment of glory** son heure de gloire • **one of the worst moments of my life** un des pires moments de ma vie.

momentarily ['məʊməntərɪlɪ] *adv* **1.** momentanément **2.** **(US)** très bientôt.

momentary ['məʊməntrɪ] *adj* momentané, passager.

momentous [mə'mentəs] *adj* capital, très important.

momentum [mə'mentəm] *n (indén)* **1.** *PHYS* moment *m* **2.** *fig* vitesse *f* • **to gather momentum** prendre de la vitesse.

momma ['mɒmə], **mommy** ['mɒmɪ] *n* **(US)** *fam* maman *f.*

Mon. (abrév de Monday) lun.

Monaco ['mɒnəkəʊ] *n* Monaco.

monarch ['mɒnək] *n* monarque *m.*

monarchy ['mɒnəkɪ] *n* monarchie *f.*

monastery ['mɒnəstrɪ] *n* monastère *m.*

Monday ['mʌndɪ] *n* lundi *m.* Voir aussi **Saturday**.

monetary ['mʌnɪtrɪ] *adj* monétaire.

money ['mʌnɪ] *n* argent *m* • **to make money** gagner de l'argent • **to get one's money's worth** en avoir pour son argent • **to throw money at sthg** investir massivement dans qqch.

money-back guarantee *n* garantie *f* de remboursement.

moneybox ['mʌnɪbɒks] *n* **(UK)** tirelire *f.*

money-grubbing [-ˌgrʌbɪŋ] *fam* & *péj n* radinerie *f.* ❑ *adj* radin.

moneylender ['mʌnɪˌlendəʳ] *n* prêteur *m,* -euse *f* sur gages.

moneymaker ['mʌnɪˌmeɪkəʳ] *n* affaire *f* lucrative.

moneymaking ['mʌnɪˌmeɪkɪŋ] *adj* lucratif.

money order *n* mandat *m* postal.

money-spinner [-ˌspɪnəʳ] *n* **(surtout UK)** *fam* mine *f* d'or.

mongol ['mɒŋgəl] *vieilli* & *injur n* mongolien *m,* -enne *f.*

Mongolia [mɒŋ'gəʊlɪə] *n* Mongolie *f.*

mongrel ['mʌŋgrəl] *n (chien)* bâtard *m.*

monitor ['mɒnɪtəʳ] *n* INFORM & MÉD moniteur *m.* ❑ *vt* **1.** contrôler, suivre de près **2.** RADIO être à l'écoute de.

monk [mʌŋk] *n* moine *m.*

monkey ['mʌŋkɪ] (*pl* **-s**) *n* singe *m.*

monkey bars *n* **(US)** cage *f* d'écureuil.

monkey nut *n* **(UK)** cacahuète *f.*

monkey wrench *n* clef *f* à molette.

monochrome ['mɒnəkrəʊm] *adj* monochrome.

monocle ['mɒnəkl] *n* monocle *m.*

monogamous [mɒ'nɒgəməs] *adj* monogame.

monogamy [mɒ'nɒgəmɪ] *n* monogamie *f.*

monolingual [ˌmɒnə'lɪŋgwəl] *adj* monolingue.

monologue, **monolog (US)** ['mɒnəlɒg] *n* monologue *m.*

monopolize, **-ise (UK)** [mə'nɒpəlaɪz] *vt* monopoliser.

monopoly [mə'nɒpəlɪ] *n* • **monopoly (on** *ou* **of)** monopole *m* (de).

monosyllabic [ˌmɒnəsɪ'læbɪk] *adj* monosyllabique.

monotone ['mɒnətəʊn] *n* ton *m* monocorde.

monotonous [mə'nɒtənəs] *adj* monotone.

monotony [mə'nɒtənɪ] *n* monotonie *f.*

monsoon [mɒn'su:n] *n* mousson *f.*

monster ['mɒnstəʳ] *n* **1.** monstre *m* **2.** colosse *m.*

monstrosity [mɒn'strɒsətɪ] *n* monstruosité *f.*

monstrous ['mɒnstrəs] *adj* monstrueux.

Mont Blanc [ˌmɔ̃'blɑ̃] *n* le mont Blanc.

month [mʌnθ] *n* mois *m.*

monthly ['mʌnθlɪ] *adj* mensuel. ❑ *adv* mensuellement. ❑ *n* PRESSE mensuel *m.*

Montreal [ˌmɒntrɪ'ɔl] *n* Montréal.

monument ['mɒnjʊmənt] *n* monument *m* • **an ancient monument** un monument ancien.

monumental [ˌmɒnjʊ'mentl] *adj* monumental.

moo [mu:] *n* (*pl* **-s**) meuglement *m,* beuglement *m.* ❑ *vi* meugler, beugler.

mood [mu:d] *n* humeur *f* • **to be in a good/bad mood** être de bonne/mauvaise humeur.

mood elevator *n (substance)* stimulant *m.*

moodiness ['mu:dɪnɪs] *n* **1.** humeur *f* maussade, maussaderie *f* **2.** humeur *f* changeante.

mood swing *n* saute *f* d'humeur.

moody ['mu:dɪ] *adj péj* **1.** lunatique **2.** de mauvaise humeur, mal luné.

moon [mu:n] *n* lune *f.*

moonlight ['mu:nlaɪt] *n* clair *m* de lune. ❑ *vi* (*prét* & *pp* **moonlighted**) travailler au noir.

moonlighting ['mu:nlaɪtɪŋ] *n (indén)* travail *m* au noir.

moonlit ['mu:nlɪt] *adj (paysage)* éclairé par la lune • **a moonlit night** une nuit de lune.

moor [mɔʳ] *n* lande *f.* ❑ *vt* amarrer. ❑ *vi* NAUT mouiller.

moorland ['mɔlənd] *n* **(surtout UK)** lande *f.*

moose [mu:s] (*pl inv*) *n* ZOOL orignal *m.*

moot point *n* point *m* discutable.

mop [mɒp] *n* **1.** balai *m* à franges **2.** *fam* tignasse *f.* ❑ *vt* **1.** laver **2.** essuyer • **to mop one's brow** s'essuyer le front. ■ **mop up** *vt sép* éponger.

mope [məʊp] *vi* broyer du noir. ■ **mope about (UK)**, **mope around** *vi* traîner.

moped ['məʊped] *n* vélomoteur *m.*

moral ['mɒrəl] *adj* moral. ❑ *n* morale *f.* ■ **morals** *npl* moralité *f.*

morale [mə'rɑ:l] *n (indén)* moral *m* • **his morale is high/low** il a/n'a pas le moral.

morale-booster *n* • **it was a morale-booster** ça nous/leur *etc* a remonté le moral.

morality [mə'rælətɪ] *n* moralité *f.*

morass [mə'ræs] *n fig* fatras *m.*

morbid ['mɔbɪd] *adj* morbide.

more [mɔʳ] *adv* **1.** *(avec adj et adv)* plus • **more important (than)** plus important (que) • **more often/quickly (than)** plus souvent/rapidement (que) **2.** plus, davantage **3.** • **once/twice more** une fois/deux fois de plus, encore une fois/deux fois. ❑ *adj* **1.** plus de, davantage de • **there are more trains in the morning** il y a plus de trains le matin • **more than 70 people died** plus de 70 personnes ont péri **2.** encore (de) • **I finished two more chapters** j'ai fini deux autres *ou* encore deux chapitres • **have some more tea** prends encore du thé • **we need more money/time** il nous faut plus d'argent/de temps, il nous faut davantage d'argent/de temps. ❑ *pron* plus, davantage • **more than five** plus de cinq • **he's got more than I have** il en a plus que moi • **no more no less** ni plus ni moins. ■ **any more** *adv* • **not… any more** ne… plus. ■ **more and more** *adv & pron* de plus en plus • **more and more depressed** de plus en plus déprimé. ❑ *adj* de plus en plus de • **there are more and more cars on the roads** il y a de plus en plus de voitures sur les routes. ■ **more or less** *adv* **1.** plus ou moins **2.** environ, à peu près. ■ **not… any more** *adv* • **we don't go there any more** nous n'y allons plus • **he still works here, doesn't he? — not any more (he doesn't)** il travaille encore ici, n'est-ce pas ? — non, plus maintenant.

moreover [mɔ'rəʊvər] *adv* de plus.

morgue [mɔg] *n* morgue *f*.

Mormon ['mɔmən] *n* mormon *m*, -e *f*.

morning ['mɔnɪŋ] *n* **1.** matin *m* • **I work in the morning** je travaille le matin • **I'll do it tomorrow morning** *ou* **in the morning** je le ferai demain matin **2.** matinée *f*. ■ **mornings** *adv* le matin.

morning sickness *n (indén)* nausées *fpl* (matinales).

Moroccan [mə'rɒkən] *adj* marocain. ❑ *n* Marocain *m*, -e *f*.

Morocco [mə'rɒkəʊ] *n* Maroc *m*.

moron ['mɔrɒn] *n fam* idiot *m*, -e *f*, crétin *m*, -e *f*.

moronic [mə'rɒnɪk] *adj* idiot, crétin.

morose [mə'rəʊs] *adj* morose.

morph [mɔːf] *n LING* morphe *f*. ❑ *vi* se transformer • **the car morphs into a robot** la voiture se transforme en robot.

morphine ['mɔfiːn] *n* morphine *f*.

morphing ['mɔːfɪŋ] *n INFORM* morphing *m*.

Morse (code) [mɔs-] *n* morse *m*.

morsel ['mɔsl] *n* bout *m*, morceau *m*.

mortal ['mɔtl] *adj* mortel. ❑ *n* mortel *m*, -elle *f*.

mortality [mɔ'tælətɪ] *n* mortalité *f*.

mortar ['mɔtər] *n* mortier *m*.

mortgage ['mɔgɪʤ] *n* emprunt-logement *m*, crédit *m* immobilier • **to take out** *ou* **raise a mortgage** souscrire un crédit immobilier • **to pay off** *ou* **clear a mortgage** rembourser un crédit immobilier. ❑ *vt* hypothéquer.

mortgageable ['mɔːgɪʤəbl] *adj* hypothécable.

mortgage famine *n* crise *f* du crédit immobilier.

mortgage rate *n* taux *m* de crédit immobilier.

mortified ['mɔtɪfaɪd] *adj* mortifié.

mortuary ['mɔtʃʊərɪ] *n* morgue *f*.

mosaic [mə'zeɪɪk] *n* mosaïque *f*.

Moscow ['mɒskəʊ] *n* Moscou.

mosey ['məʊzɪ] *vi* **(US)** *fam* marcher d'un pas tranquille • **let's mosey over to the pond** allons faire un petit tour jusqu'à l'étang.

Moslem ['mɒzləm] *vieilli* = **Muslim**.

mosque [mɒsk] *n* mosquée *f*.

mosquito [mə'skiːtəʊ] (*pl* **-es** *ou* **-s**) *n* moustique *m*.

moss [mɒs] *n* mousse *f*.

most [məʊst] *(superlatif de* ***many****) adj* **1.** la plupart de • **most tourists here are German** la plupart des touristes ici sont allemands **2.** • **(the) most** le plus de • **she's got (the) most money** c'est elle qui a le plus d'argent. ❑ *pron* **1.** la plupart • **most of the tourists here are German** la plupart des touristes ici sont allemands • **most of them** la plupart d'entre eux **2.** • **(the) most** le plus • **at most** au maximum, tout au plus • **to make the most of sthg** profiter de qqch au maximum. ❑ *adv* **1.** • **(the) most** le plus **2.** *sout* très, fort.

> À PROPOS DE
> **most**
> Notez que, lorsque ***most*** veut dire **la majorité** ou **la majorité de**, il n'est jamais précédé de ***the*** ***(most people don't go to work on Sundays*** ; ***most of my friends go to the same school as me)***.

mostly ['məʊstlɪ] *adv* principalement, surtout.

MOT (UK) *n* (abrév de Ministry of Transport (test)) *contrôle technique annuel obligatoire pour les véhicules de plus de trois ans*.

motel [məʊ'tel] *n* motel *m*.

moth [mɒθ] *n* **1.** papillon *m* de nuit **2.** mite *f*.

mothball ['mɒθbɔl] *n* boule *f* de naphtaline.

moth-eaten *adj* mité.

mother ['mʌðər] *n* mère *f*. ❑ *vt* materner, dorloter.

motherboard ['mʌðəbɔːd] *n INFORM* carte *f* mère.

mother country *n* (mère) patrie *f*.

mother figure *n* figure *f* maternelle.

motherhood ['mʌðəhʊd] *n* maternité *f*.

mother-in-law (*pl* **mothers-in-law**) *n* belle-mère *f*.

motherly ['mʌðəlɪ] *adj* maternel.

mother-of-pearl *n* nacre *f*.

Mother's Day *n* fête *f* des Mères.

mother-to-be (*pl* **mothers-to-be**) *n* future maman *f*.

mother tongue *n* langue *f* maternelle.

motif [məʊ'tiːf] *n* motif *m*.

motion ['məʊʃn] *n* **1.** mouvement *m* • **to set sthg in motion** mettre qqch en branle **2.** *POLIT* motion *f* • **to carry a motion** faire adopter une motion. ❑ *vt* • **to motion sb to do sthg** faire signe à qqn de faire qqch. ❑ *vi* • **to motion to sb** faire signe à qqn.

motionless ['məʊʃənlɪs] *adj* immobile.

motion picture *n* **(US)** film *m*.

motivate ['məʊtɪveɪt] *vt* **1.** motiver *(acte, décision)* **2.** • **to motivate sb (to do sthg)** pousser qqn (à faire qqch) *(étudiant, ouvrier)*.

motivated ['məʊtɪveɪtɪd] *adj* motivé.

motivation [,məʊtɪ'veɪʃn] *n* motivation *f*.

motive ['məʊtɪv] *n* **1.** motif *m* **2.** *DR* mobile *m*.

motiveless ['məʊtɪvlɪs] *adj* immotivé, injustifié • **an apparently motiveless murder** un meurtre sans mobile apparent.

motley ['mɒtlɪ] *adj péj* hétéroclite.

motor ['məʊtəʳ] *adj* automobile. ❑ *n* moteur *m*.

motorbike ['məʊtəbaɪk] *n* **(UK)** *fam* moto *f*.

motorboat ['məʊtəbəʊt] *n* canot *m* automobile.

motor car *n* **(UK)** *vieilli* automobile *f*, voiture *f*.

motorcycle ['məʊtə,saɪkl] *n* moto *f*.

motorcyclist ['məʊtə,saɪklɪst] *n* motocycliste *mf*.

motorist ['məʊtərɪst] *n* automobiliste *mf*.

motormouth ['məʊtə,maʊθ] *n tfam* • **he's a bit of a motormouth** c'est un véritable moulin à paroles.

motor racing *n (indén)* **(UK)** course *f* automobile.

motor scooter *n* scooter *m*.

motorsport ['məʊtəspɔt] *n* sport *m* mécanique.

motor vehicle *n* véhicule *m* automobile.

motorway ['məʊtəweɪ] **(UK)** *n* autoroute *f*.

mottled ['mɒtld] *adj* **1.** tacheté **2.** *(peau)* marbré.

motto ['mɒtəʊ] *(pl* **-s** *ou* **-es***)* *n* devise *f*.

mould (UK), mold (US) [məʊld] *n* **1.** moisissure *f* **2.** moule *m*. ❑ *vt* **1.** mouler, modeler **2.** *fig* former, façonner • **an easily moulded character** un caractère malléable.

moulding (UK), molding (US) ['məʊldɪŋ] *n* moulure *f*.

mouldy (UK), moldy (US) ['məʊldɪ] *adj* moisi.

moult (UK), molt (US) [məʊlt] *vi* muer.

mound [maʊnd] *n* **1.** tertre *m*, butte *f* **2.** tas *m*, monceau *m*.

mount [maʊnt] *n* **1.** monture *f (d'un bijou)* **2.** support *m* **3.** monture *f (cheval)* **4.** mont *m*. ❑ *vt* monter • **to mount a horse** monter sur un cheval • **to mount a bike** monter sur *ou* enfourcher un vélo. ❑ *vi* **1.** monter, augmenter **2.** *(équitation)* se mettre en selle.

mountain ['maʊntɪn] *n litt* & *fig* montagne *f*.

mountain bike *n* VTT *m*.

mountaineer [,maʊntɪ'nɪəʳ] *n* alpiniste *mf*.

mountaineering [,maʊntɪ'nɪərɪŋ] *n* alpinisme *m* • **to go mountaineering** faire de l'alpinisme.

mountainous ['maʊntɪnəs] *adj* montagneux.

mounted police *n* • **the mounted police** la police montée.

mourn [mɔn] *vt* pleurer *(la perte de qqn)*. ❑ *vi* • **to mourn (for sb)** pleurer (qqn).

mourner ['mɔnəʳ] *n* **1.** parent *m* du défunt **2.** ami *m*, -e *f* du défunt.

mournful ['mɔnful] *adj* **1.** triste **2.** lugubre.

mourning ['mɔnɪŋ] *n* deuil *m* • **in mourning** en deuil.

mouse [maʊs] *(pl* **mice** [maɪs]*)* *n ZOOL* & *INFORM* souris *f* • **mouse click** clic *m* de souris.

mouse mat (UK), mouse pad (US) *n INFORM* tapis *m* de souris.

mouse potato *n fam personne qui passe son temps devant l'ordinateur*.

mousetrap ['maʊstræp] *n* souricière *f*.

mousse [mu:s] *n* mousse *f* • **chocolate mousse** mousse au chocolat.

moustache [mə'stɑ:ʃ], **mustache (US)** ['mʌstæʃ] *n* moustache *f*.

mousy ['maʊsɪ] *(comp* **mousier**, *superl* **mousiest***)* *adj péj* **1.** timide, effacé **2.** *(cheveux)* châtain clair.

mouth *n* [maʊθ] *(pl* [maʊðz]*)* **1.** bouche *f* **2.** gueule *f* **3.** entrée *f (d'une caverne)* **4.** embouchure *f (d'un fleuve)*.

mouthful ['maʊθful] *n* **1.** bouchée *f* **2.** gorgée *f*.

mouth organ ['maʊθ,ɔgən] *n* harmonica *m*.

mouthpiece ['maʊθpi:s] *n* **1.** microphone *m* **2.** bec *m (d'un instrument de musique)* **3.** porte-parole *m inv*.

mouth-to-mouth *adj* • **mouth-to-mouth resuscitation** bouche-à-bouche *m inv*.

mouthwash ['maʊθwɒʃ] *n* eau *f* dentifrice.

mouth-watering [-,wɔtərɪŋ] *adj* alléchant.

movable ['mu:vəbl] *adj* mobile.

move [mu:v] *n* **1.** mouvement *m* • **to get a move on** *fam* se remuer, se grouiller **2.** déménagement *m* **3.** changement *m* d'emploi **4.** coup *m* **5.** tour *m*. ❑ *vt* **1.** déplacer, bouger **2.** changer de • **to move house (UK)** déménager **3.** émouvoir **4.** • **to move sb to do sthg**

CULTURE

Mount Rushmore

Les visages géants de quatre présidents des États-Unis (**George Washington**, **Thomas Jefferson**, **Abraham Lincoln** et **Theodore Roosevelt**) sont sculptés dans la roche du mont **Rushmore**, dans le **Dakota du Sud**. Chaque visage mesure 18 mètres de haut. Ce monument national est un site touristique très populaire.

inciter qqn à faire qqch. ❑ *vi* **1.** bouger **2.** déménager **3.** changer d'emploi **4.** agir. ■ **move about** *vi* (UK) = **move around.** ■ **move along** *vt sép* faire avancer. ❑ *vi* se déplacer • **the police asked him to move along** la police lui a demandé de circuler. ■ **move around** *vi* **1.** remuer **2.** voyager. ■ **move away** *vi* partir. ■ **move in** *vi* emménager. ■ **move on** *vi* se remettre en route. ❑ *vi* (US) se tourner vers l'avenir. ■ **move out** *vi* déménager. ■ **move over** *vi* s'écarter, se pousser. ■ **move up** *vi* **1.** se déplacer **2.** *fig* • **you've moved up in the world!** tu en as fait du chemin !

moveable ['mu:vəbl] = **movable.**

movement ['mu:vmənt] *n* mouvement *m.*

movie ['mu:vɪ] *n* (surtout US) film *m* • **to go to a movie** aller voir un film.

movie buff *n* (surtout US) *fam* cinéphile *mf.*

movie camera *n* caméra *f.*

moviegoer ['mu:vɪˌgəʊəʳ] *n* (US) cinéphile *mf.*

movie industry *n* (surtout US) industrie *f* cinématographique *ou* du cinéma.

movie rights *npl* droits *mpl* cinématographiques.

movie star *n* (surtout US) star *f*, vedette *f* de cinéma.

movie theatre (UK), **movie theater** (US) *n* cinéma *m.*

moving ['mu:vɪŋ] *adj* **1.** émouvant, touchant **2.** mobile.

mow [məʊ] (*prét* **mowed**, *pp* **mowed** *ou* **mown**) *vt* **1.** faucher **2.** tondre • **to mow the lawn** tondre le gazon. ■ **mow down** *vt sép* faucher.

mower ['məʊəʳ] *n* tondeuse *f* à gazon.

mown [məʊn] *pp* → **mow.**

moxie ['mɒksɪ] *n* (US) *fam* cran *m.*

mozzie ['mɒzɪ] *n fam* moustique *m.*

MP *n* **1.** (abrév de Military Police) PM **2.** (UK) (abrév de Member of Parliament) ≃ député *m.*

MP3 player *n* lecteur *m* de MP3.

MP4 player *n* lecteur *m* de MP4.

MPEG ['empeg] (abrév de Moving Pictures Expert Group) *n* INFORM MPEG *m.*

mpg (abrév de miles per gallon) *n miles au gallon.*

mph (abrév de miles per hour) *n miles à l'heure.*

Mr ['mɪstəʳ] *n* **1.** monsieur *m* **2.** M.

MRI (abrév de magnetic resonance imaging) *n* IRM *f.*

Mrs ['mɪsɪz] *n* **1.** madame *f* **2.** Mme.

MRSA [ˌemɑ:res'eɪ] (abrév de methicillin resistant Staphylococcus aureus) *n* SARM *m.*

Ms [mɪz] *n titre que les femmes peuvent utiliser au lieu de madame ou mademoiselle pour éviter la distinction entre les femmes mariées et les célibataires.*

MS *n* (abrév de multiple sclerosis) SEP *f.*

MSc (abrév de Master of Science) *n (titulaire d'une) maîtrise de sciences.*

MSP *n* abrév de **Member of the Scottish Parliament.**

MTG SMS abrév de **meeting.**

MU SMS (abrév de miss you) tu me manques.

much

■ **much** [mʌtʃ] *adj (comp* **more**, *superl* **most***)*

s'utilise généralement avec des indénombrables au singulier

• **there isn't much rice left** il ne reste pas beaucoup de riz • **as much money as...** autant d'argent que... • **too much** trop de • **how much...?** combien de... ? • **how much do you earn?** tu gagnes combien ?

■ **much** [mʌtʃ] *pron*

• **I don't think much of his new house** sa nouvelle maison ne me plaît pas trop • **too much** trop • **I'm not much of a cook** je suis un piètre cuisinier • **so much for all my hard work** tout ce travail pour rien • **I thought as much** c'est bien ce que je pensais

■ **much** [mʌtʃ] *adv*

• **I don't go out much** je ne sors pas beaucoup *ou* souvent • **it doesn't interest me much** ça ne m'intéresse pas beaucoup • **thank you very much** merci beaucoup • **without so much as...** sans même... • **to be too much** *fam* être trop

■ **much as** *conj*

• **much as I wanted to go, I had to stay in and finish my homework** même si j'avais envie d'y aller, j'ai dû rester et finir mes devoirs

À PROPOS DE

much

On trouve ***much*** principalement dans les questions ***(is there much traffic in town today?)*** et les tournures négatives ***(I haven't got much money)***. Dans les phrases affirmatives, on tend en revanche à utiliser ***a lot (of)*** et ***lots (of)***, même si l'on trouve également ***much*** dans les expressions ***too much***, ***how much*** et ***so much***. Voir aussi ***lot***, ***plenty***.

much-loved *adj* bien-aimé.

muck [mʌk] *fam n (indén)* **1.** saletés *fpl* **2.** fumier *m.* ■ **muck about, muck around** *fam vt sép* • **to muck sb about** faire perdre son temps à qqn. ❑ *vi* traîner. ■ **muck up** *vt sép fam* gâcher. ■ **muck in** *vi* (UK) *fam* donner un coup de main.

mucky ['mʌkɪ] *adj* **1.** sale **2.** (UK) *fam* pornographique.

mucus ['mju:kəs] *n* mucus *m.*

mud [mʌd] *n* boue *f.*

muddle ['mʌdl] *n* désordre *m*, fouillis *m.* ❑ *vt* **1.** mélanger **2.** embrouiller. ■ **muddle along** *vi* se débrouiller tant bien que mal.

■ **muddle through** *vi* se tirer d'affaire, s'en sortir tant bien que mal. ■ **muddle up** *vt sép* mélanger.
muddy ['mʌdɪ] *adj* boueux. ❑ *vt fig* embrouiller.
mudguard ['mʌdgɑːd] *n* garde-boue *m inv*.
mudslinging ['mʌd,slɪŋɪŋ] *n (indén) fig* attaques *fpl*.
muesli ['mjuːzlɪ] *n* muesli *m*.
muff [mʌf] *n* manchon *m*. ❑ *vt fam* louper.
muffin ['mʌfɪn] *n* muffin *m*.
muffle ['mʌfl] *vt* étouffer.
muffler ['mʌflər] *n* **(US)** silencieux *m*.
mug [mʌg] *n* **1.** (grande) tasse *f* **2.** **(UK)** *fam* andouille *f*, bonne poire *f*. ❑ *vt* agresser.
mugger ['mʌgər] *n* agresseur *m*.
mugging ['mʌgɪŋ] *n* agression *f*.
muggy ['mʌgɪ] *adj* lourd, moite.
mule [mjuːl] *n* mule *f*.
mull [mʌl] ■ **mull over** *vt sép* ruminer, réfléchir à.
mulled [mʌld] *adj* • **mulled wine** vin *m* chaud.
multi- ['mʌltɪ] *préf* multi-.
multicast ['mʌltɪkɑːst], **multicasting** ['mʌltɪkɑːstɪŋ] *n* multicasting *m*.
multicoloured (UK), multicolored (US) ['mʌltɪ,kʌləd] *adj* multicolore.
multicultural [,mʌltɪ'kʌltʃərəl] *adj* multiculturel.
multifaceted [,mʌltɪ'fæsɪtɪd] *adj* présentant de multiples facettes.
multifaith ['mʌltɪfeɪθ] *adj* multiconfessionnel • **multifaith organization** organisation multiconfessionnelle.
multifunction [,mʌltɪ'fʌŋkʃən] *adj* multifonction(s).
multifunctional [,mʌltɪ'fʌŋkʃənəl] *adj* multifonction(s) • **multifunctional card** *FIN* carte *f* multifonction (s) • **multifunctional key** touche *f* multifonction (s) • **multifunctional keyboard** clavier *m* multifonction (s).
multigym ['mʌltɪdʒɪm] *n* appareil *m* de musculation.
multilateral [,mʌltɪ'lætərəl] *adj* multilatéral.
multilayered [,mʌltɪ'leɪəd] *adj* **1.** *(gâteau)* à plusieurs couches **2.** *(structure, société)* stratifié.
multilevel [mʌltɪ'levl] *adj INFORM* multiniveau.
multimode ['mʌltɪməʊd] *adj ÉLECTRON* à plusieurs modes de fonctionnement.
multinational [,mʌltɪ'næʃənl] *n* multinationale *f*.
multi-ownership *n* multipropriété *f*.
multiplatform [,mʌltɪ'plætfɔːm] *adj* multiplateforme.
multiple ['mʌltɪpl] *adj* multiple • **multiple birth** naissance *f* multiple • **to die of multiple stab wounds** être tué de plusieurs coups de couteau. ❑ *n* multiple *m*.
multiple choice examination ['mʌltɪpl tʃɔɪs ɪg,zæmɪ'neɪʃn] *n SCOL & UNIV* QCM *m*, questionnaire *m* à choix multiple.
multiple occupancy *n* **1.** colocation *f* **2.** copropriété *f*.
multiple ownership *n* multipropriété *f*.
multiple sclerosis [-sklɪ'rəʊsɪs] *n* sclérose *f* en plaques.
multiplex cinema (UK), multiplex theater (US) *n* complexe *m* multisalle, multiplexe *m*.
multiplexing ['mʌltɪpleksɪŋ] *n* multiplexage *m*.
multiplication [,mʌltɪplɪ'keɪʃn] *n* multiplication *f*.
multiplication sign *n* signe *m* de multiplication.
multiplication table *n* table *f* de multiplication.
multiply ['mʌltɪplaɪ] *vt* multiplier. ❑ *vi* se multiplier.
multiresistant bacteria [,mʌltɪrɪ'zɪstənt-] *n* bactérie *f* multirésistante.
multi-speed *adj* à plusieurs vitesses.
multistandard [,mʌltɪ'stændəd] *adj TV* multistandard.
multistorey (UK), multistory (US) [,mʌltɪ'stɔrɪ] *adj* à étages. ❑ *n* parking *m* à étages.
multi-talented *adj* aux talents multiples.
multitude ['mʌltɪtjuːd] *n* multitude *f*.
multi-user *adj INFORM (système)* multi-utilisateurs *(inv)*.
multivitamin [**(UK)** 'mʌltɪvɪtəmɪn, **(US)** 'mʌltɪvaɪtəmɪn] *n* multivitamine *f*.
mum [mʌm] *fam n* **(UK)** maman *f*. ❑ *adj* • **to keep mum** ne pas piper mot.
mumble ['mʌmbl] *vt & vi* marmotter.
mummy ['mʌmɪ] *n* **1.** **(UK)** *fam* maman *f* **2.** momie *f*.
mumps [mʌmps] *n (indén)* oreillons *mpl*.
munch [mʌntʃ] *vt & vi* croquer.
mundane [mʌn'deɪn] *adj* banal, ordinaire.
municipal [mjuː'nɪsɪpl] *adj* municipal.
municipality [mjuː,nɪsɪ'pælətɪ] *n* municipalité *f*.
mural ['mjuːərəl] *n* peinture *f* murale.
murder ['mɜːdər] *n* meurtre *m*. ❑ *vt* assassiner.
murderer ['mɜːdərər] *n* meurtrier *m*, assassin *m*.
murderous ['mɜːdərəs] *adj* meurtrier.
murky ['mɜːkɪ] *adj* **1.** sombre **2.** *(eau, passé)* trouble.
murmur ['mɜːmər] *n* **1.** murmure *m* **2.** *MÉD* souffle *m* au cœur. ❑ *vt & vi* murmurer.
muscle ['mʌsl] *n* **1.** muscle *m* **2.** *fig* poids *m*, impact *m*. ■ **muscle in** *vi* intervenir, s'immiscer.
muscle strain *n MÉD* élongation *f*.

muscular ['mʌskjʊləʳ] *adj* **1.** musculaire **2.** musclé.

muse [mju:z] *n* muse *f.* ❑ *vi* méditer, réfléchir.

museum [mju:'zi:əm] *n* musée *m.*

mushroom ['mʌʃrʊm] *n* champignon *m.* ❑ *vi* **1.** se développer, grandir **2.** *(villes)* pousser comme des champignons.

music ['mju:zɪk] *n* musique *f* • **to listen to music** écouter de la musique.

musical ['mju:zɪkl] *adj* **1.** musical **2.** doué pour la musique, musicien. ❑ *n* comédie *f* musicale.

musical instrument *n* instrument *m* de musique.

music centre (UK), **music center** (US) *n* chaîne *f* compacte.

music hall *n* (UK) music-hall *m.*

musician [mju:'zɪʃn] *n* musicien *m*, -enne *f.*

Muslim ['mʊzlɪm] *adj* musulman. ❑ *n* musulman *m*, -e *f.*

muslin ['mʌzlɪn] *n* mousseline *f.*

MUSM *SMS* (abrév de miss you so much) tu me manques beaucoup.

musn't [mʌsnt] = **must not**.

mussel ['mʌsl] *n* moule *f.*

must

■ must [mʌst] *aux modal*

1. EXPRIME L'OBLIGATION

• **I must go** je dois partir • **you must come and visit** il faut absolument que tu viennes nous voir

2. À LA FORME NÉGATIVE, EXPRIME L'INTERDICTION

• **you mustn't talk during the lesson** tu ne dois pas parler pendant le cours, c'est interdit de parler pendant le cours

3. EXPRIME UNE FORTE PROBABILITÉ, UNE DÉDUCTION LOGIQUE

• **Paul is not here today, he must be ill** Paul n'est pas là aujourd'hui, il doit être malade • **I must have made a mistake** j'ai dû me tromper • **they must have known** ils devaient le savoir • **you must be kidding!** vous plaisantez !

4. EXPRIME UNE EMPHASE

• **I must say, he's really stupid** franchement, il est vraiment stupide

■ must [mʌst] *n*

• **a must** un must, un impératif

mustache (US) = **moustache**.

mustard ['mʌstəd] *n* moutarde *f.*

muster ['mʌstəʳ] *vt* rassembler. ❑ *vi* se réunir, se rassembler.

must-have *n* must *m.* ❑ *adj* • **the latest must-have accessory** le must en matière d'accessoires.

> **À PROPOS DE**
>
> **must**
>
> ***Must*** a la même signification que ***have got to*** et ***have to*** lorsqu'il exprime une obligation **(*I* must *get up early tomorrow* = *I* have (got) to *get up early tomorrow*)**. Lorsqu'il a ce sens, ***must*** n'est généralement pas employé dans les questions **(Do I have to/Have I got to *get up early tomorrow?*)**, ni dans les phrases qui expriment la répétition ou l'habitude **(*I* have to *get up early every morning*)**. ***Must*** n'a pas non plus de passé **(*I* had to *get up early yesterday*)**.
> Ne confondez pas, par exemple, ***she* mustn't *leave*** **(elle ne doit pas partir)** et ***she* doesn't have to *leave*** **(elle n'est pas obligée de partir)**.
> Voir aussi ***need***.

must-see *n* • **that film is a must-see** il ne faut surtout pas manquer ce film. ❑ *adj* • **the latest must-see film** le dernier film à ne pas manquer.

must've ['mʌstəv] = **must have**.

musty ['mʌstɪ] *adj* **1.** *(odeur)* de moisi **2.** *(pièce)* qui sent le renfermé *ou* le moisi.

mutation [mju:'teɪʃən] *n MED* mutation *f.*

mute [mju:t] *adj* muet. ❑ *n* muet *m*, -ette *f.*

muted ['mju:tɪd] *adj* **1.** *(son, couleur)* sourd **2.** *(réaction)* peu marqué **3.** *(protestation)* voilé.

mutilate ['mju:tɪleɪt] *vt* mutiler.

mutiny ['mju:tɪnɪ] *n* mutinerie *f.* ❑ *vi* se mutiner.

mutter ['mʌtəʳ] *vt* marmonner. ❑ *vi* marmotter, marmonner.

mutton ['mʌtn] *n CULIN* mouton *m.*

mutual ['mju:tʃʊəl] *adj* **1.** réciproque, mutuel **2.** commun.

mutually ['mju:tʃʊəlɪ] *adv* mutuellement, réciproquement.

muzzle ['mʌzl] *n* **1.** museau *m* **2.** muselière *f* **3.** gueule *f (de canon)*. ❑ *vt litt* & *fig* museler.

MW (abrév de medium wave) PO.

mwah [mwɑ:] *interj* • **mwah! mwah!** smack ! smack !

my [maɪ] *adj poss* **1.** mon, ma, mes • **my dog** mon chien • **my house** ma maison • **my children** mes enfants • **my name is Joe/Sarah** je m'appelle Joe/Sarah **2.** • **yes, my Lord** oui, Monsieur le Comte/Duc *etc.*

> **À PROPOS DE**
>
> **my**
>
> Si vous parlez d'une partie du corps, n'oubliez pas d'utiliser l'adjectif possessif ***my***, et non pas ***the*** **(*I closed* my *eyes*, j'ai fermé les yeux** ; ***I washed* my *hair*, je me suis lavé les cheveux)**.

MYOB *SMS* abrév de **mind your own business.**
myriad ['mɪrɪəd] *littéraire adj* innombrable. ❑ *n* myriade *f.*
myself [maɪ'self] *pron* **1.** *(réfléchi)* me **2.** *(précédé d'une préposition)* moi **3.** *(forme emphatique)* moi-même • **I did it myself** je l'ai fait tout seul.
mysterious [mɪ'stɪərɪəs] *adj* mystérieux.
mystery ['mɪstərɪ] *n* mystère *m.*
mystical ['mɪstɪkl] *adj* mystique.
mystified ['mɪstɪfaɪd] *adj* perplexe.
mystifying ['mɪstɪfaɪɪŋ] *adj* inexplicable, déconcertant.
mystique [mɪ'sti:k] *n* mystique *f.*
myth [mɪθ] *n* mythe *m.*
mythical ['mɪθɪkl] *adj* mythique.
mythology [mɪ'θɒlədʒɪ] *n* mythologie *f.*

n [en] (*pl* **n's** *ou* **ns**), **N** (*pl* **N's** *ou* **Ns**) *n* n *m inv*, N *m inv*. ■ **N** (abrév de north) N.

n/a, N/A (abrév de not applicable) s.o.

NA[1] (abrév de Narcotics Anonymous) *n association américaine d'aide aux toxicomanes.*

NA[2] (abrév de no access) accès interdit.

naan (bread) [nɑːn-] *n (indén)* pain *m* nan • **naan bread** *pain plat indien.*

nab [næb] *vt fam* **1.** pincer *(arrêter)* **2.** attraper, accaparer *(un siège).*

NACU (abrév de National Association of Colleges and Universities) *n association des établissements d'enseignement supérieur américains.*

nadir ['neɪˌdɪər] *n sout* ASTRON nadir *m* • **to be at/reach a nadir** *fig* être/tomber au plus bas.

naff [næf] *adj* **(UK)** *fam* **1.** nul, bidon *(très mauvais)* • **a really naff comment** une remarque vraiment nulle **2.** ringard *(de mauvais goût)* • **naff shoes** des chaussures ringardes.

nag [næg] *vt* harceler • **stop nagging me** arrête de me harceler. ❑ *n fam* canasson *m.*

nagging ['nægɪŋ] *adj* **1.** persistant, tenace **2.** enquiquineur.

nail [neɪl] *n* **1.** clou *m* • **it's another nail in his coffin** pour lui, c'est un pas de plus vers la ruine **2.** ongle *m* • **he bites his nails** il se ronge les ongles. ❑ *vt* **1.** clouer • **to nail sthg to sthg** clouer qqch à qqch • **she nailed the sign to the door** elle a cloué la pancarte sur la porte **2.** • **to nail one's colours to the mast** exprimer clairement son opinion. ■ **nail down** *vt sép* **1.** clouer **2.** *fig* • **to nail sb down to sthg** faire préciser qqch à qqn • **he's difficult to nail down** il est difficile d'obtenir une réponse précise de sa part. ■ **nail up** *vt sép* fixer avec des clous, clouer *(une affiche).*

nail-biter *n* **1.** personne *f* qui se ronge les ongles **2.** *fig* situation *f* au suspense insoutenable.

nail-biting *adj* plein de suspense.

nailbrush ['neɪlbrʌʃ] *n* brosse *f* à ongles.

nail clippers *npl* coupe-ongles *m inv.*

nail enamel *n* **(US)** = **nail polish**.

nail file *n* lime *f* à ongles.

nail polish *n* vernis *m* à ongles.

nail scissors *npl* ciseaux *mpl* à ongles.

nail varnish *n* **(UK)** vernis *m* à ongles.

nail varnish remover [-rɪ'muːvər] *n* **(UK)** dissolvant *m.*

naive, naïve [naɪ'iːv] *adj* naïf.

naively, naïvely [naɪ'iːvlɪ] *adv* naïvement, avec naïveté.

naivety, naïvety [naɪ'iːvtɪ] *n* naïveté *f.*

naked ['neɪkɪd] *adj* **1.** nu • **with the naked eye** à l'œil nu • **naked flame** une flame nue **2.** *(émotions)* manifeste, évident **3.** *(agression)* non déguisé.

nakedness ['neɪkɪdnɪs] *n* nudité *f.*

namby-pamby [ˌnæmbɪ'pæmbɪ] *adj fam* **1.** gnangnan *(inv)*, cucul *(inv)* **2.** à l'eau de rose, fadasse. ❑ *n* lavette *f*, gnangnan *mf.*

name [neɪm] *n* **1.** nom *m* • **what's your name?** quel est votre nom ?, comment vous appelez-vous ? • **my name's Richard** je m'appelle Richard • **it's in my wife's name** c'est au nom de ma femme • **in the name of peace** au nom de la paix • **to call sb names** traiter qqn de tous les noms, injurier qqn • **the name of the game**: **money is the name of the game** c'est une affaire d'argent • **ah well, that's the name of the game** c'est comme ça !, c'est la vie ! **2.** réputation *f* • **to have a bad name** avoir (une) mauvaise réputation **3.** grand nom *m*, célébrité *f* • **he's a big name in the art world** il est célèbre dans le monde des arts. ❑ *vt* **1.** nommer, appeler • **they named the baby Felix** ils ont appelé *ou* prénommé le bébé Félix • **to name sb/sthg after** *ou* **for (US)** donner à qqn/à qqch le nom de **2.** *(locution)* • **you name it, he's been there** il a voyagé absolument partout • **to name and shame** nommer publiquement.

name-calling *n (indén)* insultes *fpl*, injures *fpl.*

name-dropping *n allusion fréquente à des personnes connues dans le but d'impressionner* • **I hate name-dropping** je déteste les gens qui veulent donner l'impression de connaître tous les grands de ce monde.

nameless ['neɪmlɪs] *adj* **1.** inconnu, sans nom **2.** anonyme.
namely ['neɪmlɪ] *adv* à savoir, c'est-à-dire.
nameplate ['neɪmpleɪt] *n* plaque *f*.
namesake ['neɪmseɪk] *n* homonyme *m*.
naming ['neɪmɪŋ] *n* **1.** attribution *f* d'un nom **2.** baptême *m* *(d'un bateau)* **3.** mention *f*, citation *f* **4.** nomination *f*.
nanny ['nænɪ] *n* nurse *f*, bonne *f* d'enfants.
nanny goat *n* chèvre *f*, bique *f*.
nanny state *n* État *m* paternaliste.
nanoengineering [,nænəuenɪ'nɪərɪŋ] *n* nano-ingénierie *f*.
nanometre (UK), nanometer (US) ['nænəu,mi:tər] *n* nanomètre *m*.
nanoscale ['nænəuskeɪl] *n* nano-échelle *f*.
nanoscopic [,nænəu'skɒpɪk] *adj* nanoscopique.
nanosecond ['nænəu,sekənd] *n* nanoseconde *f*.
nanotechnology ['nænəu,teknɒlədʒɪ] *n* nanotechnologie *f*.
nap [næp] *n* • **to have** *ou* **take a nap** faire un petit somme. ❑ *vi* faire un petit somme • **to be caught napping** *fam* & *fig* être pris au dépourvu.
napalm ['neɪpɑ:m] *n* napalm *m*.
nape [neɪp] *n* • **nape of the neck** nuque *f*.
napkin ['næpkɪn] *n* serviette *f* • **a paper napkin** une serviette en papier.
nappy ['næpɪ] *n* **(UK)** couche *f* • **to change a nappy** changer une couche.
nappy liner *n* **(UK)** change *m* (jetable) *(de bébé)*.
nappy rash *n* **(UK)** érythème *m* fessier.
narcissi [nɑ:'sɪsaɪ] *npl* → **narcissus**.
narcissism ['nɑ:sɪsɪzm] *n* narcissisme *m*.
narcissistic [,nɑ:sɪ'sɪstɪk] *adj* narcissique.
narcissus [nɑ:'sɪsəs] (*pl* **-cissuses** *ou* **-cissi**) *n* narcisse *m*.
narcodollars ['nɑ:kəu,dɒləz] *npl* narcodollars *mpl*.
narcolepsy ['nɑ:kəlepsɪ] *n* narcolepsie *f*.
narcotic [nɑ:'kɒtɪk] *n* stupéfiant *m*.
narrate [**(UK)** nə'reɪt, **(US)** 'næreɪt] *vt* raconter, narrer.
narration [**(UK)** nə'reɪʃn, **(US)** næ'reɪʃn] *n* narration *f*.
narrative ['nærətɪv] *adj* narratif. ❑ *n* **1.** récit *m*, narration *f* **2.** art *m* de la narration.
narrator [**(UK)** nə'reɪtər, **(US)** 'næreɪtər] *n* narrateur *m*, -trice *f*.
narrow ['nærəu] *adj* **1.** étroit • **this street is very narrow** cette rue est très étroite • **to have a narrow escape** l'échapper belle **2.** *(majorité)* faible. ❑ *vt* **1.** réduire, limiter **2.** fermer à demi, plisser *(les yeux)*. ❑ *vi* *litt* & *fig* se rétrécir.
■ **narrow down** *vt sép* réduire, limiter.
narrow-band *adj* à bande étroite.
narrow boat *n* péniche *f* (étroite).
narrowly ['nærəulɪ] *adv* **1.** *(gagner, perdre)* de justesse **2.** *(manquer, rater)* de peu.
narrow-minded [-'maɪndɪd] *adj* à l'esprit étroit, borné.
narrow-mindedness [-'maɪndɪdnɪs] *n* étroitesse *f* d'esprit.
nasal ['neɪzl] *adj* nasal.
nascent ['neɪsənt] *adj* *sout* naissant.
NASDAQ [næzdæk] (abrév de National Association of Securities Dealers Automated Quotation) *n* FIN NASDAQ *m* *(Bourse américaine des valeurs technologiques)*.
nastily ['nɑ:stɪlɪ] *adv* **1.** méchamment **2.** • **to fall nastily** faire une mauvaise chute.
nastiness ['nɑ:stɪnɪs] *n* méchanceté *f*.
nasturtium [nəs'tɜ:ʃəm] (*pl* **-s**) *n* capucine *f*.
nasty ['nɑ:stɪ] *adj* **1.** *(odeur, impression)* mauvais **2.** *(temps)* vilain, mauvais **3.** méchant • **to be nasty to sb** être méchant avec qqn **4.** *(problème, situation)* difficile, délicat **5.** *(blessure)* vilain **6.** *(accident)* grave **7.** *(chute)* mauvais.
natatorium [,neɪtə'tɔ:rɪəm] *n* **(US)** piscine *f*.
nation ['neɪʃn] *n* nation *f*.
national ['næʃənl] *adj* **1.** national **2.** à l'échelon national **3.** du pays, de la nation • **the national newspapers** la presse nationale • **he became a national hero** il est devenu un héros national. ❑ *n* ressortissant *m*, -e *f* • **all EU nationals** tous les ressortissants des pays de l'UE.
national anthem *n* hymne *m* national.
National Curriculum *n* • **the National Curriculum** *définition au niveau national (Angleterre et pays de Galles) du contenu de l'enseignement primaire et secondaire*.
national debt *n* dette *f* publique.
national dress *n* costume *m* national.
National Film Theatre *npr* *cinémathèque à Londres*.
national grid *n* **(UK)** réseau *m* électrique national.
National Guard *n* • **the National Guard** la Garde nationale *(armée nationale américaine composée de volontaires)*.
National Health Service *n* • **the National Health Service** *le service national de santé britannique*.
National Insurance (UK) *n* **1.** *système de sécurité sociale (maladie, retraite) et d'assurance chômage* **2.** ≃ contributions *fpl* à la Sécurité sociale.
nationalism ['næʃnəlɪzm] *n* nationalisme *m*.
nationalist ['næʃnəlɪst] *adj* nationaliste. ❑ *n* nationaliste *mf*.
nationalistic [,næʃnə'lɪstɪk] *adj* nationaliste.
nationality [,næʃə'nælətɪ] *n* nationalité *f* • **what nationality are you?** vous êtes de quelle nationalité ?

nationalization, -isation (UK) [ˌnæʃnəlaɪ'zeɪʃn] *n* nationalisation *f.*

nationalize, -ise (UK) ['næʃnəlaɪz] *vt* nationaliser.

nationalized, -ised (UK) ['næʃnəlaɪzd] *adj* nationalisé.

National Lottery *n* Loto *m* britannique.

nationally ['næʃnəlɪ] *adv* nationalement.

national park *n* parc *m* national.

national service *n* service *m* national *ou* militaire.

National Theatre *npr* • **the National Theatre** *important centre dramatique à Londres, siège de la Royal National Theatre Company.*

National Trust *n* **(UK)** • **the National Trust** *organisme non gouvernemental assurant la conservation de certains sites et monuments historiques.*

nationhood ['neɪʃənhʊd] *n* statut *m* de nation.

nation-state *n* État-nation *m.*

nationwide ['neɪʃənwaɪd] *adj* **1.** dans tout le pays **2.** à l'échelon national. ❑ *adv* à travers tout le pays.

native ['neɪtɪv] *adj* **1.** natal • **England is his native country** l'Angleterre est son pays natal **2.** maternel • **native language** langue maternelle • **a native English speaker** une personne de langue maternelle anglaise **3.** *(plante, animal)* indigène • **native to** originaire de. ❑ *n* **1.** autochtone *mf* **2.** indigène *mf* • **she is a native of Scotland** elle est écossaise de naissance.

Native American *n* Indien *m*, -enne *f* d'Amérique, Amérindien *m*, -enne *f.*

native speaker *n* locuteur *m* natif, locutrice *f* native • **a French/German native speaker** un *ou* une personne de langue maternelle française/allemande.

nativity [nə'tɪvətɪ] (*pl* **nativities**) *n* **1.** • **the Nativity** la Nativité **2.** horoscope *m.*

Nativity play *n pièce jouée par des enfants et représentant l'histoire de la Nativité.*

NATO ['neɪtəʊ] (abrév de North Atlantic Treaty Organization) *n* OTAN *f.*

natter ['nætəʳ] **(UK)** *fam n* • **to have a natter** tailler une bavette, bavarder. ❑ *vi* bavarder.

natty ['nætɪ] (*comp* **nattier**, *superl* **nattiest**) *adj fam* & *vieilli* chic *(inv).*

natural ['nærəl] *adj* **1.** naturel • **natural fibres (UK)** *ou* **fibers (US)** fibres naturelles • **it's natural to feel that way** c'est une réaction normale **2.** inné **3.** *(musicien, footballeur)* né.

natural childbirth *n* accouchement *m* naturel.

natural disaster *n* catastrophe *f* naturelle.

natural gas *n* gaz *m* naturel.

natural history *n* histoire *f* naturelle.

naturalism ['nætʃrəlɪzm] *n* naturalisme *m.*

naturalist ['nærəlɪst] *n* naturaliste *mf.*

naturalistic [ˌnætʃrə'lɪstɪk] *adj* naturaliste.

naturalize, -ise (UK) ['nærəlaɪz] *vt* naturaliser • **to be naturalized** se faire naturaliser.

naturalized ['nætʃrəlaɪzd] *adj (citoyenneté)* naturalisé.

natural language processing *n* traitement *m* automatique des langues.

naturally ['nærəlɪ] *adv* **1.** naturellement *(bien sûr)* • **naturally, I was angry** naturellement, j'étais en colère **2.** *(se comporter)* sans affectation, avec naturel • **to be naturally generous** être généreux de nature • **to come naturally to sb** venir naturellement à qqn.

natural resources *npl* ressources *fpl* naturelles.

natural science *n* sciences *fpl* naturelles.

natural selection *n* sélection *f* naturelle.

natural wastage *n* **(UK)** départs *mpl* volontaires.

nature ['neɪəʳ] *n* **1.** nature *f* • **I'm a nature lover** je suis un amoureux de la nature • **by nature** par essence **2.** nature *f*, type *m* • **matters of this nature** des questions de ce type.

-natured ['neɪtʃəd] *suffixe* d'une nature..., d'un caractère... • **she's good/ill-natured** elle a bon/mauvais caractère.

nature reserve *n* réserve *f* naturelle.

nature trail *n* sentier *m* signalisé pour amateurs de la nature.

naturist ['neɪərɪst] *n* naturiste *mf.*

naturopathy [ˌneɪtʃə'rɒpəθɪ] *n* naturopathie *f.*

naughty ['nɔːtɪ] *adj* **1.** vilain, méchant • **that was very naughty of you** ce que tu as fait était très vilain • **you naughty boy!** petit vilain ! **2.** paillard, osé • **a naughty word** un gros mot.

nausea ['nɔzjə] *n* nausée *f.*

nauseam ['nɔːzɪæm] → **ad nauseam.**

nauseate ['nɔːsɪeɪt] *vt litt* & *fig* écœurer.

nauseating ['nɔsɪeɪtɪŋ] *adj litt* & *fig* écœurant.

nauseatingly ['nɔːsɪeɪtɪŋlɪ] *adv* à vous donner la nausée, à vous écœurer.

nauseous ['nɔːsjəs] *adj* **1.** MÉD • **to feel nauseous** avoir mal au cœur, avoir des nausées **2.** *fig (révoltant)* écœurant, dégoûtant.

nautical ['nɔːtɪkl] *adj* nautique.

nautical mile *n* mille *m* marin.

naval ['neɪvl] *adj* naval.

nave [neɪv] *n* nef *f.*

navel ['neɪvl] *n* nombril *m.*

navigate ['nævɪgeɪt] *vt* **1.** piloter **2.** gouverner **3.** naviguer sur. ❑ *vi* **1.** NAUT & AÉRON naviguer **2.** AUTO lire la carte.

navigation [ˌnævɪ'geɪʃn] *n* navigation *f.*

navigator ['nævɪgeɪtəʳ] *n* navigateur *m.*

navy ['neɪvɪ] *n* marine *f* • **he's in the navy** il est dans la marine. ❑ *adj* bleu marine *(inv).*

navy blue *adj* bleu marine *(inv).* ❑ *n* bleu *m* marine.

Nazi ['nɑːtsɪ] *adj* nazi. ❑ *n* (*pl* -**s**) nazi *m*, -e *f*.

Nazism ['nɑːtsɪzm], **Naziism** ['nɑːtsɪˌɪzm] *n* nazisme *m*.

NB, N.B. (abrév de **nota bene**) NB.

NBA *n* **1.** (abrév de **National Basketball Association**) *fédération américaine de basket-ball* **2.** (abrév de **National Boxing Association**) *fédération américaine de boxe*.

NBC (abrév de **National Broadcasting Company**) *n chaîne de télévision américaine*.

NBD (abrév de **no big deal**) c'est pas grave.

NCLB ['en 'siː 'el 'biː] (abrév de **No Child Left Behind**) *n* **(US)** *loi fédérale votée en 2001 qui permet d'évaluer les écoles en fonction du niveau des élèves*.

NE1 abrév de **anyone**.

near [nɪəʳ] *adj* proche • **a near disaster** une catastrophe évitée de justesse *ou* de peu • **in the near future** dans un proche avenir, dans un avenir prochain • **she's the nearest thing to a mother I ever had** elle est ce que j'ai eu de plus proche d'une mère • **where is the nearest hospital?** où est l'hôpital le plus proche ? • **it was a near thing (UK)** il était moins une • **your nearest and dearest** *hum* vos proches. ❑ *adv* **1.** près **2.** • **near impossible** presque impossible • **nowhere near ready/enough** loin d'être prêt /assez. ❑ *prép* près de • **we live near the park** nous habitons près du parc • **is there a restaurant near here?** y a-t-il un restaurant près d'ici ? • **to go near sthg** se rapprocher de. ❑ *vt* approcher de. ❑ *vi* approcher. ■ **near (to)** *prép* **1.** *(dans l'espace)* près de **2.** *(dans le temps)* près de, vers • **it's getting near (to) Christmas** Noël approche • **nearer the time** quand l'heure viendra • **near the end** vers la fin **3.** *fig* près de, au bord de • **near (to) tears** au bord des larmes • **near (to) death** sur le point de mourir.

nearby [nɪə'baɪ] *adj* proche. ❑ *adv* tout près, à proximité • **there's a school nearby** il y a une école tout près d'ici.

near-death experience *n* expérience *f* aux frontières de la mort.

Near East *n* • **the Near East** le Proche-Orient.

nearly ['nɪəlɪ] *adv* presque • **I nearly fell** j'ai failli tomber • **it's nearly 8 o'clock** il est presque 8 heures • **not nearly enough/as good** loin d'être suffisant /aussi bon.

near miss *n* **1.** SPORT coup *m* qui a raté de peu **2.** quasi-collision *f* • **it was a near miss** on l'a échappé belle.

nearside ['nɪəsaɪd] *n* **1.** AUTO côté *m* droit **2.** AUTO côté *m* gauche *(au Royaume-Uni)*.

nearsighted [ˌnɪə'saɪtɪd] *adj* **(US)** myope.

neat [niːt] *adj* **1.** *(maison, chambre)* bien tenu, en ordre • **the house is very neat** la maison est très bien rangée **2.** *(travail)* soigné **3.** *(écriture)* net **4.** *(solution)* habile, ingénieux **5.** **(US)** *fam* chouette, super *(inv)* • **that was a neat movie!** le film était super !

neatly ['niːtlɪ] *adv* **1.** *(arranger)* avec ordre **2.** *(écrire)* soigneusement **3.** *(s'habiller)* avec soin **4.** habilement, adroitement.

neatness ['niːtnɪs] *n* **1.** bon ordre *m (d'une pièce)* **2.** netteté *f (de l'écriture)* **3.** mise *f* soignée *(de l'apparence)*.

nebula ['nebjʊlə] (*pl* -**s** *ou* -**lae**) *n* **1.** nébuleuse *f* **2.** aspect *m* trouble *(de l'urine)*.

nebulous ['nebjʊləs] *adj* nébuleux.

necessarily [(UK) 'nesəsrəlɪ, (US) ˌnesə'serɪlɪ] *adv* forcément, nécessairement.

necessary ['nesəsrɪ] *adj* **1.** nécessaire, indispensable • **to make the necessary arrangements** faire le nécessaire **2.** inévitable, inéluctable.

necessitate [nɪ'sesɪteɪt] *vt* nécessiter, rendre nécessaire.

necessity [nɪ'sesətɪ] *n* nécessité *f* • **of necessity** inévitablement, fatalement.

neck [nek] *n* **1.** cou *m* **2.** encolure *f* **3.** col *m*, goulot *m (partie étroite d'une extrémité)*.

necklace ['neklɪs] *n* collier *m* • **to wear a gold necklace** porter un collier en or.

neckline ['neklaɪn] *n* encolure *f*.

necktie ['nektaɪ] *n* **(US)** *sout* cravate *f*.

nectar ['nektəʳ] *n* nectar *m*.

nectarine ['nektərɪn] *n* brugnon *m*, nectarine *f*.

née [neɪ] *adj* née.

need

■ **need** [niːd] *n*

EXPRIME UN BESOIN, UNE NÉCESSITÉ

• **there's no need to get up** ce n'est pas la peine de te lever • **there's no need for such language** tu n'as pas besoin d'être grossier • **to be in** *ou* **have need of sthg** *sout* avoir besoin de qqch • **if need be** si besoin est, si nécessaire • **in need** dans le besoin

■ **need** [niːd] *vt*

1. EXPRIME UN BESOIN

• **he needs new shoes** il a besoin de nouvelles chaussures • **I need to get some sleep** j'ai besoin de dormir • **the kitchen needs repainting** *ou* **to be repainted** la cuisine a besoin d'être repeinte

2. EXPRIME UNE OBLIGATION

• **I need to leave right away** je dois partir tout de suite • **to need to do sthg** être obligé de faire qqch • **you don't need to wait** tu n'es pas obligé d'attendre

■ **need** [niːd] *aux modal*

fonctionne comme un auxiliaire

• **need we go?** faut-il qu'on y aille ? • **it need not happen** cela ne doit pas forcément se produire • **you needn't shout!** ce n'est pas la peine de crier !

À PROPOS DE

need

Need peut s'employer avec un participe présent : ***my car* needs *washing*** (= ***my car needs to be washed***). Il s'agit d'une construction très fréquente.
Need, utilisé dans les questions ***(need we finish this today?)***, leur donne un ton très soutenu, c'est pourquoi il est souvent remplacé par ***have to*** ou ***have got to* (do we have to/have we got to *finish this today?*)**.
Dans les tournures négatives, ***needn't*** signifie **il n'est pas nécessaire de…** ***(you* needn't *get up early tomorrow)***. Comparez avec ***mustn't***, qui signifie **il est nécessaire de ne pas…** ***(you* mustn't *make so much noise, you'll wake the baby)***.

needle ['ni:dl] *n* **1.** aiguille *f* **2.** saphir *m (d'électrophone)*. ❑ *vt fam* asticoter, lancer des piques à.
needle bank *n* distributeur-échangeur *m* de seringues.
needless ['ni:dlɪs] *adj* **1.** inutile **2.** *(remarque)* déplacé • **needless to say…** bien entendu…
needlessly ['ni:dlɪslɪ] *adv* inutilement, sans raison.
needlework ['ni:dlwɜ:k] *n* **1.** travail *m* d'aiguille **2.** couture *f*.
needn't ['ni:dnt] = **need not**.
needs-based *adj* fondé sur les besoins.
needy ['ni:dɪ] *adj* nécessiteux, indigent.
nefarious [nɪ'feərɪəs] *adj sout* odieux, abominable.
negate [nɪ'geɪt] *vt sout* annuler, détruire *(des efforts, des réalisations)*.
negative ['negətɪv] *adj* négatif. ❑ *n* **1.** négatif *m* **2.** négation *f* • **to answer in the negative** répondre négativement *ou* par la négative.
negative equity *n (indén) situation où le produit de la vente d'un bien immobilier est inférieur au capital restant dû*.
negative growth *n* croissance *f* négative *(du PIB)*.
negative sign *n* signe *m* moins *ou* négatif.
negatory [nɪ'geɪtərɪ] *adj* **(US)** *fam* négatif • **I guess that's negatory** je suppose que ça veut dire non • **did you fix it? — negatory** tu l'as réparé ? — négatif.
neglect [nɪ'glekt] *n* **1.** mauvais entretien *m* **2.** manque *m* de soin **3.** manquement *m (au devoir)* • **to be in a state of neglect** être à l'abandon. ❑ *vt* **1.** négliger **2.** laisser à l'abandon.
neglected [nɪ'glektɪd] *adj* **1.** *(personne)* délaissé, abandonné **2.** *(lieu)* laissé à l'abandon.
neglectful [nɪ'glektfʊl] *adj* négligent • **to be neglectful of sthg/sb** négliger qqn/qqch.
negligee ['neglɪʒeɪ] *n* déshabillé *m*, négligé *m*.
negligence ['neglɪdʒəns] *n* négligence *f*.
negligent ['neglɪdʒənt] *adj* négligent.
negligently ['neglɪdʒəntlɪ] *adv* avec négligence.
negligible ['neglɪdʒəbl] *adj* négligeable.
negotiable [nɪ'gəʊʃjəbl] *adj* **1.** négociable **2.** *(prix, conditions)* à débattre.
negotiate [nɪ'gəʊʃɪeɪt] *vt* **1.** COMM & POLIT négocier **2.** franchir *(un obstacle)* **3.** prendre, négocier *(un virage)*. ❑ *vi* négocier • **to negotiate with sb (for sthg)** engager des négociations avec qqn (pour obtenir qqch).
negotiating table [nɪ'gəʊʃɪeɪtɪŋ-] *n* table *f* des négociations.
negotiation [nɪ,gəʊʃɪ'eɪʃn] *n* négociation *f*.
negotiator [nɪ'gəʊʃɪeɪtər] *n* négociateur *m*, -trice *f*.
Negress ['ni:grɪs] *n* négresse *f (attention : le terme "Negress" est considéré comme raciste)*.
Negro ['ni:grəʊ] *adj* noir. ❑ *n (pl* **-es***)* Noir *m (attention : le terme "Negro" est considéré comme raciste)*.
neigh [neɪ] *vi* hennir.
neighbour (UK), neighbor (US) ['neɪbər] *n* voisin *m*, -e *f*.
neighbourhood (UK), neighborhood (US) ['neɪbəhʊd] *n* **1.** voisinage *m*, quartier *m* • **in the neighbourhood** dans le quartier **2.** • **in the neighbourhood of £300** environ 300 livres, dans les 300 livres.
neighbourhood watch *n* **(UK)** *système de surveillance d'un quartier par tous ses habitants (pour prévenir les cambriolages et autres crimes)*.
neighbouring (UK), neighboring (US) ['neɪbərɪŋ] *adj* avoisinant.
neighbourly (UK), neighborly (US) ['neɪbəlɪ] *adj* bon voisin.
neither ['naɪðər *ou* 'ni:ðər] *adv* • **I don't drink — me neither** je ne bois pas — moi non plus • **she can't swim — neither can I** elle ne sait pas nager — moi non plus • **the food was neither good nor bad** le repas n'était ni bon ni mauvais. ❑ *pron & adj* ni l'un ni l'autre, ni l'une ni l'autre *f* • **neither of us/them** aucun d'entre nous/d'eux. ❑ *adj* • **neither cup is blue** aucune des deux tasses n'est bleue. ❑ *conj* • **neither… nor…** ni… ni… • **she could neither eat nor sleep** elle ne pouvait ni manger ni dormir • **to be neither here nor there** être sans importance, n'être pas la question • **neither do I** moi non plus.

À PROPOS DE

neither

Lorsque ***neither*** est un adjectif, il apparaît toujours devant des noms dénombrables **(neither *dictionary* ; neither *alternative*)**.
Lorsque ***neither*** est le sujet de la phrase, ou qu'il accompagne un nom qui est le sujet, le verbe est toujours au singulier **(neither *film appeals to me* ; neither *appeals to me*)**. Notez que le verbe est toujours à la forme affirmative.

> ***Neither of*** peut être suivi d'un verbe, soit au singulier soit au pluriel **(neither of *us* like/likes *blue*)**.
> Lorsque ***neither... nor*** accompagne le sujet de la phrase, le verbe est toujours au singulier **(neither *John* nor *Deborah* is *coming tonight*)**.

nemesis ['neməsɪs] *n littéraire* **1.** • **it's nemesis** c'est un juste retour des choses **2.** • **to see sthg as one's nemesis** voir dans qqch l'instrument de sa vengeance.

neoclassic(al) [ˌniːəʊ'klæsɪk(l)] *adj* néo-classique.

neofascism [ˌniːəʊ'fæʃɪzm] *n* néofascisme *m*.

neolithic [ˌniːə'lɪθɪk] *adj* néolithique.

neologism [niː'ɒlədʒɪzm] *n* néologisme *m*.

neon ['niːɒn] *n* néon *m*.

neonatal [ˌniːəʊ'neɪtl] *adj* néonatal.

neo-Nazi [ˌniːəʊ'nɑːtsɪ] *n* néonazi *m*, -e *f*. ❑ *adj* néonazi.

neon light *n* néon *m*, lumière *f* au néon.

neon sign *n* enseigne *f* lumineuse au néon.

neorealist [niə'riːəlɪst] *adj* néoréaliste.

Nepal [nɪ'pɔːl] *n* Népal *m* • **in Nepal** au Népal.

Nepalese [ˌnepə'liːz] *adj* népalais. ❑ *n (pl inv)* Népalais *m*, -e *f*.

Nepali [nɪ'pɔːlɪ] *n (langue)* népalais *m*, népali *m*.

nephew ['nefjuː] *n* neveu *m*.

nepotism ['nepətɪzm] *n* népotisme *m*.

Neptune ['neptjuːn] *n* Neptune *f*.

nerd [nɜːd] *n fam & péj* binoclard *m* • **computer nerd** accro *m* d'informatique.

nerdy ['nɜːdɪ] *adj fam & péj* ringard.

nerve [nɜːv] *n* **1.** ANAT nerf *m* **2.** courage *m*, sang-froid *m inv* • **to keep one's nerve** garder son sang-froid • **to lose one's nerve** se dégonfler, flancher • **he didn't have the nerve to tell her the truth** il n'a pas eu le courage de lui dire la vérité **3.** culot *m*, toupet *m* • **to have the nerve to do sthg** avoir le culot *ou* le toupet de faire qqch. ■ **nerves** *npl* nerfs *mpl* • **she had an attack of nerves before the show** elle a fait une crise de nerfs avant le spectacle • **to get on sb's nerves** taper sur les nerfs de qqn.

nerve cell *n* cellule *f* nerveuse.

nerve centre (UK), nerve center (US) *n litt & fig* centre *m* nerveux.

nerve ending *n* terminaison *f* nerveuse.

nerve gas *n* gaz *m* neurotoxique.

nerve-racking [-ˌrækɪŋ] *adj* angoissant, éprouvant.

nervous ['nɜːvəs] *adj* **1.** nerveux • **she's a nervous driver** elle a la conduite nerveuse **2.** inquiet • **to be nervous about sthg** appréhender qqch **3.** qui a le trac • **I'm nervous about speaking in public** j'ai peur *ou* j'appréhende de parler en public.

nervous breakdown *n* dépression *f* nerveuse.

nervously ['nɜːvəslɪ] *adv* **1.** *(gén)* nerveusement **2.** avec inquiétude.

nervousness ['nɜːvəsnɪs] *n (indén)* **1.** inquiétude *f* **2.** trac *m* **3.** nervosité *f*, tension *f*.

nervous system *n* système *m* nerveux.

nervous wreck *n* • **to be a nervous wreck** être à bout de nerfs.

nervy ['nɜːvɪ] (*comp* **nervier**, *superl* **nerviest**) *adj* **1.** (UK) *fam* énervé **2.** (US) culotté.

nest [nest] *n* nid *m* • **a bird's nest** un nid d'oiseau • **nest of tables** tables *fpl* gigognes. ❑ *vi* faire son nid, nicher.

nested ['nestɪd] *adj* imbriqué *(en typographie)*.

nest egg *n* pécule *m*, bas *m* de laine.

nestle ['nesl] *vi* se blottir.

net[1] [net] *adj* **1.** *(revenu, prix, poids)* net, nette *f* • **we made a net loss/profit of £500** nous avons enregistré une perte sèche/réalisé un bénéfice net de 500 livres • **to earn £500 net** gagner 500 livres net **2.** *(résultat)* final. ❑ *n* **1.** filet *m* • **to slip through the net** glisser *ou* passer à travers les mailles du filet **2.** voile *m*, tulle *m*. ❑ *vt* **1.** prendre au filet **2.** *(revenu)* toucher net, gagner net **3.** *(affaire)* rapporter net • **we netted over $10,000** nous avons réalisé un bénéfice net de plus de 10 000 dollars.

net[2], **Net** [net] *n* • **the net** le Net • **to surf the net** surfer sur le Net.

netball ['netbɔl] *n* SPORT netball *m*.

net curtains *npl* (UK) voilage *m*.

nethead ['nethed] *n fam* accro *mf* d'Internet.

Netherlands ['neðələndz] *npl* • **the Netherlands** les Pays-Bas *mpl*.

netiquette, Netiquette ['netiket] *n* nétiquette *f*.

netizen ['netɪzən] *n* cybercitoyen *m*, -enne *f*.

net profit *n* bénéfice *m* net.

net receipts *n* recettes *fpl* nettes.

net revenue *n* (US) chiffre *m* d'affaires.

netspeak ['netspiːk] *n* INFORM langage *m* du Net, cyberjargon *m*.

net surfer, Net surfer *n* internaute *mf*.

nett [net] *adj* (UK) = **net**[1]

netting ['netɪŋ] *n* **1.** grillage *m* **2.** voile *m*, tulle *m*.

nettle ['netl] *n* ortie *f*.

network ['netwɜːk] *n* réseau *m* • **a computer network** un réseau informatique. ❑ *vt* **1.** RADIO & TV diffuser **2.** INFORM mettre en réseau. ❑ *vi* établir un réseau de contacts professionnels, réseauter • **I've been networking like mad** je n'ai pas arrêté de faire du réseautage.

networking ['netwɜːkɪŋ] *n* **1.** mise *f* en réseau *(d'ordinateurs)* • **networking tool** outil *m* de réseautage **2.** *(gén)* COMM établissement *m* d'un réseau de liens *ou* de contacts • **to be**

ideal for networking bien se prêter à la prise de contacts **3.** *(via un réseau social en ligne)* networking *m*, réseautage *m*.

neuralgia [njʊəˈrældʒə] *n* névralgie *f*.

neurological [ˌnjʊərəˈlɒdʒɪkl] *adj* neurologique.

neurologist [ˌnjʊəˈrɒlədʒɪst] *n* neurologue *mf*.

neurology [ˌnjʊəˈrɒlədʒɪ] *n* neurologie *f*.

neuron [ˈnjʊərɒn], **neurone** [ˈnjʊərəʊn] *n* neurone *m*.

neuroscientist [ˌnjʊərəʊˈsaɪəntɪst] *n* spécialiste *mf* en neurosciences.

neurosis [ˌnjʊəˈrəʊsɪs] (*pl* **-ses**) *n* névrose *f*.

neurosurgeon [ˈnjʊərəʊˌsɜːdʒən] *n* neurochirurgien *m*, -enne *f*.

neurosurgery [ˌnjʊərəʊˈsɜːdʒərɪ] *n* neurochirurgie *f*.

neurotic [ˌnjʊəˈrɒtɪk] *adj* névrosé. ❑ *n* névrosé *m*, -e *f*.

neurotoxic [ˌnjʊərəʊˈtɒksɪk] *adj* neurotoxique.

neurotoxin [ˈnjʊərəʊˌtɒksɪn] *n* neurotoxine *f*.

neuter [ˈnjuːtəʳ] *adj* neutre. ❑ *vt* châtrer.

neutral [ˈnjuːtrəl] *adj* neutre. ❑ *n* AUTO point *m* mort.

neutrality [njuːˈtrælətɪ] *n* neutralité *f*.

neutralize, **-ise** (UK) [ˈnjuːtrəlaɪz] *vt* neutraliser.

neutron [ˈnjuːtrɒn] *n* neutron *m*.

neutron bomb *n* bombe *f* à neutrons.

never [ˈnevəʳ] *adv* jamais… ne, ne… jamais • **I've never done it** je ne l'ai jamais fait • **never again** plus jamais • **never ever** jamais, au grand jamais • **I never knew** je n'en ai jamais rien su • **well I never!** ça par exemple !

never-ending *adj* interminable.

never-never *n* (UK) *fam* • **on the never-never** à crédit, à tempérament.

nevertheless [ˌnevəðəˈles] *adv* néanmoins, pourtant.

new *adj* [njuː] **1.** nouveau • **this is my new address** ceci est ma nouvelle adresse • **what's new?** quoi de neuf ? • **to be new to sthg** être nouveau pour • **there's nothing new under the sun** *prov* (il n'y a) rien de nouveau sous le soleil **2.** neuf • **I have a brand new bike** j'ai un vélo tout neuf • **as good as new** comme neuf.
■ **news** *n* [njuːz] **1.** nouvelles *fpl* *(information)* • **a piece of news** une nouvelle • **an interesting piece of news** une nouvelle intéressante • **is there any more news about** *ou* **on the explosion?** est-ce qu'on a plus d'informations sur l'explosion ? • **that's good/bad news** c'est une bonne/mauvaise nouvelle **2.** TV journal *m* télévisé **3.** RADIO informations *fpl* • **the 10 o'clock news a)** TV le journal (télévisé) *ou* les informations de 22 h **b)** RADIO le journal (parlé) *ou* les informations de 22 h • **I heard it on the news** je l'ai entendu aux informations • **the sports/financial news** la page sportive/financière • **news desk** (salle *f* de) rédaction *f* **4.** *(locution)* • **bad news travels fast** les mauvaises nouvelles vont vite • **to break the news (of sthg) to sb** annoncer la nouvelle (de qqch) à qqn • **he's bad news** *fam* on a toujours des ennuis avec lui • **no news is good news** *prov* pas de nouvelles, bonnes nouvelles *prov* • **that's news to me** première nouvelle.

New Age *n* New Age *m* *(mouvement des années 1980)*.

New Age traveller *n* (UK) nomade *m* New Age *(personne menant une vie itinérante et non conventionnelle)*.

NEway abrév de **anyway**.

newbie [ˈnjuːbɪ] *n fam* **1.** néophyte *mf* **2.** internaute *mf* novice, cybernovice *mf*.

new blood *n fig* sang *m* neuf *ou* frais.

newborn [ˈnjuːbɔn] *adj* nouveau-né • **a newborn baby** un nouveau-né.

new-build *adj* neuf • **new-build flats** des (programmes de) logements neufs.

newcomer [ˈnjuːˌkʌməʳ] *n* nouveau-venu *m*, nouvelle-venue *f* • **newcomer (to)** nouveau-venu *m*, nouvelle-venue *f* (dans).

New Delhi *n* New Delhi.

newfangled [ˌnjuːˈfæŋgld] *adj fam* & *péj* ultra-moderne, trop moderne.

newfound *adj* récent, de fraîche date.

new-look *adj* new-look *(inv)*.

newly [ˈnjuːlɪ] *adv* récemment, fraîchement • **newly arrived** récemment arrivé • **newly qualified** fraîchement diplômé • **newly elected** nouvellement élu • **a newly discovered galaxy** une galaxie récemment découverte • **the gate has been newly painted** la barrière vient d'être peinte.

newlyweds [ˈnjuːlɪwedz] *npl* nouveaux *ou* jeunes mariés *mpl*.

new media *npl* • **the new media** les nouveaux médias.

new moon *n* nouvelle lune *f*.

newness [ˈnjuːnɪs] *n* **1.** nouveauté *f* *(d'un bâtiment)* **2.** état *m* neuf *(de chaussures, d'un tapis)* **3.** nouveauté *f*, originalité *f*.

news agency *n* agence *f* de presse.

newsagent (UK) [ˈnjuːzeɪdʒənt], **newsdealer** (US) [ˈnjuːzdiːlər] *n* marchand *m* de journaux.

news bulletin *n* bulletin *m* d'informations.

newscast [ˈnjuːzkɑːst] *n* (surtout US) **1.** RADIO informations *fpl* **2.** TV actualités *fpl*.

newscaster [ˈnjuːzkɑːstəʳ] *n* présentateur *m*, -trice *f*.

newscasting [ˈnjuːzˌkɑːstɪŋ] *n* RADIO & TV présentation *f* du journal.

news conference *n* conférence *f* de presse.

newsdealer (US) = **newsagent**.

newsfeed [ˈnjuːzfiːd] *n* newsfeed *m* *(sur Internet)*.

newsflash ['nju:zflæʃ] *n* flash *m* d'information.

newsgroup ['nju:zgru:p] *n (sur Internet)* newsgroup *m*, groupe *m* de discussion.

newshound ['nju:zhaʊnd] *n* reporter *m*.

newsletter ['nju:z,letəʳ] *n* bulletin *m*.

newspaper ['nju:z,peɪpəʳ] *n* journal *m*.

newsprint ['nju:zprɪnt] *n* papier *m* journal.

newsreader ['nju:z,ri:dəʳ] *n* **(UK)** présentateur *m*, -trice *f*.

newsreel ['nju:zri:l] *n* actualités *fpl* filmées.

news report *n* bulletin *m* d'informations.

newsroom ['nju:zru:m] *n* **1.** *PRESSE* salle *f* de rédaction **2.** *RADIO* & *TV* studio *m*.

newsstand ['nju:zstænd] *n* kiosque *m* à journaux.

newsworthy ['nju:z,wɜ:ðɪ] *adj* qui vaut la peine d'être publié *ou* qu'on en parle.

newt [nju:t] *n ZOOL* triton *m*.

new technology *n* nouvelle technologie *f*, technologie de pointe.

New Testament *n* • **the New Testament** le Nouveau Testament.

new town *n* ville *f* nouvelle.

new wave *n CINÉ* nouvelle vague *f*.

New World *n* • **the New World** le Nouveau Monde.

New Year *n* nouvel an *m*, nouvelle année *f* • **Happy New Year!** Bonne Année ! • **New Year's Resolution** bonnes résolutions du Nouvel An.

New Year's Day *n* jour *m* de l'An, premier *m* de l'An.

New Year's Eve *n* la Saint-Sylvestre.

New York [-'jɔk] *n* **1.** • **New York (City)** New York **2.** • **New York (State)** l'État *m* de New York.

New Yorker [-'jɔ:kəʳ] *n* New-Yorkais *m*, -e *f*.

New Zealand [-'zi:lənd] *n* Nouvelle-Zélande *f*.

New Zealander [-'zi:ləndəʳ] *n* Néo-Zélandais *m*, -e *f*.

next [nekst] *adj* **1.** prochain • **next Tuesday** mardi prochain • **next time** la prochaine fois • **next time I see him** la prochaine fois que je le verrai • **next week** la semaine prochaine **2.** d'à côté **3.** suivant • **the next week** la semaine suivante *ou* d'après. ❑ *adv* **1.** ensuite, après • **what shall we do next?** qu'est-ce qu'on fait après ? • **it's my go next** ensuite, c'est mon tour **2.** la prochaine fois **3.** *(avec superlatif)* • **he's the next biggest after Dan** c'est le plus grand après *ou* à part Dan. ❑ *pron* prochain • **who's next?** à qui le tour ? • **next, please!** au suivant ! • **the day after next** le surlendemain • **the week after next** dans quinze jours. ■ **next to** *prép* à côté de • **it cost next to nothing** cela a coûté une bagatelle *ou* trois fois rien • **I know next to nothing** je ne sais presque *ou* pratiquement rien • **in next to no time** en un rien de temps.

next door *adv* à côté. ■ **next-door** *adj* • **next-door neighbour** voisin *m*, -e *f* d'à côté.

next of kin *n* plus proche parent *m* • **to inform the next of kin** prévenir la famille.

NF *n* (abrév de National Front) ≃ FN *m*.

NFL (abrév de National Football League) *n fédération nationale de football américain*.

NFT (abrév de non fungible token) *n* NFT *f*.

NG abrév de **National Guard**.

NGO (abrév de non-governmental organization) *n* ONG *f*.

NHS (abrév de National Health Service) *n service national de santé au Royaume-Uni* ; ≃ Sécurité sociale *f*.

NI *n* abrév de **National Insurance**.

Niagara [naɪ'ægrə] *n* • **Niagara Falls** les chutes *fpl* du Niagara.

nib [nɪb] *n* plume *f*.

nibble ['nɪbl] *vt* grignoter, mordiller.

Nicaragua [,nɪkə'rægjʊə] *n* Nicaragua *m*.

Nicaraguan [,nɪkə'rægjʊən] *adj* nicaraguayen. ❑ *n* Nicaraguayen *m*, -enne *f*.

nice [naɪs] *adj* **1.** bon • **it smells nice** ça sent bon **2.** beau **3.** joli • **she looks nice** elle est jolie **4.** bien • **it would be nice if…** ce serait bien si… **5.** gentil, sympathique • **that was nice of you** c'était gentil de ta part • **to be nice to sb** être gentil *ou* aimable avec qqn **6.** agréable, sympathique • **to have a nice time** passer du bon temps • **have a nice time!** amusez-vous bien ! • **have a nice day!** bonne journée !

nice-looking [-'lʊkɪŋ] *adj* joli, beau.

nicely ['naɪslɪ] *adv* **1.** bien • **that will do nicely** cela fera très bien l'affaire **2.** joliment **3.** poliment, gentiment **4.** *(se comporter)* bien.

nicety ['naɪsətɪ] (*pl* **-ies**) *n* délicatesse *f*, subtilité *f*.

niche [ni:ʃ] *n* **1.** niche *f* • **niche product** produit *m* de niche **2.** *fig* bonne situation *f*, voie *f* • **to find one's niche** *fig* trouver sa voie.

niche market *n COMM* niche *f*.

niche marketing *n* marketing *m* ciblé.

niche product *n* produit *m* ciblé.

niche publishing *n publication d'ouvrages destinés à un public restreint*.

nick [nɪk] *n* **1.** entaille *f*, coupure *f* **2.** • **in the nick of time** juste à temps. ❑ *vt* **1.** couper, entailler **2.** **(UK)** *fam* piquer, faucher **3.** **(UK)** *fam* pincer, choper.

nickel ['nɪkl] *n* **1.** nickel *m (métal)* **2.** **(US)** pièce *f* de cinq cents • **it only costs a nickel** ça ne coûte que 5 cents • **to do sthg on one's own nickel** payer qqch de sa poche • **they gave us the nickel tour (US)** ils nous ont fait faire le tour du propriétaire.

nickname ['nɪkneɪm] *n* sobriquet *m*, surnom *m*. ❑ *vt* surnommer.

nicotine ['nɪkəti:n] *n* nicotine *f*.

nicotine patch *n* patch *m* *ou* timbre *m* antitabac.

niece [niːs] *n* nièce *f*.

nifty ['nɪftɪ] (*comp* **niftier**, *superl* **niftiest**) *adj* *fam* génial, super *(inv)*.

Nigeria [naɪ'dʒɪərɪə] *n* Nigeria *m*.

Nigerian [naɪ'dʒɪərɪən] *adj* nigérian. ❑ *n* Nigérian *m*, -e *f*.

niggardly ['nɪgədlɪ] *adj* **1.** pingre, avare **2.** *(somme d'argent)* mesquin, chiche.

niggle ['nɪgl] *vt* **1.** **(UK)** tracasser **2.** faire des réflexions à, critiquer.

niggling ['nɪglɪŋ] *adj* **1.** *(personne)* tatillon **2.** *(détail)* insignifiant **3.** *(douleur, doute)* tenace. ❑ *n* chicanerie *f*, pinaillerie *f*.

nigh [naɪ] *adv* *littéraire* près, proche • **well nigh** presque.

night [naɪt] *n* **1.** nuit *f* • **at night** la nuit • **all night (long)** toute la nuit • **during** *ou* **in the night** pendant la nuit • **what you need is a good night's sleep** ce qu'il vous faut, c'est une bonne nuit de sommeil *ou* de repos • **I had a bad night** j'ai passé une mauvaise nuit, j'ai mal dormi • **let's make a night of it!** faisons la fête toute la nuit ! • **to have an early night** se coucher de bonne heure • **to have a late night** veiller, se coucher tard • **the night is young** **a)** *litt* la nuit n'est pas très avancée **b)** *hum* on a toute la nuit devant nous **2.** soir *m* • **ten o'clock at night** dix heures du soir • **tomorrow night** demain soir • **(on) Tuesday night** **a)** mardi soir **b)** dans la nuit de mardi à mercredi • **last night** **a)** hier soir **b)** cette nuit • **the night before** **a)** la veille au soir **b)** la nuit précédente. ■ **nights** *adv* **1.** **(US)** la nuit **2.** **(UK)** • **to work nights** travailler *ou* être de nuit.

nightcap ['naɪtkæp] *n* *boisson alcoolisée que l'on prend avant de se coucher*.

night class *n* **(US)** = **evening class**.

nightclothes ['naɪtkləʊðz] *npl* vêtements *mpl* de nuit.

nightclub ['naɪtklʌb] *n* boîte *f* (de nuit).

nightdress ['naɪtdres] *n* chemise *f* de nuit.

nightfall ['naɪtfɔːl] *n* tombée *f* de la nuit *ou* du jour.

nightgown ['naɪtgaʊn] *n* chemise *f* de nuit.

nightie ['naɪtɪ] *n* *fam* chemise *f* de nuit.

nightingale ['naɪtɪŋgeɪl] *n* rossignol *m*.

nightlife ['naɪtlaɪf] *n* vie *f* nocturne, activités *fpl* nocturnes.

nightlight ['naɪtlaɪt] *n* veilleuse *f*.

nightly ['naɪtlɪ] *adj & adv* toutes les nuits, tous les soirs.

nightmare ['naɪtmeəʳ] *n* *litt* & *fig* cauchemar *m* • **to have a nightmare** faire un cauchemar.

nightmarish ['naɪtmeərɪʃ] *adj* cauchemardesque, de cauchemar.

night owl *n* *fig* couche-tard *m inv*, noctambule *mf*.

night porter *n* **(UK)** veilleur *m* de nuit.

night safe *n* coffre *m* de nuit.

night school *n* cours *mpl* du soir.

night shift *n* poste *m* de nuit.

nightshirt *n* chemise *f* de nuit d'homme.

nightspot ['naɪt,spɒt] *n* boîte *f* de nuit.

nightstick ['naɪt,stɪk] *n* **(US)** matraque *f*.

nighttime ['naɪttaɪm] *n* nuit *f* • **at nighttime** la nuit.

night vision *n* vision *f* nocturne.

night watchman *n* gardien *m* de nuit.

nightwear ['naɪtweəʳ] *n (indén)* vêtements *mpl* de nuit.

nihilism ['naɪəlɪzm] *n* nihilisme *m*.

nihilistic [,naɪɪ'lɪstɪk] *adj* nihiliste.

nil [nɪl] *n* **1.** néant *m* **2.** **(UK)** SPORT zéro *m* • **to win three nil** gagner trois à zéro.

Nile [naɪl] *n* • **the Nile** le Nil.

nimble ['nɪmbl] *adj* **1.** agile, leste **2.** *fig* *(esprit)* vif, vive *f*.

nimbly ['nɪmblɪ] *adv* agilement, lestement.

nimbus ['nɪmbəs] (*pl* **nimbi** ['nɪmbaɪ] *ou* **nimbuses**) *n* **1.** nimbus *m* **2.** *(halo)* nimbe *m*, auréole *f*.

NIMBY (abrév de not in my back yard) pas près de chez moi.

nine [naɪn] *num* neuf. Voir aussi **six**.

nineteen [,naɪn'tiːn] *num* dix-neuf. Voir aussi **six**.

nineteenth [naɪn'tiːnθ] *num* dix-neuvième. Voir aussi **sixth**.

ninetieth ['naɪntɪəθ] *num* quatre-vingt-dixième. Voir aussi **sixth**.

nine-to-five *adj* • **to work nine-to-five** avoir des horaires de bureau.

ninety ['naɪntɪ] *num* quatre-vingt-dix. Voir aussi **sixty**.

ninja ['nɪndʒə] *n* ninja *m*.

ninny ['nɪnɪ] (*pl* **-ies**) *n* *fam* & *vieilli* nigaud *m*, -e *f*.

ninth [naɪnθ] *num* neuvième. Voir aussi **sixth**.

ninth grade *n* **(US)** SCOL *classe de lycée pour les 13-14 ans*.

ninth grader ['naɪnθ ,greɪdəʳ] *n* **(US)** *lycéen en première année*.

nip [nɪp] *n* **1.** pinçon *m* **2.** morsure *f* **3.** goutte *f*, doigt *m* *(d'alcool)*. ❑ *vt* **1.** pincer **2.** mordre **3.** • **to nip sthg in the bud** tuer *ou* écraser *ou* étouffer qqch dans l'œuf.

nipper ['nɪpəʳ] *n* *fam* & *vieilli* gamin *m*, -e *f*, gosse *mf*.

nipple ['nɪpl] *n* **1.** bout *m* de sein, mamelon *m* **2.** **(US)** tétine *f*.

nippy ['nɪpɪ] (*comp* **nippier**, *superl* **nippiest**) *adj* *fam* **1.** froid, frisquet **2.** **(UK)** *(personne)* vif, vive *f* ; *(voiture)* nerveux.

NIST (abrév de National Institute of Standards and Technology) *n service américain des poids et mesures.*

nit [nɪt] *n* **1.** lente *f* **2.** (UK) *fam* idiot *m*, -e *f*, crétin *m*, -e *f*.

nitpick ['nɪtpɪk] *vi fam* couper les cheveux en quatre, chercher la petite bête, pinailler.

nitpicker ['nɪt,pɪkər] *n fam* chipoteur *m*, -euse *f*.

nitpicking ['nɪtpɪkɪŋ] *n fam* ergotage *m*, pinaillage *m*.

nitrate ['naɪtreɪt] *n* nitrate *m*.

nitric acid ['naɪtrɪk-] *n* acide *m* nitrique.

nitrogen ['naɪtrədʒən] *n* azote *m*.

nitty-gritty [,nɪtɪ'grɪtɪ] *n fam* • **to get down to the nitty-gritty** en venir à l'essentiel *ou* aux choses sérieuses.

nitwit ['nɪtwɪt] *n fam* imbécile *mf*, idiot *m*, -e *f*.

nix [nɪks] (US) *fam n* rien. ❑ *adv* non. ❑ *vt* mettre son veto à.

Njoy abrév de **enjoy**.

NLP *n* (abrév de natural language processing) TAL *m*.

NLRB (abrév de National Labor Relations Board) *n commission américaine d'arbitrage en matière d'emploi.*

no [nəʊ] *adv* **1.** non **2.** mais non • **do you like spinach? — no, I don't** aimez-vous les épinards ? — non • **to say no** dire non **3.** • **no bigger/smaller** pas plus grand/petit • **no better** pas mieux. ❑ *adj* **1.** aucun, pas de • **I have no idea** je n'en ai aucune idée • **there's no telling what will happen** impossible de dire ce qui va se passer • **that's no excuse** ce n'est pas une excuse • **he's no friend of mine** je ne le compte pas parmi mes amis **2.** *(introduction d'une interdiction)* • **'no smoking'** 'défense de fumer' • **'no swimming'** 'baignade interdite'. ❑ *n* (*pl* **noes** [nəʊz]) non *m* • **she won't take no for an answer** elle n'accepte pas qu'on lui dise non. ❑ *interj* non • **I'm getting married — no!** *(surprise)* je me marie — non !

> **À PROPOS DE — no**
>
> Lorsque ***no*** est un adjectif, il peut s'employer avec des noms dénombrables ou indénombrables ***(no bread ; no books)***.
>
> Dans une phrase où ***no*** est un adjectif, le verbe est à la forme affirmative ***(no changes have occurred ; that's no problem)***.
>
> N'oubliez pas que ***no*** n'est jamais un pronom. C'est ***none*** qu'il faut utiliser pour remplir cette fonction ***(there are no cookies left - there are none left)***.
>
> Voir aussi ***some***.

No., no. (abrév de number) N°, n°.

No1 abrév de **no one**.

Noah's ark ['nəʊəz-] *n* l'arche *f* de Noé.

no-ball *n* balle *f* nulle *(en sport)*.

nobble ['nɒbl] *vt* (UK) *fam* **1.** *(un cheval de course)* droguer **2.** soudoyer, acheter **3.** accrocher *(quelqu'un au passage)*.

Nobel prize [nəʊ'bel-] *n* prix *m* Nobel.

nobility [nə'bɪlətɪ] *n* noblesse *f*.

noble ['nəʊbl] *adj* noble. ❑ *n* noble *m*.

nobleman ['nəʊblmən] (*pl* **-men**) *n* noble *m*, aristocrate *m*.

noblewoman ['nəʊbl,wʊmən] (*pl* **-women**) *n* (femme) noble *f*, aristocrate *f*.

nobly ['nəʊblɪ] *adv* noblement.

nobody ['nəʊbədɪ] *pron* personne, aucun. ❑ *n péj* rien-du-tout *mf*, moins que rien *mf*.

no-brainer [nəʊ'breɪnər] *n* (US) *fam décision facile* • **it's a no-brainer!** la solution est claire !

nocebo [nəʊsiːbəʊ] *n substance inoffensive que l'on associe néanmoins à des effets nocifs ou gênants.*

no-claims bonus *n* (UK) bonus *m*.

nocturnal [nɒk'tɜːnl] *adj* nocturne.

nocturnal emission *n* pollution *f* nocturne.

nod [nɒd] *vt* • **to nod one's head** incliner la tête, faire un signe de tête. ❑ *vi* **1.** faire un signe de tête affirmatif, faire signe que oui **2.** faire un signe de tête *(pour indiquer qqch)* **3.** • **to nod to sb** saluer qqn d'un signe de tête.
■ **nod off** *vi fam* somnoler, s'assoupir.

noddy ['nɒdɪ] (*pl* **noddies**) (UK) *fam n* bêta *m*, -asse *f*. ❑ *adj* • **to have a noddy job** faire un boulot peinard.

node [nəʊd] *n* nœud *m*.

nodule ['nɒdjuːl] *n* nodule *m*.

no-fault *adj* (US) DR • **no-fault divorce** divorce *m* par consentement mutuel • **no-fault insurance** assurance *f* à remboursement automatique.

no-frills [-'frɪlz] *adj* **1.** *(service)* minimum *(inv)* **2.** *(compagnie aérienne)* à bas prix.

no-go area *n* (UK) zone *f* interdite.

no-good *fam adj* propre à rien. ❑ *n* bon *m* à rien.

no-holds-barred *adj* sans fard.

no-hoper [-'həʊpər] *n fam* raté *m*, -e *f*, minable *mf*.

noise [nɔɪz] *n* bruit *m* • **to make too much noise** faire trop de bruit. ■ **noises** *npl fam (indication d'une intention)* • **she made vague noises about emigrating** elle a vaguement parlé d'émigrer.

noiseless ['nɔɪzlɪs] *adj* silencieux.

noiselessly ['nɔɪzlɪslɪ] *adv* sans bruit, silencieusement.

noisily ['nɔɪzɪlɪ] *adv* bruyamment.

noisy ['nɔɪzɪ] *adj* bruyant.

nomad ['nəʊmæd] *n* nomade *mf*.

nomadic [nə'mædɪk] *adj* nomade.

no-man's-land *n* no man's land *m*.

nomenclature [(UK) nəʊ'menklətʃər, (US) 'nəʊmənkleɪtʃər] *n* nomenclature *f*.
nominal ['nɒmɪnl] *adj* **1.** de nom seulement, nominal **2.** nominal, insignifiant.
nominally ['nɒmɪnəlɪ] *adv* nominalement, de nom.
nominate ['nɒmɪneɪt] *vt* **1.** • **to nominate sb (for/as sthg)** proposer qqn (pour/comme qqch) **2.** • **to nominate sb (as sthg)** nommer qqn (qqch) • **to nominate sb (to sthg)** nominer qqn (à qqch).
nomination [,nɒmɪ'neɪʃn] *n* nomination *f*.
nominee [,nɒmɪ'ni:] *n* personne *f* nommée *ou* désignée.
non- [nɒn] *préf* non-.
nonaccidental [,nɒnæksɪ'dentl] *adj* • **nonaccidental injury** blessures *fpl* dues à de mauvais traitements *(d'un enfant, d'une femme)*.
nonaddictive [,nɒnə'dɪktɪv] *adj* qui ne provoque pas d'accoutumance *ou* de dépendance.
non-adopter *n consommateur qui n'essaie jamais de nouveaux produits*.
nonaffiliated [,nɒnə'fɪlɪeɪtɪd] *adj* non affilié, indépendant.
nonalcoholic [,nɒnælkə'hɒlɪk] *adj* non alcoolisé.
nonaligned [,nɒnə'laɪnd] *adj* non aligné.
nonattendance [,nɒnə'tendəns] *n* absence *f*.
nonavailable [,nɒnə'veɪləbl] *adj* non disponible.
nonbeliever [,nɒnbɪ'li:vər] *n* incroyant *m*, -e *f*, athée *mf*.
nonbinding [,nɒn'baɪndɪŋ] *adj* sans obligation, non contraignant.
nonbiodegradable ['nɒn,baɪəʊdɪ'greɪdəbl] *adj* non biodégradable.
nonchalance [(UK) 'nɒnʃələns, (US) ,nɒnʃə'lɑ:ns] *n* nonchalance *f*.
nonchalant [(UK) 'nɒnʃələnt, (US) ,nɒnʃə'lɑ:nt] *adj* nonchalant.
nonchalantly [(UK) 'nɒnʃələntlɪ, (US) ,nɒnʃə'lɑ:ntlɪ] *adv* nonchalamment.
noncombatant [(UK) ,nɒn'kɒmbətənt, (US) ,nɒnkəm'bætənt] *n* non-combattant *m*, -e *f*.
noncommittal [,nɒnkə'mɪtl] *adj* évasif.
noncompetitive [,nɒnkəm'petɪtɪv] *adj* qui n'est pas basé sur la compétition.
noncompliance [,nɒnkəm'plaɪəns] *n* non-respect *m*, non-observation *f* • **noncompliance with the treaty** le non-respect du traité.
non compos mentis [-,kɒmpəs'mentɪs] *adj* • **to be non compos mentis** ne pas avoir toute sa raison.
nonconformist [,nɒnkən'fɔmɪst] *adj* non conformiste ❑ *n* non-conformiste.
nonconformity [,nɒnkən'fɔ:mətɪ] *n* non-conformité *f*.
noncontributory [,nɒnkən'trɪbjʊtərɪ] *adj* sans versements de la part des bénéficiaires.
noncooperation ['nɒnkəʊ,ɒpə'reɪʃn] *n* refus *m* de coopération.
non-dairy *adj* qui ne contient aucun produit laitier.
nondescript [(UK) 'nɒndɪskrɪpt, (US) ,nɒndɪ'skrɪpt] *adj* quelconque, terne.
nondrinker [,nɒn'drɪŋkər] *n* personne *f* qui ne boit pas d'alcool.
nondrip [,nɒn'drɪp] *adj* qui ne coule pas.
nondriver [,nɒn'draɪvər] *n* personne *f* qui n'a pas le permis de conduire.
none [nʌn] *pron* **1.** aucun • **there was none left** il n'y en avait plus, il n'en restait plus • **none at all** aucune *ou* pas une seule • **I'll have none of your nonsense** je ne tolérerai pas de bêtises de ta part **2.** personne, nul, nulle *f*. ❑ *adv* • **none the worse/wiser** pas plus mal/avancé • **none the better** pas mieux. ■ **none too** *adv* pas tellement *ou* trop.

À PROPOS DE

none

N'oubliez pas que ***none*** n'est jamais un adjectif. C'est ***no*** qu'il faut utiliser pour remplir cette fonction ***(there are none left - there are no cookies left)***.
Dans une phrase où ***none*** est un pronom, le verbe est à la forme affirmative ***(none of this is your fault)***.
Voir aussi ***no, some***.

nonentity [nɒ'nentətɪ] *n* nullité *f*, zéro *m*.
nonessential [,nɒnɪ'senʃl] *adj* non essentiel, peu important.
nonetheless [,nʌnðə'les] *adv* néanmoins, pourtant.
non-event *n* événement *m* raté *ou* décevant.
nonexecutive director [,nɒnɪgsekjətɪv-] *n* administrateur *m*, -trice *f*.
nonexistent [,nɒnɪg'zɪstənt] *adj* inexistant.
nonfat ['nɒnfæt] *adj* sans matière grasse *ou* matières grasses.
nonfattening [,nɒn'fætnɪŋ] *adj* qui ne fait pas grossir.
nonfiction [,nɒn'fɪkʃn] *n* ouvrages *mpl* non romanesques.
nonflammable [,nɒn'flæməbl] *adj* ininflammable.
non fungible token *n* jeton non fongible.
non-habit-forming [-,fɔ:mɪŋ] *adj* qui ne crée pas de phénomène d'accoutumance.
noninfectious [,nɒnɪn'fekʃəs] *adj* qui n'est pas infectieux.
noninterventionist [,nɒnɪntə'venʃənɪst] *adj* *(politique)* non interventionniste, de non-intervention.
non-iron *adj* qui ne se repasse pas.
nonmalignant [,nɒnmə'lɪgnənt] *adj* bénin.

non-member *n (d'un club)* personne *f* qui n'est pas membre.

non-native *adj* non indigène • **non-native speaker** locuteur *m* étranger *ou* non natif, locutrice *f* étrangère *ou* non native.

non-negotiable *adj* qu'on ne peut pas négocier *ou* débattre • **the terms are non-negotiable** les termes sont non négociables.

no-no *n fam* • **it's a no-no** c'est interdit *ou* défendu • **that subject is a no-no** ce sujet est tabou.

no-nonsense *adj* direct, sérieux.

nonoperational [ˌnɒnɒpəˈreɪʃənl] *adj* non-opérationnel.

nonpayment [ˌnɒnˈpeɪmənt] *n* non-paiement *m*.

nonplussed, nonplused (US) [ˌnɒnˈplʌst] *adj* déconcerté, perplexe.

nonpolluting [nɒnpəˈluːtɪŋ] *adj* non polluant, propre.

non-profit, non-profitmaking (UK) *adj* à but non lucratif.

non-reflecting *adj* antireflet *(inv)*.

nonrefundable [nɒnrɪˈfʌndəbl] *adj* non remboursable.

nonrenewable [ˌnɒnrɪˈnjuːəbl] *adj* non renouvelable.

nonresident [ˌnɒnˈrezɪdənt] *n* **1.** *(d'un pays)* non-résident *m*, -e *f* **2.** *(d'un hôtel)* client *m*, -e *f* de passage.

nonreturnable [ˌnɒnrɪˈtɜːnəbl] *adj* non consigné.

nonsense [ˈnɒnsəns] *n* **1.** charabia *m* **2.** • **it was nonsense to suggest...** il était absurde de suggérer... **3.** bêtises *fpl*, idioties *fpl* • **to talk nonsense** dire des bêtises • **to make (a) nonsense of sthg** gâcher *ou* saboter qqch. ❑ *interj* quelles bêtises *ou* foutaises !

nonsensical [nɒnˈsensɪkl] *adj* absurde, qui n'a pas de sens.

non sequitur [-ˈsekwɪtəʳ] *n* remarque *f* qui manque de suite.

nonskid [ˌnɒnˈskɪd] *adj* antidérapant.

nonslip [ˌnɒnˈslɪp] *adj* antidérapant.

nonsmoker [ˌnɒnˈsməʊkəʳ] *n* non-fumeur *m*, -euse *f*, personne *f* qui ne fume pas.

nonsmoking [ˌnɒnˈsməʊkɪŋ] *adj* (pour les) non-fumeurs.

nonspecialist [nɒnˈspeʃəlɪst] *adj* non spécialiste *mf* ❑ *n* non-spécialiste.

nonstandard [ˌnɒnˈstændəd] *adj* **1.** *(usage d'un mot)* critiqué **2.** *(produit, taille, format)* nonstandard *(inv)*.

nonstarter [ˌnɒnˈstɑːtəʳ] *n* **1. (UK)** *fam (plan)* • **this is a nonstarter** ceci n'a aucune chance de réussir **2.** *(dans une course)* non-partant *m*.

nonstick [ˌnɒnˈstɪk] *adj (poêle)* qui n'attache pas, téflonisé.

nonstop, non-stop [ˌnɒnˈstɒp] *adj* **1.** *(vol)* direct, sans escale **2.** *(activité)* continu **3.** *(pluie)* continuel. ❑ *adv* **1.** sans arrêt **2.** sans discontinuer • **they were chatting non-stop** ils bavardaient sans interruption.

nontoxic [ˌnɒnˈtɒksɪk] *adj* non toxique.

nontransferable [ˌnɒntrænzˈfɜːrəbl] *adj* non transmissible.

nonverbal [nɒnvɜːbl] *adj* non verbal • **nonverbal communication** communication *f* par les gestes.

nonviolent [ˌnɒnˈvaɪələnt] *adj* non violent.

nonvoter [ˌnɒnˈvəʊtəʳ] *n* abstentionniste *mf*, personne *f* qui ne vote pas.

nonvoting [ˌnɒnˈvəʊtɪŋ] *adj* **1.** abstentionniste, qui ne vote pas **2.** *(parts d'une société)* sans droit de vote.

noodle [ˈnuːdl] *n* **1.** • **chicken noodle soup** soupe *f* de poulet aux vermicelles **2. (US)** *fam* tronche *f*.

noodles [ˈnuːdlz] *npl* nouilles *fpl*.

nook [nʊk] *n* coin *m*, recoin *m* • **every nook and cranny** tous les coins, les coins et les recoins.

noon [nuːn] *n* midi *m*.

no one *pron* = **nobody**.

noose [nuːs] *n* nœud *m* coulant.

nope [nəʊp] *adv fam* non.

noplace (US) [ˈnəʊpleɪs] = **nowhere**.

nor [nɔʳ] *conj* • **nor do I** moi non plus → **neither**.

norm [nɔm] *n* norme *f*.

normal [ˈnɔml] *adj* normal • **at the normal time** à l'heure habituelle. ❑ *n* normale *f* • **to return to normal** revenir à la normale.

normality [nɔˈmælɪtɪ], **normalcy (US)** [ˈnɔmlsɪ] *n* normalité *f*.

normalization, -isation (UK) [ˌnɔːməlaɪˈzeɪʃn] *n* normalisation *f*.

normalize, -ise (UK) [ˈnɔːməlaɪz] *vt* normaliser. ❑ *vi* se normaliser, redevenir normal.

normally [ˈnɔməlɪ] *adv* normalement.

Normandy [ˈnɔməndɪ] *n* Normandie *f*.

north [nɔθ] *n* **1.** nord *m* **2.** • **the North** le Nord. ❑ *adj* **1.** nord *(inv)* **2.** du nord • **the north coast** la côte nord. ❑ *adv* au nord, vers le nord • **north of** au nord de.

North Africa *n* Afrique *f* du Nord.

North America *n* Amérique *f* du Nord.

North American *adj* nord-américain. ❑ *n* Nord-Américain *m*, -e *f*.

northbound [ˈnɔːθbaʊnd] *adj* en direction du nord • **northbound carriageway (UK)** chaussée (du) nord.

northeast [ˌnɔθˈiːst] *n* **1.** *(direction)* nord-est *m* **2.** *(région)* • **the Northeast** le Nord-Est. ❑ *adj* **1.** nord-est *(inv)* **2.** *(vent)* du nord-est. ❑ *adv* au nord-est, vers le nord-est • **northeast of** au nord-est de.

northeasterly [ˌnɔːθ'iːstəlɪ] *adj* au nord-est, du nord-est • **in a northeasterly direction** vers le nord-est.

northerly ['nɔðəlɪ] *adj* du nord • **in a northerly direction** vers le nord, en direction du nord.

northern ['nɔðən] *adj* du nord, nord *(inv)*.

Northerner ['nɔːðənər] *n* habitant *m*, -e *f* du Nord.

northern hemisphere *n* hémisphère *m* Nord *ou* boréal.

Northern Ireland *n* Irlande *f* du Nord.

Northern Lights *npl* • **the Northern Lights** l'aurore *f* boréale.

northernmost ['nɔðənməʊst] *adj* le plus au nord, la plus au nord *f*, à l'extrême nord.

Northern Territory *n* Territoire *m* du Nord • **in Northern Territory** dans le Territoire du Nord.

North Korea *n* Corée *f* du Nord.

North Pole *n* • **the North Pole** le pôle Nord.

North Sea *n* • **the North Sea** la mer du Nord.

North Star *n* • **the North Star** l'étoile *f* polaire.

northward ['nɔθwəd] *adj* au nord. ❑ *adv* = **northwards**.

northwards ['nɔθwədz] *adv* au nord, vers le nord.

northwest [ˌnɔθ'west] *n* **1.** *(direction)* nord-ouest *m* **2.** *(région)* • **the Northwest** le Nord-Ouest. ❑ *adj* **1.** nord-ouest *(inv)* **2.** *(vent)* du nord-ouest. ❑ *adv* au nord-ouest, vers le nord-ouest • **northwest of** au nord-ouest de.

northwesterly [ˌnɔːθ'westəlɪ] *adj* au nord-ouest, du nord-ouest • **in a northwesterly direction** vers le nord-ouest.

Norway ['nɔweɪ] *n* Norvège *f*.

Norwegian [nɔ'wiːdʒən] *adj* norvégien. ❑ *n* **1.** Norvégien *m*, -enne *f* **2.** *(langue)* norvégien *m*.

Nos., nos. (abrév de **numbers**) nos.

nose [nəʊz] *n* nez *m* • **to blow one's nose** se moucher • **keep your nose out of my business** occupe-toi *ou* mêle-toi de tes affaires • **to look down one's nose at sb** *fig* prendre qqn de haut • **to look down one's nose at sthg** *fig* considérer qqch avec mépris • **on the nose** **(US)** *fam* dans le mille • **to poke** *ou* **stick one's nose into sthg** mettre *ou* fourrer son nez dans qqch • **to turn up one's nose at sthg** dédaigner qqch. ■ **nose about (UK), nose around (US)** *vi* fouiner, fureter.

nosebleed ['nəʊzbliːd] *n* • **to have a nosebleed** saigner du nez.

-nosed [nəʊzd] *suffixe* au nez... • **red-nosed** au nez rouge.

nosedive ['nəʊzdaɪv] *n* AÉRON piqué *m*. ❑ *vi* **1.** AÉRON descendre en piqué, piquer du nez **2.** *fig* dégringoler **3.** *fig* s'écrouler.

nose job *n fam* intervention *f* de chirurgie esthétique sur le nez • **to have a nose job** se faire refaire le nez.

nose stud *n* piercing *m* de nez.

nosey ['nəʊzɪ] = **nosy**.

nostalgia [nɒ'stældʒə] *n* • **nostalgia (for sthg)** nostalgie *f* (de qqch).

nostalgic [nɒ'stældʒɪk] *adj* nostalgique.

nostril ['nɒstrəl] *n* narine *f*.

no-strings *adj* **1.** *fam* *(contrat, accord)* sans pièges **2.** *(relation)* sans lendemain.

nosy ['nəʊzɪ] *adj* curieux, fouinard.

not [nɒt] *adv* ne pas, pas • **not that...** ce n'est pas que..., non pas que... • **this is not the first time** ce n'est pas la première fois • **it's green, isn't it?** c'est vert, n'est-ce pas ? • **not me** pas moi • **I hope/think not** j'espère que non • **not a chance** aucune chance • **not even a...** même pas un, une *f*... • **not all** *ou* **every** pas tous, toutes *f* • **not always** pas toujours • **not that...** ce n'est pas que..., non pas que... • **not at all a)** pas du tout **b)** *(réponse à un remerciement)* de rien, je vous en prie.

notable ['nəʊtəbl] *adj* notable, remarquable • **to be notable for sthg** être célèbre pour qqch.

notably ['nəʊtəblɪ] *adv* **1.** notamment, particulièrement **2.** sensiblement, nettement.

notary ['nəʊtərɪ] *n* • **notary (public)** notaire *m*.

notation [nəʊ'teɪʃn] *n* notation *f*.

notch [nɒ] *n* **1.** entaille *f*, encoche *f* **2.** *fig* cran *m*. ■ **notch up** *vt insép* marquer.

note [nəʊt] *n* **1.** note *f* **2.** mot *m* • **to take note of sthg** prendre note de qqch **3.** **(UK)** billet *m* (de banque). ❑ *vt* **1.** remarquer, constater • **please note that...** merci de noter que... **2.** mentionner, signaler. ■ **note down** *vt sép* noter, inscrire. ■ **notes** *npl* notes • **to take notes** prendre des notes.

notebook ['nəʊtbʊk] *n* **1.** carnet *m*, calepin *m* **2.** ordinateur *m* portable compact.

noted ['nəʊtɪd] *adj* célèbre, éminent.

notepad ['nəʊtpæd] *n* bloc-notes *m*.

notepaper ['nəʊtpeɪpər] *n* papier *m* à lettres.

noteworthy ['nəʊtˌwɜːðɪ] *adj* remarquable, notable.

not-for-profit *adj* **(US)** à but non lucratif • **not-for-profit organization** société *f* ou organisation *f* à but non lucratif.

nothing ['nʌθɪŋ] *pron* rien • **I've got nothing to do** je n'ai rien à faire • **for nothing** pour rien • **nothing if not** avant tout, surtout • **nothing but** ne... que, rien que. ❑ *adv* • **you're nothing like your brother** tu ne ressembles pas du tout *ou* en rien à ton frère • **I'm nothing like finished** je suis loin d'avoir fini.

nothingness ['nʌθɪŋnɪs] *n* néant *m*.

notice ['nəʊtɪs] *n* **1.** affiche *f*, placard *m* **2.** • **to take notice (of sb/sthg)** faire *ou* prêter attention (à qqn/qqch) • **to take no notice (of sb/sthg)** ne pas faire attention (à qqn/qqch) **3.** avis *m*, avertissement *m* • **at short notice** dans un bref délai • **until further notice** jusqu'à nouvel ordre **4.** • **to be given one's notice** recevoir son congé, être renvoyé • **to hand in one's notice** donner sa démission, demander son congé. ❑ *vt* remarquer, s'apercevoir de • **to notice sb doing sthg** remarquer que qqn fait qqch.

noticeable ['nəʊtɪsəbl] *adj* sensible, perceptible.

noticeably ['nəʊtɪsəblɪ] *adv* sensiblement, nettement.

notice board *n* **(UK)** panneau *m* d'affichage.

notifiable ['nəʊtɪfaɪəbl] *adj (maladie)* à déclaration obligatoire.

notification [ˌnəʊtɪfɪ'keɪʃn] *n* notification *f*, avis *m*.

notify ['nəʊtɪfaɪ] *vt* • **to notify sb (of sthg)** avertir *ou* aviser qqn (de qqch).

notion ['nəʊʃn] *n* idée *f*, notion *f*. ■ **notions** *npl* **(US)** mercerie *f*.

notional ['nəʊʃənl] *adj* imaginaire, fictif.

notoriety [ˌnəʊtə'raɪətɪ] *n* mauvaise *ou* triste réputation *f*.

notorious [nəʊ'tɔːrɪəs] *adj* **1.** *(criminel)* notoire **2.** *(endroit)* mal famé.

notoriously [nəʊ'tɔːrɪəslɪ] *adv* notoirement.

notwithstanding [ˌnɒtwɪð'stændɪŋ] *sout prép* malgré, en dépit de. ❑ *adv* néanmoins, malgré tout.

nougat ['nuːgɑː] *n* nougat *m*.

nought [nɔt] *num* zéro *m*.

noun [naʊn] *n* nom *m*.

nourish ['nʌrɪʃ] *vt* nourrir.

nourishing ['nʌrɪʃɪŋ] *adj* nourrissant.

nourishment ['nʌrɪʃmənt] *n* nourriture *f*, aliments *mpl*.

Nov. (abrév de November) nov.

novel ['nɒvl] *adj* nouveau, original. ❑ *n* roman *m*.

novelist ['nɒvəlɪst] *n* romancier *m*, -ère *f*.

novelty ['nɒvltɪ] *n* **1.** nouveauté *f* **2.** gadget *m*.

November [nə'vembəʳ] *n* novembre *m*. Voir aussi **September**.

novice ['nɒvɪs] *n* novice *mf*.

now [naʊ] *adv* **1.** maintenant • **do it now** faites-le maintenant/tout de suite • **he's been away for two weeks now** ça fait deux semaines qu'il est parti • **for now** pour le moment • **now and then ou again** de temps en temps, de temps à autre • **right now** tout de suite • **any day/time now** d'un jour/moment à l'autre **2.** à ce moment-là, alors **3.** • **now let's just calm down** bon, on se calme maintenant. ❑ *conj* • **now (that)** maintenant que. ❑ *n* • **for now** pour le présent • **from now on** à partir de maintenant, désormais • **up until now** jusqu'à présent • **by now** déjà.

nowadays ['naʊədeɪz] *adv* actuellement, aujourd'hui.

nowhere ['nəʊweəʳ], **noplace (US)** ['nəʊpleɪs] *adv* nulle part • **nowhere else** nulle part ailleurs • **to appear out of/from nowhere** apparaître tout d'un coup • **(to be) nowhere near (as… as…)** (ne pas être) plus près (de… que) • **nowhere near** loin de • **we're getting nowhere** on n'avance pas, on n'arrive à rien.

no-win situation *n* impasse *f*.

noxious ['nɒkʃəs] *adj* toxique.

nozzle ['nɒzl] *n* TECHNOL ajutage *m*, buse *f*.

NP[1] (abrév de notary public) = **notary**.

NP[2] SMS (abrév de no problem) pas de problème.

NQT *n* **(UK)** (abrév de newly qualified teacher) = **teacher**.

NRN (abrév de no reply necessary) pas la peine de répondre.

NSC (abrév de National Security Council) *n conseil national américain de sécurité*.

NSPCC (abrév de National Society for the Prevention of Cruelty to Children) *n association britannique de protection de l'enfance*.

nth [enθ] *adj fam* énième.

nuance ['njuːɒns] *n* nuance *f*.

nub [nʌb] *n* nœud *m*, fond *m*.

nubile [**(UK)** 'njuːbaɪl, **(US)** 'nuːbəl] *adj* nubile.

nuclear ['njuːklɪəʳ] *adj* nucléaire.

nuclear bomb *n* bombe *f* nucléaire.

nuclear capability *n* puissance *f ou* potentiel *m* nucléaire.

nuclear disarmament *n* désarmement *m* nucléaire.

nuclear energy *n* énergie *f* nucléaire.

nuclear family *n* famille *f* nucléaire.

nuclear fission *n* fission *f* nucléaire.

nuclear-free zone *n* zone *f* antinucléaire.

nuclear fusion *n* fusion *f* nucléaire.

nuclear physics *n* physique *f* nucléaire.

nuclear power *n* énergie *f* nucléaire.

nuclear-powered *adj* à propulsion nucléaire • **nuclear-powered submarine** sous-marin *m* nucléaire.

nuclear reactor *n* réacteur *m* nucléaire.

nuclear weapon *n* arme *f* nucléaire.

nuclear winter *n* hiver *m* nucléaire.

nucleus ['njuːklɪəs] (*pl* **-lei**) *n litt* & *fig* noyau *m*.

nude [njuːd] *adj* nu. ❑ *n* nu *m* • **in the nude** nu.

nudge [nʌʤ] *vt* **1.** pousser du coude **2.** *fig* encourager, pousser.

nudist ['nju:dɪst] *adj & n* nudiste.
nudity ['nju:dətɪ] *n* nudité *f.*
nugget ['nʌgɪt] *n* pépite *f.*
nuisance ['nju:sns] *n* ennui *m*, embêtement *m* • **it's a nuisance having to attend all these meetings** c'est pénible de devoir assister à toutes ces réunions • **to make a nuisance of o.s.** embêter le monde • **what a nuisance!** quelle plaie !
NUJ (abrév de National Union of Journalists) *n syndicat britannique des journalistes.*
nuke [nju:k] *fam n* bombe *f* nucléaire. ❑ *vt* **1.** atomiser **2.** *hum* cuire au micro-ondes.
null [nʌl] *adj* • **null and void** nul et non avenu.
nullify ['nʌlɪfaɪ] (*prét & pp* **nullified**) *vt* annuler.
numb [nʌm] *adj* engourdi • **to be numb with a)** être paralysé par **b)** être transi de • **to go numb** s'engourdir. ❑ *vt* engourdir.
number ['nʌmbəʳ] *n* **1.** chiffre *m* **2.** numéro *m* **3.** nombre *m* • **a number of** un certain nombre de, plusieurs • **any number of** un grand nombre de, bon nombre de **4.** chanson *f.* ❑ *vt* **1.** compter **2.** numéroter. ❑ *vi* • **to number among…** compter parmi…
number-crunching [-ˌkrʌnɪŋ] *n fam* calcul *m* numérique.
number one *adj* premier, principal. ❑ *n fam* soi, sa pomme.
numberplate ['nʌmbəpleɪt] *n* **(UK)** plaque *f* d'immatriculation.
number portability *n* portage *m* du numéro.
number shop *n* **(US)** ≃ kiosque *f* de loterie.
Number Ten *n la résidence officielle du Premier ministre britannique.*
numbness ['nʌmnɪs] *n* engourdissement *m.*
numeracy ['nju:mərəsɪ] *n* compétence *f* en calcul.
numeral ['nju:mərəl] *n* chiffre *m.*
numerate ['nju:mərət] *adj* qui sait compter.
numerical [nju:'merɪkl] *adj* numérique.
numerically [nju:'merɪklɪ] *adv* numériquement.
numeric keypad *n* pavé *m* numérique.
numero uno [ˌnu:mərəʊ'u:nəʊ] **(US)** *fam n* • **the numero uno a)** *(chose)* le top du top **b)** *(personne)* le meilleur. ❑ *adj* • **she's the numero uno actress in Bollywood** c'est l'actrice la plus en vogue à Bollywood.
numerous ['nju:mərəs] *adj* nombreux.
nun [nʌn] *n* religieuse *f*, sœur *f.*
nuptial ['nʌpʃl] *adj sout* nuptial.
nurse [nɜ:s] *n* infirmière *f* • **(male) nurse** infirmier *m.* ❑ *vt* **1.** soigner **2.** *fig* nourrir *(un espoir, une ambition)* **3.** allaiter.
nursery ['nɜ:sərɪ] *n* **1.** garderie *f* **2.** pépinière *f.*
nursery nurse *n* **(UK)** puéricultrice *f.*
nursery rhyme *n* comptine *f.*

CULTURE

nursery rhymes

Les petits Anglo-Saxons apprennent tous à parler leur langue avec des comptines (**nursery rhymes**), la principale étant justement **the Alphabet Song**, sur l'air de « Ah ! Vous dirais-je, maman » : "**a-b-c-d-e-f-g, h-i-j-k-l-m-n-o-p, q-r-s, t-u-v, w-x, y and z. Now I've said my A, B, C's. Next time won't sing with me**". Pour apprendre à compter, ils chantent **Ten Green Bottles** ou **Five Little Ducks**. Il existe aussi des comptines mimées telles que **Here We Go Round The Mulberry Bush** ou **Head, Shoulders, Knees and Toes**.

nursery school *n* (école *f*) maternelle *f.*
nursery slopes *npl* **(UK)** pistes *fpl* pour débutants.
nursing ['nɜ:sɪŋ] *n* métier *m* d'infirmière.
nursing home *n* **1.** maison *f* de retraite privée **2. (UK)** maternité *f* privée.
nurture ['nɜ:əʳ] *vt* **1.** élever *(des enfants)* **2.** bien s'occuper de *(ses plantes)* **3.** *fig* nourrir *(un désir, un espoir).*
nurturing ['nɜ:tʃərɪŋ] *adj* attentionné, maternel.
NUS (abrév de National Union of Students) *n union nationale des étudiants de Grande-Bretagne.*
nut [nʌt] *n* **1.** *terme générique désignant les fruits tels que les noix, noisettes, etc* • **nut allergy** allergie *f* aux fruits à coque **2.** écrou *m* • **nuts and bolts** des écrous et des boulons **3.** *fam* cinglé *m*, -e *f.* ■ **nuts** *adj fam* • **to be nuts** être dingue. ❑ *interj* **(US)** *fam* zut !
nutcase ['nʌtkeɪs] *n fam* cinglé *m*, -e *f.*
nutcrackers ['nʌtˌkrækəz] *npl* casse-noix *m inv*, casse-noisettes *m inv.*
nutmeg ['nʌtmeg] *n* **1.** (noix *f* de) muscade *f* **2.** *(football)* petit pont *m.* ❑ *vt (football)* • **to nutmeg a player** faire un petit pont à un joueur.
nutrient ['nju:trɪənt] *n* élément *m* nutritif.
nutrition [nju:'trɪʃn] *n* nutrition *f.*
nutritional [nju:'trɪʃənl] *adj* nutritif.
nutritionist [nju:'trɪʃənɪst] *n* nutritionniste *mf.*
nutritious [nju:'trɪʃəs] *adj* nourrissant.
nutshell ['nʌʃel] *n* • **in a nutshell** en un mot.
nutter ['nʌtəʳ] *n* **(UK)** *fam* cinglé *m*, -e *f.*
nutty ['nʌtɪ] (*comp* **nuttier**, *superl* **nuttiest**) *adj* **1.** aux noix *(aux amandes, aux noisettes, etc)* • **a nutty flavour** un goût de noix *(de noisette, etc)* **2.** *fam* dingue, timbré • **as nutty as a fruitcake** complètement dingue.

nuzzle ['nʌzl] *vt* frotter son nez contre. ❑ *vi* • **to nuzzle (up) against** se frotter contre, frotter son nez contre.

NVQ (abrév de National Vocational Qualification) *n* **(UK)** *examen sanctionnant une formation professionnelle.*

NWO (abrév de no way out) pas de sortie.

NY abrév de **New York.**

NYC abrév de **New York City.**

nylon ['naılɒn] *n* Nylon® *m.* ❑ *en apposition* en Nylon®.

nymph [nımf] *n* nymphe *f.*

nymphomaniac [,nımfə'meınıæk] *n* nymphomane *f.*

NYPD [,enwaıpi:'di:] *n* (abrév de New York Police Department) police *f* new-yorkaise.

o [əʊ] (*pl* **o's** *ou* **os**), **O** (*pl* **O's** *ou* **Os**) *n* **1.** o *m inv*, O *m inv* **2.** zéro *m*.
O4U (abrév de only for you) rien que pour toi.
oak [əʊk] *n* chêne *m*. ❑ *en apposition* de *ou* en chêne • **an oak table** une table en chêne.
OAP (abrév de old age pensioner) *n* (UK) retraité *m*, -e *f*.
oar [ɔʳ] *n* rame *f*, aviron *m*.
oarsman ['ɔːzmən] (*pl* **-men**) *n* rameur *m*.
oasis [əʊ'eɪsɪs] (*pl* **oases** [əʊ'eɪsiːz]) *n* oasis *f*.
oat [əʊt] *n* avoine *f*.
oatcake ['əʊtkeɪk] *n* galette *f* d'avoine.
oath [əʊθ] *n* **1.** serment *m* • **on** *ou* **under oath** sous serment **2.** juron *m*.
oatmeal ['əʊtmiːl] *n (indén)* flocons *mpl* d'avoine.
oats [əʊts] *npl* avoine *f*.
OBE (abrév de Order of the British Empire) *n distinction honorifique britannique*.
obedience [ə'biːdjəns] *n* obéissance *f*.
obedient [ə'biːdjənt] *adj* obéissant, docile.
obediently [ə'biːdjəntlɪ] *adv* docilement.
obelisk ['ɒbəlɪsk] *n* obélisque *m*.
obese [əʊ'biːs] *adj sout* obèse.
obesity [əʊ'biːsətɪ] *n sout* obésité *f*.
obey [ə'beɪ] *vt* obéir à • **to obey the rules** obéir aux règles. ❑ *vi* obéir.
obituary [ə'bɪtʃʊərɪ] *n* nécrologie *f*.
object *n* ['ɒbdʒɪkt] **1.** objet *m* **2.** objectif *m*, but *m* **3.** complément *m* d'objet. ❑ *vt* [ɒb'dʒekt] objecter. ❑ *vi* [ɒb'dʒekt] protester • **to object to sthg** faire objection à qqch, s'opposer à qqch • **to object to doing sthg** se refuser à faire qqch.
objection [əb'dʒekʃn] *n* objection *f* • **to have no objection to sthg/to doing sthg** ne voir aucune objection à qqch/à faire qqch.
objectionable [əb'dʒekʃənəbl] *adj* **1.** désagréable **2.** choquant.
objective [əb'dʒektɪv] *adj* objectif. ❑ *n* objectif *m*.
objectively [əb'dʒektɪvlɪ] *adv* d'une manière objective.
objectivity [ˌɒbdʒek'tɪvətɪ] *n* objectivité *f*.
obligation [ˌɒblɪ'geɪʃn] *n* obligation *f*.
obligatory [ə'blɪgətrɪ] *adj* obligatoire.
oblige [ə'blaɪdʒ] *vt* • **to oblige sb to do sthg** forcer *ou* obliger qqn à faire qqch.
obliging [ə'blaɪdʒɪŋ] *adj* obligeant.
obligingly [ə'blaɪdʒɪŋlɪ] *adv* aimablement, obligeamment.
oblique [ə'bliːk] *adj* **1.** oblique **2.** *(allusion)* indirect. ❑ *n* barre *f* oblique.
obliterate [ə'blɪtəreɪt] *vt* détruire, raser.
oblivion [ə'blɪvɪən] *n* oubli *m*.
oblivious [ə'blɪvɪəs] *adj* • **to be oblivious to** *ou* **of** être inconscient de.
oblong ['ɒblɒŋ] *adj* rectangulaire. ❑ *n* rectangle *m*.
obnoxious [əb'nɒkʃəs] *adj* **1.** *(personne)* odieux **2.** *(odeur)* infect, fétide **3.** *(remarque)* désobligeant.
oboe ['əʊbəʊ] *n* hautbois *m*.
obscene [əb'siːn] *adj* obscène.
obscenely [əb'siːnlɪ] *adv* d'une manière obscène • **he's obscenely rich** *fig* il est tellement riche que c'en est indécent.
obscenity [əb'senətɪ] (*pl* **-ies**) *n* obscénité *f*.
obscure [əb'skjʊəʳ] *adj* obscur. ❑ *vt* **1.** obscurcir **2.** masquer.
obscurely [əb'skjʊəlɪ] *adv* obscurément.
obscurity [əb'skjʊərətɪ] *n* obscurité *f*.
obsequious [əb'siːkwɪəs] *adj sout & péj* obséquieux.
observable [əb'zɜːvəbl] *adj* **1.** notable, sensible **2.** qu'on peut observer.
observance [əb'zɜːvəns] *n* observation *f*.
observant [əb'zɜːvnt] *adj* observateur.
observation [ˌɒbzə'veɪʃn] *n* observation *f*.
observatory [əb'zɜːvətrɪ] *n* observatoire *m*.
observe [əb'zɜːv] *vt* **1.** observer **2.** remarquer, faire observer.
observer [əb'zɜːvəʳ] *n* observateur *m*, -trice *f*.

obsess [əb'ses] *vt* obséder • **to be obsessed by** *ou* **with sb/sthg** être obsédé par qqn/qqch. ❑ *vi* • **to obsess about** *ou* **over sthg** être obsédé par qqch.

obsession [əb'seʃn] *n* obsession *f*.

obsessive [əb'sesɪv] *adj* **1.** *(personne)* obsessionnel **2.** *(souvenir, sentiment)* obsédant.

obsessive-compulsive *adj* obsessionnel-compulsif • **obsessive-compulsive disorder** troubles *mpl* obsessionnels compulsifs.

obsessively [əb'sesɪvlɪ] *adv* d'une manière obsessionnelle • **he's obsessively cautious** il est d'une prudence obsessionnelle.

obsolescent [ˌɒbsə'lesnt] *adj* **1.** qui tombe en désuétude **2.** obsolescent.

obsolete ['ɒbsəliːt] *adj* obsolète.

obstacle ['ɒbstəkl] *n* obstacle *m* • **an obstacle race** une course d'obstacles.

obstacle course, obstacle race *n* course *f* d'obstacles.

obstetrics [ɒb'stetrɪks] *n (indén)* obstétrique *f*.

obstinacy ['ɒbstɪnəsɪ] *n* obstination *f*.

obstinate ['ɒbstənət] *adj* **1.** obstiné **2.** *(toux)* persistant **3.** tenace.

obstinately ['ɒbstənətlɪ] *adv* obstinément.

obstruct [əb'strʌkt] *vt* **1.** obstruer **2.** entraver, gêner.

obstruction [əb'strʌkʃn] *n* **1.** encombrement *m (sur la route)* **2.** engorgement *m (d'un tuyau)* **3.** SPORT obstruction *f*.

obstructive [əb'strʌktɪv] *adj* **1.** *(tactique)* d'obstruction **2.** *(personne)* contrariant.

obtain [əb'teɪn] *vt* obtenir.

obtainable [əb'teɪnəbl] *adj* que l'on peut obtenir.

obtrusive [əb'truːsɪv] *adj* **1.** qui attire l'attention **2.** *(odeur)* fort.

obtuse [əb'tjuːs] *adj* obtus.

obvious ['ɒbvɪəs] *adj* évident.

obviously ['ɒbvɪəslɪ] *adv* **1.** bien sûr **2.** manifestement.

occasion [ə'keɪʒn] *n* **1.** occasion *f* • **on several occasions** à plusieurs occasions, à plusieurs reprises **2.** événement *m* • **to rise to the occasion** se montrer à la hauteur de la situation. ❑ *vt* provoquer, occasionner.

occasional [ə'keɪʒənl] *adj* **1.** passager **2.** occasionnel • **I have the occasional drink** je bois un verre de temps à autre.

occasionally [ə'keɪʒnəlɪ] *adv* de temps en temps, quelquefois.

occult [ɒ'kʌlt] *adj* occulte.

occupancy ['ɒkjʊpənsɪ] *n* occupation *f*.

occupant ['ɒkjʊpənt] *n* **1.** occupant *m*, -e *f* **2.** passager *m (d'un véhicule)*.

occupation [ˌɒkjʊ'peɪʃn] *n* **1.** profession *f* • **what is his occupation?** qu'est-ce qu'il fait comme travail ?, qu'est-ce qu'il fait comme métier ? **2.** occupation *f*.

occupational [ˌɒkjʊ'peɪʃənl] *adj* **1.** *(accident)* du travail **2.** professionnel.

occupational hazard *n* risque *m* du métier.

occupational therapy *n* thérapeutique *f* occupationnelle, ergothérapie *f*.

occupied ['ɒkjʊpaɪd] *adj* occupé.

occupier ['ɒkjʊpaɪəʳ] *n* occupant *m*, -e *f*.

occupy ['ɒkjʊpaɪ] *vt* occuper • **to occupy o.s.** s'occuper.

occur [ə'kɜːʳ] *vi* **1.** avoir lieu, se produire **2.** se présenter **3.** se trouver, être présent **4.** • **to occur to sb** venir à l'esprit de qqn.

occurrence [ə'kʌrəns] *n* événement *m*, circonstance *f*.

OCD (abrév de obsessive compulsive disorder) *n* PSYCHO TOC *m*.

ocean ['əʊʃn] *n* océan *m* • **oceans of** *fam & fig* des tonnes de.

oceangoing ['əʊʃnˌgəʊɪŋ] *adj* au long cours.

ocean liner *n* paquebot *m*.

oceanography [ˌəʊʃə'nɒgrəfɪ] *n* océanographie *f*.

ochre (UK), ocher (US) ['əʊkəʳ] *adj* ocre *(inv)*.

o'clock [ə'klɒk] *adv* • **two o'clock** deux heures.

Oct. (abrév de October) oct.

octagon ['ɒktəgən] *n* octogone *m*.

octagonal [ɒk'tægənl] *adj* octogonal.

octane ['ɒkteɪn] *n* octane *m*.

octave ['ɒktɪv] *n* octave *f*.

October [ɒk'təʊbəʳ] *n* octobre *m*. Voir aussi **September**.

octopus ['ɒktəpəs] (*pl* **-puses** *ou* **-pi**) *n* pieuvre *f*.

OD *abr* **1.** abrév de **overdose** **2.** abrév de **overdraft**.

odd [ɒd] *adj* **1.** bizarre, étrange **2.** • **I play the odd game of tennis** je joue au tennis de temps en temps • **twenty odd years** une vingtaine d'années **3.** dépareillé **4.** *(nombre)* impair. ■ **odds** *npl* • **the odds** les chances *fpl* • **the odds are that…** il y a des chances pour que…, il est probable que… • **against the odds** envers et contre tout • **odds and sods** *fam* **(UK)** *ou* **odds and ends a)** objets *mpl* divers, bric-à-brac *m inv* **b)** restes *mpl* • **to be at odds with sb** être en désaccord avec qqn.

oddball ['ɒdbɔːl] *n fam* excentrique *mf*.

oddity ['ɒdɪtɪ] *n* **1.** personne *f* bizarre **2.** chose *f* bizarre **3.** étrangeté *f*.

odd-job man (UK), odd jobber (US) *n* homme *m* à tout faire.

odd jobs *npl* petits travaux *mpl*.

oddly ['ɒdlɪ] *adv* curieusement • **oddly enough** chose curieuse.

oddments ['ɒdmənts] *npl* fins *fpl* de série.

odds-on ['ɒdz-] *adj fam* • **odds-on favourite** grand favori.

ode [əʊd] *n* ode *f.*

odometer [əʊ'dɒmɪtəʳ] *n* odomètre *m.*

odor (US) = **odour**.

odorless (US) = **odourless**.

odour (UK), odor (US) ['əʊdəʳ] *n* odeur *f.*

odourless (UK), odorless (US) ['əʊdəlɪs] *adj* inodore.

oesophagus (UK), esophagus (US) [ɪ'sɒfəgəs] *n* œsophage *m.*

oestrogen (UK) ['iːstrədʒən], **estrogen (US)** *n* œstrogène *m.*

of *(accentué* [ɒv], *non accentué* [əv]*) prép* **1.** de • **the cover of a book** la couverture d'un livre • **to die of cancer** mourir d'un cancer • **thousands of people** des milliers de gens • **a piece of cake** un morceau de gâteau • **a cup of coffee** une tasse de café • **a pound of tomatoes** une livre de tomates • **a child of five** un enfant de cinq ans **2.** en • **a ring of solid gold** une bague en or massif **3.** • **the 12th of February** le 12 février.

OFCOM (abrév de Office of Communications) *n organisme d'agrément et de coordination des stations de radio et chaînes de télévision en Grande-Bretagne.*

off

■ off [ɒf] *adv*

1. INDIQUE UN ÉLOIGNEMENT DANS L'ESPACE
• **we're off to Japan today** nous partons pour le Japon aujourd'hui • **the station is 10 miles off** la gare est à 10 miles

2. INDIQUE UN ÉLOIGNEMENT DANS LE TEMPS
• **my holiday is two days off** je suis en vacances dans deux jours

3. INDIQUE UNE SÉPARATION
• **take your coat off** enlève ton manteau • **the lid was off** le couvercle n'était pas mis

4. INDIQUE UNE INTERRUPTION, UN NON-FONCTIONNEMENT
• **don't forget to switch off the light** n'oubliez pas d'éteindre la lumière • **the TV is off** la télévision est éteinte

5. AVEC DES PRIX, EXPRIME UNE RÉDUCTION
• **I had £10 off** j'ai eu 10 livres de remise *ou* réduction • **she gave me 30% off** elle m'a fait une remise *ou* réduction de 30 %

6. POUR PARLER DES CONGÉS
• **I've got my afternoon off** je ne travaille pas cet après-midi • **she's got a week off next month** elle a une semaine de vacances le mois prochain

7. EXPRIME UNE IDÉE D'ACHÈVEMENT
• **I'll finish off this work over the weekend** je terminerai ce travail pendant le week-end • **climate change killed off a variety of mammals about 11,000 years ago** un changement de climat a entraîné l'extinction d'un grand nombre de mammifères il y a environ 11 000 ans

■ off [ɒf] *prép*

1. EXPRIME UN MOUVEMENT DE HAUT EN BAS
• **he got off the bus at the next stop** il descendit du bus à l'arrêt suivant • **he stood up and took a book off the shelf** il se leva et prit un livre sur l'étagère

2. INDIQUE UNE PROXIMITÉ DANS L'ESPACE
• **the hotel is located off the main street** l'hôtel se trouve près de la rue principale • **the island is just off the coast** l'île est au large de la côte

3. POUR INDIQUER L'ABSENCE
• **he's off work today** il ne travaille pas aujourd'hui • **she's been off school for weeks** cela fait des semaines qu'elle est absente de l'école

4. INDIQUE UN REFUS, UN ABANDON
• **she's off her food** elle n'a pas d'appétit • **he's off drugs now** il ne prend plus de drogue maintenant

5. DANS DES EXPRESSIONS
• **to buy sthg off sb** *fam* acheter qqch à qqn

■ off [ɒf] *adj*

1. EXPRIME UNE DÉTÉRIORATION
• **the milk is off** le lait a tourné • **this meat is off** cette viande est avariée

2. EXPRIME UNE INTERRUPTION, UN NON-FONCTIONNEMENT
• **are the lights off?** est-ce que les lumières sont éteintes ?

3. EXPRIME UNE ANNULATION
• **the match is off** le match est annulé

4. INDIQUE UNE ABSENCE
• **he's off this week** il est absent cette semaine

5. DANS DES EXPRESSIONS
• **he was a bit off with me (UK)** *fam* il n'a pas été sympa avec moi

off-air *adj* hors-antenne. ❑ *adv* hors antenne.

offal ['ɒfl] *n (indén)* abats *mpl.*

offbeat ['ɒfbiːt] *adj fam* original, excentrique.

off-centre (UK), off-center (US) *adj* décentré, décalé. ❑ *adv* de côté.

off-chance *n* • **on the off-chance that…** au cas où…

off colour *adj* **(UK)** patraque.

offcut ['ɒfkʌt] *n* chute *f.*

off duty *adj* **1.** qui n'est pas de service **2.** *(médecin, infirmière)* qui n'est pas de garde.

offence (UK), offense (US) [ə'fens] *n* **1.** délit *m* **2.** • **to cause sb offence** vexer qqn • **to take offence** se vexer.

offend [ə'fend] *vt* offenser.

offended [ə'fendɪd] *adj* offensé, froissé.

offender [ə'fendəʳ] *n* **1.** criminel *m*, -elle *f* **2.** coupable *mf*.

offending [ə'fendɪŋ] *adj* qui est la cause *ou* à l'origine du problème.

offense ['ɒfens] **(US)** *n* **1.** = **offence** **2.** attaque *f*.

offensive [ə'fensɪv] *adj* **1.** *(comportement, remarque)* blessant **2.** *(arme, action)* offensif. ❑ *n* offensive *f*.

offensively [ə'fensɪvlɪ] *adv* **1.** d'une manière offensante *ou* blessante **2.** *MIL & SPORT* offensivement.

offer ['ɒfəʳ] *n* **1.** offre *f*, proposition *f* • **to be under offer** faire l'objet d'une proposition d'achat **2.** promotion *f* • **on offer a)** en vente **b)** en réclame, en promotion. ❑ *vt* **1.** offrir • **to offer sthg to sb, to offer sb sthg** offrir qqch à qqn • **to offer to do sthg** proposer *ou* offrir de faire qqch **2.** proposer **3.** donner. ❑ *vi* s'offrir.

offering ['ɒfərɪŋ] *n* offrande *f*.

off-guard *adv* au dépourvu.

offhand [,ɒf'hænd] *adj* **1.** désinvolte, cavalier **2.** brusque. ❑ *adv* tout de suite.

office ['ɒfɪs] *n* **1.** bureau *m* • **office equipment** matériel *m* de bureau **2.** département *m*, service *m* **3.** fonction *f*, poste *m* • **in office** en fonction • **to take office** entrer en fonction.

office administrator *n* chef *m* de bureau.

office assistant *n* assistant *m*, -e *f*.

office automation *n* bureautique *f*.

office block *n* **(UK)** immeuble *m* de bureaux.

office boy *n* garçon *m* de bureau.

office hours *npl* heures *fpl* de bureau.

officer ['ɒfɪsəʳ] *n* **1.** officier *m* **2.** agent *mf*, fonctionnaire *mf* **3.** *(poste dans une société)* responsable *mf* • **marketing officer** responsable *mf* du marketing **4.** officier *m* (de police).

office worker *n* employé *m*, -e *f* de bureau.

official [ə'fɪʃl] *adj* officiel. ❑ *n* fonctionnaire *mf*.

officialdom [ə'fɪʃəldəm] *n* bureaucratie *f*.

officially [ə'fɪʃəlɪ] *adv* **1.** officiellement **2.** en principe.

officiate [ə'fɪʃɪeɪt] *vi* officier • **to officiate at a wedding** célébrer un mariage.

officious [ə'fɪʃəs] *adj* *péj* trop zélé.

offing ['ɒfɪŋ] *n* • **in the offing** en vue, en perspective.

off-key *adj* faux, fausse *f*. ❑ *adv* faux.

off-licence *n* **(UK)** *magasin autorisé à vendre des boissons alcoolisées à emporter*.

off-limits *adj* interdit.

off-line *adj INFORM* non connecté. ❑ *adv* • **to be/work off-line** être/travailler hors ligne • **to go off-line** *(site Internet, contact)* se mettre hors ligne.

offload [ɒf'ləʊd] *vt* *fam* • **to offload sthg (onto sb)** se décharger de qqch (sur qqn).

off-message *adj* • **to be off-message** ne pas être dans la ligne officielle.

off-peak *adj* **1.** *(électricité)* utilisé aux heures creuses **2.** *(tarif)* réduit aux heures creuses.

off-piste *adj & adv* hors-piste *(ski)*.

off-putting [-,pʊtɪŋ] *adj* désagréable, rébarbatif.

off-road *adj inv & adv* hors route *(inv)* *(en voiture, à vélo)* • **off-road vehicle** véhicule *m* tout-terrain.

off-road vehicle *n* véhicule *m* tout terrain.

offscreen *adj* ['ɒfskriːn] *(voix)* hors champ *(hors caméra)*, off. ❑ *adv* [ɒf'skriːn] **1.** *(voix)* hors champ *(hors caméra)*, off **2.** dans le privé.

off-season *n* • **the off-season** la morte-saison.

offset [,ɒf'set] *(prét & pp* **offset***)* *vt* compenser.

offshoot ['ɒfʃuːt] *n* **1.** • **to be an offshoot of sthg** être né *ou* provenir de qqch **2.** *MED* nouvelle souche *f*, sous-variant *m*.

offshore ['ɒfʃɔʳ] *adj* **1.** *(plate-forme pétrolière)* en mer, offshore *(inv)* **2.** *(île)* proche de la côte **3.** *(pêche)* côtier. ❑ *adv* au large.

offshore fund *n* fonds *m* off-shore.

offside (UK) *adj* [,ɒf'saɪd] **1.** *AUTO* de droite, de gauche **2.** *SPORT* hors-jeu *(inv)*. ❑ *adv* [,ɒf'saɪd] *SPORT* hors-jeu.

offspring ['ɒfsprɪŋ] *(pl inv)* *n* rejeton *m*.

offstage [,ɒf'steɪdʒ] *adj & adv* dans les coulisses.

off-the-cuff *adj* impromptu, improvisé. ❑ *adv* au pied levé, à l'improviste.

off-the-peg (UK), off-the-rack (US) *adj* de prêt-à-porter.

off-the-record *adj* officieux. ❑ *adv* confidentiellement.

off-the-shoulder *adj* qui dégage les épaules.

off-the-wall *adj* *fam* loufoque.

off-white *adj* blanc cassé *(inv)*.

OFSTED ['ɒfsted] (abrév de Office for Standards in Education) *n* *organisme britannique chargé de contrôler les établissements scolaires*.

OFTEL ['ɒftel] (abrév de Office of Telecommunications) *n* *organisme britannique chargé de contrôler les activités des compagnies de télécommunications*.

often ['ɒfn *ou* 'ɒftn] *adv* souvent, fréquemment • **how often do you visit her?** vous la voyez tous les combien ? • **as often as not** assez souvent • **every so often** de temps en temps • **more often than not** le plus souvent, la plupart du temps.

OFWAT ['ɒfwɒt] (abrév de Office of Water Supply) *n* *organisme britannique chargé de contrôler les activités des compagnies régionales de la distribution de l'eau*.

ogle ['əʊgl] *vt* reluquer.
ogre ['əʊgəʳ] *n* ogre *m*.
oh [əʊ] *interj* **1.** oh ! • **oh no!** oh non ! **2.** euh !
OIC (abrév de oh, I see) ah, je vois !
oil [ɔɪl] *n* **1.** huile *f* **2.** mazout *m* **3.** pétrole *m*. ❑ *vt* graisser, lubrifier. ■ **oils** *npl* ART huiles *fpl*.
oilcan ['ɔɪlkæn] *n* burette *f* d'huile.
oilfield ['ɔɪlfiːld] *n* gisement *m* pétrolifère.
oil filter *n* filtre *m* à huile.
oil-fired [-ˌfaɪəd] *adj* au mazout.
oil painting *n* peinture *f* à l'huile.
oil-producing country *n* pays *m* pétrolier.
oilrig ['ɔɪlrɪg] *n* **1.** *(en mer)* plate-forme *f* de forage *ou* pétrolière **2.** *(sur terre)* derrick *m*.
oilskins ['ɔɪlskɪnz] *npl* ciré *m*.
oil slick *n* marée *f* noire.
oil tanker *n* **1.** pétrolier *m*, tanker *m* **2.** camion-citerne *m*.
oil well *n* puits *m* de pétrole.
oily ['ɔɪlɪ] *adj* **1.** *(chiffon)* graisseux **2.** *(nourriture, peau, cheveux)* gras.
ointment ['ɔɪntmənt] *n* pommade *f*.
OK, okay [ˌəʊ'keɪ] *fam adj* • **is it OK with** *ou* **by you?** ça vous va ?, vous êtes d'accord ? • **are you OK?** ça va ? ❑ *interj* **1.** d'accord, OK **2.** • **OK, can we start now?** bon, on commence ? ❑ *vt* (*prét & pp* **OKed**, *cont* **OKing**) approuver, donner le feu vert à.
okra ['əʊkrə] *n* gombo *m*.
old [əʊld] *adj* **1.** vieux, âgé • **how old are you?** quel âge as-tu ? • **I'm 20 years old** j'ai 20 ans **2.** ancien **3.** *fam* • **any old** n'importe quel. ❑ *npl* • **the old** les personnes *fpl* âgées.
old age *n* vieillesse *f*.
old age pension *n* **(UK)** pension *f* de vieillesse.
old age pensioner *n* **(UK)** retraité *m*, -e *f*.
Old Bailey [-'beɪlɪ] *n* • **the Old Bailey** *la cour d'assises de Londres*.
old-fashioned [-'fæʃnd] *adj* **1.** démodé, passé de mode **2.** vieux jeu *(inv)*.
old flame *n fig* ancien flirt *m*.
old hand *n* vieux routier *m*, vétéran *m*.
old hat *adj fam & péj* dépassé.
old media *n* anciens médias *mpl*.
old people's home *n* hospice *m* de vieillards.
old school *n* • **of the old school** de la vieille école.
Old Testament *n* • **the Old Testament** l'Ancien Testament *m*.
old-timer *n* **1.** vieux routier *m*, vétéran *m* **2. (surtout US)** vieillard *m*.
O level *n* **(UK)** *examen optionnel destiné, jusqu'en 1988, aux élèves de niveau seconde ayant obtenu de bons résultats*.
oligarch ['ɒlɪgɑːk] *n* oligarche *m*.
oligarchy ['ɒlɪgɑːkɪ] (*pl* **-ies**) *n* oligarchie *f*.
olive ['ɒlɪv] *adj inv & n* olive.
olive branch *n* rameau *m* d'olivier • **to hold out an olive branch to sb** proposer à qqn de faire la paix.
olive green *adj* vert olive *(inv)*.
olive oil *n* huile *f* d'olive.
ollie ['ɒlɪ] *n* ollie *m (en skateboard)*.
Olympic [ə'lɪmpɪk] *adj* olympique. ■ **Olympics** *npl* • **the Olympics** les jeux *mpl* Olympiques.
Olympic Games *npl* • **the Olympic Games** les jeux *mpl* Olympiques.
ombudsman ['ɒmbʊdzmən] (*pl* **-men**) *n* ombudsman *m*.
omelette (UK), omelet (US) ['ɒmlɪt] *n* omelette *f* • **mushroom omelette** omelette aux champignons.
omen ['əʊmen] *n* augure *m*, présage *m*.
OMG (abrév de oh, my God) oh, mon Dieu.
ominous ['ɒmɪnəs] *adj* **1.** *(événement, situation)* de mauvais augure **2.** *(signe)* inquiétant **3.** *(regard, silence)* menaçant.
ominously ['ɒmɪnəslɪ] *adv* **1.** d'un ton menaçant **2.** de façon inquiétante.
omission [ə'mɪʃn] *n* omission *f*.
omit [ə'mɪt] *vt* omettre • **to omit to do sthg** oublier de faire qqch.
omnibus ['ɒmnɪbəs] *n* **1.** recueil *m* **2. (UK)** RADIO & TV *diffusion groupée des épisodes de la semaine*.
omnipotence [ɒm'nɪpətəns] *n* omnipotence *f*.
omnipotent [ɒm'nɪpətənt] *adj* tout-puissant, omnipotent.
omnipresent [ˌɒmnɪ'prezənt] *adj* omniprésent.
omnivorous [ɒm'nɪvərəs] *adj* omnivore.

on

■ **on** [ɒn] *prép*

1. INDIQUE UNE LOCALISATION

• **your book is on the chair** ton livre est sur la chaise • **there were posters on the walls** il y avait des posters au mur • **the information is on disk** l'information est sur disquette • **the museum is on the left/right** le musée est sur la gauche/droite *ou* à gauche/droite

2. EN PARLANT DES MÉDIAS OU DES TÉLÉCOMMUNICATIONS

• **the video was shown on TV for the first time on Thursday** le clip est passé à la télé pour la première fois jeudi • **I heard on the radio that Chet Baker had died** j'ai appris la mort de Chet Baker à la radio • **you're on the air** vous êtes en direct *ou* à l'antenne • **she's on the telephone at the moment** elle est au téléphone

3. POUR INDIQUER UN MOYEN DE TRANSPORT

• **they travelled on a bus/train/ship** ils ont voyagé en bus/en train/en bateau

• **I was on the bus** j'étais dans le bus • **are you on foot?** êtes-vous à pied ?

4. INDIQUE UN THÈME, UN SUJET

• **he's fond of books on astronomy** il aime les livres sur l'astronomie • **have you heard him on this project?** l'avez-vous entendu parler de ce projet ?

5. INTRODUIT UNE DATE

• **I have an appointment on Thursday** j'ai rendez-vous jeudi • **on the 10th of February, we will fly to Cuba** le 10 février, nous prendrons l'avion pour Cuba • **it was snowing on my birthday** il neigeait le jour de mon anniversaire

6. SUIVI D'UN GÉRONDIF, INDIQUE UNE QUASI-SIMULTANÉITÉ

• **on hearing the news, she burst into tears** en apprenant la nouvelle, elle fondit en larmes

7. INDIQUE UN MOYEN DE SUBSISTANCE OU UNE DÉPENDANCE

• **one cannot live on water alone** on ne peut pas vivre d'amour et d'eau fraîche • **the robin lives on fruit** le rouge-gorge vit *ou* se nourrit de fruits • **the car runs on petrol** la voiture marche à l'essence • **he's on tranquilizers** il prend des tranquillisants • **I think she's on drugs again** je pense qu'elle se drogue à nouveau

8. POUR PARLER D'UN REVENU

• **how much are you on?** combien gagnez-vous ? • **he's on £25,000 a year** il gagne 25 000 livres par an • **housing benefit helps people on a low income to pay their rent** l'allocation logement aide les personnes à faible revenu à payer leur loyer • **his grandmother is on social security** sa grand-mère reçoit l'aide sociale

9. INDIQUE UNE PROPORTION

• **25 cents on the dollar** 25 cents par dollar

10. AVEC DES INSTRUMENTS DE MUSIQUE

• **he played the tune on the violin/flute** il a joué l'air au violon/à la flûte

11. *fam* INDIQUE CELUI QUI PAIE

• **the drinks are on me** c'est moi qui régale, c'est ma tournée • **we had a drink on the house** nous avons bu un verre aux frais du patron *ou* de la maison

■ on [ɒn] *adv*

1. INDIQUE QUE QQCH EST À SA PLACE

• **I left the lid on the pot** j'ai laissé le couvercle sur la casserole

2. EN PARLANT DE VÊTEMENTS

• **it's cold outside, you should put a sweater on** il fait froid dehors, tu devrais mettre un pull • **what did she have on?** qu'est-ce qu'elle portait ? • **he had nothing on** il était tout nu

3. INDIQUE UNE MISE SOUS TENSION, UN BRANCHEMENT

• **switch the light on, please** allume la lumière, s'il te plaît • **turn the power on** mets le courant

4. EXPRIME LA CONTINUATION

• **if you read on, you'll find this book very interesting** si tu continues à lire, tu trouveras ce livre très intéressant • **they walked on for hours** ils marchèrent des heures sans s'arrêter

5. INDIQUE UN CHEMINEMENT

• **send my mail on (to me)** faites suivre mon courrier

6. DANS DES EXPRESSIONS

• **later on** plus tard • **earlier on** plus tôt

■ on [ɒn] *adj*

1. INDIQUE LA MISE SOUS TENSION, LE FONCTIONNEMENT

• **the radio was on** la radio était allumée • **the washing machine is on** le lave-linge est en marche • **the lights are on** les lumières sont allumées • **the tap is on** le robinet est ouvert

2. POUR PARLER DE LA TENUE D'UN ÉVÉNEMENT

• **there's a conference on next week** il y a une conférence la semaine prochaine • **it's on at the local cinema** ça passe au cinéma du quartier • **your favourite TV programme is on tonight** il y a ton émission préférée à la télé ce soir • **is our deal still on?** est-ce que notre affaire tient toujours ?

3. *fam* INDIQUE UNE POSSIBILITÉ

• **we'll never be ready by tomorrow: it just isn't on** nous ne serons jamais prêts pour demain, c'est tout simplement impossible • **are you still on for dinner?** ça marche toujours pour le dîner ? • **shall we say £10? — you're on!** disons 10 livres ? — d'accord *ou* tope là !

■ from... on *adv*

• **from now on** dorénavant, désormais • **from then on** à partir de ce moment-là

■ on and off *adv*

DE FAÇON IRRÉGULIÈRE

• **I worked on and off for about a year** j'ai travaillé par intermittence pendant à peu près un an

■ on and on *adv*

• **to go on and on (about)** parler sans arrêt (de) • **the list goes on and on** la liste n'en finit plus

on-air *adj & adv TV & RADIO* à l'antenne • **on-air (warning) light** voyant *m* de passage à l'antenne.

on-board *adj (souris, modem)* intégré.

on-camera *adj & adv TV & CINÉ* à l'image.

once [wʌns] *adv* **1.** une fois • **once a day** une fois par jour • **once again** *ou* **more** encore une fois • **once and for all** une fois pour toutes • **once in a while** de temps en temps • **once or twice** une ou deux fois • **for once** pour une fois **2.** autrefois, jadis • **once upon a time** il était une fois. ❑ *conj* dès que. ■ **at once** *adv* **1.** immédiatement **2.** en même temps • **all at once** tout d'un coup.

once-over *n fam* • **to give sb the once-over** jauger qqn d'un coup d'œil • **to give sthg the once-over** jeter un coup d'œil à qqch.

oncologist [ɒŋˈkɒlədʒɪst] *n* oncologue *mf*, oncologiste *mf*.

oncoming [ˈɒnˌkʌmɪŋ] *adj* **1.** *(circulation)* venant en sens inverse **2.** *(danger)* imminent.

one [wʌn] *num* un, une *f* • **page one** page un • **one of my friends** l'un de mes amis, un ami à moi • **one fifth** un cinquième. ❑ *adj* **1.** seul, unique • **it's her one ambition/love** c'est son unique ambition/son seul amour **2.** • **one of these days** un de ces jours. ❑ *pron* **1.** • **which one do you want?** lequel voulez-vous ? • **this one** celui-ci *m*, celle-ci *f* • **that one** celui-là *m*, celle-là *f* • **she's the one I told you about** c'est celle dont je vous ai parlé **2.** (surtout UK) *sout* on • **one can only do one's best** on fait ce qu'on peut • **to do one's duty** faire son devoir. ■ **at one** *adv* • **to be at one with sb/sthg** être d'accord avec qqn/en accord avec qqch. ■ **for one** *adv* • **I for one remain unconvinced** pour ma part je ne suis pas convaincu. ■ **one another** *pron* l'un l'autre, l'une l'autre, les uns les autres, les unes les autres • **they didn't dare talk to one another** ils n'ont pas osé se parler • **we love one another** nous nous aimons.

À PROPOS DE

one

Attention à ne pas confondre l'article indéfini *(a/an)* et le chiffre *one*. Comparez par exemple **an ice box** *is no good - you need a deep freeze (ice box* contraste avec *deep freeze)* et **one ice box** *is no good - we've got enough food to fill three (one* contraste avec *three)*.

Le pronom *one* est d'un registre très élevé lorsqu'on l'utilise pour parler de soi ou des gens en général *(how does one spell "focused"?)*. Dans ces cas-là, on le remplace généralement par *you (how do you spell "focused"?)*.

one-armed bandit *n fam* machine *f* à sous.

one-dimensional *adj* unidimensionnel.

one-hit wonder *n groupe ou chanteur qui n'a eu qu'un seul tube*.

one-liner *n* bon mot *m*.

one-man *adj (entreprise)* dirigé par un seul homme.

one-man band *n* homme-orchestre *m*.

one-night stand *n* **1.** représentation *f* unique *(au théâtre)* **2.** *fam* aventure *f* d'un soir.

one-off (UK) *fam adj* unique. ❑ *n* • **a one-off** **a)** un exemplaire unique **b)** un événement unique.

one-on-one (US) = **one-to-one**.

one-parent family *n* famille *f* monoparentale.

onerous [ˈəʊnərəs] *adj sout* **1.** *(tâche)* pénible **2.** *(responsabilité)* lourd, pesant.

oneself [wʌnˈself] *pron* (surtout UK) *sout* **1.** *(réfléchi)* se • **to enjoy oneself** s'amuser **2.** *(précédé d'une préposition)* soi **3.** *(emphatique)* soi-même.

one-sided [-ˈsaɪdɪd] *adj* **1.** inégal **2.** partial.

one-stop shopping *n (indén)* achats *mpl* regroupés.

one-to-one (UK), **one-on-one** (US) *adj* en tête-à-tête • **one-to-one tuition** cours *mpl* particuliers. ❑ *n* entretien *m* (individuel).

one-touch dialling (UK), **one-touch dialing** (US) *n* numérotation *f* rapide.

one-upmanship [ˌwʌnˈʌpmənʃɪp] *n* art *m* de faire toujours mieux que les autres.

one-way *adj* **1.** *(rue)* à sens unique **2.** • **a one-way ticket** un aller simple.

ongoing [ˈɒnˌgəʊɪŋ] *adj* en cours, continu.

onion [ˈʌnjən] *n* oignon *m*.

online [ˈɒnlaɪn] *adj & adv* en ligne • **to shop online** faire des achats en ligne.

online banking *n (indén)* banque *f* en ligne.

online community *n* communauté *f* en ligne.

online course *n* cours *m* en ligne.

online harassment *n* cyberharcèlement *m*.

online retailer *n* détaillant *m* en ligne.

online shopping *n (indén)* achats *mpl* par Internet.

onlooker [ˈɒnˌlʊkəʳ] *n* spectateur *m*, -trice *f*.

only [ˈəʊnlɪ] *adj* seul, unique • **an only child** un enfant unique. ❑ *adv* **1.** ne... que, seulement • **he only reads science fiction** il ne lit que de la science-fiction • **it's only a scratch** c'est juste une égratignure • **he left only a few minutes ago** il est parti il n'y a pas deux minutes **2.** • **I only wish I could** je voudrais bien • **it's only natural (that)...** c'est tout à fait normal que... • **the only way I'll go is if it's free** je n'irai que si c'est gratuit • **I was only too willing to help** je ne demandais qu'à aider • **not only... but also...** non seulement... mais encore... • **I only just caught the train** j'ai eu le train de justesse. ❑ *conj* seulement, mais.

on-message *adj* • **to be on-message** être dans la ligne officielle.

on-screen *adj & adv* à l'écran.

onset ['ɒnset] *n* début *m*, commencement *m*.

onshore ['ɒnʃɔːʳ] *adj & adv* **1.** du large **2.** à terre.

on-site *adj* sur place.

onslaught ['ɒnslɔːt] *n* attaque *f*.

onstage ['ɒnsteɪdʒ] *adj & adv* sur scène.

on-target earnings *npl* salaire *m* de base plus commissions.

on-the-job *adj (formation)* sur le tas.

on-the-spot *adj* sur place.

onto *(accentué* ['ɒntuː], *non accentué devant une consonne* ['ɒntə], *non accentué devant une voyelle* ['ɒntʊ]*) prép* sur, dans • **he jumped onto his bicycle** il a sauté sur sa bicyclette • **she got onto the bus** elle est montée dans le bus • **stick the photo onto the page with glue** colle la photo sur la page • **to be onto sb** être sur la piste de qqn • **get onto the factory (UK)** contactez l'usine.

on-trend *adj* dans le vent, branché.

onus ['əʊnəs] *n* responsabilité *f*, charge *f*.

onward ['ɒnwəd] *adj & adv* en avant.

onwards ['ɒnwədz] *adv* en avant • **from now onwards** dorénavant, désormais • **from then onwards** à partir de ce moment-là.

oops [ʊps *ou* uːps] *interj fam* houps !, hop là !

ooze [uːz] *vt fig* • **he oozes confidence** il déborde d'assurance. ❑ *vi* • **to ooze from** *ou* **out of sthg** suinter de qqch.

opaque [əʊ'peɪk] *adj* **1.** opaque **2.** *fig* obscur.

OPEC ['əʊpek] (abrév de Organization of Petroleum Exporting Countries) *n* OPEP *f*.

open ['əʊpn] *adj* **1.** ouvert **2.** dégagé **3.** découvert **4.** public **5.** ouvert à tous **6.** • **to be open (to)** être réceptif (à) **7.** manifeste, évident **8.** non résolu. ❑ *n* **1.** • **in the open a)** à la belle étoile **b)** au grand air • **to bring sthg out into the open** divulguer qqch, exposer qqch au grand jour **2.** TENNIS • **the British Open** l'open *m ou* le tournoi open de Grande-Bretagne. ❑ *vt* **1.** ouvrir **2.** inaugurer. ❑ *vi* **1.** s'ouvrir **2.** ouvrir • **what time do you open?** à quelle heure ouvrez-vous ? **3.** commencer. ■ **open on to** *vt insép (pièce)* donner sur. ■ **open up** *vt sép* **1.** ouvrir **2.** exploiter, développer. ❑ *vi* **1.** s'offrir, se présenter **2.** ouvrir.

open-air *adj* en plein air.

open-and-shut *adj* clair, évident.

open book test ['əʊpn bʊk ˌtest] *n* **(US)** *test pour lequel les élèves peuvent utiliser leurs notes ou leurs livres*.

open day *n* journée *f* portes ouvertes.

open-door *adj (politique)* de la porte ouverte.

open-ended [-'endɪd] *adj* sans limite de durée.

opener ['əʊpnəʳ] *n* **1.** ouvre-boîtes *m inv* **2.** ouvre-bouteilles *m inv*, décapsuleur *m*.

open-heart surgery *n* chirurgie *f* à cœur ouvert.

open house *n* **1. (US)** = **open day 2. (US)** grande fête *f* **3.** • **to keep open house (UK)** tenir table ouverte **4. (US)** réunion *f* parents professeurs.

opening ['əʊpnɪŋ] *adj* **1.** premier **2.** préliminaire. ❑ *n* **1.** commencement *m*, début *m* **2.** trou *m*, percée *f* **3.** trouée *f*, déchirure *f (dans les nuages)* **4.** occasion *f* **5.** débouché *m* **6.** poste *m*.

opening balance *n* solde *m* d'ouverture.

opening hours *npl* heures *fpl* d'ouverture.

opening night *n* première *f*.

opening time *n* **(UK)** heure *f* d'ouverture.

openly ['əʊpənlɪ] *adv* ouvertement, franchement.

open-minded [-'maɪndɪd] *adj* qui a l'esprit large.

open-mindedness [-'maɪndɪdnɪs] *n* ouverture *f* d'esprit.

open-mouthed [-'maʊðd] *adj & adv* bouche bée *(inv)*.

open-necked [-'nekt] *adj* à col ouvert.

openness ['əʊpənnɪs] *n* franchise *f (honnêteté)*.

open-plan *adj* non cloisonné.

open prison *n* prison *f* ouverte.

open sandwich *n* canapé *m*.

open source *adj (logiciel)* à code source libre, open-source.

open-toe, open-toed [-təʊd] *adj* ouvert.

open-top *adj* décapotable.

open-topped bus *n* autobus *m* à impériale.

Open University *n* **(UK)** • **the Open University** ≃ centre *m* national d'enseignement à distance.

open verdict *n* **(UK)** *jugement qui enregistre un décès sans en spécifier la cause*.

opera ['ɒpərə] *n* opéra *m*.

operable ['ɒprəbl] *adj (maladie)* opérable.

operagoer ['ɒprəˌgəʊəʳ] *n* amateur *m* d'opéra.

opera house *n* Opéra *m*.

opera singer *n* chanteur *m*, -euse *f* d'opéra.

operate ['ɒpəreɪt] *vt* **1.** faire marcher, faire fonctionner **2.** COMM diriger. ❑ *vi* **1.** *(règle, loi)* jouer, être appliqué **2.** *(machine)* fonctionner, marcher **3.** COMM opérer, travailler **4.** MÉD opérer • **to operate on sb/sthg** opérer qqn/de qqch.

operatic [ˌɒpə'rætɪk] *adj* d'opéra.

operating room ['ɒpəreɪtɪŋ-] *n* **(US)** = **operating theatre**.

operating system ['ɒpəreɪtɪŋ-] *n* système *m* d'exploitation.

operating theatre (UK), operating room (US) ['ɒpəreɪtɪŋ-] *n* salle *f* d'opération.

operation [ˌɒpəˈreɪʃn] *n* **1.** opération *f* • **to have an operation (for)** se faire opérer (de) **2.** marche *f*, fonctionnement *m* • **to be in operation a)** *(machine)* être en marche *ou* en service **b)** *(loi)* être en vigueur **3.** exploitation *f* **4.** administration *f*, gestion *f*.

operational [ˌɒpəˈreɪʃənl] *adj* en état de marche.

operations manager *n* directeur *m*, -trice *f* des opérations.

operative [ˈɒprətɪv] *adj* en vigueur. ❑ *n* ouvrier *m*, -ère *f*.

operator [ˈɒpəreɪtəʳ] *n* **1.** standardiste *mf* **2.** opérateur *m*, -trice *f* **3.** directeur *m*, -trice *f*.

ophthalmic [ɒfˈθælmɪk] *adj* **1.** *(nerf)* ophtalmique **2.** *(chirurgie)* ophtalmologique.

ophthalmologist [ˌɒfθælˈmɒlədʒɪst] *n* ophtalmologue *mf*, ophtalmologiste *mf*.

opinion [əˈpɪnjən] *n* opinion *f*, avis *m* • **to be of the opinion that** être d'avis que, estimer que • **in my opinion** à mon avis • **it's a matter of opinion** chacun son opinion.

opinionated [əˈpɪnjəneɪtɪd] *adj péj* dogmatique.

opinion poll *n* sondage *m* d'opinion.

opponent [əˈpəʊnənt] *n* adversaire *mf*.

opportune [ˈɒpətjuːn] *adj* opportun.

opportunism [ˌɒpəˈtjuːnɪzm] *n* opportunisme *m*.

opportunist [ˌɒpəˈtjuːnɪst] *n* opportuniste *mf*.

opportunistic [ˌɒpətjuːˈnɪstɪk] *adj* opportuniste.

opportunity [ˌɒpəˈtjuːnətɪ] *n* **1.** occasion *f* • **to take the opportunity to do** *ou* **of doing sthg** profiter de l'occasion pour faire qqch **2.** • **opportunities and threats** COMM opportunités *fpl* et menaces *fpl* **3.** chance *f* • **opportunity knocks!** voilà ta chance !

oppose [əˈpəʊz] *vt* s'opposer à.

opposed [əˈpəʊzd] *adj* opposé • **to be opposed to** être contre, être opposé à • **as opposed to** par opposition à.

opposing [əˈpəʊzɪŋ] *adj* opposé.

opposite [ˈɒpəzɪt] *adj* **1.** opposé **2.** d'en face. ❑ *adv* en face. ❑ *prép* en face de. ❑ *n* contraire *m*.

opposite number *n* homologue *mf*.

opposite sex *n* • **the opposite sex** le sexe opposé.

opposition [ˌɒpəˈzɪʃn] *n* **1.** opposition *f* **2.** adversaire *mf*. ■ **Opposition** *n* **(UK)** • **the Opposition** l'opposition.

oppress [əˈpres] *vt* **1.** opprimer **2.** oppresser.

oppressed [əˈprest] *adj* opprimé. ❑ *npl* • **the oppressed** les opprimés *mpl*.

oppression [əˈpreʃn] *n* oppression *f*.

oppressive [əˈpresɪv] *adj* **1.** oppressif **2.** étouffant, lourd **3.** oppressant.

oppressively [əˈpresɪvlɪ] *adv* d'une manière oppressante *ou* accablante • **to be oppressively hot** faire une chaleur étouffante *ou* accablante.

oppressor [əˈpresəʳ] *n* oppresseur *m*.

opt [ɒpt] *vt* • **to opt to do sthg** choisir de faire qqch. ❑ *vi* • **to opt for** opter pour. ■ **opt in** *vi* • **to opt in (to)** choisir de participer (à). ■ **opt out** *vi* • **to opt out (of) a)** choisir de ne pas participer (à) **b)** se dérober (à) **c)** **(UK)** ne plus faire partie (de).

optic [ˈɒptɪk] *adj* optique.

optical [ˈɒptɪkl] *adj* optique.

optical disc (drive) *n* disque *m* optique.

optical fibre (UK), optical fiber (US) *n* fibre *f* optique.

optical illusion *n* illusion *f* d'optique.

optical media *npl* supports *mpl* optiques.

optical zoom *n* zoom *m* optique.

optician [ɒpˈtɪʃn] *n* **1.** opticien *m*, -enne *f* **2.** ophtalmologiste *mf*.

optimism [ˈɒptɪmɪzm] *n* optimisme *m*.

optimist [ˈɒptɪmɪst] *n* optimiste *mf*.

optimistic [ˌɒptɪˈmɪstɪk] *adj* optimiste.

optimistically [ˌɒptɪˈmɪstɪklɪ] *adv* avec optimisme, d'une manière optimiste.

optimize, -ise (UK) [ˈɒptɪmaɪz] *vt* optimaliser.

optimum [ˈɒptɪməm] *adj* optimum *(inv)*.

option [ˈɒpʃn] *n* option *f*, choix *m* • **to have the option to do** *ou* **of doing sthg** pouvoir faire qqch, avoir la possibilité de faire qqch.

optional [ˈɒpʃənl] *adj* facultatif.

opt-out *n* **(UK)** *décision de choisir l'autonomie vis-à-vis des pouvoirs publics*.

opt-out clause *n* clause *f* d'exemption.

opulent [ˈɒpjʊlənt] *adj* **1.** opulent **2.** magnifique.

or [ɔʳ] *conj* **1.** ou **2.** • **he can't read or write** il ne sait ni lire ni écrire **3.** sinon **4.** ou plutôt.

OR abrév de **Oregon**.

oracle [ˈɒrəkl] *n* oracle *m*.

oral [ˈɔːrəl] *adj* **1.** oral **2.** MÉD par voie orale, par la bouche ; buccal. ❑ *n* SCOL & UNIV oral *m*, épreuve *f* orale.

orally [ˈɔːrəlɪ] *adv* **1.** oralement **2.** MÉD par voie orale.

orange [ˈɒrɪndʒ] *adj* orange *(inv)*. ❑ *n* **1.** *(fruit)* orange *f* • **orange juice** jus d'orange **2.** *(couleur)* orange *m*.

orator [ˈɒrətəʳ] *n* orateur *m*, -trice *f*.

orbit [ˈɔːbɪt] *n* orbite *f*. ❑ *vt* décrire une orbite autour de.

orchard [ˈɔːtʃəd] *n* verger *m* • **apple orchard** champ *m* de pommiers, pommeraie *f*.

orchestra [ˈɔːkɪstrə] *n* orchestre *m*.

orchestral [ɔːˈkestrəl] *adj* orchestral.

orchestrate [ˈɔːkɪstreɪt] *vt litt* & *fig* orchestrer.

orchid ['ɔkɪd] *n* orchidée *f.*

ordain [ɔ'deɪn] *vt* **1.** ordonner, décréter **2.** • **to be ordained** être ordonné prêtre.

ordeal [ɔ'di:l] *n* épreuve *f.*

order ['ɔdə^r] *n* **1.** ordre *m* • **to be under orders to do sthg** avoir (reçu) l'ordre de faire qqch **2.** commande *f* • **to place an order with sb for sthg** passer une commande de qqch à qqn • **to order** sur commande **3.** ordre *m* • **in order** dans l'ordre • **in order of importance** par ordre d'importance **4.** • **in working order** en état de marche • **out of order a)** en panne **b)** *(comportement)* déplacé • **in order** en ordre **5.** *(indén)* ordre *m* ; discipline *f* **6.** • **(money) order** mandat *m* • **pay to the order of A. Jones** payez à l'ordre de A. Jones **7.** (surtout US) part *f.* ❑ *vt* **1.** ordonner • **to order sb to do sthg** ordonner à qqn de faire qqch • **to order that** ordonner que **2.** commander. ■ **order about (UK), order around** *vt sép* commander.

order form *n* bulletin *m* de commande.

orderly ['ɔdəlɪ] *adj* **1.** ordonné **2.** discipliné **3.** en ordre. ❑ *n* MÉD garçon *m* de salle.

ordinarily ['ɔdənrəlɪ] *adv* d'habitude, d'ordinaire.

ordinary ['ɔdənrɪ] *adj* **1.** ordinaire **2.** *péj* ordinaire, quelconque. ❑ *n* • **out of the ordinary** qui sort de l'ordinaire, exceptionnel.

ordnance ['ɔdnəns] *n (indén)* **1.** matériel *m* militaire **2.** artillerie *f.*

ore [ɔ^r] *n* minerai *m.*

oregano [,ɒrɪ'gɑ:nəʊ] *n* origan *m.*

Oregon ['ɒrɪgən] *npr* Oregon • **in Oregon** dans l'Oregon.

organ ['ɔgən] *n* **1.** organe *m* **2.** orgue *m.*

organ grinder *n* joueur *m,* -euse *f* d'orgue de Barbarie • **I want to speak to the organ-grinder, not his monkey** *fig* je veux parler au chef, pas à un de ses sous-fifres.

organic [ɔ'gænɪk] *adj* **1.** organique **2.** biologique, bio *(inv)* • **organic vegetables** légumes bio.

organically [ɔ:'gænɪklɪ] *adv* sans engrais chimiques.

organization, -isation (UK) [,ɔgənaɪ'zeɪʃn] *n* organisation *f.*

organize, -ise (UK) ['ɔgənaɪz] *vt* organiser.

organized, -ised (UK) ['ɔ:gənaɪzd] *adj* organisé.

organized labour (UK), organized labor (US) *n* main d'œuvre *f* syndiquée.

organizer, -iser (UK) ['ɔgənaɪzə^r] *n* **1.** organisateur *m,* -trice *f* **2.** *(agenda)* organiseur *m,* agenda *m* électronique.

orgasm ['ɔgæzm] *n* orgasme *m.*

orgasmic [ɔ:'gæzmɪk] *adj* orgasmique, orgastique.

orgy ['ɔdʒɪ] *n litt* & *fig* orgie *f.*

orient ['ɔ:rɪənt], **orientate (UK)** ['ɔ:rɪenteɪt] *vt* • **to be oriented towards** viser, s'adresser à • **to orient o.s.** s'orienter.

Orient ['ɔrɪənt] *n* • **the Orient** l'Orient *m.*

oriental [,ɔrɪ'entl] *adj* oriental.

orientate ['ɔ:rɪenteɪt] = **orientate.**

orientation [,ɔ:rɪen'teɪʃn] *n* orientation *f* • **sexual orientation** orientation *f* sexuelle.

orienteering [,ɔrɪən'tɪərɪŋ] *n (indén)* course *f* d'orientation.

origami [,ɒrɪ'gɑ:mɪ] *n* origami *m.*

origin ['ɒrɪdʒɪn] *n* **1.** source *f* **2.** origine *f* **3.** • **country of origin** pays *m* d'origine. ■ **origins** *npl* origines *fpl.*

original [ɒ'rɪdʒənl] *adj* **1.** original **2.** originel **3.** premier. ❑ *n* original *m.*

originality [ə,rɪdʒə'nælətɪ] *n* originalité *f.*

originally [ə'rɪdʒənəlɪ] *adv* à l'origine, au départ.

originate [ə'rɪdʒəneɪt] *vt* être l'auteur de, être à l'origine de. ❑ *vi* • **to originate (in)** prendre naissance (dans) • **to originate from** provenir de.

Orkney Islands ['ɔknɪ-], **Orkneys** ['ɔknɪz] *npl* • **the Orkney Islands** les Orcades *fpl.*

ornament ['ɔnəmənt] *n* **1.** bibelot *m* **2.** *(indén)* ornement *m.*

ornamental [,ɔnə'mentl] *adj* **1.** d'agrément **2.** décoratif.

ornate [ɔ'neɪt] *adj* orné.

ornithology [,ɔnɪ'θɒlədʒɪ] *n* ornithologie *f.*

orphan ['ɔfn] *n* orphelin *m,* -e *f.* ❑ *vt* • **to be orphaned** devenir orphelin.

orphanage ['ɔfənɪdʒ] *n* orphelinat *m.*

orthodox ['ɔθədɒks] *adj* **1.** orthodoxe **2.** traditionaliste.

orthopaedic (UK), orthopedic (US) [,ɔθə'pi:dɪk] *adj* orthopédique.

Oscar-winning *adj* • **an Oscar-winning picture** un film primé aux Oscars • **to put on an Oscar-winning performance!** *fam* & *fig* faire un numéro d'anthologie.

oscillate ['ɒsɪleɪt] *vi litt* & *fig* osciller.

Oslo ['ɒzləʊ] *n* Oslo.

ossified ['ɒsɪfaɪd] *adj* **1.** ossifié **2.** *fig (esprit, idées)* sclérosé.

ostensible [ɒ'stensəbl] *adj* prétendu.

ostensibly [ɒ'stensəblɪ] *adv* en apparence, soi-disant.

ostentatious [,ɒstən'teɪʃəs] *adj* ostentatoire.

osteopath ['ɒstɪəpæθ] *n* ostéopathe *mf.*

ostracize, -ise (UK) ['ɒstrəsaɪz] *vt* frapper d'ostracisme, mettre au ban.

ostrich ['ɒstrɪtʃ] *n* autruche *f.*

other ['ʌðə^r] *adj* autre • **the other one** l'autre • **the other day/week** l'autre jour/semaine. ❑ *adv* • **there was nothing to do other than**

confess il ne pouvait faire autrement que d'avouer • **other than John** John à part. ❑ *pron* • **the other** l'autre • **others** d'autres • **the others** les autres • **one after the other** l'un après l'autre, l'une après l'autre *f* • **one or other of you** l'un, l'une *f* de vous deux • **none other than** nul, nulle *f* autre que. ■ **something or other** *pron* quelque chose, je ne sais quoi. ■ **somehow or other** *adv* d'une manière ou d'une autre.

otherwise ['ʌðəwaɪz] *adv* autrement • **or otherwise** ou non. ❑ *conj* sinon.

otherworldliness [ˌʌðəˈwɜːldlɪnɪs] *n* **1.** détachement *m* (des choses de ce monde) **2.** caractère *m* mystique.

otherworldly [ˌʌðəˈwɜːldlɪ] *adj* détaché des biens de ce monde.

OTOH abrév de **on the other hand**.

otter ['ɒtəʳ] *n* loutre *f*.

ouch [aʊtʃ] *interj* aïe !, ouïe !

ought

■ **ought** [ɔːt] *aux modal*

1. POUR FORMULER UNE RECOMMANDATION
• **you ought to see a doctor** tu devrais aller chez le docteur • **I really ought to go** il faudrait vraiment que je m'en aille

2. POUR FORMULER UN REPROCHE
• **you ought not to have done that** tu n'aurais pas dû faire ça • **you ought to look after your children better** tu devrais t'occuper un peu mieux de tes enfants

3. POUR EXPRIMER UNE PROBABILITÉ
• **she ought to be here soon** elle devrait être là bientôt • **she ought to pass her exam** elle devrait réussir à son examen

À PROPOS DE

ought

Ought to suivi du participe passé peut servir à exprimer des regrets (***I* ought to have called *on her birthday,* j'aurais dû l'appeler pour son anniversaire**) ou un reproche (***you* ought to have been *more careful,* tu aurais dû faire plus attention**).

ounce [aʊns] *n* once *f* (= 28,35 g).

our ['aʊəʳ] *adj poss* notre, nos *(pl)* • **our money/house** notre argent/maison • **our children** nos enfants • **it wasn't our fault** ce n'était pas de notre faute.

ours ['aʊəz] *pron poss* le nôtre, la nôtre, les nôtres • **that money is ours** cet argent est à nous *ou* est le nôtre • **it wasn't their fault, it was ours** ce n'était pas de leur faute, c'était de notre faute à nous *ou* de la nôtre • **a friend of ours** un ami à nous, un de nos amis.

À PROPOS DE

our

Si vous parlez d'une partie du corps, n'oubliez pas d'utiliser l'adjectif possessif *our*, et non pas *the* (***we washed* our *hair,* nous nous sommes lavé les cheveux**).

ourselves [aʊəˈselvz] *pron* **1.** *(réfléchi)* nous **2.** *(forme emphatique)* nous-mêmes • **we did it by ourselves** nous l'avons fait tout seuls.

oust [aʊst] *vt* • **to oust sb (from)** évincer qqn (de).

out [aʊt] *adv* **1.** dehors • **I'm going out for a walk** je sors me promener • **to run out** sortir en courant • **out here** ici • **out there** là-bas **2.** sorti • **John's out at the moment** John est sorti, John n'est pas là en ce moment • **an afternoon out** une sortie l'après-midi **3.** éteint • **the lights went out** les lumières se sont éteintes **4.** • **the tide is out** la marée est basse **5.** démodé, passé de mode **6.** en fleur **7.** • **before the year is out** avant la fin de l'année **8.** • **to be out to do sthg** être résolu *ou* décidé à faire qqch **9.** • **to be out to lunch** *fam* être à côté de la plaque. ■ **out of** *prép* **1.** en dehors de • **to go out of the room** sortir de la pièce • **to be out of the country** être à l'étranger **2.** par • **out of spite/love/boredom** par dépit/amour/ennui **3.** de, dans • **a page out of a book** une page d'un livre • **it's made out of plastic** c'est en plastique **4.** sans • **out of petrol/money** à court d'essence/d'argent **5.** à l'abri de • **we're out of the wind here** nous sommes à l'abri du vent ici **6.** sur • **one out of ten people** une personne sur dix • **ten out of ten** dix sur dix.

out-and-out *adj* **1.** *(menteur)* fieffé **2.** *(succès, échec)* total.

outback ['aʊtbæk] *n* • **the outback** l'intérieur *m* du pays *(en Australie)*.

outboard (motor) ['aʊtbɔːd-] *n* (moteur *m*) hors-bord *m*.

outbreak ['aʊtbreɪk] *n* **1.** début *m*, déclenchement *m* **2.** éruption *f* *(cutanée)* **3.** *(of disease)* épidémie *f*, foyer *m* épidémique, cluster *m*.

outburst ['aʊtbɜːst] *n* explosion *f*.

outcast ['aʊtkɑːst] *n* paria *m*.

outcome ['aʊtkʌm] *n* issue *f*, résultat *m*.

outcrop ['aʊtkrɒp] *n* affleurement *m*.

outcry ['aʊtkraɪ] *n* tollé *m*.

outdated [ˌaʊtˈdeɪtɪd] *adj* démodé, vieilli.

outdid [ˌaʊtˈdɪd] *passé* → **outdo**.

outdo [ˌaʊtˈduː] (*prét* **outdid**, *pp* **outdone** [-ˈdʌn]) *vt* surpasser.

outdoor ['aʊtdɔːʳ] *adj* **1.** en plein air • **an outdoor swimming pool** une piscine en plein air **2.** *(sports, activités)* de plein air.

outdoors [aʊtˈdɔːz] *adv* dehors.

outer ['aʊtəʳ] *adj* extérieur.

outer space *n* cosmos *m*.
outfit ['aʊtfɪt] *n* **1.** tenue *f* **2.** *fam* équipe *f*.
outfitters ['aʊt,fɪtəz] *n* **(UK)** *vieilli* magasin *m* spécialisé de confection pour hommes.
outgoing ['aʊt,gəʊɪŋ] *adj* **1.** *(président, directeur)* sortant **2.** *(courrier)* à expédier **3.** *(train)* en partance **4.** *(personne)* ouvert. ■ **outgoings** *npl* **(UK)** dépenses *fpl*.
outgrow [,aʊt'grəʊ] *(prét* **outgrew**, *pp* **outgrown***)* *vt* **1.** devenir trop grand pour **2.** se défaire de.
outhouse ['aʊthaʊs] *(pl* [-haʊzɪz]*)* *n* **1. (UK)** remise *f* **2. (US)** toilettes *fpl* extérieures.
outing ['aʊtɪŋ] *n* sortie *f*.
outlandish [aʊt'lændɪʃ] *adj* bizarre.
outlaw ['aʊtlɔ] *n* hors-la-loi *m inv*. ❑ *vt* proscrire.
outlay ['aʊtleɪ] *n* dépenses *fpl*.
outlet ['aʊtlet] *n* **1.** exutoire *m* **2.** sortie *f* *(d'un tunnel)* **3.** • **retail outlet** point *m* de vente **4. (US)** prise *f* *(de courant)*.
outline ['aʊtlaɪn] *n* **1.** grandes lignes *fpl* • **in outline** en gros **2.** silhouette *f*. ❑ *vt* exposer les grandes lignes de.
outlive [,aʊt'lɪv] *vt* survivre à.
outlook ['aʊtlʊk] *n* **1.** attitude *f*, conception *f* **2.** perspective *f*.
outlying ['aʊt,laɪɪŋ] *adj* **1.** reculé **2.** écarté.
outmoded [,aʊt'məʊdɪd] *adj* démodé.
outnumber [,aʊt'nʌmbəʳ] *vt* surpasser en nombre.
out-of-body experience *n* expérience *f* hors du corps.
out-of-bounds *adj* **1.** interdit • **out-of-bounds to civilians** interdit aux civils **2. (US)** hors (du) terrain.
out-of-date *adj* **1.** périmé **2.** démodé **3.** dépassé.
out of doors *adv* dehors.
out-of-pocket *adj* **1.** • **I'm £5 out-of-pocket** j'en suis pour 5 livres de ma poche **2.** • **out-of-pocket expenses** frais *mpl*.
out-of-pocket expenses *npl* frais *mpl* *(dépenses)*.
out-of-shot *adj* TV & CINÉ en dehors du champ.
out-of-sync *adj* désynchronisé, hors synchronisation.
out-of-the-way *adj* **1.** perdu **2.** peu fréquenté.
out-of-town *adj* situé à la périphérie d'une ville.
outpatient ['aʊt,peɪʃnt] *n* malade *mf* en consultation externe.
outperform [,aʊtpə'fɔːm] *vt* avoir de meilleures performances que, être plus performant que.
outplay [,aʊt'pleɪ] *vt* dominer *(dans un match)*.
outpost ['aʊtpəʊst] *n* avant-poste *m*.
output ['aʊtpʊt] *n* **1.** production *f* **2.** INFORM sortie *f*.
outrage ['aʊtreɪdʒ] *n* **1.** indignation *f* **2.** atrocité *f*. ❑ *vt* outrager.
outraged ['aʊtreɪdʒd] *adj* outré.
outrageous [aʊt'reɪdʒəs] *adj* **1.** scandaleux, monstrueux **2.** choquant **3. (US)** *fam* extravagant.
outrageously [aʊt'reɪdʒəslɪ] *adv* **1.** de façon scandaleuse, scandaleusement **2.** atrocement, monstrueusement **3.** de façon extravagante.
outright *adj* ['aʊtraɪt] absolu, total. ❑ *adv* [,aʊt'raɪt] **1.** carrément, franchement **2.** complètement, totalement.
outsell [,aʊt'sel] *(prét & pp* **outsold***)* *vt* dépasser les ventes de.
outset ['aʊtset] *n* • **at the outset** au commencement, au début • **from the outset** depuis le commencement *ou* début.
outside *adj* ['aʊtsaɪd] **1.** extérieur • **an outside opinion** une opinion indépendante **2.** *(chance, possibilité)* faible. ❑ *adv* [,aʊt'saɪd] à l'extérieur • **to go/run/look outside** aller/courir/regarder dehors. ❑ *prép* ['aʊtsaɪd] **1.** à l'extérieur de, en dehors de **2.** • **outside office hours** en dehors des heures de bureau. ❑ *n* ['aʊtsaɪd] extérieur *m*. ■ **outside of** *prép* à part • **nobody, outside of a few close friends, was invited** personne, en dehors de *ou* à part quelques amis intimes, n'était invité.
outside lane *n* **1.** *(au Royaume-Uni)* voie *f* de droite **2.** *(en Europe, aux États-Unis)* voie *f* de gauche.
outside line *n* TÉLÉCOM ligne *f* extérieure.
outsider [,aʊt'saɪdəʳ] *n* **1.** outsider *m* **2.** étranger *m*, -ère *f*.
outsize ['aʊtsaɪz], **outsized** ['aʊtsaɪzd] *adj* **1.** énorme, colossal **2.** grande taille *(inv)*.
outskirts ['aʊtskɜːts] *npl* • **the outskirts** la banlieue.
outsmart [,aʊt'smɑːt] *vt* être plus malin que.
outspoken [,aʊt'spəʊkn] *adj* franc, franche *f*.
outstanding [,aʊt'stændɪŋ] *adj* **1.** exceptionnel, remarquable **2.** marquant **3.** impayé **4.** en suspens.
outstay [,aʊt'steɪ] *vt* • **I don't want to outstay my welcome** je ne veux pas abuser de votre hospitalité.
outstretched [,aʊt'stretʃt] *adj* **1.** *(bras)* tendu **2.** *(aile)* déployé.
outstrip [,aʊt'strɪp] *vt* devancer.
outward ['aʊtwəd] *adj* **1.** • **outward journey** aller *m* **2.** extérieur. ❑ *adv* = **outwards**.
outwardly ['aʊtwədlɪ] *adv* en apparence.
outwards ['aʊtwədz] *adv* vers l'extérieur.
outweigh [,aʊt'weɪ] *vt* *fig* primer sur.
outwit [,aʊt'wɪt] *vt* se montrer plus malin que.
oval ['əʊvl] *adj & n* ovale.

Oval Office *n* • **the Oval Office** *bureau du président des États-Unis à la Maison-Blanche.*

ovary ['əʊvərɪ] *n* ovaire *m.*

ovation [əʊ'veɪʃn] *n* ovation *f* • **the audience gave her a standing ovation** le public l'a ovationnée.

oven ['ʌvn] *n* four *m.*

oven chips, **oven fries** *npl* frites *fpl* au four.

ovenproof ['ʌvnpruːf] *adj* qui va au four.

over

■ **over** ['əʊvəʳ] *prép*

1. INDIQUE UNE LOCALISATION

• **there's a lamp over the table** il y a une lampe au-dessus de la table • **it would be nicer if you put a cloth over the table** ce serait plus joli si tu mettais une nappe sur la table • **they live over the road** ils habitent en face

2. INDIQUE UN FRANCHISSEMENT, UN DÉPASSEMENT

• **he jumped over the fence** il a sauté par-dessus la clôture • **the water came over his waist** l'eau lui arrivait au-dessus de la taille • **to go over the border** franchir la frontière • **she's over forty** elle a plus de quarante ans • **he's over me at work** il occupe un poste plus élevé que le mien

3. INDIQUE UN THÈME, UN SUJET

• **they argued over the price** ils ont débattu le prix • **they fell out over politics** ils se sont brouillés pour une question de politique

4. INDIQUE UNE PÉRIODE, UNE DURÉE

• **it happened over the Christmas holiday** cela s'est passé pendant les fêtes de Noël • **I haven't seen him much over the last few years** je ne l'ai pas vu beaucoup ces dernières années

■ **over** ['əʊvəʳ] *adv*

1. INDIQUE UN MOUVEMENT D'ÉLOIGNEMENT OU DE RAPPROCHEMENT

• **they flew over to America** ils se sont envolés pour les États-Unis • **we invited them over** nous les avons invités chez nous • **over here** ici • **over there** là-bas

2. INDIQUE UN DÉPASSEMENT

• **I would recommend this book to children aged 7 and over** je recommanderais ce livre aux enfants âgés de 7 ans et plus

3. EXPRIME UNE NOTION D'EXCÈS

• **don't be over-anxious** ne sois pas trop anxieux

4. S'UTILISE POUR PARLER DE CE QUI RESTE

• **there is some meat over** il reste de la viande • **there's nothing (left) over** il ne reste rien

5. EN MATHÉMATIQUES

• **three into twenty-two goes seven and one over** vingt-deux divisé par trois font sept et il reste un

6. INDIQUE UN MOUVEMENT EFFECTUÉ POUR FAIRE TOMBER QQCH OU QQN

• **don't knock the bottle over** ne renversez pas la bouteille • **he pushed me and I fell over** il m'a poussé et je suis tombé à la renverse

7. EXPRIME UNE RÉPÉTITION

• **he did it ten times over** il l'a fait dix fois de suite • **over and over again** à maintes reprises, maintes fois

8. EXPRIME UNE IDÉE D'ATTENTION, DE RIGUEUR

• **think it over** réfléchissez-y bien • **you'd better read it over** vous feriez mieux de le lire avec attention

■ **over** ['əʊvəʳ] *adj*

INDIQUE LA FIN, L'ACHÈVEMENT DE QQCH

• **the party's over** la fête est terminée • **the repression of dissidents continued after the war was over** la répression des dissidents continua après la fin de la guerre • **I'll be glad when this is all over** je serai heureux quand tout cela sera fini

■ **all over** *prép*

• **all over the world** dans le monde entier

■ **all over** *adv*

• **the house was painted green all over** la maison était peinte tout en vert

■ **all over** *adj*

fini • **that's all over now** c'est fini, maintenant

overall *adj* ['əʊvərɔl] d'ensemble. ❑ *adv* [ˌəʊvər'ɔl] en général. ❑ *n* ['əʊvərɔl] **1.** (UK) tablier *m* **2.** (US) bleu *m* de travail. ■ **overalls** *npl* **1.** (UK) bleu *m* de travail **2.** (US) salopette *f.*

overambitious [ˌəʊvəræm'bɪʃəs] *adj* trop ambitieux.

overawe [ˌəʊvər'ɔ] *vt* impressionner.

overbalance [ˌəʊvə'bæləns] *vi* basculer.

overbearing [ˌəʊvə'beərɪŋ] *adj* autoritaire.

overboard ['əʊvəbɔd] *adv* • **to fall overboard** tomber par-dessus bord.

overbook [ˌəʊvə'bʊk] *vi* surréserver.

overborrow [ˌəʊvə'bɒrəʊ] *vi* emprunter de façon excessive *(pour une entreprise).*

overcame [ˌəʊvə'keɪm] *passé* → **overcome**.

overcast [ˌəʊvə'kɑːst] *adj (temps, ciel)* couvert.

overcharge [ˌəʊvə'tʃɑːdʒ] *vt* • **to overcharge sb (for sthg)** faire payer (qqch) trop cher à qqn.

overclocking [ˌəʊvə'klɒkɪŋ] *n* surfréquençage *m (processeur).*

overcoat ['əʊvəkəʊt] *n* pardessus *m.*

overcome [,əʊvə'kʌm] *(prét* **overcame**, *pp* **overcome**) *vt* **1.** surmonter **2.** • **to be overcome (by** *ou* **with) a)** être submergé (de) **b)** être accablé (de).

overcomplicated [,əʊvə'kɒmplɪkeɪtɪd] *adj* trop *ou* excessivement compliqué.

overconfident [,əʊvə'kɒnfɪdənt] *adj* **1.** trop sûr de soi **2.** suffisant *(arrogant)*.

overconsume [,əʊvəkən'sjuːm] *vt* consommer trop de.

overcook [,əʊvə'kʊk] *vt* faire trop cuire.

overcritical [,əʊvə'krɪtɪkəl] *adj* trop critique.

overcrowded [,əʊvə'kraʊdɪd] *adj* bondé.

overcrowding [,əʊvə'kraʊdɪŋ] *n* surpeuplement *m*.

overdo [,əʊvə'duː] *(prét* **overdid** [-'dɪd], *pp* **overdone**) *vt* **1.** exagérer **2.** trop faire • **to overdo it** se surmener **3.** trop cuire.

overdone [,əʊvə'dʌn] *pp* → **overdo**. ❑ *adj* trop cuit.

overdose *n* ['əʊvədəʊs] overdose *f*.

overdraft ['əʊvədrɑːft] *n* découvert *m* • **overdraft limit** plafond *m* de découvert.

overdraft facility *n* autorisation *f* de découvert, facilités *fpl* de caisse.

overdrawn [,əʊvə'drɔn] *adj* à découvert.

overdue [,əʊvə'djuː] *adj* **1.** • **overdue (for)** en retard (pour) **2.** • **(long) overdue** attendu (depuis longtemps) **3.** arriéré, impayé.

overegg [,əʊvər'eg] *vt* **(UK)** • **to overegg the pudding** en faire trop.

overemphasis [,əʊvə'remfəsɪs] *n* accentuation *f* excessive.

overengineered [,əʊvərendʒɪ'nɪəd] *adj* d'une conception très complexe.

overenthusiastic ['əʊvərɪn,θjuːzɪ'æstɪk] *adj* trop enthousiaste.

overestimate [,əʊvər'estɪmeɪt] *vt* surestimer.

overexcited [,əʊvərɪk'saɪtɪd] *adj* surexcité.

overexpose [,əʊvərɪk'spəʊz] *vt litt* & *fig* surexposer.

overfeeding [,əʊvə'fiːdɪŋ] *n* suralimentation *f*.

overfish [,əʊvə'fɪʃ] *vt* surexploiter *(les ressources de poissons pêchés)*.

overfishing [,əʊvəʳ'fɪʃɪŋ] *n* surpêche *f*.

overflow *vi* [,əʊvə'fləʊ] **1.** déborder **2.** • **to be overflowing (with)** regorger (de). ❑ *n* ['əʊvəfləʊ] trop-plein *m*.

overgrown [,əʊvə'grəʊn] *adj* envahi par les mauvaises herbes.

overhaul *n* ['əʊvəhɔl] **1.** révision *f (d'une voiture, d'une machine)* **2.** *fig* refonte *f*, remaniement *m*. ❑ *vt* [,əʊvə'hɔl] **1.** réviser *(une voiture, une machine)* **2.** *fig* refondre, remanier.

overhead *adj* ['əʊvəhed] aérien. ❑ *adv* [,əʊvə'hed] au-dessus. ❑ *n* ['əʊvəhed] *(indén)* **(US)** frais *mpl* généraux. ■ **overheads** *npl* **(UK)** frais *mpl* généraux.

overhead projector *n* rétroprojecteur *m*.

overhear [,əʊvə'hɪəʳ] *(prét & pp* **overheard** [-'hɜːd]) *vt* entendre par hasard.

overheat [,əʊvə'hiːt] *vt* surchauffer. ❑ *vi (moteur)* chauffer.

overjoyed [,əʊvə'dʒɔɪd] *adj* • **overjoyed (at)** transporté de joie (à).

overkill ['əʊvəkɪl] *n* • **that would be overkill** ce serait de trop.

overladen [,əʊvə'leɪdn] *pp* → **overload**. ❑ *adj* surchargé.

overland ['əʊvəlænd] *adj & adv* par voie de terre.

overlap *vi litt* & *fig* se chevaucher.

overlapping [,əʊvə'læpɪŋ] *adj* **1.** qui se chevauchent **2.** qui se recoupent.

overleaf [,əʊvə'liːf] *adv* au verso, au dos.

overload [,əʊvə'ləʊd] *(pp* **overloaded** *ou* **overladen**) *vt* surcharger.

overlook [,əʊvə'lʊk] *vt* **1.** donner sur **2.** oublier, négliger **3.** passer sur, fermer les yeux sur.

overnight *adj* ['əʊvənaɪt] **1.** de nuit **2.** d'une nuit **3.** *fig* • **overnight success** succès *m* immédiat. ❑ *adv* [,əʊvə'naɪt] **1.** la nuit • **to stay overnight** rester la nuit **2.** du jour au lendemain • **to change overnight** changer du jour au lendemain.

overoptimism [,əʊvə'rɒptɪmɪzm] *n* optimisme *m* exagéré.

overoptimistic [,əʊvə,rɒptɪ'mɪstɪk] *adj* excessivement optimiste.

overpass ['əʊvəpɑːs] *n* **(US)** ≃ saut-de-mouton *m*.

overpolite [,əʊvəpə'laɪt] *adj* trop poli.

overpower [,əʊvə'paʊəʳ] *vt* **1.** vaincre **2.** *fig* accabler, terrasser.

overpowering [,əʊvə'paʊərɪŋ] *adj* **1.** irrésistible **2.** *(parfum)* entêtant.

overpricing [,əʊvə'praɪsɪŋ] *n* fixation *f* d'un prix trop élevé.

overran [,əʊvə'ræn] *passé* → **overrun**.

overrated [,əʊvə'reɪtɪd] *adj* surfait.

override [,əʊvə'raɪd] *(prét* **overrode**, *pp* **overridden**) *vt* **1.** l'emporter sur, prévaloir sur **2.** annuler.

overriding [,əʊvə'raɪdɪŋ] *adj* primordial.

overrode [,əʊvə'rəʊd] *passé* → **override**.

overrule [,əʊvə'ruːl] *vt* **1.** prévaloir contre **2.** annuler *(une décision, un jugement)* **3.** rejeter *(une objection)*.

overrun [,əʊvə'rʌn] *(prét* **overran**, *pp* **overrun**) *vt* **1.** occuper **2.** *fig* • **to be overrun with a)** être envahi de **b)** être infesté de. ❑ *vi* dépasser *(le temps alloué)*. ❑ *npl* • **cost overruns** surcoûts *mpl*.

oversaw [ˌəʊvəˈsɔː] *passé* → **oversee**.

overseas *adj* [ˈəʊvəsiːz] **1.** à l'étranger **2.** *(marché)* extérieur **3.** étranger • **overseas students** étudiants étrangers • **overseas aid** aide *f* aux pays étrangers. ❑ *adv* [ˌəʊvəˈsiːz] à l'étranger • **to live overseas** habiter à l'étranger.

oversee [ˌəʊvəˈsiː] *(prét* **oversaw**, *pp* **overseen** [-ˈsiːn]*)* *vt* surveiller.

overseer [ˈəʊvəˌsiːəʳ] *n* contremaître *m*.

overshadow [ˌəʊvəˈʃædəʊ] *vt* **1.** dominer **2.** *fig* éclipser.

overshoot [ˌəʊvəˈʃuːt] *(prét & pp* **overshot**) *vt* dépasser, rater.

oversight [ˈəʊvəsaɪt] *n* oubli *m* • **through oversight** par mégarde.

oversleep [ˌəʊvəˈsliːp] *(prét & pp* **overslept** [-ˈslept]*)* *vi* ne pas se réveiller à temps.

overspending [ˌəʊvəˈspendɪŋ] *n* **1.** dépense *f* excessive **2.** dépassement *m* budgétaire.

overspill [ˈəʊvəspɪl] *n* excédent *m* de population.

overstep [ˌəʊvəˈstep] *vt* dépasser • **to overstep the mark** dépasser la mesure.

oversubscribed [ˌəʊvəsʌbˈskraɪbd] *adj* • **to be oversubscribed** *(concert)* être en surlocation • **the trip is oversubscribed** il y a trop d'inscriptions pour l'excursion.

overt [ˈəʊvɜːt] *adj* déclaré, non déguisé.

overtake [ˌəʊvəˈteɪk] *(prét* **overtook**, *pp* **overtaken** [-ˈteɪkn]*)* *vt* **1.** **(UK)** *AUTO* doubler, dépasser **2.** frapper. ❑ *vi* **(UK)** *AUTO* doubler.

over-the-counter *adj* vendu sans ordonnance, en vente libre.

overthrow *n* [ˈəʊvəθrəʊ] coup *m* d'État. ❑ *vt* [ˌəʊvəˈθrəʊ] *(prét* **overthrew** [-ˈθruː], *pp* **overthrown** [-ˈθrəʊn]*)* renverser.

overtime [ˈəʊvətaɪm] *n (indén)* **1.** heures *fpl* supplémentaires **2.** **(US)** *SPORT* prolongations *fpl*. ❑ *adv* • **to work overtime** faire des heures supplémentaires.

overtones [ˈəʊvətəʊnz] *npl* notes *fpl*, accents *mpl*.

overtook [ˌəʊvəˈtʊk] *passé* → **overtake**.

overture [ˈəʊvəˌtjʊəʳ] *n* ouverture *f*.

overturn [ˌəʊvəˈtɜːn] *vt* **1.** renverser **2.** annuler *(une décision)*. ❑ *vi* **1.** se renverser **2.** chavirer.

overwater [ˌəʊvəˈwɔːtəʳ] *vt* trop arroser *(une plante)*.

overweight [ˌəʊvəˈweɪt] *adj* trop gros, grosse *f*.

overwhelm [ˌəʊvəˈwelm] *vt* **1.** accabler • **to be overwhelmed with joy** être au comble de la joie **2.** *MIL* écraser.

overwhelming [ˌəʊvəˈwelmɪŋ] *adj* **1.** irrésistible, irrépressible **2.** *(victoire, défaite)* écrasant.

overwhelmingly [ˌəʊvəˈwelmɪŋlɪ] *adv* **1.** immensément **2.** en masse.

overwork [ˌəʊvəˈwɜːk] *n* surmenage *m*. ❑ *vt* surmener.

overwrought [ˌəʊvəˈrɔːt] *adj* excédé, à bout.

owe [əʊ] *vt* • **to owe sthg to sb, to owe sb sthg** devoir qqch à qqn.

owing [ˈəʊɪŋ] *adj* dû, due *f*. ■ **owing to** *prép* à cause de, en raison de.

owl [aʊl] *n* hibou *m*.

own [əʊn] *adj* propre • **my own car** ma propre voiture • **she has her own style** elle a son style à elle. ❑ *pron* • **I've got my own** j'ai le mien • **he has a house of his own** il a une maison à lui, il a sa propre maison • **on one's own** tout seul, toute seule *f* • **to get one's own back** *fam* prendre sa revanche. ❑ *vt* posséder. ■ **own up** *vi* • **to own up (to sthg)** avouer *ou* confesser (qqch).

owner [ˈəʊnəʳ] *n* propriétaire *mf*.

owner-occupancy *n fait d'être propriétaire du logement qu'on occupe*.

ownership [ˈəʊnəʃɪp] *n* propriété *f*.

ox [ɒks] *(pl* **oxen** [ˈɒksn]*)* *n* bœuf *m* • **as strong as an ox** fort comme un bœuf.

Oxbridge [ˈɒksbrɪdʒ] *n désignation collective des universités d'Oxford et de Cambridge*.

CULTURE

Oxbridge

L'université d'**Oxford** et celle de **Cambridge**, qui datent toutes deux du XIIIe siècle, sont les plus anciennes et les plus prestigieuses de Grande-Bretagne. Elles sont divisées en **colleges**, dont certains occupent de très beaux bâtiments ; elles observent encore aujourd'hui certaines traditions très anciennes. Le fait d'avoir fait ses études à **Oxford** ou **Cambridge** est considéré comme un avantage dans la vie professionnelle, et il n'est pas rare que les diplômés occupent à leur sortie des postes importants au gouvernement, dans les médias, etc. Il existe une rivalité très marquée entre les deux universités, notamment dans le domaine du sport.

oxen [ˈɒksn] *npl* → **ox**.

oxtail soup [ˈɒksteɪl-] *n* soupe *f* à la queue de bœuf.

oxygen [ˈɒksɪdʒən] *n* oxygène *m*.

oxygen mask *n* masque *m* à oxygène.

oxygen tent *n* tente *f* à oxygène.

oyster [ˈɔɪstəʳ] *n* huître *f*.

oz. abrév de **ounce**.

ozone [ˈəʊzəʊn] *n* ozone *m*.

ozone-friendly *adj* qui préserve la couche d'ozone.

ozone layer *n* couche *f* d'ozone.

p[1] *(pl* **p's** *ou* **ps)**, **P** *(pl* **P's** *ou* **Ps)** [piː] *n* p *m inv*, P *m inv*.

p[2] **1.** (abrév de page) p **2.** abrév de **penny**, abrév de **pence**.

p&p (UK) abrév de **postage and packing**.

pa [pɑː] *n* (surtout US) *fam* papa *m*.

PA *n* **1.** (UK) abrév de **personal assistant** **2.** (abrév de public address system) sono *f*.

pace [peɪs] *n* **1.** vitesse *f*, allure *f* • **to keep pace (with sb)** marcher à la même allure (que qqn) • **to keep pace (with sthg)** se maintenir au même niveau (que qqch) • **I can't take the pace** je n'arrive pas à suivre le rythme **2.** pas *m*. ❑ *vi* • **to pace (up and down)** faire les cent pas.

pacemaker ['peɪsˌmeɪkəʳ] *n* **1.** MÉD stimulateur *m* cardiaque **2.** SPORT meneur *m*, -euse *f*.

pacesetter ['peɪsˌsetəʳ] *n* (US) SPORT meneur *m*, -euse *f*.

Pacific [pə'sɪfɪk] *adj* du Pacifique. ❑ *n* • **the Pacific (Ocean)** l'océan *m* Pacifique, le Pacifique.

pacifier ['pæsɪfaɪəʳ] *n* (US) tétine *f*.

pacifist ['pæsɪfɪst] *n* pacifiste *mf*.

pacify ['pæsɪfaɪ] *vt* **1.** apaiser **2.** pacifier *(un pays)*.

pack [pæk] *n* **1.** sac *m* **2.** (surtout US) paquet *m* **3.** jeu *m (de cartes)* **4.** meute *f* **5.** bande *f (de loups, de voleurs)*. ❑ *vt* **1.** emballer • **to pack one's bags** faire ses bagages **2.** remplir • **to be packed into** être entassé dans. ❑ *vi* faire ses bagages *ou* sa valise. ■ **pack away** *vt sép* **1.** ranger **2.** *fam* bouffer • **he really packs it away!** qu'est-ce qu'il bouffe ! ■ **pack in** (UK) *fam vt sép* plaquer • **pack it in! a)** arrête !, ça suffit maintenant ! **b)** la ferme ! ❑ *vi* tomber en panne. ■ **pack off** *vt sép fam* expédier. ■ **pack up** *vt* mettre dans une valise *(des vêtements, des effets personnels)*. ❑ *vi* **1.** faire sa valise **2.** *fam* se casser *(finir son travail)* • **I'm packing up for today** j'arrête pour aujourd'hui **3.** (UK) *fam (voiture, appareil électroménager)* tomber en panne.

package ['pækɪdʒ] *n* **1.** paquet *m* **2.** *fig* ensemble *m*, série *f* **3.** INFORM progiciel *m*. ❑ *vt* conditionner.

package deal *n* forfait *m* global.

package holiday *n* (UK) vacances *fpl* organisées.

package tour *n* vacances *fpl* organisées.

packaging ['pækɪdʒɪŋ] *n* conditionnement *m*.

packed [pækt] *adj* • **packed (with)** bourré (de).

packed lunch *n* (UK) panier-repas *m*.

packet ['pækɪt] *n* **1.** paquet *m* • **a packet of biscuits** un paquet de biscuits **2.** • **packet soup** soupe *f* en sachet **3.** • **to cost a packet** coûter un paquet d'argent.

packing ['pækɪŋ] *n* emballage *m*.

packing case *n* (UK) caisse *f* d'emballage.

pact [pækt] *n* pacte *m*.

pad [pæd] *n* **1.** morceau *m (de coton)* **2.** bloc *m (de papier)* **3.** • **(launch) pad** pas *m* de tir **4.** ZOOL coussinet *m* **5.** *fam* pénates *mpl*. ❑ *vt* **1.** rembourrer **2.** tamponner. ❑ *vi* marcher à pas feutrés.

padded ['pædɪd] *adj* rembourré.

padding ['pædɪŋ] *n* **1.** rembourrage *m* **2.** *fig* délayage *m*.

paddle ['pædl] *n* **1.** pagaie *f* **2.** (UK) • **to have a paddle** faire trempette. ❑ *vi* **1.** avancer en pagayant **2.** (UK) faire trempette.

paddle steamer, **paddle boat** (US) *n* bateau *m* à aubes.

paddling pool ['pædlɪŋ-] *n* (UK) **1.** pataugeoire *f* **2.** piscine *f* gonflable.

paddock ['pædək] *n* **1.** enclos *m* **2.** paddock *m*.

paddy field ['pædɪ-] *n* rizière *f*.

paddy wagon ['pædɪ-] *n* (US) *fam* panier *m* à salade *(de police)*.

padlock ['pædlɒk] *n* cadenas *m*. ❑ *vt* cadenasser.

paediatric (UK), **pediatric** (US) [ˌpiːdɪ'ætrɪk] *adj* de pédiatrie.

paediatrician (UK), **pediatrician** (US) [ˌpiːdɪə'trɪʃn] *n* pédiatre *mf*.

paediatrics (UK), **pediatrics** (US) [ˌpiːdɪ'ætrɪks] *n* pédiatrie *f*.

paedophile (UK) ['piːdəfaɪl], **pedophile** (US) ['pedəfaɪl] *n* pédophile *m*.

pagan ['peɪgən] *adj* païen. ❑ *n* païen *m*, -enne *f*.

page [peɪdʒ] *n* **1.** page *f* • **turn the page** tournez la page • **to be on the same page** *ou* **to be reading from the same page (US)** être sur la même longueur d'onde **2.** feuille *f*. ❑ *vt* appeler au micro *(dans un lieu public)*.

pageant ['pædʒənt] *n* **1.** spectacle *m* historique **2.** concours *m* de beauté.

pageantry ['pædʒəntrɪ] *n* apparat *m*.

pager ['peɪdʒəʳ] *n* récepteur *m* de poche.

page setup *n* INFORM mise *f* en page.

page-turner *n fam* livre *m* captivant.

paid [peɪd] *passé & pp* → **pay**. ❑ *adj* rémunéré, payé.

paid-up *adj* **(UK)** qui a payé sa cotisation.

pail [peɪl] *n vieilli* seau *m*.

pain [peɪn] *n* **1.** douleur *f* • **a sharp pain** une douleur aiguë • **to be in pain** souffrir • **to cry out in pain** crier *ou* hurler de douleur • **I feel your pain** *fig* je compatis • **no pain no gain** on n'a rien sans rien **2.** *fam* • **it's/he is such a pain** c'est/il est vraiment assommant. ■ **pains** *npl* • **to take pains to do sthg** se donner beaucoup de mal *ou* peine pour faire qqch.

pained [peɪnd] *adj* peiné.

painful ['peɪnfʊl] *adj* **1.** douloureux **2.** pénible.

painfully ['peɪnfʊlɪ] *adv* **1.** douloureusement **2.** péniblement.

painkiller ['peɪn,kɪləʳ] *n* calmant *m*.

painless ['peɪnlɪs] *adj* **1.** indolore, sans douleur **2.** *fig* sans heurt.

pain relief *n* soulagement *m* • **for fast pain relief** pour soulager rapidement la douleur.

painstaking ['peɪnz,teɪkɪŋ] *adj* **1.** assidu **2.** soigné.

painstakingly ['peɪnz,teɪkɪŋlɪ] *adv* assidûment, avec soin.

paint [peɪnt] *n* peinture *f* • **it's like watching paint dry** c'est à mourir d'ennui. ❑ *vt* peindre.

paintball ['peɪntbɔːl] *n* paintball *m*.

paintbox ['peɪntbɒks] *n* ART boîte *f* de couleurs.

paintbrush ['peɪntbrʌʃ] *n* pinceau *m*.

painter ['peɪntəʳ] *n* peintre *mf*.

painting ['peɪntɪŋ] *n* tableau *m*.

paint stripper *n* décapant *m*.

paintwork ['peɪntwɜːk] *n (indén)* surfaces *fpl* peintes.

pair [peəʳ] *n* **1.** paire *f* • **a pair of trousers** un pantalon **2.** couple *m*.

pajamas [pə'dʒɑːməz] **(US)** = **pyjamas**.

Pakistan [**(UK)** ,pɑːkɪ'stɑːn, **(US)** ,pækɪ'stæn] *n* Pakistan *m*.

Pakistani [**(UK)** ,pɑːkɪ'stɑːnɪ, **(US)** 'pækɪstænɪ] *adj* pakistanais. ❑ *n* Pakistanais *m*, -e *f*.

pal [pæl] *n fam* **1.** copain *m*, copine *f* **2.** mon vieux *m*.

palace ['pælɪs] *n* palais *m*.

palatable ['pælətəbl] *adj* **1.** agréable au goût **2.** *fig* acceptable, agréable.

palate ['pælət] *n* palais *m*.

palatial [pə'leɪʃl] *adj* pareil à un palais.

palaver [pə'lɑːvəʳ] *n (indén) fam* **1.** palabres *fpl* **2.** histoire *f*, affaire *f*.

pale [peɪl] *adj* pâle • **to go pale** pâlir, devenir pâle.

Palestine ['pælə,staɪn] *n* Palestine *f*.

Palestinian [,pælə'stɪnɪən] *adj* palestinien. ❑ *n* Palestinien *m*, -enne *f*.

palette ['pælət] *n* palette *f*.

palings ['peɪlɪŋz] *npl* palissade *f*.

pall [pɔl] *n* **1.** voile *m (de fumée)* **2.** cercueil *m*. ❑ *vi* perdre de son charme.

pallet ['pælɪt] *n* palette *f*.

palliative care *n (indén)* soins *mpl* palliatifs.

pallid ['pælɪd] *adj* pâle, blafard.

pallor ['pæləʳ] *n* pâleur *f*.

palm [pɑːm] *n* **1.** palmier *m* **2.** paume *f*. ■ **palm off** *vt sép fam* • **to palm sthg off on sb** refiler qqch à qqn.

Palm Sunday *n* dimanche *m* des Rameaux.

palmtop *n* ordinateur *m* de poche.

palm tree *n* palmier *m*.

palpable ['pælpəbl] *adj* évident.

palpably ['pælpəblɪ] *adv* de façon évidente, manifestement.

paltry ['pɔltrɪ] *adj* dérisoire.

pamper ['pæmpəʳ] *vt* choyer, dorloter.

pamphlet ['pæmflɪt] *n* brochure *f*.

pan [pæn] *n* **1.** casserole *f* **2. (US)** moule *m (à gâteau)* **3.** • **to go down the pan** *fam* : **it went down the pan** ça a complètement foiré. ❑ *vt fam* démolir. ❑ *vi* CINÉ faire un panoramique.

panacea [,pænə'sɪə] *n* panacée *f*.

panama [,pænə'mɑː] *n* • **panama (hat)** panama *m*.

Panama ['pænəmɑː] *n* Panama *m*.

Panama Canal *n* • **the Panama Canal** le canal de Panama.

pan-American *adj* panaméricain.

pancake ['pænkeɪk] *n* crêpe *f*.

Pancake Day *n* Mardi gras *m*.

Pancake Tuesday *n* Mardi gras *m*.

pancreas ['pæŋkrɪəs] *n* pancréas *m*.

panda ['pændə] (*pl inv ou* **-s**) *n* panda *m*.

panda car *n* **(UK)** *fam & vieilli* voiture *f* de patrouille.

pandemic [pæn'demɪk] *adj* **1.** MÉD pandémique **2.** universel, général. ❑ *n* MÉD pandémie *f*.

pandemonium [,pændɪ'məʊnjəm] *n* tohu-bohu *m inv*.

pander ['pændəʳ] *vi* • **to pander to sb** se prêter aux exigences de qqn • **to pander to sthg** se plier à qqch.

pane [peɪn] *n* vitre *f*, carreau *m*.

panel ['pænl] *n* **1.** invités *mpl* **2.** comité *m* **3.** panneau *m (en bois)* **4.** tableau *m* de bord.

panelling (UK), paneling (US) ['pænəlɪŋ] *n (indén)* lambris *m*.

panellist (UK), panelist (US) ['pænəlɪst] *n* invité *m*, -e *f*.

pan-fry *vt* (faire) sauter • **pan-fried potatoes** pommes *fpl* (de terre) sautées.

pang [pæŋ] *n* tiraillement *m*.

panic ['pænɪk] *n* panique *f*. ❑ *vi (prét & pp* **panicked**, *cont* **panicking**) paniquer • **don't panic!** pas de panique !

panic button *n* signal *m* d'alarme • **to hit the panic button** *fam* perdre les pédales.

panic buying *n (indén)* achats *mpl* en catastrophe *ou* de dernière minute.

panicky ['pænɪkɪ] *adj* **1.** paniqué **2.** *(sentiment)* de panique.

panic selling *n* ventes *fpl* de panique.

panic-stricken *adj* affolé.

panini [pæ'niːniː] (*pl inv ou* **paninis**) *n* panini *m*.

panorama [,pænə'rɑːmə] *n* panorama *m*.

panoramic [,pænə'ræmɪk] *adj* panoramique.

pansy ['pænzɪ] *n* pensée *f*.

pant [pænt] *vi* haleter.

panther ['pænθəʳ] (*pl inv ou* **-s**) *n* panthère *f*.

panties ['pæntɪz] *npl fam* culotte *f*.

pantihose ['pæntɪhəʊz] **(US)** = **pantyhose**.

panto ['pæntəʊ] (*pl* **-s**) **(UK)** *fam*, **pantomime** ['pæntəmaɪm] *n* **(UK)** *spectacle de Noël pour enfants, généralement inspiré de contes de fées*.

pantry ['pæntrɪ] *n* garde-manger *m inv*.

pants [pænts] *npl* **1. (UK)** *(pour homme)* slip *m* ; *(pour femme)* culotte *f*, slip **2. (US)** pantalon *m*.

pantyhose ['pæntɪhəʊz] *npl* **(US)** collant *m*.

papa [**(UK)** pə'pɑː, **(US)** 'pæpə] *n* papa *m*.

papal ['peɪpl] *adj* papal.

paparazzi [,pæpə'rætsɪ] *npl péj* paparazzi *mpl*.

papaya [pə'paɪə] *n* papaye *f*.

paper ['peɪpəʳ] *n* **1.** *(indén)* papier *m* • **a piece of paper a)** une feuille de papier • **on paper a)** par écrit **2.** journal *m* **3.** épreuve *f* **4.** copie *f* **5.** • **paper (on)** essai *m* (sur). ❑ *adj* en papier. ❑ *vt* tapisser. ■ **paper over** *vt insép fig* dissimuler • **they tried to paper over the cracks** ils ont essayé de masquer les désaccords. ■ **papers** *npl* papiers *mpl (documents officiels)*.

paperback ['peɪpəbæk] *n* • **paperback (book)** livre *m* de poche.

paperboy ['peɪpəbɔɪ] *n* livreur *m* de journaux.

paper clip *n* trombone *m*.

paper handkerchief *n* mouchoir *m* en papier.

paper knife *n* coupe-papier *m inv*.

paperless ['peɪpəlɪs] *adj (communication, archives)* informatique • **the paperless office** le bureau entièrement informatisé.

paper money *n (indén)* papier-monnaie *m*.

paper round (UK), paper route (US) *n* • **to do a paper round** livrer les journaux à domicile.

paper shop *n* **(UK)** marchand *m* de journaux.

paper-thin *adj* extrêmement mince *ou* fin.

paperweight ['peɪpəweɪt] *n* presse-papiers *m inv*.

paperwork ['peɪpəwɜːk] *n* paperasserie *f*.

paprika ['pæprɪkə] *n* paprika *m*.

Pap smear [pæp-] **(US)** = **cervical smear**.

par [pɑːʳ] *n* **1.** • **on a par with** à égalité avec **2.** GOLF par *m*, normale *f* **3.** • **below** *ou* **under par** pas en forme.

parable ['pærəbl] *n* parabole *f*.

paracetamol [,pærə'siːtəmɒl] *n* **(UK)** paracétamol *m*.

parachute ['pærəʃuːt] *n* parachute *m*. ❑ *vi* sauter en parachute.

parade [pə'reɪd] *n* **1.** parade *f*, revue *f* **2.** MIL défilé *m*. ❑ *vt* **1.** faire défiler **2.** montrer **3.** *fig* afficher. ❑ *vi* défiler.

paradigm ['pærədaɪm] *n* paradigme *m*.

paradise ['pærədaɪs] *n* paradis *m*.

paradox ['pærədɒks] *n* paradoxe *m*.

paradoxical [,pærə'dɒksɪkl] *adj* paradoxal.

paradoxically [,pærə'dɒksɪklɪ] *adv* paradoxalement.

paraffin ['pærəfɪn] *n* **(UK)** paraffine *f*.

paraglider ['pærəglaɪdəʳ] *n* **1.** parapentiste *mf* **2.** parapente *m*.

paragliding ['pærə,glaɪdɪŋ] *n* parapente *m*.

paragon ['pærəgən] *n* modèle *m*, parangon *m*.

paragraph ['pærəgrɑːf] *n* paragraphe *m*.

Paraguay ['pærəgwaɪ] *n* Paraguay *m*.

parallel ['pærəlel] *adj litt & fig* • **parallel (to** *ou* **with)** parallèle (à). ❑ *n* **1.** GÉOM parallèle *f* **2.** GÉOGR parallèle *m* **3.** *fig* parallèle *m*, équivalent *m*.

parallel processing *n* traitement *m* en parallèle *ou* en simultanéité.

Paralympics [,pærə'lɪmpɪks] *npl* • **the Paralympics** les jeux *mpl* Paralympiques.

paralyse (UK), paralyze (US) ['pærəlaɪz] *vt litt & fig* paralyser.

paralysed (UK), paralyzed (US) ['pærəlaɪzd] *adj litt & fig* paralysé.

paralysis [pə'rælɪsɪs] (*pl* **-lyses**) *n litt & fig* paralysie *f*.

paralytic [,pærə'lɪtɪk] *adj* **1.** MÉD paralytique **2. (UK)** *fam* ivre mort. ❑ *n* paralytique *mf*.

paramedic [,pærə'medɪk] *n* auxiliaire médical *m*, auxiliaire médicale *f*.

parameter [pə'ræmɪtəʳ] *n* paramètre *m*.

paramilitary [,pærə'mɪlɪtrɪ] *adj* paramilitaire.

paramount ['pærəmaunt] *adj* primordial • **of paramount importance** d'une importance suprême.
paranoia [,pærə'nɔɪə] *n* paranoïa *f.*
paranoid ['pærənɔɪd] *adj* paranoïaque.
paranormal [,pærə'nɔːml] *adj* paranormal.
paraphernalia [,pærəfə'neɪljə] *n (indén)* attirail *m*, bazar *m.*
paraphrase ['pærəfreɪz] *n* paraphrase *f.* ❑ *vt* paraphraser. ❑ *vi* faire une paraphrase.
paraplegic [,pærə'pliːdʒɪk] *adj* paraplégique. ❑ *n* paraplégique *mf.*
parasite ['pærəsaɪt] *n litt* & *fig* parasite *m.*
parasol ['pærəsɒl] *n* **1.** parasol *m* **2.** ombrelle *f.*
paratrooper ['pærətruːpəʳ] *n* parachutiste *mf.*
parboil ['pɑːbɔɪl] *vt* faire bouillir *ou* cuire à demi.
parcel ['pɑːsl] **(UK)** *n* paquet *m.* ■ **parcel up** *vt sép* empaqueter.
parched [pɑːtʃt] *adj* desséché.
parchment ['pɑːtʃmənt] *n* parchemin *m.*
pardon ['pɑːdn] *n* **1.** grâce *f* **2.** *(indén)* pardon *m* • **I beg your pardon?** comment ?, pardon ? • **I beg your pardon!** je vous demande pardon ! ❑ *vt* **1.** pardonner • **to pardon sb for sthg** pardonner qqch à qqn • **pardon me!** pardon !, excusez-moi ! **2.** gracier. ❑ *interj* comment ?
pared-down ['peəd-] *adj (style, forme)* dépouillé, épuré.
parent ['peərənt] *n* père *m*, mère *f.* ■ **parents** *npl* parents *mpl.*
parent act *n* loi-cadre *f.*
parental [pə'rentl] *adj* parental • **parental consent** accord *m* des parents *ou* parental • **parental control** autorité *f* parentale • **parental responsibility** responsabilité *f* des parents *ou* parentale • **parental rights** droits *mpl* parentaux.
parental advisory *n* **(US)** TV avertissement *m* parental.
parent company *n* société *f* mère.
parent directory *n* INFORM répertoire *m* parent.
parenthesis [pə'renθɪsɪs] (*pl* **-theses**) *n* parenthèse *f.*
parenthood ['peərənthud] *n* condition *f* de parent.
parenting ['peərəntɪŋ] *n* éducation *f* des enfants.
Paris ['pærɪs] *n* Paris.
parish ['pærɪʃ] *n* **1.** paroisse *f* **2. (UK)** commune *f.*
Parisian [pə'rɪzjən] *adj* parisien. ❑ *n* Parisien *m*, -enne *f.*
parity ['pærətɪ] *n* égalité *f.*
park [pɑːk] *n* parc *m*, jardin *m* public. ❑ *vt* garer. ❑ *vi* se garer, stationner.
parking ['pɑːkɪŋ] *n* stationnement *m* • **'no parking'** 'défense de stationner'.
parking deck *n* **(US)** parking *m (à plusieurs étages).*
parking lot *n* **(US)** parking *m.*
parking meter *n* parcmètre *m.*
parking ticket *n* contravention *f*, PV *m.*
parlance ['pɑːləns] *n* • **in common/legal parlance** en langage courant/juridique.
parliament ['pɑːləmənt] *n* parlement *m.*
parliamentary [,pɑːlə'mentərɪ] *adj* parlementaire.
parlour (UK), parlor (US) ['pɑːləʳ] *n vieilli* salon *m.*
parochial [pə'rəukjəl] *adj péj* de clocher.
parody ['pærədɪ] *n* parodie *f.* ❑ *vt* parodier.
parole [pə'rəul] *n (indén)* parole *f* • **on parole** en liberté conditionnelle.
parquet ['pɑːkeɪ] *n* parquet *m.*
parrot ['pærət] *n* perroquet *m.*
parrot fashion *adv* comme un perroquet.
parry ['pærɪ] *vt* **1.** parer **2.** éluder.
parsimonious [,pɑːsɪ'məunjəs] *adj sout* & *péj* parcimonieux.
parsley ['pɑːslɪ] *n* persil *m.*
parsnip ['pɑːsnɪp] *n* panais *m.*
parson ['pɑːsn] *n* pasteur *m.*
part [pɑːt] *n* **1.** partie *f* • **for the most part** dans l'ensemble **2.** épisode *m (d'une série télévisée)* **3.** pièce *f* **4.** mesure *f* **5.** THÉÂTRE rôle *m* **6.** • **to play an important part in** jouer un rôle important dans • **to take part in** participer à • **for my part** en ce qui me concerne **7. (US)** *(cheveux)* raie *f.* ❑ *adv* en partie. ❑ *vt* • **to part one's hair** se faire une raie. ❑ *vi* **1.** se séparer **2.** s'écarter, s'ouvrir. ■ **parts** *npl* • **in these parts** dans cette région. ■ **part with** *vt insép* **1.** débourser **2.** se défaire de.
part exchange *n* **(UK)** reprise *f* • **to take sthg in part exchange** reprendre qqch.
partial ['pɑːʃl] *adj* **1.** partiel **2.** partial **3.** • **to be partial to** avoir un penchant pour.
partially sighted *adj* malvoyant. ❑ *npl* • **the partially sighted** les malvoyants *mpl.*
participant [pɑː'tɪsɪpənt] *n* participant *m*, -e *f.*
participate [pɑː'tɪsɪpeɪt] *vi* • **to participate (in)** participer (à).
participation [pɑː,tɪsɪ'peɪʃn] *n* participation *f.*
participle ['pɑːtɪsɪpl] *n* participe *m.*
particle ['pɑːtɪkl] *n* particule *f.*
particle accelerator *n* accélérateur *m* de particules.
particle physics *n (indén)* physique *f* des particules.
parti-coloured (UK), parti-colored (US) ['pɑːtɪ-] *adj* bariolé.

particular [pə'tɪkjʊlər] *adj* **1.** particulier **2.** pointilleux • **particular about** exigeant à propos de. ■ **in particular** *adv* en particulier. ■ **particulars** *npl* renseignements *mpl*.

particularly [pə'tɪkjʊləlɪ] *adv* particulièrement.

partied out ['pɑːtɪd-] *adj fam* • **I'm partied out! a)** *(par fatigue)* j'ai trop fait la fête, je suis crevé ! **b)** *(par lassitude)* ras le bol de faire la fête !

parting ['pɑːtɪŋ] *n* **1.** séparation *f* **2.** (UK) raie *f*.

parting shot *n* flèche *f* du Parthe.

partisan [,pɑːtɪ'zæn] *adj* partisan. ❑ *n* partisan *m*, -e *f*.

partition [pɑː'tɪʃn] *n* cloison *f*. ❑ *vt* **1.** cloisonner **2.** partager.

partly ['pɑːtlɪ] *adv* partiellement, en partie.

partner ['pɑːtnər] *n* **1.** partenaire *mf* **2.** conjoint *m*, -e *f* **3.** compagnon *m*, compagne *f* **4.** associé *m*, -e *f*. ❑ *vt* être le, la *f* partenaire de.

partnership ['pɑːtnəʃɪp] *n* **1.** association *f* **2.** partenariat *m (d'entreprise)* • **to work in partnership with sb/sthg** travailler en association *ou* en partenariat avec qqn/qqch • **to go into partnership with sb** s'associer avec qqn • **they offered him a partnership** ils lui ont proposé de devenir leur associé.

part payment *n* paiement *m* partiel.

partridge ['pɑːtrɪdʒ] *n* perdrix *f*.

part-time *adj & adv* à temps partiel • **to work part-time** travailler à temps partiel.

part-timer *n* travailleur *m*, -euse *f* à temps partiel.

party ['pɑːtɪ] *n* **1.** POLIT parti *m* **2.** fête *f*, réception *f* • **to have** *ou* **throw a party** donner une fête **3.** groupe *m* **4.** • **rescue party** équipe *f* de secours **5.** DR partie *f*. ❑ *vi fam* faire la fête.

party animal *n fam* fêtard *m* • **to be a real party animal** adorer faire la fête.

partygoer ['pɑːtɪgəʊə] *n* fêtard *m*, -e *f*.

party line *n* **1.** POLIT ligne *f* du parti **2.** TÉLÉCOM ligne *f* commune à deux abonnés.

pashmina [pæʃ'miːnə] *n* pashmina *f*.

pass [pɑːs] *n* **1.** SPORT passe *f* **2.** laissez-passer *m inv* **3.** carte *f* d'abonnement **4.** (UK) mention *f* passable **5.** col *m* **6.** • **to make a pass at sb** faire du plat à qqn. ❑ *vt* **1.** passer • **to pass sthg to sb, to pass sb sthg** passer qqch à qqn **2.** croiser **3.** passer devant **4.** AUTO dépasser, doubler **5.** réussir *(un examen)* **6.** recevoir, admettre **7.** voter **8.** émettre **9.** rendre, prononcer. ❑ *vi* **1.** passer **2.** AUTO doubler, dépasser **3.** SPORT faire une passe **4.** réussir, être reçu. ■ **pass around** *vt sép* **1.** (faire) passer **2.** (faire) circuler **3.** distribuer. ■ **pass as** *vt insép* passer pour. ■ **pass away** *vi euphém* s'éteindre. ■ **pass by** *vt sép* • **the news passed him by** la nouvelle ne l'a pas affecté. ❑ *vi* passer à côté. ■ **pass for** *vt insép* = **pass as**. ■ **pass off** *vt sép* • **to pass sb/sthg off as** faire passer qqn/qqch pour • **he passes himself off as an actor** il se fait passer pour un acteur. ■ **pass on** *vt sép* • **to pass sthg on (to) a)** faire passer qqch (à) **b)** transmettre qqch (à). ❑ *vi* **1.** continuer son chemin **2.** *euphém* = **pass away**. ■ **pass out** *vi* s'évanouir. ■ **pass over** *vt insép* passer sous silence. ■ **pass round** *vt insép* (UK) = **pass around**. ■ **pass up** *vt sép* laisser passer.

passable ['pɑːsəbl] *adj* **1.** passable **2.** praticable **3.** franchissable.

passage ['pæsɪdʒ] *n* **1.** passage *m* **2.** couloir *m* **3.** NAUT traversée *f*.

passageway ['pæsɪdʒweɪ] *n* **1.** passage *m* **2.** couloir *m*.

passbook ['pɑːsbʊk] *n* (UK) livret *m* (d'épargne).

passé [pæ'seɪ] *adj péj* démodé.

passenger ['pæsɪndʒər] *n* passager *m*, -ère *f*.

passerby [,pɑːsə'baɪ] (*pl* **passersby** [,pɑːsəz'baɪ]) *n* passant *m*, -e *f*.

passing ['pɑːsɪŋ] *adj* **1.** en passant **2.** passager. ■ **in passing** *adv* en passant.

passing lane *n* (US) AUTO voie *f* de dépassement.

passion ['pæʃn] *n* passion *f* • **to have a passion for sthg** avoir une passion pour qqch.

passionate ['pæʃənət] *adj* passionné.

passionately ['pæʃənətlɪ] *adv* avec passion.

passion killer *n* tue-l'amour *m inv* • **that dressing gown's a real passion killer** ce peignoir est un vrai tue-l'amour.

passive ['pæsɪv] *adj* passif.

passive-aggressive *adj* PSYCHO passif-agressif.

passively ['pæsɪvlɪ] *adv* passivement.

passive smoking *n* tabagisme *m* passif.

Passover ['pɑːs,əʊvər] *n* • **(the) Passover** la Pâque juive.

passport ['pɑːspɔːt] *n* passeport *m*.

passport control *n* contrôle *m* des passeports.

password ['pɑːswɜːd] *n* mot *m* de passe.

password-protected *adj* INFORM protégé par mot de passe.

past [pɑːst] *adj* **1.** passé • **for the past five years** ces cinq dernières années • **the past week** la semaine dernière **2.** fini. ❑ *adv* **1.** • **it's ten past** il est dix **2.** • **to drive past** passer (devant) en voiture. ❑ *n* passé *m* • **in the past** dans le temps. ❑ *prép* **1.** • **it's half past eight** il est huit heures et demie • **it's five past nine** il est neuf heures cinq **2.** devant • **we drove past them** nous les avons dépassés **3.** après, au-delà de • **just past the church** juste après l'église.

pasta ['pæstə] *n (indén)* pâtes *fpl*.

paste [peɪst] *n* **1.** pâte *f* **2.** CULIN pâté *m* **3.** *(indén)* colle *f*. ❑ *vt* coller.

pastel ['pæstl] *adj* pastel *(inv)*. ❑ *n* pastel *m*.

pasteurize, **-ise** **(UK)** ['pɑːstʃəraɪz] *vt* pasteuriser.

pasteurized, **-ised** **(UK)** ['pɑːstʃəraɪzd] *adj (lait, beurre)* pasteurisé.

pastille ['pæstɪl] *n* pastille *f.*

pastime ['pɑːstaɪm] *n* passe-temps *m inv.*

pastor ['pɑːstər] *n* pasteur *m.*

pastoral ['pɑːstərəl] *adj* pastoral.

past participle *n* participe *m* passé.

past perfect *n* plus-que-parfait *m.*

pastry ['peɪstrɪ] *n* **1.** pâte *f* **2.** pâtisserie *f.*

past tense *n* passé *m.*

pasture ['pɑːstʃər] *n* pâturage *m*, pré *m.*

pasty[1] ['peɪstɪ] *adj* blafard, terreux.

pasty[2] ['pæstɪ] *n* **(UK)** petit pâté *m*, friand *m.*

pasty-faced ['peɪstɪˌfeɪst] *adj* au teint blafard *ou* terreux.

pat [pæt] *n* **1.** petite tape *f* **2.** caresse *f (à un animal).* ❑ *vt* **1.** tapoter, donner une tape à **2.** caresser *(un animal).*

patch [pætʃ] *n* **1.** pièce *f* **2.** bandeau *m* **3.** plaque *f (de verglas)* **4.** parcelle *f* • **vegetable patch** carré *m* de légumes **5.** *MÉD* patch *m* **6.** • **a difficult patch** une mauvaise passe. ❑ *vt* rapiécer. ■ **patch up** *vt sép* **1.** rafistoler **2.** *fig* régler, arranger • **to patch up a relationship** se raccommoder.

patch program *n INFORM* rustine *f.*

patchwork ['pætʃwɜːk] *n* patchwork *m.*

patchy ['pætʃɪ] *adj* **1.** inégal **2.** *(connaissances)* insuffisant, imparfait.

pâté ['pæteɪ] *n* pâté *m.*

patent [**(UK)** 'peɪtənt, **(US)** 'pætənt] *adj* évident, manifeste. ❑ *n* brevet *m* (d'invention). ❑ *vt* faire breveter.

patent leather *n* cuir *m* verni.

paternal [pə'tɜːnl] *adj* paternel.

paternity [pə'tɜːnətɪ] *n* paternité *f.*

paternity leave *n* congé *m* parental *(pour pères).*

paternity test *n* test *m* de recherche de paternité.

path [pɑːθ] (*pl* [pɑːðz]) *n* **1.** chemin *m*, sentier *m* **2.** voie *f*, chemin *m* **3.** trajectoire *f* **4.** *INFORM* chemin *m* (d'accès).

pathetic [pə'θetɪk] *adj* **1.** pitoyable, attendrissant **2.** pitoyable, minable • **that's pathetic!** c'est lamentable !

pathetically [pə'θetɪklɪ] *adv* **1.** *(pleurer, gémir)* pitoyablement **2.** *(agir, échouer)* lamentablement.

pathname ['pɑːθneɪm] *n* chemin *m* (d'accès).

pathological [ˌpæθə'lɒdʒɪkl] *adj* pathologique.

pathologist [pə'θɒlədʒɪst] *n* pathologiste *mf.*

pathology [pə'θɒlədʒɪ] *n* pathologie *f.*

pathos ['peɪθɒs] *n* pathétique *m.*

pathway ['pɑːθweɪ] *n* chemin *m.*

patience ['peɪʃns] *n* **1.** patience *f* **2.** **(UK)** *(jeu de cartes)* réussite *f.*

patient ['peɪʃnt] *adj* patient. ❑ *n* **1.** patient *m*, -e *f*, malade *mf* **2.** patient.

patiently ['peɪʃntlɪ] *adv* patiemment.

patio ['pætɪəʊ] (*pl* **-s**) *n* patio *m.*

patio doors *npl portes vitrées coulissantes.*

patriarch ['peɪtrɪɑːk] *n* patriarche *m.*

patriarchal [ˌpeɪtrɪ'ɑːkl] *adj* patriarcal.

patriarchy ['peɪtrɪɑːkɪ] (*pl* **-ies**) *n* patriarcat *m.*

patriot [**(UK)** 'pætrɪət, **(US)** 'peɪtrɪət] *n* patriote *mf.*

patriotic [**(UK)** ˌpætrɪ'ɒtɪk, **(US)** ˌpeɪtrɪ'ɒtɪk] *adj* **1.** patriotique **2.** patriote.

patriotically [**(UK)** ˌpætrɪ'ɒtɪklɪ, **(US)** ˌpeɪtrɪ'ɒtɪklɪ] *adv* patriotiquement, en patriote.

patriotism [**(UK)** 'pætrɪətɪzm, **(US)** 'peɪtrɪətɪzm] *n* patriotisme *m.*

patrol [pə'trəʊl] *n* patrouille *f.* ❑ *vt* patrouiller dans, faire une patrouille dans.

patrol car *n* voiture *f* de police.

patrolman [pə'trəʊlmən] (*pl* **-men**) *n* **(US)** agent *m* de police.

patrol wagon *n* **(US)** fourgon *m* cellulaire.

patrolwoman [pə'trəʊlˌwʊmən] (*pl* **-women**) *n* **(US)** femme *f* agent de police.

patron ['peɪtrən] *n* **1.** mécène *m*, protecteur *m*, -trice *f* **2.** **(UK)** parrain *m*, marraine *f (d'une fondation, d'une œuvre caritative)* **3.** *sout* client *m*, -e *f.*

patronize, **-ise** **(UK)** ['pætrənaɪz] *vt* **1.** traiter avec condescendance **2.** *sout* patronner, protéger.

patronizing, **-ising** **(UK)** ['pætrənaɪzɪŋ] *adj* condescendant.

patron saint *n* saint patron *m*, sainte patronne *f.*

patter ['pætər] *n* crépitement *m.* ❑ *vi* trottiner.

pattern ['pætən] *n* **1.** motif *m*, dessin *m* **2.** schéma *m* **3.** mode *m* **4.** *COUT* • **(sewing) pattern** patron *m* **5.** modèle *m.*

patterned ['pætənd] *adj* à motifs.

paunch [pɔntʃ] *n* bedaine *f.*

pauper ['pɔpər] *n vieilli* indigent *m*, -e *f.*

pause [pɔz] *n* **1.** pause *f*, silence *m* **2.** pause *f*, arrêt *m.* ❑ *vi* **1.** marquer un temps **2.** faire une pause, s'arrêter.

pave [peɪv] *vt* paver • **to pave the way for sb/sthg** ouvrir la voie à qqn/qqch.

paved [peɪvd] *adj* pavé.

pavement ['peɪvmənt] *n* **1.** **(UK)** trottoir *m* **2.** **(US)** chaussée *f.*

pavilion [pə'vɪljən] *n* pavillon *m.*

paving ['peɪvɪŋ] *n (indén)* pavé *m.*

paving stone *n* pavé *m.*

paw [pɔ] *n* patte *f.*

pawn [pɔn] *n litt & fig* pion *m*. ❑ *vt* mettre en gage.

pawnbroker ['pɔn,brəukər] *n* prêteur *m*, -euse *f* sur gages.

pawnshop ['pɔnʃɒp] *n* boutique *f* de prêteur sur gages.

pay [peɪ] *vt* (*prét & pp* **paid**) **1.** payer • **to pay money into an account** verser de l'argent sur un compte • **to pay a cheque into an account** déposer un chèque sur un compte • **to be well paid** être bien payé • **to pay a lot of money for sthg** payer qqch cher **2.** rapporter à **3.** • **to pay attention (to sb/sthg)** prêter attention (à qqn/qqch) • **to pay sb a compliment** faire un compliment à qqn • **to pay sb a visit** rendre visite à qqn. ❑ *vi* (*prét & pp* **paid**) payer • **to pay dearly for sthg** *fig* payer qqch cher. ❑ *n* salaire *m*. ■ **pay back** *vt sép* **1.** rembourser **2.** revaloir • **I'll pay you back for that** tu me le paieras. ■ **pay off** *vt sép* **1.** s'acquitter de, régler **2.** rembourser **3.** licencier **4.** soudoyer. ❑ *vi* être payant. ■ **pay out** *vt sép* **1.** dépenser, débourser *(argent)* **2.** laisser filer, lâcher *(corde)*. ❑ *vi* dépenser, débourser. ■ **pay up** *vi* payer.

payable ['peɪəbl] *adj* **1.** payable **2.** *(sur un chèque)* • **payable to** à l'ordre de.

pay-and-display *adj* • **pay-and-display car park** parking *m* à horodateur • **pay-and-display machine** horodateur *m*.

pay-as-you-go [,peɪəzju'gəu] *n* *(téléphonie mobile)* système *m* sans forfait.

pay channel *n* chaîne *f* payante.

paycheck ['peɪtʃek] *n* **(US)** paie *f*.

payday ['peɪdeɪ] *n* jour *m* de paie.

payee [peɪ'iː] *n* bénéficiaire *mf*.

pay envelope *n* **(US)** salaire *m*.

PAYG *n* abrév de **pay-as-you-go**.

paying guest ['peɪɪŋ-] *n* hôte *m* payant.

payment ['peɪmənt] *n* paiement *m* • **payment facilities** facilités *fpl* de paiement • **payment schedule** échéancier *m* (de paiement).

payment gateway *n* portail *m* de paiement.

payoff ['peɪɒf] *n* **1.** paiement *m (d'une facture)* **2.** résultat *m (d'une action)* **3.** *(dans une entreprise)* indemnité *f* de licenciement.

pay packet *n* **(UK) 1.** enveloppe *f* de paie **2.** paie *f*.

pay-per-view *n* TV système *m* de télévison à la carte *ou* à la séance. ❑ *adj* à la carte, à la séance.

pay-per-view channel *n* chaîne *f* à la carte *ou* à la séance.

pay phone *n* cabine *f* téléphonique.

pay rise (UK), **pay raise (US)** *n* augmentation *f* de salaire.

payroll ['peɪrəul] *n* registre *m* du personnel.

payroll giving *n système de prélèvement automatique de dons caritatifs sur les salaires.*

payslip ['peɪslɪp] *n* **(UK)** feuille *f ou* bulletin *m* de paie.

pay television, **pay TV** *n* chaîne *f* à péage.

pc (abrév de **per cent**) p. cent.

PC *n* **1.** (abrév de **personal computer**) PC *m*, micro *m* **2. (UK)** abrév de **police constable**.

PC-compatible *adj* INFORM compatible PC.

PCM SMS (abrév de **please call me**) appelle-moi s'il te plaît.

PCR test *n* test *m* PCR.

PDF (abrév de **portable document format**) *n* INFORM PDF *m*.

PE (abrév de **physical education**) *n* EPS *f*.

pea [piː] *n* pois *m*.

peace [piːs] *n (indén)* **1.** paix *f* **2.** calme *m*, tranquillité *f*.

peaceable ['piːsəbl] *adj* paisible, pacifique.

peace agreement *n* accord *m* de paix.

peaceful ['piːsful] *adj* **1.** paisible, calme **2.** pacifique **3.** non violent.

peacefully ['piːsfʊlɪ] *adv* paisiblement.

peacefulness ['piːsfʊlnɪs] *n* paix *f*, calme *m*.

peacekeeper ['piːs,kiːpər] *n* **1.** soldat *m* de la paix **2.** Casque *m* bleu *(des Nations unies)*.

peacekeeping ['piːs,kiːpɪŋ] *n* maintien *m* de la paix. ❑ *adj* de maintien de la paix • **a United Nations peacekeeping force** des forces des Nations unies pour le maintien de la paix.

peace negotiations *npl* négociations *fpl* pour la paix.

peace offering *n fam* gage *m* de paix, cadeau *m* (pour faire la paix).

peace talks *npl* pourparlers *mpl* de paix.

peacetime ['piːstaɪm] *n* temps *m* de paix.

peach [piːtʃ] *adj* couleur pêche *(inv)*. ❑ *n* pêche *f*.

peacock ['piːkɒk] *n* paon *m*.

peak [piːk] *n* **1.** sommet *m*, cime *f* **2.** *fig* apogée *m*, sommet *m* • **peak in the epidemic** pic *m* épidémique. ❑ *adj* optimum *(inv)*. ❑ *vi* atteindre un niveau maximum.

peaked [piːkt] *adj* à visière.

peak hours *npl* heures *fpl* de pointe.

peak period *n* période *f* de pointe.

peak rate *n* tarif *m* normal.

peak viewing time *n* heures *fpl* de grande écoute.

peaky ['piːkɪ] (*comp* **peakier**, *superl* **peakiest**) *adj* **(UK)** *fam* souffrant, fatigué.

peal [piːl] *n* **1.** carillon *m* **2.** éclat *m (de rire)* **3.** coup *m (de tonnerre)*. ❑ *vi* carillonner.

peanut ['piːnʌt] *n* cacahuète *f*.

peanut butter *n* beurre *m* de cacahuètes.

pear [peər] *n* poire *f*.

pearl [pɜːl] *n* perle *f*.

pear-shaped *adj* **1.** en forme de poire, piriforme **2.** *(femme)* • **to be pear-shaped** avoir de fortes hanches **3.** • **to go pear-shaped** *fam* tourner mal.

peasant ['peznt] *n* paysan *m*, -anne *f*.

peat [pi:t] *n* tourbe *f*.

pebble ['pebl] *n* galet *m*, caillou *m*.

pecan [(UK) 'pi:kən, (US) pɪ'kæn] *n* **1.** (noix *f* de) pécan *m*, (noix *f* de) pacane *f* **2.** pacanier *m*. ❑ *adj (glace, gâteau)* à la noix de pécan.

peck [pek] *n* **1.** coup *m* de bec **2.** bise *f*. ❑ *vt* **1.** picoter **2.** • **to peck sb on the cheek** faire une bise à qqn.

pecking order ['pekɪŋ-] *n* hiérarchie *f*.

peckish ['pekɪʃ] *adj* (UK) *fam* • **to feel peckish** avoir un petit creux.

pecs [peks] *npl fam* pectoraux *mpl*.

peculiar [pɪ'kju:ljər] *adj* **1.** bizarre **2.** • **to feel peculiar** se sentir tout drôle **3.** • **peculiar to** propre à, particulier à.

peculiarity [pɪ,kju:lɪ'ærətɪ] *n* **1.** bizarrerie *f* **2.** particularité *f*, caractéristique *f*.

peculiarly [pɪ'kju:ljəlɪ] *adv* **1.** particulièrement **2.** curieusement, bizarrement **3.** typiquement.

pedagogical [,pedə'gɒdʒɪkl] *adj* pédagogique.

pedal ['pedl] *n* pédale *f*. ❑ *vi* ((UK) *prét & pp* **pedalled**, *cont* **pedalling**, (US) *prét & pp* **pedaled**, *cont* **pedaling**) pédaler.

pedal bin *n* (UK) poubelle *f* à pédale.

pedalo ['pedələʊ] *n* (UK) Pédalo® *m*.

pedant ['pedənt] *n péj* pédant *m*, -e *f*.

pedantic [pɪ'dæntɪk] *adj péj* pédant • **don't be so pedantic!** arrête de pinailler !

pedantically [pɪ'dæntɪklɪ] *adv péj* de manière pédante, avec pédantisme.

peddle ['pedl] *vt* **1.** *(drogue)* faire le trafic de **2.** colporter, répandre.

pedestal ['pedɪstl] *n* piédestal *m*.

pedestrian [pɪ'destrɪən] *n* piéton *m*.

pedestrian crossing *n* (UK) passage *m* (pour) piétons.

pedestrian precinct (UK), **pedestrian zone** (US) *n* zone *f* piétonne.

pediatric [,pi:dɪ'ætrɪk] (US) = **paediatric**.

pediatrician [,pi:dɪə'trɪʃn] (US) = **paediatrician**.

pediatrics [,pi:dɪ'ætrɪks] (US) = **paediatrics**.

pedicure ['pedɪ,kjʊər] *n* pédicurie *f*.

pedigree ['pedɪgri:] *adj* de race. ❑ *n* **1.** pedigree *m* **2.** ascendance *f*.

pedlar (UK), **peddler** (US) ['pedlər] *n* colporteur *m*.

pedophile ['pedəfaɪl] (US) = **paedophile**.

pee [pi:] *fam n* pipi *m*. ❑ *vi* faire pipi.

peek [pi:k] *fam n* coup *m* d'œil furtif. ❑ *vi* jeter un coup d'œil furtif.

peel [pi:l] *n* **1.** peau *f (de pomme de terre)* **2.** écorce *f (d'orange, de citron)*. ❑ *vt* éplucher, peler. ❑ *vi* **1.** *(peinture)* s'écailler **2.** *(papier peint)* se décoller **3.** *(peau)* peler. ■ **peel off** *vt sép* **1.** enlever **2.** décoller, détacher *(étiquette)*.

peelings ['pi:lɪŋz] *npl* épluchures *fpl*.

peep [pi:p] *n* **1.** coup *m* d'œil **2.** *fam* bruit *m*. ❑ *vi* jeter un coup d'œil furtif. ■ **peep out** *vi* apparaître, se montrer.

peephole ['pi:phəʊl] *n* judas *m*.

peer [pɪər] *n* pair *m*. ❑ *vi* scruter.

peerage ['pɪərɪdʒ] *n* pairie *f* • **the peerage** les pairs *mpl*.

peer group *n* pairs *mpl*.

peer pressure *n* influence *f* de ses pairs.

peer review *n* évaluation *f* par les pairs.

peeved [pi:vd] *adj fam* fâché, irrité.

peevish ['pi:vɪʃ] *adj* grincheux.

peg [peg] *n* **1.** cheville *f* **2.** (UK) pince *f* à linge **3.** piquet *m (de tente)*. ❑ *vt fig* bloquer *(les prix)*.

pejorative [pɪ'dʒɒrətɪv] *adj* péjoratif.

pekinese [,pi:kə'ni:z], **pekingese** [,pi:kɪŋ'i:z] *n (pl inv)* pékinois *m*.

Peking [pi:'kɪŋ] *n* Pékin.

pelican ['pelɪkən] *(pl inv ou* **-s***)* *n* pélican *m*.

pelican crossing *n* (UK) *passage pour piétons avec feux de circulation*.

pellet ['pelɪt] *n* **1.** boulette *f* **2.** plomb *m (pour fusil)*.

pelmet ['pelmɪt] *n* (UK) lambrequin *m*.

pelt [pelt] *n* peau *f*, fourrure *f*. ❑ *vt* • **to pelt sb (with sthg)** bombarder qqn (de qqch). ❑ *vi* • **to pelt along** courir ventre à terre • **to pelt down the stairs** dévaler l'escalier. ■ **pelt down** *v impers* • **it's pelting down** il pleut à verse.

pelvis ['pelvɪs] *(pl* **-vises** *ou* **-ves***)* *n* pelvis *m*, bassin *m*.

pen [pen] *n* **1.** stylo *m* **2.** parc *m*, enclos *m* **3.** (US) *fam* (abrév de **penitentiary**) taule *f*. ❑ *vt* parquer.

penal ['pi:nl] *adj* pénal.

penalize, **-ise** (UK) ['pi:nəlaɪz] *vt* **1.** pénaliser **2.** désavantager.

penalty ['penltɪ] *n* **1.** pénalité *f* • **to pay the penalty (for sthg)** *fig* supporter *ou* subir les conséquences (de qqch) **2.** • **the death penalty** la peine de mort **3.** amende *f* **4.** SPORT *(au rugby)* pénalité *f* • **penalty (kick) a)** FOOTBALL penalty *m* • **to award a penalty a)** *(au football)* accorder un penalty **b)** *(au rugby)* accorder une pénalité.

penalty area *n* (UK) FOOTBALL surface *f* de réparation.

penalty box *n* **1.** (UK) FOOTBALL = **penalty area** **2.** *(au hockey)* banc *m* des pénalités.

penalty clause *n* clause *f* pénale.

penalty kick → **penalty**.

penalty spot *n (au football)* point *m* de penalty.

penance ['penəns] *n* **1.** pénitence *f* **2.** *fig* corvée *f*, pensum *m*.

pence [pens] **(UK)** *npl* → **penny.**

penchant [**(UK)** 'pɑ̃nʃɑ̃n, **(US)** 'pentʃənt] *n* • **to have a penchant for sthg** avoir un faible pour qqch • **to have a penchant for doing sthg** avoir tendance à *ou* bien aimer faire qqch.

pencil ['pensl] *n* crayon *m*. ❑ *vt* (**(UK)** *prét & pp* **pencilled**, *cont* **pencilling**, **(US)** *prét & pp* **penciled**, *cont* **penciling**) griffonner au crayon, crayonner.

pencil case *n* trousse *f (d'écolier)*.

pencil sharpener *n* taille-crayon *m*.

pendant ['pendənt] *n* pendentif *m*.

pending ['pendɪŋ] *sout adj* **1.** imminent **2.** *DR* en instance. ❑ *prép* en attendant.

pen drive *n INFORM* clé *f* USB.

pendulum ['pendjʊləm] (*pl* **-s**) *n* balancier *m*.

penetrate ['penɪtreɪt] *vt* **1.** pénétrer dans **2.** percer **3.** s'infiltrer dans **4.** *(espion)* infiltrer.

penetrating ['penɪtreɪtɪŋ] *adj* **1.** pénétrant **2.** *(voix, cri)* perçant.

penetration [,penɪ'treɪʃn] *n* pénétration *f*.

pen friend *n* **(UK)** correspondant *m*, -e *f*.

penguin ['peŋgwɪn] *n* manchot *m*.

penicillin [,penɪ'sɪlɪn] *n* pénicilline *f*.

peninsula [pə'nɪnsjʊlə] (*pl* **-s**) *n* péninsule *f*.

penis ['pi:nɪs] (*pl* **penises** ['pi:nɪsɪz]) *n* pénis *m*.

penitence ['penɪtəns] *n* pénitence *f*.

penitent ['penɪtənt] *adj* repentant, contrit.

penitentiary [,penɪ'tenʃərɪ] *n* **(US)** prison *f*.

penknife ['pennaɪf] (*pl* **-knives**) *n* canif *m*.

pen name *n* pseudonyme *m*.

pennant ['penənt] *n* fanion *m*, flamme *f*.

penniless ['penɪlɪs] *adj* sans le sou.

penny ['penɪ] *n* **1.** (*pl* **-ies**) **(UK)** penny *m* **2. (US)** cent *m* **3.** (*pl* **pence** [pens]) **(UK)** pence *m*.

penny-pinching [-,pɪntʃɪŋ] *adj* **1.** *(personne)* radin, pingre **2.** *(attitude)* mesquin. ❑ *n (indén)* économies *fpl* de bouts de chandelle.

pen pal *n fam* correspondant *m*, -e *f*.

pension ['penʃn] *n* **1.** retraite *f* **2.** pension *f*.
■ **pension off** *vt sép* mettre à la retraite.

pensionable ['penʃənəbl] *adj* • **to be of pensionable age** avoir l'âge de la retraite.

pensioner ['penʃənər] *n* **(UK)** • **(old-age) pensioner** retraité *m*, -e *f*.

pension fund *n* caisse *f* de retraite.

pension plan, pension scheme (UK) *n* plan *m ou* régime *m* de retraite.

pensive ['pensɪv] *adj* songeur.

pentagon ['pentəgən] *n* pentagone *m*.

Pentagon *n* **(US)** • **the Pentagon** le Pentagone *(siège du ministère américain de la Défense)*.

> **CULTURE** — **the Pentagon**
> L'édifice du Pentagone est nommé ainsi en raison de sa forme. Situé près de la ville de Washington, c'est le siège du ministère américain de la Défense. On parle souvent du **Pentagon** pour parler du pouvoir militaire américain en général. Une partie du Pentagone a été détruite dans l'attentat du 11 septembre 2001.

pentathlon [pen'tæθlən] (*pl* **-s**) *n* pentathlon *m*.

Pentecost ['pentɪkɒst] *n* Pentecôte *f*.

penthouse ['penthaʊs] (*pl* [-haʊzɪz]) *n* appartement *m* de luxe (au dernier étage).

pent-up ['pent-] *adj* **1.** *(émotions)* refoulé **2.** *(énergie)* contenu.

penultimate [pe'nʌltɪmət] *adj* avant-dernier.

people ['pi:pl] *n* nation *f*, peuple *m*. ❑ *npl* **1.** personnes *fpl* • **few/a lot of people** peu/beaucoup de monde *ou* de gens **2.** gens *mpl* • **people say that...** on dit que... **3.** habitants *mpl* **4.** • **the people** le peuple. ❑ *vt* • **to be peopled by** *ou* **with** être peuplé de.

people carrier *n* **(UK)** monospace *m*.

pep [pep] *n (indén) fam* entrain *m*, punch *m*.
■ **pep up** *vt sép fam* **1.** remonter, requinquer **2.** animer.

pepper ['pepər] *n* **1.** poivre *m* **2.** poivron *m*.

pepperbox ['pepəbɒks] *n* **(US)** = **pepper pot.**

peppercorn ['pepəkɔ:n] *n* grain *m* de poivre.

pepper mill *n* moulin *m* à poivre.

peppermint ['pepəmɪnt] *n* **1.** bonbon *m* à la menthe **2.** menthe *f* poivrée.

pepper pot (UK), pepperbox (US) ['pepəbɒks], **peppershaker** [pepə'ʃeɪkər] **(US)** *n* poivrier *m*.

peppershaker = **pepper pot.**

peppery ['pepərɪ] *adj* poivré.

pep rally ['pep ,rælɪ] *n* **(US)** *SCOL série d'événements : danses, chants, démonstrations de cheerleading et jeux organisés avant une grande rencontre sportive afin de stimuler l'esprit d'école*.

pep talk *n fam* paroles *fpl* d'encouragement.

per [pɜ:r] *prép* • **per person** par personne • **to be paid £10 per hour** être payé 10 livres de l'heure • **per kilo** le kilo • **as per instructions** conformément aux instructions.

per annum *adv* par an.

per capita [pə'kæpɪtə] *adj & adv* par personne.

perceive [pə'si:v] *vt* **1.** percevoir **2.** remarquer, s'apercevoir de **3.** • **to perceive sb/sthg as** considérer qqn/qqch comme.

percent [pə'sent] *adv* pour cent.

percentage [pə'sentɪdʒ] *n* pourcentage *m*.

perceptible [pə'septəbl] *adj* sensible.

perception [pə'sepʃn] *n* **1.** perception *f* **2.** perspicacité *f*, intuition *f*.

perceptive [pə'septɪv] *adj* perspicace.

perch [pɜːtʃ] *n* **1.** *littéraire & fig* perchoir *m* **2.** *(pl inv ou -es) (poisson)* perche *f.* ❑ *vi* se percher.

percolator ['pɜːkəleɪtəʳ] *n* cafetière *f* à pression.

percussion [pə'kʌʃn] *n* percussion *f.*

percussion instrument *n* MUS instrument *m* à percussion.

perennial [pə'renjəl] *adj* **1.** permanent, perpétuel **2.** BOT vivace. ❑ *n* plante *f* vivace.

perfect *adj* ['pɜːfɪkt] **1.** parfait • **it's less than perfect** cela laisse à désirer **2.** *iron* véritable • **he's a perfect nuisance** il est absolument insupportable. ❑ *n* ['pɜːfɪkt] • **perfect (tense)** parfait *m.* ❑ *vt* [pə'fekt] parfaire.

perfection [pə'fekʃn] *n* perfection *f* • **to perfection** parfaitement (bien).

perfectionist [pə'fekʃənɪst] *n* perfectionniste *mf.*

perfectly ['pɜːfɪktlɪ] *adv* parfaitement • **you know perfectly well** tu sais très bien.

perfect pitch *n* MUS • **to have perfect pitch** avoir l'oreille absolue.

perfect storm ['pərfekt stɔːrm] *n survenance simultanée d'événements de moindre importance mais dont la combinaison engendre une situation catastrophique.*

perforate ['pɜːfəreɪt] *vt* perforer.

perforated ['pɜːfəreɪtɪd] *adj* perforé, percé • **to have a perforated eardrum** avoir un tympan perforé *ou* crevé • **tear along the perforated line** détacher suivant les pointillés.

perforation [,pɜːfə'reɪʃn] *n* perforation *f.*

perforations [,pɜːfə'reɪʃnz] *npl* pointillés *mpl.*

perform [pə'fɔm] *vt* **1.** exécuter **2.** remplir *(une fonction)* **3.** jouer. ❑ *vi* **1.** fonctionner **2.** • **to perform well/badly** avoir de bons/mauvais résultats **3.** jouer **4.** chanter.

performance [pə'fɔməns] *n* **1.** exécution *f* **2.** représentation *f* **3.** interprétation *f (d'un acteur, d'un chanteur)* **4.** performance *f (d'une voiture, d'un moteur).*

performance appraisal *n* **1.** système *m* d'évaluation **2.** évaluation *f.*

performance art *n* art *m* de représentation.

performance-enhancing drug *n* produit *m* dopant.

performance pay *n* prime *f* de résultat.

performance-related *adj* en fonction du mérite *ou* résultat • **performance-related pay** salaire *m* au mérite.

performer [pə'fɔməʳ] *n* artiste *mf*, interprète *mf.*

performing arts [pə'fɔːmɪŋ-] *npl* • **the performing arts** les arts *mpl* du spectacle.

perfume ['pɜːfjuːm] *n* parfum *m.*

perfumed [(UK) 'pɜːfjuːmd, (US) pər'fjuːmd] *adj* parfumé.

perfunctory [pə'fʌŋktərɪ] *adj* rapide, superficiel.

perhaps [pə'hæps] *adv* peut-être.

peril ['perɪl] *n* danger *m*, péril *m.*

perilous ['perələs] *adj* dangereux, périlleux.

perilously ['perələslɪ] *adv* dangereusement.

perimeter [pə'rɪmɪtəʳ] *n* périmètre *m* • **perimeter fence** clôture *f* • **perimeter wall** mur *m* d'enceinte.

period ['pɪərɪəd] *n* **1.** période *f* **2.** SCOL ≃ heure *f* **3.** règles *fpl (menstruation)* **4.** (US) point *m (ponctuation).* ❑ *en apposition* d'époque.

periodic [,pɪərɪ'ɒdɪk] *adj* périodique.

periodical [,pɪərɪ'ɒdɪkl] *adj* = **periodic**. ❑ *n* périodique *m.*

periodically [,pɪərɪ'ɒdɪklɪ] *adv* périodiquement, de temps en temps.

periodic table *n* table *m* de Mendeleïev.

period pains *npl* règles *fpl* douloureuses.

peripheral [pə'rɪfərəl] *adj* **1.** secondaire **2.** périphérique. ❑ *n* INFORM périphérique *m.*

periphery [pə'rɪfərɪ] *(pl* **-ies***)* *n* périphérie *f.*

periscope ['perɪskəup] *n* périscope *m.*

perish ['perɪʃ] *vi* **1.** périr, mourir **2.** pourrir, se gâter **3.** se détériorer.

perishable ['perɪʃəbl] *adj* périssable. ■ **perishables** *npl* denrées *fpl* périssables.

perjure ['pɜːʤəʳ] *vt* DR • **to perjure o.s.** se parjurer.

perjury ['pɜːʤərɪ] *n (indén)* parjure *m*, faux témoignage *m.*

perk [pɜːk] *n fam* à-côté *m*, avantage *m.* ■ **perk up** *vi* se ragaillardir.

perky ['pɜːkɪ] *adj fam* **1.** guilleret **2.** plein d'entrain.

perm [pɜːm] *n* permanente *f.*

permalink ['pɜːməlɪŋk] *n* INFORM lien *m* permanent, permalien *m.*

permanent ['pɜːmənənt] *adj* permanent. ❑ *n* (US) permanente *f.*

permanently ['pɜːmənəntlɪ] *adv* **1.** *(handicapé, abîmé)* définitivement, de manière permanente **2.** *(fermé, disponible)* en permanence.

permeable ['pɜːmjəbl] *adj* perméable.

permeate ['pɜːmɪeɪt] *vt* **1.** s'infiltrer dans **2.** *(idée, sentiment)* se répandre dans.

permissible [pə'mɪsəbl] *adj sout* acceptable, admissible.

permission [pə'mɪʃn] *n* permission *f*, autorisation *f* • **to give sb permission to do sthg** donner à qqn l'autorisation de faire qqch.

permissive [pə'mɪsɪv] *adj* permissif.

permit [pə'mɪt] *vt* permettre • **to permit sb to do sthg** permettre à qqn de faire qqch, autoriser qqn à faire qqch • **to permit sb sthg** permettre qqch à qqn. ❑ *n* ['pɜːmɪt] permis *m.*

permutation [,pɜːmjuː'teɪʃn] *n* permutation *f.*

pernicious [pə'nɪʃəs] *adj sout* pernicieux.
pernickety [pə'nɪkətɪ] *adj* **(UK)** *fam* tatillon, pointilleux.
peroxide [pə'rɒksaɪd] *n* peroxyde *m*.
peroxide blonde *n* blonde *f* décolorée.
perpendicular [,pɜːpən'dɪkjʊlər] *adj* perpendiculaire. ❑ *n* perpendiculaire *f*.
perpetrate ['pɜːpɪtreɪt] *vt* perpétrer, commettre.
perpetration [,pɜːpɪ'treɪʃn] *n* perpétration *f*.
perpetrator ['pɜːpɪtreɪtər] *n* auteur *m*.
perpetual [pə'petʃʊəl] *adj* **1.** *péj* continuel, incessant **2.** perpétuel.
perpetually [pə'petʃʊəlɪ] *adv* toujours, constamment.
perpetuate [pə'petʃʊeɪt] *vt* perpétuer.
perpetuity [,pɜːpɪ'tjuːətɪ] *n* • **in perpetuity** *sout* à perpétuité.
perplex [pə'pleks] *vt* rendre perplexe.
perplexed [pə'plekst] *adj* perplexe.
perplexing [pə'pleksɪŋ] *adj* déroutant.
per se [pɜː'seɪ] *adv sout* en tant que tel, telle *f*, en soi.
persecute ['pɜːsɪkjuːt] *vt* persécuter, tourmenter.
persecution [,pɜːsɪ'kjuːʃn] *n* persécution *f*.
persecutor ['pɜːsɪkjuːtər] *n* persécuteur *m*, -trice *f*.
perseverance [,pɜːsɪ'vɪərəns] *n* persévérance *f*, ténacité *f*.
persevere [,pɜːsɪ'vɪər] *vi* **1.** persévérer, persister • **to persevere with** persévérer *ou* persister dans **2.** • **to persevere in doing sthg** persister à faire qqch.
Persian ['pɜːʃn] *adj* **1.** persan **2.** HIST perse.
persist [pə'sɪst] *vi* • **to persist (in doing sthg)** persister *ou* s'obstiner (à faire qqch).
persistence [pə'sɪstəns] *n* persistance *f*.
persistent [pə'sɪstənt] *adj* **1.** continuel **2.** constant **3.** tenace, obstiné.
persistently [pə'sɪstəntlɪ] *adv* **1.** continuellement, constamment **2.** obstinément, avec persévérance.
person ['pɜːsn] (*pl* **people** ['piːpl] *ou* **persons**) *sout n* **1.** personne *f* **2.** *sout* • **about one's person** sur soi.
personable ['pɜːsnəbl] *adj* sympathique.
personal ['pɜːsənl] *adj* **1.** personnel • **personal effects** *ou* **belongings** effets *mpl* personnels **2.** *péj* désobligeant.
personal assistant *n* secrétaire *mf* de direction.
personal call *n* communication *f* téléphonique privée.
personal column *n* petites annonces *fpl*.
personal computer *n* ordinateur *m* personnel *ou* individuel.
personal hygiene *n* hygiène *f* corporelle.
personality [,pɜːsə'nælətɪ] *n* personnalité *f*.
personality disorder *n* trouble *m* de la personnalité.
personality profile *n* profil *m* de personnalité.
personalize, -ise (UK) ['pɜːsənəlaɪz] *vt* **1.** personnaliser **2.** marquer à son nom *(vêtements, bagage)* **3.** rendre personnel *(attaque, critique)*.
personalized, -ised (UK) ['pɜːsənəlaɪzd] *adj* **1.** personnalisé **2.** *(vêtements, bagage)* marqué à son nom **3.** *(attaque, critique)* personnel.
personally ['pɜːsnəlɪ] *adv* personnellement • **to take sthg personally** se sentir visé par qqch.
personal organizer, -iser (UK) *n* organiseur *m*.
personal pension plan *n* retraite *f* personnelle.
personal pronoun *n* pronom *m* personnel.
personal property *n (indén)* biens *mpl* personnels.
personal shopper *n* styliste *mf* privé (e).
personal stereo *n* baladeur *m*, Walkman® *m*.
personal trainer *n* coach *m* personnel.
persona non grata [-'grɑːtə] (*pl* **personae non gratae** [-'grɑːtiː]) *n* persona non grata.
person-hour *n* = **man-hour**.
personification [pə,sɒnɪfɪ'keɪʃn] *n* personnification *f*.
personify [pə'sɒnɪfaɪ] *vt* personnifier.
personnel [,pɜːsə'nel] *n (indén)* service *m* du personnel. ❑ *npl* personnel *m*.
personnel department *n* service *m* du personnel.
perspective [pə'spektɪv] *n* **1.** perspective *f* **2.** point *m* de vue, optique *f*.
Perspex® ['pɜːspeks] *n* **(UK)** ≃ Plexiglas® *m*.
perspiration [,pɜːspə'reɪʃn] *n* **1.** sueur *f* **2.** transpiration *f*.
persuade [pə'sweɪd] *vt* • **to persuade sb to do sthg** persuader *ou* convaincre qqn de faire qqch • **to persuade sb that** convaincre qqn que • **to persuade sb of** convaincre qqn de.
persuasion [pə'sweɪʒn] *n* **1.** persuasion *f* **2.** RELIG confession *f* **3.** POLIT conviction *f*.
persuasive [pə'sweɪsɪv] *adj* **1.** persuasif **2.** convaincant.
persuasively [pə'sweɪsɪvlɪ] *adv* d'un ton persuasif, d'une manière convaincante.
persuasiveness [pə'sweɪsɪvnəs] *n* force *f* de persuasion.
pert [pɜːt] *adj* mutin, coquin.
pertain [pə'teɪn] *vi sout* • **pertaining to** concernant, relatif à.
pertinence ['pɜːtɪnəns] *n* pertinence *f*.

pertinent ['pɜːtɪnənt] *adj* pertinent, approprié.
perturb [pə'tɜːb] *vt* inquiéter, troubler.
perturbed [pə'tɜːbd] *adj sout* inquiet, troublé.
perturbing [pə'tɜːbɪŋ] *adj* inquiétant, troublant.
Peru [pə'ruː] *n* Pérou *m*.
peruse [pə'ruːz] *vt sout* lire attentivement.
pervade [pə'veɪd] *vt sout* **1.** *(odeur)* se répandre dans **2.** *(sentiment)* envahir.
perverse [pə'vɜːs] *adj* **1.** contrariant **2.** malin.
perversely [pə'vɜːslɪ] *adv* par esprit de contradiction.
perversion [(UK) pə'vɜːʃn, (US) pə'vɜːrʒn] *n* **1.** perversion *f* **2.** travestissement *m*.
pervert *n* ['pɜːvɜːt] pervers *m*, -e *f*. ❑ *vt* [pə'vɜːt] **1.** travestir, déformer **2.** entraver *(le cours de la justice)* **3.** pervertir.
perverted [pə'vɜːtɪd] *adj* pervers.
pesky ['peskɪ] *(comp* **peskier**, *superl* **peskiest**) *adj* (surtout US) *fam* fichu.
pessimism ['pesɪmɪzm] *n* pessimisme *m*.
pessimist ['pesɪmɪst] *n* pessimiste *mf*.
pessimistic [,pesɪ'mɪstɪk] *adj* pessimiste.
pest [pest] *n* **1.** insecte *m* nuisible **2.** animal *m* nuisible **3.** *fam* casse-pieds *mf inv*.
pester ['pestəʳ] *vt* harceler, importuner.
pesticide ['pestɪsaɪd] *n* pesticide *m*.
pesto ['pestəʊ], **pesto sauce** *n* pesto *m*.
pet [pet] *adj* • **pet subject** dada *m* • **pet hate** bête *f* noire. ❑ *n* **1.** animal *m* (familier) **2.** chouchou *m*, -oute *f*. ❑ *vt* caresser, câliner. ❑ *vi* se peloter *fam* , se caresser.
petal ['petl] *n* pétale *m*.
peter ['piːtəʳ] ■ **peter out** *vi* **1.** *(chemin)* s'arrêter, se perdre **2.** *(intérêt)* diminuer.
petfood ['petfuːd] *n* aliments *mpl* pour animaux de compagnie.
petite [pə'tiːt] *adj* menu.
petition [pɪ'tɪʃn] *n* pétition *f*. ❑ *vt* adresser une pétition à.
pet name *n* petit nom *m*.
petrified ['petrɪfaɪd] *adj* paralysé *ou* pétrifié de peur.
petrify ['petrɪfaɪ] *(prét & pp* **petrified**) *vt* paralyser *ou* pétrifier de peur.
petrol ['petrəl] *n* (UK) essence *f*.
petrol bomb *n* (UK) cocktail *m* Molotov.
petrol can *n* (UK) bidon *m* à essence.
petroleum [pɪ'trəʊljəm] *n* pétrole *m*.
petrol pump *n* (UK) pompe *f* à essence.
petrol station *n* (UK) station-service *f*.
petrol tank *n* (UK) réservoir *m* d'essence.
pet shop *n* animalerie *f*.
petticoat ['petɪkəʊt] *n* jupon *m*.
petty ['petɪ] *adj* **1.** mesquin **2.** insignifiant, sans importance.
petty cash *n (indén)* caisse *f* des dépenses courantes.
petty-minded *adj* borné, mesquin.
petty officer *n* second maître *m*.
petulant ['petjʊlənt] *adj* irritable.
pew [pjuː] *n* banc *m* d'église.
pewter ['pjuːtəʳ] *n* étain *m*.
PG (abrév de parental guidance) *en Grande-Bretagne, désigne un film pour lequel l'avis des parents est recommandé.*
pH *n* pH *m*.
phallic ['fælɪk] *adj* phallique.
phantom ['fæntəm] *adj* fantomatique, spectral. ❑ *n* fantôme *m*.
pharmaceutical [,fɑːmə'sjuːtɪkl] *adj* pharmaceutique.
pharmacist ['fɑːməsɪst] *n* pharmacien *m*, -enne *f*.
pharmacy ['fɑːməsɪ] *n* pharmacie *f*.
pharming ['fɑːmɪŋ] *n* INFORM pharming *m*.
phase [feɪz] *n* phase *f*. ■ **phase in** *vt sép* introduire progressivement. ■ **phase out** *vt sép* supprimer progressivement.
PhD (abrév de Doctor of Philosophy) *n (titulaire d'un) doctorat de 3ᵉ cycle.*
pheasant ['feznt] *(pl inv ou* **-s**) *n* faisan *m*.
phenomena [fɪ'nɒmɪnə] *npl* → **phenomenon**.
phenomenal [fɪ'nɒmɪnl] *adj* phénoménal, extraordinaire.
phenomenally [fɪ'nɒmɪnəlɪ] *adv* phénoménalement.
phenomenon [fɪ'nɒmɪnən] *(pl* **-mena**) *n* phénomène *m*.
phew [fjuː] *interj* ouf !
phial ['faɪəl] *n* fiole *f*.
philanderer [fɪ'lændərəʳ] *n* coureur *m*, don Juan *m*.
philandering [fɪ'lændərɪŋ] *n* donjuanisme *m*.
philanthropist [fɪ'lænθrəpɪst] *n* philanthrope *mf*.
philately [fɪ'lætəlɪ] *n* philatélie *f*.
Philippine ['fɪlɪpiːn] *adj* philippin. ■ **Philippines** *npl* • **the Philippines** les Philippines *fpl*.
philistine [(UK) 'fɪlɪstaɪn, (US) 'fɪlɪstiːn] *n* philistin *m*, béotien *m*, -enne *f*.
philosopher [fɪ'lɒsəfəʳ] *n* philosophe *mf*.
philosophical [,fɪlə'sɒfɪkl] *adj* **1.** philosophique **2.** philosophe.
philosophically [,fɪlə'sɒfɪklɪ] *adv* **1.** *(en philosophie)* philosophiquement **2.** *(avec calme)* philosophiquement, avec philosophie.
philosophy [fɪ'lɒsəfɪ] *n* philosophie *f*.
phishing ['fɪʃɪŋ] *n* INFORM phishing *m*.
phlegm [flem] *n* flegme *m*.

phlegmatic [fleg'mætɪk] *adj* flegmatique.
phobia ['fəʊbjə] *n* phobie *f.*
phobic ['fəʊbɪk] *adj* phobique. ❑ *n* phobique *mf.*
phone [fəʊn] *n* téléphone *m.* ❑ *en apposition* téléphonique. ❑ *vt* téléphoner à, appeler. ❑ *vi* téléphoner. ■ **phone back** *vt sép & vi* rappeler • **I'll phone back tonight** je rappellerai ce soir. ■ **phone in** *vi* téléphoner, appeler • **to phone in sick** appeler pour dire qu'on est malade et qu'on ne peut pas venir travailler. ❑ *vt* • **phone in your answers** donnez vos réponses par téléphone. ■ **phone up** *vt sép & vi* téléphoner.
phone book *n* annuaire *m* (du téléphone).
phone booth, **phone box** **(UK)** *n* cabine *f* téléphonique.
phone call *n* coup *m* de téléphone *ou* fil • **to make a phone call** passer *ou* donner un coup de fil.
phonecard ['fəʊnkɑːd] *n* ≃ Télécarte® *f.*
phonecasting ['fəʊnkɑːstɪŋ] *n* phonecasting *m.*
phone-in *n* **(UK)** RADIO & TV programme *m* à ligne ouverte.
phone line *n* **1.** câble *m* téléphonique **2.** ligne *f* téléphonique.
phone number *n* numéro *m* de téléphone.
phone-tapping [-ˌtæpɪŋ] *n* écoute *f* téléphonique.
phonetic [fə'netɪk] *adj* phonétique.
phonetically [fə'netɪklɪ] *adv* phonétiquement.
phonetics [fə'netɪks] *n (indén)* phonétique *f.*
phoney, **phony** *fam* ['fəʊnɪ] *adj* **1.** bidon *(inv)* **2.** hypocrite, pas franc. ❑ *n* poseur *m,* -euse *f.*
phone zap *n* zapping *m (par un groupe de pression).*
phosphorus ['fɒsfərəs] *n* phosphore *m.*
photo ['fəʊtəʊ] *n* photo *f* • **to take a photo of sb/sthg** photographier qqn/qqch, prendre qqn/qqch en photo.
photo album *n* album *m* de photos.
photobooth ['fəʊtəʊbuːð] *n* Photomaton®.
photocall ['fəʊtəʊkɔːl] *n* **(UK)** séance *f* de photos.
photocopier ['fəʊtəʊˌkɒpɪəʳ] *n* photocopieur *m,* copieur *m.*
photocopy ['fəʊtəʊˌkɒpɪ] *n* photocopie *f.* ❑ *vt* photocopier.
photocopying ['fəʊtəʊˌkɒpɪɪŋ] *n (indén)* reprographie *f,* photocopie *f.*
photo frame *n* cadre *m* photo.
photogenic [ˌfəʊtəʊ'dʒenɪk] *adj* photogénique.
photograph ['fəʊtəgrɑːf] *n* photographie *f* • **to take a photograph (of sb/sthg)** prendre (qqn/qqch) en photo. ❑ *vt* photographier.
photographer [fə'tɒgrəfəʳ] *n* photographe *mf.*
photographic [ˌfəʊtə'græfɪk] *adj* photographique.
photographic memory *n* mémoire *f* photographique.
photography [fə'tɒgrəfɪ] *n* photographie *f.*
photoshoot ['fəʊtəʊsuːt] *n* prise *f* de vue.
phrasal verb ['freɪzl-] *n* verbe *m* à postposition.
phrase [freɪz] *n* expression *f.* ❑ *vt* exprimer, tourner *(une phrase).*
phrasebook ['freɪzbʊk] *n* guide *m* de conversation *(pour touristes).*
physical ['fɪzɪkl] *adj* **1.** physique **2.** matériel. ❑ *n* visite *f* médicale.
physical chemistry *n* chimie *f* physique.
physical distancing *n* distanciation *f* physique.
physical education *n* éducation *f* physique.
physical geography *n* géographie *f* physique.
physically ['fɪzɪklɪ] *adv* physiquement.
physically handicapped *adj* • **to be physically handicapped** être handicapé physique. ❑ *npl* • **the physically handicapped** les handicapés *mpl* physiques.
physical therapist *n* **(US)** kinésithérapeute *mf.*
physical therapy *n* **(US)** **1.** kinésithérapie *f* **2.** rééducation *f (après un accident, une maladie).*
physician [fɪ'zɪʃn] *n sout* médecin *m.*
physicist ['fɪzɪsɪst] *n* physicien *m,* -enne *f.*
physics ['fɪzɪks] *n (indén)* physique *f.*
physio ['fɪzɪəʊ] *(pl* **-s**) *n* **(UK)** *fam* **1.** (abrév de physiotherapist) kiné *mf* **2.** (abrév de physiotherapy) kiné *f.*
physiotherapist [ˌfɪzɪəʊ'θerəpɪst] *n* **(UK)** kinésithérapeute *mf.*
physiotherapy [ˌfɪzɪəʊ'θerəpɪ] *n* **(UK)** kinésithérapie *f.*
physique [fɪ'ziːk] *n* physique *m.*
pianist ['pɪənɪst] *n* pianiste *mf.*
piano [pɪ'ænəʊ] *(pl* **-s**) *n* piano *m.*
pick [pɪk] *n* **1.** pioche *f,* pic *m* **2.** • **to take one's pick** choisir **3.** • **the pick of** le meilleur, la meilleure *f* de. ❑ *vt* **1.** choisir, sélectionner **2.** cueillir **3.** enlever **4.** • **to pick one's nose** se curer le nez • **to pick one's teeth** se curer les dents **5.** chercher • **to pick a fight** chercher la bagarre **6.** crocheter. ■ **pick at** *vt insép* picorer *(nourriture).* ■ **pick on** *vt insép* s'en prendre à, être sur le dos de. ■ **pick out** *vt sép* **1.** repérer, reconnaître **2.** choisir, désigner. ■ **pick up** *vt sép* **1.** ramasser **2.** aller chercher **3.** apprendre **4.** prendre *(une habitude)* **5.** découvrir • **to pick up speed** prendre de la vitesse **6.** *fam* draguer **7.** RADIO & TÉLÉCOM capter **8.** reprendre *(son travail),* continuer *(une conversation).* ❑ *vi* reprendre.
pickaxe **(UK)**, **pickax** **(US)** ['pɪkæks] *n* pioche *f,* pic *m.*

picket ['pɪkɪt] *n* piquet *m* de grève. ❑ *vt* mettre un piquet de grève devant.

picket line *n* piquet *m* de grève.

pickle ['pɪkl] *n* **1.** (UK) pickles *mpl* **2.** (US) cornichon *m* **3.** • **to be in a pickle** *fam* & *vieilli* être dans le pétrin. ❑ *vt conserver dans du vinaigre, de la saumure, etc.*

pickled ['pɪkld] *adj* au vinaigre.

pick-me-up *n fam* remontant *m*.

pick-'n'-mix *n* assortiment *m (de bonbons, de fromage, composé par l'acheteur lui-même)*.

pickpocket ['pɪk,pɒkɪt] *n* pickpocket *m*, voleur *m* à la tire.

pick-up *n* camionnette *f*.

picky ['pɪkɪ] (*comp* **pickier**, *superl* **pickiest**) *adj fam* difficile.

pick-your-own *adj* **1.** *(ferme)* où l'on peut cueillir soi-même ses fruits et ses légumes **2.** *(fruits, légumes)* cueilli à la ferme.

picnic ['pɪknɪk] *n* pique-nique *m* • **to have a picnic** faire un pique-nique, pique-niquer. ❑ *vi* (*prét & pp* **picnicked**, *cont* **picnicking**) pique-niquer.

picnic basket, **picnic hamper** *n* panier *m* à pique-nique.

pictorial [pɪk'tɔrɪəl] *adj* illustré.

picture ['pɪktʃər] *n* **1.** tableau *m*, peinture *f* **2.** dessin *m* **3.** photo *f*, photographie *f* **4.** image *f* **5.** film *m* **6.** tableau *m*, image *f* **7.** *fig* tableau *m* **8.** *(locution)* • **to get the picture** *fam* piger • **to put sb in the picture** mettre qqn au courant. ❑ *vt* **1.** imaginer, s'imaginer, se représenter **2.** photographier **3.** représenter, peindre. ■ **pictures** *npl* (UK) *vieilli* • **the pictures** le cinéma.

picture book *n* livre *m* d'images.

picture frame *n* cadre *m* (pour tableaux).

picture messaging *n* messagerie *f* photo.

picturesque [,pɪktʃə'resk] *adj* pittoresque.

piddling ['pɪdlɪŋ] *adj fam* & *péj* dérisoire, insignifiant.

pie [paɪ] *n* **1.** tourte *f (salée)* **2.** tarte *f (sucrée)*.

piece [piːs] *n* **1.** morceau *m* • **a piece of furniture** un meuble • **a piece of clothing** un vêtement • **a piece of advice** un conseil • **to fall to pieces** tomber en morceaux • **to take sthg to pieces** démonter qqch • **in pieces** en morceaux • **in one piece a)** intact **b)** sain et sauf **2.** bout *m* **3.** pièce *f (de monnaie, de jeu d'échecs)* **4.** pion *m* **5.** PRESSE article *m*. ■ **piece together** *vt sép* coordonner.

pièce de résistance [,pjesdərezɪs'tɑ̃s] (*pl* **pièces de résistance** [,pjesdərezɪs'tɑ̃s]) *n* pièce *f* de résistance.

piecemeal ['piːsmiːl] *adj* fait petit à petit. ❑ *adv* petit à petit, peu à peu.

piecework ['piːswɜːk] *n (indén)* travail *m* à la pièce *ou* aux pièces.

pieceworker ['piːswɜːkər] *n* travailleur *m*, -euse *f* à la pièce.

pie chart *n* camembert *m (schéma)*, graphique *m* rond.

pied-à-terre [,pɪeɪdæ'teər] (*pl* **pieds-à-terre** [,pɪeɪdæ'teər]) *n* pied-à-terre *m inv*.

pier [pɪər] *n* jetée *f*.

pierce [pɪəs] *vt* percer, transpercer • **to have one's ears pierced** se faire percer les oreilles.

pierced [pɪəst] *adj* percé.

piercing ['pɪəsɪŋ] *adj* **1.** perçant **2.** pénétrant. ❑ *n* • **(body) piercing** piercing *m*.

piety ['paɪətɪ] *n* piété *f*.

piffling ['pɪflɪŋ] *adj fam* insignifiant.

pig [pɪg] *n* **1.** porc *m*, cochon *m* **2.** *fam* & *péj* goinfre *m* **3.** *fam* & *péj* sale type *m* **4.** • **in a pig's eye!** (US) *fam* jamais de la vie ! • **to be like a pig in mud** (US) être comme un poisson dans l'eau. ■ **pig out** *vi fam* s'empiffrer.

pigeon ['pɪdʒɪn] (*pl inv ou* **-s**) *n* pigeon *m*.

pigeon-chested [-,tʃestɪd] *adj* à la poitrine bombée.

pigeonhole ['pɪdʒɪnhəʊl] *n* casier *m*. ❑ *vt* étiqueter, cataloguer.

pigeon-toed [-,təʊd] *adj* qui a les pieds en dedans.

piggyback ['pɪgɪbæk] *n* • **to give sb a piggyback** porter qqn sur son dos.

piggybacking ['pɪgɪbækɪŋ] *n* FIN portage *m*.

piggy bank ['pɪgɪbæŋk] *n* tirelire *f*.

pigheaded [,pɪg'hedɪd] *adj* têtu.

pigment ['pɪgmənt] *n* pigment *m*.

pigpen (US) = **pigsty**.

pigskin ['pɪgskɪn] *n* (peau *f* de) porc *m*.

pigsty ['pɪgstaɪ], **pigpen** (US) ['pɪgpen] *n litt* & *fig* porcherie *f*.

pigtail ['pɪgteɪl] *n* natte *f*.

pig-ugly *adj* (UK) *fam* moche comme un pou.

pike [paɪk] (*pl* **-s**) *n* **1.** (*pl inv*) brochet *m* **2.** pique *f*.

Pilates [pɪ'lɑːtiːz] *n (gymnastique)* Pilates *f*.

pilchard ['pɪltʃəd] *n* pilchard *m*.

pile [paɪl] *n* **1.** tas *m* • **a pile of, piles of** un tas *ou* des tas de **2.** pile *f* **3.** *(indén)* poils *mpl (de tapis)*. ❑ *vt* empiler. ■ **pile in** *vi fam* s'empiler. ■ **pile into** *vt insép fam* s'entasser dans, s'empiler dans. ■ **pile on** *fam vi insép* s'entasser, monter en s'entassant *(dans un bus, un train)*. ❑ *vt sép* **1.** faire durer *(suspense)* ; augmenter *(pression)* **2.** • **to pile it on** exagérer, en rajouter **3.** • **to pile on the pounds** *ou* **pile it on** *fam* grossir. ■ **pile out** *vi fam* sortir en se bousculant. ■ **piles** *npl* hémorroïdes *fpl*. ■ **pile up** *vt sép* empiler, entasser. ❑ *vi* **1.** s'entasser **2.** *fig* s'accumuler • **the work is piling up** le travail s'accumule.

pileup ['paɪlʌp] *n* carambolage *m*.

pilfer ['pɪlfəʳ] *vt* chaparder. ❑ *vi* • **to pilfer (from)** faire du chapardage (dans).
pilgrim ['pɪlgrɪm] *n* pèlerin *m*.
pilgrimage ['pɪlgrɪmɪdʒ] *n* pèlerinage *m*.
pill [pɪl] *n* **1.** pilule *f* **2.** • **the pill** la pilule • **to be on the pill** prendre la pilule.
pillage ['pɪlɪdʒ] *vt* piller.
pillar ['pɪləʳ] *n litt & fig* pilier *m*.
pillar box *n* **(UK)** boîte *f* aux lettres.
pillbox ['pɪlbɒks] *n* boîte *f* à pilules.
pillion ['pɪljən] *n* siège *m* arrière • **to ride pillion** monter derrière.
pillock ['pɪlək] *n* **(UK)** *fam* imbécile *mf*.
pillow ['pɪləʊ] *n* **1.** oreiller *m* **2. (US)** coussin *m*.
pillowcase ['pɪləʊkeɪs], **pillowslip** ['pɪləʊslɪp] *n* taie *f* d'oreiller.
pilot ['paɪlət] *n* **1.** *AÉRON & NAUT* pilote *mf* **2.** *TV* émission *f* pilote. ❑ *en apposition* pilote. ❑ *vt* piloter.
pilot burner, **pilot light** *n* veilleuse *f*.
pilot scheme *n* **(UK)** projet-pilote *m*.
pilot study *n* étude *f* pilote *ou* expérimentale.
pimp [pɪmp] *n fam* maquereau *m*.
pimple ['pɪmpl] *n* bouton *m*.
pimply ['pɪmplɪ] (*comp* **pimplier**, *superl* **pimpliest**) *adj* boutonneux.
pin [pɪn] *n* **1.** épingle *f* **2. (US)** broche *f* **3. (UK)** punaise *f* **4.** épingle *f* à nourrice **5.** *ÉLECTR* fiche *f* **6.** *TECHNOL* goupille *f*, cheville *f*. ❑ *vt* • **to pin sthg to/on sthg** épingler qqch à/sur qqch • **to pin sb against** *ou* **to** clouer qqn contre • **to pin sthg on sb** mettre *ou* coller qqch sur le dos de qqn • **to pin one's hopes on sb/sthg** mettre tous ses espoirs en qqn/dans qqch. ■ **pin down** *vt sép* **1.** définir, identifier **2.** • **to pin sb down** obliger qqn à prendre une décision. ■ **pin up** *vt sép* épingler.
PIN [pɪn] (abrév de **personal identification number**) *n* code *m* confidentiel.
pinafore ['pɪnəfɔːʳ] *n* tablier *m*.
pinball ['pɪnbɔl] *n* flipper *m*.
pincers ['pɪnsəz] *npl* **1.** tenailles *fpl* **2.** pinces *fpl (de crabe)*.
pinch [pɪntʃ] *n* **1.** pincement *m* **2.** pincée *f*. ❑ *vt* **1.** pincer **2.** serrer **3. (UK)** *fam* piquer, faucher. ■ **at a pinch (UK)**, **in a pinch (US)** *adv* à la rigueur.
pinched [pɪntʃt] *adj (traits)* tiré • **to be pinched for time/money** être à court de temps/d'argent • **pinched with cold** transi de froid.
pincushion ['pɪn,kʊʃn] *n* pelote *f* à épingles.
pine [paɪn] *n* pin *m*. ❑ *vi* • **to pine for** désirer ardemment. ■ **pine away** *vi* languir.
pineapple ['paɪnæpl] *n* ananas *m*.
pine cone *n* pomme *f* de pin.
pinetree ['paɪntriː] *n* pin *m*.
ping [pɪŋ] *n* **1.** tintement *m* **2.** bruit *m* métallique.
Ping-Pong® [-pɒŋ] *n* ping-pong *m*.
pinhole ['pɪnhəʊl] *n* trou *m* d'épingle.
pink [pɪŋk] *adj* rose • **to go** *ou* **turn pink** rosir, rougir. ❑ *n* rose *m*.
pink economy *n activités économiques générées par le pouvoir d'achat des homosexuels*.
pinkeye (US) = **conjunctivitis**.
pink pound *n* **(UK)** • **the pink pound** *le pouvoir d'achat des homosexuels*.
pin money *n fam* argent *m* de poche.
pinnacle ['pɪnəkl] *n* **1.** pic *m*, cime *f* **2.** *fig* apogée *m*.
pin number *n* code *m* confidentiel.
pinpoint ['pɪnpɔɪnt] *vt* **1.** définir, mettre le doigt sur **2.** localiser.
pinprick ['pɪnprɪk] *n* piqûre *f* d'épingle.
pins and needles *n* **1.** *(indén) fam* fourmillements *mpl* • **I have pins and needles in my arm** j'ai des fourmis dans le bras **2.** • **to be on pins and needles (US)** trépigner d'impatience, ronger son frein.
pin-striped [-,straɪpt] *adj* à très fines rayures.
pint [paɪnt] *n* **1. (UK)** = *0,568 litre* ; ≃ demi-litre *m* **2. (US)** = *0,473 litre* ; ≃ demi-litre *m* **3. (UK)** ≃ demi *m*.
pint-size(d) *adj fam* minuscule.
pinup ['pɪnʌp] *n* pin-up *f inv*.
pioneer [,paɪə'nɪəʳ] *n litt & fig* pionnier *m*. ❑ *vt* • **to pioneer sthg** être un des premiers, une des premières *f* à faire qqch.
pioneering [,paɪə'nɪərɪŋ] *adj (travaux, recherches)* de pionnier.
pious ['paɪəs] *adj* **1.** pieux, pieuse *f* **2.** *péj* moralisateur.
pip [pɪp] *n* **1.** pépin *m* **2. (UK)** *TÉLÉCOM* top *m*.
pipe [paɪp] *n* **1.** tuyau *m* **2.** pipe *f*. ❑ *vt* acheminer par tuyau. ■ **pipe down** *vi fam* se taire, la fermer. ■ **pipes** *npl* cornemuse *f*. ■ **pipe up** *vi fam* se faire entendre.
pipe cleaner *n* cure-pipe *m*.
pipe dream *n* projet *m* chimérique.
pipeline ['paɪplaɪn] *n* **1.** gazoduc *m* **2.** oléoduc *m*, pipeline *m*.
piper ['paɪpəʳ] *n* joueur *m*, -euse *f* de cornemuse.
piping hot ['paɪpɪŋ-] *adj* bouillant.
piquant ['piːkənt] *adj* piquant.
pique [piːk] *n* dépit *m*.
piracy ['paɪrəsɪ] *n* **1.** piraterie *f (en mer)* **2.** piratage *m (de programme, de données)*.
pirate ['paɪrət] *adj* pirate. ❑ *n* pirate *m*. ❑ *vt* pirater.
pirate radio *n* **(UK)** radio *f* pirate.
pirouette [,pɪrʊ'et] *n* pirouette *f*. ❑ *vi* pirouetter.

Pisces ['paɪsiːz] *n* Poissons *mpl*.
piss [pɪs] *vulg n* pisse *f*. ❑ *vi* pisser. ■ **piss down** *v impers* **(UK)** *vulg* pleuvoir comme vache qui pisse. ■ **piss off** *vulg vt sép* emmerder. ❑ *vi* **(UK)** foutre le camp • **piss off!** fous le camp !
pissed [pɪst] *adj vulg* **1. (UK)** bourré **2. (US)** en rogne, furax.
pissed off *adj vulg* en rogne, furax.
piss-take *n* **1. (UK)** *vulg* mise *f* en boîte *(de personne)* **2.** parodie *f (dans un livre, un film)*.
piss-up *n* **(UK)** *tfam* • **to go on** *ou* **to have a piss-up** se biturer, se soûler la gueule • **he couldn't organise a piss-up in a brewery** il n'est pas foutu d'organiser quoi que ce soit.
pistachio [pɪ'stɑːʃɪəʊ] *(pl -s) n* pistache *f*.
piste [piːst] *n* piste *f* (de ski).
pistol ['pɪstl] *n* pistolet *m*.
piston ['pɪstən] *n* piston *m*.
pit [pɪt] *n* **1.** trou *m* **2.** petit trou **3.** marque *f* **4.** fosse *f (d'orchestre)* **5.** mine *f* **6. (US)** noyau *m*. ❑ *vt* • **to pit sb against sb** opposer qqn à qqn. ■ **pits** *npl* • **the pits** les stands *mpl*.
pitch [pɪtʃ] *n* **1. (UK)** SPORT terrain *m* • **a football pitch** un terrain de foot **2.** MUS ton *m* **3.** degré *m* **4. (UK)** place *f* **5.** *fam* baratin *m*. ❑ *vt* **1.** lancer **2.** fixer **3.** adapter *(un discours)* **4.** dresser *(une tente)* **5.** établir *(un camp)*. ❑ *vi* **1.** rebondir **2.** • **to pitch forward** être projeté en avant **3.** tanguer. ■ **pitch in** *vi* s'y mettre • **everybody is expected to pitch in** on attend de chacun qu'il mette la main à la pâte.
pitch-black *adj* • **it's pitch-black in here** il fait noir comme dans un four.
pitched battle *n* bataille *f* rangée.
pitcher ['pɪtʃər] *n* **1. (US)** cruche *f* **2.** *(au base-ball)* lanceur *m*.
pitchfork ['pɪtʃfɔːk] *n* fourche *f*.
pitch invasion *n* SPORT invasion *f* de terrain.
piteous ['pɪtɪəs] *adj* pitoyable.
pitfall ['pɪtfɔːl] *n* piège *m*.
pith [pɪθ] *n* **1.** BOT moelle *f* **2.** peau *f* blanche *(d'un fruit)*.
pithy ['pɪθɪ] *adj* **1.** concis **2.** piquant.
pitiful ['pɪtɪfʊl] *adj* **1.** pitoyable **2.** lamentable.
pitiless ['pɪtɪlɪs] *adj* sans pitié, impitoyable.
pit stop *n* **1.** *(courses automobiles)* arrêt *m* aux stands **2.** (surtout **US**) *hum* arrêt *m* pipi.
pitta bread ['pɪtə-] *n* **(UK)** pain *m* grec, pita *m*.
pittance ['pɪtəns] *n* salaire *m* de misère.
pitter-patter ['pɪtə,pætər] *n* crépitement *m* *(de la pluie)*.
pituitary [pɪ'tjuːɪtrɪ] *(pl -ies) n* • **pituitary (gland)** glande *f* pituitaire.
pity ['pɪtɪ] *n* pitié *f* • **what a pity!** quel dommage ! • **it's a pity** c'est dommage. ❑ *vt* plaindre.
pitying ['pɪtɪɪŋ] *adj* compatissant.
pivot ['pɪvət] *n litt & fig* pivot *m*.
pivotal ['pɪvətl] *adj* crucial, central.
pixel ['pɪksl] *n* INFORM pixel *m*.
pixelate ['pɪksəleɪt], **pixelize** ['pɪksəlaɪz] *vt* pixeliser.
pixelisation, pixelization [,pɪksəlaɪ'zeɪʃn] *n* **1.** pixelisation *f* **2.** TV mosaïquage *m*.
pixellated ['pɪksəleɪtɪd] *adj* INFORM *(image)* pixélisé, bitmap, en mode point.
pixilated ['pɪksɪleɪtɪd] *adj* **(US)** *fam* bourré, pété.
pizza ['piːtsə] *n* pizza *f*.
placard ['plækɑːd] *n* affiche *f*.
placate [plə'keɪt] *vt* calmer, apaiser.
place [pleɪs] *n* **1.** endroit *m*, lieu *m* • **place of birth** lieu de naissance **2.** place *f* • **to take the place of** prendre la place de, remplacer **3.** • **at/to my place** chez moi **4.** • **to lose one's place** perdre sa page *(en lisant)* **5.** • **decimal place** décimale *f* **6.** • **in the first place... and in the second place...** premièrement... et deuxièmement... • **to take place** avoir lieu. ❑ *vt* **1.** placer, mettre **2.** • **to place the responsibility for sthg on sb** tenir qqn pour responsable de qqch **3.** remettre **4.** passer *(un ordre)* • **to place a bet** parier **5.** • **to be placed** être placé. ■ **all over the place** *adv* partout. ■ **in place** *adv* **1.** à sa place **2.** mis en place. ■ **in place of** *prép* à la place de. ■ **out of place** *adv* **1.** pas à sa place **2.** *fig* déplacé.
placebo [plə'siːbəʊ] *(pl -s ou -es) n* placebo *m*.
place mat *n* set *m* (de table).
placement ['pleɪsmənt] *n* placement *m*.
place setting *n* couvert *m*.
placid ['plæsɪd] *adj* **1.** placide **2.** calme.
plagiarism ['pleɪdʒjərɪzm] *n* plagiat *m*.
plagiarize, -ise (UK) ['pleɪdʒəraɪz] *vt* plagier.
plague [pleɪg] *n* **1.** peste *f* **2.** *fig* fléau *m*. ❑ *vt* • **to be plagued by a)** être poursuivi par **b)** être rongé par • **to plague sb with questions** harceler qqn de questions.
plaice [pleɪs] *(pl inv) n* carrelet *m*.
plaid [plæd] *n* plaid *m*.
Plaid Cymru [,plaɪd'kʌmrɪ] *n parti nationaliste gallois*.
plain [pleɪn] *adj* **1.** uni **2.** simple **3.** clair, évident **4.** franc **5.** pur (et simple) **6.** quelconque. ❑ *adv fam* complètement. ❑ *n* plaine *f*.
plain chocolate *n* **(UK)** chocolat *m* à croquer.
plain-clothes *adj* en civil.
plain flour *n* **(UK)** farine *f* (sans levure).
plainly ['pleɪnlɪ] *adv* **1.** manifestement **2.** clairement **3.** sans détours **4.** simplement.
plain-paper *adj (fax, imprimante)* à papier ordinaire.
plain sailing *n* • **it should be plain sailing from now on** ça devrait aller comme sur des roulettes maintenant.
plain text *n* INFORM texte seul.

plaintiff ['pleɪntɪf] *n* *DR* demandeur *m*, -eresse *f*.

plait [plæt] *n* natte *f*. ❑ *vt* natter, tresser.

plan [plæn] *n* plan *m*, projet *m* • **to go according to plan** aller comme prévu. ❑ *vt* **1.** préparer **2.** • **to plan to do sthg** projeter de faire qqch, avoir l'intention de faire qqch **3.** concevoir. ❑ *vi* • **to plan (for sthg)** faire des projets (pour qqch). ■ **plan on** *vt insép* • **to plan on doing sthg** prévoir de faire qqch. ■ **plan out** *vt sép* préparer dans le détail. ■ **plans** *npl* plans *mpl*, projets *mpl* • **have you any plans for tonight?** avez-vous prévu quelque chose pour ce soir ?

plane [pleɪn] *adj* plan. ❑ *n* **1.** avion *m* **2.** *GÉOM* plan *m* **3.** *fig* niveau *m* **4.** rabot *m* **5.** platane *m*.

planet ['plænɪt] *n* planète *f*.

planetarium [,plænɪ'teərɪəm] (*pl* **-riums** *ou* **-ria**) *n* planétarium *m*.

planetary ['plænɪtrɪ] *adj* planétaire.

plank [plæŋk] *n* planche *f*.

plankton ['plæŋktən] *n* plancton *m*.

planned [plænd] *adj* **1.** *(crime)* prémédité **2.** *(économie)* planifié, dirigé.

planning ['plænɪŋ] *n* **1.** planification *f* **2.** préparation *f*, organisation *f*.

planning period ['plænɪŋ ,pɪərɪəd] *n* **(US)** *SCOL* *heure que le professeur doit consacrer, au sein de l'établissement, à la préparation des cours, à des corrections ou à des tâches administratives.*

planning permission *n* **(UK)** permis *m* de construire.

plan of action *n* plan *m* d'action.

plant [plɑːnt] *n* **1.** plante *f* **2.** usine *f* **3.** *(indén)* matériel *m*. ❑ *vt* **1.** planter **2.** poser *(une bombe)*.

plantation [plæn'teɪʃn] *n* plantation *f*.

plaque [plɑːk] *n* **1.** plaque *f* **2.** *(indén)* plaque *f* dentaire.

plasma TV *n* télévision *f* à plasma.

plaster ['plɑːstər] *n* **1.** plâtre *m* **2.** **(UK)** pansement *m* adhésif. ❑ *vt* **1.** plâtrer **2.** • **to plaster sthg (with)** couvrir qqch (de).

plasterboard ['plɑːstəbɔːd] *n* placoplâtre® *m*.

plaster cast *n* **1.** plâtre *m* **2.** moule *m*.

plastered ['plɑːstəd] *adj* *fam* bourré.

plasterer ['plɑːstərər] *n* plâtrier *m*.

plaster of Paris *n* plâtre *m* de moulage.

plastic ['plæstɪk] *adj* plastique • **a plastic bag** un sac en plastique. ❑ *n* plastique *m*.

Plasticine® **(UK)** ['plæstɪsiːn] *n* pâte *f* à modeler.

plastic surgeon *n* spécialiste *mf* en chirurgie esthétique.

plastic surgery *n* chirurgie *f* esthétique *ou* plastique.

plastic wrap *n* **(US)** film *m* alimentaire.

plate [pleɪt] *n* **1.** assiette *f* **2.** tôle *f* **3.** *(indén)* • **gold/silver plate** plaqué *m* or/argent **4.** planche *f* *(illustration d'un livre)* **5.** dentier *m*. ❑ *vt* • **to be plated (with)** être plaqué (de).

plateau ['plætəʊ] (*pl* **-s** *ou* **-x**) *n* **1.** plateau *m* **2.** *fig* phase *f* *ou* période *f* de stabilité.

plateful ['pleɪtfʊl] *n* assiettée *f*.

plate-glass *adj* vitré.

platform ['plætfɔːm] *n* **1.** estrade *f* **2.** tribune *f* **3.** plate-forme *f* **4.** *RAIL* quai *m*.

platform-agnostic *adj* multiplateformes.

platform shoes *npl* chaussures *fpl* à semelle compensée.

platform ticket *n* **(UK)** ticket *m* de quai.

platinum ['plætɪnəm] *n* platine *m*.

platinum blonde *n* blonde *f* platinée.

platitude ['plætɪtjuːd] *n* platitude *f*.

platonic [plə'tɒnɪk] *adj* platonique.

platoon [plə'tuːn] *n* *MIL* section *f*.

platter ['plætər] *n* plat *m*.

platypus ['plætɪpəs] (*pl* **-es**) *n* ornithorynque *m*.

plausible ['plɔːzəbl] *adj* plausible.

play [pleɪ] *n* **1.** *(indén)* jeu *m*, amusement *m* **2.** pièce *f* (de théâtre) • **a radio play** une pièce radiophonique **3.** • **play on words** jeu *m* de mots **4.** *TECHNOL* jeu *m*. ❑ *vt* **1.** jouer • **to play a part** *ou* **role in** *fig* jouer un rôle dans **2.** jouer à *(un jeu, un sport)* **3.** jouer contre *(une équipe, un adversaire)* **4.** *MUS* jouer de **5.** • **to play it safe** ne pas prendre de risques. ❑ *vi* jouer. ■ **play along** *vi* • **to play along (with sb)** entrer dans le jeu (de qqn). ■ **play at** *vt insép* jouer à • **what's he playing at?** *fam* à quoi joue-t-il ? ■ **play back** *vt sép* **1.** réécouter *(enregistrement)* **2.** repasser *(film)*. ■ **play down** *vt sép* minimiser. ■ **play up** *vt sép* insister sur.

play-act *vi* jouer la comédie.

play-acting *n* *(dans l'attitude)* (pure) comédie *f*, cinéma *m*.

playboy ['pleɪbɔɪ] *n* playboy *m*.

player ['pleɪər] *n* **1.** joueur *m*, -euse *f* **2.** acteur *m*, -trice *f*.

playful ['pleɪfʊl] *adj* **1.** taquin **2.** joueur.

playfulness ['pleɪfʊlnɪs] *n* enjouement *m*, espièglerie *f*.

playground ['pleɪgraʊnd] *n* **1.** **(UK)** cour *f* de récréation **2.** aire *f* de jeu.

playgroup ['pleɪgruːp] *n* **(UK)** jardin *m* d'enfants.

playing card ['pleɪɪŋ-] *n* carte *f* à jouer.

playing field ['pleɪɪŋ-] *n* terrain *m* de sport.

playlist ['pleɪlɪst] *n* **(UK)** liste *f* de disques à passer *(à la radio)*.

playmate ['pleɪmeɪt] *n* camarade *mf*.

playoff *n* **1.** *SPORT* belle *f* **2.** **(US)** finale *f* de championnat.

playpen ['pleɪpen] *n* parc *m*.

playroom ['pleɪrʊm] *n* salle *f* de jeu.

playschool ['pleɪsku:l] *n* **(UK)** jardin *m* d'enfants.
plaything ['pleɪθɪŋ] *n litt* & *fig* jouet *m*.
playtime ['pleɪtaɪm] *n* récréation *f*.
playwright ['pleɪraɪt] *n* dramaturge *m*.
plc (UK) abrév de **public limited company**.
plea [pli:] *n* **1.** supplication *f* **2.** appel *m* **3.** • **to enter a plea of not guilty** plaider non coupable.
plead [pli:d] *(prét & pp* **pleaded** *ou* **pled**) *vt* **1.** DR plaider **2.** invoquer. ❑ *vi* **1.** • **to plead with sb** supplier qqn • **to plead for sthg** implorer qqch **2.** DR plaider.
pleasant ['pleznt] *adj* agréable.
pleasantly ['plezntlɪ] *adv* **1.** *(sourire, parler)* aimablement **2.** *(être surpris)* agréablement.
pleasantry ['plezntrɪ] *n* • **to exchange pleasantries** échanger des propos aimables.
please [pli:z] *vt* plaire à, faire plaisir à • **to please o.s.** faire comme on veut • **please yourself!** comme vous voulez ! ❑ *vi* plaire, faire plaisir • **to do as one pleases** faire comme on veut. ❑ *adv* s'il vous plaît.
pleased [pli:zd] *adj* **1.** • **to be pleased (with)** être content (de) **2.** • **to be pleased (about)** être heureux (de) • **pleased to meet you!** enchanté ! !
pleasing ['pli:zɪŋ] *adj* plaisant.
pleasurable ['pleʒərəbl] *adj* agréable.
pleasure ['pleʒər] *n* plaisir *m* • **to do sthg for pleasure** faire qqch par plaisir • **with pleasure** avec plaisir, volontiers • **it's a pleasure, my pleasure** je vous en prie.
pleat [pli:t] *n* pli *m*. ❑ *vt* plisser.
pleated ['pli:tɪd] *adj* plissé.
plectrum ['plektrəm] *(pl* **-s**) *n* plectre *m*.
pled [pled] *passé & pp* → **plead**.
pledge [pledʒ] *n* **1.** promesse *f* • **pledge of allegiance** serment *m* de fidélité **2.** gage *m*. ❑ *vt* **1.** promettre **2.** • **to pledge o.s. to** s'engager à • **to pledge sb to secrecy** faire promettre le secret à qqn **3.** mettre en gage.
plenary powers *npl* POLIT pleins pouvoirs *mpl*.
plenary session *n* séance *f* plénière • **in plenary session** en séance plénière.
plentiful ['plentɪful] *adj* abondant.
plenty ['plentɪ] *n (indén)* abondance *f*. ❑ *pron* • **plenty of** beaucoup de. ❑ *adv* **(US)** très.

À PROPOS DE

plenty

Dans les questions et les tournures négatives, ***plenty (of)*** est remplacé par ***much*** (avec des noms indénombrables) ou ***many*** (avec des noms au pluriel) ***(I've plenty of time - I haven't much time ; there were plenty of people I knew at the party - were there many people you knew at the party?)***.

plethora ['pleθərə] *n* pléthore *f*.
pliable ['plaɪəbl], **pliant** ['plaɪənt] *adj* **1.** pliable, souple **2.** *fig* docile.
pliers ['plaɪəz] *npl* tenailles *fpl*, pinces *fpl*.
plight [plaɪt] *n* condition *f* critique.
plimsoll ['plɪmsəl] *n* **(UK)** tennis *m*.
plinth [plɪnθ] *n* socle *m*.
PLO (abrév de **Palestine Liberation Organization**) *n* OLP *f*.
plod [plɒd] *vi* **1.** marcher lentement *ou* péniblement **2.** peiner.
plodder ['plɒdər] *n fam* & *péj* bûcheur *m*, -euse *f*.
plodding ['plɒdɪŋ] *adj* **1.** *péj (pas, rythme, style)* lourd, pesant **2.** *(ouvrier)* lent.
plonk [plɒŋk] **(UK)** *fam n (indén)* pinard *m*. ■ **plonk down** *vt sép* poser brutalement.
plonker ['plonkər] *n* **(UK)** *tfam (injure)* andouille *f*.
plot [plɒt] *n* **1.** complot *m*, conspiration *f* **2.** intrigue *f (d'un roman, d'un film)* **3.** • **to lose the plot : he's completely lost the plot** il est complètement à l'ouest **4.** (parcelle *f* de) terrain *m*. ❑ *vt* **1.** comploter • **to plot to do sthg** comploter de faire qqch **2.** NAUT déterminer, marquer *(une route)* **3.** tracer *(un diagramme)*. ❑ *vi* comploter.
plotter ['plɒtər] *n* conspirateur *m*, -trice *f*.
plotting ['plɒtɪŋ] *n (indén)* **1.** complots *mpl*, conspirations *fpl* **2.** INFORM & MATH traçage *m*.
plough (UK), plow (US) [plaʊ] *n* charrue *f*. ❑ *vt* labourer. ■ **plough into** *vt sép* investir. ❑ *vt insép* rentrer dans. ■ **plough on** *vi* continuer péniblement *ou* laborieusement.
ploughman's ['plaʊmənz] *(pl inv) n* **(UK)** • **ploughman's (lunch)** *repas de pain, fromage et pickles*.
plow *etc* **(US)** = **plough** *etc*
ploy [plɔɪ] *n* stratagème *m*, ruse *f*.
pls (abrév de **please**) *adv* svp.
pluck [plʌk] *vt* **1.** cueillir **2.** arracher **3.** plumer *(un poulet)* **4.** épiler **5.** pincer *(les cordes d'une guitare)*. ❑ *n (indén)* courage *m*, cran *m*. ■ **pluck up** *vt insép* • **to pluck up the courage to do sthg** rassembler son courage pour faire qqch.
plucky ['plʌkɪ] *adj* qui a du cran, courageux.
plug [plʌg] *n* **1.** prise *f* de courant **2. (US)** INFORM jack *m* **3.** bonde *f*. ❑ *vt* boucher, obturer. ■ **plug away** *vi insép* travailler dur. ■ **plug in** *vt sép* brancher.
plug-and-play *n* INFORM plug-and-play *m*. ❑ *adj* INFORM plug-and-play.
plughole ['plʌghəʊl] *n* **(UK)** bonde *f*, trou *m* d'écoulement.
plug-in *adj* **1.** *(radio)* qui se branche sur le secteur **2.** *(accessoire)* qui se branche sur l'appareil. ❑ *n* INFORM périphérique *m* prêt à brancher.
plug-in car *n* voiture *f* électrique.
plum [plʌm] *adj* **1.** prune *(inv)* **2.** • **a plum job** un poste en or. ❑ *n* prune *f*.

plumb [plʌm] *adv* **1. (UK)** exactement, en plein **2. (US)** complètement. ❑ *vt* • **to plumb the depths of** toucher le fond de. ■ **plumb in** *vt sép* **(UK)** raccorder.

plumber ['plʌmər] *n* plombier *m*.

plumbing ['plʌmɪŋ] *n (indén)* **1.** plomberie *f*, tuyauterie *f* **2.** plomberie *f*.

plume [plu:m] *n* **1.** plume *f* **2.** panache *m* **3.** *fig* • **a plume of smoke** un panache de fumée.

plummet ['plʌmɪt] *vi* **1.** plonger **2.** *fig* dégringoler.

plump [plʌmp] *adj* bien en chair. ■ **plump for** *vt insép* opter pour, choisir. ■ **plump up** *vt sép* secouer *(coussin, oreiller)*.

plum pudding *n* **(UK)** *vieilli* pudding *m* de Noël.

plum tomato *n* olivette *f*.

plunder ['plʌndər] *n (indén)* **1.** pillage *m* **2.** butin *m*. ❑ *vt* piller.

plunge [plʌndʒ] *n* **1.** plongeon *m* • **to take the plunge** se jeter à l'eau **2.** *fig* dégringolade *f*, chute *f*. ❑ *vt* • **to plunge sthg into** plonger qqch dans. ❑ *vi* **1.** plonger, tomber **2.** *fig* dégringoler.

plunge pool *n* mini-piscine *f*.

plunger ['plʌndʒər] *n* débouchoir *m* à ventouse.

plunging ['plʌndʒɪŋ] *adj (décolleté)* plongeant.

pluperfect [,plu:'pɜ:fɪkt] *n* • **pluperfect (tense)** plus-que-parfait *m*.

plural ['plʊərəl] *adj* **1.** pluriel **2.** collectif **3.** multiculturel. ❑ *n* pluriel *m*.

pluralism ['plʊərəlɪzm] *n sout* pluralisme *m*.

plus [plʌs] *adj* • **30 plus** 30 ou plus. ❑ *n (pl* **pluses** *ou* **plusses** [plʌsi:z]) **1.** signe *m* plus **2.** *fam* plus *m*, atout *m*. ❑ *prép* et. ❑ *conj* de plus.

plush [plʌʃ] *adj* luxueux, somptueux.

plus sign *n* signe *m* plus.

pluto (US) [plu:təʊ] *v* dévaluer *(qqn ou qqch)* • **to be plutoed** se faire dévaluer.

Pluto ['plu:təʊ] *n* Pluton *f*.

plutonium [plu:'təʊnɪəm] *n* plutonium *m*.

ply [plaɪ] *n* **1.** fil *m (de laine)* **2.** pli *m*. ❑ *vt* **1.** exercer **2.** • **to ply sb with drink** ne pas arrêter de remplir le verre de qqn. ❑ *vi* faire la navette.

plywood ['plaɪwʊd] *n* contreplaqué *m*.

p.m., pm (abrév de post meridiem) • **at 3 p.m.** à 15 h.

PM abrév de **Prime Minister**.

PMT (UK) abrév de **premenstrual tension**.

pneumatic [nju:'mætɪk] *adj* pneumatique.

pneumatic drill *n* **(UK)** marteau piqueur *m*.

pneumonia [nju:'məʊnjə] *n (indén)* pneumonie *f*.

poach [pəʊtʃ] *vt* **1.** pêcher sans permis **2.** chasser sans permis **3.** *fig* voler **4.** CULIN pocher. ❑ *vi* braconner.

poacher ['pəʊtʃər] *n* braconnier *m*.

poaching ['pəʊtʃɪŋ] *n* braconnage *m*.

PO Box (abrév de Post Office Box) *n* BP *f*.

pocket ['pɒkɪt] *n* **1.** *litt & fig* poche *f* • **a pocket of resistance** une poche de résistance **2.** *(locution)* • **to have deep pockets** avoir de gros moyens • **to be out of pocket (UK)** en être de sa poche • **to pick sb's pocket** faire les poches à qqn. ❑ *adj* de poche. ❑ *vt* empocher.

pocketbook ['pɒkɪtbʊk] *n* **1.** carnet *m* **2. (US)** sac *m* à main.

pocket calculator *n* calculatrice *f* de poche, calculette *f*.

pocketful ['pɒkɪtfʊl] *n* pleine poche *f*.

pocketknife ['pɒkɪtnaɪf] *(pl* **-knives**) *n* canif *m*.

pocket money *n* **(UK)** argent *m* de poche.

pocket-size(d) *adj* de poche.

pockmark ['pɒkmɑ:k] *n* marque *f* de la petite vérole.

pod [pɒd] *n* **1.** cosse *f* **2.** nacelle *f (d'engin spatial)*.

podcast ['pɒdkæst] *n* INFORM podcast *m*.

podgy ['pɒdʒɪ] *adj* **(UK)** *fam* boulot, rondelet.

podiatrist [pə'daɪətrɪst] *n* **(US)** pédicure *mf*.

podiatry [pə'daɪətrɪ] *n* **(US)** pédicure *f*.

podium ['pəʊdɪəm] *(pl* **-s** *ou* **-dia**) *n* podium *m*.

poem ['pəʊɪm] *n* poème *m*.

poet ['pəʊɪt] *n* poète *m*.

poetic [pəʊ'etɪk] *adj* poétique.

poetic justice *n* justice *f* immanente.

poetic licence (UK), poetic license (US) *n* licence *f* poétique.

poet laureate *n* poète *m* lauréat.

poetry ['pəʊɪtrɪ] *n* poésie *f*.

po-faced ['pəʊfeɪst] *adj* **(UK)** *fam* à l'air pincé.

pogrom ['pɒgrəm] *n* pogrom *m*, pogrome *m*.

poignancy ['pɔɪnjənsɪ] *n* caractère *m* poignant.

poignant ['pɔɪnjənt] *adj* poignant.

poignantly ['pɔɪnjəntlɪ] *adv* de façon poignante.

point [pɔɪnt] *n* **1.** pointe *f* **2.** endroit *m*, point *m* **3.** stade *m*, moment *m* **4.** question *f*, détail *m* • **you have a point** il y a du vrai dans ce que vous dites • **to make a point** faire une remarque • **to make one's point** dire son mot **5.** point *m* essentiel • **to get** *ou* **come to the point** en venir au fait • **to miss the point** ne pas comprendre • **beside the point** à côté de la question **6.** • **good point** qualité *f* • **bad point** défaut *m* **7.** • **what's the point in buying a new car?** à quoi bon acheter une nouvelle voiture ? • **there's no point in having a meeting** cela ne sert à rien d'avoir une réunion • **to make a point of doing sthg** ne pas manquer de faire qqch **8.** point *m (de ponctuation)* **9.** MATH • **two point six** deux virgule six **10.** aire *f* du vent **11. (UK)** prise *f* (de courant) **12.** point *m*.

❑ *vt* • **to point sthg (at) a)** braquer qqch (sur) **b)** pointer qqch (sur). ❑ *vi* **1.** • **to point (at sb/sthg), to point (to sb/sthg)** montrer (qqn/qqch) du doigt **2.** *fig* • **to point to sthg** suggérer qqch, laisser supposer qqch. ■ **point out** *vt sép* **1.** montrer **2.** signaler. ■ **points** *npl* **(UK)** *RAIL* aiguillage *m*. ■ **on the point of** *prép* sur le point de. ■ **up to a point** *adv* jusqu'à un certain point.

point-and-click *n* pointer-cliquer *m*.

point-blank *adv* **1.** catégoriquement **2.** de but en blanc **3.** *(tirer)* à bout portant.

pointed ['pɔɪntɪd] *adj* **1.** pointu **2.** *fig* mordant, incisif.

pointedly ['pɔɪntɪdlɪ] *adv* d'un ton mordant.

pointer ['pɔɪntəʳ] *n* **1.** *fam* tuyau *m*, conseil *m* **2.** aiguille *f* **3.** baguette *f* **4.** *INFORM* pointeur *m*.

pointing device *n INFORM* dispositif *m* de pointage.

pointless ['pɔɪntlɪs] *adj* **1.** inutile, vain **2.** gratuit.

pointlessly ['pɔɪntlɪslɪ] *adv* **1.** inutilement, vainement **2.** *(pour un délit)* gratuitement.

point-of-purchase *adj* sur le lieu de vente • **point-of-purchase advertising** publicité *f* sur le lieu de vente, PLV *f* • **point-of-purchase display** exposition *f* sur le lieu de vente.

point-of-sale *adj* sur le lieu de vente • **point-of-sale advertising** publicité *f* sur le lieu de vente, PLV *f*.

point of view (*pl* **points of view**) *n* point *m* de vue.

poise [pɔɪz] *n* calme *m*, sang-froid *m inv*.

poised [pɔɪzd] *adj* **1.** • **poised (for)** prêt (pour) • **to be poised to do sthg** se tenir prêt à faire qqch **2.** *fig* calme, posé.

poison ['pɔɪzn] *n* poison *m*. ❑ *vt* **1.** empoisonner **2.** polluer.

poisoning ['pɔɪznɪŋ] *n* empoisonnement *m* • **food poisoning** intoxication *f* alimentaire.

poisonous ['pɔɪznəs] *adj* **1.** toxique **2.** vénéneux **3.** venimeux.

poke [pəʊk] *vt* **1.** pousser, donner un coup de coude à **2.** fourrer **3.** attiser **4.** *INTERNET* envoyer un poke à *(une personne)*. ❑ *vi* sortir, dépasser. ❑ *n INTERNET* poke *m*. ■ **poke about (UK), poke around** *vi fam* fouiller, fourrager.

poker ['pəʊkəʳ] *n* **1.** poker *m* **2.** tisonnier *m*.

poker-faced [-ˌfeɪst] *adj* au visage impassible.

poky ['pəʊkɪ] *adj péj* exigu, minuscule.

Poland ['pəʊlənd] *n* Pologne *f*.

polar ['pəʊləʳ] *adj* polaire.

polar bear *n* ours *m* polaire *ou* blanc.

polarization, -isation (UK) [ˌpəʊləraɪ'zeɪʃn] *n* polarisation *f*.

Polaroid® ['pəʊlərɔɪd] *n* **1.** Polaroïd® *m* **2.** photo *f* polaroïd.

pole [pəʊl] *n* **1.** perche *f*, mât *m* **2.** *ÉLECTR & GÉOGR* pôle *m*.

Pole [pəʊl] *n* Polonais *m*, -e *f*.

pole dancing *n* danse *f* de poteau.

polenta [pə'lentə] *n* polenta *f*.

pole vault *n* • **the pole vault** le saut à la perche. ■ **pole-vault** *vi* sauter à la perche.

police [pə'liːs] *npl* **1.** • **the police** la police **2.** agents *mpl* de police. ❑ *vt* maintenir l'ordre dans.

police car *n* voiture *f* de police.

police constable *n* **(UK)** agent *m* de police.

police department *n* **(US)** service *m* de police.

police dog *n* chien *m* policier.

police force *n* police *f*.

police inspector *n* **(UK)** inspecteur *m*, -trice *f* de police.

policeman [pə'liːsmən] (*pl* **-men**) *n* agent *m* de police.

police officer *n* policier *m*.

police record *n* casier *m* judiciaire.

police state *n* état *m* policier.

police station *n* commissariat *m* (de police).

policewoman [pə'liːsˌwʊmən] (*pl* **-women**) *n* femme *f* agent de police.

policy ['pɒləsɪ] *n* **1.** politique *f* **2.** police *f* *(d'assurance)*.

policy-holder *n* assuré *m*, -e *f*.

polio ['pəʊlɪəʊ] *n* polio *f*.

polish ['pɒlɪʃ] *n* **1.** cirage *m* **2.** cire *f*, encaustique *f* **3.** brillant *m*, lustre *m* **4.** *fig* raffinement *m*. ❑ *vt* **1.** cirer **2.** astiquer **3.** faire briller. ■ **polish off** *vt sép fam* expédier. ■ **polish up** *vt sép* **1.** perfectionner **2.** peaufiner.

Polish ['pəʊlɪʃ] *adj* polonais. ❑ *n* polonais *m*. ❑ *npl* • **the Polish** les Polonais *mpl*.

polished ['pɒlɪʃt] *adj* **1.** raffiné **2.** accompli, parfait.

polite [pə'laɪt] *adj* poli.

politely [pə'laɪtlɪ] *adv* poliment.

politeness [pə'laɪtnɪs] *n (indén)* politesse *f*.

politic ['pɒlətɪk] *adj sout* politique.

political [pə'lɪtɪkl] *adj* politique.

CULTURE

political parties

En Grande-Bretagne et aux États-Unis, il y a beaucoup moins de grands partis politiques qu'en France. En Grande-Bretagne, les deux principaux partis sont le **Conservative Party** (parti des conservateurs, dont l'emblème est une torche bleue) et le **Labour Party** (parti travailliste, dont l'emblème est une rose rouge) ; on compte également le **Liberal Democratic Party** (parti libéral, dont l'emblème est un oiseau jaune), ainsi que des partis

nationalistes en Écosse, au pays de Galles et en Irlande du Nord.
Aux États-Unis, les deux grands partis sont le **Democratic Party** (parti démocrate, dont l'emblème est un âne) et le **Republican Party**, plus conservateur (parti républicain, dont l'emblème est un éléphant).

political asylum *n* droit *m* d'asile (politique).
political correctness *n* le politiquement correct.
politically [pəˈlɪtɪklɪ] *adv* politiquement.
politically correct [pəˌlɪtɪklɪ-] *adj conforme au mouvement qui préconise de remplacer les termes jugés discriminants par d'autres « politiquement corrects ».*

CULTURE

politically correct

Le **politically correct**, ou « politiquement correct », est un ensemble d'attitudes et de principes né dans les milieux libéraux, notamment de gauche, aux États-Unis. L'objectif de cette tendance linguistique est de faire en sorte que tous soient traités de façon plus juste, notamment en boycottant les mots qui sont le signe d'une discrimination à l'encontre d'une frange particulière de la société. Il est **PC** de dire, par exemple, **Native American** au lieu de **American Indian**, et **differently abled** au lieu de **disabled**.

political prisoner *n* prisonnier *m* politique.
politician [ˌpɒlɪˈtɪʃn] *n* homme *m* politique, femme *f* politique.
politics [ˈpɒlətɪks] *n (indén)* politique *f*. ❑ *npl* **1.** • **what are his politics?** de quel bord est-il ? **2.** politique *f*.
polka [ˈpɒlkə] *n* polka *f*.
polka dot *n* pois *m*.
poll [pəʊl] *n* vote *m*, scrutin *m*. ❑ *vt* **1.** interroger, sonder **2.** obtenir. ■ **polls** *npl* • **to go to the polls** aller aux urnes.
pollen [ˈpɒlən] *n* pollen *m* • **the pollen count** le taux de pollen.
pollen count *n* taux *m* de pollen.
pollinate [ˈpɒləneɪt] *vt* féconder avec du pollen.
pollination [ˌpɒlɪˈneɪʃn] *n* pollinisation *f*.
polling [ˈpəʊlɪŋ] *n (indén)* élections *fpl*.
polling booth *n* **(UK)** isoloir *m*.
polling day *n* **(UK)** jour *m* du scrutin.
polling station *n* bureau *m* de vote.
pollock [ˈpɒlək] colin *m*.
pollutant [pəˈluːtnt] *n* polluant *m*.
pollute [pəˈluːt] *vt* polluer.
polluter [pəˈluːtəʳ] *n* pollueur *m*, -euse *f*.
pollution [pəˈluːʃn] *n* pollution *f*.
polo [ˈpəʊləʊ] *n* polo *m*.
polo neck *n* **(UK) 1.** col *m* roulé **2.** pull *m* à col roulé. ■ **polo-neck** *adj* **(UK)** à col roulé.
polyamory [pɒliːˈæməriː] *n* amour *m* libre.
polyethylene (US) = **polythene**.
polygon [ˈpɒlɪgɒn] *n* polygone *m*.
Polynesia [ˌpɒlɪˈniːzjə] *n* Polynésie *f*.
polystyrene [ˌpɒlɪˈstaɪriːn] *n* polystyrène *m*.
polytechnic [ˌpɒlɪˈteknɪk] *n* **(UK)** *établissement d'enseignement supérieur : en 1993, les « polytechnics » ont été transformés en universités.*
polythene (UK) [ˈpɒlɪθiːn], **polyethylene (US)** [ˌpɒlɪˈeθɪliːn] *n* polyéthylène *m*.
polythene bag *n* **(UK)** sac *m* en plastique.
polytunnel [ˈpɒlɪtʌnəl] *n AGRIC* polytunnel *m*.
polyunsaturated [ˌpɒlɪʌnˈsætʃəreɪtɪd] *adj* polyinsaturé.
pomegranate [ˈpɒmɪˌgrænɪt] *n* grenade *f*.
pomp [pɒmp] *n* pompe *f*, faste *m*.
pompom [ˈpɒmpɒm] *n* pompon *m*.
pompous [ˈpɒmpəs] *adj* **1.** fat, suffisant **2.** pompeux.
pompously [ˈpɒmpəslɪ] *adv* pompeusement.
pond [pɒnd] *n* étang *m*, mare *f*.
ponder [ˈpɒndəʳ] *vt* considérer, peser.
ponderous [ˈpɒndərəs] *adj* **1.** lourd **2.** pesant.
pong [pɒŋ] **(UK)** *fam n* puanteur *f*.
pontificate [pɒnˈtɪfɪkeɪt] *vi péj* • **to pontificate (on)** pontifier (sur).
pontoon [pɒnˈtuːn] *n* **1.** ponton *m* **2. (UK)** *(jeu de cartes)* vingt-et-un *m*.
pony [ˈpəʊnɪ] *n* poney *m*.
ponytail [ˈpəʊnɪteɪl] *n* queue-de-cheval *f*.
pony-trekking [-ˌtrekɪŋ] *n* **(UK)** randonnée *f* à cheval *ou* en poney.
pooch [puːtʃ] *n fam* toutou *m*.
poodle [ˈpuːdl] *n* caniche *m*.
pooh-pooh *vt fam* dédaigner.
pool [puːl] *n* **1.** mare *f* **2.** flaque *f* **3.** piscine *f* • **pool party** *fête organisée autour d'une piscine* **4.** billard *m* américain. ❑ *vt* mettre en commun. ■ **pools** *npl* **(UK)** • **the pools** ≃ le loto sportif.
pool table *n* (table *f* de) billard *m*.
pooped [puːpt] *adj fam* crevé.
poor [pɔʳ] *adj* **1.** pauvre **2.** médiocre, mauvais. ❑ *npl* • **the poor** les pauvres *mpl*.
poorly [ˈpɔlɪ] *adj* **(UK)** *fam* souffrant. ❑ *adv* mal, médiocrement.
poor relation *n fig* parent *m* pauvre.
pop [pɒp] *n* **1.** *(indén) MUS* pop *m* **2.** *(indén) fam* boisson *f* gazeuse **3. (surtout US)** *fam* papa *m* **4.** *(bruit)* pan *m*. ❑ *vt* **1.** faire éclater, crever **2.** mettre, fourrer. ❑ *vi* **1.** *(ballon)* éclater, crever **2.** *(bouchon)* sauter **3.** • **his eyes popped** il

a écarquillé les yeux. ■ **pop in** *vi* faire une petite visite. ■ **pop up** *vi* surgir.

pop art *n* pop art *m*.

pop concert *n* concert *m* pop.

popcorn ['pɒpkɔn] *n* pop-corn *m*.

pope [pəup] *n* pape *m*.

pop group *n* groupe *m* pop.

poplar ['pɒplər] *n* peuplier *m*.

poppadom ['pɒpədəm] *n* poppadum *m*.

poppy ['pɒpɪ] *n* coquelicot *m*, pavot *m*.

Popsicle® ['pɒpsɪkl] *n* **(US)** sucette *f* glacée.

pop singer *n* chanteur *m*, -euse *f* pop.

populace ['pɒpjuləs] *n sout* • **the populace** le peuple.

popular ['pɒpjulər] *adj* **1.** populaire **2.** à la mode.

popularity [,pɒpju'lærətɪ] *n* popularité *f*.

popularize, -ise (UK) ['pɒpjuləraɪz] *vt* **1.** populariser **2.** vulgariser.

populated ['pɒpjuleɪtɪd] *adj* peuplé.

population [,pɒpju'leɪʃn] *n* population *f*.

population explosion *n* explosion *f* démographique.

pop-up *adj* **1.** *(grille-pain)* automatique **2.** *(livre)* dont les images se déplient. ❑ *n* INFORM pop-up *m*.

pop-up menu *n* INFORM menu *m* local.

porcelain ['pɔsəlɪn] *n* porcelaine *f*.

porch [pɔtʃ] *n* **1. (UK)** porche *m* **2. (US)** véranda *f*.

porcini (mushroom) *n* cèpe *m*.

porcupine ['pɔkjupaɪn] *n* porc-épic *m*.

pore [pɔr] ■ **pore over** *vt insép* examiner de près.

pork [pɔk] *n* porc *m*.

pork chop *n* côtelette *f* de porc.

pork pie *n* **(UK)** pâté *m* de porc en croûte.

porky ['pɔːkɪ] *(comp* **porkier**, *superl* **porkiest**) *adj fam* & *péj* gros, gras, adipeux *péj*. ❑ *n* **(UK)** *fam* bobard *m*.

porn [pɔːn] (abrév de pornography) *n (indén) fam* porno *m*.

pornographic [,pɔːnə'græfɪk] *adj* pornographique.

pornography [pɔ'nɒgrəfɪ] *n* pornographie *f*.

porous ['pɔrəs] *adj* poreux.

porridge ['pɒrɪdʒ] *n* porridge *m*, gruau *m*.

port [pɔt] *n* **1.** port *m* **2.** bâbord *m* **3.** porto *m* **4.** INFORM port *m*.

portable ['pɔtəbl] *adj* portatif.

portal ['pɔːtl] *n* **1.** INFORM portal *m* **2.** portail *m*.

portent ['pɔtənt] *n* présage *m*.

porter ['pɔtər] *n* **1. (UK)** concierge *m*, portier *m* **2.** porteur *m* **3. (US)** *vieilli* employé *m*, -e *f* des wagons-lits.

portfolio [,pɔt'fəuljəu] *(pl* **-s**) *n* **1.** serviette *f* **2.** portfolio *m* **3.** FIN portefeuille *m*.

porthole ['pɔthəul] *n* hublot *m*.

portion ['pɔʃn] *n* portion *f*, part *f*.

portly ['pɔtlɪ] *adj* corpulent.

port of call *n fig* endroit *m*.

portrait ['pɔtreɪt] *n* portrait *m*.

portray [pɔ'treɪ] *vt* **1.** jouer, interpréter **2.** dépeindre **3.** faire le portrait de.

portrayal [pɔː'treɪəl] *n* CINÉ & THÉÂTRE interprétation *f*.

Portugal ['pɔtʃugl] *n* Portugal *m*.

Portuguese [,pɔtʃu'giːz] *adj* portugais. ❑ *n* portugais *m*. ❑ *npl* • **the Portuguese** les Portugais *mpl*.

pose [pəuz] *n* **1.** pose *f* **2.** *péj* pose *f*, affectation *f*. ❑ *vt* **1.** présenter **2.** poser. ❑ *vi* **1.** *péj* poser **2.** • **to pose as** se faire passer pour.

poser ['pəuzər] *n fam péj (personne)* poseur *m*, -euse *f*.

posh [pɒʃ] *adj fam* **1.** chic *(inv)* **2. (UK)** de la haute.

position [pə'zɪʃn] *n* **1.** position *f* **2.** poste *m*, emploi *m* **3.** situation *f* • **to be in a difficult position** être dans une situation difficile **4.** SPORT poste *m*, place *f* • **what position does he play?** à quel poste joue-t-il ? ❑ *vt* placer, mettre en position.

positive ['pɒzətɪv] *adj* **1.** positif • **to have a positive attitude** avoir une attitude positive **2.** sûr, certain • **I'm positive about it** j'en suis sûr, j'en suis certain **3.** positif, optimiste **4.** formel, précis **5.** irréfutable, indéniable • **positive ID (US)** papiers *mpl* d'identité *(avec photo)* **6.** véritable.

positively ['pɒzətɪvlɪ] *adv* **1.** avec optimisme, de façon positive **2.** formellement **3.** favorablement **4.** d'une manière irréfutable **5.** absolument, complètement.

positive thinking *n* idées *fpl* constructives.

posse ['pɒsɪ] *n* **(US)** détachement *m*, troupe *f*.

possess [pə'zes] *vt* posséder.

possessed [pə'zest] *adj* possédé *(fou)*.

possession [pə'zeʃn] *n* possession *f*. ■ **possessions** *npl* possessions *fpl*, biens *mpl*.

possessive [pə'zesɪv] *adj* possessif. ❑ *n* possessif *m*.

possessively [pə'zesɪvlɪ] *adv* d'une manière possessive.

possessiveness [pə'zesɪvnɪs] *n* caractère *m* possessif, possessivité *f*.

possibility [,pɒsə'bɪlətɪ] *n* **1.** possibilité *f*, chances *fpl* • **there is a possibility that…** il se peut que… **2.** option *f*.

possible ['pɒsəbl] *adj* possible • **as much as possible** autant que possible • **as soon as possible** dès que possible. ❑ *n* possible *m*.

possibly ['pɒsəblɪ] *adv* **1.** peut-être **2.** • **how could he possibly have known?** mais comment a-t-il pu le savoir ? **3.** • **I can't possibly accept your money** je ne peux vraiment pas accepter cet argent.

post [pəʊst] *n* **1. (UK)** • **the post** la poste • **by post** par la poste **2. (UK)** courrier *m* **3. (UK)** levée *f* **4.** poteau *m* **5.** poste *m*, emploi *m* **6.** *MIL* poste *m*. ❑ *vt* **1. (UK)** poster, mettre à la poste **2.** muter **3.** *INFORM* envoyer sur Internet • **to post sthg on a blog** poster *ou* publier qqch sur un blog.

post- [pəʊst] *préf* post-.

postage ['pəʊstɪdʒ] *n* affranchissement *m* • **postage and packing (UK)** frais *mpl* de port et d'emballage.

postage stamp *n sout* timbre-poste *m*.

postal ['pəʊstl] *adj* postal.

postal order *n* **(UK)** mandat *m* postal.

postbox ['pəʊstbɒks] *n* **(UK)** boîte *f* aux lettres.

postcard ['pəʊstkɑːd] *n* carte *f* postale.

postcode ['pəʊstkəʊd] *n* **(UK)** code *m* postal.

postdate [,pəʊst'deɪt] *vt* postdater.

poster ['pəʊstəʳ] *n* **1.** affiche *f* **2.** poster *m*.

poster boy, poster child, poster girl *n* **1.** *litt enfant malade dont l'image est reproduite sur les affiches d'une association caritative* **2.** *fig* • **he's the poster boy of the revolutionary movement** il symbolise à lui seul le mouvement révolutionnaire.

poster campaign *n* campagne *f* d'affichage.

poste restante [,pəʊst'restɑːnt] *n* **(UK)** poste *f* restante.

posterior [pɒ'stɪərɪəʳ] *adj* postérieur. ❑ *n hum* postérieur *m*, derrière *m*.

posterity [pɒ'sterətɪ] *n* postérité *f*.

post-free *adj* **(surtout UK)** franco (de port) *(inv)*.

postgraduate [,pəʊst'grædʒʊət] *adj* de troisième cycle. ❑ *n* étudiant *m*, -e *f* de troisième cycle.

posthumous ['pɒstjʊməs] *adj* posthume.

posthumously ['pɒstjʊməslɪ] *adv* à titre posthume.

Post-it (note)® *n* Post-it® *m*, becquet *m*.

postman ['pəʊstmən] (*pl* **-men**) *n* **(UK)** facteur *m*, -trice *f*.

postmark ['pəʊstmɑːk] *n* cachet *m* de la poste. ❑ *vt* timbrer, tamponner.

postmaster ['pəʊst,mɑːstəʳ] *n* receveur *m* des postes.

postmistress ['pəʊst,mɪstrɪs] *n vieilli* receveuse *f* des postes.

postmodern *adj* postmoderne.

postmodernism *n* postmodernisme *m*.

postmodernist *n* postmoderniste *mf*. ❑ *adj* postmoderniste.

postmortem [,pəʊst'mɔːtəm] *n litt & fig* autopsie *f*.

postnatal [,pəʊst'neɪtl] *adj* post-natal.

post office *n* **1.** • **the Post Office** la Poste *f* **2.** (bureau *m* de) poste *f*.

post-office box *n* boîte *f* postale.

postoperative [,pəʊst'ɒpərətɪv] *adj* postopératoire.

postpaid [,pəʊst'peɪd] *adj* port payé.

postpone [,pəʊst'pəʊn] *vt* reporter, remettre.

postponement [,pəʊst'pəʊnmənt] *n* renvoi *m*, report *m*.

postproduction [,pəʊstprə'dʌkʃn] *n* postproduction *f*.

postscript ['pəʊstskrɪpt] *n* **1.** post-scriptum *m inv* **2.** *fig* supplément *m*, addenda *m inv*.

post-traumatic stress disorder *n (indén)* névrose *f* post-traumatique.

postulate *sout vt* ['pɒstjʊleɪt] *(théorie)* avancer.

posture ['pɒstʃəʳ] *n* **1.** *(indén)* position *f*, posture *f* **2.** *fig* attitude *f*.

posturing ['pɒstʃərɪŋ] *n* pose *f*, affectation *f*.

postwar [,pəʊst'wɔːʳ] *adj* d'après-guerre.

posy ['pəʊzɪ] *n* petit bouquet *m* de fleurs.

pot [pɒt] *n* **1.** marmite *f*, casserole *f* **2.** théière *f* **3.** cafetière *f* **4.** pot *m* **5.** *(indén) fam* herbe *f*. ❑ *vt* mettre en pot *(une plante)*.

potassium [pə'tæsɪəm] *n* potassium *m*.

potato [pə'teɪtəʊ] (*pl* **-es**) *n* pomme *f* de terre.

potato peeler [-,piːləʳ] *n* (couteau *m*) éplucheur *m*.

pot-bellied [-,belɪd] *adj* **1.** ventru *(d'excès de nourriture)* **2.** au ventre gonflé *(de malnutrition)*.

potboiler ['pɒt,bɔɪləʳ] *n* œuvre *f* alimentaire.

potency ['pəʊtənsɪ] *(indén) n* **1.** puissance *f* **2.** teneur *f* en alcool.

potent ['pəʊtənt] *adj* **1.** puissant **2.** fort **3.** viril.

potential [pə'tenʃl] *adj* **1.** potentiel **2.** possible **3.** en puissance. ❑ *n* **1.** *(indén)* capacités *fpl* latentes • **to have potential** promettre **2.** avoir de l'avenir **3.** offrir des possibilités.

potentially [pə'tenʃəlɪ] *adv* potentiellement.

pothole ['pɒthəʊl] *n* nid-de-poule *m*.

potholing ['pɒt,həʊlɪŋ] *n* **(UK)** • **to go potholing** faire de la spéléologie.

potion ['pəʊʃn] *n* breuvage *m* • **love potion** philtre *m*.

potluck [,pɒt'lʌk] *n* • **to take potluck a)** choisir au hasard **b)** manger à la fortune du pot.

potpourri [,pəʊ'pʊərɪ] *n* **1.** *(indén)* fleurs *fpl* séchées *(dans un vase)* **2.** pot-pourri *m (de chansons)*.

pot roast *n* rôti *m* braisé.

potshot ['pɒt,ʃɒt] *n* • **to take a potshot (at sthg)** tirer (sur qqch) sans viser.

potted ['pɒtɪd] *adj* **(UK)** conservé en pot.

potted plant *n* plante *f* d'appartement.

potter ['pɒtəʳ] *n* potier *m*, -ère *f*. ■ **potter about, potter around** *vi* **(UK)** bricoler.

pottery ['pɒtərɪ] *n* poterie *f*.

potty ['pɒtɪ] *fam adj* • **potty (about)** toqué (de). ❑ *n* **(UK)** pot *m (de chambre)*.

potty-train *vt* • **to potty-train a child** apprendre à un enfant à aller sur son pot.

potty-trained *adj* propre.

pouch [paʊtʃ] *n* **1.** petit sac *m* **2.** poche *f* ventrale.

poultry ['pəʊltrɪ] *n (indén)* volaille *f*. ❑ *npl* volailles *fpl*.

pounce [paʊns] *vi* • **to pounce (on) a)** fondre (sur) **b)** se jeter (sur).

pound [paʊnd] *n* **1. (UK)** livre *f (devise)* **2.** = *453,6 grammes* ; ≃ livre *f* **3.** fourrière *f*. ❑ *vt* **1.** marteler **2.** piler, broyer. ❑ *vi* **1.** • **to pound on** donner de grands coups à **2.** battre fort • **my head is pounding** j'ai des élancements dans la tête.

pounding ['paʊndɪŋ] *n (indén)* **1.** martèlement *m (de poings)* **2.** battement *m* violent *(de cœur)* • **to get** *ou* **take a pounding a)** *(ville)* être pilonné **b)** *(équipe)* être battu à plate couture *ou* à plates coutures.

pound sign *n* symbole *m* de la livre sterling.

pound sterling *n* livre *f* sterling.

pour [pɔʳ] *vt* verser • **shall I pour you a drink?** je te sers quelque chose à boire ? ❑ *vi* **1.** couler à flots **2.** *fig* • **to pour in/out** entrer/sortir en foule. ❑ *v impers* pleuvoir à verse. ■ **pour in** *vi* affluer. ■ **pour out** *vt sép* **1.** vider **2.** verser, servir.

pouring ['pɔrɪŋ] *adj* torrentiel.

pout [paʊt] *vi* faire la moue.

poverty ['pɒvətɪ] *n* **1.** pauvreté *f* **2.** *fig* indigence *f*, manque *m*.

poverty line *n* seuil *m* de pauvreté.

poverty-stricken *adj* **1.** dans la misère **2.** misérable, très pauvre.

poverty trap *n* **(UK)** *arrêt des prestations sociales lié à une légère augmentation des revenus*.

POW abrév de **prisoner of war**.

powder ['paʊdəʳ] *n* poudre *f*. ❑ *vt* poudrer.

powder compact *n* poudrier *m*.

powdered ['paʊdəd] *adj* **1.** en poudre **2.** poudré.

powdered sugar *n* **(US)** sucre *m* en poudre.

powder puff *n* houppette *f*.

powder room *n vieilli* toilettes *fpl* pour dames.

powdery ['paʊdərɪ] *adj (neige)* poudreux.

power ['paʊəʳ] *n* **1.** *(indén)* pouvoir *m* • **to take power** prendre le pouvoir • **to come to power** parvenir au pouvoir • **to be in power** être au pouvoir • **to be in** *ou* **within one's power to do sthg** être en son pouvoir de faire qqch **2.** puissance *f*, force *f* **3.** *(indén)* énergie *f* **4.** courant *m*, électricité *f*. ❑ *vt* faire marcher, actionner.

power-assisted *adj* assisté.

power base *n* support *m* politique.

powerboat ['paʊəbəʊt] *n* hors-bord *m inv*.

power cut *n* **(UK)** coupure *f* de courant.

-powered ['paʊəd] *suffixe* • **high/low-powered** de haute/faible puissance • **a high-powered executive** un cadre très haut placé • **steam/wind-powered** mû par la vapeur/le vent.

power failure *n* panne *f* de courant.

powerful ['paʊəfʊl] *adj* **1.** puissant **2.** fort **3.** émouvant.

powerfully ['paʊəfʊlɪ] *adv* puissamment • **he's powerfully built** il est d'une stature imposante.

powerless ['paʊəlɪs] *adj* impuissant.

power of attorney *n* procuration *f*.

power plant *n* centrale *f* électrique.

power point *n* **(UK)** prise *f* de courant.

power-sharing [-ˌʃeərɪŋ] *n* partage *m* du pouvoir.

power station *n* **(UK)** centrale *f* électrique.

power steering *n* direction *f* assistée.

power tool *n* outil *m* électrique.

PPL *SMS* abrév de **people**.

PR *n* **1.** abrév de **proportional representation** **2.** abrév de **public relations**.

practicable ['præktɪkəbl] *adj sout* réalisable, faisable.

practical ['præktɪkl] *adj* **1.** pratique **2.** réalisable. ❑ *n* épreuve *f* pratique.

practicality [ˌpræktɪ'kælətɪ] *n (indén)* aspect *m* pratique. ■ **practicalities** *npl* détails *mpl* pratiques.

practical joke *n* farce *f*.

practical joker *n* farceur *m*, -euse *f*.

practically ['præktɪklɪ] *adv* **1.** d'une manière pratique **2.** presque, pratiquement.

practice ['præktɪs] *n* **1.** *(indén)* entraînement *m* • **to be out of practice** être rouillé **2.** *MUS* répétition *f* • **to do one's piano practice** faire ses exercices de piano **3.** séance *f* d'entraînement • **football practice** entraînement de foot **4.** • **to put sthg into practice** mettre qqch en pratique • **in practice** en réalité, en fait **5.** pratique *f*, coutume *f* **6.** *(indén)* exercice *m* **7.** cabinet *m (de médecin, d'avocat)* **8.** étude *f (de notaire)*. ❑ *vt & vi* **(US)** = **practise**.

practicing **(US)** = **practising**.

practise (UK), practice (US) ['præktɪs] *vt* **1.** s'entraîner à *(un sport)* **2.** s'exercer à *(un instrument de musique)* **3.** suivre, pratiquer **4.** pratiquer **5.** exercer. ❑ *vi* **1.** *SPORT* s'entraîner **2.** *MUS* s'exercer **3.** exercer.

practising **(UK)**, **practicing** **(US)** ['præktɪsɪŋ] *adj* **1.** *(médecin, avocat)* en exercice **2.** RELIG pratiquant.
practitioner [præk'tɪʃnər] *n* praticien *m*, -enne *f*.
pragmatic [præg'mætɪk] *adj* pragmatique.
pragmatism ['prægmətɪzm] *n* pragmatisme *m*.
pragmatist ['prægmətɪst] *n* pragmatiste *mf*.
Prague [prɑːg] *n* Prague.
prairie ['preərɪ] *n* prairie *f*.
praise [preɪz] *n* louange *f*, louanges *fpl*. ❑ *vt* louer, faire l'éloge de.
praiseworthy ['preɪz,wɜːðɪ] *adj* louable, méritoire.
praline ['prɑːliːn] *n* praline *f*.
pram [præm] *n* **(UK)** landau *m*.
prance [prɑːns] *vi* **1.** se pavaner **2.** *(cheval)* caracoler.
prang [præŋ] **(UK)** *fam* & *vieilli* *n* accrochage *m* *(de voiture)*. ❑ *vt* emboutir, bousiller.
prank [præŋk] *n* tour *m*, niche *f*.
prat [præt] *n* **(UK)** *tfam* & *péj* crétin *m*, -e *f*.
prattish ['prætɪʃ] *adj* **(UK)** *fam* crétin, idiot.
prattle ['prætl] *péj n (indén)* bavardage *m*, babillage *m*. ❑ *vi* babiller • **to prattle on about sthg** parler sans fin de qqch.
prawn [prɔn] *n* crevette *f* rose.
pray [preɪ] *vi* • **to pray (to sb)** prier (qqn).
prayer [preər] *n litt* & *fig* prière *f*.
prayer book *n* livre *m* de messe.
prayer mat *n* tapis *m* de prière.
pre- [priː] *préf* pré-.
preach [priːtʃ] *vt* **1.** prêcher **2.** prononcer *(un sermon)*. ❑ *vi* **1.** • **to preach (to sb)** prêcher (qqn) **2.** *péj* • **to preach (at sb)** sermonner (qqn).
preacher ['priːtʃər] *n* prédicateur *m*, -trice *f*, pasteur *m*, -e *f*.
precarious [prɪ'keərɪəs] *adj* précaire.
precariously [prɪ'keərɪəslɪ] *adv* d'une manière précaire.
precaution [prɪ'kɔʃn] *n* précaution *f* • **to take precautions** prendre des précautions.
precautionary [prɪ'kɔːʃənərɪ] *adj* de précaution, préventif.
precede [prɪ'siːd] *vt* précéder.
precedence ['presɪdəns] *n* • **to take precedence over sthg** avoir la priorité sur qqch • **to have** *ou* **take precedence over sb** avoir la préséance sur qqn.
precedent ['presɪdənt] *n* précédent *m*.
preceding [prɪ'siːdɪŋ] *adj* précédent.
precinct ['priːsɪŋkt] *n* **1.** **(UK)** • **pedestrian precinct** zone *f* piétonne • **shopping precinct** centre *m* commercial **2.** **(US)** circonscription *f* (administrative). ■ **precincts** *npl* enceinte *f*.
precious ['preʃəs] *adj* **1.** précieux **2.** *fam* & *iron* sacré **3.** affecté.
precipice ['presɪpɪs] *n* précipice *m*, paroi *f* à pic.
precipitate *sout vt* [prɪ'sɪpɪteɪt] hâter, précipiter.
precise [prɪ'saɪs] *adj* **1.** précis **2.** exact.
precisely [prɪ'saɪslɪ] *adv* précisément, exactement.
precision [prɪ'sɪʒn] *n* précision *f*, exactitude *f*.
precision-engineered, **precision-made** *adj* de (haute) précision.
preclude [prɪ'kluːd] *vt sout* **1.** empêcher • **to preclude sb from doing sthg** empêcher qqn de faire qqch **2.** écarter *(une possibilité)*.
precocious [prɪ'kəʊʃəs] *adj* précoce.
preconceived [,priːkən'siːvd] *adj* préconçu.
preconception [,priːkən'sepʃn] *n* préjugé *m*, idée *f* préconçue.
precondition [,priːkən'dɪʃn] *n sout* condition *f* sine qua non.
precooked [priː'kʊkt] *adj* précuit.
precursor [,priː'kɜːsər] *n sout* précurseur *m*.
precut [priː'kʌt] *adj (jambon, fromage, pain)* prétranché.
predate [priː'deɪt] *vt* précéder.
predator ['predətər] *n* **1.** prédateur *m*, rapace *m* **2.** *fig* corbeau *m*.
predatory ['predətrɪ] *adj* **1.** *(animal, oiseau)* prédateur **2.** *fig (personne)* rapace.
predecessor ['priːdɪsesər] *n* **1.** prédécesseur *m* **2.** précédent *m*, -e *f*.
predetermine [,priːdɪ'tɜːmɪn] *vt* **1.** déterminer d'avance **2.** organiser *ou* fixer à l'avance.
predetermined [,priːdɪ'tɜːmɪnd] *adj* **1.** *(modalités)* déterminé d'avance **2.** *(rendez-vous)* organisé *ou* fixé à l'avance.
predicament [prɪ'dɪkəmənt] *n* situation *f* difficile • **to be in a predicament** être dans de beaux draps.
predict [prɪ'dɪkt] *vt* prédire.
predictability [prɪ,dɪktə'bɪlətɪ] *n* prévisibilité *f*.
predictable [prɪ'dɪktəbl] *adj* prévisible.
predictably [prɪ'dɪktəblɪ] *adv* d'une manière prévisible • **predictably, he was late** comme c'était à prévoir, il est arrivé en retard.
prediction [prɪ'dɪkʃn] *n* prédiction *f*.
predictive texting [prɪ'dɪktɪv-] *n* TÉLÉCOM *(sur téléphone portable)* écriture *f* prédictive, T9 *m*.
predispose [,priːdɪs'pəʊz] *vt* • **to be predisposed to sthg/to do sthg** être prédisposé à qqch/à faire qqch.
predominance [prɪ'dɒmɪnəns] *n* prédominance *f*.
predominant [prɪ'dɒmɪnənt] *adj* prédominant.
predominantly [prɪ'dɒmɪnəntlɪ] *adv* principalement, surtout.
predominate [prɪ'dɒmɪneɪt] *vi* prédominer.
preempt [,priː'empt] *vt* devancer, prévenir.
preemptive [,priː'emptɪv] *adj* préventif.

preen [priːn] *vt* **1.** *(oiseau)* lisser, nettoyer *(ses plumes)* **2.** *fig* • **to preen o.s.** se faire beau, belle *f.*

prefab ['priːfæb] *n* **(UK)** *fam* maison *f* préfabriquée.

prefabricated [ˌpriː'fæbrɪkeɪtɪd] *adj* • **prefabricated houses** maisons *fpl* en préfabriqué.

preface ['prefɪs] *n* • **preface (to)** préface *f* (de), préambule *m* (de).

prefect ['priːfekt] *n* **(UK)** *élève de terminale qui aide les professeurs à maintenir la discipline.*

prefer [prɪ'fɜːʳ] *vt* préférer.

preferable ['prefrəbl] *adj* • **preferable (to)** préférable (à).

preferably ['prefrəblɪ] *adv* de préférence.

preference ['prefərəns] *n* préférence *f.*

preferential [ˌprefə'renʃl] *adj* préférentiel.

preferential rate *n* tarif *m* préférentiel.

prefix ['priːfɪks] *n* préfixe *m.*

pregaming (US) [ˌpriː'geɪmɪŋ] *n consommation d'alcool avant d'assister à un événement sportif.*

pregnancy ['pregnənsɪ] *n* grossesse *f.*

pregnancy test *n* test *m* de grossesse.

pregnant ['pregnənt] *adj* **1.** *(femme)* enceinte **2.** *(animal)* pleine.

preheat [ˌpriː'hiːt] *vt* préchauffer.

preheated [ˌpriː'hiːtɪd] *adj* préchauffé.

prehistoric [ˌpriːhɪ'stɒrɪk] *adj* préhistorique.

pre-installed *adj (logiciel)* préinstallé.

prejudge [ˌpriː'dʒʌdʒ] *vt* **1.** préjuger de *(situation, problème)* **2.** juger d'avance *(personne).*

prejudice ['predʒʊdɪs] *n* **1.** • **prejudice (in favour of/against)** préjugé *m* (en faveur de/contre), préjugés *mpl* (en faveur de/contre) **2.** *(indén)* préjudice *m*, tort *m.* ❑ *vt* **1.** • **to prejudice sb (in favour of/against)** prévenir qqn (pour/contre), influencer qqn (pour/contre) **2.** porter préjudice à.

prejudiced ['predʒʊdɪst] *adj* **1.** qui a des préjugés **2.** *(idée)* préconçu • **to be prejudiced in favour of/against** avoir des préjugés en faveur de/contre.

prejudicial [ˌpredʒʊ'dɪʃl] *adj* • **prejudicial (to)** préjudiciable (à), nuisible (à).

preliminary [prɪ'lɪmɪnərɪ] *adj* préliminaire.

prelude ['preljuːd] *n* • **prelude to sthg** prélude *m* de qqch.

premarital [ˌpriː'mærɪtl] *adj* avant le mariage.

premature ['preməˌtjʊəʳ] *adj* prématuré.

prematurely ['preməˌtjʊəlɪ] *adv* prématurément.

premeditated [ˌpriː'medɪteɪtɪd] *adj* prémédité.

premenstrual [priː'menstrʊəl] *adj* prémenstruel.

premenstrual syndrome, premenstrual tension (UK) [priː'menstrʊəl-] *n* syndrome *m* prémenstruel.

premier ['premjəʳ] *adj* primordial, premier. ❑ *n* Premier ministre *m.*

premiere ['premɪeəʳ] *n* THÉÂTRE & CINÉ première *f.*

Premier League *n en Angleterre, ligue indépendante regroupant les meilleurs clubs de football.*

premise ['premɪs] *n* prémisse *f.* ■ **premises** *npl* local *m*, locaux *mpl* • **on the premises** sur place, sur les lieux.

premium ['priːmjəm] *n* prime *f* • **at a premium a)** à prix d'or **b)** très recherché *ou* demandé.

premium bond *n* **(UK)** ≃ billet *m* de loterie.

premonition [ˌpremə'nɪʃn] *n* prémonition *f*, pressentiment *m.*

prenatal [ˌpriː'neɪtl] *adj* prénatal.

pre nup *n fam* contrat *m* de mariage.

prenuptial [ˌpriː'nʌpʃl] *adj* prénuptial • **prenuptial agreement** *ou* **contract** contrat *m* de mariage.

preoccupation [priːˌɒkjʊ'peɪʃn] *n* préoccupation *f* • **preoccupation with sthg** souci *m* de qqch.

preoccupied [priː'ɒkjʊpaɪd] *adj* • **preoccupied (with)** préoccupé (de).

pre-owned *adj* d'occasion.

prep [prep] *n (indén)* **(UK)** *fam* devoirs *mpl.*

pre-packaged *adj* préconditionné, préemballé.

prepaid ['priːpeɪd] *adj* **1.** payé d'avance **2.** *(enveloppe)* affranchi.

preparation [ˌprepə'reɪʃn] *n* préparation *f.* ■ **preparations** *npl* préparatifs *mpl.*

preparatory [prɪ'pærətrɪ] *adj* **1.** préparatoire **2.** préliminaire.

preparatory school *n* **1.** école *f* primaire privée **2.** *école privée qui prépare à l'enseignement supérieur.*

prepare [prɪ'peəʳ] *vt* préparer. ❑ *vi* • **to prepare for sthg/to do sthg** se préparer à qqch/à faire qqch.

prepared [prɪ'peəd] *adj* **1.** préparé d'avance **2.** • **to be prepared to do sthg** être prêt *ou* disposé à faire qqch **3.** • **to be prepared for sthg** être prêt pour qqch.

preposition [ˌprepə'zɪʃn] *n* préposition *f.*

preposterous [prɪ'pɒstərəs] *adj* ridicule, absurde.

preppie, preppy [(surtout US) 'prepɪ] *fam n (pl* **-ies**) • **he's a preppie** il est BCBG. ❑ *adj* BCBG.

pre-press *n* TYPO prépresse *m.*

prep school abrév de **preparatory school**.

prerecord [ˌpriːrɪ'kɔːd] *vt* préenregistrer.

prerecorded [ˌpriːrɪ'kɔːdɪd] *adj* enregistré à l'avance, préenregistré.

prerequisite [ˌpriː'rekwɪzɪt] *n* condition *f* préalable.

prerogative [prɪ'rɒgətɪv] *n* prérogative *f*, privilège *m.*

Presbyterian [ˌprezbɪ'tɪərɪən] *adj* presbytérien. ❑ *n* presbytérien *m*, -enne *f*.
preschool [ˌpriː'skuːl] *adj* préscolaire. ❑ *n* **(US)** école *f* maternelle.
prescribe [prɪ'skraɪb] *vt* **1.** prescrire **2.** ordonner, imposer.
prescription [prɪ'skrɪpʃn] *n* **1.** ordonnance *f* **2.** médicament *m*.
prescriptive [prɪ'skrɪptɪv] *adj* normatif.
preselect [ˌpriːsə'lekt] *vt (chaînes)* prérégler.
presence ['prezns] *n* présence *f* • **to be in sb's presence** *ou* **in the presence of sb** être en présence de qqn.
presence of mind *n* présence *f* d'esprit.
present *adj* ['preznt] **1.** actuel **2.** présent • **to be present at** assister à. ❑ *n* ['preznt] **1.** • **the present** le présent • **at present** actuellement, en ce moment **2.** cadeau *m* **3.** GRAMM • **present (tense)** présent *m*. ❑ *vt* [prɪ'zent] **1.** présenter **2.** donner, remettre • **to present sb with sthg, to present sthg to sb** donner *ou* remettre qqch à qqn **3.** représenter, décrire **4.** • **to present o.s.** se présenter.
presentable [prɪ'zentəbl] *adj* présentable.
presentation [ˌprezn'teɪʃn] *n* **1.** présentation *f* **2.** remise *f* (de récompense/de prix) **3.** exposé *m* **4.** THÉÂTRE représentation *f*.
present day *n* • **the present day** aujourd'hui. ■ **present-day** *adj* d'aujourd'hui, contemporain.
presenter [prɪ'zentəʳ] *n* **(UK)** présentateur *m*, -trice *f*.
presently ['prezəntlɪ] *adv* **1.** bientôt, tout à l'heure **2.** actuellement, en ce moment.
present perfect *n* passé *m* composé.
present tense *n* présent *m*.
preservation [ˌprezə'veɪʃn] *n (indén)* **1.** maintien *m* **2.** protection *f*, conservation *f*.
preservative [prɪ'zɜːvətɪv] *n* conservateur *m*.
preserve [prɪ'zɜːv] *vt* **1.** maintenir **2.** conserver **3.** mettre en conserve. ❑ *n* confiture *f*.
preserved [prɪ'zɜːvd] *adj* conservé.
preset [ˌpriː'set] *(prét & pp* **preset***) vt* prérégler.
presidency ['prezɪdənsɪ] *(pl* **-ies***) n* présidence *f*.
president ['prezɪdənt] *n* **1.** président *m* **2. (US)** P-DG *m*.
presidential [ˌprezɪ'denʃl] *adj* présidentiel.
President's Day *n jour férié aux États-Unis, le troisième lundi de février, en l'honneur des anniversaires des présidents George Washington et Abraham Lincoln.*
press [pres] *n* **1.** pression *f* **2.** • **the press a)** la presse, les journaux *mpl* **b)** les journalistes *mpl* **3.** presse *f (imprimerie)* **4.** pressoir *m (pour le vin, les olives)*. ❑ *vt* **1.** appuyer sur • **to press sthg against sthg** appuyer qqch sur qqch **2.** serrer **3.** repasser **4.** • **to press sb (to do sthg** *ou* **into doing sthg)** presser qqn (de faire qqch) **5.** insister sur. ❑ *vi* **1.** • **to press (on sthg)** appuyer (sur qqch) **2.** • **to press (on sthg)** serrer (qqch) **3.** se presser. ■ **press for** *vt insép* demander avec insistance. ■ **press on** *vi* • **to press on (with sthg)** continuer (qqch), ne pas abandonner (qqch).
press agency *n* agence *f* de presse.
press conference *n* conférence *f* de presse.
press corps *n* journalistes *mpl*.
press coverage *n* couverture *f* presse.
press cutting (UK), press clipping (US) *n* coupure *f* de journal.
pressed [prest] *adj* • **to be pressed for time/money** être à court de temps/d'argent.
pressgang ['presgæŋ] *n* enrôleurs *mpl*, racoleurs *mpl*. ❑ *vt* **(UK)** • **to pressgang sb into doing sthg** forcer la main à qqn pour qu'il fasse qqch.
pressing ['presɪŋ] *adj* urgent.
press officer *n* attaché *m* de presse.
press release *n* communiqué *m* de presse.
press stud *n* **(UK)** pression *f*.
press-up *n* **(UK)** pompe *f*, traction *f*.
pressure ['preʃəʳ] *n (indén)* **1.** pression *f* • **to put pressure on sb (to do sthg)** faire pression sur qqn (pour qu'il fasse qqch) **2.** tension *f*.
pressure cooker *n* Cocotte-Minute® *f*, autocuiseur *m*.
pressure gauge *n* manomètre *m*.
pressure group *n* groupe *m* de pression.
pressurize, -ise (UK) ['preʃəraɪz] *vt* **1.** pressuriser **2. (UK)** • **to pressurize sb to do** *ou* **into doing sthg** forcer qqn à faire qqch.
pressurized, -ised (UK) ['preʃəraɪzd] *adj* **1.** *(récipient)* pressurisé **2.** *(liquide, gaz)* sous pression.
prestige [pre'stiːʒ] *n* prestige *m*.
prestigious [pre'stɪdʒəs] *adj* prestigieux.
presumably [prɪ'zjuːməblɪ] *adv* vraisemblablement.
presume [prɪ'zjuːm] *vt* présumer • **to presume (that)...** supposer que... • **missing, presumed dead** porté disparu, présumé mort.
presumption [prɪ'zʌmpʃn] *n* **1.** supposition *f* **2.** *(indén) (audace)* présomption *f*.
presumptuous [prɪ'zʌmptʃuəs] *adj* présomptueux.
pretence (UK), pretense (US) [prɪ'tens] *n* prétention *f* • **under false pretences** sous des prétextes fallacieux.
pretend [prɪ'tend] *vt* • **to pretend to do sthg** faire semblant de faire qqch. ❑ *vi* faire semblant.
pretense (US) = **pretence**.
pretension [prɪ'tenʃn] *n* prétention *f*.
pretentious [prɪ'tenʃəs] *adj* prétentieux.
pretentiously [prɪ'tenʃəslɪ] *adv* de façon prétentieuse.

pretentiousness [prɪ'tenʃəsnɪs] *n (indén)* prétention *f*.

pretext ['pri:tekst] *n* prétexte *m* • **on** *ou* **under the pretext that...** sous prétexte que...

prettify ['prɪtɪfaɪ] (*prét & pp* **prettified**) *vt* enjoliver.

prettily ['prɪtɪlɪ] *adv* joliment.

pretty ['prɪtɪ] *adj* **1.** joli **2.** *péj* précieux. ❏ *adv* plutôt • **pretty much** *ou* **well** pratiquement, presque.

pretzel ['pretsl] *n* bretzel *m*.

prevail [prɪ'veɪl] *vi* **1.** avoir cours, régner **2.** • **to prevail (over)** prévaloir (sur), l'emporter (sur).

prevailing [prɪ'veɪlɪŋ] *adj* **1.** actuel **2.** dominant.

prevalence ['prevələns] *n (indén)* fréquence *f*.

prevalent ['prevələnt] *adj* courant, répandu.

prevent [prɪ'vent] *vt* empêcher.

preventable [prɪ'ventəbl] *adj* qui peut être évité.

preventative [prɪ'ventətɪv] = **preventive**.

prevention [prɪ'venʃn] *n (indén)* prévention *f*.

preventive [prɪ'ventɪv] *adj* préventif.

preview ['pri:vju:] *n* avant-première *f*.

previous ['pri:vjəs] *adj* **1.** antérieur **2.** précédent.

previously ['pri:vjəslɪ] *adv* avant, auparavant.

prewar [ˌpri:'wɔ:ʳ] *adj* d'avant-guerre.

prey [preɪ] *n* proie *f*. ■ **prey on** *vt insép* **1.** faire sa proie de **2.** • **to prey on sb's mind** ronger qqn, tracasser qqn.

price [praɪs] *n* prix *m* • **at any price** à tout prix. ❏ *vt* fixer le prix de. ■ **price down** *vt sép* baisser le prix de, démarquer. ■ **price up** *vt sép* augmenter le prix de.

price bubble *n* bulle *f* des prix.

price ceiling *n* plafond *m* de prix.

price cut *n* rabais *m*, réduction *f* (de prix).

price differential *n* écart *m* de prix.

price discrimination *n* tarif *m* discriminatoire.

price-fixing [-fɪksɪŋ] *n (indén)* contrôle *m* des prix.

price freeze *n* gel *m* des prix.

price increase *n* hausse *f* *ou* augmentation *f* des prix.

priceless ['praɪslɪs] *adj* sans prix, inestimable.

price list *n* tarif *m*.

price tag *n* étiquette *f*.

price war *n* guerre *f* des prix.

pricey ['praɪsɪ] *adj fam* chérot *(inv)*.

pricing ['praɪsɪŋ] *n* détermination *f* du prix, fixation *f* du prix • **pricing policy** politique *f* de (s) prix.

prick [prɪk] *n* **1.** piqûre *f* **2.** *vulg* bite *f* **3.** *vulg* con *m*, conne *f*. ❏ *vt* piquer. ■ **prick up** *vt insép* • **to prick up one's ears a)** *(animal)* dresser les oreilles **b)** *(personne)* dresser *ou* tendre l'oreille.

prickle ['prɪkl] *n* **1.** épine *f* **2.** picotement *m*. ❏ *vi* picoter.

prickly ['prɪklɪ] *adj* **1.** épineux **2.** *fig* irritable.

prickly heat *n (indén)* boutons *mpl* de chaleur.

pride [praɪd] *n (indén)* **1.** fierté *f* • **to take pride in sthg/in doing sthg** être fier de qqch/de faire qqch **2.** amour-propre *m* **3.** *péj* orgueil *m*. ❏ *vt* • **to pride o.s. on sthg** être fier de qqch.

priest [pri:st] *n* prêtre *m*.

priestess ['pri:stɪs] *n* prêtresse *f*.

priesthood ['pri:sthʊd] *n* **1.** • **the priesthood** le sacerdoce **2.** • **the priesthood** le clergé.

prig [prɪg] *n péj* petit saint *m*, petite sainte *f*.

prim [prɪm] *adj péj* guindé.

prima donna [ˌpri:mə'dɒnə] (*pl* **-s**) *n* prima donna *f inv* • **to be a prima donna** *fig* & *péj* se prendre pour le nombril du monde.

primarily ['praɪmərɪlɪ] *adv* principalement.

primary ['praɪmərɪ] *adj* **1.** premier, principal **2.** SCOL primaire. ❏ *n* **(US)** POLIT primaire *f*.

primary carer, primary caregiver *n personne qui s'occupe d'un proche dépendant*.

primary colour (UK), primary color (US) *n* couleur *f* primaire.

primary market *n* marché *m* primaire.

primary school *n* école *f* primaire.

primate ['praɪmeɪt] *n* **1.** primate *m* **2.** RELIG primat *m*.

prime [praɪm] *adj* **1.** principal, primordial **2.** excellent • **prime quality** première qualité. ❏ *n* • **to be in one's prime** être dans la fleur de l'âge. ❏ *vt* • **to prime sb about sthg** mettre qqn au courant de qqch.

Prime Minister *n* Premier ministre *m*.

primer ['praɪməʳ] *n* **1.** apprêt *m* **2.** introduction *f*.

prime time *n (indén)* RADIO & TV heures *fpl* de grande écoute. ■ **prime-time** *adj* aux heures de grande écoute.

primeval [praɪ'mi:vl] *adj* primitif.

primitive ['prɪmɪtɪv] *adj* primitif.

primrose ['prɪmrəʊz] *n* primevère *f*.

Primus stove ® ['praɪməs-] *n* **(UK)** réchaud *m* de camping.

prince [prɪns] *n* prince *m*.

princess [prɪn'ses] *n* princesse *f*.

principal ['prɪnsəpl] *adj* principal. ❏ *n* **1.** **(surtout UK)** SCOL directeur *m*, -trice *f* **2.** UNIV doyen *m*, -enne *f*.

principally ['prɪnsəplɪ] *adv* principalement.

principle ['prɪnsəpl] *n* principe *m* • **on principle, as a matter of principle** par principe. ■ **in principle** *adv* en principe.

principled ['prɪnsəpld] *adj* **1.** *(attitude)* dicté par des principes **2.** *(personne)* qui a des principes.

print [prɪnt] *n* **1.** *(indén)* caractères *mpl* • **to be in print** être disponible • **to be out of print** être épuisé **2.** gravure *f* **3.** PHOTO épreuve *f* **4.** imprimé *m* **5.** empreinte *f*. ❑ *vt* **1.** imprimer **2.** publier **3.** écrire en caractères d'imprimerie • **print your name** écrivez votre nom en caractères d'imprimerie. ❑ *vi* imprimer. ■ **print out** *vt sép* INFORM imprimer.

printed ['prɪntɪd] *adj* **1.** *(gén)* imprimé • **printed matter** imprimés *mpl* • **the printed word** l'écrit *m* **2.** *(papier)* à en-tête.

printed matter ['prɪntɪd-] *n (indén)* imprimés *mpl*.

printer ['prɪntəʳ] *n* **1.** imprimeur *mf* **2.** imprimante *f*.

printing ['prɪntɪŋ] *n (indén)* **1.** impression *f* **2.** imprimerie *f*.

printout ['prɪntaʊt] *n* INFORM sortie *f* d'imprimante, listing *m*.

print preview *n* INFORM aperçu *m* avant impression.

print queue *n* INFORM queue *f* d'impression.

prior ['praɪəʳ] *adj* antérieur, précédent. ❑ *n* prieur *m*. ■ **prior to** *prép* avant • **prior to doing sthg** avant de faire qqch.

prioritize, **-ise** (UK) [praɪ'ɒrɪtaɪz] *vt* donner la priorité à.

priority [praɪ'ɒrətɪ] *n* priorité *f* • **to have** *ou* **take priority (over)** avoir la priorité (sur). ■ **priorities** *npl* priorités *fpl*.

prise [praɪz] *vt* • **to prise sthg away from sb** arracher qqch à qqn • **to prise sthg open** forcer qqch.

prison ['prɪzn] *n* prison *f*.

prisoner ['prɪznəʳ] *n* prisonnier *m*, -ère *f*.

prisoner of war (*pl* **prisoners of war**) *n* prisonnier *m*, -ère *f* de guerre.

prissy ['prɪsɪ] (*comp* **prissier**, *superl* **prissiest**) *adj péj* prude, guindé.

pristine ['prɪstiːn] *adj* **1.** *(santé)* parfait **2.** *(objet)* immaculé.

privacy [(UK) 'prɪvəsɪ, (US) 'praɪvəsɪ] *n* **1.** intimité *f* **2.** confidentialité *f* • **on-line privacy** confidentialité *f* en ligne.

private ['praɪvɪt] *adj* **1.** privé • **private screening** *ou* **showing** CINÉ projection *ou* séance *f* privée **2.** confidentiel **3.** personnel **4.** secret. ❑ *n* (simple) soldat *m*.

private detective *n* détective *m* privé.

private enterprise *n (indén)* entreprise *f* privée.

private eye *n* détective *m* privé.

private income *n* revenu *m* personnel.

private life *n* vie *f* privée • **in (his) private life** dans sa vie privée, en privé.

privately ['praɪvɪtlɪ] *adv* **1.** • **privately owned** du secteur privé **2.** en privé **3.** intérieurement, dans son for intérieur.

private pension *n* retraite *f* complémentaire.

private practice *n (indén)* (UK) cabinet *m* de médecin non conventionné.

private property *n* propriété *f* privée.

private school *n* école *f* privée.

private sector *n* • **the private sector** le secteur privé.

privatization, **-isation** (UK) [,praɪvɪtaɪ'zeɪʃn] *n* privatisation *f*.

privatize, **-ise** (UK) ['praɪvɪtaɪz] *vt* privatiser.

privet ['prɪvɪt] *n* troène *m*.

privilege ['prɪvɪlɪdʒ] *n* privilège *m*.

privileged ['prɪvɪlɪdʒd] *adj* privilégié.

privy ['prɪvɪ] *adj* • **to be privy to sthg** être dans le secret de qqch.

Privy Council *n* (UK) • **the Privy Council** le Conseil privé.

prize [praɪz] *adj* **1.** très précieux **2.** *(animal)* primé **3.** parfait. ❑ *n* prix *m* • **to win first prize** gagner le premier prix. ❑ *vt* priser.

prize-giving [-,gɪvɪŋ] *n* (UK) distribution *f* des prix.

prize money *n* prix *m* en argent.

prizewinner ['praɪz,wɪnəʳ] *n* gagnant *m*, -e *f* • **a lottery prizewinner** un gagnant au loto.

pro [prəʊ] (*pl* -s) *n* **1.** *fam* pro *mf* **2.** • **the pros and cons** le pour et le contre.

proactive [prəʊ'æktɪv] *adj* **1.** *(entreprise, personne)* dynamique **2.** PSYCHO proactif.

proactively [,prəʊ'æktɪvlɪ] *adv* de manière dynamique.

probability [,prɒbə'bɪlətɪ] *n* probabilité *f*.

probable ['prɒbəbl] *adj* probable.

probably ['prɒbəblɪ] *adv* probablement.

probation [prə'beɪʃn] *n (indén)* **1.** DR mise *f* à l'épreuve • **to put sb on probation** mettre qqn en sursis avec mise à l'épreuve **2.** essai *m* • **to be on probation** être à l'essai.

probationary [prə'beɪʃnrɪ] *adj* **1.** *(personne)* à l'essai **2.** *(période)* d'essai.

probation officer *n* agent *m* de probation.

probe [prəʊb] *n* **1.** • **probe (into)** enquête *f* (sur) **2.** MÉD & TECHNOL sonde *f*. ❑ *vt* sonder.

probing ['prəʊbɪŋ] *adj* **1.** *(question)* pénétrant **2.** *(regard)* inquisiteur.

problem ['prɒbləm] *n* problème *m* • **to cause problems** poser des problèmes • **no problem!** *fam* pas de problème ! ❑ *en apposition* difficile.

problematic(al) [,prɒblə'mætɪk(l)] *adj* problématique, incertain.

problem-solving [-,sɒlvɪŋ] *n* résolution *f* de problèmes.

procedure [prə'siːdʒəʳ] *n* procédure *f*.

proceed *vt* [prə'siːd] • **to proceed to do sthg** se mettre à faire qqch. ❑ *vi* [prə'siːd] **1.** • **to proceed (with sthg)** continuer (qqch), poursuivre (qqch) **2.** *sout* avancer. ■ **proceeds** *npl* [ˈprəʊsiːdz] *FIN* recette *f.*

proceedings [prəˈsiːdɪŋz] *npl* **1.** débats *mpl* **2.** *DR* poursuites *fpl.*

process [ˈprəʊses] *n* **1.** processus *m* • **in the process** ce faisant • **to be in the process of doing sthg** être en train de faire qqch • **the peace process** le processus de paix **2.** procédé *m.* ❑ *vt* **1.** traiter **2.** *fig* faire face à.

processing [ˈprəʊsesɪŋ] *n* traitement *m*, transformation *f.*

procession [prəˈseʃn] *n* cortège *m*, procession *f.*

pro-choicer *n personne favorable à la loi légalisant l'avortement et/ou l'euthanasie.*

proclaim [prəˈkleɪm] *vt* proclamer.

proclamation [ˌprɒkləˈmeɪʃn] *n* proclamation *f.*

procrastinate [prəˈkræstɪneɪt] *vi sout* faire traîner les choses.

procrastination [prəˌkræstɪˈneɪʃn] *n sout* procrastination *f.*

procreate [ˈprəʊkrɪeɪt] *vi sout* procréer.

procreation [ˌprəʊkrɪˈeɪʃn] *n sout* procréation *f.*

procure [prəˈkjʊər] *vt sout* **1.** se procurer **2.** procurer, obtenir.

procurement [prəˈkjʊəmənt] *n sout* obtention *f.*

prod [prɒd] *vt* pousser doucement.

prodigal [ˈprɒdɪgl] *adj sout* prodigue.

prodigious [prəˈdɪdʒəs] *adj* prodigieux.

prodigy [ˈprɒdɪdʒɪ] *n* prodige *m.*

produce *n* [ˈprɒdjuːs] *(indén)* produits *mpl.* ❑ *vt* [prəˈdjuːs] **1.** produire **2.** provoquer, causer **3.** présenter *(un spectacle)* **4.** **(UK)** *THÉÂTRE* mettre en scène.

producer [prəˈdjuːsər] *n* **1.** producteur *m*, -trice *f* **2.** **(UK)** *THÉÂTRE* metteur *m* en scène.

-producing [prəˌdjuːsɪŋ] *suffixe* producteur de • **oil-producing** producteur de pétrole.

product [ˈprɒdʌkt] *n* produit *m.*

product awareness *n* notoriété *f ou* mémorisation *f* du produit.

production [prəˈdʌkʃn] *n* **1.** *(indén)* production *f* **2.** *(indén)* rendement *m* **3.** *(indén)* **(UK)** *THÉÂTRE* mise *f* en scène **4.** représentation *f (spectacle)* **5.** *THÉÂTRE* pièce *f.*

production line *n* chaîne *f* de fabrication.

productive [prəˈdʌktɪv] *adj* **1.** productif **2.** fructueux.

productively [prəˈdʌktɪvlɪ] *adv* **1.** *(utiliser)* de façon productive **2.** *(passer du temps)* de façon fructueuse.

productivity [ˌprɒdʌkˈtɪvətɪ] *n* productivité *f.*

product placement *n CINÉ & TV* placement *m* de produits.

product range *n* gamme *f* de produits.

profane [prəˈfeɪn] *adj sout* impie.

profess [prəˈfes] *vt sout* professer • **to profess to do/be** prétendre faire/être.

profession [prəˈfeʃn] *n* profession *f* • **by profession** de son métier.

professional [prəˈfeʃənl] *adj* **1.** professionnel **2.** de (haute) qualité. ❑ *n* professionnel *m*, -elle *f.*

professionalism [prəˈfeʃnəlɪzm] *n* professionnalisme *m.*

professionally [prəˈfeʃnəlɪ] *adv* **1.** *(par son métier)* en professionnel • **professionally qualified** diplômé **2.** *(consciencieusement)* de façon professionnelle.

professor [prəˈfesər] *n* **1.** **(UK)** professeur *m*, -e *f* (de faculté) **2.** **(US & CANADA)** professeur *m.*

proffer [ˈprɒfər] *vt sout* • **to proffer sthg (to sb)** offrir qqch (à qqn).

proficiency [prəˈfɪʃənsɪ] *n* • **proficiency (in)** compétence *f* (en).

proficient [prəˈfɪʃənt] *adj* • **proficient (in *ou* at sthg)** compétent (en qqch).

profile [ˈprəʊfaɪl] *n* profil *m.*

profit [ˈprɒfɪt] *n* **1.** bénéfice *m*, profit *m* • **to make a profit** faire un bénéfice **2.** profit *m (avantage).* ❑ *vi* **1.** être le bénéficiaire **2.** tirer avantage *ou* profit.

profitability [ˌprɒfɪtəˈbɪlətɪ] *n* rentabilité *f.*

profitable [ˈprɒfɪtəbl] *adj* **1.** rentable, lucratif **2.** fructueux, profitable.

profitably [ˈprɒfɪtəblɪ] *adv* **1.** de façon rentable **2.** utilement.

profit-driven *adj COMM* poussé par les profits.

profiteering [ˌprɒfɪˈtɪərɪŋ] *n* affairisme *m*, mercantilisme *m.*

profit-making *adj* à but lucratif. ❑ *n* réalisation *f* de bénéfices.

profit margin *n* marge *f* bénéficiaire.

profit-sharing *n* participation *f ou* intéressement *m* aux bénéfices.

pro forma [-ˈfɔːmə] *adj* pro forma.

profound [prəˈfaʊnd] *adj* profond.

profoundly [prəˈfaʊndlɪ] *adv* profondément.

profusely [prəˈfjuːslɪ] *adv* abondamment • **to apologize profusely** se confondre en excuses.

profusion [prəˈfjuːʒn] *n sout* profusion *f.*

progeny [ˈprɒdʒənɪ] *n sout* progéniture *f.*

prognosis [prɒgˈnəʊsɪs] (*pl* **-ses**) *n* pronostic *m.*

program [ˈprəʊgræm] *n* **1.** programme *m* • **a computer program** un programme informatique **2.** **(US)** = **programme.** ❑ *vt* (*prét & pp* **programmed** *ou* **programed**, *cont* **programming** *ou* **programing**) **1.** programmer **2.** **(US)** = **programme.**

programmable [prəʊˈgræməbl] *adj* programmable.

programme (UK), program (US) ['prəʊgræm] *n* **1.** programme *m* **2.** RADIO & TV émission *f.* ❑ *vt* programmer • **to programme sthg to do sthg** programmer qqch pour faire qqch.

programmer ['prəʊgræmər] *n* INFORM programmeur *m*, -euse *f.*

programming ['prəʊgræmɪŋ] *n* programmation *f.*

programming language *n* langage *m* de programmation.

progress *n* ['prəʊgres] progrès *m* • **to make progress** faire des progrès • **to make progress in sthg** avancer dans qqch • **in progress** en cours. ❑ *vi* [prə'gres] **1.** progresser, avancer **2.** faire des progrès.

progression [prə'greʃn] *n* progression *f.*

progressive [prə'gresɪv] *adj* **1.** progressiste **2.** progressif.

progressively [prə'gresɪvlɪ] *adv* progressivement.

progress report ['prəʊgres rɪ'pɔːt] *n* **1.** bulletin *m* de santé **2.** bulletin *m* scolaire **3.** compte-rendu *m.*

prohibit [prə'hɪbɪt] *vt* prohiber • **to prohibit sb from doing sthg** interdire *ou* défendre à qqn de faire qqch.

prohibitive [prə'hɪbətɪv] *adj* prohibitif.

prohibitively [prə'hɪbətɪvlɪ] *adv* • **prohibitively expensive** d'un coût prohibitif.

project *n* ['prɒdʒekt] **1.** projet *m*, plan *m* **2.** • **project (on)** dossier *m* (sur), projet *m* (sur). ❑ *vt* [prə'dʒekt] **1.** projeter **2.** prévoir. ❑ *vi* [prə'dʒekt] faire saillie.

project administrator *n* administrateur *m*, -trice *f* de projet.

project coordinator *n* coordinateur *m*, - trice *f* de projet.

projected [prə'dʒektɪd] *adj (visite, chiffres)* prévu.

projectile [prə'dʒektaɪl] *n* projectile *m.*

projection [prə'dʒekʃn] *n* **1.** prévision *f* **2.** saillie *f* **3.** *(indén)* projection *f.*

project manager *n* **1.** *(gén)* chef *m* de projet **2.** CONSTR maître *m* d'œuvre.

projector [prə'dʒektər] *n* projecteur *m.*

proletariat [ˌprəʊlɪ'teərɪət] *n* prolétariat *m.*

pro-life *adj* pour le respect de la vie.

pro-lifer [prəʊ'laɪfər] *n personne hostile à la loi légalisant l'avortement et/ou l'euthanasie.*

proliferate [prə'lɪfəreɪt] *vi sout* proliférer.

proliferation [prəˌlɪfə'reɪʃn] *n sout* prolifération *f.*

prolific [prə'lɪfɪk] *adj* prolifique.

prologue, prolog (US) ['prəʊlɒg] *n litt & fig* prologue *m.*

prolong [prə'lɒŋ] *vt* prolonger.

prolonged [prə'lɒŋd] *adj* long, longue *f.*

prom [prɒm] *n* **1.** (UK) *fam* (abrév de promenade) promenade *f*, front *m* de mer **2.** (US) bal *m* d'étudiants.

promenade [ˌprɒmə'nɑːd] *n* (UK) promenade *f*, front *m* de mer.

promenade concert *n* (UK) concert *m* promenade.

prominence ['prɒmɪnəns] *n* **1.** importance *f* **2.** proéminence *f.*

prominent ['prɒmɪnənt] *adj* **1.** important **2.** proéminent.

prominently ['prɒmɪnəntlɪ] *adv* au premier plan, bien en vue.

promiscuity [ˌprɒmɪs'kjuːətɪ] *n* promiscuité *f.*

promiscuous [prɒ'mɪskjʊəs] *adj* **1.** aux mœurs légères **2.** immoral.

promise ['prɒmɪs] *n* promesse *f.* ❑ *vt* • **to promise (sb) to do sthg** promettre (à qqn) de faire qqch • **to promise sb sthg** promettre qqch à qqn. ❑ *vi* promettre.

promising ['prɒmɪsɪŋ] *adj* prometteur.

promisingly ['prɒmɪsɪŋlɪ] *adv* d'une façon prometteuse • **France started the match promisingly** la France a bien débuté la partie.

promontory ['prɒməntrɪ] *n* promontoire *m.*

promote [prə'məʊt] *vt* promouvoir.

promoter [prə'məʊtər] *n* **1.** organisateur *m*, -trice *f* **2.** promoteur *m*, -trice *f.*

promotion [prə'məʊʃn] *n* promotion *f*, avancement *m* • **to get promotion** être promu.

promotional [prə'məʊʃənl] *adj* promotionnel, publicitaire.

promotional material *n* matériel *m* de promotion.

promotional offer *n* offre *f* promotionnelle.

promotional price *n* prix *m* promotionnel.

prompt [prɒmpt] *adj* rapide, prompt. ❑ *adv* • **at nine o'clock prompt** à neuf heures précises. ❑ *vt* **1.** • **to prompt sb (to do sthg)** inciter qqn (à faire qqch) **2.** THÉÂTRE souffler sa réplique à. ❑ *n* THÉÂTRE réplique *f.*

prompter ['prɒmptər] *n* THÉÂTRE souffleur *m*, -euse *f.*

promptly ['prɒmptlɪ] *adv* **1.** rapidement, promptement **2.** ponctuellement.

prone [prəʊn] *adj* **1.** • **to be prone to sthg** être sujet à qqch • **to be prone to do sthg** avoir tendance à faire qqch **2.** étendu face contre terre.

prong [prɒŋ] *n* dent *f (d'une fourchette, d'une fourche).*

pronoun ['prəʊnaʊn] *n* pronom *m.*

pronounce [prə'naʊns] *vt* prononcer. ❑ *vi* • **to pronounce on** se prononcer sur.

pronounced [prə'naʊnst] *adj* prononcé.

pronouncement [prə'naʊnsmənt] *n* déclaration *f.*

pronunciation [prə,nʌnsɪ'eɪʃn] *n* prononciation *f*.

proof [pru:f] *n* **1.** preuve *f* **2.** épreuve *f* *(d'un livre)* **3.** teneur *f* en alcool.

-proof [pru:f] *suffixe* à l'épreuve de • **acid-proof** à l'épreuve des acides • **an idiot-proof mechanism** un mécanisme (totalement) indéréglable.

proofread ['pru:fri:d] *(prét & pp* **proofread** [-red]*)* *vt* corriger les épreuves de.

proofreader ['pru:f,ri:dəʳ] *n* correcteur *m*, -trice *f* d'épreuves.

proofreading ['pru:f,ri:dɪŋ] *n* correction *f* (d'épreuves) • **proofreading mark** *ou* **symbol** signe *m* de correction.

prop [prɒp] *n* **1.** support *m*, étai *m* **2.** *fig* soutien *m*. ❑ *vt* • **to prop sthg against** appuyer qqch contre *ou* à. ■ **props** *npl* accessoires *mpl*. ■ **prop up** *vt sép* **1.** soutenir, étayer **2.** *fig* soutenir.

propaganda [,prɒpə'gændə] *n* propagande *f*.

propel [prə'pel] *vt* **1.** propulser **2.** *fig* pousser.

propeller [prə'peləʳ] *n* hélice *f*.

propelling pencil [prə'pelɪŋ-] *n* **(UK)** porte-mine *m*.

propensity [prə'pensətɪ] *n* • **propensity (for** *ou* **to)** propension *f* (à).

proper ['prɒpəʳ] *adj* **1.** vrai **2.** correct, bon **3.** convenable.

properly ['prɒpəlɪ] *adv* **1.** correctement **2.** convenablement, comme il faut • **eat properly a)** manger proprement **b)** manger de manière équilibrée.

proper name, **proper noun** *n* nom *m* propre.

property ['prɒpətɪ] *n* **1.** *(indén)* biens *mpl*, propriété *f* **2.** bien *m* immobilier **3.** terres *fpl* **4.** CHIM & PHYS propriété *f*.

property developer *n* promoteur *m* immobilier.

property ladder *n* • **to get a foot on the property ladder** devenir propriétaire.

property owner *n* propriétaire *m* (foncier).

prophecy ['prɒfɪsɪ] *n* prophétie *f*.

prophesy ['prɒfɪsaɪ] *vt* prédire.

prophet ['prɒfɪt] *n* prophète *m*.

proportion [prə'pɔʃn] *n* **1.** part *f*, partie *f* **2.** proportion *f* **3.** • **in proportion** proportionné • **out of proportion** mal proportionné • **a sense of proportion** *fig* le sens de la mesure.

proportional [prə'pɔʃənl] *adj* proportionnel.

proportionally [prə'pɔ:ʃnəlɪ] *adv* proportionnellement.

proportional representation *n* représentation *f* proportionnelle.

proportionate [prə'pɔʃnət] *adj* proportionnel.

proportionately [prə'pɔ:ʃnətlɪ] *adv* proportionnellement, en proportion.

proposal [prə'pəuzl] *n* **1.** proposition *f*, offre *f* • **to make a proposal** faire une proposition **2.** demande *f* en mariage.

propose [prə'pəuz] *vt* **1.** proposer **2.** • **to propose to do** *ou* **doing sthg** avoir l'intention de faire qqch, se proposer de faire qqch **3.** porter *(un toast)*. ❑ *vi* faire une demande en mariage • **to propose to sb** demander qqn en mariage.

proposed [prə'pəuzd] *adj* proposé.

proposition [,prɒpə'zɪʃn] *n* proposition *f*.

proprietary [prə'praɪətrɪ] *adj* de marque déposée • **proprietary brand** marque *f* déposée.

proprietor [prə'praɪətəʳ] *n* propriétaire *mf*.

propriety [prə'praɪətɪ] *sout n (indén)* bienséance *f*.

pro rata [-'rɑ:tə] *adj* proportionnel. ❑ *adv* au prorata.

prose [prəuz] *n (indén)* prose *f*.

prosecute ['prɒsɪkju:t] *vt* poursuivre (en justice). ❑ *vi* **1.** engager des poursuites judiciaires **2.** *(avocat)* représenter la partie plaignante.

prosecution [,prɒsɪ'kju:ʃn] *n* poursuites *fpl* judiciaires, accusation *f* • **the prosecution a)** la partie plaignante **b)** *(dans un procès d'assises)* ≃ le ministère public.

prosecutor ['prɒsɪkju:təʳ] *n* **(surtout US)** plaignant *m*, -e *f*.

prospect *n* ['prɒspekt] **1.** possibilité *f*, chances *fpl* **2.** perspective *f*. ■ **prospects** *npl* • **prospects (for)** chances *fpl* (de), perspectives *fpl* (de) • **good promotion prospects** de réelles possibilités d'avancement • **the prospects for the automobile industry** les perspectives d'avenir de l'industrie automobile.

prospecting [prə'spektɪŋ] *n* prospection *f*.

prospective [prə'spektɪv] *adj* éventuel.

prospector [prə'spektəʳ] *n* prospecteur *m*, -trice *f*.

prospectus [prə'spektəs] *(pl* **-es***)* *n* prospectus *m*.

prosper ['prɒspəʳ] *vi* prospérer.

prosperity [prɒ'sperətɪ] *n* prospérité *f*.

prosperous ['prɒspərəs] *adj* prospère.

prostate (gland) ['prɒsteɪt-] *n* prostate *f*.

prostitute ['prɒstɪtju:t] *n* prostituée *f*.

prostitution [,prɒstɪ'tju:ʃn] *n* prostitution *f*.

prostrate *adj* ['prɒstreɪt] **1.** à plat ventre **2.** prostré.

protagonist [prə'tægənɪst] *n* protagoniste *mf*.

protect [prə'tekt] *vt* protéger.

protected [prə'tektɪd] *adj* protégé • **protected species** espèce *f* protégée.

protection [prə'tekʃn] *n* protection *f*.

protective [prə'tektɪv] *adj* **1.** de protection **2.** protecteur.

protégé ['prɒteʒeɪ] *n* protégé *m*.
protégée ['prɒteʒeɪ] *n* protégée *f*.
protein ['prəʊtiːn] *n* protéine *f*.
protest *n* ['prəʊtest] protestation *f*. ❑ *vt* [prə'test] **1.** protester de **2. (US)** protester contre. ❑ *vi* [prə'test] • **to protest (about/against)** protester (à propos de/contre).
Protestant ['prɒtɪstənt] *adj* protestant. ❑ *n* protestant *m*, -e *f*.
protester [prə'testər] *n* manifestant *m*, -e *f*.
protest march *n* manifestation *f*, marche *f* de protestation.
protocol ['prəʊtəkɒl] *n* protocole *m*.
prototype ['prəʊtətaɪp] *n* prototype *m*.
protracted [prə'træktɪd] *adj* prolongé.
protrude [prə'truːd] *vi* avancer, dépasser.
protruding [prə'truːdɪŋ] *adj* **1.** *(rebord de fenêtre)* en saillie **2.** *(menton, côtes)* saillant **3.** *(yeux)* globuleux **4.** *(dentition)* proéminent, protubérant **5.** *(ventre)* protubérant.
protuberance [prə'tjuːbərəns] *n sout* protubérance *f*.
proud [praʊd] *adj* **1.** fier **2.** *péj* orgueilleux, fier.
proudly ['praʊdlɪ] *adv* **1.** fièrement, avec fierté **2.** *péj* orgueilleusement.
prove [pruːv] *(pp* **proved** *ou* **proven**) *vt* prouver • **to prove o.s. to be sthg** se révéler être qqch. ❑ *vi* • **to prove (to be) false/useful** s'avérer faux/utile.
proven ['pruːvn *ou* 'prəʊvn] *pp* → **prove**. ❑ *adj* avéré, établi.
Provence [prɒ'vɑːns] *n* Provence *f*.
proverb ['prɒvɜːb] *n* proverbe *m*.

CULTURE

proverbs

Voici quelques proverbes parmi les plus courants : **all's well that ends well** (tout est bien qui finit bien), qui nous vient de Shakespeare ; **you can't tell a book by its cover** (l'habit ne fait pas le moine) ; **out of sight, out of mind** (loin des yeux, loin du cœur) ; **where there's a will there's a way** (quand on veut, on peut).

proverbial [prə'vɜːbjəl] *adj* proverbial.
provide [prə'vaɪd] *vt* fournir • **to provide sb with sthg** fournir qqch à qqn • **to provide sthg for sb** fournir qqch à qqn. ■ **provide for** *vt insép* **1.** subvenir aux besoins de **2.** *sout* prévoir.
provided [prə'vaɪdɪd] ■ **provided (that)** *conj* à condition que, pourvu que.
provider [prə'vaɪdər] *n* pourvoyeur *m*, -euse *f*.
providing [prə'vaɪdɪŋ] ■ **providing (that)** *conj* à condition que, pourvu que.
province ['prɒvɪns] *n* **1.** province *f* **2.** domaine *m*, compétence *f*. ■ **provinces** *npl* • **the provinces** la province.
provincial [prə'vɪnʃl] *adj* **1.** de province **2.** *péj* provincial.
provision [prə'vɪʒn] *n* **1.** *(indén)* • **provision (of)** approvisionnement *m* (en) **2.** réserve *f* **3.** *(indén)* • **to make provision for a)** prendre des mesures pour **b)** pourvoir aux besoins de **4.** clause *f*, disposition *f*. ■ **provisions** *npl* provisions *fpl* • **the US sent medical provisions** les États-Unis envoyèrent des stocks de médicaments.
provisional [prə'vɪʒənl] *adj* provisoire.
provisional licence *n* **(UK)** permis *m* de conduire provisoire *(jusqu'à l'obtention du permis de conduire)*.
provisionally [prə'vɪʒnəlɪ] *adv* provisoirement, à titre provisoire.
proviso [prə'vaɪzəʊ] *(pl* **-s**) *n* condition *f*, stipulation *f* • **with the proviso that** à (la) condition que *(+ subjonctif)*.
provocation [ˌprɒvə'keɪʃn] *n* provocation *f*.
provocative [prə'vɒkətɪv] *adj* provocant.
provocatively [prə'vɒkətɪvlɪ] *adv* d'une manière provocante.
provoke [prə'vəʊk] *vt* **1.** agacer, contrarier **2.** provoquer **3.** susciter.
provoking [prə'vəʊkɪŋ] *adj* agaçant, énervant.
prow [praʊ] *n* proue *f*.
prowess ['praʊɪs] *n* prouesse *f*.
prowl [praʊl] *n* • **to be on the prowl** rôder. ❑ *vt* rôder dans. ❑ *vi* rôder.
prowler ['praʊlər] *n* rôdeur *m*, -euse *f*.
proximity [prɒk'sɪmətɪ] *n* • **proximity (to)** proximité *f* (de) • **in the proximity of** à proximité de.
proxy ['prɒksɪ] *n* **1.** • **by proxy** par procuration **2.** INFORM proxy *m*.
PRP *n* abrév de **performance-related pay**.
prude [pruːd] *n péj* prude *f*.
prudence ['pruːdns] *n* prudence *f*.
prudent ['pruːdnt] *adj* prudent.
prudently ['pruːdntlɪ] *adv* prudemment, avec prudence.
prudish ['pruːdɪʃ] *adj péj* prude.
prune [pruːn] *n* pruneau *m*. ❑ *vt* BOT tailler.
pruning ['pruːnɪŋ] *n* **1.** taille *f* *(de haie, d'arbre)* **2.** élagage *m* *(de branches)* **3.** *fig* réduction *m* *(d'un budget, d'une équipe)*.
pry [praɪ] *vi* se mêler de ce qui ne nous regarde pas • **to pry into sthg** chercher à découvrir qqch.
prying ['praɪɪŋ] *adj* indiscret • **away from prying eyes** à l'abri des regards indiscrets.
PS (abrév de **postscript**) *n* PS *m*.
psalm [sɑːm] *n* psaume *m*.
pseudo- [ˌsjuːdəʊ] *préf* pseudo-.
pseudonym ['sjuːdənɪm] *n* pseudonyme *m*.
PSHE (abrév de **personal, social and health education**) *n* **(UK)** SCOL éducation *f* civique et sexuelle.

psych [saɪk] ■ **psych up** *vt sép fam* préparer psychologiquement • **to psych o.s. up** se préparer psychologiquement.

psyche ['saɪkɪ] *n* psyché *f*.

psychedelic [ˌsaɪkɪ'delɪk] *adj* psychédélique.

psychiatric [ˌsaɪkɪ'ætrɪk] *adj* psychiatrique.

psychiatric nurse *n* infirmier *m*, -ère *f* en psychiatrie.

psychiatrist [saɪ'kaɪətrɪst] *n* psychiatre *mf*.

psychiatry [saɪ'kaɪətrɪ] *n* psychiatrie *f*.

psychic ['saɪkɪk] *adj* **1.** doué de seconde vue **2.** *(phénomène)* parapsychologique **3.** psychique. ❑ *n* médium *m*.

psycho ['saɪkəʊ] *fam n (pl* **-s***)* psychopathe *mf*. ❑ *adj* psychopathe.

psychoanalyse (UK), -yze (US) [ˌsaɪkəʊ'ænəlaɪz] *vt* psychanalyser.

psychoanalysis [ˌsaɪkəʊə'næləsɪs] *n* psychanalyse *f*.

psychoanalyst [ˌsaɪkəʊ'ænəlɪst] *n* psychanalyste *mf*.

psychological [ˌsaɪkə'lɒdʒɪkl] *adj* psychologique.

psychologically [ˌsaɪkə'lɒdʒɪklɪ] *adv* psychologiquement.

psychologist [saɪ'kɒlədʒɪst] *n* psychologue *mf*.

psychology [saɪ'kɒlədʒɪ] *n* psychologie *f*.

psychopath ['saɪkəpæθ] *n* psychopathe *mf*.

psychopathic [ˌsaɪkə'pæθɪk] *adj* **1.** *(personne)* psychopathe **2.** *(personnalité)* psychopathique.

psychosis [saɪ'kəʊsɪs] *(pl* **-ses***)* *n* psychose *f*.

psychosomatic [ˌsaɪkəʊsə'mætɪk] *adj* psychosomatique.

psychotherapist [ˌsaɪkəʊ'θerəpɪst] *n* psychothérapeute *mf*.

psychotherapy [ˌsaɪkəʊ'θerəpɪ] *n* psychothérapie *f*.

psychotic [saɪ'kɒtɪk] *adj* psychotique. ❑ *n* psychotique *mf*.

pt abrév de **pint**, abrév de **point**.

PT (abrév de physical training) *n* **(UK)** EPS *f*.

PTA ['piː 'tiː 'eɪ] (abrév de Parent-Teacher Association) *n* **(US)** *SCOL* association *f* de parents d'élèves et de professeurs.

PTB *SMS* (abrév de please text back) réponds-moi *(par SMS)*, s'il te plaît.

PTO (abrév de please turn over) TSVP.

pub [pʌb] *n* pub *m*.

CULTURE

pub

Véritable institution sociale, le pub est au cœur de la vie communautaire dans les villages britanniques. Soumis jusqu'à une période récente à une réglementation stricte quant aux heures d'ouverture et aux conditions d'admission, les pubs peuvent désormais ouvrir 24 heures sur 24 s'ils en font la demande, même si la plupart restent actuellement ouverts de 11 heures à 23 heures. Ils offrent, en plus des boissons, un choix de plats simples. Il est aujourd'hui interdit de fumer dans les pubs, mais on trouve souvent un espace extérieur réservé aux fumeurs.

pub-crawl *n* **(UK)** *fam* • **to go on a pub-crawl** faire la tournée des pubs.

puberty ['pjuːbətɪ] *n* puberté *f*.

pubes [pjuːbz] *npl fam* poils *mpl (pubiens)*.

pubic ['pjuːbɪk] *adj* pubien.

public ['pʌblɪk] *adj* **1.** public **2.** municipal. ❑ *n* • **the public** le public • **to be in the public eye** *ou* **public's eye (US)** occuper le devant de la scène *(publique)*.

public-address system *n* système *m* de sonorisation.

publican ['pʌblɪkən] *n* **(UK & AUSTRALIE)** gérant *m*, -e *f* d'un pub.

publication [ˌpʌblɪ'keɪʃn] *n* publication *f*.

public bar *n* **(UK)** bar *m*.

public company *n* société *f* anonyme *(cotée en Bourse)*.

public convenience *n* **(UK)** toilettes *fpl* publiques.

public gathering *n* rassemblement *m* public.

public holiday *n* **(UK)** jour *m* férié.

public house *n* **(UK)** pub *m*.

publicist ['pʌblɪsɪst] *n* agent *m* de publicité.

publicity [pʌb'lɪsɪtɪ] *n (indén)* publicité *f*.

publicity campaign *n* campagne *f* publicitaire *ou* de publicité.

publicity stunt *n* coup *m* publicitaire.

publicize, -ise (UK) ['pʌblɪsaɪz] *vt* faire connaître au public.

public limited company *n* **(UK)** société *f* anonyme *(cotée en Bourse)*.

publicly ['pʌblɪklɪ] *adv* publiquement, en public.

public opinion *n (indén)* opinion *f* publique.

public prosecutor *n* **(UK)** ≃ procureur *m* de la République.

public relations *n (indén)* relations *fpl* publiques.

public relations officer *n* responsable *mf* des relations publiques.

public school *n* **1. (UK)** école *f* privée **2. (US & ÉCOSSE)** école *f* publique.

public sector *n* secteur *m* public.

public servant *n* fonctionnaire *mf*.

public's eye (US) = **public**.

public spending *n (indén)* dépenses *fpl* publiques *ou* de l'État.

public-spirited *adj* qui fait preuve de civisme.

public transport (UK), **public transportation** (US) *n (indén)* transports *mpl* en commun.
publish ['pʌblɪʃ] *vt* publier.
publisher ['pʌblɪʃər] *n* éditeur *m*, -trice *f*.
publishing ['pʌblɪʃɪŋ] *n (indén)* édition *f*.
pub lunch *n* (UK) *repas de midi servi dans un pub*.
puce [pju:s] *adj* puce *(inv)*.
pucker ['pʌkər] *vt* plisser.
pudding ['pʊdɪŋ] *n* **1.** entremets *m* **2.** pudding *m* **3.** *(indén)* (UK) dessert *m*.
puddle ['pʌdl] *n* flaque *f*.
puff [pʌf] *n* **1.** bouffée *f (de cigarette)* **2.** souffle *m*. ❑ *vt* tirer sur *(une cigarette)*. ❑ *vi* **1.** • **to puff at** *ou* **on sthg** fumer qqch **2.** haleter. ■ **puff out** *vt sép* gonfler. ■ **puff up** *vi* se gonfler.
Puffa jacket® ['pʌfə-] *n* blouson *m* de rappeur.
puffed [pʌft] *adj* • **puffed (up)** gonflé.
puffed sleeve *n* manche *f* ballon.
puffin ['pʌfɪn] *n* macareux *m*.
puff pastry *n (indén)* pâte *f* feuilletée.
puffy ['pʌfɪ] *adj* gonflé, bouffi.
pugnacious [pʌg'neɪʃəs] *adj sout* querelleur, batailleur.
puke [pju:k] *vi fam* dégobiller.
Pulitzer Prize [pʊlɪtsə-] *n* prix *m* Pulitzer.

CULTURE

Pulitzer Prize

Prix institués par le journaliste américain Joseph Pulitzer, propriétaire du **New York World** et fondateur d'une école de journalisme. Décernés depuis 1917 par le conseil d'administration de l'université Columbia, ils récompensent chaque année en mai, entre autres, des journalistes, des écrivains et des compositeurs de musique.

pull [pʊl] *vt* **1.** tirer **2.** se froisser **3.** arracher *(une dent)* **4.** attirer **5.** sortir *(une arme)* **6.** retirer *(un jeu)* de la vente. ❑ *vi* tirer. ❑ *n* **1.** • **to give sthg a pull** tirer sur qqch **2.** *(indén)* influence *f*. ■ **pull apart** *vt sép* séparer. ■ **pull at** *vt insép* tirer sur. ■ **pull away** *vi* **1.** AUTO démarrer **2.** prendre de l'avance. ■ **pull down** *vt sép* démolir. ■ **pull in** *vi* AUTO se ranger. ■ **pull off** *vt sép* **1.** enlever, ôter **2.** réussir. ■ **pull out** *vt sép* retirer. ❑ *vi* **1.** RAIL partir, démarrer **2.** AUTO déboîter **3.** se retirer. ■ **pull over** *vi* AUTO se ranger. ■ **pull through** *vi* s'en sortir, s'en tirer. ■ **pull together** *vt sép* • **to pull o.s. together** se ressaisir, se reprendre. ■ **pull up** *vt sép* **1.** remonter **2.** avancer. ❑ *vi* s'arrêter.
pulley ['pʊlɪ] *(pl -s) n* poulie *f*.
pulling power ['pʊlɪŋ-] *n* (UK) *fam* pouvoir *m* de séduction.
pullover ['pʊl,əʊvər] *n* pull *m*.
pulp [pʌlp] *adj* de quatre sous. ❑ *n* **1.** pâte *f* à papier **2.** pulpe *f*.
pulpit ['pʊlpɪt] *n* chaire *f*.
pulsate [pʌl'seɪt] *vi* **1.** battre fort **2.** vibrer.
pulse [pʌls] *n* **1.** pouls *m* **2.** TECHNOL impulsion *f*. ❑ *vi* battre, palpiter. ■ **pulses** *npl* légumes *mpl* secs.
puma ['pju:mə] *(pl inv ou -s) n* puma *m*.
pumice (stone) ['pʌmɪs-] *n* pierre *f* ponce.
pummel ['pʌml] ((UK) *prét & pp* **pummelled**, *cont* **pummelling**, (US) *prét & pp* **pummeled**, *cont* **pummeling**) *vt* bourrer de coups.
pump [pʌmp] *n* pompe *f*. ❑ *vt* **1.** pomper **2.** *fam* essayer de tirer les vers du nez à. ❑ *vi* battre fort. ■ **pumps** *npl* escarpins *mpl*.
pumped [pʌmpt] *adj* (US) *fam* excité.
pumpkin ['pʌmpkɪn] *n* potiron *m*.
pun [pʌn] *n* jeu *m* de mots, calembour *m*.
punch [pʌntʃ] *n* **1.** coup *m* de poing **2.** poinçonneuse *f* **3.** punch *m (boisson)*. ❑ *vt* **1.** donner un *ou* des coups de poing à **2.** poinçonner **3.** perforer. ■ **punch in** *vi* (US) pointer (en arrivant). ■ **punch out** *vi* (US) pointer (en partant).
Punch-and-Judy show [-'dʒu:dɪ-] *n* guignol *m*.
punch bag (UK), **punchball** (UK), **punching bag** (US) ['pʌntʃɪŋ-] *n* punching-ball *m*.
punch(ed) card [pʌntʃ(t)-] *n* carte *f* perforée.
punch line *n* chute *f (d'une histoire drôle)*.
punch-up *n* (UK) *fam* bagarre *f*.
punchy ['pʌntʃɪ] *adj fam* incisif.
punctual ['pʌŋktʃʊəl] *adj* ponctuel.
punctuation [,pʌŋktʃʊ'eɪʃn] *n* ponctuation *f*.
punctuation mark *n* signe *m* de ponctuation.
puncture ['pʌŋktʃər] *n* crevaison *f*. ❑ *vt* **1.** crever *(un pneu, un ballon)* **2.** piquer *(la peau)*.
pundit ['pʌndɪt] *n* pontife *m*.
pungent ['pʌndʒənt] *adj* **1.** âcre **2.** piquant **3.** *fig* caustique, acerbe.
punish ['pʌnɪʃ] *vt* punir • **to punish sb for doing sthg** punir qqn pour avoir fait qqch.
punishable ['pʌnɪʃəbl] *adj* punissable.
punishing ['pʌnɪʃɪŋ] *adj* **1.** épuisant, éreintant **2.** *(défaite)* cuisant.
punishment ['pʌnɪʃmənt] *n* punition *f*, châtiment *m*.
punitive ['pju:nətɪv] *adj* **1.** *(action)* punitif **2.** *(taxe)* très lourd.
punk [pʌŋk] *adj* punk *(inv)*. ❑ *n* **1.** *(indén)* • **punk (rock)** punk *m* **2.** *fam* loubard *m*.
punnet ['pʌnɪt] *n* (UK) barquette *f*.
punt [pʌnt] *n* bateau *m* à fond plat.
punter ['pʌntər] *n* (UK) **1.** parieur *m*, -euse *f* **2.** *fam* client *m*, -e *f*.
puny ['pju:nɪ] *adj* chétif.

pup [pʌp] *n* **1.** chiot *m* **2.** bébé phoque *m*.
pupil ['pju:pl] *n* **1.** élève *mf* **2.** pupille *f*.
puppet ['pʌpɪt] *n* **1.** marionnette *f* • **puppet theatre** théâtre *m* de marionnettes **2.** *péj* fantoche *m*, pantin *m*.
puppet government *n* gouvernement *m* fantoche.
puppet show *n* spectacle *m* de marionnettes.
puppy ['pʌpɪ] *n* chiot *m*.
puppy fat *n (indén) fam* rondeurs *fpl* d'adolescence.
purchase ['pɜ:tʃəs] *n* achat *m*. ❑ *vt* acheter.
purchaser ['pɜ:tʃəsəʳ] *n* acheteur *m*, -euse *f*.
purchasing power ['pɜ:tʃəsɪŋ-] *n* pouvoir *m* d'achat.
pure [pjʊəʳ] *adj* pur.
puree ['pjʊəreɪ] *n* purée *f*.
purely ['pjʊəlɪ] *adv* purement.
purge [pɜ:dʒ] *n* MÉD & POLIT purge *f*. ❑ *vt* MÉD & POLIT purger.
purify ['pjʊərɪfaɪ] *vt* purifier, épurer.
purist ['pjʊərɪst] *n* puriste *mf*.
puritan ['pjʊərɪtən] *adj* puritain. ❑ *n* puritain *m*, -e *f*.
purity ['pjʊərətɪ] *n* pureté *f*.
purl [pɜ:l] *n* maille *f* à l'envers. ❑ *vt* tricoter à l'envers.
purple ['pɜ:pl] *adj* violet. ❑ *n* violet *m*.
purple state *n* **(US)** POLIT *État où les deux partis sont à égalité dans le suffrage populaire*.
purport [pə'pɔt] *vi sout* • **to purport to do/be sthg** prétendre faire/être qqch.
purpose ['pɜ:pəs] *n* **1.** raison *f*, motif *m* **2.** but *m*, objet *m* • **to no purpose** en vain, pour rien **3.** détermination *f*. ■ **on purpose** *adv* exprès.
purpose-built *adj* **(UK)** construit spécialement.
purposeful ['pɜ:pəsfʊl] *adj* résolu, déterminé.
purposefully ['pɜ:pəsfʊlɪ] *adv* **1.** dans un but précis, délibérément **2.** d'un air résolu.
purr [pɜ:ʳ] *vi* ronronner.
purse [pɜ:s] *n* **1.** porte-monnaie *m inv*, bourse *f* **2.** **(US)** sac *m* à main. ❑ *vt* pincer.
purser ['pɜ:səʳ] *n* NAUT commissaire *m* de bord.
purse strings *npl* • **to hold the purse strings** tenir les cordons de la bourse.
pursue [pə'sju:] *vt* **1.** poursuivre, pourchasser **2.** poursuivre *(un objectif)* **3.** continuer à débattre *(d'une question)* **4.** approfondir *(un sujet)* **5.** donner suite à *(un projet)* • **to pursue an interest in sthg** se livrer à qqch.
pursuer [pə'sju:əʳ] *n* poursuivant *m*, -e *f*.
pursuit [pə'sju:t] *n* **1.** *(indén)* recherche *f*, poursuite *f* **2.** *(course)* poursuite *f* **3.** occupation *f*, activité *f*.
pus [pʌs] *n* pus *m*.
push [pʊʃ] *vt* **1.** pousser **2.** appuyer sur *(un bouton)* **3.** • **to push sb (to do sthg)** inciter *ou* pousser qqn (à faire qqch) **4.** • **to push sb (into doing sthg)** obliger qqn (à faire qqch) **5.** *fam* faire de la réclame pour **6.** *(locution)* • **he pushed all my buttons** *fam* il a fait tout ce qu'il fallait pour m'énerver • **it pushes all my buttons** c'est tout ce que j'aime. ❑ *vi* **1.** pousser **2.** appuyer *(sur un bouton)* **3.** • **to push for sthg** faire pression pour obtenir qqch. ❑ *n* **1.** poussée *f* **2.** effort *m*. ■ **push around** *vt sép fam & fig* marcher sur les pieds de. ■ **push in** *vi* resquiller. ■ **push off** *vi fam* filer, se sauver. ■ **push on** *vi* continuer. ■ **push through** *vt sép* faire accepter *(une loi, une réforme)*.
pushchair ['pʊʃtʃeəʳ] *n* **(UK)** poussette *f*.
pushed [pʊʃt] *adj fam* • **to be pushed for sthg** être à court de qqch • **to be hard pushed to do sthg** avoir du mal *ou* de la peine à faire qqch.
pusher ['pʊʃəʳ] *n arg drogue* dealer *m*.
pushover ['pʊʃ,əʊvəʳ] *n fam* • **it's a pushover** c'est un jeu d'enfant.
push-up *n* **(surtout US)** pompe *f*, traction *f*.
pushy ['pʊʃɪ] *adj péj* qui se met toujours en avant.
puss [pʊs], **pussy (cat)** ['pʊsɪ-] *n fam* minet *m*, minou *m*.
pussyfoot ['pʊsɪfʊt] *vi fam* atermoyer, tergiverser.
put [pʊt] (*prét & pp* **put**) *vt* **1.** mettre **2.** poser, placer • **to put the children to bed** coucher les enfants **3.** dire, exprimer **4.** poser *(une question)* **5.** estimer, évaluer **6.** • **to put money into** investir de l'argent dans. ■ **put across** *vt sép* faire comprendre. ■ **put away** *vt sép* **1.** ranger **2.** *fam* enfermer. ■ **put back** *vt sép* **1.** remettre (à sa place *ou* en place) **2.** remettre *(ajourner)* **3.** retarder. ■ **put by** *vt sép* mettre de côté. ■ **put down** *vt sép* **1.** poser, déposer **2.** réprimer **3.** inscrire, noter **4.** **(UK)** • **to have a dog/cat put down** faire piquer un chien/chat. ■ **put down to** *vt sép* attribuer à. ■ **put forward** *vt sép* **1.** proposer **2.** avancer *(un rendez-vous)*. ■ **put in** *vt sép* **1.** passer *(du temps)* **2.** présenter. ■ **put off** *vt sép* **1.** remettre *(à plus tard)* **2.** décommander **3.** dissuader **4.** déconcerter **5.** dégoûter **6.** éteindre. ■ **put on** *vt sép* **1.** mettre, enfiler **2.** organiser, monter **3.** • **to put on weight** prendre du poids, grossir **4.** allumer, mettre *(la radio, la télé)* • **to put the light on** allumer (la lumière) • **to put the brake on** freiner **5.** mettre *(un CD, un DVD)* **6.** mettre à cuire **7.** feindre **8.** parier, miser **9.** ajouter. ■ **put out** *vt sép* **1.** mettre dehors **2.** publier *(un livre)* **3.** sortir *(un CD, un DVD)* **4.** éteindre • **to put the light out** éteindre (la lumière) **5.** tendre *(la main)* **6.** • **to be put out** être contrarié **7.** déranger. ■ **put through** *vt sép* TÉLÉCOM passer. ■ **put together** *vt sép* **1.** monter, assembler *(machine,*

meuble) • **to put sthg (back) together again** remonter qqch **2.** réunir *(équipe)* **3.** rédiger *(rapport)* **4.** mettre ensemble • **more than all the others put together** plus que tous les autres réunis **5.** monter, organiser. ■ **put up** *vt sép* **1.** ériger **2.** dresser *(une tente)* **3.** ouvrir *(un parapluie)* **4.** hisser *(un drapeau)* **5.** accrocher **6.** fournir **7.** proposer **8.** **(UK)** augmenter **9.** loger. ❑ *vt insép* • **to put up a fight** se défendre. ■ **put up to** *vt sép* • **to put sb up to sthg** pousser *ou* inciter qqn à faire qqch. ■ **put up with** *vt insép* supporter.

putrid ['pjuːtrɪd] *adj* putride.

putt [pʌt] *n* putt *m*. ❑ *vt & vi* putter.

putting green ['pʌtɪŋ-] *n* green *m*.

putty ['pʌtɪ] *n* mastic *m*.

put-upon *adj fam* qui se laisse marcher sur les pieds.

puzzle ['pʌzl] *n* **1.** puzzle *m* **2.** devinette *f* **3.** mystère *m*, énigme *f*. ❑ *vt* rendre perplexe. ❑ *vi* • **to puzzle over sthg** essayer de comprendre qqch. ■ **puzzle out** *vt sép* comprendre.

puzzled ['pʌzld] *adj* perplexe.

puzzling ['pʌzlɪŋ] *adj* curieux.

PVC (abrév de polyvinyl chloride) *n* PVC *m*.

pwn [pəʊn] *v fam* vaincre *(qqn)*.

pyjamas [pə'dʒɑːməz] *npl* **(UK)** pyjama *m* • **a pair of pyjamas** un pyjama.

pylon ['paɪlən] *n* pylône *m*.

pyramid ['pɪrəmɪd] *n* pyramide *f*.

pyramid scheme *n* opération *f* de vente pyramidale.

Pyrenees [,pɪrə'niːz] *npl* • **the Pyrenees** les Pyrénées *fpl*.

Pyrex® ['paɪreks] *n* Pyrex® *m*.

pyromaniac [,paɪrə'meɪnɪæk] *n* pyromane *mf*.

python ['paɪθn] (*pl inv ou* -s) *n* python *m*.

pzazz [pə'zæz] *n fam* punch *m inv*.

q [kjuː] (*pl* **q's** *ou* **qs**), **Q** (*pl* **Q's** *ou* **Qs**) *n* q *m inv*, Q *m inv*.
QED (abrév de quod erat demonstrandum) CQFD.
QR code (abrév de quick response code) *n* QR Code *m*.
QT *SMS* (abrév de cutie) beau mec, belle nana.
Q-tip® *n* **(US)** Coton-Tige® *m*.
qty (abrév de quantity) qté.
quack [kwæk] *n* **1.** coin-coin *m inv* **2.** *fam* & *péj* charlatan *m*.
quad [kwɒd] *n fam* quadruplé *m*, -e *f*.
quad bike *n* (moto *f*) quad *m*.
quadrangle ['kwɒdræŋgl] *n* **1.** quadrilatère *m* **2.** cour *f*.
quadrilateral [ˌkwɒdrɪ'lætərəl] *adj* quadrilatéral. ❑ *n* quadrilatère *m*.
quadriplegic [ˌkwɒdrɪ'pliːdʒɪk] *adj* tétraplégique. ❑ *n* tétraplégique *mf*.
quadruple [kwɒ'druːpl] *adj* quadruple. ❑ *vt* & *vi* quadrupler.
quadruplet ['kwɒdrʊplɪt] *n* quadruplé *m*, -e *f*.
quaff [kwɒf] *vt littéraire* boire *(à longs traits)*.
quagmire ['kwægmaɪəʳ] *n* bourbier *m*.
quail [kweɪl] *n* (*pl inv ou* **-s**) caille *f*.
quaint [kweɪnt] *adj* **1.** pittoresque ; au charme désuet **2.** bizarre, étrange.
quaintly ['kweɪntlɪ] *adv* **1.** de façon pittoresque **2.** • **they dress very quaintly** ils s'habillent à l'ancienne *(mode)*.
quake [kweɪk] *n fam* (abrév de earthquake) tremblement *m* de terre. ❑ *vi* trembler.
Quaker ['kweɪkəʳ] *n* quaker *m*, -eresse *f*.
qualification [ˌkwɒlɪfɪ'keɪʃn] *n* **1.** diplôme *m* **2.** compétence *f* **3.** réserve *f (restriction)*.
qualified ['kwɒlɪfaɪd] *adj* **1.** diplômé **2.** • **to be qualified to do sthg** avoir la compétence nécessaire pour faire qqch **3.** restreint, modéré.
qualifier ['kwɒlɪfaɪəʳ] *n* **1.** *SPORT (personne)* qualifié *m*, -e *f* **2.** *(dans une compétition)* (épreuve *f*) éliminatoire *f* **3.** *GRAMM* qualificatif *m*.
qualify ['kwɒlɪfaɪ] *vt* **1.** apporter des réserves à **2.** • **to qualify sb to do sthg** qualifier qqn pour faire qqch. ❑ *vi* **1.** obtenir un diplôme **2.** • **to qualify (for sthg)** avoir droit (à qqch), remplir les conditions requises (pour qqch) **3.** *SPORT* se qualifier.
qualifying ['kwɒlɪfaɪɪŋ] *adj* **1.** nuancé **2.** *(dans une école, une université)* • **qualifying exam** examen *m* d'entrée **3.** *SPORT (temps, performance)* qui permet de se qualifier • **qualifying round** série *f* éliminatoire.
qualitative ['kwɒlɪtətɪv] *adj* qualitatif.
quality ['kwɒlətɪ] *n* qualité *f*. ❑ *en apposition* de qualité.
quality control *n* contrôle *m* de qualité.
quality time *n* temps *m* de qualité • **I only spend an hour in the evening with my kids, but it's quality time** je ne passe qu'une heure avec mes gosses le soir, mais je profite bien d'eux.
qualms [kwɑːmz] *npl* doutes *mpl*.
quandary ['kwɒndərɪ] *n* embarras *m* • **to be in a quandary about** *ou* **over sthg** être bien embarrassé à propos de qqch.
quantify ['kwɒntɪfaɪ] *vt* quantifier.
quantity ['kwɒntətɪ] *n* quantité *f*.
quantity surveyor *n* **(UK)** métreur *m*, -euse *f*.
quantum computer *n* ordinateur *m* quantique.
quantum leap ['kwɒntəm-] *n fig* bond *m* en avant.
quantum theory ['kwɒntəm-] *n* théorie *f* des quanta.
quarantine ['kwɒrəntiːn] *n* quarantaine *f*. ❑ *vt* mettre en quarantaine.
quark [kwɑːk] *n PHYS* quark *m*.
quarrel ['kwɒrəl] *n* querelle *f*, dispute *f*. ❑ *vi* (**(UK)** *prét* & *pp* **quarrelled**, *cont* **quarrelling**, **(US)** *prét* & *pp* **quarreled**, *cont* **quarreling**) • **to quarrel (with)** se quereller (avec), se disputer (avec).
quarrelsome ['kwɒrəlsəm] *adj* querelleur.
quarry ['kwɒrɪ] *n* **1.** carrière *f* **2.** proie *f*.
quart [kwɔt] *n* **1.** **(UK)** = *1,136 litre* **2.** **(US)** = *0,946 litre* ; ≃ litre *m*.
quarter ['kwɔːtəʳ] *n* **1.** quart *m* • **a quarter past two** *ou* **after two (US)** deux heures et quart • **a quarter to two** *ou* **of two (US)** deux heures

moins le quart **2.** trimestre *m* **3.** **(US)** pièce *f* de 25 cents **4.** quartier *m (d'une ville)* **5.** • **from all quarters** de tous côtés. ■ **at close quarters** *adv* de près.

quarterback ['kwɔːtəbæk] *n SPORT* quarterback *m*, quart-arrière *mf*.

quarterfinal [ˌkwɔtə'faɪnl] *n* quart *m* de finale.

quarterly ['kwɔtəlɪ] *adj* trimestriel. ❑ *adv* trimestriellement. ❑ *n* publication *f* trimestrielle.

quartermaster ['kwɔtəˌmɑːstəʳ] *n MIL* intendant *m*.

quartet [kwɔ'tet] *n* quatuor *m*.

quartz [kwɔts] *n* quartz *m*.

quartz watch *n* montre *f* à quartz.

quash [kwɒʃ] *vt* **1.** annuler, casser *(un jugement)* **2.** réprimer.

quasi- ['kweɪzaɪ] *préf* quasi-.

quaver ['kweɪvəʳ] *n* **1.** **(UK)** *MUS* croche *f* **2.** tremblement *m*, chevrotement *m*. ❑ *vi* trembler, chevroter.

quavering ['kweɪvərɪŋ] *adj* tremblant, chevrotant.

quay [kiː] *n* quai *m*.

quayside ['kiːsaɪd] *n* bord *m* du quai.

queasiness ['kwiːzɪnɪs] *n (indén)* nausée *f*.

queasy ['kwiːzɪ] *adj* • **to feel queasy** avoir mal au cœur.

Quebec [kwɪ'bek] *n* Québec *m*.

queen [kwiːn] *n* **1.** reine *f* **2.** *(aux jeux de cartes)* dame *f*.

Queen Mother *n* • **the Queen Mother** la reine mère.

Queen's English *n* **(UK)** • **the Queen's English** l'anglais *m* correct.

queen-size bed *n* grand lit *m* double *(de 2 mètres sur 1,50 mètre)*.

queer [kwɪəʳ] *adj* étrange, bizarre. ❑ *n injur* pédé *m*, homosexuel *m*.

queer-bashing [-ˌbæʃɪŋ] *n* **(UK)** *injur* chasse *f* aux pédés.

quell [kwel] *vt* réprimer, étouffer.

quench [kwentʃ] *vt* • **to quench one's thirst** se désaltérer.

querulous ['kweruləs] *adj sout* **1.** ronchonneur **2.** plaintif.

query ['kwɪərɪ] *n* question *f*. ❑ *vt* mettre en doute, douter de.

quest [kwest] *n littéraire* • **quest (for)** quête *f* (de).

question ['kwestʃn] *n* **1.** question *f* • **to ask (sb) a question** poser une question (à qqn) **2.** • **there's no question of...** il n'est pas question de... **3.** doute *m* • **to call** *ou* **bring sthg into question** mettre qqch en doute • **without question** sans aucun doute • **beyond question** sans aucun doute. ❑ *vt* **1.** questionner **2.** mettre en question. ■ **in question** *adv* • **the... in question** le/la/les... en question. ■ **out of the question** *adv* hors de question.

questionable ['kwestʃənəbl] *adj* **1.** discutable **2.** douteux.

questioning ['kwestʃənɪŋ] *adj* interrogateur. ❑ *n (indén)* interrogation *f*.

questioningly ['kwestʃənɪŋlɪ] *adv* de manière interrogative.

question mark *n* point *m* d'interrogation.

question master **(UK)**, **quizmaster** **(surtout US)** ['kwɪzˌmɑːstəʳ] *n* meneur *m* de jeu.

questionnaire [ˌkwestʃə'neəʳ] *n* questionnaire *m*.

queue [kjuː] **(UK)** *n* queue *f*, file *f*. ❑ *vi* faire la queue.

queue-jump *vi* **(UK)** resquiller.

quibble ['kwɪbl] *péj n* chicane *f*. ❑ *vi* • **to quibble (over** *ou* **about)** chicaner (à propos de).

quiche [kiːʃ] *n* quiche *f*.

quick [kwɪk] *adj* rapide, prompt. ❑ *adv fam* vite, rapidement.

quick-acting, **quick-action** *adj (drogue, mécanisme)* à action rapide.

quicken ['kwɪkn] *vt* accélérer, presser. ❑ *vi* s'accélérer.

quickie divorce *n* divorce *m* rapide.

quickly ['kwɪklɪ] *adv* **1.** vite, rapidement **2.** promptement, immédiatement.

quicksand ['kwɪksænd] *n* sables *mpl* mouvants.

quick-tempered *adj* emporté.

quick-witted [-'wɪtɪd] *adj* à l'esprit vif.

quid [kwɪd] *(pl inv) n* **(UK)** *fam* livre *f*.

quid pro quo [-'kwəʊ] *(pl* **quid pro quos** [-'kwəʊz]*) n* contrepartie *f*.

quiet ['kwaɪət] *adj* **1.** tranquille **2.** *(voix)* bas **3.** silencieux • **be quiet!** taisez-vous ! • **to keep quiet about sthg** ne rien dire à propos de qqch, garder qqch secret **4.** calme **5.** intime **6.** discret, sobre. ❑ *n* tranquillité *f* • **on the quiet** *fam* en douce. ❑ *vt* **(US)** calmer. ■ **quiet down** *vt sép* calmer, apaiser. ❑ *vi* se calmer.

quieten ['kwaɪətn] **(UK)** ■ **quieten down** *vt sép* calmer, apaiser. ❑ *vi* se calmer.

quietly ['kwaɪətlɪ] *adv* **1.** sans faire de bruit, silencieusement **2.** doucement **3.** tranquillement **4.** discrètement.

quietness ['kwaɪətnɪs] *(indén) n* calme *m*, tranquillité *f*.

quilt [kwɪlt] *n* édredon *m* • **(continental)** **(UK)** **quilt** couette *f*.

quilted ['kwɪltɪd] *adj* matelassé.

quin **(UK)** [kwɪn], **quint** **(US)** [kwɪnt] *n fam* quintuplé *m*, -e *f*.

quinine [kwɪ'niːn] *n* quinine *f*.

quinoa [kiː'nəʊə] *n BOT & CULIN* quinoa *m*.

quintessential [kwɪntə'senʃl] *adj* typique.

quintet [kwɪn'tet] *n* quintette *m*.

quintuplet [kwɪn'tjuːplɪt] *n* quintuplé *m*, -e *f*.

quintuplets [kwɪn'tjuːplɪts] *npl* quintuplés *mpl*.

quip [kwɪp] *n* raillerie *f*. ❏ *vi* railler.

quirk [kwɜːk] *n* bizarrerie *f*.

quirky ['kwɜːkɪ] (*comp* **quirkier**, *superl* **quirkiest**) *adj* étrange, bizarre.

quit [kwɪt] ((UK) *prét & pp* **quit** *ou* **quitted**, (US) *prét & pp* **quit**) *vt* **1.** quitter • **to quit one's job** quitter son emploi **2.** • **to quit smoking** arrêter de fumer **3.** INFORM quitter • **to quit an application** quitter une application. ❏ *vi* **1.** démissionner **2.** abandonner.

quite [kwaɪt] *adv* **1.** tout à fait, complètement • **I quite agree** je suis entièrement d'accord • **not quite** pas tout à fait • **I don't quite understand** je ne comprends pas bien **2.** assez, plutôt **3.** • **she's quite a singer** c'est une chanteuse formidable **4.** (UK) • **quite (so)!** exactement !

quits [kwɪts] *adj fam* • **to be quits** être quitte • **to call it quits** en rester là.

quitter ['kwɪtər] *n fam & péj* dégonflé *m*, -e *f*.

quiver ['kwɪvər] *n* **1.** frisson *m* **2.** carquois *m*. ❏ *vi* frissonner.

quivering ['kwɪvərɪŋ] *adj* frissonnant.

quixotic [kwɪk'sɒtɪk] *adj littéraire* chevaleresque.

quiz [kwɪz] *n* (*pl* **quizzes**) **1.** quiz *m*, jeu-concours *m* **2.** (US) SCOL interrogation *f*. ❏ *vt* • **to quiz sb (about sthg)** interroger qqn (au sujet de qqch).

> **À PROPOS DE**
>
> ## quite
>
> Même s'il peut sembler étrange que ***quite*** puisse vouloir dire à la fois **tout à fait**, **complètement**, **assez** et **plutôt**, on s'y retrouve en fait très facilement si l'on examine le type d'ajectif qui suit. Comparez par exemple ***it's* quite *cold today*** ; ***the movie was* quite *good*** **(il fait assez froid aujourd'hui ; le film était plutôt bien)** et ***he's* quite *right*** ; ***the tree seems* quite *dead*** **(il a tout à fait raison ; l'arbre a l'air complètement mort)**.

quizmaster (surtout US) = **question master**.

quizzical ['kwɪzɪkl] *adj* **1.** interrogateur **2.** ironique, narquois.

quota ['kwəʊtə] *n* quota *m*.

quotation [kwəʊ'teɪʃn] *n* **1.** citation *f* **2.** devis *m*.

quotation marks *npl* guillemets *mpl* • **in quotation marks** entre guillemets.

quote [kwəʊt] *n* **1.** citation *f* **2.** devis *m*. ❏ *vt* **1.** citer **2.** COMM indiquer, spécifier. ❏ *vi* **1.** • **to quote (from sthg)** citer (qqch) **2.** • **to quote for sthg** établir un devis pour qqch.

quotient ['kwəʊʃnt] *n* quotient *m*.

QWERTY keyboard ['kwɜːtɪ-] *n* clavier *m* QWERTY.

r[1] [ɑːr] (*pl* **r's** *ou* **rs**), **R** (*pl* **R's** *ou* **Rs**) *n* r *m inv*, R *m inv*.

R[2] **1.** (abrév de right) dr. **2.** abrév de **River** **3.** SMS abrév de **are** **4.** (abrév de restricted) *aux États-Unis, indique qu'un film est interdit aux moins de 17 ans* **5. (US)** abrév de **Republican** **6. (UK)** (abrév de Rex) *suit le nom d'un roi* **7. (UK)** (abrév de Regina) *suit le nom d'une reine*.

R&B (abrév de rhythm and blues) *n* R & B *m*.

R&D (abrév de research and development) *n* R&D *f*.

rabbi ['ræbaɪ] *n* rabbin *m*.

rabbit ['ræbɪt] *n* lapin *m*.

rabbit hole *n* terrier *m*.

rabbit hutch *n* clapier *m*.

rabble ['ræbl] *n* cohue *f*.

rabble-rousing *adj* qui incite à la violence.

rabid ['ræbɪd *ou* 'reɪbɪd] *adj litt* & *fig* enragé.

rabies ['reɪbiːz] *n* rage *f*.

RAC (abrév de Royal Automobile Club) *n club automobile britannique* ; ≃ TCF *m* ; ≃ ACF *m*.

raccoon [rə'kuːn] *n* raton *m* laveur, chat *m* sauvage.

race [reɪs] *n* **1.** course *f* **2.** race *f* • **race issue** question *f* raciale. ❑ *vt* **1.** faire la course avec **2.** faire courir. ❑ *vi* **1.** courir • **to race against sb** faire la course avec qqn **2.** • **to race in/out** entrer/sortir à toute allure **3.** être très rapide **4.** *(moteur)* s'emballer.

race car (US) = **racing car**.

racecourse ['reɪskɔs] *n* champ *m* de courses.

race driver (US) = **racing driver**.

racehorse ['reɪshɔs] *n* cheval *m* de course.

race relations *npl* relations *fpl* interraciales.

racetrack ['reɪstræk] *n* **1.** piste *f* **2. (US)** champ *m* de course.

racewalking ['reɪswɔkɪŋ] *n* marche *f* athlétique.

racial ['reɪʃl] *adj* **1.** racial *(qui porte sur l'ethnie)*, ethnique **2.** racial *(interethnique)*.

racial discrimination ['reɪʃl-] *n* discrimination *f* raciale.

racially ['reɪʃəlɪ] *adv* du point de vue racial • **a racially motivated attack** une agression raciste • **racially prejudiced** raciste.

racing ['reɪsɪŋ] *n (indén)* • **(horse) racing** les courses *fpl*.

racing car (UK), **race car (US)** *n* voiture *f* de course.

racing driver (UK), **race driver (US)** *n* coureur *m* automobile, pilote *m* de course.

racism ['reɪsɪzm] *n* racisme *m*.

racist ['reɪsɪst] *adj* & *n* raciste.

rack [ræk] *n* **1.** casier *m (à bouteilles)* **2.** porte-bagages *m inv* **3.** égouttoir *m* • **toast rack** porte-toasts *m inv* **4.** • **rack of lamb** carré *m* d'agneau.

racket ['rækɪt] *n* **1.** *fam* boucan *m* **2.** racket *m* **3.** raquette *f*.

racketeering [ˌrækə'tɪərɪŋ] *n (indén)* racket *m*.

raconteur [ˌrækɒn'tɜːr] *n* conteur *m*, -euse *f*.

racquet ['rækɪt] *n* **(UK)** SPORT raquette *f*.

racy ['reɪsɪ] *adj* osé.

radar ['reɪdɑːr] *n* radar *m* • **to slip under the radar** passer inaperçu.

radiance ['reɪdjəns] *n (indén)* rayonnement *m*, éclat *m*.

radiant ['reɪdjənt] *adj* radieux.

radiantly ['reɪdjəntlɪ] *adv* **1.** avec éclat **2.** d'un air radieux • **radiantly beautiful** d'une beauté éclatante.

radiate ['reɪdɪeɪt] *vt* **1.** émettre, dégager **2.** respirer. ❑ *vi* **1.** irradier **2.** rayonner.

radiation [ˌreɪdɪ'eɪʃn] *n* radiation *f*.

radiation sickness *n* mal *m* des rayons.

radiator ['reɪdɪeɪtər] *n* radiateur *m*.

radical ['rædɪkl] *adj* **1.** radical **2. (US)** *fam* génial. ❑ *n* POLIT radical *m*, -e *f*.

radical chic *n* ≃ gauche *f* caviar.

radicalism ['rædɪkəlɪzm] *n* radicalisme *m*.

radicalize ['rædɪkəlaɪz] *vt* radicaliser.

radically ['rædɪklɪ] *adv* radicalement.

radicchio [rə'diːkɪəʊ] *n* trévise *f*.

radii ['reɪdɪaɪ] *npl* → **radius**.

radio ['reɪdɪəʊ] *n (pl* **-s***)* radio *f* • **on the radio** à la radio. ❑ *en apposition* de radio. ❑ *vt* **1.** appeler par radio **2.** envoyer par radio.

radioactive [ˌreɪdɪəʊ'æktɪv] *adj* radioactif.

radioactive waste *n (indén)* déchets *mpl* radioactifs.

radioactivity [ˌreɪdɪəʊæk'tɪvətɪ] *n* radioactivité *f.*

radio alarm *n* radio-réveil *m.*

radio cassette *n* radiocassette *f.*

radio-controlled [-kən'trəʊld] *adj* téléguidé.

radio frequency *n* radiofréquence *f.*

radiographer [ˌreɪdɪ'ɒgrəfəʳ] *n* radiologue *mf.*

radiography [ˌreɪdɪ'ɒgrəfɪ] *n* radiographie *f.*

radiologist [ˌreɪdɪ'ɒlədʒɪst] *n* radiologue *mf,* radiologiste *mf.*

radiology [ˌreɪdɪ'ɒlədʒɪ] *n* radiologie *f.*

radio station *n* station *f* de radio.

radiotherapy [ˌreɪdɪəʊ'θerəpɪ] *n* radiothérapie *f.*

radio wave *n* onde *f* hertzienne *ou* radioélectrique.

radish ['rædɪʃ] *n* radis *m.*

radius ['reɪdɪəs] *(pl* **radii** ['reɪdɪaɪ]*) n* **1.** MATH rayon *m* **2.** ANAT radius *m.*

RAF *n* **(UK)** abrév de **Royal Air Force.**

raffle ['ræfl] *n* tombola *f.* ❑ *vt* mettre en tombola.

raft [rɑːft] *n* radeau *m.*

rafter ['rɑːftəʳ] *n* chevron *m.*

rag [ræg] *n* **1.** chiffon *m* **2.** *péj (journal)* torchon *m.* ■ **rags** *npl* guenilles *fpl.*

ragamuffin ['rægəˌmʌfɪn] *n littéraire* galopin *m.*

rag-and-bone man *n* **(UK)** chiffonnier *m.*

ragbag ['rægbæg] *n fig* ramassis *m.*

rag doll *n* poupée *f* de chiffon.

rage [reɪdʒ] *n* **1.** rage *f,* fureur *f* **2.** *fam* • **to be (all) the rage** faire fureur. ❑ *vi* **1.** être furieux **2.** faire rage.

ragged ['rægɪd] *adj* **1.** en haillons **2.** en lambeaux **3.** inégal.

raging ['reɪdʒɪŋ] *adj* **1.** *(soif, migraine)* atroce **2.** *(tempête)* déchaîné.

rag-roll *vt* peindre au chiffon.

ragtop ['rægtɒp] *n* **(US)** *fam* AUTO décapotable *f.*

rag trade *n fam* • **the rag trade** la confection.

rag week *n* **(UK)** *semaine de carnaval organisée par des étudiants afin de collecter des fonds pour des œuvres caritatives.*

raid [reɪd] *n* **1.** raid *m* **2.** hold-up *m inv* **3.** descente *f (de police).* ❑ *vt* **1.** MIL faire un raid sur **2.** faire un hold-up dans **3.** faire une descente dans.

raider ['reɪdəʳ] *n* **1.** agresseur *m* **2.** braqueur *m.*

rail [reɪl] *n* **1.** bastingage *m* **2.** rampe *f* **3.** garde-fou *m* **4.** barre *f* **5.** rail *m* • **by rail** en train. ❑ *en apposition* **1.** par le train **2.** *(grève)* des cheminots.

railcard ['reɪlkɑːd] *n* **(UK)** *carte donnant droit à des tarifs préférentiels sur les chemins de fer.*

railing ['reɪlɪŋ] *n* **1.** grille *f* **2.** bastingage *m* **3.** rampe *f* **4.** garde-fou *m.*

railway (UK) ['reɪlweɪ], **railroad (US)** ['reɪlrəʊd] *n* **1.** chemin *m* de fer **2.** voie *f* ferrée.

railway carriage *n* **(UK)** wagon *m,* voiture *f.*

railway crossing *n* **(UK)** passage *m* à niveau.

railway line (UK), railroad line (US) *n* **1.** ligne *f* de chemin de fer **2.** voie *f* ferrée.

railwayman ['reɪlweɪmən] *(pl* **-men***) n* **(UK)** cheminot *m.*

railway station (UK), railroad station (US) *n* gare *f.*

railway track (UK), railroad track (US) *n* voie *f* ferrée.

rain [reɪn] *n* pluie *f.* ❑ *v impers* pleuvoir • **it's raining** il pleut. ❑ *vi* pleuvoir. ■ **rain down** *vi* pleuvoir. ■ **rain off (UK), rain out (US)** *vt sép* annuler à cause de la pluie.

rainbow ['reɪnbəʊ] *n* arc-en-ciel *m.*

rain check *n* **(US)** • **I'll take a rain check (on that)** une autre fois peut-être.

raincoat ['reɪnkəʊt] *n* imperméable *m.*

raindrop ['reɪndrɒp] *n* goutte *f* de pluie.

rainfall ['reɪnfɔːl] *n* **1.** chute *f* de pluie **2.** précipitations *fpl.*

rain forest *n* forêt *f* tropicale humide.

rainhat ['reɪnhæt] *n* chapeau *m* pour la pluie.

rainhood ['reɪnhʊd] *n* capuche *f.*

rainproof ['reɪnpruːf] *adj* imperméable.

rainwater ['reɪnˌwɔːtəʳ] *n* eau *f* de pluie.

rainy ['reɪnɪ] *adj* pluvieux.

raise [reɪz] *vt* **1.** lever • **to raise o.s.** se lever • **to raise the bar** *fig* placer la barre plus haut **2.** augmenter **3.** élever • **to raise one's voice** élever la voix **4.** soulever *(des doutes)* **5.** évoquer *(des souvenirs)* **6.** élever *(des enfants)* **7.** cultiver **8.** ériger. ❑ *n* **(US)** augmentation *f* (de salaire).

raised [reɪzd] *adj* **1.** surélevé **2.** en relief **3.** *(pâte)* levé, à la levure.

raisin ['reɪzn] *n* raisin *m* sec.

rake [reɪk] *n* râteau *m.* ❑ *vt* **1.** ratisser **2.** râteler. ■ **rake in** *vt sép fam* amasser *(de l'argent).* ■ **rake up** *vt sép* fouiller dans *(le passé).*

rakish ['reɪkɪʃ] *adj* dissolu.

rally ['rælɪ] *n* **1.** rassemblement *m* **2.** rallye *m* **3.** SPORT échange *m.* ❑ *vt* rallier. ❑ *vi* **1.** se rallier **2.** *(patient)* aller mieux **3.** *(prix)* remonter. ■ **rally around, rally round (UK)** *vt insép* apporter son soutien à.

rallying ['rælɪɪŋ] *n (indén)* rallye *m.*

rallying cry *n* cri *m* de ralliement.

ram [ræm] *n* bélier *m.* ❑ *vt* **1.** percuter contre, emboutir **2.** tasser.

RAM [ræm] (abrév de random access memory) *n* RAM *f.*
Ramadan [ˌræmə'dæn] *n* ramadan *m.*
ramble ['ræmbl] *n* randonnée *f.* ❑ *vi* **1.** faire une promenade à pied **2.** *péj* radoter. ■ **ramble on** *vi péj* radoter.
rambler ['ræmblər] *n* randonneur *m*, -euse *f.*
rambling ['ræmblıŋ] *adj* **1.** plein de coins et recoins **2.** décousu. ❑ *n* • **to go rambling** faire de la randonnée.
ramekin ['ræmıkın] *n* ramequin *m.*
ramification [ˌræmıfı'keıʃn] *n* ramification *f.*
ramp [ræmp] *n* **1.** rampe *f* **2.** (UK) ralentisseur *m* **3.** (US) bretelle *f (d'autoroute).* ■ **ramp up** *vt sép* augmenter.
rampage [ræm'peıdʒ] *n* • **to go on the rampage** tout saccager.
rampant ['ræmpənt] *adj* **1.** qui sévit **2.** • **rampant inflation** inflation *f* galopante.
ramparts ['ræmpɑːts] *npl* rempart *m.*
ramraider ['ræmˌreıdər] *n personne qui pille les magasins en fracassant les vitrines avec sa voiture.*
ramshackle ['ræmˌʃækl] *adj* branlant.
ran [ræn] *passé* → **run**.
ranch [rɑːntʃ] *n* ranch *m.*
rancher ['rɑːntʃər] *n* propriétaire *mf* de ranch.
ranch house *n* (US) ranch *m.*
rancid ['rænsıd] *adj* rance.
rancour (UK), **rancor** (US) ['ræŋkər] *n sout* rancœur *f.*
random ['rændəm] *adj* **1.** fait au hasard **2.** aléatoire **3.** *fam* bizarre • **to do sthg totally random** faire un truc de ouf. ❑ *n* • **at random** au hasard.
random access memory *n* mémoire *f* vive.
randomly ['rændəmlı] *adv* au hasard.
random sampling *n* échantillonnage *m* aléatoire.
R and R (abrév de rest and recreation) *n* (surtout US) permission *f.*
randy ['rændı] *adj* (surtout UK) *fam* excité.
rang [ræŋ] *passé* → **ring**.
range [reındʒ] *n* **1.** portée *f* • **at close range** à bout portant **2.** COMM gamme *f* • **price range** éventail *m* des prix **3.** chaîne *f* **4.** champ *m* de tir **5.** MUS tessiture *f.* ❑ *vt* mettre en rang. ❑ *vi* **1.** • **to range between… and…** varier entre… et… • **to range from… to…** varier de… à… **2.** • **to range over sthg** couvrir qqch.
ranger ['reındʒər] *n* (US) gardien *m*, -enne *f* de parc national.
rank [ræŋk] *adj* **1.** *(qualifie une personne)* complet **2.** flagrant • **he's a rank outsider** il n'a aucune chance **3.** fétide. ❑ *n* **1.** grade *m* **2.** rang *m* **3.** rangée *f* **4.** • **the rank and file a)** la masse **b)** la base. ❑ *vt* classer. ❑ *vi* • **to rank among** compter parmi • **to rank as** être aux rangs de. ■ **ranks** *npl* **1.** MIL • **the ranks** le rang **2.** *fig* rangs *mpl.*
ranking ['ræŋkıŋ] *n* classement *m.* ❑ *adj* (US) du plus haut rang.
rankle ['ræŋkl] *vi* • **it rankled with him** ça lui est resté sur l'estomac *ou* le cœur.
ransack ['rænsæk] *vt* **1.** mettre tout sens dessus dessous dans **2.** saccager.
ransom ['rænsəm] *n* rançon *f* • **to hold sb to ransom a)** mettre qqn à rançon **b)** *fig* exercer un chantage sur qqn.
rant [rænt] *vi* déblatérer.
rap [ræp] *n* **1.** coup *m* sec **2.** MUS rap *m.* ❑ *vt* **1.** frapper sur **2.** taper sur.
rapacious [rə'peıʃəs] *adj sout* rapace.
rape [reıp] *n* **1.** viol *m* **2.** *fig* destruction *f* **3.** colza *m.* ❑ *vt* violer.
rapeseed ['reıpsiːd] *n* graine *f* de colza.
rapid ['ræpıd] *adj* rapide. ■ **rapids** *npl* rapides *mpl.*
rapid eye movement *n mouvement des globes oculaires pendant le sommeil paradoxal.*
rapid-fire *adj* à tir rapide *(arme)* • **rapid-fire questions** un feu roulant de questions.
rapidity [rə'pıdətı] *n* rapidité *f.*
rapidly ['ræpıdlı] *adv* rapidement.
rapist ['reıpıst] *n* violeur *m.*
rapper ['ræpər] *n* rappeur *m*, -euse *f.*
rapport [ræ'pɔr] *n* rapport *m.*
rapt [ræpt] *adj littéraire (intérêt, attention)* profond • **to be rapt in thought** être plongé dans ses pensées.
rapture ['ræptʃər] *n littéraire* ravissement *m.*
rapturous ['ræptʃərəs] *adj* enthousiaste.
rapturously ['ræptʃərəslı] *adv* **1.** d'un air ravi, avec ravissement **2.** avec enthousiasme.
rare [reər] *adj* **1.** rare **2.** *(viande)* saignant.
rarefied ['reərıfaıd] *adj (air)* raréfié.
rarely ['reəlı] *adv* rarement.
rareness ['reənıs] *n* rareté *f.*
raring ['reərıŋ] *adj* • **to be raring to go** être impatient de commencer.
rarity ['reərətı] *n* rareté *f.*
rascal ['rɑːskl] *n* polisson *m*, -onne *f.*
rash [ræʃ] *adj* irréfléchi, imprudent. ❑ *n* **1.** MÉD éruption *f* **2.** succession *f*, série *f.*
rasher ['ræʃər] *n* tranche *f.*
rashly ['ræʃlı] *adv* sans réfléchir.
rashness ['ræʃnıs] *n* imprudence *f.*
rasp [rɑːsp] *n* grincement *m.*
raspberry ['rɑːzbərı] *n* framboise *f.*
rasping ['rɑːspıŋ] *adj* **1.** *(voix)* âpre **2.** grinçant.
Rastafarian [ˌræstə'feərıən] *n* & *adj inv* rastafari.
rat [ræt] *n* **1.** rat *m* **2.** *fam* & *péj* ordure *f*, salaud *m.*
ratbag ['rætbæg] *n* (UK) *fam* & *péj* salope *f.*

rate [reɪt] *n* **1.** vitesse *f* **2.** fréquence *f* • **at this rate** à ce train-là **3.** taux *m* **4.** tarif *m*. ❑ *vt* **1.** • **I rate her very highly** je la tiens en haute estime • **to rate sb/sthg as** considérer qqn/qqch comme • **to rate sb/sthg among** classer qqn/qqch parmi **2.** mériter. ■ **at any rate** *adv* en tout cas. ■ **rates** *npl* **(UK)** *vieilli* impôts *mpl* locaux.

rate of exchange *n* taux *m* ou cours *m* du change.

rate of return *n* taux *m* de rendement.

ratepayer ['reɪt,peɪər] *n* **(UK)** *vieilli* contribuable *mf*.

rather ['rɑːðər] *adv* **1.** plutôt **2.** un peu **3.** • **I'd rather wait** je préférerais attendre • **she'd rather not go** elle préférerait ne pas y aller **4.** • **(but) rather...** au contraire... ■ **rather than** *conj* plutôt que.

À PROPOS DE

rather

Lorsque ***rather*** signifie **plutôt** ou **un peu**, il se place devant le verbe ou l'adjectif qu'il qualifie ***(I* rather *like him actually*** ; ***she's really* rather *nice)***.

Rather than peut être suivi d'un nom ***(it's a comedy* rather than *an action movie)*** ou d'un verbe ***(I prefer to go on my own* rather than *going with my brother)***. Notez que c'est le participe présent du verbe que l'on utilise dans ce cas.

Would rather se contracte habituellement en ***-'d rather***. Notez que l'expression est suivie de la forme de base du verbe sans ***to (I'd rather stay a bit longer)***.

ratification [,rætɪfɪ'keɪʃn] *n* ratification *f*.

ratify ['rætɪfaɪ] *vt* ratifier, approuver.

rating ['reɪtɪŋ] *n* cote *f* *(de popularité)*. ■ **ratings** *npl* RADIO & TV indice *m* d'écoute.

ratings war *n* course *f* à l'Audimat®.

ratio ['reɪʃɪəʊ] *(pl* **-s***)* *n* rapport *m*.

ration ['ræʃn] *n* ration *f*. ❑ *vt* rationner. ■ **rations** *npl* vivres *mpl*.

rational ['ræʃənl] *adj* rationnel.

rationale [,ræʃə'nɑːl] *n* logique *f*.

rationalist ['ræʃənəlɪst] *adj* & *n* rationaliste.

rationality [,ræʃə'nælətɪ] *n* **1.** rationalité *f* **2.** raison *f*.

rationalize, **-ise (UK)** ['ræʃənəlaɪz] *vt* rationaliser.

rationally ['ræʃənəlɪ] *adv* rationnellement.

rationing ['ræʃənɪŋ] *n* rationnement *m*.

rat race *n* jungle *f*.

rattle ['rætl] *n* **1.** cliquetis *m* **2.** bruit *m* de ferraille **3.** hochet *m*. ❑ *vt* **1.** faire s'entrechoquer *(des bouteilles)* **2.** faire cliqueter *(des clés)* **3.** secouer. ❑ *vi* **1.** *(bouteilles)* s'entrechoquer **2.** *(clés)* cliqueter **3.** *(moteur)* faire un bruit de ferraille. ■ **rattle off** *vt sép* réciter à toute vitesse. ■ **rattle through** *vt insép* **1.** expédier *(un travail)* **2.** lire à toute allure *(discours, liste)*.

rattlesnake ['rætlsneɪk], **rattler** ['rætlər] *fam n* serpent *m* à sonnettes.

ratty ['rætɪ] *(comp* **rattier**, *superl* **rattiest***)* *adj fam* **1. (UK)** de mauvais poil **2. (US)** pourri *(en mauvais état)*.

raucous ['rɔkəs] *adj* **1.** rauque **2.** bruyant.

raucously ['rɔːkəslɪ] *adv* **1.** bruyamment **2.** d'une voix rauque.

raunchy ['rɔːntʃɪ] *(comp* **raunchier**, *superl* **raunchiest***)* *adj* d'un sensualité brute.

ravage ['rævɪdʒ] *vt* ravager. ■ **ravages** *npl* ravages *mpl*.

ravaged ['rævɪdʒd] *adj* ravagé.

rave [reɪv] *adj* élogieux. ❑ *n* **(UK)** *fam* rave *f*. ❑ *vi* **1.** • **to rave at** ou **against** tempêter ou fulminer contre **2.** • **to rave about** parler avec enthousiasme de.

raven ['reɪvn] *n* corbeau *m*.

ravenous ['rævənəs] *adj* **1.** affamé **2.** vorace.

raver ['reɪvər] *n fam* **1.** *vieilli* fêtard *m*, -e *f* **2.** raver *m* *(qui sort en rave)*.

rave-up *n* **(UK)** *fam* & *vieilli* fête *f*.

ravine [rə'viːn] *n* ravin *m*.

raving ['reɪvɪŋ] *adj fam* • **raving lunatic** fou furieux, folle furieuse *f*. ■ **ravings** *npl* délire *m*.

ravioli [,rævɪ'əʊlɪ] *n (indén)* ravioli *mpl*.

ravish ['rævɪʃ] *vt littéraire* ravir, enchanter.

ravishing ['rævɪʃɪŋ] *adj littéraire* ravissant, enchanteur.

ravishingly ['rævɪʃɪŋlɪ] *adv littéraire* **1.** de façon ravissante **2.** • **ravishingly beautiful** d'une beauté éblouissante.

raw [rɔ] *adj* **1.** cru • **raw vegetables a)** légumes *mpl* crus **b)** crudités *fpl (hors d'œuvre)* **2.** brut **3.** à vif **4.** novice **5.** *(temps)* froid **6.** *(vent)* âpre.

raw deal *n* • **to get a raw deal** être défavorisé.

raw material *n* matière *f* première.

ray [reɪ] *n* **1.** rayon *m* **2.** *fig* lueur *f* • **to catch some rays (US)** *fam* prendre le soleil.

rayon ['reɪɒn] *n* rayonne *f*.

raze [reɪz] *vt* raser.

razor ['reɪzər] *n* rasoir *m*.

razor blade *n* lame *f* de rasoir.

razor-sharp *adj* **1.** coupant comme un rasoir **2.** *fig (personne, esprit)* vif.

razzle ['ræzl] *n* **(UK)** *fam* • **to go on the razzle** faire les quatre cents coups.

razzmatazz ['ræzmətæz] *n fam* tape-à-l'œil *m inv*.

Rd abrév de **Road**.

RDA *n* abrév de **recommended daily allowance**.

re [riː] *prép* concernant.

RE *n* (abrév de **religious education**) instruction *f* religieuse.

reacclimate [rɪ'æklɪmeɪt] *vt* **(US)** • **I was getting reacclimated** j'étais en train de retrouver mes repères.

reach [riːtʃ] *vt* **1.** joindre, contacter **2.** atteindre. ❑ *n* portée *f* • **within reach a)** à portée **b)** à proximité • **out of** *ou* **beyond sb's reach a)** hors de portée **b)** difficilement accessible. ■ **reaches** *npl* étendue *f* • **the upper/the lower reaches of a river** l'amont/l'aval d'une rivière. ■ **reach out** *vt sép* tendre, étendre *(bras, main)* • **he reached out his hand and took the money** il étendit la main et prit l'argent. ❑ *vi insép* tendre *ou* étendre le bras • **to reach out to the poor** tendre la main vers les pauvres.

reachable ['riːtʃəbl] *adj* **1.** accessible **2.** à portée **3.** joignable.

react [rɪ'ækt] *vi* réagir.

reaction [rɪ'ækʃn] *n* réaction *f*.

reactionary [rɪ'ækʃənrɪ] *adj & n* réactionnaire.

reactivate [rɪ'æktɪveɪt] *vt* réactiver.

reactor [rɪ'æktəʳ] *n* réacteur *m*.

read [riːd] *vt* (*prét & pp* **read** [red]) **1.** lire **2.** dire **3.** interpréter **4.** *(thermomètre)* indiquer **5.** **(UK)** *UNIV* étudier. ❑ *vi* (*prét & pp* **read** [red]) lire. ■ **read into** *vt sép* • **to read a lot into sthg** attacher beaucoup d'importance à qqch • **you shouldn't read too much into their silence** vous ne devriez pas accorder trop d'importance à leur silence. ■ **read out** *vt sép* lire à haute voix. ■ **read up on** *vt insép* étudier.

readable ['riːdəbl] *adj* agréable à lire.

reader ['riːdəʳ] *n* lecteur *m*, -trice *f*.

readership ['riːdəʃɪp] *n* nombre *m* de lecteurs.

readies ['redɪz] *npl* **(UK)** *fam* fric *m*, liquide *m* • **£500 in readies** 500 livres en liquide.

readily ['redɪlɪ] *adv* **1.** volontiers **2.** facilement.

readiness ['redɪnɪs] *n* **1.** • **to be in readiness** être prêt **2.** empressement *m*.

reading ['riːdɪŋ] *n* **1.** *(indén)* lecture *f* **2.** interprétation *f* **3.** indications *fpl*.

reading age *n* **(UK)** niveau *m* de lecture.

reading lamp *n* lampe *f* de lecture *ou* de bureau.

reading list *n* **1.** liste *f* des ouvrages au programme **2.** liste *f* des ouvrages recommandés.

readjust [,riːə'dʒʌst] *vt* **1.** régler (de nouveau) **2.** rajuster **3.** rectifier. ❑ *vi* • **to readjust (to)** se réadapter (à).

readjustment [,riːə'dʒʌstmənt] *n* **1.** réadaptation *f* **2.** rajustement *m*, réajustement *m*.

read-me file *n* fichier *m* ouvrez-moi *ou* lisez-moi.

read-only [riːd-] *adj* en lecture seule.

readout ['riːdaʊt] *n* *INFORM* affichage *m*.

read-through [riːd-] *n* • **to have a read-through of sthg** parcourir qqch.

ready ['redɪ] *adj* **1.** prêt • **to be ready to do sthg** être prêt à faire qqch • **to get ready** se préparer • **to get sthg ready** préparer qqch **2.** • **to be ready to do sthg** être prêt *ou* disposé à faire qqch. ❑ *vt* préparer.

ready cash *n* liquide *m*.

ready-made *adj* *litt* & *fig* tout fait, toute faite *f*.

ready meal *n* **(UK)** plat *m* préparé.

ready money *n* liquide *m*.

ready-to-wear *adj* prêt-à-porter.

reaffirm [,riːə'fɜːm] *vt* réaffirmer.

reafforestation ['riːə,fɒrɪ'steɪʃn] *n* **(UK)** reboisement *m*.

real ['rɪəl] *adj* **1.** vrai, véritable • **real life** réalité *f* • **for real** pour de vrai • **this is the real thing a)** c'est de l'authentique **b)** c'est pour de bon **2.** réel • **in real terms** dans la pratique • **real wage** salaire *m* réel. ❑ *adv* **(US)** très.

real estate *n* *(indén)* biens *mpl* immobiliers.

realign [,riːə'laɪn] *vt* *POLIT* regrouper.

realignment [,riːə'laɪnmənt] *n* regroupement *m (politique)*.

realism ['rɪəlɪzm] *n* réalisme *m*.

realist ['rɪəlɪst] *n* réaliste *mf*.

realistic [,rɪə'lɪstɪk] *adj* réaliste.

realistically [,rɪə'lɪstɪklɪ] *adv* d'une manière réaliste, avec réalisme.

reality [rɪ'ælətɪ] *n* réalité *f*.

reality TV *n* *(indén)* télévision *f* réalité.

realization, **-isation** **(UK)** [,rɪəlaɪ'zeɪʃn] *n* réalisation *f*.

realize, **-ise** **(UK)** ['rɪəlaɪz] *vt* **1.** se rendre compte de **2.** réaliser *(un rêve, une ambition)*.

real-life *adj* vrai.

really ['rɪəlɪ] *adv* **1.** vraiment **2.** en réalité. ❑ *interj* **1.** vraiment ? **2.** pas possible ! **3.** franchement !, ça alors !

realm [relm] *n* **1.** *fig* domaine *m* **2.** royaume *m*.

real-time *adj* en temps réel.

realtor ['rɪəltər] *n* **(US)** agent *m* immobilier.

ream [riːm] *n* **(UK)** rame *f (de papier)*. ■ **reams** *npl* *fam* des pages et des pages.

reap [riːp] *vt* **1.** moissonner **2.** *fig* récolter.

reappear [,riːə'pɪəʳ] *vi* réapparaître.

reappearance [,riːə'pɪərəns] *n* réapparition *f*.

reapply [,riːə'plaɪ] (*prét & pp* **reapplied**) *vi* • **to reapply (for a job)** postuler de nouveau (à un emploi).

reappraisal [,riːə'preɪzl] *n* réévaluation *f*.

reappraise [,riːə'preɪz] *vt* réévaluer.

rear [rɪəʳ] *adj* arrière *(inv)*, de derrière. ❑ *n* **1.** arrière *m* **2.** *fam* derrière *m*. ❑ *vt* élever *(des enfants)*. ❑ *vi* *(cheval)* • **to rear (up)** se cabrer.

rear-end *vt* **(US)** emboutir.

rear light *n* feu *m* arrière.

rearm [riː'ɑːm] *vt & vi* réarmer.
rearmost ['rɪəməʊst] *adj* dernier.
rearrange [,riːə'reɪndʒ] *vt* **1.** réarranger **2.** changer **3.** changer l'heure de **4.** changer la date de.
rearview mirror ['rɪəvjuː-] *n* rétroviseur *m*.
rear-wheel drive *n* traction *f* arrière.
reason ['riːzn] *n* **1.** • **reason (for)** raison *f* (de) • **for some reason** pour une raison ou pour une autre • **the reason why...** la raison pour laquelle... **2.** *(indén)* • **to have reason to do sthg** avoir de bonnes raisons de faire qqch **3.** bon sens *m* • **he won't listen to reason** on ne peut pas lui faire entendre raison. ❑ *vt* déduire. ❑ *vi* raisonner. ■ **reason with** *vt insép* raisonner.
reasonable ['riːznəbl] *adj* **1.** raisonnable **2.** acceptable • **the food's reasonable** la cuisine n'est pas mal.
reasonably ['riːznəblɪ] *adv* **1.** assez **2.** raisonnablement.
reasoned ['riːznd] *adj* raisonné.
reasoning ['riːznɪŋ] *n* raisonnement *m*.
reassemble [,riːə'sembl] *vt* **1.** remonter *(reconstruire)* **2.** rassembler. ❑ *vi* se rassembler.
reassert [,riːə'sɜːt] *vt* réaffirmer.
reassess [,riːə'ses] *vt* réexaminer.
reassessment [,riːə'sesmənt] *n* réexamen *m*.
reassign [,riːə'saɪn] *vt* réaffecter.
reassurance [,riːə'ʃʊərəns] *n* **1.** réconfort *m* **2.** assurance *f*.
reassure [,riːə'ʃʊəʳ] *vt* rassurer.
reassuring [,riːə'ʃʊərɪŋ] *adj* rassurant.
reassuringly [,riːə'ʃɔːrɪŋlɪ] *adv* d'une manière rassurante • **reassuringly simple** d'une grande simplicité.
reawaken [,riːə'weɪkn] *vt* faire renaître.
reawakening [,riːə'weɪknɪŋ] *n* **1.** réveil *m* *(d'une personne qui dort)* **2.** réveil *m* *(d'un intérêt)*.
rebate ['riːbeɪt] *n* rabais *m* • **tax rebate** ≃ dégrèvement *m* fiscal.
rebel *n* ['rebl] rebelle *mf*. ❑ *adj* ['rebl] **1.** rebelle **2.** *(camp, territoire)* des rebelles **3.** *(attaque)* de rebelles • **rebel MP** parlementaire *mf* rebelle. ❑ *vi* [rɪ'bel] • **to rebel (against)** se rebeller (contre).
rebellion [rɪ'beljən] *n* rébellion *f*.
rebellious [rɪ'beljəs] *adj* rebelle.
rebirth [,riː'bɜːθ] *n* renaissance *f*.
reboot [,riː'buːt] *vi* INFORM redémarrer, réamorcer *recomm off*.
reborn [,riː'bɔːn] *adj* réincarné • **to be reborn** renaître • **I feel reborn** je me sens renaître.
rebound *n* ['riːbaʊnd] rebond *m*. ❑ *vi* [rɪ'baʊnd] rebondir.
rebrand [,riː'brænd] *vt* effectuer le rebranding de.
rebranding [,riː'brændɪŋ] *n* rebranding *m*, changement *m* de marque.
rebuff [rɪ'bʌf] *n* rebuffade *f*.
rebuild [,riː'bɪld] *(prét & pp* **rebuilt** [,riː'bɪlt]*)* *vt* reconstruire.
rebuke [rɪ'bjuːk] *sout n* réprimande *f*. ❑ *vt* réprimander.
rebuttal [riː'bʌtl] *n sout* réfutation *f*.
recalcitrant [rɪ'kælsɪtrənt] *adj sout* récalcitrant.
recall [rɪ'kɔl] *n* **1.** rappel *m* **2.** INFORM • **recall rate** taux *m* de mémorisation. ❑ *vt* **1.** se rappeler, se souvenir de **2.** rappeler.
recant [rɪ'kænt] *vi* **1.** *sout* se rétracter **2.** abjurer.
recap ['riːkæp] *n* récapitulation *f*. ❑ *vt & vi* récapituler.
recapitulate [,riːkə'pɪtjʊleɪt] *vt & vi sout* récapituler.
recapture [,riː'kæptʃəʳ] *n* reprise *f*. ❑ *vt* **1.** retrouver *(un sentiment)* **2.** reprendre *(un territoire)*.
recede [riː'siːd] *vi* **1.** s'éloigner **2.** *(espoirs)* s'envoler.
receding [rɪ'siːdɪŋ] *adj* **1.** dégarni **2.** *(menton)* fuyant.
receipt [rɪ'siːt] *n* **1.** reçu *m* **2.** *(indén)* réception *f*. ■ **receipts** *npl* recettes *fpl*.
receive [rɪ'siːv] *vt* **1.** recevoir **2.** apprendre *(une nouvelle)* **3.** accueillir, recevoir.
Received Pronunciation [rɪ'siːvd-] *n* (UK) prononciation *f* standard (de l'anglais).
receiver [rɪ'siːvəʳ] *n* **1.** TÉLÉCOM récepteur *m*, combiné *m* **2.** RADIO & TV récepteur *m* **3.** receleur *m*, -euse *f*.
receiving end [rɪ'siːvɪŋ-] *n* • **to be on the receiving end (of sthg)** faire les frais (de qqch).
recent ['riːsnt] *adj* récent.
recently ['riːsntlɪ] *adv* récemment • **until recently** jusqu'à ces derniers temps.
receptacle [rɪ'septəkl] *n sout* récipient *m*.
reception [rɪ'sepʃn] *n* réception *f*.
reception class *n* (UK) cours *m* préparatoire.
reception desk *n* réception *f*.
receptionist [rɪ'sepʃənɪst] *n* réceptionniste *mf*.
reception room *n* (UK) salon *m*.
receptive [rɪ'septɪv] *adj* **1.** réceptif **2.** • **receptive knowledge of a language** connaissance passive *ou* réceptive d'une langue.
receptiveness [rɪ'septɪvnɪs] *n* réceptivité *f*.
recess ['riːses *ou* rɪ'ses] *n* **1.** niche *f* **2.** recoin *m* **3.** *(Parlement)* • **to be in recess** être en vacances **4.** (US) SCOL récréation *f*.
recessed ['riːsest *ou* rɪ'sest] *adj* **1.** dans un renfoncement **2.** encastré.
recession [rɪ'seʃn] *n* récession *f*.
recessive [rɪ'sesɪv] *adj* récessif.
recharge [,riː'tʃɑːdʒ] *vt* recharger.
rechargeable [,riː'tʃɑːdʒəbl] *adj* rechargeable.

rechip [ˌriːˈtʃɪp] *vt* reprogrammer la puce de *(téléphone portable)*.
recipe [ˈresɪpɪ] *n litt & fig* recette *f*.
recipient [rɪˈsɪpɪənt] *n* **1.** destinataire *mf (d'une lettre)* **2.** bénéficiaire *mf (d'un chèque)* **3.** récipiendaire *mf (d'un prix)*.
reciprocal [rɪˈsɪprəkl] *adj* réciproque.
reciprocate [rɪˈsɪprəkeɪt] *sout vt* rendre, retourner. ❑ *vi* en faire autant.
recital [rɪˈsaɪtl] *n* récital *m*.
recite [rɪˈsaɪt] *vt* **1.** réciter **2.** énumérer.
reckless [ˈreklɪs] *adj* **1.** imprudent • **reckless driving** conduite *f* imprudente **2.** irréfléchi **3.** téméraire.
recklessly [ˈreklɪslɪ] *adv* **1.** imprudemment **2.** sans réfléchir • **to spend recklessly** dépenser sans compter **3.** avec témérité • **to drive recklessly** conduire dangereusement.
reckon [ˈrekn] *vt* **1.** *fam* penser • **what do you reckon?** qu'est-ce que tu en penses ? **2.** considérer **3.** calculer *(un coût, une somme)*. ■ **reckon on** *vt insép* compter sur. ■ **reckon with** *vt insép* s'attendre à.
reckoning [ˈrekənɪŋ] *n (indén)* calculs *mpl*.
reclaim [rɪˈkleɪm] *vt* **1.** réclamer **2.** mettre en valeur *(des terres)*, assécher *(des marécages)*.
reclassify [ˌriːˈklæsɪfaɪ] *(prét & pp* **reclassified***) vt* reclasser.
recline [rɪˈklaɪn] *vi* être allongé.
recliner [rɪˈklaɪnəʳ] *n* **1.** chaise *f* longue **2.** fauteuil *m* à dossier inclinable.
reclining [rɪˈklaɪnɪŋ] *adj (fauteuil, chaise)* à dossier réglable.
recluse [rɪˈkluːs] *n* reclus *m*, -e *f*.
recognition [ˌrekəgˈnɪʃn] *n* reconnaissance *f* • **in recognition of** en reconnaissance de • **beyond** *ou* **out of all recognition** méconnaissable.
recognizable, **-isable (UK)** [ˈrekəgnaɪzəbl] *adj* reconnaissable • **barely recognizable** à peine reconnaissable.
recognizably, **-isablly (UK)** [ˈrekəgnaɪzəblɪ] *adv* d'une manière *ou* façon reconnaissable • **the car was not recognizably Japanese** on n'aurait pas dit une voiture japonaise.
recognize, **-ise (UK)** [ˈrekəgnaɪz] *vt* reconnaître.
recognized, **-ised (UK)** [ˈrekəgnaɪzd] *adj* **1.** reconnu, admis **2.** reconnu *(identifié)* **3.** officiel, attitré.
recoil *vi* [rɪˈkɔɪl] • **to recoil (from)** reculer (devant). ❑ *n* [ˈriːkɔɪl] recul *m*.
recollect [ˌrekəˈlekt] *vt* se rappeler.
recollection [ˌrekəˈlekʃn] *n* souvenir *m*.
recommend [ˌrekəˈmend] *vt* **1.** *(dire du bien de)* • **to recommend sb/sthg (to sb)** recommander qqn/qqch (à qqn) • **to recommend that...** recommander que... *(+subjonctif)* **2.** conseiller, recommander.
recommendation [ˌrekəmenˈdeɪʃn] *n* recommandation *f*.
recommended daily allowance *n* apport *m* quotidien recommandé.
recommended retail price [ˌrekəˈmendɪd-] *n* prix *m* de vente conseillé.
recompense [ˈrekəmpens] *sout n* dédommagement *m*. ❑ *vt* dédommager.
reconcilable [ˈrekənsaɪləbl] *adj* **1.** *(opinions)* conciliable, compatible **2.** *(personnes)* compatible.
reconcile [ˈrekənsaɪl] *vt* **1.** concilier **2.** réconcilier **3.** • **to reconcile o.s. to sthg** se faire à l'idée de qqch.
reconciliation [ˌrekənsɪlɪˈeɪʃn] *n* **1.** conciliation *f* **2.** réconciliation *f*.
reconditioned [ˌriːkənˈdɪʃnd] *adj* remis en état.
reconfigure [ˌriːkənˈfɪgəʳ] *vt* reconfigurer.
reconnaissance [rɪˈkɒnɪsəns] *n MIL* reconnaissance *f*.
reconnect [ˌriːkəˈnekt] *vt* rebrancher.
reconnoitre (UK), **reconnoiter (US)** [ˌrekəˈnɔɪtəʳ] *vt MIL* reconnaître. ❑ *vi MIL* aller en reconnaissance.
reconsider [ˌriːkənˈsɪdəʳ] *vt* reconsidérer. ❑ *vi* reconsidérer la question.
reconstitute [ˌriːˈkɒnstɪtjuːt] *vt* reconstituer.
reconstituted [ˌriːˈkɒnstɪtjuːtɪd] *adj* reconstitué.
reconstruct [ˌriːkənˈstrʌkt] *vt* **1.** reconstruire **2.** reconstituer *(un crime)*.
reconstruction [ˌriːkənˈstrʌkʃn] *n* **1.** reconstruction *f* **2.** reconstitution *f (d'un crime)*.
reconstructive surgery [riːkənˈstrʌktɪv-] *n* chirurgie *f* réparatrice.
reconvene [ˌriːkənˈviːn] *vt* convoquer de nouveau.
record *n* [ˈrekɔd] **1.** rapport *m* **2.** dossier *m* • **to keep sthg on record** archiver qqch • **(police) record** casier *m* judiciaire • **off the record** non officiel **3.** *MUS* disque *m* **4.** record *m*. ❑ *adj* [ˈrekɔd] record *(inv)*. ❑ *vt* [rɪˈkɔd] **1.** noter **2.** enregistrer *(sur cassette vidéo, CD, DVD)*.
record-breaker *n* personne *f* qui bat le record.
record-breaking *adj* qui bat tous les records.
recorded [rɪˈkɔːdɪd] *adj* **1.** enregistré **2.** préenregistré **3.** transmis en différé **4.** écrit • **throughout recorded history** pendant toute la période couverte par les écrits historiques **5.** *(vote)* exprimé.
recorded delivery [rɪˈkɔdɪd-] *n* recommandé.
recorder [rɪˈkɔdəʳ] *n* flûte *f* à bec.
record holder *n* détenteur *m*, -trice *f* du record.
recording [rɪˈkɔdɪŋ] *n* enregistrement *m*.

recording studio *n* studio *m* d'enregistrement.
record player *n* tourne-disque *m*.
recount *n* ['ri:kaʊnt] deuxième dépouillement *m* du scrutin. ❑ *vt* **1.** [rɪ'kaʊnt] raconter **2.** [,ri:'kaʊnt] recompter.
recoup [rɪ'ku:p] *vt* récupérer.
recourse [rɪ'kɔs] *n* • **to have recourse to** avoir recours à.
recover [rɪ'kʌvər] *vt* **1.** récupérer • **to recover sthg from sb** reprendre qqch à qqn **2.** retrouver *(son équilibre)* **3.** reprendre *(connaissance)*. ❑ *vi* **1.** se rétablir **2.** se remettre **3.** reprendre **4.** *(économie, affaires)* se redresser.
recoverable [ri:'kʌvrəbl] *adj (créance)* recouvrable.
recovery [rɪ'kʌvərɪ] *n* **1.** guérison *f*, rétablissement *m* **2.** *fig* redressement *m*, reprise *f* **3.** récupération *f*.
recovery position *n* position *f* latérale de sécurité.
recovery vehicle *n* **(UK)** dépanneuse *f*.
recreate [,ri:krɪ'eɪt] *vt* recréer.
recreation [,rekrɪ'eɪʃn] *n (indén)* récréation *f*, loisirs *mpl*.
recreational [,rekrɪ'eɪʃənl] *adj* de récréation.
recrimination [rɪ,krɪmɪ'neɪʃn] *n* récrimination *f*.
recruit [rɪ'kru:t] *n* recrue *f*. ❑ *vt* recruter • **to recruit sb to do sthg** *fig* embaucher qqn pour faire qqch. ❑ *vi* recruter.
recruitment [rɪ'kru:tmənt] *n* recrutement *m*.
recruitment agency cabinet *m* de recrutement.
rectangle ['rek,tæŋgl] *n* rectangle *m*.
rectangular [rek'tæŋgjʊlər] *adj* rectangulaire.
rectification [,rektɪfɪ'keɪʃn] *n sout* rectification *f*.
rectify ['rektɪfaɪ] *vt sout* rectifier.
rector ['rektər] *n* **1.** pasteur *m* **2. (ÉCOSSE)** SCOL directeur *m* ; UNIV *président élu par les étudiants*.
rectory ['rektərɪ] *n* presbytère *m*.
rectum ['rektəm] *n* rectum *m*.
recuperate [rɪ'ku:pəreɪt] *vi* se rétablir.
recuperation [rɪ,ku:pə'reɪʃn] *n* rétablissement *m*.
recur [rɪ'kɜ:r] *vi* **1.** se reproduire **2.** revenir **3.** réapparaître.
recurrence [rɪ'kʌrəns] *n* répétition *f*.
recurrent [rɪ'kʌrənt] *adj* **1.** qui se reproduit souvent **2.** qui revient souvent.
recurring [rɪ'kɜ:rɪŋ] *adj* **1.** qui se reproduit souvent **2.** qui revient souvent **3.** *(fonction)* périodique.
recyclable [,ri:'saɪkləbl] *adj* recyclable.
recycle [,ri:'saɪkl] *vt* recycler.
recycle bin *n* poubelle *f*, corbeille *f*.
recycled [,ri:'saɪkld] *adj* recyclé.
recycling [,ri:'saɪklɪŋ] *n* recyclage *m*.
recycling facility *n* installation *f* de recyclage.
red [red] *adj* **1.** rouge **2.** roux. ❑ *n* rouge *m* • **to be in the red** *fam* être à découvert, être dans le rouge.
red alert *n* alerte *f* maximale • **to be on red alert** être en état d'alerte maximale.
red blood cell *n* globule *m* rouge.
red-blooded [-'blʌdɪd] *adj hum* viril.
red-brick *adj* **(UK)** en brique rouge.
red card *n* FOOTBALL • **to be shown the red card, to get a red card** recevoir un carton rouge.
red carpet *n* • **to roll out the red carpet for sb** dérouler le tapis rouge pour qqn. ■ **red-carpet** *adj* • **to give sb the red-carpet treatment** recevoir qqn en grande pompe.
Red Cross *n* • **the Red Cross** la Croix-Rouge.
redcurrant ['red,kʌrənt] *n* **1.** groseille *f* **2.** groseillier *m*.
redden ['redn] *vt & vi* rougir.
redecorate [,ri:'dekəreɪt] *vt* **1.** refaire les peintures de **2.** retapisser. ❑ *vi* **1.** refaire les peintures **2.** refaire les papiers peints.
redeem [rɪ'di:m] *vt* **1.** FIN & RELIG racheter **2.** dégager *(un objet en gage)*.
redeemable [rɪ'di:məbl] *adj* **1.** *(bon)* remboursable **2.** *(dette)* remboursable, amortissable **3.** expiable, rachetable.
redeeming [rɪ'di:mɪŋ] *adj* qui rachète (les défauts).
redefine [,ri:dɪ'faɪn] *vt* redéfinir.
redemption [rɪ'dempʃn] *n* rédemption *f* • **beyond** *ou* **past redemption** *fig* irrémédiable.
redeploy [,ri:dɪ'plɔɪ] *vt* **1.** MIL redéployer **2.** réorganiser, réaffecter.
redeployment [,ri:dɪ'plɔɪmənt] *n* **1.** redéploiement *m* **2.** réorganisation *f*, réaffectation *f* *(du personnel)*.
redesign [,ri:dɪ'zaɪn] *vt* **1.** redessiner **2.** réorganiser.
redevelop [,ri:dɪ'veləp] *vt* réaménager.
redevelopment [,ri:dɪ'veləpmənt] *n* réaménagement *m*.
redeye ['redaɪ] *n fam* vol *m* de nuit.
red-eyed *adj* aux yeux rouges.
red-faced [-'feɪst] *adj* **1.** rougeaud, rubicond **2.** rouge de confusion.
red-haired [-'heəd] *adj* roux, rousse *f*.
red-handed [-'hændɪd] *adj* • **to catch sb red-handed** prendre qqn en flagrant délit.
redhead ['redhed] *n* roux *m*, rousse *f*.
red-headed = **red-haired**.
red herring *n fig* fausse piste *f*.
red-hot *adj* **1.** brûlant **2.** chauffé au rouge **3.** ardent.

redial [ˌriːˈdaɪəl] *vt* • **to redial a number** refaire un numéro. ❑ *n* • **automatic redial** système *m* de rappel du dernier numéro.

redid [ˌriːˈdɪd] *passé* → **redo**.

redirect [ˌriːdɪˈrekt] *vt* **1.** réorienter *(de l'argent)* **2.** détourner *(la circulation)* **3.** **(UK)** faire suivre *(le courrier)*.

rediscover [ˌriːdɪˈskʌvəʳ] *vt* redécouvrir.

rediscovery [ˌriːdɪˈskʌvrɪ] *(pl* **-ies***)* *n* redécouverte *f*.

redistribute [ˌriːdɪˈstrɪbjuːt] *vt* redistribuer.

redistribution [ˈriːˌdɪstrɪˈbjuːʃn] *n* redistribution *f*.

red-letter day *n* jour *m* mémorable, jour à marquer d'une pierre blanche.

red light *n* feu *m* rouge.

red-light district *n* quartier *m* chaud.

red meat *n* viande *f* rouge.

redneck [ˈrednek] **(US)** *fam* & *péj* *n Américain d'origine modeste qui a des idées réactionnaires et des préjugés racistes*.

redness [ˈrednɪs] *n* rougeur *f*.

redo [ˌriːˈduː] *(prét* **redid**, *pp* **redone***)* *vt* refaire.

redolent [ˈredələnt] *adj littéraire* **1.** • **redolent of** qui rappelle, évocateur de **2.** • **redolent of lemon** qui sent le citron.

redone [ˌriːˈdʌn] *pp* → **redo**.

redouble [ˌriːˈdʌbl] *vt* • **to redouble one's efforts (to do sthg)** redoubler d'efforts (pour faire qqch).

redraft [ˌriːˈdrɑːft] *vt* rédiger à nouveau.

redress [rɪˈdres] *n (indén) sout* réparation *f*. ❑ *vt* • **to redress the balance** rétablir l'équilibre.

Red Sea *n* • **the Red Sea** la mer Rouge.

red tape *n fig* paperasserie *f* administrative.

reduce [rɪˈdjuːs] *vt* réduire • **to be reduced to doing sthg** en être réduit à faire qqch • **to reduce sb to tears** faire pleurer qqn.

reduced [rɪˈdjuːst] *adj* réduit • **in reduced circumstances** dans la gêne.

reduction [rɪˈdʌkʃn] *n* **1.** • **reduction (in)** réduction *f* (de), baisse *f* (de) **2.** rabais *m*, réduction *f*.

redundancy [rɪˈdʌndənsɪ] *n* **(UK)** **1.** licenciement *m* **2.** chômage *m*.

redundancy payment *n* **(UK)** indemnité *f* de licenciement.

redundant [rɪˈdʌndənt] *adj* **1.** **(UK)** • **to be made redundant** être licencié **2.** superflu.

reed [riːd] *n* **1.** roseau *m* **2.** MUS anche *f*.

reeducate [ˌriːˈedjʊkeɪt] *vt* rééduquer.

reef [riːf] *n* récif *m*, écueil *m*.

reek [riːk] *n* relent *m*. ❑ *vi* • **to reek (of sthg)** puer (qqch), empester (qqch).

reel [riːl] *n* **1.** bobine *f* **2.** *(pour la pêche)* moulinet *m*. ❑ *vi* chanceler. ■ **reel in** *vt sép* remonter. ■ **reel off** *vt sép* débiter.

re-elect [ˌriːɪˈlekt] *vt* • **to re-elect sb (as) sthg** réélire qqn qqch.

re-election [ˌriːɪˈlekʃn] *n* réélection *f*.

re-emerge [ˌriːɪˈmɜːdʒ] *vi* **1.** ressortir *(nouveaux faits)* **2.** *(problème, questions)* se reposer **3.** ressortir *(d'un tunnel)*, ressurgir.

re-emergence [ˌriːɪˈmɜːdʒəns] *n* réapparition *f*.

re-enact [ˌriːɪˈnækt] *vt* **1.** reproduire **2.** reconstituer.

re-enter [ˌriːˈentəʳ] *vt* **1.** rentrer dans **2.** retourner dans.

re-entry [ˌriːˈentrɪ] *n* **1.** rentrée *f* **2.** retour *m*.

re-establish [ˌriːɪˈstæblɪʃ] *vt* **1.** rétablir • **the team have re-established themselves as the best** l'équipe s'est imposée de nouveau comme la meilleure **2.** restaurer **3.** remettre en vigueur **4.** réhabiliter, réintégrer.

re-examine [ˌriːɪgˈzæmɪn] *vt* examiner de nouveau.

ref [ref] *n* **1.** *fam* (abrév de **referee**) arbitre *m* **2.** (abrév de **reference**) réf. *f*.

refectory [rɪˈfektərɪ] *n* réfectoire *m*.

refer [rɪˈfɜːʳ] *vt* **1.** • **to refer sb to a)** envoyer qqn à **b)** adresser qqn à **c)** renvoyer qqn à **2.** • **to refer sthg to** soumettre qqch à. ■ **refer to** *vt insép* **1.** parler de, faire allusion à **2.** concerner **3.** se référer à.

referee [ˌrefəˈriː] *n* **1.** SPORT arbitre *mf* **2.** **(UK)** répondant *m*, -e *f*. ❑ *vt* SPORT arbitrer. ❑ *vi* SPORT être arbitre.

reference [ˈrefrəns] *n* **1.** • **reference (to)** allusion *f* (à), mention *f* (de) • **with reference to** comme suite à **2.** *(indén)* • **reference (to)** consultation *f* (de), référence *f* (à) **3.** référence *f (d'un produit)* **4.** renvoi *m (dans un livre)* • **map reference** coordonnées *fpl* **5.** *(pour un emploi)* références *fpl* • **to give sb a reference** fournir des références à qqn.

reference book *n* ouvrage *m* de référence.

reference library *n* bibliothèque *f* d'ouvrages à consulter sur place.

reference number *n* numéro *m* de référence.

referendum [ˌrefəˈrendəm] *(pl* **-s** *ou* **-da***)* *n* référendum *m*.

referral [rɪˈfɜːrəl] *n sout* **1.** *(indén)* envoi *m* **2.** malade envoyé *m*, malade envoyée *f* **3.** **(US)** rapport *m* d'incident *(à l'école)*.

refill *n* [ˈriːfɪl] **1.** recharge *f* **2.** *fam* • **would you like a refill?** vous voulez encore un verre ? ❑ *vt* [ˌriːˈfɪl] remplir à nouveau.

refillable [ˌriːˈfɪləbl] *adj* **1.** rechargeable **2.** *(bouteille)* qu'on peut faire remplir à nouveau.

refinance [ˌˈriːfaɪˈnæns] *vt* refinancer. ❑ *vi* se refinancer.

refinancing [ˌˈriːfaɪˈnænsɪŋ] *n* refinancement *m*.

refine [rɪˈfaɪn] *vt* **1.** raffiner **2.** *fig* peaufiner.

refined [rɪ'faɪnd] *adj* **1.** raffiné **2.** perfectionné.
refinement [rɪ'faɪnmənt] *n* **1.** perfectionnement *m* **2.** *(indén)* raffinement *m*.
refinery [rɪ'faɪnərɪ] *(pl* **-ies***)* *n* raffinerie *f*.
refit *n* ['ri:fɪt] réparation *f*, remise *f* en état *(d'un bateau)*. ❑ *vt* [,ri:'fɪt] *(prét & pp* **refitted**, *cont* **refitting***)* réparer, remettre en état *(un bateau)*.
reflect [rɪ'flekt] *vt* **1.** *(être le signe de)* refléter **2.** réfléchir, refléter *(une image, de la lumière)* **3.** réverbérer *(de la chaleur)* **4.** • **to reflect that...** se dire que... ❑ *vi* • **to reflect (on** *ou* **upon)** réfléchir (sur), penser (à).
reflection [rɪ'flekʃn] *n* **1.** indication *f*, signe *m* **2.** • **reflection on** critique *f* de **3.** reflet *m* **4.** *(indén)* PHYS réflexion *f* **5.** réflexion *f (pensée)* • **on reflection** réflexion faite.
reflective [rɪ'flektɪv] *adj* **1.** *(surface)* réfléchissant **2.** pensif.
reflector [rɪ'flektər] *n* réflecteur *m*.
reflex ['ri:fleks] *n* • **reflex (action)** réflexe *m*. ■ **reflexes** *npl* réflexes *mpl*.
reflexive [rɪ'fleksɪv] *adj* GRAMM réfléchi.
reflexively [rɪ'fleksɪvlɪ] *adv* **1.** GRAMM au sens réfléchi **2.** GRAMM à la forme réfléchie.
reflexive verb *n* verbe *m* réfléchi.
reflexologist [,ri:flek'sɒlədʒɪst] *n* réflexologiste *mf*.
reflexology [,ri:flek'sɒlədʒɪ] *n* réflexothérapie *f*.
reflux ['ri:flʌks] *n* reflux *m*.
reforestation [ri:,fɒrɪ'steɪʃn] **(US)** = **reafforestation**.
reform [rɪ'fɔːm] *n* réforme *f*. ❑ *vt* **1.** réformer **2.** corriger. ❑ *vi* se corriger, s'amender.
re-form [ri:'fɔːm] *vt* **1.** remettre en rang, reformer *(les rangs)* **2.** reformer. ❑ *vi* **1.** se remettre en rangs **2.** se reformer *(rangs, groupe)*.
reformat [,ri:'fɔːmæt] *(prét & pp* **reformatted**, *cont* **reformatting***)* *vt* reformater.
Reformation [,refə'meɪʃn] *n* • **the Reformation** la Réforme.
reformatory [rɪ'fɔːmətrɪ] *n* **(US)** centre *m* d'éducation surveillée (pour jeunes délinquants).
reformed [rɪ'fɔːmd] *adj* qui s'est corrigé *ou* amendé.
reformer [rɪ'fɔːmər] *n* réformateur *m*, -trice *f*.
refraction [rɪ'frækʃn] *n sout* **1.** réfraction *f* **2.** réfringence *f*.
refrain [rɪ'freɪn] *n* refrain *m*. ❑ *vi* • **to refrain from doing sthg** s'abstenir de faire qqch.
reframe [,ri:'freɪm] *vt* **1.** reformuler *(question)* **2.** réencadrer *(tableau)*.
refresh [rɪ'freʃ] *vt* **1.** rafraîchir, revigorer **2.** INFORM • **to refresh the screen** rafraîchir l'écran • **to refresh the page** réactuliser la page *(Internet)*.
refreshed [rɪ'freʃt] *adj* reposé.
refresher course [rɪ'freʃər-] *n* cours *m* de remise à niveau.
refreshing [rɪ'freʃɪŋ] *adj* **1.** agréable, réconfortant **2.** rafraîchissant.
refreshingly [rɪ'freʃɪŋlɪ] *adv* • **it's refreshingly different** c'est un changement agréable.
refreshments [rɪ'freʃmənts] *npl* rafraîchissements *mpl*.
refrigerate [rɪ'frɪdʒəreɪt] *vt* réfrigérer.
refrigeration [rɪ,frɪdʒə'reɪʃn] *n* réfrigération *f*.
refrigerator [rɪ'frɪdʒəreɪtər] *n* réfrigérateur *m*, Frigidaire® *m*.
refuel [,ri:'fjʊəl] (**(UK)** *prét & pp* **refuelled**, *cont* **refuelling**, **(US)** *prét & pp* **refueled**, *cont* **refueling***)* *vi* se ravitailler en carburant.
refuelling (UK), **refueling (US)** [,ri:'fjʊəlɪŋ] *n* ravitaillement *m* (en carburant). ❑ *en apposition* de ravitaillement.
refuge ['refju:dʒ] *n litt & fig* refuge *m*, abri *m* • **to take refuge in** se réfugier dans.
refugee [,refjʊ'dʒi:] *n* réfugié *m*, -e *f*.
refugee camp *n* camp *m* de réfugiés.
refund *n* ['ri:fʌnd] remboursement *m*. ❑ *vt* [rɪ'fʌnd] • **to refund sthg to sb, to refund sb sthg** rembourser qqch à qqn.
refundable [ri:'fʌndəbl] *adj* remboursable.
refurbish [,ri:'fɜːbɪʃ] *vt* remettre à neuf.
refurbishment [,ri:'fɜːbɪʃmənt] *n* rénovation *f*.
refurnish [,ri:'fɜːnɪʃ] *vt* remeubler.
refusal [rɪ'fju:zl] *n* • **refusal (to do sthg)** refus *m* (de faire qqch).
refuse[1] [rɪ'fju:z] *vt* refuser • **to refuse to do sthg** refuser de faire qqch. ❑ *vi* refuser.
refuse[2] ['refju:s] *n (indén) sout* ordures *fpl*.
refuse collection ['refju:s-] *n* **(UK)** *sout* enlèvement *m* des ordures ménagères.
refuse collector ['refju:s-] *n* **(UK)** *sout* éboueur *m*.
refuse dump ['refju:s-] *n* **(UK)** *sout* décharge *f* (publique).
refute [rɪ'fju:t] *vt sout* réfuter.
regain [rɪ'geɪn] *vt* **1.** retrouver *(son équilibre)* **2.** reprendre *(son titre, une initiative)*.
regal ['ri:gl] *adj* majestueux, royal.
regale [rɪ'geɪl] *vt* • **to regale sb with sthg** divertir qqn en lui racontant qqch.
regalia [rɪ'geɪljə] *n (indén)* insignes *mpl*.
regard [rɪ'gɑːd] *n* **1.** *(indén)* estime *f*, respect *m* **2.** • **in this/that regard** à cet égard. ❑ *vt* considérer • **to regard o.s. as** se considérer comme • **to be highly regarded** être tenu en haute estime. ■ **as regards** *prép* en ce qui concerne. ■ **in regard to, with regard to** *prép* en ce qui concerne, relativement à. ■ **regards** *npl* • **(with best) regards** bien amicalement • **give her my regards** faites-lui mes amitiés.

regarding [rɪ'gɑːdɪŋ] *prép* concernant, en ce qui concerne.
regardless [rɪ'gɑːdlɪs] *adv* quand même. ■ **regardless of** *prép* sans tenir compte de.
regatta [rɪ'gætə] *n* régate *f*.
regenerate [rɪ'dʒenəreɪt] *vt* **1.** relancer *(l'économie, un projet)* **2.** réhabiliter.
regeneration [rɪˌdʒenə'reɪʃn] *n* relance *f* *(de l'économie)*.
reggae ['regeɪ] *n* reggae *m*.
Reggaeton [r'egeɪtɒn] *n style musical latino-américain mélangeant reggae, hip-hop et rap*.
regift [riː'gɪft] *vt* offrir à quelqu'un d'autre.
regime [reɪ'ʒiːm] *n POLIT* régime *m*.
regiment ['redʒɪmənt] *n* régiment *m*.
regimented ['redʒɪmentɪd] *adj* **1.** *(organisation)* trop rigide **2.** *(mode de vie)* strict.
region ['riːdʒən] *n* région *f* • **in the region of** environ.
regional ['riːdʒənl] *adj* régional.
regionalism ['riːdʒənəlɪzm] *n* régionalisme *m*.
regionally ['riːdʒnəlɪ] *adv* à l'échelle régionale.
register ['redʒɪstəʳ] *n* registre *m*. ❑ *vt* **1.** indiquer **2.** exprimer. ❑ *vi* **1.** s'inscrire **2.** signer le registre *(à l'hôtel)* **3.** *fam* • **it didn't register** je n'ai pas compris.
registered ['redʒɪstəd] *adj* **1.** inscrit **2.** *(véhicule)* immatriculé **3.** agréé par le gouvernement **4.** *(lettre, paquet)* recommandé.
registered post (UK), registered mail (US) *n* • **to send sthg by registered post** envoyer qqch en recommandé.
Registered Trademark *n* marque *f* déposée.
register office (UK) = **registry office**.
registrar [ˌredʒɪ'strɑːʳ] *n* **1.** officier *m* de l'état civil **2.** *UNIV* secrétaire *m* général.
registration [ˌredʒɪ'streɪʃn] *n* **1.** enregistrement *m*, inscription *f* **2.** = **registration number**.
registration number *n* numéro *m* d'immatriculation.
registry ['redʒɪstrɪ] *n* **(UK)** bureau *m* de l'enregistrement.
registry office *n* **(UK)** bureau *m* de l'état civil.
regress [rɪ'gres] *vi* • **to regress (to)** régresser (au stade de).
regret [rɪ'gret] *n* regret *m*. ❑ *vt* regretter.
regretful [rɪ'gretfʊl] *adj* **1.** *(personne)* plein de regrets **2.** *(regard)* de regret.
regretfully [rɪ'gretfʊlɪ] *adv* à regret.
regrettable [rɪ'gretəbl] *adj* regrettable, fâcheux.
regrettably [rɪ'gretəblɪ] *adv* malheureusement.
regroup [ˌriː'gruːp] *vi* se regrouper.
regular ['regjʊləʳ] *adj* **1.** régulier **2.** *(client)* fidèle **3.** habituel **4.** standard *(inv)*. ❑ *n* **1.** *COMM* habitué *m*, -e *f* **2.** *COMM* client *m*, -e *f* fidèle.
regularity [ˌregjʊ'lærətɪ] *n* régularité *f*.
regularly ['regjʊləlɪ] *adv* régulièrement.
regulate ['regjʊleɪt] *vt* régler.
regulation [ˌregjʊ'leɪʃn] *adj* réglementaire. ❑ *n* **1.** règlement *m* **2.** *(indén)* réglementation *f*.
regurgitate [rɪ'gɜːdʒɪteɪt] *vt sout* **1.** régurgiter **2.** *fig* & *péj* ressortir, répéter.
rehab ['riːhæb] *n* **(US)** *fam* • **to be in rehab** faire une cure de désintoxication • **rehab center** centre *m* de désintoxication.
rehabilitate [ˌriːə'bɪlɪteɪt] *vt* **1.** réinsérer, réhabiliter **2.** rééduquer.
rehabilitation ['riːəˌbɪlɪ'teɪʃn] *n* **1.** réinsertion *f*, réhabilitation *f* *(d'un criminel)* **2.** rééducation *f*.
rehash [ˌriː'hæʃ] *vt fam* & *péj* remanier.
rehearsal [rɪ'hɜːsl] *n THÉÂTRE* répétition *f*.
rehearse [rɪ'hɜːs] *vt* & *vi THÉÂTRE* répéter.
reheat [ˌriː'hiːt] *vt* réchauffer.
re-heel *vt* remettre des talons à.
rehome [ˌriː'həʊm] *vt* trouver un nouveau foyer pour.
rehouse [ˌriː'haʊz] *vt* reloger.
rehousing [ˌriː'haʊzɪŋ] *n* relogement *m*.
reign [reɪn] *n* règne *m*. ❑ *vi* • **to reign (over)** *litt* & *fig* régner (sur).
reigning ['reɪnɪŋ] *adj (champion)* actuel.
reimburse [ˌriːɪm'bɜːs] *vt* • **to reimburse sb (for)** rembourser qqn (de).
reimbursement [ˌriːɪm'bɜːsmənt] *n sout* remboursement *m*.
rein [reɪn] *n fig* • **to give (a) free rein to sb, to give sb free rein** laisser la bride sur le cou à qqn. ■ **rein in** *vt sép* **1.** serrer la bride à *(cheval)* **2.** *fig* modérer. ■ **reins** *npl* rênes *fpl*.
reincarnate *vt* [riː'ɪnkɑːneɪt] réincarner. ❑ *adj* [ˌriːɪn'kɑːnɪt] réincarné.
reincarnation [ˌriːɪnkɑː'neɪʃn] *n* réincarnation *f*.
reindeer ['reɪnˌdɪəʳ] *(pl inv)* *n* renne *m*.
reinforce [ˌriːɪn'fɔs] *vt* **1.** renforcer **2.** appuyer, étayer.
reinforced concrete [ˌriːɪn'fɔst-] *n* béton *m* armé.
reinforcement [ˌriːɪn'fɔsmənt] *n* **1.** *(indén)* renforcement *m* **2.** renfort *m*. ■ **reinforcements** *npl* renforts *mpl*.
reinstall *vt* réinstaller.
reinstate [ˌriːɪn'steɪt] *vt* **1.** réintégrer *(un employé)* **2.** rétablir *(une méthode, une politique)*.
reinstatement [ˌriːɪn'steɪtmənt] *n* **1.** réintégration *f* *(d'un employé)* **2.** rétablissement *m* *(d'une politique, d'une méthode)*.
reintegrate [ˌriː'ɪntɪgreɪt] *vt* réintégrer.

reintegration [ˈriːˌɪntɪˈgreɪʃn] *n* réintégration *f*.

reinterpret [ˌriːɪnˈtɜːprɪt] *vt* réinterpréter.

reintroduce [ˈriːˌɪntrəˈdjuːs] *vt* réintroduire.

reintroduction [ˌriːɪntrəˈdʌkʃn] *n* réintroduction *f*.

reinvent [ˌriːɪnˈvent] *vt* réinventer • **to reinvent the wheel** réinventer la roue.

reissue [riːˈɪʃuː] *n* **1.** réédition *f* **2.** rediffusion *f*. ❑ *vt* **1.** rééditer *(un livre)* **2.** ressortir *(un CD, un DVD)*.

reiterate [riːˈɪtəreɪt] *vt sout* réitérer.

reject *n* [ˈriːdʒekt] article *m* de rebut. ❑ *vt* [rɪˈdʒekt] **1.** rejeter **2.** refuser.

rejection [rɪˈdʒekʃn] *n* **1.** rejet *m* **2.** refus *m*.

rejig [ˌriːˈdʒɪg] *(prét & pp* **rejigged**, *cont* **rejigging***)* *vt* **(UK)** *fam* réorganiser.

rejoice [rɪˈdʒɔɪs] *vi* • **to rejoice (at** *ou* **in)** se réjouir (de).

rejuvenate [rɪˈdʒuːvəneɪt] *vt* rajeunir.

rekindle [ˌriːˈkɪndl] *vt fig* ranimer, raviver.

relapse [rɪˈlæps] *n* rechute *f*. ❑ *vi* • **to relapse into** retomber dans.

relate [rɪˈleɪt] *vt* **1.** • **to relate sthg to sthg** établir un lien *ou* rapport entre qqch et qqch **2.** raconter. ❑ *vi* **1.** • **to relate to** avoir un rapport avec **2.** • **to relate to** se rapporter à **3.** • **to relate (to sb)** s'entendre (avec qqn). ■ **relating to** *prép* concernant.

related [rɪˈleɪtɪd] *adj* **1.** apparenté **2.** lié.

-related *suffixe* lié à • **business-related activities** des activités liées *ou* ayant rapport aux affaires • **performance-related bonus** prime *f* d'encouragement.

relation [rɪˈleɪʃn] *n* **1.** • **relation (to/between)** rapport *m* (avec/entre) **2.** parent *m*, -e *f*. ■ **relations** *npl* relations *fpl*, rapports *mpl*.

relationship [rɪˈleɪʃnʃɪp] *n* **1.** relations *fpl*, rapports *mpl* **2.** liaison *f (amoureuse)* **3.** rapport *m*, lien *m*.

relative [ˈrelətɪv] *adj* relatif. ❑ *n* parent *m*, -e *f*. ■ **relative to** *prép* **1.** relativement à **2.** se rapportant à, relatif à.

relatively [ˈrelətɪvlɪ] *adv* relativement.

relativity [ˌreləˈtɪvətɪ] *n* relativité *f*.

relax [rɪˈlæks] *vt* **1.** détendre, relaxer **2.** décontracter **3.** desserrer *(son emprise)* **4.** relâcher *(son attention, ses efforts)* **5.** défriser *(cheveux)*. ❑ *vi* **1.** se détendre **2.** se desserrer.

relaxation [ˌriːlækˈseɪʃn] *n* **1.** relaxation *f*, détente *f* **2.** relâchement *m*.

relaxed [rɪˈlækst] *adj* détendu, décontracté.

relaxing [rɪˈlæksɪŋ] *adj* relaxant.

relay [ˈriːleɪ] *n* **1.** SPORT • **relay (race)** course *f* de relais **2.** RADIO & TV retransmission *f*. ❑ *vt* **1.** RADIO & TV relayer **2.** transmettre, communiquer.

release [rɪˈliːs] *n* **1.** libération *f* **2.** délivrance *f* **3.** communiqué *m* **4.** échappement *m* **5.** *(indén)* sortie *f (d'un film, d'un CD)* **6.** nouveauté *f (nouveau film, CD, DVD)*. ❑ *vt* **1.** libérer **2.** • **to release sb from** dégager qqn de **3.** libérer **4.** débloquer **5.** lâcher **6.** desserrer **7.** déclencher **8.** • **to be released (from/into)** se dégager (de/dans), s'échapper (de/dans) **9.** sortir *(un film, un CD)* **10.** publier *(un rapport)*.

relegate [ˈrelɪgeɪt] *vt* reléguer.

relegation [ˌrelɪˈgeɪʃn] *n* relégation *f*.

relent [rɪˈlent] *vi* **1.** se laisser fléchir **2.** *(vent, tempête)* se calmer.

relentless [rɪˈlentlɪs] *adj* implacable.

relentlessly [rɪˈlentlɪslɪ] *adv* implacablement.

relevance [ˈreləvəns] *(indén) n* **1.** • **relevance (to)** rapport *m* (avec) **2.** • **relevance (to)** importance *f* (pour).

relevant [ˈreləvənt] *adj* **1.** • **relevant (to)** qui a un rapport (avec) **2.** • **relevant (to)** important (pour) **3.** utile.

reliability [rɪˌlaɪəˈbɪlətɪ] *n* fiabilité *f*.

reliable [rɪˈlaɪəbl] *adj* **1.** fiable **2.** sérieux.

reliably [rɪˈlaɪəblɪ] *adv* de façon fiable.

reliance [rɪˈlaɪəns] *n* • **reliance (on)** dépendance *f* (de).

reliant [rɪˈlaɪənt] *adj* • **to be reliant on** être dépendant de.

relic [ˈrelɪk] *n* **1.** relique *f* **2.** vestige *m*.

relief [rɪˈliːf] *n* **1.** soulagement *m* **2.** aide *f*, assistance *f* **3.** **(US)** aide *f* sociale.

relieve [rɪˈliːv] *vt* **1.** soulager • **to relieve sb of sthg** délivrer qqn de qqch **2.** relayer **3.** secourir, venir en aide à.

relieved [rɪˈliːvd] *adj* soulagé.

religion [rɪˈlɪdʒn] *n* religion *f* • **to get religion (US)** *litt* découvrir Dieu.

religious [rɪˈlɪdʒəs] *adj* **1.** religieux **2.** *(livre)* de piété.

religiously [rɪˈlɪdʒəslɪ] *adv litt & fig* religieusement.

relinquish [rɪˈlɪŋkwɪʃ] *vt* **1.** abandonner *(le pouvoir)* **2.** renoncer à *(un projet)* **3.** quitter *(son poste)*.

relish [ˈrelɪʃ] *n* **1.** • **with (great) relish** avec délectation **2.** condiment *m*. ❑ *vt* prendre plaisir à • **I don't relish the thought** *ou* **idea of seeing him** la perspective de le voir ne m'enchante guère.

relive [ˌriːˈlɪv] *vt* revivre.

reload [ˌriːˈləʊd] *vt* recharger.

relocate [ˌriːləʊˈkeɪt] *vt* installer ailleurs, transférer. ❑ *vi* s'installer ailleurs, déménager.

relocation [ˌrɪləʊˈkeɪʃn] *n* transfert *m*, déménagement *m*.

relocation expenses *npl* frais *mpl* de déménagement.

reluctance [rɪˈlʌktəns] *n* répugnance *f*.

reluctant [rɪ'lʌktənt] *adj* peu enthousiaste • **to be reluctant to do sthg** être peu disposé à faire qqch.

reluctantly [rɪ'lʌktəntlɪ] *adv* à contrecœur.

rely [rɪ'laɪ] ■ **rely on** *vt insép* **1.** compter sur • **to rely on sb to do sthg** compter sur qqn pour faire qqch **2.** dépendre de.

REM (abrév de rapid eye movement) *n activité oculaire intense durant le sommeil paradoxal.*

remain [rɪ'meɪn] *vt* rester • **to remain to be done** rester à faire. ❑ *vi* rester. ■ **remains** *npl* **1.** restes *mpl* **2.** ruines *fpl*, vestiges *mpl*.

remainder [rɪ'meɪndəʳ] *n* reste *m*.

remaining [rɪ'meɪnɪŋ] *adj* qui reste.

remake *n* ['riːmeɪk] remake *m*. ❑ *vt* [ˌriː'meɪk] refaire.

remand [rɪ'mɑːnd] *n* • **on remand** en détention préventive. ❑ *vt* • **to remand sb (in custody)** placer qqn en détention préventive.

remark [rɪ'mɑːk] *n* remarque *f*, observation *f*. ❑ *vt* • **to remark that…** faire remarquer que…

remarkable [rɪ'mɑːkəbl] *adj* remarquable.

remarkably [rɪ'mɑːkəblɪ] *adv* remarquablement.

remarriage [ˌriː'mærɪdʒ] *n* remariage *m*.

remarry [ˌriː'mærɪ] *vi* se remarier.

remedial [rɪ'miːdjəl] *adj* **1.** *(cours)* de rattrapage **2.** *(exercices, traitement)* correctif **3.** *(mesures, action)* rectificatif.

remedy ['remədɪ] *n* • **remedy (for) a)** remède *m* (pour *ou* contre) **b)** *fig* remède (à *ou* contre). ❑ *vt* remédier à.

remember [rɪ'membəʳ] *vt* se souvenir de, se rappeler • **to remember to do sthg** ne pas oublier de faire qqch, penser à faire qqch • **to remember doing sthg** se souvenir d'avoir fait qqch, se rappeler avoir fait qqch. ❑ *vi* se souvenir, se rappeler.

remembrance [rɪ'membrəns] *n* • **in remembrance of** en souvenir *ou* mémoire de.

Remembrance Day *n* **(UK & CANADA)** l'Armistice *m*.

remind [rɪ'maɪnd] *vt* • **to remind sb of** *ou* **about sthg** rappeler qqch à qqn • **to remind sb to do sthg** rappeler à qqn de faire qqch, faire penser à qqn à faire qqch.

reminder [rɪ'maɪndəʳ] *n* **1.** • **to give sb a reminder (to do sthg)** faire penser à qqn (à faire qqch) **2.** *(administration)* COMM rappel *m* **3.** pense-bête *m*.

reminisce [ˌremɪ'nɪs] *vi* évoquer des souvenirs • **to reminisce about sthg** évoquer qqch.

reminiscent [ˌremɪ'nɪsnt] *adj* • **reminiscent of** qui rappelle, qui fait penser à.

remiss [rɪ'mɪs] *adj* négligent.

remission [rɪ'mɪʃn] *n (indén)* **1.** remise *f (de dette)* **2.** rémission *f (maladie)*.

remit[1] [rɪ'mɪt] *vt* envoyer, verser.

remit[2] ['riːmɪt] *n* **(UK)** attributions *fpl*.

remittance [rɪ'mɪtns] *n* **1.** versement *m* **2.** COMM règlement *m*, paiement *m*.

remnant ['remnənt] *n* **1.** reste *m*, restant *m* **2.** coupon *m (de tissu)*.

remodel [ˌriː'mɒdl] (**(UK)** *prét & pp* **remodelled**, *cont* **remodelling**, **(US)** *prét & pp* **remodeled**, *cont* **remodeling**) *vt* remodeler.

remorse [rɪ'mɔs] *n (indén)* remords *m*.

remorseful [rɪ'mɔsfʊl] *adj* plein de remords.

remorseless [rɪ'mɔslɪs] *adj* implacable.

remortgage [ˌriː'mɔːgɪdʒ] *vt* hypothéquer de nouveau, prendre une nouvelle hypothèque sur.

remote [rɪ'məʊt] *adj* **1.** éloigné **2.** distant **3.** *(possibilité, chance)* vague **4.** INFORM & TÉLÉCOM • **remote access** accès *m* à distance.

remote access *n* accès *m* à distance.

remote control *n* télécommande *f*.

remote-controlled [-kən'trəʊld] *adj* télécommandé.

remote course *n* cours *m* en distanciel.

remote working *n* travail *f* à distance.

remotely [rɪ'məʊtlɪ] *adv* **1.** • **not remotely** pas le moins du monde, absolument pas **2.** au loin.

remote user *n* utilisateur *m* distant.

remould ['riːməʊld] *n* **(UK)** pneu *m* rechapé.

removable [rɪ'muːvəbl] *adj* détachable, amovible.

removal [rɪ'muːvl] *n* **1.** *(indén)* enlèvement *m (d'un meuble)* **2.** **(UK)** déménagement *m*.

removal van *n* **(UK)** camion *m* de déménagement.

remove [rɪ'muːv] *vt* **1.** enlever **2.** faire partir *(une tache)* **3.** résoudre *(un problème)* **4.** dissiper *(des doutes)* **5.** ôter, enlever *(ses vêtements)* **6.** renvoyer *(un employé)*.

remuneration [rɪˌmjuːnə'reɪʃn] *n sout* rémunération *f*.

renaissance [rə'neɪsns] *n* renaissance *f* • **to enjoy a renaissance** connaître une renaissance. ■ **Renaissance** *n* • **the Renaissance** ART & HIST la Renaissance. ❑ *en apposition* **1.** *(art, peintre)* de la Renaissance **2.** *(palais, architecture, style)* Renaissance *(inv)*.

renal ['riːnl] *adj* rénal.

rename [ˌriː'neɪm] *vt* **1.** rebaptiser **2.** changer le nom de, renommer.

render ['rendəʳ] *vt* **1.** rendre **2.** porter *(assistance)* **3.** COMM présenter *(le compte de qqch)*.

rendering ['rendərɪŋ] *n* interprétation *f*.

rendezvous ['rɒndɪvuː] *(pl inv) n* rendez-vous *m inv*.

rendition [ren'dɪʃn] *n* interprétation *f (d'un sens)*.

renegade ['renɪgeɪd] *n* renégat *m*, -e *f*.

renege [rɪ'niːg] *vi sout* • **to renege on** manquer à, revenir sur.

renegotiate [,riːnɪ'gəʊʃɪeɪt] *vt* renégocier. ❑ *vi* négocier à nouveau.
renew [rɪ'njuː] *vt* **1.** renouveler *(un passeport)* **2.** reprendre *(des négociations, des forces)* • **to renew acquaintance with sb** renouer connaissance avec qqn **3.** faire renaître *(l'intérêt)*.
renewable [rɪ'njuːəbl] *adj* renouvelable.
renewable resource *n* ressource *f* renouvelable.
renewal [rɪ'njuːəl] *n* **1.** reprise *f* **2.** renouvellement *m*.
renounce [rɪ'naʊns] *vt* renoncer à.
renovate ['renəveɪt] *vt* rénover.
renovation [,renə'veɪʃn] *n* rénovation *f*.
renown [rɪ'naʊn] *n* renommée *f*.
renowned [rɪ'naʊnd] *adj* • **renowned (for)** renommé (pour).
rent [rent] *n* loyer *m*. ❑ *vt* louer • **'to rent' (US)** à louer. ■ **rent out** *vt sép* louer *(en tant que propriétaire)*.
rental ['rentl] *adj* de location. ❑ *n* **1.** prix *m* de location **2.** loyer *m*.
rental car *n* **(US)** voiture *f* de location.
rent boy *n* **(UK)** *fam* jeune garçon *m* qui se prostitue.
rent-free *adj* gratuit. ❑ *adv* sans payer de loyer.
renumber [,riː'nʌmbəʳ] *vt* renuméroter.
renunciation [rɪ,nʌnsɪ'eɪʃn] *n* renonciation *f*.
reoccurrence [,riːə'kʌrəns] *n* • **if there's a reoccurrence…** si cela se reproduit…
reopen [,riː'əʊpn] *vt* **1.** rouvrir **2.** reprendre. ❑ *vi* **1.** rouvrir **2.** reprendre **3.** *(blessure)* se rouvrir.
reorganization, **-isation (UK)** ['riː,ɔːgənaɪ'zeɪʃn] *n* réorganisation *f*.
reorganize, **-ise (UK)** [,riː'ɔgənaɪz] *vt* réorganiser.
rep [rep] *n fam* **1.** (abrév de representative) VRP *m* **2.** abrév de **repertory**.
repackage [,riː'pækɪdʒ] *vt* **1.** remballer *(produits)* **2.** redorer *fig*.
repaginate [,riː'pædʒɪneɪt] *vt* **1.** remettre en pages **2.** repaginer.
repaid [riː'peɪd] *passé & pp* → **repay**.
repaint [,riː'peɪnt] *vt* repeindre.
repair [rɪ'peəʳ] *n* réparation *f* • **in good/bad repair** en bon/mauvais état. ❑ *vt* réparer.
repair kit *n* trousse *f* à outils.
reparcelling [riː'pɑːslɪŋ] *n* remembrement *m (d'un terrain)*.
repartee [,repɑː'tiː] *n* repartie *f*.
repatriate [,riː'pætrɪeɪt] *vt* rapatrier.
repatriation [,riːpætrɪ'eɪʃn] *n* rapatriement *m*.
repay [riː'peɪ] *(prét & pp* **repaid***)* *vt* **1.** • **to repay sb sthg, to repay sthg to sb** rembourser qqch à qqn **2.** récompenser.
repayment [riː'peɪmənt] *n* remboursement *m* • **repayment options** formules *fpl* de remboursement.
repayment mortgage *n* prêt-logement *m*.
repeal [rɪ'piːl] *n* abrogation *f*. ❑ *vt* abroger.
repeat [rɪ'piːt] *vt* **1.** répéter **2.** RADIO & TV rediffuser. ❑ *n* RADIO & TV reprise *f*, rediffusion *f*.
repeated [rɪ'piːtɪd] *adj* répété.
repeatedly [rɪ'piːtɪdlɪ] *adv* à maintes reprises, très souvent.
repeat sale *n* vente *f* répétée.
repel [rɪ'pel] *vt* repousser.
repellent [rɪ'pelənt] *adj* répugnant. ❑ *n* • **insect repellent** crème *f* anti-insecte.
repent [rɪ'pent] *vt* se repentir de. ❑ *vi* • **to repent (of)** se repentir (de).
repentance [rɪ'pentəns] *n (indén)* repentir *m*.
repentant [rɪ'pentənt] *adj* repentant.
repercussions [,riːpə'kʌʃnz] *npl* répercussions *fpl*.
repertoire ['repətwɑːʳ] *n fig* THÉÂTRE répertoire *m*.
repertory ['repətrɪ] *n* THÉÂTRE répertoire *m*.
repetition [,repɪ'tɪʃn] *n* répétition *f*.
repetitious [,repɪ'tɪʃəs], **repetitive** [rɪ'petɪtɪv] *adj* **1.** répétitif **2.** qui a des redites.
repetitive strain injury, **repetitive stress injury** → **RSI**.
rephrase [,riː'freɪz] *vt* réécrire, tourner autrement.
replace [rɪ'pleɪs] *vt* **1.** remplacer **2.** replacer, remettre (à sa place).
replacement [rɪ'pleɪsmənt] *n* **1.** remplacement *m* **2.** replacement *m* **3.** • **replacement (for sb)** remplaçant *m*, -e *f* (de qqn).
replaster [,riː'plɑːstəʳ] *vt* replâtrer.
replay *n* ['riːpleɪ] SPORT match *m* rejoué. ❑ *vt* [,riː'pleɪ] **1.** SPORT rejouer *(un match)* **2.** repasser *(un CD, un DVD)*.
replenish [rɪ'plenɪʃ] *vt* • **to replenish one's supply of sthg** se réapprovisionner en qqch.
replete [rɪ'pliːt] *adj* **1.** *sout* rempli **2.** rassasié.
replica ['replɪkə] *n* copie *f* exacte, réplique *f*.
replicate ['replɪkeɪt] *vt sout* reproduire.
reply [rɪ'plaɪ] *n* • **reply (to)** réponse *f* (à). ❑ *vt & vi* répondre.
reply coupon *n* coupon-réponse *m*.
repopulate [,riː'pɒpjʊleɪt] *vt* repeupler.
repopulation [,riːpɒpjʊ'leɪʃən] *n* repeuplement *m*.
report [rɪ'pɔt] *n* **1.** rapport *m*, compte *m* rendu **2.** PRESSE reportage *m* **3.** **(UK)** bulletin *m* (scolaire). ❑ *vt* **1.** rapporter, signaler *(une nouvelle, un crime)* **2.** • **to report that…** annoncer que… **3.** • **to report sb (to)** dénoncer qqn (à). ❑ *vi* **1.** • **to report (on)** faire un rapport (sur) **2.** PRESSE faire un reportage (sur) **3.** • **to report (to sb/for sthg)** se présenter (à qqn/

pour qqch). ■ **report back** *vi* • **to report back (to)** présenter son rapport (à) • **can you report back on what was discussed?** pouvez-vous rapporter ce qui a été dit ?

report card *n* **(US)** bulletin *m* (scolaire).

reported [rɪ'pɔːtɪd] *adj* • **there have been reported sightings of dolphins off the coast** on aurait vu des dauphins près des côtes.

reportedly [rɪ'pɔtɪdlɪ] *adv* à ce qu'il paraît.

reported speech [rɪ'pɔːtɪd-] *n* style *m* indirect.

reporter [rɪ'pɔtəʳ] *n* reporter *m*.

repose [rɪ'pəʊz] *n littéraire* repos *m*.

reposition [ˌriːpə'zɪʃn] *vt* repositionner.

repositioning [ˌriːpə'zɪʃnɪŋ] *n* repositionnement *m*.

repossess [ˌriːpə'zes] *vt* saisir.

repossession [ˌriːpə'zeʃn] *n* saisie *f*.

reprehensible [ˌreprɪ'hensəbl] *adj sout* répréhensible.

represent [ˌreprɪ'zent] *vt* représenter.

representation [ˌreprɪzen'teɪʃn] *n* représentation *f*.

representative [ˌreprɪ'zentətɪv] *adj* représentatif. ❑ *n* représentant *m*, -e *f*.

repress [rɪ'pres] *vt* réprimer.

repressed [rɪ'prest] *adj* **1.** refoulé *(sexuellement)* **2.** *(sentiment)* réprimé, contenu.

repression [rɪ'preʃn] *n* **1.** répression *f* **2.** refoulement *m*.

repressive [rɪ'presɪv] *adj* répressif.

reprieve [rɪ'priːv] *n* **1.** sursis *m*, répit *m* **2.** DR sursis *m*. ❑ *vt* accorder un sursis à.

reprimand ['reprɪmɑːnd] *n* réprimande *f*. ❑ *vt* réprimander.

reprint *n* ['riːprɪnt] réimpression *f*. ❑ *vt* [ˌriː'prɪnt] réimprimer.

reprisal [rɪ'praɪzl] *(indén) n* représailles *fpl*.

reproach [rɪ'prəʊtʃ] *n* reproche *m*. ❑ *vt* • **to reproach sb for** *ou* **with sthg** reprocher qqch à qqn.

reproachful [rɪ'prəʊtʃfʊl] *adj* **1.** réprobateur **2.** *(regard, paroles)* de reproche.

reproachfully [rɪ'prəʊtʃfʊlɪ] *adv* avec reproche • **to look at sb reproachfully** lancer des regards réprobateurs à qqn.

reproduce [ˌriːprə'djuːs] *vt* reproduire. ❑ *vi* se reproduire.

reproduction [ˌriːprə'dʌkʃn] *n* reproduction *f*.

reproductive [ˌriːprə'dʌktɪv] *adj* reproducteur.

reprogram [ˌriː'prəʊgræm] *(prét & pp* **reprogrammed**, *cont* **reprogramming**) *vt* reprogrammer.

reprogrammable [ˌriːˌprəʊ'græməbəl] *adj* reprogrammable.

reproof [rɪ'pruːf] *n sout* reproche *m*, blâme *m*.

reprove [rɪ'pruːv] *vt sout* • **to reprove sb (for)** réprimander qqn (pour).

reproving [rɪ'pruːvɪŋ] *adj sout* réprobateur.

reptile ['reptaɪl] *n* reptile *m*.

republic [rɪ'pʌblɪk] *n* république *f*.

republican [rɪ'pʌblɪkən] *n* républicain *m*, -e *f*. ■ **Republican** *adj* républicain • **the Republican Party (US)** le parti républicain.

repudiate [rɪ'pjuːdɪeɪt] *vt sout* **1.** rejeter *(une offre)* **2.** renier *(un ami)*.

repugnance [rɪ'pʌgnəns] *n sout* répugnance *f*.

repugnant [rɪ'pʌgnənt] *adj sout* répugnant.

repulse [rɪ'pʌls] *vt* repousser.

repulsion [rɪ'pʌlʃn] *n* répulsion *f*.

repulsive [rɪ'pʌlsɪv] *adj* repoussant.

repulsively [rɪ'pʌlsɪvlɪ] *adv* de façon repoussante *ou* répugnante.

reputable ['repjʊtəbl] *adj* de bonne réputation.

reputation [ˌrepjʊ'teɪʃn] *n* réputation *f*.

repute [rɪ'pjuːt] *n* • **of good repute** de bonne réputation.

reputed [rɪ'pjuːtɪd] *adj* réputé • **to be reputed to be sthg** être réputé pour être qqch, avoir la réputation d'être qqch.

reputedly [rɪ'pjuːtɪdlɪ] *adv* à *ou* d'après ce qu'on dit.

request [rɪ'kwest] *n* • **request (for)** demande *f* (de) • **on request** sur demande. ❑ *vt* demander • **to request sb to do sthg** demander à qqn de faire qqch.

request stop *n* **(UK)** *(bus)* arrêt *m* facultatif.

requiem (mass) ['rekwɪəm-] *n* messe *f* de requiem.

require [rɪ'kwaɪəʳ] *vt* **1.** avoir besoin de **2.** nécessiter • **to require sb to do sthg** exiger de qqn qu'il fasse qqch.

required [rɪ'kwaɪəd] *adj* exigé, requis.

requirement [rɪ'kwaɪəmənt] *n* besoin *m*.

requisite ['rekwɪzɪt] *adj sout* requis.

requisition [ˌrekwɪ'zɪʃn] *vt* réquisitionner.

reran [ˌriː'ræn] *passé* → **rerun**.

reread [ˌriː'riːd] *(prét & pp* **reread** [ˌriː'red]) *vt* relire.

reroute [ˌriː'ruːt] *vt* dérouter.

rerun *n* ['riːrʌn] **1.** TV rediffusion *f*, reprise *f* **2.** *fig* répétition *f*. ❑ *vt* [ˌriː'rʌn] *(prét* **reran**, *pp* **rerun**) **1.** réorganiser **2.** TV rediffuser **3.** repasser *(un CD, un film)*.

resat [ˌriː'sæt] *passé & pp* → **resit**.

reschedule [**(UK)** ˌriː'ʃedjʊl, **(US)** ˌriː'skedʒʊl] *vt* **1.** changer la date de **2.** changer l'heure de.

rescind [rɪ'sɪnd] *vt sout* **1.** annuler *(un contrat)* **2.** abroger *(une loi)*.

rescue ['reskjuː] *n* **1.** *(indén)* secours *mpl* **2.** sauvetage *m*. ❑ *vt* sauver, secourir.

rescuer ['reskjʊəʳ] *n* sauveteur *m*, -euse *f*.

resealable [ˌriːˈsiːləbl] *adj* qui peut être recacheté.
research [ˌrɪˈsɜːtʃ] *n (indén)* • **research (on** *ou* **into)** recherche *f* (sur), recherches *fpl* (sur) • **research and development** recherche et développement *m*. ❑ *vt* faire des recherches sur.
researcher [rɪˈsɜːtʃəʳ] *n* chercheur *m*, -euse *f*.
resemblance [rɪˈzembləns] *n* • **resemblance (to)** ressemblance *f* (avec).
resemble [rɪˈzembl] *vt* ressembler à.
resent [rɪˈzent] *vt* être indigné par.
resentful [rɪˈzentfʊl] *adj* plein de ressentiment.
resentfully [rɪˈzentfʊlɪ] *adv* avec ressentiment.
resentment [rɪˈzentmənt] *n* ressentiment *m*.
reservation [ˌrezəˈveɪʃn] *n* **1.** réservation *f* • **to make a reservation** faire une réservation **2.** • **without reservation** sans réserve • **to have reservations about sthg** faire *ou* émettre des réserves sur qqch **3. (US)** réserve *f* indienne.
reserve [rɪˈzɜːv] *n* **1.** réserve *f* • **in reserve** en réserve **2.** *SPORT* remplaçant *m*, -e *f*. ❑ *vt* garder, réserver.
reserved [rɪˈzɜːvd] *adj* réservé.
reservoir [ˈrezəvwɑːʳ] *n* réservoir *m*.
reset [ˌriːˈset] (*prét & pp* **reset**) *vt* **1.** remettre à l'heure **2.** remettre à zéro **3.** *INFORM* réinitialiser.
reset button *n* bouton *m* de réinitialisation.
reshape [ˌriːˈʃeɪp] *vt* réorganiser.
reshuffle [ˌriːˈʃʌfl] *n* remaniement *m* • **cabinet reshuffle** *POLIT* remaniement ministériel. ❑ *vt* remanier.
reside [rɪˈzaɪd] *vi sout* résider.
residence [ˈrezɪdəns] *n* résidence *f*.
residence hall (US) = **hall of residence**.
residence permit *n* permis *m* de séjour.
resident [ˈrezɪdənt] *adj* **1.** résidant **2.** *(domestique)* à demeure. ❑ *n* résident *m*, -e *f*.
residential [ˌrezɪˈdenʃl] *adj* • **residential course** *stage ou formation avec logement sur place* • **residential institution** internat *m*.
residential area *n* quartier *m* résidentiel.
residual [rɪˈzɪdjʊəl] *adj* **1.** restant **2.** résiduel.
residue [ˈrezɪdjuː] *n* **1.** reste *m* **2.** résidu *m*.
resign [rɪˈzaɪn] *vt* **1.** démissionner de **2.** • **to resign o.s. to** se résigner à. ❑ *vi* • **to resign (from)** démissionner (de).
resignation [ˌrezɪgˈneɪʃn] *n* **1.** démission *f* **2.** résignation *f*.
resigned [rɪˈzaɪnd] *adj* • **resigned (to)** résigné (à).
resilience [rɪˈzɪlɪəns] *n* **1.** élasticité *f (d'un matériau)* **2.** ressort *m (d'une personne)*.
resilient [rɪˈzɪlɪənt] *adj* **1.** élastique **2.** qui a du ressort.
resin [ˈrezɪn] *n* résine *f*.
resist [rɪˈzɪst] *vt* résister à.
resistance [rɪˈzɪstəns] *n* résistance *f*.
resistant [rɪˈzɪstənt] *adj* **1.** • **to be resistant to a)** résister à *(être opposé)* **b)** s'opposer à *(un changement)* **2.** • **resistant (to)** rebelle (à) *(être immunisé)*. ■ **-resistant** *suffixe* • **heat-resistant** qui résiste à la chaleur • **water-resistant** résistant à l'eau • **flame-resistant** ignifugé.
resit (UK) *n* [ˈriːsɪt] *UNIV* deuxième session *f*. ❑ *vt* [ˌriːˈsɪt] (*prét & pp* **resat**) repasser, se représenter à *(un examen)*.
resize [ˌriːˈsaɪz] *vt INFORM* redimensionner *(fenêtre à l'écran)*.
resolute [ˈrezəluːt] *adj* résolu.
resolutely [ˈrezəluːtlɪ] *adv* résolument.
resolution [ˌrezəˈluːʃn] *n* résolution *f*.
resolve [rɪˈzɒlv] *n (indén)* résolution *f*. ❑ *vt* **1.** • **to resolve (that)…** décider que… • **to resolve to do sthg** résoudre *ou* décider de faire qqch **2.** résoudre.
resonate [ˈrezəneɪt] *vi* résonner.
resort [rɪˈzɔːt] *n* **1.** lieu *m* de vacances **2.** recours *m* • **as a last resort, in the last resort** en dernier ressort. ■ **resort to** *vt insép* recourir à.
resound [rɪˈzaʊnd] *vi* **1.** résonner **2.** • **to resound with** retentir de.
resounding [rɪˈzaʊndɪŋ] *adj* **1.** retentissant **2.** sonore **3.** violent.
resoundingly [rɪˈzaʊndɪŋlɪ] *adv* **1.** *(gagner)* d'une manière retentissante *ou* décisive • **to be resoundingly beaten** être battu à plate couture **2.** *(critiquer)* sévèrement.
resource [rɪˈsɔːs] *n* ressource *f*.
resourceful [rɪˈsɔːsfʊl] *adj* plein de ressources, débrouillard.
resourcefully [rɪˈsɔːsfʊlɪ] *adv* ingénieusement.
resourcefulness [rɪˈsɔːsfʊlnɪs] *n (indén)* ressource *f*.
respect [rɪˈspekt] *n* **1.** • **respect (for)** respect *m* (pour) • **with respect** avec respect • **with respect,…** sauf votre respect,… **2.** • **in this** *ou* **that respect** à cet égard • **in some respects** à certains égards. ❑ *vt* respecter • **to respect sb for sthg** respecter qqn pour qqch. ■ **respects** *npl* respects *mpl*, hommages *mpl*. ■ **with respect to** *prép* en ce qui concerne.
respectability [rɪˌspektəˈbɪlətɪ] *n* respectabilité *f*.
respectable [rɪˈspektəbl] *adj* **1.** respectable **2.** raisonnable, honorable.
respectably [rɪˈspektəblɪ] *adv* convenablement.
respected [rɪˈspektɪd] *adj* respecté.
respectful [rɪˈspektfʊl] *adj* respectueux.
respectfully [rɪˈspektfʊlɪ] *adv* avec respect, respectueusement.
respective [rɪˈspektɪv] *adj* respectif.

respectively [rɪ'spektɪvlɪ] *adv* respectivement.
respiration [ˌrespə'reɪʃn] *n* respiration *f*.
respiratory [(UK) rɪ'spɪrətrɪ, (US) 'respərətɔːrɪ] *adj* respiratoire.
respire [rɪ'spaɪər] *vi* respirer.
respite ['respaɪt] *n* répit *m*.
resplendent [rɪ'splendənt] *adj littéraire* resplendissant.
respond [rɪ'spɒnd] *vi* • **to respond (to)** répondre (à).
response [rɪ'spɒns] *n* réponse *f*.
responsibility [rɪˌspɒnsə'bɪlətɪ] *n* • **responsibility (for)** responsabilité *f* (de).
responsible [rɪ'spɒnsəbl] *adj* **1.** • **responsible (for sthg)** responsable (de qqch) • **to be responsible to sb** être responsable devant qqn **2.** qui comporte des responsabilités.
responsibly [rɪ'spɒnsəblɪ] *adv* de façon responsable.
responsive [rɪ'spɒnsɪv] *adj* **1.** qui réagit bien **2.** • **responsive (to)** attentif (à).
rest [rest] *n* **1.** • **the rest (of)** le reste (de) • **the rest (of them)** les autres *mf pl* **2.** repos *m* • **to have a rest** se reposer **3.** support *m*, appui *m*. ❑ *vt* **1.** faire *ou* laisser reposer **2.** • **to rest sthg on/against** appuyer qqch sur/contre. ❑ *vi* **1.** se reposer **2.** • **to rest on/against** s'appuyer sur/contre **3.** *fig* • **to rest on** reposer sur **4.** • **rest assured** soyez certain.
restart [ˌriː'stɑːt] *vt* **1.** remettre en marche **2.** reprendre *(le travail)*, recommencer **3.** redémarrer *(ordinateur)*, relancer *(programme)*. ❑ *vi* **1.** *(film)* reprendre **2.** se remettre en marche.
restaurant ['restərɒnt] *n* restaurant *m*.
restaurant car *n* (UK) wagon-restaurant *m*.
rested ['restɪd] *adj* reposé.
restful ['restfʊl] *adj* reposant.
rest home *n* maison *f* de repos.
restive ['restɪv] *adj* agité.
restless ['restlɪs] *adj* agité.
restlessly ['restlɪslɪ] *adv* avec agitation.
restlessness ['restlɪsnɪs] *n* **1.** nervosité *f*, agitation *f* **2.** impatience *f*.
restoration [ˌrestə'reɪʃn] *n* **1.** rétablissement *m* **2.** restauration *f*.
restorative [rɪ'stɒrətɪv] *adj sout* fortifiant.
restore [rɪ'stɔːr] *vt* **1.** rétablir *(l'ordre)* **2.** redonner *(la confiance)* **3.** restaurer *(un bâtiment, un tableau)* **4.** rendre, restituer.
restrain [rɪ'streɪn] *vt* **1.** contenir, retenir *(la foule)* **2.** maîtriser, contenir *(ses émotions)* • **to restrain o.s. from doing sthg** se retenir de faire qqch.
restrained [rɪ'streɪnd] *adj* **1.** mesuré **2.** qui se domine.
restraint [rɪ'streɪnt] *n* **1.** restriction *f*, entrave *f* **2.** *(indén)* mesure *f*, retenue *f*.
restrict [rɪ'strɪkt] *vt* restreindre, limiter.
restricted [rɪ'strɪktɪd] *adj* **1.** limité **2.** confidentiel ; *(zone)* interdit.
restriction [rɪ'strɪkʃn] *n* restriction *f*, limitation *f*.
restrictive [rɪ'strɪktɪv] *adj* restrictif.
rest room *n* (US) toilettes *fpl*.
result [rɪ'zʌlt] *n* résultat *m* • **as a result** en conséquence • **as a result of a)** à la suite de **b)** à cause de. ❑ *vi* **1.** • **to result in** aboutir à **2.** • **to result (from)** résulter (de).
resume [rɪ'zjuːm] *vt & vi* reprendre.
résumé ['rezjuːmeɪ] *n* **1.** résumé *m* **2.** (US) curriculum vitae *m inv*, CV *m*.
resumption [rɪ'zʌmpʃn] *n* reprise *f*.
resurface [ˌriː'sɜːfɪs] *vt* regoudronner. ❑ *vi* *(problèmes)* réapparaître.
resurgence [rɪ'sɜːdʒəns] *n* réapparition *f*.
resurrect [ˌrezə'rekt] *vt fig* ressusciter.
resurrection [ˌrezə'rekʃn] *n fig* résurrection *f*.
resuscitate [rɪ'sʌsɪteɪt] *vt* réanimer.
resuscitation [rɪˌsʌsɪ'teɪʃn] *n* réanimation *f*.
retail ['riːteɪl] *n (indén)* détail *m*. ❑ *adv* au détail.
retailer ['riːteɪlər] *n* détaillant *m*, -e *f*.
retail price *n* prix *m* de détail.
retail therapy *n* • **to do some retail therapy** *fam* faire du shopping pour se remonter le moral.
retain [rɪ'teɪn] *vt* conserver.
retainer [rɪ'teɪnər] *n* provision *f*.
retake *vt* [ˌriː'teɪk] *(prét* **retook** [-'tʊk], *pp* **retaken** [-'teɪkn]) **1.** reprendre *(une forteresse)* **2.** repasser *(un examen)* **3.** reprendre, refaire *(une scène sur le tournage)*. ❑ *n* ['riːteɪk] **1.** nouvelle session *f (d'examens)* **2.** nouvelle prise *f* (de vues).
retaliate [rɪ'tælɪeɪt] *vi* rendre la pareille, se venger.
retaliation [rɪˌtælɪ'eɪʃn] *n (indén)* vengeance *f*, représailles *fpl*.
retarded [rɪ'tɑːdɪd] *adj injur* retardé.
retch [retʃ] *vi* avoir des haut-le-cœur.
retentive [rɪ'tentɪv] *adj (mémoire)* fidèle.
rethink *n* ['riːθɪŋk] • **to have a rethink (on** *ou* **about sthg)** repenser (qqch). ❑ *vt & vi* [ˌriː'θɪŋk] *(prét & pp* **rethought** [-'θɔːt]) repenser.
reticent ['retɪsənt] *adj* peu communicatif • **to be reticent about sthg** ne pas beaucoup parler de qqch.
retina ['retɪnə] *(pl* **-nas** *ou* **-nae**) *n* rétine *f*.
retinue ['retɪnjuː] *n (escorte)* suite *f*.
retire [rɪ'taɪər] *vi* **1.** prendre sa retraite **2.** se retirer **3.** *sout* (aller) se coucher.
retired [rɪ'taɪəd] *adj* à la retraite, retraité.
retirement [rɪ'taɪəmənt] *n* retraite *f*.
retirement age *n* âge *m* de la retraite.
retirement pension *n* retraite *f*.

retiring [rɪ'taɪərɪŋ] *adj* réservé.
retort [rɪ'tɔt] *n* riposte *f.* ❑ *vt* riposter.
retouch [ˌri:'tʌtʃ] *vt* retoucher.
retrace [rɪ'treɪs] *vt* • **to retrace one's steps** revenir sur ses pas.
retract [rɪ'trækt] *vt* **1.** rétracter **2.** rentrer, escamoter *(un train d'atterrissage)* **3.** rentrer *(ses griffes).*
retraction [rɪ'trækʃn] *n* rétractation *f.*
retrain [ˌri:'treɪn] *vt* recycler.
retraining [ˌri:'treɪnɪŋ] *n* recyclage *m.*
retread *n* ['ri:tred] pneu *m* rechapé.
retreat [rɪ'tri:t] *n* retraite *f.* ❑ *vi* **1.** se retirer **2.** MIL battre en retraite.
retribution [ˌretrɪ'bju:ʃn] *n* châtiment *m.*
retrieval [rɪ'tri:vl] *n (indén)* INFORM recherche *f* et extraction *f.*
retrieve [rɪ'tri:v] *vt* **1.** récupérer **2.** INFORM rechercher et extraire.
retriever [rɪ'tri:vər] *n* retriever *m.*
retro ['retrəu] *adj* rétro *(inv)* • **retro fashion** la mode rétro.
retrograde ['retrəgreɪd] *adj* *sout* rétrograde.
retrogressive [ˌretrə'gresɪv] *adj* *sout* rétrograde.
retrospect ['retrəspekt] *n* • **in retrospect** après coup.
retrospective [ˌretrə'spektɪv] *adj* **1.** rétrospectif **2.** rétroactif.
retrospectively [ˌretrə'spektɪvlɪ] *adv* **1.** rétrospectivement **2.** rétroactivement.
return [rɪ'tɜ:n] *n* **1.** *(indén)* retour *m* **2.** TENNIS • **return of service** retour *m* de service **3.** **(UK)** aller et retour *m* **4.** rapport *m*, rendement *m.* ❑ *vt* **1.** rendre **2.** rembourser **3.** rapporter **4.** renvoyer **5.** remettre. ❑ *vi* **1.** revenir **2.** retourner. ■ **in return** *adv* en retour, en échange. ■ **in return for** *prép* en échange de. ■ **returns** *npl* COMM recettes *fpl* • **many happy returns (of the day)!** bon anniversaire !
return key *n* touche *f* entrée.
return match *n* match *m* retour.
return ticket *n* **(UK)** aller et retour *m.*
reunification [ˌri:ju:nɪfɪ'keɪʃn] *n* réunification *f.*
reunify [ˌri:'ju:nɪfaɪ] *(prét & pp* **reunified**) *vt* réunifier.
reunion [ˌri:'ju:njən] *n* réunion *f.*
reunite [ˌri:ju:'naɪt] *vt* • **to be reunited with sb** retrouver qqn.
reusable [ri:'ju:zəbl] *adj* réutilisable.
reuse *n* [ˌri:'ju:s] réutilisation *f.* ❑ *vt* [ˌri:'ju:z] réutiliser.
rev [rev] *fam n* (abrév de **revolution**) tour *m.* ❑ *vt* • **to rev the engine (up)** emballer le moteur.
revamp [ˌri:'væmp] *vt* *fam* **1.** réorganiser **2.** retaper.
reveal [rɪ'vi:l] *vt* révéler.
revealing [rɪ'vi:lɪŋ] *adj* **1.** décolleté **2.** qui laisse deviner le corps **3.** révélateur.
reveille [**(UK)** rɪ'vælɪ, **(US)** 'revəlɪ] *n* réveil *m.*
revel ['revl] (**(UK)** *prét & pp* **revelled**, *cont* **revelling**, **(US)** *prét & pp* **reveled**, *cont* **reveling**) *vi* • **to revel in sthg** se délecter de qqch.
revelation [ˌrevə'leɪʃn] *n* révélation *f.*
reveller (UK), **reveler (US)** ['revələr] *n* fêtard *m*, -e *f.*
revenge [rɪ'vendʒ] *n* vengeance *f* • **to take revenge (on sb)** se venger (de qqn). ❑ *vt* venger • **to revenge o.s. on sb** se venger de qqn.
revenue ['revənju:] *n* revenu *m.*
reverberate [rɪ'vɜ:bəreɪt] *vi* **1.** retentir, se répercuter **2.** *fig* avoir des répercussions.
reverberations [rɪˌvɜ:bə'reɪʃnz] *npl* **1.** réverbérations *fpl* **2.** *fig* répercussions *fpl.*
revere [rɪ'vɪər] *vt* révérer, vénérer.
reverence ['revərəns] *n* révérence *f*, vénération *f.*
Reverend ['revərənd] *n* révérend *m.*
reverent ['revərənt] *adj* respectueux.
reverie ['revərɪ] *n* *littéraire* rêverie *f.*
reversal [rɪ'vɜ:sl] *n* **1.** revirement *m* **2.** revers *m* de fortune.
reverse [rɪ'vɜ:s] *adj* inverse. ❑ *n* **1.** AUTO • **reverse (gear)** marche *f* arrière **2.** • **the reverse** le contraire **3.** • **the reverse a)** le verso, le dos **b)** le revers. ❑ *vt* **1.** inverser **2.** renverser **3.** retourner. ❑ *vi* AUTO faire marche arrière.
reverse-charge call *n* **(UK)** appel *m* en PCV.
reverse discrimination *n* *discrimination à l'encontre d'un groupe normalement privilégié.*
reversible [rɪ'vɜ:səbl] *adj* réversible.
reversing light [rɪ'vɜ:sɪŋ-] *n* **(UK)** feu *m* de marche arrière.
revert [rɪ'vɜ:t] *vi* • **to revert to** retourner à.
review [rɪ'vju:] *n* **1.** révision *f* **2.** examen *m* **3.** critique *f*, compte rendu *m.* ❑ *vt* **1.** réviser **2.** examiner **3.** faire la critique de **4.** MIL passer en revue.
reviewer [rɪ'vju:ər] *n* critique *mf.*
revile [rɪ'vaɪl] *vt* injurier.
revise [rɪ'vaɪz] *vt* **1.** modifier **2.** corriger **3.** **(UK)** réviser • **to revise for an exam** réviser pour un examen.
revised [rɪ'vaɪzd] *adj* **1.** *(chiffres, estimations)* nouveau **2.** revu et corrigé.
revision [rɪ'vɪʒn] *n* révision *f (changement)* • **to do some revision** faire des révisions.
revisit [ˌri:'vɪzɪt] *vt* visiter de nouveau.
revitalize, -ise (UK) [ˌri:'vaɪtəlaɪz] *vt* revitaliser.
revival [rɪ'vaɪvl] *n* **1.** reprise *f (de l'économie)* **2.** regain *m (d'intérêt).*
revive [rɪ'vaɪv] *vt* **1.** ranimer *(une personne)* **2.** relancer *(l'économie)* **3.** faire renaître *(l'intérêt)* **4.** rétablir *(une tradition)* **5.** reprendre *(un*

spectacle) **6.** ranimer, raviver *(des souvenirs)*. ❑ *vi* **1.** reprendre connaissance **2.** *(économie)* repartir, reprendre **3.** *(espoirs)* renaître.

revoke [rɪ'vəʊk] *vt* **1.** annuler *(décision, ordre)* **2.** révoquer, annuler *(testament)* **3.** retirer *(permis, droit)*.

revolt [rɪ'vəʊlt] *n* révolte *f*. ❑ *vt* révolter, dégoûter. ❑ *vi* se révolter.

revolting [rɪ'vəʊltɪŋ] *adj* **1.** dégoûtant **2.** infect.

revolution [ˌrevə'luːʃn] *n* **1.** révolution *f* **2.** TECHNOL tour *m*, révolution *f*.

revolutionary [ˌrevə'luːʃnərɪ] *adj & n* révolutionnaire.

revolutionize, **-ise (UK)** [ˌrevə'luːʃənaɪz] *vt* révolutionner.

revolve [rɪ'vɒlv] *vi* • **to revolve (around)** tourner (autour de).

revolver [rɪ'vɒlvəʳ] *n* revolver *m*.

revolving [rɪ'vɒlvɪŋ] *adj* **1.** tournant **2.** *(fauteuil, chaise)* pivotant.

revolving door *n* tambour *m*.

revue [rɪ'vjuː] *n* revue *f*.

revulsion [rɪ'vʌlʃn] *n* répugnance *f*.

reward [rɪ'wɔːd] *n* récompense *f*. ❑ *vt* • **to reward sb (for/with sthg)** récompenser qqn (de/par qqch).

rewarding [rɪ'wɔːdɪŋ] *adj* **1.** *(travail)* qui donne de grandes satisfactions **2.** *(livre)* qui vaut la peine d'être lu.

rewind [ˌriː'waɪnd] (*prét & pp* **rewound**) *vt* rembobiner.

rewire [ˌriː'waɪəʳ] *vt* refaire l'installation électrique de.

reword [ˌriː'wɜːd] *vt* reformuler.

rework [ˌriː'wɜːk] *vt* retravailler.

rewound [ˌriː'waʊnd] *passé & pp* → **rewind**.

rewritable [ˌriː'raɪtəbl] *adj* réinscriptible.

rewrite [ˌriː'raɪt] (*prét* **rewrote** [ˌriː'rəʊt], *pp* **rewritten** [ˌriː'rɪtn]) *vt* récrire.

rewriting [ˌriː'raɪtɪŋ] *n* récriture *f*, rewriting *m*.

Reykjavik ['rekjəvɪk] *n* Reykjavik.

rhapsody ['ræpsədɪ] *n* rhapsodie *f* • **to go into rhapsodies about sthg** s'extasier sur qqch.

rhetoric ['retərɪk] *n* rhétorique *f*.

rhetorical question [rɪ'tɒrɪkl-] *n* question *f* pour la forme.

rheumatism ['ruːmətɪzm] *n (indén)* rhumatisme *m*.

Rhine [raɪn] *n* • **the (River) Rhine** le Rhin.

rhino ['raɪnəʊ] (*pl inv ou* **-s**), **rhinoceros** [raɪ'nɒsərəs] (*pl inv ou* **-es**) *n* rhinocéros *m*.

rhododendron [ˌrəʊdə'dendrən] *n* rhododendron *m*.

Rhône [rəʊn] *n* • **the (River) Rhône** le Rhône.

rhubarb ['ruːbɑːb] *n* rhubarbe *f*.

rhyme [raɪm] *n* **1.** rime *f* **2.** poème *m*. ❑ *vi* • **to rhyme (with)** rimer (avec).

rhythm ['rɪðm] *n* rythme *m*.

rhythmic(al) ['rɪðmɪk(l)] *adj* rythmique.

rhythmically ['rɪðmɪklɪ] *adv* rythmiquement.

rib [rɪb] *n* **1.** ANAT côte *f* **2.** baleine *f (de parapluie)* **3.** membrure *f*.

ribbed [rɪbd] *adj* à côtes.

ribbon ['rɪbən] *n* ruban *m*.

rib cage *n* cage *f* thoracique.

rib-eye *n* • **rib-eye (steak)** faux-filet *m*.

rice [raɪs] *n* riz *m*.

rice field *n* rizière *f*.

rice pudding *n* riz *m* au lait.

rich [rɪtʃ] *adj* **1.** riche **2.** somptueux • **to be rich in** être riche en. ❑ *npl* • **the rich** les riches *mpl*.
■ **riches** *npl* richesses *fpl*, richesse *f*.

richly ['rɪtʃlɪ] *adv* **1.** largement **2.** très bien **3.** richement.

richness ['rɪtʃnɪs] *n (indén)* richesse *f*.

rickets ['rɪkɪts] *n (indén)* rachitisme *m*.

rickety ['rɪkətɪ] *adj* branlant.

rickshaw ['rɪkʃɔː] *n* pousse-pousse *m inv*.

ricochet ['rɪkəʃeɪ] *n* ricochet *m*. ❑ *vi* (*prét & pp* **ricocheted** *ou* **ricochetted**, *cont* **ricocheting** *ou* ting) • **to ricochet (off)** ricocher (sur).

rid [rɪd] *vt* (*prét* **rid** *ou* **ridded**, *pp* **rid**) • **to rid sb/sthg of** débarrasser qqn/qqch de • **to get rid of** se débarrasser de.

riddance ['rɪdəns] *n fam* • **good riddance!** bon débarras !

ridden ['rɪdn] *pp* → **ride**.

-ridden *suffixe* • **flea-ridden** infesté de puces • **debt-ridden** criblé de dettes.

riddle ['rɪdl] *n* énigme *f*.

riddled ['rɪdld] *adj* • **to be riddled with** être criblé de.

ride [raɪd] *n* **1.** promenade *f*, tour *m* • **to go for a ride a)** faire une promenade à cheval **b)** faire une promenade à vélo **c)** faire un tour en voiture • **to take sb for a ride** *fam & fig* faire marcher qqn **2.** • **to give sb a ride** emmener qqn en voiture. ❑ *vt* (*prét* **rode**, *pp* **ridden**) **1.** • **to ride a horse/a bicycle** monter à cheval/à bicyclette **2. (US)** prendre *(le bus, le métro, l'ascenseur)* **3.** parcourir. ❑ *vi* (*prét* **rode**, *pp* **ridden**) **1.** monter à cheval **2.** faire du vélo • **to ride in a car/bus** aller en voiture/bus **3.** • **to be riding high** *fig* avoir le vent en poupe.

rider ['raɪdəʳ] *n* **1.** cavalier *m*, -ère *f* **2.** cycliste *mf* **3.** motocycliste *mf*.

ridge [rɪdʒ] *n* **1.** crête *f*, arête *f* **2.** strie *f*.

ridicule ['rɪdɪkjuːl] *n* ridicule *m*. ❑ *vt* ridiculiser.

ridiculous [rɪ'dɪkjʊləs] *adj* ridicule.

ridiculously [rɪ'dɪkjʊləslɪ] *adv* ridiculement.

riding ['raɪdɪŋ] *n* équitation *f*.

riding school *n* école *f* d'équitation.

rife [raɪf] *adj* répandu.

riffraff ['rɪfræf] *n* racaille *f.*

rifle ['raɪfl] *n* fusil *m.* ❑ *vt* vider *(un tiroir, un sac).* ■ **rifle through** *vt insép* fouiller dans.

rifle range *n* **1.** stand *m* de tir **2.** champ *m* de tir.

rift [rɪft] *n* **1.** GÉOL fissure *f* **2.** désaccord *m.*

rig [rɪg] *n* **1.** • **(oil) rig a)** derrick *m* **b)** *(en mer)* plate-forme *f* de forage **2. (US)** semi-remorque *m.* ❑ *vt* truquer. ■ **rig up** *vt sép* installer avec les moyens du bord.

rigging ['rɪgɪŋ] *n* gréement *m (d'un navire).*

right [raɪt] *adj* **1.** juste, exact **2.** bon • **to be right (about)** avoir raison (au sujet de) **3.** bien *(inv)* • **to be right to do sthg** avoir raison de faire qqch **4.** qui convient **5.** droit **6. (UK)** *fam* véritable. ❑ *n* **1.** *(indén)* bien *m* • **to be in the right** avoir raison **2.** droit *m* • **by rights** en toute justice **3.** droite *f.* ❑ *adv* **1.** correctement **2.** à droite **3.** • **right down/up** tout en bas/en haut • **right here** ici (même) • **right in the middle** en plein milieu • **go right to the end of the street** allez tout au bout de la rue • **right now** tout de suite • **right away** immédiatement. ❑ *vt* **1.** réparer *(une injustice)* **2.** redresser *(un bateau, une voiture).* ❑ *interj* bon ! ■ **Right** *n* • **the Right** la droite.

right angle *n* angle *m* droit • **to be at right angles (to)** faire un angle droit (avec).

right-angled triangle *n* **(UK)** triangle *m* rectangle.

right-click *vt & vi* cliquer avec le bouton droit de la souris sur.

righteous ['raɪtʃəs] *adj sout* **1.** droit **2.** justifié.

rightful ['raɪtful] *adj sout* légitime.

rightfully ['raɪtfulɪ] *adv sout* légitimement.

right-hand *adj* de droite • **right-hand side** droite *f*, côté *m* droit.

right-hand drive *adj* avec conduite à droite.

right-handed [-'hændɪd] *adj* droitier.

right-hand man *n* bras *m* droit.

rightly ['raɪtlɪ] *adv* **1.** correctement **2.** bien **3.** à juste titre.

right of asylum *n* droit *m* d'asile.

right of way *n* **1.** AUTO priorité *f* **2.** droit *m* de passage.

right-on *adj* **(UK)** *fam* idéologiquement correct.

rightsize ['raɪtsaɪz] *vt* réduire les effectifs de.

rightsizing ['raɪt,saɪzɪŋ] *n* réduction *f* des effectifs.

right wing *n* POLIT • **the right wing** la droite. ■ **right-wing** *adj* POLIT de droite.

rigid ['rɪdʒɪd] *adj* **1.** rigide **2.** strict.

rigidly ['rɪdʒɪdlɪ] *adv* **1.** rigidement **2.** strictement *(durement).*

rigmarole ['rɪgmərəʊl] *n péj* **1.** comédie *f* **2.** galimatias *m.*

rigor (US) = **rigour.**

rigorous ['rɪgərəs] *adj* rigoureux.

rigorously ['rɪgərəslɪ] *adv* rigoureusement.

rigour (UK), rigor (US) ['rɪgəʳ] *n* rigueur *f.*

rile [raɪl] *vt* agacer.

rim [rɪm] *n* **1.** bord *m* **2.** jante *f (d'une roue)* **3.** monture *f (de lunettes).*

rind [raɪnd] *n* **1.** peau *f (d'un fruit)* **2.** croûte *f (d'un fromage)* **3.** couenne *f (de lard).*

ring [rɪŋ] *n* **1. (UK)** • **to give sb a ring** passer un coup de téléphone à qqn **2.** sonnerie *f* **3.** anneau *m* **4.** bague *f* **5.** rond *m (de serviette)* **6.** cercle *m* **7.** ring *m* **8.** réseau *m.* ❑ *vt (prét* **rang**, *pp* **rung) 1. (UK)** téléphoner à **2.** (faire) sonner • **to ring the doorbell** sonner à la porte **3.** *(prét & pp* **ringed)** entourer. ❑ *vi (prét* **rang**, *pp* **rung) 1. (UK)** téléphoner **2.** sonner • **to ring for sb** sonner qqn **3.** • **to ring with** résonner de. ■ **ring back** *vt sép & vi* **(UK)** rappeler. ■ **ring in** *vi insép* **(UK)** téléphoner • **listeners are encouraged to ring in** on encourage les auditeurs à téléphoner (au studio). ❑ *vt sép* • **to ring the New Year in** sonner les cloches pour annoncer la nouvelle année. ■ **ring off** *vi* **(UK)** raccrocher. ■ **ring up** *vt sép* **(UK)** appeler.

ring binder *n* classeur *m* à anneaux.

ring finger *n* annulaire *m.*

ringing ['rɪŋɪŋ] *n* **1.** sonnerie *f* **2.** tintement *m.*

ringing tone *n* sonnerie *f.*

ringleader ['rɪŋ,liːdəʳ] *n* chef *m.*

ringlet ['rɪŋlɪt] *n (coiffure)* anglaise *f.*

ring road *n* **(UK)** (route *f*) périphérique *m.*

ring tone *n* sonnerie *f.*

rink [rɪŋk] *n* **1.** patinoire *f* **2.** skating *m.*

rinse [rɪns] *vt* rincer • **to rinse one's mouth out** se rincer la bouche.

riot ['raɪət] *n* émeute *f* • **to run riot** se déchaîner. ❑ *vi* participer à une émeute.

rioter ['raɪətəʳ] *n* émeutier *m*, -ère *f.*

rioting ['raɪətɪŋ] *n (indén)* émeutes *fpl.*

riotous ['raɪətəs] *adj* **1.** tapageur **2.** séditieux **3.** bruyant.

riot police *npl* ≃ CRS *mpl.*

rip [rɪp] *n* déchirure *f*, accroc *m.* ❑ *vt* **1.** déchirer **2.** arracher. ❑ *vi* se déchirer. ■ **rip off** *vt sép fam* **1.** arnaquer *(une personne)* **2.** copier *(un produit, une idée).* ■ **rip up** *vt sép* déchirer • **to rip up the rulebook** *fig* passer outre le règlement.

RIP (abrév de **rest in peace**) qu'il/elle repose en paix.

ripe [raɪp] *adj (fruit)* mûr.

ripen ['raɪpn] *vt & vi* mûrir.

rip-off *n fam* • **that's a rip-off!** c'est de l'escroquerie *ou* de l'arnaque !

ripped [rɪpt] *adj* **(US)** *fam* • **to be ripped, to have a ripped body** être super musclé.

ripple ['rɪpl] *n* ondulation *f*, ride *f* • **a ripple of applause** des applaudissements discrets. ❑ *vt* rider.

rise [raɪz] *n* **1.** augmentation *f*, hausse *f* **2.** (UK) augmentation *f* (de salaire) **3.** ascension *f* **4.** côte *f*, pente *f* **5.** • **to give rise to** donner lieu à. ❑ *vi* (*prét* **rose**, *pp* **risen** ['rɪzn]) **1.** s'élever, monter • **to rise to power** arriver au pouvoir • **to rise to fame** devenir célèbre • **to rise to the occasion** se montrer à la hauteur de la situation **2.** se lever **3.** augmenter **4.** *(voix, niveau)* s'élever **5.** *(rebelles)* se soulever. ■ **rise above** *vt insép* **1.** surmonter *(problème)* **2.** ne pas faire cas de *(argument)*.

rising ['raɪzɪŋ] *adj* **1.** *(marée)* montant • **rising sea levels** la montée du niveau de la mer **2.** en hausse **3.** à l'avenir prometteur. ❑ *n* soulèvement *m*.

risk [rɪsk] *n* risque *m*, danger *m* • **to take risks** prendre des risques • **at one's own risk** à ses risques et périls • **at risk** en danger. ❑ *vt* risquer • **to risk doing sthg** courir le risque de faire qqch.

risk assessment *n* évaluation *f* des risques.

risky ['rɪskɪ] *adj* risqué.

risotto [rɪ'zɒtəʊ] (*pl* **-s**) *n* risotto *m*.

risqué ['riːskeɪ] *adj* risqué, osé.

rissole ['rɪsəʊl] *n* rissole *f*.

rite [raɪt] *n* rite *m*.

ritual ['rɪtʃʊəl] *adj* rituel. ❑ *n* rituel *m*.

rival ['raɪvl] *adj* rival, concurrent. ❑ *n* rival *m*, -e *f*. ❑ *vt* ((UK) *prét & pp* **rivalled**, *cont* **rivalling**, (US) *prét & pp* **rivaled**, *cont* **rivaling**) rivaliser avec.

rivalry ['raɪvlrɪ] *n* rivalité *f*.

river ['rɪvər] *n* rivière *f*, fleuve *m*.

river bank *n* berge *f*, rive *f*.

riverbed ['rɪvəbed] *n* lit *m* (de rivière *ou* de fleuve).

riverside ['rɪvəsaɪd] *n* • **the riverside** le bord de la rivière *ou* du fleuve.

rivet ['rɪvɪt] *n* rivet *m*. ❑ *vt* **1.** river, riveter **2.** *fig* • **to be riveted by** être fasciné par.

riveting ['rɪvɪtɪŋ] *adj fig* fascinant.

Riviera [,rɪvɪ'eərə] *n* • **the French Riviera** la Côte d'Azur • **the Italian Riviera** la Riviera italienne.

RLR abrév de **earlier**.

rly abrév de **really**.

RMT (abrév de National Union of Rail, Maritime and Transport Workers) *n syndicat britannique des transports*.

road [rəʊd] *n* **1.** route *f* • **road maintenance** voirie *f* • **by road** par la route **2.** chemin *m* • **on the road to** *fig* sur le chemin de **3.** rue *f*.

roadblock ['rəʊdblɒk] *n* barrage *m* routier.

road hog *n fam & péj* chauffard *m*.

road map *n* carte *f* routière.

road rage *n accès de colère de la part d'un automobiliste, se traduisant parfois par un acte de violence.*

road safety *n* sécurité *f* routière.

roadside ['rəʊdsaɪd] *n* • **the roadside** le bord de la route.

road sign *n* panneau *m* de signalisation.

road tax *n* (UK) ≃ vignette *f*.

roadtrip ['rəʊdtrɪp] *n* **1.** (US) promenade *f* en voiture *(de courte durée)* **2.** voyage *m* en voiture *(long)*.

roadway ['rəʊdweɪ] *n* chaussée *f*.

roadwork ['rəʊdwɜːk] *n* (US) = **roadworks**.

roadworks ['rəʊdwɜːks] *npl* (UK) travaux *mpl (de réfection des routes)*.

roadworthy ['rəʊd,wɜːðɪ] *adj* en bon état de marche.

roam [rəʊm] *vt* errer dans. ❑ *vi* errer.

roaming ['rəʊmɪŋ] *adj* **1.** vagabond **2.** *(animal)* errant **3.** itinérant. ❑ *n* **1.** vagabondage *m* **2.** itinérance *f (réseau mobile)*.

roar [rɔːr] *vi* **1.** *(lion)* rugir **2.** *(mer, vent)* mugir **3.** *(tonnerre)* gronder **4.** *(moteur)* vrombir **5.** • **to roar with laughter** se tordre de rire. ❑ *vt* hurler. ❑ *n* **1.** rugissement *m* **2.** mugissement *m* **3.** grondement *m* **4.** vrombissement *m*.

roaring ['rɔːrɪŋ] *adj* • **a roaring fire** une belle flambée • **roaring drunk** complètement saoul.

roast [rəʊst] *adj* rôti. ❑ *n* rôti *m*. ❑ *vt* **1.** rôtir **2.** griller.

roast beef *n* rôti *m* de bœuf, rosbif *m*.

rob [rɒb] *vt* **1.** voler **2.** dévaliser • **to rob sb of sthg a)** voler *ou* dérober qqch à qqn **b)** enlever qqch à qqn.

robber ['rɒbər] *n* voleur *m*, -euse *f*.

robbery ['rɒbərɪ] *n* vol *m*.

robe [rəʊb] *n* **1.** robe *f* **2.** (surtout US) peignoir *m*.

robin ['rɒbɪn] *n* rouge-gorge *m*.

robot ['rəʊbɒt] *n* robot *m*.

robust [rəʊ'bʌst] *adj* robuste.

rock [rɒk] *n* **1.** *(indén)* roche *f* **2.** rocher *m* **3.** (US) caillou *m* **4.** rock *m* **5.** (UK) sucre *m* d'orge. ❑ *en apposition* de rock. ❑ *vt* **1.** bercer **2.** balancer **3.** secouer. ❑ *vi* **1.** (se) balancer **2.** *fam* être super • **this really rocks!** ça décoiffe ! ■ **on the rocks** *adv* **1.** avec des glaçons **2.** près de la rupture.

rock and roll *n* rock *m*, rock and roll *m*.

rock bottom *n* • **at rock bottom** au plus bas • **to hit rock bottom** toucher le fond. ■ **rock-bottom** *adj* sacrifié.

rock climbing *n* varappe *f* • **to go rock climbing** faire de la varappe.

rockery ['rɒkərɪ] *n* (UK) rocaille *f*.

rocket ['rɒkɪt] *n* fusée *f*, roquette *f*. ❑ *vi* monter en flèche.

rocket launcher [-,lɔːntʃər] *n* lance-fusées *m inv*, lance-roquettes *m inv*.

rocking chair *n* fauteuil *m* à bascule, rocking-chair *m*.

rocking horse *n* cheval *m* à bascule.

rock music *n* rock *m*.

rock'n'roll [ˌrɒkən'rəʊl] = **rock and roll.**

rock-solid *adj* inébranlable.

rock star *n* rock star *f*.

rocksteady [ˌrɒk'stedɪ] *n* rocksteady *m*.

rocky ['rɒkɪ] *adj* **1.** rocailleux, caillouteux **2.** *fig* précaire.

Rocky Mountains *npl* • **the Rocky Mountains** les montagnes *fpl* Rocheuses.

rod [rɒd] *n* **1.** tige *f* **2.** baguette *f* • **(fishing) rod** canne *f* à pêche.

rode [rəʊd] *passé* → **ride.**

rodent ['rəʊdənt] *n* rongeur *m*.

roe [rəʊ] *n (indén)* œufs *mpl* de poisson.

roe deer *n* chevreuil *m*.

ROFLOL *SMS* (abrév de rolling on the floor laughing out loud) MDR.

rogue [rəʊg] *n* **1.** coquin *m*, -e *f* **2.** *vieilli* filou *m*, crapule *f*.

roguishness ['rəʊgɪʃnɪs] *n* **1.** côté *m* farceur **2.** espièglerie *f*.

role [rəʊl] *n* rôle *m*.

roll [rəʊl] *n* **1.** rouleau *m* **2.** petit pain *m* **3.** liste *f* **4.** roulement *m (de tambour, de tonnerre)*. ❑ *vt* **1.** rouler **2.** faire rouler. ❑ *vi* **1.** rouler **2.** (US) *fam* • **that's how I roll** je suis comme ça. ■ **roll around, roll about (UK)** *vi* **1.** *(personne)* se rouler **2.** *(objet)* rouler çà et là. ■ **roll out** *vi insép* sortir • **to roll out of bed** *(personne)* sortir du lit • **the ball rolled out from under the sofa** la balle est sortie de sous le canapé. ❑ *vt sép* **1.** faire rouler (dehors) *(balle)* **2.** étendre (au rouleau) *(pâte)* **3.** débiter *(produits, discours)* **4.** introduire *(produit, offre)*. ■ **roll over** *vi* se retourner. ■ **roll up** *vt sép* **1.** rouler *(un tapis, un poster)* **2.** retrousser *(ses manches)*.

roll call *n MIL & SCOL* appel *m*.

roller ['rəʊlər] *n* rouleau *m*.

rollerblader ['rəʊləˌbleɪdər] *n* patineur *m*, -euse *f* en rollers.

rollerblading ['rəʊləbleɪdɪŋ] *n* roller *m*.

roller blind *n* (UK) store *m*.

roller coaster *n* montagnes *fpl* russes.

roller skate *n* patin *m* à roulettes.

rolling ['rəʊlɪŋ] *adj* onduleux.

rolling pin *n* rouleau *m* à pâtisserie.

rolling stock *n* matériel *m* roulant.

rollneck ['rəʊlnek] *adj* (UK) à col roulé.

roll-on *adj (déodorant)* à bille.

roly-poly [ˌrəʊlɪ'pəʊlɪ] *(pl* -ies) *n* (UK) • **roly-poly (pudding)** roulé *m* à la confiture.

ROM [rɒm] (abrév de read only memory) *n* ROM *f*.

Roman ['rəʊmən] *adj* romain. ❑ *n* Romain *m*, -e *f*.

Roman Catholic *adj & n* catholique.

romance [rəʊ'mæns] *n* **1.** *(indén)* charme *m* **2.** idylle *f* **3.** roman *m* (d'amour).

Romania [ruː'meɪnjə] *n* Roumanie *f*.

Romanian [ruː'meɪnjən] *adj* roumain. ❑ *n* **1.** Roumain *m*, -e *f* **2.** roumain *m*.

romantic [rəʊ'mæntɪk] *adj* romantique.

romantically [rəʊ'mæntɪklɪ] *adv* de manière romantique, romantiquement *littéraire* • **we're romantically involved** nous avons une liaison amoureuse.

romanticism [rəʊ'mæntɪsɪzm] *n* romantisme *m*.

Rome [rəʊm] *n* Rome.

romp [rɒmp] *n* ébats *mpl*. ❑ *vi* s'ébattre.

rompers ['rɒmpəz] *npl* barboteuse *f*.

roof [ruːf] *n* **1.** toit *m* **2.** plafond *m* • **the roof of the mouth** *ANAT* la voûte du palais • **to go through** *ou* **hit the roof** *fig* exploser.

roofing ['ruːfɪŋ] *n* toiture *f*.

roof rack *n* (UK) galerie *f*.

rooftop ['ruːftɒp] *n* toit *m*.

rook [rʊk] *n* **1.** *ZOOL* freux *m* **2.** *ÉCHECS* tour *f*.

rookie ['rʊkɪ] *n* (surtout US) *fam MIL* bleu *m*.

room [ruːm *ou* rʊm] *n* **1.** pièce *f* **2.** chambre *f* **3.** *(indén)* place *f*.

roomer ['ruːmər] *n* (US) locataire *mf*.

roomie ['ruːmɪ] *n* (US) *fam* colocataire *mf*.

rooming house ['ruːmɪŋ-] *n* (US) *immeuble comportant des chambres à louer*.

roommate ['ruːmmeɪt] *n* **1.** camarade *mf* de chambre **2.** (US) colocataire *mf*.

room service *n (hôtel)* service *m* dans les chambres.

room temperature *n* température *f* ambiante.

roomy ['ruːmɪ] *adj* spacieux.

roost [ruːst] *n* perchoir *m*, juchoir *m*. ❑ *vi* se percher, se jucher.

rooster ['ruːstər] *n* (surtout US) coq *m*.

root [ruːt] *n* **1.** racine *f* **2.** *fig* origine *f* • **to take root** *litt & fig* prendre racine. ■ **root for** *vt insép fam* encourager. ■ **root out** *vt sép* extirper. ■ **roots** *npl* racines *fpl* • **their actual roots are in Virginia** en fait, ils sont originaires de Virginie • **to put down roots** *(personne)* s'enraciner.

root vegetable *n* racine *f*.

rope [rəʊp] *n* corde *f* • **to know the ropes** *fam* connaître son affaire, être au courant. ❑ *vt* **1.** corder **2.** encorder *(des alpinistes)*. ■ **rope in** *vt sép fam* enrôler.

rop(e)y ['rəʊpɪ] *(comp* **ropier**, *superl* **ropiest**) *adj* (UK) *fam* **1.** pas fameux, pas brillant **2.** • **to feel ropey** se sentir patraque.

rosary ['rəʊzərɪ] *n* rosaire *m*.

rose [rəʊz] *passé* → **rise.** ❑ *adj* rose. ❑ *n* rose *f*.

rosé ['rəʊzeɪ] *n* rosé *m*.

rosebud ['rəʊzbʌd] *n* bouton *m* de rose.

rose bush *n* rosier *m*.

rosemary ['rəʊzmərɪ] *n* romarin *m*.

rose-tinted *adj* teinté en rose.

rosette [rəʊ'zet] *n* rosette *f*.

roster ['rɒstər] *n* liste *f*, tableau *m* de service.

rostrum ['rɒstrəm] (*pl* **-trums** *ou* **-tra**) *n* tribune *f*.

rosy ['rəʊzɪ] *adj* rose.

rot [rɒt] *n (indén)* **1.** pourriture *f* **2.** (UK) *fam* & *vieilli* bêtises *fpl*, balivernes *fpl*. ❑ *vt* & *vi* pourrir.

rota ['rəʊtə] *n* (UK) liste *f*, tableau *m* de service.

rotary ['rəʊtərɪ] *adj* rotatif.

rotate [rəʊ'teɪt] *vt* faire tourner. ❑ *vi* tourner.

rotation [rəʊ'teɪʃn] *n* rotation *f*.

rote [rəʊt] *n* • **by rote** de façon machinale, par cœur.

rote learning *n* apprentissage *m* machinal *ou* par cœur.

ROTG (abrév de rolling on the ground) MDR.

rotten ['rɒtn] *adj* **1.** pourri **2.** *fam* moche **3.** *fam* • **to feel rotten** ne pas être dans son assiette.

rotting ['rɒtɪŋ] *adj* qui pourrit, pourri.

rouge [ruːʒ] *n* rouge *m* à joues.

rough [rʌf] *adj* **1.** rugueux • **to be a bit rough around the edges** *fig* être un peu brut de décoffrage **2.** *(route)* accidenté **3.** *(mer)* agité **4.** *(traversée)* mauvais **5.** brutal **6.** rude **7.** *(endroit)* mal fréquenté **8.** approximatif • **rough copy, rough draft** brouillon *m* • **rough sketch** ébauche *f* **9.** *(voix, vin)* âpre **10.** *(vie)* dur • **to have a rough time** en baver. ❑ *n* **1.** rough *m* **2.** • **in rough** au brouillon. ❑ *vt* • **to rough it** vivre à la dure. ■ **rough up** *vt sép fam* tabasser.

roughage ['rʌfɪdʒ] *n (indén)* fibres *fpl* alimentaires.

rough and ready *adj* rudimentaire.

rough-and-tumble *n (indén)* bagarre *f*.

roughcast ['rʌfkɑːst] *n* crépi *m*.

rough diamond *n* (UK) *fig* • **he's a rough diamond** sous ses dehors frustes, il a beaucoup de qualités.

roughen ['rʌfn] *vt* rendre rugueux *ou* rêche.

rough justice *n* justice *f* sommaire.

roughly ['rʌflɪ] *adv* **1.** approximativement **2.** brutalement **3.** grossièrement.

roulette [ruː'let] *n* roulette *f (jeu)*.

round [raʊnd] *adj* rond. ❑ *prép* (UK) autour de • **round here** par ici • **all round the country** dans tout le pays • **just round the corner a)** au coin de la rue **b)** *fig* tout près • **to go round sthg** contourner qqch • **to go round a museum** visiter un musée. ❑ *adv* (UK) **1.** • **all round** tout autour **2.** • **round about** dans le coin **3.** • **10 metres round** 10 mètres de diamètre **4.** • **to go round** faire le tour • **to turn round** se retourner • **to look round** se retourner (pour regarder) **5.** • **come round and see us** venez *ou* passez nous voir • **he's round at her house** il est chez elle **6.** • **round (about)** vers, environ. ❑ *n* **1.** série *f* • **a round of applause** une salve d'applaudissements **2.** partie *f (de cartes)* **3.** visites *fpl (du médecin)* **4.** tournée *f (du facteur)* **5.** cartouche *f* **6.** tournée *f (dans un bar)* **7.** *(boxe)* reprise *f*, round *m* **8.** GOLF partie *f*. ❑ *vt* **1.** tourner **2.** prendre *(un virage)*. ■ **round down** *vt sép* arrondir au chiffre inférieur. ■ **round off** *vt sép* terminer, conclure. ■ **rounds** *npl* visites *fpl* • **to do** *ou* **go the rounds a)** circuler **b)** faire des ravages. ■ **round up** *vt sép* **1.** rassembler **2.** arrondir au chiffre supérieur.

roundabout ['raʊndəbaʊt] *adj* détourné. ❑ *n* (UK) **1.** rond-point *m* **2.** manège *m (à la fête foraine)*.

rounded ['raʊndɪd] *adj* arrondi.

rounders ['raʊndəz] *n* (UK) *sorte de base-ball*.

roundly ['raʊndlɪ] *adv* **1.** complètement **2.** franchement, carrément.

round-shouldered [-'ʃəʊldəd] *adj* voûté.

round the clock *adv* vingt-quatre heures sur vingt-quatre. ■ **round-the-clock** *adj* vingt-quatre heures sur vingt-quatre.

round trip *n* aller et retour *m*.

roundup ['raʊndʌp] *n* résumé *m*.

rouse [raʊz] *vt* **1.** réveiller **2.** • **to rouse o.s. to do sthg** se forcer à faire qqch • **to rouse sb to action** pousser *ou* inciter qqn à agir **3.** susciter, provoquer.

rousing ['raʊzɪŋ] *adj* **1.** vibrant, passionné **2.** enthousiaste.

rout [raʊt] *n* déroute *f*. ❑ *vt* mettre en déroute.

route [(UK) ruːt, (US) raʊt] *n* **1.** itinéraire *m* **2.** *fig* chemin *m*, voie *f*. ❑ *vt* acheminer.

route map *n* **1.** croquis *m* d'itinéraire **2.** carte *f* du réseau.

router ['ruːtə, (US) 'raʊtər] *n* routeur *m*.

routine [ruː'tiːn] *adj* **1.** habituel, de routine **2.** *péj* routinier. ❑ *n* routine *f*.

routinely [ruː'tiːnlɪ] *adv* de façon systématique.

roving ['rəʊvɪŋ] *adj* itinérant.

row[1] [rəʊ] *n* **1.** rangée *f* **2.** rang *m* **3.** *fig* série *f* • **in a row** d'affilée, de suite. ❑ *vt* **1.** faire aller à la rame **2.** transporter en canot *ou* bateau. ❑ *vi* ramer.

row[2] [raʊ] (UK) *n* **1.** dispute *f*, querelle *f* **2.** *fam* vacarme *m*, raffut *m*. ❑ *vi* se disputer, se quereller.

rowboat ['rəʊbəʊt] *n* (US) canot *m*.

rowdiness ['raʊdɪnɪs] *n* chahut *m*, tapage *m*.

rowdy ['raʊdɪ] *adj* chahuteur, tapageur.

rower ['rəʊər] *n* rameur *m*, -euse *f*.

row house [rəʊ-] *n* (US) *maison attenante aux maisons voisines*.

rowing ['rəʊɪŋ] *n* SPORT aviron *m*.

rowing boat *n* **(UK)** canot *m*.
rowing machine *n* machine *f* à ramer.
royal ['rɔɪəl] *adj* royal. ❑ *n fam* membre *m* de la famille royale.
Royal Air Force *n* • **the Royal Air Force** l'armée *f* de l'air britannique.
royal family *n* famille *f* royale.
Royal Highness *n* • **His Royal Highness, the Prince of Wales** Son Altesse Royale, le prince de Galles.
Royal Mail *n* • **the Royal Mail** *la Poste britannique*.
Royal Navy *n* • **the Royal Navy** la marine de guerre (britannique).
royalty ['rɔɪəltɪ] *n* royauté *f*. ■ **royalties** *npl* droits *mpl* d'auteur.
rpm *npl* (abrév de revolutions per minute) tours *mpl* par minute, tr/min.
RSI (abrév de repetitive strain *ou* stress injury) *n douleur de poignet provoquée par les mouvements effectués au clavier d'un ordinateur*.
RSPCA (abrév de Royal Society for the Prevention of Cruelty to Animals) *n société britannique protectrice des animaux* ; ≃ SPA *f*.
RSVP (abrév de répondez s'il vous plaît) RSVP.
Rt Hon (abrév de Right Honourable) *expression utilisée pour des titres nobiliaires*.
RU abrév de **are you**.
rub [rʌb] *vt* frotter • **to rub one's eyes/hands** se frotter les yeux/les mains • **to rub sthg in** faire pénétrer qqch (en frottant) • **to rub sb up the wrong way (UK)** *ou* **to rub sb the wrong way (US)** prendre qqn à rebrousse-poil. ❑ *vi* frotter. ■ **rub off on** *vt insép* déteindre sur. ■ **rub out** *vt sép* effacer.
rubber ['rʌbər] *adj* en caoutchouc. ❑ *n* **1.** caoutchouc *m* **2. (UK)** gomme *f* **3.** *fam* préservatif *m* **4.** *(au bridge)* robre *m*, rob *m*.
rubber band *n* élastique *m*.
rubber cheque (UK), rubber check (US) *n fam* chèque *m* en bois.
rubber plant *n* BOT caoutchouc *m*.
rubber ring *n* **1.** anneau *m* en caoutchouc **2.** bouée *f*.
rubber stamp *n* tampon *m*. ■ **rubber-stamp** *vt fig* approuver sans discussion.
rubbish ['rʌbɪʃ] **(surtout UK)** *n (indén)* **1.** détritus *mpl* **2.** *fam* & *fig* camelote *f* • **the play was rubbish** la pièce était nulle **3.** *fam* bêtises *fpl* • **to talk rubbish** dire des bêtises.
rubbish bin *n* **(UK)** poubelle *f*.
rubbish dump *n* **(UK)** dépotoir *m*.
rubbish tip = **rubbish dump**.
rubble ['rʌbl] *n (indén)* décombres *mpl*.
ruby ['ru:bɪ] *n* rubis *m*.
rucksack ['rʌksæk] *n* sac *m* à dos.
ructions ['rʌkʃnz] *npl fam* grabuge *m*.
rudder ['rʌdər] *n* gouvernail *m*.
ruddy ['rʌdɪ] *adj* **1.** coloré **2. (UK)** *fam* & *vieilli* sacré.
rude [ru:d] *adj* **1.** impoli **2.** grossier **3.** incongru **4.** • **it was a rude awakening** le réveil fut pénible.
rudely ['ru:dlɪ] *adv* impoliment.
rudeness ['ru:dnɪs] *n* **1.** impolitesse *f* **2.** grossièreté *f*.
rudimentary [,ru:dɪ'mentərɪ] *adj* rudimentaire.
rue [ru:] *vt* regretter (amèrement).
rueful ['ru:fʊl] *adj* triste.
ruffian ['rʌfjən] *n vieilli* voyou *m*.
ruffle ['rʌfl] *vt* **1.** ébouriffer **2.** troubler *(la surface de l'eau)* **3.** froisser *(contrarier)*.
ruffled ['rʌfld] *adj* décontenancé.
rug [rʌg] *n* **1.** tapis *m* **2.** couverture *f*.
rugby ['rʌgbɪ] *n* rugby *m*.
rugby tackle *n* plaquage *m*. ■ **rugby-tackle** *vt* plaquer.
rugged ['rʌgɪd] *adj* **1.** *(paysage)* accidenté **2.** *(traits)* rude **3.** robuste.
rugger ['rʌgər] *n* **(UK)** *fam* rugby *m*.
rugrat ['rʌgræt] *n* **(US)** *fam* mioche *mf*.
ruin ['ru:ɪn] *n* ruine *f*. ❑ *vt* **1.** ruiner **2.** abîmer. ■ **in ruin(s)** *adv litt* & *fig* en ruine.
ruined ['ru:ɪnd] *adj* **1.** en ruine, ruiné **2.** abîmé **3.** ruiné *(financièrement)*.
ruinous ['ru:ɪnəs] *adj* ruineux.
rule [ru:l] *n* **1.** règle *f* • **as a rule** en règle générale **2.** règlement *m* **3.** *(indén)* autorité *f*. ❑ *vt* **1.** dominer **2.** gouverner **3.** • **to rule (that)…** décider que… ❑ *vi* **1.** décider **2.** statuer **3.** *sout* prévaloir **4.** régner **5.** gouverner. ■ **rule out** *vt sép* exclure, écarter.
rulebook ['ru:lbʊk] *n* • **the rulebook** le règlement.
ruled [ru:ld] *adj* réglé.
rule-governed [-gʌvənd] *adj* qui suit des règles.
ruler ['ru:lər] *n* **1.** règle *f* **2.** chef *m* d'État.
ruling ['ru:lɪŋ] *adj* au pouvoir. ❑ *n* décision *f*.
rum [rʌm] *n* rhum *m*.
rumble ['rʌmbl] *n* **1.** grondement *m* **2.** gargouillement *m*. ❑ *vi* **1.** gronder **2.** gargouiller.
rummage ['rʌmɪdʒ] *vi* fouiller.
rummage sale *n* **(US)** vente *f* de charité.
rumour (UK), rumor (US) ['ru:mər] *n* rumeur *f*.
rumoured (UK), rumored (US) ['ru:məd] *adj* • **he is rumoured to be very wealthy** le bruit court qu'il est très riche.
rump [rʌmp] *n* **1.** croupe *f* **2.** *fam* derrière *m*.
rump steak *n* romsteck *m*.
rumpus ['rʌmpəs] *n fam* chahut *m*.
run [rʌn] *n* **1.** course *f* • **to go for a run** faire un petit peu de course à pied • **on the run** en

fuite **2.** tour *m (en voiture)* **3.** trajet *m* **4.** suite *f*, série *f* • **a run of bad luck** une période de déveine • **in the short/long run** à court/long terme **5.** *THÉÂTRE* • **to have a long run** tenir longtemps l'affiche **6.** • **run on** ruée *f* sur **7.** échelle *f* **8.** *(base-ball et cricket)* point *m* **9.** piste *f*. ❑ *vt (prét* **ran**, *pp* **run**) **1.** courir **2.** diriger **3.** tenir *(un hôtel, un magasin)* **4.** organiser **5.** faire marcher **6.** avoir, entretenir **7.** faire couler *(de l'eau, un bain)* **8.** publier **9.** *fam* • **can you run me to the station?** tu peux m'amener à la gare ? **10.** • **to run sthg along/over sthg** passer qqch le long de/sur qqch. ❑ *vi (prét* **ran**, *pp* **run**) **1.** courir **2.** passer • **to run through sthg** traverser qqch **3.** • **to run (for)** être candidat (à) **4.** marcher **5.** *(moteur)* tourner • **everything is running smoothly** tout va bien • **to run on sthg** marcher à qqch • **to run off sthg** marcher sur qqch **6.** *(bus, trains)* faire le service • **trains run every hour** il y a un train toutes les heures **7.** couler • **my nose is running** j'ai le nez qui coule **8.** *(couleur)* déteindre **9.** *(encre)* baver **10.** *(contrat, assurance)* être valide **11.** *(pièce de théâtre)* se jouer. ■ **run across** *vt insép* tomber sur. ■ **run away** *vi* • **to run away (from)** s'enfuir (de) • **to run away from home** faire une fugue. ■ **run down** *vt sép* **1.** *(véhicule)* renverser **2.** dénigrer **3.** restreindre **4.** réduire l'activité de. ❑ *vi* **1.** *(montre)* s'arrêter **2.** *(batterie)* se décharger. ■ **run into** *vt insép* **1.** se heurter à **2.** tomber sur **3.** rentrer dans. ■ **run off** *vt sép* tirer. ❑ *vi* • **to run off (with)** s'enfuir (avec). ■ **run out** *vi* **1.** s'épuiser • **time is running out** il ne reste plus beaucoup de temps **2.** *(licence, contrat)* expirer. ■ **run out of** *vt insép* manquer de • **to run out of petrol** tomber en panne d'essence. ■ **run over** *vt sép* renverser. ■ **run through** *vt insép* **1.** répéter **2.** parcourir. ■ **run to** *vt insép* monter à *(se chiffrer à)*, s'élever à. ■ **run up** *vt insép* laisser accumuler *(des factures, des dettes)*. ■ **run up against** *vt insép* se heurter à.

run-around *n fam* • **to give sb the run-around** faire des réponses de Normand à qqn.

runaway ['rʌnəweɪ] *adj* **1.** *(personne)* fugueur **2.** fou • **a runaway victory** une victoire remportée haut la main **3.** *(cheval)* emballé **4.** *(inflation)* galopant. ❑ *n* fuyard *m*, fugitif *m*, -ive *f*.

rundown ['rʌndaun] *n* **1.** bref résumé *m* **2.** réduction *f*. ■ **run-down** *adj* **1.** délabré **2.** épuisé.

rung [rʌŋ] *pp* → **ring**. ❑ *n* échelon *m*, barreau *m*.

run-in *n fam* prise *f* de bec.

runner ['rʌnər] *n* **1.** coureur *m*, -euse *f* **2.** contrebandier *m*, -ère *f* **3.** patin *m* **4.** glissière *f*.

runner bean *n* **(UK)** haricot *m* à rames.

runner-up (*pl* **runners-up**) *n* second *m*, -e *f* • **to be runner-up** finir second.

running ['rʌnɪŋ] *adj* **1.** continu **2.** • **three weeks running** trois semaines de suite **3.** *(eau)* courant **4.** • **to be up and running** être opérationnel. ❑ *n* **1.** *(indén)* *SPORT* course *f* • **to go running** faire de la course **2.** direction *f*, administration *f* **3.** marche *f*, fonctionnement *m* **4.** *(locution)* • **to be in the running (for)** avoir des chances de réussir (dans) • **to be out of the running (for)** n'avoir aucune chance de réussir (dans).

running commentary *n* commentaire *m* suivi.

running costs *npl* frais *mpl* d'exploitation.

running mate *n* **(US)** candidat *m* à la vice-présidence.

running order *n* ordre *m* de passage.

runny ['rʌnɪ] *adj* **1.** *(nourriture)* liquide **2.** *(nez)* qui coule.

run-of-the-mill *adj* banal, ordinaire.

runt [rʌnt] *n* avorton *m*.

run-through *n* répétition *f*.

runtime ['rʌntaɪm] *n* • **runtime system** système *m* en phase d'exécution • **runtime version** version *f* exécutable.

run-up *n* **1.** • **in the run-up to sthg** dans la période qui précède qqch **2.** *SPORT* course *f* d'élan.

runway ['rʌnweɪ] *n* piste *f*.

RUOK? (abrév de **are you ok?**) ça va?

rupture ['rʌptʃər] *n* rupture *f*.

rural ['rʊərəl] *adj* rural.

ruse [ru:z] *n* ruse *f*.

rush [rʌʃ] *n* **1.** hâte *f* **2.** ruée *f*, bousculade *f* • **to make a rush for sthg** se ruer *ou* se précipiter vers qqch • **a rush of air** une bouffée d'air **3.** • **rush (on** *ou* **for)** ruée *f* (sur). ❑ *vt* **1.** faire à la hâte **2.** bousculer **3.** expédier *(un repas)* **4.** transporter *ou* envoyer d'urgence **5.** prendre d'assaut. ❑ *vi* **1.** se dépêcher • **to rush into sthg** faire qqch sans réfléchir **2.** se précipiter, se ruer • **the blood rushed to her head** le sang lui monta à la tête. ■ **rushes** *npl* joncs *mpl*.

rushed [rʌʃt] *adj* **1.** pressé **2.** fait à la hâte.

rush hour *n* heures *fpl* de pointe *ou* d'affluence.

rush job *n* travail *m* d'urgence.

rush week *n* **(US)** *semaine pendant laquelle les associations d'étudiants américains essaient de recruter de nouveaux membres*.

rusk [rʌsk] *n* **(UK)** biscotte *f*.

Russia ['rʌʃə] *n* Russie *f*.

Russian ['rʌʃn] *adj* russe. ❑ *n* **1.** Russe *mf* **2.** russe *m*.

rust [rʌst] *n* rouille *f*. ❑ *vi* se rouiller.

rustic ['rʌstɪk] *adj* rustique.

rustle ['rʌsl] *vt* **1.** froisser *(du papier)* **2.** **(US)** voler *(du bétail)*. ❑ *vi* **1.** *(feuilles)* bruire **2.** *(papier)* produire un froissement.

rustproof ['rʌstpru:f] *adj* inoxydable.

rusty ['rʌstɪ] *adj litt* & *fig* rouillé.
rut [rʌt] *n* ornière *f* • **to get into a rut** s'encroûter • **to be in a rut** être prisonnier de la routine.
ruthless ['ru:θlɪs] *adj* impitoyable.
ruthlessly ['ru:θlɪslɪ] *adv* de façon impitoyable.
ruthlessness ['ru:θlɪsnɪs] *n* caractère *m* impitoyable.
RV *n* **(US)** (abrév de recreational vehicle) camping-car *m*.
rye [raɪ] *n* seigle *m*.
rye bread *n* pain *m* de seigle.

S

s[1] [es] (*pl* **ss** *ou* **s's**), **S** (*pl* **Ss** *ou* **S's**) *n* s *m inv*, S *m inv*.
S[2] (abrév de **south**) S.
S&M *n* abrév de **sadomasochism**.
Sabbath ['sæbəθ] *n* • **the Sabbath** le sabbat.
sabbatical [sə'bætɪkl] *n* année *f* sabbatique • **to be on sabbatical** faire une année sabbatique.
sabotage ['sæbətɑːʒ] *n* sabotage *m*. ❑ *vt* saboter.
saccharin(e) ['sækərɪn] *n* saccharine *f*.
sachet ['sæʃeɪ] *n* sachet *m*.
sack [sæk] *n* **1.** sac *m* **2.** (UK) *fam* • **to get** *ou* **be given the sack** être renvoyé, se faire virer. ❑ *vt* (UK) *fam* renvoyer, virer.
sackful ['sækfʊl] *n* sac *m*.
sacking ['sækɪŋ] *n* **1.** toile *f* à sac **2.** (UK) *fam* licenciement *m*.
sacred ['seɪkrɪd] *adj* sacré.
sacrifice ['sækrɪfaɪs] *litt* & *fig* *n* sacrifice *m*. ❑ *vt* sacrifier.
sacrilege ['sækrɪlɪdʒ] *n litt* & *fig* sacrilège *m*.
sacrilegious [,sækrɪ'lɪdʒəs] *adj litt* & *fig* sacrilège.
sacrosanct ['sækrəʊsæŋkt] *adj litt* & *fig* sacro-saint.
sad [sæd] *adj* triste • **to look sad** avoir l'air triste.
SAD *n* abrév de **seasonal affective disorder**.
sadden ['sædn] *vt* attrister, affliger.
saddle ['sædl] *n* selle *f*. ❑ *vt* **1.** seller **2.** *fig* • **to saddle sb with sthg** coller qqch à qqn.
saddlebag ['sædlbæg] *n* sacoche *f (de selle ou de bicyclette)*.
sadism ['seɪdɪzm] *n* sadisme *m*.
sadistic [sə'dɪstɪk] *adj* sadique.
sadly ['sædlɪ] *adv* **1.** tristement **2.** malheureusement.
sadness ['sædnɪs] *n* tristesse *f*.
sadomasochism [,seɪdəʊ'mæsəkɪzm] *n* sadomasochisme *m*.
sadomasochist [,seɪdəʊ'mæsəkɪst] *n* sadomasochiste *mf*.
sadomasochistic ['seɪdəʊ,mæsə'kɪstɪk] *adj* sadomasochiste.
s.a.e., **sae** abrév de **stamped addressed envelope**.
safari [sə'fɑːrɪ] *n* safari *m*.
safari park *n* réserve *f*.
safe [seɪf] *adj* **1.** sans danger **2.** prudent • **it's safe to say (that)...** on peut dire à coup sûr que... **3.** hors de danger, en sécurité • **safe and sound** sain et sauf **4.** *(méthode)* sans risque **5.** *(investissement)* sûr • **to be on the safe side** par précaution. ❑ *n* coffre-fort *m*.
safe-conduct *n* sauf-conduit *m*.
safeguard ['seɪfgɑːd] *n* sauvegarde *f* (contre). ❑ *vt* sauvegarder, protéger.
safe haven *n* zone *f* protégée.
safe house *n* lieu *m* sûr.
safekeeping [,seɪf'kiːpɪŋ] *n* bonne garde *f*.
safely ['seɪflɪ] *adv* **1.** sans danger **2.** en toute sécurité, à l'abri du danger **3.** à bon port, sain et sauf, saine et sauve *f* **4.** • **I can safely say (that)...** je peux dire à coup sûr que...
safe seat *n* (UK) POLIT *siège de député qui traditionnellement va toujours au même parti*.
safe sex *n* sexe *m* sans risques, S.S.R. *m*.
safety ['seɪftɪ] *n* sécurité *f*.
safety belt *n* ceinture *f* de sécurité.
safety catch *n* cran *m* de sûreté.
safety-conscious *adj* • **she's very safety-conscious** elle se préoccupe beaucoup de tout ce qui a trait à la sécurité.
safety-deposit box *n* (surtout UK) coffre-fort *m*.
safety glass *n* verre *m* de sécurité.
safety net *n* filet *m* (de protection).
safety pin *n* épingle *f* de sûreté *ou* à nourrice.
saffron ['sæfrən] *n* safran *m*.
sag [sæg] *vi* s'affaisser, fléchir.
saga ['sɑːgə] *n* **1.** saga *f* **2.** *fig* & *péj* histoire *f*.
sage [seɪdʒ] *adj* sage. ❑ *n* **1.** *(indén)* sauge *f* **2.** sage *m*.

saggy ['sægɪ] (*comp* **saggier**, *superl* **saggiest**) *adj (lit, matelas)* affaissé.

Sagittarius [,sædʒɪ'teərɪəs] *n* Sagittaire *m*.

Sahara [sə'hɑːrə] *n* • **the Sahara (Desert)** le (désert du) Sahara.

said [sed] *passé & pp* → **say**.

sail [seɪl] *n* **1.** voile *f* • **to set sail** faire voile, prendre la mer **2.** tour *m* en bateau. ❑ *vt* **1.** piloter **2.** parcourir *(les mers)*. ❑ *vi* **1.** aller en bateau **2.** faire de la voile **3.** naviguer **4.** partir, prendre la mer **5.** *fig* voler. ■ **sail through** *vt insép fig* réussir les doigts dans le nez.

sailboat (US) = **sailing boat**.

sailing ['seɪlɪŋ] *n* **1.** *(indén)* SPORT voile *f* • **to go sailing** faire de la voile **2.** départ *m* **3.** • **it's plain sailing from now on, it's clear sailing from here on out (US)** tout va marcher comme sur des roulettes à partir de maintenant.

sailing boat (UK), sailboat (US) ['seɪlbəʊt] *n* bateau *m* à voiles, voilier *m*.

sailing ship *n* voilier *m*.

sailor ['seɪlər] *n* marin *m*, matelot *m*.

saint [seɪnt] *n* saint *m*, -e *f*.

saintly ['seɪntlɪ] *adj (vie, comportement)* de saint • **she was a saintly woman** c'était une vraie sainte.

Saint Patrick's Day [-'pætrɪks-] *n* la Saint-Patrick.

> **CULTURE**
>
> ### Saint Patrick's Day
>
> La Saint-Patrick (17 mars) est une fête célébrée par les Irlandais et descendants d'Irlandais du monde entier. De grands défilés serpentent dans les rues de Dublin, New York et Sydney. La coutume veut que chacun arbore une feuille de trèfle à la boutonnière, ou porte un vêtement de couleur verte, puisque le vert symbolise l'Irlande. À cette occasion, certains bars américains servent même de la bière verte.

saint's day *n* fête *f (d'un saint)*.

sake [seɪk] *n* • **for the sake of sb** par égard pour qqn, pour (l'amour de) qqn • **for the children's sake** pour les enfants • **for the sake of argument** à titre d'exemple • **for God's sake** pour l'amour de Dieu.

salad ['sæləd] *n* salade *f*.

salad bar *n* **1.** *restaurant où l'on mange des salades* **2.** salad bar *m*.

salad bowl *n* saladier *m*.

salad cream *n* **(UK)** *sorte de mayonnaise douce*.

salad dressing *n* vinaigrette *f*.

salami [sə'lɑːmɪ] *n* salami *m*.

salaried ['sælərɪd] *adj* salarié.

salary ['sælərɪ] *n* salaire *m*, traitement *m*.

salary scale *n* échelle *f* des salaires.

sale [seɪl] *n* **1.** vente *f* • **on sale (UK)** *ou* **for sale (US)** en vente • **(up) for sale** à vendre **2.** soldes *mpl*. ■ **sales** *npl* **1.** ventes *fpl* **2.** • **the sales** les soldes *mpl*.

saleroom (UK) ['seɪlrʊm], **salesroom (US)** ['seɪlzrʊm] *n* salle *f* des ventes.

sales assistant ['seɪlz-] **(UK)**, **salesclerk** ['seɪlzklɜːrk] **(US)** *n* vendeur *m*, -euse *f*.

sales conference *n* conférence *f* du personnel des ventes.

sales drive *n* campagne *f* de vente.

sales figures *n* chiffre *m* de ventes.

sales force *n* force *f* de vente.

sales forecast *n* prévision *f* des ventes.

salesman ['seɪlzmən] (*pl* **-men**) *n* **1.** vendeur *m* **2.** représentant *m* de commerce.

sales rep *n fam* représentant *m* de commerce.

sales representative *n* représentant *m* de commerce.

saleswoman ['seɪlz,wʊmən] (*pl* **-women**) *n* **1.** vendeuse *f* **2.** représentante *f* de commerce.

salient ['seɪljənt] *adj sout* saillant.

saliva [sə'laɪvə] *n* salive *f*.

salivate ['sælɪveɪt] *vi* saliver.

sallow ['sæləʊ] *adj* cireux.

salmon ['sæmən] (*pl inv ou* **-s**) *n* saumon *m* • **smoked salmon** du saumon fumé.

salmonella [,sælmə'nelə] *n* salmonelle *f*.

salon ['sælɒn] *n* salon *m*.

saloon [sə'luːn] *n* **1. (UK)** berline *f* **2. (US)** saloon *m* **3. (UK)** • **saloon (bar)** bar *m* **4.** salon *m*.

salt [sɔlt *ou* sɒlt] *n* sel *m*. ❑ *vt* **1.** saler **2.** mettre du sel sur. ■ **salt away** *vt sép* mettre de côté.

saltcellar (UK) ['sɔlt,selər], **saltshaker (US)** [-,ʃeɪkər] *n* salière *f*.

salted ['sɔːltɪd] *adj* salé.

saltwater ['sɔlt,wɔtər] *n* eau *f* de mer. ❑ *adj* de mer.

salty ['sɔltɪ] *adj* **1.** salé **2.** *(dépôt)* de sel.

salubrious [sə'luːbrɪəs] *adj sout* salubre.

salutary ['sæljʊtrɪ] *adj sout* salutaire.

salute [sə'luːt] *n* salut *m*. ❑ *vt* saluer. ❑ *vi* faire un salut.

salvage ['sælvɪdʒ] *n (indén)* **1.** sauvetage *m* **2.** biens *mpl* sauvés. ❑ *vt* sauver.

salvation [sæl'veɪʃn] *n* salut *m*.

Salvation Army *n* • **the Salvation Army** l'Armée *f* du salut.

Samaritan [sə'mærɪtn] *n* • **good Samaritan** bon Samaritain *m*.

same [seɪm] *adj* même • **she was wearing the same jumper as I was** elle portait le même pull que moi • **at the same time** en même temps • **one and the same** un seul et même • **it's the same old story!** *ou* **it's the same old, same old!** *fam* c'est toujours la même histoire ! ❑ *pron* • **the same** le même, la même, les mêmes • **I'll**

have the same as you je prendrai la même chose que toi • **she earns the same as I do** elle gagne autant que moi • **the same old criticisms/complaints** les mêmes éternelles critiques/plaintes • **to do the same** faire de même • **all** *ou* **just the same** quand même, tout de même • **it's all the same to me** ça m'est égal • **it's not the same** ce n'est pas pareil. ❑ *adv* • **the same** de la même manière.

same-day *adj* COMM *(livraison)* dans la journée.

same-sex *adj* entre personnes du même sexe.

sample ['sɑːmpl] *n* échantillon *m*. ❑ *vt* goûter.

sanatorium, sanitorium (US) [,sænə'tɔːrɪəm] (*pl* **-riums** *ou* **-ria**) *n* sanatorium *m*.

sanctimonious [,sæŋktɪ'məunjəs] *adj* moralisateur.

sanction ['sæŋkʃn] *n* sanction *f*. ❑ *vt* sanctionner. ■ **sanctions** *npl* sanctions *fpl*.

sanctity ['sæŋktətɪ] *n* sainteté *f*.

sanctuary ['sæŋktʃuərɪ] *n* **1.** sanctuaire *m* **2.** asile *m* **3.** • **wildlife sanctuary** réserve *f* animale.

sand [sænd] *n* sable *m* • **to draw a line in the sand** *fig* tracer une ligne dans le sable. ❑ *vt* poncer.

sandal ['sændl] *n* sandale *f*.

sandalwood ['sændlwud] *n* (bois *m* de) santal *m*.

sandbag ['sændbæg] *n* sac *m* de sable.

sandbox (US) = **sandpit**.

sandcastle ['sænd,kɑːsl] *n* château *m* de sable.

sand dune *n* dune *f*.

sandpaper ['sænd,peɪpər] *n (indén)* papier *m* de verre. ❑ *vt* poncer (au papier de verre).

sandpit (UK) ['sændpɪt], **sandbox (US)** ['sændbɒks] *n* bac *m* à sable.

sandstone ['sændstəun] *n* grès *m*.

sandstorm ['sændstɔːm] *n* tempête *f* de sable.

sandwich ['sænwɪdʒ] *n* sandwich *m* • **a cheese sandwich** un sandwich au fromage • **to be two sandwiches short of a picnic (UK)** *fam* : **he's two sandwiches short of a picnic** il lui manque une case. ❑ *vt* *fig* • **to be sandwiched between** être (pris *ou* prise) en sandwich entre.

sandwich board *n* panneau *m* publicitaire *(d'homme sandwich ou posé comme un tréteau)*.

sandwich course *n* **(UK)** stage *m* de formation professionnelle.

sandwich generation *n* *fig* *génération s'occupant à la fois de leurs parents et de leurs propres enfants à charge*.

sandy ['sændɪ] *adj* **1.** de sable **2.** *(sol)* sablonneux **3.** *(eau)* sableux **4.** *(couleur)* sable *(inv)*.

sane [seɪn] *adj* **1.** sain d'esprit **2.** sensé.

sang [sæŋ] *passé* → **sing**.

sanitary ['sænɪtrɪ] *adj* **1.** sanitaire **2.** hygiénique, salubre.

sanitary towel (UK), sanitary napkin (US) *n* serviette *f* hygiénique.

sanitation [,sænɪ'teɪʃn] *n (indén)* installations *fpl* sanitaires.

sanitize, -ise (UK) ['sænɪtaɪz] *vt* *fig* expurger.

sanity ['sænətɪ] *n (indén)* **1.** santé *f* mentale, raison *f* **2.** bon sens *m*.

sank [sæŋk] *passé* → **sink**.

Santa (Claus) ['sæntə(,klɔz)] *n* le père Noël.

sap [sæp] *n* sève *f*. ❑ *vt* saper *(le moral)*.

sapling ['sæplɪŋ] *n* jeune arbre *m*.

sapphire ['sæfaɪər] *n* saphir *m*.

sarcasm ['sɑːkæzm] *n* sarcasme *m*.

sarcastic [sɑː'kæstɪk] *adj* sarcastique.

sarcastically [sɑː'kæstɪklɪ] *adv* d'un ton sarcastique.

sardine [sɑː'diːn] *n* sardine *f*.

Sardinia [sɑː'dɪnjə] *n* Sardaigne *f*.

sardonic [sɑː'dɒnɪk] *adj* sardonique.

SARS ['særz] (abrév de severe acute respiratory syndrome) *n* MÉD SRAS *m*.

SAS (abrév de Special Air Service) *n* *commando d'intervention spéciale de l'armée britannique*.

SASE (US) abrév de **self-addressed stamped envelope**.

sash [sæʃ] *n* écharpe *f (sur un uniforme)*.

sassy ['sæsɪ] *adj* **(US)** *fam* culotté.

sat [sæt] *passé & pp* → **sit**.

SAT [sæt] *n* **1.** (abrév de Standard Assessment Test) *examen national en Grande-Bretagne pour les élèves de 7 ans, 11 ans et 14 ans* **2.** (abrév de Scholastic Aptitude Test) *examen d'entrée à l'université aux États-Unis*.

Sat. (abrév de Saturday) sam.

Satan ['seɪtn] *n* Satan *m*.

satanic [sə'tænɪk] *adj* satanique.

satchel ['sætʃəl] *n* cartable *m*.

sated ['seɪtɪd] *adj* *littéraire* • **sated (with)** rassasié (de).

satellite ['sætəlaɪt] *n* satellite *m*. ❑ *en apposition* (par) satellite • **satellite broadcast** émission *f* retransmise par satellite • **satellite link** liaison *f* par satellite.

satellite dish *n* antenne *f* parabolique.

satellite link *n* liaison *f* par satellite.

satellite TV *n* télévision *f* par satellite.

satiate ['seɪʃɪeɪt] *vt* *littéraire* rassasier.

satin ['sætɪn] *n* satin *m*. ❑ *en apposition* **1.** de *ou* en satin **2.** satiné.

satire ['sætaɪər] *n* satire *f*.

satirical [sə'tɪrɪkl] *adj* satirique.

satirically [sə'tɪrɪklɪ] *adv* satiriquement.

satirist ['sætərɪst] *n* satiriste *mf*.

satirize, -ise (UK) ['sætəraɪz] *vt* faire la satire de.

satisfaction [,sætɪs'fækʃn] *n* satisfaction *f*.

satisfactorily [ˌsætɪsˈfæktərəlɪ] *adv* de façon satisfaisante.
satisfactory [ˌsætɪsˈfæktərɪ] *adj* satisfaisant.
satisfied [ˈsætɪsfaɪd] *adj* • **satisfied (with)** satisfait (de).
satisfy [ˈsætɪsfaɪ] *vt* **1.** satisfaire **2.** convaincre, persuader • **to satisfy sb that** convaincre qqn que.
satisfying [ˈsætɪsfaɪɪŋ] *adj* satisfaisant.
satsuma [ˌsætˈsuːmə] *n* satsuma *f.*
saturate [ˈsætʃəreɪt] *vt* • **to saturate sthg (with)** saturer qqch (de).
saturated [ˈsætʃəreɪtɪd] *adj* **1.** CHIM saturé • **saturated fats** graisses *fpl* saturées **2.** trempé.
saturated fat [ˈsætʃəreɪtɪd-] *n* matière *f* grasse saturée.
saturation coverage *n* TV couverture *f* maximale.
saturation point *n* • **to reach saturation point** arriver à saturation *f.*
Saturday [ˈsætədɪ] *n* samedi *m* • **it's Saturday** on est samedi • **on Saturday** samedi • **on Saturdays** le samedi • **last Saturday** samedi dernier • **this Saturday** ce samedi • **next Saturday** samedi prochain • **every Saturday** tous les samedis • **every other Saturday** un samedi sur deux • **the Saturday before** l'autre samedi • **the Saturday before last** pas samedi dernier, mais le samedi d'avant • **the Saturday after next, Saturday week (UK)** *ou* **a week on Saturday (UK)** samedi en huit. ❑ *en apposition* du *ou* de samedi • **Saturday morning/afternoon/evening** samedi matin/après-midi/soir.
Saturday girl *n* vendeuse *f (travaillant le samedi).*
Saturn [ˈsætən] *n (planète)* Saturne *f.*
sauce [sɔs] *n* sauce *f.*
saucepan [ˈsɔspən] *n* casserole *f.*
saucer [ˈsɔsər] *n* sous-tasse *f,* soucoupe *f.*
saucy [ˈsɔsɪ] *adj fam* coquin.
Saudi Arabia [ˈsaʊdɪ-] *n* Arabie *f* saoudite.
Saudi (Arabian) [ˈsaʊdɪ-] *adj* saoudien. ❑ *n* Saoudien *m,* -enne *f.*
sauna [ˈsɔnə] *n* sauna *m.*
saunter [ˈsɔntər] *vi* flâner.
sausage [ˈsɒsɪdʒ] *n* saucisse *f.*
sausage roll *n* **(UK)** feuilleté *m* à la saucisse.
sauté [(UK) ˈsəʊteɪ, (US) səʊˈteɪ] *adj* sauté. ❑ *vt (prét & pp* **sautéed** *ou* **sautéd**) **1.** faire sauter *(des pommes de terre)* **2.** faire revenir *(des oignons).*
savage [ˈsævɪdʒ] *adj* féroce. ❑ *n* sauvage *mf.* ❑ *vt* attaquer avec férocité.
savagely [ˈsævɪdʒlɪ] *adv* sauvagement, brutalement.
save [seɪv] *vt* **1.** sauver • **to save sb's life** sauver la vie à *ou* de qqn **2.** mettre de côté **3.** économiser **4.** gagner *(du temps)* **5.** garder *(de la nourriture)* **6.** éviter, épargner • **to save sb sthg** épargner qqch à qqn • **to save sb from doing sthg** éviter à qqn de faire qqch **7.** SPORT arrêter **8.** INFORM sauvegarder. ❑ *vi* **1.** mettre de l'argent de côté **2.** INFORM sauvegarder • **'save as'** 'enregistrer sous'. ❑ *n* SPORT arrêt *m.* ❑ *prép sout* • **save (for)** sauf, à l'exception de. ■ **save up** *vi* mettre de l'argent de côté.
saver [ˈseɪvər] *n* **1.** épargnant *m,* -e *f* **2.** bonne affaire *f* • **super saver (ticket)** billet *m* à tarif réduit.
saving [ˈseɪvɪŋ] *n* **1.** épargne *f* **2.** économie *f* • **to make a saving** faire une économie.
saving grace [ˈseɪvɪŋ-] *n* • **its saving grace was…** ce qui le rachetait, c'était…
savings [ˈseɪvɪŋz] *npl* économies *fpl.*
savings account *n* **(US)** compte *m* d'épargne.
savings and loan association *n* **(US)** société *f* de crédit immobilier.
savings bank *n* caisse *f* d'épargne.
saviour (UK), savior (US) [ˈseɪvjər] *n* sauveur *m.*
savour (UK), savor (US) [ˈseɪvər] *vt litt & fig* savourer.
savoury (UK), savory (US) [ˈseivəri] *adj* **1.** (surtout **UK**) salé **2.** recommandable. ❑ *n* **(UK)** petit plat *m* salé.
saw [sɔ] *passé* → **see.** ❑ *n* scie *f.* ❑ *vt* (**(UK)** *prét* **sawed**, *pp* **sawn**, **(US)** *prét & pp* **sawed**) scier.
sawdust [ˈsɔdʌst] *n* sciure *f* (de bois).
sawmill [ˈsɔmɪl] *n* scierie *f.*
sawn [sɔn] **(UK)** *pp* → **saw.**
sawn-off shotgun (UK), sawed-off shotgun [ˈsɔd-] **(US)** *n* carabine *f* à canon scié.
saxophone [ˈsæksəfəʊn] *n* saxophone *m.*
saxophonist [(UK) sækˈsɒfənɪst, (US) ˈsæksəfəʊnɪst] *n* saxophoniste *mf.*
say [seɪ] *vt (prét & pp* **said**) **1.** dire • **could you say that again?** vous pouvez répéter ce que vous venez de dire ? • **say what? (US)** quoi ? • **(let's) say you won the lottery…** supposons que tu gagnes le gros lot… • **it says a lot about him** cela en dit long sur lui • **she's said to be…** on dit qu'elle est… • **that goes without saying** cela va sans dire • **it has a lot to be said for it** cela a beaucoup d'avantages **2.** indiquer • **the clock says 11.40** la pendule indique 11 h 40. ❑ *n* • **to have a/no say** avoir/ne pas avoir voix au chapitre • **to have a say in sthg** avoir son mot à dire sur qqch • **to have one's say** dire ce que l'on a à dire, dire son mot. ■ **that is to say** *adv* c'est-à-dire.
saying [ˈseɪɪŋ] *n* dicton *m.*
say-so *n fam* autorisation *f.*
scab [skæb] *n* croûte *f (d'une blessure).*
scaffold [ˈskæfəʊld] *n* échafaud *m.*
scaffolding [ˈskæfəldɪŋ] *n* échafaudage *m.*
scald [skɔld] *n* brûlure *f.* ❑ *vt* ébouillanter • **to scald one's arm** s'ébouillanter le bras.
scalding [ˈskɔːldɪŋ] *adj* bouillant.

scale [skeɪl] *n* **1.** échelle *f* • **to scale** à l'échelle • **to be off the scale** *ou* **to go off the scale** *fig* atteindre des niveaux extrêmes **2.** graduation *f* **3.** MUS gamme *f* **4.** écaille *f* **5.** (US) = **scales**. ❑ *vt* **1.** escalader **2.** écailler. ■ **scale down** *vt insép* réduire.

scale diagram *n* plan *m* à l'échelle.

scale model *n* modèle *m* réduit.

scales *npl* balance *f*.

scallion ['skæljən] *n* (US) ciboule *f*.

scallop ['skɒləp] *n* coquille *f* Saint-Jacques. ❑ *vt* COUT festonner.

scallywag (UK) ['skælɪwæg], **scalawag** (US) ['skæləwæg] *n fam* polisson *m*, -onne *f*.

scalp [skælp] *n* **1.** cuir *m* chevelu **2.** scalp *m*. ❑ *vt* scalper.

scalpel ['skælpəl] *n* scalpel *m*.

scam [skæm] *n fam* arnaque *f* • **mail scam** arnaque *f* par mail.

scamp [skæmp] *n fam* coquin *m*, -e *f*.

scamper ['skæmpəʳ] *vi* trottiner.

scampi ['skæmpɪ] *n (indén)* (UK) scampi *mpl*.

scan [skæn] *n* **1.** MÉD scanographie *f* **2.** MÉD échographie *f*. ❑ *vt* **1.** scruter **2.** parcourir **3.** PHYS balayer **4.** INFORM scanner.

scandal ['skændl] *n* **1.** scandale *m* • **to cause a scandal** provoquer un scandale **2.** médisance *f*.

scandalize, **-ise** (UK) ['skændəlaɪz] *vt* scandaliser.

scandalous ['skændələs] *adj* scandaleux.

scandalously ['skændələslɪ] *adv (agir)* scandaleusement.

Scandinavia [ˌskændɪ'neɪvjə] *n* Scandinavie *f*.

Scandinavian [ˌskændɪ'neɪvjən] *adj* scandinave. ❑ *n* Scandinave *mf*.

scanner ['skænəʳ] *n* INFORM scanner *m*.

scant [skænt] *adj* insuffisant.

scantily ['skæntɪlɪ] *adv* **1.** *(meublé)* pauvrement, chichement **2.** *(habillé, vêtu)* légèrement.

scanty ['skæntɪ] *adj* **1.** insuffisant **2.** *(revenu)* maigre **3.** *(robe)* minuscule.

scapegoat ['skeɪpgəʊt] *n* bouc *m* émissaire.

scar [skɑːʳ] *n* cicatrice *f*.

scarce ['skeəs] *adj* rare, peu abondant.

scarcely ['skeəslɪ] *adv* à peine • **scarcely anyone** presque personne • **I scarcely ever go there now** je n'y vais presque *ou* pratiquement plus jamais.

scare [skeəʳ] *n* **1.** • **to give sb a scare** faire peur à qqn **2.** panique *f* • **beef/poultry scare** alerte *f* alimentaire à propos du bœuf/du poulet • **bomb scare** alerte *f* à la bombe. ❑ *vt* effrayer. ■ **scare away**, **scare off** *vt sép* faire fuir.

scarecrow ['skeəkrəʊ] *n* épouvantail *m*.

scared ['skeəd] *adj* apeuré • **to be scared** avoir peur • **to be scared stiff** *ou* **to death** être mort de peur.

scaremongering ['skeəˌmʌŋgrɪŋ] *n* alarmisme *m*.

scare story *n* histoire *f* pour faire peur.

scarf [skɑːf] (*pl* **-s** *ou* **scarves** [skɑːvz]) *n* **1.** écharpe *f* **2.** foulard *m*.

scarlet ['skɑːlət] *adj* écarlate. ❑ *n* écarlate *f*.

scarlet fever *n* scarlatine *f*.

scarves [skɑːvz] *npl* → **scarf**.

scary [skeərɪ] (*comp* **scarier**, *superl* **scariest**) *adj fam* qui fait peur.

scathing ['skeɪðɪŋ] *adj* **1.** acerbe **2.** cinglant.

scatter ['skætəʳ] *vt* éparpiller. ❑ *vi* se disperser.

scatterbrained ['skætəbreɪnd] *adj fam* écervelé.

scattered ['skætəd] *adj* **1.** *(débris, population)* dispersé **2.** *(papier)* éparpillé **3.** *(averses)* intermittent **4.** *(nuages)* épars.

scatty ['skætɪ] (*comp* **scattier**, *superl* **scattiest**) *adj* (UK) *fam* écervelé.

scavenge ['skævɪndʒ] *vt* récupérer. ❑ *vi* • **to scavenge for sthg** faire les poubelles pour trouver qqch.

scavenger ['skævɪndʒəʳ] *n* **1.** animal *m* nécrophage **2.** personne *f* qui fait les poubelles.

scenario [sɪ'nɑːrɪəʊ] (*pl* **-s**) *n* **1.** hypothèse *f*, scénario *m* **2.** CINÉ scénario *m*.

scene [siːn] *n* **1.** scène *f* • **behind the scenes** dans les coulisses **2.** spectacle *m*, vue *f* **3.** tableau *m* **4.** lieu *m*, endroit *m* • **the scene of the crime** le lieu du crime **5.** • **the political scene** la scène politique • **the music scene** le monde de la musique **6.** *(locution)* • **to set the scene for sb** mettre qqn au courant de la situation • **to set the scene for sthg** préparer la voie à qqch.

scenery ['siːnərɪ] *n (indén)* **1.** paysage *m* **2.** THÉÂTRE décor *m*, décors *mpl*.

scenic ['siːnɪk] *adj* touristique • **a scenic view** un beau panorama.

scenic route *n* route *f* touristique.

scent [sent] *n* **1.** senteur *f*, parfum *m* **2.** odeur *f*, fumet *m* **3.** *(indén)* parfum *m*.

scented ['sentɪd] *adj* parfumé.

scepter (US) = **sceptre**.

sceptic (UK), **skeptic** (US) ['skeptɪk] *n* sceptique *mf*.

sceptical (UK), **skeptical** (US) ['skeptɪkl] *adj* • **sceptical (about)** sceptique (sur).

scepticism (UK), **skepticism** (US) ['skeptɪsɪzm] *n* scepticisme *m*.

sceptre (UK), **scepter** (US) ['septəʳ] *n* sceptre *m*.

schadenfreude ['ʃɑːdənˌfrɔɪdə] *n joie maligne qu'on éprouve face au malheur d'autrui*.

schedule [(UK) 'ʃedjuːl, (US) 'skedʒʊl] *n* **1.** programme *m*, plan *m* • **on schedule a)** à l'heure (prévue) **b)** à la date prévue • **ahead of/be-**

hind schedule en avance/en retard (sur le programme) **2.** horaire *m* **3.** tarif *m* **4.** **(US)** calendrier *m* **5.** emploi *m* du temps. ❑ *vt* • **to schedule sthg (for)** prévoir qqch (pour).

scheduled [(UK) 'ʃedjuːld, (US) 'skedʒʊld] *adj* **1.** *(programmé)* prévu • **at the scheduled time** à l'heure prévue **2.** *(régulier - arrêt, changement)* habituel.

scheduled flight *n* vol *m* régulier.

scheduling [(UK) 'ʃedjuːlɪŋ,, (US) 'skedʒuːlɪŋ] *n* TV & RADIO programmation *f* • **scheduling director** TV & RADIO directeur *m*, -trice *f* des programmes.

schematic [skɪ'mætɪk] *adj* schématique.

scheme [skiːm] *n* **1.** plan *m*, projet *m* **2.** *péj* combine *f* **3.** arrangement *m* • **colour scheme** combinaison *f* de couleurs. ❑ *vi péj* conspirer.

scheming ['skiːmɪŋ] *adj* intrigant.

schism ['sɪzm *ou* 'skɪzm] *n* schisme *m*.

schizophrenia [,skɪtsə'friːnjə] *n* schizophrénie *f*.

schizophrenic [,skɪtsə'frenɪk] *adj* schizophrène. ❑ *n* schizophrène *mf*.

schlepp [ʃlep] *fam vt* trimbaler. ❑ *vi* • **to schlepp (around)** se trimbaler.

schmal(t)z [ʃmɔːlts] *n fam* sentimentalité *f* à la guimauve.

schmuck [ʃmʌk] *n* **(US)** *vulg* connard *m*.

scholar ['skɒlər] *n* **1.** érudit *m*, -e *f*, savant *m*, -e *f* **2.** *vieilli* écolier *m*, -ère *f*, élève *mf* **3.** boursier *m*, -ère *f*.

scholarly ['skɒləlɪ] *adj* **1.** *(personne)* érudit, cultivé **2.** *(article, ouvrage)* savant.

scholarship ['skɒləʃɪp] *n* **1.** bourse *f* (d'études) • **to get a scholarship** obtenir une bourse **2.** érudition *f*.

school [skuːl] *n* **1.** école *f* **2.** lycée *m*, collège *m* **3.** faculté *f* **4.** **(US)** université *f*.

CULTURE

school

En Grande-Bretagne, on va d'abord à la **primary school**, de 5 ans à 11 ans, ou à l'**infant school**, de 5 à 7 ans, puis à la **junior school**, de 7 à 11 ans. Les élèves âgés de 11 à 16 ans (ou de 11 à 18 ans) fréquentent l'école secondaire, la **secondary school**.

Aux États-Unis, on va d'abord à l'**elementary school** (ou **grade school** ou **grammar school**) de 6 à 12 ans, puis à la **junior high school**, de 12 à 14 ans, et ensuite à la **high school** à partir de 14 ans. Le CP correspond au **Year 1** en Grande-Bretagne et au **1st grade** aux États-Unis. L'équivalent de la terminale est le **Year 13** en Grande-Bretagne et le **12th grade** aux États-Unis.

Dans les deux pays, les écoles privées (**private schools**) sont assez répandues. Attention, en Grande-Bretagne, les plus prestigieuses d'entre elles sont appelées **public schools** ! Les écoles publiques, quant à elles, sont appelées **state schools** en Grande-Bretagne et **public schools** aux États-Unis.

school age *n* âge *m* scolaire. ■ **school-age** *adj* d'âge scolaire • **school-age children** des enfants d'âge scolaire.

schoolbag ['skuːlbæg] *n* cartable *m*.

schoolbook ['skuːlbʊk] *n* manuel *m* scolaire, livre *m* de classe.

schoolboy ['skuːlbɔɪ] *n* écolier *m*, élève *m*.

school bus *n* car *m* de ramassage scolaire.

schoolchild ['skuːltʃaɪld] (*pl* **-children**) *n* écolier *m*, -ère *f*, élève *mf*.

schooldays ['skuːldeɪz] *npl* années *fpl* d'école.

school friend *n* camarade *mf* d'école.

schoolgirl ['skuːlgɜːl] *n* écolière *f*, élève *f*.

school holiday *n* **(UK)** jour *m* de congé scolaire • **during the school holidays** pendant les vacances *ou* congés scolaires.

school hours *npl* heures *fpl* de classe *ou* d'école • **out of school hours** en dehors des heures de classe.

schooling ['skuːlɪŋ] *n* instruction *f*.

schoolkid ['skuːlkɪd] *n fam* écolier *m*, -ère *f*, élève *mf*.

school-leaver [-,liːvər] *n* **(UK)** *élève qui a fini ses études secondaires*.

school-leaving age [-'liːvɪŋ-] *n* **(UK)** âge *m* de fin de scolarité.

schoolmaster ['skuːl,mɑːstər] *n vieilli* instituteur *m*.

schoolmate ['skuːlmeɪt] *n* camarade *mf* d'école.

schoolmistress ['skuːl,mɪstrɪs] *n vieilli* institutrice *f*.

school of thought *n* école *f* (de pensée).

school report *n* **(UK)** bulletin *m*.

school run *n* **(UK)** • **to do the school run** emmener les enfants à l'école.

school spirit ['skuːl spɪrɪt] *n* **(US)** SCOL esprit *m* d'école.

schoolteacher ['skuːl,tiːtʃər] *n* **1.** instituteur *m*, -trice *f* **2.** professeur *m*.

school uniform *n* uniforme *m* scolaire.

schoolwork ['skuːlwɜːk] *n (indén)* travail *m* scolaire *ou* de classe.

schoolyard *n* **(US)** cour *f* de récréation.

school year *n* année *f* scolaire.

schooner ['skuːnər] *n* **1.** schooner *m*, goélette *f* **2.** **(UK)** grand verre *m* à xérès.

schtum [ʃtʊm] *adj* • **(UK)** *fam* **to keep schtum** ne pas piper mot.
sciatica [saɪ'ætɪkə] *n* sciatique *f.*
science ['saɪəns] *n* science *f.*
science fiction *n* science-fiction *f.*
scientific [,saɪən'tɪfɪk] *adj* scientifique.
scientifically [,saɪən'tɪfɪklɪ] *adv* scientifiquement, de manière scientifique • **scientifically speaking** d'un *ou* du point de vue scientifique.
scientist ['saɪəntɪst] *n* scientifique *mf.*
Scientologist [,saɪən'tɒlədʒɪst] *n* scientologiste *mf*, scientologue *mf.*
sci-fi [,saɪ'faɪ] (abrév de **science fiction**) *n fam* science-fiction *f*, S.F. *f.*
scintillating ['sɪntɪleɪtɪŋ] *adj* brillant.
scissors ['sɪzəz] *npl* ciseaux *mpl.*
sclerosis [sklɪ'rəʊsɪs] → **multiple sclerosis.**
scoff [skɒf] *vt* **(UK)** *fam* bouffer, s'empiffrer de. ❑ *vi* • **to scoff (at)** se moquer (de).
scold [skəʊld] *vt* gronder, réprimander.
scone [skɒn] *n* scone *m.*
scoop [sku:p] *n* **1.** pelle *f* à main **2.** cuillère *f* à glace **3.** boule *f (de glace)* **4.** PRESSE exclusivité *f*, scoop *m.* ❑ *vt* **1.** prendre avec les mains **2.** prendre avec une pelle à main. ■ **scoop out** *vt sép* évider.
scoot [sku:t] *vi fam* filer.
scooter ['sku:tər] *n* **1.** trottinette *f* **2.** scooter *m.*
scope [skəʊp] *n (indén)* **1.** occasion *f*, possibilité *f* **2.** étendue *f*, portée *f.* ■ **scope out** *vt sép* **(US)** observer • **to scope out the neighborhood** repérer un peu le quartier.
scorch [skɔtʃ] *vt* **1.** brûler légèrement, roussir *(des vêtements)* **2.** brûler *(la peau)* **3.** dessécher *(de l'herbe, une région).*
scorcher ['skɔ:tʃər] *n fam* journée *f* torride.
scorching ['skɔtʃɪŋ] *adj fam* **1.** torride **2.** brûlant.
score [skɔr] *n* **1.** SPORT score *m* • **what's the score?** où en est le score ? **2.** SCOL note *f* **3.** *vieilli* vingt **4.** MUS partition *f* **5.** • **on that score** à ce sujet. ❑ *vt* **1.** marquer • **to score 100%** avoir 100 sur 100 • **to score a goal** marquer un but **2.** remporter **3.** entailler. ❑ *vi* SPORT marquer *(un but/un point).*
scoreboard ['skɔbɔd] *n* tableau *m* d'affichage *(du score).*
scorecard ['skɔ:kɑ:d] *n* carte *f* de score.
scorer ['skɔrər] *n* SPORT marqueur *m.*
scorn [skɔn] *n (indén)* mépris *m*, dédain *m.* ❑ *vt* **1.** mépriser **2.** rejeter, dédaigner.
scornful ['skɔnfʊl] *adj* méprisant • **to be scornful of sthg** dédaigner qqch.
scornfully ['skɔ:nfʊlɪ] *adv* avec mépris, dédaigneusement.
Scorpio ['skɔpɪəʊ] (*pl* **-s**) *n* Scorpion *m.*
scorpion ['skɔpjən] *n* scorpion *m.*
Scot [skɒt] *n* Écossais *m*, -e *f.*
scotch [skɒtʃ] *vt* **1.** étouffer *(une rumeur)* **2.** faire échouer *(un projet).*
Scotch [skɒtʃ] *adj* écossais, -aise. ❑ *n* scotch *m*, whisky *m.*
Scotch® (tape) *n* **(US)** Scotch® *m.*
scot-free *adj fam* • **to get off scot-free** s'en tirer sans être puni.
Scotland ['skɒtlənd] *n* Écosse *f.*
Scots [skɒts] *adj* écossais. ❑ *n* écossais *m.*
Scotsman ['skɒtsmən] (*pl* **-men**) *n* Écossais *m.*
Scotswoman ['skɒtswʊmən] (*pl* **-women**) *n* Écossaise *f.*
Scottish ['skɒtɪʃ] *adj* écossais.
Scottish Parliament *n* Parlement *m* écossais.
scoundrel ['skaʊndrəl] *n vieilli* gredin *m.*
scour [skaʊər] *vt* **1.** récurer **2.** parcourir **3.** battre *(la campagne).*
scourge [skɜ:dʒ] *n sout* fléau *m.*
scout [skaʊt] *n* éclaireur *m.* ■ **Scout** *n* scout *m.* ■ **scout around** *vi* • **to scout around (for)** aller à la recherche (de).
scowl [skaʊl] *n* regard *m* noir. ❑ *vi* se renfrogner, froncer les sourcils • **to scowl at sb** jeter des regards noirs à qqn.
scrabble ['skræbl] *vi* **1.** • **to scrabble at sthg** gratter qqch **2.** • **to scrabble around for sthg** tâtonner pour trouver qqch.
scraggy ['skrægɪ] *adj* décharné, maigre.
scram [skræm] (*prét & pp* **scrammed**, *cont* **scramming**) *vi fam* filer, ficher le camp.
scramble ['skræmbl] *n* bousculade *f*, ruée *f.* ❑ *vi* **1.** • **to scramble up a hill** grimper une colline en s'aidant des mains *ou* à quatre pattes **2.** • **to scramble for sthg** se disputer qqch.
scrambled eggs ['skræmbld-] *npl* œufs *mpl* brouillés.
scrap [skræp] *n* **1.** bout *m* **2.** fragment *m* **3.** bribe *f (de conversation)* **4.** ferraille *f* **5.** *fam* bagarre *f.* ❑ *vt* **1.** mettre à la ferraille **2.** abandonner, laisser tomber. ■ **scraps** *npl* restes *mpl.*
scrapbook ['skræpbʊk] *n* album *m (de coupures de journaux).*
scrap dealer *n* ferrailleur *m.*
scrape [skreɪp] *n* **1.** raclement *m*, grattement *m* **2.** *fam & vieilli* • **to get into a scrape** se fourrer dans le pétrin. ❑ *vt* **1.** gratter, racler • **to scrape sthg off sthg** enlever qqch de qqch en grattant *ou* raclant **2.** érafler. ❑ *vi* gratter. ■ **scrape through** *vt insép* réussir de justesse. ■ **scrape together, scrape up** *vt sép* • **to scrape some money together** réunir de l'argent en raclant les fonds de tiroirs.
scraper ['skreɪpər] *n* grattoir *m*, racloir *m.*
scrap heap *n* tas *m* de ferraille • **on the scrap heap** *fig* au rebut, au placard.

scrapings ['skreɪpɪŋz] *npl* raclures *fpl*.
scrap merchant *n* **(UK)** ferrailleur *m*, marchand *m* de ferraille.
scrap metal *n* ferraille *f*.
scrap paper, **scratch paper (US)** *n* (papier *m*) brouillon *m*.
scrappy ['skræpɪ] (*comp* **scrappier**, *superl* **scrappiest**) *adj* **1.** *(discours, travail)* décousu **2.** **(US)** *fam (personne)* bagarreur.
scrapyard ['skræpjɑːd] *n* parc *m* à ferraille.
scratch [skrætʃ] *n* **1.** égratignure *f (blessure)* **2.** éraflure *f (trace sur peinture, verre)* **3.** *(locution)* • **to be up to scratch** être à la hauteur • **to do sthg from scratch** faire qqch à partir de rien. ❑ *vt* **1.** écorcher, égratigner **2.** rayer **3.** gratter **4.** SPORT annuler *(un match)*. ❑ *vi* **1.** gratter **2.** se gratter.
scratch card *n* carte *f* à gratter.
scratchpad ['skrætʃpæd] *n* **(US)** bloc-notes *m*.
scratchproof ['skrætʃpruːf] *adj* inrayable.
scrawl [skrɔl] *n* griffonnage *m*, gribouillage *m*. ❑ *vt* griffonner, gribouiller.
scrawny ['skrɔnɪ] *adj* **1.** efflanqué **2.** décharné.
scream [skriːm] *n* **1.** cri *m* perçant, hurlement *m* **2.** éclat *m (de rire)*. ❑ *vt* hurler. ❑ *vi* crier, hurler.
screaming ['skriːmɪŋ] *adj* **1.** *(fans)* qui crie, qui hurle **2.** *(sirène, réacteur)* qui hurle.
scree [skriː] *n* éboulis *m*.
screech [skriːtʃ] *n* **1.** cri *m* perçant **2.** crissement *m*. ❑ *vt* hurler. ❑ *vi* **1.** pousser des cris perçants **2.** crisser.
screen [skriːn] *n* **1.** écran *m* **2.** paravent *m*. ❑ *vt* **1.** CINÉ & TV projeter **2.** cacher, masquer **3.** protéger **4.** passer au crible, filtrer. ■ **screen off** *vt sép* séparer par un paravent.
screen break *n* pause *f*.
screen dump *n* INFORM vidage *m* d'écran.
screening ['skriːnɪŋ] *n* **1.** CINÉ projection *f* **2.** TV passage *m* à la télévision **3.** sélection *f*, tri *m* **4.** MÉD dépistage *m*.
screenplay ['skriːnpleɪ] *n* scénario *m*.
screen saver *n* INFORM économiseur *m* (d'écran).
screenshot ['skriːnʃɑːt] *n* **1.** copie *f* d'écran **2.** capture *f* d'écran.
screen test *n* bout *m* d'essai.
screenwriter ['skriːn,raɪtər] *n* scénariste *mf*.
screw [skruː] *n* vis *f*. ❑ *vt* **1.** • **to screw sthg to sthg** visser qqch à *ou* sur qqch **2.** visser **3.** *vulg* baiser. ❑ *vi* se visser. ■ **screw up** *vt sép* **1.** froisser, chiffonner **2.** plisser **3.** tordre **4.** *vulg* gâcher, bousiller.
screwball ['skruːbɔːl] *n fam* cinglé *m*, -e *f*.
screwdriver ['skruː,draɪvər] *n* tournevis *m*.
screwed-up *adj* **1.** froissé, chiffonné **2.** *fam* paumé **3.** perturbé, angoissé.
screwy ['skruːɪ] *adj fam* fou, cinglé.
scribble ['skrɪbl] *n* gribouillage *m*, griffonnage *m*. ❑ *vt & vi* gribouiller, griffonner.
scrimp [skrɪmp] *vi* • **to scrimp and save** économiser *ou* lésiner sur tout.
script [skrɪpt] *n* **1.** scénario *m*, script *m* **2.** écriture *f* **3.** (écriture *f*) script *m*.
scripted ['skrɪptɪd] *adj* préparé à l'avance.
Scriptures ['skrɪptʃəz] *npl* • **the Scriptures** les (Saintes) Écritures *fpl*.
scriptwriter ['skrɪpt,raɪtər] *n* scénariste *mf*.
scroll [skrəʊl] *n* rouleau *m*. ❑ *vt* INFORM faire défiler. ■ **scroll down** *vi* INFORM défiler vers le bas. ■ **scroll up** *vi* INFORM défiler vers le haut.
scroll bar *n* INFORM barre *f* de défilement.
scrooge [skruːdʒ] *n fam & péj* grippe-sou *m*.
scrounge [skraʊndʒ] *fam vt* • **to scrounge money off sb** taper qqn • **can I scrounge a cigarette off you?** je peux te piquer une cigarette ?
scrounger ['skraʊndʒər] *n fam* parasite *m*.
scrub [skrʌb] *n* **1.** • **to give sthg a scrub** nettoyer qqch à la brosse **2.** *(indén)* broussailles *fpl*. ❑ *vt* **1.** laver *ou* nettoyer à la brosse **2.** frotter **3.** récurer.
scruff [skrʌf] *n* • **by the scruff of the neck** par la peau du cou.
scruffily ['skrʌfɪlɪ] *adv* • **scruffily dressed** dépenaillé , mal habillé.
scruffy ['skrʌfɪ] *adj* mal soigné.
scrum(mage) ['skrʌm(ɪdʒ)] *n* RUGBY mêlée *f*.
scrumptious ['skrʌmpʃəs] *adj fam* délicieux, fameux.
scrunch [skrʌntʃ] *vt* écraser, faire craquer. ❑ *vi* craquer, crisser.
scrunchie, **scrunchy** ['skrʌntʃɪ] *n* chouchou *m*.
scruples ['skruːplz] *npl* scrupules *mpl*.
scrupulous ['skruːpjʊləs] *adj* scrupuleux.
scrupulously ['skruːpjʊləslɪ] *adv* scrupuleusement • **scrupulously clean** d'une propreté méticuleuse • **scrupulously honest** d'une honnêteté scrupuleuse.
scrutinize, **-ise (UK)** ['skruːtɪnaɪz] *vt* scruter, examiner attentivement.
scrutiny ['skruːtɪnɪ] *n (indén)* examen *m* attentif.
scuba dive *vi* faire de la plongée sous-marine.
scuba diver *n* plongeur *m* sous-marin, plongeuse *f* sous-marine.
scuba diving ['skuːbə-] *n* plongée *f* sous-marine *(avec bouteilles)*.
scuff [skʌf] *vt* **1.** érafler **2.** • **to scuff one's feet** traîner les pieds.
scuffle ['skʌfl] *n* bagarre *f*.
scullery ['skʌlərɪ] *n* arrière-cuisine *f*.
sculptor ['skʌlptər] *n* sculpteur *m*, -e *f ou* -trice.
sculptural ['skʌlptʃərəl] *adj* sculptural.

sculpture ['skʌlptʃər] *n* sculpture *f.* ❑ *vt* sculpter.

scum [skʌm] *n (indén)* **1.** écume *f*, mousse *f* **2.** *tfam* & *péj* salaud *m* **3.** *tfam* & *péj* déchets *mpl.*

scumbag ['skʌmbæg] *n tfam* salaud *m*, ordure *f.*

scummy ['skʌmɪ] (*comp* **scummier**, *superl* **scummiest**) *adj* **1.** *(liquide)* écumeux **2.** *(objet)* crade **3.** *tfam (personne)* salaud.

scupper ['skʌpər] *vt* **1.** NAUT couler **2.** **(UK)** *fig* saboter, faire tomber à l'eau.

scurrilous ['skʌrələs] *adj sout* calomnieux.

scurry ['skʌrɪ] *vi* se précipiter • **to scurry away** *ou* **off** se sauver, détaler.

scuttle ['skʌtl] *n* seau *m* à charbon. ❑ *vi* courir précipitamment *ou* à pas précipités.

scythe [saɪð] *n* faux *f.*

sea [siː] *n* mer *f* • **at sea** en mer • **by sea** par mer • **by the sea** au bord de la mer • **out to sea** au large • **to be all at sea** nager complètement. ❑ *en apposition* **1.** *(voyage)* en mer **2.** *(animal)* marin, de mer.

sea bass *n* ZOOL & CULIN loup *m* de mer.

seabed ['siːbed] *n* • **the seabed** le fond de la mer.

seaboard ['siːbɔːd] *n* littoral *m*, côte *f.*

sea bream *n* daurade *f*, dorade *f.*

sea breeze *n* brise *f* de mer.

seafood ['siːfuːd] *n (indén)* fruits *mpl* de mer.

seafront ['siːfrʌnt] *n* front *m* de mer.

seagull ['siːgʌl] *n* mouette *f.*

seahorse ['siːhɔːs] *n* hippocampe *m.*

seal [siːl] *n (pl inv ou* **-s**) **1.** phoque *m* **2.** cachet *m*, sceau *m.* ❑ *vt* **1.** coller, fermer **2.** sceller, cacheter **3.** obturer, boucher. ■ **seal off** *vt sép* interdire l'accès de.

sealable ['siːlɪbl] *adj* qui peut être fermé hermétiquement.

sealed [siːld] *adj* **1.** *(document)* scellé **2.** *(enveloppe)* cacheté **3.** *(bocal)* fermé hermétiquement.

sea level *n* niveau *m* de la mer.

sea lion (*pl inv ou* **-s**) *n* otarie *f.*

seam [siːm] *n* **1.** couture *f* **2.** couche *f*, veine *f (de charbon).*

seaman ['siːmən] (*pl* **-men**) *n* marin *m.*

seamless ['siːmlɪs] *adj* **1.** COUT sans coutures **2.** *fig* parfait, irréprochable.

seamstress ['semstrɪs] *n* couturière *f.*

seamy ['siːmɪ] *adj* sordide.

séance ['seɪɒns] *n* séance *f* de spiritisme.

seaplane ['siːpleɪn] *n* hydravion *m.*

seaport ['siːpɔːt] *n* port *m* de mer.

search [sɜːtʃ] *n* **1.** fouille *f* **2.** recherche *f*, recherches *fpl* • **search for** recherche de • **in search of** à la recherche de. ❑ *vt* **1.** fouiller *(une maison, une personne)* **2.** fouiller dans *(un tiroir, ses souvenirs).* ❑ *vi* • **to search (for sb/sthg)** chercher (qqn/qqch).

searchable ['sɜːtʃabal] *adj* interrogeable • **searchable database** base *f* de données interrogeable.

search engine *n* INFORM moteur *m* de recherche.

searching ['sɜːtʃɪŋ] *adj* **1.** *(question)* poussé, approfondi **2.** *(regard)* pénétrant **3.** *(examen)* minutieux.

searchlight ['sɜːtʃlaɪt] *n* projecteur *m.*

search party *n* équipe *f* de secours.

search warrant *n* mandat *m* de perquisition.

sea salt *n* sel *m* marin *ou* de mer.

seashell ['siːʃel] *n* coquillage *m.*

seashore ['siːʃɔːr] *n* • **the seashore** le rivage, la plage.

seasick ['siːsɪk] *adj* • **to be** *ou* **feel seasick** avoir le mal de mer.

seasickness ['siːsɪknɪs] *n* mal *m* de mer.

seaside ['siːsaɪd] *n* • **the seaside** le bord de la mer.

seaside resort *n* station *f* balnéaire.

season ['siːzn] *n* **1.** saison *f* • **in season** de saison • **out of season** hors saison **2.** cycle *m (de films).* ❑ *vt* assaisonner.

seasonal ['siːzənl] *adj* saisonnier.

seasonal affective disorder *n* troubles *mpl* de l'humeur saisonniers.

seasonally ['siːznəlɪ] *adv* de façon saisonnière • **seasonally adjusted statistics** statistiques corrigées des variations saisonnières, statistiques désaisonnalisées.

seasoned ['siːznd] *adj* **1.** chevronné, expérimenté **2.** *(soldat)* aguerri.

seasoning ['siːznɪŋ] *n* assaisonnement *m.*

season ticket *n* carte *f* d'abonnement.

seat [siːt] *n* **1.** siège *m* **2.** fauteuil *m* • **take a seat!** asseyez-vous ! **3.** place *f (dans le bus, le train)* **4.** fond *m (de pantalon).* ❑ *vt* faire asseoir, placer • **please be seated** veuillez vous asseoir.

seat belt *n* ceinture *f* de sécurité.

-seater ['siːtər] *suffixe* • **a two-seater (car)** une voiture à deux places.

seating ['siːtɪŋ] *n (indén)* sièges *mpl*, places *fpl* (assises).

seat-of-the-pants *adj fam* • **the project has been a bit of a seat-of-the-pants operation** le projet a été mené au pif.

seawater ['siːˌwɔːtər] *n* eau *f* de mer.

seaweed ['siːwiːd] *n (indén)* algue *f.*

seaworthy ['siːˌwɜːðɪ] *adj* en bon état de navigabilité.

sec. abrév de **second**.

secateurs [ˌsekə'tɜːz] *npl* **(UK)** sécateur *m.*

secede [sɪ'siːd] *vi sout* • **to secede (from)** se séparer (de), faire sécession (de).

secluded [sɪ'kluːdɪd] *adj* retiré, écarté.

seclusion [sɪ'kluːʒn] *n* solitude *f*, retraite *f.*

second [sɪ'kɒnd] *vt* **(UK)** affecter temporairement *(un employé)*.

second ['sekənd] *n* **1.** seconde *f* • **second (gear)** seconde **2.** **(UK)** UNIV ≃ licence *f* avec mention assez bien. ❑ *num* deuxième, second • **his score was second only to hers** il n'y a qu'elle qui ait fait mieux que lui. ❑ *vt* appuyer. Voir aussi **sixth.** ■ **seconds** *npl* **1.** COMM articles *mpl* de second choix **2.** rabiot *m*.

secondary ['sekəndrɪ] *adj* secondaire • **to be secondary to** être moins important que.

secondary market *n* marché *m* secondaire.

secondary school *n* **(UK)** école *f* secondaire, lycée *m*.

second best ['sekənd-] *adj* deuxième • **don't settle for second best** ne choisis que ce qu'il y a de mieux.

second-class ['sekənd-] *adj* **1.** *péj (citoyen)* de deuxième zone **2.** *péj (produit)* de second choix **3.** *(billet)* de seconde *ou* deuxième classe **4.** *(timbre)* à tarif réduit **5.** **(UK)** UNIV ≃ avec mention assez bien.

second cousin ['sekənd-] *n* petit cousin *m*, petite cousine *f*.

second-degree burn ['sekənd-] *n* brûlure *f* du deuxième degré.

second-generation ['sekənd-] *adj (immigré, ordinateur)* de la seconde génération.

second grade *n* **(US)** SCOL *classe de l'enseignement primaire correspondant au CE 1 (6-7 ans)*.

second-guess ['sekənd-] *vt fam* anticiper, prévoir.

second hand ['sekənd-] *n* trotteuse *f*.

second-hand ['sekənd-] *adj* **1.** d'occasion • **to buy sthg second-hand** acheter qqch d'occasion **2.** *fig (information)* de seconde main. ❑ *adv* d'occasion.

second-in-command ['sekənd-] *n* commandant *m* en second.

secondly ['sekəndlɪ] *adv* deuxièmement, en second lieu.

secondment [sɪ'kɒndmənt] *n* **(UK)** affectation *f* temporaire.

second name ['sekənd-] *n* nom *m* de famille.

second nature ['sekənd-] *n* seconde nature *f*.

second-rate ['sekənd-] *adj péj* médiocre.

second thought ['sekənd-] *n* • **to have second thoughts about sthg** avoir des doutes sur qqch • **on second thoughts (UK)** *ou* **on second thought (US)** réflexion faite, tout bien réfléchi.

secrecy ['si:krəsɪ] *n (indén)* secret *m*.

secret ['si:krɪt] *adj* secret. ❑ *n* secret *m* • **to keep a secret** garder un secret.

secret agent *n* agent *m* secret.

secretarial [,sekrə'teərɪəl] *adj (école, formation)* de secrétariat, de secrétaire • **secretarial staff** secrétariat *m*.

secretary [(UK) 'sekrətrɪ, (US) 'sekrə,terɪ] *n* **1.** secrétaire *mf* **2.** ministre *mf*.

secretary-general (*pl* **secretaries-general**) *n* secrétaire *m* général.

Secretary of State *n* **1.** **(UK)** • **Secretary of State (for)** ministre *m* (de) **2.** **(US)** ≃ ministre *m* des Affaires étrangères.

secretive ['si:krətɪv] *adj* secret, dissimulé.

secretively ['si:krətɪvlɪ] *adv* en cachette, secrètement.

secretly ['si:krɪtlɪ] *adv* secrètement.

sect [sekt] *n* secte *f*.

sectarian [sek'teərɪən] *adj* d'ordre religieux.

section ['sekʃn] *n* **1.** section *f*, partie *f* **2.** tronçon *m (d'une route)* **3.** article *m (de loi)* **4.** GÉOM coupe *f*, section *f*. ❑ *vt* sectionner.

sector ['sektər] *n* secteur *m*.

secular ['sekjʊlər] *adj* **1.** *(vie)* séculier **2.** *(école)* laïque **3.** *(musique)* profane.

secure [sɪ'kjʊər] *adj* **1.** fixe **2.** bien fermé **3.** *(avenir)* sûr **4.** *(objets de valeur)* en sécurité **5.** *(enfance)* tranquille **6.** *(mariage)* solide. ❑ *vt* **1.** obtenir **2.** attacher **3.** bien fermer **4.** assurer la sécurité de.

secure electronic transaction *n* INFORM paiement *m* sécurisé.

secure server *n* INFORM serveur *m* sécurisé.

security [sɪ'kjʊərətɪ] *n* sécurité *f* • **to tighten security** renforcer la sécurité. ■ **securities** *npl* FIN titres *mpl*, valeurs *fpl*.

security-coded *adj* **1.** *(radio)* à code de sécurité **2.** AUTO • **security-coded immobilizer** antidémarrage *m* codé.

security gate *n* portique *m*.

security guard *n* garde *m* de sécurité.

security risk *n personne qui présente un risque pour la sécurité nationale ou d'une organisation*.

sedan [sɪ'dæn] *n* **(US)** berline *f*.

sedate [sɪ'deɪt] *adj* posé, calme. ❑ *vt* donner un sédatif à.

sedation [sɪ'deɪʃn] *n (indén)* sédation *f* • **under sedation** sous calmants.

sedative ['sedətɪv] *n* calmant *m*.

sedentary ['sedntrɪ] *adj* sédentaire.

sediment ['sedɪmənt] *n* sédiment *m*, dépôt *m*.

seduce [sɪ'dju:s] *vt* séduire • **to seduce sb into doing sthg** amener *ou* entraîner qqn à faire qqch.

seduction [sɪ'dʌkʃn] *n* séduction *f*.

seductive [sɪ'dʌktɪv] *adj* séduisant.

seductively [sɪ'dʌktɪvlɪ] *adv* **1.** *(s'habiller)* d'une manière séduisante **2.** *(sourire)* d'une manière enjôleuse.

see [si:] (*prét* **saw**, *pp* **seen**) *vt* **1.** voir • **see you!** au revoir ! • **see you soon/later/tomorrow** *etc* ! à bientôt/tout à l'heure/demain *etc* ! **2.** • **I saw her to the door** je l'ai accompagnée jusqu'à la porte • **I saw her onto the train** je l'ai accompagnée au train **3.** • **to see (that)...** s'assurer que... ❑ *vi* voir • **you see,...** voyez-vous,... • **I see** je vois, je comprends • **let's see, let me see** voyons, voyons voir. ■ **see about** *vt insép* s'occuper de. ■ **seeing as, seeing that** *conj fam* vu que, étant donné que. ■ **see off** *vt sép* **1.** accompagner (pour dire au revoir) **2.** (UK) faire partir *ou* fuir. ■ **see out** *vt sép* raccompagner à la porte • **can you see yourself out?** pouvez-vous trouver la sortie tout seul ? ■ **see through** *vt insép* voir clair dans • **to see through sb** voir dans le jeu de qqn. ❑ *vt sép* mener à terme. ■ **see to** *vt insép* s'occuper de • **I'll see to it** je m'en occuperai.

seed [si:d] *n* graine *f*. ■ **seeds** *npl fig* germes *mpl*, semences *fpl*.

seedless ['si:dlɪs] *adj* sans pépins.

seedling ['si:dlɪŋ] *n* semis *m*.

seedy ['si:dɪ] *adj* miteux.

seeing ['si:ɪŋ] *n* vue *f*, vision *f* • **seeing is believing** *prov* il faut le voir pour le croire.

seek [si:k] (*prét & pp* **sought**) *vt* **1.** chercher **2.** rechercher • **to seek to do sthg** chercher à faire qqch **3.** demander *(un conseil, de l'aide)*. ■ **seek out** *vt sép* chercher.

seem [si:m] *vi* sembler, paraître • **to seem sad** avoir l'air triste. ❑ *v impers* • **it seems (that)...** il semble *ou* paraît que...

seeming ['si:mɪŋ] *adj sout* apparent.

seemingly ['si:mɪŋlɪ] *adv* apparemment.

seen [si:n] *pp* → **see**.

seep [si:p] *vi* suinter.

seesaw ['si:sɔ] *n* bascule *f*.

seethe [si:ð] *vi* **1.** être furieux **2.** • **to be seething with** grouiller de.

seething ['si:ðɪŋ] *adj* furieux.

see-through *adj* transparent.

segment ['segmənt] *n* **1.** partie *f*, section *f* **2.** quartier *m (de fruit)*.

segregate ['segrɪgeɪt] *vt* séparer.

segregated ['segrɪgeɪtɪd] *adj* POLIT *où la ségrégation raciale est pratiquée*.

segregation [,segrɪ'geɪʃn] *n* ségrégation *f*.

Seine [seɪn] *n* • **the (River) Seine** la Seine.

seismic ['saɪzmɪk] *adj* sismique.

seize [si:z] *vt* **1.** saisir, attraper **2.** s'emparer de, prendre **3.** DR arrêter **4.** *fig* saisir. ■ **seize (up)on** *vt insép* saisir. ■ **seize up** *vi* **1.** s'ankyloser **2.** *(moteur)* se gripper.

seizure ['si:ʒər] *n* **1.** MÉD crise *f*, attaque *f* **2.** *(indén)* capture *f (d'une ville, d'un criminel)* **3.** prise *f (de pouvoir)*.

seldom ['seldəm] *adv* peu souvent.

select [sɪ'lekt] *adj* **1.** choisi **2.** de premier ordre, d'élite. ❑ *vt* sélectionner.

selected [sɪ'lektɪd] *adj* choisi.

selection [sɪ'lekʃn] *n* sélection *f*, choix *m* • **to make a selection** faire une sélection.

selective [sɪ'lektɪv] *adj* **1.** sélectif **2.** *(personne)* difficile.

selectively [sɪ'lektɪvlɪ] *adv* sélectivement, de manière sélective.

self [self] (*pl* **selves** [selvz]) *n* moi *m* • **she's her old self again** elle est redevenue elle-même.

self- [self] *préf* auto-.

self-addressed envelope [-ə'drest-] *n enveloppe portant ses propres nom et adresse*.

self-addressed stamped envelope [-ə'drest-] *n* (US) enveloppe *f* affranchie pour la réponse.

self-adhesive *adj* autocollant.

self-adjusting *adj* à autoréglage • **self-adjusting tappet** poussoir *m* autorégleur.

self-apparent *adj* évident.

self-appointed [-ə'pɔɪntɪd] *adj péj* • **she's the self-appointed leader** elle se pose en chef.

self-appraisal *n* auto-évaluation *f* • **self-appraisal scheme** système *m* d'auto-évaluation.

self-assembly *adj* (UK) qu'on monte *ou* assemble soi-même.

self-assertion *n* affirmation *f* de soi.

self-assertiveness *n* affirmation *f* de soi.

self-assessment *n* **1.** auto-évaluation *f* **2.** (UK) *(au fisc) système de déclaration des revenus pour le paiement des impôts, par opposition au prélèvement à la source*.

self-assured *adj* sûr de soi.

self-awareness *n* conscience *f* de soi.

self-belief *n* confiance *f* en soi • **to have self-belief** croire en soi-même.

self-betterment *n* **1.** amélioration *f* de sa condition **2.** progrès *mpl* spirituels.

self-catering *adj* (UK) en maison louée ; en appartement loué.

self-censorship *n* autocensure *f* • **to practise self-censorship** s'autocensurer.

self-centred (UK), **self-centered** (US) [-'sentəd] *adj* égocentrique.

self-centredness (UK), **self-centeredness** (US) [-'sentədnɪs] *n* égocentrisme *m*.

self-check routine *n* INFORM routine *f* d'autotest.

self-cleaning *adj* autonettoyant.

self-composed *adj* posé, calme.

self-confessed [-kən'fest] *adj* de son propre aveu.

self-confidence *n* confiance *f* en soi, assurance *f* • **she is full of/she lacks self-confidence** elle a une grande/elle manque de confiance en elle.

self-confident *adj* sûr de soi.

self-confidently *adv* avec assurance *ou* aplomb.

self-conscious *adj* timide.
self-consciously *adv* timidement.
self-consciousness *n* timidité *f*, gêne *f*.
self-contained [-kən'teɪnd] *adj (appartement)* indépendant, avec entrée particulière.
self-contempt *n* mépris *m* de soi-même • **to be full of self-contempt** se mépriser.
self-contented *adj* content de soi.
self-contentment *n* contentement *m* de soi.
self-control *n* maîtrise *f* de soi • **to lose one's self-control** perdre son sang-froid.
self-correcting [-kə'rektɪŋ] *adj* autocorrecteur.
self-deceit, self-deception *n* aveuglement *m* • **it's pure self-deceit on his part** il se fait des illusions.
self-defence (UK), self-defense (US) *n* autodéfense *f*.
self-delusion *n* illusion *f* • **it is nothing but self-delusion on her part** elle se fait des illusions.
self-denying [-dɪ'naɪɪŋ] *adj* • **a self-denying life** une vie de sacrifice.
self-deprecating [-'deprɪkeɪtɪŋ] *adj* • **to be self-deprecating** se déprécier.
self-deprecation *n* **1.** autodérision *f* **2.** dénigrement *m* de soi-même.
self-destructive *adj* autodestructeur.
self-determination *n* autodétermination *f*.
self-discipline *n* **1.** maîtrise *f* de soi **2.** autodiscipline *f*.
self-disciplined *adj* **1.** *(dans une situation)* maître de soi **2.** *(dans sa conduite)* qui fait preuve d'autodiscipline.
self-doubt *n* manque *m* de confiance en soi.
self-educated *adj* autodidacte.
self-effacing [-ɪ'feɪsɪŋ] *adj* qui cherche à s'effacer.
self-elected *adj* nommé par soi-même.
self-employed [-ɪm'plɔɪd] *adj* qui travaille à son propre compte.
self-employment *n* travail *m* en indépendant.
self-esteem *n* respect *m* de soi, estime *f* de soi.
self-evident *adj* qui va de soi, évident.
self-explanatory *adj* évident.
self-expression *n* libre expression *f*.
self-government *n* autonomie *f*.
self-harm *n* automutilation *f*. ❑ *vi* s'automutiler.
self-hatred *n* haine *f* de soi.
self-help *n (indén)* initiative *f* personnelle.
self-ignition *n* AUTO autoallumage *m*.
self-importance *n* suffisance *f*.
self-important *adj* suffisant.
self-imposed [-ɪm'pəʊzd] *adj* que l'on s'impose à soi-même.
self-improvement *n* perfectionnement *m* des connaissances personnelles.
self-indulgence *n* complaisance *f* envers soi-même, habitude *f* de ne rien se refuser.
self-indulgent *adj péj* **1.** qui ne se refuse rien **2.** nombriliste.
self-inflicted [-ɪn'flɪktɪd] *adj* que l'on s'inflige à soi-même, volontaire.
self-interest *n (indén) péj* intérêt *m* personnel.
self-interested *adj* intéressé, qui agit par intérêt personnel.
selfish ['selfɪʃ] *adj* égoïste.
selfishness ['selfɪʃnɪs] *n* égoïsme *m*.
self-isolate [ˌself'aɪsəleɪt] *vi* MED s'isoler.
self-justification *n* autojustification *f*.
self-knowledge *n* connaissance *f* de soi.
selfless ['selflɪs] *adj* désintéressé.
selflessly ['selflɪslɪ] *adv* de façon désintéressée, avec désintéressement.
self-loathing *n* dégoût *m* de soi-même.
self-made *adj* • **self-made man** self-made-man *m*.
self-medication *n* automédication *f*.
self-motivated *adj* capable de prendre des initiatives.
self-motivation *n* motivation *f*.
self-obsessed *adj* obsédé par soi-même.
self-opinionated *adj* opiniâtre.
self-pity *n* apitoiement *m* sur son sort.
self-pitying *adj* qui s'apitoie sur son (propre) sort.
self-portrait *n* autoportrait *m*.
self-possessed *adj* maître, maîtresse *f* de soi.
self-praise *n* éloge *m* de soi-même.
self-preservation *n* instinct *m* de conservation.
self-protection *n* autoprotection *f*.
self-publicist *n* • **he is an accomplished self-publicist** il sait soigner sa publicité.
self-raising flour (UK) [-ˌreɪzɪŋ-], **self-rising flour (US)** *n* farine *f* avec levure incorporée.
self-realization *n* prise *f* de conscience de soi-même.
self-reliance *n* indépendance *f*.
self-reliant *adj* indépendant.
self-replicating [-'replɪkeɪtɪŋ] *adj* autoreproducteur.
self-respect *n* respect *m* de soi.
self-respecting [-rɪs'pektɪŋ] *adj* qui se respecte.
self-restraint *n (indén)* retenue *f*, mesure *f*.
self-righteous *adj* suffisant.

self-righteousness *n* suffisance *f*, pharisaïsme *m sout*.
self-rising flour (US) = **self-raising flour.**
self-rule *n* autonomie *f*.
self-sacrifice *n* abnégation *f*.
self-satisfaction *n* contentement *m* de soi.
self-satisfied *adj* suffisant, content de soi.
self-serve *adj* **(US)** = **self-service.**
self-service *n* libre-service *m*.
self-starter *n* **1.** AUTO démarreur *m* automatique **2.** • **to be a self-starter** être autonome.
self-study *n* autoformation *f*. ❑ *adj* d'autoformation.
self-styled [-'staɪld] *adj péj* soi-disant *(inv)*, prétendu.
self-sufficiency *n* **1.** indépendance *f* ; suffisance *f* **2.** ÉCON autosuffisance *f* **3.** POLIT • **(economic) self-sufficiency** autarcie *f*.
self-sufficient *adj* autosuffisant • **to be self-sufficient in** satisfaire à ses besoins en.
self-supporting [-sə'pɔːtɪŋ] *adj (affaire, entreprise)* financièrement indépendant.
self-taught *adj* autodidacte.
sell [sel] *(prét & pp* **sold***)* *vt* vendre • **to sell sthg for £100** vendre qqch 100 livres • **to sell sthg to sb, to sell sb sthg a)** vendre qqch à qqn **b)** *fig* faire accepter qqch à qqn. ❑ *vi* se vendre • **it sells for** *ou* **at £10** il se vend 10 livres. ■ **sell off** *vt sép* vendre, liquider. ■ **sell out** *vt sép* • **the performance is sold out** il ne reste plus de places, tous les billets ont été vendus. ❑ *vi* **1.** • **we've sold out** on n'en a plus **2.** ne pas être fidèle à ses principes. ■ **sell up** *vi* **(UK)** vendre son affaire.
sellable ['seləbl] *adj* vendable.
sell-by date *n* **(UK)** date *f* limite de vente.
seller ['selər] *n* vendeur *m*, -euse *f*.
seller's market *n* marché *m* à la hausse.
selling point *n* avantage *m*, atout *m*, point *m* fort.
selling price *n* prix *m* de vente.
Sellotape® ['selәteɪp] *n* **(UK)** ≃ Scotch® *m*. ■ **sellotape** *vt* scotcher.
sell-out *n* • **the match was a sell-out** on a joué à guichets fermés.
selves [selvz] *npl* → **self.**
semaphore ['seməfɔːr] *n (indén)* signaux *mpl* à bras.
semblance ['sembləns] *n* semblant *m*.
semen ['siːmen] *n (indén)* sperme *m*.
semester [sɪ'mestər] *n* semestre *m*.
semi- [ˌsemɪ] *préf* semi-, demi-.
semicircle ['semɪˌsɜːkl] *n* demi-cercle *m*.
semicolon [ˌsemɪ'kəʊlən] *n* point-virgule *m*.
semiconscious [ˌsemɪ'kɒnʃəs] *adj* à demi conscient.
semidetached [ˌsemɪdɪ'tætʃt] **(UK)** *adj* jumelé. ❑ *n* maison *f* jumelée.
semifinal [ˌsemɪ'faɪnl] *n* demi-finale *f*.
semifinalist [ˌsemɪ'faɪnəlɪst] *n* demi-finaliste *mf*.
seminal ['semɪnl] *adj* qui fait école *(par son influence)*.
seminar ['semɪnɑːr] *n* séminaire *m*.
seminary ['semɪnərɪ] *n* séminaire *m*.
semiofficial [ˌsemɪə'fɪʃəl] *adj* semi-officiel.
semiprecious ['semɪˌpreʃəs] *adj* semi-précieux.
semi-retirement *n* préretraite *f* progressive.
semiskilled [ˌsemɪ'skɪld] *adj* spécialisé.
semi-skimmed [-skɪmd] *adj (lait)* demi-écrémé.
semolina [ˌsemə'liːnə] *n* semoule *f*.
Senate ['senɪt] *n* • **the Senate** le Sénat • **the United States Senate** le Sénat américain.
senator ['senətər] *n* sénateur *m*, -trice *f*.
send [send] *(prét & pp* **sent***)* *vt* envoyer, expédier • **to send sb sthg, to send sthg to sb** envoyer qqch à qqn • **send her my love** embrasse-la pour moi • **to send sb for sthg** envoyer qqn chercher qqch. ■ **send for** *vt insép* **1.** faire venir **2.** commander par correspondance. ■ **send in** *vt sép* envoyer, soumettre. ■ **send off** *vt sép* **1.** expédier **2. (UK)** expulser. ■ **send off for** *vt insép* commander par correspondance. ■ **send up** *vt sép* **1. (UK)** *fam* parodier, ridiculiser **2. (US)** coffrer *(envoyer en prison)*.
sender ['sendər] *n* expéditeur *m*, -trice *f*.
send-off *n* fête *f* d'adieu.
send-up *n* **(UK)** *fam* parodie *f*.
senile ['siːnaɪl] *adj* sénile.
senile dementia *n* démence *f* sénile.
senior ['siːnjər] *adj* **1.** plus haut placé **2.** • **senior to sb** d'un rang plus élevé que qqn **3.** grand. ❑ *n* **1.** aîné *m*, -e *f* **2.** grand *m*, -e *f* **3. (US)** SCOL & UNIV élève *mf (en quatrième année)*.
senior citizen *n* personne *f* âgée *ou* du troisième âge.
seniority [ˌsiːnɪ'ɒrətɪ] *n* supériorité *f*, ancienneté *f*.
sensation [sen'seɪʃn] *n* sensation *f*.
sensational [sen'seɪʃənl] *adj* sensationnel.
sensationalist [sen'seɪʃnəlɪst] *adj* à sensation.
sensationally [sen'seɪʃnəlɪ] *adv* d'une manière sensationnelle.
sense [sens] *n* **1.** sens *m* • **to make sense** avoir un sens • **sense of smell** odorat *m* **2.** sentiment *m* **3.** bon sens *m*, intelligence *f* • **to make sense** être logique **4.** • **to come to one's senses a)** revenir à la raison **b)** reprendre connaissance. ❑ *vt* sentir.
senseless ['senslɪs] *adj* **1.** stupide **2.** sans connaissance.

senselessly ['senslɪslɪ] *adv* stupidement, de façon absurde.
sensibility [,sensɪ'bɪlətɪ] (*pl* **-ies**) *n* sensibilité *f.*
sensible ['sensəbl] *adj* raisonnable, judicieux.
sensibly ['sensəblɪ] *adv* raisonnablement, judicieusement.
sensitive ['sensɪtɪv] *adj* **1.** • **sensitive (to)** sensible (à) **2.** délicat **3.** • **sensitive (about)** susceptible (en ce qui concerne).
sensitively ['sensɪtɪvlɪ] *adv* avec sensibilité.
sensitivity [,sensɪ'tɪvətɪ] *n* sensibilité *f.*
sensual ['sensjʊəl] *adj* sensuel.
sensuality [,sensjʊ'ælətɪ] *n* sensualité *f.*
sensuous ['sensjʊəs] *adj* qui affecte les sens.
sent [sent] *passé & pp* → **send**.
sentence ['sentəns] *n* **1.** phrase *f* **2.** condamnation *f*, sentence *f.* ❏ *vt* • **to sentence sb (to)** condamner qqn (à).
sentiment ['sentɪmənt] *n* **1.** sentiment *m* **2.** opinion *f*, avis *m.*
sentimental [,sentɪ'mentl] *adj* sentimental.
sentimentality [,sentɪmen'tælətɪ] *n* sentimentalité *f*, sensiblerie *f.*
sentry ['sentrɪ] *n* sentinelle *f.*
SEP *SMS* (abrév de somebody else's problem) c'est pas mon problème.
separate *adj* ['seprət] **1.** • **separate (from)** séparé (de) **2.** distinct. ❏ *vt* ['sepəreɪt] **1.** • **to separate sb/sthg (from)** séparer qqn/qqch (de) • **to separate sthg into** diviser *ou* séparer qqch en **2.** • **to separate sb/sthg (from)** distinguer qqn/qqch (de). ❏ *vi* ['sepəreɪt] se séparer • **to separate into** se diviser *ou* se séparer en. ■ **separates** ['seprəts] *npl (vêtements)* coordonnés *mpl.*
separated ['sepəreɪtɪd] *adj (couple)* séparé.
separately ['seprətlɪ] *adv* séparément.
separation [,sepə'reɪʃn] *n* séparation *f.*
separatist ['seprətɪst] *n* séparatiste *mf.*
Sept. (abrév de September) sept.
September [sep'tembəʳ] *n* septembre *m* • **in September** en septembre • **last September** en septembre dernier • **this September** en septembre de cette année • **next September** en septembre prochain • **by September** en septembre, d'ici septembre • **every September** tous les ans en septembre • **during September** pendant le mois de septembre • **at the beginning of September** début septembre • **at the end of September** fin septembre • **in the middle of September** à la mi-septembre.
septic ['septɪk] *adj* infecté.
septic tank *n* fosse *f* septique.
sequel ['siːkwəl] *n* **1.** • **sequel (to)** suite *f* (de) *(livre, film)* **2.** • **sequel (to)** conséquence *f* (de).
sequence ['siːkwəns] *n* **1.** suite *f*, succession *f* **2.** ordre *m* **3.** *CINÉ* séquence *f.*
sequin ['siːkwɪn] *n* paillette *f.*
Serbia ['sɜːbjə] *n* Serbie *f.*
Serbian ['sɜːbjən], **Serb** [sɜːb] *adj* serbe. ❏ *n* **1.** Serbe *mf* **2.** serbe *m.*
serenade [,serə'neɪd] *n* sérénade *f.* ❏ *vt* donner la sérénade à.
serene [sɪ'riːn] *adj* serein, tranquille.
serenely [sɪ'riːnlɪ] *adv* sereinement, avec sérénité.
serenity [sɪ'renətɪ] *n* sérénité *f*, tranquillité *f.*
sergeant ['sɑːdʒənt] *n* **1.** *MIL* sergent *m*, -e *f* **2.** *(dans la police)* brigadier *m*, -ère *f.*
sergeant major *n* sergent-major *m.*
serial ['sɪərɪəl] *n* feuilleton *m.*
serialization, -isation (UK) [,sɪərɪəlaɪ'zeɪʃn] *n* **1.** publication *f* en feuilleton *(d'un livre)* **2.** adaptation *f* en feuilleton *(d'une pièce, d'un film).*
serialize, -ise (UK) ['sɪərɪəlaɪz] *vt* **1.** *(à la télévision)* diffuser en feuilleton **2.** *(dans un journal)* publier en feuilleton.
serial killer *n* tueur *m* en série.
serial monogamy *n* succession *f* de relations monogamiques.
serial number *n* numéro *m* de série.
series ['sɪəriːz] (*pl inv*) *n* série *f* • **a series of problems** une série de problèmes.
serious ['sɪərɪəs] *adj* **1.** sérieux • **to be serious about doing sthg** songer sérieusement à faire qqch **2.** grave.
seriously ['sɪərɪəslɪ] *adv* **1.** sérieusement • **to take sb/sthg seriously** prendre qqn/qqch au sérieux **2.** *(malade)* gravement **3.** *(blessé)* grièvement.
seriousness ['sɪərɪəsnɪs] *n* **1.** gravité *f* **2.** sérieux *m.*
sermon ['sɜːmən] *n* sermon *m.*
seronegativity [,sɪərəʊnegə'tɪvɪtɪ] *n* séronégativité *f.*
serological test *n* test *m* sérologique.
seropositivity [,sɪərəʊpɒzɪ'tɪvɪtɪ] *n* séropositivité *f.*
serrated [sɪ'reɪtɪd] *adj* en dents de scie.
servant ['sɜːvənt] *n* domestique *mf.*
serve [sɜːv] *vt* **1.** servir **2.** • **to serve to do sthg** servir à faire qqch • **to serve a purpose** servir à un usage **3.** desservir **4.** servir *(un repas, un client)* • **to serve sthg to sb, to serve sb sthg** servir qqch à qqn **5.** *DR* • **to serve sb with a summons/writ** signifier une assignation/une citation à qqn **6.** purger, faire *(une peine de prison)* **7.** faire *(un apprentissage)* **8.** *TENNIS* servir **9.** • **it serves him/you right** c'est bien fait pour lui/toi. ❏ *vi* servir • **to serve as** servir de. ❏ *n TENNIS* service *m.* ■ **serve out, serve up** *vt sép* servir.
server ['sɜːvəʳ] *n INFORM* serveur *m.*
service ['sɜːvɪs] *n* **1.** service *m* • **in/out of service** en/hors service • **to be of service (to sb)** être utile (à qqn), rendre service (à qqn) • **service is included** le service est compris **2.** révision *f*

3. entretien *m* **4.** *TENNIS* service *m.* ❑ *vt* **1.** réviser **2.** assurer l'entretien de. ■ **services** *npl* **1.** **(UK)** aire *f* de services **2.** • **the services** les forces *fpl* armées **3.** • **to offer one's services** proposer ses services.

serviceable ['sɜːvɪsəbl] *adj* pratique.

service area *n* **(UK)** aire *f* de services.

service charge *n* service *m.*

serviceman ['sɜːvɪsmən] (*pl* **-men**) *n* soldat *m*, militaire *m.*

service provider *n* *INFORM* fournisseur *m* d'accès.

service station *n* station-service *f.*

servicewoman ['sɜːvɪs,wʊmən] (*pl* **-women**) *n* femme *f* soldat.

serviette [,sɜːvɪ'et] *n* **(UK)** serviette *f* (de table).

sesame ['sesəmɪ] *n* sésame *m.*

session ['seʃn] *n* **1.** séance *f* **2.** **(US)** *UNIV* trimestre *m.*

set [set] *adj* **1.** fixe • **set expression** *ou* **phrase** expression *f* figée **2.** **(UK)** *SCOL* au programme **3.** • **set (for sthg/to do sthg)** prêt (à qqch/à faire qqch) **4.** • **to be set on sthg** vouloir absolument qqch • **to be set on doing sthg** être résolu à faire qqch • **to be dead set against sthg** s'opposer formellement à qqch. ❑ *n* **1.** ensemble *m* **2.** jeu *m* *(de clés)* **3.** collection *f* *(de timbres)* **4.** série *f* *(de casseroles)* • **a set of teeth a)** une dentition, une denture **b)** un dentier **5.** poste *m* **6.** *CINÉ* plateau *m* **7.** *THÉÂTRE* scène *f* **8.** manche *f*, set *m.* ❑ *vt* (*prét & pp* **set**) **1.** placer, poser, mettre **2.** sertir, monter **3.** • **to set sb free** libérer qqn, mettre qqn en liberté • **to set sthg in motion** mettre qqch en branle *ou* en route • **to set sthg on fire** mettre le feu à qqch **4.** tendre *(un piège)* **5.** mettre *(la table)* **6.** régler **7.** fixer *(une date, un délai)* **8.** donner *(l'exemple)* **9.** lancer *(une mode)* **10.** établir *(un record)* **11.** donner *(des devoirs)* **12.** poser *(un problème)* **13.** *MÉD* plâtrer **14.** • **to be set in** se passer à, se dérouler à. ❑ *vi* (*prét & pp* **set**) **1.** *(soleil)* se coucher **2.** *(mayonnaise)* prendre **3.** *(ciment)* durcir. ■ **set about** *vt insép* entreprendre, se mettre à • **to set about doing sthg** se mettre à faire qqch. ■ **set apart** *vt sép* distinguer • **her talent sets her apart from the other students** son talent la distingue des autres étudiants. ■ **set aside** *vt sép* **1.** mettre de côté **2.** rejeter, écarter. ■ **set back** *vt sép* retarder. ■ **set in** *vi* **1.** *(météo, sentiment)* commencer, s'installer **2.** *(infection)* se déclarer • **panic set in a)** la panique éclata **b)** la panique s'installa. ■ **set off** *vt sép* **1.** déclencher, provoquer **2.** faire exploser *(une bombe)* **3.** faire partir *(un feu d'artifice)*. ❑ *vi* se mettre en route, partir. ■ **set out** *vt sép* **1.** disposer **2.** présenter, exposer. ❑ *vt insép* • **to set out to do sthg** entreprendre *ou* tenter de faire qqch. ❑ *vi* se mettre en route, partir. ■ **set up** *vt sép* **1.** créer, fonder **2.** constituer, mettre en place **3.** arranger, organiser **4.** dresser, ériger **5.** placer, installer **6.** préparer, installer **7.** *fam* monter un coup contre. ■ **set upon** *vt insép* attaquer, s'en prendre à.

setback ['setbæk] *n* contretemps *m*, revers *m.*

SETE *SMS* (abrév de smiling ear to ear) sourire jusqu'aux oreilles.

set menu *n* menu *m* fixe.

set piece *n* *ART & LITTÉR* morceau *m* traditionnel.

settee [se'tiː] *n* canapé *m.*

setting ['setɪŋ] *n* **1.** décor *m*, cadre *m* **2.** réglage *m.*

settle ['setl] *vt* **1.** régler • **that's settled then** (c'est) entendu **2.** régler, payer **3.** calmer • **to settle one's stomach** calmer les douleurs d'estomac **4.** installer. ❑ *vi* **1.** s'installer **2.** *(poussière)* retomber **3.** *(sédiments)* se déposer **4.** *(oiseau, insecte)* se poser. ■ **settle down** *vi* **1.** • **to settle down to sthg/to doing sthg** se mettre à qqch/à faire qqch **2.** s'installer **3.** se ranger **4.** se calmer. ■ **settle for** *vt insép* accepter, se contenter de. ■ **settle in** *vi* s'adapter. ■ **settle on** *vt insép* fixer son choix sur, se décider pour. ■ **settle up** *vi* • **to settle up (with sb)** régler (qqn).

settlement ['setlmənt] *n* **1.** accord *m* **2.** colonie *f* **3.** règlement *m.*

settler ['setlər] *n* colon *m.*

set-to *n* *fam* bagarre *f.*

set-top box *n* boîtier *m* électronique.

set-up *n* *fam* **1.** • **what's the set-up?** comment est-ce que c'est organisé ? **2.** coup *m* monté.

set-up costs *n* frais *mpl* de lancement.

seven ['sevn] *num* sept. Voir aussi **six.**

seventeen [,sevn'tiːn] *num* dix-sept. Voir aussi **six.**

seventeenth [,sevn'tiːnθ] *num* dix-septième. Voir aussi **sixth.**

seventh ['sevnθ] *num* septième. Voir aussi **sixth.**

seventh grade *n* **(US)** *SCOL* *classe de l'enseignement secondaire correspondant à la cinquième (11-12 ans).*

seventh heaven *n* • **to be in seventh heaven** être au septième ciel.

seventieth ['sevntjəθ] *num* soixante-dixième. Voir aussi **sixth.**

seventy ['sevntɪ] *num* soixante-dix. Voir aussi **sixty.**

sever ['sevər] *vt* **1.** couper **2.** *fig* rompre.

several ['sevrəl] *adj* plusieurs. ❑ *pron* plusieurs *mfpl.*

severance ['sevrəns] *n* *sout* rupture *f.*

severance pay *n* indemnité *f* de licenciement.

severe [sɪ'vɪəʳ] *adj* **1.** rude, rigoureux **2.** *(choc)* gros, grosse *f*, dur **3.** *(douleur)* violent **4.** *(maladie, blessure)* grave **5.** sévère.

severely [sɪ'vɪəlɪ] *adv* **1.** *(blessé)* grièvement **2.** *(endommagé)* sérieusement **3.** *(puni, critiqué)* sévèrement.

severity [sɪ'verətɪ] *n* **1.** violence *f* **2.** gravité *f* **3.** sévérité *f*.

sew [səʊ] (**(UK)** *pp* **sewn**, *prét & pp* **sallied**, **(US)** *pp* **sewed** *ou* **sewn**) *vt & vi* coudre. ■ **sew up** *vt sép* recoudre.

sewage ['su:ɪdʒ] *n (indén)* eaux usées.

sewer ['sʊəʳ] *n* égout *m*.

sewing ['səʊɪŋ] *n (indén)* **1.** couture *f* **2.** ouvrage *m*.

sewing machine *n* machine *f* à coudre.

sewn [səʊn] *pp* → **sew**.

sex [seks] *n* **1.** sexe *m* **2.** *(indén)* rapports *mpl* (sexuels) • **to have sex with** avoir des rapports (sexuels) avec.

sex appeal *n* sex-appeal *m*.

sex change *n* changement *m* de sexe.

sex ed ['seks ,ed] (abrév de **sex education**) *n* **(US)** SCOL cours *m* d'éducation sexuelle.

sex education *n* éducation *f* sexuelle.

sexism ['seksɪzm] *n* sexisme *m*.

sexist ['seksɪst] *adj* sexiste. ❑ *n* sexiste *mf*.

sex life *n* vie *f* sexuelle.

sex offender *n* auteur *m* d'un délit sexuel.

sex pest *n fam* dragueur *m* infernal.

sexploits ['seksplɔɪts] *npl fam & hum* aventures *fpl* sexuelles.

sex symbol *n* sex-symbol *m*.

sexting ['sekstɪŋ] *n* **(US)** *envoi de SMS à caractère sexuel*.

sexual ['sekʃʊəl] *adj* sexuel.

sexual abuse *n (indén)* sévices *mpl* sexuels.

sexual assault *n* agression *f* sexuelle.

sexual harassment *n* harcèlement *m* sexuel.

sexual intercourse *n (indén)* rapports *mpl* (sexuels).

sexuality [,sekʃʊ'ælətɪ] *n* sexualité *f*.

sexually ['sekʃʊəlɪ] *adv* sexuellement.

sexy ['seksɪ] *adj fam* sexy *(inv)*.

SGML (abrév de **Standard Generated Markup Language**) *n* INFORM SGML *m*.

shabby ['ʃæbɪ] *adj* **1.** *(vêtements)* élimé, râpé **2.** *(personne)* minable **3.** *(endroit)* miteux **4.** *(comportement)* méprisable.

shack [ʃæk] *n* cabane *f*, hutte *f*.

shackle ['ʃækl] *vt* **1.** enchaîner **2.** *fig* entraver. ■ **shackles** *npl* **1.** fers *mpl* **2.** *fig* entraves *fpl*.

shade [ʃeɪd] *n* **1.** *(indén)* ombre *f* **2.** abat-jour *m inv* **3.** nuance *f*, ton *m (couleur)* **4.** *fig* nuance *f*. ❑ *vt* abriter. ■ **shades** *npl fam* lunettes *fpl* de soleil.

shadow ['ʃædəʊ] *n* ombre *f* • **there's not a** *ou* **the shadow of a doubt** il n'y a pas l'ombre d'un doute.

shadow cabinet *n* **(UK)** cabinet *m* fantôme.

shadowy ['ʃædəʊɪ] *adj* **1.** ombreux **2.** mystérieux.

shady ['ʃeɪdɪ] *adj* **1.** ombragé **2.** qui donne de l'ombre **3.** *fam* louche • **a shady character** un individu louche.

shaft [ʃɑ:ft] *n* **1.** puits *m* **2.** cage *f (d'ascenseur)* **3.** AUTO & TECHNOL arbre *m* **4.** rayon *m (de lumière)* **5.** manche *m (d'un outil)*.

shag [ʃæg] *n* **1.** toison *f* • **shag (pile) carpet** moquette *f* à poils longs **2.** • **shag (tobacco)** tabac *m* (très fort) **3.** cormoran *m* huppé **4.** *vulg* • **to have a shag** baiser **5.** **(US)** ramasseur *m* de balles. ❑ *vt* (*prét & pp* **shagged**) **1.** *tfam (par fatigue)* crever • **to be shagged (out)** être complètement crevé *ou* HS **2.** *vulg* baiser *(sexuellement)* **3.** **(US)** aller chercher *(à la gare, à l'école)*. ❑ *vi* (*prét & pp* **shagged**) *vulg* baiser.

shaggy ['ʃægɪ] *adj* hirsute.

shaggy-dog story *n* histoire *f* farfelue *ou* à dormir debout.

shake [ʃeɪk] *vt* (*prét* **shook**, *pp* **shaken**) **1.** secouer • **to shake one's head a)** secouer la tête **b)** faire non de la tête **2.** agiter • **to shake hands** se serrer la main **3.** *(choc)* ébranler, secouer. ❑ *vi* (*prét* **shook**, *pp* **shaken**) trembler. ■ **shake off** *vt sép* **1.** semer *(des poursuivants)* **2.** se débarrasser *(d'une maladie)*.

shaken ['ʃeɪkn] *pp* → **shake**.

Shakespeare [ʃeɪkspɪəʳ] *n* Shakespeare.

CULTURE

Shakespeare

Le dramaturge et poète **William Shakespeare** (1564-1616) est considéré comme le plus grand écrivain de langue anglaise. Il est né à **Stratford-upon-Avon**, ville du centre de l'Angleterre, aujourd'hui haut lieu du théâtre britannique, puisque la **Royal Shakespeare Company** s'y est établie et y joue notamment les œuvres de Shakespeare. Parmi ses pièces les plus célèbres, on peut citer les tragédies **Hamlet**, **Macbeth**, **Romeo and Juliet**, les comédies **A Midsummer Night's Dream** (le Songe d'une nuit d'été) ou **Much Ado about Nothing** (Beaucoup de bruit pour rien), ou encore les œuvres historiques **Julius Caesar** et **Richard III**. Shakespeare, à la fois auteur dramatique et comédien, jouait dans ses propres pièces.

shake-up *n fam* remaniement *m*.

shaky ['ʃeɪkɪ] *adj* **1.** branlant **2.** tremblant **3.** faible **4.** incertain.

shale gas *n* gaz *m* de schiste.

shall

■ **shall** *v aux*

forme non accentuée [ʃəl], *forme accentuée* [ʃæl]

1. POUR EXPRIMER LE FUTUR (1re PERS. SING. & 1re PERS. PL.)

• **I shall be in Ireland next week** je serai en Irlande la semaine prochaine • **we shall not** *ou* **shan't be there before 6** nous n'y serons pas avant 6 h

2. POUR FAIRE UNE SUGGESTION (1re PERS. SING. & 1re PERS. PL.)

• **let's go, shall we?** on y va ? • **shall we have lunch now?** tu veux qu'on déjeune maintenant ?

3. DANS DES QUESTIONS

• **where shall I put this?** où est-ce qu'il faut mettre ça ?

4. POUR DONNER UN ORDRE

• **you shall tell me!** tu vas *ou* dois me le dire ! • **thou shalt not kill** *(bible)* tu ne tueras point

À PROPOS DE

shall

Shall peut être associé à ***I*** ou ***we*** dans les phrases interrogatives, pour faire une suggestion ***(shall I make you a cup of tea?)***, formuler une invitation ***(shall we go for a picnic on Sunday?)*** ou demander un conseil ***(what shall I wear?)***.

En dehors de ces quelques cas, ***shall*** n'est pas très souvent utilisé, en particulier en anglais américain. La forme négative ***shan't*** l'est encore moins. ***Should*** est la forme passée de ***shall***.

shallow ['ʃæləʊ] *adj* **1.** peu profond **2.** *péj* superficiel.

sham [ʃæm] *adj* feint. ❑ *n* comédie *f.*

shambles ['ʃæmblz] *n* pagaille *f.*

shame [ʃeɪm] *n* **1.** *(indén)* honte *f* • **to bring shame on** *ou* **upon sb** faire la honte de qqn **2.** • **it's a shame (that...)** c'est dommage (que...) *(+ subjonctif)* • **what a shame!** quel dommage ! ❑ *vt* faire honte à • **to shame sb into doing sthg** obliger qqn à faire qqch en lui faisant honte.

shamefaced [,ʃeɪm'feɪst] *adj* honteux, penaud.

shameful ['ʃeɪmfʊl] *adj* honteux, scandaleux.

shamefully ['ʃeɪmfʊlɪ] *adv* honteusement, indignement • **to treat sb shamefully** traiter qqn de façon honteuse.

shameless ['ʃeɪmlɪs] *adj* effronté, éhonté.

shamelessly ['ʃeɪmlɪslɪ] *adv* sans honte, sans vergogne, sans pudeur • **to lie shamelessly** mentir effrontément.

shampoo [ʃæm'puː] *n* *(pl* **-s**) shampooing *m.* ❑ *vt (prét & pp* **shampooed**, *cont* **shampooing**) • **to shampoo sb** *ou* **sb's hair** faire un shampooing à qqn.

shamrock ['ʃæmrɒk] *n* trèfle *m.*

shandy ['ʃændɪ] *n* panaché *m.*

shan't [ʃɑːnt] = **shall not**.

shantytown ['ʃæntɪtaʊn] *n* bidonville *m.*

shape [ʃeɪp] *n* **1.** forme *f* • **to take shape** prendre forme *ou* tournure **2.** • **to be in good/bad shape** être en bonne/mauvaise forme. ❑ *vt* **1.** • **to shape sthg (into)** façonner *ou* modeler qqch (en) **2.** former *(le caractère de qqn).* ■ **shape up** *vi* **1.** se développer, progresser **2.** prendre forme.

-shaped ['ʃeɪpt] *suffixe* en forme de.

shapeless ['ʃeɪplɪs] *adj* informe.

shapelessness ['ʃeɪplɪsnɪs] *n* absence *f* de forme, aspect *m* informe.

shapely ['ʃeɪplɪ] *adj* bien fait.

share [ʃeəʳ] *n* part *f.* ❑ *vt* partager. ❑ *vi* • **to share (in sthg)** partager (qqch). ■ **shares** *npl* FIN actions *fpl.* ■ **share out** *vt sép* partager, répartir.

shareholder ['ʃeə,həʊldəʳ] *n* actionnaire *mf.*

share prices *n* cours *mpl* des actions.

shareware ['ʃeəweəʳ] *n* INFORM shareware *m.*

shark [ʃɑːk] *(pl inv ou* **-s**) *n* requin *m.*

sharp [ʃɑːp] *adj* **1.** tranchant, affilé **2.** pointu **3.** *(image, contours)* net **4.** *(esprit, personne)* vif **5.** *(vue)* perçant **6.** *(changement)* brusque, soudain **7.** *(coup)* sec **8.** *(ordre, parole)* cinglant **9.** *(cri)* perçant **10.** *(douleur, froid)* vif **11.** *(goût)* piquant **12.** dièse. ❑ *adv* **1.** • **at 8 o'clock sharp** à 8 heures pile **2.** • **sharp left/right** tout à fait à gauche/droite. ❑ *n* MUS dièse *m.*

sharpen ['ʃɑːpn] *vt* **1.** aiguiser **2.** tailler.

sharp end *n* (UK) *fig* • **to be at the sharp end** être en première ligne.

sharpener ['ʃɑːpnəʳ] *n* **1.** taille-crayon *m* **2.** aiguisoir *m* (pour couteaux).

sharp-eyed [-'aɪd] *adj* • **she's very sharp-eyed** elle remarque tout.

sharply ['ʃɑːplɪ] *adv* **1.** nettement **2.** brusquement **3.** sévèrement, durement.

sharp-tongued [-'tʌŋd] *adj* qui a la langue acérée.

sharp-witted [-'wɪtɪd] *adj* à l'esprit vif.

shat [ʃæt] *passé & pp* → **shit**.

shatter ['ʃætəʳ] *vt* **1.** briser, fracasser **2.** détruire. ❑ *vi* se fracasser, voler en éclats.

shattered ['ʃætəd] *adj* **1.** bouleversé **2.** (UK) *fam* crevé.

shattering ['ʃætərɪŋ] *adj* **1.** bouleversant **2.** (UK) *fam* crevant, épuisant.

shatterproof ['ʃætəpruːf] *adj* anti-éclats.

shave [ʃeɪv] *n* • **to have a shave** se raser. ❑ *vt* **1.** raser **2.** planer, raboter. ❑ *vi* se raser. ■ **shave off** *vt sép* se raser *(la barbe, les cheveux)*.

shaver [ˈʃeɪvəʳ] *n* rasoir *m* électrique.

shaving [ˈʃeɪvɪŋ] *n* rasage *m*. ■ **shavings** *npl* **1.** copeaux *mpl* **2.** rognures *fpl*.

shaving brush *n* blaireau *m*.

shaving cream *n* crème *f* à raser.

shaving foam *n* mousse *f* à raser.

shawl [ʃɔːl] *n* châle *m*.

she [ʃiː] *pron pers* **1.** elle • **she's tall** elle est grande • ***she* can't do it** elle, elle ne peut pas le faire • **there she is** la voilà • **if I were** *ou* **was she** *sout* si j'étais elle, à sa place **2.** • **she's a fine ship** c'est un bateau magnifique. ❑ *en apposition* • **she-elephant** éléphant *m* femelle • **she-wolf** louve *f*.

À PROPOS DE

she

She est le pronom personnel qui représente les personnes et les animaux familiers de sexe féminin ***(there's my sister - she's a nurse*** ; ***there's my cat - isn't she funny ?)*** ; ***he*** est son équivalent masculin ***(there's my brother - he's a teacher)***. ***It*** représente les objets, les concepts et les animaux non familiers ***(there's my car - it's a Ford)***.

On utilise parfois ***she*** pour représenter un navire ***(the Titanic was new but she sank the first time she left port)***.

Certains noms peuvent être soit masculins soit féminins, p. ex. ***doctor, cousin, friend***. Le choix entre ***he*** et ***she*** dépend donc du sexe de la personne en question ***(there's my boss - do you know him/her?)***. On peut utiliser ***it*** pour les noms d'animaux ainsi que pour certains noms comme ***baby,*** si l'on ignore le sexe ***(listen to that baby - I wish it would be quiet!)***.

Lorsque l'on ignore le sexe d'une personne, l'usage classique et soutenu veut que l'on utilise le pronom masculin ***(if a student is sick, he must have a note from his parents)***. La langue moderne et soutenue préconise l'usage des pronoms masculin **et** féminin ***(if a student is sick, he or she must have a note from his or her parents)***. L'utilisation de ***they,*** autrefois considérée comme familière, est désormais acceptée ***(if a student is sick, they must have a note from their parents)***.

sheaf [ʃiːf] (*pl* **sheaves** [ʃiːvz]) *n* **1.** liasse *f (de papiers)* **2.** gerbe *f (de blé)*.

shear [ʃɪəʳ] (*prét* **sheared**, *pp* **sheared** *ou* **shorn**) *vt* tondre. ■ **shears** *npl* **1.** sécateur *m*, cisaille *f* **2.** ciseaux *mpl*. ■ **shear off** *vt sép* **1.** couper *(une branche)* **2.** cisailler *(un morceau de métal)*. ❑ *vi* se détacher.

sheath [ʃiːθ] (*pl* **sheaths** [ʃiːðz]) *n* **1.** gaine *f* **2.** **(UK)** *vieilli* préservatif *m*.

sheaves [ʃiːvz] *npl* → **sheaf**.

shed [ʃed] *n* **1.** remise *f*, cabane *f* **2.** hangar *m*. ❑ *vt* (*prét & pp* **shed**) **1.** perdre *(ses cheveux, ses feuilles)* **2.** verser **3.** se défaire de, congédier *(ses employés)*.

she'd *(forme non accentuée* [ʃɪd], *forme accentuée* [ʃiːd]*)* = **she had, she would**.

sheen [ʃiːn] *n* lustre *m*, éclat *m*.

sheep [ʃiːp] (*pl inv*) *n* mouton *m*.

sheepdog [ˈʃiːpdɒg] *n* chien *m* de berger.

sheepish [ˈʃiːpɪʃ] *adj* penaud.

sheepishly [ˈʃiːpɪʃlɪ] *adv* d'un air penaud.

sheepskin [ˈʃiːpskɪn] *n* peau *f* de mouton.

sheer [ʃɪəʳ] *adj* **1.** pur **2.** à pic, abrupt **3.** *(tissu, bas)* fin.

sheet [ʃiːt] *n* **1.** drap *m* **2.** feuille *f (de papier, de bois)* **3.** plaque *f (de métal)*.

sheet ice *n* verglas *m*.

sheet music *n (indén)* partition *f*.

sheik(h) [ʃeɪk] *n* cheik *m*.

shelf [ʃelf] (*pl* **shelves** [ʃelvz]) *n* rayon *m*, étagère *f*.

shelf life *n* durée *f* de conservation.

shell [ʃel] *n* **1.** coquille *f* **2.** carapace *f* **3.** coquillage *m* **4.** carcasse *f* **5.** obus *m*. ❑ *vt* **1.** écosser **2.** décortiquer **3.** enlever la coquille de, écaler *(des œufs)* **4.** bombarder. ■ **shell out** *fam vt sép* débourser. ❑ *vi* • **to shell out (for)** casquer (pour).

she'll [ʃiːl] = **she will, she shall**.

shellfire [ˈʃelfaɪəʳ] *n (indén)* tirs *mpl* d'obus.

shellfish [ˈʃelfɪʃ] (*pl inv*) *n* **1.** crustacé *m*, coquillage *m* **2.** *(indén)* fruits *mpl* de mer.

shell-shocked [-ˌʃɒkt] *adj* commotionné *(après une explosion)*.

shell suit *n* **(UK)** *survêtement en* Nylon® *imperméabilisé*.

shelter [ˈʃeltəʳ] *n* abri *m*. ❑ *vt* **1.** abriter, protéger **2.** offrir un asile à **3.** cacher. ❑ *vi* s'abriter, se mettre à l'abri.

sheltered [ˈʃeltəd] *adj* **1.** abrité **2.** protégé, sans soucis.

shelve [ʃelv] *vt fig* mettre au Frigidaire®, mettre en sommeil.

shelves [ʃelvz] *npl* → **shelf**.

shenanigans [ʃɪˈnænɪgənz] *npl fam* micmacs *mpl*, manigances *fpl*.

shepherd [ˈʃepəd] *n* berger *m*. ❑ *vt fig* conduire.

shepherd's pie [ˈʃepədz-] *n* ≃ hachis *m* Parmentier.

sherbet [ˈʃɜːbət] *n* **1.** **(UK)** poudre *f* aromatisée **2.** **(US)** sorbet *m*.

sheriff [ˈʃerɪf] *n* **(US)** shérif *m*.

sherry ['ʃerɪ] *n* xérès *m*, sherry *m*.

she's [ʃiːz] = **she is, she has.**

Shetland ['ʃetlənd] *n* • **(the) Shetland (Islands)** les (îles *fpl*) Shetland *fpl*.

shh [ʃ] *interj* chut !

shield [ʃiːld] *n* **1.** bouclier *m* **2.** trophée *m*. ❑ *vt* • **to shield sb (from)** protéger qqn (de *ou* contre).

shift [ʃɪft] *n* **1.** changement *m*, modification *f* **2.** poste *m* **3.** équipe *f*. ❑ *vt* **1.** déplacer **2.** changer, modifier. ❑ *vi* **1.** changer de place **2.** *(vent)* tourner **3. (US)** AUTO changer de vitesse.

shift key *n* touche *f* majuscules.

shiftless ['ʃɪftlɪs] *adj* fainéant, paresseux.

shift stick *n* **(US)** levier *m* de vitesse.

shift work *n* travail *m* en équipe • **to do shift work** faire les trois-huit.

shift worker *n personne qui fait les trois-huit.*

shifty ['ʃɪftɪ] *adj fam* sournois, louche.

shilling ['ʃɪlɪŋ] *n* shilling *m*.

shilly-shally ['ʃɪlɪ,ʃælɪ] *vi* hésiter, être indécis.

shimmer ['ʃɪmər] *n* **1.** chatoiement *m*, scintillement *m* **2.** miroitement *m*. ❑ *vi* **1.** chatoyer, scintiller **2.** miroiter.

shimmering ['ʃɪmərɪŋ] *adj* **1.** *(lumière)* scintillant **2.** *(eau)* miroitant.

shin [ʃɪn] *n* tibia *m*.

shinbone ['ʃɪnbəʊn] *n* tibia *m*.

shine [ʃaɪn] *n* brillant *m*. ❑ *vt* **1.** *(prét & pp* **shone**) • **to shine a torch on sthg** éclairer qqch **2.** *(prét & pp* **shined**) faire briller, astiquer. ❑ *vi* *(prét & pp* **shone**) briller.

shingle ['ʃɪŋgl] *n (indén)* galets *mpl*. ■ **shingles** *n (indén)* zona *m*.

shiny ['ʃaɪnɪ] *adj* brillant.

ship [ʃɪp] *n* **1.** bateau *m* **2.** navire *m*. ❑ *vt* **1.** expédier **2.** transporter.

shipbuilding ['ʃɪp,bɪldɪŋ] *n* construction *f* navale.

shipment ['ʃɪpmənt] *n* cargaison *f*, chargement *m*.

shipper ['ʃɪpər] *n* affréteur *m*, chargeur *m*.

shipping ['ʃɪpɪŋ] *n (indén)* **1.** transport *m* maritime **2.** navires *mpl*.

shipshape ['ʃɪpʃeɪp] *adj* en ordre.

shipwreck ['ʃɪprek] *n* **1.** naufrage *m* **2.** épave *f*. ❑ *vt* • **to be shipwrecked** faire naufrage.

shipwrecked ['ʃɪprekt] *adj* naufragé.

shipyard ['ʃɪpjɑːd] *n* chantier *m* naval.

shire [ʃaɪər] *n* comté *m*.

shirk [ʃɜːk] *vt* se dérober à.

shirker ['ʃɜːkər] *n* tire-au-flanc *m inv*.

shirt [ʃɜːt] *n* chemise *f*.

shirtsleeves ['ʃɜːtsliːvz] *npl* • **to be in (one's) shirtsleeves** être en manches *ou* en bras de chemise.

shirty ['ʃɜːtɪ] *(comp* **shirtier**, *superl* **shirtiest**) *adj* **(UK)** *fam* de mauvais poil, de mauvaise humeur.

shit [ʃɪt] *vulg n* **1.** merde *f* **2.** *(indén)* conneries *fpl*. ❑ *vi (prét & pp* **shitted** *ou* **shat**) chier. ❑ *interj* merde !

shitless ['ʃɪtlɪs] *adj vulg* • **to be scared shitless** avoir une trouille bleue • **to be bored shitless** se faire chier à mort.

shit-scared *adj vulg* • **to be shit-scared** avoir une trouille bleue.

shiver ['ʃɪvər] *n* frisson *m*. ❑ *vi* • **to shiver (with)** trembler (de), frissonner (de).

shivery ['ʃɪvərɪ] *adj* **1.** frissonnant *(de froid)* **2.** fiévreux, grelottant *(de fièvre)*.

shoal [ʃəʊl] *n* banc *m (de poissons)*.

shock [ʃɒk] *n* **1.** choc *m*, coup *m* **2.** *(indén)* • **to be suffering from shock, to be in (a state of) shock** être en état de choc **3.** décharge *f* électrique. ❑ *vt* **1.** bouleverser **2.** choquer, scandaliser.

shock absorber [-əb,zɔːbər] *n* amortisseur *m*.

shocked [ʃɒkt] *adj* **1.** bouleversé **2.** choqué, scandalisé.

shocker ['ʃɒkər] *n fam* **1.** film *m* à sensation **2.** nouvelle *f* sensationnelle.

shock-horror *adj fam (histoire, presse)* à sensation.

shocking ['ʃɒkɪŋ] *adj* **1. (UK)** épouvantable, terrible **2.** scandaleux.

shockingly ['ʃɒkɪŋlɪ] *adv* **1.** *(pour souligner)* affreusement, atrocement • **shockingly bad** vraiment affreux **2. (UK)** *fam* très mal, lamentablement.

shock tactics *npl* tactique *f* de choc.

shock wave *n* onde *f* de choc.

shod [ʃɒd] *passé & pp* → **shoe.** ❑ *adj* chaussé.

shoddy ['ʃɒdɪ] *adj* **1.** de mauvaise qualité **2.** indigne, méprisable.

shoe [ʃuː] *n* chaussure *f*, soulier *m*. ❑ *vt (prét & pp* **shoed** *ou* **shod**) ferrer.

shoebrush ['ʃuːbrʌʃ] *n* brosse *f* à chaussures.

shoehorn ['ʃuːhɔːn] *n* chausse-pied *m*.

shoelace ['ʃuːleɪs] *n* lacet *m* de soulier.

shoemaker ['ʃuː,meɪkər] *n* **1.** cordonnier *m* **2.** fabricant *m*, -e *f* de chaussures.

shoemender ['ʃuː,mendər] *n* cordonnier *m*, -ère *f*.

shoe polish *n* cirage *m*.

shoe repairer [-rɪ,peərər] *n* cordonnier *m*.

shoe shop *n* magasin *m* de chaussures.

shoestring ['ʃuːstrɪŋ] *n fig* • **on a shoestring** à peu de frais.

shone [ʃɒn] *passé & pp* → **shine.**

shoo [ʃuː] *vt* chasser. ❑ *interj* ouste !

shook [ʃʊk] *passé* → **shake.**

shoot [ʃuːt] *vt (prét & pp* **shot**) **1.** tuer d'un coup de feu • **to shoot o.s.** se tuer avec une arme à feu **2.** blesser d'un coup de feu **3.** **(UK)** chasser **4.** tirer **5.** *CINÉ* tourner. ❑ *vi* (*prét & pp* **shot**) **1.** • **to shoot (at)** tirer (sur) **2.** **(UK)** chasser **3.** • **to shoot in/out/past** entrer/sortir/passer en trombe **4.** *CINÉ* tourner **5.** *SPORT* tirer. ❑ *n* **1.** **(UK)** partie *f* de chasse **2.** *BOT* pousse *f*. ■ **shoot down** *vt sép* abattre. ■ **shoot up** *vi* **1.** *(enfant, plante)* pousser vite **2.** *(prix)* monter en flèche.

shoot-em-up *n* jeu *m* vidéo violent.

shooting ['ʃu:tɪŋ] *n* **1.** meurtre *m* **2.** *(indén)* **(UK)** chasse *f*.

shooting star *n* étoile *f* filante.

shop [ʃɒp] *n* **1.** magasin *m*, boutique *f* **2.** atelier *m*. ❑ *vi* faire ses courses • **to go shopping** aller faire les courses. ■ **shop around** *vi* comparer les prix.

shopaholic [ˌʃɒpə'hɒlɪk] *n fam* • **he's a real shopaholic** il adore faire les boutiques.

shop assistant *n* **(UK)** vendeur *m*, -euse *f*.

shop floor *n* • **the shop floor** *fig* les ouvriers *mpl*.

shopfront ['ʃɒpfrʌnt] *n* **(UK)** devanture *f* (de magasin).

shopkeeper ['ʃɒpˌki:pər] *n* **(surtout UK)** commerçant *m*, -e *f*.

shoplift ['ʃɒplɪft] *vt* voler à l'étalage.

shoplifter ['ʃɒpˌlɪftər] *n* voleur *m*, -euse *f* à l'étalage.

shoplifting ['ʃɒpˌlɪftɪŋ] *n (indén)* vol *m* à l'étalage.

shopper ['ʃɒpər] *n* personne *f* qui fait ses courses.

shopping ['ʃɒpɪŋ] *n (indén)* **(UK)** achats *mpl*.

shopping bag *n* sac *m* à provisions.

shopping basket *n* **1.** panier *m* de course **2.** *(sur un site d'achat)* panier *m*.

shopping cart (US) = **shopping trolley**.

shopping centre (UK), **shopping mall (US)**, **shopping plaza (US)** [-ˌplɑ:zə] *n* centre *m* commercial.

shopping channel *n TV* chaîne *f* de téléachat.

shopping list *n* liste *f* des commissions.

shopping mall, **shopping plaza (US)** = **shopping centre**.

shopping trolley, **shopping cart (US)** *n* chariot *m*, Caddie® *m*.

shopsoiled (UK) ['ʃɒpsɔɪld], **shopworn (US)** ['ʃɒpwɔn] *adj* qui a fait l'étalage, abîmé (en magasin).

shop steward *n* délégué *m* syndical, déléguée *f* syndicale.

shopwindow [ˌʃɒp'wɪndəʊ] *n* vitrine *f*.

shore [ʃɔr] *n* rivage *m*, bord *m* • **on shore** à terre. ■ **shore up** *vt sép* **1.** étayer, étançonner **2.** *fig* consolider.

shorn [ʃɔn] *pp* → **shear**. ❑ *adj* tondu.

short [ʃɔt] *adj* **1.** *(dans le temps)* court, bref **2.** *(dans l'espace)* court **3.** petit **4.** brusque, sec **5.** • **time/money is short** nous manquons de temps/d'argent • **to be short of** manquer de **6.** • **to be short for** être le diminutif de. ❑ *adv* • **to be running short of** commencer à manquer de • **to cut sthg short** couper court à qqch • **to stop short** s'arrêter net. ❑ *n* **1.** **(UK)** alcool *m* fort **2.** *CINÉ* court métrage *m*. ■ **for short** *adv* • **he's called Bob for short** Bob est son diminutif. ■ **in short** *adv* (enfin) bref. ■ **nothing short of** *prép* rien moins que, pratiquement. ■ **short of** *prép* • **short of doing sthg** à moins de faire qqch, à part faire qqch. ■ **shorts** *npl* **1.** short *m* **2.** **(US)** caleçon *m*.

shortage ['ʃɔtɪdʒ] *n* manque *m*, insuffisance *f*.

shortbread ['ʃɔtbred] *n* sablé *m*.

short-change *vt* **1.** • **to short-change sb** ne pas rendre assez à qqn **2.** *fig* tromper, rouler.

short circuit *n* court-circuit *m*. ■ **short-circuit** *vt* court-circuiter. ❑ *vi* se mettre en court-circuit.

shortcomings ['ʃɔtˌkʌmɪŋz] *npl* défauts *mpl*.

shortcrust pastry ['ʃɔtkrʌst-] *n* pâte *f* brisée.

shortcut *n* **1.** raccourci *m* • **to take a shortcut** prendre un raccourci • **keyboard shortcut** *INFORM* raccourci *m* clavier **2.** solution *f* miracle.

shorten ['ʃɔtn] *vt* **1.** écourter **2.** raccourcir. ❑ *vi* raccourcir.

shortfall ['ʃɔtfɔl] *n* déficit *m*.

shorthand ['ʃɔthænd] *n (indén)* sténographie *f*.

shorthand typist *n* **(UK)** *vieilli* sténodactylo *f*.

short-haul *adj* court-courrier *(inv)*.

short list *n* liste *f* des candidats sélectionnés. ■ **short-list** *vt* • **to be short-listed (for)** être au nombre des candidats sélectionnés (pour).

short-lived [-'lɪvd] *adj* de courte durée.

shortly ['ʃɔtlɪ] *adv* bientôt.

short-range *adj* à courte portée.

short shrift [-'ʃrɪft] *n* • **to give sb short shrift** envoyer promener qqn.

shortsighted [ˌʃɔt'saɪtɪd] *adj* **1.** **(UK)** myope **2.** *fig* imprévoyant.

shortsightedness [ˌʃɔ:t'saɪtɪdnɪs] *n* **1.** **(UK)** *MÉD* myopie *f* **2.** *fig* myopie *f*, manque *m* de perspicacité *ou* de prévoyance.

short-sleeved *adj* à manches courtes.

short-staffed [-'stɑ:ft] *adj* • **to be short-staffed** manquer de personnel.

short story *n* nouvelle *f*.

short-tempered [-'tempəd] *adj* emporté, irascible.

short-term *adj* **1.** à court terme **2.** de courte durée.

short wave *n (indén)* ondes *fpl* courtes.

shot [ʃɒt] *passé & pp* → **shoot**. ❑ *n* **1.** coup *m* de feu • **like a shot** sans tarder **2.** tireur *m* **3.** coup *m* **4.** photo *f* **5.** plan *m* **6.** *fam* • **to have a shot at**

sthg essayer de faire qqch • **to give sthg one's best shot** faire ce qu'on peut • **to be worth a shot** valoir le coup d'essayer **7.** piqûre *f*.

shotgun ['ʃɒtgʌn] *n* fusil *m* de chasse.

should

■ **should** [ʃʊd] *aux modal*

1. POUR DONNER UN CONSEIL, EXPRIMER CE QUI SERAIT SOUHAITABLE

• **you should go** tu devrais y aller • **should I go too?** est-ce que je devrais y aller aussi ? • **we should leave now** il faudrait partir maintenant

2. EXPRIME UNE DÉDUCTION, UNE PROBABILITÉ

• **she should be home soon** elle devrait être de retour bientôt • **that should be her at the door** ça doit être elle

3. SUIVI DE « HAVE » + PARTICIPE PASSÉ, EXPRIME UN REGRET, UN REPROCHE

• **they should have won the match** ils auraient dû gagner le match • **you should have helped your sister** tu aurais dû aider ta sœur

4. AVEC UNE VALEUR CONDITIONNELLE

• **I should be very sorry if they couldn't come** je serais navré s'ils ne pouvaient pas venir • **I should like to come with you** j'aimerais bien venir avec vous • **I should deny everything** moi, je nierais tout

5. APRÈS « IF », POUR EXPRIMER UNE ÉVENTUALITÉ

• **if anyone should call, please let met know** si par hasard quelqu'un appelle, veuillez me prévenir

À PROPOS DE

should

Should have suivi d'un participe passé peut servir à exprimer un regret (***I should have phoned on her birthday,*** **j'aurais dû l'appeler pour son anniversaire**) ou un reproche (***you should have been more careful,*** **tu aurais dû faire plus attention**).

Voir aussi ***shall***.

shoulder ['ʃəʊldər] *n* **1.** épaule *f* **2.** accotement *m*, bas côté *m* **3.** **(US)** bande *f* d'arrêt d'urgence. ❑ *vt* **1.** porter **2.** endosser.

shoulder bag *n* sac *m* en bandoulière.

shoulder blade *n* omoplate *f*.

shoulder strap *n* **1.** bretelle *f* **2.** bandoulière *f*.

shouldn't ['ʃʊdnt] = **should not.**

should've ['ʃʊdəv] = **should have.**

shout [ʃaʊt] *n* cri *m*. ❑ *vt & vi* crier. ■ **shout down** *vt sép* huer, conspuer.

shouting ['ʃaʊtɪŋ] *n (indén)* cris *mpl*.

shove [ʃʌv] *n* • **to give sb/sthg a shove** pousser qqn/qqch. ❑ *vt* pousser • **to shove clothes into a bag** fourrer des vêtements dans un sac. ■ **shove off** *vi* **1.** pousser au large **2.** *fam* ficher le camp, filer.

shovel ['ʃʌvl] *n* pelle *f*. ❑ *vt* (**(UK)** *prét & pp* **shovelled**, *cont* **shovelling**, **(US)** *prét & pp* **shoveled**, *cont* **shoveling**) enlever à la pelle.

show [ʃəʊ] *n* **1.** démonstration *f*, manifestation *f* **2.** spectacle *m* **3.** émission *f* **4.** séance *f* **5.** exposition *f* **6.** • **it's all over the show (US)** *fam* ça part dans tous les sens. ❑ *vt* (*prét* **showed**, *pp* **shown** *ou* **showed**) **1.** montrer • **to show sb sthg, to show sthg to sb** montrer qqch à qqn **2.** indiquer **3.** témoigner **4.** faire preuve de **5.** • **to show sb to his seat/table** conduire qqn à sa place/sa table **6.** projeter, passer *(un film)*. ❑ *vi* (*prét* **showed**, *pp* **shown** *ou* **showed**) *(un film)* se voir, être visible • **what's showing tonight?** qu'est-ce qu'on joue comme film ce soir ? ■ **show around, show round (UK)** *vt sép* • **to show sb around a town/a house** faire visiter une ville/une maison à qqn. ■ **show off** *vt sép* exhiber. ❑ *vi* faire l'intéressant(e), frimer. ■ **show round** *vt sép* **(UK)** = **show round.** ■ **show up** *vt sép* embarrasser. ❑ *vi* **1.** se voir, ressortir **2.** *fam* rappliquer.

showbiz ['ʃəʊbɪz] *n fam* show-biz *m*.

show business *n (indén)* monde *m* du spectacle, show-business *m*.

showcase ['ʃəʊkeɪs] *n litt & fig* vitrine *f*.

showdown ['ʃəʊdaʊn] *n* • **to have a showdown with sb** s'expliquer avec qqn, mettre les choses au point avec qqn.

shower ['ʃaʊər] *n* **1.** douche *f* • **to have (UK)** *ou* **take a shower** prendre une douche, se doucher **2.** averse *f* **3.** *fig* avalanche *f*, déluge *m*. ❑ *vt* • **to shower sb with** couvrir qqn de. ❑ *vi* se doucher.

shower cap *n* bonnet *m* de douche.

shower curtain *n* rideau *m* de douche.

shower head *n* pomme *f* de douche.

shower room *n* salle *f* d'eau.

showing ['ʃəʊɪŋ] *n* projection *f*.

show jumping [-,dʒʌmpɪŋ] *n* jumping *m*.

showmanship ['ʃəʊmənʃɪp] *n* sens *m* du spectacle.

shown [ʃəʊn] *pp* → **show.**

show-off *n fam* m'as-tu-vu *m*, -e *f*.

show of hands *n* • **to have a show of hands** voter à main levée.

showpiece ['ʃəʊpiːs] *n* joyau *m*, trésor *m*.

showroom ['ʃəʊrʊm] *n* **1.** salle *f ou* magasin *m* d'exposition **2.** salle de démonstration.

show-stopping *adj* sensationnel.

showy ['ʃəʊɪ] (*comp* **showier**, *superl* **showiest**) *adj* **1.** voyant **2.** prétentieux.

shrank [ʃræŋk] *passé* → **shrink.**

shrapnel [ˈʃræpnl] *n (indén)* éclats *mpl* d'obus.

shred [ʃred] *n* **1.** lambeau *m*, brin *m* **2.** *fig* parcelle *f*, once *f*, grain *m*. ❑ *vt* **1.** râper **2.** déchirer en lambeaux.

shredder [ˈʃredəʳ] *n* destructeur *m* de documents.

shrewd [ʃruːd] *adj* fin, astucieux.

shrewdly [ˈʃruːdlɪ] *adv (agir)* avec perspicacité *ou* sagacité.

shrewdness [ˈʃruːdnɪs] *n* finesse *f*, perspicacité *f*.

shriek [ʃriːk] *n* **1.** cri *m* perçant, hurlement *m* **2.** éclat *m*. ❑ *vi* pousser un cri perçant.

shrill [ʃrɪl] *adj* **1.** aigu **2.** strident.

shrimp [ʃrɪmp] *n* crevette *f*.

shrine [ʃraɪn] *n* lieu *m* saint.

shrink [ʃrɪŋk] *n fam* & *hum* psy *mf*. ❑ *vt* (*prét* **shrank**, *pp* **shrunk**) rétrécir. ❑ *vi* (*prét* **shrank**, *pp* **shrunk**) **1.** rétrécir **2.** rapetisser **3.** *fig* baisser, diminuer **4.** • **to shrink away from sthg** reculer devant qqch • **to shrink from doing sthg** rechigner *ou* répugner à faire qqch.

shrinkage [ˈʃrɪŋkɪʤ] *n* **1.** rétrécissement *m* **2.** *fig* diminution *f*, baisse *f*.

shrink-wrap *vt* emballer sous film plastique.

shrink-wrapped *adj* emballé sous film plastique.

shrink-wrapping *n* **1.** *(processus)* emballage *m* sous film plastique **2.** *(matière)* film *m* plastique.

shrivel [ˈʃrɪvl] (**(UK)** *prét* & *pp* **shrivelled**, *cont* **shrivelling**, **(US)** *prét* & *pp* **shriveled**, *cont* **shriveling**) *vt* • **to shrivel (up)** rider, flétrir. ❑ *vi* • **to shrivel (up)** se rider, se flétrir.

shrivelled [ˈʃrɪvəld] *adj* ratatiné.

shroud [ʃraʊd] *n* linceul *m*. ❑ *vt* • **to be shrouded in a)** être enseveli sous *(l'obscurité, le brouillard)* **b)** être enveloppé de *(mystère)*.

Shrove Tuesday [ˈʃrəʊv-] *n* Mardi *m* gras.

shrub [ʃrʌb] *n* arbuste *m*.

shrubbery [ˈʃrʌbərɪ] *n* massif *m* d'arbustes.

shrug [ʃrʌg] *vt* • **to shrug one's shoulders** hausser les épaules. ❑ *vi* hausser les épaules. ■ **shrug off** *vt sép* ignorer • **to shrug off an illness** se débarrasser d'une maladie.

shrunk [ʃrʌŋk] *pp* → **shrink**.

shtum = **schtum**.

shudder [ˈʃʌdəʳ] **(US)** *vi* **1.** • **to shudder (with)** frémir (de), frissonner (de) **2.** vibrer, trembler.

shuffle [ˈʃʌfl] *vt* **1.** • **to shuffle one's feet** traîner les pieds **2.** battre *(les cartes)*.

shun [ʃʌn] *vt* fuir, éviter.

shunt [ʃʌnt] *vt* aiguiller.

shush [ʃʊʃ] *interj* chut !

shut [ʃʌt] *adj* fermé. ❑ *vt* (*prét* & *pp* **shut**) *(magasin)* fermer. ❑ *vi* (*prét* & *pp* **shut**) **1.** se fermer **2.** fermer. ■ **shut away** *vt sép* mettre sous clef. ■ **shut down** *vt sép* & *vi* **1.** *(magasin)* fermer **2.** éteindre. ❑ *vi* fermer. ■ **shut out** *vt sép* **1.** supprimer *(un bruit)* **2.** ne pas laisser entrer *(la lumière)* • **to shut sb out** laisser qqn à la porte. ■ **shut up** *fam vt sép* faire taire. ❑ *vi* se taire.

shutdown [ˈʃʌtdaʊn] *n* fermeture *f*.

shutter [ˈʃʌtəʳ] *n* **1.** volet *m* **2.** PHOTO obturateur *m*.

shuttle [ˈʃʌtl] *adj* • **shuttle service** (service *m* de) navette *f*. ❑ *n* navette *f* • **a space shuttle** une navette spatiale.

shuttlecock [ˈʃʌtlkɒk] *n* volant *m*.

shy [ʃaɪ] *adj* timide. ❑ *vi (cheval)* s'effaroucher.

Siberia [saɪˈbɪərɪə] *n* Sibérie *f*.

sibling [ˈsɪblɪŋ] *n* **1.** frère *m* **2.** sœur *f*.

Sicily [ˈsɪsɪlɪ] *n* Sicile *f*.

sick [sɪk] *adj* **1.** malade **2.** • **to be sick a)** être malade **b)** **(UK)** vomir • **to feel sick** avoir mal au cœur **3.** • **to be sick of** en avoir marre de **4.** *(blague, humour)* macabre.

sickbay [ˈsɪkbeɪ] *n* infirmerie *f*.

sickbed [ˈsɪkbed] *n* lit *m* de malade.

sicken [ˈsɪkn] *vt* écœurer, dégoûter.

sickening [ˈsɪknɪŋ] *adj* écœurant, dégoûtant.

sickie [ˈsɪkɪ] *n* **(UK** & **AUSTRALIE)** *fam* • **to take a sickie** se faire porter pâle *(lorsqu'on est bien portant)*.

sickle [ˈsɪkl] *n* faucille *f*.

sick leave *n (indén)* congé *m* de maladie.

sickly [ˈsɪklɪ] *adj* **1.** maladif, souffreteux **2.** *(odeur, goût)* écœurant.

sickness [ˈsɪknɪs] *n* **(UK)** **1.** maladie *f* **2.** *(indén)* nausée *f*, nausées *fpl* **3.** vomissement *m*, vomissements *mpl*.

sick-out *n* **(US)** *grève où tous les employés prétendent être malades le même jour*.

sick pay *n (indén)* indemnité *f ou* allocation *f* de maladie.

side [saɪd] *n* **1.** côté *m* • **at** *ou* **by my/her** *etc* **side** à mes/ses *etc* côtés • **on every side, on all sides** de tous côtés • **from side to side** d'un côté à l'autre • **side by side** côte à côte **2.** bord *m* **3.** versant *m*, flanc *m* **4.** camp *m*, côté *m* **5.** SPORT équipe *f*, camp *m* **6.** point *m* de vue • **to take sb's side** prendre le parti de qqn **7.** aspect *m* **8.** facette *f* • **to be on the safe side** par précaution **9.** **(US)** *(accompagnement)* • **a pork chop with a side of fries** une côte de porc avec des frites *(servies à part)*. ❑ *adj* latéral. ■ **side with** *vt insép* prendre le parti de.

sideboard [ˈsaɪdbɔd] *n* buffet *m*.

sideboards **(UK)** [ˈsaɪdbɔdz], **sideburns** **(surtout US)** [ˈsaɪdbɜːnz] *npl* favoris *mpl*.

side dish *n* accompagnement *m*, garniture *f*.

side effect *n* **1.** *MÉD* effet *m* secondaire *ou* indésirable **2.** répercussion *f*.
side issue *n* question *f* secondaire.
sidekick ['saɪdkɪk] *n* **1.** *fam* copain *m*, copine *f* **2.** *péj* acolyte *mf*.
sidelight ['saɪdlaɪt] *n* **(UK)** feu *m* de position.
sideline ['saɪdlaɪn] *n* **1.** activité *f* secondaire **2.** *SPORT* ligne *f* de touche.
sidelong ['saɪdlɒŋ] *adj & adv* de côté.
side order *n* portion *f* • **I'd like a side order of fries** je voudrais aussi des frites.
side plate *n* assiette *f* à pain, petite assiette.
sidesaddle ['saɪd,sædl] *adv* • **to ride sidesaddle** monter en amazone.
side salad *n* salade *f (pour accompagner un plat)*.
sideshow ['saɪdʃəʊ] *n* spectacle *m* forain.
sidesplittingly ['saɪd,splɪtɪŋlɪ] *adv fam* • **sidesplittingly funny** à se tordre de rire.
sidestep ['saɪdstep] *vt* **1.** faire un pas de côté pour éviter *ou* esquiver **2.** *fig* éviter.
side street *n* **1.** petite rue *f* **2.** rue transversale.
sidetrack ['saɪdtræk] *vt* • **to be sidetracked** se laisser distraire.
sidewalk ['saɪdwɔːk] *n* **(US)** trottoir *m*.
sideways ['saɪdweɪz] *adj & adv* de côté.
sideyard ['saɪdyɑːd] *n* **(US)** jardin *m (à côté d'une maison)*.
siding ['saɪdɪŋ] *n* voie *f* de garage.
sidle ['saɪdl] ■ **sidle up** *vi* • **to sidle up to sb** se glisser vers qqn.
siege [siːdʒ] *n* siège *m*.
sieve [sɪv] *n* **1.** tamis *m* **2.** passoire *f*. ❑ *vt* **1.** tamiser **2.** passer.
sift [sɪft] *vt* **1.** tamiser **2.** *fig* passer au crible. ❑ *vi* • **to sift through** examiner, éplucher.
sigh [saɪ] *n* soupir *m* • **to give a sigh of relief** pousser un soupir de soulagement. ❑ *vi* soupirer.
sight [saɪt] *n* **1.** vue *f* • **in/out of sight** en/hors de vue • **at first sight** à première vue **2.** spectacle *m* **3.** mire *f (d'une arme)*. ❑ *vt* apercevoir. ■ **sights** *npl* attractions *fpl* touristiques.
sighting ['saɪtɪŋ] *n* • **there has been a sighting of the escaped criminal** on a vu le fugitif.
sightseeing ['saɪt,siːɪŋ] *n* tourisme *m* • **to go sightseeing** faire du tourisme.
sightseer ['saɪt,siːəʳ] *n* touriste *mf*.
sign [saɪn] *n* **1.** signe *m* • **no sign of** aucune trace de **2.** enseigne *f* **3.** *AUTO* panneau *m*. ❑ *vt* signer. ❑ *vi* communiquer par signes. ■ **sign away** *vt sép* signer la renonciation à • **I felt I was signing away my freedom** j'avais l'impression qu'en signant je renonçais à ma liberté. ■ **sign for** *vt insép* **1.** signer à la réception de *(courrier, colis)* **2.** *SPORT* signer un contrat avec. ■ **sign in** *vi* signer à l'arrivée *ou* en arrivant. ■ **sign on** *vi* **1.** *MIL* s'engager **2.** s'inscrire **3. (UK)** s'inscrire au chômage. ■ **sign out** *vi* signer à la sortie *ou* en sortant. ■ **sign up** *vt sép* **1.** embaucher **2.** engager. ❑ *vi* **1.** *MIL* s'engager **2.** s'inscrire *(à un cours)*.
signal ['sɪgnl] *n* signal *m*. ❑ *vt* (**(UK)** *prét & pp* **signalled**, *cont* **signalling**, **(US)** *prét & pp* **signaled**, *cont* **signaling**) **1.** indiquer **2.** • **to signal sb (to do sthg)** faire signe à qqn (de faire qqch). ❑ *vi* (**(UK)** *prét & pp* **signalled**, *cont* **signalling**, **(US)** *prét & pp* **signaled**, *cont* **signaling**) **1.** *AUTO* mettre son clignotant **2.** • **to signal to sb (to do sthg)** faire signe à qqn (de faire qqch).
signalman ['sɪgnlmən] (*pl* **-men**) *n RAIL* aiguilleur *m*.
signature ['sɪgnətʃəʳ] *n* signature *f*.
signature tune *n* **(UK)** indicatif *m*.
signet ring ['sɪgnɪt-] *n* chevalière *f*.
significance [sɪg'nɪfɪkəns] *n* **1.** importance *f*, portée *f* **2.** signification *f*.
significant [sɪg'nɪfɪkənt] *adj* **1.** considérable **2.** important **3.** significatif.
significantly [sɪg'nɪfɪkəntlɪ] *adv* **1.** considérablement, énormément **2.** d'une manière significative.
signify ['sɪgnɪfaɪ] *vt* signifier, indiquer.
sign language *n* langage *m* des signes.
signpost ['saɪnpəʊst] *n* poteau *m* indicateur.
Sikh [siːk] *adj* sikh *(inv)*. ❑ *n* Sikh *mf*.
silence ['saɪləns] *n* silence *m* • **to break the silence** rompre le silence. ❑ *vt* réduire au silence, faire taire.
silencer ['saɪlənsəʳ] *n* silencieux *m*.
silent ['saɪlənt] *adj* **1.** silencieux **2.** muet.
silent partner *n* **(US)** (associé *m*) commanditaire *m*, bailleur *m* de fonds.
silhouette [,sɪluː'et] *n* silhouette *f*.
silicon chip [,sɪlɪkən-] *n* puce *f*, pastille *f* de silicium.
silicone ['sɪlɪkəʊn] *n* silicone *f*.
silk [sɪlk] *n* soie *f*. ❑ *en apposition* en *ou* de soie.
silky ['sɪlkɪ] *adj* soyeux.
sill [sɪl] *n* rebord *m*.
silliness ['sɪlɪnɪs] *n (indén)* stupidité *f*, bêtise *f*.
silly ['sɪlɪ] *adj* stupide, bête.
silo ['saɪləʊ] (*pl* **-s**) *n* silo *m*.
silt [sɪlt] *n* vase *f*, limon *m*.
silver ['sɪlvəʳ] *adj* argenté. ❑ *n (indén)* **1.** argent *m* **2.** pièces *fpl* d'argent **3.** argenterie *f*. ❑ *en apposition* en argent, d'argent.
silver foil, **silver paper** *n (indén)* papier *m* d'argent *ou* d'étain.
silver medal *n SPORT* médaille *f* d'argent.
silver-plated [-'pleɪtɪd] *adj* plaqué argent.
silver screen *n fam* • **the silver screen** le grand écran.

silversmith ['sɪlvəsmɪθ] *n* orfèvre *mf*.
silver surfer *n fam* internaute *mf* senior.
silverware ['sɪlvəweəʳ] *n (indén)* **1.** argenterie *f* **2.** **(US)** couverts *mpl*.
silver wedding *n* noces *fpl* d'argent.
SIM (abrév de subscriber identity module) *n TÉLÉCOM* • **SIM card** carte *f* SIM.
similar ['sɪmɪləʳ] *adj* • **similar (to)** semblable (à), similaire (à).
similarity [ˌsɪmɪ'lærətɪ] (*pl* **-ies**) *n* • **similarity (between/to)** similitude *f* (entre/avec), ressemblance *f* (entre/avec).
similarly ['sɪmɪləlɪ] *adv* de la même manière, pareillement.
simile ['sɪmɪlɪ] *n* comparaison *f*.
simmer ['sɪməʳ] *vt* mijoter. ■ **simmer down** *vi fam* se calmer.
simpering ['sɪmpərɪŋ] *adj* affecté.
simple ['sɪmpl] *adj* **1.** simple **2.** *vieilli* simplet, simple d'esprit.
simple-minded [-'maɪndɪd] *adj* simplet, simple d'esprit.
simplicity [sɪm'plɪsətɪ] *n* simplicité *f*.
simplification [ˌsɪmplɪfɪ'keɪʃn] *n* simplification *f*.
simplify ['sɪmplɪfaɪ] *vt* simplifier.
simplistic [sɪm'plɪstɪk] *adj* simpliste.
simply ['sɪmplɪ] *adv* **1.** simplement **2.** absolument • **quite simply** tout simplement.
simulate ['sɪmjʊleɪt] *vt* simuler.
simulated ['sɪmjʊleɪtɪd] *adj* simulé.
simulation [ˌsɪmjʊ'leɪʃn] *n* simulation *f*.
simultaneous [**(UK)** ˌsɪmʊl'teɪnjəs, **(US)** ˌsaɪməl'teɪnjəs] *adj* simultané.
simultaneously [**(UK)** ˌsɪmʊl'teɪnjəslɪ, **(US)** ˌsaɪməl'teɪnjəslɪ] *adv* simultanément, en même temps.
sin [sɪn] *n* péché *m*. ❑ *vi* • **to sin (against)** pécher (contre).

since

■ **since** [sɪns] *adv*

POUR INDIQUER UN POINT DE DÉPART DANS LE TEMPS

depuis • **he left home at 5.00 on Tuesday and we haven't heard from him since** il est parti de chez lui mardi à 5 heures et nous n'avons pas eu de ses nouvelles depuis

■ **since** [sɪns] *prép*

POUR INDIQUER UN POINT DE DÉPART DANS LE TEMPS

depuis • **I haven't seen her since Christmas** je ne l'ai pas vue depuis Noël

■ **since** [sɪns] *conj*

1. POUR INDIQUER UN POINT DE DÉPART DANS LE TEMPS

depuis que • **she hasn't stopped crying since you left her** depuis que tu l'as quittée, elle n'a pas arrêté de pleurer

2. INTRODUIT LA CAUSE

étant donné que • **since you are ill, you should stay at home** étant donné que tu es malade, tu devrais rester à la maison

À PROPOS DE

since

Remarquez les temps employés avec ***since*** lorsque ce dernier est une préposition : ***we* have been *friends* since *school*** (passé composé) ; ***we* had been working *together* since *the summer*** (plus-que-parfait à la forme progressive) ; **we had been *in contact* since *1985*** (plus-que-parfait).

Remarquez les temps employés avec ***since*** lorsque ce dernier est une conjonction : ***I haven't read much* since *I left school*** (prétérit) ; ***his books sell very well* since *he's become famous*** (passé composé).

sincere [sɪn'sɪəʳ] *adj* sincère.
sincerely [sɪn'sɪəlɪ] *adv* sincèrement • **Yours sincerely** Veuillez agréer, Monsieur/Madame, l'expression de mes sentiments les meilleurs.
sincerity [sɪn'serətɪ] *n* sincérité *f*.
sinew ['sɪnjuː] *n* tendon *m*.
sinewy ['sɪnjuːɪ] *adj* musclé.
sinful ['sɪnfʊl] *adj* **1.** *(pensée)* mauvais **2.** *(désir, acte)* coupable • **sinful person** pécheur *m*, -eresse *f*.
sing [sɪŋ] (*prét* **sang**, *pp* **sung**) *vt & vi* chanter.
Singapore [ˌsɪŋə'pɔːʳ] *n* Singapour *m*.
singe [sɪndʒ] *vt* **1.** brûler légèrement **2.** roussir.
singer ['sɪŋəʳ] *n* chanteur *m*, -euse *f*.
singing ['sɪŋɪŋ] *n (indén)* chant *m*.
single ['sɪŋgl] *adj* **1.** seul, unique • **every single** chaque **2.** célibataire **3.** **(UK)** simple. ❑ *n* **1.** **(UK)** aller *m* (simple) **2.** *(CD)* single *m*. ■ **singles** (*pl inv*) *n TENNIS* simple *m*. ■ **single out** *vt sép* • **to single sb out (for)** choisir qqn (pour).
single bed *n* lit *m* à une place.
single-breasted [-'brestɪd] *adj* droit.
single-click *n* clic *m*. ❑ *vi* • **to single-click on sthg** cliquer une fois sur qqch. ❑ *vi* cliquer une fois.
single cream *n* **(UK)** crème *f* liquide.
single currency *n* monnaie *f* unique.
single file *n* • **in single file** en file indienne.

single-handed [-'hændɪd] *adv* tout seul, toute seule *f.*
single-handedly [-'hændɪdlɪ] *adv* **1.** tout seul, toute seule *f* **2.** d'une seule main.
single-lane *adj (circulation)* à voie unique.
single-minded [-'maɪndɪd] *adj* résolu.
single-mindedly [-'maɪndɪdlɪ] *adv* avec acharnement.
single parent *n* père *m* /mère *f* célibataire.
single-parent family *n* famille *f* monoparentale.
single-phase *adj (courant)* monophasé.
single room *n* chambre *f* pour une personne *ou* à un lit.
singles bar ['sɪŋglz] *n* club *m* pour célibataires.
single-sex *adj* SCOL non mixte.
singlet ['sɪŋglɪt] *n* **(UK) 1.** tricot *m* de peau **2.** SPORT maillot *m.*
singsong ['sɪŋsɒŋ] *adj (voix)* chantant. ❑ *n* **(UK)** *fam* • **to have a singsong** chanter en chœur.
singular ['sɪŋgjʊlə^r] *adj* singulier. ❑ *n* singulier *m.*
sinister ['sɪnɪstə^r] *adj* sinistre.
sink [sɪŋk] *n* **1.** évier *m* **2.** lavabo *m.* ❑ *vt (prét* **sank**, *pp* **sunk) 1.** couler **2.** • **to sink sthg into** enfoncer qqch dans. ❑ *vi (prét* **sank**, *pp* **sunk) 1.** NAUT couler, sombrer **2.** *(personne, objet)* couler • **to sink into poverty/despair** sombrer dans la misère/le désespoir **3.** s'affaisser **4.** *(soleil)* se coucher **5.** *(somme, valeur)* baisser, diminuer **6.** *(voix)* faiblir. ■ **sink in** *vi* • **it hasn't sunk in yet** je n'ai pas encore réalisé.
sink unit *n* bloc-évier *m.*
sinner ['sɪnə^r] *n* pécheur *m*, -eresse *f.*
sinuous ['sɪnjʊəs] *adj* sinueux.
sinus ['saɪnəs] *(pl* **-es)** *n* sinus *m inv.*
sip [sɪp] *n* petite gorgée *f.* ❑ *vt* siroter.
siphon ['saɪfn] *n* siphon *m.* ❑ *vt* **1.** siphonner **2.** *fig* canaliser **3.** détourner *(des fonds).* ■ **siphon off** *vt sép* **1.** siphonner **2.** *fig* canaliser **3.** *fig* détourner *(des fonds).*
sir [sɜː^r] *n* monsieur *m.*
siren ['saɪərən] *n* sirène *f.*
sirloin (steak) ['sɜːlɔɪn-] *n* bifteck *m* dans l'aloyau *ou* d'aloyau.
sissy ['sɪsɪ] *n fam* & *injur* poule *f* mouillée.
sister ['sɪstə^r] *n* **1.** sœur *f* **2.** RELIG sœur *f*, religieuse *f* **3. (UK)** infirmière *f* (en) chef.
sister company *n* société *f* sœur.
sister-in-law *(pl* **sisters-in-law)** *n* belle-sœur *f.*
sit [sɪt] *(prét & pp* **sat)** *vt* **(UK)** passer. ❑ *vi* **1.** s'asseoir • **to be sitting** être assis • **to sit on a committee** faire partie d'un comité **2.** siéger, être en séance. ■ **sit about (UK), sit around** *vi* rester assis à ne rien faire. ■ **sit down** *vi* s'asseoir. ■ **sit in on** *vt insép* assister à. ■ **sit out** *vt sép* **1.** rester jusqu'à la fin de *(une réunion, une pièce)* **2.** • **to sit out a dance** ne pas danser. ■ **sit through** *vt insép* rester jusqu'à la fin de. ■ **sit up** *vi* **1.** se redresser, s'asseoir **2.** veiller.
sitcom ['sɪtkɒm] *n fam* sitcom *f.*
SITD SMS abrév de **still in the dark.**
site [saɪt] *n* **1.** ARCHÉOL & INTERNET site *m* • **to visit the BBC site** visiter le site de la BBC **2.** emplacement *m* **3.** chantier *m.* ❑ *vt* situer, placer.
sit-in *n* sit-in *m*, occupation *f* des locaux.
sitting ['sɪtɪŋ] *n* **1.** *(pour un repas)* service *m* **2.** séance *f (d'un comité, d'une assemblée).*
sitting duck *n fam* cible *f ou* proie *f* facile.
sitting room *n* salon *m.*
situated ['sɪtjʊeɪtɪd] *adj* • **to be situated** être situé, se trouver.
situation [ˌsɪtjʊ'eɪʃn] *n* **1.** situation *f* **2.** situation *f*, emploi *m* • **'situations vacant' (UK)** 'offres d'emploi'.
sit-up *n* redressement *m* assis.
six [sɪks] *adj num* six *(inv)* • **she's six (years old)** elle a six ans. ❑ *num* six *mf pl* • **I want six** j'en veux six • **there were six of us** nous étions six. ❑ *n num* **1.** six *m inv* • **two hundred and six** deux cent six **2.** • **it's six** il est six heures • **we arrived at six** nous sommes arrivés à six heures.
six-pack *n* pack *m* de six.
sixteen [sɪks'tiːn] *num* seize. Voir aussi **six.**
sixteenth [sɪks'tiːnθ] *num* seizième. Voir aussi **sixth.**
sixth [sɪksθ] *adj num* sixième. ❑ *adv num* **1.** sixième, en sixième place **2.** sixièmement. ❑ *num* sixième *mf.* ❑ *n* **1.** sixième *m* **2.** • **the sixth (of September)** le six (septembre).
sixth form *n* **(UK)** ≃ (classe *f*) terminale *f.*
sixth form college *n* **(UK)** *établissement préparant aux A-levels.*
sixth grade *n* **(US)** SCOL *classe du primaire pour les 10-11 ans.*
sixth sense *n* sixième sens *m.*
sixtieth ['sɪkstɪəθ] *num* soixantième. Voir aussi **sixth.**
sixty ['sɪkstɪ] *num* soixante. Voir aussi **six.** ■ **sixties** *npl* **1.** • **the sixties** les années *fpl* soixante **2.** • **to be in one's sixties** être sexagénaire.
size [saɪz] *n* **1.** taille *f* **2.** grandeur *f*, dimensions *fpl* **3.** ampleur *f (d'un problème)* **4.** pointure *f.* ■ **size up** *vt sép* **1.** jauger **2.** apprécier, peser.
sizeable ['saɪzəbl] *adj* assez important.
sizzle ['sɪzl] *vi* grésiller.
skanky ['skæŋkɪ] *adj* **(US)** *fam* moche.
skate [skeɪt] *n* **1.** patin *m* **2.** *(pl inv ou* **-s)** *(poisson)* raie *f.* ❑ *vi* **1.** faire du patin à glace, patiner **2.** faire du patin à roulettes.

skateboard ['skeɪtbɔːd] *n* planche *f* à roulettes, skateboard *m*, skate *m*.

skateboarder ['skeɪtbɔːdəʳ] *n* personne *f* qui fait du skate (board) *ou* de la planche à roulettes.

skateboarding ['skeɪtbɔːdɪŋ] *n* • **to go skateboarding** faire de la planche à roulettes *ou* du skateboard.

skater ['skeɪtəʳ] *n* **1.** patineur *m*, -euse *f* **2.** patineur à roulettes.

skating ['skeɪtɪŋ] *n* **1.** patinage *m* **2.** patinage à roulettes.

skating rink *n* patinoire *f*.

skeletal ['skelɪtl] *adj* squelettique.

skeleton ['skelɪtn] *n* squelette *m*.

skeleton contract *n* contrat-type *m*.

skeleton key *n* passe *m*, passe-partout *m inv*.

skeleton staff *n* personnel *m* réduit.

skeptic (US) = **sceptic**.

skeptical (US) = **sceptical**.

skepticism *etc* **(US)** = **scepticism**.

sketch [sketʃ] *n* **1.** croquis *m*, esquisse *f* **2.** aperçu *m*, résumé *m* **3.** sketch *m (d'un comédien)*. ❑ *vt* **1.** dessiner, faire un croquis de **2.** décrire à grands traits. ■ **sketch out** *vt sép* esquisser, décrire à grands traits.

sketchbook ['sketʃbʊk] *n* carnet *m* à dessins.

sketchpad ['sketʃpæd] *n* bloc *m* à dessins.

sketchy ['sketʃɪ] *adj* incomplet.

skewed ['skelɪtl] *adj (point de vue)* partial.

skewer ['skjʊəʳ] *n* brochette *f*, broche *f*. ❑ *vt* embrocher.

skew-whiff [ˌskjuː'wɪf] *adj* **(UK)** *fam* de guingois, de traviole.

ski [skiː] *n* ski *m*. ❑ *vi (prét & pp* **skied**, *cont* **skiing**) skier, faire du ski.

ski boots *npl* chaussures *fpl* de ski.

skid [skɪd] *n* dérapage *m* • **to go into a skid** déraper. ❑ *vi* déraper.

skid mark *n* trace *f* de frein *ou* dérapage.

skid row *n* **(surtout US)** *fam* • **to be on skid row** être sur le pavé.

skier ['skiːəʳ] *n* skieur *m*, -euse *f*.

skies [skaɪz] *npl* → **sky**.

skiing ['skiːɪŋ] *n (indén)* ski *m* • **to go skiing** faire du ski.

ski instructor *n* moniteur *m*, -trice *f* de ski.

ski jump *n* **1.** tremplin *m* **2.** saut *m* à *ou* en skis.

skilful (UK), **skillful (US)** ['skɪlfʊl] *adj* habile, adroit.

skilfully (UK), **skillfully (US)** ['skɪlfʊlɪ] *adv* habilement, adroitement.

ski lift *n* remonte-pente *m*.

skill [skɪl] *n* **1.** *(indén)* habileté *f*, adresse *f* **2.** technique *f*, art *m*.

skilled [skɪld] *adj* **1.** • **skilled (in** *ou* **at doing sthg)** habile *ou* adroit (pour faire qqch) **2.** qualifié.

skillet ['skɪlɪt] *n* **(US)** poêle *f* à frire.

skillful (US) = **skilful**.

skillfully (US) = **skilfully**.

skim [skɪm] *vt* **1.** écrémer **2.** écumer **3.** effleurer, raser. ❑ *vi* • **to skim through sthg** parcourir qqch *(un livre, un magazine)*.

skim(med) milk [skɪm(d)-] *n* lait *m* écrémé.

skimp [skɪmp] *vt* lésiner sur. ❑ *vi* • **to skimp on** lésiner sur.

skimpily ['skɪmpɪlɪ] *adv* • **skimpily dressed** légèrement vêtu.

skimpy ['skɪmpɪ] *adj* **1.** *(repas)* maigre **2.** *(vêtements)* étriqué, trop juste.

skin [skɪn] *n* peau *f*. ❑ *vt* **1.** écorcher, dépouiller *(un animal mort)* **2.** éplucher, peler *(un fruit)* **3.** • **to skin one's knee** s'érafler *ou* s'écorcher le genou.

skincare ['skɪnkeəʳ] *n (indén)* soins *mpl* pour la peau.

skincare product *n* produit *m* (de soin) pour la peau.

skin cream *n* crème *f* pour la peau.

skin-deep *adj* superficiel.

skin diving *n (indén)* plongée *f* sous-marine.

skinhead ['skɪnhed] *n* skinhead *m*, skin *m*.

skinny ['skɪnɪ] *adj* **1.** maigre **2.** *(ceinture, cravate)* très fin **3.** *(jean)* très serré.

skint [skɪnt] *adj* **(UK)** *fam* fauché, à sec.

skin test *n* cuti *f*, cutiréaction *f*.

skin-tight *adj* moulant, collant • **skin-tight jeans** un jean moulant.

skip [skɪp] *n* **1.** petit saut *m* **2.** **(UK)** benne *f*. ❑ *vt* **1.** sauter **2.** • **to skip bail (US)** ne pas comparaître au tribunal. ❑ *vi* **1.** sauter, sautiller **2.** **(UK)** sauter à la corde.

ski pants *npl* fuseau *m*.

ski pole *n* bâton *m* de ski.

skipper ['skɪpəʳ] *n* **1.** NAUT capitaine *m* **2.** **(UK)** SPORT capitaine *m*.

skipping ['skɪpɪŋ] *n (indén)* **(UK)** saut *m* à la corde.

skipping rope *n* **(UK)** corde *f* à sauter.

ski resort *n* station *f* de ski.

skirmish ['skɜːmɪʃ] *n* escarmouche *f*.

skirt [skɜːt] *n* jupe *f*. ❑ *vt* **1.** contourner **2.** éviter. ■ **skirt around** *vt insép* **1.** contourner **2.** éviter.

skirting board ['skɜːtɪŋ-] *n* **(UK)** plinthe *f*.

ski run *n* piste *f* de ski.

skit [skɪt] *n* sketch *m*.

skittish ['skɪtɪʃ] *adj (personne)* frivole.

skittle ['skɪtl] *n* **(UK)** quille *f*. ■ **skittles** *n (indén)* quilles *fpl*.

skive [skaɪv] *vi* **(UK)** *fam* • **to skive (off)** s'esquiver, tirer au flanc.

skivvy ['skɪvɪ] **(UK)** *fam n (pl -ies)* boniche *f*, bonne *f* à tout faire. ❑ *vi (prét & pp* **skivvied***)* faire la boniche.

skulk [skʌlk] *vi* **1.** se cacher **2.** rôder.

skull [skʌl] *n* crâne *m*.

skull and crossbones *n* **1.** *(motif)* tête *f* de mort **2.** *(drapeau)* pavillon *m* à tête de mort.

skullcap ['skʌlkæp] *n* calotte *f*.

skunk [skʌŋk] *n* mouffette *f*.

sky [skaɪ] *n* ciel *m*.

skydiver ['skaɪˌdaɪvər] *n* parachutiste *mf* qui fait de la chute libre.

skydiving ['skaɪˌdaɪvɪŋ] *n* parachutisme *m* en chute libre.

sky-high *fam adj (prix)* astronomique, exorbitant. ❑ *adv* • **to blow sthg sky-high a)** faire sauter qqch *(immeuble, bâtiment)* **b)** démolir qqch *(argument, théorie)* • **to go sky-high** *(prix)* monter en flèche.

skylight ['skaɪlaɪt] *n* lucarne *f*.

skyline ['skaɪlaɪn] *n* ligne *f* d'horizon.

sky marshal *n* garde *m* de sécurité *(à bord d'un avion)*.

skyscraper ['skaɪˌskreɪpər] *n* gratte-ciel *m inv*.

slab [slæb] *n* **1.** dalle *f* **2.** bloc *m* **3.** grosse tranche *f (de gâteau)*.

slack [slæk] *adj* **1.** lâche **2.** calme **3.** négligent, pas sérieux.

slacken ['slækn] *vt* **1.** ralentir *(le pas, le rythme)* **2.** relâcher *(une corde)*. ❑ *vi* ralentir.

slag [slæg] *n (indén)* scories *fpl*.

slagheap ['slæghiːp] *n* terril *m*.

slain [sleɪn] *pp* → **slay**.

slam [slæm] *vt* **1.** claquer **2.** • **to slam sthg on** *ou* **onto** jeter qqch brutalement sur, flanquer qqch sur. ❑ *vi* claquer.

slam dunk (US) *n SPORT* smash *m* au panier, slam-dunk *m*. ❑ *vt & vi SPORT* smasher.

slander ['slɑːndər] *n* **1.** calomnie *f* **2.** *DR* diffamation *f*. ❑ *vt* **1.** calomnier **2.** *DR* diffamer.

slanderous ['slɑːndrəs] *adj* **1.** calomnieux **2.** *DR* diffamatoire.

slang [slæŋ] *n (indén)* argot *m*.

slant [slɑːnt] *n* **1.** inclinaison *f* **2.** point *m* de vue. ❑ *vt* présenter d'une manière tendancieuse. ❑ *vi* pencher.

slanting ['slɑːntɪŋ] *adj* en pente.

slap [slæp] *n* **1.** claque *f*, tape *f* **2.** gifle *f*. ❑ *vt* **1.** gifler **2.** donner une claque à **3.** • **to slap sthg on** *ou* **onto** flanquer qqch sur. ❑ *adv fam* en plein.

slapdash ['slæpdæʃ] *adj fam* **1.** bâclé **2.** négligent.

slaphead ['slæphed] *n tfam* crâne *m* d'œuf.

slapstick ['slæpstɪk] *n (indén)* grosse farce *f*.

slap-up *adj* **(UK)** *fam* fameux.

slash [slæʃ] *n* **1.** entaille *f* **2.** barre *f* oblique. ❑ *vt* **1.** entailler **2.** *fam* casser *(les prix)* **3.** *fam* réduire considérablement.

slasher movie *n fam* film *m* d'horreur *fam*.

slat [slæt] *n* **1.** lame *f* **2.** latte *f*.

slate [sleɪt] *n* ardoise *f*. ❑ *vt fam* descendre en flammes.

slatternly ['slætənlɪ] *adj* **1.** *(personne)* mal soigné **2.** *(vêtement, tenue)* négligé.

slaughter ['slɔːtər] *n* **1.** abattage *m* **2.** massacre *m*, carnage *m*. ❑ *vt* **1.** abattre **2.** massacrer.

slaughterhouse ['slɔːtəhaʊs] *(pl* ['-haʊzɪz]*) n* abattoir *m*.

slave [sleɪv] *n* esclave *mf*. ❑ *vi* travailler comme un esclave *ou* un forçat • **to slave over sthg** peiner sur qqch.

slavery ['sleɪvərɪ] *n* esclavage *m*.

slave trade *n* • **the slave trade** la traite des Noirs.

slavish ['sleɪvɪʃ] *adj* servile.

slavishly ['sleɪvɪʃlɪ] *adv* **1.** *(travailler)* comme un forçat **2.** *(adorer, imiter)* servilement.

slay [sleɪ] *(prét* **slew**, *pp* **slain***) vt littéraire* tuer.

sleaze [sliːz] *n* **1.** aspect *m* miteux, caractère *m* sordide **2.** *POLIT* corruption *f* • **sleaze factor** élément *m* de corruption.

sleazebag ['sliːzbæg], **sleazeball** ['sliːzbɔːl] *n fam (par mépris)* raclure *f*.

sleaziness ['sliːzɪnɪs] *n fam* sordide *m*.

sleazy ['sliːzɪ] *adj* mal famé.

sledge (UK) [sledʒ], **sled (US)** [sled] *n* **1.** luge *f* **2.** traîneau *m*.

sledgehammer ['sledʒˌhæmər] *n* masse *f (outil)*.

sleek [sliːk] *adj* **1.** lisse, luisant **2.** aux lignes pures.

sleep [sliːp] *n* sommeil *m* • **to go to sleep** s'endormir. ❑ *vi (prét & pp* **slept***)* **1.** dormir **2.** coucher. ■ **sleep around** *vi fam & péj* coucher à droite et à gauche. ■ **sleep in** *vi* **(UK)** faire la grasse matinée. ■ **sleep off** *vt sép* dormir pour faire passer • **he's sleeping it off** *fam* il cuve son vin. ■ **sleep through** *vt insép* • **I slept through the alarm** je n'ai pas entendu le réveil. ■ **sleep together** *vi* coucher ensemble. ■ **sleep with** *vt insép* coucher avec.

sleeper ['sliːpər] *n* **1.** • **to be a heavy/light sleeper** avoir le sommeil lourd/léger **2.** couchette *f* **3.** wagon-lit *m* **4.** train-couchettes *m* **5. (UK)** *RAIL* traverse *f*.

sleepily ['sliːpɪlɪ] *adv* d'un air endormi.

sleeping ['sliːpɪŋ] *adj* qui dort, endormi.

sleeping bag *n* sac *m* de couchage.

sleeping car *n* wagon-lit *m*.

sleeping pill *n* somnifère *m*.

sleeping policeman *n* **(UK)** *fam* ralentisseur *m*.

sleeping suit *n* **(US)** grenouillère *f*.

sleeping tablet *n* somnifère *m*.
sleepless ['sli:plɪs] *adj* • **to have a sleepless night** passer une nuit blanche.
sleep mode *n* INFORM mode *m* veille.
sleepsuit = **sleeping suit**.
sleepwalk ['sli:pwɔk] *vi* être somnambule.
sleepwalker ['sli:p,wɔ:kər] *n* somnambule *mf*.
sleepwalking ['sli:p,wɔ:kɪŋ] *n* somnambulisme *m*.
sleepy ['sli:pɪ] *adj* qui a envie de dormir.
sleet [sli:t] *n* neige *f* fondue. ❑ *v impers* • **it's sleeting** il tombe de la neige fondue.
sleeve [sli:v] *n* **1.** manche *f* • **to roll up one's sleeves** retrousser ses manches **2.** pochette *f (de disque)*.
sleeveless ['sli:vlɪs] *adj* sans manches.
sleeve notes *npl* **(UK)** *texte figurant au dos des pochettes de disques*.
sleigh [sleɪ] *n* traîneau *m*.
sleight of hand [,slaɪt-] *n (indén)* **1.** habileté *f* **2.** tour *m* de passe-passe.
slender ['slendər] *adj* **1.** mince **2.** *(revenus)* modeste, maigre **3.** *(espoir)* faible.
slept [slept] *passé & pp* → **sleep**.
slew [slu:] *passé* → **slay**. ❑ *vi* déraper.
slice [slaɪs] *n* **1.** tranche *f* • **a slice of bread** une tranche de pain **2.** *fig* part *f* **3.** SPORT slice *m*. ❑ *vt* **1.** couper en tranches **2.** trancher **3.** SPORT slicer.
sliced bread [slaɪst-] *n (indén)* pain *m* en tranches.
slick [slɪk] *adj* **1.** bien mené, habile **2.** *péj* facile ; rusé. ❑ *n* nappe *f* de pétrole, marée *f* noire.
slickly ['slɪklɪ] *adv* **1.** *(répondre)* habilement **2.** *(interpréter)* brillamment.
slide [slaɪd] *n* **1.** toboggan *m* **2.** diapositive *f*, diapo *f* **3.** **(UK)** barrette *f (pour les cheveux)* **4.** déclin *m* **5.** baisse *f*. ❑ *vt (prét & pp* **slid** [slɪd]) faire glisser. ❑ *vi (prét & pp* **slid** [slɪd]) glisser.
slide projector *n* projecteur *m* de diapositives.
slide show *n* diaporama *m*.
sliding door [,slaɪdɪŋ-] *n* porte *f* coulissante.
sliding scale [,slaɪdɪŋ-] *n* échelle *f* mobile.
slight [slaɪt] *adj* **1.** léger • **the slightest** le moindre • **not in the slightest** pas du tout **2.** mince. ❑ *n* affront *m*. ❑ *vt* offenser.
slightly ['slaɪtlɪ] *adv* légèrement.
slim [slɪm] *adj* **1.** mince **2.** faible. ❑ *vi* **1.** maigrir **2.** **(UK)** suivre un régime amaigrissant.
slime [slaɪm] *n* **1.** *(indén)* substance *f* visqueuse **2.** bave *f*.
slimeball ['slaɪmbɔ:l] **(US)** *tfam* = **sleazeball**.
slimline ['slɪmlaɪn] *adj* **1.** *(beurre)* allégé **2.** *(lait)* sans matière grasse, minceur *(inv)* **3.** *(boisson)* light *(inv)* **4.** *fig* • **clothes for the new slimline you** des vêtements pour votre nouvelle silhouette amincie.
slimming ['slɪmɪŋ] *n* **(UK)** amaigrissement *m*. ❑ *adj* amaigrissant.
slimy ['slaɪmɪ] *(comp* **slimier**, *superl* **slimiest**) *adj litt & fig* visqueux.
sling [slɪŋ] *n* **1.** écharpe *f* • **to have one's arm in a sling** avoir le bras en écharpe **2.** NAUT élingue *f*. ❑ *vt (prét & pp* **slung**) **1.** suspendre **2.** *fam* lancer.
slingback ['slɪŋbæk] *n* chaussure *f* à talon ouvert.
slingshot ['slɪŋʃɒt] *n* **(US)** lance-pierres *m inv*.
slip [slɪp] *n* **1.** erreur *f* • **a slip of the tongue** un lapsus **2.** morceau *m* **3.** bande *f* **4.** combinaison *f* **5.** • **to give sb the slip** *fam* fausser compagnie à qqn. ❑ *vt* glisser • **to slip sthg on** enfiler qqch. ❑ *vi* **1.** glisser • **to slip into sthg** se glisser dans qqch **2.** décliner. ■ **slip up** *vi fig* faire une erreur.
slip-on *adj* • **slip-on shoes** mocassins *mpl*. ■ **slip-ons** *npl* mocassins *mpl*.
slippage ['slɪpɪdʒ] *n* baisse *f*.
slipped disc (UK), slipped disk (US) [,slɪpt-] *n* hernie *f* discale.
slipper ['slɪpər] *n* pantoufle *f*, chausson *m*.
slippery ['slɪpərɪ] *adj* glissant.
slip road *n* **(UK)** bretelle *f*.
slipshod ['slɪpʃɒd] *adj* peu soigné.
slip-up *n fam* gaffe *f*.
slipway ['slɪpweɪ] *n* cale *f* de lancement.
slit [slɪt] *n* **1.** fente *f* **2.** incision *f*. ❑ *vt (prét & pp* **slit**) **1.** fendre **2.** inciser.
slither ['slɪðər] *vi* **1.** *(personne)* glisser **2.** *(serpent)* onduler.
sliver ['slɪvər] *n* **1.** éclat *m* **2.** lamelle *f*.
slob [slɒb] *n fam* **1.** saligaud *m* **2.** gros lard *m*.
slobber ['slɒbər] *vi* baver.
slog [slɒg] *fam n* corvée *f*. ❑ *vi* travailler comme un bœuf.
slogan ['sləʊgən] *n* slogan *m*.
slop [slɒp] *vt* renverser. ❑ *vi* déborder.
slope [sləʊp] *n* pente *f*. ❑ *vi* **1.** être en pente **2.** pencher.
sloping ['sləʊpɪŋ] *adj* **1.** en pente **2.** penché.
sloppy ['slɒpɪ] *adj* peu soigné.
slosh [slɒʃ] *vt* renverser. ❑ *vi* • **to slosh around** **a)** clapoter **b)** patauger.
slot [slɒt] *n* **1.** fente *f* **2.** rainure *f* **3.** créneau *m (horaire)*. ■ **slot in** *(prét & pp* **slotted in**, *cont* **slotting in**) *vt sép* insérer. ❑ *vi* s'emboîter.
slot-in card *n* INFORM carte *f* enfichable.
slot machine *n* **1.** **(UK)** distributeur *m* automatique **2.** machine *f* à sous.
slouch [slaʊtʃ] *vi* être avachi.
Slovakia [slə'vækɪə] *n* Slovaquie *f*.
slovenly ['slʌvnlɪ] *adj* négligé.

slow [sləʊ] *adj* **1.** lent **2.** • **to be slow** retarder. ❑ *adv* lentement • **to go slow a)** aller lentement **b)** faire la grève perlée. ❑ *vt & vi* ralentir. ■ **slow down, slow up** *vt sép & vi* ralentir.

slow-acting *adj* à action lente.

slow-burning *adj (carburant, détonateur)* à combustion lente • **slow-burning anger** *fig* colère *f* froide.

slowcoach (UK) ['sləʊkəʊtʃ], **slowpoke** (US) *n fam* lambin *m*, -e *f*.

slow-cook *vt* mitonner.

slowdown ['sləʊdaʊn] *n* ralentissement *m*.

slow handclap *n* applaudissements *mpl* rythmés *(pour montrer sa désapprobation)*.

slowly ['sləʊlɪ] *adv* lentement.

slow motion *n* • **in slow motion** au ralenti *m*.

slowpoke ['sləʊpəʊk] (US) = **slowcoach**.

slow-release *adj* **1.** MÉD à libération prolongée **2.** AGRIC *(engrais)* à action lente.

sludge [slʌdʒ] *n* boue *f*.

slug [slʌg] *n* **1.** limace *f* **2.** *fam* rasade *f* **3.** *fam* balle *f*.

sluggish ['slʌgɪʃ] *adj* **1.** apathique **2.** lent **3.** calme, stagnant.

sluggishly ['slʌgɪʃlɪ] *adv* **1.** lentement **2.** mollement.

sluice [sluːs] *n* écluse *f*.

slum [slʌm] *n* quartier *m* pauvre.

slumber ['slʌmbəʳ] *littéraire n* sommeil *m*. ❑ *vi* dormir paisiblement.

slumber party *n* (US) soirée *f* entre copines.

slump [slʌmp] *n* **1.** • **slump (in)** baisse *f* (de) **2.** crise *f* (économique). ❑ *vi litt & fig* s'effondrer.

slung [slʌŋ] *passé & pp* → **sling**.

slur [slɜːʳ] *n* **1.** • **slur (on)** atteinte *f* (à) **2.** affront *m*, insulte *f*. ❑ *vt* mal articuler.

slurp [slɜːp] *vt* boire avec bruit.

slurred [slɜːd] *adj* mal articulé.

slush [slʌʃ] *n* neige *f* fondue.

slush fund, slush money (US) *n* fonds *mpl* secrets, caisse *f* noire.

slut [slʌt] *n* **1.** *fam* souillon *f* **2.** *tfam* salope *f*.

sly [slaɪ] *adj (comp* **slyer** *ou* **slier**, *superl* **slyest** *ou* **sliest**) **1.** *(regard, sourire)* entendu **2.** rusé, sournois.

smack [smæk] *n* **1.** claque *f* **2.** gifle *f* **3.** claquement *m*. ❑ *vt* **1.** donner une claque à **2.** gifler **3.** poser violemment.

smacking ['smækɪŋ] *n* fessée *f*.

small [smɔl] *adj* **1.** petit **2.** insignifiant.

small ads [-ædz] *npl* (UK) petites annonces *fpl*.

small change *n* petite monnaie *f*.

small fry *n* menu fretin *m*.

smallholder ['smɔl,həʊldəʳ] *n* (UK) petit cultivateur *m*.

smallholding ['smɔːl,həʊldɪŋ] *n* (UK) petite exploitation *f* agricole.

small hours *npl* • **in the small hours** au petit jour *ou* matin.

small-minded *adj (attitude, personne)* mesquin.

smallpox ['smɔlpɒks] *n* variole *f*, petite vérole *f*.

small print *n* • **the small print** les clauses *fpl* écrites en petits caractères.

small-scale *adj (activité, organisation)* peu important.

small screen *n* • **the small screen** le petit écran.

small talk *n (indén)* papotage *m*.

small-time *adj* de second ordre.

smarmy ['smɑːmɪ] *adj fam* mielleux.

smart [smɑːt] *adj* **1.** élégant **2.** intelligent **3.** à la mode, in *(inv)* **4.** vif, rapide. ❑ *vi* **1.** *(yeux, peau)* brûler, piquer **2.** être blessé.

smart card *n* carte *f* à mémoire.

smart drug *n* nootrope *m (médicament agissant comme un stimulant mental)*.

smarten ['smɑːtn] ■ **smarten up** *vt sép* arranger • **to smarten o.s. up** se faire beau, belle *f*.

smartly ['smɑːtlɪ] *adv* **1.** *(s'habiller)* avec beaucoup d'allure *ou* de chic, élégamment **2.** *(plaider, défendre)* habilement, adroitement **3.** *(travailler, agir)* rapidement, promptement **4.** *(répliquer, répondre)* du tac au tac, sèchement.

smart money *n fam* • **all the smart money is on him to win** il est donné pour favori.

smash [smæʃ] *n* **1.** fracas *m* **2.** *fam* collision *f* **3.** SPORT smash *m*. ❑ *vt* **1.** briser **2.** *fig* détruire. ❑ *vi* **1.** se briser **2.** • **to smash into sthg** s'écraser contre qqch.

smash-and-grab (raid) *n vol effectué après avoir brisé une vitrine*.

smashed [smæʃt] *adj* (UK) *fam & vieilli* bourré.

smash hit *n* succès *m* fou.

smashing ['smæʃɪŋ] *adj* (UK) *fam & vieilli* super *(inv)*.

smash-up *n* collision *f*, accident *m*.

smattering ['smætərɪŋ] *n* • **to have a smattering of German** savoir quelques mots d'allemand.

smear [smɪəʳ] *n* **1.** tache *f* **2.** MÉD frottis *m* **3.** diffamation *f*. ❑ *vt* **1.** barbouiller, maculer **2.** • **to smear sthg onto sthg** étaler qqch sur qqch • **to smear sthg with sthg** enduire qqch de qqch **3.** calomnier.

smear campaign *n* campagne *f* de diffamation.

smear test *n* (UK) frottis *m*.

smell [smel] *n* **1.** odeur *f* **2.** odorat *m*. ❑ *vt (prét & pp* **smelled** *ou* **smelt**) sentir. ❑ *vi (prét & pp* **smelled** *ou* **smelt**) **1.** sentir • **to smell of sthg** sentir qqch • **to smell good/bad** sentir bon/mauvais **2.** puer.

smelly ['smelɪ] *adj* qui sent mauvais.

smelt [smelt] *passé & pp* → **smell**. ❑ *vt* **1.** extraire par fusion **2.** fondre.
smile [smaɪl] *n* sourire *m*. ❑ *vi* sourire • **to smile at sb** sourire à qqn.
smiley ['smaɪlɪ] *n* smiley.
smiling ['smaɪlɪŋ] *adj* souriant.
smirk [smɜːk] *n* sourire *m* narquois.
smithereens [ˌsmɪðə'riːnz] *npl fam* • **to be smashed to smithereens** être brisé en mille morceaux.
smitten ['smɪtn] *adj hum* • **to be smitten (with)** être fou (de).
smock [smɒk] *n* blouse *f*.
smog [smɒg] *n* smog *m*.
smoke [sməʊk] *n* **1.** *(indén)* fumée *f* **2.** *(locution)* • **it's all smoke and mirrors (US)** on n'y voit que du feu • **to end in smoke** se solder par un échec, tomber à l'eau. ❑ *vt & vi* fumer.
smoked [sməʊkt] *adj* fumé.
smokeless fuel ['sməʊklɪs-] *n combustible qui ne produit pas de fumée*.
smoker ['sməʊkəʳ] *n* **1.** fumeur *m*, -euse *f* • **a heavy smoker** un gros fumeur **2.** RAIL compartiment *m* fumeurs.
smokescreen ['sməʊkskriːn] *n fig* couverture *f*.
smoke shop *n* **(US)** bureau *m* de tabac.
smoking ['sməʊkɪŋ] *n* tabagisme *m* • **'no smoking'** 'défense de fumer'.
smoking gun *n* l'arme *f* du crime *fig*.
smoky ['sməʊkɪ] *adj* **1.** enfumé **2.** fumé.
smolder (US) = **smoulder**.
smoldering (US) = **smouldering**.
smooch [smuːtʃ] *vi fam* se bécoter.
smooth [smuːð] *adj* **1.** *(surface)* lisse **2.** *(sauce)* homogène, onctueux **3.** *(mouvement)* régulier **4.** *(goût)* moelleux **5.** confortable **6.** *(décollage, atterrissage)* en douceur **7.** *péj (ton, personne)* doucereux, mielleux **8.** sans problèmes. ❑ *vt* **1.** lisser *(ses cheveux)* **2.** défroisser *(une nappe, des vêtements)*. ■ **smooth out** *vt sép* défroisser.
smoothie ['smuːðɪ] *n fam & péj* • **he's a real smoothie a)** il roule les mécaniques.
smoothly ['smuːðlɪ] *adv* **1.** sans heurt **2.** sans problèmes.
smoothness ['smuːðnɪs] *n (indén)* **1.** aspect *m* lisse *(d'une surface)* **2.** onctuosité *f (d'une crème, d'une sauce)* **3.** régularité *f (d'un mouvement)* **4.** confort *m (de vol, de voyage)*.
smooth sailing *n* • **it's smooth sailing from now on** maintenant, ça va marcher comme sur des roulettes.
smooth-talking [-ˌtɔːkɪŋ] *adj* doucereux, mielleux.
smother ['smʌðəʳ] *vt* **1.** • **to smother sb/sthg with** couvrir qqn/qqch de **2.** étouffer **3.** *fig* cacher, étouffer.
smother-love *n fam* amour *m* étouffant d'une mère.
smoulder, **smolder (US)** ['sməʊldəʳ] *vi litt & fig* couver.
smouldering (UK), **smoldering (US)** ['sməʊldərɪŋ] *adj* **1.** *(feu, passion, colère)* qui couve **2.** *(braises, ruines)* fumant **3.** *(yeux)* de braise.
SMS [ˌesem'es] (abrév de short message system) *n* sms *m*, texto *m*.
smudge [smʌdʒ] *n* **1.** tache *f* **2.** bavure *f*. ❑ *vt* **1.** maculer **2.** faire une marque *ou* trace sur **3.** salir.
smug [smʌg] *adj (content de soi)* suffisant.
smuggle ['smʌgl] *vt* faire passer en contrebande.
smuggler ['smʌgləʳ] *n* contrebandier *m*, -ère *f*.
smuggling ['smʌglɪŋ] *n (indén)* contrebande *f*.
smugly ['smʌglɪ] *adv* **1.** *(parler)* d'un ton suffisant, avec suffisance **2.** *(regarder, sourire)* d'un air suffisant, avec suffisance.
smugness ['smʌgnɪs] *n* suffisance *f*.
smut [smʌt] *n* **1.** tache *f* de suie **2.** *(indén) péj* obscénités *fpl*.
smutty ['smʌtɪ] *adj péj* cochon.
snack [snæk] *n* casse-croûte *m inv*.
snack bar *n* snack *m*, snack-bar *m*.
snag [snæg] *n* inconvénient *m*, écueil *m*. ❑ *vi* • **to snag (on)** s'accrocher (à).
snaggle-toothed ['snægl-] *adj* **(US)** *aux dents mal placées*.
snail [sneɪl] *n* escargot *m* • **at a snail's pace** à une allure d'escargot.
snail mail *n fam* INFORM poste *f*.
snake [sneɪk] *n* serpent *m*.
snake pit *n* **(US)** *fig* nid *m* de vipères.
snap [snæp] *adj* **1.** subit **2.** irréfléchi. ❑ *n* **1.** craquement *m (d'une branche)* **2.** claquement *m (de doigts)* **3.** photo *f* **4. (UK)** *(jeu de cartes)* ≃ bataille *f* **5. (US)** *fam* • **it's a snap!** c'est simple comme bonjour ! **6.** bouton-pression *m*. ❑ *vt* **1.** casser net **2.** dire d'un ton sec. ❑ *vi* **1.** se casser net **2.** • **to snap at** essayer de mordre **3.** • **to snap (at sb)** parler (à qqn) d'un ton sec. ■ **snap up** *vt sép* sauter sur.
snap fastener *n* **(US)** pression *f*, bouton-pression *m*.
snappy ['snæpɪ] *adj fam* **1.** chic **2.** prompt • **make it snappy!** dépêche-toi !
snapshot ['snæpʃɒt] *n* photo *f*.
snare [sneəʳ] *n* piège *m*, collet *m*. ❑ *vt* prendre au piège, attraper.
snarl [snɑːl] *n* grondement *m*. ❑ *vi* gronder.
snatch [snætʃ] *n* **1.** bribe *f (de conversation)* **2.** extrait *m (de chanson)*. ❑ *vt* saisir.
snazzy ['snæzɪ] (*comp* **snazzier**, *superl* **snazziest**) *adj* **1.** *fam (vêtements, voiture)* beau, super *(inv)* **2.** *(personne)* qui s'habille chic.

sneak [sniːk] *n fam* rapporteur *m*, -euse *f*. ❑ *vt* ((US) *prét & pp* **snuck**) • **to sneak a look at sb/sthg** regarder qqn/qqch à la dérobée. ❑ *vi* ((US) *prét & pp* **snuck**) se glisser.
sneakers ['sniːkəz] *npl* (surtout US) tennis *fpl*, baskets *fpl*.
sneakily ['sniːkɪlɪ] *adv* **1.** sournoisement **2.** en cachette.
sneak preview *n* avant-première *f*.
sneaky ['sniːkɪ] *adj fam* sournois.
sneer [snɪəʳ] *n* **1.** sourire *m* dédaigneux **2.** ricanement *m*. ❑ *vi* sourire dédaigneusement.
sneering ['snɪərɪŋ] *adj* ricaneur, méprisant. ❑ *n (indén)* ricanement *m*, ricanements *mpl*.
sneeze [sniːz] *n* éternuement *m*. ❑ *vi* éternuer.
sneezing ['sniːzɪŋ] *n* éternuement *m* • **sneezing fit** crise *f* d'éternuements.
snicker ['snɪkəʳ] *vi* (US) ricaner • **to snicker at sb** se moquer de qqn.
snide [snaɪd] *adj* sournois.
sniff [snɪf] *vt* renifler. ❑ *vi* renifler.
sniffer dog ['snɪfəʳ-] *n* (UK) chien *m* renifleur.
snigger ['snɪgəʳ] (UK) *n* rire *m* en dessous. ❑ *vi* ricaner.
sniggering ['snɪgərɪŋ] (UK) *n* **1.** *(indén)* rires *mpl* en dessous **2.** ricanements *mpl*. ❑ *adj* ricaneur.
snip [snɪp] *n* (UK) *fam* bonne affaire *f*. ❑ *vt* couper.
sniper ['snaɪpəʳ] *n* tireur *m* isolé.
snippet ['snɪpɪt] *n* fragment *m*.
snivel ['snɪvl] ((UK) *prét & pp* **snivelled**, *cont* **snivelling**, (US) *prét & pp* **sniveled**, *cont* **sniveling**) *vi* geindre.
snivelling (UK), **sniveling** (US) ['snɪvlɪŋ] *adj* pleurnicheur, larmoyant. ❑ *n (indén)* pleurnichements *mpl*.
snob [snɒb] *n* snob *mf*.
snobbery ['snɒbərɪ] *n* snobisme *m*.
snobbish ['snɒbɪʃ], **snobby** ['snɒbɪ] *adj* snob *(inv)*.
snog [snɒg] *(prét & pp* **snogged**, *cont* **snogging**) (UK) *fam vi* se rouler une pelle. ❑ *vt* rouler une pelle à. ❑ *n* • **to have a snog** se rouler une pelle.
snogging ['snɒgɪŋ] *n* (UK) *fam* • **there was a lot of snogging going on** ça s'embrassait dans tous les coins.
snooker ['snuːkəʳ] *n* ≃ jeu *m* de billard.
snoop [snuːp] *vi fam* fureter.
snooty ['snuːtɪ] *adj fam* prétentieux.
snooze [snuːz] *n* petit somme *m*. ❑ *vi* faire un petit somme.
snooze button *n* bouton *m* de veille.
snore [snɔːʳ] *n* ronflement *m*. ❑ *vi* ronfler.
snoring ['snɔːrɪŋ] *n (indén)* ronflement *m*, ronflements *mpl*.
snorkel ['snɔːkl] *n* tuba *m*.
snorkelling (UK), **snorkeling** (US) ['snɔːklɪŋ] *n* • **to go snorkelling** faire de la plongée avec un tuba.
snort [snɔːt] *n* **1.** grognement *m* **2.** *(cheval)* ébrouement *m*. ❑ *vi* **1.** grogner **2.** *(cheval)* s'ébrouer.
snot [snɒt] *n fam (dans le nez)* morve *f*.
snotty ['snɒtɪ] *(comp* **snottier**, *superl* **snottiest**) *adj fam* **1.** prétentieux **2.** morveux.
snotty-nosed *adj fam, litt & fig* morveux.
snout [snaʊt] *n* groin *m*.
snow [snəʊ] *n* neige *f*. ❑ *v impers* neiger. ■ **snow under** *vt sép fig* • **to be snowed under (with)** être submergé (de).
snowball ['snəʊbɔːl] *n* boule *f* de neige. ❑ *vi fig* faire boule de neige.
snowbank ['snəʊbæŋk] *n* congère *f*, banc *m* de neige.
snowboard ['snəʊ,bɔːd] *n* surf *m* des neiges.
snowboarding ['snəʊ,bɔːdɪŋ] *n* surf *m* (des neiges).
snowbound ['snəʊbaʊnd] *adj* bloqué par la neige.
snowdrift ['snəʊdrɪft] *n* congère *f*.
snowdrop ['snəʊdrɒp] *n* perce-neige *m inv*.
snowfall ['snəʊfɔːl] *n* chute *f* de neige.
snowflake ['snəʊfleɪk] *n* flocon *m* de neige.
snowman ['snəʊmæn] *(pl* **-men**) *n* bonhomme *m* de neige.
snowmobile ['snəʊməbiːl] *n* scooter *m* des neiges, motoneige *f*.
snow pea *n* (US) mange-tout *m inv*.
snowplough (UK), **snowplow** (US) ['snəʊplaʊ] *n* chasse-neige *m inv*.
snowshoe ['snəʊʃuː] *n* raquette *f*.
snowstorm ['snəʊstɔːm] *n* tempête *f* de neige.
SNP (abrév de Scottish National Party) *n parti nationaliste écossais*.
Snr, **snr** abrév de **senior**.
snub [snʌb] *n* rebuffade *f*. ❑ *vt* snober.
snuck [snʌk] (US) *passé & pp* → **sneak**.
snuff [snʌf] *n* tabac *m* à priser.
snug [snʌg] *adj* **1.** à l'aise, confortable **2.** bien au chaud **3.** *(endroit)* douillet **4.** *(vêtement)* bien ajusté.
snuggle ['snʌgl] *vi* se blottir.
snugly ['snʌglɪ] *adv* **1.** douillettement, confortablement **2.** • **to fit snugly** être très ajusté.
so [səʊ] *adv* **1.** si, tellement • **so difficult (that)...** si difficile que... • **don't be so stupid!** ne sois pas si bête ! • **we had so much work!** nous avions tant de travail ! • **I've never seen so much money** je n'ai jamais vu autant d'argent **2.** • **so what's the point then?** alors à quoi bon ? • **I don't think so** je ne crois pas • **I'm afraid so** je crains bien que oui • **if so** si oui • **is that so?** vraiment ? • **so what have you**

been up to? alors, qu'est-ce que vous devenez ? • **so what?** *fam* et alors ? • **so there!** *fam* là !, et voilà ! **3.** aussi • **so can/do/would** *etc* **I** moi aussi • **she speaks French and so does her husband** elle parle français et son mari aussi **4.** • **(like) so** comme cela *ou* ça **5.** • **so there is** en effet, c'est vrai • **so I see** c'est ce que je vois **6.** • **they pay us so much a week** ils nous payent tant par semaine • **or so** environ. ❑ *conj* alors • **I'm away next week so I won't be there** je suis en voyage la semaine prochaine donc je ne serai pas là. ■ **so as** *conj* afin de, pour • **we didn't knock so as not to disturb them** nous n'avons pas frappé pour ne pas les déranger. ■ **so that** *conj* pour que *(+ subjonctif)*.

soak [səʊk] *vt* laisser *ou* faire tremper • **to get soaked** être trempé. ❑ *vi* **1.** • **to leave sthg to soak, to let sthg soak** laisser *ou* faire tremper qqch **2.** • **to soak into sthg** tremper dans qqch • **to soak through (sthg)** traverser (qqch). ■ **soak up** *vt sép* absorber.

soaked [səʊkt] *adj* trempé • **to be soaked through** être trempé (jusqu'aux os).

soaking ['səʊkɪŋ] *adj* trempé.

so-and-so *n fam* **1.** • **Mr so-and-so** monsieur Untel **2.** enquiquineur *m*, -euse *f*.

soap [səʊp] *n* **1.** *(indén)* savon *m* • **a bar of soap** une savonnette.

soap flakes *npl* savon *m* en paillettes.

soap opera *n* soap opera *m*.

soap powder *n* lessive *f*.

soapy ['səʊpɪ] *adj* **1.** savonneux **2.** de savon.

soar [sɔːʳ] *vi* **1.** *(oiseau)* planer **2.** *(ballon, cerf-volant)* monter **3.** *(prix, température)* monter en flèche.

soaring ['sɔːrɪŋ] *adj* **1.** *(prix, température)* qui monte en flèche **2.** *(musique, voix)* qui monte.

sob [sɒb] *n* sanglot *m*. ❑ *vi* sangloter.

sobbing ['sɒbɪŋ] *n (indén)* sanglots *mpl*.

sober ['səʊbəʳ] *adj* **1.** qui n'est pas ivre **2.** sérieux **3.** sobre. ■ **sober up** *vi* dessoûler.

sobering ['səʊbərɪŋ] *adj* qui donne à réfléchir.

sobriety [səʊ'braɪətɪ] *n sout* sérieux *m*.

sob story *n fam* & *péj* histoire *f* larmoyante, histoire *f* à vous fendre le cœur.

so-called [-kɔld] *adj* soi-disant *(inv)*, prétendu.

soccer ['sɒkəʳ] *n* football *m*.

sociable ['səʊʃəbl] *adj* sociable.

social ['səʊʃl] *adj* social.

social climber *n péj* arriviste *mf*.

social club *n* club *m*.

social conscience *n* conscience *f* sociale.

social distancing [səʊʃl'dɪstənsɪŋ] *n* distanciation *f* sociale.

socialism ['səʊʃəlɪzm] *n* socialisme *m*.

socialist ['səʊʃəlɪst] *adj* socialiste. ❑ *n* socialiste *mf*.

socialite ['səʊʃəlaɪt] *n* mondain *m*, -e *f*.

socialize, **-ise** **(UK)** ['səʊʃəlaɪz] *vi* fréquenter des gens • **to socialize with sb** fréquenter qqn, frayer avec qqn.

socializing, **-ising** **(UK)** ['səʊʃəlaɪzɪŋ] *n* fait *m* de fréquenter des gens • **socializing between teachers and pupils is discouraged** les relations entre élèves et professeurs ne sont pas encouragées.

social life *n* vie *f* sociale.

socially ['səʊʃəlɪ] *adv* **1.** socialement, en société **2.** en dehors du travail.

social networking *n* réseautage *m* social • **social networking site** site *m* de réseautage social.

social order *n* ordre *m* social.

social outcast *n* paria *m*.

social science *n* sciences *fpl* humaines.

social security *n* aide *f* sociale.

social security number *n* **(US)** numéro *m* de sécurité sociale.

social services *npl* services *mpl* sociaux.

social studies *n (indén)* sciences *fpl* sociales.

social welfare *n* protection *f* sociale.

social work *n (indén)* assistance *f* sociale.

social worker *n* assistant *m* social, assistante *f* sociale.

society [sə'saɪətɪ] *n* **1.** société *f* • **a multicultural society** une société multiculturelle **2.** association *f*, club *m*.

sociologist [,səʊsɪ'ɒlədʒɪst] *n* sociologue *mf*.

sociology [,səʊsɪ'ɒlədʒɪ] *n* sociologie *f*.

sock [sɒk] *n* chaussette *f*.

socket ['sɒkɪt] *n* **1.** douille *f* **2.** prise *f* de courant **3.** orbite *f* **4.** cavité *f* articulaire.

sod [sɒd] *n* **1.** motte *f* de gazon **2.** **(UK)** *tfam* con *m*.

soda ['səʊdə] *n* **1.** soude *f* **2.** eau *f* de Seltz **3.** **(US)** soda *m*.

soda water *n* eau *f* de Seltz.

sodden ['sɒdn] *adj* trempé, détrempé.

sodium ['səʊdɪəm] *n* sodium *m*.

sofa ['səʊfə] *n* canapé *m*.

sofa bed *n* canapé-lit *m*.

Sofia ['səʊfjə] *n* Sofia.

soft [sɒft] *adj* **1.** doux, mou **2.** léger **3.** tendre **4.** faible, indulgent • **don't talk soft!** *fam* ne sois pas idiot !

soft-boiled *adj* à la coque.

soft-centre *n* chocolat *m* fourré.

soft drink *n* boisson *f* non alcoolisée.

soft drugs *npl* drogues *fpl* douces.

soften ['sɒfn] *vt* **1.** assouplir *(un tissu)* **2.** ramollir *(une substance)* **3.** adoucir *(la peau)* **4.** atténuer *(un choc, un coup)* **5.** modérer *(un comportement)*. ❑ *vi* **1.** se ramollir **2.** s'adoucir, se radoucir.

soft focus *n* flou *m* • **in soft focus** en flou.

soft furnishings *npl* **(UK)** tissus *mpl* d'ameublement.
softhearted [ˌsɒft'hɑːtɪd] *adj* au cœur tendre.
softly ['sɒftlɪ] *adv* **1.** doucement **2.** faiblement **3.** avec indulgence.
softness ['sɒftnɪs] *n* **1.** mollesse *f*, moelleux *m (d'un lit, du sol)* **2.** douceur *f (de la peau, d'un son, d'une lumière)* **3.** indulgence *f (d'une personne)*.
soft-spoken *adj* à la voix douce.
soft toy *n* jouet *m* en peluche.
software ['sɒftweəʳ] *n (indén)* logiciel *m*.
software package *n* INFORM logiciel *m*, progiciel *m*.
softy ['sɒftɪ] (*pl* **-ies**) *n fam* • **he's a big softy** c'est un tendre.
soggy ['sɒgɪ] *adj* **1.** trempé, détrempé **2.** pâteux.
soil [sɔɪl] *n (indén)* **1.** sol *m*, terre *f* **2.** *fig* sol *m*, territoire *m*. ❑ *vt* souiller, salir.
soiled [sɔɪld] *adj* sale.
solace ['sɒləs] *n littéraire* consolation *f*, réconfort *m*.
solar ['səʊləʳ] *adj* solaire.
solar energy *n* énergie *f* solaire.
solarium [sə'leərɪəm] (*pl* **-riums** *ou* **-ria**) *n* solarium *m*.
solar panel *n* panneau *m* solaire.
solar power *n* énergie *f* solaire.
solar system *n* système *m* solaire.
sold [səʊld] *passé & pp* → **sell**.
solder ['səʊldəʳ] *n (indén)* soudure *f*. ❑ *vt* souder.
soldier ['səʊldʒəʳ] *n* soldat *m*. ■ **soldier on** *vi* persévérer.
sold-out *adj* **1.** *(billets)* qui ont tous été vendus **2.** *(pièce de théâtre)* qui se joue à guichets fermés.
sole [səʊl] *adj* **1.** seul, unique **2.** exclusif. ❑ *n* **1.** semelle *f* **2.** (*pl inv ou* **-s**) sole *f*.
solely ['səʊllɪ] *adv* seulement, uniquement • **solely responsible** seul *ou* entièrement responsable.
solemn ['sɒləm] *adj* **1.** solennel **2.** sérieux.
solemnly ['sɒləmlɪ] *adv (promettre, jurer)* solennellement.
sole trader *n* **(UK)** COMM entreprise *f* unipersonnelle *ou* individuelle.
solicit [sə'lɪsɪt] *vt sout* solliciter. ❑ *vi* racoler.
soliciting [sə'lɪsɪtɪŋ] *n* racolage *m*.
solicitor [sə'lɪsɪtəʳ] *n* **(UK)** notaire *m*.
solid ['sɒlɪd] *adj* **1.** solide **2.** plein **3.** *(bois, or)* massif **4.** • **two hours solid** deux heures d'affilée. ❑ *n* CHIM & PHYS solide *m*.
solidarity [ˌsɒlɪ'dærətɪ] *n* solidarité *f*.
solidify [sə'lɪdɪfaɪ] (*prét & pp* **solidified**) *vi* se solidifier.
solidly ['sɒlɪdlɪ] *adv* **1.** solidement **2.** sans s'arrêter, sans interruption.
soliloquy [sə'lɪləkwɪ] (*pl* **-ies**) *n* soliloque *m*.
solitaire [ˌsɒlɪ'teəʳ] *n* **1.** *(diamant, jeu)* solitaire *m* **2.** **(US)** *(jeu de cartes)* réussite *f*.
solitary ['sɒlɪtrɪ] *adj* **1.** solitaire **2.** seul.
solitary confinement *n* isolement *m* cellulaire.
solitude ['sɒlɪtjuːd] *n* solitude *f*.
solo ['səʊləʊ] *adj* solo *(inv)*. ❑ *n* (*pl* **-s**) solo *m*. ❑ *adv* en solo.
soloist ['səʊləʊɪst] *n* soliste *mf*.
soluble ['sɒljʊbl] *adj* soluble.
solution [sə'luːʃn] *n* **1.** • **solution (to)** solution *f* (de) • **to find a solution** trouver une solution **2.** solution *f*.
solve [sɒlv] *vt* résoudre • **to solve a problem** résoudre un problème.
solvency ['sɒlvənsɪ] *n* solvabilité *f*.
solvent ['sɒlvənt] *adj* solvable. ❑ *n* dissolvant *m*, solvant *m*.
solvent abuse *n* usage *m* de solvants.
Somalia [sə'mɑːlɪə] *n* Somalie *f*.
sombre (UK), somber (US) ['sɒmbəʳ] *adj* sombre.

some

■ **some** [sʌm] *adj*

1. AVEC DES INDÉNOMBRABLES AU SINGULIER OU DES DÉNOMBRABLES AU PLURIEL

• **there is some milk left** il reste du lait • **I've brought you some sweets** je vous ai apporté des bonbons

2. DANS DES PHRASES INTERROGATIVES

• **will you have some more meat?** voulez-vous encore de la viande ?

3. INDIQUE UNE INTENSITÉ OU UNE QUANTITÉ RELATIVEMENT IMPORTANTE

• **I had some difficulty getting here** j'ai eu quelque mal à venir ici • **I've known him for some years** je le connais depuis plusieurs années

4. EXPRIME UN CONTRASTE

• **some jobs are better paid than others** certains boulots sont mieux rémunérés que d'autres • **some people like his music** il y en a qui aiment sa musique

5. POUR PARLER D'UNE PERSONNE NON CONNUE OU NON SPÉCIFIÉE

• **she married some writer or other** elle a épousé un écrivain quelconque

6. *fam* DANS DES PHRASES EXCLAMATIVES, POUR EXPRIMER L'ENTHOUSIASME OU L'ADMIRATION

• **that was some party!** c'était une soirée formidable !, quelle soirée ! • **she's some girl!** c'est une fille fantastique !

■ some [sʌm] *pron*

• **can I have some?** est-ce que je peux en prendre (quelques-uns) ? • **some (of them) left early** quelques-uns (d'entre eux) sont partis tôt • **some of it is mine** une partie est à moi

■ some [sʌm] *adv*

INTRODUIT UNE APPROXIMATION

• **there were some 7,000 people there** il y avait quelque 7 000 personnes

À PROPOS DE

some

Lorsque ***some*** est un adjectif ou un pronom, il n'apparaît que dans des contextes affirmatifs ***(there are* some *cookies left*** ; ***some of my old school friends are married)*** ; dans les phrases négatives il est remplacé par ***no*** lorsqu'il est adjectif, et par ***none*** lorsqu'il est pronom ***(there are* no *cookies left*** ; ***none of my school friends are married)***. Lorsque le verbe est à la forme négative, ***some*** est remplacé par ***any (I* don't *know if there are* any *cookies left*** ; ***there* aren't *any cookies left)***.

Il est possible d'utiliser ***some*** dans les questions, si l'on s'attend à une réponse affirmative ***(would you like* some *soup?)***. Si ce n'est pas le cas, on remplace ***some*** par ***any (are there* any *cookies left?)***.

Voir aussi ***no***, ***none***.

somebody ['sʌmbədɪ] *pron* quelqu'un • **somebody else** quelqu'un d'autre.

someday ['sʌmdeɪ] *adv* un jour, un de ces jours.

somehow ['sʌmhaʊ], **someway (US)** ['sʌmweɪ] *adv* **1.** d'une manière ou d'une autre **2.** pour une raison ou pour une autre.

someone ['sʌmwʌn] *pron* quelqu'un.

someplace (US) = **somewhere**.

somersault ['sʌməsɔlt] *n* cabriole *f*, culbute *f*. ❑ *vi* faire une cabriole.

something ['sʌmθɪŋ] *pron* quelque chose • **something odd/interesting** quelque chose de bizarre/d'intéressant • **or something** *fam* ou quelque chose comme ça. ❑ *adv* • **something like, something in the region of** environ, à peu près.

sometime ['sʌmtaɪm] *adj* ancien. ❑ *adv* un de ces jours • **sometime last week** dans le courant de la semaine dernière.

sometimes ['sʌmtaɪmz] *adv* quelquefois, parfois • **the museum is sometimes closed on Sundays** le musée est parfois fermé le dimanche.

someway (US) = **somehow**.

somewhat ['sʌmwɒt] *adv* quelque peu.

somewhere ['sʌmweəʳ], **someplace (US)** ['sʌmpleɪs] *adv* **1.** quelque part • **somewhere else** ailleurs • **somewhere near here** près d'ici **2.** environ, à peu près • **he must be somewhere in his forties** il doit avoir entre 40 et 50 ans.

son [sʌn] *n* fils *m*.

song [sɒŋ] *n* **1.** chanson *f* **2.** chant *m (d'un oiseau)*.

CULTURE

songs

Il existe de très nombreux chants traditionnels en Grande-Bretagne, parmi lesquels **Greensleeves** qui, selon la légende, aurait été composé par le roi Henri VIII, et **Amazing Grace**, l'un des hymnes anglais les plus populaires, qui a été repris par de nombreux artistes : **Elvis Presley**, **Ray Charles**, **Céline Dion**, **Boyz II Men**, **Destiny's Child**... « **Amazing grace, how sweet the sound/ That saved a wretch like me/ I once was lost but now am found/ Was blind but now I see** ». Certaines chansons populaires des États-Unis sont connues dans le monde entier, comme « **For He's a Jolly Good Fellow** », sur l'air de « Malbrough s'en va-t-en guerre », ou encore **Jingle Bells**, chant traditionnel de Noël, sur l'air de « Vive le vent » : « **Jingle bells, jingle bells, Jingle all the way – oh, what fun it is to ride – in a one-horse open sleigh! Hey! – Jingle bells, jingle bells – Jingle all the way – oh, what fun it is to ride – in a one-horse open sleigh!** »

songwriter ['sɒŋ,raɪtəʳ] *n* **1.** parolier *m*, -ère *f* **2.** compositeur *m*, -trice *f* **3.** auteur-compositeur *m*.

sonic ['sɒnɪk] *adj* sonique.

son-in-law (*pl* **sons-in-law**) *n* gendre *m*, beau-fils *m*.

sonnet ['sɒnɪt] *n* sonnet *m*.

sonny ['sʌnɪ] *n fam* fiston *m*.

soon [suːn] *adv* **1.** bientôt • **soon after** peu après **2.** tôt • **write back soon** réponds-moi vite • **too soon** trop tôt • **how soon will it be ready?** dans combien de temps est-ce que ce sera prêt ? • **as soon as** dès que, aussitôt que.

sooner ['suːnəʳ] *adv* **1.** plus tôt • **no sooner... than...** à peine... que... • **sooner or later** tôt ou tard • **the sooner the better** le plus tôt sera le mieux **2.** • **I would sooner...** je préférerais..., j'aimerais mieux...

soot [sʊt] *n* suie *f*.

soothe [suːð] *vt* calmer, apaiser.

soothing ['suːðɪŋ] *adj* **1.** *(pommade, remède)* calmant **2.** *(musique, paroles)* apaisant.

sophisticated [səˈfɪstɪkeɪtɪd] *adj* **1.** *(personne, tenue)* raffiné, sophistiqué **2.** averti **3.** *(mécanisme, technique)* sophistiqué, très perfectionné.

sophistication [səˌfɪstɪˈkeɪʃn] *n* **1.** raffinement *m*, sophistication *f (d'une tenue, de manières)* **2.** subtilité *f (d'un raisonnement, d'une œuvre)* **3.** sophistication *f*, perfectionnement *m (d'un système, d'un mécanisme)*.

sophomore [ˈsɒfəmɔʳ] *n* **(US)** étudiant *m*, -e *f* de seconde année • **in my sophomore year** lorsque j'étais en seconde année.

soporific [ˌsɒpəˈrɪfɪk] *adj* soporifique.

sopping [ˈsɒpɪŋ] *adj fam* • **sopping (wet)** tout trempé, toute trempée *f*.

soppy [ˈsɒpɪ] *adj fam* **1.** à l'eau de rose **2.** sentimental **3.** bêta, bête.

soprano [səˈprɑːnəʊ] (*pl* **-s**) *n* **1.** soprano *mf* **2.** *(voix)* soprano *m*.

SOR abrév de **sale or return**.

sorbet [ˈsɔbeɪ] *n* sorbet *m*.

sorcerer [ˈsɔsərəʳ] *n* sorcier *m*.

sordid [ˈsɔdɪd] *adj* sordide.

sore [sɔʳ] *adj* **1.** douloureux • **to have a sore throat** avoir mal à la gorge **2. (US)** fâché, contrarié. ❑ *n* plaie *f*.

sorely [ˈsɔlɪ] *adv littéraire* grandement.

sorority [səˈrɒrətɪ] *n* **(US)** UNIV association *f* d'étudiantes très sélective *(au nom composé de lettres grecques et aux nombreux rites d'initiation)*.

sorrow [ˈsɒrəʊ] *n* peine *f*, chagrin *m*.

sorrowful [ˈsɒrəʊfʊl] *adj littéraire* triste, affligé.

sorrowfully [ˈsɒrəʊflɪ] *adv* tristement.

sorry [ˈsɒrɪ] *adj* **1.** désolé • **to be sorry about sthg** s'excuser pour qqch • **to be sorry to do sthg** être désolé *ou* regretter de faire qqch • **to say (you're) sorry** s'excuser • **what can sorry do?** les excuses, ça sert à quoi ? **2.** • **in a sorry state** en piteux état, dans un triste état. ❑ *interj* **1.** pardon !, excusez-moi ! **2.** *(quand on n'a pas compris)* pardon ?, comment ? **3.** *(pour se corriger)* non, pardon *ou* je veux dire.

sorry-ass, sorry-assed *adj* **(US)** *tfam* à la con.

sort [sɔt] *n* genre *m*, sorte *f*, espèce *f* • **sort of** plutôt • **a sort of** une espèce *ou* sorte de. ❑ *vt* trier, classer • **to sort sthg by name/date** trier qqch selon le nom/la date. ■ **sort out** *vt sép* **1.** ranger, classer **2.** résoudre.

sort code *n* FIN code *m* guichet.

sorted [ˈsɔːtɪd] **(UK)** *fam adj* • **to be sorted a)** *(sur le plan psychologique)* être équilibré, être bien dans ses baskets **b)** *(sur le plan matériel)* être paré • **to be sorted for sthg** disposer de qqch. ❑ *interj* super !, génial !

sorting office [ˈsɔtɪŋ-] *n* centre *m* de tri.

sort-out *n* **(UK)** *fam* • **to have a sort-out** faire du rangement.

SOS (abrév de **save our souls**) *n* SOS *m*.

so-so *fam adj* quelconque. ❑ *adv* comme ci comme ça.

soufflé [ˈsuːfleɪ] *n* soufflé *m*.

sought [sɔt] *passé & pp* → **seek**.

sought-after *adj* recherché, demandé.

soul [səʊl] *n* **1.** âme *f* **2.** MUS soul *m*.

soul-destroying [-dɪˌstrɔɪɪŋ] *adj* abrutissant.

soulful [ˈsəʊlfʊl] *adj* **1.** expressif **2.** sentimental.

soulless [ˈsəʊllɪs] *adj* **1.** *(travail)* abrutissant **2.** *(endroit)* sans âme.

soul mate *n* âme *f* sœur.

soul music *n* soul *m*.

soul-searching *n (indén)* examen *m* de conscience.

sound [saʊnd] *adj* **1.** sain, en bonne santé **2.** solide **3.** judicieux, sage **4.** *(investissement)* sûr. ❑ *adv* • **to be sound asleep** dormir d'un sommeil profond. ❑ *n* **1.** son *m* **2.** bruit *m*, son *m* • **by the sound of it…** d'après ce que j'ai compris… ❑ *vt* sonner. ❑ *vi* **1.** sonner, retentir **2.** sembler • **to sound like sthg** avoir l'air de qqch. ■ **sound out** *vt sép* • **to sound sb out (on** *ou* **about)** sonder qqn (sur).

sound barrier *n* mur *m* du son.

sound bite *n* petite phrase *f (prononcée par un homme politique à la radio ou à la télévision pour frapper les esprits)*.

soundcard [ˈsaʊndkɑːd] *n* INFORM carte *f* son.

sound effects *npl* bruitage *m*, effets *mpl* sonores.

sound engineer *n* ingénieur *m* du son.

sounding [ˈsaʊndɪŋ] *n fig* sondage *m*.

sounding board *n* **1.** THÉÂTRE abat-voix *m inv* **2.** *fig personne sur laquelle on peut essayer une nouvelle idée*.

soundly [ˈsaʊndlɪ] *adv* **1.** à plates coutures **2.** profondément.

soundproof [ˈsaʊndpruːf] *adj* insonorisé.

soundproofing [ˈsaʊndpruːfɪŋ] *n* insonorisation *f*.

sound system *n* **1.** chaîne *f* hifi **2.** sonorisation *f*.

soundtrack [ˈsaʊndtræk] *n* bande-son *f*.

sound wave *n* onde *f* sonore.

soup [suːp] *n* soupe *f*, potage *m*.

souped-up [suːpt-] *adj fam (moteur)* gonflé, poussé.

soup kitchen *n* soupe *f* populaire.

soup plate *n* assiette *f* creuse *ou* à soupe.

soup spoon *n* cuiller *f* à soupe.

sour [ˈsaʊəʳ] *adj* **1.** *(fruit, goût)* acide, aigre **2.** *(personne, caractère)* aigre, acerbe. ❑ *vt fig* faire tourner au vinaigre, faire mal tourner.

source [sɔs] *n* **1.** source *f* **2.** origine *f*, cause *f*. ❑ *vt* • **our paper is sourced from sustainable**

forests notre papier provient de forêts gérées de façon durable.

sour cream *n* crème *f* aigre.

sour grapes *n (indén) fam* • **what he said was just sour grapes** il a dit ça par dépit.

south [saʊθ] *n* **1.** sud *m* **2.** • **the South** le Sud *(d'un pays)* • **the South of France** le sud de la France. ❑ *adj* **1.** sud *(inv)* **2.** du sud. ❑ *adv* au sud, vers le sud • **south of** au sud de.

South Africa *n* Afrique *f* du Sud.

South African *adj* sud-africain. ❑ *n* Sud-Africain *m*, -e *f*.

South America *n* Amérique *f* du Sud.

South American *adj* sud-américain. ❑ *n* Sud-Américain *m*, -e *f*.

southbound ['saʊθbaʊnd] *adj (périphérique, autoroute)* sud *(inv)*.

southeast [ˌsaʊθ'iːst] *n* **1.** sud-est *m* **2.** • **the Southeast** le Sud-Est. ❑ *adj* au sud-est, du sud-est. ❑ *adv* au sud-est, vers le sud-est • **southeast of** au sud-est de.

southerly ['sʌðəlɪ] *adj* au sud, du sud.

southern ['sʌðən] *adj* **1.** du sud **2.** du Midi.

South Korea *n* Corée *f* du Sud.

South Pole *n* • **the South Pole** le pôle Sud.

southward ['saʊθwəd] *adj* au sud, du sud. ❑ *adv* = **southwards**.

southwards ['saʊθwədz] *adv* vers le sud.

southwest [ˌsaʊθ'west] *n* **1.** sud-ouest *m* **2.** • **the Southwest** le Sud-Ouest. ❑ *adj* au sud-ouest, du sud-ouest. ❑ *adv* au sud-ouest, vers le sud-ouest • **southwest of** au sud-ouest de.

souvenir [ˌsuːvə'nɪəʳ] *n* souvenir *m (objet)*.

sovereign ['sɒvrɪn] *adj* souverain. ❑ *n* **1.** souverain *m*, -e *f* **2.** *(pièce d'or)* souverain *m*.

soviet ['səʊvɪət] *n* soviet *m*. ■ **Soviet** *adj* soviétique. ❑ *n* Soviétique *mf*.

Soviet Union *n* • **the (former) Soviet Union** l'(ex-)Union *f* soviétique.

sow[1] [səʊ] *(prét* **sowed**, *pp* **sown** *ou* **sowed***) vt litt & fig* semer.

sow[2] [saʊ] *n* truie *f*.

sown [səʊn] *pp* → **sow**[1]

soya ['sɔɪə] *n* soja *m*.

soy(a) bean ['sɔɪ(ə)-] *n* graine *f* de soja.

soy sauce [sɔɪ-] *n* sauce *f* (au) soja.

spa [spɑː] *n* station *f* thermale.

space [speɪs] *n* **1.** espace *m* **2.** blanc *m* **3.** place *f* **4.** • **within** *ou* **in the space of ten minutes** en l'espace de dix minutes. ❑ *en apposition* spatial. ❑ *vt* espacer. ■ **space out** *vt sép* espacer.

space age *n* • **the space age** l'ère *f* spatiale. ■ **space-age** *adj* de l'ère spatiale.

space bar *n* barre *f* d'espacement.

spacecraft ['speɪskrɑːft] *(pl inv) n* vaisseau *m* spatial.

space exploration *n* conquête *f* spatiale.

spaceman ['speɪsmæn] *(pl* **-men***) n* astronaute *m*, cosmonaute *m*.

spaceship ['speɪsʃɪp] *n* vaisseau *m* spatial.

space shuttle *n* navette *f* spatiale.

spacesuit ['speɪssuːt] *n* combinaison *f* spatiale.

spacing ['speɪsɪŋ] *n* espacement *m*.

spacious ['speɪʃəs] *adj* spacieux.

spade [speɪd] *n* **1.** pelle *f* **2.** *(aux jeux de cartes)* pique *m*. ■ **spades** *npl* pique *m* • **the six of spades** le six de pique.

spaghetti [spə'getɪ] *n (indén)* spaghettis *mpl*.

Spain [speɪn] *n* Espagne *f*.

spam [spæm] *n fam* **1.** spam *m* **2.** **(CANADA)** pourriel *m*.

spammer ['spæməʳ] *n* spammeur *m*.

spamming ['spæmɪŋ] *n (indén)* spam *m*, arrosage *m recomm off*.

span [spæn] *passé* → **spin**. ❑ *n* **1.** espace *m* de temps, durée *f* **2.** éventail *m*, gamme *f* **3.** envergure *f* **4.** travée *f* **5.** ouverture *f*. ❑ *vt* **1.** couvrir *(une période)* **2.** franchir.

Spaniard ['spænjəd] *n* Espagnol *m*, -e *f*.

spaniel ['spænjəl] *n* épagneul *m*.

Spanish ['spænɪʃ] *adj* espagnol. ❑ *n* espagnol *m*. ❑ *npl* • **the Spanish** les Espagnols.

spank [spæŋk] *vt* donner une fessée à.

spanner ['spænəʳ] *n* **(UK)** clé *f* à écrous.

spar [spɑːʳ] *n* NAUT espar *m*. ❑ *vi* s'entraîner à la boxe.

spare [speəʳ] *adj* **1.** de trop **2.** de réserve, de rechange • **spare bed** lit *m* d'appoint **3.** disponible. ❑ *n* pièce *f* détachée *ou* de rechange. ❑ *vt* **1.** se passer de **2.** disposer de • **to have an hour to spare** avoir une heure de libre **3.** épargner, ménager • **to spare no expense** ne pas regarder à la dépense **4.** • **to spare sb sthg** épargner qqch à qqn.

spare part *n* pièce *f* détachée *ou* de rechange.

sparerib [speə'rɪb] *n* travers *m* de porc.

spare room *n* chambre *f* d'amis.

spare time *n (indén)* temps *m* libre, loisirs *mpl*.

spare tyre (UK), spare tire (US) *n* **1.** AUTO pneu *m* de rechange *ou* de secours **2.** *hum* bourrelet *m* (de graisse).

spare wheel *n* roue *f* de secours.

sparing ['speərɪŋ] *adj* • **to be sparing with** *ou* **of sthg** être économe de qqch.

sparingly ['speərɪŋlɪ] *adv* **1.** avec modération **2.** avec parcimonie.

spark [spɑːk] *n litt & fig* étincelle *f*.

sparking plug ['spɑːkɪŋ-] **(UK)** = **spark plug**.

sparkle ['spɑːkl] *n* **1.** *(indén)* éclat *m* **2.** scintillement *m*. ❑ *vi* étinceler, scintiller.

sparkler ['spɑːkləʳ] *n* bougie *f* magique.

sparkling ['spɑːklɪŋ] *adj* **1.** *(pierre, glace, givre, verre, toile)* étincelant, scintillant **2.** *(yeux)* étincelant, pétillant **3.** *(personne, conversation,* *esprit, spectacle)* brillant **4.** *(boisson, eau minérale)* gazeux, pétillant. ❑ *adv* • **sparkling clean/white** d'une propreté/blancheur éclatante.

sparkling wine ['spɑːklɪŋ-] *n* vin *m* mousseux.

spark plug *n* AUTO bougie *f*.

sparring partner *n* **1.** *(boxe)* sparring-partner *m* **2.** *fig* adversaire *m*.

sparrow ['spærəʊ] *n* moineau *m*.

sparse ['spɑːs] *adj* clairsemé, épars.

sparsely ['spɑːslɪ] *adv* peu *(boisé, peuplé)* • **to be sparsely furnished** contenir peu de meubles.

spartan ['spɑːtn] *adj* austère, de spartiate.

spasm ['spæzm] *n* **1.** spasme *m* **2.** quinte *f* **3.** accès *m*.

spasmodic [spæz'mɒdɪk] *adj* spasmodique.

spastic ['spæstɪk] *n* handicapé *m*, -e *f* moteur.

spat [spæt] *passé & pp* → **spit**.

spate [speɪt] *n* avalanche *f (de lettres, de visiteurs)*.

spatial ['speɪʃl] *adj* spatial.

spatter ['spætər] *vt* éclabousser.

spatula ['spætjʊlə] *n* spatule *f*.

spawn [spɔn] *n (indén)* frai *m*, œufs *mpl*. ❑ *vt fig* donner naissance à, engendrer. ❑ *vi* frayer.

speak [spiːk] *(prét* **spoke**, *pp* **spoken**) *vt* **1.** dire **2.** parler. ❑ *vi* parler • **to speak to** *ou* **with sb** parler à qqn • **to speak to sb about sthg** parler de qqch à qqn • **to speak about sb/sthg** parler de qqn/qqch • **speak now or forever hold your peace** parlez maintenant ou gardez le silence pour toujours. ■ **so to speak** *adv* pour ainsi dire. ■ **speak for** *vt insép* parler au nom de • **she's already spoken for** elle est déjà prise. ■ **speak out** *vi* oser prendre la parole • **to speak out for** parler en faveur de • **to speak out against** s'élever contre, se dresser contre • **she spoke out strongly against the scheme** elle a condamné le projet avec véhémence. ■ **speak up** *vi* **1.** • **to speak up for sb/sthg** parler en faveur de qqn/qqch, soutenir qqn/qqch **2.** parler plus fort.

speaker ['spiːkər] *n* **1.** personne *f* qui parle **2.** orateur *m* **3.** • **a German speaker** un germanophone **4.** haut-parleur *m*.

speaker phone *n* téléphone *m* avec haut-parleur.

speaking ['spiːkɪŋ] *adv* • **politically speaking** d'un point de vue politique.

-speaking *suffixe* **1.** *(personne)* • **they're both German/Spanish-speaking** ils sont tous deux germanophones/hispanophones **2.** *(pays)* • **French/English-speaking countries** les pays francophones/anglophones.

spear [spɪər] *n* lance *f*. ❑ *vt* transpercer d'un coup de lance.

spearhead ['spɪəhed] *n* fer *m* de lance. ❑ *vt* **1.** mener **2.** être le fer de lance de.

spearmint ['spɪəmɪnt] *n* **1.** *(arôme)* menthe *f* **2.** bonbon *m* à la menthe. ❑ *adj* **1.** *(arôme, goût)* de menthe **2.** *(dentifrice, chewing-gum)* à la menthe.

spec [spek] *n* **(UK)** *fam* • **on spec** à tout hasard.

special ['speʃl] *adj* **1.** spécial • **nothing special** rien de spécial • **what's so special about him?** qu'est-ce qu'il a d'exceptionnel ? **2.** particulier • **this is a special case** c'est un cas particulier.

special agent *n* agent *m* secret.

special correspondent *n* envoyé *m* spécial.

special delivery *n (indén)* exprès *m*, envoi *m* par exprès • **by special delivery** en exprès.

special effects *npl* effets *mpl* spéciaux.

specialism ['speʃəlɪzm] *n* spécialisation *f* • **my specialism is maths** je me spécialise dans les maths.

specialist ['speʃəlɪst] *adj* spécialisé. ❑ *n* spécialiste *mf*.

speciality (UK) [ˌspeʃɪ'ælətɪ], **specialty (US)** ['speʃltɪ] *n* spécialité *f*.

specialization [ˌspeʃəlaɪ'zeɪʃn] *n* spécialisation *f* • **his specialization is computers** il est spécialisé en informatique.

specialize, **-ise (UK)** ['speʃəlaɪz] *vi* • **to specialize (in)** se spécialiser (dans).

specialized ['speʃəlaɪzd] *adj* spécialisé.

specially ['speʃəlɪ] *adv* **1.** spécialement **2.** exprès **3.** particulièrement.

special needs [-niːdz] *n* **(UK)** • **special needs children** enfants ayant des difficultés scolaires.

special offer *n* promotion *f*.

Special Olympics *npr* • **the Special Olympics** *championnats sportifs pour handicapés mentaux*.

specialty *n* **(US)** = **speciality**.

species ['spiːʃiːz] *(pl inv) n* espèce *f*.

specific [spə'sɪfɪk] *adj* **1.** particulier **2.** précis **3.** • **specific to** propre à. ■ **specifics** *npl* détails *mpl*.

specifically [spə'sɪfɪklɪ] *adv* **1.** particulièrement, spécialement **2.** précisément.

specification [ˌspesɪfɪ'keɪʃn] *n* stipulation *f*. ■ **specifications** *npl* TECHNOL caractéristiques *fpl* techniques, spécification *f*.

specify ['spesɪfaɪ] *vt* préciser, spécifier.

specimen ['spesɪmən] *n* **1.** exemple *m*, spécimen *m* **2.** BIOL & MÉD prélèvement *m*, échantillon *m*.

specimen copy *n* spécimen *m*.

specimen signature *n* spécimen *m* de signature.

speck [spek] *n* **1.** toute petite tache *f* **2.** grain *m (de poussière, de suie)*.

speckled ['spekld] *adj* • **speckled (with)** tacheté de.

specs [speks] *npl fam* lunettes *fpl*.

spectacle ['spektəkl] *n* spectacle *m*. ■ **spectacles** *npl* lunettes *fpl*.
spectacular [spek'tækjʊlər] *adj* spectaculaire.
spectacularly [spek'tækjʊləlɪ] *adv* spectaculairement.
spectate [spek'teɪt] *vi* regarder, être là en tant que spectateur.
spectator [spek'teɪtər] *n* spectateur *m*, -trice *f*.
spectator sport *n* sport *m* que l'on regarde en tant que spectateur.
spectre (UK), specter (US) ['spektər] *n* spectre *m* • **to raise the spectre of unemployment/war** agiter le spectre du chômage/de la guerre.
spectrum ['spektrəm] (*pl* **-tra**) *n* **1.** spectre *m* **2.** *fig* gamme *f*.
speculate ['spekjʊleɪt] *vt* • **to speculate that...** émettre l'hypothèse que... ❑ *vi* **1.** faire des conjectures **2.** FIN spéculer.
speculation [,spekjʊ'leɪʃn] *n* **1.** spéculation *f* **2.** conjectures *fpl*.
speculative ['spekjʊlətɪv] *adj* spéculatif.
sped [sped] *passé & pp* → **speed**.
speech [spi:tʃ] *n* **1.** (*indén*) parole *f* **2.** discours *m* • **to give a speech** faire un discours **3.** THÉÂTRE texte *m* **4.** façon *f* de parler **5.** parler *m*.
speech-impaired *adj* muet.
speech impediment *n* défaut *m* d'élocution.
speechless ['spi:tʃlɪs] *adj* • **speechless (with)** muet (de).
speech recognition *n* INFORM reconnaissance *f* de la parole.
speech therapist *n* orthophoniste *mf*.
speech therapy *n* orthophonie *f*.
speed [spi:d] *n* **1.** vitesse *f* **2.** rapidité *f* **3.** • **to be up to speed** être opérationnel • **to bring sb up to speed** rendre qqn opérationnel. ❑ *vi* (*prét & pp* **speeded** *ou* **sped**) **1.** • **to speed along** aller à toute vitesse • **to speed away** démarrer à toute allure **2.** rouler trop vite. ■ **speed up** *vt sép* **1.** faire aller plus vite **2.** accélérer. ❑ *vi* **1.** aller plus vite **2.** accélérer.
speedboat ['spi:dbəʊt] *n* hors-bord *m inv*.
speed bump *n* dos-d'âne *m inv*.
speed camera *n* cinémomètre *m*.
speed dating *n rencontre organisée entre plusieurs partenaires potentiels ayant quelques minutes pour décider s'ils veulent se revoir*.
speed-dialling (UK), speed-dialing (US) *n* (*indén*) numérotation *f* rapide.
speedily ['spi:dɪlɪ] *adv* vite, rapidement.
speeding ['spi:dɪŋ] *n* (*indén*) excès *m* de vitesse.
speed limit *n* limitation *f* de vitesse.
speedometer [spɪ'dɒmɪtər] *n* compteur *m* (de vitesse).
speedway ['spi:dweɪ] *n* **1.** (*indén*) course *f* de motos **2.** (**US**) voie *f* express.
speedy ['spi:dɪ] *adj* rapide.
spell [spel] *n* **1.** période *f* **2.** charme *m* **3.** formule *f* magique • **to cast** *ou* **put a spell on sb** jeter un sort à qqn. ❑ *vt* ((**UK**) *prét & pp* **spelt** *ou* **spelled**, (**US**) *prét & pp* **spelled**) **1.** écrire (*son nom, un mot*) **2.** *fig* signifier. ❑ *vi* ((**UK**) *prét & pp* **spelt** *ou* **spelled**, (**US**) *prét & pp* **spelled**) épeler. ■ **spell out** *vt sép* **1.** épeler **2.** • **to spell sthg out (for** *ou* **to sb)** expliquer qqch clairement (à qqn).
spellbinding ['spel,baɪndɪŋ] *adj* ensorcelant, envoûtant.
spellbound ['spelbaʊnd] *adj* subjugué.
spell-check *vt* vérifier l'orthographe de. ❑ *n* vérification *f* orthographique.
spell-checker [-tʃekər] *n* correcteur *m ou* vérificateur *m* orthographique.
spelling ['spelɪŋ] *n* orthographe *f* • **a spelling mistake** une faute d'orthographe.
spelling bee *n* (**US**) concours *m* d'orthographe.
spelt [spelt] (**UK**) *passé & pp* → **spell**.
spelunking [spe'lʌnkɪŋ] *n* (**US**) spéléologie *f*.
spend [spend] (*prét & pp* **spent**) *vt* **1.** • **to spend money (on)** dépenser de l'argent (pour) **2.** passer (*du temps, sa vie*) **3.** consacrer (*du temps*).
spender ['spendər] *n* • **to be a big spender** être très dépensier , dépenser beaucoup.
spending ['spendɪŋ] *n* (*indén*) dépenses *fpl*.
spending money *n* argent *m* de poche.
spending power *n* (*indén*) pouvoir *m* d'achat.
spendthrift ['spendθrɪft] *n* dépensier *m*, -ère *f*.
spent [spent] *passé & pp* → **spend**. ❑ *adj* **1.** utilisé **2.** épuisé.
sperm [spɜ:m] (*pl inv ou* **-s**) *n* sperme *m*.
sperm bank *n* banque *f* de sperme.
spermicide ['spɜ:mɪsaɪd] *n* spermicide *m*.
spew [spju:] *vt & vi* vomir.
SPF (abrév de **sun protection factor**) indice *m* de protection solaire.
sphere [sfɪər] *n* sphère *f*.
spherical ['sferɪkl] *adj* sphérique.
sphinx [sfɪŋks] (*pl* **-es**) *n* sphinx *m*.
spice [spaɪs] *n* **1.** épice *f* **2.** (*indén*) *fig* piment *m*.
spick-and-span [,spɪkən'spæn] *adj* impeccable, nickel (*inv*).
spicy ['spaɪsɪ] *adj* **1.** épicé **2.** *fig* pimenté, piquant.
spider ['spaɪdər] *n* araignée *f*.
spider's web, spiderweb (US) ['spaɪdəweb] *n* toile *f* d'araignée.
spiel [ʃpi:l] *n fam* baratin *m*.
spike [spaɪk] *n* pointe *f*, lance *f*.
spike heels *npl* (chaussures *fpl* à) talons *mpl* aiguilles.

spiky ['spaɪkɪ] (*comp* **spikier**, *superl* **spikiest**) *adj* **1.** *(plante)* hérissé de piquants **2.** *(cheveux)* en épi.

spill [spɪl] ((UK) *prét & pp* **spilt** *ou* **spilled**, (US) *prét & pp* **spilled**) *vt* renverser. ❑ *vi* se répandre.

spillage ['spɪlɪdʒ] *n* déversement *m (de pétrole)*.

spillover ['spɪl,əuvəʳ] *n* excédent *m*.

spilt [spɪlt] (UK) *passé & pp* → **spill**.

spin [spɪn] *n* **1.** • **to give sthg a spin** faire tourner qqch **2.** AÉRON vrille *f* **3.** *fam* tour *m (en voiture)* **4.** SPORT effet *m* **5.** *(manipulation de faits)* • **it was just spin** *fam* c'était de l'intox. ❑ *vt* (*prét* **span** *ou* **spun**, *pp* **spun**) **1.** faire tourner **2.** essorer **3.** filer *(de la laine, du coton)*. ❑ *vi* (*prét* **span** *ou* **spun**, *pp* **spun**) **1.** tourner, tournoyer **2.** • **to spin out of control** déraper • **things are spinning out of control** *fig* les choses dérapent complètement *ou* partent en vrille. ■ **spin out** *vt sép* faire durer *(une somme d'argent, une histoire)*.

spinach ['spɪnɪdʒ] *n (indén)* épinards *mpl*.

spinal ['spaɪnl] *adj* **1.** *(nerf, muscle)* spinal **2.** *(disque)* vertébral • **a spinal injury** une blessure à la colonne vertébrale.

spinal column ['spaɪnl-] *n* colonne *f* vertébrale.

spinal cord ['spaɪnl-] *n* moelle *f* épinière.

spindly ['spɪndlɪ] *adj* grêle, chétif.

spin doctor *n péj personne qui au sein d'un parti politique est chargée de promouvoir l'image de celui-ci*.

spin-dryer *n* (UK) essoreuse *f*.

spine [spaɪn] *n* **1.** colonne *f* vertébrale **2.** dos *m (d'un livre)* **3.** piquant *m*, épine *f*.

spine-chilling *adj* qui glace le sang.

spineless ['spaɪnlɪs] *adj* faible, qui manque de cran.

spinelessness ['spaɪnlɪsnɪs] *n* lâcheté *f*.

spinning ['spɪnɪŋ] *n* filage *m*.

spinning top *n* toupie *f*.

spin-off *n* dérivé *m*.

spinster ['spɪnstəʳ] *n* **1.** célibataire *f* **2.** *péj* vieille fille *f*.

spiral ['spaɪrəl] *adj* spiral. ❑ *n* spirale *f*. ❑ *vi* ((UK) *prét & pp* **spiralled**, *cont* **spiralling**, (US) *prét & pp* **spiraled**, *cont* **spiraling**) monter en spirale.

spiral staircase *n* escalier *m* en colimaçon.

spire ['spaɪəʳ] *n* flèche *f*.

spirit ['spɪrɪt] *n* **1.** esprit *m* **2.** *(indén)* caractère *m*, courage *m*. ■ **spirits** *npl* **1.** humeur *f* • **to be in high spirits** être gai • **to be in low spirits** être déprimé **2.** spiritueux *mpl*.

spirited ['spɪrɪtɪd] *adj* **1.** fougueux **2.** interprété avec brio.

spirit level *n* niveau *m* à bulle d'air.

spiritual ['spɪrɪtʃuəl] *adj* spirituel.

spirituality [,spɪrɪtʃu'æləti] *n* spiritualité *f*.

spiritually ['spɪrɪtʃuəlɪ] *adv* spirituellement, en esprit.

spit [spɪt] *n* **1.** *(indén)* crachat *m* **2.** salive *f* **3.** CULIN broche *f*. ❑ *vi* ((UK) *prét & pp* **spat**, (US) *prét & pp* **spit**) cracher. ❑ *v impers* (*prét & pp* **spat**) (UK) • **it's spitting** il tombe quelques gouttes. ■ **spit out** *vt sép* cracher • **spit it out!** *fam* accouche !

spite [spaɪt] *n* rancune *f*. ❑ *vt* contrarier. ■ **in spite of** *prép* en dépit de, malgré.

spiteful ['spaɪtful] *adj* malveillant.

spitefully ['spaɪtfulɪ] *adv* par dépit, par méchanceté, méchamment.

spit roast *n* rôti *m* à la broche. ■ **spit-roast** *vt* faire rôtir à la broche.

spitting ['spɪtɪŋ] *n* • **'no spitting'** 'défense de cracher' • **to be within spitting distance of sb** *fam* être à deux pas de qqn.

spitting image ['spɪtɪŋ-] *n* • **to be the spitting image of sb** être le portrait (tout) craché de qqn.

spittle ['spɪtl] *n (indén)* crachat *m*.

splash [splæʃ] *n* **1.** plouf *m* **2.** tache *f (de couleur, de lumière)*. ❑ *vt* éclabousser. ❑ *vi* **1.** • **to splash about** *ou* **around** barboter **2.** jaillir. ■ **splash out** *fam vi* • **to splash out (on)** dépenser une fortune (pour).

splatter ['splætəʳ] *vt* éclabousser • **splattered with mud/blood** éclaboussé de boue/sang. ❑ *vi* **1.** *(pluie)* crépiter **2.** *(boue)* éclabousser. ❑ *n* éclaboussure *f (de boue, d'encre)*.

spleen [spli:n] *n* **1.** rate *f* **2.** *(indén) fig* mauvaise humeur *f*.

splendid ['splendɪd] *adj* **1.** splendide **2.** excellent.

splendidly ['splendɪdlɪ] *adv* de façon splendide, splendidement.

splendour (UK), **splendor** (US) ['splendəʳ] *n* splendeur *f*.

spliff [splɪf] *n arg drogue* joint *m*.

splint [splɪnt] *n* attelle *f*.

splinter ['splɪntəʳ] *n* éclat *m*. ❑ *vi* **1.** *(bois)* se fendre en éclats **2.** *(verre)* se briser en éclats.

splinter group *n* groupe *m* dissident.

split [splɪt] *n* **1.** fente *f* **2.** déchirure *f* **3.** échancrure *f* **4.** POLIT • **split (in)** division *f ou* scission *f* (au sein de) **5.** • **split between** écart *m* entre. ❑ *vt* (*prét & pp* **split**, *cont* **splitting**) **1.** fendre *(du bois)* **2.** déchirer *(des vêtements)* **3.** POLIT diviser **4.** partager • **shall we split a taxi/a dessert?** on partage un taxi/un dessert ? • **to split the difference** *fig* couper la poire en deux. ❑ *vi* (*prét & pp* **split**, *cont* **splitting**) **1.** se fendre **2.** se déchirer **3.** POLIT *(route, chemin)* se diviser. ■ **split up** *vi* se séparer. ■ **splits** *npl* • **to do the splits** faire le grand écart. ■ **split off** *vt sép* • **to split sthg off (from)** enlever *ou* détacher qqch (de). ❑ *vi* • **to split off (from)** se détacher (de).

split end *n (dans les cheveux)* fourche *f*.

split-level *adj (maison)* à deux niveaux.

split personality *n* • **to have a split personality** souffrir d'un dédoublement de la personnalité.
split screen *n* écran *m* divisé.
split second *n* fraction *f* de seconde.
splurge [splɜːdʒ] *fam n* **1.** folie *f*, folles dépenses *fpl* **2.** fla-fla *m*, tralala *m* • **a great splurge of colour** une débauche de couleur. ❑ *vt* **1.** dépenser **2.** dissiper. ■ **splurge out** *vi insép* faire une folie *ou* des folies • **to splurge out on sthg** se payer qqch.
splutter ['splʌtər] *vi* **1.** bredouiller, bafouiller **2.** tousser **3.** crépiter.
spoil [spɔɪl] (*prét & pp* **spoiled**, **(UK)** *prét & pp* **spoilt**) *vt* gâcher, gâter, abîmer. ■ **spoils** *npl* butin *m*.
spoiled [spɔɪld] *adj* = **spoilt**.
spoiler ['spɔɪlər] *n* PRESSE *tactique utilisée pour s'approprier le scoop d'un journal rival*.
spoiler campaign *n campagne lancée par une entreprise pour minimiser l'impact d'une campagne publicitaire menée par une société concurrente*.
spoilsport ['spɔɪlspɔːt] *n* trouble-fête *mf inv*.
spoilt [spɔɪlt] *passé & pp* **(UK)** → **spoil**. ❑ *adj* gâté.
spoke [spəʊk] *passé* → **speak**. ❑ *n* rayon *m*.
spoken ['spəʊkn] *pp* → **speak**.
spokesman ['spəʊksmən] (*pl* **-men**) *n* porte-parole *m inv*.
spokesperson ['spəʊks,pɜːsn] *n* porte-parole *mf inv*.
spokeswoman ['spəʊks,wʊmən] (*pl* **-women**) *n* porte-parole *f inv*.
sponge [spʌndʒ] *n* **1.** éponge *f* **2.** gâteau *m ou* biscuit *m* de Savoie. ❑ *vt* (**(UK)** *cont* **spongeing**, **(US)** *cont* **sponging**) éponger. ❑ *vi* (**(UK)** *cont* **spongeing**, **(US)** *cont* **sponging**) *fam* • **to sponge off sb** taper qqn.
sponge bag *n* **(UK)** trousse *f* de toilette.
sponge bath *n* toilette *f* d'un malade.
sponge cake *n* gâteau *m ou* biscuit *m* de Savoie.
spongy ['spʌndʒɪ] (*comp* **spongier**, *superl* **spongiest**) *adj* spongieux.
sponsor ['spɒnsər] *n* sponsor *m*. ❑ *vt* **1.** sponsoriser, parrainer **2.** soutenir.
sponsored walk [,spɒnsəd-] *n* **(UK)** *marche organisée pour recueillir des fonds*.
sponsorship ['spɒnsəʃɪp] *n* parrainage *m*.
sponsorship deal *n* contrat *m* de sponsoring.
spontaneity [,spɒntə'neɪətɪ] *n* spontanéité *f*.
spontaneous [spɒn'teɪnjəs] *adj* spontané.
spontaneously [spɒn'teɪnjəslɪ] *adv* spontanément.
spoof [spuːf] *n* • **spoof (of** *ou* **on)** parodie *f* (de).
spooky ['spuːkɪ] *adj fam* qui donne la chair de poule.
spool [spuːl] *n* bobine *f* (*de fil, de film*).
spoon [spuːn] *n* cuillère *f*, cuiller *f*.
spoon-feed *vt* nourrir à la cuillère • **to spoon-feed sb** *fig* mâcher le travail à qqn.
spoonful ['spuːnfʊl] (*pl* **-s** *ou* **spoonsful** ['spuːnsfʊl]) *n* cuillerée *f*.
sporadic [spə'rædɪk] *adj* sporadique.
sporadically [spə'rædɪklɪ] *adv* sporadiquement.
sport [spɔːt] *n* **1.** sport *m* **2.** *vieilli* chic type *m*, chic fille *f*. ■ **sports** *en apposition* de sport.
sporting ['spɔːtɪŋ] *adj* **1.** sportif **2.** chic (*inv*) • **to have a sporting chance of doing sthg** avoir des chances de faire qqch.
sports car ['spɔːts-] *n* voiture *f* de sport.
sports day *n* **(UK)** réunion *f* sportive scolaire.
sports jacket *n* veste *f* sport.
sportsman ['spɔːtsmən] (*pl* **-men**) *n* sportif *m*.
sportsmanlike ['spɔːtsmənlaɪk] *adj* sportif.
sportsmanship ['spɔːtsmənʃɪp] *n* sportivité *f*, esprit *m* sportif.
sports personality ['spɔːts-] *n* personnalité *f* sportive.
sportswear ['spɔːtsweər] *n* (*indén*) vêtements *mpl* de sport.
sportswoman ['spɔːts,wʊmən] (*pl* **-women**) *n* sportive *f*.
sporty ['spɔːtɪ] *adj fam* sportif.
spot [spɒt] *n* **1.** tache *f* **2.** **(UK)** bouton *m* **3.** goutte *f* **4.** endroit *m* • **on the spot** sur place • **to do sthg on the spot** faire qqch immédiatement *ou* sur-le-champ **5.** numéro *m* (*d'artiste*). ❑ *vt* apercevoir.
spot check *n* contrôle *m* au hasard *ou* intermittent.
spotless ['spɒtlɪs] *adj* impeccable.
spotlessly ['spɒtlɪslɪ] *adv* • **spotlessly clean** reluisant de propreté, d'une propreté impeccable.
spotlight ['spɒtlaɪt] *n* projecteur *m*, spot *m* • **to be in the spotlight** *fig* être en vedette.
spotlit [-lɪt] *adj* éclairé par des projecteurs.
spot-on *adj* **(UK)** *fam* absolument exact *ou* juste, dans le mille.
spotted ['spɒtɪd] *adj* à pois.
spotty ['spɒtɪ] *adj* **(UK)** boutonneux.
spouse [spaʊs] *n* époux *m*, épouse *f*.
spout [spaʊt] *n* bec *m* (*d'une théière, d'une carafe*). ❑ *vi* • **to spout from** *ou* **out of** jaillir de.
sprain [spreɪn] *n* entorse *f*. ❑ *vt* • **to sprain one's ankle/wrist** se faire une entorse à la cheville/au poignet.
sprang [spræŋ] *passé* → **spring**.
sprawl [sprɔːl] *vi* **1.** être affalé **2.** s'étaler.
sprawling ['sprɔːlɪŋ] *adj* (*ville*) tentaculaire.

spray [spreɪ] *n* **1.** *(indén)* gouttelettes *fpl* **2.** embruns *mpl* **3.** bombe *f*, pulvérisateur *m* **4.** gerbe *f (de fleurs)*. ❑ *vt* **1.** pulvériser **2.** pulvériser de l'insecticide sur.

spray-on *adj* en bombe, en aérosol • **spray-on deodorant** déodorant *m* en bombe *ou* en spray.

spray paint *n* peinture *f* en bombe.

spread [spred] *n* **1.** *(indén)* pâte *f* à tartiner **2.** propagation *f* **3.** gamme *f (de prix, de marques)*. ❑ *vt (prét & pp* **spread***)* **1.** étaler, étendre **2.** écarter *(les doigts, les bras, les jambes)* **3.** • **to spread sthg (on)** étaler qqch (sur) **4.** répandre, propager • **to spread the news** répandre la nouvelle **5.** distribuer. ❑ *vi (prét & pp* **spread***)* **1.** se propager **2.** s'étaler. ■ **spread out** *vi* se disperser • **the search party spread out** l'équipe de secours s'est dispersée.

spread-eagled [-ˌiːgld] *adj* affalé.

spreadsheet [ˈspredʃiːt] *n INFORM* tableur *m*.

spree [spriː] *n* • **to go on a spending** *ou* **shopping spree** faire des folies.

sprig [sprɪg] *n* brin *m*.

sprightly [ˈspraɪtlɪ] *adj* alerte, fringant.

spring [sprɪŋ] *n* **1.** printemps *m* • **in spring** au printemps **2.** ressort *m* **3.** source *f*. ❑ *vi (prét* **sprang**, *pp* **sprung***)* **1.** sauter, bondir **2.** • **to spring from** provenir de. ■ **spring up** *vi* **1.** *(problème)* surgir **2.** *(amitié)* naître **3.** *(vent)* se lever.

springboard [ˈsprɪŋbɔːd] *n litt & fig* tremplin *m*.

spring-clean *vt* nettoyer de fond en comble.

spring-cleaning *n* nettoyage *m* de printemps.

spring onion *n* (UK) ciboule *f*.

spring roll *n* rouleau *m* de printemps.

springtime [ˈsprɪŋtaɪm] *n* • **in (the) springtime** au printemps.

springy [ˈsprɪŋɪ] *adj* **1.** moelleux **2.** élastique.

sprinkle [ˈsprɪŋkl] *vt* • **to sprinkle sthg with water** asperger qqch d'eau • **to sprinkle sthg with salt** saupoudrer qqch de sel.

sprinkler [ˈsprɪŋkləʳ] *n* arroseur *m*.

sprinkling [ˈsprɪŋklɪŋ] *n* **1.** quelques gouttes *fpl (d'eau)* **2.** couche *f* légère *(de neige)*.

sprint [sprɪnt] *n* sprint *m*. ❑ *vi* sprinter.

sprinter [ˈsprɪntəʳ] *n* sprinter *m*.

sprout [spraʊt] *n* **1.** • **(Brussels) sprouts** choux *mpl* de Bruxelles **2.** pousse *f*. ❑ *vt* produire • **to sprout shoots** germer. ❑ *vi* pousser.

spruce [spruːs] *adj* net, pimpant. ❑ *n* épicéa *m*. ■ **spruce up** *vt sép* astiquer, briquer • **to spruce o.s. up** se faire tout beau.

sprung [sprʌŋ] *pp* → **spring**.

spry [spraɪ] *adj* vif, vive *f*.

spun [spʌn] *passé & pp* → **spin**.

spur [spɜːʳ] *n* **1.** incitation *f* **2.** éperon *m*. ❑ *vt* • **to spur sb to do sthg** encourager *ou* inciter qqn à faire qqch. ■ **on the spur of the moment** *adv* sur un coup de tête, sous l'impulsion du moment. ■ **spur on** *vt sép* encourager.

spurious [ˈspʊərɪəs] *adj* **1.** feint **2.** faux, fausse *f*.

spurn [spɜːn] *vt* repousser.

spurt [spɜːt] *n* **1.** jaillissement *m* **2.** sursaut *m* **3.** accélération *f*. ❑ *vi* • **to spurt (out of** *ou* **from)** jaillir (de).

spy [spaɪ] *n* espion *m*. ❑ *vt fam* apercevoir. ❑ *vi* espionner, faire de l'espionnage • **to spy on sb** espionner qqn.

spying [ˈspaɪɪŋ] *n (indén)* espionnage *m*.

Sq., sq. abrév de **square**.

squabble [ˈskwɒbl] *n* querelle *f*. ❑ *vi* • **to squabble (about** *ou* **over)** se quereller (à propos de).

squad [skwɒd] *n* **1.** brigade *f (de police)* **2.** *MIL* peloton *m* **3.** *SPORT* équipe *f (parmi laquelle la sélection sera faite)*.

squadron [ˈskwɒdrən] *n* escadron *m*.

squalid [ˈskwɒlɪd] *adj* sordide, ignoble.

squall [skwɔːl] *n* bourrasque *f*.

squalor [ˈskwɒləʳ] *n (indén)* conditions *fpl* sordides.

squander [ˈskwɒndəʳ] *vt* gaspiller.

square [skweəʳ] *adj* carré • **one square metre** (UK) un mètre carré • **three metres square** trois mètres sur trois. ❑ *n* **1.** carré *m* **2.** place *f* **3.** *fam* • **he's a square** il est vieux jeu. ❑ *vt* **1.** *MATH* élever au carré **2.** accorder. ■ **square up** *vi* • **to square up with sb** régler ses comptes avec qqn.

square bracket *n TYPO* crochet *m* • **in square brackets** entre crochets.

squared [ˈskweəd] *adj* quadrillé.

squarely [ˈskweəlɪ] *adv* **1.** carrément **2.** honnêtement.

square meal *n* bon repas *m*.

square root *n* racine *f* carrée.

squash [skwɒʃ] *n* **1.** squash *m* **2.** (UK) • **orange squash** orangeade *f* **3.** courge *f*. ❑ *vt* écraser.

squat [skwɒt] *adj* courtaud, ramassé. ❑ *vi* • **to squat (down)** s'accroupir.

squatter [ˈskwɒtəʳ] *n* squatter *m*.

squawk [skwɔːk] *n* cri *m* strident.

squeak [skwiːk] *n* **1.** petit cri *m* aigu **2.** grincement *m*.

squeaky clean *adj fam* **1.** *(mains, cheveux)* extrêmement propre **2.** *(réputation)* sans tache.

squeal [skwiːl] *vi* pousser des cris aigus.

squeamish [ˈskwiːmɪʃ] *adj* facilement dégoûté.

squeeze [skwiːz] *n* pression *f*. ❑ *vt* **1.** presser **2.** *fig* soutirer *(de l'argent, des informations)* **3.** • **to squeeze sthg into sthg** entasser qqch dans qqch.

squelch [skweltʃ] *vi* • **to squelch through mud** patauger dans la boue.
squid [skwɪd] (*pl inv ou* **-s**) *n* calmar *m*.
squidgy ['skwɪdʒɪ] (*comp* **squidgier**, *superl* **squidgiest**) *adj* **(UK)** *fam* mou, spongieux.
squiggle ['skwɪgl] *n* gribouillis *m*.
squint [skwɪnt] *n* • **to have a squint** être atteint de strabisme. ❑ *vi* • **to squint at sthg** regarder qqch en plissant les yeux.
squire ['skwaɪəʳ] *n* propriétaire *m* terrien.
squirm [skwɜːm] *vi* se tortiller.
squirrel [**(UK)** 'skwɪrəl, **(US)** 'skwɜːrəl] *n* écureuil *m*.
squirt [skwɜːt] *vt* faire jaillir. ❑ *vi* • **to squirt (out of)** jaillir (de).
Sr abrév de **senior**, abrév de **sister**.
Sri Lanka [ˌsriː'læŋkə] *n* Sri Lanka *m*.
SSN *n* abrév de **social security number**.
St 1. (abrév de **saint**) St, Ste **2.** abrév de **Street**.
stab [stæb] *n* **1.** coup *m* de couteau **2.** *fam* • **to have a stab (at sthg)** essayer (qqch), tenter (qqch) **3.** • **stab of pain** élancement *m* • **stab of guilt** remords *m*. ❑ *vt* **1.** poignarder **2.** piquer *(avec sa fourchette)*.
stabbing ['stæbɪŋ] *adj (douleur)* lancinant. ❑ *n* agression *f* à coups de couteau.
stability [stə'bɪlətɪ] *n* stabilité *f*.
stabilize, **-ise (UK)** ['steɪbəlaɪz] *vt* stabiliser. ❑ *vi* se stabiliser.
stable ['steɪbl] *adj* stable. ❑ *n* écurie *f*.
stack [stæk] *n* pile *f*. ❑ *vt* empiler. ■ **stack up** *vi* **(US)** *fam* être à la hauteur.
stackable ['stækəbl] *adj* empilable.
stadium ['steɪdjəm] (*pl* **-diums** *ou* **-dia**) *n* stade *m*.
staff [stɑːf] *n* **1.** personnel *m* **2.** SCOL personnel enseignant, professeurs *mpl*. ❑ *vt* pourvoir en personnel.
staffing ['stɑːfɪŋ] *n* dotation *f* en personnel • **staffing levels** les besoins *mpl* en personnel.
staff room *n* **(UK)** salle *f* des professeurs.
stag [stæg] (*pl inv ou* **-s**) *n* cerf *m*.
stage [steɪdʒ] *n* **1.** étape *f*, phase *f*, stade *m* **2.** scène *f* **3.** • **the stage** le théâtre. ❑ *vt* **1.** THÉÂTRE monter, mettre en scène **2.** organiser.
stagecoach ['steɪdʒkəʊtʃ] *n* diligence *f*.
stage fright *n* trac *m*.
stage-manage *vt litt* & *fig* mettre en scène.
stage manager *n* THÉÂTRE régisseur *m*.
stage name *n* nom *m* de scène.
stagflation [stæg'fleɪʃn] *n* stagflation *f*.
stagger ['stægəʳ] *vt* **1.** stupéfier **2.** échelonner *(des heures de travail)* **3.** étaler *(des congés)*. ❑ *vi* tituber.
staggering ['stægərɪŋ] *adj* stupéfiant.
staging ['steɪdʒɪŋ] *n* mise *f* en scène.
stagnant ['stægnənt] *adj* stagnant.
stagnate [stæg'neɪt] *vi* stagner.
stagnation [stæg'neɪʃn] *n* stagnation *f*.
stag night, **stag party** *n* **1.** soirée *f* entre hommes **2.** *(avant le mariage)* • **to have a stag night** enterrer sa vie de garçon.
staid [steɪd] *adj* guindé, collet monté.
stain [steɪn] *n* tache *f*. ❑ *vt* tacher.
stained [steɪnd] *adj* **1.** taché **2.** coloré.
stained glass [ˌsteɪnd-] *n (indén)* vitraux *mpl*.
stainless steel ['steɪnlɪs-] *n* acier *m* inoxydable, Inox® *m*.
stain remover [-ˌrɪmuːvəʳ] *n* détachant *m*.
stair [steəʳ] *n* marche *f*. ■ **stairs** *npl* escalier *m*.
staircase ['steəkeɪs] *n* escalier *m*.
stairway ['steəweɪ] *n* escalier *m*.
stairwell ['steəwel] *n* cage *f* d'escalier.
stake [steɪk] *n* **1.** • **to have a stake in sthg** avoir des intérêts dans qqch **2.** poteau *m* **3.** enjeu *m*. ❑ *vt* • **to stake money (on** *ou* **upon)** jouer *ou* miser de l'argent (sur) • **to stake one's reputation (on)** jouer *ou* risquer sa réputation (sur). ■ **at stake** *adv* en jeu. ■ **stakes** *npl* enjeux *mpl* • **the promotion stakes** *fig* la course à l'avancement.
stakeholder pension ['steɪkhəʊldəʳ] *n plan de retraite à coût réduit conçu pour les travailleurs indépendants ou à temps partiel*.
stakeout ['steɪkaʊt] *n* **(surtout US)** surveillance *f*.
stalactite ['stæləktaɪt] *n* stalactite *f*.
stalagmite ['stæləgmaɪt] *n* stalagmite *f*.
stale [steɪl] *adj* **1.** *(nourrriture, eau)* pas frais **2.** *(pain)* rassis **3.** *(air)* confiné.
stalemate ['steɪlmeɪt] *n* **1.** impasse *f* **2.** ÉCHECS pat *m*.
stalk [stɔk] *n* **1.** tige *f* **2.** queue *f (d'un fruit)*. ❑ *vt* traquer. ❑ *vi* • **to stalk in/out** entrer/sortir d'un air hautain.
stalker ['stɔːkəʳ] *n criminel suivant sa victime à la trace*.
stall [stɔl] *n* **1.** éventaire *m*, étal *m* **2.** stand *m* **3.** stalle *f*. ❑ *vt* AUTO caler. ❑ *vi* **1.** AUTO caler **2.** essayer de gagner du temps. ■ **stalls** *npl* **(UK)** THÉÂTRE orchestre *m*.
stallholder ['stɔːlˌhəʊldəʳ] *n* **(UK)** marchand *m* qui possède un éventaire.
stalling ['stɔːlɪŋ] *n (indén)* atermoiements *mpl*, manœuvres *fpl* dilatoires. ❑ *adj* • **stalling tactic** manœuvre *f* dilatoire.
stallion ['stæljən] *n* étalon *m*.
stalwart ['stɔlwət] *n* pilier *m*.
stamen ['steɪmən] *n* étamine *f*.
stamina ['stæmɪnə] *n (indén)* résistance *f*.
stammer ['stæməʳ] *n* bégaiement *m*. ❑ *vi* bégayer.
stammering ['stæmərɪŋ] *n* bégaiement *m*, balbutiement *m*.
stamp [stæmp] *n* **1.** timbre *m* **2.** tampon *m* **3.** *fig* marque *f*. ❑ *vt* **1.** tamponner **2.** • **to stamp one's**

foot taper du pied. ❑ *vi* **1.** taper du pied **2.** • **to stamp on sthg** marcher sur qqch. ■ **stamp out** *vt sép* **1.** éteindre en piétinant *(un feu)* **2.** éliminer *(opposition)* **3.** supprimer *(corruption, crime)* **4.** éradiquer *(une maladie)*.

stamp album *n* album *m* de timbres.

stamp-collecting [-kə,lektɪŋ] *n* philatélie *f*.

stamp collector *n* collectionneur *m*, -euse *f* de timbres, philatéliste *mf*.

stamp duty *n* (UK) droit *m* de timbre.

stamped addressed envelope ['stæmptə,drest-] *n* enveloppe *f* timbrée à son adresse.

stampede [stæm'pi:d] *n* débandade *f*.

stance [stæns] *n litt* & *fig* position *f*.

stand [stænd] *n* **1.** stand *m* **2.** kiosque *m* **3.** SPORT tribune *f* **4.** MIL résistance *f* • **to make a stand** résister **5.** position *f* **6.** (US) DR barre *f*. ❑ *vt* (*prét* & *pp* **stood**) **1.** mettre (debout), poser (debout) **2.** supporter • **I can't stand racism** je ne supporte pas le racisme. ❑ *vi* (*prét* & *pp* **stood**) **1.** être *ou* se tenir debout **2.** se trouver **3.** se dresser • **stand still!** ne bouge pas ! **4.** se lever **5.** reposer **6.** tenir toujours **7.** demeurer valable **8.** • **as things stand...** vu l'état actuel des choses... **9.** (UK) POLIT se présenter. ■ **stand aside** *vi* s'écarter • **to stand aside in favour of sb a)** laisser la voie libre à qqn **b)** POLIT se désister en faveur de qqn. ■ **stand back** *vi* reculer. ■ **stand by** *vt insép* **1.** soutenir **2.** s'en tenir à. ❑ *vi* rester là (sans rien faire). ■ **stand down** *vi* (UK) démissionner. ■ **stand for** *vt insép* **1.** représenter, vouloir dire • **what does FAQ stand for?** que veut dire FAQ ? **2.** supporter, tolérer. ■ **stand in** *vi* • **to stand in for sb** remplacer qqn. ■ **stand out** *vi* ressortir. ■ **stand up** *vt sép fam* poser un lapin à. ❑ *vi* se lever • **stand up!** debout ! ■ **stand up for** *vt insép* défendre. ■ **stand up to** *vt insép* **1.** résister à **2.** tenir tête à.

stand-alone ['stændələun] *adj* INFORM autonome. ❑ *n* application *f* autonome.

standard ['stændəd] *adj* **1.** normal **2.** standard *(inv)* **3.** correct. ❑ *n* **1.** niveau *m* **2.** critère *m* **3.** TECHNOL norme *f* **4.** étendard *m*. ■ **standards** *npl* valeurs *fpl*.

standardization [,stændədaɪ'zeɪʃn] *n* **1.** standardisation *f* **2.** normalisation *f (de dimensions, de termes)* **3.** TECHNOL *(vérification)* étalonnage *m*.

standardize, -ise (UK) ['stændədaɪz] *vt* standardiser.

standard lamp *n* (UK) lampadaire *m*.

standard of living (*pl* **standards of living**) *n* niveau *m* de vie.

standby ['stændbaɪ] *n* (*pl* **-s**) remplaçant *m*, -e *f* • **on standby** prêt à intervenir. ❑ *en apposition* stand-by *(inv)*.

stand-in *n* remplaçant *m*, -e *f*.

standing ['stændɪŋ] *adj* **1.** permanent **2.** continuel. ❑ *n* **1.** importance *f*, réputation *f* **2.** • **of long standing** de longue date.

standing charges *n* frais *mpl* d'abonnement.

standing order *n* (UK) prélèvement *m* automatique.

standing ovation *n* • **to give sb a standing ovation** se lever pour applaudir qqn.

standing room *n (indén)* places *fpl* debout.

standoff ['stændɒf] *n* **1.** POLIT *(dans un débat)* affrontement *m* indécis **2.** *(dans une négociation)* impasse *f*.

standoffish [,stænd'ɒfɪʃ] *adj* distant.

standpoint ['stændpɔɪnt] *n* point *m* de vue.

standstill ['stændstɪl] *n* • **at a standstill a)** *(circulation, train)* à l'arrêt **b)** *(négociations, travail)* paralysé • **to come to a standstill a)** *(circulation, train)* s'immobiliser **b)** *(négociations, travail)* cesser.

stand-up *adj* **1.** *(col)* droit **2.** *(repas)* (pris) debout.

stand-up comic, stand-up comedian *n* comique *mf (qui se produit seul en scène)*.

stand-up counter, stand-up diner (US) *n* buvette *f*.

stank [stæŋk] *passé* → **stink**.

staple ['steɪpl] *adj* principal, de base. ❑ *n* **1.** agrafe *f* **2.** produit *m* de base. ❑ *vt* agrafer.

staple diet *n* nourriture *f* de base.

staple gun *n* agrafeuse *f* (professionnelle).

stapler ['steɪplər] *n* agrafeuse *f*.

star [stɑːr] *n* **1.** étoile *f* **2.** vedette *f*, star *f*. ❑ *en apposition* de star • **star performer** vedette *f*. ❑ *vi* • **to star (in)** être la vedette (de). ■ **stars** *npl* horoscope *m*.

star attraction *n* attraction *f* principale, clou *m*.

starboard ['stɑːbəd] *adj* de tribord. ❑ *n* • **to starboard** à tribord.

starch [stɑːtʃ] *n* amidon *m*.

starchy ['stɑːtʃɪ] (*comp* **starchier**, *superl* **starchiest**) *adj* féculent.

stardom ['stɑːdəm] *n (indén)* célébrité *f*.

stare [steər] *n* regard *m* fixe. ❑ *vi* • **to stare at sb/sthg** fixer qqn/qqch du regard.

starfish ['stɑːfɪʃ] (*pl inv ou* **-es**) *n* étoile *f* de mer.

starfruit ['stɑːfruːt] *n* carambole *f*.

staring ['steərɪŋ] *adj (spectateur)* curieux • **with staring eyes** aux yeux écarquillés. ❑ *adv* → **stark**.

stark [stɑːk] *adj* **1.** austère **2.** *(paysage)* désolé **3.** à l'état brut **4.** *(réalité)* dur. ❑ *adv* • **stark naked** à poil.

starlight ['stɑːlaɪt] *n* lumière *f* des étoiles.

starling ['stɑːlɪŋ] *n* étourneau *m*.

starlit ['stɑːlɪt] *adj* **1.** *(nuit)* étoilé **2.** *(campagne)* illuminé par les étoiles.

starry ['stɑːrɪ] *adj* étoilé.

starry-eyed [-'aɪd] *adj* innocent.

Stars and Stripes *n* • **the Stars and Stripes** le drapeau des États-Unis, la bannière étoilée.

> CULTURE
> ### the Stars and Stripes
> C'est l'un des nombreux noms donnés par les Américains à leur drapeau. Les cinquante étoiles (**stars**) représentent les cinquante États du pays. Les treize rayures (**stripes**) rouges et blanches symbolisent les treize premières colonies qui furent les premiers États des États-Unis. Les Américains sont très fiers de leur drapeau et beaucoup en mettent un à l'entrée de leur maison.

star sign *n* signe *m* du zodiaque.

star-studded *adj* avec de nombreuses vedettes.

start [stɑːt] *n* **1.** début *m* **2.** sursaut *m* **3.** départ *m* **4.** avance *f*. ❑ *vt* **1.** commencer • **to start doing** *ou* **to do sthg** commencer à faire qqch **2.** démarrer **3.** créer. ❑ *vi* **1.** commencer • **to start with** pour commencer, d'abord **2.** *(machine)* se mettre en marche **3.** *(voiture)* démarrer **4.** partir **5.** sursauter. ■ **start off** *vt sép* **1.** ouvrir *(des débats)*, commencer *(une réunion)* **2.** faire naître *(une rumeur)* **3.** entamer. ❑ *vi* **1.** commencer **2.** débuter **3.** partir. ■ **start out** *vi* **1.** débuter **2.** partir. ■ **start up** *vt sép* **1.** créer **2.** ouvrir **3.** mettre en marche. ❑ *vi* **1.** commencer **2.** *(machine)* se mettre en route **3.** *(voiture)* démarrer.

starter ['stɑːtəʳ] *n* **1.** (UK) hors-d'œuvre *m inv* **2.** démarreur *m* **3.** SPORT starter *m*.

starter pack *n* **1.** *informations de base nécessaires pour commencer une activité* **2.** kit *m* de base.

starting block ['stɑːtɪŋ-] *n* starting-block *m*, bloc *m* de départ.

starting point ['stɑːtɪŋ-] *n* point *m* de départ.

starting salary ['stɑːtɪŋ-] *n* salaire *m* *ou* rémunération *f* de départ.

startle ['stɑːtl] *vt* faire sursauter.

startled ['stɑːtld] *adj* **1.** *(personne)* étonné **2.** *(expression, cri, regard)* de surprise **3.** *(animal)* effarouché.

startling ['stɑːtlɪŋ] *adj* surprenant.

start-up *n (indén)* création *f* (d'entreprise) • **start-up costs** frais *mpl* de création d'une entreprise.

starvation [stɑː'veɪʃn] *n* faim *f*.

starve [stɑːv] *vt* affamer. ❑ *vi* **1.** être affamé • **to starve to death** mourir de faim **2.** *fam* avoir très faim.

starving ['stɑːvɪŋ] *adj* affamé.

stash [stæʃ] *fam vt* **1.** planquer, cacher **2.** ranger. ❑ *n* **1.** réserve *f* • **a stash of money** un magot **2.** planque *f*, cachette *f* **3.** *tfam* & *arg drogue* cache *f*. ■ **stash away** *vt sép fam* = **stash** *(vt)*.

state [steɪt] *n* état *m* • **to be in a state** être dans tous ses états. ❑ *en apposition* d'État. ❑ *vt* **1.** donner *(une raison)* **2.** décliner *(son identité)* **3.** • **to state that...** déclarer que... **4.** préciser. ■ **State** *n* • **the State** l'État *m* • **state police** police *f* de l'État. ■ **States** *npl* • **the States** *fam* les États-Unis *mpl*.

State Department *n* (US) ≃ ministère *m* des Affaires étrangères.

state education *n* (UK) enseignement *m* public.

> CULTURE
> ### state-funded education
> Ce terme désigne les deux systèmes d'écoles secondaires financées par l'État au Royaume-Uni. Les **comprehensive schools** (« établissements généraux »), créées en 1965 par le gouvernement travailliste, sont les plus nombreuses : elles dispensent une éducation équitable sans tenir compte des aptitudes scolaires générales. Pour les familles britanniques qui font le choix d'une éducation centrée sur des matières plus traditionnelles, les **Grammar Schools** (« écoles grammaticales ») qui existent toujours dans certaines agglomérations sont une autre possibilité. L'enfant peut y être admis à 11 ans après avoir passé un examen. 5 % des élèves intègrent ces établissements.

stately ['steɪtlɪ] *adj* majestueux.

statement ['steɪtmənt] *n* **1.** déclaration *f* **2.** DR déposition *f* **3.** relevé *m* de compte.

state of affairs *n* état *m* des choses.

state of emergency *n* état *m* d'urgence.

state of mind *(pl* **states of mind***)* *n* humeur *f*.

state-of-the-art *adj* **1.** tout dernier, toute dernière *f* **2.** *(technologie)* de pointe.

state-owned [-'əʊnd] *adj* national, d'État.

state pension *n* pension *f* de l'État.

state school *n* (UK) école *f* publique.

state secret *n* secret *m* d'État.

stateside ['steɪtsaɪd] (US) *adj* des États-Unis. ❑ *adv* aux États-Unis.

statesman ['steɪtsmən] *(pl* **-men***)* *n* homme *m* d'État.

state visit *n* POLIT visite *f* officielle • **he's on a state visit to Japan** il est en voyage officiel au Japon.

static ['stætɪk] *adj* statique. ❑ *n (indén)* parasites *mpl*.

static electricity *n* électricité *f* statique.

station ['steɪʃn] *n* **1.** gare *f* **2.** *(pour les cars)* gare routière **3.** RADIO station *f* **4.** MIL poste *m* **5.** *sout* rang *m*. ❑ *vt* poster.

stationary ['steɪʃnərɪ] *adj* immobile.
stationer ['steɪʃnər] *n* papetier *m*, -ère *f*.
stationery ['steɪʃnərɪ] *n* **1.** *(indén)* fournitures *fpl* de bureau **2.** papier *m* à lettres.
stationmaster ['steɪʃn,mɑːstər] *n* chef *m* de gare.
station wagon *n* **(US)** break *m*.
statistic [stə'tɪstɪk] *n* statistique *f*. ■ **statistics** *n (indén)* statistique *f*.
statistical [stə'tɪstɪkl] *adj* **1.** *(analyse)* statistique **2.** *(erreur)* de statistique.
statistically [stə'tɪstɪklɪ] *adv* statistiquement.
statue ['stætʃuː] *n* statue *f*.

CULTURE
the Statue of Liberty
La Statue de la Liberté, représentant une femme portant un flambeau symbole de l'espoir américain, se dresse sur une petite île à l'entrée du port de New York. Elle fut offerte aux États-Unis par la France en 1886 pour commémorer les révolutions américaine et française. Elle est ouverte au public.

statuesque [,stætjʊ'esk] *adj* sculptural.
stature ['stætʃər] *n* **1.** stature *f*, taille *f* **2.** envergure *f*.
status ['steɪtəs] *n (indén)* **1.** statut *m* **2.** prestige *m*.
status bar *n* INFORM barre *f* d'état.
status quo [-'kwəʊ] *n* • **the status quo** le statu quo.
status symbol *n* signe *m* extérieur de richesse.
statute ['stætjuːt] *n* loi *f*.
statutory ['stætjʊtrɪ] *adj* statutaire.
staunch [stɔntʃ] *adj* loyal. ❑ *vt* **1.** arrêter *(un flux)* **2.** étancher *(du sang)*.
staunchly ['stɔːntʃlɪ] *adv* **1.** loyalement, avec dévouement **2.** avec constance, fermement • **their house is in a staunchly Republican area** ils habitent un quartier résolument républicain.
stave [steɪv] ■ **stave off** *(prét & pp* **staved** *ou* **stove***) vt sép* **1.** éviter *(le danger)* **2.** tromper *(la faim, la soif)*.
stay [steɪ] *vi* **1.** rester, demeurer • **to stay at home** rester à la maison • **to stay out of sthg** ne pas se mêler de qqch **2.** passer quelques jours **3.** séjourner • **to stay in a hotel** descendre à l'hôtel. ❑ *n* séjour *m*. ■ **stay in** *vi* rester chez soi, ne pas sortir. ■ **stay on** *vi* rester (plus longtemps). ■ **stay out** *vi* ne pas rentrer. ■ **stay up** *vi* veiller • **to stay up late** se coucher tard.
staying power ['steɪɪŋ-] *n* endurance *f*.
stay-ups *npl* bas *mpl* autofixants.
STD *n* **1. (UK)** (abrév de subscriber trunk dialling) *téléphone interurbain* **2.** (abrév de sexually transmitted disease) MST *f*.
stead [sted] *n* • **to stand sb in good stead** être utile à qqn.
steadfast ['stedfɑːst] *adj* **1.** ferme, résolu **2.** loyal.
steadily ['stedɪlɪ] *adv* **1.** progressivement **2.** régulièrement **3.** sans arrêt **4.** de manière imperturbable.
steady ['stedɪ] *adj* **1.** *(rythme)* progressif **2.** *(progrès, revenu)* régulier **3.** *(mains)* ferme **4.** *(caractère)* calme **5.** imperturbable **6.** *(emploi)* stable • **to have a steady job** avoir un emploi stable **7.** *(copain, liaison)* sérieux. ❑ *vt* **1.** empêcher de bouger **2.** calmer **3.** • **to steady o.s.** se remettre d'aplomb.
steak [steɪk] *n* **1.** steak *m*, bifteck *m* **2.** darne *f (de poisson)*.
steakhouse ['steɪkhaʊs] (*pl* [-haʊzɪz]) *n* grill *m*, grill-room *m*.
steal [stiːl] (*prét* **stole**, *pp* **stolen**) *vt* voler, dérober. ❑ *vi* se glisser.
stealing ['stiːlɪŋ] *n (indén)* vol *m*.
stealth [stelθ] *n* • **by stealth** en secret, discrètement.
Stealth bomber, **Stealth plane** *n* avion *m* furtif.
stealth tax *n mesure visant à augmenter les recettes du gouvernement par un moyen détourné, afin d'éviter une hausse directe et visible des impôts qui mécontenterait les citoyens*.
stealthy ['stelθɪ] *adj* furtif.
steam [stiːm] *n (indén)* vapeur *f*. ❑ *vt* cuire à la vapeur. ❑ *vi (soupe, bouilloire)* fumer. ■ **steam up** *vt sép* embuer. ❑ *vi* se couvrir de buée.
steamboat ['stiːmbəʊt] *n* (bateau *m* à) vapeur *m*.
steam engine *n* locomotive *f* à vapeur.
steamer ['stiːmər] *n* (bateau *m* à) vapeur *m*.
steamroller ['stiːm,rəʊlər] *n* rouleau *m* compresseur.
steamroom ['stiːmruːm] *n* hammam *m*.
steamy ['stiːmɪ] *adj* **1.** embué **2.** *fam* érotique.
steel [stiːl] *n (indén)* acier *m*. ❑ *en apposition* en acier, d'acier.
steelworks ['stiːlwɜːks] (*pl inv*) *n* aciérie *f*.
steely ['stiːlɪ] (*comp* **steelier**, *superl* **steeliest**) *adj* **1.** *(couleur)* acier *(inv)* **2.** *(ferme - personne)* dur ; *(- détermination, volonté)* de fer.
steep [stiːp] *adj* **1.** *(colline, route)* raide, abrupt **2.** *(augmentation, chute)* énorme **3.** *fam* excessif.
steeple ['stiːpl] *n* clocher *m*, flèche *f*.
steeplechase ['stiːpltʃeɪs] *n* **1.** steeple-chase *m* **2.** *(athlétisme)* steeple *m*.
steer ['stɪər] *n* bœuf *m*. ❑ *vt* **1.** gouverner **2.** conduire, diriger. ❑ *vi* • **to steer clear of sb/sthg** éviter qqn/qqch.

steering ['stɪərɪŋ] *n (indén)* direction *f*.
steering wheel *n* volant *m*.
stellar ['stelər] *adj* stellaire.
stem [stem] *n* **1.** *BOT* tige *f* **2.** pied *m (d'un verre)* **3.** tuyau *m (d'une pipe)* **4.** *GRAMM* radical *m*. ❑ *vt* arrêter, endiguer. ■ **stem from** *vt insép* provenir de.
stem cell *n* cellule *f* souche.
stench [stentʃ] *n* puanteur *f*.
stencil ['stensl] *n* pochoir *m*. ❑ *vt* (**(UK)** *prét & pp* **stencilled**, *cont* **stencilling**, **(US)** *prét & pp* **stenciled**, *cont* **stenciling**) faire au pochoir.
stenographer [stə'nɒgrəfər] *n* **(US)** sténographe *mf*.
step [step] *n* **1.** pas *m* • **one step at a time** petit à petit • **in/out of step with** *fig* en accord/désaccord avec **2.** mesure *f* **3.** étape *f* **4.** marche *f (d'escalier)* **5.** barreau *m (d'une échelle)*, échelon *m*. ❑ *vi* **1.** • **to step forward** avancer • **to step off** *ou* **down from sthg** descendre de qqch **2.** • **to step on/in sthg** marcher sur/dans qqch. ■ **step aside** *vi* **1.** s'écarter **2.** démissionner. ■ **step back** *vi* **1.** *litt* reculer **2.** prendre du recul. ■ **step down** *vi* démissionner. ■ **step in** *vi* intervenir. ■ **steps** *npl* **1.** marches *fpl* **2.** **(UK)** escabeau *m*. ■ **step up** *vt sép* intensifier.
stepbrother ['step,brʌðər] *n* demi-frère *m*.
step-by-step *adv* pas à pas, petit à petit. ❑ *adj* • **a step-by-step guide to…** un guide détaillé pour…
stepdaughter ['step,dɔtər] *n* belle-fille *f*.
stepfather ['step,fɑːðər] *n* beau-père *m*.
stepladder ['step,lædər] *n* escabeau *m*.
stepmother ['step,mʌðər] *n* belle-mère *f*.
stepping-stone ['stepɪŋ-] *n* **1.** pierre *f* de gué **2.** *fig* tremplin *m*.
stepsister ['step,sɪstər] *n* demi-sœur *f*.
stepson ['stepsʌn] *n* beau-fils *m*.
stereo ['sterɪəʊ] *adj* stéréo *(inv)*. ❑ *n* (*pl* **-s**) **1.** chaîne *f* stéréo **2.** • **in stereo** en stéréo.
stereophonic [,sterɪə'fɒnɪk] *adj* stéréophonique.
stereotype ['sterɪətaɪp] *n* stéréotype *m*.
stereotyped ['sterɪəʊtaɪpt] *adj* stéréotypé.
stereotypical [,sterɪəʊ'tɪpɪkl] *adj* stéréotypé.
stereotyping ['sterɪəʊ,taɪpɪŋ] *n* • **we want to avoid sexual stereotyping** nous voulons éviter les stéréotypes sexuels.
sterile ['steraɪl] *adj* stérile.
sterilization [,sterəlaɪ'zeɪʃn] *n* stérilisation *f*.
sterilize, **-ise** **(UK)** ['sterəlaɪz] *vt* stériliser.
sterilized ['sterəlaɪzd] *adj (lait)* stérilisé.
sterling ['stɜːlɪŋ] *adj* **1.** sterling *(inv)* **2.** exceptionnel. ❑ *n (indén)* livre *f* sterling.
sterling silver *n* argent *m* fin.
stern [stɜːn] *adj* sévère. ❑ *n NAUT* arrière *m*.
sternly ['stɜːnlɪ] *adv* sévèrement.
steroid ['stɪərɔɪd] *n* stéroïde *m* • **steroid abuse** abus *m* de stéroïdes anabolisants.
stethoscope ['steθəskəʊp] *n* stéthoscope *m*.
stew [stjuː] *n* ragoût *m*. ❑ *vt* **1.** cuire en ragoût **2.** faire cuire. ❑ *vi* • **to stew over sthg** *fig* ruminer qqch.
steward ['stjʊəd] *n* **1.** steward *m* **2.** **(UK)** membre *m* du service d'ordre.
stewardess ['stjʊədɪs] *n vieilli* hôtesse *f*.
stewed [stjuːd] *adj* **1.** *CULIN* • **stewed meat** ragoût *m* • **stewed fruit** compote *f* de fruits **2.** *(thé)* trop infusé.
stick [stɪk] *n* **1.** bâton *m* • **to get the wrong end of the stick** être du mauvais côté du manche **2.** canne *f* **3.** *SPORT* crosse *f* **4.** **(UK)** *fam* • **to give sb stick** se moquer de qqn • **he really gave it some stick** il s'y est donné à fond. ❑ *vt* (*prét & pp* **stuck**) **1.** • **to stick sthg in** *ou* **into** planter qqch dans **2.** • **to stick sthg (on** *ou* **to)** coller qqch (sur) **3.** *fam* mettre. ❑ *vi (prét & pp* **stuck**) **1.** • **to stick (to)** coller (à) **2.** se coincer. ■ **stick around** *vi fam* rester dans les parages. ■ **stick at** *vt insép* persévérer dans • **to stick at a job** rester dans un emploi. ■ **stick by** *vt insép* **1.** s'en tenir à *(une déclaration)* **2.** ne pas abandonner *(une personne)* • **don't worry, I'll always stick by you** sois tranquille, je serai toujours là pour te soutenir. ■ **stick out** *vt sép* **1.** sortir *(la tête)* **2.** lever *(la main)* **3.** tirer *(la langue)* **4.** *fam* • **to stick it out** tenir le coup. ❑ *vi* **1.** dépasser **2.** *fam* se remarquer. ■ **stick to** *vt insép* **1.** suivre **2.** rester fidèle à *(ses principes)* **3.** s'en tenir à *(une décision)* **4.** tenir *(une promesse)*. ■ **stick together** *vi* **1.** rester ensemble **2.** *fig* se serrer les coudes. ■ **stick up for** *vt insép* défendre. ■ **stick with** *vt insép* **1.** s'en tenir à *(une décision, un choix)* **2.** rester avec.
sticker ['stɪkər] *n* autocollant *m*.
sticking plaster ['stɪkɪŋ-] *n* **(UK)** sparadrap *m*.
sticking point *n fig* point *m* de friction.
stick insect *n* phasme *m*.
stick-in-the-mud *n fam* réac *mf*.
stickler ['stɪklər] *n* • **to be a stickler for** être à cheval sur.
stick-on *adj* autocollant, adhésif.
stick shift *n* **(US)** levier *m* de vitesses.
stick-up *n fam* vol *m* à main armée.
sticky ['stɪkɪ] *adj* **1.** poisseux **2.** adhésif • **a sticky label** une étiquette adhésive **3.** *fam* délicat.
sticky tape *n* **(UK)** ruban *m* adhésif.
stiff [stɪf] *adj* **1.** rigide **2.** dur **3.** raide **4.** dur (à ouvrir/fermer) **5.** ankylosé • **to have a stiff back** avoir des courbatures dans le dos • **to have a stiff neck** avoir le torticolis **6.** guindé **7.** sévère. ❑ *adv fam* • **to be bored stiff** s'ennuyer à mourir • **to be frozen/scared stiff** mourir de froid/peur.

stiffen ['stɪfn] *vt* **1.** raidir **2.** empeser **3.** renforcer. ❑ *vi* **1.** se raidir **2.** s'ankyloser.
stifle ['staɪfl] *vt & vi* étouffer.
stifling ['staɪflɪŋ] *adj* étouffant.
stigma ['stɪgmə] *n* **1.** honte *f*, stigmate *m* **2.** *BOT* stigmate *m*.
stigmatize, **-ise (UK)** ['stɪgmətaɪz] *vt* stigmatiser.
stile [staɪl] *n* échalier *m*.
stiletto heel [stɪ'letəʊ-] *n* talon *m* aiguille.

still

■ **still** [stɪl] *adv*

1. INDIQUE QU'UN ÉTAT PERDURE, CONTINUE

• **he was still sleeping when I arrived** il dormait encore quand je suis arrivé • **she still lives in New York** elle habite toujours à New York

2. INTRODUIT L'IDÉE QU'IL RESTE QQCH

• **I've still got £5 left** il me reste encore 5 livres • **we still have got time** nous avons encore le temps • **there are many questions still to be answered** il reste encore beaucoup de questions sans réponses

3. EXPRIME UNE OPPOSITION

• **you may not approve of what he did, still he is your brother** tu peux très bien ne pas cautionner ce qu'il a fait, mais c'est tout de même ton frère • **even though she didn't have much time, she still offered her help** même si elle n'avait pas beaucoup de temps, elle a quand même offert son aide

4. AVEC DES COMPARATIFS, POUR MARQUER L'INTENSITÉ

• **he was angrier still after we talked** après notre discussion, il était encore plus énervé • **still more worrying is the problem of corruption** plus préoccupant encore est le problème de la corruption

■ **still** [stɪl] *adj*

1. EXPRIME L'ABSENCE DE MOUVEMENT

• **the lizard was perfectly still** le lézard était parfaitement immobile • **it's difficult to stand still** c'est difficile de rester sans bouger

2. EXPRIME L'ABSENCE DE BRUIT

• **all was still** tout était calme

3. (UK) INDIQUE L'ABSENCE DE GAZ DANS UNE BOISSON

• **I usually drink still water** je bois généralement de l'eau plate • **still drinks are getting more and more popular** les boissons non gazeuses deviennent de plus en plus populaires

■ **still** [stɪl] *n*

photo *f*

stillbirth ['stɪlbɜːθ] *n* **1.** mort *f* à la naissance **2.** enfant *m* mort-né, enfant *f* mort-née.
stillborn ['stɪlbɔn] *adj* mort-né.
still life (*pl* **-s**) *n* nature *f* morte.
stillness ['stɪlnɪs] *n* tranquillité *f*.
stilted ['stɪltɪd] *adj* emprunté, qui manque de naturel.
stilts ['stɪlts] *npl* **1.** échasses *fpl* **2.** pilotis *mpl*.
stimulant ['stɪmjʊlənt] *n* stimulant *m*.
stimulate ['stɪmjʊleɪt] *vt* stimuler.
stimulating ['stɪmjʊleɪtɪŋ] *adj* stimulant.
stimulation [ˌstɪmjʊ'leɪʃn] *n* stimulation *f*.
stimulus ['stɪmjʊləs] (*pl* **-li**) *n* **1.** stimulant *m* **2.** stimulus *m*.
sting [stɪŋ] *n* **1.** piqûre *f* **2.** dard *m* **3.** brûlure *f*. ❑ *vt* (*prét & pp* **stung**) piquer. ❑ *vi* (*prét & pp* **stung**) piquer.
stinging ['stɪŋɪŋ] *adj* **1.** *(blessure, douleur)* cuisant **2.** *(piqûre, yeux)* qui pique **3.** *(humour, critique)* cinglant, mordant.
stinging nettle ['stɪŋɪŋ-] *n* **(UK)** ortie *f*.
stingray ['stɪŋreɪ] *n* pastenague *f*.
stingy ['stɪndʒɪ] *adj fam* radin.
stink [stɪŋk] *n* puanteur *f*. ❑ *vi* (*prét* **stank** *ou* **stunk**, *pp* **stunk**) puer, empester.
stink-bomb *n* boule *f* puante.
stinking ['stɪŋkɪŋ] *fam adj* **1.** *(froid)* gros **2.** *(temps)* pourri **3.** *(endroit)* infect.
stint [stɪnt] *n* part *f* de travail. ❑ *vi* • **to stint on** lésiner sur.
stipend ['staɪpend] *n* traitement *m*, salaire *m*.
stipulate ['stɪpjʊleɪt] *vt* stipuler.
stipulation [ˌstɪpjʊ'leɪʃn] *n* **1.** stipulation *f* **2.** condition *f*.
stir [stɜːʳ] *n* sensation *f*. ❑ *vt* **1.** remuer **2.** agiter **3.** émouvoir. ❑ *vi* bouger, remuer. ■ **stir up** *vt sép* **1.** soulever **2.** provoquer **3.** susciter **4.** faire naître *(une rumeur)*.
stir-fry *vt* faire sauter à feu très vif.
stirrup ['stɪrəp] *n* étrier *m*.
stitch [stɪtʃ] *n* **1.** *COUT* point *m*, maille *f* **2.** point *m* de suture **3.** • **to have a stitch** avoir un point de côté. ❑ *vt* **1.** coudre **2.** *MÉD* suturer.
stitching ['stɪtʃɪŋ] *n (indén)* points *mpl*, piqûres *fpl*.
stoat [stəʊt] *n* hermine *f*.
stock [stɒk] *n* **1.** réserve *f* **2.** *(indén) COMM* stock *m*, réserve *f* • **in stock** en stock • **out of stock** épuisé • **to keep sthg in stock** stocker qqch **3.** *FIN* valeurs *fpl* **(US)**, actions *fpl* **(UK)** • **stocks and shares** titres *mpl* **4.** *(ancêtres)* souche *f* **5.** *CULIN* bouillon *m* **6.** cheptel *m* **7.** • **to take stock (of)** faire le point (de). ❑ *adj* classique. ❑ *vt* **1.** vendre, avoir en stock **2.** approvisionner. ■ **stock up** *vi* • **to stock up (with)** faire des provisions (de).
stockboy ['stɒkbɔɪ] *n* magasinier *m*.

stockbroker ['stɒk,brəʊkər] *n* agent *m* de change.
stock cube *n* (UK) bouillon-cube *m*.
stock exchange *n* Bourse *f*.
stockgirl ['stɒkgɜːl] *n* magasinière *f*.
stockholder ['stɒk,həʊldər] *n* (US) actionnaire *mf*.
Stockholm ['stɒkhəʊm] *n* Stockholm.
stocking ['stɒkɪŋ] *n* bas *m* *(en Nylon, en soie)*.
stockist ['stɒkɪst] *n* (UK) dépositaire *m*, stockiste *m*.
stocklist ['stɒklɪst] *n* inventaire *m*.
stock market *n* Bourse *f*.
stock phrase *n* cliché *m*.
stockpile ['stɒkpaɪl] *n* stock *m*. ❑ *vt* **1.** amasser *(des armes)* **2.** stocker *(des provisions)*.
stockpiling ['stɒkpaɪlɪŋ] *n* • **to accuse sb of stockpiling a)** accuser qqn de faire des réserves de nourriture **b)** accuser qqn de faire des réserves d'armes.
stocktaking ['stɒk,teɪkɪŋ] *n* (UK) *(indén)* inventaire *m*.
stocky ['stɒkɪ] *adj* trapu.
stodgy ['stɒdʒɪ] *adj* lourd (à digérer).
stoic ['stəʊɪk] *adj* stoïque. ❑ *n* stoïque *mf*.
stoical ['stəʊɪkl] *adj* stoïque.
stoically ['stəʊɪklɪ] *adv* stoïquement, avec stoïcisme.
stoicism ['stəʊɪsɪzm] *n* stoïcisme *m*.
stoke [stəʊk] *vt* entretenir *(un feu)*.
stole [stəʊl] *passé* → **steal**. ❑ *n* étole *f*.
stolen ['stəʊln] *pp* → **steal**. ❑ *adj (biens, voiture)* volé • **a stolen kiss** un baiser volé.
stolid ['stɒlɪd] *adj* impassible.
stomach ['stʌmək] *n* **1.** estomac *m* • **to do sthg on an empty stomach** faire qqch l'estomac vide **2.** ventre *m*. ❑ *vt* encaisser, supporter.
stomachache ['stʌməkeɪk] *n* • **to have stomachache** (UK) *ou* **a stomachache** (US) avoir mal au ventre.
stomach ulcer *n* ulcère *m* de l'estomac.
stomach upset *n* embarras *m* gastrique.
stomp [stɒmp] *vi* • **to stomp in/out** entrer/sortir d'un pas lourd.
stomping ground ['stɒmpɪŋ-] = **stamping ground**.
stone [stəʊn] *n* **1.** pierre *f* **2.** caillou *m* **3.** (UK) noyau *m (d'un fruit)* **4.** *(pl inv ou -s)* (UK) = *6,348 kg*. ❑ *en apposition* de *ou* en pierre. ❑ *vt* jeter des pierres sur.
stone-cold *adj* complètement froid *ou* glacé.
stonewall [,stəʊn'wɔːl] *vi* être évasif. ❑ *vt* bloquer, faire barrage à.
stonewashed ['stəʊnwɒʃt] *adj* délavé.
stonework ['stəʊnwɜːk] *n* maçonnerie *f*.
stonking ['stɒŋkɪŋ] *adj* (UK) *fam* super, d'enfer • **to score a stonking goal** marquer un but d'enfer.
stony ['stəʊnɪ] *(comp* **stonier**, *superl* **stoniest**) *adj* **1.** *(sol)* pierreux **2.** *(cœur, attitude)* froid.
stony-broke *adj* (UK) *fam* fauché (comme les blés), à sec.
stony-faced *adj* au visage impassible.
stood [stʊd] *passé & pp* → **stand**.
stool [stuːl] *n* tabouret *m*.
stoop [stuːp] *n* • **to walk with a stoop** marcher le dos voûté. ❑ *vi* **1.** se pencher **2.** être voûté.
stop [stɒp] *n* **1.** arrêt *m* • **to put a stop to sthg** mettre un terme à qqch **2.** *(ponctuation)* point *m*. ❑ *vt* **1.** arrêter • **to stop doing sthg** arrêter de faire qqch • **to stop work** arrêter de travailler **2.** mettre fin à **3.** • **to stop sb/sthg (from doing sthg)** empêcher qqn/qqch (de faire qqch) **4.** boucher. ❑ *vi* s'arrêter, cesser. ■ **stop off** *vi* s'arrêter. ■ **stop over** *vi* s'arrêter un jour/quelques jours. ■ **stop up** *vt sép* boucher.
stop-and-search *n* fouilles *fpl* dans la rue.
stopcock ['stɒpkɒk] *n* robinet *m* d'arrêt.
stopgap ['stɒpgæp] *n* bouche-trou *m*.
stopover ['stɒp,əʊvər] *n* halte *f*.
stoppage ['stɒpɪdʒ] *n* **1.** grève *f* **2.** (UK) FIN retenue *f*.
stopper ['stɒpər] *n* bouchon *m*.
stop press *n* nouvelles *fpl* de dernière heure.
stop sign *n* (signal *m* de) stop *m*.
stopwatch ['stɒpwɒtʃ] *n* chronomètre *m*.
storage ['stɔrɪdʒ] *n* **1.** entreposage *m*, emmagasinage *m* **2.** rangement *m* **3.** INFORM stockage *m*, mémorisation *f*.
storage heater *n* (UK) radiateur *m* à accumulation.
storage room *n* **1.** cagibi *m* **2.** débarras *m*.
storage unit *n* meuble *m* de rangement.
store [stɔr] *n* **1.** (surtout US) magasin *m* **2.** provision *f* **3.** réserve *f*. ❑ *vt* **1.** mettre en réserve **2.** entreposer, emmagasiner **3.** INFORM stocker, mémoriser. ■ **in store** *adv* • **who knows what the future holds in store?** qui sait ce que nous réserve l'avenir ? • **there's a shock in store for him** un choc l'attend. ■ **store up** *vt sép* **1.** mettre en réserve **2.** emmagasiner **3.** mettre en mémoire, noter.
storekeeper ['stɔ,kiːpər] *n* (US) commerçant *m*, -e *f*.
storeroom ['stɔrʊm] *n* magasin *m*.
storey (UK) *(pl -s)*, **story** (US) *(pl -ies)* ['stɔrɪ] *n* étage *m*.
stork [stɔk] *n* cigogne *f*.
storm [stɔm] *n* **1.** tempête *f* **2.** orage *m* **3.** *fig* torrent *m*, tempête *f*. ❑ *vt* prendre d'assaut. ❑ *vi* **1.** • **to storm in/out** entrer/sortir comme un ouragan **2.** fulminer.

stormy ['stɔmɪ] *adj litt & fig* orageux.

story ['stɔrɪ] *n* **1.** histoire *f* • **to tell sb a story** raconter une histoire à qqn **2.** *PRESSE* article *m* **3. (US) = storey.**

storybook ['stɔrɪbʊk] *adj* de conte de fées.

story line *n* intrigue *f*, scénario *m*.

storyteller ['stɔrɪ,teləʳ] *n* **1.** conteur *m*, -euse *f* **2.** *euphém* menteur *m*, -euse *f*.

storytelling ['stɔːrɪ,telɪŋ] *n* **1.** art *m* de conter • **to be good at storytelling** avoir l'art de raconter des histoires **2.** *euphém* mensonges *mpl*.

stout [staʊt] *adj* **1.** corpulent **2.** solide **3.** ferme, résolu. ❑ *n (indén)* stout *m*, bière *f* brune.

stove [stəʊv] *passé & pp* → **stave**. ❑ *n* **1.** cuisinière *f* **2.** poêle *m*.

stow [stəʊ] *vt* • **to stow sthg (away)** ranger qqch. ■ **stow away** *vi* embarquer clandestinement.

stowaway ['stəʊəweɪ] *n* passager *m* clandestin.

straddle ['strædl] *vt* **1.** enjamber **2.** s'asseoir à califourchon sur.

straggle ['strægl] *vi* **1.** *(bâtiments)* s'étendre, s'étaler **2.** *(cheveux)* être en désordre **3.** traîner, lambiner.

straggler ['strægləʳ] *n* traînard *m*, -e *f*.

straggly ['stræglɪ] (*comp* **stragglier**, *superl* **straggliest**) *adj (cheveux)* en désordre.

straight [streɪt] *adj* **1.** *(ligne)* droit **2.** *(cheveux)* raide **3.** franc, honnête • **to be straight with sb** être franc avec qqn **4.** en ordre **5.** • **to get sthg straight** comprendre qqch **6.** simple **7.** *fam* hétéro *fam* **8.** *(boisson alcoolisée)* sans eau. ❑ *adv* **1.** droit **2.** tout de suite **3.** franchement. ■ **straight off** *adv* tout de suite, sur-le-champ. ■ **straight out** *adv* sans mâcher ses mots.

straightaway [,streɪtə'weɪ] *adv* tout de suite, immédiatement.

straighten ['streɪtn] *vt* **1.** arranger **2.** mettre de l'ordre dans **3.** redresser. ■ **straighten out** *vt sép* résoudre.

straight face *n* • **to keep a straight face** garder son sérieux.

straightforward [,streɪt'fɔwəd] *adj* **1.** simple **2.** honnête, franc.

straight-to-video *adj* sorti directement sur cassette vidéo.

strain [streɪn] *n* **1.** tension *f*, stress *m* **2.** foulure *f* **3.** *TECHNOL* contrainte *f*, effort *m*. ❑ *vt* **1.** plisser fort • **to strain one's ears** tendre l'oreille **2.** se froisser *(un muscle)* **3.** se fatiguer *(les yeux)* • **to strain one's back** se faire un tour de reins **4.** mettre à rude épreuve *(sa patience)* **5.** grever *(un budget)* **6.** *CULIN* passer *(de la soupe)*. ❑ *vi* • **to strain to do sthg** faire un gros effort pour faire qqch. ■ **strains** *npl* accords *mpl*, airs *mpl*.

strained [streɪnd] *adj* **1.** contracté, tendu **2.** forcé.

strainer ['streɪnəʳ] *n* passoire *f*.

strait [streɪt] *n* détroit *m*. ■ **straits** *npl* • **in dire** *ou* **desperate straits** dans une situation désespérée.

straitjacket ['streɪt,dʒækɪt] *n* camisole *f* de force.

straitlaced [,streɪt'leɪst] *adj* collet monté *(inv)*.

strand [strænd] *n* **1.** brin *m* **2.** mèche *f (de cheveux)* **3.** *fig* fil *m (conducteur)*.

stranded ['strændɪd] *adj* **1.** *(bateau)* échoué **2.** abandonné, en rade.

strange [streɪndʒ] *adj* **1.** étrange, bizarre • **it's strange that...** c'est étrange que... **2.** inconnu.

strangely ['streɪndʒlɪ] *adv* étrangement, bizarrement • **strangely (enough)** chose curieuse.

stranger ['streɪndʒəʳ] *n* **1.** inconnu *m*, -e *f* **2.** étranger *m*, -ère *f*.

strangle ['stræŋgl] *vt* **1.** étrangler **2.** *fig* étouffer.

stranglehold ['stræŋglhəʊld] *n* **1.** étranglement *m* **2.** *fig* • **stranglehold (on)** domination *f* (de).

strap [stræp] *n* **1.** sangle *f*, courroie *f* **2.** bandoulière *f* **3.** bretelle *f* **4.** bracelet *m (d'une montre)*. ❑ *vt* attacher.

strapless ['stræplɪs] *adj* sans bretelles.

strapline ['stræplaɪn] *n* **1.** signature *f*, base line *f* **2. (UK)** slogan *m*.

strapping ['stræpɪŋ] *adj* bien bâti, robuste.

Strasbourg ['stræzbɜːg] *n* Strasbourg.

strategic [strə'tiːdʒɪk] *adj* stratégique.

strategically [strə'tiːdʒɪklɪ] *adv* stratégiquement, du point de vue de la stratégie • **to be strategically placed** être placé à un endroit stratégique.

strategy ['strætɪdʒɪ] *n* stratégie *f*.

straw [strɔ] *n* paille *f* • **that's the last straw!** ça c'est le comble !

strawberry ['strɔbərɪ] *n* fraise *f*. ❑ *en apposition* **1.** aux fraises **2.** de fraises.

straw poll *n* sondage *m* d'opinion.

stray [streɪ] *adj* **1.** *(animal)* errant, perdu **2.** *(balle)* perdu **3.** *(exemple)* isolé. ❑ *vi* **1.** *(personne, animal)* errer, s'égarer **2.** *(pensées)* vagabonder, errer.

streak [striːk] *n* bande *f*, marque *f* • **streak of lightning** éclair *m*.

streaky bacon *n* **(UK)** bacon *m* assez gras.

stream [striːm] *n* **1.** ruisseau *m* **2.** flot *m*, jet *m* **3.** *fig* flot *m (de personnes, de voitures)* **4.** *fig* torrent *m (de plaintes)*. ❑ *vi* **1.** couler à flots, ruisseler **2.** *(lumière)* entrer à flots **3.** affluer • **to stream past** passer à flots. ❑ *vt INFORM* télécharger en streaming.

streamer ['striːməʳ] *n* serpentin *m*.

streaming ['striːmɪŋ] *n* **1. (UK)** *SCOL* répartition *f* en classes de niveau **2.** *INFORM* streaming *m*. ❑ *adj* **1.** *(surface, fenêtre)* ruisselant **2.** • **to have a streaming cold (UK)** attraper un gros rhume.

streamline ['stri:mlaɪn] *vt* **1.** caréner, donner un profil aérodynamique à **2.** rationaliser.
streamlined ['stri:mlaɪnd] *adj* **1.** au profil aérodynamique **2.** rationalisé.
streamlining ['stri:mlaɪnɪŋ] *n* **1.** *AUTO & AÉRON* carénage *m* **2.** *ÉCON & INDUST (dans le travail)* rationalisation *f* **3.** *(dans le personnel)* dégraissage *m*, restructuration *f*.
street [stri:t] *n* rue *f*. ❑ *adj* **(US)** *fam* dégourdi.
streetcar ['stri:tkɑ:ʳ] *n* **(US)** tramway *m*.
street-credibility *n (indén) fam* image *f* (de marque).
street lamp, **street light** *n* réverbère *m*.
street lighting *n* éclairage *m* des rues.
street map *n* plan *m*.
street plan *n* plan *m (de la ville)*.
streetsmart ['stri:tsmɑ:t] *adj fam* dégourdi.
street value *n* valeur *f* à la revente *(de drogues)*.
streetwise ['stri:twaɪz] *adj fam* futé.
strength [streŋθ] *n* **1.** force *f* • **not to have the strength to do sthg** ne pas avoir la force de faire qqch **2.** puissance *f* **3.** solidité *f*.
strengthen ['streŋθn] *vt* **1.** renforcer **2.** consolider **3.** fortifier **4.** enhardir.
strenuous ['strenjʊəs] *adj* **1.** *(exercice, activité)* fatigant, dur **2.** *(effort)* acharné.
stress [stres] *n* **1.** • **stress (on)** accent *m* (sur) **2.** stress *m*, tension *f* • **to be under a lot of stress** être très stressé **3.** *TECHNOL* • **stress (on)** contrainte *f* (sur), effort *m* (sur) **4.** *LING* accent *m*. ❑ *vt* **1.** souligner, insister sur **2.** *LING* accentuer. ❑ *vi fam* stresser. ■ **stress out** *vt fam* stresser.
stress-buster *n fam* éliminateur *m* de stress.
stressed [strest] *adj* stressé.
stressed-out *adj fam* stressé.
stressful ['stresfʊl] *adj* stressant.
stress management *n* gestion *f* du stress.
stressor ['stresəʳ] *n* **(US)** facteur *m* de stress.
stress-related *adj* dû au stress • **stress-related illnesses** maladies *fpl* dues au stress.
stretch [stretʃ] *n* **1.** étendue *f* **2.** partie *f*, section *f* **3.** période *f*. ❑ *vt* **1.** allonger *(les bras)* **2.** se dégourdir *(les jambes)* **3.** distendre *(ses muscles)* **4.** étirer **5.** surmener **6.** grever *(un budget)* **7.** • **to stretch sb** pousser qqn à la limite de ses capacités. ❑ *vi* **1.** • **to stretch over** s'étendre sur • **to stretch from… to** s'étendre de… à **2.** *(personne, animal)* s'étirer **3.** *(matériau, élastique)* se tendre. ■ **stretch out** *vt sép* tendre *(la main, le bras, la jambe)*. ❑ *vi* s'étendre. ■ **at a stretch** *adv* d'affilée, sans interruption.
stretcher ['stretʃəʳ] *n* brancard *m*, civière *f*.
stretchmarks ['stretʃmɑ:ks] *npl* vergetures *fpl*.
strew [stru:] *(prét* **strewed**, *pp* **strewn** [stru:n] *ou* **strewed**) *vt* • **to be strewn with** être jonché de.
stricken ['strɪkn] *adj* • **to be stricken by** *ou* **with panic** être pris de panique • **to be stricken by an illness** souffrir *ou* être atteint d'une maladie.
strict [strɪkt] *adj* strict.
strictly ['strɪktlɪ] *adv* **1.** strictement • **strictly speaking** à proprement parler **2.** d'une manière stricte, sévèrement.
strictness ['strɪktnɪs] *n* sévérité *f*.
stride [straɪd] *n* grand pas *m*, enjambée *f*. ❑ *vi (prét* **strode**, *pp* **stridden** ['strɪdn]) marcher à grandes enjambées.
strident ['straɪdnt] *adj* **1.** strident **2.** véhément, bruyant.
strife [straɪf] *n (indén)* conflit *m*, lutte *f*.
strike [straɪk] *n* **1.** grève *f* • **to be (out) on strike** être en grève • **to go on strike** faire grève **2.** *MIL* raid *m* **3.** découverte *f*. ❑ *vt (prét & pp* **struck**) **1.** frapper **2.** heurter **3.** venir à l'esprit de **4.** conclure **5.** frotter *(une allumette)*. ❑ *vi (prét & pp* **struck**) **1.** faire grève **2.** frapper **3.** attaquer **4.** sonner. ■ **strike down** *vt sép* terrasser. ■ **strike off** *vt sép* • **to be struck off** être radié *ou* rayé. ■ **strike out** *vt sép* rayer, barrer. ❑ *vi* se mettre en route, partir. ■ **strike up** *vt insép* commencer, engager *(une conversation)* • **to strike up a friendship (with)** se lier d'amitié (avec).
striker ['straɪkəʳ] *n* **1.** gréviste *mf* **2.** *FOOTBALL* buteur *m*.
striking ['straɪkɪŋ] *adj* **1.** frappant, saisissant **2.** d'une beauté frappante.
striking distance *n* • **to be within striking distance (of)** être à deux pas (de).
strikingly ['straɪkɪŋlɪ] *adv* remarquablement • **strikingly beautiful** d'une beauté saisissante.
string [strɪŋ] *n* **1.** *(indén)* ficelle *f* **2.** bout *m* de ficelle • **to pull strings** faire jouer le piston **3.** rang *m* • **a string of pearls** un collier de perles **4.** série *f*, suite *f* **5.** corde *f (d'un instrument de musique)*. ■ **string along** *(prét & pp* **strung along**) *vt sép fam* faire marcher, tromper. ■ **string out** *(prét & pp* **strung out**) *vt insép* échelonner. ■ **strings** *npl MUS* • **the strings** les cordes *fpl*. ■ **string together** *(prét & pp* **strung together**) *vt sép fig* aligner • **she can barely string two words together in French** c'est à peine si elle peut aligner deux mots en français. ■ **string up** *vt sép fam* pendre.
string bean *n* haricot *m* vert.
stringed instrument [,strɪŋd-] *n MUS* instrument *m* à cordes.
stringent ['strɪndʒənt] *adj* strict, rigoureux.
string quartet *n* quatuor *m* à cordes.
strip [strɪp] *n* **1.** bande *f* **2.** **(UK)** tenue *f* **3.** • **to tear sb off a strip** sonner les cloches à qqn. ❑ *vt* **1.** déshabiller, dévêtir **2.** enlever. ❑ *vi* se déshabiller, se dévêtir. ■ **strip off** *vi* se déshabiller, se dévêtir.
strip cartoon *n* **(UK)** bande *f* dessinée.

stripe [straɪp] *n* **1.** rayure *f* **2.** *MIL* galon *m*.
striped [straɪpt] *adj* à rayures, rayé.
strip lighting *n* éclairage *m* au néon.
stripper ['strɪpər] *n* **1.** strip-teaseuse *f*, effeuilleuse *f* **2.** décapant *m*.
strip-search *n* fouille *f* d'une personne dévêtue. ❑ *vt* • **to strip-search sb** obliger qqn à se déshabiller pour le fouiller.
striptease ['stripti:z] *n* strip-tease *m*.
stripy ['straɪpɪ] (*comp* **stripier**, *superl* **stripiest**) *adj* à rayures, rayé.
strive [straɪv] (*prét* **strove**, *pp* **striven** ['strɪvn]) *vi* • **to strive for sthg** essayer d'obtenir qqch • **to strive to do sthg** s'efforcer de faire qqch.
strode [strəud] *passé* → **stride**.
stroke [strəuk] *n* **1.** attaque *f* cérébrale **2.** coup *m (de crayon, de pinceau)* **3.** mouvement *m* des bras **4.** nage *f* **5.** coup *m* d'aviron **6.** *GOLF & TENNIS* coup *m* **7.** **(UK)** *TYPO* barre *f* oblique **8.** • **a stroke of genius** un trait de génie • **a stroke of luck** un coup de chance *ou* de veine • **at a stroke** d'un seul coup. ❑ *vt* caresser.
stroll [strəul] *n* petite promenade *f*, petit tour *m* • **to go for a stroll** faire une petite promenade. ❑ *vi* se promener, flâner.
stroller ['strəulər] *n* **(US)** poussette *f*.
strong [strɒŋ] *adj* **1.** fort **2.** solide **3.** robuste, vigoureux **4.** énergique **5.** qui a des chances de gagner.
strongbox ['strɒŋbɒks] *n* coffre-fort *m*.
stronghold ['strɒŋhəuld] *n fig* bastion *m*.
strong language *n (indén) euphém* grossièretés *fpl* • **to use strong language** dire des grossièretés.
strongly ['strɒŋlɪ] *adv* **1.** fortement **2.** solidement.
strong-minded [-'maɪndɪd] *adj* résolu.
strong room *n* chambre *f* forte.
strong-willed [-'wɪld] *adj* têtu, volontaire.
stroppy ['strɒpɪ] (*comp* **stroppier**, *superl* **stroppiest**) *adj* **(UK)** *fam* difficile.
strove [strəuv] *passé* → **strive**.
struck [strʌk] *passé & pp* → **strike**.
structural ['strʌktʃərəl] *adj* de construction.
structurally ['strʌktʃərəlɪ] *adv* du point de vue de la construction.
structure ['strʌktʃər] *n* **1.** structure *f* **2.** construction *f*.
structured query language *n INFORM* langage *m* d'interrogation structuré.
struggle ['strʌgl] *n* **1.** • **struggle (for sthg/to do sthg)** lutte *f* (pour qqch/pour faire qqch) **2.** bagarre *f*. ❑ *vi* **1.** • **to struggle (for)** lutter (pour) • **to struggle to do sthg** s'efforcer de faire qqch **2.** se débattre **3.** se battre. ■ **struggle on** *vi* • **to struggle on (with)** persévérer (dans).
strum [strʌm] *vt* **1.** *MUS* gratter de *(la guitare)* **2.** *MUS* jouer *(un air)*.
strung [strʌŋ] *passé & pp* → **string**.
strung-out *adj tfam & arg drogue* • **to be strung-out a)** *(dépendant)* être accroché, être accro **b)** *(sous emprise)* être shooté, planer.
strut [strʌt] *n CONSTR* étai *m*, support *m*. ❑ *vi* se pavaner.
stub [stʌb] *n* **1.** mégot *m* **2.** morceau *m (de crayon)* **3.** talon *m (de chèque, de billet)*. ❑ *vt* • **to stub one's toe** se cogner le doigt de pied. ■ **stub out** *vt sép* écraser.
stubble ['stʌbl] *n (indén)* **1.** chaume *m* **2.** barbe *f* de plusieurs jours.
stubborn ['stʌbən] *adj* **1.** têtu, obstiné **2.** *(tache)* qui ne veut pas partir, rebelle.
stubbornly ['stʌbənlɪ] *adv* obstinément.
stuck [stʌk] *passé & pp* → **stick**. ❑ *adj* **1.** coincé **2.** bloqué, en rade.
stuck-up *adj fam & péj* bêcheur.
stud [stʌd] *n* **1.** clou *m* décoratif **2.** clou *m* d'oreille **3.** **(UK)** *(sur des chaussures)* clou *m* **4.** **(UK)** *(sur des chaussures de sport)* crampon *m* **5.** haras *m*.
studded ['stʌdɪd] *adj* • **studded (with)** parsemé (de), constellé (de).
student ['stju:dnt] *n* étudiant *m*, -e *f*. ❑ *en apposition* **1.** estudiantin **2.** des étudiants **3.** pour étudiants.
student card *n* carte *f* d'étudiant.
student loan *n prêt bancaire pour étudiants*.
studio ['stju:dɪəu] (*pl* **-s**) *n* **1.** studio *m* **2.** atelier *m*.
studio flat (UK), **studio apartment (US)** *n* studio *m*.
studious ['stju:djəs] *adj* studieux.
studiously ['stju:djəslɪ] *adv* studieusement.
study ['stʌdɪ] *n* **1.** étude *f* **2.** bureau *m (pièce)*. ❑ *vt* **1.** étudier, faire des études de **2.** examiner, étudier.
stuff [stʌf] *n (indén)* **1.** *fam* choses *fpl* **2.** substance *f* **3.** *fam* affaires *fpl*. ❑ *vt* **1.** fourrer **2.** • **to stuff sthg (with)** remplir *ou* bourrer qqch (de) **3.** *CULIN* farcir. ■ **stuff up** *vt sép* boucher.
stuffed [stʌft] *adj* **1.** • **stuffed with** bourré de **2.** *fam* gavé **3.** *CULIN* farci **4.** en peluche • **he loves stuffed animals** il adore les peluches **5.** empaillé.
stuffed shirt *n* prétentieux *m*, -euse *f*.
stuffing ['stʌfɪŋ] *n (indén)* **1.** bourre *f*, rembourrage *m* **2.** *CULIN* farce *f*.
stuffy ['stʌfɪ] *adj* **1.** *(pièce)* mal aéré, qui manque d'air **2.** vieux jeu *(inv)*.
stumble ['stʌmbl] *vi* trébucher. ■ **stumble across**, **stumble on** *vt insép* tomber sur.
stumbling block ['stʌmblɪŋ-] *n* pierre *f* d'achoppement.

stump [stʌmp] *n* **1.** souche *f (d'un arbre)* **2.** moignon *m.* ❑ *vt* dérouter. ■ **stump up** *vt insép* **(UK)** *fam* cracher, payer.
stun [stʌn] *vt* **1.** étourdir, assommer **2.** stupéfier, renverser.
stung [stʌŋ] *passé & pp* → **sting.**
stunk [stʌŋk] *passé & pp* → **stink.**
stunned [stʌnd] *adj fig* abasourdi, stupéfait.
stunner ['stʌnəʳ] *n fam* fille *f* superbe.
stunning ['stʌnɪŋ] *adj* **1.** ravissant **2.** merveilleux **3.** stupéfiant.
stunningly ['stʌnɪŋlɪ] *adv* remarquablement, incroyablement • **stunningly beautiful** d'une beauté éblouissante.
stunt [stʌnt] *n* **1.** coup *m* **2.** CINÉ cascade *f.* ❑ *vt* retarder, arrêter.
stunted ['stʌntɪd] *adj* rabougri.
stunt man *n* cascadeur *m.*
stupefied ['stju:pɪfaɪd] *adj* stupéfait.
stupefy ['stju:pɪfaɪ] *vt* **1.** abrutir **2.** stupéfier, abasourdir.
stupendous [stju:'pendəs] *adj* extraordinaire, prodigieux.
stupid ['stju:pɪd] *adj* **1.** stupide, bête **2.** *fam* fichu.
stupidity [stju:'pɪdətɪ] *n (indén)* bêtise *f,* stupidité *f.*
stupidly ['stju:pɪdlɪ] *adv* stupidement.
stupor ['stju:pəʳ] *n* stupeur *f,* hébétude *f.*
sturdy ['stɜ:dɪ] *adj* **1.** robuste **2.** solide.
stutter ['stʌtəʳ] *vi* bégayer.
sty [staɪ] *n* porcherie *f.*
stye [staɪ] *n* orgelet *m,* compère-loriot *m.*
style [staɪl] *n* **1.** style *m* **2.** *(indén)* chic *m,* élégance *f* **3.** genre *m,* modèle *m.*
style bar *n* INFORM barre *f* de style.
stylish ['staɪlɪʃ] *adj* chic *(inv),* élégant.
stylishly ['staɪlɪʃlɪ] *adv (s'habiller)* avec chic, avec allure, élégamment.
stylist ['staɪlɪst] *n* coiffeur *m,* -euse *f.*
stylized, -ised (UK) ['staɪlaɪzd] *adj* stylisé.
stylus ['staɪləs] *(pl* **-es***) n* pointe *f* de lecture, saphir *m.*
suave [swɑ:v] *adj* doucereux.
sub [sʌb] *n fam* **1.** SPORT (abrév de substitute) remplaçant *m,* -e *f* **2.** (abrév de submarine) sous-marin *m.*
subcommittee ['sʌbkə,mɪtɪ] *n* sous-comité *m.*
subconscious [,sʌb'kɒnʃəs] *adj* inconscient. ❑ *n* • **the subconscious** l'inconscient *m.*
subconsciously [,sʌb'kɒnʃəslɪ] *adv* inconsciemment.
subcontract [,sʌbkən'trækt] *vt* sous-traiter.
subcontractor [,sʌbkən'træktəʳ] *n* sous-traitant *m.*
subculture ['sʌb,kʌltʃəʳ] *n* sous-culture *f.*
subcutaneous [,sʌbkju:'teɪnjəs] *adj* sous-cutané.
subdivide [,sʌbdɪ'vaɪd] *vt* subdiviser.
subdue [səb'dju:] *vt* **1.** soumettre, subjuguer **2.** maîtriser, réprimer.
subdued [səb'dju:d] *adj* **1.** abattu **2.** *(émotion, colère)* contenu **3.** *(couleur)* doux, douce *f* **4.** *(lumière)* tamisé.
subedit [,sʌb'edɪt] **(UK)** *vt* corriger, préparer pour l'impression. ❑ *vi* travailler comme secrétaire de rédaction.
subeditor [,sʌb'edɪtəʳ] *n* **(UK)** secrétaire *mf* de rédaction.
subfolder ['sʌb,fəʊldəʳ] *n* INFORM sous-dossier *m.*
subheading ['sʌb,hedɪŋ] *n* sous-titre *m.*
subject *adj* ['sʌbdʒekt] soumis • **to be subject to a)** être soumis à **b)** être sujet à. ❑ *n* ['sʌbdʒekt] **1.** sujet *m* **2.** SCOL & UNIV matière *f.* ❑ *vt* [səb'dʒekt] **1.** soumettre, assujettir **2.** • **to subject sb to sthg** exposer *ou* soumettre qqn à qqch. ■ **subject to** *prép* ['sʌbdʒekt] sous réserve de.
subjective [səb'dʒektɪv] *adj* subjectif.
subjectively [səb'dʒektɪvlɪ] *adv* subjectivement.
subject matter *n (indén)* sujet *m.*
subjunctive [səb'dʒʌŋktɪv] *n* • **subjunctive (mood)** (mode *m*) subjonctif *m.*
sublet [,sʌb'let] *(prét & pp* **sublet***) vt* sous-louer.
sublime [sə'blaɪm] *adj* sublime.
subliminal [,sʌb'lɪmɪnl] *adj* subliminal.
submachine gun [,sʌbmə'ʃi:n-] *n* mitraillette *f.*
submarine [,sʌbmə'ri:n] *n* sous-marin *m.*
submerge [səb'mɜ:dʒ] *vt* immerger, plonger. ❑ *vi* s'immerger, plonger.
submerged [səb'mɜ:dʒd] *adj* submergé.
submission [səb'mɪʃn] *n* **1.** soumission *f* **2.** présentation *f,* soumission *f.*
submissive [səb'mɪsɪv] *adj* soumis, docile.
submit [səb'mɪt] *vt* soumettre. ❑ *vi* • **to submit (to)** se soumettre (à).
suborbital [səb'ɔbɪtl] *adj* suborbital • **suborbital spaceflight** vol suborbital.
subnormal [,sʌb'nɔml] *adj* arriéré, attardé.
subordinate *adj* [sə'bɔdɪnət] *sout* • **subordinate (to)** subordonné (à), moins important (que). ❑ *n* [sə'bɔdɪnət] subordonné *m,* -e *f.*
subordinate clause *n* proposition *f* subordonnée.
subpoena [sə'pi:nə] *n* citation *f,* assignation *f.* ❑ *vt (prét & pp* **subpoenaed***)* citer *ou* assigner à comparaître.
subprime ['sʌbpraɪm] *n* **(US)** FIN • **subprime (loan** *ou* **mortgage)** subprime *m (type de crédit immobilier à risque).*
subscribe [səb'skraɪb] *vi* **1.** s'abonner, être abonné **2.** • **to subscribe to** souscrire à.

subscriber [səb'skraɪbəʳ] *n* abonné *m*, -e *f*.
subscription [səb'skrɪpʃn] *n* **1.** abonnement *m* **2.** **(UK)** souscription *f* **3.** **(UK)** cotisation *f*.
subsection ['sʌb,sekʃn] *n* subdivision *f*, paragraphe *m*.
subsequent ['sʌbsɪkwənt] *adj* ultérieur, suivant.
subsequently ['sʌbsɪkwəntlɪ] *adv* par la suite, plus tard.
subservient [səb'sɜːvjənt] *adj* servile, obséquieux.
subside [səb'saɪd] *vi* **1.** se calmer, s'atténuer **2.** diminuer **3.** *(bâtiment)* s'affaisser **4.** *(fondations)* se tasser.
subsidence [səb'saɪdns *ou* 'sʌbsɪdns] *n* **1.** affaissement *m* **2.** tassement *m*.
subsidiary [səb'sɪdjərɪ] *adj* subsidiaire. ❑ *n* • **subsidiary (company)** filiale *f*.
subsidize, **-ise** **(UK)** ['sʌbsɪdaɪz] *vt* subventionner.
subsidy ['sʌbsɪdɪ] *n* subvention *f*, subside *m*.
subsist [səb'sɪst] *vi* • **to subsist (on)** vivre (de).
subsistence [səb'sɪstəns] *n* subsistance *f*, existence *f*.
subsistence farming *n* agriculture *f* d'autoconsommation.
substance ['sʌbstəns] *n* **1.** substance *f* **2.** importance *f*.
substance abuse *n* *sout* abus *m* de stupéfiants.
substandard [,sʌb'stændəd] *adj* de qualité inférieure.
substantial [səb'stænʃl] *adj* **1.** considérable, important **2.** substantiel **3.** solide.
substantially [səb'stænʃəlɪ] *adv* **1.** considérablement **2.** en grande partie.
substantiate [səb'stænʃɪeɪt] *vt* *sout* prouver, établir.
substitute ['sʌbstɪtjuːt] *n* remplaçant *m*, -e *f*. ❑ *vt* substituer.
substitute teacher *n* **(US)** suppléant *m*, -e *f*.
subterranean [,sʌbtə'reɪnjən] *adj* souterrain.
subtext ['sʌb,tekst] *n* message *m* sous-jacent *(de livre, de film)*.
subtitle ['sʌb,taɪtl] *n* sous-titre *m*.
subtitled ['sʌb,taɪtld] *adj* sous-titré, avec sous-titrage.
subtle ['sʌtl] *adj* *(différence)* subtil.
subtlety ['sʌtltɪ] *n* subtilité *f*.
subtly ['sʌtlɪ] *adv* subtilement.
subtotal ['sʌb,təʊtl] *n* total *m* partiel.
subtract [səb'trækt] *vt* • **to subtract sthg (from)** soustraire qqch (de).
subtraction [səb'trækʃn] *n* soustraction *f*.
subtropical [,sʌb'trɒpɪkl] *adj* subtropical.
suburb ['sʌbɜːb] *n* faubourg *m*. ■ **suburbs** *npl* • **the suburbs** la banlieue.
suburban [sə'bɜːbn] *adj* de banlieue.
suburbia [sə'bɜːbɪə] *n* *(indén)* la banlieue.
sub-variant [səb'veərɪənt] *n* *MÉD* sous-variant *m*.
subversion [səb'vɜːʃn] *n* subversion *f*.
subversive [səb'vɜːsɪv] *adj* subversif. ❑ *n* personne *f* qui agit de façon subversive.
subvert [səb'vɜːt] *vt* subvertir, renverser.
subway ['sʌbweɪ] *n* **1.** **(UK)** passage *m* souterrain **2.** **(US)** métro *m* • **to take the subway** prendre le métro.
sub-zero *adj* au-dessous de zéro.
succeed [sək'siːd] *vt* succéder à. ❑ *vi* réussir • **to succeed in doing sthg** réussir à faire qqch.
succeeding [sək'siːdɪŋ] *adj* *sout* **1.** à venir **2.** suivant.
success [sək'ses] *n* succès *m*, réussite *f*.
successful [sək'sesfʊl] *adj* **1.** couronné de succès **2.** à succès **3.** qui a du succès.
successfully [sək'sesfʊlɪ] *adv* avec succès.
succession [sək'seʃn] *n* succession *f*.
successive [sək'sesɪv] *adj* successif.
successively [sək'sesɪvlɪ] *adv* successivement, tour à tour, l'un/l'une après l'autre.
successor [sək'sesəʳ] *n* successeur *m*.
success story *n* réussite *f*.
succinct [sək'sɪŋkt] *adj* succinct.
succinctly [sək'sɪŋktlɪ] *adv* succinctement, de façon succincte.
succulent ['sʌkjʊlənt] *adj* succulent.
succumb [sə'kʌm] *vi* • **to succumb (to)** succomber (à).
such [sʌtʃ] *adj* tel, pareil • **such nonsense** de telles inepties • **do you have such a thing as a tin-opener?** est-ce que tu aurais un ouvre-boîtes par hasard ? • **such money/books as I have** le peu d'argent/de livres que j'ai • **such… that** tel… que. ❑ *adv* **1.** si, tellement • **it's such a horrible day!** quelle journée épouvantable ! • **such a lot of books** tellement de livres • **such a long time** si longtemps **2.** aussi • **such tall buildings** des immeubles aussi hauts. ❑ *pron* • **and such (like)** et autres choses de ce genre. ■ **as such** *adv* en tant que tel, telle *f*, en soi. ■ **such and such** *adj* tel et tel.

À PROPOS DE

such

Lorsqu'il a la fonction d'adjectif, ***such*** est toujours placé devant le nom. Devant les noms dénombrables au singulier, on emploie ***such a/an (such a fool*** ; ***such an awful person)*** ; devant les noms indénombrables ***(such energy*** ; ***such amazing stupidity)*** et devant les noms dénombrables au pluriel, on emploie ***such*** tout seul ***(such fools*** ; ***such expensive tastes)***.

suck [sʌk] *vt* **1.** sucer **2.** aspirer. ■ **suck up** *vi* **(UK)** *fam* • **to suck up (to sb)** faire de la lèche (à qqn).

sucker ['sʌkər] *n* **1.** ventouse *f* **2.** *fam* poire *f*, gogo *m*.
suction ['sʌkʃn] *n* succion *f*.
Sudan [suː'dɑːn] *n* Soudan *m*.
sudden ['sʌdn] *adj* soudain, brusque • **all of a sudden** tout d'un coup, soudain.
sudden death *n* SPORT *jeu pour départager les ex aequo (le premier point perdu entraîne l'élimination immédiate)*.
suddenly ['sʌdnlɪ] *adv* soudainement, tout d'un coup.
suddenness ['sʌdnnɪs] *n* soudaineté *f*.
sudoku ['suːdəʊkuː] *n* sudoku *m*.
suds [sʌdz] *npl* mousse *f* de savon.
sue [suː] *vt* • **to sue sb (for)** poursuivre qqn en justice (pour).
suede [sweɪd] *n* daim *m*.
suet ['sʊɪt] *n* graisse *f* de rognon.
suffer ['sʌfər] *vt* **1.** souffrir de **2.** subir. ❑ *vi* souffrir • **to suffer from** souffrir de.
sufferer ['sʌfrər] *n* malade *mf*.
suffering ['sʌfrɪŋ] *n* souffrance *f*.
suffice [sə'faɪs] *vi* *sout* suffire.
sufficient [sə'fɪʃnt] *adj* suffisant.
sufficiently [sə'fɪʃntlɪ] *adv* suffisamment.
suffocate ['sʌfəkeɪt] *vt & vi* suffoquer.
suffocating ['sʌfəkeɪtɪŋ] *adj* **1.** *(chaleur, pièce)* suffocant, étouffant **2.** *(fumée)* asphyxiant, suffocant **3.** *fig* étouffant.
suffocation [ˌsʌfə'keɪʃn] *n* suffocation *f*.
suffrage ['sʌfrɪdʒ] *n* suffrage *m*.
suffragette [sʌfrə'dʒet] *n* POLIT suffragette *f*.
suffuse [sə'fjuːz] *vt* baigner.
sugar ['ʃʊgər] *n* sucre *m*. ❑ *vt* sucrer.
sugar beet *n* betterave *f* à sucre.
sugar bowl *n* sucrier *m*.
sugarcane ['ʃʊgəkeɪn] *n (indén)* canne *f* à sucre.
sugar-coated [-'kəʊtɪd] *adj* dragéifié.
sugar-free *adj* sans sucre.
sugar lump *n* morceau *m* de sucre.
sugarsnap peas ['ʃʊgəsnæp-] *npl* pois *mpl* gourmands.
sugary ['ʃʊgərɪ] *adj* sucré.
suggest [sə'dʒest] *vt* **1.** proposer, suggérer **2.** insinuer.
suggestion [sə'dʒestʃn] *n* proposition *f*, suggestion *f*.
suggestion box *n* boîte *f* à suggestions.
suggestive [sə'dʒestɪv] *adj* suggestif • **to be suggestive of sthg** suggérer qqch.
suggestively [sə'dʒestɪvlɪ] *adv* de façon suggestive.
suicidal [sʊɪ'saɪdl] *adj* suicidaire.
suicide ['sʊɪsaɪd] *n* suicide *m* • **to commit suicide** se suicider.
suicide attempt *n* tentative *f* de suicide.
suit [suːt] *n* **1.** costume *m*, complet *m* **2.** *(pour femmes)* tailleur *m* **3.** *(dans un jeu de cartes)* couleur *f* **4.** procès *m*, action *f*. ❑ *vt* **1.** aller à **2.** convenir à. ❑ *vi* convenir.
suitable ['suːtəbl] *adj* qui convient, qui va.
suitably ['suːtəblɪ] *adv* convenablement.
suitcase ['suːtkeɪs] *n* valise *f* • **to pack one's suitcase** faire sa valise.
suite [swiːt] *n* **1.** *(dans un hôtel)* MUS suite *f* **2.** ensemble *m*.
suited ['suːtɪd] *adj* **1.** • **to be suited to/for** convenir à/pour, aller à/pour **2.** • **well suited** très bien assortis.
suitor ['suːtər] *n* *vieilli* soupirant *m*.
sulfur (US) = **sulphur**.
sulfuric acid (US) = **sulphuric acid**.
sulk [sʌlk] *vi* bouder.
sulky ['sʌlkɪ] *adj* boudeur.
sullen ['sʌlən] *adj* maussade.
sulphur (UK), sulfur (US) ['sʌlfər] *n* soufre *m*.
sulphuric acid [sʌl'fjʊərɪk] *n* acide *m* sulfurique.
sultana [səl'tɑːnə] *n* **(UK)** raisin *m* sec.
sultry ['sʌltrɪ] *adj* **1.** *(temps)* lourd **2.** sensuel.
sum [sʌm] *n* **1.** somme *f* **2.** calcul *m*. ■ **sum up** *vt sép* résumer. ❑ *vi* récapituler.
SUM1 SMS (abrév de someone) kelk1.
summarize, -ise (UK) ['sʌməraɪz] *vt* résumer. ❑ *vi* récapituler.
summary ['sʌmərɪ] *n* résumé *m*.
summer ['sʌmər] *n* été *m* • **in summer** en été. ❑ *en apposition* d'été • **the summer holidays (UK)** *ou* **vacation (US)** les grandes vacances *fpl*.
summer camp *n* **(US)** colonie *f* de vacances.
summerhouse ['sʌməhaʊs] (*pl* [-haʊzɪz]) *n* pavillon *m* (de jardin).
summer school *n* université *f* d'été.
summertime ['sʌmətaɪm] *n* été *m*.
summery ['sʌmərɪ] *adj* estival.
summit ['sʌmɪt] *n* sommet *m*.
summon ['sʌmən] *vt* appeler, convoquer. ■ **summon up** *vt sép* rassembler.
summons ['sʌmənz] *n* (*pl* **-es**) DR assignation *f*. ❑ *vt* DR assigner.
sumo (wrestling) ['suːməʊ-] *n* sumo *m*.
sump [sʌmp] *n* **(UK)** carter *m*.
sumptuous ['sʌmptʃʊəs] *adj* somptueux.
sumptuously ['sʌmptʃʊəslɪ] *adv* somptueusement.
sun [sʌn] *n* soleil *m* • **in the sun** au soleil.
Sun. (abrév de Sunday) dim.
sunbathe ['sʌnbeɪð] *vi* prendre un bain de soleil.
sunbathing ['sʌnbeɪðɪŋ] *n (indén)* bains *mpl* de soleil.
sunbed ['sʌnbed] *n* lit *m* à ultra-violets.

sunburn ['sʌnbɜːn] *n (indén)* coup *m* de soleil.
sunburned ['sʌnbɜːnd], **sunburnt** ['sʌnbɜːnt] *adj* brûlé par le soleil, qui a attrapé un coup de soleil.
sun cream *n* crème *f* solaire.
Sunday ['sʌndɪ] *n* dimanche *m* • **Sunday lunch** déjeuner *m* du dimanche *ou* dominical Voir aussi **Saturday**.
Sunday school *n* catéchisme *m*.
sundial ['sʌndaɪəl] *n* cadran *m* solaire.
sundown ['sʌndaʊn] *n* coucher *m* du soleil.
sundried ['sʌndraɪd] *adj* séché au soleil • **sundried tomatoes** tomates *fpl* séchées.
sundries ['sʌndrɪz] *npl sout* articles *mpl* divers, objets *mpl* divers.
sundry ['sʌndrɪ] *adj sout* divers • **all and sundry** tout le monde, n'importe qui.
sunflower ['sʌnˌflaʊəʳ] *n* tournesol *m*.
sung [sʌŋ] *pp* → **sing**.
sunglasses ['sʌnˌglɑːsɪz] *npl* lunettes *fpl* de soleil.
sunk [sʌŋk] *pp* → **sink**.
sunlight ['sʌnlaɪt] *n* lumière *f* du soleil.
sunlounger ['sʌnˌlaʊndʒəʳ] *n* **(UK)** chaise *f* longue *(où l'on s'allonge pour bronzer)*.
sunny ['sʌnɪ] *adj* **1.** ensoleillé • **it's sunny** il y a du soleil **2.** radieux.
sunrise ['sʌnraɪz] *n* lever *m* du soleil.
sunroof ['sʌnruːf] *n* toit *m* ouvrant.
sunscreen ['sʌnskriːn] *n* écran *m ou* filtre *m* solaire.
sunseeker *n touriste qui part dans un pays chaud à la recherche du soleil, notamment en hiver*.
sunset ['sʌnset] *n* coucher *m* du soleil.
sunshade ['sʌnʃeɪd] *n* parasol *m*.
sunshine ['sʌnʃaɪn] *n* lumière *f* du soleil.
sunstroke ['sʌnstrəʊk] *n (indén)* insolation *f*.
sunstruck ['sʌnstrʌk] *adj* • **to be sunstruck** avoir attrapé un coup de soleil.
suntan ['sʌntæn] *n* bronzage *m*. ❑ *en apposition* solaire.
suntanned ['sʌntænd] *adj* bronzé.
suntrap ['sʌntræp] *n* **(UK)** endroit très ensoleillé.
super ['suːpəʳ] *adj fam* génial, super *(inv)*.

> **CULTURE**
> ### the Super Bowl
> Événement sportif parmi les plus importants aux États-Unis, le **Super Bowl** est un match de football américain qui oppose les vainqueurs des deux principaux championnats professionnels, ou **conferences**. Il a lieu chaque année à la clôture de la saison, fin janvier, et sa retransmission télévisée attire des millions de spectateurs.

superannuation ['suːpəˌrænjʊ'eɪʃn] *n (indén)* pension *f* de retraite.
superb [suː'pɜːb] *adj* superbe.
superbrat ['suːpəˌbræt] *n fam* sale gosse *mf*.
superbug ['suːpəbʌg] *n germe résistant aux traitements antibiotiques*.
supercilious [ˌsuːpə'sɪlɪəs] *adj* hautain.
supercool ['suːpəkuːl] *vt* surfondre. ❑ *adj* **1.** *fam (à la mode)* super branché **2.** *(détendu)* super génial.
superficial [ˌsuːpə'fɪʃl] *adj* superficiel.
superficially [ˌsuːpə'fɪʃəlɪ] *adv* superficiellement.
superfluous [suː'pɜːflʊəs] *adj* superflu.
superhighway ['suːpəˌhaɪweɪ] *n* **1. (US)** autoroute *f* **2.** = **information highway**.
superhuman [ˌsuːpə'hjuːmən] *adj* surhumain.
superimpose [ˌsuːpərɪm'pəʊz] *vt* • **to superimpose sthg (on)** superposer qqch (à).
superintendent [ˌsuːpərɪn'tendənt] *n* **1. (UK)** ≃ commissaire *m (de police)* **2.** directeur *m*, -trice *f*.
superior [suː'pɪərɪəʳ] *adj* **1.** • **superior (to)** supérieur (à) **2.** de qualité supérieure. ❑ *n* supérieur *m*, -e *f*.
superiority [suːˌpɪərɪ'ɒrətɪ] *n* supériorité *f*.
superlative [suː'pɜːlətɪv] *adj* exceptionnel, sans pareil. ❑ *n* GRAMM superlatif *m*.
supermarket ['suːpəˌmɑːkɪt] *n* supermarché *m*.
supermodel ['suːpəmɒdl] *n* top model *m*.
supernatural [ˌsuːpə'nætʃrəl] *adj* surnaturel.
superpower ['suːpəˌpaʊəʳ] *n* superpuissance *f*.
supersede [ˌsuːpə'siːd] *vt* remplacer.
supersonic [ˌsuːpə'sɒnɪk] *adj* supersonique.
superstar ['suːpəstɑːʳ] *n* superstar *f*.
superstitious [ˌsuːpə'stɪʃəs] *adj* superstitieux.
superstore ['suːpəstɔːʳ] *n* hypermarché *m*.
supertanker ['suːpəˌtæŋkəʳ] *n* supertanker *m*, pétrolier *m* géant.
superuser ['suːpəjuːzəʳ] *n* INFORM gros utilisateur *m*.
supervise ['suːpəvaɪz] *vt* **1.** surveiller **2.** superviser.
supervision [ˌsuːpə'vɪʒn] *n* **1.** surveillance *f* **2.** supervision *f (de travail)*.
supervisor ['suːpəvaɪzəʳ] *n* surveillant *m*, -e *f*.
supper ['sʌpəʳ] *n* dîner *m*.
supple ['sʌpl] *adj* souple.
supplement *n* ['sʌplɪmənt] supplément *m*. ❑ *vt* ['sʌplɪment] compléter.
supplementary [ˌsʌplɪ'mentərɪ] *adj* supplémentaire.
supplementary benefit *n* **(UK)** *ancien nom des allocations supplémentaires accordées aux personnes ayant un faible revenu*.
supplier [sə'plaɪəʳ] *n* fournisseur *m*, -euse *f*.

supply [sə'plaɪ] *n* **1.** réserve *f*, provision *f* **2.** alimentation *f* **3.** *(indén)* ÉCON offre *f*. ❑ *vt* **1.** • **to supply sthg (to sb)** fournir qqch (à qqn) **2.** • **to supply sb (with)** approvisionner qqn (en). ■ **supplies** *npl* **1.** vivres *mpl* **2.** MIL approvisionnements *mpl* **3.** • **office supplies** fournitures *fpl* de bureau.

supply teacher *n* **(UK)** suppléant *m*, -e *f*.

support [sə'pɔt] *n* **1.** *(indén)* appui *m* **2.** *(indén)* soutien *m* **3.** *(objet)* support *m* **4.** *(indén)* assistance *f*. ❑ *vt* **1.** soutenir, supporter **2.** soutenir *(psychologiquement)* **3.** subvenir aux besoins de **4.** être partisan de **5.** appuyer *(un candidat, un parti)* **6.** SPORT être un supporter de.

supporter [sə'pɔtər] *n* **1.** partisan *m*, -e *f* **2.** SPORT supporter *m*.

support group *n* groupe *m* d'entraide.

supportive [sə'pɔ:tɪv] *adj* qui est d'un grand secours, qui soutient.

suppose [sə'pəuz] *vt* supposer. ❑ *vi* supposer • **I suppose (so)** je suppose que oui • **I suppose not** je suppose que non.

supposed [sə'pəuzd] *adj* **1.** supposé **2.** • **to be supposed to be** être censé être.

supposedly [sə'pəuzɪdlɪ] *adv* soi-disant.

supposing [sə'pəuzɪŋ] *conj* et si, à supposer que *(+ subjonctif)*.

suppress [sə'pres] *vt* **1.** réprimer *(une révolte)* **2.** interdire *(un journal, une publication)* **3.** réprimer, étouffer *(ses sentiments)*.

suppressant [sə'presənt] *n* inhibiteur *m*.

suppression [sə'preʃn] *n* **1.** répression *f (d'émotions, d'une révolte)* **2.** suppression *f (d'informations)*.

supremacy [su'preməsɪ] *n* suprématie *f*.

supreme [su'pri:m] *adj* suprême.

Supreme Court *n* • **the Supreme Court** la Cour suprême.

supremely [su'pri:mlɪ] *adv* suprêmement.

surcharge ['sɜ:tʃɑ:ʤ] *n* **1.** surcharge *f* **2.** surtaxe *f*.

sure [ʃuər] *adj* **1.** sûr • **to be sure of o.s.** être sûr de soi **2.** • **to be sure (of sthg/of doing sthg)** être sûr (de qqch/de faire qqch) • **to make sure (that)...** : **we made sure that no one was listening** nous nous sommes assurés *ou* nous avons vérifié que personne n'écoutait • **I'm sure (that)...** je suis bien certain que..., je ne doute pas que... ❑ *adv* **1.** *fam* bien sûr **2.** **(US)** vraiment. ■ **for sure** *adv* sans aucun doute, sans faute. ■ **sure enough** *adv* en effet, effectivement.

surely ['ʃuəlɪ] *adv* sûrement.

surety ['ʃuərətɪ] *n (indén)* caution *f*.

surf [sɜ:f] *n* ressac *m*. ❑ *vt* surfer • **to surf the Net** INFORM naviguer sur Internet.

surface ['sɜ:fɪs] *n* surface *f* • **on the surface** *fig* à première vue, vu de l'extérieur. ❑ *vi* **1.** remonter à la surface **2.** faire surface **3.** *(problème, rumeur)* apparaître *ou* s'étaler au grand jour.

surface area *n* surface *f*, superficie *f*.

surface mail *n* courrier *m* par voie de terre/de mer.

surface-to-air *adj* sol-air *(inv)*.

surfboard ['sɜ:fbɔd] *n* planche *f* de surf.

surfboarding ['sɜ:fbɔ:dɪŋ] *n* surf *m*.

surfeit ['sɜ:fɪt] *n sout* excès *m*.

surfer ['sɜ:fər] *n* surfeur *m*, -euse *f*.

surfing ['sɜ:fɪŋ] *n* surf *m*.

surge [sɜ:ʤ] *n* **1.** déferlement *m* **2.** ÉLECTR surtension *f* **3.** vague *f (d'émotion, d'intérêt)*, montée *f* **4.** bouffée *f (de colère)* **5.** afflux *m (de ventes)*. ❑ *vi* déferler.

surgeon ['sɜ:ʤən] *n* chirurgien *m*, -enne *f*.

surgery ['sɜ:ʤərɪ] *n* **1.** *(indén)* chirurgie *f* **2.** **(UK)** cabinet *m* de consultation.

surgical ['sɜ:ʤɪkl] *adj* chirurgical • **surgical stocking** bas *m* orthopédique.

surgical grade mask *n* masque *m* chirurgical.

surgically ['sɜ:ʤɪklɪ] *adv* par intervention chirurgicale.

surgical spirit *n* **(UK)** alcool *m* à 90°.

surly ['sɜ:lɪ] *adj* revêche, renfrogné.

surmise [sɜ:'maɪz] *vt sout* présumer.

surmount [sɜ:'maunt] *vt* surmonter.

surname ['sɜ:neɪm] *n* nom *m* de famille.

surpass [sə'pɑ:s] *vt sout* dépasser.

surplus ['sɜ:pləs] *adj* en surplus. ❑ *n* surplus *m*.

surprise [sə'praɪz] *n* surprise *f* • **what a surprise!** quelle surprise ! ❑ *vt* surprendre.

surprised [sə'praɪzd] *adj* surpris.

surprising [sə'praɪzɪŋ] *adj* surprenant.

surprisingly [sə'praɪzɪŋlɪ] *adv* étonnamment.

surreal [sə'rɪəl] *adj* surréaliste.

surrealism [sə'rɪəlɪzm] *n* surréalisme *m*.

surrender [sə'rendər] *n* reddition *f*, capitulation *f*. ❑ *vi* **1.** • **to surrender (to)** se rendre (à) **2.** *fig* • **to surrender (to)** se laisser aller (à), se livrer (à).

surreptitious [,sʌrəp'tɪʃəs] *adj* subreptice, clandestin.

surreptitiously [,sʌrəp'tɪʃəslɪ] *adv* subrepticement, furtivement, à la dérobée.

surrogate ['sʌrəgeɪt] *adj* de substitution. ❑ *n* substitut *m*.

surrogate mother *n* mère *f* porteuse.

surround [sə'raund] *vt* **1.** entourer **2.** *(police, armée)* cerner.

surrounding [sə'raundɪŋ] *adj* environnant.

surroundings [sə'raundɪŋz] *npl* environnement *m*.

surtitle ['sɜ:taɪtl] *n* surtitre *m*.

surveillance [sɜ:'veɪləns] *n* surveillance *f*.

survey *n* ['sɜ:veɪ] **1.** étude *f* **2.** sondage *m* **3.** levé *m (de terrain)* **4.** inspection *f*. ❑ *vt* [sə'veɪ] **1.** pas-

ser en revue **2.** faire une étude de, enquêter sur **3.** faire le levé *(d'un terrain)* **4.** inspecter.
surveyor [sə'veɪəʳ] *n* **1.** expert *m*, -e *f* **2.** géomètre *m*.
survival [sə'vaɪvl] *n* survie *f*.
survive [sə'vaɪv] *vt* survivre à. ❑ *vi* survivre. ■ **survive on** *vt insép* vivre de.
survivor [sə'vaɪvəʳ] *n* **1.** survivant *m*, -e *f* **2.** *fig* battant *m*, -e *f*.
susceptible [sə'septəbl] *adj* • **susceptible (to)** sensible (à).
sushi ['suːʃɪ] *n* sushi *m*.
suspect *adj* ['sʌspekt] suspect. ❑ *n* ['sʌspekt] suspect *m*, -e *f*. ❑ *vt* [sə'spekt] **1.** douter de **2.** soupçonner.
suspected [sə'spektɪd] *adj* présumé.
suspend [sə'spend] *vt* **1.** suspendre **2.** SCOL renvoyer temporairement.
suspended sentence [sə'spendɪd-] *n* condamnation *f* avec sursis.
suspender belt [sə'spendəʳ-] *n* **(UK)** porte-jarretelles *m inv*.
suspenders [sə'spendəz] *npl* **1. (UK)** jarretelles *fpl* **2. (US)** bretelles *fpl*.
suspense [sə'spens] *n* suspense *m*.
suspension [sə'spenʃn] *n* **1.** suspension *f* **2.** SCOL renvoi *m* temporaire.
suspension bridge *n* pont *m* suspendu.
suspicion [sə'spɪʃn] *n* soupçon *m*.
suspicious [sə'spɪʃəs] *adj* **1.** soupçonneux **2.** suspect, louche • **to look suspicious** avoir l'air louche.
suspiciously [sə'spɪʃəslɪ] *adv* **1.** de façon soupçonneuse, avec méfiance **2.** de façon suspecte *ou* louche.
suss [sʌs] ■ **suss out** *vt sép* **(UK)** *fam* piger, comprendre.
sustain [sə'steɪn] *vt* **1.** soutenir **2.** *sout* subir *(une attaque)* ; recevoir *(des coups)*.
sustainable [səs'teɪnəbl] *adj* viable, durable • **sustainable resources** ressources *fpl* renouvelables.
sustenance ['sʌstɪnəns] *n (indén) sout* nourriture *f*.
SUV (abrév de sport utility vehicle) *n* AUTO 4 x 4 *m*.
swab [swɒb] *n* MÉD tampon *m*.
swagger ['swægəʳ] *vi* parader.
Swahili [swɑː'hiːlɪ] *n* swahili *m*.
swallow ['swɒləʊ] *n* hirondelle *f*. ❑ *vt* **1.** avaler **2.** *fig* ravaler. ❑ *vi* avaler.
swam [swæm] *passé* → **swim**.
swamp [swɒmp] *n* marais *m*. ❑ *vt* submerger, inonder.
swan [swɒn] *n* cygne *m*.
swap [swɒp] *vt* échanger.
swarm [swɔːm] *n* essaim *m*. ❑ *vi fig* • **to be swarming (with)** grouiller (de).
swarthy ['swɔːðɪ] *adj* basané.
swastika ['swɒstɪkə] *n* croix *f* gammée.
swat [swɒt] *vt* écraser.
sway [sweɪ] *vt* influencer. ❑ *vi* se balancer.
swear [sweəʳ] *(prét* **swore**, *pp* **sworn**) *vt* jurer • **to swear to do sthg** jurer de faire qqch. ❑ *vi* jurer. ■ **swear by** *vt insép (avoir confiance)* jurer par. ■ **swear in** *vt sép* DR assermenter.
swearing ['sweərɪŋ] *n* jurons *mpl*, gros mots *mpl*.
swearing in *n* • **after the swearing in of the jury** DR après que le jury eut prêté serment.
swearword ['sweəwɜːd] *n* gros mot *m*.
sweat [swet] *n* **1.** transpiration *f*, sueur *f* **2.** sweat *m (vêtement)*. ❑ *vi* **1.** transpirer, suer **2.** *fam* se faire du mouron **3.** CULIN faire suer.
sweater ['swetəʳ] *n* pullover *m*.
sweatshirt ['swetʃɜːt] *n* sweat-shirt *m*.
sweatshop ['swetʃɒp] *n* ≃ atelier *m* clandestin.
sweaty ['swetɪ] *adj* **1.** *(personne)* (tout) en sueur **2.** *(vêtement)* trempé de sueur.
swede [swiːd] *n* **(UK)** rutabaga *m*.
Swede [swiːd] *n* Suédois *m*, -e *f*.
Sweden ['swiːdn] *n* Suède *f*.
Swedish ['swiːdɪʃ] *adj* suédois. ❑ *n* suédois *m*. ❑ *npl* • **the Swedish** les Suédois *mpl*.
sweep [swiːp] *n* **1.** grand geste *m* **2.** • **to give sthg a sweep** balayer qqch. ❑ *vt (prét & pp* **swept**) **1.** balayer **2.** parcourir des yeux. ■ **sweep away** *vt sép* emporter, entraîner. ■ **sweep up** *vt sép & vi* balayer.
sweeping ['swiːpɪŋ] *adj* **1.** radical **2.** hâtif.
sweet [swiːt] *adj* **1.** doux **2.** sucré **3.** gentil **4.** adorable, mignon. ❑ *n* **(UK) 1.** bonbon *m* **2.** dessert *m*. ❑ *interj* **(US)** *fam* génial.
sweet corn *n* maïs *m*.
sweeten ['swiːtn] *vt* sucrer.
sweetener ['swiːtnəʳ] *n* **1.** édulcorant *m* **2.** *fam* pot-de-vin *m*.
sweetheart ['swiːthɑːt] *n* **1.** chéri *m*, -e *f* **2.** petit ami, petite amie *f*.
sweetness ['swiːtnɪs] *n* **1.** douceur *f* **2.** goût *m* sucré, douceur **3.** charme *m*.
sweet pea *n* pois *m* de senteur.
sweet-smelling *adj* **1.** *(fleur)* odorant **2.** *(parfum)* sucré.
sweet-tempered *adj* doux, agréable.
sweet tooth *n* • **to have a sweet tooth** aimer les sucreries.
swell [swel] *vi (prét* **swelled**, *pp* **swollen** *ou* **swelled**) **1.** enfler **2.** se gonfler • **to swell with pride** se gonfler d'orgueil **3.** grossir, augmenter **4.** s'enfler. ❑ *vt (prét* **swelled**, *pp* **swollen** *ou* **swelled**) grossir, augmenter. ❑ *n* houle *f*. ❑ *adj* **(US)** *fam & vieilli* chouette.
swelling ['swelɪŋ] *n* enflure *f*.

sweltering ['sweltərɪŋ] *adj* étouffant.
swept [swept] *passé & pp* → **sweep**.
swerve [swɜːv] *vi* faire une embardée.
swift [swɪft] *adj* **1.** rapide **2.** prompt. ❑ *n* martinet *m*.
SWIFT (abrév de Society for Worldwide Interbank Financial Telecommunications). SWIFT.
swig [swɪg] *fam n* lampée *f*.
swill [swɪl] *n (indén)* pâtée *f (pour les porcs)*. ❑ *vt* **(UK)** laver à grande eau.
swim [swɪm] *n* • **to have a swim** nager • **to go for a swim** aller se baigner, aller nager. ❑ *vi (prét* **swam**, *pp* **swum**) **1.** nager • **can you swim?** tu sais nager ? **2.** tourner • **my head was swimming** j'avais la tête qui tournait.
SWIM *SMS* (abrév de see what I mean) tu me suis.
swimmer ['swɪmə^r] *n* nageur *m*, -euse *f*.
swimming ['swɪmɪŋ] *n* natation *f* • **to go swimming** aller nager.
swimming cap *n* bonnet *m* de bain.
swimming costume *n* **(UK)** maillot *m* de bain.
swimming pool *n* piscine *f*.
swimming trunks *npl* maillot *m ou* slip *m* de bain.
swimsuit ['swɪmsuːt] *n* maillot *m* de bain.
swimwear ['swɪmweə^r] *n (indén)* maillots *mpl* de bain.
swindle ['swɪndl] *n* escroquerie *f*. ❑ *vt* escroquer, rouler • **to swindle sb out of sthg** escroquer qqch à qqn.
swine [swaɪn] *n fam* salaud *m*.
swing [swɪŋ] *n* **1.** balançoire *f* **2.** revirement *m* **3.** changement *m*, saute *f (d'humeur)* **4.** balancement *m* • **to be in full swing** battre son plein. ❑ *vt (prét & pp* **swung**) **1.** balancer **2.** faire virer. ❑ *vi (prét & pp* **swung**) **1.** se balancer **2.** *(véhicule)* virer, tourner • **to swing round (UK)** *ou* **around (US)** se retourner **3.** changer.
swing bridge *n* pont *m* tournant.
swing door (UK), **swinging door (US)** *n* porte *f* battante.
swingeing ['swɪndʒɪŋ] *adj* **(UK)** très sévère.
swipe [swaɪp] *vt fam* faucher, piquer. ❑ *vi* • **to swipe at** donner un coup à.
swirl [swɜːl] *n* tourbillon *m*. ❑ *vi* tourbillonner, tournoyer.
swish [swɪʃ] *vt* • **the horse swished its tail** le cheval donna un coup de queue.
Swiss [swɪs] *adj* suisse. ❑ *n* Suisse *mf*. ❑ *npl* • **the Swiss** les Suisses *mpl*.
Switch® *n système de paiement non différé par carte bancaire*.
switch [swɪtʃ] *n* **1.** interrupteur *m*, commutateur *m* **2.** bouton *m* **3.** changement *m*. ❑ *vt* **1.** échanger • **to switch places with sb** échanger sa place avec qqn **2.** changer de. ■ **switch off** *vt sép* éteindre. ■ **switch on** *vt sép* allumer.
switchboard ['swɪtʃbɔd] *n TÉLÉCOM* standard *m*.
Switzerland ['swɪtsələnd] *n* Suisse *f* • **in Switzerland** en Suisse.
swivel ['swɪvl] (**(UK)** *prét & pp* **swivelled**, *cont* **swivelling**, **(US)** *prét & pp* **swiveled**, *cont* **swiveling**) *vt* faire pivoter, faire tourner. ❑ *vi* pivoter, tourner.
swivel chair *n* fauteuil *m* pivotant *ou* tournant.
swollen ['swəʊln] *pp* → **swell**. ❑ *adj* **1.** *(partie du corps)* enflé **2.** *(fleuve)* en crue.
swoop [swuːp] *n* descente *f*. ❑ *vi* **1.** *(oiseau, avion)* piquer **2.** faire une descente.
swop [swɒp] = **swap**.
sword [sɔd] *n* épée *f*.
swordfish ['sɔdfɪʃ] *(pl inv ou* **-es**) *n* espadon *m*.
swore [swɔ^r] *passé* → **swear**.
sworn [swɔn] *pp* → **swear**. ❑ *adj* sous serment.
swot [swɒt] **(UK)** *fam n péj* bûcheur *m*, -euse *f*. ❑ *vi* • **to swot (for)** bûcher (pour).
swum [swʌm] *pp* → **swim**.
swung [swʌŋ] *passé & pp* → **swing**.
sycamore ['sɪkəmɔ^r] *n* sycomore *m*.
sycophantic [ˌsɪkə'fæntɪk] *adj (personne)* flatteur, flagorneur.
syllable ['sɪləbl] *n* syllabe *f*.
syllabus ['sɪləbəs] *(pl* **-buses** *ou* **-bi**) *n SCOL & UNIV* programme *m*.
symbol ['sɪmbl] *n* symbole *m*.
symbolic [sɪm'bɒlɪk] *adj* symbolique • **to be symbolic of** être le symbole de.
symbolism ['sɪmbəlɪzm] *n* symbolisme *m*.
symbolize, **-ise (UK)** ['sɪmbəlaɪz] *vt* symboliser.
symmetrical [sɪ'metrɪkl] *adj* symétrique.
symmetry ['sɪmətrɪ] *n* symétrie *f*.
sympathetic [ˌsɪmpə'θetɪk] *adj* **1.** compatissant, compréhensif **2.** • **sympathetic (to)** bien disposé (à l'égard de).
sympathize, **-ise (UK)** ['sɪmpəθaɪz] *vi* compatir • **to sympathize with sb a)** plaindre qqn.
sympathizer, **-iser (UK)** ['sɪmpəθaɪzə^r] *n* sympathisant *m*, -e *f*.
sympathy ['sɪmpəθɪ] *n (indén)* **1.** • **sympathy (for)** compassion *f* (pour), sympathie *f* (pour) **2.** approbation *f*. ■ **sympathies** *npl* condoléances *fpl*.
symphony ['simfənɪ] *n* symphonie *f*.
symposium [sɪm'pəʊzjəm] *(pl* **-siums** *ou* **-sia**) *n* symposium *m*.
symptom ['sɪmptəm] *n* symptôme *m*.
synagogue ['sɪnəgɒg] *n* synagogue *f*.
synchronize, **-ise (UK)** ['sɪŋkrənaɪz] *vt* synchroniser. ❑ *vi* être synchronisés.

syndicate *n* ['sɪndɪkət] syndicat *m*, consortium *m*.

syndrome ['sɪndrəʊm] *n* syndrome *m*.

synonym ['sɪnənɪm] *n* • **synonym (for** *ou* **of)** synonyme *m* (de).

synonymous [sɪ'nɒnɪməs] *adj* • **synonymous (with)** synonyme (de).

synopsis [sɪ'nɒpsɪs] (*pl* **-ses**) *n* **1.** résumé *m* **2.** synopsis *m*.

syntax ['sɪntæks] *n* syntaxe *f*.

synthesis ['sɪnθəsɪs] (*pl* **-ses**) *n* synthèse *f*.

synthetic [sɪn'θetɪk] *adj* **1.** synthétique **2.** *péj* artificiel, forcé.

syphilis ['sɪfɪlɪs] *n* syphilis *f*.

syphon ['saɪfn] = **siphon**.

Syria ['sɪrɪə] *n* Syrie *f*.

syringe [sɪ'rɪndʒ] *n* seringue *f*.

syrup ['sɪrəp] *n (indén)* **1.** sirop *m* **2.** **(UK)** mélasse *f* raffinée.

SYS *SMS* (abrév de see you soon) à bientôt.

system ['sɪstəm] *n* **1.** système *m* • **road/railway system** réseau *m* routier/de chemins de fer **2.** installation *f* **3.** appareil *m* **4.** *(indén)* système *m*, méthode *f* **5.** *INFORM* • **system requirements** matériel *m* requis.

systematic [,sɪstə'mætɪk] *adj* systématique.

systematically [,sɪstə'mætɪklɪ] *adv* systématiquement.

system disk *n INFORM* disque *m* système.

system error *n INFORM* erreur *f* système.

system failure *n INFORM* panne *f* du système.

systems analyst ['sɪstəmz-] *n* analyste fonctionnel *m*, analyste fonctionnelle *f*.

T

t [tiː] (*pl* **t's** *ou* **ts**), **T** (*pl* **T's** *ou* **Ts**) *n* t *m inv*, T *m inv*.
T2Go *SMS* (abrév de time to go) faut y aller.
T2ul *SMS* (abrév de talk to you later) @+.
T+ *SMS* (abrév de think positive) sois positif.
ta [tɑː] *interj* **(UK)** *fam* merci !
tab [tæb] *n* **1.** étiquette *f (sur des vêtements, des bagages)* **2.** languette *f* **3. (US)** addition *f* **4.** *(locution)* • **to keep tabs on sb** tenir *ou* avoir qqn à l'œil, surveiller qqn.
tabbouleh [tə'buːlɪ] *n (indén)* taboulé *m*.
tabby ['tæbɪ] *n* • **tabby (cat)** chat tigré *m*, chatte tigrée *f*.
table ['teɪbl] *n* table *f*.
tablecloth ['teɪblklɒθ] *n* nappe *f*.
table lamp *n* lampe *f*.
table manners *npl* • **to have good/bad table manners** savoir/ne pas savoir se tenir à table.
tablemat ['teɪblmæt] *n* dessous-de-plat *m inv*.
tablespoon ['teɪblspuːn] *n* **1.** cuiller *f* de service **2.** cuillerée *f* à soupe.
tablespoonful ['teɪbl,spuːnfʊl] *n* grande cuillerée *f*, cuillerée *f* à soupe.
tablet ['tæblɪt] *n* **1.** comprimé *m*, cachet *m* **2.** plaque *f* commémorative **3.** savonnette *f*, pain *m* de savon.
table tennis *n* ping-pong *m*.
tableware ['teɪblweəʳ] *n* vaisselle *f*.
table wine *n* vin *m* de table.
tabloid ['tæblɔɪd] *n* • **tabloid (newspaper)** tabloïd *m*, tabloïde *m* • **the tabloid press** la presse populaire.
taboo [tə'buː] *adj* tabou. ❑ *n (pl* **-s***)* tabou *m*.
tabulate ['tæbjʊleɪt] *vt* présenter sous forme de tableau.
tacit ['tæsɪt] *adj* tacite.
tacitly ['tæsɪtlɪ] *adv* tacitement.
taciturn ['tæsɪtɜːn] *adj* taciturne.
tack [tæk] *n* **1.** clou *m* **2. (US)** punaise *f*. ❑ *vt* **1.** clouer **2.** punaiser **3.** *COUT* faufiler. ■ **tack on** *vt sép fam* ajouter, rajouter.
tackle ['tækl] *n* **1.** *FOOTBALL* tacle *m* **2.** *RUGBY* plaquage *m* **3.** équipement *m*, matériel *m* **4.** *NAUT* palan *m*, appareil *m* de levage. ❑ *vt* **1.** s'attaquer à **2.** *FOOTBALL* tacler **3.** *RUGBY* plaquer.
tacky ['tækɪ] *adj* **1.** *fam (film, remarque)* d'un goût douteux **2.** *fam (bijoux)* de pacotille **3.** collant, pas encore sec, sèche *f*.
tact [tækt] *n (indén)* tact *m*, délicatesse *f*.
tactful ['tæktfʊl] *adj* **1.** plein de tact **2.** qui a du tact *ou* de la délicatesse.
tactfully ['tæktfʊlɪ] *adv* avec tact, avec délicatesse.
tactic ['tæktɪk] *n* tactique *f*. ■ **tactics** *n (indén)* *MIL* tactique *f*.
tactical ['tæktɪkl] *adj* tactique.
tactically ['tæktɪklɪ] *adv* du point de vue tactique • **to vote tactically** voter utile.
tactical voter *n POLIT personne qui fait un vote utile*.
tactical voting *n (indén)* **(UK)** vote *m* tactique.
tactile ['tæktaɪl] *adj* tactile.
tactless ['tæktlɪs] *adj* qui manque de tact *ou* de délicatesse.
tactlessly ['tæktlɪslɪ] *adv* sans tact, sans délicatesse.
tad [tæd] *n fam* • **a tad** un peu • **the coat is a tad expensive** le manteau est un chouia trop cher.
tadpole ['tædpəʊl] *n* têtard *m*.
TAFN *SMS* (abrév de that's all for now) c'est tout pour le moment.
tag [tæg] *n* **1.** marque *f (de vêtements)* **2.** étiquette *f*. ■ **tag along** *vi fam* suivre.
tail [teɪl] *n* **1.** queue *f* **2.** basque *f (d'un manteau)*, pan *m (d'une chemise)*. ❑ *vt fam* filer. ■ **tails** *n (monnaie)* pile *f*. ❑ *npl* queue-de-pie *f*, habit *m*. ■ **tail off** *vi* **1.** s'affaiblir **2.** diminuer.
tailback ['teɪlbæk] *n* **(UK)** bouchon *m*.
tailcoat [,teɪl'kəʊt] *n* habit *m*, queue-de-pie *f*.
tail end *n* fin *f*.
tailfin ['teɪlfɪn] *n NAUT* dérive *f*.
tailgate ['teɪlgeɪt] *n AUTO* hayon *m*.
taillight ['teɪllaɪt] *n* feu *m* arrière.
tailor ['teɪləʳ] *n* tailleur *m*. ❑ *vt fig* adapter.
tailor-made *adj fig* sur mesure.
tailwind ['teɪlwɪnd] *n* vent *m* arrière.

taint [teɪnt] *n* souillure *f.* ❑ *vt* souiller, entacher *(une réputation)*.

tainted ['teɪntɪd] *adj* **1.** souillé, entaché **2.** **(US)** avarié.

Taiwan [,taɪ'wɑːn] *n* Taïwan.

take [teɪk] *(prét* **took**, *pp* **taken**) *vt* **1.** prendre • **to take a bath/photo** prendre un bain/une photo • **to take an exam** passer un examen • **let's take the bus** prenons le bus • **to take a walk** se promener, faire une promenade • **to take offence** se vexer, s'offenser **2.** emmener **3.** accepter **4.** contenir **5.** supporter **6.** prendre, demander • **how long will it take?** combien de temps cela va-t-il prendre ? • **it takes two hours to get there** il faut deux heures pour y aller • **it takes patience** il faut de la patience **7.** • **what size do you take? a)** quelle taille faites-vous ? **b)** vous chaussez du combien ? **8.** • **I take it (that)...** je suppose que..., je pense que... **9.** prendre, louer. ❑ *n* CINÉ prise *f* de vues. ■ **take after** *vt insép* tenir de, ressembler à • **she takes after her grandmother** elle tient de sa grand-mère. ■ **take apart** *vt sép* démonter. ■ **take away** *vt sép* **1.** enlever • **she took the plates away** elle a enlevé les assiettes **2.** • **a chicken curry to take away** un curry de poulet à emporter **3.** retrancher, soustraire. ■ **take back** *vt sép* **1.** rendre, rapporter **2.** • **I took the jeans back to the shop** j'ai rapporté le jean au magasin **3.** reprendre **4.** retirer **5.** *(locution)* • **he took back what he said** il retiré ce qu'il a dit. ■ **take aback** *vt sép* surprendre, décontenancer • **to be taken aback** être décontenancé *ou* surpris. ■ **take down** *vt sép* **1.** démonter • **they took the tent down** ils ont démonté la tente **2.** prendre • **he took down her name and address** il a noté son nom et son adresse **3.** baisser. ■ **take in** *vt sép* **1.** rouler, tromper **2.** comprendre **3.** englober **4.** recueillir. ■ **take off** *vt sép* **1.** enlever, ôter **2.** • **to take a day off** prendre un jour de congé. ❑ *vi* **1.** décoller *(avion)* **2.** partir. ■ **take on** *vt sép* **1.** accepter, prendre **2.** embaucher **3.** s'attaquer à **4.** faire concurrence à **5.** SPORT jouer contre. ■ **take out** *vt sép* **1.** emmener, sortir avec **2.** sortir *(d'un endroit)* • **he took the gun out of the drawer** il a sorti l'arme du tiroir. ■ **take out on** *vt sép* • **to take sthg out on sb** passer qqch sur qqn • **don't take it out on me!** ne t'en prends pas à moi ! ■ **take over** *vt sép* **1.** reprendre, prendre la direction de **2.** • **to take over sb's job** remplacer qqn, prendre la suite de qqn. ❑ *vi* **1.** prendre le pouvoir **2.** prendre la relève. ■ **take to** *vt insép* **1.** éprouver de la sympathie pour **2.** prendre goût à **3.** • **to take to doing sthg** se mettre à faire qqch. ■ **take up** *vt sép* **1.** prendre *(un emploi)* • **to take up singing** se mettre au chant **2.** occuper *(de la place)*. ■ **take up on** *vt sép* • **to take sb up on an offer** accepter l'offre de qqn. ■ **take upon** *vt sép* • **to take it upon o.s. to do sthg** prendre sur soi de faire qqch • **he took it upon himself to organize the meeting** il s'est chargé d'organiser la réunion.

takeaway **(UK)** ['teɪkə,weɪ], **takeout** **(US)** ['teɪkaʊt] *n* plat *m* à emporter.

take-home pay *n* salaire *m* net *(après déductions)*.

taken ['teɪkn] *pp* → **take**.

takeoff ['teɪkɒf] *n* décollage *m*.

takeout **(US)** = **takeaway**.

takeover ['teɪk,əʊvər] *n* **1.** FIN prise *f* de contrôle, rachat *m* **2.** prise *f* de pouvoir.

takeover bid *n* offre *f* publique d'achat, OPA *f*.

takeup ['teɪkʌp] *n* souscription *f (d'actions, de parts)*.

takings ['teɪkɪŋz] *npl* COMM recette *f*.

talc [tælk], **talcum (powder)** ['tælkəm-] *n* talc *m*.

tale [teɪl] *n* **1.** histoire *f*, conte *m* **2.** récit *m*.

talent ['tælənt] *n* • **talent (for)** talent *m* (pour).

talented ['tæləntɪd] *adj* talentueux.

talent scout *n* dénicheur *m*, -euse *f* de talents.

talk [tɔk] *n* **1.** discussion *f*, conversation *f* **2.** *(indén)* bavardages *mpl*, racontars *mpl* **3.** conférence *f*, causerie *f* • **he gave a talk on environment** il a fait un exposé sur l'environnement. ❑ *vi* **1.** • **to talk (to sb)** parler (à qqn) **2.** bavarder, jaser **3.** faire un discours, parler. ❑ *vt* parler, dire. ■ **talk down to** *vt insép* parler avec condescendance à. ■ **talk into** *vt sép* • **to talk sb into doing sthg** persuader qqn de faire qqch. ■ **talk out of** *vt sép* • **to talk sb out of doing sthg** dissuader qqn de faire qqch. ■ **talk over** *vt sép* discuter de. ■ **talks** *npl* entretiens *mpl*, pourparlers *mpl*. ■ **talk up** *vt sép* vanter les mérites de, faire de la publicité pour.

talkathon ['tɔːkəθɒn] *n* **(US)** *hum (au Congrès, au Parlement, à la télévision)* débat-marathon *m*.

talkative ['tɔkətɪv] *adj* bavard, loquace.

talking point ['tɔːkɪŋ-] *n* sujet *m* de conversation *ou* discussion.

talking-to ['tɔːkɪŋ-] *n* *fam* savon *m*, réprimande *f* • **to give sb a good talking-to** passer un bon savon à qqn.

talk show *n* talk-show *m*, débat *m* télévisé.

talk time *n (indén)* crédit *m* de communication.

tall [tɔl] *adj* grand • **how tall are you?** combien mesurez-vous ? • **she's 5 feet tall** elle mesure 1,50 m.

tall order *n* • **that's a tall order** c'est demander beaucoup, cela va être difficile.

tall story *n* histoire *f* à dormir debout.

tally ['tælɪ] *n* compte *m*. ❑ *vi* correspondre, concorder.

talon ['tælən] *n* serre *f*, griffe *f*.

tambourine [,tæmbə'riːn] *n* tambourin *m*.

tame [teɪm] *adj* **1.** apprivoisé **2.** *péj* docile **3.** *péj* terne, morne. ❑ *vt* **1.** apprivoiser **2.** mater, dresser.

tamper ['tæmpəʳ] ■ **tamper with** *vt insép* **1.** trafiquer *(une machine)* **2.** altérer, falsifier *(des dossiers, des fichiers)* **3.** essayer de crocheter *(une serrure)*.

tamper-evident *adj* qui révèle toute tentative d'effraction.

tampon ['tæmpɒn] *n* tampon *m (périodique)*.

tan [tæn] *adj* brun clair *(inv)*. ❑ *n* bronzage *m*, hâle *m*. ❑ *vi* bronzer.

tang [tæŋ] *n* **1.** saveur *f* forte *ou* piquante **2.** odeur *f* forte *ou* piquante.

tangent ['tændʒənt] *n* GÉOM tangente *f* • **to go off at a tangent** *fig* changer de sujet, faire une digression.

tangerine [,tændʒə'riːn] *n* mandarine *f*.

tangible ['tændʒəbl] *adj* tangible.

Tangier [tæn'dʒɪəʳ] *n* Tanger.

tangle ['tæŋgl] *n* **1.** enchevêtrement *m*, emmêlement *m* **2.** *fig* • **to get into a tangle** s'empêtrer, s'embrouiller.

tangled ['tæŋgld] *adj* **1.** emmêlé **2.** *fig* embrouillé.

tangy ['tæŋɪ] *(comp* **tangier**, *superl* **tangiest**) *adj* piquant, fort.

tank [tæŋk] *n* **1.** réservoir *m* • **fish tank** aquarium *m* **2.** MIL tank *m*.

tanker ['tæŋkəʳ] *n* **1.** pétrolier *m* **2.** camion-citerne *m* **3.** wagon-citerne *m*.

tank top *n* débardeur *m*.

tan line *n* marque *f* de bronzage.

tanned [tænd] *adj* bronzé, hâlé.

tanning cream *n* **1.** crème *f* autobronzante **2.** crème *f* solaire.

Tannoy® ['tænɔɪ] *n* système *m* de haut-parleurs.

tantalize, **-ise (UK)** ['tæntəlaɪz] *vt* mettre au supplice.

tantalizing ['tæntəlaɪzɪŋ] *adj* **1.** très appétissant **2.** très tentant.

tantalizingly ['tæntəlaɪzɪŋlɪ] *adv* cruellement • **victory was tantalizingly close** nous étions si près de la victoire que c'en était frustrant.

tantamount ['tæntəmaʊnt] *adj* • **tantamount to** équivalent à.

tantrum ['tæntrəm] *(pl* **-s**) *n* crise *f* de colère • **to have** *ou* **throw a tantrum** faire *ou* piquer une colère.

Tanzania [,tænzə'nɪə] *n* Tanzanie *f*.

tap [tæp] *n* **1. (UK)** robinet *m* **2.** petite tape *f*, petit coup *m*. ❑ *vt* **1.** tapoter, taper **2.** exploiter, utiliser **3.** mettre sur écoute.

tapafication (US) [tæpæfɪkeɪʃn] *n tendance à servir les plats en de nombreuses petites portions*.

tap dance *n (indén)* claquettes *fpl*.

tap dancer *n* danseur *m*, -euse *f* de claquettes.

tape [teɪp] *n* **1.** bande *f* magnétique **2.** cassette *f* **3.** ruban *m*. ❑ *vt* **1.** enregistrer **2.** enregistrer au magnétoscope **3.** scotcher.

tape measure *n* centimètre *m*, mètre *m*.

taper ['teɪpəʳ] *vi* **1.** s'effiler **2.** *(pantalon)* se terminer en fuseau. ■ **taper off** *vi* diminuer.

tape recorder *n* magnétophone *m*.

tapered ['teɪpəd] *adj* **1.** *(doigts)* effilé, fuselé **2.** *(pantalon)* en fuseau.

tapestry ['tæpɪstrɪ] *n* tapisserie *f*.

tapeworm ['teɪpwɜːm] *n* ténia *m*.

tap water *n* eau *f* du robinet.

tar [tɑːʳ] *n (indén)* goudron *m*.

tarantula [tə'ræntjʊlə] *n* tarentule *f*.

tardy ['tɑːdɪ] *n* **(US)** SCOL élève *mf* retardataire.

target ['tɑːgɪt] *n* **1.** objectif *m* **2.** cible *f*. ❑ *vt* **1.** viser **2.** *fig (police)* s'adresser à, viser **3.** *fig (publicité)* cibler.

target audience *n* audience *f* cible.

targeted ['tɑːgɪtɪd] *adj* ciblé.

target market *n* marché *m* cible.

tariff ['tærɪf] *n* **1.** tarif *m* douanier **2.** tableau *m ou* liste *f* des prix.

Tarmac® ['tɑːmæk] *n* macadam *m*. ■ **tarmac** *n* • **the tarmac** AÉRON la piste.

tarnish ['tɑːnɪʃ] *vt litt* & *fig* ternir.

tarnished ['tɑːnɪʃt] *adj litt* & *fig* terni.

tarot card *n* tarot *m*.

tarpaulin [tɑː'pɔlɪn] *n* **1.** toile *f* goudronnée **2.** bâche *f*.

tart [tɑːt] *adj* **1.** acide **2.** *fig* acide, acerbe. ❑ *n* **1.** CULIN tarte *f* **2.** *tfam* pute *f*. ■ **tart up** *vt sép* **(UK)** *fam* & *péj* retaper, rénover *(une pièce)* • **to tart o.s. up** *fig* se faire beau.

tartan ['tɑːtn] *n* tartan *m*. ❑ *en apposition* écossais.

tartar(e) sauce ['tɑːtəʳ-] *n* sauce *f* tartare.

tase [teɪz] *vt* • **to tase sb** utiliser un taser contre qqn.

taser ['teɪzəʳ] *n* pistolet *m* à impulsion électronique, taser *m*.

task [tɑːsk] *n* tâche *f*, besogne *f*.

taskbar ['tɑːskbɑːʳ] *n* INFORM barre *f* des tâches.

task force *n* MIL corps *m* expéditionnaire.

taskmaster ['tɑːsk,mɑːstəʳ] *n* • **hard taskmaster** tyran *m*.

tassel ['tæsl] *n* pompon *m*, gland *m*.

tasselled ['tæsld] *adj* orné de glands.

taste [teɪst] *n* **1.** goût *m* • **have a taste!** goûte ! • **in good/bad taste** de bon/mauvais goût **2.** *fig* • **taste (for)** penchant *m* (pour), goût *m* (pour) **3.** *fig* aperçu *m*. ❑ *vt* **1.** sentir **2.** déguster, goûter **3.** *fig* tâter de, goûter de. ❑ *vi* • **to taste good** avoir bon goût • **to taste of/like** avoir le goût de.

taste bud *n* papille *f* gustative.
tasteful ['teɪstfʊl] *adj* de bon goût.
tastefully ['teɪstfʊlɪ] *adv* avec goût.
tasteless ['teɪstlɪs] *adj* **1.** de mauvais goût **2.** qui n'a aucun goût, fade.
tastelessly ['teɪstlɪslɪ] *adv (habillé, décoré)* sans goût.
taster ['teɪstə^r] *n* dégustateur *m*, -trice *f*.
tasty ['teɪstɪ] *adj* délicieux, succulent.
tattered ['tætəd] *adj* en lambeaux.
tatters ['tætəz] *npl* • **in tatters a)** en lambeaux **b)** *(confiance)* brisé **c)** *(réputation)* ruiné.
tattle-tale ['tætl-] **(US)** = **telltale** *(nom)*.
tattoo [tə'tu:] *n (pl* **-s***)* tatouage *m*. ❑ *vt* tatouer.
tattooist [tə'tu:ɪst] *n* tatoueur *m*.
tatty ['tætɪ] *adj* **(UK)** *fam* & *péj* **1.** défraîchi, usé **2.** miteux, minable.
taught [tɔ:t] *passé & pp* → **teach**.
taunt [tɔ:nt] *vt* railler, se moquer de. ❑ *n* raillerie *f*, moquerie *f*.
Taurus ['tɔ:rəs] *n* Taureau *m*.
taut [tɔ:t] *adj (corde, personne, muscle)* tendu.
tautological [,tɔ:tə'lɒdʒɪkl] *adj* tautologique, pléonastique.
tawdry ['tɔ:drɪ] *adj* *péj* **1.** clinquant **2.** voyant, criard.
tax [tæks] *n* taxe *f*, impôt *m*. ❑ *vt* **1.** taxer **2.** imposer **3.** mettre à l'épreuve.
taxable ['tæksəbl] *adj* imposable.
taxable income *n* revenu *m* imposable, assiette *f* fiscale *ou* de l'impôt.
tax allowance *n* **(UK)** abattement *m* fiscal.
taxation [tæk'seɪʃn] *n (indén)* **1.** imposition *f* **2.** impôts *mpl*.
tax avoidance [-ə'vɔɪdəns] *n* évasion *f* fiscale.
tax band *n* tranche *f* d'imposition.
tax benefit *n* avantage *m* fiscal.
tax bracket *n* tranche *f* d'imposition.
tax break *n* réduction *f* d'impôt.
tax collector *n* percepteur *m*.
tax cut *n* baisse *f* de l'impôt.
tax-deductible [-dɪ'dʌktəbl] *adj* déductible des impôts.
tax disc *n* **(UK)** vignette *f* automobile.
tax evasion *n* fraude *f* fiscale.
tax-exempt (US) = **tax-free**.
tax exile *n* **(UK)** *personne qui vit à l'étranger pour échapper au fisc*.
tax-free, **tax-exempt (US)** *adj* exonéré (d'impôt).
tax haven *n* paradis *m* fiscal.
taxi ['tæksɪ] *n* taxi *m*. ❑ *vi (avion)* rouler au sol.
taxi driver *n* chauffeur *m* de taxi.
tax incentive *n* incitation *f* fiscale.
taxing ['tæksɪŋ] *adj* éprouvant.
tax inspector *n* inspecteur *m* des impôts.
taxi rank (UK), **taxi stand (US)** *n* station *f* de taxis.
taxman ['tæksmæn] *(pl* **-men***)* *n* percepteur *m*.
taxpayer ['tæks,peɪə^r] *n* contribuable *mf*.
tax rebate *n* dégrèvement *m* d'impôts.
tax relief *n* dégrèvement *m* fiscal.
tax return *n* déclaration *f* d'impôts.
tax year *n* année *f* fiscale.
TB[1] *n* abrév de **tuberculosis**.
TB[2], **TXT BAC** *SMS* (abrév de text back) réponds-moi.
TDTU *SMS* (abrév de totally devoted to you) je te suis entièrement dévoué.
tea [ti:] *n* **1.** thé *m* **2. (UK)** goûter *m* **3. (UK)** dîner *m*.
teabag ['ti:bæg] *n* sachet *m* de thé.
tea break *n* **(UK)** *pause pour prendre le thé* ; ≃ pause-café *f*.
teach [ti:tʃ] *(prét & pp* **taught***)* *vt* **1.** apprendre • **to teach sb sthg, to teach sthg to sb** apprendre qqch à qqn **2.** enseigner.
teacher ['ti:tʃə^r] *n* **1.** instituteur *m*, -trice *f*, maître *m*, maîtresse *f* **2.** professeur *m* • **newly qualified** fraîchement diplômé.
teacher's pet *n* *péj* chouchou *m*, chouchoute *f*.
teachers' planning room ['ti:tʃə^rz ,plænɪŋ ru:m] *n* **(US)** *SCOL* salle *f* des professeurs.
teacher training college (UK), **teacher's college (US)** *n* ≃ institut *m* universitaire de formation des maîtres ; ≃ IUFM *m*.
teaching ['ti:tʃɪŋ] *n* enseignement *m*.
teaching aid *n* support *m* pédagogique.
teaching hospital *n* **(UK)** centre *m* hospitalo-universitaire, CHU *m*.
tea cloth *n* **(UK)** **1.** nappe *f* **2.** torchon *m*.
tea cosy, **tea cozy (US)** *n* couvre-théière *m inv*, cosy *m*.
teacup ['ti:kʌp] *n* tasse *f* à thé.
teak [ti:k] *n* teck *m*.
team [ti:m] *n* équipe *f*. ■ **team up** *vi* • **to team up (with sb)** faire équipe (avec qqn).
teammate ['ti:mmeɪt] *n* coéquipier *m*, -ère *f*.
team player *n* • **to be a (good) team player** avoir l'esprit d'équipe.
team spirit *n* esprit *m* d'équipe.
teamwork ['ti:mwɜ:k] *n (indén)* travail *m* d'équipe, collaboration *f*.
teapot ['ti:pɒt] *n* théière *f*.
tear[1] [tɪə^r] *n* larme *f* • **he was in tears** il était en larmes.
tear[2] [teə^r] *vt (prét* **tore**, *pp* **torn***)* **1.** déchirer **2.** arracher. ❑ *vi (prét* **tore**, *pp* **torn***)* **1.** se déchirer **2.** aller à toute allure. ❑ *n* déchirure *f*, accroc *m*. ■ **tear apart** *vt sép* **1.** déchirer **2.** *fig* diviser. ■ **tear down** *vt sép* démolir • **they're**

going to tear the old factory down ils vont démolir la vieille usine. ■ **tear out** *vt sép* **1.** arracher *(une page)* • **I tore the page out** j'ai arraché la page **2.** détacher *(un chèque, un coupon)*. ■ **tear up** *vt sép* déchirer • **he tore up the letter** il a déchiré la lettre. ■ **tear off** *vt sép* enlever à la hâte *(vêtements)* • **to tear sb off a strip** *fam* , **to tear a strip off sb** **(UK)** *fam* passer un savon à qqn, enguirlander qqn.

tearaway ['teərə,weɪ] *n* **(UK)** *fam* casse-cou *mf inv*.

teardrop ['tɪədrɒp] *n* larme *f*.

tear duct [tɪəʳ-] *n* canal *m* lacrymal.

tearful ['tɪəfʊl] *adj* en larmes.

tearfully ['tɪəfʊlɪ] *adv* en pleurant, les larmes aux yeux.

tear gas [tɪəʳ-] *n (indén)* gaz *m* lacrymogène.

tearjerker ['tɪə,dʒɜːkəʳ] *n hum* roman *m ou* film *m* qui fait pleurer dans les chaumières.

tearoom ['tiːrʊm] *n* salon *m* de thé.

tease [tiːz] *n* taquin *m*, -e *f*. ❑ *vt* • **to tease sb (about sthg)** taquiner qqn (à propos de qqch).

teaser campaign ['tiːzeʳ-] *n* campagne *f* teasing.

tea service, **tea set** *n* service *m* à thé.

tea shop *n* **(UK)** salon *m* de thé.

teaspoon ['tiːspuːn] *n* **1.** petite cuillère *f*, cuillère à café **2.** cuillerée *f* à café.

teaspoonful ['tiːspuːn,fʊl] *n* cuiller *f ou* cuillère *f* à café *(mesure)*.

tea strainer *n* passoire *f*.

teat [tiːt] *n* tétine *f*.

teatime ['tiːtaɪm] *n* **(UK)** l'heure *f* du thé.

tea towel *n* **(UK)** torchon *m*.

techie ['tekɪ] *n fam* technicien *m*, -enne *f*.

technical ['teknɪkl] *adj* technique.

technical college *n* **(UK)** collège *m* technique.

technical drawing *n (indén)* dessin *m* industriel.

technicality [,teknɪ'kælətɪ] *n* **1.** technicité *f* **2.** détail *m* technique.

technically ['teknɪklɪ] *adv* **1.** techniquement **2.** en théorie.

technician [tek'nɪʃn] *n* technicien *m*, -enne *f*.

technique [tek'niːk] *n* technique *f*.

techno ['teknəʊ] *n MUS* techno *f*.

technological [,teknə'lɒdʒɪkl] *adj* technologique.

technology [tek'nɒlədʒɪ] *n* technologie *f*.

technophile ['teknəʊfaɪl] *n* technophile *mf*.

technophobe ['teknəfoʊb] *n* technophobe *mf*.

teddy ['tedɪ] *n* • **teddy (bear)** ours *m* en peluche, nounours *m*.

tedious ['tiːdjəs] *adj* ennuyeux.

tedium ['tiːdjəm] *n sout* ennui *m*.

tee [tiː] *n GOLF* tee *m*. ■ **tee off** *vi GOLF* partir du tee.

teem [tiːm] *vi* **1.** pleuvoir à verse **2.** • **to be teeming with** grouiller de.

teen [tiːn] *adj* **1.** *fam (mode)* pour ados **2.** *(musique, problèmes)* d'ados.

teenage ['tiːneɪdʒ] *adj* adolescent.

teenager ['tiːn,eɪdʒəʳ] *n* adolescent *m*, -e *f*.

teens [tiːnz] *npl* adolescence *f*.

teeny (weeny) [,tiːnɪ('wiːnɪ)], **teensy (weensy)** [,tiːnzɪ('wiːnzɪ)] *adj fam* minuscule, tout petit, toute petite *f*.

tee-shirt *n* tee-shirt *m*.

teeter ['tiːtəʳ] *vi* vaciller • **to teeter on the brink of** *fig* être au bord de.

teeth [tiːθ] *npl* → **tooth**.

teethe [tiːð] *vi* percer ses dents.

teething ['tiːðɪŋ] *n* poussée *f* dentaire, dentition *f*.

teething troubles ['tiːðɪŋ-] *npl fig* difficultés *fpl* initiales.

teetotal [tiː'təʊtl] *adj* qui ne boit jamais d'alcool.

teetotaller (UK), **teetotaler (US)** [tiː'təʊtləʳ] *n* personne *f* qui ne boit jamais d'alcool.

TEFL ['tefl] (abrév de teaching of English as a foreign language) *n enseignement de l'anglais langue étrangère*.

tel. (abrév de telephone) tél.

telebanking ['telɪ,bæŋkɪŋ] *n (indén)* télébanque *f*.

telecom ['telɪkɒm] *n (indén)* **(UK)** *fam* télécommunications *fpl*.

telecommunications ['telɪkə,mjuːnɪ'keɪʃnz] *npl* télécommunications *fpl*.

telecommuting [,telɪkə'mjuːtɪŋ] *n* télétravail *m*.

telecon ['telɪkɒn] *n fam* conversation *f* téléphonique.

teleconference ['telɪ,kɒnfərəns] *n* téléconférence *f*.

telegram ['telɪgræm] *n* télégramme *m*.

telegraph ['telɪgrɑːf] *n* télégraphe *m*. ❑ *vt* télégraphier.

telegraph pole (UK), **telegraph post (UK)**, **telephone pole (US)** *n* poteau *m* télégraphique.

telemark ['telɪmɑːk] *n SPORT* télémark *m* • **telemark landing** atterrissage *m* jambes fléchies • **telemark skiing** télémark *m* • **telemark skis** skis *mpl* pour télémark.

telenovela [telenəʊvelæ] *n soap opera produit et diffusé dans les pays d'Amérique latine*.

telepathic [,telɪ'pæθɪk] *adj* télépathique.

telepathy [tɪ'lepəθɪ] *n* télépathie *f*.

telepayment ['telɪ,peɪmənt] *n* télépaiement *m*.

telephone ['telɪfəʊn] *n* téléphone *m* • **to be on the telephone a)** **(UK)** avoir le téléphone

b) être au téléphone. ❑ *vt* téléphoner à. ❑ *vi* téléphoner.
telephone banking *n FIN* banque *f* au téléphone.
telephone book *n* annuaire *m*.
telephone booth *n* cabine *f* téléphonique.
telephone box *n* **(UK)** cabine *f* téléphonique.
telephone call *n* appel *m* téléphonique.
telephone directory *n* annuaire *m*.
telephone exchange *n* central *m* téléphonique.
telephone number *n* numéro *m* de téléphone.
telephone operator *n* standardiste *mf*.
telephonist [tɪ'lefənɪst] *n* **(UK)** standardiste *mf*.
telephoto lens [ˌtelɪ'fəʊtəʊ-] *n* téléobjectif *m*.
telesales ['telɪseɪlz] *npl* vente *f* par téléphone.
telesalesperson ['telɪ'seɪlzpɜːsn] *n* télévendeur *m*, -euse *f*.
telescope ['telɪskəʊp] *n* télescope *m*.
telescopic [ˌtelɪ'skɒpɪk] *adj* télescopique.
teleshopping [ˌtelɪ'ʃɒpɪŋ] *n* téléachat *m*.
teletext ['telɪtekst] *n* télétexte *m*.
telethon ['telɪθɒn] *n* téléthon *m*.
televangelism [ˌtelɪ'vændʒəlɪzm] *n émissions télévisées d'évangélisation*.
televise ['telɪvaɪz] *vt* téléviser.
television ['telɪˌvɪʒn] *n* **1.** *(indén)* télévision *f* • **on television** à la télévision **2.** (poste *m* de) télévision *f*, téléviseur *m*.
television licence *n* **(UK)** redevance *f*.
television programme (UK), television program (US) *n* émission *f* de télévision.
television set *n* (poste *m* de) télévision *f*, téléviseur *m*.
telework ['telɪwɜːk], **teleworking** ['telɪˌwɜːkɪŋ] *n* télétravail *m*.
teleworker ['telɪwɜːkə^r] *n* télétravailleur *m*, -euse *f*.
telex ['teleks] *n* télex *m*. ❑ *vt* **1.** envoyer par télex **2.** envoyer un télex à.
tell [tel] *(prét & pp* **told***)* *vt* **1.** dire • **to tell sb sthg, to tell sthg to sb** dire qqch à qqn • **to tell sb to do sthg** dire *ou* ordonner à qqn de faire qqch **2.** raconter **3.** savoir, voir • **could you tell me the time?** tu peux me dire l'heure (qu'il est) ? ❑ *vi* **1.** parler **2.** savoir **3.** se faire sentir • **the strain is beginning to tell** la tension commence à se faire sentir. ■ **tell apart** *vt sép* distinguer. ■ **tell off** *vt sép* gronder.
telling ['telɪŋ] *adj* révélateur.
tellingly ['telɪŋlɪ] *adv* **1.** efficacement **2.** • **tellingly, he didn't invite his best friend** il n'a pas invité son meilleur ami, ce qui en dit long.
telling-off *(pl* **tellings-off***)* *n* réprimande *f*.
telltale ['telteɪl] *adj* révélateur. ❑ *n* rapporteur *m*, -euse *f*.
telly ['telɪ] (abrév de **television**) *n* **(UK)** *fam* télé *f* • **on telly** à la télé.
temp [temp] *fam n* (abrév de **temporary** (employee)) intérimaire *mf*. ❑ *vi* **(UK)** travailler comme intérimaire.
temper ['tempə^r] *n* **1.** • **to be in a temper** être en colère • **to lose one's temper** se mettre en colère **2.** humeur *f* **3.** tempérament *m*. ❑ *vt* tempérer.
temperament ['temprəmənt] *n* tempérament *m*.
temperamental [ˌtemprə'mentl] *adj* capricieux.
temperate ['temprət] *adj* tempéré.
temperature ['temprətʃə^r] *n* température *f*.
temper tantrum *n* crise *f* de colère • **to have** *ou* **to throw a temper tantrum** piquer une colère.
tempest ['tempɪst] *n littéraire* tempête *f*.
tempestuous [tem'pestjʊəs] *adj littéraire & fig* orageux.
temping ['tempɪŋ] *n* intérim *m* • **to do some temping** faire de l'intérim • **temping agency** société *f* d'intérim.
template ['templɪt] *n* gabarit *m*.
temple ['templ] *n* **1.** temple *m* **2.** tempe *f*.
temporarily [ˌtempə'rerəlɪ] *adv* temporairement, provisoirement.
temporary ['tempərərɪ] *adj* temporaire.
tempt [tempt] *vt* tenter • **to tempt sb to do sthg** donner à qqn l'envie de faire qqch.
temptation [temp'teɪʃn] *n* tentation *f*.
tempting ['temptɪŋ] *adj* tentant.
tempura [tem'puːrə] *n* tempura *m* *(beignet japonais de légumes ou de poisson)*.
ten [ten] *num* dix. Voir aussi **six**.
tenable ['tenəbl] *adj* défendable.
tenacious [tɪ'neɪʃəs] *adj* tenace.
tenaciously [tɪ'neɪʃəslɪ] *adv* avec ténacité, obstinément.
tenacity [tɪ'næsətɪ] *n (indén)* ténacité *f*.
tenancy ['tenənsɪ] *n* location *f*.
tenant ['tenənt] *n* locataire *mf*.
tend [tend] *vt* **1.** • **to tend to do sthg** avoir tendance à faire qqch **2.** s'occuper de.
tendency ['tendənsɪ] *n* • **tendency (to do sthg)** tendance *f* (à faire qqch).
tender ['tendə^r] *adj* **1.** tendre **2.** sensible, douloureux. ❑ *n COMM* soumission *f (à un appel d'offres)*.
tenderize, -ise (UK) ['tendəraɪz] *vt* attendrir.
tenderly ['tendəlɪ] *adv* tendrement.
tenderness ['tendənɪs] *(indén) n* **1.** tendresse *f (sentiment)* **2.** sensibilité *f (de la peau)*.
tendon ['tendən] *n* tendon *m*.
tenement ['tenəmənt] *n* immeuble *m*.
Tenerife [ˌtenə'riːf] *n* Tenerife.

tenet ['tenɪt] *n sout* principe *m*.
tenner ['tenəʳ] *n* **1.** **(UK)** *fam (somme)* dix livres **2.** billet *m* de dix livres.
tennis ['tenɪs] *n (indén)* tennis *m*.
tennis ball *n* balle *f* de tennis.
tennis court *n* court *m* de tennis.
tennis racket *n* raquette *f* de tennis.
tenor ['tenəʳ] *n* ténor *m*.
tenpin bowling (UK) ['tenpɪn-], **tenpins (US)** ['tenpɪnz] *n (indén)* bowling *m* (à dix quilles).
tense [tens] *adj* tendu. ❑ *n* temps *m*. ❑ *vt* tendre.
tensed up [tenst-] *adj* contracté, tendu.
tensely ['tenslɪ] *adv* **1.** *(agir, réagir)* de façon tendue • **they waited tensely for the doctor to arrive** ils ont attendu le médecin dans un état de grande tension nerveuse **2.** *(s'exprimer)* d'une voix tendue.
tension ['tenʃn] *n* tension *f*.
tent [tent] *n* tente *f*.
tentacle ['tentəkl] *n* tentacule *m*.
tentative ['tentətɪv] *adj* **1.** hésitant **2.** provisoire.
tentatively ['tentətɪvlɪ] *adv* **1.** de façon hésitante **2.** provisoirement.
tenterhooks ['tentəhʊks] *npl* • **to be on tenterhooks** être sur des charbons ardents.
tenth [tenθ] *num* dixième. Voir aussi **sixth**.
tenth grade *n* **(US)** *SCOL classe de l'enseignement secondaire correspondant à la seconde (14-15 ans)*.
tenth grader ['tenθ ˌgreɪdəʳ] *n* **(US)** *SCOL lycéen en deuxième année*.
tent peg *n* piquet *m* de tente.
tent pole *n* mât *m* de tente.
tenuous ['tenjʊəs] *adj* ténu.
tenuously ['tenjʊəslɪ] *adv* de façon ténue.
tenure ['tenjəʳ] *n (indén) sout* **1.** bail *m* **2.** • **to have tenure** être titulaire.
tepid ['tepɪd] *adj* tiède.
term [tɜːm] *n* **1.** terme *m* **2.** **(UK)** *SCOL & UNIV* trimestre *m* **3.** durée *f*, période *f* • **in the long/short term** à long/court terme. ❑ *vt* qualifier de. ■ **terms** *npl* **1.** conditions *fpl* **2.** • **in real terms** en termes réels • **to be on good terms (with sb)** être en bons termes (avec qqn) • **to come to terms with sthg** accepter qqch. ■ **in terms of** *prép* sur le plan de, en termes de • **in terms of profits, we're doing well** pour ce qui est des bénéfices, tout va bien.
terminal ['tɜːmɪnl] *adj MÉD* en phase terminale. ❑ *n* **1.** *AÉRON, INFORM & RAIL* terminal *m* **2.** *ÉLECTR* borne *f*.
terminally ['tɜːmɪnəlɪ] *adv* • **to be terminally ill** être en phase terminale.
terminate ['tɜːmɪneɪt] *vt* **1.** *sout* terminer, mettre fin à ; résilier *(un contrat)* **2.** interrompre *(une grossesse)*. ❑ *vi* **1.** *(bus, train)* s'arrêter **2.** *(contrat)* se terminer.
termination [ˌtɜːmɪ'neɪʃn] *n (indén) sout* **1.** conclusion *f* **2.** résiliation *f (de contrat)* **3.** interruption *f* (volontaire) de grossesse.
terminology [ˌtɜːmɪ'nɒlədʒɪ] *n* terminologie *f*.
terminus ['tɜːmɪnəs] *(pl* **-ni** *ou* **-nuses***) n* terminus *m*.
termly ['tɜːmlɪ] *adj* trimestriel. ❑ *adv* trimestriellement, par trimestre.
terrace ['terəs] *n* **1.** terrasse *f* **2.** **(UK)** rangée *f* de maisons. ■ **terraces** *npl* • **the terraces** *FOOTBALL* les gradins *mpl*.
terraced ['terəst] *adj* en terrasses.
terraced house *n* **(UK)** *maison attenante aux maisons voisines*.
terrain [te'reɪn] *n* terrain *m*.
terrible ['terəbl] *adj* **1.** terrible **2.** affreux, épouvantable.
terribly ['terəblɪ] *adv* **1.** terriblement **2.** affreusement mal.
terrier ['terɪəʳ] *n* terrier *m*.
terrific [tə'rɪfɪk] *adj* **1.** *fam* fantastique, formidable **2.** énorme.
terrifically [tə'rɪfɪklɪ] *adv fam* **1.** extrêmement, très **2.** merveilleusement (bien).
terrified ['terɪfaɪd] *adj* terrifié • **to be terrified of** avoir une terreur folle *ou* peur folle de.
terrify ['terɪfaɪ] *(prét & pp* **terrified***) vt* terrifier.
terrifying ['terɪfaɪɪŋ] *adj* terrifiant.
terrifyingly ['terɪfaɪɪŋlɪ] *adv* de façon terrifiante *ou* effroyable.
territorial [ˌterɪ'tɔːrɪəl] *adj* territorial.
territorial waters *npl* eaux *fpl* territoriales.
territory ['terətrɪ] *n* territoire *m*.
terror ['terəʳ] *n* terreur *f*.
terrorism ['terərɪzm] *n* terrorisme *m*.
terrorist ['terərɪst] *n* terroriste *mf* • **a terrorist attack** un attentat terroriste.
terrorize, -ise (UK) ['terəraɪz] *vt* terroriser.
terse [tɜːs] *adj* brusque.
tersely ['tɜːslɪ] *adv* avec brusquerie.
tertiary education *n* enseignement *m* supérieur.
Terylene® ['terəliːn] *n* Térylène® *m*.
test [test] *n* **1.** essai *m* **2.** épreuve *f* **3.** test *m* **4.** *SCOL* interrogation *f* écrite/orale **5.** (examen *m* du) permis *m* de conduire **6.** *MÉD* analyse *f* ; examen *m* • **a blood test** une analyse de sang. ❑ *vt* **1.** essayer **2.** mettre à l'épreuve **3.** *SCOL* faire faire une interrogation écrite/orale à **4.** *MÉD* analyser ; faire un examen de.
testament ['testəmənt] *n* testament *m*.
test case *n DR* affaire-test *f*.
test-drive *vt (prét* **test-drove**, *pp* **test-driven***)* essayer.

tester ['testər] *n* **1.** contrôleur *m*, -euse *f* **2.** échantillon *m*.

test flight *n* vol *m* d'essai.

testicles ['testɪklz] *npl* testicules *mpl*.

testify ['testɪfaɪ] *vt* • **to testify that...** témoigner que... ❑ *vi* **1.** témoigner **2.** • **to testify to sthg** témoigner de qqch.

testimonial [ˌtestɪ'məʊnjəl] *n* **1.** recommandation *f (pour un emploi)* **2.** témoignage *m* d'estime.

testimony [(UK) 'testɪmənɪ, (US) 'testəmәʊnɪ] *n* témoignage *m*.

testing ['testɪŋ] *adj* éprouvant.

testing ground *n* banc *m* d'essai.

test match *n* (UK) match *m* international.

test pilot *n* pilote *m* d'essai.

test tube *n* éprouvette *f*.

test-tube baby *n* bébé-éprouvette *m*.

tetanus ['tetənəs] *n* tétanos *m*.

tether ['teðər] *vt* attacher.

text [tekst] *n* **1.** texte *m* **2.** *TÉLÉCOM* SMS *m*. ❑ *vi* *TÉLÉCOM* envoyer un SMS (à qqn).

textbook ['tekstbʊk] *n* livre *m* *ou* manuel *m* scolaire.

texter [tekstɜː] *n* *TÉLÉCOM* personne qui envoie des SMS.

textile ['tekstaɪl] *n* textile *m*.

texting ['tekstɪŋ] *n (indén)* *TÉLÉCOM* service *m* de mini-messages.

text message *n* *TÉLÉCOM* SMS *m*.

text messaging *n (indén)* *TÉLÉCOM* service *m* de mini-messages.

texture ['tekstʃər] *n* **1.** texture *f* **2.** grain *m*.

Thai [taɪ] *adj* thaïlandais. ❑ *n* **1.** Thaïlandais *m*, -e *f* **2.** thaï *m*.

Thailand ['taɪlænd] *n* Thaïlande *f*.

Thames [temz] *n* • **the Thames** la Tamise.

than *(forme non accentuée* [ðən], *forme accentuée* [ðæn]) *conj (dans des comparaisons)* • **Sarah is younger than her sister** Sarah est plus jeune que sa sœur • **it lasted more than three days** ça a duré plus de trois jours • **I had no other choice than to accept** je n'avais pas d'autre choix que d'accepter.

> **À PROPOS DE**
>
> **than**
>
> Lorsque l'on compare deux choses en anglais courant, on fait généralement suivre ***than*** d'un pronom objet tel que ***me***, ***him***, ***them***, etc. ***(he's bigger* than me** ; ***Keith has a faster car* than me)**. Dans la langue plus soutenue, en revanche, c'est le pronom sujet ***(I***, ***he***, ***they***, etc.) qui suit ***than***, même lorsque le verbe qui suit est omis ***(he's bigger* than I** ; ***Keith has a faster car* than I)**.
> Lorsque ***than*** introduit un pronom sujet ***(I***, ***he***, ***they***, etc.), celui-ci peut être suivi de la forme contractée de ***be*** ou de ***have***, à condition que le verbe soit lui-même suivi d'au moins un autre mot. Comparez par exemple ***she's quicker* than she's *ever been*** et ***she's quicker* than you are** (et non pas ***you're***).

thank [θæŋk] *vt* remercier • **to thank sb (for)** remercier qqn (pour *ou* de) • **thank God** *ou* **goodness** *ou* **heavens!** Dieu merci ! ■ **thanks** *npl* remerciements *mpl*. ❑ *interj* merci ! ■ **thanks to** *prép* grâce à.

thankful ['θæŋkfʊl] *adj* **1.** • **thankful (for)** reconnaissant (de) **2.** soulagé.

thankfully ['θæŋkfʊlɪ] *adv* **1.** avec soulagement **2.** avec reconnaissance.

thankless ['θæŋklɪs] *adj* ingrat.

thanksgiving ['θæŋksˌgɪvɪŋ] *n* action *f* de grâce. ■ **Thanksgiving (Day)** *n* *fête nationale américaine commémorant l'installation des premiers colons en Amérique.*

> **CULTURE**
>
> **Thanksgiving**
>
> Le quatrième jeudi de novembre, jour férié, les Américains se retrouvent en famille pour fêter **Thanksgiving**, l'une des plus importantes fêtes du pays. On commémore l'action de grâce rendue par les colons britanniques après leur première récolte de maïs en 1621.

thank you *interj* • **thank you (for)** merci (pour *ou* de). ■ **thankyou** *n* merci *m*.

thank-you letter ['θæŋkjuː-] *n* lettre *f* de remerciement.

THANQ *SMS* abrév de **thank you**.

that

■ **that** [ðæt] *pron (pl* **those** [ðəʊz])

forme non accentuée [ðət], *forme accentuée* [ðæt]

1. EN OPPOSITION À « THIS », S'UTILISE POUR DÉSIGNER DES ÉLÉMENTS ÉLOIGNÉS DU LOCUTEUR

• **who's that?** qui est-ce ? • **is that Maureen?** c'est Maureen ? • **what's that?** qu'est-ce que c'est que ça ? • **which shoes are you going to wear, these or those?** quelles chaussures vas-tu mettre, celles-ci ou celles-là ?

2. POUR EFFECTUER UNE REPRISE

• **we came to a path that led into the woods** nous arrivâmes à un sentier qui menait dans les bois • **show me the book that you bought** montre-moi le livre que tu as acheté • **it started raining on the day that we left** il s'est mis à pleuvoir le jour où nous sommes partis

3. DANS DES EXPRESSIONS

• **that's a shame** c'est dommage

■ that [ðæt] *adj*

1. EN OPPOSITION À « THIS », S'UTILISE POUR DÉSIGNER DES ÉLÉMENTS ÉLOIGNÉS DU LOCUTEUR

• **that cake is delicious** ce gâteau est délicieux • **he arrived later that day** il arriva plus tard ce jour-là • **I prefer that book** je préfère ce livre-là • **I'll have that one** je prendrai celui-là

2. POUR EXPRIMER L'EXASPÉRATION

• **that man again! we're sick of him!** encore cet homme ! nous l'avons assez vu !

3. DANS DES EXPRESSIONS

• **it's just one of those things** ce sont des choses qui arrivent

■ that [ðæt] *adv*

EXPRIME LE DEGRÉ ÉLEVÉ

• **I can't go that far** je ne peux pas aller aussi loin • **I was that hungry I could have eaten a horse** (UK) *fam* j'avais tellement faim que j'aurais pu manger un cheval • **it wasn't that bad/good** ce n'était pas si mal/bien que ça

■ that [ðət] *conj*

• **tell him that I'm sick** dites-lui que je suis malade • **he recommended that I phone you** il m'a conseillé de vous appeler

■ that is (to say) *adv*

c'est-à-dire • **approximately 50,000 people have visited the museum, that is to say an average of 500 people a day** environ 50 000 personnes ont visité le musée, c'est-à-dire 500 personnes par jour en moyenne

■ that's it *adv*

c'est tout • **that's it, I'm leaving** ça y est, je m'en vais

■ that's that *adv*

• **and that's that** un point c'est tout • **well, that's that!** eh bien voilà !

À PROPOS DE

that

On omet très souvent ***that*** à l'intérieur d'une phrase. Lorsque ***that*** est un pronom, il peut être omis ***(are you the person*** [that] ***the teacher's looking for?)***, du moment qu'il n'est pas le sujet de la proposition qui suit ***(she's the girl*** **that** ***got the job)***.

Lorsque ***that*** relie deux parties de la phrase, après des verbes tels que ***believe***, ***say***, ***think*** et ***tell***, il est aussi très fréquemment omis ***(he said*** [that] ***he liked her*** ; ***she told him*** [that] ***she was getting married)***. Voir aussi ***this***.

thatched [θætʃt] *adj* de chaume.

that's [ðæts] = that is.

thaw [θɔ] *vt* **1.** faire fondre *ou* dégeler **2.** décongeler. ❑ *vi* **1.** dégeler, fondre **2.** décongeler **3.** *fig* se dégeler. ❑ *n* dégel *m*.

the

■ the *art déf*

forme non accentuée [ðə], *devant une voyelle* [ðɪ], *forme accentuée* [ðiː]

1. INDIQUE UN ÉLÉMENT DÉFINI OU DÉJÀ MENTIONNÉ

• **the book you bought is very interesting** le livre que tu as acheté est très intéressant • **we were getting fed up with the situation** nous commencions à en avoir assez de cette situation • **the Joneses are coming to supper** les Jones viennent dîner

2. EN PARLANT D'UNE CHOSE UNIQUE

• **the world is not flat** la Terre n'est pas plate • **the sun is shining** le soleil brille

3. POUR FORMULER UNE GÉNÉRALITÉ

• **the lion is a wild animal** le lion est un animal sauvage

4. POUR INDIQUER UNE OPPOSITION

• **the English drink a lot of tea, the French prefer to drink coffee** les Anglais boivent beaucoup de thé, les Français boivent plutôt du café

5. DEVANT DES ADJECTIFS SUBSTANTIVÉS

• **the old/young** les vieux/jeunes • **the impossible** l'impossible

6. AVEC DES INSTRUMENTS DE MUSIQUE

• **he plays the piano very well** il joue très bien du piano

7. DANS DES EXPRESSIONS DE TEMPS

• **the Fourth of July is the American celebration of independence** le 4 juillet est la fête de l'indépendance américaine • **the forties were the golden age for movies** les années quarante étaient l'âge d'or du cinéma

8. DANS SA FORME ACCENTUÉE, INDIQUE LE CARACTÈRE UNIQUE OU EXCEPTIONNEL DE QQCH OU DE QQN

• **it's THE book right now** c'est le livre à lire en ce moment • **are you talking about THE Professor Baxter?** êtes-vous en train de parler du célèbre professeur Baxter ? • **he's THE specialist** c'est lui le grand spécialiste

9. DANS UNE CORRÉLATION

• **the more he talks, the more I feel like listening** plus il parle, plus j'ai envie d'écouter • **the more I see him, the less I like him** plus je le vois, moins je l'aime • **the sooner the better** le plus tôt sera le mieux

10. AVEC UN NOM DE ROI OU D'EMPEREUR
• **Alexander the Great** Alexandre le Grand
• **Attila the Hun** Attila le Hun

À PROPOS DE

the

The n'apparaît pas devant les noms indénombrables ***(work, beer, money)*** et les noms dénombrables au pluriel ***(children, cats, houses)***, lorsque ceux-ci interviennent dans des phrases où l'on parle de choses ou d'idées de façon générale ***(money isn't important to me ; I don't like modern houses)***.
The est aussi parfois omis devant certains noms se rapportant à des lieux ***(to go to school/church ; to be in bed/hospital/ prison ; to come home)***. En revanche, l'article est indispensable lorsque le nom se rapporte à un endroit précis ***(we go to the school at*** **the end of the road** ; **the church** ***is very pretty)***.
En règle générale, on n'emploie pas ***the*** lorsque l'on parle des repas ***(to have breakfast ; to meet for lunch)***. Il en va de même lorsque l'on parle d'une saison ou d'une époque ***(in spring ; next year ; last term)***.
On n'emploie pas ***the*** devant les titres de personnes ***(President Kennedy ; Doctor Allen)***.

theatre (UK), **theater** (US) [ˈθɪətəʳ] *n* **1.** théâtre *m* **2.** (UK) *MÉD* salle *f* d'opération **3.** (US) cinéma *m*.
theatregoer (UK), **theatergoer** (US) [ˈθɪətəˌgəʊəʳ] *n* habitué *m*, -e *f* du théâtre.
theatrical [θɪˈætrɪkl] *adj* **1.** théâtral **2.** de théâtre.
theft [θeft] *n* vol *m*.
their [ðeəʳ] *adj poss* leur, leurs • **their house** leur maison • **their children** leurs enfants • **it wasn't *their* fault** ce n'était pas de leur faute.

À PROPOS DE

their

Si vous parlez d'une partie du corps, n'oubliez pas d'utiliser l'adjectif possessif ***their***, et non pas ***the (they had*** **their** ***ears pierced*****, elles se sont fait percer les oreilles*)***. Voir aussi ***its***.

theirs [ðeəz] *pron poss* le leur, la leur, les leurs • **that house is theirs** cette maison est la leur • **it wasn't our fault, it was *theirs*** ce n'était pas de notre faute, c'était de la leur • **a friend of theirs** un de leurs amis, un ami à eux/elles.
them *(forme non accentuée* [ðəm], *forme accentuée* [ðem]*) pron pers pl* **1.** *(complément d'objet direct)* les • **I know them** je les connais • **if I were** *ou* **was them** si j'étais eux/elles *ou* à leur place **2.** *(complément d'objet indirect)* leur • **we spoke to them** nous leur avons parlé • **she sent them a letter** elle leur a envoyé une lettre • **I gave it to them** je le leur ai donné **3.** *(précédé d'une préposition)* eux, elles • **with them** avec eux/elles • **without them** sans eux/elles • **we're not as wealthy as them** nous ne sommes pas aussi riches qu'eux/qu'elles.
theme [θiːm] *n* **1.** thème *m*, sujet *m* **2.** *MUS* thème *m* **3.** *MUS* indicatif *m*.
themed [θiːmd] *adj (restaurant, pub)* à thème.
theme park *n* parc *m* à thème.
theme song *n* chanson *f* principale, thème *m* principal.
theme tune *n* chanson *f* principale.
themselves [ðemˈselvz] *pron* **1.** *(réfléchi)* se • **they're enjoying themselves** ils s'amusent **2.** *(précédé d'une préposition)* eux, elles **3.** *(forme emphatique)* eux-mêmes, elles-mêmes • **they did it themselves** ils l'ont fait tout seuls • **they often talk about themselves** ils parlent souvent d'eux.
then [ðen] *adv* **1.** alors, à cette époque **2.** puis, ensuite **3.** alors, dans ce cas **4.** donc **5.** d'ailleurs, et puis.
theologian [θɪəˈləʊdʒən] *n* théologien *m*, -ienne *f*.
theological [θɪəˈlɒdʒɪkl] *adj* théologique • **theological college** séminaire *m*.
theology [θɪˈɒlədʒɪ] *n* théologie *f*.
theoretical [θɪəˈretɪkl] *adj* théorique.
theoretically [θɪəˈretɪklɪ] *adv* théoriquement.
theorize, -ise (UK) [ˈθɪəraɪz] *vi* • **to theorize (about)** théoriser (sur).
theory [ˈθɪərɪ] *n* théorie *f* • **in theory** en théorie.
therapeutic [ˌθerəˈpjuːtɪk] *adj* thérapeutique.
therapist [ˈθerəpɪst] *n* thérapeute *mf*, psychothérapeute *mf*.
therapy [ˈθerəpɪ] *n (indén)* thérapie *f*.

there

■ **there** [ðeəʳ] *pron*

PRÉSENTATIF
• **there is/are** il y a • **there's someone at the door** il y a quelqu'un à la porte • **there are some nice flowers** il y a de belles fleurs • **there was a good movie on TV yesterday** il y avait un bon film à la télévision hier • **there must be some mistake** il doit y avoir erreur

■ **there** [ðeəʳ] *adv*

1. INDIQUE UN ENDROIT ÉLOIGNÉ DU LOCUTEUR
• **I'm going there next week** j'y vais la semaine prochaine • **he lives over there** il vit là-bas • **is anybody there?** il y a quelqu'un ? • **is John there, please?** est-ce que John est là, s'il vous plaît ?
2. POUR SIGNALER L'ARRIVÉE DE QQCH OU DE QQN
• **there it is** c'est là • **there he is!** le voilà !

■ **there** [ðeər] *interj*

• **there, I knew he'd turn up!** tiens *ou* voilà, je savais bien qu'il s'amènerait ! • **there, there, stop crying now!** allons, allons, arrête de pleurer maintenant !

■ **there again** *adv*

après tout • **but there again, no one really knows** mais après tout, personne ne sait vraiment

■ **there and then**, **then and there** *adv*

immédiatement, sur-le-champ

■ **there you are** *adv*

1. EN TENDANT UN OBJET
voilà
2. POUR INSISTER
vous voyez bien • **there you are, what did I tell you!** tu vois, qu'est-ce que je t'avais dit !
3. POUR EXPRIMER LE FAIT D'ACCEPTER QQCH À CONTRECŒUR
c'est comme ça, que voulez-vous ? • **it wasn't the ideal solution, but there you are** *ou* **go** ce n'était pas l'idéal, mais enfin *ou* mais qu'est-ce que vous voulez

thereabouts [ðeərə'bauts], **thereabout** (US) [ðeərə'baut] *adv* • **or thereabouts a)** par là **b)** environ.
thereafter [,ðeər'ɑːftər] *adv sout* après cela, par la suite.
thereby [,ðeər'baɪ] *adv sout* ainsi, de cette façon.
therefore ['ðeəfɔːr] *adv* donc, par conséquent.
there's [ðeəz] = **there is**.
thermal ['θɜːml] *adj* thermique.
thermal imaging *n* thermographie *f*.
thermal underwear *n (indén)* sous-vêtements *mpl* en thermolactyl.
thermodynamics [,θɜːməudaɪ'næmɪks] *n (indén)* thermodynamique *f*.
thermometer [θə'mɒmɪtər] *n* thermomètre *m*.
Thermos (flask)® ['θɜːməs-] *n* (bouteille *f*) Thermos® *m ou f*.
thermostat ['θɜːməstæt] *n* thermostat *m*.
thesaurus [θɪ'sɔːrəs] (*pl* **-es**) *n* dictionnaire *m* de synonymes.
these [ðiːz] *pron* → **this**.
thesis ['θiːsɪs] (*pl* **theses** ['θiːsiːz]) *n* thèse *f*.
they [ðeɪ] *pron pers pl* **1.** ils, elles, eux, elles • **they're pleased** ils sont contents, elles sont contentes • **they're pretty earrings** ce sont de jolies boucles d'oreilles • **they can't do it** eux/elles, ils/elles ne peuvent pas le faire • **there they are** les voilà **2.** on, ils • **they say it's going to snow** on dit qu'il va neiger.
they'd [ðeɪd] = **they had**, **they would**.
they'll [ðeɪl] = **they shall**, **they will**.
they're [ðeər] = **they are**.
they've [ðeɪv] = **they have**.
thick [θɪk] *adj* **1.** épais **2.** *(forêt, brouillard)* dense **3.** *(voix)* indistinct **4.** *fam (stupide)* bouché. ■ **thick and fast** *adv* • **questions came thick and fast** les questions pleuvaient. ■ **through thick and thin** *adv* envers et contre tout, quoi qu'il advienne.
thicken ['θɪkn] *vt* épaissir. ❑ *vi* s'épaissir.
thicket ['θɪkɪt] *n* fourré *m*.
thickly ['θɪklɪ] *adv* **1.** *(étalé)* en couche épaisse **2.** *(coupé)* en tranches épaisses **3.** *(peuplé, boisé)* très **4.** *(prononcé)* d'une voix indistincte.
thickness ['θɪknɪs] *n* épaisseur *f*.
thickset [,θɪk'set] *adj* trapu.
thick-skinned [-'skɪnd] *adj* qui a la peau dure.
thief [θiːf] (*pl* **thieves**) *n* voleur *m*, -euse *f*.
thieve [θiːv] *vt & vi* voler.
thieves [θiːvz] *npl* → **thief**.
thieving ['θiːvɪŋ] *adj* voleur. ❑ *n (indén)* vol *m*.
thigh [θaɪ] *n* cuisse *f*.
thigh-length *adj (robe, manteau)* qui descend jusqu'à mi-cuisse • **thigh-length boots** cuissardes *fpl*.
thimble ['θɪmbl] *n* dé *m* (à coudre).
thin [θɪn] *adj* **1.** mince **2.** léger **3.** maigre **4.** *(sauce)* clair **5.** *(foule)* épars **6.** *(végétation)* clairsemé. ■ **thin down** *vt sép* **1.** délayer, diluer **2.** éclaircir *(une sauce)*.
thin air *n* • **to disappear into thin air** disparaître complètement, se volatiliser.
thing [θɪŋ] *n* **1.** chose *f* • **the (best) thing to do would be...** le mieux serait de... • **the thing is...** le problème, c'est que... • **this is just the thing** (US) *fam* c'est exactement *ou* tout à fait ce qu'il faut **2.** • **I don't know a thing** je n'y connais absolument rien **3.** chose *f*, objet *m* **4.** • **you poor thing!** mon pauvre ! ■ **things** *npl* **1.** affaires *fpl* **2.** *fam* • **how are things?** comment ça va ?
thingamabob ['θɪŋəmə,bɒb], **thingamajig** ['θɪŋəmədʒɪg], **thingummy(jig)** (UK) ['θɪŋəmɪ-], **thingie** (UK), **thingy** (UK) ['θɪŋɪ] *n fam* truc *m*, machin *m*.
think [θɪŋk] *vt* (*prét & pp* **thought**) **1.** • **to think (that)** croire que, penser que • **I think so/not** je crois que oui/non **2.** penser à **3.** s'imaginer. ❑ *vi* (*prét & pp* **thought**) **1.** réfléchir, penser **2.** • **what do you think of** *ou* **about his new film?** que pensez-vous de son dernier film ? • **to think a lot of sb/sthg** penser beaucoup de bien de qqn/qqch **3.** *(locution)* • **to think twice** y réfléchir à deux fois. ■ **think about** *vt insép* • **to think about sb/sthg** songer à *ou* penser à qqn/qqch • **I'll think about it** je vais y réfléchir. ■ **think back** *vi* • **to think back (to)** repenser (à). ■ **think of** *vt insép* **1.** = **think about** **2.** se rappeler **3.** penser à • **to think of doing sthg** avoir l'idée de faire qqch • **what do you think**

of her? que penses-tu d'elle ? ■ **think out, think through** *vt sép* bien étudier, bien considérer • **a well-thought-out plan** un projet bien conçu *ou* ficelé. ■ **think over** *vt sép* réfléchir à. ■ **think up** *vt sép* imaginer.

thinker ['θɪŋkəʳ] *n* penseur *m*, -euse *f*.

thinking ['θɪŋkɪŋ] *adj* qui pense, qui réfléchit. ❑ *n (indén)* opinion *f*, pensée *f* • **to do some thinking** réfléchir • **to my way of thinking** à mon avis.

think tank *n* comité *m* d'experts.

thinly ['θɪnlɪ] *adv* **1.** *(étalé)* en couche mince **2.** *(coupé)* en tranches minces **3.** *(peuplé, boisé)* peu.

thinner ['θɪnəʳ] *n* diluant *m*.

thinness ['θɪnnɪs] *n (indén)* **1.** minceur *f (d'une tranche, d'une couche, d'une feuille)* **2.** maigreur *f (d'une personne)* **3.** légèreté *f (d'un vêtement)*.

thin-skinned [-'skɪnd] *adj* susceptible, très sensible.

third [θɜːd] *num* troisième. ❑ *n* UNIV ≃ licence *f* mention passable. Voir aussi **sixth**.

third base *n (au baseball)* troisième base *f*.

third-class *adj* **(UK)** UNIV • **third-class degree** ≃ licence *f* mention passable.

third degree *n fam* • **to give sb the third degree a)** passer qqn à tabac *(torture)* **b)** cuisiner qqn *(interrogatoire)*.

third-degree burns *npl* brûlures *fpl* du troisième degré.

third-generation *adj* INFORM & TÉLÉCOM de troisième génération, 3G.

third grade *n* **(US)** SCOL *classe de l'enseignement primaire correspondant au CE 2 (7-8 ans)*.

thirdly ['θɜːdlɪ] *adv* troisièmement, tertio.

third party *n* tiers *m*, tierce personne *f*.

third-party insurance *n* assurance *f* au tiers.

third-rate *adj péj* de dernier *ou* troisième ordre.

Third World *n* • **the Third World** le tiers-monde.

thirst [θɜːst] *n* soif *f* • **thirst for** *fig* soif de.

thirst-quenching [-kwentʃɪŋ] *adj* désaltérant.

thirsty ['θɜːstɪ] *adj* **1.** • **to be** *ou* **feel thirsty** avoir soif **2.** qui donne soif.

thirteen [ˌθɜː'tiːn] *num* treize. Voir aussi **six**.

thirteenth [ˌθɜː'tiːnθ] *num* treizième. Voir aussi **sixth**.

thirtieth ['θɜːtɪəθ] *num* trentième. Voir aussi **sixth**.

thirty ['θɜːtɪ] *num* trente. Voir aussi **sixty**.

thirty-something *adj caractéristique de certaines personnes ayant la trentaine et issues d'un milieu aisé*.

this [ðɪs] *pron (pl* **these** [ðiːz]) **1.** *(démonstratif)* ce, ceci • **this is for you** c'est pour vous • **who's this?** qui est-ce ? • **what's this?** qu'est-ce que c'est ? • **this is Daphne Logan** je vous présente Daphne Logan, Daphne Logan à l'appareil **2.** *(par opposition à « that »)* celui-ci, celle-ci, ceux-ci, celles-ci • **which sweets does she prefer, these or those?** quels bonbons préfère-t-elle, ceux-ci ou ceux-là ? ❑ *adj* **1.** *(démonstratif)* ce, cette, cet, ces • **these chocolates are delicious** ces chocolats sont délicieux • **I prefer this book** je préfère ce livre-ci • **this afternoon** cet après-midi • **this morning** ce matin • **this week** cette semaine **2.** *(par opposition à « that »)* ce, cette...-ci, ces...-ci • **I'll have this one** je prendrai celui-ci. ❑ *adv* aussi • **it was this big** c'était aussi grand que ça • **you'll need about this much** il vous en faudra à peu près comme ceci.

> À PROPOS DE
>
> **this**
>
> ***This*** et ***these*** désignent des choses qui sont perçues comme proches dans l'espace ou dans le temps ***(is this your coat on the floor here?*** ; ***this music is excellent)***. Ils sont associés à ***here*** et ***now***. ***That*** et ***those*** désignent des choses qui sont perçues comme plus éloignées ***(isn't that your father over there?*** ; ***he was born in 1915 – that's a long time ago)***. Ils sont associés à ***there*** et ***then***.
>
> ***This/these*** et ***that/those*** sont parfois employés ensemble pour comparer deux choses ***(which skirt should I wear? – this one or that one?)***, mais si l'on veut faire ressortir le contraste entre deux possibilités, il est plus naturel d'utiliser ***this/these*** en conjonction avec ***the other/the others (Agassi is serving from this end and Sampras receiving at the other)***.
>
> Seuls ***this*** et ***these*** servent à parler de quelque chose auquel il n'a pas encore été fait allusion ***(listen to this – you'll never believe it!)***.
>
> En ce qui concerne les pronoms, seul ***those*** (et non ***this/these*** ou ***that)*** peut servir à désigner directement des personnes. ***Those*** est alors généralement suivi d'une expression qui apporte des précisions ***(those of you who agree, please put up your hands)***.

thistle ['θɪsl] *n* chardon *m*.

THNQ *SMS* abrév de **thank you**.

thong [θɒŋ] *n* lanière *f*.

thorn [θɔːn] *n* épine *f*.

thorny ['θɔːnɪ] *adj litt* & *fig* épineux.

thorough ['θʌrə] *adj* **1.** minutieux **2.** approfondi **3.** méticuleux **4.** complet, absolu.

thoroughbred ['θʌrəbred] *n* pur-sang *m inv*.

thoroughfare ['θʌrəfeəʳ] *n sout* rue *f*, voie *f* publique.

thoroughly [ˈθʌrəlɪ] *adv* **1.** à fond **2.** absolument, complètement.
those [ðəuz] *pron* → **that**.
though [ðəu] *conj* bien que (+ *subjonctif*), quoique (+ *subjonctif*) • **though the car's old, it's still in good condition** bien que la voiture soit vieille, elle est encore en bon état. ❑ *adv* pourtant, cependant • **we lost! — it was a good game though** on a perdu ! — c'était pourtant un bon match.
thought [θɔt] *passé & pp* → **think**. ❑ *n* **1.** pensée *f* **2.** idée *f* • **after much thought** après avoir mûrement réfléchi **3.** intention *f*. ■ **thoughts** *npl* **1.** pensées *fpl*, réflexions *fpl* **2.** opinions *fpl*.
thoughtful [ˈθɔtful] *adj* **1.** pensif **2.** attentionné **3.** plein de gentillesse.
thoughtfully [ˈθɔːtfulɪ] *adv* **1.** avec prévenance *ou* délicatesse, gentiment **2.** pensivement **3.** d'une manière réfléchie.
thoughtfulness [ˈθɔːtfulnɪs] (*indén*) *n* **1.** air *m* pensif **2.** prévenance *f*; délicatesse *f*.
thoughtless [ˈθɔtlɪs] *adj* **1.** qui manque d'égards (pour les autres) **2.** irréfléchi.
thoughtlessly [ˈθɔːtlɪslɪ] *adv* **1.** sans aucun égard, sans aucune considération **2.** hâtivement, sans réfléchir.
thoughtlessness [ˈθɔːtlɪsnɪs] *n* (*indén*) manque *m* d'égards *ou* de prévenance.
thought-provoking *adj* qui pousse à la réflexion, stimulant.
thousand [ˈθauznd] *num* mille • **a** *ou* **one thousand** mille • **thousands of** des milliers de. Voir aussi **six**.
thousandth [ˈθauzntθ] *num* millième. Voir aussi **sixth**.
thrash [θræʃ] *vt* **1.** battre, rosser **2.** *fam* écraser. ■ **thrash about**, **thrash around** *vi* s'agiter. ■ **thrash out** *vt sép* **1.** débrouiller, démêler **2.** débattre de, discuter de.
thrashing [ˈθræʃɪŋ] *n* **1.** rossée *f*, correction *f* **2.** *fam* déculottée *f*.
thread [θred] *n* **1.** fil *m* **2.** TECHNOL filet *m*, pas *m*. ❑ *vt* enfiler (*une aiguille, des perles*).
threadbare [ˈθredbeəʳ] *adj* usé jusqu'à la corde.
threat [θret] *n* • **threat (to)** menace *f* (pour).
threaten [ˈθretn] *vt* • **to threaten sb (with)** menacer qqn (de) • **to threaten to do sthg** menacer de faire qqch. ❑ *vi* menacer.
threatening [ˈθretnɪŋ] *adj* **1.** menaçant **2.** (*lettre*) de menace.
threateningly [ˈθretnɪŋlɪ] *adv* **1.** (*agir*) de manière menaçante, d'un air menaçant **2.** (*parler*) d'un ton *ou* sur un ton menaçant.
three [θriː] *num* trois. Voir aussi **six**.
three-course *adj* (*repas*) complet.
three-D *adj* (*film, image*) en relief.
three-dimensional [-dɪˈmenʃənl] *adj* **1.** en relief **2.** en trois dimensions.
threefold [ˈθriːfəuld] *adj* triple. ❑ *adv* • **to increase threefold** tripler.
three-legged race [-ˈlegɪd-] *n* course *f* à trois pieds.
three-piece *adj* • **three-piece suit** (costume *m*) trois pièces *m* • **three-piece suite** canapé *m* et deux fauteuils assortis.
three-ply *adj* (*laine*) à trois fils.
three-point turn *n* (UK) demi-tour *m* en trois manœuvres.
three-quarters *npl* (*fraction*) trois quarts *mpl*.
threesome [ˈθriːsəm] *n* trio *m*, groupe *m* de trois personnes.
three-star *adj* trois étoiles.
thresh [θreʃ] *vt* AGRIC battre.
threshold [ˈθreʃhəuld] *n* seuil *m*.
threw [θruː] *passé* → **throw**.
thrift [θrɪft] *n* (*indén*) **1.** économie *f*, épargne *f* **2.** (US) (*Caisse d'Épargne*) = **thrift institution**.
thrift institution *n* caisse *f* d'épargne.
thrift shop, **thrift store** *n* (US) *magasin vendant des articles d'occasion au profit d'œuvres charitables*.
thrifty [ˈθrɪftɪ] *adj* économe.
thrill [θrɪl] *n* **1.** frisson *m*, sensation *f* **2.** plaisir *m*. ❑ *vt* transporter, exciter.
thrilled [θrɪld] *adj* • **thrilled (with sthg/to do sthg)** ravi (de qqch/de faire qqch).
thriller [ˈθrɪləʳ] *n* (*film, roman*) thriller *m*.
thrilling [ˈθrɪlɪŋ] *adj* saisissant, palpitant.
thrive [θraɪv] (*prét* **thrived** *ou* **throve**, *pp* **thrived**) *vi* **1.** bien se porter **2.** (*plante*) pousser bien **3.** (*économie, affaires*) prospérer.
thriving [ˈθraɪvɪŋ] *adj* **1.** bien portant **2.** (*plante*) qui pousse bien **3.** (*économie, affaires*) prospère.
throat [θrəut] *n* gorge *f*.
throaty [ˈθrəutɪ] (*comp* **throatier**, *superl* **throatiest**) *adj* guttural.
throb [θrɒb] *vi* **1.** (*cœur*) palpiter, battre fort **2.** (*batterie*) battre (*en rythme*) • **my head is throbbing** j'ai des élancements dans la tête.
throbbing [ˈθrɒbɪŋ] *adj* **1.** (*rythme*) battant **2.** (*instrument*) qui bat rythmiquement **3.** (*engin, machine*) vibrant, vrombissant **4.** (*cœur*) battant, palpitant **5.** (*douleur*) lancinant.
throes [θrəuz] *npl* • **to be in the throes of** être en proie à • **to be in the throes of an argument** être en pleine dispute.
thrombosis [θrɒmˈbəusɪs] (*pl* **-boses**) *n* thrombose *f*.
throne [θrəun] *n* trône *m*.
throng [θrɒŋ] *n* foule *f*, multitude *f*. ❑ *vt* remplir, encombrer.
throttle [ˈθrɒtl] *n* AUTO papillon *m* des gaz. ❑ *vt* étrangler.
through [θruː] *adj* • **are you through?** tu as fini ? • **to be through with sthg** avoir fini

qqch. ❑ *prép* **1.** à travers • **to travel through sthg** traverser qqch • **to cut through sthg** couper qqch • **the bullet went through the wall** la balle est passée à travers le mur **2.** pendant **3.** à cause de **4.** par l'intermédiaire de • **I got the job through a friend** j'ai eu le poste par un ami **5. (US)** • **Monday through Friday** du lundi au vendredi • **she talked all through the film** elle a parlé pendant tout le film. ■ **through and through** *adv* **1.** jusqu'au bout des ongles **2.** par cœur, à fond.

throughout [θruː'aʊt] *prép* **1.** pendant, durant • **throughout the meeting** pendant toute la réunion **2.** partout dans • **throughout the world** dans le monde entier. ❑ *adv* **1.** tout le temps **2.** partout.

throve [θrəʊv] *passé* → **thrive**.

throw [θrəʊ] *vt* (*prét* **threw**, *pp* **thrown**) **1.** jeter **2.** lancer **3.** désarçonner **4.** *fig* déconcerter, décontenancer. ❑ *n* lancement *m*, jet *m*. ■ **throw away** *vt sép* **1.** jeter **2.** gaspiller *(de l'argent)* **3.** perdre *(une occasion)*. ■ **throw in** *vt sép* donner en plus *ou* en prime *(inclure)* • **with a special trip to Stockholm thrown in** avec en prime une excursion à Stockholm. ■ **throw out** *vt sép* **1.** jeter **2.** *fig* rejeter **3.** mettre à la porte **4.** expulser, renvoyer. ■ **throw up** *vi fam* vomir.

throwaway ['θrəʊə,weɪ] *adj* **1.** jetable, à jeter **2.** désinvolte.

throwback ['θrəʊbæk] *n* • **throwback (to)** retour *m* (à).

throw-in *n* **(UK)** FOOTBALL rentrée *f* en touche.

thrown [θrəʊn] *pp* → **throw**.

thru [θruː] *fam* **(US)** = **through**.

thrush [θrʌʃ] *n* **1.** grive *f* **2.** muguet *m*.

thrust [θrʌst] *n* **1.** poussée *f* **2.** coup *m (de couteau)* **3.** idée *f* principale, aspect *m* principal. ❑ *vt* enfoncer, fourrer.

thud [θʌd] *n* bruit *m* sourd. ❑ *vi* tomber en faisant un bruit sourd.

thug [θʌg] *n* brute *f*, voyou *m*.

thumb [θʌm] *n* pouce *m*. ❑ *vt fam* • **to thumb a lift** faire du stop *ou* de l'auto-stop. ■ **thumb through** *vt insép* feuilleter.

thumb index *n* répertoire *m* à onglets.

thumbnail ['θʌmneɪl] *adj* bref, concis. ❑ *n* ongle *m* du pouce.

thumbnail sketch *n* croquis *m* rapide.

thumbs down [,θʌmz-] *n* • **to get** *ou* **be given the thumbs down** être rejeté.

thumbs up [,θʌmz-] *n* • **to give sb the thumbs up** donner le feu vert à qqn.

thumbtack ['θʌmtæk] *n* **(US)** punaise *f*.

thump [θʌmp] *n* **1.** grand coup *m* **2.** bruit *m* sourd. ❑ *vt* cogner, taper sur. ❑ *vi* battre fort.

thumping ['θʌmpɪŋ] **(UK)** *fam adj* énorme, immense, phénoménal. ❑ *adv vieilli (pour intensifier)* • **a thumping great meal** un repas énorme.

thunder ['θʌndəʳ] *n (indén)* **1.** tonnerre *m* **2.** *fig* vacarme *m* **3.** *fig* tonnerre *m*. ❑ *v impers* tonner.

thunderbolt ['θʌndəbəʊlt] *n* coup *m* de foudre.

thunderclap ['θʌndəklæp] *n* coup *m* de tonnerre.

thundercloud ['θʌndəklaʊd] *n* nuage *m* orageux.

thundering ['θʌndərɪŋ] *adj* **(UK)** *fam* & *vieilli* terrible, monstre.

thunderous ['θʌndərəs] *adj* assourdissant • **thunderous applause** un tonnerre d'applaudissements.

thunderstorm ['θʌndəstɔːm] *n* orage *m*.

thunderstruck ['θʌndəstrʌk] *adj fig* stupéfait, sidéré.

thunderthighs ['θʌndəθaɪz] *n fam* & *hum terme péjoratif désignant une femme aux grosses cuisses*.

thundery ['θʌndərɪ] *adj* orageux.

Thur, Thurs. (abrév de **Thursday**) jeu.

Thursday ['θɜːzdɪ] *n* jeudi *m*. Voir aussi **Saturday**.

thus [ðʌs] *adv sout* **1.** par conséquent, donc, ainsi **2.** ainsi, de cette façon.

thwart [θwɔːt] *vt* contrecarrer, contrarier.

Thx, Thnx *SMS* abrév de **thanks**.

thyme [taɪm] *n* thym *m*.

thyroid ['θaɪrɔɪd] *n* thyroïde *f*.

tiara [tɪ'ɑːrə] *n* diadème *m*.

Tibet [tɪ'bet] *n* Tibet *m*.

tic [tɪk] *n* tic *m*.

TIC *SMS* abrév de **tongue in cheek**.

tick [tɪk] *n* **1. (UK)** coche *f* **2.** tic-tac *m* **3.** ZOOL tique *f*. ❑ *vt* **(UK)** cocher. ❑ *vi* faire tic-tac. ■ **tick off** *vt sép* **1. (UK)** cocher **2. (UK)** *fam* enguirlander. ■ **tick over** *vi* **(UK)** *(moteur)* tourner au ralenti.

ticket ['tɪkɪt] *n* **1.** billet *m* **2.** ticket *m (de métro, de bus)* **3.** étiquette *f (sur un produit)* **4.** P.-V. *m*.

ticket collector *n* **(UK)** contrôleur *m*, -euse *f*.

ticket holder *n* personne *f* munie d'un billet.

ticket inspector *n* **(UK)** contrôleur *m*, -euse *f*.

ticketless ['tɪkɪtlɪs] *adj* • **ticketless travel** AÉRON *système permettant de voyager sans billet papier*.

ticket machine *n* distributeur *m* de billets.

ticket office *n* bureau *m* de vente des billets.

ticket tout *n* **(UK)** revendeur *m*, -euse *f* de billets *(sur le marché noir)*.

ticking off (*pl* **tickings off** ['tɪkɪŋz-]) *n* **(UK)** *fam* • **to give sb a ticking off** passer un savon à qqn, enguirlander qqn.

tickle ['tɪkl] *vt* **1.** chatouiller **2.** *fig* amuser. ❑ *vi* chatouiller.

ticklish ['tɪklɪʃ] *adj* chatouilleux.

tickly ['tɪklɪ] *adj* **1.** *fam (sensation)* de chatouillis **2.** *(tissu)* qui chatouille **3.** *(barbe)* qui pique.

tick-tack-toe *n* **(US)** *(jeu)* ≃ morpion *m*.

tidal ['taɪdl] *adj* **1.** de la marée **2.** *(fleuve, estuaire)* à marées.

tidal wave *n* raz-de-marée *m inv.*

tidbit (US) = **titbit.**

tiddly ['tɪdlɪ] *(comp* **tiddlier**, *superl* **tiddliest**) *adj* **(UK)** *fam* **1.** pompette, gai **2.** minuscule.

tiddlywinks ['tɪdlɪwɪŋks], **tiddledywinks (US)** ['tɪdldɪwɪŋks] *n* jeu *m* de puce.

tide [taɪd] *n* **1.** marée *f* **2.** *fig* courant *m*, tendance *f* **3.** *fig* vague *f*. ■ **tide over** *vt sép* dépanner.

tidily ['taɪdɪlɪ] *adv* soigneusement, avec ordre.

tidiness ['taɪdɪnɪs] *n (indén)* ordre *m*.

tidy ['taɪdɪ] *adj* **1.** en ordre, bien rangé **2.** soigné **3.** ordonné **4.** soigné. ❑ *vt* ranger, mettre de l'ordre dans. ■ **tidy away** *vt sép* ranger. ■ **tidy up** *vt sép* ranger, mettre de l'ordre dans. ❑ *vi* ranger.

tie [taɪ] *n* **1.** cravate *f* **2.** *(dans un jeu, une compétition sportive)* égalité *f* de points. ❑ *vt (prét & pp* **tied**, *cont* **tying**) **1.** attacher **2.** nouer • **to tie a knot** faire un nœud **3.** *fig* • **to be tied to** être lié à. ❑ *vi (prét & pp* **tied**, *cont* **tying**) être à égalité. ■ **tie down** *vt sép fig* restreindre la liberté de. ■ **tie in with** *vt insép* concorder avec, coïncider avec. ■ **tie up** *vt sép* **1.** attacher **2.** nouer **3.** *fig* immobiliser **4.** *fig* • **to be tied up with** être lié à.

tiebreak(er) ['taɪbreɪk(əʳ)] *n* **1.** TENNIS tie-break *m*, jeu *m* décisif **2.** question *f* subsidiaire.

tied up *adj* occupé, pris.

tie-in *n* **1.** lien *m*, rapport *m* **2.** • **the book is a tie-in with the TV series** le livre est tiré de la série télévisée.

tiepin ['taɪpɪn] *n* épingle *f* de cravate.

tier [tɪəʳ] *n* **1.** gradin *m* **2.** étage *m (d'une pièce montée)*.

tiff [tɪf] *n* bisbille *f*, petite querelle *f*.

tiger ['taɪgəʳ] *n* tigre *m*.

tight [taɪt] *adj* **1.** serré **2.** tendu **3.** *(emploi du temps)* serré, minuté **4.** strict **5.** raide **6.** *fam* soûl **7.** *fam* radin. ❑ *adv* **1.** bien, fort • **to hold tight** tenir bien • **to shut** *ou* **close sthg tight** bien fermer qqch **2.** à fond. ■ **tights** *npl* **(UK)** collants *mpl*.

tighten ['taɪtn] *vt* **1.** resserrer • **to tighten one's hold** *ou* **grip on** resserrer sa prise sur **2.** tendre **3.** renforcer. ❑ *vi* **1.** se tendre **2.** se resserrer. ■ **tighten up** *vt sép* **1.** resserrer *(ceinture, écrou)* **2.** renforcer *(sécurité, mesure)*.

tightfisted [,taɪt'fɪstɪd] *adj péj* radin.

tight-fitting *adj* **1.** *(vêtement)* moulant **2.** *(couvercle)* qui ferme bien.

tightknit [,taɪt'nɪt] *adj (famille, communauté)* uni.

tight-lipped [-'lɪpt] *adj* **1.** les lèvres serrées *(par la colère)* **2.** qui ne dit rien, qui garde le silence.

tightly ['taɪtlɪ] *adv* bien, fort.

tightness ['taɪtnɪs] *n* **1.** étroitesse *f (d'un vêtement)* **2.** oppression *f (de poitrine)* **3.** sévérité *f*, rigueur *f (dans le comportement)*.

tightrope ['taɪtrəʊp] *n* corde *f* raide.

tile [taɪl] *n* **1.** tuile *f* **2.** carreau *m (d'un carrelage)*.

tiled [taɪld] *adj* **1.** carrelé **2.** *(toit)* couvert de tuiles.

till [tɪl] *prép* jusqu'à • **from six till ten o'clock** de six heures à dix heures. ❑ *conj* **1.** jusqu'à ce que *(+ subjonctif)* • **wait till I come back** attends que je revienne **2.** *(après une négation)* avant (que *(+ subjonctif)*) • **it won't be ready till tomorrow** ça ne sera pas prêt avant demain. ❑ *n* tiroir-caisse *m*.

tiller ['tɪləʳ] *n* barre *f*.

tilt [tɪlt] *vt* incliner, pencher. ❑ *vi* s'incliner, pencher.

timber ['tɪmbəʳ] *n (indén)* bois *m* de charpente *ou* de construction.

time [taɪm] *n* **1.** temps *m* • **a long time** longtemps • **in a short time** dans peu de temps, sous peu • **to be time for sthg** être l'heure de qqch • **to have a good time** s'amuser bien • **in good time** de bonne heure • **ahead of time** en avance • **for the time being** pour le moment • **on time** à l'heure • **to have no time for sb/sthg** ne pas supporter qqn/qqch • **to play for time** essayer de gagner du temps **2.** heure *f* • **what time is it?, what's the time?** quelle heure est-il ? • **in a week's/year's time** dans une semaine/un an **3.** époque *f* • **before my time** avant que j'arrive ici **4.** fois *f* • **from time to time** de temps en temps • **time after time, time and again** à maintes reprises, maintes et maintes fois **5.** MUS mesure *f*. ❑ *vt* **1.** fixer, prévoir **2.** chronométrer **3.** choisir le moment de. ■ **about time** *adv* • **it's about time (that)...** il est grand temps que... • **about time too!** ce n'est pas trop tôt ! ■ **at (any) one time** *adv* à la fois. ■ **at a time** *adv* d'affilée • **one at a time** un par un • **months at a time** des mois et des mois. ■ **at the same time** *adv* en même temps. ■ **at times** *adv* quelquefois, parfois. ■ **for the time being** *adv* pour le moment. ■ **in time** *adv* **1.** • **in time (for)** à l'heure (pour) **2.** à la fin, à la longue. ■ **times** *npl* fois *fpl* • **four times as much as me** quatre fois plus que moi. ❑ *prép* MATH fois.

time bomb *n litt & fig* bombe *f* à retardement.

time check *n (à la radio)* rappel *m* de l'heure.

time-consuming [-kən,sjuːmɪŋ] *adj* qui prend beaucoup de temps.

timed [taɪmd] *adj (course, épreuve)* chronométré • **well timed** opportun.

time difference *n* décalage *m* horaire.

time frame *n* délai *m* • **what's our time frame?** de combien de temps disposons-nous ?

time-honoured (UK), time-honored (US) [-,ɒnəd] *adj* consacré.

timekeeping ['taɪm,kiːpɪŋ] *n* ponctualité *f*.
time lag *n* décalage *m*.
time lapse *n* décalage *m* horaire.
timeless ['taɪmlɪs] *adj* éternel.
time limit *n* délai *m*.
timeline ['taim,laɪn] *n* frise *f* chronologique.
timely ['taɪmlɪ] *adj* opportun.
time off *n* temps *m* libre.
time out *n* SPORT temps *m* mort.
timer ['taɪmər] *n* minuteur *m*.
time-saver *n* • **a dishwasher is a great time-saver** on gagne beaucoup de temps avec un lave-vaisselle.
timesaving ['taɪm,seɪvɪŋ] *adj* qui fait gagner du temps.
time scale *n* **1.** période *f* **2.** délai *m*.
time-share *n* logement *m* en multipropriété.
timespan ['taɪmspæn] *n* intervalle *m* de temps.
time switch *n* minuterie *f*.
timetable ['taɪm,teɪbl] *n* **1. (UK)** SCOL emploi *m* du temps **2.** horaire *m* **3. (UK)** calendrier *m*.
time travel *n* voyage *m* dans le temps.
timewaster ['taɪm,weɪstər] *n* fainéant *m*, -e *f* • **no timewasters please** *(dans une annonce)* pas sérieux s'abstenir.
timewasting ['taɪmweɪstɪŋ] *n* perte *f* de temps • **the team was accused of timewasting** on a reproché à l'équipe d'avoir joué la montre.
time zone *n* fuseau *m* horaire.
timid ['tɪmɪd] *adj* timide.
timidly ['tɪmɪdlɪ] *adv* timidement.
timing ['taɪmɪŋ] *n (indén)* **1.** à-propos *m inv* **2.** • **the timing of the election** le moment choisi pour l'élection **3.** chronométrage *m*.
timpani ['tɪmpənɪ] *npl* timbales *fpl*.
tin [tɪn] *n* **1.** *(indén)* étain *m* **2.** fer-blanc *m* **3. (UK)** boîte *f* de conserve **4. (UK)** boîte *f*.
tin can *n* boîte *f* de conserve.
tinfoil ['tɪnfɔɪl] *n (indén)* papier *m* (d')aluminium.
tinge [tɪndʒ] *n* teinte *f*, nuance *f*.
tinged [tɪndʒd] *adj* • **tinged with** teinté de.
tingle ['tɪŋgl] *vi* picoter.
tingling ['tɪŋglɪŋ] *n (indén)* picotement *m*.
tinker ['tɪŋkər] *n* **(UK)** *péj* romanichel *m*, -elle *f*. ❑ *vi* • **to tinker (with sthg)** bricoler (qqch).
tinkle ['tɪŋkl] *vi* tinter.
tinned [tɪnd] *adj* **(UK)** en boîte.
tinnitus [tɪ'naɪtəs] *n* acouphène *m*.
tinny ['tɪnɪ] *(comp* **tinnier**, *superl* **tinniest**) *adj* **1.** *(son)* métallique **2.** *fam* & *péj (de mauvaise qualité)* • **a tinny car** un tas de ferraille, une vraie casserole. ❑ *n fam* **(AUSTRALIE)** canette de bière *f*.
tin opener *n* **(UK)** ouvre-boîtes *m inv*.
tin-pot *adj* **(UK)** *fam* & *péj* de rien du tout.
tinsel ['tɪnsl] *n (indén)* guirlandes *fpl* de Noël.
tint [tɪnt] *n* **1.** teinte *f*, nuance *f* **2.** *(pour les cheveux)* rinçage *m*.
tinted ['tɪntɪd] *adj* teinté.
tiny ['taɪnɪ] *adj* minuscule.
tiny tot *n* petit enfant *m*, petite enfant *f* • **games for tiny tots** des jeux pour les tout-petits.
tip [tɪp] *n* **1.** bout *m* **2. (UK)** décharge *f* **3.** pourboire *m* **4.** tuyau *m (conseil)*. ❑ *vt* **1.** faire basculer **2. (UK)** renverser **3.** donner un pourboire à. ■ **tip over** *vt sép* renverser. ❑ *vi* se renverser. ■ **tip off** *vt sép* prévenir.
tip-off *n* **1.** tuyau *m* **2.** dénonciation *f*.
tipped ['tɪpt] *adj* à bout filtre.
tipple ['tɪpl] *n fam* • **what's your tipple?** qu'est-ce que tu aimes boire d'habitude ?
tipsy ['tɪpsɪ] *adj fam* gai.
tiptoe ['tɪptəʊ] *n* • **on tiptoe** sur la pointe des pieds. ❑ *vi* marcher sur la pointe des pieds.
tip-top *adj fam* & *vieilli* excellent.
tirade [taɪ'reɪd] *n* diatribe *f*.
tiramisu [,tɪrəmɪ'suː] *n* CULIN tiramisu *m*.
tire ['taɪər] *n* **(US)** = **tyre**. ❑ *vt* fatiguer. ❑ *vi* **1.** se fatiguer **2.** • **to tire of** se lasser de. ■ **tire out** *vt sép* épuiser.
tired ['taɪəd] *adj* **1.** fatigué, las **2.** • **to be tired of sthg/of doing sthg** en avoir assez de qqch/de faire qqch.
tiredness ['taɪədnɪs] *n* fatigue *f*.
tireless ['taɪəlɪs] *adj* infatigable.
tirelessly ['taɪəlɪslɪ] *adv* infatigablement, inlassablement, sans ménager ses efforts.
tiresome ['taɪəsəm] *adj* ennuyeux.
tiring ['taɪərɪŋ] *adj* fatigant.
tissue ['tɪʃuː] *n* **1.** mouchoir *m* en papier **2.** *(indén)* BIOL tissu *m*.
tissue paper *n (indén)* papier *m* de soie.
tit [tɪt] *n* **1.** mésange *f* **2.** *vulg* nichon *m*.
titbit (UK) ['tɪtbɪt], **tidbit (US)** ['tɪdbɪt] *n* **1.** bon morceau *m* **2.** *fig* petite nouvelle *f*.
tit for tat [-'tæt] *n* un prêté pour un rendu.
titillate ['tɪtɪleɪt] *vt* titiller.
titillating ['tɪtɪleɪtɪŋ] *adj* titillant.
title ['taɪtl] *n* titre *m*.
titled ['taɪtld] *adj* titré.
title deed *n* titre *m* de propriété.
titleholder ['taɪtl,həʊldər] *n* SPORT tenant *m*, -e *f* du titre.
title role *n* rôle *m* principal.
titter ['tɪtər] *vi* rire bêtement.
tittle-tattle ['tɪtl,tætl] *n (indén) fam* & *péj* ragots *mpl*, cancans *mpl*.
TM *n* (abrév de **transcendental meditation**) MT *f*.
TMB SMS (abrév de **text me back**) réponds-moi.
TMI SMS abrév de **too much information**.

to

■ to *prép*

forme accentuée [tuː], *forme non accentuée devant une consonne* [tə], *forme non accentuée devant une voyelle* [tʊ]

1. INDIQUE UNE DIRECTION

• **she went to Liverpool/to Spain/to school** elle est allée à Liverpool/en Espagne/à l'école • **I'm going to the butcher's** je vais chez le boucher • **turn to the left/right** tourner à gauche/droite

2. INDIQUE UN DESTINATAIRE

• **to give sthg to sb** donner qqch à qqn • **I'm writing a letter to my daughter** j'écris une lettre à ma fille

3. POUR EXPRIMER UNE ÉMOTION

• **to my delight/surprise, my parcel arrived very quickly** à ma grande joie/surprise, mon colis est arrivé très vite

4. POUR EXPRIMER UNE OPINION

• **to me, it is a real miracle** d'après moi, c'est un vrai miracle • **it seemed quite unnecessary to me/him** cela me/lui semblait tout à fait inutile

5. JUSQU'À

• **she can already count to 10** elle sait déjà compter jusqu'à 10 • **we work from 9 to 5** nous travaillons de 9 h à 17 h • **I didn't stay to the end of the film** je ne suis pas resté jusqu'à la fin du film • **she sang the baby to sleep** elle a endormi le bébé en chantant

6. EXPRIME UN CONTACT PHYSIQUE

• **they were dancing cheek to cheek** ils dansaient joue contre joue • **stand back to back** mettez-vous dos à dos

7. POUR EXPRIMER L'HEURE

• **it's ten to three/quarter to one** il est trois heures moins dix/une heure moins le quart

8. INDIQUE UNE PROPORTION

• **this car does 40 miles to the gallon** ≃ cette voiture consomme 7 litres aux cent (km) • **there are 200 people to the square kilometre** il y a 200 habitants au km^2 • **the odds against it happening are a million to one** il y a une chance sur un million que cela se produise

9. INDIQUE UNE RELATION ENTRE DEUX ÉLÉMENTS

• **he gave me the key to his car** il m'a donné la clé de sa voiture

■ to + *infinitif*

forme accentuée [tuː], *forme non accentuée devant une consonne* [tə], *forme non accentuée devant une voyelle* [tʊ]

1. APRÈS CERTAINS VERBES

• **I'd like to be on holiday** j'aimerais être en vacances • **she tried to help her brother** elle a essayé d'aider son frère • **she wants to go to the movies** elle veut aller au cinéma

2. APRÈS CERTAINS ADJECTIFS

• **it's difficult to do** c'est difficile à faire • **we're ready to go** nous sommes prêts à partir

3. POUR EXPRIMER LE BUT

• **he worked hard to pass his exam** il a travaillé dur pour réussir son examen • **they left early to catch the train** ils sont partis tôt pour ne pas rater leur train • **to be honest,...** pour être honnête,... • **to sum up,...** en résumé,...

4. REMPLACE UNE PROPOSITION SUBORDONNÉE CONJONCTIVE

• **he told me to leave** il m'a dit de partir

5. POUR FAIRE UNE REPRISE

• **I meant to call him but I forgot to** je voulais l'appeler, mais j'ai oublié

À PROPOS DE

to

Notez que dans certaines expressions, ***to*** est suivi directement du nom, sans ***the*** ***(he's gone*** to ***work/school/prison/hospital/bed/church)***.
Avec le mot ***home***, dans des phrases telles que ***I'm going home***, ***to*** n'apparaît pas du tout.

toad [təʊd] *n* crapaud *m*.

toadstool ['təʊdstuːl] *n* champignon *m* vénéneux.

to and fro *adv* • **to go to and fro** aller et venir • **to walk to and fro** marcher de long en large. ■ **to-and-fro** *adj (mouvement)* de va-et-vient.

toast [təʊst] *n* **1.** *(indén)* pain *m* grillé, toast *m* **2.** toast *m (à la santé de)*. ❑ *vt* **1.** (faire) griller **2.** porter un toast à.

toasted ['təʊstɪd] *adj* • **toasted sandwich** sandwich *m* grillé • **toasted cheese** fromage *m* fondu.

toaster ['təʊstər] *n* grille-pain *m inv*.

toastie ['təʊstɪ] *n fam* sandwich *m* grillé.

toast rack *n* porte-toasts *m inv*.

toasty ['təʊstɪ] *fam adj* **(US)** *(température)* • **it's toasty in here** il fait bon ici. ❑ *n (sandwich)* = **toastie**.

tobacco [tə'bækəʊ] *n (indén)* tabac *m*.

tobacconist [tə'bækənɪst] *n* **(UK)** buraliste *mf*.

-to-be *suffixe* • **mother-to-be** future mère *f*.

toboggan [tə'bɒgən] *n* luge *f*.

today [tə'deɪ] *n* aujourd'hui *m*. ❑ *adv* aujourd'hui.

toddler ['tɒdlər] *n* tout-petit *m (enfant qui commence à marcher)*.

toddy ['tɒdɪ] *n* grog *m*.

to-die-for *adj fam* de rêve.

to-do (*pl* -s) *n fam* & *vieilli* histoire *f*.

toe [təʊ] *n* **1.** orteil *m*, doigt *m* de pied **2.** bout *m (de chaussure, de chaussette)*. ❑ *vt* • **to toe the line** se plier.

TOEFL [tɔfl] (abrév de Test of English as a Foreign Language) *n test d'anglais passé par les étudiants étrangers*.

toehold ['təʊhəʊld] *n* prise *f* • **to have a toehold in a market** *fig* avoir un pied dans un marché.

toenail ['təʊneɪl] *n* ongle *m* d'orteil.

toffee ['tɒfɪ] *n* **(UK)** caramel *m*.

tofu ['təʊfu:] *n* tofu *m*.

toga ['təʊgə] *n* toge *f*.

together [tə'geðər] *adv* **1.** ensemble **2.** en même temps. ■ **together with** *prép* ainsi que.

togetherness [tə'geðənɪs] *n (indén)* unité *f*.

toggle switch *n* ÉLECTRON & INFORM interrupteur *m* à bascule.

toil [tɔɪl] *littéraire n* labeur *m*. ❑ *vi* travailler dur. ■ **toil away** *vi* • **to toil away (at sthg)** travailler dur (à qqch).

toilet ['tɔɪlɪt] *n* toilettes *fpl*, cabinets *mpl* • **to go to the toilet** aller aux toilettes.

toilet bag *n* trousse *f* de toilette.

toilet humour *n* humour *m* scatologique.

toilet paper *n (indén)* papier *m* hygiénique.

toiletries ['tɔɪlɪtrɪz] *npl* articles *mpl* de toilette.

toilet roll *n* rouleau *m* de papier hygiénique.

toilet seat *n* siège *m* des cabinets *ou* W.-C. *ou* toilettes.

toilet-trained [-,treɪnd] *adj* propre.

toilet water *n* eau *f* de toilette.

to-ing and fro-ing [,tu:ɪŋən'frəʊɪŋ] *n (indén)* allées *fpl* et venues.

token ['təʊkn] *adj* symbolique. ❑ *n* **1.** bon *m (coupon)* **2.** marque *f (témoignage)*. ■ **by the same token** *adv* de même.

told [təʊld] *passé* & *pp* → **tell**.

tolerable ['tɒlərəbl] *adj* passable.

tolerance ['tɒlərəns] *n* tolérance *f*.

tolerant ['tɒlərənt] *adj* tolérant.

tolerate ['tɒləreɪt] *vt* **1.** supporter **2.** tolérer.

toll [təʊl] *n* **1.** nombre *m* **2.** péage *m* **3.** *(locution)* • **to take its toll** se faire sentir. ❑ *vt* & *vi* sonner.

toll bridge *n* pont *m* à péage.

tollfree (US) *adv* • **to call tollfree** appeler un numéro vert.

tollroad ['təʊlrəʊd] *n* route *f* à péage.

tomato [(UK) tə'mɑ:təʊ, (US) tə'meɪtəʊ] (*pl* -es) *n* tomate *f*.

tomb [tu:m] *n* tombe *f*.

tombola [tɒm'bəʊlə] *n* **(surtout UK)** tombola *f*.

tomboy ['tɒmbɔɪ] *n* garçon *m* manqué.

tombstone ['tu:mstəʊn] *n* pierre *f* tombale.

tomcat ['tɒmkæt] *n* matou *m*.

tomorrow [tə'mɒrəʊ] *n* demain *m*, lendemain *m*. ❑ *adv* demain.

ton [tʌn] (*pl inv ou* -s) *n* **1. (UK)** = *1016 kg* **2. (US)** ≃ tonne *f (= 907,2 kg)* **3.** tonne *f (= 1000 kg)*. ■ **tons** *npl fam* • **tons (of)** des tas (de), plein (de).

tone [təʊn] *n* **1.** ton *m* **2.** tonalité *f* **3.** bip *m* sonore. ■ **tone down** *vt sép* modérer. ■ **tone up** *vt sép* tonifier.

tone-deaf *adj* qui n'a aucune oreille.

tongs [tɒŋz] *npl* **1.** pinces *fpl* **2.** fer *m* à friser.

tongue [tʌŋ] *n* **1.** langue *f* • **to hold one's tongue** *fig* tenir sa langue • **to stick one's tongue out (at sb)** tirer la langue (à qqn) **2.** languette *f (d'une chaussure)*.

tongue-in-cheek *adj* ironique.

tongue-tied [-,taɪd] *adj* muet.

tongue twister [-,twɪstər] *n* phrase *f* difficile à dire.

CULTURE

tongue twisters

Les Anglo-saxons aussi ont parfois du mal à prononcer l'anglais... Ils s'entraînent donc avec des « virelangues » (**tongue twisters**), ces locutions difficiles à articuler, comme **she sells sea shells on the seashore**, **how can a clam cram in a clean cream can?**, ou encore **six thick thistle sticks**.

tonic ['tɒnɪk] *n* **1.** Schweppes® *m* **2.** tonique *m*.

tonic water *n* Schweppes® *m*.

tonight [tə'naɪt] *n* **1.** ce soir *m* **2.** cette nuit *f*. ❑ *adv* **1.** ce soir **2.** cette nuit.

tonnage ['tʌnɪdʒ] *n* tonnage *m*.

tonne [tʌn] (*pl inv ou* -s) *n* tonne *f*.

tonsil ['tɒnsl] *n* amygdale *f*.

tonsil(l)itis [,tɒnsɪ'laɪtɪs] *n (indén)* amygdalite *f*.

too [tu:] *adv* **1.** aussi **2.** trop • **too many people** trop de gens • **it was over all too soon** ça s'était terminé bien trop tôt • **I'd be only too happy to help** je serais trop heureux de vous aider • **I wasn't too impressed** ça ne m'a pas impressionné outre mesure.

took [tʊk] *passé* → **take**.

tool [tu:l] *n litt* & *fig* outil *m*.

tool bar *n* INFORM barre *f* d'outils.

tool box *n* boîte *f* à outils.

tool kit *n* trousse *f* à outils.

toot [tu:t] *n* coup *m* de Klaxon®. ❑ *vi* klaxonner.

tooth [tu:θ] (*pl* **teeth** [ti:θ]) *n* dent *f*.

toothache ['tu:θeɪk] *n* mal *m ou* rage *f* de dents • **to have toothache (UK), to have a toothache (US)** avoir mal aux dents.

toothbrush ['tu:θbrʌʃ] *n* brosse *f* à dents.

toothless ['tu:θlɪs] *adj* édenté.

toothpaste ['tu:θpeɪst] *n* dentifrice *m*.

toothpick ['tu:θpɪk] *n* cure-dents *m inv*.
top [tɒp] *adj* **1.** du haut **2.** important **3.** supérieur **4.** fameux **5.** meilleur **6.** premier **7.** maximum. ❑ *n* **1.** sommet *m* **2.** haut *m* • **on top** dessus • **at the top of one's voice** à tue-tête **3.** cime *f* **4.** début *m*, tête *f* **5.** bouchon *m* **6.** capuchon *m (de stylo)* **7.** couvercle *m* **8.** dessus *m* **9.** *(vêtement)* haut *m* **10.** toupie *f* **11.** tête *f* **12.** haut *m* **13.** SCOL premier *m*, -ère *f*. ❑ *vt* **1.** être en tête de **2.** surpasser **3.** dépasser. ■ **on top of** *prép* **1.** sur **2.** en plus de. ■ **top up (UK), top off (US)** *vt sép* remplir.
top-bracket *adj* de première catégorie.
top brass *n (indén) fam* • **the top brass** les gros bonnets *mpl*.
top copy *n* original *m*.
top dog *n fam* chef *m*.
top-down *adj* hiérarchisé.
top floor *n* dernier étage *m*.
top gear *n* **(UK)** quatrième/cinquième vitesse *f*.
top hat *n* haut-de-forme *m*.
top-heavy *adj* mal équilibré.
topic ['tɒpɪk] *n* sujet *m*.
topical ['tɒpɪkl] *adj* d'actualité.
topless ['tɒplɪs] *adj* aux seins nus.
top-level *adj* au plus haut niveau.
topmost ['tɒpməʊst] *adj* le plus haut, la plus haute *f*.
top-notch *adj fam* de premier choix.
top-of-the-range *adj* haut de gamme *(inv)*.
topping ['tɒpɪŋ] *n* CULIN garniture *f*.
topple ['tɒpl] *vt* renverser. ❑ *vi* basculer. ■ **topple over** *vi* tomber.
top-quality *adj* de qualité supérieure.
top-secret *adj* top secret.
top-shelf *adj* • **top-shelf magazines (UK)** revues *fpl* érotiques.
topspin ['tɒpspɪn] *n* lift *m*.
topsy-turvy [ˌtɒpsɪ'tɜːvɪ] *adj* **1.** sens dessus dessous **2.** • **to be topsy-turvy** ne pas tourner rond.
top table *n* table *f* d'honneur *(à un mariage)*.
top-up card *n* recharge *f* de téléphone mobile.
torch [tɔːtʃ] *n* **1. (UK)** lampe *f* électrique **2.** torche *f*.
tore [tɔː] *passé* → **tear**[2]
torment *n* ['tɔːment] tourment *m*. ❑ *vt* [tɔː'ment] tourmenter.
torn [tɔːn] *pp* → **tear**[2]
tornado [tɔː'neɪdəʊ] *(pl* **-es** *ou* **-s)** *n* tornade *f*.
torpedo [tɔː'piːdəʊ] *n (pl* **-es)** torpille *f*.
torpor ['tɔːpər] *n* torpeur *f*.
torrent ['tɒrənt] *n* torrent *m*.
torrential [tə'renʃl] *adj* torrentiel.
torrid ['tɒrɪd] *adj* **1.** torride **2.** *fig* ardent.
torso ['tɔːsəʊ] *(pl* **-s)** *n* torse *m*.
tortilla [tɔː'tiːlə] *n* tortilla *f (galette de maïs)* • **tortilla chips** chips *fpl* de maïs.
tortoise ['tɔːtəs] *n* tortue *f*.
tortoiseshell ['tɔːtəʃel] *adj* • **tortoiseshell cat** chat *m* roux tigré. ❑ *n (indén)* écaille *f*.
tortuous ['tɔːtʃʊəs] *adj* **1.** *(chemin)* tortueux **2.** *(raisonnement)* alambiqué.
torture ['tɔːtʃər] *n* torture *f*. ❑ *vt* torturer.
Tory ['tɔːrɪ] **(UK)** *adj* tory, conservateur. ❑ *n* tory *mf*, conservateur *m*, -trice *f*.
toss [tɒs] *vt* **1.** jeter • **to toss a coin** jouer à pile ou face • **to toss one's head** rejeter la tête en arrière **2.** remuer *(la salade)* **3.** faire sauter *(des crêpes)* **4.** ballotter. ❑ *vi* • **to toss and turn** se tourner et se retourner. ■ **toss up** *vi* jouer à pile ou face.
toss-up *n fam* • **it was a toss-up who'd win** il était impossible de savoir qui allait gagner.
tot [tɒt] *n* **1.** *fam* tout-petit *m* **2.** larme *f*, goutte *f (d'une boisson alcoolisée)*. ■ **tot up** *vt sép fam* additionner.
total ['təʊtl] *adj* **1.** total **2.** complet. ❑ *n* total *m*. ❑ *vt* (**(UK)** *prét & pp* **totalled**, *cont* **totalling**, **(US)** *prét & pp* **totaled**, *cont* **totaling**) **1.** additionner **2.** s'élever à.
totalitarian [ˌtəʊtælɪ'teərɪən] *adj* totalitaire.
totally ['təʊtəlɪ] *adv* totalement • **I totally agree** je suis entièrement d'accord.
tote bag [təʊt-] *n* **(US)** sac *m* (à provisions).
totter ['tɒtər] *vi litt & fig* chanceler.
totty ['tɒtɪ] *n* **(UK)** *fam* belles nanas *fpl*, belles gonzesses *fpl*.
touch [tʌtʃ] *n* **1.** *(indén)* toucher *m* **2.** touche *f* **3.** *(indén)* marque *f*, note *f* **4.** • **to keep in touch (with sb)** rester en contact (avec qqn) • **to get in touch with sb** entrer en contact avec qqn • **to lose touch with sb** perdre qqn de vue • **to be out of touch with** ne plus être au courant de **5.** SPORT • **in touch** en touche **6.** • **a touch** un petit peu. ❑ *vt* toucher. ❑ *vi* se toucher. ■ **touch down** *vi* AÉRON atterrir. ■ **touch on** *vt insép* effleurer.
touch-and-go *adj* incertain.
touchdown ['tʌtʃdaʊn] *n* **1.** AÉRON atterrissage *m* **2.** but *m*.
touché ['tuːʃeɪ] *interj* **1.** touché *(en escrime)* **2.** *fig* très juste.
touched [tʌtʃt] *adj* **1.** touché **2.** *fam* fêlé.
touching ['tʌtʃɪŋ] *adj* touchant.
touchline ['tʌtʃlaɪn] *n* SPORT ligne *f* de touche.
touchpaper ['tʌtʃˌpeɪpər] *n* papier *m* nitraté.
touch screen *n* écran *m* tactile.
touch-sensitive *adj* **1.** *(écran)* tactile **2.** *(interrupteur, touche)* à effleurement.
touch-type *vi* taper au toucher.

touchy ['tʌtʃɪ] *adj* **1.** susceptible **2.** délicat.
touchy-feely ['fiːlɪ] *adj péj* qui affectionne les contacts physiques.
tough [tʌf] *adj* **1.** solide **2.** dur **3.** difficile **4.** dangereux **5.** sévère.
toughen ['tʌfn] *vt* **1.** endurcir **2.** renforcer.
toughened ['tʌfnd] *adj (verre)* trempé.
toughness ['tʌfnɪs] *(indén) n* **1.** dureté *f (de caractère)* **2.** solidité *f (du verre, du bois)* **3.** difficulté *f (d'un problème, d'une tâche)* **4.** sévérité *f (d'une personne).*
toupee ['tuːpeɪ] *n* postiche *m.*
tour [tʊəʳ] *n* **1.** voyage *m* **2.** tournée *f* **3.** visite *f*, tour *m.* ❑ *vt* visiter.
Tourette's Syndrome [tə'rets-], **Tourette syndrome** [tə'ret-] *n* MÉD syndrome *m* Gilles de la Tourette.
touring ['tʊərɪŋ] *n* tourisme *m.*
tourism ['tʊərɪzm] *n* tourisme *m.*
tourist ['tʊərɪst] *n* touriste *mf.*
tourist (information) office *n* office *m* de tourisme.
touristy ['tʊərɪstɪ] *adj péj* touristique.
tournament ['tɔnəmənt] *n* tournoi *m.*
tour operator *n* voyagiste *m.*
tousle ['taʊzl] *vt* ébouriffer.
tout [taʊt] *n* revendeur *m* de billets. ❑ *vt* **1.** revendre *(au marché noir)* **2.** vendre *(en vantant sa marchandise).* ❑ *vi* • **to tout for trade** racoler les clients.
tow [təʊ] *vt* remorquer.
towards [tə'wɔdz], **toward (US)** [tə'wɔd] *prép* **1.** vers **2.** envers **3.** pour.
towel ['taʊəl] *n* **1.** serviette *f* **2.** torchon *m.*
towelling (UK), toweling (US) ['taʊəlɪŋ] *n (indén)* tissu *m* éponge.
towel rail *n* porte-serviettes *m inv.*
tower ['taʊəʳ] *n* tour *f.* ❑ *vi* s'élever • **to tower over sb/sthg** dominer qqn/qqch.
tower block *n* **(UK)** tour *f.*
towering ['taʊərɪŋ] *adj* imposant.
town [taʊn] *n* ville *f* • **to go out on the town** faire la tournée des grands ducs.
town centre *n* **(UK)** centre-ville *m.*
town council *n* **(UK)** conseil *m* municipal.
town hall *n* **(UK)** mairie *f.*
town house *n* hôtel *m* particulier.
town plan *n* **(UK)** plan *m* de ville.
town planner *n* **(UK)** urbaniste *mf.*
town planning *n* **(UK)** urbanisme *m.*
townsfolk ['taʊnzfəʊk], **townspeople** ['taʊnz,piːpl] *npl* citadins *mpl.*
township ['taʊnʃɪp] *n* **1.** *(aux États-Unis)* ≃ canton *m* **2.** *(en Afrique du Sud)* township *f.*
towpath ['təʊpɑːθ] *(pl* [-pɑːðz]*) n* chemin *m* de halage.
towrope ['təʊrəʊp] *n* câble *m* de remorquage.
tow truck *n* **(US)** dépanneuse *f.*
toxic ['tɒksɪk] *adj* toxique.
toxic waste *n* déchets *mpl* toxiques.
toy [tɔɪ] *n* jouet *m.* ■ **toy with** *vt insép* **1.** caresser *(une idée)* **2.** jouer avec • **to toy with one's food** manger du bout des dents.
toy boy *n fam jeune amant d'une femme plus âgée*, étalon *m.*
toy shop *n* magasin *m* de jouets.
TPTB SMS (abrév de the powers that be) les autorités constituées.
trace [treɪs] *n* trace *f.* ❑ *vt* **1.** retrouver **2.** suivre **3.** retracer **4.** tracer.
traceable ['treɪsəbl] *adj (objet)* retrouvable, qui peut être retrouvé.
tracing paper ['treɪsɪŋ-] *n (indén)* papier-calque *m.*
track [træk] *n* **1.** chemin *m* **2.** SPORT piste *f* **3.** voie *f* ferrée **4.** trace *f* **5.** piste *f (magnétique)* **6.** *(locution)* • **to keep track of sb** rester en contact avec qqn • **to lose track of sb** perdre contact avec qqn • **to be on the right track** être sur la bonne voie • **to be on the wrong track** être sur la mauvaise piste. ❑ *vt* suivre la trace de. ■ **track down** *vt sép* **1.** dépister **2.** retrouver.
track and field *n* **(US)** athlétisme *m.*
tracklist ['træklɪst] *n* liste *f* des morceaux.
trackpad ['trækpæd] *n* INFORM tablette *f* tactile.
track record *n* palmarès *m.*
tracksuit ['træksuːt] *n* survêtement *m.*
tract [trækt] *n* **1.** tract *m* **2.** étendue *f.*
traction ['trækʃn] *n (indén)* **1.** traction *f* **2.** MÉD • **in traction** en extension.
tractor ['træktəʳ] *n* tracteur *m.*
trade [treɪd] *n* **1.** *(indén)* commerce *m* **2.** métier *m* • **by trade** de son état. ❑ *vt* • **to trade sthg (for)** échanger qqch (contre). ❑ *vi* • **to trade (with sb)** commercer (avec qqn). ■ **trade in** *vt sép* échanger.
trade fair *n* exposition *f* commerciale.
trade-in *n* reprise *f.*
trademark ['treɪdmɑːk] *n* **1.** marque *f* de fabrique **2.** *fig* marque *f.*
trade name *n* nom *m* de marque.
trade-off *n* compromis *m.*
trader ['treɪdəʳ] *n* marchand *m*, -e *f*, commerçant *m*, -e *f.*
trade route *n* route *f* commerciale.
trade secret *n* secret *m* de fabrication.
tradesman ['treɪdzmən] *(pl* **-men***) n* commerçant *m.*
trade(s) union *n* **(UK)** syndicat *m.*
Trades Union Congress *n* **(UK)** • **the Trades Union Congress** la Confédération des syndicats britanniques.

trade(s) unionist [-'juːnjənɪst] *n* **(UK)** syndicaliste *mf*.
trading ['treɪdɪŋ] *n (indén)* commerce *m*.
trading estate *n* **(UK)** zone *f* industrielle.
tradition [trə'dɪʃn] *n* tradition *f*.
traditional [trə'dɪʃənl] *adj* traditionnel.
traditionally [trə'dɪʃnəlɪ] *adv* traditionnellement.
traffic ['træfɪk] *n (indén)* **1.** circulation *f* **2.** • **traffic (in)** trafic *m* (de). ❑ *vi (prét & pp* **trafficked**, *cont* **trafficking**) • **to traffic in** faire le trafic de.
traffic circle *n* **(US)** rond-point *m*.
traffic jam *n* embouteillage *m*.
trafficker ['træfɪkəʳ] *n* • **trafficker (in)** trafiquant *m*, -e *f* (de).
traffic lights *npl* feux *mpl* de signalisation.
traffic police *n* **1.** police *f* de la route **2.** police *f* de la circulation.
traffic policeman *n* **1.** agent *m* de police **2.** agent *m* de la circulation.
traffic warden *n* **(UK)** contractuel *m*, -elle *f*.
tragedy ['trædʒədɪ] *n* tragédie *f*.
tragic ['trædʒɪk] *adj* tragique.
tragically ['trædʒɪklɪ] *adv* tragiquement, de façon tragique.
trail [treɪl] *n* **1.** sentier *m* **2.** piste *f*. ❑ *vt* **1.** traîner **2.** suivre. ❑ *vi* **1.** traîner **2.** SPORT • **to be trailing** être mené. ■ **trail away**, **trail off** *vi* s'estomper.
trailblazer ['treɪl,bleɪzəʳ] *n fig* pionnier *m*, -ère *f*.
trailblazing ['treɪl,bleɪzɪŋ] *adj* de pionnier.
trailer ['treɪləʳ] *n* **1.** remorque *f* **2.** caravane *f* **3.** CINÉ bande-annonce *f*.
trailer park *n* **(US)** *terrain aménagé pour les camping-cars*.
train [treɪn] *n* **1.** train *m* **2.** traîne *f*. ❑ *vt* **1.** • **to train sb to do sthg** apprendre à qqn à faire qqch **2.** former • **to train sb as/in** former qqn comme/dans **3.** SPORT • **to train sb (for)** entraîner qqn (pour). ❑ *vi* **1.** • **to train (as)** recevoir *ou* faire une formation (de) **2.** SPORT • **to train (for)** s'entraîner (pour).
trained [treɪnd] *adj* formé.
trainee [treɪ'niː] *n* stagiaire *mf*.
traineeship [treɪ'niːʃɪp] *n* stage *m*.
trainer ['treɪnəʳ] *n* **1.** dresseur *m*, -euse *f* **2.** SPORT entraîneur *m*. ■ **trainers** *npl* **(UK)** chaussures *fpl* de sport.
training ['treɪnɪŋ] *n (indén)* **1.** • **training (in)** formation *f* (de) **2.** SPORT entraînement *m*.
training college *n* **(UK)** école *f* professionnelle.
training course *n* cours *m ou* stage *m* de formation.
training shoes *npl* **(UK)** chaussures *fpl* de sport.
training video *n* vidéo *f* d'entraînement.
train of thought *n* • **my/his train of thought** le fil de mes/ses pensées.
train station *n* **(US)** gare *f*.
traipse [treɪps] *vi* traîner.
trait [treɪt] *n* trait *m*.
traitor ['treɪtəʳ] *n* traître *m*.
trajectory [trə'dʒektərɪ] *n* trajectoire *f*.
tram [træm], **tramcar** ['træmkɑːʳ] *n* **(UK)** tram *m*, tramway *m*.
tramp [træmp] *n* clochard *m*, -e *f*. ❑ *vi* marcher d'un pas lourd.
trample ['træmpl] *vt* piétiner.
trampoline ['træmpəliːn] *n* trampoline *m*.
trance [trɑːns] *n* transe *f*.
tranquil ['træŋkwɪl] *adj* tranquille.
tranquillity (UK), **tranquility (US)** [træŋ'kwɪlətɪ] *n* tranquillité *f*.
tranquillize, **-ise (UK)**, **tranquilize (US)** ['træŋkwɪlaɪz] *vt* mettre sous tranquillisants *ou* calmants.
tranquillizer (UK), **tranquilizer (US)** ['træŋkwɪlaɪzəʳ] *n* tranquillisant *m*.
transaction [træn'zækʃn] *n* transaction *f*.
transatlantic [,trænzət'læntɪk] *adj* **1.** *(vol, traversée)* transatlantique **2.** *(politique)* d'outre-Atlantique.
transcend [træn'send] *vt* transcender.
transcendental meditation [,trænsen'dentl-] *n* méditation *f* transcendantale.
transcribe [træn'skraɪb] *vt* transcrire.
transcript ['trænskrɪpt] *n* **(US)** SCOL livret *m* scolaire.
transcript ['trænskrɪpt] *n* transcription *f*.
trans fat ['trænz-] *n* BIOL & CHIM acide *m* gras trans.
transfer *n* ['trænsfɜːʳ] **1.** transfert *m* **2.** passation *f (de pouvoir)* **3.** FIN virement *m* **4.** **(UK)** décalcomanie *f*. ❑ *vt* [træns'fɜːʳ] **1.** transférer **2.** virer *(de l'argent)* **3.** transférer, muter *(un employé)*. ❑ *vi* [træns'fɜːʳ] être transféré.
transferable [træns'fɜːrəbl] *adj* transférable, transmissible • **not transferable** *(ticket, billet)* non cessible.
transfer fee *n* **(UK)** SPORT prix *m* d'un transfert.
transfix [træns'fɪks] *vt* • **to be transfixed with fear** être paralysé par la peur.
transform [træns'fɔm] *vt* • **to transform sb/sthg (into)** transformer qqn/qqch (en).
transformation [,trænsfə'meɪʃn] *n* transformation *f*.
transfusion [træns'fjuːʒn] *n* transfusion *f*.
transgender [,træns'dʒendəʳ] *adj* transgenre, transsexuel.
transient ['trænzɪənt] *adj* passager.
transistor [træn'zɪstəʳ] *n* transistor *m*.

transistor radio *n* transistor *m*.
transit ['trænsɪt] *n* • **in transit** en transit.
transition [træn'zɪʃn] *n* transition *f*.
transitional [træn'zɪʃənl] *adj* de transition.
transitive ['trænzɪtɪv] *adj* transitif.
transitory ['trænzɪtrɪ] *adj* transitoire.
translate [træns'leɪt] *vt* traduire.
translation [træns'leɪʃn] *n* traduction *f*.
translator [træns'leɪtə^r] *n* traducteur *m*, -trice *f*.
translucent [trænz'lu:snt] *adj* translucide.
transmission [trænz'mɪʃn] *n* **1.** *RADIO & TV* transmission *f* **2.** émission *f* **3.** **(US)** *AUTO* boîte *f* de vitesses.
transmit [trænz'mɪt] *vt* transmettre.
transmitter [trænz'mɪtə^r] *n* émetteur *m*.
transparency [trans'pærənsɪ] *n* **1.** diapositive *f* **2.** transparent *m*.
transparent [træns'pærənt] *adj* transparent.
transpire [træn'spaɪə^r] *sout vt* • **it transpires that...** on a appris que... ❑ *vi* se passer, arriver.
transplant *n* ['trænsplɑ:nt] greffe *f*, transplantation *f*. ❑ *vt* [træns'plɑ:nt] **1.** greffer, transplanter **2.** repiquer.
transport *n* ['trænspɔt] transport *m*. ❑ *vt* [træn'spɔt] transporter.
transportable [træn'spɔ:təbl] *adj* transportable.
transportation [ˌtrænspɔ'teɪʃn] *n* **(surtout US)** transport *m*.
transport cafe *n* **(UK)** restaurant *m* de routiers, routier *m*.
transpose [træns'pəuz] *vt* transposer.
transsexual [træns'sekʃuəl] *n* transsexuel.
transvestite [trænz'vestaɪt] *n* travesti *m*, -e *f*.
trap [træp] *n* piège *m*. ❑ *vt* prendre au piège • **to be trapped** être coincé.
trapdoor [ˌtræp'dɔ^r] *n* trappe *f*.
trapeze [trə'pi:z] *n* trapèze *m*.
trappings ['træpɪŋz] *npl* signes *mpl* extérieurs.
trash [træʃ] *n (indén)* **1.** **(US)** ordures *fpl* **2.** *fam & péj* camelote *f*.
trash bag *n* **(US)** sac-poubelle *m*.
trashcan ['træʃkæn] *n* **(US)** poubelle *f*.
trash collector *n* **(US)** éboueur *m*, éboueuse *f*.
trashed [træʃt] *adj fam* bourré *(par l'alcool)* • **to get trashed** se bourrer la gueule.
trashy ['træʃɪ] (*comp* **trashier**, *superl* **trashiest**) *adj fam* qui ne vaut rien, nul.
trauma ['trɔ:mə] *n* **1.** *MÉD* trauma *m* **2.** *fig* traumatisme *m*.
traumatic [trɔ'mætɪk] *adj* traumatisant.
traumatize, -ise (UK) ['trɔ:mətaɪz] *vt* traumatiser.
travel ['trævl] *n (indén)* voyage *m*, voyages *mpl*. ❑ *vt* (**(UK)** *prét & pp* **travelled**, *cont* **travelling**, **(US)** *prét & pp* **traveled**, *cont* **traveling**) parcourir. ❑ *vi* (**(UK)** *prét & pp* **travelled**, *cont* **travelling**, **(US)** *prét & pp* **traveled**, *cont* **traveling**) **1.** voyager **2.** *(courant, signal)* aller, passer **3.** *(nouvelle)* se répandre, circuler. ■ **travels** *npl* voyages *mpl*.
travel agency *n* agence *f* de voyages.
travel agent *n* agent *m* de voyages • **to/at the travel agent's** à l'agence *f* de voyages.
travelator ['trævəleɪtə^r] = **travolator**.
travel brochure *n* dépliant *m* touristique.
Travelcard ['trævlkɑ:d] *n* carte *f* d'abonnement *(pour les transports en commun à Londres)*.
traveler *etc* **(US)** = **traveller** *etc*
travel insurance *n (indén)* • **to take out travel insurance** prendre une assurance-voyage.
traveller (UK), **traveler (US)** ['trævlə^r] *n* **1.** voyageur *m*, -euse *f* **2.** représentant *m*.
traveller's cheque (UK), **traveler's check (US)** *n* chèque *m* de voyage.
travelling (UK), **traveling (US)** ['trævlɪŋ] *adj* **1.** ambulant **2.** *(sac)* de voyage **3.** *(indemnité)* de déplacement.
travelling expenses (UK), **traveling expenses (US)** *npl* frais *mpl* de déplacement.
travelling rug *n* plaid *m*.
travelsick ['trævəlsɪk] *adj* • **to be travelsick** avoir le mal de la route/de l'air/de mer.
travel sickness *n* mal *m* de la route/de l'air/de mer.
travel-size *adj (shampoing, flacon)* de voyage.
travel-weary *adj* fatigué par le voyage.
travesty ['trævəstɪ] *n* parodie *f*.
travolator ['trævəleɪtə^r] *n* tapis *m* ou trottoir *m* roulant.
trawler ['trɔlə^r] *n* chalutier *m*.
tray [treɪ] *n* plateau *m*.
treacherous ['tretʃərəs] *adj* traître, traîtresse *f*.
treachery ['tretʃərɪ] *n* traîtrise *f*.
treacle ['tri:kl] *n* **(UK)** mélasse *f*.
tread [tred] *n* **1.** *AUTO* bande *f* de roulement **2.** pas *m*. ❑ *vi* (*prét* **trod**, *pp* **trodden**) • **to tread (on)** marcher (sur).
treadmill ['tredmɪl] *n* **1.** trépigneuse *f* **2.** *fig* routine *f*, train-train *m*.
treason ['tri:zn] *n* trahison *f*.
treasure ['treʒə^r] *n* trésor *m*. ❑ *vt* **1.** garder précieusement **2.** chérir.
treasure hunt *n* chasse *f* au trésor.
treasurer ['treʒərə^r] *n* trésorier *m*, -ère *f*.
treasury ['treʒərɪ] *n* trésorerie *f*. ■ **Treasury** *n* • **the Treasury** le ministère des Finances.
treat [tri:t] *vt* **1.** traiter **2.** • **to treat sb to sthg** offrir ou payer qqch à qqn. ❑ *n* **1.** cadeau *m* **2.** plaisir *m*.
treatise ['tri:tɪz] *n* • **treatise (on)** traité *m* (de).
treatment ['tri:tmənt] *n* traitement *m*.

treaty ['tri:tɪ] *n* traité *m*.
treble ['trebl] *adj* **1.** *(voix)* de soprano **2.** *(son)* aigu **3.** triple. ❑ *n (voix, chanteur)* soprano *m*. ❑ *vt & vi* tripler.
treble clef *n* clef *f* de sol.
tree [tri:] *n* **1.** arbre *m* **2.** INFORM arbre *m*, arborescence *f*.
tree-hugger *n fam, hum & péj* écolo *mf*.
tree-lined *adj* bordé d'arbres.
treetop ['tri:tɒp] *n* cime *f*.
tree trunk *n* tronc *m* d'arbre.
trek [trek] *n* randonnée *f*.
trekking ['trekɪŋ] *n* randonnée *f*, trekking *m* • **I went on a trekking holiday in Nepal** je suis allé faire de la randonnée au Népal.
trellis ['trelɪs] *n* treillis *m*.
tremble ['trembl] *vi* trembler.
tremendous [trɪ'mendəs] *adj* **1.** énorme **2.** terrible **3.** *fam* formidable.
tremendously [trɪ'mendəslɪ] *adv* **1.** extrêmement *(cher, énervant)* **2.** terriblement *(fort)*.
tremor ['treməʳ] *n* tremblement *m*.
trench [trentʃ] *n* tranchée *f*.
trench coat *n* trench-coat *m*.
trend [trend] *n* tendance *f*.
trendily ['trendɪlɪ] *adv fam (vêtement, tenue)* branché *(adv)*.
trendsetter ['trend,setəʳ] *n* personne *f* qui lance une mode.
trendy [trendɪ] *fam adj* branché, à la mode.
trepidation [,trepɪ'deɪʃn] *n sout* • **in** *ou* **with trepidation** avec inquiétude.
trespass ['trespəs] *vi* entrer sans permission • **'no trespassing'** 'défense d'entrer'.
trespasser ['trespəsəʳ] *n* intrus *m*, -e *f*.
trestle ['tresl] *n* tréteau *m*.
trestle table *n* table *f* à tréteaux.
triage ['tri:ɑ:ʒ] *n* MÉD triage *m (des malades, des blessés)*.
trial ['traɪəl] *n* **1.** procès *m* • **to be on trial (for)** passer en justice (pour) **2.** essai *m* • **on trial** à l'essai • **by trial and error** en tâtonnant **3.** épreuve *f (expérience pénible)*.
trial basis *n* • **on a trial basis** à l'essai.
trial period *n* période *f* d'essai.
trial run *n* essai *m*.
trial-size(d) *adj (dose)* d'essai.
triangle ['traɪæŋgl] *n* triangle *m*.
triathlon [traɪ'æθlɒn] *(pl* **-s***) n* triathlon *m*.
tribe [traɪb] *n* tribu *f*.
tribunal [traɪ'bju:nl] *n* tribunal *m*.
tributary ['trɪbjʊtrɪ] *n* affluent *m*.
tribute ['trɪbju:t] *n* tribut *m*, hommage *m* • **to pay tribute to** payer tribut à, rendre hommage à.
trice [traɪs] *n* • **in a trice** en un clin d'œil.
triceps ['traɪseps] *(pl inv ou* **-es***) n* triceps *m*.
trick [trɪk] *n* **1.** tour *m*, farce *f* • **to play a trick on sb** jouer un tour à qqn **2.** truc *m* • **that will do the trick** *fam* ça fera l'affaire. ❑ *vt* attraper, rouler • **to trick sb into doing sthg** amener qqn à faire qqch (par la ruse).
trickery ['trɪkərɪ] *n (indén)* ruse *f*.
trickle ['trɪkl] *n* filet *m*. ❑ *vi* dégouliner • **to trickle in/out** entrer/sortir par petits groupes.
trickle-down *adj* • **trickle-down economics** *théorie selon laquelle le bien-être des riches finit par profiter aux classes sociales défavorisées*.
trick or treat *n* une gâterie ou une farce *(phrase rituelle des enfants déguisés qui font la quête le soir de Hallowe'en)*.
trick question *n* question-piège *f*.
tricky ['trɪkɪ] *adj* difficile.
tricycle ['traɪsɪkl] *n* tricycle *m*.
tried [traɪd] *adj* • **tried and tested** qui a fait ses preuves.
trifle ['traɪfl] *n* **1.** (UK) CULIN ≃ diplomate *m* **2.** bagatelle *f*. ■ **a trifle** *adv* un peu, un tantinet.
trifling ['traɪflɪŋ] *adj* insignifiant.
trigger ['trɪgəʳ] *n* détente *f*, gâchette *f*. ■ **trigger off** *vt sép* déclencher, provoquer.
trigger-happy *adj* **1.** *fam (personne)* qui a la gâchette facile **2.** *(état)* prêt à déclencher la guerre pour un rien, belliqueux.
trilingual [traɪ'lɪŋgwəl] *adj* trilingue.
trill [trɪl] *n* trille *m*.
trilogy ['trɪlədʒɪ] *(pl* **-ies***) n* trilogie *f*.
trim [trɪm] *adj* **1.** net **2.** svelte. ❑ *n* coupe *f (de cheveux)*. ❑ *vt* **1.** couper **2.** tailler **3.** • **to trim sthg (with)** garnir *ou* orner qqch (de).
trimester [traɪ'mestəʳ] *n* **1.** (US) trimestre *m* **2.** trois mois *mpl*.
trimmed [trimd] *adj* • **trimmed with** orné de.
trimming ['trɪmɪŋ] *n* **1.** COUT parement *m* **2.** CULIN garniture *f*.
trinket ['trɪŋkɪt] *n* bibelot *m*.
trio ['tri:əʊ] *(pl* **-s***) n* trio *m*.
trip [trɪp] *n* **1.** voyage *m* **2.** *arg drogue* trip *m*. ❑ *vt* faire un croche-pied à. ❑ *vi* • **to trip (over)** trébucher (sur). ■ **trip up** *vt sép* faire un croche-pied à.
tripe [traɪp] *n (indén)* **1.** tripe *f* **2.** *fam* bêtises *fpl*, idioties *fpl*.
triple ['trɪpl] *adj* triple. ❑ *vt & vi* tripler.
triple jump *n* • **the triple jump** le triple saut.
triplets ['trɪplɪts] *npl* triplés *mpl*, triplées *fpl*.
triplicate ['trɪplɪkət] *n* • **in triplicate** en trois exemplaires.
tripod ['traɪpɒd] *n* trépied *m*.
trip switch *n* interrupteur *m*.
trite [traɪt] *adj péj* banal.

triumph ['traɪəmf] *n* triomphe *m*. ❑ *vi* • **to triumph (over)** triompher (de).

triumphant [traɪ'ʌmfənt] *adj* triomphant.

triumphantly [trɪ'ʌmfəntlɪ] *adv* de façon triomphante, triomphalement.

trivia ['trɪvɪə] *n (indén)* vétilles *fpl*, riens *mpl*.

trivial ['trɪvɪəl] *adj* insignifiant.

trivialize, -ise (UK) ['trɪvɪəlaɪz] *vt* banaliser.

trod [trɒd] *passé* → **tread**.

trodden ['trɒdn] *pp* → **tread**.

trolley ['trɒlɪ] (*pl* **-s**) *n* **1. (UK)** chariot *m*, Caddie® *m* **2. (UK)** table *f* roulante.

trolley case *n* **(UK)** valise *f* à roulettes.

trollop ['trɒləp] *n* **1.** *vieilli* & *péj* putain *f* **2.** souillon *f*.

trombone [trɒm'bəʊn] *n* MUS trombone *m*.

troop [tru:p] *n* bande *f*, troupe *f*. ❑ *vi* • **to troop in/out/off** entrer/sortir/partir en groupe. ■ **troops** *npl* troupes *fpl*.

trooper ['tru:pər] *n* **1.** MIL soldat *m* **2. (US)** policier *m (appartenant à la police d'un État)*.

trophy ['trəʊfɪ] *n* trophée *m*.

tropical ['trɒpɪkl] *adj* tropical.

tropics ['trɒpɪks] *npl* • **the tropics** les tropiques *mpl*.

trot [trɒt] *n* trot *m*. ❑ *vi* trotter. ■ **on the trot** *adv fam* de suite, d'affilée. ■ **trot out** *vt sép péj* débiter.

trotter ['trɒtər] *n* pied *m* de porc.

trouble ['trʌbl] *n (indén)* **1.** problème *m*, difficulté *f* • **to be in trouble** avoir des ennuis **2.** peine *f*, mal *m* • **to take the trouble to do sthg** se donner la peine de faire qqch • **it's no trouble!** ça ne me dérange pas ! **3.** ennui *m* **4.** bagarre *f* **5.** troubles *mpl*, conflits *mpl*. ❑ *vt* **1.** peiner, troubler **2.** déranger **3.** faire mal à. ■ **troubles** *npl* **1.** ennuis *mpl* **2.** POLIT troubles *mpl*, conflits *mpl*.

troubled ['trʌbld] *adj* **1.** inquiet **2.** *(période)* de troubles, agité **3.** *(pays)* qui connaît une période de troubles.

trouble-free *adj* sans problèmes.

troublemaker ['trʌbl,meɪkər] *n* provocateur *m*, -trice *f*.

troubleshoot ['trʌbl,ʃu:t] *vi* **1.** régler un problème **2.** localiser une panne.

troubleshooter ['trʌbl,ʃu:tər] *n* expert *m*, spécialiste *mf*.

troublesome ['trʌblsəm] *adj* **1.** pénible **2.** gênant **3.** qui fait souffrir.

trouble spot *n* point *m* chaud.

troubling ['trʌblɪŋ] *adj (nouvelles)* inquiétant.

trough [trɒf] *n* **1.** abreuvoir *m* **2.** auge *f* **3.** creux *m (d'une vague)* **4.** *fig* point *m* bas.

trounce [traʊns] *vt fam* écraser.

troupe [tru:p] *n* troupe *f*.

trousers ['traʊzəz] *npl* pantalon *m*.

trouser suit ['traʊzər-] *n* **(UK)** tailleur-pantalon *m*.

trousseau ['tru:səʊ] (*pl* **-x** *ou* **-s**) *n* trousseau *m*.

trout [traʊt] (*pl inv ou* **-s**) *n* truite *f*.

trowel ['traʊəl] *n* **1.** déplantoir *m* **2.** truelle *f*.

truancy ['tru:ənsɪ] *n* absentéisme *m*.

truant ['tru:ənt] *n* élève *mf* absentéiste.

truce [tru:s] *n* trêve *f*.

truck [trʌk] *n* **1. (surtout US)** camion *m* **2.** wagon *m* à plate-forme.

truck driver *n* **(surtout US)** routier *m*.

trucker ['trʌkər] *n* **(US)** routier *m*, -ère *f*.

truck farm *n* **(US)** jardin *m* maraîcher.

truculent ['trʌkjʊlənt] *adj* agressif.

trudge [trʌdʒ] *vi* marcher péniblement.

true ['tru:] *adj* **1.** vrai • **to come true** se réaliser **2.** vrai, authentique • **true love** le grand amour **3.** exact **4.** fidèle, loyal.

true-life *adj* vrai, vécu.

truffle ['trʌfl] *n* truffe *f*.

truism ['tru:ɪzm] *n* truisme *m*.

truly ['tru:lɪ] *adv* **1.** vraiment **2.** *(pour accentuer)* vraiment, sincèrement **3.** *(locution)* • **yours truly** je vous prie de croire à l'expression de mes sentiments distingués.

trump [trʌmp] *n* atout *m*.

trump card *n fig* atout *m*.

trumped-up ['trʌmpt-] *adj péj* inventé de toutes pièces.

trumpet ['trʌmpɪt] *n* trompette *f*.

truncate [trʌŋ'keɪt] *vt* tronquer.

truncated [trʌŋ'keɪtɪd] *adj* tronqué.

truncheon ['trʌntʃən] *n* **(UK)** matraque *f*.

trundle ['trʌndl] *vi* aller lentement.

trunk [trʌŋk] *n* **1.** tronc *m* **2.** trompe *f (d'éléphant)* **3.** malle *f* **4. (US)** coffre *m (de voiture)*. ■ **trunks** *npl* maillot *m* de bain.

trunk call *n* **(UK)** communication *f* interurbaine.

trunk road *n* **(UK)** (route *f*) nationale *f*.

truss [trʌs] *n* bandage *m* herniaire.

trust [trʌst] *vt* **1.** avoir confiance en, se fier à • **to trust sb to do sthg** compter sur qqn pour faire qqch **2.** • **to trust sb with sthg** confier qqch à qqn **3.** *sout* • **to trust (that)...** espérer que... ❑ *n* **1.** *(indén)* • **trust (in sb/sthg)** confiance *f* (en qqn/dans qqch) **2.** *(indén)* responsabilité *f* **3.** COMM trust *m*.

trusted ['trʌstɪd] *adj* **1.** *(personne)* de confiance **2.** *(méthode)* qui a fait ses preuves.

trustee [trʌs'ti:] *n* **1.** fidéicommissaire *mf* **2.** administrateur *m*, -trice *f*.

trust fund *n* fonds *m* en fidéicommis.

trusting ['trʌstɪŋ] *adj* confiant.

trustworthiness ['trʌst,wɜ:ðɪnɪs] *n* **1.** *(qualité)* loyauté *f*, sérieux *m (d'une personne)* **2.** fiabilité *f (d'une information, d'une source)* **3.** *(exactitude)* fiabilité *f*, justesse *f (d'un rapport, d'un calcul)* **4.** honnêteté *f*.

trustworthy ['trʌst,wɜːðɪ] *adj* digne de confiance.

trusty ['trʌstɪ] *(comp* **trustier**, *superl* **trustiest**) *adj hum* fidèle.

truth [truːθ] *n* vérité *f* • **in (all) truth** à dire vrai, en vérité.

truther ['truːθər] *n personne contestant la version officielle sur les attentats terroristes du 11 septembre 2001 aux États-Unis, et soutenant la thèse d'une conspiration.*

truthful ['truːθfʊl] *adj* **1.** honnête **2.** véridique.

truthfully ['truːθfʊlɪ] *adv* **1.** *(répondre, parler)* honnêtement, sans mentir **2.** *(agir)* sincèrement, vraiment.

truthfulness ['truːθfʊlnɪs] *n* **1.** honnêteté *f (d'une personne)* **2.** fidélité *f (d'un portrait)* **3.** véracité *f (de faits, de récits)*.

try [traɪ] *vt* **1.** essayer • **to try to do sthg** essayer de faire qqch **2.** goûter **3.** *DR* juger **4.** éprouver, mettre à l'épreuve. ❑ *vi* essayer • **to try for sthg** essayer d'obtenir qqch. ❑ *n* **1.** essai *m*, tentative *f* • **to give sthg a try** essayer qqch **2.** *RUGBY* essai *m*. ■ **try on** *vt sép* essayer *(un vêtement)*. ■ **try out** *vt sép* essayer *(une machine, une méthode)*.

> **À PROPOS DE**
>
> **try**
>
> Dans la langue parlée, le verbe ***try*** est souvent suivi de ***and*** puis de la forme de base du verbe, au lieu de ***to*** et de la forme de base **(try and *come tonight* = try to *come tonight*)**.

trying ['traɪɪŋ] *adj* pénible, éprouvant.

try-out *n fam* essai *m*.

tsar [zɑːr] *n* tsar *m*.

T-shirt *n* tee-shirt *m*.

T-square *n* té *m*.

TSS (abrév de toxic shock syndrome) *n* SCT *m*.

tsunami [tsuː'nɑːmɪ] *n* tsunami *m*.

TTYL *SMS* (abrév de talk to you later) @+.

tub [tʌb] *n* **1.** boîte *f* **2.** petit pot *m* **3.** barquette *f* **4.** baignoire *f*.

tuba ['tjuːbə] *n* tuba *m*.

tubby ['tʌbɪ] *adj fam* boulot.

tube [tjuːb] *n* **1.** tube *m* **2.** **(UK)** métro *m* • **the tube** le métro • **by tube** en métro.

tuberculosis [tjuː,bɜːkjʊ'ləʊsɪs] *n* tuberculose *f*.

tube station *n* **(UK)** station *f* de métro.

tubing ['tjuːbɪŋ] *n (indén)* tubes *mpl*, tuyaux *mpl*.

tubular ['tjuːbjʊlər] *adj* tubulaire.

tuck [tʌk] *vt* ranger. ■ **tuck away** *vt sép* mettre de côté *ou* en lieu sûr. ■ **tuck in** *vt* **1.** border *(un enfant)* **2.** rentrer *(sa chemise dans son pantalon)*. ❑ *vi fam* bouffer. ■ **tuck up** *vt sép* border.

tuck shop *n* **(UK)** *petite boutique qui vend des bonbons et des gâteaux.*

Tudor ['tjuːdər] *adj* **1.** *HIST* des Tudors **2.** *ARCHIT* Tudor *(inv)*.

Tue., Tues. (abrév de Tuesday) mar.

Tuesday ['tjuːzdeɪ] *n* mardi *m*. Voir aussi **Saturday**.

tuft [tʌft] *n* touffe *f*.

tug [tʌg] *n* **1.** • **to give sthg a tug** tirer sur qqch **2.** remorqueur *m*. ❑ *vt* tirer. ❑ *vi* • **to tug (at)** tirer (sur).

tug-of-war *n* **1.** lutte *f* de traction à la corde **2.** *fig* lutte acharnée.

tuition [tjuː'ɪʃn] *n (indén)* cours *mpl*.

TUL *SMS* (abrév de tell you later) je te raconterai.

tulip ['tjuːlɪp] *n* tulipe *f*.

tumble ['tʌmbl] *vi* **1.** tomber, faire une chute **2.** *(eau)* tomber en cascades **3.** *fig* tomber, chuter. ❑ *n* chute *f*, culbute *f*. ■ **tumble to** *vt insép* **(UK)** *fam* piger.

tumbledown ['tʌmbldaʊn] *adj* délabré, qui tombe en ruine.

tumble-dry *vt* faire sécher en machine.

tumble-dryer [-,draɪər] *n* sèche-linge *m inv*.

tumbler ['tʌmblər] *n* verre *m* (droit).

tummy ['tʌmɪ] *n fam* ventre *m*.

tumour (UK), tumor (US) ['tjuːmər] *n* tumeur *f*.

tumultuous ['tjuːmʌltjʊəs] *adj* **1.** tumultueux **2.** frénétique.

tuna [**(UK)** 'tjuːnə, **(US)** 'tuːnə] *(pl inv ou* **-s**) *n* thon *m*.

tune [tjuːn] *n* **1.** air *m* **2.** • **in tune a)** accordé **b)** juste • **out of tune a)** mal accordé **b)** faux • **to be in/out of tune (with)** *fig* être en accord/désaccord (avec). ❑ *vt* **1.** *MUS* accorder **2.** *AUTO, RADIO & TV* régler. ■ **tune in** *vi* être à l'écoute • **to tune in to** se mettre sur. ■ **tune up** *vi* accorder son instrument.

tuned-in [tjuːnd-] *adj fam* branché.

tuneful ['tjuːnfʊl] *adj* mélodieux.

tunefully ['tjuːnfʊlɪ] *adv* mélodieusement.

tuneless ['tjuːnlɪs] *adj* discordant.

tunelessly ['tjuːnlɪslɪ] *adv* **1.** de manière peu mélodieuse **2.** faux *(adv)*.

tuner ['tjuːnər] *n* **1.** *RADIO & TV* syntoniseur *m*, tuner *m* **2.** accordeur *m*.

tunic ['tjuːnɪk] *n* tunique *f*.

tuning fork ['tjuːnɪŋ-] *n* diapason *m*.

Tunisia [tjuː'nɪzɪə] *n* Tunisie *f*.

tunnel ['tʌnl] *n* tunnel *m*. ❑ *vi* (**(UK)** *prét & pp* **tunnelled**, *cont* **tunnelling**, **(US)** *prét & pp* **tunneled**, *cont* **tunneling**) faire *ou* creuser un tunnel.

tunnel vision *n* **1.** rétrécissement *m* du champ visuel **2.** *fig & péj* vues *fpl* étroites.

turban ['tɜːbən] *n* turban *m*.

turbine ['tɜːbaɪn] *n* turbine *f*.

turbo ['tɜːbəʊ] (*pl* -s) *n* turbo *m*.

turbocharged ['tɜːbəʊtʃɑːdʒd] *adj* turbo *(inv)*.

turbot ['tɜːbət] (*pl inv ou* -s) *n* turbot *m*.

turbulence ['tɜːbjʊləns] *n (indén)* **1.** turbulence *f* **2.** *fig* agitation *f*.

turbulent ['tɜːbjʊlənt] *adj* **1.** agité **2.** *fig* tumultueux, agité.

turd [tɜːd] *n tfam* **1.** *(excrément)* merde *f* **2.** *péj (personne)* con *m*, salaud *m*.

tureen [tə'riːn] *n* soupière *f*.

turf [tɜːf] *n* (*pl* -s, **(UK)** *pl* **turves** [tɜːvz]) **1.** gazon *m* **2. (US)** *fam* territoire *m* réservé **3.** motte *f* de gazon. ■ **turf out** *vt sép* **(UK)** *fam* **1.** virer **2.** balancer, bazarder.

turgid ['tɜːdʒɪd] *adj sout* pompeux, ampoulé.

Turk [tɜːk] *n* Turc *m*, Turque *f*.

turkey ['tɜːkɪ] (*pl* -s) *n* dinde *f*.

Turkey ['tɜːkɪ] *n* Turquie *f*.

Turkish ['tɜːkɪʃ] *adj* turc. ❏ *n* turc *m*. ❏ *npl* • **the Turkish** les Turcs *mpl*.

Turkish delight *n* loukoum *m*.

turmoil ['tɜːmɔɪl] *n* agitation *f*, trouble *m*.

turn ['tɜːn] *n* **1.** virage *m*, tournant *m* **2.** méandre *m* **3.** tour *m* **4.** tournure *f*, tour *m* **5.** *(dans un jeu)* tour *m* • **it's my turn** c'est (à) mon tour • **in turn** tour à tour, chacun (à) son tour **6. (UK)** numéro *m (dans un spectacle)* **7. (UK)** MÉD crise *f*, attaque *f* **8.** *(locution)* • **to do sb a good turn** rendre (un) service à qqn. ❏ *vt* **1.** tourner • **to turn one's attention to sthg** tourner son attention vers qqch **2.** retourner • **to turn sthg inside out** retourner qqch **3.** • **to turn sthg into** changer qqch en **4.** • **to turn red** rougir. ❏ *vi* **1.** tourner **2.** se retourner **3.** • **to turn to a page** se reporter *ou* aller à une page **4.** • **to turn to sb/sthg** se tourner vers qqn/qqch **5.** • **to turn into** se transformer en. ■ **turn against** *vt insép* se retourner contre. ■ **turn around** *vt sép* = **turn round**. ■ **turn away** *vt sép* refuser. ❏ *vi* se détourner. ■ **turn back** *vt sép* **1.** replier **2.** refouler. ❏ *vi* rebrousser chemin. ■ **turn down** *vt sép* **1.** rejeter, refuser **2.** baisser. ■ **turn in** *vi fam* se pieuter. ■ **turn off** *vt insép* quitter. ❏ *vt sép* **1.** éteindre **2.** fermer. ❏ *vi* tourner. ■ **turn on** *vt sép* **1.** allumer • **to turn the light on** allumer la lumière **2.** ouvrir **3.** *fam* exciter. ❏ *vt insép* attaquer. ■ **turn out** *vt sép* **1.** éteindre **2.** retourner, vider. ❏ *vt insép* • **to turn out to be** s'avérer • **it turns out that...** il s'avère *ou* se trouve que... ❏ *vi* **1.** finir **2.** venir. ■ **turn over** *vt sép* **1.** retourner *(une carte à jouer, une pierre)* **2.** tourner *(une page)* **3.** retourner dans sa tête **4.** rendre. ❏ *vi* **1.** se retourner **2. (UK)** *(TV)* changer de chaîne. ■ **turn round (UK), turn around (US)** *vt sép* **1.** retourner *(une carte à jouer, une pierre)* **2.** tourner *(une page)*. ❏ *vi* se retourner. ■ **turn up** *vt sép* **1.** mettre plus fort **2.** monter. ❏ *vi* **1.** arriver **2.** être retrouvé **3.** *(occasion)* se présenter.

turnabout ['tɜːnəbaʊt] *n* **1.** revirement *m (de situation)* **2.** changement *m (de politique)*.

turnaround (US) = **turnround**.

turncoat ['tɜːnkəʊt] *n péj* renégat *m*.

turned-on *adj fam* **1.** branché, câblé *(à la mode)* **2.** excité *(sexuellement)* • **to get turned-on** s'exciter.

turning ['tɜːnɪŋ] *n* **(UK)** route *f* latérale.

turning point *n* tournant *m*, moment *m* décisif.

turnip ['tɜːnɪp] *n* navet *m*.

turn-off *n* **1.** sortie *f* (de route), route *f* transversale, embranchement *m* **2.** *fam* perte d'intérêt • **it's a real turn-off a)** *(gén)* c'est vraiment à vous dégoûter **b)** *(sexuellement)* ça vous coupe vraiment l'envie.

turn-on *n fam* • **he finds leather a turn-on** il trouve le cuir excitant, le cuir l'excite.

turnout ['tɜːnaʊt] *n* **1.** taux *m* de participation **2.** *(à un concert, un meeting)* assistance *f*.

turnover ['tɜːn,əʊvər] *n (indén)* **1.** renouvellement *m* **2.** chiffre *m* d'affaires.

turnpike ['tɜːnpaɪk] *n* **(US)** autoroute *f* à péage.

turnround (UK) ['tɜːnraʊnd], **turnaround (US)** ['tɜːnəraʊnd] *n* **1.** COMM • **turnround (time)** délai *m* **2.** retournement *m (de situation)*.

turnstile ['tɜːnstaɪl] *n* tourniquet *m*.

turntable ['tɜːn,teɪbl] *n* platine *f (d'un électrophone)*.

turn-up *n* **(UK)** revers *m inv (de pantalon)* • **a turn-up for the books** *fam* une sacrée surprise.

turpentine ['tɜːpəntaɪn] *n* térébenthine *f*.

turquoise ['tɜːkwɔɪz] *n* **1.** *(pierre fine)* turquoise *f* **2.** *(couleur)* turquoise *m*.

turret ['tʌrɪt] *n* tourelle *f*.

turtle ['tɜːtl] (*pl inv ou* -s) *n* tortue *f* de mer.

turtleneck ['tɜːtlnek] *n* **1.** pull *m* à col montant **2.** col *m* montant.

tusk [tʌsk] *n* défense *f (d'éléphant)*.

tussle ['tʌsl] *n* lutte *f*. ❏ *vi* se battre • **to tussle over sthg** se disputer qqch.

tutor ['tjuːtər] *n* **1.** professeur *m* particulier **2. (UK)** UNIV directeur *m*, -trice *f* d'études.

tutorial [tjuː'tɔːrɪəl] *n* travaux *mpl* dirigés.

tutu ['tuːtuː] *n* tutu *m*.

tux ['tʌks] *n* **(UK)** *fam* smoking *m*.

tuxedo [tʌk'siːdəʊ] (*pl* -s) *n* smoking *m*.

TV (abrév de television) *n (indén)* télé *f*.

TV dinner *n* plateau-repas *m (devant la télévision)*.

TV movie *n* téléfilm *m*.

twaddle ['twɒdl] *n (indén) fam* bêtises *fpl*, fadaises *fpl*.

twang [twæŋ] *n* **1.** bruit *m* de pincement **2.** nasillement *m*.

tweak [twiːk] *vt* **1.** *fam* tirer *(les oreilles)* **2.** tordre *(le nez)*.

twee [twiː] *adj* **(UK)** *péj* mièvre.

tweed [twiːd] *n* tweed *m*.

tweenage [ˈtwiːneɪʤ] *adj fam* préadolescence *f*.

tweenager [ˈtwiːneɪʤəʳ] *n fam* préadolescent *m*, -e *f*.

tweezers [ˈtwiːzəz] *npl* pince *f* à épiler.

twelfth [twelfθ] *num* douzième. Voir aussi **sixth**.

twelfth grade *n* **(US)** SCOL *classe de l'enseignement secondaire correspondant à la terminale (17-18 ans)*.

twelfth grader [ˈtwelfθ ˌgreɪdəʳ] *n* **(US)** SCOL *lycéen en troisième année*.

twelve [twelv] *num* douze. Voir aussi **six**.

twentieth [ˈtwentɪəθ] *num* vingtième. Voir aussi **sixth**.

twenty [ˈtwentɪ] *num* vingt. Voir aussi **six**.

twenty-twenty vision *n* vision *f* de dix dixièmes à chaque œil.

twerp [twɜːp] *n fam* crétin *m*, -e *f*, andouille *f*.

twice [twaɪs] *adv* deux fois • **twice a day** deux fois par jour • **he earns twice as much as me** il gagne deux fois plus que moi • **twice as big** deux fois plus grand • **twice my age** le double de mon âge.

twiddle [ˈtwɪdl] *vt* jouer avec. ❑ *vi* • **to twiddle with sthg** jouer avec qqch.

twig [twɪg] *n* brindille *f*, petite branche *f*.

twilight [ˈtwaɪlaɪt] *n* crépuscule *m*.

twin [twɪn] *adj* **1.** jumeau • **twin beds** lits *mpl* jumeaux **2.** **(UK)** jumelé. ❑ *n* jumeau *m*, jumelle *f*.

twin-bedded [-ˈbedɪd] *adj* à deux lits.

twin beds *npl* lits *m* jumeaux.

twine [twaɪn] *n* *(indén)* ficelle *f*. ❑ *vt* • **to twine sthg round (UK)** *ou* **around (US) sthg** enrouler qqch autour de qqch.

twin-engined [-ˈenʤɪnd] *adj* bimoteur.

twinge [twɪnʤ] *n* élancement *m* • **a twinge of guilt** un remords.

twinkle [ˈtwɪŋkl] *vi* **1.** *(étoiles, lumières)* scintiller **2.** *(yeux)* briller, pétiller.

twinkling [ˈtwɪŋklɪŋ] *adj* **1.** *(étoile, mer, pierre)* scintillant, brillant **2.** *(yeux)* pétillant, brillant **3.** *fig* *(pied)* agile. ❑ *n* *(indén)* **1.** scintillement *m* *(d'étoile, de lumière, de pierre)* **2.** pétillement *m* *(dans les yeux)* • **in the twinkling of an eye** en un clin d'œil.

twin room *n* chambre *f* à deux lits.

twin set *n* **(UK)** twin-set *m*.

twin town *n* **(UK)** ville *f* jumelée.

twirl [twɜːl] *vt* faire tourner. ❑ *vi* tournoyer.

twist [twɪst] *n* **1.** zigzag *m*, tournant *m* **2.** méandre *m*, coude *m* *(d'une rivière)* **3.** entortillement *m* **4.** *fig* rebondissement *m*. ❑ *vt* **1.** entortiller **2.** tordre **3.** tourner **4.** dévisser **5.** visser **6.** • **to twist one's ankle** se tordre *ou* se fouler la cheville **7.** déformer *(des paroles)*. ❑ *vi* **1.** zigzaguer **2.** se tordre **3.** • **to twist round (UK)** *ou* **around (US)** se retourner.

twisted [ˈtwɪstɪd] *adj* *péj* tordu.

twit [twɪt] *n* **(UK)** *fam* crétin *m*, -e *f*.

twitch [twɪtʃ] *n* tic *m*. ❑ *vi* *(muscle, visage)* se contracter.

twitchy [ˈtwɪtʃɪ] *adj* agité, nerveux.

twitter [ˈtwɪtəʳ] *vi* **1.** *(oiseau)* gazouiller **2.** *péj* *(personne)* jacasser.

two [tuː] *num* deux • **in two** en deux. Voir aussi **six**.

two-bit *adj* *péj* de pacotille.

two-dimensional *adj* **1.** à deux dimensions **2.** *péj* superficiel, simpliste.

two-door *adj* à deux portes.

twofaced [ˌtuːˈfeɪst] *adj* *péj* fourbe.

twofold [ˈtuːfəʊld] *adj* double. ❑ *adv* doublement • **to increase twofold** doubler.

two-handed [-ˈhændɪd] *adj* à deux poignées.

two-hander *n* CINÉ & THÉÂTRE film *m* à deux personnages.

two-piece *adj* • **two-piece swimsuit** deux-pièces *m inv* • **two-piece suit** costume *m* (deux-pièces).

two-ply *adj* **1.** *(fil)* à deux fils **2.** *(bois)* à deux épaisseurs.

twosome [ˈtuːsəm] *n fam* couple *m*.

two-time *vt fam* tromper.

two-timing *adj fam* infidèle.

two-tone *adj* de deux tons.

two-way *adj* dans les deux sens.

two-way street *n* rue *f* à circulation dans les deux sens.

tycoon [taɪˈkuːn] *n* magnat *m*.

type [taɪp] *n* **1.** genre *m*, sorte *f* **2.** modèle *m* **3.** type *m* **4.** *(indén)* TYPO caractères *mpl*. ❑ *vt* taper (à la machine). ❑ *vi* taper (à la machine).

-type *suffixe* du type, genre.

typecast [ˈtaɪpkɑːst] (*prét & pp* **typecast**) *vt* • **to be typecast** être cantonné aux mêmes rôles • **to be typecast as** être cantonné dans le rôle de.

typeface [ˈtaɪpfeɪs] *n* TYPO œil *m* de caractère.

typescript [ˈtaɪpskrɪpt] *n* texte *m* dactylographié.

typeset [ˈtaɪpset] (*prét & pp* **typeset**) *vt* *(chez l'imprimeur)* composer.

typesetter [ˈtaɪpˌsetəʳ] *n* **1.** *(ouvrier)* compositeur *m*, -trice *f* **2.** *(machine)* linotype *f*.

typewriter [ˈtaɪpˌraɪtəʳ] *n* machine *f* à écrire.

typhoid (fever) [ˈtaɪfɔɪd-] *n* typhoïde *f*.

typhoon [taɪˈfuːn] *n* typhon *m*.

typical [ˈtɪpɪkl] *adj* • **typical (of)** typique (de), caractéristique (de) • **that's typical (of him/her)!** c'est bien de lui/d'elle !

typically [ˈtɪpɪklɪ] *adv* typiquement.

typify ['tɪpɪfaɪ] (*prét & pp* **typified**) *vt* **1.** être caractéristique de **2.** représenter.
typing ['taɪpɪŋ] *n* dactylo *f*, dactylographie *f*.
typing error *n* faute *f* de frappe.
typist ['taɪpɪst] *n* dactylo *mf*, dactylographe *mf*.
typo ['taɪpəʊ] *n fam* coquille *f*.
typography [taɪ'pɒgrəfɪ] *n* typographie *f*.
tyrannical [tɪ'rænɪkl] *adj* tyrannique.
tyranny ['tɪrənɪ] *n* tyrannie *f*.
tyrant ['taɪrənt] *n* tyran *m*.
tyre (UK), **tire** (US) ['taɪə'] *n* pneu *m*.
tyre pressure (UK), **tire pressure** (US) *n* pression *f* (de gonflage).
TYVM *SMS* (abrév de thank you very much) merci beaucoup.
tzar [zɑː'] = **tsar**.

u [juː] (*pl* **u's** *ou* **us**), **U** (*pl* **U's** *ou* **Us**) *n* u *m inv*, U *m inv*.

U2 *SMS* (abrév de you too) toi aussi.

U4E *SMS* (abrév de yours forever) à toi pour toujours.

U-bend *n* siphon *m*.

ubiquitous [juːˈbɪkwɪtəs] *adj* omniprésent.

udder [ˈʌdəʳ] *n* mamelle *f*.

UFO (abrév de unidentified flying object) *n* OVNI *m*, ovni *m*.

ufologist [juːˈfɒləʤɪst] *n* spécialiste *mf* d'ufologie.

Uganda [juːˈgændə] *n* Ouganda *m*.

ugh [ʌg] *interj* pouah !, beurk !

ugly [ˈʌglɪ] *adj* **1.** laid **2.** *fig* pénible, désagréable.

UHF (abrév de ultra-high frequency) *n* UHF.

UHT (abrév de ultra-heat treated) UHT.

UK (abrév de United Kingdom) *n* Royaume-Uni *m*, R.-U. *m*.

Ukraine [juːˈkreɪn] *n* • **the Ukraine** l'Ukraine *f*.

ulcer [ˈʌlsəʳ] *n* ulcère *m*.

ulcerated [ˈʌlsəreɪtɪd] *adj* ulcéré.

Ulster [ˈʌlstəʳ] *n* Ulster *m*.

ulterior [ʌlˈtɪərɪəʳ] *adj* • **ulterior motive** arrière-pensée *f*.

ultimate [ˈʌltɪmət] *adj* **1.** final, ultime **2.** suprême. ❑ *n* • **the ultimate in** le fin du fin dans.

ultimately [ˈʌltɪmətlɪ] *adv* finalement.

ultimatum [ˌʌltɪˈmeɪtəm] (*pl* **-tums** *ou* **-ta**) *n* ultimatum *m*.

ultra- [ˈʌltrə] *préf* ultra-.

ultraleft [ˌʌltrəˈleft] *adj POLIT* d'extrême gauche. ❑ *n POLIT* extrême gauche *f*.

ultraright [ˌʌltrəˈraɪt] *adj POLIT* d'extrême droite. ❑ *n POLIT* extrême droite *f*.

ultrasound [ˈʌltrəsaund] *n (indén)* ultrasons *mpl*.

ultraviolet [ˌʌltrəˈvaɪələt] *adj* ultraviolet.

umbilical cord [ʌmˈbɪlɪkl-] *n* cordon *m* ombilical.

umbrella [ʌmˈbrelə] *n* **1.** parapluie *m* **2.** parasol *m*. ❑ *adj* qui en regroupe plusieurs autres.

umpire [ˈʌmpaɪəʳ] *n* arbitre *m*. ❑ *vt* arbitrer.

umpteen [ˌʌmpˈtiːn] *adj num fam* je ne sais combien de.

umpteenth [ˌʌmpˈtiːnθ] *adj num fam* énième.

UN (abrév de United Nations) *n* • **the UN** l'ONU *f*, l'Onu *f*.

unabashed [ˌʌnəˈbæʃt] *adj* nullement décontenancé.

unabated [ˌʌnəˈbeɪtɪd] *adj* • **the rain continued unabated** la pluie continua de tomber sans répit.

unable [ʌnˈeɪbl] *adj* • **to be unable to do sthg** ne pas pouvoir faire qqch.

unabridged [ˌʌnəˈbrɪʤd] *adj* intégral.

unacceptable [ˌʌnəkˈseptəbl] *adj* inacceptable.

unaccompanied [ˌʌnəˈkʌmpənɪd] *adj* **1.** non accompagné **2.** sans surveillance.

unaccountable [ˌʌnəˈkauntəbl] *adj* **1.** inexplicable **2.** • **to be unaccountable for sthg** ne pas être responsable de qqch • **to be unaccountable to sb** ne pas être responsable envers *ou* devant qqn.

unaccountably [ˌʌnəˈkauntəblɪ] *adv* de façon inexplicable, inexplicablement.

unaccounted [ˌʌnəˈkauntɪd] *adj* • **to be unaccounted for** manquer, avoir disparu.

unaccustomed [ˌʌnəˈkʌstəmd] *adj* • **to be unaccustomed to sthg/to doing sthg** ne pas être habitué à qqch/à faire qqch.

unacknowledged [ˌʌnəkˈnɒlɪʤd] *adj* **1.** *(vérité, fait)* non reconnu **2.** *(qualités, découverte)* non reconnu, méconnu **3.** *(lettre)* resté sans réponse.

unacquainted [ˌʌnəˈkweɪntɪd] *adj* • **to be unacquainted with sb/sthg** ne pas connaître qqn/qqch.

unadulterated [ˌʌnəˈdʌltəreɪtɪd] *adj* **1.** non frelaté **2.** naturel **3.** *(joie)* sans mélange **4.** pur et simple, pure et simple *f*.

unadventurous [ˌʌnədˈventʃərəs] *adj* pas très aventureux.

unadvisable [ˌʌnədˈvaɪzəbl] *adj* imprudent, à déconseiller • **it is unadvisable for her to travel**

les voyages lui sont déconseillés, il vaut mieux qu'elle évite de voyager.

unafraid [,ʌnəˈfreɪd] *adj* sans crainte, sans peur.

unambiguous [,ʌnæmˈbɪgjʊəs] *adj* non équivoque.

unambitious [,ʌnæmˈbɪʃəs] *adj* sans ambition, peu ambitieux.

unanimity [,juːnəˈnɪmətɪ] *n* unanimité *f.*

unanimous [juːˈnænɪməs] *adj* unanime.

unanimously [juːˈnænɪməslɪ] *adv* à l'unanimité.

unannounced [,ʌnəˈnaʊnst] *adj* sans tambour ni trompette.

unanswered [,ʌnˈɑːnsəd] *adj* sans réponse.

unappealing [,ʌnəˈpiːlɪŋ] *adj* peu attirant.

unappetizing, -ising (UK) [,ʌnˈæpɪtaɪzɪŋ] *adj* peu appétissant.

unappreciative [,ʌnəˈpriːʃɪətɪv] *adj* • **unappreciative (of)** indifférent (à).

unapproachable [,ʌnəˈprəʊtʃəbl] *adj* inabordable, d'un abord difficile.

unarguably [ʌnˈɑːgjʊəblɪ] *adv* incontestablement.

unarmed [,ʌnˈɑːmd] *adj* non armé.

unarmed combat *n* combat *m* sans armes.

unashamed [,ʌnəˈʃeɪmd] *adj* **1.** insolent **2.** effronté, éhonté.

unassuming [,ʌnəˈsjuːmɪŋ] *adj* modeste, effacé.

unattached [,ʌnəˈtætʃt] *adj* **1.** • **unattached (to)** indépendant (de) **2.** libre, sans attaches.

unattended [,ʌnəˈtendɪd] *adj* **1.** *(bagages, magasin)* sans surveillance **2.** *(enfant)* seul.

unattractive [,ʌnəˈtræktɪv] *adj* **1.** peu attrayant **2.** déplaisant.

unauthorized, -ised (UK) [,ʌnˈɔːθəraɪzd] *adj* non autorisé.

unavailable [,ʌnəˈveɪləbl] *adj* indisponible.

unavoidable [,ʌnəˈvɔɪdəbl] *adj* inévitable.

unaware [,ʌnəˈweəʳ] *adj* ignorant, inconscient • **to be unaware of sthg** ne pas avoir conscience de qqch, ignorer qqch.

unawares [,ʌnəˈweəz] *adv* • **to catch** *ou* **take sb unawares** prendre qqn au dépourvu.

unbalanced [,ʌnˈbælənst] *adj* **1.** tendancieux, partial **2.** déséquilibré.

unbearable [ʌnˈbeərəbl] *adj* insupportable.

unbearably [ʌnˈbeərəblɪ] *adv* insupportablement • **it's unbearably hot** il fait une chaleur insupportable.

unbeatable [,ʌnˈbiːtəbl] *adj* imbattable.

unbeaten [,ʌnˈbiːtn] *adj* **1.** *(boxeur, équipe)* invaincu **2.** *(record, prix)* non battu.

unbeknown(st) [,ʌnbɪˈnəʊn(st)] *adv* • **unbeknownst to** à l'insu de.

unbelievable [,ʌnbɪˈliːvəbl] *adj* incroyable.

unbending [,ʌnˈbendɪŋ] *adj* inflexible, intransigeant.

unbia(s)sed [,ʌnˈbaɪəst] *adj* impartial.

unblemished [,ʌnˈblemɪʃt] *adj fig* sans tache.

unblock [,ʌnˈblɒk] *vt* déboucher.

unborn [,ʌnˈbɔn] *adj* qui n'est pas encore né.

unbreakable [,ʌnˈbreɪkəbl] *adj* incassable.

unbridled [,ʌnˈbraɪdld] *adj* effréné.

unbroken [,ʌnˈbrəʊkn] *adj* **1.** *(ligne)* continu **2.** *(surface, étendue)* continu, ininterrompu **3.** *(sommeil, paix)* ininterrompu **4.** *(œufs, sceau)* intact **5.** *(record)* non battu **6.** *fig (promesse)* tenu, non rompu • **despite all her troubles, her spirit remains unbroken** malgré tous ses ennuis, elle garde le moral *ou* elle ne se laisse pas abattre **7.** *(voix)* qui n'a pas (encore) mué **8.** *(cheval)* indompté.

unbuckle [,ʌnˈbʌkl] *vt* déboucler.

unbutton [,ʌnˈbʌtn] *vt* déboutonner.

uncalled-for [,ʌnˈkɔld-] *adj* **1.** *(remarque)* déplacé **2.** *(critique)* injustifié.

uncanny [ʌnˈkænɪ] *adj* **1.** étrange, mystérieux **2.** *(ressemblance)* troublant.

uncared-for [,ʌnˈkeəd-] *adj* délaissé, négligé.

uncaring [,ʌnˈkeərɪŋ] *adj* qui ne se soucie pas des autres.

unceasing [,ʌnˈsiːsɪŋ] *adj sout* incessant.

uncensored [,ʌnˈsensəd] *adj* non censuré.

unceremonious [ˈʌn,serɪˈməʊnjəs] *adj* brusque.

uncertain [ʌnˈsɜːtn] *adj* incertain • **in no uncertain terms** sans mâcher ses mots.

uncertainty [ʌnˈsɜːtntɪ] *(pl* **-ies***)* *n* incertitude *f*, doute *m* • **to be in a state of uncertainty** être dans le doute • **I am in some uncertainty as to whether I should tell him** je ne sais pas trop *ou* je ne suis pas trop sûr si je dois le lui dire ou non.

unchallenged [,ʌnˈtʃælɪndʒd] *adj* incontesté, indiscuté.

unchanged [,ʌnˈtʃeɪndʒd] *adj* inchangé.

unchanging [,ʌnˈtʃeɪndʒɪŋ] *adj* invariable, immuable.

uncharacteristic [ˈʌn,kærəktəˈrɪstɪk] *adj* inhabituel.

uncharitable [,ʌnˈtʃærɪtəbl] *adj* peu charitable.

uncharted [,ʌnˈtʃɑːtɪd] *adj* *(territoire, mer)* qui n'est pas sur la carte • **uncharted territory** *fig* domaine inexploré.

unchecked [,ʌnˈtʃekt] *adj* non maîtrisé, sans frein.

uncivilized, -ised (UK) [,ʌnˈsɪvɪlaɪzd] *adj* non civilisé, barbare.

unclassified [,ʌnˈklæsɪfaɪd] *adj* **1.** *(documents)* non classé **2.** *(information)* non secret.

uncle [ˈʌŋkl] *n* oncle *m.*

unclean [,ʌnˈkliːn] *adj* **1.** sale **2.** RELIG impur.

unclear [ˌʌn'klɪəʳ] *adj* **1.** qui n'est pas clair **2.** incertain.
uncluttered [ˌʌn'klʌtəd] *adj* **1.** *(pièce)* net, simple **2.** *(style)* sobre **3.** *(design)* dépouillé **4.** *(esprit, raisonnement)* clair.
uncomfortable [ˌʌn'kʌmftəbl] *adj* **1.** inconfortable **2.** *fig* désagréable **3.** mal à l'aise.
uncomfortably [ˌʌn'kʌmftəblɪ] *adv* **1.** inconfortablement **2.** *fig* avec gêne.
uncommitted [ˌʌnkə'mɪtɪd] *adj* non engagé.
uncommon [ʌn'kɒmən] *adj* **1.** rare **2.** *sout* extraordinaire.
uncommonly [ʌn'kɒmənlɪ] *adv* *sout* extraordinairement.
uncommunicative [ˌʌnkə'mjuːnɪkətɪv] *adj* peu expansif, peu communicatif.
uncomplaining [ˌʌnkəm'pleɪnɪŋ] *adj* qui ne se plaint pas.
uncomplicated [ˌʌn'kɒmplɪkeɪtɪd] *adj* simple, peu compliqué.
uncompromising [ˌʌn'kɒmprəmaɪzɪŋ] *adj* intransigeant.
unconcerned [ˌʌnkən'sɜːnd] *adj* qui ne s'inquiète pas.
unconditional [ˌʌnkən'dɪʃənl] *adj* inconditionnel.
unconfirmed [ˌʌnkən'fɜːmd] *adj* non confirmé.
unconnected [ˌʌnkə'nektɪd] *adj* sans rapport.
unconscious [ʌn'kɒnʃəs] *adj* **1.** sans connaissance **2.** *fig* • **to be unconscious of** ne pas avoir conscience de **3.** inconscient. ❑ *n* inconscient *m*.
unconsciously [ʌn'kɒnʃəslɪ] *adv* inconsciemment.
uncontaminated [ʌnkən'tæmɪneɪtɪd] *adj* non contaminé.
uncontested [ˌʌnkən'testɪd] *adj* **1.** incontesté **2.** *(élection)* sans opposition.
uncontrollable [ˌʌnkən'trəuləbl] *adj* **1.** irrépressible, irrésistible **2.** qui ne peut être enrayé **3.** impossible, difficile.
uncontrollably [ˌʌnkən'trəuləblɪ] *adv* **1.** irrésistiblement • **he was laughing uncontrollably** il avait le fou rire **2.** • **the boat rocked uncontrollably** on n'arrivait pas à maîtriser le tangage du bateau **3.** *(baisser, augmenter)* irrésistiblement.
uncontroversial ['ʌnˌkɒntrə'vɜːʃl] *adj* qui ne prête pas à controverse, incontestable.
unconventional [ˌʌnkən'venʃənl] *adj* peu conventionnel, original.
unconvinced [ˌʌnkən'vɪnst] *adj* qui n'est pas convaincu, sceptique.
unconvincing [ˌʌnkən'vɪnsɪŋ] *adj* peu convaincant.
uncooked [ˌʌn'kʊkt] *adj* non cuit, cru.
uncool [ˌʌn'kuːl] *adj* *fam* pas cool.
uncooperative [ˌʌnkəʊ'ɒpərətɪv] *adj* peu coopératif.
uncorroborated [ˌʌnkə'rɒbəreɪtɪd] *adj* non corroboré.
uncountable [ˌʌn'kauntəbl] *adj* **1.** incalculable, innombrable **2.** GRAMM indénombrable.
uncouth [ʌn'kuːθ] *adj* grossier.
uncover [ʌn'kʌvəʳ] *vt* découvrir.
uncritical [ˌʌn'krɪtɪkl] *adj* **1.** dépourvu d'esprit critique **2.** inconditionnel.
uncultured [ˌʌn'kʌltʃəd] *adj* **1.** inculte **2.** qui manque de raffinement.
uncut [ˌʌn'kʌt] *adj* **1.** *(film)* intégral, sans coupures **2.** *(pierre précieuse)* brut, non taillé.
undamaged [ˌʌn'dæmɪdʒd] *adj* non endommagé, intact.
undaunted [ˌʌn'dɔːntɪd] *adj* non découragé.
undecided [ˌʌndɪ'saɪdɪd] *adj* indécis.
undefeated [ˌʌndɪ'fiːtɪd] *adj* invaincu.
undemanding [ˌʌndɪ'mɑːndɪŋ] *adj* **1.** peu astreignant **2.** peu exigeant.
undemocratic ['ʌnˌdeməʊ'krætɪk] *adj* antidémocratique, peu démocratique.
undeniable [ˌʌndɪ'naɪəbl] *adj* indéniable.
undeniably [ˌʌndɪ'naɪəblɪ] *adv* incontestablement, indiscutablement.
under ['ʌndəʳ] *prép* **1.** sous **2.** moins de • **children under five** les enfants de moins de cinq ans **3.** sous • **under the circumstances** étant donné les circonstances • **to be under the impression that…** avoir l'impression que… **4.** • **under consideration** à l'étude • **under discussion** en discussion **5.** selon, conformément à. ❑ *adv* **1.** dessous **2.** sous l'eau • **to go under a)** couler **b)** *fig* faire faillite **3.** au-dessous.
under- *préf* sous-.
underachiever [ˌʌndərə'tʃiːvəʳ] *n* *personne dont les résultats ne correspondent pas à ses possibilités.*
underage [ʌndər'eɪdʒ] *adj* mineur.
undercarriage ['ʌndəˌkærɪdʒ] *n* train *m* d'atterrissage.
undercharge [ˌʌndə'tʃɑːdʒ] *vt* faire payer insuffisamment à.
underclothes ['ʌndəkləʊðz] *npl* sousvêtements *mpl*.
undercoat ['ʌndəkəʊt] *n* *(peinture)* couche *f* de fond.
undercook [ˌʌndə'kʊk] *vt* ne pas assez cuire.
undercover ['ʌndəˌkʌvəʳ] *adj* secret.
undercurrent ['ʌndəˌkʌrənt] *n* *fig* courant *m* sous-jacent.
undercut [ˌʌndə'kʌt] *(prét & pp* **undercut***)* *vt* vendre moins cher que.
underdeveloped [ˌʌndədɪ'veləpt] *adj* *(pays)* sous-développé.

underdog ['ʌndədɒg] *n* • **the underdog a)** l'opprimé *m* **b)** SPORT celui, celle *f* que l'on donne perdant.

underdone [ˌʌndə'dʌn] *adj* **1.** pas assez cuit **2.** *(steak)* saignant.

underestimate *vt* [ˌʌndər'estɪmeɪt] sous-estimer.

underexposed [ˌʌndərɪk'spəʊzd] *adj* PHOTO sous-exposé.

underfinanced [ˌʌndə'faɪnænst] *adj* qui manque de fonds.

underfoot [ˌʌndə'fʊt] *adv* sous les pieds.

underfunded [ʌndə'fʌndɪd] = **underfinanced**.

undergo [ˌʌndə'gəʊ] (*prét* **underwent**, *pp* **undergone** [-'gɒn]) *vt* **1.** subir **2.** éprouver.

undergraduate [ˌʌndə'grædjʊət] *n* étudiant *m*, -e *f* qui prépare la licence.

underground *adj* ['ʌndəgraʊnd] **1.** souterrain **2.** *fig* clandestin. ❑ *adv* [ˌʌndə'graʊnd] • **to go/be forced underground** entrer dans la clandestinité. ❑ *n* ['ʌndəgraʊnd] **1.** (UK) métro *m* **2.** résistance *f*.

undergrowth ['ʌndəgrəʊθ] *n (indén)* sous-bois *m inv*.

underhand [ˌʌndə'hænd] *adj* **1.** *(personne)* sournois **2.** *(action)* en dessous.

underline [ˌʌndə'laɪn] *vt* souligner.

underlying [ˌʌndə'laɪɪŋ] *adj* sous-jacent.

undermine [ˌʌndə'maɪn] *vt fig* saper.

underneath [ˌʌndə'ni:θ] *prép* sous, au-dessous de. ❑ *adv* **1.** en dessous, dessous **2.** *fig* au fond. ❑ *adj fam* d'en dessous. ❑ *n* • **the underneath** le dessous.

undernourished [ˌʌndə'nʌrɪʃt] *adj* sous-alimenté.

underpaid *adj* ['ʌndəpeɪd] sous-payé.

underpants ['ʌndəpænts] *npl* slip *m*.

underpass ['ʌndəpɑ:s] *n* **1.** *(pour voitures)* passage *m* inférieur **2.** *(pour piétons)* passage *m* souterrain.

underperform [ˌʌndəpə'fɔ:m] *vi* rester en deçà de ses possibilités.

underpin [ˌʌndə'pɪn] (*prét & pp* **underpinned**, *cont* **underpinning**) *vt* étayer.

underprivileged [ˌʌndə'prɪvɪlɪʤd] *adj* défavorisé, déshérité.

underrated [ˌʌndə'reɪtɪd] *adj* sous-estimé.

undershirt ['ʌndəʃɜ:t] *n* (US) maillot *m* de corps.

underside ['ʌndəsaɪd] *n* • **the underside** le dessous.

undersigned ['ʌndəsaɪnd] *n sout* • **I, the undersigned** je soussigné.

underskirt ['ʌndəskɜ:t] *n* jupon *m*.

understaffed [ˌʌndə'stɑ:ft] *adj* à court de personnel.

understand [ˌʌndə'stænd] (*prét & pp* **understood**) *vt* **1.** comprendre **2.** *sout* • **I understand (that)...** il paraît que... ❑ *vi* comprendre.

understandable [ˌʌndə'stændəbl] *adj* compréhensible.

understandably [ˌʌndə'stændəblɪ] *adv* **1.** de façon compréhensible **2.** naturellement.

understanding [ˌʌndə'stændɪŋ] *n* **1.** compréhension *f* **2.** accord *m*, arrangement *m*. ❑ *adj* compréhensif.

understated [ˌʌndə'steɪtɪd] *adj* discret.

understatement [ˌʌndə'steɪtmənt] *n* **1.** affirmation *f* en dessous de la vérité **2.** *(indén)* euphémisme *m*.

understood [ˌʌndə'stʊd] *passé & pp* → **understand**.

understudy ['ʌndəˌstʌdɪ] *n* THÉÂTRE doublure *f*.

undertake [ˌʌndə'teɪk] (*prét* **undertook**, *pp* **undertaken** [-'teɪkn]) *vt* **1.** entreprendre **2.** assumer *(la responsabilité de)*.

undertaker ['ʌndəˌteɪkər] *n* entrepreneur *m* des pompes funèbres.

undertaking [ˌʌndə'teɪkɪŋ] *n* **1.** entreprise *f* **2.** engagement *m*.

undertone ['ʌndətəʊn] *n* **1.** voix *f* basse **2.** nuance *f*.

undertook [ˌʌndə'tʊk] *passé* → **undertake**.

underwater [ˌʌndə'wɔtər] *adj* sous-marin. ❑ *adv* sous l'eau.

underwear ['ʌndəweər] *n (indén)* sousvêtements *mpl*.

underweight [ˌʌndə'weɪt] *adj* qui ne pèse pas assez, qui est trop maigre.

underwent [ˌʌndə'went] *passé* → **undergo**.

underworld ['ʌndəˌwɜ:ld] *n* • **the underworld** le milieu, la pègre.

underwrite ['ʌndəraɪt] (*prét* **underwrote**, *pp* **underwritten**) *vt* **1.** FIN garantir **2.** garantir.

underwriter ['ʌndəˌraɪtər] *n* assureur *m*.

undeserved [ˌʌndɪ'zɜ:vd] *adj* immérité.

undesirable [ˌʌndɪ'zaɪərəbl] *adj* indésirable.

undid [ˌʌn'dɪd] *passé* → **undo**.

undies ['ʌndɪz] *npl fam* dessous *mpl*.

undignified [ʌn'dɪgnɪfaɪd] *adj* peu digne, qui manque de dignité.

undiluted [ˌʌndaɪ'lju:tɪd] *adj* **1.** *(émotion)* sans mélange **2.** *(liquide)* non dilué.

undiplomatic [ˌʌndɪplə'mætɪk] *adj* peu diplomate.

undisciplined [ʌn'dɪsɪplɪnd] *adj* indiscipliné.

undiscovered [ˌʌndɪ'skʌvəd] *adj* non découvert.

undisputed [ˌʌndɪ'spju:tɪd] *adj* incontesté.

undistinguished [ˌʌndɪ'stɪŋgwɪʃt] *adj* médiocre, quelconque.

undivided [ˌʌndɪ'vaɪdɪd] *adj* indivisé, entier.

undo [ˌʌn'duː] (*prét* **undid**, *pp* **undone**) *vt* **1.** défaire *(un nœud)* **2.** annuler, détruire.

undoing [ˌʌn'duːɪŋ] *n (indén) sout* perte *f*, ruine *f*.

undone [ˌʌn'dʌn] *pp* → **undo.** ❑ *adj* **1.** *(bouton, cheveux)* défait **2.** non accompli.

undoubted [ʌn'daʊtɪd] *adj* indubitable.

undoubtedly [ʌn'daʊtɪdlɪ] *adv* sans aucun doute.

undreamed-of [ʌn'driːmdɒv], **undreamt-of** [ʌn'dremtɒv] *adj* inimaginable.

undress [ˌʌn'dres] *vt* déshabiller. ❑ *vi* se déshabiller.

undressed [ˌʌn'drest] *adj* déshabillé • **to get undressed** se déshabiller.

undrinkable [ˌʌn'drɪŋkəbl] *adj* **1.** non potable **2.** imbuvable.

undue [ˌʌn'djuː] *adj sout* excessif.

undulate ['ʌndjʊleɪt] *vi* onduler.

unduly [ˌʌn'djuːlɪ] *adv sout* trop, excessivement.

undying [ʌn'daɪɪŋ] *adj littéraire* éternel.

unearth [ˌʌn'ɜːθ] *vt* **1.** déterrer **2.** *fig* découvrir, dénicher.

unearthly [ʌn'ɜːθlɪ] *adj fam (heure)* indu, impossible.

unease [ʌn'iːz] *n (indén)* malaise *m*.

uneasy [ʌn'iːzɪ] *adj* **1.** mal à l'aise, gêné **2.** troublé, incertain.

uneconomic ['ʌnˌiːkə'nɒmɪk] *adj* peu économique, peu rentable.

uneducated [ˌʌn'edjʊkeɪtɪd] *adj* sans instruction.

unemotional [ˌʌnɪ'məʊʃənl] *adj* qui ne montre *ou* trahit aucune émotion.

unemployable [ˌʌnɪm'plɔɪəbl] *adj* inapte au travail.

unemployed [ˌʌnɪm'plɔɪd] *adj* au chômage, sans travail. ❑ *npl* • **the unemployed** les chômeurs *mpl*.

unemployment [ˌʌnɪm'plɔɪmənt] *n* chômage *m*.

unemployment benefit (UK), unemployment compensation (US) *n* allocation *f* de chômage.

unending [ʌn'endɪŋ] *adj* sans fin, interminable.

unenthusiastic [ʌnɪnˌθjuːzɪ'æstɪk] *adj* peu enthousiaste.

unenthusiastically [ˌʌnɪnθjuːzɪ'æstɪklɪ] *adv* **1.** sans enthousiasme **2.** tièdement.

unenviable [ˌʌn'envɪəbl] *adj* peu enviable.

unequalled (UK), unequaled (US) [ˌʌn'iːkwəld] *adj* inégalé.

unequivocal [ˌʌnɪ'kwɪvəkl] *adj* sans équivoque.

unerring [ˌʌn'ɜːrɪŋ] *adj* sûr, infaillible.

unethical [ʌn'eθɪkl] *adj* immoral.

uneven [ˌʌn'iːvn] *adj* **1.** *(surface)* inégal **2.** *(sol)* accidenté **3.** *(jeu d'un acteur, œuvre)* inégal **4.** injuste.

uneventful [ˌʌnɪ'ventfʊl] *adj* sans incidents.

unexceptional [ˌʌnɪk'sepʃənl] *adj* qui n'a rien d'exceptionnel.

unexpected [ˌʌnɪk'spektɪd] *adj* inattendu, imprévu.

unexpectedly [ˌʌnɪk'spektɪdlɪ] *adv* subitement, d'une manière imprévue.

unexplained [ˌʌnɪk'spleɪnd] *adj* inexpliqué.

unfailing [ʌn'feɪlɪŋ] *adj* constant.

unfair [ˌʌn'feəʳ] *adj* injuste.

unfair dismissal *n* licenciement *m* injuste *ou* abusif.

unfaithful [ˌʌn'feɪθfʊl] *adj* infidèle.

unfamiliar [ˌʌnfə'mɪljəʳ] *adj* **1.** peu familier, peu connu **2.** • **to be unfamiliar with sb/sthg** mal connaître qqn/qqch, ne pas connaître qqn/qqch.

unfashionable [ˌʌn'fæʃnəbl] *adj* **1.** démodé, passé de mode **2.** *(personne)* qui n'est plus à la mode.

unfasten [ˌʌn'fɑːsn] *vt* défaire.

unfavourable (UK), unfavorable (US) [ˌʌn'feɪvrəbl] *adj* défavorable.

unfazed [ʌn'feɪzd] *adj fam* imperturbable, impassible.

unfeeling [ʌn'fiːlɪŋ] *adj* impitoyable, insensible.

unfinished [ˌʌn'fɪnɪʃt] *adj* inachevé.

unfit [ˌʌn'fɪt] *adj* **1.** qui n'est pas en forme **2.** • **unfit (for) a)** impropre (à) **b)** inapte (à).

unflagging [ˌʌn'flægɪŋ] *adj* inlassable, infatigable.

unflappable [ˌʌn'flæpəbl] *adj* (surtout UK) imperturbable, flegmatique.

unflattering [ˌʌn'flætərɪŋ] *adj* peu flatteur.

unflinching [ʌn'flɪntʃɪŋ] *adj* inébranlable.

unfold [ʌn'fəʊld] *vt* déplier. ❑ *vi* se dérouler.

unforeseen [ˌʌnfɔː'siːn] *adj* imprévu.

unforgettable [ˌʌnfə'getəbl] *adj* inoubliable.

unforgivable [ˌʌnfə'gɪvəbl] *adj* impardonnable.

unforgivably [ˌʌnfə'gɪvəblɪ] *adv* impardonnablement.

unfortunate [ʌn'fɔːtʃnət] *adj* **1.** malheureux, malchanceux **2.** regrettable.

unfortunately [ʌn'fɔːtʃnətlɪ] *adv* malheureusement.

unfounded [ˌʌn'faʊndɪd] *adj* sans fondement, dénué de tout fondement.

unfriendly [ˌʌn'frendlɪ] *adj* hostile, malveillant.

unfulfilled [ˌʌnfʊl'fɪld] *adj* **1.** *(ambition, potentiel, prophétie)* non réalisé **2.** *(promesse)* non tenu **3.** *(personne, vie)* insatisfait, frustré.

unfurnished [ˌʌn'fɜːnɪʃt] *adj* non meublé.

ungainly [ʌn'geɪnlɪ] *adj* gauche.
ungenerous [ˌʌn'dʒenərəs] *adj* **1.** peu généreux **2.** mesquin **3.** peu charitable.
ungodly [ˌʌn'gɒdlɪ] *adj fam* indu, impossible.
ungracious [ˌʌn'greɪʃəs] *adj* désagréable.
ungrammatical [ˌʌngrə'mætɪkl] *adj* agrammatical, non grammatical.
ungrateful [ʌn'greɪtfʊl] *adj* ingrat.
unhappiness [ʌn'hæpɪnɪs] *n (indén)* tristesse *f*, chagrin *m*.
unhappy [ʌn'hæpɪ] *adj* **1.** triste, malheureux **2.** • **to be unhappy (with** *ou* **about)** être inquiet (au sujet de) **3.** *(événement, circonstances)* malheureux.
unharmed [ˌʌn'hɑːmd] *adj* indemne, sain et sauf, saine et sauve *f*.
unhealthy [ʌn'helθɪ] *adj* **1.** maladif **2.** insalubre, malsain **3.** *fig* malsain.
unheard-of [ʌn'hɜːdɒv] *adj* **1.** inconnu **2.** sans précédent, inouï.
unhelpful [ˌʌn'helpfʊl] *adj* **1.** peu serviable, peu obligeant **2.** qui n'aide en rien, peu utile.
unhinged [ˌʌn'hɪndʒd] *adj* déséquilibré.
unhook [ˌʌn'hʊk] *vt* **1.** dégrafer **2.** décrocher.
unhurt [ˌʌn'hɜːt] *adj* indemne, sain et sauf, saine et sauve *f*.
unhygienic [ˌʌnhaɪ'dʒiːnɪk] *adj* non hygiénique.
unidentified flying object [ˌʌnaɪ'dentɪfaɪd-] *n* objet *m* volant non identifié.
unification [ˌjuːnɪfɪ'keɪʃn] *n* unification *f*.
uniform ['juːnɪfɔːm] *adj* **1.** uniforme **2.** même. ❑ *n* uniforme *m*.
unify ['juːnɪfaɪ] *vt* unifier.
unilateral [ˌjuːnɪ'lætərəl] *adj* unilatéral.
unilaterally [ˌjuːnɪ'lætərəlɪ] *adv* **1.** unilatéralement **2.** MÉD • **to be paralysed unilaterally** être paralysé d'un seul côté, être hémiplégique.
unimaginable [ˌʌnɪ'mædʒɪnəbl] *adj* inimaginable, inconcevable.
unimaginative [ˌʌnɪ'mædʒɪnətɪv] *adj* qui manque d'imagination, peu imaginatif.
unimportant [ˌʌnɪm'pɔːtənt] *adj* sans importance, peu important.
unimpressed [ˌʌnɪm'prest] *adj* qui n'est pas impressionné.
uninhabitable [ˌʌnɪn'hæbɪtəbl] *adj* inhabitable.
uninhabited [ˌʌnɪn'hæbɪtɪd] *adj* inhabité.
uninitiated [ˌʌnɪ'nɪʃɪeɪtɪd] *npl* • **the uninitiated** les non-initiés, les profanes.
uninjured [ˌʌn'ɪndʒəd] *adj* qui n'est pas blessé, indemne.
uninspiring [ˌʌnɪn'spaɪrɪŋ] *adj* qui n'a rien d'inspirant.
uninstall [ˌʌnɪn'stɔːl] *vt* désinstaller.
unintelligent [ˌʌnɪn'telɪdʒənt] *adj* inintelligent.
unintentional [ˌʌnɪn'tenʃənl] *adj* involontaire, non intentionnel.
uninterested [ˌʌn'ɪntrəstɪd] *adj* indifférent.
uninterrupted ['ʌnˌɪntə'rʌptɪd] *adj* ininterrompu, continu.
uninvited [ˌʌnɪn'vaɪtɪd] *adj* qui n'a pas été invité.
union ['juːnjən] *n* **1.** syndicat *m* **2.** union *f*. ❑ *en apposition* syndical.

CULTURE

the Union Jack

Le drapeau officiel du Royaume-Uni est appelé **the Union Jack** ou **the Union Flag**. Les croix de saint Georges, de saint Andrew et de saint Patrick y représentent respectivement l'Angleterre, l'Écosse et l'Irlande du Nord. Le pays de Galles, bien qu'il fasse partie du Royaume-Uni, a son propre drapeau, représentant un dragon rouge sur fond vert et blanc.

Union Jack *n* **(UK)** • **the Union Jack** l'Union Jack *m*, le drapeau britannique.
unique [juː'niːk] *adj* **1.** unique, exceptionnel **2.** • **unique to** propre à.
uniquely [juː'niːklɪ] *adv* **1.** uniquement **2.** exceptionnellement.
unisex ['juːnɪseks] *adj* unisexe.
unison ['juːnɪzn] *n* unisson *m* • **in unison a)** à l'unisson **b)** en chœur, en même temps.
unit ['juːnɪt] *n* **1.** unité *f* **2.** élément *m*, bloc *m* **3.** service *m (dans une entreprise)*.
unite [juː'naɪt] *vt* unifier. ❑ *vi* s'unir.
united [juː'naɪtɪd] *adj* **1.** uni **2.** unifié.
United Kingdom *n* • **the United Kingdom** le Royaume-Uni.
United Nations *n* • **the United Nations** les Nations *fpl* unies.
United States *n* • **the United States (of America)** les États-Unis *mpl* (d'Amérique) • **in the United States** aux États-Unis.
unit trust *n* **(UK)** société *f* d'investissement à capital variable.
unity ['juːnətɪ] *n (indén)* unité *f*.
universal [ˌjuːnɪ'vɜːsl] *adj* universel.
universally [ˌjuːnɪ'vɜːsəlɪ] *adv* universellement • **a universally held opinion** une opinion qui prévaut partout • **he is universally liked/admired** tout le monde l'aime bien/l'admire.
universe ['juːnɪvɜːs] *n* univers *m*.
university [ˌjuːnɪ'vɜːsətɪ] *n* université *f*. ❑ *en apposition* **1.** universitaire **2.** *(professeur)* d'université • **university student** étudiant *m*, -e *f* à l'université.
unjust [ˌʌn'dʒʌst] *adj* injuste.
unjustifiable [ʌn'dʒʌstɪfaɪəbl] *adj* injustifiable.
unjustified [ʌn'dʒʌstɪfaɪd] *adj* injustifié.

unkempt [ˌʌnˈkempt] *adj* **1.** négligé, débraillé **2.** mal peigné.

unkind [ʌnˈkaɪnd] *adj* méchant, pas gentil.

unknown [ˌʌnˈnəʊn] *adj* inconnu.

unlawful [ˌʌnˈlɔfʊl] *adj* illégal.

unlawfully [ˌʌnˈlɔːfʊlɪ] *adv* illicitement, illégalement.

unleaded [ˌʌnˈledɪd] *adj* sans plomb. ❑ *n* essence *f* sans plomb.

unleash [ˌʌnˈliːʃ] *vt littéraire* déchaîner.

unless [ənˈles] *conj* à moins que *(+ subjonctif)*.

unlicensed [ˌʌnˈlaɪsənst] *adj* **1.** *(personne)* qui ne détient pas de licence **2.** *(activité)* non autorisé, illicite **3.** *(véhicule)* sans vignette **4.** *(restaurant)* qui ne détient pas de licence de débit de boissons.

unlike [ˌʌnˈlaɪk] *prép* **1.** différent de **2.** contrairement à, à la différence de **3.** • **it's unlike you to complain** cela ne te ressemble pas de te plaindre.

unlikely [ʌnˈlaɪklɪ] *adj* **1.** peu probable, improbable **2.** *(histoire)* invraisemblable **3.** *(situation, tenue)* invraisemblable.

unlimited [ʌnˈlɪmɪtɪd] *adj* illimité.

unlisted [ʌnˈlɪstɪd] *adj* **(US)** *TÉLÉCOM* qui est sur la liste rouge.

unload [ˌʌnˈləʊd] *vt* décharger.

unlock [ˌʌnˈlɒk] *vt* ouvrir.

unloved [ˌʌnˈlʌvd] *adj* qui n'est pas aimé • **to feel unloved** ne pas se sentir aimé.

unlucky [ʌnˈlʌkɪ] *adj* **1.** malchanceux, qui n'a pas de chance **2.** *(expérience, choix)* malheureux **3.** qui porte malheur.

unmanageable [ʌnˈmænɪdʒəbl] *adj* **1.** *(véhicule, objet)* peu maniable **2.** *(cheveux)* difficiles à coiffer.

unmanned [ˌʌnˈmænd] *adj* sans équipage.

unmarried [ˌʌnˈmærɪd] *adj* célibataire.

unmask [ˌʌnˈmɑːsk] *vt* **1.** démasquer **2.** dévoiler.

unmentionable [ʌnˈmenʃnəbl] *adj* **1.** dont il ne faut pas parler **2.** qu'il ne faut pas dire.

unmistakable [ˌʌnmɪˈsteɪkəbl] *adj* facilement reconnaissable.

unmistakably [ˌʌnmɪˈsteɪkəblɪ] *adv* **1.** indéniablement, sans erreur possible **2.** visiblement, manifestement.

unmitigated [ʌnˈmɪtɪgeɪtɪd] *adj* **1.** total **2.** non mitigé.

unnatural [ʌnˈnætʃrəl] *adj* **1.** anormal, qui n'est pas naturel **2.** *(comportement)* peu naturel **3.** *(rire)* forcé.

unnecessary [ʌnˈnesəsərɪ] *adj* inutile.

unnerving [ˌʌnˈnɜːvɪŋ] *adj* troublant.

unnoticed [ˌʌnˈnəʊtɪst] *adj* inaperçu.

unobtainable [ˌʌnəbˈteɪnəbl] *adj* impossible à obtenir.

unobtrusive [ˌʌnəbˈtruːsɪv] *adj* **1.** effacé **2.** discret **3.** que l'on remarque à peine.

unofficial [ˌʌnəˈfɪʃl] *adj* non officiel.

unopened [ˌʌnˈəʊpənd] *adj* non ouvert, qui n'a pas été ouvert.

unorthodox [ˌʌnˈɔθədɒks] *adj* peu orthodoxe.

unpack [ˌʌnˈpæk] *vt* **1.** défaire *(ses bagages)* **2.** vider *(des cartons)* **3.** déballer *(des vêtements)*. ❑ *vi* défaire ses bagages.

unpaid [ˌʌnˈpeɪd] *adj* **1.** *(personne)* bénévole **2.** *(travail)* sans rémunération, bénévole **3.** *(loyer)* non acquitté **4.** *(facture)* impayé.

unpalatable [ʌnˈpælətəbl] *adj* **1.** d'un goût désagréable **2.** *fig* dur à avaler.

unparalleled [ʌnˈpærəleld] *adj* **1.** sans précédent **2.** sans égal.

unplanned [ˌʌnˈplænd] *adj* **1.** imprévu **2.** *(grossesse)* accidentel.

unpleasant [ʌnˈpleznt] *adj* désagréable.

unpleasantness [ʌnˈplezntnɪs] *n* caractère *m* désagréable.

unplug [ʌnˈplʌg] *vt* débrancher.

unpolluted [ˌʌnpəˈluːtɪd] *adj* non pollué.

unpopular [ˌʌnˈpɒpjʊləʳ] *adj* impopulaire.

unprecedented [ʌnˈpresɪdəntɪd] *adj* sans précédent.

unpredictable [ˌʌnprɪˈdɪktəbl] *adj* imprévisible.

unprepared [ˌʌnprɪˈpeəd] *adj* non préparé • **to be unprepared for sthg** ne pas s'attendre à qqch.

unpretentious [ˌʌnprɪˈtenʃəs] *adj* sans prétention.

unprofessional [ˌʌnprəˈfeʃənl] *adj* **1.** peu professionnel **2.** *(attitude)* contraire à l'éthique de la profession.

unprovoked [ˌʌnprəˈvəʊkt] *adj* sans provocation.

unpunished [ˌʌnˈpʌnɪʃt] *adj* • **to go unpunished** rester impuni.

unqualified [ˌʌnˈkwɒlɪfaɪd] *adj* **1.** non qualifié **2.** non diplômé **3.** *(succès)* formidable **4.** *(soutien)* inconditionnel.

unquestionable [ʌnˈkwestʃənəbl] *adj* **1.** incontestable **2.** certain.

unquestioning [ʌnˈkwestʃənɪŋ] *adj* aveugle, absolu.

unravel [ʌnˈrævl] (**(UK)** *prét & pp* **unravelled**, *cont* **unravelling**, **(US)** *prét & pp* **unraveled**, *cont* **unraveling**) *vt* **1.** défaire *(un tricot)* **2.** effiler *(un tissu)* **3.** démêler *(des fils)* **4.** *fig* éclaircir.

unreadable [ˌʌnˈriːdəbl] *adj* illisible.

unreal [ˌʌnˈrɪəl] *adj* irréel.

unrealistic [ˌʌnrɪəˈlɪstɪk] *adj* irréaliste.

unreasonable [ʌnˈriːznəbl] *adj* qui n'est pas raisonnable, déraisonnable.

unrecognizable [ˌʌn'rekəgnaɪzəbl] *adj* méconnaissable.
unrehearsed [ˌʌnrɪ'hɜːst] *adj* **1.** *(représentation)* sans répétition **2.** *(discours, réponse)* improvisé.
unrelated [ˌʌnrɪ'leɪtɪd] *adj* • **to be unrelated (to)** n'avoir aucun rapport (avec).
unrelenting [ˌʌnrɪ'lentɪŋ] *adj* implacable.
unreliable [ˌʌnrɪ'laɪəbl] *adj* peu fiable.
unremitting [ˌʌnrɪ'mɪtɪŋ] *adj* inlassable.
unrepeatable [ˌʌnrɪ'piːtəbl] *adj* qu'on ne peut pas répéter.
unrequited [ˌʌnrɪ'kwaɪtɪd] *adj* non partagé.
unreserved [ˌʌnrɪ'zɜːvd] *adj* sans réserve.
unresolved [ˌʌnrɪ'zɒlvd] *adj* non résolu.
unrest [ˌʌn'rest] *n (indén)* troubles *mpl.*
unripe [ˌʌn'raɪp] *adj* qui n'est pas mûr.
unrivalled (UK), unrivaled (US) [ʌn'raɪvld] *adj* sans égal.
unroll [ˌʌn'rəʊl] *vt* dérouler.
unruly [ʌn'ruːlɪ] *adj* turbulent • **unruly hair** les cheveux indisciplinés.
unsafe [ˌʌn'seɪf] *adj* **1.** dangereux **2.** • **to feel unsafe** ne pas se sentir en sécurité.
unsaid [ˌʌn'sed] *adj* • **to leave sthg unsaid** passer qqch sous silence.
unsatisfactory ['ʌnˌsætɪs'fæktərɪ] *adj* qui laisse à désirer, peu satisfaisant.
unsatisfied [ˌʌn'sætɪsfaɪd] *adj* **1.** insatisfait, mécontent **2.** non convaincu **3.** insatisfait, inassouvi.
unsatisfying [ˌʌn'sætɪsfaɪɪŋ] *adj* **1.** peu gratifiant, ingrat **2.** peu convaincant **3.** insuffisant, peu nourrissant **4.** décevant.
unsavoury (UK), unsavory (US) [ˌʌn'seɪvərɪ] *adj* **1.** peu recommandable **2.** mal famé.
unscathed [ˌʌn'skeɪðd] *adj* indemne.
unscheduled [(UK) ˌʌn'ʃedjuːld, (US) ˌʌn'skedʒʊld] *adj* non prévu.
unscientific ['ʌnˌsaɪən'tɪfɪk] *adj* peu scientifique.
unscrew [ˌʌn'skruː] *vt* dévisser.
unscrupulous [ʌn'skruːpjʊləs] *adj* sans scrupule(s).
unseemly [ʌn'siːmlɪ] *adj* inconvenant.
unseen [ˌʌn'siːn] *adj* inaperçu.
unselfish [ˌʌn'selfɪʃ] *adj* désintéressé.
unsettled [ˌʌn'setld] *adj* **1.** *(personne)* perturbé, troublé **2.** *(temps)* variable, incertain **3.** *(conflit)* qui n'a pas été résolu **4.** *(situation)* incertain.
unshak(e)able [ʌn'ʃeɪkəbl] *adj* inébranlable.
unshaven [ˌʌn'ʃeɪvn] *adj* non rasé.
unsightly [ʌn'saɪtlɪ] *adj* laid.
unskilled [ˌʌn'skɪld] *adj* non qualifié.
unsociable [ʌn'səʊʃəbl] *adj* sauvage.
unsocial [ˌʌn'səʊʃl] *adj* • **to work unsocial hours (UK)** travailler en dehors des heures normales.
unsolved [ˌʌn'sɒlvd] *adj* non résolu.
unsophisticated [ˌʌnsə'fɪstɪkeɪtɪd] *adj* simple.
unsound [ˌʌn'saʊnd] *adj* **1.** mal fondé **2.** peu judicieux **3.** en mauvais état.
unspeakable [ʌn'spiːkəbl] *adj* indescriptible.
unspent [ˌʌn'spent] *adj* non dépensé, restant. ❑ *adv* • **the money went unspent** l'argent n'a pas été dépensé.
unspoken [ˌʌn'spəʊkən] *adj* **1.** inexprimé **2.** tacite.
unstable [ˌʌn'steɪbl] *adj* instable.
unsteady [ˌʌn'stedɪ] *adj* **1.** *(main)* tremblant **2.** *(table, échelle)* instable.
unstoppable [ˌʌn'stɒpəbl] *adj* que l'on ne peut pas arrêter.
unstuck [ˌʌn'stʌk] *adj* • **to come unstuck a)** se décoller **b)** *fig (projet)* s'effondrer.
unsubscribe [ˌʌnsəb'skraɪb] *vi* • **to unsubscribe (from)** se désinscrire (de).
unsubstantiated [ˌʌnsəb'stænʃɪeɪtɪd] *adj* sans fondement.
unsuccessful [ˌʌnsək'sesfʊl] *adj* **1.** vain **2.** infructueux **3.** *(candidat)* refusé.
unsuccessfully [ˌʌnsək'sesfʊlɪ] *adv* en vain, sans succès.
unsuitable [ˌʌn'suːtəbl] *adj* **1.** qui ne convient pas **2.** peu approprié • **to be unsuitable for** ne pas convenir à.
unsupervised [ʌn'suːpəvaɪzd] *adj* non surveillé • **'unsupervised minors not admitted'** 'interdit aux enfants non accompagnés'.
unsure [ˌʌn'ʃɔːr] *adj* **1.** • **to be unsure (about/of)** ne pas être sûr (de) **2.** • **to be unsure (of o.s.)** ne pas être sûr de soi.
unsuspecting [ˌʌnsə'spektɪŋ] *adj* qui ne se doute de rien.
unsustainable [ˌʌnsə'steɪnəbl] *adj* non viable.
unsympathetic ['ʌnˌsɪmpə'θetɪk] *adj* indifférent.
untangle [ˌʌn'tæŋgl] *vt* démêler.
untapped [ˌʌn'tæpt] *adj* inexploité.
untenable [ˌʌn'tenəbl] *adj* indéfendable.
unthinkable [ʌn'θɪŋkəbl] *adj* impensable.
untidy [ʌn'taɪdɪ] *adj* **1.** en désordre **2.** brouillon *(inv)* **3.** négligé.
untie [ˌʌn'taɪ] (*cont* **untying**) *vt* **1.** défaire **2.** détacher.
until [ən'tɪl] *prép* **1.** jusqu'à • **until now** jusqu'ici **2.** *(après une négation)* avant • **not until tomorrow** pas avant demain. ❑ *conj* **1.** jusqu'à ce que *(+ subjonctif)* **2.** *(après une négation)* avant que *(+ subjonctif)*.

untimely [ʌn'taɪmlɪ] *adj* **1.** *(mort)* prématuré **2.** *(arrivée)* intempestif **3.** *(remarque)* mal à propos **4.** *(moment)* mal choisi.

untold [ˌʌn'təʊld] *adj* **1.** incalculable **2.** indescriptible.

untoward [ˌʌntə'wɔːd] *adj* malencontreux.

untrue [ˌʌn'truː] *adj* faux, fausse *f*, erroné.

unusable [ˌʌn'juːzəbl] *adj* inutilisable.

unused *adj* **1.** [ˌʌn'juːzd] neuf, neuve *f* **2.** qui n'a jamais servi **3.** *(terre)* qui n'est pas exploité **4.** [ʌn'juːst] • **to be unused to sthg/to doing sthg** ne pas avoir l'habitude de qqch/de faire qqch.

unusual [ʌn'juːʒl] *adj* rare, inhabituel.

unusually [ʌn'juːʒəlɪ] *adv* exceptionnellement.

unveil [ˌʌn'veɪl] *vt litt* & *fig* dévoiler.

unwanted [ˌʌn'wɒntɪd] *adj* **1.** dont on ne se sert pas **2.** non désiré • **to feel unwanted** se sentir mal-aimé.

unwavering [ʌn'weɪvərɪŋ] *adj* inébranlable.

unwelcome [ʌn'welkəm] *adj* **1.** fâcheux **2.** importun.

unwell [ˌʌn'wel] *adj* • **to be/feel unwell** ne pas être/se sentir bien.

unwieldy [ʌn'wiːldɪ] *adj* **1.** peu maniable **2.** *fig* lourd **3.** *fig* trop complexe.

unwilling [ˌʌn'wɪlɪŋ] *adj* • **to be unwilling to do sthg** ne pas vouloir faire qqch.

unwind [ˌʌn'waɪnd] (*prét & pp* **unwound**) *vt* dérouler. ❑ *vi fig* se détendre.

unwise [ˌʌn'waɪz] *adj* imprudent, peu sage.

unwitting [ʌn'wɪtɪŋ] *adj sout* involontaire.

unworkable [ˌʌn'wɜːkəbl] *adj* impraticable.

unworldly [ˌʌn'wɜːldlɪ] *adj* détaché de ce monde.

unworthy [ʌn'wɜːðɪ] *adj* • **unworthy (of)** indigne (de).

unwound [ˌʌn'waʊnd] *passé & pp* → **unwind**.

unwrap [ˌʌn'ræp] *vt* défaire.

unwritten law [ˌʌnrɪtn-] *n* droit *m* coutumier.

up

■ **up** [ʌp] *adv*

1. INDIQUE UN MOUVEMENT VERS LE HAUT, UN ENDROIT EN HAUTEUR

• **we walked up to the top** on est montés jusqu'en haut • **she's up in her bedroom** elle est en haut dans sa chambre • **up there** là-haut

2. INDIQUE UN MOUVEMENT DE REDRESSEMENT

• **stand up!** levez-vous ! • **what time did you get up?** à quelle heure t'es-tu levé ?

3. INDIQUE UN POINT SITUÉ AU NORD OU UN DÉPLACEMENT VERS UN POINT SITUÉ AU NORD

• **up north** dans le nord • **I'm coming up to York next week** je viens *ou* monte à York la semaine prochaine

4. PLUS LOIN

• **their house is up the street from us** leur maison est un peu plus loin dans notre rue

5. EXPRIME UNE IDÉE D'ACHÈVEMENT

• **eat up your soup!** finis ta soupe !

6. INDIQUE UNE INTENSITÉ ACCRUE

• **speak up!** parlez plus fort !

■ **up** [ʌp] *prép*

1. INDIQUE UN LIEU ÉLEVÉ

• **he lives up a hill/mountain** il habite en haut d'une colline/d'une montagne • **he was up a ladder picking cherries** il était sur une échelle et cueillait des cerises

2. PLUS LOIN

• **they live up the road from us** ils habitent un peu plus haut *ou* loin dans notre rue

3. INDIQUE UN MOUVEMENT VERS LA SOURCE D'UN FLEUVE OU D'UN COURS D'EAU

• **they sailed up the Amazon** ils ont remonté l'Amazone en bateau

■ **up** [ʌp] *adj*

1. SE LEVER, ÊTRE DEBOUT

• **I was up at six today** je me suis levé à 6 h aujourd'hui • **he was up all night playing video games** il a passé toute la nuit à jouer à des jeux vidéo

2. EXPRIME UNE HAUSSE

• **petrol is up again** l'essence a encore augmenté

3. EXPRIME UNE IDÉE D'ACHÈVEMENT

• **his leave is up** sa permission est terminée
• **time's up** c'est l'heure

4. *fam* POUR DEMANDER DES NOUVELLES LORSQUE QQCH N'A PAS L'AIR D'ALLER

• **what's up?** qu'est-ce qu'il y a ? • **is something up?** il y a quelque chose qui ne va pas ?

5. DANS DES EXPRESSIONS

• **the road is up** la route est en travaux • **his blood is up** il est fou de colère

■ **up** [ʌp] *n*

• **ups and downs** des hauts et des bas

■ **up and down** *adv*

• **to jump up and down** sauter • **to walk up and down** faire les cent pas

■ **up and down** *prép*

• **we walked up and down the avenue** nous avons arpenté l'avenue

■ up to *prép*

1. JUSQU'À

• **it could take up to six weeks** cela peut prendre jusqu'à six semaines

2. EXPRIME LA CAPACITÉ

• **to be up to doing sthg** être capable de faire qqch • **my French isn't up to much** mon français n'est pas fameux

3. *fam* FAIRE, COMBINER

• **what are you up to?** qu'est-ce que tu fabriques ? • **they're up to something** ils mijotent quelque chose, ils préparent un coup

4. POUR DÉSIGNER LA PERSONNE RESPONSABLE DE QQCH

• **it's not up to me to decide** ce n'est pas moi qui décide • **it's up to you** c'est à vous de voir

■ up until *prép*

jusqu'à • **up until last year, I worked for myself** jusqu'à l'année dernière, j'ai travaillé à mon compte

up-and-coming *adj* à l'avenir prometteur.

upbeat ['ʌpbi:t] *adj* optimiste.

upbringing ['ʌp,brɪŋɪŋ] *n* éducation *f*.

update [,ʌp'deɪt] *vt* mettre à jour.

upfront [,ʌp'frʌnt] *adj* • **upfront (about)** franc (au sujet de). ❑ *adv* d'avance.

upgradable [ʌp'greɪdəbl] *adj* INFORM extensible.

upgradeable = **upgradable**.

upheaval [ʌp'hi:vl] *n* bouleversement *m*.

upheld [ʌp'held] *passé & pp* → **uphold**.

uphill [,ʌp'hɪl] *adj* **1.** *(chemin)* qui monte **2.** *fig* ardu. ❑ *adv* • **to go uphill** monter.

uphold [ʌp'həʊld] *(prét & pp* **upheld***)* *vt* **1.** maintenir **2.** soutenir.

upholstery [ʌp'həʊlstərɪ] *n* **1.** rembourrage *m* **2.** AUTO garniture *f* intérieure.

upkeep ['ʌpki:p] *n* entretien *m (d'une voiture, d'une machine)*.

uplifting [ʌp'lɪftɪŋ] *adj* édifiant.

upload ['ʌpləʊd] *n* INFORM téléchargement *m (vers le serveur)*. ❑ *vt & vi* INFORM télécharger *(vers le serveur)*.

up-market *adj* haut de gamme *(inv)*.

upon [ə'pɒn] *prép sout* sur • **upon hearing the news...** à ces nouvelles... • **summer/the weekend is upon us** l'été/le week-end approche.

upper ['ʌpər] *adj* supérieur. ❑ *n* empeigne *f (de chaussure)*.

upper-case *adj* • **an upper-case letter** une majuscule.

upper class *n* • **the upper class** la haute société. **■ upper-class** *adj* aristocratique.

upper hand *n* • **to have the upper hand** avoir le dessus • **to gain** *ou* **get the upper hand** prendre le dessus.

uppermost ['ʌpəməʊst] *adj* le plus haut, la plus haute *f* • **it was uppermost in his mind** c'était sa préoccupation majeure.

upright *adj* **1.** [,ʌp'raɪt] droit **2.** vertical **3.** *(fauteuil)* à dossier droit **4.** ['ʌpraɪt] *fig* droit. ❑ *adv* [,ʌp'raɪt] droit.

uprising ['ʌp,raɪzɪŋ] *n* soulèvement *m*.

uproar ['ʌprɔːr] *n* **1.** *(indén)* tumulte *m* **2.** protestations *fpl*.

uproot [ʌp'ru:t] *vt litt & fig* déraciner.

upset [ʌp'set] *adj* **1.** peiné, triste **2.** vexé **3.** • **to have an upset stomach** avoir l'estomac dérangé. ❑ *n* • **to have a stomach upset** avoir l'estomac dérangé. ❑ *vt (prét & pp* **upset***)* **1.** faire de la peine à **2.** déranger *(des projets, la routine)* **3.** renverser.

upshot ['ʌpʃɒt] *n* résultat *m*.

upside down [,ʌpsaɪd-] *adj* à l'envers. ❑ *adv* à l'envers • **to turn sthg upside down** *fig* mettre qqch sens dessus dessous.

upstairs [,ʌp'steəz] *adj* d'en haut, du dessus. ❑ *adv* en haut. ❑ *n* étage *m*.

upstart ['ʌpstɑ:t] *n* parvenu *m*, -e *f*.

upstream [,ʌp'stri:m] *adj* • **to be upstream (from)** être en amont (de). ❑ *adv* **1.** vers l'amont **2.** contre le courant.

upsurge ['ʌpsɜ:dʒ] *n* • **upsurge (of/in)** recrudescence *f* (de).

uptake ['ʌpteɪk] *n* • **to be quick on the uptake** saisir vite • **to be slow on the uptake** être lent à comprendre.

uptight [ʌp'taɪt] *adj fam* tendu.

up-to-date *adj* **1.** moderne **2.** tout dernier **3.** • **to keep up-to-date with** se tenir au courant de.

upturn ['ʌptɜ:n] *n* • **upturn (in)** reprise *f (de l'économie, de la production)*.

upward ['ʌpwəd] *adj* **1.** ascendant **2.** vers le haut. ❑ *adv* **(US)** = **upwards**.

upwards ['ʌpwədz] *adv* vers le haut. **■ upwards of** *prép* plus de.

UR SMS abrév de **you are**.

uranium [jʊ'reɪnjəm] *n* uranium *m*.

urban ['ɜ:bən] *adj* urbain.

urbane [ɜ:'beɪn] *adj* courtois.

urchin ['ɜ:tʃɪn] *n vieilli* polisson *m*.

Urdu ['ʊədu:] *n* ourdou *m*.

urge [ɜ:dʒ] *n* forte envie *f* • **to have an urge to do sthg** avoir une forte envie de faire qqch. ❑ *vt* **1.** • **to urge sb to do sthg** presser qqn de faire qqch **2.** conseiller.

urgency ['ɜ:dʒənsɪ] *n (indén)* urgence *f*.

urgent ['ɜ:dʒənt] *adj* **1.** urgent **2.** *(besoin)* pressant.

urinal [ˌjʊəˈraɪnl] *n* urinoir *m*.

urinate [ˈjʊərɪneɪt] *vi* uriner.

urine [ˈjʊərɪn] *n* urine *f*.

urn [ɜːn] *n* **1.** urne *f* **2.** • **tea urn** fontaine *f* à thé.

URT1 *SMS* (abrév de you are the one) tu es celui (celle) qu'il me faut.

Uruguay [ˈjʊərəgwaɪ] *n* Uruguay *m*.

us [ʌs] *pron pers* nous • **can you see/hear us?** vous nous voyez/entendez ? • **it's us** c'est nous • **you can't expect *us* to do it** vous ne pouvez pas exiger que ce soit nous qui le fassions • **she gave it to us** elle nous l'a donné • **with/without us** avec/sans nous • **they are more wealthy than us** ils sont plus riches que nous • **some of us** quelques-uns d'entre nous.

US *n* abrév de **United States**.

USA *n* abrév de **United States of America**.

usage [ˈjuːzɪdʒ] *n* **1.** *LING* usage *m* **2.** *(indén)* traitement *m*.

USB (abrév de universal serial bus) *n INFORM* USB *m*.

use

■ **use** *n* [juːs]

1. INDIQUE UNE UTILISATION

• **to make use of sthg** utiliser qqch • **this machine is in use every day** on utilise cette machine tous les jours • **this machine is out of use** cette machine est hors d'usage • **nowadays this word is out of use** de nos jours, ce mot est obsolète

2. INDIQUE LA POSSIBILITÉ D'UTILISER QQCH

• **I have the use of his garage** j'ai accès à son garage • **he gave me the use of his car** il a mis sa voiture à ma disposition • **he's lost the use of his left arm** il a perdu l'usage de son bras gauche

3. EXPRIME L'UTILITÉ

• **to be of use** être utile • **it's no use crying** ça ne sert à rien de pleurer • **what's the use (of doing sthg)?** à quoi bon (faire qqch) ?

■ **use** *v aux* [juːs]

s'utilise uniquement au prétérit

INDIQUE UNE ACTION HABITUELLE DANS LE PASSÉ QUI N'A PLUS COURS DANS LE PRÉSENT

• **I used to live in London** avant, j'habitais à Londres • **there used to be a tree here** (autrefois) il y avait un arbre ici

■ **use** *vt* [juːz]

1. INDIQUE UNE UTILISATION

• **he used scissors to open the parcel** il s'est servi de ciseaux pour ouvrir le colis • **we used the money to buy a new car** nous avons utilisé l'argent pour acheter une nouvelle voiture • **someone is using the bathroom** il y a quelqu'un dans la salle de bains

2. *péj* INDIQUE UN ABUS

• **he used me** il s'est servi de moi

À PROPOS DE use

Il est très important de ne pas confondre les trois usages différents de ***used to***.

Premièrement, ***used to*** suivi de la forme de base du verbe peut servir à parler de quelque chose qui s'est produit dans le passé de façon répétée ou qui a duré pendant un certain temps ***(they* used to live *next door but they've moved now,* ils vivaient dans la maison à côté mais ils ont déménagé*)***.

Deuxièmement, pour indiquer que l'on a l'habitude de faire quelque chose, on peut utiliser ***used to*** suivi du participe présent ***(I don't mind leaving at 6 o'clock tomorrow morning – I'm* used to getting up *early)***.

Enfin, ***used to*** peut intervenir à l'intérieur d'une construction passive exprimant l'intention ou le but ***(this part* is used to increase *the speed of the engine)***. Dans ce cas, l'expression est généralement précédée du verbe ***be*** et suivie de la forme de base du verbe principal.

use-by date *n* date *f* limite de consommation.

used [juːzd] *adj* **1.** usagé • **throw your used tissue in the dustbin** jette ton mouchoir sale à la poubelle **2.** d'occasion • **over 40 million used cars are sold each year** plus de 40 millions de voitures d'occasion sont vendues chaque année **3.** *(exprime l'idée d'habitude)* • **he's not used to getting up so early** il n'a pas l'habitude de se lever si tôt • **you'll soon get used to it** vous vous y ferez vite.

useful [ˈjuːsfʊl] *adj* utile.

useless [ˈjuːslɪs] *adj* **1.** inutile **2.** *fam* incompétent, nul.

user [ˈjuːzəʳ] *n* **1.** utilisateur *m*, -trice *f* **2.** usager *m*.

user-definable, **user-defined** [-dɪˈfaɪnd] *adj INFORM (caractères, touches)* définissable par l'utilisateur.

user-friendly *adj* facile à utiliser.

use up *vt sép* **1.** épuiser **2.** finir **3.** dépenser.

usher [ˈʌʃəʳ] *n* placeur *m*, -euse *f*. ❑ *vt* • **to usher sb in/out** faire entrer/sortir qqn.

usherette [ˌʌʃəˈret] *n* ouvreuse *f*.

USSR (abrév de Union of Soviet Socialist Republics) *n* • **the (former) USSR** l'(ex-)URSS *f*.

usual [ˈjuːʒəl] *adj* habituel • **as usual** comme d'habitude.

usually [ˈjuːʒəlɪ] *adv* d'habitude.

usurp [juːˈzɜːp] *vt* usurper.

utensil [juːˈtensl] *n* ustensile *m*.

uterus [ˈjuːtərəs] (*pl* **-ri** *ou* **-ruses**) *n* utérus *m*.

utility [juːˈtɪlətɪ] *n* **1.** *(indén)* utilité *f* **2.** service *m* public **3.** *INFORM* utilitaire *m*.
utility room *n* buanderie *f*.
utilize, **-ise (UK)** [ˈjuːtəlaɪz] *vt* utiliser.
utmost [ˈʌtməʊst] *adj* le plus grand, la plus grande *f*. ❑ *n* • **to do one's utmost** faire tout son possible • **to the utmost** au plus haut point.
utter [ˈʌtər] *adj* total, complet. ❑ *vt* **1.** prononcer **2.** pousser *(un cri)*.
utterly [ˈʌtəlɪ] *adv* complètement.
U-turn *n* demi-tour *m*.

v[1] [viː] (*pl* **v's** *ou* **vs**), **V** (*pl* **V's** *ou* **Vs**) *n* v *m inv*, V *m inv*.

v[2] **1.** (abrév de verse) v. **2.** (abrév de volt) v.

vac (abrév de vacation) *n* **(UK)** *fam* vacances *fpl*.

vacancy [ˈveɪkənsɪ] *n* **1.** poste *m* vacant **2.** chambre *f* à louer • **'vacancies'** 'chambres à louer' • **'no vacancies'** 'complet'.

vacant [ˈveɪkənt] *adj* **1.** inoccupé **2.** libre **3.** *(poste)* vacant **4.** *(regard)* vide.

vacant lot *n* **1.** terrain *m* inoccupé **2. (US)** terrain *m* vague **3.** terrain *m* à vendre.

vacate [vəˈkeɪt] *vt* quitter • **to vacate a post** démissionner.

vacation [vəˈkeɪʃn] *n* **(US)** vacances *fpl*.

vacationer [vəˈkeɪʃənər] *n* **(US)** vacancier *m*, -ère *f*.

vaccinate [ˈvæksɪneɪt] *vt* vacciner.

vaccination [ˌvæksɪˈneɪʃn] *n* vaccination *f*.

vaccine [**(UK)** ˈvæksiːn, **(US)** vækˈsiːn] *n* vaccin *m*.

vacillate [ˈvæsəleɪt] *vi* hésiter.

vacuum [ˈvækjʊəm] *n* **1.** *fig* vide *m* **2.** aspirateur *m*. ❑ *vt* **1.** passer l'aspirateur dans *(une pièce)* **2.** passer l'aspirateur sur *(un tapis)*.

vacuum cleaner *n* aspirateur *m*.

vacuum flask *n* **(UK)** (bouteille *f*) Thermos® *f*.

vacuum-packed *adj* emballé sous vide.

vagabond [ˈvægəbɒnd] *n* *littéraire* vagabond *m*, -e *f*.

vagina [vəˈdʒaɪnə] *n* vagin *m*.

vagrant [ˈveɪgrənt] *n* vagabond *m*, -e *f*.

vague [veɪg] *adj* **1.** vague, imprécis **2.** distrait.

vaguely [ˈveɪglɪ] *adv* vaguement.

vain [veɪn] *adj* **1.** vain **2.** *péj* vaniteux. ■ **in vain** *adv* en vain.

valentine card [ˈvæləntaɪn-] *n* carte *f* de la Saint-Valentin.

Valentine's Day [ˈvæləntaɪnz-] *n* • **(St) Valentine's Day** la Saint-Valentin.

valet [ˈvæleɪ *ou* ˈvælɪt] *n* valet *m* de chambre.

valet parking *n* • **'valet parking'** 'voiturier'.

valiant [ˈvæljənt] *adj* vaillant.

valid [ˈvælɪd] *adj* **1.** valable **2.** valide.

validate [ˈvælɪdeɪt] *vt* valider.

validation [ˌvælɪˈdeɪʃn] *n* **1.** confirmation *f*, preuve *f (de demande)* **2.** validation *f (d'un document)*.

validity [vəˈlɪdətɪ] *n* validité *f*.

valley [ˈvælɪ] (*pl* -s) *n* vallée *f*.

valour (UK), valor (US) [ˈvælər] *n (indén)* *sout* & *littéraire* bravoure *f*.

valuable [ˈvæljʊəbl] *adj* **1.** précieux **2.** de valeur. ■ **valuables** *npl* objets *mpl* de valeur.

valuation [ˌvæljʊˈeɪʃn] *n* **1.** *(indén)* estimation *f*, expertise *f* **2.** valeur *f* estimée.

value [ˈvæljuː] *n* valeur *f* • **to be good value** être d'un bon rapport qualité-prix • **to get value for money** en avoir pour son argent. ❑ *vt* **1.** expertiser **2.** apprécier. ■ **values** *npl* valeurs *fpl*.

value-added tax [-ædɪd-] *n* taxe *f* sur la valeur ajoutée.

valued [ˈvæljuːd] *adj* précieux.

value judg(e)ment *n* jugement *m* de valeur.

valve [vælv] *n* **1.** valve *f* **2.** soupape *f*.

vamoose [vəˈmuːs] *vi* *fam* s'éclipser.

van [væn] *n* **1.** camionnette *f* **2. (UK)** fourgon *m*.

V and A (abrév de Victoria and Albert Museum) *n* *grand musée londonien des arts décoratifs*.

vandal [ˈvændl] *n* vandale *mf*.

vandalism [ˈvændəlɪzm] *n* vandalisme *m*.

vandalize, -ise (UK) [ˈvændəlaɪz] *vt* saccager.

vanguard [ˈvængɑːd] *n* avant-garde *f* • **in the vanguard of** à l'avant-garde de.

vanilla [vəˈnɪlə] *n* vanille *f*.

vanish [ˈvænɪʃ] *vi* disparaître.

vanity [ˈvænətɪ] *n (indén)* *péj* vanité *f*.

vanity publishing *n* publication *f* à compte d'auteur.

vantagepoint [ˈvɑːntɪdʒˌpɔɪnt] *n* **1.** bon endroit *m* **2.** *fig* position *f* avantageuse.

vaporizer [ˈveɪpəraɪzər] *n* **1.** *(gén)* vaporisateur *m* **2.** atomiseur *m*, pulvérisateur *m (de parfum)*

3. *MÉD* inhalateur *m* 4. pulvérisateur *m (pour la gorge)*.

vapour (UK), vapor (US) ['veɪpər] *n* 1. *(indén)* vapeur *f* 2. buée *f*.

variable ['veərɪəbl] *adj* 1. variable 2. changeant.

variance ['veərɪəns] *n sout* • **at variance (with)** en désaccord (avec).

variant ['veərɪənt] *adj* différent. ❑ *n* 1. variante *f*. 2. *MÉD* variant *m*.

variation [,veərɪ'eɪʃn] *n* • **variation (in)** variation *f* (de).

varicose veins ['værɪkəʊs-] *npl* varices *fpl*.

varied ['veərɪd] *adj* varié.

variety [və'raɪətɪ] *n* 1. variété *f*, diversité *f* 2. variété *f*, sorte *f*.

variety show *n* spectacle *m* de variétés.

varifocals [veərɪ'fəukəlz] *npl* lunettes *fpl* à verres progressifs.

various ['veərɪəs] *adj* 1. plusieurs 2. divers.

varnish ['vɑːnɪʃ] *n* vernis *m*. ❑ *vt* vernir.

vary ['veərɪ] *vt* varier. ❑ *vi* • **to vary (in/with)** varier (en/selon), changer (en/selon) • **the weather varies from day to day** le temps varie d'un jour à l'autre.

vase [(UK) vɑːz, (US) veɪz] *n* vase *m*.

vasectomy [və'sektəmɪ] *(pl -ies) n* vasectomie *f*.

Vaseline® ['væsəliːn] *n* vaseline *f*.

vast [vɑːst] *adj* vaste, immense.

vastly ['vɑːstlɪ] *adv* extrêmement, infiniment.

vat [væt] *n* cuve *f*.

VAT [væt *ou* viːeɪ'tiː] (abrév de value-added tax) *n* TVA *f*.

Vatican ['vætɪkən] *n* • **the Vatican** le Vatican.

vault [vɔlt] *n* 1. chambre *f* forte 2. voûte *f* 3. caveau *m*. ❑ *vt* sauter. ❑ *vi* • **to vault over sthg** sauter (par-dessus) qqch.

vaulted ['vɔːltɪd] *adj* voûté.

VBG *SMS* (abrév de very big grin) très grand sourire.

VCR (abrév de video cassette recorder) *n* magnétoscope *m*.

VD (abrév de venereal disease) *n (indén)* MST *f*.

VDU (abrév de visual display unit) *n INFORM* moniteur *m*.

veal [viːl] *n (indén)* veau *m*.

veer [vɪər] *vi* virer.

veg [vedʒ] *n fam (indén)* (abrév de vegetables) légumes *mpl*.

vegan ['viːgən] *adj* végétalien. ❑ *n* végétalien *m*, -enne *f* ❑ *adj & n* vegan.

vegetable ['vedʒtəbl] *n* légume *m*. ❑ *adj* 1. végétal 2. de *ou* aux légumes.

vegetable garden *n* jardin *m* potager.

vegetarian [,vedʒɪ'teərɪən] *adj* végétarien. ❑ *n* végétarien *m*, -enne *f*.

vegetarianism [,vedʒɪ'teərɪənɪzm] *n* végétarisme *m*.

vegetate ['vedʒɪteɪt] *vi péj* végéter.

vegetation [,vedʒɪ'teɪʃn] *n (indén)* végétation *f*.

veggie ['vedʒɪ] (abrév de vegetarian) (UK) *fam adj* végétarien. ❑ *n* végétarien *m*, -enne *f*.

veggieburger ['vedʒɪ,bɜːgər] *n* hamburger *m* végétarien.

vehement ['viːɪmənt] *adj* véhément.

vehemently ['viːɪməntlɪ] *adv* avec véhémence.

vehicle ['viːɪkl] *n litt & fig* véhicule *m*.

veil [veɪl] *n litt & fig* voile *m*.

veiled [veɪld] *adj (menace, allusion)* voilé.

vein [veɪn] *n* 1. *ANAT* veine *f* 2. nervure *f* 3. filon *m (d'un minerai)*.

Velcro® ['velkrəu] *n* Velcro® *m*.

velocity [vɪ'lɒsətɪ] *n* vélocité *f*.

velvet ['velvɪt] *n* velours *m*.

vendetta [ven'detə] *n* vendetta *f*.

vending machine ['vendɪŋ-] *n* distributeur *m* automatique.

vendor ['vendər] *n* 1. *sout* marchand *m*, -e *f* 2. *DR* vendeur *m*, -euse *f*.

veneer [və'nɪər] *n* 1. placage *m* 2. *fig* apparence *f*.

venerate ['venəreɪt] *vt* vénérer.

venereal disease [vɪ'nɪərɪəl-] *n* maladie *f* vénérienne.

venetian blind [vɪ,niːʃn-] *n* store *m* vénitien.

Venezuela [,venɪz'weɪlə] *n* Venezuela *m*.

vengeance ['vendʒəns] *n* vengeance *f* • **it began raining with a vengeance** il a commencé à pleuvoir très fort.

vengeful ['vendʒful] *adj* vengeur.

venison ['venɪzn] *n* venaison *f*.

venom ['venəm] *n litt & fig* venin *m*.

venomous ['venəməs] *adj litt & fig* venimeux.

vent [vent] *n* 1. tuyau *m* 2. orifice *m* • **to give vent to** donner libre cours à. ❑ *vt* donner libre cours à • **to vent sthg on sb** décharger qqch sur qqn.

ventilate ['ventɪleɪt] *vt* ventiler.

ventilation [,ventɪ'leɪʃn] *n* ventilation *f*.

ventilator ['ventɪleɪtər] *n* ventilateur *m*.

ventriloquist [ven'trɪləkwɪst] *n* ventriloque *mf*.

venture ['ventʃər] *n* entreprise *f*. ❑ *vt* risquer • **to venture to do sthg** se permettre de faire qqch. ❑ *vi* s'aventurer.

venture capital *n* capital-risque *m*.

venture capitalist *n* spécialiste *mf* de la prise de risques.

venue ['venjuː] *n* lieu *m*.

Venus ['viːnəs] *n (planète)* Vénus *f*.

veranda(h) [və'rændə] *n* véranda *f*.

verb [vɜːb] *n* verbe *m*.

verbal ['vɜːbl] *adj* verbal.

verbally ['vɜːbəlɪ] *adv* verbalement.
verbatim [vɜː'beɪtɪm] *adj & adv* mot pour mot.
verbose [vɜː'bəʊs] *adj* verbeux.
verdict ['vɜːdɪkt] *n* **1.** *DR* verdict *m* **2.** • **verdict (on)** avis *m* (sur).
verge [vɜːdʒ] *n* **1.** bordure *f* **2.** **(UK)** bas-côté *m*, accotement *m* **3.** • **on the verge of sthg** au bord de qqch • **on the verge of doing sthg** sur le point de faire qqch. ■ **verge (up)on** *vt insép* approcher de.
verification [,verɪfɪ'keɪʃn] *n* vérification *f*.
verify ['verɪfaɪ] *vt* vérifier.
veritable ['verɪtəbl] *adj hum & sout* véritable.
vermilion [və'mɪljən] *adj* vermillon *(inv)*. ❑ *n* vermillon *m*.
vermin ['vɜːmɪn] *npl* vermine *f*.
vermouth ['vɜːməθ] *n* vermouth *m*.
vernacular [və'nækjʊlər] *adj* vernaculaire. ❑ *n* dialecte *m*.
verruca [və'ruːkə] (*pl* **-cas** *ou* **-cae**) *n* verrue *f* plantaire.
versatile ['vɜːsətaɪl] *adj* **1.** aux talents multiples **2.** *(outil, logiciel)* à usages multiples.
versatility [,vɜːsə'tɪlətɪ] *n* **1.** variété *f* de talents **2.** souplesse *f* d'emploi.
verse [vɜːs] *n* **1.** *(indén)* vers *mpl* **2.** strophe *f* **3.** *(dans la Bible)* verset *m*.
versed [vɜːst] *adj* • **to be well versed in sthg** être versé dans qqch.
version ['vɜːʃn] *n* version *f*.
versus ['vɜːsəs] *prép* **1.** contre **2.** par opposition à.
vertebra ['vɜːtɪbrə] (*pl* **-brae**) *n* vertèbre *f*.
vertebrate ['vɜːtɪbreɪt] *n* vertébré *m*.
vertical ['vɜːtɪkl] *adj* vertical.
vertically ['vɜːtɪklɪ] *adv* verticalement.
vertigo ['vɜːtɪgəʊ] *n (indén)* vertige *m*.
verve [vɜːv] *n* verve *f*.
very ['verɪ] *adv* **1.** très • **very much** beaucoup • **at the very least** tout au moins • **very last/first** tout dernier/premier • **of one's very own** bien à soi **2.** • **not very** pas très. ❑ *adj* • **the very room/book** la pièce/le livre même • **the very man/thing I've been looking for** juste l'homme/la chose que je cherchais. ■ **very well** *adv* très bien • **I can't very well tell him…** je ne peux tout de même pas lui dire que…
vessel ['vesl] *n sout* **1.** *NAUT & ANAT* vaisseau *m* **2.** récipient *m*.
vest [vest] *n* **1.** **(UK)** maillot *m* de corps **2.** **(US)** gilet *m*.
vested interest ['vestɪd-] *n* • **vested interest (in)** intérêt *m* particulier (à).
vestibule ['vestɪbjuːl] *n sout* vestibule *m*.
vestige ['vestɪdʒ] *n* vestige *m*.
vestry ['vestrɪ] *n* sacristie *f*.
vet [vet] *n* **(UK)** (abrév de veterinary surgeon) vétérinaire *mf*. ❑ *vt* **(UK)** examiner avec soin.
veteran ['vetrən] *adj* chevronné. ❑ *n* **1.** vétéran *mf* **2.** *(personne expérimentée)* vétéran *m*.
veterinarian [,vetərɪ'neərɪən] *n* **(US)** vétérinaire *mf*.
veterinary surgeon ['vetərɪnrɪ-] *n* **(UK)** *sout* vétérinaire *mf*.
veto ['viːtəʊ] *n* (*pl* **-es**) veto *m*. ❑ *vt* (*prét & pp* **vetoed**, *cont* **vetoing**) opposer son veto à.
vex [veks] *vt* contrarier.
vexed question [,vekst-] *n* question *f* controversée.
VHS (abrév de video home system) *n* VHS *m*.
via ['vaɪə] *prép* **1.** via, par **2.** au moyen de.
viability [,vaɪə'bɪlətɪ] *n* viabilité *f*.
viable ['vaɪəbl] *adj* viable.
viaduct ['vaɪədʌkt] *n* viaduc *m*.
vibes [vaɪbz] *npl fam* (abrév de vibrations) atmosphère *f*, ambiance *f* • **I get really bad vibes from her** je la sens vraiment mal.
vibrant ['vaɪbrənt] *adj* vibrant.
vibrate [vaɪ'breɪt] *vi* vibrer.
vibration [vaɪ'breɪʃn] *n* vibration *f*.
vicar ['vɪkər] *n* pasteur *m*.
vicarage ['vɪkərɪdʒ] *n* presbytère *m*.
vicarious [vɪ'keərɪəs] *adj* • **to take a vicarious pleasure in sthg** prendre plaisir à qqch par procuration.
vice [vaɪs] *n* **1.** vice *m* **2.** étau *m*.
vice-chairman *n* vice-président *m*, -e *f*.
vice-chancellor *n* **(UK)** président *m*, -e *f*.
vicelike ['vaɪslaɪk] *adj* • **held in a vicelike grip** serré dans une poigne de fer.
vice-president *n* vice-président *m*, -e *f*.
vice versa [,vaɪsɪ'vɜːsə] *adv* vice versa.
vicinity [vɪ'sɪnətɪ] *n* • **in the vicinity (of)** aux alentours (de), dans les environs (de).
vicious ['vɪʃəs] *adj* violent, brutal.
vicious circle *n* cercle *m* vicieux.
viciously ['vɪʃəslɪ] *adv* **1.** *(attaquer, frapper)* brutalement, violemment **2.** *(critiquer)* avec malveillance, méchamment.
vicissitudes [vɪ'sɪsɪtjuːdz] *npl sout* vicissitudes *fpl*.
victim ['vɪktɪm] *n* victime *f*.
victimization [,vɪktɪmaɪ'zeɪʃn] *n* **1.** fait *m* de prendre pour victime **2.** représailles *fpl* • **there must be no further victimization of workers** il ne doit pas y avoir d'autres représailles contre les ouvriers.
victimize, **-ise** **(UK)** ['vɪktɪmaɪz] *vt* faire une victime de.
victimless crime ['vɪktɪmlɪs-] *n* délit *m* sans victime.
victor ['vɪktər] *n* vainqueur *m*.

Victoria Cross [vɪk'tɔ:rɪə-] *n* croix *f* de Victoria.
Victorian [vɪk'tɔ:rɪən] *adj* victorien.
victorious [vɪk'tɔrɪəs] *adj* victorieux.
victory ['vɪktərɪ] *n* • **victory (over)** victoire *f* (sur).
video ['vɪdɪəʊ] *n* (*pl* **-s**) **1.** vidéo *f* **2.** (UK) magnétoscope *m* **3.** vidéocassette *f*. ❑ *en apposition* vidéo *(inv)*. ❑ *vt* (*prét & pp* **videoed**, *cont* **videoing**) **1.** enregistrer sur magnétoscope **2.** faire une vidéo de, filmer.
video camera *n* caméra *f* vidéo.
video cassette *n* vidéocassette *f*.
video clip *n* clip *m*, vidéoclip *m*, clip *m* vidéo.
videoconference ['vɪdɪəʊ'kɒnfərəns] *n* vidéoconférence *f*.
video conferencing *n* vidéoconférence *f*.
video diary *n* journal *m* vidéo.
videodisc (UK), **videodisk** (US) ['vɪdɪəʊdɪsk] *n* vidéodisque *m*.
video game *n* jeu *m* vidéo.
video projector *n* vidéoprojecteur *m*.
videorecorder ['vɪdɪəʊrɪ,kɔdər] *n* magnétoscope *m*.
video recording *n* enregistrement *m* vidéo.
video shop (UK), **video store** (US) *n* vidéoclub *m*.
videotape ['vɪdɪəʊteɪp] *n* **1.** vidéocassette *f* **2.** *(indén)* bande *f* vidéo.
vie [vai] (*prét & pp* **vied**, *cont* **vying**) *vi* • **to vie for sthg** lutter pour qqch • **to vie with sb (for sthg/ to do sthg)** rivaliser avec qqn (pour qqch/ pour faire qqch).
Vienna [vɪ'enə] *n* Vienne.
Vietnam [(UK) ,vjet'næm, (US) ,vjet'nɑ:m] *n* Viêt Nam *m*.
Vietnamese [,vjetnə'mi:z] *adj* vietnamien. ❑ *n* vietnamien *m*. ❑ *npl* • **the Vietnamese** les Vietnamiens.
view [vju:] *n* **1.** opinion *f*, avis *m* • **in my view** à mon avis **2.** vue *f* • **to come into view** apparaître. ❑ *vt* **1.** considérer **2.** examiner **3.** visiter *(une maison)*. ■ **in view of** *prép* vu, étant donné. ■ **with a view to** *conj* dans l'intention de, avec l'idée de.
viewable area ['vju:əbl-] *adj* INFORM zone *f* d'affichage *(à l'écran)*.
viewer ['vju:ər] *n* **1.** téléspectateur *m*, -trice *f* • **the programme attracts millions of viewers** l'émission attire des millions de téléspectateurs **2.** visionneuse *f*.
viewfinder ['vju:,faɪndər] *n* viseur *m*.
viewing ['vju:ɪŋ] *n (indén)* **1.** TV programme *m*, programmes *mpl*, émissions *fpl* • **late-night viewing on BBC 2** émissions de fin de soirée sur BBC 2 • **his latest film makes exciting viewing** son dernier film est un spectacle passionnant **2.** visite *f (d'une exposition)* **3.** ASTRON observation *f*. ❑ *en apposition* **1.** TV *(temps, système)* d'écoute • **viewing figures** taux *m ou* indice *m* d'écoute **2.** ASTRON & MÉTÉOR *(conditions)* d'observation.
viewpoint ['vju:pɔɪnt] *n* point *m* de vue.
vigil ['vɪdʒɪl] *n* **1.** veille *f* **2.** RELIG vigile *f*.
vigilant ['vɪdʒɪlənt] *adj* vigilant.
vigilante [,vɪdʒɪ'læntɪ] *n* membre *m* d'un groupe d'autodéfense.
vigor (US) = **vigour**.
vigorous ['vɪgərəs] *adj* vigoureux.
vigorously ['vɪgərəslɪ] *adv* vigoureusement, énergiquement.
vigour (UK), **vigor** (US) ['vɪgər] *n* vigueur *f*.
vile [vaɪl] *adj* **1.** *(humeur)* exécrable **2.** *(personne, acte)* vil, ignoble **3.** *(nourriture)* infect.
vilify ['vɪlɪfaɪ] (*prét & pp* **vilified**) *vt* calomnier.
villa ['vɪlə] *n* **1.** villa *f* **2.** pavillon *m*.
village ['vɪlɪdʒ] *n* village *m*.
villager ['vɪlɪdʒər] *n* villageois *m*, -e *f*.
villain ['vɪlən] *n* **1.** méchant *m*, -e *f* **2.** traître *m* **3.** bandit *m*.
vinaigrette [,vɪnɪ'gret] *n* vinaigrette *f*.
vindicate ['vɪndɪkeɪt] *vt* justifier.
vindictive [vɪn'dɪktɪv] *adj* vindicatif.
vindictively [vɪn'dɪktɪvlɪ] *adv* vindicativement.
vine [vaɪn] *n* vigne *f*.
vinegar ['vɪnɪgər] *n* vinaigre *m*.
vineyard ['vɪnjəd] *n* vignoble *m*.
vintage ['vɪntɪdʒ] *adj* **1.** *(vin)* de grand cru **2.** typique. ❑ *n* année *f*, millésime *m*.
vintage wine *n* vin *m* de grand cru.
vinyl ['vaɪnɪl] *n* vinyle *m*.
viola [vɪ'əʊlə] *n* alto *m*.
violate ['vaɪəleɪt] *vt fig* violer *(une loi, un traité)*.
violation [,vaɪə'leɪʃn] *n* violation *f*.
violence ['vaɪələns] *n* violence *f*.
violent ['vaɪələnt] *adj* violent.
violet ['vaɪələt] *adj* violet. ❑ *n* **1.** violette *f* **2.** violet *m*.
violin [,vaɪə'lɪn] *n* violon *m*.
violinist [,vaɪə'lɪnɪst] *n* violoniste *mf*.
VIP (abrév de **very important person**) *n* VIP *mf*.
viper ['vaɪpər] *n* vipère *f*.
viral ['vaɪrəl] *adj* viral.
virgin ['vɜ:dʒɪn] *adj littéraire* vierge. ❑ *n* **1.** *(femme)* vierge *f* **2.** *(homme)* puceau *m*.
virginal ['vɜ:dʒɪnl] *n* MUS • **virginals** virginal *m*. ❑ *adj* virginal.
virginity [və'dʒɪnətɪ] *n* virginité *f*.
Virgo ['vɜ:gəʊ] (*pl* **-s**) *n* Vierge *f*.
virile ['vɪraɪl] *adj* viril.
virility [vɪ'rɪlətɪ] *n* virilité *f*.

virtual ['vɜːtʃʊəl] *adj* virtuel • **it's a virtual certainty** c'est quasiment *ou* pratiquement certain.
virtual classroom ['vɜːtʃʊəl-] *n* classe *f* virtuelle.
virtually ['vɜːtʃʊəlɪ] *adv* virtuellement, pratiquement.
virtual memory *n* INFORM mémoire *f* virtuelle.
virtual reality *n* réalité *f* virtuelle.
virtue ['vɜːtjuː] *n* **1.** vertu *f* **2.** • **virtue (in doing sthg)** mérite *m* (à faire qqch). ■ **by virtue of** *prép sout* en vertu de.
virtuoso [ˌvɜːtjʊ'əʊzəʊ] (*pl* **-sos** *ou* **-si**) *n* virtuose *mf*.
virtuous ['vɜːtʃʊəs] *adj* vertueux.
virulent ['vɪrʊlənt] *adj* virulent.
virus ['vaɪrəs] *n* virus *m*.
virus check *n* INFORM détection *f* de virus.
virus-free *adj* INFORM dépourvu de virus.
visa ['viːzə] *n* visa *m*.
vis-à-vis [ˌviːzɑː'viː] *prép sout* par rapport à.
visceral ['vɪsərəl] *adj* viscéral.
viscose ['vɪskəʊs] *n* viscose *f*.
viscosity [vɪ'skɒsətɪ] *n* viscosité *f*.
viscous ['vɪskəs] *adj* visqueux.
visibility [ˌvɪzɪ'bɪlətɪ] *n* visibilité *f*.
visible ['vɪzəbl] *adj* visible.
vision ['vɪʒn] *n* **1.** *(indén)* vue *f* **2.** vision *f*.
visionary ['vɪʒənrɪ] *adj* visionnaire. ❑ *n* (*pl* **-ies**) visionnaire *mf*.
visit ['vɪzɪt] *n* visite *f* • **on a visit** en visite • **visit of a website** visite d'un site. ❑ *vt* **1.** rendre visite à • **to pay s.o. a visit** rendre visite à qqn **2.** visiter *(un site sur Internet)*.
visiting hours ['vɪzɪtɪŋ-] *npl* heures *fpl* de visite.
visitor ['vɪzɪtəʳ] *n* **1.** invité *m*, -e *f* **2.** visiteur *m*, -euse *f* **3.** client *m*, -e *f*.
visitors' book *n* **(UK) 1.** livre *m* d'or **2.** *(à l'hôtel)* registre *m*.
visitor's passport *n* **(UK)** passeport *m* temporaire.
visor ['vaɪzəʳ] *n* visière *f*.
vista ['vɪstə] *n* vue *f*, perspective *f*.
visual ['vɪʒʊəl] *adj* visuel.
visual aids *npl* supports *mpl* visuels.
visual arts *npl* arts *mpl* plastiques.
visual display unit *n* écran *m* de visualisation.
visualize, -ise (UK) ['vɪʒʊəlaɪz] *vt* se représenter, s'imaginer.
visually ['vɪʒʊəlɪ] *adv* visuellement • **visually handicapped (UK), visually impaired (US)** malvoyant.
vital ['vaɪtl] *adj* **1.** essentiel **2.** plein d'entrain.
vitality [vaɪ'tælətɪ] *n* vitalité *f*.
vitally ['vaɪtəlɪ] *adv* absolument.
vital statistics *npl fam* mensurations *fpl*.
vitamin [**(UK)** 'vɪtəmɪn, **(US)** 'vaɪtəmɪn] *n* vitamine *f*.
vitiligo [ˌvɪtɪ'laɪgəʊ] *n* MÉD vitiligo *m*.
vitriolic [ˌvɪtrɪ'ɒlɪk] *adj* au vitriol.
vivacious [vɪ'veɪʃəs] *adj* enjoué.
viva voce [ˌvaɪvə'vəʊsɪ] *n* **(UK)** examen *m* oral.
vivid ['vɪvɪd] *adj* **1.** vif, vive *f* **2.** *(description)* vivant **3.** *(souvenir)* net, nette *f*, précis.
vividly ['vɪvɪdlɪ] *adv* **1.** d'une manière vivante **2.** clairement.
vivisection [ˌvɪvɪ'sekʃn] *n* vivisection *f*.
vixen ['vɪksn] *n* renarde *f*.
VLF (abrév de very low frequency) *n très basse fréquence*.
V-neck *n* **1.** décolleté *m* en V **2.** pull *m* à décolleté en V.
vocab ['vəʊkæb] *n fam* abrév de **vocabulary**.
vocabulary [və'kæbjʊlərɪ] *n* vocabulaire *m*.
vocal ['vəʊkl] *adj* **1.** qui se fait entendre **2.** vocal. ■ **vocals** *npl* chant *m*.
vocal cords *npl* cordes *fpl* vocales.
vocalist ['vəʊkəlɪst] *n* chanteur *m*, -euse *f (dans un groupe)*.
vocation [vəʊ'keɪʃn] *n* vocation *f*.
vocational [vəʊ'keɪʃənl] *adj* professionnel.
vocational school [vəʊ'keɪʃənl ˌskuːl] *n* **(US) 1.** SCOL lycée *m* technique **2.** UNIV ≃ IUT.
vociferous [və'sɪfərəs] *adj* bruyant.
vociferously [və'sɪfərəslɪ] *adv* bruyamment, en vociférant.
vodka ['vɒdkə] *n* vodka *f*.
vogue [vəʊg] *n* vogue *f*, mode *f* • **in vogue** en vogue, à la mode.
voice [vɔɪs] *n* voix *f*. ❑ *vt* exprimer.
voice bank *n* TÉLÉCOM boîte *f* vocale.
voice box *n* larynx *m*.
voice mail *n* messagerie *f* vocale • **to send/receive voice mail** envoyer/recevoir un message sur une boîte vocale.
voice-over *n* voix *f* off.
voice recognition *n* INFORM reconnaissance *f* de la parole.
void [vɔɪd] *adj* **1.** nul, nulle *f*; → **null 2.** *sout* • **void of** dépourvu de, dénué de. ❑ *n* vide *m*. ❑ *vt* annuler.
vol. (abrév de volume) vol.
volatile [**(UK)** 'vɒlətaɪl, **(US)** 'vɒlətl] *adj* **1.** *(situation)* explosif **2.** *(personne)* lunatique, versatile **3.** *(marché)* instable.
vol-au-vent ['vɒləʊvɑ̃] *n* vol-au-vent *m inv*.
volcanic [vɒl'kænɪk] *adj* volcanique.
volcano [vɒl'keɪnəʊ] (*pl* **-es** *ou* **-s**) *n* volcan *m*.
vole [vəʊl] *n* campagnol *m*.
volition [və'lɪʃn] *n sout* • **of one's own volition** de son propre gré.

volley ['vɒlɪ] *n* (*pl* **-s**) **1.** salve *f* **2.** *fig* torrent *m* **3.** *fig* volée *f*, pluie *f* *(de coups)* **4.** SPORT volée *f*. ❑ *vt* frapper à la volée, reprendre de volée.

volleyball ['vɒlɪbɔl] *n* volley-ball *m*.

volt [vəʊlt] *n* volt *m*.

voltage ['vəʊltɪʤ] *n* voltage *m*, tension *f*.

voluble ['vɒljʊbl] *adj* volubile, loquace.

volume ['vɒljuːm] *n* **1.** volume *m* • **can you turn the volume up?** tu peux augmenter le volume ? **2.** quantité *f* **3.** densité *f*.

volume control *n* réglage *m* du volume.

voluminous [və'luːmɪnəs] *adj sout* **1.** *(vêtement)* immense **2.** *(récipient)* volumineux.

voluntarily [(UK) 'vɒləntrɪlɪ, (US) ˌvɒlən'terəlɪ] *adv* volontairement.

voluntary ['vɒləntrɪ] *adj* **1.** volontaire • **a voluntary contribution** une contribution volontaire **2.** bénévole.

voluntary-aided school *n* (UK) *école religieuse financée par l'État et l'Église*.

voluntary redundancy *n* (UK) départ *m* volontaire.

voluntary work *n* travail *m* bénévole, bénévolat *m*.

volunteer [ˌvɒlən'tɪəʳ] *n* **1.** volontaire *mf* **2.** bénévole *mf*. ❑ *vt* **1.** • **to volunteer to do sthg** se porter volontaire pour faire qqch **2.** donner spontanément. ❑ *vi* **1.** • **to volunteer (for)** proposer ses services (pour) **2.** s'engager comme volontaire.

voluptuous [və'lʌptʃʊəs] *adj* voluptueux.

vomit ['vɒmɪt] *n* vomi *m*. ❑ *vi* vomir.

vomiting ['vɒmɪtɪŋ] *n* *(indén)* vomissements *mpl*.

voracious [və'reɪʃəs] *adj* vorace.

voraciously [və'reɪʃəslɪ] *adv* **1.** *(manger, absorber)* voracement, avec voracité **2.** *(lire)* avec voracité, avidement.

vortex ['vɔːteks] (*pl* **-texes** *ou* **-tices**) *n* **1.** vortex *m* **2.** *fig* tourbillon *m* *(d'événements)*.

vote [vəʊt] *n* **1.** • **vote (for/against)** vote *m* (pour/contre), voix *f* (pour/contre) **2.** vote *m* **3.** droit *m* de vote • **women got the vote in Britain in 1888** les femmes britanniques ont obtenu le droit de vote en 1888. ❑ *vt* **1.** élire **2.** • **to vote to do sthg** voter *ou* se prononcer pour faire qqch • **they voted to return to work** ils ont voté le retour au travail. ❑ *vi* • **to vote (for/against)** voter (pour/contre). ■ **vote in** *vt sép* **1.** *(personne, majorité)* élire **2.** *(loi)* voter, adopter. ■ **vote out** *vt sép* évincer par un vote.

vote-catching *adj* *(projet, stratégie)* électoraliste.

vote of confidence (*pl* **votes of confidence**) *n* vote *m* de confiance.

vote of no confidence (*pl* **votes of no confidence**) *n* motion *f* de censure.

vote of thanks (*pl* **votes of thanks**) *n* discours *m* de remerciement.

voter ['vəʊtəʳ] *n* électeur *m*, -trice *f*.

voting ['vəʊtɪŋ] *n* scrutin *m*.

voting booth *n* isoloir *m*.

vouch [vaʊtʃ] ■ **vouch for** *vt insép* répondre de, se porter garant de.

voucher ['vaʊtʃəʳ] *n* bon *m*, coupon *m*.

vow [vaʊ] *n* vœu *m*, serment *m*. ❑ *vt* • **to vow to do sthg** jurer de faire qqch • **to vow (that)...** jurer que....

vowel ['vaʊəl] *n* voyelle *f*.

voyage ['vɔɪɪʤ] *n* **1.** voyage *m* par mer, traversée *f* **2.** vol *m*.

voyeur [vwɑː'jɜːʳ] *n* voyeur *m*, -euse *f*.

voyeurism [vwɑː'jɜːrɪzm] *n* voyeurisme *m*.

VP *n* abrév de **vice-president**.

vs abrév de **versus**.

VSO (abrév de **Voluntary Service Overseas**) *n* *organisation britannique envoyant des travailleurs bénévoles dans des pays en voie de développement pour contribuer à leur développement technique*.

vulgar ['vʌlgəʳ] *adj* **1.** vulgaire **2.** grossier.

vulnerability [ˌvʌlnərə'bɪlətɪ] *n* vulnérabilité *f*.

vulnerable ['vʌlnərəbl] *adj* vulnérable • **vulnerable to a)** exposé à **b)** sensible à.

vulture ['vʌltʃəʳ] *n* *litt* & *fig* vautour *m*.

vulva ['vʌlvə] (*pl* **-s** *ou* **vulvae** [-viː]) *n* vulve *f*.

w[1] ['dʌblju:] (*pl* **w's** *ou* **ws**), **W** (*pl* **W's** *ou* **Ws**) *n* w *m inv*, W *m inv*.

W[2] **1.** (abrév de west) O, W **2.** (abrév de watt) w.

W4u *SMS* (abrév de waiting for you) je t'attends.

W8 *SMS* abrév de **wait**.

W84M *SMS* (abrév de wait for me) attends-moi.

W8N *SMS* (abrév de waiting) j'attends.

W@ *SMS* (abrév de what) koi, koa, kwa.

WABOL *SMS* (abrév de with a bit of luck) avec un peu de chance.

wackiness ['wækɪnɪs] *n fam* loufoquerie *f*.

wacko ['wækəʊ] (*pl* **wackos**) *n fam* cinglé *m*, -e *f*, dingue *mf*. ❑ *adj* cinglé, dingue.

wacky ['wækɪ] (*comp* **wackier**, *superl* **wackiest**) *adj fam* loufoque, farfelu.

wad [wɒd] *n* **1.** tampon *m (de tissu, de papier)* **2.** liasse *f* **3.** chique *f* **4.** boulette *f (de chewing-gum)*.

waddle ['wɒdl] *vi* se dandiner.

wade [weɪd] *vi* patauger. ■ **wade through** *vt insép fig* se taper, venir à bout de.

wadge [wɒdʒ] *n* **1.** **(UK)** *fam* morceau *m* **2.** tas *m*.

wading pool ['weɪdɪŋ-] *n* **(US)** pataugeoire *f*.

wafer ['weɪfəʳ] *n* gaufrette *f*.

wafer-thin *adj* mince comme du papier à cigarette *ou* une pelure d'oignon.

waffle ['wɒfl] *n* **1.** gaufre *f* **2.** **(UK)** *fam* verbiage *m*. ❑ *vi* parler pour ne rien dire.

waft [wɑ:ft *ou* wɒft] *vi* flotter.

wag [wæg] *vt* remuer, agiter *(la queue)*. ❑ *vi (queue)* remuer.

wage [weɪdʒ] *n* salaire *m*, paie *f*, paye *f*. ❑ *vt* • **to wage war against** faire la guerre à. ■ **wages** *npl* salaire *m*.

wage earner [-,ɜ:nəʳ] *n* salarié *m*, -e *f*.

wage freeze *n* blocage *m* des salaires.

wage packet *n* **(UK)** **1.** enveloppe *f* de paye **2.** *fig* paie *f*, paye *f*.

wager ['weɪdʒəʳ] *n* pari *m*.

wage slave *n* employé *m* très mal payé, employée *f* très mal payée.

waggle ['wægl] *fam vt* **1.** agiter, remuer *(la queue)* **2.** remuer *(les oreilles)*.

waggon ['wægən] **(UK)** = **wagon**.

wagon ['wægən] *n* **1.** chariot *m*, charrette *f* **2.** **(UK)** *RAIL* wagon *m*.

wail [weɪl] *n* gémissement *m*. ❑ *vi* gémir.

waist [weɪst] *n* taille *f*.

waistband ['weɪstbænd] *n* ceinture *f*.

waistcoat ['weɪskəʊt] *n* **(surtout UK)** gilet *m*.

waistline ['weɪstlaɪn] *n* taille *f*.

wait [weɪt] *n* attente *f*. ❑ *vi* attendre • **I can't wait to see you** je brûle d'impatience de te voir • **wait and see!** tu vas bien voir ! • **I waited till he had left** *ou* **I waited for him to leave** j'ai attendu qu'il soit parti. ■ **wait for** *vt insép* attendre • **to wait for sb to do sthg** attendre que qqn fasse qqch. ■ **wait on** *vt insép* servir. ■ **wait up** *vi* veiller, ne pas se coucher.

waiter ['weɪtəʳ] *n* garçon *m*, serveur *m*.

waiting game ['weɪtɪŋ-] *n* politique *f* d'attente.

waiting list ['weɪtɪŋ-] *n* liste *f* d'attente.

waiting room ['weɪtɪŋ-] *n* salle *f* d'attente.

waitlist ['weɪtlɪst] *vt* **(US)** mettre sur la liste d'attente • **I'm waitlisted for the next flight** je suis sur la liste d'attente pour le prochain vol.

waitperson ['weɪtpɜ:sn] *n* **(US)** serveur *m*, -euse *f*.

waitress ['weɪtrɪs] *n* serveuse *f*.

waive [weɪv] *vt* **1.** renoncer à *(un droit, une revendication)* **2.** déroger à *(une règle)*.

waiver ['weɪvəʳ] *n DR* dérogation *f*.

wake [weɪk] *n* sillage *m*. ❑ *vt* (*prét* **woke** *ou* **waked**, *pp* **woken** *ou* **woked**) réveiller. ❑ *vi* (*prét* **woke** *ou* **waked**, *pp* **woken** *ou* **woked**) se réveiller. ■ **wake up** *vt sép* réveiller • **can you wake me up in the morning?** peux-tu me réveiller demain matin ? ❑ *vi* se réveiller • **I woke up at seven** je me suis réveillé à sept heures.

wakeboarding ['weɪkbɔ:dɪŋ] *n SPORT* monoski *m* nautique.

waken ['weɪkən] *sout vt* réveiller. ❑ *vi* se réveiller.
waking ['weɪkɪŋ] *adj (heures)* de veille • **she spends her waking hours reading** elle passe tout son temps à lire. ❑ *n* (état *m* de) veille *f*.
Wales [weɪlz] *n* pays *m* de Galles.
walk [wɔk] *n* **1.** démarche *f* **2.** promenade *f* • **to go for a walk** aller se promener **3.** marche *f* • **it's a long walk** c'est loin à pied • **we walked for hours** nous avons marché pendant des heures. ❑ *vt* **1.** accompagner **2.** promener **3.** faire à pied. ❑ *vi* **1.** marcher **2.** se promener. ■ **walk away with** *vt insép fam* & *fig* gagner *ou* remporter haut la main • **she walked away with all the credit** c'est elle qui a reçu tous les honneurs. ■ **walk in on** *vt insép* **1.** déranger *(interrompre)* **2.** prendre en flagrant délit • **we walked in on her as she was getting dressed** nous sommes entrés sans prévenir pendant qu'elle s'habillait. ■ **walk off with** *vt insép fam* **1.** faucher *(voler)* **2.** gagner *ou* remporter haut la main. ■ **walk out** *vi* **1.** partir • **he just got up and walked out** il s'est levé et il est parti **2.** faire grève. ■ **walk out on** *vt insép* quitter.
walkabout ['wɔːkə,baʊt] *n* **(UK)** bain *m* de foule.
walker ['wɔkər] *n* **1.** promeneur *m*, -euse *f* **2.** marcheur *m*, -euse *f*.
walkie-talkie [,wɔkɪ'tɔkɪ] *n* talkie-walkie *m*.
walk-in *adj* **1.** *(placard)* assez grand pour qu'on puisse y entrer **2. (US)** facile.
walking ['wɔkɪŋ] *n (indén)* promenade *f*.
walking shoes *npl* chaussures *fpl* de marche.
walking stick *n* canne *f*.
Walkman ® ['wɔkmən] *n* baladeur *m*, Walkman® *m*.
walk of life (*pl* **walks of life**) *n* milieu *m* • **people from all walks of life** des gens de tous les milieux.
walk-on *adj* de figurant.
walkout ['wɔkaʊt] *n* grève *f*, débrayage *m*.
walkover ['wɔk,əʊvər] *n* victoire *f* facile.
walkway ['wɔkweɪ] *n* **1.** passage *m* **2.** passerelle *f*.
wall [wɔl] *n* **1.** mur *m* **2.** paroi *f* **3.** ANAT paroi *f*.
wallchart ['wɔltʃɑːt] *n* planche *f* murale.
walled [wɔld] *adj* fortifié.
wallet ['wɒlɪt] *n* portefeuille *m*.
wallflower ['wɔl,flaʊər] *n fam* & *fig* • **to be a wallflower** faire tapisserie.
wall hanging *n* tenture *f*.
wall-mounted *adj* mural.
wallop ['wɒləp] *fam vt* **1.** flanquer un coup à **2.** taper fort dans.
wallow ['wɒləʊ] *vi* se vautrer.
wallpaper ['wɔl,peɪpər] *n* papier *m* peint. ❑ *vt* tapisser.
Wall Street *n* Wall Street *m (quartier financier de New York)*.
wall-to-wall *adj* • **wall-to-wall carpet** moquette *f*.
wally ['wɒlɪ] *n* **(UK)** *fam* andouille *f*.
walnut ['wɔlnʌt] *n* **1.** noix *f* **2.** noyer *m*.
walrus ['wɔlrəs] (*pl inv ou* **-es**) *n* morse *m*.
waltz [wɔls] *n* valse *f*. ❑ *vi* valser.
wan [wɒn] *adj* pâle, blême.
WAN [wæn] *n* abrév de **wide area network**.
WAN2 SMS abrév de **want to**.
wand [wɒnd] *n* baguette *f*.
wander ['wɒndər] *vi* **1.** errer • **we wandered around the town** nous avons flâné dans la ville **2.** divaguer **3.** vagabonder.
wandering ['wɒndərɪŋ] *adj* ambulant.
wanderlust ['wɒndəlʌst] *n* bougeotte *f*, envie *f* de voyager.
wane [weɪn] *vi* **1.** faiblir **2.** décroître.
wangle ['wæŋgl] *vt fam* se débrouiller pour obtenir.
wank [wæŋk] **(UK)** *vulg vi* se branler. ❑ *n* branlette *f* • **to have a wank** se faire une branlette.
wanker ['wæŋkər] *n* **(UK)** *vulg* branleur *m*.
wanna ['wɒnə] **(surtout US)** = **want a**, **want to**.
wannabe ['wɒnə,biː] *n fam se dit de quelqu'un qui veut être ce qu'il ne peut pas être* • **a Britney Spears wannabe** un clone de Britney Spears.
want [wɒnt] *n* **1.** besoin *m* **2.** manque *m* • **for want of** faute de, par manque de **3.** pauvreté *f*, besoin *m*. ❑ *vt* **1.** vouloir • **to want to do sthg** vouloir faire qqch • **to want sb to do sthg** vouloir que qqn fasse qqch **2.** *fam* avoir besoin de.
wanted ['wɒntɪd] *adj* • **to be wanted (by the police)** être recherché (par la police).
wanting ['wɒntɪŋ] *adj* • **to be wanting in** manquer de • **to be found wanting** ne pas être à la hauteur • **not to be found wanting** être à la hauteur.
wanton ['wɒntən] *adj (acte, cruauté)* gratuit.
WAP [wæp] (abrév de **wireless application protocol**) *n* TÉLÉCOM WAP *m* • **WAP phone** téléphone *m* WAP.
war [wɔr] *n* guerre *f* • **the two countries are at war** les deux pays sont en guerre.
warble ['wɔːbl] *vi* gazouiller.
war crime *n* crime *m* de guerre.
war criminal *n* criminel *m*, -elle *f* de guerre.
ward [wɔd] *n* **1.** salle *f* **2. (UK)** circonscription *f* électorale **3.** DR pupille *mf*. ■ **ward off** *vt insép* **1.** écarter **2.** éviter **3.** éloigner.
warden ['wɔdn] *n* **1.** directeur *m*, -trice *f (d'une institution)* **2. (UK)** surveillant *m*, -e *f* de prison **3. (US)** directeur *m*, -trice *f* de prison.
warder ['wɔdər] *n* **(UK)** surveillant *m*, -e *f* de prison.

ward of court *n* pupille *mf* sous tutelle judiciaire.
wardrobe ['wɔdrəʊb] *n* garde-robe *f*.
wardrobe malfunction *n* incident *m* vestimentaire.
warehouse ['weəhaʊs] (*pl* [-haʊzɪz]) *n* entrepôt *m*, magasin *m*.
warehousing ['weə,haʊzɪŋ] *n* **1.** entreposage *m* *(de marchandises)* **2.** parcage *m* *(d'actions)* **3.** • **warehousing company** société *f* d'entrepôts • **warehousing costs** frais *mpl* d'entreposage.
wares [weəz] *npl* marchandises *fpl*.
warfare ['wɔfeəʳ] *n (indén) litt* & *fig* guerre *f*.
war game *n* **1.** manœuvres *fpl* militaires **2.** jeu *m* de stratégie militaire.
warhead ['wɔhed] *n* ogive *f*, tête *f*.
warily ['weərəlɪ] *adv* avec précaution *ou* circonspection.
warm [wɔm] *adj* **1.** chaud • **it's warm today** il fait chaud aujourd'hui **2.** chaleureux • **he got a warm welcome** il a reçu un accueil chaleureux. ❑ *vt* réchauffer. ■ **warm to** *vt insép* **1.** se prendre de sympathie pour **2.** se mettre à aimer. ■ **warm up** *vt sép* réchauffer. ❑ *vi* **1.** se réchauffer **2.** *(un moteur, une machine)* chauffer **3.** s'échauffer.
warm-blooded [-'blʌdɪd] *adj* à sang chaud.
war memorial *n* monument *m* aux morts.
warm-hearted [-'hɑːtɪd] *adj* chaleureux, affectueux.
warmly ['wɔmlɪ] *adv* **1.** • **to dress warmly** s'habiller chaudement **2.** chaleureusement.
warmth [wɔmθ] *n* chaleur *f*.
warm-up *n* SPORT échauffement *m*.
warn [wɔn] *vt* avertir, prévenir • **to warn sb of sthg** avertir qqn de qqch • **to warn sb not to do sthg** conseiller à qqn de ne pas faire qqch.
warning ['wɔnɪŋ] *n* avertissement *m*.
warning light *n* voyant *m*.
warning triangle *n* **(UK)** triangle *m* de signalisation.
warp [wɔp] *vt* **1.** gauchir, voiler **2.** fausser, pervertir. ❑ *vi* gauchir, se voiler.
warpath ['wɔːpɑːθ] *n* • **to be on the warpath** *fig* être sur le sentier de la guerre.
warped [wɔːpt] *adj* **1.** *(bois)* gauchi **2.** *(personnalité, idée)* perverti.
warrant ['wɒrənt] *n* DR mandat *m*. ❑ *vt* **1.** justifier **2.** garantir.
warranty ['wɒrəntɪ] *n* garantie *f* • **the computer is still under warranty** l'ordinateur est encore sous garantie.
warren ['wɒrən] *n* terrier *m*.
warring ['wɔːrɪŋ] *adj* en guerre.
warrior ['wɒrɪəʳ] *n* guerrier *m*, -ère *f*.
Warsaw ['wɔsɔ] *n* Varsovie • **the Warsaw Pact** le pacte de Varsovie.
war-scarred *adj* dévasté par la guerre.
warship ['wɔʃɪp] *n* navire *m* de guerre.
wart [wɔt] *n* verrue *f*.
wartime ['wɔtaɪm] *n* • **in wartime** en temps de guerre.
war-torn *adj* déchiré par la guerre.
war widow *n* veuve *f* de guerre.
wary ['weərɪ] *adj* prudent, circonspect • **to be wary of** se méfier de • **to be wary of doing sthg** hésiter à faire qqch.
was *(forme non accentuée* [wəz], *forme accentuée* [wɒz]*) passé* → **be**.
wasabi [wə'sɑːbɪ] *n* wasabi *m*.
wash [wɒʃ] *n* **1.** lavage *m* • **to have a wash (UK)** se laver • **to give sthg a wash** laver qqch **2.** lessive *f* **3.** *(sur un bateau)* remous *m*. ❑ *vt* laver • **to wash one's hands** se laver les mains. ❑ *vi* se laver. ■ **wash away** *vt sép* emporter. ■ **wash down** *vt sép* **1.** arroser *(boire)* **2.** laver à grande eau. ■ **wash up** *vt sép* **(UK)** • **to wash the dishes up** faire *ou* laver la vaisselle • **can you wash up?** tu peux faire la vaisselle ? ❑ *vi* **1. (UK)** faire *ou* laver la vaisselle **2. (US)** se laver.
washable ['wɒʃəbl] *adj* lavable.
washbasin (UK) ['wɒʃ,beɪsn], **washbowl (US)** ['wɒʃbəʊl] *n* lavabo *m*.
washboard ['wɒʃ,bɔːd] *n* planche *f* à laver • **to have a washboard stomach** avoir des abdos en tablette de chocolat.
washcloth ['wɒʃ,klɒθ] *n* **(US)** gant *m* de toilette.
washed-out [,wɒʃt-] *adj* **1.** délavé **2.** épuisé.
washed-up [,wɒʃt-] *adj* **1.** *fam (personne)* fini **2.** *(projet)* fichu.
washer ['wɒʃəʳ] *n* **1.** CONSTR rondelle *f* **2.** machine *f* à laver.
washing ['wɒʃɪŋ] *n (indén)* **1.** lessive *f (action de laver)* **2.** linge *m*, lessive *f* • **dirty washing** du linge sale.
washing line *n* corde *f* à linge.
washing machine *n* machine *f* à laver.
washing powder *n* **(UK)** lessive *f*, détergent *m*.
Washington ['wɒʃɪŋtən] *n* • **Washington D.C.** Washington.
washing-up *n* **(UK)** vaisselle *f*.
washing-up liquid *n* **(UK)** liquide *m* pour la vaisselle.
washline ['wɒʃlaɪn] *n* corde *f* à linge.
washload ['wɒʃləʊd] *n* **1.** capacité *f* de lavage **2.** lessive *f (linge sale)*.
washout ['wɒʃaʊt] *n fam* fiasco *m*.
washroom ['wɒʃrʊm] *n* **(US)** toilettes *fpl*.
wash-wipe *n* AUTO lavage-balayage *m*.
wasn't [wɒznt] = **was not**
wasp [wɒsp] *n* guêpe *f*.
wastage ['weɪstɪdʒ] *n* gaspillage *m*.

waste [weɪst] *adj* **1.** *(matériau)* de rebut **2.** *(énergie)* perdu **3.** *(terres)* en friche. ❑ *n* **1.** gaspillage *m* • **it's a waste of money** c'est du gaspillage • **a waste of time** une perte de temps • **industrial waste** les déchets industriels **2.** *(indén)* déchets *mpl*, ordures *fpl*. ❑ *vt* **1.** gaspiller **2.** perdre *(du temps)*. ■ **wastes** *npl littéraire* étendues *fpl* désertes.
wastebasket (US) = **wastepaper basket**.
wasted ['weɪstɪd] *adj* **1.** *(matériau, argent)* gaspillé **2.** *(énergie, occasion, temps)* perdu **3.** *(tentative, efforts)* inutile, vain • **a wasted journey** un voyage pour rien **4.** *(nourriture)* inutilisé **5.** *(personne)* décharné **6.** *(membre)* décharné ; atrophié.
waste disposal unit *n* broyeur *m* d'ordures.
wasteful ['weɪstful] *adj* **1.** gaspilleur **2.** *(activité, méthode)* peu économique.
waste ground *n (indén)* (UK) terrain *m* vague.
wasteland ['weɪst,lænd] *n* **1.** terre *f* à l'abandon **2.** (UK) terrain *m* vague.
waste matter *n* déchets *mpl*.
wastepaper basket, wastepaper bin (UK) [,weɪst'peɪpər-], **wastebasket** (US) ['weɪst,bɑːskɪt] *n* corbeille *f* à papier.
watch [wɒtʃ] *n* **1.** montre *f* **2.** • **to keep watch** faire le guet, monter la garde • **to keep watch on sb/sthg** surveiller qqn/qqch **3.** garde *f* **4.** NAUT quart *m*. ❑ *vt* **1.** regarder **2.** surveiller • **I'm watching their luggage for them** je surveille leurs bagages **3.** faire attention à. ❑ *vi* regarder. ■ **watch out** *vi* faire attention, prendre garde • **watch out, there's a car coming!** fais attention, il y a une voiture ! ■ **watch over** *vt insép* veiller sur • **God will watch over you** Dieu vous protègera.
watchable ['wɒtʃəbl] *adj* **1.** que l'on peut regarder **2.** qui se laisse regarder.
watchdog ['wɒtʃdɒg] *n* **1.** chien *m* de garde **2.** *fig* organisation *f* de contrôle.
watchful ['wɒtʃful] *adj* vigilant.
watchmaker ['wɒtʃ,meɪkər] *n* horloger *m*, -ère *f*.
watchman ['wɒtʃmən] (*pl* **-men**) *n* gardien *m*.
water ['wɔtər] *n* eau *f*. ❑ *vt* arroser. ❑ *vi* **1.** pleurer, larmoyer **2.** • **my mouth was watering** j'en avais l'eau à la bouche. ■ **water down** *vt sép* **1.** diluer **2.** couper d'eau *(de l'alcool)* **3.** *péj* atténuer, modérer. ■ **waters** *npl* eaux *fpl*.
water bed *n* lit *m* d'eau.
water birth *n* accouchement *m* dans l'eau.
waterboarding ['wɒtər,bɔːrdɪŋ] *n technique d'interrogatoire où la victime est ligotée et inondée d'eau.*
water bottle *n* gourde *f*, bidon *m* (à eau).
water closet *n vieilli* toilettes *fpl*, waters *mpl*.
watercolour (UK), **watercolor** (US) ['wɔtə,kʌlər] *n* **1.** aquarelle *f* **2.** peinture *f* à l'eau, couleur *f* pour aquarelle.
watercress ['wɔtəkres] *n* cresson *m*.
watered-down [,wɔːtəd-] *adj* **1.** *péj* modéré, atténué **2.** *(version)* édulcoré.
waterfall ['wɔtəfɔl] *n* chute *f* d'eau, cascade *f*.
water feature *n* fontaine *f* d'intérieur.
waterfront ['wɔːtəfrʌnt] *n* quais *mpl*.
water heater *n* chauffe-eau *m inv*.
waterhole ['wɔtəhəul] *n* mare *f*, point *m* d'eau.
watering can ['wɔtərɪŋ-] *n* arrosoir *m*.
watering hole *n* **1.** point *m* d'eau **2.** *fam & hum* ≃ bistrot *m* ; ≃ bar *m*.
water level *n* niveau *m* de l'eau.
water lily *n* nénuphar *m*.
waterline ['wɔtəlaɪn] *n* ligne *f* de flottaison.
waterlogged ['wɔtəlɒgd] *adj* **1.** *(sol)* détrempé **2.** *(bateau)* plein d'eau.
water main *n* conduite *f* principale d'eau.
watermark ['wɔtəmɑːk] *n* **1.** filigrane *m* **2.** laisse *f* de haute mer **3.** *(fleuve)* ligne *f* des hautes eaux.
watermelon ['wɔtə,melən] *n* pastèque *f*.
water pipe *n* conduite *f* d'eau.
water pistol *n* pistolet *m* à eau.
water polo *n* water-polo *m*.
waterproof ['wɔtəpruːf] *adj* imperméable. ❑ *n* (UK) imperméable *m*.
water-resistant *adj* qui résiste à l'eau.
watershed ['wɔtəʃed] *n fig* tournant *m*, moment *m* critique.
water skiing *n* ski *m* nautique.
water-soluble *adj* soluble dans l'eau.
water supply *n* alimentation *f* en eau, approvisionnement *m* d'eau.
water tank *n* réservoir *m* d'eau, citerne *f*.
watertight ['wɔtətaɪt] *adj* **1.** étanche **2.** *(excuse, contrat)* parfait **3.** *(argument)* irréfutable **4.** *(plan)* infaillible.
waterway ['wɔtəweɪ] *n* voie *f* navigable.
waterworks ['wɔtəwɜːks] *(pl inv) n* installation *f* hydraulique, usine *f* de distribution d'eau.
watery ['wɔtərɪ] *adj* **1.** trop dilué **2.** *(thé, café)* pas assez fort **3.** pâle.
watt [wɒt] *n* watt *m*.
wave [weɪv] *n* **1.** geste *m*, signe *m* • **he gave me a wave** il m'a fait un signe de la main **2.** vague *f* **3.** onde *f* **4.** bouffée *f (de chaleur)* **5.** *(dans les cheveux)* cran *m*, ondulation *f*. ❑ *vt* **1.** agiter **2.** brandir. ❑ *vi* **1.** faire signe de la main • **to wave at** *ou* **to sb** faire signe à qqn, saluer qqn de la main **2.** flotter.
wavelength ['weɪvleŋθ] *n* longueur *f* d'onde • **to be on the same wavelength** *fig* être sur la même longueur d'onde.
waver ['weɪvər] *vi* **1.** vaciller, chanceler **2.** hésiter **3.** fluctuer, varier.
wavy ['weɪvɪ] *adj* **1.** *(cheveux)* ondulé **2.** *(ligne)* qui ondule.

wax [wæks] *n (indén)* **1.** cire *f* **2.** *(pour le ski)* fart *m* **3.** *(dans les oreilles)* cérumen *m.* ❑ *vt* **1.** cirer **2.** farter *(des skis).* ❑ *vi (lune)* croître.

wax paper *n* **(US)** papier *m* sulfurisé.

waxworks ['wækswɜːks] *(pl inv) n* musée *m* de cire.

way [weɪ] *n* **1.** façon *f (moyen, méthode)* • **to get** *ou* **have one's way** obtenir ce qu'on veut **2.** façon *f*, manière *f* • **in the same way** de la même manière *ou* façon • **this/that way** comme ça, de cette façon • **try to see it my way** mettez-vous à ma place **3.** chemin *m* • **way in** entrée *f* • **way out** sortie *f* • **to be out of one's way** ne pas être sur sa route • **can you tell me the way to the museum?** vous pouvez m'indiquer le chemin pour aller au musée ? • **the quickest way to the town** le chemin le plus court pour aller en ville • **on the** *ou* **one's way** sur le *ou* son chemin • **to be under way a)** faire route **b)** *fig* être en cours • **to get under way a)** se mettre en route **b)** *fig* démarrer • **'give way'** **(UK)** 'vous n'avez pas la priorité' • **to be in the way** gêner • **to go out of one's way to do sthg** se donner du mal pour faire qqch • **to keep out of sb's way** éviter qqn • **keep out of the way!** restez à l'écart ! • **to make way for** faire place à **4.** • **to go/look/come this way** aller/regarder/venir par ici • **the right/wrong way round** dans le bon/mauvais ordre • **she had her hat on the wrong way round** elle avait mis son chapeau à l'envers • **the right/wrong way up** dans le bon/mauvais sens **5.** • **all the way a)** tout le trajet **b)** *fig* jusqu'au bout • **a long way** loin **6.** *(locution)* • **to give way** céder • **no way!** pas question ! ❑ *adv fam* largement • **way better** bien mieux. ■ **by the way** *adv* au fait. ■ **by way of** *prép* **1.** par **2.** en guise de • **by way of illustration** à titre d'exemple. ■ **in the way of** *prép* comme. ■ **ways** *npl* coutumes *fpl.*

waylay [ˌweɪ'leɪ] *(prét & pp* **waylaid** [-'leɪd]*) vt* arrêter (au passage), intercepter.

way of life *n* façon *f* de vivre.

wayward ['weɪwəd] *adj* **1.** qui n'en fait qu'à sa tête **2.** capricieux.

WB *SMS* **1.** (abrév de welcome back) content de te revoir **2.** (abrév de write back) réponds.

WBS *SMS* (abrév de write back soon) réponds-moi vite.

WC (abrév de water closet) *n* W.-C. *mpl.*

WDYT *SMS* (abrév de what do you think?) qu'est-ce-que tu en penses?

we [wiː] *pron pers* nous • ***we can't do it*** nous, nous ne pouvons pas le faire • **as we say in France** comme on dit en France • **we British** nous autres Britanniques.

WE *SMS* abrév de **whatever.**

weak [wiːk] *adj* **1.** faible **2.** fragile **3.** peu convaincant **4.** *(café, thé)* léger.

weaken ['wiːkn] *vt* **1.** affaiblir, fragiliser **2.** diminuer. ❑ *vi* faiblir.

weak-kneed [-niːd] *adj fam & péj* lâche.

weakling ['wiːklɪŋ] *n péj* mauviette *f.*

weakly ['wiːklɪ] *adv* faiblement.

weak-minded [-'maɪndɪd] *adj* faible de caractère.

weakness ['wiːknɪs] *n* **1.** *(indén)* faiblesse *f*; fragilité *f* **2.** point *m* faible.

wealth [welθ] *n* **1.** *(indén)* richesse *f* **2.** • **a wealth of** une profusion de.

wealth-creating [-kriː'eɪtɪŋ] *adj* générateur de richesses.

wealthy ['welθɪ] *adj* riche.

wean [wiːn] *vt* sevrer.

weapon ['wepən] *n* arme *f.*

weaponize ['wepənaɪz] *vt* militariser.

weaponry ['wepənrɪ] *n (indén)* armement *m.*

wear [weəʳ] *n (indén)* **1.** tenue *f* **2.** usure *f* • **wear and tear** usure **3.** • **these shoes have had a lot of wear** ces chaussures ont beaucoup servi. ❑ *vt (prét* **wore**, *pp* **worn***)* **1.** porter *(un vêtement, des lunettes, une barbe)* **2.** user. ❑ *vi (prét* **wore**, *pp* **worn***)* **1.** s'user **2.** • **to wear well** durer longtemps • **to wear badly** ne pas durer longtemps. ■ **wear away** *vt sép* **1.** user **2.** abîmer. ❑ *vi* **1.** s'user **2.** s'abîmer. ■ **wear down** *vt sép* **1.** user **2.** épuiser. ■ **wear off** *vi* disparaître. ■ **wear out** *vt sép* **1.** user • **I've worn out my shoes** j'ai usé mes chaussures **2.** épuiser • **that journey has worn me out** ce voyage m'a épuisé. ❑ *vi* s'user.

wearable ['weərəbl] *adj* mettable.

wearily ['wɪərɪlɪ] *adv* péniblement • **to sigh wearily** pousser un soupir de lassitude.

weariness ['wɪərɪnɪs] *n* lassitude *f.*

wearing ['weərɪŋ] *adj* épuisant.

weary ['wɪərɪ] *adj* **1.** las, lasse *f* **2.** *(soupir)* de lassitude **3.** • **to be weary of sthg/of doing sthg** être las de qqch/de faire qqch.

weasel ['wiːzl] *n* belette *f.*

weather ['weðəʳ] *n* temps *m* • **what's the weather like?** quel temps fait-il ? • **the weather is fine** il fait beau • **to be under the weather** être patraque. ❑ *vt* surmonter.

weather-beaten [-ˌbiːtn] *adj* tanné.

weathercock ['weðəkɒk] *n* girouette *f.*

weathered ['weðəd] *adj* **1.** érodé **2.** qui a souffert des intempéries.

weather forecast *n* météo *f*, prévisions *fpl* météorologiques.

weathergirl ['weðəgɜːl] *n* présentatrice *f* de la météo.

weatherman ['weðəmæn] *(pl* **-men***) n* météorologue *m.*

weather vane [-veɪn] *n* girouette *f.*

weave [wiːv] *vt (prét* **wove**, *pp* **woven***)* tisser. ❑ *vi (prét* **wove**, *pp* **woven***)* se faufiler.

weaver ['wiːvər] *n* tisserand *m*, -e *f*.
web, Web [web] *n* **1.** toile *f* (d'araignée) **2.** • **the Web** le Web, la Toile **3.** *fig* tissu *m*.
web browser *n* navigateur *m*.
webcam ['webkæm] *n* webcam *f*.
webcast ['webkæst] *n* INFORM webcast *m*. ❑ *vt* diffuser sur l'Internet.
webcasting ['webkæstɪŋ] *n* INFORM webcasting *m*.
web designer *n* concepteur *m* de site Web.
webfeed ['webfiːd] *n* webfeed *m*.
web hosting *n* INFORM hébergement *m* de sites Web.
weblog ['weblɒg] *n* weblog *m*.
webmaster ['web,mɒstər] *n* webmaster *m*, webmestre *m*.
web page, Web page *n* page *f* Web.
website, Web site ['websaɪt] *n* site *m* Internet *ou* Web • **have you visited the Larousse website?** as-tu visité le site Web de Larousse ?
webzine ['webziːn] *n* INFORM webzine *m*.
wed [wed] (*prét & pp* **wed** *ou* **wedded**) *littéraire vt* épouser. ❑ *vi* se marier.
Wed. (abrév de **Wednesday**) mer.
we'd [wiːd] = **we had, we would.**
wedding ['wedɪŋ] *n* mariage *m*.
wedding anniversary *n* anniversaire *m* de mariage.
wedding band = **wedding ring.**
wedding cake *n* pièce *f* montée.
wedding day *n* jour *m* du mariage • **on their wedding day** le jour de leur mariage.
wedding dress *n* robe *f* de mariée.
wedding reception *n* réception *f* de mariage.
wedding ring *n* alliance *f*.
wedge [wedʒ] *n* **1.** cale *f* (*sous le pied d'une table*) **2.** coin *m* (*pour fendre des matériaux*) **3.** morceau *m* (*de gâteau, de fromage*). ❑ *vt* caler.
wedge-heeled shoe [-hiːld] *n* chaussure *f* à semelle compensée.
wedgie ['wedʒiː] *adj fam* = **wedge-heeled shoe.** ❑ *n* **(US)** *fam* • **to give sb a wedgie** remonter la culotte de qqn (*afin qu'elle lui rentre dans les fesses*).
Wednesday ['wenzdɪ] *n* mercredi *m*. Voir aussi **Saturday.**
wee [wiː] *adj* **(ÉCOSSE)** petit. ❑ *n* **(UK)** *fam* pipi *m*. ❑ *vi* **(UK)** *fam* faire pipi.
weed [wiːd] *n* **1.** mauvaise herbe *f* **2.** **(UK)** *fam* mauviette *f*. ❑ *vt* désherber. ■ **weed out** *vt sép* éliminer.
weedkiller ['wiːd,kɪlər] *n* désherbant *m*.
weedy ['wiːdɪ] *adj* **(UK)** *fam* qui agit comme une mauviette.
week [wiːk] *n* semaine *f* • **in a week's time** dans une semaine.
weekday ['wiːkdeɪ] *n* jour *m* de semaine.
weekend [,wiːk'end] *n* week-end *m* • **on** *ou* **at the weekend** le week-end • **what are you doing this weekend?** qu'est-ce que tu fais ce week-end ?
weekend bag *n* sac *m* de voyage.
weekly ['wiːklɪ] *adj* hebdomadaire. ❑ *adv* chaque semaine. ❑ *n* hebdomadaire *m*.
weeknight ['wiːk,naɪt] *n* soir *m* de la semaine • **I can't go out on weeknights** je ne peux pas sortir le soir en semaine.
weep [wiːp] *vt & vi* (*prét & pp* **wept**) pleurer.
weeping willow [,wiːpɪŋ-] *n* saule *m* pleureur.
weepy ['wiːpɪ] (*comp* **weepier**, *superl* **weepiest**) *adj* **1.** (*personne*) pleurnicheur **2.** (*film*) sentimental.
weigh [weɪ] *vt* **1.** peser **2.** • **to weigh anchor** lever l'ancre. ■ **weigh down** *vt sép* **1.** • **to be weighed down with sthg** plier sous le poids de qqch **2.** • **to be weighed down by** *ou* **with sthg** être accablé par qqch. ■ **weigh up** *vt sép* **1.** **(UK)** examiner **2.** juger, évaluer.
weight [weɪt] *n litt & fig* poids *m* • **to put on** *ou* **gain weight** grossir • **to lose weight** maigrir • **to pull one's weight** faire sa part du travail.
weighted ['weɪtɪd] *adj* • **to be weighted in favour of/against** être favorable/défavorable à.
weighting ['weɪtɪŋ] *n* **1.** indemnité *f* **2.** SCOL coefficient *m*.
weightlifting ['weɪt,lɪftɪŋ] *n* haltérophilie *f*.
weight training *n* musculation *f*.
weighty ['weɪtɪ] *adj* important, de poids.
weir [wɪər] *n* **(UK)** barrage *m*.
weird [wɪəd] *adj* bizarre.
weirdo ['wɪədəʊ] (*pl* **-s**) *n fam* drôle de type *m*.
welcome ['welkəm] *adj* **1.** bienvenu **2.** • **you're welcome to...** n'hésitez pas à... **3.** • **you're welcome** il n'y a pas de quoi, de rien. ❑ *n* accueil *m* • **they gave me a warm welcome** ils m'ont fait un accueil chaleureux. ❑ *vt* **1.** accueillir **2.** se réjouir de. ❑ *interj* bienvenue !
welcome committee *n* comité *m* d'accueil.
welcome mat *n* paillasson *m* • **they put out the welcome mat for him** ils l'ont accueilli à bras ouverts.
welcoming ['welkəmɪŋ] *adj* accueillant.
weld [weld] *n* soudure *f*. ❑ *vt* souder.
welder [weldər] *n* soudeur *m*, -euse *f*.
welfare ['welfeər] *adj* social. ❑ *n* **1.** bien-être *m* **2.** **(US)** assistance *f* publique.
welfare state *n* État-providence *m*.
well [wel] *adj* (*comp* **better**, *superl* **best**) bien • **I'm very well, thanks** je vais très bien, merci • **all is well** tout va bien • **just as well** aussi bien. ❑ *adv* bien • **the team was well beaten** l'équipe a été battue à plates coutures • **to go well** aller bien • **well done!** bravo ! • **well and truly** bel et bien. ❑ *n* puits *m*. ❑ *interj*

1. heu !, eh bien ! **2.** bon !, enfin ! **3.** • **oh well!** eh bien ! **4.** tiens ! ■ **as well** *adv* **1.** aussi, également **2.** • **I/you** *etc* **may** *ou* **might as well (do sthg)** je/tu *etc* ferais aussi bien (de faire qqch). ■ **as well as** *conj* en plus de, aussi bien que. ■ **well up** *vi* • **tears welled up in her eyes** les larmes lui montaient aux yeux.

we'll [wiːl] = **we shall, we will.**

well-adjusted *adj* bien dans sa peau.

well-advised [-əd'vaɪzd] *adj* sage • **you would be well-advised to do sthg** tu ferais bien de faire qqch.

well-attended [-ə'tendɪd] *adj* • **the meeting was well-attended** il y avait beaucoup de monde à la réunion.

well-balanced *adj* (bien) équilibré.

well-behaved [-bɪ'heɪvd] *adj* sage.

wellbeing [ˌwel'biːɪŋ] *n* bien-être *m*.

well-born *adj* de bonne famille • **she was not sufficiently well-born to marry him** elle n'était pas assez bien née pour l'épouser.

well-bred [-'bred] *adj* bien élevé.

well-brought-up *adj* bien élevé.

well-built *adj* bien bâti.

well-chosen *adj* bien choisi.

well-deserved [-dɪ'zɜːvd] *adj* bien mérité.

well-designed [-dɪ'zaɪnd] *adj* bien conçu.

well-documented [-'dɒkjʊmentɪd] *adj* bien documenté.

well-done *adj* bien cuit.

well-dressed [-'drest] *adj* bien habillé.

well-earned [-ɜːnd] *adj* bien mérité.

well-established *adj* bien établi.

well-fed *adj* bien nourri.

well-heeled [-'hiːld] *adj fam* nanti.

wellies ['welɪz] *fam npl* **(UK)** = **wellington boots.**

well-in *adj fam* **1. (UK)** • **to be well-in with sb** être bien avec qqn **2. (AUSTRALIE)** à l'aise *(riche)*.

well-informed *adj* • **to be well-informed (about/on)** être bien informé (sur).

wellington boots ['welɪŋtən-], **wellingtons** ['welɪŋtənz] *npl* **(UK)** bottes *fpl* de caoutchouc.

well-intentioned [-ɪn'tenʃnd] *adj* bien intentionné.

well-kept *adj* **1.** *(maison)* bien tenu **2.** *(secret)* bien gardé.

well-known *adj* bien connu.

well-liked [-laɪkt] *adj* apprécié.

well-loved *adj* très aimé.

well-made *adj* bien fait.

well-mannered [-'mænəd] *adj* bien élevé.

well-meaning *adj* bien intentionné.

well-meant *adj* bien intentionné.

well-nigh [-naɪ] *adv* presque, pratiquement.

well-off *adj* **1.** riche **2.** • **to be well-off for sthg** être bien pourvu en qqch.

well-paid *adj* bien payé.

well-placed [-pleɪst] *adj* bien placé • **to be well-placed to do sthg** être bien placé pour faire qqch.

well-prepared *adj* bien préparé.

well-read [-'red] *adj* cultivé.

well-respected *adj* respecté.

well-rounded [-'raʊndɪd] *adj* complet.

well-spoken *adj* qui parle bien.

well-stocked [-stɒkt] *adj* bien approvisionné.

well-thought-of *adj* qui a une bonne réputation.

well-thought-out *adj* bien conçu.

well-timed [-'taɪmd] *adj* bien calculé.

well-to-do *adj* riche.

well-travelled (UK), well-traveled (US) *adj* qui a beaucoup voyagé • **he's well-travelled** il a beaucoup voyagé.

well-versed *adj* • **to be well-versed in sthg** bien connaître qqch.

wellwisher ['welˌwɪʃəʳ] *n* admirateur *m*, -trice *f*.

Welsh [welʃ] *adj* gallois. ❑ *n* gallois *m*. ❑ *npl* • **the Welsh** les Gallois *mpl*.

Welsh Assembly *n* Assemblée *f* galloise *ou* du pays de Galles.

Welshman ['welʃmən] (*pl* **-men**) *n* Gallois *m*.

Welshwoman ['welʃˌwʊmən] (*pl* **-women**) *n* Galloise *f*.

went [went] *passé* → **go.**

wept [wept] *passé & pp* → **weep.**

were [wɜːʳ] → **be.**

we're [wɪəʳ] = **we are.**

weren't [wɜːnt] = **were not.**

werewolf ['wɪəwʊlf] (*pl* **-wolves**) *n* loup-garou *m*.

west [west] *n* **1.** ouest *m* **2.** • **the West** l'ouest *m*. ❑ *adj* **1.** ouest *(inv)* **2.** d'ouest. ❑ *adv* de l'ouest, vers l'ouest • **west of** à l'ouest de. ■ **West** *n* • **the West** l'Occident *m*.

CULTURE

the West End

Le **West End** (la partie ouest du centre de Londres) est un quartier très animé et touristique, au cœur de la capitale britannique. On y trouve de nombreux magasins, beaucoup de cinémas, de restaurants et de théâtres où l'on joue des pièces à succès et des comédies musicales. Le West End comprend le quartier très vivant de **Soho**, **Oxford Street** et ses grands magasins, **Chinatown** (le quartier chinois), **Leicester Square** et ses cinémas, ainsi que **Picadilly Circus**, célèbre place où se dresse la statue d'Éros.

West Bank *n* • **the West Bank** la Cisjordanie.

westbound ['westbaʊnd] *adj* en direction de l'ouest.

West Country *n* **(UK)** • **the West Country** le sud-ouest de l'Angleterre.

West End *n* **(UK)** • **the West End** le West-End *(quartier des grands magasins et des théâtres, à Londres)*.

westerly ['westəlɪ] *adj* **1.** à l'ouest **2.** de l'ouest • **in a westerly direction** vers l'ouest.

western ['westən] *adj* **1.** de l'ouest **2.** occidental. ❑ *n* western *m*.

Westerner ['westənər] *n* **1.** POLIT Occidental *m*, -e *f* **2.** *personne habitant dans l'ouest du pays*.

westernization [,westənaɪ'zeɪʃn] *n* occidentalisation *f*.

westernize, -ise (UK) ['westənaɪz] *vt* occidentaliser.

West German *adj* ouest-allemand. ❑ *n* Allemand *m*, -e *f* de l'Ouest.

West Germany *n* • **(former) West Germany** (ex-)Allemagne *f* de l'Ouest.

West Indian *adj* antillais. ❑ *n* Antillais *m*, -e *f*.

West Indies [-'ɪndi:z] *npl* • **the West Indies** les Antilles *fpl*.

Westminster ['westmɪnstər] *n* *quartier de Londres où se situe le Parlement britannique*.

CULTURE

Westminster

C'est dans ce quartier que se trouvent le Parlement et le palais de Buckingham. Le nom de **Westminster** est également employé pour désigner le Parlement lui-même. L'abbaye de Westminster (**Westminster Abbey**), dans le même quartier, est l'un des monuments les plus célèbres du pays. Cette immense église gothique a été construite aux XIIIe et XIVe siècles. C'est là que sont couronnés tous les monarques d'Angleterre depuis Guillaume le Conquérant. L'église renferme les tombeaux des rois, des reines et des grands hommes britanniques.

westward ['westwəd] *adj & adv* vers l'ouest.

westwards ['westwədz] *adv* vers l'ouest.

wet [wet] *adj* **1.** mouillé **2.** pluvieux **3.** *(peinture)* frais **4. (UK)** *fam* & *péj* ramolli. ❑ *n* **(UK)** *fam* POLIT modéré *m*, -e *f*. ❑ *vt* (*prét & pp* **wet** *ou* **wetted**) mouiller.

wet blanket *n fam* & *péj* rabat-joie *m inv*.

wet-look *adj* brillant.

wet suit *n* combinaison *f* de plongée.

wetware ['wetweər] *n fam* utilisateurs *mpl* (d'un système informatique).

we've [wi:v] = **we have**.

whack [wæk] *fam* *n* **1. (UK)** part *f* **2.** grand coup *m*. ❑ *vt* donner un grand coup à, frapper fort.

whacked [wækt] *adj* **(UK)** *fam* crevé *(épuisé)*.

whacky ['wækɪ] *adj* = **wacky**.

whale [weɪl] *n* baleine *f*.

wharf [wɔf] (*pl* **-s** *ou* **wharves** [wɔvz]) *n* NAUT quai *m*.

what [wɒt] *adj* **1.** *(dans des questions)* quel, quelle, quels, quelles • **what colour is it?** c'est de quelle couleur ? • **he asked me what colour it was** il m'a demandé de quelle couleur c'était **2.** *(dans des exclamations)* quel, quelle, quels, quelles • **what a surprise!** quelle surprise ! • **what an idiot I am!** ce que je peux être bête ! ❑ *pron* **1.** qu'est-ce qui, qu'est-ce que, que, quoi • **what are they doing?** qu'est-ce qu'ils font ?, que font-ils ? • **what is going on?** qu'est-ce qui se passe ? • **what are they talking about?** de quoi parlent-ils ? • **what about another drink/going out for a meal?** et si on prenait un autre verre/allait manger au restaurant ? • **what about the rest of us?** et nous alors ? • **what if…?** et si… ? **2.** ce qui, ce que • **I saw what happened/fell** j'ai vu ce qui s'était passé/était tombé • **you can't have what you want** tu ne peux pas avoir ce que tu veux. ❑ *interj* comment !, quoi !

À PROPOS DE

what

Attention à ne pas confondre ***which*** et ***what***. On utilise ***which*** lorsque les possibilités sont en nombre restreint ***(which is your car?*** ; **which *one do you want?)***, alors que ***what*** suggère un choix beaucoup plus vaste ***(what is that?*** ; **what *songs do you know?)***.

Dans la langue familière, lorsque l'on pose une question, ***what for*** signifie la même chose que ***why (what did she tell me that for?*** ; ***I don't know what she told me that for)***.

Notez que dans les questions, ***what*** se place en début de phrase et, s'il est accompagné d'une préposition ***(about, for,*** etc.*)*, celle-ci reste à sa place habituelle, après le verbe, du moins dans la langue de tous les jours ***(what are you thinking about?*** ; **what *did you do that* for?)**.

what-d'ye-call-her ['wɒtjəkɔ:lər] *n fam* Machine *f (personne)*.

what-d'ye-call-him ['wɒtjəkɔ:lɪm] *n fam* Machin *m (personne)*.

what-d'ye-call-it ['wɒtjəkɔ:lɪt] *n fam* machin *m*, truc *m*.

whatever [wɒt'evər] *adj* quel, quelle *f* que soit • **any book whatever** n'importe quel livre • **no chance whatever** pas la moindre chance • **nothing whatever** rien du tout. ❑ *pron* quoi que *(+ subjonctif)* • **I'll do whatever I can** je ferai tout ce que je peux • **whatever can this be?** qu'est-ce que cela peut bien être ?

• **whatever that may mean** quoi que cela puisse bien vouloir dire • **whatever happens, don't tell Joe** quoi qu'il arrive, ne dis rien à Joe • **whatever decision you make, I'll support you** quelle que soit la décision que tu prendras, je te soutiendrai • **or whatever** ou n'importe quoi d'autre.

whatsoever [ˌwɒtsəʊ'evər] *adj* • **I had no interest whatsoever** je n'éprouvais pas le moindre intérêt • **nothing whatsoever** rien du tout.

wheat [wiːt] *n* blé *m*.

wheat germ *n* germe *m* de blé.

wheatmeal ['wiːtmiːl] *n* farine *f* de blé.

wheedle ['wiːdl] *vt* enjôler.

wheel [wiːl] *n* **1.** roue *f* **2.** AUTO volant *m*. ❑ *vt* pousser. ❑ *vi* • **to wheel (round) (UK)** *ou* **around (US)** se retourner brusquement.

wheelbarrow ['wiːlˌbærəʊ] *n* brouette *f*.

wheelchair ['wiːlˌtʃeər] *n* fauteuil *m* roulant.

wheelclamp ['wiːlˌklæmp] *n* sabot *m* de Denver. ❑ *vt* • **my car was wheelclamped** on a mis un sabot à ma voiture.

wheeler-dealer ['wiːlər-] *n péj* combinard *m*.

wheelie bin ['wiːlɪ-] *n* poubelle *f (avec des roues)*.

wheeling and dealing ['wiːlɪŋ-] *n (indén) péj* combines *fpl*.

wheeze [wiːz] *n* respiration *f* sifflante. ❑ *vi* respirer avec un bruit sifflant.

wheezy ['wiːzɪ] *(comp* **wheezier**, *superl* **wheeziest**) *adj* **1.** *(personne)* poussif **2.** *(toux)* sifflant **3.** *(voix)* d'asthmatique.

whelk [welk] *n* bulot *m*, buccin *m*.

when [wen] *adv (dans des questions)* quand • **when does the plane arrive?** quand *ou* à quelle heure arrive l'avion ? • **he asked me when I would be in London** il m'a demandé quand je serais à Londres. ❑ *conj* **1.** quand, lorsque • **he came to see me when I was abroad** il est venu me voir quand j'étais à l'étranger • **one day when I was on my own** un jour que *ou* où j'étais tout seul • **on the day when it happened** le jour où cela s'est passé **2.** alors que.

whenever [wen'evər] *conj* **1.** quand **2.** chaque fois que. ❑ *adv* n'importe quand.

where [weər] *adv (dans des questions)* où • **where do you live?** où habitez-vous ? • **do you know where he lives?** est-ce que vous savez où il habite ? ❑ *conj* **1.** où • **this is where...** c'est là que... **2.** alors que • **she described him as being lax where in fact he's quite strict** elle l'a décrit comme étant négligent alors qu'en fait il est assez strict.

whereabouts *adv* [ˌweərə'baʊts] où. ❑ *npl* ['weərəbaʊts] • **their whereabouts are still unknown** on ne sait toujours pas où ils se trouvent.

whereas [weər'æz] *conj* alors que.

whereby [weə'baɪ] *conj sout* par lequel, laquelle *f*, au moyen duquel, de laquelle *f*.

whereupon [ˌweərə'pɒn] *conj sout* après quoi, sur quoi.

wherever [weər'evər] *conj* où que *(+ subjonctif)*. ❑ *adv* **1.** n'importe où **2.** où donc • **wherever did you hear that?** mais où donc as-tu entendu dire cela ?

wherewithal ['weəwɪðɔːl] *n sout* • **to have the wherewithal to do sthg** avoir les moyens de faire qqch.

whet [wet] *vt* • **to whet sb's appetite for sthg** donner à qqn envie de qqch.

whether ['weðər] *conj* **1.** si **2.** • **whether I want to or not** que je le veuille ou non.

which [wɪtʃ] *adj* **1.** *(dans des questions)* quel, quelle, quels, quelles • **which house is yours?** quelle maison est la tienne ? • **which one?** lequel/laquelle ? **2.** • **in which case** auquel cas. ❑ *pron* **1.** *(dans des questions)* lequel, laquelle, lesquels, lesquelles • **which do you prefer?** lequel préférez-vous ? • **I can't decide which to have** je ne sais vraiment pas lequel prendre **2.** *(dans les propositions relatives)* qui, que, lequel, laquelle, lesquels, lesquelles • **take the slice which is nearer to you** prends la tranche qui est le plus près de toi • **the television which we bought** le téléviseur que nous avons acheté • **the settee on which I am sitting** le canapé sur lequel je suis assis • **the film of which you spoke** le film dont vous avez parlé **3.** ce qui, ce que • **why did you say you were ill, which nobody believed?** pourquoi as-tu dit que tu étais malade, ce que personne n'a cru ?

> **À PROPOS DE**
>
> **which**
>
> Lorsque le mot ***which*** est le sujet de la phrase, le verbe qui suit se met soit au singulier soit au pluriel selon le contexte, bien que ***which*** soit lui-même invariable ***(which is the right answer?*** ; ***which are our presents?)***.
>
> Notez que dans les questions, ***which*** se place en début de phrase et, s'il est accompagné d'une préposition ***(to, in,*** *etc.)*, celle-ci reste à sa place habituelle, après le verbe, du moins dans la langue de tous les jours ***(which movie are you going to tonight?*** ; ***which department do you work in?)***.
>
> Voir aussi ***what***.

whichever [wɪtʃ'evər] *adj* quel, quelle *f* que soit. ❑ *pron* **1.** celui qui *m*, celle qui *f*, ceux qui *mpl*, celles qui **2.** n'importe lequel, laquelle *f*.

whiff [wɪf] *n* **1.** bouffée *f* **2.** odeur *f (de nourriture)*.

while [waɪl] *n* moment *m* • **let's stay here for a while** restons ici un moment • **for a long while** longtemps • **after a while** après quelque temps. ❑ *conj* **1.** pendant que **2.** tant que **3.** alors que. ■ **while away** *vt sép* passer.

whilst [waɪlst] *conj* **(US)** = **while.**
whim [wɪm] *n* lubie *f.*
whimper ['wɪmpəʳ] *vt & vi* gémir.
whimsical ['wɪmzɪkl] *adj* capricieux.
whine [waɪn] *vi* gémir.
whinge [wɪndʒ] *vi* **(UK)** • **to whinge (about)** se plaindre (de).
whingeing ['wɪndʒɪŋ] **(UK)** *fam n* **1.** *(indén)* gémissement *m* **2.** *péj* pleurnicherie *f*, plainte *f.* ❑ *adj* **1.** *(personne)* pleurnicheur **2.** *(voix)* plaintif.
whinger ['wɪndʒəʳ] *n* râleur *m*, -euse *f.*
whiny ['waɪnɪ] *adj* pleurnichard.
whip [wɪp] *n* **1.** fouet *m* **2.** POLIT chef *m* de file *(d'un groupe parlementaire).* ❑ *vt* **1.** fouetter **2.** • **to whip sthg out** sortir qqch brusquement • **to whip sthg off** ôter *ou* enlever qqch brusquement. ■ **whip up** *vt sép* stimuler, attiser.
whiplash injury ['wɪplæʃ-] *n* coup *m* du lapin.
whipped cream [wɪpt-] *n* crème *f* fouettée.
whip-round *n* **(UK)** *fam* • **to have a whip-round** faire une collecte.
whirl [wɜːl] *n litt & fig* tourbillon *m.* ❑ *vt* • **to whirl sb/sthg round (UK)** *ou* **around (US)** faire tourbillonner qqn/qqch. ❑ *vi* **1.** tourbillonner **2.** *fig* tourner.
whirlpool ['wɜːlpuːl] *n litt & fig* tourbillon *m.*
whirlwind ['wɜːlwɪnd] *n* tornade *f.*
whirr [wɜːʳ] *vi* ronronner.
whisk [wɪsk] *n* fouet *m*, batteur *m* (à œufs). ❑ *vt* **1.** emmener *ou* emporter rapidement **2.** CULIN battre.
whisker ['wɪskəʳ] *n* moustache *f.* ■ **whiskers** *npl* favoris *mpl.*
whisky (UK), whiskey (US) ((IRLANDE) *pl* **-s)** ['wɪskɪ] *n* whisky *m.*
whisper ['wɪspəʳ] *vt & vi* chuchoter.
whispering ['wɪspərɪŋ] *n* chuchotement *m.*
whispering campaign *n* campagne *f* de diffamation.
whistle ['wɪsl] *n* **1.** sifflement *m* **2.** sifflet *m.* ❑ *vt & vi* siffler.
whistle-blower *n fam personne qui révèle l'existence de pratiques douteuses au sein de l'organisme, société, etc où elle travaille.*
whistle-stop tour *n* • **to make a whistle-stop tour of** faire une tournée éclair dans.
white [waɪt] *adj* **1.** blanc **2. (UK)** *(café)* au lait. ❑ *n* **1.** blanc *m* **2.** Blanc *m*, Blanche *f.* ■ **whites** *npl* **1.** SPORT tenue *f* blanche **2.** linge *m* blanc.
white blood cell *n* globule *m* blanc.
whiteboard ['waɪtbɔːd] *n* tableau *m* blanc.
white-collar *adj* de bureau.
white elephant *n fig* objet *m* coûteux et inutile.
white goods *npl* **1.** articles *mpl* de blanc **2.** électroménager *m.*
white-haired [-'heəd] *adj* aux cheveux blancs.
Whitehall ['waɪthɔːl] *n rue de Londres, centre administratif du gouvernement britannique.*
white heat *n fig* PHYS chaleur *f* incandescente • **in the white heat of passion** au plus fort de la passion • **anti-war feelings have reached white heat** le sentiment d'hostilité par rapport à la guerre a atteint son paroxysme.
white-hot *adj* chauffé à blanc.
White House *n* • **the White House** la Maison-Blanche.
white-knuckle *adj* • **white-knuckle ride** tour *m* de manège terrifiant.
white lie *n* pieux mensonge *m.*
white meat *n* viande *f* blanche.
whiten ['waɪtn] *vt & vi* blanchir.
whiteness ['waɪtnɪs] *n* blancheur *f.*
white noise *n* son *m* blanc.
white paper *n* POLIT livre *m* blanc.
white sauce *n* sauce *f* blanche.
white spirit *n* **(UK)** white-spirit *m.*
white supremacist *n* partisan *m*, -e *f* de la suprématie blanche.
white supremacy *n* suprématie *f* blanche.
white-tie *adj (dîner)* en habit.
white trash *n péj* Blancs *mpl* pauvres.
whitewash ['waɪtwɒʃ] *n* **1.** *(indén)* chaux *f* **2.** *péj* • **a government whitewash** une combine du gouvernement pour étouffer une affaire. ❑ *vt* blanchir à la chaux.
whitewater rafting ['waɪt,wɔːtəʳ-] *n* raft *m*, rafting *m.*
white wedding *n* mariage *m* en blanc.
white wine *n* vin *m* blanc.
whiting ['waɪtɪŋ] *(pl inv ou* **-s)** *n* merlan *m.*
Whit Monday [wɪt-] *n* le lundi *m* de Pentecôte.
Whitsun ['wɪtsn] *n* Pentecôte *f.*
whittle ['wɪtl] *vt* • **to whittle sthg away** *ou* **down** *fig* réduire qqch.
whiz, whizz [wɪz] *vi* aller à toute allure.
whiz(z) kid *n fam* petit prodige *m.*
who [huː] *pron* **1.** *(dans des questions)* qui • **who are you?** qui êtes-vous ? • **I didn't know who she was** je ne savais pas qui c'était **2.** *(dans des propositions relatives)* qui • **he's the doctor who treated me** c'est le médecin qui m'a soigné • **I don't know the person who came to see you** je ne connais pas la personne qui est venue vous voir.

À PROPOS DE

who

Lorsque le mot ***who*** est le sujet de la phrase, le verbe qui suit se met soit au singulier soit au pluriel selon le contexte, bien que ***who*** soit lui-même invariable ***(who is coming to the concert?*** ; ***who are they?).***

Notez que dans les questions, ***who*** se place en début de phrase et, s'il est accompagné d'une préposition ***(at, from,*** etc.***)***, celle-ci reste à sa place habituelle, après le verbe, du moins dans la langue de tous les jours **(who *are you staring* at?** ; **who *did you get the money* from?)**. On peut omettre ***who*** lorsqu'il n'est pas le sujet de la proposition qui suit ***(I just met some friends* [who] *I know from university*)**. S'il est sujet, en revanche, il est impossible de l'omettre ***(I have a brother* who *is a teacher*)**.

WHO (abrév de World Health Organization) *n* OMS *f*.

who'd [huːd] = who had, who would.

whodu(n)nit [ˌhuːˈdʌnɪt] *n fam* roman *m* policier à énigme.

whoever [huːˈevəʳ] *pron* **1.** quiconque **2.** qui donc **3.** qui que *(+ subjonctif)* • **whoever you are** qui que vous soyez • **whoever wins** qui que ce soit qui gagne.

whole [həʊl] *adj* **1.** entier **2.** • **a whole lot bigger** bien plus gros • **a whole new idea** une idée tout à fait nouvelle. ❑ *n* **1.** • **the whole of the school** toute l'école • **the whole of the summer** tout l'été **2.** tout *m*. ■ **as a whole** *adv* dans son ensemble. ■ **on the whole** *adv* dans l'ensemble.

wholefood [ˈhəʊlfuːd] *n* **(UK)** aliments *mpl* complets.

wholegrain [ˈhəʊlgreɪn] *adj (pain, farine)* complet.

whole-hearted [-ˈhɑːtɪd] *adj* sans réserve, total.

wholeheartedly [ˌhəʊlˈhɑːtɪdlɪ] *adv* de tout cœur • **I agree wholeheartedly** je suis entièrement d'accord • **he flung himself wholeheartedly into his new job** il s'est donné corps et âme à son nouveau travail.

wholemeal [ˈhəʊlmiːl] **(UK)**, **whole wheat (US)** *adj* complet.

wholemeal bread *n (indén)* **(UK)** pain *m* complet.

wholesale [ˈhəʊlseɪl] *adj* **1.** COMM en gros **2.** COMM *(prix)* de gros **3.** *péj* en masse. ❑ *adv* **1.** COMM en gros **2.** *péj* en masse.

wholesaler [ˈhəʊlˌseɪləʳ] *n* marchand *m* de gros, grossiste *mf*.

wholesome [ˈhəʊlsəm] *adj (alimentation, vie)* sain.

whole wheat (US) = wholemeal.

who'll [huːl] = who will.

wholly [ˈhəʊlɪ] *adv* totalement.

whom [huːm] *pron sout* **1.** *(dans des questions)* qui • **whom did you phone?** qui avez-vous appelé au téléphone ? • **for/of/to whom** pour/de/à qui **2.** *(dans des propositions relatives)* que • **the girl whom he married** la jeune fille qu'il a épousée • **the man of whom you speak** l'homme dont vous parlez • **the man to whom you were speaking** l'homme à qui vous parliez.

À PROPOS DE

whom

On peut omettre ***whom*** lorsqu'il introduit une proposition relative ***(I just met some friends* [whom] *I know from university*)**. En revanche, s'il est accompagné d'une préposition telle que ***to, with***, etc., il est impossible de l'omettre ***(these are the friends* with whom *I went to the theatre*)**. Voir aussi ***qui*** dans la partie français-anglais du dictionnaire.

whoopee cushion [ˈwʊpiː-] *n* coussin *m* péteur.

whooping cough [ˈhuːpɪŋ-] *n* MÉD coqueluche *f*.

whopper [ˈwɒpəʳ] *n fam* **1.** • **it's a real whopper** c'est absolument énorme **2.** mensonge *m* énorme.

whopping [ˈwɒpɪŋ] *fam adj* énorme. ❑ *adv* • **a whopping great lorry/lie** un camion/mensonge absolument énorme.

whore [hɔʳ] *n injur* putain *f*.

who're [ˈhuːəʳ] = who are.

whose [huːz] *pron (dans des questions)* à qui • **whose is this?** à qui est ceci ? ❑ *adj* **1.** à qui • **whose car is that?** à qui est cette voiture ? • **whose son is he?** de qui est-il le fils ? **2.** *(dans des propositions relatives)* dont • **that's the boy whose father's an MP** c'est le garçon dont le père est député • **the girl whose mother you phoned yesterday** la fille à la mère de qui tu as téléphoné hier.

who's who [huːz-] *n* Bottin® *m* mondain.

who've [huːv] = who have.

why [waɪ] *adv (dans des questions)* pourquoi • **why did you lie to me?** pourquoi m'as-tu menti ? • **why don't you all come?** pourquoi ne pas tous venir ? • **why not?** pourquoi pas ? ❑ *conj* pourquoi • **I don't know why he said that** je ne sais pas pourquoi il a dit cela. ❑ *pron* • **there are several reasons why he left** il est parti pour plusieurs raisons • **I don't know the reason why** je ne sais pas pourquoi. ❑ *interj* tiens ! ■ **why ever** *adv* pourquoi donc.

À PROPOS DE

why

Why, utilisé avec ***not*** ou ***don't***, peut servir à émettre une suggestion **(why don't *we try again?*)** ou à donner un conseil **(why not *take a little more exercise?*)**.

wick [wɪk] *n* mèche *f (d'une bougie)*.

wicked [ˈwɪkɪd] *adj* **1.** mauvais **2.** malicieux.

wicker [ˈwɪkəʳ] *adj* en osier.

wickerwork ['wɪkəwɜːk] *n* vannerie *f.*

wicket ['wɪkɪt] *n* **1.** CRICKET guichet *m* **2.** CRICKET terrain *m* entre les guichets.

wide [waɪd] *adj* **1.** large • **how wide is the room?** quelle est la largeur de la pièce ? • **to be six metres wide** faire six mètres de large *ou* de largeur **2.** grand **3.** vaste. ❑ *adv* **1.** largement • **open wide!** ouvrez grand ! **2.** • **the shot went wide** le coup est passé loin du but *ou* à côté.

wide-angle lens *n* objectif *m* grand angle.

wide area network *n* réseau *m* étendu.

wide-awake *adj* tout à fait réveillé.

wide boy *n* (UK) *fam* & *péj* escroc *m.*

wide-eyed [-'aɪd] *adj* **1.** aux yeux écarquillés **2.** aux yeux grands ouverts.

widely ['waɪdlɪ] *adv* **1.** largement **2.** beaucoup • **to be widely read** avoir beaucoup lu • **it is widely believed that…** beaucoup pensent que…

widen ['waɪdn] *vt* **1.** élargir **2.** agrandir.

wide open *adj* grand ouvert, grande ouverte *f.*

wide-ranging [-'reɪndʒɪŋ] *adj* **1.** varié **2.** *(rapport, étude)* de grande envergure.

wide-screen *adj (télévision, film, format)* 16/9.

widespread ['waɪdspred] *adj* très répandu.

widow ['wɪdəʊ] *n* veuve *f.*

widowed ['wɪdəʊd] *adj* veuf, veuve *f.*

widower ['wɪdəʊəʳ] *n* veuf *m.*

width [wɪdθ] *n* largeur *f* • **in width** de large.

widthways ['wɪdθweɪz] *adv* en largeur.

wield [wiːld] *vt* **1.** manier *(une arme)* **2.** exercer *(le pouvoir).*

wife [waɪf] (*pl* **wives** [waɪvz]) *n* femme *f*, épouse *f.*

WiFi ['waɪfaɪ] (abrév de wireless fidelity) *n* INFORM WiFi *m.*

wig [wɪg] *n* perruque *f.*

wiggle ['wɪgl] *fam vt* remuer.

wild [waɪld] *adj* **1.** sauvage **2.** déchaîné **3.** fou **4.** fantaisiste • **I made a wild guess** j'ai dit ça au hasard. ■ **wilds** *npl* • **the wilds of** le fin fond de • **to live in the wilds** habiter en pleine nature.

wild card *n* INFORM caractère *m* joker.

wildcat strike *n* grève *f* sauvage.

wilderness ['wɪldənɪs] *n* étendue *f* sauvage.

wildfire ['waɪld,faɪəʳ] *n* • **to spread like wildfire** se répandre comme une traînée de poudre.

wild-goose chase *n fam* • **it turned out to be a wild-goose chase** ça s'est révélé être totalement inutile.

wildlife ['waɪldlaɪf] *n (indén)* faune *f* et flore *f.*

wildly ['waɪldlɪ] *adv* **1.** frénétiquement **2.** au hasard **3.** *(tirer avec une arme)* dans tous les sens **4.** tout à fait.

wilful (UK), **willful** (US) ['wɪlful] *adj* **1.** obstiné **2.** délibéré.

will [wɪl] *n* **1.** volonté *f* • **against one's will** contre son gré **2.** testament *m* • **she made a will last year** elle a fait son testament l'année dernière.

will

■ **will** [wɪl] *aux modal*

1. EXPRIME UNE IDÉE DE FUTUR

• **I will see you next week** je te verrai la semaine prochaine • **when will you have finished it?** quand est-ce que vous l'aurez fini ? • **will you be here next week? — yes I will/no I won't** est-ce que tu seras là la semaine prochaine ? — oui/non

2. EXPRIME UNE VOLONTÉ, UN CHOIX

• **will you have some more tea?** voulez-vous encore du thé ? • **I won't do it** je refuse de le faire

3. POUR DONNER UN ORDRE

• **you will leave this house at once!** tu vas quitter cette maison tout de suite ! • **close that window, will you?** ferme cette fenêtre, veux-tu ? • **will you be quiet!** veux-tu te taire !

4. EXPRIME UNE POSSIBILITÉ, UNE CAPACITÉ

• **the hall will hold up to 1,000 people** la salle peut abriter jusqu'à 1 000 personnes

5. EXPRIME UNE DÉDUCTION, UNE QUASI-CERTITUDE

• **that'll be your father** cela doit être ton père • **I can't tell you myself but he will know** je ne peux pas vous le dire moi-même, mais lui doit le savoir

6. EXPRIME UNE ACTION HABITUELLE, AVEC PARFOIS UNE POINTE D'OBSTINATION

• **he will ask silly questions!** il faut toujours qu'il pose ses questions stupides ! • **she will talk all the time** elle ne peut pas s'empêcher *ou* s'arrêter de parler !

7. DANS DES EXPRESSIONS

• **boys will be boys** il faut (bien) que jeunesse se passe

■ **will** [wɪl] *vt*

INDIQUE UNE VOLONTÉ FORTE DE VOIR UNE ACTION SE PRODUIRE

• **you must will it really hard if you wish to succeed** tu dois le vouloir très fort si tu veux réussir • **he was willing her to accept** il souhaitait ardemment qu'elle accepte

À PROPOS DE will

Il existe une utilisation particulière de ***will***, qui permet de décrire une habitude ou une vérité permanente ***(cats won't eat vegetables,* les chats ne mangent pas de légumes)**. Cette tournure indique souvent la désapprobation du locuteur

> ***(he will call when we're in the middle of dinner,* il faut toujours qu'il appelle au milieu du repas).**
> Dans les questions et en conjonction avec ***you***, ***will*** peut servir à formuler une demande ***(will you cook dinner this evening?)***. ***Would*** s'utilise exactement de la même manière, mais donne un ton encore plus poli à la question ***(would you cook dinner this evening?)***.

willful (US) = **wilful**.

willing ['wɪlɪŋ] *adj* **1.** • **if you're willing** si vous voulez bien • **to be willing to do sthg** être prêt à faire qqch **2.** enthousiaste.

willingly ['wɪlɪŋlɪ] *adv* volontiers.

willingness ['wɪlɪŋnɪs] *n* **1.** • **willingness to do sthg** bonne volonté *f* à faire qqch **2.** enthousiasme *m*.

willow (tree) ['wɪləʊ-] *n* saule *m*.

willpower ['wɪl,paʊəʳ] *n* volonté *f*.

willy ['wɪlɪ] (*pl* **-ies**) *n* **(UK)** *fam* zizi *m*.

willy-nilly [,wɪlɪ'nɪlɪ] *adv* **1.** n'importe comment **2.** bon gré mal gré.

wilt [wɪlt] *vi* **1.** se faner **2.** *fig* dépérir.

wily ['waɪlɪ] *adj* rusé.

Wimbledon ['wɪmbəldn] *n tournoi annuel de tennis à Londres*.

wimp [wɪmp] *n fam* & *péj* mauviette *f*.

win [wɪn] *n* victoire *f*. ❑ *vt* (*prét & pp* **won**) **1.** gagner **2.** obtenir. ❑ *vi* gagner. ■ **win over, win round (UK)** *vt sép* convaincre.

wince [wɪns] *vi* • **to wince (at/with) a)** tressaillir (à/de) **b)** grimacer (à/de).

winch [wɪntʃ] *n* treuil *m*.

wind¹ [wɪnd] *n* **1.** vent *m* **2.** souffle *m* **3.** *(indén)* gaz *mpl*. ❑ *vt* couper le souffle à.

wind² [waɪnd] (*prét & pp* **wound**) *vt* **1.** enrouler **2.** remonter *(une pendule)*. ❑ *vi* serpenter. ■ **wind down** *vt sép* **1. (UK)** baisser *(une vitre de voiture)* **2.** cesser graduellement. ❑ *vi* se détendre. ■ **wind up** *vt sép* **1.** clôturer *(un compte)* **2.** liquider *(une entreprise)* **3. (UK)** remonter *(une montre, une vitre de voiture)* **4. (UK)** *fam* faire marcher **5.** *fam* • **to wind up doing sthg** finir par faire qqch.

winded ['wɪndɪd] *adj* essoufflé.

windfall ['wɪndfɔl] *n* aubaine *f*.

windfall tax *n* impôt *m* sur les gains exceptionnels.

windfarm ['wɪndfɑ:m] *n* champ *m* d'éoliennes.

winding ['waɪndɪŋ] *adj* sinueux.

wind instrument [wɪnd-] *n* instrument *m* à vent.

windmill ['wɪndmɪl] *n* moulin *m* à vent.

window ['wɪndəʊ] *n* **1.** fenêtre *f* **2.** vitre *f* **3.** vitrine *f*.

window box *n* jardinière *f*.

window cleaner *n* laveur *m*, -euse *f* de carreaux.

window dressing *n (indén)* **1.** étalage *m* **2.** *fig* façade *f*.

window frame *n* châssis *m* de fenêtre.

window ledge *n* rebord *m* de fenêtre.

windowpane *n* vitre *f*.

window seat *n* **1.** banquette *f* sous la fenêtre **2.** place *f* côté fenêtre.

window-shopping *n* lèche-vitrines *m inv* • **to go window-shopping** (aller) faire du lèche-vitrines.

windowsill ['wɪndəʊsɪl] *n* **1.** rebord *m* de fenêtre **2.** *(à l'intérieur)* appui *m* de fenêtre.

windpipe ['wɪndpaɪp] *n* trachée *f*.

wind power, wind energy [wɪnd-] *n* éolien *m*, énergie *f* éolienne.

windscreen (UK) ['wɪndskri:n], **windshield (US)** ['wɪndʃi:ld] *n* pare-brise *m inv*.

windscreen washer *n* **(UK)** lave-glace *m*.

windscreen wiper [-,waɪpəʳ] *n* **(UK)** essuie-glace *m*.

windshield (US) = **windscreen**.

windsurf ['wɪndsɜ:f] *vi* faire de la planche à voile.

windsurfer ['wɪnd,sɜ:fəʳ] *n* **1.** véliplanchiste *mf* **2.** planche *f* à voile.

windsurfing ['wɪnd,sɜ:fɪŋ] *n* • **to go windsurfing** faire de la planche à voile.

windswept ['wɪndswept] *adj* balayé par les vents.

wind turbine ['wɪndtɜ:baɪn] *n* éolienne *f*.

wind-up [waɪnd-] *adj* • **a wind-up toy/watch** un jouet/une montre à remontoir. ❑ *n* **(UK)** *fam* • **is this a wind-up?** tu me fais/vous me faites marcher ou quoi ?

windy ['wɪndɪ] *adj* venteux • **it's windy** il y a du vent.

wine [waɪn] *n* vin *m*.

wine bar *n* **(UK)** bar *m* à vin.

wine bottle *n* bouteille *f* de vin.

wine cellar *n* cave *f* (à vin).

wineglass ['waɪnglɑ:s] *n* verre *m* à vin.

winegrower ['waɪn,grəʊəʳ] *n* viticulteur *m*, -trice *f*, vigneron *m*, -onne *f*.

wine list *n* carte *f* des vins.

wine merchant *n* **(UK)** marchand *m*, -e *f* de vins.

wine rack *n* casier *m* à vin.

wine tasting [-,teɪstɪŋ] *n* dégustation *f* (de vins).

wine waiter *n* sommelier *m*.

wing [wɪŋ] *n* aile *f*. ■ **wings** *npl* • **the wings** les coulisses *fpl*.

winger ['wɪŋəʳ] *n* ailier *m*.

wingman ['wɪŋmæn] *n* **(US)** assistant *m*.

wing nut *n* vis *f* à ailettes.
wingspan ['wɪŋspæn] *n* envergure *f*.
wingwoman ['wɪŋwʊmən] *n* (US) assistante *f*.
wink [wɪŋk] *n* clin *m* d'œil. ❑ *vi* • **to wink (at sb)** faire un clin d'œil (à qqn).
winkle ['wɪŋkl] ■ **winkle out** *vt sép* extirper.
Winnebago® [,wɪnɪ'beɪgəʊ] *n* camping-car *m*, autocaravane *f*.
winner ['wɪnəʳ] *n* gagnant *m*, -e *f*.
winning ['wɪnɪŋ] *adj* gagnant. ■ **winnings** *npl* gains *mpl*.
winning post *n* poteau *m* d'arrivée.
wino ['waɪnəʊ] (*pl* -s) *n fam* ivrogne *mf*.
winter ['wɪntəʳ] *n* hiver *m* • **in winter** en hiver. ❑ *en apposition* d'hiver.
winter sports *npl* sports *mpl* d'hiver.
wintertime ['wɪntətaɪm] *n (indén)* hiver *m*.
wint(e)ry ['wɪntrɪ] *adj* d'hiver.
wipe [waɪp] *n* **1.** • **to give sthg a wipe** essuyer qqch **2.** lingette *f*. ❑ *vt* essuyer. ■ **wipe away** *vt sép* essuyer. ■ **wipe out** *vt sép* **1.** effacer **2.** anéantir. ■ **wipe up** *vt sép & vi* essuyer.
wiper ['waɪpəʳ] *n* essuie-glace *m*.
wire ['waɪəʳ] *n* **1.** *(indén)* fil *m* de fer **2.** *ÉLECTR* fil *m* **3.** (surtout US) télégramme *m*. ❑ *vt* **1.** *ÉLECTR* installer ; faire l'installation électrique de **2.** (surtout US) télégraphier à.
wire cutters *npl* cisaille *f*.
wired ['waɪəd] *adj* **1.** *ÉLECTR* relié à un système d'alarme **2.** mis sur écoute **3.** *(soutien-gorge)* à armatures **4.** *fam* surexcité.
wirefree ['waɪəfriː] *adj* sans fil.
wireless ['waɪəlɪs] *n vieilli* T.S.F. *f*.
wiring ['waɪərɪŋ] *n (indén)* installation *f* électrique.
wiry ['waɪərɪ] *adj* **1.** crépu **2.** noueux.
wisdom ['wɪzdəm] *n* sagesse *f*.
wisdom tooth *n* dent *f* de sagesse.
wise [waɪz] *adj* sage. ■ **wise up** *vi* (surtout US) piger.
-wise *suffixe* **1.** dans le sens de • **length-wise** dans le sens de la longueur **2.** *fam* côté • **money-wise the job leaves a lot to be desired** le poste laisse beaucoup à désirer côté argent.
wisecrack ['waɪzkræk] *n péj* vanne *f (plaisanterie)*.
wisecracking ['waɪz,krækɪŋ] *adj fam* blagueur.
wise guy *n fam* malin *m*.
wisely ['waɪzlɪ] *adv* sagement, avec sagesse.
wish [wɪʃ] *n* **1.** souhait *m*, désir *m* • **wish for sthg/to do sthg** désir de qqch/de faire qqch **2.** vœu *m*. ❑ *vt* **1.** • **to wish to do sthg** souhaiter faire qqch • **I wish (that) he'd come** j'aimerais bien qu'il vienne • **I wish I could** si seulement je pouvais **2.** • **to wish sb sthg** souhaiter qqch à qqn. ❑ *vi* • **to wish for sthg** souhaiter qqch. ■ **wishes** *npl* • **best wishes** meilleurs vœux • **(with) best wishes** bien amicalement.

> **À PROPOS DE**
>
> **wish**
>
> Lorsque ***wish*** est suivi du verbe ***be***, on peut employer le subjonctif du verbe ***be (were)*** au lieu de ***was (I wish I was/were rich)***. Notez toutefois que dans ce cas, ***were*** est d'un registre plus soutenu que ***was***.

wishbone ['wɪʃbəʊn] *n* bréchet *m*.
wishful thinking [,wɪʃful-] *n* • **that's just wishful thinking** c'est prendre mes/ses *etc* désirs pour des réalités.
wishing well ['wɪʃɪŋ-] *n puits où l'on jette une pièce en faisant un vœu*.
wishy-washy ['wɪʃɪ,wɒʃɪ] *adj fam & péj* **1.** sans personnalité **2.** *(idées)* vague.
wisp [wɪsp] *n* **1.** mèche *f* **2.** mince filet *m ou* volute *f*.
wispy ['wɪspɪ] (*comp* **wispier**, *superl* **wispiest**) *adj* fin.
wistful ['wɪstfʊl] *adj* nostalgique.
wistfully ['wɪstfʊlɪ] *adv* d'un air triste et rêveur.
wit [wɪt] *n* **1.** esprit *m* **2.** • **to have the wit to do sthg** avoir l'intelligence de faire qqch. ■ **wits** *npl* • **to have** *ou* **keep one's wits about one** être attentif.
witch [wɪtʃ] *n* sorcière *f*.
witchcraft ['wɪtʃkrɑːft] *n* sorcellerie *f*.
witchdoctor ['wɪtʃ,dɒktəʳ] *n* sorcier *m*.
witch-hunt *n péj* chasse *f* aux sorcières.
with [wɪð] *prép* **1.** avec *(en compagnie de)* • **I play tennis with his wife** je joue au tennis avec sa femme • **we stayed with them for a week** nous avons passé une semaine chez eux **2.** *(indique l'opposition)* avec • **to argue with sb** discuter avec qqn • **the war with Germany** la guerre avec *ou* contre l'Allemagne **3.** *(indique le moyen, la manière, introduit les sentiments)* avec • **I washed it with detergent** je l'ai lavé avec un détergent • **she was trembling with fright** elle tremblait de peur **4.** *(qui a, qui possède)* avec • **a man with a beard** un barbu • **the man with the moustache** l'homme à la moustache **5.** *(en ce qui concerne)* • **he's very mean with money** il est très avare • **the trouble with her is that...** l'ennui avec elle c'est que... **6.** *(indique la simultanéité)* • **I can't do it with you watching me** je ne peux pas le faire quand tu me regardes **7.** *(à cause de)* • **with my luck, I'll probably lose** avec ma chance habituelle, je suis sûr de perdre **8.** *(locution)* • **I'm with you a)** je vous suis **b)** je suis des vôtres **c)** je suis d'accord avec vous.
withdraw [wɪð'drɔ] (*prét* **withdrew**, *pp* **withdrawn**) *vt* **1.** *sout* • **to withdraw sthg (from)** enlever qqch (de) **2.** retirer. ❑ *vi* **1.** *sout* • **to withdraw (from)** se retirer (de) **2.** se replier • **to withdraw from** évacuer **3.** • **to withdraw (from)** se retirer (de).

withdrawal [wɪð'drɔːəl] *n* **1.** • **withdrawal (from)** retrait *m* (de) **2.** *MIL* repli *m*.
withdrawal symptoms *npl* crise *f* de manque.
withdrawn [wɪð'drɔːn] *pp* → **withdraw**. ❑ *adj* renfermé.
withdrew [wɪð'druː] *passé* → **withdraw**.
wither ['wɪðəʳ] *vi* **1.** se flétrir **2.** mourir.
withered ['wɪðəd] *adj* flétri.
withering ['wɪðərɪŋ] *adj* foudroyant.
withhold [wɪð'həʊld] (*prét & pp* **withheld** [-'held]) *vt* **1.** refuser **2.** cacher **3.** retenir • **they withhold 2% of the profits** ils retiennent 2 % des bénéfices.
within [wɪ'ðɪn] *prép* **1.** à l'intérieur de, dans • **within her** en elle, à l'intérieur d'elle-même **2.** dans les limites de **3.** dans **4.** à moins de • **we're within thirty miles of Paris** nous sommes à moins de cinquante kilomètres de Paris **5.** d'ici, en moins de • **within the week** avant la fin de la semaine. ❑ *adv* à l'intérieur.
with it *adj fam* **1.** réveillé • **get with it!** réveille-toi !, secoue-toi ! **2.** *vieilli* dans le vent.
without [wɪð'aʊt] *prép* sans • **without a coat** sans manteau • **I left without seeing him** je suis parti sans l'avoir vu • **I left without him seeing me** je suis parti sans qu'il m'ait vu • **to go without sthg** se passer de qqch. ❑ *adv* • **to go** *ou* **do without** s'en passer.
withstand [wɪð'stænd] (*prét & pp* **withstood** [-'stʊd]) *vt* résister à.
witless ['wɪtlɪs] *adj* sot, stupide.
witness ['wɪtnɪs] *n* **1.** témoin *mf* • **to be witness to sthg** être témoin de qqch **2.** • **to bear witness to sthg** témoigner de qqch. ❑ *vt* **1.** être témoin de **2.** *fig* assister à **3.** contresigner.
witness box (UK), witness stand (US) *n* barre *f* des témoins.
witter ['wɪtəʳ] *vi* **(UK)** *fam* & *péj* parler pour ne rien dire.
witticism ['wɪtɪsɪzm] *n* mot *m* d'esprit.
witty ['wɪtɪ] *adj* plein d'esprit, spirituel.
wives [waɪvz] *npl* → **wife**.
wizard ['wɪzəd] *n* **1.** magicien *m* **2.** *fig* as *m*, champion *m*, -onne *f*.
wizened ['wɪznd] *adj* ratatiné.
WKD *SMS* abrév de **wicked**.
WKND *SMS* (abrév de **weekend**) we.
WMD (abrév de **weapons of mass destruction**) *npl* ADM *fpl*.
wobble ['wɒbl] *vi* **1.** trembler **2.** *(chaise, table)* branler.
wobbly ['wɒblɪ] (*comp* **wobbier**, *superl* **wobbliest**) *adj* **1.** *fam* tremblant **2.** branlant.
woe [wəʊ] *n littéraire* malheur *m*.
woeful ['wəʊfʊl] *adj* **1.** *(personne, air, nouvelle, situation)* malheureux, très triste **2.** *(scène, histoire)* affligeant, très triste **3.** *(conditions de vie, erreur)* lamentable, consternant.
woefully ['wəʊfʊlɪ] *adv* **1.** très tristement **2.** lamentablement • **our funds are woefully inadequate** nous manquons cruellement de fonds • **the tests are woefully inefficient** les tests sont d'une inefficacité consternante.
wok [wɒk] *n* wok *m*.
woke [wəʊk] *passé* → **wake**.
woken ['wəʊkn] *pp* → **wake**.
wolf [wʊlf] (*pl* **wolves** ['wʊlvz]) *n* loup *m*. ■ **wolf down** *vt sép fam* engloutir.
wolf whistle *n* sifflement *m* admiratif *(à l'adresse d'une femme)*.
wolves ['wʊlvz] *npl* → **wolf**.
woman ['wʊmən] (*pl* **women**) *n* femme *f*. ❑ *en apposition* • **woman doctor** femme *f* médecin • **woman teacher** professeur *m* femme.
womanhood ['wʊmənhʊd] *n (indén)* **1.** *(époque de la vie)* • **to reach womanhood** devenir une femme **2.** femmes *fpl*.
womanize, -ise (UK) ['wʊmənaɪz] *vi péj* courir les femmes.
womanizer ['wʊmənaɪzəʳ] *n* coureur *m* de jupons.
womanly ['wʊmənlɪ] *adj* féminin.
womb [wuːm] *n* utérus *m*.
women ['wɪmɪn] *npl* → **woman**.
women's lib *n* libération *f* de la femme.
women's liberation *n* libération *f* de la femme.
women's refuge *n* centre *m* d'accueil pour les femmes.
women's shelter = **women's refuge**.
won [wʌn] *passé & pp* → **win**.
wonder ['wʌndəʳ] *n* **1.** *(indén)* étonnement *m* **2.** • **it's a wonder (that)...** c'est un miracle que... • **it's no** *ou* **little wonder (that)...** il n'est pas étonnant que... **3.** merveille *f*. ❑ *vt* **1.** • **to wonder (if** *ou* **whether)** se demander (si) **2.** • **I wonder whether you would mind shutting the window?** cela ne vous ennuierait pas de fermer la fenêtre ? ❑ *vi* se demander • **to wonder about sthg** s'interroger sur qqch.
wonderful ['wʌndəfʊl] *adj* merveilleux.
wonderfully ['wʌndəfʊlɪ] *adv* **1.** merveilleusement, à merveille **2.** extrêmement.
wonky ['wɒŋkɪ] (*comp* **wonier**, *superl* **wonkiest**) *adj* **(UK)** *fam* bancal.
won't [wəʊnt] = **will not**.
woo [wuː] *vt littéraire* courtiser.
wood [wʊd] *n* bois *m*. ❑ *en apposition* en bois. ■ **woods** *npl* bois *mpl*.
wooded ['wʊdɪd] *adj* boisé.
wooden ['wʊdn] *adj* **1.** en bois **2.** *péj* raide.
wooden spoon *n* cuillère *f* en bois • **to win** *ou* **get the wooden spoon (UK)** *fig* être classé dernier.

woodland ['wʊdlənd] *n* région *f* boisée.
woodlouse ['wʊdlaʊs] (*pl* **-lice**) *n* cloporte *m*.
woodpecker ['wʊd,pekər] *n* pivert *m*.
woodwind ['wʊdwɪnd] *n* • **the woodwind** les bois *mpl*.
woodwork ['wʊdwɜːk] *n* menuiserie *f*.
woodworm ['wʊdwɜːm] *n* ver *m* du bois.
wool [wʊl] *n* laine *f* • **to pull the wool over sb's eyes** *fam* rouler qqn (dans la farine).
woollen (UK), woolen (US) ['wʊlən] *adj* en laine, de laine. ■ **woollens** *npl* lainages *mpl*.
woolly, wooly (UK) ['wʊlɪ] *adj* **1.** en laine, de laine **2.** *fam* confus.
woolly-headed [-'hedɪd] *adj fam* & *péj* confus.
woozy ['wuːzɪ] (*comp* **woozier**, *superl* **wooziest**) *adj fam* sonné (*hébété*).
word [wɜːd] *n* **1.** mot *m* • **too stupid for words** vraiment trop bête • **word for word a)** (*répéter*) mot pour mot **b)** (*traduire*) mot à mot • **in other words** en d'autres mots • **in a word** en un mot • **to have a word (with sb)** parler (à qqn) • **she doesn't mince her words** elle ne mâche pas ses mots • **I couldn't get a word in edgeways** je n'ai pas réussi à placer un seul mot **2.** (*indén*) nouvelles *fpl* • **she brought them word of Tom** elle leur a apporté des nouvelles de Tom **3.** parole *f* • **to give sb one's word** donner sa parole à qqn. ❑ *vt* rédiger.
word-for-word *adj* **1.** (*répétition, imitation*) mot pour mot **2.** (*traduction*) littéral.
wording ['wɜːdɪŋ] *n* (*indén*) termes *mpl*.
word-of-mouth *adj* oral, verbal.
word-perfect *adj* • **he had his lines word-perfect** il connaissait ses répliques au mot près.
word processing *n* (*indén*) traitement *m* de texte.
word processor [-,prəʊsesər] *n* machine *f* à traitement de texte.
wordy ['wɜːdɪ] (*comp* **wordier**, *superl* **wordiest**) *adj péj* verbeux.
wore [wɔːr] *passé* → **wear**.
work [wɜːk] *n* **1.** (*indén*) travail *m*, emploi *m* • **out of work** sans emploi, au chômage • **at work** au travail **2.** (*activité*) travail *m* • **she put a lot of work into that book** elle a beaucoup travaillé sur ce livre **3.** ART & LITTÉR œuvre *f*. ❑ *vi* **1.** travailler • **to work on sthg** travailler à qqch **2.** fonctionner, marcher **3.** • **to work loose** se desserrer. ❑ *vt* **1.** faire travailler **2.** faire marcher **3.** (*bois, métal*) travailler. ■ **works** *n* usine *f*. ❑ *npl* **1.** mécanisme *m* **2.** travaux *mpl*. ■ **work from home** *vi* télétravailler. ■ **work off** *vt sép* passer (*sa colère*). ■ **work on** *vt insép* **1.** travailler à **2.** se baser sur. ■ **work out** *vt sép* **1.** mettre au point **2.** trouver • **have you worked out the answer?** as-tu résolu le problème ? ❑ *vi* **1.** • **to work out at (UK)** *ou* **to (US)** s'élever **2.** se dérouler **3.** (bien) marcher **4.** s'entraîner. ■ **work up** *vt sép* **1.** • **to work o.s. up into a rage** se mettre en rage **2.** • **to work up an appetite** s'ouvrir l'appétit • **to work up enthusiasm** s'enthousiasmer.
workable ['wɜːkəbl] *adj* **1.** réalisable **2.** fonctionnel.
workaday ['wɜːkədeɪ] *adj péj* ordinaire, commun.
workaholic [,wɜːkə'hɒlɪk] *n* bourreau *m* de travail.
workbench ['wɜːkbentʃ] *n* établi *m*.
workbook ['wɜːkbʊk] *n* cahier *m* d'exercices.
workday ['wɜːkdeɪ] *n* jour *m* ouvrable.
worked up [,wɜːkt-] *adj* dans tous ses états.
worker ['wɜːkər] *n* travailleur *m*, -euse *f*, ouvrier *m*, -ère *f*.
work ethic *n exaltation des valeurs liées au travail*.
work experience *n* • **the course includes two months' work experience** le programme comprend un stage en entreprise de deux mois.
workflow ['wɜːkfləʊ] *n* workflow *m* (*modélisation de la gestion des processus opérationnels*).
workforce ['wɜːkfɔs] *n* main *f* d'œuvre.
working ['wɜːkɪŋ] *adj* **1.** qui marche **2.** qui travaille **3.** (*conditions, tenue, heures*) de travail. ■ **workings** *npl* mécanisme *m*.
working class *n* • **the working class** la classe ouvrière. ■ **working-class** *adj* ouvrier.
working day *n* **(UK)** = **workday**.
working knowledge *n* connaissance *f* pratique.
working lunch *n* déjeuner *m* de travail.
working order *n* • **in working order** en état de marche.
working week *n* **(UK)** semaine *f* de travail.
work-in-progress *n* travail *m* en cours.
workload ['wɜːkləʊd] *n* quantité *f* de travail.
workman ['wɜːkmən] (*pl* **-men**) *n* ouvrier *m*.
workmanship ['wɜːkmənʃɪp] (*indén*) *n* **1.** métier *m*, maîtrise *f* **2.** travail *m*, fabrication *f*.
workmate ['wɜːkmeɪt] *n* camarade *mf ou* collègue *mf* de travail.
work of art *n litt* & *fig* œuvre *f* d'art.
workout ['wɜːkaʊt] *n* séance *f* d'entraînement.
work permit [-,pɜːmɪt] *n* permis *m* de travail.
workplace ['wɜːkpleɪs] *n* lieu *m* de travail.
workshare ['wɜːkʃeər] *n* **1.** travail *m* en temps partagé • **workshares are becoming more common** le partage du travail devient de plus en plus courant **2.** travailleur *m*, -euse *f* en temps partagé.
workshop ['wɜːkʃɒp] *n* INDUST atelier *m*.
workspace ['wɜːkspeɪs] *n* INFORM bureau *m*.
workstation ['wɜːk,steɪʃn] *n* poste *m* de travail.
worktop ['wɜːktɒp] *n* **(UK)** plan *m* de travail.

work-to-rule *n* **(UK)** grève *f* du zèle.
world [wɜːld] *n* **1.** monde *m* **2.** *(locution)* • **to think the world of sb** admirer qqn énormément • **a world of difference** une énorme différence. ❑ *en apposition* **1.** mondial **2.** universel **3.** du monde.
world-beating *adj fam* inégalé, qui surpasse tous les autres • **of world-beating quality** d'une qualité inégalée • **the new world-beating X52** le X52, nouveau leader mondial.
world-class *adj* de niveau international.
World Cup *n* • **the World Cup** la Coupe du monde. ❑ *en apposition* de Coupe du monde.
world economy *n* économie *f* mondiale.
world-famous *adj* de renommée mondiale.
worldly ['wɜːldlɪ] *adj* de ce monde, matériel.
world music *n* musiques *fpl* du monde, world music *f*.
World War I *n* la Première Guerre mondiale.
World War II *n* la Deuxième Guerre mondiale.
world-weary *adj* **1.** las de tout **2.** blasé.
worldwide ['wɜːldwaɪd] *adj* mondial. ❑ *adv* dans le monde entier.
World Wide Web *n* • **the World Wide Web** le World Wide Web.
worm [wɜːm] *n* ver *m*.
WORM (abrév de write once read many times) *INFORM* WORM.
worn [wɔːn] *pp* → **wear**. ❑ *adj* **1.** usé **2.** las, lasse *f*.
worn-out *adj* **1.** usé **2.** épuisé.
worried ['wʌrɪd] *adj* inquiet.
worry ['wʌrɪ] *n* **1.** souci *m (inquiétude)* **2.** souci *m*, ennui *m*. ❑ *vt* inquiéter, tracasser. ❑ *vi* s'inquiéter • **to worry about** se faire du souci au sujet de • **don't worry!** *ou* **not to worry!** ne vous en faites pas !
worrying ['wʌrɪɪŋ] *adj* inquiétant.
worse [wɜːs] *adj* **1.** pire • **to get worse** empirer **2.** • **he's worse today** il va plus mal aujourd'hui. ❑ *adv* plus mal • **they're even worse off** c'est encore pire pour eux • **worse off** plus pauvre. ❑ *n* pire *m* • **for the worse** pour le pire.
worsen ['wɜːsn] *vt & vi* empirer.
worship ['wɜːʃɪp] *vt* **(US & UK)** *RELIG* adorer. ❑ *n* **1.** *(indén)* culte *m* **2.** adoration *f*. ■ **Worship** *n* • **Your/Her/His Worship** Votre/Son Honneur *m*.
worst [wɜːst] *adj* • **the worst** le pire, le plus mauvais. ❑ *adv* le plus mal • **the worst affected area** la zone la plus touchée. ❑ *n* • **the worst** le pire • **if the worst comes to the worst** au pire. ■ **at (the) worst** *adv* au pire.
worst-case *adj* • **the worst-case scenario** le scénario catastrophe.
worth [wɜːθ] *prép* **1.** • **to be worth sthg** valoir qqch • **how much is it worth?** combien cela vaut-il ? **2.** • **it's worth a visit** cela vaut une visite • **to be worth doing sthg** valoir la peine de faire qqch. ❑ *n* valeur *f* • **a week's/£20 worth of groceries** pour une semaine/20 livres d'épicerie.
worthless ['wɜːθlɪs] *adj* **1.** sans valeur, qui ne vaut rien **2.** qui n'est bon à rien.
worthwhile [ˌwɜːθ'waɪl] *adj* **1.** qui en vaut la peine **2.** *(cause, projet)* louable.
worthy ['wɜːðɪ] *adj* **1.** digne **2.** • **to be worthy of sthg** mériter qqch **3.** *péj* brave.
WOT *SMS* (abrév de what) koi, koa, kwa.

would

■ **would** [wʊd] *aux modal*

1. DANS UN DISCOURS RAPPORTÉ
• **she said she would come** elle a dit qu'elle viendrait

2. EXPRIME LE CONDITIONNEL
• **what would you do?** que ferais-tu ? • **what would you have done?** qu'aurais-tu fait ? • **he would do anything for her** il ferait n'importe quoi pour elle • **I would be most grateful** je vous en serais très reconnaissant

3. AVEC « IF », POUR DONNER UN CONSEIL
• **I wouldn't worry if I were you** à ta place, je ne m'inquièterais pas • **I would report it if I were you** si j'étais vous, je préviendrais les autorités

4. POUR EXPRIMER LA VOLONTÉ
• **she wouldn't go** elle ne voulait pas y aller • **I tried to explain him the situation but he wouldn't listen to me** j'ai essayé de lui expliquer la situation, mais il n'a pas voulu m'écouter

5. DANS DES DEMANDES POLIES
• **would you like a drink?** voulez-vous *ou* voudriez-vous à boire ? • **would you mind closing the window?** cela vous ennuierait de fermer la fenêtre ?

6. POUR INDIQUER UNE CARACTÉRISTIQUE, UNE HABITUDE
• **he would say that** j'étais sûr qu'il allait dire ça, ça ne m'étonne pas de lui • **you would go and tell her!** il a fallu que tu ailles lui dire !

7. POUR EXPRIMER UNE ACTION QUI ÉTAIT HABITUELLE DANS LE PASSÉ
• **he would smoke a cigar after dinner** il fumait un cigare après le dîner • **she would often complain about the neighbours** elle se plaignait souvent des voisins • **the dinner would always be ready when they arrived home** le dîner était toujours prêt quand ils rentraient

8. POUR EXPRIMER UNE PROBABILITÉ
• **he'd be about 50 but he doesn't look it** il doit avoir 50 ans, mais il ne les fait pas

would-be *adj* prétendu.
wouldn't ['wʊdnt] = **would not.**
would've ['wʊdəv] = **would have.**
wound[1] [wu:nd] *n* blessure *f.* ❑ *vt* blesser.
wound[2] [waʊnd] *passé & pp* → **wind**[2]
wound-up [waʊnd-] *adj* **1.** *(pendule)* remonté **2.** *(fenêtre de voiture)* remonté, fermé **3.** *fam (personne)* crispé, très tendu.
wove [wəʊv] *passé* → **weave.**
woven ['wəʊvn] *pp* → **weave.**
wow [waʊ] *interj fam* oh là là !
WP *n* (abrév de word processing, word processor) TTX *m.*
wrangle ['ræŋgl] *n* dispute *f.* ❑ *vi* • **to wrangle (with sb over sthg)** se disputer (avec qqn à propos de qqch).
wrap [ræp] *vt* • **to wrap sthg (in)** envelopper *ou* emballer qqch (dans) • **to wrap sthg around** *ou* **round (UK) sthg** enrouler qqch autour de qqch. ❑ *n* châle *m.* ■ **wrap up** *vt sép* envelopper, emballer. ❑ *vi* • **wrap up well** *ou* **warmly!** couvrez-vous bien !
wrapped up [ræpt-] *adj fam* • **to be wrapped up in sthg** être absorbé par qqch • **to be wrapped up in sb** ne penser qu'à qqn.
wrapper ['ræpəʳ] *n* **1.** papier *m* **2. (UK)** jaquette *f*, couverture *f (d'un livre).*
wrapping ['ræpɪŋ] *n* emballage *m.*
wrapping paper *n (indén)* papier *m* d'emballage.
wrath [rɒθ] *n (indén) littéraire* courroux *m.*
wreak [ri:k] *vt* entraîner.
wreath [ri:θ] *n* couronne *f.*
wreck [rek] *n* **1.** épave *f* **2.** *fam* loque *f.* ❑ *vt* **1.** détruire **2.** provoquer le naufrage de • **to be wrecked** s'échouer **3.** gâcher **4.** ruiner.
wreckage ['rekɪdʒ] *n (indén)* débris *mpl.*
wren [ren] *n* roitelet *m.*
wrench [rentʃ] *n* clef *f* anglaise. ❑ *vt* **1.** tirer violemment • **to wrench sthg off** arracher qqch **2.** se tordre *(la cheville, le bras).*
wrestle ['resl] *vi* **1.** • **to wrestle (with sb)** lutter (contre qqn) **2.** *fig* • **to wrestle with sthg** se débattre *ou* lutter contre qqch.
wrestler ['resləʳ] *n* lutteur *m*, -euse *f.*
wrestling ['reslɪŋ] *n* SPORT lutte *f.*
wretch [retʃ] *n* pauvre diable *m.*
wretched ['retʃɪd] *adj* **1.** misérable **2.** *fam* fichu.
wriggle ['rɪgl] *vi* remuer, se tortiller. ■ **wriggle out of** *vt insép* • **to wriggle out of sthg** se tirer de qqch • **to wriggle out of doing sthg** éviter de faire qqch.
wring [rɪŋ] *(prét & pp* **wrung***) vt* essorer.
wringing ['rɪŋɪŋ] *adj* • **wringing (wet) a)** trempé.
wrinkle ['rɪŋkl] *n* **1.** ride *f* **2.** pli *m.* ❑ *vt* plisser. ❑ *vi* se plisser, faire des plis.
wrinkled ['rɪŋkld], **wrinkly** ['rɪŋklɪ] *adj* **1.** ridé **2.** froissé.
wrist [rɪst] *n* poignet *m.*
wristwatch ['rɪstwɒtʃ] *n* montrebracelet *f.*
writ [rɪt] *n* acte *m* judiciaire.
write [raɪt] *(prét* **wrote**, *pp* **written***) vt* **1.** écrire **2. (US)** écrire à **3.** faire *(un chèque).* ❑ *vi* écrire • **to write to sb a)** écrire à qqn. ■ **write back** *vi* répondre. ■ **write down** *vt sép* écrire, noter. ■ **write in** *vi* écrire • **hundreds wrote in to complain** des centaines de personnes ont écrit pour se plaindre. ■ **write into** *vt sép* • **to write a clause into a contract** insérer une clause dans un contrat. ■ **write off** *vt sép* **1.** considérer comme fichu **2.** passer aux pertes et profits **3.** considérer comme fini **4. (UK)** *fam* bousiller. ■ **write up** *vt sép* mettre au propre.
write-off *n fam* • **to be a write-off (UK)** être complètement démoli.
write-protected *adj* INFORM protégé (en écriture).
writer ['raɪtəʳ] *n* **1.** écrivain *m*, -e *f* **2.** auteur *m*, -e *f.*
writer's block *n* angoisse *f* de la page blanche.
write-up *n fam* critique *f.*
writhe [raɪð] *vi* se tordre.
writing ['raɪtɪŋ] *n (indén)* **1.** écriture *f* • **in writing** par écrit **2.** écrit *m.* ■ **writings** *npl* écrits *mpl.*
writing paper *n (indén)* papier *m* à lettres.
written ['rɪtn] *pp* → **write.** ❑ *adj* écrit.
wrong [rɒŋ] *adj* **1.** qui ne va pas • **is something wrong?** y a-t-il quelque chose qui ne va pas ? • **what's wrong?** qu'est-ce qui ne va pas ? • **there's something wrong with the switch** l'interrupteur ne marche pas bien **2.** qui ne convient pas **3.** faux **4.** mauvais • **to be wrong** avoir tort • **to be wrong to do sthg** avoir tort de faire qqch **5.** • **it's wrong to…** c'est mal de… ❑ *adv* mal • **to get sthg wrong** se tromper à propos de qqch • **to go wrong a)** se tromper, faire une erreur **b)** se détraquer. ❑ *n* mal *m* • **to be in the wrong** être dans son tort. ❑ *vt* faire du tort à.
wrong-foot (UK) *vt* **1.** SPORT prendre à contre-pied **2.** *fig* prendre par surprise *ou* au dépourvu.
wrongful ['rɒŋfʊl] *adj* **1.** injuste **2.** injustifié.
wrongfully ['rɒŋfʊlɪ] *adv* à tort.
wrongly ['rɒŋlɪ] *adv* **1.** mal **2.** à tort.
wrong number *n* faux numéro *m.*
wrote [rəʊt] *passé* → **write.**
wrought iron [rɔ:t-] *n* fer *m* forgé.
WRT SMS abrév de **with respect to.**
WRU SMS (abrév de where are you?) t'es où?
wrung [rʌŋ] *passé & pp* → **wring.**

wry [raɪ] *adj* **1.** amusé **2.** ironique **3.** désabusé.
WTG *SMS* (abrév de way to go) on n'est pas au bout de nos peines.
WTH *SMS* (abrév de what the hell) que… bon sang?
WTMPI *SMS* (abrév de way too much personal information) beaucoup trop de renseignements personnels.
WUF *SMS* abrév de **where are you from?**
wunderkind ['wʌndəkɪnd] *n* enfant *mf* prodige.
wuss [wʌs] *n* **(US)** *fam* mauviette *f.*
WUWH *SMS* (abrév de wish you were here) si seulement tu étais là!
WWW (abrév de World Wide Web) *n* WWW *m.*
WYS *SMS* (abrév de whatever you say) comme tu voudras.
WYSIWYG ['wɪzɪwɪg] (abrév de what you see is what you get) WYSIWYG, tel écran, tel écrit, ce qu'on voit à l'écran c'est ce qu'on obtient à l'impression.

X

x [eks] (*pl* **x's** *ou* **xs**), **X** (*pl* **X's** *ou* **Xs**) *n* **1.** x *m inv*, X *m inv* **2.** x *m inv* **3.** croix *f* **4.** *(à la fin d'une lettre)* • **XXX** grosses bises.

xenophobia [ˌzenəˈfəubjə] *n* xénophobie *f*.

xenophobic [ˌzenəˈfəubɪk] *adj* xénophobe.

XLNT *SMS* abrév de **excellent**.

Xmas [ˈeksməs] *n* Noël *m*.

XO *SMS* (abrév de kiss and a hug) je t'embrasse très fort.

X-rated [-reɪtɪd] *adj vieilli (film)* interdit aux mineurs *ou* aux moins de 18 ans.

X-ray *n* **1.** rayon *m* X **2.** radiographie *f*, radio *f*. ❑ *vt* radiographier • **they X-rayed her leg** ils lui ont fait une radio de la jambe.

xylophone [ˈzaɪləfəun] *n* xylophone *m*.

Y

y [waɪ] (*pl* **y's** *ou* **ys**), **Y** (*pl* **Y's** *ou* **Ys**) *n* y *m inv*, Y *m inv*.

yacht [jɒt] *n* yacht *m*.

yachting [ˈjɒtɪŋ] *n* yachting *m*.

yachtsman [ˈjɒtsmən] (*pl* **-men**) *n* yachtman *m*.

yachtswoman [ˈjɒtsˌwumən] (*pl* **-women**) *n* yachtwoman *f*.

yam [jæm] *n* igname *f*.

yank [jæŋk] *vt* tirer d'un coup sec.

Yank [jæŋk], **Yankee** [ˈjæŋkɪ], *n* **(UK)** *fam* Amerloque *mf (terme péjoratif désignant un Américain)*.

yap [jæp] *vi* japper.

yard [jɑːd] *n* **1.** yard *m (= 91,44 cm)* **2.** cour *f* **3.** chantier *m* **4. (US)** jardin *m*.

Yardie [ˈjɑːdɪ] *n* truand *m* d'origine jamaïcaine.

yardman [ˈjɑːdmæn] *n* **(US)** jardinier *m*.

yardstick [ˈjɑːdstɪk] *n* mesure *f*.

yarn [jɑːn] *n* fil *m*.

yashmak [ˈjæʃmæk] *n* litham *m*.

yawn [jɔːn] *n* bâillement *m*. ❑ *vi* bâiller.

y-axis *n* axe *m* des y *ou* des ordonnées.

YBS *SMS* (abrév de you'll be sorry) tu vas le regretter.

Y chromosome *n* chromosome *m* Y.

yd abrév de **yard**.

yeah [jeə] *adv fam* ouais.

year [jɪəʳ] *n* année *f*, an *m* • **to be 21 years old** avoir 21 ans • **all (the) year round** toute l'année • **the year 2010-11** *FIN* l'exercice 2010-11. ■ **years** *npl* années *fpl*.

yearbook [ˈjɪəbuk] *n* annuaire *m*, almanach *m*.

year-end *adj* **(UK)** de fin d'année • **a year-end report** un rapport annuel. ❑ *n* • **at the year-end** à la fin de l'année, en fin d'année.

year-end profits *n* bénéfices *mpl* de fin d'exercice.

yearly [ˈjɪəlɪ] *adj* annuel. ❑ *adv* **1.** annuellement **2.** chaque année • **twice yearly** deux fois par an.

yearn [jɜːn] *vi* • **to yearn for sthg/to do sthg** aspirer à qqch/à faire qqch.

yearning [ˈjɜːnɪŋ] *n* • **yearning (for sb/sthg)** désir *m* ardent (pour qqn/de qqch).

year-on-year *adj* d'une année à l'autre. ❑ *adv* d'une année à l'autre.

year-round *adj* **1.** *(activité, cours)* qui dure toute l'année, sur toute l'année **2.** *(service, garderie)* qui fonctionne toute l'année.

yeast [jiːst] *n* levure *f*.

yell [jel] *n* hurlement *m*. ❑ *vi & vt* hurler.

yellow [ˈjeləu] *adj* jaune. ❑ *n* jaune *m*.

yellow card *n FOOTBALL* carton *m* jaune.

yellow fever *n* fièvre *f* jaune.

yelp [jelp] *vi* japper.

yeoman of the guard [ˈjəumən-] (*pl* **yeomen of the guard** [ˈjəumən-]) *n* **(UK)** hallebardier *m* de la garde royale.

yep [jep] *adv fam* ouais.

yes [jes] *adv* **1.** oui • **yes, please** oui, s'il te/vous plaît **2.** *(en réponse à une question négative)* si. ❑ *n* oui *m inv*.

yes-man *n péj* béni-oui-oui *m inv*.

yesterday ['jestədɪ] *n* hier *m* • **the day before yesterday** avant-hier. ❑ *adv* hier.

yet

■ yet [jet] *adv*

1. À LA FORME NÉGATIVE, INDIQUE QU'UNE ACTION N'A PAS ENCORE EU LIEU

• **he hasn't arrived yet** il n'est pas encore arrivé • **I have had no response to my ad as yet** je n'ai pas reçu de réponse à mon annonce jusqu'à maintenant *ou* jusqu'ici

2. DANS DES QUESTIONS, POUR DEMANDER SI UNE ACTION A DÉJÀ EU LIEU

• **have they finished yet?** est-ce qu'ils ont déjà fini ? • **are we there yet?** est-ce qu'on est arrivés ?

3. AVEC UN COMPARATIF, JOUE UN RÔLE D'INTENSIFICATEUR

• **she needs yet more time** elle a besoin d'encore plus de temps • **yet more people arrived at the party** encore plus de personnes arrivèrent à la fête • **she told us a yet sadder tale** elle nous raconta une histoire encore plus triste • **yet again** encore une fois

4. AVEC UN SUPERLATIF

• **it's the best film we've seen yet** c'est le meilleur film que nous ayons vu jusqu'à présent • **it's the greatest book yet written** c'est le meilleur livre jamais écrit

■ yet [jet] *conj*

INTRODUIT UNE OPPOSITION

• **they can't sing or play their instruments yet everyone buys their records** ils ne savent ni chanter ni jouer, et pourtant tout le monde achète leurs disques

yew [juː] *n* if *m*.

Y-fronts [waɪ frʌnts] *npl* **(UK)** slip *m*.

YGM *SMS* (abrév de you got mail) tu as reçu un mail.

yield [jiːld] *n* rendement *m*. ❑ *vt* **1.** produire **2.** céder. ❑ *vi* **1.** • **to yield (to)** céder (à) **2. (US)** *AUTO* • **'yield'** 'cédez le passage'.

yikes [jaɪks] *interj* mince !

yippee [**(UK)** jɪ'piː, **(US)** 'jɪpɪ] *interj* hourra !

YMCA (abrév de Young Men's Christian Association) *n union chrétienne de jeunes gens (proposant notamment des services d'hébergement)*.

yob(bo) ['jɒb(əʊ)] *n* **(UK)** *fam* voyou *m*, loubard *m*.

yoga ['jəʊgə] *n* yoga *m*.

yoghourt, yoghurt, yogurt [**(UK)** 'jɒgət, **(US)** 'jəʊgərt] *n* yaourt *m*.

yoke [jəʊk] *n litt* & *fig* joug *m*.

yolk [jəʊk] *n* jaune *m* (d'œuf).

you [juː] *pron pers* **1.** tu, vous • **you're a good cook** tu es/vous êtes bonne cuisinière • **are you French?** tu es/vous êtes français ? • **you French** vous autres Français • **you idiot!** espèce d'idiot ! • **if I were** *ou* **was you** si j'étais toi/vous, à ta/votre place • **there you are a)** te/vous voilà **b)** voilà, tiens/tenez • **that jacket really isn't you** cette veste n'est pas vraiment ton/votre style **2.** te, vous • **I can see you** je te/vous vois • **I gave it to you** je te/vous l'ai donné **3.** toi, vous • **I don't expect *you* to do it** je n'exige pas que ce soit toi qui le fasses/vous qui le fassiez **4.** *(après une préposition, dans les comparaisons)* toi, vous • **we shall go without you** nous irons sans toi/vous • **I'm shorter than you** je suis plus petit que toi/vous **5.** on • **you have to be careful** on doit faire attention • **exercise is good for you** l'exercice est bon pour la santé.

> **À PROPOS DE** — **you**
>
> Notez que ***you*** peut être soit singulier soit pluriel, et qu'on l'utilise quel que soit le degré de familiarité avec l'interlocuteur/les interlocuteurs.
>
> ***You*** sert à parler des gens en général, par exemple pour demander un renseignement, indiquer la route à prendre, etc. ***(how do you get to the station?)***. Le style devient beaucoup plus soutenu si l'on utilise ***one*** à la place ***(how does one get to the station?)***.

you'd [juːd] = **you had, you would**.

you-know-what *n fam* & *euphém* • **does he know about the you-know-what?** est-ce qu'il est au courant du... tu vois de quoi je veux parler *ou* ce que je veux dire ?

you-know-who *n fam* & *euphém* qui tu sais, qui vous savez.

you'll [juːl] = **you will**.

young [jʌŋ] *adj* jeune. ❑ *npl* **1.** • **the young** les jeunes *mpl* **2.** les petits *mpl (des animaux)*.

younger ['jʌŋgər] *adj* plus jeune • **my younger brother** mon plus jeune frère.

young man *n* jeune homme *m*.

youngster ['jʌŋstər] *n* jeune *m*.

young woman *n* jeune femme *f*.

your [jər] *adj poss* **1.** *(se référant à une personne)* ton, ta, tes **2.** *(forme de politesse, pluriel)* votre, vos • **your dog** ton/votre chien • **your house** ta/votre maison • **your children** tes/vos enfants • **what's your name?** comment t'appelles-tu/vous appelez-vous ? • **it wasn't *your* fault** ce n'était pas de ta faute à toi/de votre faute à vous **3.** *(impersonnel)* son, sa *f*, ses *(pl)* • **your attitude changes as you get older** on change sa manière de voir en vieillissant • **it's good for your teeth/hair** c'est bon pour les dents/les cheveux • **your average Englishman** l'Anglais moyen.

À PROPOS DE

your

Notez que ***your*** peut être soit singulier soit pluriel, et qu'on l'utilise quel que soit le degré de familiarité avec l'interlocuteur/les interlocuteurs.
Si vous parlez d'une partie du corps, n'oubliez pas d'utiliser ***your***, et non pas ***the*** : ***Have you washed your hair?* Est-ce que tu t'es lavé les cheveux ?**

you're [jɔr] = **you are**.

yours [jɔz] *pron poss* **1.** *(se référant à une personne)* le tien, la tienne, les tiens, les tiennes • **is this yours?** c'est à toi ?, c'est à vous ? • **a friend of yours** un ami à toi, un de tes amis, un ami à vous, un de vos amis **2.** *(forme de politesse, pluriel)* le vôtre, la vôtre, les vôtres • **it wasn't her fault, it was *yours*** ce n'était pas de sa faute, c'était de ta faute à toi/de votre faute à vous. ■ **Yours** *adv* → **faithfully, sincerely**.

À PROPOS DE

yours

Notez que ***yours*** peut être soit singulier soit pluriel, et qu'on l'utilise quel que soit le degré de familiarité avec l'interlocuteur/les interlocuteurs : ***That desk is* yours. Ce bureau est à toi/à vous, ce bureau est le tien/le vôtre.**

yourself [jɔ'self] (*pl* **-selves**) *pron* **1.** *(réflexif)* te, vous • **are you enjoying yourself?** est-ce que tu t'amuses ?, est-ce que vous vous amusez ? **2.** *(après une préposition)* toi, vous **3.** toi-même, vous-même, vous-mêmes • **did you do it yourself?** tu l'as/vous l'avez fait tout seul ?

yours truly *pron fam* bibi, mézigue.

youth [ju:θ] *n* **1.** *(indén) (période de la vie)* jeunesse *f* • **in his youth** dans sa jeunesse **2.** jeune homme *m* **3.** *(indén)* jeunesse *f*, jeunes *mpl*.

youth club *n* centre *m* de jeunes.

youth custody *n* **(UK)** détention *f* de mineurs, éducation *f* surveillée.

youthful ['ju:θful] *adj* **1.** de jeunesse, juvénile **2.** jeune.

youth hostel *n* auberge *f* de jeunesse.

youth hostelling [-'hɒstəlɪŋ] *n* **(UK)** • **to go youth hostelling** voyager en dormant dans des auberges de jeunesse.

YouTube ['ju:,tju:b] *v INFORM* aller sur le site internet YouTube, poster une vidéo.

you've [ju:v] = **you have**.

yo-yo ['jəujəu] *n* yo-yo *m*.

yr abrév de **year**.

YTS (abrév de **Youth Training Scheme**) *n programme gouvernemental britannique d'insertion des jeunes dans la vie professionnelle*.

yuck [jʌk] *interj fam* berk !

Yugoslavia [,ju:gə'slɑ:vɪə] *n* Yougoslavie *f* • **the former Yugoslavia** l'ex-Yougoslavie.

Yugoslavian [,ju:gə'slɑ:vɪən], **Yugoslav** [,ju:gə'slɑ:v] *adj* yougoslave. ❑ *n* Yougoslave *mf*.

yummy ['jʌmɪ] (*comp* **yummier**, *superl* **yummiest**) *adj fam* délicieux.

yuppie, yuppy ['jʌpɪ] *n fam* yuppie *mf*.

YWCA (abrév de **Young Women's Christian Association**) *n union chrétienne de jeunes filles (proposant notamment des services d'hébergement)*.

Z

z [**(UK)** zed, **(US)** zi:] (*pl* **z's** *ou* **zs**), **Z** (*pl* **Z's** *ou* **Zs**) *n* z *m inv*, Z *m inv*.

Zambia ['zæmbɪə] *n* Zambie *f*.

zany ['zeɪnɪ] *adj fam* dingue.

zap [zæp] *vi* **1.** *fam* • **to zap (off) somewhere** foncer quelque part **2.** zapper.

zeal [zi:l] *n* zèle *m*.

zealous ['zeləs] *adj* zélé.

zebra [**(UK)** 'zebrə, **(US)** 'zi:brə] (*pl inv ou* **-s**) *n* zèbre *m* • **zebras come from Africa** les zèbres sont originaires d'Afrique.

zebra crossing *n* **(UK)** passage *m* pour piétons.

zenith [**(UK)** 'zenɪθ, **(US)** 'zi:nəθ] *n litt & fig* zénith *m*.

zero [**(UK)** 'zɪərəu, **(US)** 'zi:rəu] *adj* zéro, aucun. ❑ *n* (*pl inv ou* **-es**) zéro *m* • **zero tolerance** tolérance *f* zéro • **the temperature is below zero** la température est au-dessous de zéro. ■ **zero in on** *vt insép* **1.** *(arme)* se diriger droit sur **2.** *(personne)* s'attaquer (d'entrée de jeu) à.

zero growth *n* croissance *f* zéro.

zero-rated [-,reɪtɪd] *adj* **(UK)** exempt de TVA.

zero-rating *n* franchise *f* de TVA, taux *m* zero.

zest [zest] *n (indén)* **1.** piquant *m* **2.** entrain *m* **3.** zeste *m (d'orange, de citron)*.

zigzag ['zɪgzæg] *vi* (*prét & pp* **zigzagged**, *cont* **zigzagging**) zigzaguer.

zilch [zɪltʃ] *n* **(US)** *fam* zéro *m*, que dalle.

Zimbabwe [zɪm'bɑ:bwɪ] *n* Zimbabwe *m*.

zinc [zɪŋk] *n* zinc *m*.

zinger ['zɪŋər] *n* **(US)** *fam* **1.** pique *f (méchanceté)* **2.** *(pour intensifier)* • **it was a real zinger** c'était impressionnant.

zip [zɪp] *n* **(UK)** fermeture *f* Éclair®. ■ **zip up** *vt sép* **1.** remonter la fermeture Éclair® de **2.** fermer la fermeture Éclair® de.

zip code *n* **(US)** code *m* postal.

Zip drive® *n INFORM* lecteur *m* de zips.

zip fastener *n* **(UK)** = **zip**.

zipper ['zɪpər] *n* **(US)** = **zip**.

zip-up *adj* à fermeture Éclair®, zippé.

zit [zɪt] *n* (surtout US) *fam* bouton *m*.
zodiac [ˈzəʊdɪæk] *n* • **the zodiac** le zodiaque.
zombie [ˈzɒmbɪ] *n fig & péj* zombi *m*.
zone [zəʊn] *n* zone *f*.
zoo [zuː] *n* zoo *m*.
zoologist [zəʊˈɒlədʒɪst] *n* zoologiste *mf*.
zoology [zəʊˈɒlədʒɪ] *n* zoologie *f*.
zoom [zuːm] *vi fam* • **the car zoomed up/down the hill** la voiture a monté/descendu la côte à toute allure. ❑ *n* zoom *m*. ■ **zoom in** *vi* CINÉ • **to zoom in (on)** faire un zoom (sur). ■ **zoom off** *vi fam* partir en trombe.
zoom lens *n* zoom *m*.
zucchini [zuːˈkiːnɪ] (*pl inv*) *n* (US) courgette *f*.

Achevé d'imprimer en Italie
par la Tipografica Varese en avril 2022
Dépôt légal : juin 2022 – 330629/01 – N° de projet : 11049678

Le calcul

8 + 2 = 10
eight plus two equals ten

9 – 3 = 6
nine minus three equals six

7 x 3 = 21
seven times three equals twenty-one
OU *seven multiplied by three equals twenty-one*

20 ÷ 4 = 5
twenty divided by four equals five

√9 = 3
the square root of nine is three

5^2 = 25
five squared equals twenty-five

Le pourcentage

10%
ten percent

15% free
15 % gratuit

The unemployment rate has risen to 12%.
Le chômage a atteint les 12 %.

Sales have risen by 25%.
Les ventes ont augmenté de 25 %.

Le poids

milligramme	**mg**	*milligram(me)*	kilo(gramme)	**kg**	*kilo[gram(me)]*
gramme	**g**	*gram(me)*	quintal	**q** (100 kg)	*quintal*
hectogramme	**hg**	*hectogram(me)*			
livre (= 500 gr)	**lb**	*pound **	tonne	**t**	*ton*

* *[UK] 11.99 oz = 0.373 kg - [US] 16.01 oz = 0.454 kg*

La longueur

millimètre	**mm**	*millimetre**	pouce	**2.54 cm = 1 in**	*inch*
centimètre	**cm**	*centimetre**	pied	**0.304 m = 1 ft**	*foot*
mètre	**m**	*metre**	yard	**0.9144 m = 1 yd**	*yard*
kilomètre	**km**	*kilometre**	mile	**1.609 km = 1 mi**	*mile*

* *[US = millimeter, centimeter, meter, kilometer]*

La superficie

centimètre carré	**cm^2**	*square centimetre**
mètre carré	**m^2**	*square metre**
are	**a**	*are / 100 square metres**
kilomètre carré	**km^2**	*square kilometre**
hectare (= 10 000m^2)	**ha**	*hectare*
pouce carré	**6.45 cm^2 = in^2**	*square inch*
pied carré	**929.03 cm^2 = ft^2**	*square foot*
yard carré	**0.836 m^2 = yd^2**	*square yard*
mile carré	**2.59 km^2 = mi^2**	*square mile*

* *[US = square centimeter, square meter, square kilometer]*